सम्पूर्ण कहानियाँ

खंड : 2

सम्पूर्ण कहानियाँ

खंड : 2

प्रेमचन्द

लोकभारती प्रकाशन

लोकभारती प्रकाशन
पहली मंजिल, दरबारी बिल्डिंग, महात्मा गांधी मार्ग
प्रयागराज-211 001
वेबसाइट : www.lokbhartiprakashan.com
ईमेल : info@lokbhartiprakashan.com
शाखाएँ : 1-बी, नेताजी सुभाष मार्ग, दरियागंज
नई दिल्ली-110 002
अशोक राजपथ, साइंस कॉलेज के सामने
पटना-800 006
पहला संस्करण : 2007
पाँचवाँ संस्करण : 2014
पहली आवृत्ति : 2023

बी.के. ऑफसेट
नवीन शाहदरा, दिल्ली-110 032
द्वारा मुद्रित

SAMPOORAN KAHANIYAN : Vol. 2
by Premchand

ISBN : 978-81-924346-8-1

मूल्य : ₹ 3995
(दो खंडों में)

क्रम

खंड : 2

मन्दिर

मातृ-प्रेम, तुझे धन्य है! संसार में और जो कुछ है, मिथ्या है, निस्सार है। मातृ-प्रेम ही सत्य है, अक्षय है, अनश्वर है। तीन दिन से सुखिया के मुँह में न अन्न का एक दाना गया था, न पानी की एक बूँद। सामने पुआल पर माता का नन्हा-सा लाल पड़ा कराह रहा था। आज तीन दिन से उसने आँखें न खोली थीं। कभी उसे गोद में उठा लेती, कभी पुआल पर सुला देती। हँसते-खेलते बालक को अचानक क्या हो गया, यह कोई नहीं बताता। ऐसी दशा में माता को भूख और प्यास कहाँ? एक बार पानी का एक घूँट मुँह में लिया था; पर कंठ के नीचे न ले जा सकी। इस दुखिया की विपत्ति का वारपार न था। साल भर के भीतर दो बालक गंगा जी की गोद में सौंप चुकी थी। पतिदेव पहले ही सिधार चुके थे। अब उस अभागिनी के जीवन का आधार, अवलम्ब, जो कुछ था, यही बालक था। हाय! क्या ईश्वर इसे भी इसकी गोद से छीन लेना चाहते हैं?—यह कल्पना करते ही माता की आँखों से झर-झर आँसू बहने लगते थे। इस बालक को वह क्षण भर के लिए भी अकेला न छोड़ती थी। उसे साथ लेकर घास छीलने जाती। घास बेचने बाज़ार जाती तो बालक गोद में होता। उसके लिए उसने नन्ही-सी खुरपी और नन्ही-सी खाँची बनवा दी थी। जियावन माता के साथ घास छीलता और गर्व से कहता—अम्माँ, हमें भी बड़ी-सी खुरपी बनवा दो, हम बहुत-सी घास छीलेंगे, तुम द्वारे माची पर बैठी रहना, अम्माँ; मैं घास बेच लाऊँगा। माँ पूछती—हमारे लिए क्या-क्या लाओगे, बेटा? जियावन लाल-लाल साड़ियों का वादा करता। अपने लिए बहुत-सा गुड़ लाना चाहता था। वे ही भोली-भोली बातें इस समय याद आ-आकर माता के हृदय को शूल के समान बेध रही थीं। जो बालक को देखता, यही कहता कि किसी की डीठ है; पर किसकी डीठ है? इस विधवा का भी संसार में कोई वैरी है? अगर उसका नाम मालूम हो जाता, तो सुखिया जाकर उसके चरणों पर गिर पड़ती और बालक को उसकी गोद में रख देती। क्या उसका हृदय दया से न पिघल जाता? पर नाम कोई नहीं बताता। हाय! किससे पूछे, क्या करे?

2

तीन पहर रात बीत चुकी थी। सुखिया का चिन्ता-व्यथित चंचल मन कोठे-कोठे दौड़ रहा था। किस देवी की शरण जाए, किस देवता की मनौती करे, इसी सोच में पड़े-पड़े उसे एक झपकी आ गई। क्या देखती है कि उसका स्वामी आकर बालक के सिरहाने खड़ा हो जाता है और बालक के सिर पर हाथ फेर कर कहता है—रो मत, सुखिया! तेरा बालक अच्छा हो जाएगा। कल ठाकुर जी की पूजा कर दे, वही तेरे सहायक होंगे। यह कहकर वह चला गया।

सुखिया की आँख खुल गई। अवश्य ही उसके पतिदेव आए थे। इसमें सुखिया को ज़रा भी सन्देह न हुआ। उन्हें अब भी मेरी सुधि है, यह सोचकर उसका हृदय आशा से परिप्लावित हो उठा। पति के प्रति श्रद्धा और प्रेम से उसकी आँखें सजग हो गईं। उसने बालक को गोद में उठा लिया और आकाश की ओर ताक़ती हुई बोली—भगवान! मेरा बालक अच्छा हो जाए, तो मैं तुम्हारी पूजा करूँगी। अनाथ विधवा पर दया करो।

उसी समय जियावन की आँखें खुल गईं। उसने पानी माँगा। माता ने दौड़कर कटोरे में पानी लिया और बच्चे को पिला दिया।

जियावन ने पानी पीकर कहा—अम्माँ रात है कि दिन?

सुखिया—अभी तो रात है बेटा, तुम्हारा जी कैसा है?

जियावन—अच्छा है अम्माँ! अब मैं अच्छा हो गया।

सुखिया—तुम्हारे मुँह में घी-शक्कर, बेटा, भगवान् करे तुम जल्द अच्छे हो जाओ! कुछ खाने को जी चाहता है?

जियावन—हाँ अम्माँ, थोड़ा-सा गुड़ दे दो।

सुखिया—गुड़ मत खाओ भैया, अवगुन करेगा। कहो तो खिचड़ी बना दूँ।

जियावन—नहीं मेरी अम्माँ, ज़रा-सा गुड़ दे दो, तेरे पैरों पड़ूँ।

माता इस आग्रह को न टाल सकी। उसने थोड़ा-सा गुड़ निकालकर जियावन के हाथ में रख दिया और हाँड़ी का ढक्कन लगाने जा रही थी कि किसी ने बाहर से आवाज़ दी। हाँड़ी वहीं छोड़कर वह किवाड़ खोलने चली गई। जियावन ने गुड़ की दो पिंडियाँ निकाल लीं और जल्दी-जल्दी चट कर गया।

3

दिन भर जियावन की तबीयत अच्छी रही। उसने थोड़ी-सी खिचड़ी खाई, दो-एक बार धीरे-धीरे द्वार पर भी आया और हमजोलियों के साथ खेल न सकने पर भी उन्हें खेलते देखकर उसका जी बहल गया। सुखिया ने समझा, बच्चा अच्छा हो गया। दो-एक दिन में जब पैसे हाथ में आ जाएँगे, तो वह एक दिन ठाकुर जी की पूजा करने चली जाएगी। जाड़े के दिन झाड़ू-बहारू, नहाने-धोने और खाने-पीने में कट गए; मगर जब संध्या समय फ़िर जियावन का जी भारी हो गया, तब सुखिया घबरा उठी। तुरन्त मन में शंका उत्पन्न हुई कि पूजा में विलम्ब करने से ही बालक फिर मुरझा गया है। अभी थोड़ा-सा दिन बाक़ी था। बच्चे को लेटा कर वह पूजा का सामान तैयार करने लगी। फूल तो ज़मींदार के बग़ीचे में मिल गए। तुलसीदल द्वार ही पर था; पर ठाकुर जी के भोग के लिए कुछ मिष्ठान्न तो चाहिए; नहीं तो गाँव वालों को बाँटेगी क्या! चढ़ाने के लिए कम से कम एक आना तो चाहिए। सारा गाँव छान आई, कहीं पैसे उधार न मिले। अब वह हताश हो गई। हाय रे अदिन! कोई चार आने पैसे भी नहीं देता। आख़िर उसने अपने हाथों के चाँदी के कड़े उतारे और दौड़ी हुई बनिये की दुकान पर गई, कड़े गिरों रखे, बतासे लिये और दौड़ी हुई घर आई। पूजा का सामान तैयार हो गया, तो उसने बालक को गोद में उठाया और दूसरे हाथ में पूजा की थाली लिये मन्दिर की ओर चली।

मन्दिर में आरती का घंटा बज रहा था। दस-पाँच भक्तजन खड़े स्तुति कर रहे थे। इतने में सुखिया जाकर मन्दिर के सामने खड़ी हो गई।

पुजारी ने पूछा—क्या है रे? क्या करने आई है?

सुखिया चबूतरे पर आकर बोली—ठाकुर जी की मनौती की थी महाराज, पूजा करने आई हूँ।

पुजारी जी दिन भर ज़मींदार के असामियों की पूजा किया करते थे और शाम-सबेरे ठाकुर जी की। रात को मन्दिर ही में सोते थे, मन्दिर ही में आपका भोजन भी बनता था, जिससे ठाकुरद्वारे की सारी अस्तरकारी काली पड़ गई थी। स्वभाव के बड़े दयालु थे, निष्ठावान ऐसे कि चाहे कितनी ही ठंड पड़े, कितनी ही ठंडी हवा चले, बिना स्नान किए मुँह में पानी तक न डालते थे। अगर इस पर भी उनके हाथों और पैरों में मैल की मोटी तह जमी हुई थी, तो इसमें उनका कोई दोष न था! बोले—तो क्या भीतर चली आएगी। हो तो चुकी पूजा। यहाँ आकर भरभष्ट करेगी।

एक भक्तजन ने कहा—ठाकुर जी को पवित्र करने आई है?

सुखिया ने बड़ी दीनता से कहा—ठाकुर जी के चरन छूने आई हूँ, सरकार! पूजा की सब सामग्री लाई हूँ।

पुजारी—कैसी बेसमझी की बात करती है रे, कुछ पगली तो नहीं हो गई है। भला तू ठाकुर जी को कैसे छुएगी?

सुखिया को अब तक कभी ठाकुरद्वारे में आने का अवसर न मिला था। आश्चर्य से बोली—सरकार, वह तो संसार के मालिक हैं। उनके दरसन से तो पापी भी तर जाता है, मेरे छूने से उन्हें कैसे छूत लग जाएगी?

पुजारी—अरे, तू चमारिन है कि नहीं रे?

सुखिया—तो क्या भगवान् ने चमारों को नहीं सिरजा है? चमारों का भगवान् कोई और है? इस बच्चे की मनौती है, सरकार!

इस पर वही भक्त महोदय, जो अब स्तुति समाप्त कर चुके थे, डपटकर बोले—मार के भगा दो चुड़ैल को। भरभष्ट करने आई है, फेंक दो थाली-वाली। संसार में तो आप ही आग लगी हुई है, चमार भी ठाकुर जी की पूजा करने लगेंगे, तो पिरथी रहेगी कि रसातल को चली जाएगी?

दूसरे भक्त महाशय बोले—अब बेचारे ठाकुर जी को भी चमारों के हाथ का भोजन करना पड़ेगा। अब परलय होने में कुछ कसर नहीं है।

ठंड पड़ रही थी; सुखिया खड़ी काँप रही थी और यहाँ धर्म के ठेकेदार लोग समय की गति पर आलोचनाएँ कर रहे थे। बच्चा मारे ठंड के उसकी छाती में घुसा जाता था; किन्तु सुखिया वहाँ से हटने का नाम न लेती थी। ऐसा मालूम होता था कि उसके दोनों पाँव भूमि में गड़ गए हैं। रह-रहकर उसके हृदय में ऐसा उद्‌गार उठता था कि जाकर ठाकुर जी के चरणों पर गिर पड़े। ठाकुर जी क्या इन्हीं के हैं, हम ग़रीबों का उनसे कोई नाता नहीं है, ये लोग होते हैं कौन रोकनेवाले; पर यह भय होता था कि इन लोगों ने कहीं सचमुच थाली-वाली फेंक दी तो क्या करूँगी? दिल में ऐंठ कर रह जाती थी। सहसा उसे एक बात सूझी। वह वहाँ से कुछ दूर जाकर एक वृक्ष के नीचे अँधेरे में छिपकर इन भक्तजनों के जाने की राह देखने लगी।

4

आरती और स्तुति के पश्चात् भक्तजन बड़ी देर तक श्रीमद्‌भागवत का पाठ करते रहे। उधर पुजारी जी ने चूल्हा जलाया और खाना पकाने लगे। चूल्हे के सामने बैठे हुए 'हूँ-हूँ' करते

जाते थे और बीच-बीच में टिप्पणियाँ भी करते जाते थे। दस बजे रात तक कथा वार्ता होती रही और सुखिया वृक्ष के नीचे ध्यानावस्था में खड़ी रही।

सारे भक्त लोगों ने एक-एक करके घर की राह ली। पुजारी जी अकेले रह गए। अब सुखिया आकर मन्दिर के बरामदे के सामने खड़ी हो गई; जहाँ पुजारी जी आसन जमाये बटलोई का क्षुधावर्द्धक मधुर संगीत सुनने में मग्न थे। पुजारी जी ने आहट पाकर गरदन उठाई, तो सुखिया को खड़ी देखा। चिढ़कर बोले—क्यों रे, तू अभी तक खड़ी है!

सुखिया ने थाली ज़मीन पर रख दी और एक हाथ फैलाकर भिक्षा-प्रार्थना करती हुई बोली—महाराज जी, मैं अभागिनी हूँ। यही बालक मेरे जीवन का अलम है, मुझ पर दया करो। तीन दिन से इसने सिर नहीं उठाया। तुम्हें बड़ा जस होगा, महाराज जी!

यह कहते-कहते सुखिया रोने लगी। पुजारी जी दयालु तो थे, पर चमारिन को ठाकुर जी के समीप जाने देने का अश्रुतपूर्व घोर पातक वह कैसे कर सकते थे? न जाने ठाकुर जी इसका क्या दंड दें। आख़िर उनके भी बाल-बच्चे थे। कहीं ठाकुर जी कुपित होकर गाँव का सर्वनाश कर दें, तो? बोले—घर जाकर भगवान् का नाम ले, तेरा बालक अच्छा हो जाएगा। मैं यह तुलसीदल देता हूँ, बच्चे को खिला दे, चरणामृत उसकी आँखों में लगा दे। भगवान् चाहेंगे तो सब अच्छा ही होगा।

सुखिया—ठाकुर जी के चरणों पर गिरने न दोगे महाराज जी? बड़ी दुखिया हूँ, उधार काढ़ कर पूजा की सामग्री जुटाई है। मैंने कल सपना देखा था, महाराज जी कि ठाकुर जी की पूजा कर, तेरा बालक अच्छा हो जाएगा। तभी दौड़ी आई हूँ। मेरे पास एक रुपया है। वह मुझसे ले लो; पर मुझे एक छन भर ठाकुर जी के चरनों पर गिर लेने दो।

इस प्रलोभन ने पंडित जी को एक क्षण के लिए विचलित कर दिया; किन्तु मूर्खता के कारण ईश्वर का भय उनके मन में कुछ-कुछ बाक़ी था। सँभलकर बोले—अरी पगली, ठाकुर जी भक्तों के मन का भाव देखते हैं कि चरन पर गिरना देखते हैं। सुना नहीं है—'मन चंगा तो कठौती में गंगा।' मन में भक्ति न हो, तो लाख कोई भगवान् के चरणों पर गिरे, कुछ न होगा। मेरे पास एक जंतर है। दाम तो उसका बहुत है; पर तुझे एक ही रुपए में दे दूँगा। उसे बच्चे के गले में बाँध देना; बस, कल बच्चा खेलने लगेगा।

सुखिया—ठाकुर जी की पूजा न करने दोगे?

पुजारी—तेरे लिए इतनी ही पूजा बहुत है। जो बात कभी नहीं हुई, वह आज मैं कर दूँ और गाँव पर कोई आफ़त-बिपत आ पड़े तो क्या हो, इसे भी तो सोचो! तू यह जंतर ले जा, भगवान् चाहेंगे तो रात ही भर में बच्चे का क्लेश कट जाएगा। किसी की दीठ पड़ गई है। है भी तो चोंचाल। मालूम होता है, छत्तरी बंस है।

सुखिया—जब से इसे ज्वर है, मेरे प्रान नहों में समाए हुए हैं।

पुजारी—बड़ा होनहार बालक है। भगवान् जिला दें तो तेरे सारे संकट हर लेगा। यहाँ तो बहुत खेलने आया करता था। इधर दो-तीन दिन से नहीं देखा था।

सुखिया—तो जंतर को कैसे बाँधूँगी, महाराज?

पुजारी—मैं कपड़े में बाँधकर देता हूँ। बस, गले में पहना देना। अब तू इस बेला नवीन बस्तर कहाँ खोजने जाएगी।

सुखिया ने दो रुपए पर कड़े गिरों रखे थे। एक पहले ही भँज चुका था। दूसरा पुजारी जी को भेंट किया और जंतर लेकर मन को समझाती हुई घर लौट आई।

5

सुखिया ने घर पहुँचकर बालक के गले में जंतर बाँध दिया; पर ज्यों-ज्यों रात गुज़रती थी, उसका ज्वर भी बढ़ता जाता था, यहाँ तक कि तीन बजते-बजते उसके हाथ-पाँव शीतल होने लगे! तब वह घबड़ा उठी और सोचने लगी—हाय! मैं व्यर्थ ही संकोच में पड़ी रही और बिना ठाकुर जी के दर्शन किए चली आई। अगर मैं अन्दर चली जाती और भगवान् के चरणों पर गिर पड़ती, तो कोई मेरा क्या कर लेता? यही न होता कि लोग मुझे धक्के देकर निकाल देते, शायद मारते भी, पर मेरा मनोरथ तो पूरा हो जाता। यदि मैं ठाकुर जी के चरणों को अपने आँसुओं से भिगो देती और बच्चे को उनके चरणों में सुला देती, तो क्या उन्हें दया न आती? वह तो दयामय भगवान् हैं, दीनों की रक्षा करते हैं, क्या मुझ पर दया न करते? यह सोचकर सुखिया का मन अधीर हो उठा। नहीं, अब विलम्ब करने का समय न था। वह अवश्य जाएगी और ठाकुर जी के चरणों पर गिरकर रोएगी। उस अबला के आशंकित हृदय को अब इसके सिवा और कोई अवलम्ब, कोई आसरा न था। मन्दिर के द्वार बन्द होंगे, तो वह ताले तोड़ डालेगी। ठाकुर जी क्या किसी के हाथों बिक गए हैं कि कोई उन्हें बन्द कर रखे।

रात के तीन बज गए थे। सुखिया ने बालक को कम्बल से ढाँप कर गोद में उठाया, एक हाथ में थाली उठाई और मन्दिर की ओर चली। घर से बाहर निकलते ही शीतल वायु के झोंकों से उसका कलेजा काँपने लगा। शीत से पाँव शिथिल हुए जाते थे। उस पर चारों ओर अंधकार छाया हुआ था। रास्ता दो फलांग से कम न था। पगडंडी वृक्षों के नीचे-नीचे गई थी। कुछ दूर दाहिनी ओर एक पोखरा था, कुछ दूर बाँस की कोठियाँ। पोखरे में एक धोबी मर गया था और बाँस की कोठियों में चुड़ैलों का अड्डा था। बाईं ओर हरे-भरे खेत थे। चारों ओर सन-सन हो रहा था, अंधकार साँय-साँय कर रहा था। सहसा गीदड़ों ने कर्कश स्वर में हुआँ-हुआँ करना शुरू किया। हाय! अगर कोई उसे एक लाख रुपया देता, तो भी इस समय वह यहाँ न आती; पर बालक की ममता सारी शंकाओं को दबाए हुए थी। 'हे भगवान्! अब तुम्हारा ही आसरा है!' यह जपती वह मन्दिर की ओर चली जा रही थी।

मन्दिर के द्वार पर पहुँचकर सुखिया ने जंजीर टटोलकर देखी। ताला पड़ा हुआ था। पुजारी जी बरामदे से मिली हुई कोठरी में किवाड़ बन्द किए सो रहे थे। चारों ओर अँधेरा छाया हुआ था। सुखिया चबूतरे के नीचे से एक ईंट उठा लाई और ज़ोर-ज़ोर से ताले पर पटकने लगी। उसके हाथों में न जाने इतनी शक्ति कहाँ से आ गई थी। दो ही तीन चोटों में ताला और ईंट दोनों टूट कर चौखट पर गिर पड़े। सुखिया ने द्वार खोल दिया और अन्दर जाना ही चाहती थी कि पुजारी किवाड़ खोलकर हड़बड़ाए हुए बाहर निकल आए और 'चोर, चोर!' का गुल मचाते गाँव की ओर दौड़े। जाड़ों में प्राय: पहर रात रहे ही लोगों की नींद खुल जाती है। यह शोर सुनते ही कई आदमी इधर-उधर से लालटेनें लिये हुए निकल पड़े और पूछने लगे—कहाँ है? कहाँ है? किधर गया?

पुजारी—मन्दिर का द्वार खुला पड़ा है। मैंने खट-खट की आवाज़ सुनी।

सहसा सुखिया बरामदे से निकलकर चबूतरे पर आई और बोली—चोर नहीं है, मैं हूँ; ठाकुर जी की पूजा करने आई थी। अभी तो अन्दर गई भी नहीं, मार हल्ला मचा दिया।

पुजारी ने कहा—अब अनर्थ हो गया! सुखिया मन्दिर में जाकर ठाकुर जी को भ्रष्ट कर आई!

फिर क्या था, कई आदमी झल्लाए हुए लपके और सुखिया पर लातों और घूँसों की मार पड़ने लगी। सुखिया एक हाथ से बच्चे को पकड़े हुए थी और दूसरे हाथ से उसकी रक्षा कर रही थी। एकाएक बलिष्ठ ठाकुर ने उसे इतनी ज़ोर से धक्का दिया कि बालक उसके हाथ से छूटकर ज़मीन पर गिर पड़ा; मगर वह न रोया, न बोला, न साँस ली, सुखिया भी गिर पड़ी थी। सँभलकर बच्चे को उठाने लगी, तो उसके मुख पर नज़र पड़ी। ऐसा जान पड़ा मानो पानी में परछाईं हो। उसके मुँह से एक चीख़ निकल गई। बच्चे का माथा छू कर देखा। सारी देह ठंडी हो गई थी। एक लम्बी साँस खींचकर वह उठ खड़ी हुई। उसकी आँखों में आँसू न आए। उसका मुख क्रोध की ज्वाला से तमतमा उठा, आँखों से अंगारे बरसने लगे। दोनों मुट्ठियाँ बँध गईं। दाँत पीसकर बोली—पापियो, मेरे बच्चे के प्राण लेकर दूर क्यों खड़े हो? मुझे भी क्यों नहीं उसी के साथ मार डालते? मेरे छू लेने से ठाकुर जी को छूत लग गई? पारस को छू कर लोहा सोना हो जाता है, पारस लोहा नहीं हो सकता। मेरे छूने से ठाकुर जी अपवित्र हो जाएँगे! मुझे बनाया, तो छूत नहीं लगी? लो, अब कभी ठाकुर जी को छूने नहीं आऊँगी। ताले में बन्द रखो, पहरा बैठा दो। हाय, तुम्हें दया छू भी नहीं गई! तुम इतने कठोर हो! बाल-बच्चेवाले होकर भी तुम्हें एक अभागिन माता पर दया न आई! तिसपर धरम के ठेकेदार बनते हो! तुम सब के सब हत्यारे हो, निपट हत्यारे हो। डरो मत, मैं थाना-पुलिस नहीं जाऊँगी। मेरा न्याय भगवान् करेंगे, अब उन्हीं के दरबार में फ़रियाद करूँगी।

किसी ने चूँ न की, कोई मिनमिनाया तक नहीं। पाषाण-मूर्तियों की भाँति सब के सब सिर झुकाए खड़े रहे।

इतनी देर में सारा गाँव जमा हो गया था। सुखिया ने एक बार फिर बालक के मुँह की ओर देखा। मुँह से निकला—हाय मेरे लाल! फिर वह मूर्च्छित होकर गिर पड़ी। प्राण निकल गए। बच्चे के लिए प्राण दे दिए।

माता, तू धन्य है। तुझ-जैसी निष्ठा, तुझ-जैसी श्रद्धा, तुझ-जैसा विश्वास देवताओं को भी दुर्लभ है!

निमंत्रण

पंडित मोटेराम शास्त्री ने अन्दर जाकर अपने विशाल उदर पर हाथ फेरते हुए यह पद पंचम स्वर में गाया—

अजगर करे न चाकरी, पंछी करे न काम,
दास मलूका कह गये, सबके दाता राम!

सोना ने प्रफुल्लित होकर पूछा—कोई मीठी ताजी ख़बर है क्या?

शास्त्री जी ने पैंतरे बदलकर कहा—मार लिया आज। ऐसा ताक कर मारा कि चारों खाने चित्त। सारे घर का नेवता! सारे घर का। वह बढ़-बढ़कर हाथ मारूँगा कि देखने वाले दंग रह जाएँगे। उदर महाराज अभी से अधीर हो रहे हैं।

सोना—कहीं पहले की भाँति अब की भी धोखा न हो। पक्का-पोढ़ा कर लिया है न?

मोटेराम ने मूँछें ऐंठते हुए कहा—ऐसा असगुन मुँह से न निकालो। बड़े जप-तप के बाद यह शुभ दिन आया है। जो तैयारियाँ करनी हों, कर लो।

सोना—वह तो करूँगी ही। क्या इतना भी नहीं जानती? जन्म भर घास थोड़े ही खोदती रही हूँ; मगर है घर भर का न?

मोटेराम—अब और कैसे कहूँ; पूरे घर भर का है। इसका अर्थ समझ में न आया हो, तो मुझसे पूछो। विद्वानों की बात समझना सबका काम नहीं। मगर उनकी बात सभी समझ लें, तो उनकी विद्वत्ता का महत्त्व ही क्या रहे; बताओ, क्या समझीं? मैं इस समय बहुत ही सरल भाषा में बोल रहा हूँ; मगर तुम नहीं समझ सकीं। बताओ, विद्वत्ता किसे कहते हैं? महत्त्व ही का अर्थ बताओ। घर भर का निमंत्रण देना क्या दिल्लगी है? हाँ, ऐसे अवसर पर विद्वान लोग राजनीति से काम लेते हैं और उसका वही आशय निकालते हैं, जो अपने अनुकूल हो। मुरादापुर की रानी साहब सात ब्राह्मणों को इच्छापूर्ण भोजन कराना चाहती हैं। कौन-कौन महाशय मेरे साथ जाएँगे, यह निर्णय करना मेरा काम है। अलगूराम शास्त्री, बेनीराम शास्त्री, छेदीराम शास्त्री, भवानीराम शास्त्री, फेकूराम शास्त्री, मोटेराम शास्त्री आदि जब इतने आदमी अपने घर ही में हैं, तब बाहर कौन ब्राह्मणों को खोजने जाए।

सोना—और सातवाँ कौन है?

मोटे.—बुद्धि दौड़ाओ।

सोना—एक पत्तल घर लेते आना।

मोटे.—फिर वही बात कही, जिसमें बदनामी हो। छिः छिः! पत्तल घर लाऊँ। उस पत्तल में वह स्वाद कहाँ जो जजमान के घर पर बैठकर भोजन करने में है। सुनो, सातवें महाशय हैं—पंडित सोनाराम शास्त्री।

सोना—चलो, दिल्लगी करते हो। भला, मैं कैसे जाऊँगी?

मोटे.—ऐसे ही कठिन अवसरों पर तो विद्या की आवश्यकता पड़ती है। विद्वान आदमी अवसर को अपना सेवक बना लेता है, मूर्ख अपने भाग्य को रोता है। सोनादेवी और सोनाराम शास्त्री में क्या अन्तर है, जानती हो? केवल परिधान का। परिधान का अर्थ समझती हो? परिधान 'पहनाव' को कहते हैं। इसी साड़ी को मेरी तरह बाँध लो, मेरी मिरजई पहन लो, ऊपर से चादर ओढ़ लो। पगड़ी मैं बाँध दूँगा। फिर कौन पहचान सकता है?

सोना ने हँसकर कहा—मुझे तो लाज लगेगी।

मोटे.—तुम्हें करना ही क्या है? बातें तो हम करेंगे।

सोना ने मन ही मन आनेवाले पदार्थों का आनन्द लेकर कहा—बड़ा मज़ा होगा!

मोटे.—बस, अब विलम्ब न करो। तैयारी करो, चलो।

सोना—कितनी फंकी बना लूँ?

मोटे.—यह मैं नहीं जानता। बस, यही आदर्श सामने रखो कि अधिक से अधिक लाभ हो।

सहसा सोनादेवी को एक बात याद आ गई। बोली—अच्छा, इन बिछुओं को क्या करूँगी?

मोटेराम ने त्योरी चढ़ा कर कहा—इन्हें उठाकर रख देना, और क्या करोगी?

सोना—हाँ जी, क्यों नहीं। उतारकर रख क्यों न दूँगी?

मोटे.—तो क्या तुम्हारे बिछुए पहने ही से मैं जी रहा हूँ? जीता हूँ पौष्टिक पदार्थों के सेवन से। तुम्हारे बिछुओं के पुण्य से नहीं जीता।

सोना—नहीं भाई, मैं बिछुए न उतारूँगी।

मोटेराम ने सोचकर कहा—अच्छा, पहने चलो, कोई हानि नहीं। गोवर्द्धनधारी यह बाधा भी हर लेंगे। बस, पाँव में बहुत-से कपड़े लपेट लेना। मैं कह दूँगा, इन पंडित जी को फीलपाँव हो गया। क्यों, कैसी सूझी?

पंडिताइन ने पतिदेव को प्रशंसा-सूचक नेत्रों से देखकर कहा—जन्म भर पढ़ा नहीं है?

2

संध्या-समय पंडित जी ने पाँचों पुत्रों को बुलाया और उपदेश देने लगे—पुत्रो, कोई काम करने के पहले ख़ूब सोच-समझ लेना चाहिए कि कैसा क्या होगा। मान लो, रानी साहब ने तुम लोगों का पता-ठिकाना पूछना आरम्भ किया, तो तुम लोग क्या उत्तर दोगे? यह तो महान् मूर्खता होगी कि तुम सब मेरा नाम लो। सोचो, कितने कलंक और लज्जा की बात होगी कि मुझ-जैसा विद्वान् केवल भोजन के लिए इतना बड़ा कुचक्र रचे। इसलिए तुम सब थोड़ी देर के लिए भूल जाओ कि मेरे पुत्र हो। कोई मेरा नाम न बतलाए। संसार में नामों की कमी नहीं, कोई अच्छा-सा नाम चुन कर बता देना। पिता का नाम बदल देने से कोई गाली नहीं लगती। यह कोई अपराध नहीं।

अलगू—आप ही बता दीजिए।

मोटे.—अच्छी बात है, बहुत अच्छी बात है। हाँ, इतने महत्त्व का काम मुझे स्वयं करना चाहिए। अच्छा सुनो—अलगूराम के पिता का नाम है पंडित केशव पाँड़े, ख़ूब याद कर लो। बेनीराम के पिता का नाम पंडित मंगरू ओझा, ख़ूब याद रखना। छेदीराम के पिता हैं पंडित दमड़ी तिवारी, भूलना नहीं। भवानी, तुम गंगू पाँड़े बतलाना, ख़ूब याद कर लो। अब रहे फेकूराम, तुम बेटा बतलाना सेतूराम पाठक। हो गए सब! हो गया सबका नामकरण! अच्छा अब मैं परीक्षा लूँगा। होशियार रहना। बोलो अलगू, तुम्हारे पिता का क्या नाम है?

अलगू—पंडित केशव पाँड़े।

'बेनीराम, तुम बताओ।'

'दमड़ी तिवारी।'

छेदी.—यह तो मेरे पिता का नाम है।

बेनी.—मैं तो भूल गया।

मोटे.—भूल गए! पंडित के पुत्र होकर तुम एक नाम भी नहीं याद कर सकते। बड़े दुःख की बात है। मुझे पाँचों नाम याद हैं, तुम्हें एक नाम भी याद नहीं? सुनो, तुम्हारे पिता का नाम है पंडित मँगरू ओझा।

पंडित जी लड़कों की परीक्षा ले ही रहे थे कि उनके परम मित्र पंडित चिन्तामणि ने द्वार पर आवाज़ दी। पंडित मोटेराम ऐसे घबराए कि सिर-पैर की सुधि न रही। लड़कों को भगाना ही चाहते थे कि पंडित चिन्तामणि अन्दर चले आए। दोनों सज्जनों में बचपन से गाढ़ी मैत्री थी। दोनों बहुधा साथ-साथ भोजन करने जाया करते थे, और यदि पंडित मोटेराम अव्वल रहते, तो पंडित चिन्तामणि के द्वितीय पद में कोई बाधक न हो सकता था; पर आज मोटेराम

जी अपने मित्र को साथ नहीं ले जाना चाहते थे। उनको साथ ले जाना, अपने घरवालों में से किसी एक को छोड़ देना था और इतना महान् आत्मत्याग करने के लिए वे तैयार न थे।

चिन्तामणि ने यह समारोह देखा, तो प्रसन्न होकर बोले—क्यों भाई, अकेले ही अकेले! मालूम होता है, आज कहीं गहरा हाथ मारा है।

मोटेराम ने मुँह लटका कर कहा—कैसी बातें करते हो, मित्र! ऐसा तो कभी नहीं हुआ कि मुझे कोई अवसर मिला हो और मैंने तुम्हें सूचना न दी हो। कदाचित् कुछ समय ही बदल गया, या किसी ग्रह का फेर है। कोई झूठ को भी नहीं बुलाता।

पंडित चिन्तामणि ने अविश्वास के भाव से कहा—कोई न कोई बात तो मित्र अवश्य है, नहीं तो ये बालक क्यों जमा हैं?

मोटे.—तुम्हारी इन्हीं बातों पर मुझे क्रोध आता है। लड़कों की परीक्षा ले रहा हूँ। ब्राह्मण के लड़के हैं, चार अक्षर पढ़े बिना इनको कौन पूछेगा?

चिन्तामणि को अब भी विश्वास न आया। उन्होंने सोचा—लड़कों से ही इस बात का पता लग सकता है। फेकूराम सबसे छोटा था। उसी से पूछा—क्या पढ़ रहे हो बेटा! हमें भी सुनाओ। मोटेराम ने फेकूराम को बोलने का अवसर न दिया। डरे कि यह तो सारा भंडा फोड़ देगा। बोले—अभी यह क्या पढ़ेगा। दिन भर खेलता है। फेकूराम इतना बड़ा अपराध अपने नन्हे-से सिर पर क्यों लेता। बाल-सुलभ गर्व से बोला—हमको तो याद है, पंडित सेतूराम पाठक। हम याद भी कर लें, तिसपर भी कहते हैं, हरदम खेलता है!

यह कहते हुए रोना शुरू किया।

चिन्तामणि ने बालक को गले लगा लिया और बोले—नहीं बेटा, तुमने अपना पाठ सुना दिया है। तुम ख़ूब पढ़ते हो। यह सेतूराम पाठक कौन है, बेटा?

मोटेराम ने बिगड़कर कहा—तुम भी लड़कों की बातों में आते हो। सुन लिया होगा किसी का नाम। (फेकू से) जा, बाहर खेल।

चिन्तामणि अपने मित्र की घबराहट देखकर समझ गए कि कोई न कोई रहस्य अवश्य है। बहुत दिमाग़ लड़ाने पर भी सेतूराम पाठक का आशय उनकी समझ में न आया। अपने परम मित्र की इस कुटिलता पर मन में दुखित होकर बोले—अच्छा, आप पाठ पढ़ाइए और परीक्षा लीजिए। मैं जाता हूँ। तुम इतने स्वार्थी हो, इसका मुझे गुमान तक न था। आज तुम्हारी मित्रता की परीक्षा हो गई।

पंडित चिन्तामणि बाहर चले गए। मोटेरामजी के पास उन्हें मनाने के लिए समय न था। फिर परीक्षा लेने लगे।

सोना ने कहा—मना लो, मना लो। रूठे जाते हैं। फिर परीक्षा लेना।

मोटे.—जब कोई काम पड़ेगा, मना लूँगा। निमंत्रण की सूचना पाते ही इनका सारा क्रोध शान्त हो जाएगा! हाँ भवानी, तुम्हारे पिता का क्या नाम है, बोलो।

भवानी—गंगू पाँड़े।

मोटे.—और तुम्हारे पिता का नाम, फेकू?

फेकू—बता तो दिया, उस पर कहते हैं, पढ़ता नहीं!

मोटे.—हमें भी बता दो।

फेकू—सेतूराम पाठक तो है।

मोटे.—बहुत ठीक, हमारा लड़का बड़ा राजा है। आज तुम्हें अपने साथ बैठाएँगे और सबसे अच्छा माल तुम्हीं को खिलाएँगे।

सोना—हमें भी कोई नाम बता दो।

मोटेराम ने रसिकता से मुस्कुराकर कहा—तुम्हारा नाम है पंडित मोहनसरूप सुकुल।

सोनादेवी ने लजा कर सिर झुका दिया।

3

सोनादेवी तो लड़कों को कपड़े पहनाने लगीं। उधर फेकू आनन्द की उमंग में घर से बाहर निकला। पंडित चिन्तामणि रूठ कर तो चले थे; पर कुतूहलवश अभी तक द्वार पर दुबके खड़े थे। इन बातों की भनक इतनी देर में उनके कानों में पड़ी, उससे यह तो ज्ञात हो गया कि कहीं निमंत्रण है; पर कहाँ है, कौन-कौन से लोग निमंत्रित हैं, यह ज्ञात न हुआ था। इतने में फेकू बाहर निकला, तो उन्होंने उसे गोद में उठा लिया और बोले—कहाँ नेवता है, बेटा?

अपनी जान में तो उन्होंने बहुत धीरे से पूछा था; पर न-जाने कैसे पंडित मोटेराम के कान में भनक पड़ गई। तुरन्त बाहर निकल आए। देखा, तो चिन्तामणि जी फेकू को गोद में लिए कुछ पूछ रहे हैं। लपककर लड़के का हाथ पकड़ लिया और चाहा कि उसे अपने मित्र की गोद से छीन लें; मगर चिन्तामणि जी को अभी अपने प्रश्न का उत्तर न मिला था। अतएव वे लड़के का हाथ छुड़ा कर उसे लिए हुए अपने घर की ओर भागे। मोटेराम भी यह कहते हुए उनके पीछे दौड़े—उसे क्यों लिए जाते हो? धूर्त कहीं का, दुष्ट! चिन्तामणि, मैं कहे देता हूँ, इसका नतीजा अच्छा न होगा; फिर कभी किसी निमंत्रण में न ले जाऊँगा। भला चाहते हो, तो उसे उतार दो...। मगर चिन्तामणि ने एक न सुनी। भागते ही चले गए। उनकी देह अभी सँभाल के बाहर न हुई थी; दौड़ सकते थे; मगर मोटेराम जी को एक-एक पग आगे बढ़ना दुस्तर हो गया था। भैंसे की भाँति हाँफते थे और नाना प्रकार के विशेषणों का प्रयोग करते दुलकी चाल से चले जाते थे। और यद्यपि प्रतिक्षण अन्तर बढ़ता जाता था; और पीछा न छोड़ते थे। अच्छी घुड़दौड़ थी। नगर के दो महात्मा दौड़ते हुए ऐसे जान पड़ते थे, मानो दो गैंडे चिड़ियाघर से भाग आए हों। सैकड़ों आदमी तमाशा देखने लगे। कितने ही बालक उनके पीछे तालियाँ बजाते हुए दौड़े। कदाचित् यह दौड़ पंडित चिन्तामणि के घर पर ही समाप्त होती; पर पंडित मोटेराम धोती के ढीली हो जाने के कारण उलझ कर गिर पड़े। चिन्तामणि ने पीछे फिर कर यह दृश्य देखा, तो रुक गए और फेकूराम से पूछा—क्यों बेटा, कहाँ नेवता है?

फेकू—बता दें, तो हमें मिठाई दोगे न?

चिन्ता.—हाँ, दूँगा; बताओ।

फेकू—रानी के यहाँ।

चिन्ता.—कहाँ की रानी।

फेकू—यह मैं नहीं जानता। कोई बड़ी रानी है।

नगर में कई बड़ी-बड़ी रानियाँ थीं। पंडित जी ने सोचा, सभी रानियों के द्वार पर चक्कर लगाऊँगा। जहाँ भोज होगा, वहाँ कुछ भीड़-भाड़ होगी ही, पता चल जाएगा। यह निश्चय

करके वे लौट पड़े। सहानुभूति प्रकट करने में अब कोई बाधा न थी। मोटेराम जी के पास आए, तो देखा कि वे पड़े कराह रहे हैं। उठने का नाम नहीं लेते। घबराकर पूछा—गिर कैसे पड़े मित्र, यहाँ कहीं गड्ढा भी तो नहीं है!

मोटे.—तुमसे क्या मतलब! तुम लड़के को ले जाओ, जो कुछ पूछना चाहो, पूछो।

चिन्ता.—मैं यह कपट-व्यवहार नहीं करता। दिल्लगी की थी, तुम बुरा मान गए। ले उठ तो बैठ राम का नाम लेके। मैं सच कहता हूँ, मैंने कुछ नहीं पूछा।

मोटे.—चल झूठा।

चिन्ता.—जनेऊ हाथ में लेकर कहता हूँ।

मोटे.—तुम्हारी शपथ का विश्वास नहीं।

चिन्ता.—तुम मुझे इतना धूर्त समझते हो?

मोटे.—इससे कहीं अधिक। तुम गंगा में डूब कर शपथ खाओ, तो भी मुझे विश्वास न आए।

चिन्ता.—दूसरा यह बात कहता, तो मूँछ उखाड़ लेता।

मोटे.—तो फिर आ जाओ!

चिन्ता.—पहले पंडिताइन से पूछ आओ।

मोटेराम यह भस्मक व्यंग्य न सह सके। चट उठ बैठे और पंडित चिन्तामणि का हाथ पकड़ लिया। दोनों मित्रों में मल्ल-युद्ध होने लगा। दोनों हनुमान जी की स्तुति कर रहे थे और इतने ज़ोर से गरज-गरजकर मानो सिंह दहाड़ रहे हों। बस ऐसा जान पड़ता था, मानो दो पीपे आपस में टकरा रहे हों।

मोटे.—महाबली विक्रम बजरंगी।

चिन्ता.—भूत-पिशाच निकट नहिं आवे।

मोटे.—जय-जय-जय हनुमान गोसाईं।

चिन्ता.—प्रभु, रखिए लाज हमारी।

मोटे.—(बिगड़कर) यह हनुमान-चालीसा में नहीं है।

चिन्ता.—यह हमने स्वयं रचा है। क्या तुम्हारी तरह की यह रटंत विद्या है! जितना कहो, उतना रच दें।

मोटे.—अबे, हम रचने पर आ जाएँ तो एक दिन में एक लाख स्तुतियाँ रच डालें; किन्तु इतना अवकाश किसे है।

दोनों महात्मा अलग खड़े होकर अपने-अपने रचना-कौशल की डींगें मार रहे थे। मल्ल-युद्ध शास्त्रार्थ का रूप धारण करने लगा, जो विद्वानों के लिए उचित है! इतने में किसी ने चिन्तामणि के घर जाकर कह दिया कि पंडित मोटेराम और चिन्तामणि जी में बड़ी लड़ाई हो रही है। चिन्तामणि जी तीन महिलाओं के स्वामी थे। कुलीन ब्राह्मण थे, पूरे बीस बिस्वे। उस पर विद्वान् भी उच्चकोटि के, दूर-दूर तक यजमानी थी। ऐसे पुरुषों को सब अधिकार है। कन्या के साथ-साथ जब प्रचुर दक्षिणा भी मिलती हो, तब कैसे इनकार किया जाए। इन तीनों महिलाओं का सारे मुहल्ले में आतंक छाया हुआ था। पंडित जी ने उनके नाम बहुत ही रसीले रखे थे। बड़ी स्त्री को 'अमिरती', मँझली को 'गुलाबजामुन' और छोटी को 'मोहनभोग' कहते थे; पर मुहल्ले वालों के लिए तीनों महिलाएँ त्रयताप से कम न थीं। घर में नित्य आँसुओं

की नदी बहती रहती—ख़ून की नदी तो पंडित जी ने भी कभी नहीं बहाई, अधिक से अधिक शब्दों की ही नदी बहाई थी; पर मजाल न थी कि बाहर का आदमी किसी को कुछ कह जाए। संकट के समय तीनों एक हो जाती थीं। यह पंडित जी के नीति-चातुर्य का सुफल था। ज्यों ही ख़बर मिली कि पंडित चिन्तामणि पर संकट पड़ा हुआ है, तीनों त्रिदोष की भाँति कुपित होकर घर से निकलीं और उनमें जो अन्य दोनों-जैसी मोटी नहीं थी, सबसे पहले समरभूमि में जा पहुँची। पंडित मोटेराम जी ने उसे आते देखा, तो समझ गए कि अब कुशल नहीं। अपना हाथ छुड़ा कर बगटुट भागे, पीछे फिर कर भी न देखा। चिन्तामणि जी ने बहुत ललकारा; पर मोटेराम के क़दम न रुके।

चिन्ता.—अजी, भागे क्यों? ठहरो, कुछ मज़ा तो चखते जाओ।

मोटे.—मैं हार गया, भाई, हार गया।

चिन्ता.—अभी, कुछ दक्षिणा तो लेते जाओ।

मोटेराम ने भागते हुए कहा—दया करो, भाई, दया करो।

4

आठ बजते-बजते पंडित मोटेराम ने स्नान और पूजा करके कहा—अब विलम्ब नहीं करना चाहिए, फंकी तैयार है न?

सोना—फंकी लिए तो कब से बैठी हूँ, तुम्हें तो जैसे किसी बात की सुधि ही नहीं रहती। रात को कौन देखता है कि कितनी देर तक पूजा करते हो।

मोटे.—मैं तुमसे एक नहीं, हज़ार बार कह चुका कि मेरे कामों में मत बोला करो। तुम नहीं समझ सकतीं कि मैंने इतना विलम्ब क्यों किया। तुम्हें ईश्वर ने इतनी बुद्धि ही नहीं दी। जल्दी जाने से अपमान होता है। यजमान समझता है, लोभी है, भुक्खड़ है। इसलिए चतुर लोग विलम्ब किया करते हैं, जिससे यजमान समझे कि पंडित जी को इसकी सुधि ही नहीं है, भूल गए होंगे। बुलाने को आदमी भेजें। इस प्रकार जाने में जो मान-महत्त्व है, वह मरभुखों की तरह जाने में क्या कभी हो सकता है? मैं बुलाने की प्रतीक्षा कर रहा हूँ। कोई न कोई आता ही होगा। लाओ थोड़ी फंकी। बालकों को खिला दी है न?

सोना—उन्हें तो मैंने साँझ ही को खिला दी थी।

मोटे.—कोई सोया तो नहीं?

सोना—आज भला कौन सोएगा? सब भूख-भूख चिल्ला रहे थे, तो मैंने एक पैसे का चबेना मँगवा दिया। सब के सब ऊपर बैठे खा रहे हैं। सुनते नहीं हो, मार-पीट हो रही है।

मोटेराम ने दाँत पीस कर कहा—जी चाहता है कि तुम्हारी गरदन पकड़कर ऐंठ दूँ। भला, इस बेला चबेना मँगाने का क्या काम था? चबेना खा लेंगे, तो वहाँ क्या तुम्हारा सिर खाएँगे? छि: छि:! ज़रा भी बुद्धि नहीं!

सोना ने अपराध स्वीकार करते हुए कहा—हाँ, भूल तो हुई; पर सब के सब इतना कोलाहल मचाए हुए थे कि सुना नहीं जाता था।

मोटे.—रोते ही थे न, रोने देती। रोने से उनका पेट न भरता; बल्कि और भूख खुल जाती।

सहसा एक आदमी ने बाहर से आवाज़ दी—पंडित जी, महारानी बुला रही हैं, और लोगों को लेकर जल्दी चलो।

पंडित जी ने पत्नी की ओर गर्व से देखकर कहा—देखा, इसे निमंत्रण कहते हैं। अब तैयारी करनी चाहिए।

बाहर आकर पंडित जी ने उस आदमी से कहा—तुम एक क्षण और न आते, तो मैं कथा सुनाने चला गया होता। मुझे बिलकुल याद न थी। चलो, हम बहुत शीघ्र आते हैं।

5

नौ बजते-बजते पंडित मोटेराम बाल-गोपाल सहित रानी साहब के द्वार पर जा पहुँचे। रानी बड़ी विशालकाय एवं तेजस्विनी महिला थीं। इस समय वे कारचोबीदार तकिया लगाए तख़्त पर बैठी हुई थीं। दो आदमी हाथ बाँधे पीछे खड़े थे। बिजली का पंखा चल रहा था। पंडित जी को देखते ही रानी ने तख़्त से उठकर चरण-स्पर्श किया और इस बालक-मंडल को देखकर मुस्कुराती हुई बोलीं—इन बच्चों को आप कहाँ से पकड़ लाए?

मोटे.—करता क्या? सारा नगर छान मारा; किसी पंडित ने आना स्वीकार न किया। कोई किसी के यहाँ निमंत्रित है, कोई किसी के यहाँ। तब तो मैं बहुत चकराया। अन्त में मैंने उनसे कहा—अच्छा, आप नहीं चलते तो हरि इच्छा; लेकिन ऐसा कीजिए कि मुझे लज्जित न होना पड़े। तब ज़बरदस्ती प्रत्येक के घर से जो बालक मिला, उसे पकड़ लाना पड़ा। क्यों फेकूराम, तुम्हारे पिताजी का क्या नाम है?

फेकूराम ने गर्व से कहा—पंडित सेतूराम पाठक।

रानी—बालक तो बड़ा होनहार है।

और बालकों को भी उत्कंठा हो रही थी कि हमारी भी परीक्षा ली जाए; लेकिन जब पंडित जी ने उनसे कोई प्रश्न न किया और उधर रानी ने फेकूराम की प्रशंसा कर दी, तब तो वे अधीर हो उठे। भवानी बोला—मेरे पिता का नाम है पंडित गंगू पाँड़े।

छेदी बोला—मेरे पिता का नाम है दमड़ी तिवारी!

बेनीराम ने कहा—मेरे पिता का नाम है पंडित मँगरू ओझा।

अलगूराम समझदार था। चुपचाप खड़ा रहा। रानी ने उससे पूछा—तुम्हारे पिता का क्या नाम है, जी?

अलगूराम को इस वक़्त पिता का निर्दिष्ट नाम याद न आया। न यही सूझा कि कोई और नाम ले ले। हतबुद्धि-सा खड़ा रहा। पंडित मोटेराम ने जब उसकी ओर दाँत पीस कर देखा, तब रहा-सहा हवास भी ग़ायब हो गया।

फेकूराम ने कहा—हम बता दें। भैया भूल गए।

रानी ने आश्चर्य से पूछा—क्या अपने पिता का नाम भूल गया? यह तो विचित्र बात देखी।

मोटेराम ने अलगू के पास जाकर कहा—क से है। अलगूराम बोल उठा—केशव पाँड़े।

रानी—तो अब तक क्यों चुप था?

मोटे.—कुछ ऊँचा सुनता है, सरकार।

रानी—मैंने सामान तो बहुत-सा मँगवाया है। सब ख़राब होगा। लड़के क्या खाएँगे!

मोटे.—सरकार इन्हें बालक न समझें। इनमें जो सबसे छोटा है, यह दो पत्तल खाकर उठेगा।

6

जब सामने पत्तलें पड़ गईं और भंडारी चाँदी की थालों में एक से एक उत्तम पदार्थ ला-ला कर परसने लगा, तब पंडित मोटेराम जी की आँखें खुल गईं। उन्हें आए-दिन निमंत्रण मिलते रहते थे। पर ऐसे अनुपम पदार्थ कभी सामने न आए थे। घी की ऐसी सोंधी सुगंध उन्हें कभी न मिली थी। प्रत्येक वस्तु से केवड़े और गुलाब की लपटें उड़ रही थीं। घी टपक रहा था। पंडित जी ने सोचा—ऐसे पदार्थों से कभी पेट भर सकता है! मनों खा जाऊँ, फिर भी और खाने को जी चाहे। देवतागण इनसे उत्तम और कौन-से पदार्थ खाते होंगे? इनसे उत्तम पदार्थों की तो कल्पना भी नहीं हो सकती।

पंडित जी को इस वक़्त अपने परममित्र पंडित चिन्तामणि की याद आई। अगर वे होते, तो रंग जम जाता। उनके बिना रंग फीका रहेगा। यहाँ दूसरा कौन है जिससे लाग-डाँट करूँ। लड़के दो-दो पत्तलों में चें बोल जाएँगे। सोना कुछ साथ देगी; मगर कब तब! चिन्तामणि के बिना रंग न गठेगा। वे मुझे ललकारेंगे, मैं उन्हें ललकारूँगा। उस उमंग में पत्तलों की कौन गिनती। हमारी देखा-देखी लड़के भी डट जाएँगे। ओह, बड़ी भूल हो गई। यह ख़याल मुझे पहले न आया। रानी साहब से कहूँ, बुरा तो न मानेंगी। उँह! जो कुछ हो, एक बार ज़ोर तो लगाना ही चाहिए। तुरन्त खड़े होकर रानी साहब से बोले—सरकार! आज्ञा हो, तो कुछ कहूँ।

रानी—कहिए, कहिए महाराज, क्या किसी वस्तु की कमी है?

मोटे.—नहीं सरकार, किसी बात की नहीं। ऐसे उत्तम पदार्थ तो मैंने कभी देखे भी न थे। सारे नगर में आपकी कीर्ति फैल जाएगी। मेरे एक परममित्र पंडित चिन्तामणि जी हैं, आज्ञा हो तो उन्हें भी बुला लूँ। बड़े विद्वान् कर्मनिष्ठ ब्राह्मण हैं। उनके जोड़ का इस नगर में दूसरा नहीं है। मैं उन्हें निमंत्रण देना भूल गया। अभी सुधि आई।

रानी—आपकी इच्छा हो, तो बुला लीजिए, मगर आने-जाने में देर होगी और भोजन परोस दिया गया है।

मोटे.—मैं अभी आता हूँ, सरकार, दौड़ता हुआ जाऊँगा।

रानी—मेरी मोटर ले लीजिए।

जब पंडितजी चलने को तैयार हुए, तब सोना ने कहा—तुम्हें आज क्या हो गया है, जी! उसे क्यों बुला रहे हो?

मोटे.—कोई साथ देनेवाला भी तो चाहिए?

सोना—मैं क्या तुमसे दब जाती?

पंडित जी ने मुस्कुराकर कहा—तुम जानतीं नहीं, घर की बात और है; दंगल की बात और है। पुराना खिलाड़ी मैदान में जाकर जितना नाम करेगा, उतना नया पट्ठा नहीं कर सकता। वहाँ बल का काम नहीं, साहस का काम है। बस, यहाँ भी वही हाल समझो। झंडे गाड़ दूँगा। समझ लेना।

सोना—कहीं लड़के सो जाएँ तो?

मोटे.—और भूख खुल जाएगी। जगा तो मैं लूँगा।

सोना—देख लेना, आज वह तुम्हें पछाड़ देगा। उसके पेट में तो शनीचर है।

मोटे.—बुद्धि की सर्वत्र प्रधानता रहती है। यह न समझो कि भोजन करने की कोई विद्या ही नहीं। इसका भी एक शास्त्र है, जिसे मथुरा के शनिचरानंद महाराज ने रचा है। चतुर आदमी

थोड़ी-सी जगह में गृहस्थी का सब सामान रख देता है। अनाड़ी बहुत-सी जगह में भी यही सोचता है कि कौन वस्तु कहाँ रखूँ। गँवार आदमी पहले से ही हबक-हबक कर खाने लगता है और चट एक लोटा पानी पी कर अफर जाता है। चतुर आदमी बड़ी सावधानी से खाता है, उसको कौर नीचे उतारने के लिए पानी की आवश्यकता नहीं पड़ती। देर तक भोजन करते रहने से वह सुपाच्य भी हो जाता है। चिन्तामणि मेरे सामने क्या ठहरेगा।

7

चिन्तामणि जी अपने आँगन में उदास बैठे हुए थे। जिस प्राणी को वह अपना परमहितैषी समझते थे, जिसके लिए वे अपने प्राण तक देने को तैयार रहते थे, उसी ने आज उनके साथ बेवफाई की। बेवफाई ही नहीं की, उन्हें उठा करके दे मारा। पंडित मोटेराम के घर से तो कुछ जाता न था। अगर वे चिन्तामणि जी को साथ ले जाते, तो क्या रानी साहब उन्हें दुत्कार देतीं? स्वार्थ के आगे कौन किसको पूछता है? उन अमूल्य पदार्थों की कल्पना करके चिन्तामणि के मुँह से लार टपकी पड़ती थी। अब सामने पत्तर आ गई होगी! अब थालों में अमिरतियाँ लिये भंडारी जी आए होंगे! ओहो। कितनी सुन्दर, कोमल, कुरकुरी, रसीली अमिरतियाँ होंगी! अब बेसन के लड्डू आए होंगे। ओहो, कितने सुडौल, मेवों से भरे हुए, घी से तरातर लड्डू होंगे, मुँह में रखते ही घुल जाते होंगे, जीभ भी न डुलानी पड़ती होगी। अहा! अब मोहनभोग आया होगा! हाय रे दुर्भाग्य! मैं यहाँ पड़ा सड़ रहा हूँ और वहाँ यह बहार! बड़े निर्दयी हो मोटेराम, तुमसे इस निष्ठुरता की आशा न थी।

अमिरतीदेवी बोलीं—तुम इतना दिल छोटा क्यों करते हो? पितृपक्ष तो आ ही रहा है, ऐसे-ऐसे न जाने कितने आएँगे।

चिन्तामणि—आज किसी अभागे का मुँह देखकर उठा था। लाओ तो पत्रा, देखूँ, कैसा मुहूर्त है। अब नहीं रहा जाता। सारा नगर छान डालूँगा, कहीं तो पता चलेगा, नासिका तो दाहिनी चल रही है।

एकाएक मोटर की आवाज़ आई। उसके प्रकाश से पंडित जी का सारा घर जगमगा उठा। वे खिड़की से झाँकने लगे, तो मोटेराम को मोटर से उतरते देखा। एक लम्बी साँस लेकर चारपाई पर गिर पड़े। मन में कहा कि दुष्ट भोजन करके अब यहाँ मुझसे बखान करने आया है।

अमिरतीदेवी ने पूछा—कौन है डाढ़ीजार, इतनी रात को जगावत है?

मोटे.—हम हैं हम! गाली न दो!

अमिरती—अरे दुर मुँहझौंसे, तैं कौन है! कहते हैं, हम हैं हम! को जाने तैं कौन है?

मोटे.—अरे हमारी बोली नहीं पहचानती हो? ख़ूब पहचान लो। हम हैं, तुम्हारे देवर।

अमिरती—ऐ दुर, तोरे मुँह में का लागे। तोर लहास उठे। हमार देवर बनत है, डाढ़ीजार।

मोटे.—अरे हम हैं मोटेराम शास्त्री। क्या इतना भी नहीं पहचानती? चिन्तामणि घर में हैं?

अमिरती ने किवाड़ खोल दिया और तिरस्कार-भाव से बोली—अरे तुम थे, तो नाम क्यों नहीं बताते थे? जब इतनी गालियाँ खा लीं, तो बोल निकला। क्या है, क्या?

मोटे.—कुछ नहीं; चिन्तामणि जी को शुभ-संवाद देने आया हूँ। रानी साहब ने उन्हें याद किया है।

अमिरती—भोजन के बाद बुलाकर क्या करेंगी?

मोटे.—अभी भोजन कहाँ हुआ है! मैंने जब इनकी विद्या, कर्मनिष्ठा, सद्विचार की प्रशंसा की, तब मुग्ध हो गईं। मुझसे कहा कि उन्हें मोटर पर लाओ! क्या सो गए?

चिन्तामणि चारपाई पर पड़े-पड़े सुन रहे थे। जी में आता था, चलकर मोटेराम के चरणों पर गिर पड़ूँ। उनके विषय में अब तक जितने कुत्सित विचार उठे थे, सब लुप्त हो गए। ग्लानि का आविर्भाव हुआ। रोने लगे।

'अरे भाई, आते हो या सोते ही रहोगे!'—यह कहते हुए मोटेराम उनके सामने जाकर खड़े हो गए।

चिन्ता.—तब क्यों न ले गए? जब इतनी दुर्दशा कर लिए; तब आए। अभी तक पीठ में दर्द हो रहा है।

मोटे.—अजी, वह तर-माल खिलाऊँगा कि सारा दर्द-वर्द भाग जाएगा, तुम्हारे यजमानों को भी ऐसे पदार्थ मयस्सर न हुए होंगे! आज तुम्हें बद कर पछाड़ूँगा?

चिन्ता.—तुम बेचारे मुझे क्या पछाड़ोगे। सारे शहर में तो कोई ऐसा माई का लाल दिखाई नहीं देता। हमें शनीचर का इष्ट है।

मोटे.—अजी, यहाँ बरसों तपस्या की है। भंडारे का भंडारा साफ़ कर दें और इच्छा ज्यों की त्यों बनी रहे। बस, यही समझ लो कि भोजन करके हम खड़े नहीं रह सकते। चलना तो दूसरी बात है। गाड़ी पर लद कर आते हैं।

चिन्ता.—तो यह कौन बड़ी बात है। यहाँ तो टिकटी पर उठाकर लाए जाते हैं। ऐसी-ऐसी डकारें लेते हैं कि जान पड़ता है, बम-गोला छूट रहा है। एक बार खोपिया पुलिस ने बम-गोले के सन्देह में घर की तलाशी तक ली थी।

मोटे.—झूठ बोलते हो। कोई इस तरह नहीं डकार सकता।

चिन्ता.—अच्छा, तो आकर सुन लेना। डर कर भाग न जाओ, तो सही।

एक क्षण में दोनों मित्र मोटर पर बैठे और मोटर चली।

8

रास्ते में पंडित चिन्तामणि को शंका हुई कि कहीं ऐसा न हो कि मैं पंडित मोटेराम का पिछलग्गू समझा जाऊँ और मेरा यथेष्ट सम्मान न हो। उधर पंडित मोटेराम को भी भय हुआ कि कहीं ये महाशय मेरे प्रतिद्वंद्वी न बन जाएँ और रानी साहब पर अपना रंग जमा लें।

दोनों अपने-अपने मंसूबे बाँधने लगे। ज्यों ही मोटर रानी के भवन में पहुँची दोनों महाशय उतरे। अब मोटेराम चाहते थे कि पहले मैं रानी के पास पहुँच जाऊँ और कह दूँ कि पंडित को ले आया, और चिन्तामणि चाहते थे कि पहले मैं रानी के पास पहुँचूँ और अपना रंग जमा दूँ। दोनों क़दम बढ़ाने लगे। चिन्तामणि हल्के होने के कारण ज़रा आगे बढ़ गए, तो पंडित मोटेराम दौड़ने लगे। चिन्तामणि भी दौड़ पड़े। घुड़दौड़-सी होने लगी। मालूम होता था कि दो गैंडे भागे जा रहे हैं। अन्त में मोटेराम ने हाँफते हुए कहा—राजसभा में दौड़ते हुए जाना उचित नहीं।

चिन्ता.—तो तुम धीरे-धीरे आओ न, दौड़ने को कौन कहता है।

मोटे.—ज़रा रुक जाओ, मेरे पैर में काँटा गड़ गया है।

चिन्ता.—तो निकाल लो, तब तक मैं चलता हूँ।

मोटे.—मैं न कहता, तो रानी तुम्हें पूछती भी न!

मोटेराम ने बहुत बहाने किए, पर चिन्तामणि ने एक न सुना। भवन में पहुँचे। रानी साहब बैठी कुछ लिख रही थीं और रह-रहकर द्वार की ओर ताक लेती थीं कि सहसा पंडित चिन्तामणि उनके सामने आ खड़े हुए और यों स्तुति करने लगे—

'हे हे यशोदे, तू बालकेशव, मुरारनामा...'

रानी—क्या मतलब? अपना मतलब कहो?

चिन्ता.—सरकार को आशीर्वाद देता हूँ सरकार ने इस दास चिन्तामणि को निमंत्रित करके कितना अनुग्रसित (अनुगृहीत) किया है, उसका बखान शेषनाग अपनी सहस्त्र जिह्वा द्वारा भी नहीं कर सकते।

रानी—तुम्हारा ही नाम चिन्तामणि है? वे कहाँ रह गए—पंडित मोटेराम शास्त्री?

चिन्ता.—पीछे आ रहा है, सरकार। मेरे बराबर आ सकता है, भला! मेरा तो शिष्य है।

रानी—अच्छा, तो वे आपके शिष्य हैं!

चिन्ता.—मैं अपने मुँह से अपनी बड़ाई नहीं करना चाहता सरकार! विद्वानों को नम्र होना चाहिए; पर जो यथार्थ है, वह तो संसार जानता है। सरकार, मैं किसी से वाद-विवाद नहीं करता; यह मेरा अनुशीलन (अभीष्ट) नहीं। मेरे शिष्य भी बहुधा मेरे गुरु बन जाते हैं; पर मैं किसी से कुछ नहीं कहता। जो सत्य है, वह सभी जानते हैं।

इतने में पंडित मोटेराम भी गिरते-पड़ते हाँफते हुए आ पहुँचे और यह देखकर कि चिन्तामणि भद्रता और सभ्यता की मूर्ति बने खड़े हैं, वे देवोपम शान्ति के साथ खड़े हो गए।

रानी—पंडित चिन्तामणि बड़े साधु प्रकृति एवं विद्वान् हैं। आप उनके शिष्य हैं, फिर भी वे आपको अपना शिष्य नहीं कहते हैं।

मोटे.—सरकार, मैं इनका दासानुदास हूँ।

चिन्ता.—जगतारिणी, मैं इनका चरण-रज हूँ।

मोटे.—रिपुदलसंहारिणी, मैं इनके द्वार का कूकर हूँ।

रानी—आप दोनों सज्जन पूज्य हैं। एक से एक बढ़े हुए। चलिए, भोजन कीजिए।

9

सोनारानी बैठी पंडित मोटेराम की राह देख रही थीं। पति की इस मित्र-भक्ति पर उन्हें बड़ा क्रोध आ रहा था। बड़े लड़कों के विषय में तो कोई चिन्ता न थी, लेकिन छोटे बच्चों के सो जाने का भय था। उन्हें क़िस्से-कहानियाँ सुना-सुनाकर बहला रही थी कि भंडारी ने आकर कहा—महाराज चलो। दोनों पंडित जी आसन पर बैठ गए। फिर क्या था, बच्चे कूद-कूद कर भोजनशाला में जा पहुँचे। देखा, तो दोनों पंडित दो वीरों की भाँति आमने-सामने डटे बैठे हैं। दोनों अपना-अपना पुरुषार्थ दिखाने के लिए अधीर हो रहे थे।

चिन्ता.—भंडारी जी, तुम परोसने में बड़ा विलम्ब करते हो! क्या भीतर जाकर सोने लगते हो?

भंडारी—चुपाई मारे बैठे रहो, जौन कुछ होई, सब आय जाई। घबड़ाये का नहीं होत। तुम्हारे सिवाय और कोई जिवैया नहीं बैठा है।

मोटे.—भैया, भोजन करने के पहले कुछ देर सुगंध का स्वाद तो लो।

चिन्ता.—अजी, सुगंध गया चूल्हे में, सुगंध देवता लोग लेते हैं। अपने लोग तो भोजन करते हैं।

मोटे.—अच्छा बताओ, पहले किस चीज़ पर हाथ फेरोगे?

चिन्ता.—मैं जाता हूँ भीतर से सब चीज़ें एक साथ लिये आता हूँ।

मोटे.—धीरज धरो भैया, सब पदार्थों को आ जाने दो। ठाकुर जी का भोग तो लग जाए।

चिन्ता.—तो बैठे क्यों हो, तब तक भोग ही लगाओ। एक बाधा तो मिटे। नहीं तो लाओ, मैं चटपट भोग लगा दूँ। व्यर्थ देर करोगे।

इतने में रानी आ गईं। चिन्तामणि सावधान हो गए। रामायण की चौपाइयों का पाठ करने लगे—

रहा एक दिन अवध अधारा। समुझत मन दुख भयउ अपारा॥
कौशलेश दशरथ के जाये। हम पितु बचन मानि बन आये॥
उलटि पलटि लंका कपि जारी। कूद पड़ा तब सिंधु मझारी॥
जेहि पर जाकर सत्य सनेहू। सो तेहि मिले न कछु संदेहू॥
जामवंत के वचन सुहाये। सुनि हनुमान हृदय अति भाये॥

पंडित मोटेराम ने देखा कि चिन्तामणि का रंग जमता जाता है तो वे भी अपनी विद्वत्ता प्रकट करने को व्याकुल हो गए। बहुत दिमाग़ लड़ाया, पर कोई श्लोक, कोई मंत्र, कोई कविता याद न आई तब उन्होंने सीधे-सीधे राम-नाम का पाठ आरंभ कर दिया—

'राम भज, राम भज, राम भज रे मन'—इन्होंने इतने ऊँचे स्वर से जाप करना शुरू किया कि चिन्तामणि को भी अपना स्वर ऊँचा करना पड़ा। मोटेराम और ज़ोर से गरजने लगे। इतने में भंडारी ने कहा—महाराज, अब भोग लगाइए। यह सुनकर उस प्रतिस्पर्द्धा का अन्त हुआ। भोग की तैयारी हुई। बाल-वृंद सजग हो गया। किसी ने घंटा लिया, किसी ने घड़ियाल, किसी ने शंख, किसी ने करताल और चिन्तामणि ने आरती उठा ली। मोटेराम मन में ऐंठ कर रह गए। रानी के समीप जाने का यह अवसर उनके हाथ से निकल गया।

पर यह किसे मालूम था कि विधि-वाम उधर कुछ और ही कुटिल-क्रीड़ा कर रहा है। आरती समाप्त हो गई थी, भोजन शुरू होने को ही था कि एक कुत्ता न-जाने किधर से आ निकला। पंडित चिन्तामणि के हाथ से लड्डू थाल में गिर पड़ा। पंडित मोटेराम अचकचा कर रह गए। सर्वनाश!

चिन्तामणि ने मोटेराम से इशारे में कहा—अब क्या कहते हो, मित्र? कोई उपाय निकालो, यहाँ तो कमर टूट गई।

मोटेराम ने लम्बी साँस खींचकर कहा—अब क्या हो सकता है? यह ससुर आया किधर से?

रानी पास ही खड़ी थीं, उन्होंने कहा—अरे, कुत्ता किधर से आ गया? यह रोज़ बँधा रहता था, आज कैसे छूट गया? अब तो रसोई भ्रष्ट हो गई।

चिन्ता.—सरकार, आचार्यों ने इस विषय में...

मोटे.—कोई हर्ज़ नहीं है, सरकार, कोई हर्ज़ नहीं है!

सोना—भाग्य फूट गया। जोहत-जोहत आधी रात बीत गई, तब ई विपत्त फाट परी।

चिन्ता.—सरकार स्वान के मुख में अमृत...

मोटे.—तो अब आज्ञा हो तो चलें।

रानी—हाँ और क्या। मुझे बड़ा दु:ख है कि इस कुत्ते ने आज इतना बड़ा अनर्थ कर डाला। तुम बड़े गुस्ताख हो गए, टामी। भंडारी, ये पत्तर उठाकर मेहतर को दे दो।

चिन्ता.—(सोना से) छाती फटी जाती है।

सोना को बालकों पर दया आई। बेचारे इतनी देर देवोपम धैर्य के साथ बैठे थे। बस चलता, तो कुत्ते का गला घोंट देती। बोली—लरकन का तो दोष नहीं परत है। इन्हें काहे नहीं खवाय देत कोऊ।

चिन्ता.—मोटेराम महादुष्ट है। इसकी बुद्धि भ्रष्ट हो गई है।

सोना—ऐसे तो बड़े विद्वान बने हैं। अब काहे नाहीं बोलत बनत। मुँह में दही जम गया, जीभै नहीं खुलत है।

चिन्ता.—सत्य कहता हूँ, रानी को चकमा दे देता। उस दुष्ट के मारे सब खेल बिगड़ गया। सारी अभिलाषाएँ मन में रह गईं। ऐसे पदार्थ अब कहाँ मिल सकते हैं?

सोना—सारी मनुसई निकल गई। घर ही में गरजै के सेर हैं।

रानी ने भंडारी को बुलाकर कहा—इन छोटे-छोटे तीनों बच्चों को खिला दो। ये बेचारे क्यों भूखों मरें। क्यों फेकूराम, मिठाई खाओगे!

फेकू—इसीलिए तो आए हैं।

रानी—कितनी मिठाई खाओगे?

फेकू—बहुत-सी (हाथों से बता कर) इतनी!

रानी—अच्छी बात है। जितनी खाओगे उतनी मिलेगी; पर जो बात मैं पूछूँ, वह बतानी पड़ेगी। बताओगे न?

फेकू—हाँ बताऊँगा, पूछिए!

रानी—झूठ बोले, तो एक मिठाई न मिलेगी। समझ गए।

फेकू—मत दीजिएगा। मैं झूठ बोलूँगा ही नहीं।

रानी—अपने पिता का नाम बताओ।

मोटे.—बालकों को हरदम सब बातें स्मरण नहीं रहतीं। उसने तो आते ही आते बता दिया था।

रानी—मैं फिर पूछती हूँ, इसमें आपकी क्या हानि है?

चिन्ता.—नाम पूछने में कोई हर्ज़ नहीं।

मोटे.—तुम चुप रहो चिन्तामणि, नहीं तो ठीक न होगा। मेरे क्रोध को अभी तुम नहीं जानते। दबा बैठूँगा, तो रोते भागोगे।

रानी—आप तो व्यर्थ इतना क्रोध कर रहे हैं। बोलो फेकूराम, चुप क्यों हो, फिर मिठाई न पाओगे।

चिन्ता.—महारानी की इतनी दया-दृष्टि तुम्हारे ऊपर हैं, बता दो बेटा!

मोटे.—चिन्तामणि जी, मैं देख रहा हूँ, तुम्हारे अदिन आए हैं। वह नहीं बताता, तुम्हारा साझा—आए वहाँ से बड़े खैरख्वाह बन के।

सोना—अरे हाँ, लरकन से ई सब पँवारा से का मतलब। तुमका धरम परे मिठाई देव, न धरम परे न देव। ई का कि बाप का नाम बताओ तब मिठाई देव।

फेकूराम ने धीरे से कोई नाम लिया। इस पर पंडित जी ने उसे इतने ज़ोर से डाँटा कि उसकी आधी बात मुँह में ही रह गई।

रानी—क्यों डाँटते हो, उसे बोलने क्यों नहीं देते? बोलो बेटा!

मोटे.—आप हमें अपने द्वार पर बुलाकर हमारा अपमान कर रही हैं।

चिन्ता.—इसमें अपमान की तो कोई बात नहीं है, भाई!

मोटे.—अब हम इस द्वार पर कभी न आएँगे। यहाँ सत्पुरुषों का अपमान किया जाता है।

अलगू—कहिए तो मैं चिन्तामणि को एक पटकन दूँ।

मोटे.—नहीं बेटा, दुष्टों को परमात्मा स्वयं दंड देता है। चलो, यहाँ से चलें। अब भूलकर यहाँ न आएँगे। खिलाना न पिलाना, द्वार पर बुलाकर ब्राह्मणों का अपमान करना। तभी तो देश में आग लगी हुई है।

चिन्ता.—मोटेराम, महारानी के सामने तुम्हें इतनी कटु बातें न करनी चाहिए।

मोटे.—बस चुप ही रहना, नहीं तो सारा क्रोध तुम्हारे ही सिर जाएगा। माता-पिता का पता नहीं, ब्राह्मण बनने चले हैं। तुम्हें कौन कहता है ब्राह्मण?

चिन्ता.—जो कुछ मन चाहे, कह लो। चन्द्रमा पर थूकने से थूक अपने ही मुँह पर पड़ता है। जब तुम धर्म का एक लक्षण नहीं जानते, तब तुमसे क्या बातें करूँ? ब्राह्मण को धैर्य रखना चाहिए।

मोटे.—पेट के ग़ुलाम हो। ठकुरसोहाती कर रहे हो कि एकाध पत्तल मिल जाए। यहाँ मर्यादा का पालन करते हैं!

चिन्ता—कह तो दिया भाई कि तुम बड़े, मैं छोटा, अब और क्या कहूँ। तुम सत्य कहते होगे, मैं ब्राह्मण नहीं शूद्र हूँ।

रानी—ऐसा न कहिए चिन्तामणि जी।

इसका बदला न लिया तो कहना!—यह कहते हुए पंडित मोटेराम बालक-वृंद के साथ बाहर चले आए और भाग्य को कोसते हुए घर को चले। बार-बार पछता रहे थे कि दुष्ट चिन्तामणि को क्यों बुला लाया।

सोना ने कहा—भंडा फूटत-फूटत बच गया। फेकुआ नाँव बताय देता। काहे रे, अपने बाप केर नाँव बताय देते!

फेकू—और क्या। वे तो सच-सच पूछती थीं!

मोटे.—चिन्तामणि ने रंग जमा लिया, अब आनन्द से भोजन करेगा।

सोना—तुम्हार एको विद्या काम न आई। ऊँ तौन बाजी मार लैगा।

मोटे.—मैं तो जानता हूँ, रानी ने जान-बूझकर कुत्ते को बुला लिया।

सोना—मैं तो ओकरा मुँह देखत ताड़ गई कि हमका पहचान गई।

इधर तो ये लोग पछताते चले जाते थे, उधर चिन्तामणि की पाँचों अँगुली घी में थीं। आसन मारे भोजन कर रहे थे। रानी अपने हाथों से मिठाइयाँ परोस रही थीं; वार्तालाप भी होता जाता था।

रानी—बड़ा धूर्त्त है? मैं बालकों को देखते ही समझ गई। अपनी स्त्री को भेष बदलकर लाते उसे लज्जा न आई।

चिन्ता.—मुझे कोस रहे होंगे!

रानी—मुझसे उड़ने चला था। मैंने भी कहा था—बचा, तुमको ऐसी शिक्षा दूँगी कि उम्र भर याद करोगे। टामी को बुला लिया।

चिन्ता.—सरकार की बुद्धि धन्य है!

रामलीला

इधर एक मुद्दत से रामलीला देखने नहीं गया। बन्दरों के भद्दे चेहरे लगाए, आधी टाँगों का पाजामा और काले रंग का ऊँचा कुरता पहने आदमियों को दौड़ते, हू-हू करते देखकर अब हँसी आती है; मज़ा नहीं आता। काशी की लीला जगद्विख्यात है। सुना है, लोग दूर-दूर से देखने आते हैं। मैं भी बड़े शौक़ से गया; पर मुझे तो वहाँ की लीला और किसी बज्र देहात की लीला में कोई अन्तर न दिखाई दिया। हाँ, रामनगर की लीला में कुछ साज-सामान अच्छे हैं। राक्षसों और बन्दरों के चेहरे पीतल के हैं, गदाएँ भी पीतल की हैं; कदाचित् वनवासी भ्राताओं के मुकुट सच्चे काम के हों; लेकिन साज-सामान के सिवा वहाँ भी वही हू-हू के सिवा और कुछ नहीं। फिर भी लाखों आदमियों की भीड़ लगी रहती।

लेकिन एक ज़माना वह था, जब मुझे भी रामलीला में आनन्द आता था। आनन्द तो बहुत हलका-सा शब्द है। वह आनन्द उन्माद से कम न था। संयोगवश उन दिनों मेरे घर से बहुत थोड़ी दूर पर रामलीला का मैदान था; और जिस घर में लीला-पात्रों का रूप-रंग भरा जाता था, वह तो मेरे घर से बिलकुल मिला हुआ था। दो बजे दिन से पात्रों की सजावट होने लगती थी। मैं दोपहर ही से वहाँ जा बैठता, और जिस उत्साह से दौड़-दौड़कर छोटे-मोटे काम करता, उस उत्साह से तो आज अपनी पेंशन लेने भी नहीं जाता। एक कोठरी में राजकुमारी का श्रृंगार होता था। उनकी देह में रामरज पीस कर पोती जाती; मुँह पर पाउडर लगाया जाता और पाउडर के ऊपर लाल, हरे, नीले रंग की बुँदकियाँ लगाई जाती थीं। सारा माथा, भौहें, गाल, ठोड़ी बुँदकियों से रच उठती थीं। एक ही आदमी इस काम में कुशल था। वही बारी-बारी से तीनों पात्रों का श्रृंगार करता था। रंग की प्यालियों में पानी लाना, रामरज पीसना, पंखा झलना मेरा काम था। जब इन तैयारियों के बाद विमान निकलता, तो उस पर रामचन्द्र जी के पीछे बैठकर मुझे जो उल्लास, जो गर्व, जो रोमांच होता था वह अब लाट साहब के दरबार में कुरसी पर बैठकर भी नहीं होता। एक बार जब होम-मेम्बर साहब ने व्यवस्थापक-सभा में मेरे लिए एक प्रस्ताव का अनुमोदन किया था, उस वक़्त मुझे कुछ उसी तरह का उल्लास, गर्व और रोमांच हुआ था। हाँ, एक बार जब मेरा ज्येष्ठ पुत्र नायब-तहसीलदारी में नामजद हुआ, तब भी ऐसी ही तरंगें मन में उठी थीं; पर इनमें और उस बाल-विह्वलता में बड़ा अन्तर है। तब ऐसा मालूम होता था कि मैं स्वर्ग में बैठा हूँ।

निषाद-नौका-लीला का दिन था। मैं दो-चार लड़कों के बहकाने में आकर गुल्ली-डंडा खेलने लगा था। आज श्रृंगार देखने न गया। विमान भी निकला; पर मैंने खेलना न छोड़ा। मुझे अपना दाँव लेना था। अपना दाँव छोड़ने के लिए उससे कहीं बढ़कर आत्मत्याग की ज़रूरत थी, जितना मैं कर सकता था। अगर दाँव देना होता तो मैं कब का भाग खड़ा होता; लेकिन पदाने में कुछ और ही बात होती है। ख़ैर, दाँव पूरा हुआ। अगर मैं चाहता, तो धाँधली

करके दस-पाँच मिनट और पदा सकता था, इसकी काफ़ी गुंजाइश थी, लेकिन अब इसका मौक़ा न था। मैं सीधे नाले की तरफ़ दौड़ा। विमान जलतट पर पहुँच चुका था। मैंने दूर से देखा—मल्लाह किश्ती लिए आ रहा है। दौड़ा, लेकिन आदमियों की भीड़ में दौड़ना कठिन था। आख़िर जब मैं भीड़ हटाता, प्राण-पण से आगे बढ़ता घाट पर पहुँचा, तो निषाद अपनी नौका खोल चुका था। रामचन्द्र पर मेरी कितनी श्रद्धा थी! अपने पाठ की चिन्ता न करके उन्हें पढ़ा दिया करता था, जिसमें वह फेल न हो जाएँ। मुझसे उम्र ज़्यादा होने पर भी वह नीची कक्षा में पढ़ते थे। लेकिन वही रामचन्द्र नौका पर बैठे इस तरह मुँह फेरे चले जाते थे, मानो मुझसे जान-पहचान ही नहीं। नक़ल में भी असल की कुछ न कुछ बू आ ही जाती है। भक्तों पर जिनकी निगाह सदा ही तीखी रही है, वह मुझे क्यों उबारते? मैं विकल होकर उस बछड़े की भाँति कूदने लगा, जिसकी गरदन पर पहली बार जुआ रखा गया हो। कभी लपककर नाले की ओर जाता, कभी किसी सहायक की खोज में पीछे की तरफ़ दौड़ता, पर सब के सब अपनी धुन में मस्त थे; मेरी चीख़-पुकार किसी के कानों तक न पहुँची। तब से बड़ी-बड़ी विपत्तियाँ झेलीं; पर उस समय जितना दुःख हुआ, उतना फिर कभी न हुआ।

मैंने निश्चय किया था कि अब रामचन्द्र से न कभी बोलूँगा, न कभी खाने की कोई चीज़ ही दूँगा; लेकिन ज्यों ही नाले को पार करके वह पुल की ओर लौटे; मैं दौड़कर विमान पर चढ़ गया, और ऐसा ख़ुश हुआ, मानो कोई बात ही न हुई थी।

2

रामलीला समाप्त हो गई थी। राजगद्दी होनेवाली थी; पर न जाने क्यों देर हो रही थी। शायद चन्दा कम वसूल हुआ था। रामचन्द्र की इन दिनों कोई बात भी न पूछता था। न घर ही जाने की छुट्टी मिलती थी, न भोजन का ही प्रबन्ध होता था। चौधरी साहब के यहाँ से एक सीधा कोई तीन बजे दिन को मिलता था। बाक़ी सारे दिन कोई पानी को नहीं पूछता। लेकिन मेरी श्रद्धा अभी तक ज्यों की त्यों थी। मेरी दृष्टि में अब भी रामचन्द्र ही थे। घर पर मुझे खाने को कोई चीज़ मिलती, वह लेकर रामचन्द्र को दे आता। उन्हें खिलाने में मुझे जितना आनन्द मिलता था, उतना आप खा जाने में कभी न मिलता। कोई मिठाई या फल पाते ही मैं बेतहाशा चौपाल की ओर दौड़ता। अगर रामचन्द्र वहाँ न मिलते तो उन्हें चारों ओर तलाश करता, और जब तक वह चीज़ उन्हें न खिला लेता, मुझे चैन न आता था।

ख़ैर, राजगद्दी का दिन आया। रामलीला के मैदान में एक बड़ा-सा शामियाना ताना गया। उसकी ख़ूब सजावट की गई। वेश्याओं के दल भी आ पहुँचे। शाम को रामचन्द्र की सवारी निकली, और प्रत्येक द्वार पर उनकी आरती उतारी गई। श्रद्धानुसार किसी ने रुपए दिए, किसी ने पैसे। मेरे पिता पुलिस के आदमी थे; इसलिए उन्होंने बिना कुछ दिए ही आरती उतारी। उस वक़्त मुझे जितनी लज्जा आई, उसे बयान नहीं कर सकता। मेरे पास उस वक़्त संयोग से एक रुपया था। मेरे मामा जी दशहरे के पहले आए थे और मुझे एक रुपया दे गए थे। उस रुपए को मैंने रख छोड़ा था। दशहरे के दिन भी उसे ख़र्च न कर सका। मैंने तुरन्त वह रुपया लाकर आरती की थाली में डाल दिया। पिताजी मेरी ओर कुपित नेत्रों से देखकर रह गए। उन्होंने कुछ कहा तो नहीं; लेकिन मुँह ऐसा बना लिया, जिससे प्रकट होता था कि मेरी इस धृष्टता से उनके रोब में बट्टा लग गया। रात के दस बजते-बजते यह परिक्रमा पूरी हुई। आरती की

थाली रुपयों और पैसों से भरी हुई थी। ठीक तो नहीं कह सकता; मगर अब ऐसा अनुमान होता है कि चार-पाँच सौ रुपयों से कम न थे। चौधरी साहब इनसे कुछ ज़्यादा ही ख़र्च कर चुके थे। उन्हें इसकी बड़ी फ़िक्र हुई कि किसी तरह कम से कम दो सौ रुपए और वसूल हो जाएँ और इसकी सबसे अच्छी तरकीब उन्हें यही मालूम हुई कि वेश्याओं द्वारा महफ़िल में वसूली हो। जब लोग आकर बैठ जाएँ, और महफ़िल का रंग जम जाए, तो आबादीजान रसिकजनों की कलाइयाँ पकड़-पकड़कर ऐसे हाव-भाव दिखाएँ कि लोग शरमाते-शरमाते भी कुछ न कुछ दे ही मरें। आबादीजान और चौधरी साहब में सलाह होने लगी। मैं संयोग से उन दोनों प्राणियों की बातें सुन रहा था। चौधरी साहब ने समझा होगा यह लौंडा क्या मतलब समझेगा। पर यहाँ ईश्वर की दया से अक़्ल के पुतले थे। सारी दास्तान समझ में आती जाती थी।

चौधरी—सुनो आबादीजान, यह तुम्हारी ज़्यादती है। हमारा और तुम्हारा कोई पहला साबिका तो है नहीं। ईश्वर ने चाहा, तो यहाँ हमेशा तुम्हारा आना-जाना लगा रहेगा। अब की चन्दा बहुत कम आया, नहीं तो मैं तुमसे इतना इसरार न करता।

आबादी.—आप मुझसे भी ज़मींदारी चालें चलते हैं, क्यों, मगर यहाँ हुज़ूर की दाल न गलेगी। वाह! रुपए तो मैं वसूल करूँ, और मूँछों पर ताव आप दें। कमाई का अच्छा ढंग निकाला है। इस कमाई से तो वाकई आप थोड़े दिनों में राजा हो जाएँगे। उसके सामने ज़मींदारी झक मारेगी! बस, कल ही से एक चकला खोल दीजिए! ख़ुदा की क़सम, मालामाल हो जाइएगा।

चौधरी—तुम दिल्लगी करती हो, और यहाँ काफिया तंग हो रहा है।

आबादी.—तो आप भी तो मुझी से उस्तादी करते हैं। यहाँ आप-जैसे काँइयों को रोज़ उँगलियों पर नचाती हूँ।

चौधरी—आख़िर तुम्हारी मंशा क्या है?

आबादी.—जो कुछ वसूल करूँ, उसमें आधा मेरा, आधा आपका। लाइए, हाथ मारिए।

चौधरी—यही सही।

आबादी.—अच्छा, तो पहले मेरे सौ रुपए गिन दीजिए। पीछे से आप अलसेट करने लगेंगे।

चौधरी—वाह! वह भी लोगी और यह भी।

आबादी.—अच्छा! तो क्या आप समझते थे कि अपनी उजरत छोड़ दूँगी? वाहरी आपकी समझ! ख़ूब; क्यों न हो। दीवाना बकारे दरवेश हुशियार!

चौधरी—तो क्या तुमने दोहरी फीस लेने की ठानी है?

आबादी.—अगर आपको सौ दफे ग़रज़ हो, तो। वरना मेरे सौ रुपए तो कहीं गए ही नहीं। मुझे क्या कुत्ते ने काटा है, जो लोगों की जेब में हाथ डालती फिरूँ?

चौधरी की एक न चली। आबादी के सामने दबना पड़ा। नाच शुरू हुआ। आबादीजान बला की शोख औरत थी। एक तो कमसिन, उस पर हसीन। और उसकी अदाएँ तो इस गज़ब की थीं कि मेरी तबीयत भी मस्त हुई जाती थी। आदमियों के पहचानने का गुण भी उसमें कुछ कम न था। जिसके सामने बैठ गई, उससे कुछ न कुछ ले ही लिया। पाँच रुपए से कम तो शायद ही किसी ने दिए हों। पिताजी के सामने भी वह बैठी। मैं मारे शर्म के गड़ गया। जब उसने उनकी कलाई पकड़ी, तब तो मैं सहम उठा। मुझे यक़ीन था कि पिताजी उसका हाथ झटक देंगे और शायद दुत्कार भी दें, किन्तु यह क्या हो रहा है! ईश्वर! मेरी आँखें धोखा तो नहीं खा रही हैं! पिताजी मूँछों में हँस रहे हैं। ऐसी मृदु-हँसी उनके चेहरे पर मैंने कभी नहीं

देखी थी। उनकी आँखों से अनुराग टपका पड़ता था। उनका एक-एक रोम पुलकित हो रहा था; मगर ईश्वर ने मेरी लाज रख ली। वह देखो, उन्होंने धीरे से आबादी के कोमल हाथों से अपनी कलाई छुड़ा ली। अरे! यह फिर क्या हुआ? आबादी तो उनके गले में बाँहें डाले देती है। अब पिताजी उसे ज़रूर पीटेंगे। चुड़ैल को ज़रा भी शर्म नहीं।

एक महाशय ने मुस्कुराकर कहा—यहाँ तुम्हारी दाल न गलेगी, आबादीजान! और दरवाज़ा देखो।

बात तो इन महाशय ने मेरे मन की कही, और बहुत ही उचित कही; लेकिन न-जाने क्यों पिताजी ने उसकी ओर कुपित नेत्रों से देखा, और मूँछों पर ताव दिया। मुँह से तो वह कुछ न बोले; पर उनके मुख की आकृति चिल्लाकर सरोष शब्दों में कह रही थी—तू बनिया, मुझे समझता क्या है? यहाँ ऐसे अवसर पर जान तक निसार करने को तैयार हैं। रुपए की हक़ीक़त ही क्या! तेरा जी चाहे, आजमा ले। तुझसे दूनी रक़म न दे डालूँ, तो मुँह न दिखाऊँ! महान् आश्चर्य! घोर अनर्थ! अरे, ज़मीन तू फट क्यों नहीं जाती? आकाश, तू फट क्यों नहीं पड़ता? अरे, मुझे मौत क्यों नहीं आ जाती! पिताजी जेब में हाथ डाल रहे हैं। वह कोई चीज़ निकाली, और सेठ जी को दिखाकर आबादीजान को दे डाली। आह! यह तो अशर्फी है। चारों ओर तालियाँ बजने लगीं। सेठ जी उल्लू बन गए या पिताजी ने मुँह की खाई, इसका निश्चय मैं नहीं कर सकता। मैंने केवल इतना देखा कि पिताजी ने एक अशर्फी निकालकर आबादीजान को दी। उनकी आँखों में इस समय इतना गर्वयुक्त उल्लास था मानो उन्होंने हातिम की क़ब्र पर लात मारी हो। यही पिताजी हैं, जिन्होंने मुझे आरती में एक रुपया डालते देखकर मेरी ओर इस तरह से देखा था, मानो मुझे फाड़ ही खाएँगे। मेरे उस परमोचित व्यवहार से उनके रोब में फ़र्क़ आता था, और इस समय इस घृणित, कुत्सित और निंदित व्यापार पर गर्व और आनन्द से फूले न समाते थे।

आबादीजान ने एक मनोहर मुस्कान के साथ पिताजी को सलाम किया और आगे बढ़ी; मगर मुझसे वहाँ न बैठा गया। मारे शर्म के मेरा मस्तक झुका जाता था; अगर मेरी आँखों-देखी बात न होती, तो मुझे इस पर कभी एतबार न होता। मैं बाहर जो कुछ देखता-सुनता था, उसकी रिपोर्ट अम्माँ से ज़रूर करता था। पर इस मामले को मैंने उनसे छिपा रखा। मैं जानता था, उन्हें यह बात सुनकर बड़ा दुःख होगा।

रात भर गाना होता रहा। तबले की धमक मेरे कानों में आ रही थी। जी चाहता था, चलकर देखूँ; पर साहस न होता था। मैं किसी को मुँह कैसे दिखाऊँगा? कहीं किसी ने पिताजी का ज़िक्र छेड़ दिया, तो मैं क्या करूँगा?

प्रातःकाल रामचन्द्र की बिदाई होनेवाली थी। मैं चारपाई से उठते ही आँखें मलता हुआ चौपाल की ओर भागा? डर रहा था कि कहीं रामचन्द्र चले न गए हों। पहुँचा, तो देखा—तवायफों की सवारियाँ जाने को तैयार हैं। बीसों आदमी हसरतनाक मुँह बनाए उन्हें घेरे खड़े हैं। मैंने उनकी ओर आँख तक न उठाई। सीधा रामचन्द्र के पास पहुँचा। लक्ष्मण और सीता बैठे रो रहे थे; और रामचन्द्र खड़े काँधे पर लुटिया-डोर डाले उन्हें समझा रहे थे। मेरे सिवा वहाँ और कोई न था। मैंने कुंठित स्वर से रामचन्द्र से पूछा—क्या तुम्हारी बिदाई हो गई?

रामचन्द्र—हाँ, हो तो गई। हमारी बिदाई ही क्या? चौधरी साहब ने कह दिया—जाओ, चले जाते हैं।

'क्या रुपया और कपड़े नहीं मिले?'

'अभी नहीं मिले। चौधरी साहब कहते हैं—इस वक़्त बचत में रुपए नहीं हैं। फिर आकर ले जाना।

'कुछ नहीं मिला?'

'एक पैसा भी नहीं। कहते हैं, कुछ बचत नहीं हुई। मैंने सोचा था, कुछ रुपए मिल जाएँगे तो पढ़ने की किताबें ले लूँगा! सो कुछ न मिला। राह-ख़र्च भी नहीं दिया। कहते हैं—कौन दूर है, पैदल चले जाओ!'

मुझे ऐसा क्रोध आया कि चलकर चौधरी को ख़ूब आड़े हाथों लूँ। वेश्याओं के लिए रुपए, सवारियाँ सब कुछ; पर बेचारे रामचन्द्र और उनके साथियों के लिए कुछ भी नहीं! जिन लोगों ने रात को आबादीजान पर दस-दस, बीस-बीस रुपए न्योछावर किए थे, उनके पास क्या इनके लिए दो-दो, चार-चार आने पैसे भी नहीं। पिताजी ने भी तो आबादीजान को एक अशर्फी दी थी। देखूँ इनके नाम पर क्या देते हैं! मैं दौड़ा हुआ पिताजी के पास गया। वह कहीं तफतीश पर जाने को तैयार खड़े थे। मुझे देखकर बोले—कहाँ घूम रहे हो? पढ़ने के वक़्त तुम्हें घूमने की सूझती है?

मैंने कहा—गया था चौपाल। रामचन्द्र बिदा हो रहे थे। उन्हें चौधरी साहब ने कुछ नहीं दिया।

'तो तुम्हें इसकी क्या फ़िक्र पड़ी है?'

'वह जाएँगे कैसे? पास राह-ख़र्च भी तो नहीं है।'

'क्या कुछ ख़र्च भी नहीं दिया? यह चौधरी साहब की बेइंसाफी है।'

'आप अगर दो रुपया दे दें, तो मैं उन्हें दे आऊँ। इतने में शायद वह घर पहुँच जाएँ।'

पिताजी ने तीव्र दृष्टि से देखकर कहा—जाओ, अपनी किताब देखो, मेरे पास रुपए नहीं हैं।

यह कहकर वह घोड़े पर सवार हो गए। उसी दिन से पिताजी पर से मेरी श्रद्धा उठ गई। मैंने फिर कभी उनकी डाँट-डपट की परवा नहीं की। मेरा दिल कहता—आपको मुझको उपदेश देने का कोई अधिकार नहीं है। मुझे उनकी सूरत से चिढ़ हो गई। वह जो कहते, मैं ठीक उसका उल्टा करता। यद्यपि इसमें मेरी हानि हुई; लेकिन मेरा अंत:करण उस समय विप्लवकारी विचारों से भरा हुआ था।

मेरे पास दो आने पैसे पड़े हुए थे। मैंने पैसे उठा लिये और जाकर शरमाते-शरमाते रामचन्द्र को दे दिए। उन पैसों को देखकर रामचन्द्र को जितना हर्ष हुआ, वह मेरे लिए आशातीत था। टूट पड़े, मानो प्यासे को पानी मिल गया।

यही दो आने पैसे लेकर तीनों मूर्तियाँ बिदा हुईं! केवल मैं ही उनके साथ क़स्बे के बाहर तक पहुँचाने आया।

उन्हें बिदा करके लौटा, तो मेरी आँखें सजल थीं; पर हृदय आनन्द से उमड़ा हुआ था।

मंत्र-1

पंडित लीलाधर चौबे की ज़बान में जादू था। जिस वक़्त वह मंच पर खड़े होकर अपनी वाणी की सुधावृष्टि करने लगते थे; श्रोताओं की आत्माएँ तृप्त हो जाती थीं, लोगों पर अनुराग का

नशा छा जाता था। चौबेजी के व्याख्यानों में तत्त्व तो बहुत कम होता था, शब्द-योजना भी बहुत सुन्दर न होती थी; लेकिन बार-बार दुहराने पर भी उसका असर कम न होता, बल्कि घन की चोटों की भाँति और भी प्रभावोत्पादक हो जाता था। हमें तो विश्वास नहीं आता, किन्तु सुननेवाले कहते हैं, उन्होंने केवल एक व्याख्यान रट रखा है। और उसी को वह शब्दशः प्रत्येक सभा में एक नए अन्दाज़ से दुहराया करते हैं। जातीय गौरव-गान उनके व्याख्यानों का प्रधान गुण था; मंच पर आते ही भारत के प्राचीन गौरव और पूर्वजों की अमर-कीर्ति का राग छेड़कर सभा को मुग्ध कर देते थे। यथा—

'सज्जनो! हमारी अधोगति की कथा सुनकर किसकी आँखों से अश्रुधारा न निकल पड़ेगी? हमें प्राचीन गौरव को याद करके सन्देह होने लगता है कि हम वही हैं, या बदल गए। जिसने कल सिंह से पंजा लिया, वह आज चूहे को देखकर बिल खोज रहा है। इस पतन की भी सीमा है। दूर क्यों जाइए, महाराज चन्द्रगुप्त के समय को ही ले लीजिए। यूनान का सुविज्ञ इतिहासकार लिखता है कि उस ज़माने में यहाँ द्वार पर ताले न डाले जाते थे, चोरी कहीं सुनने में न आती थी, व्यभिचार का नाम-निशान न था, दस्तावेजों का आविष्कार ही न हुआ था, पुर्जों पर लाखों का लेन-देन हो जाता था, न्याय पद पर बैठे हुए कर्मचारी मक्खियाँ मारा करते थे। सज्जनो! उन दिनों कोई आदमी जवान न मरता था। (तालियाँ) हाँ, उन दिनों कोई आदमी जवान न मरता था। बाप के सामने बेटे का अवसान हो जाना एक अभूतपूर्व—एक असम्भव—घटना थी। आज ऐसे कितने माता-पिता हैं, जिनके कलेजे पर जवान बेटे का दाग़ न हो! वह भारत नहीं रहा, भारत गारत हो गया!'

यह चौबेजी की शैली थी। वह वर्तमान की अधोगति और दुर्दशा तथा भूत की समृद्धि और सुदशा का राग अलाप कर लोगों में जातीय स्वाभिमान जाग्रत कर देते थे। इसी सिद्धि की बदौलत उनकी नेताओं में गणना होती थी। विशेषतः हिन्दू-सभा के तो वह कर्णधार ही समझे जाते थे। हिन्दू-सभा के उपासकों में कोई ऐसा उत्साही, ऐसा दक्ष, ऐसा नीति-चतुर दूसरा न था। यों कहिए कि सभा के लिए उन्होंने अपना जीवन ही उत्सर्ग कर दिया था। धन तो उनके पास न था, कम से कम लोगों का विचार यही था; लेकिन साहस, धैर्य और बुद्धि जैसे अमूल्य रत्न उनके पास थे, और ये सभी सभा को अर्पण थे। 'शुद्धि' के तो मानो प्राण ही थे। हिन्दू-जाति का उत्थान और पतन, जीवन और मरण उनके विचार में इसी प्रश्न पर अवलम्बित था। शुद्धि के सिवा अब हिन्दू जाति के पुनर्जीवन का और कोई उपाय न था। जाति की समस्त नैतिक, शारीरिक, मानसिक, सामाजिक, आर्थिक और धार्मिक बीमारियों की दवा इसी आंदोलन की सफलता में मर्यादित थी, और वह तन, मन से इसका उद्योग किया करते थे। चन्दे वसूल करने में चौबेजी सिद्धहस्त थे। ईश्वर ने उन्हें वह 'गुन' बता दिया था कि पत्थर से भी तेल निकाल सकते थे। कंजूसों को तो वह ऐसा उलटे छुरे से मूड़ते थे कि उन महाशयों को सदा के लिए शिक्षा मिल जाती थी! इस विषय में पंडित जी साम, दाम, दंड और भेद इन चारों नीतियों से काम लेते थे, यहाँ तक कि राष्ट्र-हित के लिए डाका और चोरी को भी क्षम्य समझते थे।

2

गरमी के दिन थे। लीलाधर जी किसी शीतल पार्वत्य प्रदेश को जाने की तैयारियाँ कर रहे थे कि सैर की सैर हो जाएगी, और बन पड़ा तो कुछ चन्दा भी वसूल कर लाएँगे। उनको जब

भ्रमण की इच्छा होती, तो मित्रों के साथ एक डेपुटेशन के रूप में निकल खड़े होते; अगर एक हज़ार रुपए वसूल करके वह इसका आधा सैर-सपाटे में ख़र्च भी कर दें, तो किसी की क्या हानि? हिन्दू सभा को तो कुछ न कुछ मिल ही जाता था। वह न उद्योग करते, तो इतना भी तो न मिलता! पंडित जी ने अब की सपरिवार जाने का निश्चय किया था। जब से 'शुद्धि' का आविर्भाव हुआ था, उनकी आर्थिक दशा, जो पहले बहुत शोचनीय रहती थी, बहुत कुछ सम्हल गई थी।

लेकिन जाति के उपासकों का ऐसा सौभाग्य कहाँ कि शान्ति-निवास का आनन्द उठा सकें। उनका तो जन्म ही मारे-मारे फिरने के लिए होता है। ख़बर आई कि मद्रास-प्रान्त में तबलीग वालों ने तूफ़ान मचा रखा है। हिन्दुओं के गाँव के गाँव मुसलमान होते जाते हैं। मुल्लाओं ने बड़े जोश से तबलीग का काम शुरू किया है; अगर हिन्दू-सभा ने इस प्रवाह को रोकने की आयोजना न की, तो सारा प्रान्त हिन्दुओं से शून्य हो जाएगा—किसी शिखाधारी की सूरत तक न नज़र आएगी।

हिन्दू-सभा में खलबली मच गई। तुरन्त एक विशेष अधिवेशन हुआ और नेताओं के सामने यह समस्या उपस्थित की गई। बहुत सोच-विचार के बाद निश्चय हुआ कि चौबेजी पर इस कार्य का भार रखा जाए। उनसे प्रार्थना की जाए कि वह तुरन्त मद्रास चले जाएँ, और धर्म-विमुख बंधुओं का उद्धार करें। कहने ही की देर थी। चौबेजी तो हिन्दू-जाति की सेवा के लिए अपने को अर्पण ही कर चुके थे; पर्वत-यात्रा का विचार रोक दिया, और मद्रास जाने को तैयार हो गए। हिन्दू-सभा के मंत्री ने आँखों में आँसू भरकर उनसे विनय की कि महाराज, यह बीड़ा आप ही उठा सकते हैं। आप ही को परमात्मा ने इतनी सामर्थ्य दी है। आपके सिवा ऐसा कोई दूसरा मनुष्य भारतवर्ष में नहीं है, जो इस घोर विपत्ति में काम आए। जाति की दीन-हीन दशा पर दया कीजिए। चौबेजी इस प्रार्थना को अस्वीकार न कर सके। फ़ौरन सेवकों की एक मंडली बनी और पंडित जी के नेतृत्व में रवाना हुई। हिन्दू-सभा ने उसे बड़ी धूम से बिदाई का भोज दिया। एक उदार रईस ने चौबेजी को एक थैली भेंट की, और रेलवे-स्टेशन पर हज़ारों आदमी उन्हें बिदा करने आए।

यात्रा का वृत्तांत लिखने की ज़रूरत नहीं। हर एक बड़े स्टेशन पर सेवकों का सम्मानपूर्ण स्वागत हुआ। कई जगह थैलियाँ मिलीं। रतलाम की रियासत ने एक शामियाना भेंट किया। बड़ौदा ने एक मोटर दी कि सेवकों को पैदल चलने का कष्ट न उठाना पड़े, यहाँ तक कि मद्रास पहुँचते-पहुँचते सेवा-दल के पास एक माकूल रक़म के अतिरिक्त ज़रूरत की कितनी चीज़ें जमा हो गईं। वहाँ आबादी से दूर खुले हुए मैदान में हिन्दू-सभा का पड़ाव पड़ा। शामियाने पर राष्ट्रीय झंडा लहराने लगा। सेवकों ने अपनी-अपनी वर्दियाँ निकालीं, स्थानीय धन-कुबेरों ने दावत के सामान भेजे, रावटियाँ पड़ गईं। चारों ओर ऐसी चहल-पहल हो गई, मानो किसी राजा का कैम्प है।

3

रात के आठ बजे थे। अछूतों की एक बस्ती के समीप, सेवक-दल का कैम्प गैस के प्रकाश से जगमगा रहा था। कई हज़ार आदमियों का जमाव था, जिनमें अधिकांश अछूत ही थे। उनके लिए अलग टाट बिछा दिए गए थे। ऊँचे वर्ण के हिन्दू कालीनों पर बैठे हुए थे। पंडित

लीलाधर का धुआँधार व्याख्यान हो रहा था—तुम उन्हीं ऋषियों की संतान हो, जो आकाश के नीचे एक नई सृष्टि की रचना कर सकते थे! जिनके न्याय, बुद्धि और विचार-शक्ति के सामने आज सारा संसार सिर झुका रहा है।

सहसा एक बूढ़े अछूत ने उठकर पूछा—हम लोग भी उन्हीं ऋषियों की संतान हैं?

लीलाधर—निस्सन्देह! तुम्हारी धमनियों में भी उन्हीं ऋषियों का रक्त दौड़ रहा है और यद्यपि आज का निर्दयी, कठोर, विचारहीन और संकुचित हिन्दू-समाज तुम्हें अवहेलना की दृष्टि से देख रहा है; तथापि तुम किसी हिन्दू से नीच नहीं हो, चाहे वह अपने को कितना ही ऊँचा समझता हो।

बूढ़ा—तुम्हारी सभा हम लोगों की सुधि क्यों नहीं लेती?

लीलाधर—हिन्दू-सभा का जन्म अभी थोड़े ही दिन हुए हुआ है, और इस अल्पकाल में उसने जितने काम किए हैं, उस पर उसे अभिमान हो सकता है। हिन्दू-जाति शताब्दियों के बाद गहरी नींद से चौंकी है, और अब वह समय निकट है, जब भारतवर्ष में कोई हिन्दू किसी हिन्दू को नीच न समझेगा, जब वे सब एक-दूसरे को भाई समझेंगे। श्रीरामचन्द्र ने निषाद को छाती से लगाया था, शबरी के जूठे बेर खाए थे...

बूढ़ा—आप जब इन्हीं महात्माओं की संतान हैं, तो फिर ऊँच-नीच में क्यों इतना भेद मानते हैं?

लीलाधर—इसलिए कि हम पतित हो गए हैं—अज्ञान में पड़कर उन महात्माओं को भूल गए हैं।

बूढ़ा—अब तो आपकी निद्रा टूटी है, हमारे साथ भोजन करोगे?

लीलाधर—मुझे कोई आपत्ति नहीं है।

बूढ़ा—मेरे लड़के से अपनी कन्या का विवाह कीजिएगा?

लीलाधर—जब तक तुम्हारे जन्म-संस्कार न बदल जाएँ, जब तक तुम्हारे आहार-व्यवहार में परिवर्तन न हो जाए, हम तुमसे विवाह का सम्बन्ध नहीं कर सकते, मांस खाना छोड़ो, मदिरा पीना छोड़ो, शिक्षा ग्रहण करो, तभी तुम उच्च-वर्ण के हिन्दुओं में मिल सकते हो।

बूढ़ा—हम कितने ही ऐसे कुलीन ब्राह्मणों को जानते हैं, जो रात-दिन नशे में डूबे रहते हैं, मांस के बिना कौर नहीं उठाते; और कितने ही ऐसे हैं, जो एक अक्षर भी नहीं पढ़े हैं; पर आपको उनके साथ भोजन करते देखता हूँ। उनसे विवाह-सम्बन्ध करने में आपको कदाचित् इनकार न होगा। जब आप ख़ुद अज्ञान में पड़े हुए हैं, तो हमारा उद्धार कैसे कर सकते हैं? आपका हृदय अभी तक अभिमान से भरा हुआ है। जाइए, अभी कुछ दिन और अपनी आत्मा का सुधार कीजिए। हमारा उद्धार आपके किए न होगा। हिन्दू-समाज में रहकर हमारे माथे से नीचता का कलंक न मिटेगा। हम कितने ही विद्वान्, कितने ही आचारवान् हो जाएँ, आप हमें यों ही नीच समझते रहेंगे। हिन्दुओं की आत्मा मर गई है, और उसका स्थान अहंकार ने ले लिया है! हम अब देवता की शरण जा रहे हैं, जिनके माननेवाले हमसे गले मिलने को आज ही तैयार हैं। वे यह नहीं कहते कि तुम अपने संस्कार बदलकर आओ। हम अच्छे हैं या बुरे, वे इसी दशा में हमें अपने पास बुला रहे हैं। आप अगर ऊँचे हैं, तो ऊँचे बने रहिए। हमें उड़ना न पड़ेगा।

लीलाधर—एक ऋषि-संतान के मुँह से ऐसी बातें सुनकर मुझे आश्चर्य हो रहा है। वर्ण-भेद तो ऋषियों ही का किया हुआ है। उसे तुम कैसे मिटा सकते हो?

बूढ़ा—ऋषियों को मत बदनाम कीजिए। यह सब पाखंड आप लोगों का रचा हुआ है। आप कहते हैं—तुम मदिरा पीते हो; लेकिन आप मदिरा पीने वालों की जूतियाँ चाटते हैं। आप हमसे मांस खाने के कारण घिनाते हैं; लेकिन आप गो-मांस खानेवालों के सामने नाक रगड़ते हैं। इसलिए न कि वे आप से बलवान् हैं! हम भी आज राजा हो जाएँ, तो आप हमारे सामने हाथ बाँध खड़े होंगे। आपके धर्म में वही ऊँचा है, जो बलवान् है; वही नीच है, जो निर्बल है। यही आपका धर्म है?

यह कहकर बूढ़ा वहाँ से चला गया और उसके साथ ही और लोग भी उठ खड़े हुए। केवल चौबेजी और उनके दलवाले मंच पर रह गए, मानो मंचगान समाप्त हो जाने के बाद उसकी प्रतिध्वनि वायु में गूँज रही हो।

4

तबलीगवालों ने जब से चौबेजी के आने की ख़बर सुनी थी, इस फ़िक्र में थे कि किसी उपाय से इन सबको यहाँ से दूर करना चाहिए। चौबेजी का नाम दूर-दूर तक प्रसिद्ध था। जानते थे, यह यहाँ जम गया, तो हमारी सारी की-कराई मेहनत व्यर्थ हो जाएगी। इसके क़दम यहाँ जमने न पाएँ। मुल्लाओं ने उपाय सोचना शुरू किया। बहुत वाद-विवाद, हुज्जत और दलील के बाद निश्चय हुआ कि इस काफिर को क़त्ल कर दिया जाए। ऐसा सवाब लूटने के लिए आदमियों की क्या कमी? उसके लिए तो जन्नत का दरवाज़ा खुल जाएगा, हूरें उसकी बलाएँ लेंगी, फरिश्ते उसके क़दमों की खाक़ का सुरमा बनाएँगे, रसूल उसके सर पर बरकत का हाथ रखेंगे, ख़ुदाबन्द-करीम उसे सीने से लगाएँगे और कहेंगे—तू मेरा प्यारा दोस्त है। दो हट्टे-कट्टे जवानों ने तुरन्त बीड़ा उठा लिया।

रात के दस बज गए थे। हिन्दू-सभा के कैंप में सन्नाटा था। केवल चौबेजी अपनी रावटी में बैठे हिन्दू-सभा के मंत्री को पत्र लिख रहे थे—यहाँ सबसे बड़ी आवश्यकता धन की है। रुपया, रुपया, रुपया! जितना भेज सकें, भेजिए। डेपुटेशन भेज कर वसूल कीजिए, मोटे महाजनों की जेब टटोलिए, भिक्षा माँगिए। बिना धन के इन अभागों का उद्धार न होगा। जब तक कोई पाठशाला न खुले, कोई चिकित्सालय न स्थापित हो, कोई वाचनालय न हो, इन्हें कैसे विश्वास आएगा कि हिन्दू-सभा उनकी हितचिन्तक है। तबलीगवाले जितना ख़र्च कर रहे हैं, उसका आधा भी मुझे मिल जाए, तो हिन्दू-धर्म की पताका फहराने लगे। केवल व्याख्यानों से काम न चलेगा। असीसों से कोई ज़िन्दा नहीं रहता।

सहसा किसी की आहट पाकर वह चौंक पड़े। आँखें ऊपर उठाईं तो देखा, दो आदमी सामने खड़े हैं। पंडित जी ने शंकित होकर पूछा—तुम कौन हो? क्या काम है?

उत्तर मिला—हम इजराइल के फरिश्ते हैं। तुम्हारी रूह कब्ज करने आए हैं। इजराइल ने तुम्हें याद किया है।

पंडित जी यों बहुत ही बलिष्ठ पुरुष थे, उन दोनों को एक धक्के में गिरा सकते थे। प्रात:काल तीन पाव मोहनभोग और दो सेर दूध का नाश्ता करते थे। दोपहर के समय पाव भर घी दाल में खाते, तीसरे पहर दूधिया भंग छानते, जिसमें सेर भर मलाई और आधा सेर बदाम मिली रहती। रात को डट कर ब्यालू करते; क्योंकि प्रात:काल तक फिर कुछ न खाते थे। इस पर तुर्रा यह कि पैदल पग भर भी न चलते थे! पालकी मिले, तो पूछना ही क्या, जैसे

घर पर पलंग उड़ा जा रहा हो। कुछ न हो, तो इक्का तो था ही; यद्यपि काशी में ही दो ही चार इक्केवाले ऐसे थे जो उन्हें देखकर कह न दें कि 'इक्का ख़ाली नहीं है।' ऐसा मनुष्य नर्म अखाड़े में पट पड़कर ऊपरवाले पहलवान को थका सकता था, चुस्ती और फुर्ती के अवसर पर तो वह रेत पर निकला हुआ कछुआ था।

पंडित जी ने एक बार कनखियों से दरवाज़े की तरफ़ देखा। भागने का कोई मौक़ा न था। तब उनमें साहस का संचार हुआ। भय की पराकाष्ठा ही साहस है। अपने सोंटे की तरफ़ हाथ बढ़ाया और गरज कर बोले—निकल जाओ यहाँ से!

बात मुँह से पूरी न निकली थी कि लाठियों का वार पड़ा। पंडित जी मूर्च्छित होकर गिर पड़े। शत्रुओं ने समीप आकर देखा, जीवन का कोई लक्षण न था। समझ गए, काम तमाम हो गया। लूटने का विचार न था; पर जब कोई पूछनेवाला न हो, तो हाथ बढ़ाने में क्या हर्ज़? जो कुछ हाथ लगा, ले-देकर चलते बने।

5

प्रातःकाल बूढ़ा भी उधर से निकला, तो सन्नाटा छाया हुआ था, न आदमी, न आदमजाद। छौलदारियाँ भी ग़ायब! चकराया, यह माजरा क्या है? रात ही भर में अलादीन के महल की तरह सब कुछ ग़ायब हो गया। उन महात्माओं में से एक भी नज़र नहीं आता, जो प्रातःकाल मोहनभोग उड़ाते और संध्या समय भंग घोटते दिखाई देते थे। ज़रा और समीप जाकर पंडित लीलाधर की रावटी में झाँका, तो कलेजा सन्न से हो गया! पंडित जी ज़मीन पर मुर्दे की तरह पड़े हुए थे। मुँह पर मक्खियाँ भिनक रही थीं। सिर के बालों में रक्त ऐसा जम गया था, जैसे किसी चित्रकार के ब्रश में रंग। सारे कपड़े लहूलुहान हो रहे थे। समझ गया, पंडित जी के साथियों ने उन्हें मारकर अपनी राह ली। सहसा पंडित जी के मुँह से कराहने की आवाज़ निकली। अभी जान बाक़ी थी। बूढ़ा तुरन्त दौड़ा हुआ गाँव में आ गया और कई आदमियों को लाकर पंडित जी को अपने घर उठवा ले गया।

मरहम-पट्टी होने लगी। बूढ़ा दिन के दिन और रात की रात पंडित जी के पास बैठा रहता। उसके घरवाले उनकी शुश्रूषा में लगे रहते। गाँव वाले भी यथाशक्ति सहायता करते। इस बेचारे का यहाँ कौन अपना बैठा हुआ है? अपने हैं तो हम, बेगाने हैं तो हम। हमारे ही उद्धार के लिए तो बेचारा यहाँ आया था, नहीं तो यहाँ उसे क्यों आना था? कई बार पंडित जी अपने घर पर बीमार पड़ चुके थे, पर उनके घरवालों ने इतनी तन्मयता से उनकी तीमारदारी न की थी। सारा घर, और घर ही नहीं; सारा गाँव उनका ग़ुलाम बना हुआ था। अतिथि-सेवा उनके धर्म का एक अंग था। सभ्य-स्वार्थ ने अभी उस भाव का गला नहीं घोंटा था। साँप का मंत्र जाननेवाला देहाती अब भी माघ-पूस की अँधेरी मेघाच्छन्न रात्रि में मंत्र झाड़ने के लिए दस-पाँच कोस पैदल दौड़ता हुआ चला जाता है। उसे डबल फीस और सवारी की ज़रूरत नहीं होती। बूढ़ा मल-मूत्र तक अपने हाथों उठाकर फेंकता, पंडित जी की घुड़कियाँ सुनता, सारे गाँव से दूध माँग कर उन्हें पिलाता। पर उसकी त्योरियाँ कभी मैली न होतीं। अगर उसके कहीं चले जाने पर घरवाले लापरवाही करते तो आकर सबको डाँटता।

महीने भर के बाद पंडित जी चलने-फिरने लगे और अब उन्हें ज्ञात हुआ कि इन लोगों ने मेरे साथ कितना उपकार किया है। इन्हीं लोगों का काम था कि मुझे मौत के मुँह से

निकाला, नहीं तो मरने में क्या कसर रह गई थी? उन्हें अनुभव हुआ कि मैं जिन लोगों को नीच समझता था, और जिनके उद्धार का बीड़ा उठाकर आया था वे मुझसे कहीं ऊँचे हैं। मैं इस परिस्थिति में कदाचित् रोगी को किसी अस्पताल में भेज कर ही अपनी कर्तव्य-निष्ठा पर गर्व करता; समझता मैंने दधीचि और हरिश्चन्द्र का मुख उज्ज्वल कर दिया। उनके रोएँ-रोएँ से इन देव-तुल्य प्राणियों के प्रति आशीर्वाद निकलने लगा।

6

तीन महीने गुज़र गए। न तो हिन्दू-सभा ने पंडित जी की ख़बर ली और न घरवालों ने। सभा के मुख-पत्र में उनकी मृत्यु पर आँसू बहाए गए, उनके कामों की प्रशंसा की गई, और उनका स्मारक बनाने के लिए चन्दा खोल दिया गया। घरवाले भी रो-पीट कर बैठ रहे।

उधर पंडित जी दूध और घी खाकर चौक-चौबन्द हो गए। चेहरे पर ख़ून की सुर्ख़ी दौड़ गई, देह भर आई। देहात के जलवायु ने वह काम कर दिखाया जो कभी मलाई और मक्खन से न हुआ था। पहले की तरह तैयार तो वह न हुए; पर फुर्ती और चुस्ती दुगुनी हो गई। मोटाई का आलस्य अब नाम को भी न था। उनमें एक नए जीवन का संचार हो गया।

जाड़ा शुरू हो गया था। पंडित जी घर लौटने की तैयारियाँ कर रहे थे। इतने में प्लेग का आक्रमण हुआ, और गाँव के तीन आदमी बीमार हो गए। बूढ़ा चौधरी भी उन्हीं में था। घरवाले इन रोगियों को छोड़कर भाग खड़े हुए। वहाँ का दस्तूर था कि जिन बीमारियों को वे लोग दैवी का कोप समझते थे, उनके रोगियों को छोड़कर चले जाते थे। उन्हें बचाना देवताओं से वैर मोल लेना था, और देवताओं से वैर करके कहाँ जाते? जिस प्राणी को देवता ने चुन लिया, उसे भला वे उसके हाथों से छीनने का साहस कैसे करते? पंडित जी को भी लोगों ने साथ ले जाना चाहा; किन्तु पंडित जी न गए। उन्होंने गाँव में रहकर रोगियों की रक्षा करने का निश्चय किया। जिस प्राणी ने उन्हें मौत के पंजे से छुड़ाया था; उसे इस दशा में छोड़कर वह कैसे जाते? उपकार ने उनकी आत्मा को जगा दिया था। बूढ़े चौधरी ने तीसरे दिन होश आने पर जब उन्हें अपने पास खड़े देखा, तो बोला—महाराज, तुम यहाँ क्यों आ गए? मेरे लिए देवताओं का हुक्म आ गया है। अब मैं किसी तरह नहीं रुक सकता। तुम क्यों अपनी जान जोखिम में डालते हो? मुझ पर दया करो, चले जाओ।

लेकिन पंडित जी पर कोई असर न हुआ। वह बारी-बारी से तीनों रोगियों के पास जाते और कभी उनकी गिल्टियाँ सेंकते, कभी उन्हें पुराणों की कथाएँ सुनाते। घरों में नाज, बरतन आदि सब ज्यों के त्यों रखे हुए थे। पंडित जी पथ्य बनाकर रोगियों को खिलाते। रात को जब रोगी सो जाते और सारा गाँव भाँय-भाँय करने लगता तो पंडित जी को भयंकर जन्तु दिखाई देते। उनके कलेजे में धड़कन होने लगती; लेकिन वहाँ से टलने का नाम न लेते। उन्होंने निश्चय कर लिया था कि या तो इन लोगों को बचा ही लूँगा या इन पर अपने को बलिदान ही कर दूँगा।

जब तीन दिन सेंक-बाँध करने पर भी रोगियों की हालत न सँभली, तो पंडित जी को बड़ी चिन्ता हुई। शहर वहाँ से बीस मील पर था। रेल का कहीं पता नहीं, रास्ता बीहड़ और सवारी कोई नहीं। इधर यह भय कि अकेले रोगियों की न जाने क्या दशा हो। बेचारे बड़े संकट में पड़े। अन्त को चौथे दिन, पहर रात रहे, वह अकेले शहर को चल दिए और दस बजते-बजते वहाँ जा पहुँचे। अस्पताल से दवा लेने में बड़ी कठिनाई का सामना करना पड़ा।

गँवारों से अस्पतालवाले दवाओं का मनमाना दाम वसूल करते थे। पंडित जी को मुफ़्त क्यों देने लगे? डॉक्टर ने मुंशी से कहा—दवा तैयार नहीं है।

पंडित जी ने गिड़गिड़ा कर कहा—सरकार, बड़ी दूर से आया हूँ। कई आदमी बीमार पड़े हैं। दवा न मिलेगी, तो सब मर जाएँगे।

मुंशी ने बिगड़कर कहा—क्यों सिर खाए जाते हो? कह तो दिया, दवा तैयार नहीं है, न तो इतनी जल्दी हो ही सकती है।

पंडित जी अत्यन्त दीनभाव से बोले—सरकार, ब्राह्मण हूँ; आपके बाल-बच्चों को भगवान चिरंजीवी करें, दया कीजिए। आपका अकबाल चमकता रहे।

रिश्वती कर्मचारी में दया कहाँ? वे तो रुपए के ग़ुलाम हैं। ज्यों-ज्यों पंडित जी उसकी ख़ुशामद करते थे, वह और भी झल्लाता था। अपने जीवन में पंडित जी ने कभी इतनी दीनता न प्रकट की थी। उनके पास इस वक़्त एक धेला भी न था; अगर वह जानते कि दवा मिलने में इतनी दिक़्क़त होगी, तो गाँववालों से ही कुछ माँग-जाँच कर लाए होते। बेचारे हतबुद्धि-से खड़े सोच रहे थे कि अब क्या करना चाहिए? सहसा डॉक्टर साहब स्वयं बँगले से निकल आए। पंडित जी लपककर उनके पैरों पर गिर पड़े और करुण स्वर में बोले—दीनबंधु, मेरे घर के तीन आदमी ताऊन में पड़े हुए हैं। बड़ा ग़रीब हूँ, सरकार, कोई दवा मिले।

डॉक्टर साहब के पास ऐसे ग़रीब लोग नित्य आया करते थे। उनके चरण पर किसी का गिर पड़ना, उनके सामने पड़े हुए आर्त्तनाद करना, उनके लिए कुछ नई बातें न थीं। अगर इस तरह वह दया करने लगते तो दवा ही भर को होते; यह ठाट-बाट कहाँ से निभता? मगर दिल के चाहे कितने ही बुरे हों, बातें मीठी-मीठी करते थे। पैर हटाकर बोले—रोगी कहाँ है?

पंडित जी—सरकार, वे तो घर पर हैं। इतनी दूर कैसे लाता?

डॉक्टर—रोगी घर, और तुम दवा लेने आया हो? कितने मज़े की बात है! रोगी को देखे बिना कैसे दवा दे सकता हूँ?

पंडित जी को अपनी भूल मालूम हुई। वास्तव में बिना रोगी को देखे रोग की पहचान कैसे हो सकती है; लेकिन तीन-तीन रोगियों को इतनी दूर लाना आसान न था। अगर गाँववाले उनकी सहायता करते तो डोलियों का प्रबन्ध हो सकता था; पर वहाँ तो सब कुछ अपने ही बूते पर करना था, गाँववालों से इसमें सहायता मिलने की कोई आशा न थी। सहायता की कौन कहे, वे तो उनके शत्रु हो रहे थे। उन्हें भय होता था कि यह दुष्ट देवताओं से वैर बढ़ाकर हम लोगों पर न-जाने क्या विपत्ति लाएगा। अगर कोई दूसरा आदमी होता, तो वह उसे कब का मार चुके होते। पंडित जी से उन्हें प्रेम हो गया था, इसलिए छोड़ दिया था।

यह जवाब सुनकर पंडित जी को कुछ बोलने का साहस तो न था; पर कलेजा मज़बूत करके बोले—सरकार, अब कुछ नहीं हो सकता?

डॉक्टर—अस्पताल से दवा नहीं मिल सकती। हम अपने पास से, दाम लेकर दवा दे सकते हैं।

पंडित जी—यह दवा कितने की होगी, सरकार।

डॉक्टर साहब ने दवा का दाम 10 रु. बतलाया, और यह भी कहा कि इस दवा से जितना लाभ होगा, उतना अस्पताल की दवा से नहीं हो सकता। बोले—वहाँ पुरानी दवाई रखा रहता है। ग़रीब लोग आता है; दवाई ले जाता है; जिसको जीना होता है, जीता है;

जिसे मरना होता है, मरता है; हमसे कुछ मतलब नहीं। हम तुमको जो दवा देगा, वह सच्चा दवा होगा।

दस रुपए!—इस समय पंडित जी को दस रुपए दस लाख जान पड़े। इतने रुपए वह एक दिन में भंग बूटी में उड़ा दिया करते थे; पर इस समय तो धेले-धेले को मुहताज थे। किसी से उधार मिलने की आशा कहाँ। हाँ, सम्भव है, भिक्षा माँगने से कुछ मिल जाए; लेकिन इतनी जल्द दस रुपए किसी भी उपाय से न मिल सकते थे। आधे घंटे तक वह इसी उधेड़बुन में खड़े रहे। भिक्षा के सिवा दूसरा कोई उपाय न सूझता था, और भिक्षा उन्होंने कभी माँगी न थी। वह चन्दे जमा कर चुके थे, एक-एक बार में हज़ारों वसूल कर लेते थे; पर वह दूसरी बात थी। धर्म के रक्षक, जाति के सेवक और दलितों के उद्धारक बनकर चन्दा लेने में एक गौरव था, चन्दा लेकर वह देनेवालों पर एहसान करते थे; पर यहाँ तो भिखारियों की तरह हाथ फैलाना, गिड़गिड़ाना और फटकारें सहनी पड़ेंगी। कोई कहेगा—इतने मोटे-ताज़े तो हो, मिहनत क्यों नहीं करते, तुम्हें भीख माँगते शर्म भी नहीं आती? कोई कहेगा—घास खोद लाओ, मैं तुम्हें अच्छी मज़दूरी दूँगा। किसी को उनके ब्राह्मण होने का विश्वास न आएगा। अगर यहाँ उनका रेशमी अचकन और रेशमी साफा होता, केसरिया रंगवाला दुपट्टा ही मिल जाता, तो वह कोई स्वाँग भर लेते। ज्योतिषी बनकर वह किसी धनी सेठ को फाँस सकते थे, और इस फन में वह उस्ताद भी थे; पर यहाँ वह सामान कहाँ—कपड़े-लत्ते तो सब कुछ लुट चुके थे। विपत्ति में कदाचित् बुद्धि भी भ्रष्ट हो जाती है। अगर वह मैदान में खड़े होकर कोई मनोहर व्याख्यान दे देते, तो शायद उनके दस-पाँच भक्त पैदा हो जाते, लेकिन इस तरफ़ उनका ध्यान ही न गया। वह सजे हुए पंडाल में, फूलों से सुसज्जित मेज़ के सामने, मंच पर खड़े होकर अपनी वाणी का चमत्कार दिखला सकते थे। इस दुरवस्था में कौन उनका व्याख्यान सुनेगा। लोग समझेंगे, कोई पागल बक रहा है।

मगर दोपहर ढली जा रही थी, अधिक सोच-विचार का अवकाश न था। यहीं संध्या हो गई, तो रात को लौटना असम्भव हो जाएगा। फिर रोगियों की न जाने क्या दशा हो। वह अब इस अनिश्चित दशा में खड़े न रह सके, चाहे जितना तिरस्कार हो, कितना ही अपमान सहना पड़े, भिक्षा के सिवा और कोई उपाय न था।

वह बाज़ार में जाकर एक दुकान के सामने खड़े हो गए; पर कुछ माँगने की हिम्मत न पड़ी!

दुकानदार ने पूछा—क्या लोगे?

पंडित जी बोले—चावल का क्या भाव है?

मगर दूसरी दुकान पर पहुँचकर वह ज़्यादा सावधान हो गए। सेठ जी गद्दी पर बैठे हुए थे। पंडित जी आकर उनके सामने खड़े हो गए और गीता का एक श्लोक पढ़ सुनाया। उनका शुद्ध उच्चारण और मधुर वाणी सुनकर सेठ जी चकित हो गए, पूछा—कहाँ स्थान है?

पंडित जी—काशी से आ रहा हूँ।

यह कहकर पंडित जी ने सेठ जी को धर्म के दसों लक्षण बतलाए और श्लोक की ऐसी अच्छी व्याख्या की कि वह मुग्ध हो गए। बोले—महाराज, आज चलकर मेरे स्थान को पवित्र कीजिए।

कोई स्वार्थी आदमी होता, तो इस प्रस्ताव को सहर्ष स्वीकार कर लेता; लेकिन पंडित जी को लौटने की पड़ी थी। बोले—नहीं सेठ जी, मुझे अवकाश नहीं है।

सेठ—महाराज, आपको हमारी इतनी ख़ातिरी करनी पड़ेगी।

पंडित जी जब किसी तरह ठहरने पर राज़ी न हुए, तो सेठ जी ने उदास होकर कहा—फिर हम आपकी क्या सेवा करें? कुछ आज्ञा दीजिए। आपकी वाणी से तो तृप्ति नहीं हुई। फिर कभी इधर आना हो, तो अवश्य दर्शन दीजिएगा।

पंडित जी—आपकी इतनी श्रद्धा है तो अवश्य आऊँगा।

यह कहकर पंडित जी फिर उठ खड़े हुए। संकोच ने फिर उनकी ज़बान बन्द कर दी। यह आदर-सत्कार इसीलिए तो है कि मैं अपना स्वार्थ-भाव छिपाए हुए हूँ। कोई इच्छा प्रकट की और इनकी आँखें बदलीं। सूखा जवाब चाहे न मिले; पर श्रद्धा न रहेगी। वह नीचे उतर गए और सड़क पर एक क्षण के लिए खड़े होकर सोचने लगे—अब कहाँ जाऊँ? उधर जाड़े का दिन किसी विलासी के धन की भाँति भागा चला जाता था। वह अपने ही ऊपर झुँझला रहे थे—जब किसी से माँगूँगा नहीं, तो कोई क्यों देने लगा? कोई क्या मेरे मन का हाल जानता है? वे दिन गए, जब धनी लोग ब्राह्मणों की पूजा किया करते थे। यह आशा छोड़ दो कि कोई महाशय आकर तुम्हारे हाथ में रुपए रख देंगे। वह धीरे-धीरे आगे बढ़े।

सहसा सेठ जी ने पीछे से पुकारा—पंडित जी, ज़रा ठहरिए।

पंडित जी ठहर गए। फिर घर चलने के लिए आग्रह करने आता होगा। यह तो न हुआ कि एक रुपए का नोट लाकर देता, मुझे घर ले जाकर न जाने क्या करेगा?

मगर जब सेठ जी ने सचमुच एक गिनी निकालकर उनके पैरों पर रख दी; तो उनकी आँखों में एहसान के आँसू छलक आए। हैं! अब भी सच्चे धर्मात्मा जीव संसार में हैं, नहीं तो यह पृथ्वी रसातल को न चली जाती? अगर इस वक़्त उन्हें सेठ जी के कल्याण के लिए अपनी देह का सेर-आध सेर रक्त भी देना पड़ता, तो भी शौक़ से दे देते। गद्गद कंठ से बोले—इसका तो कुछ काम न था, सेठ जी! मैं भिक्षुक नहीं हूँ, आपका सेवक हूँ।

सेठ जी श्रद्धा-विनयपूर्ण शब्दों में बोले—भगवान्, इसे स्वीकार कीजिए। यह दान नहीं, भेंट है। मैं भी आदमी पहचानता हूँ। बहुतेरे साधु-संत, योगी-यती देश और धर्म के सेवक आते रहते हैं; पर न जाने क्यों किसी के प्रति मेरे मन में श्रद्धा नहीं उत्पन्न होती? उनसे किसी तरह पिंड छुड़ाने की पड़ जाती है। आपका संकोच देखकर मैं समझ गया कि आपका यह पेशा नहीं है। आप विद्वान् हैं, धर्मात्मा हैं; पर किसी संकट में पड़े हुए हैं। इस तुच्छ भेंट को स्वीकार कीजिए और मुझे आशीर्वाद दीजिए।

7

पंडित जी दवाएँ लेकर घर चले, तो हर्ष, उल्लास और विजय से उनका हृदय उछला पड़ता था। हनुमान जी भी संजीवन-बूटी लाकर इतने प्रसन्न न हुए होंगे। ऐसा सच्चा आनन्द उन्हें कभी प्राप्त न हुआ था। उनके हृदय में इतने पवित्र भावों का संचार कभी न हुआ था।

दिन बहुत थोड़ा रह गया था। सूर्यदेव अविरल गति से पश्चिम की ओर दौड़ते चले जाते थे। क्या उन्हें भी किसी रोगी को दवा देनी थी? वह बड़े वेग से दौड़ते हुए पर्वत की ओट में छिप गए। पंडित जी और भी फुर्ती से पाँव बढ़ाने लगे, मानो उन्होंने सूर्यदेव को पकड़ लेने की ठानी है।

देखते-देखते अँधेरा छा गया। आकाश में दो-एक तारे दिखाई देने लगे। अभी दस मील की मंज़िल बाक़ी थी। जिस तरह काली घटा को सिर पर मँड़राते देखकर गृहिणी दौड़-दौड़कर

सुखावन समेटने लगती है, उसी भाँति लीलाधर ने भी दौड़ना शुरू किया। उन्हें अकेले पड़ जाने का भय न था, भय था अँधेरे में राह भूल जाने का। दाएँ-बाएँ बस्तियाँ छूटती जाती थीं। पंडित जी को ये गाँव इस समय बहुत ही सुहावने मालूम होते थे। कितने आनन्द से लोग अलाव के सामने बैठे ताप रहे हैं?

सहसा उन्हें एक कुत्ता दिखाई दिया। न-जाने किधर से आकर वह उनके सामने पगडंडी पर चलने लगा। पंडित जी चौंक पड़े; पर एक क्षण में उन्होंने कुत्ते को पहचान लिया। वह बूढ़े चौधरी का कुत्ता मोती था। वह गाँव छोड़कर आज इधर इतनी दूर कैसे आ निकला? क्या वह जानता है? पंडित जी दवा लेकर आ रहे होंगे, कहीं रास्ता भूल जाएँ? कौन जानता है? पंडित जी ने एक बार मोती कहकर पुकारा, तो कुत्ते ने दुम हिलाई; पर रुका नहीं। वह इससे अधिक परिचय देकर समय नष्ट न करना चाहता था। पंडित जी को ज्ञात हुआ कि ईश्वर मेरे साथ है, वही मेरी रक्षा कर रहे हैं। अब उन्हें कुशल से घर पहुँचने का विश्वास हो गया।

दस बजते-बजते पंडित जी घर पहुँच गए।

× × ×

रोग घातक न था; पर यश पंडित जी को बदा था। एक सप्ताह के बाद तीनों रोगी चंगे हो गए। पंडित जी की कीर्ति दूर-दूर तक फैल गई। उन्होंने यम-देवता से घोर संग्राम करके इन आदमियों को बचा लिया था। उन्होंने देवताओं पर भी विजय पा ली थी—असम्भव को सम्भव कर दिखाया था। वह साक्षात् भगवान् थे। इनके दर्शनों के लिए लोग दूर-दूर से आने लगे; किन्तु पंडित जी को अपनी कीर्ति से इतना आनन्द न होता था, जितना रोगियों को चलते-फिरते देखकर।

चौधरी ने कहा—महाराज, तुम साक्षात् भगवान् हो। तुम न आ जाते, तो हम न बचते।

पंडित जी बोले—मैंने कुछ नहीं किया। यह सब ईश्वर की दया है।

चौधरी—अब हम तुम्हें कभी न जाने देंगे। जाकर अपने बाल-बच्चों को भी ले आओ।

पंडित जी—हाँ, मैं भी यही सोच रहा हूँ। तुमको छोड़कर अब नहीं जा सकता।

8

मुल्लाओं ने मैदान ख़ाली पाकर आस-पास के देहातों में ख़ूब ज़ोर बाँध रखा था। गाँव के गाँव मुसलमान होते जाते थे। उधर हिन्दू-सभा ने सन्नाटा खींच लिया था। किसी की हिम्मत न पड़ती थी, कि इधर आए। लोग दूर बैठे हुए मुसलमानों पर गोला-बारूद चला रहे थे। इस हत्या का बदला कैसे लिया जाए, यही उनके सामने सबसे बड़ी समस्या थी। अधिकारियों के पास बार-बार प्रार्थना-पत्र भेजे जा रहे थे कि इस मामले की छानबीन की जाए और बार-बार यही जवाब मिलता था कि हत्याकारियों का पता नहीं चलता। उधर पंडित जी के स्मारक के लिए चन्दा भी जमा किया जा रहा था।

मगर इस नई ज्योति ने मुल्लाओं का रंग फीका कर दिया। वहाँ एक ऐसे देवता का अवतार हुआ था, जो मुर्दों को जिला देता था, जो अपने भक्तों के कल्याण के लिए अपने प्राणों का बलिदान कर सकता था। मुल्लाओं के यहाँ यह सिद्धि कहाँ, यह विभूति कहाँ, यह चमत्कार कहाँ? इस ज्वलंत उपकार के सामने जन्नत और अख़ूबत (भातृ-भाव) की कोरी दलीलें कब ठहर सकती थीं? पंडित जी अब वह अपने ब्राह्मणत्व पर घमंड करनेवाले पंडित जी न थे। उन्होंने शूद्रों और भीलों का आदर करना सीख लिया था। उन्हें छाती से लगाते हुए अब पंडित

जी को घृणा न होती थी। अपना घर अँधेरा पाकर ही ये इस्लामी दीपक की ओर झुके थे। जब अपने घर में सूर्य का प्रकाश हो गया, तो उन्हें दूसरों के यहाँ जाने की क्या ज़रूरत थी। सनातन-धर्म की विजय हो गई। गाँव-गाँव में मन्दिर बनने लगे और शाम-सबेरे मन्दिरों से शंख और घंटे की ध्वनि सुनाई देने लगी। लोगों के आचरण आप ही आप सुधरने लगे। पंडित जी ने किसी को शुद्ध नहीं किया। उन्हें अब शुद्धि का नाम लेते शर्म आती थी—मैं भला इन्हें क्या शुद्ध करूँगा, पहले अपने को तो शुद्ध कर लूँ। ऐसी निर्मल एवं पवित्र आत्माओं को शुद्धि के ढोंग से अपमानित नहीं कर सकता।

यह मंत्र था, जो उन्होंने उन चांडालों से सीखा था और इसी बल से वह अपने धर्म की रक्षा करने में सफल हुए थे।

पंडित जी अभी जीवित हैं; पर अब सपरिवार उसी प्रान्त में, उन्हीं भीलों के साथ रहते हैं।

कामना तरु

राजा इन्द्रनाथ का देहान्त हो जाने के बाद कुँवर राजनाथ को शत्रुओं ने चारों ओर से ऐसा दबाया कि उन्हें अपने प्राण लेकर एक पुराने सेवक की शरण जाना पड़ा, जो एक छोटे-से गाँव का जागीरदार था। कुँवर स्वभाव से ही शान्तिप्रिय, रसिक, हँस-खेलकर समय काटनेवाले युवक थे। रणक्षेत्र की अपेक्षा कवित्व के क्षेत्र में अपना चमत्कार दिखाना उन्हें अधिक प्रिय था। रसिकजनों के साथ, किसी वृक्ष के नीचे बैठे हुए, काव्य-चर्चा करने में उन्हें जो आनन्द मिलता था, वह शिकार या राज-दरबार में नहीं। इस पर्वतमालाओं से घिरे हुए गाँव में आकर उन्हें जिस शान्ति और आनन्द का अनुभव हुआ, उसके बदले में वह ऐसे-ऐसे कई राज्य-त्याग कर सकते थे। यह पर्वतमालाओं की मनोहर छटा, यह नेत्ररंजक हरियाली, यह जल-प्रवाह की मधुर वीणा, यह पक्षियों की मीठी बोलियाँ, यह मृग-शावकों की छलाँगें, यह बछड़ों की कुलेलें, यह ग्राम-निवासियों की बालोचित सरलता, यह रमणियों की संकोचमय चपलता! ये सभी बातें उनके लिए नई थीं, पर इन सबों से बढ़कर जो वस्तु उनको आकर्षित करती थी, वह जागीरदार की युवती कन्या चन्दा थी।

चन्दा घर का सारा काम-काज आप ही करती थी। उसको माता की गोद में खेलना नसीब ही न हुआ था। पिता की सेवा ही में रत रहती थी। उसका विवाह इसी साल होनेवाला था, कि इसी बीच में कुँवर जी ने आकर उसके जीवन में नवीन भावनाओं और आशाओं को अंकुरित कर दिया। उसने अपने पति का जो चित्र मन में खींच रखा था, वही मानो रूप धारण करके उसके सम्मुख आ गया। कुँवर की आदर्श रमणी भी चन्दा ही के रूप में अवतरित हो गई; लेकिन कुँवर समझते थे—मेरे ऐसे भाग्य कहाँ? चन्दा भी समझती थी—कहाँ यह और कहाँ मैं!

2

दोपहर का समय था और जेठ का महीना। खपरैल का घर भट्ठी की भाँति तपने लगा। खस की टट्टियों और तहखानों में रहने वाले राजकुमार का चित्त गरमी से इतना बेचैन हुआ कि

वह बाहर निकल आए और सामने के बाग़ में जाकर एक घने वृक्ष की छाँव में बैठ गए। सहसा उन्होंने देखा—चन्दा नदी से जल की गागर लि, चली आ रही है। नीचे जलती हुई रेत थी, ऊपर जलता हुआ सूर्य। लू से देह झुलसी जाती थी। कदाचित् इस समय प्यास से तड़पते हुए आदमी की भी नदी तक जाने की हिम्मत न पड़ती। चन्दा क्यों पानी लेने गई थी? घर में पानी भरा हुआ है। फिर इस समय वह क्यों पानी लेने निकली?

कुँवर दौड़कर उसके पास पहुँचे और उसके हाथ से गागर छीन लेने की चेष्टा करते हुए बोले—मुझे दे दो और भाग कर छाँह में चली जाओ। इस समय पानी का क्या काम था?

चन्दा ने गागर न छोड़ी। सिर से खिसका हुआ अंचल सँभालकर बोली—तुम इस समय कैसे आ गए? शायद मारे गरमी के अन्दर न रह सके?

कुँवर—मुझे दे दो, नहीं तो मैं छीन लूँगा।

चन्दा ने मुस्कुराकर कहा—राजकुमारों को गागर लेकर चलना शोभा नहीं देता।

कुँवर ने गागर का मुँह पकड़कर कहा—इस अपराध का बहुत दंड सह चुका हूँ। चन्दा, अब तो अपने को राजकुमार कहने में भी लज्जा आती है।

चन्दा—देखो, धूप में ख़ुद हैरान होते हो और मुझे भी हैरान करते हो। गागर छोड़ दो। सच कहती हूँ, पूजा का जल है।

कुँवर—क्या मेरे ले जाने से पूजा का जल अपवित्र हो जाएगा?

चन्दा—अच्छा भाई, नहीं मानते, तो तुम्हीं ले चलो। हाँ, नहीं तो।

कुँवर गागर लेकर आगे-आगे चले। चन्दा पीछे हो ली। बग़ीचे में पहुँचे, तो चन्दा एक छोटे-से पौधे के पास रुककर बोली—इसी देवता की पूजा करनी है, गागर रख दो। कुँवर ने आश्चर्य से पूछा—यहाँ कौन देवता है, चन्दा? मुझे तो नहीं नज़र आता।

चन्दा ने पौधे को सींचते हुए कहा—यही तो मेरा देवता है।

पानी पीकर पौधे की मुरझाई हुई पत्तियाँ हरी हो गईं, मानो उनकी आँखें खुल गई हों।

कुँवर ने पूछा—यह पौधा क्या तुमने लगाया है, चन्दा?

चन्दा ने पौधे को एक सीधी लकड़ी से बाँधते हुए कहा—हाँ, उसी दिन तो, जब तुम यहाँ आए। यहाँ पहले मेरी गुड़ियों का घरौंदा था। मैंने गुड़ियों पर छाँह करने के लिए अमोला लगा दिया था। फिर मुझे इसकी याद नहीं रही। घर के काम-धन्धे में भूल गई। जिस दिन तुम यहाँ आए, मुझे न-जाने क्यों इस पौधे की याद आ गई। मैंने आकर देखा, तो वह सूख गया था। मैंने तुरन्त पानी लाकर इसे सींचा, तो कुछ-कुछ ताज़ा होने लगा। तब से इसे सींचती हूँ। देखो, कितना हरा-भरा हो गया है।

यह कहते-कहते उसने सिर उठाकर कुँवर की ओर ताक़ते हुए कहा—और सब काम भूल जाऊँ; पर इस पौधे को पानी देना नहीं भूलती। तुम्हीं इसके प्राणदाता हो। तुम्हीं ने आकर इसे जिला दिया, नहीं तो बेचारा सूख गया होता। यह तुम्हारे शुभागमन का स्मृति-चिह्न है। ज़रा इसे देखो। मालूम होता है, हँस रहा है। मुझे तो जान पड़ता है कि यह मुझसे बोलता है। सच कहती हूँ, कभी यह रोता है, कभी हँसता है, कभी रूठता है; आज तुम्हारा लाया हुआ पानी पाकर यह फूला नहीं समाता। एक-एक पत्ता तुम्हें धन्यवाद दे रहा है।

कुँवर को ऐसा जान पड़ा, मानो वह पौधा कोई नन्हा-सा क्रीड़ाशील बालक है। जैसे चुम्बन से प्रसन्न होकर बालक गोद में चढ़ने के लिए दोनों हाथ फैला देता है,

उसी भाँति यह पौधा भी हाथ फैलाए जान पड़ा। उसके एक-एक अणु में चन्दा का प्रेम झलक रहा था।

चन्दा के घर में खेती के सभी औजार थे। कुँवर एक फावड़ा उठा लाए और पौधे का एक थाला बनाकर चारों ओर ऊँची मेंड़ उठा दी। फिर खुरपी लेकर अन्दर की मिट्टी को गोंड़ दिया। पौधा और भी लहलहा उठा।

चन्दा बोली—कुछ सुनते हो, क्या कह रहा है?

कुँवर ने मुस्कुराकर कहा—हाँ, कहता है—अम्माँ की गोद में बैठूँगा।

चन्दा—नहीं, कह रहा है, इतना प्रेम करके फिर भूल न जाना।

3

मगर कुँवर को अभी राज-पुत्र होने का दंड भोगना बाक़ी था। शत्रुओं को न-जाने कैसे उनकी टोह मिल गई। इधर तो हितचिन्तकों के आग्रह से विवश होकर बूढ़ा कुबेरसिंह चन्दा और कुँवर के विवाह की तैयारियाँ कर रहा था, उधर शत्रुओं का एक दल सिर पर आ पहुँचा। कुँवर ने उस पौधे के आस-पास फूल-पत्ते लगाकर एक फुलवाड़ी-सी बना दी थी! पौधे को सींचना अब उनका काम था। प्रात:काल वह कन्धे पर काँवर रखे नदी से पानी ला रहे थे, कि दस-बारह आदमियों ने उन्हें रास्ते में घेर लिया। कुबेरसिंह तलवार लेकर दौड़ा; लेकिन शत्रुओं ने उसे मार गिराया। अकेला अस्त्रहीन कुँवर क्या करता? कन्धे पर काँवर रखे हुए बोला—अब क्यों मेरे पीछे पड़े हो, भाई? मैंने तो सब-कुछ छोड़ दिया।

सरदार बोला—हमें आपको पकड़ ले जाने का हुक्म है।

'तुम्हारा स्वामी मुझे इस दशा में भी नहीं देख सकता? ख़ैर, अगर धर्म समझो तो कुबेरसिंह की तलवार मुझे दे दो। अपनी स्वाधीनता के लिए लड़कर प्राण दूँ।'

इसका उत्तर यही मिला कि सिपाहियों ने कुँवर को पकड़कर मुश्कें कस दीं और उन्हें एक घोड़े पर बिठाकर घोड़े को भगा दिया। काँवर वहीं पड़ी रह गई।

उसी समय चन्दा घर से निकली। देखा—काँवर पड़ी हुई है और कुँवर को लोग घोड़े पर बिठाए जा रहे हैं। चोट खाए हुए पक्षी की भाँति वह कई क़दम दौड़ी, फिर गिर पड़ी। उसकी आँखों में अँधेरा छा गया।

सहसा उसकी दृष्टि पिता की लाश पर पड़ी। वह घबराकर उठी और लाश के पास जा पहुँची! कुबेर अभी मरा न था। प्राण आँखों में अटके हुए थे।

चन्दा को देखते ही क्षीण स्वर में बोला—बेटी...कुँवर! इसके आगे वह कुछ न कह सका। प्राण निकल गए; पर इस शब्द—'कुँवर'—ने उसका आशय प्रकट कर दिया।

4

बीस वर्ष बीत गए! कुँवर क़ैद से न छूट सके।

यह एक पहाड़ी क़िला था। जहाँ तक निगाह जाती, पहाड़ियाँ ही नज़र आतीं। क़िले में उन्हें कोई कष्ट न था। नौकर-चाकर, भोजन-वस्त्र, सैर-शिकार किसी बात की कमी न थी। पर, उस वियोगाग्नि को कौन शान्त करता, जो नित्य कुँवर के हृदय में जला करती थी। जीवन में अब उनके लिए कोई आशा न थी, कोई प्रकाश न था। अगर कोई इच्छा थी, तो यही कि

एक बार उस प्रेमतीर्थ की यात्रा कर लें, जहाँ उन्हें वह सब कुछ मिला, जो मनुष्य को मिल सकता है। हाँ, उनके मन में एकमात्र यही अभिलाषा थी कि उन पवित्र स्मृतियों से रंजित भूमि के दर्शन करके जीवन का उसी नदी के तट पर अन्त कर दें। वही नदी का किनारा, वही वृक्ष का कुंज, वही चन्दा का छोटा-सा सुन्दर घर उसकी आँखों में फिरा करता; और वह पौधा जिसे उन दोनों ने मिलकर सींचा था, उसमें तो मानो उसके प्राण ही बसते थे। क्या वह दिन भी आएगा, जब वह उस पौधे को हरी-हरी पत्तियों से लदा हुआ देखेगा? कौन जाने, वह अब है भी या सूख गया? कौन अब उसको सींचता होगा? चन्दा इतने दिनों अविवाहित थोड़े ही बैठी होगी? ऐसा सम्भव भी तो नहीं। उसे अब मेरी सुध भी न होगी। हाँ, शायद कभी अपने घर की याद खींच लाती हो, तो पौधे को देखकर उसे मेरी याद आ जाती हो। मुझ-जैसे अभागे के लिए इससे अधिक वह और कर ही क्या सकती है! उस भूमि को एक बार देखने के लिए वह अपना जीवन दे सकता था; पर यह अभिलाषा न पूरी होती थी।

आह! एक युग बीत गया, शोक और नैराश्य ने उठती जवानी को कुचल दिया। न आँखों में ज्योति रही, न पैरों में शक्ति। जीवन क्या था, एक दुःखदायी स्वप्न था। उस सघन अंधकार में उसे कुछ न सूझता था। बस, जीवन का आधार एक अभिलाषा थी, एक सुखद स्वप्न, जो जीवन में न जाने कब उसने देखा था। एक बार फिर वही स्वप्न देखना चाहता था। फिर उसकी अभिलाषाओं का अन्त हो जाएगा, उसे कोई इच्छा न रहेगी। सारा अनंत भविष्य, सारी अनंत चिन्ताएँ इसी एक स्वप्न में लीन हो जाती थीं।

उसके रक्षकों को अब उसकी ओर से कोई शंका न थी। उन्हें उस पर दया आती थी। रात को पहरे पर केवल कोई एक आदमी रह जाता था और लोग मीठी नींद सोते थे। कुँवर भाग जा सकता है, इसकी कोई सम्भावना, कोई शंका न थी। यहाँ तक कि एक दिन यह सिपाही भी निश्शंक होकर बन्दूक़ लिए लेट रहा। निद्रा किसी हिंसक पशु की भाँति ताक लगाए बैठी थी। लेटते ही टूट पड़ी। कुँवर ने सिपाही की नाक की आवाज़ सुनी। उनका हृदय बड़े वेग से उछलने लगा। यह अवसर आज कितने दिनों के बाद मिला था। वह उठे; मगर पाँव थर-थर काँप रहे थे। बरामदे के नीचे उतरने का साहस न हो सका। कहीं इसकी नींद खुल गई तो? हिंसा उनकी सहायता कर सकती थी। सिपाही की बग़ल में उसकी तलवार पड़ी थी; पर प्रेम का हिंसा से बैर है। कुँवर ने सिपाही को जगा दिया। वह चौंककर उठ बैठा। रहा-सहा संशय भी उसके दिल से निकल गया। दूसरी बार जो सोया, तो खर्राटे लेने लगा।

प्रातःकाल जब उसकी निद्रा टूटी, तो उसने लपककर कुँवर के कमरे में झाँका।

कुँवर का पता न था।

कुँवर इस समय हवा के घोड़े पर सवार, कल्पना की द्रुतगति से भागा जा रहा था—उस स्थान को, जहाँ उसने सुख-स्वप्न देखा था।

क़िले में चारों ओर तलाश हुई, नायक ने सवार दौड़ाए; पर कहीं पता न चला।

5

पहाड़ी रास्तों को काटना कठिन, उस पर अज्ञातवास की क़ैद, मृत्यु के दूत पीछे लगे हुए, जिनसे बचना मुश्किल। कुँवर को कामना-तीर्थ में महीनों लग गए। जब यात्रा पूरी हुई, तो कुँवर में एक कामना के सिवा और कुछ शेष न था। दिन-भर की कठिन यात्रा के बाद जब वह उस स्थान

पर पहुँचे, तो संध्या हो गई थी। वहाँ बस्ती का नाम भी न था। दो-चार टूटे-फूटे झोपड़े उस बस्ती के चिह्न-स्वरूप शेष रह गए थे। वह झोपड़ा, जिसमें कभी प्रेम का प्रकाश था, जिसके नीचे उन्होंने जीवन के सुखमय दिन काटे थे, जो उनकी कामनाओं का आगार और उपासना का मन्दिर था, अब उनकी अभिलाषाओं की भाँति भग्न हो गया था। झोपड़े की भग्नावस्था मूक भाषा में अपनी करुण-कथा सुना रही थी! कुँवर उसे देखते ही 'चन्दा-चन्दा!' पुकारते हुए दौड़े, उन्होंने उस रज को माथे पर मला, मानो किसी देवता की विभूति हो, और उसकी टूटी हुई दीवारों से चिमट कर बड़ी देर तक रोते रहे। हाय रे अभिलाषा! वह रोने ही के लिए इतनी दूर से आए थे! रोने की अभिलाषा इतने दिनों से उन्हें विकल कर रही थी। पर इस रुदन में कितना स्वर्गीय आनन्द था! क्या समस्त संसार का सुख इन आँसुओं की तुलना कर सकता था?

तब वह झोपड़े से निकले। सामने मैदान में एक वृक्ष हरे-हरे नवीन पल्लवों को गोद में लिये मानो उनका स्वागत करने खड़ा था। यह वह पौधा है, जिसे आज से बीस वर्ष पहले दोनों ने आरोपित किया था। कुँवर उन्मत्त की भाँति दौड़े और जाकर उस वृक्ष से लिपट गए, मानो कोई पिता अपने मातृहीन पुत्र को छाती से लगाए हुए हो। यह उसी प्रेम की निशानी है, उसी अक्षय प्रेम की जो इतने दिनों के बाद आज इतना विशाल हो गया है। कुँवर का हृदय ऐसा हो उठा, मानो इस वृक्ष को अपने अन्दर रख लेगा जिसमें उसे हवा का झोंका भी न लगे। उसके एक-एक पल्लव पर चन्दा की स्मृति बैठी हुई थी। पक्षियों का इतना रम्य संगीत क्या कभी उन्होंने सुना था? उनके हाथों में दम न था, सारी देह भूख-प्यास और थकान से शिथिल हो रही थी। पर, वह उस वृक्ष पर चढ़ गए, इतनी फुर्ती से चढ़े कि बन्दर भी न चढ़ता। सबसे ऊँची फुनगी पर बैठकर उन्होंने चारों ओर गर्वपूर्ण दृष्टि डाली। यही उनकी कामनाओं का स्वर्ग था। सारा दृश्य चन्दामय हो रहा था। दूर की नीली पर्वतश्रेणियों पर चन्दा बैठी गा रही थी। आकाश में तैरने वाली लालिमामयी नौकाओं पर चन्दा ही उड़ी जाती थी। सूर्य की श्वेत-पीत प्रकाश की रेखाओं पर चन्दा ही बैठी हँस रही थी। कुँवर के मन में आया, पक्षी होता तो इन्हीं डालियों पर बैठा हुआ जीवन के दिन पूरे करता।

जब अँधेरा हो गया, तो कुँवर नीचे उतरे और उसी वृक्ष के नीचे थोड़ी-सी भूमि झाड़ कर पत्तियों की शय्या बनाई और लेटे। यही उनके जीवन का स्वर्ण-स्वप्न था आह! यही वैराग्य! अब वह इस वृक्ष की शरण छोड़कर कहीं न जाएँगे, दिल्ली के तख़्त के लिए भी वह इस आश्रम को न छोड़ेंगे।

6

उसी स्निग्ध, अमल चाँदनी में सहसा एक पक्षी आकर उस वृक्ष पर बैठा और दर्द में डूबे हुए स्वरों में गाने लगा। ऐसा जान पड़ा, मानो वह वृक्ष सिर धुन रहा है! वह नीरव रात्रि उस वेदनामय संगीत से हिल उठी। कुँवर का हृदय इस तरह ऐंठने लगा, मानो वह फट जाएगा। स्वर में करुणा और वियोग के तीर-से भरे हुए थे। आह पक्षी! तेरा भी जोड़ा अवश्य बिछुड़ गया है। नहीं तो तेरे राग में इतनी व्यथा, इतना विषाद, इतना रुदन कहाँ से आता! कुँवर के हृदय के टुकड़े हुए जाते थे, एक-एक स्वर तीर की भाँति दिल को छेदे डालता था। वह बैठे न रह सके। उठकर आत्म-विस्मृति की दशा में दौड़े हुए झोपड़े में गए, वहाँ से फिर वृक्ष के नीचे आए। उस पक्षी को कैसे पाएँ। कहीं दिखाई नहीं देता।

पक्षी का गाना बन्द हुआ, तो कुँवर को नींद आ गई। उन्हें स्वप्न में ऐसा जान पड़ा कि वही पक्षी उनके समीप आया। कुँवर ने ध्यान से देखा, तो वह पक्षी न था, चन्दा थी; हाँ, प्रत्यक्ष चन्दा थी।

कुँवर ने पूछा—चन्दा, यह पक्षी यहाँ कहाँ?

चन्दा ने कहा—मैं ही तो वह पक्षी हूँ।

कुँवर—तुम पक्षी हो! क्या तुम्हीं गा रही थीं?

चन्दा—हाँ प्रियतम, मैं ही गा रही थी। इसी तरह रोते-रोते एक युग बीत गया।

कुँवर—तुम्हारा घोंसला कहाँ है?

चन्दा—उसी झोपड़े में, जहाँ तुम्हारी खाट थी। उसी खाट के बान से मैंने अपना घोंसला बनाया है।

कुँवर—और तुम्हारा जोड़ा कहाँ है?

चन्दा—मैं अकेली हूँ। चन्दा को अपने प्रियतम के स्मरण करने में, उसके लिए रोने में जो सुख है, वह जोड़े में नहीं; मैं इसी तरह अकेली रहूँगी और अकेली मरूँगी।

कुँवर—मैं क्या पक्षी नहीं हो सकता?

चन्दा चली गई। कुँवर की नींद खुल गई। उषा की लालिमा आकाश पर छाई हुई थी और वह चिड़िया कुँवर की शय्या के समीप एक डाल पर बैठी चहक रही थी। अब उस संगीत में करुणा न थी, विलाप न था; उसमें आनन्द था, चापल्य था, सारल्य था; वह वियोग का करुण-क्रन्दन नहीं, मिलन का मधुर संगीत था।

कुँवर सोचने लगे—इस स्वप्न का क्या रहस्य है?

7

कुँवर ने शय्या से उठते ही एक झाड़ू बनाई और झोपड़े को साफ़ करने लगे। उनके जीते-जी इसकी यह भग्न दशा नहीं रह सकती। वह इसकी दीवारें उठाएँगे, इस पर छप्पर डालेंगे, इसे लीपेंगे। इसमें उनकी चन्दा की स्मृति वास करती है। झोपड़े के एक कोने में वह काँवर रखी हुई थी, जिस पर पानी ला-लाकर वह इस वृक्ष को सींचते थे। उन्होंने काँवर उठा ली और पानी लाने चले। दो दिन से कुछ भोजन न किया था। रात को भूख लगी हुई थी; पर इस समय भोजन की बिलकुल इच्छा न थी। देह में एक अद्भुत स्फूर्ति का अनुभव होता था। उन्होंने नदी से पानी ला-लाकर मिट्टी भिगोना शुरू किया। दौड़े जाते थे और दौड़े आते थे। इतनी शक्ति उनमें कभी न थी।

एक ही दिन में इतनी दीवार उठ गई, जितनी चार मज़दूर भी न उठा सकते थे। और कितनी सीधी, चिकनी दीवार थी कि कारीगर भी देखकर लज्जित हो जाता! प्रेम की शक्ति अपार है!

संध्या हो गई। चिड़ियों ने बसेरा लिया। वृक्षों ने भी आँखें बन्द कीं; मगर कुँवर को आराम कहाँ? तारों के मलिन प्रकाश में मिट्टी के रद्दे रखे जा रहे थे। हाय रे कामना! क्या तू इस बेचारे के प्राण ही लेकर छोड़ेगी?

वृक्ष पर पक्षी का मधुर स्वर सुनाई दिया। कुँवर के हाथ से घड़ा छूट पड़ा। हाथ और पैरों में मिट्टी लपेट कर वह वृक्ष के नीचे जाकर बैठ गए। उस स्वर में कितना लालित्य था, कितना उल्लास, कितनी ज्योति! मानव-संगीत इसके सामने बेसुरा आलाप था। उसमें यह

जागृति, यह अमृत, यह जीवन कहाँ? संगीत के आनन्द में विस्मृति है; पर वह विस्मृति कितनी स्मृतिमय होती है, अतीत को जीवन और प्रकाश से रंजित करके प्रत्यक्ष कर देने की शक्ति संगीत के सिवा और कहाँ है! कुँवर के हृदय-नेत्रों के सामने वह दृश्य खड़ा हुआ जब चन्दा इसी पौधे को नदी से जल ला-ला कर सींचती थी। हाय, क्या वे दिन फिर आ सकते हैं?

सहसा एक बटोही आकर खड़ा हो गया और कुँवर को देखकर वह प्रश्न करने लगा, जो साधारणत: दो अपरिचित प्राणियों में हुआ करते हैं—कौन हो, कहाँ से आते हो, कहाँ जाओगे? पहले वह भी इसी गाँव में रहता था; पर जब गाँव उजड़ गया, तो समीप के एक दूसरे गाँव में जा बसा था। अब भी उसके खेत यहाँ थे। रात को जंगली पशु से अपने खेतों की रक्षा करने के लिए वह आकर सोता था।

कुँवर ने पूछा—तुम्हें मालूम है, इस गाँव में एक कुबेरसिंह ठाकुर रहते थे?

किसान ने बड़ी उत्सुकता से कहा—हाँ-हाँ, भाई, जानता क्यों नहीं! बेचारे यहीं तो मारे गए। तुमसे भी क्या जान-पहचान थी?

कुँवर—हाँ, उन दिनों कभी-कभी आया करता था। मैं भी राजा की सेवा में नौकर था। उनके घर में और कोई न था?

किसान—अरे भाई, कुछ न पूछो; बड़ी करुण-कथा है। उनकी स्त्री तो पहले ही मर चुकी थी। केवल लड़की बच रही थी। आह! कैसी सुशीला, कैसी सुघड़ लड़की थी! उसे देखकर आँखों में ज्योति आ जाती थी। बिलकुल स्वर्ग की देवी जान पड़ती थी। जब कुबेरसिंह जीता था, तभी कुँवर राजनाथ यहाँ भाग कर आए थे और उसके यहाँ रहे थे, उस लड़की की कुँवर से कहीं बातचीत हो गई। जब कुँवर को शत्रुओं ने पकड़ लिया, तो चन्दा घर में अकेली रह गई। गाँववालों ने बहुत चाहा कि उसका विवाह हो जाए। उसके लिए वरों का तोड़ा न था भाई! ऐसा कौन था, जो उसे पाकर अपने को धन्य न मानता; पर वह किसी से विवाह करने पर राज़ी न हुई। यह पेड़, जो तुम देख रहे हो, तब छोटा-सा पौधा था। इसके आस-पास फूलों की कई और क्यारियाँ थीं। इन्हीं को गोड़ने, निराने, सींचने में उसका दिन कटता था। बस, यही कहती थी कि हमारे कुँवर आते होंगे।

कुँवर की आँखों से आँसू की वर्षा होने लगी। मुसाफ़िर ने ज़रा दम लेकर कहा—दिन-दिन घुलती जाती थी। तुम्हें विश्वास न आएगा भाई, उसने दस साल इसी तरह काट दिए। इतनी दुर्बल हो गई थी कि पहचानी न जाती थी; पर अब भी उसे कुँवर साहब के आने की आशा बनी हुई थी। आख़िर एक दिन इसी वृक्ष के नीचे उसकी लाश मिली। ऐसा प्रेम कौन करेगा, भाई! कुँवर न-जाने मरे कि जिये, कभी उन्हें इस विरहिणी की याद भी आती है कि नहीं; पर इसने तो प्रेम को ऐसा निभाया जैसा चाहिए।

कुँवर को ऐसा जान पड़ा, मानो हृदय फटा जा रहा है। वह कलेजा थाम कर बैठ गए।

मुसाफ़िर के हाथ में एक सुलगता हुआ उपला था। उसने चिलम भरी और दो-चार दम लगाकर बोला—उसके मरने के बाद यह घर गिर गया। गाँव पहले ही उजाड़ था। अब तो और भी सुनसान हो गया। दो-चार आदमी यहाँ आ बैठते थे। अब तो चिड़िया का पूत भी यहाँ नहीं आता। उसके मरने के कई महीने के बाद यही चिड़िया इस पेड़ पर बोलती हुई सुनाई दी। तब से बराबर इसे यहाँ बोलते सुनता हूँ। रात को सभी चिड़ियाँ सो जाती हैं; पर यह रात भर बोलती रहती है। इसका जोड़ा कभी नहीं दिखाई दिया। बस, फुट्टैल है। दिन भर उसी

झोपड़े में पड़ी रहती है। रात को इस पेड़ पर आकर बैठती है; मगर इस समय इसके गाने में कुछ और ही बात है, नहीं तो सुनकर रोना आता है। ऐसा जान पड़ता है, मानो कोई कलेजे को मसोस रहा है। मैं तो कभी-कभी पड़े-पड़े रो दिया करता हूँ। सब लोग कहते हैं कि यह वही चन्दा है। अब भी कुँवर के वियोग में विलाप कर रही है। मुझे भी ऐसा जान पड़ता है। आज न जाने क्यों मगन है?

किसान तम्बाकू पीकर सो गया। कुँवर कुछ देर तक खोए हुए-से खड़े रहे। फिर धीरे से बोले—चन्दा, क्या सचमुच तुम्हीं हो, मेरे पास क्यों नहीं आती?

एक क्षण में चिड़िया आकर उनके हाथ पर बैठ गई। चन्द्रमा के प्रकाश में कुँवर ने चिड़िया को देखा। ऐसा जान पड़ा; मानो उनकी आँखें खुल गई हों, मानो आँखों के सामने से कोई आवरण हट गया हो। पक्षी के रूप में भी चन्दा की मुखाकृति अंकित थी।

दूसरे दिन किसान सोकर उठा तो कुँवर की लाश पड़ी हुई थी।

8

कुँवर अब नहीं हैं, किन्तु उनके झोपड़े की दीवारें बन गई हैं, ऊपर फूस का नया छप्पर पड़ गया है, और झोपड़े के द्वार पर फूलों की कई क्यारियाँ लगी हैं। गाँव के किसान इससे अधिक और क्या कर सकते थे?

उस झोपड़े में अब पक्षियों के एक जोड़े ने अपना घोंसला बनाया है। दोनों साथ-साथ दाने-चारे की खोज में जाते हैं, साथ-साथ आते हैं, रात को दोनों उसी वृक्ष की डाल पर बैठे दिखाई देते हैं। उनका सुरम्य संगीत रात की नीरवता में दूर तक सुनाई देता है। वन के जीव-जन्तु वह स्वर्गीय गान सुनकर मुग्ध हो जाते हैं।

यह पक्षियों का जोड़ा कुँवर और चन्दा का जोड़ा है, इसमें किसी को सन्देह नहीं है।

एक बार एक व्याध ने इन पक्षियों को फँसाना चाहा; पर गाँव वालों ने उसे मारकर भगा दिया।

सती

दो शताब्दियों से अधिक बीत गए हैं; पर चिन्तादेवी का नाम चला आता है। बुंदेलखंड के एक बीहड़ स्थान में आज भी मंगलवार को सहस्त्रों स्त्री-पुरुष चिन्तादेवी की पूजा करने आते हैं। उस दिन यह निर्जन स्थान सुहाने गीतों से गूँज उठता है, टीले और टोकरे रमणियों के रंग-बिरंगे वस्त्रों से सुशोभित हो जाते हैं। देवी का मन्दिर एक बहुत ऊँचे टीले पर बना हुआ है। उसके कलश पर लहराती हुई लाल पताका बहुत दूर से दिखाई देती है। मन्दिर इतना छोटा है कि उसमें मुश्किल से एक साथ दो आदमी समा सकते हैं। भीतर कोई प्रतिमा नहीं है, केवल एक छोटी-सी वेदी बनी हुई है। नीचे से मन्दिर तक पत्थर का जीना है। भीड़-भाड़ में धक्का खाकर कोई नीचे न गिर पड़े, इसलिए जीने की दीवार दोनों तरफ़ बनी हुई है। यहीं चिन्तादेवी सती हुई थीं; पर लोकरीति के अनुसार वह अपने मृत पति के साथ चिता पर नहीं

बैठी थीं। उनका पति हाथ जोड़े सामने खड़ा था; पर वह उसकी ओर आँख उठाकर भी न देखती थीं। वह पति-शरीर के साथ नहीं, उसकी आत्मा के साथ सती हुईं। उस चिता पर पति का शरीर न था, उसकी मर्यादा भस्मीभूत हो रही थी।

2

यमुना तट पर कालपी एक छोटा-सा नगर है। चिन्ता उसी नगर के एक वीर बुन्देल की कन्या थी। उसकी माता उसकी बाल्यावस्था में ही परलोक सिधार चुकी थी। उसके पालन-पोषण का भार पिता पर पड़ा। संग्राम का समय था, योद्धाओं को कमर खोलने की भी फुरसत न मिलती थी, वे घोड़े की पीठ पर भोजन करते और जीन ही पर झपकियाँ ले लेते थे। चिन्ता का बाल्यकाल पिता के साथ समरभूमि में कटा। बाप उसे किसी खोह में या वृक्ष की आड़ में छिपाकर मैदान में चला जाता। चिन्ता निश्शंक भाव से बैठी हुई मिट्टी के क़िले बनाती और बिगाड़ती। उसके घरौंदे थे, उसकी गुड़ियाँ ओढ़नी न ओढ़ती थीं। वह सिपाहियों के गुड्डे बनाती और उन्हें रण-क्षेत्र में खड़ा करती थी। कभी-कभी उसका पिता संध्या समय भी न लौटता; पर चिन्ता को भय छू तक न गया था। निर्जन स्थान में भूखी-प्यासी रात-रात भर बैठी रह जाती। उसने नेवले और सियार की कहानियाँ कभी न सुनी थीं। वीरों के आत्मोत्सर्ग की कहानियाँ, और वह भी योद्धाओं के मुँह से सुन-सुनकर वह आदर्शवादिनी बन गई थी।

एक बार तीन दिन तक चिन्ता को अपने पिता की ख़बर न मिली। वह एक पहाड़ी की खोह में बैठी मन ही मन एक ऐसा क़िला बना रही थी, जिसे शत्रु किसी भाँति जान न सके। दिन भर वह उसी क़िले का नक़्शा सोचती और रात को उसी क़िले का स्वप्न देखती। तीसरे दिन संध्या-समय उसके पिता के कई साथियों ने आकर उसके सामने रोना शुरू किया। चिन्ता ने विस्मित होकर पूछा—दादा जी कहाँ हैं? तुम लोग क्यों रोते हो?

किसी ने इसका उत्तर न दिया। वे ज़ोर से धाड़ें मार-मारकर रोने लगे। चिन्ता समझ गई कि उसके पिता ने वीरगति पाई। उस तेरह वर्ष की बालिका की आँखों से आँसू की एक बूँद भी न गिरी, मुख ज़रा भी मलिन न हुआ, एक आह भी न निकली। हँसकर बोली—अगर उन्होंने वीरगति पाई, तो तुम लोग रोते क्यों हो? योद्धाओं के लिए इससे बढ़कर और कौन मृत्यु हो सकती है? इससे बढ़कर उनकी वीरता का और क्या पुरस्कार मिल सकता है? यह रोने का नहीं, आनन्द मनाने का अवसर है।

एक सिपाही ने चिन्तित स्वर में कहा—हमें तुम्हारी चिन्ता है। तुम अब कहाँ रहोगी?

चिन्ता ने गम्भीरता से कहा—इसकी तुम कुछ चिन्ता न करो, दादा! मैं अपने बाप की बेटी हूँ। जो कुछ उन्होंने किया, वही मैं भी करूँगी। अपनी मातृभूमि को शत्रुओं के पंजे से छुड़ाने में उन्होंने प्राण दे दिए। मेरे सामने भी वही आदर्श है। जाकर अपने आदमियों को सँभालिए। मेरे लिए एक घोड़ा और हथियारों का प्रबन्ध कर दीजिए। ईश्वर ने चाहा, तो आप लोग मुझे किसी से पीछे न पाएँगे, लेकिन यदि मुझे पीछे हटते देखना, तो तलवार के एक हाथ से इस जीवन का अन्त कर देना। यही मेरी आपसे विनय है। जाइए, अब विलम्ब न कीजिए।

सिपाहियों को चिन्ता के ये वीर-वचन सुनकर कुछ भी आश्चर्य नहीं हुआ। हाँ, उन्हें यह सन्देह अवश्य हुआ कि क्या कोमल बालिका अपने संकल्प पर दृढ़ रह सकेगी?

3

पाँच वर्ष बीत गए। समस्त प्रान्त में चिन्तादेवी की धाक बैठ गई। शत्रुओं के क़दम उखड़ गए। वह विजय की सजीव मूर्ति थी, उसे तीरों और गोलियों के सामने निश्शंक खड़े देखकर सिपाहियों को उत्तेजना मिलती रहती थी। उसके सामने वे कैसे क़दम पीछे हटाते? कोमलांगी युवती आगे बढ़े, तो कौन पुरुष पीछे हटेगा! सुन्दरियों के सम्मुख योद्धाओं की वीरता अजेय हो जाती है। रमणी के वचन-बाण योद्धाओं के लिए आत्म-समर्पण के गुप्त संदेश हैं। उसकी एक चितवन कायरों में भी पुरुषत्व प्रवाहित कर देती है। चिन्ता की छवि-कीर्ति ने मनचले सूरमाओं को चारों ओर से खींच-खींचकर उसकी सेना को सजा दिया—जान पर खेलनेवाले भौंरे चारों ओर से आ-आकर इस फूल पर मँडराने लगे।

इन्हीं योद्धाओं में रत्नसिंह नाम का एक युवक राजपूत भी था।

यों तो चिन्ता के सैनिकों में सभी तलवार के धनी थे; बात पर जान देनेवाले, उसके इशारे पर आग में कूदने वाले, उसकी आज्ञा पाकर एक बार आकाश के तारे तोड़ लाने को भी चल पड़ते; किन्तु रत्नसिंह सबसे बढ़ा हुआ था। चिन्ता भी हृदय में उससे प्रेम करती थी। रत्नसिंह अन्य वीरों की भाँति अक्खड़, मुँहफट या घमंडी न था। और लोग अपनी-अपनी कीर्ति को ख़ूब बढ़ा-बढ़ाकर बयान करते, आत्म-प्रशंसा करते हुए उनकी ज़बान न रुकती थी। वे जो कुछ करते, चिन्ता को दिखाने के लिए। उनका ध्येय अपना कर्तव्य न था, चिन्ता थी। रत्नसिंह जो कुछ करता, शान्त भाव से। अपनी प्रशंसा करना तो दूर रहा, वह चाहे कोई शेर ही क्यों न मार आए, उसकी चर्चा तक न करता। उसकी विनयशीलता और नम्रता, संकोच की सीमा से भिड़ गई थी। औरों के प्रेम में विलास था; पर रत्नसिंह के प्रेम में त्याग और तप। और लोग मीठी नींद सोते थे; पर रत्नसिंह तारे गिन-गिनकर रात काटता था और सब अपने दिल में समझते थे कि चिन्ता मेरी होगी—केवल रत्नसिंह निराश था, और इसलिए उसे किसी से न द्वेष था, न राग। औरों को चिन्ता के सामने चहकते देखकर उसे उनकी वाक्‌पटुता पर आश्चर्य होता, प्रतिक्षण उसका निराशांधकार और भी घना हो जाता था। कभी-कभी वह अपने बोदेपन पर झुँझला उठता—क्यों ईश्वर ने उसे उन गुणों से वंचित रखा, जो रमणियों के चित्त को मोहित करते हैं? उसे कौन पूछेगा? उसकी मनोव्यथा को कौन जानता है? पर वह मन में झुँझला कर रह जाता था। दिखावे की उसकी सामर्थ्य ही न थी।

आधी से अधिक रात बीत चुकी थी। चिन्ता अपने खेमे में विश्राम कर रही थी। सैनिकगण भी कड़ी मंज़िल मारने के बाद कुछ खा-पीकर गाफिल पड़े हुए थे। आगे एक घना जंगल था। जंगल के उस पार शत्रुओं का एक दल डेरा डाले पड़ा था। चिन्ता उसके आने की ख़बर पाकर भागाभाग चली आ रही थी। उसने प्रात:काल शत्रुओं पर धावा करने का निश्चय कर लिया था। उसे विश्वास था कि शत्रुओं को मेरे आने की ख़बर न होगी; किन्तु यह उसका भ्रम था। उसी की सेना का एक आदमी शत्रुओं से मिला हुआ था। यहाँ की ख़बरें वहाँ नित्य पहुँचती रहती थीं। उन्होंने चिन्ता से निश्चिंत होने के लिए एक षड्यंत्र रच रखा था—उसकी गुप्त हत्या करने के लिए तीन साहसी सिपाहियों को नियुक्त कर दिया था। वे तीनों हिंस्र पशुओं की भाँति दबे-पाँव जंगल को पार करके आए और वृक्षों की आड़ में खड़े होकर सोचने लगे कि चिन्ता का खेमा कौन-सा है? सारी सेना बे-ख़बर सो रही थी, इससे उन्हें अपने कार्य की

सिद्धि में लेशमात्र सन्देह न था। वे वृक्षों की आड़ से निकले, और ज़मीन पर मगर की तरह रेंगते हुए चिन्ता के खेमे की ओर चले।

सारी सेना बे-ख़बर सोती थी, पहरे के सिपाही थककर चूर हो जाने के कारण निद्रा में मग्न हो गए हैं। केवल एक प्राणी खेमे के पीछे मारे ठंड के सिकुड़ा हुआ बैठा था। यही रत्नसिंह था। आज उसने यह कोई नई बात न की थी। पड़ावों में उसकी रातें इसी भाँति चिन्ता के खेमे के पीछे बैठे-बैठे कटती थीं। घातकों की आहट पाकर उसने तलवार निकाल ली, और चौंककर उठ खड़ा हुआ। देखा—तीन आदमी झुके हुए चले आ रहे हैं। अब क्या करे? अगर शोर मचाता है, तो सेना में खलबली पड़ जाए, और अँधेरे में लोग एक-दूसरे पर वार करके आपस ही में कट मरें। इधर अकेले तीन जवानों से भिड़ने में प्राणों का भय। अधिक सोचने का मौक़ा न था। उसमें योद्धाओं की अविलम्ब निश्चय कर लेने की शक्ति थी; तुरन्त तलवार खींच ली, और उन तीनों पर टूट पड़ा। कई मिनट तक तलवारें छपाछप चलती रहीं। फिर सन्नाटा छा गया। उधर वे तीनों आहत होकर गिर पड़े, इधर यह भी जख्मों से चूर होकर अचेत हो गया।

प्रात:काल चिन्ता उठी, तो चारों जवानों को भूमि पर पड़े पाया। उसका कलेजा धक् से हो गया। समीप जाकर देखा—तीनों आक्रमणकारियों के प्राण निकल चुके थे; पर रत्नसिंह की साँस चल रही थी। सारी घटना समझ में आ गई। नारीत्व ने वीरत्व पर विजय पाई। जिन आँखों से पिता की मृत्यु पर आँसू की एक बूँद भी न गिरी थी, उन्हीं आँखों से आँसुओं की झड़ी लग गई। उसने रत्नसिंह का सिर अपनी जाँघ पर रख लिया, और हृदयांगण में रचे हुए स्वयंवर में उसके गले में जयमाल डाल दी।

4

महीने भर न रत्नसिंह की आँखें खुलीं, और न चिन्ता की आँखें बन्द हुईं। चिन्ता उसके पास से एक क्षण के लिए भी कहीं न जाती। न अपने इलाक़े की परवा थी, न शत्रुओं के बढ़ते चले आने की फ़िक्र। रत्नसिंह पर वह अपनी सारी विभूतियों का बलिदान कर चुकी थी। पूरा महीना बीत जाने के बाद रत्नसिंह की आँखें खुलीं। देखा—चारपाई पड़ी हुई है, और चिन्ता सामने पंखा लिए खड़ी है। क्षीण स्वर में बोला—चिन्ता, पंखा मुझे दे दो, तुम्हें कष्ट हो रहा है।

चिन्ता का हृदय इस समय स्वर्ग के अखंड, अपार सुख का अनुभव कर रहा था। एक महीना पहले जिस जीर्ण शरीर के सिरहाने बैठी हुई वह नैराश्य से रोया करती थी, उसे आज बोलते देखकर आह्लाद का पारावार न था। उसने स्नेह-मधुर स्वर में कहा—प्राणनाथ, यदि यह कष्ट है, तो सुख क्या है, मैं नहीं जानती। 'प्राणनाथ'—इस सम्बोधन में विलक्षण मंत्र की-सी शक्ति थी। रत्नसिंह की आँखें चमक उठीं। जीर्ण मुद्रा प्रदीप्त हो गई, नसों में एक नए जीवन का संचार हो उठा, और वह जीवन कितना स्फूर्तिमय था। उसमें कितना उत्साह, कितना माधुर्य, कितना उल्लास और कितनी करुणा थी। रत्नसिंह के अंग-अंग फड़कने लगे। उसे अपनी भुजाओं में अलौकिक पराक्रम का अनुभव होने लगा। ऐसा जान पड़ा, मानो वह सारे संसार को सर कर सकता है, उड़कर आकाश पर पहुँच सकता है, पर्वतों को चीर सकता है। एक क्षण के लिए उस ऐसी तृप्ति हुई, मानो उसकी सारी अभिलाषाएँ पूरी हो गई हैं, और वह

किसी से कुछ नहीं चाहता; शायद शिव को सामने खड़ा देखकर भी वह मुँह फेर लेगा, कोई वरदान न माँगेगा। उसे अब किसी ऋद्धि की, किसी पदार्थ की इच्छा न थी। उसे गर्व हो रहा था, मानो उससे अधिक सुखी, उससे अधिक भाग्यशाली पुरुष संसार में और कोई न होगा।

रत्नसिंह ने उठने की चेष्टा करके कहा—बिना तप के सिद्धि नहीं मिलती।

चिन्ता अभी अपना वाक्य पूरा भी न कर पाई थी कि उसी प्रसंग में बोली—हाँ, आपको मेरे कारण अलबत्ता दुस्सह यातना भोगनी पड़ी।

चिन्ता ने रत्नसिंह को कोमल हाथों से लिटाते हुए कहा—इस सिद्धि के लिए तुमने तपस्या नहीं की थी। झूठ क्यों बोलते हो? तुम केवल एक अबला की रक्षा कर रहे थे। यदि मेरी जगह कोई दूसरी स्त्री होती, तो भी तुम इतने ही प्राणपण से उसकी रक्षा करते। मुझे इसका विश्वास है। मैं तुमसे सत्य कहती हूँ, मैंने आजीवन ब्रह्मचारिणी रहने का प्रण कर लिया था; लेकिन तुम्हारे आत्मोत्सर्ग ने मेरे प्रण को तोड़ डाला। मेरा पालन योद्धाओं की गोद में हुआ है; मेरा हृदय उसी पुरुषसिंह के चरणों पर अर्पण हो सकता है, जो प्राणों की बाज़ी खेल सकता हो। रसिकों के हास-विलास, गुंडों के रूप-रंग और फेकैतों के दाँव-घात का मेरी दृष्टि में रत्ती भर भी मूल्य नहीं! उनकी नट-विद्या को मैं केवल तमाशे की तरह देखती हूँ। तुम्हारे ही हृदय में मैंने सच्चा उत्सर्ग पाया, और तुम्हारी दासी हो गई—आज से नहीं, बहुत दिनों से।

5

प्रणय की पहली रात थी। चारों ओर सन्नाटा था। केवल दोनों प्रेमियों के हृदयों में अभिलाषाएँ लहरा रही थीं। चारों ओर अनुरागमयी चाँदनी छिटकी हुई थी, और उसकी हास्यमयी छटा में वर-वधू प्रेमालाप कर रहे थे।

सहसा ख़बर आई कि शत्रुओं की एक सेना क़िले की ओर बढ़ी चली आती है। चिन्ता चौंक पड़ी; रत्नसिंह खड़ा हो गया, और खूँटी से लटकती हुई तलवार उतार ली।

चिन्ता ने उसकी ओर कातर-स्नेह की दृष्टि से देखकर कहा—कुछ आदमियों को उधर भेज दो, तुम्हारे जाने की क्या ज़रूरत है?

रत्नसिंह ने बन्दूक़ कन्धे पर रखते हुए कहा—मुझे भय है कि अबकी वे लोग बड़ी संख्या में आ रहे हैं।

चिन्ता—तो मैं भी चलूँगी।

'नहीं, मुझे आशा है, वे लोग ठहर न सकेंगे। मैं एक ही धावे में उनके क़दम उखाड़ दूँगा। यह ईश्वर की इच्छा है कि हमारी प्रणय-रात्रि विजय-रात्रि हो!'

'न-जाने क्यों मन कातर हो रहा है। जाने देने को जी नहीं चाहता!'

रत्नसिंह ने इस सरल, अनुरक्त आग्रह से विह्वल होकर चिन्ता को गले लगा लिया और बोले—मैं सबेरे तक लौट जाऊँगा, प्रिये!

चिन्ता पति के गले में हाथ डालकर आँखों में आँसू भरे हुए बोली—मुझे भय है, तुम बहुत दिनों में लौटोगे। मेरा मन तुम्हारे साथ रहेगा। जाओ, पर रोज़ ख़बर भेजते रहना। तुम्हारे पैरों पड़ती हूँ, अवसर का विचार करके धावा करना। तुम्हारी आदत है कि शत्रु देखते ही आकुल हो जाते हो, और जान पर खेलकर टूट पड़ते हो। तुमसे मेरा यही अनुरोध है कि अवसर देखकर काम करना। जाओ जिस तरह पीठ दिखाते हो, उसी तरह मुँह दिखाओ।

चिन्ता का हृदय कातर हो रहा था। वहाँ पहले केवल विजय-लालसा का आधिपत्य था, अब भोग-लालसा की प्रधानता थी। वही वीरबाला, जो सिंहनी की तरह गरज कर शत्रुओं के कलेजे को कँपा देती थी, आज इतनी दुर्बल हो रही थी कि जब रत्नसिंह घोड़े पर सवार हुआ, तो आप उसकी कुशल-कामना से मन ही मन देवी की मनौतियाँ कर रही थी। जब तक वह वृक्षों की ओट में छिप न गया, वह खड़ी उसे देखती रही, फिर वह क़िले के सबसे ऊँचे बुर्ज पर चढ़ गई, और घंटों उसी तरफ़ ताक़ती रही। वहाँ शून्य था, पहाड़ियों ने कभी का रत्नसिंह को अपनी ओट में छिपा लिया था; पर चिन्ता को ऐसे जान पड़ा था कि वह सामने चले जा रहे हैं। जब उषा की लोहित छवि वृक्षों की आड़ से झाँकने लगी, तो उसकी मोह विस्मृति टूट गई। मालूम हुआ, चारों तरफ़ शून्य है। वह रोती हुई बुर्ज से उतरी, और शय्या पर मुँह ढाँप कर रोने लगी।

6

रत्नसिंह के साथ मुश्किल से सौ आदमी थे; किन्तु सभी मँजे हुए, अवसर और संख्या को तुच्छ समझने वाले, अपनी जान के दुश्मन! वीरोल्लास से भरे हुए, एक वीर-रसपूर्ण पद गाते हुए, घोड़ों को बढ़ाए चले जाते थे—

'बाँकी तेरी पाग सिपाही, इसकी रखना लाज।
तेग-तवर कुछ काम न आवे, बख्तर-ढाल व्यर्थ हो जावे।
रखियो मन में लाग, सिपाही बाँकी तेरी पाग।
इसकी रखना लाज॥'

पहाड़ियाँ इन वीर-स्वरों से गूँज रही थीं। घोड़ों की टाप ताल दे रही थी। यहाँ तक कि रात बीत गई, सूर्य ने अपनी लाल आँखें खोल दीं और इन वीरों पर अपनी स्वर्ण-छटा की वर्षा करने लगा।

वहीं रक्तमय प्रकाश में शत्रुओं की सेना एक पहाड़ी पर पड़ाव डाले हुए नज़र आई।

रत्नसिंह सिर झुकाए, वियोग-व्यथित हृदय को दबाए, मंद गति से पीछे-पीछे चला जाता था। क़दम आगे बढ़ता था; पर मन पीछे हटता। आज जीवन में पहली बार दुश्चिन्ताओं ने उसे आशंकित कर रखा था। कौन जानता है, लड़ाई का अन्त क्या होगा? जिस स्वर्ग-सुख को छोड़कर वह आया था, उसकी स्मृतियाँ रह-रहकर उसके हृदय को मसोस रही थीं; चिन्ता की सजल आँखें याद आती थीं; और जी चाहता था, घोड़े की रास पीछे मोड़ दें। प्रतिक्षण रणोत्साह क्षीण होता जाता था, सहसा एक सरदार ने समीप आकर कहा—भैया, यह देखो, ऊँची पहाड़ी पर शत्रु डेरे डाले पड़े हैं। तुम्हारी अब क्या राय है? हमारी तो यह इच्छा है कि तुरन्त उन पर धावा कर दें। गाफिल पड़े हुए हैं, भाग खड़े होंगे। देर करने से वे भी सँभल जाएँगे और तब मामला नाजुक हो जाएगा। एक हज़ार से कम न होंगे।

रत्नसिंह ने चिन्तित नेत्रों से शत्रु-दल की ओर देखकर कहा—हाँ, मालूम तो होता है।

सिपाही—तो धावा कर दिया जाए न?

रत्न.—जैसी तुम्हारी इच्छा। संख्या अधिक है, यह सोच लो।

सिपाही—इसकी परवाह नहीं। हम इससे बड़ी सेनाओं को परास्त कर चुके हैं।

रत्न.—यह सच है; पर आग में कूदना ठीक नहीं।

सिपाही—भैया, तुम कहते क्या हो? सिपाही का तो जीवन ही आग में कूदने के लिए है। तुम्हारे हुक्म की देर है, फिर हमारा जीवट देखना।

रत्न.—अभी हम लोग बहुत थके हुए हैं। ज़रा विश्राम कर लेना अच्छा है।

सिपाही—नहीं भैया; उन सबों को हमारी आहट मिल गई, तो ग़ज़ब हो जाएगा।

रत्न.—तो फिर धावा ही कर दो।

एक क्षण में योद्धाओं ने घोड़ों की बागें उठा दीं, और अस्त्र सँभाले हुए शत्रु सेना पर लपके; किन्तु पहाड़ी पर पहुँचते ही इन लोगों ने उसके विषय में जो अनुमान किया था, वह मिथ्या था। वह सजग ही न थे स्वयं क़िले पर धावा करने की तैयारियाँ भी कर रहे थे। इन लोगों ने जब उन्हें सामने आते देखा, तो समझ गए कि भूल हुई; लेकिन अब सामना करने के सिवा चारा ही क्या था। फिर भी वे निराश न थे। रत्नसिंह जैसे कुशल योद्धा के साथ इन्हें कोई शंका न थी। वह इससे भी कठिन अवसरों पर अपने रण-कौशल से विजय-लाभ कर चुका था। क्या आज वह अपना जौहर न दिखाएगा? सारी आँखें रत्नसिंह को खोज रही थीं; पर उसका वहाँ कहीं पता न था। कहाँ चला गया? यह कोई न जानता था।

पर वह कहीं नहीं जा सकता। अपने साथियों को इस कठिन अवस्था में छोड़कर वह कहीं नहीं जा सकता—सम्भव नहीं। अवश्य ही वह यहीं है, और हारी हुई बाज़ी को जिताने की कोई युक्ति सोच रहा है।

एक क्षण में शत्रु इनके सामने आ पहुँचे। इतनी बहुसंख्यक सेना के सामने ये मुट्ठी भर आदमी क्या कर सकते थे। चारों ओर से रत्नसिंह की पुकार होने लगी—भैया, तुम कहाँ हो? हमें क्या हुक्म देते हो? देखते हो, वे लोग सामने आ पहुँचे; पर तुम अभी मौन खड़े हो। सामने आकर हमें मार्ग दिखाओ, हमारा उत्साह बढ़ाओ!

पर अब भी रत्नसिंह न दिखाई दिया। यहाँ तक कि शत्रु-दल सिर पर आ पहुँचा, और दोनों दलों में तलवारें चलने लगीं। बुन्देलों ने प्राण हथेली पर लेकर लड़ना शुरू किया; पर एक को एक बहुत होता है; एक और दस का मुक़ाबिला ही क्या? यह लड़ाई न थी, प्राणों का जुआ था! बुन्देलों में निराशा का अलौकिक बल था। ख़ूब लड़े; पर क्या मजाल कि क़दम पीछे हटें। उनमें अब ज़रा भी संगठन न था। जिससे जितना आगे बढ़ते बना, बढ़ा। अन्त क्या होगा, इसकी किसी को चिन्ता न थी। कोई तो शत्रुओं की सफें चीरता हुआ सेनापति के समीप पहुँच गया, कोई उनके हाथी पर चढ़ने की चेष्टा करते मारा गया। उनका अमानुषिक साहस देखकर शत्रुओं के मुँह से भी वाह-वाह निकलती थी; लेकिन ऐसे योद्धाओं ने नाम पाया है, विजय नहीं पाई। एक घंटे में रंगमंच का परदा गिर गया, तमाशा ख़त्म हो गया। एक आँधी थी; जो आई और वृक्षों को उखाड़ती हुई चली गई। संगठित रहकर ये मुट्ठी भर आदमी दुश्मनों के दाँत खट्टे कर देते; पर जिस पर संगठन का भार था, उसका कहीं पता न था। विजयी मरहठों ने एक-एक लाश ध्यान से देखी। रत्नसिंह उसकी आँखों में खटकता था। उसी पर उनके दाँत लगे थे। रत्नसिंह के जीते-जी उन्हें नींद न आती थी। लोगों ने पहाड़ी की एक-एक चट्टान का मन्थन कर डाला; पर रत्न न हाथ आया। विजय हुई; पर अधूरी।

7

चिन्ता के हृदय में आज न जाने क्यों भाँति-भाँति की शंकाएँ उठ रही थीं। वह कभी इतनी दुर्बल न थी। बुन्देलों की हार ही क्यों होगी, इसका कोई कारण तो वह न बता सकती थी; पर यह भावना उसके विकल हृदय से किसी तरह न निकलती थी। उस अभागिन के भाग्य में प्रेम का सुख भोगना लिखा होता, तो क्या बचपन ही में माँ मर जाती, पिता के साथ वन-वन घूमना पड़ता, खोहों और कंदराओं में रहना पड़ता! और वह आश्रय भी तो बहुत दिन न रहा। पिता भी मुँह मोड़ कर चल दिए। तब से उसे एक दिन भी तो आराम से बैठना नसीब न हुआ। विधाता क्या अब अपना क्रूर कौतुक छोड़ देगा? आह! उसके दुर्बल हृदय में इस समय एक विचित्र भावना उत्पन्न हुई—ईश्वर उसके प्रियतम को आज सकुशल लाए, तो वह उसे लेकर किसी दूर के गाँव में जा बसेगी। पतिदेव की सेवा और आराधना में जीवन सफल करेगी। इस संग्राम से सदा के लिए मुँह मोड़ लेगी। आज पहली बार नारीत्व का भाव उसके मन में जाग्रत हुआ।

संध्या हो गई थी, सूर्य भगवान् किसी हारे हुए सिपाही की भाँति मस्तक झुकाते कोई आड़ खोज रहे थे। सहसा एक सिपाही नंगे सिर, पाँव, निरस्त्र उसके सामने आकर खड़ा हो गया। चिन्ता पर वज्रपात हो गया। एक क्षण तक मर्माहत सी बैठी रही। फिर उठकर घबराई हुई सैनिक के पास आई, और आतुर स्वर में पूछा—कौन-कौन बचा?

सैनिक ने कहा—कोई नहीं?

'कोई नहीं? कोई नहीं?'

चिन्ता सिर पकड़कर भूमि पर बैठ गई। सैनिक ने फिर कहा—मरहठे समीप आ पहुँचे।

'समीप आ पहुँचे?'

'बहुत समीप!'

'तो तुरन्त चिता तैयार करो। समय नहीं है।'

'अभी हम लोग तो सिर कटाने को हाजिर ही हैं।'

'तुम्हारी जैसी इच्छा। मेरे कर्तव्य का तो यही अन्त है।'

'क़िला बन्द करके हम महीनों लड़ सकते हैं।'

'तो जाकर लड़ो। मेरी लड़ाई अब किसी से नहीं।'

एक ओर अंधकार प्रकाश को पैरों-तले कुचलता चला आता था; दूसरी ओर विजयी मरहठे लहराते हुए खेतों को। और क़िले में चिता बन रही थी। ज्यों ही दीपक जले, चिता में भी आग लगी। सती चिन्ता सोलहो शृंगार किए, अनुपम छवि दिखाती हुई, प्रसन्न-मुख अग्नि-मार्ग से पतिलोक की यात्रा करने जा रही थी।

8

चिता के चारों ओर स्त्री और पुरुष जमा थे। शत्रुओं ने क़िले को घेर लिया है इसकी किसी को फ़िक्र न थी। शोक और सन्तोष से सबके चेहरे उदास और सिर झुके हुए थे। अभी कल इसी आँगन में विवाह का मंडप सजाया गया था। जहाँ इस समय चिता सुलग रही है, वहीं कल हवन-कुंड था। कल भी इसी भाँति अग्नि की लपटें उठ रही थीं, इसी भाँति लोग जमा थे; पर आज और कल के दृश्यों में कितना अन्तर है! हाँ, स्थूल नेत्रों के लिए अन्तर हो सकता है; पर वास्तव में यह उसी यज्ञ की पूर्णाहुति है, उसी प्रतिज्ञा का पालन है।

सहसा घोड़े की टापों की आवाज़ें सुनाई देने लगीं। मालूम होता था, कोई सिपाही घोड़े को सरपट भगाता चला आ रहा है। एक क्षण में टापों की आवाज़ बन्द हो गई, और एक सैनिक आँगन में दौड़ा हुआ आ पहुँचा। लोगों ने चकित होकर देखा, यह रत्नसिंह था!

रत्नसिंह चिता के पास जाकर हाँफता हुआ बोला—प्रिये, मैं तो अभी जीवित हूँ, यह तुमने क्या कर डाला?

चिता में आग लग चुकी थी! चिन्ता की साड़ी से अग्नि की ज्वाला निकल रही थी। रत्नसिंह उन्मत्त की भाँति चिता में घुस गया, और चिन्ता का हाथ पकड़कर उठाने लगा। लोगों ने चारों ओर से लपक-लपककर चिता की लकड़ियाँ हटानी शुरू कीं; पर चिन्ता ने पति की ओर आँख उठाकर भी न देखा, केवल हाथों से उसे हट जाने का संकेत किया।

रत्नसिंह सिर पीट कर बोला—हाय प्रिये, तुम्हें क्या हो गया है। मेरी ओर देखती क्यों नहीं? मैं तो जीवित हूँ।

चिता से आवाज़ आई—तुम्हारा नाम रत्नसिंह है; पर तुम मेरे रत्नसिंह नहीं हो।

'तुम मेरी तरफ़ देखो तो, मैं ही तुम्हारा दास, तुम्हारा उपासक, तुम्हारा पति हूँ।'

'मेरे पति ने वीरगति पाई।'

'हाय! कैसे समझाऊँ! अरे लोगों, किसी भाँति अग्नि शान्त करो। मैं रत्नसिंह ही हूँ, प्रिये? क्या तुम मुझे पहचानती नहीं हो?'

अग्नि-शिखा चिन्ता के मुख तक पहुँच गई। अग्नि में कमल खिल गया। चिन्ता स्पष्ट स्वर में बोली—ख़ूब पहचानती हूँ। तुम मेरे रत्नसिंह नहीं। मेरा रत्नसिंह सच्चा शूर था। वह आत्मरक्षा के लिए, इस तुच्छ देह को बचाने के लिए अपने क्षत्रिय-धर्म का परित्याग न कर सकता था। मैं जिस पुरुष के चरणों की दासी बनी थी, वह देवलोक में विराजमान है। रत्नसिंह को बदनाम मत करो। वह वीर राजपूत था, रणक्षेत्र से भागनेवाला कायर नहीं!

अन्तिम शब्द निकले ही थे कि अग्नि की ज्वाला चिन्ता के सिर के ऊपर जा पहुँची। फिर एक क्षण में वह अनुपम रूप-राशि, वह आदर्श वीरता की उपासिका, वह सच्ची सती अग्नि-राशि में विलीन हो गई।

रत्नसिंह चुपचाप, हतबुद्धि-सा खड़ा यह शोकमय दृश्य देखता रहा। फिर अचानक एक ठंडी साँस खींचकर उसी चिता में कूद पड़ा।

हिंसा परमो धर्मः

दुनिया में कुछ ऐसे लोग भी होते हैं, जो किसी के नौकर न होते हुए सबके नौकर होते हैं, जिन्हें कुछ अपना ख़ास काम न होने पर भी सिर उठाने की फुरसत नहीं होती। जामिद इसी श्रेणी के मनुष्यों में था। बिलकुल बेफ़िक्र, न किसी से दोस्ती, न किसी से दुश्मनी। जो ज़रा हँसकर बोला, उसका बेदाम का ग़ुलाम हो गया। बे-काम का काम करने में उसे मज़ा आता था। गाँव में कोई बीमार पड़े, वह रोगी की सेवा-शुश्रूषा के लिए हाजिर है। कहिए, तो आधी रात को हकीम के घर चला जाए; किसी जड़ी-बूटी की तलाश में मंज़िलों की खाक छान

आए। मुमकिन न था कि किसी ग़रीब पर अत्याचार होते देखे और चुप रह जाए। फिर चाहे कोई उसे मार ही डाले, वह हिमायत करने से बाज न आता था। ऐसे सैकड़ों ही मौक़े उसके सामने आ चुके थे। कांस्टेबिल से आए दिन उसकी छेड़छाड़ होती ही रहती थी। इसलिए लोग उसे बौड़म समझते थे। और बात भी यही थी। जो आदमी किसी का बोझ भारी देखकर, उससे छीनकर, अपने सिर पर ले ले, किसी का छप्पर उठाने या आग बुझाने के लिए कोसों दौड़ा चला जाए, उसे समझदार कौन कहेगा। सारांश यह कि उसकी जात से दूसरों को चाहे कितना ही फ़ायदा पहुँचे, अपना कोई उपकार न होता था; यहाँ तक कि वह रोटियों के लिए भी दूसरों का मुहताज था। दीवाना तो वह था, और उसका ग़म दूसरे खाते थे।

2

आख़िर जब लोगों ने बहुत धिक्कारा—क्यों अपना जीवन नष्ट कर रहे हो, तुम दूसरों के लिए मरते हो, कोई तुम्हारा भी पूछनेवाला है? अगर एक दिन बीमार पड़ जाओ; तो कोई चुल्लू भर पानी न दे; जब तक दूसरों की सेवा करते हो, लोग खैरात समझकर खाने को दे देते हैं; जिस दिन आ पड़ेगी, कोई सीधे मुँह बात भी न करेगा; तब जामिद की आँखें खुलीं। बरतन-भाड़ा कुछ था ही नहीं। एक दिन उठा, और एक तरफ़ की राह ली। दो दिन के बाद एक शहर में पहुँचा। शहर बहुत बड़ा था। महल आसमान में बातें करने वाले। सड़कें चौड़ी और साफ़। बाज़ार गुलजार, मसजिदों और मन्दिरों की संख्या अगर मकानों से अधिक न थी, तो कम भी नहीं। देहात में न तो कोई मसजिद थी, न कोई मन्दिर। मुसलमान लोग एक चबूतरे पर नमाज़ पढ़ लेते थे। हिन्दू एक वृक्ष के नीचे पानी चढ़ा दिया करते थे। नगर में धर्म का यह माहात्म्य देखकर जामिद को बड़ा कुतूहल और आनन्द हुआ। उसकी दृष्टि में मजहब का जितना सम्मान था उतना और किसी सांसारिक वस्तु का नहीं। वह सोचने लगा—ये लोग कितने ईमान के पक्के, कितने सत्यवादी हैं। इनमें कितनी दया, कितना विवेक, कितनी सहानुभूति होगी, तभी तो ख़ुदा ने इन्हें इतना माना है। वह हर आने-जानेवाले को श्रद्धा की दृष्टि से देखता और उसके सामने विनय से सिर झुकाता था। यहाँ के सभी प्राणी उसे देवता-तुल्य मालूम होते थे।

घूमते-घूमते साँझ हो गई। वह थककर एक मन्दिर के चबूतरे पर जा बैठा। मन्दिर बहुत बड़ा था, ऊपर सुनहला कलश चमक रहा था। जगमोहन पर संगमरमर के चौके जड़े हुए थे; मगर आँगन में जगह-जगह गोबर और कूड़ा पड़ा था। जामिद को गन्दगी से चिढ़ थी; देवालय की यह दशा देखकर उससे न रहा गया; इधर-उधर निगाह दौड़ाई कि कहीं झाड़ू मिल जाए, तो साफ़ कर दे, पर झाड़ू कहीं नज़र न आई। विवश होकर उसने दामन से चबूतरे को साफ़ करना शुरू कर दिया।

ज़रा देर में भक्तों का जमाव होने लगा। उन्होंने जामिद को चबूतरा साफ़ करते देखा, तो आपस में बातें करने लगे—

'है तो मुसलमान!'

'मेहतर होगा।'

'नहीं, मेहतर अपने दामन से सफ़ाई नहीं करता। कोई पागल मालूम होता है।'

'उधर का भेदिया न हो।'

'नहीं, चेहरे से बड़ा ग़रीब मालूम होता है।'

'हसन निजामी का कोई मुरीद होगा।'

'अजी गोबर के लालच से सफ़ाई कर रहा है। कोई भठियारा होगा। (जामिद से) गोबर न ले जाना बे, समझा? कहाँ रहता है?'

'परदेसी मुसाफ़िर हूँ, साहब, मुझे गोबर लेकर क्या करना है? ठाकुर जी का मन्दिर देखा, तो आकर बैठ गया। कूड़ा पड़ा हुआ था। मैंने सोचा—धर्मात्मा लोग आते होंगे; सफ़ाई करने लगा।'

'तुम तो मुसलमान हो न?'

'ठाकुर जी तो सबके ठाकुर जी हैं—क्या हिन्दू, क्या मुसलमान!'

'तुम ठाकुर जी को मानते हो?'

'ठाकुर जी को कौन न मानेगा, साहब? जिसने पैदा किया, उसे न मानूँगा तो किसे मानूँगा?'

भक्तों में यह सलाह होने लगी—

'देहाती है।'

'फाँस लेना चाहिए, जाने न पाए!'

3

जामिद फाँस लिया गया। उसका आदर-सत्कार होने लगा। एक हवादार मकान रहने को मिला। दोनों वक़्त उत्तम पदार्थ खाने को मिलने लगे। दो-चार आदमी हरदम उसे घेरे रहते। जामिद को भजन ख़ूब याद थे। गला भी अच्छा था। वह रोज़ मन्दिर में जाकर कीर्तन करता। भक्ति के साथ स्वर-लालित्य भी हो, तो फिर क्या पूछना। लोगों पर उसके कीर्तन का बड़ा असर पड़ता। कितने ही लोग संगीत के लोभ से ही मन्दिर में आने लगे। सबको विश्वास हो गया कि भगवान् ने यह शिकार चुन कर भेजा है।

एक दिन मन्दिर में बहुत-से आदमी जमा हुए। आँगन में फ़र्श बिछाया गया। जामिद का सिर मुड़ा दिया गया। नए कपड़े पहनाए। हवन हुआ। जामिद के हाथों से मिठाई बाँटी गई। वह अपने आश्रयदाताओं की उदारता और धर्मनिष्ठा का और भी कायल हो गया। ये लोग कितने सज्जन हैं, मुझ जैसे फटेहाल परदेसी की इतनी ख़ातिर। इसी को सच्चा धर्म कहते हैं। जामिद को जीवन में कभी इतना सम्मान न मिला था। यहाँ वही सैलानी युवक जिसे लोग बौड़म कहते थे, भक्तों का सिरमौर बना हुआ था। सैकड़ों ही आदमी केवल उसके दर्शनों को आते थे। उसकी प्रकांड विद्वत्ता की कितनी ही कथाएँ प्रचलित हो गईं। पत्रों में यह समाचार निकला कि एक बड़े आलिम मौलवी साहब की शुद्धि हुई है। सीधा-सादा जापिद इस सम्मान का रहस्य कुछ न समझता था। ऐसे धर्मपरायण सहृदय प्राणियों के लिए वह क्या कुछ न करता? वह नित्य पूजा करता, भजन गाता था। उसके लिए यह कोई नई बात न थी। अपने गाँव में भी वह बराबर सत्यनारायण की कथा में बैठा करता था। भजन-कीर्तन किया करता था। अन्तर यही था कि देहात में उसकी कदर न थी। यहाँ सब उसके भक्त थे।

एक दिन जामिद कई भक्तों के साथ बैठा हुआ कोई पुराण पढ़ रहा था, तो क्या देखता है कि सामने सड़क पर एक बलिष्ठ युवक, माथे पर तिलक लगाए, जनेऊ पहने, एक बूढ़े दुर्बल मनुष्य को मार रहा है। बुड्ढा रोता है, गिड़गिड़ाता है और पैरों पड़-पड़ के कहता है कि महाराज, मेरा कसूर माफ़ करो; किन्तु तिलकधारी युवक को उस पर जरा भी दया नहीं

आती। जामिद का रक्त खौल उठा। ऐसे दृश्य देखकर वह शान्त न बैठ सकता था। तुरन्त कूद कर बाहर निकला, और युवक के सामने आकर बोला—बुड्ढे को क्यों मारते हो, भाई? तुम्हें इस पर ज़रा भी दया नहीं आती?

युवक—मैं मारते-मारते इसकी हड्डियाँ तोड़ दूँगा।

जामिद—आख़िर इसने क्या कुसूर किया है? कुछ मालूम भी तो हो।

युवक—इसकी मुर्गी हमारे घर में घुस गई थी, और सारा घर गन्दा कर आई।

जामिद—तो क्या इसने मुर्गी को सिखा दिया था कि तुम्हारा घर गन्दा कर आए?

बुड्ढा—ख़ुदावंद, मैं तो उसे बराबर खाँचे में ढाँके रहता हूँ। आज गफलत हो गई। कहता हूँ, महाराज, कुसूर माफ़ करो; मगर नहीं मानते।

हुजूर, मारते-मारते अधमरा कर दिया।

युवक—अभी नहीं मारा है, अब मारूँगा—खोद कर गाड़ दूँगा।

जामिद—खोद कर गाड़ दोगे भाई साहब तो तुम भी यों न खड़े रहोगे। समझ गए? अगर फिर हाथ उठाया, तो अच्छा न होगा।

जवान को अपनी ताक़त का नशा था। उसने फिर बुड्ढे को चाँटा लगाया; पर चाँटा पड़ने के पहले ही जामिद ने उसकी गर्दन पकड़ ली। दोनों में मल्ल-युद्ध होने लगा। जामिद करारा जवान था। युवक को पटकनी दी, तो चारों खाने चित गिर गया। उसका गिरना था कि भक्तों का समुदाय, जो अब तक मन्दिर में बैठा तमाशा देख रहा था, लपक पड़ा और जामिद पर चारों तरफ़ से चोटें पड़ने लगीं। जामिद की समझ में न आता था कि लोग मुझे क्यों मार रहे हैं। कोई कुछ नहीं पूछता। तिलकधारी जवान को कोई कुछ नहीं कहता। बस, जो आता है, मुझी पर हाथ साफ़ करता है। आख़िर वह बेदम होकर गिर पड़ा। तब लोगों में बातें होने लगीं।

'दग़ा दे गया!'

'धत् तेरी जात की! कभी म्लेच्छों से भलाई की आशा न रखनी चाहिए! कौआ कौओं ही के साथ मिलेगा। कमीना जब करेगा, कमीनापन। इसे कोई पूछता न था, मन्दिर में झाड़ू लगा रहा था। देह पर कपड़े का तार भी न था, हमने इसका सम्मान किया, पशु से आदमी बना दिया, फिर भी अपना न हुआ!

'इनके धर्म का तो मूल ही यही है!'

जामिद रात भर सड़क के किनारे पड़ा दर्द से कराहता रहा, उसे मार खाने का दुःख न था। ऐसी यातनाएँ वह कितनी बार भोग चुका था। उसे दुःख और आश्चर्य केवल इस बात का था कि इन लोगों ने क्यों एक दिन मेरा इतना सम्मान किया, और क्यों आज अकारण ही मेरी इतनी दुर्गति की? इनकी वह सज्जनता आज कहाँ गई? मैं तो वही हूँ। मैंने कोई कसूर भी नहीं किया। मैंने तो वही किया, जो ऐसी दशा में सभी को करना चाहिए। फिर इन लोगों ने मुझ पर क्यों इतना अत्याचार किया? देवता क्यों राक्षस बन गए?

वह रात भर इसी उलझन में पड़ा रहा। प्रातःकाल उठकर एक तरफ़ की राह ली।

जामिद अभी थोड़ी ही दूर गया था कि वही बुड्ढा उसे मिला। उसे देखते ही वह बोला—क़सम ख़ुदा की, तुमने कल मेरी जान बचा दी। सुना, जालिमों ने तुम्हें बुरी तरह पीटा। मैं तो मौक़ा पाते ही निकल भागा। अब तक कहाँ थे। यहाँ लोग रात ही से तुमसे मिलने के लिए बेकरार हो रहे हैं। क़ाज़ी साहब रात ही से तुम्हारी तलाश में निकले थे, मगर तुम न मिले।

कल हम दोनों अकेले पड़ गए थे। दुश्मनों ने हमें पीट लिया। नमाज़ का वक़्त था, जहाँ सब लोग मस्जिद में थे; अगर ज़रा भी ख़बर हो जाती, तो एक हज़ार लठैत पहुँच जाते। तब आटे-दाल का भाव मालूम होता। क़सम ख़ुदा की; आज से मैंने तीन कोड़ी मुर्गियाँ पाली हैं! देखूँ, पंडित जी महाराज अब क्या करते हैं। क़सम ख़ुदा की, क़ाज़ी साहब ने कहा है, अगर वह लौंडा ज़रा भी आँखें दिखाए, तो तुम आकर मुझसे कहना। या तो बच्चा घर छोड़कर भागेंगे, या हड्डी-पसली तोड़कर रख दी जाएगी।

जामिद को लि, वह बुड्ढा क़ाज़ी जोरावर हुसैन के दरवाज़े पर पहुँचा। क़ाज़ी साहब वज़ू कर रहे थे। जामिद को देखते ही दौड़कर गले लगा लिया और बोले—वल्लाह! तुम्हें आँखें ढूँढ़ रही थीं। तुमने अकेले इतने काफिरों के दाँत खट्टे कर दिए! क्यों न हो, मोमिन का ख़ून है! काफिरों की हक़ीक़त क्या? सुना सबके सब तुम्हारी शुद्धि करने जा रहे थे; मगर तुमने उनके सारे मनसूबे पलट दिए। इस्लाम को ऐसे ही खादिमों की ज़रूरत है। तुम-जैसे दीनदारों से इस्लाम का नाम रोशन है। ग़लती यही हुई कि तुमने एक महीने भर तक सब्र नहीं किया। शादी हो जाने देते, तब मज़ा आता। एक नाजनीन साथ लाते, और दौलत मुफ्त। वल्लाह! तुमने उजलत कर दी।

दिन भर भक्तों का ताँता लगा रहा। जामिद को एक नज़र देखने का सबको शौक़ था। सभी उसकी हिम्मत, ज़ोर और मजहबी जोश की प्रशंसा करते थे।

4

पहर रात बीत चुकी थी। मुसाफ़िरों की आमदरफ्त कम हो चली थी। जामिद ने क़ाज़ी साहब से धर्म-ग्रंथ पढ़ना शुरू किया था। उन्होंने उसके लिए अपने बग़ल का कमरा ख़ाली कर दिया था। वह क़ाज़ी साहब से सबक लेकर आया, और सोने जा रहा था कि सहसा उसे दरवाज़े पर एक ताँगे के रुकने की आवाज़ सुनाई दी। क़ाज़ी साहब के मुरीद अक्सर आया करते थे। जामिद ने सोचा, कोई मुरीद आया होगा। नीचे आया तो देखा—एक स्त्री ताँगे से उतरकर बरामदे में खड़ी है, और ताँगेवाला उसका असबाब उतार रहा है!

महिला ने मकान को इधर-उधर देखकर कहा—नहीं जी, मुझे अच्छी तरह ख़याल है; यह उनका मकान नहीं है। शायद तुम भूल गए हो।

ताँगेवाला—हुजूर तो मानतीं ही नहीं। कह दिया कि बाबू साहब ने मकान तबदील कर दिया है। ऊपर चलिए।

स्त्री ने कुछ झिझकते हुए कहा—बुलाते क्यों नहीं? आवाज़ दो!

ताँगेवाला—ओ साहब, आवाज़ क्या दूँ, जब जानता हूँ कि साहब का मकान यही है, तो नाहक चिल्लाने से क्या फ़ायदा? बेचारे आराम कर रहे होंगे। आराम में खलल पड़ेगा! आप निसाख़ातिर रहिए, चलिए ऊपर चलिए।

औरत ऊपर चली। पीछे-पीछे ताँगेवाला असबाब लिये हुए चला। जामिद गुम-सुम नीचे खड़ा रहा। यह रहस्य उसकी समझ में न आया।

ताँगेवाले की आवाज़ सुनते ही क़ाज़ी साहब छत पर निकल आए, और एक औरत को आते देख कमरे की खिड़कियाँ चारों तरफ़ से बन्द करके खूँटी पर लटकती तलवार उतार ली, और दरवाज़े पर आकर खड़े हो गए।

औरत ने ज़ीना तय करके ज्यों ही छत पर पैर रखा कि क़ाज़ी साहब को देखकर झिझकी। वह तुरन्त पीछे की तरफ़ मुड़ना चाहती थी कि क़ाज़ी साहब ने लपककर उसका हाथ पकड़ लिया और अपने कमरे में घसीट लाए। इसी बीच में जामिद और ताँगेवाला, ये दोनों भी ऊपर आ गए थे। जामिद यह दृश्य देखकर विस्मित हो गया था। यह रहस्य और भी रहस्यमय हो गया था। यह विद्या का सागर, यह न्याय का भंडार, यह नीति, धर्म और दर्शन का आगार इस समय एक अपरिचित महिला के ऊपर यह घोर अत्याचार कर रहा है। ताँगेवाले के साथ यह भी क़ाज़ी साहब के कमरे में चला गया। क़ाज़ी साहब तो स्त्री के दोनों हाथ पकड़े हुए थे। ताँगेवाले ने दरवाज़ा बन्द कर दिया।

महिला ने ताँगेवाले की ओर ख़ून भरी आँखों से देखकर कहा—तू मुझे यहाँ क्यों लाया?

क़ाज़ी साहब ने तलवार चमका कर कहा—पहले आराम से बैठ जाओ, सब कुछ मालूम हो जाएगा।

औरत—तुम तो मुझे कोई मौलवी मालूम होते हो? क्या तुम्हें ख़ुदा ने यही सिखाया है कि पराई बहू-बेटियों को ज़बरदस्ती घर में बन्द करके उनकी आबरू बिगाड़ो?

क़ाज़ी—हाँ, ख़ुदा का यही हुक्म है कि काफिरों को जिस तरह मुमकिन हो, इस्लाम के रास्ते पर लाया जाए। अगर ख़ुशी से न आएँ, तो जब्र से।

औरत—इसी तरह अगर कोई तुम्हारी बहू-बेटी पकड़कर बे-आबरू करे, तो?

क़ाज़ी—हो रहा है। जैसा तुम हमारे साथ करोगे वैसा ही हम तुम्हारे साथ करेंगे। फिर हम तो बे-आबरू नहीं करते, सिर्फ़ अपने मजहब में शामिल करते हैं। इस्लाम कबूल करने से आबरू बढ़ती है, घटती नहीं। हिन्दू क़ौम ने तो हमें मिटा देने का बीड़ा उठाया है। वह इस मुल्क से हमारा निशान मिटा देना चाहती है। धोखे से, लालच से, जब्र से मुसलमानों को बे-दीन बनाया जा रहा है, तो मुसलमान बैठे मुँह ताकेंगे?

औरत—हिन्दू कभी ऐसा अत्याचार नहीं कर सकता। सम्भव है, तुम लोगों की शरारतों से तंग आकर नीचे दर्जे के लोग इस तरह बदला लेने लगे हों; मगर अब भी कोई सच्चा हिन्दू इसे पसन्द नहीं करता।

क़ाज़ी साहब ने कुछ सोचकर कहा—बेशक, पहले इस तरह की शरारत मुसलमान शोहदे किया करते थे। मगर शरीफ लोग इन हरकतों को बुरा समझते थे, और अपने इमकान भर रोकने की कोशिश करते थे। तालीम और तहजीब की तरक्की के साथ कुछ दिनों में यह गुंडापन ज़रूर ग़ायब हो जाता; मगर अब तो सारी हिन्दू क़ौम हमें निगलने के लिए तैयार बैठी हुई है। फिर हमारे लिए और रास्ता ही कौन-सा है। हम कमज़ोर हैं, इसलिए हमें मजबूर होकर अपने को क़ायम रखने के लिए दग़ा से काम लेना पड़ता है; मगर तुम इतना घबराती क्यों हो? तुम्हें यहाँ किसी बात की तकलीफ़ न होगी। इस्लाम औरतों के हक़ का जितना लिहाज़ करता है, उतना और कोई मजहब नहीं करता। और मुसलमान मर्द तो अपनी औरतों पर जान देता है। मेरे यह नौजवान दोस्त (जामिद) तुम्हारे सामने खड़े हैं, इन्हीं के साथ तुम्हारा निकाह कर दिया जाएगा। बस, आराम से ज़िन्दगी के दिन बसर करना।

औरत—मैं तुम्हें और तुम्हारे धर्म को घृणित समझती हूँ। तुम कुत्ते हो। इसके सिवा तुम्हारे लिए कोई दूसरा काम नहीं। खैरियत इसी में है कि मुझे जाने दो; नहीं तो मैं अभी शोर मचा दूँगी, और तुम्हारा सारा मौलवीपन निकल जाएगा।

क़ाज़ी—अगर तुमने ज़बान खोली, तो तुम्हें जान से हाथ धोना पड़ेगा। बस, इतना समझ लो।

औरत—आबरू के सामने जान की कोई हक़ीक़त नहीं। तुम मेरी जान ले सकते हो; मगर आबरू नहीं ले सकते।

क़ाज़ी—क्यों नाहक ज़िद करती हो?

औरत ने दरवाज़े के पास जाकर कहा—मैं कहती हूँ, दरवाज़ा खोल दो।

जामिद जब तक चुपचाप खड़ा था। ज्यों ही स्त्री दरवाज़े की तरफ़ चली, और क़ाज़ी साहब ने उसका हाथ पकड़कर खींचा, जामिद ने तुरन्त दरवाज़ा खोल दिया और क़ाज़ी साहब से बोला—इन्हें छोड़ दीजिए।

क़ाज़ी—क्या बकता है?

जामिद—कुछ नहीं। खैरियत इसी में है कि इन्हें छोड़ दीजिए।

लेकिन अब क़ाज़ी साहब ने उस महिला का हाथ न छोड़ा, और ताँगेवाला भी उसे पकड़ने के लिए बढ़ा, तो जामिद ने एक धक्का देकर क़ाज़ी साहब को धकेल दिया, और उस स्त्री का हाथ पकड़े हुए कमरे से बाहर निकल गया। ताँगेवाला पीछे लपका, मगर जामिद ने उसे इतने ज़ोर से धक्का दिया कि वह औंधे मुँह जा गिरा। एक क्षण में जामिद और स्त्री, दोनों सड़क पर थे।

जामिद—आपका घर किस मुहल्ले में है?

औरत—अहियागंज में।

जामिद—चलिए, मैं आपको पहुँचा आऊँ।

औरत—इससे बड़ी और क्या मेहरबानी होगी। मैं आपकी इस नेकी को कभी न भूलूँगी। आपने आज मेरी आबरू बचा ली, नहीं तो मैं कहीं की न रहती। मुझे अब मालूम हुआ कि अच्छे और बुरे सब जगह होते हैं। मेरे शौहर का नाम पंडित राजकुमार है।

उसी वक़्त एक ताँगा सड़क पर आता दिखाई दिया। जामिद ने स्त्री को उस पर बिठा दिया, और ख़ुद बैठना ही चाहता था कि ऊपर से क़ाज़ी साहब ने जामिद पर लट्ठ चलाया और डंडा ताँगे से टकराया। जामिद ताँगे में आ बैठा और ताँगा चल दिया।

अहियागंज में पंडित राजकुमार का पता लगाने में कठिनाई न पड़ी। जामिद ने ज्यों ही आवाज़ दी, वह घबराए हुए बाहर निकल आए और स्त्री को देखकर बोले—तुम कहाँ रह गई थीं, इंदिरा? मैंने तो तुम्हें स्टेशन पर कहीं न देखा। मुझे पहुँचने में ज़रा देर हो गई थी। तुम्हें इतनी देर कहाँ लगी?

इंदिरा ने घर के अन्दर क़दम रखते ही कहा—बड़ी लम्बी कथा है; ज़रा दम लेने दो, तो बता दूँगी। बस, इतना ही समझ लो कि आज अगर इस मुसलमान ने मेरी मदद न की होती तो आबरू चली गई थी।

पंडित जी पूरी कथा सुनने के लिए और भी व्याकुल हो उठे। इंदिरा के साथ वह भी घर में चले गए; पर एक ही मिनट के बाद बाहर आकर जामिद से बोले—भाई साहब, शायद आप बनावट समझें; पर मुझे आपके रूप में इस समय अपने इष्टदेव के दर्शन हो रहे हैं। मेरी ज़बान में इतनी ताक़त नहीं कि आपका शुक्रिया अदा कर सकूँ। आइए, बैठ जाइए।

जामिद—जी नहीं, अब मुझे इजाज़त दीजिए।

पंडित—मैं आपकी इस नेकी का क्या बदला दे सकता हूँ?

जामिद—इसका बदला यही है कि इस शरारत का बदला किसी ग़रीब मुसलमान से न लीजिएगा, मेरी आप से यही दरख्वास्त है।

यह कहकर जामिद चल खड़ा हुआ, और उस अँधेरी रात के सन्नाटे में शहर के बाहर निकल गया। उस शहर की विषाक्त वायु में साँस लेते हुए उसका दम घुटता था! वह जल्द से जल्द शहर से भाग कर अपने गाँव में पहुँचना चाहता था, जहाँ मजहब का नाम सहानुभूति, प्रेम और सौहार्द था। धर्म और धार्मिक लोगों से उसे घृणा हो गई थी।

बहिष्कार

पंडित ज्ञानचन्द्र ने गोविंदी की ओर सतृष्ण नेत्रों से देखकर कहा—मुझे ऐसे निर्दयी प्राणियों से ज़रा भी सहानुभूति नहीं है। इस बर्बरता की भी कोई हद है कि जिसके साथ तीन वर्ष तक जीवन के सुख भोगे, उसे एक ज़रा-सी बात पर घर से निकाल दिया।

गोविंदी ने आँखें नीची करके पूछा—आख़िर क्या बात हुई थी?

ज्ञान.—कुछ भी नहीं। ऐसी बातों में कोई बात होती है। शिकायत है कि कालिंदी ज़बान की तेज़ है। तीन साल तक ज़बान तेज़ न थी, आज ज़बान की तेज़ हो गई। कुछ नहीं, कोई दूसरी चिड़िया नज़र आई होगी। उसके लिए पिंजरे को ख़ाली करना आवश्यक था। बस यह शिकायत निकल आई। मेरा बस चले, तो ऐसे दुष्टों को गोली मार दूँ। मुझे कई बार कालिंदी से बातचीत करने का अवसर मिला है। मैंने ऐसी हँसमुख दूसरी नहीं ही देखी।

गोविंदी—तुमने सोमदत्त को समझाया नहीं।

ज्ञान.—ऐसे लोग समझाने से नहीं मानते। यह लात का आदमी है, बातों की उसे क्या परवा? मेरा तो यह विचार है कि जिससे एक बार सम्बन्ध हो गया, फिर चाहे वह अच्छी हो या बुरी, उसके साथ जीवन भर निर्वाह करना चाहिए! मैं तो कहता हूँ, अगर स्त्री के कुल में कोई दोष भी निकल आए, तो क्षमा से काम लेना चाहिए।

गोविंदी ने कातर नेत्रों से देखकर कहा—ऐसे आदमी तो बहुत कम होते हैं।

ज्ञान.—समझ ही में नहीं आता कि जिसके साथ इतने दिन हँसे-बोले, जिसके प्रेम की स्मृतियाँ हृदय के एक-एक अणु में समाई हुई हैं, उसे दर-दर ठोकरें खाने को कैसे छोड़ दिया। कम से कम इतना तो करना चाहिए था कि उसे किसी सुरक्षित स्थान पर पहुँचा देते और उसके निर्वाह का कोई प्रबन्ध कर देते। निर्दयी ने इस तरह घर से निकाला, जैसे कोई कुत्ते को निकाले। बेचारी गाँव के बाहर बैठी रो रही है। कौन कह सकता है, कहाँ जाएगी। शायद मायके में भी कोई नहीं रहा। सोमदत्त के डर के मारे गाँव का कोई आदमी उसके पास भी नहीं आता। ऐसे बग्गड़ का क्या ठिकाना! जो आदमी स्त्री का न हुआ, वह दूसरे का क्या होगा। उसकी दशा देखकर मेरी आँखों में तो आँसू भर आए। जी में तो आया, कहूँ—बहन, तुम मेरे घर चलो; मगर तब तो सोमदत्त मेरे प्राणों का गाहक हो जाता।

गोविंदी—तुम ज़रा जाकर एक बार फिर समझाओ। अगर वह किसी तरह न माने तो कालिंदी को लेते आना।

ज्ञान.—जाऊँ?

गोविंदी—हाँ, अवश्य जाओ; मगर सोमदत्त कुछ खरी-खोटी भी कहे, तो सुन लेना।

ज्ञानचन्द्र ने गोविंदी को गले लगाकर कहा—तुम्हारे हृदय में बड़ी दया है, गोविंदी! लो जाता हूँ, अगर सोमदत्त ने न माना तो कालिंदी ही को लेता आऊँगा। अभी बहुत दूर न गई होगी।

2

तीन वर्ष बीत गए। गोविंदी एक बच्चे की माँ हो गई। कालिंदी अभी तक इसी घर में है। उसके पति ने दूसरा विवाह कर लिया है। गोविंदी और कालिंदी में बहनों का-सा प्रेम है। गोविंदी सदैव उसकी दिलजोई करती रहती है। वह इसकी कल्पना भी नहीं करती कि यह कोई ग़ैर है और मेरी रोटियों पर पड़ी हुई है; लेकिन सोमदत्त को कालिंदी का यहाँ रहना एक आँख नहीं भाता। वह कोई क़ानूनी कार्रवाई करने की तो हिम्मत नहीं रखता। और इस परिस्थिति में कर ही क्या सकता है; लेकिन ज्ञानचन्द्र का सिर नीचा करने के लिए अवसर खोजता रहता है।

संध्या का समय था। ग्रीष्म की उष्ण वायु अभी तक बिलकुल शान्त नहीं हुई थी। गोविंदी गंगा-जल भरने गई थी। और जल-तट की शीतल निर्जनता का आनन्द उठा रही थी। सहसा उसे सोमदत्त आता हुआ दिखाई दिया। गोविंदी ने आँचल से मुँह छिपा लिया और कलसा लेकर चलने ही को थी कि सोमदत्त ने सामने आकर कहा—ज़रा ठहरो, गोविंदी, तुमसे एक बात कहना है। तुमसे यह पूछना चाहता हूँ कि तुमसे कहूँ या ज्ञानू से?

गोविंदी ने धीरे से कहा—उन्हीं से कह दीजिए।

सोम.—जी तो मेरा भी यही चाहता है; लेकिन तुम्हारी दीनता पर दया आती है। जिस दिन मैं ज्ञानचन्द से यह बात कह दूँगा, तुम्हें इस घर से निकलना पड़ेगा। मैंने सारी बातों का पता लगा लिया है। तुम्हारा बाप कौन था; तुम्हारी माँ की क्या दशा हुई, यह सारी कथा जानता हूँ। क्या तुम समझती हो कि ज्ञानचन्द्र यह कथा सुनकर तुम्हें अपने घर में रखेगा? उसके विचार कितने ही स्वाधीन हों; पर जीती मक्खी नहीं निगल सकता।

गोविंदी ने थर-थर काँपते हुए कहा—जब आप सारी बातें जानते हैं, तो मैं क्या कहूँ? आप जैसा उचित समझें करें; लेकिन मैंने तो आपके साथ कभी कोई बुराई नहीं की।

सोम.—तुम लोगों ने गाँव में मुझे कहीं मुँह दिखाने के योग्य नहीं रखा। तिस पर कहती हो, मैंने तुम्हारे साथ कोई बुराई नहीं की! तीन साल से कालिंदी को आश्रय देकर मेरी आत्मा को जो कष्ट पहुँचाया है, वह मैं ही जानता हूँ। तीन साल से मैं इस फ़िक्र में था कि कैसे इस अपमान का दंड दूँ। अब वह अवसर पाकर उसे किसी तरह नहीं छोड़ सकता।

गोविंदी—अगर आपकी यही इच्छा है कि मैं यहाँ न रहूँ, तो मैं चली जाऊँगी, आज ही चली जाऊँगी; लेकिन उनसे आप कुछ न कहिए। आपके पैरों पड़ती हूँ।

सोम.—कहाँ चली जाओगी?

गोविंदी—और कहीं ठिकाना नहीं है, तो गंगा जी तो हैं।

सोम.—नहीं गोविंदी, मैं इतना निर्दयी नहीं हूँ। मैं केवल इतना चाहता हूँ कि तुम कालिंदी को अपने घर से निकाल दो और मैं कुछ नहीं चाहता। तीन दिन का समय देता हूँ, ख़ूब सोच-विचार लो। अगर कालिंदी तीसरे दिन तुम्हारे घर से न निकली, तो तुम जानोगी।

सोमदत्त वहाँ से चला गया। गोविंदी कलसा लिए मूर्ति की भाँति खड़ी रह गई। उसके सम्मुख कठिन समस्या आ खड़ी हुई थी, वह थी कालिंदी! घर में एक ही रह सकती थी। दोनों के लिए उस घर में स्थान न था। क्या कालिंदी के लिए वह अपना घर, अपना स्वर्ग त्याग देगी? कालिंदी अकेली है, पति ने उसे पहले ही छोड़ दिया है, वह जहाँ चाहे जा सकती है, पर वह अपने प्राणाधार और प्यारे बच्चे को छोड़कर कहाँ जाएगी?

लेकिन कालिंदी से वह क्या कहेगी? जिसके साथ इतने दिनों तक बहनों की तरह रही, उसे क्या वह अपने घर से निकाल देगी? उसका बच्चा कालिंदी से कितना हिला हुआ था, कालिंदी उसे कितना चाहती थी? क्या उस परित्यक्ता दीना को वह अपने घर से निकाल देगी? इसके सिवा और उपाय ही क्या था? उसका जीवन अब एक स्वार्थी, दम्भी व्यक्ति की दया पर अवलम्बित था। क्या अपने पति के प्रेम पर वह भरोसा कर सकती थी! ज्ञानचन्द्र सहृदय थे, उदार थे, विचारशील थे, दृढ़ थे, पर क्या उनका प्रेम अपमान, व्यंग्य और बहिष्कार जैसे आघातों को सहन कर सकता था!

3

उसी दिन से गोविंदी और कालिंदी में कुछ पार्थक्य-सा दिखाई देने लगा। दोनों अब बहुत कम साथ बैठतीं। का.लेंदी पुकारती—बहन, आकर खाना खा लो। गोविंदी कहती—तुम खा लो, मैं फिर खा लूँगी। पहले कालिंदी बालक को सारे दिन खिलाया करती थी, माँ के पास केवल दूध पीने जाता था। मगर अब गोविंदी हरदम उसे अपने ही पास रखती है। दोनों के बीच में कोई दीवार खड़ी हो गई है। कालिंदी बार-बार सोचती है, आजकल मुझसे यह क्यों रूठी हुई है? पर उसे कोई कारण नहीं दिखाई देता। उसे भय हो रहा है कि कदाचित् यह अब मुझे यहाँ नहीं रखना चाहती। इसी चिन्ता में वह गोते खाया करती है; किन्तु गोविंदी भी उससे कम चिन्तित नहीं है। कालिंदी से वह स्नेह तोड़ना चाहती है; पर उसकी म्लान मूर्ति देखकर उसके हृदय के टुकड़े हो जाते हैं। उससे कुछ कह नहीं सकती। अवहेलना के शब्द मुँह से नहीं निकलते। कदाचित् उसे घर से जाते देखकर वह रो पड़ेगी। और ज़बरदस्ती रोक लेगी। इसी हैस-बैस में तीन दिन गुज़र गए। कालिंदी घर से न निकली। तीसरे दिन संध्या-समय सोमदत्त नदी के तट पर बड़ी देर तक खड़ा रहा। अन्त में चारों ओर अँधेरा छा गया। फिर भी पीछे फिर-फिर कर जल-तट की ओर देखता जाता था!

रात के दस बज गए हैं। अभी ज्ञानचन्द्र घर नहीं आए। गोविंदी घबरा रही है। उन्हें इतनी देर तो कभी नहीं होती थी। आज इतनी देर कहाँ लगा रहे हैं? शंका से उसका हृदय काँप रहा है।

सहसा मरदाने कमरे का द्वार खुलने की आवाज़ आई! गोविंदी दौड़ी हुई बैठक में आई; लेकिन पति का मुख देखते ही उसकी सारी देह शिथिल पड़ गई, उस मुख पर हास्य था; पर उस हास्य में भाग्य-तिरस्कार झलक रहा था। विधि-वाम ने ऐसे सीधे-सादे मनुष्य को भी अपने क्रीड़ा-कौशल के लिए चुन लिया। क्या वह रहस्य रोने के योग्य था? रहस्य रोने की वस्तु नहीं, हँसने की वस्तु है।

ज्ञानचन्द्र ने गोविंदी की ओर नहीं देखा। कपड़े उतारकर सावधानी से अलगनी पर रखे, जूता उतारा और फ़र्श पर बैठकर एक पुस्तक के पन्ने उलटने लगा।

गोविंदी ने डरते-डरते कहा—आज इतनी देर कहाँ की? भोजन ठंडा हो रहा है।

ज्ञानचन्द्र ने फ़र्श की ओर ताक़ते हुए कहा—तुम लोग भोजन कर लो, मैं एक मित्र के घर खाकर आया हूँ।

गोविंदी इसका आशय समझ गई। एक क्षण के बाद फिर बोली—चलो, थोड़ा-सा ही खा लो।

ज्ञान.—अब बिलकुल भूख नहीं है।

गोविंदी—तो मैं भी जाकर सो रहती हूँ।

ज्ञानचन्द्र ने अब गोविंदी की ओर देखकर कहा—क्यों? तुम क्यों न खाओगी?

वह और कुछ न कह सकी। गला भर आया।

ज्ञानचन्द्र ने समीप आकर कहा—मैं सच कहता हूँ, गोविंदी, एक मित्र के घर भोजन कर आया हूँ। तुम जाकर खा लो।

4

गोविंदी पलंग पर पड़ी हुई चिन्ता, नैराश्य और विषाद के अपार सागर में गोते खा रही थी। यदि कालिंदी का उसने बहिष्कार कर दिया होता, तो आज उसे इस विपत्ति का सामना न करना पड़ता; किन्तु यह अमानुषिक व्यवहार उसके लिए असाध्य था और इस दशा में भी उसे इसका दु:ख न था। ज्ञानचन्द्र की ओर से यों तिरस्कृत होने का भी उसे दु:ख न था। जो ज्ञानचन्द्र नित्य धर्म और सज्जनता की डींगे मारा करता था, वही आज उसका इतनी निर्दयता से बहिष्कार करता हुआ जान पड़ता था, उस पर उसे लेशमात्र भी दु:ख, क्रोध या द्वेष न था। उसके मन को केवल एक ही भावना आंदोलित कर रही थी। वह अब इस घर में कैसे रह सकती है। अब तक वह इस घर की स्वामिनी थी! इसलिए न कि वह अपने पति के प्रेम की स्वामिनी थी; पर अब वह प्रेम से वंचित हो गई थी। अब इस घर पर उसका क्या अधिकार था? वह अब अपने पति को मुँह ही कैसे दिखा सकती थी। वह जानती थी, ज्ञानचन्द्र अपने मुँह से उसके विरुद्ध एक शब्द भी न निकालेंगे; पर उसके विषय में ऐसी बातें जान कर क्या वह उससे प्रेम कर सकते थे? कदापि नहीं! इस वक़्त न-जाने क्या समझकर चुप रहे। सबेरे तूफ़ान उठेगा। कितने ही विचारशील हों; पर अपने समाज से निकल जाना कौन पसन्द करेगा? स्त्रियों की संसार में कमी नहीं। मेरी जगह हज़ारों मिल जाएँगी। मेरी किसी को क्या परवा? अब यहाँ रहना बेहयाई है। आख़िर कोई लाठी मारकर थोड़े ही निकाल देगा। हयादार के लिए आँख का इशारा बहुत है। मुँह से न कहें, मन की बात और भाव छिपे नहीं रहते; लेकिन मीठी निद्रा की गोद में सोए हुए शिशु को देखकर ममता ने उसके अशक्त हृदय को और भी कातर कर दिया। इस अपने प्राणों के आधार को वह कैसे छोड़ेगी?

शिशु को उसने गोद में उठा लिया और खड़ी रोती रही। तीन साल कितने आनन्द से गुज़रे। उसने समझा था कि इसी भाँति सारा जीवन कट जाएगा; लेकिन उसके भाग्य में इससे अधिक सुख भोगना लिखा ही न था। करुण वेदना में डूबे हुए ये शब्द उसके मुख से निकल आए—भगवान्! अगर तुम्हें इस भाँति मेरी दुर्गति करनी थी, तो तीन साल पहले क्यों न की? उस वक़्त यदि तुमने मेरे जीवन का अन्त कर दिया होता, तो मैं तुम्हें धन्यवाद देती। तीन साल तक सौभाग्य के सुरम्य उद्यान में सौरभ, समीर और माधुर्य का आनन्द उठाने के बाद इस उद्यान ही को उजाड़ दिया। हा! जिन पौधों को उसने अपने प्रेम-जल से सींचा था,

वे अब निर्मम दुर्भाग्य के पैरों-तले कितनी निष्ठुरता से कुचले जा रहे थे। ज्ञानचन्द्र के शील और स्नेह का स्मरण आया, तो वह रो पड़ी। मृदु स्मृतियाँ आ-आकर हृदय को मसोसने लगीं।

सहसा ज्ञानचन्द्र के आने से वह सँभल बैठी। कठोर से कठोर बातें सुनने के लिए उसने अपने हृदय को कड़ा कर लिया; किन्तु ज्ञानचन्द्र के मुख पर रोष का चिह्न भी न था। उन्होंने आश्चर्य से पूछा—क्या तुम अभी तक सोई नहीं? जानती हो, कै बजे हैं? बारह से ऊपर हैं।

गोविंदी ने सहमते हुए कहा—तुम भी तो अभी नहीं सोए।

ज्ञान.—मैं न सोऊँ, तो तुम भी न सोओ? मैं न खाऊँ, तो तुम भी न खाओ? मैं बीमार पड़ूँ, तो तुम भी बीमार पड़ो? यह क्यों? मैं तो एक जन्मपत्री बना रहा था। कल देनी होगी। तुम क्या करती रहीं, बोलो?

इन शब्दों में कितना सरल स्नेह था! क्या तिरस्कार के भाव इतने ललित शब्दों में प्रकट हो सकते हैं? प्रवंचकता क्या इतनी निर्मल हो सकती है? शायद सोमदत्त ने अभी वज्र का प्रहार नहीं किया। अवकाश न मिला होगा; लेकिन ऐसा है, तो आज घर इतनी देर में क्यों आए? भोजन क्यों न किया, मुझसे बोले तक नहीं, आँखें लाल हो रही थीं। मेरी ओर आँख उठाकर देखा तक नहीं। क्या यह सम्भव है कि इनका क्रोध शान्त हो गया हो? यह सम्भावना की चरम सीमा से भी बाहर है। तो क्या सोमदत्त को मुझ पर दया आ गई? पत्थर पर दूब जमी? गोविंदी कुछ निश्चय न कर सकी, और जिस भाँति गृह-सुख विहीन पथिक वृक्ष की छाँह में भी आनन्द से पाँव फैलाकर सोता है, उसकी अव्यवस्था ही उसे निश्चिंत बना देती है, उसी भाँति गोविंदी मानसिक व्यग्रता में भी स्वस्थ हो गई। मुस्कुराकर स्नेह-मृदुल स्वर में बोली—तुम्हारी ही राह तो देख रही थी।

यह कहते-कहते गोविंदी का गला भर आया। व्याध के जाल में फड़फड़ाती हुई चिड़िया क्या मीठे राग गा सकती है? ज्ञानचन्द्र ने चारपाई पर बैठकर कहा—झूठी बात, रोज़ तो तुम अब तक सो जाया करती थीं।

5

एक सप्ताह बीत गया; पर ज्ञानचन्द्र ने गोविंदी से कुछ न पूछा, और न उनके बर्ताव ही से उनके मनोगत भावों का कुछ परिचय मिला। अगर उनके व्यवहारों में कोई नवीनता थी, तो यह कि वह पहले से भी ज़्यादा स्नेहशील, निर्द्वन्द्व और प्रफुल्लवदन हो गए। गोविंदी का इतना आदर और मान उन्होंने कभी नहीं किया था। उनके प्रयत्नशील रहने पर भी गोविंदी उनके मनोभावों को ताड़ रही थी और उसका चित्त प्रतिक्षण शंका से चंचल और क्षुब्ध रहता था। अब उसे इसमें लेशमात्र भी सन्देह नहीं था कि सोमदत्त ने आग लगा दी है। गीली लकड़ी में पड़कर वह चिनगारी बुझ जाएगी, या जंगल की सूखी पत्तियाँ हाहाकार करके जल उठेंगी, यह कौन जान सकता है। लेकिन इस सप्ताह के गुज़रते ही अग्नि का प्रकोप होने लगा। ज्ञानचन्द्र एक महाजन के मुनीम थे। उस महाजन ने कह दिया—मेरे यहाँ अब आपका काम नहीं। जीविका का दूसरा साधन यजमानी है। यजमान भी एक-एक करके उन्हें जवाब देने लगे। यहाँ तक कि उनके द्वार पर आना-जाना बन्द हो गया। आग सूखी पत्तियों में जला कर अब हरे वृक्ष के चारों ओर मँडराने लगी। पर ज्ञानचन्द्र के मुख में गोविंदी के प्रति एक भी कटु, अमृदु शब्द न था। वह इस सामाजिक दंड की शायद कुछ परवा न करते, यदि

दुर्भाग्यवश इसने उनकी जीविका के द्वार न बन्द कर दिए होते। गोविंदी सब कुछ समझती थी; पर संकोच के मारे कुछ न कह सकती थी। उसी के कारण उसके प्राणप्रिय पति की यह दशा हो रही है, यह उसके लिए डूब मरने की बात थी। पर, कैसे प्राणों का उत्सर्ग करे। कैसे जीवन-मोह से मुक्त हो। इस विपत्ति में स्वामी के प्रति उसके रोम-रोम से शुभ-कामनाओं की सरिता-सी बहती थी; पर मुँह से एक शब्द भी न निकलता था। भाग्य की सबसे निष्ठुर लीला उस दिन हुई, जब कालिंदी भी बिना कुछ कहे-सुने सोमदत्त के घर जा पहुँची। जिसके लिए यह सारी यातनाएँ झेलनी पड़ीं, उसी ने अन्त में बेवफाई की। ज्ञानचन्द ने सुना, तो केवल मुस्कुरा दिए; पर गोविंदी इस कुटिल आघात को इतनी शान्ति से सहन न कर सकी। कालिंदी के प्रति उसके मुख से अप्रिय शब्द निकल ही आए। ज्ञानचन्द्र ने कहा—उसे व्यर्थ ही कोसती हो प्रिये, उसका कोई दोष नहीं। भगवान् हमारी परीक्षा ले रहे हैं। इस वक़्त धैर्य के सिवा हमें किसी से कोई आशा न रखनी चाहिए।

जिन भावों को गोविंदी कई दिनों से अंतस्तल में दबाती चली आती थी, वे धैर्य का बाँध टूटते ही बड़े वेग से बाहर निकल पड़े। पति के सम्मुख अपराधियों की भाँति हाथ बाँधकर उसने कहा—स्वामी, मेरे ही कारण आपको यह सारे पापड़ बेलने पड़ रहे हैं। मैं ही आपके कुल की कलंकिनी हूँ। क्यों न मुझे किसी ऐसी जगह भेज दीजिए, जहाँ कोई मेरी सूरत तक न देखे। मैं आपसे सत्य कहती हूँ...

ज्ञानचन्द्र ने गोविंदी को और कुछ न कहने दिया। उसे हृदय से लगाकर बोले—प्रिय, ऐसी बातों से मुझे दुखी न करो। तुम आज भी उतनी ही पवित्र हो, जितनी उस समय थीं, जब देवताओं के समक्ष मैंने आजीवन पत्नीव्रत लिया था, तब मुझसे तुम्हारा परिचय न था। अब तो मेरी देह और आत्मा का एक-एक परमाणु तुम्हारे अक्षय प्रेम से आलोकित हो रहा है। उपहास और निन्दा की तो बात ही क्या है, दुर्दैव का कठोरतम आघात भी मेरे व्रत को भंग नहीं कर सकता। अगर डूबेंगे तो साथ-साथ डूबेंगे; तरेंगे तो साथ-साथ तरेंगे। मेरे जीवन का मुख्य कर्तव्य तुम्हारे प्रति है। संसार इसके पीछे—बहुत पीछे है।

गोविंदी को जान पड़ा, उसके सम्मुख कोई देव-मूर्ति खड़ी है। स्वामी में इतनी श्रद्धा, इतनी भक्ति, उसे आज तक कभी न हुई थी। गर्व से उसका मस्तक ऊँचा हो गया और मुख पर स्वर्गीय आभा झलक पड़ी। उसने फिर कहने का साहस न किया।

6

सम्पन्नता अपमान और बहिष्कार को तुच्छ समझती है। उनके अभाव में ये बाधाएँ प्राणांतक हो जाती हैं। ज्ञानचन्द्र दिन के दिन घर में पड़े रहते। घर से बाहर निकलने का उन्हें साहस न होता था। जब तक गोविंदी के पास गहने थे, तब तक भोजन की चिन्ता न थी। किन्तु जब यह आधार भी न रह गया, तो हालत और भी ख़राब हो गई। कभी-कभी निराहार रह जाना पड़ता। अपनी व्यथा किससे कहें, कौन मित्र था? कौन अपना था?

गोविंदी पहले भी हृष्ट-पुष्ट न थी; पर अब तो अनाहार और अंतर्वेदना के कारण उसकी देह और भी जीर्ण हो गई थी। पहले शिशु के लिए दूध मोल लिया करती थी। अब इसकी सामर्थ्य न थी। बालक दिन पर दिन दुर्बल होता जाता था। मालूम होता था, उसे सूखे का रोग हो गया है। दिन के दिन बच्चा खुर्रा खाट पर पड़ा माता को नैराश्य-दृष्टि से देखा करता।

कदाचित् उसकी बाल-बुद्धि भी अवस्था को समझती थी। कभी किसी वस्तु के लिए हठ न करता। उसकी बालोचित सरलता, चंचलता और क्रीड़ाशीलता ने अब तक दीर्घ, आशाविहीन प्रतीक्षा का रूप धारण कर लिया था। माता-पिता उसकी दशा देखकर मन ही मन कुढ़-कुढ़ कर रह जाते थे।

संध्या का समय था। गोविंदी अँधेरे घर में बालक के सिरहाने चिन्ता में मग्न बैठी थी। आकाश पर बादल छाए हुए थे और हवा के झोंके उसके अर्द्धनग्न शरीर में शर के समान लगते थे। आज दिन भर बच्चे ने कुछ न खाया था। घर में कुछ था ही नहीं। क्षुधाग्नि से बालक छटपटा रहा था; पर या तो रोना न चाहता था, या उसमें रोने की शक्ति ही न थी।

इतने में ज्ञानचन्द्र तेली के यहाँ से तेल लेकर आ पहुँचे। दीपक जला। दीपक के क्षीण प्रकाश में माता ने बालक का मुख देखा; तो सहम उठी। बालक का मुख पीला पड़ गया था और पुतलियाँ ऊपर चढ़ गई थीं। उसने घबराकर बालक को गोद में उठाया। देह ठंडी थी। चिल्लाकर बोली—हा भगवान्! मेरे बच्चे को क्या हो गया? ज्ञानचन्द्र ने बालक के मुख की ओर देखकर एक ठंडी साँस ली और बोले—ईश्वर, क्या सारी दया-दृष्टि हमारे ही ऊपर करोगे?

गोविंदी—हाय! मेरा लाल मारे भूख के शिथिल हो गया है। कोई ऐसा नहीं, जो इसे दो घूँट दूध पिला दे।

यह कहकर उसने बालक को पति की गोद में दे दिया और एक लुटिया लेकर कालिंदी के घर दूध माँगने चली। जिस कालिंदी ने आज छह महीने से इस घर की ओर ताका न था, उसी के द्वार पर दूध की भिक्षा माँगने जाते हुए उसे कितनी ग्लानि, कितना संकोच हो रहा था, वह भगवान् के सिवा और कौन जान सकता है। यह वही बालक है, जिस पर एक दिन कालिंदी प्राण देती थी; पर उसकी ओर से अब उसने अपना हृदय इतना कठोर कर लिया था कि घर में कई गौएँ लगने पर भी एक चिल्लू दूध न भेजा। उसी की दया-भिक्षा माँगने आज, अँधेरी रात में, भीगती हुई गोविंदी दौड़ी जा रही है। माता! तेरे वात्सल्य को धन्य है!

कालिंदी दीपक लिए दालान में खड़ी गाय दुहा रही थी। पहले स्वामिनी बनने के लिए वह सौत से लड़ा करती थी। सेविका का पद उसे स्वीकार न था। अब सेविका का पद स्वीकार करके स्वामिनी बनी हुई थी। गोविंदी को देखकर तुरन्त निकल आई और विस्मय से बोली—क्या है बहन, पानी-बूँदी में कैसे चली आई?

गोविंदी ने सकुचाते हुए कहा—लाला बहुत भूखा है, कालिंदी! आज दिन भर कुछ नहीं मिला। थोड़ा-सा दूध लेने आई हूँ।

कालिंदी भीतर जाकर दूध का मटका लिए बाहर निकल आई और बोली—जितना चाहो, ले लो गोविंदी! दूध की कौन कमी है। लाला तो अब चलता होगा! बहुत जी चाहता है कि जाकर उसे देख आऊँ। लेकिन जाने का हुकुम नहीं है। पेट पालना है, तो हुकुम मानना ही पड़ेगा। तुमने बतलाया ही नहीं, नहीं तो लाला के लिए दूध का तोड़ा थोड़ा है। मैं चली क्या आई कि तुमने उसका मुँह देखने को तरसा डाला। मुझे कभी पूछता है?

यह कहते हुए कालिंदी ने दूध का मटका गोविंदी के हाथ में रख दिया। गोविंदी के आँखों से आँसू बहने लगे। कालिंदी इतनी दया करेगी, इसकी उसे आशा नहीं थी। अब उसे ज्ञान हुआ कि यह वही दयाशीला, सेवा-परायण रमणी है, जो पहले थी। लेशमात्र भी अन्तर न था। बोली—इतना दूध लेकर क्या करूँगी, बहन। इस लोटिया में डाल दो।

कालिंदी—दूध छोटे-बड़े सभी खाते हैं। ले जाओ, (धीरे) यह मत समझो कि मैं तुम्हारे घर से चली आई, तो बिरानी हो गई। भगवान् की दया से अब यहाँ किसी बात की चिन्ता नहीं है। मुझसे कहने भर की देर है। हाँ, मैं आऊँगी नहीं। इससे लाचार हूँ। कल किसी बेला लाला को लेकर नदी किनारे आ जाना। देखने को बहुत जी चाहता है।

गोविंदी दूध की हाँड़ी लिऐ घर चली, गर्वपूर्ण आनन्द के मारे उसके पैर उड़े जाते थे। ड्योढ़ी में पैर रखते ही बोली—ज़रा दीया दिखा देना, यहाँ कुछ सुझाई नहीं देता। ऐसा न हो कि दूध गिर पड़े।

ज्ञानचन्द्र ने दीपक दिखा दिया। गोविंदी ने बालक को अपनी गोद में लिटा कर कटोरी से दूध पिलाना चाहा! पर एक घूँट से अधिक दूध कंठ में न गया। बालक ने हिचकी ली और अपनी जीवन-लीला समाप्त कर दी।

करुण रोदन से घर गूँज उठा। सारी बस्ती के लोग चौंक पड़े; पर जब मालूम हो गया कि ज्ञानचन्द्र के घर से आवाज़ आ रही है, तो कोई द्वार पर न आया। रात भर भग्न हृदय दम्पति रोते रहे। प्रात:काल ज्ञानचन्द ने शव उठा लिया और श्मशान की ओर चले। सैकड़ों आदमियों ने उन्हें जाते देखा; पर कोई समीप न आया।

7

कुल-मर्यादा संसार की सबसे उत्तम वस्तु है। उस पर प्राण तक न्योछावर कर दिए जाते हैं। ज्ञानचन्द के हाथ से वह वस्तु निकल गई, जिस पर उन्हें गौरव था। वह गर्व, वह आत्म-बल, वह तेज़, जो परम्परा ने उनके हृदय में कूट-कूट कर भर दिया था, उसका कुछ अंश तो पहले ही मिट चुका था, बचा-खुचा पुत्र-शोक ने मिटा दिया। उन्हें विश्वास हो गया कि उनके अविचार का ईश्वर ने यह दंड दिया है। दुरवस्था, जीर्णता और मानसिक दुर्बलता सभी इस विश्वास को दृढ़ करती थीं। वह गोविंदी को अब भी निर्दोष समझते थे। उसके प्रति एक कटु शब्द उनके मुँह से न निकलता था, न कोई कटु भाव ही उनके दिल में जगह पाता था। विधि की क्रूर-क्रीड़ा ही उनका सर्वनाश कर रही है; इसमें उन्हें लेशमात्र भी सन्देह न था।

अब यह घर उन्हें फाड़े खाता था। घर के प्राण-से निकल गए थे। अब माता किसे गोद में लेकर चाँद मामा को बुलाएगी, किसे उबटन मलेगी, किसके लिए प्रात:काल हलुवा पकाएगी। अब सब कुछ शून्य था, मालूम होता था कि उनके हृदय निकाल लिए गए हैं। अपमान, कष्ट, अनाहार, इन सारी विडंबनाओं के होते हुए भी बालक की बाल-क्रीड़ाओं में वे सब कुछ भूल जाते थे। उसके स्नेहमय लालन-पालन में ही अपना जीवन सार्थक समझते थे। अब चारों ओर अन्धकार था।

यदि ऐसे मनुष्य हैं, जिन्हें विपत्ति से उत्तेजना और साहस मिलता है, तो ऐसे भी मनुष्य हैं, जो आपत्ति-काल में कर्तव्यहीन, पुरुषार्थहीन और उद्यमहीन हो जाते हैं। ज्ञानचन्द्र शिक्षित थे, योग्य थे। यदि शहर में जाकर दौड़-धूप करते, तो उन्हें कहीं न कहीं काम मिल जाता। वेतन कम ही सही, रोटियों को तो मुहताज न रहते; किन्तु अविश्वास उन्हें घर से निकलने न देता था। कहाँ जाएँ, शहर में कौन जानता है? अगर दो-चार परिचित प्राणी हैं भी, तो उन्हें मेरी क्यों परवा होने लगी? फिर इस दशा में जाएँ कैसे? देह पर साबित कपड़े भी नहीं। जाने के पहले गोविंदी के लिए कुछ न कुछ प्रबन्ध करना आवश्यक था। उसका कोई सुभीता न

था। इन्हीं चिन्ताओं में पड़े-पड़े उनके दिन कटते जाते थे। यहाँ तक कि उन्हें घर से बाहर निकलते ही बड़ा संकोच होता था। गोविंदी ही पर अन्नोपार्जन का भार था। बेचारी दिन को बच्चों के कपड़े सीती, रात को दूसरों के लिए आटा पीसती। ज्ञानचन्द्र सब कुछ देखते थे और माथा ठोक कर रह जाते थे।

एक दिन भोजन करते हुए ज्ञानचन्द्र ने आत्म-धिक्कार के भाव से मुस्कुराकर कहा—मुझ-सा निर्लज्ज पुरुष भी संसार में दूसरा न होगा, जिसे स्त्री की कमाई खाते भी मौत नहीं आती!

गोविंदी ने भौं सिकोड़ कर कहा—तुम्हारे पैरों पड़ती हूँ, मेरे सामने ऐसी बातें मत किया करो। है तो यह सब मेरे ही कारन?

ज्ञान.—तुमने पूर्व जन्म में कोई बड़ा पाप किया था गोविंदी, जो मुझ-जैसे निखट्टू के पाले पड़ी। मेरे जीते ही तुम विधवा हो। धिक्कार है ऐसे जीवन को!

गोविंदी—तुम मेरा ही ख़ून पियो, अगर फिर इस तरह की कोई बात मुँह से निकालो। तुम्हारी दासी बनकर मेरा जन्म सुफल हो गया। मैं इसे पूर्वजन्म की तपस्या का पुनीत फल समझती हूँ। दु:ख-सुख किस पर नहीं आता। तुम्हें भगवान् कुशल से रखें, यही मेरी अभिलाषा है।

ज्ञान.—भगवान् तुम्हारी अभिलाषा पूर्ण करें! ख़ूब चक्की पीसो।

गोविंदी—तुम्हारी बला से चक्की पीसती हूँ।

ज्ञान.—हाँ, हाँ, पीसो। मैं मना थोड़े करता हूँ। तुम न चक्की पीसोगी, तो यहाँ मूँछों पर ताव देकर खाएगा कौन, अच्छा, आज दाल में घी भी है। ठीक है, अब मेरी चाँदी है, बेड़ा पार लग जाएगा। इसी गाँव में बड़े-बड़े उच्च-कुल की कन्याएँ हैं। अपने वस्त्रभूषण के सामने उन्हें और किसी की परवा नहीं। पति महाशय चाहे चोरी करके लाएँ, चाहे डाका मारकर लाएँ, उन्हें इसकी परवा नहीं। तुममें वह गुण नहीं है। तुम उच्च-कुल की कन्या नहीं हो। वाह री दुनिया! ऐसी पवित्र देवियों का तेरे यहाँ अनादर होता है! उन्हें कुल-कलंकिनी समझा जाता है! धन्य है तेरा व्यापार! तुमने कुछ और सुना? सोमदत्त ने मेरे असामियों को बहका दिया है कि लगान मत देना, देखें क्या करते हैं। बताओ, ज़मींदार को रक़म कैसे चुकाऊँगा?

गोविंदी—मैं सोमदत्त से जाकर पूछती हूँ न? मना क्या करेंगे, कोई दिल्लगी है!

ज्ञान.—नहीं गोविंदी, तुम उस दुष्ट के पास मत जाना। मैं नहीं चाहता कि तुम्हारे ऊपर उसकी छाया भी पड़े। उसे ख़ूब अत्याचार करने दो। मैं भी देख रहा हूँ कि भगवान् कितने न्यायी हैं!

गोविंदी—तुम असामियों के पास क्यों नहीं जाते? हमारे घर न आएँ, हमारा छुआ पानी न पिएँ, या हमारे रुपए भी मार लेंगे?

ज्ञान.—वाह, इससे सरल तो कोई काम ही नहीं है। कह देंगे—हम रुपए दे चुके। सारा गाँव उसकी तरफ़ हो जाएगा। मैं तो अब गाँव भर का द्रोही हूँ न। आज ख़ूब डट कर भोजन किया। अब मैं भी रईस हूँ, बिना हाथ-पैर हिलाए गुलछर्रे उड़ाता हूँ। सच कहता हूँ, तुम्हारी ओर से अब मैं निश्चिन्त हो गया। देश-विदेश भी चला जाऊँ, तो तुम अपना निर्वाह कर सकती हो।

गोविंदी—कहीं जाने का काम नहीं है।

ज्ञान.—तो यहाँ जाता ही कौन है। किसे कुत्ते ने काटा है, जो यह सेवा छोड़कर मेहनत-मजूरी करने जाए। तुम सचमुच देवी हो, गोविंदी!

भोजन करके ज्ञानचन्द्र बाहर निकले। गोविंदी भोजन करके कोठरी में आई, तो ज्ञानचन्द्र न थे। समझी—कहीं बाहर चले गए होंगे। आज पति की बातों से उसका चित्त कुछ प्रसन्न

था। शायद अब वह नौकरी-चाकरी की खोज में कहीं जानेवाले हैं। यह आशा बँध रही थी। हाँ उनकी व्यंगोक्तियों का भाव उसकी समझ ही में न आता था। ऐसी बातें वह कभी न करते थे। आज क्या सूझी!

कुछ कपड़े सीने थे। जाड़ों के दिन थे। गोविंदी धूप में बैठकर सीने लगी। थोड़ी ही देर में शाम हो गई। अभी तक ज्ञानचन्द्र नहीं आए। तेल-बत्ती का समय आया, फिर भोजन की तैयारी करने लगी। कालिंदी थोड़ा-सा दूध दे गई थी। गोविंदी को तो भूख न थी, अब वह एक ही बेला खाती थी। हाँ, ज्ञानचन्द्र के लिए रोटियाँ सेंकनी थीं। सोचा—दूध है ही, दूध-रोटी खा लेंगे।

भोजन बनाकर निकली ही थी कि सोमदत्त ने आँगन में आकर पूछा—कहाँ हैं ज्ञानू?

गोविंदी—कहीं गए हैं।

सोम.—कपड़े पहनकर गए हैं?

गोविंदी—हाँ; काली मिर्जई पहने थे।

सोम.—जूता भी पहने थे?

गोविंदी की छाती धड़-धड़ करने लगी। बोली—हाँ, जूता तो पहने थे। क्यों पूछते हो?

सोमदत्त ने ज़ोर से हाथ मारकर कहा—हाय ज्ञानू! हाय!

गोविंदी घबराकर बोली—क्या हुआ, दादा जी! हाय! बताते क्यों नहीं? हाय!

सोम.—अभी थाने से आ रहा हूँ। वहाँ उनकी लाश मिली है। रेल के नीचे दब गए! हाय ज्ञानू! मुझ हत्यारे को क्यों न मौत आ गई?

गोविंदी के मुँह से फिर कोई शब्द न निकला। अंतिम 'हाय' के साथ बहुत दिनों तक तड़पता हुआ प्राण-पक्षी उड़ गया।

एक क्षण में गाँव की कितनी ही स्त्रियाँ जमा हो गईं। सब कहती थीं—देवी थी! सती थी!

प्रात:काल दो अर्थियाँ गाँव से निकलीं। एक पर रेशमी चुँदरी का कफ़न था, दूसरी पर रेशमी शाल का। गाँव के द्विजों में से केवल सोमदत्त साथ था। शेष गाँव के नीच जाति वाले आदमी थे। सोमदत्त ही ने दाह-क्रिया का प्रबन्ध किया था। वह रह-रहकर दोनों हाथों से अपनी छाती पीटता था और ज़ोर-ज़ोर से चिल्लाता था—हाय! हाय ज्ञानू!!

चोरी

हाय बचपन! तेरी याद नहीं भूलती! वह कच्चा, टूटा घर, वह पुवाल का बिछौना; वह नंगे बदन, नंगे पाँव खेतों में घूमना; आम के पेड़ों पर चढ़ना—सारी बातें आँखों के सामने फिर रही हैं। चमरौधे जूते पहनकर उस वक़्त कितनी ख़ुशी होती थी, अब 'फ्लेक्स' के बूटों से भी नहीं होती। गरम पनुए रस में जो मज़ा था, वह अब गुलाब के शर्बत में भी नहीं; चबेने और कच्चे बेरों में जो रस था, वह अब अँगूर और खीरमोहन में भी नहीं मिलता।

मैं अपने चचेरे भाई हलधर के साथ दूसरे गाँव में एक मौलवी साहब के यहाँ पढ़ने जाया करता था। मेरी उम्र आठ साल थी, हलधर (वह अब स्वर्ग में निवास कर रहे हैं) मुझसे दो

साल जेठ थे। हम दोनों प्रात:काल बासी रोटियाँ खा, दोपहर के लिए मटर और जौ का चबेना लेकर चल देते थे। फिर तो सारा दिन अपना था। मौलवी साहब के यहाँ कोई हाजिरी का रजिस्टर तो था नहीं, और न ग़ैरहाजिरी का जुर्माना ही देना पड़ता था। फिर डर किस बात का! कभी तो थाने के सामने खड़े सिपाहियों की क़वायद देखते, कभी किसी भालू या बन्दर नचानेवाले मदारी के पीछे-पीछे घूमने में दिन काट देते, कभी रेलवे स्टेशन की ओर निकल जाते और गाड़ियों की बहार देखते। गाड़ियों के समय का जितना ज्ञान हमको था, उतना शायद टाइम-टेबिल को भी न था। रास्ते में शहर के एक महाजन ने एक बाग़ लगवाना शुरू किया था। वहाँ एक कुआँ खुद रहा था। वह भी हमारे लिए एक दिलचस्प तमाशा था। बूढ़ा माली हमें अपनी झोपड़ी में बड़े प्रेम से बैठाता था। हम उससे झगड़-झगड़ कर उसका काम करते! कहीं बाल्टी लिए पौधों को सींच रहे हैं, कहीं खुरपी से क्यारियाँ गोड़ रहे हैं, कहीं कैंची से बेलों की पत्तियाँ छाँट रहे हैं। उन कामों में कितना आनन्द था! माली बाल-प्रकृति का पंडित था। हमसे काम लेता, पर इस तरह मानो हमारे ऊपर कोई एहसान कर रहा है। जितना काम वह दिन भर में करता, हम घंटे भर में निबटा देते थे। अब वह माली नहीं है; लेकिन बाग़ हरा-भरा है। उसके पास से होकर गुज़रता हूँ, तो जी चाहता है; उन पेड़ों के गले मिलकर रोऊँ, और कहूँ—प्यारे, तुम मुझे भूल गए लेकिन मैं तुम्हें नहीं भूला; मेरे हृदय में तुम्हारी याद अभी तक हरी है—उतनी ही हरी, जितने तुम्हारे पत्ते। नि:स्वार्थ प्रेम के तुम जीते-जागते स्वरूप हो।

कभी-कभी हम हफ़्तों ग़ैरहाजिर रहते; पर मौलवी साहब से ऐसा बहाना कर देते कि उनकी बढ़ी हुई त्योरियाँ उतर जातीं। उतनी कल्पना-शक्ति आज होती तो ऐसा उपन्यास लिख मारता कि लोग चकित रह जाते। अब तो यह हाल है कि बहुत सिर खपाने के बाद कोई कहानी सूझती है। ख़ैर हमारे मौलवी साहब दरजी थे। मौलवीगीरी केवल शौक़ से करते थे। हम दोनों भाई अपने गाँव के कुरमी-कुम्हारों से उनकी ख़ूब बड़ाई करते थे। यों कहिए कि हम मौलवी साहब के सफरी एजेंट थे। हमारे उद्योग से जब मौलवी साहब को कुछ काम मिल जाता, तो हम फूले न समाते! जिस दिन कोई अच्छा बहाना न सूझता, मौलवी साहब के लिए कोई-न-कोई सौगात ले जाते। कभी सेर-आध-सेर फलियाँ तोड़ लीं, तो कभी दस-पाँच ऊख; कभी जौ या गेहूँ की हरी-हरी बालें ले लीं, उन सौगातों को देखते ही मौलवी साहब का क्रोध शान्त हो जाता। जब इन चीज़ों की फ़सल न होती, तो हम सज़ा से बचने का कोई और ही उपाय सोचते। मौलवी साहब को चिड़ियों का शौक़ था। मकतब में श्याम, बुलबुल, दहियल और चंडूलों के पिंजरे लटकते रहते थे। हमें सबक याद हो या न हो पर चिड़ियों को याद हो जाते थे। हमारे साथ ही वे पढ़ा करती थीं। इन चिड़ियों के लिए बेसन पीसने में हम लोग ख़ूब उत्साह दिखाते थे। मौलवी साहब सब लड़कों को पतिंगे पकड़ लाने की ताकीद करते रहते थे। इन चिड़ियों को पतिंगों से विशेष रुचि थी। कभी-कभी हमारी बला पतिंगों ही के सिर चली जाती थी। उनका बलिदान करके हम मौलवी साहब के रौद्र रूप को प्रसन्न कर लिया करते थे।

एक दिन सबेरे हम दोनों भाई तालाब में मुँह धोने गए, हलधर ने कोई सफ़ेद-सी चीज़ मुट्ठी में लेकर दिखाई। मैंने लपककर मुट्ठी खोली; तो उसमें एक रुपया था। विस्मित होकर पूछा—यह रुपया तुम्हें कहाँ मिला?

हलधर—अम्माँ ने ताक पर रखा था; चारपाई खड़ी करके निकाल लाया।

घर में कोई सन्दूक़ या आलमारी तो थी नहीं; रुपए-पैसे एक ऊँचे ताक पर रख दिए जाते थे। एक दिन पहले चचा जी ने सन बेचा था। उसी के रुपए ज़मींदार को देने के लिए रखे हुए थे। हलधर को न-जाने क्योंकर पता लग गया। जब घर के सब लोग काम-धंधे में लग गए, तो अपनी चारपाई खड़ी की और उस पर चढ़कर एक रुपया निकाल लिया।

उस वक़्त तक हमने कभी रुपया छुआ तक न था। वह रुपया देखकर आनन्द और भय की जो तरंगें दिल में उठी थीं, वे अभी तक याद हैं; हमारे लिए रुपया एक अलभ्य वस्तु थी। मौलवी साहब को हमारे यहाँ से सिर्फ़ बारह आने मिला करते थे। महीने के अन्त में चचा जी ख़ुद जाकर पैसे दे आते थे। भला, कौन हमारे गर्व का अनुमान कर सकता है! लेकिन मार का भय आनन्द में विघ्न डाल रहा था। रुपए अनगिनती तो थे नहीं। चोरी का खुल जाना मानी हुई बात थी। चचा जी के क्रोध का भी, मुझे तो नहीं, हलधर को प्रत्यक्ष अनुभव हो चुका था। यों उनसे ज़्यादा सीधा-सादा आदमी दुनिया में न था। चचा ने उनकी रक्षा का भार सिर पर न रख लिया होता, तो कोई बनिया उन्हें बाज़ार में बेच सकता था; पर जब क्रोध आ जाता, तो फिर उन्हें कुछ न सूझता। और तो और, चची भी उनके क्रोध का सामना करते डरती थीं। हम दोनों ने कई मिनट तक इन्हीं बातों पर विचार किया, और आख़िर यही निश्चय हुआ कि आई हुई लक्ष्मी को न जाने देना चाहिए। एक तो हमारे ऊपर सन्देह होगा ही नहीं, अगर हुआ भी तो हम साफ़ इनकार कर जाएँगे। कहेंगे, हम रुपया लेकर क्या करते। थोड़ा सोच-विचार करते, तो यह निश्चय पलट जाता, और वह वीभत्स लीला न होती, जो आगे चलकर हुई; पर उस समय हममें शान्ति से विचार करने की क्षमता ही न थी।

मुँह-हाथ धोकर हम दोनों घर आए और डरते-डरते अन्दर क़दम रखा। अगर कहीं इस वक़्त तलाशी की नौबत आई, तो फिर भगवान् ही मालिक हैं। लेकिन सब लोग अपना-अपना काम कर रहे थे। कोई हमसे न बोला। हमने नाश्ता भी न किया, चबेना भी न लिया; किताब बगल में दबाई और मदरसे का रास्ता लिया।

बरसात के दिन थे। आकाश पर बादल छाए हुए थे। हम दोनों ख़ुश-ख़ुश मकतब चले जा रहे थे। आज काउंसिल की मिनिस्ट्री पाकर भी शायद उतना आनन्द न होता। हज़ारों मंसूबे बाँधते थे, हज़ारों हवाई क़िले बनाते थे। यह अवसर बड़े भाग्य से मिला था। जीवन में फिर शायद ही वह अवसर मिले। इसलिए रुपए को इस तरह ख़र्च करना चाहते थे कि ज़्यादा से ज़्यादा दिनों तक चल सके। यद्यपि उन दिनों पाँच आने सेर बहुत अच्छी मिठाई मिलती थी और शायद आधा सेर मिठाई में हम दोनों अफर जाते; लेकिन यह ख़याल हुआ कि मिठाई खाएँगे तो रुपया आज ही ग़ायब हो जाएगा। कोई सस्ती चीज़ खानी चाहिए, जिसमें मज़ा भी आए, पेट भी भरे और पैसे भी कम ख़र्च हों। आख़िर अमरूदों पर हमारी नज़र गई। हम दोनों राज़ी हो गए। दो पैसे के अमरूद लिये। सस्ता समय था, बड़े-बड़े बारह अमरूद मिले। हम दोनों के कुर्तों के दामन भर गए। जब हलधर ने खटकिन के हाथ में रुपया रखा, तो उसने सन्देह से देखकर पूछा—रुपया कहाँ पाया, लाला? चुरा तो नहीं लाए?

जवाब हमारे पास तैयार था। ज़्यादा नहीं तो दो-तीन किताबें पढ़ ही चुके थे। विद्या का कुछ-कुछ असर हो चला था। मैंने झट से कहा—मौलवी साहब की फीस देनी है। घर में पैसे न थे, तो चचा जी ने रुपया दे दिया।

इस जवाब ने खटकिन का सन्देह दूर कर दिया। हम दोनों ने एक पुलिया पर बैठकर ख़ूब अमरूद खाए। मगर अब साढ़े पन्द्रह आने पैसे कहाँ ले जाएँ। एक रुपया छिपा लेना तो इतना मुश्किल काम न था। पैसों का ढेर कहाँ छिपता। न कमर में इतनी जगह थी और न जेब में इतनी गुंजाइश। उन्हें अपने पास रखना चोरी का ढिंढोरा पीटना था। बहुत सोचने के बाद यह निश्चय किया कि बारह आने तो मौलवी साहब को दे दिए जाएँ, शेष साढ़े तीन आने की मिठाई उड़े। यह फ़ैसला करके हम लोग मकतब पहुँचे। आज कई दिन के बाद गए थे। मौलवी साहब ने बिगड़कर पूछा—इतने दिन कहाँ रहे?

मैंने कहा—मौलवी साहब, घर में गमी हो गई।

यह कहते-कहते बारह आने उनके सामने रख दिए। फिर क्या पूछना था? पैसे देखते ही मौलवी साहब की बाछें खिल गईं। महीना ख़त्म होने में अभी कई दिन बाक़ी थे। साधारणत: महीना चढ़ जाने और बार-बार तकाजे करने पर कहीं पैसे मिलते थे। अबकी इतनी जल्दी पैसे पाकर उनका ख़ुश होना कोई अस्वाभाविक बात न थी। हमने अन्य लड़कों की ओर सगर्व नेत्रों से देखा, मानो कह रहे हों—एक तुम हो कि माँगने पर भी पैसे नहीं देते, एक हम हैं कि पेशगी देते हैं।

हम अभी सबक पढ़ ही रहे थे कि मालूम हुआ, आज तालाब का मेला है, दोपहर में छुट्टी हो जाएगी। मौलवी साहब मेले में बुलबुल लड़ाने जाएँगे। यह ख़बर सुनते ही हमारी ख़ुशी का ठिकाना न रहा। बारह आने तो बैंक में जमा ही कर चुके थे; साढ़े तीन आने में मेला देखने की ठहरी। ख़ूब बहार रहेगी। मज़े से रेवड़ियाँ खाएँगे, गोलगप्पे उड़ाएँगे, झूले पर चढ़ेंगे और शाम को घर पहुँचेंगे; लेकिन मौलवी साहब ने एक कड़ी शर्त यह लगा दी थी कि सब लड़के छुट्टी के पहले अपना-अपना सबक सुना दें। जो सबक न सुना सकेगा, उसे छुट्टी न मिलेगी। नतीजा यह हुआ कि मुझे तो छुट्टी मिल गई; पर हलधर क़ैद कर लिये गए। और कई लड़कों ने भी सबक सुना दिए थे, वे सभी मेला देखने चल पड़े। मैं भी उनके साथ हो लिया। पैसे मेरे ही पास थे; इसलिए मैंने हलधर को साथ लेने का इन्तज़ार न किया। तय हो गया था कि वह छुट्टी पाते ही मेले में आ जाएँ, और दोनों साथ-साथ मेला देखें। मैंने वचन दिया था कि जब तक वह न आएँगे, एक पैसा भी ख़र्च न करूँगा; लेकिन क्या मालूम था कि दुर्भाग्य कुछ और ही लीला रच रहा है! मुझे मेला पहुँचे एक घंटे से ज़्यादा गुज़र गया; पर हलधर का कहीं पता नहीं। क्या अभी तक मौलवी साहब ने छुट्टी नहीं दी, या रास्ता भूल गए? आँखें फाड़-फाड़ कर सड़क की ओर देखता था। अकेले मेला देखने में जी भी न लगता था। यह संशय भी हो रहा था कि कहीं चोरी खुल तो नहीं गई और चाचा जी हलधर को पकड़कर घर तो नहीं ले गए? आख़िर जब शाम हो गई, तो मैंने कुछ रेवड़ियाँ खाईं और हलधर के हिस्से के पैसे जेब में रखकर धीरे-धीरे घर चला। रास्ते में ख़याल आया, मकतब होता चलूँ। शायद हलधर अभी वहीं हो; मगर वहाँ सन्नाटा था। हाँ, एक लड़का खेलता हुआ मिला। उसने मुझे देखते ही ज़ोर से क़हक़हा मारा और बोला—बचा, घर जाओ, तो कैसी मार पड़ती है। तुम्हारे चचा आए थे। हलधर को मारते-मारते ले गए हैं। अजी, ऐसा तान कर घूँसा मारा कि मियाँ हलधर मुँह के बल गिर पड़े। यहाँ से घसीटते ले गए हैं। तुमने मौलवी साहब की तनख़्वाह दे दी थी; वह भी ले ली। अभी कोई बहाना सोच लो, नहीं तो बेभाव की पड़ेगी।

मेरी सिट्टी-पिट्टी भूल गई, बदन का लहू सूख गया। वही हुआ, जिसका मुझे शक हो रहा था। पैर मन-मन भर के हो गए। घर की ओर एक-एक क़दम चलना मुश्किल हो गया। देवी-देवताओं के जितने नाम याद थे सभी की मानता मानी—किसी को लड्डू, किसी को पेड़े, किसी को बतासे। गाँव के पास पहुँचा, तो गाँव के डीह का सुमिरन किया; क्योंकि अपने हलके में डीह ही की इच्छा सर्व-प्रधान होती है।

यह सब कुछ किया, लेकिन ज्यों-ज्यों घर निकट आता, दिल की धड़कन बढ़ती जाती थी। घटाएँ उमड़ी आती थीं। मालूम होता था—आसमान फट कर गिरा ही चाहता है। देखता था—लोग अपने-अपने काम छोड़-छोड़ भागे जा रहे हैं, गोरू भी पूँछ उठाए घर की ओर उछलते-कूदते चले जाते थे। चिड़ियाँ अपने घोंसलों की ओर उड़ी चली आती थीं, लेकिन मैं उसी मंद गति से चला जाता था; मानो पैरों में शक्ति नहीं। जी चाहता था—ज़ोर का बुख़ार चढ़ आए, या कहीं चोट लग जाए; लेकिन कहने से धोबी गधे पर नहीं चढ़ता। बुलाने से मौत नहीं आती। बीमारी का तो कहना ही क्या! कुछ न हुआ, और धीरे-धीरे चलने पर भी घर सामने आ ही गया। अब क्या हो? हमारे द्वार पर इमली का एक घना वृक्ष था। मैं उसी की आड़ में छिप गया कि ज़रा और अँधेरा हो जाए, तो चुपके से घुस जाऊँ और अम्माँ के कमरे में चारपाई के नीचे जा बैठूँ। जब सब लोग सो जाएँगे, तो अम्माँ से सारी कथा कह सुनाऊँगा। अम्माँ कभी नहीं मारतीं। ज़रा उनके सामने झूठ-मूठ रोऊँगा, तो वह और भी पिघल जाएँगी। रात कट जाने पर फिर कौन पूछता है। सुबह तक सबका ग़ुस्सा ठंडा हो जाएगा। अगर ये मंसूबे पूरे हो जाते, तो इसमें सन्देह नहीं कि मैं बेदाग़ बच जाता। लेकिन वहाँ तो विधाता को कुछ और मंजूर था। मुझे एक लड़के ने देख लिया, और मेरे नाम की रट लगाते हुए सीधे मेरे घर में भागा। अब मेरे लिए कोई आशा न रही। लाचार घर में दाख़िल हुआ, तो सहसा मुँह से एक चीख़ निकल गई, जैसे मार खाया हुआ कुत्ता किसी को अपनी ओर आता देखकर भय से चिल्लाने लगता है। बरोठे में पिताजी बैठे थे। पिताजी का स्वास्थ्य इन दिनों कुछ ख़राब हो गया था। छुट्टी लेकर घर आए हुए थे, यह तो नहीं कह सकता कि उन्हें शिकायत क्या थी; पर वह मूँग की दाल खाते थे, और संध्या-समय शीशे की गिलास में एक बोतल में से कुछ उँड़ेल-उँड़ेल कर पीते थे। शायद यह किसी तजुरबेकार हकीम की बताई हुई दवा थी। दवाएँ सब बासनेवाली और कड़वी होती हैं। यह दवा भी बुरी ही थी; पर पिताजी न-जाने क्यों इस दवा को ख़ूब मज़ा ले-लेकर पीते थे। हम जो दवा पीते हैं, तो आँखें बन्द करके एक ही घूँट में गटक जाते हैं; पर शायद इस दवा का असर धीरे-धीरे पीने में ही होता हो। पिताजी के पास गाँव के दो-तीन और कभी-कभी चार-पाँच और रोगी भी जमा हो जाते; और घंटों दवा पीते रहते थे। मुश्किल से खाना खाने उठते थे। इस समय भी वह दवा पी रहे थे। रोगियों की मंडली जमा थी, मुझे देखते ही पिताजी ने लाल-लाल आँखें करके पूछा—कहाँ थे अब तक?

मैंने दबी ज़बान से कहा—कहीं तो नहीं।

'अब चोरी की आदत सीख रहा है! बोल, तूने रुपया चुराया कि नहीं?'

मेरी ज़बान बन्द हो गई। सामने नंगी तलवार नाच रही थी। शब्द भी निकालते हुए डरता था।

पिताजी ने ज़ोर से डाँटकर पूछा—बोलता क्यों नहीं? तूने रुपया चुराया कि नहीं?

मैंने जान पर खेलकर कहा—मैंने कहाँ...

मुँह से पूरी बात भी न निकलने पाई थी कि पिताजी विकराल रूप धारण किए, दाँत पीसते, झपट कर उठे और हाथ उठाए मेरी ओर चले। मैं ज़ोर से चिल्लाकर रोने लगा। ऐसा चिल्लाया कि पिताजी भी सहम गए। उनका हाथ उठा ही रह गया। शायद समझे कि जब अभी से इसका यह हाल है, तब तमाचा पड़ जाने पर कहीं इसकी जान ही न निकल जाए। मैंने जो देखा कि मेरी हिकमत काम कर गई, तो और भी गला फाड़-फाड़ कर रोने लगा। इतने में मंडली के दो-तीन आदमियों ने पिताजी को पकड़ लिया और मेरी ओर इशारा किया कि भाग जा! बच्चे ऐसे मौक़े पर और भी मचल जाते हैं, और व्यर्थ मार खा जाते हैं। मैंने बुद्धिमानी से काम लिया।

लेकिन अन्दर का दृश्य इससे कहीं भयंकर था। मेरा तो ख़ून सर्द हो गया, हलधर के दोनों हाथ एक खम्भे से बँधे थे, सारी देह धूल-धूसरित हो रही थी, और वह अभी तक सिसक रहे थे। शायद वह आँगन भर में लोटे थे। ऐसा मालूम हुआ कि सारा आँगन उनके आँसुओं से भर गया है। चची हलधर को डाँट रही थीं और अम्माँ बैठी मसाला पीस रही थीं। सबसे पहले मुझ पर चची की निगाह पड़ी। बोलीं—लो, वह भी आ गया। क्यों रे, रुपया तूने चुराया था कि इसने?

मैंने निश्शंक होकर कहा—हलधर ने।

अम्माँ बोलीं—अगर उसी ने चुराया था, तो तूने घर आकर किसी से कहा क्यों नहीं!

अब झूठ बोले बग़ैर बचना मुश्किल था। मैं तो समझता हूँ कि जब आदमी को जान का ख़तरा हो, तो झूठ बोलना क्षम्य है। हलधर मार खाने के आदी थे, दो-चार घूँसे और पड़ने से उनका कुछ न बिगड़ सकता था। मैंने मार कभी न खाई थी। मेरा तो दो ही चार घूँसों में काम तमाम हो जाता। फिर हलधर ने भी तो अपने को बचाने के लिए मुझे फँसाने की चेष्टा की थी, नहीं तो चची मुझसे यह क्यों पूछतीं—रुपया तूने चुराया या हलधर ने? किसी भी सिद्धान्त से मेरा झूठ बोलना इस समय स्तुत्य नहीं, तो क्षम्य ज़रूर था। मैंने छूटते ही कहा—हलधर कहते थे किसी से बताया, तो मार ही डालूँगा।

अम्माँ—देखा, वही बात निकली न! मैं तो कहती थी कि बच्चा की ऐसी आदत नहीं; पैसा तो वह हाथ से छूता ही नहीं, लेकिन सब लोग मुझी को उल्लू बनाने लगे।

हल.—मैंने तुमसे कब कहा था कि बताओगे, तो मारूँगा?

मैं—वहीं, तालाब के किनारे तो!

हल.—अम्माँ, बिलकुल झूठ है!

चची—झूठ नहीं, सच है। झूठा तो तू है, और तो सारा संसार सच्चा है, तेरा नाम निकल गया है न! तेरा बाप नौकरी करता, बार से रुपए कमा लाता, चार जने उसे भला आदमी कहते, तो तू भी सच्चा होता। अब तो तू ही झूठा है। जिसके भाग में मिठाई लिखी थी, उसने मिठाई खाई। तेरे भाग में तो लात खाना ही लिखा था।

यह कहते हुए चची ने हलधर को खोल दिया और हाथ पकड़कर भीतर ले गईं। मेरे विषय में स्नेहपूर्ण आलोचना करके अम्माँ ने पाँसा पलट दिया था, नहीं तो अभी बेचारे पर न-जाने कितनी मार पड़ती। मैंने अम्माँ के पास बैठकर अपनी निर्दोषिता का राग ख़ूब अलापा। मेरी सरल-हृदया माता मुझे सत्य का अवतार समझती थीं। उन्हें पूरा विश्वास हो गया कि सारा अपराध हलधर का है। एक क्षण बाद मैं गुड़-चबेना लिए कोठरी से बाहर निकला।

हलधर भी उसी वक़्त चिउड़ा खाते हुए बाहर निकले। हम दोनों साथ-साथ बाहर आए और अपनी-अपनी बीती सुनाने लगे। मेरी कथा सुखमय थी, हलधर की दुःखमय; पर अन्त दोनों का एक था—गुड़ और चबेना।

लांछन

मुंशी श्यामकिशोर के द्वार पर मुन्नू मेहतर ने झाड़ू लगाई, गुसलखाना धो-धोकर साफ़ किया और तब द्वार पर आकर गृहिणी से बोला—माँ जी, देख लीजिए, सब साफ़ कर दिया। आज कुछ खाने को मिल जाए, सरकार!

देवीरानी ने द्वार पर आकर कहा—अभी तो तुम्हें महीना पाए दस दिन भी नहीं हुए। फिर इतनी जल्द माँगने लगे?

मुन्नू—क्या करूँ, माँ जी, ख़र्च नहीं चलता। अकेला आदमी, घर देखूँ कि काम करूँ?

देवी—तो ब्याह क्यों नहीं कर लेते?

मुन्नू—रुपए माँगते हैं, सरकार! यहाँ खाने से ही नहीं बचता, थैली कहाँ से लाऊँ?

देवी—अभी तो तुम जवान हो, कब तक अकेले बैठे रहोगे?

मुन्नू—हुजूर की इतनी निगाह है, तो कहीं न कहीं ठीक ही हो जाएगी; सरकार कुछ मदद करेंगी न?

देवी—हाँ-हाँ, तुम ठीक-ठाक करो; मुझसे जो कुछ हो सकेगा, मैं दे दूँगी।

मुन्नू—सरकार का मिज़ाज बड़ा अच्छा है। हुजूर इतना ख़याल करती हैं। दूसरे घरों में तो मालकिनें बात भी नहीं पूछतीं। सरकार को अल्लाह ने जैसी सकल-सूरत दी है, वैसा दिल भी दिया है। अल्लाह जानता है, हुजूर को देखकर भूख-प्यास जाती रहती है। बड़े-बड़े घर की औरतें देखी हैं, मुदा आपके तलुओं की बराबरी भी नहीं कर सकतीं।

देवी—चल झूठे! मैं ऐसी कौन ख़ूबसूरत हूँ।

मुन्नू—अब सरकार से क्या कहूँ। बड़ी-बड़ी खत्रानियों को देखता हूँ; मगर गोरेपन के सिवा और कोई बात नहीं। उनमें यह नमक कहाँ, सरकार!

देवी—एक रुपए में तुम्हारा काम चल जाएगा?

मुन्नू—भला सरकार; दो रुपए तो दे दें।

देवी—अच्छा, यह लो और जाओ।

मुन्नू—जाता हूँ, सरकार! आप नाराज़ न हों, तो एक बात पूछूँ?

देवी—क्या पूछते हो, पूछो? मगर जल्दी, मुझे चूल्हा जलाना है।

मुन्नू—तो सरकार जाएँ; फिर कभी कहूँगा।

देवी—नहीं-नहीं; कहो, क्या बात है? अभी कुछ ऐसी जल्दी नहीं है।

मुन्नू—दालमंडी में सरकार के कोई रहते हैं क्या?

देवी—नहीं, यहाँ तो कोई नातेदार नहीं है।

मुन्नू—तो कोई दोस्त होंगे। सरकार को अक्सर एक कोठे पर से उतरते देखता हूँ।

देवी—दालमंडी तो रंडियों का मुहल्ला है?

मुन्नू—हाँ सरकार, रंडियाँ बहुत हैं यहाँ; लेकिन सरकार तो सीधे-सादे आदमी मालूम होते हैं। यहाँ रात को देर से तो नहीं आते?

देवी—नहीं शाम से पहले ही आ जाते हैं और फिर कहीं नहीं जाते। हाँ, कभी-कभी लाइब्रेरी अलबत्ता जाते हैं।

मुन्नू—बस-बस, यही बात है, हुजूर! मौक़ा मिले, तो इशारे से समझा दीजिएगा सरकार, कि रात को उधर न जाया करें। आदमी का दिल कितना ही साफ़ हो, लेकिन देखने वाले तो शक करने लगते हैं।

इतने में ही बाबू श्यामकिशोर आ गए। मुन्नू ने उन्हें सलाम किया, बाल्टी उठाई और चलता हुआ।

श्यामकिशोर ने पूछा—मुन्नू क्या कह रहा था?

देवी—कुछ नहीं, अपने दुखड़े रो रहा था। खाने को माँगता था। दो रुपए दे दिए हैं। बातचीत बड़े ढंग से करता है।

श्याम.—तुम्हें तो बातें करने का मरज है। और कोई नहीं तो मेहतर ही सही। इस भुतने-से न जाने तुम कैसे बात करती हो!

देवी—मुझे उसकी सूरत लेकर क्या करना है? ग़रीब आदमी है। अपना दुःख सुनाने लगता है, तो कैसे न सुनूँ?

बाबू साहब ने बेले का गजरा रूमाल से निकाल देवी के गले में डाल दिया; किन्तु देवी के मुख पर प्रसन्नता का कोई चिह्न न दिखाई दिया। तिरछी निगाहों देखकर बोलीं—आप आजकल दालमंडी की सैर बहुत किया करते हैं?

श्याम.—कौन? मैं?

देवी—जी हाँ, तुम। मुझसे तो लाइब्रेरी का बहाना करके जाते हो, और वहाँ जलसे होते हैं!

श्याम.—बिलकुल झूठ; सोलहों आने झूठ। तुमसे कौन कहता था? यही मुन्नू?

देवी—मुन्नू ने मुझसे कुछ नहीं कहा; पर मुझे तुम्हारी टोह मिलती रहती है।

श्याम.—तुम मेरी टोह मत लिया करो। शक करने से आदमी शक्की हो जाता है, और तब बड़े-बड़े अनर्थ हो जाते हैं। भला, मैं दालमंडी क्यों जाने लगा? तुमसे बढ़कर दालमंडी में और कौन है? मैं तो तुम्हारी इन मदभरी आँखों का आशिक़ हूँ। अगर अप्सरा भी सामने आ जाए, तो भी आँख उठाकर न देखूँ। आज शारदा कहाँ है?

देवी—नीचे खेलने चली गई है।

श्याम.—नीचे मत जाने दिया करो। इक्के, मोटरें, बग्घियाँ दौड़ती रहती हैं। न जाने कब क्या हो जाए। आज ही अरदली बाज़ार में एक वारदात हो गई। तीन लड़के एक साथ दब गए।

देवी—तीन लड़के!! बड़ा ग़ज़ब हो गया। किसकी मोटर थी?

श्याम.—इसका अभी तक पता नहीं चला। ईश्वर जानता है, तुम्हें यह गजरा बहुत खिल रहा है!

देवी (मुस्कुराकर)—चलो, बातें न बनाओ।

2

तीसरे दिन मुन्नू ने देवी से कहा—सरकार, एक जगह सगाई ठीक हो रही है; देखिए कौल से फिर न जाइएगा। मुझे आपका बड़ा भरोसा है।

देवी—देख ली औरत? कैसी है?

मुन्नू—सरकार जैसी तकदीर में है, वैसी है। घर की रोटियाँ तो मिलेंगी, नहीं तो अपने हाथों ठोकना पड़ता था। है क्या कि मिज़ाज की सीधी है। हमारे जात की औरतें बड़ी चंचल होती हैं, हुजूर! सैकड़े पीछे एक भी पाक न मिलेगी।

देवी—मेहतर लोग अपनी औरतों को कुछ कहते नहीं।

मुन्नू—क्या कहें, हुजूर! डरते हैं कि कहीं अपने आसना से चुगली खाकर हमारी नौकरी-चाकरी न छुड़ा दे। मेहतरानियों पर बाबू साहबों की बहुत निगाह रहती है, सरकार!

देवी—(हँसकर) चल झूठे! बाबू साहबों की औरतें क्या मेहतरानियों से भी गई-गुज़री होती हैं!

मुन्नू—अब सरकार कुछ न कहलाएँ, हुजूर को छोड़कर और तो कोई ऐसी बबुआइन नहीं देखता, जिसका कोई बखान करे। बहुत ही छोटा आदमी हूँ, सरकार; पर बबुआइनों की तरह मेरी औरत होती, तो उससे बोलने को जी न चाहता। हुजूर के चेहरे-मोहरे की कोई औरत मैंने तो नहीं देखी।

देवी—चल झूठे, इतनी ख़ुशामद करना किससे सीखा?

मुन्नू—ख़ुशामद नहीं करता, सरकार; सच्ची बात कहता हूँ। हुजूर एक दिन खिड़की के सामने खड़ी थीं। रजा मियाँ की निगाह आप पर पड़ गई। जूते की बड़ी दुकान है उनकी। अल्लाह ने जैसे धन दिया है वैसा ही दिल भी। आपको देखते ही आँखें नीचे कर लीं। आज बातों-बातों में हुजूर की सकल-सूरत को सराहने लगे। मैंने कहा—जैसी सूरत है, वैसा सरकार को अल्लाह ने दिल भी दिया है।

देवी—अच्छा, वह लाँबा-सा साँवले रंग का जवान है?

मुन्नू—हाँ हुजूर; वही। मुझसे कहने लगे कि किसी तरह एक बार फिर उन्हें देख पाता; लेकिन मैंने डाँटकर कहा—ख़बरदार मियाँ! जो मुझसे ऐसी बातें कीं। वहाँ तुम्हारी दाल न गलेगी।

देवी—तुमने बहुत अच्छा किया। निगोड़े की आँख फूट जाए; जब इधर से जाता है, खिड़की की ओर उसकी निगाह रहती है। कह देना—इधर भूलकर भी न ताके!

मुन्नू—कह दिया है, हुजूर! हुकुम हो तो चलूँ। और तो कुछ साफ़ नहीं करना है? सरकार के आने की वेला हो गई है। मुझे देखेंगे तो कहेंगे—यह क्या बातें कर रहा है।

देवी—ये रोटियाँ लेते जाओ। आज चूल्हे से बच जाओगे।

मुन्नू—अल्लाह हुजूर को सलामत रखे! मेरा तो यही जी चाहता है कि इसी दरवाज़े पर पड़ा रहूँ और एक टुकड़ा खा लिया करूँ। सच कहता हूँ, हुजूर को देखकर भूख-प्यास जाती रहती है।

मुन्नू जा ही रहा था कि बाबू श्यामकिशोर ऊपर आ पहुँचे। मुन्नू की पिछली बात उनके कान में पड़ गई थी। मुन्नू ज्यों ही नीचे गया, बाबू साहब देवी से बोले—मैंने तुमसे कह दिया था कि मुन्नू को मुँह न लगाओ, पर तुमने मेरी बात न मानी। छोटे आदमी एक घर की बात दूसरे घर पहुँचा देते हैं, इन्हें कभी मुँह न लगाना चाहिए। भूख-प्यास बन्द होने की क्या बात थी?

देवी—क्या जानें, भूख-प्यास कैसी? ऐसी तो कोई बात न थी।

श्याम.—थी क्यों नहीं, मैंने साफ़ सुना?

देवी—मुझे तो ख़याल नहीं आता। होगी कोई बात। मैं कौन उसकी सब बातें बैठी सुना करती हूँ।

श्याम.—तो क्या यह दीवार से बातें करता है? देखो, नीचे एक आदमी इस खिड़की की तरफ़ ताक़ता चला जाता है। इसी मुहल्ले का मुसलमान का लौंडा है। जूते की दुकान करता है। तुम क्यों इस खिड़की पर खड़ी रहा करती हो?

देवी—चिक तो पड़ी हुई है।

श्याम.—चिक के पास खड़ी होने से बाहर का आदमी तुम्हें साफ़ देख सकता है।

देवी—यह मुझे मालूम न था। अब कभी खिड़की खोलूँगी ही नहीं।

श्याम.—हाँ, फ़ायदा क्या? मुन्नू को अन्दर मत आने दिया करो।

देवी—गुसलख़ाना कौन साफ़ करेगा?

श्याम.—ख़ैर आए, मगर उससे बातें न करनी चाहिए। आज एक नया थिएटर आया है। चलो देख आएँ। सुना है, इसके एक्टर बहुत अच्छे हैं।

इतने में शारदा नीचे से मिठाई का दोना लिए दौड़ती हुई आई। देवी ने पूछा—अरी, यह मिठाई किसने दी?

शारदा—राजा भैया ने तो दी है। कहते थे—तुम को अच्छे-अच्छे खिलौने ला दूँगा।

श्याम.—राजा भैया कौन है?

शारदा—वही तो हैं, जो अभी इधर से गए हैं!

श्याम.—वही तो नहीं, जो लम्बा-सा साँवले रंग का आदमी है?

शारदा—हाँ-हाँ, वही-वही। मैं अब उनके घर रोज़ जाऊँगी।

देवी—क्या तू उसके घर गई थी?

शारदा—वही तो गोद में उठाकर ले गए थे।

श्याम.—तू नीचे खेलने मत जाया कर। किसी दिन मोटर के नीचे दब जाएगी। देखती नहीं, कितनी मोटरें आती रहती हैं।

शारदा—राजा भैया कहते थे तुम्हें मोटर पर हवा खिलाने ले चलेंगे।

श्याम.—तुम बैठी-बैठी क्या किया करती हो, जो तुमसे एक लड़की की निगरानी भी नहीं हो सकती?

देवी—इतनी बड़ी लड़की को सन्दूक़ में बन्द करके नहीं रखा जा सकता।

श्याम.—तुम जवाब देने में तो बहुत तेज़ हो, यह मैं जानता हूँ। यह क्यों नहीं कहतीं कि बातें करने से फ़ुरसत नहीं मिलती।

देवी—बातें मैं किससे करती हूँ? यहाँ तो कोई पड़ोसिन भी नहीं?

श्याम—मुन्नू तो हई है?

देवी—(ओंठ दबाकर) मुन्नू क्या मेरा कोई सगा है, जिससे बैठी बातें किया करती हूँ? ग़रीब आदमी है, अपना दुःख रोता है, तो क्या कह दूँ? मुझसे तो दुत्कारते नहीं बनता।

श्याम.—ख़ैर, खाना बना लो, नौ बजे तमाशा शुरू हो जाएगा। सात बज गए हैं।

देवी—तुम जाओ, देख आओ, मैं न जाऊँगी।

श्याम.—तुम्हीं तो महीनों से तमाशे की रट लगाए हुए थीं। अब क्या हो गया? क्या तुमने क़सम खा ली है कि यह जो बात कहें, वह कभी न मानूँगी।

देवी—जाने क्यों तुम्हारा ऐसा ख़याल है। मैं तो तुम्हारी इच्छा पाकर ही कोई काम करती हूँ। मेरे जाने से कुछ और पैसे ख़र्च हो जाएँगे और रुपए कम पड़ जाएँगे तो तुम मेरी जान खाने लगोगे, यही सोचकर मैंने कहा था। अब तुम कहते हो तो चली चलूँगी। तमाशा देखना किसे बुरा लगता है।

3

नौ बजे श्यामकिशोर एक ताँगे पर बैठकर देवी और शारदा के साथ थिएटर देखने चले। सड़क पर थोड़ी ही दूर गए थे कि पीछे से एक और ताँगा आ पहुँचा। इस पर रजा बैठा हुआ था, और उसके बगल में—हाँ, उसके बग़ल में—बैठा था मुन्नू मेहतर, जो बाबू साहब के घर में सफ़ाई करता था। देवी ने उन दोनों को देखते ही सिर झुका लिया। उसे आश्चर्य हुआ कि रजा और मुन्नू में इतनी गाढ़ी मित्रता है कि रजा उसे ताँगे पर बैठा कर सैर कराने ले जाता है। शारदा रजा को देखते ही बोल उठी—बाबू जी, देखो, वह राजा भैया आ रहे हैं। (ताली बजा कर) राजा भैया, इधर देख, हम लोग तमाशा देखने जा रहे हैं।

रजा ने मुस्कुरा दिया; मगर बाबू साहब मारे क्रोध के तिलमिला उठे। उन्हें ऐसा मालूम हुआ कि ये दुष्ट केवल मेरा पीछा करने के लिए आ रहे हैं। इन दोनों में ज़रूर साँठगाँठ है। नहीं तो रजा मुन्नू को साथ क्यों लेता? उनसे पीछा छुड़ाने के लिए उन्होंने ताँगेवाले से कहा—और तेज़ ले चलो, देर हो रही है। ताँगा तेज़ हो गया। रजा ने भी अपना ताँगा तेज़ किया। बाबू साहब ने जब ताँगे को धीमा करने को कहा, तो रजा का ताँगा भी धीमा हो गया। आख़िर बाबू साहब ने झुँझला कर कहा—तुम ताँगे को छावनी की ओर ले चलो, हम थियेटर देखने नहीं जाएँगे। ताँगेवाले ने उनकी ओर कुतूहल से देखा और ताँगा फेर दिया। रजा का ताँगा भी फिर गया। बाबू साहब को इतना क्रोध आ रहा था कि रजा को ललकारूँ; पर डरते थे कि कहीं झगड़ा हो गया, तो बहुत से आदमी जमा हो जाएँगे और व्यर्थ ही झेंप होगी। लहू का घूँट पीकर रह गए। अपने ही ऊपर झुँझलाने लगे कि नाहक आया। क्या जानता था कि ये दोनों शैतान सिर पर सवार हो जाएँगे। मुन्नू को तो कल ही निकाल दूँगा। बारे रजा का ताँगा कुछ दूर चलकर दूसरी तरफ़ मुड़ गया, और बाबू साहब का क्रोध कुछ शान्त हुआ; किन्तु अब थियेटर जाने का समय न था। छावनी से घर लौट आए।

देवी ने कोठे पर आकर कहा—मुफ्त में ताँगेवाले को दो रुपए देने पड़े।

श्यामकिशोर ने उसकी ओर रक्त-शोषक दृष्टि से देखकर कहा—और मुन्नू से बातें करो, और खिड़की पर खड़ी हो-होकर रजा को छवि दिखाओ। तुम न-जाने क्या करने पर तुली हुई हो।

देवी—ऐसी बातें मुँह से निकालते तुम्हें शर्म नहीं आती? तुम मेरा व्यर्थ ही अपमान करते हो, इसका फल अच्छा न होगा। मैं किसी मर्द को तुम्हारे पैरों की धूल के बराबर भी नहीं समझती, उस अभागे मेहतर की क्या हक़ीक़त है! तुम मुझे इतनी नीच समझते हो?

श्याम.—नहीं, मैं तुम्हें इतनी नीच नहीं समझता; मगर बेसमझ ज़रूर समझता हूँ। तुम्हें इस बदमाश को कभी मुँह न लगाना चाहिए था। अब तो तुम्हें मालूम हो गया कि वह छटा हुआ शोहदा है; या अब भी कुछ शक है?

देवी—मैं उसे कल ही निकाल दूँगी।

मुंशी जी लेटे; पर चित्त अशान्त था। वह दिन भर दफ़्तर में रहते थे। क्या जान सकते थे कि उनके पीछे देवी क्या करती है। वह यह जानते थे कि देवी पतिव्रता है; पर यह भी जानते थे कि अपनी छवि दिखाने का सुन्दरियों को मरज होता है। देवी ज़रूर बन-ठन कर खिड़की पर खड़ी होती है, और मुहल्ले के शोहदे उसको देख-देखकर मन में न जाने क्या-क्या कल्पना करते होंगे। इस व्यापार को बन्द कराना उन्हें अपने काबू से बाहर मालूम होता था। शोहदे वशीकरण की कला में निपुण होते हैं। ईश्वर न करे, इन बदमाशों की निगाह किसी भले घर की बहू-बेटी पर पड़े! इनसे पिंड कैसे छुड़ाऊँ?

बहुत सोचने के बाद अन्त में उन्होंने वह मकान छोड़ देने का निश्चय किया। इसके सिवा उन्हें दूसरा कोई उपाय न सूझा। देवी से बोले—कहो तो यह घर छोड़ दूँ। इन शोहदों के बीच में रहने से आबरू बिगड़ने का भय है। देवी ने आपत्ति के भाव से कहा—जैसी तुम्हारी इच्छा!

श्याम.—आख़िर तुम्हीं कोई उपाय बताओ।

देवी—मैं कौन-सा उपाय बताऊँ, और किस बात का उपाय? मुझे तो घर छोड़ने की कोई ज़रूरत नहीं मालूम होती। एक-दो नहीं, लाख-दो-लाख शोहदे हों, तो क्या। कुत्तों के भूकने के भय से भला कोई अपना मकान छोड़ देता है?

श्याम.—कभी-कभी कुत्ते काट भी लेते हैं।

देवी ने इसका कोई जवाब न दिया और तर्क करने से पति की दुश्चिन्ताओं के बढ़ जाने का भय था। यह शक्की तो हैं ही, न जाने उसका क्या आशय समझ बैठें।

तीसरे ही दिन श्याम बाबू ने वह मकान छोड़ दिया।

4

इस नए मकान में आने के एक सप्ताह पीछे एक दिन मुन्नू सिर में पट्टी बाँधे, लाठी से टेकता हुआ आया और आवाज़ दी। देवी उसकी आवाज़ पहचान गई, पर उसे दुत्कारा नहीं। जाकर किवाड़ खोल दिए। पुराने घर के समाचार जानने के लिए उसका चित्त लालायित हो रहा था। मुन्नू ने अन्दर आकर कहा—सरकार, जब से आपने वह मकान छोड़ दिया, क़सम ले लीजिए जो उधर एक बार भी गया हूँ। उस घर को देखकर रोना आने लगता है। मेरा भी जी चाहता है कि इसी मुहल्ले में आऊँ। पागलों की तरह इधर-उधर मारा-मारा फिरा करता हूँ, सरकार, किसी काम में जी नहीं लगता। बस हर घड़ी आप ही की याद आती रहती है। हुजूर जितनी परवरिस करती थीं, उतनी अब कौन करेगा? यह मकान तो बहुत छोटा है।

देवी—तुम्हारे ही कारन तो वह मकान छोड़ना पड़ा।

मुन्नू—मेरे कारन! मुझसे कौन-सी खता हुई, सरकार?

देवी—तुम्हीं तो ताँगे पर रजा के साथ बैठे मेरे पीछे-पीछे आ रहे थे। ऐसे आदमी पर आदमी का शक होता ही है!

मुन्नू—अरे सरकार, उस दिन की बात न पूछिए। रजा मियाँ को एक वकील साहब से मिलने जाना था। वह छावनी में रहते थे। मुझे भी साथ बिठा लिया। उनका साईस कहीं गया हुआ था। मारे लिहाज़ के आपके ताँगे के आगे न निकलते थे। सरकार उसे शोहदा कहती हैं। उसका-सा भला आदमी मुहल्ले भर में नहीं है। पाँचों बखत की नमाज़ पढ़ता

है हुज़ूर, तीसों रोज़े रखता है। घर में बीवी-बच्चे सभी मौजूद हैं। क्या मजाल कि किसी पर बद निगाह हो।

देवी—ख़ैर होगा, तुम्हारे सिर में पट्टी क्यों बँधी है?

मुन्नू—इसका माजरा न पूछिए, हुज़ूर। आपकी बुराई करते किसी को देखता हूँ, तो बदन में आग लग जाती है। दरवाज़े पर जो हलवाई रहता था, कहने लगा—मेरे कुछ पैसे बाबू जी पर आते हैं। मैंने कहा—वह ऐसे आदमी नहीं हैं कि तुम्हारे पैसे हजम कर जाते। बस, हुज़ूर, इसी बात पर तकरार हो गई। मैं तो दुकान के नीचे नाली धो रहा था। वह ऊपर से कूद कर आया और मुझे ढकेल दिया। मैं बेख़बर खड़ा था, चारों खाने चित सड़क पर गिर पड़ा। चोट तो आई; मगर मैंने भी दुकान के सामने बच्चा को इतनी गालियाँ सुनाईं कि याद ही करते होंगे। अब घाव अच्छा हो रहा है, हुज़ूर।

देवी—राम! राम! नाहक लड़ाई लेने गए। सीधी-सी बात तो थी। कह देते—तुम्हारे पैसे आते हैं, तो जाकर माँग लाओ। हैं शहर ही में, दूसरे देश में तो नहीं भाग गए?

मुन्नू—हुज़ूर, आपकी बुराई सुन के नहीं रहा जाता, फिर चाहे वह अपने घर लाट ही क्यों न हो, भिड़ पड़ूँगा। वह महाजन होगा, तो अपने घर का होगा। यहाँ कौन उसका दिया खाते हैं।

देवी—उस घर में अभी कोई आया कि नहीं?

मुन्नू—कई आदमी देखने आए, हुज़ूर, मगर जहाँ आप रह चुकी हैं, वहाँ अब दूसरा कौन रह सकता है? हम लोगों ने उन लोगों को भड़का दिया। रजा मियाँ तो हुज़ूर, उसी दिन से खाना-पीना छोड़ बैठे हैं। बिटिया को याद करके रोया करते हैं। हुज़ूर को हम ग़रीबों की याद काहे को आती होगी?

देवी—याद क्यों नहीं आती? मैं आदमी नहीं हूँ। जानवर तक थान छूटने पर दो-चार दिन चारा नहीं खाते! यह पैसे लो, कुछ बाज़ार से लाकर खा लो, भूखे होगे।

मुन्नू—हुज़ूर की दुआ से खाने की तंगी नहीं है। आदमी का दिल देखा जाता है, हुज़ूर! पैसा की कौन बात है। आपका दिया तो खाते ही हैं। हुज़ूर का मिज़ाज ऐसा है कि आदमी बिना कौड़ी का ग़ुलाम हो जाता है। तो अब चलूँगा, हुज़ूर, बाबू जी आते होंगे। कहेंगे—यह शैतान यहाँ फिर आ पहुँचा।

देवी—अभी उनके आने में बड़ी देर है।

मुन्नू—ओ हो, एक बात तो भूला ही जाता था। रजा मियाँ ने बिटिया के लिए ये खिलौने दिए थे। बातों में ऐसा भूल गया कि इनकी सुध ही न रही। कहाँ है बिटिया?

देवी—अभी तो मदरसे से नहीं आई, मगर इतने खिलौने लाने की क्या ज़रूरत थी? अरे! रजा ने तो ग़ज़ब ही कर दिया। भेजना ही था, तो दो-चार आने के खिलौने भेज देते। अकेली मेम तीन-चार रुपए से कम की न होगी। कुल मिलाकर तीस-पैंतीस रुपए से कम के खिलौने नहीं हैं।

मुन्नू—क्या जाने सरकार, मैंने तो कभी खिलौने नहीं ख़रीदे। तीस-पैंतीस रुपए के होंगे, तो उनके लिए कौन-सी बड़ी बात है? अकेली दुकान से पचास रुपए रोज़ की आमदनी है, हुज़ूर!

देवी—नहीं, इनको लौटा ले जाओ। इतने खिलौने लेकर वह क्या करेगी? मैं सिर्फ़ एक गेग रखे लेती हूँ।

मुन्नू—हुजूर, रजा मियाँ को बड़ा रंज होगा। मुझे तो जीता ही न छोड़ेंगे। बड़े ही मुहब्बती आदमी हैं, हुजूर! बीबी दो-चार दिन के लिए मैके चली जाती है, तो बेचैन हो जाते हैं।

सहसा शारदा पाठशाला से आ गई और खिलौने देखते ही उस पर टूट पड़ी। देवी ने डाँटकर कहा—क्या करती है, क्या करती है? मेम ले ले, और सब लेकर क्या करेगी?

शारदा—मैं तो सब लूँगी। मेम को मोटर पर बैठा कर दौड़ाऊँगी। कुत्ता पीछे-पीछे दौड़ेगा। इन बरतनों में गुड़िया के खाने बनाऊँगी। कहाँ से आए हैं, अम्मा? बता दो?

देवी—कहीं से नहीं आए, मैंने देखने को मँगवाए थे। तू इनमें से कोई एक ले ले।

शारदा—मैं सब लूँगी, मेरी अम्माँ, न, सब ले लीजिए। कौन लाया है, अम्माँ?

देवी—मुन्नू, तुम खिलौने लेकर जाओ! सिर्फ़ एक मेम रहने दो।

शारदा—कहाँ से लाए हो मुन्नू, बता दो?

मुन्नू—तुम्हारे राजा भैया ने तुम्हारे लिए भेजे हैं।

शारदा—राजा भैया ने भेजे हैं। ओ हो! (नाच कर) राजा भैया बड़े अच्छे हैं। कल अपनी सहेलियों को दिखाऊँगी। किसी के पास ऐसे खिलौने न निकलेंगे।

देवी—अच्छा, मुन्नू, तुम अब जाओ। रजा मियाँ से कह देना, फिर यहाँ खिलौने न भेजें।

मुन्नू चला गया, तो देवी ने शारदा से कहा—ला बेटी, तेरे खिलौने रख दूँ। बाबू जी देखेंगे, तो बिगड़ेंगे और कहेंगे कि रजा मियाँ के खिलौने क्यों लिये? तोड़-तोड़कर फेंक देंगे। भूलकर भी उनसे खिलौनों की चर्चा न करना।

शारदा—हाँ, अम्माँ, रख दो। बाबू जी तोड़ देंगे।

देवी—उनसे कभी मत कहना कि राजा भैया ने खिलौने भेजे हैं, नहीं तो बाबू जी राजा भैया को मारेंगे और तुम्हारे कान भी काट लेंगे। कहेंगे, लड़की भिखमंगी है, सबसे खिलौने माँगती फिरती है।

शारदा—हाँ, अम्माँ, रख दो। बाबूजी तोड़ देंगे।

इतने में बाबू श्यामकिशोर भी दफ़्तर से आ गए। भौंहें चढ़ी हुई थीं। आते ही बोले—वह शैतान मुन्नू इस मोहल्ले में भी आने लगा। मैंने आज उसे देखा। क्या यहाँ भी आया था?

देवी ने हिचकिचाते हुए कहा—हाँ, आया तो था।

श्याम.—और तुमने आने दिया? मैंने मना न किया था कि उसे कभी अन्दर क़दम न रखने देना।

देवी—आकर द्वार खटखटाने लगा, तो क्या करती?

श्याम.—उसके साथ वह शोहदा भी रहा होगा?

देवी—उसके साथ और कोई नहीं था।

श्याम.—तुमने आज भी न कहा होगा, यहाँ मत आया कर!

देवी—मुझे तो इतना ख़याल न रहा। और अब वह यहाँ क्या करने आएगा?

श्याम.—जो करने आज आया था, वही करने फिर आएगा। तुम मेरे मुँह में कालिख लगाने पर तुली हो।

देवी ने क्रोध से ऐंठ कर कहा—मुझसे तुम ऐसी ऊटपटाँग बातें मत किया करो, समझ गए? तुम्हें ऐसी बातें मुँह से निकालते शर्म भी नहीं आती? एक बार पहले भी तुमने कुछ ऐसी

ही बातें कही थीं। आज फिर तुम वही बातें कर रहे हो। अगर तीसरी बार ये शब्द मैंने सुने, तो नतीजा बुरा होगा, इतना कहे देती हूँ। तुमने मुझे कोई वेश्या समझ लिया है?

श्याम.—मैं नहीं चाहता कि वह मेरे घर आए।

देवी—तो मना क्यों नहीं कर देते? मैं तुम्हें रोकती हूँ?

श्याम.—तुम क्यों नहीं मना कर देतीं?

देवी—तुम्हें कहते क्या शर्म आती है?

श्याम.—मेरा मना करना व्यर्थ है। मेरे मना करने पर भी तुम्हारी इच्छा पाकर उसका आना-जाना होता रहेगा।

देवी ने ओंठ चबाकर कहा—अच्छा, अगर वह आता ही रहे, तो क्या हानि है? मेहतर सभी घरों में आया-जाया करते हैं।

श्याम.—अगर मैंने मुन्नू को कभी अपने द्वार पर फिर देखा, तो तुम्हारी कुशल नहीं, इतना समझाए देता हूँ।

यह कहते हुए श्यामकिशोर नीचे चले गए, और देवी स्तम्भित खड़ी रह गई। तब उसका हृदय इस अपमान, लांछन और अविश्वास के आघात से पीड़ित हो उठा। वह फूट-फूट कर रोने लगी। उसको सबसे बड़ी चोट जिस बात से लगी, वह यह थी कि मेरे पति मुझे इतनी नीच, इतनी निर्लज्ज समझते हैं। जो काम वेश्या भी न करेगी, उसका सन्देह मुझ पर कर रहे हैं।

5

श्यामकिशोर के आते ही शारदा अपने खिलौने उठाकर भाग गई थी कि कहीं बाबू जी तोड़ न डालें। नीचे जाकर वह सोचने लगी कि इन्हें कहाँ छिपाकर रखूँ। वह इसी सोच में थी कि उसकी एक सहेली आँगन में आ गई। शारदा उसे अपने खिलौने दिखाने के लिए आतुर हो गई। इस प्रलोभन को वह किसी तरह न रोक सकी। अभी तो बाबू जी ऊपर हैं; कौन इतनी जल्दी आए जाते हैं। तब तक क्यों न सहेली को अपने खिलौने दिखा दूँ? उसने सहेली को बुला लिया और दोनों नए खिलौने देखने में मग्न हो गईं, कि बाबू श्यामकिशोर के नीचे आने की भी उन्हें ख़बर न हुई। श्यामकिशोर खिलौने देखते ही झपट कर शारदा के पास जा पहुँचे और पूछा—तूने ये खिलौने कहाँ पाए?

शारदा की घिग्घी बँध गई। मारे भय के थर-थर काँपने लगी। मुँह से एक शब्द भी न निकला।

श्यामकिशोर ने फिर गरज कर पूछा—बोलती क्यों नहीं, तुझे किसने खिलौने दिए?

शारदा रोने लगी। तब श्यामकिशोर ने उसे फुसला कर कहा—रो मत, हम तुझे मारेंगे नहीं। तुझसे इतना ही पूछते हैं, तूने ऐसे सुन्दर खिलौने कहाँ पाए?

इस तरह दो-चार बार दिलासा देने से शारदा को कुछ धैर्य बँधा। उसने सारी कथा कह सुनाई। हा अनर्थ! इससे कहीं अच्छा होता कि शारदा मौन ही रहती। उसका गूँगी हो जाना भी इससे अच्छा था। देवी कोई बहाना करके बला सिर से टाल देती; पर होनहार को कौन टाल सकता है? श्यामकिशोर के रोम-रोम से ज्वाला निकलने लगी। खिलौने वहीं छोड़कर वह धम-धम करते हुए ऊपर गए और देवी के कन्धे दोनों हाथों से झँझोड़ कर बोले—तुम्हें

इस घर में रहना है या नहीं? साफ़-साफ़ कह दो। देवी अभी तक खड़ी सिसकियाँ ले रही थी। यह निर्मम प्रश्न सुनकर उसके आँसू ग़ायब हो गए। किसी भारी विपत्ति की आशंका ने इस हलके-से आघात को भुला दिया, जैसे घातक की तलवार देखकर कोई प्राणी रोग-शय्या से उठकर भागे। श्यामकिशोर की ओर भयातुर नेत्रों से देखा; पर मुँह से कुछ न बोली। उसका एक-एक रोम मौन भाषा में पूछ रहा था—इस प्रश्न का क्या मतलब है?

श्यामकिशोर ने फिर कहा—तुम्हारी जो इच्छा हो, साफ़-साफ़ कह दो। अगर मेरे साथ रहते-रहते तुम्हारा जी ऊब गया हो, तो तुम्हें अख़्तियार है। मैं तुम्हें क़ैद करके नहीं रखना चाहता। मेरे साथ तुम्हें छल, कपट करने की ज़रूरत नहीं। मैं सहर्ष तुम्हें विदा करने को तैयार हूँ। जब तुमने मन में एक बात निश्चय कर ली, तो मैंने भी निश्चय कर लिया। तुम इस घर में अब नहीं रह सकती, रहने के योग्य नहीं हो।

देवी ने आवाज़ सँभाल कर कहा—तुम्हें आजकल क्या हो गया है, जो हर वक़्त ज़हर उगलते रहते हो? अगर मुझसे जी ऊब गया है, तो ज़हर दे दो, जला-जला कर क्यों जान मारते हो? मेहतर से बातें करना तो ऐसा अपराध न था। जब उसने आकर पुकारा, तो मैंने द्वार खोल दिया। अगर मैं जानती कि ज़रा-सी बात का बतंगड़ हो जाएगा, तो उसे दूर ही से दुत्कार देती।

श्याम.—जी चाहता है, तालू से ज़बान खींच लूँ। बातें होने लगीं, इशारे होने लगे, तोहफे आने लगे। अब बाक़ी क्या रहा?

देवी—क्यों नाहक घाव पर नमक छिड़कते हो? एक अबला की जान लेकर कुछ पा न जाओगे!

श्याम.—मैं झूठ कहता हूँ?

देवी—हाँ, झूठ कहते हो।

श्याम.—ये खिलौने कहाँ से आए?

देवी का कलेजा धक्-से हो गया। काटो, तो बदन में लहू नहीं। समझ गई, इस वक़्त ग्रह बिगड़े हुए हैं, सर्वनाश के सभी संयोग मिलते जाते हैं। ये निगोड़े खिलौने न जाने किस बुरी साइत में आए! मैंने लिए ही क्यों, उसी वक़्त लौटा क्यों न दिए! बात बनाकर बोली—आग लगे, वही खिलौने तोहफे हो गए! बच्चों को कोई कैसे रोके, किसी की मानते हैं? कहती रही, मत ले; मगर न मानी, तो मैं क्या करती? हाँ, यह जानती कि इन खिलौनों पर मेरी जान मारी जाएगी तो ज़बरदस्ती छीनकर फेंक देती।

श्याम.—इनके साथ और कौन-कौन-सी चीज़ें आई हैं, भला चाहती हो तो अभी लाओ।

देवी—जो कुछ आया होगा, इसी घर ही में होगा। देख क्यों नहीं लेते? इतना बड़ा घर भी नहीं है कि चार दिन देखते लग जाएँ?

श्याम.—मुझे इतनी फुरसत नहीं है। ख़ैरियत इसी में है कि जो चीज़ें आई हों, लाकर मेरे सामने रख दो। यह तो हो नहीं सकता कि लड़की के लिए खिलौने आएँ और तुम्हारे लिए कोई सौगात न आए। तुम भरी गंगा में क़सम खाओ, तो भी मुझे विश्वास न आएगा।

देवी—तो घर में देख क्यों नहीं लेते?

श्यामकिशोर ने घूँसा तान कर कहा—कह दिया, मुझे फुरसत नहीं है। सीधे से सारी चीज़ें लाकर रख दो; नहीं तो इसी दम गला दबाकर मार डालूँगा।

देवी—मारना हो, तो मार डालो; जो चीज़ें आईं ही नहीं, उन्हें मैं दिखा कहाँ से दूँ।

श्यामकिशोर ने क्रोध से उन्मत्त होकर देवी को इतनी ज़ोर से धक्का दिया कि चारों खाने चित ज़मीन पर गिर पड़ी। तब उसके गले पर हाथ रखकर बोले—दबा दूँ गला! न दिखलाएगी तू उन चीज़ों को?

देवी—जो अरमान हों, पूरे कर लो।

श्याम.—ख़ून पी जाऊँगा! तूने समझा क्या है?

देवी—अगर दिल की प्यास बुझती हो, तो पी जाओ।

श्याम.—फिर तो उस मेहतर से बातें न करोगी? अगर अब कभी मुन्नू या उस शोहदे को द्वार पर देखा, तो गला काट लूँगा।

यह कहकर बाबू जी ने देवी को छोड़ दिया, और बाहर चले गए; लेकिन देवी उसी दशा में बड़ी देर तक पड़ी रही। उसके मन में इस समय पति-प्रेम की मर्यादा-रक्षा का लेश भी न था। उसका अंत:करण प्रतिकार के लिए विकल हो रहा था। इस वक़्त अगर वह सुनती कि श्यामकिशोर को किसी ने बाज़ार में जूते से पीटा, तो कदाचित् वह ख़ुश होती। कई दिनों तक पानी से भीगने के बाद, आज यह झोंका पाकर प्रेम की दीवार भूमि पर गिर पड़ी, और मान की रक्षा करनेवाली कोई साधना न रही। आज केवल संकोच और लोक-लाज की हलकी-सी रस्सी रह गई है, जो एक झटके में टूट सकती है।

6

श्यामकिशोर बाहर चले गए, तो शारदा भी अपने खिलौने लिए हुए घर से बाहर निकली। बाबू जी खिलौनों को देखकर कुछ बोले नहीं, तो अब उसे किसकी चिन्ता और किसका भय! अब वह क्यों न अपनी सहेलियों को खिलौने दिखाए। सड़क के उस पार एक हलवाई का मकान था। हलवाई की लड़की अपने द्वार पर खड़ी थी। शारदा उसे खिलौने दिखाने चली। बीच में सड़क थी, सवारी-गाड़ियों और मोटरों का ताँता बँधा हुआ। शारदा को अपनी धुन में किसी बात का ध्यान न रहा। बालोचित उत्सुकता से भरी हुई वह खिलौने लिए दौड़ी। वह क्या जानती थी कि मृत्यु भी उसी तरह प्राणों का खिलौना खेलने के लिए दौड़ी आ रही है। सामने एक मोटर आती हुई दिखाई दी। दूसरी ओर से एक बग्घी आ रही थी। शारदा ने चाहा, दौड़कर उस पार निकल जाए। मोटर ने बिगुल बजाया; शारदा ने ज़ोर मारा कि सामने से निकल जाए; पर होनहार को कौन टालता! मोटर बालिका को रौंदती हुई चली गई। सड़क पर एक मांस की लोथ पड़ी रह गई। खिलौने ज्यों के त्यों थे। उनमें से एक भी न टूटा था! खिलौने रह गए, खेलनेवाला चला गया। दोनों में कौन स्थायी है और कौन अस्थायी, इसका फ़ैसला कौन करे!

चारों ओर से लोग दौड़ पड़े। अरे! यह तो बाबू जी की लड़की है, जो ऊपरवाले मकान में रहते हैं। लोथ कौन उठाए? एक आदमी ने लपककर द्वार पर पुकारा—बाबू जी! आपकी लड़की तो सड़क पर नहीं खेल रही थी! ज़रा नीचे तो आ जाइए।

देवी ने छज्जे पर खड़े होकर सड़क की ओर देखा, तो शारदा की लोथ पड़ी हुई थी। चीख़ मारकर बेतहाशा नीचे दौड़ी, और सड़क पर आकर बालिका को गोद में उठा लिया। उसके पैर काँपने लगे। इस वज्रपात ने उसे स्तम्भित कर दिया; रोना भी न आया।

मुहल्ले के कई आदमी पूछने लगे—बाबू जी कहाँ गए हैं? उनको कैसे बुलाया जाए?

देवी क्या जवाब देती? वह तो संज्ञाहीन हो गई थी। लड़की की लाश गोद में लिए, उसके रक्त से अपने वस्त्रों को भिगोती, आकाश की ओर ताक रही थी, मानो देवता से पूछ रही हो—क्या सारी विपत्तियाँ मुझी पर?

अँधेरा होता जाता था; पर बाबू जी का पता नहीं। कुछ मालूम भी नहीं, वह कहाँ गए हैं। धीरे-धीरे नौ बजे; पर अब तक बाबू जी न लौटे। इतनी देर तक बाहर न रहते थे। क्या आज ही उन्हें भी ग़ायब होना था? दस बज गए, अब देवी रोने लगी। उसे लड़की की मृत्यु का इतना दु:ख न था, जितना अपनी असमर्थता का। वह कैसे शव की दाहक्रिया करेगी? कौन उसके साथ जाएगा? क्या इतनी रात गए कोई उसके साथ चलने पर तैयार होगा? अगर कोई न गया, तो क्या उसे अकेली ही जाना पड़ेगा? क्या रात भर लोथ पड़ी रहेगी?

ज्यों-ज्यों सन्नाटा होता जाता था, देवी को भय होता था। वह पछता रही थी कि शाम ही को क्यों न इसे लेकर चली गई।

ग्यारह बजे थे। सहसा किसी ने द्वार खोला। देवी उठकर खड़ी हो गई। समझी, बाबू जी आ गए। उसका हृदय उमड़ आया और वह रोती हुई बाहर आई; पर आह! यह बाबू जी न थे, ये पुलिस के आदमी थे, जो इस मामले की तहक़ीक़ात करने आए थे। पाँच बजे की घटना थी। तहक़ीक़ात होने लगी ग्यारह बजे। आख़िर थानेदार भी तो आदमी है; वह भी तो संध्या-समय घूमने-फिरने जाता ही है।

घंटे-भर तक तहक़ीक़ात होती रही। देवी ने देखा, अब संकोच से काम न चलेगा। थानेदार ने उससे जो कुछ पूछा, उसका उत्तर उसने निस्संकोच भाव से दिया। ज़रा भी न शरमाई, ज़रा भी न झिझकी। थानेदार भी दंग रह गया।

जब सबके बयान लिखकर दारोग़ा जी चलने लगे, तो देवी ने कहा—आप उस मोटर का पता लगाएँगे?

दारोग़ा—अब तो शायद ही उसका पता लगे।

देवी—तो उसको कुछ सज़ा न होगी?

दारोग़ा—मजबूरी है। किसी को नम्बर भी तो मालूम नहीं।

देवी—सरकार इसका कुछ इन्तज़ाम नहीं करती? ग़रीबों के बच्चे इसी तरह कुचले जाते रहेंगे।

दारोग़ा—इसका क्या इन्तज़ाम हो सकता है? मोटरें तो बन्द नहीं हो सकतीं?

देवी—कम से कम पुलिसवालों को यह तो देखना चाहिए कि शहर में कोई बहुत तेज़ न चलाए? मगर आप लोग ऐसा क्यों करने लगे? आपके अफ़सर भी तो मोटरों पर बैठते हैं। आप उनकी मोटरें रोकेंगे, तो नौकरी कैसे रहेगी?

थानेदार लज्जित हो चला गया। जब लोग सड़क पर पहुँचे, तो एक सिपाही ने कहा—मेहरिया बड़ी टनमन दिखात है।

थानेदार—अजी जी, इसने तो मेरा नातका बन्द कर दिया। किस ग़ज़ब का हुस्न पाया है! मगर क़सम ले लो, जो मैंने एक बार भी उसकी तरफ़ निगाह की हो। ताक़ने की हिम्मत ही न पड़ती थी!

बाबू श्यामकिशोर बारह बजे के बाद नशे में चूर घर पहुँचे। उन्हें यह ख़बर रास्ते ही में मिल गई थी। रोते हुए घर में दाख़िल हुए। देवी भरी बैठी थी, सोच रखा था—आज चाहे जो

हो जाए, पर फटकारूँगी ज़रूर। पर उनको रोते देखा, तो सारा ग़ुस्सा ग़ायब हो गया। ख़ुद भी रोने लगी। दोनों बड़ी देर तक रोते रहे। इस विपत्ति ने दोनों के हृदयों को एक दूसरे की ओर बड़े ज़ोर से खींचा। उन्हें ऐसा ज्ञात हुआ कि उनमें फिर पहले का-सा प्रेम जाग्रत हो गया है।

प्रातःकाल जब लोग दाह-क्रिया करके लौटे, तो श्यामकिशोर ने देवी की ओर स्नेह से देखकर करुण स्वर में कहा—तुम्हारा जी अकेले कैसे लगेगा?

देवी—तुम दस-पाँच दिन की छुट्टी न ले सकोगे?

श्याम.—यही तो मैं भी सोचता हूँ। पन्द्रह दिन की छुट्टी ले लूँ।

श्याम बाबू दफ़्तर छुट्टी लेने चले गए। इस विपत्ति में भी आज देवी का हृदय जितना प्रसन्न था, उतना उधर महीनों से न हुआ। बालिका को खोकर वह विश्वास और प्रेम पा गई थी, और यह उसके आँसू पोंछने के लिए कुछ कम न था।

आह! अभागिनी! ख़ुश मत हो। तेरे जीवन का वह अन्तिम कांड होना अभी बाक़ी है, जिसकी आज तू कल्पना भी नहीं कर सकती।

7

दूसरे दिन बाबू श्यामकिशोर घर ही पर थे कि मुन्नू ने आकर सलाम किया। श्यामकिशोर ने ज़रा कड़ी आवाज़ में पूछा—क्या है जी, तुम क्यों बार-बार यहाँ आया करते हो?

मुन्नू बड़े दीन भाव से बोला—मालिक, कल की बात जो सुनता है, उसी को रंज होता है। मैं तो हुज़ूर का ग़ुलाम ठहरा। अब नौकर नहीं हूँ तो क्या, सरकार का नमक तो खा चुका हूँ। भला, वह कभी हड्डियों से निकल सकता है। कभी-कभी हाल-हवाल पूछने आ जाता हूँ। जब से कल वाली बात सुनी है हुज़ूर, ऐसा कलक हो रहा है कि क्या कहूँ। कैसी प्यारी-प्यारी बच्ची थी कि देखकर दुख दूर हो जाता था। मुझे देखते ही मुन्नू-मुन्नू करके दौड़ती थी; जब ग़ैरों का यह हाल है, तो हुज़ूर के दिल पर जो कुछ बीत रही होगी, हुज़ूर ही जानते होंगे।

श्याम बाबू कुछ नर्म होकर बोले—ईश्वर की मरजी में इनसान का क्या चारा? मेरा तो घर ही अँधेरा हो गया। अब यहाँ रहने को जी नहीं चाहता।

मुन्नू—मालकिन तो और भी बेहाल होंगी!

श्याम—हुआ ही चाहें। मैं तो उसे शाम-सबेरे खिला लिया करता था। माँ तो दिन भर साथ रहती थी। मैं तो काम-धंधों में भूल भी जाऊँगा। वह कहाँ भूल सकती हैं। उनको तो सारी ज़िन्दगी का रोना है।

पति को मुन्नू से बातें करते सुनकर देवी ने कोठे पर से आँगन की ओर देखा। मुन्नू को देखकर उसकी आँखों में बे-अख़्तियार आँसू भर आए! बोली—मुन्नू, मैं तो लुट गई!

मुन्नू—हुज़ूर, अब सबर कीजिए, रोने-धोने से क्या फ़ायदा? यही सब अँधेर देखकर तो कभी-कभी अल्लाह मियाँ को जालिम कहना पड़ता है। जो बेईमान हैं, दूसरों का गला काटते फिरते हैं, उनसे अल्लाह मियाँ भी डरते हैं। जो सीधे और सच्चे हैं उन्हीं पर आफ़त आती है।

मुन्नू देवी को दिलासा देता रहा। श्याम बाबू भी उसकी बातों का समर्थन करते जाते थे। जब वह चला गया, तो बाबू साहब ने कहा—आदमी तो कुछ बुरा नहीं मालूम होता।

देवी ने कहा—मोहब्बती आदमी है। रंज न होता, तो यहाँ क्यों आता?

8

पन्द्रह दिन गुज़र गए। बाबू साहब फिर दफ़्तर जाने लगे। मुन्नू इस बीच में फिर कभी न आया। अब तक तो देवी का दिन पति से बातें करने में कट जाता था; लेकिन अब उनके चले जाने पर उसे बार-बार शारदा की याद आती। प्रायः सारा दिन रोते ही कटता था। मुहल्ले की दो-चार नीच जाति की औरतें आती थीं; लेकिन देवी का उनसे मन न मिलता था, वे झूठी सहानुभूति दिखाकर देवी से कुछ ऐंठना चाहती थीं!

एक दिन कोई चार बजे मुन्नू फिर आया, और आँगन में खड़ा होकर बोला—मालकिन, मैं हूँ मुन्नू, ज़रा नीचे आ जाइएगा।

देवी ने ऊपर ही से पूछा—क्या काम है? कहो तो।

मुन्नू—ज़रा आइए तो!

देवी नीचे आई, तो मुन्नू ने कहा—रजा मियाँ बाहर खड़े हैं; और हुजूर से मातमपुरसी करते हैं।

देवी ने कहा—जाकर कह दो, ईश्वर की जो मरजी थी, वह हुई।

रजा दरवाज़े पर खड़ा था। ये बातें उसने साफ़ सुनीं। बाहर ही से बोला—ख़ुदा जानता है, जब से यह ख़बर सुनी है दिल के टुकड़े हुए जाते हैं। मैं ज़रा दिल्ली चला गया था। आज ही लौटकर आया हूँ। अगर मेरी मौजूदगी में यह वारदात हुई होती, तो और तो क्या कर सकता था; मगर मोटरवाले को बिला सज़ा कराये न छोड़ता, चाहे वह किसी राजा ही की मोटर होती। सारा शहर छान डालता। बाबू साहब चुपके होके बैठ रहे, यह भी कोई बात है। मोटर चलाकर क्या कोई किसी की जान ले लेगा। फूल-सी मासूम बच्ची को जालिमों ने मार डाला। हाय! अब कौन मुझे राजा भैया कहकर पुकारेगा! ख़ुदा की क़सम, उसके लिए दिल्ली से टोकरी भर खिलौने ले आया हूँ। क्या जानता था कि यहाँ यह सितम हो गया। मुन्नू देख, यह तावीज ले जाकर बहू जी को दे दे। इसे अपने जूड़े में बाँध लेंगी। ख़ुदा ने चाहा, तो उन्हें किसी तरह की दहशत या खटका न रहेगा। उन्हें बुरे-बुरे ख़्वाब दिखाई देते होंगे, रात को नींद उचट जाती होगी, दिल घबराया करता होगा। ये सारी शिकायतें इस तावीज से दूर हो जाएँगी। मैंने एक पहुँचे हुए फ़क़ीर से यह तावीज लिखाया है।

इसी तरह से रजा और मुन्नू उस वक़्त तक एक न एक बहाने से द्वार से न टले, जब तक बाबू साहब आते न दिखाई दिए। श्यामकिशोर ने उन दोनों को जाते देख लिया। ऊपर जाकर गम्भीर भाव से बोले—रजा क्या करने आया था?

देवी—यों ही मातमपुरसी करने आया था। आज दिल्ली से आया है। यह ख़बर सुनकर दौड़ा आया था।

श्याम.—मर्द मर्दों से मातमपुरसी करते हैं या औरतों से?

देवी—तुम न मिले, तो मुझी से शोक प्रकट करके चला गया।

श्याम.—इसके यह माने हैं कि जो आदमी मुझसे मिलने आए, वह मेरे न रहने पर तुमसे मिल सकता है। इसमें कोई हरज़ नहीं, क्यों?

देवी—सबसे मिलने मैं थोड़े ही जा रही हूँ?

श्याम.—तो रजा क्या मेरा साला है या ससुरा?

देवी—तुम तो ज़रा-ज़रा सी बात पर झल्लाने लगते हो।

श्याम.—यह ज़रा-सी बात है! एक भले घर की स्त्री एक शोहदे से बातें करे, यह ज़रा-सी बात है! तो बड़ी-सी बात किसे कहते हैं? यह ज़रा-सी बात नहीं है कि यदि मैं तुम्हारी गरदन घोंट दूँ तो भी मुझे पाप न लगेगा; देखता हूँ, फिर तुमने वही रंग पकड़ा। इतनी बड़ी सज़ा पाकर भी तुम्हारी आँखें नहीं खुलीं। अबकी क्या मुझे ले बीतना चाहती हो?

देवी सन्नाटे में आ गई। एक तो लड़की का शोक! उस पर यह अपशब्दों की बौछार और भीषण आक्षेप! उसके सिर में चक्कर-सा आ गया। बैठकर रोने लगी। इस जीवन से तो मौत कहीं अच्छी! केवल यही शब्द उसके मुँह से निकले।

बाबू साहब गरज कर बोले—यही होगा, मत घबराओ, मत घबराओ, यही होगा। तुम मरना चाहती हो, तो मुझे भी तुम्हारे अमर होने की आकांक्षा नहीं है। जितनी जल्द तुम्हारे जीवन का अन्त हो जाए, उतना ही अच्छा। कुल में कलंक तो न लगेगा?

देवी ने सिसकियाँ लेते हुए कहा—क्यों एक अबला पर इतना अन्याय करते हो? तुम्हें ज़रा भी दया नहीं आती?

श्याम.—मैं कहता हूँ, चुप रह!

देवी—क्यों चुप रहूँ; क्या किसी की ज़बान बन्द कर दोगे?

श्याम.—फिर बोले जाती है? मैं उठकर सिर तोड़ दूँगा!

देवी—क्यों सिर तोड़ दोगे, कोई ज़बरदस्ती है?

श्याम.—अच्छा तो बुला, देखें तेरा कौन हिमायती है?

यह कहते हुए बाबू साहब झल्ला कर उठे और देवी को कई थप्पड़ और घूँसे लगा दिए; मगर वह न रोई न चिल्लाई, न ज़बान से एक शब्द निकाला, केवल अर्थ-शून्य नेत्रों से पति की ओर ताक़ती रही, मानो यह निश्चय करना चाहती थी कि यह आदमी है या कुछ और।

जब श्यामकिशोर मार-पीट कर अलग खड़े हो गए, तो देवी ने कहा—दिल के अरमान अभी न निकले हों तो और निकाल लो। फिर शायद यह अवसर न मिले।

श्यामकिशोर ने जवाब दिया—सिर काट लूँगा, सिर; तू है किस फेर में? यह कहते हुए नीचे चले गए, झटके के साथ किवाड़ खोले, धमाके के साथ बन्द किए और कहीं चले गए।

अब देवी की आँखों से आँसू की नदी बहने लगी।

रात के दस बज गए; पर श्यामकिशोर घर न लौटे। रोते-रोते देवी की आँखें सूज आईं। क्रोध में मधुर स्मृतियों का लोप हो जाता है। देवी को ऐसा ज्ञात होता है कि श्यामकिशोर को उसके साथ कभी प्रेम ही न था। हाँ, कुछ दिनों वह उसका मुँह अवश्य जोहते रहते थे; लेकिन वह बनावटी प्रेम था। उसके यौवन का आनन्द लूटने ही के लिए उससे मीठी-मीठी प्यार की बातें की जाती थीं। उसे छाती से लगाया जाता था, उसे कलेजे पर सुलाया जाता था। वह सब दिखावा था, स्वाँग था। उसे याद ही न आता था कि कभी उससे सच्चा प्रेम किया गया हो। अब वह रूप नहीं रहा, वह यौवन नहीं रहा, वह नवीनता नहीं रही! फिर उसके साथ क्यों न अत्याचार किए जाएँ? उसने सोचा—कुछ नहीं! अब इनका दिल मुझसे फिर गया है, नहीं तो क्या इस ज़रा-सी बात पर यों मुझ पर टूट पड़ते। कोई न कोई लांछन लगाकर मुझसे गला छुड़ाना चाहते हैं। यही बात है, तो मैं क्यों इनकी रोटियाँ और इनकी मार खाने के लिए इस घर में पड़ी रहूँ? जब प्रेम ही नहीं रहा, तो मेरे यहाँ रहने को धिक्कार है! मैके में कुछ न सही; यह दुर्गति तो न होगी। इनकी यही इच्छा है, तो यही सही। मैं भी समझ लूँगी कि विधवा हो गई।

ज्यों-ज्यों रात गुज़रती थी, देवी के प्राण सूखे जाते थे। उसे यह धड़का समाया हुआ था कि कहीं वह आकर फिर न मार-पीट शुरू कर दें। कितने क्रोध में भरे हुए यहाँ से गए। वाह री तकदीर! अब मैं इतनी नीच हो गई कि मेहतरों से, जूतेवालों से आशनाई करने लगी। इस भले आदमी को ऐसी बातें मुँह से निकालते शर्म भी नहीं आती! ना-जाने इनके मन में ऐसी बातें कैसे आती हैं। कुछ नहीं, यह स्वभाव के नीच, दिल के मैले, स्वार्थी आदमी हैं। नीचों के साथ नीच ही बनना चाहिए। मेरी भूल थी कि इतने दिनों से इनकी घुड़कियाँ सहती रही। जहाँ इज़्ज़त नहीं, मर्यादा नहीं, प्रेम नहीं, विश्वास नहीं, वहाँ रहना बेहयाई है। कुछ मैं इनके हाथ बिक तो गई नहीं कि यह जो चाहे करें, मारें या काटें, पड़ी सहा करूँ। सीता-जैसी पत्नियाँ होती थीं, तो राम-जैसे पति भी होते थे!

देवी को ऐसी शंका होने लगी कि कहीं श्यामकिशोर आते ही आते सचमुच उसका गला न दबा दें, या छुरी भोंक दें। वह समाचार-पत्रों में ऐसी कई हरजाइयों की ख़बरें पढ़ चुकी थी। शहर ही में ऐसी कई घटनाएँ हो चुकी थीं। मारे भय के थरथरा उठी। यहाँ रहने से प्राणों की कुशल न थी।

देवी ने कपड़ों की एक छोटी-सी बकुची बाँधी और सोचने लगी—यहाँ से कैसे निकलूँ? और फिर यहाँ से निकलकर जाऊँ कहाँ? कहीं इस वक़्त मुन्नू का पता लग जाता, तो बड़ा काम निकलता। वह मुझे क्या मैके न पहुँचा देता? एक बार मैके पहुँच भर जाती। फिर तो लाला सिर पटक कर रह जाएँ, भूलकर भी न आऊँ। यह भी क्या याद करेंगे। रुपए क्यों छोड़ दूँ, जिसमें यह मज़े से गुलछर्रे उड़ाएँ? मैंने ही तो काट-छाँट कर जमा किए हैं। इनकी कौन-सी ऐसी बड़ी कमाई थी। ख़र्च करना चाहती, तो कौड़ी न बचती। पैसा-पैसा बचाती रहती थी।

देवी ने जाकर नीचे के किवाड़ बन्द कर दिए। फिर सन्दूक़ खोलकर अपने सारे जेवर और रुपए निकालकर बकुची में बाँध लिये। सब के सब करेंसी नोट थे; विशेष बोझ भी न हुआ।

एकाएक किसी ने सदर दरवाज़े में ज़ोर से धक्का मारा। देवी सहम उठी। ऊपर से झाँककर देखा, श्याम बाबू थे। उसकी हिम्मत न पड़ी कि जाकर द्वार खोल दे। फिर तो बाबू साहब ने इतने ज़ोर से धक्के मारने शुरू किए, मानो किवाड़ ही तोड़ डालेंगे। इस तरह द्वार खुलवाना ही उनके चित्त की दशा को साफ़ प्रकट कर रहा था। देवी शेर के मुँह में जाने का साहस न कर सकी।

आख़िर श्यामकिशोर ने चिल्लाकर कहा—ओ डैम! किवाड़ खोल, ओ ब्लाडी! किवाड़ खोल, अभी खोल!

देवी की रही-सही हिम्मत जाती रही। श्यामकिशोर नशे में चूर थे। होश में शायद दया आ जाती, इसलिए शराब पीकर आए हैं। किवाड़ तो न खोलूँगी चाहे तोड़ ही डालो। अब तुम मुझे इस घर में पाओगे ही नहीं, मारोगे कहाँ से? तुम्हें ख़ूब पहचान गई।

श्यामकिशोर पन्द्रह-बीस मिनट तक शोर मचाने और किवाड़ हिलाने के बाद ऊल-जलूल बकते चले गए। दो-चार पड़ोसियों ने फटकारें भी सुनाईं! आप भी तो पढ़े-लिखे आदमी होकर आधी रात को घर चलते हैं। नींद ही तो है, नहीं खुलती, तो क्या कीजिएगा? जाइए, किसी यार-दोस्त के घर लेट रहिए; सबेरे आइएगा।

श्यामकिशोर के जाते ही देवी ने बकुची उठाई और धीरे-धीरे नीचे उतरी। ज़रा देर उसने कान लगाकर आहट ली कि कहीं श्यामकिशोर खड़े तो नहीं हैं। जब विश्वास हो गया कि वह

चले गए, तो धीरे से द्वार खोला और बाहर निकल आई। उसे ज़रा भी क्षोभ, ज़रा भी दु:ख न था। बस केवल एक इच्छा थी कि यहाँ से बचकर भाग जाऊँ। कोई ऐसा आदमी न था, जिस पर वह भरोसा कर सके, जो इस संकट में काम आ सके। था तो बस वही मुन्नू मेहतर। अब उसी के मिलने पर उसकी सारी आशाएँ अवलम्बित थीं। उसी से मिलकर वह निश्चय करेगी कि कहाँ जाए, कैसे रहे? मैके जाने का अब उसका इरादा न था। उसे भय होता था कि मैके में श्यामकिशोर से वह अपनी जान न बचा सकेगी। उसे यहाँ न पाकर वह अवश्य उसके मैके जाएँगे, और उसे ज़बरदस्ती खींच लाएँगे। वह सारी यातनाएँ, सारे अपमान सहने को तैयार थी, केवल श्यामकिशोर की सूरत नहीं देखना चाहती थी। प्रेम अपमानित होकर द्वेष में बदल जाता है।

थोड़ी ही दूर पर चौराहा था, कई ताँगेवाले खड़े थे। देवी ने एक इक्का किया और उससे स्टेशन चलने को कहा।

9

देवी ने रात स्टेशन पर काटी। प्रात:काल उसने एक ताँगा किराये पर किया और परदे में बैठ चौक जा पहुँची। अभी दुकानें न खुली थीं; लेकिन पूछने से रजा मियाँ का पता चल गया। उसकी दुकान पर एक लौंडा झाड़ू दे रहा था। देवी ने उसे बुलाकर कहा—जाकर रजा मियाँ से कह दे कि शारदा की अम्माँ तुमसे मिलने आई हैं, अभी चलिए।

दस मिनट में रजा और मुन्नू आ पहुँचे।

देवी ने सजल नेत्र होकर कहा—तुम लोगों के पीछे मुझे घर छोड़ना पड़ा। कल रात को तुम्हारा मेरे घर जाना ग़ज़ब हो गया। जो कुछ हुआ, वह फिर कहूँगी। मुझे कहीं एक घर दिला दो। घर ऐसा हो कि बाबू साहब को मेरा पता न मिले। नहीं तो वह मुझे जीती न छोड़ेंगे।

रजा ने मुन्नू की ओर देखा, मानो कह रहा है—देखो, चाल कैसी ठीक थी! देवी से बोला—आप निसाख़ातिर रहें, ऐसा घर दिला दूँगा कि बाबू साहब के बाबा साहब को भी पता न चलेगा। आपको किसी बात की तकलीफ़ न होगी। हम आपके पसीने की जगह ख़ून बहा देंगे। सच पूछो तो बहू जी, बाबू साहब आपके लायक थे नहीं।

मुन्नू—कहाँ की बात भैया, आप रानी होने लायक हैं। मैं मालकिन से कहता था कि बाबू जी को दालमंडी की हवा लग गई है, पर आप मानती ही न थीं। आज रात ही को मैंने गुलाबजान के कोठे पर से उतरते देखा। नशे में चूर थे।

देवी—झूठी बात। उनकी यह आदत नहीं। ग़ुस्सा उन्हें ज़रूर बहुत है, और ग़ुस्से में आकर उन्हें नेक-बद कुछ नहीं सूझता; लेकिन निगाह के बुरे नहीं।

मुन्नू—हुजूर मानती ही नहीं, तो क्या करूँ। अच्छा कभी दिखा दूँगा, तब तो मानिएगा।

रजा—अबे दिखाना पीछे, इस वक़्त आपको मेरे घर पहुँचा दे। ऊपर ले जाना। तब तक मैं एक मकान देखने जाता हूँ। आपके लायक बहुत ही अच्छा है।

देवी—तुम्हारे घर में बहुत-सी औरतें होंगी।

रजा—कोई नहीं है, बहू जी, सिर्फ़ एक बुढ़िया मामी है। वह आपके लिए एक कहारिन बुला देगी। आपको किसी बात की तकलीफ़ न होगी। मैं मकान देखने जा रहा हूँ।

देवी—ज़रा बाबू साहब की तरफ़ भी होते आना। देखना घर आए कि नहीं।

रजा—बाबू साहब से तो मुझे चिढ़ हो गई है। शायद नज़र में आ जाएँ तो मेरी उनसे लड़ाई हो जाए। जो मर्द आप-जैसी हुस्न की देवी की कदर नहीं कर सकता, वह आदमी नहीं।

मुन्नू—बहुत ठीक कहते हो, भैया। ऐसी सरीफजादी को न जाने किस मुँह से डाँटते हैं! मुझे इतने दिन हुजूर की ग़ुलामी करते हो गए, कभी एक बात न कही।

रजा मकान देखने गया, और ताँगा रजा के घर की तरफ़ चला।

देवी के मन में इस समय एक शंका का आभास हुआ—कहीं ये दोनों सचमुच शोहदे तो नहीं हैं? लेकिन कैसे मालूम हो? यह सत्य है कि देवी ने जीवन-पर्यंत के लिए स्वामी का परित्याग किया था; पर इतनी ही देर में उसे कुछ पश्चात्ताप होने लगा था। अकेली एक घर में कैसे रहेगी, बैठी-बैठी क्या करेगी, यह कुछ उसकी समझ में न आता था। उसने दिल में कहा—क्यों न घर लौट चलूँ? ईश्वर करे, वह अभी घर न आए हों। मुन्नू से बोली—तुम ज़रा दौड़कर देखो तो, बाबू जी घर आए कि नहीं?

मुन्नू—आप चलकर आराम से बैठें, मैं देख आता हूँ।

देवी—मैं अन्दर न जाऊँगी।

मुन्नू—ख़ुदा की क़सम खाके कहता हूँ, घर बिलकुल ख़ाली है। आप हम लोगों पर शक करती हैं। हम वह लोग हैं कि आपका हुक्म पाएँ, तो आग में कूद पड़ें।

देवी इक्के से उतरकर अन्दर चली गई। चिड़िया एक बार पकड़ जाने पर भी फड़फड़ाई; किन्तु पैरों में लासा लगे होने के कारण उड़ न सकी, और शिकारी ने उसे अपनी झोली में रख लिया। वह अभागिनी क्या फिर कभी आकाश में उड़ेगी? क्या फिर उसे डालियों पर चहकना नसीब होगा?

10

श्यामकिशोर सबेरे घर लौटे, तो उनका चित्त शान्त हो गया था। उन्हें शंका हो रही थी कि कदाचित् देवी घर न होगी। द्वार के दोनों पट खुले देखे तो कलेजा सन्-से हो गया। इतने सबेरे किवाड़ों का खुला रहना अमंगलसूचक था। एक क्षण द्वार पर खड़े होकर अन्दर की आहट ली। कोई आवाज़ न सुनाई दी। आँगन में गए, वहाँ भी सन्नाटा, ऊपर चारों तरफ़ सूना! घर काटने को दौड़ रहा था। श्यामकिशोर ने अब ज़रा सतर्क होकर देखना शुरू किया। सन्दूक़ में रुपए नदारत। गहने का सन्दूक़ भी ख़ाली। अब क्या भ्रम हो सकता था। कोई गंगा-स्नान के लिए जाता है, तो घर के रुपए नहीं उठा ले जाता। वह चली गई। अब इसमें लेशमात्र भी सन्देह नहीं था। यह भी मालूम था कि वह कहाँ गई है। शायद इसी वक़्त लपककर जाने से वह वापस भी लाई जा सकती है; लेकिन दुनिया क्या कहेगी?

श्यामकिशोर ने अब चारपाई पर बैठकर ठंडे दिल से इस घटना की विवेचना करनी शुरू की। इसमें तो सन्देह न था कि रजा और उसके पिट्ठू मुन्नू ने ही बहकाया है। आख़िर बाबू जी का कर्तव्य क्या था? उन्होंने वह पुराना मकान छोड़ दिया, देवी को बार-बार समझाया। इसके उपरान्त वह क्या कर सकते थे? क्या मारना अनुचित था? अगर एक क्षण के लिए अनुचित ही मान लिया जाए, तो क्या देवी को इसी तरह घर से निकल जाना चाहिए था? कोई दूसरी स्त्री, जिसके हृदय में पहले ही से विष न भर गया हो, केवल मार खाकर घर से निकल जाती। अवश्य ही देवी का हृदय कलुषित हो गया है।

बाबू साहब ने फिर सोचा—अभी ज़रा देर में महरी आएगी। वह देवी को घर में न देखकर पूछेगी, तो क्या जवाब दूँगा? दम के दम में सारे मुहल्ले में यह ख़बर फैल जाएगी। हाय भगवान्! क्या करूँ? श्यामकिशोर के मन में इस वक़्त ज़रा भी पश्चात्ताप, ज़रा भी दया न थी। अगर देवी किसी तरह उन्हें मिल सकती, तो वह उसकी हत्या कर डालने में ज़रा भी पसोपेश न करते। उसका घर से निकल जाना, चाहे आवेश के सिवा उसका और कोई कारण न हो, उनकी निगाह में अक्षम्य था, क्रोध बहुधा विरक्ति का रूप धारण कर लिया करता है। श्यामकिशोर को संसार से घृणा हो गई। जब अपनी पत्नी ही दग़ा कर जाए तो किसी से क्या आशा की जाए? जिस स्त्री के लिए हम जीते भी हैं, और मरते भी, जिसको सुखी रखने के लिए हम अपने प्राणों का बलिदान कर देते हैं, जब वह अपनी न हुई, तो फिर दूसरा कौन अपना हो सकता है? इसी स्त्री को प्रसन्न रखने के लिए उन्होंने क्या नहीं किया। घरवालों से लड़ाई की, भाइयों से नाता तोड़ा, यहाँ तक कि वे अब उनकी सूरत भी नहीं देखना चाहते। उसकी कोई ऐसी इच्छा न थी, जो उन्होंने पूरी न की हो! उसका ज़रा-सा सिर भी दुखता था, तो उनके हाथों के तोते उड़ जाते थे। रात की रात उसकी सेवा-शुश्रूषा में बैठे रह जाते थे। वही स्त्री आज उनसे दग़ा कर गई, केवल एक गुंडे के बहकाने में आकर उनके मुँह में कालिख लगा गई। गुंडों पर इलज़ाम लगाना तो एक प्रकार से मन को समझाना है! जिसके दिल में खोट न हो, उसे कोई क्या बहका सकता है? जब इस स्त्री ने धोखा दिया, तो फिर समझना चाहिए कि संसार में प्रेम और विश्वास का अस्तित्व ही नहीं। यह केवल भावुक प्राणियों की कल्पना-मात्र है। ऐसे संसार में रहकर दुःख और दुराशा के सिवा और क्या मिलता है। हा दुष्टा! ले, आज से तू स्वतंत्र है, जो चाहे कर; अब कोई तेरा हाथ पकड़नेवाला नहीं रहा। जिसे तू 'प्रियतम' कहते नहीं थकती थी, उसके साथ तूने यह कुटिल व्यवहार किया! चाहूँ, तो तुझे अदालत में घसीट कर इस पाप का दंड दे सकता हूँ; मगर क्या फ़ायदा! इसका फल तुझे ईश्वर देंगे।

श्यामकिशोर चुपचाप नीचे उतरे, न किसी से कुछ कहा न सुना, द्वार खुले छोड़ दिए और गंगा-तट की ओर चले।

कजाकी

मेरी बाल-स्मृतियों में 'कजाकी' एक न मिटने वाला व्यक्ति है। आज चालीस साल गुज़र गए; कजाकी की मूर्ति अभी तक आँखों के सामने नाच रही है। मैं उन दिनों अपने पिता के साथ आजमगढ़ की एक तहसील में था। कजाकी जाति का पासी था, बड़ा ही हँसमुख, बड़ा ही साहसी, बड़ा ही ज़िन्दादिल। वह रोज़ शाम को डाक का थैला लेकर आता, रात-भर रहता और सबेरे डाक लेकर चला जाता। शाम को फिर उधर से डाक लेकर आ जाता। मैं दिन भर एक उद्विग्न दशा में उसकी राह देखा करता। ज्यों ही चार बजते, व्याकुल होकर, सड़क पर आकर, खड़ा हो जाता, और थोड़ी देर में कजाकी कन्धे पर बल्लम रखे, उसकी झुँझुनी बजाता, दूर से दौड़ता हुआ आता दिखलाई देता। वह साँवले रंग का गठीला, लम्बा जवान था। शरीर साँचे में ऐसा ढला हुआ कि चतुर मूर्तिकार भी उसमें कोई दोष न निकाल

सकता। उसकी छोटी-छोटी मूँछें, उसके सुडौल चेहरे पर बहुत ही अच्छी मालूम होती थीं। मुझे देखकर वह और तेज़ दौड़ने लगता, उसकी झुँझुनी और तेज़ी से बजने लगती, और मेरे हृदय में और ज़ोर से ख़ुशी की धड़कन होने लगती। हर्षातिरेक में मैं भी दौड़ पड़ता और एक क्षण में कजाकी का कन्धा मेरा सिंहासन बन जाता। वह स्थान मेरी अभिलाषाओं का स्वर्ग था। स्वर्ग के निवासियों को भी शायद वह आंदोलित आनन्द न मिलता होगा जो मुझे कजाकी के विशाल कन्धों पर मिलता था। संसार मेरी आँखों में तुच्छ हो जाता और जब कजाकी मुझे कन्धे पर लिए हुए दौड़ने लगता, तब तो ऐसा मालूम होता, मानो मैं हवा के घोड़े पर उड़ा जा रहा हूँ।

कजाकी डाकखाने में पहुँचता, तो पसीने से तर रहता; लेकिन आराम करने की आदत न थी। थैला रखते ही वह हम लोगों को लेकर किसी मैदान में निकल जाता, कभी हमारे साथ खेलता, कभी बिरहे गाकर सुनाता और कभी कहानियाँ सुनाता। उसे चोरी और डाके, मार-पीट, भूत-प्रेत की सैकड़ों कहानियाँ याद थीं। मैं ये कहानियाँ सुनकर विस्मयपूर्ण आनन्द में मग्न हो जाता; उसकी कहानियों के चोर और डाकू सच्चे योद्धा होते थे, जो अमीरों को लूटकर दीन-दुखी प्राणियों का पालन करते थे। मुझे उन पर घृणा के बदले श्रद्धा होती थी।

2

एक दिन कजाकी को डाक का थैला लेकर आने में देर हो गई। सूर्यास्त हो गया और वह दिखलाई न दिया। मैं खोया हुआ-सा सड़क पर दूर तक आँखें फाड़-फाड़ कर देखता था; पर वह परिचित रेखा न दिखलाई पड़ती थी। कान लगाकर सुनता था; 'झुन-झुन' की वह आमोदमय ध्वनि न सुनाई देती थी। प्रकाश के साथ मेरी आशा भी मलिन होती जाती थी। उधर से किसी को आते देखता, तो पूछता—कजाकी आता है? पर या तो कोई सुनता ही न था, या केवल सिर हिला देता था।

सहसा 'झुन-झुन' की आवाज़ कानों में आई। मुझे अँधेरे में चारों ओर भूत ही दिखलाई देते थे—यहाँ तक कि माता जी के कमरे में ताक पर रखी हुई मिठाई भी अँधेरा हो जाने के बाद, मेरे लिए त्याज्य हो जाती थी; लेकिन वह आवाज़ सुनते ही मैं उसकी तरफ़ ज़ोर से दौड़ा। हाँ, वह कजाकी ही था। उसे देखते ही मेरी विकलता क्रोध में बदल गई। मैं उसे मारने लगा, फिर रूठ करके अलग खड़ा हो गया।

कजाकी ने हँसकर कहा—मारोगे, तो मैं एक चीज़ लाया हूँ, वह न दूँगा।

मैंने साहस करके कहा—जाओ, मत देना, मैं लूँगा ही नहीं।

कजाकी—अभी दिखा दूँ, तो दौड़कर गोद में उठा लोगे।

मैंने पिघल कर कहा—अच्छा, दिखा दो।

कजाकी—तो आकर मेरे कन्धे पर बैठ जाओ भाग चलूँ। आज बहुत देर हो गई है। बाबू जी बिगड़ रहे होंगे।

मैंने अकड़ कर कहा—पहिले दिखा।

मेरी विजय हुई। अगर कजाकी को देर का डर न होता और वह एक मिनट भी और रुक सकता, तो शायद पाँसा पलट जाता। उसने कोई चीज़ दिखलाई, जिसे वह एक हाथ से छाती से चिपटाये हुए था; लम्बा मुँह था, और दो आँखें चमक रही थीं।

मैंने उसे दौड़कर कजाकी की गोद से ले लिया। यह हिरन का बच्चा था। आह! मेरी उस ख़ुशी का कौन अनुमान करेगा? तब से कठिन परीक्षाएँ पास कीं, अच्छा पद भी पाया, रायबहादुर भी हुआ; पर वह ख़ुशी फिर न हासिल हुई। मैं उसे गोद में लिए, उसके कोमल स्पर्श का आनन्द उठाता घर की ओर दौड़ा। कजाकी को आने में क्यों इतनी देर हुई इसका ख़याल ही न रहा।

मैंने पूछा—यह कहाँ मिला, कजाकी?

कजाकी—भैया, यहाँ से थोड़ी दूर पर एक छोटा-सा जंगल है। उसमें बहुत-से हिरन हैं। मेरा बहुत जी चाहता था कि कोई बच्चा मिल जाए, तो तुम्हें दूँ। आज यह बच्चा हिरनों के झुँड के साथ दिखलाई दिया। मैं झुँड की ओर दौड़ा, तो सब के सब भागे। यह बच्चा भी भागा; लेकिन मैंने पीछा न छोड़ा। और हिरन तो बहुत दूर निकल गए, यही पीछे रह गया। मैंने इसे पकड़ लिया। इसी से इतनी देर हुई।

यों बातें करते हम दोनों डाकखाने पहुँचे। बाबू जी ने मुझे न देखा, हिरन के बच्चे को भी न देखा, कजाकी ही पर उनकी निगाह पड़ी। बिगड़कर बोले—आज इतनी देर कहाँ लगाई? अब थैला लेकर आया है, उसे लेकर क्या करूँ? डाक तो चली गई। बता, तूने इतनी देर कहाँ लगाई?

कजाकी के मुँह से आवाज़ न निकली।

बाबू जी ने कहा—तुझे शायद अब नौकरी नहीं करनी है। नीच है न, पेट भरा तो मोटा हो गया! जब भूखों मरने लगेगा, तो आँखें खुलेंगी।

कजाकी चुपचाप खड़ा रहा।

बाबू जी का क्रोध और बढ़ा। बोले—अच्छा, थैला रख दे और अपने घर की राह ले। सूअर, अब डाक ले के आया है। तेरा क्या बिगड़ेगा, जहाँ चाहेगा, मजूरी कर लेगा। माथे तो मेरे जाएगी, जवाब तो मुझसे तलब होगा।

कजाकी ने रुआँसे होकर कहा—सरकार, अब कभी देर न होगी।

बाबू जी—आज क्यों देर की, इसका जवाब दे?

कजाकी के पास इसका कोई जवाब न था। आश्चर्य तो यह था कि मेरी भी ज़बान बन्द हो गई। बाबू जी बड़े ग़ुस्सेवर थे। उन्हें काम करना पड़ता था, इसी से बात-बात पर झुँझला पड़ते थे। मैं तो उनके सामने कभी जाता ही न था। वह भी मुझे कभी प्यार न करते थे। घर में केवल दो बार घंटे-घंटे भर के लिए भोजन करने आते थे, बाक़ी सारे दिन दफ़्तर में लिखा करते थे। उन्होंने बार-बार एक सहकारी के लिए अफ़सरों से विनय की थी; पर इसका कुछ असर न हुआ था। यहाँ तक कि तातील के दिन भी बाबू जी दफ़्तर ही में रहते थे। केवल माता जी उनका क्रोध शान्त करना जानती थीं; पर वह दफ़्तर में कैसे आतीं। बेचारा कजाकी उसी वक़्त मेरे देखते-देखते निकाल दिया गया। उसका बल्लम, चपरास और साफा छीन लिया गया और उसे डाकखाने से निकल जाने का नादिरी हुक्म सुना दिया। आह! उस वक़्त मेरा ऐसा जी चाहता था कि मेरे पास सोने की लंका होती, तो कजाकी को दे देता और बाबू जी को दिखा देता कि आपके निकाल देने से कजाकी का बाल भी बाँका नहीं हुआ। किसी योद्धा को अपनी तलवार पर जितना घमंड होता है, उतना ही घमंड कजाकी को अपनी चपरास पर था। जब वह चपरास खोलने लगा, तो उसके हाथ काँप रहे थे और

आँखों से आँसू बह रहे थे। और इस सारे उपद्रव की जड़ वह कोमल वस्तु थी, जो मेरी गोद में मुँह छिपाए ऐसे चैन से बैठी हुई थी, मानो माता की गोद में हो। जब कजाकी चला तो मैं धीरे-धीरे उसके पीछे-पीछे चला। मेरे घर के द्वार पर आकर कजाकी ने कहा—भैया, अब घर जाओ; साँझ हो गई।

मैं चुपचाप खड़ा अपने आँसुओं के वेग को सारी शक्ति से दबा रहा था। कजाकी फिर बोला—भैया, मैं कहीं बाहर थोड़े ही चला जाऊँगा। फिर आऊँगा और तुम्हें कन्धे पर बैठा कर कुदाऊँगा। बाबू जी ने नौकरी ले ली है, तो क्या इतना भी न करने देंगे! तुमको छोड़कर मैं कहीं न जाऊँगा, भैया! जाकर अम्माँ से कह दो, कजाकी जाता है। उसका कहा-सुना माफ़ करें।

मैं दौड़ा हुआ घर गया, लेकिन अम्माँ जी को कुछ कहने के बदले बिलख-बिलख कर रोने लगा। अम्माँ जी रसोई के बाहर निकलकर पूछने लगीं—क्या हुआ बेटा? किसने मारा! बाबू जी ने कुछ कहा है? अच्छा, रह तो जाओ, आज घर आते हैं, तो पूछती हूँ। जब देखो, मेरे लड़के को मारा करते हैं। चुप रहो बेटा, अब तुम उनके पास कभी मत जाना।

मैंने बड़ी मुश्किल से आवाज़ सँभाल कर कहा—कजाकी...

अम्माँ ने समझा, कजाकी ने मारा है; बोलीं—अच्छा, आने दो कजाकी को, देखो, खड़े-खड़े निकलवा देती हूँ। हरकारा होकर मेरे राजा बेटा को मारे! आज ही तो साफा, बल्लम, सब छिनवाये लेती हूँ। वाह!

मैंने जल्दी से कहा—नहीं, कजाकी ने नहीं मारा। बाबू जी ने उसे निकाल दिया है; उसका साफा, बल्लम छीन लिया—चपरास भी ले ली।

अम्माँ—यह तुम्हारे बाबू जी ने बहुत बुरा किया। वह बेचारा अपने काम में इतना चौकस रहता है। फिर उसे क्यों निकाला?

मैंने कहा—आज उसे देर हो गई थी।

यह कहकर मैंने हिरन के बच्चे को गोद से उतार दिया। घर में उसके भाग जाने का भय न था। अब तक अम्माँ जी की निगाह भी उस पर न पड़ी थी। उसे फुदकते देखकर वह सहसा चौंक पड़ीं और लपककर मेरा हाथ पकड़ लिया कि कहीं यह भयंकर जीव मुझे काट न खाय! मैं कहाँ तो फूट-फूट कर रो रहा था और कहाँ अम्माँ की घबराहट देखकर खिलखिला कर हँस पड़ा।

अम्माँ—अरे, यह तो हिरन का बच्चा है! कहाँ मिला?

मैंने हिरन के बच्चे का सारा इतिहास और उसका भीषण परिणाम आदि से अन्त तक कह सुनाया—अम्माँ, यह इतना तेज़ भागता था कि कोई दूसरा होता, तो पकड़ ही न सकता। सन्-सन्, हवा की तरह उड़ता चला जाता था। कजाकी पाँच-छह घंटे तक इसके पीछे दौड़ता रहा। तब कहीं जाकर बच्चा मिले। अम्माँ जी, कजाकी की तरह कोई दुनिया भर में नहीं दौड़ सकता, इसी से तो देर हो गई। इसलिए बाबू जी ने बेचारे को निकाल दिया—चपरास, साफा, बल्लम, सब छीन लिया। अब बेचारा क्या करेगा? भूखों मर जाएगा।

अम्माँ ने पूछा—कहाँ है कजाकी, ज़रा उसे बुला तो लाओ।

मैंने कहा—बाहर तो खड़ा है। कहता था, अम्माँ जी से मेरा कहा-सुना माफ़ करवा देना।

अब तक अम्माँ जी मेरे वृत्तांत को दिल्लगी समझ रही थीं। शायद वह समझती थीं कि बाबू जी ने कजाकी को डाँटा होगा; लेकिन मेरा अन्तिम वाक्य सुनकर संशय हुआ कि

सचमुच तो कजाकी बरखास्त नहीं कर दिया गया। बाहर आकर 'कजाकी! कजाकी' पुकारने लगीं, पर कजाकी का कहीं पता न था। मैंने बार-बार पुकारा; लेकिन कजाकी वहाँ न था।

खाना तो मैंने खा लिया—बच्चे शोक में खाना नहीं छोड़ते, ख़ास कर जब रबड़ी भी सामने हो; मगर बड़ी रात तक पड़े-पड़े सोचता रहा—मेरे पास रुपए होते, तो एक लाख रुपए कजाकी को दे देता और कहता—बाबू जी से कभी मत बोलना। बेचारा भूखों मर जाएगा! देखूँ, कल आता है कि नहीं। अब क्या करेगा आकर? मगर आने को तो कह गया है। मैं कल उसे अपने साथ खाना खिलाऊँगा।

यही हवाई क़िले बनाते-बनाते मुझे नींद आ गई।

3

दूसरे दिन मैं दिन भर अपने हिरन के बच्चे की सेवा-सत्कार में व्यस्त रहा। पहले उसका नामकरण संस्कार हुआ। 'मुन्नू' नाम रखा गया। फिर मैंने उसका अपने सब हमजोलियों और सहपाठियों से परिचय कराया। दिन ही भर में वह मुझसे इतना हिल गया कि मेरे पीछे-पीछे दौड़ने लगा। इतनी ही देर में मैंने उसे अपने जीवन में एक महत्त्वपूर्ण स्थान दे दिया। अपने भविष्य में बननेवाले विशाल भवन में उसके लिए अलग कमरा बनाने का भी निश्चय कर लिया; चारपाई, सैर करने की फिटन आदि की भी आयोजना कर ली।

लेकिन संध्या होते ही मैं सब कुछ छोड़-छाड़ कर सड़क पर जा खड़ा हुआ और कजाकी की बाट जोहने लगा। जानता था कि कजाकी निकाल दिया गया है, अब उसे यहाँ आने की कोई ज़रूरत नहीं रही। फिर न-जाने मुझे क्यों यह आशा हो रही थी कि वह आ रहा है। एकाएक मुझे ख़याल आया कि कजाकी भूखों मर रहा होगा। मैं तुरन्त घर आया। अम्माँ दीया-बत्ती कर रही थीं। मैंने चुपके से एक टोकरी में आटा निकाला; आटा हाथों में लपेटे, टोकरी से गिरते आटे की एक लकीर बनाता हुआ भागा। जाकर सड़क पर खड़ा हुआ ही था कि कजाकी सामने से आता दिखलाई दिया। उसके पास बल्लम भी था, कमर में चपरास भी थी, सिर पर साफा भी बँधा हुआ था। बल्लम में डाक का थैला भी बँधा हुआ था। मैं दौड़कर उसकी कमर से चिपट गया और विस्मित होकर बोला—तुम्हें चपरास और बल्लम कहाँ से मिल गया, कजाकी?

कजाकी ने मुझे उठाकर कन्धे पर बैठालते हुए कहा—वह चपरास किस काम की थी, भैया? वह तो ग़ुलामी की चपरास थी, यह पुरानी ख़ुशी की चपरास है। पहले सरकार का नौकर था, अब तुम्हारा नौकर हूँ।

यह कहते-कहते उसकी निगाह टोकरी पर पड़ी, जो वहीं रखी थी। बोला—यह आटा कैसा है, भैया?

मैंने सकुचाते हुए कहा—तुम्हारे ही लिए तो लाया हूँ। तुम भूखे होगे, आज क्या खाया होगा?

कजाकी की आँखें तो मैं न देख सका, उसके कन्धे पर बैठा हुआ था; हाँ, उसकी आवाज़ से मालूम हुआ कि उसका गला भर आया है। बोला—भैया, क्या रूखी ही रोटियाँ खाऊँगा? दाल, नमक, घी—और तो कुछ नहीं है। मैं अपनी भूल पर बहुत लज्जित हुआ। सच तो है, बेचारा रूखी रोटियाँ कैसे खाएगा? लेकिन नमक, दाल, घी कैसे लाऊँ? अब तो अम्माँ

चौके में होंगी। आटा लेकर तो किसी तरह भाग आया था (अभी तक मुझे न मालूम था कि मेरी चोरी पकड़ ली गई; आटे की लकीर ने सुराग दे दिया है)। अब ये तीन-तीन चीज़ें कैसे लाऊँगा? अम्माँ से माँगूँगा, तो कभी न देंगी। एक-एक पैसे के लिए तो घंटों रुलाती हैं, इतनी सारी चीज़ें क्यों देने लगीं? एकाएक मुझे एक बात याद आई। मैंने अपनी किताबों के बस्तों में कई आने पैसे रख छोड़े थे। मुझे पैसे जमा करके रखने में बड़ा आनन्द आता था। मालूम नहीं अब वह आदत क्यों बदल गई। अब भी वही हालत होती तो शायद इतना फाकेमस्त न रहता। बाबू जी मुझे प्यार तो कभी न करते थे; पर पैसे ख़ूब देते थे, शायद अपने काम में व्यस्त रहने के कारण, मुझसे पिंड छुड़ाने के लिए इसी नुस्खे को सबसे आसान समझते थे। इनकार करने में मेरे रोने और मचलने का भय था। इस बाधा को वह दूर ही से टाल देते थे। अम्माँ जी का स्वभाव इससे ठीक प्रतिकूल था। उन्हें मेरे रोने और मचलने से किसी काम में बाधा पड़ने का भय न था। आदमी लेटे-लेटे दिन भर रोना सुन सकता है; हिसाब लगाते हुए ज़ोर की आवाज़ से ध्यान बँट जाता है। अम्माँ मुझे प्यार तो बहुत करती थीं, पर पैसे का नाम सुनते ही उनकी त्योरियाँ बदल जाती थीं। मेरे पास किताबें न थीं। हाँ, एक बस्ता था, जिसमें डाकखाने के दो-चार फार्म तह करके पुस्तक रूप में रखे हुए थे। मैंने सोचा—दाल, नमक और घी के लिए क्या उतने पैसे काफ़ी न होंगे? मेरी तो मुट्ठी में नहीं आते। यह निश्चय करके मैंने कहा—अच्छा, मुझे उतार दो, तो मैं दाल और नमक ला दूँ, मगर रोज़ आया करोगे न?

कजाकी—भैया, खाने को दोगे, तो क्यों न आऊँगा।

मैंने कहा—मैं रोज़ खाने को दूँगा।

कजाकी बोला—तो मैं रोज़ आऊँगा।

मैं नीचे उतरा और दौड़कर सारी पूँजी उठा लाया। कजाकी को रोज़ बुलाने के लिए उस वक़्त मेरे पास कोहनूर हीरा भी होता, तो उसको भेंट करने में मुझे पसोपेश न होता।

कजाकी ने विस्मित होकर पूछा—ये पैसे कहाँ पाए, भैया?

मैंने गर्व से कहा—मेरे ही तो हैं।

कजाकी—तुम्हारी अम्माँ जी तुमको मारेंगी, कहेंगी—कजाकी ने फुसला कर मँगवा लिये होंगे। भैया, इन पैसों की मिठाई ले लेना और मटके में रख देना। मैं भूखों नहीं मरता। मेरे दो हाथ हैं। मैं भला भूखों मर सकता हूँ?

मैंने बहुत कहा कि पैसे मेरे हैं, लेकिन कजाकी ने न लिए। उसने बड़ी देर तक इधर-उधर की सैर कराई, गीत सुनाए और मुझे घर पहुँचाकर चला गया। मेरे द्वार पर आटे की टोकरी भी रख दी।

मैंने घर में क़दम रखा ही था कि अम्माँ जी ने डाँटकर कहा—क्यों रे चोर, तू आटा कहाँ ले गया था? अब चोरी करना सीखता है? बता, किसको आटा दे आया, नहीं तो तेरी खाल उधेड़ कर रख दूँगी।

मेरी नानी मर गई। अम्माँ क्रोध में सिंहनी हो जाती थीं। सिटपिटा कर बोला—किसी को तो नहीं दिया।

अम्माँ—तूने आटा नहीं निकाला? देख कितना आटा सारे आँगन में बिखरा पड़ा है?

मैं चुप खड़ा था। वह कितना ही धमकाती थीं, चुमकारती थीं, पर मेरी ज़बान न खुलती थी। आनेवाली विपत्ति के भय से प्राण सूख रहे थे। यहाँ तक कि यह भी कहने की हिम्मत

न पड़ती थी कि बिगड़ती क्यों हो, आटा तो द्वार पर रखा हुआ है, और न उठाकर लाते ही बनता था, मानो क्रिया-शक्ति ही लुप्त हो गई हो, मानो पैरों में हिलने की सामर्थ्य ही नहीं।

सहसा कजाकी ने पुकारा—बहू जी, आटा द्वार पर रखा हुआ है। भैया मुझे देने को ले गए थे।

यह सुनते ही अम्माँ द्वार की ओर चली गईं। कजाकी से वह परदा न करती थीं। उन्होंने कजाकी से कोई बात की या नहीं, यह तो मैं नहीं जानता; लेकिन अम्माँ जी ख़ाली टोकरी लिए हुए घर में आईं। फिर कोठरी में जाकर सन्दूक़ से कुछ निकाला और द्वार की ओर गईं। मैंने देखा कि उनकी मुट्ठी बन्द थी। अब मुझसे वहाँ खड़े न रहा गया।

अम्माँ जी के पीछे-पीछे मैं भी गया। अम्माँ ने द्वार पर कई बार पुकारा; मगर कजाकी चला गया था।

मैंने बड़ी अधीरता से कहा—मैं जाकर खोज लाऊँ, अम्माँ जी? अम्माँ जी ने किवाड़ें बन्द करते हुए कहा—तुम अँधेरे में कहाँ जाओगे, अभी तो यहीं खड़ा था। मैंने कहा कि यहीं रहना; मैं आती हूँ। तब तक न-जाने कहाँ खिसक गया। बड़ा संकोची है! आटा तो लेता ही न था। मैंने ज़बरदस्ती उसके अँगोछे में बाँध दिया। मुझे तो बेचारे पर बड़ी दया आती है। न-जाने बेचारे के घर में कुछ खाने को है कि नहीं। रुपए लाई थी कि दे दूँगी; पर न-जाने कहाँ चला गया। अब तो मुझे भी साहस हुआ। मैंने अपनी चोरी की पूरी कथा कह डाली। बच्चों के साथ समझदार बच्चे बनकर माँ-बाप उन पर जितना असर डाल सकते हैं, जितनी शिक्षा दे सकते हैं, उतने बूढ़े बनकर नहीं।

अम्माँ जी ने कहा—तुमने मुझसे पूछ क्यों न लिया? क्या मैं कजाकी को थोड़ा-सा आटा न देती?

मैंने इसका उत्तर न दिया। दिल में कहा—इस वक़्त तुम्हें कजाकी पर दया आ गई है, जो चाहे दे डालो; लेकिन मैं माँगता, तो मारने दौड़तीं। हाँ, यह सोचकर चित्त प्रसन्न हुआ कि अब कजाकी भूखों न मरेगा। अम्माँ जी उसे रोज़ खाने को देंगी और वह रोज़ मुझे कन्धे पर बिठाकर सैर करायेगा।

दूसरे दिन मैं दिन भर मुन्नू के साथ खेलता रहा। शाम को सड़क पर जाकर खड़ा हो गया। मगर अँधेरा हो गया और कजाकी का कहीं पता नहीं। दीए जल गए, रास्ते में सन्नाटा छा गया; पर कजाकी न आया!

मैं रोता हुआ घर आया। अम्माँ जी ने पूछा—क्यों रोते हो, बेटा? क्या कजाकी नहीं आया?

मैं और ज़ोर से रोने लगा। अम्माँ जी ने मुझे छाती से लगा लिया। मुझे ऐसा मालूम हुआ कि उनका भी कंठ गद्गद हो गया है।

उन्होंने कहा—बेटा, चुप हो जाओ, मैं कल किसी हरकारे को भेज कर कजाकी को बुलवाऊँगी।

मैं रोते ही रोते सो गया। सबेरे ज्यों ही आँखें खुलीं, मैंने अम्माँ जी से कहा—कजाकी को बुलवा दो।

अम्माँ ने कहा—आदमी गया है, बेटा! कजाकी आता होगा। ख़ुश होकर खेलने लगा। मुझे मालूम था कि अम्माँ जी जो बात कहती हैं, उसे पूरा ज़रूर करती हैं। उन्होंने सबेरे ही एक हरकारे को भेज दिया था। दस बजे जब मैं मुन्नू को लिए हुए घर आया, तो मालूम हुआ

कि कजाकी अपने घर पर नहीं मिला। वह रात को भी घर न गया था। उसकी स्त्री रो रही थी कि न-जाने कहाँ चले गए। उसे भय था कि वह कहीं भाग गया है।

बालकों का हृदय कितना कोमल होता है, इसका अनुमान दूसरा नहीं कर सकता। उनमें अपने भावों को व्यक्त करने के लिए शब्द नहीं होते। उन्हें यह भी ज्ञात नहीं होता कि कौन-सी बात उन्हें विकल कर रही है, कौन-सा काँटा उनके हृदय में खटक रहा है, क्यों बार-बार उन्हें रोना आता है, क्यों वे मन मारे बैठे रहते हैं, क्यों खेलने में जी नहीं लगता? मेरी भी यही दशा थी। कभी घर में आता, कभी बाहर जाता, कभी सड़क पर जा पहुँचता। आँखें कजाकी को ढूँढ़ रही थीं। वह कहाँ चला गया? कहीं भाग तो नहीं गया?

तीसरे पहर को मैं खोया हुआ-सा सड़क पर खड़ा था। सहसा मैंने कजाकी को एक गली में देखा। हाँ, वह कजाकी ही था। मैं उसकी ओर चिल्लाता हुआ दौड़ा; पर गली में उसका पता न था, न-जाने किधर ग़ायब हो गया। मैंने गली के इस सिरे से उस सिरे तक देखा; मगर कहीं कजाकी की गंध तक न मिली।

घर जाकर मैंने अम्माँ जी से यह बात कही। मुझे ऐसा जान पड़ा कि वह यह बात सुनकर बहुत चिन्तित हो गईं।

इसके बाद दो-तीन दिन तक कजाकी न दिखलाई दिया। मैं भी अब उसे कुछ-कुछ भूलने लगा। बच्चे पहले जितना प्रेम करते हैं, बाद को उतने ही निष्ठुर भी हो जाते हैं। जिस खिलौने पर प्राण देते हैं, उसी को दो-चार दिन के बाद पटक कर फोड़ भी डालते हैं।

दस-बारह दिन और बीत गए। दोपहर का समय था। बाबू जी खाना खा रहे थे। मैं मुन्नू के पैरों में पीनस की पैजनियाँ बाँध रहा था। एक औरत घूँघट निकाले हुए आई और आँगन में खड़ी हो गई। उसके कपड़े फटे हुए और मैले थे, पर गोरी, सुन्दर स्त्री थी। उसने मुझसे पूछा—भैया, बहू जी कहाँ है?

मैंने उसके पास जाकर उसका मुँह देखते हुए कहा—तुम कौन हो, क्या बेचती हो?

औरत—कुछ बेचती नहीं हूँ, तुम्हारे लिए ये कमलगट्टे लाई हूँ। भैया, तुम्हें तो कमलगट्टे बहुत अच्छे लगते हैं न?

मैंने उसके हाथों से लटकती हुई पोटली को उत्सुक नेत्रों से देखकर पूछा—कहाँ से लाई हो? देखें।

औरत—तुम्हारे हरकारे ने भेजा है, भैया!

मैंने उछल कर पूछा—कजाकी ने?

औरत ने सिर हिलाकर 'हाँ' कहा और पोटली खोलने लगी। इतने में अम्माँ जी भी रसोई से निकल आईं। उसने अम्माँ के पैरों का स्पर्श किया। अम्माँ ने पूछा—तू कजाकी की घरवाली है?

औरत ने सिर झुका लिया।

अम्माँ—आजकल कजाकी क्या करता है।

औरत ने रोकर कहा—बहू जी, जिस दिन से आपके पास से आटा लेकर गए हैं, उसी दिन से बीमार पड़े हैं। बस, भैया-भैया किया करते हैं। भैया ही में उनका मन बसा रहता है। चौंक-चौंककर 'भैया! भैया!' कहते हुए द्वार की ओर दौड़ते हैं। न जाने उन्हें क्या हो गया है, बहू जी! एक दिन मुझसे कुछ कहा न सुना, घर से चल दिए और एक

गली में छिपकर भैया को देखते रहे। जब भैया ने उन्हें देख लिया, तो भागे। तुम्हारे पास आते हुए लजाते हैं।

मैंने कहा—हाँ-हाँ, मैंने उस दिन तुमसे जो कहा था अम्माँ जी!

अम्माँ—घर में कुछ खाने-पीने को है?

औरत—हाँ बहू जी, तुम्हारे आसिरवाद से खाने-पीने का दु:ख नहीं है। आज सबेरे उठे और तालाब की ओर चले गए। बहुत कहती रही, बाहर मत जाओ, हवा लग जाएगी। मगर न माने! मारे कमज़ोरी के पैर काँपने लगते हैं, मगर तालाब में घुसकर ये कमलगट्टे तोड़ लाए। तब मुझसे कहा—ले जा, भैया को दे आ। उन्हें कमलगट्टे बहुत अच्छे लगते हैं। कुशल-छेम पूछती आना।

मैंने पोटली से कमलगट्टे निकाल लिये थे और मज़े से चख रहा था। अम्माँ ने बहुत आँखें दिखाईं, मगर यहाँ इतना सब्र कहाँ!

अम्माँ ने कहा—कह देना सब कुशल है।

मैंने कहा—यह भी कह देना कि भैया ने बुलाया है। न जाओगे तो फिर तुमसे कभी न बोलेंगे, हाँ!

बाबू जी खाना खाकर निकल आए थे। तौलिये से हाथ-मुँह पोंछते हुए बोले—और यह भी कह देना कि साहब ने तुमको बहाल कर दिया है। जल्दी जाओ, नहीं तो कोई दूसरा आदमी रख लिया जाएगा।

औरत ने अपना कपड़ा उठाया और चली गई। अम्माँ ने बहुत पुकारा, पर वह न रुकी। शायद अम्माँ जी उसे सीधा देना चाहती थीं।

अम्माँ ने पूछा—सचमुच बहाल हो गया?

बाबू जी—और क्या झूठे ही बुला रहा हूँ। मैंने तो पाँचवें ही दिन बहाली की रिपोर्ट की थी।

अम्माँ—यह तुमने अच्छा किया।

बाबू जी—उसकी बीमारी की यही दवा है।

4

प्रात:काल मैं उठा, तो क्या देखता हूँ कि कजाकी लाठी टेकता हुआ चला आ रहा है। वह बहुत दुबला हो गया था, मालूम होता था, बूढ़ा हो गया है। हरा-भरा पेड़ सूख कर ठूँठा हो गया था। मैं उसकी ओर दौड़ा और उसकी कमर से चिमट गया। कजाकी ने मेरे गाल चूमे और मुझे उठाकर कन्धे पर बैठालने की चेष्टा करने लगा; पर मैं न उठ सका। तब वह जानवरों की भाँति भूमि पर हाथों और घुटनों के बल खड़ा हो गया और मैं उसकी पीठ पर सवार होकर डाकखाने की ओर चला। मैं उस वक़्त फूला न समाता था और शायद कजाकी मुझसे भी ज़्यादा ख़ुश था।

बाबू जी ने कहा—कजाकी, तुम बहाल हो गए। अब कभी देर न करना।

कजाकी रोता हुआ पिताजी के पैरों पर गिर पड़ा; मगर शायद मेरे भाग्य में दोनों सुख भोगना न लिखा था—मुन्नू मिला, तो कजाकी छूटा; कजाकी आया तो मुन्नू हाथ से गया और ऐसा गया कि आज तक उसके जाने का दु:ख है। मुन्नू मेरी ही थाली में खाता था। जब तक मैं खाने न बैठूँ, वह भी कुछ न खाता था। उसे भात से बहुत ही रुचि थी; लेकिन जब

तक ख़ूब घी न पड़ा हो, उसे सन्तोष न होता था। वह मेरे ही साथ सोता था और मेरे ही साथ उठता भी था। सफ़ाई तो उसे इतनी पसन्द थी कि मल-मूत्र त्याग करने के लिए घर से बाहर मैदान में निकल जाता था। कुत्तों से उसे चिढ़ थी, कुत्तों को घर में न घुसने देता। कुत्ते को देखते ही थाली से उठ जाता और उसे दौड़कर घर से बाहर निकाल देता था।

कजाकी को डाकखाने में छोड़कर जब मैं खाना खाने गया, तो मुन्नू भी आ बैठा। अभी दो-चार ही कौर खाये थे कि एक बड़ा-सा झबरा कुत्ता आँगन में दिखाई दिया। मुन्नू उसे देखते ही दौड़ा। दूसरे घर में जाकर कुत्ता चूहा हो जाता है। झबरा कुत्ता उसे आते देखकर भागा। मुन्नू को अब लौट आना चाहिए था; मगर वह कुत्ता उसके लिए यमराज का दूत था। मुन्नू को उसे घर से निकालकर भी सन्तोष न हुआ। वह उसे घर के बाहर मैदान में भी दौड़ाने लगा। मुन्नू को शायद ख़याल न रहा कि यहाँ मेरी अमलदारी नहीं है। वह उस क्षेत्र में पहुँच गया था, जहाँ झबरे का भी उतना ही अधिकार था, जितना मुन्नू का। मुन्नू कुत्तों को भगाते-भगाते कदाचित् अपने बाहुबल पर घमंड करने लगा था। वह यह न समझता था कि घर में उसकी पीठ पर घर के स्वामी का भय काम किया करता है। झबरे ने इस मैदान में आते ही उलट कर मुन्नू की गरदन दबा दी। बेचारे मुन्नू के मुँह से आवाज़ तक न निकली। जब पड़ोसियों ने शोर मचाया, तो मैं दौड़ा। देखा, तो मुन्नू मरा पड़ा है और झबरे का कहीं पता नहीं।

आँसुओं की होली

नामों को बिगाड़ने की प्रथा न-जाने कब चली और कहाँ शुरू हुई।

इस संसारव्यापी रोग का पता लगाए तो ऐतिहासिक संसार में अवश्य ही अपना नाम छोड़ जाए। पंडित जी का नाम तो श्रीविलास था; पर मित्र लोग सिलबिल कहा करते थे। नामों का असर चरित्र पर कुछ न कुछ पड़ जाता है। बेचारे सिलबिल सचमुच ही सिलबिल थे। दफ़्तर जा रहे हैं; मगर पाजामे का इजारबन्द नीचे लटक रहा है। सिर पर फेल्ट-कैप है; पर लम्बी-सी चुटिया पीछे झाँक रही है, अचकन यों बहुत सुन्दर है। न जाने उन्हें त्योहारों से क्या चिढ़ थी। दिवाली गुज़र जाती पर वह भलामानस कौड़ी हाथ में न लेता। और होली का दिन तो उनकी भीषण परीक्षा का दिन था। तीन दिन वह घर से बाहर न निकलते। घर पर भी काले कपड़े पहने बैठे रहते थे। यार लोग टोह में रहते थे कि कहीं बचा फँस जाएँ मगर घर में घुसकर तो फ़ौजदारी नहीं की जाती। एक-आध बार फँसे भी, मगर घिघिया-पुदिया कर बेदाग़ निकल गए।

लेकिन अबकी समस्या बहुत कठिन हो गई थी। शास्त्रों के अनुसार 25 वर्ष तक ब्रह्मचर्य का पालन करने के बाद उन्होंने विवाह किया था। ब्रह्मचर्य के परिपक्व होने में जो थोड़ी-बहुत कसर रही, वह तीन वर्ष के गौने की मुद्दत ने पूरी कर दी। यद्यपि स्त्री से कोई शंका न थी, तथापि वह औरतों को सिर चढ़ाने के हामी न थे। इस मामले में उन्हें अपना वही पुराना-धुराना ढंग पसन्द था। बीबी को जब कस कर डाँट दिया, तो उसकी मजाल है कि रंग हाथ से छुए। विपत्ति यह थी कि ससुराल के लोग भी होली मनाने आनेवाले थे। पुरानी मसल है : 'बहन

अन्दर तो भाई सिकंदर'। इन सिकंदरों के आक्रमण से बचने का उन्हें कोई उपाय न सूझता था। मित्र लोग घर में न जा सकते थे; लेकिन सिकंदरों को कौन रोक सकता है?

स्त्री ने आँख फाड़ कर कहा—अरे भैया! क्या सचमुच रंग न घर लाओगे? यह कैसी होली है, बाबा?

सिलबिल ने त्योरियाँ चढ़ा कर कहा—बस, मैंने एक बार कह दिया और बात दोहराना मुझे पसन्द नहीं। घर में रंग नहीं आएगा और न कोई छुएगा? मुझे कपड़ों पर लाल छींटे देखकर मचली आने लगती है। हमारे घर में ऐसी ही होली होती है।

स्त्री ने सिर झुकाकर कहा—तो न लाना रंग-संग, मुझे रंग लेकर क्या करना है। जब तुम्हीं रंग न छुओगे, तो मैं कैसे छू सकती हूँ। सिलबिल ने प्रसन्न होकर कहा—निस्सन्देह यही साध्वी स्त्री का धर्म है।

'लेकिन भैया तो आनेवाले हैं। वह क्यों मानेंगे?'

'उनके लिए भी मैंने एक उपाय सोच लिया है। उसे सफल बनाना तुम्हारा काम है। मैं बीमार बन जाऊँगा। एक चादर ओढ़ कर लेट रहूँगा। तुम कहना इन्हें ज्वर आ गया। बस; चलो छुट्टी हुई।'

स्त्री ने आँख नचा कर कहा—ऐ नौज; कैसी बातें मुँह से निकालते हो! ज्वर जाए मुद्दई के घर, यहाँ आए तो मुँह झुलस दूँ निगोड़े का।

'तो फिर दूसरा उपाय ही क्या है?'

'तुम ऊपरवाली छोटी कोठरी में छिप रहना, मैं कह दूँगी, उन्होंने जुलाब लिया है। बाहर निकलेंगे तो हवा लग जाएगी।'

पंडित जी खिल उठे—बस, बस, यही सबसे अच्छा।

2

होली का दिन है। बाहर हाहाकार मचा हुआ है। पुराने ज़माने में अबीर और गुलाल के सिवा और कोई रंग न खेला जाता था। अब नीले, हरे, काले, सभी रंगों का मेल हो गया है और इस संगठन से बचना आदमी के लिए तो सम्भव नहीं। हाँ, देवता बचें। सिलबिल के दोनों साले मुहल्ले भर के मर्दों, औरतों, बच्चों और बूढ़ों का निशाना बने हुए थे। बाहर के दीवानख़ाने के फ़र्श, दीवारें—यहाँ तक की तसवीरें भी रंग उठी थीं। घर में भी यही हाल था। मुहल्ले की ननदें भला कब मानने लगी थीं। परनाला तक रंगीन हो गया था।

बड़े साले ने पूछा—क्यों री चम्पा, क्या सचमुच उनकी तबीयत अच्छी नहीं? खाना खाने भी न आए?

चम्पा ने सिर झुकाकर कहा—हाँ भैया, रात ही से पेट में कुछ दर्द होने लगा। डॉक्टर ने हवा में निकलने को मना कर दिया है।

ज़रा देर बाद छोटे साले ने कहा—क्यों जीजी जी, क्या भाई साहब नीचे नहीं आएँगे? ऐसी भी क्या बीमारी है! कहो तो ऊपर जाकर देख आऊँ।

चम्पा ने उसका हाथ पकड़कर कहा—नहीं-नहीं, ऊपर मत जैयो! वह रंग-वंग न खेलेंगे। डॉक्टर ने हवा में निकलने को मना कर दिया है।

दोनों भाई हाथ मल कर रह गए।

सहसा छोटे भाई को एक बात सूझी—जीजा जी के कपड़ों के साथ क्यों न होली खेलें। वे तो नहीं बीमार हैं।

बड़े भाई के मन में यह बात बैठ गई। बहन बेचारी अब क्या करती? सिकंदरों ने कुंजियाँ उसके हाथ से लीं और सिलबिल के सारे कपड़े निकाल-निकालकर रंग डाले। रूमाल तक न छोड़ा। जब चम्पा ने उन कपड़ों को आँगन में अलगनी पर सूखने को डाल दिया तो ऐसा जान पड़ा, मानो किसी रंगरेज ने ब्याह के जोड़े रँगे हों। सिलबिल ऊपर बैठे-बैठे यह तमाशा देख रहे थे; पर ज़बान न खोलते थे। छाती पर साँप-सा लोट रहा था। सारे कपड़े ख़राब हो गए, दफ़्तर जाने को भी कुछ न बचा। इन दुष्टों को मेरे कपड़ों से न जाने क्या बैर था।

घर में नाना प्रकार के स्वादिष्ट व्यंजन बन रहे थे। मुहल्ले की एक ब्राह्मणी के साथ चम्पा भी जुटी हुई थी। दोनों भाई और कई अन्य सज्जन आँगन में भोजन करने बैठे, तो बड़े साले ने चम्पा से पूछा—कुछ उनके लिए भी खिचड़ी-विचड़ी बनाई है? पूरियाँ तो बेचारे आज खा न सकेंगे!

चम्पा ने कहा—अभी तो नहीं बनाई, अब बना लूँगी।

'वाह री तेरी अक़्ल! अभी तक तुझे इतनी फ़िक्र नहीं कि वह बेचारे खाएँगे क्या। तू तो इतनी लापरवाह कभी न थी। जा निकाल ला जल्दी से चावल और मूँग की दाल।'

लीजिए—खिचड़ी पकने लगी। इधर मित्रों ने भोजन करना शुरू किया। सिलबिल ऊपर बैठे अपनी क़िस्मत को रो रहे थे। उन्हें इस सारी विपत्ति का एक ही कारण मालूम होता था—विवाह! चम्पा न आती, तो ये साले क्यों आते, कपड़े क्यों ख़राब होते, होली के दिन मूँग की खिचड़ी क्यों खाने को मिलती? मगर अब पछताने से क्या होता है। जितनी देर में लोगों ने भोजन किया, उतनी देर में खिचड़ी तैयार हो गई। बड़े साले ने ख़ुद चम्पा को ऊपर भेजा कि खिचड़ी की थाली ऊपर दे आए।

सिलबिल ने थाली की ओर कुपित नेत्रों से देखकर कहा—इसे मेरे सामने से हटा ले जाव।

'क्या आज उपवास ही करोगे?'

'तुम्हारी यही इच्छा है, तो यही सही।'

'मैंने क्या किया। सबेरे से जुती हुई हूँ। भैया ने ख़ुद खिचड़ी डलवाई और मुझे यहाँ भेजा।'

'हाँ, वह तो मैं देख रहा हूँ कि मैं घर का स्वामी नहीं। सिकंदरों ने उस पर क़ब्ज़ा जमा लिया है, मगर मैं यह नहीं मान सकता कि तुम चाहतीं तो और लोगों के पहले ही मेरे पास थाली न पहुँच जाती। मैं इसे पतिव्रत धर्म के विरुद्ध समझता हूँ, और क्या कहूँ!'

'तुम तो देख रहे थे कि दोनों जने मेरे सिर पर सवार थे।'

'अच्छी दिल्लगी है कि और लोग तो समोसे और खस्ते उड़ायें और मुझे मूँग की खिचड़ी दी जाए। वाह रे नसीब!'

'तुम इसे दो-चार कौर खा लो, मुझे ज्यों ही अवसर मिलेगा, दूसरी थाली लाऊँगी।'

'सारे कपड़े रँगवा डाले, दफ़्तर कैसे जाऊँगा? यह दिल्लगी मुझे ज़रा भी नहीं भाती। मैं इसे बदमाशी कहता हूँ। तुमने सन्दूक़ की कुंजी क्यों दे दी? क्या मैं इतना पूछ सकता हूँ?'

'ज़बरदस्ती छीन ली। तुमने सुना नहीं? करती क्या?'

'अच्छा, जो हुआ सो हुआ, यह थाली ले जाव। धर्म समझना तो दूसरी थाली लाना, नहीं तो आज व्रत ही सही।'

एकाएक पैरों की आहट पाकर सिलबिल ने सामने देखा, तो दोनों साले आ रहे हैं। उन्हें देखते ही बिचारे ने मुँह बना लिया, चादर से शरीर ढँक लिया और कराहने लगे।

बड़े साले ने कहा—कहिए, कैसी तबीयत है? थोड़ी-सी खिचड़ी खा लीजिए।

सिलबिल ने मुँह बनाकर कहा—अभी तो कुछ खाने की इच्छा नहीं है।

'नहीं, उपवास करना तो हानिकर होगा। खिचड़ी खा लीजिए।'

बेचारे सिलबिल ने मन में इन दोनों शैतानों को ख़ूब कोसा और विष की भाँति खिचड़ी कंठ के नीचे उतारी। आज होली के दिन खिचड़ी ही भाग्य में लिखी थी! जब तक सारी खिचड़ी समाप्त न हो गई, दोनों वहाँ डटे रहे, मानो जेल के अधिकारी किसी अनशन व्रतधारी क़ैदी को भोजन करा रहे हों। बेचारे को ठूँस-ठूँस कर खिचड़ी खानी पड़ी। पकवानों के लिए गुंजायश ही न रही।

3

दस बजे रात को चम्पा उत्तम पदार्थों का थाल लिये पतिदेव के पास पहुँची! महाशय मन ही मन झुँझला रहे थे। भाइयों के सामने मेरी परवाह कौन करता है। न जाने कहाँ से दोनों शैतान फट पड़े। दिन भर उपवास कराया और अभी तक भोजन का कहीं पता नहीं। बारे चम्पा को थाल लाते देखकर कुछ अग्नि शान्त हुई। बोले—अब तो बहुत सबेरा है, एक-दो घंटे बाद क्यों न आईं? चम्पा ने सामने थाली रखकर कहा—तुम तो न हारी ही मानते हो, न जीती। अब आख़िर ये दो मेहमान आए हुए हैं, इनकी सेवा-सत्कार न करूँ तो भी तो काम नहीं चलता। तुम्हीं को बुरा लगेगा। कौन रोज़ आएँगे।

'ईश्वर न करे कि रोज़ आएँ, यहाँ तो एक ही दिन में बधिया बैठ गई।'

थाल की सुगंधमय, तरबतर चीज़ें देखकर सहसा पंडित जी के मुखारविंद पर मुस्कान की लाली दौड़ गई। एक-एक चीज़ खाते थे और चम्पा को सराहते थे—सच कहता हूँ, चम्पा; मैंने ऐसी चीज़ें कभी नहीं खाई थीं। हलवाई साला क्या बनायेगा। जी चाहता है, कुछ इनाम दूँ।

'तुम मुझे बना रहे हो। क्या करूँ जैसा बनाना आता है, बना लाई।'

'नहीं जी, सच कह रहा हूँ। मेरी तो आत्मा तक तृप्त हो गई। आज मुझे ज्ञात हुआ कि भोजन का सम्बन्ध उदर से इतना नहीं, जितना आत्मा से है। बतलाओ, क्या इनाम दूँ?'

'जो मागूँ, वह दोगे?'

'दूँगा—जनेऊ की क़सम खाकर कहता हूँ!'

'न दो तो मेरी बात जाए।'

'कहता हूँ भाई, अब कैसे कहूँ। क्या लिखा-पढ़ी कर दूँ?'

'अच्छा, तो माँगती हूँ। मुझे अपने साथ होली खेलने दो।'

पंडित जी का रंग उड़ गया। आँखें फाड़ कर बोले—होली खेलने दूँ? मैं तो होली खेलता नहीं। कभी नहीं खेला। होली खेलना होता, तो घर में छिपकर क्यों बैठता।

'और के साथ मत खेलो; लेकिन मेरे साथ तो खेलना ही पड़ेगा।'

'यह मेरे नियम के विरुद्ध है। जिस चीज़ को अपने घर में उचित समझूँ उसे किस न्याय से घर के बाहर अनुचित समझूँ, सोचो।'

चम्पा ने सिर नीचा करके कहा—घर में ऐसी कितनी बातें उचित समझते हो, जो घर के बाहर करना अनुचित ही नहीं पाप भी है।

पंडित जी झेंपते हुए बोले—अच्छा भाई, तुम जीती, मैं हारा। अब मैं तुम से यही दान माँगता हूँ...

'पहले मेरा पुरस्कार दे दो, पीछे मुझसे दान माँगना'—यह कहते हुए चम्पा ने लोटे का रंग उठा लिया और पंडित जी को सिर से पाँव तक नहला दिया। जब तक वह उठकर भागें उसने मुट्ठी भर गुलाल लेकर सारे मुँह में पोत दिया।

पंडित जी रोनी सूरत बनाकर बोले—अभी और कसर बाक़ी हो, तो वह भी पूरी कर लो। मैं जानता था कि तुम मेरी आस्तीन का साँप बनोगी। अब और कुछ रंग बाक़ी नहीं रहा?

चम्पा ने पति के मुख की ओर देखा, तो उस पर मनोवेदना का गहरा रंग झलक रहा था। पछता कर बोली—क्या तुम सचमुच बुरा मान गए हो? मैं तो समझती थी कि तुम केवल मुझे चिढ़ा रहे हो।

श्रीविलास ने काँपते हुए स्वर में कहा—नहीं चम्पा, मुझे बुरा नहीं लगा। हाँ, तुमने मुझे उस कर्तव्य की याद दिला दी, जो मैं अपनी कायरता के कारण भुला बैठा था। वह सामने जो चित्र देख रही हो, मेरे परम मित्र मनहरनाथ का है, जो अब संसार में नहीं है। तुमसे क्या कहूँ, कितना सरस, कितना भावुक, कितना साहसी आदमी था! देश की दशा देख-देखकर उसका ख़ून जलता रहता था। 19-20 भी कोई उम्र होती है, पर वह उसी उम्र में अपने जीवन का मार्ग निश्चित कर चुका था। सेवा करने का अवसर पाकर वह इस तरह उसे पकड़ता था, मानो सम्पत्ति हो। जन्म का विरागी था। वासना तो उसे छू ही न गई थी। हमारे और साथी सैर-सपाटे करते थे; पर उसका मार्ग सबसे अलग था। सत्य के लिए प्राण देने को तैयार, कहीं अन्याय देखा और भवें तन गईं, कहीं पत्रों में अत्याचार की ख़बर देखी और चेहरा तमतमा उठा। ऐसा तो मैंने आदमी ही नहीं देखा। ईश्वर ने अकाल ही बुला लिया, नहीं तो वह मनुष्यों में रत्न होता। किसी मुसीबत के मारे का उद्धार करने को अपने प्राण हथेली पर लिए फिरता था। स्त्री-जाति का इतना आदर और सम्मान कोई क्या करेगा? स्त्री उसके लिए पूजा और भक्ति की वस्तु थी। पाँच वर्ष हुए, यही होली का दिन था। मैं भंग के नशे में चूर, रंग में सिर से पाँव तक नहाया हुआ, उसे गाना सुनने के लिए बुलाने गया, तो देखा कि वह कपड़े पहने कहीं जाने को तैयार है। पूछा—कहाँ जा रहे हो?

उसने मेरा हाथ पकड़कर कहा—तुम अच्छे वक़्त पर आ गए, नहीं तो मुझे जाना पड़ता। एक अनाथ बुढ़िया मर गई है, कोई उसे कन्धा देनेवाला नहीं मिलता। कोई किसी मित्र से मिलने गया हुआ है, कोई नशे में चूर पड़ा हुआ है, कोई मित्रों की दावत कर रहा है, कोई महफ़िल सजाये बैठा है। कोई लाश को उठानेवाला नहीं। ब्राह्मण-क्षत्री उस चमारिन की लाश कैसे छुएँगे, उनका तो धर्म भ्रष्ट होता है, कोई तैयार नहीं होता! बड़ी मुश्किल से दो कहार मिले हैं। एक मैं हूँ, चौथे आदमी की कमी थी, सो ईश्वर ने तुम्हें भेज दिया। चलो, चलें।

हाय! अगर मैं जानता कि यह प्यारे मनहर का आदेश है, तो आज मेरी आत्मा को इतनी ग्लानि न होती। मेरे घर कई मित्र आए हुए थे। गाना हो रहा था। उस वक़्त लाश उठाकर नदी जाना मुझे अप्रिय लगा। बोला—इस वक़्त तो भाई, मैं नहीं जा सकूँगा। घर पर मेहमान बैठे हुए हैं। मैं तुम्हें बुलाने आया था।

मनहर ने मेरी ओर तिरस्कार के नेत्रों से देखकर कहा—अच्छी बात है, तुम जाओ; मैं और कोई साथी खोज लूँगा। मगर तुमसे मुझे ऐसी आशा नहीं थी। तुमने भी वही कहा, जो तुमसे पहले औरों ने कहा था। कोई नई बात नहीं थी। अगर हम लोग अपने कर्तव्य को भूल न गए होते, तो आज यह दशा ही क्यों होती? ऐसी होली को धिक्कार है! त्योहार, तमाशा देखने, अच्छी-अच्छी चीज़ें खाने और अच्छे-अच्छे कपड़े पहनने का नाम नहीं है। यह व्रत है, तप है, अपने भाइयों से प्रेम और सहानुभूति करना ही त्योहार का ख़ास मतलब है और कपड़े लाल करने के पहले ख़ून को लाल कर लो। सफ़ेद ख़ून पर यह लाली शोभा नहीं देती।

यह कहकर वह चला गया। मुझे उस वक़्त यह फटकारें बहुत बुरी मालूम हुईं। अगर मुझमें वह सेवा-भाव न था, तो उसे मुझे यों धिक्कारने का कोई अधिकार न था। घर चला आया; पर वे बातें बराबर मेरे कानों में गूँजती रहीं। होली का सारा मज़ा बिगड़ गया।

एक महीने तक हम दोनों की मुलाक़ात न हुई। कॉलेज इम्तहान की तैयारी के लिए बन्द हो गया था। इसलिए कॉलेज में भी भेंट न होती थी। मुझे कुछ ख़बर नहीं, वह कब और कैसे बीमार पड़ा, कब अपने घर गया। सहसा एक दिन मुझे उसका एक पत्र मिला। हाय! उस पत्र को पढ़कर आज भी छाती फटने लगती है।

श्रीविलास एक क्षण तक गला रुक जाने के कारण बोल न सके। फिर बोले—किसी दिन तुम्हें फिर दिखाऊँगा। लिखा था, मुझसे आख़िरी बार मिल जा, अब शायद इस जीवन में भेंट न हो। ख़त मेरे हाथ से छूटकर गिर पड़ा। उसका घर मेरठ के ज़िले में था। दूसरी गाड़ी जाने में आधा घंटे की कसर थी। तुरन्त चल पड़ा। मगर उसके दर्शन न बदे थे। मेरे पहुँचने के पहले ही वह सिधार चुका था। चम्पा, उसके बाद मैंने होली नहीं खेली, होली ही नहीं, और सभी त्योहार छोड़ दिए। ईश्वर ने शायद मुझे क्रिया की शक्ति नहीं दी। अब बहुत चाहता हूँ कि कोई मुझसे सेवा का काम ले। ख़ुद आगे नहीं बढ़ सकता; लेकिन पीछे चलने को तैयार हूँ। पर मुझसे कोई काम लेनेवाला भी नहीं; लेकिन आज वह रंग डालकर तुमने मुझे उस धिक्कार की याद दिला दी। ईश्वर मुझे ऐसी शक्ति दे कि मैं मन में ही नहीं, कर्म में भी मनहरन बनूँ।

यह कहते हुए श्रीविलास ने तश्तरी से गुलाल निकाला और उसे चित्र पर छिड़क कर प्रणाम किया।

अग्नि-समाधि

साधु-संतों के सत्संग से बुरे भी अच्छे हो जाते हैं, किन्तु पयाग का दुर्भाग्य था कि उस पर सत्संग का उल्टा ही असर हुआ। उसे गाँजे, चरस और भंग का चस्का पड़ गया, जिसका फल यह हुआ कि एक मेहनती, उद्यमशील युवक आलस्य का उपासक बन बैठा। जीवन-संग्राम में यह आनन्द कहाँ! किसी वट-वृक्ष के नीचे धूनी जल रही है, एक जटाधारी महात्मा विराज रहे हैं, भक्तजन उन्हें घेरे बैठे हुए हैं, और तिल-तिल पर चरस के दम लग रहे हैं। बीच-बीच में भजन भी हो जाते हैं। मजूरी-धतूरी में यह स्वर्ग-सुख कहाँ! चिलम भरना पयाग का काम था। भक्तों को परलोक में पुण्य-फल की आशा थी, पयाग को तत्काल फल मिलता

था—चिलमों पर पहला हक़ उसी का होता था। महात्माओं के श्रीमुख से भगवत् चर्चा सुनते हुए वह आनन्द से विह्वल हो उठता था, उस पर आत्मविस्मृति-सी छा जाती थी। वह सौरभ, संगीत और प्रकाश से भरे हुए एक दूसरे ही संसार में पहुँच जाता था। इसलिए जब उसकी स्त्री रुक्मिन रात के दस-ग्यारह बज जाने पर उसे बुलाने आती, तो पयाग को प्रत्यक्ष क्रूर अनुभव होता, संसार उसे काँटों से भरा हुआ जंगल-सा दीखता, विशेषत: जब घर आने पर उसे मालूम होता कि अभी चूल्हा नहीं जला और चने-चबेने की कुछ फ़िक्र करनी है। वह जाति का भर था, गाँव की चौकीदारी उसकी मीरास थी, दो रुपए और कुछ आने वेतन मिलता था। वरदी और साफा मुफ्त। काम था सप्ताह में एक दिन थाने जाना, वहाँ अफ़सरों के द्वार पर झाड़ू लगाना, अस्तबल साफ़ करना, लकड़ी चीरना। पयाग रक्त के घूँट पी-पीकर ये काम करता, क्योंकि अवज्ञा शारीरिक और आर्थिक दोनों ही दृष्टि से महँगी पड़ती थीं। आँसू यों पुछते थे कि चौकीदारी में यदि कोई काम था, तो इतना ही, और महीने में चार दिन के लिए दो रुपए और कुछ आने कम न थे। फिर गाँव में भी अगर बड़े आदमियों पर नहीं, तो नीचों पर रोब था। वेतन पेंशन थी और जब से महात्माओं का सम्पर्क हुआ, वह पयाग के जेब-ख़र्च की मद में आ गई। अतएव जीविका का प्रश्न दिनोंदिन चिन्तोत्पादक रूप धारण करने लगा। इन सत्संगों के पहले यह दम्पति गाँव में मज़दूरी करता था। रुक्मिन लकड़ियाँ तोड़कर बाज़ार ले जाती, पयाग कभी आरा चलाता, कभी हल जोतता, कभी पुर हाँकता। जो काम सामने आ जाए, उसमें जुट जाता था। हँसमुख, श्रमशील, विनोदी, निर्द्वन्द्व आदमी था और ऐसा आदमी कभी भूखों नहीं मरता। उस पर नम्र इतना कि किसी काम के लिए 'नहीं' न करता। किसी ने कुछ कहा और वह 'अच्छा भैया' कहकर दौड़ा। इसलिए उसका गाँव में मान था। इसी की बदौलत निरुद्यम होने पर भी दो-तीन साल उसे अधिक कष्ट न हुआ। दोनों जून की तो बात ही क्या, जब महतो को यह ऋद्धि न प्राप्त थी, जिनके द्वार पर बैलों की तीन-तीन जोड़ियाँ बँधती थीं, तो पयाग किस गिनती में था। हाँ, एक जून की दाल-रोटी में सन्देह न था। परन्तु अब यह समस्या दिन पर दिन विषमतर होती जाती थी। उस पर विपत्ति यह थी कि रुक्मिन भी अब किसी कारण से उसकी पतिपरायण, उतनी सेवाशील, उतनी तत्पर न थी। नहीं, उतनी प्रगल्भता और वाचालता में आश्चर्यजनक विकास होता जाता था। अतएव पयाग को किसी ऐसी सिद्धि की आवश्यकता थी, जो उसे जीविका की चिन्ता से मुक्त कर दे और वह निश्चिंत होकर भगवद्भजन और साधु-सेवा में प्रवृत्त हो जाए।

एक दिन रुक्मिन बाज़ार में लकड़ियाँ बेचकर लौटी, तो पयाग ने कहा—ला, कुछ पैसे मुझे दे दे, दम लगा आऊँ।

रुक्मिन ने मुँह फेरकर कहा—दम लगाने की ऐसी चाट है, तो काम क्यों नहीं करते? क्या आजकल कोई बाबा नहीं हैं, जाकर चिलम भरो?

पयाग ने त्योरी चढ़ाकर कहा—भला चाहती है तो पैसे दे दे; नहीं तो इस तरह तंग करेगी, तो एक दिन कहीं चला जाऊँगा, तब रोयेगी।

रुक्मिन अँगूठा दिखाकर बोली—रोये मेरी बला। तुम रहते ही हो, तो कौन सोने का कौर खिला देते हो? अब भी छाती फाड़ती हूँ, तब भी छाती फाड़ूँगी।

'तो अब यही फ़ैसला है?'

'हाँ-हाँ, कह तो दिया, मेरे पास पैसे नहीं हैं।'

'गहने बनवाने के लिए पैसे हैं और मैं चार पैसे माँगता हूँ, तो यों जवाब देती है!'

रुक्मिन तिनक कर बोली—गहने बनवाती हूँ, तो तुम्हारी छाती क्यों फटती है? तुमने तो पीतल का छल्ला भी नहीं बनवाया, या इतना भी नहीं देखा जाता?

पयाग उस दिन घर न आया। रात के नौ बज गए, तब रुक्मिन ने किवाड़ बन्द कर लिये। समझी, गाँव में कहीं छिपा बैठा होगा। समझता होगा, मुझे मनाने आएगी, मेरी बला जाती है।

जब दूसरे दिन भी पयाग न आया, तो रुक्मिन को चिन्ता हुई। गाँव भर छान आई। चिड़िया किसी अड्डे पर न मिली। उस दिन उसने रसोई नहीं बनाई। रात को लेटी भी तो बहुत देर तक आँखें न लगीं। शंका हो रही थी, पयाग सचमुच तो विरक्त नहीं हो गया। उसने सोचा, प्रात:काल पत्ता-पत्ता छान डालूँगी, किसी साधु-संत के साथ होगा। जाकर थाने में रपट कर दूँगी।

अभी तड़का ही था कि रुक्मिन थाने में चलने को तैयार हो गई। किवाड़ बन्द करके निकली ही थी कि पयाग आता हुआ दिखाई दिया। पर वह अकेला न था। उसके पीछे-पीछे एक स्त्री भी थी। उसकी छींट की साड़ी, रँगी हुई चादर, लम्बा घूँघट और शर्मीली चाल देखकर रुक्मिन का कलेजा धक्-से हो गया। वह एक क्षण हतबुद्धि-सी खड़ी रही, तब बढ़कर नई सौत को दोनों हाथों के बीच में ले लिया और उसे इस भाँति धीरे-धीरे घर के अन्दर ले चली, जैसे कोई रोगी जीवन से निराश होकर विष-पान कर रहा हो!

जब पड़ोसियों की भीड़ छँट गई तो रुक्मिन ने पयाग से पूछा—इसे कहाँ से लाए?

पयाग ने हँसकर कहा—घर से भागी जाती थी, मुझे रास्ते में मिल गई। घर का काम-धंधा करेगी, पड़ी रहेगी।

'मालूम होता है, मुझसे तुम्हारा जी भर गया।'

पयाग ने तिरछी चितवनों से देखकर कहा—दुत् पगली! इसे तेरी सेवा-टहल करने को लाया हूँ।

'नई के आगे पुरानी को कौन पूछता है?'

'चल, मन जिससे मिले वही नई है, मन जिससे न मिले वही पुरानी है। ला, कुछ पैसा हो तो दे दे, तीन दिन से दम नहीं लगाया, पैर सीधे नहीं पड़ते। हाँ, देख दो-चार दिन इस बेचारी को खिला-पिला दे, फिर तो आप ही काम करने लगेगी।'

रुक्मिन ने पूरा रुपया लाकर पयाग के हाथ पर रख दिया। दूसरी बार कहने की ज़रूरत ही न पड़ी।

2

पयाग में चाहे और कोई गुण हो या न हो, यह मानना पड़ेगा कि वह शासन के मूल सिद्धान्तों से परिचित था। उसने भेद-नीति को अपना लक्ष्य बना लिया था।

एक मास तक किसी प्रकार की विघ्न-बाधा न पड़ी। रुक्मिन अपनी सारी चौकड़ियाँ भूल गई थी। बड़े तड़के उठती, कभी लकड़ियाँ तोड़कर, कभी चारा काट कर, कभी उपले पाथ कर बाज़ार ले जाती। वहाँ जो कुछ मिलता, उसका आधा तो पयाग के हत्थे चढ़ा देती। आधे में घर का काम चलता। वह सौत को कोई काम न करने देती। पड़ोसियों से कहती—बहन, सौत है तो क्या, है तो अभी कल की बहुरिया। दो-चार महीने भी आराम से न रहेगी, तो क्या याद करेगी। मैं तो काम करने को हूँ ही।

गाँव भर में रुक्मिन के शील-स्वभाव का बखान होता था, पर सत्संगी घाघ पयाग सब कुछ समझता था और अपनी नीति की सफलता पर प्रसन्न होता था।

एक दिन बहू ने कहा—दीदी, अब तो घर में बैठे-बैठे जी ऊबता है। मुझे भी कोई काम दिला दो।

रुक्मिन ने स्नेह सिंचित स्वर में कहा—क्या मेरे मुख में कालिख पुतवाने पर लगी हुई है? भीतर का काम किए जा, बाहर के लिए मैं हूँ ही।

बहू का नाम कौशल्या था, जो बिगड़कर सिलिया हो गया था। इस वक़्त सिलिया ने कुछ जवाब न दिया। लेकिन वह लौंडियों की दशा अब उसके लिए असह्य हो गई थी। वह दिन भर घर का काम करते-करते मरे, कोई नहीं पूछता। रुक्मिन बाहर से चार पैसे लाती है, तो घर की मालकिन बनी हुई है। अब सिलिया भी मजूरी करेगी और मालकिन का घमंड तोड़ देगी। पयाग पैसों का यार है, यह बात उससे अब छिपी न थी। जब रुक्मिन चारा लेकर बाज़ार चली गई, तो उसने घर की टट्टी लगाई और गाँव का रंग-ढंग देखने के लिए निकल पड़ी। गाँव में ब्राह्मण, ठाकुर, कायस्थ, बनिये सभी थे। सिलिया ने शील और संकोच का कुछ ऐसा स्वाँग रचा कि सभी स्त्रियाँ उस पर मुग्ध हो गईं। किसी ने चावल दिया, किसी ने दाल, किसी ने कुछ। नई बहू की आवभगत कौन न करता? पहले ही दौरे में सिलिया को मालूम हो गया कि गाँव में पिसनहारी का स्थान ख़ाली है और वह इस कमी को पूरा कर सकती है। वह यहाँ से घर लौटी, तो उसके सिर पर गेहूँ से भरी हुई एक टोकरी थी।

पयाग ने पहर रात ही से चक्की की आवाज़ सुनी, तो रुक्मिन से बोला—आज तो सिलिया अभी से पीसने लगी।

रुक्मिन बाज़ार से आटा लाई थी। अनाज और आटे के भाव में विशेष अन्तर न था। उसे आश्चर्य हुआ कि सिलिया इतने सबेरे क्या पीस रही है। उठकर कोठरी में आई, तो देखा कि सिलिया अँधेरे में बैठी कुछ पीस रही है। उसने जाकर उसका हाथ पकड़ लिया और टोकरी को उठाकर बोली—तुझसे किसने पीसने को कहा है? किसका अनाज पीस रही है?

सिलिया ने निश्शंक होकर कहा—तुम जाकर आराम से सोती क्यों नहीं। मैं पीसती हूँ, तो तुम्हारा क्या बिगड़ता है! चक्की की घुमुर-घुमुर भी नहीं सही जाती? लाओ, टोकरी दे दो, बैठे-बैठे कब तक खाऊँगी, दो महीने तो हो गए।

'मैंने तो तुझसे कुछ नहीं कहा!'

'तुम कहो, चाहे न कहो; अपना धरम भी तो कुछ है।'

'तू अभी यहाँ के आदमियों को नहीं जानती। आटा तो पिसाते सबको अच्छा लगता है। पैसे देते रोते हैं। किसका गेहूँ है? मैं सबेरे उसके सिर पर पटक आऊँगी।'

सिलिया ने रुक्मिन के हाथ से टोकरी छीन ली और बोली—पैसे क्यों न देंगे? कुछ बेगार करती हूँ?

'तू न मानेगी?'

'तुम्हारी लौंडी बनकर न रहूँगी।'

यह तकरार सुनकर पयाग भी आ पहुँचा और रुक्मिन से बोला—काम करती है तो करने क्यों नहीं देती? अब क्या जनम भर बहुरिया ही बनी रहेगी? हो गए दो महीने।

'तुम क्या जानो, नाक तो मेरी कटेगी।'

सिलिया बोल उठी—तो क्या कोई बैठे खिलाता है? चौका-बरतन, झाड़ू-बहारू, रोटी-पानी, पीसना-कूटना, यह कौन करता है? पानी खींचते-खींचते मेरे हाथों में घट्ठे पड़ गए। मुझसे अब सारा काम न होगा।

पयाग ने कहा—तो तू ही बाज़ार जाया कर। घर का काम रहने दे! रुक्मिन कर लेगी। रुक्मिन ने आपत्ति की—ऐसी बात मुँह से निकालते लाज नहीं आती? तीन दिन की बहुरिया बाज़ार में घूमेगी, तो संसार क्या कहेगा!

सिलिया ने आग्रह करके कहा—संसार क्या कहेगा, क्या कोई ऐब करने जाती हूँ?

सिलिया की डिग्री हो गई। आधिपत्य रुक्मिन के हाथ से निकल गया।

सिलिया की अमलदारी हो गई। जवान औरत थी। गेहूँ पीस कर उठी तो औरों के साथ घास छीलने चली गई, और इतनी घास छीली कि सब दंग रह गईं! गट्ठा उठाये न उठता था। जिन पुरुषों को घास छीलने का बड़ा अभ्यास था, उनसे भी उसने बाज़ी मार ली! यह गट्ठा बारह आने का बिका। सिलिया ने आटा, चावल, दाल, तेल, नमक, तरकारी, मसाला सब कुछ लिया, और चार आने बचा भी लिये। रुक्मिन ने समझ रखा था कि सिलिया बाज़ार से दो-चार आने पैसे लेकर लौटेगी तो उसे डाटूँगी और दूसरे दिन से फिर बाज़ार जाने लगूँगी। फिर मेरा राज्य हो जाएगा। पर यह सामान देखे, तो आँखें खुल गईं। पयाग खाने बैठा तो मसालेदार तरकारी का बखान करने लगा। महीनों से ऐसी स्वादिष्ट वस्तु मयस्सर न हुई थी। बहुत प्रसन्न हुआ। भोजन करके वह बाहर जाने लगा, तो सिलिया बरोठे में खड़ी मिल गई। बोला—आज कितने पैसे मिले?

'बारह आने मिले थे!'

'सब ख़र्च कर डाले? कुछ बचे हों तो मुझे दे दे।'

सिलिया ने बचे हुए चार आने पैसे दे दिए। पयाग पैसे खनखनाता हुआ बोला—तूने तो आज मालामाल कर दिया। रुक्मिन तो दो-चार पैसों ही में टाल देती थी।

'मुझे गाड़ कर रखना थोड़े ही है। पैसा खाने-पीने के लिए है कि गाड़ने के लिए?'

'अब तू ही बाज़ार जाया कर, रुक्मिन घर का काम करेगी।'

3

रुक्मिन और सिलिया में संग्राम छिड़ गया। सिलिया पयाग पर अपना आधिपत्य जमाये रखने के लिए जान तोड़कर परिश्रम करती। पहर रात ही से उसकी चक्की की आवाज़ कानों में आने लगती। दिन निकलते ही घास लाने चली जाती और ज़रा देर सुस्ता कर बाज़ार की राह लेती। वहाँ से लौटकर भी वह बेकार न बैठती, कभी सन कातती, कभी लकड़ियाँ तोड़ती। रुक्मिन उसके प्रबन्ध में बराबर ऐब निकालती और जब अवसर मिलता तो गोबर बटोर कर उपले पाथती और गाँव में बेचती। पयाग के दोनों हाथों में लड्डू थे। स्त्रियाँ उसे अधिक से अधिक पैसे देने और स्नेह का अधिकांश देकर अपने अधिकार में लाने का प्रयत्न करती रहतीं, पर सिलिया ने कुछ ऐसी दृढ़ता से आसन जमा लिया था कि किसी तरह हिलाए न हिलती थी। यहाँ तक कि एक दिन दोनों प्रतियोगियों में खुल्लमखुल्ला ठन गई। एक दिन सिलिया घास लेकर लौटी तो पसीने से तर थी। फागुन का महीना था; धूप तेज़ थी। उसने सोचा, नहा कर तब बाज़ार जाऊँगी। घास द्वार पर ही रखकर वह तालाब में नहाने चली गई। रुक्मिन ने

थोड़ी-सी घास निकालकर पड़ोसिन के घर में छिपा दी और गट्ठे को ढीला करके बराबर कर दिया। सिलिया नहाकर लौटी तो घास कम मालूम हुई। रुक्मिन से पूछा। उसने कहा—मैं नहीं जानती। सिलिया ने गालियाँ देनी शुरू कीं—जिसने मेरी घास छुई हो, उसकी देह में कीड़े पड़ें, उसके बाप और भाई मर जाएँ, उसकी आँखें फूट जाएँ। रुक्मिन कुछ देर तक तो ज़ब्त किए बैठी रही, आख़िर ख़ून में उबाल आ ही गया। झल्ला कर उठी और सिलिया के दो-तीन तमाचे लगा दिए। सिलिया छाती पीट-पीट कर रोने लगी। सारा मुहल्ला जमा हो गया। सिलिया की सुबुद्धि और कार्यशीलता सभी की आँखों में खटकती थी—वह सबसे अधिक घास क्यों छीलती है, सबसे ज़्यादा लकड़ियाँ क्यों लाती है, इतने सबेरे क्यों उठती है, इतने पैसे क्यों लाती है, इन कारणों ने उसे पड़ोसियों की सहानुभूति से वंचित कर दिया था। सब उसी को बुरा-भला कहने लगीं। मुट्ठी भर घास के लिए इतना ऊधम मचा डाला, इतनी घास तो आदमी झाड़ कर फेंक देता है। घास न हुई, सोना हुआ। तुझे तो सोचना चाहिए था कि अगर किसी ने ले ही लिया, तो है तो गाँव-घर ही का। बाहर का कोई चोर तो आया नहीं। तूने इतनी गालियाँ दीं, तो किसको दीं? पड़ोसियों ही को तो?

संयोग से उस दिन पयाग थाने गया हुआ था। शाम को थका-माँदा लौटा तो सिलिया से बोला—ला, कुछ पैसे दे दे, तो दम लगा आऊँ। थककर चूर हो गया हूँ।

सिलिया उसे देखते ही हाय-हाय करके रोने लगी। पयाग ने घबराकर पूछा—क्या हुआ? क्यों रोती है? कहीं गमी तो नहीं हो गई? नैहर से कोई आदमी तो नहीं आया?

'अब इस घर में मेरा रहना न होगा। अपने घर जाऊँगी।'

'अरे, कुछ मुँह से तो बोल; हुआ क्या? गाँव में किसी ने गाली दी है? किसने गाली दी है? घर फूँक दूँ, उसका चालान करवा दूँ।'

सिलिया ने रो-रोकर सारी कथा कह सुनाई। पयाग पर आज थाने में ख़ूब मार पड़ी थी। झल्लाया हुआ था। वह कथा सुनी, तो देह में आग लग गई। रुक्मिन पानी भरने गई थी। वह अभी घड़ा भी न रखने पाई थी कि पयाग उस पर टूट पड़ा और मारते-मारते बेदम कर दिया। वह मार का जवाब गालियों से देती थी और पयाग हर एक गाली पर और झल्ला-झल्ला कर मारता था। यहाँ तक कि रुक्मिन के घुटने फूट गए, चूड़ियाँ टूट गईं। सिलिया बीच-बीच में कहती जाती थी—वाह रे तेरा दीदा! वाह रे तेरी ज़बान! ऐसी तो औरत ही नहीं देखी। औरत काहे को, डाइन है, ज़रा भी मुँह में लगाम नहीं! किन्तु रुक्मिन उसकी बातों को मानो सुनती ही न थी। उसकी सारी शक्ति पयाग को कोसने में लगी हुई थी। पयाग मारते-मारते थक गया, पर रुक्मिन की ज़बान न थकी। बस, यही रट लगी हुई थी—तू मर जा, तेरी मिट्टी निकले, तुझे भवानी खायँ, तुझे मिरगी आए। पयाग रह-रहकर क्रोध से तिलमिला उठता और आकर दो-चार लातें जमा देता। पर रुक्मिन को अब शायद चोट ही न लगती थी। वह जगह से हिलती भी न थी। सिर के बाल खोले, ज़मीन पर बैठी इन्हीं मंत्रों का पाठ कर रही थी। उसके स्वर में अब क्रोध न था, केवल एक उन्मादमय प्रवाह था। उसकी समस्त आत्मा हिंसा-कामना की अग्नि से प्रज्ज्वलित हो रही थी।

अँधेरा हुआ तो रुक्मिन उठकर एक ओर निकल गई, जैसे आँखों से आँसू की धार निकल जाती है। सिलिया भोजन बना रही थी। उसने उसे जाते देखा भी, पर कुछ पूछा नहीं। द्वार पर पयाग बैठा चिलम पी रहा था। उसने भी कुछ न कहा।

4

जब फ़सल पकने लगती थी, तो डेढ़-दो महीने तक पयाग को हार की देखभाल करनी पड़ती थी। उसे किसानों से दोनों फ़सलों पर हल पीछे कुछ अनाज बँधा हुआ था। माघ ही में वह हार के बीच में थोड़ी-सी ज़मीन साफ़ करके एक मड़ैया डाल लेता था और रात को खा-पी कर आग, चिलम और तमाखू-चरस लिये हुए इसी मड़ैया में जाकर पड़ा रहता था। चैत के अन्त तक उसका यही नियम रहता था। आजकल वही दिन थे। फ़सल पकी हुई तैयार खड़ी थी। दो-चार दिन में कटाई शुरू होनेवाली थी। पयाग ने दस बजे रात तक रुक्मिन की राह देखी। फिर यह समझकर कि शायद किसी पड़ोसिन के घर सो रही होगी, उसने खा-पी कर अपनी लाठी उठाई और सिलिया से बोला—किवाड़ बन्द कर ले, अगर रुक्मिन आए तो खोल देना, और, मना-जुना कर थोड़ा-बहुत खिला देना। तेरे पीछे आज इतना तूफ़ान हो गया। मुझे न-जाने इतना ग़ुस्सा कैसे आ गया। मैंने उसे कभी फूल की छड़ी से भी न छुआ था। कहीं बूड़-धँस न मरी हो, तो कल आफ़त आ जाए।

सिलिया बोली—न जाने वह आएगी कि नहीं। मैं अकेली कैसे रहूँगी। मुझे डर लगता है।

'तो घर में कौन रहेगा? सूना घर पाकर कोई लोटा-थाली उठा ले जाए तो? डर किस बात का है? फिर रुक्मिन तो आती ही होगी।'

सिलिया ने अन्दर से टट्टी बन्द कर ली। पयाग हार की ओर चला। चरस की तरंग में यह भजन गाता जाता था—

ठगिनी! क्या नैना झमकावे
कद्दू काट मृदंग बनावे, नीबू काट मजीरा;
पाँच तरोई मंगल गावें, नाचे बालम खीरा।
रूपा पहिर के रूप दिखावे, सोना पहिर रिझावे;
गले डाल तुलसी की माला, तीन लोक भरमावे।
ठगिनी...

सहसा सिवाने पर पहुँचते ही उसने देखा कि सामने हार में किसी ने आग जलाई। एक क्षण में एक ज्वाला-सी दहक उठी। उसने चिल्लाकर पुकारा—कौन है वहाँ? अरे, यह कौन आग जलाता है?

ऊपर उठती हुई ज्वालाओं ने अपनी आग्नेय जिह्वा से उत्तर दिया।

अब पयाग को मालूम हुआ कि उसकी मड़ैया में आग लगी हुई है। उसकी छाती धड़कने लगी। इस मड़ैया में आग लगाना रुई के ढेर में आग लगाना था। हवा चल रही थी। मड़ैया के चारों ओर एक हाथ हटकर पकी हुई फ़सल की चादर-सी बिछी हुई थी। रात में भी उनका सुनहरा रंग झलक रहा था। आग की एक लपट, केवल एक ज़रा-सी चिनगारी सारे हार को भस्म कर देगी। सारा गाँव तबाह हो जाएगा। इसी हार से मिले हुए दूसरे गाँव के भी हार थे। वे भी जल उठेंगे। ओह! लपटें बढ़ती जा रही हैं। अब विलम्ब करने का समय न था। पयाग ने अपना उपला और चिलम वहीं पटक दिया और कन्धे पर लोहबन्द लाठी रखकर बेतहाशा मड़ैया की तरफ़ दौड़ा। मेड़ों से जाने में चक्कर था, इसलिए वह खेतों में से होकर भागा जा रहा था। प्रति क्षण ज्वाला प्रचंडतर होती जाती थी और पयाग के पाँव और तेज़ी से उठ रहे

थे। कोई तेज़ घोड़ा भी इस वक़्त उसे पा न सकता था। अपनी तेज़ी पर उसे स्वयं आश्चर्य हो रहा था। जान पड़ता था, पाँव भूमि पर पड़ते ही नहीं। उसकी आँखें मड़ैया पर लगी हुई थीं—दाहिने-बायें से और कुछ न सूझता था। इसी एकाग्रता ने उसके पैरों में पर लगा दिए थे। न दम फूलता था, न पाँव थकते थे। तीन-चार फर्लांग उसने दो मिनट में तय कर लिये और मड़ैया के पास जा पहुँचा।

मड़ैया के आस-पास कोई न था। किसने यह कर्म किया है, यह सोचने का मौक़ा न था। उसे खोजने की तो बात ही और थी। पयाग का सन्देह रुक्मिन पर हुआ। पर यह क्रोध का समय न था। ज्वालाएँ कुचाली बालकों की भाँति ठट्ठा मारतीं, धक्कम-धक्का करतीं, कभी दाहिनी ओर लपकतीं और कभी बाईं तरफ़। बस, ऐसा मालूम होता था कि लपट अब खेत तक पहुँची, अब पहुँची। मानो ज्वालाएँ आग्रहपूर्वक क्यारियों की ओर बढ़तीं और असफल होकर दूसरी बार फिर दूने वेग से लपकती थीं। आग कैसे बुझे! लाठी से पीट कर बुझाने का गौं न था। वह तो निरी मूर्खता थी। फिर क्या हो! फ़सल जल गई, तो फिर वह किसी को मुँह न दिखा सकेगा। आह! गाँव में कोहराम मच जाएगा। सर्वनाश हो जाएगा। उसने ज़्यादा नहीं सोचा। गँवारों को सोचना नहीं आता। पयाग ने लाठी सँभाली, ज़ोर से एक छलाँग मारकर आग के अन्दर मड़ैया के द्वार पर जा पहुँचा, जलती हुई मड़ैया को अपनी लाठी पर उठाया और उसे सिर पर लिए सबसे चौड़ी मेड़ पर गाँव की तरफ़ भागा। ऐसा जान पड़ा, मानो कोई अग्नि-यान हवा में उड़ता चला जा रहा है। फूस की जलती हुई धज्जियाँ उसके ऊपर गिर रही थीं, पर उसे इसका ज्ञान तक न होता था। एक बार एक मूठा अलग होकर उसके हाथ पर गिर पड़ा। सारा हाथ भुन गया। पर उसके पाँव पल भर भी नहीं रुके, हाथों में ज़रा भी हिचक न हुई। हाथों का हिलना खेती का तबाह होना था। पयाग की ओर से अब कोई शंका न थी। अगर भय था तो यही कि मड़ैया का वह केंद्र-भाग जहाँ लाठी का कुंदा डालकर पयाग ने उसे उठाया था, न जल जाए; क्योंकि छेद के फैलते ही मड़ैया उसके ऊपर आ गिरेगी और अग्नि-समाधि में मग्न कर देगी। पयाग यह जानता था और हवा की चाल से उड़ा चला जाता था। चार फर्लांग की दौड़ है। मृत्यु अग्नि का रूप धारण किए हुए पयाग के सर पर खेल रही है और गाँव की फ़सल पर। उसकी दौड़ में इतना वेग है कि ज्वालाओं का मुँह पीछे को फिर गया है और उसकी दाहक शक्ति का अधिकांश वायु से लड़ने में लग रहा है। नहीं तो अब तक बीच में आग पहुँच गई होती और हाहाकार मच गया होता। एक फर्लांग तो निकल गया, पयाग की हिम्मत ने हार नहीं मानी। वह दूसरा फर्लांग भी पूरा हो गया। देखना पयाग, दो फर्लांग की और कसर है। पाँव ज़रा भी सुस्त न हों। ज्वाला लाठी के कुंदे पर पहुँची और तुम्हारे जीवन का अन्त है। मरने के बाद भी तुम्हें गालियाँ मिलेंगी, तुम अनंत काल तक आहों की आग में जलते रहोगे। बस, एक मिनट और! अब केवल दो खेत और रह गए हैं। सर्वनाश! लाठी का कुंदा निकल गया। मड़ैया नीचे खिसक रही है, अब कोई आशा नहीं। पयाग प्राण छोड़कर दौड़ रहा है, वह किनारे का खेत आ पहुँचा। अब केवल दो सेकेंड का और मामला है। विजय का द्वार सामने बीस हाथ पर खड़ा स्वागत कर रहा है। उधर स्वर्ग है, इधर नरक। मगर वह मड़ैया खिसकती हुई पयाग के सिर पर आ पहुँची। वह अब भी उसे फेंककर अपनी जान बचा सकता है। पर उसे प्राणों का मोह नहीं। वह उस जलती हुई आग को सिर पर लिए भागा जा रहा है! वहाँ उसके पाँव लड़खड़ाये! अब यह क्रूर अग्नि-लीला नहीं देखी जाती।

एकाएक एक स्त्री सामने के वृक्ष के नीचे से दौड़ती हुई पयाग के पास पहुँची। यह रुक्मिन थी। उसने तुरन्त पयाग के सामने आकर गरदन झुकाई और जलती हुई मड़ैया के नीचे पहुँचकर उसे दोनों हाथों पर ले लिया। उसी दम पयाग मूर्च्छित होकर गिर पड़ा। उसका सारा मुँह झुलस गया था।

रुक्मिन उसके अलाव को लिए एक सेकेंड में खेत के डाँड़े पर आ पहुँची, मगर इतनी दूर में उसके हाथ जल गए, मुँह जल गया और कपड़ों में आग लग गई। उसे अब इतनी सुधि भी न थी कि मड़ैया के बाहर निकल आए। वह मड़ैया को लिए हुए गिर पड़ी। इसके बाद कुछ देर तक मड़ैया हिलती रही। रुक्मिन हाथ-पाँव फेंकती रही, फिर अग्नि ने उसे निगल लिया। रुक्मिन ने अग्नि-समाधि ले ली।

कुछ देर के बाद पयाग को होश आया। सारी देह जल रही थी। उसने देखा, वृक्ष के नीचे फूस की लाल आग चमक रही है। उठकर दौड़ा और पैर से आग को हटा दिया—नीचे रुक्मिन की अधजली लाश पड़ी हुई थी। उसने बैठकर दोनों हाथों से मुँह ढाँप लिया और रोने लगा।

प्रात:काल गाँव के लोग पयाग को उठाकर उसके घर ले गए। एक सप्ताह तक उसका इलाज होता रहा, पर बचा नहीं। कुछ तो आग ने जलाया था, जो कुछ कसर थी, वह शोकाग्नि ने पूरी कर दी।

सुजान भगत

सीधे-सादे किसान धन हाथ आते ही धर्म और कीर्ति की ओर झुकते हैं। दिव्य समाज की भाँति वे पहले अपने भोग-विलास की ओर नहीं दौड़ते। सुजान की खेती में कई साल से कंचन बरस रहा था। मेहनत तो गाँव के सभी किसान करते थे, पर सुजान के चन्द्रमा बली थे, ऊसर में भी दाना छींट आता तो कुछ न कुछ पैदा हो जाता था। तीन वर्ष लगातार ऊख लगती गई। उधर गुड़ का भाव तेज़ था। कोई दो-ढाई हजार हाथ में आ गए। बस चित्त की वृत्ति धर्म की ओर झुक पड़ी। साधु-संतों का आदर-सत्कार होने लगा, द्वार पर धूनी जलने लगी, क़ानूनगो इलाक़े में आते, तो सुजान महतो के चौपाल में ठहरते। हल्के के हेड कांस्टेबल, थानेदार, शिक्षा-विभाग के अफ़सर, एक न एक उस चौपाल में पड़ा ही रहता। महतो मारे ख़ुशी के फूले न समाते। धन्य भाग! उसके द्वार पर अब इतने बड़े-बड़े हाकिम आकर ठहरते हैं। जिन हाकिमों के सामने उसका मुँह न खुलता था, उन्हीं की अब 'महतो-महतो' करते ज़बान सूखती थी। कभी-कभी भजन-भाव हो जाता। एक महात्मा ने डौल अच्छा देखा तो गाँव में आसन जमा दिया। गाँजे और चरस की बहार उड़ने लगी। एक ढोलक आई, मजीरे मँगाये गए, सत्संग होने लगा। यह सब सुजान के दम का जलूस था। घर में सेरों दूध होता, मगर सुजान के कंठ तले एक बूँद भी जाने की क़सम थी। कभी हाकिम लोग चखते, कभी महात्मा लोग। किसान को दूध-घी से क्या मतलब, उसे रोटी और साग चाहिए। सुजान की नम्रता का अब पारावार न था। सबके सामने सिर झुकाए रहता, कहीं लोग यह न कहने लगें कि धन पाकर उसे घमंड हो गया है। गाँव में कुल तीन कुएँ थे, बहुत-से खेतों में पानी न पहुँचता था, खेती

मारी जाती थी। सुजान ने एक पक्का कुआँ बनवा दिया। कुएँ का विवाह हुआ, यज्ञ हुआ, ब्रह्मभोज हुआ। जिस दिन पहली बार पुर चला, सुजान को मानो चारों पदार्थ मिल गए। जो काम गाँव में किसी ने न किया था, वह बाप-दादा के पुण्य-प्रताप से सुजान ने कर दिखाया।

एक दिन गाँव में गया के यात्री आकर ठहरे। सुजान ही के द्वार पर उनका भोजन बना। सुजान के मन में भी गया करने की बहुत दिनों से इच्छा थी। यह अच्छा अवसर देखकर वह भी चलने को तैयार हो गया।

उसकी स्त्री बुलाकी ने कहा—अभी रहने दो, अगले साल चलेंगे।

सुजान ने गंभीर भाव से कहा—अगले साल क्या होगा, कौन जानता है। धर्म के काम में मीनमेख निकालना अच्छा नहीं। जिन्दगानी का क्या भरोसा?

बुलाकी—हाथ ख़ाली हो जाएगा।

सुजान—भगवान् की इच्छा होगी, तो फिर रुपए हो जाएँगे। उनके यहाँ किस बात की कमी है।

बुलाकी इसका क्या जवाब देती? सत्कार्य में बाधा डालकर अपनी मुक्ति क्यों बिगाड़ती? प्रातःकाल स्त्री और पुरुष गया करने चले। वहाँ से लौटे तो, यज्ञ और ब्रह्मभोज की ठहरी। सारी बिरादरी निमंत्रित हुई, ग्यारह गाँवों में सुपारी बँटी। इस धूमधाम से कार्य हुआ कि चारों ओर वाह-वाह मच गई। सब यही कहते थे कि भगवान् धन दे, तो दिल भी ऐसा दे। घमंड तो छू नहीं गया, अपने हाथ से पत्तल उठाता फिरता था, कुल का नाम जगा दिया। बेटा हो, तो ऐसा हो। बाप मरा, तो घर में भूनी भाँग भी नहीं थी। अब लक्ष्मी घुटने तोड़कर आ बैठी हैं।

एक द्वेषी ने कहा—कहीं गड़ा हुआ धन पा गया है। इस पर चारों ओर से उस पर बौछारें पड़ने लगीं—हाँ, तुम्हारे बाप-दादा जो ख़ज़ाना छोड़ गए थे, यही उसके हाथ लग गया है। अरे भैया, यह धर्म की कमाई है। तुम भी तो छाती फाड़ कर काम करते हो, क्यों ऐसी ऊख नहीं लगती? क्यों ऐसी फ़सल नहीं होती? भगवान् आदमी का दिल देखते हैं। जो ख़र्च करता है, उसी को देते हैं।

2

सुजान महतो सुजान भगत हो गए। भगतों के आचार-विचार कुछ और होते हैं। वह बिना स्नान किए कुछ नहीं खाता। गंगा जी अगर घर से दूर हों और वह रोज़ स्नान करके दोपहर तक घर न लौट सकता हो, तो पर्वों के दिन तो उसे अवश्य ही नहाना चाहिए। भजन-भाव उसके घर अवश्य होना चाहिए। पूजा-अर्चना उसके लिए अनिवार्य है। खान-पान में भी उसे बहुत विचार रखना पड़ता है। सबसे बड़ी बात यह है कि झूठ का त्याग करना पड़ता है। भगत झूठ नहीं बोल सकता। साधारण मनुष्य को अगर झूठ का दंड एक मिले, तो भगत को एक लाख से कम नहीं मिल सकता। अज्ञान की अवस्था में कितने ही अपराध क्षम्य हो जाते हैं। ज्ञानी के लिए क्षमा नहीं है, प्रायश्चित्त नहीं है, यदि है तो बहुत ही कठिन। सुजान को भी अब भगतों की मर्यादा को निभाना पड़ा। अब तक उसका जीवन मजूर का जीवन था। उसका कोई आदर्श, कोई मर्यादा उसके सामने न थी। अब उसके जीवन में विचार का उदय हुआ, जहाँ का मार्ग काँटों से भरा हुआ है। स्वार्थ-सेवा ही पहले उसके जीवन का लक्ष्य था, इसी काँटे से वह परिस्थितियों को तौलता था। वह अब उन्हें औचित्य के काँटों पर तौलने लगा।

यों कहो कि जड़-जगत् से निकलकर उसने चेतन-जगत् में प्रवेश किया। उसने कुछ लेन-देन करना शुरू किया था पर अब उसे ब्याज लेते हुए आत्मग्लानि-सी होती थी। यहाँ तक कि गउओं को दुहाते समय उसे बछड़ों का ध्यान बना रहता था—कहीं बछड़ा भूखा न रह जाए, नहीं तो उसका रोआँ दुखी होगा। वह गाँव का मुखिया था, कितने ही मुक़दमों में उसने झूठी शहादतें बनवाई थीं, कितनों से डाँड़ लेकर मामले का रफा-दफा करा दिया था। अब इन व्यापारों से उसे घृणा होती थी। झूठ और प्रपंच से कोसों दूर भागता था। पहले उसकी यह चेष्टा होती थी कि मजूरों से जितना काम लिया जा सके लो और मजूरी जितनी कम दी जा सके दो; पर अब उसे मजूर के काम की कम, मजूरी की अधिक चिन्ता रहती थी—कहीं बेचारे मजूर का रोआँ न दुखी हो जाए। वह उसका वाक्यांश-सा हो गया था—किसी का रोआँ न दुखी हो जाए। उसके दोनों जवान बेटे बात-बात में उस पर फब्तियाँ कसते, यहाँ तक कि बुलाकी भी अब उसे कोरा भगत समझने लगी थी, जिसे घर के भले-बुरे से कोई प्रयोजन न था। चेतन-जगत् में आकर सुजान भगत कोरे भगत रह गए।

सुजान के हाथों से धीरे-धीरे अधिकार छीने जाने लगे। किस खेत में क्या बोना है, किसको क्या देना है, किसको क्या लेना है, किस भाव क्या चीज़ बिकी, ऐसी-ऐसी महत्त्वपूर्ण बातों में भी भगत जी की सलाह न ली जाती थी। भगत के पास कोई जाने ही न पाता। दोनों लड़के या स्वयं बुलाकी दूर ही से मामला तय कर लिया करती। गाँव भर में सुजान का मान-सम्मान बढ़ता था, अपने घर में घटता था। लड़के उसका सत्कार अब बहुत करते। हाथ से चारपाई उठाते देख लपककर ख़ुद उठा लाते, चिलम न भरने देते, यहाँ तक कि उसकी धोती छाँटने के लिए भी आग्रह करते थे। मगर अधिकार उसके हाथ में न था। वह अब घर का स्वामी नहीं, मन्दिर का देवता था।

3

एक दिन बुलाकी ओखली में दाल छाँट रही थी। एक भिखमंगा द्वार पर आकर चिल्लाने लगा। बुलाकी ने सोचा, दाल छाँट लूँ, तो उसे कुछ दे दूँ। इतने में बड़ा लड़का भोला आकर बोला—अम्माँ, एक महात्मा द्वार पर खड़े गला फाड़ रहे हैं? कुछ दे दो। नहीं तो उनका रोआँ दुखी हो जाएगा।

बुलाकी ने उपेक्षा के भाव से कहा—भगत के पाँव में क्या मेहँदी लगी है, क्यों कुछ ले जाकर नहीं देते? क्या मेरे चार हाथ हैं? किस-किसका रोआँ सुखी करूँ? दिन भर तो ताँता लगा रहता है।

भोला—चौपट करने पर लगे हुए हैं, और क्या? अभी महँगू बेंग देने आया था। हिसाब से 7 मन हुए। तौला तो पौने सात मन ही निकले। मैंने कहा—दस सेर और ला, तो आप बैठे-बैठे कहते हैं, अब इतनी दूर कहाँ जाएगा। भरपाई लिख दो, नहीं तो उसका रोआँ दुखी होगा। मैंने भरपाई नहीं लिखी। दस सेर बाक़ी लिख दी।

बुलाकी—बहुत अच्छा किया तुमने, बकने दिया करो। दस-पाँच दफे मुँह की खा जाएँगे, तो आप ही बोलना छोड़ देंगे।

भोला—दिन भर एक न एक खुचड़ निकालते रहते हैं। सौ दफे कह दिया कि तुम घर-गृहस्थी के मामले में न बोला करो, पर इनसे बिना बोले रहा ही नहीं जाता।

बुलाकी—मैं जानती कि इनका यह हाल होगा, तो गुरुमंत्र न लेने देती।

भोला—भगत क्या हुए कि दीन-दुनिया दोनों से गए। सारा दिन पूजा-पाठ में ही उड़ जाता है। अभी ऐसे बूढ़े नहीं हो गए कि कोई काम ही न कर सकें।

बुलाकी ने आपत्ति की—भोला, यह तुम्हारा कुन्याय है। फावड़ा, कुदाल अब उनसे नहीं हो सकता, लेकिन कुछ न कुछ तो करते ही रहते हैं। बैलों को सानी-पानी देते हैं, गाय दुहाते हैं और भी जो कुछ हो सकता है, करते हैं।

भिक्षुक अभी तक खड़ा चिल्ला रहा था। सुजान ने जब घर में से किसी को कुछ लाते न देखा, तो उठकर अन्दर गया और कठोर स्वर से बोला—तुम लोगों को कुछ सुनाई नहीं देता कि द्वार पर कौन घंटे भर से खड़ा भीख माँग रहा है। अपना काम तो दिन भर करना ही है, एक छन भगवान् का काम भी तो किया करो।

बुलाकी—तुम तो भगवान् का काम करने को बैठे ही हो, क्या घर भर भगवान् ही का काम करेगा?

सुजान—कहाँ आटा रखा है, लाओ, मैं ही निकालकर दे आऊँ। तुम रानी बनकर बैठो।

बुलाकी—आटा मैंने मर-मर कर पीसा है, अनाज दे दो। ऐसे मुड़चिरों के लिए पहर रात से उठकर चक्की नहीं चलाती हूँ।

सुजान भंडार घर में गए और एक छोटी-सी छबड़ी को जौ से भरे हुए निकले। जौ सेर भर से कम न था। सुजान ने जान-बूझकर, केवल बुलाकी और भोला को चिढ़ाने के लिए, भिक्षा परम्परा का उल्लंघन किया था। तिस पर भी यह दिखाने के लिए कि छबड़ी में बहुत ज़्यादा जौ नहीं है, वह उसे चुटकी से पकड़े हुए थे। चुटकी इतना बोझ न सँभाल सकती थी। हाथ काँप रहा था। एक क्षण विलम्ब होने से छबड़ी के हाथ से छूटकर गिर पड़ने की सम्भावना थी। इसलिए वह जल्दी से बाहर निकल जाना चाहते थे। सहसा भोला ने छबड़ी उनके हाथ से छीन ली और त्यौरियाँ बदलकर बोला—सेंत का माल नहीं है, जो लुटाने चले हो। छाती फाड़-फाड़ कर काम करते हैं, तब दाना घर में आता है।

सुजान ने खिसिया कर कहा—मैं भी तो बैठा नहीं रहता।

भोला—भीख, भीख की ही तरह दी जाती है, लुटाई नहीं जाती। हम तो एक वेला खाकर दिन काटते हैं कि पति-पानी बना रहे, और तुम्हें लुटाने की सूझी है। तुम्हें क्या मालूम कि घर में क्या हो रहा है।

सुजान ने इसका कोई जवाब न दिया। बाहर आकर भिखारी से कह दिया—बाबा, इस समय जाओ, किसी का हाथ ख़ाली नहीं है, और पेड़ के नीचे बैठकर विचारों में मग्न हो गया। अपने ही घर में उसका यह अनादर! अभी वह अपाहिज नहीं है; हाथ-पाँव थके नहीं हैं; घर का कुछ न कुछ काम करता ही रहता है। उस पर यह अनादर! उसी ने घर बनाया, यह सारी विभूति उसी के श्रम का फल है, पर अब इस घर पर उसका कोई अधिकार नहीं रहा। अब वह द्वार का कुत्ता है, पड़ा रहे और घरवाले जो रूखा-सूखा दे दें, वह खाकर पेट भर लिया करे। ऐसे जीवन को धिक्कार है। सुजान ऐसे घर में नहीं रह सकता।

संध्या हो गई थी। भोला का छोटा भाई शंकर नारियल भरकर लाया। सुजान ने नारियल दीवार से टिका कर रख दिया! धीरे-धीरे तम्बाकू जल गया। ज़रा देर में भोला ने द्वार पर चारपाई डाल दी। सुजान पेड़ के नीचे से न उठा।

कुछ देर और गुज़ारी। भोजन तैयार हुआ। भोला बुलाने आया। सुजान ने कहा—भूख नहीं है। बहुत मनावन करने पर भी न उठा। तब बुलाकी ने आकर कहा—खाना खाने क्यों नहीं चलते? जी तो अच्छा है?

सुजान को सबसे अधिक क्रोध बुलाकी ही पर था। यह भी लड़कों के साथ है! यह बैठी देखती रही और भोला ने मेरे हाथ से अनाज छीन लिया। इसके मुँह से इतना भी न निकला कि ले जाते हैं, तो ले जाने दो। लड़कों को न मालूम हो कि मैंने कितने श्रम से यह गृहस्थी जोड़ी है, पर यह तो जानती है। दिन को दिन और रात को रात नहीं समझा। भादों की अँधेरी रात में मड़ैया लगा के जुआर की रखवाली करता था। जेठ-बैसाख की दोपहरी में भी दम न लेता था, और अब मेरा घर पर इतना भी अधिकार नहीं है कि भीख तक न दे सकूँ। माना कि भीख इतनी नहीं दी जाती लेकिन इनको तो चुप रहना चाहिए था, चाहे मैं घर में आग ही क्यों न लगा देता। क़ानून से भी तो मेरा कुछ होता है। मैं अपना हिस्सा नहीं खाता, दूसरों को खिला देता हूँ; इसमें किसी के बाप का क्या साझा? अब इस वक़्त मनाने आई है! इसे मैंने फूल की छड़ी से भी नहीं छुआ, नहीं तो गाँव में ऐसी कौन औरत है, जिसने खसम की लातें न खाई हों, कभी कड़ी निगाह से देखा तक नहीं। रुपए-पैसे, लेना-देना, सब इसी के हाथ में दे रखा था। अब रुपए जमा कर लिये हैं, तो मुझी से घमंड करती है। अब इसे बेटे प्यारे हैं, मैं तो निखट्टू; लुटाऊ, घर-फूँकू, घोंघा हूँ। मेरी इसे क्या परवाह। तब लड़के न थे, जब बीमार पड़ी थी और मैं गोद में उठाकर बैद के घर ले गया था। आज उसके बेटे हैं और यह उनकी माँ है। मैं तो बाहर का आदमी।

मुझसे घर से मतलब ही क्या। बोला—अब खा-पीकर क्या करूँगा, हल जोतने से रहा, फावड़ा चलाने से रहा। मुझे खिलाकर दाने को क्यों ख़राब करेगी? रख दो, बेटे दूसरी बार खाएँगे।

बुलाकी—तुम तो ज़रा-ज़रा-सी बात पर तिनक जाते हो। सच कहा है, बुढ़ापे में आदमी की बुद्धि मारी जाती है। भोला ने इतना तो कहा था कि इतनी भीख मत ले जाओ, या और कुछ?

सुजान—हाँ बेचारा इतना कहकर रह गया। तुम्हें तो मज़ा तब आता, जब वह ऊपर से दो-चार डंडे लगा देता। क्यों? अगर यही अभिलाषा है, तो पूरी कर लो। भोला खा चुका होगा, बुला लाओ। नहीं, भोला को क्यों बुलाती हो, तुम्हीं न जमा दो, दो-चार हाथ। इतनी कसर है, वह भी पूरी हो जाए।

बुलाकी—हाँ, और क्या, यही तो नारी का धरम ही है। अपने भाग सराहो कि मुझ-जैसी सीधी औरत पा ली। जिस बल चाहते हो, बिठाते हो। ऐसी मुँहजोर होती, तो तुम्हारे घर में एक दिन भी निबाह न होता।

सुजान—हाँ, भाई, वह तो मैं ही कह रहा हूँ कि देवी थीं और हो। मैं तब भी राक्षस था और अब भी दैत्य हो गया हूँ! बेटे कमाऊ हैं, उनकी-सी न कहोगी, तो क्या मेरी-सी कहोगी, मुझसे अब क्या लेना-देना है?

बुलाकी—तुम झगड़ा करने पर तुले बैठे हो और मैं झगड़ा बचाती हूँ कि चार आदमी हँसेंगे। चलकर खाना खा लो सीधे से, नहीं तो मैं जाकर सो रहूँगी।

सुजान—तुम भूखी क्यों सो रहोगी? तुम्हारे बेटों की तो कमाई है। हाँ, मैं बाहरी आदमी हूँ।

बुलाकी—बेटे तुम्हारे भी तो हैं।

सुजान—नहीं, मैं ऐसे बेटों से बाज आया। किसी और के बेटे होंगे। मेरे बेटे होते, तो क्या मेरी दुर्गति होती?

बुलाकी—गालियाँ दोगे तो मैं भी कुछ कह बैठूँगी। सुनती थी, मर्द बड़े समझदार होते हैं, पर तुम सबसे न्यारे हो। आदमी को चाहिए कि जैसा समय देखे वैसा काम करे। अब हमारा और तुम्हारा निबाह इसी में है कि नाम के मालिक बने रहें और वही करें जो लड़कों को अच्छा लगे। मैं यह बात समझ गई, तुम क्यों नहीं समझ पाते? जो कमाता है, उसी का घर में राज होता है, यही दुनिया का दस्तूर है। मैं बिना लड़कों से पूछे कोई काम नहीं करती, तुम क्यों अपने मन की करते हो? इतने दिनों तक तो राज कर लिया, अब क्यों इस माया में पड़े हो? आधी रोटी खाओ, भगवान् का भजन करो और पड़े रहो। चलो, खाना खा लो।

सुजान—तो अब मैं द्वार का कुत्ता हूँ?

बुलाकी—बात जो थी, वह मैंने कह दी। अब अपने को जो चाहो समझो। सुजान न उठे। बुलाकी हार कर चली गई।

4

सुजान के सामने अब एक नई समस्या खड़ी हो गई थी। वह बहुत दिनों से घर का स्वामी था और अब भी ऐसा ही समझता रहा। परिस्थिति में कितना उलट फेर हो गया था, इसकी उसे ख़बर न थी। लड़के उसका सेवा-सम्मान करते हैं, यह बात उसे भ्रम में डाले हुए थी। लड़के उसके सामने चिलम नहीं पीते, खाट पर नहीं बैठते, क्या यह सब उसके गृह-स्वामी होने का प्रमाण न था? पर आज उसे यह ज्ञात हुआ कि यह केवल श्रद्धा थी, उसके स्वामित्व का प्रमाण नहीं। क्या इस श्रद्धा के बदले वह अपना अधिकार छोड़ सकता था? कदापि नहीं। अब तक जिस घर में राज किया, उसी घर में पराधीन बनकर वह नहीं रह सकता। उसको श्रद्धा की चाह नहीं, सेवा की भूख नहीं। उसे अधिकार चाहिए। वह इस घर पर दूसरों का अधिकार नहीं देख सकता। मन्दिर का पुजारी बनकर वह नहीं रह सकता।

न-जाने कितनी रात बाक़ी थी। सुजान ने उठकर गँड़ासे से बैलों का चारा काटना शुरू किया। सारा गाँव सोता था, पर सुजान करवी काट रहे थे। इतना श्रम उन्होंने अपने जीवन में कभी न किया था। जब से उन्होंने क़ाम करना छोड़ा था, बराबर चारे के लिए हाय-हाय पड़ी रहती थी। शंकर भी काटता था, भोला भी काटता था पर चारा पूरा न पड़ता था। आज वह इन लौंडों को दिखा देंगे, चारा कैसे काटना चाहिए। उनके सामने कटिया का पहाड़ खड़ा हो गया। और टुकड़े कितने महीन और सुडौल थे, मानो साँचे में ढाले गए हों।

मुँह-अँधेरे बुलाकी उठी तो कटिया का ढेर देखकर दंग रह गई। बोली—क्या भोला आज रात भर कटिया ही काटता रह गया? कितना कहा कि बेटा, जी से जहान है, पर मानता ही नहीं। रात को सोया ही नहीं।

सुजान भगत ने ताने से कहा—वह सोता ही कब है? जब देखता हूँ, काम ही करता रहता है। ऐसा कमाऊ संसार में और कौन होगा?

इतने में भोला आँखें मलता हुआ बाहर निकला। उसे भी यह ढेर देखकर आश्चर्य हुआ। माँ से बोला—क्या शंकर आज बड़ी रात को उठा था, अम्माँ?

बुलाकी—वह तो पड़ा सो रहा है। मैंने तो समझा, तुमने काटी होगी।

भोला—मैं तो सबेरे उठ ही नहीं पाता। दिन भर चाहे जितना काम कर लूँ, पर रात को मुझसे नहीं उठा जाता।

बुलाकी—तो क्या तुम्हारे दादा ने काटी है?

भोला—हाँ, मालूम तो होता है। रात भर सोये नहीं। मुझसे कल बड़ी भूल हुई। अरे, वह तो हल लेकर जा रहे हैं! जान देने पर उतारू हो गए हैं क्या?

बुलाकी—क्रोधी तो सदा के हैं। अब किसी की सुनेंगे थोड़े ही।

भोला—शंकर को जगा दो, मैं भी जल्दी से मुँह-हाथ धोकर हल ले जाऊँ। जब और किसानों के साथ भोला हल लेकर खेत में पहुँचा, तो सुजान आधा खेत जोत चुके थे। भोला ने चुपके से काम करना शुरू किया। सुजान से कुछ बोलने की उसकी हिम्मत न पड़ी।

दोपहर हुआ। सभी किसानों ने हल छोड़ दिए। पर सुजान भगत अपने काम में मग्न हैं। भोला थक गया है। उसकी बार-बार इच्छा होती है कि बैलों को खोल दे। मगर डर के मारे कुछ कह नहीं सकता। सबको आश्चर्य हो रहा है कि दादा कैसे इतनी मिहनत कर रहे हैं।

आख़िर डरते-डरते बोला—दादा, अब तो दोपहर हो गया। हल खोल दें न?

सुजान—हाँ, खोल दो। तुम बैलों को लेकर चलो, मैं डाँड़ फेंककर आता हूँ।

भोला—मैं संझा को डाँड़ फेंक दूँगा।

सुजान—तुम क्या फेंक दोगे। देखते नहीं हो, खेत कटोरे की तरह गहरा हो गया है। तभी तो बीच में पानी जम जाता है। इस गोइँड़ के खेत में बीस मन का बीघा होता था। तुम लोगों ने इसका सत्यानाश कर दिया।

बैल खोल दिए गए। भोला बैलों को लेकर घर चला, पर सुजान डाँड़ फेंकते रहे। आध घंटे के बाद डाँड़ फेंककर वह घर आए। मगर थकान का नाम न था। नहा-खाकर आराम करने के बदले उन्होंने बैलों को सहलाना शुरू किया। उनकी पीठ पर हाथ फेरा, उनके पैर मले, पूँछ सहलाई। बैलों की पूँछें खड़ी थीं। सुजान की गोद में सिर रखे उन्हें अकथनीय सुख मिल रहा था। बहुत दिनों के बाद आज उन्हें यह आनन्द प्राप्त हुआ था। उनकी आँखों में कृतज्ञता भरी हुई थी। मानो वे कह रहे थे, हम तुम्हारे साथ रात-दिन काम करने को तैयार हैं।

अन्य कृषकों की भाँति भोला अभी कमर सीधी कर रहा था कि सुजान ने फिर हल उठाया और खेत की ओर चले। दोनों बैल उमंग से भरे दौड़े चले जाते थे, मानों उन्हें स्वयं खेत में पहुँचने की जल्दी थी।

भोला ने मड़ैया में लेटे-लेटे पिता को हल लिए जाते देखा, पर उठ न सका। उसकी हिम्मत छूट गई। उसने कभी इतना परिश्रम न किया था। उसे बनी-बनाई गिरस्ती मिल गई थी। उसे ज्यों-त्यों चला रहा था। इन दामों वह घर का स्वामी बनने का इच्छुक न था। जवान आदमी को बीस धंधे होते हैं। हँसने-बोलने के लिए, गाने-बजाने के लिए भी तो उसे कुछ समय चाहिए। पड़ोस के गाँव में दंगल हो रहा है। जवान आदमी कैसे अपने को वहाँ जाने से रोकेगा? किसी गाँव में बारात आई है, नाच-गाना हो रहा है। जवान आदमी क्यों उसके आनन्द से वंचित रह सकता है? वृद्धजनों के लिए ये बाधाएँ नहीं। उन्हें न नाच-गाने से मतलब, न खेल-तमाशे से ग़रज़, केवल अपने काम से काम है।

बुलाकी ने कहा—भोला, तुम्हारे दादा हल लेकर गए।

भोला—जाने दो अम्माँ, मुझसे यह नहीं हो सकता।

5

सुजान भगत के इस नवीन उत्साह पर गाँव में टीकाएँ हुईं—निकल गई सारी भगती। बना हुआ था। माया में फँसा हुआ है। आदमी काहे को, भूत है।

मगर भगत जी के द्वार पर अब फिर साधु-संत आसन जमाये देखे जाते हैं। उनका आदर-सम्मान होता है। अब की उसकी खेती ने सोना उगल दिया है। बखारी में अनाज रखने की जगह नहीं मिलती। जिस खेत में पाँच मन मुश्किल से होता था, उसी खेत में अबकी दस मन की उपज हुई है।

चैत का महीना था। खलिहानों में सतयुग का राज था। जगह-जगह अनाज के ढेर लगे हुए थे। यही समय है, जब कृषकों को भी थोड़ी देर के लिए अपना जीवन सफल मालूम होता है, जब गर्व से उनका हृदय उछलने लगता है। सुजान भगत टोकरे में अनाज भर-भरकर देते थे और दोनों लड़के टोकरे लेकर घर में अनाज रख आते थे। कितने ही भाट और भिक्षुक भगत जी को घेरे हुए थे। उनमें वह भिक्षुक भी था, जो आज से आठ महीने पहले भगत के द्वार से निराश होकर लौट गया था।

सहसा भगत ने उस भिक्षुक से पूछा—क्यों बाबा, आज कहाँ-कहाँ चक्कर लगा आए?

भिक्षुक—अभी तो कहीं नहीं गया भगत जी, पहले तुम्हारे ही पास आया हूँ।

भगत—अच्छा, तुम्हारे सामने यह ढेर है। इसमें से जितना अनाज उठाकर ले जा सको, ले जाओ।

भिक्षुक ने क्षुब्ध नेत्रों से ढेर को देखकर कहा—जितना अपने हाथ से उठाकर दे दोगे, उतना ही लूँगा।

भगत—नहीं, तुमसे जितना उठ सके, उठा लो।

भिक्षुक के पास एक चादर थी! उसने कोई दस सेर अनाज उसमें भरा और उठाने लगा। संकोच के मारे और अधिक भरने का उसे साहस न हुआ।

भगत उसके मन का भाव समझकर आश्वासन देते हुए बोले—बस। इतना तो एक बच्चा भी उठा ले जाएगा।

भिक्षुक ने भोला की ओर संदिग्ध नेत्रों से देखकर कहा—मेरे लिए इतना ही बहुत है।

भगत—नहीं तुम सकुचाते हो। अभी और भरो।

भिक्षुक ने एक पंसेरी अनाज और भरा, और फिर भोला की ओर सशंक दृष्टि से देखने लगा।

भगत—उसकी ओर क्या देखते हो, बाबा जी? मैं जो कहता हूँ, वह करो। तुमसे जितना उठाया जा सके, उठा लो।

भिक्षुक डर रहा था कि कहीं उसने अनाज भर लिया और भोला ने गठरी न उठाने दी, तो कितनी भद्द होगी। और भिक्षुकों को हँसने का अवसर मिल जाएगा। सब यही कहेंगे कि भिक्षुक कितना लोभी है। उसे और अनाज भरने की हिम्मत न पड़ी।

तब सुजान भगत ने चादर लेकर उसमें अनाज भरा और गठरी बाँधकर बोले—इसे उठा ले जाओ।

भिक्षुक—बाबा, इतना तो मुझसे उठ न सकेगा।

भगत—अरे! इतना भी न उठ सकेगा! बहुत होगा तो मन भर। भला ज़ोर तो लगाओ, देखूँ, उठा सकते हो या नहीं।

भिक्षुक ने गठरी को आजमाया। भारी थी। जगह से हिली भी नहीं। बोला—भगत जी, यह मुझ से न उठ सकेगी!

भगत—अच्छा, बताओ किस गाँव में रहते हो?

भिक्षुक—बड़ी दूर है भगत जी; अमोला का नाम तो सुना होगा!

भगत—अच्छा, आगे-आगे चलो, मैं पहुँचा दूँगा।

यह कहकर भगत ने ज़ोर लगाकर गठरी उठाई और सिर पर रखकर भिक्षुक के पीछे हो लिये। देखने वाले भगत का यह पौरुष देखकर चकित हो गए। उन्हें क्या मालूम था कि भगत पर इस समय कौन-सा नशा था। आठ महीने के निरंतर अविरल परिश्रम का आज उन्हें फल मिला था। आज उन्होंने अपना खोया हुआ अधिकार फिर पाया था। वही तलवार, जो केले को भी नहीं काट सकती, सान पर चढ़कर लोहे को काट देती है। मानव-जीवन में लाग बड़े महत्त्व की वस्तु है। जिसमें लाग है, वह बूढ़ा भी हो तो जवान है। जिसमें लाग नहीं, ग़ैरत नहीं, वह जवान भी मृतक है। सुजान भगत में लाग थी और उसी ने उन्हें अमानुषीय बल प्रदान कर दिया था। चलते समय उन्होंने भोला की ओर सगर्व नेत्रों से देखा और बोले—ये भाट और भिक्षुक खड़े हैं, कोई ख़ाली हाथ न लौटने पाए।

भोला सिर झुकाए खड़ा था, उसे कुछ बोलने का हौसला न हुआ। वृद्ध पिता ने उसे परास्त कर दिया था।

पिसनहारी का कुआँ

गोमती ने मृत्यु-शय्या पर पड़े हुए चौधरी विनायकसिंह से कहा—चौधरी, मेरे जीवन की यही लालसा थी।

चौधरी ने गम्भीर होकर कहा—इसकी कुछ चिन्ता न करो काकी; तुम्हारी लालसा भगवान् पूरी करेंगे। मैं आज ही से मजूरों को बुलाकर काम पर लगाए देता हूँ। दैव ने चाहा, तो तुम अपने कुएँ का पानी पियोगी। तुमने तो गिना होगा, कितने रुपए हैं?

गोमती ने एक क्षण आँखें बन्द करके, बिखरी हुई स्मृति को एकत्र करके कहा—भैया, मैं क्या जानूँ, कितने रुपए हैं? जो कुछ हैं, वह इसी हाँड़ी में हैं। इतना करना कि इतने ही में काम चल जाए। किसके सामने हाथ फैलाते फिरोगे?

चौधरी ने बन्द हाँड़ी को उठाकर हाथों से तौलते हुए कहा—ऐसा तो करेंगे ही काकी; कौन देनेवाला है। एक चुटकी भीख तो किसी के घर से निकलती नहीं, कुआँ बनवाने को कौन देता है। धन्य हो तुम कि अपनी उम्र भर की कमाई इस धर्म-काज के लिए दे दी।

गोमती ने गर्व से कहा—भैया, तुम तो तब बहुत छोटे थे। तुम्हारे काका मरे तो मेरे हाथ में एक कौड़ी भी न थी। दिन-दिन भर भूखी पड़ी रहती। जो कुछ उनके पास था, वह सब उनकी बीमारी में उठ गया। वह भगवान् के बड़े भक्त थे। इसीलिए भगवान् ने उन्हें जल्दी से बुला लिया। उस दिन से आज तक तुम देख रहे हो कि किस तरह दिन काट रही हूँ। मैंने एक-एक रात में मन-मन भर अनाज पीसा है; बेटा! देखनेवाले अचरज मानते थे।

न-जाने इतनी ताक़त मुझमें कहाँ से आ जाती थी। बस, यही लालसा रही कि उनके नाम का एक छोटा-सा कुआँ गाँव में बन जाए। नाम तो चलना चाहिए। इसीलिए तो आदमी बेटे-बेटी को रोता है।

इस तरह चौधरी विनायकसिंह को वसीयत करके, उसी रात को बुढ़िया गोमती परलोक सिधारी। मरते समय अन्तिम शब्द, जो उसके मुख से निकले, वे यही थे—कुआँ बनवाने में देर न करना। उसके पास धन है यह तो लोगों का अनुमान था; लेकिन दो हज़ार है, इसका किसी को अनुमान न था। बुढ़िया अपने धन को ऐब की तरह छिपाती थी। चौधरी गाँव का मुखिया और नीयत का साफ़ आदमी था। इसलिए बुढ़िया ने उससे यह अन्तिम आदेश किया था।

2

चौधरी ने गोमती के क्रिया-कर्म में बहुत रुपए ख़र्च न किए। ज्योंही इन संस्कारों से छुट्टी मिली, वह अपने बेटे हरनाथसिंह को बुलाकर ईंट, चूना, पत्थर का तखमीना करने लगे। हरनाथ अनाज का व्यापार करता था। कुछ देर तक तो वह बैठा सुनता रहा, फिर बोला—अभी दो-चार महीने कुआँ न बने तो कोई बड़ा हरज़ है?

चौधरी ने 'हुँह!' करके कहा—हरज तो कुछ नहीं, लेकिन देर करने का काम ही क्या है। रुपए उसने दे ही दिए हैं, हमें तो सेंत में यश मिलेगा। गोमती ने मरते-मरते जल्द कुआँ बनवाने को कहा था।

हरनाथ—हाँ, कहा तो था, लेकिन आजकल बाज़ार अच्छा है। दो-तीन हज़ार का अनाज भर लिया जाए, तो अगहन-पूस तक सवाया हो जाएगा। मैं आपको कुछ सूद दे दूँगा। चौधरी का मन शंका और भय के दुविधा में पड़ गया। दो हज़ार के कहीं ढाई हज़ार हो गए, तो क्या कहना। जगमोहन में कुछ बेल-बूटे बनवा दूँगा। लेकिन भय था कि कहीं घाटा हो गया तो? इस शंका को वह छिपा न सके, बोले—जो कहीं घाटा हो गया तो?

हरनाथ ने तड़प कर कहा—घाटा क्या हो जाएगा, कोई बात है?

'मान लो, घाटा हो गया तो?'

हरनाथ ने उत्तेजित होकर कहा—यह कहो कि तुम रुपए नहीं देना चाहते, बड़े धर्मात्मा बने हो!

अन्य वृद्धजनों की भाँति चौधरी भी बेटे से दबते थे। कातर स्वर में बोले—मैं यह कब कहता हूँ कि रुपए न दूँगा। लेकिन पराया धन है, सोच-समझकर ही तो उसमें हाथ लगाना चाहिए। बनिज-व्यापार का हाल कौन जानता है। कहीं भाव और गिर जाए तो? अनाज में घुन ही लग जाए, कोई मुद्दई घर में आग ही लगा दे। सब बातें सोच लो अच्छी तरह।

हरनाथ ने व्यंग्य से कहा—इस तरह सोचना है, तो यह क्यों नहीं सोचते कि कोई चोर ही उठा ले जाए; या बनी-बनाई दीवार बैठ जाए? ये बातें भी तो होती ही हैं।

चौधरी के पास अब और कोई दलील न थी, कमज़ोर सिपाही ने ताल तो ठोंकी, अखाड़े में उतर पड़ा; पर तलवार की चमक देखते ही हाथ-पाँव फूल गए। बग़लें झाँककर चौधरी ने कहा—तो कितना लोगे?

हरनाथ कुशल योद्धा की भाँति, शत्रु को पीछे हटता देखकर, बफर कर बोला—सब का सब दीजिए, सौ-पचास रुपए लेकर क्या खिलवाड़ करना है?

चौधरी राज़ी हो गए। गोमती को उन्हें रुपए देते किसी ने न देखा था। लोक-निन्दा की संभावना भी न थी। हरनाथ ने अनाज भरा। अनाजों के बोरों का ढेर लग गया। आराम की मीठी नींद सोनेवाले चौधरी अब सारी रात बोरों की रखवाली करते थे, मजाल न थी कि कोई चुहिया बोरों में घुस जाए। चौधरी इस तरह झपटते थे कि बिल्ली भी हार मान लेती। इस तरह छह महीने बीत गए। पौष में अनाज बिका, पूरे 500 रु. का लाभ हुआ।

हरनाथ ने कहा—इसमें से 50 रु. आप ले लें।

चौधरी ने झल्ला कर कहा—50 रु. क्या खैरात ले लूँ? किसी महाजन से इतने रुपए लिए होते तो कम से कम 200 रु. सूद के होते; मुझे तुम दो-चार रुपए कम दे दो, और क्या करोगे?

हरनाथ ने ज़्यादा बतबढ़ाव न किया। 150 रु. चौधरी को दे दिया। चौधरी की आत्मा इतनी प्रसन्न कभी न हुई थी। रात को वह अपनी कोठरी में सोने गया, तो उसे ऐसा प्रतीत हुआ कि बुढ़िया गोमती खड़ी मुस्कुरा रही है। चौधरी का कलेजा धक्-धक् करने लगा। वह नींद में न था। कोई नशा न खाया था। गोमती सामने खड़ी मुस्कुरा रही थी। हाँ, उस मुरझाये हुए मुख पर एक विचित्र स्फूर्ति थी।

3

कई साल बीत गए! चौधरी बराबर इसी फ़िक्र में रहते कि हरनाथ से रुपए निकाल लूँ; लेकिन हरनाथ हमेशा ही हीले-हवाले करता रहता था। वह साल में थोड़ा-सा ब्याज दे देता, पर मूल के लिए हज़ार बातें बनाता था। कभी लेने का रोना था, कभी चुकते का। हाँ, कारोबार बढ़ता जाता था। आख़िर एक दिन चौधरी ने उससे साफ़-साफ़ कह दिया कि तुम्हारा काम चले या डूबे, मुझे परवा नहीं, इस महीने में तुम्हें अवश्य रुपए चुकाने पड़ेंगे। हरनाथ ने बहुत उड़नघाइयाँ बताईं, पर चौधरी अपने इरादे पर जमे रहे।

हरनाथ ने झुँझला कर कहा—कहता हूँ कि दो महीने और ठहरिए। माल बिकते ही मैं रुपए दे दूँगा।

चौधरी ने दृढ़ता से कहा—तुम्हारा माल कभी न बिकेगा, और न तुम्हारे दो महीने कभी पूरे होंगे। मैं आज रुपए लूँगा।

हरनाथ उसी वक़्त क्रोध में भरा हुआ उठा, और दो हज़ार रुपए लाकर चौधरी के सामने ज़ोर से पटक दिए।

चौधरी ने कुछ झेंप कर कहा—रुपए तो तुम्हारे पास थे।

'और क्या बातों से रोज़गार होता है?'

'तो मुझे इस समय 500 रुपए दे दो, बाक़ी दो महीने में देना। सब आज ही तो ख़र्च न हो जाएँगे।'

हरनाथ ने ताव दिखाकर कहा—आप चाहे ख़र्च कीजिए, चाहे जमा कीजिए, मुझे रुपयों का काम नहीं। दुनिया में क्या महाजन मर गए हैं, जो आपकी धौंस सहूँ?

चौधरी ने रुपए उठाकर एक ताक पर रख दिए। कुएँ की दागबेल डालने का सारा उत्साह ठंडा पड़ गया।

हरनाथ ने रुपए लौटा तो दिए थे, पर मन में कुछ और मनसूबा बाँध रखा था। आधी रात को जब घर में सन्नाटा छा गया, तो हरनाथ चौधरी के कोठरी की चूल खिसका कर अन्दर

घुसा। चौधरी बेख़बर सोये थे। हरनाथ ने चाहा कि दोनों थैलियाँ उठाकर बाहर निकल आऊँ, लेकिन ज्यों ही हाथ बढ़ाया उसे अपने सामने गोमती खड़ी दिखाई दी। वह दोनों थैलियों को दोनों हाथों से पकड़े हुए थी। हरनाथ भयभीत होकर पीछे हट गया।

फिर यह सोचकर कि शायद मुझे धोखा हो रहा हो, उसने फिर हाथ बढ़ाया, पर अबकी वह मूर्ति इतनी भयंकर हो गई कि हरनाथ एक क्षण भी वहाँ खड़ा न रह सका। भागा, पर बरामदे ही में अचेत होकर गिर पड़ा।

4

हरनाथ ने चारों तरफ़ से अपने रुपए वसूल करके व्यापारियों को देने के लिए जमा कर रखे थे। चौधरी ने आँखें दिखाईं, तो वही रुपए लाकर पटक दिया। दिल में उसी वक़्त सोच लिया था कि रात को रुपए उड़ा लाऊँगा। झूठमूठ चोर का गुल मचा दूँगा, तो मेरी ओर सन्देह भी न होगा। पर जब यह पेशबन्दी ठीक न उतरी, तो उस पर व्यापारियों के तगादे होने लगे। वादों पर लोगों को कहाँ तक टालता, जितने बहाने हो सकते थे, सब किए। आख़िर वह नौबत आ गई कि लोग नालिश करने की धमकियाँ देने लगे। एक ने तो 300 रु. की नालिश कर भी दी। बेचारे चौधरी बड़ी मुश्किल में फँसे। दुकान पर हरनाथ बैठता था, चौधरी का उससे कोई वास्ता न था, पर उसकी जो साख थी वह चौधरी के कारण। लोग चौधरी को खरा और लेन-देन का साफ़ आदमी समझते थे। अब भी यद्यपि कोई उनसे तकाजा न करता था, पर वह सबसे मुँह छिपाते फिरते थे। लेकिन उन्होंने यह निश्चय कर लिया था कि कुएँ के रुपए न छुऊँगा चाहे कुछ आ पड़े।

रात को एक व्यापारी के मुसलमान चपरासी ने चौधरी के द्वार पर आकर हज़ारों गालियाँ सुनाईं। चौधरी को बार-बार क्रोध आता था कि चलकर मूँछें उखाड़ लूँ, पर मन को समझाया, 'हमसे मतलब ही क्या है, बेटे का क़र्ज़ चुकाना बाप का धर्म नहीं है।'

जब भोजन करने गए, तो पत्नी ने कहा—यह सब क्या उपद्रव मचा रखा है?

चौधरी ने कठोर स्वर में कहा—मैंने मचा रखा है?

'और किसने मचा रखा है? बच्चा क़सम खाते हैं कि मेरे पास केवल थोड़ा-सा माल है, रुपए तो सब तुमने माँग लिये।'

चौधरी—माँग न लेता तो क्या करता, हलवाई की दुकान पर दादा का फातेहा पढ़ना मुझे पसन्द नहीं।

स्त्री—यह नाक-कटाई अच्छी लगती है?

चौधरी—तो मेरा क्या बस है भाई, कभी कुआँ बनेगा कि नहीं? पाँच साल हो गए।

स्त्री—इस वक़्त उसने कुछ नहीं खाया। पहली जून भी मुँह जूठा करके उठ गया था।

चौधरी—तुमने समझाकर खिलाया नहीं, दाना-पानी छोड़ देने से तो रुपए न मिलेंगे।

स्त्री—तुम क्यों नहीं जाकर समझा देते?

चौधरी—मुझे तो इस वक़्त बैरी समझ रहा होगा!

स्त्री—मैं रुपए ले जाकर बच्चा को दिए आती हूँ, हाथ में जब रुपए आ जाएँ, तो कुआँ बनवा देना।

चौधरी—नहीं, नहीं, ऐसा ग़ज़ब न करना, मैं इतना बड़ा विश्वासघात न करूँगा, चाहे घर मिट्टी ही में मिल जाए।

लेकिन स्त्री ने इन बातों की ओर ध्यान न दिया। वह लपककर भीतर गई और थैलियों पर हाथ डालना चाहती थी कि एक चीख़ मारकर हट गई। उसकी सारी देह सितार के तार की भाँति काँपने लगी।

चौधरी ने घबराकर पूछा—क्या हुआ, क्या? तुम्हें चक्कर तो नहीं आ गया?

स्त्री ने ताक की ओर भयातुर नेत्रों से देखकर कहा—चुड़ैल वहाँ खड़ी है?

चौधरी ने ताक की ओर देखकर कहा—कौन चुड़ैल? मुझे तो कोई नहीं दीखता।

स्त्री—मेरा तो कलेजा धक्-धक् कर रहा है। ऐसा मालूम हुआ, जैसे उस बुढ़िया ने मेरा हाथ पकड़ लिया है।

चौधरी—यह सब भ्रम है। बुढ़िया को मरे पाँच साल हो गए, अब तक वह यहाँ बैठी है?

स्त्री—मैंने साफ़ देखा, वही थी। बच्चा भी कहते थे कि उन्होंने रात को थैलियों पर हाथ रखे देखा था!

चौधरी—वह रात को मेरी कोठरी में कब आया?

स्त्री—तुमसे कुछ रुपयों के विषय ही में कहने आया था। उसे देखते ही भागा।

चौधरी—अच्छा; फिर तो अन्दर जाओ, मैं देख रहा हूँ।

स्त्री ने कान पर हाथ रखकर कहा—न बाबा, अब मैं उस कमरे में क़दम न रखूँगी।

चौधरी—अच्छा, मैं जाकर देखता हूँ।

चौधरी ने कोठरी में जाकर दोनों थैलियाँ ताक पर से उठा लीं। किसी प्रकार की शंका न हुई। गोमती की छाया का कहीं नाम भी न था। स्त्री द्वार पर खड़ी झाँक रही थी। चौधरी ने आकर गर्व से कहा—मुझे तो कहीं कुछ न दिखाई दिया। वहाँ होती, तो कहाँ चली जाती?

स्त्री—क्या जाने, तुम्हें क्यों नहीं दिखाई दी? तुमसे उसे स्नेह था, इसी से हट गई होगी।

चौधरी—तुम्हें भ्रम था, और कुछ नहीं।

स्त्री—बच्चा को बुलाकर पुछाये देती हूँ।

चौधरी—खड़ा तो हूँ, आकर देख क्यों नहीं लेतीं?

स्त्री को कुछ आश्वासन हुआ। उसने ताक के पास जाकर डरते-डरते हाथ बढ़ाया—ज़ोर से चिल्लाकर भागी और आँगन में आकर दम लिया।

चौधरी भी उसके साथ आँगन में आ गया और विस्मय से बोला—क्या था, क्या? व्यर्थ में भागी चली आई। मुझे तो कुछ न दिखाई दिया।

स्त्री ने हाँफते हुए तिरस्कारपूर्ण स्वर में कहा—चलो हटो, अब तक तो तुमने मेरी जान ही ले ली थी। न-जाने तुम्हारी आँखों को क्या हो गया है। खड़ी तो है वह डायन!

इतने में हरनाथ भी वहाँ आ गया। माता को आँगन में खड़े देखकर बोला—क्या है अम्माँ, कैसा जी है?

स्त्री—वह चुड़ैल आज दो बार दिखाई दी, बेटा। मैंने कहा—लाओ, तुम्हें रुपए दे दूँ। फिर जब हाथ में जा जाएँगे, तो कुआँ बनवा दिया जाएगा। लेकिन ज्यों ही थैलियों पर हाथ रखा, उस चुड़ैल ने मेरा हाथ पकड़ लिया। प्राण-से निकल गए।

हरनाथ ने कहा—किसी अच्छे ओझा को बुलाना चाहिए, जो इसे मार भगाये।

चौधरी—क्या रात को तुम्हें भी दिखाई दी थी?

हरनाथ—हाँ, मैं तुम्हारे पास एक मामले में सलाह करने आया था। ज्यों ही अन्दर क़दम रखा, वह चुड़ैल ताक के पास खड़ी दिखाई दी, मैं बदहवास होकर भागा।

चौधरी—अच्छा, फिर तो जाओ।

स्त्री—कौन, अब तो मैं न जाने दूँ, चाहे कोई लाख रुपए ही क्यों न दे।

हरनाथ—मैं आप न जाऊँगा।

चौधरी—मगर मुझे कुछ दिखाई नहीं देता। यह बात क्या है?

हरनाथ—क्या जाने, आपसे डरती होगी। आज किसी ओझा को बुलाना चाहिए।

चौधरी—कुछ समझ में नहीं आता, क्या माजरा है। क्या हुआ बैजू पांडे की डिग्री का?

हरनाथ इन दिनों चौधरी से इतना जलता था कि अपनी दुकान के विषय की कोई बात उनसे न कहता था। आँगन की तरफ़ ताकता हुआ मानो हवा से बोला—जो होना होगा, वह होगा, मेरी जान के सिवा और कोई क्या ले लेगा? जो खा गया हूँ, वह तो उगल नहीं सकता।

चौधरी—कहीं उसने डिग्री जारी कर दी तो?

हरनाथ—तो क्या? दुकान में चार-पाँच सौ का माल है, वह नीलाम हो जाएगा।

चौधरी—कारोबार तो सब चौपट हो जाएगा?

हरनाथ—अब कारोबार के नाम को कहाँ तक रोऊँ। अगर पहले से मालूम होता कि कुआँ बनवाने की इतनी जल्दी है, तो यह काम छेड़ता ही क्यों? रोटी-दाल तो पहले भी मिल जाती थी। बहुत होगा, तो-चार महीने हवालात में रहना पड़ेगा। इसके सिवा और क्या हो सकता है?

माता ने कहा—जो तुम्हें हवालात में ले जाए, उसका मुँह झुलस दूँ! हमारे जीते-जी तुम हवालात में जाओगे!

हरनाथ ने दार्शनिक बनकर कहा—माँ-बाप जन्म के साथी होते हैं, किसी के कर्म के साथी नहीं होते।

चौधरी को पुत्र से प्रगाढ़ प्रेम था। उन्हें शंका हो गई थी कि हरनाथ रुपए हजम करने के लिए टाल-मटोल कर रहा है। इसलिए उन्होंने आग्रह करके रुपए वसूल कर लिये थे। अब उन्हें अनुभव हुआ कि हरनाथ के प्राण सचमुच संकट में हैं। सोचा—अगर लड़के को हवालात हो गई, या दुकान पर कुर्की आ गई; तो कुल-मर्यादा धूल में मिल जाएगी। क्या हरज़ है, अगर गोमती के रुपए दे दूँ। आख़िर दुकान चलती ही है, कभी न कभी तो रुपए हाथ में आ ही जाएँगे।

एकाएक किसी ने बाहर से पुकारा—'हरनाथसिंह!' हरनाथ के मुख पर हवाइयाँ उड़ने लगीं। चौधरी ने पूछा—कौन है?

'कुर्क अमीन।'

'क्या दुकान कुर्क कराने आया है?'

'हाँ, मालूम तो होता है।'

'कितने रुपयों की डिग्री है?'

'1200 रु. की।'

'कुर्क-अमीन कुछ लेने-देने से न टलेगा?'

'टल तो जाता पर महाजन भी तो उसके साथ होगा। उसे जो कुछ लेना है, उधर से ले चुका होगा।'

'न हो, 1200 रु. गोमती के रुपयों में से दे दो।'

'उसके रुपए कौन छुएगा। न-जाने घर पर क्या आफ़त आए।'

'उसके रुपए कोई हजम थोड़ी ही किए लेता है; चलो, मैं दे दूँ!'

चौधरी को इस समय भय हुआ, कहीं मुझे भी वह न दिखाई दे। लेकिन उनकी शंका निर्मूल थी। उन्होंने एक थैली से 220 रु. निकाले और दूसरी थैली में रखकर हरनाथ को दे दिए। संध्या तक इन 2000 रु. में एक रुपया भी न बचा।

5

बारह साल गुज़र गए। न चौधरी अब इस संसार में हैं, न हरनाथ। चौधरी जब तक जिये, उन्हें कुएँ की चिन्ता बनी रही; यहाँ तक कि मरते दम भी उनकी ज़बान पर कुएँ की रट लगी हुई थी। लेकिन दुकान में सदैव रुपयों का तोड़ा रहा। चौधरी के मरते ही सारा कारोबार चौपट हो गया। हरनाथ ने आने रुपए लाभ से सन्तुष्ट न होकर दूने-तिगुने लाभ पर हाथ मारा—जुआ खेलना शुरू किया। साल भी न गुज़रने पाया था कि दुकान बन्द हो गई। गहने-पाती, बरतन भाँड़े, सब मिट्टी में मिल गए। चौधरी की मृत्यु के ठीक साल भर बाद, हरनाथ ने भी इस हानि-लाभ के संसार से पयान किया। माता के जीवन का अब कोई सहारा न रहा। बीमार पड़ी, पर दवा-दर्पन न हो सकी। तीन-चार महीने तक नाना प्रकार के कष्ट झेलकर वह भी चल बसी। अब केवल बहू थी, और वह भी गर्भिणी। उस बेचारी के लिए अब कोई आधार न था। इस दशा में मज़दूरी भी न कर सकती थी। पड़ोसियों के कपड़े सी-सी कर उसने किसी भाँति पाँच-छह महीने काटे। तेरे लड़का होगा। सारे लक्षण बालक के-से थे। यही एक जीवन का आधार था। जब कन्या हुई, तो यह आधार भी जाता रहा। माता ने अपना हृदय इतना कठोर कर लिया कि नवजात शिशु को छाती भी न लगाती थी। पड़ोसियों के बहुत समझाने-बुझाने पर छाती से लगाया, पर उसकी छाती में दूध की एक बूँद भी न थी। उस समय अभागिनी माता के हृदय में करुणा, वात्सल्य और मोह का एक भूकम्प-सा आ गया। अगर किसी उपाय से उसके स्तन की अन्तिम बूँद दूध बन जाती, तो वह अपने को धन्य मानती।

बालिका की वह भोली, दीन, याचनामय, सतृष्ण छवि देखकर उसका मातृ-हृदय मानो सहस्त्र नेत्रों से रुदन करने लगा था। उसके हृदय की सारी शुभेच्छाएँ, सारा आशीर्वाद, सारी विभूति, सारा अनुराग मानो उसकी आँखों से निकालकर उस बालिका को उसी भाँति रंजित कर देता था जैसे इंदु का शीतल प्रकाश पुष्प को रंजित कर देता है; पर उस बालिका के भाग्य में मातृप्रेम के सुख न बदे थे! माता ने कुछ अपना रक्त, कुछ ऊपर का दूध पिलाकर उसे जिलाया; पर उसकी दशा दिनोंदिन जीर्ण होती जाती थी।

एक दिन लोगों ने जाकर देखा, तो वह भूमि पर पड़ी हुई थी, और बालिका उसकी छाती से चिपटी उसके स्तनों को चूस रही थी। शोक और दरिद्रता से आहत शरीर में रक्त कहाँ जिससे दूध बनता।

वही बालिका पड़ोसियों की दया-भिक्षा से पल-पल कर एक दिन घास खोदती हुई उस स्थान पर जा पहुँची, जहाँ बुढ़िया गोमती का घर था। छप्पर कब के पंचभूतों में मिल चुके थे। केवल जहाँ-तहाँ दीवारों के चिह्न बाक़ी थे। कहीं-कहीं आधी-आधी दीवारें खड़ी थीं। बालिका ने न-जाने क्या सोचकर खुरपी से गड्ढा खोदना शुरू किया। दोपहर से साँझ तक

वह गड्ढा खोदती रही। न खाने की सुध थी, न पीने की। न कोई शंका थी, न भय। अँधेरा हो गया; पर वह ज्यों की त्यों बैठी गड्ढा खोद रही थी। उस समय किसान लोग भूलकर भी उधर से न निकलते थे; पर बालिका निश्शंक बैठी भूमि से मिट्टी निकाल रही थी। जब अँधेरा हो गया तो वह चली गई।

दूसरे दिन वह बड़े सबेरे उठी और इतनी घास खोदी, जितनी वह कभी दिन भर में न खोदती थी। दोपहर के बाद वह अपनी खाँची और खुरपी लिए फिर उसी स्थान पर पहुँची; पर वह आज अकेली न थी, उसके साथ दो बालक और भी थे। तीनों वहाँ साँझ तक 'कुआँ-कुआँ' खोदते रहे। बालिका गड्ढे के अन्दर खोदती थी और दोनों बालक मिट्टी निकाल-निकालकर फेंकते थे।

तीसरे दिन दो लड़के और भी उस खेल में मिल गए। शाम तक खेल होता रहा। आज गड्ढा दो हाथ गहरा हो गया था। गाँव के बालक-बालिकाओं में इस विलक्षण खेल ने अभूतपूर्व उत्साह भर दिया था।

चौथे दिन और भी कई बालक आ मिले। सलाह हुई, कौन अन्दर जाए, कौन मिट्टी उठाये, कौन झौआ खींचे। गड्ढा अब चार हाथ गहरा हो गया था, पर अभी तक बालकों के सिवा और किसी को उसकी ख़बर न थी।

एक दिन रात को एक किसान अपनी खोई हुई भैंस ढूँढ़ता हुआ उस खंडहर में जा निकला। अन्दर मिट्टी का ऊँचा ढेर, एक बड़ा-सा गड्ढा और एक टिमटिमाता हुआ दीपक देखा, तो डर कर भागा। औरों ने भी आकर देखा, कई आदमी थे। कोई शंका न थी। समीप जाकर देखा, तो बालिका बैठी थी। एक आदमी ने पूछा—अरे, क्या तूने यह गड्ढा खोदा है?

बालिका ने कहा—हाँ।

'गड्ढा खोद कर क्या करेगी?'

'यहाँ कुआँ बनाऊँगी?'

'कुआँ कैसे बनायेगी?'

'जैसे इतना खोदा है वैसे ही इतना और खोद लूँगी। गाँव के सब लड़के खेलने आते हैं।'

'मालूम होता है, तू अपनी जान देगी और अपने साथ और लड़कों को भी मारेगी। ख़बरदार, जो कल से गड्ढा खोदा!'

दूसरे दिन और लड़के न आए, बालिका भी दिन भर मजूरी करती रही। लेकिन संध्या-समय वहाँ फिर दीपक जला और फिर वह खुरपी हाथ में लिए वहाँ बैठी दिखाई दी।

गाँव वालों ने उसे मारा-पीटा, कोठरी में बन्द किया, पर वह अवकाश पाते ही वहाँ जा पहुँचती।

गाँव के लोग प्राय: श्रद्धालु होते ही हैं, बालिका के इस अलौकिक अनुराग ने आख़िर उनमें भी अनुराग उत्पन्न किया। कुआँ खुदने लगा।

इधर कुआँ खुद रहा था, उधर बालिका मिट्टी से ईंटें बनाती थी। इस खेल में सारे गाँव के लड़के शरीक होते थे। उजाली रातों में जब सब लोग सो जाते, तब भी वह ईंटें थापती दिखाई देती। न-जाने इतनी लगन उसमें कहाँ से आ गई थी। सात वर्ष की उम्र कोई उम्र होती है? लेकिन सात वर्ष की वह लड़की बुद्धि और बातचीत में अपनी तिगुनी उम्र वालों के कान काटती थी।

आख़िर एक दिन वह भी आया कि कुआँ बँध गया और उसकी पक्की जगत तैयार हो गई। उस दिन बालिका उसी जगत पर सोई । आज उसके हर्ष की सीमा न थी। गाती थी, चहकती थी।

प्रात:काल उस जगत पर केवल उसकी लाश मिली। उस दिन से लोगों ने कहना शुरू किया, यह वही बुढ़िया गोमती थी! इस कुएँ का नाम 'पिसनहारी का कुआँ' पड़ा।

सोहाग का शव

मध्यप्रदेश के एक पहाड़ी गाँव में एक छोटे-से घर की छत पर एक युवक मानो संध्या की निस्तब्धता में लीन बैठा था। सामने चन्द्रमा के मलिन प्रकाश में ऊदी पर्वतमालाएँ अनन्त के स्वप्न की भाँति गम्भीर, रहस्यमय, संगीतमय, मनोहर मालूम होती थीं, उन पहाड़ियों के नीचे जल-धारा की एक रौप्य रेखा ऐसी मालूम होती थी, मानो उन पर्वतों का समस्त संगीत, समस्त गाम्भीर्य, सम्पूर्ण रहस्य इसी उज्ज्वल प्रवाह में लीन हो गया हो। युवक की वेशभूषा से प्रकट होता था कि उसकी दशा बहुत सम्पन्न नहीं है। हाँ, उसके मुख से तेज़ और मनस्विता झलक रही थी। उसकी आँखों पर ऐनक न थी, न मूँछें मुड़ी हुई थीं, न बाल सँवारे हुए थे, कलाई पर घड़ी न थी; यहाँ तक कि कोट की जेब में फाउन्टेनपेन भी न था। या तो वह सिद्धान्तों का प्रेमी था, या आडम्बरों का शत्रु।

युवक विचारों में मौन उसी पर्वतमाला की ओर देख रहा था कि सहसा बादल की गरज से भी भयंकर ध्वनि सुनाई दी। नदी का मधुर गान उस भीषण नाद में डूब गया। ऐसा मालूम हुआ, मानो उस भयंकर नाद ने पर्वतों को भी हिला दिया है, मानो पर्वतों में कोई घोर संग्राम छिड़ गया है। यह रेलगाड़ी थी, जो नदी पर बने हुए पुल से चली आ रही थी।

एक युवती कमरे से निकलकर छत पर आई और बोली—आज अभी से गाड़ी आ गई? इसे भी आज ही वैर निभाना था।

युवक ने युवती का हाथ पकड़कर कहा—प्रिये! मेरा जी चाहता है; कहीं न जाऊँ; मैंने निश्चय कर लिया है। मैंने तुम्हारी ख़ातिर से हामी भर ली थी, पर अब जाने की इच्छा नहीं होती। तीन साल कैसे कटेंगे?

युवती ने कातर स्वर में कहा—तीन साल के वियोग के बाद फिर तो जीवनपर्यन्त कोई बाधा न खड़ी होगी। एक बार जो निश्चय कर लिया है, उसे पूरा ही कर डालो, अनंत सुख की आशा में मैं सारे कष्ट झेल लूँगी।

यह कहते हुए युवती जलपान लाने के बहाने से फिर भीतर चली गई। आँसुओं का आवेग उसके काबू से बाहर हो गया। इन दोनों प्राणियों के वैवाहिक जीवन की यह पहली ही वर्षगाँठ थी। युवक बम्बई विश्वविद्यालय से एम.ए. की उपाधि लेकर नागपुर के एक कॉलेज में अध्यापक था। नवीन युग की नई-नई वैवाहिक और सामाजिक क्रांतियों ने उसे लेशमात्र भी विचलित न किया था। पुरानी प्रथाओं से ऐसी प्रगाढ़ ममता कदाचित् वृद्धजनों को भी कम होगी। प्रोफ़ेसर हो जाने के बाद उसके माता-पिता ने इस बालिका से उसका विवाह कर दिया

था। प्रथानुसार ही उस आँखमिचौनी के खेल में उन्हें प्रेम का रत्न मिल गया। केवल छुट्टियों में यहाँ पहली गाड़ी से आता और आख़िरी गाड़ी से जाता। ये दो-चार दिन मीठे स्वप्न के समान कट जाते थे। दोनों बालकों की भाँति रो-रोकर बिदा होते। इसी कोठे पर खड़ी होकर वह उसको देखा करती, जब तक निर्दयी पहाड़ियाँ उसे आड़ में न कर लेतीं। पर अभी साल भी न गुज़रने पाया था कि वियोग ने अपना षड्यंत्र रचना शुरू कर दिया। केशव को विदेश जाकर शिक्षा पूरी करने के लिए एक वृत्ति मिल गई। मित्रों ने बधाइयाँ दीं। किसके ऐसे भाग्य हैं, जिसे बिना माँगे स्वभाग्य-निर्माण का ऐसा अवसर प्राप्त हो। केशव बहुत प्रसन्न न था। वह इसी दुविधा में पड़ा हुआ घर आया। माता-पिता और अन्य सम्बन्धियों ने इस यात्रा का घोर विरोध किया। नगर में जितनी बधाइयाँ मिली थीं, यहाँ उससे कहीं अधिक बाधाएँ मिलीं। किन्तु सुभद्रा की उच्चाकांक्षाओं की सीमा न थी। वह कदाचित् केशव को इंद्रासन पर बैठा हुआ देखना चाहती थी। उसके सामने तब भी वही पति सेवा का आदर्श होता था। वह तब भी उसके सिर में तेल डालेगी, उसकी धोती छाँटेगी, उसके पाँव दबायेगी और उसको पंखा झलेगी। उपासक की महत्त्वाकांक्षा उपास्य ही के प्रति होती है। वह उसको सोने का मन्दिर बनवायेगा, उसके सिंहासन को रत्नों से सजाऐगा, स्वर्ग से पुष्प लाकर भेंट करेगा; पर वह स्वयं वही उपासक रहेगा। जटा के स्थान पर मुकुट या कौपीन की जगह पिताम्बर की लालसा उसे कभी नहीं सताती। सुभद्रा ने उस वक़्त तक दम न लिया जब तक केशव ने विलायत जाने का वादा न कर लिया, माता-पिता ने उसे कलंकिनी और न जाने क्या-क्या कहा, पर अन्त में सहमत हो गए। सब तैयारियाँ हो गईं। स्टेशन समीप ही था। यहाँ गाड़ी देर तक खड़ी रहती थी। स्टेशनों के समीपस्थ गाँव के निवासियों के लिए गाड़ी का आना शत्रु का धावा नहीं, मित्र का पदार्पण है। गाड़ी आ गई। सुभद्रा जलपान बनाकर पति का हाथ धुलाने आई थी। इस समय केशव की प्रेम-कातर आपत्ति ने उसे एक क्षण के लिए विचलित कर दिया। हा! कौन जानता है, तीन साल में क्या हो जाए! मन में एक आवेश उठा—कह दूँ, प्यारे मत जाओ। थोड़ा ही खाएँगे, मोटा ही पहनेंगे, रो-रोकर दिन तो न कटेंगे। कभी केशव के आने में एक-आधा महीना लग जाता था, तो वह विकल हो जाया करती थी। यही जी चाहता था, उड़कर उनके पास पहुँच जाऊँ। फिर ये निर्दयी तीन वर्ष कैसे कटेंगे! लेकिन उसने बड़ी कठोरता से इन निराशाजनक भावों को ठुकरा दिया और काँपते कंठ से बोली—जी तो मेरा भी यही चाहता है। जब तीन साल का अनुमान करती हूँ, तो एक कल्प-सा मालूम होता है। लेकिन जब विलायत में तुम्हारे सम्मान और आदर का ध्यान करती हूँ, तो ये तीन साल तीन दिन-से मालूम होते हैं। तुम तो जहाज़ पर पहुँचते ही मुझे भूल जाओगे। नए-नए दृश्य तुम्हारे मनोरंजन के लिए आ खड़े होंगे। योरोप पहुँचकर विद्वानों के सत्संग में तुम्हें घर की याद भी न आएगी। मुझे तो रोने के सिवा और कोई धंधा नहीं है। यही स्मृतियाँ ही मेरे जीवन का आधार होंगी। लेकिन क्या करूँ, जीवन की भोग-लालसा तो नहीं मानती। फिर जिस वियोग का अन्त जीवन की सारी विभूतियाँ अपने साथ लाएगा, वह वास्तव में तपस्या है। तपस्या के बिना तो वरदान नहीं मिलता।

केशव को भी अब ज्ञात हुआ कि क्षणिक मोह के आवेश में स्वभाग्य निर्माण का ऐसा अच्छा अवसर त्याग देना मूर्खता है। खड़े होकर बोले—रोना-धोना मत, नहीं तो मेरा जी न लगेगा।

सुभद्रा ने उसका हाथ पकड़कर हृदय से लगाते हुए उनके मुँह की ओर सजल नेत्रों से देखा और बोली—पत्र बराबर भेजते रहना।

सुभद्रा ने फिर आँखों में आँसू भरे हुए मुस्कुराकर कहा—देखना, विलायती मिसों के जाल में न फँस जाना।

केशव फिर चारपाई पर बैठ गया और बोला—अगर तुम्हें यह सन्देह है, तो लो, मैं जाऊँगा ही नहीं।

सुभद्रा ने उसके गले में बाँहें डालकर विश्वासपूर्ण दृष्टि से देखा और बोली—मैं दिल्लगी कर रही थी।

'अगर इंद्रलोक की अप्सरा भी आ जाए, तो आँख उठाकर न देखूँ। ब्रह्मा ने ऐसी दूसरी सृष्टि की ही नहीं।'

'बीच में कोई छुट्टी मिले, तो एक बार चले आना।'

'नहीं प्रिये, बीच में शायद छुट्टी न मिलेगी। मगर जो मैंने सुना कि तुम रो-रोकर घुली जाती हो, दाना-पानी छोड़ दिया है, तो मैं अवश्य चला आऊँगा। ये फूल ज़रा भी कुम्हलाने न पाएँ।'

दोनों गले मिलकर विदा हो गए। बाहर सम्बन्धियों और मित्रों का एक समूह खड़ा था। केशव ने बड़ों के चरण छुए, छोटों को गले लगाया और स्टेशन की ओर चले। मित्रगण स्टेशन तक पहुँचाने गए। एक क्षण में गाड़ी यात्री को लेकर चल दी।

उधर केशव गाड़ी में बैठा हुआ पहाड़ियों की बहार देख रहा था; इधर सुभद्रा भूमि पर पड़ी सिसकियाँ भर रही थी।

2

दिन गुज़रने लगे। उसी तरह, जैसे बीमारी के दिन कटते हैं—दिन पहाड़, रात काली बला। रात भर मनाते गुज़रती थी कि किसी तरह भोर हो। भोर होता, तो मनाने लगती कि जल्दी शाम हो। मैके गई कि वहाँ जी बहलेगा। दस-पाँच दिन परिवर्तन का कुछ असर हुआ, फिर उससे भी बुरी दशा हुई, भाग कर ससुराल चली आई। रोगी करवट बदलकर आराम का अनुभव करता है।

पहले पाँच-छह महीनों तक तो केशव के पत्र पन्द्रहवें दिन बराबर मिलते रहे। उसमें वियोग के दु:ख कम, नए-नए दृश्यों का वर्णन अधिक होता था। पर सुभद्रा सन्तुष्ट थी। पत्र आते हैं, वह प्रसन्न हैं, कुशल से हैं, उसके लिए यही काफ़ी था। प्रतिकूल वह पत्र लिखती, तो विरह-व्यथा के सिवा उसे कुछ सूझता ही न था। कभी-कभी जब जी बेचैन हो जाता, तो पछताती कि व्यर्थ जाने दिया। कहीं एक दिन मर जाऊँ, तो उनके दर्शन भी न हों।

लेकिन छठे महीने से पत्रों में भी विलम्ब होने लगा। कई महीने तक तो महीने में एक पत्र आता रहा, फिर वह भी बन्द हो गया। सुभद्रा के चार-छह पत्र पहुँच जाते, तो एक पत्र आ जाता; वह भी बेदिली से लिखा हुआ, काम की अधिकता और समय के अभाव के रोने से भरा हुआ। एक वाक्य भी ऐसा नहीं, जिससे हृदय को शान्ति हो, जो टपकते हुए दिल पर मरहम रखे। हा! आदि से अन्त तक 'प्रिये' शब्द का नाम नहीं। सुभद्रा अधीर हो उठी। उसने योरोप-यात्रा का निश्चय कर लिया। वह सारे कष्ट सह लेगी, सिर पर जो कुछ पड़ेगी, सह लेगी; केशव को आँखों से देखती तो रहेगी। वह इस बात को उनसे गुप्त रखेगी, उनकी

कठिनाइयों को और न बढ़ायेगी, उनसे बोलेगी भी नहीं! केवल उन्हें कभी-कभी आँख भरकर देख लेगी। यही उसकी शान्ति के लिए काफ़ी होगा। उसे क्या मालूम था कि उसका केशव अब उसका नहीं रहा। वह अब एक दूसरी ही कामिनी के प्रेम का भिखारी है।

सुभद्रा कई दिनों तक इस प्रस्ताव को मन में रखे हुए सेती रही। उसे किसी प्रकार की शंका न होती थी। समाचार-पत्रों के पढ़ते रहने से उसे समुद्री यात्रा का हाल मालूम होता रहता था। एक दिन उसने अपने सास-ससुर के सामने अपना निश्चय प्रकट किया। उन लोगों ने बहुत समझाया; रोकने की बहुत चेष्टा की; लेकिन सुभद्रा ने अपना हठ न छोड़ा। आख़िर जब लोगों ने देखा कि यह किसी तरह नहीं मानती, तो राज़ी हो गए। मैकेवाले भी समझाकर हार गए। कुछ रुपए उसने स्वयं जमा कर रखे थे, कुछ ससुराल में मिले। माँ-बाप ने भी मदद की। रास्ते के ख़र्च की चिन्ता न रही। इंग्लैंड पहुँचकर वह क्या करेगी, इसका अभी उसने कुछ निश्चय न किया। इतना जानती थी कि परिश्रम करनेवालों को रोटियों की कहीं कमी नहीं रहती।

विदा होते समय सास और ससुर दोनों स्टेशन तक आए। जब गाड़ी ने सीटी दी, तो सुभद्रा ने हाथ जोड़कर कहा—मेरे जाने का समाचार वहाँ न लिखिएगा। नहीं तो उन्हें चिन्ता होगी और पढ़ने में उनका जी न लगेगा।

ससुर ने आश्वासन दिया। गाड़ी चल दी।

3

लंदन के उस हिस्से में, जहाँ इस समृद्धि के समय में भी दरिद्रता का राज है, ऊपर के एक छोटे-से कमरे में सुभद्रा एक कुर्सी पर बैठी है। उसे यहाँ आए आज एक महीना हो गया है। यात्रा के पहले उसके मन में जितनी शंकाएँ थीं, सभी शान्त होती जा रही हैं। बम्बई-बन्दर में जहाज़ पर जगह पाने का प्रश्न बड़ी आसानी से हल हो गया। वह अकेली औरत न थी जो योरोप जा रही हो। पाँच-छह स्त्रियाँ और भी उसी जहाज़ से जा रही थीं। सुभद्रा को न जगह मिलने में कोई कठिनाई हुई, न मार्ग में। यहाँ पहुँचकर और स्त्रियों से संग छूट गया। कोई किसी विद्यालय में चली गई; दो-तीन अपने पतियों के पास चली गईं, जो यहाँ पहले आ गए थे। सुभद्रा ने इस मुहल्ले में एक कमरा ले लिया। जीविका का प्रश्न भी उसके लिए बहुत कठिन न रहा। जिन महिलाओं के साथ वह आई थी, उनमें कई उच्च-अधिकारियों की पत्नियाँ थीं। कई अच्छे-अच्छे अँगरेज़ घरानों से उनका परिचय था। सुभद्रा को दो महिलाओं को भारतीय संगीत और हिन्दी-भाषा सिखाने का काम मिल गया। शेष समय में वह भारतीय संगीत और हिन्दी-भाषा सिखाने का काम कर लेती है। केशव का निवास-स्थान यहाँ से निकट है, इसीलिए सुभद्रा ने इस मुहल्ले को पसन्द किया है। कल केशव उसे दिखाई दिया था। ओह! उन्हें 'बस' से उतरते देखकर उसका चित्त कितना आतुर हो उठा था। बस यही मन में आता था कि दौड़कर उनके गले से लिपट जाए और पूछे—क्यों जी, तुम यहाँ आते ही बदल गए। याद है, तुमने चलते समय क्या-क्या वादे किए थे? उसने बड़ी मुश्किल से अपने को रोका था। तब से उस वक़्त तक उसे मानो नशा-सा छाया हुआ है, वह उनके इतने समीप है! चाहे रोज़ उन्हें देख सकती है, उनकी बातें सुन सकती है; हाँ, उन्हें स्पर्श तक कर सकती है। अब यह उससे भाग कर कहाँ

जाएँगे? उनके पत्रों की अब उसे क्या चिन्ता है? कुछ दिनों के बाद सम्भव है वह उनके होटल के नौकरों से जो चाहे, पूछ सकती है।

संध्या हो गई थी। धुएँ में बिजली की लालटेनें रोती आँखों की भाँति ज्योतिहीन-सी हो रही थीं। गली में स्त्री-पुरुष सैर करने जा रहे थे। सुभद्रा सोचने लगी—इन लोगों को आमोद से कितना प्रेम है, मानो किसी को चिन्ता ही नहीं, मानो सभी सम्पन्न हैं, जभी ये लोग इतने एकाग्र होकर सब काम कर सकते हैं। जिस समय जो काम करते हैं, जी-जान से करते हैं। खेलने की उमंग है, तो काम करने की भी उमंग है और एक हम हैं कि न हँसते हैं, न रोते हैं; मौन बने बैठे रहते हैं। स्फूर्ति का कहीं नाम नहीं, काम तो सारे दिन करते हैं, भोजन करने की फुरसत भी नहीं मिलती, पर वास्तव में चौथाई समय भी काम में नहीं लगाते। केवल काम करने का बहाना करते हैं। मालूम होता है, जाति प्राण-शून्य हो गई है।

सहसा उसने केशव को जाते देखा। हाँ, केशव ही था। कुर्सी से उठकर बरामदे में चली आई। प्रबल इच्छा हुई कि जाकर उनके गले से लिपट जाए। उसने अगर अपराध किया है, तो उन्हीं के कारण तो। यदि वह बराबर पत्र लिखते जाते, तो वह क्यों आती?

लेकिन केशव के साथ यह युवती कौन है? अरे! केशव उसका हाथ पकड़े हुए है। दोनों मुस्कुरा-मुस्कुराकर बातें करते चले जाते हैं। यह युवती कौन है?

सुभद्रा ने ध्यान से देखा। युवती का रंग साँवला था। वह भारतीय बालिका थी। उसका पहनावा भारतीय था। इससे ज़्यादा सुभद्रा को और कुछ न दिखाई दिया। उसने तुरन्त जूते पहने, द्वार बन्द किया और एक क्षण में गली में आ पहुँची! केशव अब दिखाई न देता था, पर वह जिधर गया था, उधर ही वह बड़ी तेज़ी से लपकी चली जाती थी। यह युवती कौन है? वह उन दोनों की बातें सुनना चाहती थी, उस युवती को देखना चाहती थी, उसके पाँव इतनी तेज़ी से उठ रहे थे, मानो दौड़ रही हो। पर इतनी जल्द दोनों कहाँ अदृश्य हो गए? अब तक उसे उन लोगों के समीप पहुँच जाना चाहिए था। शायद दोनों किसी 'बस' पर जा बैठे।

अब वह गली समाप्त करके एक चौड़ी सड़क पर आ पहुँची थी। दोनों तरफ़ बड़ी-बड़ी जगमगाती हुई दुकानें थीं, जिनमें संसार की विभूतियाँ गर्व से फूली बैठी थीं। क़दम-क़दम पर होटल और रेस्ट्राँ थे। सुभद्रा दोनों ओर नेत्रों से ताक़ती, पग-पग पर भ्रांति के कारण मचलती कितनी दूर निकल गई, कुछ ख़बर नहीं।

फिर उसने सोचा—यों कहाँ तक चली जाऊँगी? कौन जाने, किधर गए। चलकर फिर अपने बरामदे से देखूँ। आख़िर इधर से गए हैं, तो इधर ही से लौटेंगे भी। यह ख़याल आते ही वह घूम पड़ी, और उसी तरह दौड़ती हुई अपने स्थान की ओर चली। जब वहाँ पहुँची, तो बारह बज गए थे। और इतनी देर उसे चलते ही गुज़रा! एक क्षण भी उसने कहीं विश्राम नहीं किया!

वह ऊपर पहुँची, तो गृह-स्वामिनी ने कहा—तुम्हारे लिए बड़ी देर से भोजन रखा हुआ है।

सुभद्रा ने भोजन अपने कमरे में मँगा लिया पर खाने की सुधि किसे थी! वह उसी बरामदे में, उसी तरफ़ टकटकी लगाए खड़ी थी, जिधर से केशव गया था।

एक बज गया, दो बजा, फिर भी केशव नहीं लौटा। उसने मन में कहा—वह किसी दूसरे मार्ग से चले गए। मेरा यहाँ खड़ा रहना व्यर्थ है। चलूँ, सो रहूँ। लेकिन फिर ख़याल आ गया, कहीं आ न रहे हों।

मालूम नहीं, उसे कब नींद आ गई।

4

दूसरे दिन प्रात:काल सुभद्रा अपने काम पर जाने को तैयार हो रही थी कि एक युवती रेशमी साड़ी पहने आकर खड़ी हो गई और मुस्कुराकर बोली—क्षमा कीजिएगा, मैंने बहुत सबेरे आपको कष्ट दिया। आप तो कहीं जाने को तैयार मालूम होती हैं।

सुभद्रा ने एक कुर्सी बढ़ाते हुए कहा—हाँ, एक काम से बाहर जा रही थी। मैं आपकी क्या सेवा कर सकती हूँ?

यह कहते हुए सुभद्रा ने युवती को सिर से पाँव तक उसी आलोचनात्मक दृष्टि से देखा, जिससे स्त्रियाँ ही देख सकती हैं। सौन्दर्य की किसी परिभाषा से भी उसे सुन्दरी न कहा जा सकता था। उसका रंग साँवला, मुँह कुछ चौड़ा, नाक कुछ चिपटी, कद भी छोटा और शरीर भी कुछ स्थूल था। आँखों पर ऐनक लगी हुई थी। लेकिन इन सब कारणों के होते हुए भी उसमें कुछ ऐसी बात थी, जो आँखों को अपनी ओर खींच लेती थी। उसकी वाणी इतनी मधुर, इतनी संयमित, इतनी विनम्र थी कि जान पड़ता था किसी देवी के वरदान हों। एक-एक अंग से प्रतिभा विकीर्ण हो रही थी। सुभद्रा उसके सामने हलकी एवं तुच्छ मालूम होती थी। युवती ने कुर्सी पर बैठते हुए कहा—

'अगर मैं भूलती हूँ, तो मुझे क्षमा कीजिएगा। मैंने सुना है कि आप कुछ कपड़े भी सीती हैं, जिसका प्रमाण यह है कि यहाँ सीविंग मशीन मौजूद है।'

सुभद्रा—मैं दो लेडियों को भाषा पढ़ाने जाया करती हूँ, शेष समय में कुछ सिलाई भी कर लेती हूँ। आप कपड़े लाई हैं?

युवती—नहीं, अभी कपड़े नहीं लाई। यह कहते हुए उसने लज्जा से सिर झुकाकर मुस्कुराते हुए कहा—बात यह है कि मेरी शादी होने जा रही है। मैं वस्त्रभूषण सब हिन्दुस्तानी रखना चाहती हूँ। विवाह भी वैदिक रीति से ही होगा। ऐसे कपड़े यहाँ आप ही तैयार कर सकती हैं।

सुभद्रा ने हँसकर कहा—मैं ऐसे अवसर पर आपके जोड़े तैयार करके अपने को धन्य समझूँगी। वह शुभ तिथि कब है?

युवती ने सकुचाते हुए कहा—वह तो कहते हैं, इसी सप्ताह में हो जाए; पर मैं उन्हें टालती आती हूँ। मैंने तो चाहा था कि भारत लौटने पर विवाह होता, पर वह इतने उतावले हो रहे हैं कि कुछ कहते नहीं बनता। अभी तो मैंने यही कहकर टाला है कि मेरे कपड़े सिल रहे हैं।

सुभद्रा—तो मैं आपके जोड़े बहुत जल्द दे दूँगी।

युवती ने हँसकर कहा—मैं तो चाहती थी कि आप महीनों लगा देतीं।

सुभद्रा—वाह, मैं इस शुभ कार्य में क्यों विघ्न डालने लगी? मैं इसी सप्ताह में आपके कपड़े दे दूँगी, और उनसे इसका पुरस्कार लूँगी।

युवती खिलखिला कर हँसी। कमरे में प्रकाश की लहरें-सी उठ गईं। बोली—इसके लिए तो पुरस्कार वह देंगे, बड़ी ख़ुशी से देंगे और तुम्हारे कृतज्ञ होंगे। मैंने प्रतिज्ञा की थी कि विवाह के बंधन में पड़ूँगी ही नहीं; पर उन्होंने मेरी प्रतिज्ञा तोड़ दी। अब मुझे मालूम हो रहा है कि प्रेम की बेड़ियाँ कितनी आनन्दमय होती हैं। तुम तो अभी हाल ही में आई हो। तुम्हारे पति भी साथ होंगे?

सुभद्रा ने बहाना किया। बोली—वह इस समय जर्मनी में हैं। संगीत से उन्हें बहुत प्रेम है। संगीत ही का अध्ययन करने के लिए वहाँ गए हैं।

'तुम भी संगीत जानती हो?'

'बहुत थोड़ा।'

'केशव को संगीत से बड़ा प्रेम है।'

केशव का नाम सुनकर सुभद्रा को ऐसा मालूम हुआ, जैसे बिच्छू ने काट लिया हो। वह चौंक पड़ी।

युवती ने पूछा—आप चौंक कैसे गईं? क्या केशव को जानती है?

सुभद्रा ने बात बनाकर कहा—नहीं, मैंने यह नाम कभी नहीं सुना। वह यहाँ क्या करते हैं?

सुभद्रा को ख़याल आया, क्या केशव किसी दूसरे आदमी का नाम नहीं हो सकता? इसलिए उसने यह प्रश्न किया था। उसी जवाब पर उसकी ज़िन्दगी का फ़ैसला था।

युवती ने कहा—यहाँ विद्यालय में पढ़ते हैं। भारत सरकार ने उन्हें भेजा है। अभी साल भर भी तो आए नहीं हुआ। तुम देखकर प्रसन्न होगी। तेज़ और बुद्धि की मूर्ति समझ लो। यहाँ के अच्छे-अच्छे प्रोफ़ेसर उनका आदर करते हैं। ऐसा सुन्दर भाषण तो मैंने किसी के मुँह से सुना ही नहीं। जीवन आदर्श है। मुझसे उन्हें क्यों प्रेम हो गया है, मुझे इसका आश्चर्य है। मुझमें न रूप है, न लावण्य। यह मेरा सौभाग्य है। तो मैं शाम को कपड़े लेकर आऊँगी।

सुभद्रा ने मन में उठते हुए वेग को सँभाल कर कहा—अच्छी बात है।

जब युवती चली गई, तो सुभद्रा फूट-फूटकर रोने लगी। ऐसा जान पड़ता था, मानो देह में रक्त ही नहीं, मानो प्राण निकल गए हैं। वह कितनी निस्सहाय, कितनी दुर्बल है, इसका आज अनुभव हुआ। ऐसा मालूम हुआ, मानो संसार में उसका कोई नहीं है। अब उसका जीवन व्यर्थ है। उसके लिए अब जीवन में रोने के सिवा और क्या है? उसकी सारी ज्ञानेंद्रियाँ शिथिल-सी हो गई थीं मानो वह किसी ऊँचे वृक्ष से गिर पड़ी हो। हा! यह उसके प्रेम और भक्ति का पुरस्कार है। उसने कितना आग्रह करके केशव को यहाँ भेजा था, इसलिए कि यहाँ आते ही उसका सर्वनाश कर दें?

पुरानी बातें याद आने लगीं। केशव की वह प्रेमातुर आँखें सामने आ गईं। वह सरल, सहज मूर्ति आँखों के सामने नाचने लगी। उसका ज़रा सिर धमकता था, तो केशव कितना व्याकुल हो जाता था। एक बार जब उसे फ़सली बुखार आ गया था, तो केशव घबराकर, पन्द्रह दिन की छुट्टी लेकर घर आ गया था और उसके सिरहाने बैठा रात भर पंखा झलता रहा था। वही केशव अब इतनी जल्द उससे ऊब उठा! उसके लिए सुभद्रा ने कौन-सी बात उठा रखी। वह तो उसी को अपना प्राणाधार, अपना जीवन-धन, अपना सर्वस्व समझती थी। नहीं-नहीं, केशव का दोष नहीं, सारा दोष इसी का है। इसी ने अपनी मधुर बातों से उन्हें वशीभूत कर लिया है। इसकी विद्या, बुद्धि और वाक्पुटता ही ने उनके हृदय पर विजय पाई है। हाय! उसने कितनी बार केशव से कहा था, मुझे भी पढ़ाया करो, लेकिन उन्होंने हमेशा यही जवाब दिया, तुम जैसी हो, मुझे वैसी ही पसन्द हो। मैं तुम्हारी स्वाभाविक सरलता को पढ़ा-पढ़ा कर मिटाना नहीं चाहता। केशव ने उसके साथ कितना बड़ा अन्याय किया है! लेकिन यह उनका दोष नहीं, यह इसी यौवन मतवाली छोकरी की माया है।

सुभद्रा को इस ईर्ष्या और दुःख के आवेश में अपने काम पर जाने की सुध न रही। वह कमरे में इस तरह टहलने लगी, जैसे किसी ने ज़बरदस्ती उसे बन्द कर दिया हो। कभी दोनों मुट्ठियाँ बँध जातीं, कभी दाँत पीसने लगती, कभी ओंठ काटती। उन्माद की-सी दशा हो

गई। आँखों में भी एक तीव्र ज्वाला चमक उठी। ज्यों-ज्यों केशव के इस निष्ठुर आघात को सोचती, उन कष्टों को याद करती, जो उसने उसके लिए झेले थे, उसका चित्त प्रतिकार के लिए विकल होता जाता था। अगर कोई बात हुई होती, आपस में कुछ मनोमालिन्य का लेश भी होता, तो उसे इतना दु:ख न होता। यह तो उसे ऐसा मालूम होता था कि मानो कोई हँसते-हँसते अचानक गले पर चढ़ बैठे। अगर वह उनके योग्य नहीं थी, तो उन्होंने उससे विवाह ही क्यों किया था? विवाह करने के बाद भी उसे क्यों न ठुकरा दिया था? क्यों प्रेम का बीज बोया था? और आज जब वह बीज पल्लवों से लहराने लगा, उसकी जड़ें उसके अंतस्तल के एक-एक अणु में प्रविष्ट हो गईं, उसका रक्त, उसका सारा उत्सर्ग वृक्ष को सींचने और पालने में प्रवृत्त हो गया, तो वह आज उसे उखाड़ कर फेंक देना चाहते हैं। क्या हृदय के टुकड़े-टुकड़े हुए बिना वृक्ष उखड़ जाएगा?

सहसा उसे एक बात याद आ गई। हिंसात्मक सन्तोष से उसका उत्तेजित मुख-मंडल और भी कठोर हो गया। केशव ने अपने पहले विवाह की बात इस युवती से गुप्त रखी होगी! सुभद्रा उसका भंडाफोड़ करके केशव के सारे मंसूबों को धूल में मिला देगी। उसे अपने ऊपर क्रोध आया कि युवती का पता क्यों न पूछ लिया। उसे एक पत्र लिखकर केशव की नीचता, स्वार्थपरता और कायरता की कलई खोल देती—उसके पांडित्य, प्रतिभा और प्रतिष्ठा को धूल में मिला देती। ख़ैर, संध्या-समय तो वह कपड़े लेकर आएगी ही। उस समय उसे सारा कच्चा चिट्ठा बयान कर दूँगी।

5

सुभद्रा दिन-भर युवती का इन्तज़ार करती रही। कभी बरामदे में आकर इधर-उधर निगाह दौड़ाती, कभी सड़क पर देखती, पर उसका कहीं पता न था। मन में झुँझलाती थी कि उसने क्यों उसी वक़्त सारा वृत्तांत न कह सुनाया।

केशव का पता उसे मालूम था। उस मकान और गली का नम्बर तक याद था, जहाँ से वह उसे पत्र लिखा करता था। ज्यों-ज्यों दिल ढलने लगा और युवती के आने में विलम्ब होने लगा, उसके मन में एक तरंग-सी उठने लगी कि जाकर केशव को फटकारे, उसका सारा नशा उतार दे, कहे—तुम इतने भयंकर हिंसक हो, इतने महान् धूर्त हो, यह मुझे मालूम न था। तुम यही विद्या सीखने आए थे। तुम्हारे पांडित्य का यही फल है! तुम एक अबला को जिसने तुम्हारे ऊपर सर्वस्व अर्पण कर दिया, यों छल सकते हो। तुममें क्या मनुष्यता नाम को भी नहीं रह गई? आख़िर तुमने मेरे लिए क्या सोचा है? मैं सारी ज़िन्दगी तुम्हारे नाम को रोती रहूँ! लेकिन अभिमान हर बार उसके पैरों को रोक लेता। नहीं, जिसने उसके साथ ऐसा कपट किया है, उसका इतना अपमान किया है, उसके पास वह न जाएगी। वह उसे देखकर अपने आँसुओं को रोक सकेगी या नहीं, इसमें उसे सन्देह था, और केशव के सामने वह रोना नहीं चाहती थी। अगर केशव उससे घृणा करता है, तो वह भी केशव से घृणा करेगी। संध्या भी हो गई, पर युवती न आई। बत्तियाँ भी जलीं, पर उसका पता नहीं।

एकाएक उसे अपने कमरे के द्वार पर किसी के आने की आहट मालूम हुई। वह कूद कर बाहर निकल आई। युवती कपड़ों का एक पुलिंदा लिए सामने खड़ी थी। सुभद्रा को देखते ही बोली—क्षमा करना, मुझे आने में देर हो गई। बात यह है कि केशव को किसी बड़े ज़रूरी

काम से जर्मनी जाना है। वहाँ उन्हें एक महीने से ज़्यादा लग जाएगा। वह चाहते हैं कि मैं भी उनके साथ चलूँ। मुझसे उन्हें अपनी थीसिस लिखने में बड़ी सहायता मिलेगी। बर्लिन के पुस्तकालयों को छानना पड़ेगा। मैंने भी स्वीकार कर लिया है। केशव की इच्छा है कि जर्मनी जाने से पहले हमारा विवाह हो जाए। कल संध्या समय संस्कार हो जाएगा। अब ये कपड़े मुझे आप जर्मनी से लौटने पर दीजिएगा। विवाह के अवसर पर हम मामूली कपड़े पहन लेंगे। और क्या करती? इसके सिवा कोई उपाय न था, केशव का जर्मनी जाना अनिवार्य है।

सुभद्रा ने कपड़ों को मेज़ पर रखकर कहा—आपको धोखा दिया गया है।

युवती ने घबराकर पूछा—धोखा? कैसा धोखा? मैं बिलकुल नहीं समझी। तुम्हारा मतलब क्या है?

सुभद्रा ने संकोच के आवरण को हटाने की चेष्टा करते हुए कहा—केशव तुम्हें धोखा देकर तुमसे विवाह करना चाहता है।

'केशव ऐसा आदमी नहीं है, जो किसी को धोखा दे। क्या तुम केशव को जानती हो?'

'केशव ने तुमसे अपने विषय में सब-कुछ कह दिया है?'

'सब-कुछ।'

'कोई भी बात नहीं छिपाई?'

'मेरा तो यही विचार है कि उन्होंने एक बात भी नहीं छिपाई!'

'तुम्हें मालूम है कि उसका विवाह हो चुका है?'

युवती की मुख-ज्योति कुछ मलिन पड़ गई, उसकी गर्दन लज्जा से झुक गई। अटक-अटक कर बोली—हाँ, उन्होंने मुझसे...यह बात कही थी।

सुभद्रा परास्त हो गई। घृणा-सूचक नेत्रों से देखती हुई बोली—यह जानते हुए भी तुम केशव से विवाह करने पर तैयार हो?

युवती ने अभिमान से देखकर कहा—तुमने केशव को देखा है?

'नहीं, मैंने उन्हें कभी नहीं देखा है।'

'फिर, तुम उन्हें कैसे जानती हो?'

'मेरे एक मित्र ने मुझसे यह बात कही है, वह केशव को जानता है।'

'अगर तुम एक बार केशव को देख लेतीं, एक बार उससे बातें कर लेतीं, तो मुझसे यह प्रश्न न करतीं। एक नहीं, अगर उन्होंने एक सौ विवाह किए होते, तो मैं इनकार न करती। उन्हें देखकर मैं अपने को बिलकुल भूल जाती हूँ। अगर उनसे विवाह न करूँ, तो फिर मुझे जीवन भर अविवाहित ही रहना पड़ेगा। जिस समय वह मुझसे बातें करने लगते हैं, मुझे ऐसा अनुभव होता है कि मेरी आत्मा पुष्प की भाँति खिली जा रही है। मैं उसमें प्रकाश और विकास का प्रत्यक्ष अनुभव करती हूँ। दुनिया चाहे जितना हँसे, चाहे जितनी निन्दा करे, मैं केशव को अब नहीं छोड़ सकती। उनका विवाह हो चुका है, यह सत्य है; पर उस स्त्री से उनका मन कभी न मिला। यथार्थ में उनका विवाह अभी नहीं हुआ है। वह कोई साधारण, अर्द्धशिक्षिता बालिका है। तुम्हीं सोचो, केशव जैसा विद्वान्, उदारचेता, मनस्वी पुरुष ऐसी बालिका के साथ कैसे प्रसन्न रह सकता है? तुम्हें कल मेरे विवाह में चलना पड़ेगा।'

सुभद्रा का चेहरा तमतमाया जा रहा था। केशव ने उसे इतने काले रंगों में रँगा है, यह सोचकर उसका रक्त खौल रहा था। जी में आता था, इसी क्षण इसको दुत्कार दूँ, लेकिन

उसके मन में कुछ और ही मंसूबे पैदा होने लगे थे। उसने गंभीर, पर उदासीनता के भाव से पूछा—केशव ने कुछ उस स्त्री के विषय में नहीं कहा?

युवती ने तत्परता से कहा—घर पहुँचने पर वह उससे केवल यही कह देंगे कि हम और तुम अब स्त्री और पुरुष नहीं रह सकते। उसके भरण-पोषण का वह उसके इच्छानुसार प्रबन्ध कर देंगे, इसके सिवा वह और क्या कर सकते हैं। हिन्दू-नीति में पति-पत्नी में विच्छेद नहीं हो सकता। पर केवल स्त्री को पूर्ण रीति से स्वाधीन कर देने के विचार से वह ईसाई या मुसलमान होने पर भी तैयार हैं। वह तो अभी उसे इसी आशय का एक पत्र लिखने जा रहे थे, पर मैंने ही रोक लिया। मुझे उस अभागिनी पर बड़ी दया आती है, मैं तो यहाँ तक तैयार हूँ कि अगर उसकी इच्छा हो तो वह भी हमारे साथ रहे। मैं उसे अपनी बहन समझूँगी। किन्तु केशव इससे सहमत नहीं होते।

सुभद्रा ने व्यंग्य से कहा—रोटी-कपड़ा देने को तैयार ही हैं, स्त्री को इसके सिवा और क्या चाहिए?

युवती ने व्यंग्य की कुछ परवा न करके कहा—तो मुझे लौटने पर कपड़े तैयार मिलेंगे न?

सुभद्रा—हाँ, मिल जाएँगे।

युवती—कल तुम संध्या समय आओगी?

सुभद्रा—नहीं, खेद है, अवकाश नहीं है।

युवती ने कुछ न कहा। चली गई।

6

सुभद्रा कितना ही चाहती थी कि इस समस्या पर शान्तचित्त होकर विचार करे, पर हृदय में मानो ज्वाला-सी दहक रही थी! केशव के लिए वह अपने प्राणों का कोई मूल्य नहीं समझती थी। वही केशव उसे पैरों से ठुकरा रहा है। यह आघात इतना आकस्मिक, इतना कठोर था कि उसकी चेतना की सारी कोमलता मूर्च्छित हो गई! उसका एक-एक अणु प्रतिकार के लिए तड़पने लगा। अगर यही समस्या इसके विपरीत होती, तो क्या सुभद्रा की गरदन पर छुरी न फिर गई होती? केशव उसके ख़ून का प्यासा न हो जाता? क्या पुरुष हो जाने से ही सभी बातें क्षम्य और स्त्री हो जाने से सभी बातें अक्षम्य हो जाती हैं? नहीं, इस निर्णय को सुभद्रा की विद्रोही आत्मा इस समय स्वीकार नहीं कर सकती। उसे नारियों के ऊँचे आदर्शों की परवा नहीं है। उन स्त्रियों में आत्माभिमान न होगा? वे पुरुषों के पैरों की जूतियाँ बनकर रहने ही में अपना सौभाग्य समझती होंगी। सुभद्रा इतनी आत्माभिमान-शून्य नहीं है। वह अपने जीते-जी यह नहीं देख सकती थी कि उसका पति उसके जीवन का सर्वनाश करके चैन की बंशी बजाये। दुनिया उसे हत्यारिनी, पिशाचिनी कहेगी, कहे—उसको परवाह नहीं। रह-रहकर उसके मन में भयंकर प्रेरणा होती थी कि इसी समय उसके पास चली जाए, और इसके पहले कि वह उस युवती के प्रेम का आनन्द उठाये, उसके जीवन का अन्त कर दे। वह केशव की निष्ठुरता को याद करके अपने मन को उत्तेजित करती थी। अपने को धिक्कार-धिक्कार कर नारी-सुलभ शंकाओं को दूर करती थी। क्या वह इतनी दुर्बल है? क्या उसमें इतना साहस भी नहीं है? इस वक़्त यदि कोई दुष्ट उसके कमरे में घुस आए और उसके सतीत्व का अपहरण करना चाहे, तो क्या वह उसका प्रतिकार न करेगी? आख़िर आत्म-रक्षा ही के लिए तो उसने

यह पिस्तौल ले रखी है। केशव ने उसके सत्य का अपहरण ही तो किया है। उसका प्रेम-दर्शन केवल प्रवंचना थी। वह केवल अपनी वासनाओं की तृप्ति के लिए सुभद्रा के साथ प्रेम-स्वाँग भरता था। फिर उसका वध करना क्या सुभद्रा का कर्तव्य नहीं?

उस अन्तिम कल्पना से सुभद्रा को वह उत्तेजना मिल गई, जो उसके भयंकर संकल्प को पूरा करने के लिए आवश्यक थी। यही वह अवस्था है, जब स्त्री पुरुष के ख़ून की प्यासी हो जाती है।

उसने खूँटी पर लटकती हुई पिस्तौल उतार ली और ध्यान से देखने लगी, मानो उसे कभी देखा न हो। कल संध्या-समय जब आर्य-मन्दिर में केशव और उसकी प्रेमिका एक-दूसरे के सम्मुख बैठे हुए होंगे, उसी समय वह इस गोली से केशव की प्रेम-लीलाओं का अन्त कर देगी। दूसरी गोली अपनी छाती में मार लेगी। क्या वह रो-रोकर अपना अधम जीवन काटेगी?

7

संध्या का समय था। आर्य-मन्दिर के आँगन में वर और वधू इष्ट-मित्रों के साथ बैठे हुए थे। विवाह का संस्कार हो रहा था। उसी समय सुभद्रा पहुँची और बरामदे में एक खम्भे की आड़ में इस भाँति खड़ी हो गई कि केशव का मुँह उसके सामने था। उसकी आँखों में वह दृश्य खिंच गया, जब आज से तीन साल पहले उसने इसी भाँति केशव को मंडप में बैठे हुए आड़ से देखा था। तब उसका हृदय कितना उछ्वसित हो रहा था। अंतस्तल में गुदगुदी-सी हो रही थी, कितना अपार अनुराग था, कितनी असीम अभिलाषाएँ थीं, मानो जीवन-प्रभात का उदय हो रहा हो। जीवन मधुर संगीत की भाँति सुखद था, भविष्य उषा-स्वप्न की भाँति सुन्दर। क्या यह वही केशव है? सुभद्रा को ऐसा भ्रम हुआ, मानो यह केशव नहीं है। हाँ, यह वह केशव नहीं था। यह उसी रूप और उसी नाम का कोई दूसरा मनुष्य था। अब उसकी मुस्कुराहट में, उसके नेत्रों में, उसके शब्दों में, उसके हृदय को आकर्षित करने वाली कोई वस्तु न थी। उसे देखकर वह उसी भाँति निस्पंद, निश्चल खड़ी है, मानो कोई अपरिचित व्यक्ति हो। अब तक केशव का-सा रूपवान, तेजस्वी, सौम्य, शीलवान् पुरुष संसार में न था; पर अब सुभद्रा को ऐसा जान पड़ा की वहाँ बैठे हुए युवकों में और उसमें कोई अन्तर नहीं है। वह ईर्ष्याग्नि, जिसमें वह जली जा रही थी, वह हिंसा-कल्पना, जो उसे वहाँ तक लाई थी, मानो एकदम शान्त हो गई। विरक्ति हिंसा से भी अधिक हिंसात्मक होती है—सुभद्रा की हिंसा-कल्पना में एक प्रकार का ममत्व था—उसका केशव, उसका प्राणवल्लभ, उसका जीवन-सर्वस्व और किसी का नहीं हो सकता। पर अब वह ममत्व नहीं है। वह उसका नहीं है, उसे अब परवा नहीं कि उस पर किसका अधिकार होता है।

विवाह-संस्कार समाप्त हो गया, मित्रों ने बधाइयाँ दीं, सहेलियों ने मंगलगान किया, फिर लोग मेज़ों पर जा बैठे, दावत होने लगी, रात के बारह बज गए; पर सुभद्रा वहीं पाषाण-मूर्ति की भाँति खड़ी रही, मानो कोई विचित्र स्वप्न देख रही हो। हाँ, जैसे कोई बस्ती उजड़ गई हो, जैसे कोई संगीत बन्द हो गया हो, जैसे कोई दीपक बुझ गया हो।

जब लोग मन्दिर से निकले, तो वह भी निकल आई; पर उसे कोई मार्ग न सूझता था। परिचित सड़कें उसे भूली हुई-सी जान पड़ने लगीं। सारा संसार ही बदल गया था। वह सारी रात सड़कों पर भटकती फिरी। घर का कहीं पता नहीं। सारी दुकानें बन्द हो गईं, सड़कों पर

सन्नाटा छा गया, फिर भी वह अपना घर ढूँढ़ती हुई चली जा रही थी। हाय! क्या इसी भाँति उसे जीवन-पथ में भी भटकना पड़ेगा?

सहसा एक पुलिसमैन ने पुकारा—मैडम, तुम कहाँ जा रही हो?

सुभद्रा ने ठिठक कर कहा—कहीं नहीं।

'तुम्हारा स्थान कहाँ है?'

'मेरा स्थान?'

'हाँ, तुम्हारा स्थान कहाँ है? मैं तुम्हें बड़ी देर से इधर-उधर भटकते देख रहा हूँ। किस स्ट्रीट में रहती हो?'

सुभद्रा को उस स्ट्रीट का नाम तक न याद था।

'तुम्हें अपने स्ट्रीट का नाम तक याद नहीं?'

'भूल गई, याद नहीं आता।'

सहसा उसकी दृष्टि सामने के एक साइन बोर्ड की तरफ़ उठी, ओह! यही तो उसकी स्ट्रीट है। उसने सिर उठाकर इधर-उधर देखा। सामने ही उसका डेरा था। और इसी गली में, अपने ही घर के सामने, न-जाने कितनी देर से वह चक्कर लगा रही थी।

8

अभी प्रात:काल ही था कि युवती सुभद्रा के कमरे में पहुँची। वह उसके कपड़े सी रही थी। उसका सारा तन-मन कपड़ों में लगा हुआ था। कोई युवती इतनी एकाग्रचित्त होकर अपना श्रृंगार भी न करती होगी। न-जाने उससे कौन-सा पुरस्कार लेना चाहती थी। उसे युवती के आने की ख़बर न हुई।

युवती ने पूछा—तुम कल मन्दिर में नहीं आईं?

सुभद्रा ने सिर उठाकर देखा, तो ऐसा जान पड़ा मानो किसी कवि की कोमल कल्पना मूर्तिमयी हो गई है। उसकी वह छवि अनिंद्य थी। प्रेम की विभूति रोम-रोम से प्रदर्शित हो रही थी। सुभद्रा दौड़कर उसके गले से लिपट गई, जैसे उसकी छोटी बहन आ गई हो और बोली—हाँ, गई तो थी।

'मैंने तुम्हें नहीं देखा।'

'हाँ, मैं अलग थी।'

'केशव को देखा?'

'हाँ देखा।'

'धीरे से क्यों बोलीं? मैंने कुछ झूठ कहा था?'

सुभद्रा ने सहृदयता से मुस्कुराकर कहा—मैंने तुम्हारी आँखों से नहीं, अपनी आँखों से देखा। मुझे तो वह तुम्हारे योग्य नहीं जँचे। तुम्हें ठग लिया।

युवती खिलखिला कर हँसी और बोली—वह! मैं समझती हूँ, मैंने उन्हें ठगा है।

सुभद्रा ने गम्भीर होकर कहा—एक बार वस्त्रभूषणों से सज कर अपनी छवि आईने में देखो तो मालूम हो।

'तब क्या मैं कुछ और हो जाऊँगी।'

'अपने कमरे से फ़र्श, तसवीरें, हाँड़ियाँ, गमले आदि निकालकर देख लो, कमरे की शोभा वही रहती है!'

युवती ने सिर हिलाकर कहा—ठीक कहती हो। लेकिन आभूषण कहाँ से लाऊँ। न-जाने अभी कितने दिनों में बनने की नौबत आए।

'मैं तुम्हें अपने गहने पहना दूँगी।'

'तुम्हारे पास गहने हैं?'

'बहुत। देखो, मैं अभी लाकर तुम्हें पहनाती हूँ।'

युवती ने मुँह से बहुत 'नहीं-नहीं' किया, पर मन में प्रसन्न हो रही थी। सुभद्रा ने अपने सारे गहने पहना दिए। अपने पास एक छल्ला भी न रखा। युवती को यह नया अनुभव था। उसे इस रूप में निकलते शर्म तो आती थी; पर उसका रूप चमक उठा था। इसमें संदेह न था। उसने आईने में अपनी सूरत देखी तो उसकी सूरत जगमगा उठी, मानो किसी वियोगिनी को अपने प्रियतम का संवाद मिला हो। मन में गुदगुदी होने लगी। वह इतनी रूपवती है, उसे उसकी कल्पना भी न थी।

कहीं केशव इस रूप में उसे देख लेते; यह आकांक्षा उसके मन में उदय हुई, पर कहे कैसे। कुछ देर के बाद लज्जा से सिर झुकाकर बोली—केशव मुझे इस रूप में देखकर बहुत हँसेंगे।

सुभद्रा—हँसेंगे नहीं, बलैया लेंगे, आँखें खुल जाएँगी। तुम आज इसी रूप में उसके पास जाना।

युवती ने चकित होकर कहा—सच! आप इसकी अनुमति देती हैं?

सुभद्रा ने कहा—बड़े हर्ष से।

'तुम्हें संदेह न होगा?'

'बिलकुल नहीं।'

'और जो मैं दो-चार दिन पहने रहूँ?'

'तुम दो-चार महीने पहने रहो। आख़िर, यहाँ पड़े ही तो हैं!'

'तुम भी मेरे साथ चलो।'

'नहीं, मुझे अवकाश नहीं है।'

'अच्छा, लो मेरे घर का पता नोट कर लो।'

'हाँ, लिख दो, शायद कभी आऊँ।'

एक क्षण में युवती यहाँ से चली गई। सुभद्रा अपनी खिड़की पर से उसे इस भाँति प्रसन्न-मुख खड़ी देख रही थी, मानो उसकी छोटी बहन हो, ईर्ष्या या द्वेष का लेश भी उसके मन में न था।

मुश्किल से, एक घंटा गुज़रा होगा कि युवती लौटकर बोली—सुभद्रा क्षमा करना, मैं तुम्हारा समय बहुत ख़राब कर रही हूँ। केशव बाहर खड़े हैं! बुला लूँ?

एक क्षण, केवल एक क्षण के लिए सुभद्रा कुछ घबड़ा गई। उसने जल्दी से उठकर मेज़ पर पड़ी हुई चीज़ें इधर-उधर हटा दीं, कपड़े करीने से रख दिए, अपने उलझे हुए बाल सँभाल लिये, फिर उदासीन भाव से मुस्कुराकर बोली—उन्हें तुमने क्यों कष्ट दिया? जाओ बुला लो।

एक मिनट में केशव ने कमरे में क़दम रखा और चौंककर पीछे हट गए, मानो पाँव जल गया हो। मुँह से एक चीख़ निकल गई। सुभद्रा गम्भीर, शान्त, निश्चल अपनी जगह पर खड़ी रही। फिर हाथ बढ़ाकर बोली मानो किसी अपरिचित व्यक्ति से बोल रही हो—आइए मिस्टर केशव, मैं आपको ऐसी सुशील, ऐसी सुन्दरी, ऐसी विदुषी रमणी पाने पर बधाई देती हूँ।

केशव के मुँह पर हवाइयाँ उड़ रही थीं। वह पथ-भ्रष्ट-सा बना खड़ा था। लज्जा और ग्लानि से उसके चेहरे पर एक रंग आता था, एक रंग जाता था। यह बात एक दिन होनेवाली थी अवश्य, पर इस तरह अचानक उसकी सुभद्रा से भेंट होगी, इसका उसे स्वप्न में भी गुमान न था। सुभद्रा से वह बात कैसे कहेगा, इसको उसने ख़ूब सोच लिया था। उसके आक्षेपों का उत्तर सोच लिया था, पत्र के शब्द तक मन में अंकित कर लिये थे। ये सारी तैयारियाँ धरी रह गईं और सुभद्रा से साक्षात् हो गया। सुभद्रा उसे देखकर ज़रा भी नहीं चौंकी, उसके मुख पर आश्चर्य, घबराहट या दु:ख का एक चिह्न भी न दिखाई दिया। उसने उसी भाँति उससे बात की; मानो वह कोई अजनबी हो। यहाँ कब आई, कैसे आई, क्यों आई, कैसे गुज़र करती है; यह और इस तरह के असंख्य प्रश्न पूछने के लिए केशव का चित्त चंचल हो उठा। उसने सोचा था सुभद्रा उसे धिक्कारेगी; विष खाने की धमकी देगी—निष्ठुर, निर्दय और न-जाने क्या-क्या कहेगी। इन सब आपदाओं के लिए वह तैयार था; पर इस आकस्मिक मिलन, इस गर्वयुक्त उपेक्षा के लिए वह तैयार न था। वह प्रेम-व्रतधारिणी सुभद्रा इतनी कठोर, इतनी हृदय-शून्य हो गई है! अवश्य ही उसे सारी बातें पहले ही मालूम हो चुकी हैं। सबसे तीव्र आघात यह था कि इसने अपने सारे आभूषण इतनी उदारता से दे डाले, और कौन जाने वापस भी न लेना चाहती हो। वह परास्त और अप्रतिभ होकर एक कुर्सी पर बैठ गया। उत्तर में एक शब्द भी उसके मुख से न निकला।

युवती ने कृतज्ञता का भाव प्रकट करके कहा—इनके पति इस समय जर्मनी में हैं।

केशव ने आँखें फाड़कर देखा, पर कुछ बोल न सका।

युवती ने फिर कहा—बेचारी संगीत के पाठ पढ़ाकर और कुछ कपड़े सी कर अपना निर्वाह करती हैं। वह महाशय यहाँ आ जाते, तो उन्हें उनके सौभाग्य पर बधाई देती।

केशव इस पर भी कुछ न बोल सका, पर सुभद्रा ने मुस्कुराकर कहा—वह मुझसे रूठे हुए हैं, बधाई पाकर और भी झल्लाते।

युवती ने आश्चर्य से कहा—तुम उन्हीं के प्रेम से यहाँ आईं, अपना घरबार छोड़ा, यहाँ मिहनत-मजूरी करके निर्वाह कर रही हो, फिर भी वह तुमसे रूठे हुए हैं? आश्चर्य!

सुभद्रा ने उसी भाँति प्रसन्न-मुख से कहा—पुरुष-प्रकृति ही आश्चर्य का विषय है, चाहे मि. केशव इसे स्वीकार न करें।

युवती ने फिर केशव की ओर प्रेरणापूर्ण दृष्टि से देखा, लेकिन केशव उसी भाँति अप्रतिभ बैठा रहा। उसके हृदय पर यह नया आघात था। युवती ने उसे चुप देखकर उसकी तरफ़ से सफ़ाई दी—केशव, स्त्री और पुरुष, दोनों ही को समान अधिकार देना चाहते हैं।

केशव डूब रहा था, तिनके का सहारा पाकर उसकी हिम्मत बँध गई। बोला—विवाह एक प्रकार का समझौता है। दोनों पक्षों को अधिकार है, जब चाहे उसे तोड़ दें।

युवती ने हामी भरी—सभ्य-समाज में यह आंदोलन बड़े ज़ोरों पर है।

सुभद्रा ने शंका की—किसी समझौते को तोड़ने के लिए कारण भी तो होना चाहिए?

केशव ने भावों की लाठी का सहारा लेकर कहा—जब इसका अनुभव हो जाए कि हम इस बंधन से मुक्त होकर अधिक सुखी हो सकते हैं, तो यही कारण काफ़ी है। स्त्री को यदि मालूम हो जाए कि वह दूसरे पुरुष के साथ...

सुभद्रा ने बात काटकर कहा—क्षमा कीजिए मि. केशव, मुझमें इतनी बुद्धि नहीं कि इस विषय पर आपसे बहस कर सकूँ। आदर्श समझौता वही है, जो जीवन-पर्यंत रहे। मैं भारत

की नहीं कहती। वहाँ तो स्त्री पुरुष की लौंडी है, मैं इंग्लैंड की कहती हूँ। यहाँ भी कितनी ही औरतों से मेरी बातचीत हुई है। वे तलाक़ों की बढ़ती हुई संख्या को देखकर ख़ुश नहीं होतीं। विवाह का सबसे ऊँचा आदर्श उसकी पवित्रता और स्थिरता है। पुरुषों ने सदैव इस आदर्श को तोड़ा है, स्त्रियों ने निबाहा है। अब पुरुषों का अन्याय स्त्रियों को किस ओर ले जाएगा, नहीं कह सकती।

इस गम्भीर और संयत कथन ने विवाद का अन्त कर दिया। सुभद्रा ने चाय मँगवाई। तीनों आदमियों ने पी। केशव पूछना चाहता था, अभी आप यहाँ कितने दिनों रहेंगी, लेकिन न पूछ सका। वह यहाँ पन्द्रह मिनट और रहा, लेकिन विचारों में डूबा हुआ। चलते समय उससे न रहा गया। पूछ ही बैठा—अभी आप यहाँ कितने दिन और रहेंगी?

सुभद्रा ने ज़मीन की ओर ताक़ते हुए कहा—कह नहीं सकती।

'कोई ज़रूरत हो, तो मुझे याद कीजिए।'

'इस आश्वासन के लिए आपको धन्यवाद।'

केशव सारे दिन बेचैन रहा। सुभद्रा उसकी आँखों में फिरती रही। सुभद्रा की बातें उसके कानों में गूँजती रहीं। अब उसे इसमें कोई सन्देह न था कि उसी के प्रेम में सुभद्रा यहाँ आई थी। सारी परिस्थिति उसकी समझ में आ गई थी। उस भीषण त्याग का अनुमान करके उसके रोएँ खड़े हो गए। यहाँ सुभद्रा ने क्या-क्या कष्ट झेले होंगे, कैसी-कैसी यातनाएँ सही होंगी, सब उसी के कारण? वह उस पर भार न बनना चाहती थी, इसलिए तो उसने अपने आने की सूचना तक उसे न दी। अगर उसे पहले मालूम होता कि सुभद्रा यहाँ आ गई है, तो कदाचित् उसे उस युवती की ओर इतना आकर्षण ही न होता। चौकीदार के सामने चोर को घर में घुसने का साहस नहीं होता। सुभद्रा को देखकर उसकी कर्तव्य-चेतना जाग्रत हो गई। उसके पैरों पर गिरकर उससे क्षमा माँगने के लिए उसका मन अधीर हो उठा। वह उसके मुँह से सारा वृत्तांत सुनेगा। यह मौन उपेक्षा उसके लिए असह्य थी। दिन तो केशव ने किसी तरह काटा, लेकिन ज्यों ही रात के दस बजे, वह सुभद्रा से मिलने चला। युवती ने पूछा—कहाँ जाते हो?

केशव ने बूट का लेस बाँधते हुए कहा—ज़रा एक प्रोफ़ेसर से मिलना है, इस वक़्त आने का वादा कर चुका हूँ?

'जल्द आना।'

'बहुत जल्द आऊँगा।'

केशव घर से निकला, तो उसके मन में कितनी ही विचार-तरंगें उठने लगीं। कहीं सुभद्रा मिलने से इनकार कर दे, तो? नहीं ऐसा नहीं हो सकता। वह इतनी अनुदार नहीं है। हाँ, यह हो सकता है कि वह अपने विषय में कुछ न कहे। उसे शान्त करने के लिए उसने एक कृपा की कल्पना कर डाली। ऐसा बीमार था कि बचने की आशा न थी। उर्मिला ने ऐसा तन्मय होकर उसकी सेवा-शुश्रूषा की कि उसे उससे प्रेम हो गया। कथा का सुभद्रा पर जो असर पड़ेगा, इसके विषय में केशव को कोई सन्देह न था। परिस्थिति का बोध होने पर वह उसे क्षमा कर देगी। लेकिन इसका फल क्या होगा? क्या वह दोनों के साथ एक-सा प्रेम कर सकता है? सुभद्रा को देख लेने के बाद उर्मिला को शायद उसके साथ-साथ रहने में आपत्ति हो। आपत्ति हो ही कैसे सकती है! उससे यह बात छिपी नहीं है। हाँ, यह देखना है कि सुभद्रा भी इसे स्वीकार करती है कि नहीं। उसने जिस उपेक्षा का परिचय दिया है, उसे देखते हुए

तो उसके मानने में सन्देह ही जान पड़ता है। मगर वह उसे मनाएगा, उसकी विनती करेगा, उसके पैरों पड़ेगा और अन्त में उसे मना कर ही छोड़ेगा। सुभद्रा से प्रेम और अनुराग का नया प्रमाण पाकर वह मानो एक कठोर निद्रा से जाग उठा था। उसे अब अनुभव हो रहा था कि सुभद्रा के लिए उसके हृदय में जो स्थान था, वह ख़ाली पड़ा हुआ है। उर्मिला उस स्थान पर अपना आधिपत्य नहीं जमा सकती। अब उसे ज्ञात हुआ कि उर्मिला के प्रति उसका प्रेम केवल वह तृष्णा थी, जो स्वादयुक्त पदार्थों को देखकर ही उत्पन्न होती है। वह सच्ची क्षुधा न थी। अब फिर उसे सरल सामान्य भोजन की इच्छा हो रही थी। विलासिनी उर्मिला कभी इतना त्याग कर सकती है, इसमें उसे सन्देह था।

सुभद्रा के घर के निकट पहुँचकर केशव का मन कुछ कातर होने लगा। लेकिन उसने जी कड़ा करके जीने पर क़दम रक्खा और एक क्षण में सुभद्रा के द्वार पर पहुँचा, लेकिन कमरे का द्वार बन्द था। अन्दर भी प्रकाश न था। अवश्य ही वह कहीं गई है, आती ही होगी। तब तक उसने बरामदे में टहलने का निश्चय किया।

सहसा मालकिन आती हुई दिखाई दी। केशव ने बढ़कर पूछा—आप बता सकती हैं कि यह महिला कहाँ गई हैं?

मालकिन ने उसे सिर से पाँव तक देखकर कहा—वह तो आज यहाँ से चली गईं।

केशव ने हकबका कर पूछा—चली गईं! कहाँ चली गईं?

'यह तो मुझसे कुछ नहीं बताया।'

'कब गईं?'

'वह तो दोपहर को ही चली गईं!'

'अपना असबाब लेकर गईं?'

'असबाब किसके लिए छोड़ जातीं? हाँ, एक छोटा-सा पैकेट अपनी एक सहेली के लिए छोड़ गई हैं। उस पर मिसेज़ केशव लिखा हुआ है। मुझसे कहा था कि यदि वह आ जाएँ, तो उन्हें दे देना, नहीं तो डाक से भेज देना।'

केशव को अपना हृदय इस तरह बैठता हुआ मालूम हुआ जैसे सूर्य का अस्त होना है। एक गहरी साँस लेकर बोला—

'आप मुझे वह पैकेट दिखा सकती हैं? केशव मेरा ही नाम है।'

मालकिन ने मुस्कुराकर कहा—मिसेज़ केशव को कोई आपत्ति तो न होगी?

'तो फिर मैं उन्हें बुला लाऊँ?'

'हाँ, उचित तो यही है!'

'बहुत दूर जाना पड़ेगा!'

केशव कुछ ठिठकता हुआ जीने की ओर चला, तो मालकिन ने फिर कहा—मैं समझती हूँ, आप इसे लिए ही जाइए, व्यर्थ आपको क्यों दौड़ाऊँ। मगर कल मेरे पास एक रसीद भेज दीजिएगा। शायद उसकी ज़रूरत पड़े!

यह कहते हुए उसने एक छोटा-सा पैकेट लाकर केशव को दे दिया। केशव पैकेट लेकर इस तरह भागा, मानो कोई चोर भागा जा रहा हो। इस पैकेट में क्या है, यह जानने के लिए उसका हृदय व्याकुल हो रहा था। उसे इतना विलम्ब असह्य था कि अपने स्थान पर जाकर उसे खोले। समीप ही एक पार्क था। वहाँ जाकर उसने बिजली के प्रकाश में इस पैकेट को

खोल डाला। उस समय उसके हाथ काँप रहे थे और हृदय इतने वेग से धड़क रहा था, मानो किसी बंधु की बीमारी के समाचार के बाद तार मिला हो।

पैकेट का खुलना था कि केशव की आँखों से आँसुओं की झड़ी लग गई। उसमें एक पीले रंग की साड़ी थी, एक छोटी-सी सेंदूर की डिबिया और एक केशव का फ़ोटो-चित्र के साथ ही एक लिफ़ाफ़ा भी था। केशव ने उसे खोलकर पढ़ा। उसमें लिखा था—

'बहन, मैं जाती हूँ। यह मेरे सोहाग का शव है। उसे टेम्स नदी में विसर्जित कर देना। तुम्हीं लोगों के हाथों यह संस्कार भी हो जाए, तो अच्छा।

तुम्हारी,
सुभद्रा'

केशव मर्माहत-सा पत्र हाथ में लिए वहीं घास पर लेट गया और फूट-फूट कर रोने लगा।

आत्म-संगीत

आधी रात थी। नदी का किनारा था। आकाश के तारे स्थिर थे और नदी में उनका प्रतिबिम्ब लहरों के साथ चंचल। एक स्वर्गीय संगीत की मनोहर और जीवनदायिनी, प्राणपोषिणी ध्वनियाँ इस निस्तब्ध और तमोमय दृश्य पर इस प्रकार छा रही थीं, जैसे हृदय पर आशाएँ छाई रहती हैं, या मुखमंडल पर शोक।

रानी मनोरमा ने आज गुरु-दीक्षा ली थी। दिन भर दान और व्रत में व्यस्त रहने के बाद मीठी नींद की गोद में सो रही थी। अकस्मात् उसकी आँखें खुलीं और ये मनोहर ध्वनियाँ कानों में पहुँचीं। वह व्याकुल हो गई—जैसे दीपक को देखकर पतंग; वह अधीर हो उठी, जैसे खाँड़ की गंध पाकर चींटी। वह उठी और द्वारपालों एवं चौकीदारों की दृष्टियाँ बचाती हुई राजमहल से बाहर निकल आई—जैसे वेदनापूर्ण क्रन्दन सुनकर आँखों से आँसू निकल आते हैं।

सरिता-तट पर कँटीली झाड़ियाँ थीं। ऊँचे कगारे थे। भयानक जन्तु थे और उनकी डरावनी आवाज़ें। शव थे और उनसे भी अधिक भयंकर उनकी कल्पना। मनोरमा कोमलता और सुकुमारता की मूर्ति थी। परन्तु उस मधुर संगीत का आकर्षण उसे तन्मयता की अवस्था में खींचे लिए जाता था। उसे आपदाओं का ध्यान न था।

वह घंटों चलती रही, यहाँ तक कि मार्ग में नदी ने उसका गतिरोध किया।

2

मनोरमा ने विवश होकर इधर-उधर दृष्टि दौड़ाई। किनारे पर एक नौका दिखाई दी। निकट जाकर बोली—माँझी, मैं उस पार जाऊँगी, इस मनोहर राग ने मुझे व्याकुल कर दिया है।

माँझी—रात को नाव नहीं खोल सकता। हवा तेज़ है और लहरें डरावनी। जान-जोखिम है।

मनोरमा—मैं रानी मनोरमा हूँ। नाव खोल दे, मुँह माँगी मज़दूरी दूँगी।

माँझी—तब तो नाव किसी तरह नहीं खोल सकता। रानियों का इस नदी में निबाह नहीं।

मनोरमा—चौधरी, तेरे पाँव पड़ती हूँ। शीघ्र नाव खोल दे। मेरे प्राण उस ओर खिंचे चले जाते हैं।

माँझी—क्या इनाम मिलेगा?

मनोरमा—जो तू माँगे।

माँझी—आप ही कह दें, मैं गँवार क्या जानूँ, कि रानियों से क्या चीज़ माँगनी चाहिए। कहीं कोई ऐसी चीज़ न माँग बैठूँ, जो आपकी प्रतिष्ठा के विरुद्ध हो।

मनोरमा—मेरा यह हार अत्यन्त मूल्यवान् है। मैं इसे खेवे में देती हूँ। मनोरमा ने गले से हार निकाला, उसकी चमक से माँझी का मुखमंडल प्रकाशित हो गया—वह कठोर, और काला मुख, जिस पर झुर्रियाँ पड़ी हुई थीं।

अचानक मनोरमा को ऐसा प्रतीत हुआ, मानो संगीत की ध्वनि और निकट हो गई हो। कदाचित् कोई पूर्ण ज्ञानी पुरुष आत्मानंद के आवेश में उस सरिता-तट पर बैठा हुआ उस निस्तब्ध निशा को संगीतपूर्ण कर रहा है। रानी का हृदय उछलने लगा। आह! कितना मनोमुग्धकर राग था! उसने अधीर होकर कहा—माँझी, अब देर न कर, नाव खोल, मैं एक क्षण भी धीरज नहीं रख सकती।

माँझी—इस हार को लेकर मैं क्या करूँगा?

मनोरमा—सच्चे मोती हैं।

माँझी—यह और भी विपत्ति है। माँझिन गले में पहनकर पड़ोसियों को दिखाएगी, वह सब डाह से जलेंगी, उसे गालियाँ देंगी। कोई चोर देखेगा, तो उसकी छाती पर साँप लोटने लगेगा। मेरी सुनसान झोंपड़ी पर दिनदहाड़े डाका पड़ जाएगा। लोग चोरी का अपराध लगाएँगे। नहीं, मुझे यह हार न चाहिए।

मनोरमा—तो जो कुछ तू माँग, वहीं दूँगी। लेकिन देर न कर। मुझे अब धैर्य नहीं है। प्रतीक्षा करने की तनिक भी शक्ति नहीं है। इस राग की एक-एक तान मेरी आत्मा को तड़पा देती है।

माँझी—इससे भी अच्छी कोई चीज़ दीजिए।

मनोरमा—अरे निर्दयी! तू मुझे बातों में लगाये रखना चाहता है। मैं जो देती हूँ, वह लेता नहीं, स्वयं कुछ माँगता नहीं। तुझे क्या मालूम मेरे हृदय की इस समय क्या दशा हो रही है। मैं इस आत्मिक पदार्थ पर अपना सर्वस्व न्योछावर कर सकती हूँ।

माँझी—और क्या दीजिएगा?

मनोरमा—मेरे पास इससे बहुमूल्य और कोई वस्तु नहीं है, लेकिन तू अभी नाव खोल दे, तो प्रतिज्ञा करती हूँ कि तुझे अपना महल दे दूँगी, जिसे देखने के लिए कदाचित् तू भी कभी गया हो। विशुद्ध श्वेत पत्थर से बना है, भारत में इसकी तुलना नहीं।

माँझी—(हँसकर) उस महल में रहकर मुझे क्या आनन्द मिलेगा? उलटे मेरे भाई-बंधु शत्रु हो जाएँगे। इस नौका पर अँधेरी रात में भी मुझे भय नहीं लगता। आँधी चलती रहती है, और मैं इस पर पड़ा रहता हूँ। किन्तु वह महल तो दिन ही में फाड़ खाएगा। मेरे घर के आदमी तो उसके एक कोने में समा जाएँगे। और आदमी कहाँ से लाऊँगा; मेरे नौकर-चाकर कहाँ? इतना माल-असबाब कहाँ? उसकी सफ़ाई और मरम्मत कहाँ से कराऊँगा? उसकी फुलवारियाँ सूख जाएँगी, उसकी क्यारियों में गीदड़ बोलेंगे और अटारियों पर कबूतर और अबाबीलें घोंसले बनायेंगी।

मनोरमा अचानक एक तन्मय अवस्था में उछल पड़ी। उसे प्रतीत हुआ कि संगीत निकटतर आ गया है। उसकी सुन्दरता और आनन्द अधिक प्रखर हो गया था—जैसे बत्ती उकसा देने से

दीपक अधिक प्रकाशमान हो जाता है। पहले चित्ताकर्षक था, तो अब आवेशजनक हो गया था। मनोरमा ने व्याकुल होकर कहा—आह! तू फिर अपने मुँह से क्यों कुछ नहीं माँगता? आह! कितना विरागजनक राग है, कितना विह्वल करने वाला! मैं अब तनिक धीरज नहीं धर सकती। पानी उतार में जाने के लिए जितना व्याकुल होता है, श्वास हवा के लिए जितनी विकल होती है, गंध उड़ जाने के लिए जितनी उतावली होती है, मैं उस स्वर्गीय संगीत के लिए उतनी व्याकुल हूँ। उस संगीत में कोयल की-सी मस्ती है, पपीहे की-सी वेदना है, श्यामा की-सी विह्वलता है, इसमें झरनों का-सा ज़ोर है, आँधी का-सा बल! इसमें वह सब कुछ है, जिससे विवेकाग्नि प्रज्वलित होती है, जिससे आत्मा समाहित होती है, और अंत:करण पवित्र होता है। माँझी, अब एक क्षण का भी विलम्ब मेरे लिए मृत्यु की यंत्रणा है। शीघ्र नौका खोल। जिस सुमन की यह सुगंध है, जिस दीपक की यह दीप्ति है, उस तक मुझे पहुँचा दे। मैं देख नहीं सकती इस संगीत का रचयिता कहीं निकट ही बैठा हुआ है, बहुत निकट।

माँझी—आपका महल मेरे काम का नहीं है, मेरी झोंपड़ी उससे कहीं सुहावनी है।

मनोरमा—हाय! तो अब तुझे क्या दूँ? यह संगीत नहीं है, यह इस सुविशाल क्षेत्र की पवित्रता है, यह समस्त सुमन-समूह का सौरभ है, समस्त मधुरताओं की माधुरी है, समस्त अवस्थाओं का सार है। नौका खोल। मैं जब तक जीऊँगी, तेरी सेवा करूँगी, तेरे लिए पानी भरूँगी, तेरी झोंपड़ी बहारूँगी। हाँ, मैं तेरे मार्ग के कंकड़ चुनूँगी, तेरे झोंपड़े को फूलों से सजाऊँगी, तेरी माँझिन के पैर मलूँगी। प्यारे माँझी, यदि मेरे पास सौ जानें होतीं, तो मैं इस संगीत के लिए अर्पण करती। ईश्वर के लिए मुझे निराश न कर। मेरे धैर्य का अन्तिम बिंदु शुष्क हो गया। अब इस चाह में दाह है, अब यह सिर तेरे चरणों में है।

यह कहते-कहते मनोरमा एक विक्षिप्त की अवस्था में माँझी के निकट जाकर उसके पैरों पर गिर पड़ी। उसे ऐसा प्रतीत हुआ, मानो वह संगीत आत्मा पर किसी प्रज्वलित प्रदीप की तरह ज्योति बरसाता हुआ मेरी ओर आ रहा है। उसे रोमांच हो आया। वह मस्त होकर झूमने लगी। ऐसा ज्ञात हुआ कि मैं हवा में उड़ी जाती हूँ। उसे अपने पार्श्व-देश में तारे झिलमिलाते हुए दिखाई देते थे। उस पर एक आत्मविस्मृति का भावावेश छा गया और अब वही मस्ताना संगीत, वही मनोहर राग उसके मुँह से निकलने लगा। वही अमृत की बूँदें, उसके अधरों से टपकने लगीं। वह स्वयं इस संगीत की स्रोत थी। नदी के पार से आने वाली ध्वनियाँ, प्राणपोषिणी ध्वनियाँ उसी के मुँह से निकल रही थीं।

मनोरमा का मुख-मंडल चन्द्रमा की तरह प्रकाशमान हो गया था, और आँखों से प्रेम की किरणें निकल रही थीं।

ऐक्ट्रेस

रंगमंच का परदा गिर गया। तारादेवी ने शकुंतला का पार्ट खेलकर दर्शकों को मुग्ध कर दिया था। जिस वक़्त वह शकुंतला के रूप में राजा दुष्यंत के सम्मुख खड़ी ग्लानि, वेदना, और तिरस्कार से उत्तेजित भावों को आग्नेय शब्दों में प्रकट कर रही थी, दर्शक-वृंद शिष्टता

के नियमों की उपेक्षा करके मंच की ओर उन्मत्तों की भाँति दौड़ पड़े थे और तारादेवी का यशोगान करने लगे थे। कितने ही तो स्टेज पर चढ़ गए और तारादेवी के चरणों पर गिर पड़े। सारा स्टेज फूलों से पट गया, आभूषणों की वर्षा होने लगी। यदि उसी क्षण मेनका का विमान नीचे आकर उसे उड़ा न ले जाता, तो कदाचित् उस धक्कम-धक्के में दस-पाँच आदमियों की जान पर बन जाती। मैनेजर ने तुरन्त आकर दर्शकों को गुण-ग्राहकता का धन्यवाद दिया और वादा भी किया कि दूसरे दिन फिर वही तमाशा होगा। तब लोगों का मोहोमाद शान्त हुआ। मगर एक युवक उस वक़्त भी मंच पर खड़ा रहा। लम्बे कद का था, तेज़स्वी मुद्रा, कुंदन का-सा रंग, देवताओं का-सा स्वरूप, गठी हुई देह, मुख से एक ज्योति-सी प्रस्फुटित हो रही थी। कोई राजकुमार मालूम होता था।

जब सारे दर्शकगण बाहर निकल गए, उसने मैनेजर से पूछा—क्या मैं तारादेवी से एक क्षण के लिए मिल सकता हूँ?

मैनेजर ने उपेक्षा के भाव से कहा—हमारे यहाँ ऐसा नियम नहीं है।

युवक ने फिर पूछा—क्या आप मेरा कोई पत्र उसके पास भेज सकते हैं?

मैनेजर ने उसी उपेक्षा के भाव से कहा—जी नहीं। क्षमा कीजिएगा। यह हमारे नियमों के विरुद्ध है।

युवक ने और कुछ न कहा, निराश होकर स्टेज के नीचे उतर पड़ा और बाहर जाना ही चाहता था कि मैनेजर ने पूछा—ज़रा ठहर जाइए, आपका कार्ड?

युवक ने जेब से काग़ज़ का एक टुकड़ा निकालकर कुछ लिखा और दे दिया। मैनेजर ने पुर्जे को उड़ती हुई निगाह से देखा—कुँवर निर्मलकांत चौधरी ओ.बी.ई.। मैनेजर की कठोर मुद्रा कोमल हो गई। कुँवर निर्मलकांत—शहर के सबसे बड़े रईस और ताल्लुकेदार, साहित्य के उज्ज्वल रत्न, संगीत के सिद्धहस्त आचार्य, उच्चकोटि के विद्वान्, आठ-दस लाख सालाना के नफेदार, जिनके दान से देश की कितनी ही संस्थाएँ चलती थीं—इस समय एक क्षुद्र प्रार्थी के रूप में खड़े थे। मैनेजर अपने उपेक्षा-भाव पर लज्जित हो गया। विनम्र शब्दों में बोला—क्षमा कीजिएगा, मुझसे बड़ा अपराध हुआ। मैं अभी तारादेवी के पास हुज़ूर का कार्ड लिए जाता हूँ।

कुँवर साहब ने उससे रुकने का इशारा करके कहा—नहीं, अब रहने ही दीजिए, मैं कल पाँच बजे आऊँगा। इस वक़्त तारादेवी को कष्ट होगा। यह उनके विश्राम का समय है।

मैनेजर—मुझे विश्वास है कि वह आपकी ख़ातिर इतना कष्ट सहर्ष सह लेंगी, मैं एक मिनट में आता हूँ।

किन्तु कुँवर साहब अपना परिचय देने के बाद अब अपनी आतुरता पर संयम का परदा डालने के लिए विवश थे। मैनेजर को सज्जनता का धन्यवाद दिया। और कल आने का वादा करके चले गए।

2

तारा एक साफ़-सुथरे और सजे हुए कमरे में मेज़ के सामने किसी विचार में मग्न बैठी थी। रात का वह दृश्य उसकी आँखों के सामने नाच रहा था। ऐसे दिन जीवन में क्या बार-बार आते हैं? कितने मनुष्य उसके दर्शनों के लिए विकल हो रहे थे! बस, एक-दूसरे पर फट

पड़ते थे। कितनों को उसने पैरों से ठुकरा दिया था—हाँ, ठुकरा दिया था। मगर उस समूह में केवल एक दिव्य मूर्ति अविचलित रूप से खड़ी थी। उसकी आँखों में कितना गंभीर अनुराग था, कितना दृढ़ संकल्प! ऐसा जान पड़ता था मानो दोनों नेत्र उसके हृदय में चुभे जा रहे हों। आज फिर उस पुरुष के दर्शन होंगे या नहीं, कौन जानता है। लेकिन यदि आज उनके दर्शन हुए, तो तारा उनसे एक बार बातचीत किए बिना न जाने देगी।

यह सोचते हुए उसने आईने की ओर देखा, कमल का फूल-सा खिला था। कौन कह सकता था कि यह नव विकसित पुष्प पैंतीस बसंतों की बहार देख चुका है। वह कांति, वह कोमलता, वह चपलता, वह माधुर्य किसी नवयौवना को लज्जित कर सकता था। तारा एक बार फिर हृदय में प्रेम का दीपक जला बैठी। आज से बीस साल पहले एक बार उसको प्रेम का कटु अनुभव हुआ था। तब से वह एक प्रकार का वैधव्य जीवन व्यतीत करती रही। कितने प्रेमियों ने अपना हृदय उसको भेंट करना चाहा था; पर उसने किसी की ओर आँख उठाकर भी न देखा था। उसे उनके प्रेम में कपट की गंध आती थी। मगर आह! आज उसका संयम उसके हाथ से निकल गया। एक बार फिर आज उसे हृदय में उसी मधुर वेदना का अनुभव हुआ, जो बीस साल पहले हुआ था। एक पुरुष का सौम्य स्वरूप उसकी आँखों में बस गया, हृदय-पट पर खिंच गया। उसे वह किसी तरह भूल न सकती थी। उसी पुरुष को उसने मोटर पर जाते देखा होता, तो कदाचित् उधर ध्यान भी न करती। पर उसे अपने सम्मुख प्रेम का उपहार हाथ में लिए देखकर वह स्थिर न रह सकी।

सहसा दाई ने आकर कहा—बाई जी, रात की सब चीज़ें रखी हुई हैं, कहिए तो लाऊँ?

तारा ने कहा—नहीं, मेरे पास चीज़ लाने की ज़रूरत नहीं; मगर ठहरो, क्या-क्या चीज़ें हैं।

'एक ढेर का ढेर तो लगा है बाई जी, कहाँ तक गिनाऊँ—अशर्फियाँ हैं, ब्रूचेज, बाल के पिन, बटन, लाकेट, अँगूठियाँ सभी तो हैं। एक छोटे-से डिब्बे में एक सुन्दर हार है। मैंने आज तक वैसा हार नहीं देखा। सब सन्दूक़ में रख दिया है।'

'अच्छा, वह सन्दूक़ मेरे पास ला।' दाई ने सन्दूक़ लाकर मेज़ पर रख दिया। उधर एक लड़के ने एक पत्र लाकर तारा को दिया। तारा ने पत्र को उत्सुक नेत्रों से देखा—कुँवर निर्मलकांत ओ.बी.ई.। लड़के से पूछा—यह पत्र किसने दिया। वह तो नहीं, जो रेशमी साफा बाँधे हुए थे?

लड़के ने केवल इतना कहा—मैनेजर साहब ने दिया है। और लपका हुआ बाहर चला गया।

सन्दूक़ में सबसे पहले डिब्बा नज़र आया। तारा ने उसे खोला तो सच्चे मोतियों का सुन्दर हार था। डिब्बे में एक तरफ़ एक कार्ड भी था। तारा ने लपककर उसे निकाल लिया और पढ़ा—कुँवर निर्मलकांत...। कार्ड उसके हाथ से छूटकर गिर पड़ा। वह झपटकर कुरसी से उठी और बड़े वेग से कई कमरों और बरामदों को पार करती मैनेजर के सामने आकर खड़ी हो गई। मैनेजर ने खड़े होकर उसका स्वागत किया और बोला—मैं रात की सफलता पर आपको बधाई देता हूँ।

तारा ने खड़े-खड़े पूछा—कुँवर निर्मलकांत क्या बाहर हैं? लड़का पत्र देकर भाग गया। मैं उससे कुछ पूछ न सकी।

'कुँवर साहब का रुक्का तो रात ही तुम्हारे चले आने के बाद मिला था।'

'तो आपने उसी वक़्त मेरे पास क्यों न भेज दिया?'

मैनेजर ने दबी ज़बान से कहा—मैंने समझा, तुम आराम कर रही होगी, कष्ट देना उचित न समझा। और भाई, साफ़ बात यह है कि मैं डर रहा था, कहीं कुँवर साहब को तुमसे मिलाकर तुम्हें खो न बैठूँ। अगर मैं औरत होता, तो उसी वक़्त उनके पीछे हो लेता। ऐसा देवरूप पुरुष मैंने आज तक नहीं देखा। वही जो रेशमी साफा बाँधे खड़े थे तुम्हारे सामने। तुमने भी तो देखा था।

तारा ने मानो अर्धनिद्रा की दशा में कहा—हाँ, देखा तो था—क्या वह फिर आएँगे?

'हाँ, आज पाँच बजे शाम को। बड़े विद्वान् आदमी हैं, और इस शहर के सबसे बड़े रईस।'

'आज मैं रिहर्सल में न आऊँगी।'

3

कुँवर साहब आ रहे होंगे। तारा आईने के सामने बैठी है और दाई उसका शृंगार कर रही है। शृंगार भी इस ज़माने में एक विद्या है। पहले परिपाटी के अनुसार ही शृंगार किया जाता था। कवियों, चित्रकारों और रसिकों ने शृंगार की मर्यादा-सी बाँध दी थी। आँखों के लिए काजल लाजमी था, हाथों के लिए मेहँदी, पाँव के लिए महावर। एक-एक अंग एक-एक आभूषण के लिए निर्दिष्ट था। आज वह परिपाटी नहीं रही। आज प्रत्येक रमणी अपनी सुरुचि, सुबुद्धि और तुलनात्मक भाव से शृंगार करती है। उसका सौन्दर्य किस उपाय से आकर्षकता की सीमा पर पहुँच सकता है, यही उसका आदर्श होता है। तारा इस कला में निपुण थी। वह पन्द्रह साल से इस कम्पनी में थी और यह समस्त जीवन उसने पुरुषों के हृदय से खेलने ही में व्यतीत किया था। किस चितवन से, किस मुस्कान से, किस अँगड़ाई से, किस तरह केशों के बिखेर देने से दिलों का क़त्लेआम हो जाता है; इस कला में कौन उससे बढ़कर हो सकता था! आज उसने चुन-चुनकर आजमाए हुए तीर तरकस से निकाले, और जब अपने अस्त्रों से सज कर वह दीवानख़ाने में आई, तो जान पड़ा मानो संसार का सारा माधुर्य उसकी बलाएँ ले रहा है। वह मेज़ के पास खड़ी होकर कुँवर साहब का कार्ड देख रही थी, उसके कान मोटर की आवाज़ की ओर लगे हुए थे। वह चाहती थी कि कुँवर साहब इसी वक़्त आ जाएँ और उसे इसी अंदाज से खड़े देखें। इसी अंदाज से वह इसके अंग-प्रत्यंगों की पूर्ण छवि देख सकते थे। उसने अपनी शृंगार कला से काल पर विजय पा ली थी। कौन कह सकता था कि यह चंचल नवयौवना उस अवस्था को पहुँच चुकी है, जब हृदय को शान्ति की इच्छा होती है, वह किसी आश्रम के लिए आतुर हो उठता है, और उसका अभिमान नम्रता के आगे सिर झुका देता है?

तारादेवी को बहुत इन्तजार न करना पड़ा। कुँवर साहब शायद मिलने के लिए उससे भी उत्सुक थे। दस ही मिनट के बाद उनकी मोटर की आवाज़ आई। तारा सँभल गई। एक क्षण में कुँवर साहब ने कमरे में प्रवेश किया। तारा शिष्टाचार के लिए हाथ मिलाना भी भूल गई, प्रौढ़ावस्था में भी प्रेम की उद्विग्नता और असावधानी कुछ कम नहीं होती। वह किसी सलज्जा युवती की भाँति सिर झुकाए खड़ी रही।

कुँवर साहब की निगाह आते ही उसकी गर्दन पर पड़ी। वह मोतियों का हार, जो उन्होंने रात को भेंट किया था, चमक रहा था। कुँवर साहब को इतना आनन्द और कभी न हुआ। उन्हें एक क्षण के लिए ऐसा जान पड़ा मानो उनके जीवन की सारी अभिलाषा पूरी हो गई।

बोले—मैंने आपको आज इतने सबेरे कष्ट दिया, क्षमा कीजिएगा। यह तो आपके आराम का समय होगा?

तारा ने सिर से खिसकती हुई साड़ी को सँभाल कर कहा—इससे ज़्यादा आराम और क्या हो सकता था कि आपके दर्शन हुए। मैं इस उपहार के लिए और क्या आपको मनों धन्यवाद देती हूँ। अब तो कभी-कभी मुलाक़ात होती रहेगी?

निर्मलकांत ने मुस्कुराकर कहा—कभी-कभी नहीं, रोज़। आप चाहे मुझसे मिलना पसन्द न करें, पर एक बार इस ड्योढ़ी पर सिर को झुका ही जाऊँगा।

तारा ने भी मुस्कुराकर उत्तर दिया—उसी वक़्त तक जब तक कि मनोरंजन की कोई नई वस्तु नज़र न आ जाए! क्यों?

'मेरे लिए यह मनोरंजन का विषय नहीं, ज़िन्दगी और मौत का सवाल है। हाँ, तुम इसे विनोद समझ सकती हो, मगर कोई परवा नहीं। तुम्हारे मनोरंजन के लिए यदि मेरे प्राण भी निकल जाएँ, तो मैं अपना जीवन सफल समझूँगा।'

दोनों तरफ़ से इस प्रीति को निभाने के वादे हुए, फिर दोनों ने नाश्ता किया और कल भोज का न्योता देकर कुंवर साहब विदा हुए।

4

एक महीना गुज़र गया, कुँवर साहब दिन में कई-कई बार आते। उन्हें एक क्षण का वियोग भी असह्य था। कभी दोनों बजरे पर दरिया की सैर करते, कभी हरी-हरी घास पर पार्कों में बैठे बातें करते, कभी गाना-बजाना होता, नित्य नए प्रोग्राम बनते थे। सारे शहर में मशहूर था कि ताराबाई ने कुँवर साहब को फाँस लिया और दोनों हाथों से सम्पत्ति लूट रही है। पर तारा के लिए कुँवर साहब का प्रेम ही एक ऐसी सम्पत्ति थी, जिसके सामने दुनिया भर की दौलत हेय थी। उन्हें अपने सामने देखकर उसे किसी वस्तु की इच्छा न होती थी।

मगर एक महीने तक इस प्रेम के बाज़ार में घूमने पर भी तारा को वह वस्तु न मिली, जिसके लिए उसकी आत्मा लोलुप हो रही थी। वह कुँवर साहब से प्रेम की, अपार और अतुल प्रेम की, सच्चे और निष्कपट प्रेम की बातें रोज़ सुनती थी पर उसमें 'विवाह' का शब्द न आने पाता था, मानो प्यासे को बाज़ार में पानी छोड़कर और सब कुछ मिलता हो। ऐसे प्यासे को पानी के सिवा और किस चीज़ से तृप्ति हो सकती है? प्यास बुझाने के बाद, सम्भव है, और चीज़ों की तरफ़ उसकी रुचि हो, पर प्यासे के लिए तो पानी सबसे मूल्यवान् पदार्थ है। वह जानती थी कि कुँवर साहब उसके इशारे पर प्राण तक दे देंगे, लेकिन विवाह की बात क्यों उनकी ज़बान से नहीं निकलती? क्या इस विषय का कोई पत्र लिखकर अपना आशय कह देना सम्भव था? फिर क्या वह उसको केवल विनोद की वस्तु बनाकर रखना चाहते हैं? यह अपमान उससे न सहा जाएगा। कुँवर के एक इशारे पर वह आग में कूद सकती थी, पर यह अपमान उसके लिए असह्य था। किसी शौकीन रईस के साथ वह इससे कुछ दिन पहले शायद एक-दो महीने रह जाती और उसे नोच-खसोट कर अपनी राह लेती। किन्तु प्रेम का बदला प्रेम है, कुँवर साहब के साथ वह यह निर्लज्ज जीवन न व्यतीत कर सकती थी।

उधर कुँवर साहब के भाई बन्द भी गाफिल न थे, वे किसी भाँति उन्हें ताराबाई के पंजे से छुड़ाना चाहते थे। कहीं कुँवर साहब का विवाह ठीक कर देना ही एक ऐसा उगाय था,

जिससे सफल होने की आशा थी और यही उन लोगों ने किया। उन्हें यह भय तो न था कि कुँवर साहब इस ऐक्ट्रेस से विवाह करेंगे। हाँ, यह भय अवश्य था कि कहीं रियासत का कोई हिस्सा उसके नाम कर दें, या उसके आने वाले बच्चों को रियासत का मालिक बना दें। कुँवर साहब पर चारों ओर से दबाव पड़ने लगे। यहाँ तक कि योरोपियन अधिकारियों ने भी उन्हें विवाह कर लेने की सलाह दी। उस दिन संध्या समय कुँवर साहब ने ताराबाई के पास जाकर कहा—तारा, देखो, तुमसे एक बात कहता हूँ, इनकार न करना। तारा का हृदय उछलने लगा। बोली—कहिए, क्या बात है? ऐसी कौन वस्तु है, जिसे आपकी भेंट करके मैं अपने को धन्य समझूँ?

बात मुँह से निकलने की देर थी। तारा ने स्वीकार कर लिया और हर्षोन्माद की दशा में रोती हुई कुँवर साहब के पैरों पर गिर पड़ी।

5

एक क्षण के बाद तारा ने कहा—मैं तो निराश हो चली थी। आपने बड़ी लम्बी परीक्षा ली।

कुँवर साहब ने ज़बान दाँतों-तले दबाई, मानो कोई अनुचित बात सुन ली हो!

'यह बात नहीं है तारा! अगर मुझे विश्वास होता कि तुम मेरी याचना स्वीकार कर लोगी, तो कदाचित् पहले ही दिन मैंने भिक्षा के लिए हाथ फैलाया होता, पर मैं अपने को तुम्हारे योग्य नहीं पाता था। तुम सद्गुणों की खान हो, और मैं...मैं जो कुछ हूँ, वह तुम जानती ही हो। मैंने निश्चय कर लिया था कि उम्र भर तुम्हारी उपासना करता रहूँगा। शायद कभी प्रसन्न होकर तुम मुझे बिना माँगे ही वरदान दे दो, बस, यही मेरी अभिलाषा थी। मुझमें अगर कोई गुण है, तो यही कि मैं तुमसे प्रेम करता हूँ। जब तुम साहित्य या संगीत या धर्म पर अपने विचार प्रकट करने लगती हो, तो मैं दंग रह जाता हूँ और अपनी क्षुद्रता पर लज्जित हो जाता हूँ। तुम मेरे लिए सांसारिक नहीं, स्वर्गीय हो। मुझे आश्चर्य यही है कि इस समय मैं मारे ख़ुशी के पागल क्यों नहीं हो जाता।'

कुँवर साहब देर तक अपने दिल की बातें कहते रहे। उनकी वाणी कभी इतनी प्रगल्भ न हुई थी!

तारा सिर झुकाए सुनती थी, पर आनन्द की जगह उसके मुख पर एक प्रकार का क्षोभ—लज्जा से मिला हुआ—अंकित हो रहा था। यह पुरुष इतना सरल हृदय, इतना निष्कपट है! इतना विनीत, इतना उदार!

सहसा कुँवर साहब ने पूछा—तो मेरे भाग्य किस दिन उदय होंगे, तारा? दया करके बहुत दिनों के लिए न टालना।

तारा ने कुँवर साहब की सरलता से परास्त होकर चिन्तित स्वर में कहा—क़ानून का क्या कीजिएगा? कुँवर साहब ने तत्परता से उत्तर दिया—इस विषय में तुम निश्चिंत रहो तारा, मैंने वकीलों से पूछ लिया है। एक क़ानून ऐसा है जिसके अनुसार हम और तुम एक प्रेम-सूत्र में बँध सकते हैं। उसे सिविल-मैरिज कहते हैं। बस, आज ही के दिन वह शुभ मुहूर्त आएगा, क्यों?

तारा सिर झुकाए रही। बोल न सकी।

'मैं प्रात:काल आ जाऊँगा। तैयार रहना।'

तारा सिर झुकाए रही। मुँह से एक शब्द न निकला।

कुँवर साहब चले गए, पर तारा वहीं मूर्ति की भाँति बैठी रही। पुरुषों के हृदय से क्रीड़ा करनेवाली चतुर नारी क्यों इतनी विमूढ़ हो गई है!

6

विवाह का एक दिन और बाक़ी है। तारा को चारों ओर से बधाइयाँ मिल रही हैं। थिएटर के सभी स्त्री-पुरुषों ने अपनी सामर्थ्य के अनुसार उसे अच्छे-अच्छे उपहार दिए हैं, कुँवर साहब ने भी आभूषणों से सजा हुआ एक सिंगारदान भेंट किया है, उनके दो-चार अंतरंग मित्रों ने भाँति-भाँति के सौगात भेजे हैं; पर तारा के सुन्दर मुख पर हर्ष की रेखा भी नहीं नज़र आती। वह क्षुब्ध और उदास है। उसके मन में चार दिनों से निरंतर यही प्रश्न उठ रहा है—क्या कुँवर के साथ विश्वासघात करे? जिस प्रेम के देवता ने उसके लिए अपने कुल-मर्यादा को तिलांजलि दे दी, अपने बंधुजनों से नाता तोड़ा, जिसका हृदय हिमकण के समान निष्कलंक है, पर्वत के समान विशाल, उसी से कपट करे! नहीं, वह इतनी नीचता नहीं कर सकती, अपने जीवन में उसने कितने ही युवकों से प्रेम का अभिनय किया था, कितने ही प्रेम के मतवालों को वह सब्ज़ बाग़ दिखा चुकी थी; पर कभी उसके मन में ऐसी दुविधा न हुई थी, कभी उसके हृदय ने उसका तिरस्कार न किया था। क्या इसका कारण इसके सिवा कुछ और था कि ऐसा अनुराग उसे और कहीं न मिला था?

क्या वह कुँवर साहब का जीवन सुखी बना सकती है? हाँ, अवश्य। इस विषय में उसे लेशमात्र भी संदेह नहीं था। भक्ति के लिए ऐसी कौन-सी वस्तु है, जो असाध्य हो; पर क्या वह प्रकृति को धोखा दे सकती है? ढलते हुए सूर्य में मध्याह्न का-सा प्रकाश हो सकता है? असम्भव। वह स्फूर्ति, वह चपलता, वह विनोद, वह सरल छवि, वह तल्लीनता, वह त्याग, वह आत्मविश्वास वह कहाँ से लाएगी, जिसके सम्मिश्रण को यौवन कहते हैं? नहीं, वह कितना ही चाहे, पर कुँवर साहब के जीवन को सुखी नहीं बना सकती। बूढ़ा बैल कभी जवान बछड़ों के साथ नहीं चल सकता।

आह! उसने यह नौबत ही क्यों आने दी? उसने क्यों कृत्रिम साधनों से, बनावटी सिंगार से कुँवर को धोखे में डाला? अब इतना सब कुछ हो जाने पर वह किस मुँह से कहेगी कि मैं रँगी हुई गुड़िया हूँ, जवानी मुझसे कब की बिदा हो चुकी, अब केवल उसका पद-चिह्न रह गया है।

रात के बारह बज गए थे। तारा मेज़ के सामने इन्हीं चिन्ताओं में मग्न बैठी हुई थी। मेज़ पर उपहारों के ढेर लगे हुए थे; पर वह किसी चीज़ की ओर आँख उठाकर भी न देखती थी। अभी चार दिन पहले वह इन्हीं चीज़ों पर प्राण देती थी, उसे हमेशा ऐसी चीज़ों की तलाश रहती थी, जो काल के चिह्नों को मिटा सकें, पर अब उन्हीं चीज़ों से उसे घृणा हो रही है। प्रेम सत्य है—और सत्य और मिथ्या, दोनों एक साथ नहीं रह सकते।

तारा ने सोचा—क्यों न यहाँ से कहीं भाग जाए? किसी ऐसी जगह चली जाए, जहाँ कोई उसे जानता भी न हो। कुछ दिनों के बाद जब कुँवर का विवाह हो जाए, तो वह फिर आकर उनसे मिले और यह सारा वृत्तांत उनसे कह सुनाए। इस समय कुँवर पर वज्रपात-सा होगा—हाय न-जाने उनकी क्या दशा होगी; पर उसके लिए इसके सिवा और कोई मार्ग नहीं है। अब उनके दिन रो-रोकर कटेंगे, लेकिन उसे कितना ही दुःख क्यों न हो, वह अपने

प्रियतम के साथ छल नहीं कर सकती। उसके लिए इस स्वर्गीय प्रेम की स्मृति, इसकी वेदना ही बहुत है। इससे अधिक उसका अधिकार नहीं।

दाई ने आकर कहा—बाई जी, चलिए कुछ थोड़ा-सा भोजन कर लीजिए, अब तो बारह बज गए।

तारा ने कहा—नहीं, ज़रा भी भूख नहीं है। तुम जाकर खा लो।

दाई—देखिए, मुझे भूल न जाइएगा। मैं भी आपके साथ चलूँगी।

तारा—अच्छे-अच्छे कपड़े बनवा रखे हैं न?

दाई—अरे बाई जी, मुझे अच्छे कपड़े लेकर क्या करना है? आप अपना कोई उतारा दे दीजिएगा।

दाई चली गई। तारा ने घड़ी की ओर देखा। सचमुच बारह बज गए थे। केवल छह घंटे और हैं। प्रातःकाल कुँवर साहब उसे विवाह-मन्दिर में ले जाने के लिए आ जाएँगे। हाय! भगवान् जिस पदार्थ से तुमने इतने दिनों तक उसे वंचित रखा, वह आज क्यों सामने लाए? यह भी तुम्हारी क्रीड़ा है।

तारा ने एक सफ़ेद साड़ी पहन ली। सारे आभूषण उतारकर रख दिए। गर्म पानी मौजूद था। साबुन और पानी से मुँह धोया और आईने के सम्मुख जाकर खड़ी हो गई—कहाँ थी वह छवि, वह ज्योति, जो आँखों को लुभा लेती थी! रूप वही था, पर कांति कहाँ? अब भी वह यौवन का स्वाँग भर सकती है?

तारा को अब वहाँ एक क्षण भी और रहना कठिन हो रहा। मेज़ पर फैले हुए आभूषण और विलास की सामग्रियाँ मानो उसे काटने लगीं। यह कृत्रिम जीवन असह्य हो उठा, खस की टट्टियों और बिजली के पंखों से सजा हुआ शीतल भवन उसे भट्टी के समान तपाने लगा।

उसने सोचा—कहाँ भाग कर जाऊँ। रेल से भागती हूँ, तो भागने न पाऊँगी। सबेरे ही कुँवर साहब के आदमी छूटेंगे और चारों तरफ़ मेरी तलाश होने लगेगी। वह ऐसे रास्ते से जाएगी, जिधर किसी का ख़याल भी न जाए।

तारा का हृदय इस समय गर्व से छलका पड़ता था। वह दुःखी न थी, निराश न थी। वह फिर कुँवर साहब से मिलेगी, किन्तु वह निःस्वार्थ संयोग होगा। प्रेम के बनाये हुए कर्तव्य-मार्ग पर चल रही है, फिर दुःख क्यों हो और निराशा क्यों हो?

सहसा उसे ख़याल आया—ऐसा न हो, कुँवर साहब उसे वहाँ न पाकर शोक-विह्वलता की दशा में अनर्थ कर बैठें। इस कल्पना से उसके रोंगटे खड़े हो गए। एक क्षण के लिए उसका मन कातर हो उठा। फिर वह मेज़ पर जा बैठी, और यह पत्र लिखने लगी—

'प्रियतम, मुझे क्षमा करना। मैं अपने को तुम्हारी दासी बनने के योग्य नहीं पाती। तुमने मुझे प्रेम का वह स्वरूप दिखा दिया, जिसकी इस जीवन में मैं आशा न कर सकती थी। मेरे लिए इतना ही बहुत है। मैं जब तक जीऊँगी, तुम्हारे प्रेम में मगन रहूँगी। मुझे ऐसा जान पड़ रहा है कि प्रेम की स्मृति में प्रेम के भोग से कहीं अधिक माधुर्य और आनन्द है। मैं फिर आऊँगी, फिर तुम्हारे दर्शन करूँगी; लेकिन उसी दशा में जब तुम विवाह कर लोगे। यही मेरे लौटने की शर्त है। मेरे प्राणों के प्राण, मुझसे नाराज़ न होना। ये आभूषण जो तुमने मेरे लिए भेजे थे, अपनी ओर से नववधू के लिए छोड़े जाती हूँ। केवल वह मोतियों का हार, जो

तुम्हारे प्रेम का पहला उपहार है, अपने साथ लिए जाती हूँ। तुमसे हाथ जोड़कर कहती हूँ, मेरी तलाश न करना। मैं तुम्हारी हूँ और सदा तुम्हारी रहूँगी...।

तुम्हारी,
तारा'

यह पत्र लिखकर तारा ने मेज़ पर रख दिया, मोतियों का हार गले में डाला और बाहर निकल आई। थिएटर हाल से संगीत की ध्वनि आ रही थी। एक क्षण के लिए उसके पैर बँध गए। पन्द्रह वर्षों का पुराना सम्बन्ध आज टूटा जा रहा था। सहसा उसने मैनेजर को आते देखा, उसका कलेजा धक् से हो गया। वह बड़ी तेज़ी से लपककर दीवार की आड़ में खड़ी हो गई। ज्यों ही मैनेजर निकल गया, वह हाते के बाहर आई और कुछ दूर गलियों में चलने के बाद उसने गंगा का रास्ता पकड़ा।

गंगा-तट पर सन्नाटा छाया हुआ था। दस-पाँच साधु-बैरागी धूनियों के सामने लेटे थे। दस-पाँच यात्री कम्बल ज़मीन पर बिछाये सो रहे थे। गंगा किसी विशाल सर्प की भाँति रेंगती चली जाती थी। एक छोटी-सी नौका किनारे पर लगी हुई थी। मल्लाह नौका में बैठा हुआ था।

तारा ने मल्लाह को पुकारा—ओ माँझी, उस पार नाव ले चलेगा?

माँझी ने जवाब दिया—इतनी रात गए नाव न जाई।

मगर दूनी मज़दूरी की बात सुनकर उसने डाँड़ उठाया और नाव को खोलता हुआ बोला—सरकार, उस पार कहाँ जैहैं?

'उस पार एक गाँव में जाना है।'

'मुदा इतनी रात गए कौनों सवारी-सिकारी न मिली।'

'कोई हर्ज़ नहीं, तुम मुझे उस पार पहुँचा दो।'

माँझी ने नाव खोल दी। तारा उस पर जा बैठी और नौका मंद गति से चलने लगी, मानो जीव स्वप्न-साम्राज्य में विचर रहा हो।

इसी समय एकादशी का चाँद, पृथ्वी से उस पार, अपनी उज्ज्वल नौका खेता हुआ निकला और व्योम-सागर को पार करने लगा।

ईश्वरीय न्याय

कानपुर ज़िले में पंडित भृगुदत्त नामक एक बड़े ज़मींदार थे। मुंशी सत्यनारायण उनके कारिंदा थे। वह बड़े स्वामिभक्त और सच्चरित्र मनुष्य थे। लाखों रुपए की तहसील और हज़ारों मन अनाज का लेन-देन उनके हाथ में था; पर कभी उनकी नीयत डाँवाँडोल न होती। उनके सुप्रबन्ध से रियासत दिनोंदिन उन्नति करती जाती थी। ऐसे कर्तव्यपरायण सेवक का जितना सम्मान होना चाहिए, उससे अधिक ही होता था। दु:ख-सुख के प्रत्येक अवसर पर पंडित जी उनके साथ बड़ी उदारता से पेश आते। धीरे-धीरे मुंशी जी का विश्वास इतना बढ़ा कि पंडित जी ने हिसाब-किताब का समझना भी छोड़ दिया। सम्भव है, उनसे आजीवन इसी तरह निभ जाती, पर भावी प्रबल है। प्रयाग में कुम्भ लगा, तो पंडित जी भी स्नान करने गए। वहाँ से

लौटकर फिर वे घर न आए। मालूम नहीं, किसी गड्ढे में फिसल पड़े या कोई जल-जन्तु उन्हें खींच ले गया, उनका फिर कुछ पता ही न चला। अब मुंशी सत्यनारायण के अधिकार और भी बढ़े। एक हतभागिनी विधवा और दो छोटे-छोटे बच्चों के सिवा पंडित जी के घर में और कोई न था। अंत्येष्टि-क्रिया से निवृत्त होकर एक दिन शोकातुर पंडिताइन ने उन्हें बुलाया और रोकर कहा—लाला, पंडित जी हमें मँझधार में छोड़कर सुरपुर को सिधार गए, अब यह नैया तुम्हीं पार लगाओगे तो लग सकती है। यह सब खेती तुम्हारी लगाई हुई है, इसे तुम्हारे ही ऊपर छोड़ती हूँ। ये तुम्हारे बच्चे हैं, इन्हें अपनाओ। जब तक मालिक जिये, तुम्हें अपना भाई समझते रहे। मुझे विश्वास है कि तुम इसी तरह इस भार को सँभाले रहोगे।

सत्यनारायण ने रोते हुए जवाब दिया—भाभी, भैया क्या उठ गए, मेरे तो भाग्य ही फूट गए, नहीं तो मुझे आदमी बना देते। मैं उन्हीं का नमक खाकर जिया हूँ और उन्हीं की चाकरी में मरूँगा भी। आप धीरज रखें। किसी प्रकार की चिन्ता न करें। मैं जीते-जी आपकी सेवा से मुँह न मोड़ूँगा। आप केवल इतना कीजिएगा कि मैं जिस किसी की शिकायत करूँ, उसे डाँट दीजिएगा; नहीं तो ये लोग सिर चढ़ जाएँगे।

2

इस घटना के बाद कई वर्षों तक मुंशीजी ने रियासत को सँभाला। वह अपने काम में बड़े कुशल थे। कभी एक कौड़ी का भी बल नहीं पड़ा। सारे ज़िले में उनका सम्मान होने लगा। लोग पंडित जी को भूल-सा गए। दरबारों और कमेटियों में वे सम्मिलित होते, ज़िले के अधिकारी उन्हीं को ज़मींदार समझते। अन्य रईसों में भी उनका आदर था; पर मान-वृद्धि महँगी वस्तु है। और भानुकुंवरि, अन्य स्त्रियों के सदृश पैसे को ख़ूब पकड़ती। वह मनुष्य की मनोवृत्तियों से परिचित न थी। पंडित जी हमेशा लाला जी को इनाम-इकराम देते रहते थे। वे जानते थे कि ज्ञान के बाद ईमान का दूसरा स्तम्भ अपनी सुदशा है। इसके सिवा वे ख़ुद भी कभी काग़ज़ों की जाँच कर लिया करते थे। नाममात्र ही को सही, पर इस निगरानी का डर ज़रूर बना रहता था; क्योंकि ईमान का सबसे बड़ा शत्रु अवसर है। भानुकुँवरि इन बातों को जानती न थी। अतएव अवसर तथा धनाभाव-जैसे प्रबल शत्रुओं के पंजे में पड़कर मुंशी जी का ईमान कैसे बेदाग़ बचता?

कानपुर शहर से मिला हुआ, ठीक गंगा के किनारे, एक बहुत आबाद और उपजाऊ गाँव था। पंडित जी इस गाँव को लेकर नदी-किनारे पक्का घाट, मन्दिर, बाग़, मकान आदि बनवाना चाहते थे; पर उनकी यह कामना सफल न हो सकी। संयोग से अब यह गाँव बिकने लगा। उनके ज़मींदार एक ठाकुर साहब थे। किसी फ़ौजदारी के मामले में फँसे हुए थे। मुक़दमा लड़ने के लिए रुपए की चाह थी। मुंशीजी ने कचहरी में यह समाचार सुना। चटपट मोल-तोल हुआ। दोनों तरफ़ ग़रज थी। सौदा पटने में देर न लगी, बैनामा लिखा गया। रजिस्ट्री हुई। रुपए मौजूद न थे, पर शहर में साख थी। एक महाजन के यहाँ से तीस हज़ार रुपए मँगवाए गए और ठाकुर साहब को नज़र किए गए। हाँ, काम-काज की आसानी के ख़याल से यह सब लिखा-पढ़ी मुंशी जी ने अपने ही नाम की; क्योंकि मालिक के लड़के अभी नाबालिग थे। उनके नाम से लेने में बहुत झंझट होती और विलम्ब होने से शिकार हाथ से निकल जाता। मुंशीजी बैनामा लिए असीम आनन्द में मग्न भानुकुँवरि के पास आए। पर्दा कराया और यह

शुभ-समाचार सुनाया। भानुकुँवरि ने सजल नेत्रों से उनको धन्यवाद दिया। पंडित जी के नाम पर मन्दिर और घाट बनवाने का इरादा पक्का हो गया।

मुंशी जी दूसरे ही दिन उस गाँव में आए। असामी नज़राने लेकर नए स्वामी के स्वागत को हाजिर हुए। शहर के रईसों की दावत हुई। लोगों ने नावों पर बैठकर गंगा की ख़ूब सैर की। मन्दिर आदि बनवाने के लिए आबादी से हटकर रमणीक स्थान चुना गया।

3

यद्यपि इस गाँव को अपने नाम लेते समय मुंशी जी के मन में कपट का भाव न था, तथापि दो-चार दिन में ही उसका अंकुर जम गया और धीरे-धीरे बढ़ने लगा। मुंशी जी इस गाँव के आय-व्यय का हिसाब अलग रखते और अपने स्वामिनी को उसका ब्योरा समझाने की ज़रूरत न समझते। भानुकुँवरि इन बातों में दख़ल देना उचित न समझती थी; पर दूसरे कारिंदों से बातें सुन-सुनकर उसे शंका होती थी कि कहीं मुंशी जी दग़ा तो न देंगे। अपने मन का भाव मुंशी जी से छिपाती थी, इस ख़याल से कि कहीं कारिंदों ने उन्हें हानि पहुँचाने के लिए यह षड्यंत्र न रचा हो।

इस तरह कई साल गुज़र गए। अब उस कपट के अंकुर ने वृक्ष का रूप धारण किया। भानुकुँवरि को मुंशी जी के उस मार्ग के लक्षण दिखाई देने लगे। उधर मुंशी जी के मन ने क़ानून से नीति पर विजय पाई, उन्होंने अपने मन में फ़ैसला किया कि गाँव मेरा है, हाँ, मैं भानुकुँवरि का तीस हज़ार का ऋणी अवश्य हूँ। वे बहुत करेंगी तो अपने रुपए ले लेंगी और क्या कर सकती हैं? मगर दोनों तरफ़ यह आग अन्दर ही अन्दर सुलगती रही। मुंशी जी अस्त्र-सज्जित होकर आक्रमण के इन्तज़ार में थे और भानुकुँवरि इसके लिए अवसर ढूँढ़ रही थी। एक दिन उसने साहस करके मुंशी जी को अन्दर बुलाया और कहा—लाला जी, 'बरगदा' के मन्दिर का काम कब से लगवाइएगा? उसे लिए आठ साल हो गए, अब काम लग जाए तो अच्छा हो। ज़िन्दगी का कौन ठिकाना है, जो काम करना है; उसे कर ही डालना चाहिए।

इस ढंग से इस विषय को उठाकर भानुकुँवरि ने अपनी चतुराई का अच्छा परिचय दिया। मुंशी जी भी दिल में इसके कायल हो गए। ज़रा सोचकर बोले—इरादा तो मेरा कई बार हुआ, पर मौक़े की ज़मीन नहीं मिलती। गंगातट की ज़मीन असामियों के जोत में है और वे किसी तरह छोड़ने पर राज़ी नहीं।

भानुकुँवरि—यह बात तो आज मुझे मालूम हुई। आठ साल हुए, इस गाँव के विषय में आपने कभी भूलकर भी तो चर्चा नहीं की। मालूम नहीं, कितनी तहसील है, क्या मुनाफा है, कैसा गाँव है, कुछ सीर होती है या नहीं। जो कुछ करते हैं, आप ही करते हैं और करेंगे। पर मुझे भी तो कुछ मालूम होना चाहिए?

मुंशी जी सँभल उठे। उन्हें मालूम हो गया कि इस चतुर स्त्री से बाज़ी ले जाना मुश्किल है। गाँव लेना ही है तो अब क्या डर। खुलकर बोले—आपको इससे कोई सरोकार न था, इसलिए मैंने व्यर्थ कष्ट देना मुनासिब न समझा।

भानुकुँवरि के हृदय में कुठार-सा लगा। पर्दे से निकल आई और मुंशी जी की तरफ़ तेज़ आँखों से देखकर बोली—आप क्या कहते हैं! आपने गाँव मेरे लिए लिया था या अपने लिए? रुपए मैंने दिए या आपने? उस पर जो ख़र्च पड़ा, वह मेरा था या आपका? मेरी समझ में नहीं आता कि आप कैसी बातें करते हैं।

मुंशी जी ने सावधानी से जवाब दिया—यह तो आप जानती हैं कि गाँव हमारे नाम से बय हुआ है। रुपया ज़रूर आपका लगा, पर मैं उसका देनदार हूँ। रहा तहसील-वसूल का ख़र्च, यह सब मैंने अपने पास से दिया है। उसका हिसाब-किताब, आय-व्यय सब रखता गया हूँ।

भानुकुँवरि ने क्रोध से काँपते हुए कहा—इस कपट का फल आपको अवश्य मिलेगा। आप इस निर्दयता से मेरे बच्चों का गला नहीं काट सकते। मुझे नहीं मालूम था कि आपने हृदय में छुरी छिपा रखी है, नहीं तो यह नौबत ही क्यों आती। ख़ैर, अब से मेरी रोकड़ और बही खाता आप कुछ न छुएँ। मेरा जो कुछ होगा, ले लूँगी। जाइए, एकान्त में बैठकर सोचिए। पाप से किसी का भला नहीं होता। तुम समझते होगे कि बालक अनाथ हैं, इनकी सम्पत्ति हजम कर लूँगा। इस भूल में न रहना, मैं तुम्हारे घर की ईंट तक बिकवा लूँगी!

यह कहकर भानुकुँवरि फिर पर्दे की आड़ में आ बैठी और रोने लगी। स्त्रियाँ क्रोध के बाद किसी न किसी बहाने रोया करती हैं। लाला साहब को कोई जवाब न सूझा। यहाँ से उठ आए और दफ़्तर जाकर काग़ज़ उलट-पलट करने लगे, पर भानुकुँवरि भी उनके पीछे-पीछे दफ़्तर में पहुँची और डाँटकर बोली—मेरा कोई काग़ज़ मत छूना, नहीं तो बुरा होगा। तुम विषैले साँप हो, मैं तुम्हारा मुँह नहीं देखना चाहती।

मुंशी जी काग़ज़ों में कुछ काट-छाँट करना चाहते थे, पर विवश हो गए। ख़ज़ाने की कुंजी निकालकर फेंक दी, बही-खाते पटक दिए, किवाड़ धड़ाके-से बन्द किए और हवा की तरह सन्न-से निकल गए। कपट में हाथ तो डाला, पर कपट मंत्र न जाना।

दूसरे कारिंदों ने यह कैफियत सुनी, तो फूले न समाये। मुंशी जी के सामने उनकी दाल न गलने पाती थी। भानुकुँवरि के पास आकर वे आग पर तेल छिड़कने लगे। सब लोग इस विषय में सहमत थे कि मुंशी सत्यनारायण ने विश्वासघात किया है। मालिक का नमक उनकी हड्डियों से फूट-फूटकर निकलेगा।

दोनों ओर से मुक़दमेबाज़ी की तैयारियाँ होने लगीं! एक तरफ़ न्याय का शरीर था, दूसरी ओर न्याय की आत्मा। प्रकृति का पुरुष से लड़ने का साहस हुआ।

भानुकुँवरि ने लाला छक्कनलाल से पूछा—हमारा वकील कौन है? छक्कन लाल ने इधर-उधर झाँककर कहा—वकील तो सेठ जी हैं, पर सत्यनारायण ने उन्हें पहले गाँठ रखा होगा। इस मुक़दमे के लिए बड़े होशियार वकील की ज़रूरत है। मेहरा बाबू की आजकल ख़ूब चल रही है। हाकिम की क़लम पकड़ लेते हैं। बोलते हैं तो जैसे मोटरकार छूट जाती है। सरकार! और क्या कहें, कई आदमियों को फाँसी से उतार लिया है, उनके सामने कोई वकील ज़बान तो खोल नहीं सकता। सरकार कहें तो वही कर लिये जाएँ।

छक्कनलाल की अत्युक्ति ने सन्देह पैदा कर दिया। भानुकुँवरि ने कहा—नहीं, पहले सेठ जी से पूछ लिया जाए। उसके बाद देखा जाएगा। आप जाइए, उन्हें बुला लाइए।

छक्कनलाल अपनी तकदीर को ठोंकते हुए सेठ जी के पास आए। सेठ जी पंडित भृगुदत्त के जीवन-काल से ही उनका क़ानून-सम्बन्धी सब काम किया करते थे। मुक़दमे का हाल सुना तो सन्नाटे में आ गए। सत्यनारायण को यह बड़ा नेकनीयत आदमी समझते थे। उनके पतन से बड़ा खेद हुआ। उसी वक़्त आए। भानुकुँवरि ने रो-रोकर उनसे अपनी विपत्ति की कथा कही और अपने दोनों लड़कों को उनके सामने खड़ा करके बोली—आप इन अनाथों की रक्षा कीजिए! इन्हें मैं आपको सौंपती हूँ।

सेठ जी ने समझौते की बात छेड़ी। बोले—आपस की लड़ाई अच्छी नहीं।

भानुकुँवरि—अन्यायी के साथ लड़ना ही अच्छा है।

सेठ जी—पर हमारा पक्ष निर्बल है।

भानुकुँवरि फिर पर्दे से निकल आई और विस्मित होकर बोली—क्या हमारा पक्ष निर्बल है? दुनिया जानती है कि गाँव हमारा है। उसे हमसे कौन ले सकता है? नहीं, मैं सुलह कभी न करूँगी, आप काग़ज़ों को देखें। मेरे बच्चों की ख़ातिर यह कष्ट उठायें। आपका परिश्रम निष्फल न जाएगा। सत्यनारायण की नीयत पहले ख़राब न थी। देखिए जिस मिती में गाँव लिया गया है, उस मिती में 30 हज़ार का क्या ख़र्च दिखाया गया है। अगर उसने अपने नाम उधार लिखा हो, तो देखिए, वार्षिक सूद चुकाया गया या नहीं। ऐसे नरपिशाच से मैं कभी सुलह न करूँगी।

सेठ जी ने समझ लिया कि इस समय समझाने-बुझाने से कुछ काम न चलेगा। काग़ज़ात देखे, अभियोग चलाने की तैयारियाँ होने लगीं।

4

मुंशी सत्यनारायणलाल खिसियाये हुए मकान पहुँचे। लड़के ने मिठाई माँगी। उसे पीटा। स्त्री पर इसलिए बरस पड़े कि उसने क्यों लड़के को उनके पास जाने दिया। अपनी वृद्धा माता को डाँटकर कहा—तुमसे इतना भी नहीं हो सकता कि ज़रा लड़के को बहलाओ? एक तो मैं दिन भर का थका-माँदा घर आऊँ और फिर लड़के को खेलाऊँ? मुझे दुनिया में न और कोई काम है, न धंधा। इस तरह घर में बावेला मचा कर बाहर आए, सोचने लगे—मुझसे बड़ी भूल हुई। मैं कैसा मूर्ख हूँ। और इतने दिन तक सारे काग़ज़-पत्र अपने हाथ में थे। चाहता, कर सकता था, पर हाथ पर हाथ धरे बैठा रहा। आज सिर पर आ पड़ी, तो सूझी। मैं चाहता तो बही-खाते सब नए बना सकता था, जिसमें इस गाँव का और रुपए का ज़िक्र ही न होता, पर मेरी मूर्खता के कारण घर में आई हुई लक्ष्मी रूठी जाती हैं। मुझे क्या मालूम था कि वह चुड़ैल मुझसे इस तरह पेश आएगी, काग़ज़ों में हाथ तक न लगाने देगी।

इसी उधेड़बुन में मुंशी जी एकाएक उछल पड़े। एक उपाय सूझ गया—क्यों न कार्यकर्ताओं को मिला लूँ? यद्यपि मेरी सख़्ती के कारण वे सब मुझसे नाराज़ थे और इस समय सीधे बात भी न करेंगे, तथापि उनमें ऐसा कोई भी नहीं, जो प्रलोभन से मुट्ठी में न आ जाए। हाँ, इसमें रुपए पानी की तरह बहाना पड़ेगा, पर इतना रुपया आएगा कहाँ से? हाय दुर्भाग्य! दो-चार दिन पहले चेत गया होता, तो कोई कठिनाई न पड़ती। क्या जानता था कि वह डाइन इस तरह वज्र-प्रहार करेगी। बस, अब एक ही उपाय है। किसी तरह काग़ज़ात गुम कर दूँ। बड़ी जोखिम का काम है, पर करना ही पड़ेगा।

दुष्कामनाओं के सामने एक बार सिर झुकाने पर फिर सँभलना कठिन हो जाता है। पाप के अथाह दलदल में जहाँ एक बार पड़े कि फिर प्रतिक्षण नीचे ही चले जाते हैं। मुंशी सत्यनारायण-सा विचारशील मनुष्य इस समय इस फ़िक्र में था कि कैसे सेंध लगा पाऊँ!

मुंशी जी ने सोचा—क्या सेंध लगाना आसान है? इसके वास्ते कितनी चतुरता, कितना साहस, कितनी बुद्धि, कितनी वीरता चाहिए! कौन कहता है कि चोरी करना आसान काम है? मैं जो कहीं पकड़ा गया, तो मरने के सिवा और कोई मार्ग न रहेगा।

बहुत सोचने-विचारने पर भी मुंशी जी को अपने ऊपर ऐसा दुस्साहस कर सकने का विश्वास न हो सका। हाँ, इससे सुगम एक दूसरी तदबीर नज़र आई—क्यों न दफ़्तर में आग लगा दूँ? एक बोतल मिट्टी का तेल और दियासलाई की ज़रूरत है। किसी बदमाश को मिला लूँ, मगर यह क्या मालूम कि बही उसी कमरे में रखी है या नहीं। चुड़ैल ने उसे ज़रूर अपने पास रख लिया होगा। नहीं, आग लगाना गुनाह बेलज़्ज़त होगा।

बहुत देर मुंशी जी करवटें बदलते रहे। नए-नए मनसूबे सोचते; पर फिर अपने ही तर्कों से काट देते। वर्षाकाल में बादलों की नई-नई सूरतें बनतीं और फिर हवा के वेग से बिगड़ जाती हैं; वही दशा इस समय उनके मनसूबों की हो रही थी।

पर इस मानसिक अशान्ति में भी एक विचार पूर्णरूप से स्थिर था—किसी तरह इन काग़ज़ात को अपने हाथ में लाना चाहिए। काम कठिन है—माना। पर हिम्मत न थी, तो रार क्यों मोल ली? क्या 30 हज़ार की जायदाद दाल-भात का कौर है!—चाहे जिस तरह हो, चोर बने बिना काम नहीं चल सकता। आख़िर जो लोग चोरियाँ करते हैं, वे भी तो मनुष्य ही होते हैं। बस, एक छलाँग का काम है। अगर पार हो गए, तो राज करेंगे, गिर पड़े, तो जान से हाथ धोयेंगे।

5

रात के दस बज गए। मुंशी सत्यनारायण कुंजियों का एक गुच्छा कमर में दबाये घर से बाहर निकले। द्वार पर थोड़ा-सा पुआल रखा हुआ था। उसे देखते ही वे चौंक पड़े। मारे डर के छाती धड़कने लगी। जान पड़ा कि कोई छिपा बैठा है। क़दम रुक गए। पुआल की तरफ़ ध्यान से देखा। उसमें बिलकुल हरकत न हुई! तब हिम्मत बाँधी, आगे बढ़े और मन को समझाने लगे—मैं कैसा बौखल हूँ।

अपने द्वार पर किसका डर और सड़क पर भी मुझे किसका डर है? मैं अपनी राह जाता हूँ। कोई मेरी तरफ़ तिरछी आँख से नहीं देख सकता। हाँ, जब मुझे सेंध लगाते देख ले—नहीं, पकड़ ले तब अलबत्ता डरने की बात है। तिस पर भी बचाव की युक्ति निकल सकती है।

अकस्मात् उन्होंने भानुकुँवरि के एक चपरासी को आते हुए देखा। कलेजा धड़क उठा। लपककर एक अँधेरी गली में घुस गए। बड़ी देर तक वहाँ खड़े रहे। जब वह सिपाही आँखों से ओझल हो गया, तब फिर सड़क पर आए। वह सिपाही आज सुबह तक इनका गुलाम था, उसे उन्होंने कितनी ही बार गालियाँ दी थीं, लातें मारी थीं, पर आज उसे देखकर उनके प्राण सूख गए।

उन्होंने फिर तर्क की शरण ली। मैं मानो भंग खाकर आया हूँ। इस चपरासी से इतना डरा मानो कि वह मुझे देख लेता, पर मेरा कर क्या सकता था? हज़ारों आदमी रास्ता चल रहे हैं। उन्हीं में मैं भी एक हूँ। क्या वह अंतर्यामी है? सबके हृदय का हाल जानता है? मुझे देखकर वह अदब से सलाम करता और वहाँ का कुछ हाल भी कहता; पर मैं उससे ऐसा डरा कि सूरत तक न दिखाई। इस तरह मन को समझाकर वे आगे बढ़े। सच है, पाप के पंजों में फँसा हुआ मन पतझड़ का पत्ता है, जो हवा के ज़रा-से झोंके से गिर पड़ता है।

मुंशी जी बाज़ार पहुँचे। अधिकतर दुकानें बन्द हो चुकी थीं। उनमें साँड़ और गायें बैठी हुई जुगाली कर रही थीं। केवल हलवाइयों की दुकानें खुली थीं। और कहीं-कहीं गजरेवाले

हार की हाँक लगाते फिरते थे। सब हलवाई मुंशी जी को पहचानते थे, अतएव मुंशी जी ने सिर झुका लिया। कुछ चाल बदली और लपकते हुए चले। एकाएक उन्हें एक बग्घी आती दिखाई दी। यह सेठ बल्लभदास वकील की बग्घी थी। उसमें बैठकर हज़ारों बार सेठ जी के साथ कचहरी गए थे, पर आज वह बग्घी कालदेव के समान भयंकर मालूम हुई। फ़ौरन एक ख़ाली दुकान पर चढ़ गए। वहाँ विश्राम करने वाले साँड़ ने समझा, वे मुझे पदच्युत करने आए हैं! माथा झुकाए फुँकारता हुआ उठ बैठा; पर इसी बीच में बग्घी निकल गई और मुंशी जी की जान में जान आई। अबकी उन्होंने तर्क का आश्रय न लिया। समझ गए कि इस समय इससे कोई लाभ नहीं, ख़ैरियत यह हुई कि वकील ने देखा नहीं। यह एक घाघ है। मेरे चेहरे से ताड़ जाता।

कुछ विद्वानों का कथन है कि मनुष्य की स्वाभाविक प्रवृत्ति पाप की ओर होती है, पर यह कोरा अनुमान ही अनुमान है, अनुभव-सिद्ध बात नहीं। सच बात तो यह है कि मनुष्य स्वभावत: पाप-भीरु होता है और हम प्रत्यक्ष देख रहे हैं कि पाप से उसे कैसी घृणा होती है।

एक फर्लांग आगे चलकर मुंशी जी को एक गली मिली। यह भानुकुँवरि के घर का एक रास्ता था। धुँधली-सी लालटेन जल रही थी। जैसा मुंशी जी ने अनुमान किया था, पहरेदार का पता न था। अस्तबल में चमारों के यहाँ नाच हो रहा था। कई चमारिनें बनाव-सिंगार करके नाच रही थीं। चमार मृदंग बजा-बजा कर गाते थे—

'नाहीं घरे श्याम, घेरि आये बदरा।
सोवत रहेउँ, सपन एक देखेउँ, रामा।
खुलि गई नींद, ढरक गये कजरा।
नहीं घरे श्याम, घेरि आये बदरा।'

दोनों पहरेदार वहीं तमाशा देख रहे थे। मुंशी जी दबे-पाँव लालटेन के पास गए और जिस तरह बिल्ली चूहे पर झपटती है, उसी तरह उन्होंने झपट कर लालटेन को बुझा दिया। एक पड़ाव पूरा हो गया, पर वे उस कार्य को जितना दुष्कर समझते थे, उतना न जान पड़ा। हृदय कुछ मज़बूत हुआ। दफ़्तर के बरामदे में पहुँचे और ख़ूब कान लगाकर आहट ली। चारों ओर सन्नाटा छाया हुआ था। केवल चमारों का कोलाहल सुनाई देता था। इस समय मुंशी जी के दिल में धड़कन थी, पर सिर धमधम कर रहा था; हाथ-पाँव काँप रहे थे, साँस बड़े वेग से चल रही थी। शरीर का एक-एक रोम आँख और कान बना हुआ था। वे सजीवता की मूर्ति हो रहे थे। उनमें जितना पौरुष, जितनी चपलता, जितना साहस, जितनी चेतना, जितनी बुद्धि, जितना औसान था, वे सब इस वक़्त सजग और सचेत होकर इच्छा-शक्ति की सहायता कर रहे थे।

दफ़्तर के दरवाज़े पर वही पुराना ताला लगा हुआ था। उसकी कुंजी आज बहुत तलाश करके वे बाज़ार से लाए थे। ताला खुल गया, किवाड़ों ने बहुत दबी ज़बान से प्रतिरोध किया। इस पर किसी ने ध्यान न दिया। मुंशी जी दफ़्तर में दाख़िल हुए। भीतर चिराग़ जल रहा था। मुंशी जी को देखकर उसने एक दफे सिर हिलाया, मानो उन्हें भीतर आने से रोका।

मुंशी जी के पैर थर-थर काँप रहे थे। एड़ियाँ ज़मीन से उछली पड़ती थीं। पाप का बोझ उन्हें असह्य था।

पल भर में मुंशी जी ने बहियों को उलटा-पलटा। लिखावट उनकी आँखों में तैर रही थी। इतना अवकाश कहाँ था कि ज़रूरी काग़ज़ात छाँट लेते। उन्होंने सारी बहियों को समेट कर एक गट्ठर बनाया और सिर पर रखकर तीर के समान कमरे के बाहर निकल आए। उस पाप की गठरी को लादे हुए वह अँधेरी गली से ग़ायब हो गए।

तंग, अँधेरी, दुर्गंधपूर्ण कीचड़ से भरी हुई गलियों में वे नंगे पाँव, स्वार्थ, लोभ और कपट का बोझ लिए चले जाते थे। मानो पापमय आत्मा नरक की नालियों में बही चली जाती थी।

बहुत दूर तक भटकने के बाद वे गंगा के किनारे पहुँचे। जिस तरह कलुषित हृदयों में कहीं-कहीं धर्म का धुँधला प्रकाश रहता है, उसी तरह नदी की काली सतह पर तारे झिलमिला रहे थे। तट पर कई साधु धूनी जमाये पड़े थे। ज्ञान की ज्वाला मन की जगह बाहर दहक रही थी। मुंशी जी ने अपना गट्ठर उतारा और चादर से ख़ूब मज़बूत बाँधकर बलपूर्वक नदी में फेंक दिया। सोती हुई लहरों में कुछ हलचल हुई और फिर सन्नाटा हो गया।

6

मुंशी सत्यनारायणलाल के घर में दो स्त्रियाँ थीं—माता और पत्नी। वे दोनों अशिक्षिता थीं। तिस पर भी मुंशी जी को गंगा में डूब मरने या कहीं भाग जाने की ज़रूरत न होती थी! न वे बॉडी पहनती थीं, न मोजे-जूते, न हारमोनियम पर गा सकती थीं। यहाँ तक कि उन्हें साबुन लगाना भी न आता था। हेयरपिन, ब्रूचेज, जाकेट आदि परमावश्यक चीज़ों का तो नाम ही नहीं सुना था। बहू में आत्म-सम्मान ज़रा भी नहीं था; न सास में आत्म-गौरव का जोश। बहू अब तक सास की घुड़कियाँ भीगी बिल्ली की तरह सह लेती थी—हा मूर्खे! सास को बच्चे के नहलाने-धुलाने, यहाँ तक कि घर में झाड़ू देने से भी घृणा न थी, हा ज्ञानांधे! बहू स्त्री क्या थी, मिट्टी का लोंदा थी। एक पैसे की ज़रूरत होती तो सास से माँगती। सारांश यह कि दोनों स्त्रियाँ अपने अधिकारों से बेख़बर, अंधकार में पड़ी हुई पशुवत् जीवन व्यतीत करती थीं। ऐसी फूहड़ थीं कि रोटियाँ भी अपने हाथों से बना लेती थीं। कंजूसी के मारे दालमोट, समोसे कभी बाज़ार से न मँगातीं। आगरे वाले की दुकान की चीज़ें खाई होतीं तो उनका मज़ा जानतीं। बुढ़िया खूसट दवा-दरपन भी जानती थी। बैठी-बैठी घास-पात कूटा करती।

मुंशी जी ने माँ के पास जाकर कहा—अम्मा! अब क्या होगा? भानुकुँवरि ने मुझे जवाब दे दिया।

माता ने घबराकर पूछा—जवाब दे दिया?

मुंशी—हाँ, बिलकुल बेकसूर!

माता—क्या बात हुई? भानुकुँवरि का मिज़ाज तो ऐसा न था।

मुंशी—बात कुछ न थी। मैंने अपने नाम से जो गाँव लिया था, उसे मैंने अपने अधिकार में कर लिया। कल मुझसे और उनसे साफ़-साफ़ बातें हुईं। मैंने कह दिया कि गाँव मेरा है। मैंने अपने नाम से लिया है, उसमें तुम्हारा कोई इजारा नहीं। बस, बिगड़ गईं, जो मुँह में आया, बकती रहीं। उसी वक़्त मुझे निकाल दिया और धमका कर कहा—मैं तुमसे लड़कर अपना गाँव ले लूँगी। अब आज ही उनकी तरफ़ से मेरे ऊपर मुक़दमा दायर होगा; मगर इससे होता क्या है? गाँव मेरा है। उस पर मेरा क़ब्ज़ा है। एक नहीं, हज़ार मुक़दमे चलाएँ, डिगरी मेरी होगी।

माता ने बहू की तरफ़ मर्मांतक दृष्टि से देखा और बोली—क्यों भैया? वह गाँव लिया तो था तुमने उन्हीं के रुपए से और उन्हीं के वास्ते?

मुंशी—लिया था, तब लिया था। अब मुझसे ऐसा आबाद और मालदार गाँव नहीं छोड़ा जाता। वह मेरा कुछ नहीं कर सकती। मुझसे अपना रुपया भी नहीं ले सकती। डेढ़ सौ गाँव तो हैं। तब भी हवस नहीं मानती।

माता—बेटा, किसी के धन ज़्यादा होता है, तो वह उसे फेंक थोड़े ही देता है? तुमने अपनी नीयत बिगाड़ी, यह अच्छा काम नहीं किया। दुनिया तुम्हें क्या कहेगी? और दुनिया चाहे कहे या न कहे, तुमको भला ऐसा चाहिए कि जिसकी गोद में इतने दिन पले, जिसका इतने दिनों तक नमक खाया, अब उसी से दग़ा करो? नारायण ने तुम्हें क्या नहीं दिया? मज़े से खाते हो, पहनते हो, घर में नारायण का दिया चार पैसा है, बाल-बच्चे हैं, और क्या चाहिए? मेरा कहना मानो, इस कलंक का टीका अपने माथे न लगाओ। यह अपजस मत लो। बरक्कत अपनी कमाई में होती है; हराम की कौड़ी कभी नहीं फलती।

मुंशी—ऊँह! ऐसी बातें बहुत सुन चुका हूँ। दुनिया उन पर चलने लगे, तो सारे काम बन्द हो जाएँ। मैंने इतने दिनों इनकी सेवा की, मेरी ही बदौलत ऐसे-ऐसे चार-पाँच गाँव बढ़ गए। जब तक पंडित जी थे, मेरी नीयत का मान था। मुझे आँख में धूल डालने की ज़रूरत न थी, वे आप ही मेरी ख़ातिर कर दिया करते थे। उन्हें मरे आठ साल हो गए; मगर मुसम्मात के एक बीड़े पान की क़सम खाता हूँ; मेरी जात से उनको हज़ारों रुपए मासिक की बचत होती थी। क्या उनको इतनी भी समझ न थी कि यह बेचारा, जो इतनी ईमानदारी से मेरा काम करता है, इस नफे में कुछ उसे भी मिलना चाहिए? यह कहकर न दो, इनाम कहकर दो, किसी तरह दो तो, मगर वह तो समझती थी कि मैंने इसे बीस रुपए महीने पर मोल ले लिया है। मैंने आठ साल तक सब किया, अब क्या इसी बीस रुपए में ग़ुलामी करता रहूँ और अपने बच्चों को दूसरों का मुँह ताक़ने के लिए छोड़ जाऊँ? अब मुझे यह अवसर मिला है, इसे क्यों छोड़ूँ? ज़मींदारी की लालसा लिए हुए क्यों मरूँ? जब तक जीऊँगा, ख़ुद खाऊँगा। मेरे पीछे मेरे बच्चे चैन उड़ाएँगे।

माता की आँखों में आँसू भर आए। बोली—बेटा, मैंने तुम्हारे मुँह से ऐसी बातें कभी नहीं सुनी थीं, तुम्हें क्या हो गया है? तुम्हारे आगे बाल-बच्चे हैं। आग में हाथ न डालो।

बहू ने सास की ओर देखकर कहा—हमको ऐसा धन न चाहिए, हम अपनी दाल-रोटी में मगन हैं।

मुंशी—अच्छी बात है, तुम लोग रोटी-दाल खाना, गाढ़ा पहनना, मुझे अब हलवे-पूरी की इच्छा है।

माता—यह अधर्म मुझसे न देखा जाएगा। मैं गंगा में डूब मरूँगी।

पत्नी—तुम्हें यह सब काँटा बोना है, तो मुझे मायके पहुँचा दो, मैं अपने बच्चों को लेकर इस घर में न रहूँगी!

मुंशी ने झुँझला कर कहा—तुम लोगों की बुद्धि तो भाँग खा गई है। लाखों सरकारी नौकर रात-दिन दूसरों का गला दबा-दबाकर रिश्वतें लेते हैं और चैन करते हैं। न उनके बाल-बच्चों ही को कुछ होता है, न उन्हीं को हैजा पकड़ता है। अधर्म उनको क्यों नहीं खा जाता, जो मुझी को खा जाएगा। मैंने तो सत्यवादियों को सदा दुःख झेलते ही देखा है। मैंने जो कुछ किया है, सुख लूटूँगा। तुम्हारे मन में जो आए, करो।

प्रात:काल दफ़्तर खुला तो काग़ज़ात सब ग़ायब थे। मुंशी छक्कनलाल बौखलाए से घर में गए और मालकिन से पूछा—काग़ज़ात आपने उठवा लिए हैं।

भानुकुँवरि ने कहा—मुझे क्या ख़बर, जहाँ आपने रखे होंगे, वहीं होंगे।

फिर सारे घर में खलबली पड़ गई। पहरेदारों पर मार पड़ने लगी। भानुकुँवरि को तुरन्त मुंशी सत्यनारायण पर सन्देह हुआ, मगर उनकी समझ में छक्कनलाल की सहायता के बिना यह काम होना असम्भव था। पुलिस में रपट हुई। एक ओझा नाम निकालने के लिए बुलाया गया। मौलवी साहब ने कुर्रा फेंका। ओझा ने बताया, यह किसी पुराने बैरी का काम है। मौलवी साहब ने फर्माया, किसी घर के भेदिये ने यह हरकत की है। शाम तक यह दौड़-धूप रही। फिर यह सलाह होने लगी कि इन काग़ज़ातों के बग़ैर मुक़दमा कैसे चले। पक्ष तो पहले ही से निर्बल था। जो कुछ बल था, वह इसी बही-खाते का था। अब तो सबूत भी हाथ से गए। दावे में कुछ जान ही न रही, मगर भानुकुँवरि ने कहा—बला से हार जाएँगे। हमारी चीज़ कोई छीन ले, तो हमारा धर्म है कि उससे यथाशक्ति लड़ें, हार कर बैठना कायरों का काम है। सेठ जी (वकील) को इस दुर्घटना का समाचार मिला तो उन्होंने भी यही कहा कि अब दावे में ज़रा भी जान नहीं है। केवल अनुमान और तर्क का भरोसा है। अदालत ने माना तो माना, नहीं तो हार माननी पड़ेगी। पर भानुकुँवरि ने एक न मानी। लखनऊ और इलाहाबाद से दो होशियार बैरिस्टर बुलाए। मुक़दमा शुरू हो गया।

सारे शहर में इस मुक़दमे की धूम थी। कितने ही रईसों को भानुकुँवरि ने साथी बनाया था। मुक़दमा शुरू होने के समय हज़ारों आदमियों की भीड़ हो जाती थी। लोगों के इस खिंचाव का मुख्य कारण यह था कि भानुकुँवरि एक पर्दे की आड़ में बैठी हुई अदालत की कार्रवाई देखा करती थी, क्योंकि उसे अब अपने नौकरों पर ज़रा भी विश्वास न था।

वादी बैरिस्टर ने एक बड़ी मार्मिक वक्तृता दी। उसने सत्यनारायण की पूर्वास्था का ख़ूब अच्छा चित्र खींचा। उसने दिखलाया कि वे कैसे स्वामिभक्त, कैसे कार्य-कुशल, कैसे कर्म-शील थे; और स्वर्गवासी पंडित भृगुदत्त का उन पर पूर्ण विश्वास हो जाना किस तरह स्वाभाविक था। इसके बाद उसने सिद्ध किया कि मुंशी सत्यनारायण की आर्थिक व्यवस्था कभी ऐसी न थी कि वे इतना धन-संचय करते। अन्त में उसने मुंशी जी की स्वार्थपरता, कूटनीति, निर्दयता और विश्वास-घातकता का ऐसा घृणोत्पादक चित्र खींचा कि लोग मुंशी जी को गालियाँ देने लगे। इसके साथ ही उसने पंडित जी के अनाथ बालकों की दशा का बड़ा ही करुणोत्पादक वर्णन किया—कैसे शोक और लज्जा की बात है कि ऐसा चरित्रवान्, ऐसा नीति-कुशल मनुष्य इतना गिर जाए कि अपने स्वामी के अनाथ बालकों की गर्दन पर छुरी चलाने में संकोच न करे। मानव-पतन का ऐसा करुण, ऐसा हृदय-विदारक उदाहरण मिलना कठिन है। इस कुटिल कार्य के परिणाम की दृष्टि से इस मनुष्य के पूर्वपरिचित सद्गुणों का गौरव लुप्त हो जाता है। क्योंकि वे असली मोती नहीं, नकली काँच के दाने थे, जो केवल विश्वास ज़माने के निमित्त दर्शाये गए थे। वह केवल सुन्दर जाल था, जो एक सरल हृदय और छल-छंद से दूर रहने वाले रईस को फँसाने के लिए फैलाया गया था। इस नर-पशु का अंत:करण कितना अंधकारमय, कितना कपट-पूर्ण, कितना कठोर है; और इसकी दुष्टता कितनी घोर, कितनी अपावन है। अपने शत्रु के साथ दया करना एक बार तो क्षम्य है, मगर इस मलिन-हृदय मनुष्य ने उन बेकसों के साथ दग़ा दिया है, जिन पर मानव-स्वभाव के अनुसार

दया करना उचित है! यदि आज हमारे पास बहीखाते मौजूद होते, अदालत पर सत्यनारायण की सत्यता स्पष्ट रूप से प्रकट हो जाती, पर मुंशी जी के बरखास्त होते ही दफ़्तर से उनका लुप्त हो जाना भी अदालत के लिए एक बड़ा सबूत है।

शहर के कई रईसों ने गवाही दी, पर सुनी-सुनाई बातें जिरह में उखड़ गईं। दूसरे दिन फिर मुक़दमा पेश हुआ।

प्रतिवादी के वकील ने अपनी वक्तृता शुरू की। उसमें गंभीर विचारों की अपेक्षा हास्य का आधिक्य था—यह एक विलक्षण न्याय-सिद्धान्त है कि किसी धनाढ्य मनुष्य का नौकर जो कुछ ख़रीदे, वह उसके स्वामी की चीज़ समझी जाए। इस सिद्धान्त के अनुसार हमारी गवर्नमेंट को अपने कर्मचारियों की सारी सम्पत्ति पर क़ब्ज़ा कर लेना चाहिए। यह स्वीकार करने में हमको कोई आपत्ति नहीं कि हम इतने रुपयों का प्रबन्ध न कर सकते थे और यह धन हमने स्वामी से ऋण लिया; पर हमसे ऋण चुकाने का कोई तकाजा न करके वह जायदाद ही माँगी जाती है। यदि हिसाब के काग़ज़ात दिखलाए जाएँ, तो वे साफ़ बता देंगे कि मैं सारा ऋण दे चुका। हमारे मित्र ने कहा है कि ऐसी अवस्था में बहियों का गुम हो जाना भी अदालत के लिए एक सबूत होना चाहिए। मैं भी उनकी युक्ति का समर्थन करता हूँ। यदि मैं आपसे ऋण लेकर अपना विवाह करूँ, तो क्या आप मुझसे मेरी नवविवाहिता वधू को छीन लेंगे?

'हमारे सुयोग्य मित्र ने हमारे ऊपर अनाथों के साथ दग़ा करने का दोष लगाया है। अगर मुंशी सत्यनारायण की नीयत ख़राब होती, तो उनके लिए सबसे अच्छा अवसर वह था, जब पंडित भृगुदत्त का स्वर्गवास हुआ था। इतने विलंब की क्या ज़रूरत थी? यदि आप शेर को फँसा कर उसके बच्चे को उसी वक़्त नहीं पकड़ लेते, उसे बढ़ने और सबल होने का अवसर देते हैं, तो मैं आपको बुद्धिमान न कहूँगा। यथार्थ बात यह है कि मुंशी सत्यनारायण ने नमक का जो कुछ हक़ था, वह पूरा कर दिया। आठ वर्ष तक तन-मन से स्वामी के संतान की सेवा की। आज उन्हें अपनी साधुता का जो फल मिल रहा है, वह बहुत ही दुःखजनक और हृदय-विदारक है। इसमें भानुकुँवरि का दोष नहीं। वे एक गुण-सम्पन्न महिला हैं; मगर अपनी जाति के अवगुण उनमें भी विद्यमान हैं! ईमानदार मनुष्य स्वभावतः स्पष्टभाषी होता है; उसे अपनी बातों में नमक-मिर्च लगाने की ज़रूरत नहीं होती। यही कारण है कि मुंशी जी के मृदुभाषी मातहतों को उन पर आक्षेप करने का मौक़ा मिल गया। इस दावे की जड़ केवल इतनी ही है, और कुछ नहीं। भानुकुँवरि यहाँ उपस्थित हैं। क्या वे कह सकती हैं कि इस आठ वर्ष की मुद्दत में कभी इस गाँव का ज़िक्र उनके सामने आया? कभी उसके हानि-लाभ, आय-व्यय, लेन-देन की चर्चा उनसे की गई? मान लीजिए कि मैं गवर्नमेंट का मुलाजिम हूँ। यदि मैं आज दफ़्तर में आकर अपनी पत्नी के आय-व्यय और अपने टहलुओं के टैक्सों का पचड़ा गाने लगूँ, तो शायद मुझे शीघ्र ही अपने पद से पृथक् होना पड़े, और सम्भव है, कुछ दिनों तक बरेली की विशाल अतिथिशाला में भी रखा जाऊँ। जिस गाँव से भानुकुँवरि का सरोकार न था, उसकी चर्चा उनसे क्यों की जाती?'

इसके बाद बहुत से गवाह पेश हुए; जिनमें अधिकांश आस-पास के देहातों के ज़मींदार थे। उन्होंने बयान किया कि हमने मुंशी सत्यनारायण को असामियों को अपनी दस्तख़ती रसीदें देते और अपने नाम से खाने में रुपया दाख़िल करते देखा है।

इतने में संध्या हो गई। अदालत ने एक सप्ताह में फ़ैसला सुनाने का हुक्म दिया।

7

सत्यनारायण को अब अपनी जीत में कोई संदेह न था। वादी पक्ष के गवाह भी उखड़ गए थे और बहस भी सबूत से ख़ाली थी। अब इनकी गिनती भी ज़मींदारों में होगी और सम्भव है, यह कुछ दिनों में रईस कहलाने लगेंगे। पर किसी ने किसी कारण से अब शहर के गण्यमान्य पुरुषों से आँखें मिलाते शर्माते थे। उन्हें देखते ही उनका सिर नीचा हो जाता था। वह मन में डरते थे कि वे लोग कहीं इस विषय पर कुछ पूछताछ न कर बैठें। वह बाज़ार में निकलते तो दुकानदारों में कुछ कानाफूसी होने लगती और लोग उन्हें तिरछी दृष्टि से देखने लगते। अब तक लोग उन्हें विवेकशील और सच्चरित्र मनुष्य समझते थे, शहर के धनी-मानी उन्हें इज़्ज़त की निगाह से देखते और उनका बड़ा आदर करते थे। यद्यपि मुंशी जी को अब तक इनसे टेढ़ी-तिरछी सुनने का संयोग न पड़ा था, तथापि उनका मन कहता था कि सच्ची बात किसी से छिपी नहीं है। चाहे अदालत से उनकी जीत हो जाए, पर उनकी साख अब जाती रही। अब उन्हें लोग स्वार्थी, कपटी और दग़ाबाज़ समझेंगे। दूसरों की बात तो अलग रही, स्वयं उनके घरवाले उनकी उपेक्षा करते थे। बूढ़ी माता ने तीन दिन से मुँह में पानी नहीं डाला। स्त्री बार-बार हाथ जोड़कर कहती थी कि अपने प्यारे बालकों पर दया करो। बुरे काम का फल कभी अच्छा नहीं होता। नहीं तो पहले मुझी को विष खिला दो।

जिस दिन फ़ैसला सुनाया जानेवाला था, प्रात:काल एक कुँजड़िन तरकारियाँ लेकर आई और मुंशियाइन से बोली—

'बहू जी! हमने बाज़ार में एक बात सुनी है। बुरा न मानो तो कहूँ? जिसको देखो, उसके मुँह से यही बात निकलती है कि लाला बाबू ने जालसाजी से पंडिताइन का कोई हलका ले लिया। हमें तो इस पर यक़ीन नहीं आता लाला बाबू ने न सँभाला होता, तो अब तक पंडिताइन का कहीं पता न लगता! एक अंगुल ज़मीन न बचती। इन्हीं ऐसा सरदार था कि सबको सँभाल लिया। तो क्या अब उन्हीं के साथ बदी करेंगे? अरे बहू! कोई कुछ साथ लाया है कि ले जाएगा? यही नेकी-बदी रह जाती है। बुरे का फल बुरा होता है। आदमी न देखे, पर अल्लाह सब कुछ देखता है।'

बहू जी पर घड़ों पानी पड़ गया। जी चाहता था कि धरती फट जाती, तो उसमें समा जाती। स्त्रियाँ स्वभावत: लज्जावती होती हैं। उनमें आत्माभिमान की मात्रा अधिक होती है। निन्दा-अपमान उनसे सहन नहीं हो सकता है। सिर झुकाए हुए बोली—बुआ! मैं इन बातों को क्या जानूँ? मैंने तो आज ही तुम्हारे मुँह से सुनी है। कौन-सी तरकारियाँ हैं?

मुंशी सत्यनारायण अपने कमरे में लेटे हुए कुँजड़िन की बातें सुन रहे थे, उसके चले जाने के बाद आकर स्त्री से पूछने लगे—यह शैतान की खाला क्या कह रही थी।

स्त्री ने पति की ओर से मुँह फेर लिया और ज़मीन की ओर ताक़ते हुए बोली—क्या तुमने नहीं सुना? तुम्हारा गुन-गान कर रही थी। तुम्हारे पीछे देखो, किस-किसके मुँह से ये बातें सुननी पड़ती हैं और किस-किससे मुँह छिपाना पड़ता है।

मुंशी जी अपने कमरे में लौट आए। स्त्री को कुछ उत्तर नहीं दिया। उनकी आत्मा लज्जा से परास्त हो गई। जो मनुष्य सदैव सर्वसम्मानित रहा हो, जो सदा आत्माभिमान से सिर उठाकर चलता रहा हो, जिसकी सुकृति की सारी शहर में चर्चा होती रही हो, वह कभी सर्वथा लज्जाशून्य नहीं हो सकता; लज्जा कुपथ की सबसे बड़ी शत्रु है। कुवासनाओं

के भ्रम में पड़कर मुंशी जी ने समझा था, मैं इस काम को ऐसी गुप्त-रीति से पूरा कर ले जाऊँगा कि किसी को कानोंकान ख़बर न होगी, पर उनका यह मनोरथ सिद्ध न हुआ। बाधाएँ आ खड़ी हुईं। उनको हटाने में उन्हें बड़े दुस्साहस से काम लेना पड़ा; पर यह भी उन्होंने लज्जा से बचने के निमित्त किया जिसमें यह कोई न कहे कि अपनी स्वामिनी को धोखा दिया। इतना यत्न करने पर भी वह निन्दा से न बच सके। बाज़ार का सौदा बेचनेवालियाँ भी अब उनका अपमान करती हैं। कुवासनाओं से दबी हुई लज्जा-शक्ति इस कड़ी चोट को सहन न कर सकी। मुंशी जी सोचने लगे, अब मुझे धन-सम्पत्ति मिल जाएगी, ऐश्वर्यवान् हो जाऊँगा, परन्तु निन्दा से मेरा पीछा न छूटेगा। अदालत का फ़ैसला मुझे लोक-निन्दा से न बचा सकेगा। ऐश्वर्य का फल क्या है?—मान और मर्यादा। उससे हाथ धो बैठा, तो ऐश्वर्य को लेकर क्या करूँगा? चित्त की शक्ति खोकर, लोक-लज्जा सहकर, जनसमुदाय में नीच बनकर और अपने घर में कलह का बीज बोकर यह सम्पत्ति मेरे किस काम आएगी? और यदि वास्तव में कोई न्याय-शक्ति हो और वह मुझे इस कुकृत्य का दंड दे, तो मेरे लिए सिवा मुख में कालिख लगाकर निकल जाने के और कोई मार्ग न रहेगा। सत्यवादी मनुष्य पर कोई विपत्ति पड़ती है, तो लोग उसके साथ सहानुभूति करते हैं; मगर दुष्टों की विपत्ति लोगों के लिए व्यंग्य की सामग्री बन जाती है। उस अवस्था में ईश्वर अन्यायी ठहराया जाता है; मगर दुष्टों की विपत्ति ईश्वर के न्याय को सिद्ध करती है। परमात्मन्! इस दुर्दशा से किसी तरह मेरा उद्धार करो! क्यों न जाकर मैं भानुकुँवरि के पैरों पर गिर पड़ूँ और विनय करूँ कि यह मुक़दमा उठा लो? शोक! पहले यह बात मुझे क्यों न सूझी? अगर कल तक मैं उनके पास चला गया होता, तो बात बन जाती; पर अब क्या हो सकता है। आज तो फ़ैसला सुनाया जाएगा।

मुंशी जी देर तक इसी विचार में पड़े रहे, पर कुछ निश्चय न कर सके कि क्या करें।

भानुकुँवरि को भी विश्वास हो गया कि अब गाँव हाथ से गया। बेचारी हाथ मल कर रह गई। रात भर उसे नींद न आई, रह-रहकर मुंशी सत्यनारायण पर क्रोध आता था। हाय पापी! ढोल बजा कर मेरा पचास हज़ार का माल लिए जाता है और मैं कुछ नहीं कर सकती। आजकल के न्याय करने वाले बिलकुल आँख के अंधे हैं। जिस बात को सारी दुनिया जानती है, उसमें भी उनकी दृष्टि नहीं पहुँचती। बस, दूसरों की आँखों से देखते हैं। कोरे काग़ज़ों के ग़ुलाम हैं। न्याय वह है जो दूध का दूध, पानी का पानी कर दे; यह नहीं कि ख़ुद ही काग़ज़ों के धोखे में आ जाए, ख़ुद ही पाखंडियों के जाल में फँस जाए। इसी से तो ऐसे छली, कपटी, दग़ाबाज़ और दुरात्माओं का साहस बढ़ गया है। ख़ैर, गाँव जाता है तो जाए; लेकिन सत्यनारायण, तुम शहर में कहीं मुँह दिखाने के लायक भी न रहे।

इस ख़याल से भानुकुँवरि को कुछ शान्ति हुई। शत्रु की हानि मनुष्य को अपने लाभ से भी अधिक प्रिय होती है, मानव-स्वभाव ही कुछ ऐसा है। तुम हमारा एक गाँव ले गए, नारायण चाहेंगे तो तुम भी इससे सुख न पाओगे। तुम आप नरक की आग में जलोगे, तुम्हारे घर में कोई दीया जलाने वाला न रह जाएगा।

फैसले का दिन आ गया। आज इजलास में बड़ी भीड़ थी। ऐसे-ऐसे महानुभाव उपस्थित थे, जो बगुलों की तरह अफ़सरों की बधाई और विदाई के अवसरों ही में नज़र आया करते

हैं। वकीलों और मुखतारों की पलटन भी जमा थी। नियत समय पर जज साहब ने इजलास सुशोभित किया। विस्तृत न्याय भवन में सन्नाटा छा गया। अहलमद ने सन्दूक़ से तजबीज निकाली। लोग उत्सुक होकर एक-एक क़दम और आगे खिसक गए।

जज ने फ़ैसला सुनाया—मुद्दई का दावा खारिज। दोनों पक्ष अपना-अपना ख़र्च सह लें।

यद्यपि फ़ैसला लोगों के अनुमान के अनुसार ही था, तथापि जज के मुँह से उसे सुनकर लोगों में हलचल-सी मच गई। उदासीन भाव से फ़ैसले पर आलोचनाएँ करते हुए लोग धीरे-धीरे कमरे से निकलने लगे।

एकाएक भानुकुँवरि घूँघट निकाले इजलास पर आकर खड़ी हो गई। जानेवाले लौट पड़े। जो बाहर निकल गए थे, दौड़कर आ गए। और कौतूहलपूर्वक भानुकुँवरि की तरफ़ ताक़ने लगे।

भानुकुँवरि ने कंपित स्वर में जज से कहा—सरकार, यदि हुक्म दें, तो मैं मुंशी जी से कुछ पूछूँ!

यद्यपि यह बात नियम के विरुद्ध थी, तथापि जज ने दयापूर्वक आज्ञा दे दी।

तब भानुकुँवरि ने सत्यनारायण की तरफ़ देखकर कहा—लाला जी, सरकार ने तुम्हारी डिग्री तो कर ही दी। गाँव तुम्हें मुबारक रहे; मगर ईमान आदमी का सब कुछ है। ईमान से कह दो, गाँव किसका है?

हज़ारों आदमी यह प्रश्न सुनकर कौतूहल से सत्यनारायण की तरफ़ देखने लगे। मुंशी जी विचार-सागर में डूब गए। हृदय में संकल्प और विकल्प में घोर संग्राम होने लगा। हज़ारों मनुष्यों की आँखें उनकी तरफ़ जमी हुई थीं। यथार्थ बात अब किसी से छिपी न थी। इतने आदमियों के सामने असत्य बात मुँह से निकल न सकी। लज्जा से ज़बान बन्द कर ली—'मेरा' कहने में काम बनता था। कोई बात न थी; किन्तु घोरतम पाप का दंड समाज दे सकता है। उसके मिलने का पूरा भय था। 'आपका' कहने से काम बिगड़ता था। जीती-जिताई बाज़ी हाथ से निकल जाती थी, सर्वोत्कृष्ट काम के लिए समाज से जो इनाम मिल सकता है, उसके मिलने की पूरी आशा थी। आशा ने भय को जीत लिया। उन्हें ऐसा प्रतीत हुआ, जैसे ईश्वर ने मुझे अपना मुख उज्ज्वल करने का यह अन्तिम अवसर दिया है। मैं अब भी मानव-सम्मान का पात्र बन सकता हूँ। अब अपनी आत्मा की रक्षा कर सकता हूँ। उन्होंने आगे बढ़कर भानुकुँवरि को प्रणाम किया और काँपते हुए स्वर में बोले—आपका!

हज़ारों मनुष्यों के मुँह से एक गगनस्पर्शी ध्वनि निकली—सत्य की जय!

जज ने खड़े होकर कहा—यह क़ानून का न्याय नहीं, **ईश्वरीय न्याय** है।

इसे कथा न समझिएगा; यह सच्ची घटना है। भानुकुँवरि और सत्यनारायण अब भी जीवित हैं। मुंशी जी के इस नैतिक साहस पर लोग मुग्ध हो गए। मानवी न्याय पर ईश्वरीय न्याय ने जो विलक्षण विजय पाई, उसकी चर्चा शहर भर में महीनों रही। भानुकुँवरि मुंशी जी के घर गईं, उन्हें मना कर लाईं। फिर अपना सारा कारोबार उन्हें सौंपा और कुछ दिनों उपरान्त यह गाँव उन्हीं के नाम हिब्बा कर दिया। मुंशी जी ने भी उसे अपने अधिकार में रखना उचित न समझा, कृष्णार्पण कर दिया। अब इसकी आमदनी दीन-दुखियों और विद्यार्थियों की सहायता में ख़र्च होती है।

ममता

बाबू रामरक्षादास दिल्ली के एक ऐश्वर्यशाली खत्री थे, बहुत ही ठाट-बाट से रहनेवाले। बड़े-बड़े अमीर उनके यहाँ नित्य आते-जाते थे। वे आए हुओं का आदर-सत्कार ऐसे अच्छे ढंग से करते थे कि इस बात की धूम सारे मुहल्ले में थी। नित्य उनके दरवाज़े पर किसी न किसी बहाने से इष्ट-मित्र एकत्र हो जाते, टेनिस खेलते, ताश उड़ता, हारमोनियम के मधुर स्वरों से जी बहलाते, चाय-पानी से हृदय प्रफुल्लित करते, अधिक और क्या चाहिए? जाति की ऐसी अमूल्य सेवा कोई छोटी बात नहीं है। नीची जातियों के सुधार के लिए दिल्ली में एक सोसायटी थी। बाबू साहब उसके सेक्रेटरी थे, और इस कार्य को असाधारण उत्साह से पूर्ण करते थे। जब उनका बूढ़ा कहार बीमार हुआ और क्रिश्चियन मिशन के डॉक्टरों ने उसकी शुश्रूषा की, जब उसकी विधवा स्त्री ने निर्वाह की कोई आशा न देखकर क्रिश्चियन-समाज का आश्रय लिया, तब इन दोनों अवसरों पर बाबू साहब ने शोक के रेजल्यूशन्स पास किए। संसार जानता है कि सेक्रेटरी का काम सभाएँ करना और रेजल्यूशन बनाना है। इससे अधिक वह कुछ नहीं कर सकता।

मिस्टर रामरक्षा का जातीय उत्साह यहीं तक सीमाबद्ध न था। वे सामाजिक कुप्रथाओं तथा अंधविश्वास के प्रबल शत्रु थे। होली के दिनों में, जब कि मुहल्ले में चमार और कहार शराब से मतवाले होकर फाग गाते और डफ बजाते हुए निकलते, तो उन्हें बड़ा शोक होता। जाति की इस मूर्खता पर उनकी आँखों में आँसू भर आते और वे प्राय: इस कुरीति का निवारण अपने हंटर से किया करते। उनके हंटर में जाति-हितैषिता की उमंग उनकी वक्तृता से भी अधिक थी। यह उन्हीं के प्रशंसनीय प्रयत्न थे, जिन्होंने मुख्य होली के दिन दिल्ली में हलचल मचा दी, फाग गाने के अपराध में हज़ारों आदमी पुलिस के पंजे में आ गए। सैकड़ों घरों में मुख्य होली के दिन मुहर्रम का-सा शोक फैल गया। इधर उनके दरवाज़े पर हज़ारों पुरुष-स्त्रियाँ अपना दुखड़ा रो रही थीं। उधर बाबू साहब के हितैषी मित्रगण अपने उदारशील मित्र के सद्व्यवहार की प्रशंसा करते। बाबू साहब दिन-भर में इतने रंग बदलते थे कि उस पर 'पेरिस' की परियों को भी ईर्ष्या हो सकती थी। कई बैंकों में उनके हिस्से थे। कई दुकानें थीं; किन्तु बाबू साहब को इतना अवकाश न था कि उनकी कुछ देखभाल करते। अतिथि-सत्कार एक पवित्र धर्म है। वे सच्ची देशहितैषिता की उमंग से कहा करते थे—अतिथि-सत्कार आदिकाल से भारतवर्ष के निवासियों का एक प्रधान और सराहनीय गुण है। अभ्यागतों का आदर-सम्मान करने में हम अद्वितीय हैं। हम इससे संसार में मनुष्य कहलाने योग्य हैं। हम सब कुछ खो बैठे हैं, किन्तु जिस दिन हममें यह गुण शेष न रहेगा; वह दिन हिन्दू-जाति के लिए लज्जा, अपमान और मृत्यु का दिन होगा।

मिस्टर रामरक्षा जातीय आवश्यकताओं से भी बेपरवाह न थे। वे सामाजिक और राजनीतिक कार्यों में पूर्णरूपेण योग देते थे। यहाँ तक कि प्रतिवर्ष दो, बल्कि कभी-कभी तीन वक्तृताएँ अवश्य तैयार कर लेते। भाषणों की भाषा अत्यन्त उपयुक्त, ओजस्वी और सर्वांग-सुन्दर होती थी। उपस्थित जन और इष्टमित्र उनके एक-एक शब्द पर प्रशंसासूचक शब्दों की ध्वनि प्रकट करते, तालियाँ बजाते, यहाँ तक कि बाबू साहब को व्याख्यान का क्रम स्थिर रखना कठिन हो जाता। व्याख्यान समाप्त होने पर उनके मित्र उन्हें गोद में उठा लेते और आश्चर्यचकित होकर कहते—तेरी भाषा में जादू है! सारांश यह कि बाबू साहब का यह जातीय प्रेम और

उद्योग केवल बनावटी, सहायता-शून्य तथा फैशनेबिल था। यदि उन्होंने किसी सदुद्योग में भाग लिया था, तो वह सम्मिलित कुटुम्ब का विरोध था। अपने पिता के पश्चात् वे अपनी विधवा माँ से अलग हो गए थे। इस जातीय सेवा में उनकी स्त्री विशेष सहायक थी। विधवा माँ अपने बेटे और बहू के साथ नहीं रह सकती थी। इससे बहू की स्वाधीनता में विघ्न पड़ने से मन दुर्बल और मस्तिष्क शक्तिहीन हो जाता है। बहू को जलाना और कुढ़ाना सास की आदत है। इसलिए बाबू रामरक्षा अपनी माँ से अलग हो गए थे। इसमें सन्देह नहीं कि उन्होंने मातृ-ऋण का विचार करके दस हज़ार रुपए अपनी माँ के नाम जमा कर दिए थे, कि उसके ब्याज से उनका निर्वाह होता रहे; किन्तु बेटे के इस उत्तम आचरण पर माँ का दिल ऐसा टूटा कि वह दिल्ली छोड़कर अयोध्या जा रहीं। तब से वहीं रहती हैं। बाबू साहब कभी-कभी मिसेज़ रामरक्षा से छिपकर उससे मिलने अयोध्या जाया करते थे, किन्तु वह दिल्ली आने का कभी नाम न लेतीं। हाँ, यदि कुशल-क्षेम की चिट्ठी पहुँचने में कुछ देर हो जाती, तो विवश होकर समाचार पूछ लेती थीं।

2

उसी मुहल्ले में एक सेठ गिरधारी लाल रहते थे। उनका लाखों का लेन-देन था। वे हीरे और रत्नों का व्यापार करते थे। बाबू रामरक्षा के दूर के नाते में साढ़ू होते थे। पुराने ढंग के आदमी थे—प्रातःकाल यमुना-स्नान करनेवाले तथा गाय को अपने हाथों से झाड़ने-पोंछनेवाले! उनसे मिस्टर रामरक्षा का स्वभाव न मिलता था; परन्तु जब कभी रुपयों की आवश्यकता होती, तो वे सेठ गिरधारी लाल के यहाँ से बेखटके मँगा लिया करते थे। आपस का मामला था, केवल चार अंगुल के पत्र पर रुपया मिल जाता था, न कोई दस्तावेज, न स्टाम्प, न साक्षियों की आवश्यकता। मोटरकार के लिए दस हज़ार की आवश्यकता हुई, वह वहाँ से आया। घुड़दौड़ के लिए एक आस्ट्रेलियन घोड़ा डेढ़ हज़ार में लिया गया। उसके लिए भी रुपया सेठ जी के यहाँ से आया। धीरे-धीरे कोई बीस हज़ार का मामला हो गया। सेठ जी सरल हृदय के आदमी थे। समझते थे कि उसके पास दुकानें हैं, बैंकों में रुपया है। जब जी चाहेगा, रुपया वसूल कर लेंगे; किन्तु जब दो-तीन वर्ष व्यतीत हो गए और सेठ जी के तकाजों की अपेक्षा मिस्टर रामरक्षा की माँग ही का आधिक्य रहा तो गिरधारी लाल को सन्देह हुआ। वह एक दिन रामरक्षा के मकान पर आए और सभ्य-भाव से बोले—भाई साहब, मुझे एक हुंडी का रुपया देना है, यदि आप मेरा हिसाब कर दें तो बहुत अच्छा हो। यह कहकर हिसाब के काग़ज़ात और उनके पत्र दिखलाए। मिस्टर रामरक्षा किसी गार्डन-पार्टी में सम्मिलित होने के लिए तैयार थे। बोले—इस समय क्षमा कीजिए; फिर देख लूँगा, जल्दी क्या है?

गिरधारी लाल को बाबू साहब की रुखाई पर क्रोध आ गया, वे रुष्ट होकर बोले—आपको जल्दी नहीं है, मुझे तो है! दो सौ रुपए मासिक की मेरी हानि हो रही है! मिस्टर रामरक्षा ने असन्तोष प्रकट करते हुए घड़ी देखी। पार्टी का समय बहुत क़रीब था। वे बहुत विनीत भाव से बोले—भाई साहब, मैं बड़ी जल्दी में हूँ। इस समय मेरे ऊपर कृपा कीजिए। मैं कल स्वयं उपस्थित हूँगा।

सेठ जी एक माननीय और धन-सम्पन्न आदमी थे। वे रामरक्षा के इस कुरुचिपूर्ण व्यवहार पर जल गए। मैं इनका महाजन हूँ—इनसे धन में, मान में, ऐश्वर्य में, बढ़ा हुआ, चाहूँ तो ऐसों को नौकर रख लूँ, इनके दरवाज़े पर आऊँ और आदर-सत्कार की जगह उलटे ऐसा रूखा

बर्ताव? वह हाथ बाँधे मेरे सामने न खड़ा रहे, किन्तु क्या मैं पान, इलायची, इत्र आदि से भी सम्मान करने के योग्य नहीं? वे तिनक कर बोले—अच्छा, तो कल हिसाब साफ़ हो जाए।

रामरक्षा ने अकड़ कर उत्तर दिया—हो जाएगा।

रामरक्षा के गौरवशील हृदय पर सेठ जी के इस बर्ताव के प्रभाव का कुछ खेदजनक असर न हुआ। इस काठ के कुन्दे ने आज मेरी प्रतिष्ठा धूल में मिला दी। वह मेरा अपमान कर गया। अच्छा, तुम भी इसी दिल्ली में रहते हो और हम भी यहीं हैं। निदान दोनों में गाँठ पड़ गई। बाबू साहब की तबीयत ऐसी गिरी और हृदय में ऐसी चिन्ता उत्पन्न हुई कि पार्टी में जाने का ध्यान जाता रहा, वे देर तक इसी उलझन में पड़े रहे। फिर सूट उतार दिया और सेवक से बोले—जा, मुनीम जी को बुला ला। मुनीम जी आए, उनका हिसाब देखा गया, फिर बैंकों का एकाउंट देखा; किन्तु ज्यों-ज्यों इस घाटी में उतरते गए, त्यों-त्यों अँधेरा बढ़ता गया। बहुत कुछ टटोला, कुछ हाथ न आया। अन्त में निराश होकर वे आरामकुर्सी पर पड़ गए और उन्होंने एक ठंडी साँस ले ली। दुकानों का माल बिका; किन्तु रुपया बकाया में पड़ा हुआ था। कई ग्राहकों की दुकानें टूट गईं। और उन पर जो नकद रुपया बकाया था, वह डूब गया। कलकत्ते के आढ़तियों से जो माल मँगाया था, रुपए चुकाने की तिथि सिर पर आ पहुँची और यहाँ रुपया वसूल न हुआ। दुकानों का यह हाल, बैंकों का इससे भी बुरा। रात भर वे इन्हीं चिन्ताओं में करवटें बदलते रहे। अब क्या करना चाहिए? गिरधारीलाल सज्जन पुरुष है। यदि सारा कच्चा हाल उसे सुना दूँ, तो अवश्य मान जाएगा, किन्तु यह कष्टप्रद कार्य होगा कैसे? ज्यों-ज्यों प्रात:काल समीप आता था, त्यों-यों उनका दिल बैठा जाता था। कच्चे विद्यार्थी की जो दशा परीक्षा के सन्निकट आने पर होती है वही हाल इस समय रामरक्षा का था। वे पलंग से न उठे। मुँह-हाथ भी न धोया, खाने को कौन कहे। इतना जानते थे कि दु:ख पड़ने पर कोई किसी का साथी नहीं होता। इसलिए एक आपत्ति से बचने के लिए कई आपत्तियों का बोझा न उठाना पड़े, इस ख़याल से मित्रों को इन मामलों की ख़बर तक न दी। जब दोपहर हो गई और उनकी दशा ज्यों की त्यों रही, तो उनका छोटा लड़का बुलाने आया। उसने बाप का हाथ पकड़कर कहा—लाला जी, आज दाने क्यों नहीं तलते?

रामरक्षा—भूख नहीं है।

'क्या काया है?'

'मन की मिठाई।'

'और क्या काया है?'

'मार।'

'किसने मारा है?'

'गिरधारीलाल ने।'

लड़का रोता हुआ घर में गया और इस मार की चोट से देर तक रोता रहा। अन्त में तश्तरी में रखी हुई दूध की मलाई ने उसकी चोट पर मरहम का काम दिया।

3

रोगी को जब जीने की आशा नहीं रहती, तो औषधि छोड़ देता है। मिस्टर रामरक्षा जब इस गुत्थी को न सुलझा सके, तो चादर तान ली और मुँह लपेट कर सो रहे। शाम को एकाएक

उठकर सेठ जी के यहाँ पहुँचे और कुछ असावधानी से बोले—महाशय, मैं आपका हिसाब नहीं कर सकता।

सेठ जी घबराकर बोले—क्यों?

रामरक्षा—इसलिए कि मैं इस समय दरिद्र-निहंग हूँ। मेरे पास एक कौड़ी भी नहीं है। आप अपना रुपया जैसे चाहें वसूल कर लें।

सेठ—यह आप कैसी बातें कहते हैं?

रामरक्षा—बहुत सच्ची।

सेठ—दुकानें नहीं हैं?

रामरक्षा—दुकानें आप मुफ्त ले जाइए।

सेठ—बैंक के हिस्से?

रामरक्षा—वह कब के उड़ गए।

सेठ—जब यह हाल था, तो आपको उचित नहीं था कि मेरे गले पर छुरी फेरते?

रामरक्षा—(अभिमान से) मैं आपके यहाँ उपदेश सुनने के लिए नहीं आया हूँ।

यह कहकर मिस्टर रामरक्षा वहाँ से चल दिए। सेठ जी ने तुरन्त नालिश कर दी। बीस हज़ार मूल, पाँच हज़ार ब्याज। डिगरी हो गई। मकान नीलाम पर चढ़ा। पन्द्रह हज़ार की जायदाद पाँच हज़ार में निकल गई। दस हज़ार की मोटर चार हज़ार में बिकी। सारी सम्पत्ति उड़ जाने पर कुल मिलाकर सोलह हज़ार से अधिक रक़म न खड़ी हो सकी। सारी गृहस्थी नष्ट हो गई, तब भी दस हज़ार के ऋणी रह गए। मान-बड़ाई, धन-दौलत सभी मिट्टी में मिल गए। बहुत तेज़ दौड़ने वाला मनुष्य प्रायः मुँह के बल गिर पड़ता है।

4

इस घटना के कुछ दिनों पश्चात् दिल्ली म्युनिसिपैलिटी के मेम्बरों का चुनाव आरम्भ हुआ। इस पद के अभिलाषी वोटरों की पूजाएँ करने लगे। दलालों के भाग्य उदय हुए। सम्पत्तियाँ मोतियों की तोल बिकने लगीं। उम्मीदवार मेम्बरों के सहायक अपने-अपने मुवक्किल के गुणगान करने लगे। चारों ओर चहल-पहल मच गई। एक वकील महाशय ने भरी सभा में मुवक्किल साहब के विषय में कहा—

'मैं जिस बुजरुग का पैरोकार हूँ, वह कोई मामूली आदमी नहीं है। यह वह शख़्स है, जिसने फरजंद अकबर की शादी में पचीस हज़ार रुपया सिर्फ़ रक्स व सरूर में सर्फ कर दिया था।'

उपस्थित जनों में प्रशंसा की उच्च ध्वनि हुई।

एक दूसरे महाशय ने अपने मुहल्ले के वोटरों के सम्मुख मुवक्किल की प्रशंसा यों की—

''मैं यह नहीं कह सकता कि आप सेठ गिरधारीलाल को अपना मेम्बर बनाइए। आप अपना भला-बुरा स्वयं समझते हैं, और यह भी नहीं कि सेठ जी मेरे द्वारा अपनी प्रशंसा के भूखे हों। मेरा निवेदन केवल यही है कि आप जिसे मेम्बर बनायें, पहले उसके गुण-दोषों का भली-भाँति परिचय ले लें। दिल्ली में केवल एक मनुष्य है, जो गत 10 वर्षों से आपकी सेवा कर रहा है। केवल एक आदमी है, जिसने पानी पहुँचाने और स्वच्छता-प्रबन्धों में हार्दिक धर्म-भाव से सहायता दी है। केवल एक पुरुष है, जिसको श्रीमान् वायसराय के दरबार में कुर्सी पर बैठने का अधिकार प्राप्त है, और आप सब महाशय उसे जानते भी हैं।''

उपस्थित जनों ने तालियाँ बजाईं।

सेठ गिरधारीलाल के मुहल्ले में उनके एक प्रतिवादी थे। नाम था मुंशी फैजुलरहमान ख़ाँ। बड़े ज़मींदार और प्रसिद्ध वकील थे। बाबू रामरक्षा ने अपनी दृढ़ता, साहस, बुद्धिमत्ता और मृदु भाषण से मुंशी जी साहब की सेवा करनी आरम्भ की। सेठ जी को परास्त करने का यह अपूर्व अवसर हाथ आया। वे रात और दिन इसी धुन में लगे रहते। उनकी मीठी और रोचक बातों का प्रभाव उपस्थित जनों पर बहुत अच्छा पड़ता। एक बार आपने असाधारण श्रद्धा-उमंग में आकर कहा—मैं डंके की चोट पर कहता हूँ कि मुंशी फैजुलरहमान से अधिक योग्य आदमी आपको दिल्ली में न मिल सकेगा। यह वह आदमी है, जिसकी ग़ज़लों पर कविजनों में 'वाह-वाह' मच जाती है। ऐसे श्रेष्ठ आदमी की सहायता करना मैं अपना जातीय और सामाजिक धर्म समझता हूँ। अत्यन्त शोक का विषय है कि बहुत-से लोग इस जातीय और पवित्र काम को व्यक्तिगत लाभ का साधन बनाते हैं। धन और वस्तु है, श्रीमान् वायसराय के दरबार में प्रतिष्ठित होना और वस्तु, किन्तु सामाजिक सेवा तथा जातीय चाकरी और ही चीज़ है। वह मनुष्य, जिसका जीवन ब्याज-प्राप्ति, बेईमानी, कठोरता तथा निर्दयता और सुख-विलास में व्यतीत होता हो, इस सेवा के योग्य कदापि नहीं है।

5

सेठ गिरधारीलाल इस अन्योक्तिपूर्ण भाषण का हाल सुनकर क्रोध से आग हो गए। मैं बेईमान हूँ! ब्याज का धन खानेवाला हूँ! विषयी हूँ! कुशल हुई, जो तुमने मेरा नाम नहीं लिया; किन्तु अब भी तुम मेरे हाथ में हो। मैं अब भी तुम्हें जिस तरह चाहूँ, नचा सकता हूँ। ख़ुशामदियों ने आग पर तेल डाला। इधर रामरक्षा अपने काम में तत्पर रहे। यहाँ तक कि 'वोटिंग-डे' आ पहुँचा। मिस्टर रामरक्षा को उद्योग में बहुत कुछ सफलता प्राप्त हुई थी। आज वे बहुत प्रसन्न थे। आज गिरधारीलाल को नीचा दिखाऊँगा, आज उसको पता पड़ेगा कि धन संसार के सभी पदार्थों को इकट्ठा नहीं कर सकता। जिस समय फैजुल रहमान के वोट अधिक निकलेंगे और मैं तालियाँ बजाऊँगा, उस समय गिरधारीलाल का चेहरा देखने योग्य होगा, मुँह का रंग बदल जाएगा, हवाइयाँ उड़ने लगेंगी, आँखें न मिला सकेगा। शायद, फिर मुझे मुँह न दिखा सके। इन्हीं विचारों में मग्न रामरक्षा शाम को टाउनहाल में पहुँचे। उपस्थित जनों ने बड़ी उमंग के साथ उनका स्वागत किया। थोड़ी देर बाद 'वोटिंग' आरम्भ हुआ। मेम्बरी मिलने की आशा रखनेवाले महानुभाव अपने-अपने भाग्य का अन्तिम फल सुनने के लिए आतुर हो रहे थे। छह बजे चेयरमैन ने फ़ैसला सुनाया। सेठ जी की हार हो गई। फैजुलरहमान ने मैदान मार लिया। रामरक्षा ने हर्ष के आवेग में टोपी हवा में उछाल दी और स्वयं भी कई बार उछल पड़े। मुहल्लेवालों को अचम्भा हुआ। चाँदनी चौक से सेठ जी को हटाना मेरु को स्थान से उखाड़ना था। सेठ जी के चेहरे से रामरक्षा को जितनी आशाएँ थीं, वे सब पूरी हो गईं। उनका रंग फीका पड़ गया था। खेद और लज्जा की मूर्ति बने हुए थे। एक वकील साहब ने उनसे सहानुभूति प्रकट करते हुए कहा—सेठ जी, मुझे आपकी हार का बहुत बड़ा शोक है। मैं जानता कि ख़ुशी के बदले रंज होगा, तो कभी यहाँ न आता। मैं तो केवल आपके ख़याल से यहाँ आया था। सेठ जी ने बहुत रोकना चाहा, परन्तु आँखों में आँसू डबडबा ही गए। वे निःस्पृह बनने का व्यर्थ प्रयत्न करके बोले—वकील साहब, मुझे इसकी कुछ चिन्ता नहीं,

कौन रियासत निकल गई? व्यर्थ उलझन, चिन्ता तथा झंझट रहती थी, चलो, अच्छा हुआ। गला छूटा। अपने काम में हरज़ होता था। सत्य कहता हूँ, मुझे तो हृदय से प्रसन्नता ही हुई। यह काम तो बेकाम वालों के लिए है, घर न बैठे रहे, यही बेगार की। मेरी मूर्खता थी कि मैं इतने दिनों तक आँखें बन्द किए बैठा रहा। परन्तु सेठ जी की मुखाकृति ने इन विचारों का प्रमाण न दिया। मुखमंडल हृदय का दर्पण है, इसका निश्चय अलबत्ता हो गया।

किन्तु बाबू रामरक्षा बहुत देर तक इस आनन्द का मज़ा न लूटने पाए और न सेठ जी को बदला लेने के लिए बहुत देर तक प्रतीक्षा करनी पड़ी। सभा विसर्जित होते ही जब बाबू रामरक्षा सफलता की उमंग में ऐंठते, मोंछ पर ताव देते और चारों ओर गर्व की दृष्टि डालते हुए बाहर आए, तो दीवानी के तीन सिपाहियों ने आगे बढ़कर उन्हें गिरफ़्तारी का वारंट दिखा दिया। अबकी बाबू रामरक्षा के चेहरे का रंग उतर जाने की, और सेठ जी के इस मनोवांछित दृश्य से आनन्द उठाने की बारी थी। गिरधारीलाल ने आनन्द की उमंग में तालियाँ तो न बजाईं, परन्तु मुस्कुराकर मुँह फेर लिया। रंग में भंग पड़ गया।

आज इस विषय के उपलक्ष्य में मुंशी फैजुलरहमान ने पहले ही से एक बड़े समारोह के साथ गार्डन पार्टी की तैयारियाँ की थीं। मिस्टर रामरक्षा इसके प्रबन्धकर्ता थे। आज की 'आफ्टर डिनर' स्पीच उन्होंने बड़े परिश्रम से तैयार की थी; किन्तु इस वारंट ने सारी कामनाओं का सत्यानाश कर दिया। यों तो बाबू साहब के मित्रों में ऐसा कोई भी न था, जो दस हज़ार रुपए ज़मानत दे देता; अदा कर देने का तो ज़िक्र ही क्या; किन्तु कदाचित् ऐसा होता भी तो सेठ जी अपने को भाग्यहीन समझते। दस हज़ार रुपए और म्युनिस्पैलिटी की प्रतिष्ठित मेम्बरी खोकर इन्हें इस समय यह हर्ष प्राप्त हुआ था।

मिस्टर रामरक्षा के घर पर ज्यों ही यह ख़बर पहुँची, कुहराम मच गया। उनकी स्त्री पछाड़ खाकर पृथ्वी पर गिर पड़ी। जब कुछ होश में आई तो रोने लगी। और रोने से छुट्टी मिली तो उसने गिरधारीलाल को कोसना आरम्भ किया। देवी-देवता मनाने लगी। उन्हें रिश्वतें देने पर तैयार हुई कि ये गिरधारीलाल को किसी प्रकार निगल जाएँ। इस बड़े भारी काम में वह गंगा और यमुना से सहायता माँग रही थी, प्लेग और विसूचिका की ख़ुशामदें कर रही थी कि ये दोनों मिलकर उस गिरधारीलाल को हड़प ले जाएँ! किन्तु गिरधारी का कोई दोष नहीं। दोष तुम्हारा है। बहुत अच्छा हुआ! तुम इसी पूजा के देवता थे। क्या अब दावतें न खिलाओगे? मैंने तुम्हें कितना समझाया, रोई, रूठी, बिगड़ी; किन्तु तुमने एक न सुनी। गिरधारीलाल ने बहुत अच्छा किया। तुम्हें शिक्षा तो मिल गई; किन्तु तुम्हारा भी दोष नहीं। यह सब आग मैंने ही लगाई है। मखमली स्लीपरों के बिना मेरे पाँव ही नहीं उठते थे। बिना जड़ाऊ कड़ों के मुझे नींद न आती थी। सेजगाड़ी मेरे ही लिए मँगवाई थी। अंगरेजी पढ़ने के लिए मेम साहब को मैंने ही रखा। ये सब काँटे मैंने ही बोये हैं।

मिसेज़ रामरक्षा बहुत देर तक इन्हीं विचारों में डूबी रही। जब रात भर करवटें बदलने के बाद वह सबेरे उठी, तो उसके विचार चारों ओर से ठोकर खाकर केवल एक केंद्र पर जम गए। गिरधारीलाल बड़ा बदमाश और घमंडी है। मेरा सब कुछ लेकर भी उसे सन्तोष नहीं हुआ। इतना भी इस निर्दयी कसाई से न देखा गया। भिन्न-भिन्न प्रकार के विचारों ने मिलकर एक रूप धारण किया और क्रोधाग्नि को दहला कर प्रबल कर दिया। ज्वालामुखी शीशे में जब सूर्य की किरणें एक होती हैं, तब अग्नि प्रकट हो जाती है। इस स्त्री के हृदय में रह-रहकर

क्रोध की एक असाधारण लहर उत्पन्न होती थी। बच्चे ने मिठाई के लिए हठ किया; उस पर बरस पड़ी; महरी ने चौका-बरतन करके चूल्हे में आग जला दी, उसके पीछे पड़ गई—मैं तो अपने दु:खों को रो रही हूँ, इस चुड़ैल को रोटियों की धुन सवार है। निदान 9 बजे उससे न रहा गया। उसने यह पत्र लिखकर अपने हृदय की ज्वाला ठंडी की—

'सेठ जी, तुम्हें अब अपने धन के घमंड ने अंधा कर दिया है, किन्तु किसी का घमंड इसी तरह सदा नहीं रह सकता। कभी न कभी सिर अवश्य नीचा होता है। अफ़सोस कि कल शाम को, जब तुमने मेरे प्यारे पति को पकड़वाया, मैं वहाँ मौजूद न थी; नहीं तो अपना और तुम्हारा रक्त एक कर देती। तुम धन के मद में भूले हुए हो। मैं उसी दम तुम्हारा नशा उतार देती। एक स्त्री के हाथों अपमानित होकर तुम फिर किसी को मुँह दिखाने लायक न रहते। अच्छा, इसका बदला तुम्हें किसी न किसी तरह ज़रूर मिल जाएगा। मेरा कलेजा उस दिन ठंडा होगा, जब तुम निर्वंश हो जाओगे और तुम्हारे कुल का नाम मिट जाएगा।'

सेठ जी पर यह फटकार पड़ी तो वे क्रोध से आग हो गए। यद्यपि क्षुद्र हृदय के मनुष्य न थे, परन्तु क्रोध के आवेग में सौजन्य का चिह्न भी शेष नहीं रहता। यह ध्यान न रहा कि यह एक दुखिन की क्रंदन-ध्वनि है, एक सतायी हुई स्त्री की मानसिक दुर्बलता का विचार है। उसकी धनहीनता और विवशता पर उन्हें तनिक भी दया न आई। मरे हुए को मारने का उपाय सोचने लगे।

6

इसके तीसरे दिन सेठ गिरधारीलाल पूजा के आसन पर बैठे हुए थे, महरा ने आकर कहा—सरकार, कोई स्त्री आप से मिलने आई है। सेठ जी ने पूछा—कौन स्त्री है? महरा ने कहा—सरकार, मुझे क्या मालूम? लेकिन है कोई भलेमानुष! रेशमी साड़ी पहने हुए। हाथ में सोने के कड़े हैं। पैरों में टाट के स्लीपर हैं। बड़े घर की स्त्री जान पड़ती है।

यों साधारणत: सेठ जी पूजा के समय किसी से नहीं मिलते थे। चाहे कैसा ही आवश्यक काम क्यों न हो, ईश्वरोपासना में सामाजिक बाधाओं को घुसने नहीं देते थे। किन्तु ऐसी दशा में जब कि किसी बड़े घर की स्त्री मिलने के लिए आए, तो थोड़ी देर के लिए पूजा में विलम्ब करना निंदनीय नहीं कहा जा सकता, ऐसा विचार करके वे नौकर से बोले—उन्हें बुला लाओ।

जब वह स्त्री आई तो सेठ जी स्वागत के लिए उठकर खड़े हो गए। तत्पश्चात् अत्यन्त कोमल वचनों से कारुणिक शब्दों में बोले—माता, कहाँ से आना हुआ और जब यह उत्तर मिला कि वह अयोध्या से आई है, तो आपने उसे फिर से दंडवत् किया और चीनी तथा मिश्री से भी अधिक मधुर और नवनीत से भी अधिक चिकने शब्दों में कहा—अच्छा, आप श्री अयोध्या जी से आ रही हैं? उस नगरी का क्या कहना! देवताओं की पुरी है। बड़े भाग्य थे कि आपके दर्शन हुए। यहाँ आपका आगमन कैसे हुआ? स्त्री ने उत्तर दिया—घर तो मेरा यहीं है। सेठ जी का मुख पुन: मधुरता का चित्र बना। वे बोले—अच्छा, तो मकान आपका इसी शहर में है? तो आपने माया-जंजाल को त्याग दिया? यह तो मैं पहले ही समझ गया था। ऐसी पवित्र आत्माएँ संसार में बहुत थोड़ी हैं। ऐसी देवियों के दर्शन दुर्लभ होते हैं। आपने मुझे दर्शन दिया, बड़ी कृपा की। मैं इस योग्य नहीं, जो आप-जैसी विदुषियों की कुछ सेवा कर सकूँ? किन्तु जो काम मेरे योग्य हो—जो कुछ मेरे किए हो सकता हो—उसे करने के लिए

मैं सब भाँति से तैयार हूँ। यहाँ सेठ-साहूकारों ने मुझे बहुत बदनाम कर रखा है, मैं सबकी आँखों में खटकता हूँ। उसका कारण सिवा इसके और कुछ नहीं कि जहाँ वे लोग लाभ का ध्यान रखते हैं, वहाँ मैं भलाई पर रखता हूँ। यदि कोई बड़ी अवस्था का वृद्ध मनुष्य मुझसे कुछ कहने-सुनने के लिए आता है, तो विश्वास मानो, मुझसे उसका वचन टाला नहीं जाता। कुछ बुढ़ापे का विचार, कुछ उसके दिल टूट जाने का डर, कुछ यह ख़याल कि कहीं यह विश्वासघातियों के फंदे में न फँस जाए, मुझे उसकी इच्छाओं की पूर्ति के लिए विवश कर देता है। मेरा यह सिद्धान्त है कि अच्छी जायदाद और कम ब्याज। किन्तु इस प्रकार बातें आपके सामने करना व्यर्थ है। आप से तो घर का मामला है। मेरे योग्य जो कुछ काम हो, उसके लिए मैं सिर-आँखों से तैयार हूँ।

वृद्ध स्त्री—मेरा काम आप ही से हो सकता है।

सेठ जी—(प्रसन्न होकर) बहुत अच्छा, आज्ञा दो।

स्त्री—मैं आपके सामने भिखारिन बनकर आई हूँ। आपको छोड़कर कोई मेरा सवाल पूरा नहीं कर सकता।

सेठ जी—कहिए, कहिए।

स्त्री—आप रामरक्षा को छोड़ दीजिए।

सेठ जी के मुख का रंग उतर गया। सारे हवाई क़िले जो अभी-अभी तैयार हुए थे, गिर पड़े। वे बोले—उसने मेरी बहुत हानि की है। उसका घमंड तोड़ डालूँगा, तब छोड़ूँगा।

स्त्री—तो क्या कुछ मेरे बुढ़ापे का, मेरे हाथ फैलाने का, कुछ अपनी बड़ाई का विचार न करोगे? बेटा, ममता बुरी होती है। संसार से नाता टूट जाए, धन जाए, धर्म जाए, किन्तु लड़के का स्नेह हृदय से नहीं जाता। सन्तोष सब कुछ कर सकता है। किन्तु बेटे का प्रेम माँ के हृदय से नहीं निकल सकता। इस पर हाकिम का, राजा का, यहाँ तक कि ईश्वर का भी बस नहीं है। तुम मुझ पर तरस खाओ। मेरे लड़के की जान छोड़ दो, तुम्हें बड़ा यश मिलेगा। मैं जब तक जीऊँगी, तुम्हें आशीर्वाद देती रहूँगी।

सेठ जी का हृदय कुछ पसीजा। पत्थर की तह में पानी रहता है; किन्तु तत्काल ही इन्हें मिसेज़ रामरक्षा के पत्र का ध्यान आ गया। वे बोले—मुझे रामरक्षा से कोई उतनी शत्रुता नहीं थी, यदि उन्होंने मुझे न छेड़ा होता, तो मैं न बोलता। आपके कहने से मैं अब भी उनका अपराध क्षमा कर सकता हूँ! परन्तु उसकी बीवी साहबा ने जो पत्र मेरे पास भेजा है, उसे देखकर शरीर में आग लग जाती है। दिखाऊँ आपको! रामरक्षा की माँ ने पत्र लेकर पढ़ा तो उनकी आँखों में आँसू भर आए। वे बोलीं—बेटा, इस स्त्री ने मुझे बहुत दुःख दिया है। उसने मुझे देश से निकाल दिया। उसका मिज़ाज और ज़बान उसके वश में नहीं; किन्तु इस समय उसने जो गर्व दिखाया है, उसका तुम्हें ख़याल नहीं करना चाहिए। तुम इसे भुला दो। तुम्हारा देश-देश में नाम है। यह नेकी तुम्हारे नाम को और भी फैला देगी। मैं तुमसे प्रण करती हूँ कि सारा समाचार रामरक्षा से लिखवा कर किसी अच्छे समाचार-पत्र में छपवा दूँगी। रामरक्षा मेरा कहना नहीं टालेगा। तुम्हारे इस उपकार को वह कभी न भूलेगा। जिस समय ये समाचार संवादपत्रों में छपेंगे, उस समय हज़ारों मनुष्यों को तुम्हारे दर्शन की अभिलाषा होगी। सरकार में तुम्हारी बड़ाई होगी और मैं सच्चे हृदय से कहती हूँ कि शीघ्र ही तुम्हें कोई न कोई पदवी मिल जाएगी। रामरक्षा की अँगरेज़ों से बहुत मित्रता है, वे उसकी बात कभी न टालेंगे।

सेठ जी के हृदय में गुदगुदी पैदा हो गई। यदि इस व्यवहार में वह पवित्र और माननीय स्थान प्राप्त हो जाए—जिसके लिए हज़ारों ख़र्च किए, हज़ारों डालियाँ दीं, हज़ारों अनुनय-विनय कीं, हज़ारों ख़ुशामदें कीं, खानसामों की झिड़कियाँ सहीं, बँगलों के चक्कर लगाए—तो इस सफलता के लिए ऐसे कई हज़ार मैं ख़र्च कर सकता हूँ। निःसन्देह मुझे इस काम में रामरक्षा से बहुत कुछ सहायता मिल सकती है; किन्तु इन विचारों को प्रकट करने से क्या लाभ? उन्होंने कहा—माता, मुझे नाम-नमूद की बहुत चाह नहीं है। बड़ों ने कहा है—नेकी कर दरिया में डाल। मुझे तो आपकी बात का ख़याल है। पदवी मिले तो लेने से इनकार नहीं, न मिले तो तृष्णा नहीं; परन्तु यह तो बताइए कि मेरे रुपयों का क्या प्रबन्ध होगा? आपको मालूम होगा कि मेरे दस हज़ार रुपए आते हैं।

रामरक्षा की माँ ने कहा—तुम्हारे रुपए की ज़मानत मैं करती हूँ। यह देखो, बंगाल-बैंक की पास-बुक है। इसमें मेरा दस हज़ार रुपया जमा है। उस रुपए से तुम रामरक्षा को कोई व्यवसाय करा दो। तुम उस दुकान के मालिक रहोगे, रामरक्षा को उसका मैनेजर बना देना। जब तक वह तुम्हारे कहे पर चले, निभाना; नहीं तो दुकान तुम्हारी है। मुझे उसमें से कुछ नहीं चाहिए। मेरी खोज-ख़बर लेनेवाला ईश्वर है। रामरक्षा अच्छी तरह रहे, इससे अधिक मुझे और न चाहिए। यह कहकर पास-बुक सेठ जी को दे दी। माँ के इस अथाह प्रेम ने सेठ जी को विह्वल कर दिया। पानी उबल पड़ा और पत्थर के नीचे ढँक गया। ऐसे पवित्र दृश्य देखने के लिए जीवन में कम अवसर मिलते हैं। सेठ जी के हृदय में परोपकार की एक लहर-सी उठी; उनकी आँखें डबडबा आईं। जिस प्रकार पानी के बहाव से कभी-कभी बाँध टूट जाता है; उसी प्रकार परोपकार की इस उमंग ने स्वार्थ और माया के बाँध को तोड़ दिया। वे पास-बुक वृद्ध स्त्री को वापस देकर बोले—माता, यह अपनी किताब लो। मुझे अब अधिक लज्जित न करो। यह देखो, रामरक्षा का नाम बही से उड़ा देता हूँ। मुझे कुछ नहीं चाहिए, मैंने अपना सब कुछ पा लिया। आज तुम्हारा रामरक्षा तुमको मिल जाएगा।

इस घटना के दो वर्ष उपरान्त टाउनहाल में फिर एक बड़ा जलसा हुआ। बैंड बज रहा था, झंडियाँ और ध्वजाएँ वायुमंडल में लहरा रही थीं। नगर के सभी माननीय पुरुष उपस्थित थे। फिटन और मोटरों से सारा हाता भरा हुआ था। एकाएक मुश्की घोड़ों की एक फिटन ने हाते में प्रवेश किया। सेठ गिरधारीलाल बहुमूल्य वस्त्रों से सजे हुए उसमें से उतरे। उनके साथ एक फैशनेबुल नवयुवक अँगरेज़ी सूट पहने मुस्कुराता हुआ उतरा। ये मिस्टर रामरक्षा थे। वे अब सेठ जी की एक ख़ास दुकान के मैनेजर हैं। केवल मैनेजर ही नहीं, किन्तु उन्हें मैनेजिंग प्रोप्राइटर समझना चाहिए। दिल्ली-दरबार में सेठ जी को रायबहादुर का पद मिला है। आज डिस्ट्रिक्ट मैजिस्ट्रेट नियमानुसार इसकी घोषणा करेंगे और सूचित करेंगे कि नगर के माननीय पुरुषों की ओर से सेठ जी को धन्यवाद देने के लिए यह बैठक हुई है। सेठ जी की ओर से धन्यवाद का वक्तव्य मिस्टर रामरक्षा करेंगे। जिन लोगों ने उनकी वक्तृताएँ सुनी हैं, वे बहुत उत्सुकता से उस अवसर की प्रतीक्षा कर रहे हैं।

बैठक समाप्त होने पर सेठ जी रामरक्षा के साथ अपने भवन पर पहुँचे, तो मालूम हुआ कि आज वही वृद्धा स्त्री उनसे फिर मिलने आई है। सेठ जी दौड़कर रामरक्षा की माँ के चरणों से लिपट गए। उनका हृदय इस समय नदी की भाँति उमड़ा हुआ था।

'रामरक्षा ऐंड फ्रेंड्स' नामक चीनी बनाने का कारख़ाना बहुत उन्नति पर है। रामरक्षा अब भी उसी ठाट-बाट से जीवन व्यतीत कर रहे हैं; किन्तु पार्टियाँ कम देते हैं और दिन भर में तीन से अधिक सूट नहीं बदलते। वे अब उस पत्र को, जो उनकी स्त्री ने सेठ जी को लिखा था, संसार की एक बहुत अमूल्य वस्तु समझते हैं और मिसेज़ रामरक्षा को भी अब सेठ जी के नाम को मिटाने की अधिक चाह नहीं है। क्योंकि अभी हाल में जब लड़का पैदा हुआ था, मिसेज़ रामरक्षा ने अपना सुवर्ण-कंकण धाय को उपहार दिया था और मनों मिठाई बाँटी थी।

यह सब हो गया; किन्तु वह बात जो, अब होनी चाहिए थी, न हुई। रामरक्षा की माँ अब भी अयोध्या में रहती हैं और अपनी पुत्रवधू की सूरत नहीं देखना चाहतीं।

मंत्र-2

संध्या का समय था। डॉक्टर चड्ढा गोल्फ खेलने के लिए तैयार हो रहे थे। मोटर द्वार के सामने खड़ी थी कि दो कहार एक डोली लिये आते दिखाई दिए। डोली के पीछे एक बूढ़ा लाठी टेकता चला आता था। डोली औषधालय के सामने आकर रुक गई। बूढ़े ने धीरे-धीरे आकर द्वार पर पड़ी हुई चिक से झाँका। ऐसी साफ़-सुथरी ज़मीन पर पैर रखते हुए भय हो रहा था कि कोई घुड़क न बैठे। डॉक्टर साहब को सामने देखकर भी उसे कुछ कहने का साहस न हुआ।

डॉक्टर साहब ने चिक के अन्दर से गरज कर कहा—कौन है? क्या चाहता है?

बूढ़े ने हाथ जोड़कर कहा—हुजूर, बड़ा ग़रीब आदमी हूँ। मेरा लड़का कई दिन से...

डॉक्टर साहब ने सिगार जला कर कहा—कल सबेरे आओ, कल सबेरे, हम इस वक़्त मरीजों को नहीं देखते।

बूढ़े ने घुटने टेक कर ज़मीन पर सिर रख दिया और बोला—दुहाई है सरकार की, लड़का मर जाएगा! हुजूर, चार दिन से आँखें नहीं...

डॉक्टर चड्ढा ने कलाई पर नज़र डाली। केवल दस मिनट समय और बाक़ी था। गोल्फ-स्टिक खूँटी से उतारते हुए बोले—कल सबेरे आओ, कल सबेरे; यह हमारे खेलने का समय है।

बूढ़े ने पगड़ी उतारकर चौखट पर रख दी और रोकर बोला—हुजूर, एक निगाह देख लें। बस, एक निगाह! लड़का हाथ से चला जाएगा हुजूर, सात लड़कों में यही एक बच रहा है, हुजूर। हम दोनों आदमी रो-रोकर मर जाएँगे, सरकार! आपकी बढ़ती होय, दीनबंधु!

ऐसे उजड्ड देहाती यहाँ प्राय: रोज़ आया करते थे। डॉक्टर साहब उनके स्वभाव से ख़ूब परिचित थे। कोई कितना ही कुछ कहे; पर वे अपनी ही रट लगाते जाएँगे। किसी की सुनेंगे नहीं। धीरे से चिक उठाई और बाहर निकलकर मोटर की तरफ़ चले। बूढ़ा यह कहता हुआ उनके पीछे दौड़ा—सरकार, बड़ा धरम होगा। हुजूर, दया कीजिए, बड़ा दीन-दुखी हूँ; संसार में कोई और नहीं है, बाबू जी!

मगर डॉक्टर साहब ने उसकी ओर मुँह फेर कर देखा तक नहीं। मोटर पर बैठकर बोले—कल सबेरे आना।

मोटर चली गई। बूढ़ा कई मिनट तक मूर्ति की भाँति निश्चल खड़ा रहा। संसार में ऐसे मनुष्य भी होते हैं, जो अपने आमोद-प्रमोद के आगे किसी की जान की भी परवा नहीं करते, शायद इसका उसे अब भी विश्वास न आता था। सभ्य संसार इतना निर्मम, इतना कठोर है, इसका ऐसा मर्मभेदी अनुभव अब तक न हुआ था। वह उन पुराने ज़माने के जीवों में था, जो लगी हुई आग को बुझाने, मुर्दे को कन्धा देने, किसी के छप्पर को उठाने और किसी कलह को शान्त करने के लिए सदैव तैयार रहते थे। जब तक बूढ़े को मोटर दिखाई दी, वह खड़ा टकटकी लगाए उस ओर ताक़ता रहा। शायद उसे अब भी डॉक्टर साहब के लौट आने की आशा थी। फिर उसने कहारों से डोली उठाने को कहा। डोली जिधर से आई थी, उधर ही चली गई। चारों ओर से निराश होकर वह डॉक्टर चड्ढा के पास आया था। इनकी बड़ी तारीफ सुनी थी। यहाँ से निराश होकर फिर वह किसी दूसरे डॉक्टर के पास न गया। क़िस्मत ठोक ली!

उसी रात को उसका हँसता-खेलता सात साल का बालक अपनी बाल-लीला समाप्त करके इस संसार से सिधार गया। बूढ़े माँ-बाप के जीवन का यही एक आधार था। इसी का मुँह देखकर जीते थे। इस दीपक के बुझते ही जीवन की अँधेरी रात भाँय-भाँय करने लगी। बुढ़ापे की विशाल ममता टूटे हुए हृदय से निकलकर अंधकार में आर्त-स्वर से रोने लगी।

2

कई साल गुज़र गए। डॉक्टर चड्ढा ने ख़ूब यश और धन कमाया; लेकिन इसके साथ ही अपने स्वास्थ्य की रक्षा भी की, जो एक असाधारण बात थी। यह उनके नियमित जीवन का आशीर्वाद था कि 50 वर्ष की अवस्था में उनकी चुस्ती और फुर्ती युवकों को भी लज्जित करती थी। उनके हर एक काम का समय नियत था, इस नियम से वह जौ-भर भी न टलते थे। बहुधा लोग स्वास्थ्य के नियमों का पालन उस समय करते हैं, जब रोगी हो जाते हैं। डॉक्टर चड्ढा उपचार और संयम का रहस्य ख़ूब समझते थे। उनकी संतान-संख्या भी इसी नियम के अधीन थी। उनके केवल दो बच्चे हुए, एक लड़का और एक लड़की। तीसरी संतान न हुई, इसीलिए श्रीमती चड्ढा भी अभी जवान मालूम होती थीं। लड़की का तो विवाह हो चुका था। लड़का कॉलेज में पढ़ता था। वही माता-पिता के जीवन का आधार था। शील और विनय का पुतला, बड़ा ही रसिक, बड़ा ही उदार, विद्यालय का गौरव, युवक-समाज की शोभा। मुखमंडल से तेज़ की छटा-सी निकलती थी। आज उसकी बीसवीं सालगिरह थी।

संध्या का समय था। हरी-हरी घास पर कुर्सियाँ बिछी हुई थीं। शहर के रईस और हुक्काम एक तरफ़, कॉलेज के छात्र दूसरी तरफ़ बैठे भोजन कर रहे थे। बिजली के प्रकाश से सारा मैदान जगमगा रहा था। आमोद-प्रमोद का सामान भी जमा था। छोटा-सा प्रहसन खेलने की तैयारी थी। प्रहसन स्वयं कैलाशनाथ ने लिखा था। वही मुख्य ऐक्टर भी था। इस समय वह एक रेशमी कमीज़ पहने, नंगे सिर, नंगे पाँव, इधर से उधर मित्रों की आव-भगत में लगा हुआ था। कोई पुकारता—कैलाश, ज़रा इधर आना; कोई उधर से बुलाता—कैलाश, क्या उधर ही रहोगे? सभी उसे छेड़ते थे, चुहलें करते थे, बेचारे को ज़रा दम मारने का अवकाश न मिलता था। सहसा एक रमणी ने उसके पास आकर कहा—क्यों कैलाश, तुम्हारे साँप कहाँ हैं? ज़रा मुझे दिखा दो।

कैलाश ने उससे हाथ मिलाकर कहा—मृणालिनी, इस वक़्त क्षमा करो, कल दिखा दूँगा।

मृणालिनी ने आग्रह किया—जी नहीं, तुम्हें दिखाना पड़ेगा, मैं आज नहीं मानने की। तुम रोज़ 'कल-कल' करते हो।

मृणालिनी और कैलाश दोनों सहपाठी थे और एक-दूसरे के प्रेम में पगे हुए। कैलाश को साँपों के पालने, खेलाने और नचाने का शौक़ था। तरह-तरह के साँप पाल रखे थे। उनके स्वभाव और चरित्र की परीक्षा करता रहता था। थोड़े दिन हुए, उसने विद्यालय में 'साँपों' पर एक मार्के का व्याख्यान दिया था। साँपों को नचा कर दिखाया भी था! प्राणिशास्त्र के बड़े-बड़े पंडित भी यह व्याख्यान सुनकर दंग रह गए थे! यह विद्या उसने एक बड़े सँपेरे से सीखी थी। साँपों की जड़ी-बूटियाँ जमा करने का उसे मरज था। इतना पता भर मिल जाए कि किसी व्यक्ति के पास कोई अच्छी जड़ी है, फिर उसे चैन न आता था। उसे लेकर ही छोड़ता था। यही व्यसन था। इस पर हज़ारों रुपए फूँक चुका था। मृणालिनी कई बार आ चुकी थी; पर कभी साँपों को देखने के लिए इतनी उत्सुक न हुई थी। कह नहीं सकते, आज उसकी उत्सुकता सचमुच जाग गई थी, या वह कैलाश पर अपने अधिकार का प्रदर्शन करना चाहती थी; पर उसका आग्रह बेमौक़ा था। उस कोठरी में कितनी भीड़ लग जाएगी, भीड़ को देखकर साँप कितने चौंकेंगे और रात के समय उन्हें छेड़ा जाना कितना बुरा लगेगा, इन बातों का उसे ज़रा भी ध्यान न आया।

कैलाश ने कहा—नहीं, कल ज़रूर दिखा दूँगा। इस वक़्त अच्छी तरह दिखा भी तो न सकूँगा, कमरे में तिल रखने को भी जगह न मिलेगी।

एक महाशय ने छेड़कर कहा—दिखा क्यों नहीं देते, ज़रा-सी बात के लिए इतना टाल-मटोल कर रहे हो? मिस गोविंद, हर्गिज़ न मानना। देखें कैसे नहीं दिखाते!

दूसरे महाशय ने और रद्दा चढ़ाया—मिस गोविन्द इतनी सीधी और भोली हैं, तभी आप इतना मिज़ाज करते हैं; दूसरी सुन्दरी होती, तो इसी बात पर बिगड़ खड़ी होती।

तीसरे साहब ने मज़ाक़ उड़ाया—अजी बोलना छोड़ देती। भला, कोई बात है! इस पर आपका दावा है कि मृणालिनी के लिए जान हाजिर है।

मृणालिनी ने देखा कि ये शोहदे उसे रंग पर चढ़ा रहे हैं, तो बोली—आप लोग मेरी वकालत न करें, मैं ख़ुद अपनी वकालत कर लूँगी। मैं इस वक़्त साँपों का तमाशा नहीं देखना चाहती। चलो, छुट्टी हुई।

इस पर मित्रों ने ठट्ठा लगाया। एक साहब बोले—देखना तो आप सब कुछ चाहें, पर कोई दिखाए भी तो?

कैलाश को मृणालिनी की झेंपी हुई सूरत देखकर मालूम हुआ कि इस वक़्त उसका इनकार वास्तव में उसे बुरा लगा है। ज्यों ही प्रीतिभोज समाप्त हुआ और गाना शुरू हुआ, उसने मृणालिनी और अन्य मित्रों को साँपों के दरबे के सामने ले जाकर महुअर बजाना शुरू किया। फिर एक-एक खाना खोलकर एक-एक साँप को निकालने लगा। वाह! क्या कमाल था! ऐसा जान पड़ता था कि वे कीड़े उसकी एक-एक बात, उसके मन का एक-एक भाव समझते हैं। किसी को उठा लिया, किसी को गरदन में डाल लिया, किसी को हाथ में लपेट लिया। मृणालिनी बार-बार मना करती कि इन्हें गर्दन में न डालो, दूर ही से दिखा दो। बस, ज़रा नचा दो। कैलाश की गरदन में साँपों को लिपटते देखकर उसकी जान निकली जाती थी। पछता रही थी कि मैंने व्यर्थ ही इनसे साँप दिखाने को कहा; मगर कैलाश एक न सुनता था।

प्रेमिका के सम्मुख अपने सर्प-कला-प्रदर्शन का ऐसा अवसर पाकर वह कब चूकता! एक मित्र ने टीका की—दाँत तोड़ डाले होंगे।

कैलाश हँसकर बोला—दाँत तोड़ डालना मदारियों का काम है। किसी के दाँत नहीं तोड़े गए। कहिए तो दिखा दूँ? कहकर उसने एक काले साँप को पकड़ लिया और बोला—'मेरे पास इससे बड़ा और ज़हरीला साँप दूसरा नहीं है, अगर किसी को काट ले, तो आदमी आनन-फानन में मर जाए। लहर भी न आए। इसके काटे पर मंत्र नहीं। इसके दाँत दिखा दूँ?'

मृणालिनी ने उसका हाथ पकड़कर कहा—नहीं-नहीं, कैलाश, ईश्वर के लिए इसे छोड़ दो। तुम्हारे पैरों पड़ती हूँ।

इस पर एक दूसरे मित्र बोले—मुझे तो विश्वास नहीं आता, लेकिन तुम कहते हो, तो मान लूँगा।

कैलाश ने साँप की गरदन पकड़कर कहा—नहीं साहब, आप आँखों से देखकर मानिए। दाँत तोड़कर वश में किया तो क्या किया। साँप बड़ा समझदार होता है! अगर उसे विश्वास हो जाए कि इस आदमी से मुझे कोई हानि न पहुँचेगी, तो वह उसे हर्गिज़ न काटेगा।

मृणालिनी ने जब देखा कि कैलाश पर इस वक़्त भूत सवार है, तो उसने यह तमाशा न करने के विचार से कहा—अच्छा भाई, अब यहाँ से चलो। देखो गाना शुरू हो गया है। आज मैं भी कोई चीज़ सुनाऊँगी। यह कहते हुए उसने कैलाश का कन्धा पकड़कर चलने का इशारा किया और कमरे से निकल गई; मगर कैलाश विरोधियों का शंका-समाधान करके ही दम लेना चाहता था। उसने साँप की गरदन पकड़कर ज़ोर से दबाई, इतनी ज़ोर से दबाई कि उसका मुँह लाल हो गया, देह की सारी नसें तन गईं। साँप ने अब तक उसके हाथों ऐसा व्यवहार न देखा था। उसकी समझ में न आता था कि यह मुझसे क्या चाहते हैं। उसे शायद भ्रम हुआ कि मुझे मार डालना चाहते हैं, अतएव वह आत्मरक्षा के लिए तैयार हो गया।

कैलाश ने उसकी गर्दन ख़ूब दबाकर मुँह खोल दिया और उसके ज़हरीले दाँत दिखाते हुए बोला—जिन सज्जनों को शक हो, आकर देख लें। आया विश्वास या अब भी कुछ शक है? मित्रों ने आकर उसके दाँत देखे और चकित हो गए। प्रत्यक्ष प्रमाण के सामने सन्देह को स्थान कहाँ। मित्रों का शंका-निवारण करके कैलाश ने साँप की गर्दन ढीली कर दी और उसे ज़मीन पर रखना चाहा, पर वह काला गेहुँवन क्रोध से पागल हो रहा था। गर्दन नरम पड़ते ही उसने सिर उठाकर कैलाश की उँगली में ज़ोर से काटा और वहाँ से भागा। कैलाश की उँगली से टप-टप ख़ून टपकने लगा। उसने ज़ोर से उँगली दबा ली और अपने कमरे की तरफ़ दौड़ा। वहाँ मेज़ की दराज में एक जड़ी रखी हुई थी, जिसे पीस कर लगा देने से घातक विष भी रफ़ू हो जाता था। मित्रों में हलचल पड़ गई। बाहर महफ़िल में भी ख़बर हुई। डॉक्टर साहब घबराकर दौड़े। फ़ौरन उँगली की जड़ कस कर बाँधी गई और जड़ी पीसने के लिए दी गई। डॉक्टर साहब जड़ी के कायल न थे। वह उँगली का डसा भाग नश्तर से काट देना चाहते थे, मगर कैलाश को जड़ी पर पूर्ण विश्वास था। मृणालिनी प्यानो पर बैठी हुई थी। यह ख़बर सुनते ही दौड़ी, और कैलाश की उँगली से टपकते हुए ख़ून को रूमाल से पोंछने लगी। जड़ी पीसी जाने लगी; पर उसी एक मिनट में कैलाश की आँखें झपकने लगीं, ओठों पर पीलापन दौड़ने लगा। यहाँ तक कि वह खड़ा न रह सका। फ़र्श पर बैठ गया। सारे मेहमान कमरे में जमा हो गए। कोई कुछ कहता था, कोई कुछ। इतने में जड़ी पीस कर आ गई। मृणालिनी ने

उँगली पर लेप किया। एक मिनट और बीता। कैलाश की आँखें बन्द हो गईं। वह लेट गया और हाथ से पंखा झलने का इशारा किया। माँ ने दौड़कर उसका सिर गोद में रख लिया और बिजली का टेबुल-फैन लगा दिया।

डॉक्टर साहब ने झुककर पूछा—कैलाश, कैसी तबीयत है? कैलाश ने धीरे से हाथ उठा दिया; पर कुछ बोल न सका। मृणालिनी ने करुण स्वर में कहा—क्या जड़ी कुछ असर न करेगी? डॉक्टर साहब ने सिर पकड़कर कहा—क्या बतलाऊँ, मैं इसकी बातों में आ गया। अब तो नश्तर से भी कुछ फ़ायदा न होगा।

आध घंटे तक यही हाल रहा। कैलाश की दशा प्रतिक्षण बिगड़ती जाती थी। यहाँ तक कि उसकी आँखें पथरा गईं, हाथ-पाँव ठंडे हो गए, मुख की कांति मलिन पड़ गई, नाड़ी का कहीं पता नहीं। मौत के सारे लक्षण दिखाई देने लगे। घर में कुहराम मच गया। मृणालिनी एक ओर सिर पीटने लगी; माँ अलग पछाड़ें खाने लगी। डॉक्टर चड्ढा को मित्रों ने पकड़ लिया, नहीं तो वह नश्तर अपनी गर्दन पर मार लेते।

एक महाशय बोले—कोई मंत्र झाड़ने वाला मिले, तो सम्भव है, अब भी जान बच जाए।

एक मुसलमान सज्जन ने इसका समर्थन किया—अरे साहब क़ब्र में पड़ी हुई लाशें ज़िन्दा हो गई हैं। ऐसे-ऐसे बाकमाल पड़े हुए हैं।

डॉक्टर चड्ढा बोले—मेरी अक़्ल पर पत्थर पड़ गया था कि इसकी बातों में आ गया। नश्तर लगा देता, तो यह नौबत ही क्यों आती। बार-बार समझाता रहा कि बेटा, साँप न पालो, मगर कौन सुनता था! बुलाइए, किसी झाड़-फूँक करनेवाले ही को बुलाइए। मेरा सब कुछ ले ले, मैं अपनी सारी जायदाद उसके पैरों पर रख दूँगा। लँगोटी बाँधकर घर से निकल जाऊँगा; मगर मेरा कैलाश, मेरा प्यारा कैलाश उठ बैठे। ईश्वर के लिए किसी को बुलवाइए।

एक महाशय का किसी झाड़नेवाले से परिचय था। वह दौड़कर उसे बुला लाए; मगर कैलाश की सूरत देखकर उसे मंत्र चलाने की हिम्मत न पड़ी। बोला—अब क्या हो सकता है, सरकार? जो कुछ होना था, हो चुका!

अरे मूर्ख, यह क्यों नहीं कहता कि जो कुछ न होना था, हो चुका। जो कुछ होना था, वह कहाँ हुआ? माँ-बाप ने बेटे का सेहरा कहाँ देखा? मृणालिनी का कामना-तरु क्या पल्लव और पुष्प से रंजित हो उठा? मन के वह स्वर्ण-स्वप्न जिनसे जीवन आनन्द का स्रोत बना हुआ था, क्या पूरे हो गए? जीवन के नृत्यमय तारिका-मंडित सागर में आमोद की बहार लूटते हुए क्या उनकी नौका जलमग्न नहीं हो गई? जो न होना था, वह हो गया।

वही हरा-भरा मैदान था, वही सुनहरी चाँदनी एक निःशब्द संगीत की भाँति प्रकृति पर छाई हुई थी; वही मित्र-समाज था। वही मनोरंजन के सामान थे। मगर जहाँ हास्य की ध्वनि थी, वहाँ करुण क्रंदन और अश्रु-प्रवाह था।

3

शहर से कई मील दूर एक छोटे-से घर में एक बूढ़ा और बुढ़िया अँगीठी के सामने बैठे जाड़े की रात काट रहे थे। बूढ़ा नारियल पीता था और बीच-बीच में खाँसता था। बुढ़िया दोनों घुटनियों में सिर डाले आग की ओर ताक रही थी। एक मिट्टी के तेल की कुप्पी ताक पर जल रही थी। घर में न चारपाई थी, न बिछौना। एक किनारे थोड़ी-सी पुआल

पड़ी हुई थी। इसी कोठरी में एक चूल्हा था। बुढ़िया दिन-भर उपले और सूखी लकड़ियाँ बटोरती थी। बूढ़ा रस्सी बट कर बाज़ार में बेच आता था। यही उनकी जीविका थी। उन्हें न किसी ने रोते देखा, न हँसते। उनका सारा समय जीवित रहने में कट जाता था। मौत द्वार पर खड़ी थी, रोने या हँसने की कहाँ फुरसत! बुढ़िया ने पूछा—कल के लिए सन तो है नहीं, काम क्या करोगे?

'जाकर झगड़ू साह से दस सेर सन उधार लाऊँगा।'

'उसके पहले के पैसे तो दिए ही नहीं, और उधार कैसे देगा?'

'न देगा न सही। घास तो कहीं नहीं गई है। दोपहर तक क्या दो आने की भी न काटूँगा?'

इतने में एक आदमी ने द्वार पर आवाज़ दी—भगत, भगत, क्या सो गए? ज़रा किवाड़ खोलो।

भगत ने उठकर किवाड़ खोल दिए। एक आदमी ने अन्दर आकर कहा—कुछ सुना, डॉक्टर चड्ढा बाबू के लड़के को साँप काट लिया।

भगत ने चौंककर कहा—चड्ढा बाबू के लड़के को! वही चड्ढा बाबू हैं न, जो छावनी में बँगले में रहते हैं?

'हाँ-हाँ वही। शहर में हल्ला मचा हुआ है। जाते हो तो जाओ, आदमी बन जाओगे।'

बूढ़े ने कठोर भाव से सिर हिलाकर कहा—मैं नहीं जाता! मेरी बला जाए! वही चड्ढा है। ख़ूब जानता हूँ। भैया को लेकर उन्हीं के पास गया था। खेलने जा रहे थे। पैरों पर गिर पड़ा कि एक नज़र देख लीजिए; मगर सीधे मुँह से बात तक न की। भगवान् बैठे सुन रहे थे। अब जान पड़ेगा कि बेटे का ग़म कैसा होता है। कई लड़के हैं?

'नहीं जी, यही तो एक लड़का था। सुना है, सबने जवाब दे दिया है।'

'भगवान् बड़ा कारसाज है। उस बखत मेरी आँखों से आँसू निकल पड़े थे, पर उन्हें तनिक भी दया न आई थी। मैं तो उनके द्वार पर होता, तो भी बात न पूछता।'

'तो न जाओगे? हमने जो सुना था, सो कह दिया।'

'अच्छा किया—अच्छा किया। कलेजा ठंडा हो गया, आँखें ठंडी हो गईं। लड़का भी ठंडा हो गया होगा! तुम जाओ। आज चैन की नींद सोऊँगा। (बुढ़िया से) ज़रा तम्बाखू ले ले! एक चिलम और पीऊँगा। अब मालूम होगा लाला को! सारी साहबी निकल जाएगी, हमारा क्या बिगड़ा। लड़के के मर जाने से कुछ राज तो नहीं चला गया? जहाँ छह बच्चे गए थे, वहाँ एक और चला गया, तुम्हारा तो राज सूना हो जाएगा। उसी के वास्ते सबका गला दबा-दबाकर जोड़ा था न! अब क्या करोगे? एक बार देखने जाऊँगा; पर कुछ दिन बाद मिज़ाज का हाल पूछूँगा।'

आदमी चला गया। भगत ने किवाड़ बन्द कर लिए, तब चिलम पर तम्बाखू रखकर पीने लगा।

बुढ़िया ने कहा—इतनी रात गए जाड़े-पाले में कौन जाएगा?

'अरे, दोपहर ही होता तो मैं न जाता। सवारी दरवाज़े पर लेने आती, तो भी न जाता। भूल नहीं गया हूँ। पन्ना की सूरत आज भी आँखों में फिर रही है। इस निर्दयी ने उसे एक नज़र देखा तक नहीं। क्या मैं न जानता था कि वह न बचेगा? ख़ूब जानता था। चड्ढा भगवान् नहीं थे, कि उनके एक निगाह देख लेने से अमृत बरस जाता। नहीं, ख़ाली मन की दौड़ थी।

ज़रा तसल्ली हो जाती। बस, इसीलिए उनके पास गया था। अब किसी दिन जाऊँगा और कहूँगा—क्यों साहब, कहिए, क्या रंग है? दुनिया बुरा कहेगी, कहे; कोई परवाह नहीं। छोटे आदमियों में तो सब ऐब होते हैं। बड़ों में कोई ऐब नहीं होता, देवता होते हैं।'

भगत के लिए यह जीवन में पहला अवसर था कि ऐसा समाचार पाकर वह बैठा रह गया हो। 80 वर्ष के जीवन में ऐसा कभी न हुआ था कि साँप की ख़बर पाकर वह दौड़ न गया हो। माघ-पूस की अँधेरी रात, चैत-बैसाख की धूप और लू, सावन-भादों की चढ़ी हुई नदी और नाले, किसी की उसने कभी परवाह न की। वह तुरन्त घर से निकल पड़ता था—नि:स्वार्थ, निष्काम! लेन-देन का विचार कभी दिल में आया नहीं। यह ऐसा काम ही न था। जान का मूल्य कौन दे सकता है? यह एक पुण्य-कार्य था। सैकड़ों निराशों को उसके मंत्रों ने जीवन-दान दे दिया था; पर आज वह घर से क़दम नहीं निकाल सका। यह ख़बर सुनकर सोने जा रहा है।

बुढ़िया ने कहा—तमाखू अँगीठी के पास रखी हुई है। उसके भी आज ढाई पैसे हो गए। देती ही न थी।

बुढ़िया यह कहकर लेटी। बूढ़े ने कुप्पी बुझाई, कुछ देर खड़ा रहा, फिर बैठ गया। अन्त को लेट गया; पर यह ख़बर उसके हृदय पर बोझे की भाँति रखी हुई थी। उसे मालूम हो रहा था, उसकी कोई चीज़ खो गई है, जैसे सारे कपड़े गीले हो गए हैं या पैरों में कीचड़ लगा हुआ है, जैसे कोई उसके मन में बैठा हुआ उसे घर से निकालने के लिए कुरेद रहा है। बुढ़िया ज़रा देर में खर्राटे लेने लगी। बूढ़े बातें करते-करते सोते हैं और ज़रा-सा खटका होते ही जागते हैं। तब भगत उठा, अपनी लकड़ी उठा ली, और धीरे से किवाड़ खोले।

बुढ़िया ने पूछा—कहाँ जाते हो?

'कहीं नहीं, देखता था कि कितनी रात है।'

'अभी बहुत रात है, सो जाओ।'

'नींद नहीं आती।'

'नींद काहे को आवेगी? मन तो चड्ढा के घर पर लगा हुआ है।'

'चड्ढा ने मेरे साथ कौन-सी नेकी कर दी है, जो वहाँ जाऊँ? वह आकर पैरों पड़े, तो भी न जाऊँ।'

'उठे तो तुम इसी इरादे से ही।'

'नहीं री, ऐसा पागल नहीं हूँ कि जो मुझे काँटे बोये, उसके लिए फूल बोता फिरूँ।'

बुढ़िया फिर सो गई। भगत ने किवाड़ लगा दिए और फिर आकर बैठा। पर उसके मन की कुछ ऐसी दशा थी, जो बाजे की आवाज़ कान में पड़ते ही उपदेश सुननेवालों की होती है। आँखे चाहे उपदेशक की ओर हों; पर कान बाजे ही की ओर होते हैं। दिल में भी बाजे की ध्वनि गूँजती रहती है। शर्म के मारे जगह से नहीं उठता। निर्दयी प्रतिघात का भाव भगत के लिए उपदेशक था, पर हृदय उस अभागे युवक की ओर था, जो इस समय मर रहा था, जिसके लिए एक-एक पल का विलम्ब घातक था।

उसने फिर किवाड़ खोले, इतने धीरे से कि बुढ़िया को ख़बर भी न हुई। बाहर निकल आया। उसी वक़्त गाँव का चौकीदार गश्त लगा रहा था, बोला—कैसे उठे भगत? आज तो बड़ी सरदी है! कहीं जा रहे हो क्या?

भगत ने कहा—नहीं जी, जाऊँगा कहाँ! देखता था, अभी कितनी रात है। भला, कै बजे होंगे?

चौकीदार बोला—एक बजा होगा और क्या, अभी थाने से आ रहा था, तो डॉक्टर चड्ढा बाबू के बँगले पर बड़ी भीड़ लगी हुई थी। उनके लड़के का हाल तो तुमने सुना होगा, कीड़े ने छू लिया है। चाहे मर भी गया हो, तुम चले जाओ, तो साइत बच जाए। सुना है, दस हज़ार तक देने को तैयार हैं।

भगत—मैं तो न जाऊँ, चाहे वह दस लाख भी दें। मुझे दस हज़ार या दस लाख लेकर क्या करना है? कल मर जाऊँगा, फिर कौन भोगनेवाला बैठा हुआ है।

चौकीदार चला गया। भगत ने पैर बढ़ाया। जैसे नशे में आदमी की देह अपने काबू में नहीं रहती, पैर कहीं रखता है, पड़ता कहीं है, कहता कुछ है, ज़बान से निकलता कुछ है, वही हाल इस समय भगत का था। मन में प्रतिकार था; पर कर्म मन के अधीन न था। जिसने कभी तलवार नहीं चलाई, वह इरादा करने पर भी तलवार नहीं चला सकता। उसके हाथ काँपते हैं, उठते ही नहीं।

भगत लाठी खट-खट करता लपका चला जाता था। चेतना रोकती थी पर उपचेतना ठेलती थी। सेवक स्वामी पर हावी था।

आधी राह निकल जाने के बाद सहसा भगत रुक गया। हिंसा ने क्रिया पर विजय पाई—मैं यों ही इतनी दूर चला आया। इस जाड़े-पाले में मरने की मुझे क्या पड़ी थी? आराम से सोया क्यों नहीं? नींद न आती, न सही; दो-चार भजन ही गाता। व्यर्थ इतनी दूर दौड़ा आया। चड्ढा का लड़का रहे या मरे, मेरी बला से। मेरे साथ उन्होंने ऐसा कौन-सा सलूक किया था कि मैं उनके लिए मरूँ? दुनिया में हज़ारों मरते हैं, हज़ारों जीते हैं। मुझे किसी के मरने-जीने से मतलब!

मगर उपचेतना ने अब एक दूसरा रूप धारण किया, जो हिंसा से बहुत कुछ मिलता-जुलता था—वह झाड़-फूँक करने नहीं जा रहा है; वह देखेगा, कि लोग क्या कर रहे हैं। डॉक्टर साहब का रोना-पीटना देखेगा, किस तरह सिर पीटते हैं, किस तरह पछाड़ें खाते हैं! यह देखेगा कि बड़े लोग भी छोटों ही की भाँति रोते हैं, या सबर कर जाते हैं! वे लोग तो विद्वान् होते हैं, सबर कर जाते होंगे! हिंसा-भाव को यों धीरज देता हुआ वह फिर आगे बढ़ा।

इतने में दो आदमी आते दिखाई दिए। दोनों बातें करते चले आ रहे थे—चड्ढा बाबू का घर उजड़ गया, वही तो एक लड़का था। भगत के कान में यह आवाज़ पड़ी। उसकी चाल और भी तेज़ हो गई। थकान के मारे पाँव न उठते थे। शिरोभाग इतना बढ़ा जाता था, मानो अब मुँह के बल गिर पड़ेगा। इस तरह वह कोई 10 मिनट चला होगा कि डॉक्टर साहब का बँगला नज़र आया। बिजली की बत्तियाँ जल रही थीं; मगर सन्नाटा छाया हुआ था। रोने-पीटने की आवाज़ भी न आती थी। भगत का कलेजा धक्-धक् करने लगा। कहीं मुझे बहुत देर तो नहीं हो गई? वह दौड़ने लगा। अपनी उम्र में वह इतना तेज़ कभी न दौड़ा था। बस, यही मालूम होता था मानो उसके पीछे मौत दौड़ी आ रही है।

4

दो बज गए थे। मेहमान विदा हो गए। रोने वालों में केवल आकाश के तारे रह गए थे। और सभी रो-रोकर थक गए थे। बड़ी उत्सुकता के साथ लोग रह-रहकर आकाश की ओर देखते थे कि किसी तरह सुबह हो और लाश गंगा की गोद में दी जाए।

सहसा भगत ने द्वार पर पहुँचकर आवाज़ दी। डॉक्टर साहब समझे, कोई मरीज आया होगा। किसी और दिन उन्होंने उस आदमी को दुत्कार दिया होता; मगर आज बाहर निकल आए। देखा एक बूढ़ा आदमी खड़ा है—कमर झुकी हुई, पोपला मुँह, भौंहें तक सफ़ेद हो गई थीं। लकड़ी के सहारे काँप रहा था। बड़ी नम्रता से बोले—क्या है भई, आज तो हमारे ऊपर ऐसी मुसीबत पड़ गई है कि कुछ कहते नहीं बनता, फिर कभी आना। इधर एक महीना तक तो शायद मैं किसी भी मरीज को न देख सकूँगा।

भगत ने कहा—सुन चुका हूँ बाबू जी, इसीलिए आया हूँ। भैया कहाँ हैं? ज़रा मुझे दिखा दीजिए। भगवान् बड़ा कारसाज है, मुरदे को भी जिला सकता है। कौन जाने, अब भी उसे दया आ जाए।

चड्ढा ने व्यथित स्वर से कहा—चलो, देख लो; मगर तीन-चार घंटे हो गए। जो कुछ होना था, हो चुका। बहुतेरे झाड़ने-फूँकने वाले देख-देखकर चले गए।

डॉक्टर साहब को आशा तो क्या होती। हाँ, बूढ़े पर दया आ गई। अन्दर ले गए। भगत ने लाश को एक मिनट तक देखा। तब मुस्कुराकर बोला—अभी कुछ नहीं बिगड़ा है, बाबू जी! वह नारायण चाहेंगे, तो आध घंटे में भैया उठ बैठेंगे। आप नाहक दिल छोटा कर रहे हैं। ज़रा कहारों से कहिए, पानी तो भरें।

कहारों ने पानी भर-भरकर कैलाश को नहलाना शुरू किया। पाइप बन्द हो गया था। कहारों की संख्या अधिक न थी, इसलिए मेहमानों ने अहाते के बाहर के कुएँ से पानी भर-भरकर कहारों को दिया, मृणालिनी कलसा लिये पानी ला रही थी। बूढ़ा भगत खड़ा मुस्कुरा-मुस्कुराकर मंत्र पढ़ रहा था, मानो विजय उसके सामने खड़ी है। जब एक बार मंत्र समाप्त हो जाता, तब वह एक जड़ी कैलाश को सुँघा देता। इस तरह न-जाने कितने घड़े कैलाश के सिर पर डाले गए और न-जाने कितनी बार भगत ने मंत्र फूँका। आख़िर जब उषा ने अपनी लाल-लाल आँखें खोलीं तो कैलाश की भी लाल-लाल आँखें खुल गईं। एक क्षण में उसने अंगड़ाई ली और पानी पीने को माँगा। डॉक्टर चड्ढा ने दौड़कर नारायणी को गले लगा लिया। नारायणी दौड़कर भगत के पैरों पर गिर पड़ी और मृणालिनी कैलाश के सामने आँखों में आँसू-भरे पूछने लगी—अब कैसी तबीयत है?

एक क्षण में चारों तरफ़ ख़बर फैल गई। मित्रगण मुबारकबाद देने आने लगे। डॉक्टर साहब बड़े श्रद्धा-भाव से हर एक के सामने भगत का यश गाते फिरते थे। सभी लोग भगत के दर्शनों के लिए उत्सुक हो उठे, मगर अन्दर जाकर देखा, तो भगत का कहीं पता न था। नौकरों ने कहा—अभी तो यहीं बैठे चिलम पी रहे थे। हम लोग तमाखू देने लगे, तो नहीं ली; अपने पास से तमाखू निकालकर भरी।

यहाँ तो भगत की चारों ओर तलाश होने लगी, और भगत लपका हुआ घर चला जा रहा था कि बुढ़िया के उठने से पहले पहुँच जाऊँ!

जब मेहमान लोग चले गए, तो डॉक्टर साहब ने नारायणी से कहा—बुड्ढा न-जाने कहाँ चला गया। एक चिलम तमाखू का भी रवादार न हुआ।

नारायणी—मैंने तो सोचा था, इसे कोई बड़ी रक़म दूँगी।

चड्ढा—रात को तो मैंने नहीं पहचाना, पर ज़रा साफ़ हो जाने पर पहचान गया। एक बार यह एक मरीज को लेकर आया था। मुझे अब याद आता है कि मैं खेलने जा रहा था और

मरीज को देखने से इनकार कर दिया था। आज उस दिन की बात याद करके मुझे जितनी ग्लानि हो रही है, उसे प्रकट नहीं कर सकता। मैं उसे अब खोज निकालूँगा और उसके पैरों पर गिरकर अपना अपराध क्षमा कराऊँगा। वह कुछ लेगा नहीं, यह जानता हूँ, उसका जन्म यश की वर्षा करने ही के लिए हुआ है। उसकी सज्जनता ने मुझे ऐसा आदर्श दिखा दिया है, जो अब से जीवन-पर्यन्त मेरे सामने रहेगा।

प्रायश्चित्त

दफ़्तर में ज़रा देर से आना अफ़सरों की शान है। जितना ही बड़ा अधिकारी होता है, उतनी ही देर में आता है; और उतने ही सबेरे जाता भी है। चपरासी की हाजिरी चौबीसों घंटे की। वह छुट्टी पर भी नहीं जा सकता। अपना एवज देना पड़ता है। ख़ैर, जब बरेली ज़िला-बोर्ड के हेड क्लर्क बाबू मदारीलाल ग्यारह बजे दफ़्तर आए, तब मानो दफ़्तर नींद से जाग उठा। चपरासी ने दौड़कर पैरगाड़ी ली, अरदली ने दौड़कर कमरे की चिक उठा दी और जमादार ने डाक की किश्त मेज़ पर लाकर रख दी। मदारीलाल ने पहला ही सरकारी लिफ़ाफ़ा खोला था कि उनका रंग फक हो गया। वे कई मिनट तक आश्चर्यान्वित हालत में खड़े रहे, मानो सारी ज्ञानेन्द्रियाँ शिथिल हो गई हों। उन पर बड़े-बड़े आघात हो चुके थे; पर इतने बदहवास वे कभी न हुए थे। बात यह थी कि बोर्ड के सेक्रेटरी की जो जगह एक महीने से ख़ाली थी, सरकार ने सुबोधचन्द्र को वह जगह दी थी और सुबोधचन्द्र वह व्यक्ति था जिसके नाम ही से मदारीलाल को घृणा थी। वह सुबोधचन्द्र, जो उनका सहपाठी था, जिसे ज़क देने को उन्होंने कितनी ही चेष्टा की; पर कभी सफल न हुए थे। वही सुबोध आज उनका अफ़सर होकर आ रहा था। सुबोध की इधर कई सालों से कोई ख़बर न थी। इतना मालूम था कि वह फ़ौज में भरती हो गया था। मदारीलाल ने समझा था—वहीं मर गया होगा; पर आज वह मानो जी उठा और सेक्रेटरी होकर आ रहा था। मदारीलाल को उसकी मातहती में काम करना पड़ेगा। इस अपमान से तो मर जाना कहीं अच्छा था। सुबोध को स्कूल और कॉलेज की सारी बातें अवश्य ही याद होंगी। मदारीलाल ने उसे कॉलेज से निकलवा देने के लिए कई बार मंत्र चलाए, झूठे आरोप किए, बदनाम किया। क्या सुबोध सब कुछ भूल गया होगा? नहीं, कभी नहीं। वह आते ही पुरानी कसर निकालेगा। मदारी बाबू को अपनी प्राण-रक्षा का कोई उपाय न सूझता था।

मदारी और सुबोध के ग्रहों में ही विरोध था। दोनों एक ही दिन, एक ही शाला में भरती हुए थे, और पहले ही दिन से दिल में ईर्ष्या और द्वेष की वह चिनगारी पड़ गई, जो आज बीस वर्ष बीतने पर भी न बुझी थी। सुबोध का अपराध यही था कि वह मदारीलाल से हर एक बात में बढ़ा हुआ था। डील-डौल, रंग-रूप, रीति-व्यवहार, विद्या-बुद्धि ये सारे मैदान उसके हाथ थे। मदारीलाल ने उसका यह अपराध कभी क्षमा नहीं किया। सुबोध बीस वर्ष तक निरंतर उनके हृदय का काँटा बना रहा। जब सुबोध डिग्री लेकर अपने घर चला गया और मदारी फेल होकर इस दफ़्तर में नौकर हो गए, तब उनका चित्त शान्त हुआ। किन्तु जब यह मालूम हुआ कि सुबोध बसरे जा रहा है, तब तो मदारीलाल का चेहरा खिल उठा।

उनके दिल से यह पुरानी फाँस निकल गई। पर हा हतभाग्य! आज वह पुराना नासूर शतगुण टीस और जलन के साथ खुल गया। आज उनकी क़िस्मत सुबोध के हाथ में थी। ईश्वर इतना अन्यायी है! विधि इतना कठोर!

जब ज़रा चित्त शान्त हुआ, तब मदारी ने दफ़्तर के क्लर्कों को सरकारी हुक्म सुनाते हुए कहा—अब आप लोग ज़रा हाथ-पाँव सँभाल कर रहिएगा। सुबोधचन्द्र वे आदमी नहीं हैं, जो भूलों को क्षमा कर दें?

एक क्लर्क ने पूछा—क्या बहुत सख़्त हैं।

मदारीलाल ने मुस्कुराकर कहा—वह तो आप लोगों को दो-चार दिन ही में मालूम हो जाएगा। मैं अपने मुँह से किसी की क्यों शिकायत करूँ? बस, चेतावनी दे दी कि ज़रा हाथ-पाँव सँभाल कर रहिएगा। आदमी योग्य है, पर बड़ा ही क्रोधी, बड़ा दम्भी। ग़ुस्सा तो उसकी नाक पर रहता है। ख़ुद हज़ारों हजम कर जाए और डकार तक न ले; पर क्या मजाल कि कोई मातहत एक कौड़ी भी हजम करने पाए। ऐसे आदमी से ईश्वर ही बचाये! मैं तो सोच रहा हूँ कि छुट्टी लेकर घर चला जाऊँ। दोनों वक़्त घर पर हाजिरी बजानी होगी। आप लोग आज से सरकार के नौकर नहीं, सेक्रेटरी साहब के नौकर हैं। कोई उनके लड़के को पढ़ायेगा, कोई बाज़ार से सौदा-सुलुफ लाएगा और कोई उन्हें अख़बार सुनाएगा। और चपरासियों के तो शायद दफ़्तर में दर्शन ही न हों।

इस प्रकार सारे दफ़्तर को सुबोधचन्द्र की तरफ़ से भड़का कर मदारीलाल ने अपना कलेजा ठंडा किया।

2

इसके एक सप्ताह बाद सुबोधचन्द्र गाड़ी से उतरे, तब स्टेशन पर दफ़्तर के सब कर्मचारियों को हाजिर पाया, सब उनका स्वागत करने आए थे। मदारीलाल को देखते ही सुबोध लपककर उनके गले से लिपट गए और बोले—तुम ख़ूब मिले भाई। यहाँ कैसे आए? ओह! आज एक युग के बाद भेंट हुई!

मदारीलाल बोले—यहाँ ज़िला-बोर्ड के दफ़्तर में हेड क्लर्क हूँ। आप तो कुशल से हैं?

सुबोध—अजी, मेरी न पूछो। बसरा, फ्रांस, मिस्र और न-जाने कहाँ-कहाँ मारा-मारा फिरा। तुम दफ़्तर में हो, यह बहुत ही अच्छा हुआ। मेरी तो समझ ही में न आता था कि कैसे काम चलेगा। मैं तो बिलकुल कोरा हूँ; मगर जहाँ जाता हूँ, मेरा सौभाग्य ही मेरे साथ जाता है। बसरे में सभी अफ़सर ख़ुश थे। फ्रांस में भी ख़ूब चैन किए। दो साल में कोई पचीस हज़ार रुपए बना लाया और सब उड़ा दिया। वहाँ से आकर कुछ दिनों कोआपरेशन दफ़्तर में मटरगश्त करता रहा। यहाँ आया तब तुम मिल गए। (क्लर्कों को देखकर) ये लोग कौन हैं?

मदारी के हृदय में बर्छियाँ-सी चल रही थीं। दुष्ट पचीस हज़ार रुपए बसरे से कमा लाया! यहाँ क़लम घिसते-घिसते मर गए और पाँच सौ भी न जमा कर सके। बोले—ये लोग बोर्ड के कर्मचारी हैं। सलाम करने आए हैं।

सुबोध ने उन सब लोगों से बारी-बारी से हाथ मिलाया और बोला—आप लोगों ने व्यर्थ यह कष्ट किया। बहुत आभारी हूँ। मुझे आशा है कि आप सब सज्जनों को मुझसे कोई शिकायत न होगी। मुझे अपना अफ़सर नहीं, अपना भाई समझिए। आप सब लोग मिलकर

इस तरह काम कीजिए कि बोर्ड की नेकनामी हो और मैं भी सुर्ख़-रू रहूँ। आपके हेड क्लर्क साहब तो मेरे पुराने मित्र और लँगोटिया यार हैं।

एक वाक्‌चतुर क्लर्क ने कहा—हम सब हुजूर के ताबेदार हैं। यथाशक्ति आपको असन्तुष्ट न करेंगे, लेकिन आदमी ही हैं, अगर कोई भूल हो भी जाए, तो हुजूर उसे क्षमा करेंगे।

सुबोध ने नम्रता से कहा—यही मेरा सिद्धान्त है और हमेशा से यही सिद्धान्त रहा है। जहाँ रहा, मातहतों से मित्रों का-सा बर्ताव किया। हम और आप दोनों ही किसी तीसरे के ग़ुलाम हैं। फिर रोब कैसा और अफ़सरी कैसी? हाँ, हमें नेकनीयत के साथ अपना कर्तव्य पालन करना चाहिए।

जब सुबोध से विदा होकर कर्मचारी लोग चले, तब आपस में बातें होने लगीं—

'आदमी तो अच्छा मालूम होता है।'

'हेड क्लर्क के कहने से तो ऐसा मालूम होता था कि सबको कच्चा ही खा जाएगा।'

'पहले सभी ऐसे ही बातें करते हैं।'

'ये दिखाने के दाँत हैं।'

3

सुबोध को आए एक महीना गुज़र गया। बोर्ड के क्लर्क, अरदली, चपरासी सभी उसके बर्ताव से ख़ुश हैं। वह इतना प्रसन्नचित्त है, इतना नम्र है कि जो उससे एक बार मिलता है, सदैव के लिए उसका मित्र हो जाता है। कठोर शब्द तो उसकी ज़बान पर आता ही नहीं। इनकार को भी वह अप्रिय नहीं होने देता; लेकिन द्वेष की आँखों में गुण और भी भयंकर हो जाता है। सुबोध के ये सारे सद्‌गुण मदारीलाल की आँखों में खटकते रहते हैं। उसके विरुद्ध कोई न कोई गुप्त षड्यंत्र रचते ही रहते हैं। पहले कर्मचारियों को भड़काना चाहा, सफल न हुए। बोर्ड के मेम्बरों को भड़काना चाहा, मुँह की खाई। ठीकेदारों को उभारने का बीड़ा उठाया, लज्जित होना पड़ा। वे चाहते थे कि भुसे में आग लगाकर दूर से तमाशा देखें। सुबोध से यों हँसकर मिलते, यों चिकनी-चुपड़ी बातें करते, मानो उसके सच्चे मित्र हैं, पर घात में लगे रहते। सुबोध में सब गुण थे, पर आदमी पहचानना न जानते थे। वे मदारीलाल को अब भी अपना दोस्त समझते हैं।

एक दिन मदारीलाल सेक्रेटरी साहब के कमरे में गए तब कुरसी ख़ाली देखी। वे किसी काम से बाहर चले गए थे। उनकी मेज़ पर पाँच हज़ार के नोट पुलिंदों में बँधे हुए रखे थे। बोर्ड के मदरसों के लिए कुछ लकड़ी के सामान बनवाये गए थे। उसी के दाम थे। ठीकेदार वसूली के लिए बुलाया गया था। आज ही सेक्रेटरी साहब ने चेक भेज कर ख़ज़ाने से रुपए मँगवाए थे। मदारीलाल ने बरामदे में झाँककर देखा, सुबोध का कहीं पता नहीं। उनकी नीयत बदल गई। ईर्ष्या में लोभ का सम्मिश्रण हो गया। काँपते हुए हाथों से पुलिंदे उठाये; पतलून की दोनों जेबों में भरकर तुरन्त कमरे से निकले और चपरासी को पुकार कर बोले—बाबू जी भीतर हैं? चपरासी आज ठेकेदार से कुछ वसूल करने की ख़ुशी में फूला हुआ था। सामने वाली तमोली की दुकान से आकर बोला—जी नहीं, कचहरी में किसी से बातें कर रहे हैं। अभी-अभी तो गए हैं।

मदारीलाल ने दफ़्तर में आकर एक क्लर्क से कहा—यह मिसिल ले जाकर सेक्रेटरी साहब को दिखाओ।

क्लर्क मिसिल लेकर चला गया। ज़रा देर में लौटकर बोला—सेक्रेटरी साहब कमरे में न थे। फाइल मेज़ पर रख आया हूँ।

मदारीलाल ने मुँह सिकोड़ कर कहा—कमरा छोड़कर कहाँ चले जाया करते हैं? किसी दिन धोखा उठायेंगे।

क्लर्क ने कहा—उनके कमरे में दफ़्तरवालों के सिवा और जाता ही कौन है?

मदारीलाल ने तीव्र स्वर में कहा—तो क्या दफ़्तरवाले सब के सब देवता हैं? कब किसकी नीयत बदल जाए, कोई नहीं कह सकता। मैंने छोटी-छोटी रक़मों पर अच्छों-अच्छों की नीयतें बदलते देखी हैं। इस वक़्त हम सभी साह हैं; लेकिन अवसर पाकर शायद ही कोई चूके। मनुष्य की यही प्रकृति है। आप जाकर उनके कमरे के दोनों दरवाज़े बन्द कर दीजिए।

क्लर्क ने टाल कर कहा—चपरासी तो दरवाज़े पर बैठा हुआ है।

मदारीलाल ने झुँझला कर कहा—आप से मैं जो कहता हूँ, वह कीजिए। कहने लगे, चपरासी बैठा हुआ है। चपरासी कोई ऋषि है, मुनि है? चपरासी ही कुछ उड़ा दे, तो आप उसका क्या कर लेंगे? ज़मानत भी है तो तीन सौ की। यहाँ एक-एक काग़ज़ लाखों का है।

यह कहकर मदारीलाल ख़ुद उठे और दफ़्तर के द्वार दोनों तरफ़ से बन्द कर दिए। जब चित्त शान्त हुआ तब नोटों के पुलिंदे जेब से निकालकर एक आलमारी में काग़ज़ों के नीचे छिपाकर रख दिए। फिर आकर अपने काम में व्यस्त हो गए।

सुबोधचन्द्र कोई घंटे भर में लौटे। तब उनके कमरे का द्वार बन्द था। दफ़्तर में आकर मुस्कुराते हुए बोले—मेरा कमरा किसने बन्द कर दिया है, भाई, क्या मेरी बेदख़ली हो गई?

मदारीलाल ने खड़े होकर मृदु तिरस्कार दिखाते हुए कहा—साहब, गुस्ताखी माफ़ हो, आप जब कभी बाहर जाएँ, चाहे एक ही मिनट के लिए क्यों न हो, तब दरवाज़ा बन्द कर दिया करें। आपकी मेज़ पर रुपए-पैसे और सरकारी काग़ज़-पत्र बिखरे पड़े रहते हैं, न-जाने किस वक़्त किसकी नीयत बदल जाए। मैंने अभी सुना कि आप कहीं गए हुए हैं, तब दरवाज़े बन्द कर दिए।

सुबोधचन्द्र द्वार खोलकर कमरे में गए और सिगार पीने लगे। मेज़ पर नोट रखे हुए हैं, इसकी ख़बर ही न थी।

सहसा ठीकेदार ने आकर सलाम किया। सुबोध कुर्सी से उठ बैठे और बोले—तुमने बहुत देर कर दी, तुम्हारा ही इन्तज़ार कर रहा था। दस ही बजे रुपए मँगवा लिये थे। रसीद का टिकट लाए हो न?

ठीकेदार—हुजूर रसीद लिखवा लाया हूँ।

सुबोध—तो अपने रुपए ले जाओ। तुम्हारे काम से मैं बहुत ख़ुश नहीं हूँ। लकड़ी तुमने अच्छी नहीं लगाई और काम में सफ़ाई भी नहीं है। अगर ऐसा काम फिर करोगे, तो ठीकेदारों के रजिस्टर से तुम्हारा नाम निकाल दिया जाएगा।

यह कहकर सुबोध ने मेज़ पर निगाह डाली, तब नोटों के पुलिंदे न थे। सोचा, शायद किसी फाइल के नीचे दब गए हों। कुरसी के समीप के सब काग़ज़ उलट-पलट डाले; मगर नोटों का कहीं पता नहीं। ऐं, नोट कहाँ गए! अभी तो यहीं मैंने रख दिए थे। जा कहाँ सकते हैं। फिर फ़ाइलों को उलटने-पलटने लगे। दिल में ज़रा-ज़रा धड़कन होने लगी। सारी मेज़ के काग़ज़ छान डाले, पुलिंदों का पता नहीं। तब वे कुरसी पर बैठकर इस आध घंटे में होने वाली घटनाओं की मन में आलोचना करने लगे—चपरासी ने नोटों के पुलिंदे लाकर मुझे ही

दिए, ख़ूब याद है। भला, यह भी भूलने की बात है और इतनी जल्द! मैंने नोटों को लेकर यहीं मेज़ पर रख दिया, गिना तक नहीं। फिर वकील साहब आ गए, पुराने मुलाक़ाती हैं। उनसे बातें करता ज़रा उस पेड़ तक चला गया। उन्होंने पान मँगवाए, बस इतनी ही देर हुई। जब गया हूँ तब पुलिंदे रखे हुए थे। ख़ूब अच्छी तरह याद है। तब ये नोट कहाँ ग़ायब हो गए? मैंने किसी सन्दूक़, दराज या आलमारी में नहीं रखे। फिर गए तो कहाँ? शायद दफ़्तर में किसी ने सावधानी के लिए उठाकर रख दिए हों, यही बात है। मैं व्यर्थ ही इतना घबरा गया। छि:!

तुरन्त दफ़्तर में आकर मदारीलाल से बोले—आपने मेरी मेज़ पर से नोट तो उठाकर नहीं रख दिए?

मदारीलाल ने भौंचक्के होकर कहा—क्या आपकी मेज़ पर नोट रखे हुए थे? मुझे तो ख़बर ही नहीं। अभी पंडित सोहनलाल एक फाइल लेकर गए थे तब आपको कमरे में न देखा। जब मुझे मालूम हुआ कि आप किसी से बातें करने चले गए हैं, तब दरवाज़े बन्द करा दिए। क्या कुछ नोट नहीं मिल रहे हैं?

सुबोध आँखें फैलाकर बोले—अरे साहब, पूरे पाँच हज़ार के हैं। अभी-अभी चेक भुनाया है।

मदारीलाल ने सिर पीट कर कहा—पूरे पाँच हज़ार! या भगवान्! आपने मेज़ पर ख़ूब देख लिया है?

'अजी पन्द्रह मिनट से तलाश कर रहा हूँ।'

'चपरासी से पूछ लिया कि कौन-कौन आया था?'

'आइए, ज़रा आप लोग भी तलाश कीजिए। मेरे तो होश उड़े हुए हैं।'

सारा दफ़्तर सेक्रेटरी साहब के कमरे की तलाशी लेने लगा। मेज़, आलमारियाँ, सन्दूक़ सब देखे गए। रजिस्टरों के वर्क उलट-पलट कर देखे गए; मगर नोटों का कहीं पता नहीं। कोई उड़ा ले गया, अब इसमें कोई शुबहा न था। सुबोध ने एक लम्बी साँस ली और कुर्सी पर बैठ गए। चेहरे का रंग फक हो गया। ज़रा-सा मुँह निकल आया। इस समय कोई उन्हें देखता तो समझता कि महीनों से बीमार हैं।

मदारीलाल ने सहानुभूति दिखाते हुए कहा—ग़ज़ब हो गया और क्या! आज तक कभी ऐसा अँधेर न हुआ था। मुझे यहाँ काम करते दस साल हो गए, कभी धेले की चीज़ भी ग़ायब न हुई। मैं आपको पहले ही दिन सावधान कर देना चाहता था कि रुपए-पैसे के विषय में होशियार रहिएगा; मगर शुदनी थी, ख़याल न रहा। ज़रूर बाहर से कोई आदमी आया और नोट उड़ा कर ग़ायब हो गया। चपरासी का यही अपराध है कि उसने किसी को कमरे में जाने ही क्यों दिया। वह लाख क़सम खाये कि बाहर से कोई नहीं आया; लेकिन मैं इसे मान नहीं सकता। यहाँ से तो केवल पंडित सोहनलाल एक फाइल लेकर गए थे; मगर दरवाज़े ही से झाँककर चले आए।

सोहनलाल ने सफ़ाई दी—मैंने तो अन्दर क़दम ही नहीं रखा, साहब! अपने जवान बेटे की क़सम खाता हूँ, जो अन्दर क़दम भी रखा हो।

मदारीलाल ने माथा सिकोड़ कर कहा—आप व्यर्थ में क़समें क्यों खाते हैं? कोई आपसे कुछ कहता है? (सुबोध के कान में) बैंक में कुछ रुपए हों तो निकालकर ठीकेदार को दे दिए जाएँ, वरना बड़ी बदनामी होगी। नुक़सान तो हो ही गया, अब उसके साथ अपमान क्यों हो।

सुबोध ने करुण-स्वर में कहा—बैंक में मुश्किल से दो-चार सौ रुपए होंगे, भाईजान! रुपए होते तो क्या चिन्ता थी। समझ लेता, जैसे पचीस हज़ार उड़ गए, वैसे ही तीस हज़ार भी उड़ गए। यहाँ तो कफ़न को भी कौड़ी नहीं।

उसी रात को सुबोधचन्द्र ने आत्महत्या कर ली। इतने रुपयों का प्रबन्ध करना उनके लिए कठिन था। मृत्यु के परदे के सिवा उन्हें अपनी वेदना, अपनी विवशता को छिपाने की और कोई आड़ न थी।

4

दूसरे दिन प्रातःकाल चपरासी ने मदारीलाल के घर पहुँचकर आवाज़ दी। मदारी को रात-भर नींद न आई थी। घबराकर बाहर आए। चपरासी उन्हें देखते ही बोला—हुजूर! बड़ा ग़ज़ब हो गया, सिकट्टरी साहब ने रात को गर्दन पर छुरी फेर ली।

मदारीलाल की आँखें ऊपर चढ़ गईं, मुँह फैल गया और सारी देह सिहर उठी, मानो उनका हाथ बिजली के तार पर पड़ गया हो।

'छुरी फेर ली?'

'जी हाँ, आज सबेरे मालूम हुआ। पुलिसवाले जमा हैं। आपको बुलाया है।'

'लाश अभी पड़ी हुई है?'

'जी हाँ, अभी डॉक्टरी होने वाली है।'

'बहुत से लोग जमा हैं?'

'सब बड़े-बड़े अफ़सर जमा हैं। हुजूर, लहास की ओर ताक़ते नहीं बनता। कैसा भलामानुष हीरा आदमी था! सब लोग रो रहे हैं। छोटे-छोटे दो बच्चे हैं, एक सयानी लड़की है ब्याहने लायक। बहू जी को लोग कितना रोक रहे हैं; पर बार-बार दौड़कर लहास के पास आ जाती हैं। कोई ऐसा नहीं है, जो रूमाल से आँखें न पोंछ रहा हो। अभी इतने ही दिन आए हुए, पर सबसे कितना मेल-जोल हो गया था। रुपए की तो कभी परवा ही नहीं थी। दिल दरियाव था!'

मदारीलाल के सिर में चक्कर आने लगा। द्वार की चौखट पकड़कर अपने को सँभाल न लेते, तो शायद गिर पड़ते। पूछा—बहू जी बहुत रो रही थीं?

'कुछ न पूछिए, हुजूर। पेड़ की पत्तियाँ झड़ी जाती हैं। आँखें फूल कर गूलर हो गई हैं।'

'कितने लड़के बतलाए तुमने?'

'हुजूर, दो लड़के हैं और एक लड़की।'

'हाँ-हाँ, लड़कों को तो देख चुका हूँ, लड़की सयानी होगी?'

'जी हाँ, ब्याहने लायक है। रोते-रोते बेचारी की आँखें सूज आई हैं।'

'नोटों के बारे में भी बातचीत हो रही होगी?'

'जी हाँ, सब लोग यही कहते हैं कि दफ़्तर के किसी आदमी का काम है। दारोग़ा जी तो सोहनलाल को गिरफ़्तार करना चाहते थे; पर साइत आपसे सलाह लेकर करेंगे। सिकट्टरी साहब तो लिख गए हैं कि मेरा किसी पर शक नहीं है।'

'क्या सेक्रेटरी साहब कोई ख़त लिखकर छोड़ गए हैं?'

'हाँ, मालूम होता है, छुरी चलाते बखत याद आई कि शुबहे में दफ़्तर के सब लोग पकड़ लिए जाएँगे। बस, कलक्टर साहब के नाम चिट्ठी लिख दी।'

'चिट्ठी में मेरे बारे में भी कुछ लिखा है? तुम्हें यह क्या मालूम होगा?'

'हुजूर, अब मैं क्या जानूँ, मुदा इतना सब लोग कहते थे कि आपकी बड़ी तारीफ लिखी है।'

मदारीलाल की साँस और तेज़ हो गई। आँखों से आँसू की दो बड़ी-बड़ी बूँदें गिर पड़ीं। आँखें पोंछते हुए बोले—वे और मैं एक साथ के पढ़े थे, नन्दू! आठ-दस साल साथ रहा। साथ उठते-बैठते, साथ खाते, साथ खेलते। बस, इसी तरह रहते थे, जैसे दो सगे भाई रहते हों। ख़त में मेरी क्या तारीफ लिखी है? मगर तुम्हें क्या मालूम होगा?

'आप तो चल ही रहे हैं, देख लीजिएगा।'

'कफ़न का इन्तज़ाम हो गया है?'

'नहीं हुज़ूर, कहा न कि अभी लहास की डॉक्टरी होगी। मुदा अब जल्दी चलिए। ऐसा न हो, कोई दूसरा आदमी बुलाने आता हो।'

'हमारे दफ़्तर के सब लोग आ गए होंगे?'

'जी हाँ; इस मुहल्लेवाले तो सभी थे।'

'पुलिस ने मेरे बारे में तो उनसे कुछ पूछताछ नहीं की?'

'जी नहीं, किसी से भी नहीं।'

मदारीलाल जब सुबोधचन्द्र के घर पहुँचे, तब उन्हें ऐसा मालूम हुआ कि सब लोग उनकी तरफ़ सन्देह की आँखों से देख रहे हैं। पुलिस इंस्पेक्टर ने तुरन्त उन्हें बुलाकर कहा—आप भी अपना बयान लिखा दें और सबके बयान तो लिख चुका हूँ।

मदारीलाल ने ऐसी सावधानी से अपना बयान लिखाया कि पुलिस के अफ़सर भी दंग रह गए। उन्हें मदारीलाल पर शुबहा होता था, पर इस बयान ने उसका अंकुर भी निकाल डाला।

उसी वक़्त सुबोध के दोनों बालक रोते हुए मदारीलाल के पास आए और कहा—चलिए, आपको अम्माँ बुलाती हैं। दोनों मदारीलाल से परिचित थे। मदारीलाल यहाँ तो रोज़ ही आते थे; पर घर में कभी नहीं गए थे। सुबोध की स्त्री उनसे पर्दा करती थी। यह बुलावा सुनकर उनका दिल धड़क उठा—कहीं इसका मुझ पर शुबहा न हो। कहीं सुबोध ने मेरे विषय में कोई सन्देह न प्रकट किया हो। कुछ झिझकते और कुछ डरते हुए भीतर गए, तब विधवा का करुण-विलाप सुनकर कलेजा काँप उठा। इन्हें देखते ही उस अबला के आँसुओं का कोई दूसरा सोता खुल गया और लड़की तो दौड़कर इनके पैरों से लिपट गई। दोनों लड़कों ने भी घेर लिया। मदारीलाल को उन तीनों की आँखों में ऐसी अथाह वेदना, ऐसी विदारक याचना भरी हुई मालूम हुई कि वे उनकी ओर देख न सके। उनकी आत्मा उन्हें धिक्कारने लगी। जिन बेचारों को उन पर इतना विश्वास, इतना भरोसा, इतनी आत्मीयता, इतना स्नेह था, उन्हीं की गर्दन पर उन्होंने छुरी फेरी! उन्हीं के हाथों यह भरा-पूरा परिवार धूल में मिल गया! इन असहायों का अब क्या हाल होगा? लड़की का विवाह करना है; कौन करेगा? बच्चों के लालन-पालन का भार कौन उठायेगा? मदारीलाल को इतनी आत्मग्लानि हुई कि उनके मुँह से तसल्ली का एक शब्द भी न निकला। उन्हें ऐसा जान पड़ा कि मेरे मुख में कालिख पुती है, मेरा कद कुछ छोटा हो गया है। उन्होंने जिस वक़्त नोट उड़ाये थे, उन्हें गुमान भी न था कि उसका यह फल होगा। वे केवल सुबोध को जिच करना चाहते थे। उनका सर्वनाश करने की इच्छा न थी।

शोकातुर विधवा ने सिसकते हुए कहा—भैया जी, हम लोगों को वे मँझधार में छोड़ गए। अगर मुझे मालूम होता कि मन में यह बात ठान चुके हैं तो अपने पास जो कुछ था, वह सब

उनके चरणों पर रख देती। मुझसे तो वे यही कहते रहे कि कोई न कोई उपाय हो जाएगा। आप ही के मार्फत वे कोई महाजन ठीक करना चाहते थे। आपके ऊपर उन्हें कितना भरोसा था कि कह नहीं सकती।

मदारीलाल को ऐसा मालूम हुआ कि कोई उनके हृदय पर नश्तर चला रहा है। उन्हें अपने कंठ में कोई चीज़ फँसी हुई जान पड़ती थी।

रामेश्वरी ने फिर कहा—रात सोये, तब ख़ूब हँस रहे थे। रोज़ की तरह दूध पिया, बच्चों को प्यार किया, थोड़ी देर हारमोनियम बजाया और तब कुल्ला करके लेटे। कोई ऐसी बात न थी जिससे लेशमात्र भी सन्देह होता। मुझे चिन्तित देखकर बोले—तुम व्यर्थ घबराती हो। बाबू मदारीलाल से मेरी पुरानी दोस्ती है। आख़िर वह किस दिन काम आएगी? मेरे साथ के खेले हुए हैं। इस नगर में उनका सबसे परिचय है। रुपयों का प्रबन्ध आसानी से हो जाएगा। फिर न-जाने कब मन में यह बात समाई। मैं नसीबों-जली ऐसी सोई कि रात को मिनकी तक नहीं। क्या जानती थी कि वे अपनी जान पर खेल जाएँगे?

मदारीलाल को सारा विश्व आँखों में तैरता हुआ मालूम हुआ। उन्होंने बहुत ज़ब्त किया; मगर आँसुओं के प्रवाह को न रोक सके।

रामेश्वरी ने आँखें पोंछ कर फिर कहा—भैया जी, जो कुछ होना था, वह तो हो चुका; लेकिन आप उस दुष्ट का पता ज़रूर लगाइए, जिसने हमारा सर्वनाश कर दिया है। यह दफ़्तर ही के किसी आदमी का काम है। वे तो देवता थे। मुझसे यही कहते रहे कि मेरा किसी पर सन्देह नहीं है, पर है यह किसी दफ़्तरवाले ही का काम। आप से केवल इतनी विनती करती हूँ कि उस पापी को बचकर न जाने दीजिएगा। पुलिसवाले शायद कुछ रिश्वत लेकर उसे छोड़ दें। आपको देखकर उनका यह हौसला न होगा। अब हमारे सिर पर आपके सिवा और कौन है। किससे अपना दु:ख कहें? लाश की यह दुर्गति होनी भी लिखी थी।

मदारीलाल के मन में एक बार ऐसा उबाल उठा कि सब कुछ खोल दें। साफ़ कह दें, मैं ही वह दुष्ट, वह अधम, वह पामर हूँ। विधवा के पैरों पर गिर पड़ें और कहें, वही छुरी इस हत्यारे की गर्दन पर फेर दो। पर ज़बान न खुली; इसी दशा में बैठे-बैठे उनके सिर में ऐसा चक्कर आया कि वे ज़मीन पर गिर पड़े।

5

तीसरे पहर लाश की परीक्षा समाप्त हुई। अर्थी जलाशय की ओर चली। सारा दफ़्तर, सारे हुक्काम और हज़ारों आदमी साथ थे। दाह-संस्कार लड़कों को करना चाहिए था, पर लड़के नाबालिग थे। इसलिए विधवा चलने को तैयार हो रही थी कि मदारीलाल ने जाकर कहा—बहू जी, यह संस्कार मुझे करने दो। तुम क्रिया पर बैठ जाओगी, तो बच्चों को कौन सँभालेगा। सुबोध मेरे भाई थे। ज़िन्दगी में उनके साथ कुछ सलूक न कर सका, अब ज़िन्दगी के बाद मुझे दोस्ती का कुछ हक़ अदा कर लेने दो। आख़िर मेरा भी तो उन पर कुछ हक़ था। रामेश्वरी ने रोकर कहा—आपको भगवान् ने बड़ा उदार हृदय दिया है भैया जी, नहीं तो मरने पर कौन किसको पूछता है। दफ़्तर के और लोग जो आधी-आधी रात तक हाथ बाँधे खड़े रहते थे, झूठी बात पूछने न आए कि ज़रा ढाढ़स होता।

मदारीलाल ने दाह-संस्कार किया। तेरह दिन तक क्रिया पर बैठे रहे। तेरहवें दिन पिंडदान हुआ; ब्राह्मणों ने भोजन किया, भिखारियों को अन्नदान दिया गया, मित्रों की दावत हुई, और यह सब कुछ मदारीलाल ने अपने ख़र्च से किया। रामेश्वरी ने बहुत कहा कि आपने जितना किया उतना ही बहुत है। अब मैं आपको और जेरबार नहीं करना चाहती। दोस्ती का हक़ इससे ज़्यादा और कोई क्या अदा करेगा, मगर मदारीलाल ने एक न सुनी। सारे शहर में उनके यश की धूम मच गई, मित्र हो तो ऐसा हो।

सोलहवें दिन विधवा ने मदारीलाल से कहा—भैया जी, आपने हमारे साथ जो उपकार और अनुग्रह किए हैं उनसे हम मरते दम तक उऋण नहीं हो सकते। आपने हमारी पीठ पर हाथ न रखा होता, तो न-जाने हमारी क्या गति होती। कहीं रूख की भी छाँह तो नहीं थी। अब हमें घर जाने दीजिए। वहाँ देहात में ख़र्च भी कम होगा और कुछ खेती-बारी का सिलसिला भी कर लूँगी। किसी न किसी तरह विपत्ति के दिन कट ही जाएँगे। इसी तरह हमारे ऊपर दया रखिएगा।

मदारीलाल ने पूछा—घर पर कितनी जायदाद है?

रामेश्वरी—जायदाद क्या है, एक कच्चा मकान है और दस-बारह बीघे की काश्तकारी है। पक्का मकान बनवाना शुरू किया था; मगर रुपए पूरे न पड़े। अभी अधूरा पड़ा हुआ है। दस-बारह हज़ार ख़र्च हो गए और अभी छत पड़ने की नौबत नहीं आई।

मदारीलाल—कुछ रुपए बैंक में जमा हैं, या बस खेती ही का सहारा है?

विधवा—जमा तो एक पाई भी नहीं है, भैया जी! उनके हाथ में रुपए रहने ही नहीं पाते थे। बस, वही खेती का सहारा है।

मदारी.—तो उन खेतों में इतनी पैदावार हो जाएगी कि लगान भी अदा हो जाए और तुम लोगों की गुज़र-बसर भी हो?

रामेश्वरी—और कर ही क्या सकते हैं, भैया जी! किसी न किसी तरह ज़िन्दगी तो काटनी ही है। बच्चे न होते तो मैं ज़हर खा लेती।

मदारी.—और अभी बेटी का विवाह भी तो करना है।

विधवा—उसके विवाह की अब कोई चिन्ता नहीं। किसानों में ऐसे बहुत से मिल जाएँगे, जो बिना कुछ लिये-दिए विवाह कर लेंगे।

मदारीलाल ने एक क्षण सोचकर कहा—अगर मैं कुछ सलाह दूँ, तो उसे मानेंगी आप?

रामेश्वरी—भैया जी, आपकी सलाह न मानूँगी तो किसकी सलाह मानूँगी। और दूसरा है ही कौन?

मदारी.—तो आप अपने घर जाने के बदले मेरे घर चलिए। जैसे मेरे बाल-बच्चे रहेंगे, वैसे ही आप के भी रहेंगे। आपको कष्ट न होगा। ईश्वर ने चाहा तो कन्या का विवाह भी किसी अच्छे कुल में हो जाएगा।

विधवा की आँखें सजल हो गईं। बोली—मगर भैया जी, सोचिए...

मदारीलाल ने बात काट कर कहा—मैं कुछ न सोचूँगा और न कोई उज्र सुनूँगा। क्या दो भाइयों के परिवार एक साथ नहीं रहते? सुबोध को मैं अपना भाई समझता था और हमेशा समझूँगा।

विधवा का कोई उज्र न सुना गया। मदारीलाल सबको अपने साथ ले गए और आज दस साल से उनका पालन कर रहे हैं। दोनों बच्चे कॉलेज में पढ़ते हैं और कन्या का एक प्रतिष्ठित

कुल में विवाह हो गया है। मदारीलाल और उनकी स्त्री तन-मन से रामेश्वरी की सेवा करते हैं और उनके इशारों पर चलते हैं। मदारीलाल सेवा से अपने पाप का प्रायश्चित्त कर रहे हैं।

कप्तान साहब

जगतसिंह को स्कूल जाना कुनैन खाने या मछली का तेल पीने से कम अप्रिय न था। वह सैलानी, आवारा, घुमक्कड़ युवक था। कभी अमरूद के बाग़ों की ओर निकल जाता और अमरूदों के साथ माली की गालियाँ बड़े शौक़ से खाता। कभी दरिया की सैर करता और मल्लाहों की डोंगियों में बैठकर उस पार के देहातों में निकल जाता। गालियाँ खाने में उसे मज़ा आता था। गालियाँ खाने का कोई अवसर वह हाथ से न जाने देता। सवार के घोड़े के पीछे ताली बजाना एक्कों को पीछे से पकड़कर अपनी ओर खींचना, बूढ़ों की चाल की नक़ल करना उसके मनोरंजन के विषय थे। आलसी काम तो नहीं करता; पर दुर्व्यसनों का दास होता है, और दुर्व्यसन धन के बिना पूरे नहीं होते। जगतसिंह को जब अवसर मिलता, घर से रुपए उड़ा ले जाता। नकद न मिले, तो बरतन और कपड़े उठा ले जाने में भी उसे संकोच न होता था। घर में शीशियाँ और बोतलें थीं, वह सब उसने एक-एक करके गुदड़ी-बाज़ार पहुँचा दीं। पुराने दिनों की कितनी चीज़ें घर में पड़ी थीं, उसके मारे एक भी न बची। इस कला में ऐसा दक्ष और निपुण था कि उसकी चतुराई और पटुता पर आश्चर्य होता था। एक बार बाहर ही बाहर, केवल कार्निसों के सहारे अपने दो-मंज़िला मकान की छत पर चढ़ गया और ऊपर ही से पीतल की एक बड़ी थाली लेकर उतर आया। घर वालों को आहट तक न मिली।

उसके पिता ठाकुर भक्तसिंह अपने क़स्बे के डाकखाने के मुंशी थे। अफ़सरों ने उन्हें शहर का डाकखाना बड़ी दौड़धूप करने पर दिया था; किन्तु भक्तसिंह जिन इरादों से यहाँ आए थे, उनमें से एक भी पूरा न हुआ। उलटी हानि यह हुई कि देहातों में जो भाजी-साग, उपले-ईंधन मुफ्त मिल जाते थे, वे सब यहाँ बन्द हो गए। यहाँ सबसे पुराना घराँव था। न किसी को दबा सकते थे, न सता सकते थे। इस दु वस्था में जगतसिंह की हथ-लपकियाँ बहुत अखरतीं। उन्होंने कितनी ही बार उसे बड़ी निर्दयता से पीटा। जगतसिंह भीमकाय होने पर भी चुपके से मार खा लिया करता था। अगर वह अपने पिता के हाथ पकड़ लेता, तो वह हिल भी न सकते; पर जगतसिंह इतना सीनाजोर न था। हाँ, मार-पीट, घुड़की-धमकी किसी का भी उस पर असर न होता था।

जगतसिंह ज्यों ही घर में क़दम रखता; चारों ओर से काँव-काँव मच जाती, माँ दुर-दुर करके दौड़ती, बहनें गालियाँ देने लगतीं; मानो घर में कोई साँड़ घुस आया हो। बेचारा उलटे पाँव भागता। कभी-कभी दो-दो, तीन-तीन दिन भूखा रह जाता। घर वाले उसकी सूरत से जलते थे। इन तिरस्कारों ने उसे निर्लज्ज बना दिया था। कष्टों के ज्ञान से वह निर्द्वन्द्व-सा हो गया था। जहाँ नींद आ जाती, वहीं पड़ रहता; जो कुछ मिल जाता वही खा लेता।

ज्यों-ज्यों घर वालों को उसकी चोर-कला के गुप्त साधनों का ज्ञान होता जाता, वे उससे चौकन्ने होते जाते थे। यहाँ तक कि एक बार पूरे महीने-भर तक उसकी दाल न गली। चरसवाले के कई रुपए ऊपर चढ़ गए। गाँजेवाले ने धुआँधार तकाजे करने शुरू किए। हलवाई कड़वी

बातें सुनाने लगा। बेचारे जगत को निकलना मुश्किल हो गया। रात-दिन ताक-झाँक में रहता; पर घात न मिलती थी। आख़िर एक दिन बिल्ली के भागों छींका टूटा। भक्तसिंह दोपहर को डाकखाने से चले, तो एक बीमा-रजिस्ट्री जेब में डाल ली। कौन जाने हरकारा या डाकिया शरारत कर जाए; किन्तु घर आए तो लिफ़ाफ़े को अचकन की जेब से निकालने की सुधि न रही। जगतसिंह तो ताक लगाए हुए था ही। पैसे के लोभ से जेब टटोली, तो लिफ़ाफ़ा मिल गया। उस पर कई आने के टिकट लगे थे। वह कई बार टिकट चुरा कर आधे दामों पर बेच चुका था। चट लिफ़ाफ़ा उड़ा दिया। यदि उसे मालूम होता कि उसमें नोट हैं, तो कदाचित् वह न छूता; लेकिन जब उसने लिफ़ाफ़ा फाड़ डाला और उसमें से नोट निकल पड़े तो वह बड़े संकट में पड़ गया। वह फटा हुआ लिफ़ाफ़ा गला फाड़-फाड़ कर उसके दृष्कृत्य को धिक्कारने लगा। उसकी दशा उस शिकारी की-सी हो गई, जो चिड़ियों का शिकार करने जाए और अनजाने में किसी आदमी पर निशाना मार दे। उसके मन में पश्चात्ताप था, लज्जा थी, दुःख था, पर उसे भूल का दंड सहने की शक्ति न थी। उसने नोट लिफ़ाफ़े में रख दिए और बाहर चला गया।

गरमी के दिन थे। दोपहर को सारा घर सो रहा था; पर जगत की आँखों में नींद न थी। आज उसकी बुरी तरह कुंदी होगी—इसमें सन्देह न था। उसका घर पर रहना ठीक नहीं, दस-पाँच दिन के लिए उसे कहीं खिसक जाना चाहिए। तब तक लोगों का क्रोध शान्त हो जाता। लेकिन कहीं दूर गए बिना काम न चलेगा। बस्ती में वह कई दिन तक अज्ञातवास नहीं कर सकता। कोई न कोई ज़रूर ही उसका पता देगा और वह पकड़ लिया जाएगा। दूर जाने के लिए कुछ न कुछ ख़र्च तो पास होना ही चाहिए। क्यों न वह लिफ़ाफ़े में से एक नोट निकाल ले? यह तो मालूम ही हो जाएगा कि उसी ने लिफ़ाफ़ा फाड़ा है, फिर एक नोट निकाल लेने में क्या हानि है? दादा के पास रुपए तो हैं ही, झक मारकर दे देंगे। यह सोचकर उसने दस रुपए का एक नोट उड़ा लिया; मगर उसी वक़्त उसके मन में एक नई कल्पना का प्रादुर्भाव हुआ। अगर ये सब रुपए लेकर किसी दूसरे शहर में कोई दुकान खोल ले, तो बड़ा मज़ा हो। फिर एक-एक पैसे के लिए उसे क्यों किसी की चोरी करनी पड़े! कुछ दिनों में वह बहुत-सा रुपया जमा करके घर आएगा; तो लोग कितने चकित हो जाएँगे!

उसने लिफ़ाफ़े को फिर निकाला। उसमें कुल 200 रु. के नोट थे। दो सौ में दूध की दुकान ख़ूब चल सकती है। आख़िर मुरारी की दुकान में दो-चार कढ़ाव और दो-चार पीतल के थालों के सिवा और क्या है? लेकिन कितने ठाट से रहता है! रुपयों की चरस उड़ा देता है। एक-एक दाँव पर दस-दस रुपए रख देता है, नफा न होता, तो वह ठाट कहाँ से निभाता? इस आनन्द-कल्पना में वह इतना मग्न हुआ कि उसका मन उसके काबू से बाहर हो गया, जैसे प्रवाह में किसी के पाँव उखड़ जाएँ और वह लहरों में बह जाए।

उसी दिन शाम को वह बम्बई चल दिया। दूसरे ही दिन मुंशी भक्तसिंह पर गबन का मुक़दमा दायर हो गया।

2

बम्बई के क़िले के मैदान में बैंड बज रहा था और राजपूत रेजिमेंट के सजीले सुन्दर जवान कवायद कर रहे थे, जिस प्रकार हवा बादलों को नए-नए रूप में बनाती और बिगाड़ती है, उसी भाँति सेना का नायक सैनिकों को नए-नए रूप में बना-बिगाड़ रहा था।

जब कवायद ख़तम हो गई, तो एक छरहरे डील का युवक नायक के सामने आकर खड़ा हो गया। नायक ने पूछा—क्या नाम है? सैनिक ने फ़ौजी सलाम करके कहा—जगतसिंह?

'क्या चाहते हो।'

'फ़ौज में भरती कर लीजिए।'

'मरने से तो नहीं डरते?'

'बिलकुल नहीं—राजपूत हूँ।'

'बहुत कड़ी मेहनत करनी पड़ेगी।'

'इसका भी डर नहीं।'

'अदन जाना पड़ेगा।'

'ख़ुशी से जाऊँगा।'

कप्तान ने देखा, बला का हाजिर-जवाब, मनचला, हिम्मत का धनी जवान है, तुरन्त फ़ौज में भरती कर लिया। तीसरे दिन रेजिमेंट अदन को रवाना हुआ। मगर ज्यों-ज्यों जहाज़ आगे चलता था, जगत का दिल पीछे रह जाता था। जब तक ज़मीन का किनारा नज़र आता रहा, वह जहाज़ के डेक पर खड़ा अनुरक्त नेत्रों से उसे देखता रहा। जब वह भूमि-तट जल में विलीन हो गया तो उसने एक ठंडी साँस ली और मुँह ढाँप कर रोने लगा। आज जीवन में पहली बार उसे प्रियजनों की याद आई। वह छोटा-सा अपना कस्बा, वह गाँजे की दुकान, वह सैर-सपाटे, वह सुहृद-मित्रों का जमघट आँखों में फिरने लगे। कौन जाने, फिर कभी उनसे भेंट होगी या नहीं। एक बार वह इतना बेचैन हुआ कि जी में आया, पानी में कूद पड़े।

3

जगतसिंह को अदन में रहते तीन महीने गुज़र गए। भाँति-भाँति की नवीनताओं ने कई दिन तक उसे मुग्ध किए रखा; लेकिन पुराने संस्कार फिर जाग्रत होने लगे। अब कभी-कभी उसे स्नेहमयी माता की याद आने लगी, जो पिता के क्रोध, बहनों के धिक्कार और स्वजनों के तिरस्कार में भी उसकी रक्षा करती थी। उसे वह दिन याद आया, जब एक बार वह बीमार पड़ा था। उसके बचने की कोई आशा न थी; पर न तो पिता को उसकी कुछ चिन्ता थी, न बहनों को। केवल माता थी, जो रात की रात उसके सिरहाने बैठी अपनी मधुर, स्नेहमयी बातों से उसकी पीड़ा शान्त करती रही थी। उन दिनों कितनी बार उसने उस देवी को नीरव रात्रि में रोते देखा था। वह स्वयं रोगों से जीर्ण हो रही थी; लेकिन उसकी सेवा-शुश्रूषा में वह अपनी व्यथा को ऐसी भूल गई थी, मानो उसे कोई कष्ट ही नहीं। क्या उसे माता के दर्शन फिर होंगे? वह इसी क्षोभ और नैराश्य में समुद्र-तट पर चला जाता और घंटों अनंत जल-प्रवाह को देखा करता। कई दिनों से उसे घर पर एक पत्र भेजने की इच्छा हो रही थी, किन्तु लज्जा और ग्लानि के कारण वह टालता जाता था। आख़िर एक दिन उससे न रहा गया। उसने पत्र लिखा और अपने अपराधों के लिए क्षमा माँगी। पत्र आदि से अन्त तक भक्ति से भरा हुआ था। अन्त में उसने इन शब्दों में अपनी माता को आश्वासन दिया था—माता जी, मैंने बड़े-बड़े उत्पात किए हैं, आप लोग मुझसे तंग आ गई थीं, मैं इन सारी भूलों के लिए सच्चे हृदय से लज्जित हूँ और आपको विश्वास दिलाता हूँ कि जीता रहा, तो कुछ न कुछ करके

दिखाऊँगा। तब कदाचित् आपको मुझे अपना पुत्र कहने में संकोच न होगा। मुझे आशीर्वाद दीजिए कि अपनी प्रतिज्ञा का पालन कर सकूँ।

यह पत्र लिखकर उसने डाकखाने में छोड़ा और उसी दिन से उत्तर की प्रतीक्षा करने लगा; किन्तु एक महीना गुज़र गया और कोई जवाब न आया। उसका जी घबड़ाने लगा। जवाब क्यों नहीं आता—कहीं माता जी बीमार तो नहीं हैं? शायद दादा ने क्रोधवश जवाब न लिखा होगा? कोई और विपत्ति तो नहीं आ पड़ी? कैम्प में एक वृक्ष के नीचे कुछ सिपाहियों ने शालिग्राम की एक मूर्ति रख छोड़ी थी। कुछ श्रद्धालु सैनिक रोज़ उस प्रतिमा पर जल चढ़ाया करते थे। जगतसिंह उनकी हँसी उड़ाया करता; पर आज वह विक्षिप्तों की भाँति प्रतिमा के सम्मुख जाकर बड़ी देर तक मस्तक झुकाए बैठा रहा। वह इसी ध्यानावस्था में बैठा था कि किसी ने उसका नाम लेकर पुकारा, यह दफ़्तर का चपरासी था और उसके नाम की चिट्ठी लेकर आया था। जगतसिंह ने पत्र हाथ में लिया, तो उसकी सारी देह काँप उठी। ईश्वर की स्तुति करके उसने लिफ़ाफ़ा खोला और पत्र पढ़ा। लिखा था—'तुम्हारे दादा को गबन के अभियोग में 5 वर्ष की सज़ा हो गई। तुम्हारी माता इस शोक में मरणासन्न हैं। छुट्टी मिले, तो घर चले आओ।'

जगतसिंह ने उसी वक़्त कप्तान के पास जाकर कहा—हुजूर, मेरी माँ बीमार हैं, मुझे छुट्टी दे दीजिए।

कप्तान ने कठोर आँखों से देखकर कहा—अभी छुट्टी नहीं मिल सकती।

'तो मेरा इस्तीफ़ा ले लीजिए।'

'अभी इस्तीफ़ा नहीं लिया जा सकता।'

'मैं अब एक क्षण भी नहीं रह सकता।'

'रहना पड़ेगा। तुम लोगों को बहुत जल्द लाम पर जाना पड़ेगा।'

'लड़ाई छिड़ गई! आह, तब मैं घर नहीं जाऊँगा? हम लोग कब तक यहाँ से जाएँगे?'

'बहुत जल्द, दो ही चार दिनों में।'

4

चार वर्ष बीत गए। कैप्टन जगतसिंह का-सा योद्धा उस रेजीमेंट में नहीं है। कठिन अवस्थाओं में उसका साहस और भी उत्तेजित हो जाता है। जिस मुहिम में सबकी हिम्मतें जवाब दे जाती है, उसे सर करना उसी का काम है। हल्ले और धावे में वह सदैव सबसे आगे रहता है, उसकी त्योरियों पर कभी मैल नहीं आता; इसके साथ ही वह इतना विनम्र, इतना गम्भीर, इतना प्रसन्नचित्त है कि सारे अफ़सर और मातहत उसकी बड़ाई करते हैं, उसका पुनर्जीवन-सा हो गया। उस पर अफ़सरों को इतना विश्वास है कि अब वे प्रत्येक विषय में उससे परामर्श करते हैं। जिससे पूछिए, वही वीर जगतसिंह की विरुदावली सुना देगा—कैसे उसने जर्मनों की मेगजीन में आग लगाई, कैसे अपने कप्तान को मशीनगनों की मार से निकाला, कैसे अपने एक मातहत सिपाही को कन्धे पर लेकर निकल आया। ऐसा जान पड़ता है, उसे अपने प्राणों का मोह ही नहीं, मानो वह काल को खोजता फिरता हो!

लेकिन नित्य रात्रि के समय, जब जगतसिंह को अवकाश मिलता है, वह अपनी छोलदारी में अकेले बैठकर घरवालों की याद कर लिया करता है—दो-चार आँसू की बूँदें अवश्य गिरा देता है। वह प्रति मास अपने वेतन का बड़ा भाग घर भेज देता है, और ऐसा कोई सप्ताह नहीं

जाता जबकि वह माता को पत्र न लिखता हो। सबसे बड़ी चिन्ता उसे अपने पिता की है जो आज उसी के दुष्कर्मों के कारण कारावास की यातना झेल रहे हैं। हाय! वह कौन दिन होगा, जबकि वह उनके चरणों पर सिर रखकर अपना अपराध क्षमा करायेगा, और वह उसके सिर पर हाथ रखकर आशीर्वाद देंगे?

5

सवा चार वर्ष बीत गए। संध्या का समय है। नैनी जेल के द्वार पर भीड़ लगी हुई है। कितने ही क़ैदियों की मियाद पूरी हो गई है। उन्हें लिवा ले जाने के लिए उनके घरवाले आए हुए हैं; किन्तु बूढ़ा भक्तसिंह अपनी अँधेरी कोठरी में सिर झुकाए उदास बैठा हुआ है। उसकी कमर झुककर कमान हो गई है! देह अस्थि-पंजर-मात्र रह गई है। ऐसा जान पड़ता है, किसी चतुर शिल्पी ने एक अकाल-पीड़ित मनुष्य की मूर्ति बनाकर रख दी है। उसकी भी मियाद पूरी हो गई है; लेकिन उसके घर से कोई नहीं आया। आए कौन? आनेवाला था ही कौन?

एक बूढ़े किन्तु हृष्ट-पुष्ट क़ैदी ने आकर उसका कन्धा हिलाया और बोला—कहो भगत, कोई घर से आया?

भक्तसिंह ने कंपित कंठ-स्वर से कहा—घर पर है ही कौन?

'घर तो चलोगे ही?'

'मेरा घर कहाँ है?'

'तो क्या यहीं पड़े रहोगे?'

'अगर ये लोग निकाल न देंगे, तो यहीं पड़ा रहूँगा।'

आज चार साल के बाद भक्तसिंह को अपने प्रताड़ित, निर्वासित पुत्र की याद आ रही थी। जिसके कारण जीवन का सर्वनाश हो गया; आबरू मिट गई; घर बरबाद हो गया, उसकी स्मृति भी उन्हें असह्य थी; किन्तु आज नैराश्य और दुःख के अथाह सागर में डूबते हुए उन्होंने उसी तिनके का सहारा लिया। न-जाने उस बेचारे की क्या दशा हुई। लाख बुरा है, तो भी अपना लड़का है। ख़ानदान की निशानी तो है। मरूँगा तो चार आँसू तो बहायेगा, दो चिल्लू पानी तो देगा। हाय! मैंने उसके साथ कभी प्रेम का व्यवहार नहीं किया। ज़रा भी शरारत करता, तो यमदूत की भाँति उसकी गर्दन पर सवार हो जाता। एक बार रसोई में बिना पैर धोये चले जाने के दंड में मैंने उसे उलटा लटका दिया था। कितनी बार केवल ज़ोर से बोलने पर मैंने उसे तमाचे लगाए थे। पुत्र-सा रत्न पाकर मैंने उसका आदर न किया। उसी का दंड है। जहाँ प्रेम का बन्धन शिथिल हो, वहाँ परिवार की रक्षा कैसे हो सकती है?

6

सबेरा हुआ। आशा का सूर्य निकला। आज उसकी रश्मियाँ कितनी कोमल और मधुर थीं, वायु कितनी सुखद, आकाश कितना मनोहर, वृक्ष कितने हरे-भरे, पक्षियों का कलरव कितना मीठा! सारी प्रकृति आशा के रंग में रँगी हुई थी; पर भक्तसिंह के लिए चारों ओर घोर अंधकार था।

जेल का अफ़सर आया। क़ैदी एक पंक्ति में खड़े हुए। अफ़सर एक-एक का नाम लेकर रिहाई का परवाना देने लगा। क़ैदियों के चेहरे आशा से प्रफुल्लित थे। जिसका नाम आता, वह ख़ुश-ख़ुश अफ़सर के पास जाता, परवाना लेता, झुककर सलाम करता और तब

अपने विपत्तिकाल के संगियों से गले मिलकर बाहर निकल जाता। उसके घरवाले दौड़कर उससे लिपट जाते। कोई पैसे लुटा रहा था, कहीं मिठाइयाँ बाँटी जा रही थीं, कहीं जेल के कर्मचारियों को इनाम दिया जा रहा था। आज नरक के पुतले विनम्रता के देवता बने हुए थे।

अंत में भक्तसिंह का नाम आया। वह सिर झुकाए आहिस्ता-आहिस्ता जेलर के पास गए और उदासीन भाव से परवाना लेकर जेल के द्वार की ओर चले, मानो सामने कोई समुद्र लहरें मार रहा है। द्वार से बाहर निकलकर वह ज़मीन पर बैठ गए। कहाँ जाएँ?

सहसा उन्होंने एक सैनिक अफ़सर को घोड़े पर सवार, जेल की ओर आते देखा। उसकी देह पर खाकी वरदी थी, सिर पर कारचोबी साफा। अजीब शान से घोड़े पर बैठा हुआ था। उसके पीछे-पीछे एक फिटन आ रही थी। जेल के सिपाहियों ने अफ़सर को देखते ही बन्दूकें सँभालीं और लाइन में खड़े होकर सलाम किया।

भक्तसिंह ने मन में कहा—एक भाग्यवान वह है, जिसके लिए फिटन आ रही है; और एक अभागा मैं हूँ, जिसका कहीं ठिकाना नहीं।

फ़ौजी अफ़सर ने इधर-उधर देखा और घोड़े से उतरकर सीधे भक्तसिंह के सामने आकर खड़ा हो गया।

भक्तसिंह ने उसे ध्यान से देखा और तब चौंककर उठ खड़े हुए और बोले—अरे! बेटा जगतसिंह!

जगतसिंह रोता हुआ उनके पैरों पर गिर पड़ा।

इस्तीफ़ा

दफ़्तर का बाबू एक बेज़बान जीव है। मज़दूरों को आँखें दिखाओ, तो वह त्योरियाँ बदलकर खड़ा हो जाएगा। कुली को एक डाँट बताओ, तो सिर से बोझ फेंककर अपनी राह लेगा। किसी भिखारी को दुत्कारो, तो वह तुम्हारी ओर ग़ुस्से की निगाह से देखकर चला जाएगा। यहाँ तक कि गधा भी कभी-कभी तकलीफ़ पाकर दोलत्तियाँ झाड़ने लगता है; मगर बेचारे दफ़्तर के बाबू को आप चाहे आँखें दिखाएँ, डाँट बतायें, दुत्कारें या ठोकरें मारें, उसके माथे पर बल न आएगा। उसे अपने विकारों पर जो आधिपत्य होता है, वह शायद किसी संयमी साधु में भी न हो। सन्तोष का पुतला, सब्र की मूर्ति, सच्चा आज्ञाकारी, ग़रज़ उसमें तमाम मानवी अच्छाइयाँ मौजूद होती हैं। खंडहर के भी एक दिन भाग्य जागते हैं। दीवाली के दिन उस पर भी रोशनी होती है, बरसात में उस पर हरियाली छाती है, प्रकृति की दिलचस्पियों में उसका भी हिस्सा है। मगर इस ग़रीब बाबू के नसीब कभी नहीं जागते। उसकी अँधेरी तकदीर में रोशनी का जलवा कभी नहीं दिखाई देता। इसके पीले चेहरे पर कभी मुस्कुराहट की रोशनी नज़र नहीं आती। इसके लिए सूखा सावन है, कभी हरा भादों नहीं। लाला फतहचन्द ऐसे ही एक बेज़बान जीव थे।

कहते हैं, मनुष्य पर उसके नाम का भी कुछ असर पड़ता है। फतहचन्द की दशा में यह बात यथार्थ सिद्ध न हो सकी। यदि उन्हें 'हारचन्द' कहा जाए तो कदाचित् यह अत्युक्ति न

होगी। दफ़्तर में हार, ज़िन्दगी में हार, मित्रों में हार, जीवन में उनके लिए चारों ओर निराशाएँ ही थीं। लड़का एक भी नहीं, लड़कियाँ तीन; भाई एक भी नहीं, भौजाइयाँ दो, गाँठ में कौड़ी नहीं, मगर दिल में दया और मुरव्वत; सच्चा मित्र एक भी नहीं—जिससे मित्रता हुई, उसने धोखा दिया, इस पर तंदुरुस्ती भी अच्छी नहीं—बत्तीस साल की अवस्था में बाल खिचड़ी हो गए थे। आँखों में ज्योति नहीं, हाजमा चौपट, चेहरा पीला, गाल पिचके, कमर झुकी हुई, न दिल में हिम्मत, न कलेजे में ताक़त। नौ बजे दफ़्तर जाते और छह बजे शाम को लौटकर घर आते। फिर घर से बाहर निकलने की हिम्मत न पड़ती। दुनिया में क्या होता है; इसकी उन्हें बिलकुल ख़बर न थी। उनकी दुनिया, लोक-परलोक जो कुछ था, दफ़्तर था। नौकरी की ख़ैर मनाते और ज़िन्दगी के दिन पूरे करते थे। न धर्म से वास्ता था, न दीन से नाता। न कोई मनोरंजन था, न खेल। ताश खेले हुए भी शायद एक मुद्दत गुज़र गई थी।

2

जाड़ों के दिन थे। आकाश पर कुछ-कुछ बादल थे। फतहचन्द साढ़े पाँच बजे दफ़्तर से लौटे तो चिराग़ जल गए थे। दफ़्तर से आकर वह किसी से कुछ न बोलते, चुपके से चारपाई पर लेट जाते और पन्द्रह-बीस मिनट तक बिना हिले-डुले पड़े रहते तब कहीं जाकर उनके मुँह से आवाज़ निकलती। आज भी प्रतिदिन की तरह वे चुपचाप पड़े थे कि एक ही मिनट में बाहर से किसी ने पुकारा। छोटी लड़की ने जाकर पूछा तो मालूम हुआ कि दफ़्तर का चपरासी है। शारदा पति के मुँह-हाथ धोने के लिए लोटा-गिलास माँज रही थी। बोली—उससे कह दे, क्या काम है। अभी तो दफ़्तर से आए ही हैं, और अभी फिर बुलावा आ गया?

चपरासी ने कहा—साहब ने कहा है, अभी बुला लाओ। कोई बड़ा ज़रूरी काम है।

फतहचन्द की ख़ामोशी टूट गई। उन्होंने सिर उठाकर पूछा—क्या बात है?

शारदा—कोई नहीं, दफ़्तर का चपरासी है।

फतहचन्द ने सहम कर कहा—दफ़्तर का चपरासी! क्या साहब ने बुलाया है?

शारदा—हाँ, कहता है, साहब बुला रहे हैं। यह कैसा साहब है तुम्हारा, जब देखो, बुलाया करता है? सबेरे के गए-गए अभी मकान लौटे हो, फिर भी बुलावा आ गया।

फतहचन्द ने सँभलकर कहा—ज़रा सुन लूँ, किसलिए बुलाया है। मैंने सब काम ख़तम कर दिया था, अभी आता हूँ।

शारदा—ज़रा जलपान तो करते जाओ, चपरासी से बातें करने लगोगे, तो तुम्हें अन्दर आने की याद भी न रहेगी।

यह कहकर वह एक प्याली में थोड़ी-सी दालमोठ और सेव लाई। फतहचन्द उठकर खड़े हो गए, किन्तु खाने की चीज़ें देखकर चारपाई पर बैठ गए और प्याली की ओर चाव से देखकर डरते हुए बोले—लड़कियों को दे दिया है न?

शारदा ने आँखें चढ़ाकर कहा—हाँ-हाँ; दे दिया है, तुम तो खाओ।

इतने में छोटी लड़की आकर सामने खड़ी हो गई। शारदा ने उसकी ओर क्रोध से देखकर कहा—तू क्यों आकर सिर पर सवार हो गई, जा बाहर खेल!

फतहचन्द—रहने दो, क्यों डाँटती हो? यहाँ आओ चुन्नी, यह लो, दालमोठ ले जाओ!

चुन्नी माँ की ओर देखकर डरती हुई बाहर भाग गई!

फतहचन्द ने कहा—क्यों बेचारी को भगा दिया? दो-चार दाने दे देती, तो ख़ुश हो जाती।

शारदा—इसमें है ही कितना कि सबको बाँटते फिरोगे? इसे देते तो बाक़ी दोनों न आ जातीं? किस-किसको देते?

इतने में चपरासी ने फिर पुकारा—बाबू जी, हमें बड़ी देर हो रही है।

शारदा—कह क्यों नहीं देते कि इस वक़्त न आएँगे।

फतहचन्द—ऐसा कैसे कह दूँ भाई; रोजी का मामला है!

शारदा—तो क्या प्राण देकर काम करोगे? सूरत नहीं देखते अपनी? मालूम होता है, छह महीने के बीमार हो।

फतहचन्द ने जल्दी-जल्दी दालमोठ की दो-तीन फंकियाँ लगाईं, एक गिलास पानी पिया और बाहर की तरफ़ दौड़े। शारदा पान बनाती ही रह गई।

चपरासी ने कहा—बाबू जी! आपने बड़ी देर कर दी। अब ज़रा लपके चलिए, नहीं तो जाते ही डाँट बतायेगा।

फतहचन्द ने दो क़दम दौड़कर कहा—चलेंगे तो भाई आदमी ही की तरह, चाहे डाँट बतायें या दाँत दिखाएँ। हमसे दौड़ा नहीं जाता। बँगले ही पर हैं न?

चपरासी—भला, वह दफ़्तर क्यों आने लगा। बादशाह है कि दिल्लगी?

चपरासी तेज़ चलने का आदी था। बेचारे बाबू फतहचन्द धीरे-धीरे जाते थे। थोड़ी ही दूर चलकर हाँफ उठे। मगर मर्द तो थे ही, यह कैसे कहते कि भाई ज़रा और धीरे चलो। हिम्मत करके क़दम उठाते जाते थे, यहाँ तक कि जाँघों में दर्द होने लगा और आधा रास्ता ख़तम होते-होते पैरों ने उठने से इनकार कर दिया। सारा शरीर पसीने से तर हो गया। सिर में चक्कर आ गया। आँखों के सामने तितलियाँ उड़ने लगीं।

चपरासी ने ललकारा—ज़रा क़दम बढ़ाए चलो, बाबू!

फतहचन्द बड़ी मुश्किल से बोले—तुम जाओ, मैं आता हूँ।

वे सड़क के किनारे पटरी पर बैठ गए और सिर को दोनों हाथों से थाम कर दम मारने लगे। चपरासी ने इनकी यह दशा देखी, तो आगे बढ़ा। फतहचन्द डरे कि यह शैतान जाकर न-जाने साहब से क्या कह दे, तो ग़ज़ब ही हो जाएगा। ज़मीन पर हाथ टेक कर उठे और फिर चले। मगर कमज़ोरी से शरीर हाँफ रहा था। इस समय कोई बच्चा भी उन्हें ज़मीन पर गिरा सकता था। बेचारे किसी तरह गिरते-पड़ते साहब के बँगले पर पहुँचे। साहब बँगले पर टहल रहे थे। बार-बार फाटक की तरफ़ देखते थे और किसी को आते न देखकर मन में झल्लाते थे।

चपरासी को देखते ही आँखें निकालकर बोले—इतनी देर कहाँ था?

चपरासी ने बरामदे की सीढ़ी पर खड़े-खड़े कहा—हुजूर! जब वह आएँ तब तो; मैं दौड़ा चला आ रहा हूँ।

साहब ने पैर पटक कर कहा—बाबू क्या बोला?

चपरासी—आ रहे हैं हुजूर, घंटा-भर में तो घर से निकले।

इतने में फतहचन्द अहाते के तार के अन्दर से निकलकर वहाँ आ पहुँचे और साहब को सिर झुकाकर सलाम किया।

साहब ने फड़क कर कहा—अब तक कहाँ था?

फतहचन्द ने साहब का तमतमाया चेहरा देखा, तो उनका ख़ून सूख गया। बोले—हुज़ूर, अभी-अभी तो दफ़्तर से गया हूँ, ज्यों ही चपरासी ने आवाज़ दी, हाजिर हुआ।

साहब—झूठ बोलता है, झूठ बोलता है, हम घंटे भर से खड़ा है।

फतहचन्द—हुज़ूर, मैं झूठ नहीं बोलता। आने में जितनी देर हो गई हो, मगर घर से चलने में मुझे बिलकुल देर नहीं हुई।

साहब ने हाथ की छड़ी घुमाकर कहा—चुप रह सूअर, हम घंटा-भर से खड़ा है, अपना कान पकड़ो!

फतहचन्द ने ख़ून का घूँट पीकर कहा—हुज़ूर, मुझे दस साल काम करते हो गए, कभी...

साहब—चुप रह सूअर, हम कहता है कि अपना कान पकड़ो!

फतहचन्द—जब मैंने कोई कसूर किया हो?

साहब—चपरासी! इस सूअर का कान पकड़ो।

चपरासी ने दबी ज़बान से कहा—हुज़ूर, यह भी मेरे अफ़सर हैं, मैं इनका कान कैसे पकड़ूँ?

साहब—हम कहता है, इसका कान पकड़ो, नहीं हम तुमको हंटरों से मारेगा।

चपरासी—हुज़ूर, मैं यहाँ नौकरी करने आया हूँ, मार खाने नहीं। मैं भी इज़्ज़तदार आदमी हूँ। हुज़ूर, अपनी नौकरी ले लें! आप जो हुक्म दें, वह बजा लाने को हाजिर हूँ, लेकिन किसी की इज़्ज़त नहीं बिगाड़ सकता। नौकरी तो चार दिन की है। चार दिन के लिए क्यों ज़माने-भर से बिगाड़ करें।

साहब अब क्रोध को न बर्दाश्त कर सके। हंटर लेकर दौड़े। चपरासी ने देखा, यहाँ खड़े रहने में खैरियत नहीं है, तो भाग खड़ा हुआ। फतहचन्द अभी तक चुपचाप खड़े थे। साहब चपरासी को न पाकर उनके पास आया और उनके दोनों कान पकड़कर हिला दिया। बोला—तुम सूअर गुस्ताखी करता है? जाकर ऑफ़िस से फाइल लाओ।

फतहचन्द ने कान हिलाते हुए कहा—कौन-सा फाइल?

—तुम बहरा है, सुनता नहीं? हम फाइल माँगता है।

फतहचन्द ने किसी तरह दिलेर होकर कहा—आप कौन-सा फाइल माँगते हैं?

साहब—वही फाइल जो हम माँगता है। वही फाइल लाओ। अभी लाओ। बेचारे फतहचन्द को अब और कुछ पूछने की हिम्मत न हुई। साहब बहादुर एक तो यों ही तेज़-मिज़ाज थे, इस पर हुकूमत का घमंड और सबसे बढ़कर शराब का नशा। हंटर लेकर पिल पड़ते, तो बेचारे क्या कर लेते? चुपके से दफ़्तर की तरफ़ चल पड़े।

साहब ने कहा—दौड़कर जाओ—दौड़ो।

फतहचन्द ने कहा—हुज़ूर, मुझसे दौड़ा नहीं जाता।

साहब—ओ, तुम बहुत सुस्त हो गया है। हम तुमको दौड़ना सिखाएगा। दौड़ो (पीछे से धक्का देकर)! तुम अब भी नहीं दौड़ेगा?

यह कहकर साहब हंटर लेने चले। फतहचन्द दफ़्तर के बाबू होने पर भी मनुष्य ही थे। यदि वह बलवान् होते, तो उस बदमाश का ख़ून पी जाते। अगर उनके पास कोई हथियार होता, तो उस पर ज़रूर चला देते; लेकिन उस हालत में तो मार खाना ही उनकी तकदीर में लिखा था। वे बेतहाशा भागे और फाटक से बाहर निकलकर सड़क पर आ गए।

3

फतहचन्द दफ़्तर न गए। जाकर करते ही क्या? साहब ने फाइल का नाम तक न बताया। शायद नशा में भूल गया। धीरे-धीरे घर की ओर चले, मगर इस बेइज़्ज़ती ने पैरों में बेड़ियाँ-सी डाल दी थीं। माना कि वह शारीरिक बल में साहब से कम थे, उनके हाथ में कोई चीज़ भी न थी, लेकिन क्या वह उसकी बातों का जवाब न दे सकते थे? उनके पैरों में जूते तो थे। क्या वह जूते से काम न ले सकते थे? फिर क्यों उन्होंने इतनी जिल्लत बर्दाश्त की?

मगर इलाज ही क्या था? यदि वह क्रोध में उन्हें गोली मार देता, तो उसका क्या बिगड़ता। शायद एक-दो महीने की सादी क़ैद हो जाती। सम्भव है, दो-चार सौ रुपए जुर्माना हो जाता। मगर इनका परिवार तो मिट्टी में मिल जाता। संसार में कौन था, जो इनके स्त्री-बच्चों की ख़बर लेता। वह किसके दरवाज़े हाथ फैलाते? यदि उनके पास इतने रुपए होते, जिनसे उनके कुटुम्ब का पालन हो जाता, तो वह आज इतनी जिल्लत न सहते। या तो मर ही जाते, या उस शैतान को कुछ सबक ही दे देते। अपनी जान का उन्हें डर न था। ज़िन्दगी में ऐसा कौन सुख था, जिसके लिए वह इस तरह डरते? ख़याल था सिर्फ़ परिवार के बरबाद हो जाने का।

आज फतहचन्द को अपनी शारीरिक कमज़ोरी पर जितना दुख हुआ, उतना और कभी न हुआ था। अगर उन्होंने शुरू ही से तंदुरुस्ती का ख़याल रखा होता, कुछ कसरत करते रहते, लकड़ी चलाना जानते होते, तो क्या इस शैतान की इतनी हिम्मत होती कि वह उनका कान पकड़ता। उसकी आँखें निकाल लेते। कम से कम उन्हें घर से एक छुरी लेकर चलना था! और न होता, तो दो-चार हाथ जमाते ही—पीछे देखा जाता, जेल ही तो जाना होता या और कुछ?

वे ज्यों-ज्यों आगे बढ़ते थे, त्यों-त्यों उनकी तबीयत अपनी कायरता और बोदेपन पर और भी झल्लाती थी। अगर वह उचककर उसके दो-चार थप्पड़ लगा देते, तो क्या होता—यही न कि साहब के ख़ानसामे, बैरे सब उन पर पिल पड़ते और मारते-मारते बेदम कर देते। बाल-बच्चों के सिर पर जो कुछ पड़ती—पड़ती। साहब को इतना तो मालूम हो जाता कि किसी ग़रीब को बेगुनाह जलील करना आसान नहीं। आख़िर आज मैं मर जाऊँ, तो क्या हो? तब कौन मेरे बच्चों का पालन करेगा? तब उनके सिर जो कुछ पड़ेगी, वह आज ही पड़ जाती, तो क्या हर्ज़ था।

इस अन्तिम विचार ने फतहचन्द के हृदय में इतना जोश भर दिया कि वह लौट पड़े और साहब से जिल्लत का बदला लेने के लिए दो-चार क़दम चले, मगर फिर ख़याल आया, आख़िर जो कुछ जिल्लत होनी थी; वह तो हो ही ली। कौन जाने, बँगले पर हो या क्लब चला गया हो। उसी समय उन्हें शारदा की बेकसी और बच्चों का बिना बाप के हो जाने का ख़याल भी आ गया। फिर लौटे और घर चले।

4

घर में जाते ही शारदा ने पूछा—किस लिए बुलाया था, बड़ी देर हो गई?

फतहचन्द ने चारपाई पर लेटते हुए कहा—नशे की सनक थी, और क्या? शैतान ने मुझे गालियाँ दीं, जलील किया। बस, यही रट लगाए हुए था कि देर क्यों की? निर्दयी ने चपरासी से मेरा कान पकड़ने को कहा।

शारदा ने ग़ुस्से में आकर कहा—तुमने एक जूता उतारकर दिया नहीं सूअर को?

फतहचन्द—चपरासी बहुत शरीफ है। उसने साफ़ कह दिया—हुजूर, मुझसे यह काम न होगा। मैंने भले आदमियों की इज़्ज़त उतारने के लिए नौकरी नहीं की थी। वह उसी वक़्त सलाम करके चला गया।

शारदा—यही बहादुरी है। तुमने उस साहब को क्यों नहीं फटकारा?

फतहचन्द—फटकारा क्यों नहीं—मैंने भी ख़ूब सुनाई। वह छड़ी लेकर दौड़ा—मैंने भी जूता सँभाला। उसने मुझे कई छड़ियाँ जमाईं—मैंने भी कई जूते लगाए!

शारदा ने ख़ुश होकर कहा—सच? इतना-सा मुँह हो गया होगा उसका!

फतहचन्द—चेहरे पर झाड़ू-सी फिरी हुई थी।

शारदा—बड़ा अच्छा किया तुमने, और मारना चाहिए था। मैं होती, तो बिना जान लिए न छोड़ती।

फतहचन्द—मार तो आया हूँ; लेकिन अब खैरियत नहीं है। देखो, क्या नतीजा होता है? नौकरी तो जाएगी ही, शायद सज़ा भी काटनी पड़े।

शारदा—सज़ा क्यों काटनी पड़ेगी? क्या कोई इंसाफ करनेवाला नहीं है? उसने क्यों गालियाँ दीं, क्यों छड़ी जमाई?

फतहचन्द—उसके सामने मेरी कौन सुनेगा? अदालत भी उसी की तरफ़ हो जाएगी।

शारदा—हो जाएगी, हो जाए; मगर देख लेना, अब किसी साहब की यह हिम्मत न होगी कि किसी बाबू को गालियाँ दे बैठे। तुम्हें चाहिए था कि ज्यों ही उसके मुँह से गालियाँ निकलीं, लपककर एक जूता रसीद कर देते।

फतहचन्द—तो फिर इस वक़्त ज़िन्दा लौट भी न सकता। ज़रूर मुझे गोली मार देता।

शारदा—देखी जाती।

फतहचन्द ने मुस्कुराकर कहा—फिर तुम लोग कहाँ जाते?

शारदा—जहाँ ईश्वर की मरजी होती। आदमी के लिए सबसे बड़ी चीज़ इज़्ज़त है। इज़्ज़त गँवा कर बाल-बच्चों की परवरिश नहीं की जाती। तुम उस शैतान को मारकर आए होते तो मैं ग़रूर से फूली नहीं समाती। मार खाकर आते, तो शायद मैं तुम्हारी सूरत से भी घृणा करती। यों ज़बान से चाहे कुछ न कहती, मगर दिल से तुम्हारी इज़्ज़त जाती रहती। अब जो कुछ सिर पर आएगी, ख़ुशी से झेल लूँगी...। कहाँ जाते हो, सुनो-सुनो, कहाँ जाते हो?

फतहचन्द दीवाने होकर जोश में घर से निकल पड़े। शारदा पुकारती रह गई। वह फिर साहब के बँगले की तरफ़ जा रहे थे। डर से सहमे हुए नहीं; बल्कि ग़रूर से गर्दन उठाये हुए। पक्का इरादा उनके चेहरे से झलक रहा था। उनके पैरों में वह कमज़ोरी, आँखों में वह बेकसी न थी। उनकी कायापलट-सी हो गई थी। वह कमज़ोर बदन, पीला मुखड़ा, दुबले बदनवाला, दफ़्तर के बाबू की जगह अब मर्दाना चेहरा, हिम्मत भरा हुआ, मज़बूत गठा और जवान था। उन्होंने पहले एक दोस्त के घर जाकर उसका डंडा लिया और अकड़ते हुए साहब के बँगले पर जा पहुँचे।

इस वक़्त नौ बजे थे। साहब खाने की मेज़ पर थे। मगर फतहचन्द ने आज उनके मेज़ पर से उठ जाने का इन्तज़ार न किया। खानसामा कमरे से बाहर निकला और वह चिक उठाकर अन्दर गए। कमरा प्रकाश से जगमगा रहा था। ज़मीन पर ऐसी कालीन बिछी हुई थी, जैसी

फतहचन्द की शादी में भी नहीं बिछी होगी। साहब बहादुर ने उसकी तरफ़ क्रोधित दृष्टि से देखकर कहा—तुम क्यों आया? बाहर जाओ, क्यों अन्दर चला आया?

फतहचन्द ने खड़े-खड़े डंडा सँभाल कर कहा—तुमने मुझसे अभी फाइल माँगा था, वही फाइल लेकर आया हूँ। खाना खा लो, तो दिखाऊँ। तब तक मैं बैठा हूँ। इतमीनान से खाओ, शायद यह तुम्हारा आख़िरी खाना होगा। इसी कारण ख़ूब पेट भरकर खा लो।

साहब सन्नाटे में आ गए। फतहचन्द की तरफ़ डर और क्रोध की दृष्टि से देखकर काँप उठे। फतहचन्द के चेहरे पर पक्का इरादा झलक रहा था। साहब समझ गए, यह मनुष्य इस समय मरने-मारने के लिए तैयार होकर आया है। ताक़त में फतहचन्द उनके पासंग भी नहीं था। लेकिन यह निश्चय था कि वह ईंट का जवाब पत्थर से नहीं, बल्कि लोहे से देने को तैयार है। यदि वह फतहचन्द को बुरा-भला कहते हैं, तो क्या आश्चर्य है कि वह डंडा लेकर पिल पड़े। हाथापाई करने में यद्यपि उन्हें जीतने में ज़रा भी सन्देह नहीं था, लेकिन बैठे-बिठाए डंडे खाना भी तो कोई बुद्धिमानी नहीं है। कुत्ते को आप डंडे से मारिये, ठुकराइये, जो चाहे कीजिए; मगर उसी समय तक, जब तक वह गुर्राता नहीं। एक बार गुर्रा कर दौड़ पड़े, तो फिर देखें, आपकी हिम्मत कहाँ जाती है? यही हाल उस वक़्त साहब बहादुर का था। जब तक यक़ीन था कि फतहचन्द घुड़की, गाली, हंटर, ठोकर सब कुछ ख़ामोशी से सह लेगा, तब तक आप शेर थे; अब वह त्योरियाँ बदले, डंडा सँभाले, बिल्ली की तरह घात लगाए खड़ा है। ज़बान से कोई कड़ा शब्द निकला और उसने डंडा चलाया। वह अधिक से अधिक उसे बरखास्त कर सकते हैं। अगर मारते हैं, तो मार खाने का भी डर है। उस पर फ़ौजदारी में मुक़दमा दायर हो जाने का अंदेशा—माना कि वह अपने प्रभाव और ताक़त से अन्त में फतहचन्द को जेल में डलवा देंगे; परन्तु परेशानी और बदनामी से किसी तरह न बच सकते थे। एक बुद्धिमान और दूरंदेश आदमी की तरह उन्होंने यह कहा—ओहो, हम समझ गया, आप हमसे नाराज़ हैं। हमने क्या आपको कुछ कहा है? आप क्यों हमसे नाराज़ हैं?

फतहचन्द ने तन कर कहा—तुमने अभी आध घंटा पहले मेरे कान पकड़े थे, और मुझसे सैकड़ों ऊल-जलूल बातें कही थीं। क्या इतनी जल्दी भूल गए?

साहब—मैंने आपका कान पकड़ा, आ-हा-हा-हाहा! मैंने आपका कान पकड़ा, आ-हा-हा-हा! क्या मज़ाक़ है? क्या मैं पागल हूँ या दीवाना?

फतहचन्द—तो क्या मैं झूठ बोल रहा हूँ? चपरासी गवाह है। आपके नौकर-चाकर भी देख रहे थे।

साहब—कब का बात है?

फतहचन्द—अभी-अभी, कोई आधा घंटा हुआ, आपने मुझे बुलवाया था और बिना कारण मेरे कान पकड़े और धक्के दिए थे।

साहब—ओ बाबू जी, उस वक़्त हम नशा में था। बेहरा ने हमको बहुत दे दिया था। हमको कुछ ख़बर नहीं, क्या हुआ माई गाड! हमको कुछ ख़बर नहीं।

फतहचन्द—नशा में अगर तुमने मुझे गोली मार दी होती, तो क्या मैं मर न जाता? अगर तुम्हें नशा था और नशा में सब कुछ मुआफ है, तो मैं भी नशे में हूँ। सुनो मेरा फ़ैसला, या तो अपने कान पकड़ो कि फिर कभी किसी भले आदमी के संग ऐसा बर्ताव न करोगे, या मैं आकर तुम्हारे कान पकड़ूँगा। समझ गए कि नहीं! इधर-उधर हिलो नहीं, तुमने जगह छोड़ी

और मैंने डंडा चलाया। फिर खोपड़ी टूट जाए, तो मेरी खता नहीं। मैं जो कुछ कहता हूँ, करते चलो; पकड़ो कान!

साहब ने बनावटी हँसी हँसकर कहा—वेल बाबू जी, आप बहुत दिल्लगी करता है। अगर हमने आपको बुरा बात कहा है, तो हम आपसे माफ़ी माँगता है।

फतहचन्द—(डंडा तौलकर) नहीं, कान पकड़ो!

साहब आसानी से इतनी जिल्लत न सह सके। लपककर उठे और चाहा कि फतहचन्द के हाथ से लकड़ी छीन लें; लेकिन फतहचन्द गाफिल न थे। साहब मेज़ पर से उठने न पाए थे कि उन्होंने डंडे का भरपूर और तुला हुआ हाथ चलाया। साहब तो नंगे सिर थे ही; चोट सिर पर पड़ गई। खोपड़ी भन्ना गई। एक मिनट तक सिर को पकड़े रहने के बाद बोले—हम तुमको बरखास्त कर देगा।

फतहचन्द—इसकी मुझे परवाह नहीं, मगर आज मैं तुमसे बिना कान पकड़वाये नहीं जाऊँगा। कान पकड़कर वादा करो कि फिर किसी भले आदमी के साथ ऐसी बेअदबी न करोगे, नहीं तो मेरा दूसरा हाथ पड़ना ही चाहता है!

यह कहकर फतहचन्द ने फिर डंडा उठाया। साहब को अभी तक पहली चोट न भूली थी। अगर कहीं यह दूसरा हाथ पड़ गया, तो शायद खोपड़ी खुल जाए। कान पर हाथ रखकर बोले—अब आप ख़ुश हुआ?

'फिर तो कभी किसी को गाली न दोगे?'

'कभी नहीं।'

'अगर फिर कभी ऐसा किया, तो समझ लेना, मैं कहीं दूर नहीं हूँ।'

'अब किसी को गाली न देगा।'

'अच्छी बात है, अब मैं जाता हूँ, आज से मेरा इस्तीफ़ा है। मैं कल इस्तीफ़ा में यह लिखकर भेजूँगा कि तुमने मुझे गालियाँ दीं, इसलिए मैं नौकरी नहीं करना चाहता, समझ गए?'

साहब—आप इस्तीफ़ा क्यों देता है? हम तो बरखास्त नहीं करता।

फतहचन्द—अब तुम जैसे पाजी आदमी की मातहती नहीं करूँगा।

यह कहते हुए फतहचन्द कमरे से बाहर निकले और बड़े इत्मीनान से घर चले। आज उन्हें सच्ची विजय की प्रसन्नता का अनुभव हुआ। उन्हें ऐसी ख़ुशी कभी नहीं प्राप्त हुई थी। यही उनके जीवन की पहली जीत थी।

यह मेरी मातृभूमि है

आज पूरे 60 वर्ष के बाद मुझे मातृभूमि—प्यारी मातृभूमि के दर्शन प्राप्त हुए हैं। जिस समय मैं अपने प्यारे देश से विदा हुआ था और भाग्य मुझे पश्चिम की ओर ले चला था, उस समय मैं पूर्ण युवा था। मेरी नसों में नवीन रक्त संचारित हो रहा था। हृदय उमंगों और बड़ी-बड़ी आशाओं से भरा हुआ था। मुझे अपने प्यारे भारतवर्ष से किसी अत्याचारी के अत्याचार या न्याय के बलवान हाथों ने नहीं जुदा किया था। अत्याचारी के अत्याचार और क़ानून की कठोरताएँ

मुझसे जो चाहे सो करा सकती हैं, मगर मेरी प्यारी मातृभूमि मुझसे नहीं छुड़ा सकती। वे मेरी उच्च अभिलाषाएँ और बड़े-बड़े ऊँचे विचार ही थे, जिन्होंने मुझे देश-निकाला दिया था।

मैंने अमेरिका जाकर वहाँ ख़ूब व्यापार किया और व्यापार से धन भी ख़ूब पैदा किया तथा धन से आनन्द भी ख़ूब मनमाने लूटे। सौभाग्य से पत्नी भी ऐसी मिली, जो सौन्दर्य में अपना सानी आप ही थी। उसकी लावण्यता और सुन्दरता की ख्याति तमाम अमेरिका में फैली। उसके हृदय में ऐसे विचार की गुंजाइश भी न थी, जिसका सम्बन्ध मुझसे न हो, मैं उस पर तन-मन से आसक्त था और वह मेरी सर्वस्व थी। मेरे पाँच पुत्र थे जो सुन्दर, हृष्ट-पुष्ट और ईमानदार थे। उन्होंने व्यापार को और भी चमका दिया था। मेरे भोले-भाले नन्हे-नन्हे पौत्र गोद में बैठे हुए थे, जब कि मैंने प्यारी मातृभूमि के अन्तिम दर्शन करने को अपने पैर उठाये। मैंने अनंत धन, प्रियतमा पत्नी, सपूत बेटे और प्यारे-प्यारे जिगर के टुकड़े नन्हे-नन्हे बच्चे आदि अमूल्य पदार्थ केवल इसीलिए परित्याग कर दिया कि मैं प्यारी भारत-जननी का अन्तिम दर्शन कर लूँ। मैं बहुत बूढ़ा हो गया हूँ; दस वर्ष के बाद पूरे सौ वर्ष का हो जाऊँगा। अब मेरे हृदय में केवल एक ही अभिलाषा बाक़ी है कि मैं अपनी मातृभूमि का रजकण बनूँ।

यह अभिलाषा कुछ आज ही मेरे मन में उत्पन्न नहीं हुई, बल्कि उस समय भी थी जब मेरी प्यारी पत्नी अपनी मधुर बातों और कोमल कटाक्षों से मेरे हृदय को प्रफुल्लित किया करती थी। और जब कि मेरे युवा पुत्र प्रात:काल आकर अपने वृद्ध पिता को सभक्ति प्रणाम करते, उस समय भी मेरे हृदय में एक काँटा-सा खटखता रहता था कि मैं अपनी मातृभूमि से अलग हूँ। यह देश मेरा देश नहीं है और मैं इस देश का नहीं हूँ।

मेरे पास धन था, पत्नी थी, लड़के थे और जायदाद थी, मगर न मालूम क्यों, मुझे रह-रहकर मातृभूमि के टूटे झोंपड़े, चार-छै बीघा मौरूसी ज़मीन और बालपन के लँगोटिया यारों की याद अक्सर सता जाया करती। प्राय: अपार प्रसन्नता और आनन्दोत्सवों के अवसर पर भी यह विचार हृदय में चुटकी लिया करता था कि 'यदि मैं अपने देश में होता।'

2

जिस समय मैं बम्बई में जहाज़ से उतरा, मैंने पहिले काले कोट-पतलून पहने टूटी-फूटी अँगरेज़ी बोलते हुए मल्लाह देखे। फिर अँगरेज़ी दुकान, ट्राम और मोटरगाड़ियाँ दीख पड़ीं। इसके बाद रबरटायरवाली गाड़ियों की ओर मुँह में चुरट दाबे हुए आदमियों से मुठभेड़ हुई। फिर रेल का विक्टोरिया टर्मिनस स्टेशन देखा। बाद में मैं रेल में सवार होकर हरी-भरी पहाड़ियों के मध्य में स्थित अपने गाँव को चल दिया। उस समय मेरी आँखों में आँसू भर आए और मैं ख़ूब रोया, क्योंकि यह मेरा देश न था। यह वह देश न था, जिसके दर्शनों की इच्छा सदा मेरे हृदय में लहराया करती थी। यह तो कोई और देश था। यह अमेरिका या इंगलैंड था; मगर प्यारा भारत नहीं था।

रेलगाड़ी जंगलों, पहाड़ों, नदियों और मैदानों को पार करती हुई मेरे प्यारे गाँव के निकट पहुँची, जो किसी समय में फूल, पत्तों और फलों की बहुतायत तथा नदी-नालों की अधिकता से स्वर्ग की होड़ कर रहा था। मैं उस गाड़ी से उतरा, तो मेरा हृदय बाँसों उछल रहा था—अब अपना प्यारा घर देखूँगा—अपने बालपन के प्यारे साथियों से मिलूँगा। मैं इस

समय बिलकुल भूल गया था कि मैं 90 वर्ष का बूढ़ा हूँ। ज्यों-ज्यों मैं गाँव के निकट आता था, मेरे पग शीघ्र-शीघ्र उठते थे और हृदय में अकथनीय आनन्द का स्रोत उमड़ रहा था। प्रत्येक वस्तु पर आँखें फाड़-फाड़ कर दृष्टि डालता। अहा! यह वही नाला है, जिसमें हम रोज़ घोड़े नहलाते थे और स्वयं भी डुबकियाँ लगाते थे, किन्तु अब उसके दोनों ओर काँटेदार तार लगे हुए थे। सामने एक बँगला था, जिसमें दो अँगरेज़ बन्दूक़ें लिये इधर-उधर ताक रहे थे। नाले में नहाने की सख़्त मनाही थी।

गाँव में गया और निगाहें बालपन के साथियों को खोजने लगीं, किन्तु शोक! वे सब के सब मृत्यु के ग्रास हो चुके थे। मेरा घर—मेरा टूटा-फूटा झोंपड़ा—जिसकी गोद में मैं बरसों खेला था, जहाँ बचपन और बेफ़िक्री के आनन्द लूटे थे और जिसका चित्र अभी तक मेरी आँखों में फिर रहा था, वही मेरा प्यारा घर अब मिट्टी का ढेर हो गया था।

यह स्थान ग़ैर-आबाद न था। सैकड़ों आदमी चलते-चलते दृष्टि आते थे, जो अदालत-कचहरी और थाना-पुलिस की बातें कर रहे थे, उनके मुखों से चिन्ता, निर्जीवता और उदासी प्रदर्शित होती थी और वे अब सांसारिक चिन्ताओं से व्यथित मालूम होते थे। मेरे साथियों के समान हृष्ट-पुष्ट, बलवान, लाल चेहरे वाले नवयुवक कहीं न देख पड़ते थे। उस अखाड़े के स्थान पर जिसकी जड़ मेरे हाथों ने डाली थी, अब एक टूटा-फूटा स्कूल था। उसमें दुर्बल तथा कांतिहीन, रोगियों की-सी सूरतवाले बालक फटे कपड़े पहिने बैठे ऊँघ रहे थे। उनको देखकर सहसा मेरे मुख से निकल पड़ा कि नहीं-नहीं, यह मेरा प्यारा देश नहीं है। यह देश देखने मैं इतनी दूर से नहीं आया हूँ—यह मेरा प्यारा भारतवर्ष नहीं है।

बरगद के पेड़ की ओर मैं दौड़ा, जिसकी सुहावनी छाया में मैंने बचपन के आनन्द उड़ाये थे, जो हमारे छुटपन का क्रीड़ास्थल और युवावस्था का सुखप्रद वासस्थान था। आह! इस प्यारे बरगद को देखते ही हृदय पर एक बड़ा आघात पहुँचा और दिल में महान् शोक उत्पन्न हुआ। उसे देखकर ऐसी-ऐसी दुःखदायक तथा हृदय-विदारक स्मृतियाँ ताजी हो गईं कि घंटों पृथ्वी पर बैठे-बैठे मैं आँसू बहाता रहा। हाँ! यही बरगद है, जिसकी डालों पर चढ़कर मैं फुनगियों तक पहुँचता था, जिसकी जटाएँ हमारा झूला थीं और जिसके फल हमें सारे संसार की मिठाइयों से अधिक स्वादिष्ट मालूम होते थे। मेरे गले में बाँहें डालकर खेलनेवाले लँगोटिया यार, जो कभी रूठते थे, कभी मनाते थे, कहाँ गए? हाय, बिना घरबार का मुसाफ़िर अब क्या अकेला ही हूँ? क्या मेरा कोई भी साथी नहीं? इस बरगद के निकट अब थाना था और बरगद के नीचे कोई लाल साफा बाँधे बैठा था। उसके आस-पास दस-बीस लाल पगड़ीवाले करबद्ध खड़े थे! वहाँ फटे-पुराने कपड़े पहने, दुर्भिक्षग्रस्त पुरुष, जिस पर अभी चाबुकों की बौछार हुई थी, पड़ा सिसक रहा था। मुझे ध्यान आया कि यह मेरा प्यारा देश नहीं है, कोई और देश है। यह योरोप है, अमेरिका है, मगर मेरी प्यारी मातृभूमि नहीं है—कदापि नहीं है।

3

इधर से निराश होकर मैं उस चौपाल की ओर चला, जहाँ शाम के वक़्त पिताजी गाँव के अन्य बुज़ुर्गों के साथ हुक़्क़ा पीते और हँसी-क़हक़हे उड़ाते थे। हम भी उस टाट के बिछौने पर कलाबाजियाँ खाया करते थे। कभी-कभी वहाँ पंचायत भी बैठती थी, जिसके सरपंच सदा पिताजी ही हुआ करते थे। इसी चौपाल के पास एक गोशाला थी, जहाँ गाँव भर की गायें

रखी जाती थीं और बछड़ों के साथ हम यहीं किलोलें किया करते थे। शोक! कि अब उस चौपाल का पता तक न था। वहाँ अब गाँवों में टीका लगाने की चौकी और डाकखाना था।

उस समय इसी चौपाल से लगा एक कोल्हवाड़ा था, जहाँ जाड़े के दिनों में ईख पेरी जाती थी और गुड़ की सुगंध से मस्तिष्क पूर्ण हो जाता था। हम और हमारे साथी वहाँ गंडरियों के लिए बैठे रहते और गंडरियाँ करनेवाले मज़दूरों के हस्तलाघव को देखकर आश्चर्य किया करते थे। वहाँ हज़ारों बार मैंने कच्चा रस और पक्का दूध मिलाकर पिया था और वहाँ आस-पास के घरों की स्त्रियाँ और बालक अपने-अपने घड़े लेकर आते थे और उनमें रस भरकर ले जाते थे। शोक है कि वे कोल्हू अब तक ज्यों के त्यों खड़े थे, किन्तु कोल्हवाड़े की जगह पर अब एक सन लपेटनेवाली मशीन लगी थी और उसके सामने एक तम्बोली और सिगरेटवाले की दुकान थी। इन हृदय-विदारक दृश्यों को देखकर मैंने दुखित हृदय से, एक आदमी से, जो देखने में सभ्य मालूम होता था, पूछा, 'महाशय, मैं एक परदेशी यात्री हूँ। रात भर लेट रहने की मुझे आज्ञा दीजिएगा?' इस आदमी ने मुझे सिर से पैर तक गहरी दृष्टि से देखा और कहने लगा कि 'आगे जाओ, यहाँ जगह नहीं है।' मैं आगे गया और वहाँ से भी यही उत्तर मिला 'आगे जाओ।' पाँचवीं बार एक सज्जन से स्थान माँगने पर उन्होंने एक मुट्ठी चने मेरे हाथ पर रख दिए। चने मेरे हाथ से छूट पड़े और नेत्रों से अविरल अश्रु-धारा बहने लगी। मुख से सहसा निकल पड़ा कि 'हाय! यह मेरा देश नहीं है, यह कोई और देश है। यह हमारा अतिथि-सत्कारी प्यारा भारत नहीं है—कदापि नहीं।'

मैंने एक सिगरेट की डिबिया ख़रीदी और एक सुनसान जगह पर बैठकर सिगरेट पीते हुए पूर्व समय की याद करने लगा कि अचानक मुझे धर्मशाला का स्मरण हो आया, जो मेरे विदेश जाते समय बन रही थी; मैं उस ओर लपका कि रात किसी प्रकार वहीं काट लूँ, मगर शोक! शोक!! महान् शोक!!! धर्मशाला ज्यों की त्यों खड़ी थी, किन्तु उसमें ग़रीब यात्रियों के टिकने के लिए स्थान न था। मदिरा, दुराचार और द्यूत ने उसे अपना घर बना रखा था। यह दशा देखकर विवशतः मेरे हृदय से एक सर्द आह निकल पड़ी और मैं ज़ोर से चिल्ला उठा कि 'नहीं, नहीं, नहीं और हज़ार बार नहीं है'—यह मेरा प्यारा भारत नहीं है। यह कोई और देश है। यह योरोप है, अमेरिका है; मगर भारत कदापि नहीं है।

4

अँधेरी रात थी। गीदड़ और कुत्ते अपने-अपने कर्कश स्वर में उच्चारण कर रहे थे। मैं अपना दुखित हृदय लेकर उसी नाले के किनारे जाकर बैठ गया और सोचने लगा—अब क्या करूँ! फिर अपने पुत्रों के पास लौट जाऊँ और अपना यह शरीर अमेरिका की मिट्टी में मिलाऊँ। अब तक मेरी मातृभूमि थी, मैं विदेश में ज़रूर था किन्तु मुझे अपने प्यारे देश की याद बनी थी, पर अब मैं देश-विहीन हूँ। मेरा कोई देश नहीं है। इसी सोच-विचार में मैं बहुत देर तक घुटनों पर सिर रखे मौन रहा। रात्रि नेत्रों में ही व्यतीत की। घंटेवाले ने तीन बजाए और किसी के गाने का शब्द कानों में आया। हृदय गद्गद हो गया कि यह तो देश का ही राग है, यह तो मातृभूमि का ही स्वर है। मैं तुरन्त उठ खड़ा हुआ और क्या देखता हूँ कि 15-20 वृद्धा स्त्रियाँ, सफ़ेद धोतियाँ पहिने, हाथों में लोटे लिये स्नान को जा रही हैं और गाती जाती हैं :

'हमारे प्रभु, अवगुन चित्त न धरो...'

मैं इस गीत को सुनकर तन्मय हो ही रहा था कि इतने में मुझे बहुत से आदमियों की बोलचाल सुन पड़ी। उनमें से कुछ लोग हाथों में पीतल के कमंडलु लिये हुए शिव-शिव, हर-हर, गंगे-गंगे, नारायण-नारायण आदि शब्द बोलते हुए चले जाते थे। आनन्ददायक और प्रभावोत्पादक राग से मेरे हृदय पर जो प्रभाव हुआ, उसका वर्णन करना कठिन है।

मैंने अमेरिका की चंचल से चंचल और प्रसन्न से प्रसन्न चित्तवाली लावण्यवती स्त्रियों का आलाप सुना था, सहस्रों बार उनकी जिह्वा से प्रेम और प्यार के शब्द सुने थे, हृदयाकर्षक वचनों का आनन्द उठाया था, मैंने सुरीले पक्षियों का चहचहाना भी सुना था, किन्तु जो आनन्द, जो मज़ा और जो सुख मुझे इस राग में आया, वह मुझे जीवन में कभी प्राप्त नहीं हुआ था। मैंने ख़ुद गुनगुना कर गाया :

'हमारे प्रभु, अवगुन चित न धरो...'

मेरे हृदय में फिर उत्साह आया कि ये तो मेरे प्यारे देश की ही बातें हैं। आनन्दातिरेक से मेरा हृदय आनन्दमय हो गया। मैं भी इन आदमियों के साथ हो लिया और 6 मील तक पहाड़ी मार्ग पार करके उसी नदी के किनारे पहुँचा, जिसका नाम पतित-पावनी है, जिसकी लहरों में डुबकी लगाना और जिसकी गोद में मरना प्रत्येक हिन्दू अपना परम सौभाग्य समझता है। पतित-पावनी भागीरथी गंगा मेरे प्यारे गाँव से छै-सात मील पर बहती थी। किसी समय में घोड़े पर चढ़कर गंगा माता के दर्शनों की लालसा मेरे हृदय में सदा रहती थी। यहाँ मैंने हज़ारों मनुष्यों को इस ठंडे पानी में डुबकी लगाते हुए देखा। कुछ लोग बालू पर बैठे गायत्री-मंत्र जप रहे थे। कुछ लोग हवन करने में संलग्न थे। कुछ माथे पर तिलक लगा रहे थे और कुछ लोग सस्वर वेदमंत्र पढ़ रहे थे। मेरा हृदय फिर उत्साहित हुआ और मैं ज़ोर से कह उठा—'हाँ, हाँ, यही मेरा प्यारा देश है, यही मेरी पवित्र मातृभूमि है, यही मेरा सर्वश्रेष्ठ भारत है और इसी के दर्शनों की मेरी उत्कट इच्छा थी तथा इसी की पवित्र धूलि के कण बनने की मेरी प्रबल अभिलाषा है।'

5

मैं विशेष आनन्द में मग्न था। मैंने अपना पुराना कोट और पतलून उतारकर फेंक दिया और गंगा माता की गोद में जा गिरा, जैसे कोई भोलाभाला बालक दिन भर निर्दय लोगों के साथ रहने के बाद संध्या को अपनी प्यारी माता की गोद में दौड़कर चला आए और उसकी छाती से चिपट जाए। हाँ, अब मैं अपने देश में हूँ। यह मेरी प्यारी मातृभूमि है। ये लोग मेरे भाई हैं और गंगा मेरी माता है।

मैंने ठीक गंगा के किनारे एक छोटी-सी कुटी बनवा ली है। अब मुझे सिवा राम-नाम जपने के और कोई काम नहीं है। मैं नित्य प्रातः-सायं गंगा-स्नान करता हूँ और मेरी प्रबल इच्छा है कि इसी स्थान पर मेरे प्राण निकलें और मेरी अस्थियाँ गंगा माता की लहरों की भेंट हों।

मेरी स्त्री और मेरे पुत्र बार-बार बुलाते हैं; मगर अब मैं यह गंगा माता का तट और अपना प्यारा देश छोड़कर वहाँ नहीं जा सकता। अपनी मिट्टी गंगा जी को ही सौंपूँगा। अब संसार की कोई आकांक्षा मुझे इस स्थान से नहीं हटा सकती, क्योंकि यह मेरा प्यारा देश और यही प्यारी मातृभूमि है। बस, मेरी उत्कट इच्छा यही है कि मैं अपनी प्यारी मातृभूमि में ही अपने प्राण विसर्जन करूँ।

राजा हरदौल

बुंदेलखंड में ओरछा पुराना राज्य है। इसके राजा बुंदेले हैं। इन बुंदेलों ने पहाड़ों की घाटियों में अपना जीवन बिताया है। एक समय ओरछे के राजा जुझारसिंह थे। ये बड़े साहसी और बुद्धिमान थे। शाहजहाँ उस समय दिल्ली के बादशाह थे। जब लोदी ने बलवा किया और वह शाही मुल्क को लूटता-पाटता ओरछे की ओर आ निकला, तब राजा जुझारसिंह ने उससे मोरचा लिया। राजा के इस काम से गुणग्राही शाहजहाँ बहुत प्रसन्न हुए। उन्होंने तुरन्त ही राजा को दक्खिन का शासन-भार सौंपा। उस दिन ओरछे में बड़ा आनन्द मनाया गया। शाही दूत खिलअत और सनद लेकर राजा के पास आया। जुझारसिंह को बड़े-बड़े काम करने का अवसर मिला। सफ़र की तैयारियाँ होने लगीं, तब राजा ने अपने छोटे भाई हरदौलसिंह को बुलाकर कहा, 'भैया, मैं तो जाता हूँ। अब यह राज-पाट तुम्हारे सुपुर्द है। तुम भी इसे जो से प्यार करना! न्याय ही राजा का सबसे बड़ा सहायक है। न्याय की गढ़ी में कोई शत्रु नहीं घुस सकता, चाहे वह रावण की सेना या इन्द्र का बल लेकर आए; पर न्याय वही सच्चा है, जिसे प्रजा भी न्याय समझे। तुम्हारा काम केवल न्याय ही करना न होगा बल्कि प्रजा को अपने न्याय का विश्वास भी दिलाना होगा और मैं तुम्हें क्या समझाऊँ, तुम स्वयं समझदार हो।'

यह कहकर उन्होंने अपनी पगड़ी उतारी और हरदौलसिंह के सिर पर रख दी। हरदौल रोता हुआ उनके पैरों से लिपट गया। इसके बाद राजा अपनी रानी से विदा होने के लिए रनिवास आए। रानी दरवाज़े पर खड़ी रो रही थी। उन्हें देखते ही पैरों पर गिर पड़ी। जुझारसिंह ने उठाकर उसे छाती से लगाया और कहा, 'प्यारी, यह रोने का समय नहीं है। बुंदेलों की स्त्रियाँ ऐसे अवसर पर रोया नहीं करतीं। ईश्वर ने चाहा, तो हम-तुम जल्द मिलेंगे। मुझ पर ऐसी ही प्रीति रखना। मैंने राज-पाट हरदौल को सौंपा है, वह अभी लड़का है। उसने अभी दुनिया नहीं देखी है। अपनी सलाहों से उसकी मदद करती रहना।'

रानी की ज़बान बन्द हो गई। वह अपने मन में कहने लगी, 'हाय यह कहते हैं, बुंदेलों की स्त्रियाँ ऐसे अवसरों पर रोया नहीं करतीं। शायद उनके हृदय नहीं होता, या अगर होता है तो उसमें प्रेम नहीं होता!'' रानी कलेजे पर पत्थर रखकर आँसू पी गई और हाथ जोड़कर राजा की ओर मुस्कुराती हुई देखने लगी; पर क्या वह मुस्कुराहट था? जिस तरह अँधेरे मैदान में मशाल की रोशनी अँधेरे को और भी अथाह कर देती है, उसी तरह रानी की मुस्कुराहट उसके मन के अथाह दु:ख को और भी प्रकट कर रही थी।

जुझारसिंह के चले जाने के बाद हरदौलसिंह राज करने लगा। थोड़े ही दिनों में उसके न्याय और प्रजावात्सल्य ने प्रजा का मन हर लिया। लोग जुझारसिंह को भूल गए। जुझारसिंह के शत्रु भी थे और मित्र भी; पर हरदौलसिंह का कोई शत्रु न था, सब मित्र ही थे। वह ऐसा हँसमुख और मधुरभाषी था कि उससे जो बातें कर लेता, वही जीवन भर उसका भक्त बना रहता। राज्य भर में ऐसा कोई न था जो उसके पास तक न पहुँच सकता हो। रात-दिन उसके दरबार का फाटक सबके लिए खुला रहता था। ओरछे को कभी ऐसा सर्वप्रिय राजा नसीब न हुआ था। वह उदार था, न्यायी था, विद्या और गुण का ग्राहक था; पर सबसे बड़ा गुण जो उसमें था, वह उसकी वीरता थी। उसका वह गुण हद दर्जे को पहुँच गया था। जिस जाति के जीवन का अवलम्ब तलवार पर है, वह अपने राजा के किसी गुण पर इतना नहीं रीझती जितना उसकी वीरता पर।

हरदौल अपने गुण से अपनी प्रजा के मन का भी राजा हो गया, जो मुल्क और माल पर राज करने से भी कठिन है। इस प्रकार एक वर्ष बीत गया। उधर दक्खिन में जुझारसिंह ने अपने प्रबन्ध से चारों ओर शाही दबदबा जमा दिया, इधर ओरछे में हरदौल ने प्रजा पर मोहन-मंत्र फूँक दिया।

2

फाल्गुन का महीना था, अबीर और गुलाल से ज़मीन लाल हो रही थी। कामदेव का प्रभाव लोगों को भड़का रहा था। रबी ने खेतों में सुनहला फ़र्श बिछा रखा था और खलिहानों में सुनहले महल उठा दिए थे। सन्तोष इस सुनहले फ़र्श पर इठलाता फिरता था और निश्चिंतता इस सुनहले महल में तानें अलाप रही थी। इन्हीं दिनों दिल्ली का नामवर फेकैत कादिरखाँ ओरछे आया। बड़े-बड़े पहलवान उसका लोहा मान गए थे। दिल्ली से ओरछे तक सैकड़ों मर्दानगी के मद से मतवाले उसके सामने आए; पर कोई उससे जीत न सका। उससे लड़ना भाग्य से नहीं, बल्कि मौत से लड़ना था। वह किसी इनाम का भूखा न था। जैसा ही दिल का दिलेर था, वैसा ही मन का राजा था। ठीक होली के दिन उसने धूमधाम से ओरछे में सूचना दी कि 'ख़ुदा का शेर दिल्ली का कादिरखाँ ओरछे आ पहुँचा है। जिसे अपनी जान भारी हो, आकर अपने भाग्य का निपटारा कर ले।' ओरछे के बड़े-बड़े बुंदेले सूरमा वह घमंड-भरी वाणी सुनकर गरम हो उठे। फाग और डफ की तान के बदले ढोल की वीर-ध्वनि सुनाई देने लगी। हरदौल का अखाड़ा ओरछे के पहलवानों और फेकैतों का सबसे बड़ा अड्डा था। संध्या को यहाँ सारे शहर के सूरमा जमा हुए। कालदेव और भालदेव बुंदेलों की नाक थे, सैकड़ों मैदान मारे हुए। ये ही दोनों पहलवान कादिरखाँ का घमंड चूर करने के लिए गए।

दूसरे दिन क़िले के सामने तालाब के किनारे बड़े मैदान में ओरछे के छोटे-बड़े सभी जमा हुए। कैसे-कैसे सजीले, अलबेले जवान थे—सिर पर खुशरंग बाँकी पगड़ी, माथे पर चन्दन का तिलक, आँखों में मर्दानगी का सरूर, कमर में तलवार। और कैसे-कैसे बूढ़े थे—तनी हुई मूँछें, सादी पर तिरछी पगड़ी, कानों बँधी हुई दाढ़ियाँ, देखने में तो बूढ़े, पर काम में जवान, किसी को कुछ न समझनेवाले। उनकी मर्दाना चाल-ढाल नौजवानों को लजाती थी। हर एक के मुँह से वीरता की बातें निकल रही थीं। नौजवान कहते थे—देखें आज ओरछे की लाज रहती है या नहीं। पर बूढ़े कहते—ओरछे की हार कभी नहीं हुई, न होगी। वीरों का यह जोश देखकर राजा हरदौल ने बड़े ज़ोर से कह दिया—'ख़बरदार, बुंदेलों की लाज रहे या न रहे; पर उनकी प्रतिष्ठा में बल न पड़ने पाए—यदि किसी ने औरों को यह कहने का अवसर दिया कि ओरछेवाले तलवार से न जीत सके तो धाँधली कर बैठे, वह अपने को जाति का शत्रु समझे।'

सूर्य निकल आया था। एकाएक नगाड़े पर चोट पड़ी और आशा तथा भय ने लोगों के मन को उछाल कर मुँह तक पहुँचा दिया। कालदेव और कादिरखाँ दोनों लँगोट कसे शेरों की तरह अखाड़े में उतरे और गले मिल गए। तब दोनों तरफ़ से तलवारें निकलीं और दोनों के बग़लों में चली गईं। फिर बादल के दो टुकड़ों से बिजलियाँ निकलने लगीं। पूरे तीन घंटे तक यही मालूम होता रहा कि दो अंगारे हैं। हज़ारों आदमी खड़े तमाशा देख रहे थे और मैदान में आधी रात का-सा सन्नाटा छाया हुआ था। हाँ, जब कभी कालदेव गिरहदार हाथ चलाता या कोई पेंचदार वार बचा जाता, तो लोगों की गर्दन आप ही आप उठ जाती; पर किसी के मुँह से एक शब्द भी नहीं निकलता था। अखाड़े के अन्दर तलवारों की खींचतान थी; पर देखनेवालों के लिए अखाड़े

से बाहर मैदान में इससे भी बढ़कर तमाशा था। बार-बार जातीय प्रतिष्ठा के विचार से मन के भावों को रोकना और प्रसन्नता या दु:ख का शब्द मुँह से बाहर न निकलने देना तलवारों के वार बचाने से अधिक कठिन काम था। एकाएक कादिरखाँ 'अल्लाहो-अकबर' चिल्लाया, मानो बादल गरज उठा और उसके गरजते ही कालदेव के सिर पर बिजली गिर पड़ी।

कालदेव के गिरते ही बुंदेलों को सब्र न रहा। हर एक के चेहरे पर निर्बल क्रोध और कुचले हुए घमंड की तसवीर खिंच गई। हज़ारों आदमी जोश में आकर अखाड़े पर दौड़े, पर हरदौल ने कहा—ख़बरदार! अब कोई आगे न बढ़े। इस आवाज़ ने पैरों के साथ जंजीर का काम किया। दर्शकों को रोककर जब वे अखाड़े में गए और कालदेव को देखा, तो आँखों में आँसू भर आए। ज़ख़्मी शेर ज़मीन पर पड़ा तड़प रहा था। उसके जीवन की तरह उसकी तलवार के दो टुकड़े हो गए थे।

आज का दिन बीता, रात आई; पर बुंदेलों की आँखों में नींद कहाँ। लोगों ने करवटें बदलकर रात काटी जैसे दु:खित मनुष्य विकलता से सुबह की बाट जोहता है, उसी तरह बुंदेले रह-रहकर आकाश की तरफ़ देखते और उसकी धीमी चाल पर झुँझलाते थे। उनके जातीय घमंड पर गहरा घाव लगा था। दूसरे दिन ज्यों ही सूर्य निकला, तीन लाख बुंदेले तालाब के किनारे पहुँचे। जिस समय भालदेव शेर की तरह अखाड़े की तरफ़ चला, दिलों में धड़कन-सी होने लगी। कल जब कालदेव अखाड़े में उतरा था, बुंदेलों के हौसले बढ़े हुए थे; पर आज वह बात न थी। हृदय में आशा की जगह डर घुसा हुआ था। कादिरखाँ कोई चुटीला वार करता तो लोगों के दिल उछल कर होंठों तक आ जाते। सूर्य सिर पर चढ़ा जाता था और लोगों के दिल बैठ जाते थे। इसमें कोई सन्देह नहीं कि भालदेव अपने भाई से फुर्तीला और तेज़ था। उसने कई बार कादिरखाँ को नीचा दिखलाया; पर दिल्ली का निपुण पहलवान हर बार सँभल जाता था। पूरे तीन घंटे तक दोनों बहादुरों में तलवारें चलती रहीं। एकाएक खटाके की आवाज़ हुई और भालदेव की तलवार के दो टुकड़े हो गए। राजा हरदौल अखाड़े के सामने खड़े थे। उन्होंने भालदेव की तरफ़ तेज़ी से अपनी तलवार फेंकी। भालदेव तलवार लेने के लिए झुका ही था कि कादिरखाँ की तलवार उसकी गर्दन पर आ पड़ी। घाव गहरा न था, केवल एक 'चरका' था; पर उसने लड़ाई का फ़ैसला कर दिया।

हताश बुंदेले अपने-अपने घरों को लौटे। यद्यपि भालदेव अब भी लड़ने को तैयार था; पर हरदौल ने समझाकर कहा कि 'भाइयो, हमारी हार उसी समय हो गई जब हमारी तलवार ने जवाब दे दिया। यदि हम कादिरखाँ की जगह होते तो निहत्थे आदमी पर वार न करते और जब तक हमारे शत्रु के हाथ में तलवार न आ जाती, हम उस पर हाथ न उठाते; पर कादिरखाँ में यह उदारता कहाँ? बलवान् शत्रु का सामना करने में उदारता को ताक पर रख देना पड़ता है। तो भी हमने दिखा दिया है कि तलवार की लड़ाई में हम उसके बराबर हैं और अब हमको यह दिखाना है कि हमारी तलवार में भी वैसा ही जौहर है!' इसी तरह लोगों को तसल्ली देकर राजा हरदौल रनिवास को गए।

कुलीना ने पूछा—लाला, आज दंगल का क्या रंग रहा?

हरदौल ने सिर झुकाकर जवाब दिया—आज भी वही कल का-सा हाल रहा।

कुलीना—क्या भालदेव मारा गया?

हरदौल—नहीं, जान से तो नहीं पर हार हो गई।

कुलीना—तो अब क्या करना होगा?

हरदौल—मैं स्वयं इसी सोच में हूँ। आज तक ओरछे को कभी नीचा न देखना पड़ा था। हमारे पास धन न था, पर अपनी वीरता के सामने हम राज और धन कोई चीज़ न समझते थे। अब हम किस मुँह से अपनी वीरता का घमंड करेंगे? ओरछे की और बुन्देलों की लाज अब जाती है।

कुलीना—क्या अब कोई आस नहीं है?

हरदौल—हमारे पहलवानों में वैसा कोई नहीं है जो उससे बाज़ी ले जाए। भालदेव की हार ने बुंदेलों की हिम्मत तोड़ दी है। आज सारे शहर में शोक छाया हुआ है। सैकड़ों घरों में आग नहीं जली। चिराग़ रोशन नहीं हुआ। हमारे देश और जाति की वह चीज़ जिससे हमारा मान था, अब अन्तिम साँस ले रही है। भालदेव हमारा उस्ताद था। उसके हार चुकने के बाद मेरा मैदान में आना धृष्टता है; पर बुंदेलों की साख जाती है, तो मेरा सिर भी उसके साथ जाएगा। कादिरखाँ बेशक अपने हुनर में एक ही है, पर हमारा भालदेव कभी उससे कम नहीं। उसकी तलवार यदि भालदेव के हाथ में होती तो मैदान ज़रूर उसके हाथ रहता। ओरछे में केवल एक तलवार है जो कादिरखाँ की तलवार का मुँह मोड़ सकती है वह भैया की तलवार है। अगर तुम ओरछे की नाक रखना चाहती हो तो उसे मुझे दे दो। यह हमारी अन्तिम चेष्टा होगी। यदि इस बार भी हार हुई तो ओरछे का नाम सदैव के लिए डूब जाएगा।

कुलीना सोचने लगी, तलवार इनको दूँ या न दूँ। राजा रोक गए हैं। उनकी आज्ञा थी कि किसी दूसरे की परछाहीं भी उस पर न पड़ने पाए। क्या ऐसी दशा में मैं उनकी आज्ञा का उल्लंघन करूँ तो वे नाराज़ होंगे? कभी नहीं। जब वे सुनेंगे कि मैंने कैसे कठिन समय में तलवार निकाली है, तो उन्हें सच्ची प्रसन्नता होगी। बुंदेलों की आन किसको इतनी प्यारी नहीं है? उनसे ज़्यादा ओरछे की भलाई चाहने वाला कौन होगा? इस समय उनकी आज्ञा का उल्लंघन करना ही आज्ञा मानना है। यह सोचकर कुलीना ने तलवार हरदौल को दे दी।

सबेरा होते ही यह ख़बर फैल गई कि राजा हरदौल कादिरखाँ से लड़ने के लिए जा रहे हैं। इतना सुनते ही लोगों में सनसनी-सी फैल गई और चौंक उठे। पागलों की तरह लोग अखाड़े की ओर दौड़े। हर एक आदमी कहता था कि जब तक हम जीते हैं, महाराज को लड़ने नहीं देंगे; पर जब लोग अखाड़े के पास पहुँचे तो देखा कि अखाड़े में बिजलियाँ-सी चमक रही हैं। बुंदेलों के दिलों पर उस समय जैसी बीत रही थी, उसका अनुमान करना कठिन है। उस समय उस लम्बे-चौड़े मैदान में जहाँ तक निगाह जाती थी, आदमी ही आदमी नज़र आते थे; पर चारों तरफ़ सन्नाटा था। हर एक आँख अखाड़े की तरफ़ लगी हुई थी और हर एक का दिल हरदौल की मंगल-कामना के लिए ईश्वर का प्रार्थी था। कादिरखाँ का एक-एक वार हज़ारों दिलों के टुकड़े कर देता था और हरदौल की एक-एक काट से मनों में आनन्द की लहरें उठती थीं। अखाड़ों में दो पहलवानों का सामना था और अखाड़े के बाहर आशा और निराशा का। आख़िर घड़ियाल ने पहला पहर बजाया और हरदौल की तलवार बिजली बनकर कादिर के सिर पर गिरी। यह देखते ही बुन्देले मारे आनन्द के उन्मत्त हो गए। किसी को किसी की सुधि न रही। कोई किसी से गले मिलता, कोई उछलता और कोई छलाँगें मारता था। हज़ारों आदमियों पर वीरता का नशा छा गया। तलवारें स्वयं म्यान से निकल पड़ीं, भाले चमकने लगे। जीत की ख़ुशी में सैकड़ों जानें भेंट हो गईं। पर जब हरदौल अखाड़े से बाहर आए और उन्होंने बुन्देलों की ओर तेज़ निगाहों से देखा तो आन-की-आन

में लोग सँभल गए। तलवारें म्यान में जा छिपीं। ख़याल आ गया, यह ख़ुशी क्यों, यह उमंग क्यों और यह पागलपन किसलिए? बुन्देलों के लिए यह कोई नई बात नहीं हुई। इस विचार ने लोगों का दिल ठंडा कर दिया। हरदौल की इस वीरता ने उसे हर एक बुन्देले के दिल में मान-प्रतिष्ठा की ऊँची जगह पर बिठाया, जहाँ न्याय और उदारता भी उसे न पहुँचा सकती थी। वह पहले ही से सर्वप्रिय था और अब वह अपनी जाति का वीरवर और बुन्देला दिलावरी का सिरमौर बन गया।

3

राजा जुझारसिंह ने भी दक्षिण में अपनी योग्यता का परिचय दिया। वे केवल लड़ाई में ही वीर न थे, बल्कि राज्य-शासन में भी अद्वितीय थे। उन्होंने अपने सुप्रबन्ध से दक्षिण प्रान्तों को बलवान राज्य बना दिया और वर्ष भर के बाद बादशाह से आज्ञा लेकर वे ओरछे की तरफ़ चले। ओरछे की याद उन्हें सदैव बेचैन करती रही। आह ओरछा! वह दिन कब आएगा कि फिर तेरे दर्शन होंगे! राजा मंज़िलें मारते चले आते थे, न भूख थी, न प्यास, ओरछेवालों की मुहब्बत खींचे लिए आती थी। यहाँ तक कि ओरछे के जंगलों में आ पहुँचे। साथ के आदमी पीछे छूट गए। दोपहर का समय था। धूप तेज़ थी। वे घोड़े से उतरे और एक पेड़ की छाँह में जा बैठे। भाग्यवश आज हरदौल भी जीत की ख़ुशी में शिकार खेलने निकले थे। सैकड़ों बुंदेला सरदार उनके साथ थे। सब अभिमान के नशे में चूर थे। उन्होंने राजा जुझारसिंह को अकेले बैठे देखा; पर वे अपने घमंड में इतने डूबे हुए थे कि इनके पास तक न आए। समझा कोई यात्री होगा। हरदौल की आँखों ने भी धोखा खाया। वे घोड़े पर सवार अकड़ते हुए जुझारसिंह के सामने आए और पूछना चाहते थे कि तुम कौन हो कि भाई से आँख मिल गई। पहचानते ही घोड़े से कूद पड़े और उनको प्रणाम किया। राजा ने भी उठकर हरदौल को छाती से लगा लिया; पर उस छाती में अब भाई की मुहब्बत न थी। मुहब्बत की जगह ईर्ष्या ने घेर ली थी और वह केवल इसीलिए कि हरदौल दूर से नंगे पैर उनकी तरफ़ न दौड़ा, उसके सवारों ने दूर ही से उनकी अभ्यर्थना की। संध्या होते-होते दोनों भाई ओरछे पहुँचे। राजा के लौटने का समाचार पाते ही नगर में प्रसन्नता की दुंदुभी बजने लगी। हर जगह आनन्दोत्सव होने लगा और तुरती-फुरती शहर जगमगा उठा।

आज रानी कुलीना ने अपने हाथों भोजन बनाया। नौ बजे होंगे। लौंडी ने आकर कहा—महाराज, भोजन तैयार है। दोनों भाई भोजन करने गए। सोने के थाल में राजा के लिए भोजन परोसा गया और चाँदी के थाल में हरदौल के लिए। कुलीना ने स्वयं भोजन बनाया था, स्वयं थाल परोसे थे और स्वयं ही सामने लाई थी; पर दिनों का चक्र कहो, या भाग्य के दुर्दिन, उसने भूल से सोने का थाल हरदौल के आगे रख दिया और चाँदी का राजा के सामने। हरदौल ने कुछ ध्यान न दिया, वह वर्ष भर से सोने के थाल में खाते-खाते उसका आदी हो गया था, पर जुझारसिंह तिलमिला गए। ज़बान से कुछ न बोले; पर तेवर बदल गए और मुँह लाल हो गया। रानी की तरफ़ घूरकर देखा और भोजन करने लगे। पर ग्रास विष मालूम होता था। दो-चार ग्रास खाकर उठ आए। रानी उनके तेवर देखकर डर गई। आज कैसे प्रेम से उसने भोजन बनाया था, कितनी प्रतीक्षा के बाद यह शुभ दिन आया था, उसके उल्लास का कोई पारावार न था; पर राजा के तेवर देखकर उसके प्राण सूख गए। जब राजा उठ गए और

उसने थाल को देखा, तो कलेजा धक् से हो गया और पैरों तले से मिट्टी निकल गई। उसने सिर पीट लिया—ईश्वर! आज रात कुशलतापूर्वक कटे, मुझे शकुन अच्छे दिखाई नहीं देते।

राजा जुझारसिंह शीशमहल में लेटे। चतुर नाइन ने रानी का शृंगार किया और मुस्कुराकर बोली—कल महाराज से इसका इनाम लूँगी। यह कहकर वह चली गई; परन्तु कुलीना वहाँ से न उठी। वह गहरे सोच में पड़ी हुई थी। उनके सामने कौन-सा मुँह लेकर जाऊँ? नाइन ने नाहक मेरा शृंगार कर दिया। मेरा शृंगार देखकर वे ख़ुश भी होंगे? मुझसे इस समय अपराध हुआ है, मैं अपराधिनी हूँ, मेरा उनके पास इस समय बनाव-शृंगार करके जाना उचित नहीं। नहीं, नहीं; आज मुझे उनके पास भिखारिनी के भेष में जाना चाहिए। मैं उनसे क्षमा माँगूँगी। इस समय मेरे लिए यही उचित है। यह सोचकर रानी बड़े शीशे के सामने खड़ी हो गई वह अप्सरा-सी मालूम होती थी। सुन्दरता की कितनी ही तसवीरें उसने देखी थीं; पर उसे इस समय शीशे की तसवीर सबसे ज़्यादा ख़ूबसूरत मालूम होती थी।

सुन्दरता और आत्मरुचि का साथ है। हल्दी बिना रंग के नहीं रह सकती। थोड़ी देर के लिए कुलीना सुन्दरता के मद से फूल उठी। वह तन कर खड़ी हो गई। लोग कहते हैं कि सुन्दरता में जादू है और वह जादू, जिसका कोई उतार नहीं। धर्म और कर्म, तन और मन सब सुन्दरता पर न्योछावर हैं। मैं सुन्दर न सही, ऐसी कुरूपा भी नहीं हूँ। क्या मेरी सुन्दरता में इतनी भी शक्ति नहीं है कि महाराज से मेरा अपराध क्षमा करा सके? ये बाहु-लताएँ जिस समय उनके गले का हार होंगी, ये आँखें जिस समय प्रेम के मद से लाल होकर देखेंगी, तब क्या मेरे सौन्दर्य की शीतलता उनकी क्रोधाग्नि को ठंडा न कर देगी? पर थोड़ी देर में रानी को ज्ञात हुआ। आह यह मैं क्या स्वप्न देख रही हूँ! मेरे मन में ऐसी बातें क्यों आती हैं! मैं अच्छी हूँ या बुरी हूँ, उनकी चेरी हूँ। मुझसे अपराध हुआ है, मुझे उनसे क्षमा माँगनी चाहिए। यह शृंगार और बनाव इस समय उपयुक्त नहीं है। यह सोचकर रानी ने सब गहने उतार दिए। इतर में बसी हुई रेशम की साड़ी अलग कर दी। मोतियों से भरी माँग खोल दी और वह ख़ूब फूट-फूट कर रोई। हाय! यह मिलाप की रात वियोग की रात से भी विशेष दुःखदायिनी है। भिखारिनी का भेष बनाकर रानी शीशमहल की ओर चली। पैर आगे बढ़ते थे, पर मन पीछे हटता जाता था। दरवाज़े तक आई, पर भीतर पैर न रख सकी। दिल धड़कने लगा। ऐसा जान पड़ा मानो उसके पैर थर्रा रहे हैं। राजा जुझारसिंह बोले, 'कौन है?—कुलीना! भीतर क्यों नहीं आ जाती?'

कुलीना ने जी कड़ा करके कहा—महाराज, कैसे आऊँ? मैं अपनी जगह क्रोध को बैठा पाती हूँ।

राजा—यह क्यों नहीं कहती कि मन दोषी है, इसीलिए आँखें नहीं मिलने देतीं।

कुलीना—निस्सन्देह मुझसे अपराध हुआ है, पर एक अबला आपसे क्षमा का दान माँगती है।

राजा—इसका प्रायश्चित्त करना होगा।

कुलीना—क्योंकर?

राजा—हरदौल के ख़ून से।

कुलीना सिर से पैर तक काँप गई। बोली—क्या इसलिए कि आज मेरी भूल ने ज्योनार के थालों में उलटफेर कर दिया।

जैसे आग की आँच से लोहा लाल हो जाता है, वैसे ही रानी का मुँह लाल हो गया। क्रोध की अग्नि सद्भावों को भस्म कर देती है, प्रेम और प्रतिष्ठा, दया और न्याय सब जल के राख हो जाते हैं। एक मिनट तक रानी को ऐसा मालूम हुआ, मानो दिल और दिमाग़ दोनों खौल रहे हैं, पर उसने आत्मदमन की अन्तिम चेष्टा से अपने को सँभाला, केवल इतना बोली—हरदौल को अपना लड़का और भाई समझती हूँ।

राजा उठ बैठे और कुछ नर्म स्वर से बोले—नहीं, हरदौल लड़का नहीं है, लड़का मैं हूँ, जिसने तुम्हारे ऊपर विश्वास किया। कुलीना मुझे तुमसे ऐसी आशा न थी। मुझे तुम्हारे ऊपर घमंड था। मैं समझता था, चाँद-सूर्य टल सकते हैं, पर तुम्हारा दिल नहीं टल सकता, पर आज मुझे मालूम हुआ कि वह मेरा लड़कपन था। बड़ों ने सच कहा है कि स्त्री का प्रेम पानी की धार है, जिस ओर ढाल पाता है, उधर ही बह जाता है। सोना ज़्यादा गरम होकर पिघल जाता है।

कुलीना रोने लगी। क्रोध की आग पानी बनकर आँखों से निकल पड़ी। जब आवाज़ वश में हुई, तो बोली—आपके इस सन्देह को कैसे दूर करूँ?

राजा—हरदौल के ख़ून से।

रानी—मेरे ख़ून से दाग़ न मिटेगा?

राजा—तुम्हारे ख़ून से और पक्का हो जाएगा।

रानी—और कोई उपाय नहीं है?

राजा—नहीं।

रानी—यह आपका अन्तिम विचार है?

राजा—हाँ, यह मेरा अन्तिम विचार है। देखो, इस पानदान में पान का बीड़ा रखा है। तुम्हारे सतीत्व की परीक्षा यही है कि तुम हरदौल को इसे अपने हाथों खिला दो। मेरे मन का भ्रम उसी समय निकलेगा जब इस घर से हरदौल की लाश निकलेगी।

रानी ने घृणा की दृष्टि से पान के बीड़े को देखा और वह उलटे पैर लौट आई।

रानी सोचने लगी—क्या हरदौल के प्राण लूँ? निर्दोष, सच्चरित्र वीर हरदौल की जान से अपने सतीत्व की परीक्षा दूँ? उस हरदौल के ख़ून से अपना हाथ काला करूँ जो मुझे बहन समझता है? यह पाप किसके सिर पड़ेगा? क्या एक निर्दोष का ख़ून रंग न लाएगा? आह! अभागी कुलीना! तुझे आज अपने सतीत्व की परीक्षा देने की आवश्यकता पड़ी है और वह ऐसी कठिन? नहीं, यह पाप मुझसे न होगा। यदि राजा मुझे कुलटा समझते हैं, तो समझें, उन्हें मुझ पर सन्देह है, तो हो। मुझसे यह पाप न होगा। राजा को ऐसा सन्देह क्यों हुआ? क्या केवल थालों के बदल जाने से? नहीं, अवश्य कोई और बात है। आज हरदौल उन्हें जंगल में मिल गया। राजा ने उसकी कमर में तलवार देखी होगी। क्या आश्चर्य है, हरदौल से कोई अपमान भी हो गया हो। मेरा अपराध क्या है? मुझ पर इतना बड़ा दोष क्यों लगाया जाता है? केवल थालों के बदल जाने से? हे ईश्वर! मैं किससे अपना दुःख कहूँ? तू ही मेरा साक्षी है। जो चाहे सो हो, पर मुझसे यह पाप न होगा।

रानी ने फिर सोचा—राजा, क्या तुम्हारा हृदय ऐसा ओछा और नीच है? तुम मुझसे हरदौल की जान लेने को कहते हो? यदि तुमसे उसका अधिकार और मान नहीं देखा जाता, तो क्यों साफ़-साफ़ ऐसा नहीं कहते? क्यों मरदों की लड़ाई नहीं लड़ते? क्यों स्वयं अपने हाथ से उसका सिर नहीं काटते और मुझसे वह काम करने को कहते हो? तुम ख़ूब जानते हो, मैं

यह नहीं कर सकती। यदि मुझसे तुम्हारा जी उकता गया है, यदि मैं तुम्हारी जान की जंजाल हो गई हूँ, तो मुझे काशी या मथुरा भेज दो। मैं बेखटके चली जाऊँगी, पर ईश्वर के लिए मेरे सिर इतना बड़ा कलंक न लगने दो। पर मैं जीवित ही क्यों रहूँ, मेरे लिए अब जीवन में कोई सुख नहीं है। अब मेरा मरना ही अच्छा है। मैं स्वयं प्राण दे दूँगी, पर यह महापाप मुझसे न होगा। विचारों ने फिर पलटा खाया। तुमको पाप करना ही होगा। इससे बड़ा पाप शायद आज तक संसार में न हुआ हो, पर यह पाप तुमको करना होगा। तुम्हारे पतिव्रत पर सन्देह किया जा रहा है और तुम्हें इस सन्देह को मिटाना होगा। यदि तुम्हारी जान जोखिम में होती, तो कुछ हर्ज़ न था। अपनी जान देकर हरदौल को बचा लेती; पर इस समय तुम्हारे पतिव्रत पर आँच आ रही है। इसलिए तुम्हें यह पाप करना ही होगा, और पाप करने के बाद हँसना और प्रसन्न रहना होगा। यदि तुम्हारा चित्त तनिक भी विचलित हुआ, यदि तुम्हारा मुखड़ा ज़रा भी मद्धिम हुआ, तो इतना बड़ा पाप करने पर भी तुम सन्देह मिटाने में सफल न होगी। तुम्हारे जी पर चाहे जो बीते, पर तुम्हें यह पाप करना ही पड़ेगा। परन्तु कैसे होगा? क्या मैं हरदौल का सिर उतारूँगी? यह सोचकर रानी के शरीर में कँपकँपी आ गई। नहीं, मेरा हाथ उस पर कभी नहीं उठ सकता। प्यारे हरदौल, मैं तुम्हें खिला सकती। मैं जानती हूँ, तुम मेरे लिए आनन्द से विष का बीड़ा खा लोगे। हाँ, मैं जानती हूँ तुम 'नहीं' न करोगे, पर मुझसे यह महापाप नहीं हो सकता। एक बार नहीं, हज़ार बार नहीं हो सकता।

4

हरदौल को इन बातों की कुछ भी ख़बर न थी। आधी रात को एक दासी रोती हुई उसके पास गई और उसने सब समाचार अक्षर-अक्षर कह सुनाया। वह दासी पानदान लेकर रानी के पीछे-पीछे राजमहल के दरवाज़े पर गई थी और सब बातें सुनकर आई थी। हरदौल राजा का ढंग देखकर पहले ही पड़ता गया था कि राजा के मन में कोई-न-कोई काँटा अवश्य खटक रहा है। दासी की बातों ने उसके सन्देह को और भी पक्का कर दिया। उसने दासी से कड़ी मनाही कर दी कि सावधान! किसी दूसरे के कानों में इन बातों की भनक न पड़े और वह स्वयं मरने को तैयार हो गया।

हरदौल बुंदेलों की वीरता का सूरज था। उसकी भौंहों के तनिक इशारे से तीन लाख बुंदेले मरने और मारने के लिए इकट्ठे हो सकते थे, ओरछा उस पर न्योछावर था। यदि जुझारसिंह खुले मैदान उसका सामना करते तो अवश्य मुँह की खाते, क्योंकि हरदौल भी बुंदेला था और बुंदेला अपने शत्रु के साथ किसी प्रकार की मुँहदेखी नहीं करते, मारना-मरना उनके जीवन का एक अच्छा दिलबहलाव है। उन्हें सदा इसकी लालसा रही है कि कोई हमें चुनौती दे, कोई हमें छेड़े। उन्हें सदा ख़ून की प्यास रहती है और वह प्यास कभी नहीं बुझती। परन्तु उस समय एक स्त्री को उसके ख़ून की ज़रूरत थी और उसका साहस उसके कानों में कहता था कि एक निर्दोष और सती अबला के लिए अपने शरीर का ख़ून देने में मुँह न मोड़ो। यदि भैया को यह सन्देह होता कि मैं उनके ख़ून का प्यासा हूँ और उन्हें मारकर राज पर अधिकार करना चाहता हूँ, तो कुछ हर्ज़ न था। राज्य के लिए क़त्ल और ख़ून, दग़ा और फरेब सब उचित समझा गया है, परन्तु उनके इस सन्देह का निपटारा मेरे मरने के सिवा और किसी तरह नहीं हो सकता। इस समय मेरा धर्म है कि अपना प्राण देकर उनके इस सन्देह को दूर कर दूँ। उनके मन में यह

दुखानेवाला सन्देह उत्पन्न करके भी यदि मैं जीता ही रहूँ और अपने मन की पवित्रता जनाऊँ, तो मेरी ढिठाई है। नहीं, इस भले काम में अधिक आगा-पीछा करना अच्छा नहीं। मैं ख़ुशी से विष का बीड़ा खाऊँगा। इससे बढ़कर शूरवीर की मृत्यु और क्या हो सकती है?

क्रोध में आकर मारू के भय बढ़ानेवाले शब्द सुनकर रणक्षेत्र में अपनी जान को तुच्छ समझना इतना कठिन नहीं है। आज सच्चा वीर हरदौल अपने हृदय के बड़प्पन पर अपनी सारी वीरता न्योछावर करने को उद्यत है।

दूसरे दिन हरदौल ने ख़ूब तड़के स्नान किया। बदन पर अस्त्र-शस्त्र सजा मुस्कुराता हुआ राजा के पास गया। राजा भी सोकर तुरन्त ही उठे थे, उनकी अलसाई हुई आँखें हरदौल की मूर्ति की ओर लगी हुई थीं। सामने संगमरमर की चौकी पर विष मिला पान सोने की तश्तरी में रखा हुआ था। राजा कभी पान की ओर ताकते और कभी मूर्ति की ओर, शायद उनके विचार ने इस विष की गाँठ और उस मूर्ति में एक सम्बन्ध पैदा कर दिया था। उस समय जो हरदौल एकाएक घर में पहुँचे तो राजा चौंक पड़े। उन्होंने सँभलकर पूछा, 'इस समय कहाँ चले?'

हरदौल का मुखड़ा प्रफुल्लित था। वह हँसकर बोला, 'कल आप यहाँ पधारे हैं, इसी ख़ुशी में मैं आज शिकार खेलने जाता हूँ। आपको ईश्वर ने अजित बनाया है, मुझे अपने हाथ से विजय का बीड़ा दीजिए।'

यह कहकर हरदौल ने चौक पर से पानदान उठा लिया और उसे राजा के सामने रखकर बीड़ा लेने के लिए हाथ बढ़ाया। हरदौल का खिला हुआ मुखड़ा देखकर राजा की ईर्ष्या की आग और भी भड़क उठी।—दुष्ट, मेरे घाव पर नमक छिड़कने आया है! मेरे मान और विश्वास को मिट्टी में मिलाने पर भी तेरा जी न भरा! मुझसे विजय का बीड़ा माँगता है! हाँ, यह विजय का बीड़ा है; पर तेरी विजय का नहीं, मेरी विजय का।

इतना मन में कहकर जुझारसिंह ने बीड़े को हाथ में उठाया। वे एक क्षण तक कुछ सोचते रहे, फिर मुस्कुराकर हरदौल को बीड़ा दे दिया। हरदौल ने सिर झुकाकर बीड़ा लिया, उसे माथे पर चढ़ाया, एक बार बड़ी ही करुणा के साथ चारों ओर देखा और फिर बीड़े को मुँह में रख लिया। एक सच्चे राजपूत ने अपना पुरुषत्व दिखा दिया। विष हलाहल था, कंठ के नीचे उतरते ही हरदौल के मुखड़े पर मुर्दनी छा गई और आँखें बुझ गईं। उसने एक ठंडी साँस ली, दोनों हाथ जोड़कर जुझारसिंह को प्रणाम किया और ज़मीन पर बैठ गया। उसके ललाट पर पसीने की ठंडी-ठंडी बूँदें दिखाई दे रही थीं और साँस तेज़ी से चलने लगी थी; पर चेहरे पर प्रसन्नता और सन्तोष की झलक दिखाई देती थी।

जुझारसिंह अपनी जगह से ज़रा भी न हिले। उनके चेहरे पर ईर्ष्या से भरी हुई मुस्कुराहट छाई हुई थी; पर आँखों में आँसू भर आए थे। उजाले और अँधेरे का मिलाप हो गया था।

त्यागी का प्रेम

लाला गोपीनाथ को युवावस्था में ही दर्शन से प्रेम हो गया था। अभी वह इंटरमीडियट क्लास में थे कि मिल और बर्कले के वैज्ञानिक विचार उनको कंठस्थ हो गए थे। उन्हें किसी प्रकार

के विनोद-प्रमोद से रुचि न थी। यहाँ तक कि कॉलेज के क्रिकेट-मैचों में भी उनको उत्साह न होता था। हास-परिहास से कोसों भागते और उनसे प्रेम की चर्चा करना तो मानो बच्चे को जूजू से डराना था। प्रात:काल घर से निकल जाते और शहर से बाहर किसी सघन वृक्ष की छाँह में बैठकर दर्शन का अध्ययन करने में निरत हो जाते। काव्य, अलंकार, उपन्यास सभी को त्याज्य समझते थे। शायद ही अपने जीवन में उन्होंने कोई क़िस्से-कहानी की किताब पढ़ी हो। इसे केवल समय का दुरुपयोग ही नहीं, वरन् मन और बुद्धि-विकास के लिए घातक ख्याल करते थे। इसके साथ ही वह उत्साहहीन न थे। सेवा-समितियों में बड़े उत्साह से भाग लेते। स्वदेशवासियों की सेवा के किसी अवसर को हाथ से न जाने देते। बहुधा मुहल्ले के छोटे-छोटे दुकानदारों की दुकान पर जा बैठते और उनके घाटे-टोटे, मंदे-तेज़ की रामकहानी सुनते।

शनै:-शनै: कॉलेज से उन्हें घृणा हो गई। उन्हें अब अगर किसी विषय से प्रेम था, तो वह दर्शन था। कॉलेज की बहुविषयक शिक्षा उनके दर्शनानुराग में बाधक होती। अतएव उन्होंने कॉलेज छोड़ दिया और एकाग्रचित्त होकर विज्ञानोपार्जन करने लगे। किन्तु दर्शनानुराग के साथ ही साथ उनका देशानुराग भी बढ़ता गया और कॉलेज छोड़ने के थोड़े ही दिनों पश्चात् वह अनिवार्यत: जाति-सेवकों के दल में सम्मिलित हो गए। दर्शन में भ्रम था, अविश्वास था, अंधकार था, जाति-सेवा में सम्मान था, यश था और दोनों की सदिच्छाएँ थीं। उनका वह सदनुराग जो बरसों से वैज्ञानिक वादों के नीचे दबा हुआ था, वायु के प्रचंड वेग के साथ निकल पड़ा। नगर के सार्वजनिक क्षेत्र में कूद पड़े। देखा तो मैदान ख़ाली था। जिधर आँख उठाते, सन्नाटा दिखाई देता। ध्वजाधारियों की कमी न थी; पर सच्चे हृदय कहीं नज़र न आते थे। चारों ओर से उनकी खींच होने लगी। किसी संस्था के मंत्री बने, किसी के प्रधान, किसी के कुछ, किसी के कुछ। इसके आवेश में दर्शनानुराग भी विदा हुआ। पिंजरे में गानेवाली चिड़िया विस्तृत पर्वतराशियों में आकर अपना राग भूल गई। अब भी वह समय निकालकर दर्शनग्रंथों के पन्ने उलट-पलट लिया करते थे, पर विचार और अनुशीलन का अवकाश कहाँ! नित्य मन में यह संग्राम होता रहता कि किधर जाऊँ? उधर या इधर? विज्ञान अपनी ओर खींचता, देश अपनी ओर खींचता।

एक दिन वह इसी उलझन में नदी के तट पर बैठे हुए थे। जलधारा तट के दृश्यों और वायु के प्रतिकूल झोंकों की परवा न करते हुए बड़े वेग के साथ अपने लक्ष्य की ओर बढ़ी चली जाती थी; पर लाला गोपीनाथ का ध्यान इस तरफ़ न था। वह अपने स्मृतिभंडार से किसी ऐसे तत्त्वज्ञानी पुरुष को खोज निकालना चाहते थे, जिसने जाति-सेवा के साथ विज्ञान-सागर में गोते लगाए हों। सहसा उनके कॉलेज के एक अध्यापक पंडित अमरनाथ अग्निहोत्री आकर समीप बैठ गए और बोले—कहिए लाला गोपीनाथ, क्या ख़बरें हैं?

गोपीनाथ ने अन्यमनस्क होकर उत्तर दिया—कोई नई बात तो नहीं हुई। पृथ्वी अपनी गति से चली जा रही है।

अमरनाथ—म्युनिसिपल-वार्ड नम्बर 21 की जगह ख़ाली है, उसके लिए किसे चुनना निश्चित किया है?

गोपी—देखिए, कौन होता है। आप भी खड़े हुए हैं?

अमर—अजी मुझे तो लोगों ने ज़बरदस्ती घसीट लिया। नहीं तो मुझे इतनी फ़ुर्सत कहाँ।

गोपी—मेरा भी यही विचार है। अध्यापकों का क्रियात्मक राजनीति में फँसना बहुत अच्छी बात नहीं।

अमरनाथ इस व्यंग्य से बहुत लज्जित हुए। एक क्षण के बाद प्रतिकार के भाव से बोले—तुम आजकल दर्शन का अभ्यास करते हो या नहीं?

गोपी—बहुत कम। इसी दुविधा में पड़ा हुआ हूँ कि राष्ट्रीय सेवा का मार्ग ग्रहण करूँ या सत्य की खोज में जीवन व्यतीत करूँ।

अमर—राष्ट्रीय संस्थानों में सम्मिलित होने का समय अभी तुम्हारे लिए नहीं आया। अभी तुम्हारी उम्र ही क्या है? जब तक विचारों में गाम्भीर्य और सिद्धान्तों पर दृढ़ विश्वास न हो जाए, उस समय तक केवल क्षणिक आवेशों के वशवर्ती होकर किसी काम में कूद पड़ना अच्छी बात नहीं। राष्ट्रीय सेवा बड़े उत्तरदायित्व का काम है।

2

गोपीनाथ ने निश्चय कर लिया कि मैं जाति-सेवा में जीवनक्षेप करूँगा। अमरनाथ ने भी यही फ़ैसला किया कि मैं म्युनिसिपैलिटी में अवश्य जाऊँगा। दोनों का परस्पर विरोध उन्हें कर्म-क्षेत्र की ओर खींच ले गया। गोपीनाथ की साख पहले ही से जम गई थी। घर के धनी थे। शक्कर और सोने-चाँदी की दलाली होती थी। व्यापारियों में उनके पिता का बड़ा मान था। गोपीनाथ के दो बड़े भाई थे। वह भी दलाली करते थे। परस्पर मेल था, धन था, संतानें थीं। अगर न थी तो शिक्षा और शिक्षित समुदाय में गणना। वह बात गोपीनाथ की बदौलत प्राप्त हो गई। इसलिए उनकी स्वच्छंदता पर किसी ने आपत्ति नहीं की, किसी ने उन्हें धनोपार्जन के लिए मजबूर नहीं किया। अतएव गोपीनाथ निश्चिंत और निर्द्वन्द्व होकर राष्ट्र-सेवा में कहीं किसी अनाथालय के लिए चन्दे जमा करते, कहीं किसी कन्या-पाठशाला के लिए भिक्षा माँगते फिरते। नगर की कांग्रेस कमेटी ने उन्हें अपना मंत्री नियुक्त किया। उस समय तक कांग्रेस ने कर्मक्षेत्र में पदार्पण नहीं किया था। उनकी कार्यशीलता ने इस जीर्ण संस्था का मानो पुनरुद्धार कर दिया। वह प्रात: से संध्या और बहुधा पहर रात तक इन्हीं कामों में लिप्त रहते थे। चन्दे का रजिस्टर हाथ में लिए उन्हें नित्यप्रति साँझ-सवेरे अमीरों और रईसों के द्वार पर खड़े देखना एक साधारण दृश्य था। धीरे-धीरे कितने ही युवक उनके भक्त हो गए। लोग कहते, कितना नि:स्वार्थ, कितना आदर्शवादी, त्यागी, जाति-सेवक है। कौन सुबह से शाम तक नि:स्वार्थ भाव से केवल जनता का उपकार करने के लिए यों दौड़-धूप करेगा? उनका आत्मोत्सर्ग प्राय: द्वेषियों को भी अनुरक्त कर देता था। उन्हें बहुधा रईसों की अभद्रता, असज्जनता, यहाँ तक कि उनके कटु शब्द भी सहने पड़ते थे। उन्हें अब विदित हो गया था कि जाति-सेवा बड़े अंशों तक केवल चन्दे माँगना है। इसके लिए धनिकों की दरबारदारी या दूसरे शब्दों में ख़ुशामद भी करनी पड़ती थी, दर्शन के उस गौरवयुक्त अध्ययन और इस दानलोलुपता में कितना अन्तर था? कहाँ मिल और केंट; स्पेन्सर और किड के साथ एकान्त में बैठे हुए जीव और प्रकृति के गहन गूढ़ विषय पर वार्तालाप और कहाँ इन अभिमानी, असभ्य, मूर्ख व्यापारियों के सामने सिर झुकाना! वह अंत:करण में उनसे घृणा करते थे। वे धनी थे और केवल धन कमाना चाहते थे। इसके अतिरिक्त उनमें और कोई विशेष गुण न था। उनमें अधिकांश ऐसे थे जिन्होंने कपट-व्यवहार से धनोपार्जन किया था। पर गोपीनाथ के लिए वे सभी पूज्य थे, क्योंकि उन्हीं की कृपादृष्टि पर उनकी राष्ट्र-सेवा अवलम्बित थी।

इस प्रकार कई वर्ष व्यतीत हो गए। गोपीनाथ नगर के मान्य पुरुषों में गिने जाने लगे। वह दीनजनों के आधार और दुखियारों के मददगार थे। अब वह बहुत कुछ निर्भीक हो गए थे और कभी-कभी रईसों को भी कुमार्ग पर चलते देखकर फटकार दिया करते थे। उनकी तीव्र आलोचना भी अब चन्दे जमा करने में उनकी सहायक हो जाती थी।

अभी तक उनका विवाह न हुआ था। वह पहले ही से ब्रह्मचर्य व्रत धारण कर चुके थे। विवाह करने से साफ़ इनकार किया। मगर जब पिता और अन्य बंधुजनों ने बहुत आग्रह किया, और उन्होंने स्वयं कई विज्ञान-ग्रंथों में देखा कि इन्द्रिय-दमन स्वास्थ्य के लिए हानिकारक है, तो असमंजस में पड़े। कई हफ़्ते सोचते हो गए और वह मन में कोई बात पक्की न कर सके। स्वार्थ और परमार्थ में संघर्ष हो रहा था। विवाह का अर्थ था अपनी उदारता की हत्या करना, अपने विस्तृत हृदय को संकुचित करना, न कि राष्ट्र के लिए जीना। वह अब इतने ऊँचे आदर्श का त्याग करना निंद्य और उपहासजनक समझते थे। इसके अतिरिक्त अब वह अनेक कारणों से अपने को पारिवारिक जीवन के अयोग्य पाते थे। जीविका के लिए जिस उद्योगशीलता, जिस अनवरत परिश्रम और जिस मनोवृत्ति की आवश्यकता है, वह उनमें न रही थी। जाति-सेवा में भी उद्योगशीलता और अध्यवसाय की कम ज़रूरत न थी; लेकिन उसमें आत्म-गौरव का हनन न होता था। परोपकार के लिए भिक्षा माँगना दान है, अपने लिए पान का एक बीड़ा भी भिक्षा है। स्वभाव में एक प्रकार की स्वच्छंदता आ गई थी। इन त्रुटियों पर परदा डालने के लिए जाति-सेवा का बहाना बहुत अच्छा था।

एक दिन वह सैर करने जा रहे थे कि रास्ते में अध्यापक अमरनाथ से मुलाक़ात हो गई। यह महाशय अब म्युनिसिपल बोर्ड के मंत्री हो गए थे और आजकल इस दुविधा में पड़े हुए थे कि शहर में मादक वस्तुओं के बेचने का ठीका लूँ या न लूँ। लाभ बहुत था, पर बदनामी भी कम न थी। अभी तक कुछ निश्चय न कर सके थे। इन्हें देखकर बोले—कहिए लाला जी, मिज़ाज अच्छा है न! आपके विवाह के विषय में क्या हुआ?

गोपीनाथ ने दृढ़ता से कहा—मेरा इरादा विवाह करने का नहीं है।

अमरनाथ—ऐसी भूल न करना। तुम अभी नवयुवक हो, तुम्हें संसार का कुछ अनुभव नहीं है। मैंने ऐसी कितनी मिसालें देखी हैं, जहाँ अविवाहित रहने से लाभ के बदले हानि ही हुई है। विवाह मनुष्य को सुमार्ग पर रखने का सबसे उत्तम साधन है, जिसे अब तक मनुष्य ने आविष्कृत किया है। उस व्रत से क्या फ़ायदा जिसका परिणाम छिछोरापन हो।

गोपीनाथ ने प्रत्युत्तर दिया—आपने मादक वस्तुओं के ठीके के विषय में क्या निश्चय किया?

अमर—अभी तक कुछ नहीं। जी हिचकता है। कुछ न कुछ बदनामी तो होगी ही।

गोपी—एक अध्यापक के लिए मैं इस पेशे को अपमान समझता हूँ।

अमर—कोई पेशा ख़राब नहीं है, अगर ईमानदारी से किया जाए।

गोपी—यहाँ मेरा आपसे मतभेद है। कितने ही ऐसे व्यवसाय हैं जिन्हें एक सुशिक्षित व्यक्ति कभी स्वीकार नहीं कर सकता। मादक वस्तुओं का ठीका उनमें एक है।

गोपीनाथ ने आकर अपने पिता से कहा—मैं कदापि विवाह न करूँगा। आप लोग मुझे विवश न करें, वरना पछताइएगा।

अमरनाथ ने उसी दिन ठीके के लिए प्रार्थनापत्र भेज दिया और वह स्वीकृत भी हो गया।

3

दो साल हो गए हैं। लाला गोपीनाथ ने एक कन्या-पाठशाला खोली है और उसके प्रबन्धक हैं। शिक्षा की विभिन्न पद्धतियों का उन्होंने ख़ूब अध्ययन किया है और इस पाठशाला में वह उनका व्यवहार कर रहे हैं। शहर में यह पाठशाला बहुत ही सर्वप्रिय है। उसने बहुत अंशों में उस उदासीनता का परिशोध कर दिया है जो माता-पिता को पुत्रियों की शिक्षा की ओर होती है। शहर के गण्यमान्य पुरुष अपनी लड़कियों को सहर्ष पढ़ने भेजते हैं। वहाँ की शिक्षा-शैली कुछ ऐसी मनोरंजक है कि बालिकाएँ एक बार जाकर मानो मंत्रमुग्ध हो जाती हैं। फिर उन्हें घर पर चैन नहीं मिलता। ऐसी व्यवस्था की गई है कि तीन-चार वर्षों में ही कन्याओं का गृहस्थी के मुख्य कामों से परिचय हो जाए। सबसे बड़ी बात यह है कि यहाँ धर्म-शिक्षा का भी समुचित प्रबन्ध किया गया है। अबकी साल से प्रबन्धक महोदय ने अँगरेज़ी की कक्षाएँ भी खोल दी हैं। एक सुशिक्षित गुजराती महिला को बम्बई से बुलाकर पाठशाला उनके हाथ में दे दी है। इन महिला का नाम है आनन्दी बाई। विधवा हैं। हिन्दी भाषा से भली-भाँति परिचित नहीं हैं; किन्तु गुजराती में कई पुस्तकें लिख चुकी हैं। कई कन्या-पाठशालाओं में काम कर चुकी हैं। शिक्षा-सम्बन्धी विषयों में अच्छी गति है। उनके आने से मदरसे में और भी रौनक आ गई है। कई प्रतिष्ठित सज्जनों ने जो अपनी बालिकाओं को मंसूरी और नैनीताल भेजना चाहते थे, अब उन्हें यहीं भरती करा दिया है। आनन्दी रईसों के घरों में जाती हैं और स्त्रियों में शिक्षा का प्रचार करती हैं। उनके वस्त्रभूषणों से सुरुचि का बोध होता है। हैं भी उच्चकुल की, इसलिए शहर में उनका बड़ा सम्मान होता है। लड़कियाँ उन पर जान देती हैं, उन्हें माँ कहकर पुकारती हैं। गोपीनाथ पाठशाला की उन्नति देख-देखकर फूले नहीं समाते। जिससे मिलते हैं, आनन्दी बाई का ही गुणगान करते हैं। बाहर से कोई सुविख्यात पुरुष आता है, तो उससे पाठशाला का निरीक्षण अवश्य कराते हैं। आनन्दी की प्रशंसा से उन्हें वही आनन्द प्राप्त होता है, जो स्वयं अपनी प्रशंसा से होता। बाई जी को भी दर्शन से प्रेम है, और सबसे बड़ी बात यह है कि उन्हें गोपीनाथ पर असीम श्रद्धा है। वह हृदय से उनका सम्मान करती हैं। उनके त्याग और निष्काम जाति-भक्ति ने उन्हें वशीभूत कर लिया है। वह मुँह पर उनकी बड़ाई नहीं करतीं; पर रईसों के घरों में बड़े प्रेम से उनका यशोगान करती हैं। ऐसे सच्चे सेवक आजकल कहाँ? लोग कीर्ति पर जान देते हैं। जो थोड़ी-बहुत सेवा करते हैं, दिखावे के लिए। सच्ची लगन किसी में नहीं। मैं लाला जी को पुरुष नहीं देवता समझती हूँ। कितना सरल, सन्तोषमय जीवन है। न कोई व्यसन, न विलास। भोर से सायंकाल तक दौड़ते रहते हैं, न खाने का कोई समय, न सोने का समय। उस पर कोई ऐसा नहीं, जो उनके आराम का ध्यान रखे। बेचारे घर गए, जो कुछ किसी ने सामने रख दिया, चुपके से खा लिया, फिर छड़ी उठाई और किसी तरफ़ चल दिए। दूसरी औरत कदापि अपनी पत्नी की भाँति सेवा-सत्कार नहीं कर सकती।

दशहरे के दिन थे। कन्या-पाठशाला में उत्सव मनाने की तैयारियाँ हो रही थीं। एक नाटक खेलने का निश्चय किया गया था। भवन ख़ूब सजाया गया था। शहर के रईसों को निमंत्रण दिए गए थे। यह कहना कठिन है कि किसका उत्साह बढ़ा हुआ था, बाई जी का या लाला गोपीनाथ का। गोपीनाथ सामग्रियाँ एकत्र कर रहे थे, उन्हें अच्छे ढंग से सजाने का भार आनन्दी ने लिया था, नाटक भी इन्हीं ने रचा था। नित्यप्रति उसका अभ्यास कराती थीं और स्वयं एक पार्ट ले रखा था।

विजयादशमी आ गई। दोपहर तक गोपीनाथ फ़र्श और कुर्सियों का इन्तज़ाम करते रहे। जब एक बज गया और अब भी वह वहाँ से न टले तो आनन्दी ने कहा—लाला जी, आपको भोजन करने को देर हो रही है। अब सब काम हो गया है। जो कुछ बच रहा है, मुझ पर छोड़ दीजिए।

गोपीनाथ ने कहा—खा लूँगा। मैं ठीक समय पर भोजन करने का पाबन्द नहीं हूँ। फिर घर तक कौन जाए। घंटों लग जाएँगे। भोजन के उपरान्त आराम करने का जी चाहेगा। शाम हो जाएगी।

आनन्दी—भोजन तो मेरे यहाँ तैयार है, ब्राह्मणी ने बनाया है चलकर खा लीजिए और यहीं ज़रा देर आराम भी कर लीजिए।

गोपीनाथ—यहाँ क्या खा लूँ! एक वक़्त न खाऊँगा, तो ऐसी कौन-सी हानि हो जाएगी?

आनन्दी—जब भोजन तैयार है, तो उपवास क्यों कीजिएगा।

गोपीनाथ—आप जाएँ, आपको अवश्य देर हो रही है। मैं काम में ऐसा भूला कि आपकी सुधि ही न रही।

आनन्दी—मैं भी एक जून उपवास कर लूँगी तो क्या हानि होगी?

गोपीनाथ—नहीं-नहीं, इसकी क्या ज़रूरत है? मैं आपसे सच कहता हूँ, मैं बहुधा एक ही जून खाता हूँ।

आनन्दी—अच्छा, मैं आपके इनकार का माने समझ गई। इतनी मोटी बात अब तक मुझे न सूझी।

गोपीनाथ—क्या समझ गईं? मैं छूतछात नहीं मानता। यह तो आपको मालूम ही है।

आनन्दी—इतना जानती हूँ, किन्तु जिस कारण से आप मेरे यहाँ भोजन करने से इनकार कर रहे हैं, उसके विषय में केवल इतना निवेदन है कि मुझे आपसे केवल स्वामी और सेवक का सम्बन्ध नहीं है। मुझे आपसे आत्मीयता का सम्बन्ध है। आपका मेरे पान-फूल को अस्वीकार करना अपने एक सच्चे भक्त के मर्म को आघात पहुँचाना है। मैं आपको इसी दृष्टि से देखती हूँ।

गोपीनाथ को अब कोई आपत्ति न हो सकी। जाकर भोजन कर लिया। वह जब तक आसन पर बैठे रहे, आनन्दी बैठी पंखा झलती रही।

इस घटना की लाला गोपीनाथ के मित्रों ने यों आलोचना की, 'महाशय जी अब तो वहीं ('वहीं' पर ख़ूब ज़ोर देकर) भोजन भी करते हैं।'

4

शनैः-शनैः परदा हटने लगा। लाला गोपीनाथ को अब परवशता ने साहित्य-सेवी बना दिया था। घर से उन्हें आवश्यक सहायता मिल जाती थी; किन्तु पत्रों और पत्रिकाओं तथा अन्य अनेक कामों के लिए उन्हें घरवालों से कुछ माँगते हुए बहुत संकोच होता था। उनका आत्म-सम्मान ज़रा-ज़रा सी बातों के लिए भाइयों के सामने हाथ फैलाना अनुचित समझता था। वह अपनी ज़रूरतें आप पूरी करना चाहते थे। घर पर भाइयों के लड़के इतना कोलाहल मचाते कि उनका जी कुछ लिखने में न लगता। इसलिए जब उनकी कुछ लिखने की इच्छा होती तो बेखटके पाठशाला में चले जाते। आनन्दी बाई वहीं रहती थीं। वहाँ न कोई शोर था, न गुल। एकान्त में काम करने में जी लगता। भोजन का समय आ जाता तो वहीं भोजन भी कर लेते। कुछ

दिनों के बाद उन्हें बैठकर लिखने में कुछ असुविधा होने लगी (आँखें कमज़ोर हो गई थीं) तो आनन्दी ने लिखने का भार अपने सिर ले लिया। लाला साहब बोलते थे, आनन्दी लिखती थीं। गोपीनाथ की प्रेरणा से उन्होंने हिन्दी सीखी थी और थोड़े ही दिनों में इतनी अभ्यस्त हो गई थीं कि लिखने में ज़रा भी हिचक न होती। लिखते समय कभी-कभी उन्हें ऐसे शब्द और मुहावरे सूझ जाते कि गोपीनाथ फड़क-फड़क उठते, उनके लेख में जान-सी पड़ जाती। वह कहते, यदि तुम स्वयं कुछ लिखो तो मुझसे बहुत अच्छा लिखोगी। मैं तो बेगारी करता हूँ। तुम्हें परमात्मा की ओर से यह शक्ति प्रदान हुई है। नगर के लाल-बुझक्कड़ों में इस सहकारिता पर टीका-टिप्पणियाँ होने लगी पर विद्वज्जन अपनी आत्मा की शुचिता के सामने ईर्ष्या के व्यंग्य की कब परवाह करते हैं। आनन्दी कहतीं—यह तो संसार है, जिसके मन में आए, कहे; पर मैं उस पुरुष का निरादर नहीं कर सकती जिस पर मेरी श्रद्धा है। पर गोपीनाथ इतने निर्भीक न थे। उनकी सुकीर्ति का आधार लोकमत था। वह उसकी भर्त्सना न कर सकते थे। इसलिए वह दिन के बदले रात को रचना करने लगे। पाठशाला में इस समय कोई देखनेवाला न होता था। रात की नीरवता में ख़ूब जी लगता। आराम-कुरसी पर लेट जाते। आनन्दी मेज़ के सामने क़लम हाथ में लिए उनकी ओर देखा करतीं। जो कुछ उनके मुख से निकलता तुरन्त लिख लेतीं। उनकी आँखों से विनय और शील, श्रद्धा और प्रेम की किरण-सी निकलती हुई जान पड़ती। गोपीनाथ जब किसी भाव को मन में व्यक्त करने के बाद आनन्दी की ओर ताक़ते कि वह लिखने के लिए तैयार हैं या नहीं, तो दोनों व्यक्तियों की निगाहें मिलतीं और आप ही झुक जातीं। गोपीनाथ को इस तरह काम करने की ऐसी आदत पड़ती जाती थी कि जब किसी कार्यवश यहाँ आने का अवसर न मिलता तो वह विकल हो जाते थे।

आनन्दी से मिलने के पहले गोपीनाथ की स्त्रियों का कुछ जो ज्ञान था, वह केवल पुस्तकों पर अवलम्बित था। स्त्रियों के विषय में प्राचीन और अर्वाचीन, प्राच्य और पाश्चात्य, सभी विद्वानों का एक ही मत था—यह मायावी, आत्मिक उन्नति की बाधक, परमार्थ की विरोधिनी, वृत्तियों को कुमार्ग की ओर ले जानेवाली, हृदय को संकीर्ण बनानेवाली होती है। इन्हीं कारणों से उन्होंने इस मायावी जाति से अलग रहना ही श्रेयस्कर समझा था; किन्तु अब अनुभव बतला रहा था कि स्त्रियाँ सन्मार्ग की ओर भी ले जा सकती हैं, उनमें सद्गुण भी हो सकते हैं। वे कर्तव्य और सेवा के भावों को जागृत भी कर सकती हैं। तब उनके मन में प्रश्न उठता कि यदि आनन्दी से मेरा विवाह होता तो मुझे क्या आपत्ति हो सकती थी। उसके साथ तो मेरा जीवन बड़े आनन्द से कट जाता। एक दिन वह आनन्दी के यहाँ गए तो सिर में दर्द हो रहा था। कुछ लिखने की इच्छा न हुई। आनन्दी को इसका कारण मालूम हुआ तो उसने उनके सिर में धीरे-धीरे तेल मलना शुरू किया। गोपीनाथ को उस समय अलौकिक सुख मिल रहा था। मन में प्रेम की तरंगें उठ रही थीं—नेत्र, मुख, वाणी—सभी प्रेम में पगे जाते थे। उसी दिन से उन्होंने आनन्दी के यहाँ आना छोड़ दिया। एक सप्ताह बीत गया और न आए। आनन्दी ने लिखा—आपसे पाठशाला सम्बन्धी कई विषयों में राय लेनी है। अवश्य आइए। तब भी न गए। उसने फिर लिखा—मालूम होता है आप मुझसे नाराज़ हैं! मैंने जानबूझ कर तो कोई ऐसा काम नहीं किया, लेकिन यदि वास्तव में आप नाराज़ हैं तो मैं यहाँ रहना उचित नहीं समझती। अगर आप अब भी न आएँगे तो मैं द्वितीय अध्यापिका को चार्ज देकर चली जाऊँगी। गोपीनाथ पर इस धमकी का भी कुछ असर न हुआ। अब भी न गए। अन्त

में दो महीने तक खिंचे रहने के बाद उन्हें ज्ञात हुआ कि आनन्दी बीमार है और दो दिन से पाठशाला नहीं आ सकी। तब वह किसी तर्क या युक्ति से अपने को न रोक सके। पाठशाला में आए और कुछ झिझकते, सकुचाते, आनन्दी के कमरे में क़दम रखा। देखा तो चुपचाप पड़ी हुई थी। मुख पीला था, शरीर घुल गया था। उसने उनकी ओर दयाप्रार्थी नेत्रों से देखा। उठना चाहा पर अशक्ति ने उठने न दिया। गोपीनाथ ने आर्द्र कंठ से कहा—लेटी रहो, लेटी रहो, उठने की ज़रूरत नहीं, मैं बैठ जाता हूँ। डॉक्टर साहब आए थे?

मिश्राइन ने कहा—जी हाँ, दो बार आए थे। दवा दे गए हैं।

गोपीनाथ ने नुसखा देखा। डॉक्टरी का साधारण ज्ञान था। नुसखे से ज्ञात हुआ—हृदयरोग है। औषधियाँ सभी पुष्टिकर और बलवर्द्धक थीं। आनन्दी की ओर फिर देखा। उसकी आँखों से अश्रुधारा बह रही थी। उनका गला भी भर आया। हृदय मसोसने लगा। गद्गद होकर बोले—आनन्दी, तुमने मुझे पहले इसकी सूचना न दी, नहीं तो रोग इतना न बढ़ने पाता।

आनन्दी—कोई बात नहीं है, अच्छी हो जाऊँगी, जल्दी ही अच्छी हो जाऊँगी। मर भी जाऊँगी तो कौन रोनेवाला बैठा हुआ है। यह कहते-कहते वह फूट-फूट कर रोने लगी।

गोपीनाथ दार्शनिक थे, पर अभी तक उनके मन के कोमल भाव शिथिल न हुए थे। कम्पित स्वर से बोले—आनन्दी, संसार में कम-से-कम एक ऐसा आदमी है जो तुम्हारे लिए अपने प्राण तक दे देगा। यह कहते-कहते वह रुक गए। उन्हें अपने शब्द और भाव कुछ भद्दे और उच्छृंखल से जान पड़े। अपने मनोभावों को प्रकट करने के लिए वह इन सारहीन शब्दों की अपेक्षा कहीं अधिक काव्यमय, रसपूर्ण, अनुरक्त शब्दों का व्यवहार करना चाहते थे; पर वह इस वक़्त याद न पड़े?

आनन्दी ने पुलकित होकर कहा—दो महीने तक किस पर छोड़ दिया था?

गोपीनाथ—इन दो महीनों में मेरी जो दशा थी, वह मैं ही जानता हूँ। यही समझ लो कि मैंने आत्महत्या नहीं की, यही बड़ा आश्चर्य है। मैंने न समझा था कि अपने व्रत पर स्थिर रहना मेरे लिए इतना कठिन हो जाएगा।

आनन्दी ने गोपीनाथ का हाथ धीरे से अपने हाथ में लेकर कहा—अब तो कभी इतनी कठोरता न कीजिएगा?

गोपीनाथ—(संचित होकर) अन्त क्या है?

आनन्दी—कुछ भी हो!

गोपी.—कुछ भी हो! अपमान, निन्दा, उपहास, आत्मवेदना।

आनन्दी—कुछ भी हो, मैं सब कुछ सह सकती हूँ, और आपको भी मेरे हेतु सहना पड़ेगा।

गोपी.—आनन्दी, मैं अपने को प्रेम पर बलिदान कर सकता हूँ, लेकिन अपने नाम को नहीं। इस नाम को अकलंकित रखकर मैं समाज की बहुत कुछ सेवा कर सकता हूँ।

आनन्दी—न कीजिए। आपने सब कुछ त्याग कर यह कीर्ति लाभ की है, मैं आपके यश को नहीं मिटाना चाहती (गोपीनाथ का हाथ हृदयस्थल पर रखकर), इसको चाहती हूँ। इससे अधिक त्याग की आकांक्षा नहीं रखती?

गोपी.—दोनों बातें एक साथ सम्भव हैं?

आनन्दी—सम्भव है। मेरे लिए सम्भव है। मैं प्रेम पर अपनी आत्मा को भी न्योछावर कर सकती हूँ।

5

इसके पश्चात् लाला गोपीनाथ ने आनन्दी की बुराई करनी शुरू की। मित्रों से कहते, उनका जी अब काम में नहीं लगता। पहले की-सी तनदेही नहीं है। किसी से कहते, उनका जी अब यहाँ से उचाट हो गया है, अपने घर जाना चाहती हैं, उनकी इच्छा है कि मुझे प्रतिवर्ष तरक्की मिला करे और उसकी यहाँ गुंजाइश नहीं। पाठशाला को कई बार देखा और अपनी आलोचना में काम को असन्तोषजनक लिखा। शिक्षा, संगठन, उत्साह, सुप्रबन्ध सभी बातों में निराशाजनक क्षति पाई। वार्षिक अधिवेशन में जब कई सदस्यों ने आनन्दी की वेतन-वृद्धि का प्रस्ताव उपस्थित किया तो लाला गोपीनाथ ने उसका विरोध किया। उधर आनन्दी बाई भी गोपीनाथ के दुखड़े रोने लगी। यह मनुष्य नहीं है, पत्थर का देवता है। उन्हें प्रसन्न करना दुस्तर है, अच्छा ही हुआ कि उन्होंने विवाह नहीं किया, नहीं तो दुखिया इनके नखरे उठाते-उठाते सिधार जाती। कहाँ तक कोई सफ़ाई और सुप्रबन्ध पर ध्यान दे! दीवार पर एक धब्बा भी पड़ गया, किसी कोने-खुतरे में एक जाला भी लग गया, बरामदों में काग़ज़ का एक टुकड़ा भी पड़ा मिल गया तो आपके तेवर बदल जाते हैं। दो साल मैंने ज्यों-त्यों करके निबाहा; लेकिन देखती हूँ तो लाला साहब की निगाह दिनोंदिन कड़ी होती जाती है। ऐसी दशा में मैं यहाँ अधिक नहीं ठहर सकती। मेरे लिए नौकरी में कल्याण नहीं है, जब जी चाहेगा, उठ खड़ी हूँगी। यहाँ आप लोगों से मेल-मुहब्बत हो गई है, कन्याओं से ऐसा प्यार हो गया है कि छोड़कर जाने को जी नहीं चाहता। आश्चर्य था कि और किसी को पाठशाला की दशा में अवनति न दीखती थी, वरन् हालत पहले से अच्छी थी।

एक दिन पंडित अमरनाथ की लाला जी से भेंट हो गई। उन्होंने पूछा—कहिए, पाठशाला ख़ूब चल रही है न?

गोपी—कुछ न पूछिए। दिनोंदिन दशा गिरती जाती है।

अमर—आनन्दी बाई की ओर से ढील है क्या?

गोपी—जी हाँ, सरासर। अब काम करने में उनका जी नहीं लगता। बैठी हुई योग और ज्ञान के ग्रंथ पढ़ा करती हैं। कुछ कहता हूँ तो कहती हैं, मैं अब इससे और अधिक कुछ नहीं कर सकती। कुछ परलोक की भी चिन्ता करूँ कि चौबीसों घंटे पेट के धंधों में ही लगी रहूँ? पेट के लिए पाँच घंटे बहुत हैं। पहले कुछ दिनों तक बारह घंटे करती; पर वह दशा स्थायी नहीं रह सकती थी। यहाँ आकर मैंने स्वास्थ्य खो दिया। एक बार कठिन रोगग्रस्त हो गई। क्या कमेटी ने मेरे दवा-दर्पन का ख़र्च दे दिया? कोई बात पूछने भी आया? फिर अपनी जान क्यों दूँ? सुना है, घरों में मेरी बदगोई भी किया करती हैं। अमरनाथ मार्मिक भाव से बोले—ये बातें मुझे पहले ही मालूम थीं।

दो साल और गुज़र गए। रात का समय था। कन्या-पाठशाला के ऊपर वाले कमरे में लाला गोपीनाथ मेज़ के सामने कुरसी पर बैठे हुए थे, सामने आनन्दी कोच पर लेटी हुई थी। मुख बहुत म्लान हो रहा था। कई मिनट तक दोनों विचार में मग्न थे। अन्त में गोपीनाथ बोले—मैंने पहले ही महीने में तुमसे कहा था कि मथुरा चली जाओ।

आनन्दी—वहाँ दस महीने क्योंकर रहती। मेरे पास इतने रुपए कहाँ थे और न तुम्हीं ने कोई प्रबन्ध करने का आश्वासन दिया। मैंने सोचा, तीन-चार महीने यहाँ और रहूँ। तब तक क़िफायत करके कुछ बचा लूँगी, तुम्हारी किताब से भी कुछ मिल जाएँगे। तब मथुरा चली

जाऊँगी; मगर यह क्या मालूम था कि बीमारी भी इसी अवसर की ताक में बैठी हुई है। मेरी दशा दो-चार दिन के लिए भी सँभली और मैं चली। इस दशा में तो मेरे लिए यात्रा करना असम्भव है।

गोपी—मुझे भय है कि कहीं बीमारी तूल न खींचे। संग्रहणी असाध्य रोग है। महीने-दो महीने यहाँ और रहने पड़ गए तो बात खुल जाएगी।

आनन्दी—(चिढ़कर) खुल जाएगी, खुल जाए। अब इससे कहाँ तक डरूँ?

गोपी—मैं भी न डरता अगर मेरे कारण नगर की कई संस्थाओं का जीवन संकट में न पड़ जाता। इसलिए मैं बदनामी से डरता हूँ। समाज के यह बन्धन निरे पाखंड हैं। मैं उन्हें सम्पूर्णत: अन्याय समझता हूँ। इस विषय में तुम मेरे विचारों को भली-भाँति जानती हो; पर करूँ क्या? दुर्भाग्यवश मैंने जाति-सेवा का भार अपने ऊपर ले लिया है और उसी का फल है कि आज मुझे अपने माने हुए सिद्धान्तों को तोड़ना पड़ रहा है और जो वस्तु मुझे प्राणों से भी प्रिय है, उसे यों निर्वासित करना पड़ रहा है।

किन्तु आनन्दी की दशा सँभलने की जगह दिनोंदिन गिरती ही गई। कमज़ोरी से उठना-बैठना कठिन हो गया था। किसी वैद्य या डॉक्टर को उसकी अवस्था न दिखाई जाती थी। गोपीनाथ दवाएँ लाते थे, आनन्दी उनका सेवन करती थी और दिन-दिन निर्बल होती जाती थी। पाठशाला से उसने छुट्टी ले ली थी। किसी से मिलती-जुलती भी न थी। बार-बार चेष्टा करती कि मथुरा चली जाऊँ, किन्तु एक अनजान नगर में अकेले कैसे रहूँगी, न कोई आगे, न पीछे। कोई एक घूँट पानी देनेवाला भी नहीं। यह सब सोचकर उसकी हिम्मत टूट जाती थी। इसी सोच-विचार और हैस-बैस में दो महीने और गुज़र गए और अन्त में विवश होकर आनन्दी ने निश्चय किया कि अब चाहे कुछ सिर पर बीते, यहाँ से चल ही दूँ। अगर सफ़र में मर भी जाऊँगी तो क्या चिन्ता है। उनकी बदनामी तो न होगी। उनके यश को कलंक तो न लगेगा। मेरे पीछे ताने तो न सुनने पड़ेंगे। सफ़र की तैयारियाँ करने लगी। रात को जाने का मुहूर्त था कि सहसा संध्याकाल से ही प्रसवपीड़ा होने लगी और ग्यारह बजते-बजते एक नन्हा-सा दुर्बल सतवाँसा बालक प्रसव हुआ। बच्चे के होने की आवाज़ सुनते ही लाला गोपीनाथ बेतहाशा ऊपर से उतरे और गिरते-पड़ते घर भागे। आनन्दी ने इस भेद को अन्त तक छिपाए रखा, अपनी दारुण प्रसवपीड़ा का हाल किसी से न कहा। दाई को भी सूचना न दी; मगर जब बच्चे के रोने की ध्वनि मदरसे में गूँजी तो क्षणमात्र में दाई सामने आकर खड़ी हो गई। नौकरानियों को पहले से शंकाएँ थीं। उन्हें कोई आश्चर्य न हुआ। जब दाई ने आनन्दी को पुकारा तो वह सचेत हो गई। देखा तो बालक रो रहा है।

6

दूसरे दिन दस बजते-बजते यह समाचार सारे शहर में फैल गया। घर-घर चर्चा होने लगी। कोई आश्चर्य करता था, कोई घृणा करता, कोई हँसी उड़ाता था। लाला गोपीनाथ के छिद्रान्वेषियों की संख्या कम न थी। पंडित अमरनाथ उनके मुखिया थे। उन लोगों ने लाला जी की निन्दा करनी शुरू की। जहाँ देखिए वहीं दो-चार सज्जन बैठे गोपनीय भाव से इसी घटना की आलोचना करते नज़र आते थे। कोई कहता था, इस स्त्री के लक्षण पहले ही से विदित हो रहे थे। अधिकांश आदमियों की राय में गोपीनाथ ने यह बुरा किया। यदि ऐसा ही प्रेम ने ज़ोर

मारा था तो उन्हें निडर होकर विवाह कर लेना चाहिए था। यह काम गोपीनाथ का है, इसमें किसी को भ्रम न था। केवल कुशल-समाचार पूछने के बहाने से लोग उनके घर जाते और दो-चार अन्योक्तियाँ सुनाकर चले आते थे। इसके विरुद्ध आनन्दी पर लोगों को दया आती थी। पर लाला जी के ऐसे भक्त भी थे, जो लाला जी के माथे यह कलंक मढ़ना पाप समझते थे। गोपीनाथ ने स्वयं मौन धारण कर लिया था। सबकी भली-बुरी बातें सुनते थे, पर मुँह न खोलते थे। इतनी हिम्मत न थी कि सबसे मिलना छोड़ दें।

प्रश्न था, अब क्या हो? आनन्दी बाई के विषय में तो जनता ने फ़ैसला कर दिया। बहस यह थी कि गोपीनाथ के साथ क्या व्यवहार किया जाए। कोई कहता था, उन्होंने जो कुकर्म किया है, उसका फल भोगें। आनन्दी बाई को नियमित रूप से घर में रखें। कोई कहता, हमें इससे क्या मतलब, आनन्दी जानें और वह जानें। दोनों जैसे के तैसे हैं, जैसे उदई वैसे भान, न उनके चोटी न उनके कान। लेकिन इन महाशय को पाठशाला के अन्दर अब क़दम न रखने देना चाहिए। जनता के फ़ैसले साक्षी नहीं खोजते। अनुमान ही उनके लिए सबसे बड़ी गवाही है।

लेकिन पं. अमरनाथ और उनकी गोष्ठी के लोग गोपीनाथ को इतने सस्ते न छोड़ना चाहते थे। उन्हें गोपीनाथ से पुराना द्वेष था। यह कल का लौंडा दर्शन की दो-चार पुस्तकें उलट-पलट कर, राजनीति में कुछ शुदबुद करके लीडर बना हुआ बिचरे, सुनहरी ऐनक लगाए, रेशमी चादर गले में डाले, यों गर्व से ताके, मानो सत्य और प्रेम का पुतला है। ऐसे रँगे सियार की जितनी कलई खोली जाए, उतना ही अच्छा। जाति को ऐसे दग़ाबाज़, चरित्रहीन, दुर्बलात्मा सेवकों से सचेत कर देना चाहिए। पंडित अमरनाथ पाठशाला की अध्यापिकाओं और नौकरों से तहक़ीक़ात करते थे। लाला जी कब आते थे, कब जाते थे, कितनी देर रहते थे, यहाँ क्या किया करते थे, तुम लोग उनकी उपस्थिति में वहाँ जाने पाते थे या रोक थी? लेकिन यह छोटे-छोटे आदमी, जिन्हें गोपीनाथ से सन्तुष्ट रहने का कोई कारण न था (उनकी सख़्ती की नौकर लोग बहुत शिकायत किया करते थे), इस दुरवस्था में उनके ऐबों पर परदा डालने लगे। अमरनाथ ने प्रलोभन दिया, डराया, धमकाया; पर किसी ने गोपीनाथ के विरुद्ध साक्षी न दी।

उधर लाला गोपीनाथ ने उसी दिन से आनन्दी के घर आना-जाना छोड़ दिया। दो हफ़्ते तक तो वह अभागिनी किसी तरह कन्या पाठशाला में रही। पन्द्रहवें दिन प्रबन्धक समिति ने उसे मकान ख़ाली कर देने की नोटिस दे दी। महीने भर की मुहलत देना भी उचित न समझा। अब वह दुखिया एक तंग मकान में रहती थी, कोई पूछनेवाला न था। बच्चा कमज़ोर, ख़ुद बीमार, कोई आगे न पीछे, न कोई दुःख का संगी न साथी। शिशु को गोद में लिए दिन के दिन बेदाना-पानी पड़ी रहती थी। एक बुढ़िया महरी मिल गई थी, जो बर्तन धोकर चली जाती थी। कभी-कभी शिशु को छाती से लगाए रात की रात रह जाती; पर धन्य है उसके धैर्य और सन्तोष को! लाला गोपीनाथ से मुँह में शिकायत थी न दिल में। सोचती, इन परिस्थितियों में उन्हें मुझसे पराङ्मुख ही रहना चाहिए। इसके अतिरिक्त और उपाय नहीं है। उनके बदनाम होने से नगर की कितनी बड़ी हानि होती। सभी उन पर सन्देह करते हैं; पर किसी को यह साहस तो नहीं हो सकता कि उनके विपक्ष में कोई प्रमाण दे सके!

यह सोचते हुए उसने स्वामी अभेदानंद की एक पुस्तक उठाई और उसके एक अध्याय का अनुवाद करने लगी। अब उसकी जीविका का एकमात्र यही आधार था। सहसा धीरे से किसी ने द्वार खटखटाया। वह चौंक पड़ी। लाला गोपीनाथ की आवाज़ मालूम हुई। उसने तुरन्त

द्वार खोल दिया। गोपीनाथ आकर खड़े हो गए और सोते हुए बालक को प्यार से देखकर बोले—आनन्दी, मैं तुम्हें मुँह दिखाने लायक नहीं हूँ। मैं अपनी भीरुता और नैतिक दुर्बलता पर अत्यन्त लज्जित हूँ। यद्यपि मैं जानता हूँ कि मेरी बदनामी जो कुछ होनी थी, वह हो चुकी। मेरे नाम से चलने वाली संस्थाओं को जो हानि पहुँचनी थी, पहुँच चुकी। अब असम्भव है कि मैं जनता को अपना मुँह फिर दिखाऊँ और न वह मुझ पर विश्वास ही कर सकती है। इतना जानते हुए भी मुझमें इतना साहस नहीं है कि अपने कुकृत्य का भार सिर ले लूँ। मैं पहले सामाजिक शासन की रत्ती भर परवाह न करता, पर अब पग-पग पर उसके भय से मेरे प्राण तक काँपने लगते हैं। धिक्कार है मुझ पर कि तुम्हारे ऊपर ऐसी विपत्तियाँ पड़ीं, लोकनिन्दा, रोग, शोक, निर्धनता सभी का सामना करना पड़ा और मैं यों अलग-अलग रहा मानो मुझसे कोई प्रयोजन नहीं है; पर मेरा हृदय ही जानता है कि उसको कितनी पीड़ा होती थी। कितनी ही बार आने का निश्चय किया और फिर हिम्मत हार गया। अब मुझे विदित हो गया कि मेरी सारी दार्शनिकता केवल हाथी के दाँत थी। मुझमें क्रिया-शक्ति नहीं है; लेकिन इसके साथ ही तुमसे अलग रहना मेरे लिए असह्य है। तुमसे दूर रहकर मैं ज़िन्दा नहीं रह सकता, प्यारे बच्चे को देखने के लिए मैं कितनी ही बार लालायित हो गया हूँ; पर यह आशा कैसे करूँ कि मेरी चरित्रहीनता का ऐसा प्रत्यक्ष प्रमाण पाने के बाद तुम्हें मुझसे घृणा न हो गई होगी।

आनन्दी—स्वामी, आपके मन में ऐसी बातों का आना मुझ पर घोर अन्याय है। मैं ऐसी बुद्धिहीन नहीं हूँ कि केवल अपने स्वार्थ के लिए आपको कलंकित करूँ। मैं आपको अपना इष्टदेव समझती हूँ और सदैव समझूँगी। मैं भी अब आपके वियोग-दुःख को नहीं सह सकती। कभी-कभी आपके दर्शन पाती रहूँ, यही जीवन की सबसे बड़ी अभिलाषा है।

इस घटना को पन्द्रह वर्ष बीत गए हैं। लाला गोपीनाथ नित्य बारह बजे रात को आनन्दी के साथ बैठे हुए नज़र आते हैं। वह नाम पर मरते हैं, आनन्दी प्रेम पर। बदनाम दोनों हैं, लेकिन आनन्दी के साथ लोगों की सहानुभूति है, गोपीनाथ सबकी निगाह से गिर गए हैं। हाँ, उनके कुछ आत्मीयगण इस घटना को केवल मानुषीय समझकर अब भी उनका सम्मान करते हैं; किन्तु जनता इतनी सहिष्णु नहीं है।

रानी सारन्धा

अँधेरी रात के सन्नाटे में धसान नदी चट्टानों से टकराती हुई ऐसी सुहावनी मालूम होती थी जैसे घुमुर-घुमुर करती हुई चक्कियाँ। नदी के दाहिने तट पर एक टीला है। उस पर एक पुराना दुर्ग बना हुआ है, जिसको जंगली वृक्षों ने घेर रखा है। टीले के पूर्व की ओर छोटा-सा गाँव है। यह गढ़ी और गाँव दोनों एक बुंदेला सरकार के कीर्ति-चिह्न हैं। शताब्दियाँ व्यतीत हो गईं, बुंदेलखंड में कितने ही राज्यों का उदय और अस्त हुआ, मुसलमान आए और बुंदेला राजा उठे और गिरे—कोई गाँव, कोई इलाक़ा ऐसा न था, जो इन दुर्व्यवस्थाओं से पीड़ित न हो; मगर इस दुर्ग पर किसी शत्रु की विजय-पताका न लहराई और इस गाँव में किसी विद्रोह का भी पदार्पण न हुआ। यह उसका सौभाग्य था।

अनिरुद्धसिंह वीर राजपूत था। वह ज़माना ही ऐसा था जब मनुष्यमात्र को अपने बाहुबल और पराक्रम ही का भरोसा था। एक ओर मुसलमान सेनाएँ पैर जमाए खड़ी रहती थीं, दूसरी ओर बलवान राजा अपने निर्बल भाइयों का गला घोंटने पर तत्पर रहते थे। अनिरुद्धसिंह के पास सवारों और पियादों का एक छोटा-सा, मगर सजीव दल था। इससे वह अपने कुल और मर्यादा की रक्षा किया करता था। उसे कभी चैन से बैठना नसीब न होता था। तीन वर्ष पहले उसका विवाह शीतला देवी से हुआ था; मगर अनिरुद्ध विहार के दिन और विलास की रातें पहाड़ों में काटता था और शीतला उसकी जान की ख़ैर मनाने में। वह कितनी बार पति से अनुरोध कर चुकी थी, कितनी बार उसके पैरों पर गिरकर रोई थी कि तुम मेरी आँखों से दूर न हो, मुझे हरिद्वार ले चलो, मुझे तुम्हारे साथ वनवास अच्छा है, यह वियोग अब नहीं सहा जाता। उसने प्यार से कहा, ज़िद से कहा, विनय की; मगर अनिरुद्ध बुंदेला था। शीतला अपने किसी हथियार से उसे परास्त न कर सकी।

2

अँधेरी रात थी। सारी दुनिया सोती थी, तारे आकाश में जागते थे। शीतला देवी पलंग पर पड़ी करवटें बदल रही थीं और उसकी ननद सारन्धा फ़र्श पर बैठी मधुर स्वर से गाती थी—

बिनु रघुवीर कटत नहिं रैन

शीतला ने कहा—जी न जलाओ। क्या तुम्हें भी नींद नहीं आती?

सारन्धा—तुम्हें लोरी सुना रही हूँ।

शीतला—मेरी आँखों से तो नींद लोप हो गई।

सारन्धा—किसी को ढूँढ़ने गई होगी।

इतने में द्वार खुला और एक गठे हुए बदन के रूपवान पुरुष ने भीतर प्रवेश किया। वह अनिरुद्ध था। उसके कपड़े भीगे हुए थे, और बदन पर कोई हथियार न था। शीतला चारपाई से उतरकर ज़मीन पर बैठ गई।

सारन्धा ने पूछा—भैया, यह कपड़े भीगे क्यों हैं?

अनिरुद्ध—नदी तैर कर आया हूँ।

सारन्धा—हथियार क्या हुए?

अनिरुद्ध—छिन गए।

सारन्धा—और साथ के आदमी?

अनिरुद्ध—सबने वीर-गति पाई।

शीतला ने दबी ज़बान से कहा—ईश्वर ने ही कुशल किया। मगर सारन्धा के तेवरों पर बल पड़ गए और मुखमंडल गर्व से सतेज हो गया। बोली—भैया, तुमने कुल की मर्यादा खो दी। ऐसा कभी न हुआ था।

सारन्धा भाई पर जान देती थी। उसके मुँह से यह धिक्कार सुनकर अनिरुद्ध लज्जा और खेद से विकल हो गया। वह वीराग्नि; जिसे क्षण भर के लिए अनुराग ने दबा लिया था, फिर ज्वलंत हो गई। वह उलटे पाँव लौटा और यह कहकर बाहर चला गया कि 'सारन्धा, तुमने मुझे सदैव के लिए सचेत कर दिया। यह बात मुझे कभी न भूलेगी।''

अँधेरी रात थी। आकाश-मंडल में तारों का प्रकाश बहुत धुँधला था। अनिरुद्ध क़िले से बाहर निकला। पल भर में नदी के उस पार जा पहुँचा और फिर अन्धकार में लुप्त हो गया। शीतला उसके पीछे-पीछे क़िले की दीवारों तक आई; मगर जब अनिरुद्ध छलाँग मारकर बाहर कूद पड़ा तो वह विरहिणी चट्टान पर बैठकर रोने लगी।

इतने में सारन्धा भी वहीं आ पहुँची। शीतला ने नागिन की तरह बल खाकर कहा—मर्यादा इतनी प्यारी है?

सारन्धा—हाँ।

शीतला—अपना पति होता तो हृदय में छिपा लेती।

सारन्धा—ना, छाती में छुरा चुभा देती।

शीतला ने ऐंठकर कहा—चोली में छिपाती फिरोगी, मेरी बात गिरह में बाँध लो।

सारन्धा—जिस दिन ऐसा होगा, मैं भी अपना वचन पूरा कर दिखाऊँगी।

इस घटना के तीन महीने पीछे अनिरुद्ध महरौनी को जीत करके लौटा और साल भर पीछे सारन्धा का विवाह ओरछा के राजा चम्पतराय से हो गया, मगर उस दिन की बातें दोनों महिलाओं के हृदय-स्थल में काँटे की तरह खटकती रहीं।

3

राजा चम्पतराय बड़े प्रतिभाशाली पुरुष थे। सारी बुन्देला जाति उनके नाम पर जान देती थी और उनके प्रभुत्व को मानती थी। गद्दी पर बैठते ही उन्होंने मुगल बादशाहों को कर देना बन्द कर दिया और वे अपने बाहुबल से राज्य-विस्तार करने लगे। मुसलमानों की सेनाएँ बार-बार उन पर हमले करती थीं, पर हार कर लौट जाती थीं।

यही समय था कि जब अनिरुद्ध ने सारन्धा का चम्पतराय से विवाह कर दिया। सारन्धा ने मुँहमाँगी मुराद पाई। उसकी यह अभिलाषा कि मेरा पति बुन्देला जाति का कुल-तिलक हो, पूरी हुई। यद्यपि राजा के रनिवास में पाँच रनियाँ थीं मगर उन्हें शीघ्र ही मालूम हो गया कि वह देवी, जो हृदय में मेरी पूजा करती है, सारन्धा है।

परन्तु कुछ ऐसी घटनाएँ हुईं कि चम्पतराय को मुगल बादशाह का आश्रित होना पड़ा। वे अपना राज्य अपने भाई पहाड़सिंह को सौंपकर देहली चले गए। यह शाहजहाँ के शासन-काल का अन्तिम भाग था। शाहजादा दारा शिकोह राजकीय कार्यों को सँभालते थे। युवराज की आँखों में शील था और चित्त में उदारता। उन्होंने चम्पतराय की वीरता की कथाएँ सुनी थीं, इसलिए उनका बहुत आदर-सम्मान किया और कालपी की बहुमूल्य जागीर उनको भेंट की, जिसकी आमदनी नौ लाख थी। यह पहला अवसर था कि चम्पतराय को आए-दिन के लड़ाई-झगड़े से निवृत्ति मिली और उसके साथ ही भोग-विलास का प्राबल्य हुआ। रात-दिन आमोद-प्रमोद की चर्चा रहने लगी। राजा विलास में डूबे, रानियाँ जड़ाऊ गहनों पर रीझीं, मगर सारन्धा इन दिनों बहुत उदास और संकुचित रहती—वह इन रहस्यों से दूर-दूर रहती, ये नृत्य और गान की सभाएँ उसे सूनी प्रतीत होतीं।

एक दिन चम्पतराय ने सारन्धा से कहा—सारन, तुम उदास क्यों रहती हो? मैं तुम्हें कभी हँसते नहीं देखता। क्या मुझसे नाराज़ हो?

सारन्धा की आँखों में जल भर आया। बोली—स्वामीजी, आप क्यों ऐसा विचार करते हैं? जहाँ आप प्रसन्न हैं, वहाँ मैं भी ख़ुश हूँ।

चम्पतराय—मैं जब से यहाँ आया हूँ, मैंने तुम्हारे मुख-कमल पर कभी मनोहारिणी मुस्कुराहट नहीं देखी। तुमने कभी अपने हाथों से मुझे बीड़ा नहीं खिलाया। कभी मेरी पाग नहीं सँवारी। कभी मेरे शरीर पर शस्त्र न सजाए। कहीं प्रेम-लता मुरझाने तो नहीं लगी?

सारन्धा—प्राणनाथ, आप मुझसे ऐसी बात पूछते हैं, जिसका उत्तर मेरे पास नहीं है। यथार्थ में इन दिनों मेरा चित्त उदास रहता है। मैं बहुत चाहती हूँ कि ख़ुश रहूँ, मगर बोझ-सा हृदय पर धरा रहता है।

चम्पतराय स्वयं आनन्द में मग्न थे। इसलिए उनके विचार में सारन्धा को असन्तुष्ट रहने का कोई उचित कारण नहीं हो सकता था। वे भौंहें सिकोड़ कर बोले—मुझे तुम्हारे उदास रहने का कोई विशेष कारण नहीं मालूम होता। ओरछे में कौन-सा सुख था जो यहाँ नहीं है?

सारन्धा का चेहरा लाल हो गया। बोली—मैं कुछ कहूँ, आप नाराज़ तो न होंगे?

चम्पतराय—नहीं, शौक़ से कहो।

सारन्धा—ओरछे में मैं एक राजा की रानी थी। यहाँ मैं एक जागीरदार की चेरी हूँ। ओरछे में वह थी जो अवध में कौशल्या थीं, यहाँ मैं बादशाह के एक सेवक की स्त्री हूँ। जिस बादशाह के सामने आज आप आदर से सिर झुकाते हैं, वह कल आपके नाम से काँपता था। रानी से चेरी होकर भी प्रसन्नचित्त होना मेरे वश में नहीं है। आपने यह पद और ये विलास की सामग्रियाँ बड़े महँगे दामों मोल ली हैं।

चम्पतराय के नेत्रों पर से एक पर्दा-सा हट गया। वे अब तक सारन्धा की आत्मिक उच्चता को न जानते थे। जैसे बे-माँ-बाप का बालक माँ की चर्चा सुनकर रोने लगता है, उसी तरह ओरछे की याद से चम्पतराय की आँखें सजल हो गईं। उन्होंने आदरयुक्त अनुराग के साथ सारन्धा को हृदय से लगा लिया।

आज से उन्हें फिर उसी उजड़ी बस्ती की फ़िक्र हुई, जहाँ से धन और कीर्ति की अभिलाषाएँ खींच लाई थीं।

4

माँ अपने खोए हुए बालक को पाकर निहाल हो जाती है। चम्पतराय के आने से बुन्देलखंड निहाल हो गया। ओरछे के भाग जागे। नौबतें बजने लगीं और फिर सारन्धा के कमल-नेत्रों में जातीय अभिमान का आभास दिखाई देने लगा!

यहाँ रहते-रहते महीनों बीत गए। इस बीच में शाहजहाँ बीमार पड़ा। पहले से ईर्ष्या की अग्नि दहक रही थी। यह ख़बर सुनते ही ज्वाला प्रचंड हुई। संग्राम की तैयारियाँ होने लगीं। शाहजादे मुराद और मुहीउद्दीन अपने-अपने दल सजाकर दक्खिन से चले। वर्षा के दिन थे। उर्वरा भूमि रंग-बिरंग के रूप भरकर अपने सौन्दर्य को दिखाती थी।

मुराद और मुहीउद्दीन उमंगों से भरे हुए क़दम बढ़ाते चले आ रहे थे। यहाँ तक की धौलपुर के निकट चम्बल के तट पर आ पहुँचे; परन्तु यहाँ उन्होंने बादशाही सेना को अपने शुभागमन के निमित्त तैयार पाया।

शाहजादे अब बड़ी चिन्ता में पड़े। सामने अगम्य नदी लहरें मार रही थी, किसी योगी के त्याग के सदृश। विवश होकर चम्पतराय के पास संदेश भेजा कि ख़ुदा के लिए आकर हमारी डूबती हुई नाव को पार लगाइए।

राजा ने भवन में जाकर सारन्धा से पूछा—इसका क्या उत्तर दूँ?

सारन्धा—आपको मदद करनी होगी।

चम्पतराय—उनकी मदद करना दाराशिकोह से वैर लेना है।

सारन्धा—यह सत्य है; परन्तु हाथ फैलाने की मर्यादा भी तो निभानी चाहिए?

चम्पतराय—प्रिये, तुमने सोचकर जवाब नहीं दिया।

सारन्धा—प्राणनाथ, मैं अच्छी तरह जानती हूँ कि यह मार्ग कठिन है। और अब हमें अपने योद्धाओं का रक्त पानी के समान बहाना पड़ेगा; परन्तु हम अपना रक्त बहाएँगे और चम्बल की लहरों को लाल कर देंगे। विश्वास रखिए कि जब तक नदी की धारा बहती रहेगी, वह हमारे वीरों की कीर्तिगान करती रहेगी। जब तक बुन्देलों का एक भी नामलेवा रहेगा, ये रक्त-बिन्दु उसके माथे पर केशर का तिलक बनकर चमकेंगे।

वायुमंडल में मेघराज की सेनाएँ उमड़ रही थीं। ओरछे के क़िले से बुन्देलों की एक काली घटा उठी और वेग के साथ चम्बल की तरफ़ चली। प्रत्येक सिपाही वीर-रस से झूम रहा था। सारन्धा ने दोनों राजकुमारों को गले से लगा लिया और राजा को पान का बीड़ा देकर कहा—बुन्देलों की लाज अब तुम्हारे हाथ है।

आज उसका एक-एक अंग मुस्कुरा रहा है और हृदय हुलसित है। बुन्देलों की यह सेना देखकर शाहजादे फूले न समाए। राजा वहाँ की अंगुल-अंगुल भूमि से परिचित थे। उन्होंने बुन्देलों को तो एक आड़ में छिपा दिया और वे शाहजादों की फ़ौज को सजा कर नदी के किनारे-किनारे पश्चिम की ओर चले। दाराशिकोह को भ्रम हुआ कि शत्रु किसी अन्य घाट से नदी उतरना चाहता है। उन्होंने घाट पर से मोर्चे हटा लिये। घाट में बैठे हुए बुन्देले उसी ताक में थे। बाहर निकल पड़े और उन्होंने तुरन्त ही नदी में घोड़े डाल दिए। चम्पतराय ने शाहजादा दारा शिकोह को भुलावा देकर अपनी फ़ौज घुमा दी और वह बुन्देलों के पीछे चलता हुआ उसे पार उतार लाया। इस कठिन चाल में सात घंटों का विलम्ब हुआ; परन्तु जाकर देखा तो सात सौ बुन्देलों की लाशें तड़प रही थीं।

राजा को देखते ही बुन्देलों की हिम्मत बँध गई। शाहजादों की सेना ने भी 'अल्लाहो अकबर' की ध्वनि के साथ धावा किया। बादशाही सेना में हलचल पड़ गई। उनकी पंक्तियाँ छिन्न-भिन्न हो गईं, हाथोंहाथ लड़ाई होने लगी, यहाँ तक कि शाम हो गई। रणभूमि रुधिर से लाल हो गई और आकाश में अँधेरा हो गया। घमासान की मार हो रही थी। बादशाही सेना शाहजादों को दबाए आती थी। अकस्मात् पश्चिम से फिर बुन्देलों की एक लहर उठी और इस वेग से बादशाही सेना की पुश्त पर टकराई कि उसके क़दम उखड़ गए। जीता हुआ मैदान हाथ से निकल गया। लोगों को कुतूहल था कि यह दैवी सहायता कहाँ से आई। सरल स्वभाव के लोगों की धारणा थी कि यह फतह के फरिश्ते हैं; शाहजादों की मदद के लिए आए हैं; परन्तु जब राजा चम्पतराय निकट गए तो सारन्धा ने घोड़े से उतरकर उनके पैरों पर सिर झुका दिया। राजा को असीम आनन्द हुआ। यह सारन्धा थी।

समर-भूमि का दृश्य इस समय अत्यन्त दुःखमय था। थोड़ी देर पहले जहाँ सजे हुए वीरों के दल थे वहाँ अब बेजान लाशें तड़प रही थीं। मनुष्य ने अपने स्वार्थ के लिए अनादि काल से ही भाइयों की हत्या की है।

अब विजयी सेना लूट पर टूट पड़ी। पहले मर्द मर्दों से लड़ते थे। वह वीरता और पराक्रम का चित्र था, यह नीचता और दुर्बलता की ग्लानिप्रद तसवीर थी। उस समय मनुष्य पशु बना हुआ था, अब वह पशु से भी बढ़ गया था।

इस नोच-खसोट में लोगों को बादशाही सेना के सेनापति वली बहादुर ख़ाँ की लाश दिखाई दी। उसके निकट उसका घोड़ा खड़ा हुआ अपनी दुम से मक्खियाँ उड़ा रहा था। राजा को घोड़ों का शौक़ था। देखते ही वह उस पर मोहित हो गया। यह इराकी जाति का अति सुन्दर घोड़ा था। एक-एक अंग साँचे में ढला हुआ, सिंह की-सी छाती; चीते की-सी कमर, उसका यह प्रेम और स्वामिभक्ति देखकर लोगों को बड़ा कुतूहल हुआ। राजा ने हुक़्म दिया—खबरदार! इस प्रेमी पर कोई हथियार न चलाए, इसे जीता पकड़ लो, यह मेरे अस्तबल की शोभा बढ़ाएगा। जो इसे मेरे पास ले आएगा, उसे धन से निहाल कर दूँगा।

योद्धागण चारों ओर से लपके; परन्तु किसी को साहस न होता था कि उसके निकट जा सके। कोई चुमकार रहा था, कोई फन्दे में फँसाने की फ़िक्र में था पर कोई उपाय सफल न होता था। वहाँ सिपाहियों का मेला-सा लगा हुआ था।

तब सारन्धा अपने खेमे से निकली और निर्भय होकर घोड़े के पास चली गई। उसकी आँखों में प्रेम का प्रकाश था, छल का नहीं। घोड़े ने सिर झुका दिया। रानी ने उसकी गर्दन पर हाथ रखा और वह उसकी पीठ सहलाने लगी। घोड़े ने उसके अंचल में मुँह छिपा लिया। रानी उसकी रास पकड़कर खेमे की ओर चली। घोड़ा इस तरह चुपचाप उसके पीछे चला मानो सदैव से उसका सेवक है।

पर बहुत अच्छा होता कि घोड़े ने सारन्धा से भी निष्ठुरता की होती। यह सुन्दर घोड़ा आगे चलकर इस राज-परिवार के निमित्त स्वर्णजटित मृग साबित हुआ।

5

संसार एक रण-क्षेत्र है। इस मैदान में उसी सेनापति को विजयलाभ होता है, जो अवसर को पहचानता है। वह अवसर पर जितने उत्साह से आगे बढ़ता है, उतने ही उत्साह से आपत्ति के समय पीछे हट जाता है। वह वीर पुरुष राष्ट्र का निर्माता होता है और इतिहास उसके नाम पर यश के फूलों की वर्षा करता है।

पर इस मैदान में कभी-कभी ऐसे सिपाही भी जाते हैं, जो अवसर पर क़दम बढ़ाना जानते हैं; लेकिन संकट में पीछे हटाना नहीं जानते। ये रणवीर पुरुष विजय को नीति की भेंट कर देते हैं। वे अपनी सेना का नाम मिटा देंगे, किन्तु जहाँ एक बार पहुँच गए हैं, वहाँ से क़दम पीछे न हटाएँगे। उनमें कोई विरला ही संसार-क्षेत्र में विजय प्राप्त करता है; किन्तु प्राय: उसकी हार विजय से भी अधिक गौरवात्मक होती है। अगर अनुभवशील सेनापति राष्ट्रों की नींव डालता है, तो आन पर जान देनेवाला, मुँह न मोड़नेवाला सिपाही राष्ट्र के भावों को उच्च करता है, और उसके हृदय पर नैतिक गौरव को अंकित कर देता है। उसे इस कार्यक्षेत्र में चाहे सफलता न हो, किन्तु जब किसी वाक्य या सभा में उसका नाम ज़बान पर आ जाता है, श्रोतागण एक स्वर से उसके कीर्ति-गौरव को प्रतिध्वनित कर देते हैं। सारन्धा 'आन' पर जान देनेवालों में थी।

शाहजादा मुहीउद्दीन चम्बल के किनारे से आगरे की ओर चला तो सौभाग्य उसके सिर पर मोर्छल हिलाता था। जब वह आगरे पहुँचा तो विजयदेवी ने उसके लिए सिंहासन सजा दिया!

औरंगजेब गुणज्ञ था। उसने बादशाही अफ़सरों के अपराध क्षमा कर दिए, उनके राज्य-पद लौटा दिए और राजा चम्पतराय को उसके बहुमूल्य कृत्यों के उपलक्ष्य में बारह हज़ारी मनसब प्रदान किया। ओरक्षा से बनारस और बनारस से जमुना तक उसकी जागीर नियत की गई। बुन्देला राजा फिर राज-सेवक बना, वह फिर सुख-विलास में डूबा और रानी सारन्धा फिर पराधीनता के शोक से घुलने लगी।

वली बहादुर ख़ाँ बड़ा वाक्य-चतुर मनुष्य था। उसकी मृदुता ने शीघ्र ही उसे बादशाह आलमगीर का विश्वासपात्र बना दिया। उस पर राजसभा में सम्मान की दृष्टि पड़ने लगी।

खाँ साहब के मन में अपने घोड़े के हाथ से निकल जाने का बड़ा शौक़ था। एक दिन कुँवर छत्रसाल उसी घोड़े पर सवार होकर सैर को गया था। वह ख़ाँ साहब के महल की तरफ़ जा निकला। वली बहादुर ऐसे ही अवसर की ताक में था। उसने तुरन्त अपने सेवकों को इशारा किया। राजकुमार अकेला क्या करता? पाँव-पाँव घर आया और उसने सारन्धा से सब समाचार बयान किया। रानी का चेहरा तमतमा गया। बोली, 'मुझे इसका शोक नहीं कि घोड़ा हाथ से गया, शोक इसका है कि तू उसे खोकर जीता क्यों लौटा? क्या तेरे शरीर में बुंदेलों का रक्त नहीं है? घोड़ा न मिलता, न सही; किन्तु तुझे दिखा देना चाहिए था कि एक बुन्देला बालक से उसका घोड़ा छीन लेना हँसी नहीं है।'

यह कहकर उसने अपने पच्चीस योद्धाओं को तैयार होने की आज्ञा दी। स्वयं अस्त्र धारण किए और योद्धाओं के साथ वली बहादुर ख़ाँ के निवास-स्थान पर जा पहुँची। ख़ाँ साहब उसी घोड़े पर सवार होकर दरबार चले गए थे, सारन्धा दरबार की तरफ़ चली, और एक क्षण में किसी वेगवती नदी के सदृश बादशाही दरबार के सामने जा पहुँची, यह कैफियत देखते ही दरबार में हलचल मच गई। अधिकारी वर्ग इधर-उधर से आकर जमा हो गए। आलमगीर भी सहन में निकल आए। लोग अपनी-अपनी तलवारें सँभालने लगे और चारों तरफ़ शोर मच गया। कितने ही नेत्रों ने इसी दरबार में अमरसिंह की तलवार की चमक देखी थी। उन्हें वही घटना फिर याद आ गई।

सारन्धा ने उच्च स्वर से कहा—खाँ साहब, बड़ी लज्जा की बात है, आपने वही वीरता, जो चम्बल के तट पर दिखानी चाहिए थी, आज एक अबोध बालक के सम्मुख दिखाई है। क्या यह उचित था कि आप उससे घोड़ा छीन लेते?

वली बहादुर ख़ाँ की आँखों से अग्नि-ज्वाला निकल रही थी। वे कड़ी आवाज़ से बोले—किसी ग़ैर को क्या मजाल है कि मेरी चीज़ अपने काम में लाए?

रानी—वह आपकी चीज़ नहीं, मेरी है। मैंने उसे रणभूमि में पाया है और उस पर मेरा अधिकार है। क्या रणनीति की इतनी मोटी बात भी आप नहीं जानते?

खाँ साहब—वह घोड़ा मैं नहीं दे सकता, उसके बदले में सारा अस्तबल आपकी नज़र है।

रानी—मैं अपना घोड़ा लूँगी।

खाँ साहब—मैं उसके बराबर जवाहरात दे सकता हूँ; परन्तु घोड़ा नहीं दे सकता!

रानी—तो फिर इसका निश्चय तलवार से होगा, बुन्देला योद्धाओं ने तलवारें सौंत लीं और निकट था कि दरबार की भूमि रक्त से प्लावित हो जाए, बादशाह आलमगीर ने बीच में आकर कहा—रानी साहबा, आप सिपाहियों को रोकें। घोड़ा आपको मिल जाएगा; परन्तु इसका मूल्य बहुत देना पड़ेगा।

रानी—मैं उसके लिए अपना सर्वस्व खोने को तैयार हूँ।

बादशाह—जागीर और मनसब भी!

रानी—जागीर और मनसब कोई चीज़ नहीं।

बादशाह—अपना राज्य भी?

रानी—हाँ, राज्य भी।

बादशाह—एक घोड़े के लिए?

रानी—नहीं, उस पदार्थ के लिए जो संसार में सबसे अधिक मूल्यवान है।

बादशाह—वह क्या है?

रानी—अपनी आन।

इस भाँति रानी ने अपने घोड़े के लिए अपनी विस्तृत जागीर, उच्च राज और राज-सम्मान सब हाथ से खोया और केवल इतना ही नहीं, भविष्य के लिए काँटे बोये, इस घड़ी से अन्त दशा तक चम्पतराय को शान्ति न मिली।

6

राजा चम्पतराय ने फिर ओरछे के क़िले में पदार्पण किया। उन्हें मनसब और जागीर के हाथ से निकल जाने का अत्यन्त शोक हुआ; किन्तु उन्होंने अपने मुँह से शिकायत का एक शब्द भी नहीं निकाला, वे सारन्धा के स्वभाव को भली-भाँति जानते थे। शिकायत इस समय उसके आत्म-गौरव पर कुठार का काम करती।

कुछ दिन यहाँ शान्तिपूर्वक व्यतीत हुए; लेकिन बादशाह सारन्धा की कठोर बात भूला न था। वह क्षमा करना जानता ही न था। ज्यों ही भाइयों की ओर से निश्चिन्त हुआ, उसने एक बड़ी सेना चम्पतराय का गर्व चूर्ण करने के लिए भेजी और बाईस अनुभवशील सरदार इस मुहीम पर नियुक्त किए। शुभकरण बुन्देला बादशाह का सूबेदार था। वह चम्पतराय का बचपन का मित्र और सहपाठी था। उसने चम्पतराय को परास्त करने का बीड़ा उठाया। और भी कितने ही बुन्देला सरदार राजा से विमुख होकर बादशाही सूबेदार से आ मिले। एक घोर संग्राम हुआ। भाइयों की तलवारें रक्त से लाल हुईं। यद्यपि इस समर में राजा को विजय प्राप्त हुई लेकिन उसकी शक्ति सदा के लिए क्षीण हो गई। निकटवर्ती बुन्देला राजा जो चम्पतराय के बाहुबल थे, बादशाह के कृपाकांक्षी बन बैठे। साथियों में कुछ तो काम आए, कुछ दग़ा कर गए। यहाँ तक कि निज सम्बन्धियों ने भी आँखें चुरा लीं; परन्तु इन कठिनाइयों में भी चम्पतराय ने हिम्मत नहीं हारी, धीरज को न छोड़ा। उन्होंने ओरछा छोड़ दिया और वह तीन वर्ष तक बुंदेलखंड के सघन पर्वतों पर छिपे फिरते रहे। बादशाही सेनाएँ शिकारी जानवरों की भाँति सारे देश में मँडरा रही थीं। आए-दिन राजा का किसी न किसी से सामना हो जाता था। सारन्धा सदैव उनके साथ रहती और उनका साहस बढ़ाया करती। बड़ी-बड़ी आपत्तियों में जब कि धैर्य लुप्त हो जाता और आशा साथ छोड़ देती—आत्मरक्षा का धर्म उसे सँभाले रहता है। तीन साल के बाद अन्त में बादशाह के सूबेदारों ने आलमगीर को सूचना दी कि इस शेर का शिकार आपके सिवाय और किसी से न होगा। उत्तर आया कि सेना को हटा लो और घेरा उठा लो। राजा ने समझा, संकट से निवृत्ति हुई, पर वह बात शीघ्र ही भ्रमात्मक सिद्ध हो गई।

7

तीन सप्ताह से बादशाही सेना ने ओरछा घेर रखा है। जिस तरह कठोर वचन हृदय को छेद डालते हैं, उसी तरह तोपों के गोलों ने दीवारों को छेद डाला है। क़िले में 20 हज़ार आदमी घिरे हुए हैं, लेकिन उनमें आधे से अधिक स्त्रियाँ और उनसे कुछ ही कम बालक हैं। मर्दों की संख्या दिनोंदिन न्यून होती जाती है। आने-जाने के मार्ग चारों तरफ़ से बन्द हैं। हवा का भी गुज़र नहीं। रसद का सामान बहुत कम रह गया है। स्त्रियाँ पुरुषों और बालकों को जीवित रखने के लिए आप उपवास करती हैं। लोग बहुत हताश हो रहे हैं। औरतें सूर्य नारायण की ओर हाथ उठा-उठाकर शत्रु को कोसती हैं। बालकवृन्द मारे क्रोध के दीवार की आड़ से उन पर पत्थर फेंकते हैं, जो मुश्किल से दीवार के उस पार जा पाते हैं। राजा चम्पतराय स्वयं ज्वर से पीड़ित हैं। उन्होंने कई दिन से चारपाई नहीं छोड़ी। उन्हें देखकर लोगों को कुछ ढाढ़स होता था, लेकिन उनकी बीमारी से सारे क़िले में नैराश्य छाया हुआ है।

राजा ने सारन्धा से कहा—आज शत्रु ज़रूर क़िले में घुस आएँगे।

सारन्धा—ईश्वर न करे कि इन आँखों से वह दिन देखना पड़े।

राजा—मुझे बड़ी चिन्ता इन अनाथ स्त्रियों और बालकों की है। गेहूँ के साथ यह घुन भी पिस जाएँगे।

सारन्धा—हम लोग यहाँ से निकल जाएँ तो कैसा?

राजा—इन अनाथों को छोड़कर?

सारन्धा—इस समय इन्हें छोड़ देने में ही कुशल है। हम न होंगे तो शत्रु इन पर कुछ दया ही करेंगे।

राजा—नहीं, यह लोग मुझसे न छोड़े जाएँगे। मर्दों ने अपनी जान हमारी सेवा में अर्पण कर दी है, उनकी स्त्रियों और बच्चों को मैं कदापि नहीं छोड़ सकता।

सारन्धा—लेकिन यहाँ रहकर हम उनकी कुछ मदद भी तो नहीं कर सकते?

राजा—उनके साथ प्राण तो दे सकते हैं। मैं उनकी रक्षा में अपनी जान लड़ा दूँगा। उनके लिए बादशाही सेना की ख़ुशामद करूँगा, कारावास की कठिनाइयाँ सहूँगा, किन्तु इस संकट में उन्हें छोड़ नहीं सकता।

सारन्धा ने लज्जित होकर सिर झुका लिया और सोचने लगी, निस्सन्देह प्रिय साथियों को आग की आँच में छोड़कर अपनी जान बचाना घोर नीचता है! मैं ऐसी स्वार्थान्ध क्यों हो गई हूँ? लेकिन एकाएक विचार उत्पन्न हुआ। बोली—यदि आपको विश्वास हो जाए कि इन आदमियों के साथ कोई अन्याय न किया जाएगा तब तो आपको चलने में कोई बाधा न होगी?

राजा—(सोचकर) कौन विश्वास दिलाएगा?

सारन्धा—बादशाह के सेनापति का प्रतिज्ञा-पत्र।

राजा—हाँ, तब मैं सानन्द चलूँगा।

सारन्धा विचार-सागर में डूबी। बादशाह के सेनापति से क्योंकर यह प्रतिज्ञा कराऊँ? कौन यह प्रस्ताव लेकर वहाँ जाएगा और निर्दयी ऐसी प्रतिज्ञा करने ही क्यों लगे? उन्हें तो अपनी विजय की पूरी आशा है। मेरे यहाँ ऐसा नीति-कुशल, वाक्पटु, चतुर कौन है जो इस दुस्तर कार्य को सिद्ध करे? छत्रसाल चाहे तो कर सकता है। उसमें ये सब गुण मौजूद हैं।

इस तरह मन में निश्चय करके रानी ने छत्रसाल को बुलाया। यह उसके चारों पुत्रों में बुद्धिमान और साहसी था। रानी उससे सबसे अधिक प्यार करती थीं। जब छत्रसाल ने आकर रानी को प्रणाम किया तो उनके कमल-नेत्र सजल हो गए और हृदय से दीर्घ निःश्वास निकल गया।

छत्रसाल—माता, मेरे लिए क्या आज्ञा है?

रानी—आज लड़ाई का क्या ढंग है?

छत्रसाल—हमारे पचास योद्धा अब तक काम आ चुके हैं।

रानी—बुन्देलों की लाज अब ईश्वर के हाथ है।

छत्रसाल—हम आज रात को छापा मारेंगे।

रानी ने संक्षेप में अपना प्रस्ताव छत्रसाल के सामने उपस्थित किया और कहा—यह काम किसे सौंपा जाए?

छत्रसाल—मुझको।

'तुम इसे पूरा कर दिखाओगे?'

'हाँ, मुझे पूर्ण विश्वास है?'

'अच्छा जाओ, परमात्मा तुम्हारा मनोरथ पूरा करे।'

छत्रसाल जब चला तो रानी ने उसे हृदय से लगा लिया और तब आकाश की ओर दोनों हाथ उठाकर कहा—दयानिधि, मैंने अपना तरुण और होनहार पुत्र बुन्देलों की आन के आगे भेंट कर दिया। अब इस आन को निभाना तुम्हारा काम है। मैंने बड़ी मूल्यवान् वस्तु अर्पित की है, इसे स्वीकार करो।

8

दूसरे दिन प्रातःकाल सारन्धा स्नान करके थाल में पूजा की सामग्री लिए मन्दिर को चली। उसका चेहरा पीला पड़ गया था और आँखों तले अँधेरा छाया जाता था। वह मन्दिर के द्वार पर पहुँची थी कि उसके थाल में बाहर से आकर एक तीर गिरा। तीर की नोक पर एक काग़ज़ का पुरज़ा लिपटा हुआ था। सारन्धा ने थाल मन्दिर के चबूतरे पर रख दिया और पुर्जे को खोलकर देखा तो आनन्द से चेहरा खिल गया; लेकिन यह आनन्द क्षण-भर का था। हाय! इस पुर्जे के लिए मैंने अपना प्रिय पुत्र हाथ से खो दिया है। काग़ज़ के टुकड़े को इतने महँगे दामों किसने लिया होगा?

मन्दिर से लौटकर सारन्धा राजा चम्पतराय के पास गई और बोली—'प्राणनाथ, आपने जो वचन दिया था उसे पूरा कीजिए।' राजा ने चौंककर पूछा, 'तुमने अपना वादा पूरा कर दिया?' रानी ने वह प्रतिज्ञा-पत्र राजा को दे दिया। चम्पतराय ने उसे ग़ौर से देखा फिर बोले—अब मैं चलूँगा और ईश्वर ने चाहा तो एक बार फिर शत्रुओं की ख़बर लूँगा। लेकिन सारन, सच बताओ, इस पत्र के लिए क्या देना पड़ा है?

रानी ने कुंठित स्वर से कहा—बहुत कुछ।

राजा—सुनूँ?

रानी—एक जवान पुत्र।

राजा को बाण-सा लग गया। पूछा—कौन? अंगदराय?

रानी—नहीं।

राजा—रतनसाह?

रानी—नहीं।

राजा—छत्रसाल?

रानी—हाँ।

जैसे कोई पक्षी गोली खाकर परों को फड़फड़ाता है और तब बेदम होकर गिर पड़ता है, उसी भाँति चम्पतराय पलंग से उछले और फिर अचेत होकर गिर पड़े। छत्रसाल उनका परम प्रिय पुत्र था। उनके भविष्य की सारी कामनाएँ उसी पर अवलम्बित थीं। जब चेत हुआ तब बोले, 'सारन, तुमने बुरा किया।'

अँधेरी रात थी। रानी सारन्धा घोड़े पर सवार चम्पतराय को पालकी में बैठाए क़िले के गुप्त मार्ग से निकली जाती थी। आज से बहुत काल पहले एक दिन ऐसी ही अँधेरी दुःखमयी रात्रि थी। तब सारन्धा ने शीतलादेवी को कुछ कठोर वचन कहे थे। शीतलादेवी ने उस समय जो भविष्यवाणी की थी, वह आज पूरी हुई। क्या सारन्धा ने उसका जो उत्तर दिया था, वह भी पूरा होकर रहेगा?

9

मध्याह्न था। सूर्यनारायण सिर पर आकर अग्नि की वर्षा कर रहे थे। शरीर को झुलसाने वाली प्रचंड, प्रखर वायु वन और पर्वत में आग लगाती फिरती थी। ऐसा विदित होता था, मानो अग्निदेव की समस्त सेना गरजती हुई चली आ रही है। गगनमंडल इस भय से काँप रहा था। रानी सारन्धा घोड़े पर सवार, चम्पतराय को लिए, पश्चिम की तरफ़ चली जाती थी। ओरछा दस कोस पीछे छूट चुका था और प्रतिक्षण यह अनुमान स्थिर होता जाता था कि अब हम भय के क्षेत्र से बाहर निकल आए। राजा पालकी में अचेत पड़े हुए थे और कहार पसीने में सराबोर थे। पालकी के पीछे पाँच सवार घोड़ा बढ़ाए चले आते थे, प्यास के मारे सबका बुरा हाल था। तालू सूखा जाता था। किसी वृक्ष की छाँह और कुएँ की तलाश में आँखें चारों ओर दौड़ रही थीं।

अचानक सारन्धा ने पीछे की तरफ़ फिर कर देखा, तो उसे सवारों का एक दल आता हुआ दिखाई दिया। उसका माथा ठनका कि अब कुशल नहीं है। यह लोग अवश्य हमारे शत्रु हैं। फिर विचार हुआ कि शायद मेरे राजकुमार अपने आदमियों को लिये हमारी सहायता को आ रहे हैं। नैराश्य में भी आशा साथ नहीं छोड़ती। कई मिनट तक वह इसी आशा और भय की अवस्था में रही। यहाँ तक कि वह दल निकट आ गया और सिपाहियों के वस्त्र साफ़ नज़र आने लगे। रानी ने एक ठंडी साँस ली, उसका शरीर तृणवत् काँपने लगा। यह बादशाही सेना के लोग थे।

सारन्धा ने कहारों से कहा—डोली रोक लो। बुन्देला सिपाहियों ने भी तलवारें खींच लीं। राजा की अवस्था बहुत शोचनीय थी; किन्तु जैसे दबी हुई आग हवा लगते ही प्रदीप्त हो जाती है, उसी प्रकार इस संकट का ज्ञान होते ही उनके जर्जर शरीर में वीरात्मा चमक उठी। वे पालकी का पर्दा उठाकर बाहर निकल आए। धनुष-बाण हाथ में ले लिया; किन्तु वह धनुष जो उनके हाथ में इन्द्र का वज्र बन जाता था, इस समय ज़रा भी न झुका। सिर में चक्कर आया,

पैर थर्राए और वे धरती पर गिर पड़े। भावी अमंगल की सूचना मिल गई। उस पंखरहित पक्षी के सदृश, जो साँप को अपनी तरफ़ आते देखकर ऊपर को उचकता और फिर गिर पड़ता है, राजा चम्पतराय फिर सँभल उठे और फिर गिर पड़े। सारन्धा ने उन्हें सँभालकर बैठाया और रोकर बोलने की चेष्टा की, परन्तु मुँह से केवल इतना निकला—प्राणनाथ! इसके आगे मुँह से एक शब्द भी न निकल सका। आन पर मरने वाली सारन्धा इस समय साधारण स्त्रियों की भाँति शक्तिहीन हो गई, लेकिन एक अंश तक यह निर्बलता स्त्रीजाति की शोभा है।

चम्पतराय बोले—सारन, देखो, हमारा एक वीर ज़मीन पर गिरा। शोक! जिस आपत्ति से यावज्जीवन डरता रहा, उसने इस अन्तिम समय में आ घेरा। मेरी आँखों के सामने शत्रु तुम्हारे कोमल शरीर में हाथ लगाएँगे, और मैं जगह से हिल भी न सकूँगा। हाय! मृत्यु, तू कब आएगी! यह कहते-कहते उन्हें एक विचार आया। तलवार की तरफ़ हाथ बढ़ाया, मगर हाथों में दम न था। तब सारन्धा से बोले—प्रिये, तुमने कितने ही अवसरों पर मेरी आन निभाई है।

इतना सुनते ही सारन्धा के मुरझाए हुए मुख पर लाली दौड़ गई। आँसू सूख गए। इस आशा में कि मैं पति के कुछ काम आ सकती हूँ, उसके हृदय में बल का संचार कर दिया। वह राजा की ओर विश्वासोत्पादक भाव से देखकर बोली—ईश्वर ने चाहा तो मरते दम तक निभाऊँगी।

रानी ने समझा, राजा मुझे प्राण देने का संकेत कर रहे हैं।

चम्पतराय—तुमने मेरी बात कभी नहीं टाली।

सारन्धा—मरते दम तक न टालूँगी।

राजा—यह मेरी अंतिम याचना है। इसे अस्वीकार न करना।

सारन्धा ने तलवार को निकालकर अपने वक्षस्थल पर रख लिया और कहा—यह आपकी आज्ञा नहीं है। मेरी हार्दिक अभिलाषा है कि मरूँ तो यह मस्तक आपके पद-कमलों पर हो।

चम्पतराय—तुमने मेरा मतलब नहीं समझा। क्या तुम मुझे इसलिए शत्रुओं के हाथ में छोड़ जाओगी कि मैं बेड़ियाँ पहने हुए दिल्ली की गलियों में निन्दा का पात्र बनूँ?

रानी ने जिज्ञासा की दृष्टि से राजा को देखा। वह उनका मतलब न समझी।

राजा—मैं तुमसे एक वरदान माँगता हूँ।

रानी—सहर्ष माँगिए।

राजा—यह मेरी अंतिम प्रार्थना है। जो कुछ कहूँगा, करोगी?

रानी—सिर के बल करूँगी।

राजा—देखो, तुमने वचन दिया है। इनकार न करना।

रानी—(काँप कर) आपके कहने की देर है।

राजा—अपनी तलवार मेरी छाती में चुभा दो।

रानी के हृदय पर वज्रपात-सा हो गया। बोली—जीवननाथ! इसके आगे वह और कुछ न बोल सकी। आँखों में नैराश्य छा गया।

राजा—मैं बेड़ियाँ पहनने के लिए जीवित रहना नहीं चाहता।

रानी—मुझसे यह कैसे होगा?

पाँचवाँ और अंतिम सिपाही धरती पर गिरा। राजा ने झुंझला कर कहा—इसी जीवन पर आन निभाने का गर्व था?

बादशाह के सिपाही राजा की तरफ़ लपके। राजा ने नैराश्यपूर्ण भाव से रानी की ओर देखा। रानी क्षण भर अनिश्चित रूप से खड़ी रही; लेकिन संकट में हमारी निश्चयात्मक शक्ति बलवान हो जाती है। निकट था कि सिपाही लोग राजा को पकड़ लें कि सारन्धा ने दामिनी की भाँति लपककर तलवार राजा के हृदय में चुभा दी।

प्रेम की नाव प्रेम के सागर में डूब गई। राजा के हृदय से रुधिर की धारा निकल रही थी; पर चेहरे पर शान्ति छाई हुई थी।

कैसा हृदय है! वह स्त्री जो अपने पति पर प्राण देती थी आज उसकी प्राणघातिका है! जिस हृदय से आलिंगित होकर उसने यौवनसुख लूटा, जो हृदय उसकी अभिलाषाओं का केन्द्र था, जो हृदय उसके अभिमान का पोषक था, उसी हृदय को सारन्धा की तलवार छेद रही है। किसी स्त्री की तलवार से ऐसा काम हुआ है?

आह! आत्माभिमान का कैसा विषादमय अन्त है। उदयपुर और मारवाड़ के इतिहास में भी आत्म-गौरव की ऐसी घटनाएँ नहीं मिलतीं।

बादशाही सिपाही सारन्धा का यह साहस और धैर्य देखकर दंग रह गए।

सरदार ने आगे बढ़कर कहा रानी साहिबा, ख़ुदा गवाह है, हम सब आपके ग़ुलाम हैं। आपका जो हुक्म हो, उसे ब-सरो-चश्म बजा लाएँगे।

सारन्धा ने कहा—अगर हमारे पुत्रों में से कोई जीवित हो, तो ये दोनों लाशें उसे सौंप देना।

यह कहकर उसने वही तलवार अपने हृदय में चुभा ली। जब वह अचेत होकर धरती पर गिरी, तो उसका सिर राजा चम्पतराय की छाती पर था।

शाप

मैं बर्लिन नगर का निवासी हूँ। मेरे पूज्य पिता भौतिक विज्ञान के सुविख्यात ज्ञाता थे। भौगोलिक अन्वेषण का शौक़ मुझे भी बाल्यावस्था ही से था। उनके स्वर्गवास के बाद मुझे यह धुन सवार हुई कि पैदल पृथ्वी के समस्त देश-देशान्तरों की सैर करूँ। मैं विपुल धन का स्वामी था। वे सब रुपए एक बैंक में जमा कर दिए और उससे शर्त कर ली कि मुझे यथासमय रुपए भेजता रहे, इस कार्य से निवृत्त होकर मैंने सफ़र का सामान पूरा किया। आवश्यक वैज्ञानिक यंत्र साथ लिये और ईश्वर का नाम लेकर चल खड़ा हुआ। उस समय यह कल्पना मेरे हृदय में गुदगुदी पैदा कर रही थी कि मैं वह पहला प्राणी हूँ जिसे यह बात सूझी है कि पैरों से पृथ्वी को नापे। अन्य यात्रियों ने रेल, जहाज़ और मोटरकार की शरण ली है। मैं पहला ही वह वीर-आत्मा हूँ, जो अपने पैरों के बूते पर प्रकृति के विराट् उपवन की सैर के लिए उद्यत हुआ है। अगर मेरे साहस और उत्साह ने यह कष्टसाध्य यात्रा पूरी कर ली तो भद्रसंसार मुझे सम्मान और गौरव के मसनद पर बैठावेगा और अनंत काल तक मेरी कीर्ति के राग अलापे जाएँगे। उस समय मेरा मस्तिष्क इन्हीं विचारों से भरा हुआ था। और ईश्वर को धन्यवाद देता हूँ कि सहस्रों कठिनाइयों का सामना करने पर भी धैर्य ने मेरा साथ न छोड़ा और उत्साह एक क्षण के लिए भी निरुत्साह न हुआ।

मैं वर्षों ऐसे स्थानों में रहा हूँ, जहाँ निर्जनता के अतिरिक्त कोई दूसरा साथी न था। वर्षों ऐसे स्थानों में रहा हूँ, जहाँ की पृथ्वी और आकाश हिम की शिलाएँ थीं। मैं भयंकर जन्तुओं के पहलू में सोया हूँ। पक्षियों के घोंसलों में रातें काटी हैं, किन्तु ये सारी बलाएँ कट गईं और वह समय अब दूर नहीं है कि साहित्य और विज्ञान-संसार मेरे चरणों पर शीश नवायें।

मैंने इस यात्रा में बड़े-बड़े अद्भुत दृश्य देखे और कितनी ही जातियों के आहार-व्यवहार, रहन-सहन का अवलोकन किया। मेरा यात्रा-वृत्तांत, विचार, अनुभव और निरीक्षण का एक अमूल्य रत्न होगा। मैंने ऐसी-ऐसी आश्चर्यजनक घटनाएँ आँखों से देखी हैं, जो अलिफ-लैला की कथाओं से कम मनोरंजक न होंगी। परन्तु वह घटना जो मैंने ज्ञानसरोवर के तट पर देखी, उसका उदाहरण मुश्किल से मिलेगा, मैं उसे कभी न भूलूँगा। यदि मेरे इस तमाम परिश्रम का उपहार यही एक रहस्य होता तो भी मैं उसे पर्याप्त समझता। मैं यह बता देना आवश्यक समझता हूँ कि मैं मिथ्यावादी नहीं और न सिद्धियों तथा विभूतियों पर मेरा विश्वास है। मैं उस विद्वान् का भक्त हूँ जिसका आधार तर्क और न्याय पर है। यदि कोई दूसरा प्राणी यही घटना मुझसे बयान करता तो मुझे उस पर विश्वास करने में बहुत संकोच होता, किन्तु मैं जो कुछ बयान कर रहा हूँ, वह सत्य घटना है। यदि मेरे इस आश्वासन पर भी कोई उस पर अविश्वास करे, तो उसकी मानसिक दुर्बलता और विचारों की संकीर्णता है।

यात्रा का सातवाँ वर्ष था और ज्येष्ठ का महीना। मैं हिमालय के दामन में ज्ञानसरोवर के तट पर हरी-हरी घास पर लेटा हुआ था, ऋतु अत्यन्त सुहावनी थी। ज्ञानसरोवर के स्वच्छ निर्मल जल में आकाश और पर्वत श्रेणी का प्रतिबिम्ब, जलपक्षियों का पानी पर तैरना, शुभ्र हिमश्रेणी का सूर्य के प्रकाश से चमकना आदि दृश्य ऐसे मनोहर थे कि मैं आत्मोल्लास से विह्वल हो गया। मैंने स्विट्जरलैंड और अमेरिका के बहुप्रशंसित दृश्य देखे हैं, पर उनमें यह शान्तिप्रद शोभा कहाँ! मानव बुद्धि ने उनके प्राकृतिक सौन्दर्य को अपनी कृत्रिमता से कलंकित कर दिया है। मैं तल्लीन होकर इस स्वर्गीय आनन्द का उपभोग कर रहा था कि सहसा मेरी दृष्टि एक सिंह पर जा पड़ी, जो मंदगति से क़दम बढ़ाता हुआ मेरी ओर आ रहा था। उसे देखते ही मेरा ख़ून सूख गया, होश उड़ गए। ऐसा वृहदाकार भयंकर जन्तु मेरी नज़र से न गुज़रा था। वहाँ ज्ञान-सरोवर के अतिरिक्त कोई ऐसा स्थान नहीं था जहाँ भाग कर अपनी जान बचाता। मैं तैरने में कुशल हूँ, पर मैं ऐसा भयभीत हो गया कि अपने स्थान से हिल न सका। मेरे अंग-प्रत्यंग मेरे काबू से बाहर थे। समझ गया कि मेरी ज़िन्दगी यहीं तक थी। इस शेर के पंजे से बचने की कोई आशा न थी। अकस्मात् मुझे स्मरण हुआ कि मेरी जेब में एक पिस्तौल गोलियों से भरी हुई रखी है, जो मैंने आत्मरक्षा के लिए चलते समय साथ ले ली थी, और अब तक प्राणपण से इसकी रक्षा करता आया था। आश्चर्य है कि इतनी देर तक मेरी स्मृति कहाँ सोई रही। मैंने तुरन्त ही पिस्तौल निकाली और निकट था कि शेर पर वार करूँ कि मेरे कानों में यह शब्द सुनाई दिए, 'मुसाफ़िर, ईश्वर के लिए वार न करना अन्यथा मुझे दु:ख होगा। सिंहराज से तुझे हानि न पहुँचेगी।'

मैंने चकित होकर पीछे की ओर देखा तो एक युवती रमणी आती हुई दिखाई दी। उसके हाथ में एक सोने का लोटा था और दूसरे में एक तश्तरी। मैंने जर्मनी की हूरें और कोहकाफ की परियाँ देखी हैं, पर हिमाचल पर्वत की यह अप्सरा मैंने एक ही बार देखी और उसका चित्र आज तक हृदय-पट पर खिंचा हुआ है। मुझे स्मरण नहीं कि 'रफैल' या 'कोरेजिगो'

ने भी कभी ऐसा चित्र खींचा हो। 'बैंडाइक' और 'रेमब्रॉन्ड' के आकृति-चित्रों ने भी ऐसी मनोहर छवि नहीं देखी। पिस्तौल मेरे हाथ से गिर पड़ी। कोई दूसरी शक्ति इस समय मुझे अपनी भयावह परिस्थिति से निश्चिंत न कर सकती थी।

मैं उस सुन्दरी की ओर देख ही रहा था कि वह सिंह के पास आई। सिंह उसे देखते ही खड़ा हो गया और मेरी ओर सशंक नेत्रों से देखकर मेघ की भाँति गरजा। रमणी ने एक रूमाल निकालकर उसका मुँह पोंछा और फिर लोटे से दूध उँडेल कर उसके सामने रख दिया। सिंह दूध पीने लगा। मेरे विस्मय की अब कोई सीमा न थी। चकित था कि यह कोई तिलिस्म है या जादू। व्यवहार-लोक में हूँ अथवा विचार-लोक में। सोता हूँ या जागता। मैंने बहुधा सरकसों में पालतू शेर देखे हैं, किन्तु उन्हें काबू में रखने के लिए किन-किन रक्षा-विधानों से काम लिया जाता है! उसके प्रतिकूल यह मांसाहारी पशु उस रमणी के सम्मुख इस भाँति लेटा हुआ है मानो वह सिंह की योनि में कोई मृग-शावक है। मन में प्रश्न हुआ, सुन्दरी में कौन-सी चमत्कारिक शक्ति है जिसने सिंह को इस भाँति वशीभूत कर लिया? क्या पशु भी अपने हृदय में कोमल और रसिक भाव छिपाए रखते हैं? कहते हैं कि महुअर का अलाप काले नाग को भी मस्त कर देता है। जब ध्वनि में यह सिद्धि है तो सौन्दर्य की शक्ति का अनुमान कौन कर सकता है। रूप-लालित्य संसार का सबसे अमूल्य रत्न है, प्रकृति के रचना-नैपुण्य का सर्वश्रेष्ठ अंश है।

जब सिंह दूध पी चुका तो सुन्दरी ने रूमाल से उसका मुँह पोंछा और उसका सिर अपने जाँघ पर रखकर उसे थपकियाँ देने लगी। सिंह पूँछ हिलाता था और सुन्दरी की अरुणवर्ण हथेलियों को चाटता था। थोड़ी देर के बाद दोनों एक गुफा में अंतर्हित हो गए। मुझे भी धुन सवार हुई कि किसी प्रकार इस तिलिस्म को खोलूँ, इस रहस्य का उद्घाटन करूँ। जब दोनों अदृश्य हो गए तो मैं भी उठा और दबे पाँव उस गुफा के द्वार तक जा पहुँचा। भय से मेरे शरीर की बोटी-बोटी काँप रही थी, मगर इस रहस्यपट को खोलने की उत्सुकता भय को दबाए हुए थी। मैंने गुफा के भीतर झाँका तो क्या देखता हूँ कि पृथ्वी पर जरी का फ़र्श बिछा हुआ है और कारचोबी गावतकिये लगे हुए हैं। सिंह मसनद पर गर्व से बैठा हुआ है। सोने-चाँदी के पात्र, सुन्दर चित्र, फूलों के गमले सभी अपने-अपने स्थान पर सजे हुए हैं, वह गुफा राजभवन को भी लज्जित कर रही है।

द्वार पर मेरी परछाईं देखकर वह सुन्दरी बाहर निकल आई और मुझसे कहा, 'यात्री, तू कौन है और इधर क्योंकर आ निकला?'

कितनी मनोहर ध्वनि थी। मैंने अबकी बार समीप से देखा तो सुन्दरी का मुख कुम्हलाया हुआ था। उसके नेत्रों से निराशा झलक रही थी, उसके स्वर में भी करुणा और व्यथा की खटक थी। मैंने उत्तर दिया, 'देवी, मैं यूरोप का निवासी हूँ, यहाँ देशाटन करने आया हूँ। मेरा परम सौभाग्य है कि आप से सम्भाषण करने का गौरव प्राप्त हुआ।' सुन्दरी के गुलाब से ओंठों पर मधुर मुस्कान की झलक दिखाई दी, उसमें कुछ कुटिल हास्य का भी अंश था। कदाचित् यह मेरे इस अस्वाभाविक वाक्य-प्रणाली का द्योतक था। 'तू विदेश से यहाँ आया है। आतिथ्य-सत्कार हमारा कर्तव्य है। मैं आज तुझे निमंत्रण देती हूँ, स्वीकार कर।'

मैंने अवसर देखकर उत्तर दिया, 'आपकी यह कृपा मेरे लिए गौरव की बात है, पर इस रहस्य ने मेरी भूख-प्यास बन्द कर दी है। क्या मैं आशा करूँ कि आप इस पर कुछ प्रकाश डालेंगी?'

सुन्दरी ने ठंडी साँस लेकर कहा, 'मेरी रामकहानी विपत्ति की एक बड़ी कथा है; तुझे सुनकर दु:ख होगा।' किन्तु मैंने जब बहुत आग्रह किया तो उसने मुझे फ़र्श पर बैठने का संकेत किया और अपना वृत्तांत सुनाने लगी :

''मैं काश्मीर देश की रहनेवाली राजकन्या हूँ। मेरा विवाह एक राजपूत योद्धा से हुआ था। उनका नाम नृसिंहदेव था। हम दोनों बड़े आनन्द से जीवन व्यतीत करते थे। संसार का सर्वोत्तम पदार्थ रूप है, दूसरा स्वास्थ्य और तीसरा धन। परमात्मा ने हमको ये तीनों ही पदार्थ प्रचुर परिमाण में प्रदान किए थे। खेद है कि मैं उनसे मुलाक़ात नहीं कर सकती। ऐसा साहसी, ऐसा सुन्दर, ऐसा विद्वान् पुरुष सारे काश्मीर में न था। मैं उनकी आराधना करती थी। उनका मेरे ऊपर अपार स्नेह था। कई वर्षों तक हमारा जीवन एक जलस्रोत की भाँति वृक्ष-पुंजों और हरे-भरे मैदानों में प्रवाहित होता रहा।

मेरे पड़ोस में एक मन्दिर था। पुजारी एक पंडित श्रीधर थे। हम दोनों प्रात:काल तथा संध्या समय उस मन्दिर में उपासना के लिए जाते। मेरे स्वामी कृष्ण के भक्त थे। मन्दिर एक सुरम्य सागर के तट पर बना हुआ था। वहाँ का परिष्कृत मंद समीर चित्त को पुलकित कर देता था। इसलिए हम उपासना के पश्चात् भी वहाँ घंटों वायु-सेवन करते रहते थे। श्रीधर बड़े विद्वान, वेदों के ज्ञाता, शास्त्रों के जाननेवाले थे। कृष्ण पर उनकी भी अविचल भक्ति थी। समस्त काश्मीर में उनके पांडित्य की चर्चा थी। वह बड़े संयमी, सन्तोषी, आत्मज्ञानी पुरुष थे। उनके नेत्रों से शान्ति की ज्योतिरेखाएँ निकलती हुई मालूम होती थीं। सदैव परोपकार में मग्न रहते थे। उनकी वाणी ने कभी किसी का हृदय नहीं दुखाया। उनका हृदय नित्य परवेदना से पीड़ित रहता था।

पंडित श्रीधर मेरे पतिदेव से लगभग दस वर्ष बड़े थे; पर उनकी धर्मपत्नी विद्याधरी मेरी समवयस्का थीं। हम दोनों सहेलियाँ थीं। विद्याधरी अत्यन्त गंभीर, शान्त प्रकृति की स्त्री थीं। यद्यपि रंग-रूप में वही रानी थीं, पर वह अपनी अवस्था से सन्तुष्ट थीं। अपने पति को वह देवतुल्य समझती थीं।

श्रावण का महीना था। आकाश पर काले-काले बादल मँडरा रहे थे, मानो काजल के पर्वत उड़े जा रहे हैं। झरनों से दूध की धारें निकल रही थीं और चारों ओर हरियाली छाई हुई थी। नन्ही-नन्ही फुहारें पड़ रही थीं, मानो स्वर्ग से अमृत की बूँदें टपक रही हैं। जल की बूँदें फूलों और पत्तियों के गले में चमक रही थीं। चित्त को अभिलाषाओं से उभारनेवाला शमा छाया हुआ था। यह वह समय है जब रमणियों को विदेशगामी प्रियतम की याद रुलाने लगती है, जब हृदय किसी से आलिंगन करने के लिए व्यग्र हो जाता है, जब सूनी सेज देखकर कलेजे में हूक-सी उठती है। इसी ऋतु में विरह की मारी वियोगिनियाँ अपनी बीमारी का बहाना करती हैं, जिसमें उनका पति उन्हें देखने आवे। इसी ऋतु में माली की कन्या धानी साड़ी पहनकर क्यारियों में इठलाती हुई चम्पा और बेले के फूलों से आँचल भरती है, क्योंकि हार और गजरों की माँग बहुत बढ़ जाती है। मैं और विद्याधरी ऊपर छत पर बैठी हुई वर्षाऋतु की बहार देख रही थीं और कालिदास का 'ऋतुसंहार' पढ़ती थीं कि इतने में मेरे पति ने आकर कहा, 'आज का सुहावना दिन है। झूला झूलने में बड़ा आनन्द आएगा।' सावन में झूला झूलने का प्रस्ताव क्योंकर रद्द किया जा सकता था। इन दिनों प्रत्येक रमणी का चित्त आप ही आप झूला झूलने के लिए विकल हो जाता है। जब वन के वृक्ष झूला झूलते हों, जब सारी

प्रकृति आंदोलित हो रही हो तो रमणी का कोमल हृदय क्यों न चंचल हो जाए! विद्याधरी भी राज़ी हो गई। रेशम की डोरियाँ क़दम की डाल पर पड़ गईं, चन्दन का पटरा रख दिया गया और मैं विद्याधरी के साथ झूला झूलने चली। जिस प्रकार ज्ञानसरोवर पवित्र जल से परिपूर्ण हो रहा है, उसी भाँति हमारे हृदय पवित्र आनन्द से परिपूर्ण थे। किन्तु शोक! वह कदाचित् मेरे सौभाग्यचन्द्र की अन्तिम झलक थी। मैं झूले के पास पहुँचकर पटरे पर जा बैठी; किन्तु कोमलांगी विद्याधरी ऊपर न आ सकी। वह कई बार उचकी, परन्तु पटरे तक न आ सकी। तब मेरे पतिदेव ने सहारा देने के लिए उसकी बाँह पकड़ ली! उस समय उनके नेत्रों में एक विचित्र तृष्णा की झलक थी और मुख पर एक विचित्र आतुरता। वह धीमे में मल्हार गा रहे थे; किन्तु विद्याधरी जब पटरे पर आई तो उसका मुख डूबते हुए सूर्य की भाँति लाल हो रहा था, नेत्र अरुणवर्ण हो रहे थे। उसने पतिदेव की ओर क्रोधोन्मत्त होकर कहा :

'तूने काम के वश होकर मेरे शरीर में हाथ लगाया है। मैं अपने पातिव्रत के बल से तुझे शाप देती हूँ कि तू इसी क्षण पशु हो जा।'

यह कहते ही विद्याधरी ने अपने गले से रुद्राक्ष की माला निकालकर मेरे पतिदेव के ऊपर फेंक दिया और तत्क्षण ही पटरे के समीप मेरे पतिदेव के स्थान पर एक विशाल सिंह दिखलाई दिया।

2

ऐ मुसाफ़िर, अपने प्रिय पतिदेवता की यह गति देखकर मेरा रक्त सूख गया और कलेजे पर बिजली-सी आ गिरी। मैं विद्याधरी के पैरों से लिपट गई और फूट-फूट कर रोने लगी। उस समय अपनी आँखों से देखकर अनुभव हुआ कि पातिव्रत की महिमा कितनी प्रबल है। ऐसी घटनाएँ मैंने पुराणों में पढ़ी थीं, परन्तु मुझे विश्वास न था कि वर्तमान काल में जबकि स्त्री-पुरुष के सम्बन्ध में स्वार्थ की मात्रा दिनोंदिन अधिक होती जाती है, पातिव्रत धर्म में यह प्रभाव होगा; परन्तु यह नहीं कह सकती कि विद्याधरी के विचार कहाँ तक ठीक थे। मेरे पति विद्याधरी को सदैव बहिन कहकर संबोधित करते थे। वह अत्यन्त स्वरूपवान् थे और रूपवान् पुरुष की स्त्री का जीवन बहुत सुखमय नहीं होता; पर मुझे उन पर संशय करने का अवसर कभी नहीं मिला। वह स्त्रीव्रत धर्म का वैसे ही पालन करते थे जैसे सती अपने धर्म का। उनकी दृष्टि में कुचेष्टा न थी और विचार अत्यन्त उज्ज्वल और पवित्र थे। यहाँ तक कि कालिदास की शृंगारमय कविता भी उन्हें प्रिय न थी, मगर काम के मर्मभेदी बाणों से कौन बचा है! जिस काम ने शिव, ब्रह्मा जैसे तपस्वियों की तपस्या भंग कर दी, जिस काम ने नारद और विश्वामित्र जैसे ऋषियों के माथे पर कलंक का टीका लगा दिया, वह काम सब कुछ कर सकता है। सम्भव है कि सुरापान ने उद्दीपक ऋतु के साथ मिलकर उनके चित्त को विचलित कर दिया हो। मेरा गुमान तो यह है कि यह विद्याधरी की केवल भ्रांति थी। जो कुछ भी हो, उसने शाप दे दिया। उस समय मेरे मन में भी उत्तेजना हुई कि जिस शक्ति का विद्याधरी को गर्व है, क्या वह शक्ति मुझमें नहीं है? क्या मैं पतिव्रता नहीं हूँ? किन्तु हा! मैंने कितना ही चाहा कि शाप के शब्द मुँह से निकालूँ, पर मेरी ज़बान बन्द हो गई। अखंड विश्वास जो विद्याधरी को अपने पातिव्रत पर था, मुझे न था? विवशता ने मेरे प्रतिकार के आवेग को शान्त कर दिया। मैंने बड़ी दीनता के साथ कहा—बहिन, तुमने यह क्या किया?

विद्याधरी ने निर्दय होकर कहा—मैंने कुछ नहीं किया। यह उसके कर्मों का फल है।

मैं—तुम्हें छोड़कर और किसकी शरण जाऊँ, क्या तुम इतनी दया न करोगी?

विद्याधरी—मेरे किए अब कुछ नहीं हो सकता।

मैं—देवि, तुम पातिव्रतधारिणी हो, तुम्हारे वाक्य की महिमा अपार है। तुम्हारा क्रोध यदि मनुष्य से पशु बना सकता है, तो क्या तुम्हारी दया पशु से मनुष्य न बना सकेगी?

विद्याधरी—प्रायश्चित्त करो। इसके अतिरिक्त उद्धार का और कोई उपाय नहीं।

ऐ मुसाफ़िर, मैं राजपूत की कन्या हूँ। मैंने विद्याधरी से अधिक अनुनय-विनय नहीं की। उसका हृदय दया का आगार था। यदि मैं उसके चरणों पर शीश रख देती तो कदाचित् उसे मुझ पर दया आ जाती; किन्तु राजपूत की कन्या इतना अपमान नहीं सह सकती। वह घृणा के घाव सह सकती है, क्रोध की अग्नि सह सकती है, पर दया का बोझ उससे नहीं उठाया जाता। मैंने पटरे से उतरकर पतिदेव के चरणों पर सिर झुकाया और उन्हें साथ लिये हुए अपने मकान चली आई।

3

कई महीने गुज़र गए। मैं पतिदेव की सेवा-शुश्रूषा में तन-मन से व्यस्त रहती। यद्यपि उनकी जिह्वा वाणीविहीन हो गई थी, पर उनकी आकृति से स्पष्ट प्रकट होता था कि वह अपने कर्म से लज्जित थे। यद्यपि उनका रूपांतर हो गया था; पर उन्हें मांस से अत्यन्त घृणा थी। मेरी पशुशाला में सैकड़ों गायें-भैंसें थीं; किन्तु शेरसिंह ने कभी किसी की ओर आँख उठाकर भी न देखा। मैं उन्हें दोनों वेला दूध पिलाती और संध्या समय उन्हें साथ लेकर पहाड़ियों की सैर कराती। मेरे मन में न जाने क्यों धैर्य और साहस का इतना संचार हो गया था कि मुझे अपनी दशा असह्य न जान पड़ती थी। मुझे निश्चय था कि शीघ्र ही इस विपत्ति का अन्त भी होगा।

इन्हीं दिनों हरिद्वार में गंगा-स्नान का मेला लगा। मेरे नगर से यात्रियों का एक समूह हरिद्वार चला। मैं भी उनके साथ हो ली। दीन-दुखी जनों को दान देने के लिए रुपयों और अशर्फियों की थैलियाँ साथ ले लीं। मैं प्रायश्चित्त करने जा रही थी, इसलिए पैदल ही यात्रा करने का निश्चय कर लिया। लगभग एक महीने में हरिद्वार जा पहुँची। यहाँ भारतवर्ष के प्रत्येक प्रान्त से असंख्य यात्री आए हुए थे। संन्यासियों और तपस्वियों की संख्या गृहस्थों से कुछ ही कम होगी। धर्मशालाओं में रहने का स्थान न मिलता था। गंगातट पर, पर्वतों की गोद में, मैदानों के वक्ष:स्थल पर, जहाँ देखिए आदमी ही आदमी नज़र आते थे। दूर से वह छोटे-छोटे खिलौने की भाँति दिखाई देते थे। मीलों तक आदमियों का फ़र्श-सा बिछा हुआ था। भजन और कीर्तन की ध्वनि नित्य कानों में आती रहती थी। हृदय में असीम शुद्धि गंगा की लहरों की भाँति लहरें मारती थी। वहाँ का जल, वायु, आकाश सब शुद्ध थे।

मुझे हरिद्वार आए तीन दिन व्यतीत हुए थे। प्रभात का समय था। मैं गंगा में खड़ी स्नान कर रही थी। सहसा मेरी दृष्टि ऊपर की ओर उठी तो मैंने किसी आदमी को पुल की ओर झाँकते देखा। अकस्मात् उस मनुष्य का पाँव ऊपर उठ गया और सैकड़ों ही गज़ की ऊँचाई से गंगा में गिर पड़ा। सहस्रों आँखें यह दृश्य देख रही थी, पर किसी का साहस न हुआ कि उस अभागे मनुष्य की जान बचाए। भारतवर्ष के अतिरिक्त ऐसा समवेदनाशून्य और कौन देश होगा और यह वह देश है जहाँ परमार्थ मनुष्य का कर्तव्य बताया गया है। लोग बैठे हुए

अपंगुओं की भाँति तमाशा देख रहे थे। सभी हतबुद्धि-से हो रहे थे। धारा प्रबल वेग से प्रवाहित थी और जल बर्फ़ से भी अधिक शीतल। मैंने देखा कि वह धारा के साथ बहता चला जाता था। यह हृदय-विदारक दृश्य मुझसे न देखा गया। मैं तैरने में अभ्यस्त थी। मैंने ईश्वर का नाम लिया और मन को दृढ़ करके धारा के साथ तैरने लगी। ज्यों-ज्यों मैं आगे बढ़ती थी, वह मनुष्य मुझसे दूर होता जाता था। यहाँ तक मेरे सारे अंग ठंड से शून्य हो गए।

मैंने कई बार चट्टानों को पकड़कर दम लिया, कई बार पत्थरों से टकराई। मेरे हाथ ही न उठते थे। सारा शरीर बर्फ़ का ढाँचा-सा बना हुआ था। मेरे अंग गतिहीन हो गए कि मैं धारा के साथ बहने लगी और मुझे विश्वास हो गया कि गंगामाता के उदर ही में मेरी जल-समाधि होगी। अकस्मात् मैंने उस पुरुष की लाश को एक चट्टान पर रुकते देखा। मेरा हौसला बँध गया। शरीर में एक विचित्र स्फूर्ति का अनुभव हुआ। मैं ज़ोर लगाकर प्राणपण से उस चट्टान पर जा पहुँची और उसका हाथ पकड़कर खींचा। मेरा कलेजा धक से हो गया। यह श्रीधर पंडित थे।

ऐ मुसाफ़िर, मैंने यह काम प्राणों को हथेली पर रखकर पूरा किया। जिस समय मैं पंडित श्रीधर की अर्धमृत देह लिये तट पर आई तो सहस्त्रों मनुष्यों की जयध्वनि से आकाश गूँज उठा। कितने ही मनुष्यों ने चरणों पर सिर झुकाए। अभी लोग श्रीधर को होश में लाने के उपाय कर ही रहे थे कि विद्याधरी मेरे सामने आकर खड़ी हो गई। उसका मुख, प्रभात के चन्द्र की भाँति कांतिहीन हो रहा था, होंठ सूखे हुए, बाल बिखरे हुए। आँखों से आँसुओं की झड़ी लगी हुई थी। वह ज़ोर से हाँफ रही थी, दौड़कर मेरे पैरों से चिमट गई, किन्तु दिल खोलकर नहीं, निर्मल भाव से नहीं। एक की आँखें गर्व से भरी हुई थीं और दूसरे की ग्लानि से झुकी हुई। विद्याधरी के मुँह से बात न निकलती थी। केवल इतना बोली—'बहिन, ईश्वर तुमको इस सत्कार्य का फल दें।'

4

ऐ मुसाफ़िर, यह शुभकामना विद्याधरी के अंत:स्थल से निकली थी। मैं उसके मुँह से यह आशीर्वाद सुनकर फूली न समाई। मुझे विश्वास हो गया कि अबकी बार जब मैं अपने मकान पर पहुँचूँगी तो पतिदेव मुस्कुराते हुए मुझसे गले मिलने के लिए द्वार पर आएँगे। इस विचार से मेरे हृदय में गुदगुदी-सी होने लगी। मैं शीघ्र ही स्वदेश को चल पड़ी। उत्कंठा मेरे क़दम बढ़ाए जाती थी। मैं दिन में भी चलती और रात को भी चलती, मगर पैर थकना ही न जानते थे। यह आशा कि वह मोहिनी मूर्ति द्वार पर मेरा स्वागत करने के लिए खड़ी होगी, मेरे पैरों में पर-से लगाए हुए थी। एक महीने की मंज़िल मैंने एक सप्ताह में तय की। पर शोक! जब मकान के पास पहुँची, तो उस घर को देखकर दिल बैठ गया और हिम्मत न पड़ी कि अन्दर क़दम रखूँ। मैं चौखट पर बैठकर देर तक विलाप करती रही। न किसी नौकर का पता, न कहीं पाले हुए पशु ही दिखाई देते थे। द्वार पर धूल उड़ रही थी। जान पड़ता था कि पक्षी घोंसले से उड़ गया है, कलेजे पर पत्थर की सिल रखकर भीतर गई तो क्या देखती हूँ कि मेरा प्यारा सिंह आँगन में मोटी-मोटी जंजीरों से बँधा हुआ है। इतना दुर्बल हो गया है कि उसके कूल्हों की हड्डियाँ दिखाई दे रही हैं। ऊपर-नीचे जिधर देखती थी, उजाड़-सा मालूम होता था। मुझे देखते ही शेरसिंह ने पूँछ हिलाई और सहसा उनकी आँखें दीपक की भाँति चमक उठीं। मैं

दौड़कर उनके गले से लिपट गई, समझ गई कि नौकरों ने दग़ा की। घर की सामग्रियों का कहीं पता न था। सोने-चाँदी के बहुमूल्य पात्र, फ़र्श आदि सब ग़ायब थे। हाय! हत्यारे मेरे आभूषणों का सन्दूक़ भी उठा ले गए। इस अपहरण ने मुसीबत का प्याला भर दिया। शायद पहले उन्होंने शेरसिंह को जकड़ कर बाँध दिया होगा, फिर ख़ूब दिल खोलकर नोच-खसोट की होगी। कैसी विडम्बना थी कि धर्म लूटने गई थी और धन लुटा बैठी। दरिद्रता ने पहली बार अपना भयंकर रूप दिखाया।

ऐ मुसाफ़िर, इस प्रकार लुट जाने के बाद वह स्थान आँखों में काँटे की तरह खटकने लगा। यही वह स्थान था जहाँ हमने आनन्द के दिन काटे थे। इन्हीं क्यारियों में हमने मृगों की भाँति किलोल किए थे। प्रत्येक वस्तु से कोई न कोई स्मृति सम्बन्धित थी। उन दिनों की याद करके आँखों से रक्त के आँसू बहने लगते थे। बसंत की ऋतु थी, बौर की महक से वायु सुगंधित हो रही थी। महुए के वृक्षों के नीचे परियों के शयन करने के लिए मोतियों की शय्या बिछी हुई थी, करौंदे और नींबू के फलों की सुगंध से चित्त प्रसन्न हो जाता था। मैंने अपनी जन्म-भूमि को सदैव के लिए त्याग दिया। मेरी आँखों से आँसुओं की एक बूँद भी न गिरी। जिस जन्म-भूमि की याद यावज्जीवन हृदय को व्यथित करती रहती है, उससे मैंने यों मुँह मोड़ लिया मानो कोई बन्दी कारागार से मुक्त हो जाए। एक सप्ताह तक मैं चारों ओर भ्रमण करके अपने भावी निवासस्थान का निश्चय करती रही। अन्त में सिंधु नदी के किनारे एक निर्जन स्थान मुझे पसन्द आया। यहाँ एक प्राचीन मन्दिर था। शायद किसी समय वहाँ देवताओं का वास था; पर इस समय वह बिलकुल उजाड़ था। देवताओं ने काल को विजय किया हो; पर समय चक्र को नहीं। शनैः-शनैः मुझे इस स्थान से प्रेम हो गया और वह स्थान पथिकों के लिए धर्मशाला बन गया।

मुझे यहाँ रहते तीन वर्ष व्यतीत हो चुके थे। वर्षा ऋतु में एक दिन संध्या के समय मुझे मन्दिर के सामने से एक पुरुष घोड़े पर सवार जाता दिखाई दिया। मन्दिर से प्रायः दो सौ गज़ की दूरी पर एक रमणीक सागर था, उसके किनारे कचनार वृक्षों के झुरमुट थे। वह सवार उस झुरमुट में जाकर अदृश्य हो गया। अंधकार बढ़ता जाता था। एक क्षण के बाद मुझे उस ओर किसी मनुष्य का चीत्कार सुनाई दिया, फिर बन्दूक़ों के शब्द सुनाई दिए और उनकी ध्वनि से पहाड़ गूँज उठा।

ऐ मुसाफ़िर, यह दृश्य देखकर मुझे किसी भीषण घटना का सन्देह हुआ। मैं तुरन्त उठ खड़ी हुई। एक कटार हाथ में ली और उस सागर की ओर चल दी।

अब मूसलाधार वर्षा होने लगी थी, मानो आज के बाद फिर कभी न बरसेगा। रह-रहकर गर्जन की ऐसी भयंकर ध्वनि उठती थी, मानो सारे पहाड़ आपस में टकरा गए हों। बिजली की चमक ऐसी तीव्र थी, मानो संसारव्यापी प्रकाश सिमट कर एक हो गया हो। अंधकार का यह हाल था मानो सहस्रों अमावस्या की रातें गले मिल रही हों। मैं कमर तक पानी में चलती दिल को सम्हाले हुए आगे बढ़ती जाती थी। अन्त में सागर के समीप आ पहुँची। बिजली की चमक ने दीपक का काम किया। सागर के किनारे एक बड़ी-सी गुफा थी। इस समय उस गुफा में से प्रकाश-ज्योति बाहर आती हुई दिखाई देती थी। मैंने भीतर की ओर झाँका तो क्या देखती हूँ कि एक बड़ा अलाव जल रहा है। उसके चारों ओर बहुत-से आदमी खड़े हुए हैं और एक स्त्री आग्नेय नेत्रों से घूर-घूर कर कह रही है, 'मैं अपने पति के साथ उसे भी

जला कर भस्म कर दूँगी।' मेरे कुतूहल की कोई सीमा न रही। मैंने साँस बन्द कर ली और हतबुद्धि की भाँति यह कौतुक देखने लगी। उस स्त्री के सामने एक रक्त से लिपटी हुई लाश पड़ी थी और लाश के समीप ही एक मनुष्य रस्सियों से बँधा हुआ सिर झुकाए बैठा था। मैंने अनुमान किया कि यह वही अश्वारोही पथिक है, जिस पर इन डाकुओं ने आघात किया था। यह शव डाकू सरदार का है और यह स्त्री डाकू की पत्नी है। उसके सिर के बाल बिखरे हुए थे और आँखों से अंगारे निकल रहे थे। हमारे चित्रकारों ने क्रोध को पुरुष कल्पित किया है। मेरे विचार में स्त्री का क्रोध इससे कहीं घातक, कहीं विध्वंसकारी होता है। क्रोधोन्मत्त होकर वह कोमलांगी सुन्दरी ज्वालाशिखर बन जाती है।

उस स्त्री ने दाँत पीस कर कहा, 'मैं अपने पति के साथ इसे भी जला कर भस्म कर दूँगी।' यह कहकर उसने उस रस्सियों से बँधे हुए पुरुष को घसीटा और दहकती हुई चिता में डाल दिया। आह! कितना भयंकर, कितना रोमांचकारी दृश्य था। स्त्री ही अपनी द्वेष की अग्नि शान्त करने में इतनी पिशाचिनी हो सकती है। मेरा रक्त खौलने लगा। अब एक क्षण भी विलम्ब करने का अवसर न था। मैंने कटार खींच ली, डाकू चौंककर तितर-बितर हो गए, समझे मेरे साथ और लोग भी होंगे। मैं बेधड़क चिता में घुस गई और क्षणमात्र में उस अभागे पुरुष को अग्नि के मुख से निकाल लाई। अभी केवल उसके वस्त्र ही जले थे। जैसे सर्प अपना शिकार छिन जाने से फुफकारता हुआ लपकता है, उसी प्रकार गरजती हुई लपटें मेरे पीछे दौड़ीं। ऐसा प्रतीत होता था कि अग्नि भी उसके रक्त की प्यासी हो रही थी।

इतने में डाकू सम्हल गए और आहत सरदार की पत्नी पिशाचिनी की भाँति मुँह खोले मुझ पर झपटी। समीप था कि ये हत्यारे मेरी बोटियाँ कर दें कि इतने में गुफा के द्वार पर मेघगर्जन की-सी ध्वनि सुनाई दी और शेरसिंह रौद्र रूप धारण किए हुए भीतर पहुँचे। उनका भयंकर रूप देखते ही डाकू अपनी-अपनी जान लेकर भागे। केवल डाकू सरदार की पत्नी स्तम्भित-सी अपने स्थान पर खड़ी रही। एकाएक उसने पति का शव उठाया और उसे लेकर चिता में बैठ गई। देखते-देखते उसका भयंकर रूप अग्नि-ज्वाला में विलीन हो गया। अब मैंने उस बँधे हुए मनुष्य की ओर देखा तो मेरा हृदय उछल पड़ा। यह पंडित श्रीधर थे। मुझे देखते ही सिर झुका लिया और रोने लगे। मैं उनके समाचार पूछ ही रही थी कि उसी गुफा के एक कोने से किसी के कराहने का शब्द सुनाई दिया। जाकर देखा तो एक सुन्दर युवक रक्त से लथपथ पड़ा था। मैंने उसे देखते ही पहचान लिया। उसका पुरुषवेष उसे छिपा न सका। यह विद्याधरी थी। मर्दों के वस्त्र उस पर ख़ूब सजते थे। वह लज्जा और ग्लानि की मूर्ति बनी हुई थी। वह पैरों पर गिर पड़ी, पर मुँह से कुछ न बोली।

उस गुफा में पल भर भी ठहरना अत्यन्त शंकाप्रद था। न जाने कब डाकू फिर सशस्त्र होकर आ जाएँ। उधर चिताग्नि भी शान्त होने लगी और उस सती की भी भीषण काया अत्यन्त तेज़ रूप धारण करके हमारे नेत्रों के सामने तांडव क्रीड़ा करने लगी। मैं बड़ी चिन्ता में पड़ी कि इन दोनों प्राणियों को कैसे वहाँ से निकालूँ। दोनों ही रक्त से चूर थे। शेरसिंह ने मेरा असमंजस ताड़ लिया। रूपांतर हो जाने के बाद उनकी बुद्धि बड़ी तीव्र हो गई थी। उन्होंने मुझे संकेत किया कि दोनों को हमारी पीठ पर बिठा दो। पहले तो मैं उनका आशय न समझी, पर जब उन्होंने संकेत को बार-बार दुहराया तो मैं समझ गई। गूँगों के घरवाले ही गूँगों की बातें ख़ूब समझते हैं। मैंने पंडित श्रीधर को गोद में उठाकर शेरसिंह की पीठ पर बिठा दिया।

उसके पीछे विद्याधरी को भी बिठाया। नन्हा बालक भालू की पीठ पर बैठकर जितना डरता है, उससे कहीं ज़्यादा यह दोनों प्राणी भयभीत हो रहे थे। चिताग्नि के क्षीण प्रकाश में उनके भयविकृत मुख देखकर करुण विनोद होता था। अस्तु, मैं इन दोनों प्राणियों को साथ लेकर गुफा से निकली और फिर उसी तिमिर-सागर को पार करके मन्दिर आ पहुँची।

मैंने एक सप्ताह तक उनका यहाँ यथाशक्ति सेवा-सत्कार किया। जब वे भली-भाँति स्वस्थ हो गए तो मैंने उन्हें विदा किया। ये स्त्री-पुरुष कई आदमियों के साथ टेढ़ी जा रहे थे, यहाँ के राजा पंडित श्रीधर के शिष्य हैं। पंडित श्रीधर का घोड़ा आगे था। विद्याधरी का अभ्यास न होने के कारण पीछे थी, उनके दोनों रक्षक भी उनके साथ थे। जब डाकुओं ने पंडित श्रीधर को घेरा और पंडित ने पिस्तौल से डाकू सरदार को गिराया तो कोलाहल सुनकर विद्याधरी ने घोड़ा बढ़ाया। दोनों रक्षक तो जान लेकर भागे, विद्याधरी को डाकुओं ने पुरुष समझकर घायल कर दिया और तब दोनों प्राणियों को बाँधकर गुफा में डाल दिया। शेष बातें मैंने अपनी आँखों देखीं। यद्यपि यहाँ से बिदा होते समय विद्याधरी का रोम-रोम मुझे आशीर्वाद दे रहा था। पर हाँ! अभी प्रायश्चित्त पूरा न हुआ था। इतना आत्म-समर्पण करके भी मैं सफल मनोरथ न हुई थी।

5

ऐ मुसाफ़िर, उस प्रान्त में अब मेरा रहना कठिन हो गया। डाकू बन्दूकें लिए हुए शेरसिंह की तलाश में घूमने लगे। विवश होकर एक दिन मैं वहाँ से चल खड़ी हुई और दुर्गम पर्वतों को पार करती हुई यहाँ आ निकली। यह स्थान मुझे ऐसा पसन्द आया कि मैंने इस गुफा को अपना घर बना लिया है। आज पूरे तीन वर्ष गुज़रे जब मैंने पहले-पहल ज्ञानसरोवर के दर्शन किए। उस समय भी यही ऋतु थी। मैं ज्ञानसरोवर में पानी भरने गई हुई थी, सहसा क्या देखती हूँ कि एक युवक मुश्की घोड़े पर सवार रत्नजटित आभूषण पहने हाथ में चमकता हुआ भाला लिए चला आता है। शेरसिंह को देखकर वह ठिठका और भाला सम्हाल कर उन पर वार कर बैठा। शेरसिंह को भी क्रोध आया। उनके गरजन की ऐसी गगनभेदी ध्वनि उठी कि ज्ञानसरोवर का जल आंदोलित हो गया और तुरन्त घोड़े से खींचकर उसकी छाती पर पंजे रख दिए। मैं घड़ा छोड़कर दौड़ी। युवक का प्राणांत होनेवाला ही था कि मैंने शेरसिंह के गले में हाथ डाल दिए और उनका सिर सहला कर क्रोध शान्त किया। मैंने उनका ऐसा भयंकर रूप कभी नहीं देखा था। मुझे स्वयं उनके पास जाते हुए डर लगता था, पर मेरे मृदु वचनों ने अन्त में उन्हें वशीभूत कर लिया, वह अलग खड़े हो गए। युवक की छाती में गहरा घाव लगा था। उसे मैंने इसी गुफा में लाकर रखा और उसकी मरहम-पट्टी करने लगी। एक दिन मैं कुछ आवश्यक वस्तुएँ लेने के लिए उस क़स्बे में गई जिसके मन्दिर के कलश यहाँ से दिखाई दे रहे हैं, मगर वहाँ सब दुकानें बन्द थीं। बाज़ारों में खाक उड़ रही थी। चारों ओर सियापा छाया हुआ था। मैं बहुत देर तक इधर-उधर घूमती रही, किसी मनुष्य की सूरत भी न दिखाई देती थी कि उससे वहाँ का सब समाचार पूछूँ। ऐसा विदित होता था, मानो यह अदृश्य जीवों की बस्ती है। सोच ही रही थी कि वापस चलूँ कि घोड़ों के टापों की ध्वनि कानों में आई और एक क्षण में एक स्त्री सिर से पैर तक काले वस्त्र धारण किए, एक काले घोड़े पर सवार आती हुई दिखाई दी। उसके पीछे कई सवार और प्यादे काली वर्दियाँ पहने आ

रहे थे। अकस्मात् उस सवार स्त्री की दृष्टि मुझ पर पड़ी। उसने घोड़े को एड़ लगाई और मेरे निकट आकर कर्कश स्वर में बोली, 'तू कौन है?' मैंने निर्भीक भाव से उत्तर दिया, 'मैं ज्ञानसरोवर के तट पर रहती हूँ। यहाँ बाज़ार में कुछ सामग्रियाँ लेने आई थी; किन्तु शहर में किसी का पता नहीं।' उस स्त्री ने पीछे की ओर देखकर कुछ संकेत किया और दो सवारों ने आगे बढ़कर मुझे पकड़ लिया और मेरी बाँहों में रस्सियाँ डाल दीं। मेरी समझ में न आता था कि मुझे किस अपराध का दंड दिया जा रहा है। बहुत पूछने पर भी किसी ने मेरे प्रश्नों का उत्तर न दिया। हाँ, अनुमान से यह प्रकट हुआ कि यह स्त्री यहाँ की रानी है। मुझे अपने विषय में तो कोई चिन्ता न थी पर चिन्ता थी शेरसिंह की, वह अकेले घबरा रहे होंगे। भोजन का समय आ पहुँचा, कौन खिलावेगा। किस विपत्ति में फँसी। नहीं मालूम विधाता अब मेरी क्या दुर्गति करेंगे। मुझ अभागिन को इस दशा में भी शान्ति नहीं। इन्हीं मलिन विचारों में मग्न मैं सवारों के साथ आध घंटे तक चलती रही कि सामने एक ऊँची पहाड़ी पर एक विशाल भवन दिखाई दिया। ऊपर चढ़ने के लिए पत्थर काट कर चौड़े जीने बनाए गए थे। हम लोग ऊपर चढ़े। वहाँ सैकड़ों ही आदमी दिखाई दिए, किन्तु सब-के-सब काले वस्त्र धारण किए हुए थे। मैं जिस कमरे में लाकर रखी गई, वहाँ एक कुशासन के अतिरिक्त सजावट का और सामान न था। मैं ज़मीन पर बैठकर अपने नसीब को रोने लगी। जो कोई यहाँ आता था, मुझ पर करुण दृष्टिपात करके चुपचाप चला जाता था। थोड़ी देर में रानी साहब आकर उसी कुशासन पर बैठ गईं। यद्यपि उनकी अवस्था पचास वर्ष से अधिक थी, परन्तु मुख पर अद्‌भुत कांति थी। मैंने अपने स्थान से उठकर उनका सम्मान किया और हाथ बाँधकर अपनी क़िस्मत का फ़ैसला सुनने के लिए खड़ी हो गई।

ऐ मुसाफ़िर, रानी महोदया के तेवर देखकर पहले तो मेरे प्राण सूख गए, किन्तु जिस प्रकार चन्दन जैसी कठोर वस्तु में मनोहर सुगंधि छिपी होती है, उसी प्रकार उनकी कर्कशता और कठोरता के नीचे मोम के सदृश हृदय छिपा हुआ था। उनका प्यारा पुत्र थोड़े ही दिन पहले युवावस्था ही में दग़ा दे गया था। उसी के शोक में सारा शहर मातम मना रहा था। मेरे पकड़े जाने का कारण यह था कि मैंने काले वस्त्र क्यों न धारण किए थे। यह वृत्तांत सुनकर मैं समझ गई कि जिस राजकुमार का शोक मनाया जा रहा है वह वही युवक है जो मेरी गुफा में पड़ा हुआ है। मैंने उनसे पूछा, 'राजकुमार मुश्की घोड़े पर तो सवार नहीं थे?'

रानी—हाँ-हाँ, मुश्की घोड़ा था। उसे मैंने उनके लिए अरब देश से मँगवा दिया था। क्या तूने उन्हें देखा है?

मैं—हाँ, देखा है।

रानी ने पूछा—कब?

मैं—जिस दिन वह शेर का शिकार खेलने गए थे।

रानी—क्या तेरे सामने ही शेर ने उन पर चोट की थी?

मैं—हाँ, मेरी आँखों के सामने।

रानी उत्सुक होकर खड़ी हो गई और बड़े दीन भाव से बोली—तू उनकी लाश का पता लगा सकती है?

मैं—ऐसा न कहिए, वह अमर हों। वह दो सप्ताहों से मेरे यहाँ मेहमान हैं।

रानी हर्षमय आश्चर्य से बोली—मेरा रणधीर जीवित है?

मैं—हाँ, अब उनमें चलने-फिरने की शक्ति आ गई है।

रानी मेरे पैरों पर गिर पड़ी।

तीसरे दिन अर्जुन नगर की कुछ और ही शोभा थी। वायु आनन्द के मधुर स्वर में गूँजती थी, दुकानों ने फूलों का हार पहना था, बाज़ारों में आनन्द के उत्सव मनाए जा रहे थे। शोक के काले वस्त्रों की जगह केसर का सुहावना रंग बधाई दे रहा था। इधर सूर्य ने उषा-सागर से सिर निकाला। उधर सलामियाँ दगना आरम्भ हुईं। आगे-आगे मैं एक सब्जा घोड़े पर सवार आ रही थी और पीछे राजकुमार का हाथी सुनहरे झूलों से सजा चला आता था। स्त्रियाँ अटारियों पर मंगल के गीत गाती थीं और पुष्पों की वृष्टि करती थीं। राजभवन के द्वार पर रानी मोतियों से आँचल-भरे खड़ी थी, ज्यों ही राजकुमार हाथी से उतरे; वह उन्हें गोद में लेने के लिए दौड़ी और छाती से लगा लिया।

6

ऐ मुसाफ़िर, आनन्दोत्सव समाप्त होने पर जब मैं विदा होने लगी, तो रानी महोदय ने सजल नयन होकर कहा :

'बेटी, तूने मेरे साथ जो उपकार किया है उसका फल तुझे भगवान् देंगे। तूने मेरे राजवंश का उद्धार कर दिया, नहीं तो कोई पितरों को जल देनेवाला भी न रहता। मैं तुझे कुछ बिदाई देना चाहती हूँ, वह तुझे स्वीकार करनी पड़ेगी। अगर रणधीर मेरा पुत्र है, तो तू मेरी पुत्री है। तूने ही रणधीर को प्राणदान दिया है, तूने ही इस राज्य का पुनरुद्धार किया है। इसलिए इस माया-बंधन से तेरा गला नहीं छूटेगा। मैं अर्जुन नगर का प्रान्त उपहारस्वरूप तेरी भेंट करती हूँ।'

रानी की यह असीम उदारता देखकर मैं दंग रह गई। कलियुग में भी कोई ऐसा दानी हो सकता है, इसकी मुझे आशा न थी। यद्यपि मुझे धन-भोग की लालसा न थी, पर केवल इस विचार से कि कदाचित् यह सम्पत्ति मुझे अपने भाइयों की सेवा करने की सामर्थ्य दे, मैंने एक जागीरदार की ज़िम्मेदारियाँ अपने सिर लीं। तब से दो वर्ष व्यतीत हो चुके हैं, पर भोग-विलास ने मेरे मन को एक क्षण के लिए भी चंचल नहीं किया। मैं कभी पलंग पर नहीं सोई। रूखी-सूखी वस्तुओं के अतिरिक्त और कुछ नहीं खाया। पति-वियोग की दशा में स्त्री तपस्विनी हो जाती है, उसकी वासनाओं का अन्त हो जाता है, मेरे पास कई विशाल भवन हैं, कई रमणीक वाटिकाएँ हैं, विषय-वासना की ऐसी कोई सामग्री नहीं है जो प्रचुर मात्रा में उपस्थित न हो, पर मेरे लिए वह सब त्याज्य हैं। भवन सूने पड़े हैं और वाटिकाओं में खोजने से भी हरियाली न मिलेगी। मैंने उनकी ओर कभी आँख उठाकर भी नहीं देखा। अपने प्राणाधार के चरणों से लगे हुए मुझे अन्य किसी वस्तु की इच्छा नहीं है। मैं नित्यप्रति अर्जुन नगर जाती हूँ और रियासत के आवश्यक काम-काज करके लौट आती हूँ। नौकर-चाकरों को कड़ी आज्ञा दे दी गई है कि मेरी शान्ति में बाधक न हों। रियासत की सम्पूर्ण आय परोपकार में व्यय होती है। मैं उसकी कौड़ी भी अपने ख़र्च में नहीं लाती। आपको अवकाश हो तो आप मेरी रियासत का प्रबन्ध देखकर बहुत प्रसन्न होंगे। मैंने इन दो वर्षों में बीस बड़े-बड़े तालाब बनवा दिए हैं और चालीस गोशालाएँ बनवा दी हैं। मेरा विचार है कि अपनी रियासत में नहरों का ऐसा जाल बिछा दूँ जैसे शरीर में नाड़ियों का। मैंने एक सौ कुशल वैद्य नियुक्त कर दिए हैं जो ग्रामों में विचरण करें और रोग की निवृत्ति करें। मेरा कोई ऐसा ग्राम नहीं है

जहाँ मेरी ओर से सफ़ाई का प्रबन्ध न हो। छोटे-छोटे गाँवों में आपको लालटेनें जलती हुई मिलेंगी। दिन का प्रकाश ईश्वर देता है, रात के प्रकाश की व्यवस्था करना राजा का कर्तव्य है। मैंने सारा प्रबन्ध पंडित श्रीधर के हाथों में दे दिया है। सबसे प्रथम कार्य जो मैंने किया वह यह था कि उन्हें ढूँढ़ निकालूँ और यह भार उनके सिर रख दूँ। इस विचार से नहीं कि उनका सम्मान करना मेरा अभीष्ट था, बल्कि मेरी दृष्टि में कोई अन्य पुरुष ऐसा कर्तव्यपरायण, ऐसा निःस्पृह, ऐसा सच्चरित्र न था। मुझे पूर्ण विश्वास है कि वह यावज्जीवन रियासत की बागडोर अपने हाथ में रखेंगे। विद्याधरी भी उनके साथ है। वही शान्ति और सन्तोष की मूर्ति, वही धर्म और व्रत की देवी। उसका पातिव्रत अब भी ज्ञानसरोवर की भाँति अपार और अथाह है। यद्यपि उसका सौन्दर्य-सूर्य अब मध्याह्न पर नहीं है, पर अब भी वह रनिवास की रानी जान पड़ती है। चिन्ताओं ने उसके मुख पर शिकन डाल दिए हैं। हम दोनों कभी-कभी मिल जाती हैं। किन्तु बातचीत की नौबत नहीं आती। उसकी आँखें झुक जाती हैं। मुझे देखते ही उसके ऊपर घड़ों पानी पड़ जाता है और उसके माथे के जलबिंदु दिखाई देने लगते हैं। मैं आपसे सत्य कहती हूँ कि मुझे विद्याधरी से कोई शिकायत नहीं है। उसके प्रति मेरे मन में दिनोंदिन श्रद्धा और भक्ति बढ़ती जाती है। मैं उसे देखती हूँ, तो मुझे प्रबल उत्कंठा होती है कि उसके पैरों पर पड़ूँ। पतिव्रता स्त्री के दर्शन बड़े सौभाग्य से मिलते हैं। पर केवल इस भय से कि कदाचित् वह इसे मेरी ख़ुशामद समझे, रुक जाती हूँ। अब मेरी ईश्वर से यही प्रार्थना है कि अपने स्वामी के चरणों में पड़ी रहूँ और जब इस संसार से प्रस्थान करने का समय आए तो मेरा मस्तक उनके चरणों पर हो। और अन्तिम जो शब्द मेरे मुँह से निकलें वह यही कि, 'ईश्वर, दूसरे जन्म में भी इनकी चेरी बनाना।'

पाठक, उस सुन्दरी का जीवन-वृत्तांत सुनकर मुझे जितना कुतूहल हुआ वह अकथनीय है। खेद है कि जिस जाति में ऐसी प्रतिभाशालिनी देवियाँ उत्पन्न हों उस पर पाश्चात्य के कल्पनाहीन, विश्वासहीन पुरुष उँगलियाँ उठाएँ? समस्त यूरोप में एक ऐसी सुन्दरी न होगी जिससे इसकी तुलना की जा सके। हमने स्त्री-पुरुष के सम्बन्ध को सांसारिक सम्बन्ध समझ रखा है। उसका आध्यात्मिक रूप हमारे विचार से कोसों दूर है। यही कारण है कि हमारे देश में शताब्दियों की उन्नति के पश्चात् भी पातिव्रत का ऐसा उज्ज्वल और अलौकिक उदाहरण नहीं मिल सकता। और दुर्भाग्य से हमारी सभ्यता ने ऐसा मार्ग ग्रहण किया है कि कदाचित् दूर भविष्य में ऐसी देवियों के जन्म लेने की सम्भावना नहीं है। जर्मनी को यदि अपनी सेना पर, फ्रांस को अपनी विलासिता पर और इंगलैंड को अपने वाणिज्य पर गर्व है तो भारतवर्ष को अपने पातिव्रत का घमंड है। क्या यूरोपनिवासियों के लिए यह लज्जा की बात नहीं है कि होमर और वर्जिल, डैंटे और गेटे, शेक्सपियर और ह्यूगो जैसे उच्चकोटि के कवि एक भी सीता या सावित्री की रचना न कर सके। वास्तव में यूरोपीय समाज ऐसे आदर्शों से वंचित है!

मैंने दूसरे दिन ज्ञानसरोवर से बड़ी अनिच्छा के साथ विदा माँगी और यूरोप को चला। मेरे लौटने का समाचार पूर्व ही प्रकाशित हो चुका था। जब मेरा जहाज़ हैम्पबर्ग के बंदरगाह में पहुँचा तो सहस्रों नर-नारी, सैकड़ों विद्वान् और राजकर्मचारी मेरा अभिवादन करने के लिए खड़े थे। मुझे देखते ही तालियाँ बजने लगीं, रूमाल और टोप हवा में उछलने लगे और वहाँ से मेरे घर तक जिस समारोह से जुलूस निकला उस पर किसी राष्ट्रपति को भी गर्व हो सकता है। संध्या समय मुझे कैसर की मेज़ पर भोजन करने का सौभाग्य प्राप्त हुआ। कई दिनों तक

अभिनंदन-पत्रों का ताँता लगा रहा और महीनों क्लब और यूनिवर्सिटी की फ़रमाइशों से दम मारने का अवकाश न मिला। यात्रावृत्तांत देश के प्राय: सभी पत्रों में छपा। अन्य देशों से भी बधाई के तार और पत्र मिले। फ्रांस और रूस आदि देशों की कितनी ही सभाओं ने मुझे व्याख्यान देने के लिए निमंत्रित किया। एक-एक वक्तृता के लिए मुझे कई-कई हज़ार पौंड दिए जाते थे। कई विद्यालयों ने मुझे उपाधियाँ दीं। जार ने अपना आटोग्राफ भेज कर सम्मानित किया, किन्तु इन आदर-सम्मान की आँधियों से मेरे चित्त को शान्ति न मिलती थी और ज्ञानसरोवर का सुरम्य तट और वह गहरी गुफा और वह मृदुभाषिणी रमणी सदैव आँखों के सामने फिरती रहती। उसके मधुर शब्द कानों में गूँजा करते। मैं थियेटरों में जाता और स्पेन और जार्जिया की सुन्दरियों को देखता, किन्तु हिमालय की अप्सरा मेरे ध्यान से न उतरती। कभी-कभी कल्पना में मुझे वह देवी आकाश से उतरती हुई मालूम होती, तब चित्त चंचल हो जाता और विकल उत्कंठा होती कि किसी तरह पर लगाकर ज्ञानसरोवर के तट पहुँच जाऊँ। आख़िर एक रोज़ मैंने सफ़र का सामान दुरुस्त किया और उसी मिती के ठीक एक हज़ार दिनों के बाद जब कि मैंने पहली बार ज्ञानसरोवर के तट पर क़दम रखा था, मैं फिर वहाँ जा पहुँचा।

प्रभात का समय था। गिरिराज सुनहरा मुकुट पहने खड़े थे। मंद समीर के आनन्दमय झोंकों से ज्ञानसरोवर का निर्मल प्रकाश से प्रतिबिम्बित जल इस प्रकार लहरा रहा था, मानो अगणित अप्सराएँ आभूषणों से जगमगाती हुई नृत्य कर रही हों। लहरों के साथ शतदल यों झकोरे लेते थे जैसे कोई बालक हिंडोले में झूल रहा हो। फूलों के बीच में श्वेत हंस तैरते हुए ऐसे मालूम होते थे, मानो लालिमा से छाए हुए आकाश पर तारागण चमक रहे हों। मैंने उत्सुक नेत्रों से इस गुफा की ओर देखा तो वहाँ एक विशाल राजप्रासाद आसमान से कन्धा मिलाए खड़ा था। एक ओर रमणीक उपवन था, दूसरी ओर एक गगनचुम्बी मन्दिर। मुझे यह कायापलट देखकर आश्चर्य हुआ। मुख्य द्वार पर जाकर देखा, तो दो चोबदार ऊदे मखमल की वर्दियाँ पहने, जरी के पट्टे बाँधे खड़े थे। मैंने उनसे पूछा, 'क्यों भाई, यह किसका महल है?'

चोबदार—अर्जुन नगर की महारानी का।

मैं—क्या अभी हाल ही में बना है?

चोबदार—हाँ! तुम कौन हो?

मैं—एक परदेसी यात्री हूँ। क्या तुम महारानी को मेरी सूचना दे दोगे?

चोबदार—तुम्हारा क्या नाम है और कहाँ से आते हो?

मैं—उनसे केवल इतना कह देना कि यूरोप से एक यात्री आया है और आपके दर्शन करना चाहता है।

चोबदार भीतर चला गया और एक क्षण के बाद आकर बोला, 'मेरे साथ आओ?'

मैं उसके साथ हो लिया। पहले एक लम्बी दालान मिली जिसमें भाँति-भाँति के पक्षी पिंजरों में बैठे चहक रहे थे। इसके बाद एक विस्तृत बारहदरी में पहुँचा जो सम्पूर्णत: पाषाण की बनी हुई थी। मैंने ऐसी सुन्दर गुलकारी ताजमहल के अतिरिक्त और कहीं नहीं देखी। फ़र्श की पच्चीकारी को देखकर उस पर पाँव धरते संकोच होता था। दीवारों पर निपुण चित्रकारों की रचनाएँ शोभायमान थीं। बारहदरी के दूसरे सिरे पर एक चबूतरा था जिस पर मोटी कालीनें बिछी हुई थीं। मैं फ़र्श पर बैठ गया। इतने में एक लम्बे कद का रूपवान् पुरुष अन्दर आता हुआ दिखाई दिया। उसके मुख पर प्रतिभा की ज्योति झलक रही थी और आँखों से गर्व टपक।

पड़ता था। उसकी काली और भाले की नोक के सदृश तनी हुई मूँछें, उसके भौंरे की तरह काले घुँघराले बाल उसकी आकृति की कठोरता को नम्र कर देते थे। विनयपूर्ण वीरता का इससे सुन्दर चित्र नहीं खींच सकता था। उसने मेरी ओर देखकर मुस्कुराते हुए कहा, 'आप मुझे पहचानते हैं?' मैं अदब से खड़ा होकर बोला, 'मुझे आपसे परिचय का सौभाग्य नहीं प्राप्त हुआ।' वह कालीन पर बैठ गया और बोला, 'मैं शेरसिंह हूँ।' मैं अवाक् रह गया। शेरसिंह ने फिर कहा, 'क्या आप प्रसन्न नहीं हैं कि आपने मुझे पिस्तौल का लक्ष्य नहीं बनाया? मैं तब पशु था, अब मनुष्य हूँ।' मैंने कहा, 'आपको हृदय से धन्यवाद देता हूँ। यदि आज्ञा हो, तो मैं आपसे एक प्रश्न करना चाहता हूँ।'

शेरसिंह ने मुस्कुराकर कहा—मैं समझ गया, पूछिए।

मैं—जब आप समझ ही गए तो मैं पूछूँ क्यों?

शेरसिंह—सम्भव है, मेरा अनुमान ठीक न हो।

मैं—मुझे भय है कि उस प्रश्न से आपको दु:ख न हो।

शेरसिंह—कम से कम आपको मुझसे ऐसी शंका न करनी चाहिए।

मैं—विद्याधरी के भ्रम में कुछ सार था?

शेरसिंह ने सिर झुकाकर देर में उत्तर दिया—जी हाँ, था। जिस वक़्त मैंने उसकी कलाई पकड़ी थी उस समय आवेश से मेरा एक-एक अंग काँप रहा था। मैं विद्याधरी के उस अनुग्रह को मरणपर्यंत न भूलूँगा। मगर इतना प्रायश्चित्त करने पर भी मुझे अपनी ग्लानि से निवृत्ति न हुई। संसार की कोई वस्तु स्थिर नहीं, किन्तु पाप की कालिमा अमर और अमिट है। यश और कीर्ति कालांतर में मिट जाती है किन्तु पाप का धब्बा नहीं मिटता। मेरा विचार है कि ईश्वर भी दाग़ को नहीं मिटा सकता। कोई तपस्या, कोई दंड, कोई प्रायश्चित्त इस कालिमा को नहीं धो सकता। पतितोद्धार की कथाएँ और तौबा या कन्फेशन करके पाप से मुक्त हो जाने की बातें, यह सब संसार-लिप्सी पाखंडी धर्मावलम्बियों की कल्पनाएँ हैं।

हम दोनों यही बातें कर रहे थे कि रानी प्रियंवदा सामने आकर खड़ी हो गईं। मुझे आज अनुभव हुआ, जो बहुत दिनों से पुस्तकों में पढ़ा करता था कि सौन्दर्य में प्रकाश होता है। आज इसकी सत्यता मैंने अपनी आँखों से देखी। मैंने जब उन्हें पहले देखा था तो निश्चय किया था कि यह ईश्वरीय कलानैपुण्य की पराकाष्ठा है; परन्तु अब जब मैंने उन्हें दोबारा देखा तो ज्ञात हुआ कि वह इस असल की नक़ल थी। प्रियंवदा ने मुस्कुराकर कहा—'मुसाफ़िर, तुझे स्वदेश में भी कभी हम लोगों की याद आई थी?' अगर मैं चित्रकार होता तो उसके मधु हास्य को चित्रित करके प्राचीन गुणियों को चकित कर देता। उसके मुँह से यह प्रश्न सुनने के लिए तैयार न था। यदि इसी भाँति मैं उसका उत्तर देता तो शायद वह मेरी धृष्टता होती और शेरसिंह के तेवर बदल जाते। मैं यह भी न सह सका कि मेरे जीवन का सबसे सुखद भाग वही था जो ज्ञानसरोवर के तट पर व्यतीत हुआ था; किन्तु मुझे इतना साहस भी न हुआ। मैंने दबी ज़बान से कहा, 'क्या मैं मनुष्य नहीं हूँ।'

7

तीन दिन बीत गए। इन तीन दिनों में ख़ूब मालूम हो गया कि पूर्व को आतिथ्यसेवी क्यों कहते हैं। यूरोप का कोई दूसरा मनुष्य जो यहाँ की सभ्यता से परिचित न हो, इन सत्कारों से

ऊब जाता। किन्तु मुझे इन देशों के रहन-सहन का बहुत अनुभव हो चुका है और मैं इसका आदर करता हूँ।

चौथे दिन मेरी विनय पर रानी प्रियंवदा ने अपनी शेष कथा सुनानी शुरू की—

'ऐ मुसाफ़िर, मैंने तुझसे कहा था कि अपनी रियासत का शासन-भार मैंने श्रीधर पर रख दिया था और जितनी योग्यता और दूरदर्शिता से उन्होंने इस काम को सम्हाला है, उसकी प्रशंसा नहीं हो सकती। ऐसा बहुत कम हुआ है कि एक विद्वान् पंडित जिसका सारा जीवन पठन-पाठन में व्यतीत हुआ हो, एक रियासत का बोझ सम्हाले; किन्तु राजा वीरबल की भाँति पं. श्रीधर भी सब कुछ कर सकते हैं। मैंने परीक्षार्थ उन्हें यह काम सौंपा था। अनुभव ने सिद्ध कर दिया कि वह इस कार्य के सर्वथा योग्य हैं। ऐसा जान पड़ता है कि कुल-परम्परा ने उन्हें इस काम के लिए अभ्यस्त कर दिया। जिस समय उन्होंने इसका काम अपने हाथ में लिया, यह रियासत एक ऊजड़ ग्राम के सदृश थी। अब वह धनधान्यपूर्ण एक नगर है। शासन का कोई ऐसा विभाग नहीं, जिस पर उनकी सूक्ष्म दृष्टि न पहुँची हो।

थोड़े ही दिनों में लोग उनके शील-स्वभाव पर मुग्ध हो गए और राजा रणधीरसिंह भी उन पर कृपा-दृष्टि रखने लगे। पंडित जी पहले शहर से बाहर एक ठाकुरद्वारे में रहते थे। किन्तु जब राजा साहब से मेल-जोल बढ़ा तो उनके आग्रह से विवश होकर राजमहल में चले आए। यहाँ तक परस्पर मैत्री और घनिष्ठता बढ़ी कि मान-प्रतिष्ठा का विचार जाता रहा। राजा साहब पंडित जी से संस्कृत भी पढ़ते थे और उनके समय का अधिकांश भाग पंडित जी के मकान पर ही कटता था; किन्तु शोक! यह विद्याप्रेम या शुद्ध मित्रभाव का आकर्षण न था। यह सौन्दर्य का आकर्षण था। यदि उस समय मुझे लेशमात्र भी सन्देह होता कि रणधीरसिंह की यह घनिष्ठता कुछ और ही पहलू लिए हुए है तो उसका अन्त इतना खेदजनक न होता जितना कि हुआ। उनकी दृष्टि विद्याधरी पर उस समय पड़ी जब वह ठाकुरद्वारे में रहती थी और यह सारी कुयोजनाएँ उसी की करामात थीं। राजा साहब स्वभावत: बड़े ही सच्चरित्र और संयमी पुरुष हैं; किन्तु जिस रूप ने मेरे पति जैसे देवपुरुष का ईमान डिगा दिया, वह सब कुछ कर सकता है।

भोली-भाली विद्याधरी मनोविकारों की इस कुटिल नीति से बेख़बर थी। जिस प्रकार छलाँगें मारता हुआ हिरन व्याध की फैलाई हुई हरी-हरी घास से प्रसन्न होकर उस ओर बढ़ता है और यह नहीं समझता कि प्रत्येक पग मुझे सर्वनाश की ओर लिए जाता है, उसी भाँति विद्याधरी को उसका चंचल मन अंधकार की ओर खींचे लिए जाता था। वह राजा साहब के लिए अपने हाथों से बीड़े लगाकर भेजती, पूजा के लिए चन्दन रगड़ती। रानी जी से भी उसका बहनापा हो गया। वह एक क्षण के लिए भी उसे अपने पास से न जाने देतीं। दोनों साथ-साथ बाग़ की सैर करतीं, साथ-साथ झूला झूलतीं, साथ-साथ चौपड़ खेलतीं। यह उनका शृंगार करती और वह उनकी माँग-चोटी सँवारती, मानो विद्याधरी ने रानी के हृदय में वह स्थान प्राप्त कर लिया, जो किसी समय मुझे प्राप्त था। लेकिन वह ग़रीब क्या जानती थी कि जब मैं बाग़ की रविशों में विचरती हूँ, तो कुवासना मेरे तलवे के नीचे आँखें बिछाती है, जब मैं झूला झूलती हूँ, तो वह आड़ में बैठी हुई आनन्द से झूमती है। इस एक सरल हृदय अबला स्त्री के लिए चारों ओर से चक्रव्यूह रचा जा रहा था।

इस प्रकार एक वर्ष व्यतीत हो गया, राजा साहब का रब्त-ज़ब्त दिनोंदिन बढ़ता जाता था। पंडित जी को उनसे वह स्नेह हो गया जो गुरु जी को अपने एक होनहार शिष्य से होता

है। मैंने जब देखा कि आठों पहर का यह सहवास पंडित जी के काम में विघ्न डालता है, तो एक दिन मैंने उनसे कहा—यदि आपको कोई आपत्ति न हो, तो दूरस्थ देहातों का दौरा आरम्भ कर दें और इस बात का अनुसंधान करें कि देहातों में कृषकों के लिए बैंक खोलने में हमें प्रजा से कितनी सहानुभूति और कितनी सहायता की आशा करनी चाहिए। पंडित जी के मन की बात नहीं जानती; पर प्रत्यक्ष में उन्होंने कोई आपत्ति नहीं की। दूसरे ही दिन प्रात:काल चले गए। किन्तु आश्चर्य है कि विद्याधरी उनके साथ न गई। अब तक पंडित जी जहाँ कहीं जाते थे; विद्याधरी परछाईं की भाँति उनके साथ रहती थी। असुविधा या कष्ट का विचार भी उसके मन में न आता था। पंडित जी कितना ही समझाएँ, कितना ही डराएँ, पर वह उनका साथ न छोड़ती थी; पर अबकी बार कष्ट के विचार ने उसे कर्तव्य के मार्ग से विमुख कर दिया। पहले उसका पातिव्रत एक वृक्ष था, जो उसके प्रेम की क्यारी में अकेला खड़ा था; किन्तु अब उसी क्यारी में मैत्री का घास-पात निकल आया था, जिनका पोषण भी उसी भोजन पर अवलम्बित था।

8

ऐ मुसाफ़िर, छह महीने गुज़र गए और पंडित श्रीधर वापस न आए। पहाड़ों की चोटियों पर छाया हुआ हिम घुल-घुल कर नदियों में बहने लगा, उनकी गोद में फिर रंग-बिरंग के फूल लहलहाने लगे। चन्द्रमा की किरणें फिर फूलों की महक सूँघने लगीं। सभी पर्वतों के पक्षी अपनी वार्षिक यात्रा समाप्त कर फिर स्वदेश आ पहुँचे; किन्तु पंडित जी रियासत के कामों में ऐसे उलझे कि मेरे निरंतर आग्रह करने पर भी अर्जुन नगर न आए। विद्याधरी की ओर से वह इतने उदासीन क्यों हुए, समझ में नहीं आता था। उन्हें तो उसका वियोग एक क्षण के लिए भी असह्य था। किन्तु इससे अधिक आश्चर्य की बात यह थी कि विद्याधरी ने भी आग्रहपूर्ण पत्रों के लिखने के अतिरिक्त उनके पास जाने का कष्ट न उठाया। वह अपने पत्रों में लिखती—'स्वामी जी, मैं बहुत व्याकुल हूँ, यहाँ मेरा जी ज़रा भी नहीं लगता। एक दिन एक-एक वर्ष के समान व्यतीत होता है। न दिन को चैन, न रात को नींद। क्या आप मुझे भूल गए? मुझसे कौन-सा अपराध हुआ? क्या आपको मुझ पर दया भी नहीं आती? मैं आपके वियोग में रो-रोकर मरी जाती हूँ। नित्य स्वप्न देखती हूँ कि आप आ रहे हैं; पर यह स्वप्न सच्चा नहीं होता।' उसके पत्र ऐसे ही प्रेममय शब्दों से भरे होते थे और इसमें भी कोई सन्देह नहीं कि जो कुछ वह लिखती थी, वह भी अक्षरश: सत्य था; मगर इतनी व्याकुलता, इतनी चिन्ता और इतनी उद्विग्नता पर भी उसके मन में कभी यह प्रश्न न उठा कि क्यों न मैं ही उनके पास चली चलूँ।

बहुत ही सुहावनी ऋतु थी। ज्ञानसरोवर में यौवन-काल की अभिलाषाओं की भाँति कमल के फूल खिले हुए थे। राजा रणजीतसिंह की पच्चीसवीं जयंती का शुभ-मुहूर्त आया। सारे नगर में आनन्दोत्सव की तैयारियाँ होने लगीं। गृहणियाँ कोरे-कोरे दीपक पानी में भिगोने लगीं कि वह अधिक तेल न सोख जाएँ। चैत्र की पूर्णिमा थी, किन्तु दीपक की जगमगाहट ने ज्योत्सना को मात कर दिया था। मैंने राजा साहब के लिए इस्फहान से एक रत्न-जटित तलवार मँगा रखी थी। दरबार के अन्य जागीरदारों और अधिकारियों ने भी भाँति-भाँति के उपहार मँगा रखे थे। मैंने विद्याधरी के घर जाकर देखा, तो वह एक पुष्पहार गूँथ रही थी। मैं आध घंटे तक उसके सम्मुख खड़ी रही; किन्तु वह अपने काम में इतनी व्यस्त थी कि उसे मेरी आहट भी न

मिली। तब मैंने धीरे से पुकारा, 'बहन?' विद्याधरी ने चौंककर सिर उठाया और बड़ी शीघ्रता से वह हार फूल की डाली में छिपा दिया और लज्जित होकर बोली—क्या तुम देर से खड़ी हो? मैंने उत्तर दिया—आध घंटे से अधिक हुआ।

विद्याधरी के चेहरे का रंग उड़ गया, आँखें झुक गईं, कुछ हिचकिचाई, कुछ घबराई, अपने अपराधी हृदय को इन शब्दों से शान्त किया—'यह हार मैंने ठाकुर जी के लिए गूँथा है।' इस समय विद्याधरी की घबराहट का भेद मैं कुछ न समझी। ठाकुर जी के लिए हार गूँथना क्या कोई लज्जा की बात है? फिर जब वह हार मेरी नज़रों से छिपा दिया गया तो उसका ज़िक्र ही क्या? हम दोनों ने कितनी ही बार साथ बैठकर हार गूँथे थे। कोई निपुण मालिन भी हमसे अच्छे हार न गूँथ सकती थी; मगर इसमें शर्म क्या? दूसरे दिन यह रहस्य मेरी समझ में आ गया। वह हार राजा रणधीरसिंह को उपहार में देने के लिए बनाया गया था।

यह बहुत सुन्दर वस्तु थी। विद्याधरी ने अपना सारा चातुर्य उसके बनाने में ख़र्च किया था। कदाचित् यह सबसे उत्तम वस्तु थी जो राजा साहब को भेंट कर सकती थी। वह ब्राह्मणी थी। राजा साहब की गुरुमाता थी। उसके हाथों से यह उपहार बहुत ही शोभा देता था; किन्तु यह बात उसने मुझसे छिपाई क्यों?

मुझे उस दिन-रात भर नींद न आई। उसके इस रहस्य-भाव ने उसे मेरी नज़रों से गिरा दिया। एक बार आँख झपकी तो मैंने उसे स्वप्न में देखा, मानो वह एक सुन्दर पुष्प है; किन्तु उसकी बास मिट गई हो। वह मुझसे गले मिलने के लिए बढ़ी; किन्तु मैं हट गई और बोली कि तूने मुझसे यह बात छिपाई क्यों?

9

ऐ मुसाफ़िर, राजा रणधीरसिंह की उदारता ने प्रजा को मालामाल कर दिया। रईसों और अमीरों ने खिलअतें पाईं। किसी को घोड़ा मिला, किसी को जागीर मिली। मुझे उन्होंने श्रीभगवद्गीता की एक प्रति, एक मखमली बस्ते में रख दी। विद्याधरी को एक बहुमूल्य जड़ाऊ कंगन मिला। उस कंगन में अनमोल हीरे जड़े हुए थे। देहली के निपुण स्वर्णकारों ने इसके बनाने में अपनी कला का चमत्कार दिखाया था। विद्याधरी को अब तक आभूषणों से इतना प्रेम न था, अब तक सादगी ही उसका आभूषण और पवित्रता ही उसका शृंगार थी, पर इस कंगन पर वह लोट-पोट हो गई।

आषाढ़ का महीना आया। घटाएँ गगनमंडल में मँडराने लगीं। पंडित श्रीधर को घर की सुध आई। पत्र लिखा कि मैं आ रहा हूँ। विद्याधरी ने मकान ख़ूब साफ़ कराया और स्वयं अपना बनाव-शृंगार किया। उसके वस्त्रों से चन्दन की महक उड़ रही थी। उसने कंगन को सन्दूक़चे से निकाला और सोचने लगी कि इसे पहनूँ या न पहनूँ? उसके मन ने निश्चय किया कि न पहनूँगी। सन्दूक़ बन्द करके रख दिया।

सहसा लौंडी ने आकर सूचना दी कि पंडित जी आ गए। यह सुनते ही विद्याधरी लपककर उठी; किन्तु पति के दर्शनों की उत्सुकता उसे द्वार की ओर नहीं ले गई। उसने बड़ी फुर्ती से सन्दूक़चा खोला, कंगन निकालकर पहना और अपनी सूरत आईने में देखने लगी।

इधर पंडित जी प्रेम की उत्कंठा से क़दम बढ़ाते दालान से आँगन और आँगन से विद्याधरी के कमरे में आ पहुँचे। विद्याधरी ने आकर उनके चरणों को अपने सिर से स्पर्श

किया। पंडित जी उसका यह शृंगार देखकर दंग रह गए। एकाएक उनकी दृष्टि उस कंगन पर पड़ी। राजा रणधीरसिंह की संगत ने उन्हें रत्नों का पारखी बना दिया था। ध्यान से देखा तो एक-एक नगीना एक-एक हज़ार का था। चकित होकर बोले, 'यह कंगन कहाँ मिला?'

विद्याधरी ने जवाब पहले ही सोच रखा था। रानी प्रियंवदा ने दिया है। यह जीवन में पहला अवसर था कि विद्याधरी ने अपने पतिदेव से कपट किया। जब हृदय शुद्ध न हो तो मुख से सत्य क्योंकर निकले! यह कंगन नहीं, वरन् एक विषैला नाग था।

10

एक सप्ताह गुज़र गया। विद्याधरी के चित्त की शान्ति और प्रसन्नता लुप्त हो गई थी। यह शब्द कि रानी प्रियंवदा ने दिया है, प्रतिक्षण उसके कानों में गूँजा करते। वह अपने को धिक्कारती कि मैंने अपने प्राणाधार से क्यों कपट किया। बहुधा रोया करती। एक दिन उसने सोचा कि क्यों न चलकर पति से सारा वृत्तांत सुना दूँ। क्या वह मुझे क्षमा न करेंगे? यह सोचकर उठी; किन्तु पति के सम्मुख जाते ही उसकी ज़बान बन्द हो गई। वह अपने कमरे में आई और फूट-फूट कर रोने लगी। कंगन पहनकर उसे बहुत आनन्द हुआ था। इसी कंगन ने उसे हँसाया था, अब वही रुला रहा है।

विद्याधरी ने रानी के साथ बाग़ों में सैर करना छोड़ दिया, चौपड़ और शतरंज उसके नाम को रोया करते। यह सारे दिन अपने कमरे में पड़ी रोया करती और सोचती कि क्या करूँ। काले वस्त्र पर काला दाग़ छिप जाता है, किन्तु उज्ज्वल वस्त्र पर कालिमा की एक बूँद भी झलकने लगती है। वह सोचती, इसी कंगन ने मेरा सुख हर लिया है, यही कंगन मुझे रक्त के आँसू रुला रहा है। सर्प जितना सुन्दर होता है उतना ही विषाक्त भी होता है। यह सुन्दर कंगन विषधर नाग है, मैं उसका सिर कुचल डालूँगी। यह निश्चय करके उसने एक दिन अपने कमरे में कोयले का अलाव जलाया, चारों तरफ़ के किवाड़ बन्द कर दिए और उस कंगन को, जिसने उसके जीवन को संकटमय बना रखा था, सन्दूक़चे से निकालकर आग में डाल दिया। एक दिन वह था कि कंगन उसे प्राणों से भी प्यारा था, उसे मखमली सन्दूक़चे में रखती थी, आज उसे इतनी निर्दयता से आग में जला रही है।

विद्याधरी अलाव के सामने बैठी हुई थी इतने में पंडित श्रीधर ने द्वार खटखटाया। विद्याधरी को काटो तो लोहू नहीं। उसने उठकर द्वार खोल दिया और सिर झुकाकर खड़ी हो गई। पंडित जी ने बड़े आश्चर्य से कमरे में निगाह दौड़ाई, पर रहस्य कुछ समझ में न आया। बोले कि किवाड़ बन्द करके क्या हो रहा है? विद्याधरी ने उत्तर न दिया। तब पंडित जी ने छड़ी उठा ली और अलाव कुरेदा तो कंगन निकल आया। उसका संपूर्णत: रूपांतर हो गया था। न वह चमक थी, न वह रंग, न वह आकार। घबराकर बोले, 'विद्याधरी, तुम्हारी बुद्धि कहाँ है?'

विद्या.—भ्रष्ट हो गई है।

पंडित—इस कंगन ने तुम्हारा क्या बिगाड़ा था?

विद्या.—इसने मेरे हृदय में आग लगा रखी है।

पंडित—ऐसी अमूल्य वस्तु मिट्टी में मिल गई।

विद्या.—इसने उससे भी अमूल्य वस्तु का अपहरण किया है।

पंडित—तुम्हारा सिर तो नहीं फिर गया है?

विद्या.—शायद आपका अनुमान सत्य है।

पंडित जी ने विद्याधरी की ओर चुभनेवाली निगाहों से देखा। विद्याधरी की आँखें नीचे को झुक गईं। वह उनसे आँखें न मिला सकी। भय हुआ कि कहीं यह तीव्र दृष्टि मेरे हृदय में न चुभ जाए। पंडित जी कठोर स्वर में बोले—विद्याधरी, तुम्हें स्पष्ट कहना होगा। विद्याधरी से अब न रुका गया, वह रोने लगी और पंडित जी के सम्मुख धरती पर गिर पड़ी।

11

विद्याधरी को जब सुध आई तो पंडित जी का वहाँ पता न था। घबराई हुई बाहर के दीवानख़ाने में आई, मगर यहाँ भी उन्हें न पाया। नौकरों से पूछा तो मालूम हुआ कि घोड़े पर सवार होकर ज्ञानसरोवर की ओर गए हैं। यह सुनकर विद्याधरी को कुछ ढाढ़स हुआ। वह द्वार पर खड़ी होकर उनकी राह देखती रही। दोपहर हुआ, सूर्य सिर पर आया, संध्या हुई, चिड़ियाँ बसेरा लेने लगीं, फिर रात आई, गगन में तारागण जगमगाने लगे; किन्तु विद्याधरी दीवार की भाँति खड़ी पति का इन्तज़ार करती रही। रात भीग गई, वनजन्तुओं के भयानक शब्द कानों में आने लगे, सन्नाटा छा गया। सहसा उसे घोड़े के टापों की ध्वनि सुनाई दी। उसका हृदय फड़कने लगा। आनन्दोन्मत्त होकर द्वार के बाहर निकल आई; किन्तु घोड़े पर सवार न था। विद्याधरी को अब विश्वास हो गया कि अब पतिदेव के दर्शन न होंगे। या तो उन्होंने संन्यास ले लिया या आत्मघात कर लिया। उसके कंठ से वैराग्य और विषाद में डूबी हुई ठंडी साँस निकली। वहीं भूमि पर बैठ गई और सारी रात ख़ून के आँसू बहाती रही। जब उषा की निद्रा भंग हुई और पक्षी आनन्दगान करने लगे तब वह दुखिया उठी और अन्दर जाकर लेट रही।

जिस प्रकार सूर्य का ताव जल को सोख लेता है, उसी भाँति शोक के ताव ने विद्याधरी का रक्त जला दिया। मुख से ठंडी साँस निकलती थी, आँखों से गर्म आँसू बहते थे। भोजन से अरुचि हो गई और जीवन से घृणा। इसी अवस्था में एक दिन राजा रणधीरसिंह समवेदना-भाव से उसके पास आए। उन्हें देखते ही विद्याधरी की आँखें रक्तवर्ण हो गईं, क्रोध से ओंठ काँपने लगे, झल्लाई हुई नागिन की भाँति फुफकार कर उठी और राजा के सम्मुख आकर कर्कश स्वर में बोली, 'पापी, यह आग तेरी ही लगाई हुई है। यदि मुझमें अब भी कुछ सत्य है, तो तुझे इस दुष्टता के कड़ुवे फल मिलेंगे।' ये तीर के-से शब्द राजा के हृदय में चुभ गए। मुँह से एक शब्द भी न निकला। काल से न डरनेवाला राजपूत एक स्त्री की आग्नेय दृष्टि से काँप उठा।

12

एक वर्ष बीत गया, हिमालय पर मनोहर हरियाली छाई, फूलों ने पर्वत की गोद में क्रीड़ा करनी शुरू की। यह ऋतु बीती, जल-थल ने बर्फ़ की सुफेद चादर ओढ़ी, जलपक्षियों की मालाएँ मैदानों की ओर उड़ती हुई दिखाई देने लगीं। यह मौसम भी गुज़रा। नदी-नालों में दूध की धारें बहने लगीं; चन्द्रमा की स्वच्छ निर्मल ज्योति ज्ञानसरोवर में थिरकने लगी; परन्तु पंडित श्रीधर की कुछ टोह न लगी। विद्याधरी ने राजभवन त्याग दिया और एक पुराने निर्जन मन्दिर में तपस्विनियों की भाँति कालक्षेप करने लगी। उस दुखिया की दशा कितनी करुणाजनक थी। उसे देखकर मेरी आँखें भर आती थीं। वह मेरी प्यारी सखी थी। उसकी संगत में मेरे जीवन के कई वर्ष आनन्द से व्यतीत हुए थे। उसका यह अपार दुःख देखकर मैं अपना दुःख

भूल गई। एक दिन वह था कि उसने अपने पातिव्रत के बल पर मनुष्य को पशु के रूप में परिणत कर दिया था, और आज यह दिन है कि उसका पति भी उसे त्याग रहा है। किसी स्त्री के हृदय पर इससे अधिक लज्जाजनक, इससे अधिक प्राणघातक आघात नहीं लग सकता। उसकी तपस्या ने मेरे हृदय में उसे फिर उसी सम्मान के पद पर बिठा दिया। उसके सतीत्व पर फिर मेरी श्रद्धा हो गई; किन्तु उससे कुछ पूछते, सांत्वना देते मुझे संकोच होता था। मैं डरती थी कि कहीं विद्याधरी यह न समझे कि मैं उससे बदला ले रही हूँ। कई महीनों के बाद जब विद्याधरी ने अपने हृदय का बोझा हलका करने के लिए स्वयं मुझसे यह वृत्तांत कहा तो मुझे ज्ञान हुआ कि यह सब काँटे राजा रणधीरसिंह के बोए हुए थे। उन्हीं की प्रेरणा से रानी जी ने पंडित जी के साथ जाने से रोका। उसके स्वभाव ने जो कुछ रंग बदला वह रानी जी ही की कुसंगति का फल था। उन्हीं की देखा-देखी उसे बनाव-शृंगार की चाट पड़ी, उन्हीं के मना करने से उसने कंगन का भेद पंडित जी से छिपाया। ऐसी घटनाएँ स्त्रियों के जीवन में नित्य होती रहती हैं और उन्हें ज़रा भी शंका नहीं होती। विद्याधरी का पातिव्रत आदर्श था। इसलिए यह विचलता उसके हृदय में चुभने लगी। मैं यह नहीं कहती कि विद्याधरी कर्तव्यपथ से विचलित नहीं हुई, चाहे किसी के बहकाने से, चाहे अपने भोलेपन से, उसने कर्तव्य का सीधा रास्ता छोड़ दिया, परन्तु पाप-कल्पना उसके दिल से कोसों दूर थी।

13

ऐ मुसाफ़िर, मैंने पंडित श्रीधर का पता लगाना शुरू किया। मैं उनकी मनोवृत्ति से परिचित थी। वह श्रीरामचन्द्र के भक्त थे। कौशलपुरी की पवित्र भूमि और सरयू नदी के रमणीक तट उनके जीवन के सुखस्वप्न थे। मुझे ख़याल आया कि सम्भव है, उन्होंने अयोध्या की राह ली हो। कहीं मेरे प्रयत्न से उनकी खोज मिल जाती और मैं उन्हें लाकर विद्याधरी के गले से मिला देती, तो मेरा जीवन सफल हो जाता। इस विरहिणी ने बहुत दु:ख झेले हैं। क्या अब भी देवताओं को उस पर दया न आएगी? एक दिन मैंने शेरसिंह से कहा और पाँच विश्वस्त मनुष्य के साथ अयोध्या को चली। पहाड़ों से नीचे उतरते ही रेल मिल गई। उसने हमारी यात्रा सुलभ कर दी। बीसवें दिन मैं अयोध्या पहुँच गई और धर्मशाले में ठहरी। फिर सरयू में स्नान करके श्रीरामचन्द्र के दर्शन को चली। मन्दिर के आँगन में पहुँची ही थी कि पंडित श्रीधर की सौम्य मूर्ति दिखाई दी। वह एक कुशासन पर बैठे हुए रामायण का पाठ कर रहे थे और सहस्र नर-नारी बैठे हुए उनकी अमृतवाणी का आनन्द उठा रहे थे।

पंडित जी की दृष्टि मुझ पर ज्यों ही पड़ी, वह आसन से उठकर मेरे पास आए और बड़े प्रेम से मेरा स्वागत किया। दो-ढाई घंटे तक उन्होंने मुझे उस मन्दिर की सैर कराई। मन्दिर की छत पर से सारा नगर शतरंज की बिसात की भाँति मेरे पैरों के नीचे फैला हुआ दिखाई देता था। मंदगामिनी वायु सरयू की तरंगों को धीरे-धीरे थपकियाँ दे रही थी। ऐसा जान पड़ता था मानो स्नेहमयी माता ने इस नगर को अपनी गोद में लिया हो। यहाँ से जब अपने डेरे को चली तब पंडित जी भी मेरे साथ आए। जब वह इतमीनान से बैठे तो मैंने कहा—आपने तो हम लोगों से नाता ही तोड़ लिया।

पंडित जी ने दुखित होकर कहा—विधाता की यही इच्छा थी। मेरा क्या वश था। अब तो श्रीरामचन्द्र की शरण आ गया हूँ और शेष जीवन उन्हीं की सेवा में भेंट होगा।

मैं—आप तो श्रीरामचन्द्र की शरण में आ गए हैं, उस अबला विद्याधरी को किसकी शरण में छोड़ दिया है?

पंडित—आपके मुख से ये शब्द शोभा नहीं देते।

मैंने उत्तर दिया—विद्याधरी को मेरी सिफारिश की आवश्यकता नहीं है। अगर आपने उसके पातिव्रत पर सन्देह किया है तो आपसे ऐसा भीषण पाप हुआ है, जिसका प्रायश्चित्त आप बार-बार जन्म लेकर भी नहीं कर सकते। आपकी यह भक्ति इस अधर्म का निवारण नहीं कर सकती। आप क्या जानते हैं कि आपके वियोग में उस दुखिया का जीवन कैसे कट रहा है।

किन्तु पंडित जी ने ऐसा मुँह बना लिया, मानो इस विषय में वह अन्तिम शब्द कह चुके। किन्तु मैं इतनी आसानी से उनका पीछा क्यों छोड़ने लगी। मैंने सारी कथा आद्योपांत सुनाई। और रणधीरसिंह की कपटनीति का रहस्य खोल दिया तब पंडित जी की आँखें खुलीं। मैं वाणी में कुशल नहीं हूँ, किन्तु उस समय सत्य और न्याय के पक्ष ने मेरे शब्दों को बहुत ही प्रभावशाली बना दिया था। ऐसा जान पड़ता था, मानो मेरी जिह्वा पर सरस्वती विराजमान हों। अब वह बातें याद आती हैं तो मुझे स्वयं आश्चर्य होता है। आख़िर विजय मेरे ही साथ रही। पंडित जी मेरे साथ चलने पर उद्यत हो गए।

14

यहाँ आकर मैंने शेरसिंह को यहीं छोड़ा और पंडित जी के साथ अर्जुननगर को चली। हम दोनों अपने विचारों में मग्न थे। पंडित जी की गर्दन शर्म से झुकी हुई थी क्योंकि अब उनकी हैसियत रूठनेवालों की भाँति नहीं, बल्कि मनानेवालों की तरह थी।

आज प्रणय के सूखे हुए धान में फिर पानी पड़ेगा, प्रेम की सूखी हुई नदी फिर उमड़ेगी!

जब हम विद्याधरी के द्वार पर पहुँचे तो दिन चढ़ आया था। पंडित जी बाहर ही रुक गए थे। मैंने भीतर जाकर देखा तो विद्याधरी पूजा पर थी। किन्तु यह किसी देवता की पूजा न थी। देवता के स्थान पर पंडित जी की खड़ाऊँ रखी हुई थी। पातिव्रत का यह अलौकिक दृश्य देखकर मेरा हृदय पुलकित हो गया। मैंने दौड़कर विद्याधरी के चरणों पर सिर झुका दिया। उसका शरीर सूख कर काँटा हो गया था और शोक ने कमर झुका दी थी।

विद्याधरी ने मुझे उठाकर छाती से लगा लिया और बोली—बहन, मुझे लज्जित न करो। ख़ूब आईं, बहुत दिनों से जी तुम्हें देखने को तरस रहा था।

मैंने उत्तर दिया—ज़रा अयोध्या चली गई थी। जब हम दोनों अपने देश में थीं तो तब मैं कहीं जाती तो विद्याधरी के लिए कोई न कोई उपहार अवश्य लाती। उसे वह बात याद आ गई। सजल-नयन होकर बोली—मेरे लिए भी कुछ लाईं?

मैं—एक बहुत अच्छी वस्तु लाई हूँ।

विद्या.—क्या है, देखूँ?

मैं—पहले बूझ जाओ।

विद्या.—सुहाग की पिटारी होगी?

मैं—नहीं, उससे अच्छी।

विद्या.—ठाकुर जी की मूर्ति?

मैं—नहीं, उससे भी अच्छी।

विद्या.—मेरे प्राणाधार का कोई समाचार?

मैं—उससे भी अच्छी।

विद्याधरी प्रबल आवेश से व्याकुल होकर उठी कि द्वार पर जाकर पति का स्वागत करे, किन्तु निर्बलता ने मन की अभिलाषा न निकलने दी। तीन बार सँभली और तीन बार गिरी, तब मैंने उसका सिर अपनी गोद में रख लिया और आँचल से हवा करने लगी। उसका हृदय बड़े वेग से धड़क रहा था और पतिदर्शन का आनन्द आँखों से आँसू बनकर निकलता था।

जब ज़रा चित सावधान हुआ तो उसने कहा—उन्हें बुला लो, उनका दर्शन मुझे रामबाण हो जाएगा। ऐसा ही हुआ। ज्यों ही पंडित जी अन्दर आए, विद्याधरी उठकर उनके पैरों से लिपट गई। देवी ने बहुत दिनों के बाद पति के दर्शन पाए हैं। अश्रुधारा से उनके पैर पखार रही है।

मैंने वहाँ ठहरना उचित न समझा। इन दोनों प्राणियों के हृदय में कितनी ही बातें आ रही होंगी, दोनों क्या-क्या कहना और क्या-क्या सुनना चाहते होंगे, इस विचार से, मैं उठ खड़ी हुई और बोली—बहन, अब मैं जाती हूँ, शाम को फिर आऊँगी। विद्याधरी ने मेरी ओर आँखें उठाईं। पुतलियों के स्थान पर हृदय रखा हुआ था। दोनों आँखें आकाश की ओर उठाकर बोली—ईश्वर तुम्हें इस यश का फल दें।

15

ऐ मुसाफ़िर, मैंने दो बार पंडित श्रीधर को मौत के मुँह से बचाया था, किन्तु आज का-सा आनन्द कभी न प्राप्त हुआ था।

जब मैं ज्ञानसरोवर पर पहुँची तो दोपहर हो आई थी। विद्याधरी की शुभकामना मुझसे पहले ही पहुँच चुकी थी। मैंने देखा कि कोई पुरुष गुफा से निकलकर ज्ञानसरोवर की ओर चला जाता है। मुझे आश्चर्य हुआ कि इस समय यहाँ कौन आया। लेकिन जब समीप आ गया तो मेरे हृदय में ऐसी तरंगें उठने लगीं मानो छाती से बाहर निकल पड़ेगा। यह मेरे प्राणेश्वर, मेरे पतिदेव थे। मैं चरणों पर गिरना ही चाहती थी कि उनका कर-पाश मेरे गले में पड़ गया।

पूरे दस वर्षों के बाद आज मुझे यह शुभ दिन देखना नसीब हुआ। मुझे उस समय ऐसा जान पड़ता था कि ज्ञानसरोवर के कमल मेरे ही लिए खिले हैं, गिरिराज ने मेरे ही लिए फूल की शय्या दी है, हवा मेरे ही लिए झूमती हुई आ रही है।

दस वर्षों के बाद मेरा उजड़ा हुआ घर बसा; गए हुए दिन लौटे। मेरे आनन्द का अनुमान कौन कर सकता है।

मेरे पति ने प्रेमकरुणा भरी आँखों से देखकर कहा, ''प्रियंवदा!''

मर्यादा की वेदी

यह वह समय था जब चित्तौड़ में मृदुभाषिणी मीरा प्यारी आत्माओं को ईश्वर-प्रेम के प्याले पिलाती थी। रणछोड़ जी के मन्दिर में जब भक्ति से विह्वल होकर वह अपने मधुर स्वरों में अपने पीयूषपूरित पदों को गाती, तो श्रोतागण प्रेमानुराग से उन्मत्त हो जाते। प्रतिदिन यह

स्वर्गीय आनन्द उठाने के लिए सारे चित्तौड़ के लोग ऐसे उत्सुक होकर दौड़ते, जैसे दिन भर की प्यासी गायें दूर से किसी सरोवर को देखकर उसकी ओर दौड़ती हैं। इस प्रेम-सुधा-सागर से केवल चित्तौड़वासियों ही की तृप्ति न होती थी, बल्कि समस्त राजपूताना की मरुभूमि प्लावित हो जाती थी।

एक बार ऐसा संयोग हुआ कि झालावाड़ के रावसाहब और मंदार राज्य के कुमार, दोनों ही लाव-लश्कर के साथ चित्तौड़ आए। रावसाहब के साथ राजकुमारी प्रभा भी थी, जिसके रूप और गुण की दूर-दूर तक चर्चा थी। यहीं रणछोड़ जी के मन्दिर में दोनों की आँखें मिलीं। प्रेम ने बाण चलाया।

राजकुमार सारे दिन उदासीन भाव से शहर की गलियों में घूमा करता। राजकुमारी विरह से व्यथित अपने महल के झरोखों से झाँका करती। दोनों व्याकुल होकर संध्या समय मन्दिर में आते और यहाँ चन्द्र को देखकर कुमुदिनी खिल जाती।

प्रेम-प्रवीण मीरा ने कई बार इन दोनों प्रेमियों को सतृष्ण नेत्रों से परस्पर देखते हुए पाकर उनके मन के भावों को ताड़ लिया। एक दिन कीर्तन के पश्चात् जब झालावाड़ के रावसाहब चलने लगे तो उसने मंदार के राजकुमार को बुलाकर उनके सामने खड़ा कर दिया और कहा—रावसाहब, मैं प्रभा के लिए वर लाई हूँ, आप इसे स्वीकार कीजिए।

प्रभा लज्जा से गड़-सी गई। राजकुमार के गुण-शील पर रावसाहब पहले ही से मोहित हो रहे थे, उन्होंने तुरन्त उसे छाती से लगा लिया।

उसी अवसर पर चित्तौड़ के राणा भोजराज जी मन्दिर में आए। उन्होंने प्रभा का मुख-चन्द्र देखा। उनकी छाती पर साँप लोटने लगा।

2

झालावाड़ में बड़ी धूम थी। राजकुमारी प्रभा का आज विवाह होगा। मंदार से बारात आएगी। मेहमानों की सेवा-सम्मान की तैयारियाँ हो रही थीं। दुकानें सजी हुई थीं। नौबतखाने आमोदालाप से गूँजते थे। सड़कों पर सुगंधि छिड़की जाती थी, अट्टालिकाएँ पुष्प-लताओं से शोभायमान थीं। पर जिसके लिए ये सब तैयारियाँ हो रही थीं, वह अपनी वाटिका के एक वृक्ष के नीचे उदास बैठी हुई रो रही थी।

रनिवास में डोमिनियाँ आनन्दोत्सव के गीत गा रही थीं। कहीं सुन्दरियों के हाव-भाव थे, कहीं आभूषणों की चमक-दमक, कहीं हास-परिहास की बहार। नाइन बात-बात पर तेज़ होती थी। मालिन गर्व से फूली न समाती थी। धोबिन आँखें दिखाती थी। कुम्हारिन मटके के सदृश फूली हुई थी। मंडप के नीचे पुरोहित जी बात-बात पर सुवर्ण-मुद्राओं के लिए ठुनकते थे। रानी सिर के बाल खोले भूखी-प्यासी चारों ओर दौड़ती थी। सबकी बौछारें सहती थी और अपने भाग्य को सराहती थी। दिल खोलकर हीरे-जवाहिर लुटा रही थी। आज प्रभा का विवाह है। बड़े भाग्य से ऐसी बातें सुनने में आती हैं। सबके सब अपनी-अपनी धुन में मस्त हैं। किसी को प्रभा की फ़िक्र नहीं है, जो वृक्ष के नीचे अकेली बैठी रो रही है।

एक रमणी ने आकर नाइन से कहा—बहुत बढ़-बढ़कर बातें न कर, कुछ राजकुमारी का भी ध्यान है? चल, उनके बाल गूँथ।

नाइन ने दाँतों तले जीभ दबाई। दोनों प्रभा को ढूँढ़ती हुई बाग़ में पहुँचीं। प्रभा ने उन्हें देखते ही आँसू पोंछ डाले। नाइन मोतियों से माँग भरने लगी और प्रभा सिर नीचा किए आँखों से मोती बरसाने लगी।

रमणी ने सजल नेत्र होकर कहा—बहिन, दिल इतना छोटा मत करो। मुँहमाँगी मुराद पाकर इतनी उदास क्यों होती हो?

प्रभा ने सहेली की ओर देखकर कहा—बहिन, जाने क्यों दिल बैठा जाता है। सहेली ने छेड़कर कहा—पिया-मिलन की बेकली है!

प्रभा उदासीन भाव से बोली—कोई मेरे मन में बैठा कह रहा है कि अब उनसे मुलाक़ात न होगी।

सहेली उसके केश सँवार कर बोली—जैसे उषाकाल से पहले कुछ अँधेरा हो जाता है, उसी प्रकार मिलाप के पहले प्रेमियों का मन अधीर हो जाता है।

प्रभा बोली—नहीं बहिन, यह बात नहीं। मुझे शकुन अच्छे नहीं दिखाई देते। आज दिन भर मेरी आँख फड़कती रही। रात को मैंने बुरे स्वप्न देखे हैं। मुझे शंका होती है कि आज अवश्य कोई न कोई विघ्न पड़नेवाला है। तुम राजा भोजराज को जानती हो न?

संध्या हो गई। आकाश पर तारों के दीपक जले। झालावाड़ में बूढ़े-जवान सभी लोग बारात की अगवानी के लिए तैयार हुए। मरदों ने पागें सँवारीं, शस्त्र साजे। युवतियाँ शृंगार कर गाती-बजाती रनिवास की ओर चलीं। हज़ारों स्त्रियाँ छत पर बैठी बारात की राह देख रही थीं।

अचानक शोर मचा कि बारात आ गई। लोग सँभल बैठे, नगाड़ों पर चोटें पड़ने लगीं, सलामियाँ दगने लगीं। जवानों ने घोड़ों को एड़ लगाई। एक क्षण में सवारों की एक सेना राजभवन के सामने आकर खड़ी हो गई। लोगों को देखकर बड़ा आश्चर्य हुआ, क्योंकि यह मंदार की बारात नहीं थी बल्कि राणा भोजराज की सेना थी।

झालावाड़वाले अभी विस्मित खड़े ही थे, कुछ निश्चय न कर सके थे कि क्या करना चाहिए। इतने में चित्तौड़वालों ने राजभवन को घेर लिया। तब झालावाड़ी भी सचेत हुए। सँभलकर तलवारें खींच लीं और आक्रमणकारियों पर टूट पड़े। राजा महल में घुस गया। रनिवास में भगदड़ मच गई।

प्रभा सोलहो शृंगार किए, सहेलियों के साथ बैठी थी। यह हलचल देखकर घबड़ाई। इतने में रावसाहब हाँफते हुए आए और बोले—बेटी प्रभा, राणा भोजराज ने हमारे महल को घेर लिया है। तुम चटपट ऊपर चली जाओ और द्वार को बन्द कर लो। अगर हम क्षत्रिय हैं, तो एक चित्तौड़ी भी यहाँ से जीता न जाएगा।

रावसाहब बात भी पूरी न करने पाए थे कि राणा कई वीरों के साथ आ पहुँचे और बोले—चित्तौड़वाले तो सिर कटाने के लिए आए ही हैं। पर यदि वे राजपूत हैं तो राजकुमारी को लेकर ही जाएँगे। वृद्ध रावसाहब की आँखों से ज्वाला निकलने लगी। वे तलवार खींचकर राणा पर झपटे। उन्होंने वार बचा लिया और प्रभा से कहा—राजकुमारी, हमारे साथ चलोगी?

प्रभा सिर झुकाए राणा के सामने आकर बोली—हाँ, चलूँगी।

रावसाहब को कई आदमियों ने पकड़ लिया था। वे तड़प कर बोले—प्रभा, तू राजपूत की कन्या है?

प्रभा की आँखें सजल हो गईं। बोली—राणा भी तो राजपूतों के कुलतिलक हैं। रावसाहब ने क्रोध में आकर कहा—निर्लज्जा!

कटार के नीचे पड़ा हुआ बलिदान का पशु जैसी दीन दृष्टि से देखता है, उसी भाँति प्रभा ने रावसाहब की ओर देखकर कहा—जिस झालावाड़ की गोद में पली हूँ, क्या उसे रक्त से रँगवा दूँ?

रावसाहब ने क्रोध से काँप कर कहा—क्षत्रियों को रक्त इतना प्यारा नहीं होता। मर्यादा पर प्राण देना उनका धर्म है!

तब प्रभा की आँखें लाल हो गईं। चेहरा तमतमाने लगा।

बोली—राजपूत-कन्या अपने सतीत्व की रक्षा आप कर सकती है। इसके लिए रुधिर प्रवाह की आवश्यकता नहीं।

पल भर में राणा ने प्रभा को गोद में उठा लिया। बिजली की भाँति झपट कर बाहर निकले। उन्होंने उसे घोड़े पर बिठा लिया, आप सवार हो गए और घोड़े को उड़ा दिया। अन्य चित्तौड़ियों ने भी घोड़ों की बागें मोड़ दीं, उसके सौ जवान भूमि पर पड़े तड़प रहे थे; पर किसी ने तलवार न उठाई थी।

रात को दस बजे मंदारवाले भी पहुँचे। मगर यह शोक-समाचार पाते ही लौट गए। मंदार-कुमार निराशा से अचेत हो गया। जैसे रात को नदी का किनारा सुनसान हो जाता है, उसी तरह सारी रात झालावाड़ में सन्नाटा छाया रहा।

3

चित्तौड़ के रंग-महल में प्रभा उदास बैठी सामने के सुन्दर पौधों की पत्तियाँ गिन रही थी। संध्या का समय था। रंग-बिरंग के पक्षी वृक्षों पर बैठे कलरव कर रहे थे। इतने में राणा ने कमरे में प्रवेश किया। प्रभा उठकर खड़ी हो गई।

राणा बोले—प्रभा, मैं तुम्हारा अपराधी हूँ। मैं बलपूर्वक तुम्हें माता-पिता की गोद से छीन लाया, पर यदि मैं तुमसे कहूँ कि यह सब तुम्हारे प्रेम से विवश होकर मैंने किया, तो तुम मन में हँसोगी और कहोगी कि यह निराले, अनूठे ढंग की प्रीति है; पर वास्तव में यही बात है। जबसे मैंने रणछोड़ जी के मन्दिर में तुमको देखा, तब से एक क्षण भी ऐसा नहीं बीता कि मैं तुम्हारी सुधि में विकल न रहा होऊँ। तुम्हें अपनाने का अन्य कोई उपाय होता, तो मैं कदापि इस पाशविक ढंग से काम न लेता। मैंने रावसाहब की सेवा में बारंबार संदेशे भेजे; पर उन्होंने हमेशा मेरी उपेक्षा की। अन्त में जब तुम्हारे विवाह की अवधि आ गई और मैंने देखा कि एक ही दिन में तुम दूसरे की प्रेम-पात्री हो जाओगी और तुम्हारा ध्यान करना भी मेरी आत्मा को दूषित करेगा, तो लाचार होकर मुझे यह अनीति करनी पड़ी। मैं मानता हूँ कि यह सर्वथा मेरी स्वार्थान्धता है। मैंने अपने प्रेम के सामने तुम्हारे मनोगत भावों को कुछ न समझा; पर प्रेम स्वयं एक बढ़ी हुई स्वार्थपरता है, जब मनुष्य को अपने प्रियतम के सिवाय और कुछ नहीं सूझता। मुझे पूरा विश्वास था कि मैं अपने विनीत भाव और प्रेम से तुमको अपना लूँगा। प्रभा, प्यास से मरता हुआ मनुष्य यदि किसी गढ़े में मुँह डाल दे, तो वह दंड का भागी नहीं है। मैं प्रेम का प्यासा हूँ। मीरा मेरी सहधर्मिणी है। उसका हृदय प्रेम का अगाध सागर है। उसका एक चुल्लू भी मुझे उन्मत्त करने के लिए काफ़ी था; पर जिस हृदय में ईश्वर का वास हो वहाँ मेरे

लिए स्थान कहाँ? तुम शायद कहोगी कि यदि तुम्हारे सिर पर प्रेम का भूत सवार था तो क्या सारे राजपूताने में स्त्रियाँ न थीं। निस्सन्देह राजपूताने में सुन्दरता का अभाव नहीं है और न चित्तौड़ाधिपति की ओर से विवाह की बातचीत किसी के अनादर का कारण हो सकती है; पर इसका जवाब तुम आप ही हो। इसका दोष तुम्हारे ही ऊपर है। राजस्थान में एक ही चित्तौड़ है, एक ही राणा और एक ही प्रभा। सम्भव है, मेरे भाग्य में प्रेमानंद भोगना न लिखा हो। यह मैं अपने कर्म-लेख को मिटाने का थोड़ा-सा प्रयत्न कर रहा हूँ; परन्तु भाग्य के अधीन बैठे रहना पुरुषों का काम नहीं है। मुझे इसमें सफलता होगी या नहीं, इसका फ़ैसला तुम्हारे हाथ है।

प्रभा की आँखें ज़मीन की तरफ़ थीं और मन फुदकनेवाली चिड़िया की भाँति इधर-उधर उड़ता फिरता था। वह झालावाड़ को मारकाट से बचाने के लिए राणा के साथ आई थी, मगर राणा के प्रति उसके हृदय में क्रोध की तरंगें उठ रही थीं। उसने सोचा था कि वे यहाँ आएँगे तो उन्हें राजपूत कुल-कलंक, अन्यायी, दुराचारी, दुरात्मा, कायर कहकर उनका गर्व चूर-चूर कर दूँगी। उसको विश्वास था कि यह अपमान उनसे न सहा जाएगा और वे मुझे बलात् अपने काबू में लाना चाहेंगे। इस अन्तिम समय के लिए उसने अपने हृदय को ख़ूब मज़बूत और अपनी कटार को ख़ूब तेज़ कर रखा था। उसने निश्चय कर लिया था कि इसका एक वार उन पर होगा, दूसरा अपने कलेजे पर और इस प्रकार यह पाप-कांड समाप्त हो जाएगा। लेकिन राणा की नम्रता, उनकी करुणात्मक विवेचना और उनके विनीत भाव ने प्रभा को शान्त कर दिया। आग पानी से बुझ जाती है। राणा कुछ देर वहाँ बैठे रहे, फिर उठकर चले गए।

4

प्रभा को चित्तौड़ में रहते दो महीने गुज़र चुके हैं। राणा उसके पास फिर न आए। इस बीच में उनके विचारों में कुछ अन्तर हो गया है। झालावाड़ पर आक्रमण होने के पहले मीराबाई को इसकी बिलकुल ख़बर न थी। राणा ने इस प्रस्ताव को गुप्त रखा था। किन्तु अब मीराबाई प्राय: उन्हें इस दुराग्रह पर लज्जित किया करती है और धीरे-धीरे राणा को भी विश्वास होने लगा है कि प्रभा इस तरह काबू में नहीं आ सकती। उन्होंने उसके सुख-विलास की सामग्री एकत्र करने में कोई कसर नहीं रख छोड़ी थी। लेकिन प्रभा उनकी तरफ़ आँख उठाकर भी नहीं देखती। राणा प्रभा की लौंडियों से नित्य का समाचार पूछा करते हैं और उन्हें रोज़ वही निराशापूर्ण वृत्तांत सुनाई देता है। मुरझाई हुई कली किसी भाँति नहीं खिलती। अतएव उनको कभी-कभी अपने इस दुस्साहस पर पश्चात्ताप होता है। वे पछताते हैं कि मैंने व्यर्थ ही यह अन्याय किया। लेकिन फिर प्रभा का अनुपम सौन्दर्य नेत्रों के सामने आ जाता है और वह अपने मन को इस विचार से समझा लेते हैं कि एक सगर्वा सुन्दरी का प्रेम इतनी जल्दी परिवर्तित नहीं हो सकता। निस्सन्देह मेरा मृदु व्यवहार भी कभी न कभी अपना प्रभाव दिखलाएगा।

प्रभा सारे दिन अकेली बैठी-बैठी उकताती और झुँझलाती थी। उसके विनोद के निमित्त कई गानेवाली स्त्रियाँ नियुक्त थीं; किन्तु राग-रंग से उसे अरुचि हो गई। वह प्रतिक्षण चिन्ताओं में डूबी रहती थी।

राणा के नरम भाषण का प्रभाव अब मिट चुका था और उसकी अमानुषिक वृत्ति अब फिर अपने यथार्थ रूप में दिखाई देने लगी थी। वाक्‌चतुरता शान्तिकारक नहीं होती। वह केवल निरुत्तर कर देती है। प्रभा को अब अपने अवाक् हो जाने पर आश्चर्य होता है। उसे

राणा की बातों के उत्तर भी सूझने लगे हैं। वह कभी-कभी उनसे लड़कर अपनी क़िस्मत का फ़ैसला करने के लिए विकल हो जाती है।

मगर अब वाद-विवाद किस काम का? वह सोचती है कि मैं रावसाहब की कन्या हूँ; पर संसार की दृष्टि में राणा की रानी हो चुकी। अब यदि मैं इस क़ैद से छूट भी जाऊँ तो मेरे लिए कहाँ ठिकाना है? मैं कैसे मुँह दिखाऊँगी? इससे केवल मेरे वंश का ही नहीं, वरन् समस्त राजपूत-जाति का नाम डूब जाएगा। मंदार-कुमार मेरे सच्चे प्रेमी हैं। मगर क्या वे मुझे अंगीकार करेंगे? और यदि वे निन्दा की परवाह न करके मुझे ग्रहण भी कर लें तो उनका मस्तक सदा के लिए नीचा हो जाएगा और कभी न कभी उनका मन मेरी तरफ़ से फिर जाएगा। वे मुझे अपने कुल का कलंक समझने लगेंगे। या यहाँ से किसी तरह भाग जाऊँ? लेकिन भाग कर जाऊँ कहाँ? बाप के घर? वहाँ अब मेरी पैठ नहीं। मंदार-कुमार के पास? इसमें उनका अपमान है और मेरा भी। तो क्या भिखारिणी बन जाऊँ? इसमें भी जग-हँसाई होगी और न जाने प्रबल भावी किस मार्ग पर ले जाए। एक अबला स्त्री के लिए सुन्दरता प्राणघातक यंत्र से कम नहीं। ईश्वर, वह दिन न आए कि मैं क्षत्रिय-जाति का कलंक बनूँ। क्षत्रिय-जाति ने मर्यादा के लिए पानी की तरह रक्त बहाया है। उनकी हज़ारों देवियाँ पर-पुरुष का मुँह देखने के भय से सूखी लकड़ी के समान जल मरी हैं। ईश्वर, वह घड़ी न आए कि मेरे कारण किसी राजपूत का सिर लज्जा से नीचा हो। नहीं, मैं इसी क़ैद में मर जाऊँगी। राणा के अन्याय सहूँगी, जलूँगी, मरूँगी, पर इसी घर में। विवाह जिससे होना था, हो चुका। हृदय में उसकी उपासना करूँगी, पर कंठ के बाहर उसका नाम न निकालूँगी।

एक दिन झुँझला कर उसने राणा को बुला भेजा। वे आए। उनका चेहरा उतरा था। वे कुछ चिन्तित-से थे। प्रभा कुछ कहना चाहती थी पर उनकी सूरत देखकर उसे उन पर दया आ गई। उन्होंने उसे बात करने का अवसर न देकर स्वयं कहना शुरू किया।

'प्रभा, तुमने आज मुझे बुलाया है। यह मेरा सौभाग्य है। तुमने मेरी सुधि तो ली मगर यह मत समझो कि मैं मृदु-वाणी सुनने की आशा लेकर आया हूँ। नहीं, मैं जानता हूँ, जिसके लिए तुमने मुझे बुलाया है। यह लो, तुम्हारा अपराधी तुम्हारे सामने खड़ा है। उसे जो दंड चाहो दो। मुझे अब तक आने का साहस न हुआ। इसका कारण यही दंड-भय था। तुम क्षत्रणी हो और क्षत्रणियाँ क्षमा करना नहीं जानतीं। झालावाड़ में जब तुम मेरे साथ आने पर स्वयं उद्यत हो गईं, तो मैंने उसी क्षण तुम्हारे जौहर परख लिये। मुझे मालूम हो गया कि तुम्हारा हृदय बल और विश्वास से भरा हुआ है। उसे काबू में लाना सहज नहीं। तुम नहीं जानतीं कि यह एक मास मैंने किस तरह काटा है। तड़प-तड़प कर मर रहा हूँ, पर जिस तरह शिकारी बिफरी हुई सिंहनी के सम्मुख जाने से डरता है, वही दशा मेरी थी। मैं कई बार आया। यहाँ तुमको उदास त्यौरियाँ चढ़ाए बैठे देखा। मुझे अन्दर पैर रखने का साहस न हुआ; मगर आज मैं बिना बुलाया मेहमान नहीं हूँ। तुमने मुझे बुलाया है और तुम्हें अपने मेहमान का स्वागत करना चाहिए। हृदय से न सही—जहाँ अग्नि प्रज्वलित हो, वहाँ ठंडक कहाँ—बातों ही से सही, अपने भावों को दबाकर ही सही, मेहमान का स्वागत करो। संसार में शत्रु का आदर मित्रों से भी अधिक किया जाता है।

'प्रभा, एक क्षण के लिए क्रोध को शान्त करो और मेरे अपराधों पर विचार करो। तुम मेरे ऊपर यही दोषारोपण कर सकती हो कि मैं तुम्हें माता-पिता की गोद से छीन लाया। तुम जानती

हो, कृष्ण भगवान् रुक्मिणी को हर लाए थे। राजपूतों में यह कोई नई बात नहीं है। तुम कहोगी, इससे झालावाड़वालों का अपमान हुआ; पर ऐसा कहना कदापि ठीक नहीं। झालावाड़वालों ने वही किया, जो मर्दों का धर्म था। उनका पुरुषार्थ देखकर हम चकित हो गए। यदि वे कृतकार्य नहीं हुए तो यह उनका दोष नहीं है। वीरों की सदैव जीत नहीं होती। हम इसलिए सफल हुए कि हमारी संख्या अधिक थी और इस काम के लिए तैयार होकर गए थे। वे निश्शंक थे, इस कारण उनकी हार हुई। यदि हम वहाँ से शीघ्र ही प्राण बचाकर भाग न आते तो हमारी गति वही होती जो रावसाहब ने कही थी। एक भी चित्तौड़ी न बचता। लेकिन ईश्वर के लिए यह मत सोचो कि मैं अपने अपराध के दूषण को मिटाना चाहता हूँ। नहीं, मुझसे अपराध हुआ है और मैं हृदय से उस पर लज्जित हूँ। पर अब तो जो कुछ होना था, हो चुका। अब इस बिगड़े हुए खेल को मैं तुम्हारे ऊपर छोड़ता हूँ। यदि मुझे तुम्हारे हृदय में कोई स्थान मिले तो मैं उसे स्वर्ग समझूँगा। डूबते हुए को तिनके का सहारा भी बहुत है। क्या यह सम्भव है?'

प्रभा बोली—नहीं।

राणा—झालावाड़ जाना चाहती हो?

प्रभा—नहीं।

राणा—मंदार के राजकुमार के पास भेज दूँ?

प्रभा—कदापि नहीं।

राणा—लेकिन मुझसे यह तुम्हारा कुढ़ना देखा नहीं जाता।

प्रभा—आप इस कष्ट से शीघ्र ही मुक्त हो जाएँगे।

राणा ने भयभीत दृष्टि से देखकर कहा, 'जैसी तुम्हारी इच्छा,' और वे वहाँ से उठकर चले गए।

5

दस बजे रात का समय था। रणछोड़ जी के मन्दिर में कीर्तन समाप्त हो चुका था और वैष्णव साधु बैठे हुए प्रसाद पा रहे थे। मीरा स्वयं अपने हाथ से थाल ला-लाकर उनके आगे रखती थी। साधुओं और अभ्यागतों के आदर-सत्कार में उस देवी को आत्मिक आनन्द प्राप्त होता था। साधुगण जिस प्रेम से भोजन करते थे, उससे यह शंका होती थी कि स्वादपूर्ण वस्तुओं में कहीं भक्ति-भजन से भी अधिक सुख तो नहीं है। यह सिद्ध हो चुका है कि ईश्वर की दी हुई वस्तुओं का सदुपयोग ही ईश्वरोपासना की मुख्य रीति है। इसीलिए ये महात्मा लोग उपासना के ऐसे अच्छे अवसरों को क्यों खोते? वे कभी पेट पर हाथ फेरते और कभी आसन बदलते थे। मुँह से 'नहीं' कहना तो वे घोर पाप के समान समझते थे। यह भी मानी हुई बात है कि जैसी वस्तुओं का हम सेवन करते हैं, वैसी ही आत्मा भी बनती है। इसलिए वे महात्मागण घी और खोये से उदर को ख़ूब भर रहे थे।

पर उन्हीं में एक महात्मा ऐसे भी थे जो आँखें बन्द किए ध्यान में मग्न थे। थाल की ओर ताक़ते भी न थे। इनका नाम प्रेमानन्द था। ये आज ही आए थे। इनके चेहरे पर कांति झलकती थी। अन्य साधु खाकर उठ गए, परन्तु उन्होंने थाल छुआ भी नहीं।

मीरा ने हाथ जोड़कर कहा—महाराज, आपने प्रसाद को छुआ भी नहीं। दासी से कोई अपराध तो नहीं हुआ?

साधु—नहीं, इच्छा नहीं थी।

मीरा—पर मेरी विनय आपको माननी पड़ेगी।

साधु—मैं तुम्हारी आज्ञा का पालन करूँगा, तो तुमको भी मेरी एक बात माननी होगी।

मीरा—कहिए क्या आज्ञा है।

साधु—माननी पड़ेगी।

मीरा—मानूँगी।

साधु—वचन देती हो?

मीरा—वचन देती हूँ, आप प्रसाद पाएँ।

मीराबाई ने समझा था कि साधु कोई मन्दिर बनवाने या कोई यज्ञ पूर्ण करा देने की याचना करेगा। ऐसी बातें नित्यप्रति हुआ ही करती थीं और मीरा का सर्वस्व साधु-सेवा के लिए अर्पित था; परन्तु उसके लिए साधु ने ऐसी कोई याचना न की। वह मीरा के कानों के पास मुँह ले जाकर बोला—आज दो घंटे के बाद राजभवन का चोर दरवाज़ा खोल देना।

मीरा विस्मित होकर बोली—आप कौन हैं?

साधु—मंदार का राजकुमार।

मीरा ने राजकुमार को सिर से पाँव तक देखा। नेत्रों में आदर की जगह घृणा थी। कहा—राजपूत यों छल नहीं करते।

राजकुमार—यह नियम उस अवस्था के लिए है जब दोनों पक्ष समान शक्ति रखते हों।

मीरा—ऐसा नहीं हो सकता।

राजकुमार—आपने वचन दिया है, उसका पालन करना होगा।

मीरा—महाराज की आज्ञा के सामने मेरे वचन का कोई महत्त्व नहीं।

राजकुमार—मैं यह कुछ नहीं जानता। यदि आपको अपने वचन की कुछ भी मर्यादा रखनी है तो उसे पूरा कीजिए।

मीरा—(सोचकर) महल में जाकर क्या करोगे?

राजकुमार—नई रानी से दो-दो बातें।

मीरा चिन्ता में विलीन हो गई। एक तरफ़ राणा की कड़ी आज्ञा थी और दूसरी तरफ़ अपना वचन और उसका पालन करने का परिणाम। कितनी ही पौराणिक घटनाएँ उसके सामने आ रही थीं। दशरथ ने वचन पालने के लिए अपने प्रिय पुत्र को वनवास दे दिया। मैं वचन दे चुकी हूँ। उसे पूरा करना मेरा परम धर्म है; लेकिन पति की आज्ञा को कैसे तोड़ूँ? यदि उनकी आज्ञा के विरुद्ध करती हूँ तो लोक और परलोक दोनों बिगड़ते हैं। क्यों न उनसे स्पष्ट कह दूँ। क्या वे मेरी यह प्रार्थना स्वीकार न करेंगे? मैंने आज तक उनसे कुछ नहीं माँगा। आज उनसे यह दान मागूँगी। क्या वे मेरे वचन की मर्यादा की रक्षा न करेंगे? उनका हृदय कितना विशाल है! निस्सन्देह वे मुझ पर वचन तोड़ने का दोष न लगने देंगे।

इस तरह मन में निश्चय करके वह बोली—कब खोल दूँ?

राजकुमार ने उछल कर कहा—आधी रात को।

मीरा—मैं स्वयं तुम्हारे साथ चलूँगी।

राजकुमार—क्यों?

मीरा—तुमने मेरे साथ छल किया है। मुझे तुम्हारा विश्वास नहीं है।

राजकुमार ने लज्जित होकर कहा—अच्छा, तो आप द्वार पर खड़ी रहिएगा।

मीरा—यदि फिर कोई दग़ा किया तो जान से हाथ धोना पड़ेगा।

राजकुमार—मैं सब कुछ सहने के लिए तैयार हूँ।

6

मीरा यहाँ से राणा की सेवा में पहुँची। वे उसका बहुत आदर करते थे। वे खड़े हो गए। इस समय मीरा का आना एक असाधारण बात थी। उन्होंने पूछा—बाई जी, क्या आज्ञा है?

मीरा—आपसे भिक्षा माँगने आई हूँ। निराश न कीजिएगा। मैंने आज तक आपसे कोई विनती नहीं की; पर आज एक ब्रह्म-फाँस में फँस गई हूँ। इसमें से मुझे आप ही निकाल सकते हैं? मंदार के राजकुमार को तो आप जानते हैं?

राणा—हाँ, अच्छी तरह।

मीरा—आज उसने मुझे बड़ा धोखा दिया। एक वैष्णव महात्मा का रूप धारण कर रणछोड़ जी के मन्दिर में आया और उसने छल करके मुझे वचन देने पर बाध्य किया। मेरा साहस नहीं होता कि उसकी कपट विनय आपसे कहूँ।

राणा—प्रभा से मिला देने को तो कहा?

मीरा—जी हाँ, उसका अभिप्राय वही है। लेकिन सवाल यह है कि मैं आधी रात को राजमहल का गुप्त द्वार खोल दूँ। मैंने उसे बहुत समझाया; बहुत धमकाया; पर वह किसी भाँति न माना। निदान विवश होकर जब मैंने कह दिया तब उसने प्रसाद पाया, अब मेरे वचन की लाज आपके हाथ है। आप चाहे उसे पूरा करके मेरा मान रखें, चाहे उसे तोड़कर मेरा मान तोड़ दें। आप मेरे ऊपर जो कृपादृष्टि रखते हैं, उसी के भरोसे मैंने वचन दिया। अब मुझे इस फंदे से उबारना आपका काम है।

राणा कुछ देर सोचकर बोले—तुमने वचन दिया है, उसका पालन करना मेरा कर्तव्य है। तुम देवी हो, तुम्हारे वचन नहीं टल सकते। द्वार खोल दो। लेकिन यह उचित नहीं है कि वह अकेले प्रभा से मुलाक़ात करे। तुम स्वयं उसके साथ जाना। मेरी ख़ातिर से इतना कष्ट उठाना। मुझे भय है कि वह उसकी जान लेने का इरादा करके न आया हो। ईर्ष्या में मनुष्य अंधा हो जाता है। बाई जी, मैं अपने हृदय की बात तुमसे कहता हूँ। मुझे प्रभा को हर लाने का अत्यन्त शोक है। मैंने समझा था कि यहाँ रहते-रहते वह हिल-मिल जाएगी; किन्तु वह अनुमान ग़लत निकला। तुझे भय है कि यदि उसे कुछ दिन यहाँ और रहना पड़ा तो वह जीती न बचेगी। मुझ पर एक अबला की हत्या का अपराध लग जाएगा। मैंने उससे झालावाड़ जाने के लिए कहा, पर वह राज़ी न हुई। आज तुम उन दोनों की बातें सुनो। अगर वह मंदार-कुमार के साथ जाने पर राज़ी हो, तो मैं प्रसन्नतापूर्वक अनुमति दे दूँगा। मुझसे कुढ़ना नहीं देखा जाता। ईश्वर इस सुन्दरी का हृदय मेरी ओर फेर देता तो मेरा जीवन सफल हो जाता। किन्तु जब यह सुख भाग्य में लिखा ही नहीं है तो क्या वश है। मैंने तुमसे ये बातें कहीं, इसके लिए मुझे क्षमा करना। तुम्हारे पवित्र हृदय में ऐसे विषयों के लिए स्थान कहाँ?

मीरा ने आकाश की ओर संकोच से देखकर कहा—तो मुझे आज्ञा है? मैं चोर-द्वार खोल दूँ?

राणा—तुम इस घर की स्वामिनी हो, मुझसे पूछने की ज़रूरत नहीं।

मीरा राणा को प्रणाम कर चली गई।

7

आधी रात बीत चुकी थी। प्रभा चुपचाप बैठी दीपक की ओर देख रही थी और सोचती थी, इसके घुलने से प्रकाश होता है; यह बत्ती अगर जलती है तो दूसरों को लाभ पहुँचाती है। मेरे जलने से किसी को क्या लाभ? मैं क्यों घुलूँ? मेरे जीने की ज़रूरत है?

उसने फिर खिड़की से सिर निकालकर आकाश की तरफ़ देखा। काले पट पर उज्ज्वल तारे जगमगा रहे थे। प्रभा ने सोचा, मेरे अंधकारमय भाग्य में ये दीप्तिमान तारे कहाँ हैं, मेरे लिए जीवन के सुख कहाँ हैं? क्या रोने के लिए जीऊँ? ऐसे जीने से क्या लाभ? और जीने में उपहास भी तो है। मेरे मन का हाल कौन जानता है? संसार मेरी निन्दा करता होगा। झालावाड़ की स्त्रियाँ मेरे मृत्यु के शुभ समाचार सुनने की प्रतीक्षा कर रही होंगी। मेरी प्रिय माता लज्जा से आँखें न उठा सकती होंगी। लेकिन जिस समय मेरे मरने की ख़बर मिलेगी, गर्व से उनका मस्तक ऊँचा हो जाएगा। यह बेहयाई का जीना है। ऐसे जीने से मरना कहीं उत्तम है।

प्रभा ने तकिये के नीचे से एक चमकती हुई कटार निकाली। उसके हाथ काँप रहे थे। उसने कटार की तरफ़ आँखें जमाईं। हृदय को उसके अभिवादन के लिए मज़बूत किया। हाथ उठाया, किन्तु हाथ न उठा; आत्मा दृढ़ न थी। आँखें झपक गईं। सिर में चक्कर आ गया। कटार हाथ से छूटकर ज़मीन पर गिर पड़ी।

प्रभा क्रुद्ध होकर सोचने लगी—क्या मैं वास्तव में निर्लज्ज हूँ? मैं राजपूतनी होकर मरने से डरती हूँ? मान-मर्यादा खोकर बेहया लोग ही जिया करते हैं। वह कौन-सी आकांक्षा है जिसने मेरी आत्मा को इतना निर्बल बना रखा है। क्या राणा की मीठी-मीठी बातें? राणा मेरे शत्रु हैं। उन्होंने मुझे पशु समझ रखा है, जिसे फँसाने के पश्चात् हम पिंजरे में बन्द करके हिलाते हैं। उन्होंने मेरे मन को अपनी वाक्-मधुरता का क्रीड़ा-स्थल समझ लिया है। वे इस तरह घुमा-घुमा कर बातें करते हैं और मेरी तरफ़ से युक्तियाँ निकालकर उनका ऐसा उत्तर देते हैं कि ज़बान ही बन्द हो जाती है। हाय! निर्दयी ने मेरा जीवन नष्ट कर दिया और मुझे यों खेलाता है! क्या इसीलिए जीऊँ कि उसके कपट भावों का खिलौना बनूँ?

फिर वह कौन-सी अभिलाषा है? क्या राजकुमार का प्रेम? उनकी तो अब कल्पना ही मेरे लिए घोर पाप है। मैं अब उस देवता के योग्य नहीं हूँ, प्रियतम! बहुत दिन हुए मैंने तुमको हृदय से निकाल दिया। तुम भी मुझे दिल से निकाल डालो। मृत्यु के सिवाय अब कहीं मेरा ठिकाना नहीं है। शंकर! मेरी निर्बल आत्मा को शक्ति प्रदान करो। मुझे कर्तव्य-पालन का बल दो।

प्रभा ने फिर कटार निकाली। इच्छा दृढ़ थी। हाथ उठा और निकट था कि कटार उसके शोकातुर हृदय में चुभ जाए कि इतने में किसी के पाँव की आहट सुनाई दी। उसने चौंककर सहमी दृष्टि से देखा। मंदार-कुमार धीरे-धीरे पैर दबाता हुआ कमरे में दाख़िल हुआ।

8

प्रभा उसे देखते ही चौंक पड़ी। उसने कटार को छिपा लिया। राजकुमार को देखकर उसे आनन्द की जगह रोमांचकारी भय उत्पन्न हुआ। यदि किसी को ज़रा भी सन्देह हो गया तो

इनका प्राण बचना कठिन है। इनको तुरन्त यहाँ से निकल जाना चाहिए। यदि इन्हें बातें करने का अवसर दूँ तो विलम्ब होगा और फिर ये अवश्य ही फँस जाएँगे। राणा इन्हें कदापि न छोड़ेंगे। ये विचार वायु और बिजली की तीव्रता के साथ उसके मस्तिष्क में दौड़े। वह तीव्र स्वर में बोली—भीतर मत आओ।

राजकुमार ने पूछा—मुझे पहचाना नहीं?

प्रभा—ख़ूब पहचान लिया; किन्तु यह बातें करने का समय नहीं है। राणा तुम्हारी घात में हैं। अभी यहाँ से चले जाओ।

राजकुमार ने एक पग और आगे बढ़ाया और निर्भीकता से कहा—प्रभा, तुम मुझसे निष्ठुरता करती हो।

प्रभा ने धमका कर कहा—तुम यहाँ ठहरोगे तो मैं शोर मचा दूँगी।

राजकुमार ने उद्दंडता से उत्तर दिया—इसका मुझे भय नहीं। मैं अपनी जान हथेली पर रखकर आया हूँ। आज दोनों में से एक का अन्त हो जाएगा। या तो राणा रहेंगे या मैं रहूँगा। तुम मेरे साथ चलोगी?

प्रभा ने दृढ़ता से कहा—नहीं।

राजकुमार व्यंग्य भाव से बोला—क्यों, क्या चित्तौड़ की जलवायु पसन्द आ गई?

प्रभा ने राजकुमार की ओर तिरस्कृत नेत्रों से देखकर कहा—संसार में अपनी सब आशाएँ पूरी नहीं होतीं। जिस तरह यहाँ मैं अपना जीवन काट रही हूँ, वह मैं ही जानती हूँ; किन्तु लोक-निन्दा भी तो कोई चीज़ है! संसार की दृष्टि में मैं चित्तौड़ की रानी हो चुकी। अब राणा जिस भाँति रखें उसी भाँति रहूँगी। मैं अन्त समय तक उनसे घृणा करूँगी, जलूँगी, कुढ़ूँगी। जब जलन न सही जाएगी, तो विष खा लूँगी या छाती में कटार मारकर मर जाऊँगी; लेकिन इसी भवन में। इस घर के बाहर कदापि पैर न रखूँगी।

राजकुमार के मन में सन्देह हुआ कि प्रभा पर राणा का वशीकरण मंत्र चल गया। यह मुझसे छल कर रही है। प्रेम की जगह ईर्ष्या पैदा हुई। वह उसी भाव से बोला—और यदि मैं यहाँ से उठा ले जाऊँ? प्रभा के तीवर बदल गए। बोली—तो मैं वही करूँगी जो ऐसी अवस्था में क्षत्रणियाँ किया करती हैं। अपने गले में छुरी मार लूँगी या तुम्हारे गले में।

राजकुमार एक पग और आगे बढ़ाकर यह कटुवाक्य बोला—राणा के साथ तो तुम ख़ुशी से चली आई। उस समय छुरी कहाँ गई थी?

प्रभा को यह शब्द शर-सा लगा। वह तिलमिला कर बोली—उस समय इसी छुरी के एक वार से ख़ून की नदी बहने लगती। मैं नहीं चाहती थी कि मेरे कारण मेरे भाई-बंधुओं की जान जाए। इसके सिवाय मैं कुँवारी थी। मुझे अपनी मर्यादा के भंग होने का कोई भय न था। मैंने पातिव्रत नहीं लिया। कम से कम संसार मुझे ऐसा समझता था। मैं अपनी दृष्टि में अब भी वही हूँ, किन्तु संसार की दृष्टि में कुछ और हो गई हूँ। लोक-लाज ने मुझे राणा की आज्ञाकारिणी बना दिया है। पातिव्रत की बेड़ी ज़बरदस्ती मेरे पैरों में डाल दी गई है। अब इसकी रक्षा करना मेरा धर्म है। इसके विपरीत और कुछ करना क्षत्रणियों के नाम को कलंकित करना है। तुम मेरे घाव पर व्यर्थ नमक क्यों छिड़कते हो? यह कौन-सी भलमनसी है? मेरे भाग्य में जो कुछ बदा है, वह भोग रही हूँ। मुझे भोगने दो और तुमसे विनती करती हूँ कि शीघ्र ही यहाँ से चले जाओ।

राजकुमार एक पग और बढ़ाकर दुष्ट-भाव से बोला—प्रभा, यहाँ आकर तुम त्रियाचरित्र में निपुण हो गई। तुम मेरे साथ विश्वासघात करके अब धर्म की आड़ ले रही हो। तुमने मेरे प्रणय को पैरों तले कुचल दिया और अब मर्यादा का बहाना ढूँढ़ रही हो। मैं इन नेत्रों से राणा को तुम्हारे सौन्दर्य-पुष्प का भ्रमर बनते नहीं देख सकता। मेरी कामनाएँ मिट्टी में मिलती हैं तो तुम्हें लेकर जाएँगी। मेरा जीवन नष्ट होता है तो उसके पहले तुम्हारे जीवन का भी अन्त होगा। तुम्हारी बेवफाई का यही दंड है। बोलो, क्या निश्चय करती हो? इस समय मेरे साथ चलती हो या नहीं? क़िले के बाहर मेरे आदमी खड़े हैं।

प्रभा ने निर्भयता से कहा—नहीं।

राजकुमार—सोच लो, नहीं तो पछताओगी।

प्रभा—ख़ूब सोच लिया।

राजकुमार ने तलवार खींच ली और वह प्रभा की तरफ़ लपके। प्रभा भय से आँखें बन्द किए एक क़दम पीछे हट गई। मालूम होता था, उसे मूर्च्छा आ जाएगी।

अकस्मात् राणा तलवार लिए वेग के साथ कमरे में दाख़िल हुए। राजकुमार सँभलकर खड़ा हो गया।

राणा ने सिंह के समान गरज कर कहा—दूर हट। क्षत्रिय स्त्रियों पर हाथ नहीं उठाते।

राजकुमार ने तन कर उत्तर दिया—लज्जाहीन स्त्रियों की यही सज़ा है।

राणा ने कहा—तुम्हारा वैरी तो मैं था। मेरे सामने आते क्यों लजाते थे। ज़रा मैं भी तुम्हारी तलवार की काट देखता।

राजकुमार ने ऐंठ कर राणा पर तलवार चलाई। शस्त्र-विद्या में राणा अति कुशल थे। वार ख़ाली देकर राजकुमार पर झपटे। इतने में प्रभा, जो मूर्च्छित अवस्था में दीवार से चिमटी खड़ी थी, बिजली की तरह कौंध कर राजकुमार के सामने खड़ी हो गई। राणा वार कर चुके थे। तलवार का पूरा हाथ उसके कन्धे पर पड़ा। रक्त की फुहार छूटने लगी। राणा ने एक ठंडी साँस ली और उन्होंने तलवार हाथ से फेंककर गिरती हुई प्रभा को सँभाल लिया।

क्षणमात्र में प्रभा का मुखमंडल वर्णहीन हो गया। आँखें बुझ गईं। दीपक ठंडा हो गया। मन्दार-कुमार ने भी तलवार फेंक दी और वह आँखों में आँसू भर प्रभा के सामने घुटने टेक कर बैठ गया। दोनों प्रेमियों की आँखें सजल थीं। पतिंगे बुझे हुए दीपक पर जान दे रहे थे।

प्रेम के रहस्य निराले हैं। अभी एक क्षण हुआ राजकुमार प्रभा पर तलवार लेकर झपटा था। प्रभा किसी प्रकार उसके साथ चलने पर उद्यत न होती थी। लज्जा का भय, धर्म की बेड़ी, कर्तव्य की दीवार रास्ता रोके खड़ी थी। परन्तु उसे तलवार के सामने देखकर उसने उस पर अपना प्राण अर्पण कर दिया। प्रीति की प्रथा निबाह दी, लेकिन अपने वचन के अनुसार उसी घर में।

हाँ, प्रेम के रहस्य निराले हैं। अभी एक क्षण पहले राजकुमार प्रभा पर तलवार लेकर झपटा था। उसके ख़ून का प्यासा था। ईर्ष्या की अग्नि उसके हृदय में दहक रही थी। वह रुधिर की धारा से शान्त हो गई। कुछ देर तक वह अचेत बैठा रोता रहा। फिर उठा और उसने तलवार उठाकर ज़ोर से अपनी छाती में चुभा ली। फिर रक्त की फुहार निकली। दोनों धाराएँ मिल गईं और उनमें कोई भेद न रहा।

प्रभा उसके साथ चलने पर राज़ी न थी। किन्तु वह प्रेम के बन्धन को तोड़ न सकी। दोनों उस घर ही से नहीं, संसार से एक साथ सिधारे।

मृत्यु के पीछे

बाबू ईश्वरचन्द्र को समाचारपत्रों में लेख लिखने की चाट उन्हीं दिनों पड़ी जब वे विद्याभ्यास कर रहे थे। नित्य नए विषयों की चिन्ता में लीन रहते। पत्रों में अपना नाम देखकर उन्हें उससे कहीं ज़्यादा ख़ुशी होती थी जितनी परीक्षाओं में उत्तीर्ण होने या कक्षा में उच्च स्थान प्राप्त करने से हो सकती थी। वह अपने कॉलेज के 'गरम-दल' के नेता थे। समाचारपत्रों में परीक्षापत्रों की जटिलता या अध्यापकों के अनुचित व्यवहार की शिकायत का भार उन्हीं के सिर था। इससे उन्हें कॉलेज में प्रतिनिधित्व का काम मिल गया। प्रतिरोध के प्रत्येक अवसर पर उन्हीं के नाम नेतृत्व की गोटी पड़ जाती थी। उन्हें विश्वास हो गया कि मैं इस परिमित क्षेत्र से निकलकर संसार के विस्तृत क्षेत्र में अधिक सफल हो सकता हूँ। सार्वजनिक जीवन को वह अपना भाग्य समझ बैठे थे। कुछ ऐसा संयोग हुआ कि अभी एम.ए. परीक्षार्थियों में उनका नाम निकलने भी न पाया था कि 'गौरव' के सम्पादक महोदय ने वानप्रस्थ लेने की ठानी और पत्रिका का भार ईश्वरचन्द्र दत्त के सिर पर रखने का निश्चय किया। बाबू जी को यह समाचार मिला तो उछल पड़े। धन्य भाग्य कि मैं इस सम्मानित पद के योग्य समझा गया! इसमें सन्देह नहीं कि वह इस दायित्व के गुरुत्व से भली-भाँति परिचित थे, लेकिन कीर्तिलाभ के प्रेम ने उन्हें बाधक परिस्थितियों का सामना करने पर उद्यत कर दिया। वह इस व्यवसाय में स्वातंत्र्य, आत्मगौरव, अनुशीलन और दायित्व की मात्रा को बढ़ाना चाहते थे। भारतीय पत्रों को पश्चिम के आदर्श पर चलाने के इच्छुक थे। इन इरादों के पूरा करने का सुअवसर हाथ आया। वे प्रेमोल्लास से उत्तेजित होकर नाली में कूद पड़े।

2

ईश्वरचन्द्र की पत्नी एक ऊँचे और धनाढ्य कुल की लड़की थी और वह ऐसे कुलों की मर्यादाप्रियता तथा मिथ्या गौरवप्रेम से सम्पन्न थी। यह समाचार पाकर डरी की पति महाशय कहीं इस झंझट में फँसकर क़ानून से मुँह न मोड़ लें। लेकिन जब बाबू साहब ने आश्वासन दिया कि यह कार्य उनके क़ानून के अभ्यास में बाधक न होगा, तो कुछ न बोली।

लेकिन ईश्वरचन्द्र को बहुत जल्द मालूम हो गया कि पत्र सम्पादन एक बहुत ही ईर्ष्यायुक्त कार्य है, जो चित्त की समग्र वृत्तियों का अपहरण कर लेता है। उन्होंने इसे मनोरंजन का एक साधन और ख्यातिलाभ का एक यंत्र समझा था। उसके द्वारा जाति की कुछ सेवा करना चाहते थे। उससे द्रव्योपार्जन का विचार तक न किया था। लेकिन नौका में बैठकर उन्हें अनुभव हुआ कि यात्रा उतनी सुखद नहीं है जितनी समझी थी। लेखों के संशोधन, परिवर्धन और परिवर्तन, लेखकगण से पत्र-व्यवहार और चित्ताकर्षक विषयों की खोज और सहयोगियों से आगे बढ़ जाने की चिन्ता में उन्हें क़ानून का अध्ययन करने का अवकाश ही न मिलता

था। सुबह को किताबें खोलकर बैठते कि 100 पृष्ठ समाप्त किए बिना कदापि न उठूँगा, किन्तु ज्यों ही डाक का पुलिंदा आ जाता, वे अधीर होकर उस पर टूट पड़ते, किताब खुली की खुली रह जाती थी। बार-बार संकल्प करते कि अब नियमित रूप से पुस्तकावलोकन करूँगा और एक निर्दिष्ट समय से अधिक सम्पादनकार्य में न लगाऊँगा। लेकिन पत्रिकाओं का बंडल सामने आते ही दिल काबू के बाहर हो जाता। पत्रों के नोक-झोंक, पत्रिकाओं के तर्क-वितर्क, आलोचना-प्रत्यालोचना, कवियों के काव्यचमत्कार, लेखकों का रचनाकौशल इत्यादि सभी बातें उन पर जादू का काम करतीं। इस पर छपाई की कठिनाइयाँ, ग्राहक-संख्या बढ़ाने की चिन्ता और पत्रिका को सर्वांग-सुन्दर बनाने की आकांक्षा और भी प्राणों को संकट में डाले रहती थी। कभी-कभी उन्हें खेद होता कि व्यर्थ ही इस झमेले में पड़ा; यहाँ तक कि परीक्षा के दिन सिर पर आ गए और वे इसके लिए बिलकुल तैयार न थे। वे उसमें सम्मिलित न हुए। मन को समझाया कि अभी इस काम का श्रीगणेश है, इसी कारण यह सब बाधाएँ उपस्थित होती हैं। अगले वर्ष यह काम एक सुव्यवस्थित रूप में आ जाएगा और तब मैं निश्चिंत होकर परीक्षा में बैठूँगा! पास कर लेना क्या कठिन है। ऐसे बुद्धू पास हो जाते हैं जो एक सीधा-सा लेख भी नहीं लिख सकते, तो क्या मैं ही रह जाऊँगा? मानकी ने उनकी यह बातें सुनीं तो ख़ूब दिल के फफोले फोड़े—'मैं तो जानती थी कि यह धुन तुम्हें मटियामेट कर देगी। इसलिए बार-बार रोकती थी; लेकिन तुमने मेरी एक न सुनी। आप तो डूबे ही, मुझे भी ले डूबे।' उनके पूज्य पिता भी बिगड़े, हितैषियों ने भी समझाया—'अभी इस काम को कुछ दिनों के लिए स्थगित कर दो, क़ानून में उत्तीर्ण होकर निर्द्वंद्व देशोद्धार में प्रवृत्त हो जाना।' लेकिन ईश्वरचन्द्र एक बार मैदान में आकर भागना निंद्य समझते थे। हाँ, उन्होंने दृढ़ प्रतिज्ञा की कि दूसरे साल परीक्षा के लिए तन-मन से तैयारी करूँगा। अतएव नए वर्ष के पदार्पण करते ही उन्होंने क़ानून की पुस्तकें संग्रह कीं, पाठ्यक्रम निश्चित किया, रोज़नामचा लिखने लगे और अपने चंचल और बहानेबाज चित्त को चारों ओर से जकड़ा, मगर चटपटे पदार्थों का आस्वादन करने के बाद सरल भोजन कब रुचिकर होता है! क़ानून में वे घातें कहाँ, वह उन्माद कहाँ, वे चोटें कहाँ, वह उत्तेजना कहाँ, वह हलचल कहाँ! बाबू साहब अब नित्य एक खोई हुई दशा में रहते। जब तक अपने इच्छानुकूल काम करते थे, चौबीस घंटों में घंटे-दो घंटे क़ानून भी देख लिया करते थे। इस नशे ने मानसिक शक्तियों को शिथिल कर दिया। स्नायु निर्जीव हो गए। उन्हें ज्ञात होने लगा कि अब मैं क़ानून के लायक नहीं रहा और इस ज्ञान ने क़ानून के प्रति उदासीनता का रूप धारण किया। मन में सन्तोषवृत्ति का प्रादुर्भाव हुआ। प्रारब्ध और पूर्वसंस्कार के सिद्धान्तों की शरण लेने लगे।

एक दिन मानकी ने कहा—यह क्या बात है? क्या क़ानून से फिर जी उचाट हुआ?

ईश्वरचन्द्र ने दुस्साहसपूर्ण भाव से उत्तर दिया—हाँ भई, मेरा जी उससे भागता है।

मानकी ने व्यंग्य से कहा—बहुत कठिन है?

ईश्वरचन्द्र—कठिन नहीं है, और कठिन भी होता तो मैं उससे डरने वाला न था, लेकिन मुझे वकालत का पेशा ही पतित प्रतीत होता है। ज्यों-ज्यों वकीलों की आंतरिक दशा का ज्ञान होता है, मुझे उस पेशे से घृणा होती जाती है। इसी शहर में सैकड़ों वकील और बैरिस्टर पड़े हुए हैं, लेकिन एक व्यक्ति भी ऐसा नहीं जिसके हृदय में दया हो, जो स्वार्थपरता के हाथों बिक न गया हो। छल और धूर्तता इस पेशे का मूल तत्त्व है। इसके बिना किसी तरह निर्वाह

नहीं। अगर कोई महाशय जातीय आंदोलन में शरीक भी होते हैं, तो स्वार्थसिद्धि करने के लिए, अपना ढोल पीटने के लिए। हम लोगों का समग्र जीवन वासना-भक्ति पर अर्पित हो जाता है। दुर्भाग्य से हमारे देश का शिक्षित समुदाय इसी दरगाह का मुजावर होता जाता है और यही कारण है कि हमारी जातीय संस्थाओं की श्रीवृद्धि नहीं होती। जिस काम में हमारा दिल न हो; हम केवल ख्याति और स्वार्थ-लाभ के लिए उसके कर्णधार बने हुए हों, वह कभी नहीं हो सकता। वर्तमान सामाजिक व्यवस्था का अन्याय है जिसने इस पेशे को इतना उच्च स्थान प्रदान कर दिया है। यह विदेशी सभ्यता का निकृष्टतम स्वरूप है कि देश का बुद्धिबल स्वयं धनोपार्जन न करके दूसरों की पैदा की हुई दौलत पर चैन करता, शहद की मक्खी न बनकर, चींटी बनना अपने जीवन का लक्ष्य समझता है।

मानकी चिढ़कर बोली—पहले तुम वकीलों की इतनी निन्दा न करते थे!

ईश्वरचन्द्र ने उत्तर दिया—तब अनुभव न था। बाहरी टीमटाम ने वशीकरण कर दिया था।

मानकी—क्या जाने तुम्हें पत्रों से क्यों इतना प्रेम है, मैं जिसे देखती हूँ, अपनी कठिनाइयों का रोना रोते हुए पाती हूँ। कोई अपने ग्राहकों से नए ग्राहक बनाने का अनुरोध करता है, कोई चन्दा न वसूल होने की शिकायत करता है। बता दो कि कोई उच्च शिक्षा प्राप्त मनुष्य कभी इस पेशे में आया है। जिसे कुछ नहीं सूझती, जिसके पास न कोई सनद हो, न कोई डिग्री, वही पत्र निकाल बैठता है और भूखों मरने की अपेक्षा रूखी रोटियों पर ही सन्तोष करता है। लोग विलायत जाते हैं, वहाँ कोई डॉक्टरी पढ़ता है, कोई इंजीनियरी, कोई सिविल सर्विस, लेकिन आज तक न सुना कि कोई एडीटरी का काम सीखने गया। क्यों सीखे? किसी को क्या पड़ी है कि जीवन की महत्त्वाकांक्षाओं को खाक में मिलाकर त्याग और विराग में उम्र काटे? हाँ, जिनको सनक सवार हो गई हो, उनकी बात निराली है।

ईश्वरचन्द्र—जीवन का उद्देश्य केवल धन-संचय करना ही नहीं है।

मानकी—अभी तुमने वकीलों की निन्दा करते हुए कहा, यह लोग दूसरों की कमाई खाकर मोटे होते हैं। पत्र चलानेवाले भी तो दूसरों की ही कमाई खाते हैं।

ईश्वरचन्द्र ने बग़लें झाँकते हुए कहा—हम लोग दूसरों की कमाई खाते हैं, तो दूसरों पर जान भी देते हैं। वकीलों की भाँति किसी को लूटते नहीं।

मानकी—यह तुम्हारी हठधर्मी है। वकील भी तो अपने मुवक्किलों के लिए जान लड़ा देते हैं। उनकी कमाई भी उतनी ही है, जितनी पत्रवालों की। अन्तर केवल इतना है कि एक की कमाई पहाड़ी स्रोता है, दूसरे की बरसाती नाला। एक में नित्य जलप्रवाह होता है, दूसरे में नित्य धूल उड़ा करती है। बहुत हुआ, तो बरसात में घड़ी-दो घड़ी के लिए पानी आ गया।

ईश्वर.—पहले तो मैं यही नहीं मानता कि वकीलों की कमाई हलाल है, और यह मान भी लूँ तो यह किसी तरह नहीं मान सकता कि सभी वकील फूलों की सेज पर सोते हैं। अपना-अपना भाग्य सभी जगह है। कितने ही वकील हैं जो झूठी गवाहियाँ देकर पेट पालते हैं। इस देश में समाचारपत्रों का प्रचार अभी बहुत कम है, इसी कारण पत्रसंचालकों की आर्थिक दशा अच्छी नहीं है। यूरोप और अमरीका में पत्र चलाकर लोग करोड़पति हो गए हैं। इस समय संसार के सभी समुन्नत देशों के सूत्रधार या तो समाचारपत्रों के सम्पादक और लेखक हैं, या पत्रों के स्वामी। ऐसे कितने ही अरबपति हैं, जिन्होंने अपनी सम्पत्ति की नींव पत्रों पर ही खड़ी की थी...

ईश्वरचन्द्र सिद्ध करना चाहते थे कि धन, ख्याति और सम्मान प्राप्त करने का पत्र-संचालन से उत्तम और कोई साधन नहीं है, और सबसे बड़ी बात तो यह है कि इस जीवन में सत्य और न्याय की रक्षा करने के सच्चे अवसर मिलते हैं; परन्तु मानकी पर इस वक्तृता का ज़रा भी असर न हुआ। स्थूल दृष्टि को दूर की चीज़ें साफ़ नहीं दीखतीं। मानकी के सामने सफल सम्पादक का कोई उदाहरण न था।

3

16 वर्ष गुज़र गए। ईश्वरचन्द्र ने सम्पादकीय जगत् में ख़ूब नाम पैदा किया, जातीय आन्दोलनों में अग्रसर हुए, पुस्तकें लिखीं, एक दैनिक पत्र निकाला, अधिकारियों के भी सम्मानपात्र हुए। बड़ा लड़का बी. ए. में जा पहुँचा, छोटे लड़के नीचे के दरजों में थे। एक लड़की का विवाह भी एक धनसम्पन्न कुल में किया है। विदित यही होता था कि उनका जीवन बड़ा ही सुखमय है; मगर उनकी आर्थिक दशा अब भी सन्तोषजनक न थी। ख़र्च आमदनी से बढ़ा हुआ था। घर की कई हज़ार की जायदाद हाथ से निकल गई, इस पर बैंक का कुछ न कुछ देना सिर पर सवार रहता था। बाज़ार में भी उनकी साख न थी। कभी-कभी तो यहाँ तक नौबत आ जाती कि उन्हें बाज़ार का रास्ता छोड़ना पड़ता। अब वह अक्सर अपनी युवावस्था की अदूरदर्शिता पर अफ़सोस करते थे। जातीय सेवा का भाव अब भी उनके हृदय में तरंगें मारता था; लेकिन वह देखते थे कि काम तो मैं तय करता हूँ और यश वकीलों और सेठों के हिस्सों में आ जाता था। उनकी गिनती अभी तक छुटभैयों में थी। यद्यपि सारा नगर जानता था कि यहाँ के सार्वजनिक जीवन के प्राण वही हैं, पर यह भाव कभी व्यक्त न होता था। इन्हीं कारणों से ईश्वरचन्द्र को सम्पादन कार्य से अरुचि होती थी। दिनोंदिन उत्साह क्षीण होता जाता था; लेकिन इस जाल से निकलने का कोई उपाय न सूझता था। उनकी रचना में सजीवता न थी, न लेखनी में शक्ति। उनके पत्र और पत्रिका दोनों ही से उदासीनता का भाव झलकता था। उन्होंने सारा भार सहायकों पर छोड़ दिया था, ख़ुद बहुत कम काम करते थे। हाँ, दोनों पत्रों की जड़ जम चुकी थी, इसलिए ग्राहक-संख्या कम न होने पाती थी। वे अपने नाम पर चलते थे।

लेकिन इस संघर्ष और संग्राम के काल में उदासीनता का निर्वाह कहाँ। 'गौरव' ने प्रतियोगी खड़े कर दिए, जिनके नवीन उत्साह ने 'गौरव' से बाज़ी मार ली। उसका बाज़ार ठंडा होने लगा। नए प्रतियोगियों का जनता ने बड़े हर्ष से स्वागत किया। उनकी उन्नति होने लगी। यद्यपि उनके सिद्धान्त भी वही, लेखक भी वही, विषय भी वही थे; लेकिन आगंतुकों ने उन्हीं पुरानी बातों में नई जान डाल दी। उनका उत्साह देख ईश्वरचन्द्र को भी जोश आया कि एक बार फिर अपनी रुकी हुई गाड़ी में ज़ोर लगाएँ; लेकिन न अपने में सामर्थ्य थी, न कोई हाथ बँटानेवाला नज़र आता था। इधर-उधर निराश नेत्रों से देखकर हतोत्साह हो जाते थे। हा! मैंने अपना सारा जीवन सार्वजनिक कार्यों में व्यतीत किया, खेत को बोया, सींचा, दिन को दिन और रात को रात न समझा, धूप में जला, पानी में भीगा और इतने परिश्रम के बाद जब फ़सल काटने के दिन आए तो मुझमें हँसिया पकड़ने का भी बूता नहीं। दूसरे लोग जिनका उस समय कहीं पता न था, अनाज काट-काट कर खलिहान भरे लेते हैं और मैं खड़ा मुँह ताकता हूँ। उन्हें पूरा विश्वास था कि अगर कोई उत्साहशील युवक मेरा शरीक हो जाता

तो 'गौरव' अब भी अपने प्रतिद्वंद्वियों को परास्त कर सकता। सभ्य-समाज में उनकी धाक जमी हुई थी, परिस्थिति उनके अनुकूल थी। ज़रूरत केवल ताज़े ख़ून की थी। उन्हें अपने बड़े लड़के से ज़्यादा उपयुक्त इस काम के लिए और कोई न दीखता था। उसकी रुचि भी इस काम की ओर थी, पर मानकी के भय से वह इस विचार को ज़बान पर न ला सके थे। इसी चिन्ता में दो साल गुज़र गए और यहाँ तक नौबत पहुँची कि या तो 'गौरव' का टाट उलट दिया जाए या इसे पुनः अपने स्थान पर पहुँचाने के लिए कटिबद्ध हुआ जाए। ईश्वरचन्द्र ने इसके पुनरुद्धार के लिए अन्तिम उद्योग करने का दृढ़ निश्चय कर लिया। इसके सिवा और कोई उपाय न था। यह पत्रिका उनके जीवन का सर्वस्व थी। इससे उनके जीवन और मृत्यु का सम्बन्ध था। उसको बन्द करने की वह कल्पना भी न कर सकते थे। यद्यपि उनका स्वास्थ्य अच्छा न था, पर प्राणरक्षा की स्वाभाविक इच्छा ने उन्हें अपना सब कुछ अपनी पत्रिका पर न्योछावर करने को उद्यत कर दिया। फिर दिन के दिन लिखने-पढ़ने में रत रहने लगे। एक क्षण के लिए भी सिर न उठाते। 'गौरव' के लेखों में फिर सजीवता का उद्‌भव हुआ, विद्वज्जनों में फिर उसकी चर्चा होने लगी, सहयोगियों ने फिर उसके लेखों को उद्धृत करना शुरू किया, पत्रिकाओं में फिर उसकी प्रशंसासूचक आलोचनाएँ निकलने लगीं। पुराने उस्ताद की ललकार फिर अखाड़े में गूँजने लगी।

लेकिन पत्रिका के पुनः संस्कार के साथ उनका शरीर और भी जर्जर होने लगा। हृदयरोग के लक्षण दिखाई देने लगे। रक्त की न्यूनता से मुख पर पीलापन छा गया। ऐसी दशा में वह सुबह से शाम तक अपने काम में तल्लीन रहते; धन और श्रम का संग्राम छिड़ा हुआ था। ईश्वरचन्द्र की सदय प्रकृति ने उन्हें श्रम का सपक्षी बना दिया था। धनवादियों का खंडन और प्रतिवाद करते हुए उनके ख़ून में गरमी आ जाती थी, शब्दों से चिनगारियाँ निकलने लगती थीं; यद्यपि यह चिनगारियाँ केंद्रस्थ गरमी को छिन्न किए देती थीं।

एक दिन रात के दस बज गए थे। सरदी ख़ूब पड़ रही थी। मानकी दबे पैर उनके कमरे में आई। दीपक की ज्योति में उनके मुख का पीलापन और भी स्पष्ट हो गया था। वह हाथ में क़लम लिए किसी विचार में मग्न थे। मानकी के आने की उन्हें भी आहट न मिली। मानकी एक क्षण तक उन्हें वेदना-युक्त नेत्रों से ताक़ती रही। तब बोली, 'अब तो यह पोथा बन्द करो। आधी रात होने को आई। खाना पानी हुआ जाता है।'

ईश्वरचन्द्र ने चौंककर सिर उठाया और बोले—क्यों, क्या आधी रात हो गई? नहीं, अभी मुश्किल से दस बजे होंगे। मुझे अभी ज़रा भी भूख नहीं है।

मानकी—कुछ थोड़ा-सा खा लो न।

ईश्वर.—एक ग्रास भी नहीं। मुझे इसी समय अपना लेख समाप्त करना है।

मानकी—मैं देखती हूँ, तुम्हारी दशा दिन-दिन बिगड़ती जाती है। दवा क्यों नहीं करते? जान खपा कर थोड़े ही काम किया जाता है?

ईश्वर.—अपनी जान को देखूँ या इस घोर संग्राम को देखूँ जिसने समस्त देश में हलचल मचा रखी है। हज़ारों-लाखों जानों की हिमायत में एक जान न भी रहे तो क्या चिन्ता?

मानकी—कोई सुयोग्य सहायक क्यों नहीं रख लेते?

ईश्वरचन्द्र ने ठंडी साँस लेकर कहा—बहुत खोजता हूँ, पर कोई नहीं मिलता। एक विचार कई दिनों से मेरे मन में उठ रहा है; अगर तुम धैर्य से सुनना चाहो, तो, कहूँ।

मानकी—कहो, सुनूँगी। मानने लायक होगी, तो मानूँगी क्यों नहीं!

ईश्वरचन्द्र—मैं चाहता हूँ कि कृष्णचन्द्र को अपने काम में शरीक कर लूँ। अब तो वह एम.ए. भी हो गया। इस पेशे से उसे रुचि भी है, मालूम होता है कि ईश्वर ने उसे इसी काम के लिए बनाया है।

मानकी ने अवहेलना-भाव से कहा—क्या अपने साथ उसे भी ले डूबने का इरादा है? घर की सेवा करनेवाला भी कोई चाहिए कि सब देश की ही सेवा करेंगे?

ईश्वर.—कृष्णचन्द्र यहाँ किसी से बुरा न रहेगा।

मानकी—क्षमा कीजिए। बाज़ आई। वह कोई दूसरा काम करेगा जहाँ चार पैसे मिलें। यह घर-फूँक काम आप ही को मुबारक रहे।

ईश्वर.—वकालत में भेजोगी, पर देख लेना, पछताना पड़ेगा। कृष्णचन्द्र उस पेशे के लिए सर्वथा अयोग्य है।

मानकी—वह चाहे मजूरी करे, पर इस काम में न डालूँगी।

ईश्वर.—तुमने मुझे देखकर समझ लिया कि इस काम में घाटा ही घाटा है। पर इसी देश में ऐसे भाग्यवान लोग मौजूद हैं जो पत्रों की बदौलत धन और कीर्ति से मालामाल हो रहे हैं।

मानकी—इस काम में तो अगर कंचन भी बरसे तो मैं उसे न आने दूँ। सारा जीवन वैराग्य में कट गया। अब कुछ दिन भोग भी करना चाहती हूँ।

यह जाति का सच्चा सेवक अन्त को जातीय कष्टों के साथ रोग के कष्टों को न सह सका। इस वार्तालाप के बाद मुश्किल से नौ महीने गुज़रे थे कि ईश्वरचन्द्र ने संसार से प्रस्थान किया। उनका सारा जीवन सत्य के पोषण, न्याय की रक्षा और प्रजा-कष्टों के विरोध में कटा था। अपने सिद्धान्तों के पालन में उन्हें कितनी ही बार अधिकारियों की तीव्र दृष्टि का भाजन बनना पड़ा था, कितनी ही बार जनता का अविश्वास, यहाँ तक कि मित्रों की अवहेलना भी सहनी पड़ी थी, पर उन्होंने अपनी आत्मा का कभी हनन नहीं किया। आत्मा के गौरव के सामने धन को कुछ न समझा।

इस शोक समाचार के फैलते ही सारे शहर में कुहराम मच गया। बाज़ार बन्द हो गए, शोक के जलसे होने लगे, सहयोगी पत्रों ने प्रतिद्वंद्विता के भाव को त्याग दिया, चारों ओर से एक ध्वनि आती थी कि देश से एक स्वतंत्र, सत्यवादी और विचारशील सम्पादक तथा एक निर्भीक त्यागी, देशभक्त उठ गया और उसका स्थान चिरकाल तक ख़ाली रहेगा। ईश्वरचन्द्र इतने बहुजनप्रिय हैं, इसका उनके घरवालों को ध्यान भी न था। उनका शव निकला तो सारा शहर, गण्य-अगण्य, अर्थी के साथ था। उनके स्मारक बनने लगे। कहीं छात्रवृत्तियाँ दी गईं, कहीं उनके चित्र बनवाए गए, पर सबसे अधिक महत्त्वशील वह मूर्ति थी जो श्रमजीवियों की ओर से प्रतिष्ठित हुई थी।

मानकी को अपने पतिदेव का लोकसम्मान देखकर सुखमय कुतूहल होता था। उसे अब खेद होता था कि मैंने उनके दिव्य गुणों को न पहचाना, उनके पवित्र भावों और उच्च विचारों की क़द्र न की। सारा नगर उनके लिए शोक मना रहा है। उनकी लेखनी ने अवश्य इनके ऐसे उपकार किए हैं जिन्हें ये भूल नहीं सकते; और मैं अन्त तक उनका मार्ग-कंटक बनी रही, सदैव तृष्णा के वश उनका दिल दुखाती रही। उन्होंने मुझे सोने में मढ़ दिया होता, एक भव्य भवन बनवाया होता, या कोई जायदाद पैदा कर ली होती, तो मैं ख़ुश होती, अपना

धन्य भाग्य समझती। लेकिन तब देश में कौन उनके लिए आँसू बहाता, कौन उनका यश गाता? यहीं एक से एक धनिक पुरुष पड़े हुए हैं। वे दुनिया से चले जाते हैं और किसी को ख़बर भी नहीं होती। सुनती हूँ, पतिदेव के नाम से छात्रों को वृत्ति दी जाएगी। जो लड़के वृत्ति पाकर विद्या-लाभ करेंगे वे मरते दम तक उनकी आत्मा को आशीर्वाद देंगे। शोक! मैंने उनके आत्मत्याग का मर्म न जाना। स्वार्थ ने मेरी आँखों पर पर्दा डाल दिया था।

मानकी के हृदय में ज्यों-ज्यों ये भावनाएँ जागृत होती थीं, उसे पति में श्रद्धा बढ़ती जाती थी। वह गौरवशीला स्त्री थी। इस कीर्तिगान और जनसम्मान से उसका मस्तिष्क ऊँचा हो जाता था। इसके उपरान्त अब उसकी आर्थिक दशा पहले की-सी चिन्ताजनक न थी। कृष्णचन्द्र के असाधारण अध्यवसाय और बुद्धिबल ने उनकी वकालत को चमका दिया था। वह जातीय कामों में अवश्य भाग लेते थे, पत्रों में यथाशक्ति लेख भी लिखते थे, इस काम से उन्हें विशेष प्रेम था। लेकिन मानकी हमेशा इन कामों से दूर रखने की चेष्टा करती थी। कृष्णचन्द्र अपने ऊपर जब्र करते थे। माँ का दिल दुखाना उन्हें मंजूर न था।

ईश्वरचन्द्र की पहली बरसी थी। शाम को ब्रह्मभोज हुआ। आधी रात तक ग़रीबों को खाना दिया गया। प्रात:काल मानकी अपनी सेजगाड़ी पर बैठकर गंगा नहाने गई। यह उसकी चिरसंचित अभिलाषा थी जो अब पुत्र की मातृभक्ति ने पूरी कर दी थी। यह उधर से लौट रही थी कि उसके कानों में बैंड की आवाज़ आई और एक क्षण के बाद एक जुलूस सामने आता हुआ दिखाई दिया। पहले कोतल घोड़ों की माला थी, उसके बाद अश्वारोही स्वयंसेवकों की सेना। उसके पीछे सैकड़ों सवारीगाड़ियाँ थीं। सबसे पीछे एक सजे हुए रथ पर किसी देवता की मूर्ति थी। कितने ही आदमी इस विमान को खींच रहे थे। मानकी सोचने लगी—'यह किस देवता का विमान है? न तो रामलीला के ही दिन हैं, न रथयात्रा के!' सहसा उसका दिल ज़ोर से उछल पड़ा। यह ईश्वरचन्द्र की मूर्ति थी जो श्रमजीवियों की ओर से बनवाई गई थी और लोग उसे बड़े मैदान में स्थापित करने के लिए लिये जाते थे। वही स्वरूप था, वही वस्त्र, वही मुखाकृति। मूर्तिकार ने विलक्षण कौशल दिखाया था। मानकी का हृदय बाँसों उछलने लगा। उत्कंठा हुई कि परदे से निकलकर इस जुलूस के सम्मुख पति के चरणों पर गिर पड़ूँ। पत्थर की मूर्ति मानव-शरीर से अधिक श्रद्धास्पद होती है। किन्तु कौन मुँह लेकर मूर्ति के सामने जाऊँ? उसकी आत्मा ने कभी उसका इतना तिरस्कार न किया था। मेरी धनलिप्सा उनके पैरों की बेड़ी न बनती तो वह न जाने किस सम्मान पद पर पहुँचते। मेरे कारण उन्हें कितना क्षोभ हुआ! घरवालों की सहानुभूति बाहरवालों के सम्मान से कहीं उत्साहजनक होती है। मैं इन्हें क्या कुछ न बना सकती थी, पर कभी उभरने न दिया। स्वामी जी, मुझे क्षमा करो, मैं तुम्हारी अपराधिनी हूँ, मैंने तुम्हारे पवित्र भावों की हत्या की है, मैंने तुम्हारी आत्मा को दु:खी किया है। मैंने बाज को पिंजड़े में बन्द करके रखा था। शोक!

सारे दिन मानकी को वही पश्चात्ताप होता रहा। शाम को उससे न रहा गया। वह अपनी कहारिन को लेकर पैदल उस देवता के दर्शन को चली जिसकी आत्मा को उसने दु:ख पहुँचाया था!

संध्या का समय था। आकाश पर लालिमा छाई थी। अस्ताचल की ओर कुछ बादल भी हो आए थे। सूर्यदेव कभी मेघपट में छिप जाते थे, कभी बाहर निकल आते थे। इस धूप-छाँह में ईश्वरचन्द्र की मूर्ति दूर से कभी प्रभात की भाँति प्रसन्नमुख और कभी संध्या की भाँति मलिन देख पड़ती थी। मानकी उसके निकट गई, पर उसके मुख की ओर न देख सकी। उन

आँखों में करुण-वेदना थी। मानकी को ऐसा मालूम हुआ, मानो वह मेरी ओर तिरस्कारपूर्ण भाव से देख रही हैं। उसकी आँखों से ग्लानि और लज्जा के आँसू बहने लगे। वह मूर्ति के चरणों पर गिर पड़ी और मुँह ढाँप कर रोने लगी। मन के भाव द्रवित हो गए।

वह घर आई तो नौ बज गए थे। कृष्ण उसे देखकर बोले—अम्माँ, आज आप इस वक़्त कहाँ गई थीं।

मानकी ने हर्ष से कहा—गई थी तुम्हारे बाबू जी की प्रतिमा के दर्शन करने। ऐसा मालूम होता है, वही साक्षात् खड़े हैं।

कृष्ण—जयपुर से बनकर आई है।

मानकी—पहले तो लोग उनका इतना आदर न करते थे?

कृष्ण—उनका सारा जीवन सत्य और न्याय की वकालत में गुज़रा है। ऐसे ही महात्माओं की पूजा होती है।

मानकी—लेकिन उन्होंने वकालत कब की?

कृष्ण—हाँ, यह वकालत नहीं की जो मैं और मेरे हज़ारों भाई कर रहे हैं, जिससे न्याय और धर्म का ख़ून हो रहा है। उनकी वकालत उच्चकोटि की थी।

मानकी—अगर ऐसा है, तो तुम भी वही वकालत क्यों नहीं करते?

कृष्ण—बहुत कठिन है। दुनिया का जंजाल अपने सिर लीजिए, दूसरों के लिए रोइए, दीनों की रक्षा के लिए लट्ठ लिये फिरिए, और इस कष्ट, अपमान और यंत्रणा का पुरस्कार क्या है? अपनी जीवनाभिलाषाओं की हत्या।

मानकी—लेकिन यश तो होता है।

कृष्ण—हाँ, यश होता है। लोग आशीर्वाद देते हैं।

मानकी—जब इतना यश मिलता है तो तुम भी वही काम करो। हम लोग उस पवित्र आत्मा की और कुछ सेवा नहीं कर सकते तो उसी वाटिका को चलाते जाएँ जो उन्होंने अपने जीवन में इतने उत्सर्ग और भक्ति से लगाई। इससे उनकी आत्मा को शान्ति होगी।

कृष्णचन्द्र ने माता को श्रद्धामय नेत्रों से देखकर कहा—करूँ तो, मगर सम्भव है, तब यह टीम-टाम न निभ सके। शायद फिर वही पहले की-सी दशा हो जाए।

मानकी—कोई हरज़ नहीं। संसार में यश तो होगा? आज तो अगर धन की देवी भी मेरे सामने आए, तो मैं आँखें न नीची करूँ।

पाप का अग्निकुंड

कुँवर पृथ्वीसिंह महाराज यशवंतसिंह के पुत्र थे। रूप, गुण और विद्या में प्रसिद्ध थे। ईरान, मिस्र, श्याम आदि देशों में परिभ्रमण कर चुके थे और कई भाषाओं के पंडित समझे जाते थे। इनकी एक बहिन थी जिसका नाम राजनंदिनी था। यह भी जैसी सुरूपवती और सर्वगुणसंपन्ना थी वैसी ही प्रसन्नवदना और मृदुभाषिणी भी थी। कड़वी बात कहकर किसी का जी दुखाना उसे पसन्द नहीं था। पाप को तो वह अपने पास भी नहीं फटकने देती थी। यहाँ तक कि कई

बार महाराज यशवंत से भी वाद-विवाद कर चुकी थी और जब कभी उन्हें किसी बहाने कोई अनुचित काम करते देखती, तो उसे यथाशक्ति रोकने की चेष्टा करती। इसका ब्याह कुँवर धर्मसिंह से हुआ था। यह एक छोटी रियासत का अधिकारी और महाराज यशवंतसिंह की सेना का उच्च पदाधिकारी था। धर्मसिंह बड़ा उदार और कर्मवीर था। इसे होनहार देखकर महाराज ने राजनंदिनी को इसके साथ ब्याह दिया था और दोनों बड़े प्रेम से अपना वैवाहिक जीवन बिताते थे। धर्मसिंह अधिकतर जोधपुर में ही रहता था। पृथ्वीसिंह उसके गाढ़े मित्र थे। इनमें जैसी मित्रता थी, वैसी भाइयों में भी नहीं होती। जिस प्रकार इन दोनों राजकुमारों में मित्रता थी, उसी प्रकार दोनों राजकुमारियाँ भी एक दूसरी पर जान देती थीं। पृथ्वीसिंह की स्त्री दुर्गाकुँवरि बहुत सुशीला और चतुर थी। ननद-भावज में अनबन होना लोक-रीति है, पर इन दोनों में इतना स्नेह था कि एक के बिना दूसरी को कभी कल नहीं पड़ता था। दोनों स्त्रियाँ संस्कृत से प्रेम रखती थीं।

एक दिन दोनों राजकुमारियाँ बाग़ की सैर में मग्न थीं कि एक दासी ने राजनंदिनी के हाथ में एक काग़ज़ लाकर रख दिया। राजनंदिनी ने उसे खोला तो वह संस्कृत का एक पत्र था। उसे पढ़कर उसने दासी से कहा कि उन्हें भेज दे। थोड़ी देर में एक स्त्री सिर से पैर तक चादर ओढ़े आती दिखाई दी। इसकी उम्र 25 साल से अधिक न थी, पर रंग पीला था। आँखें बड़ी और ओंठ सूखे। चाल-ढाल में कोमलता थी और उसके डील-डौल की गठन बहुत मनोहर थी। अनुमान से जान पड़ता था कि समय ने इसकी वह दशा कर रखी है। पर एक समय वह भी होगा जब यह बड़ी सुन्दर होगी। इस स्त्री ने आकर चौखट चूमी और आशीर्वाद देकर फ़र्श पर बैठ गई। राजनंदिनी ने इसे सिर से पैर तक बड़े ध्यान से देखा और पूछा, 'तुम्हारा नाम क्या है?'

उसने उत्तर दिया, 'मुझे ब्रजविलासिनी कहते हैं।'

'कहाँ रहती हो?'

'यहाँ से तीन दिन की राह पर एक गाँव विक्रमनगर है, वहाँ मेरा घर है।'

'संस्कृत कहाँ पढ़ी है?'

'मेरे पिताजी संस्कृत के बड़े पंडित थे, उन्होंने थोड़ी-बहुत पढ़ा दी है।'

'तुम्हारा ब्याह तो हो गया है न?'

ब्याह का नाम सुनते ही ब्रजविलासिनी की आँखों से आँसू बहने लगे। वह आवाज़ सम्हाल कर बोली—इसका जवाब मैं फिर कभी दूँगी, मेरी रामकहानी बड़ी दुःखमय है। उसे सुनकर आपको दुःख होगा इसलिए इस समय क्षमा कीजिए।

आज से ब्रजविलासिनी वहीं रहने लगी। संस्कृत-साहित्य में उसका बहुत प्रवेश था। वह राजकुमारियों को प्रतिदिन रोचक कविता पढ़कर सुनाती थी। उसके रंग, रूप और विद्या ने धीरे-धीरे राजकुमारियों के मन में उसके प्रति प्रेम और प्रतिष्ठा उत्पन्न कर दी। यहाँ तक कि राजकुमारियों और ब्रजविलासिनी के बीच बड़ाई-छोटाई उठ गई और वे सहेलियों की भाँति रहने लगीं।

2

कई महीने बीत गए। कुँवर पृथ्वीसिंह और धर्मसिंह दोनों महाराज के साथ अफगानिस्तान की मुहीम पर गए हुए थे। यह विरह की घड़ियाँ 'मेघदूत' और 'रघुवंश' के पढ़ने में कटीं।

ब्रजविलासिनी को कालिदास के देवता से बहुत प्रेम था और वह उसके काव्यों की व्याख्या उत्तमता से करती और उसमें ऐसी बारीकियाँ निकालती कि दोनों राजकुमारियाँ मुग्ध हो जातीं।

एक दिन संध्या का समय था, दोनों राजकुमारियाँ फुलवाड़ी में सैर करने गईं तो देखा कि ब्रजविलासिनी हरी-हरी घास पर लेटी हुई है और उसकी आँखों से आँसू बह रहे हैं। राजकुमारियों के अच्छे बर्ताव और स्नेहपूर्ण बातचीत से उसकी सुन्दरता कुछ चमक गई थी। इनके साथ अब वह भी राजकुमारी जान पड़ती थी; पर इन सभी बातों के रहते भी वह बेचारी बहुधा एकान्त में बैठकर रोया करती। उसके दिल पर एक ऐसी चोट थी कि वह उसे दम भर भी चैन नहीं लेने देती थी। राजकुमारियाँ उस समय उसे रोती देखकर बड़ी सहानुभूति के साथ उसके पास बैठ गईं। राजनंदिनी ने उसका सिर अपनी जाँघ पर रख लिया और उसके गुलाब-से गालों को थपथपाकर कहा—सखी, तुम अपने दिल का हाल हमें न बताओगी? क्या अब भी हम ग़ैर हैं? तुम्हारा यों अकेले दुःख की आग में जलना हमसे नहीं देखा जाता।

ब्रजविलासिनी आवाज़ सम्हाल कर बोली—बहन, मैं अभागिनी हूँ। मेरा हाल मत सुनो।

राज.—अगर बुरा न मानो तो एक बात पूछूँ।

ब्रज.—क्या, कहो?

राज.—वही जो मैंने पहले दिन पूछा था, तुम्हारा ब्याह हुआ है कि नहीं?

ब्रज.—इसका जवाब मैं क्या दूँ? अभी नहीं हुआ।

राज.—क्या किसी का प्रेम-बाण हृदय में चुभा हुआ है?

ब्रज.—नहीं बहन, ईश्वर जानता है।

राज.—तो इतनी उदास क्यों रहती हो? क्या प्रेम का आनन्द उठाने को जी चाहता है?

ब्रज.—नहीं, दुःख के सिवा मन में प्रेम को स्थान ही नहीं।

राज.—हम प्रेम का स्थान पैदा कर देंगी।

ब्रजविलासिनी इशारा समझ गई और बोली—बहन, इन बातों की चर्चा न करो।

राज.—मैं अब तुम्हारा ब्याह रचाऊँगी। दीवान जयचन्द को तुमने देखा है?

ब्रजविलासिनी आँखों में आँसू भरकर बोली—राजकुमारी, मैं व्रतधारिणी हूँ और अपने व्रत को पूरा करना ही मेरे जीवन का उद्देश्य है। प्रण को निभाने के लिए मैं जीती हूँ, नहीं तो मैंने ऐसी आफ़तें झेली हैं कि जीने की इच्छा अब नहीं रही। मेरे बाप विक्रमनगर के जागीरदार थे। मेरे सिवा उनके कोई संतान न थी। वे मुझे प्राणों से अधिक प्यार करते थे। मेरे ही लिए उन्होंने बरसों संस्कृत-साहित्य पढ़ा था। युद्ध-विद्या में वे बड़े निपुण थे और कई बार लड़ाइयों पर गए थे।

एक दिन गोधूलि-बेला में जब गायें जंगल से लौट रही थीं मैं अपने द्वार पर खड़ी थी। इतने में एक जवान बाँकी पगड़ी बाँधे, हथियार सजाए, झूमता आता दिखाई दिया। मेरी प्यारी मोहिनी इस समय जंगल से लौटी थी, और उसका बच्चा इधर किलोलें कर रहा था। संयोगवश बच्चा उस नौजवान से टकरा गया। गाय उस आदमी पर झपटी। राजपूत बड़ा साहसी था। उसने शायद सोचा कि भागता हूँ तो कलंक का टीका लगता है, तुरन्त तलवार म्यान से खींच ली और वह गाय पर झपटा। गाय झल्लाई हुई तो थी ही, कुछ भी न डरी। मेरी आँखों के सामने उस राजपूत ने उस प्यारी गाय को जान से मार डाला। देखते-देखते सैकड़ों आदमी जमा हो गए और उसको टेढ़ी-सीधी सुनाने लगे। इतने में पिताजी भी आ गए। वे संध्या करने

गए थे। उन्होंने आकर देखा कि द्वार पर सैकड़ों आदमियों की भीड़ लगी है, गाय तड़प रही है और उसका बच्चा खड़ा रो रहा है। पिताजी की आहट सुनते ही गाय कराहने लगी और उनकी ओर उसने कुछ ऐसी दृष्टि से देखा कि उन्हें क्रोध आ गया। मेरे बाद उन्हें वह गाय ही प्यारी थी। वे ललकार कर बोले—मेरी गाय किसने मारी है? नौजवान लज्जा से सिर झुकाए सामने आया और बोला—मैंने।

पिताजी—तुम क्षत्रिय हो?

राजपूत—हाँ!

पिताजी—तो किसी क्षत्रिय से हाथ मिलाते?

राजपूत का चेहरा तमतमा गया। बोला—कोई क्षत्रिय सामने आ जाए। हज़ारों आदमी खड़े थे; पर किसी का साहस न हुआ कि उस राजपूत का सामना करे। यह देखकर पिताजी ने तलवार खींच ली और वे उस पर टूट पड़े। उसने भी तलवार निकाल ली और दोनों आदमियों में तलवारें चलने लगीं। पिताजी बूढ़े थे; सीने पर ज़ख़्म गहरा लगा। गिर पड़े। उठाकर लोग घर पर लाए। उनका चेहरा पीला था; पर उनकी आँखों से चिनगारियाँ निकल रही थीं। मैं रोती हुई उनके सामने आई। मुझे देखते ही उन्होंने सब आदमियों को वहाँ से हट जाने का संकेत किया। जब मैं और पिताजी अकेले रह गए, तो वे बोले—बेटी, तुम राजपूतानी हो?

मैं—जी हाँ।

पिताजी—राजपूत बात के धनी होते हैं?

मैं—जी हाँ।

पिताजी—इस राजपूत ने मेरी गाय की जान ली है, इसका बदला तुम्हें लेना होगा।

मैं—आपकी आज्ञा का पालन करूँगी।

पिताजी—अगर मेरा बेटा जीता होता तो मैं यह बोझ तुम्हारी गर्दन पर न रखता।

मैं—आपकी जो कुछ आज्ञा होगी, मैं सिर-आँखों से पूरी करूँगी।

पिताजी—तुम प्रतिज्ञा करती हो?

मैं—जी हाँ।

पिताजी—इस प्रतिज्ञा को पूरा कर दिखाओगी।

मैं—जहाँ तक मेरा वश चलेगा, मैं निश्चय यह प्रतिज्ञा पूरी करूँगी।

पिताजी—यह मेरी तलवार लो। जब तक तुम यह तलवार उस राजपूत के कलेजे में न भोंक दो, तब तक भोग-विलास न करना।

यह कहते-कहते पिताजी के प्राण निकल गए। मैं उसी दिन से तलवार को कपड़ों में छिपाए उस नौजवान राजपूत की तलाश में घूमने लगी। वर्षों बीत गए। मैं कभी बस्तियों में जाती, कभी पहाड़ों-जंगलों की खाक छानती; पर उस नौजवान का कहीं पता न मिलता। एक दिन मैं बैठी हुई अपने फूटे भाग पर रो रही थी कि वही नौजवान आदमी आता हुआ दिखाई दिया। मुझे देखकर उसने पूछा, तू कौन है? मैंने कहा, मैं दुखिया ब्राह्मणी हूँ, आप मुझ पर दया कीजिए और मुझे कुछ खाने को दीजिए। राजपूत ने कहा, अच्छा, मेरे साथ आ!

मैं उठ खड़ी हुई। वह आदमी बेसुध था। मैंने बिजली की तरह लपककर कपड़ों में से तलवार निकाली और उसके सीने में भोंक दी। इतने में कई आदमी आते दिखाई पड़े। मैं तलवार छोड़कर भागी। तीन वर्ष तक पहाड़ों और जंगलों में छिपी रही। बार-बार जी में आया

कि कहीं डूब मरूँ, पर जान बड़ी प्यारी होती है। न जाने क्या-क्या मुसीबतें और कठिनाइयाँ भोगनी हैं, जिनको भोगने को अभी तक जीती हूँ। अन्त में जब जंगल में रहते-रहते जी उकता गया, तो जोधपुर चली आई। यहाँ आपकी दयालुता की चर्चा सुनी। आपकी सेवा में आ पहुँची और तब से आपकी कृपा से मैं आराम से जीवन बिता रही हूँ। यही मेरी रामकहानी है।

राजनंदिनी ने लम्बी साँस लेकर कहा—दुनिया में कैसे-कैसे लोग भरे हुए हैं। ख़ैर, तुम्हारी तलवार ने उसका काम तो तमाम कर दिया?

ब्रजविलासिनी—कहाँ बहन! वह बच गया, ज़ख़्म ओछा पड़ा था। उसी शकल के एक नौजवान राजपूत को मैंने जंगल में शिकार खेलते देखा था। नहीं मालूम, वह था या और कोई, शकल बिलकुल मिलती थी।

3

कई महीने बीत गए। राजकुमारियों ने जब से ब्रजविलासिनी की रामकहानी सुनी है, उसके साथ वे और भी प्रेम और सहानुभूति का बर्ताव करने लगी हैं। पहले बिना संकोच कभी-कभी छेड़छाड़ हो जाती थी; पर अब दोनों हरदम उसका दिल बहलाया करती हैं। एक दिन बादल घिरे हुए थे, राजनंदिनी ने कहा—आज बिहारीलाल की 'सतसई' सुनने को जी चाहता है। वर्षाऋतु पर उसमें बहुत अच्छे दोहे हैं।

दुर्गाकुँवरि—बड़ी अनमोल पुस्तक है। सखी, तुम्हारी बग़ल में जो आलमारी रखी है, उसी में वह पुस्तक है, ज़रा निकालना। ब्रजविलासिनी ने पुस्तक उतारी और उसका पहला पृष्ठ खोला था कि उसके हाथ से पुस्तक छूटकर गिर पड़ी। उसके पहले पृष्ठ पर एक तसवीर लगी हुई थी। वह उसी निर्दय युवक की तसवीर थी जो उसके बाप का हत्यारा था। ब्रजविलासिनी की आँखें लाल हो गईं। त्योरी पर बल पड़ गए। अपनी प्रतिज्ञा याद आ गई; पर उसके साथ ही यह विचार उत्पन्न हुआ कि इस आदमी का चित्र यहाँ कैसे आया और इसका इन राजकुमारियों से क्या सम्बन्ध है? कहीं ऐसा न हो कि मुझे इतना कृतज्ञ होकर अपनी प्रतिज्ञा तोड़नी पड़े। राजनंदिनी ने उसकी सूरत देखकर कहा—सखी क्या बात है? यह क्रोध क्यों? ब्रजविलासिनी ने सावधानी से कहा—कुछ नहीं, न जाने क्यों चक्कर आ गया था।

आज से ब्रजविलासिनी के मन में एक और चिन्ता उत्पन्न हुई—क्या मुझे राजकुमारियों का कृतज्ञ होकर अपना प्रण तोड़ना पड़ेगा?

पूरे सोलह महीने के बाद अफगानिस्तान से पृथ्वीसिंह और धर्मसिंह लौटे। बादशाह की सेना को बड़ी-बड़ी कठिनाइयों का सामना करना पड़ा। बर्फ़ अधिकता से पड़ने लगी। पहाड़ों के दर बर्फ़ से ढक गए। आने-जाने के रास्ते बन्द हो गए। रसद के सामान कम मिलने लगे। सिपाही भूखों मरने लगे। अब अफगानों ने समय पाकर रात को छापे मारने शुरू किए। आख़िर शहजादे मुहीउद्दीन को हिम्मत हार कर लौटना पड़ा।

दोनों राजकुमार ज्यों-ज्यों जोधपुर के निकट पहुँचते थे, उत्कंठा से उनके मन उमड़ आते थे। इतने दिनों के वियोग के बाद फिर भेंट होगी। मिलने की तृष्णा बढ़ती जाती है। रात-दिन मंज़िल काटते चले आते हैं, न थकावट मालूम होती है, न माँदगी। दोनों घायल हो रहे हैं; पर फिर भी मिलने की ख़ुशी में ज़ख़्मों की तकलीफ़ भूले हुए हैं। पृथ्वीसिंह दुर्गाकुँवरि के लिए

एक अफगानी कटार लाए हैं। धर्मसिंह ने राजनन्दिनी के लिए काश्मीर का एक बहुमूल्य शाल जोड़ा मोल लिया है। दोनों के दिल उमंग से भरे हुए हैं।

राजकुमारियों ने जब सुना कि दोनों वीर वापस आते हैं, तो वे फूले अंगों न समाईं। शृंगार किया जाने लगा, माँगें मोतियों से भरी जाने लगीं, उनके चेहरे ख़ुशी से दमकने लगे। इतने दिनों के बिछोह के बाद फिर मिलाप होगा, ख़ुशी आँखों से उबली पड़ती है। एक-दूसरे को छेड़ती हैं और ख़ुश होकर गले मिलती हैं।

अगहन का महीना था, बरगद की डालियों में मूँगे के दाने लगे हुए थे। जोधपुर के क़िले से सलामियों की घनगरज आवाज़ें आने लगीं। सारे नगर में धूम मच गई कि कुँवर पृथ्वीसिंह सकुशल अफगानिस्तान से लौट आए। दोनों राजकुमारियाँ थाली में आरती के सामान लिए दरवाज़े पर खड़ी थीं। पृथ्वीसिंह दरबारियों के मुजरे लेते हुए महल में आए। दुर्गाकुँवरि ने आरती उतारी और दोनों एक-दूसरे को देखकर ख़ुश हो गए। धर्मसिंह भी प्रसन्नता से ऐंठते हुए अपने महल में पहुँचे; पर भीतर पैर रखने न पाए थे कि छींक हुई और बाईं आँख फड़कने लगी। राजनन्दिनी आरती का थाल लेकर लपकी; पर उसका पैर फिसल गया और थाल हाथ से छूटकर गिर पड़ा। धर्मसिंह का माथा ठनका और राजनन्दिनी का चेहरा पीला हो गया। यह असगुन क्यों?

ब्रजविलासिनी ने दोनों राजकुमारों के आने का समाचार सुनकर उन दोनों को देने के लिए दो अभिनन्दन-पत्र बनवा रखे थे। सबेरे जब कुँवर पृथ्वीसिंह संध्या आदि नित्य-क्रिया से निपट कर बैठे, तो वह उनके सामने आई और उसने एक सुन्दर कुश की चँगेली में अभिनन्दन-पत्र रख दिया। पृथ्वीसिंह ने उसे प्रसन्नता से ले लिया। कविता यद्यपि उतनी बढ़िया न थी, पर वह नई और वीरता से भरी हुई थी। वे वीररस के प्रेमी थे, उसको पढ़कर बहुत ख़ुश हुए और उन्होंने मोतियों का हार उपहार दिया।

ब्रजविलासिनी यहाँ से छुट्टी पाकर कुँवर धर्मसिंह के पास पहुँची। वे बैठे हुए राजनन्दिनी को लड़ाई की घटनाएँ सुना रहे थे; पर ज्यों ही ब्रजविलासिनी की आँख उन पर पड़ी, वह सन्न होकर पीछे हट गई। उसको देखकर धर्मसिंह के चेहरे का भी रंग उड़ गया, होंठ सूख गए और हाथ-पैर सनसनाने लगे। ब्रजविलासिनी तो उलटे पाँव लौटी; पर धर्मसिंह ने चारपाई पर लेट कर दोनों हाथों से मुँह ढँक लिया। राजनन्दिनी ने यह दृश्य देखा और उसका फूल-सा बदन पसीने से तर हो गया। धर्मसिंह सारे दिन पलंग पर चुपचाप पड़े करवटें बदलते रहे। उनका चेहरा ऐसा कुम्हला गया जैसे वे बरसों के रोगी हों। राजनन्दिनी उनकी सेवा में लगी हुई थी। दिन तो यों कटा, रात को कुँवर साहब संध्या ही से थकावट का बहाना करके लेट गए। राजनन्दिनी हैरान थी कि माजरा क्या है। ब्रजविलासिनी इन्हीं के ख़ून की प्यासी है? क्या यह सम्भव है कि मेरा प्यारा, मेरा मुकुट धर्मसिंह ऐसा कठोर हो? नहीं, नहीं, ऐसा नहीं हो सकता। वह यद्यपि चाहती है कि अपने भावों से उनके मन का बोझ हलका करे, पर नहीं कर सकती। अन्त को नींद ने उसको अपनी गोद में ले लिया।

4

रात बहुत बीत गई है। आकाश में अँधेरा छा गया है। सारस की दुःख से भरी बोली कभी-कभी सुनाई दे जाती है और रह-रहकर क़िले के संतरियों की आवाज़ कान में आ पड़ती है।

राजनंदिनी की आँख एकाएक खुली, तो उसने धर्मसिंह को पलंग पर न पाया। चिन्ता हुई, वह झट उठकर ब्रजविलासिनी के कमरे की ओर चली और दरवाज़े पर खड़ी होकर भीतर की ओर देखने लगी। सन्देह पूरा हो गया। क्या देखती है कि ब्रजविलासिनी हाथ में तेगा लिए खड़ी है और धर्मसिंह दोनों हाथ जोड़े उसके सामने दीनों की तरह घुटने टेके बैठे हैं। वह दृश्य देखते ही राजनंदिनी का ख़ून सूख गया और उसके सिर में चक्कर आने लगा, पैर लड़खड़ाने लगे। जान पड़ता था कि गिरी जाती है। वह अपने कमरे में आई और मुँह ढँक कर लेट रही, पर उसकी आँखों से आँसू की एक बूँद भी न निकली।

दूसरे दिन पृथ्वीसिंह बहुत सबेरे ही कुँवर धर्मसिंह के पास गए और मुस्कुराकर बोले—भैया, मौसम बड़ा सुहावना है, शिकार खेलने चलते हो?

धर्मसिंह—हाँ चलो।

दोनों राजकुमारों ने घोड़े कसवाए और जंगल की ओर चल दिए। पृथ्वीसिंह का चेहरा खिला हुआ था, जैसे कमल का फूल। एक-एक अंग से तेज़ी और चुस्ती टपकी पड़ती थी, पर कुँवर धर्मसिंह का चेहरा मैला हो गया था, मानो बदन में जान ही नहीं है। पृथ्वीसिंह ने उन्हें कई बार छेड़ा, पर जब देखा कि वे बहुत दुःखी हैं, तो चुप हो गए। चलते-चलते दोनों आदमी झील के किनारे पहुँचे। एकाएक धर्मसिंह ठिठके और बोले—मैंने आज रात को एक दृढ़ प्रतिज्ञा की है। यह कहते-कहते उनकी आँखों में पानी आ गया। पृथ्वीसिंह ने घबराकर पूछा—कैसी प्रतिज्ञा?

'तुमने ब्रजविलासिनी का हाल सुना है? मैंने प्रतिज्ञा की है कि जिस आदमी ने उसके बाप को मारा है, उसे भी जहन्नुम में पहुँचा दूँ।'

'तुमने सचमुच वीर-प्रतिज्ञा की है।'

'हाँ, यदि मैं पूरी कर सकूँ। तुम्हारे विचार में ऐसा आदमी मारने योग्य है या नहीं?'

'ऐसे निर्दयी की गर्दन गुट्ठल छुरी से काटनी चाहिए।'

'बेशक, यही मेरा भी विचार है। यदि मैं किसी कारण यह काम न कर सकूँ, तो तुम मेरी प्रतिज्ञा पूरी कर दोगे?'

'बड़ी ख़ुशी से। उसे पहचानते हो न?'

'हाँ, अच्छी तरह।'

'तो अच्छा होगा, यह काम मुझको ही करने दो, तुम्हें शायद उस पर दया आ जाए।'

'बहुत अच्छा; पर यह याद रखो कि वह आदमी बड़ा भाग्यशाली है! कई बार मौत के मुँह से बचकर निकला है। क्या आश्चर्य है कि तुमको भी उस पर दया आ जाए। इसलिए तुम प्रतिज्ञा करो कि उसे ज़रूर जहन्नुम पहुँचाओगे।'

'मैं दुर्गा की शपथ खाकर कहता हूँ कि उस आदमी को अवश्य मारूँगा।'

'बस, तो हम दोनों मिलकर कार्य सिद्ध कर लेंगे। तुम अपनी प्रतिज्ञा पर दृढ़ रहोगे न?'

'क्यों? क्या मैं सिपाही नहीं हूँ? एक बार जो प्रतिज्ञा की, समझ लो कि वह पूरी करूँगा, चाहे इसमें अपनी जान ही क्यों न चली जाए।'

'सब अवस्थाओं में?'

'हाँ, सब अवस्थाओं में।'

'यदि वह तुम्हारा कोई बंधु हो तो?'

पृथ्वीसिंह ने धर्मसिंह को विचारपूर्वक देखकर कहा—कोई बंधु हो तो?

धर्मसिंह—हाँ, सम्भव है कि तुम्हारा कोई नातेदार हो।

पृथ्वीसिंह—(जोश में) कोई हो, यदि मेरा भाई भी हो, तो भी जीता चुनवा दूँ।

धर्मसिंह घोड़े से उतर पड़े। उनका चेहरा उतरा हुआ था और ओंठ काँप रहे थे। उन्होंने कमर से तेगा खोलकर ज़मीन पर रख दिया और पृथ्वीसिंह को ललकार कर कहा—पृथ्वीसिंह, तैयार हो जाओ। वह दुष्ट मिल गया। पृथ्वीसिंह ने चौंककर इधर-उधर देखा तो धर्मसिंह के सिवाय और कोई दिखाई न दिया।

धर्मसिंह—तेगा खींचो।

पृथ्वीसिंह—मैंने उसे नहीं देखा।

धर्मसिंह—वह तुम्हारे सामने खड़ा है। वह दुष्ट कुकर्मी धर्मसिंह ही है।

पृथ्वीसिंह—(घबराकर) ऐं तुम! —मैं—

धर्मसिंह—राजपूत, अपनी प्रतिज्ञा पूरी करो।

इतना सुनते ही पृथ्वीसिंह ने बिजली की तरह अपने कमर से तेगा खींच लिया और उसे धर्मसिंह के सीने में चुभा दिया। मूठ तक तेगा चुभ गया। ख़ून का फव्वारा बह निकला। धर्मसिंह ज़मीन पर गिरकर धीरे से बोले—पृथ्वीसिंह, मैं तुम्हारा बहुत कृतज्ञ हूँ। तुम सच्चे वीर हो। तुमने पुरुष का कर्तव्य पुरुष की भाँति पालन किया।

पृथ्वीसिंह यह सुनकर ज़मीन पर बैठ गए और रोने लगे।

5

अब राजनंदिनी सती होने जा रही है। उसने सोलहों श्रृंगार किए हैं और माँग मोतियों से भरवाई है। कलाई में सोहाग का कंगन है, पैरों में महावर लगाई है और लाल चुनरी ओढ़ी है। उसके अंग से सुगंधि उड़ रही है, क्योंकि आज वह सती होने जाती है।

राजनंदिनी का चेहरा सूर्य की भाँति प्रकाशमान है। उसकी ओर देखने से आँखों में चकाचौंध लग जाती है। प्रेम-मद से उसका रोआँ-रोआँ मस्त हो गया है, उसकी आँखों से अलौकिक प्रकाश निकल रहा है। वह आज स्वर्ग की देवी जान पड़ती है। उसकी चाल बड़ी मदमाती है। वह अपने प्यारे पति का सिर अपनी गोद में लेती है और उस चिता में बैठ जाती है जो चन्दन, खस आदि से बनाई गई है।

सारे नगर के लोग यह दृश्य देखने के लिए उमड़े चले आते हैं। बाजे बज रहे हैं, फूलों की वृष्टि हो रही है। सती चिता पर बैठ चुकी थी कि इतने में कुँवर पृथ्वीसिंह आए और हाथ जोड़कर बोले—महारानी, मेरा अपराध क्षमा करो।

सती ने उत्तर दिया—क्षमा नहीं हो सकता। तुमने एक नौजवान राजपूत की जान ली है, तुम भी जवानी में मारे जाओगे।

सती के वचन कभी झूठे हुए हैं? एकाएक चिता में आग लग गई। जयजयकार के शब्द गूँजने लगे। सती का मुख आग में यों चमकता था, जैसे सबेरे की ललाई में सूर्य चमकता है। थोड़ी देर में वहाँ राख के ढेर के सिवा और कुछ न रहा।

इस सती के मन में कैसा सत था! परसों जब उसने ब्रजविलासिनी को झिझक कर धर्मसिंह के सामने जाते देखा था, उसी समय से उसके दिल में सन्देह हो गया था। पर जब

रात को उसने देखा कि मेरा पति इसी स्त्री के सामने दुखिया की तरह बैठा हुआ है, तब वह सन्देह निश्चय की सीमा तक पहुँच गया और यही निश्चय अपने साथ सत लेता आया था। सबेरे जब धर्मसिंह उठे तब राजनंदिनी ने कहा था कि मैं ब्रजविलासिनी के शत्रु का सिर चाहती हूँ, तुम्हें लाना होगा। और ऐसा ही हुआ। अपने सती होने के सब कारण राजनंदिनी ने जान-बूझकर पैदा किए थे, क्योंकि उसके मन में सत था। पाप की आग कैसे तेज़ होती है? एक पाप ने कितनी जानें लीं? राजवंश के दो राजकुमार और दो कुमारियाँ देखते-देखते इस अग्निकुंड में स्वाहा हो गईं। सती का वचन सच हुआ। सात ही सप्ताह के भीतर पृथ्वीसिंह दिल्ली में क़त्ल किए गए और दुर्गाकुँवारि सती हो गई।

आभूषण

आभूषणों की निन्दा करना हमारा उद्देश्य नहीं है। हम असहयोग का उत्पीड़न सह सकते हैं पर ललनाओं के निर्दय, घातक वाक्बाणों को नहीं ओढ़ सकते। तो भी इतना अवश्य कहेंगे कि इस तृष्णा की पूर्ति के लिए जितना त्याग किया जाता है, उसका सदुपयोग करने से महान् पद प्राप्त हो सकता है।

यद्यपि हमने किसी रूप-हीना महिला को आभूषणों की सजावट से रूपवती होते नहीं देखा, तथापि हम यह भी मान लेते हैं कि रूप के लिए आभूषणों की उतनी ही ज़रूरत है, जितनी घर के लिए दीपक की। किन्तु शारीरिक शोभा के लिए हम तन को कितना मलिन, चित्त को कितना अशान्त और आत्मा को कितना कलुषित बना लेते हैं? इसका हमें कदाचित् ज्ञान ही नहीं होता। इस दीपक की ज्योति में आँखें धुँधली हो जाती हैं। यह चमक-दमक कितनी ईर्ष्या, कितने द्वेष, कितनी प्रतिस्पर्धा, कितनी दुश्चिन्ता और कितनी दुराशा का कारण है, इसकी केवल कल्पना से ही रोंगटे खड़े हो जाते हैं। इन्हें भूषण नहीं, दूषण कहना अधिक उपयुक्त है। नहीं तो यह कब हो सकता था कि कोई नववधू पति के घर आने के तीसरे दिन अपने पति से कहती कि 'मेरे पिता ने तुम्हारे पल्ले बाँधकर मुझे तो कुएँ में ढकेल दिया।' शीतला आज अपने गाँव के ताल्लुकेदार कुँवर सुरेशसिंह की नवविवाहिता वधू को देखने गई थी। उसके सामने ही वह मंत्रमुग्ध-सी हो गई। बहू के रूप-लावण्य पर नहीं, उसके आभूषणों की जगमगाहट पर उसकी टकटकी लगी रही। और वह जब से लौटकर घर आई, उसकी छाती पर साँप लोटता रहा। अन्त को ज्यों ही उसका पति आया, वह उस पर बरस पड़ी और दिल में भरा हुआ गुबार पूर्वोक्त शब्दों में निकल पड़ा। शीतला के पति का नाम विमलसिंह था। उनके पुरखे किसी ज़माने में इलाक़ेदार थे। इस गाँव पर भी उन्हीं का सोलहों आने अधिकार था। लेकिन अब इस घर की दशा हीन हो गई है। सुरेशसिंह के पिता ज़मींदारी के काम में दक्ष थे। विमलसिंह का सब इलाक़ा किसी न किसी प्रकार से उनके हाथ आ गया। विमल के पास सवारी का टट्टू भी न था, उसे दिन में दो बार भोजन भी मुश्किल से मिलता था। उधर सुरेश के पास हाथी, मोटर और कई घोड़े थे, दस-पाँच बाहर के आदमी नित्य द्वार पर पड़े रहते थे। पर इतनी विषमता होने पर भी दोनों में भाईचारा निभाया जाता था। शादी-

ब्याह में, मुंडन-छेदन में परस्पर आना-जाना होता रहता था। सुरेश विद्या-प्रेमी थे। हिन्दुस्तान में ऊँची शिक्षा समाप्त करके वह यूरोप चले गए और सब लोगों की शंकाओं के विपरीत, वहाँ से आर्य-सभ्यता के परम भक्त बनकर लौटे। वहाँ के जड़वाद, कृत्रिम भोगलिप्सा और अमानुषिक मदांधता ने उनकी आँखें खोल दी थीं। पहले वह घरवालों के बहुत ज़ोर देने पर भी विवाह करने को राज़ी नहीं हुए थे। लड़की से पूर्व-परिचय हुए बिना प्रणय नहीं कर सकते थे। पर यूरोप से लौटने पर उनके वैवाहिक विचारों में बहुत बड़ा परिवर्तन हो गया। उन्होंने उसी पहले की कन्या से, बिना उसके आचार-विचार जाने हुए विवाह कर लिया। अब वह विवाह को प्रेम का बंधन नहीं, धर्म का बंधन समझते थे। उसी सौभाग्यवती वधू को देखने के लिए आज शीतला, अपनी सास के साथ, सुरेश के घर गई थी। उसी के आभूषणों की छटा देखकर वह मर्माहत-सी हो गई है। विमल ने व्यथित होकर कहा—तो माता-पिता से कहा होता, सुरेश से ब्याह कर देते। वह तुम्हें गहनों से लाद सकते थे।

शीतला—तो गाली क्यों देते हो?

विमल—गाली नहीं देता, बात कहता हूँ। तुम जैसी सुन्दरी को उन्होंने नाहक मेरे साथ ब्याहा।

शीतला—लजाते तो हो नहीं, उलटे और ताने देते हो।

विमल—भाग्य मेरे वश में नहीं है। इतना पढ़ा भी नहीं हूँ कि कोई बड़ी नौकरी करके रुपए कमाऊँ।

शीतला—यह क्यों नहीं कहते कि प्रेम ही नहीं है। प्रेम हो, तो कंचन बरसने लगे।

विमल—तुम्हें गहनों से बहुत प्रेम है?

शीतला—सभी को होता है। मुझे भी है।

विमल—अपने को अभागिनी समझती हो?

शीतला—हूँ ही, समझना कैसा? नहीं तो क्या दूसरे को देखकर तरसना पड़ता?

विमल—गहने बनवा दूँ तो अपने को भाग्यवती समझने लगोगी?

शीतला—(चिढ़कर) तुम तो इस तरह पूछ रहे हो, जैसे सुनार दरवाज़े पर बैठा है!

विमल—नहीं, सच कहता हूँ, बनवा दूँगा। हाँ, कुछ दिन सबर करना पड़ेगा।

2

समर्थ पुरुषों को बात लग जाती है, तो प्राण ले लेते हैं। सामर्थ्यहीन पुरुष अपनी ही जान पर खेल जाता है। विमलसिंह ने घर से निकल जाने की ठानी। निश्चय किया, या तो इसे गहनों से ही लाद दूँगा या वैधव्य-शोक से। या तो आभूषण ही पहनेगी या सेंदुर को भी तरसेगी।

दिन भर वह चिन्ता में डूबा पड़ा रहा। शीतला को उसने प्रेम से सन्तुष्ट करना चाहा था। आज अनुभव हुआ कि नारी का हृदय प्रेमपाश से नहीं बँधता, कंचन के पाश ही से बँध सकता है। पहर रात जाते-जाते वह घर से चल खड़ा हुआ। पीछे फिर कर कभी न देखा। ज्ञान से जागे हुए विराग में चाहे मोह का संस्कार हो, पर नैराश्य से जागा हुआ विराग अचल होता है। प्रकाश में इधर की वस्तुओं को देखकर मन विचलित हो सकता है। पर अंधकार में किसका साहस है, जो लीक से जौ भर हट सके।

विमल के पास विद्या न थी, कला-कौशल भी न था। उसे केवल अपने कठिन परिश्रम और कठिन आत्म-त्याग ही का आधार था। वह पहले कलकत्ते गया। वहाँ कुछ दिन तक

एक सेठ की अगवानी करता रहा। वहाँ जो सुन पाया कि रंगून में मज़दूरी अच्छी मिलती है, तो वह रंगून जा पहुँचा और बन्दर पर माल चढ़ाने-उतारने का काम करने लगा।

कुछ तो कठिन श्रम, कुछ खाने-पीने के असंयम और कुछ जलवायु की ख़राबी के कारण वह बीमार हो गया। शरीर दुर्बल हो गया, मुख की कांति जाती रही; फिर भी उससे ज़्यादा मेहनती मज़दूर बन्दर पर दूसरा न था। और मज़दूर थे, पर यह मज़दूर तपस्वी था। मन में जो कुछ ठान लिया था, उसे पूरा करना उसके जीवन का एकमात्र उद्देश्य था।

उसने घर को अपना कोई समाचार न भेजा। अपने मन से तर्क किया, घर में मेरा कौन हितू है? गहनों के सामने मुझे कौन पूछता है? उसकी बुद्धि यह रहस्य समझने में असमर्थ थी कि आभूषणों की लालसा रहने पर भी प्रणय का पालन किया जा सकता है। और मज़दूर प्रात:काल सेरों मिठाई खाकर जलपान करते थे। दिन भर दम-दम भर पर गाँजे-चरस और तमाखू के दम लगाते थे। अवकाश पाते, तो बाज़ार की सैर करते थे। कितनों ही को शराब का भी शौक़ था। पैसों के बदले रुपए कमाते थे, तो पैसों की जगह रुपए ख़र्च भी कर डालते थे। किसी की देह पर साबुत कपड़े न थे; पर विमल उन गिनती के दो-चार मज़दूरों में था, जो संयम से रहते थे, जिनके जीवन का उद्देश्य खा-पीकर मर जाने के सिवा कुछ और भी था। थोड़े ही दिनों में उसके पास थोड़ी-सी संपत्ति हो गई। धन के साथ और मज़दूरों पर दबाव भी बढ़ने लगा। यह प्राय: सभी जानते थे कि विमल जाति का कुलीन ठाकुर है। सब ठाकुर ही कहकर उसे पुकारते थे। संयम और आचार सम्मान-सिद्धि के मंत्र हैं। विमल मज़दूरों का नेता और महाजन हो गया।

विमल को रंगून में काम करते हुए तीन वर्ष हो चुके थे। संध्या हो गई थी। वह कई मज़दूरों के साथ समुद्र के किनारे बैठा बातें कर रहा था।

एक मज़दूर ने कहा—यहाँ की सभी स्त्रियाँ निठुर होती हैं। बेचारा झींगुर 10 बरस से उसी बर्मी स्त्री के साथ रहता था। कोई अपनी ब्याही जोरू से भी इतना प्रेम न करता होगा। उस पर इतना विश्वास करता था कि जो कुछ कमाता, सो उसके हाथ में रख देता था। तीन लड़के थे। अभी कल तक दोनों साथ-साथ खाकर लेटे थे। न कोई लड़ाई, न बात, न चीत। रात को औरत न जाने कहाँ चली गई। लड़कों को छोड़ गई। बेचारा झींगुर रो रहा है। सबसे बड़ी मुश्किल तो छोटे बच्चे की है। अभी कुल छह महीने का है। कैसे जिएगा भगवान् ही जानें।

विमलसिंह ने गंभीर भाव से कहा—गहने बनवाता था कि नहीं?

मज़दूर—रुपए-पैसे तो औरत ही के हाथ में थे। गहने बनवाती, उसका हाथ कौन पकड़ता?

दूसरे मज़दूर ने कहा—गहनों से तो लदी हुई थी। जिधर से निकल जाती थी, छम्-छम् की आवाज़ से कान भर जाते थे।

विमल—जब गहने बनवाने पर भी निठुराई की, तो यही कहना पड़ेगा कि यह जाति ही बेवफा होती है।

इतने में एक आदमी आकर विमलसिंह से बोला—चौधरी, अभी मुझे एक सिपाही मिला था। वह तुम्हारा नाम, गाँव और बाप का नाम पूछ रहा था। कोई बाबू सुरेशसिंह हैं।

विमल ने सशंक होकर कहा—हाँ, हैं तो। मेरे गाँव के इलाक़ेदार और बिरादरी के भाई हैं।

आदमी—उन्होंने थाने में कोई नोटिस छपवाया है कि जो विमलसिंह का पता लगावेगा उसे 1,000 रुपए का इनाम मिलेगा।

विमल—तो तुमने सिपाही को सब ठीक-ठीक बता दिया?

आदमी—चौधरी, मैं कोई गँवार हूँ क्या? समझ गया कुछ दाल में काला है, नहीं तो कोई इतने रुपए क्यों ख़र्च करता। मैंने कह दिया कि उनका नाम विमलसिंह नहीं जसोदा पाँड़े है। बाप का नाम सुक्खू बताया और घर ज़िला झाँसी में। पूछने लगा, यहाँ कितने दिन से रहता है? मैंने कहा, कोई दस साल से। तब कुछ सोचकर चला गया। सुरेश बाबू से तुमसे कोई अदावत है क्या चौधरी?

विमल—अदावत तो नहीं थी, मगर कौन जाने, उनकी नीयत बिगड़ गई हो। मुझ पर कोई अपराध लगाकर मेरी जगह-ज़मीन पर हाथ बढ़ाना चाहते हों। तुमने बड़ा अच्छा किया कि सिपाही को उड़नझाँईं बताई।

आदमी—मुझसे कहता था कि ठीक-ठीक बता दो, तो 50 रु. तुम्हें भी दिला दूँ। मैंने सोचा—आप तो हज़ार की गठरी मारेगा और मुझे 50 रु. दिलाने को कहता है। फटकार बता दी।

एक मज़दूर—मगर जो 200 रु. देने को कहता, तो तुम सब ठीक-ठीक नाम-ठिकाना बता देते। (क्यों? धत् तेरे लालची की!)

आदमी—(लज्जित होकर) 200 रु. नहीं 2,000 रु. भी देता, तो न बताता। मुझे ऐसा विश्वासघात करनेवाला मत समझो। जब जी चाहे, परख लो।

मज़दूरों में यों वाद-विवाद होता ही रहा, विमल आकर अपनी कोठरी में लेट गया। वह सोचने लगा—अब क्या करूँ? जब सुरेश-जैसे सज्जन की नीयत बदल गई, तो अब किसका भरोसा करूँ! नहीं, अब बिना घर गए काम नहीं चलेगा। कुछ दिन और न गया, तो फिर कहीं का न हूँगा। दो साल और रह जाता, तो पास में पूरे 5,000 रु. हो जाते। शीतला की इच्छा कुछ पूरी हो जाती। अभी तो सब मिलाकर 3,000 रु. ही होंगे। इतने में उसकी अभिलाषा न पूरी होगी। ख़ैर अभी चलूँ, छह महीने में फिर लौट आऊँगा। अपनी जायदाद तो बच जाएगी। नहीं, छह महीने तक रहने का क्या है। जाने-आने का एक महीना लग जाएगा। घर में 15 दिन से ज़्यादा न रहूँगा। वहाँ कौन पूछता है, आऊँ या रहूँ, मरूँ या जिऊँ, वहाँ तो गहनों से प्रेम है।

इस तरह मन में निश्चय करके वह दूसरे दिन रंगून से चल पड़ा।

संसार कहता है कि गुण के सामने रूप की कोई हस्ती नहीं। हमारे नीतिशास्त्र के आचार्यों का भी यही कथन है; पर वास्तव में यह कितना भ्रममूलक है! कुँवर सुरेशसिंह की नववधू मंगलाकुमारी गृह-कार्य में निपुण, पति के इशारे पर प्राण देनेवाली, अत्यन्त विचारशीला, मधुरभाषिणी और धर्म-भीरु स्त्री थी; पर सौन्दर्यविहीन होने के कारण पति की आँखों में काँटे के समान खटकती थी। सुरेशसिंह बात-बात पर उस पर झुँझलाते, पर घड़ी भर में पश्चाताप के वशीभूत होकर उससे क्षमा माँगते; किन्तु दूसरे ही दिन वही कुत्सित व्यापार शुरू हो जाता। विपत्ति यह थी कि उनके आचरण अन्य रईसों की भाँति भ्रष्ट न थे। वह दाम्पत्य जीवन ही में आनन्द, सुख, शान्ति, विश्वास, प्राय: सभी ऐहिक और पारमार्थिक उद्देश्य पूरा करना चाहते थे। और दाम्पत्य सुख से वंचित होकर उन्हें अपना समस्त जीवन नीरस, स्वादहीन और कुंठित जान पड़ता था। फल यह हुआ कि मंगला को अपने ऊपर विश्वास न रहा। वह अपने मन से कोई काम करते हुए डरती कि स्वामी नाराज़ होंगे। स्वामी को ख़ुश रखने के लिए अपनी भूलों को छिपाती, बहाने करती, झूठ बोलती। नौकरों को अपराध लगाकर आत्मरक्षा करना चाहती। पति को प्रसन्न रखने के लिए उसने अपने गुणों की, अपनी आत्मा की अवहेलना की;

पर उठने के बदले वह पति की नज़रों से गिरती ही गई। नित्य नए शृंगार करती, पर लक्ष्य से दूर होती जाती थी। पति की एक मधुर मुस्कान के लिए, उनके अधरों के एक मीठे शब्द के लिए उसका प्यासा हृदय तड़प-तड़पकर रह जाता था। लावण्य-विहीन स्त्री वह भिक्षुक नहीं है, जो चंगुल भर आटे से सन्तुष्ट हो जाए। वह भी पति का सम्पूर्ण, अखंड प्रेम चाहती है, और कदाचित् सुन्दरियों से अधिक, क्योंकि वह इसके लिए असाधारण प्रयत्न और अनुष्ठान करती है। मंगला इस प्रयत्न में निष्फल होकर और भी संतप्त होती थी।

धीरे-धीरे पति पर से उसकी श्रद्धा उठने लगी। उसने तर्क किया कि ऐसे क्रूर, हृदय-शून्य, कल्पनाहीन मनुष्य से मैं भी उसी का-सा व्यवहार करूँगी। जो पुरुष रूप का भक्त है, वह प्रेम-भक्ति के योग्य नहीं। इस प्रत्याघात ने समस्या और भी जटिल कर दी।

मगर मंगला की केवल अपनी रूपहीनता ही का रोना न था। शीतला का अनुपम रूपलालित्य भी उसकी कामनाओं का बाधक था; बल्कि यह उसकी आशालताओं पर पड़नेवाला तुषार था। मंगला सुन्दरी न सही, पर पति पर जान देती थी। जो अपने को चाहे, उससे हम विमुख नहीं हो सकते। प्रेम की शक्ति अपार है; पर शीतला की मूर्ति सुरेश के हृदय-द्वार पर बैठी हुई मंगला को अन्दर न जाने देती थी, चाहे वह कितना ही वेष बदलकर आवे। सुरेश इस मूर्ति को हटाने की चेष्टा करते थे, उसे बलात् निकाल देना चाहते थे; किन्तु सौन्दर्य का आधिपत्य धन के आधिपत्य से कम दुर्निवार नहीं होता। जिस दिन शीतला इस घर में मंगला का मुख देखने आई थी उसी दिन सुरेश की आँखों ने उसकी मनोहर छवि की एक झलक देख ली थी। वह एक झलक मानो एक क्षणिक क्रिया थी, जिसने एक ही धावे में समस्त हृदय-राज्य को जीत लिया, उस पर अपना आधिपत्य जमा लिया।

सुरेश एकान्त में बैठे हुए शीतला के चित्र को मंगला से मिलाते यह निश्चय करने के लिए कि उनमें क्या अन्तर है? एक क्यों मन को खींचती है, दूसरी क्यों उसे हटाती है? पर उसके मन का यह खिंचाव केवल एक चित्रकार या कवि का रसास्वादन-मात्र था। वह पवित्र और वासनाओं से रहित था। वह मूर्ति केवल उसके मनोरंजन की सामग्री-मात्र थी। यह अपने मन को बहुत समझाते, संकल्प करते कि अब मंगला को प्रसन्न रखूँगा। यदि वह सुन्दर नहीं है, तो उसका क्या दोष? पर उनका यह सब प्रयास मंगला के सम्मुख जाते ही विफल हो जाता था। वह बड़ी सूक्ष्म दृष्टि से मंगला के मन के बदलते हुए भावों को देखते थे; पर एक पक्षाघात-पीड़ित मनुष्य की भाँति घी के घड़े को लुढ़कते देखकर भी रोकने का कोई उपाय न कर सकते थे। परिणाम क्या होगा, यह सोचने का उन्हें साहस ही न होता था। पर जब मंगला ने अन्त को बात-बात में उनकी तीव्र आलोचना करना शुरू कर दिया, वह उनसे उच्छृंखलता का व्यवहार करने लगी, तो उसके प्रति उनका वह उतना सौहार्द भी विलुप्त हो गया; घर में आना-जाना छोड़ दिया।

एक दिन संध्या के समय बड़ी गरमी थी। पंखा झलने से आग और भी दहकती थी। कोई सैर करने बग़ीचों में भी न जाता था। पसीने की भाँति शरीर से सारी स्फूर्ति बह गई थी, जो जहाँ था, वहीं मुर्दा-सा पड़ा था। आग से सेंके हुए मृदंग की भाँति लोगों के स्वर कर्कश हो गए थे। साधारण बातचीत में भी लोग उत्तेजित हो जाते थे, जैसे साधारण संघर्षण से वन के वृक्ष जल उठते हैं। सुरेशसिंह कभी चार क़दम टहलते थे, फिर हाँफ कर बैठ जाते थे। नौकरों पर झुँझला रहे थे कि जल्द-जल्द छिड़काव क्यों नहीं करते। सहसा उन्हें अन्दर से

गाने की आवाज़ सुनाई दी। चौंके, फिर क्रोध आया। मधुर गान कानों को अप्रिय जान पड़ा। यह क्या बेवक़्त की शहनाई है! यहाँ गरमी के मारे दम निकल रहा है और इन सबको गाने की सूझी है! मंगला ने बुलाया होगा, और क्या। लोग नाहक कहते हैं कि स्त्रियों का जीवन का आधार प्रेम है। उनके जीवन का आधार वही भोजन-निद्रा, राग-रंग, आमोद-प्रमोद है, जो समस्त प्राणियों का है। घंटे भर तो सुन चुका। यह गीत कभी बन्द भी होगा या नहीं। सब व्यर्थ में गला फाड़-फाड़कर चिल्ला रही हैं।

अन्त को न रहा गया। जनानख़ाने में आकर बोले—यह तुम लोगों ने क्या काँव-काँव मचा रखी है? यह गाने-बजाने का कौन-सा समय है? बाहर बैठना मुश्किल हो गया!

सन्नाटा छा गया। जैसे शोरगुल मचानेवाले बालकों में मास्टर पहुँच जाए। सभी ने सिर झुका लिये और सिमट गईं।

मंगला तुरन्त उठकर सामने वाले कमरे में चली गई। पति को बुलाया और आहिस्ते से बोली—क्यों इतना बिगड़ रहे हो?

'मैं इस वक़्त गाना नहीं सुनना चाहता।'

'तुम्हें सुनाता ही कौन है? क्या मेरे कानों पर भी तुम्हारा अधिकार है?'

'फजूल की बमचख...'

'तुमसे मतलब?'

'मैं अपने घर में यह कोलाहल न मचने दूँगा?'

'तो मेरा घर कहीं और है?'

सुरेशसिंह इसका उत्तर न देकर बोले—इन सबसे कह दो, फिर किसी वक़्त आएँ।

मंगला—इसलिए कि तुम्हें इनका आना अच्छा नहीं लगता?

'हाँ, इसीलिए।'

'तुम क्या सदा वही करते हो, जो मुझे अच्छा लगे? तुम्हारे यहाँ मित्र आते हैं, हँसी-ठट्ठे की आवाज़ अन्दर सुनाई देती है। मैं कभी नहीं कहती कि इन लोगों का आना बन्द कर दो। तुम मेरे कामों में दस्तंदाजी क्यों करते हो?'

सुरेश ने तेज़ होकर कहा—इसलिए कि मैं घर का स्वामी हूँ।

मंगला—तुम बाहर के स्वामी हो; यहाँ मेरा अधिकार है।

सुरेश—क्यों व्यर्थ की बक-बक करती हो? मुझे चिढ़ाने से क्या मिलेगा?

मंगला ज़रा देर चुपचाप खड़ी रही। वह पति के मनोगत भावों की मीमांसा कर रही थी। फिर बोली—अच्छी बात है। जब इस घर में मेरा कोई अधिकार नहीं, तो न रहूँगी। अब तक भ्रम में थी। आज तुमने वह भ्रम मिटा दिया। मेरा इस घर पर अधिकार कभी नहीं था। जिस स्त्री का पति के हृदय पर अधिकार नहीं, उसका उसकी सम्पत्ति पर भी कोई अधिकार नहीं हो सकता।

सुरेश ने लज्जित होकर कहा—बात का बतंगड़ क्यों बनाती हो! मेरा यह मतलब न था। कुछ का कुछ समझ गई।

मंगला—मन की बात आदमी के मुँह से अनायास ही निकल जाती है। सावधान होकर हम अपने भावों को छिपा लेते हैं!

सुरेश को अपनी असज्जनता पर दु:ख तो हुआ, पर इस भय से कि मैं इसे जितना ही मनाऊँगा, उतना ही यह और जली-कटी सुनाएगी, उसे वहीं छोड़कर बाहर चले आए।

प्रात:काल ठंडी हवा चल रही थी। सुरेश खुमारी में पड़े हुए स्वप्न देख रहे थे कि मंगला सामने से चली जा रही है। चौंक पड़े। देखा, द्वार पर सचमुच मंगला खड़ी है। घर की नौकरानियाँ आँचल से आँखें पोंछ रही हैं। कई नौकर आस-पास खड़े हैं। सभी की आँखें सजल और मुख उदास हैं। मानो बहू विदा हो रही है।

सुरेश समझ गए कि मंगला को कल की बात लग गई। पर उन्होंने उठकर कुछ पूछने की, मनाने की या समझाने की चेष्टा नहीं की। यह मेरा अपमान कर रही है, मेरा सिर नीचा कर रही है। जहाँ चाहे, जाए। मुझसे कोई मतलब नहीं। यों बिना कुछ पूछे-गाछे चले जाने का अर्थ यह है कि मैं इसका कोई नहीं। फिर मैं इसे रोकनेवाला कौन!

वह यों ही जड़वत् पड़े रहे और मंगला चली गई। उनकी तरफ़ मुँह उठाकर भी न ताका।

3

मंगला पाँव-पैदल चली जा रही थी। एक बड़े ताल्लुकेदार की औरत के लिए यह मामूली बात न थी। हर किसी को हिम्मत न पड़ती थी कि उससे कुछ कहे। पुरुष उसकी राह छोड़कर किनारे खड़े हो जाते थे। नारियाँ द्वार पर खड़ी करुण-कौतूहल से देखती थीं और आँखों से कहती थीं—हा निर्दयी पुरुष! इतना भी न हो सका कि एक डोला पर तो बैठा देता!

इस गाँव से निकलकर उस गाँव में पहुँची, जहाँ शीतला रहती थी। शीतला सुनते ही द्वार पर आकर खड़ी हो गई और मंगला से बोली—बहन, ज़रा आकर दम ले लो।

मंगला ने अन्दर जाकर देखा तो मकान जगह-जगह से गिरा हुआ था। दालान में एक वृद्धा खाट पर पड़ी थी। चारों ओर दरिद्रता के चिह्न दिखाई देते थे।

शीतला ने पूछा—यह क्या हुआ?

मंगला—जो भाग्य में लिखा था।

शीतला—कुँवर जी ने कुछ कहा-सुना था?

मंगला—मुँह से कुछ न कहने पर भी तो मन की बात छिपी नहीं रहती।

शीतला—अरे, तो क्या अब यहाँ तक नौबत आ गई?

दु:ख की अन्तिम दशा संकोचहीन होती है। मंगला ने कहा—चाहती, तो अब भी पड़ी रहती। उसी घर में जीवन कट जाता। पर जहाँ प्रेम नहीं, पूछ नहीं, मान नहीं, वहाँ अब नहीं रह सकती।

शीतला—तुम्हारा मैका कहाँ है?

मंगला—मैके कौन मुँह लेकर जाऊँगी?

शीतला—तब कहाँ जाओगी?

मंगला—ईश्वर के दरबार में। पूछूँगी कि तुमने मुझे सुन्दरता क्यों नहीं दी? बदसूरत क्यों बनाया? बहन, स्त्री के लिए इससे अधिक दुर्भाग्य की बात नहीं कि वह रूपहीन हो। शायद पहले जनम की पिशाचिनियाँ ही बदसूरत औरतें होती हैं। रूप से प्रेम मिलता है और प्रेम से दुर्लभ कोई वस्तु नहीं है।

यह कहकर मंगला उठ खड़ी हुई। शीतला ने उसे रोका नहीं। सोचा—इसे क्या खिलाऊँगी। आज तो चूल्हा जलने की भी कोई आशा नहीं।

उसके जाने के बाद वह देर तक बैठी सोचती रही, मैं कैसी अभागिन हूँ। जिस प्रेम को न पाकर यह बेचारी जीवन को त्याग रही है, उसी प्रेम को मैंने पाँव से ठुकरा दिया। इसे जेवर

की क्या कमी थी? क्या ये सारे जड़ाऊ जेवर इसे सुखी रख सके? इसने उन्हें पाँव से ठुकरा दिया। उन्हीं आभूषणों के लिए मैंने अपना सर्वस्व खो दिया। हा! न जाने वह (विमलसिंह) कहाँ हैं, किस दशा में हैं!

अपनी लालसा को, तृष्णा को वह कितनी ही बार धिक्कार चुकी थी। मंगला की दशा देखकर आज उसे आभूषणों से घृणा हो गई।

विमल को घर छोड़े दो साल हो गए थे। शीतला को अब उनके बारे में भाँति-भाँति की शंकाएँ होने लगी थीं। आठों पहर उसके चित्त में ग्लानि और क्षोभ की आग सुलगा करती थी।

देहात के छोटे-मोटे ज़मींदारों का काम डाँट-डपट, छीन-झपट ही से चला करता है। विमल की खेती बेगार में होती थी। उसके जाने के बाद सारे खेत परती रह गए। कोई जोतनेवाला न मिला। इस ख़याल से साझे पर भी किसी ने न जोता कि बीच में कहीं विमलसिंह आ गए, तो साझेदार को अँगूठा दिखा देंगे। असामियों ने लगान न दिया। शीतला ने महाजन से रुपए उधार लेकर काम चलाया। दूसरे वर्ष भी यही कैफियत रही। अबकी महाजन ने रुपए नहीं दिए। शीतला के गहनों के सिर गई। दूसरा साल समाप्त होते-होते घर की सब लेई-पूँजी निकल गई। फाके होने लगे। बूढ़ी सास, छोटा देवर, ननद और आप—चार प्राणियों का ख़र्च था। नात-हित भी आते ही रहते थे। उस पर यह और मुसीबत हुई कि मैके में एक फ़ौजदारी हो गई। पिता और बड़े भाई उसमें फँस गए। दो छोटे भाई, एक बहन और माता चार प्राणी और सर पर आ डटे। गाड़ी पहले मुश्किल से चलती थी, जब ज़मीन में धँस गई।

प्रात:काल से कलह आरंभ हो जाता। समधिन समधिन से, साले बहनोई से गुथ जाते। कभी तो अन्न के अभाव से भोजन ही न बनता; कभी भोजन बनने पर भी गाली-गलौज के कारण खाने की नौबत न आती। लड़के दूसरों के खेतों में जाकर गन्ने और मटर खाते; बुढ़िया दूसरों के घर जाकर अपना दुखड़ा रोती और ठकुरसोहाती करती, पुरुष की अनुपस्थिति में स्त्री के मैकेवालों का प्राधान्य हो जाता है। इस संग्राम में प्राय: विजय-पताका मैकेवालों ही के हाथ में रहती है। किसी भाँति घर अनाज आ जाता, तो उसे पीसे कौन? शीतला की माँ कहती, चार दिन के लिए आई हूँ, तो क्या चक्की चलाऊँ? सास कहती, खाने की बेर तो बिल्ली की तरह लपकेंगी, पीसते क्यों जान निकलती है? विवश होकर शीतला को अकेले पीसना पड़ता। भोजन के समय वह महाभारत मचता कि पड़ोसवाले तंग आ जाते। शीतला कभी माँ के पैरों पड़ती, कभी सास के चरण पकड़ती, लेकिन दोनों ही उसे झिड़क देतीं। माँ कहती, तूने यहाँ बुलाकर हमारा पानी उतार लिया। सास कहती, मेरी छाती पर सौत लाकर बैठा दी, अब बातें बनाती है? इस घोर विवाद में शीतला अपना विरह-शोक भूल गई। सारी अमंगल शंकाएँ इस विरोधाग्नि में शान्त हो गईं। बस, अब यही चिन्ता थी कि इस दशा से छुटकारा कैसे हो? माँ और सास, दोनों ही का यमराज के सिवा और कोई ठिकाना न था; पर यमराज उनका स्वागत करने के लिए बहुत उत्सुक नहीं जान पड़ते थे। सैकड़ों उपाय सोचती; पर उस पथिक की भाँति, जो दिन भर चलकर भी अपने द्वार ही पर खड़ा हो, उसकी सोचने की शक्ति निश्चल हो गई थी। चारों तरफ़ निगाहें दौड़ाती कि कहीं कोई शरण का स्थान है? पर कहीं निगाह न जमती।

एक दिन वह इसी नैराश्य की अवस्था में द्वार पर खड़ी थी। मुसीबत में, चित्त की उद्विग्नता में, इन्तज़ार में द्वार से हमें प्रेम हो जाता है। सहसा उसने बाबू सुरेशसिंह को सामने

से घोड़े पर जाते देखा। उनकी आँखें उसकी ओर फिरीं। आँखें मिल गईं। वह झिझक कर पीछे हट गई। किवाड़ें बन्द कर लिये। कुँवर साहब आगे बढ़ गए। शीतला को खेद हुआ कि उन्होंने मुझे देख लिया। मेरे सिर पर साड़ी फटी हुई थी, चारों तरफ़ उसमें पैबन्द लगे हुए थे। वह अपने मन में न जाने क्या कहते होंगे?

कुँवर साहब को गाँववालों से विमलसिंह के परिवार के कष्टों की ख़बर मिली थी। वह गुप्त रूप से उनकी कुछ सहायता करना चाहते थे। पर शीतला को देखते ही संकोच ने उन्हें ऐसा दबाया कि द्वार पर एक क्षण भी न रुक सके। मंगला के गृह-त्याग के तीन महीने पीछे आज वह पहली बार घर से निकले थे। मारे शर्म के बाहर बैठना छोड़ दिया था।

इसमें सन्देह नहीं कि कुँवर साहब मन में शीतला के रूप-रस का आस्वादन करते थे। मंगला के जाने के बाद उनके हृदय में एक विचित्र दुष्कामना जाग उठी। क्या किसी उपाय से यह सुन्दरी मेरी नहीं हो सकती? विमल का मुद्दत से पता नहीं। बहुत सम्भव है कि वह अब संसार में न हो। किन्तु वह इस दुष्कल्पना को विचार से दबाते रहते थे। शीतला की विपत्ति की कथा सुनकर भी वह उसकी सहायता करते हुए डरते थे। कौन जाने, वासना यही वेष धर कर मेरे विचार और विवेक पर कुठाराघात करना चाहती हो। अन्त को लालसा की कपट-लीला उन्हें भुलावा दे ही गई। वह शीतला के घर उसका हालचाल पूछने गए। मन में तर्क किया—यह कितना घोर अन्याय है कि एक अबला ऐसे संकट में हो और मैं उसकी बात भी न पूछूँ? पर वहाँ से लौटे, तो बुद्धि और विवेक की रस्सियाँ टूट गई थीं और नौका मोह-वासना के अपार सागर में डुबकियाँ खा रही थी। आह! यह मनोहर छवि! यह अनुपम सौन्दर्य!

एक क्षण में उन्मत्तों की भाँति बकने लगे—यह प्राण और यह शरीर तेरी भेंट करता हूँ। संसार हँसेगा, हँसे। महापाप है, हो। कोई चिन्ता नहीं। इस स्वर्गीय आनन्द से मैं अपने को वंचित नहीं कर सकता? वह मुझसे भाग नहीं सकती। इस हृदय को छाती से निकालकर उसके पैरों पर रख दूँगा। विमल मर गया। नहीं मरा, तो अब मरेगा, पाप क्या है? पता नहीं। कमल कितना कोमल, कितना प्रफुल्ल, कितना ललित है? क्या उसके अधरों—

अकस्मात् वह ठिठक गए जैसे कोई भूली हुई बात याद आ जाए। मनुष्य में बुद्धि के अन्तर्गत एक अज्ञात बुद्धि होती है। जैसे रणक्षेत्र में हिम्मत हार कर भागनेवाले सैनिकों को किसी गुप्त स्थान से आनेवाली कुमुक सँभाल लेती है, वैसे ही इस अज्ञात बुद्धि ने सुरेश को सचेत कर दिया। वह सँभल गए। ग्लानि से उनकी आँखें भर आईं। वह कई मिनट तक किसी दंडित क़ैदी की भाँति क्षुब्ध खड़े सोचते रहे। फिर विजय-ध्वनि से कह उठे—कितना सरल है। इस विकार के हाथी को सिंह से नहीं, चिउंटी से मारूँगा। शीतला को एक बार 'बहन' कह देने से ही यह सब विकार शान्त हो जाएगा। शीतला! बहन! मैं तेरा भाई हूँ!

उसी क्षण उन्होंने शीतला को पत्र लिखा—बहन, तुमने इतने कष्ट झेले पर मुझे ख़बर तक न दी! मैं कोई ग़ैर न था। मुझे इसका दुःख है। ख़ैर, अब ईश्वर ने चाहा, तो तुम्हें कष्ट न होगा। इस पत्र के साथ उन्होंने अनाज और रुपए भेजे।

शीतला ने उत्तर दिया—भैया, क्षमा करो, जब तक जिऊँगी, तुम्हारा यश गाऊँगी। तुमने मेरी डूबती नाव पार लगा दी।

4

कई महीने बीत गए। संध्या का समय था। शीतला अपनी मैना को चारा चुगा रही थी। उसे सुरेश नैपाल से उसी के वास्ते लाए थे। इतने में सुरेश आकर आँगन में बैठ गए।

शीतला ने पूछा—कहाँ से आते हो भैया?

सुरेश—गया था ज़रा थाने। कुछ पता नहीं चला। रंगून में पहले कुछ पता मिला था। बाद को मालूम हुआ कि वह कोई और आदमी है। क्या करूँ? इनाम और बढ़ा दूँ?

शीतला—तुम्हारे पास रुपए बढ़े हैं; फूँको। उनकी इच्छा होगी, तो आप ही आवेंगे।

सुरेश—एक बात पूछूँ, बताओगी? किस बात पर तुमसे रूठे थे?

शीतला—कुछ नहीं, मैंने यही कहा कि मुझे गहने बनवा दो। कहने लगे, मेरे पास है क्या? मैंने कहा (लजा कर), तो ब्याह क्यों किया? बस, बातों ही बातों में तकरार हो गई।

इतने में शीतला की सास आ गई। सुरेश ने शीतला की माँ और भाइयों को उनके घर पहुँचा दिया था, इसलिए यहाँ अब शान्ति थी। सास ने बहू की बात सुन ली थी। कर्कश स्वर से बोली—बेटा, तुमसे क्या परदा है। यह महारानी देखने ही को गुलाब की फूल है, अन्दर सब काँटे हैं। यह अपने बनाव-सिंगार के आगे विमल की बात ही न पूछती थी। बेचारा इस पर जान देता था; पर इसका मुँह ही न सीधा होता था। प्रेम तो इसे छू नहीं गया। अन्त को उसे देश से निकालकर इसने दम लिया।

शीतला ने रुष्ट होकर कहा—क्या वही अनोखे धन कमाने घर से निकले हैं? देश-विदेश जाना मरदों का काम ही है।

सुरेश—यूरोप में तो धनभोग के सिवा स्त्री-पुरुष में कोई सम्बन्ध ही नहीं होता। बहन ने यूरोप में जन्म लिया होता; तो हीरे-जवाहिर से जगमगाती होती। शीतला, अब तुम ईश्वर से यही कहना कि सुन्दरता देते हो, तो यूरोप में जन्म दो।

शीतला ने व्यथित होकर कहा—जिनके भाग्य में लिखा है, वे यहीं सोने से लदी हुई हैं। मेरी भाँति सभी के करम थोड़े ही फूट गए हैं!

सुरेशसिंह को ऐसा जान पड़ा कि शीतला की मुखकांति मलिन हो गई है। पतिवियोग में भी गहनों के लिए इतनी लालायित है! बोले—अच्छा, मैं तुम्हें गहने बनवा दूँगा।

यह वाक्य कुछ अपमानसूचक स्वर में कहा गया था; पर शीतला की आँखें आनन्द से सजल हो आईं, कंठ गद्गद हो गया। उसके हृदय-नेत्रों के सामने मंगला के रत्न-जटित आभूषणों का चित्र खिंच गया। उसने कृतज्ञतापूर्ण दृष्टि से सुरेश को देखा। मुँह से कुछ न बोली; पर उसका प्रत्येक अंग कह रहा था—मैं तुम्हारी हूँ!

5

कोयल आम की डालियों पर बैठकर, मछली शीतल निर्मल जल में क्रीड़ा करके और मृग-शावक विस्तृत हरियालियों में छलाँगें भरकर इतने प्रसन्न नहीं होते, जितना मंगला के आभूषणों को पहनकर शीतला प्रसन्न हो रही है। उसके पैर ज़मीन पर नहीं पड़ते। वह दिन भर आईने के सामने खड़ी रहती है; कभी केशों को सँवारती है, कभी सुरमा लगाती है। कुहरा फट गया है और निर्मल स्वच्छ चाँदनी निकल आई है। वह घर का एक तिनका भी नहीं उठाती। उसके स्वभाव में एक विचित्र गर्व का संचार हो गया है।

लेकिन शृंगार क्या है? सोई हुई काम-वासना को जगाने का घोर नाद, उद्दीपन का मंत्र। शीतला जब नख-शिख से सज कर बैठती है, तो उसे प्रबल इच्छा होती है कि मुझे कोई देखे। वह द्वार पर आकर खड़ी हो जाती है। गाँव की स्त्रियों की प्रशंसा से उसे सन्तोष नहीं होता। गाँव के पुरुषों को वह शृंगाररस-विहीन समझती है। इसलिए सुरेशसिंह को बुलाती है। पहले वह दिन में एक बार आ जाते थे, अब शीतला के बहुत अनुनय-विनय करने पर भी नहीं आते।

पहर रात गई थी। घरों के दीपक बुझ चुके थे। शीतला के घर में दीपक जल रहा था। उसने कुँवर साहब के बग़ीचे से बेले के फूल मँगवाए थे और बैठी हार गूँथ रही थी—अपने लिए नहीं, सुरेश के लिए। प्रेम के सिवा एहसान का बदला देने के लिए उसके पास और था ही क्या?

एकाएक कुत्तों के भूँकने की आवाज़ सुनाई दी, और दम भर में विमलसिंह ने मकान के अन्दर क़दम रखा। उनके एक हाथ में सन्दूक़ था, दूसरे हाथ में एक गठरी। शरीर दुर्बल, कपड़े मैले, दाढ़ी के बाल बढ़े हुए, मुख पीला, जैसे कोई क़ैदी जेल से निकलकर आया हो। दीपक का प्रकाश देखकर वह शीतला के कमरे की तरफ़ चले। मैना पिंजरे में तड़फड़ाने लगी। शीतला ने चौंककर सिर उठाया। घबराकर बोली, 'कौन?' फिर पहचान गई। तुरन्त फूलों को एक कपड़े से छिपा दिया। उठ खड़ी हुई और सिर झुकाकर पूछा—इतनी जल्दी सुध ली?

विमल ने कुछ जवाब न दिया। विस्मित हो-होकर कभी शीतला को देखता और कभी घर को, मानो किसी नए संसार में पहुँच गया है। यह वह अध-खिला फूल न था; जिसकी पंखुड़ियाँ अनुकूल जलवायु न पाकर सिमट गई थीं। यह पूर्ण विकसित कुसुम था—ओस के जल-कणों से जगमगाता और वायु के झोंकों से लहराता हुआ। विमल उसकी सुन्दरता पर पहले भी मुग्ध था; पर यह ज्योति वह अग्निज्वाला थी, जिससे हृदय में ताप और आँखों में जलन होती थी। ये आभूषण, ये वस्त्र, यह सजावट! उसके सिर में एक चक्कर-सा आ गया। ज़मीन पर बैठ गया। इस सूर्यमुखी के सामने बैठते हुए उसे लज्जा आती थी। शीतला अभी तक स्तंभित खड़ी थी। वह पानी लाने नहीं दौड़ी, उसने पति के चरण नहीं धोए, उसको पंखा तक नहीं झला। हतबुद्धि-सी हो गई थी। उसने कल्पनाओं की कैसी सुरम्य वाटिका लगाई थी! उस पर तुषार पड़ गया। वास्तव में इस मलिनवदन, अर्ध-नग्न पुरुष से उसे घृणा हो रही थी। यह घर का ज़मींदार विमल न था। वह मज़दूर हो गया था। मोटा काम मुखाकृति पर असर डाले बिना नहीं रहता। मज़दूर सुन्दर वस्त्रों में भी मज़दूर ही रहता है।

सहसा विमल की माँ चौंकी। शीतला के कमरे में आई, तो विमल को देखते ही मातृ-स्नेह से विह्वल होकर उसे छाती से लगा लिया। विमल ने उसके चरणों पर सिर रखा। उसकी आँखों से आँसुओं की गरम-गरम बूँदें निकल रही थीं। माँ पुलकित हो रही थी। मुख से बात न निकलती थी!

एक क्षण में विमल ने कहा—अम्माँ!

कंठ-ध्वनि ने उसका आशय प्रकट कर दिया।

माँ ने प्रश्न समझकर कहा—नहीं बेटा, यह बात नहीं है।

विमल—यह देखता क्या हूँ?

माँ—स्वभाव ही ऐसा है, तो कोई क्या करे?

विमल—सुरेश ने मेरा हुलिया क्यों लिखाया था?

माँ—तुम्हारी खोज लेने के लिए। उन्होंने दया न की होती, तो आज घर में किसी को जीता न पाते।

विमल—बहुत अच्छा होता।

शीतला ने ताने से कहा—अपनी ओर से तुमने सबको मार ही डाला था। फूलों की सेज नहीं बिछा गए थे!

विमल—अब तो फूलों की सेज ही बिछी हुई देखता हूँ।

शीतला—तुम किसी के भाग्य के विधाता हो?

विमलसिंह उठकर क्रोध से काँपता हुआ बोला—अम्माँ, मुझे यहाँ से ले चलो। मैं इस पिशाचिनी का मुँह नहीं देखना चाहता। मेरी आँखों में ख़ून उतरता चला आता है। मैंने इस कुल-कलंकिनी के लिए तीन साल तक जो कठिन तपस्या की है, उससे ईश्वर मिल जाता; पर इसे न पा सका!

यह कहकर वह कमरे से निकल आया और माँ के कमरे में लेट रहा। माँ ने तुरन्त उसका मुँह और हाथ-पैर धुलाए। वह चूल्हा जला कर पूरियाँ पकाने लगी। साथ-साथ घर की विपत्ति-कथा भी कहती जाती थी। विमल के हृदय में सुरेश के प्रति जो विरोधाग्नि प्रज्वलित हो रही थी, वह शान्त हो गई; लेकिन हृदय-दाह ने रक्त-दाह का रूप धारण किया। ज़ोर का बुखार चढ़ आया। लंबी यात्रा की थकान और कष्ट तो था ही, बरसों के कठिन श्रम और तप के बाद यह मानसिक संताप और भी दुस्सह हो गया।

सारी रात वह अचेत पड़ा रहा। माँ बैठी पंखा झलती और रोती थी। दूसरे दिन भी वह बेहोश पड़ा रहा। शीतला उसके पास एक क्षण के लिए भी न आई। इन्होंने मुझे कौन-से सोने के कौर खिला दिए हैं, जो इनकी धौंस सहूँ? यहाँ तो 'जैसे कंता घर रहे, वैसे रहे विदेश।' किसी की फूटी कौड़ी नहीं जानती। बहुत ताव दिखाकर तो गए थे? क्या लाद लाए!

संध्या के समय सुरेश को ख़बर मिली। तुरन्त दौड़े हुए आए। आज दो महीने के बाद उन्होंने उस घर में क़दम रखा। विमल ने आँखें खोलीं, पहचान गया। आँखों से आँसू बहने लगे। सुरेश के मुखारविन्द पर दया की ज्योति झलक रही थी। विमल ने उसके बारे में जो अनुचित सन्देह किया था, उसके लिए वह अपने को धिक्कार रहा था।

शीतला ने ज्यों ही सुना कि सुरेशसिंह आए हैं, तुरन्त शीशे के सामने गई। केश छिटका लिये और बिपत की मूर्ति बनी हुई विमल के कमरे में आई। कहाँ तो विमल की आँखें बन्द थीं, मूर्च्छित-सा पड़ा था, कहाँ शीतला के आते ही आँखें खुल गईं। अग्निमय नेत्रों से उसकी ओर देखकर बोला—अभी आई है? आज के तीसरे दिन आना। कुँवर साहब से उस दिन फिर भेंट हो जाएगी।

शीतला उलटे पाँव चली गई। सुरेश पर घड़ों पानी पड़ गया। मन में सोचा, कितना रूप-लावण्य है; पर कितना विषाक्त! हृदय की जगह केवल शृंगार-लालसा!

आतंक बढ़ता गया। सुरेश ने डॉक्टर बुलवाए; पर मृत्यु-देव ने किसी की न मानी। उनका हृदय पाषाण है। किसी भाँति नहीं पसीजता। कोई अपना हृदय निकालकर रख दे, आँसुओं की नदी बहा दे, पर उन्हें दया नहीं आती। बसे हुए घर को उजाड़ना, लहराती हुई खेती को सुखाना उनका काम है। और उनकी निर्दयता कितनी विनोदमय है! यह नित्य नए रूप बदलते रहते हैं। कभी दामिनी बन जाते हैं, तो कभी पुण्य-माला। कभी सिंह बन जाते हैं, तो कभी सियार। कभी अग्नि के रूप में दिखाई देते हैं, तो कभी जल के रूप में।

तीसरे दिन, पिछली रात को, विमल की मानसिक पीड़ा और हृदय-ताप का अन्त हो गया। चोर दिन को कभी चोरी नहीं करता। यम के दूत प्रायः रात ही को सबकी नज़र बचाकर आते हैं और प्राण-रत्न को चुरा ले जाते हैं। आकाश के फूल मुरझाए हुए थे। वृक्षसमूह स्थिर थे; पर शोक में मग्न, सिर झुकाए हुए। रात शोक का बाह्य रूप है। रात मृत्यु का क्रीड़ा-क्षेत्र है। उसी समय विमल के घर से आर्तनाद सुनाई दिया—वह नाद, जिसे सुनने के लिए मृत्यु-देव विकल रहते हैं।

शीतला चौंक पड़ी और घबराई हुई मरण-शय्या की ओर चली। उसने मृतदेह पर निगाह डाली और भयभीत होकर एक पग पीछे हट गई। उसे जान पड़ा, विमलसिंह उसकी ओर अत्यन्त तीव्र दृष्टि से देख रहे हैं। बुझे हुए दीपक में उसे भयंकर ज्योति दिखाई पड़ी। वह मारे भय के वहाँ ठहर न सकी। द्वार से निकल ही रही थी कि सुरेशसिंह से भेंट हो गई। कातर स्वर में बोली--मुझे यहाँ डर लगता है। उसने चाहा कि रोती हुई इनके पैरों पर गिर पड़ूँ, पर वह अलग हट गए।

6

जब किसी पथिक को चलते-चलते ज्ञात होता है कि मैं रास्ता भूल गया हूँ, तो वह सीधे रास्ते पर आने के लिए बड़े वेग से चलता है! झुँझलाता है कि मैं इतना असावधान क्यों हो गया? सुरेश भी अब शान्ति-मार्ग पर आने के लिए विकल हो गए। मंगला की स्नेहमयी सेवाएँ याद आने लगीं। हृदय में वास्तविक सौन्दर्योपासना का भाव उदय हुआ। उसमें कितना प्रेम, कितना त्याग, कितनी क्षमा थी! उसकी अतुल पति-भक्ति को याद करके कभी-कभी वह तड़प जाते। आह! मैंने घोर अत्याचार किया। ऐसे उज्ज्वल रत्न का आदर न किया। मैं यों ही जड़वत् पड़ा रहा और मेरे सामने ही लक्ष्मी घर से निकल गई! मंगला ने चलते-चलते शीतला से जो बातें कहीं, वे उन्हें मालूम थीं; पर उन बातों पर विश्वास न होता था। मंगला शान्त प्रकृति की थी। वह इतनी उद्दंडता नहीं कर सकती। उसमें क्षमा थी, वह इतना विद्वेष नहीं कर सकती। उनका मन कहता था कि वह जीती है और कुशल से है। उसके मैकेवालों को कई पत्र लिखे; पर वहाँ व्यंग्य और कटुवाक्यों के सिवा और क्या रखा था? अन्त को उन्होंने लिखा—अब उस रत्न की खोज में स्वयं जाता हूँ। या तो लेकर ही आऊँगा, या कहीं मुँह में कालिख लगाकर डूब मरूँगा।

इस पत्र का उत्तर आया—अच्छी बात है, जाइए, पर यहाँ से होते हुए जाइएगा। यहाँ से भी कोई आपके साथ चला जाएगा।

सुरेशसिंह को इन शब्दों में आशा की झलक दिखाई दी। उसी दिन प्रस्थान कर दिया। किसी को साथ नहीं लिया।

ससुराल में किसी ने उनका प्रेममय स्वागत नहीं किया। सभी के मुँह फूले हुए थे। ससुर जी ने तो उन्हें पति-धर्म पर एक लम्बा उपदेश दिया।

रात को जब वह भोजन करके लेटे, तो छोटी साली आकर बैठ गई और मुस्कुराकर बोली—जीजा जी, कोई सुन्दरी अपने रूपहीन पुरुष को छोड़ दे, उसका अपमान करे, तो आप उसे क्या कहेंगे?

सुरेश—(गंभीर स्वर से) कुटिला!

साली—और ऐसे पुरुष को, जो अपनी रूपहीन स्त्री को त्याग दे?

सुरेश—पशु!

साली—और जो पुरुष विद्वान् हो?

सुरेश—पिशाच!

साली—(हँसकर) तो मैं भागती हूँ। मुझे आपसे डर लगता है।

सुरेश—पिशाचों का प्रायश्चित्त भी तो स्वीकार हो जाता है।

साली—शर्त यह है कि प्रायश्चित्त सच्चा हो।

सुरेश—यह तो वह अंतर्यामी ही जान सकते हैं।

साली—सच्चा होगा, तो उसका फल भी अवश्य मिलेगा। मगर दीदी को लेकर इधर ही से लौटिएगा।

सुरेश की आशा-नौका फिर डगमगाई। गिड़गिड़ा कर बोले—प्रभा, ईश्वर के लिए मुझ पर दया करो। मैं बहुत दुःखी हूँ। साल भर से ऐसा कोई दिन नहीं गया कि मैं रोकर न सोया हूँ।

प्रभा ने उठकर कहा—अपने किए का क्या इलाज? जाती हूँ, आराम कीजिए।

एक क्षण में मंगला की माता आकर बैठ गई और बोली—बेटा, तुमने तो बहुत पढ़ा-लिखा है, देश-विदेश घूम आए हो, सुन्दर बनने की कोई दवा कहीं नहीं देखी?

सुरेश ने विनयपूर्वक कहा—माता जी, अब ईश्वर के लिए और लज्जित न कीजिए।

माता—तुमने तो मेरी प्यारी बेटी के प्राण ले लिये! मैं क्या तुम्हें लज्जित करने से भी गई? जी में तो था कि ऐसी-ऐसी सुनाऊँगी कि तुम भी याद करोगे; पर मेहमान हो, क्या जलाऊँ? आराम करो।

सुरेश आशा और भय की दशा में पड़े करवटें बदल रहे थे कि एकाएक द्वार पर किसी ने धीरे से कहा—जाती क्यों नहीं, जागते तो हैं? किसी ने जवाब दिया—लाज आती है।

सुरेश ने आवाज़ पहचानी। प्यासे को पानी मिल गया। एक क्षण में मंगला उनके सम्मुख आई और सिर झुकाकर खड़ी हो गई। सुरेश को उसके मुख पर एक अनूठी छवि दिखाई दी, जैसे कोई रोगी स्वास्थ्य-लाभ कर चुका हो।

रूप वही था, पर आँखें और थीं।

जुगनू की चमक

पंजाब के सिंह राजा रणजीतसिंह संसार से चल चुके थे और राज्य के वे प्रतिष्ठित पुरुष जिनके द्वारा उनका उत्तम प्रबन्ध चल रहा था, परस्पर के द्वेष और अनबन के कारण मर मिटे थे। राजा रणजीतसिंह का बनाया हुआ सुन्दर किन्तु खोखला भवन अब नष्ट हो चुका था। कुँवर दिलीपसिंह अब इंगलैंड में थे और रानी चन्द्रकुँवरि चुनार के दुर्ग में। रानी चन्द्रकुँवरि ने विनष्ट होते हुए राज्य को बहुत सँभालना चाहा; किन्तु शासन-प्रणाली न जानती थी और कूटनीति ईर्ष्या की आग भड़काने के सिवा और क्या करती?

रात के बारह बज चुके थे। रानी चन्द्रकुँवरि अपने निवास-भवन के ऊपर छत पर खड़ी गंगा की ओर देख रही थी और सोचती थी—लहरें क्यों इस प्रकार स्वतंत्र हैं? उन्होंने कितने गाँव और नगर डुबाए हैं, कितने जीव-जन्तु तथा द्रव्य निगल गई हैं, किन्तु फिर भी वे स्वतंत्र हैं। कोई उन्हें बन्द नहीं करता। इसीलिए न कि वे बन्द नहीं रह सकतीं? वे गरजेंगी, बल खाएँगी—और बाँध के ऊपर चढ़कर उसे नष्ट कर देंगी, अपने ज़ोर से उसे बहा ले जाएँगी।

यह सोचते-विचारते रानी गादी पर लेट गई। उसकी आँखों के सामने पूर्वावस्था की स्मृतियाँ मनोहर स्वप्न की भाँति आने लगीं। कभी उसकी भौंह की मरोड़ तलवार से भी अधिक तीव्र थी और उसकी मुस्कुराहट वसंत की सुगंधित समीर से भी अधिक प्राण-पोषक; किन्तु हाय, अब इनकी शक्ति हीनावस्था को पहुँच गई। रोए तो अपने को सुनाने के लिए, हँसे तो अपने को बहलाने के लिए। यदि बिगड़े तो किसी का क्या बिगाड़ सकती है और प्रसन्न हो तो किसी का क्या बना सकती है? रानी और बाँदी में कितना अन्तर है? रानी की आँखों से आँसू की बूँदें झरने लगीं, जो कभी विष से अधिक प्राणनाशक और अमृत से अधिक अनमोल थीं, वह इसी भाँति अकेली, निराश, कितनी बार रोई, जब कि आकाश के तारों के सिवा और कोई देखनेवाला न था।

2

इसी प्रकार रोते-रोते रानी की आँखें लग गईं। उसका प्यारा, कलेजे का टुकड़ा, कुँवर दिलीपसिंह, जिसमें उसके प्राण बसते थे, उदास मुख आकर खड़ा हो गया। जैसे गाय दिन भर जंगलों में रहने के पश्चात् संध्या को घर आती है और अपने बछड़े को देखते ही प्रेम और उमंग से मतवाली होकर स्तनों में दूध भरे, पूँछ उठाए, दौड़ती है, उसी भाँति चन्द्रकुँवरि अपने दोनों हाथ फैलाए अपने प्यारे कुँवर को छाती से लपटाने के लिए दौड़ी। परन्तु आँखें खुल गईं और जीवन की आशाओं की भाँति वह स्वप्न विनष्ट हो गया। रानी ने गंगा की ओर देखा और कहा—मुझे भी अपने साथ लेती चलो। इसके बाद रानी तुरन्त छत से उतरी। कमरे में एक लालटेन जल रही थी। उसके उजाले में उसने एक मैली साड़ी पहनी, गहने उतार दिए, रत्नों के एक छोटे-से बक्स को और एक तीव्र कटार को कमर में रखा। जिस समय वह बाहर निकली, नैराश्यपूर्ण साहस की मूर्ति थी। संतरी ने पुकारा—कौन?

रानी ने उत्तर दिया—मैं हूँ झंगी।

'कहाँ जाती है?'

'गंगाजल लाऊँगी। सुराही टूट गई है, रानी जी पानी माँग रही हैं।'

संतरी कुछ समीप आकर बोला—चल, मैं भी तेरे साथ चलता हूँ, ज़रा रुक जा।

झंगी बोली—मेरे साथ मत आओ। रानी कोठे पर हैं। देख लेंगी।

संतरी को धोखा देकर चन्द्रकुँवरि गुप्त द्वार से होती हुई अँधेरे में काँटों से उलझती, चट्टानों से टकराती, गंगा के किनारे पर जा पहुँची।

रात आधी से अधिक जा चुकी थी। गंगा जी में सन्तोषदायिनी शान्ति विराज रही थी। तरंगें तारों को गोद में लिये सो रही थीं। चारों ओर सन्नाटा था। रानी नदी के किनारे-किनारे चली जाती थी और मुड़-मुड़ कर पीछे देखती थी। एकाएक एक डोंगी खूँटे से बँधी हुई देख पड़ी। रानी ने उसे ध्यान से देखा तो मल्लाह सोया हुआ था। उसे जगाना काल को जगाना था। वह

तुरन्त रस्सी खोलकर नाव पर सवार हो गई। नाव धीरे-धीरे धार के सहारे चलने लगी, शोक और अंधकारमय स्वप्न की भाँति जो ध्यान की तरंगों के साथ बहा चला जाता हो। नाव के हिलने से मल्लाह चौंककर उठ बैठा। आँखें मलते-मलते उसने सामने देखा तो पटरे पर एक स्त्री हाथ में डाँड़ लिये बैठी है। घबराकर पूछा—तैं कौन है रे? नाव कहाँ लिए जाती है? रानी हँस पड़ी। भय के अन्त को साहस कहते हैं। बोली—सच बताऊँ या झूठ?

मल्लाह कुछ भयभीत-सा होकर बोला—सच बताया जाए।

रानी बोली—अच्छा तो सुनो। मैं लाहौर की रानी चन्द्रकुँवरि हूँ। इसी क़िले में क़ैद थी। आज भागी जाती हूँ। मुझे जल्दी बनारस पहुँचा दे। तुझे निहाल कर दूँगी और शरारत करेगा तो देख, कटार से सिर काट दूँगी। सबेरा होने से पहले मुझे बनारस पहुँचना चाहिए।

यह धमकी काम कर गई। मल्लाह ने विनीत भाव से अपना कम्बल बिछा दिया और तेज़ी से डाँड़ चलाने लगा। किनारे के वृक्ष और ऊपर जगमगाते हुए तारे साथ-साथ दौड़ने लगे।

3

प्रात:काल चुनार के दुर्ग में प्रत्येक मनुष्य अचम्भित और व्याकुल था। संतरी, चौकीदार और लौंडियाँ सब सिर नीचे किए दुर्ग के स्वामी के सामने उपस्थित थे। अन्वेषण हो रहा था; परन्तु कुछ पता न चलता था।

उधर रानी बनारस पहुँची। परन्तु वहाँ पहले से ही पुलिस और सेना का जाल बिछा हुआ था। नगर के नाके बन्द थे। रानी का पता लगानेवाले के लिए एक बहुमूल्य पारितोषिक की सूचना दी गई थी।

बन्दीगृह से निकलकर रानी को ज्ञात हो गया कि वह और दृढ़ कारागार में है। दुर्ग में प्रत्येक मनुष्य उसका आज्ञाकारी था। दुर्ग का स्वामी भी उसे सम्मान की दृष्टि से देखता था। किन्तु आज स्वतंत्र होकर भी उसके ओंठ बन्द थे। उसे सभी स्थानों में शत्रु देख पड़ते थे। पंखरहित पक्षी को पिंजरे के कोने में ही सुख है।

पुलिस के अफ़सर प्रत्येक आने-जानेवालों को ध्यान से देखते थे; किन्तु उस भिखारिनी की ओर किसी का ध्यान नहीं जाता था, जो एक फटी हुई साड़ी पहने, यात्रियों के पीछे-पीछे, धीरे-धीरे सिर झुकाए गंगा की ओर चली आ रही है। न वह चौंकती है, न हिचकती है, न घबराती है। इस भिखारिनी की नसों में रानी का रक्त है।

यहाँ से भिखारिनी ने अयोध्या की राह ली। वह दिन भर विकट मार्गों में चलती और रात को किसी सुनसान स्थान पर लेट रहती थी। मुख पीला पड़ गया था। पैरों में छाले थे। फूल-सा बदन कुम्हला गया था।

वह प्राय: गाँवों में लाहौर की रानी के चरचे सुनती। कभी-कभी पुलिस के आदमी भी उसे रानी की टोह में दत्तचित्त देख पड़ते। उन्हें देखते ही भिखारिनी के हृदय में सोई हुई रानी जाग उठती। वह आँखें उठाकर उन्हें घृणा-दृष्टि से देखती और शोक तथा क्रोध से उसकी आँखें जलने लगतीं। एक दिन अयोध्या के समीप पहुँचकर रानी एक वृक्ष के नीचे बैठी हुई थी। उसने कमर से कटार निकालकर सामने रख दी थी। वह सोच रही थी कि कहाँ जाऊँ? मेरी यात्रा का अन्त कहाँ है? क्या इस संसार में अब मेरे लिए कहीं ठिकाना नहीं है? वहाँ से थोड़ी दूर पर आमों का एक बहुत बड़ा बाग़ था। उसमें बड़े-बड़े डेरे और तम्बू गड़े हुए

थे। कई एक संतरी चमकीली वर्दियाँ पहने टहल रहे थे, कई घोड़े बँधे हुए थे। रानी ने इस राजसी ठाट-बाट को शोक की दृष्टि से देखा। एक बार वह भी काश्मीर गई थी। उसका पड़ाव इससे कहीं बढ़ गया था।

बैठे-बैठे संध्या हो गई। रानी ने वहीं रात काटने का निश्चय किया! इतने में एक बूढ़ा मनुष्य टहलता हुआ आया और उसके समीप खड़ा हो गया। ऐंठी हुई दाढ़ी थी, शरीर में सटी हुई चपकन थी, कमर में तलवार लटक रही थी। इस मनुष्य को देखते ही रानी ने तुरन्त कटार उठाकर कमर में खोंस ली। सिपाही ने उसे तीव्र दृष्टि से देखकर पूछा—बेटी कहाँ से आती हो?

रानी ने कहा—बहुत दूर से।

'कहाँ जाओगी?'

'यह नहीं कह सकती, बहुत दूर।'

सिपाही ने रानी की ओर फिर ध्यान से देखा और कहा—ज़रा अपनी कटार दिखाओ। रानी कटार सँभाल कर खड़ी हो गई और तीव्र स्वर से बोली—मित्र हो या शत्रु? ठाकुर ने कहा—मित्र। सिपाही के बातचीत करने के ढंग में और चेहरे में कुछ ऐसी विलक्षणता थी जिससे रानी को विवश होकर विश्वास करना पड़ा।

वह बोली—विश्वासघात न करना। यह देखो।

ठाकुर ने कटार हाथ में ली। उसको उलट-पुलट कर देखा और बड़े नम्र भाव से उसे आँखों से लगाया। तब रानी के आगे विनीत भाव से सिर झुकाकर वह बोला—महारानी चन्द्रकुँवरि?

रानी ने करुण स्वर से कहा—नहीं, अनाथ भिखारिनी। तुम कौन हो?

सिपाही ने उत्तर दिया—आपका एक सेवक!

रानी ने उसकी ओर निराश दृष्टि से देखा और कहा—दुर्भाग्य के सिवा इस संसार में मेरा कोई नहीं।

सिपाही ने कहा—महारानी जी, ऐसा न कहिए। पंजाब के सिंह की महारानी के वचन पर अब भी सैकड़ों सिर झुक सकते हैं। देश में ऐसे लोग विद्यमान हैं, जिन्होंने आपका नमक खाया है और उसे भूले नहीं हैं।

रानी—अब इसकी इच्छा नहीं। केवल एक शान्त-स्थान चाहती हूँ, जहाँ पर एक कुटी के सिवा कुछ न हो।

सिपाही—ऐसा स्थान पहाड़ों में ही मिल सकता है। हिमालय की गोद में चलिए, वहीं आप उपद्रव से बच सकती हैं।

रानी—(आश्चर्य से) शत्रुओं में जाऊँ? नेपाल कब हमारा मित्र रहा है?

सिपाही—राणा जंगबहादुर दृढ़प्रतिज्ञ राजपूत हैं।

रानी—किन्तु वही जंगबहादुर तो है जो अभी-अभी हमारे विरुद्ध लार्ड डलहौजी को सहायता देने पर उद्यत था?

सिपाही (कुछ लज्जित-सा होकर)—तब आप महारानी चन्द्रकुँवरि थीं, आज आप भिखारिनी हैं। ऐश्वर्य के द्वेषी और शत्रु चारों ओर होते हैं। लोग जलती हुई आग को पानी से बुझाते हैं, पर राख माथे पर चढ़ाई जाती है। आप ज़रा भी सोच-विचार न करें, नेपाल में अभी धर्म का लोप नहीं हुआ है। आप भय-त्याग करें और चलें। देखिए, वह आपको किस भाँति सिर और आँखों पर बिठाता है।

रानी ने रात इसी वृक्ष की छाया में काटी। सिपाही भी वहीं सोया। प्रातःकाल वहाँ दो तीव्रगामी घोड़े देख पड़े। एक पर सिपाही सवार था और दूसरे पर एक अत्यन्त रूपवान युवक। यह रानी चन्द्रकुँवरि थी, जो अपने रक्षास्थान की खोज में नेपाल जाती थी। कुछ देर पीछे रानी ने पूछा—यह पड़ाव किसका है? सिपाही ने कहा—राणा जंगबहादुर का। वे तीर्थयात्रा करने आए हैं, किन्तु हमसे पहले पहुँच जाएँगे।

रानी—तुमने उनसे मुझे यहीं क्यों न मिला दिया। उनका हार्दिक भाव प्रकट हो जाता।

सिपाही—यहाँ उनसे मिलना असम्भव था। आप जासूसों की दृष्टि से न बच सकतीं।

उस समय यात्रा करना प्राण को अर्पण कर देना था। दोनों यात्रियों को अनेक बार डाकुओं का सामना करना पड़ा। उस समय रानी की वीरता, उसका युद्ध-कौशल तथा फुर्ती देखकर बूढ़ा सिपाही दाँतों तले अँगुली दबाता था। कभी उनकी तरह तलवार काम कर जाती और कभी घोड़े की तेज़ चाल।

यात्रा बड़ी लम्बी थी। जेठ का महीना मार्ग में ही समाप्त हो गया। वर्षा ऋतु आई। आकाश में मेघ-माला छाने लगी। सूखी नदियाँ उतरा चलीं। पहाड़ी नाले गरजने लगे। न नदियों में नाव, न नालों पर घाट; किन्तु घोड़े सधे हुए थे। स्वयं पानी में उतर जाते और डूबते-उतराते, बहते, भँवर खाते पार पहुँच जाते। एक बार बिच्छू ने कछुए की पीठ पर नदी की यात्रा की थी। यह यात्रा उससे कम भयानक न थी।

कहीं ऊँचे-ऊँचे साखू और महुए के जंगल थे और कहीं हरे-भरे जामुन के वन। उनकी गोद में हाथियों और हिरनों के झुंड किलोलें कर रहे थे। धान की क्यारियाँ पानी से भरी हुई थीं। किसानों की स्त्रियाँ धान रोपती थीं और सुहावने गीत गाती थीं। कहीं उन मनोहारी ध्वनियों के बीच में, खेत की मेड़ों पर छाते की छाया में बैठे हुए ज़मींदारों के कठोर शब्द सुनाई देते थे।

इसी प्रकार यात्रा के कष्ट सहते, अनेकानेक विचित्र दृश्य देखते दोनों यात्री तराई पार करके नेपाल की भूमि में प्रविष्ट हुए।

4

प्रातःकाल का सुहावना समय था। नेपाल के महाराज सुरेंद्रविक्रमसिंह का दरबार सजा हुआ। राज्य के प्रतिष्ठित मंत्री अपने-अपने स्थान पर बैठे हुए थे। नेपाल ने एक बड़ी लड़ाई के पश्चात् तिब्बत पर विजय पाई थी। इस समय संधि की शर्तों पर विवाद छिड़ा था। कोई युद्ध-व्यय का इच्छुक था, कोई राज्य-विस्तार का। कोई-कोई महाशय वार्षिक कर पर ज़ोर दे रहे थे। केवल राणा जंगबहादुर के आने की देर थी। वे कई महीनों के देशाटन के पश्चात् आज ही रात को लौटे थे और यह प्रसंग, जो उन्हीं के आगमन की प्रतीक्षा कर रहा था, अब मंत्रि-सभा में उपस्थित किया गया था। तिब्बत के यात्री, आशा और भय की दशा में, प्रधानमंत्री के मुख से अन्तिम निर्णय सुनने को उत्सुक हो रहे थे। नियत समय पर चोबदार ने राणा के आगमन की सूचना दी। दरबार के लोग उन्हें सम्मान देने के लिए खड़े हो गए। महाराज को प्रणाम करने के पश्चात् वे अपने सुसज्जित आसन पर बैठ गए। महाराज ने कहा—राणा जी, आप संधि के लिए कौन प्रस्ताव करना चाहते थे।

राणा ने नम्र भाव से कहा—मेरी अल्प बुद्धि में तो इस समय कठोरता का व्यवहार करना अनुचित है। शोकाकुल शत्रु के साथ दयालुता का आचरण करना सर्वदा हमारा उद्देश्य रहा

है। क्या इस अवसर पर स्वार्थ के मोह में हम अपने बहुमूल्य उद्देश्य को भूल जाएँगे? हम ऐसी संधि चाहते हैं जो हमारे हृदय को एक कर दे। यदि तिब्बत का दरबार हमें व्यापारिक सुविधाएँ प्रदान करने को कटिबद्ध हो, तो हम संधि करने के लिए सर्वथा उद्यत हैं।

मंत्रिमंडल में विवाद आरम्भ हुआ। सबकी सम्मति इस दयालुता के अनुसार न थी; किन्तु महाराज ने राणा का समर्थन किया। यद्यपि अधिकांश सदस्यों को शत्रु के साथ ऐसी नरमी पसन्द न थी, तथापि महाराज के विपक्ष में बोलने का किसी को साहस न हुआ।

यात्रियों के चले जाने के पश्चात् राणा जंगबहादुर ने खड़े होकर कहा—सभा में उपस्थित सज्जनो, आज नेपाल के इतिहास में एक नई घटना होनेवाली है, जिसे मैं आपकी जातीय नीतिमत्ता की परीक्षा समझता हूँ, इसमें सफल होना आपके ही कर्तव्य पर निर्भर है। आज राज-सभा में आते समय मुझे यह आवेदनपत्र मिला है, जिसे मैं आप सज्जनों की सेवा में उपस्थित करता हूँ। निवेदक ने तुलसीदास की यह चौपाई लिख दी है—

'आपत-काल परखिये चारी।
धीरज धर्म मित्र अरु नारी॥'

महाराज ने पूछा—यह पत्र किसने भेजा है?

'एक भिखारिनी ने।'

'भिखारिनी कौन है?'

'महारानी चन्द्रकुँवरि।'

कड़बड़ खत्री ने आश्चर्य से पूछा—जो हमारी मित्र अँगरेज़ी सरकार के विरुद्ध होकर भाग आई हैं?

राणा जंगबहादुर ने लज्जित होकर कहा—जी हाँ। यद्यपि हम इसी विचार को दूसरे शब्दों में प्रकट कर सकते हैं।

कड़बड़ खत्री—अँगरेज़ों से हमारी मित्रता है और मित्र के शत्रु की सहायता करना मित्रता की नीति के विरुद्ध है।

जनरल शमशेर बहादुर—ऐसी दशा में इस बात का भय है कि अँगरेज़ी सरकार से हमारे सम्बन्ध टूट न जाएँ।

राजकुमार रणवीरसिंह—हम यह मानते हैं कि अतिथि-सत्कार हमारा धर्म है; किन्तु उसी समय तक, जब तक कि हमारे मित्रों को हमारी ओर से शंका करने का अवसर न मिले।

इस प्रसंग पर यहाँ तक मतभेद तथा वाद-विवाद हुआ कि एक शोर-सा मच गया और कई प्रधान यह कहते हुए सुनाई दिए कि महारानी का इस समय आना देश के लिए कदापि मंगलकारी नहीं हो सकता।

तब राणा जंगबहादुर उठे। उनका मुख लाल हो गया था। उनका सद्विचार क्रोध पर अधिकार जमाने के लिए व्यर्थ प्रयत्न कर रहा था। वे बोले—भाइयो, यदि इस समय मेरी बातें आप लोगों को अत्यन्त कड़ी जान पड़ें तो मुझे क्षमा कीजिएगा, क्योंकि अब मुझमें अधिक श्रवण करने की शक्ति नहीं है। अपनी जातीय साहसहीनता का यह लज्जाजनक दृश्य अब मुझसे नहीं देखा जाता। यदि नेपाल के दरबार में इतना भी साहस नहीं कि वह अतिथि-सत्कार और सहायता की नीति को निभा सके तो मैं इस घटना के सम्बन्ध में सब प्रकार का भार

अपने ऊपर लेता हूँ। दरबार अपने को इस विषय में निर्दोष समझे और इसकी सर्वसाधारण में घोषणा कर दे।

कड़बड़ खत्री गर्म होकर बोले—केवल यह घोषणा देश को भय से रहित नहीं कर सकती।

राणा जंगबहादुर ने क्रोध से ओंठ चबा लिया, किन्तु सँभलकर कहा—देश का शासन-भार अपने ऊपर लेनेवालों की ऐसी अवस्थाएँ अनिवार्य हैं। हम उन नियमों से, जिन्हें पालन करना हमारा कर्तव्य है, मुँह नहीं मोड़ सकते। अपनी शरण में आए हुओं का हाथ पकड़ना—उनकी रक्षा करना राजपूतों का धर्म है। हमारे पूर्व-पुरुष सदा इस नियम पर—धर्म पर प्राण देने को उद्यत रहते थे। अपने माने हुए धर्म को तोड़ना एक स्वतंत्र जाति के लिए लज्जास्पद है। अँगरेज़ हमारे मित्र हैं और अत्यन्त हर्ष का विषय है कि बुद्धिशाली मित्र हैं। महारानी चन्द्रकुँवरि को अपनी दृष्टि में रखने से उनका उद्देश्य केवल यह था कि उपद्रवी लोगों के गिरोह का कोई केन्द्र शेष न रहे। यदि उनका यह उद्देश्य भंग न हो, तो हमारी ओर से शंका होने का न उन्हें कोई अवसर है और न हमें उनसे लज्जित होने की कोई आवश्यकता।

कड़बड़ खत्री—महारानी चन्द्रकुँवरि यहाँ किस प्रयोजन से आई हैं?

राणा जंगबहादुर—केवल एक शान्ति-प्रिय सुख-स्थान की खोज में, जहाँ उन्हें अपनी दुरवस्था की चिन्ता से मुक्त होने का अवसर मिले। वह ऐश्वर्यशाली रानी जो रंगमहलों में सुख-विलास करती थी, जिसे फूलों की सेज पर भी चैन न मिलता था, आज सैकड़ों कोस से अनेक प्रकार के कष्ट सहन करती, नदी-नाले, पहाड़-जंगल छानती यहाँ केवल एक रक्षित स्थान की खोज में आई हैं। उमड़ी हुई नदियों और उबलते हुए नाले, बरसात के दिन। इन दुखों को आप लोग जानते हैं और यह सब उसी एक रक्षित स्थान के लिए, उसी एक भूमि के टुकड़े की आशा में। किन्तु हम ऐसे स्थानहीन हैं कि उनकी यह अभिलाषा भी पूरी नहीं कर सकते। उचित तो यह था कि उतनी-सी भूमि के बदले हम अपना हृदय फैला देते। सोचिए, कितने अभिमान की बात है कि एक आपदा में फँसी हुई रानी अपने दुःख के दिनों में जिस देश को याद करती हैं, यह वही पवित्र देश है। महारानी चन्द्रकुँवरि को हमारे इस अभयप्रद स्थान पर—हमारी शरणागतों की रक्षा पर पूरा भरोसा था और वही विश्वास उन्हें यहाँ तक लाया है। इसी आशा पर कि पशुपतिनाथ की शरण में मुझे शान्ति मिलेगी, वह यहाँ तक आई हैं। आपको अधिकार है, चाहे उनकी आशा पूर्ण करें या धूल में मिला दें। चाहे रक्षणता के—शरणागतों के साथ सदाचरण के—नियमों को निभा कर इतिहास के पृष्ठों पर अपना नाम छोड़ जाएँ, या जातीयता तथा सदाचार-सम्बन्धी नियमों को मिटा कर स्वयं अपने को पतित समझें। मुझे विश्वास नहीं है कि यहाँ एक भी मनुष्य ऐसा निरभिमान है कि जो इस अवसर पर शरणागत-पालन-धर्म को विस्तृत करके अपना सिर ऊँचा कर सके। अब मैं आपके अन्तिम निपटारे की प्रतीक्षा करता हूँ। कहिए, आप अपनी जाति और देश का नाम उज्ज्वल करेंगे या सर्वदा के लिए अपने माथे पर अपयश का टीका लगाएँगे?

राजकुमार ने उमंग से कहा—हम महारानी के चरणों तले आँखें बिछाएँगे।

कप्तान विक्रमसिंह बोले—हम राजपूत हैं और अपने धर्म का निर्वाह करेंगे।

जनरल वनवीरसिंह—हम उनको ऐसी धूम से लाएँगे कि संसार चकित हो जाएगा।

राणा जंगबहादुर ने कहा—मैं अपने मित्र कड़बड़ खत्री के मुख से उसका फ़ैसला सुनना चाहता हूँ।

कड़बड़ खत्री एक प्रभावशाली पुरुष थे और मंत्रिमंडल में वे राणा जंगबहादुर के विरुद्ध मंडली के प्रधान थे। वे लज्जा भरे शब्दों में बोले—यद्यपि मैं महारानी के आगमन को भयरहित नहीं समझता, किन्तु इस अवसर पर हमारा धर्म यही है कि हम महारानी को आश्रय दें। धर्म से मुँह मोड़ना किसी जाति के लिए मान का कारण नहीं हो सकता।

कई ध्वनियों ने उमंग-भरे शब्दों में इस प्रसंग का समर्थन किया।

महाराजा सुरेंद्रविक्रमसिंह—इस निपटारे पर बधाई देता हूँ। तुमने जाति का नाम रख लिया। पशुपति इस उत्तम कार्य में तुम्हारी सहायता करें।

सभा विसर्जित हुई। दुर्ग से तोपें छूटने लगीं। नगर भर में ख़बर गूँज उठी कि पंजाब की रानी चन्द्रकुँवरि का शुभागमन हुआ है। जनरल रणवीरसिंह और जनरल रणधीरसिंह बहादुर 50,000 सेना के साथ महारानी की अगवानी के लिए चले।

अतिथि-भवन की सजावट होने लगी। बाज़ार अनेक भाँति की उत्तम सामग्रियों से सज गए।

ऐश्वर्य की प्रतिष्ठा व सम्मान सब कहीं होता है, किन्तु किसी ने भिखारिनी का ऐसा सम्मान देखा है? सेनाएँ बैंड बजाती और पताका फहराती हुई एक उमड़ी नदी की भाँति जाती थीं। सारे नगर में आनन्द ही आनन्द था। दोनों ओर सुन्दर वस्त्रभूषणों से सजे दर्शकों का समूह खड़ा था। सेना के कमांडर आगे-आगे घोड़ों पर सवार थे। सबके आगे राणा जंगबहादुर जातीय अभिमान के मद में लीन, अपने सुवर्णखचित हौदे में बैठे हुए थे। यह उदारता का एक पवित्र दृश्य था। धर्मशाला के द्वार पर यह जुलूस रुका। राणा हाथी से उतरे। महारानी चन्द्रकुँवरि कोठरी से बाहर निकल आईं। राणा ने झुककर वन्दना की। रानी उनकी ओर आश्चर्य से देखने लगीं। यह वही उनका मित्र बूढ़ा सिपाही था।

आँखें भर आईं। मुस्कुराईं। खिले हुए फूल पर से ओस की बूँदें टपकीं। रानी बोलीं—मेरे बूढ़े ठाकुर, मेरी नाव पार लगानेवाले, किस भाँति तुम्हारा गुण गाऊँ?

राणा ने सिर झुकाकर कहा—आपके चरणारविंद से हमारे भाग्य उदय हो गए।

5

नेपाल की राजसभा ने पच्चीस हज़ार रुपए से महारानी के लिए एक उत्तम भवन बनवा दिया और उनके लिए दस हज़ार रुपया मासिक नियत कर दिया।

वह भवन आज तक वर्तमान है और नेपाल की शरणागतप्रियता तथा प्रणपालन-तत्परता का स्मारक है। पंजाब की रानी को लोग आज तक याद करते हैं।

यह वह सीढ़ी है जिससे जातियाँ, यश के सुनहले शिखर पर पहुँचती हैं।

ये ही घटनाएँ हैं, जिनसे जातीय इतिहास प्रकाश और महत्त्व को प्राप्त होता है।

पोलिटिकल रेजीडेंट ने गवर्नमेंट को रिपोर्ट की। इस बात की शंका थी कि गवर्नमेंट ऑफ़ इंडिया और नेपाल के बीच कुछ खिंचाव हो जाए; किन्तु गवर्नमेंट को राणा जंगबहादुर पर पूर्ण विश्वास था। और जब नेपाल की राजसभा ने विश्वास और सन्तोष दिलाया कि महारानी चन्द्रकुँवरि को किसी शत्रु भाव का अवसर न दिया जाएगा, तो भारत सरकार को सन्तोष हो गया। इस घटना को भारतीय इतिहास की अँधेरी रात में 'जुगनू की चमक' कहना चाहिए।

गृह-दाह

सत्यप्रकाश के जन्मोत्सव में लाला देवप्रकाश ने बहुत रुपए ख़र्च किए थे। उसका विद्यारम्भ-संस्कार भी ख़ूब धूमधाम से किया गया। उसके हवा खाने को एक छोटी-सी गाड़ी थी। शाम को नौकर उसे टहलाने ले जाता था। एक नौकर उसे पाठशाला पहुँचाने जाता। दिन भर वहीं बैठा रहता और उसे साथ लेकर घर आता। कितना सुशील, होनहार बालक था! गोरा मुखड़ा, बड़ी-बड़ी आँखें, ऊँचा मस्तक, पतले-पतले लाल अधर, भरे हुए पाँव। उसे देखकर सहसा मुँह से निकल पड़ता था—भगवान् इसे जिला दें, प्रतापी मनुष्य होगा। उसकी बल-बुद्धि की प्रखरता पर लोगों को आश्चर्य होता था। नित्य उसके मुखचन्द्र पर हँसी खेलती रहती थी। किसी ने उसे हठ करते या रोते नहीं देखा।

वर्षा के दिन थे। देवप्रकाश पत्नी को लेकर गंगास्नान करने गए। नदी ख़ूब चढ़ी हुई थी; मानो अनाथ की आँखें हों। उनकी पत्नी निर्मला जल में बैठकर जल क्रीड़ा करने लगी। कभी आगे जाती, कभी पीछे जाती, कभी डुबकी मारती, कभी अंजुलियों से छींटे उड़ाती। देवप्रकाश ने कहा—अच्छा, अब निकलो, सरदी हो जाएगी। निर्मला ने कहा—कहो, मैं छाती तक पानी में चली जाऊँ?

देवप्रकाश—और जो कहीं पैर फिसल जाए?

निर्मला—पैर क्या फिसलेगा!

यह कहकर वह छाती तक पानी में चली गई। पति ने कहा—अच्छा, अब आगे पैर न रखना; किन्तु निर्मला के सिर पर मौत खेल रही थी। यह जल क्रीड़ा नहीं, मृत्यु-क्रीड़ा थी। उसने एक पग और आगे बढ़ाया और फिसल गई। मुँह से एक चीख़ निकली; दोनों हाथ सहारे के लिए ऊपर उठे और फिर जलमग्न हो गए। एक पल में प्यासी नदी उसे पी गई। देवप्रकाश खड़े तौलिया से देह पोंछ रहे थे। तुरन्त पानी में कूदे, साथ का कहार भी कूदा। दो मल्लाह भी कूद पड़े। सबने डुबकियाँ मारीं, टटोला, पर निर्मला का पता न चला। तब डोंगी मँगवाई गई। मल्लाह ने बार-बार गोते मारे पर लाश हाथ न आई। देवप्रकाश शोक में डूबे हुए घर आए। सत्यप्रकाश किसी उपहार की आशा से दौड़ा। पिता ने गोद में उठा लिया और बड़े यत्न करने पर भी अपनी सिसकी को न रोक सके। सत्यप्रकाश ने पूछा—अम्माँ कहाँ है?

देव.—बेटा, गंगा ने उन्हें नेवता खाने के लिए रोक लिया।

सत्यप्रकाश ने उनके मुख की ओर जिज्ञासाभाव से देखा और आशय समझ गया। अम्माँ-अम्माँ कहकर रोने लगा।

2

मातृहीन बालक संसार का सबसे करुणाजनक प्राणी है। दीन से दीन प्राणियों को भी ईश्वर का आधार होता है, जो उनके हृदय को सहलाता रहता है। मातृहीन बालक इस आधार से वंचित होता है। माता ही उसके जीवन का एकमात्र आधार होती है। माता के बिना वह पंखहीन पक्षी है।

सत्यप्रकाश का एकान्त से प्रेम हो गया। अकेला बैठा रहता। वृक्षों में उसे कुछ-कुछ सहानुभूति का अज्ञात अनुभव होता था, जो घर के प्राणियों से उसे न मिलती थी। माता का

प्रेम था, तो सभी प्रेम करते थे, माता का प्रेम उठ गया, तो सभी निष्ठुर हो गए। पिता की आँखों में भी वह प्रेम-ज्योति न रही। दरिद्र को कौन भिक्षा देता है।

छह महीने बीत गए। सहसा एक दिन उसे मालूम हुआ, मेरी नई माता आनेवाली हैं। दौड़ा पिता के पास गया और पूछा—क्या मेरी नई माता आएँगी।

पिता ने कहा—हाँ बेटा, वे आकर तुम्हें प्यार करेंगी।

सत्य.—क्या मेरी ही माँ स्वर्ग से आ जाएँगी?

देव.—हाँ, वही माता आ जाएगी।

सत्य.—मुझे उसी तरह प्यार करेंगी?

देवप्रकाश इसका क्या उत्तर देते? मगर सत्यप्रकाश उस दिन से प्रसन्न-मन रहने लगा। अम्माँ आएँगी! मुझे गोद में लेकर प्यार करेंगी! अब मैं उन्हें कभी दिक न करूँगा, कभी ज़िद न करूँगा, उन्हें अच्छी कहानियाँ सुनाया करूँगा।

विवाह के दिन आए। घर में तैयारियाँ होने लगीं। सत्यप्रकाश ख़ुशी से फूला न समाता। मेरी नई अम्माँ आएँगी। बारात में वह भी गया। नए-नए कपड़े मिले। पालकी पर बैठा। नानी ने अन्दर बुलाया और उसे गोद में लेकर एक अशरफी दी। वहीं उसे नई माता के दर्शन हुए। नानी ने नई माता से कहा—बेटी, कैसा सुन्दर बालक है! इसे प्यार करना।

सत्यप्रकाश ने नई माता को देखा और मुग्ध हो गया। बच्चे भी रूप के उपासक होते हैं। एक लावण्यमयी मूर्ति आभूषण से लदी सामने खड़ी थी। उसने दोनों हाथों से उसका अंचल पकड़कर कहा—अम्माँ!

कितना अरुचिकर शब्द था, कितना लज्जायुक्त, कितना अप्रिय! वह ललना जो 'देवप्रिया' नाम से सम्बोधित होती थी, यह उत्तरदायित्व, त्याग और क्षमा का सम्बोधन न सह सकी। अभी वह प्रेम और विलास का सुख-स्वप्न देख रही थी—यौवनकाल की मदमय वायुतरंगों में आंदोलित हो रही थी। इस शब्द ने उसके स्वप्न को भंग कर दिया। कुछ रुष्ट होकर बोली—मुझे अम्माँ मत कहो।

सत्यप्रकाश ने विस्मित नेत्रों से देखा। उसका बालस्वप्न भी भंग हो गया। आँखें डबडबा गईं। नानी ने कहा—बेटी, देखो, लड़के का दिल छोटा हो गया। वह क्या जाने, क्या कहना चाहिए। अम्माँ कह दिया तो तुम्हें कौन-सी चोट लग गई?

देवप्रिया ने कहा—मुझे अम्माँ न कहे।

3

सौत का पुत्र विमाता की आँखों में क्यों इतना खटकता है? इसका निर्णय आज तक किसी मनोभाव के पंडित ने नहीं किया। हम किस गिनती में हैं। देवप्रिया जब तक गर्भिणी न हुई, वह सत्यप्रकाश से कभी-कभी बातें करती, कहानियाँ सुनातीं; किन्तु गर्भिणी होते ही उसका व्यवहार कठोर हो गया, और प्रसवकाल ज्यों-ज्यों निकट आता था, उसकी कठोरता बढ़ती ही जाती थी। जिस दिन उसकी गोद में एक चाँद-से बच्चे का आगमन हुआ, सत्यप्रकाश ख़ूब उछला-कूदा और सौरगृह में दौड़ा हुआ बच्चे को देखने लगा। बच्चा देवप्रिया की गोद में सो रहा था। सत्यप्रकाश ने बड़ी उत्सुकता से बच्चे को विमाता की गोद से उठाना चाहा कि सहसा देवप्रिया ने सरोष स्वर में कहा—ख़बरदार, इसे मत छूना, नहीं तो कान पकड़कर उखाड़ लूँगी!

बालक उल्टे पाँव लौट आया और कोठे की छत पर जाकर ख़ूब रोया। कितना सुन्दर बच्चा है! मैं उसे गोद में लेकर बैठता, तो कैसा मज़ा आता! मैं उसे गिराता थोड़े ही, फिर इन्होंने क्यों मुझे झिड़क दिया? भोला बालक क्या जानता था कि इस झिड़की का कारण माता की सावधानी नहीं, कुछ और ही है।

एक दिन शिशु सो रहा था। उसका नाम ज्ञानप्रकाश रखा गया था। देवप्रिया स्नानागार में थी। सत्यप्रकाश चुपके से आया और बच्चे का ओढ़ना हटाकर उसे अनुरागमय नेत्रों से देखने लगा। उसका जी कितना चाहा कि उसे गोद में लेकर प्यार करूँ; पर डर के मारे उसने उसे उठाया नहीं, केवल उसके कपोलों को चूमने लगा। इतने में देवप्रिया निकल आई। सत्यप्रकाश को बच्चे को चूमते देखकर आग हो गई। दूर ही से डाँटा, हट जा वहाँ से!

सत्यप्रकाश माता को दीननेत्रों से देखता हुआ बाहर निकल आया!

संध्या समय उसके पिता ने पूछा—तुम लल्ला को क्यों रुलाया करते हो?

सत्य.—मैं तो उसे कभी नहीं रुलाता। अम्माँ खिलाने को नहीं देतीं।

देव.—झूठ बोलते हो। आज तुमने बच्चे को चुटकी काटी।

सत्य.—जी नहीं, मैं तो उसकी मुच्छियाँ ले रहा था।

देव.—झूठ बोलता है!

सत्य.—मैं झूठ नहीं बोलता।

देवप्रकाश को क्रोध आ गया। लड़के को दो-तीन तमाचे लगाए। पहली बार यह ताड़ना मिली, और निरपराध! इसने उसके जीवन की कायापलट कर दी।

4

उस दिन से सत्यप्रकाश के स्वभाव में एक विचित्र परिवर्तन दिखाई देने लगा। वह घर में बहुत कम आता। पिता आते, तो उनसे मुँह छिपाता फिरता। कोई खाना खाने को बुलाने आता, तो चोरों की भाँति दुबका हुआ जाकर खा लेता; न कुछ माँगता, न कुछ बोलता। पहले अत्यन्त कुशाग्रबुद्धि था। उसकी सफ़ाई, सलीके और फुरती पर लोग मुग्ध हो जाते थे। अब वह पढ़ने से जी चुराता, मैले-कुचैले कपड़े पहिने रहता। घर में कोई प्रेम करनेवाला न था। बाज़ार के लड़कों के साथ गली-गली घूमता, कनकौवे लूटता, गालियाँ बकना भी सीख गया। शरीर भी दुर्बल हो गया। चेहरे की कांति ग़ायब हो गई। देवप्रकाश को अब आए-दिन उसकी शरारतों के उलाहने मिलने लगे और सत्यप्रकाश नित्य घुड़कियाँ और तमाचे खाने लगा, यहाँ तक कि अगर वह घर में किसी काम से चला जाता, तो सब लोग दुर-दुर करके दौड़ाते। ज्ञानप्रकाश को पढ़ाने के लिए मास्टर आता था। देवप्रकाश उसे रोज़ सैर कराने साथ ले जाते। हँसमुख लड़का था। देवप्रिया उसे सत्यप्रकाश के साथ से भी बचाती रहती थी। दोनों लड़कों में कितना अन्तर था! एक साफ़ सुथरा, सुन्दर कपड़े पहिने, शील और विनय का पुतला, सच बोलनेवाला। देखनेवालों के मुँह से अनायास ही दुआ निकल आती थी। दूसरा मैला, नटखट, चोरों की तरह मुँह छिपाए हुए; मुँहफट, बात-बात पर गालियाँ बकनेवाला। एक हरा-भरा पौधा था, प्रेम से प्लावित, स्नेह से सिंचित, दूसरा सूखा हुआ, टेढ़ा, पल्लवहीन नववृक्ष था, जिसकी जड़ों को एक मुद्दत से पानी नहीं नसीब हुआ। एक को देखकर पिता की छाती ठंडी होती थी; दूसरे को देखकर देह में आग लग जाती थी।

आश्चर्य यह था कि सत्यप्रकाश को अपने छोटे भाई से लेशमात्र भी ईर्ष्या न थी। अगर उसके हृदय में कोई कोमल भाव शेष रह गया था, तो वह अपने भाई के प्रति स्नेह था। उस मरुभूमि में यही एक हरियाली थी। ईर्ष्या साम्यभाव की द्योतक है। सत्यप्रकाश अपने भाई को अपने से कहीं ऊँचा, कहीं भाग्यशाली समझता था। उसमें ईर्ष्या का भाव ही लोप हो गया था।

घृणा से घृणा उत्पन्न होती है। प्रेम से प्रेम। ज्ञान भी बड़े भाई को चाहता था। कभी-कभी उसका पक्ष लेकर अपनी माँ से वाद-विवाद कर कहता, भैया की अचकन फट गई है, आप नई अचकन क्यों नहीं बनवा देतीं? माँ उत्तर देती—उसके लिए वही अचकन अच्छी है। अभी क्या, कभी तो वह नंगा फिरेगा। ज्ञानप्रकाश बहुत चाहता था कि अपने जेब-ख़र्च से बचाकर कुछ अपने भाई को दे, पर सत्यप्रकाश कभी इसे स्वीकार न करता था। वास्तव में जितनी देर वह छोटे भाई के साथ रहता; उतनी देर उसे एक शान्तिमय आनन्द का अनुभव होता। थोड़ी देर के लिए वह सद्भावों के साम्राज्य में विचरने लगता। उसके मुख से कोई भद्दी और अप्रिय बात न निकलती। एक क्षण के लिए उसकी सोई हुई आत्मा जाग उठती।

एक बार कई दिन तक सत्यप्रकाश मदरसे न गया। पिता ने पूछा—तुम आजकल पढ़ने क्यों नहीं जाते? क्या सोच रखा है कि मैंने तुम्हारी ज़िन्दगी भर का ठेका ले रखा है।

सत्य.—मेरे ऊपर जुर्माने और फीस के कई रुपए हो गए हैं। जाता हूँ तो दरजे से निकाल दिया जाता हूँ।

देव.—फीस क्यों बाक़ी है? तुम तो महीने-महीने ले लिया करते हो न?

सत्य.—आए-दिन चन्दे लगा करते हैं, फीस के रुपए चन्दे में दे दिए।

देव.—और जुर्माना क्यों हुआ?

सत्य.—फीस न देने के कारण।

देव.—तुमने चन्दा क्यों दिया!

सत्य.—ज्ञानू ने चन्दा दिया तो मैंने भी दिया।

देव.—तुम ज्ञानू से जलते हो?

सत्य.—मैं ज्ञानू से क्यों जलने लगा। यहाँ हम और वह दो हैं, बाहर हम और वह एक समझे जाते हैं। मैं यह नहीं कहना चाहता कि मेरे पास कुछ नहीं है।

देव.—क्यों, यह कहते शर्म आती है?

सत्य.—जी हाँ, आपकी बदनामी होगी।

देव.—अच्छा, तो आप मेरी मानरक्षा करते हैं। यह क्यों नहीं कहते कि पढ़ना अब मुझे मंजूर नहीं है। मेरे पास इतना रुपया नहीं कि तुम्हें एक-एक क्लास में तीन-तीन साल पढ़ाऊँ और ऊपर से तुम्हारे ख़र्च के लिए भी प्रतिमास कुछ दूँ। ज्ञानबाबू तुमसे कितना छोटा है, लेकिन तुमसे एक ही दर्जा नीचे है। तुम इस साल ज़रूर ही फेल होओगे और वह ज़रूर ही पास होकर अगले साल तुम्हारे साथ हो जाएगा। तब तो तुम्हारे मुँह में कालिख लगेगी?

सत्य.—विद्या मेरे भाग्य ही में नहीं है।

देव.—तुम्हारे भाग्य में क्या है?

सत्य.—भीख माँगना।

देव.—तो फिर भीख माँगो। मेरे घर से निकल जाओ।

देवप्रिया भी आ गई। बोली—शरमाता तो नहीं, और बातों का जवाब देता है!

सत्य.—जिनके भाग्य में भीख माँगना होता है, वही बचपन में अनाथ हो जाते हैं।

देवप्रिया—ये जली-कटी बातें अब मुझसे न सही जाएँगी। मैं ख़ून का घूँट पी-पीकर रह जाती हूँ।

देवप्रकाश—बेहया है। कल से इसका नाम कटवा दूँगा। भीख माँगनी है तो भीख ही माँगे।

5

दूसरे दिन सत्यप्रकाश ने घर से निकलने की तैयारी कर दी। उसकी उम्र अब 16 साल की हो गई थी। इतनी बातें सुनने के बाद अब उसे उस घर में रहना असह्य हो गया। जब हाथ-पाँव न थे, किशोरावस्था की असमर्थता थी, तब तक अवहेलना, निरादर, निष्ठुरता, भर्त्सना सब कुछ सहकर घर में रहता था। अब हाथ-पाँव हो गए थे, उस बंधन में क्यों रहता। आत्माभिमान आशा की भाँति बहुत चिरंजीवी होता है।

गर्मी के दिन थे। दोपहर का समय। घर के सब प्राणी सो रहे थे। सत्यप्रकाश ने अपनी धोती बगल में दबाई; छोटा-सा बेग हाथ में लिया और चाहता था कि चुपके से बैठक से निकल जाए कि ज्ञानू आ गया और उसे कहीं जाने को तैयार देखकर बोला—कहाँ जाते हो भैया?

सत्य.—जाता हूँ कहीं नौकरी करूँगा।

ज्ञानू.—मैं जाकर अम्माँ से कहे देता हूँ।

सत्य.—तो फिर मैं तुमसे छिपकर चला जाऊँगा।

ज्ञानू.—क्यों चले जाओगे? तुम्हें मेरी ज़रा भी मुहब्बत नहीं?

सत्यप्रकाश ने भाई को गले लगाकर कहा—तुम्हें छोड़कर जाने को जी तो नहीं चाहता, लेकिन जहाँ कोई पूछने वाला नहीं है, वहाँ पड़े रहना बेहयाई है। कहीं दस-पाँच की नौकरी कर लूँगा और पेट पालता रहूँगा। और किस लायक हूँ?

ज्ञानू.—तुमसे अम्माँ क्यों इतना चिढ़ती हैं? मुझे तुमसे मिलने को मना किया करती हैं?

सत्य.—मेरे नसीब खोटे हैं, और क्या।

ज्ञानू.—तुम लिखने-पढ़ने में जी नहीं लगाते?

सत्य.—लगता ही नहीं, कैसे लगाऊँ? जब कोई परवा नहीं करता तो मैं भी सोचता हूँ—उँह, यही न होगा, ठोकर खाऊँगा। बला से!

ज्ञानू.—मुझे भूल तो न जाओगे? मैं तुम्हारे पास ख़त लिखा करूँगा, मुझे भी एक बार अपने यहाँ बुलाना।

सत्य.—तुम्हारे स्कूल के पते से चिट्ठी लिखूँगा।

ज्ञानू.—(रोते-रोते) मुझे न जाने क्यों तुम्हारी बड़ी मुहब्बत लगती है!

सत्य.—मैं तुम्हें सदैव याद रखूँगा।

यह कहकर उसने फिर भाई को गले लगाया और घर से निकल पड़ा। पास एक कौड़ी भी न थी और वह कलकत्ते जा रहा था।

6

सत्यप्रकाश कलकत्ते क्योंकर पहुँचा, इसका वृत्तांत लिखना व्यर्थ है। युवकों में दुस्साहस की मात्रा अधिक होती है। वे हवा में क़िले बना सकते हैं, धरती पर नाव चला सकते हैं।

कठिनाइयों की उन्हें कुछ परवा नहीं होती। अपने ऊपर असीम विश्वास होता है। कलकत्ते पहुँचना ऐसा कष्ट-साध्य न था। सत्यप्रकाश चतुर युवक था। पहिले ही उसने निश्चय कर लिया था कि कलकत्ते में क्या करूँगा, कहाँ रहूँगा। उसके बेग में लिखने की सामग्री मौजूद थी। बड़े शहर में जीविका का प्रश्न कठिन भी है और सरल भी है। सरल है उनके लिए, जो हाथ से काम कर सकते हैं, कठिन है उनके लिए, जो क़लम से काम करते हैं। सत्यप्रकाश मज़दूरी करना नीच काम समझता था। उसने एक धर्मशाला में असबाब रखा। बाद में शहर के मुख्य स्थानों का निरीक्षण करके एक डाकघर के सामने लिखने का सामान लेकर बैठ गया और अपढ़ मज़दूरों की चिट्ठियाँ, मनीआर्डर आदि लिखने का व्यवसाय करने लगा। पहले कई दिन तो उसको इतने पैसे भी न मिले कि भर-पेट भोजन करता; लेकिन धीरे-धीरे आमदनी बढ़ने लगी। वह मज़दूरों से इतने विनय के साथ बातें करता और उनके समाचार इतने विस्तार से लिखता कि बस वे पत्र को सुनकर बहुत प्रसन्न होते। अशिक्षित लोग एक ही बात को दो-दो तीन-तीन बार लिखाते हैं। उनकी दशा ठीक रोगियों की-सी होती है, जो वैद्य से अपनी व्यथा और वेदना का वृत्तांत कहते नहीं थकते। सत्यप्रकाश सूत्र को व्याख्या का रूप देकर मज़दूरों को मुग्ध कर देता था। एक सन्तुष्ट होकर जाता, तो अपने कई अन्य भाइयों को खोज लाता। एक ही महीने में उसे 1 रु. रोज़ मिलने लगा। उसने धर्मशाला से निकलकर शहर से बाहर 5 रु. महीने पर एक छोटी-सी कोठरी ले ली। एक जून खाता। बर्तन अपने हाथों से धोता। ज़मीन पर सोता। उसे अपने निर्वासन पर ज़रा भी खेद और दुःख न था। घर के लोगों की कभी याद न आती। वह अपनी दशा पर सन्तुष्ट था। केवल ज्ञानप्रकाश की प्रेमयुक्त बातें न भूलतीं। अंधकार में यही एक प्रकाश था। बिदाई का अन्तिम दृश्य आँखों के सामने फिरा करता। जीविका से निश्चिंत होकर उसने ज्ञानप्रकाश को एक पत्र लिखा। उत्तर आया तो उसके आनन्द की सीमा न रही। ज्ञानू मुझे याद करके रोता है, मेरे पास आना चाहता है, स्वास्थ्य भी अच्छा नहीं है। प्यासे को पानी से जो तृप्ति होती है वही तृप्ति इस पत्र से सत्यप्रकाश को हुई। मैं अकेला नहीं हूँ, कोई मुझे भी चाहता है—मुझे भी याद करता है।

उसी दिन से सत्यप्रकाश को यह चिन्ता हुई कि ज्ञान के लिए कोई उपहार भेजूँ। युवकों को मित्र बहुत जल्द मिल जाते हैं। सत्यप्रकाश को भी कई युवकों से मित्रता हो गई थी। उनके साथ कई बार सिनेमा देखने गया। कई बार बूटी-भंग, शराब-कबाब की भी ठहरी। आईना, तेल, कंघी का शौक़ भी पैदा हुआ, जो कुछ पाता, उड़ा देता। बड़े वेग से नैतिक पतन और शारीरिक विनाश की ओर दौड़ा चला जाता था। इस प्रेम-पत्र ने उसके पैर पकड़ लिये। उपहार के प्रयास ने इन दुर्व्यसनों को तिरोहित करना शुरू किया। सिनेमा का चसका छूटा, मित्रों को हीले-हवाले करके टालने लगा। भोजन भी रूखा-सूखा करने लगा। धन-संचय की चिन्ता ने सारी इच्छाओं को परास्त कर दिया। उसने निश्चय किया कि अच्छी-सी घड़ी भेजूँ। उसका दाम कम से कम 40 रु. होगा। अगर तीन महीने तक एक कौड़ी का भी अपव्यय न करूँ, तो घड़ी मिल सकती है। ज्ञानू घड़ी देखकर कैसा ख़ुश होगा! अम्माँ और बाबू जी भी देखेंगे। उन्हें मालूम हो जाएगा कि मैं भूखों नहीं मर रहा हूँ। क़िफायत की धुन में वह बहुधा दीया-बत्ती भी न करता। बड़े सबेरे काम करने चला जाता और सारे दिन दो-चार पैसे की मिठाई खाकर काम करता रहता। उसके ग्राहकों की संख्या दिन-दूनी होती

जाती थी। चिट्ठी-पत्री के अतिरिक्त अब उसने तार लिखने का भी अभ्यास कर लिया था। दो ही महीने में उसके पास 50 रु. एकत्र हो गए और जब घड़ी के साथ सुनहरी चेन का पारसल बनाकर ज्ञानू के नाम भेज दिया, तो उसका चित्त इतना उत्साहित था मानो किसी निस्संतान पुरुष के बालक हुआ हो।

7

'घर' कितनी कोमल, पवित्र, मनोहर स्मृतियों को जागृत कर देता है! यह प्रेम का निवास-स्थान है। प्रेम ने बहुत तपस्या करके यह वरदान पाया है।

किशोरावस्था में 'घर' माता-पिता, भाई-बहन, सखी-सहेली के प्रेम की याद दिलाता है, प्रौढ़ावस्था में गृहिणी और बाल-बच्चों के प्रेम की। यही वह लहर है, जो मानव-जीवन मात्र को स्थिर रखता है, उसे समुद्र की वेगवती लहरों में बहने और चट्टानों से टकराने से बचाता है। यही वह मंडप है, जो जीवन को समस्त विघ्न-बाधाओं से सुरक्षित रखता है।

सत्यप्रकाश का 'घर' कहाँ था? वह कौन-सी शक्ति थी, जो कलकत्ते के विराट प्रलोभनों से उसकी रक्षा करती थी? —माता का प्रेम, पिता का स्नेह, बाल-बच्चों की चिन्ता? —नहीं, उनका रक्षक, उद्धारक, उसका पारितोषिक केवल ज्ञानप्रकाश का स्नेह था। उसी के निमित्त वह एक-एक पैसे की क़िफायत करता था, उसी के लिए वह कठिन परिश्रम करता था और धनोपार्जन के नए-नए उपाय सोचता था। उसे ज्ञानप्रकाश के पत्रों से मालूम हुआ था कि इन दिनों देवप्रकाश की आर्थिक स्थिति अच्छी नहीं है। वे एक घर बनवा रहे हैं, जिसमें व्यय अनुमान से अधिक हो जाने के कारण ऋण लेना पड़ा है, इसलिए अब ज्ञानप्रकाश को पढ़ाने के लिए घर पर मास्टर नहीं आता। तब से सत्यप्रकाश प्रतिमाह ज्ञानू के पास कुछ न कुछ अवश्य भेज देता था। वह अब केवल पत्रलेखक न था, लिखने के सामान की एक छोटी-दुकान भी उसने खोल ली थी। इससे अच्छी आमदनी हो जाती थी। इस तरह पाँच वर्ष बीत गए। रसिक मित्रों ने जब देखा कि अब यह हत्थे नहीं चढ़ता, तो उसके पास आना-जाना छोड़ दिया।

8

संध्या का समय था। देवप्रकाश अपने मकान में बैठे देवप्रिया से ज्ञानप्रकाश के विवाह के सम्बन्ध में बातें कर रहे थे। ज्ञानू अब 17 वर्ष का सुन्दर युवक था। बालविवाह के विरोधी होने पर भी देवप्रकाश अब इस शुभमुहूर्त को न टाल सकते थे। विशेषत: जब कोई महाशय 50,000 रु. दायज देने को प्रस्तुत हों।

देवप्रकाश—मैं तो तैयार हूँ, लेकिन तुम्हारा लड़का भी तो तैयार हो!

देवप्रिया—तुम बातचीत पक्की कर लो, वह तैयार हो ही जाएगा। सभी लड़के पहले 'नहीं' करते हैं।

देव.—ज्ञानू का इनकार केवल संकोच का इनकार नहीं है, वह सिद्धान्त का इनकार है। वह साफ-साफ कह रहा है कि जब तक भैया का विवाह न होगा, मैं अपना विवाह करने पर राज़ी नहीं हूँ।

देवप्रिया—उसकी कौन चलावे, वहाँ कोई रखैली रख ली होगी, विवाह क्यों करेगा? वहाँ कोई देखने जाता है?

देव.—(झुँझला कर) रखैली रख ली होती तो तुम्हारे लड़के को 40 रु. महीने न भेजता और न वे चीज़ें ही देता, जो पहले महीने से अब तक बराबर देता चला आता है। न जाने क्यों तुम्हारा मन उसकी ओर से इतना मैला हो गया है! चाहे वह जान निकालकर भी दे दे, लेकिन तुम न पसीजोगी। देवप्रिया नाराज़ होकर चली गई। देवप्रकाश उससे यही कहलाना चाहते थे कि पहिले सत्यप्रकाश का विवाह करना उचित है, किन्तु वह कभी इस प्रसंग को आने ही न देती थी। स्वयं देवप्रकाश की यह हार्दिक इच्छा थी कि पहिले बड़े लड़के का विवाह करें, पर उन्होंने भी आज तक सत्यप्रकाश को कोई पत्र न लिखा था। देवप्रिया के चले जाने के बाद उन्होंने आज पहली बार सत्यप्रकाश को पत्र लिखा। पहिले इतने दिनों तक चुपचाप रहने के लिए क्षमा माँगी, तब उसे एक बार घर आने का प्रेमाग्रह किया। लिखा, अब मैं कुछ ही दिनों का मेहमान हूँ। मेरी अभिलाषा है कि तुम्हारा और तुम्हारे छोटे भाई का विवाह देख लूँ। मुझे बहुत दु:ख होगा, यदि तुम मेरी विनय स्वीकार न करोगे। ज्ञानप्रकाश के असमंजस की बात भी लिखी, अन्त में इस बात पर ज़ोर दिया कि किसी और विचार से नहीं, तो ज्ञानू के प्रेम के नाते ही तुम्हें इस बंधन में पड़ना होगा।

सत्यप्रकाश को यह पत्र मिला, तो उसे बहुत खेद हुआ। मेरे भ्रातृस्नेह का यह परिणाम होगा, मुझे न मालूम था। इसके साथ ही उसे यह ईर्ष्यामय आनन्द हुआ कि अम्माँ और दादा को अब तो कुछ मानसिक पीड़ा होगी। मेरी उन्हें क्या चिन्ता थी? मैं तो मर भी जाऊँ तो भी उनकी आँखों में आँसू न आएँ। 7 वर्ष हो गए, कभी भूलकर भी पत्र न लिखा कि मरा है या जीता है। अब कुछ चेतावनी मिलेगी। ज्ञानप्रकाश अन्त में विवाह करने पर राज़ी तो हो जाएगा, लेकिन सहज में नहीं। कुछ न हो तो मुझे तो एक बार अपने इनकार के कारण लिखने का अवसर मिला। ज्ञानू को मुझसे प्रेम है, लेकिन उसके कारण मैं पारिवारिक अन्याय का दोषी न बनूँगा। हमारा पारिवारिक जीवन सम्पूर्णत: अन्यायमय है। यह कुमति और वैमनस्य, क्रूरता और नृशंसता का बीजारोपण करता है। इसी माया में फँसकर मनुष्य अपनी संतान का शत्रु हो जाता है। न, मैं आँखों देखकर यह मक्खी न निगलूँगा। मैं ज्ञानू को समझाऊँगा अवश्य। मेरे पास जो कुछ जमा है; वह सब उसके विवाह के निमित्त अर्पण भी कर दूँगा। बस, इससे ज़्यादा मैं और कुछ नहीं कर सकता। अगर ज्ञानू भी अविवाहित रहे, तो संसार कौन सूना हो जाएगा? ऐसे पिता का पुत्र क्या वंशपरम्परा का पालन न करेगा? क्या उसके जीवन में फिर वही अभिनय न दुहराया जाएगा, जिसने मेरा सर्वनाश कर दिया?

दूसरे दिन सत्यप्रकाश ने 500 रु. पिता के पास भेजे और पत्र का उत्तर लिखा कि मेरा अहोभाग्य जो आपने मुझे याद किया। ज्ञानू का विवाह निश्चित हो गया, इसकी बधाई! इन रुपयों से नववधू के लिए कोई आभूषण बनवा दीजिएगा। रही मेरे विवाह की बात। मैंने अपनी आँखों से जो कुछ देखा है और मेरे सिर पर जो कुछ बीता है, उस पर ध्यान देते हुए यदि मैं कुटुम्बपाश में फँसू तो मुझसे बड़ा उल्लू संसार में न होगा। मुझे आशा है, आप मुझे क्षमा करेंगे। विवाह की चर्चा ही से मेरे हृदय को आघात पहुँचता है।

दूसरा पत्र ज्ञानप्रकाश को लिखा कि माता-पिता की आज्ञा को शिरोधार्य करो। मैं अपढ़, मूर्ख, बुद्धिहीन आदमी हूँ; मुझे विवाह करने का कोई अधिकार नहीं है। मैं तुम्हारे विवाह के शुभोत्सव में सम्मिलित न हो सकूँगा, लेकिन मेरे लिए इससे बढ़कर आनन्द और सन्तोष का कोई विषय नहीं हो सकता।

9

देवप्रकाश यह पढ़कर अवाक् रह गए। फिर आग्रह करने का साहस न हुआ। देवप्रिया ने नाक सिकोड़ कर कहा—यह लौंडा देखने को सीधा है, है ज़हर का बुझाया हुआ! कैसा सौ कोस से बैठा हुआ बरछियों से छेद रहा है।

किन्तु ज्ञानप्रकाश ने यह पत्र पढ़ा, तो उसे मर्माघात पहुँचा। दादा और अम्माँ के अन्याय ने ही उन्हें यह भीषण व्रत धारण करने पर बाध्य किया है। इन्हीं ने उन्हें निर्वासित किया है, और शायद सदा के लिए। न जाने अम्माँ को उनसे क्यों इतनी जलन हुई। मुझे तो अब याद आता है कि किशोरावस्था ही से वे बड़े आज्ञाकारी, विनयशील और गम्भीर थे। अम्माँ की बातों का उन्हें जवाब देते नहीं सुना। मैं अच्छे से अच्छा खाता था, फिर भी उनके तेवर मैले न हुए, हालाँकि उन्हें जलना चाहिए था। ऐसी दशा में अगर उन्हें गार्हस्थ्य-जीवन से घृणा हो गई, तो आश्चर्य ही क्या? फिर मैं ही क्यों इस विपत्ति में फसूँ? कौन जाने मुझे भी ऐसी ही परिस्थिति का सामना करना पड़े। भैया ने बहुत सोच-समझकर यह धारणा की है।

संध्या समय जब उसके माता-पिता बैठे हुए इसी समस्या पर विचार कर रहे थे, ज्ञानप्रकाश ने आकर कहा—मैं कल भैया से मिलने जाऊँगा।

देवप्रिया—क्या कलकत्ते जाओगे?

ज्ञान.—जी हाँ।

देवप्रिया—उन्हीं को क्यों नहीं बुलाते?

ज्ञान.—उन्हें कौन मुँह लेकर बुलाऊँ? आप लोगों ने पहिले ही मेरे मुँह में कालिख लगा दी है। ऐसा देव-पुरुष आप लोगों के कारण विदेश में ठोकर खा रहा है और मैं इतना निर्लज्ज हो जाऊँ कि...

देवप्रिया—अच्छा चुप रह, नहीं ब्याह करना है, न कर, जले पर लोन मत छिड़क! माता-पिता का धर्म है, इसलिए कहती हूँ, नहीं तो यहाँ ठेंगे की परवा नहीं है। तू चाहे ब्याह कर, चाहे क्वाँरा रह, पर मेरी आँखों से दूर हो जा।

ज्ञान.—क्या मेरी सूरत से भी घृणा हो गई?

देवप्रिया—जब तू हमारे कहने ही में नहीं, तो जहाँ चाहे, रह। हम भी समझ लेंगे कि भगवान् ने लड़का ही नहीं दिया।

देव.—क्यों व्यर्थ में ऐसे कटुवचन बोलती हो?

ज्ञान.—अगर आप लोगों की यही इच्छा है, तो यही होगा। देवप्रकाश ने देखा कि बात का बतंगड़ हुआ चाहता है, ज्ञानप्रकाश को इशारे से टाल दिया और पत्नी के क्रोध को शान्त करने की चेष्टा करने लगे। मगर देवप्रिया फूट-फूट कर रो रही थी और बार-बार कहती थी, मैं इसकी सूरत नहीं देखूँगी। अन्त में देवप्रकाश ने चिढ़कर कहा—तो तुम्हीं ने तो कटुवचन कहकर उसे उत्तेजित कर दिया।

देवप्रिया—यह सब विष उसी चांडाल ने बोया है, जो यहाँ से सात समुद्र पार बैठा मुझे मिट्टी में मिलाने का उपाय कर रहा है। मेरे बेटे को मुझसे छीनने के लिए उसने यह प्रेम का स्वाँग भरा है। मैं उसकी नस-नस पहिचानती हूँ। उसका यह मंत्र मेरी जान लेकर छोड़ेगा; नहीं तो मेरा ज्ञानू, जिसने कभी मेरी बात का जवाब नहीं दिया, यों मुझे न जलाता!

देवप्रकाश—अरे, तो क्या वह विवाह ही न करेगा! अभी ग़ुस्से में अनाप-शनाप बक गया है। ज़रा शान्त हो जाएगा तो मैं समझाकर राज़ी कर दूँगा।

देवप्रिया—मेरे हाथ से निकल गया।

देवप्रिया की आशंका सत्य निकली। देवप्रकाश ने बेटे को बहुत समझाया। कहा—तुम्हारी माता इस शोक से मर जाएगी, किन्तु कुछ असर न हुआ। उसने एक बार 'नहीं' करके 'हाँ' न की। निदान पिता भी निराश होकर बैठ रहे।

तीन साल तक प्रतिवर्ष विवाह के दिनों में यह प्रश्न उठता रहा, पर ज्ञानप्रकाश अपनी प्रतिज्ञा पर अटल रहा। माता का रोना-धोना निष्फल हुआ। हाँ, उसने माता की एक बात मान ली—वह भाई से मिलने कलकत्ता न गया।

तीन साल में घर में बड़ा परिवर्तन हो गया। देवप्रिया की तीनों कन्याओं का विवाह हो गया। अब घर में उसके सिवा कोई स्त्री न थी। सूना घर उसे फाड़े खाता था। जब वह नैराश्य और क्रोध से पागल हो जाती, तो सत्यप्रकाश को ख़ूब जी भरकर कोसती! मगर दोनों भाइयों में प्रेम-पत्रव्यवहार बराबर होता रहता था।

देवप्रकाश के स्वभाव में एक विचित्र उदासीनता प्रकट होने लगी। उन्होंने पेंशन ले ली थी और प्राय: धर्मग्रंथों का अध्ययन किया करते थे। ज्ञानप्रकाश ने भी 'आचार्य' की उपाधि प्राप्त कर ली थी और एक विद्यालय में अध्यापक हो गए थे। देवप्रिया अब संसार में अकेली थी।

देवप्रिया अपने पुत्र को गृहस्थी की ओर खींचने के लिए नित्य टोने-टोटके किया करती। बिरादरी में कौन-सी कन्या सुन्दरी है, गुणवती है, सुशिक्षिता है—उसका बखान किया करती, पर ज्ञानप्रकाश को इन बातों के सुनने की भी फुरसत न थी।

मोहल्ले के और घरों में नित्य ही विवाह होते रहते थे। बहुएँ आती थीं, उनकी गोद में बच्चे खेलने लगते थे, घर गुलजार हो जाता था। कहीं बिदाई होती थी, कहीं बधाइयाँ आती थीं, कहीं गाना-बजाना होता था, कहीं बाजे बजते थे। यह चहल-पहल देखकर देवप्रिया का चित्त चंचल हो जाता। उसे मालूम होता, मैं ही संसार में सबसे अभागिनी हूँ। मेरे ही भाग्य में यह सुख भोगना नहीं बदा है। भगवान्, ऐसा भी कोई दिन आएगा कि मैं अपनी बहू का मुखचन्द्र देखूँगी, उसके बालकों को गोद में खिलाऊँगी। वह भी कोई दिन होगा कि मेरे घर में भी आनन्दोत्सव के मधुर गान की तानें उठेंगी! रात-दिन ये ही बातें सोचते-सोचते देवप्रिया की दशा उन्मादिनी की-सी हो गई। आप ही आप सत्यप्रकाश को कोसने लगती। वही मेरे प्राणों का घातक है। तल्लीनता उन्माद का प्रधान गुण है। तल्लीनता अत्यन्त रचनाशील होती है। वह आकाश में देवताओं के विमान उड़ाने लगती है। अगर भोजन में नमक तेज़ हो गया, तो यह शत्रु ने कोई रोड़ा रख दिया होगा। देवप्रिया को अब कभी-कभी धोखा हो जाता कि सत्यप्रकाश घर में गया है, वह मुझे मारना चाहता है, ज्ञानप्रकाश को विष खिलाए देता है। एक दिन उसने सत्यप्रकाश के नाम एक पत्र लिखा और उसे जितना कोसते बना, उतना कोसा। तू मेरे प्राणों का वैरी है, मेरे कुल का घातक है, हत्यारा है। वह कौन दिन आएगा कि तेरी मिट्टी उठेगी। तूने मेरे लड़के पर वशीकरण-मंत्र चला दिया है। दूसरे दिन फिर ऐसा ही एक पत्र लिखा। यहाँ तक कि यह उसका नित्य का कर्म हो गया। जब तक एक चिट्ठी में सत्यप्रकाश को गालियाँ न दे लेती, उसे चैन ही न आता था। इन पत्रों को वह कहारिन के हाथ डाकघर भिजवा दिया करती थी।

10

ज्ञानप्रकाश का अध्यापक होना सत्यप्रकाश के लिए घातक हो गया। परदेश में उसे यही सन्तोष था कि मैं संसार में निराधार नहीं हूँ। अब यह अवलम्ब भी जाता रहा। ज्ञानप्रकाश ने ज़ोर देकर लिखा, अब आप मेरे हेतु कोई कष्ट न उठाएँ। मुझे अपनी गुज़र करने के लिए काफ़ी से ज़्यादा मिलने लगा है।

यद्यपि सत्यप्रकाश की दुकान ख़ूब चलती थी, लेकिन कलकत्ते-जैसे शहर में एक छोटे-से दुकानदार का जीवन बहुत सुखी नहीं होता। 60-70 रु. की मासिक आमदनी होती ही क्या है? अब तक जो कुछ बचाता था, वह वास्तव में बचत न थी, बल्कि त्याग था। एक वक़्त रूखा-सूखा खाकर, एक तंग आर्द्र कोठरी में रहकर 25-30 रु. बच रहते थे। अब दोनों वक़्त भोजन करने लगा। कपड़े भी ज़रा साफ़ पहिनने लगा। मगर थोड़े ही दिनों में उसके ख़र्च में औषधियों की एक मद बढ़ गई और फिर वही पहिले की-सी दशा हो गई। बरसों तक शुद्ध वायु, प्रकाश और पुष्टिकर भोजन से वंचित रहकर अच्छे से अच्छा स्वास्थ्य भी नष्ट हो सकता है। सत्यप्रकाश को भी अरुचि, मंदाग्नि आदि रोगों ने आ घेरा। कभी-कभी ज्वर भी आ जाता। युवावस्था में आत्मविश्वास होता है, किसी अवलम्ब की परवा नहीं होती। वयोवृद्धि दूसरों का मुँह ताक़ती है, आश्रय ढूँढ़ती है। सत्यप्रकाश पहिले सोता, तो एक ही करवट में सबेरा हो जाता। कभी बाज़ार से पूरियाँ लेकर खा लेता, कभी मिठाइयों पर टाल देता। पर अब रात को अच्छी तरह नींद न आती, बाज़ारी भोजन से घृणा होती, रात को घर आता तो थककर चूर-चूर हो जाता था। उस वक़्त चूल्हा जलाना, भोजन पकाना बहुत अखरता। कभी-कभी वह अपने अकेलेपन पर रोता। रात को जब किसी तरह नींद न आती, तो उसका मन किसी से बातें करने को लालायित होने लगता। पर वहाँ निशांधकार के सिवा और कौन था? दीवालों के कान चाहे हों, मुँह नहीं होता। इधर ज्ञानप्रकाश के पत्र भी अब कम आते थे और वे भी रूखे। उनमें अब हृदय के सरल उद्गारों का लेश भी न होता। सत्यप्रकाश अब भी वैसे ही भावमय पत्र लिखता था; पर एक अध्यापक के लिए भावुकता कब शोभा देती है। शनैः-शनैः सत्यप्रकाश को भ्रम होने लगा कि ज्ञानप्रकाश भी मुझसे निष्ठुरता करने लगा, नहीं तो क्या मेरे पास दो-चार दिन के लिए आना असम्भव था? मेरे लिए तो घर का द्वार बन्द है, पर उसे कौन-सी बाधा है? उस ग़रीब को क्या मालूम कि यहाँ ज्ञानप्रकाश ने माता से कलकत्ते न जाने की क़सम खा ली है। इस भ्रम ने उसे और भी हताश कर दिया।

शहरों में मनुष्य बहुत होते हैं, पर मनुष्यता बिरले ही में होती है। सत्यप्रकाश उस बहुसंख्यक स्थान में भी अकेला था। उसके मन में अब एक नई आकांक्षा अंकुरित हुई। क्यों न घर लौट चलूँ? किसी संगिनी के प्रेम में क्यों न शरण लूँ? वह सुख और शान्ति और कहाँ मिल सकती है। मेरे जीवन के निराशांधकार को और कौन ज्योति आलोकित कर सकती है? वह इस आवेश को अपनी सम्पूर्ण विचारशक्ति से रोकता, जिस भाँति किसी बालक को घर में रखी हुई मिठाइयों की याद बार-बार खेल से घर खींच लाती है, उसी तरह उसका चित्त भी बार-बार उन्हीं मधुर चिन्ताओं में मग्न हो जाता था। वह सोचता—मुझे विधाता ने सब सुख से वंचित कर दिया है, नहीं तो मेरी दशा ऐसी हीन क्यों होती? मुझे ईश्वर ने बुद्धि न दी थी क्या? क्या मैं श्रम से जी चुराता था? अगर बालपन में ही मेरे उत्साह और अभिरुचि पर तुषार न पड़ गया होता, मेरी बुद्धि-शक्तियों का गला न घोंट दिया गया होता,

तो मैं आज आदमी होता। पेट पालने के लिए इस विदेश में न पड़ा रहता। नहीं, मैं अपने ऊपर यह अत्याचार न करूँगा।

महीनों तक सत्यप्रकाश के मन और बुद्धि में यह संग्राम होता रहा। एक दिन वह दुकान से आकर चूल्हा जलाने जा रहा था कि डाकिये ने पुकारा। ज्ञानप्रकाश के सिवा उसके पास और किसी के पत्र न आते थे। आज ही उसका पत्र आ चुका था। यह दूसरा पत्र क्यों? किसी अनिष्ट की आशंका हुई। पत्र लेकर पढ़ने लगा। एक क्षण में पत्र उसके हाथ से छूटकर गिर पड़ा और वह सिर थाम कर बैठ गया कि ज़मीन पर न गिर पड़े। यह देवप्रिया की विषयुक्त लेखनी से निकला हुआ ज़हर का प्याला था, जिसने एक पल में संज्ञाहीन कर दिया। उसकी सारी मर्मांतक व्यथा—क्रोध, नैराश्य, कृतघ्नता, ग्लानि—केवल एक ठंडी साँस में समाप्त हो गई।

वह जाकर चारपाई पर लेटा रहा। मानसिक व्यथा आग से पानी हो गई। हा! सारा जीवन नष्ट हो गया! मैं ज्ञानप्रकाश का शत्रु हूँ। मैं इतने दिनों से केवल उसके जीवन को मिट्टी में मिलाने के लिए ही प्रेम का स्वाँग भर रहा हूँ। भगवान्! इसके तुम्हीं साक्षी हो!

दूसरे दिन फिर देवप्रिया का पत्र पहुँचा। सत्यप्रकाश ने उसे लेकर फाड़ डाला, पढ़ने की हिम्मत न पड़ी।

एक ही दिन पीछे तीसरा पत्र पहुँचा। उसका भी वही अन्त हुआ। फिर वह एक नित्य का कर्म हो गया। पत्र आता और फाड़ दिया जाता। किन्तु देवप्रिया का अभिप्राय बिना पढ़े ही पूरा हो जाता था—सत्यप्रकाश के मर्मस्थान पर एक चोट और पड़ जाती थी।

एक महीने की भीषण हार्दिक वेदना के बाद सत्यप्रकाश को जीवन से घृणा हो गई। उसने दुकान बन्द कर दी, बाहर आना-जाना छोड़ दिया। सारे दिन खाट पर पड़ा रहता। वे दिन याद आते जब माता पुचकार कर गोद में बिठा लेती और कहती, 'बेटा!' पिता भी संध्या समय दफ़्तर से आकर गोद में उठा लेते और कहते 'भैया!' माता की सजीव मूर्ति उसके सामने आ खड़ी होती; ठीक वैसी ही जब वह गंगा-स्नान करने गई थी। उसकी प्यार-भरी बातें कानों में आने लगतीं। फिर वह दृश्य सामने आ जाता, जब उसने नववधू माता को 'अम्माँ' कहकर पुकारा था। तब उसके कठोर शब्द याद आ जाते, उसके क्रोध से भरे हुए विकराल नेत्र आँखों के सामने आ जाते। उसे अब अपना सिसक-सिसक कर रोना याद आ जाता। फिर सौरगृह का दृश्य सामने आता। उसने कितने प्रेम से बच्चे को गोद में लेना चाहा था! तब माता के वज्र के-से शब्द कानों में गूँजने लगते। हाय! उसी वज्र ने मेरा सर्वनाश कर दिया! फिर ऐसी कितनी ही घटनाएँ याद आतीं। अब बिना किसी अपराध के माँ डाँट बताती। पिता का निर्दय, निष्ठुर व्यवहार याद आने लगता। उनका बात-बात पर तिउरियाँ बदलना, माता के मिथ्यापवादों पर विश्वास करना—हाय! मेरा सारा जीवन नष्ट हो गया! तब वह करवट बदल लेता और फिर वही दृश्य आँखों में फिरने लगते। फिर करवट बदलता और चिल्लाकर कहता—इस जीवन का अन्त क्यों नहीं हो जाता।

इस भाँति पड़े-पड़े उसे कई दिन हो गए। संध्या हो गई थी कि सहसा उसे द्वार पर किसी के पुकारने की आवाज़ सुनाई पड़ी। उसने कान लगाकर सुना और चौंक पड़ा। किसी परिचित मनुष्य की आवाज़ थी। दौड़ा द्वार पर आया, तो देखा ज्ञानप्रकाश खड़ा है। कितना रूपवान पुरुष था! वह उसके गले से लिपट गया। ज्ञानप्रकाश ने उसके पैरों को स्पर्श किया।

दोनों भाई घर में आए। अंधकार छाया हुआ था। घर की यह दशा देखकर ज्ञानप्रकाश, जो अब तक अपने कंठ के आवेग को रोके हुए था, रो पड़ा। सत्यप्रकाश ने लालटेन जलाई। घर क्या था, भूत का डेरा था। सत्यप्रकाश ने जल्दी से एक कुरता गले में डाल लिया। ज्ञानप्रकाश भाई का जर्जर शरीर, पीला मुख, बुझी हुई आँखें देखता था और रोता था।

सत्यप्रकाश ने कहा—मैं आजकल बीमार हूँ।

ज्ञानप्रकाश—वह तो देख ही रहा हूँ।

सत्य.—तुमने अपने आने की सूचना भी न दी, मकान का पता कैसे चला?

ज्ञान.—सूचना तो दी थी, आपको पत्र न मिला होगा।

सत्य.—अच्छा, हाँ दी होगी, पत्र दुकान में डाल गया होगा। मैं इधर कई दिनों से दुकान नहीं गया। घर पर सब कुशल है?

ज्ञान.—माता जी का देहान्त हो गया।

सत्य.—अरे! क्या बीमार थीं?

ज्ञान.—जी नहीं। मालूम नहीं, क्या खा लिया। इधर उन्हें उन्माद-सा हो गया था; पिताजी ने कुछ कटुवचन कहे थे, शायद इसी पर कुछ खा लिया।

सत्य.—पिताजी तो कुशल से हैं?

ज्ञान.—हाँ, अभी मरे नहीं हैं।

सत्य.—अरे! क्या बहुत बीमार हैं?

ज्ञान.—माता ने विष खा लिया, तो वे उनका मुँह खोलकर दवा पिला रहे थे। माता जी ने ज़ोर से उनकी दो उँगलियाँ काट लीं। वही विष उनके शरीर में पहुँच गया। तब से सारा शरीर सूज आया है। अस्पताल में पड़े हुए हैं किसी को देखते हैं तो काटने दौड़ते हैं। बचने की आशा नहीं है।

सत्य.—तब तो घर ही चौपट हो गया।

ज्ञान.—ऐसे घर को अबसे बहुत पहले चौपट हो जाना चाहिए था।

तीसरे दिन दोनों भाई प्रात:काल कलकत्ते से बिदा होकर चल दिए।

धोखा

सतीकुंड में खिले हुए कमल वसंत के धीमे-धीमे झोंकों से लहरा रहे थे और प्रात:काल की मंद-मंद सुनहरी किरणें उनसे मिल-मिलकर मुस्कुराती थीं। राजकुमारी प्रभा कुंड के किनारे हरी-हरी घास पर खड़ी सुन्दर पक्षियों का कलरव सुन रही थी। उसका कनक वर्ण तन इन्हीं फूलों की भाँति दमक रहा था। मानो प्रभात की साक्षात् सौम्य मूर्ति है, जो भगवान् अंशुमाली के किरणकरों द्वारा निर्मित हुई थी।

प्रभा ने मौलसिरी के वृक्ष पर बैठी हुई एक श्यामा की ओर देखकर कहा—मेरा जी चाहता है कि मैं भी एक चिड़िया होती।

उसकी सहेली उमा ने मुस्कुराकर पूछा—क्यों?

प्रभा ने कुंड की ओर ताक़ते हुए उत्तर दिया—वृक्ष की हरी-भरी डालियों पर बैठी हुई चहचहाती, मेरे कलरव से सारा बाग़ गूँज उठता।

उमा ने छेड़कर कहा—नौगढ़ की रानी ऐसी कितनी ही पक्षियों का गाना जब चाहे, सुन सकती है।

प्रभा ने संकुचित होकर कहा—मुझे नौगढ़ की रानी बनने की अभिलाषा नहीं है। मेरे लिए किसी नदी का सुनसान किनारा चाहिए। एक वीणा और ऐसे ही सुन्दर सुहावने पक्षियों के संगीत की मधुर ध्वनि में मेरे लिए सारे संसार का ऐश्वर्य भरा हुआ है।

प्रभा का संगीत पर अपरिमित प्रेम था। वह बहुधा ऐसे ही सुख-स्वप्न देखा करती थी। उमा उत्तर देना ही चाहती थी कि इतने में बाहर से किसी के गाने की आवाज़ आई—

कर गये थोड़े दिन की प्रीति।

प्रभा ने एकाग्र मन होकर सुना और अधीर होकर कहा—बहन, इस वाणी में जादू है। मुझसे अब बिना सुने नहीं रहा जाता, इसे भीतर बुला लाओ।

उस पर भी गीत का जादू असर कर रहा था। वह बोली—नि:सन्देह ऐसा राग मैंने आज तक नहीं सुना, खिड़की खोलकर बुलाती हूँ।

थोड़ी देर में रागिया भीतर आया—सुन्दर सजीले बदन का नौजवान था। नंगे पैर, नंगे सिर, कन्धे पर एक मृगचर्म, शरीर पर एक गेरुआ वस्त्र, हाथों में एक सितार। मुखारविंद से तेज़ छिटक रहा था। उसने दबी हुई दृष्टि से दोनों कोमलांगी रमणियों को देखा और सिर झुकाकर बैठ गया।

प्रभा ने झिझकती हुई आँखों से देखा और दृष्टि नीचे कर ली। उमा ने कहा—योगी जी, हमारे बड़े भाग्य थे कि आपके दर्शन हुए, हमको भी कोई पद सुनाकर कृतार्थ कीजिए।

योगी ने सिर झुकाकर उत्तर दिया—हम योगी लोग नारायण का भजन करते हैं। ऐसे-ऐसे दरबारों में हम भला क्या गा सकते हैं, पर आपकी इच्छा है तो सुनिए—

कर गये थोड़े दिन की प्रीति।
कहाँ वह प्रीति, कहाँ यह बिछरन, कहाँ मधुबन की रीति,
कर गये थोड़े दिन की प्रीति।

योगी का रसीला करुण स्वर, सितार का सुमधुर निनाद, उस पर गीत का माधुर्य, प्रभा को बेसुध किए देता था। इसका रसज्ञ स्वभाव और उसका मधुर रसीला गान, अपूर्व संयोग था। जिस भाँति सितार की ध्वनि गगनमंडल में प्रतिध्वनित हो रही थी, उसी भाँति प्रभा के हृदय में लहरों की हिलोरें उठ रही थीं। वे भावनाएँ जो अब तक शान्त थीं, जाग पड़ीं। हृदय सुख स्वप्न देखने लगा। सतीकुंड के कमल तिलिस्म की परियाँ बन-बनकर मँडराते हुए भौंरों से कर जोड़ सजल नयन हो, कहते थे—

कर गये थोड़े दिन की प्रीति।

सुर्ख़ और हरी पत्तियों से लदी हुई डालियाँ सिर झुकाए चहकते हुए पक्षियों से रो-रोकर कहती थीं—

कर गये थोड़े दिन की प्रीति।

और राजकुमारी प्रभा का हृदय भी सितार की मस्तानी तान के साथ गूँजता था—

कर गये थोड़े दिन की प्रीति।

2

प्रभा बघौली के राव देवीचन्द की एकलौती कन्या थी। राव पुराने विचारों के रईस थे। कृष्ण की उपासना में लवलीन रहते थे, इसलिए इनके दरबार में दूर-दूर के कलावंत और गवैये आया करते और इनाम-इकराम पाते थे। राव साहब को गाने से प्रेम था, वे स्वयं भी इस विद्या में निपुण थे। यद्यपि अब वृद्धावस्था के कारण यह शक्ति नि:शेष हो चली थी, पर फिर भी विद्या के गूढ़ तत्त्वों के पूर्ण जानकार थे। प्रभा बाल्यकाल से ही इनकी सोहबतों में बैठने लगी। कुछ तो पूर्व-जन्म का संस्कार और कुछ रात-दिन गाने की ही चर्चाओं ने उसे भी इस फन में अनुरक्त कर दिया था। इस समय उसके सौन्दर्य की ख़ूब चर्चा थी। रावसाहब ने नौगढ़ के नवयुवक और सुशील राजा हरिश्चन्द्र से उसकी शादी तजवीज की थी। उभय पक्ष में तैयारियाँ हो रही थीं। राजा हरिश्चन्द्र मेयो कालिज अजमेर के विद्यार्थी और नई रोशनी के भक्त थे। उनकी आकांक्षा थी कि उन्हें एक बार राजकुमारी प्रभा से साक्षात्कार होने और प्रेमालाप करने का अवसर दिया जाए; किन्तु रावसाहब इस प्रथा को दूषित समझते थे।

प्रभा राजा हरिश्चन्द्र के नवीन विचारों की चर्चा सुनकर इस सम्बन्ध से बहुत सन्तुष्ट न थी। पर जब से उसने इस प्रेममय युवा योगी का गाना सुना था, तब से तो वह उसी के ध्यान में डूबी रहती। उमा उसकी सहेली थी। इन दोनों के बीच कोई परदा न था; परन्तु इस भेद को प्रभा ने उससे भी गुप्त रखा। उमा उसके स्वभाव से परिचित थी, ताड़ गई। परन्तु उसने उपदेश करके इस अग्नि को भड़काना उचित न समझा। उसने सोचा कि थोड़े दिनों में यह अग्नि आप से आप शान्त हो जाएगी। ऐसी लालसाओं का अन्त प्राय: इसी तरह हो जाया करता है; किन्तु उसका अनुमान ग़लत सिद्ध हुआ। योगी की वह मोहिनी मूर्ति कभी प्रभा की आँखों से न उतरती, उसका मधुर राग प्रतिक्षण उसके कानों में गूँजा करता। उसी कुंड के किनारे वह सिर झुकाए सारे दिन बैठी रहती। कल्पना में वही मधुर हृदयग्राही राग सुनती और वही योगी की मनोहारिणी मूर्ति देखती। कभी-कभी उसे ऐसा भास होता कि बाहर से यह आवाज़ आ रही है। वह चौंक पड़ती और तृष्णा से प्रेरित होकर वाटिका की चहारदीवारी तक जाती और वहाँ से निराश होकर लौट आती। फिर आप ही विचार करती—यह मेरी क्या दशा है! मुझे यह क्या हो गया है! मैं हिन्दू कन्या हूँ, माता-पिता जिसे सौंप दें, उसकी दासी बनकर रहना धर्म है। मुझे तन-मन से उसकी सेवा करनी चाहिए। किसी अन्य पुरुष का ध्यान तक मन में लाना मेरे लिए पाप है! आह! यह कलुषित हृदय लेकर मैं किस मुँह से पति के पास जाऊँगी! इन कानों से क्योंकर प्रणय की बातें सुन सकूँगी जो मेरे लिए व्यंग्य से भी अधिक कर्ण-कटु होंगी! इन पापी नेत्रों से वह प्यारी-प्यारी चितवन कैसे देख सकूँगी जो मेरे लिए वज्र से भी हृदय-भेदी होगी! इस गले में वे मृदुल प्रेमबाहु पड़ेंगे जो लौह-दंड से भी अधिक भारी और कठोर होंगे। प्यारे, तुम मेरे हृदय मन्दिर से निकल जाओ। यह स्थान तुम्हारे योग्य नहीं। मेरा वश होता तो तुम्हें हृदय की सेज पर सुलाती; परन्तु मैं धर्म की रस्सियों में बँधी हूँ।

इस तरह एक महीना बीत गया। ब्याह के दिन निकट आते-जाते थे और प्रभा का कमल-सा मुख कुम्हलाया जाता था। कभी-कभी विरह वेदना एवं विचार-विप्लव से व्याकुल होकर

उसका चित्त चाहता कि सती-कुंड की गोद में शान्ति लूँ, किन्तु रावसाहब इस शोक में जान ही दे देंगे यह विचार कर वह रुक जाती। सोचती, मैं उनकी जीवन सर्वस्व हूँ, मुझ अभागिनी को उन्होंने किस लाड़-प्यार से पाला है; मैं ही उनके जीवन का आधार और अंतकाल की आशा हूँ। नहीं, यों प्राण देकर उनका आशाओं की हत्या न करूँगी। मेरे हृदय पर चाहे जो बीते, उन्हें न कुढ़ाऊँगी! प्रभा का एक योगी गवैये के पीछे उन्मत्त हो जाना कुछ शोभा नहीं देता। योगी का गान तानसेन के गानों से भी अधिक मनोहर क्यों न हो, पर एक राजकुमारी का उसके हाथों बिक जाना हृदय की दुर्बलता प्रकट करता है; रावसाहब के दरबार में विद्या की, शौर्य की और वीरता से प्राण हवन करने की चर्चा न थी। यहाँ तो रात-दिन राग-रंग की धूम रहती थी। यहाँ इसी शास्त्र के आचार्य प्रतिष्ठा के मसनद पर विराजित थे और उन्हीं पर प्रशंसा के बहुमूल्य रत्न लुटाए जाते थे। प्रभा ने प्रारंभ ही से इसी जलवायु का सेवन किया था और उस पर इनका गाढ़ा रंग चढ़ गया था। ऐसी अवस्था में उसकी गान-लिप्सा ने यदि भीषण रूप धारण कर लिया तो आश्चर्य ही क्या है!

3

शादी बड़ी धूमधाम से हुई। रावसाहब ने प्रभा को गले लगाकर विदा किया। प्रभा बहुत रोई। उमा को वह किसी तरह छोड़ती न थी।

नौगढ़ एक बड़ी रियासत थी और राजा हरिश्चन्द्र के सुप्रबन्ध से उन्नति पर थी। प्रभा की सेवा के लिए दासियों की एक पूरी फ़ौज थी। उसके रहने के लिए वह आनन्द-भवन सजाया गया था, जिसके बनाने में शिल्प विशारदों ने अपूर्व कौशल का परिचय दिया था। श्रृंगार चतुराओं ने दुलहिन को ख़ूब सँवारा। रसीले राजा साहब अधरामृत के लिए विह्वल हो रहे थे। अंत:पुर में गए। प्रभा ने हाथ जोड़कर, सिर झुकाकर, उनका अभिवादन किया। उसकी आँखों से आँसू की नदी बह रही थी। पति ने प्रेम के मद में मत्त होकर घूँघट हटा दिया, दीपक था, पर बुझा हुआ। फूल था, पर मुरझाया हुआ।

दूसरे दिन से राजा साहब की यह दशा हुई कि भौंरे की तरह प्रतिक्षण इस फूल पर मँडराया करते। न राज-पाट की चिन्ता थी, न सैर और शिकार की परवा। प्रभा की वाणी रसीला राग थी, उसकी चितवन सुख का सागर और उसका मुख-चन्द्र आमोद का सुहावना कुंज। बस, प्रेम-मद में राजा साहब बिलकुल मतवाले हो गए थे, उन्हें क्या मालूम था कि दूध में मक्खी है।

यह असम्भव था कि राजासाहब के हृदयहारी और सरस व्यवहार का जिसमें सच्चा अनुराग भरा हुआ था, प्रभा पर कोई प्रभाव न पड़ता। प्रेम का प्रकाश अँधेरे हृदय को भी चमका देता है। प्रभा मन में बहुत लज्जित होती। वह अपने को इस निर्मल और विशुद्ध प्रेम के योग्य न पाती थी, इस पवित्र प्रेम के बदले में उसे अपने कृत्रिम, रँगे हुए भाव प्रकट करते हुए मानसिक कष्ट होता था। जब तक राजासाहब उसके साथ रहते, वह उनके गले लता की भाँति लिपटी हुई घंटों प्रेम की बातें किया करती। वह उनके साथ सुमन-वाटिका में चुहल करती, उनके लिए फूलों का हार गूँथती और उनके गले में हाथ डालकर कहती—प्यारे, देखना ये फूल मुरझा न जाएँ, इन्हें सदा ताज़ा रखना। वह चाँदनी रात में उसके साथ नाव पर बैठकर झील की सैर करती, और उन्हें प्रेम का राग सुनाती। यदि उन्हें बाहर से आने में ज़रा भी देर हो जाती, तो वह मीठा-मीठा उलाहना देती, उन्हें निर्दय तथा निष्ठुर कहती। उनके सामने वह

स्वयं हँसती, उनकी आँखें हँसतीं और आँखों का काजल हँसता था। किन्तु आह! जब वह अकेली होती, उसका चंचल चित्त उड़कर उसी कुंड के तट पर जा पहुँचता; कुंड का वह नीला-नीला पानी, उस पर तैरते हुए कमल और मौलसिरी की वृक्ष-पंक्तियों का सुन्दर दृश्य आँखों के सामने आ जाता। उमा मुस्कुराती और नजाकत से लचकती हुई आ पहुँचती, तब रसीले योगी की मोहनी छवि आँखों में आ बैठती और सितार के सुलसित सुर गूँजने लगते—

कर गये थोड़े दिन की प्रीति।

तब वह एक दीर्घ नि:श्वास लेकर उठ बैठती और बाहर निकलकर पिंजरे में चहकते हुए पक्षियों के कलरव में शान्ति प्राप्त करती। इस भाँति यह स्वप्न तिरोहित हो जाता।

4

इस तरह कई महीने बीत गए। एक दिन राजा हरिश्चन्द्र प्रभा को अपनी चित्रशाला में ले गए। उसके प्रथम भाग में ऐतिहासिक चित्र थे। सामने ही शूरवीर महाराणा प्रतापसिंह का चित्र नज़र आया। मुखारविंद से वीरता की ज्योति स्फुटित हो रही थी। तनिक और आगे बढ़कर दाहिनी ओर स्वामिभक्त जगमल, वीरवर साँगा और दिलेर दुर्गादास विराजमान थे। बाईं ओर उदार भीमसिंह बैठे हुए थे। राणाप्रताप के सम्मुख महाराष्ट्र केसरी, वीर शिवाजी का चित्र था। दूसरे भाग में कर्मयोगी कृष्ण और मर्यादा पुरुषोत्तम राम विराजते थे। चतुर चित्रकारों ने चित्र-निर्माण में अपूर्व कौशल दिखलाया था। प्रभा ने प्रताप के पाद-पद्मों को चूमा और वह कृष्ण के सामने देर तक नेत्रों में प्रेम और श्रद्धा के आँसू-भरे मस्तक झुकाए खड़ी रही। उसके हृदय पर इस समय कलुषित प्रेम का भय खटक रहा था। उसे मालूम होता था कि यह उन महापुरुषों के चित्र नहीं, उनकी पवित्र आत्माएँ हैं। उन्हीं के चरित्र से भारतवर्ष का इतिहास गौरवान्वित है। वे भारत के बहुमूल्य जातीय रत्न, उच्चकोटि के जातीय स्मारक और गगनभेदी जातीय तुमुल ध्वनि हैं। ऐसी उच्च आत्माओं के सामने खड़े होते उसे संकोच होता था। आगे बढ़ी, दूसरा भाग सामने आया। यहाँ ज्ञानमय बुद्ध योग-साधन में बैठे हुए देख पड़े। उनकी दाहिनी ओर शास्त्रज्ञ शंकर थे और दार्शनिक दयानंद। एक ओर शान्तिपथगामी कबीर और भक्त रामदास यथायोग्य खड़े थे। एक दीवार पर गुरु गोविंद अपने देश और जाति पर बलि चढ़नेवाले दोनों बच्चों के साथ विराजमान थे। दूसरी दीवार पर वेदांत की ज्योति फैलानेवाले स्वामी रामतीर्थ और विवेकानंद विराजमान थे। चित्रकारों की योग्यता एक-एक अवयव से टपकती थी। प्रभा ने इनके चरणों पर मस्तक टेका। वह उनके सामने सिर न उठा सकी। उसे अनुभव होता था कि उनकी दिव्य आँखें उसके दूषित हृदय में चुभी जाती हैं?

इसके बाद तीसरा भाग आया। यह प्रतिभाशाली कवियों की सभा थी। सर्वोच्च स्थान पर आदिकवि वाल्मीकि और महर्षि वेदव्यास सुशोभित थे। दाहिनी ओर शृंगाररस के अद्वितीय कवि कालिदास थे, बाईं तरफ़ गम्भीर भावों से पूर्ण भवभूति। निकट ही भर्तृहरि अपने सन्तोषाश्रम में बैठे हुए थे।

दक्षिण की दीवार पर राष्ट्रभाषा हिन्दी के कवियों का सम्मेलन था। सहृदय कवि सूर, तेजस्वी तुलसी, सुकवि केशव और रसिक बिहारी यथाक्रम विराजमान थे। सूरदास से प्रभा का अगाध प्रेम था। वह समीप जाकर उनके चरणों पर मस्तक रखना ही चाहती थी कि

अकस्मात् उन्हीं चरणों के सम्मुख सर झुकाए उसे एक छोटा-सा चित्र दीख पड़ा। प्रभा उसे देखकर चौंक पड़ी। यह वही चित्र था जो उसके हृदय पट पर खिंचा हुआ था। वह खुलकर उसकी तरफ़ ताक न सकी। दबी हुई आँखों से देखने लगी। राजा हरिश्चन्द्र ने मुस्कुराकर पूछा—इस व्यक्ति को तुमने कहीं देखा है?

इस प्रश्न से प्रभा का हृदय काँप उठा। जिस तरह मृग-शावक व्याध के सामने व्याकुल होकर इधर-उधर देखता है, उसी तरह प्रभा अपनी बड़ी-बड़ी आँखों से दीवार की ओर ताकने लगी। सोचने लगी—क्या उत्तर दूँ? इसको कहीं देखा है, उन्होंने यह प्रश्न मुझसे क्यों किया? कहीं ताड़ तो नहीं गए? हे नारायण, मेरी पत तुम्हारे हाथ है, क्योंकर इनकार करूँ? मुँह पीला हो गया। सिर झुकाकर क्षीण स्वर से बोली, 'हाँ, ध्यान आता है कि कहीं देखा है।'

हरिश्चन्द्र ने कहा—कहाँ देखा है?

प्रभा के सिर में चक्कर-सा आने लगा। बोली—शायद एक बार यह गाता हुआ मेरी वाटिका के सामने जा रहा था। उमा ने बुलाकर इसका गाना सुना था।

हरिश्चन्द्र ने पूछा—कैसा गाना था?

प्रभा के होश उड़े हुए थे। सोचती थी, राजा के इन सवालों में ज़रूर कोई बात है। देखूँ, लाज रहती है या नहीं। बोली—उसका गाना ऐसा बुरा न था।

हरिश्चन्द्र ने मुस्कुराकर कहा—क्या गाता था?

प्रभा ने सोचा, इस प्रश्न का उत्तर दे दूँ तो बाक़ी क्या रहता है। उसे विश्वास हो गया कि आज कुशल नहीं है। वह छत की ओर निरखती हुई बोली—सूरदास का कोई पद था।

हरिश्चन्द्र ने कहा—यह तो नहीं—

कर गये थोड़े दिन की प्रीति।

प्रभा की आँखों के सामने अँधेरा छा गया। सिर घूमने लगा, वह खड़ी न रह सकी, बैठ गई और हताश होकर बोली—हाँ, यही पद था। फिर उसने कलेजा मज़बूत करके पूछा—आपको कैसे मालूम हुआ?

हरिश्चन्द्र बोले—वह योगी मेरे यहाँ अक्सर आया-जाया करता है। मुझे भी उसका गाना पसन्द है। उसी ने मुझे यह हाल बताया था, किन्तु वह तो कहता था कि राजकुमारी ने मेरे गानों को बहुत पसन्द किया और पुन: आने के लिए आदेश किया।

प्रभा को अब सच्चा क्रोध दिखाने का अवसर मिल गया। वह बिगड़कर बोली—यह बिलकुल झूठ है। मैंने उससे कुछ नहीं कहा।

हरिश्चन्द्र बोले—यह तो मैं पहले ही समझ गया था कि यह उन महाशय की चालाकी है। डींग मारना गवैयों की आदत है; परन्तु इसमें तो तुम्हें इनकार नहीं कि उसका गान बुरा न था?

प्रभा बोली—ना! अच्छी चीज़ को बुरा कौन कहेगा?

हरिश्चन्द्र ने पूछा—फिर सुनना चाहो तो उसे बुलवाऊँ। सिर के बल दौड़ा आएगा।

क्या उनके दर्शन फिर होंगे? इस आशा से प्रभा का मुखमंडल विकसित हो गया। परन्तु इन कई महीनों की लगातार कोशिश से जिस बात को भुलाने में वह किंचित् सफल हो चुकी थी, उसके फिर नवीन हो जाने का भय हुआ। बोली—इस समय गाना सुनने को मेरा जी नहीं चाहता।

राजा ने कहा—यह मैं न मानूँगा कि तुम और गाना नहीं सुनना चाहती, मैं उसे अभी बुलाए लाता हूँ।

यह कहकर राजा हरिश्चन्द्र तीर की तरह कमरे से बाहर निकल गए। प्रभा उन्हें रोक न सकी। वह बड़ी चिन्ता में डूबी खड़ी थी। हृदय में ख़ुशी और रंज की लहरें बारी-बारी से उठती थीं। मुश्किल से दस मिनट बीते होंगे कि उसे सितार के मस्ताने सुर के साथ योगी की रसीली तान सुनाई दी—

कर गये थोड़े दिन की प्रीति।

वही हृदयग्राही राग था, वही हृदयभेदी प्रभाव, वही मनोहरता और वही सब कुछ, जो मन को मोह लेता है। एकक्षण में योगी की मोहिनी मूर्ति दिखाई दी। वही मस्तानापन, वही मतवाले नेत्र, वही नयनाभिराम देवताओं का-सा स्वरूप। मुखमंडल पर मंद-मंद मुस्कान थी। प्रभा ने उसकी तरफ़ सहमी हुई आँखों से देखा। एकाएक उसका हृदय उछल पड़ा। उसकी आँखों के आगे से एक पर्दा हट गया। प्रेम-विह्वल हो, आँखों में आँसू-भरे वह अपने पति के चरणारविंदों पर गिर पड़ी और गद्गद कंठ से बोली—प्यारे! प्रियतम!

राजा हरिश्चन्द्र को आज सच्ची विजय प्राप्त हुई। उन्होंने प्रभा को उठाकर छाती से लगा लिया। दोनों आज एक प्राण हो गए। राजा हरिश्चन्द्र ने कहा—जानती हो, मैंने यह स्वाँग क्यों रचा था? गाने का मुझे सदा से व्यसन है और सुना है तुम्हें भी इसका शौक़ है। तुम्हें अपना हृदय भेंट करने से प्रथम एक बार तुम्हारा दर्शन करना आवश्यक प्रतीत हुआ और उसके लिए सबसे सुगम उपाय यही सूझ पड़ा।

प्रभा ने अनुराग से देखकर कहा—योगी बनकर तुमने जो कुछ पा लिया, वह राजा रहकर कदापि न पा सकते। अब तुम मेरे पति हो और प्रियतम भी हो; पर तुमने मुझे बड़ा धोखा दिया और मेरी आत्मा को कलंकित किया। इसका उत्तरदाता कौन होगा?

लाग-डाट

जोखू भगत और बेचन चौधरी में तीन पीढ़ियों से अदावत चली आती थी। कुछ डाँड़-मेंड़ का झगड़ा था। उनके परदादों में कई बार ख़ून-खच्चर हुआ। बापों के समय से मुक़दमेबाज़ी शुरू हुई। दोनों कई बार हाईकोर्ट तक गए। लड़कों के समय में संग्राम की भीषणता और भी बढ़ी, यहाँ तक कि दोनों ही अशक्त हो गए। पहले दोनों इसी गाँव में आधे-आधे के हिस्सेदार थे। अब उनके पास उस झगड़नेवाले खेत को छोड़कर एक अंगुल ज़मीन न थी। भूमि गई, धन गया, मान-मर्यादा गई लेकिन वह विवाद ज्यों का त्यों बना रहा। हाईकोर्ट के धुरंधर नीतिज्ञ एक मामूली-सा झगड़ा तय न कर सके।

इन दोनों सज्जनों ने गाँव को दो विरोधी दलों में विभक्त कर दिया था। एक दल की भंग-बूटी चौधरी के द्वार पर छनती; तो दूसरे दल के चरस-गाँजे के दम भगत के द्वार पर लगते थे। स्त्रियों और बालकों के भी दो दल हो गए थे। यहाँ तक कि दोनों सज्जनों के

सामाजिक और धार्मिक विचारों में भी विभाजक रेखा खिंची हुई थी। चौधरी कपड़े पहने सत्तू खा लेते और भगत को ढोंगी कहते। भगत बिना कपड़े उतारे पानी भी न पीते और चौधरी को भ्रष्ट बतलाते। भगत सनातनधर्मी बने तो चौधरी ने आर्यसमाज का आश्रय लिया। जिस बजाज, पंसारी या कुंजड़े से चौधरी सौदे लेते उसकी ओर भगतजी ताकना भी पाप समझते थे। और भगत जी की हलवाई की मिठाइयाँ, उनके ग्वाले का दूध और तेली का तेल चौधरी के लिए त्याज्य थे। यहाँ तक कि उनके आरोग्यता के सिद्धान्तों में भी भिन्नता थी। भगत जी वैद्यक के कायल थे, चौधरी यूनानी प्रथा के माननेवाले। दोनों चाहे रोग से मर जाते, पर अपने सिद्धान्तों को न तोड़ते।

2

जब देश में राजनैतिक आंदोलन शुरू हुआ तो उसकी भनक उस गाँव में आ पहुँची। चौधरी ने आंदोलन का पक्ष लिया, भगत उनके विपक्षी हो गए। एक सज्जन ने आकर गाँव में किसान-सभा खोली। चौधरी उसमें शरीक हुए, भगत अलग रहे। जागृति और बढ़ी, स्वराज्य की चर्चा होने लगी। चौधरी स्वराज्यवादी हो गए, भगत ने राजभक्ति का पक्ष लिया। चौधरी का घर स्वराज्यवादियों का अड्डा हो गया, भगत का घर राजभक्तों का क्लब बन गया।

चौधरी जनता में स्वराज्यवाद का प्रचार करने लगे :

'मित्रो, स्वराज्य का अर्थ है अपना राज। अपने देश में अपना राज हो वह अच्छा है कि किसी दूसरे का राज हो वह?'

जनता ने कहा—अपना राज हो, वह अच्छा है।

चौधरी—तो यह स्वराज्य कैसे मिलेगा? आत्मबल से, पुरुषार्थ से, मेल से, एक-दूसरे से द्वेष करना छोड़ दो। अपने झगड़े आप मिलकर निपटा लो।

एक शंका—आप तो नित्य अदालत में खड़े रहते हैं।

चौधरी—हाँ, पर आज से अदालत जाऊँ तो मुझे गऊहत्या का पाप लगे। तुम्हें चाहिए कि तुम अपनी गाढ़ी कमाई अपने बाल-बच्चों को खिलाओ, और बचे तो परोपकार में लगाओ, वकील-मुखतारों की जेब क्यों भरते हो, थानेदार को घूस क्यों देते हो, अमलों की चिरौरी क्यों करते हो? पहले हमारे लड़के अपने धर्म की शिक्षा पाते थे; वह सदाचारी, त्यागी, पुरुषार्थी बनते थे। अब वह विदेशी मदरसों में पढ़कर चाकरी करते हैं, घूस खाते हैं, शौक़ करते हैं, अपने देवताओं और पितरों की निन्दा करते हैं, सिगरेट पीते हैं, साल बनाते हैं और हाकिमों की गोड़धरिया करते हैं। क्या यह हमारा कर्तव्य नहीं है कि हम अपने बालकों को धर्मानुसार शिक्षा दें?

जनता—चन्दा करके पाठशाला खोलनी चाहिए।

चौधरी—हम पहले मदिरा का छूना पाप समझते थे। अब गाँव-गाँव और गली-गली में मदिरा की दुकानें हैं। हम अपनी गाढ़ी कमाई के करोड़ों रुपए गाँजे-शराब में उड़ा देते हैं।

जनता—जो दारू-भाँग पिए उसे डाँड़ लगाना चाहिए!

चौधरी—हमारे दादा-बाबा, छोटे-बड़े सब गाढ़ा-गजी पहनते थे। हमारी दादियाँ-नानियाँ चरखा काता करती थीं। सब धन देश में रहता था, हमारे जुलाहे भाई चैन की वंशी बजाते थे। अब हम विदेश के बने हुए महीन रंगीन कपड़ों पर जान देते हैं। इस तरह दूसरे देश वाले

हमारा धन ढो ले जाते हैं; बेचारे जुलाहे कंगाल हो गए। क्या हमारा यही धर्म है कि अपने भाइयों की थाली छीनकर दूसरों के सामने रख दें?

जनता—गाढ़ा कहीं मिलता ही नहीं।

चौधरी—अपने घर का बना हुआ गाढ़ा पहनो, अदालतों को त्यागो, नशेबाज़ी छोड़ो, अपने लड़कों को धर्म-कर्म सिखाओ, मेल से रहो—बस, यही स्वराज्य है। जो लोग कहते हैं कि स्वराज्य के लिए ख़ून की नदी बहेगी, वे पागल हैं—उनकी बातों पर ध्यान मत दो।

जनता यह बातें चाव से सुनती थी। दिनोंदिन श्रोताओं की संख्या बढ़ती जाती थी। चौधरी के सब श्रद्धाभाजन बन गए।

3

भगत जी भी राजभक्ति का उपदेश करने लगे—

'भाइयो, राजा का काम राज करना और प्रजा का काम उसकी आज्ञा का पालन करना है। इसी को राजभक्ति कहते हैं। और हमारे धार्मिक ग्रंथों में हमें इसी राजभक्ति की शिक्षा दी गई है। राजा ईश्वर का प्रतिनिधि है, उसकी आज्ञा के विरुद्ध चलना महान पातक है। राजविमुख प्राणी नरक का भागी होता है।'

एक शंका—राजा को भी तो अपने धर्म का पालन करना चाहिए?

दूसरी शंका—हमारे राजा तो नाम के हैं, असली राजा तो विलायत के बनिये-महाजन हैं।

तीसरी शंका—बनिये धन कमाना जानते हैं, राज करना क्या जानें।

भगत—लोग तुम्हें शिक्षा देते हैं कि अदालतों में मत जाओ, पंचायतों में मुक़दमे ले जाओ; लेकिन ऐसे पंच कहाँ हैं, जो सच्चा न्याय करें, दूध का दूध और पानी का पानी कर दें! यहाँ मुँह-देखी बातें होंगी। जिनका कुछ दबाव है, उनकी जीत होगी, जिनका कुछ दबाव नहीं है, वह बेचारे मारे जाएँगे। अदालतों में सब कार्रवाई क़ानून पर होती है, वहाँ छोटे-बड़े सब बराबर हैं, शेर-बकरी एक घाट पर पानी पीते हैं।

दूसरी शंका—अदालतों का न्याय कहने ही को है, जिसके पास बने हुए गवाह और दाँव-पेंच खेले हुए वकील होते हैं, उसी की जीत होती है, झूठे-सच्चे की परख कौन करता है? हाँ, हैरानी अलबत्ता होती है।

भगत—कहा जाता है कि विदेशी चीज़ों का व्यवहार मत करो। यह ग़रीबों के साथ घोर अन्याय है। हमको बाज़ार में जो चीज़ सस्ती और अच्छी मिले, वह लेनी चाहिए। चाहे स्वेदशी हो या विदेशी। हमारा पैसा सेंत में नहीं आता है कि उसे रद्दी-भद्दी स्वदेशी चीज़ों पर फेंकें।

एक शंका—अपने देश में तो रहता है, दूसरों के हाथ में तो नहीं जाता।

दूसरी शंका—अपने घर में अच्छा खाना न मिले तो क्या विजातियों के घर का अच्छा भोजन खाने लगेंगे?

भगत—लोग कहते हैं, लड़कों को सरकारी मदरसों में मत भेजो। सरकारी मदरसे में न पढ़ते तो आज हमारे भाई बड़ी-बड़ी नौकरियाँ कैसे पाते, बड़े-बड़े कारख़ाने कैसे बना लेते? बिना नई विद्या पढ़े अब संसार में निबाह नहीं हो सकता, पुरानी विद्या पढ़कर पत्र देखने और कथा बाँचने के सिवाय और क्या आता है? राज-काज क्या पट्टी-पोथी बाँचने वाले लोग करेंगे?

एक शंका—हमें राज-काज न चाहिए। हम अपनी खेती-बारी ही में मगन हैं, किसी के गुलाम तो नहीं।

दूसरी शंका—जो विद्या घमंडी बना दे, उससे मूरख ही अच्छा, यही नई विद्या पढ़कर तो लोग सूट-बूट, घड़ी-छड़ी, हैट-कैट लगाने लगते हैं और अपने शौक़ के पीछे देश का धन विदेशियों के जेब में भरते हैं। ये देश के द्रोही हैं।

भगत—गाँजा-शराब की ओर आजकल लोगों की कड़ी निगाह है। नशा बुरी लत है, इसे सब जानते हैं। सरकार को नशे की दुकानों से करोड़ों रुपए साल की आमदनी होती है। अगर दुकानों में न जाने से लोगों की नशे की लत छूट जाए तो बड़ी अच्छी बात है। वह दुकान पर न जाएगा तो चोरी-छिपे किसी न किसी तरह दूने-चौगुने दाम देकर, सज़ा काटने पर तैयार होकर, अपनी लत पूरी करेगा। तो ऐसा काम क्यों करो कि सरकार का नुक़सान अलग हो, और ग़रीब रैयत का नुक़सान अलग हो। और फिर किसी-किसी को नशा खाने से फ़ायदा होता है। मैं ही एक दिन अफीम न खाऊँ तो गाँठों में दर्द होने लगे, दम उखड़ जाए और सरदी पकड़ ले।

एक आवाज़—शराब पीने से बदन में फुर्ती आ जाती है।

एक शंका—सरकार अधर्म से रुपया कमाती है। उसे यह उचित नहीं। अधर्मी के राज में रहकर प्रजा का कल्याण कैसे हो सकता है?

दूसरी शंका—पहले दारू पिलाकर पागल बना दिया। लत पड़ी तो पैसे की चाट हुई। इतनी मजूरी किसको मिलती है कि रोटी-कपड़ा भी चले और दारू-शराब भी उड़े? या तो बाल-बच्चों को भूखों मारो या चोरी करो, जुआ खेलो और बेईमानी करो। शराब की दुकान क्या है? हमारी ग़ुलामी का अड्डा है।

4

चौधरी के उपदेश सुनने के लिए जनता टूटती थी। लोगों को खड़े होने को जगह न मिलती। दिनोंदिन चौधरी का मान बढ़ने लगा। उनके यहाँ नित्य पंचायतों की, राष्ट्रोन्नति की चर्चा रहती, जनता को इन बातों में बड़ा आनन्द और उत्साह होता। उनके राजनैतिक ज्ञान की वृद्धि होती। वह अपना गौरव और महत्त्व समझने लगे, उन्हें अपनी सत्ता का अनुभव होने लगा। निरंकुशता और अन्याय पर अब उनकी तिउरियाँ चढ़ने लगीं। उन्हें स्वतंत्रता का स्वाद मिला। घर की रुई, घर का सूत, घर का कपड़ा, घर का भोजन, घर की अदालत, न पुलिस का भय, न अमला की ख़ुशामद, सुख और शान्ति से जीवन व्यतीत करने लगे। कितनों ही ने नशेबाज़ी छोड़ दी और सद्‌भावों की एक लहर-सी दौड़ने लगी।

लेकिन भगत जी इतने भाग्यशाली न थे। जनता को दिनोंदिन उनके उपदेशों से अरुचि होती जाती थी। यहाँ तक कि बहुधा उनके श्रोताओं में पटवारी, चौकीदार, मुदर्रिस और इन्हीं कर्मचारियों के मित्रों के अतिरिक्त और कोई न होता था। कभी-कभी बड़े हाकिम भी आ निकलते और भगत जी का बड़ा आदर-सत्कार करते। ज़रा देर के लिए भगत जी के आँसू पुँछ जाते, लेकिन क्षण-भर का सम्मान आठों पहर के अपमान की बराबरी कैसे करता! जिधर निकल जाते उधर ही उँगलियाँ उठने लगतीं। कोई कहता, ख़ुशामदी टट्टू है, कोई कहता, खुफिया पुलिस का भेदी है। भगत जी अपने प्रतिद्वंद्वी की बड़ाई और अपनी लोकनिन्दा पर

दाँत पीस-पीसकर रह जाते थे। जीवन में यह पहला ही अवसर था कि उन्हें सबके सामने नीचा देखना पड़ा। चिरकाल से जिस कुल-मर्यादा की रक्षा करते आए थे और जिस पर अपना सर्वस्व अर्पण कर चुके थे, वह धूल में मिल गई। यह दाहमय चिन्ता उन्हें एक क्षण के लिए चैन न लेने देती। नित्य समस्या सामने रहती कि अपना खोया हुआ सम्मान क्योंकर पाऊँ, अपने प्रतिपक्षी को क्योंकर पददलित करूँ, कैसे उसका ग़रूर तोड़ूँ?

अन्त में उन्होंने सिंह को उसी की माँद में पछाड़ने का निश्चय किया।

5

संध्या का समय था। चौधरी के द्वार पर एक बड़ी सभा हो रही थी। आस-पास के गाँवों के किसान भी आ गए, हज़ारों आदमियों की भीड़ थी। चौधरी उन्हें स्वराज्य-विषयक उपदेश दे रहे थे। बार-बार भारतमाता की जयजयकार की ध्वनि उठती थी। एक ओर स्त्रियों का जमाव था। चौधरी ने अपना उपदेश समाप्त किया और अपनी जगह पर बैठे। स्वयंसेवकों ने स्वराज्य फंड के लिए चन्दा जमा करना शुरू किया कि इतने में भगत जी न जाने किधर से लपके हुए आए और श्रोताओं के सामने खड़े होकर उच्च स्वर से बोले :

'भाइयो, मुझे यहाँ देखकर अचरज मत करो, मैं स्वराज्य का विरोधी नहीं हूँ। ऐसा पतित कौन प्राणी होगा जो स्वराज्य का निंदक हो; लेकिन इसके प्राप्त करने का वह उपाय नहीं है जो चौधरी ने बताया है और जिस पर तुम लोग लट्टू हो रहे हो। जब आपस में फूट और रार है, पंचायतों से क्या होगा? जब विलासिता का भूत सिर पर सवार है तो नशा कैसे छूटेगा, मदिरा की दुकानों का बहिष्कार कैसे होगा? सिगरेट, साबुन, मोजे, बनियान, अद्धी, तंजेब से कैसे पिंड छूटेगा? जब रोब और हुकूमत की लालसा बनी हुई है तो सरकारी मदरसे कैसे छोड़ोगे, विधर्मी शिक्षा की बेड़ी से कैसे मुक्त हो सकोगे? स्वराज्य लेने का केवल एक ही उपाय है और वह आत्म-संयम है। यही महौषधि तुम्हारे समस्त रोगों को समूल नष्ट करेगी। आत्मा को बलवान् बनाओ, इंद्रियों को साधो, मन को वश में करो, तुममें भातृभाव पैदा होगा, तभी वैमनस्य मिटेगा, तभी ईर्ष्या और द्वेष का नाश होगा, तभी भोग-विलास से मन हटेगा, तभी नशेबाज़ी का दमन होगा। आत्मबल के बिना स्वराज्य कभी उपलब्ध न होगा। स्वयंसेवा सब पापों का मूल है, यही तुम्हें अदालतों में ले जाता है, यह तुम्हें विधर्मी शिक्षा का दास बनाए हुए है। इस पिशाच को आत्मबल से मारो और तुम्हारी कामना पूरी हो जाएगी। सब जानते हैं, मैं 40 साल से अफीम का सेवन करता हूँ। आज से मैं अफीम को गऊ का रक्त समझता हूँ। चौधरी से मेरी तीन पीढ़ियों की अदावत है। आज से चौधरी मेरे भाई हैं। आज से मुझे या मेरे घर के किसी प्राणी को घर के कते सूत से बुने हुए कपड़े के सिवाय कुछ और पहनते देखो तो मुझे जो दंड चाहो दो। बस मुझे यही कहना है, परमात्मा हम सबकी इच्छा पूरी करे।

यह कहकर भगत जी घर की ओर चले कि चौधरी दौड़कर उनके गले से लिपट गए। तीन पुश्तों की अदावत एक क्षण में शान्त हो गई।

उस दिन से चौधरी और भगत साथ-साथ स्वराज्य का उपदेश करने लगे। उनमें गाढ़ी मित्रता हो गई और यह निश्चय करना कठिन था कि दोनों में जनता किसका अधिक सम्मान करती है।

प्रतिद्वंद्विता वह चिनगारी थी जिसने दोनों पुरुषों के हृदय-दीपक को प्रकाशित कर दिया था।

अमावस्या की रात्रि

दीवाली की संध्या थी। श्रीनगर के घूरों और खँडहरों के भी भाग्य चमक उठे थे। क़स्बे के लड़के और लड़कियाँ श्वेत थालियों में दीपक लिये मन्दिर की ओर जा रही थीं। दीपों से उनके मुखारविंद प्रकाशमान थे। प्रत्येक गृह रोशनी से जगमगा रहा था। केवल पंडित देवदत्त का सतधारा भवन काली घटा के अंधकार में गंभीर और भयंकर रूप में खड़ा था। गंभीर इसलिए कि उसे अपनी उन्नति के दिन भूले न थे, भयंकर इसलिए कि यह जगमगाहट मानो उसे चिढ़ा रही थी। एक समय वह था जबकि ईर्ष्या भी उसे देख-देखकर हाथ मलती थी और एक समय यह है जबकि घृणा भी उस पर कटाक्ष करती है। द्वार पर द्वारपाल की जगह अब मदार और एरंड के वृक्ष खड़े थे। दीवानख़ाने में एक मतंग साँड़ अकड़ता था। ऊपर के घरों में जहाँ सुन्दर रमणियाँ मनोहर संगीत गाती थीं, वहाँ आज जंगली कबूतरों के मधुर स्वर सुनाई देते थे। किसी अँगरेज़ी मदरसे के विद्यार्थी के आचरण की भाँति उसकी जड़ें हिल गई थीं और उसकी दीवारें किसी विधवा स्त्री के हृदय की भाँति विदीर्ण हो रही थीं, पर समय को हम कुछ नहीं कह सकते। समय की निन्दा व्यर्थ और भूल है, यह मूर्खता और अदूरदर्शिता का फल था।

अमावस्या की रात्रि थी। प्रकाश से पराजित होकर मानो अंधकार ने उसी विशाल भवन में शरण ली थी। पंडित देवदत्त अपने अर्द्ध अंधकारवाले कमरे में मौन, परन्तु चिन्ता में निमग्न थे। आज एक महीने से उनकी पत्नी गिरिजा की ज़िन्दगी को निर्दय काल ने खिलवाड़ बना लिया है। पंडित जी दरिद्रता और दु:ख को भुगतने के लिए तैयार थे। भाग्य का भरोसा उन्हें धैर्य बँधाता था; किन्तु यह नई विपत्ति सहन-शक्ति से बाहर थी। बेचारे दिन के दिन गिरिजा के सिरहाने बैठे हुए उसके मुरझाए हुए मुख को देखकर कुढ़ते और रोते थे। गिरिजा जब अपने जीवन से निराश होकर रोती तो वह उसे समझाते—गिरिजा, रोओ मत, शीघ्र ही अच्छी हो जाओगी।

पंडित देवदत्त के पूर्वजों का कारोबार बहुत विस्तृत था। वे लेन-देन किया करते थे। अधिकतर उनके व्यवहार बड़े-बड़े चकलेदारों और रजवाड़ों के साथ थे। उस समय ईमान इतना सस्ता नहीं बिकता था। सादे पत्रों पर लाखों की बातें हो जाती थीं। मगर सन् 57 ईस्वी के बलवे ने कितनी ही रियासतों और राज्यों को मिटा दिया और उनके साथ तिवारियों का यह अन्न-धन-पूर्ण परिवार भी मिट्टी में मिल गया। ख़ज़ाना लुट गया, बही-खाते पंसारियों के काम आए। जब कुछ शान्ति हुई, रियासतें फिर सँभलीं तो समय पलट चुका था। वचन लेख के अधीन हो रहा था, तथा लेख में भी सादे और रंगीन का भेद होने लगा था।

जब देवदत्त ने होश सँभाला तब उनके पास इस खँडहर के अतिरिक्त और कोई सम्पत्ति न थी। अब निर्वाह के लिए कोई उपाय न था। कृषि में परिश्रम और कष्ट था। वाणिज्य के लिए धन और बुद्धि की आवश्यकता थी। विद्या भी ऐसी नहीं थी कि कहीं नौकरी करते, परिवार की प्रतिष्ठा दान लेने में बाधक थी। अस्तु, साल में दो-तीन बार अपने पुराने व्यवहारियों के घर बिना बुलाए पाहुनों की भाँति जाते और कुछ विदाई तथा मार्ग-व्यय पाते, उसी पर गुज़ारा करते। पैतृक प्रतिष्ठा का चिह्न यदि कुछ शेष था, तो वह पुरानी चिट्ठी-पत्रियों का ढेर तथा हुंडियों का पुलिंदा, जिनकी स्याही भी उनके मंद भाग्य की भाँति फीकी पड़ गई थी। पंडित देवदत्त उन्हें प्राणों से भी अधिक प्रिय समझते। द्वितीया के दिन जब घर-घर लक्ष्मी की पूजा

होती है, पंडित जी ठाट-बाट से इन पुलिंदों की पूजा करते। लक्ष्मी न सही, लक्ष्मी का स्मारक-चिह्न ही सही। दूज का दिन पंडित जी के प्रतिष्ठा के श्रद्धा का दिन था। इसे चाहे विडंबना कहो, चाहे मूर्खता, परन्तु श्रीमान् पंडित महाशय को उन पत्रों पर बड़ा अभिमान था। जब गाँव में कोई विवाद छिड़ जाता तो यह सड़े-गले काग़ज़ों की सेना ही बहुत काम कर जाती और प्रतिवादी शत्रु को हार माननी पड़ती। यदि सत्तर पीढ़ियों से शस्त्र की सूरत न देखने पर भी लोग क्षत्रिय होने का अभिमान करते हैं, तो पंडित देवदत्त का उन लेखों पर अभिमान करना अनुचित नहीं कहा जा सकता, जिसमें सत्तर लाख रुपयों की रक़म छिपी हुई थी।

2

वही अमावस्या की रात्रि थी। किन्तु दीपमालिका अपनी अल्प जीवनी समाप्त कर चुकी थी। चारों ओर जुआरियों के लिए यह शकुन की रात्रि थी, क्योंकि आज की हार साल भर की हार होती है। लक्ष्मी के आगमन की धूम थी। कौड़ियों पर अशर्फियाँ लुट रही थीं। भट्ठियों में शराब के बदले पानी बिक रहा था। पंडित देवदत्त के अतिरिक्त क़स्बे में कोई ऐसा मनुष्य नहीं था, जो कि दूसरों की कमाई समेटने की धुन में न हो। आज भोर से ही गिरिजा की अवस्था शोचनीय थी। विषम ज्वर उसे एक-एक क्षण में मूर्च्छित कर रहा था। एकाएक उसने चौंककर आँखें खोलीं और अत्यन्त क्षीण स्वर में कहा—आज तो दीवाली है।

देवदत्त ऐसा निराश हो रहा था कि गिरिजा को चैतन्य देखकर भी उसे आनन्द नहीं हुआ। बोला—हाँ, आज दीवाली है।

गिरिजा ने आँसू-भरी दृष्टि से इधर-उधर देखकर कहा—हमारे घर में क्या दीपक न जलेंगे?

देवदत्त फूट-फूट कर रोने लगा। गिरिजा ने फिर उसी स्वर में कहा—देखो, आज बरस-भर के दिन भी घर अँधेरा रह गया। मुझे उठा दो, मैं भी अपने घर दीए जलाऊँगी।

ये बातें देवदत्त के हृदय में चुभी जाती थीं। मनुष्य की अन्तिम घड़ी लालसाओं और भावनाओं में व्यतीत होती है।

इस नगर में लाला शंकरदास अच्छे प्रसिद्ध वैद्य थे। अपने प्राणसंजीवन औषधालय में दवाओं के स्थान पर छापने का प्रेस रखे हुए थे। दवाइयाँ कम बनती थीं, इश्तहार अधिक प्रकाशित होते थे।

वे कहा करते थे कि बीमारी केवल रईसों का ढकोसला है और पोलिटिकल एकानोमी के (राजनीतिक अर्थशास्त्र के) अनुसार इस विलास-पदार्थ से जितना अधिक सम्भव हो, टैक्स लेना चाहिए। यदि कोई निर्धन है तो हो। यदि कोई मरता है तो मरे। उसे क्या अधिकार है कि बीमार पड़े और मुफ्त में दवा कराए? भारतवर्ष की यह दशा अधिकतर मुफ्त दवा कराने से हुई है। इसने मनुष्यों को असावधान और बलहीन बना दिया है। देवदत्त महीने भर नित्य उनके निकट दवा लेने आता था; परन्तु वैद्य जी कभी उसकी ओर इतना ध्यान नहीं देते थे कि वह अपनी शोचनीय दशा प्रकट कर सके। वैद्य जी के हृदय के कोमल भाग तक पहुँचने के लिए देवदत्त ने बहुत कुछ हाथ-पैर चलाए। वह आँखों में आँसू भरे आता, किन्तु वैद्य जी का हृदय ठोस था, उसमें कोमल भाव था ही नहीं।

वही अमावस्या की डरावनी रात थी। गगन-मंडल में तारे आधी रात के बीतने पर और भी अधिक प्रकाशित हो रहे थे मानो श्रीनगर की बुझी हुई दीवाली पर कटाक्षयुक्त आनन्द

के साथ मुस्कुरा रहे थे। देवदत्त बेचैनी की दशा में गिरिजा के सिरहाने से उठे और वैद्य जी के मकान की ओर चले। वे जानते थे कि लाला जी बिना फीस लिए कदापि नहीं आएँगे, किन्तु हताश होने पर भी आशा पीछा नहीं छोड़ती। देवदत्त क़दम आगे बढ़ाते चले जाते थे।

3

हकीम जी उस समय अपने 'रामबाण बिंदु' का विज्ञापन लिखने में व्यस्त थे। उस विज्ञापन की भावप्रद भाषा तथा आकर्षण-शक्ति देखकर कह नहीं सकते कि वे वैद्य-शिरोमणि थे या सुलेखक विद्यावारिधि।

पाठक, आप उनके उर्दू विज्ञापन का साक्षात् दर्शन कर लें—

'नाजरीन, आप जानते हैं कि मैं कौन हूँ? आपका जर्द चेहरा, आपका तने लागिर, आपका ज़रा-सी मेहनत में बेदम हो जाना, आपका लज्जात दुनिया में महरूम रहना, आपका खाना तरीकी, यह सब इस सवाल का नफी में जवाब देते हैं। सुनिए, मैं कौन हूँ? मैं वह शख़्स हूँ, जिसने इमराज इनसानी को पर्दे दुनिया से ग़ायब कर देने का बीड़ा उठाया है, जिसने इश्तिहारबाज़, जा फरोश, गंदुमनुमा बने हुए हकीमों को बेख़बर व बुन से खोद कर दुनिया को पाक कर देने का अज्म विल् जज्म कर लिया है। मैं वह हैरतअंगेज इनसान जईफ-उल-बयान हूँ जो नाशाद को दिलशाद, नामुराद को बामुराद, भगोड़े को दिलेर, गीदड़ को शेर बनाता है। और यह किसी जादू से नहीं, मंत्र से नहीं, वह मेरी ईजाद करदा 'अमृतबिंदु' के अदना करिश्मे हैं। अमृतबिंदु क्या है, इसे कुछ मैं ही जानता हूँ। महर्षि अगस्त ने धन्वन्तरि के कानों में इसका नुस्खा बतलाया था। जिस वक़्त आप वी. पी. पार्सल खोलेंगे, आप पर उसकी हक़ीक़त रौशन हो जाएगी। यह आबेहयात है। यह मर्दानगी का जौहर, फरजानगी का अक्सीर, अक़्ल का मुरब्बा और जेहन का सकील है। अगर वर्षों की मुशायराबाज़ी ने भी आपको शायर नहीं बनाया, अगर शबे रोज़ के रटंत पर भी आप इम्तहान में कामयाब नहीं हो सके, अगर दल्लालों की ख़ुशामद और मुवक्किलों की नाजबर्दारी के बावजूद भी आप अहाते-अदालत में भूखे कुत्ते की तरह चक्कर लगाते फिरते हैं, अगर आप गला फाड़-फाड़ चीख़ने, मेज़ पर हाथ-पैर पटकने पर भी अपनी तकरीर से कोई असर पैदा नहीं कर सकते तो आप 'अमृतबिंदु' का इस्तेमाल कीजिए। इसका सबसे बड़ा फ़ायदा जो पहले ही दिन मालूम हो जाएगा, यह है कि आपकी आँखें खुल जाएँगी और आप फिर कभी इश्तहारबाज़ हकीमों के दाम फरेब में न फँसेंगे।'

वैद्य जी इस विज्ञापन को समाप्त कर उच्च स्वर से पढ़ रहे थे; उनके नेत्रों में उचित अभिमान और आशा झलक रही थी कि इतने में देवदत्त ने बाहर से आवाज़ दी। वैद्य जी बहुत ख़ुश हुए। रात के समय उनकी फीस दुगुनी थी। लालटेन लिए बाहर निकले तो देवदत्त रोता हुआ उनके पैरों से लिपट गया और बोला—वैद्य जी, इस समय मुझ पर दया कीजिए। गिरिजा अब कोई सायत की पाहुनी है। अब आप ही उसे बचा सकते हैं। यों तो मेरे भाग्य में जो लिखा है, वही होगा; किन्तु इस समय तनिक चलकर आप देख लें तो मेरे दिल का दाह मिट जाएगा। मुझे धैर्य हो जाएगा कि उसके लिए मुझसे जो कुछ हो सकता था, मैंने किया। परमात्मा जानता है कि मैं इस योग्य नहीं हूँ कि आपकी कुछ सेवा कर सकूँ; किन्तु जब तक जीऊँगा, आपका यश गाऊँगा और आपके इशारों का गुलाम बना रहूँगा!

हकीम जी को पहले कुछ तरस आया, किन्तु वह जुगनू की चमक थी जो शीघ्र स्वार्थ के विशाल अंधकार में विलीन हो गई।

4

वही अमावस्या की रात्रि थी। वृक्षों पर सन्नाटा छा गया था। जीतनेवाले अपने बच्चों को नींद से जगाकर इनाम देते थे। हारनेवाले अपनी रुष्ट और क्रोधित स्त्रियों से क्षमा के लिए प्रार्थना कर रहे थे। इतने में घंटी के लगातार शब्द वायु और अंधकार को चीरते हुए कान में आने लगे। उनकी सुहावनी ध्वनि इस निस्तब्ध अवस्था में अत्यन्त भली प्रतीत होती थी। यह शब्द समीप हो गए और अन्त में पंडित देवदत्त के समीप आकर उस खँडहर में डूब गए। पंडित जी उस समय निराशा के अथाह समुद्र में गोते खा रहे थे। शोक में इस योग्य भी नहीं थे कि प्राणों से भी अधिक प्यारी गिरिजा का दवा-दरपन कर सकें। क्या करें? इस निष्ठुर वैद्य को यहाँ कैसे लाएँ? जालिम, मैं सारी उमर तेरी ग़ुलामी करता। तेरे इश्तिहार छापता। तेरी दवाइयाँ कूटता। आज पंडित जी को यह ज्ञात हुआ है कि सत्तर लाख की चिट्ठी-पत्रियाँ इतनी कौड़ियों के मोल भी नहीं। पैतृक प्रतिष्ठा का अहंकार अब आँखों से दूर हो गया। उन्होंने उस मखमली थैले को सन्दूक़ से बाहर निकाला और उन चिट्ठी-पत्रियों को, जो बाप-दादों की कमाई का शेषांश थीं और प्रतिष्ठा की भाँति जिनकी रक्षा की जाती थी, एक-एक करके दीया को अर्पण करने लगे। जिस तरह सुख और आनन्द से पालित शरीर चिता की भेंट हो जाती है, उसी प्रकार वह काग़ज़ी पुतलियाँ भी उस प्रज्वलित दीया के धधकते हुए मुँह का ग्रास बनती थीं। इतने में किसी ने बाहर से पंडित जी को पुकारा। उन्होंने चौंककर सिर उठाया। वे नींद से, अँधेरे में टटोलते हुए दरवाज़े तक आए। देखा कि कई आदमी हाथ में मशाल लिए हुए खड़े हैं और एक हाथी अपनी सूँड़ से उन एरंड के वृक्षों को उखाड़ रहा है, जो द्वार पर द्वारपालों की भाँति खड़े थे। हाथी पर एक सुन्दर युवक बैठा है जिसके सिर पर केसरिया रंग की रेशमी पाग है। माथे पर अर्धचन्द्राकार चन्दन, भाले की तरह तनी हुई नोकदार मूँछें, मुखारविंद से प्रभाव और प्रकाश टपकता हुआ, कोई सरदार मालूम पड़ता था। उसका कलीदार अँगरखा और चुनावदार पैजामा, कमर में लटकती हुई तलवार और गर्दन में सुनहरे कंठे और जंजीर उसके सजीले शरीर पर अत्यन्त शोभा पा रहे थे। पंडित जी को देखते ही उसने रकाब पर पैर रखा और नीचे उतरकर उनकी वंदना की। उसके इस विनीत भाव से कुछ लज्जित होकर पंडित जी बोले—आपका आगमन कहाँ से हुआ?

नवयुवक ने बड़े नम्र शब्दों में जवाब दिया। उसके चेहरे से भलमनसाहत बरसती थी—मैं आपका पुराना सेवक हूँ। दास का घर राजनगर है। मैं वहाँ का जागीरदार हूँ। मेरे पूर्वजों पर आपके पूर्वजों ने बड़े अनुग्रह किए हैं। मेरी इस समय जो कुछ प्रतिष्ठा तथा सम्पदा है, सब आपके पूर्वजों की कृपा और दया का परिणाम है। मैंने अपने अनेक स्वजनों से आपका नाम सुना था और मुझे बहुत दिनों से आपके दर्शनों की आकांक्षा थी। आज वह सुअवसर भी मिल गया। अब मेरा जन्म सफल हुआ।

पंडित देवदत्त की आँखों में आँसू भर आए। पैतृक प्रतिष्ठा का अभिमान उनके हृदय का कोमल भाग था।

वह दीनता जो उनके मुख पर छाई हुई थी, थोड़ी देर के लिए विदा हो गई। वे गम्भीर भाव धारण करके बोले—यह आपका अनुग्रह है जो ऐसा कहते हैं। नहीं तो मुझ जैसे कपूत में तो इतनी भी योग्यता नहीं है जो अपने को उन लोगों की संतति कह सकूँ। इतने में नौकरों ने आँगन में फ़र्श बिछा दिया। दोनों आदमी उस पर बैठे और बातें होने लगीं, वे बातें जिनका प्रत्येक शब्द पंडित जी के मुख को इस तरह प्रफुल्लित कर रहा था जिस तरह प्रात:काल की वायु फूलों को खिला देती है। पंडित जी के पितामह ने नवयुवक ठाकुर के पितामह को पच्चीस सहस्त्र रुपए क़र्ज़ दिए थे। ठाकुर अब गया में जाकर अपने पूर्वजों का श्राद्ध करना चाहता था, इसलिए ज़रूरी था कि उसके ज़िम्मे जो कुछ ऋण हो उसकी एक-एक कौड़ी चुका दी जाए। ठाकुर को पुराने बहीखाते में यह ऋण दिखाई दिया। पच्चीस के अब पचहत्तर हज़ार हो चुके। वही ऋण चुका देने के लिए ठाकुर आया था। धर्म ही वह शक्ति है जो अंत:करण में ओजस्वी विचारों को पैदा करती है। हाँ, इस विचार को कार्य में लाने के लिए पवित्र और बलवान् आत्मा की आवश्यकता है। नहीं तो वे ही विचार क्रूर और पापमय हो जाते हैं। अन्त में ठाकुर ने कहा—आपके पास तो वे चिट्ठियाँ होंगी?

देवदत्त का दिल बैठ गया। वे सँभलकर बोले—सम्भवत: हों। कुछ कह नहीं सकते।

ठाकुर ने लापरवाही से कहा—ढूँढ़िए, यदि मिल जाएँ तो हम लेते जाएँगे।

पंडित देवदत्त उठे, लेकिन हृदय ठंडा हो रहा था। शंका होने लगी कि कहीं भाग्य हरे बाग़ न दिखा रहा हो। कौन जाने वह पुर्जा जल कर राख हो गया या नहीं। यदि न मिला तो रुपए कौन देता है। शोक कि दूध का प्याला सामने आकर हाथ से छूट जाता है! —हे भगवान्! वह पत्री मिल जाए। हमने अनेक कष्ट पाए हैं, अब हम पर दया करो। इस प्रकार आशा और निराशा की दशा में देवदत्त भीतर गए और दीया के टिमटिमाते हुए प्रकाश में बचे हुए पत्रों को उलट-पुलट कर देखने लगे। वे उछल पड़े और उमंग में भरे हुए पागलों की भाँति आनन्द की अवस्था में दो-तीन बार कूदे। तब दौड़कर गिरिजा को गले से लगा लिया और बोले—प्यारी, यदि ईश्वर ने चाहा तो तू अब बच जाएगी। उन्मत्तता में उन्हें एकदम यह नहीं जान पड़ा कि 'गिरिजा' अब नहीं है, केवल उसकी लोथ है।

देवदत्त ने पत्री को उठा लिया और द्वार तक वे इसी तेज़ी से आए मानो पाँवों में पर लग गए। परन्तु यहाँ उन्होंने अपने को रोका और हृदय में आनन्द की उमड़ती हुई तरंग को रोककर कहा—यह लीजिए, वह पत्री मिल गई। संयोग की बात है, नहीं तो सत्तर लाख के काग़ज़ दीमकों के आहार बन गए।

आकस्मिक सफलता में कभी-कभी सन्देह बाधा डालता है। जब ठाकुर ने उस पत्री को लेने को हाथ बढ़ाया तो देवदत्त को सन्देह हुआ कि कहीं वह उसे फाड़ कर फेंक न दे। यद्यपि यह सन्देह निरर्थक था, किन्तु मनुष्य कमज़ोरियों का पुतला है। ठाकुर ने उनके मन के भाव को ताड़ लिया। उसने बेपरवाही से पत्री को लिया और मशाल के प्रकाश में देखकर कहा—अब मुझे विश्वास हुआ। यह लीजिए, आपका रुपया आपके समक्ष है, आशीर्वाद दीजिए कि मेरे पूर्वजों की मुक्ति हो जाए।

यह कहकर उसने अपनी कमर से एक थैला निकाला और उसमें से एक-एक हज़ार के पचहत्तर नोट निकालकर देवदत्त को दे दिए। पंडित जी का हृदय बड़े वेग से धड़क रहा था। नाड़ी तीव्र-गति से कूद रही थी। उन्होंने चारों ओर चौकन्नी दृष्टि से देखा कि कहीं कोई

दूसरा तो नहीं खड़ा है और तब काँपते हुए हाथों से नोटों को ले लिया। अपनी उच्चता प्रकट करने की व्यर्थ चेष्टा में उन्होंने नोटों की गणना भी नहीं की। केवल उड़ती हुई दृष्टि से देखकर उन्हें समेटा और जेब में डाल लिया।

5

वही अमावस्या की रात्रि थी। स्वर्गीय दीपक भी धुँधले हो चुके थे। उनकी यात्रा सूर्यनारायण के आने की सूचना दे रही थी। उदयाचल फ़िरोजी बाना पहन चुका था। अस्ताचल में भी हलके श्वेत रंग की आभा दिखाई दे रही थी। पंडित देवदत्त ठाकुर को विदा करके घर चले। उस समय उनका हृदय उदारता के निर्मल प्रकाश से प्रकाशित हो रहा था। कोई प्रार्थी उस समय उनके घर से निराश नहीं जा सकता था। सत्यनारायण की कथा धूमधाम से सुनने का निश्चय हो चुका था। गिरिजा के लिए कपड़े और गहने के विचार ठीक हो गए। अंत:पुर में ही उन्होंने शालिग्राम के सम्मुख मनसा-वाचा-कर्मणा सिर झुकाया और तब शेष चिट्‌ठी-पत्रियों को समेटकर उसी मखमली थैले में रख दिया। किन्तु अब उनका यह विचार नहीं था कि सम्भवत: उन मुर्दों में भी कोई जीवित हो उठे। वरन् जीविका से निश्चिंत हो अब वे पैतृक प्रतिष्ठा पर अभिमान कर सकते थे। उस समय वे धैर्य और उत्साह के नशे में मस्त थे। बस, अब मुझे ज़िन्दगी में अधिक सम्पदा की ज़रूरत नहीं। ईश्वर ने मुझे इतना दे दिया है। इसमें मेरी और गिरिजा की ज़िन्दगी आनन्द से कट जाएगी। उन्हें क्या ख़बर थी कि गिरिजा की ज़िन्दगी पहले कट चुकी है। उनके दिल में यह विचार गुदगुदा रहा था कि जिस समय गिरिजा इस आनन्द-समाचार को सुनेगी उस समय अवश्य उठ बैठेगी। चिन्ता और कष्ट ने ही उसकी ऐसी दुर्गति बना दी है। जिसे भरपेट कभी रोटी नसीब न हुई, जो कभी नैराश्यमय धैर्य और निर्धनता के हृदय-विदारक बंधन से मुक्त न हुई, उसकी दशा इसके सिवा और हो ही क्या सकती है? यह सोचते हुए वे गिरिजा के पास गए और आहिस्ता से हिलाकर बोले—गिरिजा, आँखें खोलो। देखो ईश्वर ने तुम्हारी विनती सुन ली और हमारे ऊपर दया की। कैसी तबीयत है?

किन्तु जब गिरिजा तनिक भी न मिनकी तब उन्होंने चादर उठा दी और उसके मुँह की ओर देखा। हृदय से एक करुणात्मक ठंडी आह निकली। वे वहीं सिर थाम कर बैठ गए। आँखों से शोणित की बूँदें-सी टपक पड़ीं। आह क्या यह सम्पदा इतने महँगे मूल्य पर मिली है? क्या परमात्मा के दरबार से मुझे इस प्यारी जान का मूल्य दिया गया है? ईश्वर, तुम ख़ूब न्याय करते हो। मुझे गिरिजा की आवश्यकता है, रुपयों की आवश्यकता नहीं। यह सौदा बड़ा महँगा है।

6

अमावस्या की अँधेरी रात गिरिजा के अंधकारमय जीवन की भाँति समाप्त हो चुकी थी। खेतों में हल चलाने वाले किसान ऊँचे और सुहावने स्वर से गा रहे थे। सर्दी से काँपते हुए बच्चे सूर्य देवता से बाहर निकलने की प्रार्थना कर रहे थे। पनघट पर गाँव की अलबेली स्त्रियाँ जमा हो गई थीं। पानी भरने के लिए नहीं; हँसने के लिए। कोई घड़े को कुएँ में डाले हुए अपनी पोपली सास की नक़ल कर रही थी, कोई खम्भों से चिपटी हुई अपनी सहेली से मुस्कुराकर प्रेमरहस्य की बातें करती थी। बूढ़ी स्त्रियाँ पोतों को गोद में लिए अपनी बहुओं को कोस रही

थीं कि घंटे भर हुए अब तक कुएँ से नहीं लौटीं। किन्तु राजवैद्य लाला शंकरदास अभी तक मीठी नींद ले रहे थे। खाँसते हुए बच्चे और कराहते हुए बूढ़े उनके औषधालय के द्वार पर जमा हो चले थे। इस भीड़-भभ्भड़ से कुछ दूर पर दो-तीन सुन्दर किन्तु मुरझाए हुए नवयुवक टहल रहे थे और वैद्य जी से एकान्त में कुछ बातें किया चाहते थे। इतने में पंडित देवदत्त नंगे सिर, नंगे बदन, लाल आँखें, डरावनी सूरत, काग़ज़ का एक पुलिंदा लिए दौड़ते हुए आए और औषधालय के द्वार पर इतने ज़ोर से हाँक लगाने लगे कि वैद्य जी चौंक पड़े और कहार को पुकारकर बोले कि दरवाज़ा खोल दे। कहार महात्मा बड़ी रात गए किसी बिरादरी की पंचायत से लौटे थे। उन्हें दीर्घ-निद्रा का रोग था जो वैद्य जी के लगातार भाषण और फटकार की औषधियों से भी कम न होता था। आप ऐंठते हुए उठे और किवाड़ खोलकर हुक़्क़ा-चिलम की चिन्ता में आग ढूँढ़ने चले गए। हकीम जी उठने की चेष्टा कर रहे थे कि सहसा देवदत्त उनके सम्मुख जाकर खड़े हो गए और नोटों का पुलिंदा उनके आगे पटक कर बोले—वैद्य जी, ये पचहत्तर हज़ार के नोट हैं। यह आपका पुरस्कार और आपकी फीस है। आप चलकर गिरिजा को देख लीजिए और ऐसा कुछ कीजिए कि वह केवल एक बार आँखें खोल दे। यह उसकी एक दृष्टि पर न्योछावर है—केवल एक दृष्टि पर। आपको रुपए मनुष्य की जान से प्यारे हैं। वे आपके समक्ष हैं। मुझे गिरिजा की एक चितवन इन रुपयों से कई गुनी प्यारी है।

वैद्य जी ने लज्जामय सहानुभूति से देवदत्त की ओर देखा और केवल इतना कहा—मुझे अत्यन्त शोक है, सदैव के लिए तुम्हारा अपराधी हूँ। किन्तु तुमने मुझे शिक्षा दे दी। ईश्वर ने चाहा तो ऐसी भूल कदापि न होगी। मुझे शोक है। सचमुच है!

ये बातें वैद्य जी के अंत:करण से निकली थीं।

चकमा

सेठ चन्दूमल जब अपनी दुकान और गोदाम में भरे हुए माल को देखते तो मुँह से ठंडी साँस निकल जाती। यह माल कैसे बिकेगा? बैंक का सूद बढ़ रहा है, दुकान का किराया चढ़ रहा है, कर्मचारियों का वेतन बाक़ी पड़ता जाता है। ये सभी रक़में गाँठ से देनी पड़ेंगी। अगर कुछ दिन यही हाल रहा तो दिवाले के सिवा और किसी तरह जान न बचेगी। तिस पर भी धरनेवाले नित्य सिर पर शैतान की तरह सवार रहते हैं।

सेठ चन्दूमल की दुकान चाँदनी चौक, दिल्ली में थी। मुफस्सिल में भी कई दुकानें थीं। जब शहर कांग्रेस कमेटी ने उनसे बिलायती कपड़े की ख़रीद और बिक्री के विषय में प्रतीक्षा करानी चाही तो उन्होंने कुछ ध्यान न दिया। बाज़ार के कई आढ़तियों ने उनकी देखा-देखी प्रतिज्ञा-पत्र पर हस्ताक्षर करने से इनकार कर दिया। चन्दूमल को जो नेतृत्व कभी न नसीब हुआ था, वह इस अवसर पर बिना हाथ-पैर हिलाए ही मिल गया। वे सरकार के ख़ैरख्वाह थे। साहब बहादुरों को समय-समय पर डालियाँ नज़र देते थे। पुलिस से भी घनिष्ठता थी। म्युनिसिपैलिटी के सदस्य भी थे। कांग्रेस के व्यापारिक कार्यक्रम का विरोध करके अमनसभा के कोषाध्यक्ष बन बैठे। यह इसी खैरख्वाही की बरकत थी। युवराज का स्वागत करने के

लिए अधिकारियों ने उनसे पचीस हज़ार के कपड़े ख़रीदे। ऐसा सामर्थी पुरुष कांग्रेस से क्यों डरे? कांग्रेस है किस खेत की मूली? पुलिसवालों ने भी बढ़ावा दिया—'मुआहिदे पर हरगिज़ दस्तख़त न कीजिएगा। देखें ये लोग क्या करते हैं। एक-एक को जेल न भिजवा दिया तो कहिएगा।' लाला जी के हौसले बढ़े। उन्होंने कांग्रेस से लड़ने की ठान ली। उसी के फलस्वरूप तीन महीनों से उनकी दुकान पर प्रातःकाल से 9 बजे रात तक पहरा रहता था। पुलिस-दलों ने उनकी दुकान पर वालंटियरों को कई बार गालियाँ दीं, कई बार पीटा, ख़ुद सेठ जी ने भी कई बार उन पर बाण चलाए, परन्तु पहरेवाले किसी तरह न टलते थे। बल्कि इन अत्याचारों के कारण चन्दूमल का बाज़ार और भी गिरता जाता। मुफ़स्सिल की दुकानों से मुनीम लोग और भी दुराशाजनक समाचार भेजते रहते थे। कठिन समस्या थी। इस संकट से निकलने का कोई उपाय न था। वे देखते थे कि जिन लोगों ने प्रतिज्ञा-पत्र पर हस्ताक्षर कर दिए हैं वे चोरी-छिपे कुछ-न-कुछ विदेशी माल लेते हैं। उनकी दुकानों पर पहरा नहीं बैठता। यह सारी विपत्ति मेरे ही सिर पर है।

उन्होंने सोचा, पुलिस और हाकिमों की दोस्ती से मेरा भला क्या हुआ? उनके हटाए ये पहरे नहीं हटते। सिपाहियों की प्रेरणा से ग्राहक नहीं आते! किसी तरह पहरे बन्द हो जाते तो सारा खेल बन जाता।

इतने में मुनीम जी ने कहा—लाला जी, यह देखिए, कई व्यापारी हमारी तरफ़ आ रहे थे। पहरेवालों ने उनको न जाने क्या मंत्र पढ़ा दिया, सब चले जा रहे हैं।

चन्दूमल—अगर इन पापियों को कोई गोली मार देता तो मैं बहुत ख़ुश होता। यह सब मेरा सर्वनाश करके दम लेंगे।

मुनीम—कुछ हेठी तो होगी, यदि आप प्रतिज्ञा पर हस्ताक्षर कर देते तो यह पहरा उठ जाता। तब हम भी यह सब माल किसी न किसी तरह खपा देते।

चन्दूमल—मन में तो मेरे भी यह बात आती है, पर सोचो, अपमान कितना होगा? इतनी हेकड़ी दिखाने के बाद फिर झुका नहीं जाता। फिर हाकिमों की निगाहों में गिर जाऊँगा। और लोग भी ताने देंगे कि चले थे बच्चा कांग्रेस से लड़ने! ऐसी मुँह की खाई कि होश ठिकाने आ गए। जिन लोगों को पीटा और पिटवाया, जिनको गालियाँ दीं, जिनकी हँसी उड़ाई, अब उनकी शरण कौन मुँह लेकर जाऊँ? मगर एक उपाय सूझ रहा है। अगर चकमा चल गया तो पौ-बारह है। बात तो तब है जब साँप को मारूँ, मगर लाठी बचाकर। पहरा उठा दूँ, पर बिना किसी की ख़ुशामद किए।

2

नौ बज गए थे। सेठ चन्दूमल गंगा-स्नान करके लौट आए थे और मसनद पर बैठकर चिट्ठियाँ पढ़ रहे थे। अन्य दुकानों के मुनीमों ने अपनी विपत्ति-कथा सुनाई थी। एक-एक पत्र को पढ़कर सेठ जी का क्रोध बढ़ता जाता था। इतने में दो वालंटियर गाड़ियाँ लिए हुए उनकी दुकान के सामने आकर खड़े हो गए!

सेठ जी ने डाँटकर कहा—हट जाओ हमारी दुकान के सामने से।

एक वालंटियर ने उत्तर दिया—महाराज, हम तो सड़क पर हैं। क्या यहाँ से भी चले जाएँ?

सेठ जी—मैं तुम्हारी सूरत नहीं देखना चाहता।

वालंटियर—तो आप कांग्रेस कमेटी को लिखिए। हमको तो वहाँ से यहाँ खड़े रहकर पहरा देने का हुक्म मिला है।

एक कान्सटेबिल ने आकर कहा—क्या है सेठ जी, यह लौंडा क्या टर्राता है।

चन्दूमल बोले—मैं कहता हूँ कि दुकान के सामने से हट जाओ, पर यह कहता है कि न हटेंगे, न हटेंगे। ज़रा इसकी ज़बरदस्ती देखो।

कान्सटेबिल—(वालंटियरों से) तुम दोनों यहाँ से जाते हो कि आकर गरदन नापूँ?

वालंटियर—हम सड़क पर खड़े हैं, दुकान पर नहीं।

कान्सटेबिल का अभीष्ट अपनी कारगुज़ारी दिखाना था। यह सेठ जी को ख़ुश करके कुछ इनाम-इकराम भी लेना चाहता था। उसने वालंटियरों को अपशब्द कहे और जब उन्होंने उसकी कुछ परवा न की तो एक वालंटियर को इतने ज़ोर से धक्का दिया कि वह बेचारा मुँह के बल ज़मीन पर गिर पड़ा। कई वालंटियर इधर-उधर से आकर जमा हो गए। कई सिपाही भी आ पहुँचे। दर्शकवृन्द को ऐसी घटनाओं में मज़ा आता ही है। उनकी भीड़ लग गई। किसी ने हाँक लगाई 'महात्मा गांधी की जय'। औरों ने भी उसके सुर में सुर मिलाया, देखते-देखते एक जनसमूह एकत्रित हो गया।

एक दर्शक ने कहा—क्या है लाला चन्दूमल? अपनी दुकान के सामने इन ग़रीबों की दुर्गति करा रहे हो और तुम्हें ज़रा भी लज्जा नहीं आती? कुछ भगवान् का भी डर है या नहीं?

सेठ जी ने कहा—मुझसे क़सम ले लो जो मैंने किसी सिपाही से कुछ कहा हो। ये लोग अनायास बेचारों के पीछे पड़ गए। मुझे सेंत में बदनाम करते हैं।

एक सिपाही—लाला जी, आप ही ने तो कहा था कि ये दोनों वालंटियर मेरे ग्राहकों को छेड़ रहे हैं। अब आप निकले जाते हैं?

चन्दूमल—बिलकुल झूठ, सरासर झूठ, सोलहों आना झूठ। तुम लोग अपनी कारगुज़ारी की धुन में इनसे उलझ पड़े। यह बेचारे तो दुकान से बहुत दूर खड़े थे। न किसी से बोलते थे, न चालते थे। तुमने ज़बरदस्ती ही इन्हें गरदनी देनी शुरू की। मुझे अपना सौदा बेचना है कि किसी से लड़ना है?

दूसरा सिपाही—लाला जी, हो बड़े होशियार। मुझसे आग लगवाकर आप अलग हो गए। तुम न कहते तो हमें क्या पड़ी थी कि इन लोगों को धक्के देते? दारोग़ा जी ने भी हमको ताकीद कर दी थी कि सेठ चन्दूमल की दुकान का विशेष ध्यान रखना। वहाँ कोई वालंटियर न आए। तब हम लोग आए थे। तुम फ़रियाद न करते, तो दारोग़ा जी हमारी तैनाती ही क्यों करते?

चन्दूमल—दारोग़ा जी को अपनी कारगुज़ारी दिखानी होगी। मैं उनके पास क्यों फ़रियाद करने जाता? सभी लोग कांग्रेस के दुश्मन हो रहे हैं। थाने वाले तो उनके नाम से ही जलते हैं। क्या मैं शिकायत करता तभी तुम्हारी तैनाती करते?

इतने में किसी ने थाने में इत्तिला दी कि चन्दूमल की दुकान पर कांस्टेबिलों और वालंटियरों में मारपीट हो गई। कांग्रेस के दफ़्तर में भी ख़बर पहुँची। ज़रा देर में मय सशस्त्र पुलिस के थानेदार और इन्स्पेक्टर साहब आ पहुँचे। उधर कांग्रेस के कर्मचारी भी दल-बल सहित दौड़े। समूह और बढ़ा। बार-बार जयकार की ध्वनि उठने लगी। कांग्रेस और पुलिस के नेताओं में वाद-विवाद होने लगा। परिणाम यह हुआ कि पुलिसवालों ने दोनों को हिरासत में लिया और थाने की ओर चले।

पुलिस अधिकारियों के जाने के बाद सेठ जी ने कांग्रेस के प्रधान से कहा—आज मुझे मालूम हुआ कि ये लोग वालंटियरों पर इतना घोर अत्याचार करते हैं।

प्रधान—तब तो दो वालंटियरों का फँसना व्यर्थ नहीं हुआ। इस विषय में अब तो आपको कोई शंका नहीं है? हम कितने लड़ाकू, कितने द्रोही, कितने शान्तिभंगकारी हैं; यह तो आपको ख़ूब मालूम हो गया होगा?

चन्दूमल—जी हाँ, मालूम हो गया।

प्रधान—आपकी शहादत तो अवश्य ही होगी।

चन्दूमल—होगी तो मैं भी साफ़-साफ़ कह दूँगा; चाहे बने या बिगड़े। पुलिस की सख़्ती अब नहीं देखी जाती। मैं भी भ्रम में पड़ा हुआ था।

मंत्री—पुलिसवाले आपको दबाएँगे बहुत।

चन्दूमल—एक नहीं, सौ दबाव पड़ें, मैं झूठ कभी न बोलूँगा। सरकार उस दरबार में साथ न जाएगी।

मंत्री—अब तो हमारी लाज आपके हाथ है।

चन्दूमल—मुझे आप देश का द्रोही न पाएँगे।

यहाँ से प्रधान और मंत्री तथा अन्य पदाधिकारी चले तो मंत्री जी ने कहा—आदमी सच्चा जान पड़ता है।

प्रधान—(संदिग्ध भाव से) कल तक आप ही सिद्ध हो जाएगा।

3

शाम को इन्स्पेक्टर-पुलिस ने लाला चन्दूमल को थाने में बुलाया और कहा—आपको शहादत देनी होगी। हम आपकी तरफ़ से बेफ़िक्र हैं।

चन्दूमल बोले—हाजिर हूँ।

इन्स.—वालंटियरों ने कान्स्टेबिलों को गालियाँ दीं?

चन्दूमल—मैंने नहीं सुनी।

इन्स.—सुनी या न सुनी यह बहस नहीं है। आपको यह कहना होगा वह सब ख़रीदारों को धक्के देकर हटा रहे थे, हाथापाई करते थे, मारने की धमकी देते थे, ये सभी बातें कहनी होंगी। दारोग़ा जी, वह बयान लाइए जो मैंने सेठ जी के लिए लिखवाया है।

चन्दूमल—मुझसे भरी अदालत में झूठ न बोला जाएगा। अपने हज़ारों जाननेवाले अदालत में होंगे। किस-किस से मुँह छिपाऊँगा? कहीं निकलने को जगह भी चाहिए।

इन्स.—यह सब बातें निज के मुआमलों के लिए हैं। पोलिटिकल मुआमलों में झूठ-सच, शर्म और हया, किसी का भी ख़याल नहीं किया जाता।

चन्दूमल—मुँह में कालिख लग जाएगी।

इन्स.—सरकार की निगाह में इज़्ज़त चौगुनी हो जाएगी।

चन्दू—(सोचकर) जी नहीं, गवाही न दे सकूँगा। कोई और गवाह बना लीजिए।

इन्स.—याद रखिए, यह इज़्ज़त खाक में मिल जाएगी।

चन्दू—मिल जाए; मजबूरी है।

इन्स.—अमन-सभा के कोषाध्यक्ष का पद छिन जाएगा।

चन्दू—उससे कौन रोटियाँ चलती हैं?

इन्स.—बन्दूक़ का लाइसेंस छिन जाएगा।

चन्दू.—छिन जाए; बला से!

इन्स.—इनकम टैक्स की जाँच फिर से होगी।

चन्दू.—ज़रूर कराइए। यह तो मेरे मन की बात हुई।

इन्स.—बैठने को कुरसी न मिलेगी।

चन्दू.—कुरसी लेकर चाटूँ? दिवाला तो निकला जा रहा है।

इन्स.—अच्छी बात है। तशरीफ ले जाइए। कभी तो आप पंजे में आएँगे।

4

दूसरे दिन इसी समय कांग्रेस के दफ़्तर में कल के लिए कार्यक्रम निश्चित किया जा रहा था। प्रधान ने कहा—सेठ चन्दूमल की दुकान पर धरना देने के लिए दो स्वयंसेवक भेजिए।

मंत्री—मेरे विचार में वहाँ अब धरना देने की कोई ज़रूरत नहीं।

प्रधान—क्यों? उन्होंने अभी प्रतिज्ञा-पत्र पर हस्ताक्षर तो नहीं किए?

मंत्री—हस्ताक्षर नहीं किए, पर हमारे मित्र अवश्य हो गए। पुलिस की तरफ़ से गवाही न देना यही सिद्ध करता है। अधिकारियों का कितना दबाव पड़ा होगा, इसका अनुमान किया जा सकता है। यह नैतिक साहस में परिवर्तन हुए बिना नहीं आ सकता।

प्रधान—हाँ, कुछ परिवर्तन तो अवश्य हुआ है।

मंत्री—कुछ नहीं महाशय! पूरी क्रांति कहना चाहिए। आप जानते हैं, ऐसे मुआमलों में अधिकारियों की अवहेलना करने का क्या अर्थ है? यह राजविद्रोह की घोषणा के समान है! त्याग में संन्यास से इसका महत्त्व कम नहीं है। आज ज़िले के सारे हाकिम उनके ख़ून के प्यासे हो रहे हैं। आश्चर्य नहीं कि गवर्नर महोदय को भी इसकी सूचना दी गई हो।

प्रधान—और कुछ नहीं तो उन्हें नियम का पालन करने ही के लिए प्रतिज्ञा-पत्र पर हस्ताक्षर कर देना चाहिए था। किसी तरह उन्हें यहाँ बुलाइए। अपनी बात तो रह जाए।

मंत्री—वह बड़ा आत्माभिमानी है, कभी न आएगा। बल्कि हम लोगों की ओर से इतना अविश्वास देखकर सम्भव है कि फिर उस दल में मिलने की चेष्टा करने लगे।

प्रधान—अच्छी बात है, आपको उन पर इतना विश्वास हो गया है तो उनकी दुकान छोड़ दीजिए। तब भी मैं यही कहूँगा कि आपको स्वयं मिलने के बहाने से उस पर निगाह रखनी होगी।

मंत्री—आप नाहक इतना शक करते हैं।

नौ बजे सेठ चन्दूमल अपनी दुकान पर आए तो वहाँ एक भी वालंटियर न था। मुख पर मुस्कुराहट की झलक आई। मुनीम से बोले—कौड़ी चित्त पड़ी।

मुनीम—मालूम तो होता है। एक महाशय भी नहीं आए।

चन्दूमल—न आए और न आएँगे। बाज़ी अपने हाथ रही। कैसा दाँव खेला—चारों खाने चित।

चन्दू.—आप भी बातें करते हैं? इन्हें दोस्त बनाते कितनी देर लगती है। कहिए, अभी बुलाकर जूतियाँ सीधी करवाऊँ। टके के गुलाम हैं, न किसी के दोस्त, न किसी के दुश्मन। सच कहिए, कैसा चकमा दिया है?

मुनीम—बस, यही जी चाहता है कि आपके हाथ चूम लें। साँप भी मरा और लाठी भी न टूटी। मगर कांग्रेसवाले भी टोह में होंगे।

चन्दूमल—तो मैं भी तो मौजूद हूँ। वह डाल-डाल चलेंगे, तो मैं पात-पात चलूँगा। विलायती कपड़े की गाँठ निकलवाइए और व्यापारियों को देना शुरू कीजिए। एक अठवारे में बेड़ा पार है।

पछतावा

पंडित दुर्गानाथ जब कॉलेज से निकले तो उन्हें जीवन-निर्वाह की चिन्ता उपस्थित हुई। वे दयालु और धार्मिक थे। इच्छा थी कि ऐसा काम करना चाहिए जिससे अपना जीवन भी साधारणतः सुखपूर्वक व्यतीत हो और दूसरों के साथ भलाई और सदाचरण का भी अवसर मिले। वे सोचने लगे—यदि किसी कार्यालय में क्लर्क बन जाऊँ तो अपना निर्वाह हो सकता है, किन्तु सर्वसाधारण से कुछ भी सम्बन्ध न रहेगा। वकालत में प्रविष्ट हो जाऊँ तो दोनों बातें सम्भव हैं, किन्‌ अनेकानेक यत्न करने पर भी अपने को पवित्र रखना कठिन होगा। पुलिस-विभाग में दीन-पालन और परोपकार के लिए बहुत-से अवसर मिलते रहते हैं; किन्तु एक स्वतंत्र और सद्‌विचार-प्रिय मनुष्य के लिए वहाँ की हवा हानिप्रद है। शासन-विभाग में नियम और नीतियों की भरमार रहती है। कितना ही चाहो, पर वहाँ कड़ाई और डाँट-डपट से बचे रहना असम्भव है। इसी प्रकार बहुत सोच-विचार के पश्चात् उन्होंने निश्चय किया कि किसी ज़मींदार के यहाँ 'मुख्तारआम' बन जाना चाहिए। वेतन तो अवश्य कम मिलेगा; किन्तु दीन खेतिहरों से रात-दिन सम्बन्ध रहेगा, उनके साथ सद्‌व्यवहार का अवसर मिलेगा। साधारण जीवन-निर्वाह होगा और विचार दृढ़ होंगे।

कुँवर विशालसिंह जी एक सम्पत्तिशाली ज़मींदार थे। पं. दुर्गानाथ ने उनके पास जाकर प्रार्थना की कि मुझे भी अपनी सेवा में रखकर कृतार्थ कीजिए। कुँवर साहब ने इन्हें सिर से पैर तक देखा और कहा—पंडित जी, आपको अपने यहाँ रखने में मुझे बड़ी प्रसन्नता होती, किन्तु आपके योग्य मेरे यहाँ कोई स्थान नहीं देख पड़ता।

दुर्गानाथ ने कहा—मेरे लिए किसी विशेष स्थान की आवश्यकता नहीं है। मैं हर एक काम कर सकता हूँ। वेतन आप जो कुछ प्रसन्नतापूर्वक देंगे, मैं स्वीकार करूँगा। मैंने तो यह संकल्प कर लिया है कि सिवा किसी रईस के और किसी की नौकरी न करूँगा। कुँवर विशालसिंह ने अभिमान से कहा—रईस की नौकरी नौकरी नहीं, राज्य है। मैं अपने चपरासियों को दो रुपया माहवार देता हूँ और वे तंजेब के अँगरखे पहनकर निकलते हैं। उनके दरवाज़ों पर घोड़े बँधे हुए हैं। मेरे कारिंदे पाँच रुपए से अधिक नहीं पाते, किन्तु शादी-विवाह वकीलों के यहाँ करते हैं। न जाने उनकी कमाई में क्या बरकत होती है। बरसों तनख़्वाह का हिसाब नहीं करते। कितने ऐसे हैं जो बिना तनख़्वाह के कारिंदगी या चपरासगिरी को तैयार बैठे हैं। परन्तु अपना यह नियम नहीं। समझ लीजिए, मुख्तारआम अपने इलाक़े में एक बड़े ज़मींदार से अधिक रोब रखता है, उसका ठाट-बाट और उसकी

हुकूमत छोटे-छोटे राजाओं से कम नहीं। जिसे इस नौकरी का चस्का लग गया है, उसके सामने तहसीलदारी झूठी है।

पंडित दुर्गानाथ ने कुँवर साहब की बातों का समर्थन किया, जैसा कि करना उनकी सभ्यतानुसार उचित था। वे दुनियादारी में अभी कच्चे थे, बोले—मुझे अब तक किसी रईस की नौकरी का चसका नहीं लगा है। मैं तो अभी कॉलेज से निकला आता हूँ। और न मैं इन कारणों से नौकरी करना चाहता हूँ जिनका कि आपने वर्णन किया। किन्तु इतने कम वेतन में मेरा निर्वाह न होगा। आपके और नौकर असामियों का गला दबाते होंगे, मुझसे मरते समय तक ऐसे कार्य न होंगे। यदि सच्चे नौकर का सम्मान होना निश्चय है, तो मुझे विश्वास है कि बहुत शीघ्र आप मुझसे प्रसन्न हो जाएँगे।

कुँवर साहब ने बड़ी दृढ़ता से कहा—हाँ, यह तो निश्चय है कि सत्यवादी मनुष्य का आदर सब कहीं होता है, किन्तु मेरे यहाँ तनख़्वाह अधिक नहीं दी जाती।

ज़मींदार के इस प्रतिष्ठा-शून्य उत्तर को सुनकर पंडित जी कुछ खिन्न हृदय से बोले—तो फिर मजबूरी है। मेरे द्वारा इस समय कुछ कष्ट आपको हो तो क्षमा कीजिएगा। किन्तु मैं आप से कह सकता हूँ कि ईमानदार आदमी आपको सस्ता न मिलेगा।

कुँवर साहब ने मन में सोचा कि मेरे यहाँ सदा अदालत-कचहरी लगी ही रहती है, सैकड़ों रुपए तो डिगरी और तजवीजों तथा और-और अँगरेज़ी काग़ज़ों के अनुवाद में लग जाते हैं। एक अँगरेज़ी का पूर्ण पंडित सहज ही में मिल रहा है। सो भी अधिक तनख़्वाह नहीं देनी पड़ेगी। इसे रख लेना ही उचित है। लेकिन पंडित जी की बात का उत्तर देना आवश्यक था, अतः कहा—महाशय, सत्यवादी मनुष्य को कितना ही कम वेतन दिया जाए, वह सत्य को न छोड़ेगा, और न अधिक वेतन पाने से बेईमान सच्चा बन सकता है। सचाई का रुपए से कुछ सम्बन्ध नहीं। मैंने ईमानदार कुली देखे हैं और बेईमान बड़े-बड़े धनाढ्य पुरुष। परन्तु अच्छा, आप एक सज्जन पुरुष हैं। आप मेरे यहाँ प्रसन्नतापूर्वक रहिए। मैं आपको एक इलाक़े का अधिकारी बना दूँगा और आपका काम देखकर तरक्की भी कर दूँगा।

दुर्गानाथ जी ने 20 रु. मासिक पर रहना स्वीकार कर लिया। यहाँ से कोई ढाई मील पर कई गाँवों का एक इलाक़ा चाँदपार के नाम से विख्यात था। पंडित जी इसी इलाक़े के कारिंदे नियत हुए।

2

पंडित दुर्गानाथ ने चाँदपार के इलाक़े में पहुँचकर अपने निवास-स्थान को देखा तो उन्होंने कुँवर साहब के कथन को बिलकुल सत्य पाया। यथार्थ में रियासत की नौकरी सुख-सम्पत्ति का घर है। रहने के लिए सुन्दर बँगला है, जिसमें बहुमूल्य बिछौना बिछा हुआ था, सैकड़ों बीघे की सीर, कई नौकर-चाकर, कितने ही चपरासी, सवारी के लिए एक सुन्दर टाँगन, सुख, ठाट-बाट के सारे सामान उपस्थित। किन्तु इस प्रकार की सजावट और विलास की सामग्री देखकर उन्हें उतनी प्रसन्नता न हुई। क्योंकि इसी सजे हुए बँगले के चारों ओर किसानों के झोंपड़े थे। फूस के घरों में मिट्टी के बरतनों के सिवा और सामान ही क्या था! वहाँ के लोगों में वह बँगला कोट के नाम से विख्यात था। लड़के उसे भय की दृष्टि से देखते। उसके चबूतरे पर पैर रखने का उन्हें साहस न पड़ता। इस दीनता के बीच में इतना बड़ा ऐश्वर्ययुक्त दृश्य

उनके लिए अत्यन्त हृदय-विदारक था। किसानों की यह दशा थी कि सामने आते हुए थर-थर काँपते थे। चपरासी लोग उनसे ऐसा बरताव करते थे कि पशुओं के साथ भी वैसा नहीं होता।

पहले ही दिन कई सौ किसानों ने पंडित जी को अनेक प्रकार के पदार्थ भेंट के रूप में उपस्थित किए, किन्तु जब वे सब लौटा दिए गए तो उन्हें बहुत आश्चर्य हुआ। किसान प्रसन्न हुए, किन्तु चपरासियों का रक्त उबलने लगा। नाई और कहार खिदमत को आए, किन्तु लौटा दिए गए। अहीरों के घरों से दूध से भरा हुआ मटका आया, वह भी वापस हुआ। तमोली एक ढोली पान लाया, किन्तु वह भी स्वीकार न हुआ। असामी आपस में कहने लगे कि कोई धर्मात्मा पुरुष आए हैं। परन्तु चपरासियों को तो ये नई बातें असह्य हो गईं। उन्होंने कहा—हुज़ूर, अगर आपको ये चीज़ें पसन्द न हों तो न लें, मगर रस्म को तो न मिटाएँ। अगर कोई दूसरा आदमी यहाँ आएगा तो उसे नए सिरे से यह रस्म बाँधने में कितनी दिक़्क़त होगी? यह सब सुनकर पंडित जी ने केवल यही उत्तर दिया—जिसके सिर पर पड़ेगा वह भुगत लेगा। मुझे इसकी चिन्ता करने की क्या आवश्यकता? एक चपरासी ने साहस बाँधकर कहा—इन असामियों को आप जितना ग़रीब समझते हैं उतने ग़रीब ये नहीं हैं। इनका ढंग ही ऐसा है। भेष बनाए रहते हैं। देखने में ऐसे सीधे-सादे मानो बेसींग की गाय हैं, लेकिन सच मानिए, इनमें का एक-एक आदमी हाईकोर्ट का वकील है।

चपरासियों के इस वाद-विवाद का प्रभाव पंडित जी पर कुछ न हुआ। उन्होंने प्रत्येक गृहस्थ से दयालुता और भाईचारे का आचरण करना आरम्भ किया। सबेरे से आठ बजे तक तो ग़रीबों को बिना दाम औषधियाँ देते, फिर हिसाब-किताब का काम देखते। उनके सदाचरण ने असामियों को मोह लिया। मालगुजारी का रुपया, जिसके लिए प्रति वर्ष कुरकी तथा नीलामी की आवश्यकता होती थी, इस वर्ष एक इशारे पर वसूल हो गया। किसानों ने अपने भाग सराहे और वे मनाने लगे कि हमारे सरकार की दिनोंदिन बढ़ती हो।

3

कुँवर विशालसिंह अपनी प्रजा के पालन-पोषण पर बहुत ध्यान रखते थे। वे बीज के लिए अनाज देते और मजूरी और बैलों के लिए रुपए। फ़सल कटने पर एक का डेढ़ वसूल कर लेते! चाँदपार के कितने ही असामी इनके ऋणी थे। चैत का महीना था। फ़सल कट-कट कर खलियानों में आ रही थी। खलियान में से कुछ अनाज घर में आने लगा था। इसी अवसर पर कुँवर साहब ने चाँदपारवालों को बुलाया और कहा—हमारा अनाज और रुपया बेबाक कर दो। यह चैत का महीना है। जब तक कड़ाई न की जाए, तुम लोग डकार नहीं लेते। इस तरह काम नहीं चलेगा। बूढ़े मलूका ने कहा—सरकार, भला असामी कभी अपने मालिक से बेबाक हो सकता है! कुछ अभी ले लिया जाए, कुछ फिर दे देंगे। हमारी गर्दन तो सरकार की मुट्ठी में है।

कुँवर साहब—आज कौड़ी-कौड़ी चुका कर यहाँ से उठने पाओगे। तुम लोग हमेशा इसी तरह हीला-हवाला किया करते हो।

मलूका (विनय के साथ)—हमारा पेट है, सरकार की रोटियाँ हैं, हमको और क्या चाहिए? जो कुछ उपज है वह सब सरकार ही की है।

कुँवर साहब से मलूका की यह वाचालता सही न गई। उन्हें इस पर क्रोध आ गया; राजा-रईस ठहरे। उन्होंने बहुत कुछ खरी-खोटी सुनाई और कहा—कोई है? ज़रा इस बुड्ढे

का कान तो गरम करो, वह बहुत बढ़-बढ़कर बातें करता है। उन्होंने तो कदाचित् धमकाने की इच्छा से कहा, किन्तु चपरासी कादिर ख़ाँ ने लपककर बूढ़े की गर्दन पकड़ी और ऐसा धक्का दिया कि बेचारा ज़मीन पर जा गिरा। मलूका के दो जवान बेटे वहाँ चुपचाप खड़े थे। बाप की ऐसी दशा देखकर उनका रक्त गरम हो उठा। वे दोनों झपटे और कादिर ख़ाँ पर टूट पड़े। धमाधम शब्द सुनाई पड़ने लगा। ख़ाँ साहब का पानी उतर गया, साफा अलग जा गिरा। अचकन के टुकड़े-टुकड़े हो गए। किन्तु ज़बान चलती रही।

मलूका ने देखा, बात बिगड़ गई। वह उठा और कादिर ख़ाँ को छुड़ा कर अपने लड़कों को गालियाँ देने लगा। जब लड़कों ने उसी को डाँटा तब दौड़कर कुँवर साहब के चरणों पर गिर पड़ा। पर बात यथार्थ में बिगड़ गई थी। बूढ़े के इस विनीत भाव का कुछ प्रभाव न हुआ। कुँवर साहब की आँखों से मानो आग के अंगारें निकल रहे थे। वे बोले—बेईमान, आँखों के सामने से दूर हो जा। नहीं तो तेरा ख़ून पी जाऊँगा।

बूढ़े के शरीर में रक्त तो अब वैसा न रहा था, किन्तु कुछ गर्मी अवश्य थी। समझता था कि ये कुछ न्याय करेंगे, परन्तु यह फटकार सुनकर बोला—सरकार, बुढ़ापे में आपके दरवाज़े पर पानी उतर गया और तिस पर सरकार हमी को डाँटते हैं। कुँवर साहब ने कहा—तुम्हारी इज़्ज़त अभी क्या उतरी है, अब उतरेगी।

दोनों लड़के सरोष बोले—सरकार अपना रुपया लेंगे कि किसी की इज़्ज़त लेंगे?

कुँवर साहब (ऐंठकर)—रुपया पीछे लेंगे, पहले देखेंगे कि तुम्हारी इज़्ज़त कितनी है!

4

चाँदपार के किसान अपने गाँव पर पहुँचकर पंडित दुर्गानाथ से अपनी रामकहानी कह ही रहे थे कि कुँवर साहब का दूत पहुँचा और ख़बर दी कि सरकार ने आपको अभी-अभी बुलाया है।

दुर्गानाथ ने असामियों को परितोष दिया और आप घोड़े पर सवार होकर दरबार में हाजिर हुए।

कुँवर साहब की आँखें लाल थीं। मुख की आकृति भयंकर हो रही थी। कई मुख्तार और चपरासी बैठे हुए आग पर तेल डाल रहे थे। पंडित जी को देखते ही कुँवर साहब बोले—चाँदपारवालों की हरकत आपने देखी?

पंडित जी ने नम्र भाव से कहा—जी हाँ, सुनकर बहुत शोक हुआ। ये तो ऐसे सरकश न थे।

कुँवर साहब—यह सब आप ही के आगमन का फल है। आप अभी स्कूल के लड़के हैं। आप क्या जानें कि संसार में कैसे रहना होता है। यदि आपका बरताव असामियों के साथ ऐसा ही रहा तो फिर मैं ज़मींदारी कर चुका। यह सब आपकी करनी है। मैंने इसी दरवाज़े पर असामियों को बाँध-बाँधकर उलटे लटका दिया है और किसी ने चूँ तक न की। आज उनका यह साहस कि मेरे ही आदमी पर हाथ चलाएँ।

दुर्गानाथ (कुछ दबते हुए)—महाशय, इसमें मेरा क्या अपराध? मैंने तो जब से सुना है तभी से स्वयं सोच में पड़ा हूँ।

कुँवर साहब—आपका अपराध नहीं तो किसका है? आप ही ने तो इनको सिर चढ़ाया। बेगार बन्द कर दी, आप ही उनके साथ भाईचारे का बरताव करते हैं, उनके साथ हँसी-मज़ाक़ करते हैं। ये छोटे आदमी इस बरताव की कदर क्या जानें, किताबी बातें स्कूलों ही के लिए

हैं। दुनिया के व्यवहार का क़ानून दूसरा है। अच्छा, जो हुआ सो हुआ। अब मैं चाहता हूँ कि इन बदमाशों को इस सरकशी का मज़ा चखाया जाए। असामियों को आपने मालगुजारी की रसीदें तो नहीं दी हैं?

दुर्गानाथ (कुछ डरते हुए)—जी नहीं, रसीदें तैयार हैं, लेकिन आपके हस्ताक्षरों की देर है।

कुँवर साहब (कुछ सन्तुष्ट होकर)—यह बहुत अच्छा हुआ। शकुन अच्छे हैं। अब आप इन रसीदों को चिरागअली के सिपुर्द कीजिए। इन लोगों पर बकाया लगान की नालिश की जाएगी, फ़सल नीलाम कर लूँगा। जब भूखे मरेंगे तब सूझेगी। जो रुपया अब तक वसूल हो चुका है, वह बीज और ऋण के खाते में चढ़ा लीजिए। आपको केवल यह गवाही देनी होगी कि यह रुपया मालगुजारी के मद में नहीं, क़र्ज़ में वसूल हुआ है। बस!

दुर्गानाथ चिन्तित हो गए। सोचने लगे कि क्या यहाँ भी उसी आपत्ति का सामना करना पड़ेगा जिससे बचने के लिए इतने सोच-विचार के बाद, इस शान्ति-कुटीर को ग्रहण किया था? क्या जान-बूझकर इन ग़रीबों की गर्दन पर छुरी फेरूँ, इसलिए कि मेरी नौकरी बनी रहे? नहीं, यह मुझसे न होगा। बोले—क्या मेरी शहादत बिना काम न चलेगा?

कुँवर साहब (क्रोध से)—क्या इतना कहने में भी आपको कोई उज्र है?

दुर्गानाथ (द्विविधा में पड़े हुए)—जी, यों तो मैंने आपका नमक खाया है। आपकी प्रत्येक आज्ञा का पालन करना मुझे उचित है, किन्तु न्यायालय में मैंने गवाही नहीं दी है। सम्भव है कि यह कार्य मुझसे न हो सके, अत: मुझे तो क्षमा ही कर दिया जाए।

कुँवर साहब (शासन के ढंग से)—यह काम आपको करना पड़ेगा, इसमें 'हाँ-नहीं' की कोई आवश्यकता नहीं। आग आपने लगाई है। बुझाएगा कौन?

दुर्गानाथ (दृढ़ता के साथ)—मैं झूठ कदापि नहीं बोल सकता, और न इस प्रकार की शहादत दे सकता हूँ!

कुँवर साहब (कोमल शब्दों में)—कृपानिधान, यह झूठ नहीं है। मैंने झूठ का व्यापार नहीं किया है। मैं यह नहीं कहता कि आप रुपए का वसूल होना अस्वीकार कर दीजिए। जब असामी मेरे ऋणी हैं, तो मुझे अधिकार है कि चाहे रुपया ऋण की मद में वसूल करूँ या मालगुजारी की मद में। यदि इतनी-सी बात को आप झूठ समझते हैं तो आपकी ज़बरदस्ती है। अभी आपने संसार देखा नहीं। ऐसी सचाई के लिए संसार में स्थान नहीं। आप मेरे यहाँ नौकरी कर रहे हैं। इस सेवक-धर्म पर विचार कीजिए। आप शिक्षित और होनहार पुरुष हैं। अभी आपको संसार में बहुत दिन तक रहना है और बहुत काम करना है। अभी से आप यह धर्म और सत्यता धारण करेंगे तो अपने जीवन में आपको विपत्ति और निराशा के सिवा और कुछ प्राप्त न होगा। सत्यप्रियता अवश्य उत्तम वस्तु है, किन्तु उसकी भी सीमा है, 'अति सर्वत्रवर्जयेत्!' अब अधिक सोच-विचार की आवश्यकता नहीं। यह अवसर ऐसा ही है।

कुँवर साहब पुराने खुर्राट थे। इस फैंकनैत से युवक खिलाड़ी हार गया।

5

इस घटना के तीसरे दिन चाँदपार के असामियों पर बकाया लगान की नालिश हुई। सम्मन आए। घर-घर उदासी छा गई। सम्मन क्या थे, यम के दूत थे। देवी-देवताओं की मिन्नतें होने लगीं। स्त्रियाँ अपने घरवालों को कोसने लगीं और पुरुष अपने भाग्य को। नियत तारीख़ के दिन

गाँव के गँवार कन्धे पर लोटा-डोर रखे और अँगोछे में चबेना बाँधे कचहरी को चले। सैकड़ों स्त्रियाँ और बालक रोते हुए उनके पीछे-पीछे जाते थे। मानो अब वे फिर उनसे न मिलेंगे।

पंडित दुर्गानाथ के तीन दिन कठिन परीक्षा के थे। एक ओर कुँवर साहब की प्रभावशालिनी बातें, दूसरी ओर किसानों की हाय-हाय; परन्तु विचार-सागर में तीन दिन निमग्न रहने के पश्चात् उन्हें धरती का सहारा मिल गया। उनकी आत्मा ने कहा—यह पहली परीक्षा है। यदि इसमें अनुत्तीर्ण रहे तो फिर आत्मिक दुर्बलता ही हाथ रह जाएगी। निदान निश्चय हो गया कि मैं अपने लाभ के लिए इतने ग़रीबों को हानि न पहुँचाऊँगा।

दस बजे दिन का समय था। न्यायालय के सामने मेला-सा लगा हुआ था। जहाँ-तहाँ श्यामवस्त्रच्छादित देवताओं की पूजा हो रही थी। चाँदपार के किसान झुंड के झुंड एक पेड़ के नीचे आकर बैठे। उनसे कुछ दूर पर कुँवर साहब के मुख्तारआम, सिपाहियों और गवाहों की भीड़ थी। ये लोग अत्यन्त विनोद में थे। जिस प्रकार मछलियाँ पानी में पहुँचकर किलोलें करती हैं, उसी भाँति ये लोग भी आनन्द में चूर थे। कोई पान खा रहा था। कोई हलवाई की दुकान से पूरियों की पत्तल लिए चला आता था। उधर बेचारे किसान पेड़ के नीचे चुपचाप उदास बैठे थे कि आज न जाने क्या होगा, कौन आफ़त आएगी! भगवान का भरोसा है। मुक़दमे की पेशी हुई। कुँवर साहब की ओर के गवाह गवाही देने लगे कि असामी बड़े सरकश हैं। जब लगान माँगा जाता है तो लड़ाई-झगड़े पर तैयार हो जाते हैं। अबकी इन्होंने एक कौड़ी भी नहीं दी।

कादिर ख़ाँ ने रोकर अपने सिर की चोट दिखाई। सबसे पीछे पंडित दुर्गानाथ की पुकार हुई। उन्हीं के बयान पर निपटारा होना था। वकील साहब ने उन्हें ख़ूब तोते की भाँति पढ़ा रखा था, किन्तु उनके मुख से पहला वाक्य निकला ही था कि मैजिस्ट्रेट ने उनकी ओर तीव्र दृष्टि से देखा। वकील साहब बग़लें झाँकने लगे। मुख्तारआम ने उनकी ओर घूर कर देखा। अहलमद, पेशकार आदि सबके सब उनकी ओर आश्चर्य की दृष्टि से देखने लगे।

न्यायाधीश ने तीव्र स्वर से कहा—तुम जानते हो कि मैजिस्ट्रेट के सामने खड़े हो?

दुर्गानाथ (दृढ़तापूर्वक)—जी हाँ, भली-भाँति जानता हूँ।

न्याया.—तुम्हारे ऊपर असत्य भाषण का अभियोग लगाया जा सकता है।

दुर्गानाथ—अवश्य, यदि मेरा कथन झूठा हो।

वकील ने कहा—जान पड़ता है, किसानों के दूध, घी और भेंट आदि ने यह काया-पलट कर दी है। और न्यायाधीश की ओर सार्थक दृष्टि से देखा।

दुर्गानाथ—आपको इन वस्तुओं का अधिक तजुर्बा होगा। मुझे तो अपनी रूखी रोटियाँ ही अधिक प्यारी हैं।

न्यायाधीश—तो इन असामियों ने सब रुपया बेबाक कर दिया है?

दुर्गानाथ—जी हाँ, इनके ज़िम्मे लगान की एक कौड़ी भी बाक़ी नहीं है।

न्यायाधीश—रसीदें क्यों नहीं दीं?

दुर्गानाथ—मेरे मालिक की आज्ञा।

6

मैजिस्ट्रेट ने नालिशें डिसमिस कर दीं। कुँवर साहब को ज्यों ही इस पराजय की ख़बर मिली, उनके कोप की मात्रा सीमा से बाहर हो गई। उन्होंने पंडित दुर्गानाथ को सैकड़ों कुवाक्य

कहे—नमकहराम, विश्वासघाती, दुष्ट। मैंने उसका कितना आदर किया, किन्तु कुत्ते की पूँछ कहीं सीधी हो सकती है! अन्त में विश्वासघात कर ही गया। यह अच्छा हुआ कि पं. दुर्गानाथ मैजिस्ट्रेट का फ़ैसला सुनते ही मुख्तारआम को कुंजियाँ और काग़ज़पत्र सुपुर्द कर चलते हुए। नहीं तो उन्हें इस कार्य के फल में कुछ दिन हल्दी और गुड़ पीने की आवश्यकता पड़ती।

कुँवर साहब का लेन-देन विशेष अधिक था। चाँदपार बहुत बड़ा इलाक़ा था। वहाँ के असामियों पर कई सौ रुपए बाक़ी थे। उन्हें विश्वास हो गया कि अब रुपया डूब जाएगा। वसूल होने की कोई आशा नहीं। इस पंडित ने असामियों को बिलकुल बिगाड़ दिया। अब उन्हें मेरा क्या डर? अपने कारिंदों और मंत्रियों से सम्मति ली। उन्होंने भी यही कहा—अब वसूल होने की कोई सूरत नहीं। काग़ज़ात न्यायालय में पेश किए जाएँ तो इनकम टैक्स लग जाएगा। किन्तु रुपया वसूल होना कठिन है। उजरदारियाँ होंगी। कहीं हिसाब में कोई भूल निकल आई तो रही-सही साख भी जाती रहेगी और दूसरे इलाक़ों का रुपया भी मारा जाएगा।

दूसरे दिन कुँवर साहब पूजा-पाठ से निश्चिंत हो अपने चौपाल में बैठे तो क्या देखते हैं कि चाँदपार के असामी झुंड के झुंड चले आ रहे हैं। उन्हें यह देखकर भय हुआ कि कहीं ये सब कुछ उपद्रव तो न करेंगे, किन्तु किसी के हाथ में एक छड़ी तक न थी। मलूका आगे-आगे आता था। उसने दूर ही से झुककर वंदना की। ठाकुर साहब को ऐसा आश्चर्य हुआ, मानो वे कोई स्वप्न देख रहे हों।

7

मलूका ने सामने आकर विनयपूर्वक कहा—सरकार, हम लोगों से जो कुछ भूल-चूक हुई हो उसे क्षमा किया जाए। हम लोग सब हुजूर के चाकर हैं; सरकार ने हमको पाला-पोसा है। अब भी हमारे ऊपर यही निगाह रहे।

कुँवर साहब का उत्साह बढ़ा। समझे कि पंडित के चले जाने से इन सबों के होश ठिकाने हुए हैं। आज किसका सहारा लेंगे। उसी खुर्राट ने इन सबों को बहका दिया था। कड़क कर बोले—वे तुम्हारे सहायक पंडित कहाँ गए? वे आ जाते तो ज़रा उनकी ख़बर ली जाती।

यह सुनकर मलूका की आँखों में आँसू भर आए। वह बोला—सरकार, उनको कुछ न कहें। वे आदमी नहीं देवता थे। जवानी की सौगंध है, जो उन्होंने आपकी कोई निन्दा की हो। वे बेचारे तो हम लोगों को बार-बार समझाते थे कि देखो, मालिक से बिगाड़ करना अच्छी बात नहीं। हमसे कभी एक लोटा पानी के रवादार नहीं हुए। चलते-चलते हमसे कह गए कि मालिक का जो कुछ तुम्हारे ज़िम्मे निकले, चुका देना। आप हमारे मालिक हैं। हमने आपका बहुत खाया-पिया है। अब हमारी यही विनती सरकार से है कि हमारा हिसाब-किताब देखकर जो कुछ हमारे ऊपर निकले बताया जाए। हम एक-एक कौड़ी चुका देंगे, तब पानी पिएँगे।

कुँवर साहब प्रसन्न हो गए। इन्हीं रुपयों के लिए कई बार खेत कटवाने पड़े थे। कितनी बार घरों में आग लगवाई। अनेक बार मार-पीट की। कैसे-कैसे दंड दिए। आज ये सब आप से आप सारा हिसाब-किताब साफ़ करने आए हैं। यह क्या जादू है।

मुख्तारआम साहब ने काग़ज़ात खोले और असामियों ने अपनी-अपनी पोटलियाँ। जिसके ज़िम्मे जितना निकला, बे-कान-पूँछ हिलाए उतना द्रव्य सामने रख दिया। देखते-देखते सामने रुपयों का ढेर लग गया। छह सौ रुपया बात की बात में वसूल हो गया। किसी के ज़िम्मे कुछ

बाक़ी न रहा। यह सत्यता और न्याय की विजय थी। कठोरता और निर्दयता से जो काम कभी न हुआ, वह धर्म और न्याय ने पूरा कर दिखाया।

जब से ये लोग मुक़दमा जीत आए तभी से उनको रुपया चुकाने की धुन सवार थी। पंडित जी को वे यथार्थ में देवता समझते थे। रुपया चुका देने के लिए उनकी विशेष आज्ञा थी। किसी ने बैल, किसी ने गहने बंधक रखे। यह सब कुछ सहन किया, परन्तु पंडित जी की बात न टाली। कुँवर साहब के मन में पंडित जी के प्रति जो बुरे विचार थे, सब मिट गए। उन्होंने सदा से कठोरता से काम लेना सीखा था। उन्हीं नियमों पर वे चलते थे। न्याय तथा सत्यता पर उनका विश्वास न था। किन्तु आज उन्हें प्रत्यक्ष देख पड़ा कि सत्यता और कोमलता में बहुत बड़ी शक्ति है।

ये असामी मेरे हाथ से निकल गए थे। मैं इनका क्या बिगाड़ सकता था? अवश्य वह पंडित सच्चा और धर्मात्मा पुरुष था। उसमें दूरदर्शिता न हो, काल-ज्ञान न हो, किन्तु इसमें सन्देह नहीं कि वह नि:स्पृह और सच्चा पुरुष था।

8

कैसी ही अच्छी वस्तु क्यों न हो, जब तक हमको उसकी आवश्यकता नहीं होती तब तक हमारी दृष्टि में उसका गौरव नहीं होता। हरी दूब भी किसी समय अशर्फियों के मोल बिक जाती है। कुँवर साहब का काम एक नि:स्पृह मनुष्य के बिना नहीं रुक सकता था। अतएव पंडित जी के इस सर्वोत्तम कार्य की प्रशंसा किसी कवि की कविता से अधिक न हुई। चाँदपार के असामियों ने तो अपने मालिक को कभी किसी प्रकार का कष्ट न पहुँचाया, किन्तु अन्य इलाक़ोंवाले असामी उसी पुराने ढंग से चलते थे। उन इलाक़ों में रगड़-झगड़ सदैव मची रहती थी। अदालत, मार-पीट, डाँट-डपट सदा लगी रहती थी। किन्तु ये सब तो ज़मींदार के शृंगार हैं। बिना इन सब बातों के ज़मींदारी कैसी? क्या दिन भर बैठे-बैठे वे मक्खियाँ मारें?

कुँवर साहब इसी प्रकार पुराने ढंग से अपना प्रबन्ध सँभालते जाते थे। कई वर्ष व्यतीत हो गए। कुँवर साहब का कारोबार दिनोंदिन चमकता ही गया। यद्यपि उन्होंने पाँच लड़कियों के विवाह बड़ी धूमधाम के साथ किए, परन्तु तिस पर भी उनकी बढ़ती में किसी प्रकार की कमी न हुई। हाँ, शारीरिक शक्तियाँ अवश्य कुछ-कुछ ढीली पड़ती गईं। बड़ी भारी चिन्ता यही थी कि इतनी बड़ी सम्पत्ति और ऐश्वर्य को भोगनेवाला कोई उत्पन्न न हुआ। भानजे, भतीजे और नवासे इस रियासत पर दाँत लगाए हुए थे।

कुँवर साहब का मन अब इन सांसारिक झगड़ों से फिरता जाता था। आख़िर यह रोना-धोना किसके लिए? अब उनके जीवन-नियम में एक परिवर्तन हुआ। द्वार पर कभी-कभी साधु-संत धूनी रमाये हुए देख पड़ते। स्वयं भगवद्गीता और विष्णुसहस्त्रनाम पढ़ते थे। पारलौकिक चिन्ता अब नित्य रहने लगी। परमात्मा की कृपा और साधु-संतों के आशीर्वाद से बुढ़ापे में उनको एक लड़का पैदा हुआ। जीवन की आशाएँ सफल हुईं; पर दुर्भाग्यवश पुत्र के जन्म ही से कुँवर साहब शारीरिक व्याधियों से ग्रस्त रहने लगे। सदा वैद्यों और डॉक्टरों का ताँता लगा रहता था; लेकिन दवाओं का उल्टा प्रभाव पड़ता। ज्यों-त्यों करके उन्होंने ढाई वर्ष बिताए। अन्त में उनकी शक्तियों ने जवाब दे दिया। उन्हें मालूम हो गया कि अब संसार से नाता टूट जाएगा। अब चिन्ता ने और धर दबाया, यह सारा माल-असबाब, इतनी बड़ी सम्पत्ति किस पर छोड़

जाऊँ? मन की इच्छाएँ मन ही मन रह गईं। लड़के का विवाह भी न देख सका। उसकी तोतली बातें सुनने का भी सौभाग्य न हुआ। हाय, अब इस कलेजे के टुकड़े को किसे सौंपूँ, जो इसे अपना पुत्र समझे। लड़के की माँ स्त्री-जाति, न कुछ जाने, न समझे। उससे कारबार सँभलना कठिन है। मुख्तारआम, गुमाश्ते, कारिंदे कितने हैं, परन्तु सब के सब स्वार्थी—विश्वासघाती। एक भी ऐसा पुरुष नहीं जिस पर मेरा विश्वास जमे! कोर्ट आफ वार्ड्स के सुपुर्द करूँ तो वहाँ भी वे ही सब आपत्तियाँ। कोई इधर दबाएगा, कोई उधर। अनाथ बालक को कौन पूछेगा? हाय, मैंने आदमी नहीं पहचाना। मुझे हीरा मिल गया था, मैंने उसे ठीकरा समझा! कैसा सच्चा, कैसा वीर, दृढ़प्रतिज्ञ पुरुष था! यदि वह कहीं मिल जाए तो इस अनाथ बालक के दिन फिर जाएँ। उसके हृदय में करुणा है, दया है। वह अनाथ बालक पर तरस खाएगा। हाँ! क्या मुझे उसके दर्शन मिलेंगे? मैं उस देवता के चरण धोकर माथे पर चढ़ाता। आँसुओं से उसके चरण धोता। वही यदि हाथ लगाए तो यह मेरी डूबती नाव पार लगे।

9

ठाकुर साहब की दशा दिन पर दिन बिगड़ती गई। अब अन्तकाल आ पहुँचा। उन्हें पंडित दुर्गानाथ की रट लगी हुई थी। बच्चे का मुँह देखते और कलेजे से एक आह निकल जाती। बार-बार पछताते और हाथ मलते। हाय! उस देवता को कहाँ पाऊँ? जो कोई उसके दर्शन करा दे, आधी जायदाद उस पर न्योछावर कर दूँ—प्यारे पंडित! मेरे अपराध क्षमा करो। मैं अंधा था, अज्ञानी था। अब मेरी बाँह पकड़ो। मुझे डूबने से बचाओ। इस अनाथ बालक पर तरस खाओ।

हितार्थी और सम्बन्धियों का समूह सामने खड़ा था। कुँवर साहब ने उनकी ओर अधखुली आँखों से देखा। सच्चा हितैषी कहीं देख न पड़ा। सबके चेहरे पर स्वार्थ की झलक थी। निराशा से आँखें मूँद लीं। उनकी स्त्री फूट-फूटकर रो रही थी। निदान उसे लज्जा त्यागनी पड़ी। वह रोती हुई पास जाकर बोली—प्राणनाथ, मुझे और इस असहाय बालक को किस पर छोड़े जाते हो?

कुँवर साहब ने धीरे से कहा—पंडित दुर्गानाथ पर। वे जल्द आएँगे। उनसे कह देना कि मैंने सब कुछ उनको भेंट कर दिया। यह अन्तिम वसीयत है।

आप-बीती

प्राय: अधिकांश साहित्य-सेवियों के जीवन में एक ऐसा समय आता है, जब पाठकगण उनके पास श्रद्धा-पूर्ण पत्र भेजने लगते हैं। कोई उनकी रचना-शैली की प्रशंसा करता है, कोई उनके सद्विचारों पर मुग्ध हो जाता है। लेखक को भी कुछ दिनों से यह सौभाग्य प्राप्त है। ऐसे पत्रों को पढ़कर उसका हृदय कितना गद्गद हो जाता है, इसे किसी साहित्य-सेवी ही से पूछना चाहिए। अपने फटे कंबल पर बैठा हुआ वह गर्व और आत्मगौरव की लहरों में डूब जाता है। भूल जाता है कि रात को गीली लकड़ी से भोजन पकाने के कारण सिर में कितना दर्द हो रहा था, खटमलों और मच्छरों ने रात भर कैसे नींद हराम कर दी थी। 'मैं भी कुछ हूँ' यह

अहंकार उसे एक क्षण के लिए उन्मत्त बना देता है। पिछले साल सावन के महीने में मुझे एक ऐसा ही पत्र मिला। उसमें मेरी क्षुद्र रचनाओं की दिल खोलकर दाद दी गई थी।

पत्र-प्रेषक महोदय स्वयं एक अच्छे कवि थे। मैं उनकी कविताएँ पत्रिकाओं में अक्सर देखा करता था। यह पत्र पढ़कर फूला न समाया। उसी वक़्त जवाब लिखने बैठा। उस तरंग में जो कुछ लिख गया, इस समय याद नहीं। इतना ज़रूर याद है कि पत्र आदि से अन्त तक प्रेम के उद्‌गारों से भरा हुआ था। मैंने कभी कविता नहीं की और न कोई गद्य-काव्य ही लिखा; पर भाषा को जितना सँवार सकता था, उतना सँवारा। यहाँ तक कि जब पत्र समाप्त करके दुबारा पढ़ा तो कविता का आनन्द आया। सारा पत्र भाव-लालित्य से परिपूर्ण था। पाँचवें दिन कवि महोदय का दूसरा पत्र आ पहुँचा। वह पहले पत्र से भी कहीं अधिक मर्मस्पर्शी था। 'प्यारे भैया!' कहकर मुझे सम्बोधित किया गया था; मेरी रचनाओं की सूची और प्रकाशकों के नाम-ठिकाने पूछे गए थे। अन्त में यह शुभ समाचार है कि 'मेरी पत्नी जी को आपके ऊपर बड़ी श्रद्धा है। वह बड़े प्रेम से आपकी रचनाओं को पढ़ती हैं। वही पूछ रही हैं कि आपका विवाह कहाँ हुआ है। आपकी संतानें कितनी हैं तथा आपका कोई फ़ोटो भी है? हो तो कृपया भेज दीजिए।' मेरी जन्म-भूमि और वंशावली का पता भी पूछा गया था। इस पत्र, विशेषत: उसके अन्तिम समाचार ने मुझे पुलकित कर दिया।

यह पहला ही अवसर था कि मुझे किसी महिला के मुख से, चाहे वह प्रतिनिधि द्वारा ही क्यों न हो, अपनी प्रशंसा सुनने का सौभाग्य प्राप्त हुआ। ग़रूर का नशा छा गया। धन्य है भगवान्! अब रमणियाँ भी मेरे कृत्य की सराहना करने लगीं! मैंने तुरन्त उत्तर लिखा। जितने कर्णप्रिय शब्द मेरी स्मृति के कोष में थे, सब ख़र्च कर दिए। मैत्री और बंधुत्व से सारा पत्र भरा हुआ था। अपनी वंशावली का वर्णन किया। कदाचित् मेरे पूर्वजों का ऐसा कीर्ति-गान किसी भाट ने भी न किया होगा। मेरे दादा एक ज़मींदार के कारिंदे थे, मैंने उन्हें एक बड़ी रियासत का मैनेजर बतलाया। अपने पिता को, जो एक दफ़्तर में क्लर्क थे, उस दफ़्तर का प्रधानाध्यक्ष बना दिया। और काश्तकारी को ज़मींदारी बना देना तो साधारण बात थी। अपनी रचनाओं की संख्या तो न बढ़ा सका, पर उनके महत्त्व, आदर और प्रचार का उल्लेख ऐसे शब्दों में किया, जो नम्रता की ओट में अपने गर्व को छिपाते हैं। कौन नहीं जानता कि बहुधा 'तुच्छ' का अर्थ उससे विपरीत होता है, और 'दीन' के माने कुछ और ही समझे जाते हैं। स्पष्ट से अपनी बड़ाई करना उच्छृंखलता है; मगर सांकेतिक शब्दों से आप इसी काम को बड़ी आसानी से पूरा कर सकते हैं। ख़ैर, मेरा पत्र समाप्त हो गया और तत्क्षण लेटरबक्स के पेट में पहुँच गया।

इसके बाद दो सप्ताह तक कोई पत्र न आया। मैंने उस पत्र में अपनी गृहिणी की ओर से भी दो-चार समयोचित बातें लिख दी थीं। आशा थी, घनिष्ठता और भी घनिष्ठ होगी। कहीं कविता में मेरी प्रशंसा हो जाए, तो क्या पूछना! फिर तो साहित्य-संसार में मैं ही नज़र आऊँ! इस चुप्पी से कुछ निराशा होने लगी; लेकिन इस डर से कि कहीं कवि जी मुझे मतलबी अथवा सेंटिमैंटल न समझ लें, कोई पत्र न लिख सका।

आश्विन का महीना था, और तीसरा पहर। रामलीला की धूम मची हुई थी। मैं अपने एक मित्र के घर चला गया था। ताश की बाज़ी हो रही थी। सहसा एक महाशय मेरा नाम पूछते हुए आए और मेरे पास की कुरसी पर बैठ गए। मेरा उनसे कभी का परिचय न था।

सोच रहा था, यह कौन आदमी है और यहाँ कैसे आया? यार लोग उन महाशय की ओर देखकर आपस में इशारेबाज़ियाँ कर रहे थे। उनके आकार-प्रकार में कुछ नवीनता अवश्य थी। श्यामवर्ण, नाटा डील, मुख पर चेचक के दाग़, नंगा सिर, बाल सँवारे हुए, सिर्फ़ सादी कमीज़, गले में फूलों की एक माला, पैर में फुल-बूट और हाथ में एक मोटी-सी पुस्तक!

मैंने विस्मित होकर नाम पूछा।

उत्तर मिला—मुझे उमापतिनारायण कहते हैं।

मैं उठकर उनके गले से लिपट गया। यह वही कवि महोदय थे, जिनके कई प्रेम-पत्र मुझे मिल चुके थे। कुशल-समाचार पूछा। पान-इलायची से ख़ातिर की। फिर पूछा—आपका आना कैसे हुआ?

उन्होंने कहा—मकान पर चलिए, तो सब वृत्तांत कहूँगा। मैं आपके घर गया था। वहाँ मालूम हुआ, आप यहाँ हैं। पूछता हुआ चला आया।

मैं उमापति जी के साथ घर चलने को उठ खड़ा हुआ! जब वह कमरे के बाहर निकल गए, तो मेरे मित्र ने पूछा—यह कौन साहब हैं?

मैं—मेरे एक नए दोस्त हैं।

मित्र—ज़रा इनसे होशियार रहिएगा। मुझे तो उचक्के-से मालूम होते हैं।

मैं—आपका अनुमान ग़लत है। आप हमेशा आदमी को उसकी सजधज से परखा करते हैं। पर मनुष्य कपड़ों में नहीं, हृदय में रहता है।

मित्र—ख़ैर, ये रहस्य की बातें तो आप जानें; मैं आपको आगाह किए देता हूँ।

मैंने इसका कुछ जवाब नहीं दिया। उमापति जी के साथ घर पर आया। बाज़ार से भोजन मँगवाया। फिर बातें होने लगीं। उन्होंने मुझे अपनी कई कविताएँ सुनाईं। स्वर बहुत सरस और मधुर था।

कविताएँ तो मेरी समझ में खाक न आईं, पर मैंने तारीफों के पुल बाँध दिए। झूम-झूम कर वाह, वाह करने लगा; जैसे मुझसे बढ़कर कोई काव्य रसिक संसार में न होगा। संध्या को हम रामलीला देखने गए। लौटकर उन्हें फिर भोजन कराया। अब उन्होंने अपना वृत्तांत सुनाना शुरू किया। इस समय वह अपनी पत्नी को लेने के लिए कानपुर जा रहे हैं। उसका मकान कानपुर ही में है। उनका विचार है कि एक मासिक पत्रिका निकालें। उनकी कविताओं के लिए एक प्रकाशक 1,000 रु. देता है; पर उनकी इच्छा तो यह है कि उन्हें पहले पत्रिका में क्रमश: निकालकर फिर अपनी ही लागत से पुस्तकाकार छपवाएँ। कानपुर में उनकी ज़मींदारी भी है; पर वह साहित्यिक जीवन व्यतीत करना चाहते हैं। ज़मींदारी से उन्हें घृणा है। उनकी स्त्री एक कन्या-विद्यालय में प्रधानाध्यापिका है। आधी रात तक बातें होती रहीं। अब उनमें से अधिकांश याद नहीं हैं। हाँ! इतना याद है कि हम दोनों ने मिलकर अपने भावी जीवन का एक कार्यक्रम तैयार कर लिया था। मैं अपने भाग्य को सराहता था कि भगवान् ने बैठे-बैठाए ऐसा सच्चा मित्र भेज दिया। आधी रात बीत गई, तो सोए। उन्हें दूसरे दिन 8 बजे की गाड़ी से जाना था। मैं जब सोकर उठा, तब 7 बज चुके थे। उमापति जी हाथ-मुँह धोए तैयार बैठे थे। बोले—अब आज्ञा दीजिए; लौटते समय इधर ही से जाऊँगा। इस समय आपको कुछ कष्ट दे रहा हूँ। क्षमा कीजिएगा। मैं कल चला, तो प्रात:काल के 4 बजे थे। दो बजे रात से पड़ा जाग रहा था कि कहीं नींद न आ जाए। बल्कि यों समझिए कि सारी रात जागना पड़ा; क्योंकि

चलने की चिन्ता लगी हुई थी। गाड़ी में बैठा तो झपकियाँ आने लगीं। कोट उतारकर रख दिया और लेट गया, तुरन्त नींद आ गई। मुगलसराय में नींद खुली। कोट ग़ायब! नीचे-ऊपर चारों तरफ़ देखा, कहीं पता नहीं। समझ गया, किसी महाशय ने उड़ा दिया। सोने की सज़ा मिल गई। कोट में 50 रु. ख़र्च के लिए रखे थे; वे भी उसके साथ उड़ गए। आप मुझे 50 रु. दें। पत्नी को मैके से लाना है; कुछ कपड़े वग़ैरह ले जाने पड़ेंगे। फिर ससुराल में सैकड़ों तरह के नेग-जोग लगने हैं। क़दम-क़दम पर रुपए ख़र्च होते हैं। न ख़र्च कीजिए तो हँसी हो। मैं इधर से लौटूँगा तो देता जाऊँगा।

मैं बड़े संकोच में पड़ गया। एक बार पहले भी धोखा खा चुका था। तुरन्त भ्रम हुआ कहीं अबकी फिर वही दशा न हो। लेकिन शीघ्र ही मन के इस अविश्वास पर लज्जित हुआ। संसार में सभी मनुष्य एक-से नहीं होते। यह बेचारे इतने सज्जन हैं। इस समय संकट में पड़ गए हैं। और मिथ्या सन्देह में पड़ा हुआ हूँ। घर में आकर पत्नी से कहा—तुम्हारे पास कुछ रुपए तो नहीं हैं?

स्त्री—क्या करोगे।

मैं—मेरे मित्र जो कल आए हैं, उनके रुपए किसी ने गाड़ी में चुरा लिए। उन्हें बीवी को बिदा कराने ससुराल जाना है। लौटती बार देते जाएँगे।

पत्नी ने व्यंग्य करके कहा—तुम्हारे यहाँ जितने मित्र आते हैं, सब तुम्हें ठगने ही आते हैं, सभी संकट में पड़े रहते हैं। मेरे पास रुपए नहीं हैं।

मैंने ख़ुशामद करते हुए कहा—लाओ दे दो, बेचारे तैयार खड़े हैं। गाड़ी छूट जाएगी।

स्त्री—कह दो, इस समय घर में रुपए नहीं हैं।

मैं—यह कह देना आसान नहीं है। इसका अर्थ तो यह है कि मैं दरिद्र ही नहीं, मित्र-हीन भी हूँ; नहीं तो क्या मेरे लिए 50 रु. का इन्तज़ाम न हो सकता। उमापति को कभी विश्वास न आएगा कि मेरे पास रुपए नहीं हैं। इससे तो कहीं अच्छा हो कि साफ़-साफ़ यह कह दिया जाए कि 'हमको आप पर भरोसा नहीं है, हम आपको रुपए नहीं दे सकते।' कम से कम अपना पर्दा तो ढका रह जाएगा।

श्रीमती ने झुँझला कर सन्दूक़ की कुंजी मेरे आगे फेंक दी और कहा—तुम्हें जितना बहस करना आता है, उतना कहीं आदमियों को परखना आता, तो अब तक आदमी हो गए होते! ले जाओ, दे दो। किसी तरह तुम्हारी मरजाद तो बनी रहे। लेकिन उधार समझकर मत दो, यह समझ लो कि पानी में फेंके देते हैं।

मुझे आम खाने से काम था, पेड़ गिनने से नहीं। चुपके से रुपए निकाले और लाकर उमापति को दे दिए। फिर लौटती बार आकर रुपए दे जाने का आश्वासन देकर वह चल दिए।

सातवें दिन शाम को वह घर से लौट आए। उनकी पत्नी और पुत्री भी साथ थीं। मेरी पत्नी ने शक्कर और दही खिलाकर उनका स्वागत किया। मुँह-दिखाई के 20 रु. दिए। उनकी पुत्री को भी मिठाई खाने को 2 रु. दिए। मैंने समझा था, उमापति आते ही आते मेरे रुपए गिनने लगेंगे; लेकिन उन्होंने पहर रात गए तक रुपयों का नाम भी नहीं लिया। जब मैं घर में सोने गया, तो बीवी से कहा—इन्होंने तो रुपए नहीं दिए जी!

पत्नी ने व्यंग्य से हँसकर कहा—तो क्या सचमुच तुम्हें आशा थी कि वह आते ही आते तुम्हारे हाथ में रुपए रख देंगे? मैंने तो तुमसे पहले ही कह दिया था कि फिर पाने की आशा

से रुपए मत दो; यही समझ लो कि किसी मित्र को सहायतार्थ दे दिए। लेकिन तुम भी विचित्र आदमी हो।

मैं लज्जित और चुप हो रहा। उमापति जी दो दिन रहे। मेरी पत्नी उनका यथोचित आदर-सत्कार करती रही। लेकिन मुझे उतना सन्तोष न था। मैं समझता था, इन्होंने मुझे धोखा दिया।

तीसरे दिन प्रात:काल वह चलने को तैयार हुए। मुझे अब भी आशा थी कि वह रुपए देकर जाएँगे। लेकिन जब उनकी नई रामकहानी सुनी, तो सन्नाटे में आ गया। वह अपना बिस्तर बाँधते हुए बोले—बड़ा ही खेद है कि मैं अबकी बार आपके रुपए न दे सका। बात यह है कि मकान पर पिताजी से भेंट ही नहीं हुई। वह तहसील-वसूल करने गाँव चले गए थे। और मुझे इतना अवकाश न था कि गाँव तक जाता। रेल का रास्ता नहीं है। बैलगाड़ियों पर जाना पड़ता है। इसीलिए मैं एक दिन मकान पर रहकर ससुराल चला गया। वहाँ सब रुपए ख़र्च हो गए। बिदाई के रुपए न मिल जाते, तो यहाँ तक आना कठिन था। अब मेरे पास रेल का किराया तक नहीं है। आप मुझे 25 रु. और दे दें। मैं वहाँ जाते ही भेज दूँगा। मेरे पास इक्के तक का किराया नहीं है।

जी में तो आया कि टका-सा जवाब दे दूँ; पर इतनी अशिष्टता न हो सकी। फिर पत्नी के पास गया और रुपए माँगे। अबकी उन्होंने बिना कुछ कहे-सुने रुपए निकालकर मेरे हवाले कर दिए। मैंने उदासीन भाव से रुपए उमापति जी को दिए। जब उनकी पुत्री और अर्धांगिनी ज़ीने से उतर गईं, तो उन्होंने बिस्तर उठाया और मुझे प्रणाम किया। मैंने बैठे-बैठे सर हिलाकर जवाब दिया। उन्हें सड़क तक पहुँचाने भी न गया।

एक सप्ताह के बाद उमापति जी ने लिखा—मैं कार्यवश बरार जा रहा हूँ। लौटकर रुपए भेजूँगा।

15 दिन के बाद एक पत्र लिखकर कुशल-समाचार पूछे। कोई उत्तर न आया। 15 दिन के बाद फिर रुपयों का तकाजा किया। उसका भी कुछ जवाब न मिला। एक महीने के बाद फिर तकाजा किया। उसका भी यही हाल! एक रजिस्टरी पत्र भेजा। वह पहुँच गया, इसमें सन्देह नहीं; लेकिन जवाब उसका भी न आया। समझ गया, समझदार जोरू ने जो कुछ कहा था, वह अक्षरश: सत्य था! निराश होकर चुप हो रहा।

इन पत्रों की मैंने पत्नी से चर्चा भी नहीं की और न उसी ने कुछ इस बारे में पूछा।

2

इस कपट-व्यवहार का मुझ पर वही असर पड़ा जो साधारणत: स्वाभाविक रूप से पड़ना चाहिए। कोई ऊँची और पवित्र आत्मा इस छल पर भी अटल रह सकती थी। उसे यह समझकर सन्तोष हो सकता था कि मैंने अपने कर्तव्य को पूरा कर दिया। यदि ऋणी ने ऋण नहीं चुकाया, तो मेरा क्या अपराध। पर मैं इतना उदार नहीं हूँ। यहाँ तो महीनों सिर खपाता हूँ, क़लम घिसता हूँ, तब जाकर नगद-नारायण के दर्शन होते हैं।

इसी महीने की बात है। मेरे यंत्रालय में एक नया कंपोजीटर बिहार-प्रान्त से आया। काम में चतुर जान पड़ता था। मैंने उसे 15 रु. मासिक पर नौकर रख लिया। पहले किसी अँगरेज़ी स्कूल में पढ़ता था। असहयोग के कारण पढ़ना छोड़ बैठा था। घरवालों ने किसी प्रकार की सहायता देने से इनकार किया। विवश होकर उसने जीविका के लिए यह पेशा अख़्तियार

कर लिया। कोई 17-18 वर्ष की उम्र थी। स्वभाव में गंभीरता थी। बातचीत बहुत सलीके से करता था। यहाँ आने के तीसरे दिन बुखार आने लगा। दो-चार दिन तो ज्यों-त्यों करके काटे, लेकिन जब बुखार न छूटा, तो घबरा गया। घर की याद आई। और कुछ न सही, घरवाले क्या दवा-दरपन भी न करेंगे। मेरे पास आकर बोला—महाशय, मैं बीमार हो गया हूँ। आप कुछ रुपए दे दें तो घर चला जाऊँ। वहाँ जाते ही रुपयों का प्रबन्ध करके भेज दूँगा। वह वास्तव में बीमार था। मैं उससे भली-भाँति परिचित था। यह भी जानता था कि यहाँ रहकर वह कभी स्वास्थ्य-लाभ नहीं कर सकता। उसे सचमुच सहायता की ज़रूरत थी। पर मुझे शंका हुई कि कहीं यह भी रुपए हजम न कर जाए। जब एक विचारशील, सुयोग्य विद्वान् पुरुष धोखा दे सकता है, तो ऐसे अर्द्धशिक्षित नवयुवक से कैसे यह आशा की जाए कि वह अपने बचन का पालन करेगा?

मैं कई मिनट तक घोर संकट में पड़ा रहा। अन्त में बोला—भई, मुझे तुम्हारी दशा पर बहुत दुःख है। मगर मैं इस समय कुछ न कर सकूँगा। बिलकुल ख़ाली हाथ हूँ। खेद है।

यह कोरा जवाब सुनकर उसकी आँखों से आँसू गिरने लगे। वह बोला—आप चाहें तो कुछ न कुछ प्रबन्ध अवश्य कर सकते हैं। मैं जाते ही आपके रुपए भेज दूँगा।

मैंने दिल में कहा—यहाँ तुम्हारी नीयत साफ़ है, लेकिन घर पहुँचकर भी यही नीयत रहेगी, इसका क्या प्रमाण है? नीयत साफ़ रहने पर भी मेरे रुपए दे सकोगे या नहीं यह कौन जाने? कम से कम तुमसे वसूल करने का मेरे पास कोई साधन नहीं है। प्रकट में कहा—इसमें मुझे कोई सन्देह नहीं है, लेकिन खेद है कि मेरे पास रुपए नहीं हैं। हाँ, तुम्हारी जितनी तनख़्वाह निकलती हो वह ले सकते हो।

उसने कुछ जवाब नहीं दिया, किंकर्तव्यविमूढ़ की तरह एक बार आकाश की ओर देखा और चला गया। मेरे हृदय में कठिन वेदना हुई। अपनी स्वार्थपरता पर ग्लानि हुई। पर अन्त को मैंने जो निश्चय किया था उसी पर स्थिर रहा। इस विचार से मन को सन्तोष हो गया कि मैं ऐसा कहाँ का धनी हूँ जो यों रुपए पानी में फेंकता फिरूँ।

यह है उस कपट का परिणाम, जो मेरे कवि मित्र ने मेरे साथ किया।

मालूम नहीं, आगे चलकर इस निर्बलता का क्या कुफल निकलता, पर सौभाग्य से उसकी नौबत न आई। ईश्वर को मुझे इस अपयश से बचाना मंजूर था। जब वह आँखों में आँसू-भरे मेरे पास से चला, तो कार्यालय के एक क्लर्क, पं. पृथ्वीनाथ से उसकी भेंट हो गई। पंडित जी ने उससे हाल पूछा। पूरा वृत्तांत सुन लेने पर बिना किसी आगा-पीछा के उन्होंने 15 रु. निकालकर उसे दे दिए। ये रुपए उन्हें कार्यालय के मुनीम से उधार लेने पड़े। मुझे यह हाल मालूम हुआ, तो हृदय के ऊपर से एक बोझ-सा उतर गया। अब वह बेचारा मज़े से अपने घर पहुँच जाएगा। यह सन्तोष मुफ्त ही में प्राप्त हो गया। कुछ अपनी नीचता पर लज्जा भी आई। मैं लंबे-लंबे लेखों में दया, मनुष्यता और सद्व्यवहार का उपदेश किया करता था; पर अवसर पड़ने पर साफ़ जान बचाकर निकल गया! और, यह बेचारा क्लर्क, जो मेरे लेखों का भक्त था, इतना उदार और दयाशील निकला! गुरु गुड़ ही रहे, चेला शक्कर हो गए। ख़ैर, उसमें भी एक व्यंग्य-पूर्ण सन्तोष था कि मेरे उपदेशों का असर मुझ पर न हुआ, न सही; दूसरों पर तो हुआ! चिराग़ के तले अँधेरा रहा तो क्या हुआ, उसका प्रकाश तो फैल रहा है! पर, कहीं बेचारे को रुपए न मिले (और शायद ही मिलें, इसकी बहुत कम आशा है) तो ख़ूब छकेंगे।

हजरत को आड़े हाथों लूँगा। किन्तु मेरी यह अभिलाषा न पूरी हुई। पाँचवें दिन रुपए आ गए। ऐसी और आँखें खोल देनेवाली यातना मुझे और कभी नहीं मिली थी। खैरियत यही थी कि मैंने इस घटना की चर्चा स्त्री से नहीं की थी; नहीं तो मुझे घर में रहना भी मुश्किल हो जाता।

3

उपर्युक्त वृत्तांत लिखकर मैंने एक पत्रिका में भेज दिया। मेरा उद्‌देश्य केवल यह था कि जनता के सामने कपट-व्यवहार के कुपरिणाम का एक दृश्य रखूँ। मुझे स्वप्न में भी आशा न थी कोई प्रत्यक्ष फल निकलेगा। इसी से जब चौथे दिन अनायास मेरे पास 75 रु. का मनीआर्डर पहुँचा, तो मेरे आनन्द की सीमा न रही। प्रेषक वही महाशय थे—उमापति। कूपन पर केवल 'क्षमा' लिखा हुआ था। मैंने रुपए ले जाकर पत्नी के हाथों में रख दिए और कूपन दिखलाया।

उसने अनमने भाव से कहा—इन्हें ले जाकर यत्न से अपने सन्दूक़ में रखो। तुम ऐसे लोभी प्रकृति के मनुष्य हो, यह मुझे आज ज्ञात हुआ। थोड़े-से रुपयों के लिए किसी के पीछे पंजे झाड़ कर पड़ जाना सज्जनता नहीं है। जब कोई शिक्षित और विनयशील मनुष्य अपने वचन का पालन न करे, तो यही समझना चाहिए कि वह विवश है। विवश मनुष्य को बार-बार तकाजों से लज्जित करना भलमनसी नहीं है। कोई मनुष्य, जिसका सर्वथा नैतिक पतन नहीं हो गया है, यथाशक्ति किसी को धोखा नहीं देता। इन रुपयों को मैं तब तक अपने पास नहीं रखूँगी, जब तक उमापति का कोई पत्र नहीं आ जाएगा कि क्यों रुपए भेजने में इतना विलंब हुआ।

पर इस समय मैं ऐसी उदार बातें सुनने को तैयार न था। डूबा हुआ धन मिल गया, इसकी ख़ुशी से फूला नहीं समाता था।

राज्य-भक्त

संध्या का समय था। लखनऊ के बादशाह नासिरुद्दीन अपने मुसाहबों और दरबारियों के साथ बाग़ की सैर कर रहे थे। उनके सिर पर रत्नजटित मुकुट की जगह अँगरेज़ी टोपी थी। वस्त्र भी अँगरेज़ी ही थे। मुसाहबों में पाँच अँगरेज़ थे। उनमें से एक के कन्धे पर सिर रखकर बादशाह चल रहे थे। तीन-चार हिन्दुस्तानी भी थे। उनमें से एक राजा बख़्तावरसिंह थे। वह बादशाही सेना के अध्यक्ष थे। उन्हें सब लोग 'जेनरल' कहा करते थे। वह अधेड़ आदमी थे। शरीर ख़ूब गठा हुआ था। लखनवी पहनावा उन पर बहुत सजता था। मुख से विचारशीलता झलक रही थी। दूसरे महाशय का नाम रोशनुद्दौला था। यह राज्य के प्रधानमंत्री थे। बड़ी-बड़ी मूँछें और नाटा डील था, जिसे ऊँचा करने के लिए वह तन कर चलते थे। नेत्रों से गर्व टपक रहा था। शेष लोगों में एक कोतवाल था और दो बादशाह के रक्षक। यद्यपि अभी 19वीं शताब्दी का आरंभ ही था, पर बादशाह ने अँगरेज़ी रहन-सहन अख़्तियार कर ली थी। भोजन भी प्राय: अँगरेज़ी ही करते थे। अँगरेज़ों पर उनका असीम विश्वास था। वह सदैव उनका पक्ष लिया करते थे। मजाल न थी कि कोई बड़े-से-बड़ा राजा या राजकर्मचारी किसी अँगरेज़ से बराबरी करने का साहस कर सके।

अगर किसी में यह हिम्मत थी, तो वह राजा बख़्तावरसिंह थे। उनसे कंपनी का बढ़ता हुआ अधिकार न देखा जाता था; कंपनी की उस सेना की संख्या जो उसने अवध के राज्य की रक्षा के लिए लखनऊ में नियुक्त की थी, दिन-दिन बढ़ती जाती थी। उसी परिणाम से सेना का व्यय भी बढ़ रहा था। राजदरबार उसे चुका न सकने के कारण कंपनी का ऋणी होता जाता था। बादशाही सेना की दशा हीन से हीनतर होती जाती थी। उसमें न संगठन था, न बल। बरसों तक सिपाहियों का वेतन न मिलता था। शस्त्र सभी पुराने थे। वर्दी फटी हुई। कवायद का नाम नहीं। कोई उनका पूछनेवाला न था। अगर राजा बख़्तावरसिंह वेतन-वृद्धि या नए शस्त्रों के सम्बन्ध में कोई प्रयत्न करते तो कम्पनी का रेजीडेंट उसका घोर विरोध और राज्य पर विद्रोहात्मक शक्ति-संचार का दोषारोपण करता था। उधर से डाँट पड़ती तो बादशाह अपना ग़ुस्सा राजा साहब पर उतारते। बादशाह के सभी अँगरेज़ मुसाहब राजासाहब से शंकित रहते और उनकी जड़ खोदने का प्रयास किया करते थे। पर वह राज्य का सेवक एक ओर अवहेलना और दूसरी ओर से घोर विरोध सहते हुए भी अपने कर्तव्य का पालन करता जाता था। मज़ा यह कि सेना भी उनसे सन्तुष्ट न थी। सेना में अधिकांश लखनऊ के शोहदे और गुंडे भरे हुए थे। राजासाहब जब उन्हें हटाकर अच्छे-अच्छे जवानों की भरती करने की चेष्टा करते, तो सारी सेना में हाहाकार मच जाता। लोगों को शंका होती कि यह राजपूतों की सेना बनाकर कहीं राज्य ही पर तो हाथ नहीं बढ़ाना चाहते? इसलिए मुसलमान भी उनसे बदगुमान रहते थे। राजा साहब के मन में बार-बार प्रेरणा होती कि इस पद को त्याग कर चले जाएँ; पर यह भय उन्हें रोकता था कि मेरे हटते ही अँगरेज़ों की बन आएगी और बादशाह उनके हाथों में कठपुतली बन जाएँगे, रही-सही सेना के साथ अवध-राज्य का अस्तित्व भी मिट जाएगा। अतएव इतनी कठिनाइयों के होते हुए भी, चारों ओर से वैर-विरोध से घिरे होने पर भी, वह अपने पद से हटने का निश्चय न कर सकते थे। सबसे कठिन समस्या यह थी कि रोशनुद्दौला भी राजा साहब से खार खाता था। उसे सदैव शंका रहती कि यह मराठों से मैत्री करके अवध-राज्य को मिटाना चाहते हैं। इसलिए वह राजा साहब के प्रत्येक कार्य में बाधा डालता रहता था। उसे अब भी आशा थी कि अवध का मुसलमानी राज्य अगर जीवित रह सकता है, तो अँगरेज़ों के संरक्षण में, अन्यथा वह अवश्य हिन्दुओं की बढ़ती हुई शक्ति का ग्रास बन जाएगा।

वास्तव में बख़्तावरसिंह की दशा अत्यन्त करुण थी। वह अपनी चतुराई से जिह्वा की भाँति दाँतों के बीच में पड़े हुए अपना काम किए जाते थे। यों तो वह स्वभाव के अक्खड़ थे, अपना काम निकालने के लिए मधुरता और मृदुलता, शील और विनय का आवाहन करते रहते थे। इससे उनके व्यवहार में कृत्रिमता आ जाती थी और वह शत्रुओं को उनकी ओर से और भी सशंक बना देती थी।

बादशाह ने एक अँगरेज़ मुसाहब से पूछा—तुमको मालूम है, मैं तुम्हारी कितनी ख़ातिर करता हूँ? मेरी सल्तनत में किसी की मजाल नहीं कि वह किसी अँगरेज़ को कड़ी निगाहों से देख सके।

अँगरेज़ मुसाहब ने सिर झुकाकर कहा—हम हुजूर की इस मिहरबानी को कभी नहीं भूल सकते।

बा.—इमामहुसैन की क़सम, अगर यहाँ कोई आदमी तुम्हें तकलीफ़ दे, तो मैं उसे फ़ौरन ज़िन्दा दीवार में चुनवा दूँ।

बादशाह की आदत थी कि वह बहुधा अपनी अँगरेज़ी टोपी हाथ में लेकर उसे उँगली पर नचाने लगते थे। रोज़-रोज़ नचाते-नचाते टोपी में उँगली का घर हो गया था। इस समय जो उन्होंने टोपी उठाकर उँगली पर रखी तो टोपी में छेद हो गया। बादशाह का ध्यान अँगरेज़ों की तरफ़ था। बख्तावरसिंह बादशाह के मुँह से ऐसी बात सुनकर कबाब हुए जाते थे। उक्त कथन में कितनी ख़ुशामद, कितनी नीचता और अवध की प्रजा तथा राजों का कितना अपमान था! और लोग तो टोपी का छिद्र देखकर हँसने लगे, पर राजा बख्तावरसिंह के मुँह से अनायास निकल गया—हुजूर, ताज में सुराख हो गया।

राजा साहब के शत्रुओं ने तुरन्त कानों पर उँगलियाँ रख लीं। बादशाह को भी ऐसा मालूम हुआ कि राजा ने मुझ पर व्यंग्य किया। उनके तेवर बदल गए। अँगरेज़ों और अन्य सभासदों ने इस प्रकार कानाफूसी शुरू की, जैसे कोई महान् अनर्थ हो गया। राजा साहब के मुँह से अनर्गल शब्द अवश्य निकले। इसमें कोई सन्देह नहीं था। सम्भव है, उन्होंने जान-बूझकर व्यंग्य न किया हो, उनके दुःखी हृदय ने साधारण चेतावनी को यह तीव्र रूप दे दिया; पर बात बिगड़ ज़रूर गई थी। अब उनके शत्रु उन्हें कुचलने के ऐसे सुन्दर अवसर को हाथ से क्यों जाने देते?

राजा साहब ने सभा का यह रंग देखा, तो ख़ून सर्द हो गया। समझ गए, आज शत्रुओं के पंजे में फँस गया और ऐसा बुरा फँसा कि भगवान् ही निकालें, तो निकल सकता हूँ।

बादशाह ने कोतवाल से लाल आँखें करके कहा—इस नमकहराम को क़ैद कर लो और इसी वक़्त इसका सिर उड़ा दो। इसे मालूम हो जाए कि बादशाहों से बेअदबी करने का क्या नतीजा होता है।

कोतवाल को सहसा 'जेनरल' पर हाथ बढ़ाने की हिम्मत न पड़ी। रोशनुद्दौला ने उससे इशारे से कहा—खड़े सोचते क्या हो, पकड़ लो, नहीं तो तुम भी इसी आग में जल जाओगे।

तब कोतवाल ने आगे बढ़कर बख्तावरसिंह को गिरफ़्तार कर लिया। एक क्षण में उनकी मुश्कें कस दी गईं। लोग उन्हें चारों ओर से घेर कर क़त्ल करने ले चले।

बादशाह ने मुसाहबों से कहा—मैं भी वहीं चलता हूँ। ज़रा देखूँगा कि नमकहरामों की लाश क्योंकर तड़पती है।

कितनी घोर पशुता थी! यही प्राण ज़रा देर पहले बादशाह का विश्वासपात्र था!

एकाएक बादशाह ने कहा—पहले इस नमकहराम की खिलअत उतार लो। मैं नहीं चाहता कि मेरी खिलअत की बेइज़्ज़ती हो।

किसकी मजाल थी, जो ज़रा भी ज़बान हिला सके। सिपाहियों ने राजा साहब के वस्त्र उतारने शुरू किए। दुर्भाग्यवश उनके एक जेब से पिस्तौल निकल आई। उसकी दोनों नालियाँ भरी हुई थीं। पिस्तौल देखते ही बादशाह की आँखों से चिनगारियाँ निकलने लगीं। बोले—क़सम है हजरत इमामहुसैन की, अब इसकी जाँबख्शी नहीं करूँगा। मेरे साथ भरी हुई पिस्तौल की क्या ज़रूरत! ज़रूर इसकी नीयत में फितूर था। अब मैं इसे कुत्तों से नुचवाऊँगा। (मुसाहबों की तरफ़ देखकर) देखा तुम लोगों ने इसकी नीयत! मैं अपनी आस्तीन में साँप पाले हुए था। आप लोगों के ख़याल में इसके पास भरी हुई पिस्तौल का निकलना क्या माने रखता है?

अँगरेज़ों को केवल राजा साहब को नीचा दिखाना मंजूर था। वे उन्हें अपना मित्र बनाकर जितना काम निकाल सकते थे उतना उनके मारे जाने से नहीं। इसी से एक अँगरेज़ मुसाहब ने कहा—मुझे तो इसमें कोई ग़ैरमुनासिब बात नहीं मालूम होती। जेनरल आपका बाडीगार्ड

(रक्षक) है। उसे हमेशा हथियारबन्द रहना चाहिए। ख़ासकर जब आपकी खिदमत में हो। नहीं मालूम, किस वक़्त इसकी ज़रूरत आ पड़े।

दूसरे अँगरेज़ मुसाहबों ने भी इस विचार की पुष्टि की। बादशाह के क्रोध की ज्वाला कुछ शान्त हुई। अगर ये ही बातें किसी हिन्दुस्तानी मुसाहब की ज़बान से निकली होतीं, तो उसकी जान की खैरियत न थी। कदाचित् अँगरेज़ों को अपनी न्यायपरकता का नमूना दिखाने ही के लिए उन्होंने यह प्रश्न किया था। बोले—क़सम हजरत इमाम की, तुम सबके सब शेर के मुँह से उसका शिकार छीनना चाहते हो! पर मैं एक न मानूँगा, बुलाओ कप्तान साहब को। मैं उनसे यही सवाल करता हूँ। अगर उन्होंने भी तुम लोगों के ख़याल की ताईद की, तो इसकी जान न लूँगा। और अगर उनकी राय इसके ख़िलाफ़ हुई, तो इस मक्कार को इसी वक़्त जहन्नुम भेज दूँगा। मगर ख़बरदार, कोई उनकी तरफ़ किसी तरह का इशारा न करे। वरना मैं ज़रा भी रू-रिआयत न करूँगा। सबके सब सिर झुकाए बैठे रहें।

कप्तान साहब थे तो राजा साहब के आउरदे, पर इन दिनों बादशाहों की उन पर विशेष कृपा थी। वह उन सच्चे राजभक्तों में थे, जो अपने को राजा का नहीं, राज्य का सेवक समझते हैं। वह दरबार से अलग रहते थे। बादशाह उनके कामों से बहुत सन्तुष्ट थे। एक आदमी तुरन्त कप्तान साहब को बुला लाया। राजा साहब की जान उनकी मुट्ठी में थी। रोशनुद्दौला को छोड़कर ऐसा शायद एक व्यक्ति भी न था, जिसका हृदय आशा और निराशा से न धड़क रहा हो। सब मन में भगवान् से यही प्रार्थना कर रहे थे कि कप्तान साहब किसी तरह से इस समस्या को समझ जाएँ। कप्तान साहब आए, और उड़ती हुई दृष्टि से सभा की ओर देखा। सभी की आँखें नीचे झुकी हुई थीं। वह कुछ अनिश्चित भाव से सिर झुकाकर खड़े हो गए।

बादशाह ने पूछा—मेरे मुसाहबों को अपनी जेब में भरी हुई पिस्तौल रखना मुनासिब है या नहीं?

दरबारियों की नीरवता, उनके आशंकित चेहरे और उनकी चिन्तायुक्त अधीरता देखकर कप्तान साहब को वर्तमान समस्या की कुछ टोह मिल गई। वह निर्भीक भाव से बोले—हुजूर, मेरे ख़याल में तो यह उनका फ़र्ज़ है। बादशाह के दोस्त-दुश्मन सभी होते हैं। अगर मुसाहब लोग उनकी रक्षा का भार न लेंगे, तो कौन लेगा? उन्हें सिर्फ पिस्तौल ही नहीं, और भी छिपे हुए हथियारों से लैस रहना चाहिए। न जाने कब हथियारों की ज़रूरत आ पड़े, तो वह ऐन वक़्त पर कहाँ दौड़ते फिरेंगे?

राजा साहब के जीवन के दिन बाक़ी थे। बादशाह ने निराश होकर कहा—रोशन, इसे क़त्ल मत करना, काल कोठरी में क़ैद कर दो। मुझसे पूछे बग़ैर इसे दाना-पानी कुछ न दिया जाए। जाकर इसके घर का सारा माल-असबाब ज़ब्त कर लो और सारे ख़ानदान को जेल में बन्द कर दो। इसके मकान की दीवारें ज़मींदोज करा देना। घर में एक फूटी हाँड़ी भी न रहने पाए।

इससे तो यही कहीं अच्छा था कि राजा साहब ही की जान जाती। ख़ानदान की बेइज़्ज़ती तो न होती, महिलाओं का अपमान तो न होता, दरिद्रता की चोटें तो न सहनी पड़तीं! विकार को निकलने का मार्ग नहीं मिलता, तो वह सारे शरीर में फैल जाता है। राजा के प्राण तो बचे, पर सारे ख़ानदान को विपत्ति में डालकर!

रोशनुद्दौला को मुँहगाँगी गुराद मिली। उसकी ईर्ष्या कभी इतनी सन्तुष्ट न हुई थी। वह भगन था कि आज वह काँटा निकल गया, जो बरसों से हृदय में चुभा हुआ था। आज

हिन्दू-राज्य का अन्त हुआ। अब मेरा सिक्का चलेगा। अब मैं समस्त राज्य का विधाता हूँगा। संध्या से पहले ही राजा साहब की सारी स्थावर और जंगम संपत्ति कुर्क हो गई। वृद्ध माता-पिता, सुकोमल रमणियाँ, छोटे-छोटे बालक, सबके सब जेल में क़ैद कर दिए गए। कितनी करुण दशा थी। वे महिलाएँ, जिन पर कभी देवताओं की भी निगाह न पड़ी थी, खुले मुँह, नंगे पैर, पाँव घसीटती, शहर की भरी हुई सड़कों और गलियों से होती हुई, सिर झुकाए, शोक-चित्रों की भाँति, जेल की तरफ़ चली जाती थीं। सशस्त्र सिपाहियों का एक बड़ा दल साथ था। जिस पुरुष के एक इशारे पर कई घंटे पहले सारे शहर में हलचल मच जाती, उसी के ख़ानदान की यह दुर्दशा!

2

राजा बख्तावरसिंह को बन्दी-गृह में रहते हुए एक मास बीत गया। वहाँ उन्हें सभी प्रकार के कष्ट दिए जाते थे। यहाँ तक कि भोजन भी यथासमय न मिलता था। उनके परिवार को भी असह्य यातनाएँ दी जाती थीं। लेकिन राजा साहब को बन्दी-गृह में एक प्रकार की शान्ति का अनुभव होता था। वहाँ प्रति-क्षण यह खटका तो न रहता था कि बादशाह मेरी किसी बात से नाराज़ न हो जाएँ; मुसाहब लोग कहीं मेरी शिकायत तो नहीं कर रहे हैं। शारीरिक कष्टों का सहना उतना कठिन नहीं, जितना कि मानसिक कष्टों का। यहाँ सब तकलीफ़ें थीं, पर सिर पर तलवार तो नहीं लटक रही थी। उन्होंने मन में निश्चय किया कि अब चाहे बादशाह मुझे मुक्त भी कर दें, मगर मैं राज-काज से अलग ही रहूँगा। इस राज्य का सूर्य अस्त होनेवाला है; कोई मानवी शक्ति उसे विनाश-दिशा में लीन होने से नहीं रोक सकती। ये उसी पतन के लक्षण हैं। नहीं तो क्या मेरी राज-भक्ति का यही पुरस्कार मिलना चाहिए था? मैंने अब तक कितनी कठिनाइयों से राज्य की रक्षा की है, यह भगवान् ही जानते हैं। एक ओर तो बादशाह की निरंकुशता, दूसरी ओर बलवान् और युक्ति-संपन्न शत्रुओं की कूटनीति—इस शिला और भँवर के बीच में राज्य की नौका को चलाते रहना कितना कष्टसाध्य था! शायद ही ऐसा कोई दिन गुज़रा होगा, जिस दिन मेरा चित्त प्राण-शंका से आंदोलित न हुआ हो। इस सेवा, भक्ति और तल्लीनता का यह पुरस्कार है! मेरे मुख से व्यंग्य-शब्द अवश्य निकले, लेकिन उनके लिए इतना कठोर दंड? इससे तो यह कहीं अच्छा था कि मैं क़त्ल कर दिया गया होता, अपनी आँखों से अपने परिवार की यह दुर्गति तो न देखता? सुनता हूँ पिताजी को सोने के लिए चटाई नहीं दी गई है! न जाने स्त्रियों पर कैसे-कैसे अत्याचार हो रहे होंगे। लेकिन इतना जानता हूँ कि प्यारी सुखदा अन्त तक अपने सतीत्व की रक्षा करेगी; अन्यथा प्राण त्याग देगी। मुझे बेड़ियों की परवाह नहीं। पर सुनता हूँ लड़कों के पैरों में भी बेड़ियाँ डाली गई हैं। यह सब इसी कुटिल रोशनुद्दौला की शरारत है। जिसका जी चाहे, इस समय सता ले, कुचल ले, मुझे किसी से कोई शिकायत नहीं। भगवान् से यही प्रार्थना है कि अब संसार से उठा ले। मुझे अपने जीवन में जो कुछ करना था, कर चुका, और उसका ख़ूब फल पा चुका। मेरे-जैसे आदमी के लिए संसार में स्थान नहीं है।

राजा इन्हीं विचारों में डूबे थे। सहसा उन्हें अपनी काल कोठरी की ओर किसी के आने की आहट मिली। रात बहुत जा चुकी थी। चारों ओर सन्नाटा छाया था, और उस अंधकारमय सन्नाटे में किसी के पैरों की चाप स्पष्ट सुनाई देती थी। कोई बहुत पाँव दबा-दबाकर चला

आ रहा था। राजा साहब का कलेजा धक्-धक् करने लगा। वह उठकर खड़े हो गए। हम निःशस्त्र और प्रतिकार के लिए असमर्थ होने पर भी बैठे-बैठे वारों का निशाना नहीं बनना चाहते। खड़े हो जाना आत्मरक्षा का अन्तिम प्रयत्न है। कोठरी में ऐसी कोई वस्तु न थी, जिससे वह अपनी रक्षा कर सकते। समझ गए अन्तिम समय आ गया। शत्रुओं ने इस तरह मेरे प्राण लेने की ठानी है। अच्छा है, जीवन के साथ इस विपत्ति का भी अन्त हो जाएगा।

एक क्षण में उनके सम्मुख एक आदमी आकर खड़ा हो गया। राजा साहब ने पूछा—कौन है?

उत्तर मिला—मैं हूँ, आपका सेवक।

राजा—ओ हो, तुम हो कप्तान! मैं शंका में पड़ा हुआ था कि कहीं शत्रुओं ने मेरा वध करने के लिए कोई दूत न भेजा हो!

कप्तान—शत्रुओं ने कुछ और ही ठानी है। आज बादशाह-सलामत की जान बचती नहीं नज़र आती।

राजा—अरे! यह क्योंकर!

कप्तान—जब से आपको यहाँ नज़रबन्द किया गया है, सारे राज्य में हाहाकार मचा हुआ है। स्वार्थी कर्मचारियों ने लूट मचा रखी है। अँगरेज़ों की खुदाई फिर रही है। जो जी में आता है, करते हैं; किसी की मजाल नहीं कि चूँ कर सके। इस एक महीने में शहर के सैकड़ों बड़े-बड़े रईस मिट गए। रोशनुद्दौला की बादशाही है। बाज़ारों का भाव चढ़ता जाता है। बाहर से व्यापारी लोग डर के मारे कोई चीज़ ही नहीं लाते। दुकानदारों से मनमानी रक़में महसूल के नाम पर वसूल की जा रही हैं। गल्ले का भाव इतना चढ़ गया है कि कितने ही घरों में चूल्हा जलने की नौबत नहीं आती। सिपाहियों को अभी तक तनख़्वाह नहीं मिली। वे जाकर दुकानदारों को लूटते हैं। सारे राज्य में बदअमनी हो रही है। मैंने कई बार यह कैफियत बादशाह-सलामत के कानों तक पहुँचाने की कोशिश की; मगर वह यह तो कह देते हैं कि मैं इसकी तहक़ीक़ात करूँगा, और फिर बेख़बर हो जाते हैं। आज शहर के बहुत-से दुकानदार फ़रियाद लेकर आए थे कि हमारे हाल पर निगाह न की गई, तो हम शहर छोड़कर कहीं और चले जाएँगे। क्रिस्तानों ने उनको सख़्त कहा, धमकाया, लेकिन उन्होंने जब तक अपनी सारी मुसीबत न बयान कर ली, वहाँ से न हटे। आख़िर बादशाह-सलामत ने उनको दिलासा दिया, तो चले गए।

राजा—बादशाह पर इतना असर हुआ, मुझे तो यही ताज्जुब है!

कप्तान—असर-वसर कुछ नहीं हुआ। यह भी उनकी एक दिल्लगी है। शाम को ख़ास मुसाहबों को बुलाकर हुक्म दिया है कि आज मैं भेष बदलकर शहर का गश्त करूँगा; तुम लोग भी भेष बदले हुए मेरे साथ रहना। मैं देखना चाहता हूँ कि रिआया क्यों इतनी घबराई हुई है। सब लोग मुझसे दूर रहें; किसी को न मालूम हो कि मैं कौन हूँ। रोशनुद्दौला और पाँचों अँगरेज़ मुसाहिब साथ रहेंगे।

राजा—तुम्हें क्योंकर यह बात मालूम हो गई?

कप्तान—मैंने उसी अँगरेज़ हज्जाम को मिला रखा है। दरबार में जो कुछ होता है, उसका पता मुझे मिल जाता है। उसी की सिफारिश से आपकी खिदमत में हाजिर होने का मौक़ा मिला। (घड़ियाल में 10 बजते हैं) ग्यारह बजे चलने की तैयारी है। बारह बजते-बजते लखनऊ का तख़्त ख़ाली हो जाएगा।

राजा (घबराकर)—क्या इन सबों ने उन्हें क़त्ल करने की साजिश कर रखी है?

कप्तान—जी नहीं; क़त्ल करने से उनकी मंशा पूरी न होगी। बादशाह को बाज़ार की सैर कराते हुए गोमती की तरफ़ ले जाएँगे। वहाँ अँगरेज़ सिपाहियों का एक दस्ता तैयार रहेगा। वह बादशाह को फ़ौरन एक गाड़ी में बिठाकर रेजिडेंसी में ले जाएगा। वहाँ रेजिडेंट साहब बादशाह-सलामत को सल्तनत से इस्तीफ़ा देने पर मजबूर करेंगे। उसी वक़्त उनसे इस्तीफ़ा लिखा लिया जाएगा और इसके बाद रातों-रात उन्हें कलकत्ते भेज दिया जाएगा।

राजा—बड़ा ग़ज़ब हो गया। अब तो वक़्त बहुत कम है, बादशाह-सलामत निकल पड़े होंगे?

कप्तान—ग़ज़ब क्या हो गया? इनकी जात से किसे आराम था। दूसरी हुकूमत चाहे कितनी ही ख़राब हो, इससे अच्छी ही होगी।

राजा—अँगरेज़ों की हुकूमत होगी?

कप्तान—अँगरेज इनसे कहीं बेहतर इन्तज़ाम करेंगे।

राजा—(करुण स्वर से)—कप्तान! ईश्वर के लिए ऐसी बातें न करो। तुमने मुझसे ज़रा देर पहले क्यों न यह कैफियत बयान की?

कप्तान (आश्चर्य से)—आपके साथ तो बादशाह ने कोई अच्छा सलूक नहीं किया!

राजा—मेरे साथ कितना ही बुरा सलूक किया हो, लेकिन एक राज्य की क़ीमत एक आदमी या एक ख़ानदान की जान से कहीं ज़्यादा होती है। तुम मेरे पैरों की बेड़ियाँ खुलवा सकते हो?

कप्तान—सारे अवध-राज्य में एक भी ऐसा आदमी न निकलेगा, जो बादशाह को सच्चे दिल से दुआ देता हो। दुनिया उनके ज़ुल्म से तंग आ गई है।

राजा—मैं अपनों के ज़ुल्म को ग़ैरों की बन्दगी से कहीं बेहतर ख़याल करता हूँ। बादशाह की यह हालत ग़ैरों ही के भरोसे पर हुई है। वह इसीलिए किसी की परवाह नहीं करते कि अँगरेज़ों की मदद का यक़ीन है। मैं इन फिरंगियों की चालों को ग़ौर से देखता आया हूँ। बादशाह के मिज़ाज को उन्होंने बिगाड़ा है। उनकी मंशा यही थी, जो हुआ। रिआया के दिल से बादशाह की इज़्ज़त और मुहब्बत उठ गई। आज सारा मुल्क बग़ावत करने पर आमादा है। ये लोग इसी मौक़े का इन्तज़ार कर रहे थे। वह जानते हैं कि बादशाह की माज़ूली (गद्दी से हटाए जाने) पर एक आदमी भी आँसू न बहावेगा। लेकिन मैं जताए देता हूँ कि अगर इस वक़्त तुमने बादशाह को दुश्मनों के हाथों से न बचाया, तो तुम हमेशा के लिए अपने ही वतन में ग़ुलामी की जंजीरों में बँध जाओगे। किसी ग़ैर क़ौम के चाकर बनकर अगर तुम्हें आफियत (शान्ति) भी मिली, तो वह आफियत न होगी, मौत होगी। ग़ैरों के बेरहम पैरों के नीचे पड़कर तुम हाथ भी न हिला सकोगे, और यह उम्मीद कि कभी हमारे मुल्क में आईनी सल्तनत (वैध शासन) क़ायम होगी, हसरत का दाग़ बनकर रह जाएगी। नहीं, मुझमें अभी मुल्क की मुहब्बत बाक़ी है। मैं अभी इतना बेजान नहीं हुआ हूँ। मैं इतनी आसानी से सल्तनत को हाथ से न जाने दूँगा, अपने को इतने सस्ते दामों ग़ैर के हाथों न बेचूँगा, मुल्क की इज़्ज़त को न मिटने दूँगा, चाहे इस कोशिश में मेरी जान ही क्यों न जाए। कुछ और नहीं कर सकता, तो अपनी जान तो दे ही सकता हूँ। मेरी बेड़ियाँ खोल दो।

कप्तान—मैं आपका खादिम हूँ, मगर मुझे यह मजाज नहीं है।

राजा—(जोश में आकर) जालिम, यह इन बातों का वक़्त नहीं है। एक-एक पल हमें तबाही की तरफ़ लिए जा रहा है। खोल दे ये बेड़ियाँ। जिस घर में आग लगी है, उसके आदमी ख़ुदा को नहीं याद करते, कुएँ की तरफ़ दौड़ते हैं।

कप्तान—आप मेरे मुहसिन हैं। आपके हुक्म से मुँह नहीं मोड़ सकता। लेकिन—

राजा—जल्दी करो, जल्दी करो। अपनी तलवार मुझे दे दो। अब इन तकल्लुफ़ की बातों का मौक़ा नहीं है।

कप्तान साहब निरुत्तर हो गए। सजीव उत्साह में बड़ी संक्रामक शक्ति होती है। यद्यपि राजा साहब के नीतिपूर्ण वार्तालाप ने उन्हें माकूल नहीं किया, तथापि वह अनिवार्य रूप से उनकी बेड़ियाँ खोलने पर तत्पर हो गए। उसी वक़्त जेल के दारोग़ा को बुलाकर कहा—साहब ने हुक्म दिया है कि राजा साहब को फ़ौरन आज़ाद कर दिया जाए। इसमें एक पल की भी ताखीर (विलंब) हुई, तो तुम्हारे हक़ में अच्छा न होगा।

दारोग़ा को मालूम था कि कप्तान साहब और मि...में गाढ़ी मैत्री है। अगर साहब नाराज़ हो जाएँगे, तो रोशनुद्दौला की कोई सिफारिश मेरी रक्षा न कर सकेगी। उसने राजा साहब की बेड़ियाँ खोल दीं।

राजा साहब जब तलवार हाथ में लेकर जेल से निकले, तो उनका हृदय राज्य-भक्ति की तरंगों से आंदोलित हो रहा था। उसी वक़्त घड़ियाल ने 11 बजाए।

3

आधी रात का समय था। मगर लखनऊ की तंग गलियों में ख़ूब चहल-पहल थी। ऐसा मालूम होता था कि अभी 9 बजे होंगे। सराफे में सबसे ज़्यादा रौनक थी। मगर आश्चर्य यह था कि किसी दुकान पर जवाहरात या गहने नहीं दिखाई देते थे। केवल आदमियों के आने-जाने की भीड़ थी। जिसे देखो, पाँचों शस्त्रों से सुसज्जित, मूँछें खड़ी किए, ऐंठता हुआ चला जाता था। बाज़ार के मामूली दुकानदार भी निःशस्त्र न थे।

सहसा एक आदमी भारी साफा बाँधे, पैर की घुटनियों तक नीची कबा पहने, कमर में पटका बाँधे, आकर एक सराफ की दुकान पर खड़ा हो गया। जान पड़ता था कोई ईरानी सौदागर है। उन दिनों ईरान के व्यापारी लखनऊ में बहुत आते-जाते थे। इस समय ऐसे आदमी का आ जाना असाधारण बात न थी।

सराफ का नाम माधोदास था। बोला—कहिए मीर साहब, कुछ दिखाऊँ?

सौदागर—सोने का क्या निर्ख है?

माधो—(सौदागर के कान के पास मुँह ले जाकर) निर्ख की कुछ न पूछिए। आज क़रीब एक महीना से बाज़ार का निर्ख बिगड़ा हुआ है। माल बाज़ार में आता ही नहीं। लोग दबाए हुए हैं। बाज़ार में ख़ौफ़ के मारे नहीं लाते। अगर आपको ज़्यादा माल की दरकार हो तो मेरे साथ ग़रीबख़ाने तक तकलीफ़ कीजिए। जैसा माल चाहिए, लीजिए। निर्ख मुनासिब ही होगा। इसका इतमीनान रखिए।

सौदागर—आजकल बाज़ार का निर्ख क्यों बिगड़ा हुआ है?

माधो—क्या आप हाल ही में वारिद हुए हैं?

सौदागर—हाँ, मैं आज ही आया हूँ। कहीं पहले की-सी रौनक नहीं नज़र आती। कपड़े का बाज़ार भी सुस्त था। ढाके का एक क़ीमती थान बहुत तलाश करने पर भी न मिला।

माधो—इसके बड़े क़िस्से हैं; कुछ ऐसा ही मुआमला है।

सौदागर—डाकुओं का ज़ोर तो नहीं है? पहले तो यहाँ इस क़िस्म की वारदातें न होती थीं।

माधो—अब वह कैफियत नहीं है। दिनदहाड़े डाके पड़ते हैं। उन्हें कोतवाल क्या, बादशाह-सलामत भी गिरफ़्तार नहीं कर सकते। अब और क्या कहूँ। दीवार के भी कान होते हैं। कहीं कोई सुन ले तो लेने के देने पड़ जाएँ।

सौदागर—सेठ जी, आप तो पहेलियाँ बुझवाने लगे। मैं परदेसी आदमी हूँ, यहाँ किससे कहने जाऊँगा। आख़िर बात क्या है? बाज़ार क्यों इतना बिगड़ा हुआ है? नाज की मंडी की तरफ़ गया था। सन्नाटा छाया हुआ है। मोटी जिंस भी दूने दामों पर बिक रही थी।

माधो (इधर-उधर चौकन्नी आँखों से देखकर)—एक महीना हुआ; रोशनुद्दौला के हाथ में सियाह-सफ़ेद का अख़्तियार आ गया है। यह सब उन्हीं की बदइन्तज़ामी का फल है। उनके पहले राजा बख़्तावरसिंह हमारे मालिक थे। उनके वक़्त में किसी की मजाल न थी कि व्यापारियों को टेढ़ी आँख से देख सके। उनका रोब सभी पर छाया हुआ था। फिरंगियों पर उनकी कड़ी निगाह रहती थी। हुक्म था कि कोई फिरंगी बाज़ार में आवे, तो थाने का सिपाही उसकी देखभाल करता रहे। इसी वजह से फिरंगी उनसे जला करते थे। आख़िर सबों ने रोशनुद्दौला को मिलाकर बख़्तावरसिंह को बेकसूर क़ैद करा दिया। बस तब से बाज़ार में लूट मची हुई है। सरकारी अमले अलग लूटते हैं। फिरंगी अलग नोचते-खसोटते हैं। जो चीज़ चाहते हैं उठा ले जाते हैं। दाम माँगो तो धमकियाँ देते हैं। शाही दरबार में फ़रियाद करो, तो उलटे सज़ा होती है। अभी हाल ही में हम-सब मिलकर बादशाह-सलामत की खिदमत में हाजिर हुए थे। पहले तो वह बहुत नाराज़ हुए, पर आख़िर रहम आ गया। बादशाहों का मिज़ाज ही तो है। हमारी सब शिकायतें सुनीं और तसकीन दी कि हम तहक़ीक़ात करेंगे। मगर अभी तक वही लूट-खसोट जारी है।

इतने में तीन आदमी राजपूती ढंग की मिर्जई पहने आकर दुकान के सामने खड़े हो गए। माधोदास उनका रंग-ढंग देखकर चौंका। शाही फ़ौज के सिपाही बहुधा इसी सज-धज से निकलते थे। तीनों आदमी सौदागर को देखकर ठिठके; पर उसने उन्हें कुछ ऐसी निगाहों से देखा कि तीनों आगे चले गए। तब सौदागर ने माधोदास से पूछा—इन्हें देखकर तुम क्यों चौंके?

माधोदास ने कहा—ये फ़ौज के सिपाही हैं। जब से राजा बख़्तावरसिंह नज़रबन्द हुए हैं, इन पर किसी की दाब ही नहीं रही। खुले साँड़ की तरह बाज़ारों में चक्कर लगाया करते हैं। सरकार से तलब मिलने का कुछ ठीक तो नहीं है। बस, नोच-खसोट करके गुज़र करते हैं। —हाँ तो फिर अगर मरजी हो, तो मेरे साथ घर तक चलिए, आपको माल दिखाऊँ।

सौदागर—नहीं भाई, इस वक़्त नहीं। सुबह आऊँगा। देर हो गई है, और मुझे भी यहाँ की हालत देखकर ख़ौफ़ मालूम होने लगा है।

यह कहकर सौदागर उसी तरफ़ चला गया, जिधर वे तीनों राजपूत गए थे। थोड़ी देर में तीन आदमी और सराफे में आए। एक तो पंडितों की तरह नीची चपकन पहने हुए था, सिर पर गोल पगिया थी और कन्धे पर जरी के काम का शाल। उसके दोनों साथी खिदमतगारों के-से कपड़े पहने हुए थे। तीनों इस तरह इधर-उधर ताक रहे थे, मानो किसी को खोज रहे हों। यों ताक़ते हुए तीनों आगे चले गए। ईरानी सौदागर तीव्र नेत्रों से इधर-उधर देखता हुआ एक मील चला गया। वहाँ एक छोटा-सा बाग़ था। एक पुरानी मसजिद भी थी। सौदागर वहाँ

ठहर गया। एकाएक तीनों राजपूत मसजिद से बाहर निकल आए और बोले—हुजूर तो बहुत देर तक सराफ की दुकान पर बैठे रहे। क्या बातें हुईं।

सौदागर ने अभी कुछ जवाब न दिया था कि पीछे से पंडित और उनके दोनों खिदमतगार भी आ पहुँचे। सौदागर ने पंडित को देखते ही भर्त्सनापूर्ण शब्दों में कहा—मियाँ रोशनुद्दौला, मुझे इस वक़्त तुम्हारे ऊपर इतना ग़ुस्सा आ रहा है कि तुम्हें कुत्तों से नुचवा दूँ। नमकहराम कहीं का! दग़ाबाज़! तूने मेरी सल्तनत को तबाह कर दिया! सारा शहर तेरे ज़ुल्म का रोना रो रहा है! मुझे आज मालूम हुआ कि तूने क्यों राजा बख्तावरसिंह को क़ैद कराया। मेरी अकल पर न जाने क्यों पत्थर पड़ गए थे कि मैं तेरी चिकनी-चुपड़ी बातों में आ गया। इस नमकहरामी की तुझे वह सज़ा दूँगा कि देखनेवालों को भी इबरत (शिक्षा) हो।

रोशनुद्दौला ने निर्भीकता से उत्तर दिया—आप मेरे बादशाह हैं; इसलिए आपका अदब करता हूँ, वरना इसी वक़्त बदज़बानी का मज़ा चखा देता। ख़ुद आप तो महल में हसीनों के साथ ऐश किया करते हैं, दूसरों को क्या ग़रज़ पड़ी है कि सल्तनत की फ़िक्र से दुबले हों? ख़ूब, हम अपना ख़ून जलाएँ और आप जशन मनाएँ! ऐसे अहमक कहीं और रहते होंगे।

बादशाह (क्रोध से काँपते हुए)—मि...मैं तुम्हें हुक्म देता हूँ कि इस नमकहराम को अभी गोली मार दो। मैं इसकी सूरत नहीं देखना चाहता। और, इसी वक़्त जाकर इसकी सारी जायदाद ज़ब्त कर लो। इसके ख़ानदान का एक बच्चा भी ज़िन्दा न रहने पाए।

रोशन—मि...मैं तुमको हुक्म देता हूँ कि इस मुल्क और क़ौम के दुश्मन, रैयत के कातिल और बदकार आदमी को फ़ौरन गिरफ़्तार कर लो। यह इस काबिल नहीं कि ताज और तख़्त का मालिक बने।

इतना सुनते ही पाँचों अँगरेज़ मुसाहबों ने, जो भेष बदले हुए साथ थे, बादशाह के दोनों हाथ पकड़ लिए और खींचते हुए गोमती नदी की तरफ़ ले चले। तब बादशाह की आँखें खुलीं। समझ गए कि पहले ही से यह षड्यंत्र रचा गया था। इधर-उधर देखा, कोई आदमी नहीं। शोर मचाना व्यर्थ था। बादशाही का नशा उतर गया। दुरवस्था ही वह परीक्षाग्नि है, जो मुलम्मे और रोगन को उतारकर मनुष्य का यथार्थ रूप दिखा देती है। ऐसे ही अवसरों पर विदित होता है कि मानव-हृदय पर कृत्रिम भावों का कितना गहरा रंग चढ़ा होता है। एक क्षण में बादशाह की उद्दंडता और घमंड ने दीनता और विनयशीलता का आश्रय लिया। बोले—मैंने तो आप लोगों की मरजी के ख़िलाफ़ ऐसा कोई काम नहीं किया, जिसकी यह सज़ा मिले। मैंने आप लोगों को हमेशा अपना दोस्त समझा है।

रोशन—तो हम लोग जो कुछ कर रहे हैं, वह भी आपके फ़ायदे ही के लिए कर रहे हैं। हम आपके सिर से सल्तनत का बोझ उतारकर आपको आज़ाद कर देंगे। तब आपके ऐश में खलल न पड़ेगी। आप बेफ़िक्र होकर हसीनों के साथ ज़िन्दगी की बहार लूटिएगा।

बादशाह—तो क्या आप लोग मुझे तख़्त से उतारना चाहते हैं?

रोशन—नहीं, आपको बादशाही की ज़िम्मेदारियों से आज़ाद कर देना चाहते हैं।

बादशाह—हजरत इमाम की क़सम, मैं यह जिल्लत न बर्दाश्त करूँगा। मैं अपने बुज़ुर्गों का नाम न डुबाऊँगा।

रोशन—आपके बुज़ुर्गों के नाम की फ़िक्र हमें आपसे ज़्यादा है। आपकी ऐश परस्ती बुज़ुर्गों का नाम रोशन नहीं कर रही है।

बादशाह (दीनता से)—वादा करता हूँ कि आइंदा से आप लोगों को शिकायत का कोई मौक़ा न दूँगा।

रोशन—नशेबाज़ों के वादों पर कोई दीवाना ही यक़ीन कर सकता है।

बादशाह—तुम मुझे ज़बरदस्ती तख़्त से नहीं उतार सकते।

रोशन—इन धमकियों की ज़रूरत नहीं। चुपचाप चले चलिए; आगे आपको सेजगाड़ी मिल जाएगी। हम आपको इज़्ज़त के साथ रुखसत करेंगे।

बादशाह—आप जानते हैं, रिआया पर इसका क्या असर होगा?

रोशन—ख़ूब जानता हूँ! आपकी हिमायत में एक उँगली भी न उठेगी। कल सारी सल्तनत में घी के चिराग़ जलेंगे।

इतनी देर में सब लोग उस स्थान पर आ पहुँचे, जहाँ बादशाह को ले जाने के लिए सवारी तैयार खड़ी थी। लगभग 25 सशस्त्र गोरे सिपाही भी खड़े थे। बादशाह सेजगाड़ी को देखकर मचल गए। उनके रुधिर की गति तीव्र हो गई, भोग और विलास के नीचे दबी हुई मर्यादा सजग हो गई। उन्होंने ज़ोर से झटका देकर अपना हाथ छुड़ा लिया और नैराश्यपूर्ण दुस्साहस के साथ, परिणाम-भय को त्याग कर, उच्च स्वर से बोले—ऐ लखनऊ के बसनेवालो! तुम्हारा बादशाह यहाँ दुश्मनों के हाथों क़त्ल किया जा रहा है। उसे इनके हाथ से बचाओ, दौड़ो वरना पछताओगे!

यह आर्त पुकार आकाश की नीरवता को चीरती हुई गोमती की लहरों में विलीन नहीं हुई बल्कि लखनऊवालों के हृदयों में जा पहुँची। राजा बख्तावरसिंह बन्दी-गृह से निकलकर नगर-निवासियों को उत्तेजित करते और प्रतिक्षण रक्षाकारियों के दल को बढ़ाते, बड़े वेग से दौड़े चले आ रहे थे। एक पल का विलम्ब भी षड्यंत्रकारियों के घातक विरोध को सफल कर सकता था। देखते-देखते उनके साथ दो-तीन हज़ार सशस्त्र मनुष्यों का दल हो गया था। यह सामूहिक शक्ति बादशाह का और लखनऊ राज्य का उद्धार कर सकती थी। समय सब कुछ था। बादशाह गोरी सेना के पंजे में फँस गए, तो फिर समस्त लखनऊ भी उन्हें मुक्त न कर सकता था। राजा साहब ज्यों-ज्यों आगे बढ़ते जाते थे, नैराश्य से दिल बैठा जाता था। विफल मनोरथ होने की शंका से उत्साह भंग हुआ जाता था। अब तक कहीं उन लोगों का पता नहीं! अवश्य हम देर में पहुँचे। विद्रोहियों ने अपना काम पूरा कर लिया। लखनऊ राज्य की स्वाधीनता सदा के लिए विसर्जित हो गई!

ये लोग निराश होकर लौटना ही चाहते थे कि अचानक बादशाह का आर्तनाद सुनाई दिया। कई हज़ार कंठों से आकाश-भेदी ध्वनि निकली—हुजूर को ख़ुदा सलामत रखे। हम फिदा होने को आ पहुँचे!

समस्त दल एक ही प्रबल इच्छा से प्रेरित होकर, वेगवती जलधारा की भाँति, घटनास्थल की ओर दौड़ा। अशक्त लोग भी सशक्त हो गए। पिछड़े हुए लोग आगे निकल जाना चाहते थे। आगे के लोग चाहते थे कि उड़कर जा पहुँचें!

इन आदमियों की आहट पाते ही गोरों ने बन्दूक़ें भरीं और 25 बन्दूक़ों की बाढ़ सर हो गई। रक्षाकारियों में कितने ही लोग गिर पड़े; मगर क़दम पीछे न हटे। वीर मद ने और भी मतवाला कर दिया। एक क्षण में दूसरी बाढ़ आई; कुछ लोग फिर वीर-गति को प्राप्त हुए लेकिन क़दम आगे बढ़ते ही गए। तीसरी बाढ़ छूटने ही वाली थी कि लोगों ने विद्रोहियों को पा लिया। गोरे भागे।

जब लोग बादशाह के पास पहुँचे, तो अद्भुत दृश्य देखा। बादशाह रोशनुद्दौला की छाती पर सवार थे। जब गोरे जान लेकर भागे, तो बादशाह ने इस नरपिशाच को पकड़ लिया और उसे बलपूर्वक भूमि पर गिरा कर उसकी छाती पर बैठ गए। अगर उनके हाथों में हथियार होता, तो इस वक़्त रोशन की लाश तड़फती हुई दिखाई देती।

राजा बख़्तावरसिंह आगे बढ़कर बादशाह को आदाब बजा लाए। लोगों की जय-ध्वनि से आकाश हिल उठा। कोई बादशाह के पैरों को चूमता था। कोई उन्हें आशीर्वाद देता था, और रोशनुद्दौला का शरीर तो लातों और घूसों का लक्ष्य बना हुआ था। कुछ बिगड़े दिल ऐसे भी थे, जो उसके मुँह पर थूकने में भी संकोच न करते थे।

4

प्रात:काल था। लखनऊ में आनन्दोत्सव मनाया जा रहा था। बादशाही महल के सामने लाखों आदमी जमा थे। सब लोग बादशाह को यथायोग्य नज़र देने आए थे। जगह-जगह ग़रीबों को भोजन कराया जा रहा था। शाही नौबतखाने में नौबत बज रही थी।

दरबार सजा। बादशाह हीरे और जवाहर से जगमगाते, रत्नजटित आभूषणों से सजे हुए, सिंहासन पर बिराजे। रईसों और अमीरों से नज़रें गुजारीं। कविजनों ने कसीदे पढ़े। एकाएक बादशाह ने पूछा—राजा बख़्तावरसिंह कहाँ हैं? कप्तान ने जवाब दिया—क़ैदखाने में।

बादशाह ने उसी वक़्त कई कर्मचारियों को भेजा कि राजा साहब को जेलखाने से इज़्ज़त के साथ लाएँ। जब थोड़ी देर के बाद राजा ने आकर बादशाह को सलाम किया, तो वे तख़्त से उतरकर उनसे गले मिले और उन्हें अपनी दाहिनी ओर सिंहासन पर बैठाया। फिर दरबार में खड़े होकर उनकी सुकीर्ति और राज-भक्ति की प्रशंसा करने के उपरान्त अपने ही हाथों से उन्हें खिलअत पहनाई। राजा साहब के कुटुम्ब के प्राणी आदर और सम्मान के साथ बिदा किए गए।

अन्त को जब दोपहर के समय दरबार बर्खास्त होने लगा तो बादशाह ने राजा साहब से कहा—आपने मुझ पर और मेरी सल्तनत पर जो एहसान किया है, उसका सिला (पुरस्कार) देना मेरे इमकान से बाहर है। मेरी आपसे यही इल्तिजा (अनुरोध) है कि आप वजरत का क़लमदान अपने हाथ में लीजिए और सल्तनत का, जिस तरह मुनासिब समझिए, इन्तज़ाम कीजिए। मैं आपके किसी काम में दख़ल न दूँगा। मुझे एक गोशे में पड़ा रहने दीजिए। नमकहराम रोशन को भी मैं आपके सुपुर्द किए देता हूँ। आप इसे जो सज़ा चाहें दें। मैं इसे कब का जहन्नुम भेज चुका होता; पर यह समझकर कि यह आपका शिकार है, इसे छोड़े हुए हूँ।

लेकिन बख़्तावरसिंह बादशाह के उच्छृंखल स्वभाव से भली-भाँति परिचित थे, वह जानते थे, बादशाह की ये सदिच्छाएँ थोड़े ही दिनों की मेहमान हैं! मानवचरित्र में आकस्मिक परिवर्तन बहुत कम हुआ करते हैं। दो-चार महीने में दरबार का फिर वही रंग हो जाएगा, इसलिए मेरा तटस्थ रहना ही अच्छा है। राज्य के प्रति मेरा जो कुछ कर्तव्य था, वह मैंने पूरा कर दिया। मैं दरबार में रहकर कदापि नहीं कर सकता। हितैषी मित्र का जितना सम्मान होता है, स्वामिभक्त सेवक का उतना नहीं हो सकता।

वह विनीत भाव से बोले—हुजूर, मुझे इस ओहदे से मुआफ रखें। मैं यों ही आपका खादिम हूँ। इस मनसब पर किसी लायक आदमी को माशूर फरमाइए (नियुक्त कीजिए)। मैं अक्खड़ राजपूत हूँ। मुल्की इन्तज़ाम करना क्या जानूँ।

बादशाह—मुझे तो आपसे ज़्यादा लायक और वफादार आदमी नज़र नहीं आता।

मगर राजा साहब उनकी बातों में न आए। आख़िर मजबूर होकर बादशाह ने उन्हें ज़्यादा न दबाया। क्षण भर बाद जब रोशनुद्दौला को सज़ा देने का प्रश्न उठा, तब दोनों आदमियों में इतना मतभेद हुआ कि वाद-विवाद की नौबत आ गई। बादशाह आग्रह करते थे कि इसे कुत्तों से नुचवा दिया जाए। राजा साहब इस बात पर अड़े हुए थे कि इसे जान से न मारा जाए, केवल नज़रबन्द कर दिया जाए। अन्त में बादशाह ने क्रुद्ध होकर कहा—यह एक दिन आपको ज़रूर दग़ा देगा!

राजा—इस ख़ौफ़ से मैं इसकी जान न लूँगा।

बादशाह—तो जनाब, आप चाहें इसे मुआफ कर दें, मैं कभी मुआफ नहीं कर सकता।

राजा—आपने तो इसे मेरे सुपुर्द कर दिया था। दी हुई चीज़ को आप वापस कैसे लेंगे?

बादशाह ने कहा—तुमने मेरे निकलने का कहीं रास्ता ही नहीं रखा।

रोशनुद्दौला की जान बच गई। वजारत का पद कप्तान साहब को मिला। मगर सबसे विचित्र बात यह थी कि रेजिडेंट ने इस षड्यंत्र से पूर्ण अनभिज्ञता प्रकट की और साफ़ लिख दिया कि बादशाह-सलामत अपने अँगरेज़ मुसाहबों को जो सज़ा चाहें दें; कोई आपत्ति न होगी। मैं उन्हें पाता, तो स्वयं बादशाह की खिदमत में भेज देता; लेकिन पाँचों महानुभावों में से एक का भी पता न चला। शायद वे सबके सब रातों-रात कलकत्ते भाग गए।

इतिहास में उक्त घटना का कहीं उल्लेख नहीं किया गया, लेकिन किंवदंतियाँ, जो इतिहास से अधिक विश्वसनीय हैं, उसकी सत्यता की साक्षी हैं।

अधिकार-चिन्ता

टामी यों देखने में तो बहुत तगड़ा था। भूँकता तो सुननेवाले के कानों के परदे फट जाते। डील-डौल भी ऐसा कि अँधेरी रात में उस पर गधे का भ्रम हो जाता। लेकिन उसकी श्वानोचित वीरता किसी संग्रामक्षेत्र में प्रमाणित न होती थी। दो-चार दफे जब बाज़ार के लेडियों ने उसे चुनौती दी, तो वह उनका गर्व-मर्दन करने के लिए मैदान में आया; और देखनेवालों का कहना है कि जब तक लड़ा, जीवट से लड़ा, नखों और दाँतों से ज़्यादा चोटें उसकी दुम ने की। निश्चित रूप से नहीं कहा जा सकता कि मैदान किसके हाथ रहा, किन्तु जब उस दल को कुमक मँगानी पड़ी, तो रण-शास्त्र के नियमों के अनुसार विजय का श्रेय टामी ही को देना उचित न्यायानुकूल जान पड़ता है। टामी ने उस अवसर पर कौशल से काम लिया और दाँत निकाल दिए; जो संधि की याचना थी। किन्तु तब से उसने ऐसे सन्नीति-विहीन प्रतिद्वंद्वियों के मुँह लगना उचित न समझा।

इतना शान्तिप्रिय होने पर भी टामी के शत्रुओं की संख्या दिनोंदिन बढ़ती जाती थी। उसके बराबरवाले उससे इसलिए जलते कि वह इतना मोटा-ताजा होकर इतना भीरु क्यों है। बाज़ारी दल इसलिए जलता कि टामी के मारे घूरों पर की हड्डियाँ भी न बचने पाती थीं। वह घड़ी-रात रहे उठता और हलवाइयों की दुकानों के सामने के दोने और पत्तल, कसाईखाने के सामने की हड्डियाँ और छीछड़े चबा डालता। अतएव इतने शत्रुओं के बीच में रहकर

टामी का जीवन संकटमय होता जाता था। महीनों बीत जाते और पेट भर भोजन न मिलता। दो-तीन बार उसे मनमाने भोजन करने की ऐसी प्रबल उत्कंठा हुई कि उसने संदिग्ध साधनों द्वारा उसको पूरा करने की चेष्टा की; पर जब परिणाम आशा के प्रतिकूल हुआ और स्वादिष्ट पदार्थों के बदले अरुचिकर दुर्ग्राह्य वस्तुएँ भरपेट खाने को मिलीं—जिससे पेट के बदले कई दिन तक पीठ में विषम वेदना होती रही—तो उसने विवश होकर फिर सन्मार्ग का आश्रय लिया। पर डंडों से पेट चाहे भर गया हो, वह उत्कंठा शान्त न हुई। वह किसी ऐसी जगह जाना चाहता था, जहाँ ख़ूब शिकार मिले; खरगोश, हिरन, भेड़ों के बच्चे मैदानों में विचर रहे हों और उनका कोई मालिक न हो, जहाँ किसी प्रतिद्वंद्वी की गंध तक न हो; आराम करने को सघन वृक्षों की छाया हो, पीने को नदी का पवित्र जल। वहाँ मनमाना शिकार करूँ, खाऊँ और मीठी नींद सोऊँ। वहाँ चारों ओर मेरी धाक बैठ जाए; सब पर ऐसा रोब छा जाए कि मुझी को अपना राजा समझने लगें और धीरे-धीरे मेरा ऐसा सिक्का बैठ जाए कि किसी द्वेषी को वहाँ पैर रखने का साहस ही न हो।

संयोगवश एक दिन वह इन्हीं कल्पनाओं के सुख स्वप्न देखता हुआ सिर झुकाए सड़क छोड़कर गलियों से चला जा रहा था कि सहसा एक सज्जन से उसकी मुठभेड़ हो गई। टामी ने चाहा कि बचकर निकल जाऊँ, पर वह दुष्ट इतना शान्तिप्रिय न था। उसने तुरन्त झपट कर टामी का टेटुआ पकड़ लिया। टामी ने बहुत अनुनय-विनय की, गिड़गिड़ा कर कहा—ईश्वर के लिए मुझे यहाँ से चले जाने दो; क़सम ले लो, जो इधर पैर रखूँ। मेरी शामत आई थी कि तुम्हारे अधिकार क्षेत्र में चला आया। पर उस मदांध और निर्दयी प्राणी ने ज़रा भी रिआयत न की। अन्त में हार कर टामी ने गर्दभ स्वर में फ़रियाद करनी शुरू की। यह कोलाहल सुनकर मोहल्ले के दो-चार नेता लोग एकत्र हो गए; पर उन्होंने भी दीन पर दया करने के बदले उलटे उसी पर दंत-प्रहार करना शुरू किया। इस अन्यायपूर्ण व्यवहार ने टामी का दिल तोड़ दिया। वह जान छुड़ा कर भागा। उन अत्याचारी पशुओं ने बहुत दूर तक उसका पीछा किया, यहाँ तक कि मार्ग में एक नदी पड़ गई और टामी ने उसमें कूद कर अपनी जान बचाई।

कहते हैं, एक दिन सबके दिन फिरते हैं। टामी के दिन भी नदी में कूदते ही फिर गए। कूदा था जान बचाने के लिए, हाथ लग गए मोती। तैरता हुआ उस पार पहुँचा, तो वहाँ उसकी चिर-संचित अभिलाषाएँ मूर्तिमती हो रही थीं।

2

यह एक विस्तृत मैदान था। जहाँ तक निगाह जाती थी, हरियाली की छटा दिखाई देती थी। कहीं नालों का मधुर कलरव था, कहीं झरनों का मंद गान; कहीं वृक्षों के सुखद पुंज थे, कहीं रेत के सपाट मैदान। बड़ा सुरम्य मनोहर दृश्य था।

यहाँ बड़े तेज़ नखोंवाले पशु थे, जिनकी सूरत देखकर टामी का कलेजा दहल उठता था, पर उन्होंने टामी की कुछ परवा न की। वे आपस में नित्य लड़ा करते थे; नित्य ख़ून की नदी बहा करती थी। टामी ने देखा, यहाँ इन भयंकर जन्तुओं से पेश न पा सकूँगा। उसने कौशल से काम लेना शुरू किया। जब दो लड़नेवाले पशुओं में एक घायल और मुर्दा होकर गिर पड़ता, तो टामी लपककर मांस का कोई टुकड़ा ले भागता और एकान्त में बैठकर खाता। विजयी पशु विजय के उन्माद में उसे तुच्छ समझकर कुछ न बोलता।

अब क्या था, टामी के पौ-बारह हो गए। सदा दीवाली रहने लगी। न गुड़ की कमी थी, न गेहूँ की। नित्य नए पदार्थ उड़ाता और वृक्षों के नीचे आनन्द से सोता। उसने ऐसे सुख स्वर्ग की कल्पना भी न की थी। वह मर कर नहीं, जीते जी स्वर्ग पा गया।

थोड़े ही दिनों में पौष्टिक पदार्थों के सेवन से टामी की चेष्टा ही कुछ और हो गई। उसका शरीर तेजस्वी और सुगठित हो गया। अब वह छोटे-मोटे जीवों पर स्वयं हाथ साफ़ करने लगा। जंगल के जन्तु अब चौंके और उसे वहाँ से भगा देने का यत्न करने लगे। टामी ने एक नई चाल चली। वह कभी किसी पशु से कहता, तुम्हारा फलाँ शत्रु तुम्हें मार डालने की तैयारी कर रहा है; किसी से कहता, फलाँ तुमको गाली देता था। जंगल के जन्तु उसके चकमे में आकर आपस में लड़ जाते और टामी की चाँदी हो जाती। अन्त में यहाँ तक नौबत पहुँची कि बड़े-बड़े जन्तुओं का नाश हो गया। छोटे-मोटे पशुओं का उससे मुक़ाबला करने का साहस न होता था। उसकी उन्नति और शक्ति देखकर उन्हें ऐसा प्रतीत होने लगा, मानो यह विचित्र जीव आकाश से हमारे ऊपर शासन करने के लिए भेजा गया है। टामी भी अब अपनी शिकारबाज़ी के जौहर दिखाकर उनकी इस भ्रांति को पुष्ट किया करता था। बड़े गर्व से कहता—'परमात्मा ने मुझे तुम्हारे ऊपर राज्य करने के लिए भेजा है। यह ईश्वर की इच्छा है। तुम आराम से अपने घर में पड़े रहो। मैं तुमसे कुछ न बोलूँगा, केवल तुम्हारी सेवा करने के पुरस्कारस्वरूप तुममें से एकाध का शिकार कर लिया करूँगा। आख़िर मेरे भी तो पेट है; बिना आहार के कैसे जीवित रहूँगा और कैसे तुम्हारी रक्षा करूँगा।' वह अब बड़ी शान से जंगल में चारों ओर गौरवान्वित दृष्टि से ताकता हुआ विचरा करता।

टामी को अब कोई चिन्ता थी तो यह कि इस देश में मेरा कोई मुद्दई न उठ खड़ा हो। वह सजग और सशस्त्र रहने लगा। ज्यों-ज्यों दिन गुज़रते थे और सुख-भोग का चसका बढ़ता जाता था, त्यों-त्यों उसकी चिन्ता भी बढ़ती जाती थी। बस अब बहुधा रात को चौंक पड़ता और किसी अज्ञात शत्रु के पीछे दौड़ता। अक्सर 'अंधा कूकुर बात से भूँके' वाली लोकोक्ति को चरितार्थ करता। वन के पशुओं से कहता—'ईश्वर न करे कि तुम किसी दूसरे शासक के पंजे में फँस जाओ। वह तुम्हें पीस डालेगा। मैं तुम्हारा हितैषी हूँ; सदैव तुम्हारी शुभ-कामना में मग्न रहता हूँ। किसी दूसरे से यह आशा मत रखो।' पशु एक स्वर में कहते, 'जब तक हम जिएँगे, आप ही के अधीन रहेंगे।'

आख़िरकार यह हुआ कि टामी को क्षण भर भी शान्ति से बैठना दुर्लभ हो गया। वह रात-दिन दिन-दिन भर नदी के किनारे इधर से उधर चक्कर लगाया करता। दौड़ते-दौड़ते हाँफने लगता, बेदम हो जाता; मगर चित्त को शान्ति न मिलती। कहीं कोई शत्रु न घुस आए।

लेकिन क्वार का महीना आया तो टामी का चित्त एक बार फिर अपने पुराने सहचरी से मिलने के लिए लालायित होने लगा। वह अपने मन को किसी भाँति रोक न सका। वह दिन याद आया जब वह दो-चार मित्रों के साथ किसी प्रेमिका के पीछे गली-गली और कूचे-कूचे में चक्कर लगाता था। दो-चार दिन तो उसने सब्र किया, पर अन्त में आवेग इतना प्रबल हुआ कि वह तकदीर ठोंक कर खड़ा हुआ। उसे अब अपने तेज़ और बल पर अभिमान भी था। दो-चार को तो वही मज़ा चखा सकता था।

किन्तु नदी के इस पार आते ही उसका आत्मविश्वास प्रातःकाल के तम के समान फटने लगा। उसकी चाल मंद पड़ गई, आप ही आप सिर झुक गया, दुम सिकुड़ गई। मगर एक प्रेमिका

को आते देखकर वह विह्वल हो उठा; उसके पीछे हो लिया। प्रेमिका को उसकी वह कुचेष्टा अप्रिय लगी। उसने तीव्र स्वर से उसकी अवहेलना की। उसकी आवाज़ सुनते ही उसके कई प्रेमी आ पहुँचे और टामी को वहाँ देखते ही जामे से बाहर हो गए। टामी सिटपिटा गया। अभी निश्चय न कर सका था कि क्या करूँ कि चारों ओर से उस पर दाँतों और नखों की वर्षा होने लगी। भागते भी न बन पड़ा। देह लहूलुहान हो गई। भागा भी, तो शैतानों का एक दल पीछे था।

उस दिन से उसके दिल में शंका-सी समा गई। हर घड़ी यह भय लगा रहता कि आक्रमणकारियों का दल मेरे सुख और शान्ति में बाधा डालने के लिए, मेरे स्वर्ग को विध्वंस करने के लिए आ रहा है। यह शंका पहले भी कम न थी; अब और भी बढ़ गई।

एक दिन उसका चित्त भय से इतना व्याकुल हुआ कि उसे जान पड़ा, शत्रु-दल आ पहुँचा। वह बड़े वेग से नदी के किनारे आया और इधर से उधर दौड़ने लगा।

दिन बीत गया, रात बीत गई; पर उसने विश्राम न लिया। दूसरा दिन आया और गया, पर टामी निराहार, निर्जल नदी के किनारे चक्कर लगाता रहा।

इस तरह पाँच दिन बीत गए। टामी के पैर लड़खड़ाने लगे, आँखों-तले अँधेरा छाने लगा। क्षुधा से व्याकुल होकर गिर पड़ता, पर वह शंका किसी भाँति शान्त न हुई।

अन्त में सातवें दिन अभागा टामी अधिकार-चिन्ता से ग्रस्त, जर्जर और शिथिल होकर परलोक सिधारा। वन का कोई पशु उसके निकट न गया। किसी ने उसकी चर्चा तक न की; किसी ने उसकी लाश पर आँसू तक न बहाए। कई दिनों तक उस पर गिद्ध और कौए मँडराते रहे; अन्त में अस्थिपंजरों के सिवा और कुछ न रह गया।

दुराशा

(प्रहसन)

पात्र

दयाशंकर	:	कार्यालय के एक साधारण लेखक
आनन्दमोहन	:	कॉलेज का एक विद्यार्थी तथा दयाशंकर का मित्र
ज्योतिस्वरूप	:	दयाशंकर का एक सुदूर-सम्बन्धी
सेवती	:	दयाशंकर की पत्नी

(होली का दिन)

(समय—9 बजे रात्रि, आनन्दमोहन तथा दयाशंकर वार्तालाप करते जा रहे हैं।)

आ.—हम लोगों को देर तो न हुई। अभी तो नौ बजे होंगे!

द.—नहीं, अभी क्या देर होगी!

आ.—वहाँ बहुत इन्तज़ार न कराना। क्योंकि एक तो दिन भर गली-गली घूमने के पश्चात् मुझमें इन्तज़ार करने की शक्ति ही नहीं, दूसरे ठीक ग्यारह बजे बोर्डिंग हाउस का दरवाज़ा बन्द हो जाता है।

द.—अजी, चलते-चलते थाली सामने आवेगी। मैंने तो सेवती से पहले ही कह दिया है कि नौ बजे तक सामान तैयार रखना।

आ.—तुम्हारा घर तो अभी दूर है। यहाँ मेरे पैरों में चलने की शक्ति ही नहीं। आओ कुछ बातचीत करते चलें। भला यह तो बताओ कि परदे के सम्बन्ध में तुम्हारा क्या विचार है? भाभी जी मेरे सामने आएँगी या नहीं, क्या मैं। उनके चन्द्रमुख का दर्शन कर सकूँगा? सच कहो।

द.—तुम्हारे और मेरे बीच में तो भाईचारे का सम्बन्ध है। यदि सेवती मुँह खोले हुए भी तुम्हारे सम्मुख आ जाए तो मुझे कोई म्लान नहीं। किन्तु साधारणत: मैं परदे की प्रथा का सहायक और समर्थक हूँ। क्योंकि हम लोगों की सामाजिक नीति इतनी पवित्र नहीं है कि कोई स्त्री अपने लज्जा-भाव को चोट पहुँचाए बिना अपने घर से बाहर निकले।

आ.—मेरे विचार में तो पर्दा ही कुचेष्टाओं का मूल कारण है। पर्दे से स्वभावत: पुरुषों के चित्त में उत्सुकता उत्पन्न होती है और वह भाव कभी तो बोली-ठोली में प्रकट होता है और कभी नेत्रों के कटाक्षों में।

द.—जब तक हम लोग इतने दृढ़प्रतिज्ञ न हो जाएँ कि सतीत्व-रक्षा के पीछे प्राण भी बलिदान कर दें तब तक परदे की प्रथा को तोड़ना समाज के मार्ग में विष बोना है।

अ.—आपके विचार से तो यही सिद्ध होता है कि यूरोप में सतीत्व-रक्षा के लिए रात-दिन रुधिर की नदियाँ बहा करती हैं।

द.—वहाँ इसी बेपर्दगी ने तो सतीत्व-धर्म को निर्मूल कर दिया है। अभी मैंने किसी समाचारपत्र में पढ़ा था कि एक स्त्री ने किसी पुरुष पर इस प्रकार का अभियोग चलाया था कि उसने मुझे निर्भीकतापूर्वक कुदृष्टि से घूरा था, किन्तु विचारक ने उस स्त्री को नख-शिख से देखकर यह कहकर मुक़दमा खारिज कर दिया कि प्रत्येक मनुष्य को अधिकार है कि हाट-बाट में नौजवान स्त्री को घूर कर देखे। मुझे तो यह अभियोग और यह फ़ैसला सर्वथा हास्यास्पद जान पड़ते हैं और किसी भी समाज को निंदित करनेवाले हैं।

आ.—इस विषय को छोड़ो। यह तो बताओ कि इस समय क्या-क्या खिलाओगे? मित्र नहीं तो मित्र की चर्चा ही हो।

द.—यह तो सेवती की पाक-कला-कुशलता पर निर्भर है। पूरियाँ और कचौरियाँ तो होंगी ही। यथासम्भव ख़ूब खरी भी होंगी। यथाशक्ति ख़स्ते और समोसे भी आएँगे। खीर आदि के बारे में भविष्यवाणी की जा सकती है। आलू और गोभी की शोरबेदार तरकारी और मटर, दालमोट भी मिलेंगे। फीरिनी के लिए भी कह आया था। गूलर के कोफते और आलू के कबाब, यह दोनों सेवती ख़ूब पकाती है। इनके सिवा दही-बड़े और चटनी-अचार की चर्चा तो व्यर्थ ही है। हाँ, शायद किशमिश का रायता भी मिले जिसमें केसर की सुगंध उड़ती होगी।

आ.—मित्र, मेरे मुँह में तो पानी भर आया। तुम्हारी बातों ने तो मेरे पैरों में जान डाल दी। शायद पर होते तो उड़कर पहुँच जाता।

द.—लो, अब तो आ ही जाते हैं। यह तम्बाकूवाले की दुकान है, इसके बाद चौथा मकान मेरा ही है।

आ.—मेरे साथ बैठकर एक ही थाली में खाना। कहीं ऐसा न हो कि अधिक खाने के लिए मुझे भाभी जी के सामने लज्जित होना पड़े।

द.—इससे तुम निश्शंक रहो। उन्हें मिताहारी आदमी से चिढ़ है, वे कहती हैं—'जो खाएगा ही नहीं दुनिया में काम क्या करेगा?' आज शायद तुम्हारी बदौलत मुझे भी काम करनेवालों की पंक्ति में स्थान मिल जावे। कम से कम कोशिश तो ऐसी ही करना।

आ.—भई, यथाशक्ति चेष्टा करूँगा। शायद तुम्हें ही प्रधानपद मिल जाए।

द.—यह लो, आ गए। देखना सीढ़ियों पर अँधेरा है। शायद चिराग़ जलाना भूल गई।

आ.—कोई हर्ज़ नहीं। तिमिरलोक ही में तो सिकंदर को अमृत मिला था।

द.—अन्तर इतना ही है कि तिमिरलोक में पैर फिसले तो पानी में गिरोगे और यहाँ फिसला तो पथरीली सड़क पर।

(ज्योतिस्वरूप आते हैं)

ज्योति.—सेवक भी उपस्थित हो गया। देर तो नहीं हुई? डबल मार्च करता आया हूँ।

द.—नहीं, अभी तो देर नहीं हुई। शायद आपकी भोजनाभिलाषा आपको समय से पहले खींच लाई।

आ.—आपका परिचय कराइए। मुझे आपसे देखा-देखी नहीं है।

द.—(अँगरेज़ी में) मेरे सुदूर के सम्बन्ध में साले होते हैं। एक वकील के मुहर्रिर हैं। ज़बरदस्ती नाता जोड़ रहे हैं। सेवती ने निमंत्रण दिया होगा; मुझे कुछ भी ज्ञात नहीं। ये अँगरेज़ी नहीं जानते।

आ.—इतना तो अच्छा है। अँगरेज़ी में ही बातें करेंगे।

द.—सारा मज़ा किरकिरा हो गया। कुमानुषों के साथ बैठकर खाना फोड़े के आप्रेशन के बराबर है।

आ.—किसी उपाय से इन्हें विदा कर देना चाहिए।

द.—मुझे तो चिन्ता यह है कि अब संसार के कार्यकर्ताओं में हमारी और तुम्हारी गणना ही न होगी। पाला इसके हाथ रहेगा।

आ.—ख़ैर ऊपर चलो। आनन्द तो जब आवे कि इन महाशय को आधे पेट ही उठना पड़े।

(तीनों आदमी ऊपर जाते हैं)

द.—अरे! कमरे में भी रोशनी नहीं, घुप अँधेरा है। लाला ज्योतिस्वरूप, देखिएगा, कहीं ठोकर खाकर न गिर पड़िएगा।

आ.—अरे ग़ज़ब...(आलमारी से टकरा कर धम् से गिर पड़ता है)।

द.—लाला ज्योतिस्वरूप, क्या आप गिरे? चोट तो नहीं आई?

आ.—अजी, मैं गिर पड़ा। कमर टूट गई। तुमने अच्छी दावत की।

द.—भले आदमी, सैकड़ों बार तो आए हो। मालूम नहीं था कि सामने आलमारी रखी हुई है। क्या ज़्यादा चोट लगी?

आ.—भीतर जाओ। थालियाँ लाओ और भाभी जी से कह देना कि थोड़ा-सा तेल गर्म कर लें। मालिश कर लूँगा।

ज्योति.—महाशय, यह आपने क्या रख छोड़ा है। ज़मीन पर गिर पड़ा।

द.—उगालदान तो नहीं लुढ़का दिया? हाँ, वही तो है। सारा फ़र्श ख़राब हो गया।

आ.—बन्धुवर, जाकर लालटेन जला लाओ। कहाँ लाकर काल-कोठरी में डाल दिया।

द.—(घर में जाकर) अरे! यहाँ भी अँधेरा है! चिराग़ तक नहीं। सेवती, कहाँ हो?

से.—बैठी तो हूँ।

द.—यह बात क्या है? चिराग़ क्यों नहीं जले! तबीयत तो अच्छी है?

से.—बहुत अच्छी है। बारे, तुम आ तो गए! मैंने समझा था कि आज आपका दर्शन ही न होगा।

द.—ज्वर है क्या? कब से आया है?

से.—नहीं, ज्वर-स्वर कुछ नहीं, चैन से बैठी हूँ।

द.—तुम्हारा पुराना बायगोला तो नहीं उभर आया?

से.—(व्यंग्य से) हाँ, बायगोला ही तो है। लाओ, कोई दवा है?

द.—अभी डॉक्टर के यहाँ से मँगवाता हूँ।

से.—कुछ मुफ्त की रक़म हाथ आ गई है क्या? लाओ, मुझे दे दो, अच्छी हो जाऊँ।

द.—तुम तो हँसी कर रही हो। साफ़-साफ़ कोई बात नहीं कहती। क्या मेरे देर से आने का यही दंड है? मैंने नौ बजे आने का वचन दिया था। शायद दो-चार मिनट अधिक हुए हों। सब चीज़ें तैयार हैं न?

से.—हाँ, बहुत ही खस्ता आधो-आध मक्खन डाला था।

द.—आनन्दमोहन से मैंने तुम्हारी ख़ूब प्रशंसा की है।

से.—ईश्वर ने चाहा तो वे भी प्रशंसा ही करेंगे। पानी रख आओ, हाथ-वाथ तो धोएँ।

द.—चटनियाँ भी बनवा ली हैं न? आनन्दमोहन को चटनियों से बहुत प्रेम है।

से.—ख़ूब चटनी खिलाओ। सेरों बना रखी है।

द.—पानी में केवड़ा डाल दिया है?

से.—हाँ, ले जाकर पानी रख आओ। पानी आरम्भ करें, प्यास लगी होगी।

आ.—(बाहर से) मित्र, शीघ्र आओ। अब इन्तज़ार करने की शक्ति नहीं है।

द.—जल्दी मचा रहा है। लाओ, थालियाँ परसो।

से.—पहले चटनी और पानी तो रख आओ।

द.—(रसोई में जाकर) अरे! यहाँ तो चूल्हा बिलकुल ठंडा पड़ गया है। महरी आज सबेरे ही काम कर गई क्या?

से.—हाँ, खाना पकने से पहले ही आ गई थी।

द.—बर्तन सब मँजे हुए हैं। क्या कुछ पकाया ही नहीं?

से.—भूत-प्रेत आकर खा गए होंगे।

द.—क्या—चूल्हा ही नहीं जलाया? ग़ज़ब कर दिया।

से.—ग़ज़ब मैंने कर दिया या तुमने?

द.—मैंने तो सब सामान लाकर रख दिया था। तुमसे बार-बार पूछ लिया था कि किसी चीज़ की कमी हो तो बतलाओ। फिर खाना क्यों न पका? क्या विचित्र रहस्य है! भला मैं इन दोनों को क्या मुँह दिखाऊँगा।

आ.—मित्र, क्या तुम अकेले ही सब सामग्री चट कर रहे हो? इधर भी लोग आशा लगाए बैठे हैं। इन्तज़ार दम तोड़ रहा है।

से.— यदि सब सामग्री लाकर रख ही देते तो मुझे बनाने में क्या आपत्ति थी?

द.—अच्छा, यदि दो-एक वस्तुओं की कमी ही रह गई थी, तो इसका क्या अभिप्राय कि चूल्हा ही न जले? यह तो किस अपराध का दंड दिया है? आज होली का दिन और यहाँ आग ही न जली?

से.—जब तक ऐसे चरके न खाओगे, तुम्हारी आँखें न खुलेंगी।

द.—तुम तो पहेलियों से बातें कर रही हो। आख़िर किस बात पर अप्रसन्न हो? मैंने कौन-सा अपराध किया? जब मैं यहाँ से जाने लगा था, तुम प्रसन्नमुख थीं और इसके पहले भी मैंने तुम्हें दुखी नहीं देखा था। तो मेरी अनुपस्थिति में कौन ऐसी बात हो गई कि तुम इतनी रूठ गईं?

से.—घर में स्त्रियों को क़ैद करने का यह दंड है।

द.—अच्छा तो यह इस अपराध का दंड है? मगर तुमने मुझसे परदे की निन्दा नहीं की। बल्कि इस विषय पर जब कोई बात छिड़ती थी तो तुम मेरे विचारों से सहमत ही रहती थीं। मुझे आज ही ज्ञात हुआ कि तुम्हें परदे से कितनी घृणा है! क्या दोनों अथितियों से यह कह दूँ कि परदे की सहायता के दंड में मेरे यहाँ अनशन व्रत है, आप लोग ठंडी-ठंडी हवा खाएँ?

से.—जो चीज़ें तैयार हैं वह जाकर खिलाओ और जो नहीं हैं, उसके लिए क्षमा माँगो।

द.—मैं तो कोई चीज़ तैयार नहीं देखता?

से.—हैं क्यों नहीं, चटनी बना ही डाली है और पानी भी पहले से तैयार है।

द.—यह दिल्लगी तो हो चुकी। सचमुच बताओ खाना क्यों नहीं पकाया? क्या तबीयत ख़राब हो गई थी, अथवा किसी कुत्ते ने आकर रसोई अपवित्र कर दी थी?

आ.—बाहर क्यों नहीं आते हो भाई, भीतर ही भीतर क्या मिसकौट कर रहे हो? अब सब चीज़ें नहीं तैयार हैं, नहीं सही, जो कुछ तैयार हो वही लाओ। इस समय तो सादी पूरियाँ भी खस्ते से अधिक स्वादिष्ट जान पड़ेंगी। कुछ लाओ, भला श्रीगणेश तो हो। मुझसे अधिक उत्सुक मेरे मित्र मुंशी ज्योतिस्वरूप हैं।

से.—भैया ने दावत के इन्तज़ार में आज दोपहर को भी न खाया होगा।

द.—बात क्यों टालती हो, मेरी बातों का जवाब क्यों नहीं देतीं?

से.—नहीं जवाब देती, क्या कुछ आपका क़र्ज़ खाया है या रसोई बनाने के लिए लौंडी हूँ?

द.—यदि मैं घर का काम करके अपने को दास नहीं समझता तो तुम घर का काम करके अपने को दासी क्यों समझती हो!

से.—मैं नहीं समझती, तुम समझते हो!

द.—क्रोध मुझे आना चाहिए, उल्टी तुम बिगड़ रही हो।

से.—तुम्हें क्यों मुझ पर क्रोध आना चाहिए? इसलिए कि तुम पुरुष हो?

द.—नहीं, इसलिए कि तुमने आज मुझे मेरे मित्रों तथा सम्बन्धियों के सम्मुख नीचा दिखाया।

से.—नीचा दिखाया तुमने मुझे कि मैंने तुम्हें? तुम तो किसी प्रकार क्षमा करा लोगे, किन्तु कालिमा तो मेरे मुख लगेगी।

आ.—भई, अपराध क्षमा हो, मैं भी वहीं आता हूँ। यहाँ तो किसी पदार्थ की सुगंध तक नहीं आती।

द.—क्षमा क्या करा लूँगा, लाचार होकर बहाना करना पड़ेगा।

से.—चटनी खिलाकर पानी पिलाओ। इतना सत्कार बहुत है। होली का दिन है, यह भी एक प्रहसन रहेगा।

द.—प्रहसन क्या रहेगा, कहीं मुख दिखाने योग्य न रहूँगा। आख़िर तुम्हें यह क्या शरारत सूझी?

से.—फिर वही बात! शरारत क्यों सूझती! क्या तुमसे और तुम्हारे मित्रों से कोई बदला लेना था? लेकिन जब लाचार हो गई तो क्या करती? तुम तो दस मिनट पछता कर और मुझ पर क्रोध मिटा कर आनन्द से सोओगे। यहाँ तो मैं तीन बजे से बैठी झींक रही हूँ। और यह सब तुम्हारी करतूत है।

द.—यही तो पूछता हूँ कि मैंने क्या किया?

से.—तुमने मुझे पिंजरे में बन्द कर दिया, पर काट दिए! मेरे सामने दाना रख दो तो खाऊँ, मुधिया में पानी डाल दो तो पीऊँ, यह किसका कसूर है?

द.—भाई छिपी-छिपी बातें न करो। साफ़-साफ़ क्यों नहीं कहतीं!

आ.—विदा होता हूँ, मौज उड़ाइए। नहीं, बाज़ार की दुकानें भी बन्द हो जाएँगी। ख़ूब चकमा दिए मित्र, फिर समझेंगे। लाला ज्योतिस्वरूप तो बैठे-बैठे अपनी निराशा को खुर्राटों से भुला रहे हैं। मुझे यह सन्तोष कहाँ! तारे भी नहीं हैं कि बैठकर उन्हें ही गिनूँ। इस समय तो स्वादिष्ट पदार्थों का स्मरण कर रहा हूँ।

द.—बंधुवर, दो मिनट और सन्तोष करो। आया। आँ! लाला ज्योतिस्वरूप से कह दो कि किसी हलवाई की दुकान से पूरियाँ ले आएँ। यहाँ कम पड़ गई हैं। आज दोपहर ही से इनकी तबीयत ख़राब हो गई है। मेरी मेज की दराज में रुपए रखे हैं।

से.—साफ़-साफ़ तो यही है कि तुम्हारे परदे ने मुझे पंगु बना दिया है। कोई मेरा गला भी घोंट जाए तो फ़रियाद नहीं कर सकती।

द.—फिर भी वही अन्योक्ति! इस विषय का अन्त भी होगा या नहीं!

से.—दियासलाई तो थी ही नहीं, फिर आग कैसे जलाती!

द.—अहा! मैंने जाते समय दियासलाई की डिबिया जेब में रख ली थी...ज़रा-सी बात का तुमने इतना बतंगड़ बना दिया। शायद मुझे तंग करने के लिए अवसर ढूँढ़ रही थीं। कम-से-कम मुझे तो ऐसा ही जान पड़ता है।

से.—यह तुम्हारी ज़्यादती है। ज्यों ही तुम सीढ़ी से उतरे, मेरी दृष्टि डिबिया की तरफ़ गई, किन्तु वह लापता थी। ताड़ गई कि तुम ले गए। तुम मुश्किल से दरवाज़े तक पहुँचे होगे। अगर ज़ोर से पुकारती तो तुम सुन लेते। लेकिन नीचे दुकानदारों के कान में भी आवाज़ जाती तो सुनकर तुम न जाने मेरी कौन-कौन दुर्दशा करते। हाथ मल कर रह गई। उसी समय से बहुत व्याकुल हो रही हूँ कि किसी प्रकार भी दियासलाई मिल जाती तो अच्छा होता। मगर कोई वश न चलता था। अन्त में लाचार होकर बैठ रही।

द.—यह कहो कि तुम मुझे तंग करना चाहती थीं। नहीं तो क्या आग या दियासलाई न मिल जाती?

से.—अच्छा, तुम मेरी जगह होते तो क्या करते? नीचे सबके सब दुकानदार हैं। और तुम्हारी जान-पहचान के हैं। घर के एक ओर पंडित जी रहते हैं। उनके घर में कोई स्त्री नहीं। सारे दिन फाग हुई है। बाहर के सैकड़ों आदमी जमा थे। दूसरी ओर बंगाली बाबू रहते हैं।

उनके घर की स्त्रियाँ किसी सम्बन्धी से मिलने गई हैं और अब तक नहीं आईं। इन दोनों से भी बिना छज्जे पर आए चीज़ न मिल सकती थी। लेकिन शायद तुम इतनी बेपर्दगी को क्षमा न करते। और कौन ऐसा था जिससे कहती कि कहीं से आग ला दो। महरी तुम्हारे सामने ही चौका-बर्तन करके चली गई थी। रह-रहकर तुम्हारे ऊपर क्रोध आता था।

द.—तुम्हारी लाचारी का कुछ अनुमान कर सकता हूँ, पर मुझे अब भी यह मानने में आपत्ति है कि दियासलाई का न होना चूल्हा न जलने का वास्तविक कारण हो सकता है।

से.—तुम्हीं से पूछती हूँ कि बतलाओ, क्या करती?

द.—मेरा मन इस समय स्थिर नहीं, किन्तु मुझे विश्वास है कि यदि मैं तुम्हारे स्थान पर होता तो होली के दिन और ख़ासकर जब अतिथि भी उपस्थित हों, चूल्हा ठंडा न रहता। कोई-न-कोई उपाय अवश्य ही निकालता।

से.—जैसे?

द.—एक रुक्का लिखकर किसी दुकानदार के सामने फेंक देता।

से.—यदि मैं ऐसा करती तो शायद तुम आँख मिलाने का मुझ पर कलंक लगाते।

द.—अँधेरा हो जाने पर सिर से पैर तक चादर ओढ़ कर बाहर निकल जाता और दियासलाई ले आता। घंटे-दो घंटे में अवश्य ही कुछ-न-कुछ तैयार हो जाता। ऐसा उपवास तो न पड़ता।

से.—बाज़ार जाने से मुझे तुम गली-गली घूमनेवाली कहते और गला काटने पर उतारू हो जाते। तुमने मुझे कभी इतनी स्वतंत्रता नहीं दी। यदि कभी स्नान करने जाती हूँ तो गाड़ी का पट बन्द रहता है।

द.—अच्छा, तुम जीती और मैं हारा। सदैव के लिए उपदेश मिल गया कि ऐसे अत्यावश्यक समय पर तुम्हें घर से बाहर निकलने की स्वतंत्रता है।

से.—मैं तो इसे आकस्मिक समय नहीं कहती। आकस्मिक समय तो वह है कि दैवात् घर में कोई बीमार हो जाए और उसे डॉक्टर के यहाँ ले जाना आवश्यक हो।

द.—निस्सन्देह वह समय आकस्मिक है। इस दशा में तुम्हारे जाने में कोई हस्तक्षेप नहीं।

से.—और भी आकस्मिक समय गिनाऊँ?

द.—नहीं भाई, इसका फ़ैसला तुम्हारी बुद्धि पर निर्भर है।

से.—मित्र, सन्तोष की सीमा तो अन्त हो गई; अब प्राण-पीड़ा हो रही है। ईश्वर करे, घर आबाद रहे, बिदा होता हूँ।

द.—बस, एक मिनट और। उपस्थित हुआ।

से.—चटनी और पानी लेते जाओ और पूरियाँ बाज़ार से मँगवा लो। इसके सिवा इस समय हो ही क्या सकता है?

द.—(मरदाने कमरे में आकर) पानी लाया हूँ, प्यालियों में चटनी है। आप लोग जब तक भोग लगावें। मैं अभी आता हूँ।

आ.—धन्य है ईश्वर! भला तुम बाहर तो निकले! मैंने तो समझा था कि एकान्तवास करने लगे। मगर निकले भी तो चटनियाँ लेकर। वह स्वादिष्ट वस्तुएँ क्या हुईं जिनका आपने वादा किया था और जिनका स्मरण मैं प्रेमानुरक्त भाव से कर रहा हूँ?

द.—ज्योतिस्वरूप कहाँ गए?

से.—ऊद्र्ध्व संसार में भ्रमण कर रहे हैं। बड़ा ही अद्‌भुत उदासीन मनुष्य है कि आते ही आते सो गया और अभी तक नहीं चौंका।

द.—मेरे यहाँ एक दुर्घटना हो गई। उसे और क्या कहूँ। सब सामान मौजूद और चूल्हे में आग न जली।

आ.—ख़ूब! यह एक ही रही। लकड़ियाँ न रही होंगी।

द.—घर में तो लकड़ियों का पहाड़ लगा है। अभी थोड़े ही दिन हुए कि गाँव से एक गाड़ी लकड़ी आ गई थी। दियासलाई न थी।

आ.—(अट्टहास कर) वाह! यह अच्छा प्रहसन हुआ। थोड़ी-सी भूल ने सारा स्वप्न ही नष्ट कर दिया। कम से कम मेरी तो बधिया बैठ गई।

द.—क्या कहूँ मित्र, लज्जित हूँ। तुमसे सत्य कहता हूँ। आज से मैं परदे का शत्रु हो गया। इस निगोड़ी प्रथा के बन्धन ने ठीक होली के दिन ऐसा विश्वासघात किया कि जिसकी कभी भी संभावना न थी। अच्छा अब बतलाओ, बाज़ार से लाऊँ पूरियाँ? अभी तो ताज़ी मिल जाएँगी।

आ.—बाज़ार का रास्ता तो मैंने भी देखा है। कष्ट न करो। जाकर बोर्डिंग हाउस में खा लूँगा। रहे ये महाशय, मेरे विचार में तो इन्हें छेड़ना ठीक नहीं। पड़े-पड़े खर्राटे लेने दो। प्रात:काल चौंकेंगे तो घर का मार्ग पकड़ेंगे।

द.—तुम्हारा यों वापस जाना मुझे खल रहा है। क्या सोचा था, क्या हुआ! मज़े ले-ले कर समोसे और कोफ्ते खाते और गपड़चौथ मचाते। सभी आशाएँ मिट्टी में मिल गईं। ईश्वर ने चाहा तो शीघ्र ही इसका प्रायश्चित्त करूँगा।

आ.—मुझे इस बात की प्रसन्नता है कि तुम्हारा सिद्धान्त टूट गया। अब इतनी आज्ञा दो कि भाभी जी को धन्यवाद दे आऊँ।

द.—शौक़ से जाओ।

आ.—(भीतर जाकर) भाभी जी साष्टांग प्रणाम कर रहा हूँ। यद्यपि आज के आकाशी भोज से मुझे दुराशा तो अवश्य हुई, किन्तु वह उस आनन्द के सामने शून्य है जो भाई साहब के विचार-परिवर्तन से हुआ है। आज एक दियासलाई ने जो शिक्षा प्रदान की है वह लाखों प्रामाणिक प्रमाणों से भी सम्भव नहीं है। इसके लिए मैं आपको सहर्ष धन्यवाद देता हूँ। अब से बन्धुवर परदे के पक्षपाती न होंगे, यह मेरा अटल विश्वास है।

(पटाक्षेप)

जेल

मृदुला मैजिस्ट्रेट के इजलास से ज़नाने जेल में वापस आई, तो उसका मुख प्रसन्न था। बरी हो जाने की गुलाबी आशा उसके कपोलों पर चमक रही थी। उसे देखते ही राजनैतिक क़ैदियों के एक गिरोह ने घेर लिया और पूछने लगीं, कितने दिन की हुई?

मृदुला ने विजय-गर्व से कहा—मैंने तो साफ़-साफ़ कह दिया, मैंने धरना नहीं दिया। यों आप जबर्दस्त हैं, जो फ़ैसला चाहें, करें। न मैंने किसी को रोका, न पकड़ा, न धक्का दिया,

न किसी से आरज़ू-मिन्नत ही की। कोई गाहक मेरे सामने आया ही नहीं। हाँ, मैं दुकान पर खड़ी ज़रूर थी। वहाँ कई वालंटियर गिरफ़्तार हो गए थे। जनता जमा हो गई थी। मैं भी खड़ी हो गई। बस, थानेदार ने आकर मुझे पकड़ लिया।

क्षमादेवी कुछ क़ानून जानती थीं। बोलीं—मैजिस्ट्रेट पुलिस के बयान पर फ़ैसला करेगा। मैं ऐसे कितने ही मुक़दमे देख चुकी।

मृदुला ने प्रतिवाद किया—पुलिसवालों को मैंने ऐसा रगड़ा कि वह भी याद करेंगे। मैं मुक़दमे की कार्रवाई में भाग न लेना चाहती थी; लेकिन जब मैंने उनके गवाहों को सरासर झूठ बोलते देखा, तो मुझसे ज़ब्त न हो सका। मैंने उनसे जिरह करनी शुरू की। मैंने भी इतने दिनों घास नहीं खोदी है। थोड़ा-सा क़ानून जानती हूँ। पुलिस ने समझा होगा, यह कुछ बोलेगी तो है नहीं, हम जो बयान चाहेंगे, देंगे। जब मैंने जिरह शुरू की, तो सब बग़लें झाँकने लगे। मैंने तीनों गवाहों को झूठा साबित कर दिया। उस समय जाने कैसे मुझे चोट सूझती गई। मैजिस्ट्रेट ने थानेदार को दो-तीन बार फटकार भी बताई। वह मेरे प्रश्नों का ऊल-जलूल जवाब देता था, तो मैजिस्ट्रेट बोल उठता था—वह जो कुछ पूछती हैं, उसका जवाब दो, फजूल की बातें क्यों करते हो। तब मियाँ जी का मुँह ज़रा-सा निकल आता था। मैंने सबों का मुँह बन्द कर दिया। अभी साहब ने फ़ैसला तो नहीं सुनाया, लेकिन मुझे विश्वास है, बरी हो जाऊँगी । मैं जेल से नहीं डरती; लेकिन बेवकूफ़ भी नहीं बनना चाहती। वहाँ हमारे मंत्री जी भी थे और बहुत-सी बहनें थीं। सब यही कहती थीं, तुम छूट जाओगी।

महिलाएँ उसे द्वेष-भरी आँखों से देखती हुई चली गईं। उनमें किसी की मियाद साल-भर की थी, किसी की छह मास की। उन्होंने अदालत के सामने ज़बान ही न खोली थी। उनकी नीति में यह अधर्म से कम न था। मृदुला पुलिस से जिरह करके उनकी नज़रों में गिर गई थी। सज़ा हो जाने पर उसका व्यवहार क्षम्य हो सकता था; लेकिन बरी हो जाने में तो उसका कुछ प्रायश्चित्त ही न था।

दूर जाकर एक देवी ने कहा—इस तरह तो हम लोग भी छूट जाते। हमें तो यह दिखाना है, नौकरशाही से हमें न्याय की कोई आशा ही नहीं।

दूसरी महिला बोली—यह तो क्षमा माँग लेने के बराबर है। गई तो थीं धरना देने, नहीं दुकान पर जाने का काम ही क्या था। वालंटियर गिरफ़्तार हुए थे आपकी बला से। आप वहाँ क्यों गईं; मगर अब कहती हैं, मैं धरना देने गई ही नहीं। यह क्षमा माँगना हुआ, साफ़!

तीसरी देवी मुँह बनाकर बोलीं—जेल में रहने के लिए बड़ा कलेजा चाहिए। उस वक़्त तो वाह-वाह लूटने के लिए आ गईं, अब रोना आ रहा है। ऐसी स्त्रियों को तो राष्ट्रीय कामों के नगीच ही न आना चाहिए। आंदोलन को बदनाम करने से क्या फ़ायदा।

केवल क्षमादेवी अब तक मृदुला के पास चिन्ता में डूबी खड़ी थीं। उन्होंने एक उद्दंड व्याख्यान देने के अपराध में साल-भर की सज़ा पाई थी। दूसरी ज़िले से एक महीना हुआ यहाँ आई थीं। अभी मियाद पूरी होने में आठ महीने बाक़ी थे। यहाँ की पन्द्रह क़ैदियों में किसी से उनका दिल न मिलता था। ज़रा-ज़रा सी बातों के लिए उनका आपस में झगड़ना, बनाव-सिंगार की चीज़ों के लिए लेडीवार्डरों की ख़ुशामदें करना, घरवालों से मिलने के लिए व्यग्रता दिखलाना उसे पसन्द न था। वही कुत्सा और कनफुसकियाँ जेल के भीतर भी थीं। वह आत्माभिमान, जो उसके विचार में एक पोलिटिकल क़ैदी में होना चाहिए, किसी में भी

न था। क्षमा उन सबों से दूर रहती थी। उसके जाति-प्रेम का वारापार न था। इस रंग में पगी हुई थी; पर अन्य देवियाँ उसे घमंडिन समझती थीं और उपेक्षा का जवाब उपेक्षा से देती थीं। मृदुला को हिरासत में आए आठ दिन हुए थे। इतने ही दिनों में क्षमा को उससे विशेष स्नेह हो गया था। मृदुला में वह संकीर्णता और ईर्ष्या न थी, न निन्दा करने की आदत, न शृंगार की धुन, न भद्दी दिल्लगी का शौक़। उसके हृदय में करुणा थी, सेवा का भाव था, देश का अनुराग था। क्षमा ने सोचा था, इसके साथ छह महीने आनन्द से कट जाएँगे; लेकिन दुर्भाग्य यहाँ भी उसके पीछे पड़ा हुआ था। कल मृदुला यहाँ से चली जाएगी। वह फिर अकेली हो जाएगी। यहाँ ऐसा कौन है? जिसके साथ घड़ी भर बैठकर अपना दु:ख-दर्द सुनाएगी, देश-चर्चा करेगी; यहाँ तो सभी के मिज़ाज आसमान पर हैं।

मृदुला ने पूछा—तुम्हें तो अभी आठ महीने बाक़ी हैं, बहन!

क्षमा ने हसरत के साथ कहा—किसी-न-किसी तरह कट ही जाएँगे बहन! पर तुम्हारी याद बराबर सताती रहेगी। इसी एक सप्ताह के अन्दर तुमने मुझ पर न जाने क्या जादू कर दिया। जब से तुम आई हो, मुझे जेल जेल न मालूम होता था। कभी-कभी मिलती रहना।

मृदुला ने देखा, क्षमा की आँखें डबडबाई हुई थीं। ढाढ़स देती हुई बोली—ज़रूर मिलूँगी दीदी! मुझसे तो ख़ुद न रहा जाएगा। भान को भी लाऊँगी। कहूँगी—चल, तेरी मौसी आई है, तुझे बुला रही है। दौड़ा हुआ आएगा। अब तुमसे आज कहती हूँ बहन, मुझे यहाँ किसी की याद थी, तो भान की। बेचारा रोया करता होगा। मुझे देखकर रूठ जाएगा। तुम कहाँ चली गईं? मुझे छोड़कर क्यों चली गईं? जाओ, मैं तुमसे नहीं बोलता, तुम मेरे घर से निकल जाओ। बड़ा शैतान है बहन! छन-भर निचला नहीं बैठता, सबेरे उठते ही गाता है—'झन्ना ऊँता लये अमाला' 'छोलाज का मन्दिर देल में है।' जब एक झंडी कन्धे पर रखकर कहता है—'ताली-छलाब पीनी हलाम है' तो देखते ही बनता है। बाप को तो कहता है—तुम ग़ुलाम हो। वह एक अँगरेज़ी कम्पनी में हैं, बार-बार इस्तीफ़ा देने का विचार करके रह जाते हैं। लेकिन गुज़र-बसर के लिए कोई उद्यम करना ही पड़ेगा। कैसे छोड़ें। वह तो छोड़ बैठे होते। तुमसे सच कहती हूँ, ग़ुलामी से उन्हें घृणा है, लेकिन मैं ही समझाती रहती हूँ। बेचारे कैसे दफ़्तर जाते होंगे, कैसे भान को सँभालते होंगे। सास जी के पास तो रहता ही नहीं। वह बेचारी बूढ़ी, उसके साथ कहाँ-कहाँ दौड़ें! चाहती हैं कि मेरी गोद में दबक कर बैठा रहे। और भान को गोद से चिढ़ है। अम्माँ मुझ पर बहुत बिगड़ेंगी, बस यही डर लग रहा है। मुझे देखने एक बार भी नहीं आईं। कल अदालत में बाबू जी मुझसे कहते थे, तुमसे बहुत ख़फ़ा हैं। तीन दिन तक तो दाना-पानी छोड़े रहीं। इस छोकरी ने कुल-मरजाद डुबा दी, ख़ानदान में दाग़ लगा दिया, क़लमुँही, कुलच्छनी न जाने क्या-क्या बकती रहीं। मैं उनकी बातों को बुरा नहीं मानती! पुराने ज़माने की हैं। उन्हें कोई चाहे कि आकर हम लोगों में मिल जाएँ, तो यह उसका अन्याय है। चलकर मनाना पड़ेगा। बड़ी मिन्नतों से मानेंगी। कल ही कथा होगी, देख लेना। ब्राह्मण खाएँगे। बिरादरी जमा होगी। जेल का प्रायश्चित्त तो करना ही पड़ेगा। तुम हमारे घर दो-चार दिन रहकर तब जाना बहन! मैं आकर तुम्हें ले जाऊँगी।

क्षमा आनन्द के इन प्रसंगों से वंचित है। वह विधवा है, अकेली है। जलियाँवाला बाग़ में उसका सर्वस्व लुट चुका है, पति और पुत्र दोनों ही की आहुति जा चुकी है। अब कोई ऐसा नहीं, जिसे वह अपना कह सके। अभी उसका हृदय इतना विशाल नहीं हुआ है

कि प्राणी-मात्र को अपना समझ सके। इन दस बरसों से उसका व्यथित हृदय जाति सेवा में धैर्य और शान्ति खोज रहा है। जिन कारणों ने उसके बसे हुए घर को उजाड़ दिया, उसकी गोद सूनी कर दी, उन कारणों का अन्त करने—उनको मिटाने—में वह जी-जान से लगी हुई थी। बड़े-से-बड़े बलिदान तो वह पहले ही कर चुकी थी। अब अपने हृदय के सिवाय उसके पास होम करने को और क्या रह गया था? औरों के लिए जाति-सेवा सभ्यता का एक संस्कार हो, या यशोपार्जन का एक साधन; क्षमा के लिए तो यह तपस्या थी और वह नारीत्व की सारी शक्ति और श्रद्धा के साथ उसकी साधना में लगी हुई थी। लेकिन आकाश में उड़नेवाले पक्षी को भी तो अपने बसेरे की याद आती ही है। क्षमा के लिए वह आश्रय कहाँ था? यही वह अवसर थे, जब क्षमा भी आत्म-समवेदना के लिए आकुल हो जाती थी। यहाँ मृदुला को पाकर वह अपने को धन्य मान रही थी; पर यह छाँह भी इतनी जल्दी हट गई!

क्षमा ने व्यथित कंठ से कहा—यहाँ से जाकर भूल जाओगी मृदुला। तुम्हारे लिए तो यह रेलगाड़ी का परिचय है और मेरे लिए तुम्हारे वादे उसी परिचय के वादे हैं। कभी भेंट हो जाएगी तो या तो पहचानोगी ही नहीं, या ज़रा मुस्कुराकर नमस्ते करती हुई अपनी राह चली जाओगी। यही दुनिया का दस्तूर है। अपने रोने से छुट्टी ही नहीं मिलती, दूसरों के लिए कोई क्योंकर रोए। तुम्हारे लिए तो मैं कुछ नहीं थी, मेरे लिए तुम बहुत अच्छी थीं। मगर अपने प्रियजनों में बैठकर कभी-कभी इस अभागिनी को ज़रूर याद कर लिया करना। भिखारी के लिए चुटकी भर आटा ही बहुत है।

दूसरे दिन मैजिस्ट्रेट ने फ़ैसला सुना दिया। मृदुला बरी हो गई। संध्या समय वह सब बहनों से गले मिलकर, रोकर-रुला कर चली गई, मानो मैके से विदा हुई हो।

2

तीन महीने बीत गए; पर मृदुला एक बार भी न आई। और क़ैदियों से मिलनेवाले आते रहते थे, किसी-किसी के घर से खाने-पीने की चीज़ें और सौगातें आ जाती थीं; लेकिन क्षमा का पूछनेवाला कौन बैठा था? हर महीने के अन्तिम रविवार को प्रात:काल से ही मृदुला की बाट जोहने लगती। जब मुलाक़ात का समय निकल जाता, तो ज़रा देर रोकर मन को समझा लेती—ज़माने का यही दस्तूर है!

एक दिन शाम को क्षमा संध्या करके उठी थी कि देखा, मृदुला सामने चली आ रही है। न वह रूप-रंग है, न वह कांति। दौड़कर उसके गले से लिपट गई और रोती हुई बोली—यह तेरी क्या दशा है मृदुला! सूरत ही बदल गई। क्या बीमार है क्या?

मृदुला की आँखों से आँसुओं की झड़ी लगी हुई थी। बोली—बीमार तो नहीं हूँ बहन; विपत्ति से बिंधी हुई हूँ। तुम मुझे ख़ूब कोस रही होगी। उन सारी निठुराइयों का प्रायश्चित्त करने आई हूँ। और सब चिन्ताओं से मुक्त होकर आई हूँ।

क्षमा काँप उठी। अन्तस्तल की गहराइयों से एक लहर-सी उठती हुई जान पड़ी, जिसमें उनका अपना अतीत जीवन टूटी हुई नौकाओं की भाँति उतराता हुआ दिखाई दिया। रुँधे हुए कंठ से बोली—कुशल तो है बहन, इतनी जल्दी तुम यहाँ फिर क्यों आ गईं? अभी तो तीन महीने भी नहीं हुए।

मृदुला मुस्कुराई; पर उसकी मुस्कुराहट में रुदन छिपा हुआ था। फिर बोली—अब सब कुशल है बहन, सदा के लिए कुशल है। कोई चिन्ता ही नहीं रही। अब यहाँ जीवन-पर्यन्त रहने को तैयार हूँ। तुम्हारे स्नेह और कृपा का मूल्य अब समझ रही हूँ।

उसने एक ठंडी साँस ली और सजल नेत्रों से बोली—तुम्हें बाहर की ख़बरें क्या मिली होंगी! परसों शहर में गोलियाँ चलीं। देहातों में आजकल संगीनों की नोक पर लगान वसूल किया जा रहा है। किसानों के पास रुपए हैं नहीं, दें तो कहाँ से दें। अनाज का भाव दिन-दिन गिरता जाता है। पौने दो रुपए में मन भर गेहूँ आता है। मेरी उम्र ही अभी क्या है, अम्माँ जी भी कहती हैं कि अनाज इतना सस्ता कभी नहीं था। खेत की उपज से बीजों तक के दाम नहीं आते। मेहनत और सिंचाई इसके ऊपर। ग़रीब किसान लगान कहाँ से दें। उस पर सरकार का हुक्म है कि लगान कड़ाई के साथ वसूल किया जाए। किसान इस पर भी राज़ी हैं कि हमारी जमा-जथा नीलाम कर लो, घर कुर्क कर लो, अपनी ज़मीन ले लो; मगर यहाँ तो अधिकारियों को अपनी कारगुज़ारी दिखाने की फ़िक्र पड़ी हुई है। वह चाहे प्रजा को चक्की में पीस ही क्यों न डालें; सरकार उन्हें मना न करेगी। मैंने सुना है कि वह उलटे और सह देती है। सरकार को तो अपने कर से मतलब है। प्रजा मरे या जिए, उससे कोई प्रयोजन नहीं। अकसर ज़मींदारों ने तो लगान वसूल करने से इनकार कर दिया है। अब पुलिस उनकी मदद पर भेजी गई है। भैरोगंज का सारा इलाक़ा लूटा जा रहा है। मरता क्या न करता, किसान भी घर-बार छोड़-छोड़कर भागे जा रहे हैं। एक किसान के घर में घुसकर कई कांस्टेबलों ने उसे पीटना शुरू किया। बेचारा बैठा मार खाता रहा । उसकी स्त्री से न रहा गया। शामत की मारी कांस्टेबलों को कुवचन कहने लगी। बस, एक सिपाही ने उसे नंगा कर दिया। क्या कहूँ बहन, कहते शर्म आती है। हमारे ही भाई इतनी निर्दयता करें, इससे ज़्यादा दुःख और लज्जा की और क्या बात होगी? किसान से ज़ब्त न हुआ । कभी पेट भर ग़रीबों को खाने को तो मिलता नहीं, इस पर इतना कठोर परिश्रम, न देह में बल है, न दिल में हिम्मत, पर मनुष्य का हृदय ही तो ठहरा। बेचारा बेदम पड़ा हुआ था। स्त्री का चिल्लाना सुनकर उठ बैठा और उस दुष्ट सिपाही को धक्का देकर ज़मीन पर गिरा दिया। फिर दोनों में कुश्तम-कुश्ती होने लगी। एक किसान किसी पुलिस के आदमी के साथ इतनी बेअदबी करे, इसे भला वह कहीं बरदाश्त कर सकती है। सब कांस्टेबलों ने ग़रीब को इतना मारा, कि वह मर गया।

क्षमा ने कहा—गाँव के और लोग तमाशा देखते रहे होंगे।

मृदुला तीव्र कंठ से बोली—बहन, प्रजा की तो हर तरह से मरन है। अगर दस-बीस आदमी जमा हो जाते, तो पुलिस कहती, हमसे लड़ने आए हैं। डंडे चलाने शुरू करती और अगर कोई आदमी क्रोध में आकर एकाध कंकड़ फेंक देता, तो गोलियाँ चला देती। दस-बीस आदमी भुन जाते। इसलिए लोग जमा नहीं होते, लेकिन जब वह किसान मर गया तो गाँववालों को तैश आ गया। लाठियाँ ले-लेकर दौड़ पड़े और कांस्टेबलों को घेर लिया। सम्भव है दो-चार आदमियों ने लाठियाँ चलाई भी हों। कांस्टेबलों ने गोलियाँ चलानी शुरू कीं। दो-तीन सिपाहियों को हल्की चोटें आईं। उसके बदले में बारह आदमियों की जानें ले ली गईं और कितनों ही के अंग-भंग कर दिए गए। इन छोटे-छोटे आदमियों को इसीलिए तो इतने अधिकार दिए गए हैं कि उनका दुरुपयोग करें। आधे गाँव का क़त्लेआम करके पुलिस विजय के नगाड़े बजाती हुई लौट गई। गाँववालों की फ़रियाद कौन सुनता। ग़रीब हैं, बेकस हैं, अपंग हैं, जितने आदमियों को चाहो,

मार डालो। अदालत और हाकिमों से तो उन्होंने न्याय की आशा करना ही छोड़ दिया। आख़िर सरकार ही ने तो कांस्टेबलों को यह मुहिम सर करने के लिए भेजा था। वह किसानों की फ़रियाद क्यों सुनने लगी। मगर आदमी का दिल फ़रियाद किए बग़ैर नहीं मानता। गाँववालों ने अपने शहर के भाइयों से फ़रियाद करने का निश्चय किया। जनता और कुछ नहीं कर सकती, हमदर्दी तो करती है। दु:ख-कथा सुनकर आँसू तो बहाती है। दुखियारों को हमदर्दी के आँसू भी कम प्यारे नहीं होते। अगर आस-पास के गाँवों के लोग जमा होकर उनके साथ रो लेते तो ग़रीबों के आँसू पुँछ जाते; किन्तु पुलिस ने उस गाँव की नाकेबन्दी कर रखी थी, चारों सीमाओं पर पहरे बिठा दिए गए थे। यह घाव पर नमक था। मारते भी हो और रोने भी नहीं देते। आख़िर लोगों ने लाशें उठाईं और शहरवालों को अपनी विपत्ति की कथा सुनाने चले। इस हंगामे की ख़बर पहले ही शहर में पहुँच गई थी। इन लाशों को देखकर जनता उत्तेजित हो गई और जब पुलिस के अध्यक्ष ने इन लाशों का जुलूस निकालने की अनुमति न दी, तो लोग और भी झल्लाए। बहुत बड़ा जमाव हो गया। मेरे बाबू जी भी इसी दल में थे। और मैंने उन्हें रोका—मत जाओ, आज का रंग अच्छा नहीं है। तो कहने लगे—मैं किसी से लड़ने थोड़े ही जाता हूँ। जब सरकार की आज्ञा के विरुद्ध जनाज़ा चला तो पचास हज़ार आदमी साथ थे। उधर पाँच सौ सशस्त्र पुलिस रास्ता रोके खड़ी थी—सवार, प्यादे, सारजंट—पूरी फ़ौज थी। हम निहत्थों के सामने इन नामर्दों को तलवारें चमकाते और झंकारते शर्म भी नहीं आती! जब बार-बार पुलिस की धमकियों पर भी लोग न भागे, तो गोलियाँ चलाने का हुक्म हो गया। घंटे-भर बराबर फैर होते रहे, पूरे घंटे-भर तक! कितने मरे, कितने घायल हुए, कौन जानता है। मेरा मकान सड़क पर है। मैं छज्जे पर खड़ी, दोनों हाथों से दिल थामे, काँपती थी। पहली बाढ़ चलते ही भगदड़ पड़ गई। हज़ारों आदमी बदहवास भागे चले आ रहे थे। बहन! वह दृश्य अभी तक आँखों के सामने है। कितना भीषण, कितना रोमांचकारी और कितना लज्जास्पद। ऐसा जान पड़ता था कि लोगों के प्राण आँखों से निकले पड़ते हैं, मगर इन भागनेवालों के पीछे वीर व्रत-धारियों का दल था, जो पर्वत की भाँति अटल खड़ा छातियों पर गोलियाँ खा रहा था और पीछे हटने का नाम न लेता था। बन्दूक़ों की आवाज़ें साफ़ सुनाई देती थीं और हरेक धायँ-धायँ के बाद हज़ारों गलों से जय की गहरी गगन-भेदी ध्वनि निकलती थी। उस ध्वनि में कितनी उत्तेजना थी! कितना आकर्षण! कितना उन्माद! बस यही जी चाहता था कि जाकर गोलियों के सामने खड़ी हो जाऊँ और हँसते-हँसते मर जाऊँ। उस समय ऐसा भान होता था कि मर जाना कोई खेल है। अम्माँ जी कमरे में भान को लिए मुझे बार-बार भीतर बुला रही थीं। जब मैं न गई, तो वह भान को लिए हुए छज्जे पर आ गईं। उसी वक़्त दस-बारह आदमी एक स्ट्रेचर पर हृदयेश की लाश लिए हुए द्वार पर आए। अम्माँ की उन पर नज़र पड़ी। समझ गईं। मुझे तो सकता-सा हो गया। अम्माँ ने जाकर एक बार बेटे को देखा, उसे छाती से लगाया, चूमा, आशीर्वाद दिया और उन्मत्त दशा में चौरास्ते की तरफ़ चलीं, जहाँ से अब भी धायँ और जय की ध्वनि बारी-बारी से आ रही थी। मैं हतबुद्धि-सी खड़ी कभी स्वामी की लाश को देखती थी, कभी अम्माँ को। न कुछ बोली, न जगह से हिली, न रोई, न घबराई। मुझमें जैसे स्पंदन ही न था। चेतना जैसे लुप्त हो गई हो।

क्षमा—तो क्या अम्माँ भी गोलियों के स्थान पर पहुँच गईं?

मृदुला—हाँ, यही तो विचित्रता है बहन! बन्दूक़ की आवाज़ें सुनकर कानों पर हाथ रख लेती थीं, ख़ून देखकर मूर्छित हो जाती थीं। वहीं अम्माँ वीर सत्याग्रहियों की सफों को चीरती

हुई सामने खड़ी हो गईं और एक ही क्षण में उनकी लाश भी ज़मीन पर गिर पड़ी। उनके गिरते ही योद्धाओं का धैर्य टूट गया, व्रत का बंधन टूट गया। सभी के सिरों पर ख़ून-सा सवार हो गया। निहत्थे थे, अशक्त थे, पर हर एक अपने अन्दर अपार-शक्ति का अनुभव कर रहा था। पुलिस पर धावा कर दिया। सिपाहियों ने इस बाढ़ को आते देखा तो होश जाते रहे। जानें लेकर भागे, मगर भागते हुए भी गोलियाँ चलाते जाते थे। भान छज्जे पर खड़ा था, न जाने किधर से एक गोली आकर उसकी छाती में लगी। मेरा लाल वहीं पर गिर पड़ा। साँस तक न ली; मगर मेरी आँखों में अब भी आँसू न थे। मैंने प्यारे भान को गोद में उठा लिया। उसकी छाती से ख़ून के फौव्वारे निकल रहे थे। मैंने उसे जो दूध पिलाया था, उसे वह ख़ून से अदा कर रहा था। उसके ख़ून से तर कपड़े पहने हुए मुझे वह नशा हो रहा था जो शायद उसके विवाह में गुलाल से तर रेशमी कपड़े पहनकर भी न होता। लड़कपन, जवानी और मौत! तीनों मंज़िलें एक ही हिचकी में तमाम हो गईं। मैंने बेटे को बाप की गोद में लेटा दिया। इतने में कई स्वयंसेवक अम्माँ जी को भी लाए। मालूम होता था, लेटी हुई मुस्कुरा रही हैं। मुझे तो रोकती रहती थीं और ख़ुद इस तरह जाकर आग में कूद पड़ीं, मानो वह स्वर्ग का मार्ग हो! बेटे ही के लिए जीती थीं, बेटे को अकेला कैसे छोड़तीं!

जब नदी के किनारे तीनों लाशें एक ही चिता में रखी गईं, तब मेरा सकता टूटा, होश आया। एक बार जी में आया चिता में जा बैठूँ, सारा कुनबा एक साथ ईश्वर के दरबार में जा पहुँचे। लेकिन फिर सोचा—तूने अभी ऐसा कौन काम किया है, जिसका इतना ऊँचा पुरस्कार मिले? बहन! चिता की लपटों में मुझे ऐसा मालूम हो रहा था कि अम्माँ जी सचमुच भान को गोद में लिए बैठी मुस्कुरा रही हैं और स्वामी जी खड़े मुझसे कह रहे हैं, तुम जाओ और निश्चिंत होकर काम करो। मुख पर कितना तेज़ था! रक्त और अग्नि ही में तो देवता बसते हैं।

मैंने सिर उठाकर देखा। नदी के किनारे न जाने कितनी चिताएँ जल रही थीं। दूर से वह चितावली ऐसी मालूम होती थी, मानो देवता ने भारत का भाग्य गढ़ने के लिए भट्ठियाँ जलाई हों।

जब चिताएँ राख हो गईं; तो हम लोग लौटे; लेकिन उस घर में जाने की हिम्मत न पड़ी। मेरे लिए अब वह घर, घर न था। मेरा घर तो अब यह है, जहाँ बैठी हूँ, या फिर वही चिता। मैंने घर का द्वार भी नहीं खोला। महिला आश्रम में चली गई। कल की गोलियों में कांग्रेस कमेटी का सफाया हो गया था। यह संस्था बागी बना डाली गई थी। उसके दफ़्तर पर पुलिस ने छापा मारा और उस पर अपना ताला डाल दिया। महिला आश्रम पर भी हमला हुआ। उस पर अपना ताला डाल दिया गया। हमने एक वृक्ष की छाँह में अपना नया दफ़्तर बनाया और स्वच्छंदता के साथ काम करते रहे। यहाँ दीवारें हमें क़ैद न कर सकती थीं। हम भी वायु के समान मुक्त थे।

संध्या समय हमने एक जुलूस निकालने का फ़ैसला किया। कल के रक्तपात की स्मृति, हर्ष और मुबारकबाद में जुलूस निकालना आवश्यक था! लोग कहते हैं, जुलूस निकालने से क्या होता है। इससे यह सिद्ध होता है कि हम जीवित हैं, अटल हैं, और मैदान से हटे नहीं हैं। हमें अपनी हार न माननेवाले आत्माभिमान का प्रमाण देना था। हमें यह दिखाना था कि हम गोलियों और अत्याचार से भयभीत होकर अपने लक्ष्य से हटनेवाले नहीं और हम उस व्यवस्था का अन्त करके रहेंगे जिसका आधार स्वार्थपरता और ख़ून पर है। उधर पुलिस ने भी जुलूस को रोककर अपनी शक्ति और विजय का प्रमाण देना आवश्यक समझा। शायद जनता को

धोखा हो गया हो कि कल की दुर्घटना ने नौकरशाही का नैतिक ज्ञान जाग्रत कर दिया है। इस धोखे को दूर करना उसने अपना कर्तव्य समझा। वह यह दिखा देना चाहती थी कि हम तुम्हारे ऊपर शासन करने आए हैं और शासन करेंगे। तुम्हारी ख़ुशी या नाराज़ी की हमें परवाह नहीं है। जुलूस निकालने की मनाही हो गई। जनता को चेतावनी दे दी गई कि ख़बरदार जुलूस में न आना, नहीं दुर्गति होगी। इसका जनता ने वह जवाब दिया, जिसने अधिकारियों की आँखें खोल दी होंगी। संध्या समय पचास हज़ार आदमी जमा हो गए। आज का नेतृत्व मुझे सौंपा गया था। मैं अपने हृदय में एक विचित्र बल और उत्साह का अनुभव कर रही थी। एक अबला स्त्री जिसे संसार का कुछ ज्ञान नहीं, जिसने कभी घर से बाहर पाँव नहीं निकाला, आज अपने प्यारों के उत्सर्ग की बदौलत उस महान् पद पर पहुँच गई थी, जो बड़े-बड़े अफ़सरों को भी, बड़े-से-बड़े महाराजा को भी प्राप्त नहीं—मैं इस समय जनता के हृदय पर राज कर रही थी। पुलिस अधिकारियों की इसीलिए ग़ुलामी करती है कि उसे वेतन मिलता है। पेट की ग़ुलामी उससे सब कुछ करवा लेती है। महाराजा का हुक्म लोग इसीलिए मानते हैं कि उससे उपकार की आशा या हानि का भय होता है। यह अपार जन-समूह क्या मुझसे किसी फ़ायदे की आशा रखता था, उसे मुझसे किसी हानि का भय था? कदापि नहीं। फिर भी वह कड़े से कड़े हुक्म को मानने के लिए तैयार था। इसीलिए कि जनता मेरे बलिदानों का आदर करती थी, इसीलिए कि उनके दिलों में स्वाधीनता की जो तड़प थी, ग़ुलामी की जंजीरों को तोड़ देने की जो बेचैनी थी मैं उस तड़प और बेचैनी की सजीव मूर्ति समझी जा रही थी। निश्चित समय पर जुलूस ने प्रस्थान किया। उसी वक़्त पुलिस ने मेरी गिरफ़्तारी का वारंट दिखाया। वारंट देखते ही तुम्हारी याद आई। पहले तुम्हें मेरी ज़रूरत थी। अब मुझे तुम्हारी ज़रूरत है। उस वक़्त तुम मेरी हमदर्दी की भूखी थीं। अब मैं सहानुभूति की भिक्षा माँग रही हूँ। मगर मुझमें अब लेशमात्र भी दुर्बलता नहीं है। मैं चिन्ताओं से मुक्त हूँ। मैजिस्ट्रेट जो कठोर से कठोर दंड प्रदान करे उसका स्वागत करूँगी। अब मैं पुलिस के किसी आक्षेप या असत्य आरोपण का प्रतिवाद न करूँगी; क्योंकि मैं जानती हूँ, मैं जेल के बाहर रहकर जो कुछ कर सकती हूँ, जेल के अन्दर रहकर उससे कहीं ज़्यादा कर सकती हूँ। जेल के बाहर भूलों की सम्भावना है, बहकने का भय है, समझौते का प्रलोभन है, स्पर्धा की चिन्ता है, जेल सम्मान और भक्ति की एक रेखा है, जिसके भीतर शैतान क़दम नहीं रख सकता। मैदान में जलता हुआ अलाव वायु में अपनी उष्णता को खो देता है; लेकिन इंजिन में बन्द होकर वही आग संचालक-शक्ति का अखंड भंडार बन जाती है।

अन्य देवियाँ भी आ पहुँचीं और मृदुला सबसे गले मिलने लगी। फिर 'भारत माता की जय' ध्वनि जेल की दीवारों को चीरती हुई आकाश में जा पहुँची।

पत्नी से पति

मिस्टर सेठ को सभी हिन्दुस्तानी चीज़ों से नफरत थी और उनकी सुन्दरी पत्नी गोदावरी को सभी विदेशी चीज़ों से चिढ़! मगर धैर्य और विनय भारत की देवियों का आभूषण है। गोदावरी दिल पर हज़ार जब्र करके पति की लाई हुई विदेशी चीज़ों का व्यवहार करती थी, हालाँकि

भीतर ही भीतर उसका हृदय अपनी परवशता पर रोता था। वह जिस वक़्त अपने छज्जे पर खड़ी होकर सड़क पर निगाह दौड़ाती और कितनी ही महिलाओं को खद्दर की साड़ियाँ पहने गर्व से सिर उठाए चलते देखती, तो उसके भीतर की वेदना एक ठंडी आह बनकर निकल जाती थी। उसे ऐसा मालूम होता था कि मुझसे ज़्यादा बदनसीब औरत संसार में नहीं है। मैं अपने स्वदेशवासियों की इतनी भी सेवा नहीं कर सकती। शाम को मिस्टर सेठ के आग्रह करने पर वह कहीं मनोरंजन या सैर के लिए जाती, तो विदेशी कपड़े पहने हुए निकलते शर्म से उसकी गर्दन झुक जाती थी। वह पत्रों में महिलाओं के जोश-भरे व्याख्यान पढ़ती तो उसकी आँखें जगमगा उठतीं, थोड़ी देर के लिए वह भूल जाती कि मैं यहाँ बन्धनों में जकड़ी हुई हूँ।

होली का दिन था, आठ बजे रात का समय। स्वदेश के नाम पर बिके हुए अनुरागियों का जुलूस आकर मिस्टर सेठ के मकान के सामने रुका और उसी चौड़े मैदान में विलायती कपड़ों की होलियाँ लगाने की तैयारियाँ होने लगीं। गोदावरी अपने कमरे में खिड़की पर खड़ी यह समारोह देखती थी और दिल मसोस कर रह जाती थी। एक वह हैं, जो यों ख़ुश-ख़ुश, आज़ादी के नशे से मतवाले, गर्व से सिर उठाए होली लगा रहे हैं, और एक मैं हूँ कि पिंजड़े में बन्द पक्षी की तरह फड़फड़ा रही हूँ। इन तीलियों को कैसे तोड़ दूँ? उसने कमरे में निगाह दौड़ाई। सभी चीज़ें विदेशी थीं। स्वदेशी का एक सूत भी न था। यही चीज़ें वहाँ जलाई जा रही थीं और वही चीज़ें यहाँ उसके हृदय में संचित ग्लानि की भाँति सन्दूक़ों में रखी हुई थीं। उसके जी में एक लहर उठ रही थी कि इन चीज़ों को उठाकर उसी होली में डाल दे, उसकी सारी ग्लानि और दुर्बलता जलकर भस्म हो जाए! मगर पति की अप्रसन्नता के भय ने उसका हाथ पकड़ लिया। सहसा मि. सेठ ने अन्दर आकर कहा—ज़रा इन सिरफिरों को देखो, कपड़े जला रहे हैं। यह पागलपन, उन्माद और विद्रोह नहीं तो और क्या है। किसी ने सच कहा है, हिन्दुस्तानियों को न अक़्ल आई है न आएगी। कोई कल भी तो सीधी नहीं।

गोदावरी ने कहा—तुम भी हिन्दुस्तानी हो?

सेठ ने गर्म होकर कहा—हाँ, लेकिन मुझे इसका हमेशा खेद रहता है कि ऐसे अभागे देश में क्यों पैदा हुआ। मैं नहीं चाहता कि कोई मुझे हिन्दुस्तानी कहे या समझे। कम-से-कम मैंने आचार-व्यवहार, वेश-भूषा, रीति-नीति, कर्म-वचन में कोई ऐसी बात नहीं रखी, जिससे हमें कोई हिन्दुस्तानी होने का कलंक लगाए। पूछिए, जब हमें आठ आने गज़ में बढ़िया कपड़ा मिलता है, तो हम क्यों मोटा टाट ख़रीदें। इस विषय में हर एक को पूरी स्वाधीनता होनी चाहिए। न जाने क्यों गवर्नमेंट ने इन दुष्टों को यहाँ जमा होने दिया। अगर मेरे हाथ में अधिकार होता, तो सबों को जहन्नुम रसीद कर देता। तब आटे-दाल का भाव मालूम होता।

गोदावरी ने अपने शब्दों में तीक्ष्ण तिरस्कार भर के कहा—तुम्हें अपने भाइयों का ज़रा भी ख़याल नहीं आता? भारत के सिवा और भी कोई देश है, जिस पर किसी दूसरी जाति का शासन हो? छोटे-छोटे राष्ट्र भी किसी दूसरी जाति के ग़ुलाम बनकर नहीं रहना चाहते। क्या एक हिन्दुस्तानी के लिए यह लज्जा की बात नहीं है कि वह अपने थोड़े-से फ़ायदे के लिए सरकार का साथ देकर अपने ही भाइयों के साथ अन्याय करे?

सेठ ने भौंहें चढ़ाकर कहा—मैं इन्हें अपना भाई नहीं समझता।

गोदावरी—आख़िर तुम्हें सरकार जो वेतन देती है, वह इन्हीं की जेब से तो आता है।

सेठ—मुझे इससे कोई मतलब नहीं कि मेरा वेतन किसकी जेब से आता है। मुझे जिसके हाथ से मिलता है, वह मेरा स्वामी है। न जाने इन दुष्टों को क्या सनक सवार हुई है। कहते हैं, भारत आध्यात्मिक देश है। क्या अध्यात्म का यही आशय है कि परमात्मा के विधानों का विरोध किया जाए? जब यह मालूम है कि परमात्मा की इच्छा के विरुद्ध एक पत्ती भी नहीं हिल सकती, तो यह कैसे मुमकिन है कि यह इतना बड़ा देश परमात्मा की मर्जी के बग़ैर अँगरेज़ों के अधीन हो? क्यों इन दीवानों को इतनी अक़्ल नहीं आती कि जब तक परमात्मा की इच्छा न होगी, कोई अँगरेज़ों का बाल भी बाँका न कर सकेगा।

गोदावरी—तो फिर क्यों नौकरी करते हो? परमात्मा की इच्छा होगी, तो आप ही आप भोजन मिल जाएगा। बीमार होते हो, तो क्यों दौड़े वैद्य के घर जाते हो? परमात्मा उन्हीं की मदद करता है, जो अपनी मदद आप करते हैं!

सेठ—बेशक करता है; लेकिन अपने घर में आग लगा देना, घर की चीज़ों को जला देना, ऐसे काम हैं, जिन्हें परमात्मा कभी पसन्द नहीं कर सकता।

गोदावरी—तो यहाँ के लोगों को चुपचाप बैठे रहना चाहिए।

सेठ—नहीं रोना चाहिए। इस तरह रोना चाहिए जैसे बच्चे माता के दूध के लिए रोते हैं।

सहसा होली जली, आग की शिखाएँ आसमान से बातें करने लगीं, मानो स्वाधीनता की देवी अग्नि-वस्त्र धारण किए हुए आकाश के देवताओं से गले मिलने जा रही हो।

दीनानाथ ने खिड़की बन्द कर दी, उनके लिए यह दृश्य भी असह्य था।

गोदावरी इस तरह खड़ी रही, जैसे कोई गाय कसाई के खूँटे पर खड़ी हो। उसी वक़्त किसी के गाने की आवाज़ आई—

'वतन की देखिए तकदीर कब बदलती है।'

गोदावरी के विषाद से भरे हुए हृदय में एक चोट लगी। उसने खिड़की खोल दी और नीचे की तरफ़ झाँका। होली अब भी जल रही थी और एक अंधा लड़का अपनी खंजरी बजा कर गा रहा था—

'वतन की देखिए तकदीर कब बदलती है।'

वह खिड़की के सामने पहुँचा तो गोदावरी ने पुकारा—ओ अन्धे! खड़ा रह।

अन्धा खड़ा हो गया। गोदावरी ने सन्दूक़ खोला, पर उसमें उसे एक पैसा मिला। नोट और रुपए थे, मगर अन्धे फ़क़ीर को नोट या रुपए देने का तो सवाल ही न था। पैसे अगर दो-चार मिल जाते, तो इस वक़्त वह ज़रूर दे देती। पर वहाँ एक ही पैसा था, वह भी इतना घिसा हुआ कि कहार बाज़ार से लौटा लाया था। किसी दुकानदार ने न लिया था। अन्धे को वह पैसा देते हुए गोदावरी को शर्म आ रही थी। वह ज़रा देर तक पैसे को हाथ में लिए संशय में खड़ी रही। तब अन्धे को बुलाया और पैसा दे दिया।

अन्धे ने कहा—माता जी कुछ खाने को दीजिए। आज दिन भर से कुछ नहीं खाया।

गोदावरी—दिन भर माँगता है, तब भी तुझे खाने को नहीं मिलता?

अन्धा—क्या करूँ माता, कोई खाने को नहीं देता।

गोदावरी—इस पैसे का चबैना लेकर खा ले।

अन्धा—खा लूँगा, माता जी, भगवान् आपको ख़ुश रखे। अब यहीं सोता हूँ।

2

दूसरे दिन प्रात:काल कांग्रेस की तरफ़ से एक आम जलसा हुआ। मिस्टर सेठ ने विलायती टूथ पाउडर विलायती ब्रुश से दाँतों पर मला, विलायती साबुन से नहाया, विलायती चाय विलायती प्यालियों में पी, विलायती बिस्कुट विलायती मक्खन के साथ खाया, विलायती दूध पिया। फिर विलायती सूट धारण करके विलायती सिगार मुँह में दबाकर घर से निकले, और अपनी मोटरसाइकिल पर बैठ फ्लावर शो देखने चले गए।

गोदावरी को रात भर नींद नहीं आई थी। दुराशा और पराजय की कठिन यंत्रणा किसी कोड़े की तरह उसके हृदय पर पड़ रही थी। ऐसा मालूम होता था कि उसके कंठ में कोई कड़वी चीज़ अटक गई है। मिस्टर सेठ को अपने प्रभाव में लाने की उसने वह सब योजनाएँ कीं, जो एक रमणी कर सकती है; पर उस भले आदमी पर उसके सारे हाव-भाव, मृदु-मुस्कान और वाणी-विलास का कोई असर न हुआ। ख़ुद तो स्वदेशी वस्त्रों के व्यवहार करने पर क्या राज़ी होते, गोदावरी के लिए एक खद्दर की साड़ी लाने पर भी सहमत न हुए। यहाँ तक कि गोदावरी ने उनसे कभी कोई चीज़ माँगने की क़सम खा ली।

क्रोध और ग्लानि ने उसकी सद्भावना को इस तरह विकृत कर दिया जैसे कोई मैली वस्तु निर्मल जल को दूषित कर देती है। उसने सोचा, जब यह मेरी इतनी-सी बात नहीं मान सकते, तब फिर मैं क्यों इनके इशारों पर चलूँ, क्यों इनकी इच्छाओं की लौंडी बनी रहूँ? मैंने इनके हाथ कुछ अपनी आत्मा नहीं बेची है। अगर आज ये चोरी या गबन करें, तो क्या मैं सज़ा पाऊँगी? उसकी सज़ा ये ख़ुद झेलेंगे। उसका अपराध इनके ऊपर होगा। इन्हें अपने कर्म और वचन का अख़्तियार है, मुझे अपने कर्म और वचन का अख़्तियार। यह अपनी सरकार की ग़ुलामी करें, अँगरेज़ों की चौखट पर नाक रगड़ें, मुझे क्या ग़रज़ है कि उसमें उनका सहयोग करूँ। जिसमें आत्माभिमान नहीं, जिसने अपने को स्वार्थ के हाथों बेच दिया, उसके प्रति अगर मेरे मन में भक्ति न हो तो मेरा दोष नहीं। यह नौकर हैं या ग़ुलाम? नौकरी और ग़ुलामी में अन्तर है। नौकर कुछ नियमों के अधीन अपना निर्दिष्ट काम करता है। वह नियम स्वामी और सेवक दोनों ही पर लागू होते हैं। स्वामी अगर अपमान करे, अपशब्द कहे तो नौकर उसको सहन करने के लिए मजबूर नहीं। ग़ुलाम के लिए कोई शर्त नहीं, उसकी दैहिक ग़ुलामी पीछे होती है, मानसिक ग़ुलामी पहले ही हो जाती है। सरकार ने इनसे कब कहा है कि देशी चीज़ें न ख़रीदो। सरकारी टिकटों तक पर यह शब्द लिखे होते हैं, 'स्वदेशी चीज़ें ख़रीदो।' इससे विदित है कि सरकार देशी चीज़ों का निषेध नहीं करती, फिर भी यह महाशय सुर्ख़-रू बनने की फ़िक्र में सरकार से भी दो अंगुल आगे बढ़ना चाहते हैं!

मिस्टर सेठ ने कुछ झेंपते हुए कहा—कल फ्लावर शो देखने चलोगी?

गोदावरी ने विरक्त मन से कहा—नहीं!

'बहुत अच्छा तमाशा है।'

'मैं कांग्रेस के जलसे में जा रही हूँ।'

मिस्टर सेठ के ऊपर यदि छत गिर पड़ी होती या उन्होंने बिजली का तार हाथ से पकड़ लिया होता, तो भी वह इतने बदहवास न होते। आँखें फाड़ कर बोले—तुम कांग्रेस के जलसे में जाओगी?

'हाँ, ज़रूर जाऊँगी।'

'मैं नहीं चाहता कि तुम वहाँ जाओ।'

'अगर तुम मेरी परवाह नहीं करते, तो मेरा धर्म नहीं कि तुम्हारी हर एक आज्ञा का पालन करूँ।'

मिस्टर सेठ ने आँखों में विष भरकर कहा—नतीजा बुरा होगा।

गोदावरी मानो तलवार के सामने छाती खोलकर बोली—इसकी चिन्ता नहीं, तुम किसी के ईश्वर नहीं हो।

मिस्टर सेठ ख़ूब गर्म पड़े, धमकियाँ दीं, आख़िर मुँह फेर कर लेट रहे। प्रात:काल फ्लावर शो जाते समय भी उन्होंने गोदावरी से कुछ न कहा।

3

गोदावरी जिस समय कांग्रेस के जलसे में पहुँची, तो कई हज़ार मर्दों और औरतों का जमाव था। मंत्री ने चन्दे की अपील की थी और कुछ लोग चन्दा दे रहे थे। गोदावरी उस जगह खड़ी हो गई जहाँ और स्त्रियाँ जमा थीं और देखने लगी कि लोग क्या देते हैं। अधिकांश लोग दो-दो, चार-चार आना ही दे रहे थे। वहाँ ऐसा धनवान् था ही कौन? उसने अपनी जेब टटोली, तो एक रुपया निकला। उसने समझा यह काफ़ी है। इसी इन्तज़ार में थी कि झोली सामने आवे तो उसमें डाल दूँ? सहसा वही अन्धा लड़का जिसे कि उसने पैसा दिया था, न जाने किधर से आ गया और ज्यों ही चन्दे की झोली उसके सामने पहुँची, उसने उसमें कुछ डाल दिया। सबकी आँखें उसकी तरफ़ उठ गईं। सबको कुतूहल हो रहा था कि अन्धे ने क्या दिया? कहीं एक आध पैसा मिल गया होगा। दिन भर गला फाड़ता है, तब भी तो उस बेचारे को रोटी नहीं मिलती। अगर यही गाना पिश्वाज़ और साज के साथ किसी महफ़िल में होता तो रुपए बरसते; लेकिन सड़क पर गाने वाले अन्धे की कौन परवाह करता है।

झोली में पैसा डालकर अन्धा वहाँ से चल दिया और कुछ दूर जाकर गाने लगा—

'वतन की देखिए तकदीर कब बदलती है।'

सभापति ने कहा—मित्रो, देखिए, यह वह पैसा है, जो एक ग़रीब अन्धा लड़का इस झोली में डाल गया है। मेरी आँखों में इस एक पैसे की क़ीमत किसी अमीर के एक हज़ार रुपए से कम नहीं। शायद यही इस ग़रीब की सारी बिसात होगी। जब ऐसे ग़रीबों की सहानुभूति हमारे साथ है, तो मुझे सत्य की विजय में कोई सन्देह नहीं मालूम होता। हमारे यहाँ क्यों इतने फ़क़ीर दिखाई देते हैं। या तो इसीलिए कि समाज में इन्हें कोई काम नहीं मिलता या दरिद्रता से पैदा हुई बीमारियों के कारण यह अब इस योग्य ही नहीं रह गए कि कुछ काम करें। या भिक्षावृत्ति ने इनमें कोई सामर्थ्य ही नहीं छोड़ी। स्वराज्य के सिवा इन ग़रीबों का अब उद्धार कौन कर सकता है। देखिए, वह गा रहा है—

'वतन की देखिए तकदीर कब बदलती है।'

इस पीड़ित हृदय में कितना उत्सर्ग! क्या अब भी कोई सन्देह कर सकता है कि यह किसकी आवाज़ है? (पैसा ऊपर उठाकर) आपमें से कौन इस रत्न को ख़रीद सकता है?

गोदावरी के मन में जिज्ञासा हुई, क्या यह वही पैसा तो नहीं है, जो रात मैंने उसे दिया था? क्या उसने सचमुच रात को कुछ नहीं खाया?

उसने जाकर समीप से पैसे को देखा, जो मेज़ पर रख दिया गया था। उसका हृदय धक् से हो गया। यह वही घिसा हुआ पैसा था।

उस अंधे की दशा, उसके त्याग का स्मरण करके गोदावरी अनुरक्त हो उठी। काँपते हुए स्वर में बोली—मुझे आप यह पैसा दे दीजिए, मैं पाँच रुपए दूँगी।

सभापति ने कहा—एक बहन इस पैसे के दाम पाँच रुपए दे रही हैं।

दूसरी आवाज़ आई—दस रुपए।

तीसरी आवाज़ आई—बीस रुपए।

गोदावरी ने इस अन्तिम व्यक्ति की ओर देखा। उसके मुख पर आत्माभिमान झलक रहा था। मानो कह रहा हो कि यहाँ कौन है, जो मेरी बराबरी कर सके! गोदावरी के मन में स्पर्द्धा का भाव जाग उठा। चाहे कुछ हो जाए, इसके हाथ में यह पैसा न जाए। समझता है, इसने बीस रुपए क्या कह दिए, सारे संसार को मोल ले लिया।

गोदावरी ने कहा—चालीस रुपए।

उस पुरुष ने तुरन्त कहा—पचास रुपए।

हज़ारों आँखें गोदावरी की ओर उठ गईं मानो कह रही हों, अब आप ही हमारी लाज रखिए।

गोदावरी ने उस आदमी की ओर देखकर धमकी से मिले हुए स्वर में कहा—सौ रुपए।

धनी आदमी ने भी तुरन्त कहा—एक सौ बीस रुपए।

लोगों के चेहरे पर हवाइयाँ उड़ने लगीं। समझ गए, इसी के हाथ विजय रही। निराश आँखों से गोदावरी की ओर ताकने लगे; मगर ज्यों ही गोदावरी के मुँह से निकला डेढ़ सौ, कि चारों तरफ़ तालियाँ पड़ने लगीं। मानो किसी दंगल के दर्शक अपने पहलवान की विजय पर मतवाले हो गए हों।

उस आदमी ने फिर कहा—पौने दो सौ।

गोदावरी बोली—दो सौ।

फिर चारों तरफ़ से तालियाँ पड़ीं। प्रतिद्वंद्वी ने अब मैदान से हट जाने ही में अपनी कुशल समझी।

गोदावरी विजय के गर्व पर नम्रता का पर्दा डाले हुए खड़ी थी और हज़ारों शुभकामनाएँ उस पर फूलों की तरह बरस रही थीं।

4

जब लोगों को मालूम हुआ कि यह देवी मिस्टर सेठ की बीवी हैं, तो उन्हें ईर्ष्यामय आनन्द के साथ उस पर दया भी आई।

मिस्टर सेठ अभी फ्लावर शो में ही थे कि एक पुलिस के अफ़सर ने उन्हें यह घातक संवाद सुनाया। मिस्टर सेठ सकते में पड़ गए, मानो सारी देह शून्य पड़ गई हो। फिर दोनों मुट्ठियाँ बाँध लीं। दाँत पीसे, ओंठ चबाए और उसी वक़्त घर चले। उनकी मोटरसाइकिल कभी इतनी तेज़ न चली थी।

घर में क़दम रखते ही उन्होंने चिनगारियों-भरी आँखों से देखते हुए कहा—क्या तुम मेरे मुँह में कालिख पुतवाना चाहती हो?

गोदावरी ने शान्त भाव से कहा—कुछ मुँह से भी तो कहो या गालियाँ ही दिए जाओगे? तुम्हारे मुँह में कालिख लगेगी, तो क्या मेरे मुँह में न लगेगी? तुम्हारी जड़ खुदेगी, तो मेरे लिए दूसरा कौन-सा सहारा है।

मिस्टर सेठ—सारे शहर में तूफ़ान मचा हुआ है। तुमने मेरे रुपए दिए क्यों?

गोदावरी ने उसी शान्त भाव से कहा—इसलिए कि मैं उसे अपना ही रुपया समझती हूँ।

मिस्टर सेठ दाँत किटकिटा कर बोले—हरगिज़ नहीं, तुम्हें मेरा रुपया ख़र्च करने का कोई हक़ नहीं है।

गोदावरी—बिलकुल ग़लत, तुम्हारे रुपए ख़र्च करने का तुम्हें जितना अख़्तियार है, उतना ही मुझको भी है। हाँ, जब तलाक़ का क़ानून पास करा लोगे और तलाक़ दे दोगे, तब न रहेगा।

मिस्टर सेठ ने अपना हैट इतने ज़ोर से मेज़ पर फेंका कि वह लुढ़कता हुआ ज़मीन पर गिर पड़ा और बोले—मुझे तुम्हारी अक़्ल पर अफ़सोस आता है। जानती हो तुम्हारी इस उद्दंडता का क्या नतीजा होगा? मुझसे जवाब-तलब हो जाएगा। बतलाओ, क्या जवाब दूँगा? जब यह जाहिर है कि कांग्रेस सरकार से दुश्मनी कर रही है तो कांग्रेस की मदद करना सरकार के साथ दुश्मनी करना है।

'तुमने तो नहीं की कांग्रेस की मदद!'

'तुमने तो की!'

'इसकी सज़ा मुझे मिलेगी या तुम्हें? अगर मैं चोरी करूँ, तो क्या तुम जेल जाओगे?'

'चोरी की बात और है, यह बात और है।'

'तो क्या कांग्रेस की मदद करना चोरी या डाके से भी बुरा है?'

'हाँ, सरकारी नौकर के लिए चोरी या डाके से भी कहीं बुरा है।'

'मैंने यह नहीं समझा था।'

'अगर तुमने यह नहीं समझा था, तो तुम्हारी ही बुद्धि का भ्रम था। रोज़ अख़बारों में देखती हो, फिर भी मुझसे पूछती हो। एक कांग्रेस का आदमी प्लेटफार्म पर बोलने खड़ा होता है, तो बीसियों सादे कपड़े वाले पुलिस अफ़सर उसकी रिपोर्ट लेने बैठते हैं। कांग्रेस के सरगनाओं के पीछे कई-कई मुखबिर लगा दिए जाते हैं, जिनका काम यही है कि उन पर कड़ी निगाह रखें। चोरों के साथ तो इतनी सख़्ती कभी नहीं की जाती। इसीलिए हज़ारों चोरियाँ और डाके और ख़ून रोज़ होते रहते हैं, किसी का कुछ पता नहीं चलता, न पुलिस इसकी परवाह करती है। मगर पुलिस को जिस मामले में राजनीति की गंध भी आ जाती है फिर देखो पुलिस की मुस्तैदी। इंस्पेक्टर जनरल से लेकर कांस्टेबिल तक एड़ियों तक का ज़ोर लगाते हैं। सरकार को चोरों से भय नहीं। चोर सरकार पर चोट नहीं करता। कांग्रेस सरकार के अख़्तियार पर हमला करती है, इसलिए सरकार भी अपनी रक्षा के लिए अपने अख़्तियार से काम लेती है। यह तो प्रकृति का नियम है।

मिस्टर सेठ आज दफ़्तर चले, तो उनके क़दम पीछे रह जाते थे! न जाने आज वहाँ क्या हाल हो। रोज़ की तरह दफ़्तर में पहुँचकर उन्होंने चपरासियों को डाँटा नहीं, क्लर्कों पर रोब नहीं जमाया, चुपके से जाकर कुर्सी पर बैठ गए। ऐसा मालूम होता था, कोई तलवार सिर पर लटक रही है। साहब की मोटर की आवाज़ सुनते ही उनके प्राण सूख गए। रोज़ वह अपने कमरे में बैठे रहते थे। जब साहब आकर बैठ जाते थे, तब आध घंटे के बाद मिसलें लेकर पहुँचते थे। आज वह बरामदे में खड़े थे, साहब उतरे तो झुककर उन्होंने सलाम किया। मगर साहब ने मुँह फेर लिया।

लेकिन वह हिम्मत नहीं हारे, आगे बढ़कर पर्दा हटा दिया, साहब कमरे में गए, तो सेठ साहब ने पंखा खोल दिया, मगर जान सूखी जाती थी कि देखें, कब सिर पर तलवार गिरती है। साहब ज्यों ही कुर्सी पर बैठे, सेठ ने लपककर, सिगार-केस और दियासलाई मेज़ पर रख दी।

एकाएक ऐसा मालूम हुआ, मानो आसमान फट गया हो, साहब ग़रज़ रहे थे, तुम दग़ाबाज़ आदमी है!

सेठ ने इस तरह साहब की तरफ़ देखा, जैसे उनका मतलब नहीं समझे।

साहब ने फिर ग़रज़ कर कहा—तुम दग़ाबाज़ आदमी है।

मिस्टर सेठ का ख़ून गर्म हो उठा, बोले—मेरा तो ख़याल है कि मुझसे बड़ा राजभक्त इस देश में न होगा।

साहब—तुम नमकहराम आदमी है।

मिस्टर सेठ के चेहरे पर सुर्ख़ी आई—आप व्यर्थ ही अपनी ज़बान ख़राब कर रहे हैं।

साहब—तुम शैतान आदमी है।

मिस्टर सेठ की आँखों में सुर्ख़ी आई—आप मेरी बेइज़्ज़ती कर रहे हैं। ऐसी बातें सुनने की मुझे आदत नहीं है।

साहब—चुप रहो, यू ब्लडी। तुमको सरकार पाँच सौ रुपए इसलिए नहीं देता कि तुम अपने वाइफ के हाथ से कांग्रेस का चन्दा दिलवाओ। तुमको इसलिए सरकार रुपया नहीं देता।

मिस्टर सेठ को अब अपनी सफ़ाई देने का अवसर मिला। बोले—मैं आपको विश्वास दिलाता हूँ कि मेरी वाइफ ने सरासर मेरी मर्जी के ख़िलाफ़ रुपए दिए हैं। मैं तो उस वक़्त फ्लावर शो देखने गया था, जहाँ मिस फ्रांक का गुलदस्ता पाँच रुपए में लिया। वहाँ से लौटा, तो मुझे यह ख़बर मिली।

साहब—ओ! तुम हमको बेवकूफ़ बनाता है?

यह बात अग्नि-शिला की भाँति ज्यों ही साहब के मस्तिष्क में घुसी, उनके मिज़ाज का पारा उबाल के दर्जे तक पहुँच गया। किसी हिन्दुस्तानी की इतनी मजाल कि उन्हें बेवकूफ़ बनाए! वह जो हिन्दुस्तान के बादशाह हैं, जिनके पास बड़े-बड़े तालुकेदार सलाम करने आते हैं, जिनके नौकरों को बड़े-बड़े रईस नज़राना देते हैं, उन्हीं को कोई बेवकूफ़ बनाए! उसके लिए वह असह्य था। रूल उठाकर दौड़ा।

लेकिन मिस्टर सेठ भी मज़बूत आदमी थे। यों वह हर तरह की ख़ुशामद किया करते थे, लेकिन यह अपमान स्वीकार न कर सके। उन्होंने रूल को तो हाथ पर लिया और एक डग आगे बढ़कर ऐसा घूँसा साहब के मुँह पर रसीद किया कि साहब की आँखों के सामने अँधेरा छा गया। वह इस मुष्टिप्रहार के लिए तैयार न थे। उन्हें कई बार इसका अनुभव हो चुका था कि नेटिव बहुत शान्त, दब्बू, और गमखोर होता है। विशेषकर साहबों के सामने तो उसकी ज़बान तक नहीं खुलती। कुर्सी पर बैठकर नाक का ख़ून पोंछने लगा। फिर मिस्टर सेठ से उलझने की उसकी हिम्मत नहीं पड़ी, मगर दिल में सोच रहा था, इसे कैसे नीचा दिखाऊँ।

मिस्टर सेठ भी अपने कमरे में आकर इस परिस्थिति पर विचार करने लगे। उन्हें बिलकुल खेद न था; बल्कि वह अपने साहस पर प्रसन्न थे। इसकी बदमाशी तो देखो कि मुझ पर रूल चला दिया। जितना दबता था, उतना ही दबाए जाता था। मेम यारों को लिये घूमा करती है, उससे बोलने की हिम्मत नहीं पड़ती। मुझसे शेर बन गया। अब दौड़ेगा कमिश्नर के पास। मुझे बरखास्त

कराए बग़ैर न छोड़ेगा। यह सब कुछ गोदावरी के कारण हो रहा है। बेइज़्ज़ती तो हो ही गई। अब रोटियों को भी मुहताज होना पड़ा। मुझसे तो कोई पूछेगा भी नहीं, बरखास्तगी का परवाना आ जाएगा। अपील कहाँ होगी? सेक्रेटरी हैं हिन्दुस्तानी, मगर अँगरेज़ों से भी ज़्यादा अँगरेज़। होम मेम्बर भी हिन्दुस्तानी हैं, मगर अँगरेज़ों के ग़ुलाम। गोदावरी के चन्दे का हाल सुनते ही उन्हें जूड़ी चढ़ आएगी। न्याय की किसी से आशा नहीं, अब यहाँ से निकल जाने में ही कुशल है।

उन्होंने तुरन्त एक इस्तीफ़ा लिखा और साहब के पास भेज दिया। साहब ने उस पर लिख दिया, 'बरखास्त'।

5

दोपहर को जब मिस्टर सेठ मुँह लटकाए हुए घर पहुँचे तो गोदावरी ने पूछा—आज जल्दी कैसे आ गए?

मिस्टर सेठ दहकती हुई आँखों से देखकर बोले—जिस बात पर लगी थीं, वह हो गई। अब रोओ, सिर पर हाथ रखके!

गोदावरी—बात क्या हुई, कुछ कहो भी तो?

सेठ—बात क्या हुई, उसने आँखें दिखाईं, मैंने चाँटा जमाया और इस्तीफ़ा देकर चला आया।

गोदावरी—इस्तीफ़ा देने की क्या जल्दी थी?

सेठ—और क्या सिर के बाल नुचवाता? तुम्हारा यही हाल है, तो आज नहीं, कल अलग होना ही पड़ता।

गोदावरी—ख़ैर, जो हुआ अच्छा ही हुआ। आज से तुम भी कांग्रेस में शरीक हो जाओ।

सेठ ने ओंठ चबाकर कहा—लजाओगी तो नहीं, ऊपर से घाव पर नमक छिड़कती हो।

गोदावरी—लजाऊँ क्यों, मैं तो ख़ुश हूँ कि तुम्हारी बेड़ियाँ कट गईं।

सेठ—आख़िर कुछ सोचा है, काम कैसे चलेगा?

गोदावरी—सब सोच लिया है। मैं चलकर दिखा दूँगी। हाँ, मैं जो कुछ कहूँ, वह तुम किए जाना। अब तक मैं तुम्हारे इशारों पर चलती थी, अब से तुम मेरे इशारे पर चलना। मैं तुमसे किसी बात की शिकायत न करती थी; तुम जो कुछ खिलाते थे खाती थी, जो कुछ पहनाते थे पहनती थी। महल में रखते, महल में रहती। झोंपड़ी में रखते, झोंपड़ी में रहती। उसी तरह तुम भी रहना। जो काम करने को कहूँ वह करना। फिर देखूँ कैसे काम नहीं चलता। बड़प्पन सूट-बूट और ठाट-बाट में नहीं है। जिसकी आत्मा पवित्र हो, वही ऊँचा है। आज तक तुम मेरे पति थे, आज से मैं तुम्हारा पति हूँ।

सेठ जी उसकी ओर स्नेह की आँखों से देखकर हँस पड़े।

शराब की दुकान

कांग्रेस कमेटी में यह सवाल पेश था—शराब और ताड़ी की दुकानों पर कौन धरना देने जाए? कमेटी के पच्चीस मेम्बर सिर झुकाए बैठे थे; पर किसी के मुँह से बात न निकलती थी। मुआमला बड़ा नाज़ुक था। पुलिस के हाथों गिरफ़्तार हो जाना तो ज़्यादा मुश्किल बात

न थी। पुलिस के कर्मचारी अपनी ज़िम्मेदारियों को समझते हैं। चूँकि अच्छे और बुरे तो सभी जगह होते हैं, लेकिन पुलिस के अफ़सर, कुछ लोगों को छोड़कर, सभ्यता से इतने ख़ाली नहीं होते कि जाति और देश पर जान देनेवालों के साथ दुर्व्यवहार करें; लेकिन नशेबाज़ों में यह ज़िम्मेदारी कहाँ? उनमें तो अधिकांश ऐसे लोग होते हैं, जिन्हें घुड़की-धमकी के सिवा और किसी शक्ति के सामने झुकने की आदत नहीं। मारपीट से नशा हिरन हो सकता है; पर शान्तिवादियों के लिए तो वह दरवाज़ा बन्द है। तब कौन इस ओखली में सिर दे, कौन पियक्कड़ों की गालियाँ खाय? बहुत सम्भव है कि वे हाथापाई कर बैठें। उनके हाथों पिटना किसे मंजूर हो सकता था? फिर पुलिसवाले भी बैठे तमाशा न देखेंगे। उन्हें और भी भड़काते रहेंगे। पुलिस की शह पाकर ये नशे के बन्दे जो कुछ न कर डालें, वह थोड़ा! ईंट का जवाब पत्थर से दे नहीं सकते और इस समुदाय पर विनती का कोई असर नहीं!

एक मेम्बर ने कहा—मेरे विचार में तो इन जातों में पंचायतों को फिर सँभालना चाहिए। इधर हमारी लापरवाही से उनकी पंचायतें निर्जीव हो गई हैं। इसके सिवा मुझे तो और कोई उपाय नहीं सूझता।

सभापति ने कहा—हाँ, यह एक उपाय है। मैं इसे नोट किए लेता हूँ, पर धरना देना ज़रूरी है।

दूसरे महाशय बोले—उनके घरों पर जाकर समझाया जाए, तो अच्छा असर होगा।

सभापति ने अपनी चिकनी खोपड़ी सहलाते हुए कहा—यह भी अच्छा उपाय है; मगर धरने को हम लोग त्याग नहीं सकते।

फिर सन्नाटा हो गया।

पिछली कतार में एक देवी भी मौन बैठी हुई थीं। जब कोई मेम्बर बोलता वह एक नज़र उसकी तरफ़ डालकर फिर सिर झुका लेती थीं। यही कांग्रेस की लेडी मेम्बर थीं। उनके पति महाशय जी. पी. सक्सेना कांग्रेस के अच्छे काम करनेवालों में थे। उनका देहान्त हुए तीन साल हो गए थे। मिसेज़ सक्सेना ने इधर एक साल से कांग्रेस के कामों में भाग लेना शुरू कर दिया था और कांग्रेस कमेटी ने उन्हें अपना मेम्बर चुन लिया था। वह शरीफ घरानों में जाकर स्वदेशी और खद्दर का प्रचार करती थीं। जब कभी कांग्रेस के प्लेटफार्म पर बोलने खड़ी होतीं तो उनका जोश देखकर ऐसा मालूम होता था मानो आकाश में उड़ जाना चाहती हैं। कुंदन का-सा रंग लाल हो जाता था, बड़ी-बड़ी करुण आँखें जिनमें जल भरा हुआ मालूम होता था, चमकने लगती थीं। बड़ी ख़ुशमिज़ाज और इसके साथ बला की निर्भीक स्त्री थीं। दबी हुई चिनगारी थी, जो हवा पाकर दहक उठती है। उनके मामूली शब्दों में इतना आकर्षण कहाँ से आ जाता था, कह नहीं सकते। कमेटी के कई जवान मेम्बर, जो पहले कांग्रेस में बहुत कम आते थे, अब बिला नागा आने लगे थे। मिसेज़ सक्सेना कोई भी प्रस्ताव करें, उनका अनुमोदन करनेवालों की कमी न थी। उनकी सादगी, उनका उत्साह, उनकी विनय, उनकी मृदु-वाणी कांग्रेस पर उनका सिक्का जमाए देती थी। हर आदमी उनकी ख़ातिर सम्मान की सीमा तय करता था, पर उनकी स्वाभाविक नम्रता उन्हें अपने दैवी साधनों से पूरा-पूरा फ़ायदा न उठाने देती थी। जब कमरे में आतीं, लोग खड़े हो जाते थे; पर वह पिछली सफ से आगे न बढ़ती थीं।

मिसेज़ सक्सेना ने प्रधान से पूछा—शराब की दुकानों पर औरतें धरना दे सकती हैं?

सबकी आँखें उनकी ओर उठ गईं। इस प्रश्न का आशय सब समझ गए।

प्रधान ने कातर स्वर में कहा—महात्मा जी ने तो यह काम औरतों ही को सुपुर्द करने पर ज़ोर दिया है पर...

मिसेज़ सक्सेना ने उन्हें अपना वाक्य पूरा न करने दिया। बोलीं—तो फिर मुझे इस काम पर भेज दीजिए।

लोगों ने कुतूहल की आँखों से मिसेज़ सक्सेना को देखा। यह सुकुमारी जिसके कोमल अंगों में शायद हवा भी चुभती हो, गन्दी गलियों में ताड़ी और शराब की दुर्गंध-भरी दुकानों के सामने जाने और नशे से पागल आदमियों की कलुषित आँखों और बाँहों का सामना करने को कैसे तैयार हो गई।

एक महाशय ने अपने समीप के आदमी के कान में कहा—बला की निडर औरत है।

उन महाशय ने जले हुए शब्दों में उत्तर दिया—हम लोगों को काँटों में घसीटना चाहती हैं, और कुछ नहीं। वह बेचारी क्या पिकेटिंग करेंगी। दुकान के सामने खड़ा तक तो हुआ न जाएगा।

प्रधान ने सिर झुकाकर कहा—मैं आपके साहस और उत्सर्ग की प्रशंसा करता हूँ, लेकिन मेरे विचार में अभी इस शहर की दशा ऐसी नहीं है कि देवियाँ पिकेटिंग कर सकें। आपको ख़बर नहीं, नशेबाज़ कितने मुँहफट होते हैं। विनय तो वह जानते ही नहीं!

मिसेज़ सक्सेना ने व्यंग्य-भाव से कहा—तो क्या आपका विचार है कि कोई ऐसा ज़माना भी आएगा, जब शराबी लोग विनय और शील के पुतले बन जाएँगे? यह दशा तो हमेशा ही रहेगी। आख़िर महात्मा जी ने कुछ समझकर ही तो औरतों को यह काम सौंपा है। मैं नहीं कह सकती कि मुझे कहाँ तक सफलता होगी; पर इस कर्तव्य को टालने से काम न चलेगा।

प्रधान ने पसोपेश में पड़कर कहा—मैं तो आपको इस काम के लिए घसीटना उचित नहीं समझता, आगे आपको अख़्तियार है।

मिसेज़ सक्सेना ने जैसे विनय का आलिंगन करते हुए कहा—मैं आपके पास फ़रियाद लेकर न आऊँगी कि मुझे फलाँ आदमी ने मारा या गाली दी। इतना जानती हूँ कि अगर मैं सफल हो गई, तो ऐसी स्त्रियों की कमी न रहेगी जो इस काम को सोलहों आने अपने हाथ में न ले लें।

इस पर एक नौजवान मेम्बर ने कहा—मैं सभापति जी से निवेदन करूँगा कि मिसेज़ सक्सेना को यह काम देकर आप हिंसा का सामना कर रहे हैं। इससे यह कहीं अच्छा है कि आप मुझे यह काम सौंपें।

मिसेज़ सक्सेना ने गर्म होकर कहा—आपके हाथों हिंसा होने का डर और भी ज़्यादा है।

इस नौजवान मेम्बर का नाम था जयराम। एक बार एक कड़ा व्याख्यान देने के लिए जेल हो आए थे, पर उस वक़्त उनके सिर गृहस्थी का भार न था। क़ानून पढ़ते थे। अब उनका विवाह हो गया था, दो-तीन बच्चे भी हो गए थे, दशा बदल गई थी। दिल में वही जोश, वही तड़प, वही दर्द था, पर अपनी हालत से मजबूर थे।

मिसेज़ सक्सेना की ओर नम्र आग्रह से देखकर बोले—आप मेरी ख़ातिर इस गन्दे काम में हाथ न डालें। मुझे एक सप्ताह का अवसर दीजिए। अगर इस बीच में कहीं दंगा हो जाए, तो आपको मुझे निकाल देने का अधिकार होगा।

मिसेज़ सक्सेना जयराम को ख़ूब जानती थीं। उन्हें मालूम था कि यह त्याग और साहस का पुतला है और अब तक परिस्थितियों के कारण पीछे दबका हुआ था। इसके साथ ही वह यह भी जानती थीं कि इसमें वह धैर्य और बर्दाश्त नहीं है, जो पिकेटिंग के लिए लाजमी है। जेल में उसने दारोग़ा को अपशब्द कहने पर चाँटा लगाया था और उसकी सज़ा तीन महीने और बढ़ गई थी। बोलीं—आपके सिर गृहस्थी का भार है। मैं घमंड नहीं करती पर जितने धैर्य से मैं यह काम कर सकती हूँ, आप नहीं कर सकते।

जयराम ने उसी नम्र आग्रह के साथ कहा—आप मेरे पिछले रेकार्ड पर फ़ैसला कर रही हैं। आप भूल जाती हैं कि आदमी की अवस्था के साथ उसकी उद्दंडता घटती जाती है।

प्रधान ने कहा—मैं चाहता हूँ, महाशय जयराम इस काम को अपने हाथों में लें।

जयराम ने प्रसन्न होकर कहा—मैं सच्चे हृदय से आपको धन्यवाद देता हूँ।

मिसेज़ सक्सेना ने निराश होकर कहा—महाशय, जयराम, आपने मेरे साथ बड़ा अन्याय किया है और मैं इसे कभी क्षमा न करूँगी। आप लोगों ने इस बात का आज नया परिचय दे दिया कि पुरुषों के अधीन स्त्रियाँ अपने देश की सेवा भी नहीं कर सकतीं।

2

दूसरे दिन, तीसरे पहर जयराम पाँच स्वयंसेवकों को लेकर बेगमगंज के शराबख़ाने की पिकेटिंग करने जा पहुँचा। ताड़ी और शराब—दोनों की दुकानें मिली हुई थीं। ठीकेदार भी एक ही था। दुकान के सामने, सड़क की पटरी पर, अन्दर के आँगन में नशेबाज़ों की टोलियाँ विष में अमृत का आनन्द लूट रही थीं। कोई वहाँ अफलातून से कम न था। कहीं वीरता की डींग थी, कहीं अपने दान-दक्षिणा के पचड़े, कहीं अपने बुद्धि-कौशल का आलाप। अहंकार नशे का मुख्य रूप है।

एक बूढ़ा शराबी कह रहा था—भैया, ज़िन्दगानी का भरोसा नहीं। हाँ, कोई भरोसा नहीं। मेरी बात मान लो, ज़िन्दगानी का कोई भरोसा नहीं। बस यही खाना-खिलाना याद रह जाएगा। धन-दौलत, जगह-ज़मीन सब धरी रह जाएगी!

दो ताड़ीवालों में एक दूसरी बहस छिड़ी हुई थी—

'हम-तुम रिआया हैं भाई! हमारी मजाल है कि सरकार के सामने सिर उठा सकें?'

'अपने घर में बैठकर बादशाह को गालियाँ दे लो; लेकिन मैदान में आना कठिन है।'

'कहाँ की बात भैया, सरकार तो बड़ी चीज़ है, लाल पगड़ी देखकर तो घर भाग जाते हो।'

'छोटा आदमी भर-पेट खाके बैठता है, तो समझता है, अब बादशाह हमीं हैं। लेकिन अपनी हैसियत को भूलना न चाहिए।'

'बहुत पक्की बात कहते हो ख़ाँ साहब। अपनी असलियत पर डटे रहो। जो राजा है, वह राजा है, जो परजा है, वह परजा है। भला परजा कहीं राजा हो सकता है?'

इतने में जयराम ने आकर कहा—राम राम भाइयो, राम राम!

पाँच-छह खद्दरदारी मनुष्यों को देखकर सभी लोग उनकी ओर शंका और कुतूहल से ताकने लगे। दूकानदार ने चुपके से अपने एक नौकर के कान में कुछ कहा और नौकर दुकान से उतरकर चला गया।

जयराम ने झंडे को ज़मीन पर खड़ा करके कहा—भाइयो, महात्मा गांधी का हुक्म है कि आप लोग ताड़ी-शराब न पिएँ। जो रुपए आप यहाँ उड़ा देते हैं, वह अगर अपने बाल-बच्चों को खिलाने-पिलाने में ख़र्च करें, तो कितनी अच्छी बात हो। ज़रा देर के नशे के लिए आप अपने बाल-बच्चों को भूखों मारते हैं। गन्दे घरों में रहते हैं, महाजन की गालियाँ खाते हैं। सोचिए, इस रुपए से आप अपने प्यारे बच्चों को कितने आराम से रख सकते हैं!

एक बूढ़े शराबी ने अपने साथी से कहा—भैया, है तो बुरी चीज़, घर तबाह करके छोड़ देती है। मुदा इतनी उमिर पीते कट गई, तो अब मरते दम क्या छोड़ें? उसके साथी ने समर्थन किया—पक्की बात कहते हो चौधरी! जब इतनी उमिर पीते कट गई, तो अब मरते दम क्या छोड़ें?

जयराम ने कहा—वाह चौधरी, यही तो उमिर है छोड़ने की। जवानी तो दीवानी होती है, उस वक़्त सब कुछ मुआफ है।

चौधरी ने तो कोई जवाब न दिया; लेकिन उसके साथी ने जो काला, मोटा, बड़ी-बड़ी मूँछोंवाला आदमी था, सरल आपत्ति के भाव से कहा—अगर पीना बुरा है, तो अँगरेज़ क्यों पीते हैं?

जयराम वकील था, उससे बहस करना भिड़ के छत्ते को छेड़ना था। बोला—यह तुमने बहुत अच्छा सवाल पूछा भाई। अँगरेज़ों के बाप-दादा अभी डेढ़-दो सौ साल पहले लुटेरे थे। हमारे-तुम्हारे बाप-दादा ऋषि-मुनि थे। लुटेरों की संतान पिए, तो पीने दो। उनके पास न कोई धर्म है, न नीति; लेकिन ऋषियों की संतान उनकी नक़ल क्यों करे। हम और तुम उन महात्माओं की संतान हैं, जिन्होंने दुनिया को सिखाया, जिन्होंने दुनिया को आदमी बनाया। हम अपना धर्म छोड़ बैठे, उसी का फल है कि आज हम ग़ुलाम हैं। लेकिन अब हमने ग़ुलामी की जंजीरों को तोड़ने का फ़ैसला कर लिया है और...

एकाएक थानेदार और चार-पाँच कांस्टेबल आ खड़े हुए।

थानेदार ने चौधरी से पूछा—यह लोग तुमको धमका रहे हैं?

चौधरी ने खड़े होकर कहा—नहीं हुजूर, यह तो हमें समझा रहे हैं। कैसे प्रेम से समझा रहे हैं कि वाह!

थानेदार ने जयराम से कहा—अगर यहाँ फिसाद हो जाए, तो आप ज़िम्मेदार होंगे?

जयराम—मैं उस वक़्त तक ज़िम्मेदार हूँ, जब तक आप न रहें।

'आपका मतलब है कि मैं फिसाद कराने आया हूँ?'

'मैं यह नहीं कहता, लेकिन आप आए हैं, तो अँगरेज़ी साम्राज्य की अतुल शक्ति का परिचय ज़रूर ही दीजिएगा। जनता में उत्तेजना फैलेगी। तब आप पिल पड़ेंगे और दस-बीस आदमियों को मार गिराएँगे। वही सब जगह होता है और यहाँ भी होगा।'

सब इंस्पेक्टर ने ओंठ चबाकर कहा—मैं आपसे कहता हूँ, यहाँ से चले जाइए, वरना मुझे जाबते की कार्रवाई करनी पड़ेगी।

जयराम ने अविचल भाव से कहा—और मैं आपसे कहता हूँ कि आप मुझे अपना काम करने दीजिए। मेरे बहुत-से भाई यहाँ जमा हैं और मुझे उनसे बातचीत करने का उतना ही हक़ है जितना आपको।

इस वक़्त तक सैकड़ों दर्शक जमा हो गए थे। दारोग़ा ने अफ़सरों से पूछे बग़ैर और कोई कार्रवाई करना उचित न समझा। अकड़ते हुए दुकान पर गए और कुर्सी पर पाँव रखकर बोले—ये लोग तो माननेवाले नहीं हैं!

दुकानदार ने गिड़गिड़ाकर कहा—हुज़ूर, मेरी तो बधिया बैठ जाएगी।

दारोग़ा—दो-चार गुंडे बुलाकर भगा क्यों नहीं देते? मैं कुछ न बोलूँगा। हाँ, ज़रा एक बोतल अच्छी-सी भेज देना। कल न जाने क्या भेज दिया, कुछ मज़ा ही नहीं आया।

थानेदार चला गया, तो चौधरी ने अपने साथी से कहा—देखा कल्लू, थानेदार कितना बिगड़ रहा था? सरकार चाहती है कि हम लोग ख़ूब शराब पीएँ और कोई हमें समझाने न पाए। शराब का पैसा भी तो सरकार ही में जाता है?

कल्लू ने दार्शनिक भाव से कहा—हर एक बहाने से पैसा खींचते हैं सब!

चौधरी—तो फिर क्या सलाह है? है तो बुरी चीज़।

कल्लू—बहुत बुरी चीज़ है भैया, महात्मा जी का हुक्म है, तो छोड़ ही देना चाहिए।

चौधरी—अच्छा तो यह लो, आज से अगर पिए तो दोगला।

यह कहते हुए चौधरी ने बोतल ज़मीन पर पटक दी। आधी बोतल शराब ज़मीन पर बह कर सूख गई।

जयराम को शायद ज़िन्दगी में कभी इतनी ख़ुशी न हुई थी। ज़ोर-ज़ोर से तालियाँ बजा कर उछल पड़े।

उसी वक़्त दोनों ताड़ी पीनेवालों ने भी 'महात्मा जी की जय' पुकारी और अपनी हाँड़ी ज़मीन पर पटक दी। एक स्वयंसेवक ने लपककर फूलों की माला ली और चारों आदमियों के गले में डाल दी।

3

सड़क की पटरी पर कई नशेबाज़ बैठे इन चारों आदमियों की तरफ़ उस दुर्बल भक्ति से ताक रहे थे, जो पुरुषार्थहीन मनुष्यों का लक्षण है। वहाँ एक भी ऐसा व्यक्ति न था, जो अँगरेजों की मांस-मदिरा या ताड़ी को ज़िन्दगी के लिए अनिवार्य समझता हो और उसके बग़ैर ज़िन्दगी की कल्पना भी न कर सके। सभी लोग नशे को दूषित समझते थे, केवल दुर्बलेन्द्रिय होने के कारण नित्य आकर पी जाते थे। चौधरी जैसे घाघ पियक्कड़ को बोतल पटकते देखकर उनकी आँखें खुल गईं।

एक मरियल दाढ़ीवाले आदमी ने आकर चौधरी की पीठ ठोंकी। चौधरी ने उसे पीछे ढकेलकर कहा—पीठ क्या ठोंकते हो जी, जाकर अपनी बोतल पटक दो।

दाढ़ीवाले ने कहा—आज और पी लेने दो चौधरी! अल्लाह जानता है, कल से इधर भूलकर भी न आऊँगा।

चौधरी—जितनी बची हो, उसके पैसे हमसे ले लो। घर जाकर बच्चों को मिठाई खिला देना।

दाढ़ीवाले ने जाकर बोतल पटक दी और बोला—लो, तुम भी क्या कहोगे? अब तो हुए ख़ुश।

चौधरी—अब तो न पीयोगे कभी?

दाढ़ीवाले ने कहा—अगर तुम न पीयोगे, तो मैं भी न पीऊँगा। जिस दिन तुमने पी, उसी दिन फिर शुरू कर दी।

चौधरी की तत्परता ने दुराग्रह की जड़ें हिला दीं। बाहर अभी पाँच-छह आदमी और थे। वे सचेत निर्लज्जता से बैठे हुए अभी तक पीते जाते थे। जयराम ने उनके सामने जाकर

कहा—भाइयो, आपके पाँच भाइयों ने अभी आपके सामने अपनी-अपनी बोतल पटक दी। क्या आप उन लोगों को बाजी जीत ले जाने देंगे?

एक ठिगने, काले आदमी ने जो किसी अँगरेज़ का खानसामा मालूम होता था, लाल-लाल आँखें निकालकर कहा—हम पीते हैं तुमसे मतलब? तुमसे भीख माँगने तो नहीं जाते?

जयराम ने समझ लिया, अब बाज़ी मार ली। गुमराह आदमी जब विवाद करने पर उतर आए, तो समझ लो, वह रास्ते पर आ जाएगा। चुप्पा ऐब वह चिकना घड़ा है, जिस पर किसी बात का असर नहीं होता।

जयराम ने कहा—अगर मैं अपने घर में आग लगाऊँ तो उसे देखकर क्या आप मेरा हाथ न पकड़ लेंगे? मुझे तो इसमें रत्ती भर सन्देह नहीं है कि आप मेरा हाथ ही न पकड़ लेंगे बल्कि मुझे वहाँ से ज़बरदस्ती खींच ले जाएँगे।

चौधरी ने खानसामा की तरफ़ मुग्ध आँखों से देखा, मानो कह रहा है—इसका तुम्हारे पास क्या जवाब है? और बोला—जमादार, अब इसी बात पर बोतल पटक दो।

खानसामा ने जैसे काट खाने के लिए दाँत तेज़ कर लिये और बोला—बोतल क्यों पटक दूँ, पैसे नहीं दिए हैं?

चौधरी परास्त हो गया। जयराम से बोला—इन्हें छोड़िए बाबू जी, यह लोग इस तरह माननेवाले असामी नहीं हैं। आप इनके सामने जान भी दे दें तो भी शराब न छोड़ेंगे। हाँ, पुलिस की एक घुड़की पा जाएँ तो फिर कभी इधर भूलकर भी न आएँ।

खानसामा ने चौधरी की ओर तिरस्कार के भाव से देखा, जैसे कह रहा हो—क्या तुम समझते हो कि मैं ही मनुष्य हूँ, यह सब पशु हैं? फिर बोला—तुमसे क्या मतलब है जी, क्यों बीच में कूदे पड़ते हो? मैं तो बाबू जी से बात कर रहा हूँ। तुम कौन होते हो बीच में बोलनेवाले? मैं तुम्हारी तरह नहीं हूँ कि बोतल पटक कर वाह-वाह कराऊँ। कल फिर मुँह में कालिख लगाऊँ, घर पर मँगवा कर पीऊँ? जब यहाँ छोड़ेंगे, तो सच्चे दिल से छोड़ेंगे। फिर कोई लाख रुपए भी दे तो आँख उठाकर न देखें।

जयराम—मुझे आप लोगों से ऐसी ही आशा है।

चौधरी ने खानसामा की ओर कटाक्ष करके कहा—क्या समझते हो, मैं कल फिर पीने आऊँगा?

खानसामा ने उद्दंडता से कहा—हाँ-हाँ, कहता हूँ तुम आओगे और बद कर आओगे। कहो, पक्के काग़ज़ पर लिख दूँ।

चौधरी—अच्छा भाई, तुम बड़े धरमात्मा हो, मैं पापी सही। तुम छोड़ोगे तो ज़िन्दगी भर के लिए छोड़ोगे, मैं आज छोड़कर कल फिर पीने लगूँगा, यही सही। मेरी एक बात गाँठ बाँध लो। तुम उस बखत छोड़ोगे, जब ज़िन्दगी तुम्हारा साथ छोड़ देगी। इसके पहले तुम नहीं छोड़ सकते।

खानसामा—तुम मेरे दिल का हाल क्या जानते हो?

चौधरी—जानता हूँ, तुम्हारे जैसे सैकड़ों आदमी को भुगत चुका हूँ।

खानसामा—तो तुमने ऐसे-वैसे बेशर्मों को देखा होगा। हयादार आदमियों को न देखा होगा।

यह कहते हुए उसने जाकर बोतल पटक दी और बोला—अब अगर तुम इस दुकान पर देखना, तो मुँह में कालिख लगा देना।

चारों तरफ़ तालियाँ बजने लगीं। मर्द ऐसे होते हैं।

ठीकेदार ने दुकान के नीचे उतरकर कहा—तुम लोग अपनी-अपनी दुकान पर क्यों नहीं जाते जी? मैं तो किसी की दुकान पर नहीं जाता?

एक दर्शक ने कहा—खड़े हैं, तो तुमसे मतलब? सड़क तुम्हारी नहीं है? तुम ग़रीबों को लूटे जाओ। किसी के बाल-बच्चे भूखों मरें तुम्हारा क्या बिगड़ता है। (दूसरे शराबियों से) क्या यारो, अब भी पीते जाओगे! जानते हो, यह किसका हुक्म है? अरे कुछ भी तो शर्म करो?

जयराम ने दर्शकों से कहा—आप लोग यहाँ भीड़ न लगाएँ और न किसी को भला-बुरा कहें!

मगर दर्शकों का समूह बढ़ता जाता था। अभी तक चार-पाँच आदमी बे-गम बैठे हुए कुल्हड़ पर कुल्हड़ चढ़ा रहे थे। एक मनचले आदमी ने जाकर उस बोतल को उठा लिया, जो उनके बीच में रखी हुई थी और उसे पटकना चाहता था कि चारों शराबी उठ खड़े हुए और उसे पीटने लगे। जयराम और उसके स्वयंसेवक तुरन्त वहाँ पहुँच गए और उसे बचाने की चेष्टा करने लगे कि चारों उसे छोड़कर जयराम की तरफ़ लपके। दर्शकों ने देखा कि जयराम पर मार पड़ा चाहती है, तो कई आदमी झल्ला कर उन चारों शराबियों पर टूट पड़े। लातें, घूँसे और डंडे चलाने लगे। जयराम को इसका कुछ अवसर न मिलता था कि किसी को समझाए। दोनों हाथ फैलाए उन चारों के वारों से बच रहा था; वह चारों भी आपे से बाहर होकर दर्शकों पर डंडे चला रहे थे। जयराम दोनों तरफ़ से मार खाता था। शराबियों के वार भी उस पर पड़ते थे, तमाशाइयों के वार भी उसी पर पड़ते थे, पर वह उनके बीच से हटता न था। अगर वह इस वक़्त अपनी जान बचाकर हट जाता, तो शराबियों की खैरियत न थी। इसका दोष कांग्रेस पर पड़ता। वह कांग्रेस को इस आक्षेप से बचाने के लिए अपने प्राण देने पर तैयार था। मिसेज़ सक्सेना को अपने ऊपर हँसने का मौक़ा वह न देना चाहता था।

आख़िर उसके सिर पर डंडा इस ज़ोर से पड़ा कि वह सिर पकड़कर बैठ गया। आँखों के सामने तितलियाँ उड़ने लगीं। फिर उसे होश न रहा।

4

जयराम सारी रात बेहोश पड़ा रहा। दूसरे दिन सुबह को जब उसे होश आया, तो सारी देह में पीड़ा हो रही थी और कमज़ोरी इतनी थी कि रह-रहकर जी डूबता जाता था। एकाएक सिरहाने की तरफ़ आँख उठ गई, तो मिसेज़ सक्सेना बैठी नजऱ आईं। उन्हें देखते ही स्वयंसेवकों के मना करने पर भी उठ बैठा। दर्द और कमज़ोरी दोनों जैसे ग़ायब हो गई। एक-एक अंग में स्फूर्ति दौड़ गई।

मिसेज़ सक्सेना ने उसके सिर पर हाथ रखकर कहा—आपको बड़ी चोट आई। इसका सारा दोष मुझ पर है।

जयराम ने भक्तिमय कृतज्ञता के भाव से देखकर कहा—चोट तो ऐसी ज़्यादा न थी, इन लोगों ने बरबस पट्टी-सट्टी बाँधकर ज़ख़्मी बना दिया।

मिसेज़ सक्सेना ने ग्लानित होकर कहा—मुझे आपको न जाने देना चाहिए था।

जयराम—आपका वहाँ जाना उचित न था। मैं आपसे अब भी यही अनुरोध करूँगा कि उस तरफ़ न जाइएगा।

मिसेज़ सक्सेना ने जैसे उन बाधाओं पर हँसकर कहा—वाह! मुझे आज से वहाँ पिकेट करने की आज्ञा मिल गई है।

'आप मेरी इतनी विनय मान जाइएगा। शोहदों के लिए आवाज़ कसना बिलकुल मामूली बात है।'

'मैं आवाज़ों की परवाह नहीं करती!'

'तो फिर मैं भी आपके साथ चलूँगा।'

'आप इस हालत में?'—मिसेज़ सक्सेना ने आश्चर्य से कहा।

'मैं बिलकुल अच्छा हूँ, सच!'

'यह नहीं हो सकता। जब तक डॉक्टर यह न कह देगा कि अब आप वहाँ जाने के योग्य हैं, आपको न जाने दूँगी। किसी तरह नहीं।'

'तो मैं भी आपको न जाने दूँगा।'

मिसेज़ सक्सेना ने मृदु-व्यंग्य के साथ कहा—आप भी अन्य पुरुषों ही की भाँति स्वार्थ के पुतले हैं। सदा यश ख़ुद लूटना चाहते हैं, औरतों को कोई मौक़ा नहीं देना चाहते। कम से कम यह तो देख लीजिए कि मैं भी कुछ कर सकती हूँ या नहीं।

जयराम ने व्यथित कंठ से कहा—जैसी आपकी इच्छा।

5

तीसरे पहर मिसेज़ सक्सेना चार स्वयंसेवकों के साथ बेगमगंज चलीं। जयराम आँखें बन्द किए चारपाई पर पड़ा था। शोर सुनकर चौंका और अपनी स्त्री से पूछा—यह कैसा शोर है?

स्त्री ने खिड़की से झाँककर देखा और बोली—वह औरत, जो कल आई थी झंडा लिये कई आदमियों के साथ जा रही है। इसे शर्म भी नहीं आती।

जयराम ने उसके चेहरे पर क्षमा की दृष्टि डाली और विचार में डूब गया। फिर वह उठ खड़ा हुआ और बोला—मैं भी वहीं जाता हूँ।

स्त्री ने उसका हाथ पकड़कर कहा—अभी कल मार खाकर आए हो, आज फिर जाने की सूझी!

जयराम ने हाथ छुड़ा कर कहा—तुम उसे मार कहती हो, मैं उसे उपहार समझता हूँ।

स्त्री ने उसका रास्ता रोक लिया—कहती हूँ, तुम्हारा जी अच्छा नहीं है, मत जाओ, क्यों मेरी जान के गाहक हुए हो? उसकी देह में हीरे नहीं जड़े हैं, जो वहाँ कोई नोच लेगा।

जयराम ने मिन्नत करके कहा—मेरी तबीयत बिलकुल अच्छी है चम्मू! अगर कुछ कसर है तो वह भी मिट जाएगी। भला सोचो, यह कैसे मुमकिन है कि एक देवी उन शोहदों के बीच में पिकेटिंग करने जाए और मैं बैठा रहूँ। मेरा वहाँ रहना ज़रूरी है। अगर कोई बात आ पड़ी, तो कम से कम मैं लोगों को समझा तो सकूँगा।

चम्मू ने जलकर कहा—यह क्यों नहीं कहते कि कोई और ही चीज़ खींचे लिए जाती है!

जयराम ने मुस्कुराकर उसकी ओर देखा, जैसे कह रहा हो—यह बात तुम्हारे दिल से नहीं, कंठ से निकल रही है और कतरा कर निकल गया। फिर द्वार पर खड़ा होकर बोला—शहर में तीन लाख से कुछ ही कम आदमी हैं, कमेटी में भी तीस मेम्बर हैं, मगर सब के सब जी चुरा रहे हैं। लोगों को अच्छा बहाना मिल गया कि शराबख़ानों पर धरना देने के लिए स्त्रियों

ही की ज़रूरत है? आख़िर क्यों स्त्रियों ही को इस काम के लिए उपयुक्त समझा जाता है? इसीलिए कि मरदों के सिर भूत सवार हो जाता है और जहाँ नम्रता से काम लेना चाहिए, वहाँ लोग उग्रता से काम लेने लगते हैं। वे देवियाँ क्या इसी योग्य हैं कि शोहदों के फिकरे सुनें और उनकी कुदृष्टि का निशाना बनें? कम से कम मैं यह नहीं देख सकता।

वह लँगड़ाता हुआ घर से निकल पड़ा। चम्मू ने फिर उसे रोकने का प्रयास नहीं किया। रास्ते में एक स्वयंसेवक मिल गया। जयराम ने उसे साथ लिया और एक ताँगे पर बैठकर चला। शराबख़ाने से कुछ दूर इधर एक लेमनेड-बर्फ़ की दुकान थी। उसने ताँगे को छोड़ दिया और वालंटियर को शराबख़ाने भेज कर ख़ुद उसी दुकान में जा बैठा।

दुकानदार ने लेमनेड का एक गिलास उसे देते हुए कहा—बाबू जी, कलवाले चारों बदमाश आज फिर आए हुए हैं। आपने न बचाया होता तो आज शराब या ताड़ी की जगह हल्दी-गुड़ पीते होते।

जयराम ने गिलास लेकर कहा—तुम लोग बीच में न कूद पड़ते, तो मैंने उन सबों को ठीक कर लिया होता।

दुकानदार ने प्रतिवाद किया—नहीं बाबू जी, वह सब छँटे हुए गुंडे हैं। मैं तो उन्हें अपनी दुकान के सामने खड़ा भी नहीं होने देता। चारों तीन-तीन साल काट आए हैं।

अभी बीस मिनट भी न गुज़रे होंगे कि एक स्वयंसेवक आकर खड़ा हो गया। जयराम ने संचित होकर पूछा—कहो, वहाँ क्या हो रहा है?

स्वयंसेवक ने कुछ ऐसा मुँह बना लिया, जैसे वहाँ की दशा कहना वह उचित नहीं समझता और बोला—कुछ नहीं, देवी जी आदमियों को समझा रही हैं।

जयराम ने उसकी ओर अतृप्त नेत्रों से ताका, मानो कह रहे हों—बस इतना ही! इतना तो मैं जानता ही था।

स्वयंसेवक ने एक क्षण बाद फिर कहा—देवियों का ऐसे शोहदों के सामने जाना अच्छा नहीं।

जयराम ने अधीर होकर पूछा—साफ़-साफ़ क्यों नहीं कहते, क्या बात है?

स्वयंसेवक डरते-डरते बोला—सब के सब उनसे दिल्लगी कर रहे हैं। देवियों का यहाँ आना अच्छा नहीं।

जयराम ने और कुछ न पूछा। डंडा उठाया और लाल-लाल आँखें निकाले बिजली की तरह कौंध कर शराबख़ाने के सामने जा पहुँचा और मिसेज़ सक्सेना का हाथ पकड़कर पीछे हटाता हुआ शराबियों से बोला—अगर तुम लोगों ने देवियों के साथ ज़रा भी गुस्ताखी की, तो तुम्हारे हक़ में अच्छा न होगा। कल मैंने तुम लोगों की जान बचाई थी आज इसी डंडे से तुम्हारी खोपड़ी तोड़कर रख दूँगा।

उसके बदले हुए तेवर को देखकर सब के सब नशेबाज़ घबड़ा गए। वे कुछ कहना चाहते थे कि मिसेज़ सक्सेना ने गम्भीर भाव से पूछा—आप यहाँ क्यों आए? मैंने तो आपसे कहा था, अपनी जगह से न हिलिएगा। मैंने तो आपसे मदद न माँगी थी?

जयराम ने लज्जित होकर कहा—मैं इस नीयत से यहाँ नहीं आया था। एक ज़रूरत से इधर आ निकला था। यहाँ जमाव देखकर आ गया। मेरे ख़याल में आप अब यहाँ से चलें। मैं आज कांग्रेस कमेटी में यह सवाल पेश करूँगा कि इस काम के लिए पुरुषों को भेजें।

मिसेज़ सक्सेना ने तीखे स्वर में कहा—आपके विचार में दुनिया के सारे काम मरदों के लिए हैं।

जयराम—मेरा यह मतलब न था।

मिसेज़ सक्सेना—तो आप जाकर आराम से लेटें और मुझे अपना काम करने दें।

जयराम वहीं सिर झुकाए खड़ा रहा।

मिसेज़ सक्सेना ने पूछा—अब आप क्यों खड़े हैं?

जयराम ने विनीत स्वर में कहा—मैं भी यहीं एक किनारे खड़ा रहूँगा।

मिसेज़ सक्सेना ने कठोर स्वर में कहा—जी नहीं, आप जाएँ।

जयराम धीरे-धीरे लदी हुई गाड़ी की भाँति चला और आकर फिर उसी लेमनेड की दुकान पर बैठ गया। उसे ज़ोर की प्यास लगी थी। उसने एक गिलास शर्बत बनवाया और सामने मेज़ पर रखकर विचार में डूब गया; मगर आँखें और कान उसी तरफ़ लगे हुए थे।

जब कोई आदमी दुकान पर आता, वह चौंककर उसकी तरफ़ ताकने लगता—वहाँ कोई नई बात तो नहीं हो गई?

कोई आध घंटे बाद वही स्वयंसेवक फिर डरा हुआ-सा आकर खड़ा हो गया। जयराम ने उदासीन बनने की चेष्टा करके पूछा—वहाँ क्या हो रहा है जी?

स्वयंसेवक ने कानों पर हाथ रखकर कहा—मैं कुछ नहीं जानता बाबू जी, मुझसे कुछ न पूछिए।

जयराम ने एक साथ ही नम्र और कठोर होकर पूछा—फिर कोई छेड़छाड़ हुई?

स्वयंसेवक—जी नहीं, कोई छेड़छाड़ नहीं हुई। एक आदमी ने देवी जी को धक्का दे दिया, वे गिर पड़ीं।

जयराम निस्पंद बैठा रहा; पर उसके अन्तराल में भूकम्प-सा मचा हुआ था। बोला—उनके साथ के स्वयंसेवक क्या कर रहे हैं?

'खड़े हैं, देवीजी उन्हें बोलने ही नहीं देतीं।'

'तो क्या बड़े ज़ोर से धक्का दिया?'

'जी हाँ, गिर पड़ीं। घुटनों में चोट आ गई। वे आदमी साथ पी रहे थे। जब एक बोतल उड़ गई, तो उनमें से एक आदमी दूसरी बोतल लेने चला। देवी जी ने रास्ता रोक लिया। बस, उसने धक्का दे दिया। वही जो काला-काला मोटा सा आदमी है! कलवाले चारों आदमियों की शरारत है।'

जयराम उन्माद की दशा में वहाँ से उठा और दौड़ता हुआ शराबख़ाने के सामने आया। मिसेज़ सक्सेना सिर पकड़े ज़मीन पर बैठी हुई थीं और वह काला मोटा आदमी दुकान के कठघरे के सामने खड़ा था। पचासों आदमी जमा थे। जयराम ने उसे देखते ही लपककर उसकी गर्दन पकड़ ली और इतने ज़ोर से दबाई कि उसकी आँखें बाहर निकल आईं। मालूम होता था, उसके हाथ फौलाद के हो गए हैं।

सहसा मिसेज़ सक्सेना ने आकर उसका फौलादी हाथ पकड़ लिया और भवें सिकोड़ कर बोलीं—छोड़ दो इसकी गर्दन! क्या इसकी जान ले लोगे?

जयराम ने और ज़ोर से उसकी गर्दन दबाई और बोला—हाँ, ले लूँगा। ऐसे दुष्ट की यही सज़ा है।

मिसेज़ सक्सेना ने अधिकार-गर्व से गर्दन उठाकर कहा—आपको यहाँ आने का कोई अधिकार नहीं है।

एक दर्शक ने कहा—ऐसा दबाओ बाबू जी, कि साला ठंडा हो जाए। इसने देवी जी को ऐसा ढकेला कि बेचारी गिर पड़ीं। हमें तो बोलने का हुक्म नहीं है, नहीं तो हड्डी तोड़कर रख देते।

जयराम ने शराबी की गर्दन छोड़ दी। वह किसी बाज़ के चंगुल से छूटी हुई चिड़िया की तरह सहमा हुआ खड़ा हो गया। उसे एक धक्का देते हुए उसने मिसेज़ सक्सेना से कहा—आप यहाँ से चलतीं क्यों नहीं? आप जाएँ, मैं बैठता हूँ; अगर एक छटाँक शराब बिक जाए, तो मेरा कान पकड़ लीजिएगा।

उसका दम फूलने लगा, आँखों के सामने अँधेरा छा रहा था। वह खड़ा न रह सका। ज़मीन पर बैठकर रूमाल से माथे का पसीना पोंछने लगा।

मिसेज़ सक्सेना ने परिहास करके कहा—आप कांग्रेस नहीं हैं कि मैं आपका हुक्म मानूँ। अगर आप यहाँ से न जाएँगे, तो मैं सत्याग्रह करूँगी।

फिर एकाएक कठोर होकर बोलीं—जब तक कांग्रेस ने इस काम का भार मुझ पर रखा है, आपको मेरे बीच में बोलने का कोई हक़ नहीं है। आप मेरा अपमान कर रहे हैं। कांग्रेस कमेटी के सामने आपको इसका जवाब देना होगा।

जयराम तिलमिला उठा। बिना कोई जवाब दिए लौट पड़ा। और वेग से घर की तरफ़ चला; पर ज्यों-ज्यों आगे बढ़ता था उसकी गति मंद होती जाती थी। यहाँ तक कि बाज़ार के दूसरे सिरे पर आकर वह रुक गया। रस्सी यहाँ ख़त्म हो गई। उसके आगे जाना उसके लिए असाध्य हो गया। जिस झटके ने उसे यहाँ तक भेजा था, उसकी शक्ति अब शेष हो गई थी। उन शब्दों में जो कटुता और चोट थी, उसमें अब उसे सहानुभूति और स्नेह की सुगंध आ रही थी।

उसे फिर चिन्ता हुई न जाने वहाँ क्या हो रहा है। कहीं उन बदमाशों ने और कोई दुष्टता न की हो, या पुलिस न आ जाए।

वह बाज़ार की तरफ़ मुड़ा लेकिन एक क़दम ही चलकर फिर रुक गया। ऐसे पसोपेश में वह कभी न पड़ा था।

सहसा उसे वही स्वयंसेवक दौड़ता आता दिखाई दिया। वह बदहवास होकर उससे मिलने के लिए ख़ुद भी उसकी तरफ़ दौड़ा। बीच में दोनों मिल गए।

जयराम ने हाँफते हुए पूछा—क्या हुआ? क्यों भागे जा रहे हो?

स्वयंसेवक ने दम लेकर कहा—बड़ा ग़ज़ब हो गया बाबू जी! आपके आने के बाद वह काला शराबी बोतल लेकर दुकान से चला, तो देवी जी दरवाज़े पर बैठ गईं। वह बार-बार देवी जी को हटाकर निकलना चाहता है; पर वह फिर आकर बैठ जाती हैं। धक्कम-धक्के में उनके कुछ कपड़े फट गए हैं और कुछ चोट भी...

अभी बात पूरी न हुई थी कि जयराम शराबख़ाने की तरफ़ दौड़ा।

6

जयराम शराबख़ाने के सामने पहुँचा तो देखा, मिसेज़ सक्सेना के चारों स्वयंसेवक दुकान के सामने लेटे हुए हैं और मिसेज़ सक्सेना एक किनारे सिर झुकाए खड़ी हैं। जयराम ने डरते-

डरते उनके चेहरे पर निगाह डाली। आँचल पर रक्त की बूँदें दिखाई दीं। उसे फिर कुछ सुध न रही। ख़ून की वह चिनगारियाँ जैसे उसके रोम-रोम में समा गईं। उसका ख़ून खौलने लगा, मानो उसके सिर ख़ून सवार हो गया हो। वह उन चारों शराबियों पर टूट पड़ा और पूरे ज़ोर के साथ लकड़ी चलाने लगा। एक-एक बूँद की जगह वह एक-एक घड़ा ख़ून बहा देना चाहता था। ख़ून उसे कभी इतना प्यारा न था। ख़ून में इतनी उत्तेजना है, इसकी उसे ख़बर न थी।

वह पूरे ज़ोर से लकड़ी चला रहा था। मिसेज़ सक्सेना कब आकर उसके सामने खड़ी हो गईं उसे कुछ पता न चला। जब वह ज़मीन पर गिर पड़ीं, तब उसे जैसे होश आ गया हो। उसने लकड़ी फेंक दी और वहीं निश्चल, निस्पंद खड़ा हो गया, मानो उसका रक्त प्रवाह रुक गया है।

चारों स्वयंसेवकों ने दौड़कर मिसेज़ सक्सेना को पंखा झलना शुरू किया। दुकानदार ठंडा पानी लेकर दौड़ा। एक दर्शक डॉक्टर को बुलाने भागा, पर जयराम वहीं बेजान खड़ा था जैसे स्वयं अपने तिरस्कार-भाव का पुतला बन गया हो। अगर इस वक़्त कोई उसके दोनों हाथ काट डालता, कोई उसकी आँखें लाल लोहे से फोड़ देता, तब भी वह चूँ न करता।

फिर वहीं सड़क पर बैठकर उसने अपने लज्जित, तिरस्कृत, पराजित मस्तक को भूमि पर पटक दिया और बेहोश हो गया।

उसी वक़्त उस काले मोटे शराबी ने बोतल ज़मीन पर पटक दी और उसके सिर पर ठंडा पानी डालने लगा।

एक शराबी ने लैसंसदार से कहा—तुम्हारा रोज़गार अन्य लोगों की जान लेकर रहेगा। आज तो अभी दूसरा ही दिन है।

लैसंसदार ने कहा—कल से मेरा इस्तीफ़ा है। अब स्वदेशी कपड़े का रोज़गार करूँगा, जिसमें जस भी है और उपकार भी।

शराबी ने कहा—घाटा तो बहुत रहेगा।

दुकानदार ने क़िस्मत ठोंक कर कहा—घाटा-नफा तो ज़िन्दगानी के साथ है।

जुलूस

पूर्ण स्वराज्य का जुलूस निकल रहा था। कुछ युवक, कुछ बूढ़े, कुछ बालक झंडियाँ और झंडे लिये वंदेमातरम् गाते हुए माल के सामने से निकले। दोनों तरफ़ दर्शकों की दीवारें खड़ी थीं, मानो उन्हें इस लक्ष्य से कोई सरोकार नहीं है, मानो यह कोई तमाशा है और उनका काम केवल खड़े-खड़े देखना है।

शंभूनाथ ने दुकान की पटरी पर खड़े होकर अपने पड़ोसी दीनदयाल से कहा—सब के सब काल के मुँह में जा रहे हैं। आगे सवारों का दल मार-मार भगा देगा।

दीनदयाल ने कहा—महात्मा जी भी सठिया गए हैं। जुलूस निकालने से स्वराज्य मिल जाता तो अब तक कब का मिल गया होता। और जुलूस में हैं कौन लोग, देखो—लौंडे, लफंगे, सिरफिरे। शहर का कोई बड़ा आदमी नहीं।

मैकू चट्टियों और स्लीपरों की माला गरदन में लटकाए खड़ा था। इन दोनों सेठों की बातें सुनकर हँसा।

शंभू ने पूछा—क्यों हँसे मैकू? आज रंग चोखा मालूम होता है।

मैकू—हँसा इस बात पर जो तुमने कही कि कोई बड़ा आदमी जुलूस में नहीं है। बड़े आदमी क्यों जुलूस में आने लगे, उन्हें इस राज में कौन आराम नहीं है? बँगलों और महलों में रहते हैं, मोटरों पर घूमते हैं, साहबों के साथ दावतें खाते हैं, कौन तकलीफ़ है! मर तो हम लोग रहे हैं जिन्हें रोटियों का ठिकाना नहीं। इस बखत कोई टेनिस खेलता होगा, कोई चाय पीता होगा, कोई ग्रामोफ़ोन लिए गाना सुनता होगा, कोई पारिक की सैर करता होगा, यहाँ आए पुलिस के कोड़े खाने के लिए? तुमने भी भली कही?

शंभू—तुम यह सब बातें क्या समझोगे मैकू, जिस काम में चार बड़े आदमी अगुआ होते हैं उसकी सरकार पर भी धाक बैठ जाती है। लौंडों-लफंगों का गोल भला हाकिमों की निगाह में क्या जँचेगा?

मैकू ने ऐसी दृष्टि से देखा, जो कह रही थी—इन बातों के समझने का ठीका कुछ तुम्हीं ने नहीं लिया है और बोला—बड़े आदमी को तो हमी लोग बनाते-बिगाड़ते हैं या कोई और? कितने ही लोग जिन्हें कोई पूछता भी न था, हमारे ही बनाए बड़े आदमी बन गए और अब मोटरों पर .नेकलते हैं और हमें नीच समझते हैं। यह लोगों की तकदीर की ख़ूबी है कि जिसकी जरा बढ़ती हुई और उसने हमसे आँखें फेरीं। हमारा बड़ा आदमी तो वही है, जो लँगोटी बाँधे नंगे पाँव घूमता है, जो हमारी दशा को सुधारने के लिए अपनी जान हथेली पर लिए फिरता है। और हमें किसी बड़े आदमी की परवाह नहीं है। सच पूछो तो इन बड़े आदमियों ने ही हमारी मिट्टी ख़राब कर रखी है। इन्हें सरकार ने कोई अच्छी-सी जगह दे दी, बस उसका दम भरने लगे।

दीनदयाल—नया दारोग़ा बड़ा जल्लाद है। चौरास्ते पर पहुँचते ही हंटर लेकर पिल पड़ेगा। फिर देखना, सब कैसे दुम दबाकर भागते हैं। मज़ा आएगा।

जुलूस स्वाधीनता के नशे में चूर चौरास्ते पर पहुँचा तो देखा, आगे सवारों और सिपाहियों का एक दस्ता रास्ता रोके खड़ा है।

सहसा दारोग़ा बीरबल सिंह घोड़ा बढ़ाकर जुलूस के सामने आ गए और बोले—तुम लोगों को आगे जाने का हुक्म नहीं है।

जुलूस के बूढ़े नेता इब्राहिम अली ने आगे बढ़कर कहा—मैं आपको इत्मीनान दिलाता हूँ, किसी क़िस्म का दंगा-फसाद न होगा। हम दुकानें लूटने या मोटरें तोड़ने नहीं निकले हैं। हमारा मकसद इससे कहीं ऊँचा है।

बीरबल—मुझे यह हुक्म है कि जुलूस यहाँ से आगे न जाने पाए।

इब्राहिम—आप अपने अफ़सरों से ज़रा पूछ न लें।

बीरबल—मैं इसकी कोई ज़रूरत नहीं समझता।

इब्राहिम—तो हम लोग यहीं बैठते हैं। जब आप लोग चले जाएँगे तो हम निकल जाएँगे।

बीरबल—यहाँ खड़े होने का भी हुक्म नहीं है। तुमको वापस जाना पड़ेगा।

इब्राहिम ने गंभीर भाव से कहा—वापस तो हम न जाएँगे। आपको या किसी को भी, हमें रोकने का कोई हक़ नहीं। आप अपने सवारों, संगीनों और बन्दूक़ों के ज़ोर से हमें रोकना

चाहते हैं, रोक लीजिए, मगर आप हमें लौटा नहीं सकते। न जाने वह दिन कब आएगा, जब हमारे भाई-बन्द ऐसे हुक्मों की तामील करने से साफ़ इनकार कर देंगे, जिनकी मंशा महज क़ौम को ग़ुलामी की जंजीरों में जकड़े रखना है।

बीरबल ग्रेजुएट था। उसका बाप सुपरिंटेंडेंट पुलिस था। उसकी नस-नस में रोब भरा हुआ था। अफ़सरों की दृष्टि में उसका बड़ा सम्मान था। ख़ासा गोरा चिट्टा, नीली आँखों और भूरे बालों वाला तेजस्वी पुरुष था। शायद जिस वक़्त वह कोट पहनकर ऊपर से हैट लगा लेता तो वह भूल जाता था कि मैं भी यहाँ का रहनेवाला हूँ। शायद वह अपने को राज्य करनेवाली जाति का अंग समझने लगता था; मगर इब्राहिम के शब्दों में जो तिरस्कार भरा हुआ था, उसने ज़रा देर के लिए उसे लज्जित कर दिया। पर मुआमला नाजुक था। जुलूस को रास्ता दे देता है, तो जवाब-तलब हो जाएगा; वहीं खड़ा रहने देता है, तो यह सब न जाने कब तक खड़े रहें। इस संकट में पड़ा हुआ था कि उसने डी. एस. पी. को घोड़े पर आते देखा। अब सोच-विचार का समय न था। यही मौक़ा था कारगुज़ारी दिखाने का। उसने कमर से बेटन निकाल लिया और घोड़े को एड़ लगाकर जुलूस पर चढ़ाने लगा। उसे देखते ही और सवारों ने भी घोड़ों को जुलूस पर चढ़ाना शुरू कर दिया। इब्राहिम दारोग़ा के घोड़े के सामने खड़ा था। उसके सिर पर एक बेटन ऐसे ज़ोर से पड़ा कि उसकी आँखें तिलमिला गईं। खड़ा न रह सका। सिर पकड़कर बैठ गया। उसी वक़्त दारोग़ा जी के घोड़े ने दोनों पाँव उठाए और ज़मीन पर बैठा हुआ इब्राहिम उसकी टापों के नीचे आ गया। जुलूस अभी तक शान्त खड़ा था। इब्राहिम को गिरते देखकर कई आदमी उसे उठाने के लिए लपके; मगर कोई आगे न बढ़ सका। उधर सवारों के डंडे बड़ी निर्दयता से पड़ रहे थे। लोग हाथों पर डंडों को रोकते थे और अविचलित रूप से खड़े थे। हिंसा के भावों में प्रभावित न हो जाना उसके लिए प्रतिक्षण कठिन होता जाता था। जब आघात और अपमान ही सहना है, तो फिर हम भी इस दीवार को पार करने की क्यों न चेष्टा करें? लोगों को ख़याल आया शहर के लाखों आदमियों की निगाहें हमारी तरफ़ लगी हुई हैं। यहाँ से यह झंडा लेकर हम लौट जाएँ, तो फिर किस मुँह से आज़ादी का नाम लेंगे; मगर प्राण-रक्षा के लिए भागने का किसी को ध्यान भी न आता था। यह पेट के भक्तों, किराये के टट्टुओं का दल न था। यह स्वाधीनता के सच्चे स्वयंसेवकों का, आज़ादी के दीवानों का संगठित दल था—अपनी ज़िम्मेदारियों को ख़ूब समझता था। कितने ही के सिरों से ख़ून जारी था, कितने ही के हाथ ज़ख़्मी हो गए थे। एक हल्ले में यह लोग सवारों की सफों को चीर सकते थे, मगर पैरों में बेड़ियाँ पड़ी हुई थीं—सिद्धान्त की, धर्म की, आदर्श की।

दस-बारह मिनट तक यों ही डंडों की बौछार होती रही और लोग शान्त खड़े रहे।

2

इस मार-धाड़ की ख़बर एक क्षण में बाज़ार में जा पहुँची। इब्राहिम घोड़े से कुचल गए, कई आदमी ज़ख़्मी हो गए, कई के हाथ टूट गए; मगर न वे लोग पीछे फिरते हैं और न पुलिस उन्हें आगे जाने देती है।

मैकू ने उत्तेजित होकर कहा—अब तो भाई, यहाँ नहीं रहा जाता। मैं भी चलता हूँ।

दीनदयाल ने कहा—हम भी चलते हैं भाई, देखी जाएगी।

शम्भू एक मिनट तक मौन खड़ा रहा। एकाएक उसने भी दुकान बढ़ाई और बोला—एक दिन तो मरना ही है, जो कुछ होना है, हो। आख़िर वे लोग सभी के लिए तो जान दे रहे हैं। देखते-देखते अधिकांश दुकानें बन्द हो गईं। वह लोग, जो दस मिनट पहले तमाशा देख रहे थे इधर-उधर से दौड़ पड़े और हज़ारों आदमियों का एक विराट दल घटनास्थल की ओर चला। यह उन्मत्त, हिंसामद से भरे हुए मनुष्यों का समूह था, जिसे सिद्धान्त और आदर्श की परवाह न थी। जो मरने के लिए ही नहीं, मारने के लिए भी तैयार थे। कितनों ही के हाथों में लाठियाँ थीं, कितने ही जेबों में पत्थर भरे हुए थे। न कोई किसी से कुछ बोलता था, न पूछता था। बस, सब-के-सब मन में एक दृढ़ संकल्प किए लपके चले जा रहे थे, मानो कोई घटा उमड़ी चली आती हो।

इस दल को दूर से देखते ही सवारों में कुछ हलचल पड़ी। बीरबल सिंह के चेहरे पर हवाइयाँ उड़ने लगीं। डी. एस. पी. ने अपनी मोटर बढ़ाई। शान्ति और अहिंसा के व्रतधारियों पर डंडे बरसाना और बात थी, एक उन्मत्त दल से मुक़ाबला करना दूसरी बात। सवार और सिपाही पीछे खिसक गए।

इब्राहिम की पीठ पर घोड़े ने टाप रख दी। वह अचेत ज़मीन पर पड़े थे। इन आदमियों का शोरगुल सुनकर आप ही आप उनकी आँखें खुल गईं। एक युवक को इशारे से बुलाकर कहा—क्यों कैलाश, क्या कुछ लोग शहर से आ रहे हैं?

कैलाश ने उस बढ़ती हुई घटा की ओर देखकर कहा—जी हाँ, हज़ारों आदमी हैं।

इब्राहिम—तो अब खैरियत नहीं है। झंडा लौटा दो। हमें फ़ौरन लौट चलना चाहिए, नहीं तूफ़ान मच जाएगा। हमें अपने भाइयों से लड़ाई नहीं करनी है। फ़ौरन लौट चलो।

यह कहते हुए उन्होंने उठने की चेष्टा की, मगर उठ न सके।

इशारे की देर थी। संगठित सेना की भाँति लोग हुक्म पाते ही पीछे फिर गए। झंडियों के बाँसों, साफों और रूमालों से चटपट एक स्ट्रेचर तैयार हो गया। इब्राहिम को लोगों ने उस पर लिटा दिया और पीछे फिरे। मगर क्या वह परास्त हो गए थे? अगर कुछ लोगों को उन्हें परास्त मानने में ही सन्तोष हो तो हो, लेकिन वास्तव में उन्होंने एक युगांतकारी विजय प्राप्त की थी। वे जानते थे, हमारा संघर्ष अपने ही भाइयों से है, जिनके हित परिस्थितियों के कारण हमारे हितों से भिन्न हैं। हमें उनसे वैर नहीं करना है। फिर, वह यह भी नहीं चाहते कि शहर में लूट और दंगे का बाज़ार गर्म हो जाए और हमारे धर्मयुद्ध का अन्त लूटी हुई दुकानें, फूटे हुए सिर हों, उनकी विजय का सबसे उज्ज्वल चिह्न यह था कि उन्होंने जनता की सहानुभूति प्राप्त कर ली थी। वही लोग, जो पहले उन पर हँसते थे; उनका धैर्य और साहस देखकर उनकी सहायता के लिए निकल पड़े थे। मनोवृत्ति का यह परिवर्तन ही हमारी असली विजय है। हमें किसी से लड़ाई करने की ज़रूरत नहीं, हमारा उद्देश्य केवल जनता की सहानुभूति प्राप्त करना है, उसकी मनोवृत्तियों को बदल देना है। जिस दिन हम इस लक्ष्य पर पहुँच जाएँगे, उसी दिन स्वराज्य सूर्य उदय होगा।

3

तीन दिन गुज़र गए थे। बीरबल सिंह अपने कमरे में बैठे चाय पी रहे थे। और उनकी पत्नी मिट्ठन बाई शिशु को गोद में लिए सामने खड़ी थीं।

बीरबल सिंह ने कहा—मैं क्या करता उस वक़्त। पीछे डी. एस. पी. खड़ा था। अगर उन्हें रास्ता दे देता तो अपनी जान मुसीबत में फँसती।

मिट्ठन बाई ने सिर हिलाकर कहा—तुम कम से कम इतना तो कर ही सकते थे कि उन पर डंडे न चलाने देते। तुम्हारा काम आदमियों पर डंडे चलाना है? तुम ज़्यादा से ज़्यादा उन्हें रोक सकते थे। कल को तुम्हें अपराधियों को बेंत लगाने का काम दिया जाए, तो शायद तुम्हें बड़ा आनन्द आएगा, क्यों? बीरबल सिंह ने खिसिया कर कहा—तुम तो बात नहीं समझती हो!

मिट्ठन बाई—मैं ख़ूब समझती हूँ। डी. एस. पी. पीछे खड़ा था। तुमने सोचा होगा ऐसी कारगुज़ारी दिखाने का अवसर शायद फिर कभी मिले या न मिले। क्या तुम समझते हो, उस दल में कोई भला आदमी न था? उसमें कितने आदमी ऐसे थे, जो तुम्हारे जैसों को नौकर रख सकते हैं। विद्या में तो शायद अधिकांश तुमसे बढ़े हुए होंगे। मगर तुम उन पर डंडे चला रहे थे और उन्हें घोड़े से कुचल रहे थे, वाह री जवाँमर्दी!

बीरबल सिंह ने बेहयाई की हँसी के साथ कहा—डी. एस. पी. ने मेरा नाम नोट कर लिया है। सच!

दारोग़ा जी ने समझा था कि यह सूचना देकर वह मिट्ठन बाई को ख़ुश कर देंगे। सज्जनता और भलमनसी आदि ऊपर की बातें हैं, दिल से नहीं, ज़बान से कही जाती हैं। स्वार्थ दिल की गहराइयों में बैठा होता है। वह गम्भीर विचार का विषय है।

मगर मिट्ठन बाई के मुख पर हर्ष की कोई रेखा न नज़र आई, ऊपर की बातें शायद गहराइयों तक पहुँच गई थीं! बोलीं—ज़रूर कर लिया होगा और शायद तुम्हें जल्दी तरक्की भी मिल जाए। मगर बेगुनाहों के ख़ून से हाथ रंग कर तरक्की पाई, तो क्या पाई! यह तुम्हारी कारगुज़ारी का इनाम नहीं, तुम्हारे देशद्रोह की क़ीमत है। तुम्हारी कारगुज़ारी का इनाम तो तब मिलेगा, जब तुम किसी ख़ूनी को खोज निकालोगे, किसी डूबते हुए आदमी को बचा लोगे।

एकाएक एक सिपाही ने बरामदे में खड़े होकर कहा—हुजूर, यह लिफ़ाफ़ा लाया हूँ। बीरबल सिंह ने बाहर निकलकर लिफ़ाफ़ा ले लिया और भीतर की सरकारी चिट्ठी निकालकर पढ़ने लगे। पढ़कर उसे मेज़ पर रख दिया।

मिट्ठन ने पूछा—क्या तरक्की का परवाना आ गया?

बीरबल सिंह ने झेंप कर कहा—तुम तो बनाती हो! आज फिर कोई जुलूस निकलनेवाला है। मुझे उसके साथ रहने का हुक्म हुआ है।

मिट्ठन—फिर तो तुम्हारी चाँदी है, तैयार हो जाओ। आज फिर वैसे ही शिकार मिलेंगे। ख़ूब बढ़-बढ़कर हाथ दिखलाना! डी. एस. पी. भी ज़रूर आएँगे। अबकी तुम इंस्पेक्टर हो जाओगे। सच!

बीरबल सिंह ने माथा सिकोड़ कर कहा—कभी-कभी तुम बे-सिर-पैर की बातें करने लगती हो। मान लो, मैं जाकर चुपचाप खड़ा रहूँ, तो क्या नतीजा होगा। मैं नालायक समझा जाऊँगा और मेरी जगह कोई दूसरा आदमी भेज दिया जाएगा। कहीं शुबहा हो गया कि मुझे स्वराज्यवादियों से सहानुभूति है, तो कहीं का न रहूँगा। अगर बर्ख़ास्त भी न हुआ तो लैन की हाजिरी तो हो ही जाएगी। आदमी जिस दुनिया में रहता है, उसी का चलन देखकर काम करता है। मैं बुद्धिमान न सही; पर इतना जानता हूँ कि ये लोग देश और जाति का उद्धार करने के लिए ही कोशिश कर रहे हैं। यह भी जानता हूँ कि सरकार इस ख़याल को

कुचल डालना चाहती है। ऐसा गधा नहीं हूँ कि ग़ुलामी की ज़िन्दगी पर गर्व करूँ; लेकिन परिस्थिति से मजबूर हूँ।

बाजे की आवाज़ कानों में आई। बीरबल सिंह ने बाहर जाकर पूछा। मालूम हुआ स्वराज्य वालों का जुलूस आ रहा है। चटपट वर्दी पहनी, साफा बाँधा और जेब में पिस्तौल रखकर बाहर आए। एक क्षण में घोड़ा तैयार हो गया। कांस्टेबल पहले ही से तैयार बैठे थे। सब लोग डबल मार्च करते हुए जुलूस की तरफ़ चले।

4

ये लोग डबल मार्च करते हुए कोई पन्द्रह मिनट में जुलूस के सामने पहुँच गए। इन लोगों को देखते ही अगणित कंठों से 'वंदेमातरम्' की एक ध्वनि निकली, मानो मेघमंडल में ग़र्ज़न का शब्द हुआ हो, फिर सन्नाटा छा गया। उस जुलूस में और इस जुलूस में कितना अन्तर था! वह स्वराज्य के उत्सव का जुलूस था, यह एक शहीद के मातम का। तीन दिन के भीषण ज्वर और वेदना के बाद आज उस जीवन का अन्त हो गया, जिसने कभी पद की लालसा नहीं की, कभी अधिकार के सामने सिर नहीं झुकाया। उन्होंने मरते समय वसीयत की थी कि मेरी लाश को गंगा में नहला कर दफ़न किया जाए और मेरी मज़ार पर स्वराज्य का झंडा खड़ा किया जाए। उनके मरने का समाचार फैलते ही सारे शहर पर मातम का पर्दा-सा पड़ गया। जो सुनता था, एक बार इस तरह चौंक पड़ता था, जैसे उसे गोली लग गई हो और तुरन्त उनके दर्शनों के लिए भागता था। सारे बाज़ार बन्द हो गए, इक्कों और ताँगों का कहीं पता न था जैसे शहर लुट गया हो। देखते-देखते सारा शहर उमड़ पड़ा। जिस वक़्त जनाज़ा उठा, लाख-सवा लाख आदमी साथ थे। कोई आँख ऐसी न थी, जो आँसुओं से लाल न हो।

बीरबल सिंह अपने कांस्टेबलों और सवारों को पाँच-पाँच गज़ के फासले पर जुलूस के साथ चलने का हुक्म देकर ख़ुद पीछे चले गए। पिछली सफों में कोई पचास गज़ तक महिलाएँ थीं। दारोग़ा ने उनकी तरफ़ ताका। पहली ही कतार में मिट्ठन बाई नज़र आई। बीरबल को विश्वास न आया। फिर ध्यान से देखा, वही थी। मिट्ठन ने उनकी तरफ़ एक बार देखा और आँखें फेर लीं, पर उसकी एक चितवन में कुछ ऐसा धिक्कार, कुछ ऐसी लज्जा, कुछ ऐसी व्यथा, कुछ ऐसी घृणा भरी हुई थी कि बीरबल सिंह की देह में सिर से पाँव तक सनसनी-सी दौड़ गई। वह अपनी दृष्टि में कभी इतने हल्के, इतने दुर्बल, इतने जलील न हुए थे।

सहसा एक युवती ने दारोग़ा जी की तरफ़ देखकर कहा—कोतवाल साहब, कहीं हम लोगों पर डंडे न चला दीजिएगा। आपको देखकर भय हो रहा है!

दूसरी बोली—आप ही के कोई भाई तो थे, जिन्होंने उस माल के चौरस्ते पर इस पुरुष पर आघात किए थे।

मिट्ठन ने कहा—आपके कोई भाई न थे, आप ख़ुद थे।

बीसियों ही मुँहों से आवाज़ें निकलीं—अच्छा, यह वही महाशय हैं? महाशय आपको नमस्कार है। यह आप ही की कृपा का फल है कि आज हम भी आपके डंडे के दर्शन के लिए आ खड़ी हुई हैं!

बीरबल ने मिट्ठन बाई की ओर आँखों का भाला चलाया; पर मुँह से कुछ न बोले। एक तीसरी महिला ने फिर कहा—हम एक जलसा करके आपको जयमाल पहनाएँगे और आपका यशोगान करेंगे।

चौथी ने कहा—आप बिलकुल अँगरेज़ मालूम होते हैं, जभी इतने गोरे हैं!

एक बुढ़िया ने आँखें चढ़ाकर कहा—मेरी कोख में ऐसा बालक जन्मा होता, तो उसकी गर्दन मरोड़ देती!

एक युवती ने उसका तिरस्कार करके कहा—आप भी ख़ूब कहती हैं, माता जी, कुत्ते तक तो नमक का हक़ अदा करते हैं, यह तो आदमी हैं!

बुढ़िया ने झल्लाकर कहा—पेट के ग़ुलाम, हाय पेट, हाय पेट!

इस पर कई स्त्रियों ने बुढ़िया को आड़े हाथों ले लिया और वह बेचारी लज्जित होकर बोली—अरे, मैं कुछ कहती थोड़े ही हूँ। मगर ऐसा आदमी भी क्या, जो स्वार्थ के पीछे अंधा हो जाए।

बीरबल सिंह अब और न सुन सके। घोड़ा बढ़ाकर जुलूस से कई गज़ पीछे चले गए। मर्द लज्जित करता है, तो हमें क्रोध आता है; स्त्रियाँ लज्जित करती हैं, तो ग्लानि उत्पन्न होती है। बीरबल सिंह की इस वक़्त इतनी हिम्मत न थी कि फिर उन महिलाओं के सामने जाते। अपने अफ़सरों पर क्रोध आया। मुझी को बार-बार क्यों इन कामों पर तैनात किया जाता है? और लोग भी तो हैं, उन्हें क्यों नहीं लाया जाता? क्या मैं ही सबसे गया-बीता हूँ। क्या मैं ही सबसे भावशून्य हूँ।

मिट्ठी इस वक़्त मुझे दिल में कितना कायर और नीच समझ रही होगी! शायद इस वक़्त मुझे कोई मार डाले, तो वह ज़बान भी न खोलेगी। शायद मन में प्रसन्न होगी कि अच्छा हुआ। अभी कोई जाकर साहब से कह दे कि बीरबल सिंह की स्त्री जुलूस में निकली थी, तो कहीं का न रहूँ! मिट्ठी जानती है, समझती है, फिर भी निकल खड़ी हुई। मुझसे पूछा तक नहीं। कोई फ़िक्र नहीं है न, जभी ये बातें सूझती हैं, यहाँ सभी बेफ़िक्र हैं, कॉलेजों और स्कूलों के लड़के, मज़दूर, पेशेवर इन्हें क्या चिन्ता? मरन तो हम लोगों की है, जिनके बाल-बच्चे हैं और कुल-मर्यादा का ध्यान है। सबकी सब मेरी तरफ़ कैसा घूर रही थीं, मानो खा जाएँगी।

जुलूस शहर की मुख्य सड़कों से गुज़रता हुआ चला जा रहा था। दोनों ओर छतों पर, छज्जों पर, जँगलों पर, वृक्षों पर दर्शकों की दीवारें-सी खड़ी थीं। बीरबल सिंह को आज उनके चेहरों पर एक नई स्फूर्ति, एक नया उत्साह, एक नया गर्व झलकता हुआ मालूम होता था। स्फूर्ति थी वृक्षों के चेहरे पर, उत्साह युवकों के और गर्व रमणियों के। यह स्वराज्य के पथ पर चलने का उल्लास था। अब उनको यात्रा का लक्ष्य अज्ञात न था, पथभ्रष्टों की भाँति इधर-उधर भटकना न था, दलितों की भाँति सिर झुकाकर रोना न था। स्वाधीनता का सुनहला शिखर सुदूर आकाश में चमक रहा था। ऐसा जान पड़ता था कि लोगों को बीच के नालों और जंगलों की परवाह नहीं है। सब उस सुनहले लक्ष्य पर पहुँचने के लिए उत्सुक हो रहे हैं।

ग्यारह बजते-बजते जुलूस नदी के किनारे जा पहुँचा, जनाज़ा उतारा गया और लोग शव को गंगा-स्नान कराने के लिए चले। उसके शीतल, शान्त, पीले मस्तक पर लाठी की चोट साफ़ नज़र आ रही थी। रक्त जमकर काला हो गया था। सिर के बड़े-बड़े बाल ख़ून जम जाने से किसी चित्रकार की तूलिका की भाँति चिमट गए थे। कई हज़ार आदमी इस शहीद

के अन्तिम दर्शनों के लिए मंडल बाँधकर खड़े हो गए। बीरबल सिंह पीछे घोड़े पर सवार खड़े थे। लाठी की चोट उन्हें भी नज़र आई। उनकी आत्मा ने ज़ोर से धिक्कारा। वह शव की ओर न ताक सके। मुँह फेर लिया। जिस मनुष्य के दर्शनों के लिए, जिनके चरणों की रज मस्तक पर लगाने के लिए लाखों आदमी विकल हो रहे हैं उसका मैंने इतना अपमान किया। उनकी आत्मा इस समय स्वीकार कर रही थी कि उस निर्दय प्रहार में कर्तव्य के भाव का लेश भी न था—केवल स्वार्थ था, कारगुज़ारी दिखाने की हवस और अफ़सरों को ख़ुश करने की लिप्सा थी। हज़ारों आँखें क्रोध से भरी हुईं उनकी ओर देख रही थीं; पर वह सामने ताकने का साहस न कर सकते थे।

एक कांस्टेबल ने आकर प्रशंसा की—हुजूर का हाथ गहरा पड़ा था। अभी तक खोपड़ी खुली हुई है। सबकी आँखें खुल गईं।

बीरबल ने उपेक्षा की—मैं इसे अपनी जवाँमर्दी नहीं, अपना कमीनापन समझता हूँ।

कांस्टेबल ने फिर ख़ुशामद की—बड़ा सरकश आदमी था हुजूर!

बीरबल ने तीव्र भाव से कहा—चुप रहो! जानते भी हो, सरकश किसे कहते हैं? सरकश वे कहलाते हैं, जो डाके मारते हैं, चोरी करते हैं, ख़ून करते हैं। उन्हें सरकश नहीं कहते जो देश की भलाई के लिए अपनी जान हथेली पर लिए फिरते हों। हमारी बदनसीबी है कि जिनकी मदद करनी चाहिए उनका विरोध कर रहे हैं। यह घमंड करने और ख़ुश होने की बात नहीं है, शर्म करने और रोने की बात है।

स्नान समाप्त हुआ। जुलूस यहाँ से फिर रवाना हुआ।

5

शव को जब खाक के नीचे सुला कर लोग लौटने लगे तो दो बज रहे थे। मिट्ठन बाई स्त्रियों के साथ-साथ कुछ दूर तक तो आई, पर क्वीन्सपार्क में आकर ठिठक गई। घर जाने की इच्छा न हुई। वह जीर्ण, आहत, रक्तरंजित शव, मानो उसके अंतस्तल में बैठा उसे धिक्कार रहा था। पति से उसका मन इतना विरक्त हो गया था कि अब उसे धिक्कारने की भी उसकी इच्छा न थी। ऐसे स्वार्थी मनुष्य पर भय के सिवा और किसी चीज़ का असर हो सकता है, इसका उसे विश्वास ही न था।

वह बड़ी देर तक पार्क में घास पर बैठी सोचती रही, पर अपने कर्तव्य का कुछ निश्चय न कर सकी। मैके जा सकती थी, किन्तु वहाँ से महीने-दो महीने में फिर इसी घर आना पड़ेगा। नहीं, मैं किसी की आश्रित न बनूँगी। क्या मैं अपने गुज़र-बसर को भी नहीं कमा सकती? उसने स्वयं भाँति-भाँति की कठिनाइयों की कल्पना की; पर आज उसकी आत्मा में न जाने इतना बल कहाँ से आ गया। इन कल्पनाओं को ध्यान में लाना ही उसे अपनी कमज़ोरी मालूम हुई।

सहसा उसे इब्राहिम अली की वृद्धा विधवा का ख़याल आया। उसने सुना था, उनके लड़के-बाले नहीं हैं। बेचारी बैठी रो रही होंगी। कोई तसल्ली देने वाला भी पास न होगा। वह उनके मकान की ओर चली। पता उसने पहले ही अपने साथ की औरतों से पूछ लिया था। वह दिल में सोचती जाती थी—मैं उनसे कैसे मिलूँगी, उनसे क्या कहूँगी, उन्हें किन शब्दों में समझाऊँगी। इन्हीं विचारों में डूबी हुई वह इब्राहिम अली के घर पर पहुँच गई। मकान एक गली में था, साफ़-सुथरा; लेकिन द्वार पर हसरत बरस रही थी। उसने धड़कते हुए हृदय से

अन्दर क़दम रखा। सामने बरामदे में एक खाट पर वह वृद्धा बैठी हुई थी, जिसके पति ने आज स्वाधीनता की वेदी पर अपना बलिदान दिया था। उसके सामने सादे कपड़े पहने एक युवक खड़ा, आँखों में आँसू भरे वृद्धा से बातें कर रहा था। मिट्ठन उस युवक को देखकर चौंक पड़ी—वह बीरबल सिंह थे।

उसने क्रोधमय आश्चर्य से पूछा—तुम यहाँ कैसे आए?

बीरबल सिंह ने कहा—उसी तरह जैसे तुम आईं। अपने अपराध क्षमा कराने आया हूँ!

मिट्ठन के गोरे मुखड़े पर आज गर्व, उल्लास और प्रेम की जो उज्ज्वल विभूति नज़र आई, वह अकथनीय थी! ऐसा जान पड़ा, मानो उसके जन्म-जन्मांतर के क्लेश मिट गए हैं, वह चिन्ता और माया के बंधनों से मुक्त हो गई है।

मैकू

कादिर और मैकू ताड़ीख़ाने के सामने पहुँचे, तो वहाँ कांग्रेस के वालंटियर झंडा लिए खड़े नज़र आए। दरवाज़े के इधर-उधर हज़ारों दर्शक खड़े थे। शाम का वक़्त था। इस वक़्त गली में पियक्कड़ों के सिवा और कोई न आता था। भले आदमी इधर से निकलते झिझकते। पियक्कड़ों की छोटी-छोटी टोलियाँ आती-जाती रहती थीं। दो-चार वेश्याएँ दुकान के सामने खड़ी नज़र आती थीं। आज यह भीड़-भाड़ देखकर मैकू ने कहा—बड़ी भीड़ है बे, कोई दो-तीन सौ आदमी होंगे।

कादिर ने मुस्कुराकर कहा—भीड़ देखकर डर गए क्या? यह सब हुर्र हो जाएँगे, एक भी न टिकेगा। यह लोग तमाशा देखने आए हैं, लाठियाँ खाने नहीं आए हैं।

मैकू ने सन्देह के स्वर में कहा—पुलिस के सिपाही भी बैठे हैं। ठीकेदार ने तो कहा था, पुलिस न बोलेगी।

कादिर—हाँ बे, पुलिस न बोलेगी, तेरी नानी क्यों मरी जा रही है। पुलिस वहाँ बोलती है, जहाँ चार पैसे मिलते हैं या जहाँ कोई औरत का मामला होता है। ऐसी बेफजूल बातों में पुलिस नहीं पड़ती। पुलिस तो और शह दे रही है। ठीकेदार से साल में सैकड़ों रुपए मिलते हैं। पुलिस इस वक़्त उसकी मदद न करेगी तो कब करेगी?

मैकू—चलो, आज दस हमारे भी सीधे हुए। मुफ्त में पिएँगे वह अलग, मगर सुनते हैं, कांग्रेसवालों में बड़े-बड़े मालदार लोग शरीक हैं। वह कहीं हम लोगों से कसर निकालें तो बुरा होगा।

कादिर—अबे, कोई कसर-वसर नहीं निकालेगा, तेरी जान क्यों निकल रही है? कांग्रेसवाले किसी पर हाथ नहीं उठाते, चाहे कोई उन्हें मार ही डाले। नहीं तो उस दिन जुलूस में दस-बारह चौकीदारों की मजाल थी कि दस हज़ार आदमियों को पीटकर रख देते। चार तो वहीं ठंडे हो गए थे, मगर एक ने हाथ नहीं उठाया। इनके जो महात्मा हैं, वह बड़े भारी फ़क़ीर हैं! उनका हुक्म है कि चुपके से मार खा लो, लड़ाई मत करो।

यों बातें करते-करते दोनों ताड़ीख़ाने के द्वार पर पहुँच गए। एक स्वयंसेवक हाथ जोड़कर सामने आ गया और बोला—भाई साहब, आपके मजहब में ताड़ी हराम है।

मैकू ने बात का जवाब चाँटे से दिया। ऐसा तमाचा मारा कि स्वयंसेवक की आँखों में ख़ून आ गया। ऐसा मालूम होता था, गिरा चाहता है। दूसरे स्वयंसेवक ने दौड़कर उसे सँभाला। पाँचों उँगलियों का रक्तमय प्रतिबिम्ब झलक रहा था।

मगर वालंटियर तमाचा खाकर भी अपने स्थान पर खड़ा रहा। मैकू ने कहा—अब हटता है कि और लेगा?

स्वयंसेवक ने नम्रता से कहा—अगर आपकी यही इच्छा है, तो सिर सामने किए हुए हूँ। जितना चाहिए, मार लीजिए। मगर अन्दर न जाइए।

यह कहता हुआ वह मैकू के सामने बैठ गया।

मैकू ने स्वयंसेवक के चेहरे पर निगाह डाली। उसकी पाँचों उँगलियों के निशान झलक रहे थे। मैकू ने इसके पहले अपनी लाठी से टूटे हुए कितने ही सिर देखे थे, पर आज की-सी ग्लानि उसे कभी न हुई थी। वह पाँचों उँगलियों के निशान किसी पंचशूल की भाँति उसके हृदय में चुभ रहे थे।

कादिर चौकीदारों के पास खड़ा सिगरेट पीने लगा। वहीं खड़े-खड़े बोला—अब, खड़ा देखता क्या है, लगा कसके एक हाथ।

मैकू ने स्वयंसेवक से कहा—तुम उठ जाओ, मुझे अन्दर जाने दो।

'आप मेरी छाती पर पाँव रखकर चले जा सकते हैं।'

'मैं कहता हूँ, उठ जाओ, मैं अन्दर ताड़ी न पीऊँगा, एक दूसरा ही काम है।'

उसने यह बात कुछ इस दृढ़ता से कही कि स्वयंसेवक उठकर रास्ते से हट गया। मैकू ने मुस्कुराकर उसकी ओर ताका। स्वयंसेवक ने फिर हाथ जोड़कर कहा—अपना वादा भूल न जाना।

एक चौकीदार बोला—लात के आगे भूत भागता है, एक ही तमाचे में ठीक हो गया!

कादिर ने कहा—यह तमाचा बच्चा को जन्म-भर याद रहेगा। मैकू के तमाचे सह लेना मामूली काम नहीं है।

चौकीदार—आज ऐसा ठोंको इन सबों को कि फिर इधर आने का नाम न लें।

कादिर—ख़ुदा ने चाहा, तो फिर इधर आएँगे भी नहीं। मगर हैं सब बड़े हिम्मती। जान को हथेली पर लिए फिरते हैं।

2

मैकू भीतर पहुँचा, तो ठीकेदार ने स्वागत किया—आओ मैकू मियाँ! एक ही तमाचा लगाकर क्यों रह गए? एक तमाचे का भला इन पर क्या असर होगा? बड़े लतखोर हैं सब। कितना ही पीटो, असर ही नहीं होता। बस आज सबों के हाथ-पाँव तोड़ दो; फिर इधर न आएँ!

मैकू—तो क्या और न आएँगे?

ठीकेदार—फिर आते सबों की नानी मरेगी।

मैकू—और जो कहीं इन तमाशा देखनेवालों ने मेरे ऊपर डंडे चलाए तो!

ठीकेदार—तो पुलिस उनको मार भगाएगी। एक झड़प में मैदान साफ़ हो जाएगा। लो, जब तक एकाध बोतल पी लो। मैं तो आज मुफ्त की पिला रहा हूँ।

मैकू—क्या इन ग्राहकों को भी मुफ्त?

ठीकेदार—क्या करता, कोई आता ही न था। सुना कि मुफ्त मिलेगी, तो सब धँस पड़े।

मैकू—मैं तो आज न पीऊँगा।

ठीकेदार—क्यों? तुम्हारे लिए तो आज ताजी ताड़ी मँगवाई है।

मैकू—यों ही, आज पीने की इच्छा नहीं है। लाओ, कोई लकड़ी निकालो, हाथ से मारते नहीं बनता।

ठीकेदार ने लपककर एक मोटा सोंटा मैकू के हाथ में दे दिया, और डंडेबाज़ी का तमाशा देखने के लिए द्वार पर खड़ा हो गया।

मैकू ने एक क्षण डंडे को तौला, तब उछल कर ठीकेदार को ऐसा डंडा रसीद किया कि वहीं दोहरा होकर द्वार में गिर पड़ा। इसके बाद मैकू ने पियक्कड़ों की ओर रुख़ किया और लगा डंडों की वर्षा करने। न आगे देखता था, न पीछे, बस डंडे चलाए जाता था।

ताड़ीबाज़ों के नशे हिरन हुए। घबड़ा-घबड़ाकर भागने लगे, पर किवाड़ों के बीच में ठीकेदार की देह बिंधी पड़ी थी। उधर से फिर भीतर की ओर लपके। मैकू ने फिर डंडों से आवाहन किया। आख़िर सब ठीकेदार की देह को रौंद-रौंद कर भागे। किसी का हाथ टूटा, किसी का सिर फूटा, किसी की कमर टूटी। ऐसी भगदड़ मची कि एक मिनट के अन्दर ताड़ीखाने में एक चिड़िये का पूत भी न रह गया।

एकाएक मटकों के टूटने की आवाज़ आई। स्वयंसेवक ने भीतर झाँककर देखा, तो मैकू मटकों को विध्वंस करने में जुटा हुआ था। बोला—भाई साहब, अजी भाई साहब, यह आप ग़ज़ब कर रहे हैं। इससे तो कहीं अच्छा कि आपने हमारे ही ऊपर अपना ग़ुस्सा उतारा होता।

मैकू ने दो-तीन हाथ चलाकर बाक़ी बची हुई बोतलों और मटकों का सफाया कर दिया और तब चलते-चलते ठीकेदार को एक लात जमा कर बाहर निकल आया।

कादिर ने उसको रोककर पूछा—तू पागल तो नहीं हो गया है बे? क्या करने आया था, और क्या कर रहा है।

मैकू ने लाल-लाल आँखों से उसकी ओर देखकर कहा—हाँ, अल्लाह का शुक्र है कि मैं जो करने आया था, वह न करके कुछ और ही कर बैठा। तुममें कूवत हो, तो वालंटरों को मारो, मुझमें कूवत नहीं है। मैंने तो जो एक थप्पड़ लगाया, उसका रंज अभी तक है और हमेशा रहेगा! तमाचे के निशान मेरे कलेजे पर बन गए हैं। जो लोग दूसरों को गुनाह से बचाने के लिए अपनी जान देने को खड़े हैं, उन पर वही हाथ उठाएगा, जो पाजी है, कमीना है, नामर्द है। मैकू फिसादी है, लठैत, गुंडा है, पर कमीना और नामर्द नहीं है। कह दो पुलिसवालों से, चाहें तो मुझे गिरफ़्तार कर लें।

कई ताड़ीबाज़ खड़े सिर सहलाते हुए, उसकी ओर सहमी हुई आँखों से ताक रहे थे। कुछ बोलने की हिम्मत न पड़ती थी। मैकू ने उनकी ओर देखकर रहा—मैं कल फिर आऊँगा। अगर तुममें से किसी को यहाँ देखा तो ख़ून ही पी जाऊँगा! जेल और फाँसी से नहीं डरता। तुम्हारी भलमनसी इसी में है कि अब भूलकर भी इधर न आना। यह कांग्रेसवाले तुम्हारे दुश्मन नहीं हैं। तुम्हारे और तुम्हारे बाल-बच्चों की भलाई के लिए ही तुम्हें पीने से रोकते हैं। इन पैसों से अपने बाल-बच्चों की परवरिश करो, घी-दूध खाओ। घर में तो फाके हो रहे हैं, घरवाली तुम्हारे नाम को रो रही है, और तुम यहाँ बैठे पी रहे हो? लानत है इस नशेबाज़ी पर।

मैकू ने वहीं डंडा फेंक दिया और क़दम बढ़ाता हुआ घर चला। इस वक़्त तक हज़ारों आदमियों का हुजूम हो गया था। सभी श्रद्धा, प्रेम और गर्व की आँखों से मैकू को देख रहे थे।

समर-यात्रा

आज सवेरे ही से गाँव में हलचल मची हुई थी। कच्ची झोंपड़ियाँ हँसती हुई जान पड़ती थीं। आज सत्याग्रहियों का जत्था गाँव में आएगा। कोदई चौधरी के द्वार पर चँदोवा तना हुआ है। आटा, घी, तरकारी, दूध और दही जमा किया जा रहा है। सबके चेहरों पर उमंग है, हौसला है, आनन्द है। वही बिंदा अहीर, जो दौरे के हाकिमों के पड़ाव पर पाव-पाव भर दूध के लिए मुँह छिपाता फिरता था, आज दूध और दही के दो मटके अहिराने से बटोर कर रख गया है। कुम्हार, जो घर छोड़कर भाग जाया करता था, मिट्टी के बर्तनों का अटम लगा गया है। गाँव के नाई-कहार सब आप ही आप दौड़े चले आ रहे हैं। अगर कोई प्राणी दुखी है, तो वह नोहरी बुढ़िया है। वह अपनी झोंपड़ी के द्वार पर बैठी हुई अपनी पचहत्तर साल की बूढ़ी सिकुड़ी हुई आँखों से यह समारोह देख रही है और पछता रही है। उसके पास क्या है, जिसे लेकर कोदई के द्वार पर जाए और कहे—मैं यह लाई हूँ। वह तो दानों को मुहताज है।

मगर नोहरी ने अच्छे दिन भी देखे हैं। एक दिन उसके पास धन, जन सब कुछ था। गाँव पर उसी का राज्य था। कोदई को उसने हमेशा नीचे दबाए रखा। वह स्त्री होकर भी पुरुष थी। उसका पति घर में सोता था, वह खेत में सोने जाती थी। मामले-मुक़दमे की पैरवी ख़ुद ही करती थी। लेना-देना सब उसी के हाथों में था लेकिन वह सब कुछ विधाता ने हर लिया; न धन रहा, न जन रहे—अब उनके नामों को रोने के लिए वही बाक़ी थी। आँखों से सूझता न था, कानों से सुनाई न देता था, जगह से हिलना मुश्किल था। किसी तरह ज़िन्दगी के दिन पूरे कर रही थी और उधर कोदई के भाग उदय हो गए थे। अब चारों ओर से कोदई की पूछ थी—पहुँच थी। आज जलसा भी कोदई के द्वार पर हो रहा है। नोहरी को अब कौन पूछेगा। यह सोचकर उसका मनस्वी हृदय मानो किसी पत्थर से कुचल उठा। हाय! मगर भगवान ने उसे इतना अपंग न कर दिया होता, तो आज झोपड़े को लीपती, द्वार पर बाजे बजवाती, कढ़ाव चढ़ा देती, पूड़ियाँ बनवाती और जब वह लोग खा चुकते; तो अँजुली भर रुपए उनकी भेंट कर देती।

उसे वह दिन याद आया, जब वह अपने बूढ़े पति को लेकर यहाँ से बीस कोस महात्मा जी के दर्शन करने गई थी। वह उत्साह, वह सात्विक प्रेम, वह श्रद्धा, आज उसके हृदय में आकाश के मटियाले मेघों की भाँति उमड़ने लगी।

कोदई ने आकर पोपले मुँह से कहा—भाभी, आज महात्मा जी का जत्था आ रहा है, तुम्हें भी कुछ देना है।

नोहरी ने चौधरी को कटार भरी हुई आँखों से देखा। निर्दयी मुझे जलाने आया है। मुझे नीचा दिखाना चाहता है। जैसे आकाश पर चढ़कर बोली—मुझे जो कुछ देना है, वह उन्हीं लोगों को दूँगी। तुम्हें क्यों दिखाऊँ!

कोदई ने मुस्कुराकर कहा—हम किसी से कहेंगे नहीं, सच कहते हैं भाभी, निकालो वह पुरानी हाँड़ी! अब किस दिन के लिए रखे हुए हो। किसी ने कुछ नहीं दिया। गाँव की लाज कैसे रहेगी?

नोहरी ने कठोर दीनता के भाव से कहा—जले पर नमक न छिड़को, देवर जी! भगवान ने दिया होता, तो तुम्हें कहना न पड़ता। इसी द्वार पर एक दिन साधु-संत, जोगी-जती, हाकिम-सूवा सभी आते थे; मगर सब दिन बराबर नहीं जाते!

कोदई लज्जित हो गया। उसके मुख की झुर्रियाँ मानो रेंगने लगीं। बोला—तुम तो हँसी-हँसी में बिगड़ जाती हो भाभी! मैंने तो इसलिए कहा था कि पीछे से तुम यह न कहने लगो—मुझसे तो किसी ने कुछ कहा ही नहीं।

यह कहता हुआ वह चला गया। नोहरी वहीं बैठी उसकी ओर ताक़ती रही। उसका वह व्यंग्य सर्प की भाँति उसके सामने बैठा हुआ मालूम होता था।

2

नोहरी अभी बैठी हुई थी कि शोर मचा—जत्था आ गया। पश्चिम में गर्द उड़ती हुई नज़र आ रही थी, मानो पृथ्वी उन यात्रियों के स्वागत में अपने राज-रत्नों की वर्षा कर रही हो। गाँव के सब स्त्री-पुरुष सब काम छोड़-छोड़कर उनका अभिवादन करने चले। एक क्षण में तिरंगी पताका हवा में फहराती दिखाई दी, मानो स्वराज्य ऊँचे आसन पर बैठा हुआ सबको आशीर्वाद दे रहा है।

स्त्रियाँ मंगल-गान करने लगीं। ज़रा देर में यात्रियों का दल साफ़ नज़र आने लगा। दो-दो आदमियों की कतारें थीं। हर एक की देह पर खद्दर का कुर्त्ता था, सिर पर गांधी टोपी, बग़ल में थैला लटकता हुआ, दोनों हाथ ख़ाली, मानो स्वराज्य का आलिंगन करने को तैयार हों। फिर उनका कंठ-स्वर सुनाई देने लगा। उनके मरदाने गलों से एक क़ौमी तराना निकल रहा था, गर्म, गहरा, दिलों में स्फूर्ति डालनेवाला—

एक दिन वह था कि हम सारे जहाँ में फर्द थे,
एक दिन यह है कि हम-सा बेहया कोई नहीं।
एक दिन वह था कि अपनी शान पर देते थे जान,
एक दिन यह है कि हम-सा बेहया कोई नहीं।

गाँववालों ने कई क़दम आगे बढ़कर यात्रियों का स्वागत किया। बेचारों के सिरों पर धूल जमी हुई थी, ओंठ सूखे हुए, चेहरे सँवलाये; पर आँखों में जैसे आज़ादी की ज्योति चमक रही थी।

स्त्रियाँ गा रही थीं, बालक उछल रहे थे और पुरुष अपने अँगोछों से यात्रियों को हवा कर रहे थे। इस समारोह में नोहरी की ओर किसी का ध्यान न गया, वह अपनी लठिया पकड़े सबके पीछे सजीव आशीर्वाद बनी खड़ी थी। उसकी आँखें डबडबाई हुई थीं, मुख से गौरव की ऐसी झलक आ रही थी मानो वह कोई रानी है, मानो यह सारा गाँव उसका है, वे सभी युवक उसके बालक हैं। अपने मन में उसने ऐसी शक्ति, ऐसे विकास, ऐसे उत्थान का अनुभव कभी न किया था।

सहसा उसने लाठी फेंक दी और भीड़ को चीरती हुई यात्रियों के सामने आ खड़ी हुई, जैसे लाठी के साथ ही उसने बुढ़ापे और दुःख के बोझ को फेंक दिया हो! वह एक पल अनुरक्त आँखों से आज़ादी के सैनिकों की ओर ताक़ती रही, मानो उनकी शक्ति को अपने अन्दर भर रही हो, तब वह नाचने लगी, इस तरह नाचने लगी, जैसे कोई सुन्दरी नवयौवना प्रेम और उल्लास के मद से विह्वल होकर नाचे। लोग दो-दो, चार-चार क़दम पीछे हट गए, छोटा-सा आँगन बन गया और उस आँगन में वह बुढ़िया अपना अतीत नृत्य कौशल दिखाने लगी। इस अलौकिक आनन्द के रेले में वह अपना सारा दुःख और संताप भूल गई। उसके जीर्ण अंगों में जहाँ सदा वायु का प्रकोप रहता था, वहाँ न जाने इतनी चपलता, इतनी लचक, इतनी फुरती कहाँ से आ गई थी! पहले कुछ देर तो लोग मज़ाक़ से उसकी ओर ताक़ते रहे जैसे बालक बन्दर का नाच देखते हैं, फिर अनुराग के इस पावन प्रवाह ने सभी को मतवाला कर दिया। उन्हें ऐसा जान पड़ा कि सारी प्रकृति एक विराट व्यापक नृत्य की गोद में खेल रही है।

कोदई ने कहा—बस करो भाभी, बस करो।

नोहरी ने थिरकते हुए कहा—खड़े क्यों हो, आओ न ज़रा देखूँ कैसा नाचते हो!

कोदई बोले—अब बुढ़ापे में क्या नाचूँ?

नोहरी ने रुककर कहा—क्या तुम आज भी बूढ़े हो? मेरा बुढ़ापा तो जैसे भाग गया। इन वीरों को देखकर भी तुम्हारी छाती नहीं फूलती? हमारा ही दुःख-दर्द हरने के लिए तो इन्होंने यह परन ठाना है। इन्हीं हाथों से हाकिमों की बेगार बजाई है, इन्हीं कानों से उनकी गालियाँ और घुड़कियाँ सुनी हैं। अब तो उस ज़ोर-जुलुम का नाश होगा—हम और तुम क्या अभी बूढ़े होने जोग थे? हमें पेट की आग ने जलाया है। बोलो ईमान से, यहाँ इतने आदमी हैं, किसी ने इधर छह महीने से पेट-भर रोटी खाई है? घी किसी को सूँघने को मिला है! कभी नींद-भर सोए हो! जिस खेत का लगान तीन रुपए देते थे, अब उसी के नौ-दस देते हो। क्या धरती सोना उगलेगी? काम करते-करते छाती फट गई। हमीं हैं कि इतना सह कर भी जीते हैं। दूसरा होता, तो या तो मार डालता, या मर जाता। धन्य हैं महात्मा और उनके चेले कि दीनों का दुःख समझते हैं, उनके उद्धार का जतन करते हैं। और तो सभी हमें पीसकर हमारा रक्त निकालना जानते हैं।

यात्रियों के चेहरे चमक उठे, हृदय खिल उठे। प्रेम की डूबी हुई ध्वनि निकली—

एक दिन था कि पारस थी यहाँ की सरज़मीन,
एक दिन यह है कि यों बे-दस्तोपा कोई नहीं।

3

कोदई के द्वार पर मशालें जल रही थीं। कई गाँवों के आदमी जमा हो गए थे। यात्रियों के भोजन कर लेने के बाद सभा शुरू हुई। दल के नायक ने खड़े होकर कहा—

भाइयो, आपने आज हम लोगों का जो आदर-सत्कार किया, उससे हमें यह आशा हो रही है कि हमारी बेड़ियाँ जल्द ही कट जाएँगी। मैंने पूरब और पश्चिम के बहुत से देशों को देखा है, और मैं तजरबे से कहता हूँ कि आपमें जो सरलता, जो ईमानदारी, जो श्रम और धर्मबुद्धि है, वह संसार के और किसी देश में नहीं। मैं तो यही कहूँगा कि आप मनुष्य नहीं, देवता हैं। आपको भोग-विलास से मतलब नहीं, नशा-पानी से मतलब नहीं, अपना काम करना और

अपनी दशा पर सन्तोष रखना। यह आपका आदर्श है, लेकिन आपका यही देवत्व, आपका यही सीधापन आपके हक़ में घातक हो रहा है। बुरा न मानिएगा, आप लोग इस संसार में रहने के योग्य नहीं। आपको तो स्वर्ग में कोई स्थान पाना चाहिए था। खेतों का लगान बरसाती नाले की तरह बढ़ता जाता है, आप चूँ नहीं करते। अमले और अहलकार आपको नोचते रहते हैं, आप ज़बान नहीं हिलाते। इसका यह नतीजा हो रहा है कि आपको लोग दोनों हाथों लूट रहे हैं, पर आपको ख़बर नहीं। आपके हाथों से सभी रोज़गार छिनते जाते हैं, आपका सर्वनाश हो रहा है, पर आप आँखें खोलकर नहीं देखते। पहले लाखों भाई सूत कात कर, कपड़े बुनकर गुज़र करते थे। अब सब कपड़ा विदेश से आता है। पहले लाखों आदमी यहीं नमक बनाते थे। अब नमक बाहर से आता है। यहाँ नमक बनाना जुर्म है। आपके देश में इतना नमक है कि सारे संसार का दो सौ साल तक उससे काम चल सकता है, पर आप सात करोड़ रुपए सिर्फ़ नमक के लिए देते हैं। आपके ऊसरों में, झीलों में नमक भरा पड़ा है, आप उसे छू नहीं सकते। शायद कुछ दिनों में आपके कुओं पर भी महसूल लग जाए। क्या आप अब भी यह अन्याय सहते रहेंगे?

एक आवाज़ आई—हम किस लायक हैं?

नायक—यही तो आपका भ्रम है। आप ही की गर्दन पर इतना बड़ा राज्य थमा हुआ है। आप ही इन बड़ी-बड़ी फ़ौजों, इन बड़े-बड़े अफ़सरों के मालिक हैं; मगर फिर भी आप भूखों मरते हैं, अन्याय सहते हैं। इसलिए कि आपको अपनी शक्ति का ज्ञान नहीं। यह समझ लीजिए कि संसार में जो आदमी अपनी रक्षा नहीं कर सकता, वह सदैव स्वार्थी और अन्यायी आदमियों का शिकार बना रहेगा! आज संसार का सबसे बड़ा आदमी अपने प्राणों की बाज़ी खेल रहा है। हज़ारों जवान अपनी जानें हथेली पर लिए आपके दु:खों का अन्त करने के लिए तैयार हैं। जो लोग आपको असहाय समझकर दोनों हाथों से आपको लूट रहे हैं, वह कब चाहेंगे कि उनका शिकार उनके मुँह से छिन जाए। वे आपके इन सिपाहियों के साथ जितनी सख़्तियाँ कर सकते हैं, कर रहे हैं; मगर हम लोग सब कुछ सहने को तैयार हैं। अब सोचिए कि आप हमारी कुछ मदद करेंगे? मरदों की तरह निकलकर अपने को अन्याय से बचाएँगे या कायरों की तरह बैठे हुए तकदीर को कोसते रहेंगे? ऐसा अवसर फिर शायद कभी न आए। अगर इस वक़्त चूके, तो फिर हमेशा हाथ मलते रहिएगा। हम न्याय और सत्य के लिए लड़ रहे हैं; इसलिए न्याय और सत्य ही के हथियारों से हमें लड़ना है। हमें ऐसे वीरों की ज़रूरत है, जो हिंसा और क्रोध को दिल से निकाल डालें और ईश्वर पर अटल विश्वास रखकर धर्म के लिए सब कुछ झेल सकें! बोलिए आप क्या मदद कर सकते हैं?

कोई आगे नहीं बढ़ता। सन्नाटा छाया रहता है।

4

एकाएक शोर मचा—पुलिस! पुलिस आ गई!!

पुलिस का दारोग़ा कांस्टेबलों के एक दल के साथ आकर सामने खड़ा हो गया। लोगों ने सहमी हुई आँखों और धड़कते हुए दिलों से उनकी ओर देखा और छिपने के लिए बिल खोजने लगे।

दारोग़ा जी ने हुक्म दिया—मारकर भगा दो इन बदमाशों को?

कांस्टेबलों ने अपने डंडे सँभाले; मगर इसके पहले कि वे किसी पर हाथ चलाएँ, सभी लोग हुर्र हो गए! कोई इधर से भागा, कोई उधर से। भगदड़ मच गई। दस मिनट में वहाँ गाँव का एक आदमी भी न रहा। हाँ, नायक अपने स्थान पर अब भी खड़ा था और जत्था उसके पीछे बैठा हुआ था; केवल कोदई चौधरी नायक के समीप बैठे हुए थिर आँखों से भूमि की ओर ताक रहे थे।

दारोग़ा ने कोदई की ओर कठोर आँखों से देखकर कहा—क्यों रे कोदइया, तूने इन बदमाशों को क्यों ठहराया यहाँ?

कोदई ने लाल-लाल आँखों से दारोग़ा की ओर देखा और ज़हर की तरह ग़ुस्से को पी गए। आज अगर उनके सिर गृहस्थी का बखेड़ा न होता, लेना-देना न होता तो वह भी इसका मुँहतोड़ जवाब देते। जिस गृहस्थी पर उन्होंने अपने जीवन के पचास साल होम कर दिए थे, वह इस समय एक विषैले सर्प की भाँति उनकी आत्मा में लिपटी हुई थी।

कोदई ने अभी कोई जवाब न दिया था कि नोहरी पीछे से आकर बोली—क्या लाल पगड़ी बाँधकर तुम्हारी जीभ ऐंठ गई है? कोदई क्या तुम्हारे ग़ुलाम हैं कि कोदइया-कोदइया कर रहे हो? हमारा ही पैसा खाते हो और हमीं को आँखें दिखाते हो? तुम्हें लाज नहीं आती?

नोहरी इस वक़्त दोपहरी की धूप की तरह काँप रही थी। दारोग़ा एक क्षण के लिए सन्नाटे में आ गया। फिर कुछ सोचकर और औरत के मुँह लगना अपनी शान के ख़िलाफ़ समझकर कोदई से बोला—यह कौन शैतान की खाला है, कोदई! ख़ुदा का ख़ौफ़ न होता तो इसकी ज़बान तालू से खींच लेता।

बुढ़िया लाठी टेक कर दारोग़ा की ओर घूमती हुई बोली—क्यों ख़ुदा की दुहाई देकर ख़ुदा को बदनाम करते हो। तुम्हारे ख़ुदा तो तुम्हारे अफ़सर हैं, जिनकी तुम जूतियाँ चाटते हो। तुम्हें तो चाहिए था कि डूब मरते चुल्लू भर पानी में! जानते हो, यह लोग जो यहाँ आए हैं, कौन हैं? यह वह लोग हैं, जो हम ग़रीबों के लिए अपनी जान तक होमने को तैयार हैं। तुम उन्हें बदमाश कहते हो! तुम जो घूस के रुपए खाते हो, जुआ खेलाते हो, चोरियाँ करवाते हो, डाके डलवाते हो, भले आदमियों को फँसा कर मुट्ठियाँ गरम करते हो और अपने देवताओं की जूतियों पर नाक रगड़ते हो, तुम इन्हें बदमाश कहते हो!

नोहरी की तीक्ष्ण बातें सुनकर बहुत-से लोग जो इधर-उधर दबक गए थे, फिर जमा हो गए। दारोग़ा ने देखा, भीड़ बढ़ती जाती है, तो अपना हंटर लेकर उन पर पिल पड़े। लोग फिर तितर-बितर हो गए। एक हंटर नोहरी पर भी पड़ा। उसे ऐसा मालूम हुआ कि कोई चिनगारी सारी पीठ पर दौड़ गई। उसकी आँखों तले अँधेरा छा गया, पर अपनी बची हुई शक्ति को एकत्र करके ऊँचे स्वर से बोली—लड़को, क्यों भागते हो? क्या नेवता खाने आए थे या कोई नाच-तमाशा हो रहा था? तुम्हारे इसी लेंड़ीपन ने इन सबों को शेर बना रखा है। कब तक यह मार-धाड़, गाली-गुप्ता सहते रहोगे।

एक सिपाही ने बुढ़िया की गरदन पकड़कर ज़ोर से धक्का दिया। बुढ़िया दो-तीन क़दम पर औंधे मुँह गिरा चाहती थी कि कोदई ने लपककर उसे सँभाल लिया और बोला—क्या एक दुखिया पर ग़ुस्सा दिखाते हो यारो? क्या ग़ुलामी ने तुम्हें नामर्द भी बना दिया है? औरतों पर, बूढ़ों पर, निहत्थों पर, वार करते हो, यह मरदों का काम नहीं है।

नोहरी ने ज़मीन पर पड़े-पड़े कहा—मर्द होते, तो ग़ुलाम ही क्यों होते! भगवान्! आदमी इतना निर्दयी भी हो सकता है? भला अँगरेज़ इस तरह बेदरदी करे तो एक बात है। उसका राज है। तुम तो उसके चाकर हो, तुम्हें राज तो न मिलेगा, मगर राँड माँड में ही ख़ुश! इन्हें कोई तलब देता जाए, दूसरों की गरदन भी काटने में इन्हें संकोच नहीं!

अब दारोग़ा ने नायक को डाँटना शुरू किया—तुम किसके हुक्म से इस गाँव में आए?

नायक ने शान्त भाव से कहा—ख़ुदा के हुक्म से।

दारोग़ा—तुम रिआया के अमन में खलल डालते हो?

नायक—अगर तुम्हें उनकी हालत बताना उनके अमन में खलल डालना है तो बेशक हम उनके अमन में खलल डाल रहे हैं।

भागनेवालों के क़दम एक बार फिर रुक गए। कोदई ने उनकी ओर निराश आँखों से देखकर काँपते हुए स्वर में कहा—भाइयो, इस बखत कई गाँवों के आदमी यहाँ जमा हैं? दारोग़ा ने हमारी जैसे बेआबरूई की है, क्या उसे सह कर तुम आराम की नींद सो सकते हो? इसकी फ़रियाद कौन सुनेगा? हाकिम लोग क्या हमारी फ़रियाद सुनेंगे? कभी नहीं। आज अगर हम लोग मार डाले जाएँ, तो भी कुछ न होगा। यह है हमारी इज़्ज़त और आबरू? थुड़ी है इस ज़िन्दगी पर!

समूह स्थिर भाव से खड़ा हो गया, जैसे बहता हुआ पानी मेंड़ से रुक जाए। भय का धुआँ जो लोगों के हृदय पर छा गया था, एकाएक हट गया। उनके चेहरे कठोर हो गए। दारोग़ा ने उनके तीवर देखे, तो तुरन्त घोड़े पर सवार हो गया और कोदई को गिरफ़्तार करने का हुक्म दिया। दो सिपाहियों ने बढ़कर कोदई की बाँह पकड़ ली। कोदई ने कहा—घबड़ाते क्यों हो, मैं कहीं भागूँगा नहीं। चलो, कहाँ चलते हो?

ज्यों ही कोदई दोनों सिपाहियों के साथ चला, उसके दोनों जवान बेटे कई आदमियों के साथ सिपाहियों की ओर लपके कि कोदई को उनके हाथों से छीन लें। सभी आदमी विकट आवेश में आकर पुलिसवालों के चारों ओर जमा हो गए।

दारोग़ा ने कहा—तुम लोग हट जाओ वरना मैं फायर कर दूँगा। समूह ने इस धमकी का जवाब 'भारत माता की जय!' से दिया और एकाएक दो-दो क़दम और आगे खिसक आए।

दारोग़ा ने देखा, अब जान बचती नहीं नज़र आती है। नम्रता से बोला—नायक साहब, यह लोग फसाद पर आमादा हैं। इसका नतीजा अच्छा न होगा।

नायक ने कहा—नहीं, जब तक हममें एक आदमी भी यहाँ रहेगा, आपके ऊपर कोई हाथ न उठा सकेगा। आपसे हमारी कोई दुश्मनी नहीं है। हम और आप दोनों एक ही पैरों के तले दबे हुए हैं। यह हमारी बदनसीबी है कि हम, आप दो विरोधी दलों में खड़े हैं।

यह कहते हुए नायक ने गाँववालों को समझाया—भाइयो, मैं आपसे कह चुका हूँ, यह न्याय और धर्म की लड़ाई है और हमें न्याय और धर्म के हथियार से ही लड़ना है। हमें अपने भाइयों से नहीं लड़ना है। हमें तो किसी से भी लड़ना नहीं है। दारोग़ा की जगह कोई अँगरेज़ होता, तो भी हम उसकी इतनी ही रक्षा करते। दारोग़ा ने कोदई चौधरी को गिरफ़्तार किया है। मैं इसे चौधरी का सौभाग्य समझता हूँ। धन्य हैं वे लोग जो आज़ादी की लड़ाई में सज़ा पाएँ। यह बिगड़ने या घबड़ाने की बात नहीं है। आप लोग हट जाएँ और पुलिस को जाने दें।

दारोग़ा और सिपाही कोदई को लेकर चले। लोगों ने जयध्वनि की—'भारत माता की जय।'

कोदई ने जवाब दिया—राम-राम भाइयो, राम-राम। डटे रहना मैदान में। घबड़ाने की कोई बात नहीं है। भगवान् सबका मालिक है।

दोनों लड़के आँखों में आँसू भरे आए और कातर स्वर में बोले—हमें क्या कहे जाते हो दादा!

कोदई ने उन्हें बढ़ावा देते हुए कहा—भगवान् का भरोसा मत छोड़ना और वह करना जो मरदों को करना चाहिए। भय सारी बुराइयों की जड़ है। इसे मन से निकाल डालो, फिर तुम्हारा कोई कुछ नहीं कर सकता। सत्य की कभी हार नहीं होती।

आज पुलिस के सिपाहियों के बीच में कोदई को निर्भयता का जैसा अनुभव हो रहा था, वैसा पहले कभी न हुआ था। जेल और फाँसी उसके लिए आज भय की वस्तु नहीं, गौरव की वस्तु हो गई थी! सत्य का प्रत्यक्ष रूप आज उसने पहली बार देखा मानो वह कवच की भाँति उसकी रक्षा कर रहा हो।

5

गाँववालों के लिए कोदई का पकड़ लिया जाना लज्जाजनक मालूम हो रहा था। उनकी आँखों के सामने उनके चौधरी इस तरह पकड़ लिए गए और वे कुछ न कर सके। अब वे मुँह कैसे दिखाएँ! हर एक के मुख पर गहरी वेदना झलक रही थी जैसे गाँव लुट गया!

सहसा नोहरी ने चिल्लाकर कहा—अब सब जने खड़े क्या पछता रहे हो? देख ली अपनी दुर्दशा, या अभी कुछ बाक़ी है! आज तुमने देख लिया न कि हमारे ऊपर क़ानून से नहीं लाठी से राज हो रहा है! आज हम इतने बेशरम हैं कि इतनी दुर्दशा होने पर भी कुछ नहीं बोलते! हम इतने स्वार्थी, इतने कायर न होते, तो उनकी मजाल थी कि हमें कोड़ों से पीटते। जब तक तुम ग़ुलाम बने रहोगे, उनकी सेवा-टहल करते रहोगे, तुम्हें भूसा-चोकर मिलता रहेगा, लेकिन जिस दिन तुमने कन्धा टेढ़ा किया, उसी दिन मार पड़ने लगेगी। कब तक इस तरह मार खाते रहोगे? कब तक मुर्दों की तरह पड़े गिद्धों से अपने आपको नोचवाते रहोगे? अब दिखा दो कि तुम भी जीते-जागते हो और तुम्हें भी अपनी इज़्ज़त-आबरू का कुछ ख़याल है। जब इज़्ज़त ही न रही तो क्या करोगे खेती-बारी करके, धर्म कमा कर? जीकर ही क्या करोगे? क्या इसीलिए जी रहे हो कि तुम्हारे बाल-बच्चे इसी तरह लातें खाते जाएँ, इसी तरह कुचले जाएँ? छोड़ो यह कायरता! आख़िर एक दिन खाट पर पड़े-पड़े मर जाओगे। क्यों नहीं इस धरम की लड़ाई में आकर वीरों की तरह मरते! मैं तो बूढ़ी औरत हूँ, लेकिन और कुछ न कर सकूँगी, तो जहाँ यह लोग सोएँगे वहाँ झाड़ू तो लगा दूँगी, इन्हें पंखा तो झलूँगी।

कोदई का बड़ा लड़का मैकू बोला—हमारे जीते-जी तुम जाओगी काकी, हमारे जीवन को धिक्कार है! अभी तो हम तुम्हारे बालक जीते ही हैं। मैं चलता हूँ उधर! खेती-बारी गंगा देखेगा।

गंगा उसका छोटा भाई था। बोला—भैया तुम यह अन्याय करते हो। मेरे रहते तुम नहीं जा सकते। तुम रहोगे, तो गिरस्ती सँभालोगे। मुझसे तो कुछ न होगा। मुझे जाने दो।

मैकू—इसे काकी पर छोड़ दो। इस तरह हमारी-तुम्हारी लड़ाई होगी। जिसे काकी का हुक्म हो वह जाए।

नोहरी ने गर्व से मुस्कुराकर कहा—जो मुझे घूस देगा, उसी को जिताऊँगी।

मैकू—क्या तुम्हारी कचहरी में भी वही घूस चलेगा काकी? हमने तो समझा था, यहाँ ईमान का फ़ैसला होगा!

नोहरी—चलो रहने दो। मरती दायीं राज मिला है तो कुछ तो कमा लूँ।

गंगा हँसता हुआ बोला—मैं तुम्हें घूस दूँगा काकी। अबकी बाज़ार जाऊँगा, तो तुम्हारे लिए पूर्वी तमाखू का पत्ता लाऊँगा।

नोहरी—तो बस तेरी ही जीत है, तू ही जाना।

मैकू—काकी, तुम न्याय नहीं कर रही हो।

नोहरी—अदालत का फ़ैसला कभी दोनों फरीक ने पसन्द किया है कि तुम्हीं करोगे?

गंगा ने नोहरी के चरण छुए, फिर भाई से गले मिला और बोला—कल दादा को कहला भेजना कि मैं जाता हूँ।

एक आदमी ने कहा—मेरा भी नाम लिख लो भाई—सेवाराम।

सबने जय-घोष किया। सेवाराम आकर नायक के पास खड़ा हो गया।

दूसरी आवाज़ आई—मेरा नाम लिख लो—भजनसिंह।

सबने जय-घोष किया। भजनसिंह जाकर नायक के पास खड़ा हो गया।

भजनसिंह दस-पाँच गाँवों में पहलवानी के लिए मशहूर था। यह अपनी चौड़ी छाती ताने, सिर उठाए नायक के पास खड़ा हुआ, तो जैसे मंडप के नीचे एक नए जीवन का उदय हो गया।

तुरन्त ही तीसरी आवाज़ आई—मेरा नाम लिखो—घूरे।

यह गाँव का चौकीदार था। लोगों ने सिर उठा-उठाकर उसे देखा। सहसा किसी को विश्वास न आता था कि घूरे अपना नाम लिखाएगा।

भजनसिंह ने हँसते हुए पूछा—तुम्हें क्या हुआ है घूरे?

घूरे ने कहा—मुझे वही हुआ है, जो तुम्हें हुआ है। बीस साल तक ग़ुलामी करते-करते थक गया।

फिर आवाज़ आई—मेरा नाम लिखो—काले ख़ाँ।

वह ज़मींदार का सहना था, बड़ा ही जाबिर और दबंग। फिर लोगों को आश्चर्य हुआ।

मैकू बोला—मालूम होता है, हमको लूट-लूटकर घर भर लिया है, क्यों।

काले ख़ाँ गम्भीर स्वर में बोला—क्या जो आदमी भटकता रहे, उसे कभी सीधे रास्ते पर न आने दोगे भाई। अब तक जिसका नमक खाता था, उसका हुक्म बजाता था। तुमको लूट-लूटकर उसका घर भरता था। अब मालूम हुआ कि मैं बड़े भारी मुगालते में पड़ा हुआ था। तुम सब भाइयों को मैंने बहुत सताया है। अब मुझे माफ़ी दो।

पाँचों रँगरूट एक-दूसरे से लिपटते थे, उछलते थे, चीख़ते थे, मानो उन्होंने सचमुच स्वराज्य पा लिया हो, और वास्तव में उन्हें स्वराज्य मिल गया था। स्वराज्य चित्त की वृत्तिमात्र है। ज्यों ही पराधीनता का आतंक दिल से निकल गया, आपको स्वराज्य मिल गया। भय ही पराधीनता है, निर्भयता ही स्वराज्य है। व्यवस्था और संगठन तो गौण हैं।

नायक ने उन सेवकों को सम्बोधित करके कहा—मित्रो! आप आज आज़ादी के सिपाहियों में आ मिले, इस पर मैं आपको बधाई देता हूँ। आपको मालूम है, हम किस तरह लड़ाई करने जा रहे हैं? आपके ऊपर तरह-तरह की सख़्तियाँ की जाएँगी, मगर याद रखिए, जिस तरह आज आपने मोह और लोभ का त्याग कर दिया है, उसी तरह हिंसा और क्रोध का भी

त्याग कर दीजिए। हम धर्म संग्राम में जा रहे हैं। हमें धर्म के रास्ते पर जमा रहना होगा। आप इसके लिए तैयार हैं?

पाँचों ने एक स्वर में कहा—तैयार हैं!

नायक ने आशीर्वाद दिया—ईश्वर आपकी मदद करे।

6

उस सुहावने-सुनहले प्रभात में जैसे उमंग घुली हुई थी। समीर के हलके-हलके झोंकों में, प्रकाश की हलकी-हलकी किरणों में उमंग सनी हुई थी। लोग जैसे दीवाने हो गए थे। मानो आज़ादी की देवी उन्हें अपनी ओर बुला रही हो। वही खेत-खलिहान हैं, वही बाग़-बग़ीचे हैं, वही स्त्री-पुरुष हैं पर आज के प्रभात में जो आशीर्वाद है, जो वरदान है, जो विभूति है, वह और कभी न थी। वही खेत-खलिहान, बाग़-बग़ीचे, स्त्री-पुरुष आज एक नई विभूति में रँग गए हैं।

सूर्य निकलने के पहले ही कई हज़ार आदमियों का जमाव हो गया था। जब सत्याग्रहियों का दल निकला तो लोगों की मस्तानी आवाज़ों से आकाश गूँज उठा। नए सैनिकों की विदाई, उनकी रमणियों का कातर धैर्य, माता-पिता का आर्द्र गर्व, सैनिकों के परित्याग का दृश्य लोगों को मस्त किए देता था।

सहसा नोहरी लाठी टेकती हुई आकर खड़ी हो गई।

मैकू ने कहा—काकी, हमें आशीर्वाद दो।

नोहरी—मैं तुम्हारे साथ चलती हूँ बेटा! कितना आशीर्वाद लोगे?

कई आदमियों ने एक स्वर से कहा—काकी, तुम चली जाओगी, तो यहाँ कौन रहेगा?

नोहरी ने शुभ-कामना से भरे हुए स्वर में कहा—भैया, जाने के तो अब दिन ही हैं, आज न जाऊँगी, दो-चार महीने बाद जाऊँगी। अभी जाऊँगी, तो जीवन सफल हो जाएगा। दो-चार महीने में खाट पर पड़े-पड़े जाऊँगी, तो मन की आस मन में ही रह जाएगी। इतने बालक हैं, इनकी सेवा से मेरी मुकुत बन जाएगी। भगवान् करे, तुम लोगों के सुदिन आएँ और मैं अपनी ज़िन्दगी में तुम्हारा सुख देख लूँ।

यह कहते हुए नोहरी ने सबको आशीर्वाद दिया और नायक के पास जाकर खड़ी हो गई।

लोग खड़े देख रहे थे और जत्था गाता हुआ जाता था।

एक दिन वह था कि हम सारे जहाँ में फ़र्द थे,
एक दिन यह है कि हम-सा बेहया कोई नहीं।

नोहरी के पाँव ज़मीन पर न पड़ते थे, मानो विमान पर बैठी हुई स्वर्ग जा रही हो।

शांति

जब मैं ससुराल आई, तो बिलकुल फूहड़ थी। न पहनने-ओढ़ने का सलीका, न बातचीत करने का ढंग। सिर उठाकर किसी से बातचीत न कर सकती थी। आँखें अपने आप झपक जाती थीं। किसी के सामने जाते शर्म आती, स्त्रियों तक के सामने बिना घूँघट के झिझक होती

थी। मैं कुछ हिन्दी पढ़ी हुई थी; पर उपन्यास, नाटक आदि के पढ़ने में आनन्द न आता था। फुर्सत मिलने पर रामायण पढ़ती। उसमें मेरा मन बहुत लगता था। मैं उसे मनुष्य-कृत नहीं समझती थी। मुझे पूरा-पूरा विश्वास था कि उसे किसी देवता ने स्वयं रचा होगा। मैं मनुष्यों को इतना बुद्धिमान और सहृदय नहीं समझती थी। मैं दिन भर घर का कोई न कोई काम करती रहती। और कोई काम न रहता तो चर्खे पर सूत कातती। अपनी बूढ़ी सास से थर-थर काँपती थी। एक दिन दाल में नमक अधिक हो गया। ससुर जी ने भोजन के समय सिर्फ़ इतना ही कहा—'नमक ज़रा अंदाज से डाला करो।' इतना सुनते ही हृदय काँपने लगा। मानो मुझे इससे अधिक कोई वेदना नहीं पहुँचाई जा सकती थी।

लेकिन मेरा यह फूहड़पन मेरे बाबू जी (पतिदेव) को पसन्द न आता था। वह वकील थे। उन्होंने शिक्षा की ऊँची से ऊँची डिगरियाँ पाई थीं। वह मुझको प्रेम अवश्य करते थे; पर उस प्रेम में दया की मात्रा अधिक होती थी। स्त्रियों के रहन-सहन और शिक्षा के सम्बन्ध में उनके विचार बहुत ही उदार थे। वह मुझे उन विचारों से बहुत नीचे देखकर कदाचित् मन ही मन खिन्न होते थे; परन्तु उसमें मेरा कोई अपराध न देखकर हमारे रस्म-रिवाज पर झुंझलाते थे। उन्हें मेरे साथ बैठकर बातचीत करने में ज़रा आनन्द न आता। सोने आते, तो कोई न कोई अँगरेज़ी पुस्तक साथ लाते, और नींद न आने तक पढ़ा करते। जो कभी मैं पूछ बैठती कि क्या पढ़ते हो, तो मेरी ओर करुण दृष्टि से देखकर उत्तर देते—तुम्हें क्या बतलाऊँ यह आसकर वाइल्ड की सर्वश्रेष्ठ रचना है। मैं अपनी अयोग्यता पर बहुत लज्जित थी। अपने को धिक्कारती, मैं ऐसे विद्वान् पुरुष के योग्य नहीं हूँ। मुझे किसी उजड्ड के घर पड़ना था। बाबू जी मुझे निरादर की दृष्टि से नहीं देखते थे, यही मेरे लिए सौभाग्य की बात थी।

एक दिन संध्या समय मैं रामायण पढ़ रही थी। भरत जी रामचन्द्र जी की खोज में निकले थे। उनका करुण विलाप पढ़कर मेरा हृदय गद्गद हो रहा था। नेत्रों से अश्रुधारा बह रही थी। हृदय उमड़ा आता था। सहसा बाबू जी कमरे में आए। मैंने पुस्तक तुरन्त बन्द कर दी। उनके सामने मैं अपने फूहड़पन को भरसक प्रकट न होने देती थी। लेकिन उन्होंने पुस्तक देख ली; और पूछा—रामायण है न?

मैंने अपराधियों की भाँति सिर झुकाकर कहा—हाँ, ज़रा देख रही थी।

बाबू जी—इसमें शक नहीं कि पुस्तक बहुत ही अच्छी, भावों से भरी हुई है; लेकिन इसमें मानव-चरित्र को वैसी ख़ूबी से नहीं दिखाया गया जैसा अँगरेज़ या फ्रांसीसी लेखक दिखलाते हैं। तुम्हारी समझ में तो न आवेगा, लेकिन कहने में क्या हरज़ है, योरोप में आजकल 'स्वाभाविकता' (Realism) का ज़माना है। वे लोग मनोभावों के उत्थान और पतन का ऐसा वास्तविक वर्णन करते हैं कि पढ़कर आश्चर्य होता है। हमारे यहाँ कवियों को पग-पग पर धर्म तथा नीति का ध्यान रखना पड़ता है, इसलिए कभी-कभी उनके भावों में अस्वाभाविकता आ जाती है, और यही त्रुटि तुलसीदास में भी है।

मेरी समझ में उस समय कुछ भी न आया। बोली—मेरे लिए तो यही बहुत है, अँगरेज़ी पुस्तकें कैसे समझूँ।

बाबू जी—कोई कठिन बात नहीं। एक घंटे भी रोज़ पढ़ो, तो थोड़े ही समय में काफ़ी योग्यता प्राप्त कर सकती हो; पर तुमने तो मानो मेरी बातें न मानने की सौगंध ही खा ली है। कितना समझाया कि मुझसे शर्म करने की आवश्यकता नहीं, पर तुम्हारे ऊपर कुछ असर

न पड़ा। कितना कहता हूँ कि ज़रा सफ़ाई से रहा करो, परमात्मा सुन्दरता देता है तो चाहता है कि उसका शृंगार भी होता रहे; लेकिन जान पड़ता है, तुम्हारी दृष्टि में उसका कुछ भी मूल्य नहीं! या शायद तुम समझती हो कि मेरे-जैसे कुरूप मनुष्य के लिए तुम चाहे जैसे भी रहो, आवश्यकता से अधिक अच्छी हो। यह अत्याचार मेरे ऊपर है। तुम मुझे ठोंक-पीटकर वैराग्य सिखाना चाहती हो। जब मैं दिन-रात मेहनत करके कमाता हूँ, तो स्वभावत: मेरी यह इच्छा होती है कि उस द्रव्य का सबसे उत्तम व्यय हो। परन्तु तुम्हारा फूहड़पन और पुराने विचार मेरे सारे परिश्रम पर पानी फेर देते हैं। स्त्रियाँ केवल भोजन बनाने, बच्चे पालने, पति की सेवा करने और एकादशी व्रत रखने के लिए नहीं हैं, उनके जीवन का लक्ष्य इससे बहुत ऊँचा है। वे मनुष्यों के समस्त सामाजिक और मानसिक विषयों में समान रूप से भाग लेने की अधिकारिणी हैं। उन्हें भी मनुष्यों की भाँति स्वतंत्र रहने का अधिकार प्राप्त है। मुझे तुम्हारी यह बन्दी-दशा देखकर बड़ा कष्ट होता है। स्त्री पुरुष की अर्द्धांगिनी मानी गई है, लेकिन तुम मेरी मानसिक और सामाजिक, किसी आवश्यकता को पूरा नहीं कर सकतीं। मेरा और तुम्हारा धर्म अलग, आचार-विचार अलग, आमोद-प्रमोद के विषय अलग। जीवन के किसी कार्य में मुझे तुमसे किसी प्रकार की सहायता नहीं मिल सकती। तुम स्वयं विचार कर सकती हो कि ऐसी दशा में मेरी ज़िन्दगी कैसी बुरी तरह कट रही है।

बाबू जी का कहना बिलकुल यथार्थ था। मैं उनके गले में एक जंजीर की भाँति पड़ी हुई थी। उस दिन से मैंने उन्हीं के कहे अनुसार चलने की दृढ़ प्रतिज्ञा कर ली, अपने देवता को किस भाँति अप्रसन्न करती?

2

यह तो कैसे कहूँ कि मुझे पहनने-ओढ़ने से प्रेम न था। था, और उतना ही था, जितना दूसरी स्त्रियों को होता है। जब बालक और वृद्ध तक शृंगार पसन्द करते हैं, तो मैं तो युवती ठहरी। मन भीतर ही भीतर मचलकर रह जाता था। मेरे मायके में मोटा खाने और मोटा पहनने की चाल थी। मेरी माँ और दादी हाथों से सूत कातती थीं, और जुलाहे से उसी सूत के कपड़े बुनवा लिए जाते थे। बाहर से बहुत कम कपड़े आते थे। मैं ज़रा महीन कपड़ा पहनना चाहती या शृंगार की रुचि दिखाती तो अम्माँ फ़ौरन टोकतीं और समझातीं कि बहुत बनाव-सँवार भले घर की लड़कियों को शोभा नहीं देता। ऐसी आदत अच्छी नहीं। यदि कभी वह मुझे दर्पण के सामने देख लेतीं, तो झिड़कने लगतीं, परन्तु अब बाबू जी की ज़िद से मेरी यह झिझक जाती रही। मेरी सास और ननदें मेरे बनाव-शृंगार पर नाक-भौं सिकोड़तीं; पर मुझे अब उनकी परवा न थी। बाबू जी की प्रेम-परिपूर्ण दृष्टि के लिए मैं झिड़कियाँ भी सह सकती थी। अब उनके और मेरे विचारों में समानता आती जाती थी। वह अधिक प्रसन्नचित्त जान पड़ते थे। वह मेरे लिए फैशनेबुल साड़ियाँ, सुन्दर जाकटें, चमकते हुए जूते और कामदार स्लीपरें लाया करते; पर मैं इन वस्तुओं को धारण कर किसी के सामने न निकलती, ये वस्त्र केवल बाबू जी के ही सामने पहनने के लिए रखे थे। मुझे इस प्रकार बनी-ठनी देखकर उन्हें बड़ी प्रसन्नता होती थी। स्त्री अपने पति की प्रसन्नता के लिए क्या नहीं कर सकती। अब घर के काम-काज से मेरा अधिक समय बनाव-शृंगार तथा पुस्तकावलोकन में ही बीतने लगा। पुस्तकों से मुझे प्रेम होने लगा था।

यद्यपि अभी तक मैं अपने सास-ससुर का लिहाज़ करती थी, उनके सामने बूट और गाउन पहनकर निकलने का मुझे साहस न होता था, पर मुझे उनकी शिक्षापूर्ण बातें न भाती थीं। मैं सोचती, जब मेरा पति सैकड़ों रुपए महीने कमाता है तो घर में चेरी बनकर क्यों रहूँ? यों अपनी इच्छा से चाहे जितना काम करूँ, पर वे लोग मुझे आज्ञा देनेवाले कौन होते हैं? मुझमें आत्माभिमान की मात्रा बढ़ने लगी। यदि अम्माँ मुझे कोई काम करने को कहतीं, तो मैं अदबदा कर टाल जाती। एक दिन उन्होंने कहा—सबेरे के जलपान के लिए कुछ दालमोट बना लो। मैं बात अनसुनी कर गई। अम्माँ ने कुछ देर तक मेरी राह देखी; पर जब मैं अपने कमरे से न निकली, तो उन्हें ग़ुस्सा हो आया। वह बड़ी ही चिड़चिड़ी प्रकृति की थीं। तनिक-सी बात पर तुनक जाती थीं। उन्हें अपनी प्रतिष्ठा का इतना अभिमान था कि मुझे बिलकुल लौंडी समझती थीं। हाँ, अपनी पुत्रियों से सदैव नम्रता से पेश आतीं, बल्कि मैं तो यह कहूँगी कि उन्हें सिर चढ़ा रखा था। वह क्रोध में भरी हुई मेरे कमरे के द्वार पर आकर बोलीं—तुमसे मैंने दालमोट बनाने को कहा था, बनाया?

मैं कुछ रुष्ट होकर बोली—अभी फुर्सत नहीं मिली।

अम्माँ—तो तुम्हारी जान में दिन-भर पड़े रहना ही बड़ा काम है! यह आजकल तुम्हें हो क्या गया है? किस घमंड में हो? क्या यह सोचती हो कि मेरा पति कमाता है, तो मैं काम क्यों करूँ? इस घमंड में न भूलना! तुम्हारा पति लाख कमाए; लेकिन घर में राज मेरा ही रहेगा। आज वह चार पैसे कमाने लगा है, तो तुम्हें मालकिन बनने की हवस हो रही है; लेकिन उसे पालने-पोसने तुम नहीं आई थीं, मैंने ही उसे पढ़ा-लिखा कर इस योग्य बनाया है। वाह! कल की छोकरी और अभी से यह गुमान।

मैं रोने लगी। मुँह से एक बात न निकली। बाबू जी उस समय ऊपर कमरे में बैठे कुछ पढ़ रहे थे। ये बातें उन्होंने सुनीं। उन्हें बड़ा कष्ट हुआ। रात को जब वह घर आए तो बोले—देखा तुमने आज अम्माँ का क्रोध? यही अत्याचार है, जिससे स्त्रियों को अपनी ज़िन्दगी पहाड़ मालूम होने लगती है। इन बातों से हृदय में कितनी वेदना होती है, इसका जानना असम्भव है। जीवन भार हो जाता है, हृदय जर्जर हो जाता है और मनुष्य की आत्मोन्नति उसी प्रकार रुक जाती है, जैसे जल, प्रकाश और वायु के बिना पौधे सूख जाते हैं। हमारे घरों में यह बड़ा अँधेर है। अब मैं उनका पुत्र ही ठहरा। उनके सामने मुँह नहीं खोल सकूँगा। मेरे ऊपर उनका बहुत बड़ा अधिकार है। अतएव उनके विरुद्ध एक शब्द भी कहना मेरे लिए लज्जा की बात होगी, और यही बंधन तुम्हारे लिए भी है। यदि तुमने उनकी बातें चुपचाप न सुन ली होतीं, तो मुझे बहुत ही दुःख होता। कदाचित् मैं विष खा लेता। ऐसी दशा में दो ही बातें सम्भव हैं, या तो सदैव उनकी घुड़कियों-झिड़कियों को सहे जाओ, या अपने लिए कोई दूसरा रास्ता ढूँढ़ो। अब इस बात की आशा करना कि अम्माँ के स्वभाव में कोई परिवर्तन होगा, बिलकुल भ्रम है। बोलो, तुम्हें क्या स्वीकार है।

मैंने डरते-डरते कहा—आपकी जो आज्ञा हो, वह करें। अब कभी न पढ़ूँ-लिखूँगी, और जो कुछ वह कहेंगी वही करूँगी। यदि वह इसी में प्रसन्न हैं तो यही सही। मुझे पढ़-लिखकर क्या करना है?

बाबू जी—पर यह मैं नहीं चाहता। अम्माँ ने आज आरम्भ किया है। अब रोज़ बढ़ती ही जाएँगी। मैं तुम्हें जितनी ही सभ्य तथा विचारशील बनाने की चेष्टा करूँगा, उतना ही उन्हें

बुरा लगेगा, और उनका ग़ुस्सा तुम्हीं पर उतरेगा। उन्हें पता नहीं कि जिस आबहवा में उन्होंने अपनी जिन्दगी बिताई है, वह अब नहीं रही। विचार-स्वातंत्र्य और समयानुकूलता उनकी दृष्टि में अधर्म से कम नहीं। मैंने यह उपाय सोचा है कि किसी दूसरे शहर में चलकर अपना अड्डा जमाऊँ। मेरी वकालत भी यहाँ नहीं चलती; इसलिए किसी बहाने की भी आवश्यकता न पड़ेगी।

मैं इस तजबीज के विरुद्ध कुछ न बोली। यद्यपि मुझे अकेले रहने से भय लगता था, तथापि वहाँ स्वतंत्र रहने की आशा ने मन को प्रफुल्लित कर दिया।

3

उसी दिन से अम्माँ ने मुझसे बोलना छोड़ दिया। महरियों, पड़ोसिनों और ननदों के आगे मेरा परिहास किया करतीं। यह मुझे बहुत बुरा मालूम होता था। इसके पहले यदि वह कुछ भली-बुरी बातें कह लेतीं, तो मुझे स्वीकार था। मेरे हृदय से उनकी मान-मर्यादा घटने लगी। किसी मनुष्य पर इस प्रकार कटाक्ष करना उसके हृदय से अपने आदर को मिटाने के समान है। मेरे ऊपर सबसे गुरुतर दोषारोपण यह था कि मैंने बाबू जी पर कोई मोहन-मंत्र फूँक दिया है, वह मेरे इशारों पर चलते हैं; पर यथार्थ में बात उल्टी ही थी।

भाद्र मास था। जन्माष्टमी का त्योहार आया। घर में सब लोगों ने व्रत रखा। मैंने भी सदैव की भाँति व्रत रखा। ठाकुर जी का जन्म रात को बारह बजे होनेवाला था, हम सब बैठी गाती-बजाती थीं। बाबू जी इन असभ्य व्यवहारों के बिलकुल विरुद्ध थे। वह होली के दिन रंग भी न खेलते, गाने-बजाने की तो बात ही अलग। रात को एक बजे जब मैं उनके कमरे में गई, तो मुझे समझाने लगे—इस प्रकार शरीर को कष्ट देने से क्या लाभ? कृष्ण महापुरुष अवश्य थे, और उनकी पूजा करना हमारा कर्तव्य है; पर इस गाने-बजाने से क्या फ़ायदा? इस ढोंग का नाम धर्म नहीं है। धर्म का सम्बन्ध सचाई और ईमान से है, दिखावे से नहीं।

बाबू जी स्वयं इसी मार्ग का अनुकरण करते थे। वह भगवद्गीता की अत्यन्त प्रशंसा करते पर उसका पाठ कभी न करते थे। उपनिषदों की प्रशंसा में उनके मुख से मानो पुष्प-वृष्टि होने लगती थी; पर मैंने उन्हें कभी कोई उपनिषद् पढ़ते नहीं देखा। वह हिन्दू धर्म के गूढ़ तत्त्व ज्ञान पर लट्टू थे, पर उसे समयानुकूल नहीं समझते थे। विशेषकर वेदांत को तो भारत की अवनति का मूल कारण समझते थे। वह कहा करते कि इसी वेदांत ने हमको चौपट कर दिया; हम दुनिया के पदार्थों को तुच्छ समझने लगे, जिसका फल अब तक भुगत रहे हैं। अब उन्नति का समय है। चुपचाप बैठे रहने से निर्वाह नहीं। सन्तोष ने ही भारत को गारत कर दिया।

उस समय उनको उत्तर देने की शक्ति मुझमें कहाँ थी? हाँ, अब जान पड़ता है कि वह योरोपियन सभ्यता के चक्कर में पड़े हुए थे। अब वह स्वयं ऐसी बातें नहीं करते, वह जोश अब ठंडा हो चला है।

4

इसके कुछ दिन बाद हम इलाहाबाद चले आए। बाबू जी ने पहले ही एक दो-मंज़िला मकान ले रखा था—सब तरह से सजा-सजाया। हमारे यहाँ पाँच नौकर थे—दो स्त्रियाँ, दो पुरुष और एक महाराज। अब मैं घर के कुल कामकाज से छुट्टी पा गई। कभी जी घबराता तो कोई उपन्यास लेकर पढ़ने लगती।

यहाँ फूल और पीतल के बर्तन बहुत कम थे। चीनी की रकाबियाँ और प्याले आलमारियों में सजे रखे थे। भोजन मेज़ पर आता था। बाबू जी बड़े चाव से भोजन करते। मुझे पहले कुछ शरम आती थी; लेकिन धीरे-धीरे मैं भी मेज़ ही पर भोजन करने लगी। हमारे पास एक सुन्दर टमटम भी थी। अब हम पैदल बिलकुल न चलते। किसी से मिलने दस पग भी जाना होता, तो गाड़ी तैयार कराई जाती। बाबू जी कहते—यही फैशन है!

बाबू जी की आमदनी अभी बहुत कम थी। भली-भाँति ख़र्च भी न चलता था। कभी-कभी मैं उन्हें चिन्ताकुल देखती तो समझाती कि जब आय इतनी कम है तो व्यय इतना क्यों बढ़ा रखा है? कोई छोटा-सा मकान ले लो। दो नौकरों से भी काम चल सकता है। लेकिन बाबू जी मेरी बातों पर हँस देते और कहते—मैं अपनी दरिद्रता का ढिंढोरा अपने-आप क्यों पीटूँ? दरिद्रता प्रकट करना दरिद्र होने से अधिक दुःखदाई होता है। भूल जाओ कि हम लोग निर्धन हैं, फिर लक्ष्मी हमारे पास आप दौड़ी आएगी। ख़र्च बढ़ना, आवश्यकताओं का अधिक होना ही द्रव्योपार्जन की पहली सीढ़ी है। इससे हमारी गुप्त शक्तियाँ विकसित हो जाती हैं। और हम उन कष्टों को झेलते हुए आगे पग धरने के योग्य होते हैं। सन्तोष दरिद्रता का दूसरा नाम है।

अस्तु, हम लोगों का ख़र्च दिन-दिन बढ़ता ही जाता था। हम लोग सप्ताह में तीन बार थियेटर ज़रूर देखने जाते। सप्ताह में एक बार मित्रों को भोजन अवश्य ही दिया जाता। अब मुझे सूझने लगा कि जीवन का लक्ष्य सुख-भोग ही है। ईश्वर को हमारी उपासना की इच्छा नहीं। उसने हमको उत्तम-उत्तम वस्तुएँ भोगने के लिए ही दी हैं। उसको भोगना ही उसकी सर्वोत्तम आराधना है। एक ईसाई लेडी मुझे पढ़ाने तथा गाना सिखाने आने लगी। घर में एक पियानो भी आ ग़या। इन्हीं आनन्दों में फँसकर मैं रामायण और भक्तमाल को भूल गई। ये पुस्तकें मुझे अप्रिय लगने लगीं। देवताओं से विश्वास उठ गया।

धीरे-धीरे यहाँ के बड़े लोगों से स्नेह और सम्बन्ध बढ़ने लगा। यह एक बिलकुल नई सोसायटी थी। इसके रहन-सहन, आहार-व्यवहार और आचार-विचार मेरे लिए सर्वथा अनोखे थे। मैं इस सोसायटी में ऐसी जान पड़ती, जैसे मोरों में कौआ। इन लेडियों की बातचीत कभी थियेटर और घुड़दौड़ के विषय में होती, कभी टेनिस, समाचार-पत्रों और अच्छे-अच्छे लेखकों के लेखों पर। उनके चातुर्य, बुद्धि की तीव्रता, फुर्ती और चपलता पर मुझे अचंभा होता। ऐसा मालूम होता कि वे ज्ञान और प्रकाश की पुतलियाँ हैं। वे बिना घूँघट बाहर निकलतीं। मैं उनके साहस पर चकित रह जाती। वे मुझे भी कभी-कभी अपने साथ ले जाने की चेष्टा करतीं, लेकिन मैं लज्जावश न जा सकती। मैं उन लेडियों को कभी उदास या चिन्तित न पाती। मिस्टर दास बहुत बीमार थे परन्तु मिसेज़ दास के माथे पर चिन्ता का चिह्न तक न था। मिस्टर बागड़ी नैनीताल में तपेदिक का इलाज करा रहे थे, पर मिसेज़ बागड़ी नित्य टेनिस खेलने जाती थीं। इस अवस्था में मेरी क्या दशा होती मैं ही जानती हूँ।

इन लेडियों की रीति-नीति में एक आकर्षण-शक्ति थी, जो मुझे खींचे लिए जाती थी। मैं उन्हें सदैव आमोद-प्रमोद के लिए उत्सुक देखती, और मेरा भी जी चाहता कि उन्हीं की भाँति मैं भी निस्संकोच हो जाती। उनका अँगरेज़ी वार्तालाप सुन मुझे मालूम होता कि ये देवियाँ हैं। मैं अपनी इन त्रुटियों की पूर्ति के लिए प्रयत्न किया करती थी।

इसी बीच में मुझे एक खेदजनक अनुभव होने लगा। यद्यपि बाबू जी पहले से मेरा अधिक आदर करते, मुझे सदैव 'डियर-डार्लिंग' आदि कहकर पुकारते थे, तथापि मुझे उनकी बातों

में एक प्रकार की बनावट मालूम होती थी। ऐसा प्रतीत होता, मानो ये बातें उनके हृदय से नहीं, केवल मुख से निकलती हैं। उनके स्नेह और प्यार में हार्दिक भावों की जगह अलंकार ज़्यादा होता था; किन्तु और भी अचम्भे की बात यह थी कि अब मुझे बाबू जी पर वह पहले की-सी श्रद्धा न रही। अब उनकी सिर की पीड़ा से मेरे हृदय में पीड़ा न होती थी। मुझमें आत्मगौरव का आविर्भाव होने लगा था। अब मैं अपना बनाव-शृंगार इसलिए करती थी कि संसार में यह भी मेरा कर्तव्य है; इसलिए नहीं कि मैं किसी एक पुरुष की व्रतधारिणी हूँ। अब मुझे भी अपनी सुन्दरता पर गर्व होने लगा था। मैं अब किसी दूसरे के लिए नहीं, अपने लिए जीती थी। त्याग तथा सेवा का भाव मेरे हृदय से लुप्त होने लगा था।

मैं अब भी परदा करती थी; परन्तु हृदय अपनी सुन्दरता की सराहना सुनने के लिए व्याकुल रहता था। एक दिन मिस्टर दास तथा और भी अनेक सभ्यगण बाबू जी के साथ बैठे हुए थे। मेरे और उनके बीच में केवल एक परदे की आड़ थी। बाबू जी मेरी इस झिझक से बहुत ही लज्जित थे। इसे वह अपनी सभ्यता में काला धब्बा समझते थे। कदाचित् यह दिखाना चाहते थे कि मेरी स्त्री इसलिए परदे में नहीं है कि वह रूप तथा वस्त्रभूषणों में किसी से कम है बल्कि इसलिए कि अभी उसे लज्जा आती है। वह मुझे किसी बहाने से बार-बार परदे के निकट बुलाते, जिसमें उनके मित्र मेरी सुन्दरता और वस्त्रभूषण देख लें। अन्त में कुछ दिन बाद मेरी झिझक ग़ायब हो गई। इलाहाबाद आने के पूरे दो वर्ष बाद मैं बाबू जी के साथ बिना परदे के सैर करने लगी। सैर के बाद टेनिस की नौबत आई। अन्त में मैंने क्लब में जाकर दम लिया। पहले यह टेनिस और क्लब मुझे तमाशा-सा मालूम होता था मानो वे लोग व्यायाम के लिए नहीं बल्कि फैशन के लिए टेनिस खेलने आते थे। वे कभी न भूलते थे कि हम टेनिस खेल रहे हैं। उनके प्रत्येक काम में, झुकने में, दौड़ने में, उचकने में एक कृत्रिमता होती थी, जिससे यह प्रतीत होता था कि इस खेल का प्रयोजन कसरत नहीं केवल दिखावा है।

क्लब में इससे विचित्र अवस्था थी। वह पूरा स्वाँग था, भद्दा और बेजोड़। लोग अँगरेज़ी के चुने हुए शब्दों का प्रयोग करते थे, जिसमें कोई सार न होता था, नकली हँसी हँसते थे, जिनका कोई असर न होता था। स्त्रियों की वह फूहड़ निर्लज्जता और पुरुषों की वह भाव-शून्य स्त्री-पूजा मुझे भी न भाती थी। चारों ओर अँगरेज़ी चाल-ढाल की हास्यजनक नक़ल थी। परन्तु क्रमश: मैं भी वह रंग पकड़ने और उन्हीं का अनुकरण करने लगी। अब मुझे अनुभव हुआ कि इस प्रदर्शन-लोलुपता में कितनी शक्ति है। मैं अब नित्य नए शृंगार करती, नित्य नया रूप भरती, केवल इसलिए कि क्लब में सबकी आँखों में चुभ जाऊँ! अब मुझे बाबू जी के सेवा-सत्कार से अधिक अपने बनाव-शृंगार की धुन रहती थी। यहाँ तक की यह शौक़ एक नशा-सा बन गया। इतना ही नहीं, लोगों से अपने सौन्दर्य की प्रशंसा सुनकर मुझे एक अभिमान-मिश्रित आनन्द का अनुभव होने लगा। मेरी लज्जाशीलता की सीमाएँ विस्तृत हो गईं। वह दृष्टिपात जो कभी मेरे शरीर के प्रत्येक रोएँ को खड़ा कर देता और वह हास्यकटाक्ष, जो कभी मुझे विष खा लेने को प्रस्तुत कर देता, उनसे अब मुझे एक उन्मादपूर्ण हर्ष होता था। परन्तु जब कभी मैं अपनी अवस्था पर आंतरिक दृष्टि डालती तो मुझे बड़ी घबराहट होती थी। यह नाव किस घाट लगेगी? कभी-कभी इरादा करती कि क्लब न जाऊँगी; परन्तु समय आते ही फिर तैयार हो जाती। मैं अपने वश में न थी। मेरी सत्कल्पनाएँ निर्बल हो गई थीं।

5

दो वर्ष और बीत गए और अब बाबू जी के स्वभाव में एक विचित्र परिवर्तन होने लगा। वह उदास और चिन्तित रहने लगे। मुझसे बहुत कम बोलते। ऐसा जान पड़ता कि इन्हें कठिन चिन्ता ने घेर रखा है, या कोई बीमारी हो गई है। मुँह बिलकुल सूखा रहता था। तनिक-तनिक-सी बात पर नौकरों से झल्लाने लगते, और बाहर बहुत कम जाते।

अभी एक ही मास पहले वह सौ काम छोड़कर क्लब अवश्य जाते थे, वहाँ गए बिना उन्हें कल न पड़ती थी; अब अधिकतर अपने कमरे में आराम-कुर्सी पर लेटे हुए समाचार-पत्र और पुस्तकें देखा करते थे। मेरी समझ में न आता कि बात क्या है।

एक दिन उन्हें बड़े ज़ोर का बुखार आया, दिन-भर बेहोश रहे, परन्तु मुझे उनके पास बैठने में अनकुस-सा लगता था। मेरा जी एक उपन्यास में लगा हुआ था। उनके पास जाती थी और पल भर में फिर लौट आती। टेनिस का समय आया, तो दुविधा में पड़ गई कि जाऊँ या न जाऊँ। देर तक मन में यह संग्राम होता रहा। अन्त को मैंने यही निर्णय किया कि मेरे यहाँ रहने से वह कुछ अच्छे तो हो नहीं जाएँगे, इससे मेरा यहाँ बैठा रहना बिलकुल निरर्थक है। मैंने बढ़िया वस्त्र पहने, और रैकेट लेकर क्लबघर जा पहुँची। वहाँ मैंने मिसेज़ दास और मिसेज़ बागची से बाबू जी की दशा बतलाई, और सजल नेत्र चुपचाप बैठी रही। जब सब लोग कोर्ट में जाने लगे और मिस्टर दास ने मुझसे चलने को कहा तो मैं ठंडी आह भरकर कोर्ट में जा पहुँची और खेलने लगी।

आज से तीन वर्ष पूर्व बाबू जी को इसी प्रकार बुखार आ गया था। मैं रात भर उन्हें पंखा झलती रही थी; हृदय व्याकुल था और यही चाहता था कि इनके बदले मुझे बुखार आ जाए, परन्तु वह उठ बैठें। पर अब हृदय तो स्नेह शून्य हो गया था, दिखावा अधिक था। अकेले रोने की मुझमें क्षमता न रह गई थी। मैं सदैव की भाँति रात को नौ बजे लौटी। बाबू जी का जी कुछ अच्छा जान पड़ा। उन्होंने मुझे केवल दबी दृष्टि से देखा और करवट बदल ली; परन्तु मैं लेटी, तो मेरा हृदय मुझे अपनी स्वार्थपरता और प्रमोदासक्ति पर धिक्कारता।

मैं अब अँगरेज़ी उपन्यासों को समझने लगी। हमारी बातचीत अधिक उत्कृष्ट और आलोचनात्मक होती थी।

हमारा सभ्यता का आदर्श अब बहुत ही उच्च हो गया। हमको अब अपनी मित्र मंडली से बाहर दूसरों से मिलने-जुलने में संकोच होता था। हम अपने से छोटी श्रेणी के लोगों से बोलने में अपना अपमान समझते थे। नौकरों को अपना नौकर समझते थे, और बस। हमको उनके निजी मामलों से कुछ मतलब न था। हम उनसे अलग रहकर उनके ऊपर अपना ज़ोर जमाए रखना चाहते थे। हमारी इच्छा यह थी कि वह हम लोगों को साहब समझें। हिन्दुस्तानी स्त्रियों को देखकर मुझे उनसे घृणा होती थी, उनमें शिष्टता न थी। ख़ैर!

बाबू जी का जी दूसरे दिन भी न सँभला। मैं क्लब न गई। परन्तु जब लगातार तीन दिन तक उन्हें बुखार आता गया और मिसेज़ दास ने बार-बार एक नर्स बुलाने का आदेश किया, तो मैं सहमत हो गई। उस दिन से रोगी की सेवा-शुश्रूषा से छुट्टी पाकर बड़ा हर्ष हुआ। यद्यपि दो दिन मैं क्लब न गई थी, परन्तु मेरा जी वहीं लगा रहता था, बल्कि अपने भीरुतापूर्ण त्याग पर क्रोध भी आता था।

6

एक दिन तीसरे पहर मैं कुर्सी पर लेटी हुई अँगरेज़ी पुस्तक पढ़ रही थी। अचानक मन में यह विचार उठा कि बाबू जी का बुखार असाध्य हो जाए तो? पर इस विचार से लेश-मात्र भी दु:ख न हुआ। मैं इस शोकमय कल्पना का मन ही मन आनन्द उठाने लगी। मिसेज़ दास, मिसेज़ नायडू, मिसेज़ श्रीवास्तव, मिस खरे, मिसेज़ शरगा अवश्य ही मातमपुर्सी करने आवेंगी। उन्हें देखते ही मैं सजल नेत्र हो उठूँगी, और कहूँगी—बहनो! मैं लुट गई। हाय मैं लुट गई। अब मेरा जीवन अँधेरी रात के भयावह वन या श्मशान के दीपक के समान है, परन्तु मेरी अवस्था पर दु:ख न प्रकट करो। मुझ पर जो पड़ेगी, उसे मैं उस महान् आत्मा के मोक्ष के विचार से सह लूँगी।

मैंने इस प्रकार मन में एक शोकपूर्ण व्याख्यान की रचना कर डाली। यहाँ तक कि अपने उस वस्त्र के विषय में भी निश्चय कर लिया, जो मृतक के साथ श्मशान जाते समय पहनूँगी।

इस घटना की शहर भर में चर्चा हो जाएगी। सारे कैन्टोन्मेंट के लोग मुझे समवेदना के पत्र भेजेंगे। तब मैं उनका उत्तर समाचार-पत्रों में प्रकाशित करा दूँगी कि मैं प्रत्येक शोक-पत्र का उत्तर देने में असमर्थ हूँ। हृदय के टुकड़े-टुकड़े हो गए हैं, उसे रोने के सिवा और किसी काम के लिए समय नहीं है। मैं इस हमदर्दी के लिए उन लोगों की कृतज्ञ हूँ, और उनसे विनयपूर्वक निवेदन करती हूँ कि वे मृतक की आत्मा की सद्गति के निमित्त ईश्वर से प्रार्थना करें।

मैं इन्हीं विचारों में डूबी हुई थी कि नर्स ने आकर कहा—आपको साहब याद करते हैं। यह मेरे क्लब जाने का समय था। मुझे उनका बुलाना अखर गया, लेकिन एक मास हो गया था। वह अत्यन्त दुर्बल हो रहे थे। उन्होंने मेरी ओर विनयपूर्ण दृष्टि से देखा। उसमें आँसू भरे हुए थे। मुझे उन पर दया आई। बैठ गई, और ढाढ़स देते हुए बोली—क्या करूँ? कोई दूसरा डॉक्टर बुलाऊँ?

बाबू जी आँखें नीची करके अत्यन्त करुण भाव से बोले—यहाँ कभी नहीं अच्छा हो सकता, मुझे अम्माँ के पास पहुँचा दो।

मैंने कहा—क्या आप समझते हैं कि वहाँ आपकी चिकित्सा यहाँ से अच्छी होगी?

बाबू जी बोले—क्या जाने क्यों मेरा जी अम्माँ के दर्शनों को लालायित हो रहा है। मुझे ऐसा मालूम होता है कि मैं वहाँ बिना दवा-दर्पन के भी अच्छा हो जाऊँगा।

मैं—यह आपका केवल विचार मात्र है।

बाबू जी—शायद ऐसा ही हो। लेकिन मेरी विनय स्वीकार करो। मैं इस रोग से नहीं इस जीवन से ही दु:खित हूँ।

मैंने अचरज से उनकी ओर देखा!

बाबू जी फिर बोले—हाँ, इस ज़िन्दगी से तंग आ गया हूँ! मैं अब समझ रहा हूँ मैं जिस स्वच्छ, लहराते हुए निर्मल जल की ओर दौड़ा जा रहा था, वह मरुभूमि है। मैं इस प्रकार जीवन के बाहरी रूप पर लट्टू हो रहा था; परन्तु अब मुझे उसकी आंतरिक अवस्थाओं का बोध हो रहा है! इन चार वर्षों में मैंने इस उपवन में ख़ूब भ्रमण किया, और उसे आदि से अन्त तक कंटकमय पाया। यहाँ न तो हृदय को शान्ति है, न आत्मिक आनन्द। यह एक उन्मत्त, अशान्तिमय, स्वार्थपूर्ण, विलापयुक्त जीवन है। यहाँ न नीति है, न धर्म; न सहानुभूति, न सहृदयता। परमात्मा के लिए मुझे इस अग्नि से बचाओ। यदि और कोई उपाय न हो तो

अम्माँ को एक पत्र ही लिख दो। वह अवश्य यहाँ आएँगी। अपने अभागे पुत्र का दुःख उनसे न देखा जाएगा। उन्हें इस सोसाइटी की हवा अभी नहीं लगी, वह आएँगी। उनकी वह ममतापूर्ण दृष्टि, वह स्नेहपूर्ण शुश्रूषा मेरे लिए सौ औषधियों का काम करेगी। उनके मुख पर वह ज्योति प्रकाशमान होगी, जिसके लिए मेरे नेत्र तरस रहे हैं। उनके हृदय में स्नेह है, विश्वास है। यदि उनकी गोद में मैं मर भी जाऊँ तो मेरी आत्मा को शान्ति मिलेगी।

मैं समझी कि यह बुखार की बक-झक है। नर्स से कहा—ज़रा इनका टेम्परेचर तो लो, मैं अभी डॉक्टर के पास जाती हूँ। मेरा हृदय एक अज्ञात भय से काँपने लगा। नर्स ने थरमामीटर निकाला; परन्तु ज्यों ही वह बाबू जी के समीप गई, उन्होंने उसके हाथ से वह यंत्र छीनकर पृथ्वी पर पटक दिया। उसके टुकड़े-टुकड़े हो गए। फिर मेरी ओर एक अवहेलनापूर्ण दृष्टि से देखकर कहा—साफ़-साफ़ क्यों नहीं कहती हो कि मैं क्लब-घर जाती हूँ जिसके लिए तुमने ये वस्त्र धारण किए हैं और गाउन पहनी है। ख़ैर, घूमती हुई यदि डॉक्टर के पास जाना, तो कह देना कि यहाँ टेम्परेचर उस बिंदु पर पहुँच चुका है, जहाँ आग लग जाती है।

मैं और भी अधिक भयभीत हो गई। हृदय में एक करुण चिन्ता का संचार होने लगा। गला भर आया। बाबू जी ने नेत्र मूँद लिये थे और उनकी साँस वेग से चल रही थी। मैं द्वार की ओर चली कि किसी को डॉक्टर के पास भेजूँ। यह फटकार सुनकर स्वयं कैसे जाती? इतने में बाबू जी उठ बैठे और विनीत भाव से बोले—श्यामा! मैं तुमसे कुछ कहना चाहता हूँ। बात दो सप्ताह से मन में थी; पर साहस न हुआ। आज मैंने निश्चय कर लिया है कि कह ही डालूँ। मैं अब फिर अपने घर जाकर वही पहले की-सी ज़िन्दगी बिताना चाहता हूँ। मुझे अब इस जीवन से घृणा हो गई है, और यही मेरी बीमारी का मुख्य कारण है। मुझे शारीरिक नहीं मानसिक कष्ट है। मैं फिर तुम्हें वही पहले की-सी सलज्ज, नीचा सिर करके चलनेवाली, पूजा करनेवाली, रामायण पढ़नेवाली, घर का काम-काज करनेवाली, चरखा कातनेवाली, ईश्वर से डरनेवाली, पतिश्रद्धा से परिपूर्ण स्त्री देखना चाहता हूँ। मैं विश्वास करता हूँ तुम मुझे निराश न करोगी। तुमको सोलहों आने अपनी बनाना और सोलहों आने तुम्हारा बनना चाहता हूँ। मैं अब समझ गया कि उसी सादे पवित्र जीवन में वास्तविक सुख है। बोलो, स्वीकार है? तुमने सदैव मेरी आज्ञाओं का पालन किया है, इस समय निराश न करना; नहीं तो इस कष्ट और शोक का न जाने कितना भयंकर परिणाम हो।

मैं सहसा कोई उत्तर न दे सकी। मन में सोचने लगी—इस स्वतंत्र जीवन में कितना सुख था? ये मज़े वहाँ कहाँ? क्या इतने दिन स्वतंत्र वायु में विचरण करने के पश्चात् फिर उसी पिंजड़े में जाऊँ? वही लौंडी बनकर रहूँ? क्यों इन्होंने मुझे वर्षों स्वतंत्रता का पाठ पढ़ाया, वर्षों देवताओं की, रामायण की, पूजा-पाठ की, व्रत-उपवास की बुराई की, हँसी उड़ाई? अब जब मैं उन बातों को भूल गई, उन्हें मिथ्या समझने लगी, तो फिर मुझे उसी अंधकूप में ढकेलना चाहते हैं। मैं तो इन्हीं की इच्छा के अनुसार चलती हूँ, फिर मेरा अपराध क्या है? लेकिन बाबू जी के मुख पर एक ऐसी दीनतापूर्ण विवशता थी कि मैं प्रत्यक्ष अस्वीकार न कर सकी। बोली—आख़िर यहाँ क्या कष्ट है?

मैं उनके विचारों की तह तक पहुँचना चाहती थी।

बाबू जी फिर उठ बैठे और मेरी ओर कठोर दृष्टि से देखकर बोले—बहुत ही अच्छा होता कि तुम इस प्रश्न को मुझसे पूछने के बदले अपने ही हृदय से पूछ लेती। क्या अब मैं

तुम्हारे लिए वही हूँ जो आज से तीन वर्ष पहले था। जब मैं तुमसे अधिक शिक्षा प्राप्त, अधिक बुद्धिमान, अधिक जानकार होकर तुम्हारे लिए वह नहीं रहा जो पहले था—तुमने चाहे इसका अनुभव न किया हो परन्तु मैं स्वयं कर रहा हूँ—तो मैं कैसे अनुमान करूँ कि उन्हीं भावों ने तुम्हें स्खलित न किया होगा? नहीं, बल्कि प्रत्यक्ष चिह्न देख पड़ते हैं कि तुम्हारे हृदय पर उन भावों का और भी अधिक प्रभाव पड़ा है। तुमने अपने को ऊपरी बनाव-चुनाव और विलास के भँवर में डाल दिया है, और तुम्हें उसकी लेशमात्र भी सुधि नहीं है। अब मुझे पूर्ण विश्वास हो गया कि सभ्यता, स्वेच्छाचारिता का भूत स्त्रियों के कोमल हृदय पर बड़ी सुगमता से क़ब्ज़ा कर सकता है। क्या अब से तीन वर्ष पूर्व भी तुम्हें यह साहस हो सकता था कि मुझे इस दशा में छोड़कर किसी पड़ोसिन के यहाँ गाने-बजाने चली जातीं? मैं बिछौने पर रहता, और तुम किसी के घर जाकर कलोलें करतीं? स्त्रियों का हृदय आधिक्य-प्रिय होता है; परन्तु इस नवीन आधिक्य के बदले मुझे वह पुराना आधिक्य कहीं ज़्यादा पसन्द है। उस आधिक्य का फल आत्मिक एवं शारीरिक अभ्युदय और हृदय की पवित्रता थी, पर इस आधिक्य का परिणाम है छिछोरापन, निर्लज्जता, दिखावा और स्वेच्छाचार। उस समय यदि तुम इस प्रकार मिस्टर दास के सम्मुख हँसतीं-बोलतीं, तो मैं या तो तुम्हें मार डालता, या स्वयं विष-पान कर लेता। परन्तु बेहयाई ऐसे जीवन का प्रधान तत्त्व है। मैं सब कुछ स्वयं देखता और सहता हूँ। कदाचित् सहे भी जाता यदि इस बीमारी ने मुझे सचेत न कर दिया होता। अब यदि तुम यहाँ बैठी भी रहो, तो मुझे सन्तोष न होगा, क्योंकि मुझे यह विचार दुःखित करता रहेगा कि तुम्हारा हृदय यहाँ नहीं है। मैंने अपने को उस इन्द्रजाल से निकालने का निश्चय कर लिया है, जहाँ धन का नाम मान है, इन्द्रिय लिप्सा का सभ्यता और भ्रष्टता का विचार स्वातंत्र्य। बोलो, मेरा प्रस्ताव स्वीकार है?

मेरे हृदय पर वज्रपात-सा हो गया। बाबू जी का अभिप्राय पूर्णतया हृदयंगम हो गया। अभी हृदय में कुछ पुरानी लज्जा बाक़ी थी। यह यंत्रणा असह्य हो गई। लज्जित हो उठी। अन्तरात्मा ने कहा—अवश्य! मैं अब वह नहीं हूँ, जो पहले थी। उस समय मैं इनको अपना इष्टदेव मानती थी, इनकी आज्ञा शिरोधार्य थी; पर अब वह मेरी दृष्टि में एक साधारण मनुष्य हैं। मिस्टर दास का चित्र मेरे नेत्रों के सामने खींच गया। कल मेरे हृदय पर इस दुरात्मा की बातों का कैसा नशा छा गया था, यह सोचते ही नेत्र लज्जा से झुक गए। बाबू जी की आंतरिक अवस्था उनके मुखड़े ही से प्रकाशमान हो रही थी। स्वार्थ और विलास-लिप्सा के विचार मेरे हृदय से दूर हो गए। उनके बदले ये शब्द ज्वलंत अक्षरों में लिखे हुए नज़र आए—तूने फैशन और वस्त्रभूषणों में अवश्य उन्नति की है, तुझमें अपने स्वार्थों का ज्ञान हो आया है, तुझमें जीवन के सुख भोगने की योग्यता अधिक हो गई है, तू अब अधिक गर्विणी, दृढ़हृदय और शिक्षा-सम्पन्न भी हो गई; लेकिन तेरे आत्मिक बल का विनाश हो गया, क्योंकि तू अपने कर्तव्य को भूल गई।

मैं दोनों हाथ जोड़कर बाबू जी के चरणों पर गिर पड़ी। कंठ रुँध गया, एक शब्द भी मुँह से न निकला, अश्रुधारा बह चली।

अब मैं फिर अपने घर पर आ गई हूँ। अम्माँ जी अब मेरा अधिक सम्मान करती हैं, बाबू जी सन्तुष्ट दीख पड़ते हैं। वह अब स्वयं प्रतिदिन संध्यावंदन करते हैं।

मिसेज़ दास के पत्र कभी-कभी आते हैं, वह इलाहाबादी सोसाइटी के नवीन समाचारों से भरे होते हैं। मिस्टर दास और मिस भाटिया के सम्बन्ध में कलुषित बातें उड़ रही हैं। मैं

इन पत्रों का उत्तर तो देती हूँ, परन्तु चाहती हूँ कि वह अब न आते तो अच्छा होता। वह मुझे उन दिनों की याद दिलाते हैं, जिन्हें मैं भूल जाना चाहती हूँ।

कल बाबू जी ने बहुत-सी पुरानी पोथियाँ अग्निदेव को अर्पण कीं। उनमें आसकर वाइल्ड की कई पुस्तकें थीं। वह अब अँगरेज़ी पुस्तकें बहुत कम पढ़ते हैं। उन्हें कार्लाइल, रस्किन और एमरसन के सिवा और कोई पुस्तक पढ़ते मैं नहीं देखती। मुझे तो अपनी रामायण और महाभारत में फिर वही आनन्द प्राप्त होने लगा है। चरखा अब पहले से अधिक चलाती हूँ क्योंकि इस बीच चरखे ने ख़ूब प्रचार पा लिया है।

बैंक का दिवाला

लखनऊ नेशनल बैंक के दफ़्तर में लाला साईंदास आरामकुर्सी पर लेटे हुए शेयरों का भाव देख रहे थे और सोच रहे थे कि इस बार हिस्सेदारों को मुनाफा कहाँ से दिया जाएगा। चाय, कोयला या जूट के हिस्से ख़रीदने, चाँदी, सोने या रुई का सट्टा करने का इरादा करते; लेकिन नुक़सान के भय से कुछ तय न कर पाते थे। नाज के व्यापार में इस बार बड़ा घाटा रहा; हिस्सेदारों के ढाढ़स के लिए हानि-लाभ का कल्पित ब्योरा दिखाना पड़ा और नफा पूँजी से देना पड़ा। इससे फिर नाज के व्यापार में हाथ डालते जी काँपता था।

पर रुपए को बेकार डाल रखना असम्भव था। दो-एक दिन में उसे कहीं न कहीं लगाने का उचित उपाय करना ज़रूरी था; क्योंकि डाइरेक्टरों की तिमाही बैठक एक ही सप्ताह में होनेवाली थी। और यदि उस समय कोई निश्चय ही न हुआ, तो आगे तीन महीने तक फिर कुछ न हो सकेगा, और छमाही मुनाफे के बँटवारे के समय फिर वही फरजी कार्रवाई करनी पड़ेगी, जिसको बार-बार सहन करना बैंक के लिए कठिन है। बहुत देर तक इस उलझन में पड़े रहने के बाद साईंदास ने घंटी बजाई। इस पर बग़ल के दूसरे कमरे से एक बंगाली बाबू ने सिर निकालकर झाँका।

साईंदास—ताजा-स्टील कम्पनी को एक पत्र लिख दीजिए कि अपना नया बैलेंस शीट भेज दें।

बाबू—उन लोगों को रुपया का ग़रज़ नहीं। चिट्ठी का जवाब नहीं देता।

साईंदास—अच्छा; नागपुर की स्वदेशी मिल को लिखिए।

बाबू—उसका कारोबार अच्छा नहीं है। अभी उसके मज़दूरों ने हड़ताल किया था। दो महीना तक मिल बन्द रहा।

साईंदास—अजी, तो कहीं लिखो भी! तुम्हारी समझ में सारी दुनिया बेईमानों से भरी है।

बाबू—बाबा, लिखने को तो हम सब जगह लिख दें; मगर ख़ाली लिख देने से तो कुछ लाभ नहीं होता।

लाला साईंदास अपनी कुल-प्रतिष्ठा और मर्यादा के कारण बैंक के मैनेजिंग डाइरेक्टर हो गए थे पर व्यावहारिक बातों से अपरिचित थे। यही बंगाली बाबू इनके सलाहकार थे और बाबू साहब को किसी कारख़ाने या कम्पनी पर भरोसा न था। इन्हीं के अविश्वास के कारण

पिछले साल बैंक का रुपया सन्दूक़ से बाहर न निकल सका था, और अब वही रंग फिर दिखाई देता था। साईंदास को इस कठिनाई से बचने का कोई उपाय न सूझता था। न इतनी हिम्मत थी कि अपने भरोसे किसी व्यापार में हाथ डालें। बेचैनी की दशा में उठकर कमरे में टहलने लगे कि दरबान ने आकर ख़बर दी—बरहल की महारानी की सवारी आई है।

2

लाला साईंदास चौंक पड़े। बरहल की महारानी को लखनऊ आए तीन-चार दिन हुए थे और हर एक के मुँह से उन्हीं की चर्चा सुनाई देती थी। कोई उनके पहनावे पर मुग्ध था, कोई सुन्दरता पर, कोई उनकी स्वच्छंद वृत्ति पर। यहाँ तक कि उनकी दासियाँ और सिपाही आदि भी लोगों की चर्चा के पात्र बने हुए थे। रायल होटल के द्वार पर दर्शकों की भीड़ लगी रहती है। कितने ही शौकीन, बेफिकरे लोग, इतर-फरोश, बजाज या तम्बाकूगर का वेश धर कर उनका दर्शन कर चुके थे। जिधर से महारानी की सवारी निकल जाती, दर्शकों के ठट लग जाते थे। वाह-वाह, क्या शान है! ऐसी इराकी जोड़ी लाट साहब के सिवा किसी राजा-रईस के यहाँ तो शायद ही निकले, और सजावट भी क्या ख़ूब है! भई, ऐसे गोरे आदमी तो यहाँ भी दिखाई नहीं देते। यहाँ के रईस तो मृगांक, चन्द्रोदय, और ईश्वर जाने, क्या-क्या खाक-बला खाते हैं, पर किसी के बदन पर तेज़ या प्रकाश का नाम नहीं। ये लोग न जाने क्या भोजन करते और किस कुएँ का पानी पीते हैं कि जिसे देखिए, ताज़ा सेव बना हुआ है। यह सब जलवायु का प्रभाव है।

बरहल उत्तर दिशा में नेपाल के समीप, अँगरेज़ी राज्य में एक रियासत थी। यद्यपि जनता उसे बहुत मालदार समझती थी; पर वास्तव में उस रियासत की आमदनी दो लाख से अधिक न थी। हाँ, क्षेत्रफल बहुत विस्तृत था। बहुत भूमि ऊसर और उजाड़ थी। बसा हुआ भाग भी पहाड़ी और बंजर था। ज़मीन बहुत सस्ती उठती थी।

लाला साईंदास ने तुरन्त अलगनी से रेशमी सूट उतारकर पहन लिया और मेज़ पर आकर शान से बैठ गए, मानो राजा-रानियों का यहाँ आना कोई साधारण बात है। दफ़्तर के क्लर्क भी सँभल गए। सारे बैंक में सन्नाटे की हलचल पैदा हो गई। दरबान ने पगड़ी सँभाली। चौकीदार ने तलवार निकाली, और अपने स्थान पर खड़ा हो गया। पंखा-कुली की मीठी नींद भी टूटी और बंगाली बाबू महारानी के स्वागत के लिए दफ़्तर से बाहर निकले।

साईंदास ने बाहरी ठाट तो बना लिया, किन्तु चित्त आशा और भय से चंचल हो रहा था। एक रानी से व्यवहार करने का यह पहला ही अवसर था; घबराते थे कि बात करते बने या न बने। रईसों का मिज़ाज आसमान पर होता है। मालूम नहीं, मैं बात करने में कहीं चूक जाऊँ। उन्हें इस समय अपने में एक कमी मालूम हो रही थी। वह राजसी नियमों से अनभिज्ञ थे। उनका सम्मान किस प्रकार करना चाहिए, उनसे बातें करने में किन बातों का ध्यान रखना चाहिए। उनकी मर्यादा-रक्षा के लिए कितनी नम्रता उचित है, इस प्रकार के प्रश्न से वह बड़े असमंजस में पड़े हुए थे, और जी चाहता था किसी तरह परीक्षा से शीघ्र ही छुटकारा हो जाए। व्यापारियों, मामूली ज़मींदारों या रईसों से वह रुखाई और सफ़ाई का बर्ताव किया करते थे और पढ़े-लिखे सज्जनों से शील और शिष्टता का। उन अवसरों पर उन्हें किसी विशेष विचार की आवश्यकता न होती थी; पर इस समय बड़ी परेशानी हो रही थी। जैसे कोई लंका-वासी तिब्बत में आ गया हो, जहाँ के रस्म-रिवाज और बातचीत का उसे ज्ञान न हो।

एकाएक उनकी दृष्टि घड़ी पर पड़ी। तीसरे पहर के चार बज चुके थे, परन्तु घड़ी अभी दोपहर की नींद में मग्न थी। तारीख़ की सुई ने दौड़ में समय को भी मात कर दिया था। वह जल्दी से उठे कि घड़ी को ठीक कर दें, इतने में महारानी का कमरे में पदार्पण हुआ। साईंदास ने घड़ी को छोड़ा और महारानी के निकट जा बग़ल में खड़े हो गए। निश्चय न कर सके कि हाथ मिलाएँ या झुककर सलाम करें। रानी जी ने स्वयं हाथ बढ़ाकर उन्हें इस उलझन से छुड़ाया।

जब कुर्सियों पर बैठ गए, तो रानी के प्राइवेट सेक्रेटरी ने व्यवहार की बातचीत शुरू की। बरहल की पुरानी गाथा सुनाने के बाद उसने उन उन्नतियों का वर्णन किया, जो रानी साहब के प्रयत्न से हुई थीं। इस समय नहरों की एक शाखा निकालने के लिए दस लाख रुपयों की आवश्यकता थी; परन्तु उन्होंने एक हिन्दुस्तानी बैंक से ही व्यवहार करना अच्छा समझा। अब यह निर्णय नेशनल बैंक के हाथ में था कि वह इस अवसर से लाभ उठाना चाहता है या नहीं।

बंगाली बाबू—हम रुपया दे सकता है, मगर काग़ज़-पत्तर देखे बिना कुछ नहीं कर सकता।

सेक्रेटरी—आप कोई ज़मानत चाहते हैं।

साईंदास उदारता से बोले—महाशय, ज़मानत के लिए आपकी ज़बान ही काफ़ी है।

बंगाली बाबू—आपके पास रियासत का कोई हिसाब-किताब है?

लाला साईंदास को अपने हेडक्लर्क का दुनियादारी का बर्ताव अच्छा न लगता था। वह इस समय उदारता के नशे में चूर थे। महारानी की सूरत ही पक्की ज़मानत थी। उनके सामने काग़ज़ और हिसाब का वर्णन करना बनियापन जान पड़ता था, जिससे अविश्वास की गंध आती है।

महिलाओं के सामने हम शील और संकोच के पुतले बन जाते हैं। साईंदास बंगाली बाबू की ओर क्रूर-कठोर दृष्टि से देखकर बोले—काग़ज़ों की जाँच कोई आवश्यक बात नहीं है, केवल हमको विश्वास होना चाहिए।

बंगाली बाबू—डाइरेक्टर लोग कभी न मानेगा।

साईंदास—हमको इसकी परवा नहीं, हम अपनी ज़िम्मेदारी पर रुपए दे सकते हैं।

रानी ने साईंदास की ओर कृतज्ञतापूर्ण दृष्टि से देखा। उनके होंठों पर हलकी मुस्कुराहट दिखलाई पड़ी।

3

परन्तु डाइरेक्टरों ने हिसाब-किताब, आय-व्यय देखना आवश्यक समझा, और यह काम लाला साईंदास के सुपुर्द हुआ, क्योंकि और किसी को अपने काम से फ़ुर्सत न थी कि वह एक पूरे दफ़्तर का मुआयना करता। साईंदास ने नियम पालन किया। तीन-चार दिन तक हिसाब जाँचते रहे। तब अपने इतमीनान के अनुकूल रिपोर्ट लिखी। मामला तय हो गया। दस्तावेज़ लिखा गया, रुपए दे दिए गए। नौ रुपए सैकड़े ब्याज ठहरा।

तीन साल तक बैंक के कारोबार में अच्छी उन्नति हुई। छठे महीने बिना कहे-सुने पैंतालीस हज़ार रुपयों की थैली दफ़्तर में आ जाती थी। व्यवहारियों को पाँच रुपए सैकड़े ब्याज दे दिया जाता था। हिस्सेदारों को सात रुपए सैकड़े लाभ था।

साईंदास से सब लोग प्रसन्न थे, सब लोग उनकी सूझ-बूझ की प्रशंसा करते। यहाँ तक कि बंगाली बाबू भी धीरे-धीरे उनके कायल होते जाते थे। साईंदास उनसे कहा करते—बाबू जी, विश्वास संसार से न लुप्त हुआ है और न होगा। सत्य पर विश्वास रखना प्रत्येक मनुष्य

का धर्म है। जिस मनुष्य के चित्त से विश्वास जाता रहता है उसे मृतक समझना चाहिए। उसे जान पड़ता है, मैं चारों ओर शत्रुओं से घिरा हुआ हूँ। बड़े से बड़े सिद्ध महात्मा भी उसे रँगे-सियार जान पड़ते हैं। सच्चे से सच्चे देशप्रेमी उसकी दृष्टि में अपनी प्रशंसा के भूखे ही ठहरते हैं। संसार उसे धोखे और छल से परिपूर्ण दिखाई देता है। यहाँ तक कि उसके मन से परमात्मा पर श्रद्धा और भक्ति लुप्त हो जाती है। एक प्रसिद्ध फिलासफर का कथन है कि प्रत्येक मनुष्य को जब तक कि उसके विरुद्ध कोई प्रत्यक्ष प्रमाण न पाओ भला मानस समझो। वर्तमान शासन प्रथा इसी महत्त्वपूर्ण सिद्धान्त पर गठित है। और घृणा तो किसी से करनी ही न चाहिए। हमारी आत्माएँ पवित्र हैं। उनसे घृणा करना परमात्मा से घृणा करने के समान है। मैं यह नहीं कहता हूँ कि संसार में कपट-छल है ही नहीं; है, और बहुत अधिकता से है परन्तु उसका निवारण अविश्वास से नहीं मानव चरित्र के ज्ञान से होता है और यह ईश्वरदत्त गुण है। मैं यह दावा तो नहीं करता परन्तु मुझे विश्वास है कि मैं मनुष्य को देखकर उसके आंतरिक भावों तक पहुँच जाता हूँ। कोई कितना ही वेश बदले, रंग-रूप सँवारे, परन्तु मेरी अंतर्दृष्टि को धोखा नहीं दे सकता। यह भी ध्यान रखना चाहिए कि विश्वास से विश्वास उत्पन्न होता है और अविश्वास से अविश्वास। यह प्राकृतिक नियम है। जिस मनुष्य को आप शुरू से ही धूर्त, कपटी, दुर्जन, समझ लेंगे, वह कभी आपसे निष्कपट व्यवहार न करेगा। वह एकाएक आपको नीचा दिखाने का यत्न करेगा। इसके विपरीत आप एक चोर पर भी भरोसा करें, तो वह आपका दास हो जाएगा। सारे संसार को लूटे परन्तु आपको धोखा न देगा। वह कितना ही कुकर्मी, अधर्मी क्यों न हो, पर आप उसके गले में विश्वास की जंजीर डालकर उसे जिस ओर चाहें, ले जा सकते हैं। यहाँ तक कि वह आपके हाथों पुण्यात्मा भी बन सकता है।

बंगाली बाबू के पास इन दार्शनिक तर्कों का कोई उत्तर न था।

4

चौथे वर्ष क़ी पहली तारीख़ थी। लाला साईंदास बैंक के दफ़्तर में बैठे डाकिये की राह देख रहे थे। आज बरहल से पैंतालीस हज़ार रुपए आवेंगे। अबकी इनका इरादा था कि कुछ सजावट के सामान और मोल ले लें। अब तक बैंक में टेलीफ़ोन नहीं था। उसका भी तखमीना मँगा लिया था। आशा की आभा चेहरे से झलक रही थी। बंगाली बाबू से हँसकर कहते थे—इस तारीख़ को मेरे हाथों में अदबदा के खुजली होने लगती है। आज भी हथेली खुजला रही है। कभी दफ़्तरी से कहते—अरे मियाँ शराफ़त, ज़रा सगुन तो विचारो; सिर्फ़ सूद ही सूद आ रहा है या दफ़्तरवालों के लिए नज़राना-शुकराना भी। आशा का प्रभाव कदाचित् स्थान पर भी होता है। बैंक भी आज खुला हुआ दिखाई पड़ता था।

डाकिया ठीक समय पर आया। साईंदास ने लापरवाही से उसकी ओर देखा। उसने अपनी थैली से कई रजिस्टरी लिफ़ाफ़े निकाले। साईंदास ने लिफ़ाफ़ों को उड़ती निगाहों से देखा। बरहल का कोई लिफ़ाफ़ा न था। न बीमा, न मुहर, न वह लिखावट। कुछ निराशा-सी हुई। जी में आया, डाकिये से पूछें, कोई रजिस्टरी रह तो नहीं गई पर रुक गए; दफ़्तर के क्लर्कों के सामने इतना अधैर्य अनुचित था। किन्तु जब डाकिया चलने लगा तब उनसे न रहा गया? पूछ ही बैठे—अरे भाई, कोई बीमा का लिफ़ाफ़ा रह तो नहीं गया? आज उसे आना चाहिए

था। डाकिये ने कहा—सरकार भला ऐसी बात हो सकती है! और कहीं भूल-चूक चाहे हो भी जाए पर आपके काम में कहीं भूल हो सकती है?

साईंदास का चेहरा उतर गया, जैसे कच्चे रंग पर पानी पड़ जाए। डाकिया चला गया, तो बंगाली बाबू से बोले—यह देर क्यों हुई? और तो कभी ऐसा न होता था।

बंगाली बाबू ने निष्ठुर भाव से उत्तर दिया—किसी कारण से देर हो गया होगा। घबराने की कोई बात नहीं।

निराशा असम्भव को सम्भव बना देती है। साईंदास को इस समय यह ख़याल हुआ कि कदाचित् पार्सल से रुपए आते हों। हो सकता है, तीन हज़ार अशर्फियों का पार्सल करा दिया हो। यद्यपि इस विचार को औरों पर प्रकट करने का उन्हें साहस न हुआ, पर उन्हें यह आशा उस समय तक बनी रही जब तक पार्सलवाला डाकिया वापस नहीं गया। अन्त में संध्या को वह बेचैनी की दशा में उठकर घर चले गए। अब ख़त या तार का इन्तज़ार था। दो-तीन बार झुँझला कर उठे, डाँट कर पत्र लिखूँ और साफ़-साफ़ कह दूँ कि लेन-देन के मामले में वादा पूरा न करना विश्वासघात है। एक दिन की देर भी बैंक के लिए घातक हो सकती है। इससे यह होगा कि फिर कभी ऐसी शिकायत करने का अवसर न मिलेगा; परन्तु फिर कुछ सोचकर न लिखा।

शाम हो गई थी, कई मित्र आ गए। गपशप होने लगी। इतने में पोस्टमैन ने शाम की डाक दी। यों वह पहले अख़बारों को खोला करते पर आज चिट्ठियाँ खोलीं; किन्तु बरहल का कोई ख़त न था। तब बेदम हो एक अँगरेज़ी अख़बार खोला। पहले ही तार का शीर्षक देखकर उनका ख़ून सर्द हो गया। लिखा था—

'कल शाम को बरहल की महारानी जी का तीन दिन की बीमारी के बाद देहान्त हो गया।'

इसके आगे एक संक्षिप्त नोट में यह लिखा हुआ था—बरहल की महारानी की अकाल मृत्यु केवल इस रियासत के लिए ही नहीं, किन्तु समस्त प्रान्त के लिए शोक-जनक घटना है। बड़े-बड़े भिषगाचार्य (वैद्यराज) अभी रोग की परख भी न कर पाए थे कि मृत्यु ने काम तमाम कर दिया। रानी जी को सदैव अपनी रियासत की उन्नति का ध्यान रहता था। उनके थोड़े-से राज्यकाल में ही उनसे रियासत को जो लाभ हुए हैं, वे चिरकाल तक स्मरण रहेंगे। यद्यपि यह मानी हुई बात थी कि राज्य उनके बाद दूसरे के हाथ जाएगा, तथापि यह विचार कभी रानी साहिबा के कर्तव्य पालन में बाधक नहीं बना। शास्त्रनुसार उन्हें रियासत की ज़मानत पर ऋण लेने का अधिकार न था। परन्तु प्रजा की भलाई के विचार से उन्हें कई बार इस नियम का उल्लंघन करना पड़ा। हमें विश्वास है कि यदि वह कुछ दिन और जीवित रहतीं, तो रियासत को ऋण से मुक्त कर देतीं। उन्हें रात-दिन इसका ध्यान रहता था। परन्तु इस असामयिक मृत्यु ने अब यह फ़ैसला दूसरों के अधीन कर दिया। देखना चाहिए, इन ऋणों का क्या परिणाम होता है। हमें विश्वस्त रीति से यह मालूम हुआ है कि नए महाराज ने, जो आजकल लखनऊ में विराजमान हैं, अपने वकीलों की सम्मति के अनुसार मृतक महारानी के ऋण सम्बन्धी हिसाबों को चुकाने से इनकार कर दिया है। हमें भय है कि इस निश्चय से महाजनी टोले में बड़ी हलचल पैदा होगी और लखनऊ के कितने ही धन-सम्पत्ति के स्वामियों को यह शिक्षा मिल जाएगी कि ब्याज का लोभ कितना अनिष्टकारी होता है।

लाला साईंदास ने अख़बार मेज़ पर रख दिया और आकाश की ओर देखा, जो निराशा का अन्तिम आश्रय है। अन्य मित्रों ने भी यह समाचार पढ़ा। इन प्रश्न पर वाद-विवाद होने

लगा। साईंदास पर चारों ओर से बौछार पड़ने लगी। सारा दोष उन्हीं के सिर पर मढ़ा गया और उनकी चिरकाल की कार्यकुशलता और परिणामदर्शिता मिट्टी में मिल गई। बैंक इतना बड़ा घाटा सहने में असमर्थ था। अब यह विचार उपस्थित हुआ कि कैसे उसके प्राणों की रक्षा की जाए।

5

शहर में यह ख़बर फैलते ही लोग अपने रुपए वापस लेने के लिए आतुर हो गए। सुबह से शाम तक लेनदारों का ताँता लगा रहता था। जिन लोगों का धन चालू हिसाब में जमा था, उन्होंने तुरन्त निकाल लिया, कोई उज्र न सुना। यह उसी पत्र के लेख का फल था कि नेशनल बैंक की साख उठ गई। धीरज से काम लेते, तो बैंक सँभल जाता। परन्तु आँधी और तूफ़ान में कौन नौका स्थिर रह सकती है? अन्त में ख़ज़ांची ने टाट उलट दिया। बैंक की नसों से इतनी रक्तधाराएँ निकलीं कि वह प्राण-रहित हो गया।

तीन दिन बीत चुके थे। बैंक घर के सामने सहस्त्रों आदमी एकत्र थे। बैंक के द्वार पर सशस्त्र सिपाहियों का पहरा था। नाना प्रकार की अफ़वाहें उड़ रही थीं। कभी ख़बर उड़ती, लाल साईंदास ने विष-पान कर लिया। कोई उनके पकड़े जाने की सूचना लाता था। कोई कहता था—डाइरेक्टर हवालात के भीतर हो गए।

एकाएक सड़क पर से एक मोटर निकली और बैंक के सामने आकर रुक गई। किसी ने कहा—बरहल के महाराज की मोटर है। इतना सुनते ही सैकड़ों मनुष्य मोटर की ओर घबराए हुए दौड़े और उन लोगों ने मोटर को घेर लिया।

कुँवर जगदीशसिंह महारानी की मृत्यु के बाद वकीलों से सलाह लेने लखनऊ आए थे। बहुत कुछ सामान भी ख़रीदना था। वे इच्छाएँ जो चिरकाल से ऐसे सुअवसर की प्रतीक्षा में बँधी थीं, पानी की भाँति राह पाकर उबली पड़ती थीं। यह मोटर आज ही ली गई थी। नगर में एक कोठी लेने की बातचीत हो रही थी। बहुमूल्य विलास-वस्तुओं से लदी एक गाड़ी बरहल के लिए चल चुकी थी। यहाँ भीड़ देखी, तो सोचा, कोई नवीन नाटक होने वाला है, मोटर रोक दी। इतने में सैकड़ों की भीड़ लग गई।

कुँवर साहब ने पूछा—यहाँ आप लोग क्यों जमा हैं? कोई तमाशा होनेवाला है क्या?

एक महाशय, जो देखने में कोई बिगड़े रईस मालूम होते थे, बोले—जी हाँ, बड़ा मज़ेदार तमाशा है।

कुँवर—किसका तमाशा है?

वह—तकदीर का।

कुँवर महाशय को यह उत्तर पाकर आश्चर्य तो हुआ, परन्तु सुनते आए थे कि लखनऊ वाले बात-बात में बात निकाला करते हैं, अतः उसी ढंग से उत्तर देना आवश्यक हुआ। बोले—तकदीर का खेल देखने के लिए यहाँ आना तो आवश्यक नहीं।

लखनवी महाशय ने कहा—आपका कहना सच है, लेकिन दूसरी जगह यह मज़ा कहाँ? यहाँ सुबह से शाम तक के बीच भाग्य ने कितनों को धनी से निर्धन और निर्धन से भिखारी बना दिया। सवेरे जो लोग महल में बैठे थे, उन्हें इस समय वृक्ष की छाया भी नसीब नहीं। जिनके द्वार पर सदावर्त खुले थे, उन्हें इस समय रोटियों के लाले पड़े हैं। अभी एक सप्ताह

पहले जो लोग काल-गति, भाग्य के खेल और समय के फेर को कवियों की उपमा समझते थे इस समय उनकी आह और करुण क्रंदन वियोगियों को भी लज्जित करता है। ऐसे तमाशे और कहाँ देखने में आवेंगे?

कुँवर—जनाब, आपने तो पहेली को और गाढ़ा कर दिया। देहाती हूँ, मुझसे साधारण तौर से बात कीजिए।

इस पर एक सज्जन ने कहा—साहब, यह नेशनल बैंक है। इसका दिवाला निकल गया है। आदाब-अर्ज, मुझे पहचाना?

कुँवर साहब ने उसकी ओर देखा, तो मोटर से कूद पड़े और उनसे हाथ मिलाते हुए बोले—अरे, मिस्टर नसीम? तुम यहाँ कहाँ? भाई तुमसे मिलकर बड़ा आनन्द हुआ।

मिस्टर नसीम कुँवर साहब के साथ देहरादून-कॉलेज में पढ़ते थे। दोनों साथ-साथ देहरादून की पहाड़ियों पर सैर करते थे, परन्तु जब से कुँवर महाशय ने घर के झंझटों से विवश होकर कॉलेज छोड़ा, तब से दोनों मित्रों में भेंट न हुई थी। नसीम भी उनके आने के कुछ समय पीछे अपने घर लखनऊ चले आए थे।

नसीम ने उत्तर दिया—शुक्र है, आपने पहचाना तो। कहिए, अब तो पौ-बारह है। कुछ दोस्तों की भी सुध है?

कुँवर—सच कहता हूँ। तुम्हारी याद हमेशा आया करती थी। कहो, आराम से तो हो? मैं रायल होटल में टिका हूँ, आज आओ, तो इत्मीनान से बातचीत हो।

नसीम—जनाब, इत्मीनान तो नेशनल बैंक के साथ चला गया। अब तो रोजी की फ़िक्र सवार है। जो कुछ जमा-पूँजी थी, सब आपको भेंट हुई। इस दिवाले ने फ़क़ीर बना दिया। अब आपके दरवाज़े पर आकर धरना दूँगा।

कुँवर—तुम्हारा घर है, बेखटके आओ। मेरे साथ ही क्यों न चलो। क्या बतलाऊँ, मुझे कुछ भी ध्यान न था कि मेरे इनकार करने का यह फल होगा। जान पड़ता है बैंक ने बहुतेरों को तबाह कर दिया।

नसीम—घर-घर मातम छाया हुआ है। मेरे पास तो इन कपड़ों के सिवा और कुछ नहीं रहा।

इतने में एक तिलकधारी पंडित जी आ गए और बोले—साहब, आपके शरीर पर वस्त्र तो हैं। यहाँ तो धरती-आकाश कहीं ठिकाना नहीं। राघोजी पाठशाला का अध्यापक हूँ। पाठशाला का सब धन इसी बैंक में जमा था। पचास विद्यार्थी इसी के आसरे संस्कृत पढ़ते और भोजन पाते थे। कल से पाठशाला बन्द हो जाएगी। दूर-दूर के विद्यार्थी हैं। वह अपने घर किस तरह पहुँचेंगे, ईश्वर ही जानें।

एक महाशय, जिनके सिर पर पंजाबी ढंग की पगड़ी थी, गाढ़े का कोट और चमरौधा जूता पहने हुए थे, आगे बढ़ आए और नेतृत्व के भाव से बोले—महाशय, इस बैंक के फेल्योर ने कितने ही इंस्टीट्यूशनों को समाप्त कर दिया। लाला दीनानाथ का अनाथालय अब एक दिन भी नहीं चल सकता। उसके एक लाख रुपए डूब गए। अभी पन्द्रह दिन हुए, मैं डेपुटेशन से लौटा तो पन्द्रह हज़ार रुपए अनाथालय कोष में जमा किए थे, मगर अब कहीं कौड़ी का ठिकाना नहीं!

एक बूढ़े ने कहा—साहब, मेरी तो ज़िन्दगी भर की कमाई मिट्टी में मिल गई। अब कफ़न का भी भरोसा नहीं।

धीरे-धीरे और लोग भी एकत्र हो गए और साधारण बातचीत होने लगी। प्रत्येक मनुष्य अपने पासवाले को अपनी दु:खकथा सुनाने लगा। कुँवर साहब आधे घंटे तक नसीम के साथ खड़े ये विपत् कथाएँ सुनते रहे। ज्यों ही मोटर पर बैठे और होटल की ओर चलने की आज्ञा दी, त्यों ही उनकी दृष्टि एक मनुष्य पर पड़ी, जो पृथ्वी पर सिर झुकाए बैठा था। यह एक अहीर था जो लड़कपन में कुँवर साहब के साथ खेला था। उस समय उनमें ऊँच-नीच का विचार न था, कबड्डी खेले, साथ पेड़ों पर चढ़े और चिड़ियों के बच्चे चुराए थे। जब कुँवर जी देहरादून पढ़ने गए, तब यह अहीर का लड़का शिवदास अपने बाप के साथ लखनऊ चला आया। उसने यहाँ एक दूध की दुकान खोल ली थी। कुँवर साहब ने उसे पहचाना और उच्च स्वर से पुकारा—अरे शिवदास इधर देखो।

शिवदास ने बोली सुनी, परन्तु सिर ऊपर न उठाया। वह अपने स्थान पर बैठा ही कुँवर साहब को देख रहा था। बचपन के वे दिन याद आ रहे थे, जब वह जगदीश के साथ गुल्ली-डंडा खेलता था, जब दोनों बुड्ढे गफूर मियाँ को मुँह चिढ़ा कर घर में छिप जाते थे, जब वह इशारों से जगदीश को गुरु जी के पास से बुला लेता था, और दोनों रामलीला देखने चले जाते थे। उसे विश्वास था कि कुँवर जी मुझे भूल गए होंगे, वे लड़कपन की बातें अब कहाँ? कहाँ मैं और कहाँ यह! लेकिन कुँवर साहब ने उसका नाम लेकर बुलाया, तो उसने प्रसन्न होकर मिलने के बदले और भी सिर नीचा कर लिया और वहाँ से टल जाना चाहा। कुँवर साहब की सहृदयता में वह साम्यभाव न था। मगर कुँवर साहब उसे हटते देखकर मोटर से उतरे और उसका हाथ पकड़कर बोले—अरे शिवदास, क्या मुझे भूल गए?

अब शिवदास अपने मनोवेग को रोक न सका। उसके नेत्र डबडबा आए। कुँवर के गले से लिपट गया और बोला—भूला तो नहीं। पर आपके सामने आते लज्जा आती है।

कुँवर—यहाँ दूध की दुकान करते हो क्या? मुझे मालूम ही न था, नहीं अठवारों से पानी पीते-पीते जुकाम क्यों होता? आओ, इसी मोटर पर बैठ जाओ। मेरे साथ होटल तक चलो। तुमसे बातें करने को जी चाहता है। तुम्हें बरहल ले चलूँगा और एक बार फिर गुल्ली-डंडे का खेल खेलेंगे।

शिवदास—ऐसा न कीजिए, नहीं तो देखनेवाले हँसेंगे। मैं होटल में आ जाऊँगा। वही हजरतगंज वाले होटल में ठहरे हैं न?

कुँवर—हाँ, अवश्य आओगे न?

शिवदास—आप बुलाएँगे, और मैं न आऊँगा?

कुँवर—यहाँ कैसे बैठे हो? दुकान तो चल रही है न?

शिवदास—आज सवेरे तक तो चलती थी। आगे का हाल नहीं मालूम।

कुँवर—तुम्हारे रुपए भी बैंक में जमा थे क्या?

शिवदास—जब आऊँगा तो बताऊँगा।

कुँवर साहब मोटर पर आ बैठे और ड्राइवर से बोले—होटल की ओर चलो।

ड्राइवर—हुजूर ने व्हाइटवे कम्पनी की दुकान पर चलने की आज्ञा जो दी थी।

कुँवर—अब उधर न जाऊँगा।

ड्राइवर—जेकब साहब बारिस्टर के यहाँ भी न चलेंगे?

कुँवर—(झुँझला कर) नहीं, कहीं मत चलो। मुझे सीधे होटल पहुँचाओ।

निराशा और विपत्ति के इन दृश्यों ने जगदीशसिंह के चित्त में यह प्रश्न उपस्थित कर दिया था कि अब मेरा क्या कर्तव्य है?

6

आज से सात वर्ष पूर्व जब बरहल के महाराज ठीक युवावस्था में घोड़े से गिरकर मर गए थे और विरासत का प्रश्न उठा तो महाराज के कोई सन्तान न होने के कारण, वंश-क्रम मिलाने से उनके सगे चचेरे भाई ठाकुर रामसिंह को विरासत का हक़ पहुँचता था। उन्होंने दावा किया, लेकिन न्यायालयों ने रानी को ही हकदार ठहराया। ठाकुर साहब ने अपीलें कीं, प्रिवी कौंसिल तक गए, परन्तु सफलता न हुई। मुक़दमेबाज़ी में लाखों रुपए नष्ट हुए, अपने पास की मिलकियत भी हाथ से जाती रही; किन्तु हार कर भी वह चैन से न बैठे। सदैव विधवा रानी को छेड़ते रहे। कभी असामियों को भड़काते, कभी असामियों से रानी की बुराई करते, कभी उन्हें जाली मुक़दमों में फँसाने का उपाय करते, परन्तु रानी बड़े जीवट की स्त्री थीं। वह भी ठाकुर साहब के प्रत्येक आघात का मुँहतोड़ उत्तर देतीं। हाँ, इस खींचतान में उन्हें बड़ी-बड़ी रक़में अवश्य ख़र्च करनी पड़ती थीं। असामियों से रुपए न वसूल होते इसलिए उन्हें बार-बार ऋण लेना पड़ता था। परन्तु क़ानून के अनुसार उन्हें ऋण लेने का अधिकार न था। इसलिए उन्हें या तो इस व्यवस्था को छिपाना पड़ता था, या सूद की गहरी दर स्वीकार करनी पड़ती थी।

कुँवर जगदीशसिंह का लड़कपन तो लाड़-प्यार में बीता था, परन्तु जब ठाकुर रामसिंह मुक़दमेबाज़ी से बहुत तंग आ गए और यह सन्देह होने लगा कि कहीं रानी की चालों से कुँवर साहब का जीवन संकट में न पड़ जाए, तो उन्होंने विवश होकर कुँवर साहब को देहरादून भेज दिया। कुँवर साहब वहाँ दो वर्ष तक तो आनन्द से रहे, किन्तु ज्यों ही कॉलेज की प्रथम श्रेणी में पहुँचे कि पिता परलोकवासी हो गए। कुँवर साहब को पढ़ाई छोड़नी पड़ी। बरहल चले आए, सिर पर कुटुम्ब-पालन और रानी से पुरानी शत्रुता को निभाने का बोझ आ पड़ा। उस समय से महारानी के मृत्यु-काल तक उनकी दशा बहुत गिरी रही। ऋण या स्त्रियों के गहनों के सिवा और कोई आधार न था। उस पर कुल-मर्यादा की रक्षा की चिन्ता भी थी। ये तीन वर्ष तक उनके लिए कठिन परीक्षा के समय थे। आए दिन साहूकारों से काम पड़ता था। उनके निर्दय बाणों से कलेजा छिद गया था। हाकिमों के कठोर व्यवहार और अत्याचार भी सहने पड़ते; परन्तु सबसे हृदय-विदारक अपने आत्मीयजनों का बर्ताव था, जो सामने बात न करके बगली चोटें करते थे, मित्रता और ऐक्य की आड़ में कपट हाथ चलाते थे। इन कठोर यातनाओं ने कुँवर साहब को अधिकार, स्वेच्छाचार और धन-सम्पत्ति का जानी दुश्मन बना दिया था। वह बड़े भावुक पुरुष थे। सम्बन्धियों की अकृपा और देश-बंधुओं की दुर्नीति उनके हृदय पर काला चिह्न बनाती जाती थी। साहित्य-प्रेम ने उन्हें मानव-प्रकृति का तत्त्वान्वेषी बना दिया था और जहाँ यह ज्ञान उन्हें प्रतिदिन सभ्यता से दूर लिए जाता था, वहाँ उनके चित्त में जन-सत्ता और साम्यवाद के विचार पुष्ट करता जाता था। उन पर प्रकट हो गया था कि यदि सद्व्यवहार जीवित है, तो वह झोंपड़ों और ग़रीबों में ही है। उस कठिन समय में, जब चारों ओर अँधेरा छाया हुआ था, उन्हें कभी-कभी सच्ची सहानुभूति का प्रकाश यहीं दृष्टिगोचर हो जाता था। धन-सम्पत्ति को वह श्रेष्ठ प्रसाद नहीं, ईश्वर का प्रकोप समझते थे जो मनुष्य के हृदय से दया और प्रेम के भावों को मिटा देता है; यह वह मेघ है, जो चित के प्रकाशित तारों पर छा जाता है।

परन्तु महारानी की मृत्यु के बाद ज्यों ही धन-सम्पत्ति ने उन पर वार किया, बस दार्शनिक तर्कों की यह ढाल चूर-चूर हो गई। आत्मनिदर्शन की शक्ति नष्ट हो गई। वे मित्र बन गए जो शत्रु सरीखे थे और जो सच्चे हितैषी थे वे विस्मृत हो गए। साम्यवाद के मनोगत विचारों में घोर परिवर्तन आरम्भ हो गया। हृदय में असहिष्णुता का उद्‌भव हुआ। त्याग ने भोग की ओर सिर झुका दिया, मर्यादा की बेड़ी गले में पड़ी। वे अधिकारी, जिन्हें देखकर उनके तेवर बदल जाते थे, अब उनके सलाहकार बन गए। दीनता और दरिद्रता को, जिनसे उन्हें सच्ची सहानुभूति थी, देखकर अब वह आँखें मूँद लेते थे।

इसमें सन्देह नहीं कि कुँवर साहब अब भी साम्यवाद के भक्त थे, किन्तु उन विचारों के प्रकट करने में वह पहले की-सी स्वतंत्रता न थी। विचार अब व्यवहार से डरता था। उन्हें कथन को कार्य-रूप में परिणत करने का अवसर प्राप्त था; पर अब कार्य-क्षेत्र कठिनाइयों से घिरा हुआ जान पड़ता था। बेगार के वह जानी दुश्मन थे; परन्तु अब बेगार को बन्द करना दुष्कर प्रतीत होता था। स्वच्छता और स्वास्थ्यरक्षा के वह भक्त थे, किन्तु अब धन व्यय न करके भी उन्हें ग्रामवासियों की ही ओर से विरोध की शंका होती थी। असामियों से पोत उगाहने में कठोर बर्ताव को वह पाप समझते थे; मगर अब कठोरता के बिना काम चलता न जान पड़ता था। सारांश यह कि कितने ही सिद्धान्त, जिन पर पहले उनकी श्रद्धा थी अब असंगत मालूम होते थे।

परन्तु आज जो दुःखजनक दृश्य बैंक के हाते में नज़र आए उन्होंने उनके दया-भाव को जाग्रत कर दिया। उस मनुष्य की-सी दशा हो गई, जो नौका में बैठा सुरम्य तट की शोभा का आनन्द उठाता हुआ किसी श्मशान के सामने आ जाए, चिता पर लाशें जलती देखे, शोक-संतप्तों के करुण क्रंदन को सुने और नाव से उतरकर उनके दुःख में सम्मिलित हो जाए!

रात के दस बज गए थे। कुँवर साहब पलंग पर लेटे थे। बैंक के हाते का दृश्य आँखों के सामने नाच रहा था। वही विलाप-ध्वनि कानों में आ रही थी! चित्त में प्रश्न हो रहा था, क्या इस विडम्बना का कारण मैं ही हूँ! मैंने तो वही किया, जिसका मुझे क़ानूनन अधिकार था। यह बैंक के संचालकों की भूल है, जो उन्होंने बिना पूरी ज़मानत के इतनी रक़म क़र्ज़ दे दी। लेनदारों को उन्हीं की गरदन नापनी चाहिए। मैं कोई ख़ुदाई फ़ौजदार नहीं हूँ, कि दूसरों की नादानी का फल भोगूँ। फिर विचार पलटा, मैं नाहक इस होटल में ठहरा। चालीस रुपए प्रतिदिन देने पड़ेंगे। कोई चार सौ रुपए के मत्थे जाएगी। इतना सामान भी व्यर्थ ही लिया। क्या आवश्यकता थी? मखमली गद्दे की कुर्सियों या शीशे की सजावट से मेरा गौरव नहीं बढ़ सकता। कोई साधारण मकान पाँच रुपए पर ले लेता, तो क्या काम न चलता? मैं और साथ के सब आदमी आराम से रहते। यही न होता कि लोग निन्दा करते। इसकी क्या चिन्ता। जिन लोगों के मत्थे यह ठाट कर रहा हूँ, वे ग़रीब तो रोटियों को तरसते हैं। ये ही दस-बारह हज़ार रुपए लगाकर कुएँ बनवा देता, तो सहस्त्रों दीनों का भला होता। अब फिर लोगों के चकमे में न आऊँगा। यह मोटरकार व्यर्थ है। मेरा समय इतना महँगा नहीं है कि घंटे-आध-घंटे की क़िफायत के लिए दो सौ रुपए महीने का ख़र्च बढ़ा लूँ। फ़ाका करनेवाले असामियों के सामने मोटर दौड़ाना उनकी छातियों पर मूँग दलना है। माना कि वे रोब में आ जाएँगे, जिधर से निकल जाऊँगा, सैकड़ों स्त्रियाँ और बच्चे देखने के लिए खड़े हो जाएँगे, मगर केवल इतने ही दिखावे के लिए इतना ख़र्च बढ़ाना मूर्खता है। यदि दूसरे रईस ऐसा करते हैं तो करें, मैं

उनकी बराबरी क्यों करूँ? अब तक दो हज़ार रुपए सालाना में मेरा निर्वाह हो जाता था। अब दो के बदले चार हज़ार बहुत हैं। फिर मुझे दूसरों की कमाई इस प्रकार उड़ाने का अधिकार ही क्या है? मैं कोई उद्योग-धंधा, कोई कारोबार नहीं करता जिसका यह नफा हो। यदि मेरे पुरखों ने हठधर्मी, ज़बरदस्ती से इलाक़ा अपने हाथों में रख लिया, तो मुझे उनके लूट के धन में शरीक होने का क्या अधिकार है? जो लोग परिश्रम करते हैं, उन्हें अपने परिश्रम का पूरा फल मिलना चाहिए। राज्य उन्हें केवल दूसरों के कठोर हाथों से बचाता है। उसे इस सेवा का उचित मुआवजा मिलना चाहिए। बस, मैं तो राज्य की ओर से यह मुआवजा वसूल करने के लिए नियत हूँ। इसके सिवा इन ग़रीबों की कमाई में मेरा और कोई भाग नहीं। बेचारे दीन हैं, मूर्ख हैं, बेज़बान हैं, इस समय हम इन्हें चाहे जितना सता लें। इन्हें अपने स्वत्व का ज्ञान नहीं। मैं अपने महत्त्व को नहीं समझता पर एक समय ऐसा अवश्य आएगा, जब इनके मुँह में भी जुबान होगी, इन्हें भी अपने अधिकारों का ज्ञान होगा। तब हमारी दशा बुरी होगी। ये भोग-विलास मुझे अपने आदमियों से दूर किए देते हैं। मेरी भलाई इसी में है, कि इन्हीं में रहूँ, इन्हीं की भाँति जीवन-निर्वाह और इनकी सहायता करूँ। कोई छोटी-मोटी रक़म होती, तो कहता लाओ, जिस सिर पर बहुत भार है, उसी तरह यह भी सही। मूल के अलावा कई हज़ार रुपए सूद के अलग हुए। फिर महाजनों के भी तीन लाख रुपए हैं। रियासत की आमदनी डेढ़-दो लाख रुपए सालाना है, अधिक नहीं। मैं इतना बड़ा साहस करूँ भी, तो किस बिरते पर? हाँ, यदि बैरागी हो जाऊँ तो सम्भव है, मेरे जीवन में—यदि कहीं अचानक मृत्यु न हो जाए तो यह झगड़ा पाक हो जाए। इस अग्नि में कूदना अपने सम्पूर्ण जीवन, अपनी उमंगों और अपनी आशाओं को भस्म करना है। आह! इन दिनों की प्रतीक्षा में मैंने क्या-क्या कष्ट नहीं भोगे। पिताजी ने इस चिन्ता में प्राण-त्याग किया। यह शुभ मुहूर्त हमारी अँधेरी रात के लिए दूर का दीपक था। हम इसी के आसरे जीवित थे। सोते-जागते सदैव इसी की चर्चा रहती थी। इससे चित्त को कितना सन्तोष और कितना अभिमान था। भूखे रहने के दिन भी हमारे तेवर मैले न होते थे। जब इतने धैर्य और सन्तोष के बाद अच्छे दिन आए तो उससे कैसे विमुख हुआ जाए। फिर अपनी ही चिन्ता तो नहीं, रियासत की उन्नति की कितनी ही स्कीमें सोच चुका हूँ। क्या अपनी इच्छाओं के साथ उन विचारों को भी त्याग दूँ। इस अभागी रानी ने मुझे बुरी तरह फँसाया, जब तक जीती रही, कभी चैन से न बैठने दिया। मरी तो मेरे सिर पर यह बला डाल दी। परन्तु मैं दरिद्रता से इतना डरता क्यों हूँ? दरिद्रता कोई पाप नहीं है। यदि मेरा त्याग हज़ारों घरानों को कष्ट और दुरवस्था से बचाए तो मुझे उससे मुँह न मोड़ना चाहिए। केवल सुख से जीवन व्यतीत करना ही हमारा ध्येय नहीं है। हमारी मान-प्रतिष्ठा और कीर्ति सुख-भोग ही से तो नहीं हुआ करती। राजमन्दिरों में रहने वालों और विलास में रत राणाप्रताप को कौन जानता है? यह उनका आत्म-समर्पण और कठिन व्रतपालन ही है, जिसने उन्हें हमारी जाति का सूर्य बना दिया है। श्रीरामचन्द्र ने यदि अपना जीवन सुख-भोग में बिताया होता तो आज हम उनका नाम भी न जानते। उनके आत्म-बलिदान ने ही उन्हें अमर बना दिया। हमारी प्रतिष्ठा धन और विलास पर अवलम्बित नहीं है। मैं मोटर पर सवार हुआ तो क्या, और टट्टू पर चढ़ा तो क्या, होटल में ठहरा तो क्या और किसी मामूली घर ठहरा तो क्या। बहुत होगा, ताल्लुकेदार लोग मेरी हँसी उड़ावेंगे। इसकी परवा नहीं। मैं तो हृदय से चाहता हूँ कि उन लोगों से अलग अलग रहूँ। यदि इतनी निन्दा से सैकड़ों परिवारों का भला हो जाए, तो मैं मनुष्य

नहीं, यदि प्रसन्नता से उसे सहन न करूँ। यदि अपने घोड़े और फिटन, सैर और शिकार, नौकर-चाकर और स्वार्थ-साधक हित-मित्रों से रहित होकर मैं सहस्त्रों अमीर-ग़रीब कुटुम्बों का, विधवाओं, अनाथों का भला कर सकूँ, तो मुझे इसमें कदापि विलम्ब न करना चाहिए। सहस्त्रों परिवारों के भाग्य इस समय मेरी मुट्ठी में हैं। मेरा सुख-भोग उनके लिए विष और मेरा आत्म-संयम उनके लिए अमृत है। मैं अमृत बन सकता हूँ, विष क्यों बनूँ? और फिर इसे आत्म-त्याग समझना भी मेरी भूल है। यह एक संयोग है कि मैं आज इस जायदाद का अधिकारी हूँ। मैंने उसे कमाया नहीं। उसके लिए रक्त नहीं बहाया। न पसीना बहाया। यदि वह जायदाद मुझे न मिली होती तो मैं सहस्त्रों दीन भाइयों की भाँति आज जीविकोपार्जन में लगा रहता। मैं क्यों न भूल जाऊँ कि मैं इस राज्य का स्वामी हूँ। ऐसे ही अवसरों पर मनुष्य की परख होती है। मैंने वर्षों पुस्तकावलोकन किया, वर्षों परोपकार के सिद्धान्तों का अनुयायी रहा। यदि इस समय उन सिद्धान्तों को भूल जाऊँ, स्वार्थ को मनुष्यता और सदाचार से बढ़ने दूँ तो वस्तुतः यह मेरी अत्यन्त कायरता और स्वार्थपरता होगी। भला स्वार्थसाधन की शिक्षा के लिए गीता, मिल, एमर्सन और अरस्तू का शिष्य बनने की क्या आवश्यकता थी। यह पाठ तो मुझे अपने दूसरे भाइयों से यों ही मिल जाता। प्रचलित प्रथा से बढ़कर और कौन गुरु था? साधारण लोगों की भाँति क्या मैं भी स्वार्थ के सामने सिर झुका दूँ? तो फिर विशेषता क्या रही? नहीं, मैं नॉनशंस (विवेक-बुद्धि) का ख़ून न करूँगा। जहाँ पुण्य कर सकता हूँ, पाप न करूँगा। परमात्मन्, तुम मेरी सहायता करो, तुमने मुझे राजपूत-घर में जन्म दिया है। मेरे कर्म से इस महान् जाति को लज्जित न करो। नहीं, कदापि नहीं, यह गर्दन स्वार्थ के सम्मुख न झुकेगी। मैं राम, भीष्म, और प्रताप का वंशज हूँ। शरीर-सेवक न बनूँगा।

कुँवर जगदीश सिंह को इस समय ऐसा ज्ञात हुआ, मानो वह किसी ऊँची मीनार पर चढ़ गए हैं। चित्त अभिमान से पूरित हो गया। आँखें प्रकाशमान हो गईं। परन्तु एक ही क्षण में इस उमंग का उतार होने लगा, ऊँची मीनार के नीचे की ओर आँखें गईं। सारा शरीर काँप उठा। उस मनुष्य की-सी दशा हो गई, जो किसी नदी के तट पर बैठा उसमें कूदने का विचार कर रहा हो।

उन्होंने सोचा, क्या मेरे घर के लोग मुझसे सहमत होंगे? यदि मेरे कारण वे सहमत भी हो जाएँ, तो क्या मुझे अधिकार है कि अपने साथ उनकी इच्छाओं का भी बलिदान करूँ? और-तो-और, माता जी कभी न मानेंगी, और कदाचित् भाई लोग भी अस्वीकार करें। रियासत की हैसियत को देखते हुए वे कम-से-कम दस हज़ार सालाना के हिस्सेदार हैं। और उनके भाग में किसी प्रकार का हस्तक्षेप नहीं कर सकता। मैं केवल अपना मालिक हूँ, परन्तु मैं भी तो अकेला नहीं हूँ। सावित्री स्वयं चाहे मेरे साथ आग में कूदने को तैयार हो, किन्तु अपने प्यारे पुत्र को इस आँच के समीप कदापि न आने देगी।

कुँवर महाशय और अधिक न सोच सके। वह एक विकल दशा में पलंग पर से उठ बैठे और कमरे में टहलने लगे। थोड़ी देर बाद उन्होंने जंगले के बाहर की ओर झाँका और किवाड़ खोलकर बाहर चले गए। चारों ओर अँधेरा था। उनकी चिन्ताओं की भाँति सामने अपार और भयंकर गोमती नदी बह रही थी। वह धीरे-धीरे नदी के तट पर चले गए और देर तक वहाँ टहलते रहे। आकुल हृदय को जल-तरंगों से प्रेम होता है। शायद इसीलिए कि लहरें व्याकुल हैं। उन्होंने अपने चंचल चित्त को फिर एकाग्र किया। यदि रियासत की आमदनी से ये सब

वृत्तियाँ दी जाएँगी, तो ऋण का सूद निकलना भी कठिन होगा। मूल का तो कहना ही क्या! क्या आय में वृद्धि नहीं हो सकती? अभी अस्तबल में बीस घोड़े हैं। मेरे लिए एक काफ़ी है। नौकरों की संख्या सौ से कम न होगी। मेरे लिए दो भी अधिक हैं। यह अनुचित है कि अपने ही भाइयों से नीच सेवाएँ कराई जाएँ। उन मनुष्यों को मैं अपने सीर की ज़मीन दे दूँगा। सुख से खेती करेंगे और मुझे आशीर्वाद देंगे। बग़ीचों के फल अब तक डालियों की भेंट हो जाते थे। अब उन्हें बेचूँगा, और सबसे बड़ी आमदनी तो बयाई की है। केवल महेशगंज के बाज़ार के दस हज़ार रुपए आते हैं। यह सब आमदनी महंत जी उड़ा जाते हैं। उनके लिए एक हज़ार रुपए साल होना चाहिए। अबकी इस बाज़ार का ठेका दूँगा। आठ हज़ार से कम न मिलेंगे। इन मदों से पचीस हज़ार रुपए की वार्षिक आय होगी। सावित्री और लल्ला लड़के के लिए एक हज़ार रुपए काफ़ी हैं। मैं सावित्री से स्पष्ट कह दूँगा कि या तो एक हज़ार रुपए मासिक लो और मेरे साथ रहो या रियासत की आधी आमदनी ले लो, और मुझे छोड़ दो। रानी बनने की इच्छा हो, तो ख़ुशी से बनो, परन्तु मैं राजा न बनूँगा।

अचानक कुँवर साहब के कानों में आवाज़ आई—राम नाम सत्य है। उन्होंने पीछे मुड़ कर देखा। कई मनुष्य एक लाश लिए आते थे। उन लोगों ने नदी किनारे चिता बनाई और उसमें आग लगा दी। दो स्त्रियाँ चिंघाड़ कर रो रही थीं। इस विलाप का कुँवर साहब के चित्त पर कुछ प्रभाव न पड़ा। वह चित्त में लज्जित हो रहे थे कि मैं कितना पाषाण-हृदय हूँ! एक दीन मनुष्य की लाश जल रही है, स्त्रियाँ रो रही हैं और मेरा हृदय तनिक भी नहीं पसीजता! पत्थर की मूर्ति की भाँति खड़ा हूँ। एकबारगी स्त्री ने रोते हुए कहा—हाय मेरे राजा! तुम्हें विष कैसे मीठा लगा? यह हृदय-विदारक विलाप सुनते ही कुँवर साहब के चित्त में एक घाव-सा लग गया। करुणा सजग हो गई और नेत्र अश्रुपूर्ण हो गए। कदाचित् इसने विष-पान करके प्राण दिए हैं। हाय! उसे विष कैसे मीठा लगा। इसमें कितनी करुणा है, कितना दुख, कितना आश्चर्य! विष तो कड़वा पदार्थ है। क्योंकर मीठा हो गया! कटु विष के बदले जिसने अपने मधुर प्राण दे दिए उस पर कोई बड़ी मुसीबत पड़ी होगी। ऐसी ही दशा में विष मधुर हो सकता है। कुँवर साहब तड़प गए। कारुणिक शब्द बार-बार उनके हृदय में गूँजते थे। अब उनसे वहाँ खड़ा न रहा गया। वह उन आदमियों के पास आए, एक मनुष्य से पूछा—क्या बहुत दिनों से बीमार थे? इस मनुष्य ने कुँवर साहब की ओर आँसू-भरे नेत्रों से देखकर कहा—नहीं साहब, कहाँ की बीमारी! अभी आज संध्या तक भली-भाँति बातें कर रहे थे! मालूम नहीं, संध्या को क्या खा लिया कि ख़ून की कै होने लगी। जब तक वैद्यराज के यहाँ जाएँ, तब तक आँखें उलट गईं। नाड़ी छूट गई। वैद्यराज ने आकर देखा, तो कहा—अब क्या हो सकता है? अभी कुल बाईस-तेईस वर्ष की अवस्था थी। ऐसा पट्ठा सारे लखनऊ में नहीं था।

कुँवर—कुछ मालूम हुआ, विष क्यों खाया?

उस मनुष्य ने सन्देह-दृष्टि से देखकर कहा—महाशय, और तो कोई बात नहीं हुई। जब से यह बड़ा बैंक टूटा है, बहुत उदास रहते थे। कोई हज़ार रुपए बैंक में जमा किए थे। घी-दूध-मलाई की बड़ी दुकान थी। बिरादरी में मान था। वह सारी पूँजी डूब गई। हम लोग रोकते रहे कि बैंक में रुपए मत जमा करो; किन्तु होनहार यह थी। किसी की नहीं सुनी। आज सबेरे स्त्री से गहने माँगते थे कि गिरवी रखकर अहीरों के दूध के दाम दे दें। उससे बातों-बातों में झगड़ा हो गया। बस न जाने क्या खा लिया।

कुँवर साहब का हृदय काँप उठा। तुरन्त ध्यान आया—शिवदास तो नहीं है! पूछा—इनका नाम शिवदास तो नहीं था। उस मनुष्य ने विस्मय से देखकर कहा—हाँ, यही नाम था। क्या आपसे जान-पहचान थी?

कुँवर—हाँ, हम और यह बहुत दिनों तक बरहल में साथ-साथ खेले थे। आज शाम को वह हमसे बैंक में मिले थे। यदि उन्होंने मुझसे तनिक भी चर्चा की होती, तो मैं यथाशक्ति उनकी सहायता करता। शोक?

उस मनुष्य ने तब ध्यानपूर्वक कुँवर साहब को देखा, और जाकर स्त्रियों से कहा—चुप हो जाओ, बरहल के महाराज आए हैं। इतना सुनते ही शिवदास की माता ज़ोर-ज़ोर से सिर पटकती और रोती हुई आकर कुँवर के पैरों पर गिर पड़ी। उसके मुख से केवल ये शब्द निकले—'बेटा, बचपन से जिसे तुम भैया कहा करते थे।'—और गला रुंध गया।

कुँवर महाशय की आँखों से भी अश्रुपात हो रहा था। शिवदास की मूर्ति उनके सामने खड़ी यह कहती देख पड़ती थी कि तुमने मित्र होकर मेरे प्राण लिए!

7

भोर हो गया। परन्तु कुँवर साहब को नींद न आई। जब से वह गोमती तीर से लौटे थे, उनके चित्त पर एक वैराग्य-सा छाया हुआ था। वह कारुणिक दृश्य उनके स्वार्थ के तर्कों को छिन्न-भिन्न किए देता था। सावित्री के विरोध, लल्ला के निराशा-युक्त हठ और माता के कुशब्दों का अब उन्हें लेशमात्र भी भय न था। सावित्री कुढ़ेगी कुढ़े, लल्ला को भी संग्राम के क्षेत्र में कूदना पड़ेगा, कोई चिन्ता नहीं! माता प्राण देने पर तत्पर होगी, क्या हर्ज़ है। मैं अपनी स्त्री-पुत्र तथा हित-मित्रदि के लिए सहस्त्रों परिवारों की हत्या न करूँगा। हाय! शिवदास को जीवित रखने के लिए मैं ऐसी कितनी रियासतें छोड़ सकता हूँ। सावित्री को भूखों रहना पड़े, लल्ला को मज़दूरी करनी पड़े, मुझे द्वार-द्वार भीख माँगनी पड़े, तब भी दूसरों का गला न दबाऊँगा। अब विलम्ब का अवसर नहीं। न जाने आगे यह दिवाला और क्या-क्या आपत्तियाँ खड़ी करे। मुझे इतना आगा-पीछा क्यों हो रहा है? यह केवल आत्म-निर्बलता है वरना यह कोई ऐसा बड़ा काम नहीं, जो किसी ने न किया हो। आए दिन लोग रुपए दान-पुण्य करते हैं। मुझे अपने कर्तव्य का ज्ञान है। उससे क्यों मुँह मोड़ूँ। जो कुछ हो, जो चाहे सिर पड़े, इसकी क्या चिन्ता। कुँवर ने घंटी बजाई। एक क्षण में अरदली आँखें मलता हुआ आया।

कुँवर साहब बोले—अभी जेकब बारिस्टर के पास जाकर मेरा सलाम दो। जाग गए होंगे। कहना, ज़रूरी काम है। नहीं, यह पत्र लेते जाओ। मोटर तैयार करा लो।

8

मिस्टर जेकब ने कुँवर साहब को बहुत समझाया कि आप इस दलदल में न फँसें, नहीं तो निकलना कठिन होगा। मालूम नहीं, अभी कितनी ऐसी रक़में हैं जिनका आपको पता नहीं है, परन्तु चित्त में दृढ़ हो जानेवाला निश्चय चूने का फ़र्श है, जिसको आपत्ति के थपेड़े और भी पुष्ट कर देते हैं, कुँवर साहब अपने निश्चय पर दृढ़ रहे। दूसरे दिन समाचार-पत्रों में छपवा दिया कि मृत महारानी पर जितना क़र्ज़ है वह हम सकारते हैं और नियत समय के भीतर चुका देंगे।

इस विज्ञापन के छपते ही लखनऊ में खलबली पड़ गई। बुद्धिमानों की सम्मति में यह कुँवर महाशय की नितांत भूल थी और जो लोग क़ानून से अनभिज्ञ थे, उन्होंने सोचा कि इसमें अवश्य कोई भेद है। ऐसे बहुत कम मनुष्य थे, जिन्हें कुँवर साहब की नीयत की सचाई पर विश्वास आया हो परन्तु कुँवर साहब का बखान चाहे न हुआ हो, आशीर्वाद की कमी न थी। बैंक के हज़ारों ग़रीब लेनदार सच्चे हृदय से उन्हें आशीर्वाद दे रहे थे।

एक सप्ताह तक कुँवर साहब को सिर उठाने का अवकाश न मिला। मिस्टर जेकब का विचार सत्य सिद्ध हुआ। देना प्रतिदिन बढ़ता जाता था। कितने ही प्रोनोट ऐसे मिले, जिनका उन्हें कुछ भी पता न था। जौहरियों और अन्य बड़े-बड़े दुकानदारों का लेना भी कम न था। अंदाजन तेरह-चौदह लाख का था। मीजान बीस लाख तक पहुँचा। कुँवर साहब घबराए। शंका हुई—ऐसा न हो कि उन्हें भाइयों का गुज़ारा भी बन्द करना पड़े। जिसका उन्हें कोई अधिकार नहीं था। यहाँ तक कि सातवें दिन उन्होंने कई साहूकारों को बुरा-भला कहकर सामने से दूर किया। जहाँ ब्याज की दर अधिक थी, उसे कम कराया और जिन रक़मों की मीयादें बीत चुकी थीं, उनसे इनकार कर दिया।

उन्हें साहूकारों की कठोरता पर क्रोध आता था। उनके विचार से महाजनों को डूबते धन का एक भाग पाकर ही सन्तोष कर लेना चाहिए था। इतनी खींचतान करने पर भी कुल उन्नीस लाख से कम न हुआ।

कुँवर साहब इन कामों से अवकाश पाकर एक दिन नेशनल बैंक की ओर जा निकले। बैंक खुला हुआ था। मृतक शरीर में प्राण आ गए थे। लेनदारों की भीड़ लगी हुई थी। लोग प्रसन्नचित्त लौटे जा रहे थे। कुँवर साहब को देखते ही सैकड़ों मनुष्य बड़े प्रेम से उनकी ओर दौड़े। किसी ने रोकर, किसी ने पैरों पर गिरकर और किसी ने सभ्यतापूर्वक अपनी कृतज्ञता प्रकट की। वह बैंक के कार्यकर्ताओं से भी मिले। लोगों ने कहा—इस विज्ञापन ने बैंक को जीवित कर दिया। बंगाली बाबू ने लाला साईंदास की आलोचना की—वह समझता था संसार में सब मनुष्य भलामानस है। हमको उपदेश करता था। अब उसकी आँख खुल गई है। अकेला घर में बैठा रहता है। किसी को मुँह नहीं दिखाता। हम सुनता है, वह वहाँ से भाग जाना चाहता था। परन्तु बड़ा साहब बोला, भागेगा तो तुम्हारा ऊपर वारंट जारी कर देगा। अब साईंदास की जगह बंगाली बाबू मैनेजर हो गए थे।

इसके बाद कुँवर साहब बरहल आए। भाइयों ने यह वृत्तांत सुना, तो बिगड़े, अदालत की धमकी दी। माता जी को ऐसा धक्का पहुँचा कि वह उसी दिन बीमार होकर एक ही सप्ताह में इस संसार से विदा हो गईं। सावित्री को भी चोट लगी, पर उसने केवल सन्तोष ही नहीं किया, पति की उदारता और त्याग की प्रशंसा भी की। रह गए लाल साहब। उन्होंने जब देखा कि अस्तबल से घोड़े निकले जाते हैं, हाथी मकनपुर के मेले में बिकने के लिए भेज दिए गए हैं और कहार विदा किए जा रहे हैं, तो व्याकुल हो पिता से बोले—बाबू जी, यह सब नौकर, घोड़े, हाथी कहाँ जा रहे हैं?

कुँवर—एक राजा साहब के उत्सव में।

लाल जी—कौन से राजा?

कुँवर—उनका नाम राजा दीनसिंह है।

लाल जी—कहाँ रहते हैं?

कुँवर—दरिद्रपुर।

लाल जी—तो हम भी जाएँगे।

कुँवर—तुम्हें भी ले चलेंगे; परन्तु इस बारात में पैदल चलने वालों का सम्मान सवारों से अधिक होगा।

लाल जी—तो हम भी पैदल चलेंगे।

कुँवर—वहाँ परिश्रमी मनुष्य की प्रशंसा होती है।

लाल जी—तो हम सबसे ज़्यादा परिश्रम करेंगे।

कुँवर साहब के दोनों भाई पाँच-पाँच हज़ार रुपए गुज़ारा लेकर अलग हो गए। कुँवर साहब अपने और परिवार के लिए कठिनाई से एक हज़ार सालाना का प्रबन्ध कर सके, पर यह आमदनी एक रईस के लिए किसी तरह पर्याप्त नहीं थी। अतिथि-अभ्यागत प्रतिदिन टिके ही रहते थे। उन सबका भी सत्कार करना पड़ता था। बड़ी कठिनाई से निर्वाह होता था। इधर एक वर्ष से शिवदास के कुटुम्ब का भार भी सिर पर पड़ा, परन्तु कुँवर साहब कभी अपने निश्चय पर शोक नहीं करते। उन्हें कभी किसी ने चिन्तित नहीं देखा। उनका मुखमंडल धैर्य और सच्चे अभिमान से सदैव प्रकाशित रहता है। साहित्य-प्रेम पहले से था। अब बाग़बानी से प्रेम हो गया है। अपने बाग़ में प्रात:काल से शाम तक पौधों की देख-रेख किया करते हैं और लाल साहब तो पक्के कृषक होते दिखाई देते हैं। अभी नव-दस वर्ष से अधिक अवस्था नहीं है, लेकिन अँधेरे मुँह खेत पहुँच जाते हैं। खाने-पीने की भी सुध नहीं रहती।

उनका घोड़ा मौजूद है; परन्तु महीनों उस पर नहीं चढ़ते। उनकी यह धुन देखकर कुँवर साहब प्रसन्न होते हैं और कहा करते हैं—रियासत के भविष्य की ओर से निश्चिंत हूँ। लाल साहब कभी इस पाठ को न भूलेंगे। घर में सम्पत्ति होती, तो सुख-भोग, शिकार, दुराचार के सिवा और क्या सूझता! सम्पत्ति बेचकर हमने परिश्रम और सन्तोष ख़रीदा, और यह सौदा बुरा नहीं। सावित्री इतनी सन्तोषी नहीं। वह कुँवर साहब के रोकने पर भी असामियों से छोटी-मोटी भेंट ले लिया करती है और कुल-प्रथा नहीं तोड़ना चाहती।

आत्माराम

वेदों-ग्राम में महादेव सोनार एक सुविख्यात आदमी था। वह अपने सायबान में प्रात: से संध्या तक अँगीठी के सामने बैठा हुआ खटखट किया करता था। यह लगातार ध्वनि सुनने के लोग इतने अभ्यस्त हो गए थे कि जब किसी कारण से वह बन्द हो जाती, तो जान पड़ता था, कोई चीज़ ग़ायब हो गई। वह नित्य-प्रति एक बार प्रात:काल अपने तोते का पिंजड़ा लिए कोई भजन गाता हुआ तालाब की ओर जाता था। उस धुंधले प्रकाश में उसका जर्जर शरीर, पोपला मुँह और झुकी हुई कमर देखकर किसी अपरिचित मनुष्य को उसके पिशाच होने का भ्रम हो सकता था। ज्यों ही लोगों के कानों में आवाज़ आती—'सत्त गुरुदत्त शिवदत्त दाता', लोग समझ जाते कि भोर हो गई।

महादेव का पारिवारिक जीवन सुखमय न था। उसके तीन पुत्र थे, तीन बहुएँ थीं, दर्जनों नाती-पोते थे, लेकिन उसके बोझ को हलका करनेवाला कोई न था। लड़के कहते—'जब

तक दादा जीते हैं, हम जीवन का आनन्द भोग लें, फिर तो यह ढोल गले पड़ेगी ही।' बेचारे महादेव को कभी-कभी निराहार ही रहना पड़ता। भोजन के समय उसके घर में साम्यवाद का ऐसा गगनभेदी निर्घोष होता कि वह भूखा ही उठ जाता, और नारियल का हुक़्क़ा पीता हुआ सो जाता। उसका व्यावसायिक जीवन और भी अशान्तिकारक था। यद्यपि वह अपने काम में निपुण था, उसकी खटाई औरों से कहीं ज़्यादा शुद्धिकारक और उसकी रासायनिक क्रियाएँ कहीं ज़्यादा कष्टसाध्य थीं, तथापि उसे आए दिन शक्की और धैर्य-शून्य प्राणियों के अपशब्द सुनने पड़ते थे। पर महादेव अविचलित गाम्भीर्य से सिर झुकाए सब कुछ सुना करता था। ज्यों ही यह कलह शान्त होता, वह अपने तोते की ओर देखकर पुकार उठता—'सत्त गुरुदत्त शिवदत्त दाता।' इस मंत्र को जपते ही उसके चित्त को पूर्ण शान्ति प्राप्त हो जाती थी।

2

एक दिन संयोगवश किसी लड़के ने पिंजड़े का द्वार खोल दिया। तोता उड़ गया। महादेव ने सिर उठाकर जो पिंजड़े की ओर देखा, तो उसका कलेजा सन्न-से हो गया। तोता कहाँ गया। उसने फिर पिंजड़े को देखा, तोता ग़ायब था! महादेव घबड़ाकर उठा और इधर-उधर खपरैलों पर निगाह दौड़ाने लगा। उसे संसार में कोई वस्तु अगर प्यारी थी, तो वह यही तोता। लड़के-बालों, नाती-पोतों से उसका जी भर गया था। लड़कों की चुलबुल से उसके काम में विघ्न पड़ता था। बेटों से उसे प्रेम न था; इसलिए नहीं कि वे निकम्मे थे, बल्कि इसलिए कि उनके कारण वह अपने आनन्ददायी कुल्हड़ों की नियमित संख्या से वंचित रह जाता था। पड़ोसियों से उसे चिढ़ थी, इसलिए कि वे अँगीठी से आग निकाल ले जाते थे। इन समस्त विघ्न-बाधाओं से उसके लिए कोई पनाह थी, तो वह यही तोता था। इससे उसे किसी प्रकार का कष्ट न होता था। वह अब उस अवस्था में था जब मनुष्य को शान्ति भोग के सिवा और कोई इच्छा नहीं रहती।

तोता एक खपरैल पर बैठा था। महादेव ने पिंजरा उतार लिया और उसे दिखाकर कहने लगा—'आ-आ' 'सत्त गुरुदत्त शिवदत्त दाता।' लेकिन गाँव और घर के लड़के एकत्र होकर चिल्लाने और तालियाँ बजाने लगे। ऊपर से कौओं ने काँव-काँव की रट लगाई? तोता उड़ा और गाँव से बाहर निकलकर एक पेड़ पर जा बैठा। महादेव ख़ाली पिंजड़ा लिए उसके पीछे दौड़ा, सो दौड़ा। लोगों को उसकी द्रुतगामिता पर अचम्भा हो रहा था। मोह की इससे सुन्दर, इससे सजीव, इससे भावमय कल्पना नहीं की जा सकती।

दोपहर हो गई थी। किसान लोग खेतों से चले आ रहे थे। उन्हें विनोद का अच्छा अवसर मिला। महादेव को चिढ़ाने में सभी को मज़ा आता था। किसी ने कंकड़ फेंके, किसी ने तालियाँ बजाईं। तोता फिर उड़ा और वहाँ से दूर आम के बाग़ में एक पेड़ की फुनगी पर जा बैठा। महादेव फिर ख़ाली पिंजड़ा लिए मेंढक की भाँति उचकता चला। बाग़ में पहुँचा तो पैर के तलुओं से आग निकल रही थी; सिर चक्कर खा रहा था। जब ज़रा सावधान हुआ, तो फिर पिंजड़ा उठाकर कहने लगा—'सत्त गुरुदत्त शिवदत्त दाता।' तोता फुनगी से उतरकर नीचे की एक डाल पर आ बैठा, किन्तु महादेव की ओर सशंक नेत्रों से ताक रहा था। महादेव ने समझा, डर रहा है। वह पिंजड़े को छोड़कर आप एक दूसरे पेड़ की आड़ में छिप गया। तोते ने चारों ओर ग़ौर से देखा, निश्शंक हो गया, उतरा और

आकर पिंजड़े के ऊपर बैठ गया। महादेव का हृदय उछलने लगा। 'सत्त गुरुदत्त शिवदत्त दाता' का मंत्र जपता हुआ धीरे-धीरे तोते के समीप आया और लपका कि तोते को पकड़ ले; किन्तु तोता हाथ न आया, फिर पेड़ पर जा बैठा।

शाम तक यही हाल रहा। तोता कभी इस डाल पर जाता, कभी उस डाल पर। कभी पिंजड़े पर आ बैठता, कभी पिंजड़े के द्वार पर बैठ अपने दाना-पानी की प्यालियों को देखता, और फिर उड़ जाता। बुड्ढा अगर मूर्तिमान मोह था, तो तोता मूर्तिमयी माया। यहाँ तक कि शाम हो गई। माया और मोह का यह संग्राम अंधकार में विलीन हो गया।

3

रात हो गई! चारों ओर निविड़ अंधकार छा गया। तोता न जाने पत्तों में कहाँ छिपा बैठा था। महादेव जानता था कि रात को तोता कहीं उड़कर नहीं जा सकता। और न पिंजड़े ही में आ सकता है, फिर भी वह उस जगह से हिलने का नाम न लेता था। आज उसने दिन भर कुछ नहीं खाया। रात के भोजन का समय भी निकल गया, पानी की बूँद भी उसके कंठ में न गई; लेकिन उसे न भूख थी, न प्यास! तोते के बिना उसे अपना जीवन निस्सार, शुष्क और सूना जान पड़ता था। वह दिन-रात काम करता था; इसलिए कि यह उसकी अंत:प्रेरणा थी; जीवन के और काम इसलिए करता था कि आदत थी। इन कामों में उसे अपनी सजीवता का लेश-मात्र भी ज्ञान न होता था। तोता ही वह वस्तु था, जो उसे चेतना की याद दिलाता था। उसका हाथ से जाना जीव का देह-त्याग करना था।

महादेव दिन भर का भूखा-प्यासा, थका-माँदा, रह-रहकर झपकियाँ ले लेता था; किन्तु एक क्षण में फिर चौंककर आँखें खोल देता और उस विस्तृत अंधकार में उसकी आवाज़ सुनाई देती—'सत्त गुरुदत्त शिवदत्त दाता'।

आधी रात गुज़र गई थी। सहसा वह कोई आहट पाकर चौंका। देखा, एक दूसरे वृक्ष के नीचे एक धुँधला दीपक जल रहा है, और कई आदमी बैठे हुए आपस में कुछ बातें कर रहे हैं। वे सब चिलम पी रहे थे। तमाखू की महक ने उसे अधीर कर दिया। उच्च स्वर से बोला—'सत्त गुरुदत्त शिवदत्त दाता' और उन आदमियों की ओर चिलम पीने चला गया; किन्तु जिस प्रकार बन्दूक़ की आवाज़ सुनते ही हिरन भाग जाते हैं उसी प्रकार उसे आते देख सब-के-सब उठकर भागे। कोई इधर गया, कोई उधर। महादेव चिल्लानें लगा—'ठहरो-ठहरो' एकाएक उसे ध्यान आ गया, ये सब चोर हैं। वह ज़ोर से चिल्ला उठा—'चोर-चोर, पकड़ो-पकड़ो।' चोरों ने पीछे फिर कर न देखा।

महादेव दीपक के पास गया, तो उसे एक कलसा रखा हुआ मिला जो मोर्चे से काला हो रहा था। महादेव का हृदय उछलने लगा। उसने कलसे में हाथ डाला, तो मोहरें थीं। उसने एक मोहर बाहर निकाली और दीपक के उजाले में देखा। हाँ, मोहर थी। उसने तुरन्त कलसा उठा लिया, और दीपक बुझा दिया और पेड़ के नीचे छिपकर बैठ रहा। साह से चोर बन गया।

उसे फिर शंका हुई, ऐसा न हो, चोर लौट आवें, और मुझे अकेला देखकर मोहरें छीन लें। उसने कुछ मोहर कमर में बाँधीं, फिर एक सूखी लकड़ी से ज़मीन की मिट्टी हटाकर कई गड्ढे बनाए, उन्हें मोहरों से भरकर मिट्टी से ढँक दिया।

4

महादेव के अंतर्नेत्रों के सामने अब एक दूसरा जगत् था, चिन्ताओं और कल्पना से परिपूर्ण। यद्यपि अभी कोष के हाथ से निकल जाने का भय था, पर अभिलाषाओं ने अपना काम शुरू कर दिया। एक पक्का मकान बन गया, सराफे की एक भारी दुकान खुल गई, निज सम्बन्धियों से फिर नाता जुड़ गया, विलास की सामग्रियाँ एकत्रित हो गईं। तब तीर्थ-यात्रा करने चले, और वहाँ से लौटकर बड़े समारोह से यज्ञ, ब्रह्मभोज हुआ। इसके पश्चात् एक शिवालय और कुआँ बन गया, एक बाग़ भी लग गया और वह नित्यप्रति कथा-पुराण सुनने लगा। साधु-सन्तों का आदर-सत्कार होने लगा।

अकस्मात् उसे ध्यान आया। कहीं चोर आ जाएँ, तो मैं भागूँगा क्योंकर? उसने परीक्षा करने के लिए कलसा उठाया। और दो सौ पग तक बेतहाशा भागा हुआ चला गया। जान पड़ता था, उसके पैरों में पर लग गए हैं। चिन्ता शान्त हो गई। इन्हीं कल्पनाओं में रात व्यतीत हो गई। उषा का आगमन हुआ, हवा जगी, चिड़ियाँ गाने लगीं। सहसा महादेव के कानों में आवाज़ आई—

सत्त गुरुदत्त शिवदत्त दाता,
राम के चरण में चित्त लागा।

यह बोल सदैव महादेव की जिह्वा पर रहता था। दिन में सहस्त्रों ही बार ये शब्द उसके मुँह से निकलते थे, पर उनका धार्मिक भाव कभी भी उसके अंत:करण को स्पर्श न करता था। जैसे किसी बाजे से राग निकलता है, उसी प्रकार उसके मुँह से यह बोल निकलता था। निरर्थक और प्रभाव-शून्य। तब उसका हृदय-रूपी वृक्ष पत्र-पल्लव विहीन था। यह निर्मल वायु उसे गुंजरित न कर सकती थी; पर अब उस वृक्ष में कोपलें और शाखाएँ निकल आई थीं। इस वायु-प्रवाह से झूम उठा, गुंजित हो गया।

अरुणोदय का समय था। प्रकृति एक अनुरागमय प्रकाश में डूबी हुई थी। उसी समय तोता पैरों को जोड़े हुए ऊँची डाल से उतरा, जैसे आकाश से कोई तारा टूटे और आकर पिंजड़े में बैठ गया। महादेव प्रफुल्लित होकर दौड़ा और पिंजड़े को उठाकर बोला—'आओ आत्माराम, तुमने कष्ट तो बहुत दिया, पर मेरा जीवन भी सफल कर दिया। अब तुम्हें चाँदी के पिंजड़े में रखूँगा और सोने से मढ़ दूँगा।' उसके रोम-रोम से परमात्मा के गुणानुवाद की ध्वनि निकलने लगी। प्रभु तुम कितने दयावान् हो! यह तुम्हारा असीम वात्सल्य है, नहीं तो मुझ पापी, पतित प्राणी कब इस कृपा के योग्य था! इन पवित्र भावों से उसकी आत्मा विह्वल हो गई! वह अनुरक्त होकर कह उठा—

'सत्त गुरुदत्त शिवदत्त दाता,
राम के चरण में चित्त लागा।'

उसने एक हाथ में पिंजड़ा लटकाया, बग़ल में कलसा दबाया और घर चला।

5

महादेव घर पहुँचा, तो अभी कुछ अँधेरा था। रास्ते में एक कुत्ते के सिवा और किसी से भेंट न हुई, और कुत्ते को मोहरों से विशेष प्रेम नहीं होता। उसने कलसे को एक नाद में छिपा दिया, और उसे कोयले से अच्छी तरह ढँक कर अपनी कोठरी में रख आया। जब दिन निकल आया

तो वह सीधे पुरोहित के घर पहुँचा। पुरोहित पूजा पर बैठे सोच रहे थे—कल ही मुक़दमे की पेशी है और अभी तक हाथ में कौड़ी भी नहीं—यजमानों में कोई साँस भी नहीं लेता। इतने में महादेव ने पालागन की। पंडित जी ने मुँह फेर लिया। यह अमंगलमूर्ति कहाँ से आ पहुँची, मालूम नहीं, दाना भी मयस्सर होगा या नहीं। रुष्ट होकर पूछा—क्या है जी, क्या कहते हो। जानते नहीं, हम इस समय पूजा पर रहते हैं।

महादेव ने कहा—महाराज, आज मेरे यहाँ सत्यनारायण की कथा है।

पुरोहित जी विस्मित हो गए। कानों पर विश्वास न हुआ। महादेव के घर कथा का होना उतनी ही असाधारण घटना थी, जितनी अपने घर से किसी भिखारी के लिए भीख निकालना। पूछा—आज क्या है?

महादेव बोला—कुछ नहीं, ऐसी इच्छा हुई कि आज भगवान् की कथा सुन लूँ।

प्रभात ही से तैयारी होने लगी। वेदों के निकटवर्ती गाँवों में सुपारी फिरी। कथा के उपरान्त भोज का भी नेवता था। जो सुनता आश्चर्य करता। आज रेत में दूब कैसे जमी।

संध्या समय जब सब लोग जमा हुए, और पंडित जी अपने सिंहासन पर विराजमान हुए, तो महादेव खड़ा होकर उच्च स्वर में बोला—भाइयो, मेरी सारी उम्र छल-कपट में कट गई। मैंने न जाने कितने आदमियों को दग़ा दी, कितने खरे को खोटा किया; पर अब भगवान् ने मुझ पर दया की है, वह मेरे मुँह की कालिख को मिटाना चाहते हैं। मैं आप सब भाइयों से ललकार कर कहता हूँ कि जिसका मेरे ज़िम्मे जो कुछ निकलता हो, जिसकी जमा मैंने मार ली हो, जिसके चोखे माल को खोटा कर दिया हो, वह आकर अपनी एक-एक कौड़ी चुका ले, अगर कोई यहाँ न आ सका हो, तो आप लोग उससे जाकर कह दीजिए, कल से एक महीने तक, जब जी चाहे, आए और अपना हिसाब चुकता कर ले। गवाही-साखी का काम नहीं।

सब लोग सन्नाटे में आ गए। कोई मार्मिक भाव से सिर हिलाकर बोला—हम कहते न थे। किसी ने अविश्वास से कहा—क्या खाकर भरेगा, हज़ारों का टोटल हो जाएगा।

एक ठाकुर ने ठठोली की—और जो लोग सुरधाम चले गए।

महादेव ने उत्तर दिया—उसके घर वाले तो होंगे।

किन्तु इस समय लोगों को वसूली की इतनी इच्छा न थी, जितनी यह जानने की कि इसे इतना धन मिल कहाँ से गया। किसी को महादेव के पास आने का साहस न हुआ। देहात के आदमी थे, गड़े मुर्दे उखाड़ना क्या जानें। फिर प्राय: लोगों को याद भी न था कि उन्हें महादेव से क्या पाना है, और ऐसे पवित्र अवसर पर भूल-चूक हो जाने का भय उनका मुँह बन्द किए हुए था। सबसे बड़ी बात यह थी कि महादेव की साधुता ने उन्हें वशीभूत कर लिया था।

अचानक पुरोहित जी बोले—तुम्हें याद है, मैंने एक कंठा बनाने के लिए सोना दिया था, तुमने कई माशे तौल में उड़ा दिए थे।

महादेव—हाँ, याद है, आपका कितना नुक़सान हुआ होगा?

पुरोहित—पचास रुपए से कम न होगा।

महादेव ने कमर से दो मोहरें निकालीं और पुरोहित जी के सामने रख दीं।

पुरोहित जी की लोलुपता पर टीकाएँ होने लगीं। यह बेईमानी है, बहुत हो, तो दो-चार रुपए का नुक़सान हुआ होगा। बेचारे से पचास रुपए ऐंठ लिए। नारायण का भी डर नहीं। बनने को पंडित, पर नीयत ऐसी ख़राब! राम-राम!!

लोगों को महादेव पर एक श्रद्धा-सी हो गई। एक घंटा बीत गया पर उन सहस्रों मनुष्यों में से एक भी खड़ा न हुआ। तब महादेव ने फिर कहा—मालूम होता है, आप लोग अपना-अपना हिसाब भूल गए हैं, इसलिए आज कथा होने दीजिए। मैं एक महीने तक आपकी राह देखूँगा। इसके पीछे तीर्थ-यात्रा करने चला जाऊँगा। आप सब भाइयों से मेरी विनती है कि आप मेरा उद्धार करें।

एक महीने तक महादेव लेनदारों की राह देखता रहा। रात को चोरों के भय से नींद न आती। अब वह कोई काम न करता। शराब का चसका भी छूटा। साधु-अभ्यागत जो द्वार पर आ जाते, उनका यथायोग्य सत्कार करता। दूर-दूर उसका सुयश फैल गया। यहाँ तक कि महीना पूरा हो गया, और एक आदमी भी हिसाब लेने न आया। अब महादेव को ज्ञान हुआ कि संसार में कितना धर्म, कितना सद्व्यवहार है। अब उसे मालूम हुआ कि संसार बुरों के लिए बुरा है और अच्छों के लिए अच्छा।

6

इस घटना को हुए पचास वर्ष बीत चुके हैं। आप वेदों जाइए, तो दूर ही से एक सुनहला कलश दिखाई देता है। वह ठाकुरद्वारे का कलश है। उससे मिला हुआ एक पक्का तालाब है, जिसमें ख़ूब कमल खिले रहते हैं। उसकी मछलियाँ कोई नहीं पकड़ता, तालाब के किनारे एक विशाल समाधि है। यही आत्माराम का स्मृति-चिह्न है, उसके सम्बन्ध में विभिन्न किंवदंतियाँ प्रचलित हैं। कोई कहता है, वह रत्नजड़ित पिंजड़ा स्वर्ग को चला गया, कोई कहता, वह 'सत्त गुरुदत्त' कहता हुआ अंतर्धान हो गया, पर यथार्थ यह है कि उस पक्षी-रूपी चन्द्र को किसी बिल्ली-रूपी राहु ने ग्रस लिया। लोग कहते हैं, आधी रात को अभी तक तालाब के किनारे आवाज़ आती है—

'सत्त गुरुदत्त शिवदत्त दाता,
राम के चरण में चित्त लागा।'

महादेव के विषय में भी कितनी ही जन-श्रुतियाँ हैं। उनमें सबसे मान्य यह है कि आत्माराम के समाधिस्थ होने के बाद वह कई संन्यासियों के साथ हिमालय चला गया, और वहाँ से लौटकर न आया। उसका नाम आत्माराम प्रसिद्ध हो गया।

दुर्गा का मन्दिर

बाबू ब्रजनाथ क़ानून पढ़ने में मग्न थे, और उनके दोनों बच्चे लड़ाई करने में। श्यामा चिल्लाती, कि मुन्नू मेरी गुड़िया नहीं देता। मुन्नू रोता था कि श्यामा ने मेरी मिठाई खा ली।

ब्रजनाथ ने क्रुद्ध होकर भामा से कहा—तुम इन दुष्टों को यहाँ से हटाती हो कि नहीं? नहीं तो मैं एक-एक की ख़बर लेता हूँ।

भामा चूल्हे में आग जला रही थी, बोली—अरे तो अब क्या संध्या को भी पढ़ते ही रहोगे? ज़रा दम तो ले लो।

ब्रज.—उठा तो न जाएगा; बैठी-बैठी वहीं से क़ानून बघारोगी। अभी एक-आध को पटक दूँगा, तो वहीं से गरजती हुई आओगी कि हाय-हाय बच्चे को मार डाला!

भामा—तो मैं कुछ बैठी या सोई तो नहीं हूँ। ज़रा एक घड़ी तुम्हीं लड़कों को बहलाओगे, तो क्या होगा! कुछ मैंने ही तो उनकी नौकरी नहीं लिखाई!

ब्रजनाथ से कोई जवाब न देते बन पड़ा। क्रोध पानी के समान बहाव का मार्ग न पाकर और भी प्रबल हो जाता है। यद्यपि ब्रजनाथ नैतिक सिद्धान्तों के ज्ञाता थे, पर उनके पालन में इस समय कुशल न दिखाई दी। मुद्दई और मुद्दालेह, दोनों को एक ही लाठी हाँका, और दोनों को रोते-चिल्लाते छोड़ क़ानून का ग्रंथ बग़ल में दबा कॉलेज-पार्क की राह ली।

2

सावन का महीना था। आज कई दिन के बाद बादल हटे थे। हरे-भरे वृक्ष सुनहरी चादर ओढ़े खड़े थे। मृदु समीर सावन का राग गाता था और बगुले डालियों पर बैठे हिंडोले झूल रहे थे। ब्रजनाथ एक बेंच पर आ बैठे और किताब खोली। लेकिन इस ग्रंथ की अपेक्षा प्रकृति-ग्रंथ का अवलोकन अधिक चित्ताकर्षक था। कभी आसमान को पढ़ते थे, कभी पत्तियों को, कभी छविमयी हरियाली को और कभी सामने मैदान में खेलते हुए लड़कों को।

एकाएक उन्हें सामने घास पर काग़ज़ की एक पुड़िया दिखाई दी। माया ने जिज्ञासा की—आड़ में चलो, देखें इसमें क्या है।

बुद्धि ने कहा—तुमसे मतलब? पड़ी रहने दो।

लेकिन जिज्ञासा-रूपी माया की जीत हुई। ब्रजनाथ ने उठकर पुड़िया उठा ली। कदाचित् किसी के पैसे पुड़िया में लिपटे गिर पड़े हैं। खोलकर देखा; सावरेन थे। गिना, पूरे आठ निकले। कुतूहल की सीमा न रही।

ब्रजनाथ की छाती धड़कने लगी। आठों सावरेन हाथ में लिए सोचने लगे, इन्हें क्या करूँ? अगर यहीं रख दूँ, तो न जाने किसकी नज़र पड़े; न मालूम कौन उठा ले जाए! नहीं, यहाँ रखना उचित नहीं। चलूँ थाने में इत्तला कर दूँ और ये सावरेन थानेदार को सौंप दूँ। जिसके होंगे वह आप ले जाएगा या अगर उसको न भी मिलें, तो मुझ पर कोई दोष न रहेगा, मैं तो अपने उत्तरदायित्व से मुक्त हो जाऊँगा।

माया ने परदे की आड़ से मंत्र मारना शुरू किया। वह थाने नहीं गए, सोचा—चलूँ, भामा से एक दिल्लगी करूँ। भोजन तैयार होगा। कल इत्मीनान से थाने जाऊँगा।

भामा ने सावरेन देखे, तो हृदय में एक गुदगुदी-सी हुई। पूछा—किसकी है?

ब्रज.—मेरी।

भामा—चलो, कहीं हो न!

ब्रज.—पड़ी मिली है।

भामा—झूठ बात। ऐसे ही भाग्य के बली हो, तो सच बताओ कहाँ मिली? किसकी है?

ब्रज.—सच कहता हूँ, पड़ी मिली है।

भामा—मेरी क़सम?

ब्रज.—तुम्हारी क़सम।

भामा गिन्नियों को पति के हाथ से छीनने की चेष्टा करने लगी।

ब्रजनाथ ने कहा—क्यों छीनती हो?

भामा—लाओ, मैं अपने पास रख लूँ?

ब्रज.—रहने दो, मैं इसकी इत्तला करने थाने जाता हूँ।

भामा का मुख मलिन हो गया। बोली—पड़े हुए धन की क्या इत्तला?

ब्रज.—हाँ, और क्या, इन आठ गिन्नियों के लिए ईमान बिगाड़ूँगा?

भामा—अच्छा तो सबेरे चले जाना। इस समय जाओगे, तो आने में देर होगी।

ब्रजनाथ ने भी सोचा, यही अच्छा। थानेवाले रात को तो कोई कार्रवाई करेंगे नहीं। जब अशर्फियों को पड़ा ही रहना है, तब जैसे थाना वैसे मेरा घर।

गिन्नियाँ सन्दूक़ में रख दीं। खा-पीकर लेटे, तो भामा ने हँसकर कहा—आया धन क्यों छोड़ते हो? लाओ, मैं अपने लिए एक गुलूबन्द बनवा लूँ, बहुत दिनों से जी तरस रहा है।

माया ने इस समय हास्य का रूप धारण किया।

ब्रजनाथ ने तिरस्कार करके कहा—गुलूबन्द की लालसा में गले में फाँसी लगाना चाहती हो क्या?

3

प्रात:काल ब्रजनाथ थाने के लिए तैयार हुए। क़ानून का एक लेक्चर छूट जाएगा, कोई हरज नहीं। वह इलाहाबाद के हाईकोर्ट में अनुवादक थे। नौकरी में उन्नति की आशा न देखकर साल भर से वकालत की तैयारी में मग्न थे, लेकिन अभी कपड़े पहन ही रहे थे कि उनके एक मित्र मुंशी गोरेलाल आकर बैठ गए, और अपनी पारिवारिक दुश्चिन्ताओं की रामकहानी सुनाकर अत्यन्त विनीत भाव से बोले—भाई साहब, इस समय मैं इन झंझटों में ऐसा फँस गया हूँ कि बुद्धि कुछ काम नहीं करती। तुम बड़े आदमी हो। इस समय कुछ सहायता करो। ज़्यादा नहीं तीस रुपए दे दो। किसी न किसी तरह काम चला लूँगा, आज तीस तारीख़ है। कल शाम को तुम्हें रुपए मिल जाएँगे।

ब्रजनाथ बड़े आदमी तो न थे; किन्तु बड़प्पन की हवा बाँध रखी थी। यह मिथ्याभिमान उनके स्वभाव की एक दुर्बलता थी। केवल अपने वैभव का प्रभाव डालने के लिए ही वह बहुधा मित्रों की छोटी-मोटी आवश्यकताओं पर अपनी वास्तविक आवश्यकताओं को निछावर कर दिया करते थे, लेकिन भामा को इस विषय में उनसे सहानुभूति न थी; इसीलिए जब ब्रजनाथ पर इस प्रकार का संकट आ पड़ता था, तब थोड़ी देर के लिए उनकी पारिवारिक शान्ति अवश्य नष्ट हो जाती थी। उनमें इनकार करने या टालने की हिम्मत न थी।

वह सकुचाते हुए भामा के पास गए और बोले—तुम्हारे पास तीस रुपए तो न होंगे? मुंशी गोरेलाल माँग रहे हैं।

भामा ने रुखाई से कहा—मेरे पास तो रुपए नहीं।

ब्रज.—होंगे तो ज़रूर, बहाना करती हो।

भामा—अच्छा, बहाना ही सही।

ब्रज.—तो मैं उनसे क्या कह दूँ।

भामा—कह दो घर में रुपए नहीं हैं, तुमसे न कहते बने, तो मैं पर्दे की आड़ से कह दूँ।

ब्रज.—कहने को तो मैं कह दूँ, लेकिन उन्हें विश्वास न आएगा। समझेंगे, बहाना कर रहे हैं।

भामा—समझेंगे तो समझा करें।

ब्रज.—मुझसे ऐसी बेमुरौवती नहीं हो सकती। रात-दिन का साथ ठहरा, कैसे इनकार करूँ?

भामा—अच्छा, तो जो मन में आवे, सो करो। मैं एक बार कह चुकी, मेरे पास रुपए नहीं।

ब्रजनाथ मन में बहुत खिन्न हुए। उन्हें विश्वास था कि भामा के पास रुपए हैं। लेकिन केवल मुझे लज्जित करने के लिए इनकार कर रही है। दुराग्रह ने संकल्प को दृढ़ कर दिया। सन्दूक़ से दो गिन्नियाँ निकालीं और गोरेलाल को देकर बोले—भाई, कल शाम को कचहरी से आते ही रुपए दे जाना। ये एक आदमी की अमानत है, मैं इसी समय देने जा रहा था—यदि कल रुपए न पहुँचे तो मुझे बहुत लज्जित होना पड़ेगा; कहीं मुँह दिखाने योग्य न रहूँगा।

गोरेलाल ने मन में कहा—अमानत स्त्री के सिवा और किसकी होगी, और गिन्नियाँ जेब में रखकर घर की राह ली।

4

आज पहली तारीख़ की संध्या है। ब्रजनाथ दरवाज़े पर बैठे गोरेलाल का इन्तज़ार कर रहे हैं।

पाँच बज गए गोरेलाल अभी तक नहीं आए। ब्रजनाथ की आँखें रास्ते की तरफ़ लगी हुई थीं। हाथ में एक पत्र था; लेकिन पढ़ने में जी नहीं लगता था। हर तीसरे मिनट रास्ते की ओर देखने लगते थे। लेकिन सोचते थे—आज वेतन मिलने का दिन है। इसी कारण आने में देर हो रही है। आते ही होंगे। छह बजे गोरेलाल का पता नहीं। कचहरी के कर्मचारी एक-एक करके चले आ रहे थे। ब्रजनाथ को कई बार धोखा हुआ। वह आ रहे हैं। ज़रूर वही हैं। वैसी ही अचकन है। वैसी ही टोपी है। चाल भी वही है। हाँ, वही हैं, इसी तरफ़ आ रहे हैं। अपने हृदय से एक बोझा-सा उतरता मालूम हुआ; लेकिन निकट आने पर ज्ञात हुआ कि कोई और है। आशा की कल्पित मूर्ति दुराशा में बदल गई।

ब्रजनाथ का चित्त खिन्न होने लगा। वह एक बार कुरसी से उठे। बरामदे की चौखट पर खड़े हो, सड़क पर दोनों तरफ़ निगाह दौड़ाई। कहीं पता नहीं। दो-तीन बार दूर से आते हुए इक्कों को देखकर गोरेलाल को भ्रम हुआ। आकांक्षा की प्रबलता!

सात बजे; चिराग़ जल गए। सड़क पर अँधेरा छाने लगा। ब्रजनाथ सड़क पर उद्विग्न भाव से टहलने लगे। इरादा हुआ, गोरेलाल के घर चलूँ। उधर क़दम बढ़ाया; लेकिन हृदय काँप रहा था कि कहीं वह रास्ते में आते हुए न मिल जाएँ, तो समझें कि थोड़े-से रुपयों के लिए इतने व्याकुल हो गए। थोड़ी ही दूर गए कि किसी को आते देखा। भ्रम हुआ, गोरेलाल हैं, मुड़े और सीधे बरामदे में आकर दम लिया, लेकिन फिर वही धोखा। फिर वही भ्रांति। तब सोचने लगे कि इतनी देर क्यों हो रही है? क्या अभी तक वह कचहरी से न आए होंगे! ऐसा कदापि नहीं हो सकता। उनके दफ़्तरवाले मुद्दत हुई, निकल गए। बस दो बातें हो सकती हैं, या तो उन्होंने कल आने का निश्चय कर लिया, समझे होंगे, रात को कौन जाए, या जान-बूझकर बैठे होंगे, देना न चाहते होंगे, उस समय उनको ग़रज़ थी, इस समय मुझे ग़रज़ है। मैं ही किसी को क्यों न भेज दूँ? लेकिन किसे भेजूँ? मुन्नू जा सकता है। सड़क ही पर मकान है। यह सोचकर कमरे में गए, लैंप जलाया और पत्र लिखने बैठे, मगर आँखें द्वार ही की ओर लगी हुई थीं। अकस्मात् किसी के पैरों की आहट सुनाई दी। परन्तु पत्र को एक किताब के नीचे दबा लिया और बरामदे में चले आए। देखा, पड़ोस का एक कुँजड़ा तार पढ़ाने आया

है। उससे बोले—भाई, इस समय फुरसत नहीं है; थोड़ी देर में आना। उसने कहा—बाबू जी, घर भर के आदमी घबराए हैं, ज़रा एक निगाह देख लीजिए। निदान ब्रजनाथ ने झुँझला कर उसके हाथ से तार ले लिया, और सरसरी नज़र से देखकर बोले—कलकत्ते से आया है। माल नहीं पहुँचा। कुँजड़े ने डरते-डरते कहा—बाबूजी इतना और देख लीजिए, किसने भेजा है। इस पर ब्रजनाथ ने तार फेंक दिया और बोले—मुझे इस वक़्त फुरसत नहीं है।

आठ बज गए। ब्रजनाथ को निराशा होने लगी—मुन्नू इतनी रात बीते नहीं जा सकता। मन में निश्चय किया, आज ही जाना चाहिए, बला से बुरा मानेंगे। इसकी कहाँ तक चिन्ता करूँ। स्पष्ट कह दूँगा मेरे रुपए दो दो। भलमनसी भलेमानसों से निभाई जा सकती है। ऐसे धूर्तों के साथ भलमनसी का व्यवहार करना मूर्खता है। अचकन पहनी; घर में जाकर भामा से कहा—ज़रा एक काम से बाहर जाता हूँ, किवाड़ें बन्द कर लो।

चलने को तो चले; लेकिन पग-पग पर रुकते जाते थे। गोरेलाल का घर दूर से दिखाई दिया; लैंप जल रहा था। ठिठक गए और सोचने लगे चलकर क्या कहूँगा? कहीं उन्होंने जाते-जाते रुपए निकालकर दे दिए, और देर के लिए क्षमा माँगी तो मुझे बड़ी झेंप होगी। वह मुझे क्षुद्र, ओछा, धैर्यहीन समझेंगे। नहीं, रुपयों की बातचीत करूँ ही क्यों? कहूँगा—भाई घर में बड़ी देर से पेट दर्द कर रहा है। तुम्हारे पास पुराना तेज़ सिरका तो नहीं है! मगर नहीं, यह बहाना कुछ भद्दा-सा प्रतीत होता है। साफ़ कलई खुल जाएगी। ऊँह! इस झंझट की ज़रूरत ही क्या है। वह मुझे देखकर आप ही समझ जाएँगे। इस विषय में बातचीत की कुछ नौबत ही न आवेगी। ब्रजनाथ इसी उधेड़बुन में आगे बढ़ते चले जाते थे, जैसे नदी में लहरें चाहे किसी ओर चलें, धारा अपना मार्ग नहीं छोड़ती।

गोरेलाल का घर आ गया। द्वार बन्द था। ब्रजनाथ को उन्हें पुकारने का साहस न हुआ, समझे खाना खा रहे होंगे। दरवाज़े के सामने से निकले, और धीरे-धीरे टहलते हुए एक मील तक चले गए। नौ बजने की आवाज़ कान में आई। गोरेलाल भोजन कर चुके होंगे, यह सोचकर लौट पड़े; लेकिन द्वार पर पहुँचे, तो अँधेरा था। वह आशा-रूपी दीपक बुझ गया था। एक मिनट तक दुविधा में खड़े रहे। क्या करूँ। अभी बहुत सबेरा है। इतनी जल्दी थोड़े ही सो गए होंगे? दबे पाँव बरामदे पर चढ़े। द्वार पर कान लगाकर सुना, चारों ओर ताक रहे थे कि कहीं कोई देख न ले। कुछ बातचीत की भनक कान में पड़ी। ध्यान से सुना। स्त्री कह रही थी—रुपए तो सब उठ गए, ब्रजनाथ को कहाँ से दोगे? गोरेलाल ने उत्तर दिया—ऐसी कौन सी उतावली है, फिर दे देंगे। और दरख्वास्त दे दी है, कल मंजूर हो ही जाएगी। तीन महीने के बाद लौटेंगे तब देखा जाएगा।

ब्रजनाथ को ऐसा जान पड़ा मानो मुँह पर किसी ने तमाचा मार दिया।

क्रोध और नैराश्य से भरे हुए बरामदे से उतर आए। घर चले तो सीधे क़दम न पड़ते थे, जैसे कोई दिन-भर का थका-माँदा पथिक हो।

5

ब्रजनाथ रात-भर करवटें बदलते रहे। कभी गोरेलाल की धूर्तता पर क्रोध आता था, कभी अपनी सरलता पर; मालूम नहीं, किस ग़रीब के रुपए हैं। उस पर क्या बीती होगी! लेकिन अब क्रोध या खेद से क्या लाभ? सोचने लगे—रुपए कहाँ से आवेंगे? भामा पहले ही इनकार कर चुकी

है, वेतन में इतनी गुंजाइश नहीं। दस-पाँच रुपए की बात होती तो कतर-ब्योंत करता। तो क्या करूँ? किसी से उधार लूँ। मगर मुझे कौन देगा। आज तक किसी से माँगने का संयोग नहीं पड़ा, और अपना कोई ऐसा मित्र है भी तो नहीं। जो लोग हैं, मुझी को सताया करते हैं, मुझे क्या देंगे। हाँ, यदि कुछ दिन क़ानून छोड़कर अनुवाद करने में परिश्रम करूँ, तो रुपए मिल सकते हैं। कम से कम एक मास का कठिन परिश्रम है। सस्ते अनुवादकों के मारे दर भी तो गिर गई है। हा निर्दयी! तूने बड़ी दग़ा की। न जाने किस जन्म का बैर चुकाया। कहीं का न रखा!

दूसरे दिन से ब्रजनाथ को रुपयों की धुन सवार हुई। सवेरे क़ानून के लेक्चर में सम्मिलित होते, संध्या को कचहरी से तजबीजों का पुलिंदा घर लाते और आधी रात तक बैठे अनुवाद किया करते। सिर उठाने की मुहलत न मिलती। कभी एक-दो भी बज जाते। जब मस्तिष्क बिलकुल शिथिल हो जाता तब विवश होकर चारपाई पर पड़ रहते।

लेकिन इतने परिश्रम का अभ्यास न होने के कारण कभी-कभी सिर में दर्द होने लगता। कभी पाचन-क्रिया में विघ्न पड़ जाता, कभी ज्वर चढ़ आता। तिस पर भी वह मशीन की तरह काम में लगे रहते। भामा कभी-कभी झुँझला कर कहती—अजी, लेट भी रहो; बड़े धर्मात्मा बने हो। तुम्हारे जैसे दस-पाँच आदमी और होते, तो संसार का काम ही बन्द हो जाता। ब्रजनाथ इस बाधाकारी व्यंग्य का उत्तर न देते, दिन निकलते ही फिर वही चरखा ले बैठते।

यहाँ तक कि तीन सप्ताह बीत गए और पचीस रुपए हाथ आ गए। ब्रजनाथ सोचते थे—दो-तीन दिन में बेड़ा पार है; लेकिन इक्कीसवें दिन उन्हें प्रचंड ज्वर चढ़ आया और तीन दिन तक न उतरा। छुट्टी लेनी पड़ी, शय्यासेवी बन गए। भादों का महीना था। भामा ने समझा, पित्त का प्रकोप है। लेकिन जब एक सप्ताह तक डॉक्टर की औषधि सेवन करने पर भी ज्वर न उतरा तब घबराई। ब्रजनाथ प्राय: ज्वर में बक-झक भी करने लगते। भामा सुनकर डर के मारे कमरे में से भाग जाती। बच्चों को पकड़कर दूसरे कमरे में बन्द कर देती। अब उसे शंका होने लगती थी कि कहीं यह कष्ट उन्हीं रुपयों के कारण तो नहीं भोगना पड़ रहा है! कौन जाने, रुपएवाले ने कुछ कर-धर दिया हो! ज़रूर यही बात है, नहीं तो औषधि से लाभ क्यों नहीं होता?

संकट पड़ने पर हम धर्म-भीरु हो जाते हैं, औषधियों से निराश होकर देवताओं की शरण लेते हैं। भामा ने भी देवताओं की शरण ली। वह जन्माष्टमी, शिवरात्रि और तीज के सिवा कोई व्रत न रखती थी। इस बार उसने नवरात्र का कठिन व्रत शुरू किया।

आठ दिन पूरे हो गए। अन्तिम दिन आया। प्रभात का समय था। भामा ने ब्रजनाथ को दवा पिलाई और दोनों बालकों को लेकर दुर्गा जी की पूजा करने के लिए चली। उसका हृदय आराध्य देवी के प्रति श्रद्धा से परिपूर्ण था। मन्दिर के आँगन में पहुँची। उपासक आसनों पर बैठे हुए दुर्गापाठ कर रहे थे। धूप और अगर की सुगंध उड़ रही थी। उसने मन्दिर में प्रवेश किया। सामने दुर्गा की विशाल प्रतिमा शोभायमान थी। उसके मुखारविंद पर एक विलक्षण दीप्ति झलक रही थी। बड़े-बड़े उज्ज्वल नेत्रों से प्रभा की किरणें छिटक रही थीं। पवित्रता का एक समाँ-सा छाया हुआ था। भामा इस दीप्तवर्ण मूर्ति के सम्मुख सीधी आँखों से ताक न सकी। उसके अंत:करण में एक निर्मल, विशुद्ध भावपूर्ण भय का उदय हो आया। उसने आँखें बन्द कर लीं। घुटनों के बल बैठ गई, और हाथ जोड़कर करुण स्वर से बोली—माता, मुझ पर दया करो।

उसे ऐसा ज्ञात हुआ, मानो देवी मुस्कुराई। उसे उन दिव्य नेत्रों से एक ज्योति-सी निकलकर अपने हृदय में आती हुई मालूम हुई। उसके कानों में देवी के मुँह से निकले ये शब्द सुनाई दिए—पराया धन लौटा दे, तेरा भला होगा।

भामा उठ बैठी। उसकी आँखों में निर्मल भक्ति का आभास झलक रहा था। मुखमंडल से पवित्र प्रेम बरसा पड़ता था। देवी ने कदाचित् उसे अपनी प्रभा के रंग में डुबा दिया था।

इतने में दूसरी एक स्त्री आई। उसके उज्ज्वल केश बिखरे और मुरझाए हुए चेहरे के दोनों ओर लटक रहे थे। शरीर पर केवल एक श्वेत साड़ी थी। हाथ में चूड़ियों के सिवा और कोई आभूषण न था। शोक और नैराश्य की साक्षात् मूर्ति मालूम होती थी। उसने भी देवी के सामने सिर झुकाया और दोनों हाथों से आँचल फैलाकर बोली—देवी, जिसने मेरा धन लिया हो, उसका सर्वनाश करो।

जैसे सितार मिजराब की चोट खाकर थरथरा उठता है, उसी प्रकार भामा का हृदय अनिष्ट के भय से थरथरा उठा। ये शब्द तीव्र शर के समान उसके कलेजे में चुभ गए। उसने देवी की ओर कातर नेत्रों से देखा। उनका ज्योतिर्मय स्वरूप भयंकर था, नेत्रों से भीषण ज्वाला निकल रही थी। भामा के अंत:करण में सर्वत्र—आकाश से, मन्दिर के सामनेवाले वृक्षों से, मन्दिर के स्तंभों से, सिंहासन के ऊपर जलते हुए दीपक से और देवी के विकराल मुँह से ये शब्द निकलकर गूँजने लगे—पराया धन लौटा दे, नहीं तो तेरा सर्वनाश हो जाएगा।

भामा खड़ी हो गई और उस वृद्धा से बोली—क्यों माता, तुम्हारा धन किसी ने ले लिया है?

वृद्धा ने इस प्रकार उसकी ओर देखा, मानो डूबते को तिनके का सहारा मिला। बोली—हाँ बेटी!

भामा—कितने दिन हुए?

वृद्धा—कोई डेढ़ महीना।

भामा—कितने रुपए थे।

वृद्धा—पूरे एक सौ बीस।

भामा—कैसे खोए?

वृद्धा—क्या जाने कहीं गिर गए। मेरे स्वामी पलटन में नौकर थे। आज कई बरस हुए, वह परलोक सिधारे। अब मुझे सरकार से साठ रुपए साल पेंशन मिलती है। अबकी दो साल की पेंशन एक साथ ही मिली थी। ख़ज़ाने से रुपए लेकर आ रही थी। मालूम नहीं, कब और कहाँ गिर पड़े। आठ गिन्नियाँ थीं।

भामा—अगर वे तुम्हें मिल जाएँ तो क्या दोगी।

वृद्धा—अधिक नहीं, उसमें से पचास रुपए दे दूँगी।

भामा—रुपए क्या होंगे, कोई उससे अच्छी चीज़ दो।

वृद्धा—बेटी और क्या दूँ, जब तक जीऊँगी, तुम्हारा यश गाऊँगी।

भामा—नहीं, इसकी मुझे आवश्यकता नहीं।

वृद्धा—बेटी, इसके सिवा मेरे पास क्या है।

भामा—मुझे आशीर्वाद दो। मेरे पति बीमार हैं, वह अच्छे हो जाएँ।

वृद्धा—क्या उन्हीं को रुपए मिले हैं?

भामा—हाँ, वह उसी दिन से तुम्हें खोज रहे हैं।

वृद्धा घुटनों के बल बैठ गई, और आँचल फैलाकर कम्पित स्वर से बोली—देवी! इनका कल्याण करो।

भामा ने फिर देवी की ओर सशंक दृष्टि से देखा। उनके दिव्य रूप पर प्रेम का प्रकाश था। आँखों में दया की आनन्ददायिनी झलक थी। उस समय भामा के अंत:करण में कहीं स्वर्गलोक से यह ध्वनि सुनाई दी—जा तेरा कल्याण होगा।

संध्या का समय है। भामा ब्रजनाथ के साथ इक्के पर बैठी तुलसी के घर, उसकी थाती लौटाने जा रही है। ब्रजनाथ के बड़े परिश्रम की कमाई तो डॉक्टर की भेंट हो चुकी है, लेकिन भामा ने एक पड़ोसी के हाथ अपने कानों के झुमके बेचकर रुपए जुटाए हैं। जिस समय झुमके बनकर आए थे, भामा बहुत प्रसन्न हुई थी। आज उन्हें बेचकर वह उससे भी अधिक प्रसन्न है।

जब ब्रजनाथ ने आठों गिन्नियाँ उसे दिखाई थीं, उसके हृदय में एक गुदगुदी-सी हुई थी; लेकिन यह हर्ष मुख पर आने का साहस न कर सका था। आज उन गिन्नियों को हाथ से जाते समय उसका हार्दिक आनन्द आँखों में चमक रहा है, ओंठों पर नाच रहा है, कपोलों को रँग रहा है, और अंगों पर किलोल कर रहा है; वह इंद्रियों का आनन्द था, यह आत्मा का आनन्द है; वह आनन्द लज्जा के भीतर छिपा हुआ था, यह आनन्द गर्व से बाहर निकला पड़ता है।

तुलसी का आशीर्वाद सफल हुआ। आज पूरे तीन सप्ताह के बाद ब्रजनाथ तकिये के सहारे बैठे थे। वह बार-बार भामा को प्रेमपूर्ण नेत्रों से देखते थे। वह आज उन्हें देवी मालूम होती थी। अब तक उन्होंने उसके बाह्य सौन्दर्य की शोभा देखी थी, आज वह उसका आत्मिक सौन्दर्य देख रहे हैं।

तुलसी का घर एक गली में था। इक्का सड़क पर जाकर ठहर गया। ब्रजनाथ इक्के पर से उतरे और अपनी छड़ी टेकते हुए भामा के हाथों के सहारे तुलसी के घर पहुँचे। तुलसी ने रुपए लिये और दोनों हाथ फैलाकर आशीर्वाद दिया—दुर्गा जी तुम्हारा कल्याण करें।

तुलसी का वर्णहीन मुख वैसे ही खिल गया, जैसे वर्षा के पीछे वृक्षों की पत्तियाँ खिल जाती हैं। सिमटा हुआ अंग फैल गया, गालों की झुर्रियाँ मिटती दीख पड़ीं। ऐसा मालूम होता था, मानो उसका कायाकल्प हो गया।

वहाँ से आकर ब्रजनाथ अपने द्वार पर बैठे हुए थे कि गोरेलाल आकर बैठ गए। ब्रजनाथ ने मुँह फेर लिया।

गोरेलाल बोले—भाई साहब! कैसी तबीयत है?

ब्रजनाथ—बहुत अच्छी तरह हूँ।

गोरेलाल—मुझे क्षमा कीजिएगा। मुझे इसका बहुत खेद है कि आपके रुपए देने में इतना विलम्ब हुआ। पहली तारीख़ ही को घर से एक आवश्यक पत्र आ गया, और मैं किसी तरह तीन महीने की छुट्टी लेकर घर भागा। वहाँ की विपत्ति-कथा कहूँ, तो समाप्त न हो। लेकिन आपकी बीमारी का शोक-समाचार सुनकर आज भागा चला आ रहा हूँ। ये लीजिए, रुपए हाजिर हैं। इस विलम्ब के लिए अत्यन्त लज्जित हूँ।

ब्रजनाथ का क्रोध शान्त हो गया। विनय में कितनी शक्ति है। बोले—जी हाँ, बीमार तो था; लेकिन अब अच्छा हो गया हूँ, आपको मेरे कारण व्यर्थ कष्ट उठाना पड़ा। यदि इस समय आपको असुविधा हो, तो रुपए फिर दे दीजिएगा। मैं अब उऋण हो गया हूँ। कोई जल्दी नहीं है।

गोरेलाल विदा हो गए, तो ब्रजनाथ रुपए लिये हुए भीतर आए और भामा से बोले—ये लो अपने रुपए; गोरेलाल दे गए।

भामा ने कहा—ये मेरे रुपए नहीं, तुलसी के हैं। एक बार पराया धन लेकर सीख गई।

ब्रज.—लेकिन तुलसी के पूरे रुपए तो दे दिए गए!

भामा—दे दिए तो क्या हुआ? ये उसके आशीर्वाद की न्योछावर है।

ब्रज.—कान के झुमके कहाँ से आवेंगे।

भामा—झुमके न रहेंगे, न सही, सदा के लिए 'कान' तो हो गए।

बड़े घर की बेटी

बेनीमाधव सिंह गौरीपुर गाँव के ज़मींदार और नम्बरदार थे। उनके पितामह किसी समय बड़े धन-धान्य संपन्न थे। गाँव का पक्का तालाब और मन्दिर जिनकी अब मरम्मत भी मुश्किल थी, उन्हीं की कीर्ति-स्तंभ थे। कहते हैं, इस दरवाज़े पर हाथी झूमता था, अब उसकी जगह एक बूढ़ी भैंस थी, जिसके शरीर में अस्थि-पंजर के सिवा और कुछ शेष न रहा था; पर दूध शायद बहुत देती थी; क्योंकि एक न एक आदमी हाँड़ी लिए उसके सिर पर सवार ही रहता था। बेनीमाधव सिंह अपनी आधी से अधिक संपत्ति वकीलों को भेंट कर चुके थे। उनकी वर्तमान आय एक हज़ार रुपए वार्षिक से अधिक न थी। ठाकुर साहब के दो बेटे थे। बड़े का नाम श्रीकंठ सिंह था। उसने बहुत दिनों के परिश्रम और उद्योग के बाद बी. ए. की डिग्री प्राप्त की थी। अब एक दफ़्तर में नौकर था। छोटा लड़का लालबिहारी सिंह दोहरे बदन का, सजीला जवान था। भरा हुआ मुखड़ा, चौड़ी छाती। भैंस का दो सेर ताज़ा दूध वह उठकर सबेरे पी जाता था। श्रीकंठ सिंह की दशा बिलकुल विपरीत थी। इन नेत्रप्रिय गुणों को उन्होंने बी. ए.—इन्हीं दो अक्षरों पर न्योछावर कर दिया था। इन दो अक्षरों ने उनके शरीर को निर्बल और चेहरे को कांतिहीन बना दिया था। इसी से वैद्यक ग्रंथों पर उनका विशेष प्रेम था। आयुर्वेदिक औषधियों पर उनका अधिक विश्वास था। शाम-सबेरे से उनके कमरे से प्राय: खरल की सुरीली कर्णमधुर ध्वनि सुनाई दिया करती थी। लाहौर और कलकत्ते के वैद्यों से बड़ी लिखा-पढ़ी रहती थी।

श्रीकंठ इस अँगरेज़ी डिग्री के अधिपति होने पर भी अँगरेज़ी सामाजिक प्रथाओं के विशेष प्रेमी न थे। बल्कि वह बहुधा बड़े ज़ोर से उसकी निन्दा और तिरस्कार किया करते थे। इसी से गाँव में उनका बड़ा सम्मान था। दशहरे के दिनों में वह बड़े उत्साह से रामलीला में सम्मिलित होते और स्वयं किसी न किसी पात्र का पार्ट लेते थे। गौरीपुर में रामलीला के वही जन्मदाता थे। प्राचीन हिन्दू सभ्यता का गुणगान उनकी धार्मिकता का प्रधान अंग था। सम्मिलित कुटुम्ब के तो वह एकमात्र उपासक थे। आजकल स्त्रियों को कुटुम्ब में मिल-जुल कर रहने की जो अरुचि होती है, उसे वह जाति और देश दोनों के लिए हानिकारक समझते थे। यही कारण था कि गाँव की ललनाएँ उनकी निंदक थीं। कोई-कोई तो उन्हें अपना शत्रु समझने में भी संकोच न करती थीं। स्वयं उनकी पत्नी को ही इस विषय में उनसे विरोध था। यह इसलिए नहीं कि उसे अपने सास-ससुर, देवर या जेठ आदि से घृणा थी, बल्कि उसका विचार था कि यदि

बहुत कुछ सहने और तरह देने पर भी परिवार के साथ निर्वाह न हो सके, तो आए-दिन की कलह से जीवन को नष्ट करने की अपेक्षा यही उत्तम है कि अपनी खिचड़ी अलग पकाई जाए।

आनन्दी एक बड़े उच्च कुल की लड़की थी। उसके बाप एक छोटी-सी रियासत के ताल्लुकेदार थे। विशाल भवन, एक हाथी, तीन कुत्ते, बाज़, बहरी-शिकरे, झाड़-फानूस, आनरेरी मजिस्ट्रेटी, और ऋण, जो एक प्रतिष्ठित ताल्लुकेदार के भोग्य पदार्थ हैं, सभी यहाँ विद्यमान थे। नाम था भूपसिंह। बड़े उदार-चित्त और प्रतिभाशाली पुरुष थे, पर दुर्भाग्य से लड़का एक भी न था। सात लड़कियाँ हुईं और दैवयोग से सब-की-सब जीवित रहीं। पहली उमंग में तो उन्होंने तीन ब्याह दिल खोलकर किए; पर पन्द्रह-बीस हज़ार रुपयों का क़र्ज़ सिर पर हो गया, तो आँखें खुलीं, हाथ समेट लिया। आनन्दी चौथी लड़की थी। वह अपनी सब बहनों से अधिक रूपवती और गुणवती थी। इससे ठाकुर भूपसिंह उसे बहुत प्यार करते थे। सुन्दर संतान को कदाचित् उसके माता-पिता भी अधिक चाहते हैं। ठाकुर साहब बड़े धर्म-संकट में थे कि इसका विवाह कहाँ करें? न तो यही चाहते थे कि ऋण का बोझ बढ़े और न यही स्वीकार था कि उसे अपने को भाग्यहीन समझना पड़े। एक दिन श्रीकंठ उनके पास किसी चन्दे का रुपया माँगने आया। शायद नागरी-प्रचार का चन्दा था। भूपसिंह उनके स्वभाव पर रीझ गए और धूमधाम से श्रीकंठ सिंह का आनन्दी के साथ ब्याह हो गया।

आनन्दी अपने नए घर में आई, तो यहाँ का रंग-ढंग कुछ और ही देखा। जिस टीम-टाम की उसे बचपन से ही आदत पड़ी हुई थी, वह यहाँ नाममात्र को भी न थी। हाथी-घोड़ों का तो कहना ही क्या, कोई सजी हुई सुन्दर बहली तक न थी। रेशमी स्लीपर साथ लाई थी, पर यहाँ बाग़ कहाँ। मकान में खिड़कियाँ तक न थीं। न ज़मीन पर फ़र्श, न दीवार पर तस्वीरें। यह एक सीधा-सादा देहाती गृहस्थ का मकान था, किन्तु आनन्दी ने थोड़े ही दिनों में अपने को इस नई अवस्था के ऐसा अनुकूल बना लिया, मानो उसने विलास के सामान कभी देखे ही न थे।

2

एक दिन दोपहर के समय लालबिहारी सिंह दो चिड़िया लिये हुए आया और भावज से बोला—जल्दी से पका दो, मुझे भूख लगी है। आनन्दी भोजन बनाकर उसकी राह देख रही थी। अब वह नया व्यंजन बनाने बैठी। हाँड़ी में देखा, तो घी पाव-भर से अधिक न था। बड़े घर की बेटी, क़िफायत क्या जाने। उसने सब घी मांस में डाल दिया। लालबिहारी खाने बैठा, तो दाल में घी न था, बोला—दाल में घी क्यों नहीं छोड़ा?

आनन्दी ने कहा—घी सब मांस में पड़ गया। लालबिहारी ज़ोर से बोला—अभी परसों घी आया है। इतना जल्द उठ गया?

आनन्दी ने उत्तर दिया—आज तो कुल पाव-भर रहा होगा। वह सब मैंने मांस में डाल दिया।

जिस तरह सूखी लकड़ी जल्दी से ज़ल उठती है—उसी तरह क्षुधा से बावला मनुष्य ज़रा-ज़रा सी बात पर तिनक जाता है। लालबिहारी को भावज की यह ढिठाई बहुत बुरी मालूम हुई, तिनक कर बोला—मैके में तो चाहे घी की नदी बहती हो!

स्त्री गालियाँ सह लेती है, मार भी सह लेती है; पर मैके की निन्दा उससे नहीं सही जाती। आनन्दी मुँह फेरकर बोली—हाथी मरा भी, तो नौ लाख का। वहाँ इतना घी नित्य नाई-कहार खा जाते हैं।

लालबिहारी जल गया, थाली उठाकर पलट दी, और बोला—जी चाहता है, जीभ पकड़कर खींच लूँ।

आनन्दी को भी क्रोध आ गया। मुँह लाल हो गया, बोली—वह होते तो आज इसका मजा चखाते।

अब अपढ़, उजड्ड ठाकुर से न रहा गया। उसकी स्त्री एक साधारण ज़मींदार की बेटी थी। जब जी चाहता, उस पर हाथ साफ़ कर लिया करता था। खड़ाऊँ उठाकर आनन्दी की ओर ज़ोर से फेंकी, और बोला—जिसके गुमान पर भूली हुई हो, उसे भी देखूँगा और तुम्हें भी।

आनन्दी ने हाथ से खड़ाऊँ रोकी, सिर बच गया। पर उँगली में बड़ी चोट आई। क्रोध के मारे हवा से हिलते पत्ते की भाँति काँपती हुई अपने कमरे में आकर खड़ी हो गई। स्त्री का बल और साहस, मान और मर्यादा पति तक है। उसे अपने पति के ही बल और पुरुषत्व का घमंड होता है। आनन्दी ख़ून का घूँट पी कर रह गई।

3

श्रीकंठ सिंह शनिवार को घर आया करते थे। बृहस्पति को यह घटना हुई थी। दो दिन तक आनन्दी कोप-भवन में रही। न कुछ खाया न पिया, उनकी बाट देखती रही। अन्त में शनिवार को वह नियमानुकूल संध्या समय घर आए और बाहर बैठकर कुछ इधर-उधर की बातें, कुछ देश-काल सम्बन्धी समाचार तथा कुछ नए मुक़दमों आदि की चर्चा करने लगे। यह वार्तालाप दस बजे रात तक होता रहा। गाँव के भद्र पुरुषों को इन बातों में ऐसा आनन्द मिलता था कि खाने-पीने की भी सुधि न रहती थी। श्रीकंठ को पिंड छुड़ाना मुश्किल हो जाता था। ये दो-तीन घंटे आनन्दी ने बड़े कष्ट से काटे! किसी तरह भोजन का समय आया। पंचायत उठी। एकान्त हुआ, तो लालबिहारी ने कहा—भैया, आप ज़रा भाभी को समझा दीजिएगा कि मुँह सँभाल कर बातचीत किया करें, नहीं तो एक दिन अनर्थ हो जाएगा।

बेनीमाधव सिंह ने बेटे की ओर से साक्षी दी—हाँ, बहू-बेटियों का यह स्वभाव अच्छा नहीं कि मर्दों के मुँह लगें।

लालबिहारी—वह बड़े घर की बेटी हैं, तो हम भी कोई कुर्मी-कहार नहीं हैं। श्रीकंठ ने चिन्तित स्वर से पूछा—आख़िर बात क्या हुई?

लालबिहारी ने कहा—कुछ भी नहीं; यों ही आप ही आप उलझ पड़ीं। मैके के सामने हम लोगों को कुछ समझतीं ही नहीं।

श्रीकंठ खा-पीकर आनन्दी के पास गए। वह भरी बैठी थी। यह हजरत भी कुछ तीखे थे। आनन्दी ने पूछा—चित्त तो प्रसन्न है।

श्रीकंठ बोले—बहुत प्रसन्न है; पर तुमने आजकल घर में यह क्या उपद्रव मचा रखा है?

आनन्दी की त्योरियों पर बल पड़ गए, झुँझलाहट के मारे बदन में ज्वाला-सी दहक उठी। बोली—जिसने तुमसे यह आग लगाई है, उसे पाऊँ, तो मुँह झुलस दूँ।

श्रीकंठ—इतनी गरम क्यों होती हो, बात तो कहो।

आनन्दी—क्या कहूँ, यह मेरे भाग्य का फेर है! नहीं तो गँवार छोकरा, जिसको चपरासगिरी करने का भी शऊर नहीं, मुझे खड़ाऊँ से मारकर यों न अकड़ता।

श्रीकंठ—सब हाल साफ़-साफ़ कहो, तो मालूम हो। मुझे तो कुछ पता नहीं।

आनन्दी—परसों तुम्हारे लाड़ले भाई ने मुझसे मांस पकाने को कहा। घी हाँड़ी में पाव-भर से अधिक न था। वह सब मैंने मांस में डाल दिया। जब खाने बैठा तो कहने लगा—दाल में घी क्यों नहीं है। बस, इसी पर मेरे मैके को बुरा-भला कहने लगा—मुझसे न रहा गया। मैंने कहा कि वहाँ इतना घी तो नाई-कहार खा जाते हैं, और किसी को जान भी नहीं पड़ता। बस इतनी सी बात पर इस अन्यायी ने मुझ पर खड़ाऊँ फेंक मारी। यदि हाथ से न रोक लूँ, तो सिर फट जाए। उसी से पूछो, मैंने जो कुछ कहा है, वह सच है या झूठ।

श्रीकंठ की आँखें लाल हो गईं। बोले—यहाँ तक हो गया, इस छोकरे का यह साहस!

आनन्दी स्त्रियों के स्वभावानुसार रोने लगी क्योंकि आँसू उनकी पलकों पर रहते हैं। श्रीकंठ बड़े धैर्यवान और शान्त पुरुष थे। उन्हें कदाचित् ही कभी क्रोध आता था; स्त्रियों के आँसू पुरुषों की क्रोधाग्नि भड़काने में तेल का काम देते हैं। रात भर करवटें बदलते रहे। उद्विग्नता के कारण पलक तक नहीं झपकी। प्रात:काल अपने बाप के पास जाकर बोले—दादा, अब इस घर में मेरा निबाह न होगा।

इस तरह की विद्रोहपूर्ण बातें कहने पर श्रीकंठ ने कितनी ही बार अपने कई मित्रों को आड़े हाथों लिया था; परन्तु दुर्भाग्य, आज उन्हें स्वयं वे ही बातें अपने मुँह से कहनी पड़ीं; दूसरों को उपदेश देना भी कितना सहज है।

बेनीमाधव सिंह घबरा उठे और बोले—क्यों?

श्रीकंठ—इसलिए कि मुझे भी अपनी मान-प्रतिष्ठा का कुछ विचार है। आपके घर में अब अन्याय और हठ का प्रकोप हो रहा है। जिनको बड़ों का आदर-सम्मान करना चाहिए, वे उनके सिर चढ़ते हैं। मैं दूसरे का नौकर ठहरा, घर पर रहता नहीं। यहाँ मेरे पीछे स्त्रियों पर खड़ाऊँ और जूतों की बौछारें होती हैं। कड़ी बात तक चिन्ता नहीं। कोई एक की दो कह ले, वहाँ तक मैं सह सकता हूँ किन्तु यह कदापि नहीं हो सकता कि मेरे ऊपर लात-घूँसे पड़ें और मैं दम न मारूँ।

बेनीमाधव सिंह कुछ जवाब न दे सके। श्रीकंठ सदैव उनका आदर करते थे। उनके ऐसे तेवर देखकर बूढ़ा ठाकुर अवाक् रह गया। केवल इतना ही बोला—बेटा, तुम बुद्धिमान होकर ऐसी बातें करते हो? स्त्रियाँ इस तरह घर का नाश कर देती हैं। उनको बहुत सिर चढ़ाना अच्छा नहीं।

श्रीकंठ—इतना मैं जानता हूँ, आपके आशीर्वाद से ऐसा मूर्ख नहीं हूँ। आप स्वयं जानते हैं कि मेरे ही समझाने-बुझाने से, इसी गाँव में कई घर सँभल गए, पर जिस स्त्री की मान-प्रतिष्ठा का ईश्वर के दरबार में उत्तरदाता हूँ, उसके प्रति ऐसा घोर अन्याय और पशुवत् व्यवहार मुझे असह्य है। आप सच मानिए, मेरे लिए यही कुछ कम नहीं है कि लालबिहारी को कुछ दंड नहीं देता।

अब बेनीमाधव सिंह भी गरमाए। ऐसी बातें और न सुन सके। बोले—लालबिहारी तुम्हारा भाई है। उससे जब कभी भूल-चूक हो, उसके कान पकड़ो लेकिन...

श्रीकंठ—लालबिहारी को मैं अब अपना भाई नहीं समझता।

बेनीमाधव सिंह—स्त्री के पीछे?

श्रीकंठ—जी नहीं, उसकी क्रूरता और अविवेक के कारण।

दोनों कुछ देर चुप रहे। ठाकुर साहब लड़के का क्रोध शान्त करना चाहते थे। लेकिन यह नहीं स्वीकार करना चाहते थे कि लालबिहारी ने कोई अनुचित काम किया है। इसी बीच में गाँव के और कई सज्जन हुक्के-चिलम के बहाने वहाँ आ बैठे। कई स्त्रियों ने जब यह सुना

कि श्रीकंठ पत्नी के पीछे पिता से लड़ने को तैयार है, तो उन्हें बड़ा हर्ष हुआ। दोनों पक्षों की मधुर वाणियाँ सुनने के लिए उनकी आत्माएँ तिलमिलाने लगीं। गाँव में कुछ ऐसे कुटिल मनुष्य भी थे, जो इस कुल की नीतिपूर्ण गति पर मन ही मन जलते थे। वे कहा करते थे—श्रीकंठ अपने बाप से दबता है, इसीलिए वह दब्बू है। उसने विद्या पढ़ी, इसलिए वह किताबों का कीड़ा है। बेनीमाधव सिंह उसकी सलाह के बिना कोई काम नहीं करते, यह उनकी मूर्खता है। इन महानुभावों की शुभकामनाएँ आज पूरी होती दिखाई दीं। कोई हुक़्क़ा पीने के बहाने और कोई लगान की रसीद दिखाने आकर बैठ गया। बेनीमाधव सिंह पुराने आदमी थे। इन भावों को ताड़ गए। उन्होंने निश्चय किया चाहे कुछ ही क्यों न हो, इन द्रोहियों को ताली बजाने का अवसर न दूँगा। तुरन्त कोमल शब्दों में बोले—बेटा, मैं तुमसे बाहर नहीं हूँ। तुम्हारा जो जी चाहे करो, अब तो लड़के से अपराध हो गया।

इलाहाबाद का अनुभव-रहित झल्लाया हुआ ग्रेजुएट इस बात को न समझ सका। उसे डिबेटिंग-क्लब में अपनी बात पर अड़ने की आदत थी, इन हथकंडों की उसे क्या ख़बर? बाप ने जिस मतलब से बात पलटी थी, वह उसकी समझ में न आई। बोला—लालबिहारी के साथ अब इस घर में नहीं रह सकता।

बेनीमाधव—बेटा, बुद्धिमान लोग मूर्खों की बात पर ध्यान नहीं देते। वह बेसमझ लड़का है। उससे जो कुछ भूल हुई, उसे तुम बड़े होकर क्षमा करो।

श्रीकंठ—उसकी इस दुष्टता को मैं कदापि नहीं सह सकता। या तो वही घर में रहेगा, या मैं ही। आपको यदि वह अधिक प्यारा है, तो मुझे विदा कीजिए, मैं अपना भार आप सँभाल लूँगा। यदि मुझे रखना चाहते हैं तो उससे कहिए, जहाँ चाहे चला जाए। बस यह मेरा अन्तिम निश्चय है।

लालबिहारी सिंह दरवाज़े की चौखट पर चुपचाप खड़ा बड़े भाई की बातें सुन रहा था। वह उनका बहुत आदर करता था। उसे कभी इतना साहस न हुआ था कि श्रीकंठ के सामने चारपाई पर बैठ जाए, हुक़्क़ा पी ले या पान खा ले। बाप का भी वह इतना मान न करता था। श्रीकंठ का भी उस पर हार्दिक स्नेह था। अपने होश में उन्होंने कभी उसे घुड़का तक न था। जब वह इलाहाबाद से आते, तो उसके लिए कोई न कोई वस्तु अवश्य लाते। मुगदर की जोड़ी उन्होंने ही बनवा दी थी। पिछले साल जब उसने अपने से ड्योढ़े जवान को नागपंचमी के दिन दंगल में पछाड़ दिया, तो उन्होंने पुलकित होकर अखाड़े में ही जाकर उसे गले से लगा लिया था, पाँच रुपए के पैसे लुटाए थे। ऐसे भाई के मुँह से आज ऐसी हृदय-विदारक बात सुनकर लालबिहारी को बड़ी ग्लानि हुई। वह फूट-फूटकर रोने लगा। इसमें सन्देह नहीं कि अपने किए पर पछता रहा था। भाई के आने से एक दिन पहले से उसकी छाती धड़कती थी कि देखूँ भैया क्या कहते हैं। मैं उनके सम्मुख कैसे जाऊँगा, उनसे कैसे बोलूँगा, मेरी आँखें उनके सामने कैसे उठेंगी। उसने समझा था कि भैया मुझे बुलाकर समझा देंगे। इस आशा के विपरीत आज उसने उन्हें निर्दयता की मूर्ति बने हुए पाया। वह मूर्ख था। परन्तु उसका मन कहता था कि भैया मेरे साथ अन्याय कर रहे हैं। यदि श्रीकंठ उसे अकेले में बुलाकर दो-चार बातें कह देते; इतना ही नहीं दो-चार तमाचे भी लगा देते तो कदाचित् उसे इतना दुःख न होता; पर भाई का यह कहना कि अब मैं इसकी सूरत नहीं देखना चाहता, लालबिहारी से सहा न गया। वह रोता हुआ घर आया। कोठरी में जाकर कपड़े पहने, आँखें पोंछीं, जिससे कोई यह न समझे कि रोता था। तब आनन्दी के द्वार पर आकर बोला—भाभी, भैया ने निश्चय किया

है कि वह मेरे साथ इस घर में न रहेंगे। अब वह मेरा मुँह नहीं देखना चाहते, इसलिए अब मैं जाता हूँ। उन्हें फिर मुँह न दिखाऊँगा। मुझसे जो कुछ अपराध हुआ, उसे क्षमा करना।

यह कहते-कहते लालबिहारी का गला भर आया।

4

जिस समय लालबिहारी सिंह सिर झुकाए आनन्दी के द्वार पर खड़ा था, उसी समय श्रीकंठ सिंह भी आँखें लाल किए बाहर से आए। भाई को खड़ा देखा, तो घृणा से आँखें फेर लीं, और कतरा कर निकल गए। मानो उसकी परछाईं से दूर भागते हों।

आनन्दी ने लालबिहारी की शिकायत तो की थी, लेकिन अब मन में पछता रही थी। वह स्वभाव से ही दयावती थी। उसे इसका तनिक भी ध्यान न था कि बात इतनी बढ़ जाएगी। वह मन में अपने पति पर झुँझला रही थी कि यह इतने गरम क्यों होते हैं। उस पर यह भय भी लगा हुआ था कि कहीं मुझसे इलाहाबाद चलने को कहें, तो कैसे क्या करूँगी। इस बीच में जब उसने लालबिहारी को दरवाज़े पर खड़े यह कहते सुना कि अब मैं जाता हूँ, मुझसे जो कुछ अपराध हुआ, क्षमा करना, तो उसका रहा-सहा क्रोध भी पानी हो गया। वह रोने लगी। मन का मैल धोने के लिए नयन-जल से उपयुक्त और कोई वस्तु नहीं है।

श्रीकंठ को देखकर आनन्दी ने कहा—लाला बाहर खड़े बहुत रो रहे हैं।

श्रीकंठ—तो मैं क्या करूँ?

आनन्दी—भीतर बुला लो। मेरी जीभ में आग लगे। मैंने कहाँ से यह झगड़ा उठाया।

श्रीकंठ—मैं न बुलाऊँगा।

आनन्दी—पछताओगे। उन्हें बहुत ग्लानि हो गई है, ऐसा न हो, कहीं चल दें।

श्रीकंठ न उठे। इतने में लालबिहारी ने फिर कहा—भाभी, भैया से मेरा प्रणाम कह दो। वह मेरा मुँह नहीं देखना चाहते। इसलिए मैं भी अपना मुँह उन्हें न दिखाऊँगा।

लालबिहारी इतना कहकर लौट पड़ा। और शीघ्रता से दरवाज़े की ओर बढ़ा। अन्त में आनन्दी कमरे से निकली और उसका हाथ पकड़ लिया। लालबिहारी ने पीछे फिर कर देखा और आँखों में आँसू भरे बोला—मुझे जाने दो।

आनन्दी—कहाँ जाते हो?

लालबिहारी—जहाँ कोई मेरा मुँह न देखे।

आनन्दी—मैं न जाने दूँगी?

लालबिहारी—मैं तुम लोगों के साथ रहने योग्य नहीं हूँ।

आनन्दी—तुम्हें मेरी सौगंध, अब एक पग भी आगे न बढ़ाना।

लालबिहारी—जब तक मुझे यह न मालूम हो जाए कि भैया का मन मेरी तरफ़ से साफ़ हो गया, तब तक मैं इस घर में कदापि न रहूँगा।

आनन्दी—मैं ईश्वर को साक्षी देकर कहती हूँ कि तुम्हारी ओर से मेरे मन में तनिक भी मैल नहीं है।

अब श्रीकंठ का हृदय भी पिघला। उन्होंने बाहर आकर लालबिहारी को गले लगा लिया। दोनों भाई ख़ूब फूट-फूटकर रोए। लालबिहारी ने सिसकते हुए कहा—भैया, अब कभी मत कहना कि तुम्हारा मुँह न देखूँगा। इसके सिवा आप जो दंड देंगे, मैं सहर्ष स्वीकार करूँगा।

श्रीकंठ ने काँपते हुए स्वर से कहा—लल्लू! इन बातों को बिलकुल भूल जाओ। ईश्वर चाहेगा, तो फिर ऐसा अवसर न आवेगा।

बेनीमाधव सिंह बाहर से आ रहे थे। दोनों भाइयों को गले मिलते देखकर आनन्द से पुलकित हो गए। बोल उठे—बड़े घर की बेटियाँ ऐसी ही होती हैं। बिगड़ता हुआ काम बना लेती हैं।

गाँव में जिसने यह वृत्तांत सुना, उसी ने इन शब्दों में आनन्दी की उदारता को सराहा—'बड़े घर की बेटियाँ ऐसी ही होती हैं।'

पंच-परमेश्वर

जुम्मन शेख़ और अलगू चौधरी में गाढ़ी मित्रता थी। साझे में खेती होती थी। कुछ लेन-देन में भी साझा था। एक को दूसरे पर अटल विश्वास था। जुम्मन जब हज करने गए थे, तब अपना घर अलगू को सौंप गए थे, और अलगू जब कभी बाहर जाते, तो जुम्मन पर अपना घर छोड़ देते थे। उनमें न खान-पान का व्यवहार था, न धर्म का नाता; केवल विचार मिलते थे। मित्रता का मूलमंत्र भी यही है।

इस मित्रता का जन्म उसी समय हुआ, जब दोनों मित्र बालक ही थे; और जुम्मन के पूज्य पिता, जुमराती, उन्हें शिक्षा प्रदान करते थे। अलगू ने गुरु जी की बहुत सेवा की थी, ख़ूब रकाबियाँ माँजी, ख़ूब प्याले धोए। उनका हुक़्क़ा एक क्षण के लिए भी विश्राम न लेने पाता था; क्योंकि प्रत्येक चिलम अलगू को आध घंटे तक किताबों से अलग कर देती थी। अलगू के पिता पुराने विचारों के मनुष्य थे। उन्हें शिक्षा की अपेक्षा गुरु की सेवा-शुश्रूषा पर अधिक विश्वास था। वह कहते थे कि विद्या पढ़ने से नहीं आती; जो कुछ होता है, गुरु के आशीर्वाद से। बस, गुरु जी की कृपा-दृष्टि चाहिए। अतएव यदि अलगू पर जुमराती शेख़ के आशीर्वाद अथवा सत्संग का कुछ फल न हुआ, तो यह मानकर सन्तोष कर लेगा कि विद्योपार्जन में उसने यथाशक्ति कोई बात उठा नहीं रखी, विद्या उसके भाग्य ही में न थी, तो कैसे आती?

मगर जुमराती शेख़ स्वयं आशीर्वाद के कायल न थे। उन्हें अपने सोटे पर अधिक भरोसा था, और उसी सोटे के प्रताप से आज आस-पास के गाँवों में जुम्मन की पूजा होती थी। उनके लिखे हुए रेहननामे या बैनामे पर कचहरी का मुहर्रिर भी क़लम न उठा सकता था। हल्के का डाकिया, कांस्टेबिल और तहसील का चपरासी—सब उनकी कृपा की आकांक्षा रखते थे। अतएव अलगू का मान उनके धन के कारण था, तो जुम्मन शेख़ अपनी अनमोल विद्या से ही सबके आदरपात्र बने थे।

2

जुम्मन शेख़ की एक बूढ़ी खाला (मौसी) थी। उसके पास कुछ थोड़ी-सी मिलकियत थी; परन्तु उसके निकट सम्बन्धियों में कोई न था। जुम्मन ने लम्बे-चौड़े वादे करके वह मिलकियत अपने नाम लिखवा ली थी। जब तक दानपत्र की रजिस्ट्री न हुई थी, तब तक खालाजान का ख़ूब आदर-सत्कार किया गया। उन्हें ख़ूब स्वादिष्ट पदार्थ खिलाए गए। हलवे-पुलाव की वर्षा-सी

की गई; पर रजिस्ट्री की मोहर ने इन ख़ातिरदारियों पर भी मानो मुहर लगा दी। जुम्मन की पत्नी करीमन रोटियों के साथ कड़वी बातों के कुछ तेज़, तीखे सालन भी देने लगी। जुम्मन शेख़ भी निठुर हो गए। अब बेचारी खालाजान को प्रायः नित्य ही ऐसी बातें सुननी पड़ती थीं।

बुढ़िया न जाने कब तक जिएगी। दो-तीन बीघे ऊसर क्या दे दिया, मानो मोल ले लिया है! बघारी दाल के बिना रोटियाँ नहीं उतरतीं! जितना रुपया इसके पेट में झोंक चुके, उतने से तो अब तक गाँव मोल ले लेते।

कुछ दिन खालाजान ने सुना और सहा; पर जब न सहा गया तब जुम्मन से शिकायत की। जुम्मन ने स्थानीय कर्मचारी—गृहस्वामी—के प्रबन्ध में दख़ल देना उचित न समझा। कुछ दिन तक और यों ही रो-धोकर काम चलता रहा। अन्त में एक दिन खाला ने जुम्मन से कहा—बेटा! तुम्हारे साथ मेरा निर्वाह न होगा। तुम मुझे रुपए दे दिया करो, मैं अपना पका-खा लूँगी।

जुम्मन ने धृष्टता के साथ उत्तर दिया—रुपए क्या यहाँ फलते हैं?

खाला ने नम्रता से कहा—मुझे कुछ रूखा-सूखा चाहिए भी कि नहीं?

जुम्मन ने गम्भीर स्वर से जवाब दिया—तो कोई यह थोड़े ही समझा था कि तुम मौत से लड़कर आई हो?

खाला बिगड़ गईं, उन्होंने पंचायत करने की धमकी दी। जुम्मन हँसे, जिस तरह कोई शिकारी हिरन को जाल की तरफ़ जाते देखकर मन ही मन हँसता है। वह बोले—हाँ, ज़रूर पंचायत करो। फ़ैसला हो जाए। मुझे भी यह रात-दिन की खटखट पसन्द नहीं।

पंचायत में किसकी जीत होगी, इस विषय में जुम्मन को कुछ भी सन्देह न था। आस-पास के गाँवों में ऐसा कौन था, जो उसके अनुग्रहों का ऋणी न हो; ऐसा कौन था, जो उसको शत्रु बनाने का साहस कर सके? किसमें इतना बल था, जो उसका सामना कर सके? आसमान के फरिश्ते तो पंचायत करने आवेंगे नहीं।

3

इसके बाद कई दिन तक बूढ़ी खाला हाथ में एक लकड़ी लिए आस-पास के गाँवों में दौड़ती रहीं। कमर झुककर कमान हो गई थी। एक-एक पग चलना दूभर था; मगर बात आ पड़ी थी। उसका निर्णय करना ज़रूरी था।

बिरला ही कोई भला आदमी होगा, जिसके सामने बुढ़िया ने दुःख के आँसू न बहाए हों। किसी ने तो यों ही ऊपरी मन से हूँ-हाँ करके टाल दिया, और किसी ने इस अन्याय पर ज़माने को गालियाँ दीं! कहा—क़ब्र में पाँव लटके हुए हैं, आज मरे कल दूसरा दिन; पर हवस नहीं मानती। अब तुम्हें क्या चाहिए? रोटी खाओ और अल्लाह का नाम लो। तुम्हें अब खेती-बारी से क्या काम है? कुछ ऐसे सज्जन भी थे, जिन्हें हास्य-रस के रसास्वादन का अच्छा अवसर मिला। झुकी हुई कमर, पोपला मुँह, सन के-से बाल—इतनी सामग्री एकत्र हों, तब हँसी क्यों न आवे? ऐसे न्यायप्रिय, दयालु, दीन-वत्सल पुरुष बहुत कम थे, जिन्होंने उस अबला के दुखड़े को ग़ौर से सुना हो और उसको सांत्वना दी हो। चारों ओर से घूम-घाम कर बेचारी अलगू चौधरी के पास आई। लाठी पटक दी और दम लेकर बोली—बेटा, तुम भी दम भर के लिए मेरी पंचायत में चले आना।

अलगू—मुझे बुलाकर क्या करोगी? कई गाँव के आदमी तो आवेंगे ही।

खाला—अपनी विपद तो सबके आगे रो आई। अब आने-न-आने का अख़्तियार उनको है।

अलगू—यों आने को आ जाऊँगा; मगर पंचायत में मुँह न खोलूँगा।

खाला—क्यों बेटा?

अलगू—अब इसका क्या जवाब दूँ? अपनी ख़ुशी। जुम्मन मेरा पुराना मित्र है। उससे बिगाड़ नहीं कर सकता।

खाला—बेटा, क्या बिगाड़ के डर से ईमान की बात न कहोगे?

हमारे सोए हुए धर्म-ज्ञान की सारी सम्पत्ति लुट जाए, तो उसे ख़बर नहीं होती, परन्तु ललकार सुनकर वह सचेत हो जाता है। फिर उसे कोई जीत नहीं सकता। अलगू इस सवाल का कोई उत्तर न दे सका, पर उसके हृदय में ये शब्द गूँज रहे थे—क्या बिगाड़ के डर से ईमान की बात न कहोगे?

4

संध्या समय एक पेड़ के नीचे पंचायत बैठी। शेख़ जुम्मन ने पहले से ही फ़र्श बिछा रखा था। उन्होंने पान, इलायची, हुक़्क़े-तम्बाकू आदि का प्रबन्ध भी किया था। हाँ, वह स्वयं अलबत्ता अलगू चौधरी के साथ ज़रा दूर पर बैठे हुए थे। जब पंचायत में कोई आ जाता था, तब दबे हुए सलाम से उसका स्वागत करते थे। जब सूर्य अस्त हो गया और चिड़ियों की कलरवयुक्त पंचायत पेड़ों पर बैठी, तब यहाँ भी पंचायत शुरू हुई। फ़र्श की एक-एक अंगुल ज़मीन भर गई; पर अधिकांश दर्शक ही थे। निमंत्रित महाशयों में से केवल वे ही लोग पधारे थे, जिन्हें जुम्मन से अपनी कुछ कसर निकालनी थी। एक कोने में आग सुलग रही थी। नाई ताबड़तोड़ चिलम भर रहा था। यह निर्णय करना असम्भव था कि सुलगते हुए उपलों से अधिक धुआँ निकलता था या चिलम के दमों से। लड़के इधर-उधर दौड़ रहे थे। कोई आपस में गाली-गलौज करते और कोई रोते थे। चारों तरफ़ कोलाहल मच रहा था। गाँव के कुत्ते इस जमाव को भोज समझकर झुंड के झुंड जमा हो गए थे।

पंच लोग बैठ गए, तो बूढ़ी खाला ने उनसे विनती की—

'पंचो, आज तीन साल हुए, मैंने अपनी सारी जायदाद अपने भानजे जुम्मन के नाम लिख दी थी। इसे आप लोग जानते ही होंगे। जुम्मन ने मुझे ता-हयात रोटी-कपड़ा देना कबूल किया। साल भर तो मैंने इसके साथ रो-धोकर काटा। पर अब रात-दिन का रोना नहीं सहा जाता। मुझे न पेट की रोटी मिलती है न तन का कपड़ा। बेकस बेवा हूँ। कचहरी-दरबार नहीं कर सकती। तुम्हारे सिवा और किसको अपना दुःख सुनाऊँ? तुम लोग जो राह निकाल दो, उसी राह पर चलूँ। अगर मुझमें कोई ऐब देखो, तो मेरे मुँह पर थप्पड़ मारो। जुम्मन में बुराई देखो, तो उसे समझाओ, क्यों एक बेकस की आह लेता है! मैं पंचों का हुक्म सिर-माथे पर चढ़ाऊँगी।'

रामधन मिश्र, जिनके कई असामियों को जुम्मन ने अपने गाँव में बसा लिया था, बोले—जुम्मन मियाँ, किसे पंच बदते हो? अभी से इसका निपटारा कर लो। फिर जो कुछ पंच कहेंगे, वही मानना पड़ेगा।

जुम्मन को इस समय सदस्यों में विशेषकर वे ही लोग दीख पड़े, जिनसे किसी न किसी कारण उनका वैमनस्य था। जुम्मन बोले—पंचों का हुक्म अल्लाह का हुक्म है। खालाजान जिसे चाहें, उसे बदें। मुझे कोई उज्र नहीं।

खाला ने चिल्लाकर कहा—अरे अल्लाह के बन्दे! पंचों का नाम क्यों नहीं बता देता? कुछ मुझे भी तो मालूम हो।

जुम्मन ने क्रोध से कहा—अब इस वक़्त मेरा मुँह न खुलवाओ। तुम्हारी बन पड़ी है, जिसे चाहो, पंच बदो।

खालाजान जुम्मन के आक्षेप को समझ गईं, वह बोलीं—बेटा, ख़ुदा से डरो, पंच न किसी के दोस्त होते हैं, न किसी के दुश्मन। कैसी बात कहते हो! और तुम्हारा किसी पर विश्वास न हो, तो जाने दो; अलगू चौधरी को तो मानते हो? लो, मैं उन्हीं को सरपंच बदती हूँ।

जुम्मन शेख़ आनन्द से फूल उठे, परन्तु भावों को छिपाकर बोले—अलगू ही सही, मेरे लिए जैसे रामधन वैसे अलगू।

अलगू इस झमेले में फँसना नहीं चाहते थे। वे कन्नी काटने लगे। बोले—खाला, तुम जानती हो कि मेरी जुम्मन से गाढ़ी दोस्ती है।

खाला ने गम्भीर स्वर में कहा—बेटा, दोस्ती के लिए कोई अपना ईमान नहीं बेचता। पंच के दिल में ख़ुदा बसता है। पंचों के मुँह से जो बात निकलती है, वह ख़ुदा की तरफ़ से निकलती है।

अलगू चौधरी सरपंच हुए। रामधन मिश्र और जुम्मन के दूसरे विरोधियों ने बुढ़िया को मन में बहुत कोसा।

अलगू चौधरी बोले—शेख़ जुम्मन! हम और तुम पुराने दोस्त हैं! जब काम पड़ा, तुमने हमारी मदद की है और हम भी जो कुछ बन पड़ा, तुम्हारी सेवा करते रहे हैं; मगर इस समय तुम और बूढ़ी खाला, दोनों हमारी निगाह में बराबर हो। तुमको पंचों से जो कुछ अर्ज करनी हो, करो।

जुम्मन को पूरा विश्वास था कि अब बाज़ी मेरी है। अलगू यह सब दिखावे की बातें कर रहा है। अतएव शान्त-चित्त होकर बोले—पंचो, तीन साल हुए खालाजान ने अपनी जायदाद मेरे नाम हिब्बा कर दी थी। मैंने उन्हें ता-हयात खाना-कपड़ा देना कबूल किया था। ख़ुदा गवाह है, आज तक मैंने खालाजान को कोई तकलीफ़ नहीं दी। मैं उन्हें अपनी माँ के समान समझता हूँ। उनकी खिदमत करना मेरा फ़र्ज़ है; मगर औरतों में ज़रा अनबन रहती है, उसमें मेरा क्या बस है? खालाजान मुझसे माहवार ख़र्च अलग माँगती हैं। जायदाद जितनी है, वह पंचों से छिपी नहीं। उससे इतना मुनाफा नहीं होता है कि माहवार ख़र्च दे सकूँ। इसके अलावा हिब्बानामे में माहवार ख़र्च का कोई ज़िक्र नहीं। नहीं तो मैं भूलकर भी इस झमेले में न पड़ता। बस, मुझे यही कहना है। आइंदा पंचों का अख़्तियार है, जो फ़ैसला चाहें, करें।

अलगू चौधरी को हमेशा कचहरी से काम पड़ता था। अतएव वह पूरा क़ानूनी आदमी था। उसने जुम्मन से जिरह शुरू की। एक-एक प्रश्न जुम्मन के हृदय पर हथौड़े की चोट की तरह पड़ता था। रामधन मिश्र इन प्रश्नों पर मुग्ध हुए जाते थे। जुम्मन चकित थे कि अलगू को क्या हो गया। अभी यह अलगू मेरे साथ बैठा हुआ कैसी-कैसी बातें कर रहा था! इतनी ही देर में ऐसी कायापलट हो गई कि मेरी जड़ खोदने पर तुला हुआ है। न मालूम कब की कसर यह निकाल रहा है? क्या इतने दिनों की दोस्ती कुछ भी काम न आवेगी?

जुम्मन शेख़ तो इसी संकल्प-विकल्प में पड़े हुए थे कि इतने में अलगू ने फ़ैसला सुनाया—

जुम्मन शेख़! पंचो ने इस मामले पर विचार किया। उन्हें यह नीति संगत मालूम होता है कि खालाजान को माहवार ख़र्च दिया जाए। हमारा विचार है कि खाला की जायदाद से इतना मुनाफा अवश्य होता है कि माहवार ख़र्च दिया जा सके। बस, यही हमारा फ़ैसला है, अगर जुम्मन को ख़र्च देना मंजूर न हो, तो हिब्बानामा रद्द समझा जाए।

यह फ़ैसला सुनते ही जुम्मन सन्नाटे में आ गए। जो अपना मित्र हो, वह शत्रु का व्यवहार करे और गले पर छुरी फेरे, इसे समय के हेर-फेर के सिवा और क्या कहें? जिस पर पूरा भरोसा था, उसने समय पड़ने पर धोखा दिया। ऐसे ही अवसरों पर झूठे-सच्चे मित्रों की परीक्षा की जाती है। यही कलियुग की दोस्ती है। अगर लोग ऐसे कपटी-धोखेबाज़ न होते, तो देश में आपत्तियों का प्रकोप क्यों होता? यह हैजा-प्लेग आदि व्याधियाँ दुष्कर्मों के ही दंड हैं।

मगर रामधन मिश्र और अन्य पंच अलगू चौधरी की इस नीति-परायणता की प्रशंसा जी खोलकर कर रहे थे। वे कहते थे—इसका नाम पंचायत है! दूध का दूध और पानी का पानी कर दिया। दोस्ती, दोस्ती की जगह है, किन्तु धर्म का पालन करना मुख्य है। ऐसे ही सत्यवादियों के बल पर पृथ्वी ठहरी है, नहीं तो वह कब की रसातल को चली जाती।

इस फ़ैसले ने अलगू और जुम्मन की दोस्ती की जड़ हिला दी। अब वे साथ-साथ बातें करते नहीं दिखाई देते। इतना पुराना मित्रता-रूपी वृक्ष सत्य का एक झोंका भी न सह सका। सचमुच वह बालू की ही ज़मीन पर खड़ा था।

उनमें अब शिष्टाचार का अधिक व्यवहार होने लगा। एक दूसरे की आवभगत ज़्यादा करने लगा। वे मिलते-जुलते थे, मगर उसी तरह, जैसे तलवार से ढाल मिलती है।

जुम्मन के चित्त में मित्र की कुटिलता आठों पहर खटका करती थी। उसे हर घड़ी यही चिन्ता रहती थी कि किसी तरह बदला लेने का अवसर मिले।

5

अच्छे कामों की सिद्धि में बड़ी देर लगती है; पर बुरे कामों की सिद्धि में यह बात नहीं होती। जुम्मन को भी बदला लेने का अवसर जल्द ही मिल गया। पिछले साल अलगू चौधरी बटेसर से बैलों की एक बहुत अच्छी गोई मोल लाए थे। बैल पछाहीं जाति के सुन्दर, बड़े-बड़े सींगोंवाले थे। महीनों तक आस-पास के गाँव के लोग दर्शन करते रहे। दैवयोग से जुम्मन की पंचायत के एक महीने के बाद इस जोड़ी का एक बैल मर गया। जुम्मन ने दोस्तों से कहा—यह दग़ाबाज़ी की सज़ा है। इनसान सब्र भले ही कर जाए, पर ख़ुदा नेक-बद सब देखता है। अलगू को सन्देह हुआ कि जुम्मन ने बैल को विष दिला दिया है। चौधराइन ने भी जुम्मन पर ही इस दुर्घटना का दोषारोपण किया। उसने कहा—जुम्मन ने कुछ कर-करा दिया है। चौधराइन और करीमन में इस विषय पर एक दिन ख़ूब ही वाद-विवाद हुआ। दोनों देवियों ने शब्द-बाहुल्य की नदी बहा दी। व्यंग्य, वक्रोक्ति, अन्योक्ति और उपमा आदि अलंकारों में बातें हुईं। जुम्मन ने किसी तरह शान्ति स्थापित की। उन्होंने अपनी पत्नी को डाँट-डपट कर समझा दिया। वह उसे उस रणभूमि से हटा भी ले गए। उधर अलगू चौधरी ने समझाने-बुझाने का काम अपने तर्क-पूर्ण सोंटे से लिया।

अब अकेला बैल किस काम का? उसका जोड़ बहुत ढूँढ़ा गया, पर न मिला। निदान यह सलाह ठहरी कि इसे बेच डालना चाहिए। गाँव में एक समझू साहु थे, वह इक्का-गाड़ी हाँकते थे। गाँव के गुड़-घी लाद कर मंडी ले जाते, मंडी से तेल, नमक भर लाते, और गाँव में बेचते। इस बैल पर उनका मन लहराया। उन्होंने सोचा, यह बैल हाथ लगे तो दिन-भर में बेखटके तीन खेप हों। आजकल तो एक ही खेप में लाले पड़े रहते हैं। बैल देखा, गाड़ी में दौड़ाया, बाल-भौंरी की पहचान कराई, मोल-तोल किया और उसे लाकर द्वार पर बाँध ही दिया। एक महीने में दाम चुकाने का वादा ठहरा। चौधरी को भी ग़रज़ थी ही, घाटे की परवा न की।

समझू साहु ने नया बैल पाया, तो लगे उसे रगेदने। वह दिन में तीन-तीन, चार-चार खेपें करने लगे। न चारे की फ़िक्र थी, न पानी की, बस खेपों से काम था। मंडी ले गए, वहाँ कुछ सूखा भूसा सामने डाल दिया। बेचारा जानवर अभी दम भी न लेने पाया था कि फिर जोत दिया। अलगू चौधरी के घर था तो चैन की बंशी बजती थी। बैलराम छठे-छमाहे कभी बहली में जोते जाते थे। ख़ूब उछलते-कूदते और कोसों तक दौड़ते चले जाते थे। वहाँ बैलराम का रातिब था—साफ़ पानी, दली हुई अरहर की दाल और भूसे के साथ खली, और यही नहीं, कभी-कभी घी का स्वाद भी चखने को मिल जाता था। शाम-सबेरे एक आदमी खरहरे करता, पोंछता और सहलाता था। कहाँ वह सुख-चैन, कहाँ यह आठों पहर की खपत! महीने भर ही में वह पिस-सा गया। इक्के का जुआ देखते ही उसका लहू सूख जाता था। एक-एक पग चलना दूभर था। हड्डियाँ निकल आई थीं; पर था वह पानीदार, मार की बरदाश्त न थी।

एक दिन चौथी खेप में साहु जी ने दूना बोझ लादा। दिन-भर का थका जानवर, पैर न उठते थे। पर साहु जी कोड़े फटकारने लगे। बस, फिर क्या था, बैल कलेजा तोड़कर चला। कुछ दूर दौड़ा और चाहा कि ज़रा दम ले लूँ; पर साहु जी को जल्द पहुँचने की फ़िक्र थी; अतएव उन्होंने कई कोड़े बड़ी निर्दयता से फटकारे। बैल ने एक बार फिर ज़ोर लगाया; पर अबकी बार शक्ति ने जवाब दे दिया। वह धरती पर गिर पड़ा, और ऐसा गिरा कि फिर न उठा। साहु जी ने बहुत पीटा, टाँग पकड़कर खींचा, नथनों में लकड़ी ठूँस दी; पर कहीं मृतक भी उठ सकता है? तब साहु जी को कुछ शक हुआ। उन्होंने बैल को ग़ौर से देखा, खोलकर अलग किया; और सोचने लगे कि गाड़ी कैसे घर पहुँचे। बहुत चीख़े-चिल्लाए; पर देहात का रास्ता बच्चों की आँख की तरह साँझ होते ही बन्द हो जाता है। कोई नज़र न आया। आस-पास कोई गाँव भी न था। मारे क्रोध के उन्होंने मरे हुए बैल पर और दुर्रे लगाए और कोसने लगे—अभागे। तुझे मरना ही था, तो घर पहुँचकर मरता! ससुरा बीच रास्ते ही में मर रहा! अब गाड़ी कौन खींचे? इस तरह साहु जी ख़ूब जले-भुने। कई बोरे गुड़ और कई पीपे घी उन्होंने बेचे थे, दो-ढाई सौ रुपए कमर में बँधे थे। इसके सिवा गाड़ी पर कई बोरे नमक के थे; अतएव छोड़कर जा भी न सकते थे। लाचार बेचारे गाड़ी पर ही लेट गए। वहीं रतजगा करने की ठान ली। चिलम पी, गाया। फिर हुक़्क़ा पिया। इस तरह साहु जी आधी रात तक नींद को बहलाते रहे। अपनी जान में तो वह जागते ही रहे; पर पौ फटते ही जो नींद टूटी और कमर पर हाथ रखा, तो थैली ग़ायब! घबराकर इधर-उधर देखा, तो कई कनस्तर तेल भी नदारत! अफ़सोस में बेचारे ने सिर पीट लिया और पछाड़ खाने लगा। प्रातःकाल रोते-बिलखते घर पहुँचे। सहुआइन ने जब यह बुरी सुनावनी सुनी, तब पहले तो रोई, फिर अलगू चौधरी को गालियाँ देने लगी—निगोड़े ने ऐसा कुलच्छनी बैल दिया कि जन्म भर की कमाई लुट गई।

इस घटना को हुए कई महीने बीत गए। अलगू जब अपने बैल के दाम माँगते तब साहु और सहुआइन, दोनों ही झल्लाए हुए कुत्ते की तरह चढ़ बैठते और अंड-बंड बकने लगते—वाह! यहाँ तो सारे जन्म की कमाई लुट गई, सत्यानाश हो गया, इन्हें दामों की पड़ी है। मुर्दा बैल दिया था, उस पर दाम माँगने चले हैं! आँखों में धूल झोंक दी, सत्यानाशी बैल गले बाँध दिया, हमें निरा पोंगा ही समझ लिया है! हम भी बनिये के बच्चे हैं, ऐसे बुद्धू कहीं और होंगे। पहले जाकर किसी गड़हे में मुँह धो आओ, तब दाम लेना। न जी मानता हो, तो हमारा बैल खोल ले जाओ। महीना भर के बदले दो महीना जोत लो। और क्या लोगे?

चौधरी के अशुभचिन्तकों की कमी न थी। ऐसे अवसरों पर वे भी एकत्र हो जाते और साहु जी के बर्राने की पुष्टि करते। परन्तु डेढ़ सौ रुपए से इस तरह हाथ धो लेना आसान न था। एक बार वह भी गरम पड़े । साहु जी बिगड़कर लाठी ढूँढ़ने घर में चले गए। अब सहुआइन ने मैदान लिया। प्रश्नोत्तर होते-होते हाथापाई की नौबत आ पहुँची। सहुआइन ने घर में घुसकर किवाड़ बन्द कर लिए। शोरगुल सुनकर गाँव के भलेमानस जमा हो गए। उन्होंने दोनों को समझाया। साहु जी को दिलासा देकर घर से निकाला। वह परामर्श देने लगे कि इस तरह से काम न चलेगा। पंचायत कर लो। जो कुछ तय हो जाए, उसे स्वीकार कर लो। साहु जी राज़ी हो गए। अलगू ने भी हामी भर ली।

6

पंचायत की तैयारियाँ होने लगीं। दोनों पक्षों ने अपने-अपने दल बनाने शुरू किए। इसके बाद तीसरे दिन उसी वृक्ष के नीचे पंचायत बैठी। वही संध्या का समय था। खेतों में कौए पंचायत कर रहे थे। विवादग्रस्त विषय था यह कि मटर की फलियों पर उनका कोई स्वत्व है या नहीं; और जब तक यह प्रश्न हल न हो जाए, तब तक वे रखवाले की पुकार पर अपनी अप्रसन्नता प्रकट करना आवश्यक समझते थे। पेड़ की डालियों पर बैठी शुक-मंडली में यह प्रश्न छिड़ा हुआ था कि मनुष्यों को उन्हें बेमुरौवत कहने का क्या अधिकार है, जब उन्हें स्वयं अपने मित्रों से दग़ा करने में भी संकोच नहीं होता।

पंचायत बैठ गई, तो रामधन मिश्र ने कहा—अब देरी क्या है? पंचों का चुनाव हो जाना चाहिए। बोलो चौधरी; किस-किस को पंच बदते हो।

अलगू ने दीन भाव से कहा—समझू साहु ही चुन लें।

समझू खड़े हुए और कड़क कर बोले—मेरी ओर से जुम्मन शेख़।

जुम्मन का नाम सुनते ही अलगू चौधरी का कलेजा धक्-धक् करने लगा, मानो किसी ने अचानक थप्पड़ मार दिया हो। रामधन अलगू के मित्र थे। वह बात को ताड़ गए। पूछा—क्यों चौधरी तुम्हें कोई उज्र तो नहीं।

चौधरी ने निराश होकर कहा—नहीं, मुझे क्या उज्र होगा?

× × ×

अपने उत्तरदायित्व का ज्ञान बहुधा हमारे संकुचित व्यवहारों का सुधारक होता है। जब हम राह भूलकर भटकने लगते हैं तब यही ज्ञान हमारा विश्वसनीय पथ-प्रदर्शक बन जाता है।

पत्र-संपादक अपनी शान्ति कुटी में बैठा हुआ कितनी धृष्टता और स्वतंत्रता के साथ अपनी प्रबल लेखनी से मंत्रिमंडल पर आक्रमण करता है; परन्तु ऐसे अवसर आते हैं, जब वह स्वयं मंत्रिमंडल में सम्मिलित होता है। मंडल के भवन में पग धरते ही उसकी लेखनी कितनी मर्मज्ञ, कितनी विचारशील, कितनी न्यायपरायण हो जाती है। इसका कारण उत्तरदायित्व का ज्ञान है। नवयुवक युवावस्था में कितना उद्दंड रहता है। माता-पिता उसकी ओर से कितने चिन्तित रहते हैं! वे उसे कुल-कलंक समझते हैं; परन्तु थोड़े ही समय में परिवार का बोझ सिर पर पड़ते ही वह अव्यवस्थित-चित्त उन्मत्त युवक कितना धैर्यशील, कैसा शान्तचित्त हो जाता है, यह भी उत्तरदायित्व के ज्ञान का फल है।

जुम्मन शेख़ के मन में भी सरपंच का उच्च स्थान ग्रहण करते ही अपनी ज़िम्मेदारी का भाव पैदा हुआ। उसने सोचा, मैं इस वक़्त न्याय और धर्म के सर्वोच्च आसन पर बैठा हूँ। मेरे मुँह से इस समय जो कुछ निकलेगा, वह देववाणी के सदृश है—और देववाणी में मेरे मनोविकारों का कदापि समावेश न होना चाहिए। मुझे सत्य से जौ भर भी टलना उचित नहीं!

पंचों ने दोनों पक्षों से सवाल-जवाब करने शुरू किए। बहुत देर तक दोनों दल अपने-अपने पक्ष का समर्थन करते रहे। इस विषय में तो सब सहमत थे कि समझू को बैल का मूल्य देना चाहिए। परन्तु दो महाशय इस कारण रियायत करना चाहते थे कि बैल के मर जाने से समझू को हानि हुई। इसके प्रतिकूल दो सभ्य मूल के अतिरिक्त समझू को दंड भी देना चाहते थे, जिससे फिर किसी को पशुओं के साथ ऐसी निर्दयता करने का साहस न हो। अन्त में जुम्मन ने फ़ैसला सुनाया—

अलगू चौधरी और समझू साहु! पंचों ने तुम्हारे मामले पर अच्छी तरह विचार किया। समझू को उचित है कि बैल का पूरा दाम दें। जिस वक़्त उन्होंने बैल लिया, उसे कोई बीमारी न थी। अगर उसी समय दाम दे दिए जाते, तो आज समझू उसे फेर लेने का आग्रह न करते। बैल की मृत्यु केवल इस कारण हुई कि उससे बड़ा कठिन परिश्रम लिया गया और उसके दाने-चारे का कोई अच्छा प्रबन्ध न किया गया।

रामधन मिश्र बोले—समझू ने बैल को जान-बूझकर मारा है, अतएव उससे दंड लेना चाहिए।

जुम्मन बोले—यह दूसरा सवाल है! हमको इससे कोई मतलब नहीं!

झगड़ू साहु ने कहा—समझू के साथ कुछ रियायत होनी चाहिए।

जुम्मन बोले—यह अलगू चौधरी की इच्छा पर निर्भर है। यह रियायत करें, तो उनकी भलमनसी।

अलगू चौधरी फूले न समाए। उठ खड़े हुए और ज़ोर से बोले—पंच-परमेश्वर की जय!

इसके साथ ही चारों ओर से प्रतिध्वनि हुई—पंच-परमेश्वर की जय!

प्रत्येक मनुष्य जुम्मन की नीति को सराहता था—इसे कहते हैं न्याय! यह मनुष्य का काम नहीं, पंच में परमेश्वर वास करते हैं, यह उन्हीं की महिमा है। पंच के सामने खोटे को कौन खरा कह सकता है?

थोड़ी देर बाद जुम्मन अलगू के पास आए और उनके गले लिपट कर बोले—भैया, जब से तुमने मेरी पंचायत की तब से मैं तुम्हारा प्राण-घातक शत्रु बन गया था; पर आज मुझे ज्ञात हुआ कि पंच के पद पर बैठकर न कोई किसी का दोस्त होता है, न दुश्मन। न्याय के सिवा उसे और कुछ नहीं सूझता। आज मुझे विश्वास हो गया कि पंच की ज़बान से ख़ुदा बोलता है। अलगू रोने लगे। इस पानी से दोनों के दिलों का मैल धुल गया। मित्रता की मुरझाई हुई लता फिर हरी हो गई।

शंखनाद

भानु चौधरी अपने गाँव के मुखिया थे। गाँव में उनका बड़ा मान था। दारोग़ा जी उन्हें टाट बिना ज़मीन पर न बैठने देते। मुखिया साहब की ऐसी धाक बँधी हुई थी कि उनकी मरजी बिना गाँव

में एक पत्ता भी नहीं हिल सकता था। कोई घटना, चाहे वह सास-बहू का विवाद हो, चाहे मेंड़ या खेत का झगड़ा, चौधरी साहब के शासनाधिकार को पूर्णरूप से सचेत करने के लिए काफ़ी थी, वह तुरन्त घटनास्थल पर जा पहुँचते, तहक़ीक़ात होने लगती, गवाह और सबूत के सिवा किसी अभियोग को सफलता सहित चलाने में जिन बातों की ज़रूरत होती है, उन सब पर विचार होता और चौधरी जी के दरबार से फ़ैसला हो जाता। किसी को अदालत जाने की ज़रूरत न पड़ती। हाँ, इस कष्ट के लिए चौधरी साहब कुछ फीस ज़रूर लेते थे। यदि किसी अवसर पर फीस मिलने में असुविधा के कारण उन्हें धीरज से काम लेना पड़ता तो गाँव में आफ़त मच जाती थी; क्योंकि उनके धीरज और दारोग़ा जी के क्रोध में कोई घनिष्ठ सम्बन्ध था। सारांश यह कि चौधरी से उनके दोस्त-दुश्मन सभी चौकन्ने रहते थे।

2

चौधरी महाशय के तीन सुयोग्य पुत्र थे। बड़े लड़के बितान एक सुशिक्षित मनुष्य थे। डाकिये के रजिस्टर पर दस्तख़त कर लेते थे। बड़े अनुभवी, बड़े मर्मज्ञ, बड़े नीति-कुशल। मिर्जई की जगह कमीज़ पहनते, कभी-कभी सिगरेट भी पीते, जिससे उनका गौरव बढ़ता था। यद्यपि उनके ये दुर्व्यसन बूढ़े चौधरी को नापसन्द थे, पर बेचारे विवश थे; क्योंकि अदालत और क़ानून के मामले बितान के हाथों में थे। वह क़ानून का पुतला था। क़ानून की दफ़ाएँ उसकी ज़बान पर रखी रहती थीं। गवाह गढ़ने में वह पूरा उस्ताद था। मझले लड़के शान चौधरी कृषि-विभाग के अधिकारी थे। बुद्धि के मंद; लेकिन शरीर से बड़े परिश्रमी। जहाँ घास न जमती हो, वहाँ केसर जमा दें। तीसरे लड़के का नाम गुमान था। वह बड़ा रसिक, साथ ही उद्दंड भी था। मुहर्रम में ढोल इतने ज़ोरों से बजाता कि कान के पर्दे फट जाते। मछली फँसाने का बड़ा शौकीन था। बड़ा रँगीला जवान था। खँजड़ी बजा-बजाकर जब वह मीठे स्वर से ख्याल गाता, तो रंग जम जाता। उसे दंगल का ऐसा शौक़ था कि कोसों तक धावा मारता; पर घरवाले कुछ ऐसे शुष्क थे कि उसके इन व्यसनों से तनिक भी सहानुभूति न रखते थे। पिता और भाइयों ने तो उसे ऊसर खेत समझ रखा था। घुड़की-धमकी, शिक्षा और उपदेश, स्नेह और विनय, किसी का उस पर कुछ भी असर न हुआ। हाँ, भावजें अभी तक उसकी ओर से निराश न हुई थीं। वे अभी तक उसे कड़वी दवाइयाँ पिलाए जाती थीं; पर आलस्य वह राज रोग है जिसका रोगी कभी नहीं सँभलता। ऐसा कोई बिरला ही दिन जाता होगा कि बाँके गुमान को भावजों के कटु वाक्य न सुनने पड़ते हों। ये विषैले शर कभी-कभी उसके कठोर हृदय में चुभ जाते; किन्तु यह घाव रात भर से अधिक न रहता। भोर होते ही थकान के साथ ही यह पीड़ा भी शान्त हो जाती। तड़का हुआ, उसने हाथ-मुँह धोया, बंशी उठाई और तालाब की ओर चल खड़ा हुआ। भावजें फूलों की वर्षा किया करतीं; बूढ़े चौधरी पैंतरे बदलते रहते और भाई लोग तीखी निगाह से देखा करते, पर अपनी धुन का पूरा बाँका गुमान उन लोगों के बीच से इस तह अकड़ता चला जाता, जैसे कोई मस्त हाथी कुत्तों के बीच से निकल जाता है। उसे सुमार्ग पर लाने के लिए क्या-क्या उपाय नहीं किए गए। बाप समझाता—बेटा ऐसी राह चलो जिसमें तुम्हें भी पैसे मिलें और गृहस्थी का भी निर्वाह हो। भाइयों के भरोसे कब तक रहोगे? मैं पका आम हूँ—आज टपक पड़ा या कल। फिर तुम्हारा निबाह कैसे होगा? भाई बात भी न पूछेंगे; भावजों का रंग देख ही रहे हो। तुम्हारे भी लड़के-बाले हैं, उनका भार कैसे सँभालोगे? खेती

में जी न लगे, कहो कांस्टिबली में भरती करा दूँ? बाँका गुमान खड़ा-खड़ा यह सब सुनता, लेकिन पत्थर का देवता था, कभी न पसीजता। इन महाशय के अत्याचार का दंड उनकी स्त्री बेचारी को भोगना पड़ता था। मेहनत के घर के जितने काम होते, वे उसी के सिर थोपे जाते। उपले पाथती, कुएँ से पानी लाती, आटा पीसती और तिस पर भी जेठानियाँ सीधे मुँह बात न करतीं, वाक्य-बाणों से छेदा करतीं। एक बार जब वह पति से कई दिन रूठी रही, तो बाँके गुमान कुछ नर्म हुए। बाप से जाकर बोले—मुझे कोई दुकान खोलवा दीजिए। चौधरी ने परमात्मा को धन्यवाद दिया। फूले न समाए। कई सौ रुपए लगाकर कपड़े की दुकान खुलवा दी। गुमान के भाग जगे। तनजेब के चुन्नटदार कुरते बनवाए, मलमल का साफा धानी रंग में रँगवाया। सौदा बिके या न बिके, उसे लाभ ही होना था! दुकान खुली हुई है, दस-पाँच गाढ़े मित्र जमे हुए हैं, चरस की दम और ख्याल की तानें उड़ रही हैं—

चल झटपट री, जमुना-तट री, खड़ो नटखट री।

इस तरह तीन महीने चैन से कटे। बाँके गुमान ने ख़ूब दिल खोलकर अरमान निकाले, यहाँ तक कि सारी लागत लाभ हो गई। टाट के टुकड़े के सिवा और कुछ न बचा। बूढ़े चौधरी कुएँ में गिरने चले, भावजों ने घोर आन्दोलन मचाया—अरे राम! हमारे बच्चे और हम चीथड़ों को तरसें, गाढ़े का एक कुरता भी नसीब न हो, और इतनी बड़ी दुकान इस निखट्टू का कफ़न बन गई। अब कौन मुँह दिखाएगा? कौन मुँह लेकर घर में पैर रखेगा? किन्तु बाँके गुमान के तेवर ज़रा भी मैले न हुए। वही मुँह लिये वह फिर घर आया और फिर वही पुरानी चाल चलने लगा। क़ानूनदाँ बितान उनके ये ठाट-बाट देखकर जल जाता। मैं सारे दिन पसीना बहाऊँ, मुझे नैनसुख का कुरता भी न मिले, यह अपाहिज सारे दिन चारपाई तोड़े और यों बन-ठन कर निकले? ऐसे वस्त्र तो शायद मुझे अपने ब्याह में भी न मिले होंगे। मीठे शान के हृदय में भी कुछ ऐसे ही विचार उठते थे। अन्त में यह जलन न सही गई, और अग्नि भड़की, तो एक दिन क़ानूनदाँ बितान की पत्नी गुमान के सारे कपड़े उठा लाई और उन पर मिट्टी का तेल उँड़ेल कर आग लगा दी। ज्वाला उठी, सारे कपड़े देखते-देखते जल कर राख हो गए। गुमान रोते थे। दोनों भाई खड़े तमाशा देखते थे। बूढ़े चौधरी ने यह दृश्य देखा, और सिर पीट लिया। यह द्वेषाग्नि है। घर को जला कर तब बुझेगी।

3

यह ज्वाला तो थोड़ी देर में शान्त हो गई, परन्तु हृदय की आग ज्यों की त्यों दहकती रही। अन्त में एक दिन बूढ़े चौधरी ने घर के सब मेम्बरों को एकत्र किया और इस गूढ़ विषय पर विचार करने लगे कि बेड़ा कैसे पार हो। बितान से बोले—बेटा, तुमने आज देखा कि बात की बात में सैकड़ों रुपयों पर पानी फिर गया। अब इस तरह निर्वाह होना असम्भव है। तुम समझदार हो, मुक़दमे-मामले करते हो, कोई ऐसी राह निकालो कि घर डूबने से बचे। मैं तो यह चाहता था कि जब तक चोला रहे, सबको समेटे रहूँ, मगर भगवान् के मन में कुछ और ही है।

बितान की नीतिकुशलता अपनी चतुर सहगामिनी के सामने लुप्त हो जाती थी। वह अभी उसका उत्तर सोच ही रहे थे कि श्रीमती जी बोल उठीं—दादा जी! अब समुझाने-बुझाने से काम न चलेगा, सहते-सहते हमारा कलेजा पक गया। बेटे की जितनी पीर बाप को होगी, भाइयों को उतनी क्या, उसकी आधी भी नहीं हो सकती। मैं तो साफ़ कहती हूँ—गुमान का

तुम्हारी कमाई में हक़ है, उन्हें कंचन के कौर खिलाओ और चाँदी के हिंडोले में झुलाओ। हममें न इतना बूता है, न इतना कलेजा। हम अपनी झोंपड़ी अलग बना लेंगे। हाँ, जो कुछ हमारा हो, वह हमको मिलना चाहिए। बाँट-बखरा कर दीजिए। बला से चार आदमी हँसेंगे, अब कहाँ तक दुनिया की लाज ढोवें?

नीतिज्ञ बितान पर इस प्रबल वक्तृता का जो असर हुआ वह उनके विकसित और प्रमुदित चेहरे से झलक रहा था। उनमें स्वयं इतना साहस न था कि इस प्रस्ताव को इतनी स्पष्टता से व्यक्त कर सकते। नीतिज्ञ महाशय गंभीरता से बोले—जायदाद मुश्तरका, मन्कूला या ग़ैरमन्कूला, आपके हीन-हयात तकसीम की जा सकती है, इसकी नजीरें मौजूद हैं। ज़मींदार को साकितुलमिल्कियत करने का कोई इस्तहक़ाक़ नहीं है।

अब मंदबुद्धि शान की बारी आई, पर बेचारा किसान, बैलों के पीछे आँखें बन्द करके चलनेवाला, ऐसे गूढ़ विषय पर कैसे मुँह खोलता। दुविधा में पड़ा हुआ था। तब उसकी सत्यवक़्ता धर्मपत्नी ने अपनी जेठानी का अनुसरण कर यह कठिन कार्य सम्पन्न किया। बोली—बड़ी बहन ने जो कुछ कहा, उसके सिवा और दूसरा उपाय नहीं। कोई तो कलेजा तोड़-तोड़कर कमाए मगर पैसे-पैसे को तरसे, तन ढाँकने को वस्त्र तक न मिले, और कोई सुख की नींद सोए, हाथ बढ़ा-बढ़ा के खाय! ऐसी अँधेर नगरी में अब हमारा निबाह न होगा।

शान चौधरी ने भी इस प्रस्ताव का मुक्तकंठ से अनुमोदन किया। अब बूढ़े चौधरी गुमान से बोले—क्यों बेटा, तुम्हें भी यही मंजूर है? अभी कुछ नहीं बिगड़ा। यह आग अब भी बुझ सकती है। काम सबको प्यारा है, चाम किसी को नहीं। बोलो, क्या कहते हो? कुछ काम-धंधा करोगे या अभी आँखें नहीं खुलीं?

गुमान में धैर्य की कमी न थी। बातों को इस कान से सुनकर उस कान से उड़ा देना उसका नित्य-कर्म था। किन्तु भाइयों की इस जन-मुरीदी पर उसे क्रोध आ गया। बोला—भाइयों की जो इच्छा है, वही मेरे मन में भी लगी हुई है। मैं भी इस जंजाल से भागना चाहता हूँ। मुझसे न मजूरी हुई, न होगी। जिसके भाग्य में चक्की पीसना बदा हो, वह पीसे! मेरे भाग्य में चैन करना लिखा है, मैं क्यों अपना सिर ओखली में दूँ? मैं तो किसी से काम करने को नहीं कहता। आप लोग क्यों मेरे पीछे पड़े हुए हैं। अपनी-अपनी फ़िक्र कीजिए। मुझे आध सेर आटे की कमी नहीं है।

इस तरह की सभाएँ कितनी ही बार हो चुकी थीं, परन्तु इस देश की सामाजिक और राजनीतिक सभाओं की तरह इसमें भी कोई प्रयोजन सिद्ध नहीं होता था। दो-तीन दिन गुमान ने घर पर खाना नहीं खाया। जतनसिंह ठाकुर शौकीन आदमी थे, उन्हीं की चौपाल में पड़ा रहता। अन्त में बूढ़े चौधरी गए और मना के लाए। अब फिर वह पुरानी गाड़ी अड़ती, मचलती, हिलती चलने लगी।

4

पांडे के घर के चूहों की तरह, चौधरी के घर में बच्चे भी सयाने थे। उनके लिए घोड़े मिट्टी के घोड़े और नावें काग़ज़ की नावें थीं। फलों के विषय में उनका ज्ञान असीम था, गूलर और जंगली बेर के सिवा कोई ऐसा फल न था, जिसे वे बीमारियों का घर न समझते हों, लेकिन गुरदीन के खोंचे में ऐसा प्रबल आकर्षण था कि उसकी ललकार सुनते ही उनका सारा ज्ञान

व्यर्थ हो जाता था। साधारण बच्चों की तरह यदि सोते भी हों, तो चौंक पड़ते थे। गुरदीन उस गाँव में साप्ताहिक फेरे लगाता था। उसके शुभागमन की प्रतीक्षा और आकांक्षा में कितने ही बालकों को बिना किंडरगार्टन की रंगीन गोलियों के ही, संख्याएँ और दिनों के नाम याद हो गए थे। गुरदीन बूढ़ा-सा, मैला-कुचैला आदमी था; किन्तु आस-पास में उसका नाम उपद्रवी लड़कों के लिए हनुमान-मंत्र से कम न था। उसकी आवाज़ सुनते ही उसके खोंचे पर लड़कों का ऐसा धावा होता कि मक्खियों की असंख्य सेना को भी रण-स्थल से भागना पड़ता था। और जहाँ बच्चों के लिए मिठाइयाँ थीं, वहाँ गुरदीन के पास माताओं के लिए इससे भी ज़्यादा मीठी बातें थीं। माँ कितना ही मना करती रहे, बार-बार पैसा न रहने का बहाना करे पर गुरदीन चटपट मिठाइयों का दोना बच्चों के हाथ में रख ही देता और स्नेहपूर्ण भाव से कहता—बहू जी, पैसों की कोई चिन्ता न करो, फिर मिलते रहेंगे, कहीं भागे थोड़े ही जाते हैं। नारायण ने तुमको बच्चे दिए हैं, तो मुझे भी उनकी न्योछावर मिल जाती है, उन्हीं की बदौलत मेरे बाल-बच्चे भी जीते हैं। अभी क्या, ईश्वर इनका मौर तो दिखावे, फिर देखना कैसा ठनगन करता हूँ।

गुरदीन का यह व्यवहार चाहे वाणिज्य-नियमों के प्रतिकूल ही क्यों न हो, चाहे 'नौ नगद सही, तेरह उधार नहीं' वाली कहावत अनुभवसिद्ध ही क्यों न हो, किन्तु मिष्टभाषी गुरदीन को कभी अपने इस व्यवहार पर पछताने या उसमें संशोधन करने की ज़रूरत नहीं हुई।

मंगल का शुभ दिन था। बच्चे बड़ी बेचैनी से अपने दरवाज़ों पर खड़े गुरदीन की राह देख रहे थे। कई उत्साही लड़के पेड़ों पर चढ़ गए और कोई-कोई अनुराग से विवश होकर गाँव के बाहर निकल गए थे। सूर्य भगवान् अपना सुनहला थाल लिए पूरब से पश्चिम जा पहुँचे थे, इतने में ही गुरदीन आता हुआ दिखाई दिया। लड़कों ने दौड़कर उसका दामन पकड़ा और आपस में खींचातानी होने लगी। कोई कहता था मेरे घर चलो; कोई अपने घर का न्योता देता था। सबसे पहले भानु चौधरी का मकान पड़ा। गुरदीन ने अपना खोंचा उतार दिया। मिठाइयों की लूट शुरू हो गई। बालकों और स्त्रियों का ठट्ठ लग गया। हर्ष और विषाद, सन्तोष और लोभ, ईर्ष्या और क्षोभ, द्वेष और जलन की नाट्यशाला सज गई। क़ानूनदाँ बितान की पत्नी अपने तीनों लड़कों को लिए हुए निकली। शान की पत्नी भी अपने दोनों लड़कों के साथ उपस्थित हुई। गुरदीन ने मीठी बातें करनी शुरू कीं। पैसे झोली में रखे, धेले की मिठाई दी और धेले का आशीर्वाद। लड़के दोने लिए उछलते-कूदते घर में दाख़िल हुए। अगर सारे गाँव में कोई ऐसा बालक था जिसने गुरदीन की उदारता से लाभ उठाया हो, तो वह बाँके गुमान का लड़का धान था।

यह कठिन था कि बालक धान अपने भाइयों-बहनों को हँस-हँस और उछल-उछल कर मिठाइयाँ खाते देखकर सब्र कर जाए! उस पर तुर्रा यह कि वे उसे मिठाइयाँ दिखा-दिखाकर ललचाते और चिढ़ाते थे। बेचारा धान चीख़ता और अपनी माता का आँचल पकड़-पकड़कर दरवाज़े की तरफ़ खींचता था; पर वह अबला क्या करे। उसका हृदय बच्चे के लिए ऐंठ-ऐंठ कर रह जाता था। उसके पास एक पैसा भी नहीं था। अपने दुर्भाग्य पर, जेठानियों की निष्ठुरता पर और सबसे ज़्यादा अपने पति के निखट्टूपन पर कुढ़-कुढ़ कर रह जाती थी। अपना आदमी ऐसा निकम्मा न होता, तो क्यों दूसरों का मुँह देखना पड़ता, क्यों दूसरों के धक्के खाने पड़ते? उसने धान को गोद में उठा लिया और प्यार से दिलासा देने लगी—बेटा, रोओ मत, अबकी गुरदीन आवेगा तो तुम्हें बहुत-सी मिठाई ले दूँगी, मैं इससे अच्छी मिठाई बाज़ार से

मँगवा दूँगी, तुम कितनी मिठाई खाओगे! यह कहते-कहते उसकी आँखे भर आईं। आह! यह मनहूस मंगल आज ही फिर आवेगा, और फिर ये ही बहाने करने पड़ेंगे! हाय, अपना प्यारा बच्चा धेले की मिठाई को तरसे और घर में किसी का पत्थर-सा कलेजा न पसीजे! वह बेचारी तो इन चिन्ताओं में डूबी हुई थी और धान किसी तरह चुप ही न होता था। जब कुछ वश न चला, तो माँ की गोद से ज़मीन पर उतरकर लोटने लगा और रो-रोकर दुनिया सिर पर उठा ली। माँ ने बहुत बहलाया, फुसलाया, यहाँ तक कि उसे बच्चे के इस हठ पर क्रोध भी आ गया। मानव हृदय के रहस्य कभी समझ में नहीं आते। कहाँ तो बच्चे को प्यार से चिपटाती थी, ऐसी झल्लाई कि उसे दो-तीन थप्पड़ ज़ोर से लगाए और घुड़क कर बोली—चुप रह अभागे! तेरा ही मुँह मिठाई खाने का है? अपने दिन को नहीं रोता, मिठाई खाने चला है?

बाँका गुमान अपनी कोठरी के द्वार पर बैठा हुआ यह कौतुक बड़े ध्यान से देख रहा था। वह इस बच्चे को बहुत चाहता था। इस वक़्त के थप्पड़ उसके हृदय में तेज़ भाले के समान लगे और चुभ गए। शायद उनका अभिप्राय भी यही था। धुनिया रुई को धुनने के लिए ताँत पर चोट लगाता है।

जिस तरह पत्थर और पानी में आग छिपी रहती है, उसी तरह मनुष्य के हृदय में भी, चाहे वह कैसा ही क्रूर और कठोर क्यों न हो, उत्कृष्ट और कोमल भाव छिपे रहते हैं। गुमान की आँखें भर आईं। आँसू की बूँदें बहुधा हमारे हृदय की मलिनता को उज्ज्वल कर देती हैं। गुमान सचेत हो गया। उसने जाकर बच्चे को गोद में उठा लिया और अपनी पत्नी से करुणोत्पादक स्वर में बोला—बच्चे पर इतना क्रोध क्यों करती हो? तुम्हारा दोषी मैं हूँ, मुझको जो दंड चाहो, दो। परमात्मा ने चाहा तो कल से लोग इस घर में मेरा और मेरे बाल-बच्चों का भी आदर करेंगे। तुमने आज मुझे सदा के लिए इस तरह जगा दिया, मानो मेरे कानों में शंखनाद कर मुझे कर्म-पथ में प्रवेश का उपदेश दिया हो।

जिहाद

बहुत पुरानी बात है। हिन्दुओं का एक काफ़िला अपने धर्म की रक्षा के लिए पश्चिमोत्तर के पर्वत-प्रदेश से भागा चला आ रहा था। मुद्दतों से उस प्रान्त में हिन्दू और मुसलमान साथ-साथ रहते चले आए थे। धार्मिक द्वेष का नाम न था। पठानों के जिरगे हमेशा लड़ते रहते थे। उनकी तलवारों पर कभी जंग न लगने पाता था। बात-बात पर उनके दल संगठित हो जाते थे। शासन की कोई व्यवस्था न थी। हर एक जिरगे और कबीले की व्यवस्था अलग थी। आपस के झगड़ों को निपटाने का भी तलवार के सिवा और कोई साधन न था। जान का बदला जान था, ख़ून का बदला ख़ून; इस नियम में कोई अपवाद न था। यही उनका धर्म था, यही ईमान; मगर उस भीषण रक्तपात में भी हिन्दू परिवार शान्ति से जीवन व्यतीत करते थे। पर एक महीने से देश की हालत बदल गई है। एक मुल्ला ने न जाने कहाँ से आकर अनपढ़ धर्मशून्य पठानों में धर्म का भाव जागृत कर दिया है। उसकी वाणी में कोई ऐसी मोहिनी है कि बूढ़े, जवान, स्त्री-पुरुष खिंचे चले आते हैं। वह शेरों की तरह गरज कर कहता है—ख़ुदा ने तुम्हें

इसलिए पैदा किया है कि दुनिया को इस्लाम की रोशनी से रोशन कर दो, दुनिया से कुफ्र का निशान मिटा दो। एक काफिर के दिल को इस्लाम के उजाले से रोशनी कर देने का सवाब सारी उम्र के रोजे, नमाज़ और जकात से कहीं ज़्यादा है। जन्नत की हूरें तुम्हारी बलाएँ लेंगी और फरिश्ते तुम्हारे क़दमों की खाक माथे पर मलेंगे, ख़ुदा तुम्हारी पेशानी पर बोसे देगा। और सारी जनता यह आवाज़ सुनकर मजहब के नारों से मतवाली हो जाती है। उसी धार्मिक उत्तेजना ने कुफ्र और इस्लाम का भेद उत्पन्न कर दिया है। प्रत्येक पठान जन्नत का सुख भोगने के लिए अधीर हो उठा है। उन्हीं हिन्दुओं पर जो सदियों से शान्ति के साथ रहते थे, हमले होने लगे हैं। कहीं उनके मन्दिर ढाए जाते हैं, कहीं उनके देवताओं को गालियाँ दी जाती हैं। कहीं उन्हें ज़बरदस्ती इस्लाम की दीक्षा दी जाती है। हिन्दू संख्या में कम हैं, असंगठित हैं; बिखरे हुए हैं, इस नई परिस्थिति के लिए बिलकुल तैयार नहीं। उनके हाथ-पाँव फूले हुए हैं, कितने ही तो अपनी जमा-जथा छोड़कर भाग खड़े हुए हैं, कुछ इस आँधी के शान्त हो जाने का अवसर देख रहे हैं। यह काफिला भी उन्हीं भागनेवालों में था। दोपहर का समय था। आसमान से आग बरस रही थी। पहाड़ों से ज्वाला-सी निकल रही थी। वृक्ष का कहीं नाम न था। ये लोग राज-पथ से हटे हुए, पेचीदा औघट रास्तों से चले आ रहे थे। पग-पग पर पकड़ लिए जाने का खटका लगा हुआ था। यहाँ तक कि भूख, प्यास और ताप से विकल होकर अन्त को लोग एक उभरी हुई शिला की छाँह में विश्राम करने लगे। सहसा कुछ दूर पर एक कुआँ नज़र आया। वहीं डेरे डाल दिए। भय लगा हुआ था कि जिहादियों का कोई दल पीछे से न आ रहा हो। दो युवकों ने बन्दूक़ भरकर कन्धे पर रखीं और चारों तरफ़ गश्त करने लगे। बूढ़े कम्बल बिछाकर कमर सीधी करने लगे। स्त्रियाँ बालकों को गोद से उतारकर माथे का पसीना पोंछने और बिखरे हुए केशों को सँभालने लगीं। सभी के चेहरे मुरझाए हुए थे। सभी चिन्ता और भय से त्रस्त हो रहे थे, यहाँ तक कि बच्चे ज़ोर से न रोते थे।

दोनों युवकों में एक लम्बा, गठीला रूपवान है। उसकी आँखों से अभिमान की रेखाएँ-सी निकल रही हैं, मानो वह अपने सामने किसी की हक़ीक़त नहीं समझता, मानो उसकी एक-एक गत पर आकाश के देवता जयघोष कर रहे हैं। दूसरा कद का दुबला-पतला, रूपहीन-सा आदमी है, जिसके चेहरे से दीनता झलक रही है, मानो उसके लिए संसार में कोई आशा नहीं, मानो वह दीपक की भाँति रो-रोकर जीवन व्यतीत करने ही के लिए बनाया गया है। उसका नाम धर्मदास है; इसका ख़ज़ाँचन्द।

धर्मदास ने बन्दूक़ को ज़मीन पर टिकाकर एक चट्टान पर बैठते हुए कहा—तुमने अपने लिए क्या सोचा? कोई लाख-सवा लाख की सम्पत्ति रही होगी तुम्हारी?

ख़ज़ाँचन्द ने उदासीन भाव से उत्तर दिया—लाख-सवा लाख की तो नहीं, हाँ, पचास-साठ हज़ार तो नकद ही थे।

'तो अब क्या करोगे?'

'जो कुछ सिर पर आएगा, झेलूँगा! रावलपिंडी में दो-चार सम्बन्धी हैं, शायद कुछ मदद करें। तुमने क्या सोचा है?'

'मुझे क्या ग़म! अपने दोनों हाथ अपने साथ हैं। वहाँ इन्हीं का सहारा था, आगे भी इन्हीं का सहारा है।'

'आज और कुशल से बीत जाए तो फिर कोई भय नहीं।'

'मैं तो मना रहा हूँ कि एकाध शिकार मिल जाए। एक दरजन भी आ जाएँ तो भून कर रख दूँ।'

इतने में चट्टानों के नीचे से एक युवती हाथ में लोटा-डोर लिए निकली और सामने कुएँ की ओर चली। प्रभात की सुनहरी, मधुर, अरुणिमा मूर्तिमान हो गई थी।

दोनों युवक उसकी ओर बढ़े लेकिन ख़ज़ाँचन्द तो दो-चार क़दम चलकर रुक गया, धर्मदास ने युवती के हाथ से लोटा-डोर ले लिया और ख़ज़ाँचन्द की ओर सगर्व नेत्रों से ताकता हुआ कुएँ की ओर चला। ख़जाँचन्द ने फिर बन्दूक़ सँभाली और अपनी झेंप मिटाने के लिए आकाश की ओर ताकने लगा। इसी तरह कितनी ही बार धर्मदास के हाथों पराजित हो चुका था। शायद उसे इसका अभ्यास हो गया था। अब इसमें लेशमात्र भी सन्देह न था कि श्यामा का प्रेमपात्र धर्मदास है। ख़ज़ाँचन्द की सारी सम्पत्ति धर्मदास के रूपवैभव के आगे तुच्छ थी। परोक्ष ही नहीं, प्रत्यक्ष रूप से भी श्यामा कई बार ख़ज़ाँचन्द को हताश कर चुकी थी; पर वह अभागा निराश होकर भी न जाने क्यों उस पर प्राण देता था। तीनों एक ही बस्ती के रहनेवाले थे। श्यामा के माता-पिता पहले ही मर चुके थे। उसकी बुआ ने उसका पालन-पोषण किया था। अब भी वह बुआ ही के साथ रहती थी। उसकी अभिलाषा थी कि ख़ज़ाँचन्द उसका दामाद हो, श्यामा सुख से रहे और उसे भी जीवन के अन्तिम दिनों के लिए कुछ सहारा हो जाए; लेकिन श्यामा धर्मदास पर रीझी हुई थी। उसे क्या ख़बर थी कि जिस व्यक्ति को वह पैरों से ठुकरा रही है, वही उसका एकमात्र अवलम्ब है। ख़ज़ाँचन्द ही वृद्धा का मुनीम, ख़ज़ांची, कारिंदा सब कुछ था और यह जानते हुए भी कि श्यामा उसे जीवन में नहीं मिल सकती। उसके धन का यह उपयोग न होता, तो वह शायद अब तक उसे लुटा कर फ़क़ीर हो जाता।

2

धर्मदास पानी लेकर लौट ही रहा था कि उसे पश्चिम की ओर से कई आदमी घोड़ों पर सवार आते दिखाई दिए। ज़रा और समीप आने पर मालूम हुआ कि कुल पाँच आदमी हैं। उनकी बन्दूक़ की नलियाँ धूप में साफ़ चमक रही थीं। धर्मदास पानी लिए हुए दौड़ा कि कहीं रास्ते ही में सवार उसे न पकड़ लें लेकिन कन्धे पर बन्दूक़ और एक हाथ में लोटा-डोर लिए वह बहुत तेज़ न दौड़ सकता था। फ़ासला दो सौ गज़ से कम न था। रास्ते में पत्थरों के ढेर टूटे-फूटे पड़े हुए थे। भय होता था कि कहीं ठोकर न लग जाए, कहीं पैर न फिसल जाएँ। इधर सवार प्रतिक्षण समीप होते जाते थे। अरबी घोड़ों से उसका मुक़ाबला ही क्या, उस पर मंज़िलों का धावा हुआ। मुश्किल से पचास क़दम गया होगा कि सवार उसके सिर पर आ पहुँचे और तुरन्त उसे घेर लिया। धर्मदास बड़ा साहसी था; पर मृत्यु को सामने खड़ी देखकर उसकी आँखों में अँधेरा छा गया, उसके हाथ से बन्दूक़ छूटकर गिर पड़ी। पाँचों उसी के गाँव के महसूदी पठान थे। एक पठान ने कहा—उड़ा दो सिर मरदूद का। दग़ाबाज़ काफिर।

दूसरा—नहीं नहीं, ठहरो, अगर यह इस वक़्त भी इस्लाम कबूल कर ले, तो हम इसे मुआफ कर सकते हैं। क्यों धर्मदास, तुम्हें इस दग़ा की क्या सजा दी जाए? हमने तुम्हें रात-भर का वक़्त फ़ैसला करने के लिए दिया था। मगर तुम इसी वक़्त जहन्नुम पहुँचा दिए जाओ; लेकिन हम तुम्हें फिर मौक़ा देते हैं। यह आख़िरी मौक़ा है। अगर तुमने अब भी इस्लाम न कबूल किया, तो तुम्हें दिन की रोशनी देखनी नसीब न होगी।

धर्मदास ने हिचकिचाते हुए कहा—जिस बात को अक़्ल नहीं मानती, उसे कैसे...

पहले सवार ने आवेश में आकर कहा—मजहब को अक़्ल से कोई वास्ता नहीं।

तीसरा—कुफ्र है! कुफ्र है!

पहला—उड़ा दो सिर मरदूद का, धुआँ इस पार।

दूसरा—ठहरो-ठहरो, मार डालना मुश्किल नहीं, जिला लेना मुश्किल है। तुम्हारे और साथी कहाँ हैं धर्मदास?

धर्मदास—सब मेरे साथ ही हैं।

दूसरा—कलामे शरीफ़ की क़सम; अगर तुम सब ख़ुदा और उनके रसूल पर ईमान लाओ, तो कोई तुम्हें तेज़ निगाहों से देख भी न सकेगा।

धर्मदास—आप लोग सोचने के लिए और कुछ मौक़ा न देंगे।

इस पर चारों सवार चिल्ला उठे—नहीं, नहीं, हम तुम्हें न जाने देंगे, यह आख़िरी मौक़ा है।

इतना कहते ही पहले सवार ने बन्दूक़ छतिया ली और नली धर्मदास की छाती की ओर करके बोला—बस बोलो, क्या मंजूर है?

धर्मदास सिर से पैर तक काँप कर बोला—अगर मैं इस्लाम कबूल कर लूँ तो मेरे साथियों को तो कोई तकलीफ़ न दी जाएगी?

दूसरा—हाँ, अगर तुम ज़मानत करो कि वे भी इस्लाम कबूल कर लेंगे।

पहला—हम इस शर्त को नहीं मानते। तुम्हारे साथियों से हम ख़ुद निपट लेंगे। तुम अपनी कहो। क्या चाहते हो? हाँ या नहीं?

धर्मदास ने ज़हर का घूँट पीकर कहा—मैं ख़ुदा पर ईमान लाता हूँ।

पाँचों ने एक स्वर से कहा—अलहमद व लिल्लाह! और बारी-बारी से धर्मदास को गले लगाया।

3

श्यामा हृदय को दोनों हाथों से थामे यह दृश्य देख रही थी। वह मन में पछता रही थी कि मैंने क्यों इन्हें पानी लाने भेजा? अगर मालूम होता कि विधि यों धोखा देगा, तो मैं प्यासों मर जाती, पर इन्हें न जाने देती। श्यामा से कुछ दूर ख़ज़ाँचन्द भी खड़ा था। श्यामा ने उसकी ओर क्षुब्ध नेत्रों से देखकर कहा—अब इनकी जान बचती नहीं मालूम होती।

ख़ज़ाँचन्द—बन्दूक़ भी हाथ से छूट पड़ी है।

श्यामा—न जाने क्या बातें हो रही हैं। अरे ग़ज़ब! दुष्ट ने उनकी ओर बन्दूक़ तानी है!

ख़ज़ाँ.—ज़रा और समीप आ जाएँ, तो मैं बन्दूक़ चलाऊँ। इतनी दूर की मार इसमें नहीं है।

श्यामा—अरे! देखो, वे सब धर्मदास को गले लगा रहे हैं। यह माजरा क्या है?

ख़ज़ाँ.—कुछ समझ में नहीं आता।

श्यामा—कहीं इसने क़लमा तो नहीं पढ़ लिया?

ख़ज़ाँ.—नहीं, ऐसा क्या होगा, धर्मदास से मुझे ऐसी आशा नहीं है।

श्यामा —मैं समझ गई। ठीक यही बात है। बन्दूक़ चलाओ।

ख़ज़ाँ.—धर्मदास बीच में हैं। कहीं उन्हें न लग जाए।

श्यामा—कोई हर्ज़ नहीं। मैं चाहती हूँ, पहला निशाना धर्मदास ही पर पड़े। कायर! निर्लज्ज! प्राणों के लिए धर्म त्याग किया। ऐसी बेहयाई की ज़िन्दगी से मर जाना कहीं अच्छा है। क्या सोचते हो। क्या तुम्हारे भी हाथ-पाँव फूल गए। लाओ, बन्दूक़ मुझे दे दो। मैं इस कायर को अपने हाथों से मारूँगी।

ख़ज़ाँ.—मुझे तो विश्वास नहीं होता कि धर्मदास...

श्यामा—तुम्हें कभी विश्वास न आएगा। लाओ, बन्दूक़ मुझे दो। खड़े क्या ताक़ते हो? क्या जब वे सिर पर आ जाएँगे, तब बन्दूक़ चलाओगे? क्या तुम्हें भी यह मंजूर है कि मुसलमान होकर जान बचाओ? अच्छी बात है, जाओ। श्यामा अपनी रक्षा आप कर सकती है; मगर उसे अब मुँह न दिखाना।

ख़ज़ाँचन्द ने बन्दूक़ चलाई। एक सवार की पगड़ी को उड़ाती हुई निकल गई। जिहादियों ने 'अल्लाहो अकबर!' की हाँक लगाई। दूसरी गोली चली और घोड़े की छाती पर बैठी। घोड़ा वहीं गिर पड़ा। जिहादियों ने फिर 'अल्लाहो अकबर!' की सदा लगाई और आगे बढ़े। तीसरी गोली आई। एक पठान लोट गया; पर इसके पहले कि चौथी गोली छूटे, पठान ख़ज़ाँचन्द के सिर पर पहुँच गए और बन्दूक़ उसके हाथ से छीन ली।

एक सवार ने ख़ज़ाँचन्द की ओर बन्दूक़ तान कर कहा—उड़ा दूँ सिर मरदूद का, इससे ख़ून का बदला लेना है।

दूसरे सवार ने जो इनका सरदार मालूम होता था, कहा—नहीं-नहीं, यह दिलेर आदमी है। ख़ज़ाँचन्द, तुम्हारे ऊपर दग़ा, ख़ून और कुफ्र, ये तीन इल्ज़ाम हैं, और तुम्हें क़त्ल कर देना ऐन सवाब है, लेकिन हम तुम्हें एक मौक़ा और देते हैं। अगर तुम अब भी ख़ुदा और रसूल पर ईमान लाओ, तो हम तुम्हें सीने से लगाने को तैयार हैं। इसके सिवा तुम्हारे गुनाहों का और कोई कफारा (प्रायश्चित्त) नहीं है। यह हमारा आख़िरी फ़ैसला है। बोलो, क्या मंजूर है?

चारों पठानों ने कमर से तलवारें निकाल लीं, और उन्हें ख़ज़ाँचन्द के सिर पर तान दिया मानो 'नहीं' का शब्द मुँह से निकलते ही चारों तलवारें उसकी गर्दन पर चल जाएँगी!

ख़ज़ाँचन्द का मुखमंडल विलक्षण तेज़ से आलोकित हो उठा। उसकी दोनों आँखें स्वर्गीय ज्योति से चमकने लगीं। दृढ़ता से बोला—तुम एक हिन्दू से यह प्रश्न कर रहे हो? क्या तुम समझते हो कि जान के ख़ौफ़ से वह अपना ईमान बेच डालेगा? हिन्दू को अपने ईश्वर तक पहुँचने के लिए किसी नबी, वली या पैगम्बर की ज़रूरत नहीं! चारों पठानों ने कहा—काफिर! काफिर!

ख़ज़ाँ.—अगर तुम मुझे काफ़िर समझते हो तो समझो। मैं अपने को तुमसे ज़्यादा ख़ुदापरस्त समझता हूँ। मैं उस धर्म को मानता हूँ, जिसकी बुनियाद अक़्ल पर है। आदमी में अक़्ल ही ख़ुदा का नूर (प्रकाश) है और हमारा ईमान हमारी अक़्ल...

चारों पठानों के मुँह से निकला 'काफिर! काफिर!' और चारों तलवारें एक साथ ख़ज़ाँचन्द की गर्दन पर गिर पड़ीं। लाश ज़मीन पर फड़कने लगी। धर्मदास सिर झुकाए खड़ा रहा। वह दिल में ख़ुश था कि अब ख़ज़ाँचन्द की सारी सम्पत्ति उसके हाथ लगेगी और वह श्यामा के साथ सुख से रहेगा; पर विधाता को कुछ और ही मंजूर था। श्यामा अब तक मर्माहत-सी खड़ी यह दृश्य देख रही थी। ज्यों ही ख़ज़ाँचन्द की लाश ज़मीन पर गिरी, वह झपट कर लाश के पास आई और उसे गोद में लेकर आँचल से रक्त-प्रवाह को रोकने की चेष्टा करने

लगी। उसके सारे कपड़े ख़ून से तर हो गए। उसने बड़ी सुन्दर बेल-बूटोंवाली साड़ियाँ पहनी होंगी, पर इस रक्त-रंजित साड़ी की शोभा अतुलनीय थी। बेल-बूटोंवाली साड़ियाँ रूप की शोभा बढ़ाती थीं, यह रक्त-रंजित साड़ी आत्मा की छवि दिखा रही थी।

ऐसा जान पड़ा मानो ख़ज़ाँचन्द की बुझती आँखें एक अलौकिक ज्योति से प्रकाशमान हो गई हैं। उन नेत्रों में कितना सन्तोष, कितनी तृप्ति, कितनी उत्कंठा भरी हुई थी। जीवन में जिसने प्रेम की भिक्षा भी न पाई, वह मरने पर उत्सर्ग जैसे स्वर्गीय रत्न का स्वामी बना हुआ था।

4

धर्मदास ने श्यामा का हाथ पकड़कर कहा—श्यामा, होश में आओ, तुम्हारे सारे कपड़े ख़ून से तर हो गए हैं। अब रोने से क्या हासिल होगा? ये लोग हमारे मित्र हैं, हमें कोई कष्ट न देंगे। हम फिर अपने घर चलेंगे और जीवन के सुख भोगेंगे?

श्यामा ने तिरस्कारपूर्ण नेत्रों से देखकर कहा—तुम्हें अपना घर बहुत प्यारा है, तो जाओ। मेरी चिंता मत करो, मैं अब न जाऊँगी। हाँ, अगर अब भी मुझसे कुछ प्रेम हो तो इन लोगों से इन्हीं तलवारों से मेरा भी अन्त करा दो।

धर्मदास करुणा-कातर स्वर से बोला—श्यामा, यह तुम क्या कहती हो, तुम भूल गईं कि हमसे-तुमसे क्या बातें हुई थीं? मुझे ख़ुद ख़ज़ाँचन्द के मारे जाने का शोक है; पर भावी को कौन टाल सकता है?

श्यामा—अगर यह भावी थी, तो यह भी भावी है कि मैं अपना अधम जीवन उस पवित्र आत्मा के शोक में काटूँ, जिसका मैंने सदैव निरादर किया। यह कहते-कहते श्यामा का शोकोद्‌गार, जो अब तक क्रोध और घृणा के नीचे दबा हुआ था, उबल पड़ा और वह ख़ज़ाँचन्द के निस्पंद हाथों को अपने गले में डालकर रोने लगी।

चारों पठान यह अलौकिक अनुराग और आत्म-समर्पण देखकर करुणार्द्र हो गए। सरदार ने धर्मदास से कहा—तुम इस पाक़ीजा खातून से कहो, हमारे साथ चले। हमारी जाति से इसे कोई तकलीफ़ न होगी। हम इसकी दिल से इज़्ज़त करेंगे।

धर्मदास के हृदय में ईर्ष्या की आग धधक रही थी। वह रमणी, जिसे वह अपनी समझे बैठा था, इस वक़्त उसका मुँह भी नहीं देखना चाहती थी। बोला—श्यामा, तुम चाहो इस लाश पर आँसुओं की नदी बहा दो, पर यह ज़िन्दा न होगी। यहाँ से चलने की तैयारी करो। मैं साथ के और लोगों को भी जाकर समझाता हूँ। ख़ान लोग हमारी रक्षा करने का ज़िम्मा ले रहे हैं। हमारी जायदाद, ज़मीन, दौलत सब हमको मिल जाएगी। ख़ज़ाँचन्द की दौलत के भी हमीं मालिक होंगे। अब देर न करो। रोने-धोने से अब कुछ हासिल नहीं।

श्यामा ने धर्मदास को आग्नेय नेत्रों से देखकर कहा—और इस वापसी की क़ीमत क्या देनी होगी? वही जो तुमने दी है?

धर्मदास यह व्यंग्य न समझ सका। बोला—मैंने तो कोई क़ीमत नहीं दी। मेरे पास था ही क्या?

श्यामा—ऐसा न कहो। तुम्हारे पास वह ख़ज़ाना था, जो तुम्हें आज कई लाख वर्ष हुए ऋषियों ने प्रदान किया था। जिसकी रक्षा रघु और मनु, राम और कृष्ण, बुद्ध और शंकर, शिवाजी और गोविंदसिंह ने की थी। उस अमूल्य भंडार को आज तुमने तुच्छ प्राणों के लिए

खो दिया। इन पाँवों पर लोटना तुम्हें मुबारक हो! तुम शौक़ से जाओ। जिन तलवारों ने वीर ख़ज़ाँचन्द के जीवन का अन्त किया, उन्होंने मेरे प्रेम का भी फ़ैसला कर दिया। जीवन में इस वीरात्मा का मैंने जो निरादर और अपमान किया, इसके साथ जो उदासीनता दिखाई उसका अब मरने के बाद प्रायश्चित्त करूँगी। यह धर्म पर मरने वाला वीर था, धर्म को बेचनेवाला कायर नहीं! अगर तुममें अब भी कुछ शर्म और हया है, तो इसका क्रिया-कर्म करने में मेरी मदद करो और यदि तुम्हारे स्वामियों को यह भी पसन्द न हो, तो रहने दो, मैं सब कुछ कर लूँगी।

पठानों के हृदय दर्द से तड़प उठे। धर्मान्धिता का प्रकोप शान्त हो गया। देखते-देखते वहाँ लकड़ियों का ढेर लग गया। धर्मदास ग्लानि से सिर झुकाए बैठा था और चारों पठान लकड़ियाँ काट रहे थे। चिता तैयार हुई और जिन निर्दय हाथों ने ख़ज़ाँचन्द की जान ली थी उन्हीं ने उसके शव को चिता पर रखा। ज्वाला प्रचंड हुई। अग्निदेव अपने अग्निमुख से उस धर्मवीर का यश गा रहे थे।

5

पठानों ने ख़ज़ाँचन्द की सारी जंगम सम्पत्ति लाकर श्यामा को दे दी। श्यामा ने वहीं पर एक छोटा-सा मकान बनवाया और वीर ख़ज़ाँचन्द की उपासना में जीवन के दिन काटने लगी। उसकी वृद्धा बुआ तो उसके साथ रह गई, और सब लोग पठानों के साथ लौट गए, क्योंकि अब मुसलमान होने की शर्त न थी। ख़ज़ाँचन्द के बलिदान ने धर्म के भूत को परास्त कर दिया। मगर धर्मदास को पठानों ने इस्लाम की दीक्षा लेने पर मजबूर किया। एक दिन नियत किया गया। मसजिद में मुल्लाओं का मेला लगा और लोग धर्मदास को उसके घर से बुलाने आए; पर उसका वहाँ पता न था। चारों तरफ़ तलाश हुई। कहीं निशान न मिला।

साल-भर गुज़र गया। संध्या का समय था। श्यामा अपने झोंपड़े के सामने बैठी भविष्य की मधुर कल्पनाओं में मग्न थी। अतीत उसके लिए दुःख से भरा हुआ था। वर्तमान केवल एक निराशामय स्वप्न था। सारी अभिलाषाएँ भविष्य पर अवलम्बित थीं। और भविष्य भी वह, जिसका इस जीवन से कोई सम्बन्ध न था! आकाश पर लालिमा छाई हुई थी। सामने की पर्वतमाला स्वर्णमयी शान्ति के आवरण से ढकी हुई थी। वृक्षों की काँपती हुई पत्तियों से सरसराहट की आवाज़ निकल रही थी, मानो कोई वियोगी आत्मा पत्तियों पर बैठी हुई सिसकियाँ भर रही हो।

उसी वक़्त एक भिखारी फटे हुए कपड़े पहने झोंपड़ी के सामने खड़ा हो गया। कुत्ता ज़ोर से भूँक उठा। श्यामा ने चौंककर देखा और चिल्ला उठी—धर्मदास!

धर्मदास ने वहीं ज़मीन पर बैठते हुए कहा—हाँ श्यामा, मैं अभागा धर्मदास ही हूँ। साल-भर से मारा-मारा फिर रहा हूँ। मुझे खोज निकालने के लिए इनाम रख दिया गया है। सारा प्रान्त मेरे पीछे पड़ा हुआ है। इस जीवन से अब ऊब उठा हूँ; पर मौत भी नहीं आती।

धर्मदास एक क्षण के लिए चुप हो गया। फिर बोला—क्यों श्यामा, क्या अभी तुम्हारा हृदय मेरी तरफ़ से साफ़ नहीं हुआ! तुमने मेरा अपराध क्षमा नहीं किया!

श्यामा ने उदासीन भाव से कहा—मैं तुम्हारा मतलब नहीं समझी।

'मैं अब भी हिन्दू हूँ। मैंने इस्लाम नहीं कबूल किया है।'

'जानती हूँ!'

'यह जान कर भी तुम्हें मुझ पर दया नहीं आती!'

श्यामा ने कठोर नेत्रों से देखा और उत्तेजित होकर बोली—तुम्हें अपने मुँह से ऐसी बातें निकालते शर्म नहीं आती! मैं उस धर्मवीर की ब्याहता हूँ, जिसने हिन्दू-जाति का मुख उज्ज्वल किया है। तुम समझते हो कि वह मर गया! यह तुम्हारा भ्रम है। वह अमर है। मैं इस समय भी उसे स्वर्ग में बैठा देख रही हूँ। तुमने हिन्दू-जाति को कलंकित किया है। मेरे सामने से दूर हो जाओ।

धर्मदास ने कुछ जवाब न दिया! चुपके से उठा, एक लम्बी साँस ली और एक तरफ़ चल दिया।

प्रातःकाल श्यामा पानी भरने जा रही थी, तब उसने रास्ते में एक लाश पड़ी हुई देखी। दो-चार गिद्ध उस पर मँडरा रहे थे। उसका हृदय धड़कने लगा। समीप जाकर देखा और पहचान गई। यह धर्मदास की लाश थी।

फ़ातिहा

सरकारी अनाथालय से निकलकर मैं सीधा फ़ौज में भरती किया गया। मेरा शरीर हृष्ट-पुष्ट और बलिष्ठ था। साधारण मनुष्यों की अपेक्षा मेरे हाथ-पैर कहीं लम्बे और स्नायुयुक्त थे। मेरी लम्बाई पूरी छह फुट नौ इंच थी। पलटन में 'देव' के नाम से विख्यात था। जब से मैं फ़ौज में भरती हुआ, तब से मेरी क़िस्मत ने भी पलटा खाना शुरू किया और मेरे हाथ से कई ऐसे काम हुए, जिनसे प्रतिष्ठा के साथ-साथ मेरी आय भी बढ़ती गई। पलटन का हर एक जवान मुझे जानता था। मेजर सरदार हिम्मतसिंह की कृपा मेरे ऊपर बहुत थी; क्योंकि मैंने एक बार उनकी प्राण-रक्षा की थी। इसके अतिरिक्त न जाने क्यों उनको देखकर मेरे हृदय में भक्ति और श्रद्धा का संचार होता। मैं यही समझता कि यह मेरे पूज्य हैं और सरदार साहब का भी व्यवहार मेरे साथ स्नेहयुक्त और मित्रतापूर्ण था।

मुझे अपने माता-पिता का पता नहीं है, और न उनकी कोई स्मृति ही है। कभी-कभी जब मैं इस प्रश्न पर विचार करने बैठता हूँ, तो कुछ धुँधले-से दृश्य दिखाई देते हैं—बडे-बड़े पहाड़ों के बीच में रहता हुआ एक परिवार, और एक स्त्री का मुख, जो शायद मेरी माँ का होगा। पहाड़ी के बीच में तो मेरा पालन-पोषण ही हुआ है। पेशावर से 80 मील दूर पूर्व एक ग्राम है, जिसका नाम 'कुलाहा' है, वहीं पर एक सरकारी अनाथालय है। इसी में मैं पाला गया। यहाँ से निकलकर सीधा फ़ौज में चला गया। हिमालय की जलवायु से मेरा शरीर बना है, और मैं वैसा ही दीर्घाकृति आदि बर्बर हूँ, जैसे कि सीमाप्रान्त के रहने वाले अफ़्रीदी, गिलजई, महसूदी आदि पहाड़ी कबीलों के लोग होते हैं। यदि उनके और मेरे जीवन में कुछ अन्तर है तो वह सभ्यता का। मैं थोड़ा-बहुत पढ़-लिख लेता हूँ, बातचीत कर लेता हूँ, अदब-कायदा जानता हूँ,। छोटे-बड़े का लिहाज़ कर सकता हूँ, किन्तु मेरी आकृति वैसी ही है, जैसी कि किसी भी सरहदी पुरुष की हो सकती है।

कभी-कभी मेरे मन में यह इच्छा बलवती होती कि स्वछंद होकर पहाड़ों की सैर करूँ; लेकिन जीविका का प्रश्न मेरी इच्छा को दबा देता। उस सूखे देश में खाने का कुछ भी

ठिकाना नहीं था। वहाँ के लोग एक रोटी के लिए मनुष्य की हत्या कर डालते, एक कपड़े के लिए मुरदे की लाश चीड़-फाड़कर फेंक देते और एक बन्दूक़ के लिए सरकारी फ़ौज पर छापा मारते हैं। इसके अतिरिक्त उन जंगली जातियों का एक-एक मनुष्य मुझे जानता था और मेरे ख़ून का प्यासा था। यदि मैं उन्हें मिल जाता, तो ज़रूर मेरा नाम-निशान दुनिया से मिट जाता। न जाने कितने अफ़्रीदियों और गिलजइयों को मैंने मारा था, कितनों को पकड़-पकड़कर सरकारी जेलख़ानों में भर दिया था और न मालूम उनके कितने गाँवों को जला कर खाक कर दिया था। मैं भी बहुत सतर्क रहता, और जहाँ तक होता, एक स्थान पर हफ़्ते से अधिक कभी न रहता।

2

एक दिन मैं मेजर सरदार हिम्मतसिंह के घर की ओर जा रहा था। उस समय दिन को दो बजे थे। आजकल छुट्टी-सी थी; क्योंकि अभी हाल ही में कई गाँव भस्मीभूत कर दिए गए थे और जल्दी उनकी तरफ़ से कोई आशंका नहीं थी। हम लोग निश्चिंत होकर गप्प और हँसी-खेल में दिन गुज़ारते थे। बैठे-बैठे दिल घबरा गया था। सिर्फ़ मन बहलाने के लिए सरदार साहब के घर की ओर चला; किन्तु रास्ते में एक दुर्घटना हो गई। एक बूढ़ा अफ़्रीदी, जो अब भी एक हिन्दुस्तानी जवान का सिर मरोड़ देने के लिए काफ़ी था, एक फ़ौजी जवान से भिड़ा हुआ था। मेरे देखते-देखते उसने अपनी कमर से एक तेज़ छुरा निकाला और उसकी छाती में घुसेड़ दिया। उस जवान के पास एक कारतूसी बन्दूक़ थी, बस उसी के लिए यह सब लड़ाई थी। पलक मारते-मारते, फ़ौजी जवान का काम तमाम हो गया और बूढ़ा बन्दूक़ लेकर भागा। मैं उसके पीछे दौड़ा; लेकिन दौड़ने में वह इतना तेज़ था कि बात-की-बात में आँखों से ओझल हो गया। मैं भी बेतहाशा उसका पीछा कर रहा था। आख़िर सरहद पर पहुँचते-पहुँचते उससे बीस हाथ की दूरी पर रह गया। उसने पीछे फिर कर देखा, मैं अकेला उसका पीछा कर रहा था। उसने बन्दूक़ का निशाना मेरी ओर साधा। मैं फ़ौरन ही ज़मीन पर लेट गया और बन्दूक़ की गोली मेरे सामने पत्थर पर लगी। उसने समझा कि मैं गोली का शिकार हो गया। वह धीरे-धीरे सतर्क पदों से मेरी ओर बढ़ा। मैं साँस खींचकर लेट गया। जब वह बिलकुल मेरे पास आ गया, शेर की तरह उछलकर मैंने उसकी गरदन पकड़कर ज़मीन पर पटक दिया और छुरा निकालकर उसकी छाती में घुसेड़ दिया। अफ़्रीदी की जीवन-लीला समाप्त हो गई। इसी समय मेरी पलटन के कई लोग भी आ पहुँचे। चारों तरफ़ से लोग मेरी प्रशंसा करने लगे। अभी तक मैं अपने आपे में न था; लेकिन अब मेरी सुध-बुध वापस आई। न मालूम क्यों उस बुड्ढे को देखकर मेरा जी घबराने लगा। अभी तक न मालूम कितने ही अफ़्रीदियों को मारा था; लेकिन कभी भी मेरा हृदय इतना घबराया न था। मैं ज़मीन पर बैठ गया और उस बुड्ढे की ओर देखने लगा। पलटन के जवान भी पहुँच गए और मुझे घायल जान कर अनेक प्रकार के प्रश्न करने लगे। धीरे-धीरे मैं उठा और चुपचाप शहर की ओर चला। सिपाही मेरे पीछे-पीछे उसी बुड्ढे की लाश घसीटते हुए चले। शहर के निवासियों ने मेरी जय-जयकार का ताँता बाँध दिया। मैं चुपचाप मेजर सरदार हिम्मतसिंह के घर में घुस गया।

सरदार साहब उस समय अपने ख़ास कमरे में बैठे हुए कुछ लिख रहे थे। उन्होंने मुझे देखकर पूछा—क्यों, उस अफ़्रीदी को मार आए?

मैंने बैठते हुए कहा—जी हाँ, लेकिन सरदार साहब, न जाने क्यों मैं कुछ बुजदिल हो गया हूँ।

सरदार साहब ने आश्चर्य से कहा—असदख़ाँ और बुजदिल! यह दोनों एक जगह होना नामुमकिन है।

मैंने उठते हुए कहा—सरदार साहब, यहाँ तबीयत नहीं लगती, उठकर बाहर बरामदे में बैठिए। न मालूम क्यों मेरा दिल घबड़ाता है।

सरदार साहब उठकर मेरे पास आए और स्नेह से मेरी पीठ पर हाथ फेरते हुए कहा—असद, तुम दौड़ते-दौड़ते थक गए हो, और कोई बात नहीं है। अच्छा चलो बरामदे में बैठें। शाम की ठंडी हवा तुम्हें ताज़ा कर देगी।

सरदार साहब और मैं, दोनों बरामदे में जाकर कुर्सियों पर बैठ गए। शहर के चौमुहाने पर उसी वृद्ध की लाश रखी थी और उसके चारों ओर भीड़ लगी हुई थी। बरामदे में जब मुझे बैठे हुए देखा, तो लोग मेरी ओर इशारा करने लगे। सरदार साहब ने यह दृश्य देखकर कहा—असदख़ाँ, देखा, लोगों की निगाह में तुम कितने ऊँचे हो? तुम्हारी वीरता को यहाँ का बच्चा-बच्चा सराहता है। अब भी तुम कहते हो कि मैं बुजदिल हूँ।

मैंने मुस्कुराकर कहा—जब से इस बुड्ढे को मारा है, तब से मेरा दिल मुझे धिक्कार रहा है।

सरदार साहब ने हँसकर कहा—क्योंकि तुमने अपने से निर्बल को मारा है।

मैंने अपनी दिलजमई करते हुए कहा—मुमकिन है, ऐसा ही हो।

इसी समय एक अफ्रीदी रमणी धीरे-धीरे आकर सरदार साहब के मकान के सामने खड़ी हो गई। ज्यों ही सरदार साहब ने देखा, उनका मुँह सफ़ेद पड़ गया। उनकी भयभीत दृष्टि उसकी ओर से फिर कर मेरी ओर हो गई। मैं भी आश्चर्य से उनके मुँह की ओर निहारने लगा। उस रमणी का—सा सुगठित शरीर मरदों का भी कम होता है। ख़ाकी रंग के मोटे कपड़े का पायजामा और नीले रंग का मोटा कुरता पहने हुए थी। बलूची औरतों की तरह सिर पर रूमाल बाँध रखा था। रंग चंपई था और यौवन की आभा फूट-फूट कर बाहर निकली पड़ती थी। इस समय उसकी आँखों में ऐसी भीषणता थी, जो किसी के दिल में भय का संचार करती। रमणी की आँखें सरदार साहब की ओर से फिर कर मेरी ओर आईं और उसने यों घूरना शुरू किया कि मैं भी भयभीत हो गया। रमणी ने सरदार साहब की ओर देखा और फिर ज़मीन पर थूक दिया और फिर मेरी ओर देखती हुई धीरे-धीरे दूसरी ओर चली गई।

रमणी को जाते देखकर सरदार साहब की जान में जान आई। मेरे सिर पर से भी एक बोझ हट गया।

मैंने सरदार साहब से पूछा—क्यों, क्या आप जानते हैं? सरदार साहब ने एक गहरी ठंडी साँस लेकर कहा—हाँ, बख़ूबी। एक समय था, जब यह मुझ पर जान देती थी और वास्तव में अपनी जान पर खेलकर मेरी रक्षा भी की थी; लेकिन अब इसको मेरी सूरत से नफरत है। इसी ने मेरी स्त्री की हत्या की है। इसे जब कभी देखता हूँ मेरे होश-हवास काफूर हो जाते हैं और वही दृश्य मेरी आँखों के सामने नाचने लगता है।

मैंने भय-विह्वल स्वर में पूछा—सरदार साहब, उसने मेरी ओर भी तो बड़ी भयानक दृष्टि से देखा था। न मालूम क्यों मेरे भी रोएँ खड़े हो गए थे।

सरदार साहब ने सिर हिलाते हुए बड़ी गम्भीरता से कहा—असदख़ाँ, तुम भी होशियार रहो। शायद इस बूढ़े अफ़्रीदी से इसका संपर्क है। मुमकिन है, यह उसका भाई या बाप हो। तुम्हारी ओर उसका देखना कोई मानी रखता है। बड़ी भयानक स्त्री है।

सरदार साहब की बात सुनकर मेरी नस-नस काँप उठी। मैंने बातों का सिलसिला दूसरी ओर फेरते हुए कहा—सरदार साहब, आप इसको पुलिस के हवाले क्यों नहीं कर देते? इसको फाँसी हो जाएगी।

सरदार साहब ने कहा—भाई असदख़ाँ, इसने मेरे प्राण बचाए थे और शायद अब भी मुझे चाहती है। इसकी कथा बहुत लम्बी है। कभी अवकाश मिला तो कहूँगा।

सरदार की बातों से मुझे भी कुतूहल हो रहा था। मैंने उनसे वह वृत्तांत सुनाने के लिए आग्रह करना शुरू किया। पहले तो उन्होंने टालना चाहा; पर जब मैंने बहुत ज़ोर दिया तो विवश होकर बोले—असद, मैं तुम्हें अपना भाई समझता हूँ; इसलिए तुमसे कोई परदा न रखूँगा। लो, सुनो—

3

असदख़ाँ, पाँच साल पहले मैं इतना वृद्ध न था, जैसा कि अब दिखाई पड़ता हूँ। उस समय मेरी आयु 40 वर्ष से अधिक न थी। एक भी बाल सफ़ेद न हुआ था और उस समय मुझमें इतना बल था कि दो जवानों को मैं लड़ा देता। जर्मनों से मैंने मुठभेड़ की है और न मालूम कितनों को यमलोक का रास्ता बता दिया। जर्मन-युद्ध के बाद मुझे यहाँ सीमाप्रान्त पर काली पलटन का मेजर बनाकर भेजा गया। जब पहले-पहल मैं यहाँ आया, तो यहाँ कठिनाइयाँ सामने आईं; लेकिन मैंने उनकी ज़रा परवाह न की और धीरे-धीरे उन सब पर विजय पाई। सबसे पहले यहाँ आकर मैंने पश्तो सीखना शुरू किया। पश्तो के बाद और ज़बानें सीखीं; यहाँ तक कि मैं उनको बड़ी आसानी और मुहाविरों के साथ बोलने लगा; फिर इसके बाद कई आदमियों की टोलियाँ बनाकर देश का अंतर्भाग भी छान डाला। इस पड़ताल में कई बार मैं मरते-मरते बचा; किन्तु सब कठिनाइयाँ झेलते हुए मैं यहाँ पर सकुशल रहने लगा। उस ज़माने में मेरे हाथ से ऐसे-ऐसे काम हो गए, जिनसे सरकार में मेरी बड़ी नामवरी और प्रतिष्ठा भी हो गई। एक बार कर्नल हैमिलटन की मेमसाहब को मैं अकेले छुड़ा लाया था और कितने ही देशी आदमियों और औरतों के प्राण मैंने बचाए हैं। यहाँ पर आने के तीन साल बाद से मेरी कहानी आरम्भ होती है।

एक रात को मैं अपने कैम्प में लेटा हुआ था। अफ़्रीदियों से लड़ाई हो रही थी। दिन के थके-माँदे सैनिक गाफिल पड़े हुए थे। कैम्प में सन्नाटा था। लेटे-लेटे मुझे भी नींद आ गई। जब मेरी नींद खुली तो देखा कि छाती पर एक अफ़्रीदी—जिसकी आयु मेरी आयु से लगभग दूनी होगी—सवार है और मेरी छाती में छुरा घुसेड़ने ही वाला है। मैं पूरी तरह से उसके अधीन था, कोई भी बचने का उपाय न था, किन्तु उस समय मैंने बड़े ही धैर्य से काम लिया और पश्तो भाषा में कहा—मुझे मारो नहीं, मैं सरकारी फ़ौज में अफ़सर हूँ, मुझे पकड़ ले चलो, सरकार तुमको रुपया देकर मुझे छुड़ाएगी।

ईश्वर की कृपा से मेरी बात उसके मन में बैठ गई। कमर से रस्सी निकालकर मेरे हाथ-पैर बाँधे और फिर कन्धे पर बोझ की तरह लाद कर खेमे से बाहर आया। बाहर मार-काट का

बाज़ार गर्म था। उसने एक विचित्र प्रकार से चिल्लाकर कुछ कहा और मुझे कन्धे पर लादे वह जंगल की ओर भागा। यह मैं कह सकता हूँ कि उसको मेरा बोझ कुछ भी न मालूम होता था और बड़ी तेज़ी से भागा जा रहा था। उसके पीछे-पीछे कई आदमी, जो उसी के गिरोह के थे, लूट का माल लिए हुए भागे चले आ रहे थे।

प्रात:काल हम लोग एक तालाब के पास पहुँचे। तालाब बड़े-बड़े पहाड़ों से घिरा हुआ था। उसका पानी बड़ा निर्मल था और जंगली पेड़ इधर-उधर उग रहे थे। तालाब के पास पहुँचकर हम सब लोग ठहरे। बुड्ढे ने, जो वास्तव में उस गिरोह का सरदार था, मुझे पत्थर पर डाल दिया। मेरी कमर में बड़ी ज़ोर से चोट लगी, ऐसा मालूम हुआ कि कोई हड्डी टूट गई है; लेकिन ईश्वर की कृपा से हड्डी टूटी न थी। सरदार ने मुझे पृथ्वी पर डालने के बाद कहा—क्यों, कितना रुपया दिलाएगा?

मैंने अपनी वेदना दबाते हुए कहा—पाँच सौ रुपए।

सरदार ने मुँह बिगाड़ कर कहा—नहीं, इतना कम नहीं लेगा। दो हज़ार से एक पैसा भी कम मिला, तो तुम्हारी जान की ख़ैर नहीं।

मैंने कुछ सोचते हुए कहा—सरकार इतना रुपया काले आदमी के लिए नहीं ख़र्च करेगी।

सरदार ने छुरा बाहर निकालते हुए कहा—तब फिर क्यों कहा था कि सरकार इनाम देगी! ले तो फिर यहीं मर।

सरदार छुरा लिए मेरी तरफ़ बढ़ा।

मैं घबड़ाकर बोला—अच्छा, सरदार, मैं तुमको दो हज़ार दिलवा दूँगा।

सरदार रुक गया और बड़े ज़ोर से हँसा। उसकी हँसी की प्रतिध्वनि ने निर्जीव पहाड़ों को भी कँपा दिया। मैंने मन ही मन कहा—बड़ा भयानक आदमी है।

गिरोह के दूसरे आदमी अपनी-अपनी लूट का माल सरदार के सामने रखने लगे। उसमें कई बन्दूक़ें, कारतूस, रोटियाँ और कपड़े थे। मेरी भी तलाशी ली गई। मेरे पास एक छह फायर का तमंचा था। तमंचा पाकर सरदार उछल पड़ा, और उसे फिरा-फिरा कर देखने लगा। वहीं पर उसी समय हिस्सा-बाँट शुरू हो गया। बराबर का हिस्सा लगा; लेकिन मेरा रिवाल्वर उसमें नहीं शामिल किया गया। वह सरदार साहब की ख़ास चीज़ थी।

थोड़ी देर विश्राम करने के बाद, फिर यात्रा शुरू हुई। इस बार मेरे पैर खोल दिए गए और साथ-साथ चलने को कहा—मेरी आँखों पर पट्टी भी बाँध दी गई, ताकि मैं रास्ता न देख सकूँ। मेरे हाथ रस्सी से बँधे हुए थे, और उसका एक सिरा एक अफ़्रीदी के हाथ में था।

चलते-चलते मेरे पैर दुखने लगे, लेकिन उनकी मंज़िल पूरी न हुई। सिर पर जेठ का सूरज चमक रहा था, पैर जले जा रहे थे, प्यास से गला सूखा जा रहा था; लेकिन वे बराबर चले जा रहे थे। वे आपस में बातें करते जाते थे; लेकिन अब मैं उनकी एक बात भी न समझ पाता। कभी-कभी एक-आध शब्द तो समझ जाता; लेकिन बहुत अंशों में मैं कुछ भी न समझ पाता था। वे लोग इस समय अपनी विजय पर प्रसन्न थे, और एक अफ़्रीदी ने अपनी भाषा में एक गीत गाना शुरू किया। गीत बड़ा ही अच्छा था।

असदख़ाँ ने पूछा—सरदार साहब, वह गीत क्या था?

सरदार साहब ने कहा—उस गीत का भाव याद है। भाव यह है कि एक अफ़्रीदी जा रहा है, उसकी स्त्री कहती है—कहाँ जाते हो?

युवक उत्तर देता है—जाते हैं तुम्हारे लिए रोटी और कपड़ा लाने।

स्त्री पूछती है—और कुछ अपने बच्चों के लिए नहीं लाओगे?

युवक उत्तर देता है—बच्चे के लिए बन्दूक़ लाऊँगा, ताकि वह जब बड़ा हो, तो वह भी लड़े और अपनी प्रेमिका के लिए रोटी और कपड़ा ला सके।

स्त्री कहती है—यह कहो, कब आओगे?

युवक उत्तर देता है—आऊँगा तभी, जब कुछ जीत लाऊँगा; नहीं तो वहीं मर जाऊँगा।

स्त्री कहती है—शाबाश, जाओ, तुम वीर हो, तुम ज़रूर सफल होगे।

गीत सुनकर मैं मुग्ध हो गया। गीत समाप्त होते-होते हम लोग भी रुक गए। मेरी आँखें खोली गईं। सामने बड़ा-सा मैदान था और चारों ओर गुफाएँ बनी हुई थीं, जो उन्हीं लोगों के रहने की जगह थी।

फिर मेरी तलाशी ली गई और इस दफे सब कपड़े उतरवा लिये गए, केवल पायजामा रह गया। सामने एक बड़ा-सा शिलाखंड रखा हुआ था। सब लोगों ने मिलकर उसे हटाया और मुझे उसी ओर ले चले। मेरी आत्मा काँप उठी। यह तो जिंदा क़ब्र में डाल देंगे। मैंने बड़ी ही वेदनापूर्ण दृष्टि से सरदार की ओर देखकर कहा—सरदार, सरकार तुम्हें रुपया देगी। मुझे मारो नहीं।

सरदार ने हँसकर कहा—तुम्हें मारता कौन है, क़ैद किया जाता है। इस घर में बन्द रहोगे, जब रुपया आ जाएगा, छोड़ दिए जाओगे।

सरदार की बात सुनकर मेरे प्राण में प्राण आए। सरदार ने मेरी पाकेटबुक और पेंसिल सामने रखते हुए कहा—लो, इसमें लिख दो। अगर एक पैसा भी कम आया, तो तुम्हारी जान की ख़ैर नहीं।

मैंने कमिश्नर साहब के नाम एक पत्र लिखकर दे दिया। उन लोगों ने मुझे उसी अंध कूप में लटका दिया और रस्सी खींच ली।

4

सरदार साहब ने एक लम्बी साँस ली और कहना शुरू किया—असदख़ाँ, जिस समय मैं उस कुएँ में लटकाया जा रहा था, मेरी अंतरात्मा काँप रही थी। नीचे घटाटोप अंधकार की जगह हलकी चाँदनी छाई हुई थी। भीतर से गुफा न बहुत छोटी और न बहुत बड़ी थी। फ़र्श खुरदरा था, ऐसा मालूम होता था कि बरसों यहाँ पर पानी की धारा गिरी है और यह गड्ढ़ा तब जाकर तैयार हुआ है। पत्थर की मोटी दीवार से वह कूप घिरा हुआ था और उसमें जहाँ-तहाँ छेद थे, जिनसे प्रकाश और वायु आती थी। नीचे पहुँचकर मैं अपनी दशा का हेर-फेर सोचने लगा। दिल बहुत घबराता था। कालकोठरी की यंत्रणा भोगना भी भाग्य में विधाता ने लिख दिया था।

धीरे-धीरे संध्या का आगमन हुआ। उन लोगों ने अभी तक मेरी कुछ खोज-ख़बर न ली थी! भूख से आत्मा व्याकुल हो रही थी। बार-बार विधाता और अपने को कोसता। जब मनुष्य निरुपाय हो जाता है, तो विधाता को कोसता है।

अन्त में एक छेद से चार बड़ी-बड़ी रोटियाँ किसी ने बाहर से फेंकीं। जिस तरह कुत्ता एक रोटी के टुकड़े पर दौड़ता है, वैसे ही मैं दौड़ा और उठाकर उस छेद की ओर देखने लगा; लेकिन फिर किसी ने कुछ न फेंका, और न कुछ आदेश ही मिला। मैं बैठकर रोटियाँ

खाने लगा। थोड़ी देर बाद उसी छेद पर एक लोहे का प्याला रख दिया गया, जिसमें पानी भरा हुआ था। मैंने परमात्मा को धन्यवाद देकर पानी उठाकर पिया। जब आत्मा कुछ तृप्त हुई, तो कहा—थोड़ा पानी और चाहिए।

इस पर दीवार की उस ओर एक भीषण हँसी की प्रतिध्वनि सुनाई दी और किसी ने खनखनाते हुए स्वर में कहा—पानी अब कल मिलेगा। प्याला दे दो, नहीं तो कल भी पानी नहीं मिलेगा।

क्या करता, हार कर प्याला वहीं पर रख दिया।

इसी प्रकार कई दिन बीत गए। नित्य दोनों समय चार रोटियाँ और एक प्याला पानी मिल जाता था। धीरे-धीरे मैं भी इस शुष्क जीवन का आदी हो गया। निर्जनता अब उतनी न खलती। कभी-कभी मैं अपनी भाषा में और कभी-कभी पश्तो में गाता। इससे तबीयत कुछ बहल जाती और हृदय भी शान्त हो जाता।

एक दिन रात्रि के समय मैं एक पश्तो गीत गा रहा था। मजनूँ झुलसाने वाले बगुलों से कह रहा था—तुममें क्या वह हरारत नहीं है, जो काफिलों को जलाकर खाक कर देती है? आख़िर वह गरमी मुझे क्यों नहीं जलाती? क्या इसलिए कि मेरे अन्दर ख़ुद एक ज्वाला भरी हुई है?

देखो, जब लैला ढूँढ़ती हुई यहाँ आवे, तो मेरा शरीर बालू से ढक देना, नहीं तो शीशे की तरह लैला का दिल टूट जाएगा।

मैंने गाना बन्द कर दिया। उसी समय छेद से किसी ने कहा—क़ैदी, फिर तो गाओ!

मैं चौंक पड़ा। कुछ ख़ुशी भी हुई, कुछ आश्चर्य भी, पूछा—तुम कौन हो?

उसी छेद से उत्तर मिला—मैं हूँ तूरया, सरदार की लड़की।

मैंने पूछा—क्या तुमको यह गाना पसन्द है?

तूरया ने उत्तर दिया—हाँ, क़ैदी, गाओ, मैं फिर सुनना चाहती हूँ।

मैं हर्ष से गाने लगा। गीत समाप्त होने पर तूरया ने कहा—तुम रोज़ यही गीत मुझे सुनाया करो। इसके बदले में मैं तुमको और रोटियाँ और पानी दूँगी।

तूरया चली गई। इसके बाद मैं सदा रात के समय वही गीत गाता, और तूरया सदा दीवार के पास आकर सुनती।

मेरे मनोरंजन का एक मार्ग निकल आया।

धीरे-धीरे एक मास बीत गया, पर किसी ने अभी तक मेरे छुड़ाने के लिए रुपया न भेजा। ज्यों-ज्यों दिन बीतते जाते मैं अपने जीवन से निराश होता जाता।

ठीक एक महीने बाद सरदार ने आकर कहा—क़ैदी, अगर कल तक रुपया न आएगा, तो तुम मार डाले जाओगे। अब रोटियाँ नहीं खिला सकता। मुझे जीवन की कुछ आशा न रही। उस दिन न मुझसे खाया गया और न कुछ पिया ही गया। रात हुई, फिर रोटियाँ फेंक दी गईं; लेकिन खाने की इच्छा नहीं हुई।

निश्चित समय पर तूरया ने आकर कहा—क़ैदी, गाना गाओ।

उस दिन मुझे कुछ अच्छा न लगता था। मैं चुप रहा।

तूरया ने फिर कहा—क़ैदी, क्या सो गया?

मैंने बड़े ही मलिन स्वर में कहा—नहीं, आज सोकर क्या करूँ, कल सोऊँगा कि फिर जागना न पड़ेगा।

तूरया ने प्रश्न किया—क्यों, क्या सरकार रुपया न भेजेगी?

मैंने उत्तर दिया—भेजेगी तो; लेकिन कल तो मैं मार डाला जाऊँगा, मेरे मरने के बाद रुपया आया भी, तो मेरे किस काम का!

तूरया ने सांत्वनापूर्ण स्वर में कहा—अच्छा, तुम गाओ, मैं कल तुम्हें मरने न दूँगी।

मैंने गाना शुरू किया। जाते समय तूरया ने पूछा—क़ैदी, तुम कठघरे में रहना पसन्द करते हो।

मैंने सहर्ष उत्तर दिया—हाँ, किसी तरह इस नरक से तो छुटकारा मिले।

तूरया ने कहा—अच्छा, कल मैं अब्बा से कहूँगी।

दूसरे ही दिन मुझे अंध कूप से बाहर निकाला गया। मेरे दोनों पैर दो मोटी शहतीरों के छेदों में बन्द कर दिए गए। और वह काठ की ही कीलों से प्राकृतिक गड्ढों में कस दिए गए।

सरदार ने मेरे पास आकर कहा—क़ैदी, पन्द्रह दिन की अवधि और दी जाती है, इसके बाद तुम्हारी गर्दन तन से अलग कर दी जाएगी। आज दूसरा ख़त अपने घर को लिखो। अगर ईद तक रुपया न आया, तो तुम्हीं को हलाल किया जाएगा।

मैंने दूसरा पत्र लिखकर दे दिया।

सरदार के जाने के बाद तूरया आई। यह वही रमणी थी, जो अभी गई है। यही उस सरदार की लड़की थी। यही मेरा गाना सुनती थी और इसी ने सिफारिश करके मेरी जान बचाई थी।

तूरया आकर मुझे देखने लगी। मैं भी उसकी ओर देखने लगा।

तूरया ने पूछा—क़ैदी घर में तुम्हारे कौन-कौन हैं?

मैंने बड़े ही कातर स्वर में कहा—दो छोटे-छोटे बालक; और कोई नहीं।

मुझे मालूम था कि अफ़्रीदी बच्चों को बहुत प्यार करते हैं।

तूरया ने पूछा—उनकी माँ नहीं है?

मैंने केवल दया उपजाने के लिए कहा—नहीं, उनकी माँ मर गई है। वे अकेले हैं। मालूम नहीं, जीते हैं या मर गए, क्योंकि मेरे सिवाय उनकी देख-रेख करनेवाला और कोई न था।

कहते-कहते मेरी आँखों में आँसू भर आए। तूरया की भी आँखें सूखी न रहीं। तूरया ने अपना आवेग सँभालते हुए कहा—तो तुम्हारे कोई नहीं है? बच्चे अकेले हैं? वे बहुत रोते होंगे!

मैंने मन ही मन प्रसन्न होते हुए कहा—हाँ, रोते ज़रूर होंगे। कौन जानता है, शायद मर भी गए हों?

तूरया ने बात काटकर कहा—नहीं, अभी मरे न होंगे। अच्छा, तुम रहते कहाँ हो? मैं जाकर पता लगा आऊँगी।

मैंने अपने घर का पता बता दिया। उसने कहा—उस जगह तो मैं कई बार हो आई हूँ। बाज़ार से सौदा लेने मैं अक्सर जाती हूँ, अब जाऊँगी तो तुम्हारे बच्चों की भी ख़बर ले आऊँगी।

मैंने शंकित हृदय से पूछा—कब जाओगी?

उसने कुछ सोचकर कहा—उस जुमेरात को जाऊँगी। अच्छा तुम वही गीत गाओ।

मैंने आज बड़ी उमंग और उत्साह से गाना शुरू किया। मैंने आज देखा कि उसका असर तूरया पर कैसा पड़ता है। उसका शरीर काँपने लगा, आँखें डबडबा आईं, गाल पीले पड़ गए और वह काँपती हुई बैठ गई। उसकी दशा देखकर मैंने दूने उत्साह से गाना शुरू किया और अन्त में कहा—तूरया, अगर मैं मारा जाऊँ, तो मेरे बच्चों को मेरे मरने की ख़बर देना।

मेरी बात का पूरा असर पड़ा। तूरया ने भर्राये हुए स्वर में कहा—क़ैदी, तुम मरोगे नहीं। मैं तुम्हारे बच्चों के लिए तुम्हें छोड़ दूँगी।

मैंने निराश होकर कहा—तूरया, तुम्हारे छोड़ देने से भी मैं बच नहीं सकता। इस जंगल में मैं भटक-भटक कर मर जाऊँगा, और फिर तुम पर भी मुसीबत आ सकती है। अपनी जान के लिए तुमको मुसीबत में न डालूँगा।

तूरया ने कहा—मेरे लिए तुम चिन्ता न करो। मेरे ऊपर कोई शक न करेगा। मैं सरदार की लड़की हूँ, जो कहूँगी वही सब मान लेंगे, लेकिन क्या तुम जाकर रुपया भेज दोगे।

मैंने प्रसन्न होकर कहा—हाँ तूरया, मैं रुपया भेज दूँगा।

तूरया ने जाते हुए कहा—तो मैं भी तुम्हें छुटकारा दिला दूँगी।

इस घटना के बाद तूरया सदैव मेरे बच्चों के सम्बन्ध में बातें करती। असदख़ाँ, सचमुच इन अफ्रीदियों को बच्चे बहुत प्यारे होते हैं। विधाता ने यदि उन्हें बर्बर हिंसक पशु बनाया है, तो मनुष्योचित प्रकृति से वंचित भी नहीं रखा है। आख़िर जुमेरात आई और अभी तक सरदार वापस न आया। न कोई उस गिरोह का आदमी ही वापस आया। उस दिन संध्या समय तूरया ने आकर कहा—क़ैदी, अब मैं नहीं जा सकती; क्योंकि मेरा पिता अभी तक नहीं आया। यदि कल भी न आया, तो मैं तुम्हें रात को छोड़ दूँगी। तुम अपने बच्चों के पास जाना; लेकिन देखो, रुपया भेजना न भूलना। मैं तुम पर विश्वास करती हूँ।

मैंने उस दिन बड़े उत्साह से गाना गाया। आधी रात तक तूरया सुनती रही, फिर सोने चली गई। मैं भी ईश्वर से मनाता रहा कि कल और सरदार न आए। काठ में बँधे-बँधे मेरा पैर बिलकुल निकम्मा हो गया था। तमाम शरीर दुःख रहा था। इससे तो मैं कालकोठरी में ही अच्छा था, क्योंकि वहाँ हाथ-पैर तो हिला-डुला सकता था।

दूसरे दिन भी गिरोह वापस न आया। उस दिन तूरया बहुत चिन्तित थी। शाम को आकर तूरया ने मेरे पैर खोलकर कहा—क़ैदी, अब तुम जाओ। चलो, मैं तुम्हें थोड़ी दूर पहुँचा दूँ।

थोड़ी देर तक मैं अवश लेटा रहा। धीरे-धीरे मेरे पैरे ठीक हुए और ईश्वर को धन्यवाद देता हुआ मैं तूरया के साथ चल दिया।

तूरया को प्रसन्न करने के लिए मैं रास्ते भर गीत गाता आया। तूरया बार-बार सुनती और बार-बार रोती। आधी रात के क़रीब मैं तालाब के पास पहुँचा। वहाँ पहुँचकर तूरया ने कहा—सीधे चले जाओ; तुम पेशावर पहुँच जाओगे। देखो होशियारी से जाना, नहीं तो कोई तुम्हें अपनी गोली का शिकार बना डालेगा। यह लो, तुम्हारे कपड़े हैं; लेकिन रुपया ज़रूर भेज देना। तुम्हारी ज़मानत मैं लूँगी। अगर रुपया न आया, तो मेरे भी प्राण जाएँगे, और तुम्हारे भी। अगर रुपया आ जाएगा, तो कोई भी अफ्रीदी तुम पर हाथ न उठाएगा, चाहे तुम किसी को मार भी डालो। जाओ, ईश्वर तुम्हारी रक्षा करे और तुमको अपने बच्चों से मिलाए।

तूरया फिर ठहरी नहीं। गुनगुनाती हुई लौट पड़ी। रात दो-पहर बीत चुकी थी। चारों ओर भयानक निस्तब्धता छाई हुई थी, केवल वायु साँय-साँय करती हुई बह रही थी, आकाश के बीचोबीच चन्द्रमा अपनी सोलहों कला से चमक रहा था। तालाब के तट पर रुकना सुरक्षित न था। मैं धीरे-धीरे दक्षिण की ओर बढ़ा। बार-बार चारों ओर देखता जाता था। ईश्वर की कृपा से प्रात:काल होते-होते मैं पेशावर की सरहद पर पहुँच गया।

सरहद पर सिपाहियों का पहरा था। मुझे देखते ही तमाम फ़ौज भर में हलचल मच गई। सभी लोग मुझे मरा समझे हुए थे। जीता-जागता लौटा हुआ देखकर सभी प्रसन्न हो गए।

कर्नल हैमिलटन साहब भी समाचार पाकर उसी समय मिलने आए और सब हाल पूछ कर कहा—मेजर साहब, मैं आपको मरा हुआ समझता था। मेरे पास तुम्हारे दो पत्र आए थे, लेकिन मुझे स्वप्न में भी विश्वास न हुआ था कि ये तुम्हारे लिखे हुए हैं। मैं तो उन्हें जाली समझता था। ईश्वर को धन्यवाद है कि तुम जीते बचकर आ गए।

मैंने कर्नल साहब को धन्यवाद दिया और मन ही मन कहा—काले आदमी का लिखा हुआ जाली था और कहीं अगर गोरा आदमी लिखता, तो दो की कौन कहे, चार हज़ार रुपया पहुँच जाता। कितने ही गाँव जला दिए जाते, और न जाने क्या-क्या होता।

मैं चुपचाप अपने घर आया। बाल-बच्चों को पाकर आत्मा सन्तुष्ट हुई। उसी दिन एक विश्वासी अनुचर के द्वारा दो हज़ार रुपए तूरया के पास भेज दिया।

5

सरदार ने एक ठंडी साँस लेकर कहा—असदख़ाँ, अभी मेरी कहानी समाप्त नहीं हुई। अभी तो दुःखांत भाग अवशेष ही है। यहाँ आकर मैं धीरे-धीरे अपनी सब मुसीबतें भूल गया, लेकिन तूरया को न भूल सका। तूरया की कृपा से ही मैं अपनी स्त्री और बच्चों से मिल पाया था, यही नहीं, जीवन भी पाया था; फिर भला मैं उसे कैसे भूल जाता!

महीनों और सालों बीत गए। मैंने तूरया को और न उसके बाप को ही देखा। तूरया ने आने के लिए कहा भी लेकिन वह आई नहीं, वहाँ से आकर मैंने अपनी स्त्री को उसके मायके भेज दिया था; क्योंकि ख़याल था कि शायद तूरया आए, तो फिर मैं झूठा बनूँगा। लेकिन जब तीन साल बीत गए और तूरया न आई, तो मैं निश्चिंत हो गया और स्त्री को मायके से बुला लिया। हम लोग सुखपूर्वक दिन काट रहे थे कि अचानक फिर दुर्दशा की घड़ी आई।

एक दिन संध्या के समय इसी बरामदे में बैठा हुआ अपनी स्त्री से बातें कर रहा था कि किसी ने बाहर का दरवाज़ा खटखटाया। नौकर ने दरवाज़ा खोल दिया और बेधड़क जीना चढ़ती हुई एक काबुली औरत ऊपर चली आई। उसने बरामदे में आकर विशुद्ध पश्तो भाषा में पूछा—सरदार साहब कहाँ हैं?

मैंने कमरे के भीतर आकर पूछा—तुम कौन हो, क्या चाहती हो?

उसी स्त्री ने कुछ मूँगे निकालते हुए कहा—यह मूँगे मैं बेचने के लिए आई हूँ, ख़रीदिएगा?

यह कहकर उसने बड़े-बड़े मूँगे निकालकर मेज पर रख दिए।

मेरी स्त्री भी मेरे साथ कमरे के भीतर आई थी। वह मूँगे उठाकर देखने लगी। उसी काबुली स्त्री ने पूछा—सरदार साहब, यह कौन है आपकी?

मैंने उत्तर दिया—मेरी स्त्री है, और कौन है?

काबुली स्त्री ने कहा—आपकी स्त्री तो मर चुकी थी, क्या आपने दूसरा विवाह किया है?

मैंने रोषपूर्ण स्वर में कहा—चुप बेवकूफ़ कहीं की, तू मर गई होगी।

मेरी स्त्री पश्तो नहीं जानती थी, वह तन्मय होकर मूँगे देख रही थी।

किन्तु मेरी बात सुनकर न मालूम क्यों काबुली औरत की आँखें चमकने लगीं। उसने बड़े ही तीव्र स्वर में कहा—हाँ, बेवक़ूफ़ न होती, तो तुम्हें छोड़ कैसे देती? दोजखी पिल्ले, मुझसे झूठ बोला! ले, अगर तेरी स्त्री न मरी थी, तो अब मर गई!

कहते-कहते शेरनी की तरह लपककर उसने एक तेज़ छुरा मेरी स्त्री की छाती में घुसेड़ दिया। मैं उसे रोकने के लिए आगे बढ़ा; लेकिन वह कूद कर आँगन में चली गई और बोली—अब पहचान ले, मैं तूरया हूँ। मैं आज तेरे घर में रहने के लिए आई थी। मैं तुझसे विवाह करती और तेरी होकर रहती। तेरे लिए मैंने बाप, घर, सब कुछ छोड़ दिया था, लेकिन तू झूठा है, मक्कार है। तू अब अपनी बीवी के नाम को रो, मैं आज से तेरे नाम को रोऊँगी। यह कहकर वह तेज़ी से नीचे चली गई!

अब मैं अपनी स्त्री के पास पहुँचा। छुरा ठीक हृदय में लगा था। एक ही वार ने उसका काम तमाम कर दिया था। डॉक्टर बुलवाया; लेकिन वह मर चुकी थी।

कहते-कहते सरदार साहब की आँखों में आँसू भर आए। उन्होंने अपनी भीगी हुई आँखों को पोंछ कर कहा—असदख़ाँ, मुझे स्वप्न में भी अनुमान न था कि तूरया इतनी पिशाच-हृदय हो सकेगी। अगर मैं पहले उसे पहचान लेता तो यह आफ़त न आने पाती; लेकिन कमरे में अंधकार था; और इसके अतिरिक्त मैं उसकी ओर से निराश हो चुका था।

तब से फिर कभी तूरया नहीं आई। अब जब कभी मुझे देखती है, तो मेरी ओर देखकर नागिन की भाँति फुफकारती हुई चली जाती है। इसे देखकर मेरा हृदय काँपने लगता है और मैं अवश हो जाता हूँ। कई बार कोशिश की, मैं इसे पकड़वा दूँ, लेकिन उसे देखकर मैं बिलकुल निकम्मा हो जाता हूँ, हाथ-पैर बेकाबू हो जाते हैं, मेरी सारी वीरता हवा हो जाती है।

यही नहीं, तूरया का मोह अब भी मेरे ऊपर है। मेरे बच्चों को हमेशा वह कोई न कोई बहुमूल्य चीज़ दे जाती है। जिस दिन बच्चे उसे नहीं मिलते दरवाज़े के भीतर फेंक जाती है। उनमें एक काग़ज़ का टुकड़ा बँधा होता है जिसमें लिखा रहता है—सरदार साहब के बच्चों के लिए।

मैं अभी तक इस स्त्री को नहीं समझ पाया। जितना ही समझने का यत्न करता हूँ, उतनी ही याद कठिन होती जाती है। नहीं समझ में आता कि यह मानवी है या राक्षसी!

इसी समय सरदार साहब के लड़के ने आकर कहा—देखिए, वही औरत यह सोने का तावीज दे गई है।

सरदार ने मेरी ओर देखकर कहा—देखा, असदख़ाँ, मैं तुमसे कहता न था। देखो, आज भी यह तावीज दे गई। न मालूम कितने ही तावीज और कितनी ही दूसरी चीज़ें अर्जुन और निहाल को दे गई होगी। कहता हूँ कि तूरया बड़ी ही विचित्र स्त्री है।

6

सरदार साहब से विदा होकर मैं घर चला। चौरास्ते से बुड्ढे की लाश हटा दी गई थी; पर वहाँ पहुँचकर मेरे रोएँ खड़े हो गए। मैं आप ही आप एक मिनट वहाँ खड़ा हो गया। सहसा पीछे देखा। छाया की भाँति एक स्त्री मेरे पीछे-पीछे चली आ रही थी। मुझे खड़ा देखकर वह स्त्री रुक गई और एक दुकान में कुछ ख़रीदने लगी।

मैंने अपने हृदय से प्रश्न किया—क्या वह तूरया है।

हृदय ने उत्तर दिया—हाँ, शायद वही है।

तूरया मेरा पीछा क्यों कर रही है? यह सोचता हुआ मैं घर पहुँचा और खाना खाकर लेटा; पर आज की घटनाओं का मुझ पर ऐसा असर पड़ा था कि किसी तरह भी नींद न आती थी। जितना ही मैं सोने का यत्न करता उतनी ही नींद मुझसे दूर भागती।

फ़ौजी घड़ियाल ने बारह बजाए, एक बजाए, दो बजाए; लेकिन मुझे नींद न थी। मैं करवटें बदलता हुआ सोने का उपक्रम कर रहा था। इसी उधेड़बुन में कब नींद ने मुझे धर दबाया; मुझे ज़रा भी याद नहीं।

यद्यपि मैं सो रहा था; लेकिन मेरा ज्ञान जाग रहा था। मुझे ऐसा मालूम हुआ कि कोई स्त्री, जिसकी आकृति तूरया से बहुत कुछ मिलती थी लेकिन उससे कहीं अधिक भयावनी थी, दीवार फोड़कर भीतर घुस आई है। उसके हाथ में एक तेज़ छुरा है, जो लालटेन के प्रकाश में चमक रहा है। वह दबे पाँव सतर्क नेत्रों से ताक़ती हुई धीरे-धीरे मेरी ओर बढ़ रही है। मैं उसे देखकर उठना चाहता हूँ, लेकिन हाथ-पैर मेरे काबू में नहीं हैं। मानो उनमें जान है ही नहीं। वह स्त्री मेरे पास पहुँच गई। थोड़ी देर तक मेरी ओर देखा, और फिर अपने छुरेवाले हाथ को ऊपर उठाया। मैं चिल्लाने का उपक्रम करने लगा; लेकिन मेरी घिग्गी बँध गई। शब्द कंठ से फूटा ही नहीं। उसने मेरे दोनों हाथों को अपने घुटने के नीचे दबाया और मेरी छाती पर सवार हो गई। मैं छटपटाने लगा और मेरी आँखें खुल गईं! सचमुच एक काबुली औरत मेरी छाती पर सवार थी। उसके हाथ में छुरा था। और वह छुरा मारना ही चाहती थी।

मैंने कहा—कौन, तूरया?

यह वास्तव में तूरया ही थी । उसने मुझे बलपूर्वक दबाते हुए कहा—हाँ, मैं तूरया ही हूँ। आज तूने मेरे बाप का ख़ून किया है, उसके बदले में तेरी जान जाएगी।

यह कहकर उसने अपना छुरा ऊपर उठाया। इस समय मेरे सामने जीवन और मरण का प्रश्न था। जीवन की लालसा ने मुझमें साहस का संचार किया मैं मरने के लिए तैयार न था। मेरे अरमान और उमंगें अब भी बाक़ी थीं। मैंने बलपूर्वक अपना दाहिना हाथ छुड़ाने का प्रयत्न किया और एक ही झटके में मेरा हाथ छूट गया। मैंने अपनी पूरी ताक़त से तूरया का छुरावाला हाथ पकड़ लिया। न मालूम क्यों तूरया ने कुछ भी विरोध न किया। वह मेरे हाथ को देखती हुई मेरी छाती से उतर आई। उसकी आँखें पथराई हुई थीं और वह एकटक मेरे हाथ की ओर देख रही थी।

मैंने हँसकर कहा—तूरया, अब तो पासा पलट गया। अब तेरे मरने की पारी है। तेरे बाप को मारा और अब तुझे भी मारता हूँ।

तूरया अब भी एकटक मेरे हाथ की ओर देख रही थी। उसने कुछ भी उत्तर न दिया।

मैंने उसे झँझोड़ते हुए कहा—बोलती क्यों नहीं? अब तो तेरी जान मेरी मुट्ठी में है।

तूरया का मोह टूटा। उसने बड़े गम्भीर और दृढ़ कंठ से कहा—तू मेरा भाई है। तूने अपने बाप को मारा है आज!

तूरया की बात सुनकर मुझे उस अवसर पर भी हँसी आ गई।

मैंने हँसते हुए कहा—अफ़्रीदी मक्कार भी होते हैं, यह आज ही मुझे मालूम हुआ।

तूरया ने शान्त स्वर में कहा—तू मेरा खोया हुआ बड़ा भाई नाजिर है। वह जो तेरे हाथ में निशान है, वही बतला रहा है कि तू मेरा खोया हुआ भाई है।

बचपन से ही मेरे हाथ में एक साँप गुदा हुआ था। और यही मेरी पहचान फ़ौजी रजिस्टर में भी लिखी हुई थी।

मैंने हँसकर कहा—तूरया, तू मुझे भुलावा नहीं दे सकती। मैं अब तुझे किसी तरह न छोड़ूँगा।

तूरया ने अपने हाथ से छुरा फेंककर कहा—सचमुच तू मेरा भाई है। अगर तुझे विश्वास नहीं होता, तो देख, मेरे दाहिने हाथ में भी ऐसा ही साँप गुदा हुआ है।

मैंने तूरया के हाथ पर दृष्टि डाली, तो वहाँ भी बिलकुल मेरा ही जैसा साँप गुदा हुआ था।

मैंने कुछ सोचते हुए कहा—तूरया, मैं तेरा विश्वास नहीं कर सकता, यह इत्तफाक की बात है।

तूरया ने कहा—मेरा हाथ छोड़ दे। मैं तुझ पर वार न करूँगी! अफ़्रीदी झूठ नहीं बोलते।

मैंने उसका हाथ छोड़ दिया, वह पृथ्वी पर बैठ गई और मेरी ओर देखने लगी। थोड़ी देर बाद उसने कहा—अच्छा, तुझे अपने माँ-बाप का पता है?

मैंने सिर हिलाकर उत्तर दिया—नहीं, मैं सरकारी अनाथालय में पाला गया हूँ।

मेरी बात सुनकर तूरया उठ खड़ी हुई और बोली—तब तू मेरा खोया हुआ बड़ा भाई नाजिर ही है। मेरे पैदा होने के एक साल पहले तू खोया था! मेरे माँ-बाप तब सरकारी फ़ौज पर छापा डालने के लिए आए थे और तू भी साथ था। मेरी माँ लड़ने में बड़ी होशियार थी। तू उनकी पीठ से बँधा हुआ था और वे लड़ रही थीं। इसी समय एक गोली उनके पैर में लगी और वे गिरकर बेहोश हो गईं। बस, कोई तुझे खोल ले गया। मेरी माँ को मेरा बाप अपने कन्धे पर उठा लाया; लेकिन तुझे खोज न सका। बहुत तलाश की; लेकिन कहीं भी तेरा पता न लगा। अम्माँ अक्सर तेरी चर्चा किया करती थीं। उनके हाथ में भी निशान था।

यह कहकर उसने फिर वही हाथ मुझे दिखलाया। मैं उसका और अपना साँप मिलाने लगा। वास्तव में दोनों साँप हूबहू एक-से थे, बाल भर भी अन्तर न था। मैं हताश-सा होकर चारपाई पर गिर पड़ा।

तूरया मेरे पास बैठकर स्नेह से मेरे माथे का पसीना पोंछने लगी। उसने कहा—नाजिर, माँ कहती थीं कि तू मरा नहीं, ज़िन्दा है। एक दिन ज़रूर तू हम लोगों से मिलेगा।

तूरया की बात पर अब मुझे विश्वास हो चला था। जाने कौन मेरे हृदय में बैठा हुआ कह रहा था कि तूरया जो कहती है, ठीक है। मैंने एक लम्बी साँस लेकर कहा—क्यों तूरया, मैंने जिसे आज मारा है, वह हम लोगों का बाप था?

तूरया के मुँह पर शोक का एक छोटा-सा बादल घिर आया। उसने बड़े ही दु:ख पूर्ण स्वर में कहा—हाँ नाजिर, वह अभागा हमारा बाप ही था। कौन जानता था कि वह अपने प्यारे लड़के के हाथों हलाल होगा।

फिर सांत्वनापूर्ण स्वर में बोली—लेकिन नाजिर, तूने तो अनजान में यह काम किया है। बाप के मरने से मैं बिलकुल अकेली हो गई थी; लेकिन अब तुझे पाकर बाप के रंज को भूल जाऊँगी। नाजिर, तू रंज न कर। तुझे क्या मालूम था कि कौन तेरा बाप है और कौन तेरी माँ है। देख, मैं ही तुझे मारने के लिए आई थी। तुझे मार डालती; लेकिन ख़ुदा की मेहरबानी से मैंने अपना ख़ानदानी निशान देख लिया। ख़ुदा की ऐसी ही मरजी थी।

तूरया से मालूम हुआ कि मेरे बाप का नाम हैदर ख़ाँ था, जो अफ़्रीदियों के एक गिरोह का सरदार था। मैंने सरदार हिम्मतसिंह के सम्बन्ध में भी तूरया से बातें कीं तो

मालूम हुआ कि तूरया सरदार साहब को प्यार करने लगी थी। वह हमारे बाप से लड़-भिड़ कर सरदार साहब से निकाह करने आई थी; लेकिन वहाँ इनकी स्त्री को पाकर वह ईर्ष्या और क्रोध से पागल हो गई, और उसने उनकी स्त्री की हत्या कर डाली। काबुली औरत के भेष में जाकर वह कुछ मज़ाक़ करना चाहती थी; लेकिन घटना-चक्र उसे दूसरी ओर ले गया।

मैंने सरदार साहब की दशा का वर्णन किया। सुनकर वह कुछ सोचती रही और फिर कहा—नहीं वह आदमी झूठा और दग़ाबाज़ है। मैं उससे निकाह नहीं करूँगी। लेकिन तेरी ख़ातिर अब सब भूल जाऊँगी। कल उनके बच्चों को ले आना, मैं प्यार करूँगी।

प्रात:काल तूरया को देखकर मेरा नौकर आश्चर्य करने लगा। मैंने उससे कहा—यह मेरी बहन है।

नौकर को मेरी बात पर विश्वास न हुआ। तब मैंने विस्तारपूर्वक सब हाल कहा और उसी समय अपने बाप की लाश की ख़बर लेने के लिए भेजा। नौकर ने आकर कहा—लाश अभी तक थाने में रखी हुई है।

मैंने बड़े साहब के नाम एक पत्र लिखकर सब हाल बता दिया और लाश पाने के लिए दरख्वास्त की। उसी समय साहब के यहाँ से स्वीकृति आ गई।

एक पत्र लिखकर मेजर साहब को भी बुलवाया।

मेजर साहब ने आकर कहा—क्या बात है असद? इतनी जल्दी आने के लिए क्यों लिखा?

मैंने हँसते हुए कहा—मेजर साहब, मेरा नाम अब असद नहीं रहा, मेरा असली नाम है नाजिर।

मेजर साहब ने साश्चर्य मेरी ओर देखते हुए कहा—रात भर में तुम पागल तो नहीं हो गए।

मैंने हँसते हुए कहा—नहीं सरदार साहब, अभी और सुनिए। तूरया मेरी सगी बहन है, और जिसे कल मैंने मारा वह मेरा बाप था।

सरदार साहब मेरी बात सुनकर मानो आकाश से गिर पड़े। उनकी आँखें कपाल पर चढ़ गईं। उन्होंने कहा—क्यों असद, तुम मुझे पागल कर डालोगे?

मैंने सरदार साहब का हाथ पकड़कर कहा—आइए, तूरया के मुँह से ही सब हाल सुन लीजिए। तूरया मेरे यहाँ बैठी हुई आपकी प्रतीक्षा कर रही है।

सरदार साहब सकते की हालत में मेरे पीछे-पीछे चले। तूरया उन्हें आते देखकर उठ खड़ी हुई और हँसती हुई बोली—क़ैदी, तुम वही गीत फिर गाओ। तूरया की बात सुनकर मैं और सरदार साहब भी हँसने लगे।

सरदार साहब को बिठाकर मैंने विस्तारपूर्वक सब हाल कहा। कहानी सुनकर सरदार साहब ने मुझसे कहा—नाजिर, अब तुम्हें नाजिर ही कहूँगा। तूरया को मैं तुमसे माँगता हूँ! मैं इसके साथ विवाह करूँगा।

मैंने हँसकर कहा—लेकिन आप हिन्दू हैं, और हम लोग मुसलमान।

सरदार साहब ने हँसकर कहा—पलटनियों की कोई जाति-पाँति नहीं होती है।

तूरया ने उसी समय कहा—लेकिन सरदार साहब, मैं तुमसे विवाह नहीं करूँगी। हाँ, अगर तुम अपने दोनों बच्चों को मेरे पास भेज दो तो मैं उनकी माँ बन जाऊँगी।

सरदार साहब हँसते हुए विदा हुए।

उसी दिन शाम को हमने सरदार साहब, तूरया और दूसरे पलटनियों के साथ जाकर अपने बाप की लाश दफ़नाई।

सूरज डूब रहा था। धीरे-धीरे अँधेरा हो रहा था; और हम दोनों, तूरया और मैं, अपने बाप की क़ब्र पर फ़ातिहा पढ़ रहे थे।

वैर का अन्त

रामेश्वरराय अपने बड़े भाई के शव को खाट से नीचे उतारते हुए भाई से बोले—तुम्हारे पास कुछ रुपए हों तो लाओ, दाह-क्रिया की फ़िक्र करें, मैं बिलकुल ख़ाली हाथ हूँ।

छोटे भाई का नाम विश्वेश्वरराय था। वह एक ज़मींदार के कारिंदा थे, आमदनी अच्छी थी। बोले, आधे रुपए मुझसे ले लो। आधे तुम निकालो।

रामेश्वर—मेरे पास रुपए नहीं हैं।

विश्वेश्वर—तो फिर इनके हिस्से का खेत रेहन रख दो।

रामे.—तो जाओ, कोई महाजन ठीक करो। देर न लगे। विश्वेश्वरराय ने अपने एक मित्र से कुछ रुपए उधार लिए, उस वक़्त का काम चला। पीछे फिर कुछ रुपए लिए, खेत की लिखा-पढ़ी कर दी। कुल पाँच बीघे ज़मीन थी। 300 रु. मिले। गाँव के लोगों का अनुमान है कि क्रिया-कर्म में मुश्किल से 100 रु. उठे होंगे। पर विश्वेश्वरराय ने षोड्शी के दिन 301 रु. का लेखा भाई के सामने रख दिया। रामेश्वरराय ने चकित होकर पूछा—सब रुपए उठ गए?

विश्वे.—क्या मैं इतना नीच हूँ कि करनी के रुपए भी कुछ उठा रखूँगा? किसको यह धन पचेगा?

रामे.—नहीं, मैं तुम्हें बेईमान नहीं बनाता, ख़ाली पूछता था।

विश्वे.—कुछ शक हो तो जिस बनिये से चीज़ें ली गई हैं, उससे पूछ लो।

2

साल भर के बाद एक दिन विश्वेश्वरराय ने भाई से कहा—रुपए हों तो लाओ, खेत छुड़ा लें।

रामे.—मेरे पास रुपए कहाँ से आए। घर का हाल तुमसे छिपा थोड़े ही है।

विश्वे.—तो मैं सब रुपए देकर ज़मीन छोड़ाये लेता हूँ। जब तुम्हारे पास रुपए हों, आधा देकर अपनी आधी ज़मीन मुझसे ले लेना।

रामे.—अच्छी बात है, छुड़ा लो।

30 साल गुज़र गए। विश्वेश्वरराय ज़मीन को भोगते रहे, उसे खाद गोबर से ख़ूब सजाया।

उन्होंने निश्चय कर लिया था कि यह ज़मीन न छोड़ूँगा। मेरा तो इस पर मौरूसी हक़ हो गया। अदालत से भी कोई नहीं ले सकता। रामेश्वरराय ने कई बार यत्न किया कि रुपए देकर अपना हिस्सा ले लें; पर तीस साल में वे कभी 150 रु. जमा न कर सके।

मगर रामेश्वरराय का लड़का जागेश्वर कुछ सँभल गया। वह गाड़ी लादने का काम करने लगा था और इस काम में उसे अच्छा नफा भी होता था। उसे अपने हिस्से की रात-दिन

चिन्ता रहती थी। अन्त में उसने रात-दिन श्रम करके यथेष्ट धन बटोर लिया और एक दिन चाचा से बोला—काका, अपने रुपए ले लीजिए। मैं अपना नाम चढ़वा लूँ।

विश्वे.—अपने बाप के तुम्हीं चतुर बेटे नहीं हो। इतने दिनों तक कान न हिलाए, जब मैंने ज़मीन सोना बना लिया तब हिस्सा बाँटने चले हो? तुमसे माँगने तो नहीं गया था।

जागे.—तो अब ज़मीन न मिलेगी?

रामे.—भाई का हक़ मारकर कोई सुखी नहीं रहता।

विश्वे.—ज़मीन हमारी है। भाई की नहीं।

जागे.—तो आप सीधे न दीजिएगा?

विश्वे.—न सीधे दूँगा, न टेढ़े से दूँगा। अदालत करो।

जागे.—अदालत करने की मुझे सामर्थ्य नहीं है; पर इतना कहे देता हूँ कि ज़मीन चाहे मुझे न मिले; पर आपके पास न रहेगी।

विश्वे.—यह धमकी जाकर किसी और को दो।

जागे.—फिर यह न कहिएगा कि भाई होकर वैरी हो गया।

विश्वे.—एक हज़ार गाँठ में रखकर तब जो कुछ जी में आए, करना।

जागे.—मैं ग़रीब आदमी हज़ार रुपए कहाँ से लाऊँगा; पर कभी-कभी भगवान् दीनों पर दयालु हो जाते हैं।

विश्वे.—मैं इस डर से बिल नहीं खोद रहा हूँ।

रामेश्वरराय तो चुप ही रहा पर जागेश्वर इतना क्षमाशील न था। वकील से बातचीत की। वह अब आधी नहीं; पूरी ज़मीन पर दाँत लगाए हुए था।

मृत सिद्धेश्वरराय के एक लड़की तपेश्वरी थी। अपने जीवन-काल में वे उसका विवाह कर चुके थे। उसे कुछ मालूम ही न था कि बाप ने क्या छोड़ा और किसने लिया। क्रिया-कर्म अच्छी तरह हो गया; वह इसी में ख़ुश थी। षोड्शी में आई थी। फिर ससुराल चली गई। 30 वर्ष हो गए, न किसी ने बुलाया, न वह मैके आई। ससुराल की दशा भी अच्छी न थी। पति का देहान्त हो चुका था। लड़के भी अल्प वेतन पर नौकर थे। जागेश्वर ने अपनी फूफी को उभारना शुरू किया। वह उसी को मुद्दई बनाना चाहता था।

तपेश्वरी ने कहा—बेटा, मुझे भगवान् ने जो दिया है, उसी में मगन हूँ। मुझे जगह-ज़मीन न चाहिए। मेरे पास अदालत करने को धन नहीं है।

जागे.—रुपए मैं लगाऊँगा, तुम ख़ाली दावा कर दो।

तपेश्वरी—भैया तुम्हें खड़ा कर किसी काम का न रखेंगे।

जागे.—यह नहीं देखा जाता कि वे जायदाद लेकर मज़ें उड़ावें और हम मुँह ताकें। मैं अदालत का ख़र्च दे दूँगा। इस ज़मीन के पीछे बिक जाऊँगा पर उनका गला न छोड़ूँगा।

तपेश्वरी—अगर ज़मीन मिल भी गई तो तुम अपने रुपयों के एवज में ले लोगे, मेरे हाथ क्या लगेगा? मैं भाई से क्यों बुरी बनूँ?

जागे.—ज़मीन आप ले लीजिएगा, मैं केवल चाचा साहब का घमंड तोड़ना चाहता हूँ।

तपेश्वरी—अच्छा, जाओ, मेरी तरफ़ से दावा कर दो।

जागेश्वर ने सोचा, जब चाचा साहब की मुट्ठी से ज़मीन निकल आएगी तब मैं दस-पाँच रुपए साल पर इनसे ले लूँगा। इन्हें अभी कौड़ी नहीं मिलती। जो कुछ मिलेगा, उसी को बहुत

समझेंगी। दूसरे दिन दावा कर दिया। मुंसिफ के इजलास में मुक़दमा पेश हुआ। विश्वेश्वरराय ने सिद्ध किया कि तपेश्वरी सिद्धेश्वर की कन्या ही नहीं है।

गाँव के आदमियों पर विश्वेश्वरराय का दबाव था। सब लोग उससे रुपए-पैसे उधार ले जाते थे। मामले-मुक़दमे में उनसे सलाह लेते। सबने अदालत में बयान किया कि हम लोगों ने कभी तपेश्वरी को नहीं देखा। सिद्धेश्वर के कोई लड़की ही न थी। जागेश्वर ने बड़े-बड़े वकीलों से पैरवी कराई, बहुत धन ख़र्च किया, लेकिन मुंसिफ ने उसके विरुद्ध फ़ैसला सुनाया। बेचारा हताश हो गया। विश्वेश्वर की अदालत में सबसे जान-पहचान थी। जागेश्वर को जिस काम के लिए मुट्ठियों रुपए ख़र्च करने पड़ते थे, वह विश्वेश्वर मुरौवत में करा लेता।

जागेश्वर ने अपील करने का निश्चय किया। रुपए न थे, गाड़ी-बैल बेच डाले। अपील हुई। महीनों मुक़दमा चला। बेचारा सुबह से शाम तक कचहरी के अमलों और वकीलों की ख़ुशामद किया करता, रुपए भी उठ गए, महाजनों से ऋण लिया। बारे अबकी उसकी डिग्री हो गई। पाँच सौ का बोझ सिर पर हो गया था, पर अब जीत ने आँसू पोंछ दिए।

विश्वेश्वर ने हाईकोर्ट में अपील की। जागेश्वर को अब कहीं से रुपए न मिले। विवश होकर अपने हिस्से की ज़मीन रेहन रखी। फिर घर बेचने की नौबत आई। यहाँ तक कि स्त्रियों के गहने भी बिक गए। अन्त में हाईकोर्ट से भी उसकी जीत हो गई। आनन्दोत्सव में बची-खुची पूँजी भी निकल गई। एक हज़ार पर पानी फिर गया। हाँ, सन्तोष यही था कि ये पाँचों बीघे मिल गए। तपेश्वरी क्या इतनी निर्दय हो जाएगी कि थाली मेरे सामने से खींच लेगी।

लेकिन खेतों पर अपना नाम चढ़ते ही तपेश्वरी की नीयत बदली। उसने एक दिन गाँव में आकर पूछताछ की तो मालूम हुआ कि पाँचों बीघे 100 रु. में उठ सकते हैं। लगान केवल 25 रु. था, 75 रु. साल का नफा था। इस रक़म ने उसे विचलित कर दिया। उसने असामियों को बुलाकर उनके साथ बन्दोबस्त कर दिया। जागेश्वरराय हाथ मलता रह गया। आख़िर उससे न रहा गया। बोला—फूफीजी, आपने ज़मीन तो दूसरों को दे दी, अब मैं कहाँ जाऊँ।

तपेश्वरी—बेटा, पहले अपने घर में दीया जला कर तब मस्जिद में जलाते हैं। इतनी जगह मिल गई, तो मैके से नाता हो गया, नहीं तो कौन पूछता।

जागे.—मैं तो उजड़ गया!

तपेश्वरी—जिस लगान पर और लोग ले रहे हैं, उसमें दो-चार रुपए कम करके तुम्हीं क्यों नहीं ले लेते?

तपेश्वरी तो दो-चार दिन में विदा हो गई। रामेश्वरराय पर वज्रपात-सा हो गया। बुढ़ापे में मज़दूरी करनी पड़ी। मान-मर्यादा से हाथ धोया। रोटियों के लाले पड़ गए। बाप-बेटे दोनों प्रात:काल से संध्या तक मज़दूरी करते, तब कहीं आग जलती। दोनों में बहुधा तकरार हो जाती। रामेश्वर सारा अपराध बेटे के सिर रखता। जागेश्वर कहता, आपने मुझे रोका होता तो मैं क्यों इस विपत्ति में फँसता। उधर विश्वेश्वरराय ने महाजनों को उकसा दिया। साल भी न गुज़रने पाया था कि बेचारे निराधार हो गए।—ज़मीन निकल गई, घर नीलाम हो गया, दस-बीस पेड़ थे, वे भी नीलाम हो गए। चौबे जी दूबे न बने, दरिद्र हो गए। इस पर विश्वेश्वरराय के ताने और भी ग़ज़ब ढाते। यह विपत्ति का सबसे नोकदार काँटा था। आतंक का सबसे निर्दय आघात था।

दो साल तक इस दु:खी परिवार ने जितनी मुसीबतें झेलीं, यह उन्हीं का दिल जानता है। कभी पेटभर भोजन न मिला। हाँ, इतनी आन थी कि नीयत नहीं बदली। दरिद्रता ने सब कुछ किया, पर आत्मा का पतन न कर सकी। कुल-मर्यादा में आत्मरक्षा की बड़ी शक्ति होती है।

एक दिन संध्या समय दोनों आदमी बैठे आग ताप रहे थे कि सहसा एक आदमी ने आकर कहा—ठाकुर चलो, विश्वेश्वरराय तुम्हें बुलाते हैं।

रामेश्वर ने उदासीन भाव से कहा—मुझे क्यों बुलाएँगे? मैं उनका कौन होता हूँ? क्या कोई और उपद्रव खड़ा करना चाहते हैं?

इतने में दूसरा आदमी दौड़ा हुआ आकर बोला—ठाकुर, जल्दी चलो, विश्वेश्वरराय की दशा अच्छी नहीं है।

विश्वेश्वरराय को इधर कई दिनों से खाँसी-बुखार की शिकायत थी, लेकिन शत्रुओं के विषय में हमें किसी अनिष्ट की शंका नहीं होती। रामेश्वर और जागेश्वर कभी कुशल-समाचार पूछने भी न गए। कहते, उन्हें क्या हुआ है। अमीरों को धन का रोग होता है। जब आराम करने को जी चाहा; पलंग पर लेट रहे, दूध में साबूदाना उबाल कर मिश्री मिलाकर खाया और फिर उठ बैठे। विश्वेश्वरराय की दशा अच्छी नहीं है, यह सुनकर भी दोनों जगह से न हिले। रामेश्वर ने कहा—दशा को क्या हुआ है। आराम से पड़े बातें तो कर रहे हैं।

जागे.—किसी वैद्य-हकीम को बुलाने भेजना चाहते होंगे। शायद बुखार तेज़ हो गया है।

रामे.—यहाँ किसे इतनी फुरसत है। सारा गाँव तो उनका हितू है, जिसे चाहें भेज दें।

जागे.—हर्ज ही क्या है। ज़रा जाकर सुन आऊँ?

रामे.—जाकर थोड़े उपले बटोर लाओ, चूल्हा जले, फिर जाना। ठकुरसोहाती करनी आती तो आज यह दशा न होती।

जागेश्वर ने टोकरी उठाई और हार की तरफ़ चला कि इतने में विश्वेश्वरराय के घर से रोने की आवाज़ें आने लगीं। उसने टोकरी फेंक दी और दौड़ा हुआ चाचा के घर में जा पहुँचा। देखा तो उन्हें लोग चारपाई से नीचे उतार रहे थे। जागेश्वर को ऐसा जान पड़ा, मेरे मुँह में कालिख लगी हुई है। वह आँगन से दालान में चला आया और दीवार में मुँह छिपाकर रोने लगा। युवावस्था आवेशमय होती है। क्रोध से आग हो जाती है तो करुणा से पानी भी हो जाती है।

3

विश्वेश्वरराय की तीन बेटियाँ थीं। उनके विवाह हो चुके थे। तीन पुत्र थे, वे अभी छोटे थे। सबसे बड़े की उम्र 10 वर्ष से अधिक न थी। माता जी जीवित थीं। खानेवाले तो चार थे, कमानेवाला कोई न था। देहात में जिसके घर में दोनों जून चूल्हा जले, वह धनी समझा जाता है। उसके धन के अनुमान में भी अत्युक्ति से काम लिया जाता है। लोगों का विचार था कि विश्वेश्वरराय ने हज़ारों रुपए जमा कर लिए हैं; पर वहाँ वास्तव में कुछ न था। आमदनी पर सबकी निगाह रहती है, ख़र्च को कोई नहीं देखता। उन्होंने लड़कियों के विवाह ख़ूब दिल खोलकर किए थे। भोजन-वस्त्र में, मेहमानों और नातेदारों के आदर-सत्कार में उनकी सारी आमदनी ग़ायब हो जाती थी। अगर गाँव में अपना रोब ज़माने के लिए दो-चार सौ रुपयों का लेन-देन कर लिया था, तो कई महाजनों का क़र्ज़ भी था। यहाँ तक कि छोटी लड़की के विवाह में अपनी ज़मीन गिरों रख दी थी।

साल भर तक तो विधवा ने ज्यों-त्यों करके बच्चों का भरण-पोषण किया। गहने बेचकर काम चलाती रही; पर जब यह आधार भी न रहा तब कष्ट होने लगा। निश्चय किया कि तीनों लड़कों को तीनों कन्याओं के पास भेज दूँ। रही अपनी जान, उसकी क्या चिन्ता। तीसरे दिन भी पाव भर आटा मिल जाएगा तो दिन कट जाएँगे। लड़कियों ने पहले तो भाइयों को प्रेम से रखा; किन्तु तीन महीने से ज़्यादा कोई न रख सकी। उनके घरवाले चिढ़ते थे और अनाथों को मारते थे। लाचार हो माता ने लड़कों को बुला लिया।

छोटे-छोटे लड़के दिन-दिन भर भूखे रह जाते। किसी को कुछ खाते देखते तो घर में जाकर माँ से माँगते। फिर माँ से माँगना छोड़ दिया। खानेवालों ही के सामने जा कर, खड़े हो जाते और क्षुधित नेत्रों से देखते। कोई तो मुट्ठी भर चबेना निकालकर दे देता; पर प्राय: लोग दुत्कार देते थे।

जाड़ों के दिन थे। खेतों में मटर की फलियाँ लगी हुई थीं। एक दिन तीनों लड़के खेत में घुसकर मटर उखाड़ने लगे। किसान ने देख लिया; दयावान आदमी था। ख़ुद एक बोझा मटर उखाड़कर विश्वेश्वराय के घर पर लाया और ठकुराइन से बोला—काकी, लड़कों को डाँट दो, किसी के खेत में न जाया करें। जागेश्वरराय उसी समय अपने द्वार पर बैठा चिलम पी रहा था, किसान को मटर लाते देखा—तीनों बालक पिल्लों की भाँति पीछे-पीछे दौड़े चले आते थे। उसकी आँखें सजल हो गईं। घर में जाकर पिता से बोला—चाची के पास अब कुछ नहीं रहा, लड़के भूखों मर रहे हैं।

रामे.—तुम त्रिया-चरित्र नहीं जानते। यह सब दिखावा है। जन्म भर की कमाई कहाँ उड़ गई?

जागे.—अपना काबू चलते हुए कोई लड़कों को भूखों नहीं मार सकता।

रामे.—तुम क्या जानो। बड़ी चतुर औरत है।

जागे.—लोग हमीं लोगों को हँसते होंगे।

रामे.—हँसी की लाज है तो जाकर छाँह कर लो, खिलाओ-पिलाओ। है दम?

जागे.—न भर-पेट खाएँगे, आधे ही पेट सही। बदनामी तो न होगी? चाचा से लड़ाई थी। लड़कों ने हमारा क्या बिगाड़ा है।

रामे.—वह चुड़ैल तो अभी जीती है न?

जागेश्वर चला आया। उसके मन में कई बार यह बात आई थी कि चाची को कुछ सहायता दिया करूँ, पर उनकी जली-कटी बातों से डरता था। आज से उसने एक नया ढंग निकाला है। लड़कों को खेलते देखता तो बुला लेता, कुछ खाने को दे देता। मजूरों को दोपहर की छुट्टी मिलती है। अब वह अवकाश के समय काम करके मजूरी के पैसे कुछ ज़्यादा पा जाता। घर चलते समय खाने की कोई न कोई चीज़ लेता आता और अपने घरवालों की आँख बचाकर उन अनाथों को दे देता। धीरे-धीरे लड़के उससे इतने हिल-मिल गए कि उसे देखते ही 'भैया-भैया' कहकर दौड़ते, दिन भर उसकी राह देखा करते। पहले माता डरती थी कि कहीं मेरे लड़कों को बहला कर ये महाशय पुरानी अदावत तो नहीं निकालना चाहते हैं। वह लड़कों को जागेश्वर के पास जाने और उससे कुछ लेकर खाने से रोकती, पर लड़के शत्रु और मित्र को बूढ़ों से ज़्यादा पहचानते हैं। लड़के माँ के मना करने की परवा न करते, यहाँ तक कि शनै:-शनै: माता को भी जागेश्वर की सहृदयता पर विश्वास आ गया।

एक दिन रामेश्वर ने बेटे से कहा—तुम्हारे पास रुपए बढ़ गए हैं, तो चार पैसे जमा क्यों नहीं करते। लुटाते क्यों हो?

जागे.—मैं तो एक-एक कौड़ी की क़िफायत करता हूँ?

रामे.—जिन्हें अपना समझ रहे हो, वे एक दिन तुम्हारे शत्रु होंगे।

जागे.—आदमी का धर्म भी तो कोई चीज़ है। पुराने वैर पर एक परिवार की भेंट नहीं कर सकता। मेरा बिगड़ता ही क्या है, यही न रोज़ घंटे-दो-घंटे और मेहनत करनी पड़ती है।

रामेश्वर ने मुँह फेर लिया। जागेश्वर घर में गया तो उसकी स्त्री ने कहा—अपने मन की ही करते हो, चाहे कोई कितना ही समझाए। पहले घर में आदमी दीया जलाता है।

जागे.—लेकिन यह तो उचित नहीं कि अपने घर में दीया की जगह मोमबत्तियाँ जलाए और मस्जिद को अँधेरा ही छोड़ दे।

स्त्री—मैं तुम्हारे साथ क्या पड़ी, मानो कुएँ में गिर पड़ी। कौन सुख देते हो? गहने उतार लिए, अब साँस भी नहीं लेते।

जागे.—मुझे तुम्हारे गहने से भाइयों की जान ज़्यादा प्यारी है।

स्त्री ने मुँह फेर लिया और बोली—वैरी की संतान कभी अपनी नहीं होती।

जागेश्वर ने बाहर जाते हुए उत्तर दिया—वैर का अन्त वैरी के जीवन के साथ हो जाता है।

दो भाई

प्रात:काल सूर्य की सुहावनी सुनहरी धूप में कलावती दोनों बेटों को जाँघों पर बैठा दूध और रोटी खिलाती। केदार बड़ा था, माधव छोटा। दोनों मुँह में कौर लिए, कई पग उछल-कूद कर फिर जाँघों पर आ बैठते और अपनी तोतली बोली में इस प्रार्थना की रट लगाते थे, जिसमें एक पुराने सहृदय कवि ने किसी जाड़े के सताये हुए बालक के हृदयोद्गार को प्रकट किया है—

'दैव-दैव घाम करो तुम्हारे बालक को लगता जाड़'

माँ उन्हें चुमकार कर बुलाती और बड़े-बड़े कौर खिलाती। उसके हृदय में प्रेम की उमंग थी और नेत्रों में गर्व की झलक। दोनों भाई बड़े हुए। साथ-साथ गले में बाँहें डाले खेलते थे। केदार की बुद्धि चुस्त थी। माधव का शरीर। दोनों में इतना स्नेह था कि साथ-साथ पाठशाला जाते, साथ-साथ खाते और साथ ही साथ रहते थे! दोनों भाइयों का ब्याह हुआ। केदार की वधू चम्पा अमित-भाषिणी और चंचला थी। माधव की वधू श्यामा साँवली-सलोनी, रूपराशि की खान थी। बड़ी ही मृदुभाषिणी, बड़ी ही सुशीला और शान्तस्वभावा थी।

केदार चम्पा पर मोहे और माधव श्यामा पर रीझे। परन्तु कलावती का मन किसी से न मिला। वह दोनों से प्रसन्न और दोनों से अप्रसन्न थी। उसकी शिक्षा-दीक्षा का बहुत अंश इस व्यर्थ के प्रयत्न में व्यय होता था कि चम्पा अपनी कार्यकुशलता का एक भाग श्यामा के शान्त स्वभाव से बदल ले।

दोनों भाई संतानवान हुए। हरा-भरा वृक्ष ख़ूब फैला और फलों से लद गया। कुत्सित वृक्ष में केवल एक फल दृष्टिगोचर हुआ, वह भी कुछ पीला-सा, मुरझाया हुआ; किन्तु दोनों अप्रसन्न थे। माधव को धन-सम्पत्ति की लालसा थी और केदार को संतान की अभिलाषा।

भाग्य की इस कूटनीति ने शनैः-शनैः द्वेष का रूप धारण किया, जो स्वाभाविक था। श्यामा अपने लड़कों को सँवारने-सुधारने में लगी रहती; उसे सिर उठाने की फुरसत नहीं मिलती थी। बेचारी चम्पा को चूल्हे में जलना और चक्की में पिसना पड़ता। यह अनीति कभी-कभी कटु शब्दों में निकल जाती। श्यामा सुनती, कुढ़ती और चुपचाप सह लेती। परन्तु उसकी यह सहनशीलता चम्पा के क्रोध को शान्त करने के बदले और बढ़ाती। यहाँ तक कि प्याला लबालब भर गया। हिरन भागने की राह न पाकर शिकारी की तरफ़ लपका। चम्पा और श्यामा समकोण बनानेवाली रेखाओं की भाँति अलग हो गईं। उस दिन एक ही घर में दो चूल्हे जले, परन्तु भाइयों ने दाने की सूरत न देखी और कलावती सारे दिन रोती रही।

2

कई वर्ष बीत गए। दोनों भाई जो किसी समय एक ही पालथी पर बैठते थे, एक ही थाली में खाते थे और एक ही छाती से दूध पीते थे, उन्हें अब एक घर में, एक गाँव में रहना कठिन हो गया। परन्तु कुल की साख में बट्टा न लगे, इसलिए ईर्ष्या और द्वेष की धधकी हुई आग को राख के नीचे दबाने की व्यर्थ चेष्टा की जाती थी। उन लोगों में अब भ्रातृ-स्नेह न था। केवल भाई के नाम की लाज थी। माँ भी जीवित थी, पर दोनों बेटों का वैमनस्य देखकर आँसू बहाया करती। हृदय में प्रेम था, पर नेत्रों में अभिमान न था। कुसुम वही था, परन्तु वह छटा न थी।

दोनों भाई जब लड़के थे, तब एक को रोते देख दूसरा भी रोने लगता था, तब वह नादान बेसमझ और भोले थे। आज एक को रोते हुए देख दूसरा हँसता और तालियाँ बजाता। अब वह समझदार और बुद्धिमान हो गए थे।

जब उन्हें अपने-पराये की पहचान न थी, उस समय यदि कोई छेड़ने के लिए एक को अपने साथ ले जाने की धमकी देता, तो दूसरा ज़मीन पर लोट जाता और उस आदमी का कुर्ता पकड़ लेता। अब यदि एक भाई को मृत्यु भी धमकाती तो दूसरे के नेत्रों में आँसू न आते। अब उन्हें अपने-पराये की पहचान हो गई थी।

बेचारे माधव की दशा शोचनीय थी। ख़र्च अधिक था और आमदनी कम। उस पर कुल-मर्यादा का निर्वाह। हृदय चाहे रोए, पर होंठ हँसते रहें। हृदय चाहे मलिन हो, पर कपड़े मैले न हों। चार पुत्र थे, चार पुत्रियाँ और आवश्यक वस्तुएँ मोतियों के मोल। कुछ पाइयों की ज़मींदारी कहाँ तक सम्हालती। लड़कों का ब्याह अपने वश की बात थी। पर लड़कियों का विवाह कैसे टल सकता। दो पाई ज़मीन पहली कन्या के विवाह में भेंट हो गई। उस पर भी बराती बिना भात खाए आँगन से उठ गए। शेष दूसरी कन्या के विवाह में निकल गई। साल भर बाद तीसरी लड़की का विवाह हुआ, पेड़-पत्ते भी न बचे। हाँ, अब की डाल भरपूर थी। परन्तु दरिद्रता और धरोहर में वही सम्बन्ध है जो मांस और कुत्ते में।

3

इस कन्या का अभी गौना न हुआ था कि माधव पर दो साल के बकाया लगान का वारंट आ पहुँचा। कन्या के गहने गिरों (बन्दक) रखे गए। गला छूटा। चम्पा इसी समय की ताक में थी। तुरन्त नए नातेदारों को सूचना दी। तुम लोग बेसुध बैठे हो, यहाँ गहनों का सफाया हुआ जाता है। दूसरे दिन एक नाई और दो ब्राह्मण माधव के दरवाज़े पर आकर बैठ गए। बेचारे के गले में फाँसी पड़ गई। रुपए कहाँ से आवें, न ज़मीन, न जायदाद, न बाग़, न बग़ीचा। रहा विश्वास, वह कभी का उठ चुका था। अब यदि कोई सम्पत्ति थी, तो केवल वही दो कोठरियाँ, जिसमें उसने अपनी सारी आयु बिताई थी, और उनका कोई ग्राहक न था। विलम्ब से नाक कटी जाती थी। विवश होकर केदार के पास आया और आँखों में आँसू भरे बोला, भैया इस समय मैं बड़े संकट में हूँ, मेरी सहायता करो।

केदार ने उत्तर दिया—मद्धू! आजकल मैं भी तंग हो रहा हूँ, तुमसे सच कहता हूँ।

चम्पा अधिकारपूर्ण स्वर से बोली—अरे, तो क्या इनके लिए भी तंग हो रहे हैं! अलग भोजन करने से क्या इज़्ज़त अलग हो जाएगी!

केदार ने स्त्री की ओर कनखियों से ताक कर कहा—नहीं-नहीं, मेरा यह प्रयोजन नहीं था। हाथ तंग है तो क्या, कोई न कोई प्रबन्ध किया ही जाएगा।

चम्पा ने माधव से पूछा—पाँच बीस से कुछ ऊपर ही पर गहने रखे थे न ।

माधव ने उत्तर दिया—हाँ, ब्याज सहित कोई सवा सौ रुपए होते हैं।

केदार रामायण पढ़ रहे थे। फिर पढ़ने में लग गए। चम्पा ने तत्त्व की बातचीत शुरू की—रुपया बहुत है, हमारे पास होता तो कोई बात न थी परन्तु हमें भी दूसरे से दिलाना पड़ेगा और महाजन बिना कुछ लिखाए-पढ़ाए रुपया देते नहीं।

माधव ने सोचा, यदि मेरे पास कुछ लिखाने-पढ़ाने को होता, तो क्या और महाजन मर गए थे, तुम्हारे दरवाज़े आता क्यों? बोला—लिखने-पढ़ने को मेरे पास है ही क्या? जो कुछ जगह-जायदाद है, वह यही घर है।

केदार और चम्पा ने एक दूसरे को मर्मभेदी नयनों से देखा और मन ही मन कहा—क्या आज सचमुच जीवन की प्यारी अभिलाषाएँ पूरी होंगी। परन्तु हृदय की यह उमंग मुँह तक आते-आते गम्भीर रूप धारण कर गई। चम्पा बड़ी गम्भीरता से बोली—घर पर तो कोई महाजन कदाचित् ही रुपया दे। शहर हो तो कुछ किराया ही आवे, पर गँवई में तो कोई सेंत में रहने वाला भी नहीं। फिर साझे की चीज़ ठहरी।

केदार डरे कि कहीं चम्पा की कठोरता से खेल बिगड़ न जाए। बोले—एक महाजन से मेरी जान-पहचान है। वह कदाचित् कहने-सुनने में आ जाए!

चम्पा ने गर्दन हिलाकर इस युक्ति की सराहना की और बोली—पर दो-तीन बीस से अधिक मिलना कठिन है।

केदार ने जान पर खेलकर कहा—अरे, बहुत दबाने पर चार बीस हो जाएँगे। और क्या!

अबकी चम्पा ने तीव्र दृष्टि से केदार को देखा और अनमनी-सी होकर बोली—महाजन ऐसे अंधे नहीं होते।

माधव अपने भाई-भावज के इस गुप्त रहस्य को कुछ-कुछ समझता था। वह चकित था कि इन्हें इतनी बुद्धि कहाँ से मिल गई। बोला—और रुपए कहाँ से आवेंगे।

चम्पा चिढ़कर बोली—और रुपयों के लिए और फ़िक्र करो। सवा सौ रुपए इन दो कोठरियों के इस जनम में कोई न देगा, चार बीस चाहो तो एक महाजन से दिला दूँ, लिखा-पढ़ी कर लो।

माधव इन रहस्यमय बातों से सशंक हो गया। उसे भय हुआ कि यह लोग मेरे साथ कोई गहरी चाल चल रहे हैं। दृढ़ता के साथ अड़ कर बोला—और कौन सी फ़िक्र करूँ? गहने होते तो कहता, लाओ रख दूँ। यहाँ तो कच्चा सूत भी नहीं है। जब बदनाम हुए तो क्या दस के लिए क्या पचास के लिए, दोनों एक ही बात है। यदि घर बेचकर मेरा नाम रह जाए, तो यहाँ तक तो स्वीकार है; परन्तु घर भी बेचूँ और उस पर भी प्रतिष्ठा धूल में मिले, ऐसा मैं न करूँगा। केवल नाम का ध्यान है, नहीं एक बार नहीं कर जाऊँ तो मेरा कोई क्या करेगा। और सच पूछो तो मुझे अपने नाम की कोई चिन्ता नहीं है। मुझे कौन जानता है? संसार तो भैया को हँसेगा।

केदार का मुँह सूख गया। चम्पा भी चकरा गई। वह बड़ी चतुर वाक्यनिपुण रमणी थी। उसे माधव जैसे गँवार से ऐसी दृढ़ता की आशा न थी। उसकी ओर आदर से देखकर बोली—लालू, कभी-कभी तुम भी लड़कों की-सी बातें करते हो? भला इस झोंपड़ी पर कौन सौ रुपए निकालकर देगा? तुम सवा सौ के बदले सौ ही दिलाओ, मैं आज ही अपना हिस्सा बेचती हूँ। उतना ही मेरा भी तो है? घर पर तो तुमको वही चार-बीस मिलेंगे। हाँ, और रुपयों का प्रबन्ध हम-आप कर देंगे। इज़्ज़त हमारी-तुम्हारी एक ही है, वह न जाने पाएगी। वह रुपया अलग खाते में चढ़ा लिया जाएगा।

माधव की इच्छाएँ पूरी हुईं। उसने मैदान मार लिया। सोचने लगा, मुझे तो रुपयों से काम है। चाहे एक नहीं, दस खाते में चढ़ा लो। रहा मकान, वह जीते जी नहीं छोड़ने का। प्रसन्न होकर चला। उसके जाने के बाद केदार और चम्पा ने कपट-भेष त्याग दिया और बड़ी देर तक एक दूसरे को इस क़ड़े सौदे का दोषी सिद्ध करने की चेष्टा करते रहे। अन्त में मन को इस तरह सन्तोष दिया की भोजन बहुत मधुर नहीं, किन्तु भर-कठौत तो है। घर, हाँ देखेंगे कि श्यामा रानी इस घर में कैसे राज करती हैं।

केदार के दरवाज़े पर दो बैल खड़े हैं। इनमें कितनी संघ-शक्ति, कितनी मित्रता और कितना प्रेम है। दोनों एक ही जुए में चलते हैं, बस इनमें इतना ही नाता है। किन्तु अभी कुछ दिन हुए, जब इनमें से एक चम्पा के मैके मँगनी गया था, तो दूसरे ने तीन दिन तक नाद में मुँह नहीं डाला। परन्तु शोक, एक गोद के खेले भाई, एक छाती से दूध पीनेवाले आज इतने बेगाने हो रहे हैं कि एक घर में रहना भी नहीं चाहते।

4

प्रात:काल था। केदार के द्वार पर गाँव के मुखिया और नंबरदार विराजमान थे। मुंशी दातादयाल अभिमान से चारपाई पर बैठे रेहन का मसविदा तैयार करने में लगे थे। बार-बार क़लम बनाते और बार-बार ख़त रखते, पर ख़त की शान न सुधरती थी। केदार का मुखारविंद विकसित था और चम्पा फूली नहीं समाती थी। माधव कुम्हलाया और म्लान था।

मुखिया ने कहा—भाई ऐसा हित, न भाई ऐसा शत्रु। केदार ने छोटे भाई की लाज रख ली।

नम्बरदार ने अनुमोदन किया—भाई हो तो ऐसा हो।

मुख्तार ने कहा—भाई, सपूतों का यही काम है।

दातादयाल ने पूछा—रेहन लिखनेवाले का नाम?

बड़े भाई बोले—माधव वल्द शिवदत्त।

'और लिखानेवाले का?'

'केदार वल्द शिवदत्त।'

माधव ने बड़े भाई की ओर चकित होकर देखा। आँखें डबडबा आईं। केदार उसकी ओर देख न सका। नंबरदार, मुखिया और मुख्तार भी विस्मित हुए। क्या केदार ख़ुद ही रुपया दे रहा है? बातचीत तो किसी साहूकार की थी। जब घर ही में रुपया मौजूद है तो इस रेहननामे की आवश्यकता ही क्या थी? भाई-भाई में इतना अविश्वास । अरे, राम! राम! क्या माधव 80 रु. का भी महँगा है। और यदि दबा ही बैठता, तो क्या रुपए पानी में चले जाते।

सभी की आँखें सैन द्वारा परस्पर बातें करने लगीं, मानो आश्चर्य की अथाह नदी में नौकाएँ डगमगाने लगीं।

श्यामा दरवाज़े की चौखट पर खड़ी थी। वह सदा केदार की प्रतिष्ठा करती थी, परन्तु आज केवल लोकरीति ने उसे अपने जेठ को आड़े हाथों लेने से रोका।

बूढ़ी अम्माँ ने सुना तो सूखी नदी उमड़ आई। उसने एक बार आकाश की ओर देखा और माथा ठोंक लिया।

अब उसे उस दिन का स्मरण हो आया जब ऐसा ही सुहावना सुनहरा प्रभात था और दो प्यारे-प्यारे बच्चे उसकी गोद में बैठे हुए उछल-कूद कर दूध-रोटी खाते थे। उस समय माता के नेत्रों में कितना अभिमान था, हृदय में कितनी उमंग और कितना उत्साह।

परन्तु आज, आह! आज नयनों में लज्जा है और हृदय में शोक-संताप। उसने पृथ्वी की ओर देखकर कातर स्वर में कहा—हे नारायण! क्या ऐसे पुत्रों को मेरी ही कोख में जन्म लेना था?

महातीर्थ

मुंशी इंद्रमणि की आमदनी कम थी और ख़र्च ज़्यादा। अपने बच्चे के लिए दाई का ख़र्च न उठा सकते थे। लेकिन एक तो बच्चे की सेवा-शुश्रूषा की फ़िक्र और दूसरे अपने बराबरवालों से हेठे बनकर रहने का अपमान इस ख़र्च को सहने पर मजबूर करता था। बच्चा दाई को बहुत चाहता था, हरदम उसके गले का हार बना रहता था। इसलिए दाई और भी ज़रूरी मालूम होती थी, पर शायद सबसे बड़ा कारण यह था कि वह मुरौवत के वश दाई को जवाब देने का साहस नहीं कर सकते थे। बुढ़िया उनके यहाँ तीन साल से नौकर थी। उसने उनके इकलौते लड़के का लालन-पालन किया था। अपना काम बड़ी मुस्तैदी और परिश्रम से करती थी। उसे निकालने का कोई बहाना नहीं था और व्यर्थ खुचड़ निकालना इंद्रमणि जैसे भले आदमी के स्वभाव के विरुद्ध था, पर सुखदा इस सम्बन्ध में अपने पति से सहमत न थी। उसे सन्देह था कि दाई हमें लूटे लेती है। जब दाई बाज़ार से लौटती तो वह दालान में छिपी रहती कि देखूँ

आटा कहीं छिपाकर तो नहीं रख देती; लकड़ी तो नहीं छिपा देती। उसकी लाई हुई चीज़ों को घंटों देखती, पूछताछ करती। बार-बार पूछती, इतना ही क्यों? क्या भाव है। क्या इतना महँगा हो गया? दाई कभी तो इन सन्देहात्मक प्रश्नों का उत्तर नम्रतापूर्वक देती, किन्तु जब कभी बहू जी ज़्यादा तेज़ हो जातीं तो वह भी कड़ी पड़ जाती थी। शपथें खाती। सफ़ाई की शहादतें पेश करती। वाद-विवाद में घंटों लग जाते थे। प्राय: नित्य यही दशा रहती थी और प्रतिदिन यह नाटक दाई के अश्रुपात के साथ समाप्त होता था। दाई की इतनी सख़्तियाँ झेलकर पड़े रहना सुखदा के सन्देह को और भी पुष्ट करता था। उसे कभी विश्वास नहीं होता था कि यह बुढ़िया केवल बच्चे के प्रेमवश पड़ी हुई है। वह बुढ़िया को इतनी बाल-प्रेम-शीला नहीं समझती थी।

2

संयोग से एक दिन दाई को बाज़ार से लौटने में ज़रा देर हो गई। वहाँ दो कुँजड़िनों में देवासुर संग्राम मचा था। उनका चित्रमय हाव-भाव, उनका आग्नेय तर्क-वितर्क, उनके कटाक्ष, और व्यंग्य सब अनुपम थे। विष के दो नद थे या ज्वाला के दो पर्वत, जो दोनों तरफ़ से उमड़ कर आपस में टकरा गए थे। क्या वाक्-प्रवाह था, कैसी विचित्र विवेचना! उनका शब्द-बाहुल्य, उनकी मार्मिक विचारशीलता, उनके अलंकृत शब्द-विन्यास और उनकी उपमाओं की नवीनता पर ऐसा कौन-सा कवि है जो मुग्ध न हो जाता। उनका धैर्य, उनकी शान्ति विस्मयजनक थी। दर्शकों की एक ख़ासी भीड़ भी थी। वह लाज को भी लज्जित करनेवाले इशारे, वह अश्लील शब्द जिनसे मलिनता के भी कान खड़े होते, सहस्त्रों रसिकजनों के लिए मनोरंजन की सामग्री बने हुए थे।

दाई भी खड़ी हो गई कि देखूँ क्या मामला है। तमाशा इतना मनोरंजक था कि उसे समय का बिलकुल ध्यान न रहा। यकायक जब नौ के घंटे की आवाज़ कान में आई तो चौंक पड़ी और लपकी हुई घर की ओर चली।

सुखदा भरी बैठी थी। दाई को देखते ही त्योरी बदलकर बोली—क्या बाज़ार में खो गई थी?

दाई विनयपूर्ण भाव से बोली—एक जान-पहचान की महरी से भेंट हो गई। वह बातें करने लगी।

सुखदा इस जवाब से और भी चिढ़कर बोली—यहाँ दफ़्तर जाने को देर हो रही है और तुम्हें सैर-सपाटे की सूझती है।

परन्तु दाई ने इस समय दबने में ही कुशल समझी, बच्चे को गोद में लेने चली, पर सुखदा ने झिड़ककर कहा—रहने दो, तुम्हारे बिना वह व्याकुल नहीं हुआ जाता।

दाई ने इस आज्ञा को मानना आवश्यक नहीं समझा। बहू जी का क्रोध ठंडा करने के लिए इससे उपयोगी और कोई उपाय न सूझा। उसने रुद्रमणि को इशारे से अपने पास बुलाया। वह दोनों हाथ फैलाए लड़खड़ाता हुआ उसकी ओर चला। दाई ने उसे गोद में उठा लिया और दरवाज़े की तरफ़ चली। लेकिन सुखदा बाज की तरह झपटी और रुद्र को उसकी गोद से छीनकर बोली—तुम्हारी यह धूर्तता बहुत दिनों से देख रही हूँ। यह तमाशे किसी और को दिखाइयो। यहाँ जी भर गया।

दाई रुद्र पर जान देती थी और समझती थी कि सुखदा इस बात को जानती है। उसकी समझ में सुखदा और उसके बीच यह ऐसा मज़बूत सम्बन्ध था, जिसे साधारण झटके तोड़ न

सकते थे। यही कारण था कि सुखदा के कटु वचनों को सुनकर भी उसे यह विश्वास न होता था कि मुझे निकालने पर प्रस्तुत है। सुखदा ने यह बातें कुछ ऐसी कठोरता से कहीं और रुद्र को ऐसी निर्दयता से छीन लिया कि दाई से सह्य न हो सका। बोली—बहू जी! मुझसे कोई बड़ा अपराध तो नहीं हुआ, बहुत तो पाव घंटे की देर हुई होगी। इस पर आप इतना बिगड़ रही हैं तो साफ़ क्यों नहीं कह देतीं कि दूसरा दरवाज़ा देखो। नारायण ने पैदा किया है तो खाने को भी देगा। मज़दूरी का अकाल थोड़े ही है।

सुखदा ने कहा—तो यहाँ तुम्हारी परवाह ही कौन करता है? तुम्हारी जैसी लौंडिनें गली-गली ठोकरें खाती फिरती हैं।

दाई ने जवाब दिया—हाँ, नारायण आपको कुशल से रखें। लौंडिनें और दाइयाँ आपको बहुत मिलेंगी। मुझसे जो कुछ अपराध हुआ हो, क्षमा कीजिएगा, मैं जाती हूँ।

सुखदा—जाकर मरदाने में अपना हिसाब कर लो।

दाई—मेरी तरफ़ से रुद्र बाबू को मिठाइयाँ मँगवा दीजिएगा।

इतने में इंद्रमणि भी बाहर से आ गए, पूछा—क्या है क्या?

दाई ने कहा—कुछ नहीं। बहू जी ने जवाब दिया है, घर जाती हूँ।

इंद्रमणि गृहस्थी के जंजाल से इस तरह बचते थे जैसे कोई नंगे पैरवाला मनुष्य काँटों से बचे। उन्हें सारे दिन एक ही जगह खड़े रहना मंजूर था, पर काँटों में पैर रखने की हिम्मत न थी। खिन्न होकर बोले—बात क्या हुई?

सुखदा ने कहा—कुछ नहीं। अपनी इच्छा। जी नहीं चाहता, नहीं रखते। किसी के हाथों बिक तो नहीं गए।

इंद्रमणि ने झुँझलाकर कहा—तुम्हें बैठे-बैठे एक न एक खुचड़ सूझती रहती है।

सुखदा ने तिनक कर कहा—हाँ, मुझे तो इसका रोग है। क्या करूँ स्वभाव ही ऐसा है। तुम्हें यह बहुत प्यारी है तो ले जाकर गले में बाँध लो, मेरे यहाँ ज़रूरत नहीं।

3

दाई घर से निकली तो आँखें डबडबाई हुई थीं। हृदय रुद्रमणि के लिए तड़प रहा था। जी चाहता था कि एक बार बालक को लेकर प्यार कर लूँ; पर यह अभिलाषा लिए हुए ही उसे घर से बाहर निकलना पड़ा।

रुद्रमणि दाई के पीछे-पीछे दरवाज़े तक आया, पर दाई ने जब दरवाज़ा बाहर से बन्द कर दिया तो वह मचल कर ज़मीन पर लेट गया और अन्ना-अन्ना कहकर रोने लगा। सुखदा ने चुमकारा, प्यार किया, गोद में लेने की कोशिश की, मिठाई देने का लालच दिया, मेला दिखाने का वादा किया, इससे जब काम न चला तो बन्दर, सिपाही, लूलू और हौआ की धमकी दी पर रुद्र ने वह रौद्र भाव धारण किया, कि किसी तरह चुप न हुआ। यहाँ तक कि सुखदा को क्रोध आ गया, बच्चे को वहीं छोड़ दिया और आकर घर के धंधे में लग गई। रोते-रोते रुद्र का मुँह और गाल लाल हो गए, आँखें सूज गईं। निदान वह वहीं ज़मीन पर सिसकते-सिसकते सो गया।

सुखदा ने समझा था कि बच्चा थोड़ी देर में रो-धोकर चुप हो जाएगा। रुद्र ने जागते ही अन्ना की रट लगाई। तीन बजे इंद्रमणि दफ़्तर से आए और बच्चे की यह दशा देखी तो स्त्री

की तरफ़ कुपित नेत्रों से देखकर उसे गोद में उठा लिया और बहलाने लगे। जब अन्त में रुद्र को यह विश्वास हो गया कि दाई मिठाई लेने गई है तो उसे सन्तोष हुआ।

परन्तु शाम होते ही उसने फिर चीख़ना शुरू किया—अन्ना मिठाई ला।

इस तरह दो-तीन दिन बीत गए। रुद्र को अन्ना की रट लगाने और रोने के सिवा और कोई काम न था। वह शान्त प्रकृति कुत्ता, जो उसकी गोद से एक क्षण के लिए भी न उतरता था; वह मौन व्रतधारी बिल्ली, जिसे ताख पर देखकर वह ख़ुशी से फूला न समाता था; वह पंखहीन चिड़िया, जिस पर वह जान देता था, सब उसके चित्त से उतर गए। वह उनकी तरफ़ आँख उठाकर भी न देखता। अन्ना जैसी जीती-जागती, प्यार करनेवाली, गोद में लेकर घुमानेवाली, थपक-थपक कर सुलानेवाली, गा-गाकर ख़ुश करनेवाली चीज़ का स्थान उन निर्जीव चीज़ों से पूरा न हो सकता था। वह अक्सर सोते-सोते चौंक पड़ता अन्ना-अन्ना पुकार कर हाथों से इशारा करता, मानो उसे बुला रहा है। अन्ना की ख़ाली कोठरी में घंटों बैठा रहता। उसे आशा होती कि अन्ना यहाँ आती होगी। इस कोठरी का दरवाज़ा खुलते सुनता तो अन्ना-अन्ना कहकर दौड़ता। समझता कि अन्ना आ गई। उसका भरा हुआ शरीर घुल गया, गुलाब जैसा चेहरा सूख गया, माँ और बाप उसकी मोहनी हँसी के लिए तरस कर रह जाते थे। यदि बहुत गुदगुदाने या छेड़ने से हँसता भी तो ऐसा जान पड़ता था कि दिल से नहीं हँसता, केवल दिल रख लेने के लिए हँस रहा है। उसे अब दूध से प्रेम न था, न मिश्री से, न मेवे से, न मीठे बिस्कुट से, न ताज़ी इमरती से। उनमें मज़ा तब था जब अन्ना अपने हाथों से खिलाती थी। अब उनमें मज़ा नहीं था। दो साल का लहलहाता हुआ सुन्दर पौधा मुरझा गया। वह बालक जिसे गोद में उठाते ही नरमी, गरमी और भारीपन का अनुभव होता था, अब सूख कर काँटा हो गया। सुखदा अपने बच्चे की यह दशा देखकर भीतर ही भीतर कुढ़ती, अपनी मूर्खता पर पछताती। इंद्रमणि, जो शान्तिप्रिय आदमी थे, अब बालक को गोद से अलग न करते थे, उसे रोज़ साथ हवा खिलाने ले जाते थे। नित्य नए खिलौने लाते थे, पर मुर्झाया हुआ पौधा किसी तरह भी न पनपता था। दाई उसके लिए संसार की सूर्य थी। उस स्वाभाविक गर्मी और प्रकाश से वंचित रहकर हरियारी को बाहर कैसे दिखाता? दाई के बिना उसे अब चारों ओर सन्नाटा दिखाई देता था। दूसरी अन्ना तीसरे ही दिन रख ली गई थी। पर रुद्र उसकी सूरत देखते ही मुँह छिपा लेता था मानो वह कोई डाइन या चुड़ैल हो।

प्रत्यक्ष रूप में दाई को न देखकर रुद्र अब उसकी कल्पना में मग्न रहता। वहाँ उसकी अन्ना चलती-फिरती दिखाई देती थी। उसकी वह गोद थी, वही स्नेह; वही प्यारी-प्यारी बातें, वही प्यारे गाने, वही मज़ेदार मिठाइयाँ, वही सुहावना संसार, वही आनन्दमय जीवन। अकेले बैठकर कल्पित अन्ना से बातें करता, अन्ना, कुत्ता भूके। अन्ना, गाय दूध देती। अन्ना; उजला-उजला घोड़ा दौड़े। सबेरा होते ही लोटा लेकर दाई की कोठरी में जाता और कहता—अन्ना, पानी। दूध का गिलास लेकर उसकी कोठरी में रख आता और कहता—अन्ना, दूध पिला। अपनी चारपाई पर तकिया रखकर चादर से ढाँक देता, और कहता—अन्ना सोती है। सुखदा जब खाने बैठती तो कटोरे उठा-उठाकर अन्ना की कोठरी में ले जाता और कहता—अन्ना खाना खाएगी। अन्ना अब उसके लिए एक स्वर्ग की वस्तु थी, जिसके लौटने की अब उसे बिलकुल आशा न थी। रुद्र के स्वभाव में धीरे-धीरे बालकों की चपलता और सजीवता की जगह एक निराशाजनक धैर्य, एक आनन्दविहीन शिथिलता दिखाई देने लगी। इस तरह तीन

हफ़्ते गुज़र गए। बरसात का मौसम था। कभी बेचैन करनेवाली गर्मी, कभी हवा के ठंडे झोंके। बुखार और जुकाम का ज़ोर था। रुद्र की दुर्बलता इस ऋतु-परिवर्तन को बर्दाश्त न कर सकी। सुखदा उसे फलालैन का कुर्ता पहनाए रखती थी। उसे पानी के पास नहीं जाने देती। नंगे पैर एक क़दम भी नहीं चलने देती। पर सर्दी लग ही गई। रुद्र को खाँसी और बुखार आने लगा।

4

प्रभात का समय था। रुद्र चारपाई पर आँख बन्द किए पड़ा था। डॉक्टरों का इलाज निष्फल हुआ। सुखदा चारपाई पर बैठी उसकी छाती में तेल की मालिश कर रही थी और इंद्रमणि विषाद की मूर्ति बने हुए करुणापूर्ण आँखों से बच्चे को देख रहे थे। इधर सुखदा से बहुत कम बोलते थे। उन्हें उससे एक तरह की घृणा-सी हो गई थी। वह रुद्र की बीमारी का एकमात्र कारण उसी को समझते थे। वह उनकी दृष्टि में बहुत नीच स्वभाव की स्त्री थी। सुखदा ने डरते-डरते कहा—आज बड़े हकीम साहब को बुला लेते; शायद उनकी दवा से फ़ायदा हो।

इंद्रमणि ने काली घटाओं की ओर देखकर रुखाई से जवाब दिया—बड़े हकीम नहीं, यदि धन्वन्तरि भी आवें तो भी उसे कोई फ़ायदा न होगा।

सुखदा ने कहा—तो क्या अब किसी की दवा न होगी?

इंद्रमणि—बस, इसकी एक ही दवा है और अलभ्य है।

सुखदा—तुम्हें तो बस वही धुन सवार है। क्या बुढ़िया आकर अमृत पिला देगी।

इंद्रमणि—वह तुम्हारे लिए चाहे विष हो, पर लड़के के लिए अमृत ही होगी।

सुखदा—मैं नहीं समझती कि ईश्वरेच्छा उसके अधीन है।

इंद्रमणि—यदि नहीं समझती हो और अब तक नहीं समझी, तो रोओगी। बच्चे से हाथ धोना पड़ेगा।

सुखदा—चुप भी रहो, क्या अशुभ मुँह से निकालते हो। यदि ऐसी ही जली-कटी सुनानी है, तो बाहर चले जाओ।

इंद्रमणि—तो मैं जाता हूँ। पर याद रखो, यह हत्या तुम्हारी ही गर्दन पर होगी। यदि लड़के को तंदुरुस्त देखना चाहती हो, तो उसी दाई के पास जाओ, उससे विनती और प्रार्थना करो, क्षमा माँगो। तुम्हारे बच्चे की जान उसी की दया के अधीन है।

सुखदा ने कुछ उत्तर नहीं दिया। उसकी आँखों से आँसू जारी थे।

इंद्रमणि ने पूछा—क्या मर्जी है, जाऊँ उसे बुला लाऊँ?

सुखदा—तुम क्यों जाओगे, मैं आप चली जाऊँगी।

इंद्रमणि—नहीं, क्षमा करो। मुझे तुम्हारे ऊपर विश्वास नहीं है। न जाने तुम्हारी ज़बान से क्या निकल पड़े कि जो वह आती भी तो न आवे।

सुखदा ने पति की ओर फिर तिरस्कार की दृष्टि से देखा और बोली—हाँ, और क्या, मुझे अपने बच्चे की बीमारी का शोक थोड़े ही है। मैंने लाज के मारे तुमसे कहा नहीं, पर मेरे हृदय में यह बात बार-बार उठी है। यदि मुझे दाई के मकान का पता मालूम होता, तो मैं कब की उसे मना लाई होती। वह मुझसे कितनी ही नाराज़ हो, पर रुद्र से उसे प्रेम था। मैं आज ही उसके पास जाऊँगी। तुम विनती करने को कहते हो, मैं उसके पैरों पड़ने के लिए तैयार हूँ। उसके पैरों को आँसुओं से भिगोऊँगी, और जिस तरह राज़ी होगी, राज़ी करूँगी।

सुखदा ने बहुत धैर्य धरकर यह बातें कहीं, परन्तु उमड़े हुए आँसू न रुक सके। इंद्रमणि ने स्त्री की ओर सहानुभूतिपूर्वक देखा और लज्जित हो बोले—मैं तुम्हारा जाना उचित नहीं समझता। मैं ख़ुद ही जाता हूँ।

5

कैलासी संसार में अकेली थी। किसी समय उसका परिवार गुलाब की तरह फूला हुआ था; परन्तु धीरे-धीरे उसकी सब पत्तियाँ गिर गईं। अब उसकी सब हरियाली नष्ट-भ्रष्ट हो गई, और अब वही एक सूखी हुई टहनी उस हरे-भरे पेड़ की चिह्न रह गई थी।

परन्तु रुद्र को पाकर इस सूखी हुई टहनी में जान पड़ गई थी। इसमें हरी-भरी पत्तियाँ निकल आई थीं। वह जीवन, जो अब तक नीरस और शुष्क था; अब सरस और सजीव हो गया था। अँधेरे जंगल में भटके हुए पथिक को प्रकाश की झलक आने लगी। अब उसका जीवन निरर्थक नहीं बल्कि सार्थक हो गया था।

कैलासी रुद्र की भोली-भाली बातों पर निछावर हो गई; पर वह अपना स्नेह सुखदा से छिपाती थी, इसलिए कि माँ के हृदय में द्वेष न हो। वह रुद्र के लिए माँ से छिपकर मिठाइयाँ लाती और उसे खिलाकर प्रसन्न होती। वह दिन में दो-तीन बार उसे उबटन मलती कि बच्चा ख़ूब पुष्ट हो। वह दूसरों के सामने उसे कोई चीज़ नहीं खिलाती कि उसे नज़र लग जाएगी। सदा वह दूसरों से बच्चे के अल्पाहार का रोना रोया करती। उसे बुरी नज़र से बचाने के लिए ताबीज और गंडे लाती रहती। यह उसका विशुद्ध प्रेम था। उसमें स्वार्थ की गंध भी न थी।

इस घर से निकलकर आज कैलासी की वह दशा थी, जो थियेटर में यकायक बिजली लैम्पों के बुझ जाने से दर्शकों की होती है। उसके सामने वही सूरत नाच रही थी। कानों में वही प्यारी-प्यारी बातें गूँज रही थीं। उसे अपना घर काटे खाता था। उस कालकोठरी में दम घुटा जाता था।

रात ज्यों-त्यों कर कटी। सुबह को वह घर में झाड़ू लगा रही थी। बाहर ताज़े हलवे की आवाज़ सुनकर बड़ी फुर्ती से घर से बाहर निकल आई। तब तक याद आ गया, आज हलुवा कौन खाएगा? आज गोद में बैठकर कौन चहकेगा? वह मधुर गान सुनने के लिए जो हलवा खाते समय रुद्र की आँखों से, होंठों से, और शरीर के एक-एक अंग से बरसता, कैलासी का हृदय तड़प गया। वह व्याकुल होकर घर से बाहर निकली कि चलूँ रुद्र को देख आऊँ। पर आधे रास्ते से लौट गई।

रुद्र कैलासी के ध्यान से एक क्षण भर के लिए भी नहीं उतरता था। वह सोते-सोते चौंक पड़ती, जान पड़ता रुद्र डंडे का घोड़ा दबाए चला आता है। पड़ोसियों के पास जाती, तो रुद्र ही की चर्चा करती। रुद्र उसके दिल और जान में बसा हुआ था। सुखदा के कठोरतापूर्ण कुव्यवहार का उसके हृदय में ध्यान नहीं था। वह रोज़ इरादा करती थी कि आज रुद्र को देखने चलूँगी। उसके लिए बाज़ार से मिठाइयाँ और खिलौने लाती। घर से चलती, पर रास्ते से लौट आती। कभी दो-चार क़दम से आगे नहीं बढ़ा जाता। कौन मुँह लेकर जाऊँ। जो प्रेम को धूर्तता समझता हो, उसे कौन-सा मुँह दिखाऊँ? कभी सोचती यदि रुद्र मुझे न पहचाने तो? बच्चें के प्रेप का ठिकाना ही क्या? नई दाई से हिल-मिल गया होगा। यह ख़याल उसके पैरों पर जंजीर का काम कर जाता था।

इस तरह दो हफ़्ते बीत गए। कैलासी का जी उचटा रहता, जैसे उसे कोई लम्बी यात्रा करनी हो। घर की चीज़ें जहाँ की तहाँ पड़ी रहतीं, न खाने की सुधि थी, न कपड़े की। रात-दिन रुद्र ही के ध्यान में डूबी रहती थी। संयोग से इन्हीं दिनों बद्रीनाथ की यात्रा का समय आ गया। मुहल्ले के कुछ लोग यात्रा की तैयारियाँ करने लगे। कैलासी की दशा इस समय उस पालतू चिड़िया की-सी थी, जो पिंजड़े से निकलकर फिर किसी कोने की खोज में हो। उसे विस्मृति का यह अच्छा अवसर मिल गया। यात्रा के लिए तैयार हो गई।

6

आसमान पर काली घटाएँ छाई हुई थीं, और हलकी-हलकी फुहारें पड़ रही थीं। देहली स्टेशन पर यात्रियों की भीड़ थी। कुछ गाड़ियों पर बैठे थे, कुछ अपने घरवालों से विदा हो रहे थे। चारों तरफ़ एक हलचल-सी मची थी। संसार-माया आज भी उन्हें जकड़े हुए थी। कोई स्त्री को सावधान कर रहा था कि धान कट जावे तो तालाब वाले खेत में मटर बो देना, और बाग़ के पास गेहूँ। कोई अपने जवान लड़के को समझा रहा था, असामियों पर बकाया लगान की नालिश में देर न करना, और दो रुपए सैकड़ा सूद ज़रूर काट लेना। एक बूढ़े व्यापारी महाशय अपने मुनीम से कह रहे थे कि माल आने में देर हो तो ख़ुद चले जाइएगा, और चलतू माल लीजिएगा, नहीं तो रुपया फँस जाएगा। पर कोई-कोई ऐसे श्रद्धालु मनुष्य भी थे, जो धर्म-मग्न दिखाई देते थे। वे या तो चुपचाप आसमान की ओर निहार रहे थे या माला फेरने में तल्लीन थे। कैलासी भी एक गाड़ी में बैठी सोच रही थी, इन भले आदमियों को अब भी संसार की चिन्ता नहीं छोड़ती। वही बनिज-व्यापार, लेन-देन की चर्चा। रुद्र इस समय यहाँ होता, तो बहुत रोता, मेरी गोद से कभी न उतरता। लौटकर उसे अवश्य देखने जाऊँगी। या ईश्वर किसी तरह गाड़ी चले; गर्मी के मारे जी व्याकुल हो रहा है। इतनी घटा उमड़ी हुई है, किन्तु बरसने का नाम नहीं लेती। मालूम नहीं, यह रेलवाले क्यों देर कर रहे हैं। झूठमूठ इधर-उधर दौड़ते-फिरते हैं। यह नहीं कि झटपट गाड़ी खोल दें। यात्रियों की जान में जान आए। एकाएक उसने इंद्रमणि को बाइसिकिल लिए प्लेटफार्म पर आते देखा। उसका चेहरा उतरा हुआ, और कपड़े पसीने से तर थे। वह गाड़ियों में झाँकने लगे। कैलासी केवल यह जताने के लिए कि मैं भी यात्रा करने जा रही हूँ; गाड़ी से बाहर निकल आई। और इंद्रमणि उसे देखते ही लपककर क़रीब आ गए; और बोले—क्यों कैलासी, तुम भी यात्रा को चलीं?

कैलासी ने सगर्व दीनता से उत्तर दिया—हाँ, यहाँ क्या करूँ? ज़िन्दगी का कोई टिकाना नहीं, मालूम नहीं कब आँखें बन्द हो जाएँ, परमात्मा के यहाँ मुँह दिखाने का भी तो कोई उपाय होना चाहिए। रुद्र बाबू अच्छी तरह हैं?

इंद्रमणि—अब तो जा ही रही हो। रुद्र का हाल पूछ कर क्या करोगी? उसे आशीर्वाद देती रहना।

कैलासी की छाती धड़कने लगी। घबराकर बोली—उनका जी अच्छा नहीं है क्या?

इंद्रमणि—वह तो उसी दिन से बीमार है जिस दिन तुम वहाँ से निकलीं। दो हफ़्ते तक उसने अन्ना-अन्ना की रट लगाई। अब एक हफ़्ते से खाँसी और बुखार में पड़ा है। सारी दवाइयाँ करके हार गया, कुछ फ़ायदा न हुआ। मैंने सोचा था कि चलकर तुम्हारी अनुनय-विनय करके लिवा लाऊँगा। क्या जाने तुम्हें देखकर उसकी तबीयत सँभल जाए। पर तुम्हारे

घर पर आया तो मालूम हुआ कि तुम यात्रा करने जा रही हो। अब किस मुँह से चलने को कहूँ। तुम्हारे साथ सलूक ही कौन-सा अच्छा किया था जो इतना साहस करूँ। फिर पुण्य-कार्य में विघ्न डालने का भी डर है। जाओ, उसका ईश्वर मालिक है। आयु शेष है तो बच ही जाएगा। अन्यथा ईश्वरी गति में किसी का क्या वश।

कैलासी की आँखों के सामने अँधेरा छा गया। सामने की चीज़ें तैरती हुई मालूम होने लगीं। हृदय भावी अशुभ की आशंका से दहल गया। हृदय से निकल पड़ा—'या ईश्वर, मेरे रुद्र का बाल बाँका न हो।' प्रेम से गला भर आया। विचार किया मैं कैसी कठोरहृदया हूँ। प्यारा बच्चा रो-रोकर हलाकान हो गया, और मैं उसे देखने तक नहीं गई। सुखदा का स्वभाव अच्छा नहीं, न सही किन्तु रुद्र ने मेरा क्या बिगाड़ा था कि मैंने माँ का बदला बेटे से लिया। ईश्वर मेरा अपराध क्षमा करो। प्यारा रुद्र मेरे लिए हुड़क रहा है। (इस ख़याल से कैलासी का कलेजा मसोस उठा, और आँखों से आँसू बह निकले।) मुझे क्या मालूम था कि उसे मुझसे इतना प्रेम है। नहीं मालूम बच्चे की क्या दशा है। भयातुर हो बोली—दूध तो पीते हैं न?

इंद्रमणि—तुम दूध पीने को कहती हो! उसने दो दिन से आँखें तक नहीं खोलीं।

कैलासी—या मेरे परमात्मा! अरे कुली! कुली! बेटा, आकर मेरा सामान गाड़ी से उतार दे। अब मुझे तीरथ जाना नहीं सूझता। हाँ बेटा, जल्दी कर। बाबू जी, देखो कोई एक्का हो तो ठीक कर लो।

एक्का रवाना हुआ। सामने सड़क पर बग्घियाँ खड़ी थीं। घोड़ा धीरे-धीरे चल रहा था। कैलासी बार-बार झुँझलाती थी और एक्कावान से कहती थी, बेटा जल्दी कर। मैं तुझे कुछ ज्यादे दे दूँगी। रास्ते में मुसाफ़िरों की भीड़ देखकर उसे क्रोध आता था। उसका जी चाहता था कि घोड़े के पर लग जाते; लेकिन इंद्रमणि का मकान क़रीब आ गया तो कैलासी का हृदय उछलने लगा। बार-बार हृदय से रुद्र के लिए शुभ आशीर्वाद निकलने लगा। ईश्वर करे सब कुशल-मंगल हो। एक्का इंद्रमणि की गली की ओर मुड़ा। अकस्मात् कैलासी के कान में रोने की ध्वनि पड़ी। कलेजा मुँह को आ गया। सिर में चक्कर आ गया। मालूम हुआ नदी में डूबी जाती हूँ। जी चाहा कि एक्के पर से कूद पड़ूँ। पर थोड़ी ही देर में मालूम हुआ कि कोई स्त्री मैके से विदा हो रही है, सन्तोष हुआ। अन्त में इंद्रमणि का मकान आ पहुँचा। कैलासी ने डरते-डरते दरवाज़े की तरफ़ ताका। जैसे कोई घर से भागा हुआ अनाथ लड़का शाम को भूखा-प्यासा घर आए, दरवाज़े की ओर सटकी हुई आँखों से देखे कि कोई बैठा तो नहीं है। दरवाज़े पर सन्नाटा छाया हुआ था। महाराज बैठा सुरती मल रहा था। कैलासी को ज़रा ढाढ़स हुआ। घर में बैठी तो नई दाई पुलटिस पका रही है। हृदय में बल का संचार हुआ। सुखदा के कमरे में गई तो उसका हृदय गर्मी के मध्याह्नकाल के सदृश काँप रहा था। सुखदा रुद्र को गोद में लिए दरवाज़े की ओर एकटक ताक रही थी। शोक और करुणा की मूर्ति बनी थी।

कैलासी ने सुखदा से कुछ नहीं पूछा। रुद्र को उसकी गोद से लिया और उसकी तरफ़ सजल नयनों से देखकर कहा—बेटा रुद्र, आँखें खोलो।

रुद्र ने आँखें खोलीं, क्षण भर दाई को चुपचाप देखता रहा, तब यकायक दाई के गले से लिपट कर बोला—अन्ना आई! अन्ना आई!

रुद्र का पीला मुर्झाया हुआ चेहरा खिल उठा, जैसे बुझते हुए दीपक में तेल पड़ जाए। ऐसा मालूम हुआ मानो वह कुछ बढ़ गया है।

एक हफ़्ता बीत गया। प्रात:काल का समय था। रुद्र आँगन में खेल रहा था। इंद्रमणि ने बाहर से आकर उसे गोद में उठा लिया, और प्यार से बोले—तुम्हारी अन्ना को मारकर भगा दें?

रुद्र ने मुँह बनाकर कहा—नहीं, रोएगी।

कैलासी बोली—क्यों बेटा, तुमने तो मुझे बद्रीनाथ नहीं जाने दिया। मेरी यात्रा का पुण्य-फल कौन देगा?

इंद्रमणि ने मुस्कुराकर कहा—तुम्हें उससे कहीं अधिक पुण्य हो गया। यह तीर्थ महातीर्थ है।

विस्मृति

चित्रकूट के सन्निकट धनगढ़ नामक एक गाँव है। कुछ दिन हुए वहाँ शानसिंह और गुमानसिंह दो भाई रहते थे। ये जाति के ठाकुर (क्षत्रिय) थे। युद्धस्थल में वीरता के कारण उनके पूर्वजों को भूमि का एक भाग मुआफी प्राप्त हुआ था। खेती करते थे, भैंसें पाल रखी थीं, घी बेचते थे, मट्ठा खाते थे और प्रसन्नतापूर्वक समय व्यतीत करते थे। उनकी एक बहिन थी, जिसका नाम दूजी था। यथा नाम तथा गुण। दोनों भाई परिश्रमी और अत्यन्त साहसी थे। बहिन अत्यन्त कोमल, सुकुमारी, सिर पर घड़ा रखकर चलती तो उसकी कमर बल खाती थी; किन्तु तीनों अभी तक कुँवारे थे। प्रकटत: उन्हें विवाह की चिन्ता न थी। बड़े भाई शानसिंह सोचते, छोटे भाई के रहते हुए अब मैं अपना विवाह कैसे करूँ। छोटे भाई गुमानसिंह लज्जावश अपनी अभिलाषा प्रकट न करते थे कि बड़े भाई से पहले मैं अपना ब्याह कर लूँ? वे लोगों से कहा करते थे कि—'भाई, हम बड़े आनन्द में हैं, आनन्दपूर्ण भोजन कर मीठी नींद सोते हैं। कौन यह झंझट सिर पर ले?' किंतु लग्न के दिनों में कोई नाई या ब्राह्मण गाँव में वर ढूँढ़ने आ जाता तो उसकी सेवा-सत्कार में यह कोई बात न उठा रखते थे। पुराने चावल निकाले जाते, पालतू बकरे देवी को भेंट होते, और दूध की नदियाँ बहने लगती थीं। यहाँ तक कि कभी-कभी उसका भ्रातृ-स्नेह प्रतिद्वंद्विता एवं द्वेष-भाव के रूप में परिणत हो जाता था। इन दिनों में इनकी उदारता उमंग पर आ जाती थी, और इसमें लाभ उठाने वालों की भी कमी न थी। कितने ही नाई और ब्राह्मण ब्याह के असत्य समाचार लेकर उनके यहाँ आते, और दो-चार दिन पूड़ी-कचौड़ी खा कुछ विदाई लेकर वरक्षा (फलदान) भेजने का वादा करके अपने घर की राह लेते। किन्तु दूसरे लग्न तक वह अपना दर्शन तक न देते थे। किसी न किसी कारण भाइयों का यह परिश्रम निष्फल हो जाता था। अब कुछ आशा थी, तो दूजी से। भाइयों ने यह निश्चय कर लिया था कि इसका विवाह वहीं पर किया जाए जहाँ से एक बहू प्राप्त हो सके।

2

इसी बीच में गाँव का बूढ़ा कारिन्दा परलोक सिधारा। उसकी जगह पर एक नवयुवक ललनसिंह नियुक्त हुआ जो अँगरेज़ी की शिक्षा पाया हुआ शौकीन, रंगीन और रसीला आदमी था। दो-चार ही दिनों में उसने पनघटों, तालाबों और झरोखों की देखभाल भली-भाँति कर ली। अन्त में उसकी रसभरी दृष्टि दूजी पर पड़ी। उसकी सुकुमारता और रूपलावण्य पर मुग्ध हो गया।

भाइयों से प्रेम और परस्पर मेल-जोल पैदा किया। कुछ विवाह-सम्बन्धी बातचीत छेड़ दी। यहाँ तक कि हुक़्क़ा-पानी भी साथ-साथ होने लगा। सायं-प्रात: इनके घर पर आया करता। भाइयों ने भी उसके आदर-सम्मान की सामग्रियाँ जमा कीं। पानदान मोल लाए, क़ालीन ख़रीदी। वह दरवाज़े पर आता तो दूजी तुरन्त पान के बीड़े बनाकर भेजती। बड़े भाई कालीन बिछा देते और छोटे भाई तश्तरी में मिठाइयाँ रख लाते। एक दिन श्रीमान ने कहा—भैया शानसिंह, ईश्वर की कृपा हुई तो अब की लग्न में भाभीजी आ जाएँगी। मैंने सब बातें ठीक कर ली हैं।

शानसिंह की बाछें खिल गईं। अनुग्रहपूर्ण दृष्टि से देखकर कहा—मैं अब इस अवस्था में क्या करूँगा। हाँ, गुमानसिंह की बातचीत कहीं ठीक हो जाती, तो पाप कट जाता।

गुमानसिंह ने ताड़ का पंखा उठा लिया और झलते हुए बोले—वाह भैया! कैसी बात कहते हो?

ललनसिंह ने अकड़कर शानसिंह की ओर देखते हुए कहा—भाई साहब, क्या कहते हो, अबकी लग्न में दोनों भाभियाँ छमाछम करती हुईं घर में आवें तो बात! मैं ऐसा कच्चा मामला नहीं रखता। तुम तो अभी से बुड्ढों की भाँति बातें करने लगे। तुम्हारी अवस्था यद्यपि पचास से भी अधिक हो गई, पर देखने में चालीस वर्ष से भी कम मालूम होती है। अब दोनों विवाह होंगे, बीच खेत होंगे। यह तो बताओ, वस्त्रभूषण का समुचित प्रबन्ध है न?

शानसिंह ने उनके जूतों को सीधा करते हुए कहा—भाई साहब! आप की यदि ऐसी कृपा-दृष्टि है, तो सब कुछ हो जाएगा। आख़िर इतने दिन कमा-कमा कर क्या किया है।

गुमानसिंह घर में गए, हुक़्क़ा ताज़ा किया, तम्बाकू में दो-तीन बूँद इत्र के डाले, चिलम भरी, दूजी से कहा, कि शरबत घोल दे और हुक़्क़ा लाकर ललनसिंह के सामने रख दिया।

ललनसिंह ने दो-चार दम लगाए और बोले—नाई दो-चार दिन में आने वाला है। ऐसा घर चुना है कि चित्त प्रसन्न हो जाए, एक विधवा है। दो कन्याएँ, एक से एक सुंदर। विधवा दो-एक वर्ष में संसार को त्याग देगी और तुम एक सम्पूर्ण गाँव में दो आने के हिस्सेदार बन जाओगे। गाँव वाले जो अभी हँसी करते हैं, पीछे जल-जल मरेंगे। हाँ, भय इतना ही है कि कोई बुढ़िया के कान न भर दे कि सारा बना-बनाया खेल बिगड़ जाए।

शानसिंह के चेहरे पर हवाइयाँ उड़ने लगीं। गुमानसिंह की मुखकांति मलिन हो गई। कुछ देर बाद शानसिंह बोले—अब तो आपकी ही आशा है, आपकी जैसी राय हो, किया जाए।

जब कोई पुरुष हमारे साथ अकारण मित्रता का व्यवहार करने लगे तो हमको सोचना चाहिए कि इसमें उसका कोई स्वार्थ तो नहीं छिपा है। यदि हम अपने सीधेपन से इस भ्रम में पड़ जाएँ कि कोई मनुष्य हमको केवल अनुगृहीत करने के लिए हमारी सहायता करने पर तत्पर है तो हमें धोखा खाना पड़ेगा। किन्तु अपने स्वार्थ की धुन में ये मोटी-मोटी बातें भी हमारी निगाहों से छिप जाती हैं और छल अपने रँगे हुए भेष में आकर हमको सर्वदा के लिए परस्पर व्यवहार का उपदेश देता है। शानसिंह और गुमानसिंह ने विचार से कुछ भी काम न लिया और ललनसिंह के फंदे नित्यप्रति गाढ़े होते गए। मित्रता ने यहाँ तक पाँव पसारे कि भाइयों की अनुपस्थिति में भी वह बेधड़क घर में घुस जाते और आँगन में खड़े होकर छोटी बहन से पान-हुक़्क़ा माँगते। दूजी उन्हें देखते ही अति प्रसन्नता से पान बनाती। फिर आँखें मिलतीं, एक प्रेमाकांक्षा से बेचैन, दूसरी लज्जावश सकुची हुई। फिर मुस्कुराहट की झलक होंठों पर आती। चितवनों की शीतलता कलियों को खिला देती। हृदय नेत्रों द्वारा बातें कर लेते।

इस प्रकार प्रेमलिप्सा बढ़ती गई। उस नेत्रलिंगन में, जो मनोभावों का बाह्यरूप था, उद्विग्नता और विकलता की दशा उत्पन्न हुई। वह दूजी, जिसे कभी मनिहारे और बिसाती की रुचिकर ध्वनि भी चौखट से बाहर न निकाल सकती थी, अब एक प्रेम-विह्वलता की दशा में प्रतीक्षा की मूर्ति बनी हुई घंटों दरवाज़े पर खड़ी रहती। उन दोहे और गीतों में, जिन्हें वह कभी विनोदार्थ गाया करती थी, अब उसे विशेष अनुराग और विरह-वेदना का अनुभव होता। तात्पर्य यह कि प्रेम का रंग गाढ़ा हो गया।

शनैः-शनैः गाँव में चर्चा होने लगी। घास और कास स्वयं उगते हैं। उखाड़ने से भी नहीं जाते। अच्छे पौधे बड़ी देख-रेख से उगते हैं। इसी प्रकार बुरे समाचार स्वयं फैलते हैं, छिपाने से भी नहीं छिपते। पनघटों और तालाबों के किनारे इस विषय पर कानाफूसी होने लगी। गाँव की बनियाइन, जो अपनी तराजू पर हृदयों को तोलती थी और ग्वालिन जो जल में प्रेम का रंग देकर दूध का दाम लेती थी और तम्बोलिन जो पान के बीड़ों से दिलों पर रंग जमाती थी, बैठकर दूजी की लोलुपता और निर्लज्जता का राग अलापने लगीं। बेचारी दूजी को घर से निकलना दुर्लभ हो गया। सखी-सहेलियाँ एवं बड़ी-बूढ़ियाँ सभी उसको ताने मारतीं। सखी-सहेलियाँ हँसी से छेड़तीं और वृद्धा स्त्रियाँ हृदय-विदारक व्यंग्यों से।

मर्दों तक बातें फैलीं। ठाकुरों का गाँव था। उनकी क्रोधाग्नि भड़की। आपस में सम्मति हुई कि ललनसिंह को इस दुष्टता का दंड देना उचित है। दोनों भाइयों को बुलाया और बोले—भैया, क्या अपनी मर्यादा का नाश करके विवाह करोगे?

दोनों भाई चौंक पड़े। उन्हें विवाह की उमंग में यह सुधि ही नहीं थी कि घर में क्या हो रहा है। शानसिंह ने कहा—तुम्हारी बात मेरी समझ में नहीं आई। साफ़-साफ़ क्यों नहीं कहते।

एक ठाकुर ने जवाब दिया—साफ़-साफ़ क्या कहलाते हो। इस शोहदे ललनसिंह का अपने यहाँ आना-जाना बन्द कर दो, तुम तो अपनी आँखों पर पट्टी बाँधे ही हो, पर उसकी जान की कुशल नहीं। हमने अभी तक इसीलिए तरह दिया है कि कदाचित् तुम्हारी आँखें खुलें, किन्तु ज्ञात होता है कि तुम्हारे ऊपर उसने मुर्दे का भस्म डाल दिया है। ब्याह क्या अपनी आबरू बेचकर करोगे? तुम लोग खेत में रहते हो और हम लोग अपनी आँखों से देखते हैं कि वह शोहदा अपना बनाव-सँवार किए आता है और तुम्हारे घर में घंटों घुसा रहता है। तुम उसे अपना भाई समझते हो तो समझा करो, हम तो ऐसे भाई का गला काट लें जो विश्वासघात करे।

भाइयों के नेत्रपट खुले। दूजी के ज्वर के सम्बन्ध में जो ज्वर का सन्देह था, वह प्रेम का ज्वर निकला। रुधिर में उबाल आया। नेत्रों में चिनगारियाँ उड़ीं। तेवर बदले। दोनों भाइयों ने एक दूसरे की ओर क्रोधमय दृष्टि से देखा। मनोगत भाव जिह्वा तक न आ सके। अपने घर आए; किन्तु दर पर पाँव रखा ही था कि ललनसिंह से मुठभेड़ हो गई।

ललनसिंह ने हँसकर कहा—वाह भैया! वाह! हम तुम्हारी खोज में बार-बार आते हैं, किन्तु तुम्हारे दर्शन तक नहीं मिलते। मैंने समझा, आख़िर रात्रि में तो कुछ काम न होगा। किन्तु देखता हूँ, आपको इस समय भी छुट्टी नहीं है।

शानसिंह ने हृदय के भीतर क्रोधाग्नि को दबाकर कहा—हाँ, इस समय वास्तव में छुट्टी नहीं है।

ललनसिंह—आख़िर क्या काम है? मैं भी सुनूँ।

शानसिंह—बहुत बड़ा काम है, आपसे छिपा न रहेगा।

ललनसिंह—कुछ वस्त्रभूषण का भी प्रबन्ध कर रहे हो? अब लग्न सिर पर आ गया है।
शानसिंह—अब बड़ा लग्न सिर पर आ पहुँचा है, पहले इसका प्रबन्ध करना है।
ललनसिंह—क्या किसी से ठन गई?
शानसिंह—भली-भाँति।
ललनसिंह—किससे?
शानसिंह—इस समय जाइए, प्रातःकाल बतलाऊँगा।

3

दूजी भी ललनसिंह के साथ दरवाज़े की चौखट तक आई थी। भाइयों की आहट पाते ही ठिठक गई और यह बातें सुनीं। उसका माथा ठनका कि आज यह क्या मामला है। ललनसिंह का कुछ आदर-सत्कार नहीं हुआ। न हुक़्क़ा, न पान। क्या भाइयों के कानों में कुछ भनक तो नहीं पड़ी। किसी ने कुछ लगा तो नहीं दिया। यदि ऐसा हुआ तो कुशल नहीं।

इसी उधेड़बुन में पड़ी थी कि भाइयों ने भोजन परोसने की आज्ञा दी। जब वह भोजन करने बैठे तो दूजी ने अपनी निर्दोषिता और पवित्रता प्रकट करने के लिए एवं अपने भाइयों के दिल का भेद लेने के लिए कुछ कहना चाहा। त्रिया-चरित्र में अभी निपुण न थी। बोली—भैया, ललनसिंह से कह दो, घर में न आया करें। आप घर में रहिए तो कोई बात नहीं, किन्तु कभी-कभी आप नहीं रहते तो मुझे अत्यन्त लज्जा आती है। आज ही वह आपको पूछते हुए चले आए, अब मैं उनसे क्या कहूँ। आपको नहीं देखा तो लौट गए!

शानसिंह ने बहिन की तरफ़ ताने-भरे नेत्रों से देखकर कहा—अब वह घर में न आएँगे।

गुमानसिंह बोले—हम इसी समय जाकर उन्हें समझा देंगे।

भाइयों ने भोजन कर लिया। दूजी को पुनः कुछ कहने का साहस न हुआ। उसे उनके तेवर आज कुछ बदले हुए मालूम होते थे। भोजनोपरांत दोनों भाई दीपक लेकर भंडारे की कोठरी में गए। अनावश्यक बर्तन, पुराने सामान, पुरुखों के समय के अस्त्र-शस्त्र आदि इसी कोठरी में रखे थे। गाँव में जब कोई बकरा देवी जी को भेंट दिया जाता तो यह कोठरी खुलती थी। आज तो कोई ऐसी बात नहीं है। इतनी रात गए यह कोठरी क्यों खोली जाती है? दूजी को किसी भावी दुर्घटना का सन्देह हुआ। वह दबे पाँव दरवाज़े पर गई तो देखती क्या है कि गुमानसिंह एक भुजाली लिए पत्थर पर रगड़ रहा है। उसका कलेजा धक्-धक् करने लगा और पाँव थर्राने लगे। वह उल्टे पाँव लौटना चाहती थी कि शानसिंह की आवाज़ सुनाई दी—'इसी समय एक घड़ी में चलना ठीक है। पहली नींद बड़ी गहरी होती है। बेधड़क सोता होगा।' गुमानसिंह बोले—'अच्छी बात है, देखो, भुजाली की धार। एक हाथ में काम तमाम हो जाएगा।'

दूजी को ऐसा ज्ञात हुआ मानो किसी ने पहाड़ पर से ढकेल दिया। सारी बातें उसकी समझ में आ गईं। वह भय की दशा में घर से निकली और ललनसिंह के चौपाल की ओर चली। किन्तु वह अँधेरी रात प्रेम की घाटी थी और वह रास्ता प्रेम का कठिन मार्ग। वह इस सुनसान अँधेरी रात में चौकन्ने नेत्रों से इधर-उधर देखती, विह्वलता की दशा में शीघ्रतापूर्वक चली जाती थी। किन्तु हाय निराशा! एक-एक पल उसे प्रेम-भवन से दूर लिए जाता था। उस अँधेरी भयानक रात्रि में भटकती, न जाने वह कहाँ चली जाती थी, किससे पूछे। लज्जावश किसी से कुछ न पूछ सकती थी। कहीं चूड़ियों का झनझनाना भेद न खोल दे। क्या इन अभागे

आभूषणों को आज ही झनझनाना है? अन्त में एक वृक्ष के तले वह बैठ गई। सब चूड़ियाँ चूर-चूर कर दीं, आभूषण उतारकर आँचल में बाँध लिए। किन्तु हाय! यह चूड़ियाँ सुहाग की चूड़ियाँ थीं और यह गहने सुहाग के गहने थे जो एक बार उतारकर फिर न पहने गए।

उसी वृक्ष के नीचे पयस्विनी नदी पत्थर के टुकड़ों से टकराती हुई बहती थी। यहाँ नौकाओं का निर्वाह दुस्तर था। दूजी बैठी हुई सोचती, क्या मेरे जीवन की नदी में प्रेम की नौका दुःख की शिलाओं से टक्कर खाकर डूब जाएगी!

4

प्रात:काल ग्रामवासियों ने आश्चर्यपूर्वक सुना कि ठाकुर ललनसिंह की किसी ने हत्या कर डाली। सारे गाँव के स्त्री-पुरुष, वृद्ध-युवा सहस्रों की संख्या में चौपाल के सामने जमा हो गए। स्त्रियाँ पनघटों को जाती हुई रुक गईं। किसान हल-बैल लिए ज्यों के त्यों खड़े रह गए। किसी की समझ में न आता था कि यह हत्या किसने की। कैसा मिलनसार, हँसमुख, सज्जन मनुष्य था! उनका कौन ऐसा शत्रु था। बेचारे ने किसी पर इजाफा लगान या बेदख़ली की नालिश तक नहीं की। किसी को दो बात तक नहीं कही। दोनों भाइयों के नेत्रों से आँसू की धारा बहती थी। उनका घर उजड़ गया। सारी आशाओं पर तुषारपात हो गया। गुमानसिंह ने रोकर कहा—हम तीन भाई थे, अब दो ही रह गए। हमसे तो दाँत-काटी रोटी थी। साथ उठना, हँसी-दिल्लगी, भोजन-छाजन एक हो गया था। हत्यारे से इतना भी नहीं देखा गया। हाय! अब हमको कौन सहारा देगा?

शानसिंह ने आँसू पोंछते हुए कहा—हम दोनों भाई कपास निराने जा रहे थे। ललनसिंह से कई दिन से भेंट नहीं हुई थी। सोचे कि इधर से होते चलें, किन्तु पिछवाड़े आते ही सेंध दिखाई पड़ी। हाथों के तोते उड़ गए। दरवाज़े पर जाकर देखा तो चौकीदार-सिपाही सब सो रहे हैं। उन्हें जगाकर ललनसिंह के किवाड़ खटखटाने लगे। परन्तु बहुत बल करने पर भी किवाड़ अन्दर से न खुले तो सेंध के रास्ते से झाँका। आह? कलेजे में तीर लग गया! संसार अँधेरा दिखाई दिया। प्यारे ललनसिंह का सिर धड़ से अलग था। रक्त की नदी बह रही थी। शोक! भैया सदा के लिए बिछुड़ गए।

मध्याह्न काल तक इसी प्रकार विलाप होता रहा। दरवाज़े पर मेला लगा हुआ था। दूर-दूर से लोग इस दुर्घटना का समाचार पाकर इकट्ठे होते जाते थे। संध्या होते-होते हल्के के दारोग़ा साहब भी चौकीदार और सिपाहियों का एक झुँड लिये आ पहुँचे। कढ़ाही चढ़ गई। पूड़ियाँ छनने लगीं। दारोग़ा जी ने जाँच करनी शुरू की। घटनास्थल देखा। चौकीदारों का बयान हुआ। दोनों भाइयों के बयान लिखे। आस-पास के पासी और चमार पकड़े गए और उन पर मार पड़ने लगी। ललनसिंह की लाश लेकर थाने पर गए। हत्यारे का पता न चला। दूसरे दिन इंस्पेक्टर-पुलिस का आगमन हुआ। उन्होंने भी गाँव का चक्कर लगाया, चमारों और पासियों की मरम्मत हुई। हलुआ-मोहन, गोश्त-पूड़ी के स्वाद लेकर सायंकाल को उन्होंने भी अपनी राह ली। कुछ पासियों पर जो कि कई बार डाके-चोरी में पकड़े जा चुके थे, सन्देह हुआ। उनका चालान किया। मजिस्ट्रेट ने गवाही पुष्ट पाकर अपराधियों को सेशन सुपुर्द किया और मुक़दमे की पेशी होने लगी।

मध्याह्न का समय था। आकाश पर मेघ छाये हुए थे। कुछ बूँदें भी पड़ रही थीं। सेशन जज कुँवर विनयकृष्ण बघेल के इजलास में मुक़दमा पेश था। कुँवर साहब बड़े सोच-विचार

में थे कि क्या करूँ। अभियुक्तों के विरुद्ध साक्षी निर्बल थी। किन्तु सरकारी वकील, जो एक प्रसिद्ध नीतिज्ञ थे, नजीरों पर नजीर पेश करते जाते थे कि अचानक दूजी श्वेत साड़ी पहने, घूँघट निकाले हुए निर्भय न्यायालय में आ पहुँची और हाथ जोड़कर बोली—श्रीमान्! मैं शानसिंह और गुमानसिंह की बहन हूँ। इस मामले में जो कुछ जानती हूँ वह मुझसे भी सुन लिया जाए, इसके बाद सरकार जो फ़ैसला चाहें करें।

कुँवर साहब ने आश्चर्य से दूजी की तरफ़ दृष्टि फेरी। शानसिंह और गुमानसिंह के शरीर में काटो तो रक्त नहीं। वकीलों ने आश्चर्य की दृष्टि से उसकी ओर देखना शुरू किया। दूजी के चेहरे पर दृढ़ता झलक रही थी। भय का लेशमात्र न था। नदी आँधी के पश्चात् स्थिर दशा में थी। उसने उसी प्रवाह में कहना प्रारम्भ किया—ठाकुर ललनसिंह की हत्या करने वाले मेरे दोनों भाई हैं।

कुँवर साहब के नेत्रों के सामने से पर्दा हट गया। सारी कचहरी दंग हो गई और सब टकटकी बाँधे दूजी की तरफ़ देखने लगे।

दूजी बोली—यह वह भुजाली है, जो ललनसिंह की गर्दन पर फेरी गई है। अभी इसका ख़ून ताज़ा है। मैंने अपनी आँखों से भाइयों को इसे पत्थर पर रगड़ते देखा, उनकी बातें सुनीं। मैं उसी समय घर से बाहर निकली कि ललनसिंह को सावधान कर दूँ; किन्तु मेरा भाग्य खोटा था; चौपाल का पता न लगा। मेरे दोनों भाई सामने खड़े हैं। वह मर्द हैं, मेरे सामने असत्य कदापि न कहेंगे। इनसे पूछ लिया जाए। और सच पूछिए तो यह छुरी मैंने चलाई है। मेरे भाइयों का अपराध नहीं है। यह सब मेरे भाग्य का खेल है। यह सब मेरे कारण हुआ और न्याय की तलवार मेरी ही गर्दन पर पड़नी चाहिए। मैं ही अपराधिनी हूँ और हाथ जोड़कर कहती हूँ कि इस भुजाली से मेरी गर्दन काट ली जाए।

5

न्यायालय में एक स्त्री का आना बाजार में भानमती का आना है। अब तक अभियोग नीरस और अरुचिकर था। दूजी के आगमन ने उसमें प्राण डाल दिए। न्यायालय में एक भीड़ लग गई। मुवक्किल और वकील, अमले और दुकानदार, असावधानी की दशा में इधर-उधर दौड़ते हुए चले आते थे। प्रत्येक पुरुष उसको देखने का इच्छुक था। सहस्रों नेत्र उसके मुखड़े की तरफ़ देखते थे और वह जन-समूह में शान्ति की मूर्ति बनी हुई निश्चल खड़ी थी।

इस घटना की प्रत्येक पुरुष अपनी-अपनी समझ के अनुसार आलोचना करता था। वृद्धजन कहते थे—बेहया है, ऐसी लड़की का सिर काट लेना चाहिए। भाइयों ने वही किया, जो मर्दों का काम था। इस निर्लज्ज को तो देखो कि अपना परदा ढाँकने के बदले उसका डंका बजा रही है और भाइयों को भी डुबोए देती है। आँखों का पानी गिर गया है। ऐसी न होती तो यह दिन ही क्यों आता?

मगर नवयुवकों, स्वतंत्रता पर जान न्योछावर कर देनेवाले वकीलों और अमलों में उसके साहस और निर्भयता की प्रशंसा हो रही थी। उनकी समझ में जब यहाँ तक नौबत आ गई थी तो भाइयों का धर्म था कि दोनों का ब्याह कर देते।

कई वृद्ध वकीलों की अपने नवयुवक मित्रों से कुछ छेड़छाड़ हो गई। एक फैशनेबुल बैरिस्टर साहब ने हँसकर कहा—मित्र, और तो जो कुछ है सो है, यह स्त्री सहस्रों में एक

है, रानी मालूम होती है। सर्वसाधारण ने इनका समर्थन किया। कुँवर विनयकृष्ण इस समय कचहरी से उठे थे। बैरिस्टर साहब की बात सुनी और घृणा से मुँह फेर लिया। वह सोच रहे थे कि जिस स्त्री के क्रोध में इतनी ज्वाला है, क्या उसका प्रेम भी इसी प्रकार ज्वालापूर्ण होगा।

6

दूसरे दिन फिर दस बजे मुक़दमा पेश हुआ। कमरे में तिल रखने की भी जगह न थी। दूजी कठघरे के पास सिर झुकाए खड़ी थी। दोनों भाई कई कांस्टेबलों के बीच में चुपचाप खड़े थे। कुँवर विनयकृष्ण ने उन्हें संबोधित करके उच्च स्वर से कहा—ठाकुर शानसिंह, गुमानसिंह! तुम्हारी बहिन ने तुम्हारे सम्बन्ध में अदालत में जो कुछ बयान किया है, उसका तुम्हारे पास क्या उत्तर है?

शानसिंह ने गर्वपूर्ण भाव से उत्तर दिया—बहिन ने जो कुछ बयान किया है वह सब सत्य है। हमने अपना अपराध इसलिए छुपाया था कि हम बदनामी, बेइज़्ज़ती से डरते थे। किन्तु अब जब हमारी बदनामी जो कुछ होनी थी, हो चुकी तो हमको अपनी सफ़ाई देने की कोई आवश्यकता नहीं। ऐसे जीवन से अब मृत्यु ही उत्तम है। ललनसिंह से हमारी हार्दिक मित्रता थी। आपस में कोई विभेद न था। हम उसे अपना भाई समझते थे, किन्तु उसने हमको धोखा दिया। उसने हमारे कुल में कलंक लगा दिया और हमने उसका बदला लिया। उसने चिकनी-चुपड़ी बातों द्वारा हमारी इज़्ज़त लेनी चाही। किन्तु हम अपने कुल की मर्यादा इतनी सस्ती नहीं बेच सकते थे। स्त्रियाँ ही कुल-मर्यादा की संपत्ति होती हैं। मर्द उसके रक्षक होते हैं। जब इस संपत्ति पर कपट का हाथ उठे तो मर्दों का धर्म है कि रक्षा करें। इस पूँजी को अदालत का क़ानून, परमात्मा का भय या सद्विचार नहीं बचा सकता। हमको इसके लिए न्यायालय से जो दंड प्राप्त हो, वह शिरोधार्य है।

जज ने शानसिंह की बात सुनी। कचहरी में सन्नाटा छा गया और सन्नाटे की दशा में उन्होंने अपना फ़ैसला सुनाया। दोनों भाइयों को हत्या के अपराध में 14 वर्ष कालेपानी का दंड मिला।

7

सायंकाल हो गया था। दोनों भाई कांस्टेबलों के बीच में कचहरी से बाहर निकले। हाथों में हथकड़ियाँ थीं, पाँवों में बेड़ियाँ। हृदय अपमान से संकुचित और सिर लज्जा के बोझ से झुके हुए थे। मालूम होता था मानो सारी पृथ्वी हम पर हँस रही है।

दूजी पृथ्वी पर बैठी हुई थी कि उसने क़ैदियों के आने की आहट सुनी और उठ खड़ी हुई। भाइयों ने भी उसकी ओर देखा। परन्तु हाय! उन्हें ऐसा ज्ञात हुआ कि यह भी हमारे ऊपर हँस रही है। घृणा से नेत्र फेर लिए। दूजी ने भी उन्हें देखा; किंतु क्रोध और घृणा से नहीं, केवल एक उदासीन भाव से। जिन भाइयों की गोद में खेली और जिनके कन्धों पर चढ़कर बाल्यावस्था व्यतीत की, जिन भाइयों पर सबकुछ न्योछावर करती थी, आज वही दोनों भाई कालेपानी को जा रहे हैं जहाँ से कोई लौटकर नहीं आता और उसके रक्त में तनिक भी गति नहीं होती! रुधिर भी द्वेष से जल की भाँति जम जाता है। सूर्य की किरणें वृक्षों की डालियों से मिलीं, फिर जड़ों को चूमती हुई चल दीं। उनके लिए अंधकार गोद फैलाए हुए था। क्या इस अभागिनी स्त्री के लिए भी संसार में कोई ऐसा आश्रय नहीं था।

आकाश की लालिमा नीलावरण हो गई। तारों के कँवल खिले। वायु के लिए पुष्प-शय्या बिछ गई। ओस के लिए हरी मखमल का फ़र्श बिछ गया, किन्तु अभागिनी दूजी उसी वृक्ष के नीचे शिथिल बैठी थी। उसके लिए संसार में कोई स्थान न था। अब तक जिसे वह अपना घर समझती थी, उसके दरवाज़े उसके लिए बन्द थे। वहाँ क्या मुँह लेकर जाती? नदी को अपने उद्गम से चलकर अथाह समुद्र के अतिरिक्त अन्यत्र कहीं ठिकाना नहीं है।

दूजी उसी तरह निराशा के समुद्र में निमग्न हो रही थी, कि एक वृद्ध स्त्री उसके सामने आकर खड़ी हो गई। दूजी चौंककर उठ बैठी। वृद्ध स्त्री ने उसकी ओर आश्चर्यान्वित होकर कहा—इतनी रात बीत गई, अभी तक तुम यहीं बैठी हो?

दूजी ने चमकते हुए तारों की ओर देखकर कहा—कहाँ जाऊँ? इन शब्दों में कैसा हृदय-विदारक आशय छिपा हुआ था! कहाँ जाए? संसार में उसके लिए अपमान की गली के सिवा और कोई स्थान नहीं था।

बुढ़िया ने प्रेममय स्वर में कहा—बेटी, भाग्य में जो कुछ लिखा है, वह तो होकर ही रहेगा, किन्तु तुम कब तक यहाँ बैठी रहोगी? मैं दीन ब्राह्मणी हूँ। चलो मेरे घर रहो; जो कुछ भिक्षा-भवन माँगे मिलेगा, उसी में हम दोनों निर्वाह कर लेंगी। न जाने पूर्वजन्म में हमसे-तुमसे क्या सम्बन्ध था। जब से तुम्हारी दशा सुनी है, बेचैन हूँ। सारे शहर में आज घर-घर तुम्हारी चर्चा हो रही है। कोई कुछ कहता है, कोई कुछ। बस अब उठो, यहाँ सन्नाटे में पड़े रहना अच्छा नहीं। समय बुरा है। मेरा घर यहाँ से थोड़ी ही दूर पर है। नारायण का दिया बहुत कुछ है। मैं भी अकेली से दुकेली हो जाऊँगी। भगवान् किसी न किसी प्रकार दिन काट ही देंगे।

एक घने, सुनसान, भयानक वन में भटका हुआ मनुष्य जिधर पगडंडियों का चिह्न पाता है, उसी मार्ग को पकड़ लेता है। वह सोच-विचार नहीं करता कि मार्ग मुझे कहाँ ले जाएगा। दूजी इस बूढ़िया के साथ चली। इतनी ही प्रसन्नता से वह कुएँ में भी कूद पड़ती। वायु में उड़नेवाली चिड़िया दाने पर गिरी। क्या इन दानों के नीचे जाल बिछा हुआ था?

8

दूजी को बूढ़ी कैलासी के साथ रहते हुए एक मास बीत गया। कैलासी देखने में दीन, किन्तु मन की धनी थी। उसके पास सन्तोष रूपी धन था जो किसी के सामने हाथ नहीं फैलाता। रीवाँ के महाराजा के यहाँ से कुछ सहायता मिलती थी। यही उसके जीवन का अवलम्ब था। वह सर्वदा दूजी को ढाढ़स देती रहती थी। ज्ञात होता था कि यह दोनों माँ-बेटी हैं। एक ओर से पूर्ण सहानुभूति और ढाढ़स, दूसरी ओर से सच्ची सेवकाई और विश्वास।

कैलासी कुछ हिन्दी जानती थी। दूजी को रामायण और सीता-चरित्र सुनाती। दूजी इन कथाओं को बड़े प्रेम से सुनती। उज्ज्वल वस्त्र पर रंग भली-भाँति चढ़ता है। जिस दिन उसने सीता-वनवास की कथा सुनी, वह सारे दिन रोती रही। सोई तो सीता की मूर्ति उसके सामने खड़ी थी। उसके शरीर पर उज्ज्वल साड़ी थी, आँखों और आँसू की ओट में प्यार छिपा हुआ था। दूजी हाथ फैलाए हुए लड़कों की भाँति उनकी तरफ़ दौड़ी। माता, मुझको भी साथ लेती चलो। मैं वन में तुम्हारी सेवा करूँगी। तुम्हारे लिए पुष्प-शय्या बिछाऊँगी, तुमको कमल के थालों में फलों का भोजन कराऊँगी। तुम वहाँ अकेली एक बुड्ढे साधु के साथ कैसे रहोगी?

मैं तुम्हारे चित्त को प्रसन्न रखूँगी। जिस समय हम और तुम वन में किसी सागर के किनारे घने वृक्षों की छाया में बैठेंगी उस समय मैं वायु की धीमी-धीमी लहरों के साथ गाऊँगी।

सीता ने उसको तिरस्कार से देखकर कहा—तू कलंकिनी है, मैं तुझे स्पर्श नहीं कर सकती। तपस्या की आँच में अपने को पवित्र कर।

दूजी की आँखें खुल गईं। उसने निश्चय किया, मैं इस कलंक को मिटाऊँगी।

आकाश के नीचे समुद्र में तारागण पानी के बुलबुलों की भाँति मिटते जाते थे। दूजी ने उन झिलमिलाते हुए तारों को देखा। मैं भी उन्हीं तारों की तरह सबके नेत्रों में छिप जाऊँगी। उन्हीं बुलबुलों की भाँति मिट जाऊँगी।

विलासियों की रात हुई। संयोगी जागे। चक्कियों ने अपने सुहावने राग छेड़े। कैलासी स्नान करने चली। तब दूजी उठी और जंगल की ओर चल दी। चिड़िया पंख-हीन होने पर भी सुनहरे पिंजड़े में न रह सकी।

9

प्रकाश की धुँधली-सी झलक में कितनी आशा, कितना बल, कितना आश्वासन है, यह उस मनुष्य से पूछो जिसे अँधेरे ने एक घने वन में घेर लिया है। प्रकाश की वह प्रभा उसके लड़खड़ाते हुए पैरों को शीघ्रगामी बना देती है, उसके शिथिल शरीर में जान डाल देती है। जहाँ एक-एक पग रखना दुस्तर था, वहाँ इस जीवन-प्रकाश को देखते हुए यह मीलों और कोसों तक प्रेम की उमंगों से उछलता हुआ चला जाता है।

परन्तु दूजी के लिए आशा की यह प्रभा कहाँ थी? वह भूखी-प्यासी, उन्माद की दशा में चली जाती थी।

शहर पीछे छूटा। बाग़ और खेत आए। खेतों में हरियाली थी, वाटिकाओं में वसन्त की छटा। मैदान और पर्वत मिले। मैदानों से बाँसुरी की सुरीली तानें आती थीं। पर्वतों के शिखर मोरों की झनकार से गूँज रहे थे।

दिन चढ़ने लगा। सूर्य उसकी ओर आता हुआ दिखाई पड़ा। कुछ काल तक उसके साथ रहा। कदाचित् रूठे को मनाता था। पुनः अपनी राह चला गया। वसंत ऋतु की शीतल, मंद, सुगंधित वायु चलने लगी; खेतों ने कुहरे की चादरें ओढ़ लीं। रात हो गई और दूजी एक पर्वत के किनारे झाड़ियों से उलझती, चट्टानों से टकराती चली जाती थी, मानो किसी झील की मंद-मंद लहरों में किनारे पर उगे हुए झाऊ के पौधों का साया थरथरा रहा हो। इस प्रकार अज्ञात की खोज में अकेली निर्भय वह गिरती-पड़ती चली जाती थी। यहाँ तक कि भूख-प्यास और अधिक श्रम के कारण उसकी शक्तियों ने जवाब दे दिया। वह एक शिला पर बैठ गई और भयभीत दृष्टि से इधर-उधर देखने लगी। दाहिने-बाएँ घोर अंधकार था। उच्च पर्वतशिखाओं पर तारे जगमगा रहे थे। सामने एक टीला मार्ग रोके खड़ा था और समीप ही किसी जलधारा से दबी हुई सायँ-सायँ की आवाज़ सुनाई देती थी।

10

दूजी थककर चूर हो गई थी; पर उसे नींद न आई। सर्दी से कलेजा काँप रहा था। वायु के निर्दयी झोंके लेशमात्र भी चैन न लेने देते थे। कभी-कभी एक क्षण के लिए आँखें झपक

जातीं और फिर चौंक पड़ती। रात्रि ज्यों-त्यों व्यतीत हुई। सबेरा हुआ। चट्टान से कुछ दूर एक घना पाकर का वृक्ष था, जिसकी जड़ें सूखे पत्थरों से चिमट कर यों रस खींचती थीं जैसे कोई महाजन दीन असामियों को बाँधकर उनसे ब्याज के रुपए वसूल करता है। इस वृक्ष के सामने कई छोटी-छोटी चट्टानों ने मिलकर एक कोठरी की आकृति बना रखी थी। दाहिनी ओर लगभग दो सौ गज़ की दूरी पर नीचे की ओर पयस्विनी नदी चट्टानों और पाषाण-शिलाओं से उलझती, घूमती-घामती बह रही थी, जैसे कोई दृढ़प्रतिज्ञ मनुष्य बाधाओं का ध्यान न कर अपने इष्ट-साधन के मार्ग पर बढ़ता चला जाता है। नदी के किनारे साधु-प्रकृति बकुले चुपचाप मौनव्रत धारण किए हुए बैठे थे। सन्तोषी जल-पक्षी पानी में तैर रहे थे। लोभी टिटिहरियाँ नदी पर मँडराती थीं और रह-रहकर मछलियों की खोज में टूटती थीं। खिलाड़ी मैने नि:शंक अपने परों को खुजला-खुजला स्नान कर रहे थे। और चतुर कौवे झुंड-के-झुँड भोजन-सम्बन्धी प्रश्न को हल कर रहे थे। एक वृक्ष के नीचे मोरों की सभा सुसज्जित थी और वृक्षों की शाखाओं पर कबूतर आनन्द कर रहे थे। एक दूसरे वृक्ष पर महाशय काग एवं श्रीमान् पं. नीलकंठ जी घोर शास्त्रार्थ में प्रवृत्त थे। महाशय काग ने छेड़ने के लिए पंडित जी के निवासस्थान की ओर दृष्टि डाली थी। इस पर पंडित जी इतने क्रोधित हुए कि महाशय काग के पीछे पड़ गए। महाशय काग अपनी स्वाभाविक बुद्धिमत्ता को काम में लाकर सहज ही में भाग खड़े हुए। श्रीमान् पंडित जी बुरा-भला कहते हुए काग के पीछे पड़े। किसी भाँति महाशय जी की सर्वज्ञता ने उनकी जान बचाई।

थोड़ी देर में जंगली नीलगायों का एक झुँड आया। किसी ने पानी पिया, किसी ने सूँघ कर छोड़ दिया। दो-चार युवावस्था के मतवाले हिरन आपस में सींग मिलाने लगे। फिर एक काला हिरन अभिमान-भरे नेत्रों से देखता ऐंड़-ऐंड़ कर पग उठाता कुछ मृगनयनियों को साथ लिये नदी के किनारे आया। बच्चे थोड़ी दूर पर खेलते हुए चले आते थे। कुछ और हटकर एक वृक्ष के नीचे बन्दरों ने अपने डेरे डाल रखे थे। बच्चे क्रीड़ा करते थे। पुरुषों में छेड़छाड़ हो रही थी। रमणियाँ सानन्द बैठी हुई एक-दूसरी के बालों से जुएँ निकालती थीं और उन्हें अपने मुँह में रखती जाती थीं। दूजी एक चट्टान पर अर्द्धनिद्रा की दशा में बैठी हुई यह दृश्य देख रही थी। घाम के कारण निद्रा आ गई। नेत्रपट बन्द हो गए।

11

प्रकृति की इस रंगभूमि में दूजी ने अपने चौदह वर्ष व्यतीत किए। वह प्रतिदिन प्रात:काल इसी नदी के किनारे शिलाओं पर बैठी यही दृश्य देखती और लहरों की कारुणिक ध्वनि सुनती। उसी नदी की भाँति उसके मन में लहरें उठतीं, जो कभी धैर्य और साहस के किनारों पर चढ़कर नेत्रों द्वारा बह निकलतीं। उसे मालूम होता कि वन के वृक्ष तथा जीव-जन्तु सब मेरी ओर व्यंग्यपूर्ण नेत्रों से देख रहे हैं। नदी भी उसे देखकर क्रोध से मुँह में फेन भर लेती। जब यहाँ बैठे-बैठे उसका जी ऊब जाता तो वह पर्वत पर चढ़ जाती और दूर तक देखती। पर्वतों के बीच में कहीं-कहीं मिट्टी के घरौंदों की भाँति छोटे-छोटे मकान दिखाई देते, कहीं लहलहाती हुई हरियाली। सारा दृश्य एक नवीन वाटिका की भाँति मनोरम था। उसके दिल में एक तीव्र इच्छा होती कि उड़कर उन चोटियों पर जा पहुँचूँ। नदी के किनारे या पाकर की घनी छाया में बैठी हुई घंटों सोचा करती। बचपन के वे दिन याद आ जाते जब वह सहेलियों के

गले में बाँहें डालकर महुए चुनने जाया करती थी। फिर गुड़ियों के ब्याह का स्मरण हो जाता। पुनः अपनी प्यारी मातृभूमि की पनघट आँखों में फिर जाती। आज भी वहाँ वही भीड़ होगी, वही हास्य, चहल-पहल। पुनः अपना घर ध्यान में आता और वह गाय स्मरण आती जो कि उसको देखकर हुँकारती हुई अपने प्रेम का परिचय देती थी। मुन्नू स्मरण हो आता, जो उसके पीछे-पीछे छलाँगें मारता हुआ खेतों में जाया करता, जो बर्तन धोते समय बार-बार बर्तनों में मुँह डालता। तब ललनसिंह नेत्रों के सामने आ खड़े हो जाते थे। होंठों पर वही मुस्कुराहट, नेत्र में वही चंचलता। तब वह उठ खड़ी होती और अपना मन दूसरी ओर ले जाने की चेष्टा करती।

दिन गुज़रते थे, किन्तु बहुत धीरे-धीरे। वसंत आया। सेलम की लालिमा एवं कचनार की ऊदी पुष्पमाला अपनी यौवन-छटा दिखलाने लगी। मकोय के फल महके। गरमी का प्रारम्भ हुआ; प्रातःकाल समीर के झोंके, दोपहर की लू, जलती हुई लपट। डालियाँ फूलों से लदीं। फिर वह समय आया कि जब न दिन को सुख था और न रात को नींद। दिन तड़पता था, रात जलती थी। नदियाँ बधिकों के हृदयों की भाँति सूख गईं। वन के पशु मध्याह्न की धूप में प्यास के कारण जिह्वा निकाले पानी की खोज में इधर-उधर दौड़ते-फिरते थे। जिस प्रकार द्वेष से भरे हुए दिल तनिक-तनिक-सी बातों पर जल उठते हैं उसी प्रकार गर्मी से जलते हुए वन-वृक्ष कभी-कभी वायु के झोंकों से परस्पर रगड़ खाकर जल उठते हैं। ज्वाला ऊँची उठती थी, मानो अग्निदेव ने तारागणों पर धावा मारा है। वन में एक भगदड़-सी पड़ जाती। फिर आँधी और तूफ़ान के दिन आए। वायु की देवी गरजती हुई आती। पृथ्वी और आकाश थर्रा उठते, सूर्य छिप जाता, पर्वत भी काँप उठते। पुनः वर्षा ऋतु का जन्म हुआ। वर्षा की झड़ी लगी। वन लहराए, नदियों ने पुनः-पुनः अपने सुरीले राग छेड़े। पर्वतों के कलेजे ठंडे हुए। मैदान में हरियाली छाई। सारस की ध्वनि पर्वतों में गूँजने लगी। आषाढ़ मास में बाल्यावस्था का अल्हड़पन था। श्रावण में युवावस्था के पग बढ़े, फुहारें पड़ने लगीं। भादों कमाई के दिन थे, जिसने झीलों के कोष भर दिए। पर्वतों को धनाढ्य कर दिया। अन्त में बुढ़ापा आया। कास के उज्ज्वल बाल लहराने लगे। जाड़ा आ पहुँचा।

12

इस प्रकार ऋतु परिवर्तन हुआ। दिन और महीने गुज़रे। वर्ष आए और गए; किन्तु दूजी ने विंध्याचल के उस किनारे को न छोड़ा। गर्मियों के भयानक दिन और वर्षा की भयावनी रातें सब उसी स्थान पर काट दीं। क्या भोजन करती थी, क्या पहनती थी; इसकी चर्चा व्यर्थ है। मन पर चाहे जो बीते किन्तु भूख और ऋतु सम्बन्धी कष्ट का निवारण करना ही पड़ता है। प्रकृति की थाल सजी हुई थी। कभी बनबेरी और शरीफों के पकवान थे, कभी तेंदू, कभी मकोय और कभी राम का नाम। वस्त्रों के लिए चित्रकूट के मेले में साल में केवल एक बार जाती, मोरों के पर, हिरणों के सींग, वन औषधियाँ महँगे दामों में बिकतीं। कपड़ा भी आया, बर्तन भी आए। यहाँ तक कि दीपक जैसी विलास-वस्तु भी एकत्र हो गई। एक छोटी-सी गृहस्थी जम गई।

दूजी ने निराशा की दशा में संसार से विमुख होकर जीवन व्यतीत करना जितना सहज समझा था, उससे कहीं कठिन मालूम हुआ। आत्मानुराग में निमग्न वैरागी तो वन में रह सकता है, परन्तु एक स्त्री जिसकी अवस्था हँसने-खेलने में व्यतीत हुई हो, बिना किसी नौका के सहारे

विराट सागर को किस प्रकार पार करने में समर्थ हो सकती है? दो वर्ष के पश्चात् दूजी को एक-एक दिन वहाँ वर्ष-सा प्रतीत होने लगा। कालक्षेप करना दुस्तर हो गया। घर की सुधि एक क्षण भी विस्मृत न होती। कभी-कभी वह इतनी व्यग्र होती कि क्षणमात्र के लिए अपमान का भी भय न रहता। वह दृढ़ विचार करके उन पहाड़ियों के बीच शीघ्रता से पग बढ़ाती, घर की ओर चलती, मानो कोई अपराधी कारागार से भागा जा रहा हो। किन्तु पहाड़ियों की सीमा से बाहर आते ही उसके पग स्वयं रुक जाते। वह आगे न बढ़ सकती। तब वह ठंडी साँस भरकर एक शिला पर बैठ जाती और फूट-फूटकर रोती। फिर वह भयानक रात्रि और वही सघन कुंज, वही नदी की भयावनी गरज और शृंगालों की वही विकराल ध्वनि!

''ज्यों-ज्यों भीजै कामरी, त्यों-त्यों भारी होय'' भाग्य को धिक्कारते-धिक्कारते उसने ललनसिंह को धिक्कारना आरम्भ किया। एकांतवास ने उसमें आलोचना और विवेचना की शक्ति पैदा कर दी। मैं क्यों इस वन में मुँह छिपाए दुःख के दिन व्यतीत कर रही हूँ? यह उसी निर्दयी ललनसिंह की लगाई आग है। कैसे सुख से रहती थी। इसी ने आकर मेरे झोंपड़े में आग लगा दी। मैं अबोध और अनजान थी। उसने जान-बूझकर मेरा जीवन भ्रष्ट कर डाला। मुझे अपने आमोद का केवल एक खिलौना बनाया था। यदि उसे मुझसे प्रेम होता तो क्या वह मुझसे विवाह न कर लेता? वह भी तो चन्देल ठाकुर था। हाय! मैं कैसी अज्ञान थी। अपने पैरों में आप कुल्हाड़ी मारी। इस प्रकार मन से बातें करते-करते ललनसिंह की मूर्ति उसके नेत्रों के सम्मुख आ जाती तो वह घृणा से मुँह फेर लेती। वह मुस्कुराहट जो उसका मन हर लिया करती थी, वह प्रेममय मृदुभाषण जो उसकी नसों में सनसनाहट पैदा कर देती थी, वह क्रीड़ामय हाव-भाव जिन पर मतवाली हो जाती थी, अब उसे एक दूसरे ही रूप में दृष्टिगोचर होते। उनमें अब प्रेम की झलक न थी। अब वह कपट-प्रेम और काम-तृष्णा के गाढ़े रंग में रँगे हुए दिखाई देते थे। वह प्रेम का कच्चा घरौंदा, जिसमें वह गुड़िया बन बैठी थी, वायु के झोंके में सँभला; किन्तु जल के प्रबल प्रवाह में न सँभल सका। अब वह अभागी गुड़िया निर्दयी चट्टान पर पटक दी गई है कि रो-रोकर जीवन के दिन काटे। उन गुड़ियों की भाँति जो गोटे-पट्टे और आभूषणों से सजी हुई, मखमली पिटारे में भोग-विलास करने के पश्चात् नदी और तालाब में बहा दी जाती हैं, डूबने के लिए तरंगों में थपेड़े खाने के लिए।

ललनसिंह की तरफ़ से फिरते ही दूजी का मन एक अधीरता के साथ भाइयों की ओर मुड़ा। मैं अपने साथ उन बेचारों को व्यर्थ ले डूबी। मेरे सिर पर उस घड़ी न जाने कौन-सा भूत सवार था। उन बेचारों ने तो जो कुछ किया; मेरी ही मर्यादा रखने के लिए किया। मैं तो उन्मत्त हो रही थी। समझाने-बुझाने से क्या काम चलता! और समझाना-बुझाना तो स्त्रियों का काम है। मर्दों का समझाना तो उसी ढंग का होना चाहिए, और होता ही है। नहीं मालूम, उन बेचारों पर क्या बीती! क्या मैं उन्हें फिर कभी देखूँगी? यह विचारते-विचारते भाइयों की वह मूर्ति उसके नेत्रों में फिर जाती, जो उसने अन्तिम बार देखी थी, अब वह उस देश को जा रहे थे, जहाँ से लौटकर फिर आना मानो मृत्यु के मुख से निकल आना है—वह रक्तवर्ण नेत्र, वह अभिमान से भरी हुई चाल, वह फिरे हुए नेत्र जो एक बार उसकी ओर उठ गए थे। आह! उनमें क्रोध या द्वेष न था, केवल क्षमा थी। वह मुझ पर क्रोध क्या करते! फिर अदालत के इजलास का चित्र नेत्रों के सामने खिंच जाता। भाइयों के वह तेवर, उनकी वह आँखें, जो क्षणमात्र के लिए क्रोधाग्नि से फैल गई थीं, फिर उनकी प्यार की बातें, उनका प्रेम स्मरण

आता। पुन: वे दिन याद आते जब वह उनकी गोद में खेलती थी, जब वह उनकी उँगली पकड़कर खेतों को जाया करती थी। हाय! क्या वह दिन भी आएँगे कि मैं उनको पुनः देखूँगी।

एक दिन वह था कि दूजी अपने भाइयों के रक्त की प्यासी थी; निदान एक दिन आया कि वह पयस्विनी नदी के तट पर कंकड़ियों द्वारा दिनों की गणना करती थी। एक कृपण जिस सावधानी से रुपयों को गिन-गिनकर इकट्ठा करता है, उसी सावधानी से दूजी इन कंकड़ियों को गिन-गिनकर इकट्ठा करती थी। नित्य संध्याकाल वह इस ढेर में पत्थर का एक टुकड़ा और रख देती तो उसे क्षण-मात्र के लिए मानसिक सुख प्राप्त होता। इन कंकड़ियों का ढेर अब उसका जीवन-धन था। दिन में अनेक बार इन टुकड़ों को देखती और गिनती। असहाय पक्षी पत्थर के ढेरों से आशा के खोंते बनाता था।

यदि किसी को चिन्ता और शोक की मूर्ति देखनी हो तो वह पयस्विनी नदी के तट पर प्रतिदिन सायंकाल देख पड़ती है। डूबे हुए सूर्य की किरणों की भाँति उसका मुखमंडल पीला है। वह अपने दु:खमय विचारों में डूबी हुई, तरंगों की ओर दृष्टि लगाए बैठी रहती है। यह तरंगें इतनी शीघ्रता से कहाँ जा रही हैं? मुझे भी अपने साथ क्यों नहीं ले जातीं? क्या मेरे लिए वहाँ भी स्थान नहीं है? कदाचित् शोक क्रन्दन में यह भी मेरी संगिनी हैं। तरंगों की ओर देखते-देखते उसे ऐसा ज्ञात होता है कि मानो वह स्थिर हो गईं और मैं शीघ्रता से बही जा रही हूँ। तब वह चौंक पड़ती है और अँधेरी शिलाओं के बीच मार्ग खोजती हुई फिर अपने शोक-स्थल पर आ जाती है।

इसी प्रकार दूजी ने अपने दु:ख के दिन व्यतीत किए। तीस-तीस ढेलों के बारह ढेर बन गए; तब उसने उन्हें एक स्थान पर इकट्ठा कर दिया। वह आशा का मन्दिर उसी हार्दिक अनुराग से बनता रहा जो किसी भक्त को अपने इष्टदेव के साथ होता है। रात्रि के बारह घंटे बीत गए। पूर्व की ओर प्रात:काल का प्रकाश दिखाई देने लगा। मिलाप का समय निकट आया। इच्छा-रूपी अग्नि की लपट बढ़ी। दूजी उन ढेरों को बार-बार गिनती, महीनों के दिनों की गणना करती। कदाचित् एक दिन भी कम हो जाए। हाय! आजकल उसके मन की वह दशा थी जो प्रात:काल सूर्य के सुनहरे प्रकाश में हलकोरें लेनेवाले सागर की होती है, जिसमें वायु की तरंगों से मुस्कुराता हुआ कमल झूलता है।

13

आज दूजी इन पर्वतों और वनों से विदा होती है। वह दिन भी आ पहुँचा जिसकी राह देखते-देखते एक पूरा युग बीत गया। आज चौदह वर्ष के पश्चात् उसकी प्यासी पलकें नदी में लहरा रही हैं। बरगद की जटाएँ नागिन बन गई हैं।

उस सुनसान वन से उसका चित्त कितना दु:खित था। किन्तु आज उससे पृथक् होते हुए दूजी के नेत्र भर-भर आते हैं। जिस पाकर की छाया में उसने दु:ख के दिन बिताए, जिस गुफा में उसने रो-रोकर रातें काटीं, उसे छोड़ते आज शोक हो रहा है। यह दु:ख के साथी हैं।

सूर्य की किरणें दूजी की आशाओं की भाँति कुहरे की घटाओं को हटाती चली आती थीं। उसने अपने दु:ख के मित्रों को अब पूर्ण नेत्रों से देखा। पुन: ढेरों के पास गई, जो उसके चौदह वर्ष की तपस्या के स्मारक चिह्न थे। उन्हें एक-एक कर चूमा, मानो वह देवी जी के चबूतरे हैं, तब वह रोती हुई चली जैसे लड़कियाँ ससुराल को चलती हैं।

संध्या समय उसने शहर में प्रवेश किया और पता लगाते हुए कैलासी के घर आई। घर सूना पड़ा था। तब वह विनयकृष्ण बघेल का घर पूछते-पूछते उनके बँगले पर आई। कुँवर महाशय टहल कर आए ही थे कि उसे खड़ी देखा। पास आए। उसके मुख पर घूँघट था। दूजी ने कहा—महाराज, मैं एक अनाथ दुखिया हूँ।

कुँवर साहब ने आश्चर्य से पूछा—तुम दूजी हो! तुम इतने दिनों तक कहाँ रहीं।

कुँवर साहब के प्रेम-भाव ने घूँघट और बढ़ा दिया। इन्हें मेरा नाम स्मरण है, यह सोचकर दूजी का कलेजा धड़कने लगा। लज्जा से सिर नीचे झुक गया। लजाती हुई बोली—जिसका कोई हितू नहीं है उसका वन के सिवा अन्यत्र कहाँ ठिकाना है। मैं भी वनों में रही। पयस्विनी नदी के किनारे एक गुफा में पड़ी रही।

कुँवर साहब विस्मित हो गए। चौदह वर्ष और नदी के किनारे गुफा में। क्या कोई संन्यासी इससे अधिक त्याग कर सकता है। वह आश्चर्य से कुछ न बोल सके।

दूजी उन्हें चुपचाप देखकर बोली—मैं कैलासी के घर से सीधे पर्वत में चली गई और वहीं इतने दिन व्यतीत किए। चौदह वर्ष पूरे हो गए। जिन भाइयों की गरदन पर छुरी चलाई उनके छूटने के दिन अब आए हैं। नारायण उन्हें अब कुशलपूर्वक लावें। मैं चाहती हूँ कि उनके दर्शन करूँ और उनकी ओर से मेरे दिल में जो इच्छाएँ हैं पूर्ण हो जाएँ।

कुँवर साहब बोले—तुम्हारा हिसाब बहुत ठीक है। मेरे पास आज कलकत्ते से सरकारी पत्र आया है कि दोनों भाई चौदह तारीख़ को कलकत्ता पहुँचेंगे, उनके सम्बन्धियों को सूचना दी जाए। यहाँ कदाचित् दो-तीन दिन में आ जाएँगे। मैं सोच ही रहा था कि सूचना किसे दूँ।

दूजी ने विनयपूर्वक कहा—मेरा जी चाहता है कि वे जहाज़ पर से उतरें तो मैं उनके पैरों पर माथा नवाऊँ, उसके पश्चात् मुझे संसार में कोई अभिलाषा न रहेगी। इसी लालसा ने मुझे इतने दिनों तक जिलाया है। नहीं तो मैं आपके सम्मुख कदापि न खड़ी होती।

कुँवर विनयकृष्ण गम्भीर स्वभाव के मनुष्य थे। दूजी के आंतरिक रहस्य उनके चित्त पर एक गहरा प्रभाव डालते जाते थे। जब सारी अदालत दूजी पर हँसती थी तब उन्हें उसके साथ सहानुभूति थी और आज इसके वृत्तांत सुनकर वे इस ग्रामीण स्त्री के भक्त हो गए। बोले—यदि तुम्हारी यही इच्छा है तो मैं स्वयं तुम्हें कलकत्ता पहुँचा दूँगा। तुमने उनसे मिलने की जो रीति सोची है उससे उत्तम ध्यान में नहीं आ सकती; परन्तु तुम खड़ी हो और मैं बैठा हूँ, यह अच्छा नहीं लगता दूजी, मैं बनावट नहीं करता; जिसमें इतना त्याग और संकल्प हो वह यदि पुरुष है तो देवता है, स्त्री है तो देवी है। जब मैंने तुम्हें पहले देखा उसी समय मैंने समझ लिया था कि तुम साधारण स्त्री नहीं हो। जब तुम कैलासी के घर से चली गईं तो सब लोग कहते थे कि तुम जान पर खेल गईं। परन्तु मेरा मन कहता था कि तुम जीवित हो। नेत्रों से पृथक् होकर भी तुम मेरे ध्यान से बाहर न हो सकीं। मैंने वर्षों तुम्हारी खोज की, मगर तुम ऐसी खोह में जा छिपी थीं कि तुम्हारा कुछ पता न चला।

इन बातों में कितना अनुराग था! दूजी को रोमांच हो गया। हृदय बल्लियों उछलने लगा। उस समय उसका मन चाहता था कि इनके पैरों पर सिर रख दूँ। कैलासी ने एक बार जो बात उससे कही थी, वह बात उसे इस समय स्मरण आई। उसने भोलेपन से पूछा—क्या आप ही के कहने से कैलासी ने मुझे अपने घर में रख लिया था?

कुँवर साहब लज्जित होकर बोले—मैं इसका उत्तर कुछ न दूँगा।

रात को जब दूजी एक ब्राह्मणी के घर में नर्म बिछावन पर लेटी हुई थी तो उसके मन की वह दशा हो रही थी जो आश्विन मास के आकाश की होती है। एक ओर चन्द्र प्रकाश, दूसरी ओर घनी घटा और तीसरी ओर झिलमिलाते हुए तारे।

14

प्रात:काल का समय था। गंगा नामक स्टीमर बंगाल की खाड़ी में अभिमान से गर्दन उठाए, समुद्र की लहरों को पैरों से कुचलता हुगली के बंदरगाह की ओर चला आता था। डेढ़ सहस्त्र से अधिक आदमी उसकी गोद में थे। अधिकतर व्यापारी थे। कुछ वैज्ञानिक तत्त्वों के अनुरागी, कुछ भ्रमण करने वाले और कुछ ऐसे हिन्दुस्तानी मज़दूर जिनको अपनी मातृभूमि आकर्षित कर रही थी। उसी में दोनों भाई शानसिंह और गुमानसिंह एक कोने में बैठे निराशा की दृष्टि से किनारे की ओर देख रहे थे। दोनों हड्डियों के दो ढाँचे थे, उन्हें पहचानना कठिन था।

जहाज़ घाट पर पहुँचा। यात्रियों के मित्र और परिचित जन किनारे पर स्वागत करने के लिए अधीर हो रहे थे। जहाज़ पर से उतरते ही प्रेम की बाढ़ आ गई। मित्रगण परस्पर हाथ मिलाते थे। उनके नेत्र प्रेमाश्रु से परिपूर्ण थे। यह दोनों भाई शनै:-शनै: जहाज़ से उतरे। मानो किसी ने ढकेल कर उतार दिया। उनके लिए जहाज़ के तख़्ते और मातृभूमि में कोई अन्तर न था। वे आए नहीं, बल्कि लाए गए। चिरकाल के कष्ट और शोक ने जीवन का ज्ञान भी शेष न छोड़ा था। साहस लेशमात्र भी न था। इच्छाओं का अन्त हो चुका था। वह तट पर खड़े विस्मित दृष्टि से सामने देखते थे। कहाँ जाएँ? उनके लिए इस संसार-क्षेत्र में कोई स्थान न दिखाई देता था।

तब दूजी उस भीड़ में से निकलकर आती दिखाई दी। उसने भाइयों को खड़े देखा। तब जिस भाँति जल खाल की ओर गिरता है, उसी प्रकार अधीरता की उमंग में रोती हुई वह उनके चरणों में चिपट गई। दाहिने हाथ में शानसिंह के चरण थे, बाएँ हाथ में गुमानसिंह के, और नेत्रों से अश्रुधाराएँ प्रवाहित थीं; मानो दो सूखे वृक्षों की जड़ों में एक मुरझाई बेल चिमटी हुई है या दो संन्यासी माया और मोह की बेड़ी में बँधे खड़े हैं। भाइयों के नेत्रों से भी आँसू बहने लगे। उनके मुखमंडल बादलों में से निकलने वाले तारों की भाँति प्रकाशित हो गए। वह दोनों पृथ्वी पर बैठ गए और तीनों भाई-बहन परस्पर गले मिलकर बिलख-बिलख रोए। वह गहरी खाड़ी जो भाइयों और बहन के बीच में थी, अश्रुधाराओं से परिपूर्ण हो गई। आज चौदह वर्ष के पश्चात् भाई और बहन में मिलाप हुआ और वह घाव जिसने मांस को मांस से, रक्त को रक्त से, विलग कर दिया था, परिपूर्ण हो गया और वह उस मरहम का काम था जिससे अधिक लाभकारी और कोई मरहम नहीं होता, जो मन के मैल को साफ़ करता है, जो दु:ख को भुलानेवाला और हृदय की दाह को शान्त करनेवाला है, जो व्यंग विषैले घावों को भर देता है। यह काल का मरहम है।

दोनों भाई घर को लौटे। पट्टीदारों के स्वप्न भंग हो गए। हित-मित्र इकट्ठे हुए। ब्रह्मभोज का दिन निश्चित हुआ। पूड़ियाँ पकने लगीं, घी की सर्वश्रेष्ठ ब्राह्मणों के लिए, तेल की पासी-चमारों के लिए। कालेपानी का पाप इस घी के साथ भस्म हो गया।

दूजी भी कलकत्ते से भाइयों के साथ चली; प्रयाग तक आई। कुँवर विनयकृष्ण भी उनके साथ थे। भाइयों से कुँवर साहब ने दूजी के सम्बन्ध में कुछ बातें कीं; उनकी भनक दूजी के कानों में पड़ी। प्रयाग में दोनों भाई-बहन रुक गए कि त्रिवेणी में स्नान करते चलें। कुँवर

विनयकृष्ण अपने ध्यान में सब ठीक करके मन प्रसन्न करनेवाली आशाओं का स्वप्न देखते हुए चले गए, किन्तु फिर वहाँ से दूजी का पता न चला। मालूम नहीं क्या हुई, कहाँ चली गई। कदाचित् गंगा जी ने उसे अपनी गोद में लेकर सदा के दु:ख से मुक्त कर दिया। भाई बहुत रोए-पीटे किन्तु क्या करते। जिस स्थान पर दूजी ने अपने वनवास के चौदह वर्ष व्यतीत किए थे वहाँ दोनों भाई प्रतिवर्ष जाते हैं और उन पत्थरों के ढेरों से चिमट-चिमट कर रोते हैं।

कुँवर साहब ने भी पेंशन ले ली। अब चित्रकूट में रहते हैं। दार्शनिक विचारों के पुरुष थे, जिस प्रेम की खोज थी वह न मिला। एक बार कुछ आशा दिखाई दी थी, जो चौदह वर्ष एक विचार के रूप में स्थित रही। एकाएक आशा की धुँधली झलक भी एक बार झिलमिलाते हुए दीपक की भाँति हँसकर सदा के लिए अदृश्य हो गई।

प्रारब्ध

लाला जीवनदास को मृत्युशय्या पर पड़े 6 मास हो गए हैं। अवस्था दिनोंदिन शोचनीय होती जाती है। चिकित्सा पर उन्हें अब ज़रा भी विश्वास नहीं रहा। केवल प्रारब्ध का ही भरोसा है। कोई हितैषी वैद्य या डॉक्टर का नाम लेता है तो मुँह फेर लेते हैं। उन्हें जीवन की अब कोई आशा नहीं है। यहाँ तक कि अब उन्हें अपनी बीमारी के ज़िक्र से भी घृणा होती है। एक क्षण के लिए भूल जाना चाहते हैं कि मैं काल के मुख में हूँ। एक क्षण के लिए इस दुस्साध्य चिन्ता-भार को सिर से फेंककर स्वाधीनता से साँस लेने के लिए उनका चित्त लालायित हो जाता है। उन्हें राजनीति से कभी रुचि नहीं रही। अपनी व्यक्तिगत चिन्ताओं ही में लीन रहते। लेकिन अब उन्हें राजनीतिक विषयों से विशेष प्रेम हो गया है। अपनी बीमारी की चर्चा के अतिरिक्त वह प्रत्येक विषय को शौक़ से सुनते हैं, किन्तु ज्यों ही किसी ने सहानुभूति से किसी औषधि का नाम लिया कि उनकी त्योरी बदल जाती है। अंधकार में विलापध्वनि इतनी आशाजनक नहीं होती जितनी प्रकाश की एक झलक।

यह यथार्थवादी पुरुष थे। धर्म-अधर्म, स्वर्ग-नरक की व्यवस्थाएँ उनकी विचार-परिधि से बाहर थीं। यहाँ तक कि अज्ञात भय से भी वे शंकित न होते थे। लेकिन उसका कारण उनकी मानसिक शिथिलता न थी, बल्कि लोक-चिन्ता ने परलोक-चिन्ता का स्थान ही शेष न रखा था। उनका परिवार बहुत छोटा था, पत्नी थी और एक बालक। लेकिन स्वभाव उदार था, ऋण से बढ़ा रहता था। उस पर यह असाध्य और चिरकालीन रोग ने ऋण पर कई दर्जे की वृद्धि कर दी थी। मेरे पीछे निस्सहायों का क्या हाल होगा? ये किसके सामने हाथ फैलाएँगे? कौन इनकी ख़बर लेगा? हाय! मैंने विवाह क्यों किया? पारिवारिक बंधन में क्यों फँसा? क्या इसलिए कि ये संसार के हिमतुल्य दया के पात्र बनें? क्या अपने कुल की प्रतिष्ठा और सम्मान को यों विनष्ट होने दूँ? जिस जीवनदास ने सारे नगर को अपनी अनुग्रह-दृष्टि से प्लावित कर दिया था उसी के पोते और बहू द्वार-द्वार ठोकरें खाते फिरें? हाय, क्या होगा? कोई अपना नहीं, चारों ओर भयावह वन है! कहीं मार्ग का पता नहीं। यह सरल रमणी, यह अबोध बालक! इन्हें किस पर छोड़ूँ?

हम अपनी आन पर जान देते थे। हमने किसी के सामने सिर नहीं झुकाया। किसी के ऋणी नहीं हुए। सदैव गर्दन उठाकर चले; और अब यह नौबत है कि कफ़न का भी ठिकाना नहीं!

2

आधी रात गुज़र चुकी। जीवनदास की हालत आज बहुत नाजुक थी। बार-बार मूर्च्छा आ जाती। बार-बार हृदय की गति रुक जाती। उन्हें ज्ञात होता था कि अब अन्त निकट है। कमरे में एक लैम्प जल रहा था। उनकी चारपाई के समीप ही प्रभावती और उसका बालक साथ सोए हुए थे। जीवनदास ने कमरे की दीवारों को निराशापूर्ण नेत्रों से देखा जैसे कोई भटका हुआ पथिक निवास-स्थान की खोज में हो! चारों ओर से घूमकर उनकी आँखें प्रभावती के चेहरे पर जम गईं। हा! यह सुन्दरी एक क्षण में विधवा हो जाएगी! यह बालक पितृहीन हो जाएगा। यही दोनों व्यक्ति मेरी जीवन-आशाओं के केन्द्र थे। मैंने जो कुछ किया, इन्हीं के लिए किया। मैंने अपना जीवन इन्हीं पर समर्पण कर दिया था और अब इन्हें मँझधार में छोड़े जाता हूँ। इसलिए कि वे विपत्ति भँवर के कौर बन जाएँ। इन विचारों ने उनके हृदय को मसोस दिया। आँखों से आँसू बहने लगे।

अचानक उनके विचार-प्रवाह में एक विचित्र परिवर्तन हुआ। निराशा की जगह मुख पर एक दृढ़ संकल्प की आभा दिखाई दी, जैसे किसी गृहस्वामिनी की झिड़कियाँ सुनकर एक दीन भिक्षुक के तेवर बदल जाते हैं। नहीं, कदापि नहीं! मैं अपने प्रिय पुत्र और अपनी प्राण-प्रिया पत्नी पर प्रारब्ध का अत्याचार न होने दूँगा। अपने कुल की मर्यादा को भ्रष्ट न होने दूँगा। अबला को जीवन की कठिन परीक्षा में न डालूँगा। मैं मर रहा हूँ, लेकिन प्रारब्ध के सामने सिर न झुकाऊँगा। उसका दास नहीं, स्वामी बनूँगा। अपनी नौका को निर्दय तरंगों के आश्रित न बनने दूँगा।

'निःसन्देह संसार मुँह बनाएगा। मुझे दुरात्मा, घातक नराधम कहेगा। इसलिए कि उसके पाशविक आमोद में, उसकी पैशाचिक क्रीड़ाओं में एक व्यवस्था कम हो जाएगी। कोई चिन्ता नहीं, मुझे सन्तोष तो रहेगा कि उसका अत्याचार मेरा बाल भी बाँका नहीं कर सकता। उसकी अनर्थ लीला से मैं सुरक्षित हूँ।'

जीवनदास के मुख पर वर्णहीन संकल्प अंकित था। वह संकल्प जो आत्म-हत्या का सूचक है। वह बिछौने से उठे, मगर हाथ-पाँव थर-थर काँप रहे थे। कमरे की प्रत्येक वस्तु उन्हें आँखें फाड़-फाड़कर देखती हुई जान पड़ती थीं। आलमारी के शीशे में अपनी परछाईं दिखाई दी। चौंक पड़े, वह कौन? ख़याल आ गया, यह तो अपनी छाया है। उन्होंने आलमारी से एक चमचा और एक प्याला निकाला। प्याले में वह ज़हरीली दवा थी जो डॉक्टर ने उनकी छाती पर मलने के लिए दी थी! प्याले को हाथ में लिए चारों ओर सहमी हुई दृष्टि से ताक़ते हुए वह प्रभावती के सिरहाने आकर खड़े हो गए। हृदय पर करुणा का आवेग हुआ। 'आह! इन प्यारों को क्या मेरे ही हाथों मरना लिखा था? मैं ही इनका यमदूत बनूँगा। यह अपने ही कर्मों का फल है। मैं आँखें बन्द करके वैवाहिक बन्धन में फँसा। इन भावी आपदाओं की ओर क्यों मेरा ध्यान न गया? मैं उस समय ऐसा हर्षित और प्रफुल्लित था, मानो जीवन एक अनादि सुख-स्वर है, एक-एक सुधामय आनन्द सरोवर। यह इसी अदूरदर्शिता का परिणाम है कि आज मैं यह दुर्दिन देख रहा हूँ।'

हठात् उनके पैरों में कम्पन हुआ, आँखों में अँधेरा छा गया, नाड़ी की गति बन्द होने लगी। वे करुणामयी भावनाएँ मिट गईं। शंका हुई, कौन जाने यही दौरा जीवन का अन्त न हो। वह सँभलकर उठे और प्याले से दवा का एक चम्मच निकालकर प्रभावती के मुँह में डाल दिया। उसने नींद में दो-एक बार मुँह डुलाकर करवट बदल ली। तब उन्होंने लखनदास का मुँह खोलकर उसमें भी एक चम्मच भर दवा डाल दी और प्याले को ज़मीन पर पटक दिया। पर हा! मानव-परवशता! हा प्रबल भावी! भाग्य की विषम क्रीड़ा अब भी उनसे चाल चल रही थी। प्याले में विष न था। वह टानिक था जो डॉक्टर ने उनका बल बढ़ाने के लिए दिया था।

प्याले को रखते ही उनके काँपते हुए पैर स्थिर हो गए, मूर्च्छा के सब लक्षण जाते रहे। चित्त पर भय का प्रकोप हुआ। वह कमरे में एक क्षण भी न ठहर सके। हत्या-प्रकाश का भय हत्या-कर्म से भी कहीं दारुण था। उन्हें दंड की चिन्ता न थी; पर निन्दा और तिरस्कार से बचना चाहते थे। वह घर से इस तरह बाहर निकले, जैसे किसी ने उन्हें ढकेल दिया हो, उनके अंगों में कभी इतनी स्फूर्ति न थी। घर सड़क पर था, द्वार पर एक ताँगा मिला! उस पर जा बैठे। नाड़ियों में विद्युत-शक्ति दौड़ रही थी।

ताँगेवाले ने पूछा—कहाँ चलूँ?

जीवनदास—जहाँ चाहो।

ताँगेवाला—स्टेशन चलूँ?

जीवनदास—वहीं सही।

ताँगेवाला—छोटी लैन चलूँ या बड़ी लैन?

जीवनदास—जहाँ गाड़ी जल्दी मिल जाए।

ताँगेवाले ने उन्हें कौतूहल से देखा। परिचित था, बोला—आपकी तबीयत अच्छी नहीं है, क्या और कोई साथ न जाएगा?

जीवनदास ने जवाब दिया—नहीं, मैं अकेला ही जाऊँगा।

ताँगेवाला—आप कहाँ जाना चाहते हैं?

जीवनदास—बहुत बातें न करो। यहाँ से जल्दी चलो।

ताँगेवाले ने घोड़े को चाबुक लगाया और स्टेशन की ओर चला। जीवनदास वहाँ पहुँचते ही ताँगे से कूद पड़े और स्टेशन के अन्दर चले। ताँगेवाले ने कहा—पैसे?

जीवनदास को अब ज्ञात हुआ कि मैं घर से कुछ नहीं लेकर चला, यहाँ तक कि शरीर पर वस्त्र भी न थे। बोले—पैसे फिर मिलेंगे।

ताँगेवाला—आप न जाने कब लौटेंगे।

जीवनदास—मेरा जूता नया है, ले लो।

ताँगेवाले का आश्चर्य और भी बढ़ा, समझा इन्होंने शराब पी है, अपने आपे में नहीं हैं। चुपके से जूते लिए और चलता हुआ।

गाड़ी के आने में अभी घंटों की देर थी। जीवनदास प्लेटफार्म पर जाकर टहलने लगे। धीरे-धीरे उनकी गति तीव्र होने लगी, मानो कोई उनका पीछा कर रहा है। उन्हें इसकी बिलकुल चिन्ता न थी कि मैं ख़ाली हाथ हूँ। जाड़े के दिन थे। लोग सरदी के मारे अकड़े जाते थे, किन्तु उन्हें ओढ़ने-बिछौने की भी सुधि न थी। उनकी चैतन्यशक्ति नष्ट हो गई थी; केवल अपने दुष्कर्म का ज्ञान जीवित था। ऐसी शंका होती थी कि प्रभावती मेरे पीछे दौड़ी चली आती है,

कभी भ्रम होता कि लखनदास भागता हुआ आ रहा है, कभी पड़ोसियों के धर-पकड़ की आवाज़ कानों में आती थी, उनकी कल्पना प्रतिक्षण उत्तेजित होती जाती थी, यहाँ तक कि वह प्राणभय से माल के बोरों के बीच में जा छिपे। एक-एक मिनट पर चौंक पड़ते थे और सशंक नेत्रों से इधर-उधर देखकर फिर छिप जाते थे। उन्हें अब यह भी स्मरण न रहा कि मैं यहाँ क्या करने आया हूँ, केवल अपनी प्राणरक्षा का ज्ञान शेष था। घंटियाँ बजीं, मुसाफ़िरों के झुंड के झुंड आने लगे, कुलियों की बक-झक, मुसाफ़िरों की चीख़ और पुकार, आने-जानेवाले इंजिनों की धक-धक से हाहाकार मचा हुआ था; किन्तु जीवनदास उन बोरों के बीच में इस तरह पैंतरे बदल रहे थे मानो वे चैतन्य होकर उन्हें घेरना चाहते हैं।

निदान गाड़ी स्टेशन पर आकर खड़ी हो गई। जीवनदास सँभल गए। स्मृति जागृत हो गई। लपककर बोरों में से निकले और एक कमरे में जा बैठे।

इतने में गाड़ी के द्वार पर 'खट-खट' की ध्वनि सुनाई दी। जीवनदास ने चौंककर देखा, टिकट का निरीक्षक खड़ा था। उनकी अचेतावस्था भंग हो गई। वह कौन-सा नशा है, जो मार के आगे भाग न जाए। व्याधि की शंका संज्ञा को जागृत कर देती है। उन्होंने शीघ्रता से जल-गृह खोला और उसमें घुस गए। निरीक्षक ने पूछा—'और कोई नहीं?' मुसाफ़िरों ने एक स्वर से कहा—'अब कोई नहीं है।' जनता को अधिकारी वर्ग से एक नैसर्गिक द्वेष होता है। गाड़ी चली तो जीवनदास बाहर निकले। यात्रियों ने एक प्रचंड हास्यध्वनि से उनका स्वागत किया। यह देहरादून मेल था।

3

रास्ते भर जीवनदास कल्पनाओं में मग्न रहे। हरिद्वार पहुँचे तो उनकी मानसिक अशान्ति बहुत कुछ कम हो गई थी। एक क्षेत्र से कम्बल लाए, भोजन किया और वहीं पड़ रहे। अनुग्रह के कच्चे धागे को वह लोहे की बेड़ी समझते थे; पर दुरवस्था ने आत्म-गौरव का नाश कर दिया था।

इस भाँति कई दिन बीत गए, किन्तु मौत का तो कहना ही क्या, वह व्याधि भी शान्त होने लगी, जिसने जीवन से निराश कर दिया था। उनकी शक्ति दिनोंदिन बढ़ने लगी। मुख की कांति प्रदीप्त होने लगी, वायु का प्रकोप शान्त हो गया, मानो दो प्रिय प्राणियों के बलिदान ने मृत्यु को तृप्त कर दिया था।

जीवनदास को यह रोग-निवृत्ति उस दारुण रोग से भी अधिक दुखदाई प्रतीत होती थी। वे अब मृत्यु-आह्वान करते, ईश्वर से प्रार्थना करते कि फिर उसी जीर्णावस्था का दुरागम हो, नाना प्रकार के कुपथ्य करते, किन्तु कोई प्रयत्न सफल न होता था। उन बलिदानों ने वास्तव में यमराज को सन्तुष्ट कर दिया था।

अब उन्हें चिन्ता होने लगी; क्या मैं वास्तव में ज़िन्दा रहूँगा। लक्षण ऐसे ही दीख पड़ते थे। नित्यप्रति यह शंका प्रबल होती जाती थी। उन्होंने प्रारब्ध को अपने पैरों पर झुकाना चाहा था, पर अब स्वयं उसके पैरों की रज चाट रहे थे। उन्हें बार-बार अपने ऊपर क्रोध आता, कभी व्यग्र होकर उठते कि जीवन का अन्त कर दूँ, तकदीर को दिखा दूँ कि मैं अब भी उसे कुचल सकता हूँ; किन्तु उसके हाथों विकट यंत्रणा भोगने के बाद उन्हें भय होता था कि कहीं इससे भी जटिल समस्या न उपस्थित हो जाए, क्योंकि उन्हें उसकी शक्ति का कुछ-कुछ अनुमान हो गया था। इन विचारों ने उनके मन में नास्तिकता के भाव उत्पन्न किए। वर्तमान

भौतिक शिक्षा ने उन्हें पहले ही अनात्मवादी बना दिया था। अब उन्हें समस्त प्रकृति अनर्थ और अधर्म के रंग में डूबी हुई मालूम होने लगी। यहाँ न्याय नहीं, दया नहीं, सत्य नहीं। असम्भव है कि यह सृष्टि किसी कृपालु शक्ति के अधीन हो और उसके ज्ञान में नित्य ऐसे वीभत्स, ऐसे भीषण अभिनय होते रहें। वह न दयालु है, न वत्सल है। वह सर्वज्ञानी और अंतर्यामी भी नहीं, निस्सन्देह वह एक विनाशिनी, वक्र और विकारमयी शक्ति है। सांसारिक प्राणियों ने उसकी अनिष्ट क्रीड़ा से भयभीत होकर उसे सत्य का सागर, दया और धर्म का भंडार, प्रकाश और ज्ञान का स्रोत बना दिया है। यह हमारा दीन-विलाप है। अपनी दुर्बलता का अश्रुपात। इसी शक्तिहीनता को, इसी नि:सहायता को हम उपासना और आराधना कहते हैं और उस पर गर्व करते हैं। दार्शनिकों का कथन है कि यह प्रकृति अटल नियमों के अधीन है, यह भी उनकी श्रद्धालुता है। नियम जड़, अचैतन्य होते हैं उनमें कपट के भाव कहाँ? इन नियमों का संचालक, इस इंद्रजाल का मदारी अवश्य है, यह स्पष्ट है; किन्तु वह प्राणी देवता नहीं, पिशाच है।

इन भावों ने शनै:-शनै: क्रियात्मक रूप धारण किया। सद्भक्ति हमें ऊपर ले जाती है, असद्भक्ति हमें नीचे गिराती है। जीवनदास की नौका का लंगर उखड़ गया। अब उसका न कोई लक्ष्य था और न कोई आधार, तरंगों में डाँवाँडोल होती रहती थी।

4

पन्द्रह वर्ष बीत गए। जीवनदास का जीवन आनन्द और विलास में कटता था। रमणीक निवास-स्थान था, सवारियाँ थीं, नौकर-चाकर थे। नित्य राग-रंग होता रहता था। अब इंद्रियलिप्सा उनका धर्म था, वासना-तृप्ति उनका जीवनतत्त्व। वे विचार और विवेक के बन्धनों से मुक्त हो गए थे। नीति और अनीति का ज्ञान लुप्त हो गया था। साधनों की भी कमी नहीं थी। बँधे बैल और खुले साँड़ में बड़ा अन्तर है। एक रातिब पाकर भी दुर्बल है, दूसरा घास-पात ही खाकर मस्त हो रहा है। स्वाधीनता बड़ी पोषक वस्तु है।

जीवनदास को अब अपनी स्त्री और बालक की याद न सताती थी। भूत और भविष्य का उनके हृदय पर कोई चिह्न न था। उनकी निगाह केवल वर्तमान पर रहती थी। वह धर्म को अधर्म समझते थे और अधर्म को धर्म। उन्हें सृष्टि का यह मूलतत्त्व प्रतीत होता था। उनका जीवन स्वयं इसी दुर्नीति का उज्ज्वल प्रमाण था। आत्मबंधन को तोड़कर वे जितने उत्सित हुए, वहाँ तक उन बन्धनों में पड़े हुए उनकी दृष्टि भी न पहुँच सकती थी। जिधर आँख उठती, अधर्म का साम्राज्य दीख पड़ता था। यही सफल जीवन का मंत्र था। स्वेच्छाचारी हवा में उड़ते हैं, धर्म के सेवक एड़ियाँ रगड़ते हैं। व्यापार और राजनीति के भवन, ज्ञान और भक्ति के मन्दिर, साहित्य और काव्य की रंगशाला, प्रेम और अनुराग मंडलियाँ सब इसी दीपक से आलोकित हो रही हैं। ऐसी विराट् ज्योति की आराधना क्यों न की जाए?

गरमी के दिन थे, संध्या का समय। हरिद्वार के रेलवे-स्टेशन पर यात्रियों की भीड़ थी। जीवनदास एक गेरुए रंग की रेशमी चादर गले में डाले, सुनहरा चश्मा लगाए, दिव्य ज्ञान की मूर्ति बने हुए अपने सहचरों के साथ प्लेटफार्म पर टहल रहे थे। उनकी भेदक दृष्टि यात्रियों पर लगी हुई थी। अचानक उन्हें दूसरे दर्जे के कमरे में एक शिकार दिखाई दिया। यह एक रूपवान युवक था। चेहरे से प्रतिभा झलक रही थी। उसकी घड़ी की जंजीर सुनहरी थी, तनजेब

की अचकन के बटन भी सोने के थे। जिस प्रकार बधिक की दृष्टि पशु के मांस और चर्म पर रहती है, उसी प्रकार जीवनदास की दृष्टि में मनुष्य एक भोग्य पदार्थ था। उनके अनुमान ने आश्चर्यजनक कुशलता प्राप्त कर ली थी और उससे कभी भूल न होती थी। वह युवक अवश्य कोई रईस है। सरल और गौरवशील भी है अतएव सुगमता से जाल में फँस जाएगा। उस पर अपनी सिद्धता का सिक्का बिठाना चाहिए। उसकी सरल-हृदयता पर निशाना मारना चाहिए। मैं गुरु बनूँ, यह दोनों मेरे शिष्य बन जाएँ, छल की घातें चलें, मेरी अपार विद्वत्ता, अलौकिक कीर्ति और अगाध वैराग्य का मधुर गान हो, शब्दाडम्बरों के दाने बिखेर दिए जाएँ और मृग पर फंदा डाल दिया जाए।

यह निश्चय करके जीवनदास कमरे में दाख़िल हुए। युवक ने उनकी ओर ग़ौर से देखा, जैसे अपने भूले हुए मित्र को पहचानने की चेष्टा कर रहा हो। अब अधीर होकर बोला—महात्मा जी, आपका स्थान कहाँ है?

जीवनदास प्रसन्न होकर बोला—बच्चा, संतों का स्थान कहाँ? समस्त संसार हमारा स्थान है।

युवक ने पूछा—आपका शुभ नाम लाला जीवनदास तो नहीं है?

जीवनदास चौंक पड़े। छाती बल्लियों उछलने लगी। चेहरे पर हवाइयाँ उड़ने लगीं। कहीं यह खुफिया पुलिस का कर्मचारी तो नहीं है? कुछ निश्चय न कर सके, क्या उत्तर दूँ। गुम-सुम हो गए।

युवक ने असमंजस में पड़े देखकर कहा—मेरी यह धृष्टता क्षमा कीजिएगा। मैंने यह बात इसलिए पूछी कि आपका श्रीमुख मेरे पिताजी से बहुत मिलता है। वे बहुत दिनों से ग़ायब हैं। लोग कहते हैं, संन्यासी हो गए। बरसों से उन्हीं की तलाश में मारा फिर रहा हूँ।

जिस प्रकार क्षितिज पर मेघराशि चढ़ती है और क्षणमात्र में संपूर्ण वायुमंडल को घेर लेती है उसी प्रकार जीवनदास को अपने हृदय में पूर्व-स्मृतियों की एक लहर-सी उठती हुई मालूम हुई। गला फँस गया और आँखों के सामने प्रत्येक वस्तु तैरती हुई जान पड़ने लगी। युवक की ओर सचेष्ट नेत्रों से देखा, स्मृति सजग हो गई। उसके गले से लिपटकर बोले—लक्खू?

लखनदास उनके पैरों पर गिर पड़ा।

'मैंने बिलकुल नहीं पहचाना।'

'एक युग हो गया।'

5

आधी रात गुज़र चुकी थी। लखनदास सो रहा था और जीवनदास खिड़की से सिर निकाले विचारों में मग्न थे। प्रारब्ध का एक नया अभिनय उनके नेत्रों के सामने था। वह धारणा जो अतीत काल से उनकी पथ-प्रदर्शक बनी हुई थी, हिल गई। मुझे अहंकार ने कितना विवेकहीन बना दिया था! समझता था, मैं ही सृष्टि का संचालक हूँ, मेरे मरने पर परिवार का अध:पतन हो जाएगा पर मेरी यह दुश्चिन्ता कितनी मिथ्या निकली। जिन्हें मैंने विष दिया, वे आज जीवित हैं, सुखी हैं और सम्पत्तिशाली हैं। असम्भव था कि लक्खू को ऐसी उच्च शिक्षा दे सकता। माता के पुत्र-प्रेम और अध्यवसाय ने कठिन मार्ग कितना सुगम कर दिया। मैं उसे इतना सच्चरित्र, इतना दृढ़ संकल्प, इतना कर्तव्यशील कभी न बना सकता। यह स्वावलम्बन का फल है।

मेरा विष उसके लिए अमृत हो गया। कितना विनयशील, हँसमुख, निःस्पृह और चतुर युवक है। मुझे तो अब उसके साथ बैठते भी संकोच होता है। मेरा सौभाग्य कैसे उदय हुआ है। मैं विराट जगत् को किसी पैशाचिक शक्ति के अधीन समझता था, जो दीन प्राणियों के साथ बिल्ली और चूहे का खेल खेलाती है। हा मूर्खता! हा अज्ञान! आज मुझ जैसा पापी मनुष्य इतना सुखी है! इसमें सन्देह नहीं कि इस जगत् का स्वामी दया और कृपा का महासागर है। प्रातःकाल मुझे उस देवी से साक्षात् होगा, जिसके साथ जीवन के क्या-क्या सुख नहीं भोगे! मेरे पोते और पोतियाँ मेरी गोद में खेलेंगी। मित्रगण मेरा स्वागत करेंगे। ऐसे दयामय भगवान् को मैं अमंगल का मूल समझता था!

इस विचार में पड़े हुए जीवनदास को नींद आ गई। जब आँखें खुलीं तो लखनऊ की प्रिय और परिचित ध्वनि कानों में आई। वे चौंककर उठ बैठे। लखनदास असबाब उतरवा रहे थे। स्टेशन के बाहर उनकी फिटन खड़ी थी। दोनों आदमी उस पर बैठे। जीवनदास का हृदय आह्वान से भर रहा था। मौन-रूप बैठे हुए थे, मानो समाधि में हों।

फिटन चली। जीवनदास को प्रायः सभी चीज़ें नई मालूम होती थीं। न वे बाज़ार, न वे गली-कूचे, न वे प्राणी थे। युगांतर-सा हो गया था। निदान उन्हें एक रमणीक बँगला-सा दिखाई पड़ा, जिसके द्वार पर मोटे अक्षरों में अंकित था—

'जीवनदास-पाठशाला'

जीवनदास ने विस्मित होकर पूछा—क्या है?

लखनदास ने कहा—माता जी ने आपके स्मृति-रूप यह पाठशाला खोली है। कई लड़के छात्रवृत्ति पाते हैं!

जीवनदास का दिल और भी बैठ गया। मुँह से एक ठंडी साँस निकल आई।

थोड़ी देर के बाद फिटन रुकी, लखनदास उतर पड़े। नौकरों ने असबाब उतारना शुरू किया। जीवनदास ने देखा, एक पक्का दो-मंज़िला मकान था। उनके पुराने खपरैलवाले घर का कोई चिह्न न था। केवल एक नीम का वृक्ष बाक़ी था। दो कोमल बालक 'बाबू जी' कहते हुए दौड़े और लखनदास के पैरों से लिपट गए। घर में एक हलचल-सी मच गई। दीवानख़ाने के पीछे एक सुन्दर पुष्पवाटिका थी। जीवनदास ऐसे चकित हो रहे थे मानो कोई तिलिस्म देख रहे हों।

6

रात्रि का समय था। बारह बज चुके थे। जीवनदास को किसी करवट नींद न आती थी। अपने जीवन का चित्र उनके सामने था। इन पन्द्रह वर्षों में उन्होंने जो काँटे बोये थे वे इस समय उनके हृदय में चुभ रहे थे। जो गड्ढ़े खोदे थे वे उन्हें निगलने के लिए मुँह खोले हुए थे। उनकी दशा में एक ही दिन में घोर परिवर्तन हो गया था। अभक्ति और अविश्वास की जगह विश्वास का अभ्युदय हो गया था, और यह विश्वास केवल मानसिक न था, वरन् प्रत्यक्ष था। ईश्वरीय न्याय का भय एक भयंकर मूर्ति के सदृश उनके सामने खड़ा था। उससे बचने की अब उन्हें कोई युक्ति नज़र न आती थी। अब तक उनकी स्थिति उस आग की चिनगारी के समान थी, जो किसी मरुभूमि पर पड़ी हुई हो। उससे हानि की कोई शंका न थी; लेकिन

आज वह चिनगारी एक खलिहान के पास पड़ी हुई थी। मालूम नहीं, कब वह प्रज्वलित होकर खलिहान को भस्मीभूत कर दे।

ज्यों-ज्यों रात गुज़रती थी, यह भय ग्लानि का रूप धारण करता जाता था। 'हा शोक! मैं इस योग्य भी नहीं कि इस साक्षात् क्षमा-दया को अपना कलुषित मुँह दिखाऊँ। उसने मुझ पर सदैव करुणा और वात्सल्य की दृष्टि रखी और यह शुभ दिन दिखाया। मेरी कालिमा उसकी उज्ज्वल कीर्ति पर एक काला दाग़ है। मेरी कलुषता क्या इस मंगल चित्र को कलुषित न कर देगी। मेरी पापाग्नि के स्पर्श से क्या हरा-भरा उद्यान मटियामेट न हो जाएगा? मेरी अपकीर्ति कभी न कभी प्रकट होकर इस कुल की मर्यादा और सम्मान को नष्ट न कर देगी? मेरे जीवन से अब किसको सुख है? कदाचित् भगवान् ने मुझे लज्जित करने के लिए, मुझे अपनी तुच्छता से अवगत कराने के लिए, मेरे गले में अनुताप की फाँसी डालने के लिए यह अद्‌भुत लीला दिखाई है। हा! इसी कुल की मर्यादा-रक्षा के लिए भीषण हत्याएँ की थीं। क्या अब जीवित रहकर इसकी वह दुर्दशा कर दूँ जो मर कर भी न कर सका? मेरे हाथ ख़ून से लाल हो रहे हैं। परमात्मन्! वह ख़ून रंग न लाए। यह हृदय पापों के कीटाणुओं से जर्जर हो रहा है। भगवान्, यह कुल उनके छूत से बचा रहे।'

इन विचारों ने जीवनदास में ग्लानि और भय के भावों को इतना उत्तेजित किया कि वह विकल हो गए। जैसे परती भूमि में बीज का असाधारण विकास और प्रसार होता है, उसी प्रकार विश्वासहीन हृदय में जब विश्वास का बीज पड़ता है तो उसमें सजीवता और विकास का प्रादुर्भाव होता है। उसमें विचार के बदले व्यवहार का प्राधान्य होता है। आत्म-समर्पण उसका विशेष लक्ष्य होता है। जीवनदास को अपने चारों तरफ़ एक सर्वव्यापी शक्ति, एक विराट आत्मा का अनुभव हो रहा था। प्रतिक्षण उनकी कल्पला सजग और प्रदीप्त होती जाती थी। अपने जीवन की घटनाएँ ज्वाला-शिखा बन-बनकर उस घर की ओर, उसे मंगल और आनन्द के निवास-भवन की ओर दौड़ती हुई जान पड़ती थीं, मानो उसे निगल जाएँगी।

पूर्व की ओर आकाश अरुण वर्ण हो रहा था। जीवनदास की आँखें भी अरुण थीं। वे घर से निकले। हाथ में केवल धोती थी। उन्होंने अपने अनिष्टमय अस्तित्व को मिटा देने का निश्चय कर लिया था। अपनी पापाग्नि की आँच से अपने परिवार को बचाने का संकल्प कर चुके थे। प्राणपण से अपने आत्मशोक और हृदयदाह को शान्त करने पर उद्यत हो गए थे।

सूर्योदय हो रहा था। उसी समय जीवनदास गोमती की लहरों में समा गए।

सुहाग की साड़ी

यह कहना भूल है कि दाम्पत्य-सुख के लिए स्त्री-पुरुष के स्वभाव में मेल होना आवश्यक है। श्रीमती गौरा और श्रीमान् कुँवर रतनसिंह में कोई बात न मिलती थी। गौरा उदार थी, रतनसिंह कौड़ी-कौड़ी को दाँतों से पकड़ते थे। वह हँसमुख थी, रतनसिंह चिन्ताशील थे। वह कुल-मर्यादा पर जान देती थी, रतनसिंह इसे आडम्बर समझते थे। उनके सामाजिक व्यवहार और विचार में भी घोर अन्तर था। यहाँ उदारता की बाज़ी रतनसिंह के हाथ थी। गौरा को

सहभोज से आपत्ति थी, विधवा-विवाह से घृणा और अछूतों के प्रश्न से विरोध। रतनसिंह इन सभी व्यवस्थाओं के अनुमोदक थे। राजनीतिक विषयों में यह विभिन्नता और भी जटिल थी! गौरा वर्तमान स्थिति को अटल, अमर, अपरिहार्य समझती थी, इसलिए वह नरम-गरम, कांग्रेस, स्वराज्य, होमरूल सभी से विरक्त थी। कहती—'ये मुट्ठी भर पढ़े-लिखे आदमी क्या बना लेंगे, चने कहीं भाड़ फोड़ सकते हैं?' रतनसिंह पक्के आशावादी थे, राजनीतिक सभा की पहली पंक्तियों में बैठनेवाले, कर्मक्षेत्र में सबसे पहले क़दम उठानेवाले, स्वदेशव्रतधारी और बहिष्कार के पूरे अनुयायी। इतनी विषमताओं पर भी उनका दाम्पत्य-जीवन सुखमय था। कभी-कभी उनमें मतभेद अवश्य हो जाता था, पर वे समीर के वे झोंके थे, जो स्थिर जल को हलकी-हलकी लहरों से आभूषित कर देते हैं; वे प्रचंड झोंके नहीं जिनसे सागर विप्लवक्षेत्र बन जाता है। थोड़ी-सी सदिच्छा सारी विषमताओं और मतभेदों का प्रतिकार कर देती थी।

2

विदेशी कपड़ों की होलियाँ जलाई जा रही थीं। स्वयंसेवकों के जत्थे भिखारियों की भाँति द्वारों पर खड़े हो-होकर विलायती कपड़ों की भिक्षा माँगते थे और ऐसा कदाचित् ही कोई द्वार था जहाँ उन्हें निराश होना पड़ता हो। खद्दर और गाढ़े के दिन फिर गए थे। नयनसुख, नयनदुख, मलमल, मनमल और तनजेब, तनबेध हो गए थे। रतनसिंह ने आकर गौरा से कहा—लाओ, अब सब विदेशी कपड़े सन्दूक़ से निकाल दो, दे दूँ।

गौरा—अरे तो इसी घड़ी कोई साइत निकली जाती है, फिर कभी दे देना।

रतन—वाह, लोग द्वार पर खड़े कोलाहल मचा रहे हैं और तुम कहती हो, फिर कभी दे देना।

गौरा—तो यह कुंजी लो, निकालकर दे दो। मगर यह सब है लड़कों का खेल। घर फूँकने से स्वराज्य न कभी मिला है और न मिलेगा।

रतन—मैंने कल ही तो इस विषय पर तुमसे घंटों सिरपच्ची की थी और उस समय तुम मुझसे सहमत हो गई थीं, आज तुम फिर वही शंकाएँ करने लगीं?

गौरा—मैं तुम्हारे अप्रसन्न हो जाने के डर से चुप हो गई थी।

रतन—अच्छा, शंकाएँ फिर कर लेना, इस समय जो करना है वह करो।

गौरा—लेकिन मेरे कपड़े तो न लोगे न?

रतन—सब देने पड़ेंगे, विलायत का एक सूत भी घर में रखना मेरे प्रण को भंग कर देगा।

इतने में रामटहल साईस ने बाहर से पुकारा—सरकार, लोग जल्दी मचा रहे हैं, कहते हैं, अभी कई मुहल्लों का चक्कर लगाना है। कोई गाढ़े का टुकड़ा हो तो मुझे भी मिल जाए, मैंने भी अपने कपड़े दे दिए।

केसर महरी कपड़ों की एक गठरी लेकर बाहर जाती हुई दिखाई दी। रतनसिंह ने पूछा—क्या तुम भी अपने कपड़े देने जाती हो?

केसर ने लजाते हुए कहा—हाँ सरकार, जब देश छोड़ रहा है तो मैं कैसे पहनूँ?

रतनसिंह ने गौरा की ओर आदेशपूर्ण नेत्रों से देखा। अब वह विलम्ब न कर सकी। लज्जा से सिर झुकाए सन्दूक़ खोलकर कपड़े निकालने लगी। एक सन्दूक़ ख़ाली हो गया तो उसने दूसरा सन्दूक़ खोला। सबसे ऊपर एक सुन्दर रेशमी सूट रखा हुआ था जो कुँवर साहब ने किसी अँगरेज़ी कारख़ाने में सिलाया था।

गौरा ने पूछा—क्या सूट भी निकाल दूँ?

रतन—हाँ-हाँ, इसे किस दिन के लिए रखोगी?

गौरा—यदि मैं यह जानती कि इतनी जल्दी हवा बदलेगी तो कभी यह सूट न बनवाने देती। सारे रुपए ख़ून हो गए।

रतनसिंह ने कुछ उत्तर न दिया। तब गौरा ने अपना सन्दूक़ खोला और जलन के मारे स्वदेशी-विदेशी सभी कपड़े निकाल-निकालकर फेंकने लगी। वह आवेश-प्रवाह में आ गई। उनमें कितनी ही बहुमूल्य फैंसी जाकेट और साड़ियाँ थीं जिन्हें किसी समय पहनकर वह फूली न समाती थी। बाज-बाज साड़ियों के लिए तो उसे रतनसिंह से बार-बार तकाजे करने पड़े थे। पर इस समय सब की सब आँखों में खटक रही थीं। रतनसिंह उसके भावों को ताड़ रहे थे। स्वदेशी कपड़ों का निकाला जाना उन्हें अखर रहा था, पर इस समय चुप रहने ही में कुशल समझते थे। तिस पर भी दो-एक बार वाद-विवाद की नौबत आ ही गई। एक बनारसी साड़ी के लिए तो वह झगड़ बैठे, उसे गौरा के हाथों से छीन लेना चाहा, पर गौरा ने एक न मानी, निकाल ही फेंका। सहसा सन्दूक़ में से एक केसरिया रंग की तनजेब की साड़ी निकल आई जिस पर पक्के आँचल और पल्ले टँके हुए थे। गौरा ने उसे जल्दी से लेकर अपनी गोद में छिपा लिया।

रतनसिंह ने पूछा—कैसी साड़ी है।

गौरा—कुछ नहीं, तनजेब की साड़ी है। आँचल पक्का है।

रतन—तनजेब की है तब तो ज़रूर ही विलायती होगी। उसे अलग क्यों रख लिया? क्या वह बनारसी साड़ियों से अच्छी है?

गौरा—अच्छी तो नहीं है, पर मैं इसे न दूँगी।

रतन—वाह, विलायती चीज़ को मैं न रखने दूँगा। लाओ इधर।

गौरा—नहीं, मेरी ख़ातिर से इसे रहने दो।

रतन—तुमने मेरी ख़ातिर से एक भी चीज़ न रखी, मैं क्यों तुम्हारी ख़ातिर करूँ।

गौरा—पैरों पड़ती हूँ, ज़िद न करो।

रतन—स्वदेशी साड़ियों में से जो चाहो रख लो, लेकिन इस विलायती चीज़ को मैं न रखने दूँगा। इसी कपड़े की बदौलत हम ग़ुलाम बने, यह ग़ुलामी का दाग़ मैं अब नहीं रख सकता। लाओ इधर।

गौरा—मैं इसे न दूँगी, एक बार नहीं हज़ार बार कहती हूँ कि न दूँगी।

रतन—मैं इसे लेकर छोड़ूँगा, इस ग़ुलामी के पटके को, इस दासत्व के बंधन को किसी तरह न रखूँगा।

गौरा—नाहक ज़िद करते हो।

रतन—आख़िर तुमको इससे क्यों इतना प्रेम है?

गौरा—तुम तो बाल की खाल निकालने लगते हो। इतने कपड़े थोड़े हैं? एक साड़ी रख ही ली तो क्या?

रतन—तुमने अभी तक इन होलियों का आशय ही नहीं समझा।

गौरा—ख़ूब समझती हूँ। सब ढोंग है। चार दिन में जोश ठंडा पड़ जाएगा।

रतन—तुम केवल इतना बतला दो कि यह साड़ी तुम्हें क्यों इतनी प्यारी है, तो शायद मैं मान जाऊँ।

गौरा—यह मेरी सुहाग की साड़ी है।

रतन—(ज़रा देर सोचकर) तब तो मैं इसे कभी न रखूँगा। मैं विदेशी वस्त्र को यह शुभस्थान नहीं दे सकता। इस पवित्र संस्कार का यह अपवित्र स्मृति-चिह्न घर में नहीं रख सकता। मैं इसे सबसे पहले होली की भेंट करूँगा। लोग कितने हतबुद्धि हो गए थे कि ऐसे शुभ कार्यों में भी विदेशी वस्तुओं का व्यवहार करने में संकोच न करते थे। मैं इसे अवश्य होली में दूँगा।

गौरा—कैसा असगुन मुँह से निकालते हो।

रतन—ऐसी सुहाग की साड़ी का घर में रखना ही अशकुन, अमंगल, अनिष्ट और अनर्थ है।

गौरा—यों चाहे ज़बरदस्ती छीन ले जाओ, पर ख़ुशी से न दूँगी।

रतन—तो फिर मैं ज़बरदस्ती ही करूँगा। मजबूरी है।

यह कहकर वह लपके कि गौरा के हाथों से साड़ी छीन लूँ। गौरा ने उसे मज़बूती से पकड़ लिया और रतन की ओर कातर नेत्रों से देखकर कहा—तुम्हें मेरे सिर की क़सम।

केसर महरी बोली—बहू जी की इच्छा है तो रहने दीजिए।

रतनसिंह के बढ़े हुए हाथ रुक गए, मुख मलिन हो गया। उदास होकर बोले—मुझे अपना व्रत तोड़ना पड़ेगा। प्रतिज्ञा-पत्र पर झूठे हस्ताक्षर करने पड़ेंगे। ख़ैर, यही सही।

3

शाम हो गई थी। द्वार पर स्वयंसेवकगण शोर मचा रहे थे, कुँवर साहब जल्दी आइए, श्रीमती जी से भी कह दीजिए, हमारी प्रार्थना स्वीकार करें। बहुत देर हो रही है। उधर रतनसिंह असमंजस में पड़े हुए थे कि प्रतिज्ञा-पत्र पर कैसे हस्ताक्षर करूँ। विदेशी वस्त्र घर में रखकर स्वदेशी व्रत का पालन क्योंकर होगा? आगे क़दम बढ़ा चुका हूँ, पीछे नहीं हट सकता। लेकिन प्रतिज्ञा का अक्षरशः पालन करना अभीष्ट भी तो नहीं, केवल उसके आशय पर लक्ष्य रहना चाहिए। इस विचार से मुझे प्रतिज्ञा-पत्र पर हस्ताक्षर करने का पूरा अधिकार है। त्रिया-हठ के सामने किसी की नहीं चलती। यों चाहूँ तो एक ताने में काम निकल सकता है, पर उसे बहुत दुःख होगा, बड़ी भावुक है, उसके भावों का आदर करना मेरा कर्तव्य है।

गौरा भी चिन्ता में डूबी हुई थी। सुहाग की साड़ी सुहाग का चिह्न है, उसे आग...कितने अशकुन की बात है। ये कभी-कभी बालकों की भाँति ज़िद करने लगते हैं, अपनी धुन में किसी की सुनते नहीं। बिगड़ते हैं तो मानो मुँह ही नहीं सीधा होता।

लेकिन वे बेचारे भी तो अपने सिद्धान्तों से मजबूर हैं। झूठ से उन्हें घृणा है। प्रतिज्ञा-पत्र पर झूठी स्वीकृति लिखनी पड़ेगी, उनकी आत्मा को बड़ा दुःख होगा, घोर धर्मसंकट में पड़े होंगे, यह भी तो नहीं हो सकता कि सारे शहर में स्वदेशानुरागियों के सिरमौर बनकर उस प्रतिज्ञा-पत्र पर हस्ताक्षर करने से आनाकानी करें। कहीं मुँह दिखाने को जगह न रहेगी, लोग समझेंगे, बना हुआ है। पर शकुन की चीज़ कैसे दूँ?

इतने में उसने रामटहल साईस को सिर पर कपड़ों का गट्ठर लिए बाहर जाते देखा। केसर महरी भी एक गट्ठर सिर पर रखे हुए थी। पीछे-पीछे रतनसिंह हाथ में प्रतिज्ञा-पत्र लिए जा रहे थे। उनके चेहरे पर ग्लानि की झलक थी जैसे कोई सच्चा आदमी झूठी गवाही देने जा रहा हो। गौरा को देखकर उन्होंने आँखें फेर लीं और चाहा कि उसकी निगाह बचाकर निकल जाऊँ। गौरा को ऐसा जान पड़ा कि उनकी आँखें डबडबाई हुई हैं। वह राह रोककर बोली—ज़रा सुनते जाओ।

रतन—जाने दो, दिक न करो; लोग बाहर खड़े हैं।

उन्होंने चाहा कि पत्र को छिपा लूँ; पर गौरा ने उसे उनके हाथ से छीन लिया, उसे ग़ौर से पढ़ा और एक क्षण चिन्तामग्न रहने के बाद बोली—वह साड़ी भी लेते जाओ।

रतन—रहने दो, अब तो मैंने झूठ लिख ही दिया।

गौरा—मैं क्या जानती थी कि तुम ऐसी कड़ी प्रतिज्ञा कर रहे हो।

रतन—यह तो मैं तुमसे पहले कह चुका था।

गौरा—मेरी भूल थी, क्षमा कर दो और इसे लेते जाओ।

रतन—जब तुम इसे देना अशकुन समझती हो तो रहने दो। तुम्हारी ख़ातिर थोड़ा-सा झूठ बोलने में मुझे कोई आपत्ति नहीं है।

गौरा—नहीं, लेते जाओ। अमंगल के भय से तुम्हारी आत्मा का हनन नहीं करना चाहती।

यह कहकर उसने अपनी सुहाग की साड़ी उठाकर पति के हाथों में रख दी। रतन ने देखा, गौरा के चेहरे पर एक रंग आता है, एक रंग जाता है, जैसे कोई रोगी अंतरस्थ विषम वेदना को दबाने की चेष्टा कर रहा हो। उन्हें अपनी अहृदयता पर लज्जा आई। हा! केवल अपने सिद्धान्त की रक्षा के लिए, अपनी आत्मा के सम्मान के लिए, मैं इस देवी के भावों का वध कर रहा हूँ! यह अत्याचार है। साड़ी गौरा को देकर बोले—तुम इसे रख लो, मैं प्रतिज्ञा-पत्र को फाड़े डालता हूँ।

गौरा ने दृढ़ता से कहा—तुम न ले जाओगे तो मैं ख़ुद जाकर दे आऊँगी।

रतनसिंह विवश हो गए। साड़ी ली और बाहर चले आए।

4

उसी दिन से गौरा के हृदय पर एक बोझ-सा रहने लगा। वह दिल बहलाने के लिए नाना उपाय करती; जलसों में भाग लेती, सैर करने जाती, मनोरंजक पुस्तकें पढ़ती, यहाँ तक कि कई बार नियम के विरुद्ध थियेटरों में भी गई, किसी प्रकार अमंगल कल्पना को शान्त करना चाहती थी, पर यह आशंका एक मेघमंडल की भाँति उसके हृदय पर छाई रहती थी।

जब एक पूरा महीना गुज़र गया और उसकी मानसिक वेदना दिनोंदिन बढ़ती ही गई तो कुँवर साहब ने उसे कुछ दिनों के लिए अपने इलाक़े पर ले जाने का निश्चय किया। उसका मन उन्हें उनके आदर्श-प्रेम का नित्य तिरस्कार किया करता था। वह अक्सर देहातों में प्रचार का काम करने जाया करते थे! पर अब अपने गाँवों से बाहर न जाते, या जाते तो संध्या तक ज़रूर लौट आते। उनकी एक दिन की देर, उनका साधारण सिर दर्द और जुकाम उसे अव्यवस्थित कर देते थे। वह बहुधा बुरे स्वप्न देखा करती। किसी अनिष्ट के काल्पनिक अस्तित्व की छाया उसे अपने चारों ओर मँडराती हुई प्रतीत होती थी।

वह तो देहात में पड़ी हुई आशंकाओं की कठपुतली बनी हुई थी। इधर उसकी सुहाग की साड़ी स्वदेश-प्रेम की वेदी पर भस्म होकर ऋद्धि-प्रदायिनी भभूत बनी हुई थी।

दूसरे महीने के अन्त में रतनसिंह उसे लेकर लौट आए।

5

गौरा को वापस आए तीन-चार दिन हो चुके थे, पर असबाब के सँभालने और नियत स्थान पर रखने में वह इतनी व्यस्त रही कि घर से बाहर न निकल सकी थी। कारण यह था कि

केसर महरी उसके जाने के दूसरे ही दिन छोड़कर चली गई थी और अभी उतनी चतुर दूसरी महरी मिली न थी। कुँवर साहब का साईस रामटहल भी छोड़ गया था। बेचारे कोचवान को साईस का भी काम करना पड़ता था।

संध्या का समय था। गौरा बरामदे में बैठी आकाश की ओर एकटक होकर ताक रही थी। चिन्ताग्रस्त प्राणियों का एकमात्र यही अवलम्ब है! सहसा रतनसिंह ने आकर कहा—चलो, आज तुम्हें स्वदेशी बाज़ार की सैर करा लावें। यह मेरा ही प्रस्ताव था, पर चार दिन यहाँ आए हो गए, उधर जाने का अवकाश ही न मिला।

गौरा—मेरा तो जाने को जी नहीं चाहता। यहीं बैठकर कुछ बातें करो।

रतन—नहीं, चलो देख आवें। एक घंटे में लौट आवेंगे।

अन्त में गौरा राज़ी हो गई। इधर महीनों से बाहर न निकली थी। आज उसे चारों तरफ़ एक विचित्र शोभा दिखाई दी। बाज़ार कभी इतनी रौनक पर न था। वह स्वदेशी बाज़ार में पहुँची तो जुलाहों और कोरियों को अपनी-अपनी दुकानें सजाए बैठे देखा। सहसा एक वृद्ध कोरी ने आकर रतनसिंह को सलाम किया। रतनसिंह चौंककर बोले—रामटहल, तुम अब कहाँ हो?

रामटहल का चेहरा श्रीसम्पन्न था। उसके अंग-अंग से आत्म-सम्मान की आभा झलक रही थी। आँखों में गौरव-ज्योति थी। रतनसिंह को कभी अनुमान न हुआ था कि अस्तबल साफ़ करनेवाला बुड्ढा रामटहल इतना सौम्य, इतना भद्र पुरुष है। वह बोला—सरकार, अब तो अपना कारबार करता हूँ। जब से आपकी ग़ुलामी छोड़ी तब से अपने काम में लग गया। आप लोगों की निगाह हम ग़रीबों पर हो गई हमारा भी गुज़र हो रहा है, नहीं तो आप जानते ही हैं, कि किस हालत में पड़ा हुआ था। जात का कोरी हूँ, पर पापी पेट के लिए चमार बन गया था।

रतन—तो भाई, अब मुँह मीठा कराओ। यह बाज़ार लगाने की मेरी ही सलाह थी, बिक्री तो अच्छी होती है।

रामटहल—हाँ सरकार! आजकल ख़ूब बिक्री हो रही है। माल हाथो-हाथ उड़ जाता है। यहाँ बैठते हुए एक महीना हो गया है, पर आपकी कृपा से लोगों के चार पैसे थे वे बेबाक हो गए। भगवान् की दया से रूखा-सूखा भोजन भी दोनों समय मिल जाता है और क्या चाहिए। मलकिन की सुहाग की साड़ी का होली में आना कहिए और बाज़ार का चमकना कहिए। लोगों ने कहा, जब इतने बड़े आदमी होकर ऐसे शकुन की चीज़ की परवाह नहीं करते तो फिर हम विदेशी कपड़े क्यों रखें। जिस दिन होली जली है उसके दो-तीन दिन पहले ही सरकार इलाक़े पर चले गए थे। उसके पहले भी सरकार कई दिनों तक घर से बहुत कम निकलते थे। मैं तो यही कहूँगा कि यह सारी माया उसी सुहाग की साड़ी की है।

इतने में एक अधेड़ स्त्री गौरा के सामने आकर बोली—बहू जी, मुझे भूल तो नहीं गईं?

गौरा ने सिर उठाया तो सामने केसर महरी खड़ी थी। वह सुन्दर साड़ी पहने हुए थी, हाथ-पाँव में मामूली गहने भी थे, चेहरा खिला हुआ था। स्वाधीन जीवन का गौरव एक-एक भाव से प्रस्फुटित हो रहा था।

गौरा ने कहा—इतनी जल्दी भूल जाऊँगी? अब कहाँ हो? हमें लौटने भी न दिया, बीच में ही उड़ भागी।

केसर—क्या करूँ सरकार, अपना काम चलते देखकर सबर न हो सका। जब तक रोज़गार न चलता था तब तक लाचारी थी। पेट के लिए सेवा-टहल, करम-कुकरम सभी

करना पड़ता था। अब आप लोगों की दया से हमारे भी दिन लौटे हैं, अब दूसरा काम नहीं किया जाता। अगर बाज़ार का यही रंग रहा तो अपनी कमाई खाए न चुकेगी। यह सब आपकी साड़ी की महिमा है। उसकी बदौलत हम ग़रीबों के कितने ही घर बस गए। एक महीना पहले इन दुकानवालों में से किसी को रोटियों का ठिकाना न था। कोई साईसी करता था, कोई तासे बजाता था, यहाँ तक कि कई आदमी मेहतर का काम करते थे। कितने ही भीख माँगते थे। अब सब अपने धंधे में लग गए हैं। सच पूछो तो तुम्हारी सुहाग की साड़ी ने हमें सुहागिन बना दिया, नहीं तो हम सुहागिन होते हुए भी विधवाएँ थीं। सच कहती हूँ, सैकड़ों ज़बानों से नित्य यही दुआ निकलती है कि आपका सुहाग अमर हो, जिसने हमारी राँड़ जात को सुहाग दान दिया।

रतनसिंह एक दुकान पर बैठकर कुछ कपड़े देखने लगे। गौरा का भावुक हृदय आनन्द से पुलकित हो रहा था। उसकी सारी अमंगल कल्पनाएँ स्वप्नवत् विच्छिन्न होती जाती थीं। आँखें सजल हो गई थीं और सुहाग की देवी अश्रुसंचित नेत्रों के सामने खड़ी आँचल फैलाकर उसे आशीर्वाद दे रही थी।

उसने रतनसिंह को भक्तिपूर्ण आँखों से देखकर कहा—मेरे लिए भी एक साड़ी ले लो।

6

जब गौरा यहाँ से चली तो सड़क की बिजलियाँ जल चुकी थीं। सड़कों पर ख़ूब प्रकाश था। उसका हृदय भी आनन्द के प्रकाश से जगमगा रहा था।

रतनसिंह ने पूछा—सीधे घर चलूँ?

गौरा—नहीं, छावनी की तरफ़ होते चलो।

रतन—बाज़ार ख़ूब सजा हुआ था।

गौरा—यह ज़मीन लेकर एक स्थायी बाज़ार बनवा दो। स्वदेशी कपड़ों की दुकानें हों और किसी से किराया न लिया जाए।

रतन—बहुत ख़र्च पड़ेगा।

गौरा—मकान बेच दो, रुपए ही रुपए हो जाएँगे।

रतन—और रहें, पेड़ तले?

गौरा—नहीं, गाँववाले मकान में।

रतन—सोचूँगा।

गौरा—(ज़रा देर में) इलाक़े-भर में ख़ूब कपास की खेती कराओ, जो कपास बोए उसकी बेगार माफ़ कर दो।

रतन—हाँ, तदबीर अच्छी है, दूनी उपज हो जाएगी।

गौरा—(कुछ देर सोचने के बाद) लकड़ी बिना दाम दो तो कैसा हो? जो चाहे, चरखे बनवाने के लिए काट ले जाए।

रतन—लूट मच जाएगी।

गौरा—ऐसी बेईमानी कोई न करेगा।

जब उसने गाड़ी से उतरकर घर में क़दम रखा तो चित्त शुभ-कल्पनाओं से प्रफुल्लित हो रहा था। मानो कोई बछड़ा खूँटे से छूटकर किलोलें कर रहा हो।

लोकमत का सम्मान

बेचू धोबी को अपने गाँव और घर से उतना ही प्रेम था, जितना प्रत्येक मनुष्य को होता है। उसे रूखी-सूखी और आधे पेट खाकर भी अपना गाँव समग्र संसार से प्यारा था। यदि उसे वृद्धा किसान स्त्रियों की गालियाँ खानी पड़ती थीं तो बहुओं से 'बेचू दादा' कहकर पुकारे जाने का गौरव भी प्राप्त होता था। आनन्द और शोक के प्रत्येक अवसर पर उसका बुलावा होता था, विशेषत: विवाहों में तो उसकी उपस्थिति वर और वधू से कम आवश्यक न थी। उसकी स्त्री घर में पूजी जाती थी, द्वार पर बेचू का स्वागत होता था। वह पेशवाज पहने कमर में घंटियाँ बाँधे साजिन्दों को साथ लिए एक हाथ मृदंग और दूसरा अपने कान पर रखकर जब तत्कालरचित बिरहे और बोल कहने लगता तो आत्मसम्मान से उसकी आँखें उन्मत्त हो जाती थीं। हाँ, धेले पर कपड़े धोकर भी वह अपनी दशा से सन्तुष्ट रह सकता था, किन्तु ज़मींदार के नौकरों की क्रूरता और अत्याचार कभी-कभी इतने असह्य हो जाते थे कि उसका जी गाँव छोड़कर भाग जाने को चाहने लगता था। गाँव में कारिन्दा साहब के अतिरिक्त पाँच-छह चपरासी थे। उनके सहवासियों की संख्या कम न थी। बेचू को इन सज्जनों के कपड़े मुफ्त धोने पड़ते थे। उसके पास इस्तरी न थी। उनके कपड़ों पर इस्तरी करने के लिए उसे दूसरे-दूसरे गाँव के धोबियों की चिरौरी करनी पड़ती थी। अगर कभी बिना इस्तरी किए ही कपड़े ले जाता तो उसकी शामत आ जाती थी। मार पड़ती, घंटों चौपाल के सामने खड़ा रहना पड़ता, गालियों की वह बौछार पड़ती कि सुननेवाले कानों पर हाथ रख लेते, उधर से गुज़रनेवाली स्त्रियाँ लज्जा से सिर झुका लेतीं।

जेठ का महीना था। आसपास की ताल-तलैया सब सूख गई थीं। बेचू को पहर रात रहते दूर के एक ताल पर जाना पड़ता था। यहाँ भी धोबियों की ओसरी बँधी हुई थी। बेचू की ओसरी पाँचवें दिन पड़ती थी। पहर रात रहे लादी लाद कर ले जाता। मगर जेठ की धूप में 9-10 बजे के बाद खड़ा न हो सकता। आधी लादी भी न धुल पाती, बिना धुले कपड़े समेट कर घर चला आता। गाँव के सरल जजमान उसकी विपत्ति कथा सुनकर शान्त हो जाते थे; न कोई गालियाँ देता, न मारने दौड़ता। जेठ की धूप में उन्हें भी पुर चलाना और खेत गोड़ना पड़ता था। अपने पैरों में बिवाय फटी थी, उसकी पीर जानते थे। परन्तु कारिंदा महाशय को प्रसन्न करना इतना सहज न था। उनके आदमी नित्य बेचू के सिर पर सवार रहते थे। वह बड़ी गम्भीरता से कहते—'तू एक-एक अठवारे तक कपड़े नहीं लाता, क्या यह भी कोई जाड़े के दिन हैं, आजकल पसीने से दूसरे दिन कपड़े मैले हो जाते हैं; कपड़ों से बू आने लगती है और तुझे कुछ भी परवाह नहीं रहती।' बेचू हाथ-पैर जोड़कर किसी तरह उन्हें मनाता रहता था, यहाँ तक कि एक बार उसे बातें करते 9 दिन हो गए और कपड़े तैयार न हो सके। धुल तो गए थे, पर इस्तरी न हुई थी। अन्त में विवश होकर बेचू दसवें दिन कपड़े लेकर चौपाल पहुँचा। मारे डर के पैर आगे न उठते थे। कारिंदा साहब उसे देखते ही क्रोध से लाल हो गए। बोले—क्यों बे पाजी, तुझे गाँव में रहना है कि नहीं?

बेचू ने कपड़ों की गठरी तख़्त पर रख दी और बोला—क्या करूँ सरकार, कहीं भी पानी नहीं है और न मेरे इस्तरी ही है।

कारिंदा—पानी तेरे पास नहीं है और सारी दुनिया में है। अब तेरा इलाज इसके सिवाय और कुछ नहां है कि गाँव से निकाल दूँ। शैतान, दाई से पेट छिपाता है, पानी नहीं, इस्तरी नहीं।

बेचू—मालिक, गाँव आपका है, चाहे रहने दें, चाहे निकाल दें, लेकिन यह कलंक न लगाएँ, इतनी उमिर आप ही लोगों की खिदमत करते हो गई, पर चाहे कितनी ही भूल-चूक हुई हो, कभी नीयत बद नहीं हुई। अगर गाँव में कोई कह दे कि मैंने कभी गाहकों के साथ ऐसी चाल चली है तो उसकी टाँग की राह निकल जाऊँ। यह दस्तूर शहर के धोबियों का है।

निरंकुशता का तर्क से विरोध है। कारिंदा साहब ने कुछ और अपशब्द कहे। बेचू ने भी न्याय और दया की दुहाई दी। फल यह हुआ कि उसे आठ दिन हल्दी और गुड़ पीना पड़ा। नवें दिन उसने सब गाहकों के कपड़े जैसे-तैसे धो दिए, अपना बोरिया-बँधना सँभाला और बिना किसी से कुछ कहे-सुने रात को पटने की राह ली। अपने पुराने गाहकों से विदा होने के लिए जितने धैर्य की ज़रूरत थी, उससे वह वंचित था।

2

बेचू शहर में आया तो ऐसा जान पड़ा कि मेरे लिए पहले से ही जगह ख़ाली थी। उसे केवल एक कोठरी किराये पर लेनी पड़ी और काम चल निकला। पहले तो वह किराया सुनकर चकराया। देहात में तो उसे महीने में इतनी धुलाई भी न मिलती थी। पर जब धुलाई की दर मालूम हुई तो किराये की अखर मिट गई। एक ही महीने में गाहकों की संख्या उसकी गणना-शक्ति से अधिक हो गई। यहाँ पानी की कमी न थी। वह वादे का पक्का था। अभी नागरिक जीवन के कुसंस्कारों से मुक्त था। कभी-कभी उसकी एक दिन की मज़दूरी देहात की वार्षिक आय से बढ़ जाती थी।

लेकिन तीन ही चार महीने में उसे शहर की हवा लगने लगी। पहले नारियल पीता था, अब एक गुड़गुड़ी लाया। नंगे पाँव जूते से वेष्टित हो गए और मोटे अनाज से पाचन-क्रिया में विघ्न पड़ने लगा। पहले कभी-कभी तीज-त्योहार के दिन शराब पी लिया करता था, अब थकान मिटाने के लिए नित्य उसका सेवन होने लगा। स्त्री को आभूषणों की चाट पड़ी। और धोबिनें बन-ठनकर निकलती हैं, मैं किससे कम हूँ। लड़के खोंचे पर लट्टू हुए, हलवे और मूँगफली की आवाज़ सुनकर अधीर हो जाते। उधर मकान के मालिक ने किराया बढ़ा दिया; भूसा और खली भी मोतियों के मोल बिकती थी। लादी के दोनों बैलों का पेट भरने में एक ख़ासी रक़म निकल जाती थी। अतएव पहले कई महीनों में जो बचत हो जाती थी, वह अब ग़ायब हो गई। कभी-कभी ख़र्च का पलड़ा भारी हो जाता; लेकिन क़िफायत करने की कोई विधि समझ में न आती थी। निदान स्त्री ने बेचू की नज़र बचाकर गाहकों के कपड़े पछाई देने शुरू किए। बेचू को यह बात मालूम हुई तो बिगड़कर बोला—अगर मैंने फिर यह शिकायत सुनी तो मुझसे बुरा कोई न होगा। इसी इलज़ाम पर तो मैंने बाप-दादे का गाँव छोड़ दिया। यहाँ से भी निकालना चाहती है क्या?

स्त्री ने उत्तर दिया—तुम्हीं से तो एक दिन भी दारू के बिना नहीं रहा जाता। मैं क्या पैसे लाकर लुटाती हूँ। जो ख़र्च लगे वह देते जाओ। मुझे इससे कुछ मिठाई थोड़े ही मिलती है। पर शनैः-शनैः नैतिक ज्ञान ने आवश्यकता के सामने सिर झुकाना शुरू किया। एक बार उसे कई दिन तक ज्वर आया। स्त्री उसे डोली पर बिठाकर वैद्य जी के यहाँ ले गई। वैद्य जी ने नुस्खा लिख दिया। घर में पैसे न थे। बेचू स्त्री को कातर नेत्रों से देखकर बोला—तो क्या होगा? दवा मँगानी ही है?

स्त्री—जो कहो वह करूँ।

बेचू—किसी से उधार न मिलेगा?

स्त्री—सबसे तो उधार ले चुकी। मुहल्ले में राह चलना मुश्किल है। अब किससे लूँ। अकेले जितना काम हो सकता है, करती हूँ। अब छाती फाड़ के मर थोड़ी ही जाऊँगी? कुछ पैसे ऊपर से मिल जाते थे, लेकिन तुमने उसकी मनाही कर दी है। तो मेरा क्या बस है? दो दिन से बैल भूखे खड़े हैं। दो रुपए हों तो इनका पेट भरे।

बेचू—अच्छा, जो तेरे जी में आए कर, किसी तरह काम तो चला। मुझे मालूम हो गया कि शहर में अच्छी नीयतवाले आदमी का निर्वाह नहीं हो सकता।

उस दिन से यहाँ अन्य धोबियों की नीति का व्यवहार होने लगा।

3

बेचू के पड़ोस में एक वकील के मुहर्रिर मुंशी दाताराम रहा करते थे। बेचू कभी-कभी अवकाश के समय उनके पास जा बैठता। पड़ोस की बात थी, धुलाई का कोई हिसाब-किताब न था। मुंशी जी बेचू की ख़ातिर करते, अपनी चिलम उतारकर उसकी तरफ़ बढ़ा देते, कभी घर में कोई अच्छी चीज़ पकती तो बेचू के लड़कों के लिए भेजवा देते। हाँ, इसका विचार रखते थे कि इन सत्कारों का मूल्य धुलाई के पैसे से बढ़ने न पाए।

गर्मियों के दिन थे, बरातों की धूम थी। मुंशी जी को एक बरात में शरीक होना था। गुड़गुड़ी के लिए पेचवान बनवाया, रोगनी चिलम लाए, सलेमशाही जूते ख़रीदे, अपने वकील साहब के घर से एक कालीन मँगनी लाए, अपने मित्र से सोने की अँगूठी और बटन लिये। इन सामग्रियों के एकत्रित करने में ज़्यादा कठिनाई न पड़ी, किन्तु कपड़े मँगनी लेते हुए शर्म आती थी। बरात के योग्य कपड़े बनवाने की गुंजाइश न थी। तनजेब के कुरते, रेशमी अचकन, नैनसुख का चुन्नटदार पायजामा, बनारसी साफा बनवाना आसान न था। ख़ासी रक़म लगती थी। रेशमी किनारे की धोतियाँ और काशी सिल्क की चादर ख़रीदनी भी कठिन समस्या थी। कई दिनों तक बेचारे इसी चिन्ता में पड़े रहे। अन्त में बेचू के सिवाय और कोई इस चिन्ता का निवारण करनेवाला न दिखाई दिया। संध्या समय जब बेचू उनके पास आकर बैठा तो बड़ी नम्रता से बोले—'बेचू, एक बरात में जाना था और सब सामान तो मैंने जमा कर लिये हैं, मगर कपड़े बनवाने में झंझट है। रुपयों की तो कोई चिन्ता नहीं, तुम्हारी दया से हाथ कभी ख़ाली नहीं रहता। पेशा भी ऐसा है कि जो कुछ मिल जाए वह थोड़ा है, एक न एक आँख का अंधा गाँठ का पूरा नित्य फँसा ही रहता है, पर जानते हो आजकल लग्न की तेज़ी है, दरजियों को सिर उठाने की फुरसत नहीं, दूनी सिलाई लेते हैं तिस पर भी महीनों दौड़ाते हैं। अगर तुम्हारे यहाँ मेरे लायक कपड़े हों तो दो-तीन दिन के लिए दे दो, किसी तरह सिर से यह बला टले। नेवता दे देने में किसी का क्या ख़र्च होता है, बहुत किया तो पत्र छपवा लिये, लेकिन लोग यह नहीं सोचते कि बरातियों को कितनी तैयारियाँ करनी पड़ती हैं, क्या-क्या कठिनाइयाँ पड़ती हैं। अगर बिरादरी में यह रिवाज हो जाता कि जो महाशय निमंत्रण भेजें, वही उसके लिए सब सामान भी जुटाएँ तो लोग इतनी बेपरवाही से नेवते न दिया करें। तो बोलो—इतनी मदद करोगे न?

बेचू ने मुरौवत में पड़कर कहा—मुंशी जी, आपके लिए किसी बात से इनकार थोड़े ही है। लेकिन बात यह है कि आजकल लग्न की तेज़ी से सभी गाहक अपने-अपने कपड़ों की

जल्दी मचा रहे हैं, दिन में दो-तीन बेर आदमी भेजते हैं। ऐसा न हो, इधर आपको कपड़े दे दूँ, उधर कोई जल्दी मचाने लगे।

मुंशीजी—अजी, दो-तीन दिन के लिए टालना कौन बड़ा काम है। तुम चाहो तो हफ़्तों टाल सकते हो, अभी भट्ठी नहीं दी, अभी इस्तरी नहीं हुई, घाट बन्द है। तुम्हारे पास बहानों की क्या कमी है। पड़ोस में रहकर मेरी ख़ातिर से इतना भी न करोगे?

बेचू—नहीं मुंशी जी, आपके लिए जान हाजिर है। चलिए कपड़े पसन्द कर लीजिए, तो मैं उन पर और एक बेर इस्तरी करके ठीक कर दूँ। यही न होगा, गाहकों की घुड़कियाँ खानी पड़ेंगी। दो-चार गाहक टूट ही जाएँगे तो कौन ग़म है।

4

मुंशी दाताराम ठाट से बारात में पहुँचे। यहाँ उनके बनारसी साफे, रेशमी अचकन और रेशमी चादर ने ऐसा रंग जमाया कि लोग समझने लगे, यह कोई बड़े रईस हैं। बेचू भी उनके साथ हो लिया था। मुंशी जी उसकी बड़ी ख़ातिर कर रहे थे। उसे एक बोतल शराब दिला दी, भोजन करने गए तो एक पत्तल उसके वास्ते भी लेते आए। बेचू के बदले उसे चौधरी कहकर पुकारते थे। यह सारा ठाट-बाट उसी की बदौलत तो था।

आधी रात गुज़र चुकी थी। महफ़िल उठ गई थी। लोग सोने की तैयारियाँ कर रहे थे। बेचू मुंशी जी की चारपाई के पास एक चदरा ओढ़े पड़ा था। मुंशी जी ने कपड़े उतारे और बड़ी सावधानी से अलगनी पर लटका दिए। हुक़्क़ा तैयार था। लेटकर पीने लगे कि अकस्मात् साजिन्दों में से एक अताई आकर सामने खड़ा हो गया और बोला—कहिए हजरत यह अचकन और साफा आपने कहाँ पाया?

मुंशी जी ने उसकी ओर सशंक नेत्रों से देखकर कहा—इसका क्या मतलब?

अताई—इसका मतलब यह है, यह दोनों चीज़ें मेरी हैं।

मुंशीजी ने दुस्साहसपूर्ण भाव से कहा—क्या तुम्हारे ख़याल में रेशमी अचकन और साफा तुम्हारे सिवाय और किसी के पास हो ही नहीं सकता।

अताई—हो क्यों नहीं सकता। अल्लाह ने जिसे दिया है, वह पहनता है। एक से एक पड़े हुए हैं। मैं किस गिनती में हूँ। लेकिन यह दोनों चीज़ें मेरी हैं। अगर ऐसी अचकन शहर में किसी के पास निकल आए तो जो जरीबाना कहिए दूँ। मैंने इसकी सिलाई दस रुपए दिए हैं। ऐसा कोई कारीगर ही शहर में नहीं। ऐसी तराश करता है कि हाथ चूम लें। साफे पर भी मेरा निशान बना हुआ है। लाइए दिखा दूँ। मैं आपसे महज इतना पूछता चाहता हूँ कि आपने यह चीज़ें कहाँ पाईं।

मुंशी जी समझ गए कि अब अधिक तर्क-वितर्क का स्थान नहीं है। कहीं बात बढ़ जाए तो बेइज़्ज़ती हो। कूटनीति से काम न चलेगा। नम्रता से बोले—भाई, यह न पूछो, यहाँ इन बातों के कहने का मौक़ा नहीं। हमारी और तुम्हारी इज़्ज़त एक है। बस, इतना ही समझ लो कि इसी तरह दुनिया का काम चलता है। अगर ऐसे कपड़े बनवाने बैठता तो इस वक़्त सैकड़ों के माथे जाती। यहाँ तो किसी तरह नवेद में शरीक होना था। तुम्हारे कपड़े ख़राब न होंगे, इसका ज़म्मा मेरा। मैं इनकी एहतियात अपने कपड़ों से भी ज़्यादा करता हूँ।

अताई—कपड़े की मुझे फिक्र नहीं, आपकी दुआ से अल्लाह ने बहुत दिया है। रईसों को ख़ुदा सलामत रखे, उनकी बदौलत पाँचों उँगलियाँ घी में हैं। न मैं आपको बदनाम करना चाहता

हूँ। आपकी जूतियों का ग़ुलाम हूँ। मैं सिर्फ़ इतना जानना चाहता था कि कपड़े यह आपने किससे पाए। मैंने बेचू धोबी को धोने के लिए दिए थे। ऐसा तो नहीं हुआ कि कोई चोर बेचू के घर से उड़ा लाया हो, या किसी धोबी ने बेचू के घर से चुरा कर आपको दे दिए हों, क्योंकि बेचू ने अपने हाथ से आपको हरगिज़ कपड़े न दिए होंगे। वह ऐसा छिछोरापन नहीं करता। मैं ख़ुद उससे इस तरह का मुआमला करना चाहता था, हाथों पर रुपए रख देता था, पर उसने कभी परवा न की। साहब, रुपए उठाकर फेंक दिए और ऐसी डाँट बताई कि मेरे होश उड़ गए। इधर का हाल मैं नहीं जानता, क्योंकि अब मैं उससे कभी ऐसी बातचीत ही नहीं करता। पर मुझे यक़ीन नहीं आता कि वह इतना बदनीयत हो गया होगा। इसलिए आपसे बार-बार पूछता हूँ कि आपने वह कपड़े कहाँ पाए?

मुंशी जी—बेचू की निस्बत तुम्हारा जो ख़याल है, वह बिलकुल ठीक है। वह ऐसा ही बेगरज आदमी है, लेकिन भाई पड़ोस का भी तो कुछ हक़ होता है। मेरे पड़ोस में रहता है, आठों पहर का साथ है। इधर से भी कुछ न कुछ सलूक होता ही रहता है। मेरी ज़रूरत देखी, पसीज गया। बस और कोई बात नहीं।

अताई ने बेचू की निःस्पृहता के विषय में बड़ी अतिशयोक्ति से काम लिया था। न उसने बेचू के हाथ पर रुपए रखे थे और न बेचू ने कभी उसे डाँट बताई थी। पर इस अतिशयोक्ति का प्रभाव बेचू पर उससे कहीं ज़्यादा पड़ा जितना केवल बात को यथार्थ कह देने से पड़ सकता था। बेचू नींद में न सोया था। अताई की एक-एक बात उसने सुनी थी। उसे ऐसा जान पड़ता था कि मेरी आत्मा किसी गहरी नींद से जाग रही है। दुनिया मुझे कितना ईमानदार, कितना सच्चा, कितना निष्कपट समझती है और मैं कितना बेईमान, कितना दग़ाबाज़ हूँ। इसी झूठे इलज़ाम पर मैंने वह गाँव छोड़ा जहाँ बाप-दादों से रहता आया था। लेकिन यहाँ आकर दारू-शराब, घी-चीनी के पीछे तबाह हो गया।

बेचू यहाँ से लौटा तो दूसरा ही मनुष्य हो गया था या यों कहिए कि वह फिर अपनी खोई हुई आत्मा को पा गया था।

5

छह महीने बीत गए। संध्या का समय था। बेचू के लड़के मलखान के ब्याह की बातचीत करने के लिए मेहमान लोग आए हुए थे। बेचू स्त्री से कुछ सलाह करने के लिए घर में आया तो वह बोली—दारू कहाँ से आएगी? तुम्हारे पास कुछ है?

बेचू—मेरे पास जो कुछ था, वह तुम्हें पहले ही नहीं दे दिया था?

स्त्री—उससे तो मैं चावल, दाल, घी, यह सब सामान लाई। सात आदमियों का खाना बनाया है। सब उठ गए।

बेचू—तो फिर मैं क्या करूँ?

स्त्री—बिना दारू लिए वह लोग भला खाने उठेंगे? कितनी नामूसी होगी।

बेचू—नामूसी हो चाहे बदनामी हो, दारू लाना मेरे बस की बात नहीं। यही न होगा, ब्याह न ठीक होगा, न सही।

स्त्री—वह दुशाला धुलने के लिए नहीं आया है? न हो किसी बनिये के यहाँ गिरवी रखकर चार-पाँच रुपए ले आओ, दो-तीन दिन में छुड़ा लेना, किसी तरह मरजाद तो निभानी चाहिए? सब कहेंगे, नाम बड़े दरसन थोड़े। दारू तक न दे सका।

बेचू—कैसी बात करती है। यह दुशाला मेरा है?

स्त्री—किसी का हो, इस बखत काम निकाल लो। कौन किसी से कहने जाता है।

बेचू—न, यह मुझसे न होगा, चाहे दारू मिले या न मिले।

यह कहकर बाहर चला आया। दोबारा भीतर गया तो देखा स्त्री ज़मीन से खोद कर कुछ निकाल रही है। उसे देखते ही गड्ढे को आँचल से छिपा लिया।

बेचू मुस्कुराता हुआ बाहर चला आया।

नाग-पूजा

प्रात:काल था। आषाढ़ का पहला दौंगड़ा निकल गया था। कीट-पतंग चारों तरफ़ रेंगते दिखाई देते थे। तिलोत्तमा ने वाटिका की ओर देखा तो वृक्ष और पौधे ऐसे निखर गए थे जैसे साबुन से मैले कपड़े निखर जाते हैं। उन पर एक विचित्र आध्यात्मिक शोभा छाई हुई थी मानो योगीवर आनन्द में मग्न पड़े हों। चिड़ियों में असाधारण चंचलता थी। डाल-डाल, पात-पात चहकती फिरती थीं। तिलोत्तमा बाग़ में निकल आई। वह भी इन्हीं पक्षियों की भाँति चंचल हो गई थी। कभी किसी पौधे को देखती, कभी किसी फूल पर पड़ी हुई जल की बूँदों को हिलाकर अपने मुँह पर उनके शीतल छींटे डालती। लाल बीरबहूटियाँ रेंग रही थीं। वह उन्हें चुनकर हथेली पर रखने लगी। सहसा उसे एक काला बृहत्काय साँप रेंगता दिखाई दिया। उसने चिल्लाकर कहा—अम्माँ, नाग जी जा रहे हैं। लाओ थोड़ा-सा दूध उनके लिए कटोरे में रख दूँ।

अम्माँ ने कहा—जाने दो बेटी, हवा खाने निकले होंगे।

तिलोत्तमा—गर्मियों में कहाँ चले जाते हैं? दिखाई नहीं देते।

माँ—कहीं जाते नहीं बेटी, अपनी बाँबी में पड़े रहते हैं।

तिलोत्तमा—और कहीं नहीं जाते?

माँ—बेटी हमारे देवता हैं, और कहीं क्यों जाएँगे? तुम्हारे जन्म के साल से ये बराबर यहीं दिखाई देते हैं? किसी से नहीं बोलते। बच्चा पास से निकल जाए, पर ज़रा भी नहीं ताकते। आज तक कोई चुहिया भी नहीं पकड़ी।

तिलोत्तमा—तो खाते क्या होंगे?

माँ—बेटी, यह लोग हवा पर रहते हैं। इसी से इनकी आत्मा दिव्य हो जाती है। अपने पूर्वजन्म की बातें इन्हें याद रहती हैं। आनेवाली बातों को भी जानते हैं। कोई बड़ा योगी जब अहंकार करने लगता है तो उसे दंडस्वरूप इस योनि में जन्म लेना पड़ता है। जब तक प्रायश्चित्त पूरा नहीं होता, तब तक वह इस योनि में रहता है। कोई-कोई तो सौ-सौ, दो-दो सौ वर्ष तक जीते रहते हैं।

तिलोत्तमा—इनकी पूजा न करो, तो क्या करें।

माँ—बेटी कैसी बच्चों की-सी बातें करती हो। नाराज़ जो जाएँ तो सिर पर न जाने क्या विपत्ति आ पड़े। तेरे जन्म के साल पहले-पहल दिखाई दिए थे। तब से साल में दस-पाँच बार अवश्य दर्शन दे जाते हैं। इनका ऐसा प्रभाव है कि आज तक किसी के सिर में दर्द तक नहीं हुआ।

2

कई वर्ष हो गए। तिलोत्तमा बालिका से युवती हुई। विवाह का शुभ अवसर आ पहुँचा। बारात आई, विवाह हुआ, तिलोत्तमा के पति-गृह जाने का मुहूर्त आ पहुँचा।

नई वधू का श्रृंगार हो रहा था। भीतर-बाहर हलचल मची हुई थी, ऐसा जान पड़ता था भगदड़ पड़ी हुई है। तिलोत्तमा के हृदय में वियोग-दुःख की तरंगें उठ रही हैं। वह एकान्त में बैठकर रोना चाहती है। आज माता-पिता, भाईबन्द, सखियाँ-सहेलियाँ सब छूट जाएँगी। फिर मालूम नहीं कब मिलने का संयोग हो। न जाने अब कैसे आदमियों से पाला पड़ेगा। न जाने उनका स्वभाव कैसा होगा। न जाने कैसा बर्ताव करेंगे। अम्माँ की आँखें एक क्षण भी न थमेंगी। मैं एक दिन के लिए कहीं चली जाती थी तो वे रो-रोकर व्यथित हो जाती थीं। अब यह जीवनपर्यन्त का वियोग कैसे सहेंगी? उनके सिर में दर्द होता था तो जब तक मैं धीरे-धीरे न मलूँ, उन्हें किसी तरह कल-चैन ही न पड़ती थी। बाबू जी को पान बनाकर कौन देगा? मैं जब तक उनका भोजन न बनाऊँ, उन्हें कोई चीज़ रुचती ही न थी? अब उनका भोजन कौन बनाएगा? मुझसे इनको देखे बिना कैसे रहा जाएगा? यहाँ ज़रा सिर में दर्द भी होता था तो अम्माँ और बाबू जी घबरा जाते थे। तुरन्त वैद्य-हकीम आ जाते थे। वहाँ न जाने क्या हाल होगा। भगवन् बन्द घर में कैसे रहा जाएगा? न जाने वहाँ खुली छत है या नहीं। होगी भी तो मुझे कौन सोने देगा? भीतर घुट-घुट कर मरूँगी। जगने में ज़रा देर हो जाएगी तो ताने मिलेंगे। यहाँ सुबह को कोई जगाता था, तो अम्माँ कहती थीं सोने दो। कच्ची नींद जाग जाएगी तो सिर में पीड़ा होने लगेगी। वहाँ व्यंग्य सुनने पड़ेंगे, बहू आलसी है, दिन भर खाट पर पड़ी रहती है। वे (पति) तो बहुत सुशील मालूम होते हैं। हाँ, कुछ अभिमानी अवश्य हैं। कहीं उनका स्वभाव निठुर हुआ तो...?

सहसा उसकी माता ने आकर कहा—बेटी, तुमसे एक बात कहने की याद न रही। वहाँ नाग-पूजा अवश्य करती रहना। घर के और लोग चाहे मना करें; पर तुम इसे अपना कर्तव्य समझना। अभी मेरी आँखें ज़रा-ज़रा झपक गई थीं। नाग बाबा ने स्वप्न में दर्शन दिए।

तिलोत्तमा—अम्माँ, मुझे भी उनके दर्शन हुए हैं, पर मुझे तो उन्होंने बड़ा विकराल रूप दिखाया। बड़ा भयंकर स्वप्न था।

माँ—देखना, तुम्हारे घर में कोई साँप न मारने पाए। यह मंत्र नित्य अपने पास रखना।

तिलोत्तमा अभी कुछ जवाब न देने पाई थी कि अचानक बारात की ओर से रोने के शब्द सुनाई दिए, एक क्षण में हाहाकार मच गया। भयंकर शोक-घटना हो गई। वर को साँप ने काट लिया। वह बहू को विदा कराने आ रहा था। पालकी में मसनद के नीचे एक काला साँप छिपा हुआ था। वर ज्यों ही पालकी में बैठा, साँप ने काट लिया।

चारों ओर कुहराम मच गया। तिलोत्तमा पर तो मानो वज्रपात हो गया। उसकी माँ सिर पीट-पीट कर रोने लगी। उसके पिता बाबू जगदीशचन्द्र मूर्च्छित होकर गिर पड़े। हृदयरोग से पहले ही से ग्रस्त थे। झाड़-फूँक करने वाले आए, डॉक्टर बुलाए गए, पर विष घातक था। ज़रा देर में वर के होंठ नीले पड़ गए, नख काले हो गए, मूर्च्छा आने लगी। देखते-देखते शरीर ठंडा पड़ गया। इधर उषा की लालिमा ने प्रकृति को आलोकित किया, उधर टिमटिमाता हुआ दीपक बुझ गया।

जैसे कोई मनुष्य बोरों से लदी हुई नाव पर बैठा हुआ मन में झुँझलाता है कि यह और तेज़ क्यों नहीं चलती, कहीं आराम से बैठने की जगह नहीं, यह इतनी हिल क्यों रही है, मैं व्यर्थ ही इसमें बैठा; पर अकस्मात् नाव को भँवर में पड़ते देखकर उसके मस्तूल से चिपट

जाता है, वही दशा तिलोत्तमा की हुई। अभी तक वह वियोग-दु:ख में ही मग्न थी, ससुराल के कष्टों और दुर्व्यवस्थाओं की चिन्ताओं में पड़ी हुई थी। पर, अब उसे होश आया कि इस नाव के साथ मैं भी डूब रही हूँ। एक क्षण पहले वह कदाचित् जिस पुरुष पर झुँझला रही थी, जिसे लुटेरा और डाकू समझ रही थी, वह अब कितना प्यारा था। उसके बिना अब जीवन एक दीपक था, बुझा हुआ। एक वृक्ष था, फल-फूल विहीन। अभी एक क्षण पहले वह दूसरों की ईर्ष्या का कारण थी, अब दया और करुणा की।

थोड़े ही दिनों में उसे ज्ञात हो गया कि मैं पति-विहीन होकर संसार के सब सुखों से वंचित हो गई!

3

एक वर्ष बीत गया। जगदीशचन्द्र पक्के धर्मावलम्बी आदमी थे, पर तिलोत्तमा का वैधव्य उनसे न सहा गया। उन्होंने तिलोत्तमा के पुनर्विवाह का निश्चय कर लिया। हँसनेवालों ने तालियाँ बजाईं पर जगदीश बाबू ने हृदय से काम लिया। तिलोत्तमा पर सारा घर जान देता था। उसकी इच्छा के विरुद्ध कोई बात न होने पाती, यहाँ तक कि वह घर की मालकिन बना दी गई थी। सभी ध्यान रखते कि उसका रंज ताजा न होने पाए। लेकिन उसके चेहरे पर उदासी छाई रहती थी, जिसे देखकर लोगों को दु:ख होता था। पहले तो माँ भी इस सामाजिक अत्याचार पर सहमत न हुई, लेकिन बिरादरीवालों का विरोध ज्यों-ज्यों बढ़ता गया उसका विरोध ढीला पड़ता गया। सिद्धान्त रूप से तो प्राय: किसी को आपत्ति न थी किन्तु उसे व्यवहार में लाने का साहस किसी में न था। कई महीनों के लगातार प्रयास के बाद एक कुलीन सिद्धान्तवादी, सुशिक्षित वर मिला। उसके घरवाले भी राज़ी हो गए। तिलोत्तमा को समाज में अपना नाम बिकते देखकर दु:ख होता था। वह मन में कुढ़ती थी कि पिताजी नाहक मेरे लिए समाज में नक्कू बन रहे हैं। अगर मेरे भाग्य में सुहाग लिखा होता तो यह वज्र ही क्यों गिरता। उसे कभी-कभी ऐसी शंका होती थी कि मैं फिर विधवा हो जाऊँगी। जब विवाह निश्चित हो गया और वर की तस्वीर उसके सामने आई तो उसकी आँखों में आँसू भर आए। चेहरे से कितनी सज्जनता, कितनी दृढ़ता, कितनी विचारशीलता टपकती थी। वह चित्र को लिए हुए माता के पास गई और शर्म से सिर झुकाकर बोली—अम्माँ, मुझे मुँह तो न खोलना चाहिए, पर अवस्था ऐसी आ पड़ी है कि बिना मुँह खोले रहा नहीं जाता। आप बाबू जी को मना कर दें। मैं जिस दशा में हूँ सन्तुष्ट हूँ। मुझे ऐसा भय हो रहा है कि अबकी फिर वही शोक घटना...

माँ ने सहमी हुई आँखों से देखकर कहा—बेटी कैसी अशकुन की बात मुँह से निकाल रही हो। तुम्हारे मन में भय समा गया है। इसी से यह भ्रम होता है। जो होनी थी, वह हो चुकी। अब क्या ईश्वर तुम्हारे पीछे पड़े ही रहेंगे?

तिलोत्तमा—हाँ, मुझे तो ऐसा मालूम होता है।

माँ—क्यों, तुम्हें ऐसी शंका क्यों होती है?

तिलोत्तमा—न जाने क्यों? कोई मेरे मन में बैठा हुआ कह रहा है कि फिर अनिष्ट होगा। मैं प्राय: नित्य डरावने स्वप्न देखा करती हूँ। रात को मुझे ऐसा जान पड़ता है कि कोई प्राणी जिसकी सूरत साँप से बहुत मिलती-जुलती है मेरी चारपाई के चारों ओर घूमता है। मैं भय के मारे चुप्पी साध लेती हूँ। किसी से कुछ कहती नहीं।

माँ ने समझा यह सब भ्रम है। विवाह की तिथि नियत हो गई। यह केवल तिलोत्तमा का पुन:संस्कार न था, बल्कि समाज-सुधार का एक क्रियात्मक उदाहरण था। समाज-सुधारकों के दल दूर से विवाह में सम्मिलित होने के लिए आने लगे, विवाह वैदिक रीति से हुआ। मेहमानों ने ख़ूब व्याख्यान दिए। पत्रों ने ख़ूब आलोचनाएँ कीं। बाबू जगदीशचन्द्र के नैतिक साहस की सराहना होने लगी। तीसरे दिन बहू के विदा होने का मुहूर्त था।

जनवासे में यथासाध्य रक्षा के सभी साधनों से काम लिया गया था। बिजली की रोशनी से सारा जनवासा दिन-सा हो गया था। भूमि पर रेंगती हुई चींटी भी दिखाई देती थी। केशों में न कहीं शिकन थी, न सिलवट और न झोल। शामियाने के चारों तरफ़ कनातें खड़ी कर दी गई थीं। किसी तरफ़ से कीड़ों-मकोड़ों के आने की सम्भावना न थी; पर भावी प्रबल होती है। प्रात:काल के चार बजे थे। तारागणों की बारात विदा हो रही थी। बहू की विदाई की तैयारी हो रही थी। एक तरफ़ शहनाइयाँ बज रही थीं। दूसरी तरफ़ से विलाप की आर्तध्वनि उठ रही थी। पर तिलोत्तमा की आँखों में आँसू न थे, समय नाजुक था। वह किसी तरह घर से बाहर निकल जाना चाहती थी। उसके सिर पर तलवार लटक रही थी। रोने और सहेलियों से गले मिलने में कोई आनन्द न था। जिस प्राणी का फोड़ा चिलक रहा हो उसे जर्राह का घर बाग़ में सैर करने से ज़्यादा अच्छा लगे, तो क्या आश्चर्य है।

वर को लोगों ने जगाया। बाजा बजने लगा। वह पालकी में बैठने को चला कि वधू को विदा करा लाए। पर जूते में पैर डाला ही था कि चीख़ मारकर पैर खींच लिया। मालूम हुआ, पाँव चिनगारियों पर पड़ गया। देखा तो एक काला साँप जूते में से निकलकर रेंगता चला जाता था। देखते-देखते ग़ायब हो गया। वर ने एक सर्द आह भरी और बैठ गया। आँखों में अँधेरा छा गया।

एक क्षण में सारे जनवासे में ख़बर फैल गई, लोग दौड़ पड़े। औषधियाँ पहले ही रख ली गई थीं। साँप का मंत्र जाननेवाले कई आदमी बुला लिये गए थे। सभी ने दवाइयाँ दीं। झाड़-फूँक शुरू हुई। औषधियाँ भी दी गईं, पर काल के सामने किसी का वश न चला। शायद मौत साँप का वेश धरकर आई थी। तिलोत्तमा ने सुना तो सिर पीट लिया। वह विकल होकर जनवासे की तरफ़ दौड़ी। चादर ओढ़ने की भी सुधि न रही। वह अपने पति के चरणों को माथे से लगाकर अपना जन्म सफल करना चाहती थी। घर की स्त्रियों ने रोका। माता भी रो-रोकर समझाने लगीं। लेकिन बाबू जगदीशचन्द्र ने कहा—कोई हरज़ नहीं, जाने दो। पति का दर्शन तो कर ले। यह अभिलाषा क्यों रह जाए। उसी शोकान्वित दशा में तिलोत्तमा जनवासे में पहुँची, पर वहाँ उसकी तस्कीन के लिए मरनेवाले की उल्टी साँसें थीं। उन अधखुले नेत्रों में असह्य आत्मवेदना और दारुण नैराश्य।

4

इस अद्‌भुत घटना का समाचार दूर-दूर तक फैल गया। जड़वादीगण चकित थे, यह क्या माजरा है। आत्मवाद के भक्त ज्ञातभाव से सिर हिलाते थे मानो वे त्रिकालदर्शी हैं। जगदीशचन्द्र ने नसीब ठोंक लिया। निश्चय हो गया कि कन्या के भाग्य में विधवा रहना ही लिखा है। नाग की पूजा साल में दो बार होने लगी। तिलोत्तमा के चरित्र में भी एक विशेष अन्तर दीखने लगा। भोग और विहार के दिन भक्ति और देवाराधना में कटने लगे। निराश प्राणियों का यही अवलम्ब है।

तीन साल बीते थे कि ढाका विश्वविद्यालय के अध्यापक दयाराम ने इस क़िस्से को फिर ताज़ा किया। वे पशु-शास्त्र के ज्ञाता थे। उन्होंने साँपों के आचार-व्यवहार का विशेष रीति से अध्ययन किया। वे इस रहस्य को खोलना चाहते थे। जगदीशचन्द्र को विवाह का संदेशा भेजा। उन्होंने टाल-मटोल किया। दयाराम ने और भी आग्रह किया। लिखा, मैंने वैज्ञानिक अन्वेषण के लिए यह निश्चय किया है। मैं इस विषधर नाग से लड़ना चाहता हूँ। वह अगर सौ दाँत लेकर आए तो भी मुझे कोई हानि नहीं पहुँचा सकता, वह मुझे काट कर आप ही मर जाएगा। अगर वह मुझे काट भी ले तो मेरे पास ऐसे मंत्र और औषधियाँ हैं कि मैं एक क्षण में उसके विष को उतार सकता हूँ। आप इस विषय में कुछ चिन्ता न कीजिए। मैं विष के लिए अजेय हूँ। जगदीशचन्द्र को अब कोई उज्र न सूझा। हाँ, उन्होंने एक विशेष प्रयत्न यह किया कि ढाके में ही विवाह हो। अतएव वे अपने कुटुम्बियों को साथ लेकर विवाह के एक सप्ताह पहले गए। चलते समय अपने सन्दूक़, बिस्तर आदि ख़ूब देखभाल कर रखे कि साँप कहीं उनमें छिपकर न बैठ जाए। शुभ लग्न में विवाह-संस्कार हो गया। तिलोत्तमा विकल हो रही थी। मुख पर एक रंग आता था, एक रंग जाता था, पर संस्कार में कोई विघ्न-बाधा न पड़ी। तिलोत्तमा रो-धोकर ससुराल गई। जगदीशचन्द्र घर लौट आए, पर ऐसे चिन्तित थे जैसे कोई आदमी सराय में खुला हुआ सन्दूक़ छोड़कर बाज़ार चला जाए।

तिलोत्तमा के स्वभाव में अब एक विचित्र रूपांतर हुआ। वह औरों से हँसती-बोलती, आराम से खाती-पीती, सैर करने जाती, थियेटरों और अन्य सामाजिक सम्मेलनों में शरीक होती। इन अवसरों पर प्रोफ़ेसर दयाराम से भी बड़े प्रेम का व्यवहार करती, उनके आराम का बहुत ध्यान रखती। कोई काम उनकी इच्छा के विरुद्ध न करती। कोई अजनबी आदमी उसे देखकर कह सकता था, गृहिणी हो तो ऐसी हो। दूसरों की दृष्टि में इस दम्पती का जीवन आदर्श था, किन्तु आंतरिक दशा कुछ और ही थी। उनके साथ शयनागार में जाते ही उसका मुख विकृत हो जाता, भौंहें तन जातीं, माथे पर बल पड़ जाते, शरीर अग्नि की भाँति जलने लगता, पलकें खुली रह जातीं, नेत्रों से ज्वाला-सी निकलने लगती और उसमें से झुलसती हुई लपटें निकलतीं, मुख पर कालिमा छा जाती और यद्यपि स्वरूप में कोई विशेष अन्तर न दिखाई देता; पर न जाने क्यों भ्रम होने लगता, यह कोई नागिन है। कभी-कभी वह फुँकारने भी लगती। इस स्थिति में दयाराम को उसके समीप जाने या उससे कुछ बोलने की हिम्मत न पड़ती। वे उसके रूप-लावण्य पर मुग्ध थे, किन्तु इस अवस्था में उन्हें उससे घृणा होती। उसे इसी उन्माद के आवेग में छोड़कर बाहर निकल आते। डॉक्टरों से सलाह ली, स्वयं इस विषय की कितनी ही किताबों का अध्ययन किया, पर रहस्य कुछ समझ में न आया, उन्हें भौतिक विज्ञान में अपनी अल्पज्ञता स्वीकार करनी पड़ी।

उन्हें अब अपना जीवन असह्य जान पड़ता। अपने दुस्साहस पर पछताते। नाहक इस विपत्ति में अपनी जान फँसाई। उन्हें शंका होने लगी कि अवश्य कोई प्रेत-लीला है। मिथ्यावादी न थे, पर जहाँ बुद्धि और तर्क का कुछ वश नहीं चलता, वहाँ मनुष्य विवश होकर मिथ्यावादी हो जाता है।

शनैः-शनैः उनकी यह हालत हो गई कि सदैव तिलोत्तमा से सशंक रहते। उसका उन्माद, विकृत मुखाकृति उनके ध्यान से न उतरते। डर लगता कि कहीं यह मुझे मार न डाले। न जाने कब उन्माद का आवेग हो। यह चिन्ता हृदय को व्यथित किया करती। हिप्नाटिज्म,

विद्युतशक्ति, और कई नए आरोग्य-विधानों की परीक्षा की गई। उन्हें हिप्नाटिज्म पर बहुत भरोसा था; लेकिन जब यह योग भी निष्फल हो गया तो वे निराश हो गए।

5

एक दिन प्रोफ़ेसर दयाराम किसी वैज्ञानिक सम्मेलन में गए हुए थे। लौटे तो बारह बज गए थे। वर्षा के दिन थे। नौकर-चाकर सो रहे थे। वे तिलोत्तमा के शयनगृह में यह पूछने गए कि मेरा भोजन कहाँ रखा है। अन्दर क़दम रखा ही था कि तिलोत्तमा के सिरहाने की ओर उन्हें एक अति भीमकाय काला साँप बैठा हुआ दिखाई दिया। प्रो. साहब चुपके से लौट आए। अपने कमरे में जाकर किसी औषधि की एक खुराक पी और पिस्तौल तथा साँगा लेकर फिर तिलोत्तमा के कमरे में पहुँचे। विश्वास हो गया कि यह वही मेरा पुराना शत्रु है। इतने दिनों में टोह लगाता हुआ यहाँ आ पहुँचा। पर इसे तिलोत्तमा से क्यों इतना स्नेह है। उसके सिरहाने यों बैठा हुआ है मानो कोई रस्सी का टुकड़ा है। यह क्या रहस्य है। उन्होंने साँपों के विषय में बड़ी अद्भुत कथाएँ पढ़ी और सुनी थीं, पर ऐसी कुतूहलजनक घटना का उल्लेख कहीं न देखा था। वे इस भाँति सशस्त्र होकर फिर कमरे में पहुँचे तो साँप का पता न था। हाँ, तिलोत्तमा के सिर पर भूत सवार हो गया था। वह बैठी हुई आग्नेय नेत्रों से द्वार की ओर ताक रही थी। उसके नयनों से ज्वाला निकल रही थी। जिसकी आँच दो गज़ तक लगती। इस समय उन्माद अतिशय प्रचंड था। दयाराम को देखते ही बिजली की तरह उन पर टूट पड़ी और हाथों से आघात करने के बदले उन्हें दाँतों से काटने की चेष्टा करने लगी। इसके साथ ही अपने दोनों हाथ उनकी गरदन में डाल दिए। दयाराम ने बहुतेरा चाहा; एड़ी-चोटी तक का ज़ोर लगाया कि अपना गला छुड़ा लें, लेकिन तिलोत्तमा का बाहुपाश प्रतिक्षण साँप की केड़ली की भाँति कठोर एवं संकुचित होता जाता था। उधर यह सन्देह था कि इसने मुझे काटा तो कदाचित् इसे जान से हाथ धोना पड़े। उन्होंने अभी जो औषधि पी थी, वह सर्प विष से अधिक घातक थी। इस दशा में उन्हें यह शोकमय विचार उत्पन्न हुआ। यह भी कोई जीवन है कि दम्पती का उत्तरदायित्व तो सब सिर पर सवार, पर उसका सुख नाम का नहीं, उलटे रात-दिन जान का खटका। यह क्या माया है। वह साँप कोई प्रेत तो नहीं है जो इसके सिर आकर यह दशा कर दिया करता है। कहते हैं ऐसी अवस्था में रोगी पर जो चोट की जाती है, वह प्रेत पर ही पड़ती है। नीची जातियों में इसके उदाहरण भी देखे हैं। वे इसी हैस-बैस में पड़े हुए थे कि उनका दम घुटने लगा। तिलोत्तमा के हाथ रस्सी के फंदों की भाँति उनकी गरदन को कस रहे थे। वे दीन असहाय भाव से इधर-उधर ताकने लगे। क्योंकर जान बचे, कोई उपाय न सूझ पड़ता था। साँस लेना दुस्तर हो गया, देह शिथिल पड़ गई, पैर थरथराने लगे। सहसा तिलोत्तमा ने उनके बाँहों की ओर मुँह बढ़ाया। दयाराम काँप उठे। मृत्यु आँखों के सामने नाचने लगी। मन में कहा—यह इस समय मेरी स्त्री नहीं, विषैली भयंकर नागिन है। इसके विष से जान बचनी मुश्किल है। अपनी औषधि पर जो भरोसा था, वह जाता रहा। चूहा उन्मत्त दशा में काट लेता है तो जान के लाले पड़ जाते हैं। भगवान्! कितना विकराल स्वरूप है! प्रत्यक्ष नागिन मालूम हो रही है। अब उलटी पड़े या सीधी इस दशा का अन्त करना ही पड़ेगा। उन्हें ऐसा जान पड़ा कि अब गिरा ही चाहता हूँ। तिलोत्तमा बार-बार साँपों की भाँति फुँकार मारकर जीभ निकाले हुए उनकी ओर झपटती थी। एकाएक वह बड़े कर्कश स्वर से

बोली—'मूर्ख? तेरा इतना साहस कि तू इस सुंदरी से प्रेमालिंगन करे।' यह कहकर वह बड़े वेग से काटने को दौड़ी। दयाराम का धैर्य जाता रहा। उन्होंने दाहिना हाथ सीधा किया और तिलोत्तमा की छाती पर पिस्तौल चला दिया। तिलोत्तमा पर कुछ असर न हुआ। उसकी बाँहें और भी कड़ी हो गईं। आँखों से चिनगारियाँ निकलने लगीं। दयाराम ने दूसरी गोली दाग़ दी। यह चोट पूरी पड़ी। तिलोत्तमा का बाहु-बंधन ढीला पड़ गया। एक क्षण में उसके हाथ नीचे को लटक गए, सिर झुक गया और वह भूमि पर गिर पड़ी।

तब वह दृश्य देखने में आया जिसका उदाहरण कदाचित् अलिफलैला और चन्द्रकांता में भी न मिले। वहीं पलंग के पास, ज़मीन पर एक काला, दीर्घकाय सर्प पड़ा तड़प रहा था। उसकी छाती और मुँह से ख़ून की धारा बह रही थी।

दयाराम को अपनी आँखों पर विश्वास न आता था। यह कैसी अद्‌भुत प्रेत-लीला थी! समस्या क्या है। किससे पूछूँ? इस तिलस्म को तोड़ने का प्रयत्न करना मेरे जीवन का एक कर्तव्य हो गया। उन्होंने साँगे से साँप की देह में एक कोचा मारा और फिर वे उसे लटकाए हुए आँगन में लाए। बिलकुल बेदम हो गया था। उन्होंने उसे अपने कमरे में ले जाकर एक ख़ाली सन्दूक़ में बन्द कर दिया। उसमें भुस भरवा कर बरामदे में लटकाना चाहते थे। इतना बड़ा गेहुँवन साँप किसी ने न देखा होगा।

तब वे तिलोत्तमा के पास गए। डर के मारे कमरे में क़दम रखने की हिम्मत न पड़ती थी। हाँ, इस विचार से कुछ तस्कीन होती थी कि सर्प प्रेत मर गया है तो उसकी जान बच गई होगी। इस आशा और भय की दशा में वे अन्दर गए तो तिलोत्तमा आईने के सामने खड़ी केश सँवार रही थी।

दयाराम को मानो चारों पदार्थ मिल गए। तिलोत्तमा का मुख-कमल खिला हुआ था। उन्होंने कभी उसे इतना प्रफुल्लित न देखा था। उन्हें देखते ही वह उनकी ओर प्रेम से चली और बोली—आज इतनी रात तक कहाँ रहे?

दयाराम प्रेमोन्मत्त होकर बोले—एक जलसे में चला गया था। तुम्हारी तबीयत कैसी है? कहीं दर्द नहीं है?

तिलोत्तमा ने उनको आश्चर्य से देखकर पूछा—तुम्हें कैसे मालूम हुआ? मेरी छाती में ऐसा दर्द हो रहा है, जैसे चिलक पड़ गई हो।

ख़ून सफ़ेद

चैत का महीना था, लेकिन वे खलिहान, जहाँ अनाज की ढेरियाँ लगी रहती थीं, पशुओं के शरणस्थल बने हुए थे, जहाँ घरों से फाग और बसंत की आलाप सुनाई पड़ती, वहाँ आज भाग्य का रोना था। सारा चौमासा बीत गया पानी की एक बूँद न गिरी। जेठ में एक बार मूसलाधार वृष्टि हुई थी, किसान फूले न समाए, खरीफ की फ़सल बो दी, लेकिन इंद्रदेव ने अपना सर्वस्व शायद एक ही बार लुटा दिया था। पौधे उगे, बढ़े और सूख गए। गोचर भूमि में घास जमी। बादल आते, घटाएँ उमड़तीं, ऐसा मालूम होता कि जल-थल एक हो

जाएगा, परन्तु वे आशा की नहीं, दुःख की घटाएँ थीं। किसानों ने बहुतेरे जप-तप किए, ईंट और पत्थर देवी-देवताओं के नाम से पुजाये, बलिदान किए, पानी की अभिलाषा में रक्त के पनाले बह गए, लेकिन इंद्रदेव किसी तरह न पसीजे। न खेतों में पौधे थे, न गोचरों में घास, न तालाबों में पानी, बड़ी मुसीबत का सामना था। जिधर देखिए धूल उड़ रही थी। दरिद्रता और क्षुधा—पीड़ा के दारुण दृश्य दिखाई देते थे। लोगों ने पहले तो गहने और बरतन गिरवी रखे, और अन्त में बेच डाले। फिर जानवरों की बारी आई और जब जीविका का अन्य कोई सहारा न रहा तब जन्मभूमि पर जान देनेवाले किसान बाल-बच्चों को लेकर मज़दूरी करने निकल पड़े। अकाल-पीड़ितों की सहायता के लिए कहीं-कहीं सरकार की सहायता से काम खुल गया था। बहुतेरे वहीं जाकर जमे। जहाँ जिसको सुभीता हुआ, वह उधर ही जा निकला।

2

संध्या का समय था। जादोराय थका-माँदा आकर बैठ गया और स्त्री से उदास होकर बोला—दरखास्त नामंजूर हो गई। यह कहते-कहते वह आँगन में ज़मीन पर लेट गया। उसका मुख पीला पड़ रहा था और आँतें सिकुड़ी जा रही थीं। आज दो दिन से उसने दाने की सूरत नहीं देखी। घर में जो कुछ विभूति थी—गहने, कपड़े, बरतन, भाँड़े सब पेट में समा गए। गाँव का साहूकार भी पतिव्रता स्त्रियों की भाँति आँखें चुराने लगा। केवल तकाबी का सहारा था, उसी के लिए दरखास्त दी थी, लेकिन आज वह भी नामंजूर हो गई, आशा का झिलमिलाता हुआ दीपक बुझ गया।

देवकी ने पति को करुण दृष्टि से देखा। उसकी आँखों में आँसू उमड़ आए। पति दिन भर का थका-माँदा घर आया है। उसे क्या खिलावे? लज्जा के मारे वह हाथ-पैर धोने के लिए पानी भी न लाई। जब हाथ-पैर धोकर आशा-भरी चितवन से वह उसकी ओर देखेगा तब वह उसे क्या खाने को देगी? उसने आज कई दिन से दाने की सूरत नहीं देखी थी। लेकिन इस समय उसे जो दुःख हुआ, वह क्षुधातुरता के कष्ट से कई गुना अधिक था। स्त्री घर की लक्ष्मी है। घर के प्राणियों को खिलाना-पिलाना वह अपना कर्तव्य समझती है। और चाहे यह उसका अन्याय ही क्यों न हो, लेकिन अपनी दीन-हीन दशा पर जो मानसिक वेदना उसे होती है, वह पुरुषों को नहीं हो सकती।

हठात् उसका बच्चा साधो नींद से चौंका और मिठाई के लालच में आकर वह बाप से लिपट गया। इस बच्चे ने आज प्रातःकाल चने की रोटी का एक टुकड़ा खाया था, और तब से कई बार उठा और कई बार रोते-रोते सो गया। चार वर्ष का नादान बच्चा, उसे वर्षा और मिठाइयों में कोई सम्बन्ध नहीं दिखाई देता था। जादोराय ने उसे गोद में उठा लिया, उसकी ओर दुःखभरी दृष्टि से देखा। गर्दन झुक गई और हृदय-पीड़ा आँखों में न समा सकी।

3

दूसरे दिन यह परिवार भी घर से बाहर निकला। जिस तरह पुरुषों के चित्त से अभिमान और स्त्री की आँख से लज्जा नहीं निकलती, उसी तरह अपनी मेहनत से रोटी कमाने वाला किसान भी मज़दूरी की खोज में घर से बाहर नहीं निकलता। लेकिन हा पापी पेट, तू सब कुछ कर सकता है! मान और अभिमान, ग्लानि और लज्जा ये सब चमकते हुए तारे तेरी काली घटाओं में छिप जाते हैं।

प्रभात का समय था। वे दोनों विपत्ति के सताए घर से निकले। जादोराय ने लड़के को पीठ पर लिया। देवकी ने फटे-पुराने कपड़ों की वह गठरी सिर पर रखी, जिस पर विपत्ति को भी तरस आता। दोनों की आँखें आँसुओं से भरी थीं। देवकी रोती थी। जादोराय चुपचाप था। गाँव के दो-चार आदमियों से रास्ते में भेंट भी हुई, किन्तु किसी ने इतना भी न पूछा कि कहाँ जाते हो? किसी के हृदय में सहानुभूति का वास न था।

जब ये लोग लालगंज पहुँचे, उस समय सूर्य ठीक सिर पर था। देखा, मीलों तक आदमी ही आदमी दिखाई देते थे। लेकिन हर चेहरे पर दीनता और दुःख के चिह्न झलक रहे थे।

बैसाख की जलती हुई धूप थी। आग के झोंके ज़ोर-ज़ोर से हरहराते हुए चल रहे थे। ऐसे समय में हड्डियों के अगणित ढाँचे जिनके शरीर पर किसी प्रकार का कपड़ा न था, मिट्टी खोदने में लगे हुए थे। मानो वह मरघट भूमि थी, जहाँ मुर्दे अपने हाथों अपनी क़ब्रें खोद रहे थे। बूढ़े और जवान, मर्द और बच्चे, सब के सब ऐसे निराश और विवश होकर काम में लगे हुए थे मानो मृत्यु और भूख उनके सामने बैठी घूर रही है। इस आफ़त में न कोई किसी का मित्र था न हितू। दया, सहृदयता और प्रेम ये सब मानवीय भाव हैं, जिनका कर्त्ता मनुष्य है। प्रकृति ने हमको केवल एक भाव प्रदान किया है और वह स्वार्थ है। मानवीय भाव बहुधा कपटी मित्रों की भाँति हमारा साथ छोड़ देते हैं, पर यह ईश्वरप्रदत्त गुण कभी हमारा गला नहीं छोड़ता।

4

आठ दिन बीत गए थे। संध्या समय काम समाप्त हो चुका था। डेरे से कुछ दूर आम का एक बाग़ था। वहीं एक पेड़ के नीचे जादोराय और देवकी बैठी हुई थी। दोनों ऐसे कृश हो रहे थे कि उनकी सूरत नहीं पहचानी जाती थी। अब वह स्वाधीन कृषक नहीं रहे। समय के हेरफेर से आज दोनों मज़दूर बने बैठे हैं।

जादोराय ने बच्चे को ज़मीन पर सुला दिया। उसे कई दिन से बुखार आ रहा है। कमल-सा चेहरा मुरझा गया। देवकी ने धीरे से हिलाकर कहा—बेटा! आँखें खोलो। देखो साँझ हो गई।

साधो ने आँखें खोल दीं, बुखार उतर गया था। बोला—क्या हम घर आ गए माँ?

घर की याद आ गई। देवकी की आँखें डबडबा आईं। उसने कहा—नहीं बेटा! तुम अच्छे हो जाओगे, तो घर चलेंगे। उठकर देखो, कैसा अच्छा बाग़ है।

साधो माँ के हाथों के सहारे उठा, और बोला—माँ! मुझे बड़ी भूख लगी है, लेकिन तुम्हारे पास तो कुछ नहीं है। मुझे क्या खाने को दोगी?

देवकी के हृदय में चोट लगी, पर धीरज धर के बोली—नहीं बेटा, तुम्हारे खाने को मेरे पास सब कुछ है। तुम्हारे दादा पानी लाते हैं तो मैं नरम-नरम रोटियाँ अभी बनाए देती हूँ।

साधो ने माँ की गोद में सिर रख लिया और बोला—माँ! मैं न होता तो तुम्हें इतना दुःख तो न होता। यह कहकर वह फूट-फूटकर रोने लगा। यह वही बेसमझ बच्चा है, जो दो सप्ताह पहले मिठाइयों के लिए दुनिया सिर पर उठा लेता था। दुःख और चिन्ता ने कैसा अनर्थ कर दिया है। यह विपत्ति का फल है। कितना दुःखपूर्ण, कितना करुणाजनक व्यापार है।

इसी बीच में कई आदमी लालटेन लिए हुए वहाँ आए। फिर गाड़ियाँ आईं। उन पर डेरे और खेमे लदे हुए थे। दम के दम वहाँ खेमे गड़ गए। सारे बाग़ में चहल-पहल नज़र आने

लगी। देवकी रोटियाँ सेंक रही थी, साधो धीरे-धीरे उठा और आश्चर्य से देखता हुआ एक डेरे के नज़दीक जाकर खड़ा हो गया!

5

पादरी मोहनदास खेमे से बाहर निकले तो साधो उन्हें खड़ा दिखाई दिया। उसकी सूरत पर उन्हें तरस आ गया। प्रेम की नदी उमड़ आई। बच्चे को गोद में लेकर खेमे में एक गद्देदार कोच पर बैठा दिया और तब उसे बिस्कुट और केले खाने को दिए। लड़के ने अपनी ज़िन्दगी में इन स्वादिष्ट चीज़ों को कभी न देखा। बुखार की बेचैन करने वाली भूख अलग मार रही थी। उसने ख़ूब मनभर खाया और तब कृतज्ञ नेत्रों से देखते हुए पादरी साहब के पास जाकर बोला—तुम हमको रोज़ ऐसी चीज़ें खिलाओगे।

पादरी साहब इस भोलेपन पर मुस्कुरा के बोले—मेरे पास इससे भी अच्छी-अच्छी चीज़ें हैं। इस पर साधोराय ने कहा—अब मैं रोज़ तुम्हारे पास आऊँगा। माँ के पास ऐसी अच्छी चीज़ें कहाँ? वह तो मुझे चने की रोटियाँ खिलाती है।

उधर देवकी ने रोटियाँ बनाईं और साधो को पुकारने लगी। साधो ने माँ के पास जाकर कहा—मुझे साहब ने अच्छी-अच्छी चीज़ें खाने को दी हैं। साहब बड़े अच्छे हैं।

देवकी ने कहा—मैंने तुम्हारे लिए नरम-नरम रोटियाँ बनाई हैं। आओ तुम्हें खिलाऊँ।

साधो बोला—अब मैं न खाऊँगा। साहब कहते थे कि मैं तुम्हें रोज़ अच्छी-अच्छी चीज़ें खिलाऊँगा। मैं अब उनके साथ रहा करूँगा। माँ ने समझा कि लड़का हँसी कर रहा है। उसे छाती से लगाकर बोली—क्यों बेटा, हमको भूल जाओगे? देखो, मैं तुम्हें कितना प्यार करती हूँ।

साधो तुतला कर बोला—तुम तो मुझे रोज़ चने की रोटियाँ दिया करती हो। तुम्हारे पास तो कुछ नहीं है। साहब मुझे केले और आम खिलावेंगे। यह कहकर वह फिर खेमे की ओर भागा और रात को वहीं सो रहा!

पादरी मोहनदास का पड़ाव वहाँ तीन दिन रहा। साधो दिन भर उन्हीं के पास रहता। साहब ने उसे मीठी दवाइयाँ दीं। उसका बुखार जाता रहा। वह भोले-भाले किसान यह देखकर साहब को आशीर्वाद देने लगे। लड़का भला-चंगा हो गया और आराम से है। साहब को परमात्मा सुखी रखे। उन्होंने बच्चे की जान रख ली।

चौथे दिन रात को ही वहाँ से पादरी साहब ने कूच किया। सुबह को जब देवकी उठी तो साधो का वहाँ पता न था। उसने समझा, कहीं टपके ढूँढ़ने गया होगा, किन्तु थोड़ी देर देखकर उसने जादोराय से कहा—लल्लू यहाँ नहीं है। उसने भी यही कहा—यहीं कहीं टपके ढूँढ़ता होगा।

लेकिन जब सूरज निकल आया और काम पर चलने का वक़्त हुआ तब जादोराय को कुछ संशय हुआ। उसने कहा—तुम यहीं बैठी रहना, मैं अभी उसे लिए आता हूँ।

जादोराय ने आस-पास के सब बाग़ों को छान डाला और अन्त में जब दस बज गए तो निराश लौट आया। साधो न मिला, यह देखकर देवी ढाढ़ें मारकर रोने लगी।

फिर दोनों अपने लाल की तलाश में निकले। अनेक विचार चित्त में आने-जाने लगे। देवकी को पूरा विश्वास था कि साहब ने उस पर कोई मंत्र डालकर वश में कर लिया। लेकिन जादो को इस कल्पना के मान लेने में कुछ सन्देह था। बच्चा इतनी दूर अनजान रास्ते पर अकेले नहीं आ सकता। फिर दोनों गाड़ी के पहियों और घोड़े की टापों के निशान देखते

चले जाते थे। यहाँ तक कि वे एक सड़क पर आ पहुँचे। वहाँ गाड़ी के बहुत से निशान थे। उस विशेष लीक की पहचान न हो सकती थी। घोड़े की टाप भी एक झाड़ी की तरफ़ जाकर ग़ायब हो गई। आशा का सहारा टूट गया। दोपहर हो गई थी। दोनों धूप के मारे बेचैन और निराशा से पागल हो रहे थे। वहीं एक वृक्ष की छाया में बैठ गए। देवकी विलाप करने लगी। जादोराय ने उसे समझाना शुरू किया।

जब ज़रा धूप की तेज़ी कम हुई तो दोनों फिर आगे चले। किन्तु अब आशा की जगह निराशा साथ थी। घोड़े की टापों के साथ उम्मीद का धुँधला निशान ग़ायब हो गया था।

शाम हो गई। इधर-उधर गायों-बैलों के झुंड निर्जीव से पड़े दिखाई देते थे। यह दोनों दुखिया हिम्मत हार कर एक पेड़ के नीचे टिक रहे। उसी वृक्ष पर मैने का एक जोड़ा बसेरा लिए था। उनका नन्हा-सा शावक आज ही एक शिकारी के चंगुल में फँस गया था। दोनों दिन भर उसे खोजते फिरे। इस समय निराश होकर बैठ रहे। देवकी और जादो को अभी तक आशा की झलक दिखाई देती थी, इसलिए वे बेचैन थे।

तीन दिन तक ये दोनों खोए हुए लाल की तलाश करते रहे। दाने से भेंट नहीं, प्यास से बेचैन होते तो दो-चार घूँट पानी गले के नीचे उतार लेते।

आशा की जगह निराशा का सहारा था। दुःख और करुणा के सिवाय और कोई वस्तु नहीं। किसी बच्चे के पैरों के निशान देखते तो उनके दिलों में आशा तथा भय की लहरें उठने लगती थीं।

लेकिन प्रत्येक पग उन्हें अभीष्ट स्थान से दूर लिए जाता था।

6

इस घटना को हुए चौदह वर्ष बीत गए। इन चौदह वर्षों में सारी काया पलट गई। चारों ओर रामराज्य दिखाई देने लगा। इंद्रदेव ने कभी उस तरह अपनी निर्दयता न दिखाई और न ज़मीन ने ही। उमड़ी हुई नदियों की तरह अनाज से ढेकियाँ भर चलीं। उजड़े हुए गाँव बस गए। मज़दूर किसान बन बैठे और किसान जायदाद की तलाश में नज़रें दौड़ाने लगे। वही चैत के दिन थे। खलिहानों में अनाज के पहाड़ खड़े थे। भाट और भिखमंगे किसानों की बढ़ती के तराने गा रहे थे। सुनारों के दरवाज़े पर सारे दिन और आधी रात तक गाहकों का जमघट बना रहता था। दरजी को सिर उठाने की फुरसत न थी। इधर-उधर दरवाज़ों पर घोड़े हिनहिना रहे थे। देवी के पुजारियों को अजीर्ण हो रहा था। जादोराय के दिन भी फिरे। उसके घर पर छप्पर की जगह खपरैल हो गया। दरवाज़े पर अच्छे बैलों की जोड़ी बँधी हुई है। वह अब अपनी बहली पर सवार होकर बाज़ार जाया करता है। उसका बदन अब उतना सुडौल नहीं है। पेट पर इस सुदशा का विशेष प्रभाव पड़ा है और बाल भी सफ़ेद हो चले हैं। देवकी की गिनती भी गाँव की बूढ़ी औरतों में होने लगी है। व्यावहारिक बातों में उसकी बड़ी पूछ हुआ करती है। जब वह किसी पड़ोसिन के घर जाती है तो वहाँ की बहुएँ भय के मारे थरथराने लगती हैं। उसके कटु वाक्य, तीव्र आलोचना की सारे गाँव में धाक बँधी हुई है। महीन कपड़े अब उसे अच्छे नहीं लगते, लेकिन गहनों के बारे में वह इतनी उदासीन नहीं है।

उसके जीवन का दूसरा भाग इससे कम उज्ज्वल नहीं। उनकी दो संतानें हैं। लड़का माधोसिंह अब खेती-बारी के काम में बाप की मदद करता है। लड़की का नाम शिवगौरी है।

वह भी माँ को चक्की पीसने में सहायता दिया करती है और ख़ूब गाती है। बर्तन धोना उसे पसन्द नहीं, लेकिन चौका लगाने में निपुण है। गुड़ियों के ब्याह करने से उसका जी कभी नहीं भरता। आए दिन गुड़ियों के विवाह होते रहते हैं। हाँ, इनमें क़िफायत का पूरा ध्यान रहता है। खोये हुए साधो की याद अभी तक बाक़ी है। उसकी चर्चा नित्य हुआ करती है और कभी बिना रुलाए नहीं रहती। देवकी कभी-कभी सारे दिन उस लाड़ले बेटे की सुध में अधीर रहा करती है।

साँझ हो गई थी। बैल दिन भर के थके-माँदे सिर झुकाए चले आते थे। पुजारी ने ठाकुरद्वारे में घंटा बजाना शुरू किया। आजकल फ़सल के दिन हैं। रोज़ पूजा होती है। जादोराय खाट पर बैठे नारियल पी रहे थे। शिवगौरी रास्ते में खड़ी उन बैलों को कोस रही थी, जो उसके भूमिस्थ विशाल भवन का निरादर करके उसे रौंदते चले जाते थे। घड़ियाल और घंटे की आवाज़ सुनते ही जादोराय भगवान् का चरणामृत लेने के लिए उठे ही थे कि उन्हें अकस्मात् एक नवयुवक दिखाई पड़ा, जो भूँकते हुए कुत्तों को दुतकारता बाइसिकल को आगे बढ़ाता हुआ चला आ रहा था। उसने उनके चरणों पर अपना सिर रख दिया। जादोराय ने ग़ौर से देखा और तब दोनों एक दूसरे से लिपट गए। माधो भौंचक होकर बाइसिकल को देखने लगा। शिवगौरी रोती हुई घर में भागी और देवकी से बोली—दादा को साहब ने पकड़ लिया है। देवकी घबराई हुई बाहर आई। साधो उसे देखते ही उसके पैरों पर गिर पड़ा। देवकी लड़के को छाती से लगाकर रोने लगी। गाँव के मर्द, औरतें और बच्चे सब जमा हो गए। मेला-सा लग गया।

7

साधो ने अपने माता-पिता से कहा—मुझ अभागे से जो कुछ अपराध हुआ हो, उसे क्षमा कीजिए। मैंने अपनी नादानी से स्वयं बहुत कष्ट उठाए और आप लोगों को भी दु:ख दिया, लेकिन अब मुझे अपनी गोद में लीजिए। देवकी ने रोकर कहा—जब तुम हमको छोड़कर भागे थे तो हम लोग तुम्हें तीन दिन तक बेदाना-पानी के ढूँढ़ते रहे, पर जब निराश हो गए तब अपने भाग्य को रोकर बैठ रहे। तब से आज तक कोई ऐसा दिन न गया होगा कि तुम्हारी सुधि न आई हो। रोते-रोते एक युग बीत गया, अब तुमने ख़बर ली है! बताओ बेटा! उस दिन तुम कैसे भागे और कहाँ जाकर रहे? साधो ने लज्जित होकर उत्तर दिया—माता जी, अपना हाल क्या कहूँ? मैं पहर रात रहे आपके पास से उठकर भागा। पादरी साहब के पड़ाव का पता शाम ही को पूछ लिया था। बस, पूछता हुआ दोपहर को उनके पास पहुँच गया। साहब ने मुझे पहले समझाया कि अपने घर लौट जाओ, लेकिन जब मैं किसी तरह राज़ी न हुआ तो उन्होंने मुझे पूना भेज दिया। मेरी तरह वहाँ सैकड़ों लड़के थे। वहाँ बिस्कुट और नारंगियों का भला क्या ज़िक्र! जब मुझे आप लोगों की याद आती, मैं अक्सर रोया करता। मगर बचपन की उम्र थी, धीरे-धीरे उन्हीं लोगों से हिल-मिल गया। हाँ, जब से कुछ होश हुआ और अपना-पराया समझने लगा तब से अपनी नादानी पर हाथ मलता रहा हूँ। रात-दिन आप लोगों की रट लगी हुई थी। आज आप लोगों के आशीर्वाद से यह शुभ दिन देखने को मिला। दूसरों में बहुत दिन काटे, बहुत दिनों तक अनाथ रहा। अब मुझे अपनी सेवा में रखिए। मुझे अपनी गोद में लीजिए। मैं प्रेम का भूखा हूँ। बरसों से मुझे जो सौभाग्य नहीं मिला, वह अब दीजिए।

गाँव के बहुत से बूढ़े जमा थे। उनमें से जगतसिंह बोले—तो क्यों बेटा, तुम इतने दिनों तक पादरियों के साथ रहे। उन्होंने तुमको भी पादरी बना लिया होगा?

साधो ने सिर झुकाकर कहा—जी हाँ, यह तो उनका दस्तूर ही है।

जगतसिंह ने जादोराय की तरफ़ देखकर कहा—यह बड़ी कठिन बात है।

साधो बोला—बिरादरी मुझे जो प्रायश्चित्त बतलाएगी, मैं उसे करूँगा। मुझसे जो कुछ बिरादरी का अपराध हुआ है, नादानी से हुआ है, लेकिन मैं उसका दंड भोगने के लिए तैयार हूँ।

जगतसिंह ने फिर जादोराय की तरफ़ कनखियों से देखा और गम्भीरता से बोले—हिन्दू धर्म में ऐसा कभी नहीं हुआ है। यों तुम्हारे माँ-बाप तुम्हें अपने घर में रख लें, तुम उनके लड़के हो, मगर बिरादरी कभी इस काम में शरीक न होगी। बोलो जादोराय, क्या कहते हो, कुछ तुम्हारे मन की भी तो सुन लें।

जादोराय बड़ी द्विविधा में था। एक ओर तो अपने प्यारे बेटे की प्रीति थी, दूसरी ओर बिरादरी का भय मारे डालता था। जिस लड़के के लिए रोते-रोते आँखें फूट गईं, आज वही सामने खड़ा आँखों में आँसू भरे कहता है, पिताजी! मुझे अपनी गोद में लीजिए और मैं पत्थर की तरह अचल खड़ा हूँ। शोक! इन निर्दयी भाइयों को किस तरह समझाऊँ, क्या करूँ क्या न करूँ।

लेकिन माँ की ममता उमड़ आई, देवकी से न रहा गया। उसने अधीर होकर कहा—मैं अपने लाल को अपने घर रखूँगी और कलेजे से लगाऊँगी। इतने दिनों के बाद मैंने उसे पाया है, अब उसे नहीं छोड़ सकती।

जगतसिंह रुष्ट होकर बोले—चाहे बिरादरी छूट ही क्यों न जाए?

देवकी ने भी गरम होकर जवाब दिया—हाँ, चाहे बिरादरी छूट ही जाए। लड़के-बालों ही के लिए आदमी आड़ पकड़ता है। जब लड़का ही न रहा तो भला बिरादरी किस काम आवेगी?

इस पर कई ठाकुर लाल-लाल आँखें निकालकर बोले—ठकुराइन? बिरादरी की तो तुम ख़ूब मर्यादा करती हो। लड़का चाहे किसी रास्ते पर जाए, लेकिन बिरादरी चूँ तक न करे! ऐसी बिरादरी कहीं और होगी! हम साफ़-साफ़ कहे देते हैं कि अगर यह लड़का तुम्हारे घर में रहा तो बिरादरी भी बता देगी कि वह क्या कर सकती है?

जगतसिंह कभी-कभी जादोराय से रुपए उधार लिया करते थे। मधुर स्वर से बोले—भाभी! बिरादरी थोड़े ही कहती है कि तुम लड़के को घर से निकाल दो। लड़का इतने दिनों के बाद घर आया है, हमारे सिर, आँखों पर रहे। बस, ज़रा खाने-पीने और छूत-छात का बचाव बना रहना चाहिए। बोलो, जादो भाई, अब बिरादरी को कहाँ तक दबाना चाहते हो?

जादोराय ने साधो की तरफ़ करुणा-भरे नेत्रों से देखकर कहा—बेटा! जहाँ तुमने हमारे साथ इतना सलूक किया है, वहाँ जगत भाई की इतनी कही और मान लो।

साधो ने कुछ तीक्ष्ण शब्दों में कहा—क्या मान लूँ? यही कि अपनों में ग़ैर बनकर रहूँ, अपमान सहूँ, मिट्टी का घड़ा भी मेरे छूने से अशुद्ध हो जाए! न, यह मेरा किया न होगा, मैं इतना निर्लज्ज नहीं हूँ।

जादोराय को पुत्र की यह कठोरता अप्रिय मालूम हुई। वे चाहते थे कि इस वक़्त बिरादरी के लोग जमा हैं, उनके सामने किसी तरह समझौता हो जाए, फिर कौन देखता है कि हम उसे किस तरह रखते हैं। चिढ़कर बोले—इतनी बात तो तुम्हें माननी ही पड़ेगी।

साधोराय इस रहस्य को न समझ सका। बाप की इस बात में उसे निष्ठुरता की झलक दिखाई पड़ी। बोला—मैं आपका लड़का हूँ। आपके लड़के की तरह रहूँगा। आपके प्रेम और

भक्ति की प्रेरणा मुझे यहाँ तक लाई है। मैं अपने घर में रहने आया हूँ। अगर यह नहीं है तो मेरे लिए इसके सिवा और कोई उपाय नहीं है कि मैं जितनी जल्दी हो सके, यहाँ से भाग जाऊँ। जिनका ख़ून सफ़ेद है, उनके बीच में रहना व्यर्थ है। देवकी ने रोकर कहा—लल्लू, मैं तुम्हें अब न जाने दूँगी। साधो की आँखें भर आईं, पर मुस्कुराकर बोला—मैं तो तेरी थाली में खाऊँगा।

देवकी ने उसे ममता और प्रेम की दृष्टि से देखकर कहा—मैंने तो तुझे छाती से दूध पिलाया है, तू मेरी थाली में खाएगा तो क्या? मेरा बेटा ही तो है, कोई और तो नहीं हो गया!

साधो इन बातों को सुनकर मतवाला हो गया। इनमें कितना स्नेह, कितना अपनापन था। बोला—माँ, आया तो मैं इसी इरादे से था कि अब कहीं न जाऊँगा, लेकिन बिरादरी ने मेरे कारण यदि तुम्हें जाति-च्युत कर दिया तो मुझसे न सहा जाएगा। मुझसे इन गँवारों का कोरा अभिमान न देखा जाएगा, इसलिए इस वक़्त मुझे जाने दो। जब मुझे अवसर मिला करेगा, तुम्हें देख जाया करूँगा। तुम्हारा प्रेम मेरे चित्त से नहीं जा सकता। लेकिन यह असम्भव है कि मैं इस घर में रहूँ और अलग खाना खाऊँ, अलग बैठूँ। इसके लिए मुझे क्षमा करना।

देवकी घर में से पानी लाई। साधो हाथ-मुँह धोने लगा। शिवगौरी ने माँ का इशारा पाया तो डरते-डरते साधो के पास गई। माधो ने आदरपूर्वक दंडवत् की। साधो ने पहले उन दोनों को आश्चर्य से देखा, फिर अपनी माँ को मुस्कुराते देखकर समझ गया। दोनों लड़कों को छाती से लगा लिया और तीनों भाई-बहन प्रेम से हँसने-खेलने लगे। माँ खड़ी यह दृश्य देखती थी और उमंग से फूली न समाती थी।

जलपान करके साधो ने बाइसिकल सँभाली और माँ-बाप के सामने सिर झुकाकर चल खड़ा हुआ। वहीं, जहाँ से तंग होकर आया था, उसी क्षेत्र में, जहाँ कोई अपना न था! देवकी फूट-फूटकर रो रही थी और जादोराय आँखों में आँसू भरे, हृदय में एक ऐंठन-सी अनुभव करता हुआ सोचता था, हाय! मेरे लाल, तू मुझसे अलग हुआ जाता है। ऐसा योग्य और होनहार लड़का हाथ से निकला जाता है और केवल इसलिए कि अब हमारा ख़ून सफ़ेद हो गया है।

ग़रीब की हाय

मुंशी रामसेवक भौंहें चढ़ाए हुए घर से निकले और बोले—इस जीने से तो मरना भला है। मृत्यु को प्रायः इस तरह के जितने निमंत्रण दिए जाते हैं, यदि वह सबको स्वीकार करती तो आज सारा संसार उजाड़ दिखाई देता।

मुंशी रामसेवक चाँदपुर गाँव के एक बड़े रईस थे। रईसों के सभी गुण इनमें भरपूर थे। मानव चरित्र की दुर्बलताएँ उनके जीवन का आधार थीं। वह नित्य मुंसिफी कचहरी के हाते में एक नीम के पेड़ के नीचे काग़ज़ों का बस्ता खोले एक टूटी-सी चौकी पर बैठे दिखाई देते थे। किसी ने कभी उन्हें किसी इजलास पर क़ानूनी बहस या मुक़दमे की पैरवी करते नहीं देखा। परन्तु उन्हें सब लोग मुख़्तार साहब कहकर पुकारते थे। चाहे तूफ़ान आए, पानी बरसे, ओले गिरें, पर मुख़्तार साहब वहाँ से टस से मस न होते। जब वह कचहरी चलते तो देहातियों के झुंड के झुंड उनके साथ हो लेते। चारों ओर से उन पर विश्वास और आदर की दृष्टि पड़ती।

सबमें प्रसिद्ध था कि उनकी जीभ पर सरस्वती विराजती है। इसे वकालत कहो, या मुख्तारी, परन्तु यह केवल कुल-मर्यादा की प्रतिष्ठा का पालन था। आमदनी अधिक न होती थी। चाँदी के सिक्कों की तो चर्चा ही क्या; कभी-कभी ताँबे के सिक्के भी निर्भय उनके पास आने में हिचकते थे। मुंशी जी की क़ानूनदानी में कोई सन्देह न था। परन्तु पास के बखेड़े ने उन्हें विवश कर दिया था। ख़ैर जो हो, उनका यह पेशा केवल प्रतिष्ठा-पालन के निमित्त था। नहीं तो उनके निर्वाह का मुख्य साधन आस-पास की अनाथ पर खाने-पीने में सुखी विधवाओं और भोले-भाले किन्तु धनी वृद्धों की श्रद्धा थी। विधवाएँ अपना रुपया उनके यहाँ अमानत रखतीं। बूढ़े अपने कपूतों के डर से अपना धन उन्हें सौंप देते। पर रुपया एक बार मुट्ठी में जाकर फिर निकलना भूल जाता था। वह ज़रूरत पड़ने पर कभी-कभी क़र्ज़ ले लेते थे। भला बिना क़र्ज़ लिए किसी का काम चल सकता है? भोर को साँझ के करार पर रुपया लेते, पर साँझ कभी नहीं आती थी। सारांश, मुंशी जी क़र्ज़ लेकर देना सीखे नहीं थे। यह उनकी कुल प्रथा थी। यही सब मामले बहुधा मुंशी जी के सुख-चैन में विघ्न डालते थे। क़ानून और अदालत का तो उन्हें कोई डर न था। इस मैदान में उनका सामना करना पानी में मगर से लड़ना था। परन्तु जब कोई दुष्ट उनसे भिड़ जाता, उनकी ईमानदारी पर सन्देह करता और उनके मुँह पर बुरा-भला कहने पर उतारू हो जाता, तब मुंशी जी के हृदय पर बड़ी चोट लगती। इस प्रकार की दुर्घटनाएँ प्रायः होती रहती थीं। हर जगह ऐसे ओछे रहते हैं, जिन्हें दूसरों को नीचा दिखाने में ही आनन्द आता है। ऐसे ही लोगों का सहारा पाकर कभी-कभी छोटे आदमी मुंशी जी के मुँह लग जाते थे। नहीं तो, कुँजड़िन की इतनी मजाल नहीं थी कि उनके आँगन में जाकर उन्हें बुरा-भला कहे। मुंशी जी उसके पुराने गाहक थे, बरसों तक उससे साग-भाजी ली थी। यदि दाम न दिया तो कुँजड़िन को सन्तोष करना चाहिए था। दाम जल्दी या देर से मिल ही जाता। परन्तु वह मुँहफट कुँजड़िन दो ही बरसों में घबरा गई, और उसने कुछ आने-पैसों के लिए एक प्रतिष्ठित आदमी का पानी उतार लिया। झुँझला कर मुंशी जी अपने को मृत्यु का कलेवा बनाने पर उतारू हो गए तो इसमें उनका कुछ दोष न था।

2

इसी गाँव में मूँगा नाम की एक विधवा ब्राह्मणी रहती थी। उसका पति बर्मा की काली पलटन में हवलदार था और लड़ाई में वहीं मारा गया। सरकार की ओर से उसके अच्छे कामों के बदले मूँगा को पाँच सौ रुपए मिले थे। विधवा स्त्री, ज़माना नाजुक था, बेचारी ने ये सब रुपए मुंशी रामसेवक को सौंप दिए, और महीने-महीने थोड़ा-थोड़ा उसमें से माँग कर अपना निर्वाह करती रही।

मुंशी जी ने यह कर्तव्य कई वर्ष तक तो बड़ी ईमानदारी के साथ पूरा किया। पर जब बूढ़ी होने पर मूँगा नहीं मरी और मुंशी जी को यह चिन्ता हुई कि शायद उसमें से आधी रक़म भी स्वर्ग-यात्रा के लिए नहीं छोड़ना चाहती, तो एक दिन उन्होंने कहा—मूँगा! तुम्हें मरना है या नहीं! साफ़-साफ़ कह दो कि मैं ही अपने मरने की फ़िक्र करूँ। उस दिन मूँगा की आँखें खुलीं, उसकी नींद टूटी, बोली—मेरा हिसाब कर दो। हिसाब का चिट्ठा तैयार था। अमानत में अब एक कौड़ी बाक़ी न थी। मूँगा ने बड़ी कड़ाई से मुंशी जी का हाथ पकड़ लिया और कहा—अभी मेरे ढाई सौ रुपए तुमने दबा रखे हैं। मैं एक कौड़ी भी न छोड़ूँगी।

परन्तु अनाथों का क्रोध पटाखे की आवाज़ है, जिससे बच्चे डर जाते हैं और असर कुछ नहीं होता। अदालत में उसका कुछ ज़ोर न था। न लिखा-पढ़ी थी, न हिसाब-किताब। हाँ, पंचायत से कुछ आसरा था। पंचायत बैठी। कई गाँव के लोग इकट्ठे हुए। मुंशी जी नीयत और मामले के साफ़ थे! सभा में खड़े होकर पंचों से कहा—

भाइयो! आप सब लोग सत्यपरायण और कुलीन हैं। मैं आप सब साहबों का दास हूँ। आप सब साहबों की उदारता और कृपा से, दया और प्रेम से, मेरा रोम-रोम कृतज्ञ है। क्या आप लोग सोचते हैं कि मैं इस अनाथिनी और विधवा स्त्री के रुपए हड़प कर गया हूँ?

पंचों ने एक स्वर में कहा—नहीं, नहीं! आपसे ऐसा नहीं हो सकता।

रामसेवक—यदि आप सब सज्जनों का विचार हो कि मैंने रुपए दबा लिये, तो मेरे लिए डूब मरने के सिवा और कोई उपाय नहीं। मैं धनाढ्य नहीं हूँ, न मुझे उदार होने का घमंड है। पर अपनी क़लम की कृपा से, आप लोगों की कृपा से किसी का मुहताज नहीं हूँ। क्या मैं ऐसा ओछा हो जाऊँगा कि एक अनाथिनी के रुपए पचा लूँ?

पंचों ने एक स्वर से फिर कहा—नहीं-नहीं, आप से ऐसा नहीं हो सकता। मुँह से देखकर टीका काढ़ा जाता है। पंचों ने मुंशी जी को छोड़ दिया। पंचायत उठ गई। मूँगा ने आह भरकर सन्तोष किया और मन में कहा—अच्छा! यहाँ न मिला तो न सही, वहाँ कहाँ जाएगा।

3

अब कोई मूँगा का दुःख सुननेवाला और सहायक न था। दरिद्रता से जो कुछ दुःख भोगने पड़ते हैं, वह उसे झेलने पड़े। वह शरीर से पुष्ट थी, चाहती तो परिश्रम कर सकती थी। पर जिस दिन पंचायत पूरी हुई, उसी दिन से उसने काम करने की क़सम खा ली। अब उसे रात-दिन रुपए की रट लगी रहती। उठते-बैठते, सोते-जागते उसे केवल एक काम था, और वह मुंशी रामसेवक का भला मनाना। झोपड़े के दरवाज़े पर बैठी हुई रात-दिन, उन्हें सच्चे मन से असीसा करती। बहुधा अपनी असीस के वाक्यों में ऐसे कविता के भाव और उपमाओं का व्यवहार करती कि लोग सुनकर अचम्भे में आ जाते। धीरे-धीरे मूँगा पगली हो चली। नंगे सिर, नंगे शरीर, हाथ में एक कुल्हाड़ी लिए हुए सुनसान स्थानों में जा बैठती। झोपड़े के बदले अब वह मरघट पर नदी के किनारे खंडहरों में घूमती दिखाई देती। बिखरी हुई लटें, लाल-लाल आँखें, पागलों-सा चेहरा, सूखे हुए हाथ-पाँव। उसका यह स्वरूप देखकर लोग डर जाते थे। अब कोई उसे हँसी में भी नहीं छेड़ता। यदि वह कभी गाँव में निकल आती तो स्त्रियाँ घरों के किवाड़ बन्द कर लेतीं। पुरुष कतरा कर इधर-उधर से निकल जाते और बच्चे चीख़ मारकर भागते। यदि कोई लड़का भागता न था तो वह मुंशी रामसेवक का सुपुत्र रामग़ुलाम था। बाप में जो कुछ कोर-कसर रह गई थी, वह बेटे में पूरी हो गई थी। लड़कों का उसके मारे नाक में दम था। गाँव के काने और लँगड़े आदमी उसकी सूरत से चिढ़ते थे। और गालियाँ खाने में तो शायद ससुराल में आनेवाले दामाद को भी इतना आनन्द न आता हो। वह मूँगा के पीछे तालियाँ बजाता, कुत्तों को साथ लिए हुए उस समय तक रहता जब तक वह बेचारी तंग आकर गाँव से निकल न जाती। रुपया-पैसा, होश-हवास खोकर उसे पगली की पदवी मिली। और अब बस सचमुच पगली थी। अकेली बैठी अपने आप घंटों बातें किया करती जिसमें रामसेवक के मांस, हड्डी, चमड़े, आँखें, कलेजा आदि को खाने, मसलने,

नोचने-खसोटने की बड़ी उत्कट इच्छा प्रकट की जाती थी और जब उसकी यह इच्छा सीमा तक पहुँच जाती तो वह रामसेवक के घर की ओर मुँह करके ख़ूब चिल्लाकर और डरावने शब्दों में हाँक लगाती—तेरा लहू पीऊँगी।

प्राय: रात के सन्नाटे में यह गरजती हुई आवाज़ सुनकर स्त्रियाँ चौंक पड़ती थीं। परन्तु इस आवाज़ से भयानक उसका ठठा कर हँसना था। मुंशी जी के लहू पीने की कल्पित ख़ुशी में वह ज़ोर से हँसा करती थी। इस ठठाने से ऐसी आसुरिक उद्दंडता, ऐसी पाशविक उग्रता टपकती थी कि रात को सुनकर लोगों का ख़ून ठंडा हो जाता था। मालूम होता, मानो सैकड़ों उल्लू एक साथ हँस रहे हैं। मुंशी रामसेवक बड़े हौसले और कलेजे के आदमी थे। न उन्हें दीवानी का डर था, न फ़ौजदारी का, परन्तु मूँगा के इन डरावने शब्दों को सुन वह भी सहम जाते। हमें मनुष्य के न्याय का डर न हो, परन्तु ईश्वर के न्याय का डर प्रत्येक मनुष्य के मन में स्वभाव से रहता है। मूँगा का भयानक रात का घूमना रामसेवक के मन में कभी-कभी ऐसी ही भावना उत्पन्न कर देता—उनसे अधिक उनकी स्त्री के मन में। उनकी स्त्री बड़ी चतुर थी। वह इनको इन सब बातों में प्राय: सलाह दिया करती थी। उन लोगों की भूल थी, जो लोग कहते थे कि मुंशी जी की जीभ पर सरस्वती विराजती हैं। वह गुण तो उनकी स्त्री को प्राप्त था। बोलने में वह इतनी तेज़ थी जितना मुंशी लिखने में थे। और यह दोनों स्त्री-पुरुष प्राय: अपनी अवश दशा में सलाह करते कि अब क्या करना चाहिए।

आधी रात का समय था। मुंशी जी नित्य नियम के अनुसार अपनी चिन्ता दूर करने के लिए शराब के दो-चार घूँट पीकर सो गए थे। यकायक मूँगा ने उनके दरवाज़े पर आकर ज़ोर से हाँक लगाई, 'तेरा लहू पीऊँगी' और ख़ूब खिलखिला कर हँसी।

मुंशी जी यह भयानक ठहाका सुनकर चौंक पड़े। डर के मारे पैर थर-थर काँपने लगे। कलेजा धक्-धक् करने लगा। दिल पर बहुत ज़ोर डालकर उन्होंने दरवाज़ा खोला, जाकर नागिन को जगाया। नागिन ने झुँझला कर कहा—क्या कहते हो? मुंशी जी ने दबी आवाज़ से कहा—वह दरवाज़े पर आकर खड़ी है।

नागिन उठ बैठी—क्या कहती है?

'तुम्हारा सिर।'

'क्या दरवाज़े पर आ गई?'

'हाँ, आवाज़ नहीं सुनती हो?'

नागिन मूँगा से नहीं, परन्तु उसके ध्यान से बहुत डरती थी, तो भी उसे विश्वास था कि मैं बोलने में उसे ज़रूर नीचा दिखा सकती हूँ। सँभलकर बोली—कहो तो मैं उससे दो-दो बातें कर लूँ। परन्तु मुंशी जी ने मना किया।

दोनों आदमी पैर दबाए हुए ड्योढ़ी में गए और दरवाज़े से झाँककर देखा, मूँगा की धुँधली मूरत धरती पर पड़ी थी और उसकी साँस तेज़ी से चलती सुनाई देती थी। रामसेवक के लहू और मांस की भूख से वह अपना लहू और मांस सुखा चुकी थी। एक बच्चा भी उसे गिरा सकता था; परन्तु उससे सारा गाँव थर-थर काँपता। हम जीते मनुष्य से नहीं डरते, पर मुरदे से डरते हैं। रात गुज़री । दरवाज़ा बन्द था; पर मुंशी जी और नागिन ने बैठकर रात काटी। मूँगा भीतर नहीं घुस सकती थी, पर उसकी आवाज़ को कौन रोक सकता था। मूँगा से अधिक डरावनी उसकी आवाज़ थी।

भोर को मुंशी जी बाहर निकले और मूँगा से बोले—यहाँ क्यों पड़ी है।

मूँगा बोली—तेरा लहू पीऊँगी।

नागिन ने बल खाकर कहा—तेरा मुँह झुलस दूँगी।

पर नागिन के विष ने मूँगा पर कुछ असर न किया। उसने ज़ोर से ठहाका लगाया, नागिन खिसियानी-सी हो गई। हँसी के सामने मुँह बन्द हो जाता है। मुंशी जी फिर बोले—यहाँ से उठ जा।

'न उठूँगी।'

'कब तक पड़ी रहेगी?'

'तेरा लहू पीकर जाऊँगी।'

मुंशी जी की प्रखर लेखनी का यहाँ कुछ ज़ोर न चला और नागिन की आग भरी बातें यहाँ सर्द हो गईं। दोनों घर में जाकर सलाह करने लगे, यह बला कैसे टलेगी। इस आपत्ति से कैसे छुटकारा होगा।

देवी आती है तो बकरे का ख़ून पीकर चली जाती है; पर यह डाइन मनुष्य का ख़ून पीने आई है। वह ख़ून, जिसकी अगर एक बूँद भी क़लम बनाने के समय निकल पड़ती थी, तो अठवारों और महीनों सारे कुनबे को अफ़सोस रहता, और यह घटना गाँव में घर-घर फैल जाती थी। क्या यही लहू पीकर मूँगा का सूखा शरीर हरा हो जाएगा।

गाँव में यह चर्चा फैल गई, मूँगा मुंशी जी के दरवाज़े पर धरना दिए बैठी है। मुंशी जी के अपमान में गाँववालों को बड़ा मज़ा आता था। देखते-देखते सैकड़ों आदमियों की भीड़ लग गई। इस दरवाज़े पर कभी-कभी भीड़ लगी रहती थी। यह भीड़ रामग़ुलाम को पसन्द न थी। मूँगा पर उसे ऐसा क्रोध आ रहा था कि यदि उसका बस चलता तो वह उसे कुएँ में ढकेल देता। इस तरह का विचार उठते ही रामग़ुलाम के मन में गुदगुदी समा गई, और वह बड़ी कठिनता से अपनी हँसी रोक सका! अहा! वह कुएँ में गिरती तो क्या मज़े की बात होती। परन्तु यह चुड़ैल यहाँ से टलती ही नहीं, क्या करूँ? मुंशी जी के घर में एक गाय थी, जिसे खली, दाना और भूसा तो ख़ूब खिलाया जाता; पर वह सब उसकी हड्डियों में मिल जाता, उसका ढाँचा पुष्ट होता जाता था। रामग़ुलाम ने उसी गाय का गोबर एक हाँड़ी में घोला और सब का सब बेचारी मूँगा पर उँड़ेल दिया। उसके थोड़े बहुत छींटे दर्शकों पर भी डाल दिए। बेचारी मूँगा लदफद हो गई और लोग भाग खड़े हुए। कहने लगे, यह मुंशी रामग़ुलाम का दरवाज़ा है। यहाँ इसी प्रकार का शिष्टाचार किया जाता है। जल्द भाग चलो। नहीं तो अबकी इससे भी बढ़कर ख़ातिर की जाएगी। इधर भीड़ कम हुई, उधर रामग़ुलाम घर में जाकर ख़ूब हँसा और तालियाँ बजाईं। मुंशी जी ने इस व्यर्थ की भीड़ को ऐसे सहज में और ऐसे सुन्दर रूप से हटा देने के उपाय पर अपने सुशील लड़के की पीठ ठोंकी। सब लोग तो चम्पत हो गए, पर बेचारी मूँगा ज्यों की त्यों बैठी रह गई।

दोपहर हुई। मूँगा ने कुछ नहीं खाया। साँझ हुई। हज़ार कहने-सुनने से भी उसने खाना नहीं खाया। गाँव के चौधरी ने बड़ी ख़ुशामद की। यहाँ तक कि मुंशी जी ने हाथ तक जोड़े, पर देवी प्रसन्न न हुई। निदान मुंशी जी उठकर भीतर चले गए। वह कहते थे कि रूठनेवाले को भूख आप ही मना लिया करती है। मूँगा ने यह रात भी बिना दाना-पानी के काट दी। लाला जी और ललाइन ने आज फिर जाग-जाग कर भोर किया। आज मूँगा की ग़रज़ और हँसी बहुत

कम सुनाई पड़ती थी। घरवालों ने समझा, बला टली। सबेरा होते ही जो दरवाज़ा खोलकर देखा, तो वह अचेत पड़ी थी, मुँह पर मक्खियाँ भिनभिना रही हैं और उसके प्राणपखेरू उड़ चुके हैं। वह इस दरवाज़े पर मरने ही आई थी। जिसने उसके जीवन की जमा-पूँजी हर ली थी, उसी को अपनी जान भी सौंप दी। अपने शरीर की मिट्‌टी तक उसकी भेंट कर दी। धन से मनुष्य को कितना प्रेम होता है। धन अपनी जान से भी ज़्यादा प्यारा होता है। विशेष कर बुढ़ापे में। ऋण चुकाने के दिन ज्यों-ज्यों पास आते-जाते हैं, त्यों-त्यों उसका ब्याज बढ़ता जाता है।

यह कहना यहाँ व्यर्थ है कि गाँव में इस घटना से कैसी हलचल मची और मुंशी रामसेवक कैसे अपमानित हुए! एक छोटे-से गाँव में ऐसी असाधारण घटना होने पर जितनी हलचल हो सकती उससे अधिक ही हुई। मुंशी जी का अपमान जितना होना चाहिए था, उससे बाल बराबर भी कम न हुआ। उनका बचा-खुचा पानी भी इस घटना से चला गया। अब गाँव का चमार भी उनके हाथ का पानी पीने या उन्हें छूने का रवादार न था। यदि किसी घर में कोई गाय खूँटे पर मर जाती है तो वह आदमी महीनों द्वार-द्वार भीख माँगता फिरता है। न नाई उसकी हजामत बनावे, न कहार उसका पानी भरे, न कोई उसे छूए। यह गोहत्या का प्रायश्चित्त। ब्रह्महत्या का दंड तो इससे भी कड़ा है और इसमें अपमान भी बहुत है। मूँगा यह जानती थी और इसीलिए इस दरवाज़े पर आकर मरी थी। वह जानती थी कि मैं जीते जी जो कुछ नहीं कर सकती, मर कर उससे बहुत कुछ कर सकती हूँ। गोबर का उपला जब जलकर खाक हो जाता है, तब साधु-संत उसे माथे पर चढ़ाते हैं। पत्थर का ढेला आग में जलकर आग से अधिक तीखा और मारक हो जाता है।

4

मुंशी रामसेवक क़ानूनदाँ थे। क़ानून ने उन पर कोई दोष नहीं लगाया था। मूँगा किसी क़ानूनी दफा के अनुसार नहीं मरी थी। ताज़ीरात हिंद में उसका कोई उदाहरण नहीं मिलता था। इसलिए जो लोग उनसे प्रायश्चित्त करवाना चाहते थे, उनकी भारी भूल थी। कुछ हर्ज़ नहीं, कहार पानी न भरे न सही, वह आप पानी भर लेंगे। अपना काम आप करने में भला लाज ही क्या? बजा से नाई बाल न बनावेगा। हजामत बनाने का काम ही क्या है? दाढ़ी बहुत सुन्दर वस्तु है। दाढ़ी मर्द की शोभा और सिंगार है। और जो फिर बालों से ऐसी घिन होगी तो एक-एक आने में तो अस्तुरे मिलते हैं। धोबी कपड़ा न धोवेगा, इसकी भी कुछ परवाह नहीं। साबुन तो गली-गली कौड़ियों के मोल आता है। एक बट्‌टी साबुन में दर्जनों कपड़े ऐसे साफ़ हो जाते हैं जैसे बगुले के पर। धोबी क्या खाकर ऐसा साफ़ कपड़ा धोवेगा? पत्थर पर पटक-पटक कर कपड़ों का लत्ता निकाल लेता है। आप पहने, दूसरे को भाड़े पर पहनाए, भट्‌टी में चढ़ावे; रेह में भिगोवे—कपड़ों की तो दुर्गत कर डालता है। जभी तो कुरते दो-तीन साल से अधिक नहीं चलते। नहीं तो दादा हर पाँचवें बरस दो अचकन और दो कुरते बनवाया करते थे। मुंशी रामसेवक और उनकी स्त्री ने दिन भर तो यों ही कहकर अपने मन को समझाया। साँझ होते ही उनकी तर्कनाएँ शिथिल हो गईं।

अब उनके मन पर भय ने चढ़ाई की। जैसे-जैसे रात बीतती थी, भय भी बढ़ता जाता था। बाहर का दरवाज़ा भूल से खुला रह गया था, पर किसी की हिम्मत न पड़ती थी कि जाकर बन्द तो कर आए। निदान नागिन ने हाथ में दीया लिया, मुंशीजी ने कुल्हाड़ा, रामग़ुलाम ने

गँड़ासा, इस ढंग से तीनों चौंकते-हिचकते दरवाज़े पर आए। यहाँ मुंशी जी ने बड़ी बहादुरी से काम लिया। उन्होंने निधड़क दरवाज़े से बाहर निकलने की कोशिश की। काँपते हुए, पर ऊँची आवाज़ में नागिन से बोले—तुम व्यर्थ डरती हो, वह क्या यहाँ बैठी है? पर उनकी प्यारी नागिन ने उन्हें अन्दर खींच लिया और झुँझला कर बोली—तुम्हारा यही लड़कपन तो अच्छा नहीं। यह दंगल जीत कर तीनों आदमी रसोई के कमरे में आए और खाना पकने लगा।

परन्तु मूँगा उनकी आँखों में घुसी हुई थी। अपनी परछाईं को देखकर मूँगा का भय होता था। अँधेरे कोनों में बैठी मालूम होती थी। वही हड्डियों का ढाँचा, वही बिखरे बाल, वही पागलपन, वही डरावनी आँखें, मूँगा का नखशिख दिखाई देता था। इसी कोठरी में आटे-दाल के कई मटके रखे हुए थे, वहीं कुछ पुराने चिथड़े भी पड़े हुए थे। एक चूहे को भूख ने बेचैन किया (मटकों ने कभी अनाज की सूरत नहीं देखी थी, पर सारे गाँव में मशहूर था कि इस घर के चूहे ग़ज़ब के डाकू हैं) तो वह उन दानों की खोज में जो मटकों से कभी नहीं गिरे थे, रेंगता हुआ इस चिथड़े के नीचे आ निकला। कपड़े में खड़खड़ाहट हुई। फैले हुए चिथड़े मूँगा की पतली टाँगें बन गईं, नागिन देखकर झिझकी और चीख़ उठी। मुंशी जी बदहवास होकर दरवाज़े की ओर लपके, रामग़ुलाम दौड़कर उनकी टाँगों से लिपट गया। चूहा बाहर निकल आया। उसे देखकर इन लोगों के होश ठिकाने हुए। अब मुंशी जी साहस करके मटके की ओर चले। नागिन ने कहा—रहने भी दो, देख ली तुम्हारी मरदानगी।

मुंशी जी अपनी प्रिया नागिन के इस अनादर पर बहुत बिगड़े—क्या तुम समझती हो मैं डर गया? भला डर की क्या बात थी। मूँगा मर गई। क्या वह बैठी है? मैं कल नहीं दरवाज़े के बाहर निकल गया था—तुम रोकती रही, मैं न माना।

मुंशी जी की इस दलील ने नागिन को निरुत्तर कर दिया। कल दरवाज़े के बाहर निकल जाना या निकलने की कोशिश करना साधारण काम न था। जिसके साहस का ऐसा प्रमाण मिल चुका है, उसे डरपोक कौन कह सकता है? यह नागिन की हठधर्मी थी।

खाना खाकर तीनों आदमी सोने के कमरे में आए; परन्तु मूँगा ने यहाँ भी पीछा न छोड़ा; बातें करते थे, दिल को बहलाते थे। नागिन ने राजा हरदौल और रानी सारंधा की कहानियाँ कहीं। मुंशी जी ने फ़ौजदारी के कई मुक़दमों का हाल कह सुनाया। परन्तु तो भी इन उपायों से भी मूँगा की मूर्ति उनकी आँखों के सामने से न हटती थी। ज़रा भी खटखटाहट होती कि तीनों चौंक पड़ते। इधर पत्तियों में सनसनाहट हुई कि उधर तीनों के रोंगटे खड़े हो गए? रह-रहकर एक धीमी आवाज़ धरती के भीतर से उनके कानों में आती थी—'तेरा लहू पीऊँगी।'

आधी रात को नागिन नींद से चौंक पड़ी। वह इन दिनों गर्भवती थी। लाल-लाल आँखोंवाली, तेज़ और नोकीले दाँतोंवाली मूँगा उसकी छाती पर बैठी हुई जान पड़ती थी। नागिन चीख़ उठी। बावली की तरह आँगन में भाग आई और यकायक धरती पर चित्त गिर पड़ी। सारा शरीर पसीने-पसीने हो गया। मुंशी जी भी उसकी चीख़ सुनकर चौंके, पर डर के मारे आँखें न खुलीं। अंधों की तरह दरवाज़ा टटोलते रहे। बहुत देर के बाद उन्हें दरवाज़ा मिला। आँगन में आए। नागिन ज़मीन पर पड़ी हाथ-पाँव पटक रही थी। उसे उठाकर भीतर लाए, पर रात भर उसने आँखों न खोलीं। भोर को अक-बक बकने लगी। थोड़ी देर में ज्वर हो आया। बदन लाल तवा-सा हो गया। साँझ होते-होते उसे सन्निपात हो गया और आधी रात के समय जब संसार में सन्नाटा छाया हुआ था नागिन इस संसार से चल बसी। मूँगा के डर ने उसकी जान

ली। जब तक मूँगा जीती रही, वह नागिन की फुफकार से सदा डरती रही। पगली होने पर भी उसने कभी नागिन का सामना नहीं किया पर अपनी जान देकर उसने आज नागिन की जान ली। भय में बड़ी शक्ति है। मनुष्य हवा में एक गिरह भी नहीं लगा सकता, पर इसने हवा में एक संसार रच डाला है।

रात बीत गई। दिन चढ़ता आता था, पर गाँव का कोई आदमी नागिन की लाश उठाने को आता न दिखाई दिया। मुंशी जी घर-घर घूमे, पर कोई न निकला। भला हत्यारे के दरवाज़े पर कौन जाए? हत्यारे की लाश कौन उठावे? इस समय मुंशी जी का रोब-दाब, उनकी प्रबल लेखनी का भय और उनकी क़ानूनी प्रतिभा एक भी काम न आई। चारों ओर से हार कर मुंशी जी फिर अपने घर आए। यहाँ उन्हें अंधकार दीखता था। दरवाज़े तक तो आए, पर भीतर पैर नहीं रखा जाता था। न बाहर ही खड़े रह सकते थे। बाहर मूँगा थी, भीतर नागिन। जी को कड़ा करके हनुमान चालीसा का पाठ करते हुए घर में घुसे। उस समय उनके मन पर जो बीतती थी, वही जानते थे। उसका अनुमान करना कठिन है। घर में लाश पड़ी हुई; न कोई आगे, न पीछे। दूसरा ब्याह तो हो सकता था। अभी इसी फागुन में तो पचासवाँ लगा है; पर ऐसे सुयोग्य और मीठी बोलवाली स्त्री कहाँ मिलेगी? अफ़सोस! अब तगादा करनेवालों से बहस कौन करेगा, कौन उन्हें निरुत्तर करेगा? लेन-देन का हिसाब-किताब कौन इतनी ख़ूबी से करेगा? किसकी कड़ी आवाज़ तीर की तरह तगादेदारों की छाती में चुभेगी? यह नुक़सान अब पूरा नहीं हो सकता। दूसरे दिन मुंशी जी लाश को ठेलेगाड़ी पर लाद कर गंगा जी की तरफ़ चले।

5

शव के साथ जानेवालों की संख्या कुछ भी न थी। एक स्वयं मुंशी जी, दूसरे उनके पुत्ररत्न रामग़ुलाम जी! इस बेइज़्ज़ती से मूँगा की लाश भी नहीं उठी थी।

मूँगा ने नागिन की जान लेकर भी मुंशी जी का पिंड न छोड़ा। उनके मन में हर घड़ी मूँगा की मूर्ति विराजमान रहती थी। कहीं रहते, उनका ध्यान इसी ओर रहा करता था। यदि दिल-बहलाव का कोई उपाय होता तो शायद वह इतने बेचैन न होते, पर गाँव का एक पुतला भी उनके दरवाज़े की ओर न झाँकता था। बेचारे अपने हाथों पानी भरते, आप ही बरतन धोते। सोच और क्रोध, चिन्ता और भय, इतने शत्रुओं के सामने एक दिमाग़ कब तक ठहर सकता था। विशेषकर वह दिमाग़ जो रोज़ क़ानून की बहसों में ख़र्च हो जाता था।

अकेले क़ैदी की तरह उनके दस-बारह दिन तो ज्यों-त्यों कर कटे। चौदहवें दिन मुंशी जी ने कपड़े बदले और बोरिया-बस्ता लिये हुए कचहरी चले। आज उनका चेहरा कुछ खिला हुआ था। जाते ही मेरे मुवक्किल मुझे घेर लेंगे। मेरी मातमपुर्सी करेंगे। मैं आँसुओं की दो-चार बूँदें गिरा दूँगा। फिर बैनामों, रेहननामों और सुलहनामों की भरमार हो जाएगी। मुट्ठी गरम होगी; शाम को ज़रा नशे-पानी का रंग जम जाएगा, जिसके छूट जाने से जी और भी उचाट रहा था। इन्हीं विचारों में मग्न मुंशी जी कचहरी पहुँचे।

पर वहाँ रेहननामों की भरमार और बैनामों की बाढ़ और मुवक्किलों की चहल-पहल के बदले निराशा की रेतीली भूमि नज़र आई। बस्ता खोले घंटों बैठे रहे, पर कोई नज़दीक भी न आया। किसी ने इतना भी न पूछा कि आप कैसे हैं! नए मुवक्किल तो ख़ैर, बड़े-बड़े पुराने मुवक्किल जिनका मुंशी जी से कई पीढ़ियों से सरोकार था, आज उनसे मुँह छिपाने

लगे। वह नालायक और अनाड़ी रमजान, जिसकी मुंशी जी हँसी उड़ाते थे और जिसे शुद्ध लिखना भी न आता था, आज गोपियों का कन्हैया बना हुआ था। वाह रे भाग्य? मुवक्किल यों मुँह फेरे चले जाते हैं मानो किसी की जान-पहचान ही नहीं। दिन भर कचहरी की खाक छानने के बाद मुंशी जी घर चले। निराशा और चिन्ता में डूबे हुए। ज्यों-ज्यों घर के निकट आते थे, मूँगा का चित्र सामने आता जाता था। यहाँ तक कि जब घर का द्वार खोला और दो कुत्ते, जिन्हें रामग़ुलाम ने बन्द रखा था, झपट कर बाहर निकले तो मुंशी जी के होश उड़ गए, एक चीख़ मारकर ज़मीन पर गिर पड़े।

मनुष्य के मन और मस्तिष्क पर भय का जितना प्रभाव होता है उतना और किसी शक्ति का नहीं। प्रेम, चिन्ता, निराशा, हानि, यह सब मन को अवश्य दु:खित करते हैं, पर यह हवा के हलके झोंके हैं और भय प्रचंड आँधी है। मुंशी जी पर इसके बाद क्या बीती, मालूम नहीं। कई दिनों तक लोगों ने उन्हें कचहरी जाते और यहाँ से मुरझाए हुए लौटते देखा। कचहरी जाना उनका कर्तव्य था, और यद्यपि वहाँ मुवक्किलों का अकाल था, तो भी तगादेवालों से गला छुड़ाने और उनको भरोसा दिलाने के लिए अब यही एक लटका रह गया था। इसके बाद कई महीने तक देख न पड़े। बद्रीनाथ चले गए। एक दिन गाँव में एक साधु आया। भभूत रमाये, लम्बी जटाएँ, हाथ में कमंडल। उसका चेहरा मुंशी रामसेवक से बहुत मिलता-जुलता था। बोलचाल में भी अधिक भेद न था। वह एक पेड़ के नीचे धूनी रमाये बैठा रहा। उसी रात को मुंशी रामसेवक के घर से धुआँ उठा, फिर आग की ज्वाला दीखने लगी और आग भड़क उठी। गाँव के सैकड़ों आदमी दौड़े। आग बुझाने के लिए नहीं, तमाशा देखने के लिए। एक ग़रीब की हाय में कितना प्रभाव है। रामग़ुलाम मुंशी जी के ग़ायब हो जाने पर अपने मामा के यहाँ चला गया और वहाँ कुछ दिनों रहा। पर वहाँ उसकी चाल-ढाल किसी को पसन्द न आई।

एक दिन उसने किसी के खेत से मूली नोची। उसने दो-चार धौल लगाए। उस पर वह इस कदर बिगड़ा कि जब उसके चने खलिहान में आए तो उसने आग लगा दी। सारा का सारा खलिहान जलकर खाक हो गया। हज़ारों रुपयों का नुक़सान हुआ। पुलिस ने तहक़ीक़ात की, रामग़ुलाम पकड़ा गया। इसी अपराध में वह चुनार के रिफ़ार्मेटरी स्कूल में मौजूद है।

बेटी का धन

बेतवा नदी दो ऊँचे कगारों के बीच इस तरह मुँह छिपाए हुए थी जैसे निर्मल हृदयों में साहस और उत्साह की मद्धम ज्योति छिपी रहती है। इसके एक कगार पर एक छोटा-सा गाँव बसा है जो अपने भग्न जातीय चिह्नों के लिए बहुत ही प्रसिद्ध है। जातीय गाथाओं और चिह्नों पर मर मिटनेवाले लोग इस भावनस्थान पर बड़े प्रेम और श्रद्धा के साथ आते और गाँव का बूढ़ा केवट सुक्खू चौधरी उन्हें उसकी परिक्रमा कराता और रानी के महल, राजा का दरबार और कुँवर की बैठक के मिटे हुए चिह्नों को दिखाता। वह एक उच्छ्वास लेकर रुँधे हुए गले से कहता, महाशय! एक वह समय था कि केवटों को मछलियों के इनाम में अशर्फियाँ मिलती थीं। कहार महल में झाड़ू देते हुए अशर्फियाँ बटोर ले जाते थे। बेतवा नदी रोज़ चढ़कर महाराज

के चरण छूने आती थी। यह प्रताप और यह तेज़ था, परन्तु आज इसकी यह दशा है। इन सुन्दर उक्तियों पर किसी का विश्वास ज़माना चौधरी के वश की बात न थी, पर सुननेवाले उसकी सहृदयता तथा अनुराग के ज़रूर कायल हो जाते थे।

सुक्खू चौधरी उदार पुरुष थे, परन्तु जितना बड़ा मुँह था, उतना बड़ा ग्रास न था। तीन लड़के, तीन बहुएँ और कई पौत्र-पौत्रियाँ थीं। लड़की केवल एक गंगाजली थी जिसका अभी तक गौना नहीं हुआ था। चौधरी की यह सबसे पिछली संतान थी। स्त्री के मर जाने पर उसने इसको बकरी का दूध पिला-पिलाकर पाला था। परिवार में खानेवाले तो इतने थे, पर खेती सिर्फ़ एक हल की होती थी। ज्यों-त्यों कर निर्वाह होता था, परन्तु सुक्खू की वृद्धावस्था और पुरातत्त्व ज्ञान ने उसे गाँव में वह मान और प्रतिष्ठा प्रदान कर रक्खी थी, जिसे देखकर झगड़ू साहु भीतर ही भीतर जलते थे। सुक्खू जब गाँववालों के समक्ष, हाकिमों से हाथ फेंक-फेंककर बातें करने लगता और खंडहरों को घुमा-फिरा कर दिखाने लगता था तो झगड़ू साहु—जो चपरासियों के धक्के खाने के डर से क़रीब नहीं फटकते थे—तड़प-तड़प कर रह जाते थे। अत: वे सदा इस शुभ अवसर की प्रतीक्षा करते रहते थे, जब सुक्खू पर अपने धन द्वारा प्रभुत्व जमा सकें।

2

इस गाँव के ज़मींदार ठाकुर जीतनसिंह थे, जिनकी बेगार के मारे गाँववालों का नाकों दम था। उस साल जब ज़िला मजिस्ट्रेट का दौरा हुआ और वह यहाँ के पुरातन चिह्नों की सैर करने के लिए पधारे, तो सुक्खू चौधरी ने दबी ज़बान से अपने गाँववालों की दु:ख-कहानी उन्हें सुनाई। हाकिमों से वार्तालाप करने में उसे तनिक भी भय न होता था। सुक्खू चौधरी को ख़ूब मालूम था कि जीतनसिंह से रार मचाना सिंह के मुँह में सिर देना है। किन्तु जब गाँववाले कहते थे कि चौधरी तुम्हारी ऐसे-ऐसे हाकिमों से मिताई है और हम लोगों को रात-दिन रोते कटता है तो फिर तुम्हारी यह मित्रता किस दिन काम आवेगी। परोपकाराय सताम् विभूतय: । तब सुक्खू का मिज़ाज आसमान पर चढ़ जाता था। घड़ी भर के लिए वह जीतनसिंह को भूल जाता था। मजिस्ट्रेट ने जीतनसिंह से इसका उत्तर माँगा। उधर झगड़ू साहु ने चौधरी के इस साहसपूर्ण स्वामीद्रोह की रिपोर्ट जीतनसिंह को दी। ठाकुर साहब जलकर आग हो गए। अपने कारिंदे से बकाया लगान की बही माँगी। संयोगवश चौधरी के जिम्मे इस साल का कुछ लगान बाक़ी था। कुछ तो पैदावार कम हुई, उस पर गंगाजली का ब्याह करना पड़ा। छोटी बहू नथ की रट लगाए हुए थी; वह बनवानी पड़ी। इन सब ख़र्चों ने हाथ बिलकुल ख़ाली कर दिया था। लगान के लिए कुछ अधिक चिन्ता नहीं थी। वह इस अभिमान में भूला हुआ था कि जिस ज़बान में हाकिमों को प्रसन्न करने की शक्ति है, क्या वह ठाकुर साहब को अपना लक्ष्य न बना सकेगी? बूढ़े चौधरी इधर तो अपने गर्व में निश्चिंत थे और उधर उन पर बकाया लगान की नालिश ठुक गई। सम्मन आ पहुँचा। दूसरे दिन पेशी की तारीख़ पड़ गई। चौधरी को अपना जादू चलाने का अवसर न मिला।

जिन लोगों के बढ़ावे में आकर सुक्खू ने ठाकुर से छेड़छाड़ की थी, उनका दर्शन मिलना दुर्लभ हो गया। ठाकुर साहब के सहने और प्यादे गाँव में चील की तरह मँडराने लगे। उनके भय से किसी को चौधरी की परछाईं काटने का साहस न होता था। कचहरी वहाँ से तीन मील

पर थी। बरसात के दिन, रास्ते में ठौर-ठौर पानी, उमड़ी हुई नदियाँ, रास्ता कच्चा, बैलगाड़ी का निबाह नहीं, पैरों में बल नहीं, अत: अदमपैरवी में मुक़दमे का एकतरफ़ा फ़ैसला हो गया।

3

कुर्की का नोटिस पहुँचा तो चौधरी के हाथ-पाँव फूल गए। सारी चतुराई भूल गई। चुपचाप अपनी खाट पर पड़ा-पड़ा नदी की ओर ताकता और अपने मन में कहता, क्या मेरे जीते जी घर मिट्टी में मिल जाएगा। मेरे इन बैलों की सुन्दर जोड़ी के गले में आह! क्या दूसरों का जुआ पड़ेगा? यह सोचते-सोचते उसकी आँखें भर आतीं। वह बैलों से लिपट कर रोने लगा, परन्तु बैलों की आँखों से क्यों आँसू जारी थे? वे नाँद में मुँह क्यों नहीं डालते थे? क्या उनके हृदय पर भी अपने स्वामी के दु:ख की चोट पहुँच रही थी!

फिर वह अपने झोपड़े को विकल नयनों से निहार कर देखता। और मन में सोचता, क्या हमको इस घर से निकलना पड़ेगा? यह पूर्वजों की निशानी क्या हमारे जीते जी छिन जाएगी?

कुछ लोग परीक्षा में दृढ़ रहते हैं और कुछ लोग इसकी हलकी आँच भी नहीं सह सकते। चौधरी अपनी खाट पर उदास पड़े घंटों अपने कुलदेव महावीर और महादेव को मनाया करता और उनका गुण गाया करता। उसकी चिन्तादग्ध आत्मा को और कोई सहारा न था।

इसमें कोई सन्देह न था कि चौधरी की तीनों बहुओं के पास गहने थे, पर स्त्री का गहना ऊख का रस है, जो पेरने ही से निकलता है। चौधरी जाति का ओछा पर स्वभाव का ऊँचा था। उसे ऐसी नीच बात बहुओं से कहते संकोच होता था। कदाचित् यह नीच विचार उसके हृदय में उत्पन्न ही नहीं हुआ था, किन्तु तीनों बेटे यदि ज़रा भी बुद्धि से काम लेते तो बूढ़े को देवताओं की शरण लेने की आवश्यकता न होती। परन्तु यहाँ तो बात ही निराली थी। बड़े लड़के को घाट के काम से फुरसत न थी। बाक़ी दो लड़के इस जटिल प्रश्न को विचित्र रूप से हल करने के मंसूबे बाँध रहे थे।

मँझले झींगुर ने मुँह बनाकर कहा—उँह! इस गाँव में क्या धरा है। जहाँ ही कमाऊँगा, वहीं खाऊँगा पर जीतनसिंह की मूँछें एक-एक करके चुन लूँगा।

छोटे फक्कड़ ऐंठ कर बोले—मूँछें तुम चुन लेना! नाक मैं उड़ा दूँगा। नकटा बना घूमेगा।

इस पर दोनों ख़ूब हँसे और मछली मारने चल दिए।

इस गाँव में एक बूढ़े ब्राह्मण भी रहते थे। मन्दिर में पूजा करते और नित्य अपने यजमानों को दर्शन देने नदी पार जाते, पर खेवे के पैसे न देते। तीसरे दिन वह ज़मींदार के गुप्तचरों की आँख बचाकर सुक्खू के पास आए और सहानुभूति के स्वर में बोले—चौधरी! कल ही तक मियाद है और तुम अभी तक पड़े-पड़े सो रहे हो। क्यों नहीं घर की चीज़ ढूँढ़-ढाँढ़ कर किसी और जगह भेज देते? न हो समधियाने पठवा दो। जो कुछ बच रहे, वही सही। घर की मिट्टी खोद कर थोड़े ही कोई ले जाएगा।

चौधरी लेटा था, उठ बैठा और आकाश की ओर निहार कर बोला—जो कुछ उसकी इच्छा है, वह होगा। मुझसे यह जाल न होगा।

इधर कई दिन की निरंतर भक्ति और उपासना के कारण चौधरी का मन शुद्ध और पवित्र हो गया था। उसे छल-प्रपंच से घृणा हो गई थी। पंडित जी जो इस काम में सिद्धहस्त थे, लज्जित हो गए।

परन्तु चौधरी के घर के अन्य लोगों को ईश्वरेच्छा पर इतना भरोसा न था। धीरे-धीरे घर के बर्तन-भाँड़े खिसकाए जाते थे। अनाज का एक दाना भी घर में न रहने पाया। रात को नाव लदी हुई जाती और उधर से ख़ाली लौटती थी। तीन दिन तक घर में चूल्हा न जला। बूढ़े चौधरी के मुँह में अन्न की कौन कहे पानी की एक बूँद भी न पड़ी। स्त्रियाँ भाड़ से चने भुना कर चबातीं, और लड़के मछलियाँ भून-भून कर उड़ाते। परन्तु बूढ़े की इस एकादशी में यदि कोई शरीक था तो वह उसकी बेटी गंगाजली थी। यह बेचारी अपने बूढ़े बाप को चारपाई पर निर्जल छटपटाते देख बिलख-बिलख कर रोती।

लड़कों को अपने माता-पिता से वह प्रेम नहीं होता जो लड़कियों को होता है। गंगाजली इस सोच-विचार में मग्न रहती थी कि दादा की किस भाँति सहायता करूँ। यदि हम सब भाई-बहन मिलकर जीतनसिंह के पास जाकर दया-भिक्षा की प्रार्थना करें तो वे अवश्य मान जाएँगे; परन्तु दादा को कब यह स्वीकार होगा। वह यदि एक दिन बड़े साहब के पास चले जाएँ तो सब कुछ बात की बात में बन जाए। किन्तु उनकी तो जैसे बुद्धि ही मारी गई है। इसी उधेड़बुन में उसे एक उपाय सूझ पड़ा, कुम्हलाया हुआ मुखारविंद खिल उठा।

पुजारी जी सुक्खू चौधरी के पास से उठकर चले गए थे और चौधरी उच्च स्वर से अपने सोए हुए देवताओं को पुकार-पुकार कर बुला रहे थे। निदान गंगाजली उनके पास जाकर खड़ी हो गई। चौधरी ने उसे देखकर विस्मित स्वर में पूछा—क्यों बेटी? इतनी रात गए क्यों बाहर आई?

गंगाजली ने कहा—बाहर रहना तो भाग्य में लिखा है, घर में कैसे रहूँ।

सुक्खू ने ज़ोर से हाँक लगाई, कहाँ गए तुम कृष्णमुरारी, मेरे दुःख हरो।

गंगाजली खड़ी थी, बैठ गई और धीरे से बोली—भजन गाते तो आज तीन दिन हो गए। घर बचाने का भी कुछ उपाय सोचा कि इसे यों ही मिट्टी में मिला दोगे? हम लोगों को क्या पेड़ तले रखोगे?

चौधरी ने व्यथित स्वर से कहा—बेटी, मुझे तो कोई उपाय नहीं सूझता। भगवान् जो चाहेंगे, होगा। वेग चलो गिरधर गोपाल, काहे विलम्ब करो।

गंगाजली ने कहा—मैंने एक उपाय सोचा है, कहो तो कहूँ।

चौधरी उठकर बैठ गए और पूछा—कौन उपाय है बेटी?

गंगाजली ने कहा—मेरे गहने झगड़ू साहु के यहाँ गिरों रख दो। मैंने जोड़ लिया है। देने भर के रुपए हो जाएँगे।

चौधरी ने ठंडी साँस लेकर कहा—बेटी! तुमको मुझसे यह बात कहते लाज नहीं आती। वेद-शास्त्र में मुझे तुम्हारे गाँव के कुएँ का पानी पीना भी मना है। तुम्हारी ड्योढ़ी में भी पैर रखने का निषेध है। क्या तुम मुझे नरक में ढकेलना चाहती हो?

गंगाजली उत्तर के लिए पहले ही से तैयार थी। बोली—मैं अपने गहने तुम्हें दिए थोड़े ही देती हूँ। इस समय लेकर काम चलाओ, चैत में छुड़ा देना। चौधरी ने कड़क कर कहा—यह मुझसे न होगा।

गंगाजली उत्तेजित होकर बोली—तुमसे यह न होगा तो मैं आप ही जाऊँगी, मुझसे घर की यह दुर्दशा नहीं देखी जाती।

चौधरी ने झुंझला कर कहा—बिरादरी में कौन मुँह दिखाऊँगा?

गंगाज़ली ने चिढ़कर कहा—बिरादरी में कौन ढिंढोरा पीटने जाता है।

चौधरी ने फ़ैसला सुनाया—जगहँसाई के लिए मैं अपना धर्म न बिगाड़ूँगा।

गंगाजली बिगड़कर बोली—मेरी बात नहीं मानोगे तो तुम्हारे ऊपर मेरी हत्या पड़ेगी। मैं आज ही इस बेतवा नदी में कूद पड़ूँगी। तुमसे चाहे घर में आग लगते देखा जाए, पर मुझसे तो न देखा जाएगा।

चौधरी ने ठंडी साँस लेकर कातर स्वर में कहा—बेटी, मेरा धर्म नाश मत करो। यदि ऐसा ही है तो अपनी किसी भावज के गहने माँग कर लाओ।

गंगाजली ने गम्भीर स्वर में कहा—भावजों से कौन अपना मुँह नोचवाने जाएगा। उनको फिकर होती तो क्या मुँह में दही जमा था, कहतीं नहीं।

चौधरी निरुत्तर हो गए। गंगाजली घर में जाकर गहनों की पिटारी लाई और एक-एक करके सब गहने चौधरी के अँगोछे में बाँध दिए। चौधरी ने आँखों में आँसू भरकर कहा—हाय राम, इस शरीर की क्या गति लिखी है! यह कहकर उठे। बहुत सम्हालने पर भी आँखों में आँसू न छिपे।

4

रात का समय था। बेतवा नदी के किनारे-किनारे मार्ग को छोड़कर सुक्खू चौधरी गहनों की गठरी काँख में दबाए इस तरह चुपके-चुपके चल रहे थे मानो पाप की गठरी लिए जाते हैं। जब वह झगड़ू साहु के मकान के पास पहुँचे तो ठहर गए, आँखें ख़ूब साफ़ कीं, जिससे किसी को यह न बोध हो कि चौधरी रोता था।

झगड़ू साहु धागे की कमानी की एक मोटी ऐनक लगाए बहीखाता फैलाए हुक़्क़ा पी रहे थे, और दीपक के धुँधले प्रकाश में उन अक्षरों को पढ़ने की व्यर्थ चेष्टा में लगे थे जिनमें स्याही की क़िफायत की गई थी। बार-बार ऐनक को साफ़ करते और आँख मलते, पर चिराग़ की बत्ती उकसाना या दोहरी बत्ती लगाना शायद इसलिए उचित नहीं समझते थे कि तेल का अपव्यय होगा। इसी समय सुक्खू चौधरी ने आकर कहा—जयराम जी।

झगड़ू साहु ने देखा। पहचान कर बोले—जयराम चौधरी! कहो मुक़दमे में क्या हुआ? यह लेन-देन बड़े झंझट का काम है। दिन भर सिर उठाने की छुट्टी नहीं मिलती।

चौधरी ने पोटली को ख़ूब सावधानी से छिपाकर लापरवाही के साथ कहा—अभी तक तो कुछ नहीं हुआ। कल इजरायडिगरी होनेवाली है। ठाकुर साहब ने न जाने कब का बैर निकाला है। हमको दो-तीन दिन की भी मुहलत होती तो डिगरी न जारी होने पाती। छोटे साहब और बड़े साहब दोनों हमको अच्छी तरह जानते हैं। अभी इसी साल मैंने उनसे नदी किनारे घंटों बातें कीं, किन्तु एक तो बरसात के दिन, दूसरे एक दिन की भी मुहलत नहीं, क्या करता! इस समय मुझे रुपयों की चिन्ता है।

झगड़ू साहु ने विस्मित होकर पूछा—तुमको रुपयों की चिन्ता! घर में भरा है, वह किस दिन काम आवेगा। झगड़ू साहु ने यह व्यंग्यबाण नहीं छोड़ा था। वास्तव में उन्हें और सारे गाँव को विश्वास था कि चौधरी के घर में लक्ष्मी महारानी का अखंड राज्य है।

चौधरी का रंग बदलने लगा। बोले—साहु जी! रुपया होता तो किस बात की चिन्ता थी? तुमसे कौन छिपाव है। आज तीन दिन से घर में चूल्हा नहीं जला, रोना-पीटना पड़ा है। अब तो तुम्हारे बसाए बसूँगा। ठाकुर साहब ने तो उजाड़ने में कोई कसर न छोड़ी।

झगड़ू साहु जीतनसिंह को ख़ुश रखना ज़रूर चाहते थे, पर साथ ही चौधरी को भी नाख़ुश करना मंजूर न था। यदि सूद-दर-सूद छोड़कर मूल तथा ब्याज सहज वसूल हो जाए तो उन्हें चौधरी पर मुफ्त का एहसान लादने में कोई आपत्ति न थी। यदि चौधरी के अफ़सरों की जान-पहचान के कारण साहु जी का टैक्स से गला छूट जाए, जो अनेक उपाय करने—अहलकारों की मुट्ठी गरम करने—पर भी नित्य प्रति उनकी तोंद की तरह बढ़ता ही जा रहा था तो क्या पूछना! बोले—

क्या कहें चौधरी जी, ख़र्च के मारे आजकल हम भी तबाह हैं। लहने वसूल नहीं होते। टैक्स का रुपया देना पड़ा। हाथ बिलकुल ख़ाली हो गया। तुम्हें कितना रुपया चाहिए?

चौधरी ने कहा—सौ रुपए की डिगरी है। ख़र्च-बर्च मिलाकर दो सौ के लगभग समझो।

झगड़ू अब अपने दाँव खेलने लगे। पूछा—तुम्हारे लड़कों ने तुम्हारी कुछ भी मदद न की। वह सब भी तो कुछ न कुछ कमाते ही हैं।

साहु जी का यह निशाना ठीक पड़ा—लड़कों ने लापरवाही से चौधरी के मन में जो कुत्सित भाव भरे थे वह सजीव हो गए। बोले—भाई, लड़के किसी काम के होते तो यह दिन क्यों देखना पड़ता। उन्हें तो अपने भोग-विलास से मतलब। घर-गृहस्थी का बोझ तो मेरे सिर पर है। मैं इसे जैसे चाहूँ, सँभालूँ उनसे कुछ सरोकार नहीं, मरते दम भी गला नहीं छूटता। मरूँगा तो सब खाल में भूसा भरा कर रख छोड़ेंगे। 'गृह कारज नाना जंजाला।'

झगड़ू ने तीसरा तीर मारा—क्या बहुओं से भी कुछ न बन पड़ा।

चौधरी ने उत्तर दिया—बहू-बेटे सब अपनी-अपनी मौज में मस्त हैं। मैं तीन दिन तक द्वार पर बिना अन्न-जल के पड़ा था, किसी ने बात भी नहीं पूछी। कहाँ की सलाह, कहाँ की बातचीत। बहुओं के पास रुपए न हों, पर गहने तो हैं और वे भी मेरे बनाए हुए। इस दुर्दिन के समय यदि दो-दो थान उतार देतीं तो क्या मैं छुड़ा न देता? सदा यही दिन थोड़े ही रहेंगे।

झगड़ू समझ गए कि यह महज ज़बान का सौदा है और वह ज़बान का सौदा भूलकर भी न करते थे। बोले—तुम्हारे घर के लोग भी अनूठे हैं। क्या इतना भी नहीं जानते कि बूढ़ा रुपए कहाँ से लावेगा? अब समय बदल गया। या तो कुछ जायदाद लिखो या गहने गिरों रखो तब जाकर रुपया मिले। इसके बिना रुपए कहाँ। इसमें भी जायदाद में सैकड़ों बखेड़े पड़े हैं। सुभीता गिरों रखने में ही है। हाँ, तो जब घरवालों को कोई इसकी फ़िक्र नहीं तो तुम क्यों व्यर्थ जान देते हो। यही न होगा कि लोग हँसेंगे सो यह लाज कहाँ तक निबाहोगे?

चौधरी ने अत्यन्त विनीत होकर कहा—साहु जी, यह लाज तो मारे डालती है। तुमसे क्या छिपा है। एक वह दिन था कि हमारे दादा-बाबा महाराज की सवारी के साथ चलते थे, अब एक दिन यह कि घर-घर की दीवार तक बिकने की नौबत आ गई है। कहीं मुँह दिखाने को भी जी नहीं चाहता। यह लो गहनों की पोटली। यदि लोकलाज न होती तो इसे लेकर कभी यहाँ न आता, परन्तु यह अधर्म इसी लाज निबाहने के कारण करना पड़ा है।

झगड़ू साहु ने आश्चर्य में होकर पूछा—यह गहने किसके हैं? चौधरी ने सिर झुकाकर बड़ी कठिनता से कहा—मेरी बेटी गंगाजली के। झगड़ू साहु स्तम्भित हो गए। बोले—अरे! राम-राम!

चौधरी ने कातर स्वर में कहा—डूब मरने को जी चाहता है।

झगड़ू ने बड़ी धार्मिकता के साथ स्थिर होकर कहा—शास्त्र में बेटी के गाँव का पेड़ देखना मना है।

चौधरी ने दीर्घ निःश्वास छोड़कर करुण स्वर में कहा—न जाने नारायण कब मौत देंगे। भाई की तीन लड़कियाँ ब्याहीं। कभी भूलकर भी उनके द्वार का मुँह नहीं देखा। परमात्मा ने अब तक तो टेक निबाही है, पर अब न जाने मिट्टी की क्या दुर्दशा होने वाली है।

झगड़ू साहु 'लेखा जौ-जौ बखशीश सौ-सौ' के सिद्धान्त पर चलते थे। सूद की एक कौड़ी भी छोड़ना उनके लिए हराम था। यदि एक महीने का एक दिन भी लग जाता तो पूरे महीने का सूद वसूल कर लेते। परन्तु नवरात्र में नित्य दुर्गा-पाठ करवाते थे। पितृपक्ष में रोज़ ब्राह्मणों को सीधा बाँटते थे। बनियों की धर्म में बड़ी निष्ठा होती है। यदि कोई दीन ब्राह्मण लड़की ब्याहने के लिए उनके सामने हाथ पसारता तो वह ख़ाली हाथ न लौटता, भीख माँगने वाले ब्राह्मणों को चाहे वह कितने ही संडे-मुसंडे हों, उनके दरवाज़े पर फटकार नहीं सुननी पड़ती थी। उनके धर्म-शास्त्र में कन्या के गाँव के कुएँ का पानी पीने से प्यासा मर जाना अच्छा है। वह स्वयं इस सिद्धान्त के भक्त थे और इस सिद्धान्त के अन्य पक्षपाती उनके लिए महामान्य देवता थे। वे पिघल गए। मन में सोचा, यह मनुष्य तो कभी ओछे विचारों को मन में नहीं लाया।

निर्दय काल की ठोकर से अधर्म मार्ग पर उतर आया है, तो उसके धर्म की रक्षा करना हमारा कर्तव्य-धर्म है। यह विचार मन में आते ही झगड़ू साहु गद्दी से मसनद के सहारे उठ बैठे और दृढ़ स्वर से कहा—वही परमात्मा जिसने अब तक तुम्हारी टेक निबाही है, अब भी निबाहेंगे। लड़की के गहने लड़की को दे दो। लड़की जैसी तुम्हारी है वैसी मेरी भी है। यह लो रुपए। आज काम चलाओ। जब हाथ में रुपए आ जाएँ, दे देना।

चौधरी पर इस सहानुभूति का गहरा असर पड़ा। वह ज़ोर-ज़ोर से रोने लगा। उसे अपने भावों की धुन में कृष्ण भगवान् की मोहिनी मूर्ति सामने विराजमान दिखाई दी। वही झगड़ू जो सारे गाँव में बदनाम था, जिसकी उसने ख़ुद कई बार हाकिमों से शिकायत की थी, आज साक्षात् देवता जान पड़ता था। रुँधे हुए कंठ से गद्गद हो बोला—

झगड़ू, तुमने इस समय मेरी बात, मेरी लाज, मेरा धर्म, कहाँ तक कहूँ, मेरा सब कुछ रख लिया। मेरी डूबती नाव पार लगा दी। कृष्ण मुरारी तुम्हारे इस उपकार का फल देंगे और मैं तो तुम्हारा गुण जब तक जीऊँगा, गाता रहूँगा।

धर्म-संकट

'पुरुषों और स्त्रियों में बड़ा अन्तर है। तुम लोगों का हृदय शीशे की तरह कठोर होता है और हमारा हृदय नरम। वह विरह की आँच नहीं सह सकता।'

'शीशा ठेस लगते ही टूट जाता है। नरम वस्तुओं में लचक होती है।'

'चलो बातें न बनाओ। दिन भर तुम्हारी राह देखूँ, रात भर घड़ी की सुइयाँ। तब कहीं आपके दर्शन होते हैं।'

'मैं तो सदैव तुम्हें अपने हृदय-मन्दिर में छिपाए रखता हूँ।'

'ठीक बतलाओ, कब आओगे?'

'ग्यारह बजे, परन्तु पिछला दरवाज़ा खुला रखना।'
'उसे मेरे नयन समझो।'
'अच्छा तो अब बिदा।'

2

पंडित कैलाशनाथ लखनऊ के प्रतिष्ठित बैरिस्टरों में से थे। कई सभाओं के मंत्री, कई समितियों के सभापति, पत्रों में अच्छे लेख लिखते, प्लेटफार्म पर सारगर्भित व्याख्यान देते। पहले-पहल जब वह यूरोप से लौटे थे तो यह उत्साह अपनी पूरी उमंग पर था, परन्तु ज्यों-ज्यों बैरिस्टरी चमकने लगी, इस उत्साह में कमी आने लगी। और वह ठीक भी था; क्योंकि अब बेकार न थे जो बेगार करते। हाँ, क्रिकेट का शौक़ अब तक ज्यों का ज्यों बना था। वह कैसर क्लब के संस्थापक और क्रिकेट के प्रसिद्ध खिलाड़ी थे।

यदि मि. कैलाश को क्रिकेट की धुन थी तो उनकी बहन कामिनी को टेनिस का शौक़ था। इन्हें नित नवीन आमोद-प्रमोद की चाह रहती थी। शहर में कहीं नाटक हो, कोई थियेटर आवे, कोई सरकस, कोई बायस्कोप हो कामिनी उसमें न सम्मिलित हो, यह असम्भव बात थी। मनोविनोद की कोई भी सामग्री उसके लिए उतनी ही आवश्यक थी जितनी वायु और प्रकाश।

मि. कैलाश पश्चिमी सभ्यता के प्रवाह में बहनेवाले अपने अन्य सहयोगियों की भाँति हिन्दू जाति, हिन्दू सभ्यता, हिन्दी भाषा और हिन्दुस्तान के कट्टर विरोधी थे। हिन्दू सभ्यता उन्हें दोषपूर्ण दिखाई देती थी। अपने इन विचारों को वे अपने ही तक परिमित न रखते थे, बल्कि बड़ी ही ओजस्विनी भाषा में इन विषयों पर लिखते और बोलते थे। हिन्दू सभ्यता के विवेकी भगत उनके इन विवेकशून्य विचारों पर हँसते थे; परन्तु उपहास और विरोध तो सुधारक के पुरस्कार हैं! मि. कैलाश उनकी कुछ परवा न करते थे। वे कोरे वाक्‌वीर ही न थे, कर्मवीर भी पूरे थे। कामिनी की स्वतंत्रता उनके विचारों का प्रत्यक्ष स्वरूप थी। सौभाग्यवश कामिनी के पति गोपालनारायण भी इन्हीं विचारों में रँगे हुए थे। वे साल भर से अमेरिका में विद्याध्ययन करते थे। कामिनी, भाई और पति के उपदेशों से पूरा-पूरा लाभ उठाने में कमी न करती थी।

3

लखनऊ में अलफ्रेड थियेटर कम्पनी आई हुई थी, शहर में जहाँ देखिए उसी के तमाशे की चर्चा थी। कामिनी की रातें बड़े आनन्द से कटती थीं। रात भर थियेटर देखती। दिन को कुछ सोती और कुछ देर वही थियेटर के गीत अलापती। सौन्दर्य और प्रीति के नवरमणीय संसार में रमण करती थी, जहाँ का दु:ख और क्लेश भी इस संसार के सुख और आनन्द से बढ़कर मोददायी है। यहाँ तक कि तीन महीने बीत गए। प्रणय की नित्य नई मनोहर शिक्षा और प्रेम के आनन्दमय आलाप-विलाप का हृदय पर कुछ न कुछ असर होना चाहिए था सो भी इस चढ़ती जवानी में। वह असर हुआ। इसका श्रीगणेश उसी तरह हुआ जैसा कि बहुधा हुआ करता है।

थियेटर हॉल में एक सुघर सजीले युवक की आँखें कामिनी की ओर उठने लगीं। वह रूपवती और चंचला थी, अतएव पहले उसे इस चितवन में किसी रहस्य का ज्ञान न हुआ। नेत्रों का सुन्दरता से बड़ा घना सम्बन्ध है। घूरना पुरुषों का और लजाना स्त्रियों का स्वभाव

है। कुछ दिनों के बाद कामिनी को इस चितवन में कुछ गुप्त भाव झलकने लगे। मंत्र अपना काम करने लगा। फिर नयनों में परस्पर बातें होने लगीं। नयन मिल गए। प्रीति गाढ़ी हो गई। कामिनी एक दिन के लिए भी यदि किसी दूसरे उत्सव में चली जाती तो वहाँ उसका मन न लगता। जी उचटने लगता। आँखें किसी को ढूँढ़ा करतीं।

अन्त में लज्जा का बाँध टूट गया। हृदय के विचार स्वरूपवान् हुए। मौन का ताला टूटा। प्रेमालाप होने लगा। पद्य के बाद गद्य की बारी आई और फिर दोनों मिलन-मन्दिर के द्वार पर आ पहुँचे। इसके पश्चात् जो कुछ हुआ, उसकी झलक हम पहले ही देख चुके हैं।

4

इस नवयुवक का नाम रूपचन्द था। पंजाब का रहने वाला, संस्कृत का शास्त्री, हिन्दी-साहित्य का पूर्ण पंडित, अँगरेज़ी का एम.ए., लखनऊ के एक बड़े लोहे के कारख़ाने का मैनेजर था। घर में रूपवती स्त्री, दो प्यारे बच्चे थे। अपने साथियों में सदाचरण के लिए प्रसिद्ध था। न जवानी की उमंग, न स्वभाव का छिछोरापन। घर-गृहस्थी में जकड़ा हुआ था। मालूम नहीं वह कौन-सा आकर्षण था, जिसने उसे इस तिलिस्म में फँसा लिया, जहाँ की भूमि, अग्नि और आकाश ज्वाला है, जहाँ घृणा और पाप है। और अभागी कामिनी को क्या कहा जाए, जिसकी प्रीति की बाढ़ ने वीरता और विवेक का बाँध तोड़कर अपनी तरल तरंग में नीति और मर्यादा की टूटी-फूटी झोपड़ी को डुबो दिया। यह पूर्वजन्म के संस्कार थे।

रात को दस बज गए थे। कामिनी लैम्प के सामने बैठी हुई चिट्ठियाँ लिख रही थी। पहला पत्र रूपचन्द के नाम था।

कैलाश भवन,
लखनऊ

प्राणाधार!

तुम्हारे पत्र को पढ़कर प्राण निकल गए। उफ़! अभी एक महीना लगेगा। इतने दिनों में कदाचित् तुम्हें यहाँ मेरी राख भी न मिलेगी। तुमसे अपने दुःख क्या रोऊँ। बनावट के दोषारोपण से डरती हूँ। जो कुछ बीत रही है, वह मैं ही जानती हूँ। लेकिन बिना विरह-कथा सुनाए दिल की जलन कैसे जाएगी? यह आग कैसे ठंडी होगी? अब मुझे मालूम हुआ कि यदि प्रेम दहकती हुई आग है तो वियोग उसके लिए घृत है। थियेटर अब भी जाती हूँ, पर विनोद के लिए नहीं, रोने और बिसूरने के लिए। रोने में ही चित्त को कुछ शान्ति मिलती है। आँसू उमड़े चले आते हैं। मेरा जीवन शुष्क और नीरस हो गया है। न किसी से मिलने को जी चाहता है, न आमोद-प्रमोद में मन लगता है। परसों डॉक्टर केलकर का व्याख्यान था, भाई साहब ने बहुत आग्रह किया, पर मैं न जा सकी। प्यारे, मौत से पहले मत मारो। आनन्द के इन गिने-गिनाए क्षणों में वियोग का दुःख मत दो। आओ, यथासाध्य शीघ्र आओ, और गले से लगकर मेरे हृदय की ताप बुझाओ। अन्यथा आश्चर्य नहीं कि विरह का यह अथाह सागर मुझे निगल जाए।

तुम्हारी—
कामिनी

इसके बाद कामिनी ने दूसरा पत्र पति को लिखा।

कैलाश भवन,
लखनऊ

माई डियर गोपाल!

अब तक तुम्हारे दो पत्र आए, परन्तु खेद है कि मैं उनका उत्तर न दे सकी। दो सप्ताह से सिर की पीड़ा से असह्य वेदना सह रही हूँ। किसी भाँति चित्त को शान्ति नहीं मिलती; पर अब कुछ स्वस्थ हूँ। कुछ चिन्ता मत करना। तुमने जो नाटक भेजे, उनके लिए मैं हार्दिक धन्यवाद देती हूँ। स्वस्थ हो जाने पर पढ़ना आरम्भ करूँगी। तुम वहाँ के मनोहर दृश्यों का वर्णन मत किया करो। मुझे तुम पर ईर्ष्या होती है। यदि मैं आग्रह करूँ तो भाई साहब वहाँ तक पहुँचा तो देंगे, परन्तु इनके ख़र्च इतने अधिक हैं कि इनसे नियमित रूप से साहाय्य मिलना कठिन है और इस समय तुम पर भार देना भी ठीक नहीं है। ईश्वर चाहेगा तो वह दिन शीघ्र देखने में आवेगा, जब मैं तुम्हारे साथ आनन्दपूर्वक वहाँ की सैर करूँगी। मैं इस समय तुम्हें कोई कष्ट तो नहीं देना चाहती; पर अपनी आवश्यकताएँ किससे कहूँ! मेरे पास अब कोई अच्छा गाउन नहीं रहा। किसी उत्सव में जाते लजाती हूँ। यदि तुमसे हो सके तो मेरे लिए एक अपने पसन्द का गाउन बनवा कर भेज दो। आवश्यकता तो और भी कई चीज़ों की है, परन्तु इस समय तुम्हें अधिक कष्ट नहीं देना चाहती। आशा है, तुम सकुशल होगे।

तुम्हारी—
कामिनी

5

लखनऊ के सेशन जज के इजलास में बड़ी भीड़ थी। अदालत के कमरे ठसाठस भर गए थे। तिल रखने की जगह न थी। सबकी दृष्टि बड़ी उत्सुकता के साथ जज के सम्मुख खड़ी एक सुन्दर लावण्यमयी मूर्ति पर लगी हुई थी। यह कामिनी थी। उसका मुँह धूमिल हो रहा था। ललाट पर स्वेद-बिंदु झलक रहे थे। कमरे में घोर नि:स्तब्धता थी। केवल वकीलों की कानाफूसी और सैन कभी-कभी इस निस्तब्धता को भंग कर देती थी। अदालत का हाता आदमियों से इस तरह भर गया था कि जान पड़ता था मानो सारा शहर सिमट कर यहीं आ गया है। था भी ऐसा ही। शहर की प्राय: दुकानें बन्द थीं और जो एक-आध खुली भी थीं उन पर लड़के बैठे ताश खेल रहे थे। क्योंकि कोई ग्राहक न था। शहर से कचहरी तक आदमियों का ताँता लगा हुआ था। कामिनी को निमिषमात्र देखने के लिए, उसके मुँह से एक बात सुनने के लिए, इस समय प्रत्येक आदमी अपना सर्वस्व निछावर करने पर तैयार था। वे लोग जो कभी पं. दातादयाल शर्मा जैसे प्रभावशाली वक़्ता की वक्तृता सुनने के लिए घर से बाहर नहीं निकले, वे जिन्होंने नौजवान मनचले बेटों को अलफ्रेड थियेटर में जाने की आज्ञा नहीं दी, वे एकान्तप्रिय जिन्हें वायसराय के शुभागमन तक की ख़बर न हुई थी, शान्ति के उपासक जो मुहर्रम की चहल-पहल देखने को अपनी कुटिया से बाहर न निकलते थे, वे सभी आज गिरते-पड़ते, उठते-बैठते कचहरी की ओर दौड़े चले जा रहे थे। बेचारी स्त्रियाँ अपने भाग्य को कोसती हुईं अपनी-अपनी अटारियों पर चढ़ विवशतापूर्ण उत्सुक दृष्टि से उस तरफ़ ताक रही थीं जिधर उनके विचार में कचहरी थी। पर उनकी ग़रीब आँखें निर्दय अट्टालिकाओं की दीवारों से टकरा कर लौट आती थीं। यह सब कुछ इसलिए हो रहा था कि आज अदालत

में एक बड़ा मनोहर, अद्भुत अभिनय होनेवाला था, जिस पर अलफ्रेड थियेटर के हज़ारों अभिनय बलिदान थे। आज एक गुप्त रहस्य खुलनेवाला था, जो अँधेरे में राई है पर प्रकाश में पर्वताकार हो जाता है। इस घटना के सम्बन्ध में लोग टीका-टिप्पणी कर रहे थे। कोई कहता था, यह असम्भव है कि रूपचन्द जैसा शिक्षित व्यक्ति ऐसा दूषित कर्म करे। पुलिस का यह बयान है तो हुआ करे। गवाह पुलिस के बयान का समर्थन करते हैं तो किया करें। यह पुलिस का अत्याचार है, अन्याय है; कोई कहता था, भाई, सत्य तो यह है कि यह रूप-लावण्य, यह 'खंजन गंजन नयन' और यह हृदय-हारिणी सुन्दर सलोनी छवि जो कुछ न करे वह थोड़ा है। श्रोता इन बातों को बड़े चाव से इस तरह आश्चर्यान्वित हो मुँह बा कर सुनते थे मानो देववाणी हो रही है। सबकी जीभ पर यही चर्चा थी। ख़ूब नमक-मिरच लपेटा जाता था। परन्तु इसमें सहानुभूति या समवेदना के लिए ज़रा भी स्थान न था।

6

पंडित कैलाशनाथ का बयान खतम हो गया। और कामिनी इजलास पर पधारी। इसका बयान बहुत संक्षिप्त था—मैं अपने कमरे में रात को सो रही थी। कोई एक बजे के क़रीब चोर-चोर का हल्ला सुनकर मैं चौंक पड़ी और अपनी चारपाई के पास चार आदमियों को हाथापाई करते देखा। मेरे भाई साहब अपने दो चौकीदारों के साथ अभियुक्त को पकड़ते थे और वह जान छुड़ा कर भागना चाहता था। मैं शीघ्रता से उठकर बरामदे में निकल आई। इसके बाद मैंने चौकीदारों को अपराधी के साथ पुलिस स्टेशन की ओर जाते देखा।

रूपचन्द ने कामिनी का बयान सुना और एक ठंडी साँस ली। नेत्रों के आगे से परदा हट गया। कामिनी, तू ऐसी कृतघ्न, ऐसी अन्यायी, ऐसी पिशाचिनी, ऐसी दुरात्मा है। क्या तेरी वह प्रीति, वह विरह-वेदना, वह प्रेमोद्गार, सब धोखे की टट्टी थी? तूने कितनी बार कहा है कि दृढ़ता प्रेम-मन्दिर की पहली सीढ़ी है। तूने कितनी बार नयनों में आँसू भरकर इस गोद में मुँह छिपाकर मुझसे कहा है कि मैं तुम्हारी हो गई। मेरी लाज अब तुम्हारे हाथ है। परन्तु हाय! आज प्रेम-परीक्षा के समय तेरी वह सब बातें खोटी उतरीं। आह! तूने दग़ा दिया और मेरा जीवन मिट्टी में मिला दिया।

रूपचन्द विचार-तरंगों में निमग्न था। उसके वकील ने कामिनी से जिरह करना प्रारम्भ किया।

वकील—क्या तुम सत्यनिष्ठा के साथ कह सकती हो कि रूपचन्द तुम्हारे मकान पर अक्सर नहीं जाया करता था!

कामिनी—मैंने कभी उसे अपने घर पर नहीं देखा।

वकील—क्या तुम शपथपूर्वक कह सकती हो कि तुम उसके साथ कभी थियेटर देखने नहीं गईं?

कामिनी—मैंने उसे कभी नहीं देखा।

वकील—क्या तुम शपथ लेकर कह सकती हो कि तुमने उसे प्रेम-पत्र नहीं लिखे?

शिकारी के चंगुल में फँसे हुए पक्षी की तरह पत्र का नाम सुनते ही कामिनी के होश-हवास उड़ गए, हाथ-पैर फूल गए। मुँह न खुल सका। जज ने, वकील ने और दो सहस्त्र आँखों ने उसकी तरफ़ उत्सुकता से देखा।

रूपचन्द का मुँह खिल गया। उसके हृदय में आशा का उदय हुआ। जहाँ फूल था वहाँ काँटा पैदा हुआ। मन में कहने लगा, कुलटा कामिनी! अपने सुख और अपने कपट मान-प्रतिष्ठा पर मेरे और मेरे परिवार की हत्या करने वाली कामिनी!! तू अब भी मेरे हाथ में है। मैं अब भी तुझे इस कृतघ्नता और कपट का दंड दे सकता हूँ। तेरे पत्र जिन्हें तूने हृदय से लिखा है या नहीं, मालूम नहीं, परन्तु जो मेरे हृदय के ताप को शीतल करने के लिए मोहिनी मंत्र थे, वह सब मेरे पास हैं। और वह इसी समय तेरा सब भेद खोलेंगे। इस क्रोध से उन्मत्त होकर रूपचन्द ने अपने कोट के पाकेट में हाथ डाला! जज ने, वकीलों ने, और दो सहस्र नेत्रों ने उसकी तरफ़ चातक की भाँति देखा।

तब कामिनी की विकल आँखें चारों ओर से हताश होकर रूपचन्द की ओर पहुँचीं। उनमें इस समय लज्जा थी; दया-भिक्षा की प्रार्थना थी और व्याकुलता थी, वह मन ही मन कहती थी, मैं स्त्री हूँ, अबला हूँ, ओछी हूँ। तुम पुरुष हो, बलवान हो, साहसी हो; यह तुम्हारे स्वभाव के विपरीत है। मैं कभी तुम्हारी थी और यद्यपि समझ मुझे तुमसे अलग किए देती है किन्तु मेरी लाज तुम्हारे हाथ में है। तुम मेरी रक्षा करो। आँख मिलते ही रूपचन्द उसके मन की बात ताड़ गए। उनके नेत्रों ने उत्तर दिया—यदि तुम्हारी लाज मेरे हाथों में है तो इस पर कोई आँच नहीं आने पावेगी। तुम्हारी लाज पर आज मेरा सर्वस्व निछावर है।

अभियुक्त के वकील ने कामिनी से पुनः वही प्रश्न किया—क्या तुम शपथपूर्वक कह सकती हो कि तुमने रूपचन्द को प्रेम-पत्र नहीं लिखा?

कामिनी ने कातर स्वर में उत्तर दिया—मैं शपथपूर्वक कहती हूँ कि मैंने उसे कभी कोई पत्र नहीं लिखा और अदालत से अपील करती हूँ कि वह मुझे इन घृणास्पद अश्लील आक्रमणों से बचावे।

अभियोग की कार्रवाई समाप्त हो गई। अब अपराधी के बयान की बारी आई। इसकी तरफ़ के कोई गवाह न थे। परन्तु वकीलों को, जज को, और अधीर जनता को पूरा-पूरा विश्वास था कि अभियुक्त का बयान पुलिस के मायावी महल को क्षणमात्र में छिन्न-भिन्न कर देगा। रूपचन्द इजलास के सम्मुख आया। उसके मुखारविंद पर आत्म-बल का तेज़ झलक रहा था और नेत्रों में साहस और शान्ति। दर्शक-मंडली उतावली होकर अदालत के कमरे में घुस पड़ी। रूपचन्द इस समय का चाँद था या देवलोक का दूत; सहस्त्रों नयन उसकी ओर लगे थे। किन्तु हृदय को कितना कौतूहल हुआ जब रूपचन्द ने अत्यन्त शान्तचित्त से अपना अपराध स्वीकार कर लिया! लोग एक-दूसरे का मुँह ताकने लगे।

अभियुक्त का बयान समाप्त होते ही कोलाहल मच गया। सभी इसकी आलोचना-प्रत्यालोचना करने लगे। सबके मुँह पर आश्चर्य था, सन्देह था, और निराशा थी। कामिनी की कृतघ्नता और निष्ठुरता पर धिक्कार हो रहा था। प्रत्येक मनुष्य शपथ खाने पर तैयार था कि रूपचन्द सर्वथा निर्दोष है। प्रेम ने उसके मुँह पर ताला लगा दिया है। पर कुछ ऐसे भी दूसरे के दुःख में प्रसन्न होनेवाले स्वभाव के लोग थे जो उसके इस साहस पर हँसते और मज़ाक़ उड़ाते थे।

दो घंटे बीत गए। अदालत में पुनः एक बार शान्ति का राज्य हुआ। जज साहब फ़ैसला सुनाने के लिए खड़े हुए। फ़ैसला बहुत संक्षिप्त था। अभियुक्त जवान है, शिक्षित है और सभ्य है। अतएव आँखोंवाला अंधा है। उसे शिक्षाप्रद दंड देना आवश्यक है। अपराध स्वीकार करने से उसका दंड कम नहीं होता है। अतः मैं उसे पाँच वर्ष के सपरिश्रम कारावास की सज़ा देता हूँ।

दो हज़ार मनुष्यों ने हृदय थाम कर फ़ैसला सुना। मालूम होता था कि कलेजे में भाले चुभ गए हैं! सभी का मुँह निराशाजनक क्रोध से रक्त-वर्ण हो रहा था। यह अन्याय है, कठोरता और बेरहमी है। परन्तु रूपचन्द के मुँह पर शान्ति विराज रही थी।

सेवा-मार्ग

तारा ने बारह वर्ष तक दुर्गा की तपस्या की। न पलंग पर सोई, न केशों को सँवारा और न नेत्रों में सुर्मा लगाया। पृथ्वी पर सोती, गेरुआ वस्त्र पहनती और रूखी रोटियाँ खाती, उसका मुख मुरझाई कली की भाँति था, नेत्र ज्योतिहीन, और हृदय एक शून्य बीहड़ मैदान। उसे केवल यही लौ लगी थी कि दुर्गा के दर्शन पाऊँ। शरीर मोमबत्ती की तरह घुलता था। पर, यह लौ दिल से न जाती थी। यही उसकी इच्छा थी, यही उसका जीवनोद्देश। घर के लोग उसे पागल कहते। माता समझाती—बेटी, तुझे क्या हो गया है? क्या तू सारा जीवन रो-रोकर काटेगी? इस समय के देवता पत्थर के होते हैं। पत्थर को भी कभी किसी ने पिघलते देखा है? देख, तेरी सखियाँ पुष्प की भाँति विकसित हो रही हैं, नदी की तरह बढ़ रही हैं; क्या तुझे मुझ पर दया नहीं आती? तारा कहती—माता, अब तो जो लगन लगी, वह लगी। या तो देवी के दर्शन पाऊँगी, या यही इच्छा लिए हुए संसार से पयान कर जाऊँगी। तुम समझ लो मैं मर गई।

इस प्रकार पूरे बारह वर्ष व्यतीत हो गए और तब देवी प्रसन्न हुई। रात्रि का समय था। चारों ओर सन्नाटा छाया हुआ था। मन्दिर में एक धुँधला-सा घी का दीपक जल रहा था। तारा दुर्गा के पैरों पर माथा नवाये सच्ची भक्ति का परिचय दे रही थी। यकायक उस पाषाणमूर्ति देवी के तन में स्फूर्ति प्रकट हुई। तारा के रोंगटे खड़े हो गए। तब धुँधला दीपक देदीप्यमान हो गया, मन्दिर में चित्ताकर्षक सुगंध फैल गई और वायु में सजीवता प्रतीत होने लगी। देवी का उज्ज्वल रूप पूर्ण चन्द्रमा की भाँति चमकने लगा। ज्योतिहीन नेत्र जगमगा उठे। होंठ खुल गए। आवाज़ आई—तारा, मैं तुमसे प्रसन्न हूँ, माँग, क्या वर माँगती है?

तारा खड़ी हो गई। उसका शरीर इस भाँति काँप रहा था जैसे प्रातःकाल के समय कम्पित स्वर में किसी कृषक के गाने की ध्वनि। उसे मालूम हो रहा था मानो वह वायु में उड़ी जा रही है। उसे अपने हृदय में उच्च विचार—पूर्ण प्रकाश का आभास हो रहा था। उसने दोनों हाथ जोड़कर भक्ति-भाव से कहा, भगवती, तुमने मेरी बारह वर्ष की तपस्या पूरा की; किस मुख से तुम्हारा गुणानुवाद गाऊँ। मुझे संसार की वे अलभ्य वस्तुएँ प्रदान हों जो इच्छाओं की सीमा और मेरी अभिलाषाओं का अन्त हैं। मैं वह ऐश्वर्य चाहती हूँ जो सूर्य को भी मात कर दे।

देवी ने मुस्कुराकर कहा—स्वीकृत है।

तारा—वह धन जो कालचक्र को भी लज्जित करे।

देवी ने मुस्कुराकर कहा—स्वीकृत है।

तारा—वह सौन्दर्य जो अद्वितीय हो।

देवी ने मुस्कुराकर कहा—यह भी स्वीकृत है।

2

तारा कुँवरि ने शेष रात्रि जाग कर व्यतीत की। प्रभात काल के समय उसकी आँखें, क्षण भर के लिए झपक गईं। जागी तो देखा कि मैं सिर से पाँव तक हीरे व जवाहिरों से लदी हूँ। उसके विशाल भवन के कलश आकाश से बातें कर रहे थे—सारा भवन संगमरमर से बना हुआ, अमूल्य पत्थरों से जड़ा हुआ। द्वार पर नौबत बज रही थी। उसके आनन्ददायक सुहावने शब्द आकाश में गूँज रहे थे। द्वार पर मीलों तक हरियाली छाई थी। दासियाँ स्वर्णाभूषणों से लदी हुई, सुनहरे कपड़े पहने हुए चारों ओर दौड़ती थीं। तारा को देखते ही वे स्वर्ण के लोटे और कटोरे लेकर दौड़ीं। तारा ने देखा कि मेरा पलंग हाथी-दाँत का है। भूमि पर बड़े कोमल बिछौने बिछे हुए हैं। सिरहाने की ओर एक बड़ा सुन्दर ऊँचा शीशा रखा हुआ है। तारा ने उसमें अपना रूप देखा, चकित रह गई। उसका सुन्दर रूप चन्द्रमा को भी लज्जित करता था। दीवार पर अनेकानेक सुप्रसिद्ध चित्रकारों के मनमोहक चित्र टँगे थे। पर ये सब के सब तारा की सुन्दरता के आगे तुच्छ थे। तारा को अपनी सुन्दरता का गर्व हुआ। वह कई दासियों को लेकर वाटिका में गई। वहाँ की छटा देखकर वह मुग्ध हो गई। वायु में गुलाब और केसर घुले हुए थे, रंग-बिरंग क्रे पुष्प, वायु के मंद-मंद झोंकों से, मतवालों की तरह झूम रहे थे। तारा ने एक गुलाब का फूल तोड़ लिया और उसके रंग और कोमलता की अपने अधर-पल्लव से समानता करने लगी। गुलाब में वह कोमलता न थी। वाटिका के मध्य में एक बिल्लौर जटित हौज था। इसमें हंस और बत्तख किलोलें कर रहे थे। यकायक तारा को ध्यान आया, मेरे घर के लोग कहाँ हैं। दासियों से पूछा। उन्होंने कहा—श्रीमती, वे लोग पुराने घर में हैं। तारा ने अपनी अटारी पर जाकर देखा। उसे अपना पहला घर एक साधारण झोपड़े की तरह दृष्टिगोचर हुआ। उसकी बहनें उसकी साधारण दासियों के समान भी न थीं। माँ को देखा, वह आँगन में बैठी चरखा कात रही थी। तारा पहले सोचा करती थी कि जब मेरे दिन चमकेंगे तब मैं इन लोगों को भी अपने साथ रखूँगी और उनकी भली-भाँति सेवा करूँगी। पर इस समय धन के गर्व ने उसकी पवित्र हार्दिक इच्छा को निर्बल बना दिया था। उसने घरवालों को स्नेह-रहित दृष्टि से देखा और तब वह उस मनोहर गान को सुनने चली गई जिसकी प्रतिध्वनि उसके कानों में आ रही थी।

एकबारगी ज़ोर से धड़ाका हुआ; बिजली चमकी और बिजली की छटाओं में से एक ज्योतिस्वरूप नवयुवक निकलकर तारा के सामने नम्रता से खड़ा हो गया। तारा ने पूछा—तुम कौन हो? नवयुवक ने कहा—श्रीमती, मुझे विद्युत सिंह कहते हैं। मैं श्रीमती का आज्ञाकारी सेवक हूँ।

उसके विदा होते ही वायु के उष्ण झोंके चलने लगे। आकाश में एक प्रकाश दृष्टिगोचर हुआ। वह क्षणमात्र में उतरकर तारा कुँवरि के समीप ठहर गया। उसमें से एक ज्वालामुखी मनुष्य ने निकलकर तारा के पदों को चूमा। तारा ने पूछा—तुम कौन हो? उत्तर दिया—श्रीमती, मेरा नाम अग्निसिंह है। मैं श्रीमती का आज्ञाकारी सेवक हूँ।

वह अभी जाने भी न पाया था कि एकबारगी सारा महल ज्योति से प्रकाशमान हो गया। जान पड़ता था, सैकड़ों बिजलियाँ मिलकर चमक रही हैं। वायु सेवक हो गई। एक जगमगाता हुआ सिंहासन आकाश पर दीख पड़ा। वह शीघ्रता से पृथ्वी की ओर चला और तारा कुँवरि के पास जाकर ठहर गया। उससे एक प्रकाशमय रूप का बालक, जिसके रूप

से गम्भीरता प्रकट होती थी, निकलकर तारा के सामने शिष्ट भाव से खड़ा हो गया। तारा ने पूछा—तुम कौन हो? बालक ने उत्तर दिया—श्रीमती, मुझे मिस्टर रेडियम कहते हैं। मैं श्रीमती का आज्ञापालक हूँ।

3

धनी लोग तारा के भय से थर्राने लगे। उसके आश्चर्यजनक सौन्दर्य ने संसार को चकित कर दिया। बड़े-बड़े महीपति उसकी चौखट पर माथा रगड़ने लगे। जिसकी ओर उसकी कृपा-दृष्टि हो जाती, वह अपना अहोभाग्य समझता—सदैव के लिए उसका बेदाम का ग़ुलाम बन जाता।

एक दिन तारा अपनी आनन्दवाटिका में टहल रही थी। अचानक किसी के गाने का मनोहर शब्द सुनाई दिया। तारा विक्षिप्त हो गई। उसके दरबार में संसार के अच्छे-अच्छे गवैये मौजूद थे, पर वह चित्ताकर्षकता, जो इन सुरों में थी, कभी अवगत न हुई थी। तारा ने गायक को बुला भेजा।

एक क्षण के अनंतर वाटिका में एक साधु आया, सिर पर जटाएँ, शरीर में भस्म रमाये। उसके साथ एक टूटा हुआ बीन था। उसी से वह प्रभावशाली स्वर निकलता जो हृदय के अनुरक्त स्वरों से कहीं प्रिय था। साधु आकर हौज के किनारे बैठ गया। उसने तारा के सामने शिष्ट भाव नहीं दिखाया। आश्चर्य से इधर-उधर दृष्टि नहीं डाली। उस रमणीय स्थान पर वह अपना सुर अलापने लगा। तारा का चित्त विचलित हो उठा। दिल में अपार अनुराग का संचार हुआ। मदमत्त होकर टहलने लगी। साधु के सुमनोहर मधुर आलाप से पक्षी मग्न हो गए। पानी में लहरें उठने लगीं। वृक्ष झूमने लगे। तारा ने उन चित्ताकर्षक सुरों से एक चित्र खिंचते हुए देखा। धीरे-धीरे चित्र प्रकट होने लगा। उसमें स्फूर्ति आई। और तब वह खड़ी होकर नृत्य करने लगी। तारा चौंक पड़ी। उसने देखा कि यह मेरा ही चित्र है। नहीं, मैं ही हूँ। मैं ही बीन की तान पर नृत्य कर रही हूँ। उसे आश्चर्य हुआ कि मैं संसार की अलभ्य वस्तुओं की रानी हूँ अथवा एक स्वर-चित्र! वह सिर धुनने लगी और मतवाली होकर साधु के पैरों से जा लगी। उसकी दृष्टि में एक आश्चर्यजनक परिवर्तन हो गया। सामने के फले-फूले वृक्ष और तरंगें मारता हुआ हौज, और मनोहर कुंज सब लोप हो गए। केवल वही साधु बैठा बीन बजा रहा था, और वह स्वयं उसकी तालों पर थिरक रही थी। वह साधु अब प्रकाशमय तारा और अलौकिक सौन्दर्य की मूर्ति बन गया था। जब मधुर आलाप बन्द हुआ तब तारा होश में आई। उसका चित्त हाथ से जा चुका था। वह उस विलक्षण साधु के हाथों बिक चुकी थी।

तारा बोली—स्वामी जी! यह महल, यह धन, यह सुख और सौन्दर्य सब आपके चरण-कमल पर निछावर है। इस अँधेरे महल को अपने कोमल चरणों से प्रकाशमान कीजिए।

साधु—साधुओं को महल और धन का क्या काम? मैं इस घर में नहीं ठहर सकता।

तारा—संसार के सारे सुख आपके लिए उपस्थित हैं।

साधु—मुझे सुखों की कामना नहीं।

तारा—मैं आजीवन आपकी दासी रहूँगी। यह कहकर तारा ने आईने में अपने अलौकिक सौन्दर्य की छटा देखी और उसके नेत्रों में चंचलता आ गई।

साधु—नहीं तारा कुँवरि, मैं इस योग्य नहीं हूँ। यह कहकर साधु ने बीन उठाया और द्वार की ओर चला। तारा का गर्व टूक-टूक हो गया। लज्जा से सिर झुक गया। वह मूर्च्छित

होकर भूमि पर गिर पड़ी। मन में सोचा, मैं धन में, ऐश्वर्य में, सौन्दर्य में, जो अपनी समता नहीं रखती, एक साधु की दृष्टि में इतनी तुच्छ!!

4

तारा को अब किसी प्रकार चैन नहीं था। उसे अपना भवन, ऐश्वर्य भयानक मालूम होने लगा। बस, साधु का एक चन्द्रस्वरूप उसकी आँखों में नाच रहा था और उसका स्वर्गीय गान कानों में गूँज रहा था। उसने अपने गुप्तचरों को बुलाया और साधु का पता लगाने की आज्ञा दी। बहुत छानबीन करने के पश्चात् उसकी कुटी का पता लगा। तारा नित्यप्रति, वायुयान पर बैठकर साधु के पास जाती। कभी उस पर लाल, जवाहर लुटाती, कभी रत्न और आभूषण की छटा दिखाती। पर, साधु इससे तनिक भी विचलित न हुआ। तारा के मायाजाल का उस पर कुछ भी असर न हुआ।

तब, तारा कुँवरि फिर दुर्गा के मन्दिर में गई और देवी के चरणों पर सिर रखकर बोली—माता, तुमने मुझे संसार के सारे दुर्लभ पदार्थ प्रदान किए। मैंने समझा था कि ऐश्वर्य में संसार को दास बना लेने की शक्ति है। पर मुझे अब ज्ञान हुआ कि प्रेम पर ऐश्वर्य, सौन्दर्य और वैभव का कुछ भी अधिकार नहीं। अब एक बार मुझ पर फिर वही कृपादृष्टि हो। कुछ ऐसा कीजिए कि जिस निष्ठुर के प्रेम में मैं मरी जा रही हूँ, उसे भी मुझे देखे बिना चैन न आवे—उसकी आँखों में भी नींद हराम हो जाए, वह भी मेरे प्रेम-मद में चूर हो जाए।

देवी के होंठ खुले। वह मुस्कुराई, उसके अधर-पल्लव विकसित हुए। बोली सुनाई दी—तारा, मैं संसार के सारे पदार्थ प्रदान कर सकती हूँ, पर स्वर्गसुख मेरी शक्ति से बाहर है। 'प्रेम' स्वर्गसुख का मूल है।

तारा—माता, संसार के सारे ऐश्वर्य मुझे जंजाल जान पड़ते हैं। बताइए, मैं अपने प्रीतम को कैसे पाऊँगी?

देवी—उसका एक ही मार्ग है। पर है वह बहुत कठिन। भला, तुम उस पर चल सकोगी?

तारा—वह कितना ही कठिन हो, मैं उस मार्ग का अवलम्बन अवश्य करूँगी।

देवी—अच्छा तो सुनो, वह सेवा-मार्ग है। सेवा करो, प्रेम सेवा ही से मिल सकता है।

5

तारा ने अपने बहुमूल्य आभूषणों और रंगीन वस्त्रों को उतार दिया। दासियों से विदा हुई। राजभवन को त्याग दिया, अकेले, नंगे पैर साधु की कुटी में चली आई और सेवा-मार्ग का अवलम्बन किया।

वह कुछ रात रहे उठती। कुटी में झाड़ू देती। साधु के लिए गंगा से जल लाती। जंगलों से पुष्प चुनती। साधु नींद में होते तो वह उन्हें पंखा झलती। जंगली फूल तोड़ लाती और केले के पत्तल बनाकर साधु के सम्मुख रखती। साधु नदी में स्नान करने जाया करते थे। तारा रास्ते के कंकड़ चुनती। उसने कुटी के चारों ओर पुष्प लगाए। गंगा से पानी लाकर सींचती। उन्हें हरा-भरा देखकर प्रसन्न होती। उसने मदार की रुई बटोरी, साधु के लिए नर्म गद्दे तैयार किए। अब और कोई कामना न थी। सेवा स्वयं अपना पुरस्कार और फल थी।

तारा को कई-कई दिन उपवास करना पड़ता था। हाथों में गट्ठे पड़ गए। पैर काँटों से छलनी हो गए। धूप से कोमल गात मुरझा गया; पर उसके हृदय में अब स्वार्थ और गर्व का

शासन न था। वहाँ अब प्रेम का राज था; वहाँ अब उसे सेवा की लगन थी—जिससे कलुषता की जगह आनन्द का स्रोत बहता है और काँटे पुष्प बन जाते हैं; जहाँ अश्रु-धारा की जगह नेत्रों से अमृतजल की वर्षा होती और दु:ख-विलाप की जगह आनन्द के राग निकलते हैं, जहाँ के पत्थर रुई से ज़्यादा कोमल हैं और शीतल वायु से भी मनोहर। तारा भूल गई कि मैं सौन्दर्य में अद्वितीय हूँ। धन-विलसिनी तारा अब केवल प्रेम की दासी थी।

साधु को वन के खगों और मृगों से प्रेम था। वे कुटी के पास एकत्रित हो जाते। तारा उन्हें पानी पिलाती, दाने चुगाती, गोद लेकर उनका दुलार करती। विषधर साँप और भयानक जन्तु उसके प्रेम के प्रभाव से उसके सेवक हो गए।

बहुधा रोगी मनुष्य साधु के पास आशीर्वाद लेने आते थे। तारा रोगियों की सेवा-शुश्रूषा करती, जंगल से जड़ी-बूटियाँ ढूँढ़ लाती। उनके लिए औषधि बनाती, उनके घाव धोती, घावों पर मरहम रखती, रात भर बैठी उन्हें पंखा झलती। साधु के आशीर्वाद को उसकी सेवा प्रभावयुक्त बना देती थी।

इस प्रकार कितने ही वर्ष बीत गए। गर्मी के दिन थे, पृथ्वी तवे की तरह जल रही थी। हरे-भरे वृक्ष सूखे जाते थे। गंगा गर्मी से सिमट गई थी। तारा को पानी लेने के लिए बहुत दूर रेत में चलना पड़ता। उसका कोमल अंग चूर-चूर हो जाता। जलती हुई रेत में तलवे भुन जाते। इसी दशा में एक दिन वह हताश होकर एक वृक्ष के नीचे क्षण भर दम लेने के लिए बैठ गई। उसके नेत्र बन्द हो गए। उसने देखा, देवी मेरे सम्मुख खड़ी, कृपादृष्टि से मुझे देख रही है। तारा ने दौड़कर उनके पदों को चूमा।

देवी ने पूछा—तारा, तेरी अभिलाषा पूरी हुई?

तारा—हाँ माता, मेरी अभिलाषा पूरी हुई।

देवी—तुझे प्रेम मिल गया?

तारा—नहीं माता, मुझे उससे भी उत्तम पदार्थ मिल गया। मुझे प्रेम के हीरे के बदले सेवा का पारस मिल गया। मुझे ज्ञान हुआ कि प्रेम सेवा का चाकर है। सेवा के सामने सिर झुकाकर अब मैं प्रेम-भिक्षा नहीं चाहती। अब मुझे किसी दूसरे सुख की अभिलाषा नहीं। सेवा ने मुझे प्रेम, आदर, सुख सबसे निवृत्त कर दिया।

देवी इस बार मुस्कुराई नहीं। उसने तारा को हृदय से लगाया और दृष्टि से ओझल हो गई।

6

संध्या का समय था। आकाश में तारे ऐसे चमकते थे जैसे कमल पर पानी की बूँदें। वायु में चित्ताकर्षक शीतलता आ गई थी। तारा एक वृक्ष के नीचे खड़ी चिड़ियों को दाना चुगाती थी कि यकायक साधु ने आकर उसके चरणों पर सिर झुकाया और बोला—तारा, तुमने मुझे जीत लिया। तुम्हारा ऐश्वर्य, धन और सौन्दर्य जो कुछ न कर सका, वह तुम्हारी सेवा ने कर दिखाया। तुमने मुझे अपने प्रेम में आसक्त कर लिया। अब मैं तुम्हारा दास हूँ। बोलो, तुम मुझसे क्या चाहती हो? तुम्हारे संकेत पर अब मैं अपना योग और वैराग्य सब कुछ न्योछावर कर देने के लिए प्रस्तुत हूँ।

तारा—स्वामी जी, मुझे अब कोई इच्छा नहीं। मैं केवल सेवा की आज्ञा चाहती हूँ।

साधु—मैं दिखा दूँगा कि योग साध कर भी मनुष्य का हृदय निर्जीव नहीं होता। मैं भँवरे के सदृश तुम्हारे सौन्दर्य पर मँडराऊँगा। पपीहे की तरह तुम्हारे प्रेम की रट लगाऊँगा। हम

दोनों प्रेम की नौका पर ऐश्वर्य और वैभव-नदी की सैर करेंगे, प्रेम-कुंजों में बैठकर प्रेम-चर्चा करेंगे, और आनन्द के मनोहर राग गावेंगे।

तारा ने कहा—स्वामी जी, सेवा-मार्ग पर चलकर मैं अब अभिलाषाओं से पूरी हो गई। अब हृदय में और कोई इच्छा शेष नहीं।

साधु ने इन शब्दों को सुना, तारा के चरणों पर माथा नवाया और गंगा की ओर चल दिया।

शिकारी राजकुमार

मई का महीना और मध्याह्न का समय था। सूर्य की आँखें सामने से हटकर सिर पर जा पहुँची थीं, इसलिए उनमें शील न था। ऐसा विदित होता था मानो पृथ्वी उसके भय से थर-थर काँप रही थी। ठीक ऐसे ही समय एक मनुष्य एक हिरन के पीछे उन्मत्त भाव से घोड़ा फेंके चला आता था। उसका मुँह लाल हो रहा था और घोड़ा पसीने से लथपथ। किन्तु मृग भी ऐसा भागता था मानो वायुवेग से जा रहा था। ऐसा प्रतीत होता था कि उसके पद स्पर्श नहीं करते। इसी दौड़ की जीत-हार पर उसका जीवन निर्भर था।

पछुवा हवा बड़े ज़ोर से चल रही थी। ऐसा जान पड़ता था मानो अग्नि और धूल की वर्षा हो रही हो। घोड़े के नेत्र रक्तवर्ण हो रहे थे और अश्वारोही के सारे शरीर का रुधिर उबल-सा रहा था। किन्तु मृग का भागना उसे इस बात का अवसर न देता था कि वह अपनी बन्दूक़ को सम्हाले। कितने ही ऊख के खेत, ढाक के वन और पहाड़ सामने पड़े और तुरन्त ही 'सपने की सम्पत्ति' की भाँति अदृश्य हो गए।

क्रमशः मृग पीछे की ओर मुड़ा। सामने एक नदी का बड़ा ही ऊँचा कगार, दीवार की भाँति खड़ा था। आगे भागने की राह बन्द थी, और उस पर से कूदना मानो मृत्यु के मुख में कूदना था। हिरन का शरीर शिथिल पड़ गया। उसने एक करुणा-भरी दृष्टि चारों ओर फेरी। किन्तु उसे हर तरफ़ मृत्यु ही मृत्यु दृष्टिगोचर होती थी। अश्वारोही के लिए इतना समय बहुत था। उसकी बन्दूक़ से गोली क्या छूटी मानो मृत्यु ने एक महा भयंकर जयध्वनि के साथ अग्नि की एक प्रचंड ज्वाला उगल दी। हिरन भूमि पर लोट गया।

2

मृग पृथ्वी पर पड़ा तड़प रहा था और अश्वारोही की भयंकर और हिंसाप्रिय आँखों से प्रसन्नता की ज्योति निकल रही थी। ऐसा जान पड़ता था कि उसने असाध्य साधन कर लिया। उसने उस पशु के शव को नापने के बाद उसके सींगों को बड़े ध्यान से देखा और मन ही मन प्रसन्न हो रहा था कि इससे कमरे की सजावट दूनी हो जाएगी और नेत्र सर्वदा उस सजावट का आनन्द सुख से भोगेंगे।

जब तक वह इस ध्यान में मग्न था उसको सूर्य की प्रचंड किरणों का लेशमात्र भी ध्यान न था; किन्तु ज्यों ही उसका ध्यान उधर से फिरा, वह उष्णता से विह्वल हो उठा और करुणापूर्ण आँखें नदी की ओर डालीं; लेकिन वहाँ तक पहुँचने का कोई भी मार्ग न देख पड़ा और न कोई वृक्ष ही देख पड़ा, जिसकी छाँह में जरा विश्राम करता।

इसी चिन्तावस्था में एक अति दीर्घकाय पुरुष नीचे से उछल कर कगारे के ऊपर आया और अश्वारोही के सम्मुख खड़ा हो गया। अश्वारोही उसको देख बहुत अचंभित हुआ। नवागंतुक एक बहुत ही सुन्दर और हृष्ट-पुष्ट मनुष्य था। मुख के भाव उसके हृदय की स्वच्छता और चरित्र की निर्मलता का पता देते थे। वह बहुत ही दृढ़प्रतिज्ञ, आशा-निराशा तथा भय से बिलकुल बेपरवाह-सा जान पड़ता था।

मृग को देखकर उस संन्यासी ने बड़े स्वाधीन भाव से कहा—राजकुमार, तुम्हें आज बहुत ही अच्छा शिकार हाथ लगा। इतना बड़ा मृग इस सीमा में कदाचित् ही दिखाई पड़ता है।

राजकुमार के अचम्भे की सीमा न रही। उसने देखा कि साधु उसे पहचानता है।

राजकुमार बोला—जी हाँ, मैं भी यही ख़याल करता हूँ। मैंने भी आज तक इतना बड़ा हिरन नहीं देखा। लेकिन उसके पीछे आज बहुत हैरान होना पड़ा।

संन्यासी ने दयापूर्वक कहा—निःसन्देह तुम्हें दुःख उठाना पड़ा होगा। तुम्हारा मुख लाल हो रहा है और घोड़ा भी बेदम हो गया है। क्या तुम्हारे संगी बहुत पीछे रह गए?

इसका उत्तर राजकुमार ने बिलकुल बेपरवाही से दिया, मानो उसे इसकी कुछ भी चिन्ता न थी।

संन्यासी ने कहा—यहाँ ऐसी कड़ी धूप और आँधी में खड़े तुम कब तक उनकी राह देखोगे? मेरी कुटी में चलकर ज़रा विश्राम कर लो। तुम्हें परमात्मा ने ऐश्वर्य दिया है, लेकिन कुछ देर के लिए संन्यासाश्रम का रंग भी देखो और वनस्पतियों और नदी के शीतल जल का स्वाद लो।

यह कहकर संन्यासी ने उस मृग के रक्तमय मृत शरीर को ऐसी सुगमता से उठाकर कन्धे पर धर लिया मानो वह एक घास का गट्ठा था, और राजकुमार से कहा—मैं तो प्रायः कगार से ही नीचे उतर जाया करता हूँ, किन्तु तुम्हारा घोड़ा सम्भव है, न उतर सके। अतएव एक दिन की राह छोड़कर छह मास की राह चलेंगे। घाट यहाँ से थोड़ी ही दूर है और वहीं मेरी कुटी है।

राजकुमार संन्यासी के पीछे चला। उसे संन्यासी के शारीरिक बल पर अचम्भा हो रहा था। आध घंटे तक दोनों चुपचाप चलते रहे। इसके बाद ढालू भूमि मिलनी शुरू हुई और थोड़ी देर में घाट आ पहुँचा। वहीं क़दम्बकुंज की घनी छाया में जहाँ सर्वदा मृगों की सभा सुशोभित रहती, नदी की तरंगों का मधुर स्वर सर्वदा सुनाई दिया करता, जहाँ हरियाली पर मयूर थिरकता, कपोतादि पक्षी मस्त होकर झूमते, लता-द्रुमादि से सुशोभित संन्यासी की एक छोटी-सी कुटी थी।

3

संन्यासी की कुटी हरे-भरे वृक्षों के नीचे सरलता और सन्तोष का चित्र बन रही थी। राजकुमार की अवस्था वहाँ पहुँचते ही बदल गई थी। यहाँ की शीतल वायु का प्रभाव उस पर ऐसा पड़ा जैसा मुरझाते हुए वृक्ष पर वर्षा का। उसे आज विदित हुआ कि तृप्ति कुछ स्वादिष्ट व्यंजनों ही पर निर्भर नहीं है और न निद्रा सुनहरे तकियों की ही आवश्यकता रखती है।

शीतल, मंद, सुगंध वायु चल रही थी। सूर्य भगवान् अस्ताचल को पयान करते हुए इस लोक को तृषित नेत्रों से देखते जाते थे और संन्यासी एक वृक्ष के नीचे बैठा हुआ गा रहा था—

उधो कर्मन की गति न्यारी

राजकुमार के कानों में स्वर की भनक पड़ी, उठ बैठा और सुनने लगा। उसने बड़े-बड़े कलावंतों के गाने सुने थे, किन्तु आज जैसा आनन्द उसे कभी प्राप्त नहीं हुआ था। इस पद ने उसके ऊपर मानो मोहिनी-मंत्र का जाल बिछा दिया, वह बिलकुल बेसुध हो गया। संन्यासी की धुन में कोयल की कूक सरीखी मधुरता थी।

सम्मुख नदी का जल गुलाबी चादर की भाँति प्रतीत होता था। कूलद्वय की रेत चन्दन की चौकी-सी दीखती थी। राजकुमार को यह दृश्य स्वर्गीय-सा जान पड़ने लगा। उस पर तैरने वाले जल-जन्तु ज्योतिर्मय आत्मा के सदृश देख पड़ते थे, जो गाने का आनन्द उठाकर मत्त-से हो गए थे।

जब गाना समाप्त हो गया, राजकुमार जाकर संन्यासी के सामने बैठ गया और भक्तिपूर्वक बोला—महात्मन्! आपका प्रेम और वैराग्य सराहनीय है। मेरे हृदय पर इसका जो प्रभाव पड़ा है, वह चिरस्थाई रहेगा। यद्यपि सम्मुख प्रशंसा करना सर्वथा अनुचित है, किन्तु इतना मैं अवश्य कहूँगा कि आपके प्रेम की गम्भीरता सराहनीय है। यदि मैं गृहस्थी के बंधन में न पड़ा होता तो आपके चरणों से पृथक् होने का ध्यान स्वप्न में भी न करता।

इसी अनुरागावस्था में राजकुमार कितनी ही ऐसी बातें कह गया जो कि स्पष्ट रूप से उसके आंतरिक भावों का विरोध करती थीं। संन्यासी मुस्कुराकर बोला—तुम्हारी बातों से मैं बहुत प्रसन्न हूँ। और मेरी उत्कट इच्छा है कि तुमको कुछ ठहराऊँ, किन्तु यदि मैं जाने भी दूँ तो इस सूर्यास्त के समय तुम जा नहीं सकते। तुम्हारा रीवाँ पहुँचना दुष्कर हो जाएगा। तुम जैसे आखेट-प्रिय हो वैसा मैं भी हूँ। हम दोनों को अपने-अपने गुण दिखाने का अच्छा अवसर प्राप्त हुआ है। कदाचित् तुम भय से न रुकते, किन्तु शिकार के लालच से अवश्य रहोगे।

राजकुमार को तुरन्त ही मालूम हो गया कि जो बातें उन्होंने अभी-अभी संन्यासी से कही थीं, वे बिलकुल ऊपरी और दिखावे की थीं और हार्दिक भाव उनसे प्रकट नहीं हुए थे। आजन्म संन्यासी के समीप रहना तो दूर, वहाँ एक रात बिताना उसको कठिन जान पड़ने लगा। घरवाले उद्विग्न हो जाएँगे और मालूम नहीं क्या सोचेंगे। साथियों की जान संकट में होगी। घोड़ा बेदम हो रहा है। उस पर चालीस मील जाना बहुत ही कठिन और बड़े साहस का काम है। लेकिन यह महात्मा शिकार खेलते हैं—यह बड़ी अजीब बात है। कदाचित् यह वेदांती हैं, ऐसे वेदांती जो जीवन और मृत्यु मनुष्य के हाथ नहीं मानते। इनके साथ शिकार में बड़ा आनन्द आवेगा।

यह सब सोच-विचार कर उन्होंने संन्यासी का आतिथ्य स्वीकार किया, उन्हें धन्यवाद दिया और अपने भाग्य की प्रशंसा की, जिसने उन्हें कुछ काल तक और साधु-संग से लाभ उठाने का अवसर दिया।

4

रात दस बजे का समय था। घनी अँधियारी छाई हुई थी। संन्यासी ने कहा—अब हमारे चलने का समय हो गया है।

राजकुमार पहले ही से प्रस्तुत था! बन्दूक़ कन्धे पर रखकर बोला—इस अंधकार में शूकर अधिकतर मिलेंगे; किन्तु ये पशु बड़े भयानक हैं।

संन्यासी ने एक सोटा हाथ में लिया और कहा—कदाचित् इससे भी अच्छे शिकार हाथ आवें। मैं जब अकेला जाता हूँ, तो कभी ख़ाली नहीं लौटता। आज तो हम दो हैं।

दोनों शिकारी नदी के तट पर नालों और रेतों के टीलों को पार करते और झाड़ियों से अटकते चुपचाप चले जा रहे थे। एक ओर श्यामवर्ण नदी थी, जिसमें नक्षत्रों का प्रतिबिम्ब नाचता दिखाई देता था और लहरें गान कर रही थीं। दूसरी ओर घनघोर अंधकार, जिसमें कभी-कभी केवल खद्योतों के चमकने से एक क्षण स्थायी प्रकाश फैल जाता था। मालूम होता था कि वे भी अँधेरे में निकलने से डरते हैं।

ऐसी अवस्था में कोई एक घंटा चलने के बाद वह एक ऐसे स्थान पर पहुँचे, जहाँ एक ऊँचे टीले पर घने वृक्षों के नीचे आग जलती दिखाई पड़ी। उसी समय इन लोगों को मालूम हुआ कि संसार में इनके अतिरिक्त और भी कई वस्तुएँ हैं।

संन्यासी ने ठहरने का संकेत किया। दोनों एक पेड़ की ओट में खड़े होकर ध्यानपूर्वक देखने लगे। राजकुमार ने बन्दूक़ भर ली। टीले पर एक बड़ा छायादार वट-वृक्ष था। उसी के नीचे अंधकार में दस-बारह मनुष्य अस्त्र-शस्त्रों से सुसज्जित मिर्जई पहने चरस का दम लगा रहे थे। इनमें से प्राय: सभी लम्बे थे। सभी के सीने चौड़े और सभी हृष्ट-पुष्ट। मालूम होता था कि सैनिकों का एक दल विश्राम कर रहा है।

राजकुमार ने कहा—यह लोग शिकारी हैं? संन्यासी ने धीरे से कहा—बड़े शिकारी हैं। ये राह चलते यात्रियों का शिकार करते हैं। ये बड़े भयानक हिंस्र पशु हैं; इनके अत्याचार से गाँव के गाँव बर्बाद हो गए और जितनों को इन्होंने मारा है, उनका हिसाब परमात्मा ही जानता है। यदि आपको शिकार करना हो तो इनका शिकार कीजिए। ऐसा शिकार आप बहुत प्रयत्न करने पर भी नहीं पा सकते। यही पशु हैं, जिन पर आपको शस्त्रों का प्रहार करना उचित है। राजाओं और अधिकारियों के शिकार यही हैं। इससे आपका नाम और यश फैलेगा।

राजकुमार के जी में आया कि दो-एक को मार डालें, किन्तु संन्यासी ने रोका और कहा—इन्हें छेड़ना ठीक नहीं। अगर यह कुछ उपद्रव न करें, तो भी बचकर निकल जाएँगे। आगे चलो, सम्भव है कि इससे भी अच्छे शिकार हाथ आवें।

तिथि सप्तमी थी। चन्द्रमा भी उदय हो गया। इन लोगों ने नदी का किनारा छोड़ दिया था। जंगल भी पीछे रह गया था। सामने एक कच्ची सड़क दिखाई पड़ी और थोड़ी देर में कुछ बस्ती भी देख पड़ने लगी। संन्यासी एक विशाल प्रासाद के सामने आकर रुक गए और राजकुमार से बोले—आओ, इस मौलसरी के वृक्ष पर बैठें। परन्तु देखो, बोलना मत। नहीं तो दोनों की जान के लाले पड़ जाएँगे। इसमें एक बड़ा भयानक हिंस्र जीव रहता है, जिसने अनगिनत जीवधारियों का वध किया है। कदाचित् हम लोग आज इसको संसार से मुक्त कर दें।

राजकुमार बहुत प्रसन्न हुआ। सोचने लगा, चलो, रात भर की दौड़ें तो सुफल हुईं। दोनों मौलसरी पर चढ़कर बैठ गए। राजकुमार ने अपनी बन्दूक़ सँभाल ली। और शिकार की, जिसे वह तेंदुआ समझे हुए था, बाट देखने लगा।

रात आधी से अधिक व्यतीत हो चुकी थी। यकायक महल के समीप कुछ हलचल मालूम हुई और बैठक के द्वार खुल गए। मोमबत्तियों के जलाने से सारा हाता प्रकाशमान हो गया। कमरे के हर कोने में सुख की सामग्री दिखाई दे रही थी। बीच में एक हृष्ट-पुष्ट मनुष्य गले में रेशमी चादर डाले, माथे पर केसर का अर्ध लम्बाकार तिलक लगाए, मसनद के सहारे बैठा सुनहरी मुँहनाल से लच्छेदार धुआँ फेंक रहा था। इतने ही में उन्होंने देखा कि नर्तकियों के दल के दल चले आ रहे हैं। उनके हाव-भाव व कटाक्ष

के शर चलने लगे। समाजियों ने सुर मिलाया। गाना आरम्भ हुआ और साथ ही साथ मद्यपान भी चलने लगा।

राजकुमार ने अचंभित होकर पूछा—यह तो कोई बहुत बड़ा रईस जान पड़ता है?

संन्यासी ने उत्तर दिया—नहीं, यह रईस नहीं हैं, एक बड़े मन्दिर के महंत हैं, साधु हैं। संसार का त्याग कर चुके हैं। सांसारिक वस्तुओं की ओर आँख नहीं उठाते, पूर्ण ब्रह्मज्ञान की बातें करते हैं। यह सब सामान इनकी आत्मा की प्रसन्नता के लिए है। इंद्रियों को वश में किए हुए इन्हें बहुत दिन हुए। सहस्रों सीधे-सादे मनुष्य इन पर विश्वास करते हैं। इनको अपना देवता समझते हैं—यदि आप शिकार करना चाहते हैं तो इनका कीजिए। यही राजाओं और अधिकारियों के शिकार हैं। ऐसे रँगे हुए सियारों से संसार को मुक्त करना आपका परम धर्म है। इससे आपकी प्रजा का हित होगा तथा आपका नाम और यश फैलेगा।

5

दोनों शिकारी नीचे उतरे। संन्यासी ने कहा—अब रात अधिक बीत चुकी है। तुम बहुत थक गए होगे। किन्तु राजकुमारों के साथ आखेट करने का अवसर मुझे बहुत कम प्राप्त होता है। अतएव एक शिकार का पता और लगाकर तब लौटेंगे।

राजकुमार को इन शिकारों में सच्चे उपदेश का सुख प्राप्त हो रहा था। बोला—स्वामी जी, थकने का नाम न लीजिए। यदि मैं वर्षों आपकी सेवा में रहता तो और न जाने कितने ऐसे आखेट करना सीख जाता!

दोनों फिर आगे बढ़े। अब रास्ता स्वच्छ और चौड़ा था। हाँ, सड़क कदाचित् कच्ची ही थी। सड़क के दोनों ओर वृक्षों की पंक्तियाँ थीं। किसी-किसी आम्र वृक्ष के नीचे रखवाले सो रहे थे। घंटे भर बाद दोनों शिकारियों ने एक ऐसी बस्ती में प्रवेश किया, जहाँ की सड़कों, लालटेनों और अट्टालिकाओं से मालूम होता था कि कोई बड़ा नगर है। संन्यासी जी एक विशाल भवन के सामने एक वृक्ष के नीचे ठहर गए और राजकुमार से बोले—यह सरकारी कचहरी है। यहाँ राज्य का एक बड़ा कर्मचारी रहता है। उसे सूबेदार कहते हैं। इसकी कचहरी दिन को भी लगती है और रात को भी। यहाँ न्याय सुवर्ण और रत्नादिकों के मोल बिकता है। यहाँ की न्यायप्रियता द्रव्य पर निर्भर है। धनवान दरिद्रों को पैरों तले कुचलते हैं और उनकी गोहार कोई भी नहीं सुनता।

यही बातें हो रही थीं कि यकायक कोठे पर दो आदमी दिखलाई पड़े। दोनों शिकारी वृक्ष की ओट में छिप गए। संन्यासी ने कहा—शायद सूबेदार साहब कोई मामला तय कर रहे हैं।

ऊपर से आवाज़ आई, तुमने एक विधवा स्त्री की जायदाद ले ली है, मैं इसे भली-भाँति जानता हूँ। यह कोई छोटा गागला नहीं है। इसगें एक सहस्र से कम गर मैं बातचीत करना नहीं चाहता।

राजकुमार में इससे अधिक सुनने की शक्ति न रही। क्रोध के मारे नेत्र लाल हो गए। यही जी चाहता था कि इस निर्दयी का अभी वध कर दें; किन्तु संन्यासी जी ने रोका। बोले—आज इस शिकार का समय नहीं है। यदि आप ढूँढ़ेंगे तो ऐसे शिकार बहुत मिलेंगे। मैंने इनके कुछ ठिकाने बतला दिए हैं। अब प्रात:काल होने में अधिक विलम्ब नहीं है। कुटी अभी यहाँ से दस मील होगी। आइए, शीघ्र चलें।

6

दोनों शिकारी तीन बजते-बजते फिर कुटी में लौट आए। उस समय बड़ी सुहावनी रात थी। शीतल समीर ने हिला-हिला कर वृक्षों और पत्तों की निद्रा भंग करना आरम्भ कर दिया था।

आध घंटे में राजकुमार तैयार हो गए। संन्यासी को अपना विश्वास और कृतज्ञता प्रकट करते हुए उनके चरणों पर अपना मस्तक नवाया और घोड़े पर सवार हो गए।

संन्यासी ने उनकी पीठ पर कृपापूर्वक हाथ फेरा। आशीर्वाद देकर बोले—राजकुमार, तुमसे भेंट होने से मेरा चित्त बहुत प्रसन्न हुआ। परमात्मा ने तुम्हें अपनी सृष्टि पर राज करने हेतु जन्म दिया है। तुम्हारा धर्म है कि सदा प्रजापालक बनो। तुम्हें पशुओं का वध करना उचित नहीं। इन दीन पशुओं के वध करने में कोई बहादुरी नहीं, कोई साहस नहीं। सच्चा साहस और सच्ची बहादुरी दीनों की रक्षा और उनकी सहायता करने में है। विश्वास मानो, जो मनुष्य केवल चित्त-विनोदार्थ जीव-हिंसा करता है, वह निर्दयी घातक से भी कठोर-हृदय है। वह घातक के लिए जीविका है, किन्तु शिकारी के लिए केवल दिल बहलाने का एक सामान। तुम्हारे लिए ऐसे शिकारों की आवश्यकता है, जिससे तुम्हारी प्रजा को सुख पहुँचे। निःशब्द पशुओं का वध न करके तुमको उन हिंसकों के पीछे दौड़ना चाहिए, जो धोखाधड़ी से दूसरों का वध करते हैं। ऐसे आखेट करो जिससे तुम्हारी आत्मा को शान्ति मिले। तुम्हारी कीर्ति संसार में फैले। तुम्हारा काम वध करना नहीं, जीवित रखना है। यदि वध करो तो केवल जीवित रखने के लिए। यही तुम्हारा धर्म है। जाओ, परमात्मा तुम्हारा कल्याण करें।

बलिदान

मनुष्य की आर्थिक अवस्था का सबसे ज़्यादा असर उसके नाम पर पड़ता है। मौजे बेला के मँगरू ठाकुर जब से कान्सटिबिल हो गए हैं, उनका नाम मंगलसिंह हो गया है। अब उन्हें कोई मँगरू कहने का साहस नहीं कर सकता। कल्लू अहीर ने जब से हलके के थानेदार साहब से मित्रता कर ली है और गाँव का मुखिया हो गया है, उसका नाम कालिकादीन हो गया है। अब उसे कोई कल्लू कहे तो आँखें लाल-पीली करता है। इसी प्रकार हरखचन्द्र कुरमी अब हरखू हो गया है। आज से बीस साल पहले उसके यहाँ शक्कर बनती थी, कई हल की खेती होती थी और कारोबार ख़ूब फैला हुआ था। लेकिन विदेशी शक्कर की आमद ने उसे मटियामेट कर दिया। धीरे-धीरे कारख़ाना टूट गया, ज़मीन टूट गई, गाहक टूट गए और वह भी टूट गया। सत्तर वर्ष का बूढ़ा, जो एक तकियेदार माचे पर बैठा हुआ नारियल पिया करता था, अब सिर पर टोकरी लिए खाद फेंकने जाता है। परन्तु उसके मुख पर भी एक प्रकार की गंभीरता, बातचीत में अब भी एक प्रकार की अकड़, चाल-ढाल में अब भी एक प्रकार का स्वाभिमान भरा हुआ है। इन पर काल की गति का प्रभाव नहीं पड़ा। रस्सी जल गई, पर बल नहीं टूटा। भले दिन मनुष्य के चरित्र पर, सदैव के लिए अपना चिह्न छोड़ जाते हैं। हरखू के पास अब केवल पाँच बीघा ज़मीन है। केवल दो बैल हैं। एक हल की खेती होती है।

लेकिन पंचायतों में, आपस की कलह में, उसकी सम्मति अब भी सम्मान की दृष्टि से देखी जाती है। वह जो बात कहता है, बेलाग कहता है और गाँव के अनपढ़ उसके सामने मुँह नहीं खोल सकते।

हरखू ने अपने जीवन में कभी दवा नहीं खाई। वह बीमार ज़रूर पड़ता, कुआर मास में मलेरिया से कभी न बचता था। लेकिन दस-पाँच दिन में वह बिना दवा खाए ही चंगा हो जाता था। इस वर्ष भी कार्तिक में बीमार पड़ा और यह समझकर कि अच्छा तो हो ही जाऊँगा, उसने कुछ परवा न की। परन्तु अब की ज्वर मौत का परवाना लेकर चला था। एक सप्ताह बीता, दूसरा सप्ताह बीता, पूरा महीना बीत गया; पर हरखू चारपाई से न उठा। अब उसे दवा की ज़रूरत मालूम हुई। उसका लड़का गिरधारी, कभी नीम की सींकें पिलाता, कभी गुर्च का सत, कभी गदापूरना की जड़; पर इन औषधियों से कोई फ़ायदा न होता था। हरखू को विश्वास हो गया कि अब संसार से चलने के दिन आ गए।

एक दिन मंगलसिंह उसे देखने गए, बेचारा टूटी खाट पर पड़ा राम-राम जप रहा था। मंगलसिंह ने कहा—बाबा, बिना दवा खाए अच्छे न होगे; कुनैन क्यों नहीं खाते? हरखू ने उदासीन भाव से कहा—तो लेते आना।

दूसरे दिन कालिकादीन ने आकर कहा—बाबा, दो-चार दिन कोई दवा खा लो। अब तुम्हारी जवानी की देह थोड़े ही है कि बिना दवा-दर्पन के अच्छे हो जाओगे।

हरखू ने उसी मंद भाव से कहा—तो लेते आना। लेकिन रोगी को देख आना एक बात है, दवा लाकर उसे देना दूसरी बात है। पहली बात शिष्टाचार से होती है, दूसरी सच्ची समवेदना से। न मंगलसिंह ने ख़बर ली, न कालिकादीन ने, न किसी तीसरे ही ने। हरखू दालान में खाट पर पड़ा रहता। मंगलसिंह कभी नज़र आ जाते तो कहता—भैया, वह दवा नहीं लाए? मंगलसिंह कतराकर निकल जाते। कालिकादीन दिखाई देते तो उनसे भी यही प्रश्न करता; लेकिन वह भी नज़र बचा लेते। या तो उसे यह सूझता ही नहीं था कि दवा पैसों के बिना नहीं आती, या वह पैसों को जान से भी प्रिय समझता था, अथवा वह जीवन से निराश हो गया था। उसने कभी दवा के दाम की बात नहीं की। दवा न आई। उसकी दशा दिनोंदिन बिगड़ती गई। यहाँ तक कि पाँच महीने कष्ट भोगने के बाद उसने ठीक होली के दिन शरीर त्याग दिया। गिरधारी ने उसका शव बड़ी धूमधाम से निकाला। क्रियाकर्म बड़े हौसले से किया। कई गाँव के ब्राह्मणों को निमंत्रित किया।

बेला में होली न मनाई गई, न अबीर और गुलाल उड़ी, न डफली बजी, न भंग की नालियाँ बहीं। कुछ लोग मन में हरखू को कोसते ज़रूर थे कि इस बुड्ढे को आज ही मरना था, दो-चार दिन बाद मरता।

लेकिन इतना निर्लज्ज कोई न था कि शोक में आनन्द मनाता। वह शहर नहीं था, जहाँ कोई किसी के काम में शरीक नहीं होता, जहाँ पड़ोसी के रोने-पीटने की आवाज़ हमारे कानों तक नहीं पहुँचती।

2

हरखू के खेत गाँववालों की नज़र पर चढ़े हुए थे। पाँचों बीघा ज़मीन कुएँ के निकट, खाद-पाँस से लदी हुई, मेड़ बांध से ठीक थी। उसमें तीन-तीन फ़सलें पैदा होती थीं। हरखू के मरते

ही उन पर चारों ओर से धावे होने लगे। गिरधारी तो क्रिया-कर्म में फँसा हुआ था। उधर गाँव के मनचले किसान लाला ओंकारनाथ को चैन न लेने देते थे, नज़राने की बड़ी-बड़ी रक़में पेश हो रही थीं। कोई साल भर का लगान पेशगी देने पर तैयार था, कोई नज़राने की दूनी रक़म का दस्तावेज़ लिखने पर तुला हुआ था; लेकिन ओंकारनाथ सबको टालते रहते थे। उनका विचार था कि गिरधारी का हक़ सबसे ज़्यादा है। वह अगर दूसरों से कम भी नज़राना दे तो खेत उसी को देने चाहिए। अस्तु, जब गिरधारी क्रिया-कर्म से निवृत्त हो गया और चैत का महीना भी समाप्त होने आया, तब ज़मींदार साहिब ने गिरधारी को बुलाया और उससे पूछा—खेतों के बारे में क्या कहते हो? गिरधारी ने रोकर कहा—उन्हीं खेतों ही का आसरा, जोतूँगा नहीं तो क्या करूँगा।

ओंकारनाथ—नहीं, ज़रूर जोतो, खेत तुम्हारे हैं। मैं तुमसे छोड़ने को नहीं कहता हूँ। हरखू ने उन्हें बीस साल तक जोता। उन पर तुम्हारा हक़ है। लेकिन तुम देखते हो अब ज़मीन की दर कितनी बढ़ गई है। तुम आठ रुपए बीघे पर जोतते थे, मुझे 10 रु. मिल रहे हैं। और नज़राने के रुपए सौ अलग। तुम्हारे साथ रिआयत करके लगान वही रखता हूँ; पर नज़राने के रुपए तुम्हें देने पड़ेंगे।

गिरधारी—सरकार, मेरे घर में तो इस समय रोटियों का भी ठिकाना नहीं है। इतने रुपए कहाँ से लाऊँगा? जो कुछ जमा-जथा थी, दादा के काम में उठ गई। अनाज खलिहान में है। लेकिन दादा के बीमार हो जाने से उपज भी अच्छी नहीं हुई है। रुपए कहाँ से लाऊँ?

ओंकारनाथ—यह सच है, लेकिन मैं इससे ज़्यादा रिआयत नहीं कर सकता।

गिरधारी—नहीं सरकार, ऐसा न कहिए। नहीं तो हम बिना मारे मर जाएँगे। आप बड़े होकर कहते हैं तो मैं बैल-बधिया बेचकर पचास रुपया कर सकता हूँ। इससे बेशी की हिम्मत नहीं पड़ती।

ओंकारनाथ चिढ़कर बोले—तुम समझते होगे कि हम ये रुपए लेकर अपने घर में रख लेते हैं और चैन की बंशी बजाते हैं। लेकिन हमारे ऊपर जो कुछ गुज़रती है, हमीं जानते हैं। कहीं यह चन्दा, कहीं वह इनाम। इनके मारे कचूमर निकल जाता है। बड़े दिन में सैकड़ों रुपए डालियों में उड़ जाते हैं। जिसे डाली न दो, वही मुँह फुलाता है। जिन चीज़ों के लिए लड़के तरस कर रह जाते हैं, उन्हें बाहर से मँगाकर डालियों में सजाता हूँ। उस पर कभी क़ानूनगो आ गए, कभी तहसीलदार, कभी डिप्टी साहब का लश्कर आ गया। सब मेरे मेहमान होते हैं। अगर न करूँ तो नक्कू बनूँ और सबकी आँखों में काँटा बन जाऊँ। साल में हज़ार-बारह सौ मोदी को इस रसद खुराक की मद में देने पड़ते हैं। यह सब कहाँ से आवे? बस, यही जी चाहता है कि छोड़कर निकल जाऊँ लेकिन हमें तो परमात्मा ने इसलिए बनाया है कि एक से रुपया सता कर लें और दूसरे को रो-रोकर दें, यही हमारा काम है। तुम्हारे साथ इतनी रिआयत कर रहा हूँ। लेकिन तुम इतनी रिआयत पर भी ख़ुश नहीं होते तो हरि इच्छा। नज़राने में एक पैसे की भी रिआयत न होगी। अगर एक हफ़्ते के अन्दर रुपए दाख़िल करोगे तो खेत जोतने पाओगे, नहीं तो नहीं; मैं कोई दूसरा प्रबन्ध कर दूँगा।

3

गिरधारी उदास और निराश होकर घर आया। 100 रु. का प्रबन्ध करना उसके काबू के बाहर था। सोचने लगा—अगर दोनों बैल बेच दूँ तो खेत ही लेकर क्या करूँगा? घर बेचूँ तो यहाँ

लेनेवाला ही कौन है? और फिर बाप-दादों का नाम डूबता है। चार-पाँच पेड़ हैं, लेकिन उन्हें बेचकर 25 रु. या 30 रु. से अधिक न मिलेंगे। उधार लूँ तो देता कौन है? अभी बनिये के 50 रु. सिर पर चढ़े हैं। वह एक पैसा भी न देगा। घर में गहने भी तो नहीं हैं। नहीं, उन्हीं को बेचता। ले-देकर एक हँसली बनवाई थी, वह भी बनिये के घर पड़ी हुई है। साल भर हो गया, छुड़ाने की नौबत न आई। गिरधारी और उसकी स्त्री सुभागी दोनों ही इसी चिन्ता में पड़े रहते, लेकिन कोई उपाय न सूझता था। गिरधारी को खाना-पीना अच्छा न लगता, रात को नींद न आती। खेतों के निकलने का ध्यान आते ही उसके हृदय में हूक-सी उठने लगती। हाय! वह भूमि जिसे हमने वर्षों जोता, जिसे खाद से पाटा, जिसमें मेड़ें रक्खीं, जिसकी मेड़ें बनाईं उसका मज़ा अब दूसरा उठाएगा।

ये खेत गिरधारी के जीवन के अंश हो गए थे। उनकी एक-एक अंगुल भूमि उसके रक्त से रँगी हुई थी! उनका एक-एक परमाणु उसके पसीने से तर हो गया था।

उनके नाम उसकी जिह्वा पर उसी तरह आते थे जिस तरह अपने तीनों बच्चों के। कोई चौबीसों था, कोई बाइसों था, कोई नालेवाला, कोई तलैयावाला। इन नामों के स्मरण होते ही खेतों का चित्र उसकी आँखों के सामने खिंच जाता था। वह इन खेतों की चर्चा इस तरह करता मानो वे सजीव हैं। मानो उसके भले-बुरे के साथी हैं। उसके जीवन की सारी आशाएँ, सारी इच्छाएँ, सारे मनसूबे, सारी मन की मिठाइयाँ, सारे हवाई क़िले इन्हीं खेतों पर अवलम्बित थे। इनके बिना वह जीवन की कल्पना ही नहीं कर सकता था। और वे ही अब हाथ से निकले जाते हैं। वह घबड़ाकर घर से निकल जाता और घंटों उन्हीं खेतों की मेड़ों पर बैठा हुआ रोता, मानो उनसे विदा हो रहा हो। इस तरह एक सप्ताह बीत गया और गिरधारी रुपए का कोई बन्दोबस्त न कर सका। आठवें दिन उसे मालूम हुआ कि कालिकादीन ने 100 रुपए नज़राने देकर 10 रु. बीघे पर खेत ले लिए। गिरधारी ने एक ठंडी साँस ली। एक क्षण बाद वह अपने दादा का नाम लेकर बिलख-बिलख रोने लगा। उस दिन घर में चूल्हा नहीं जला। ऐसा मालूम होता था मानो हरखू आज ही मरा।

4

लेकिन सुभागी यों चुपचाप बैठनेवाली स्त्री न थी। वह क्रोध से भरी हुई कालिकादीन के घर गई और उसकी स्त्री को ख़ूब लथेड़ा—कल का बानी आज का सेठ, खेत जोतने चले हैं। देखें, कौन मेरे खेत में हल ले जाता है? अपना और उसका लोहू एक कर दूँ। पड़ोसियों ने उसका पक्ष लिया, सब तो हैं, आपस में यह चढ़ा-ऊपरी नहीं करना चाहिए। नारायण ने धन दिया, तो क्या ग़रीबों को कुचलते फिरेंगे। सुभागी ने समझा, मैंने मैदान मार लिया। उसका चित्त शान्त हो गया। किन्तु वही वायु जो पानी में लहरें पैदा करती है, वृक्षों को जड़ से उखाड़ डालती है। सुभागी तो पड़ोसियों की पंचायत में अपने दुखड़े रोती और कालिकादीन की स्त्री से छेड़-छेड़ लड़ती। इधर गिरधारी अपने द्वार पर बैठा हुआ सोचता, अब मेरा क्या हाल होगा? अब यह जीवन कैसे कटेगा? ये लड़के किसके द्वार पर जाएँगे? मज़दूरी का विचार करते ही उसका हृदय व्याकुल हो जाता। इतने दिनों तक स्वाधीनता और सम्मान का सुख भोगने के बाद अधम चाकरी की शरण लेने के बदले वह मर जाना अच्छा समझता था। वह अब तक गृहस्थ था, उसकी गणना गाँव के भले आदमियों में थी, उसे गाँव के मामले में

बोलने का अधिकार था। उसके घर में धन न था, पर मान था। नाई, बढ़ई, कुम्हार, पुरोहित, भाट, चौकीदार, ये सब उसका मुँह ताक़ते थे। अब यह मर्यादा कहाँ! अब कौन उसकी बात पूछेगा! कौन उसके द्वार पर आवेगा? अब उसे किसी के बराबर बैठने का, किसी के बीच में बोलने का हक़ नहीं रहा। अब उसे पेट के लिए दूसरों की ग़ुलामी करनी पड़ेगी। अब पहर रात रहे कौन बैलों को नाँद में लगावेगा। वह दिन अब कहाँ, जब गीत गा-गाकर हल चलाता था। चोटी का पसीना एड़ी तक आता था, पर ज़रा भी थकावट न आती थी। अपने लहलहाते हुए खेतों को देखकर फूला न समाता था। खलिहान में अनाज का ढेर सामने रक्खे अपने को राजा समझता था। अब अनाज के टोकरे भर-भरकर कौन लावेगा?

अब खत्ते कहाँ? बखार कहाँ? यही सोचते-सोचते गिरधारी की आँखों से आँसू की झड़ी लग जाती थी। गाँव के दो-चार सज्जन, जो कालिकादीन से जलते थे, कभी-कभी गिरधारी को तसल्ली देने आया करते थे, पर वह उनसे भी खुलकर न बोलता। उसे मालूम होता था कि मैं सबकी नज़र में गिर गया हूँ।

अगर कोई समझाता कि तुमने क्रिया-कर्म में व्यर्थ इतने रुपए उड़ा दिए, तो उसे बहुत दुःख होता। वह अपने उस काम पर ज़रा भी न पछताता। मेरे भाग्य में जो लिखा है वह होगा; पर दादा के ऋण से तो उऋण हो गया। उन्होंने अपनी ज़िन्दगी में चार बार खिलाकर खाया। क्या मरने के पीछे उन्हें पिंडे-पानी को तरसाता।

इस प्रकार तीन मास बीत गए और असाढ़ आ पहुँचा। आकाश में घटाएँ आईं, पानी गिरा, किसान हल-जुए ठीक करने लगे। बढ़ई हलों की मरम्मत करने लगा। गिरधारी पागल की तरह कभी घर के भीतर जाता, कभी बाहर आता, अपने हलों को निकाल-निकाल देखता; उसकी मुठिया टूट गई है, इसकी फाल ढीली हो गई है, जुए में सैला नहीं है। यह देखते-देखते वह एक क्षण अपने को भूल गया। दौड़ा हुआ बढ़ई के यहाँ गया और बोला—रज्जू मेरे हल भी बिगड़े हुए हैं, चलो बना दो। रज्जू ने उसकी ओर करुणाभाव से देखा और अपना काम करने लगा। गिरधारी को होश आ गया, नींद से चौंक पड़ा, ग्लानि से उसका सिर झुक गया, आँखें भर आईं। चुपचाप घर चला आया।

गाँव के चारों ओर हलचल मची हुई थी। कोई सन के बीज खोजता फिरता था, कोई ज़मींदार के चौपाल से धान के बीज लि, आता था, कहीं सलाह होती थी, किस खेत में क्या बोना चाहिए, कहीं चर्चा होती थी कि पानी बहुत बरस गया, दो-चार दिन ठहर कर बोना चाहिए। गिरधारी ये बातें सुनता और जलहीन मछली की तरह तड़पता था।

5

एक दिन संध्या समय गिरधारी खड़ा अपने बैलों को खुजला रहा था कि मंगलसिंह आए और इधर-उधर की बातें करके बोले—गोईं को बाँधकर कब तक खिलाओगे? निकाल क्यों नहीं देते? गिरधारी ने मलिन-भाव से कहा—हाँ, कोई गाहक आवे तो निकाल दूँ।

मंगलसिंह—एक गाहक तो हमीं हैं, हमीं को दे दो।

गिरधारी अभी कुछ उत्तर न देने पाया था कि तुलसी बनिया आया और गरज कर बोला—गिरधर, तुम्हें रुपए देने हैं कि नहीं वैसा कहो। तीन महीने से हीला-हवाला करते चले आते हो। अब कौन खेती करते हो कि तुम्हारी फ़सल को अगोरे बैठे रहें।

गिरधारी ने दीनता से कहा—साह, जैसे इतने दिनों माने हो आज और मान जाओ। कल तुम्हारी एक-एक कौड़ी चुका दूँगा।

मंगल और तुलसी ने इशारे से बातें कीं और तुलसी भुनभुनाता हुआ चला गया। तब गिरधारी मंगलसिंह से बोला—तुम इन्हें ले लो तो घर के घर ही में रह जाए। कभी-कभी आँख से देख तो लिया करूँगा।

मंगल—मुझे अभी तो ऐसा कोई काम नहीं, लेकिन घर पर सलाह करूँगा।

गिरधारी—मुझे तुलसी के रुपए देने हैं, नहीं तो खिलाने को तो भूसा है।

मंगल—यह बड़ा बदमाश है, कहीं नालिश न कर दे।

सरल हृदय गिरधारी धमकी में आ गया। कार्य-कुशल मंगलसिंह को सस्ता सौदा करने का यह अच्छा सुअवसर मिला। 80 रु. की जोड़ी 60 रु. में ठीक कर ली।

गिरधारी ने अब बैलों को न जाने किस आशा से बाँधकर खिलाया था। आज आशा का वह कल्पित सूत्र भी टूट गया। मंगलसिंह गिरधारी की खाट पर बैठे रुपए गिन रहे थे और गिरधारी बैलों के पास विषादमय नेत्रों से उनके मुँह की ओर ताक रहा था। आह! यह मेरे खेतों के कमाने वाले, मेरे जीवन के आधार, मेरे अन्नदाता, मेरी मान-मर्यादा की रक्षा करनेवाले, जिनके लिए पहर रात से उठकर छाँटी काटता था, जिनके खली-दाने की चिन्ता अपने खाने से ज़्यादा रहती थी, जिनके लिए सारा घर दिन भर हरियाली उखाड़ा करता था। ये मेरी आशा की दो आँखें, मेरे इरादे के दो तारे, मेरे अच्छे दिनों के दो चिह्न, मेरे दो हाथ, अब मुझसे विदा हो रहे हैं।

जब मंगलसिंह ने रुपए गिनकर रख दिए और बैलों को ले चले तब गिरधारी उनके कन्धों पर सिर रखकर ख़ूब फूट-फूट कर रोया। जैसे कन्या मायके से विदा होते समय माँ-बाप के पैरों को नहीं छोड़ती, उसी तरह गिरधारी इन बैलों को न छोड़ता था। सुभागी भी दालान में खड़ी रो रही थी और छोटा लड़का मंगलसिंह को एक बाँस की छड़ी से मार रहा था।

रात को गिरधारी ने कुछ नहीं खाया। चारपाई पर पड़ा रहा! प्रातःकाल सुभागी चिलम भरकर ले गई तो वह चारपाई पर न था। उसने समझा कहीं गए होंगे। लेकिन जब दो-तीन घड़ी दिन चढ़ आया और वह न लौटा तो उसने रोना-धोना शुरू किया। गाँव के लोग जमा हो गए, चारों ओर खोज होने लगी, पर गिरधारी का पता न चला।

6

संध्या हो गई। अँधेरा छा रहा था। सुभागी ने दीया जलाकर गिरधारी के सिरहाने रख दिया था और बैठी द्वार की ओर ताक रही थी कि सहसा उसे पैरों की आहट मालूम हुई। सुभागी का हृदय धड़क उठा। वह दौड़कर बाहर आई, और इधर-उधर ताकने लगी। उसने देखा कि गिरधारी बैलों की नाद के पास सिर झुकाए खड़ा है।

सुभागी बोल उठी—घर आओ, वहाँ खड़े क्या कर रहे हो, आज सारे दिन कहाँ रहे? यह कहते हुए वह गिरधारी की ओर चली। गिरधारी ने कुछ उत्तर न दिया। वह पीछे हटने लगा और थोड़ी दूर जाकर ग़ायब हो गया। सुभागी चिल्लाई और मूर्च्छित होकर गिर पड़ी।

दूसरे दिन कालिकादीन हल लेकर अपने खेत पर पहुँचे, अभी कुछ अँधेरा था। बैलों को हल में लगा रहे थे कि यकायक उन्होंने देखा कि गिरधारी खेत की मेड़ पर खड़ा है, वही मिर्जई, वही पगड़ी, वही सोंटा।

कालिकादीन ने कहा—अरे गिरधारी! मरदे आदमी, तुम यहाँ खड़े हो, और बेचारी सुभागी हैरान हो रही है। कहाँ से आ रहे हो? यह कहते हुए बैलों को छोड़कर गिरधारी की ओर चले, गिरधारी पीछे हटने लगा और पीछे वाले कुएँ में कूद पड़ा। कालिकादीन ने चीख़ मारी और हल-बैल वहीं छोड़कर भागा। सारे गाँव में शोर मच गया, और लोग नाना प्रकार की कल्पनाएँ करने लगे। कालिकादीन को गिरधारी वाले खेतों में जाने की हिम्मत न पड़ी।

गिरधारी को ग़ायब हुए 6 महीने बीत चुके हैं। उसका बड़ा लड़का अब एक ईंट के भट्ठे पर काम करता है और 20 रु. महीना घर लाता है। अब वह कमीज़ और अँगरेज़ी जूता पहनता है; घर में दोनों जून तरकारी पकती है और जौ के बदले गेहूँ खाया जाता है; लेकिन गाँव में उसका कुछ भी आदर नहीं। यह अब मजूर है। सुभागी अब पराये गाँव में आए हुए कुत्ते की भाँति दुबकती फिरती है। वह अब पंचायत में नहीं बैठती। वह अब मजूर की माँ है। कालिकादीन ने गिरधारी के खेतों से इस्तीफ़ा दे दिया है, क्योंकि गिरधारी अभी तक अपने खेतों के चारों तरफ़ मँडराया करता है। अँधेरा होते ही वह मेड़ पर आकर बैठ जाता है। और कभी-कभी रात को उधर से उसके रोने की आवाज़ सुनाई देती है। वह किसी से बोलता नहीं, किसी को छेड़ता नहीं। उसे केवल अपने खेतों को देखकर सन्तोष होता है। दीया जलने के बाद उधर का रास्ता बन्द हो जाता है।

लाला ओंकारनाथ बहुत चाहते हैं कि ये खेत उठ जाएँ, लेकिन गाँव के लोग अब उन खेतों का नाम लेते डरते हैं।

बोध

पंडित चन्द्रधर ने एक अपर प्राइमरी में मुदर्रिसी तो कर ली थी, किन्तु सदा पछताया करते कि कहाँ से इस जंजाल में आ फँसे। यदि किसी अन्य विभाग में नौकर होते तो अब तक हाथ में चार पैसे होते, आराम से जीवन व्यतीत होता। यहाँ तो महीने भर प्रतीक्षा करने के पीछे कहीं पन्द्रह रुपए देखने को मिलते हैं। वह भी इधर आए, उधर ग़ायब। न खाने का सुख, न पहनने का आराम। हमसे तो मजूर ही भले।

पंडित जी के पड़ोस में दो महाशय और रहते थे। एक ठाकुर अतिबलसिंह, वह थाने में हेड कान्सटिबिल थे। दूसरे मुंशी बैजनाथ, वह तहसील में सियाहेनवीस थे। इन दोनों आदमियों का वेतन पंडित से कुछ अधिक न था, तब भी उनकी चैन से गुज़रती थी। संध्या को वह कचहरी से आते, बच्चों को पैसे और मिठाइयाँ देते। दोनों आदमियों के पास टहलते थे। घर में कुरसियाँ, मेज़ें, फ़र्श आदि सामग्रियाँ मौजूद थीं। ठाकुर साहब शाम को आराम-कुरसी पर लेट जाते और ख़ुशबूदार खमीरा पीते। मुंशी जी को शराब-कबाब का व्यसन था। अपने सुसज्जित कमरे में बैठे हुए बोतल की बोतल साफ़ कर देते। जब कुछ नशा होता तो हारमोनियम बजाते। सारे मुहल्ले में उनका रोबदाब था। उन दोनों महाशयों को आते-जाते देखकर बनिये उठकर सलाम करते। उनके लिए बाज़ार में अलग भाव था। चार पैसे की चीज़ टके में लाते। लकड़ी-ईंधन मुफ्त में मिलता। पंडित जी उनके ठाट-बाट को देखकर कुढ़ते और अपने भाग्य

को कोसते। वह लोग इतना भी न जानते थे कि पृथ्वी सूर्य का चक्कर लगाती है अथवा सूर्य पृथ्वी का। साधारण पहाड़ों का भी ज्ञान न था, जिस पर भी ईश्वर ने उन्हें इतनी प्रभुता दे रखी थी। यह लोग पंडित जी पर बड़ी कृपा रखते थे। कभी सेर-आध-सेर दूध भेज देते और कभी थोड़ी-सी तरकारियाँ। किन्तु इनके बदले में पंडित जी को ठाकुर साहब के दो और मुंशी जी के तीन लड़कों की निगरानी करनी पड़ती। ठाकुर साहब कहते, पंडित जी! यह लड़के हर घड़ी खेला करते हैं, ज़रा इनकी ख़बर लेते रहिए। मुंशी जी कहते, यह लड़के आवारा हुए जाते हैं, ज़रा इनका ख़याल रखिए। यह बातें बड़ी अनुग्रहपूर्ण रीति से कही जाती थीं मानो पंडित जी उनके ग़ुलाम हैं। पंडित जी को यह व्यवहार असह्य था, किन्तु इन लोगों को नाराज़ करने का साहस न कर सकते थे, उनकी बदौलत कभी-कभी दूध-दही के दर्शन हो जाते, कभी अचार-चटनी चख लेते। केवल इतना ही नहीं, बाज़ार से चीज़ें भी सस्ती लाते। इसलिए बेचारे इस अनीति को विष के घूँट के समान पीते। इस दुरवस्था से निकलने के लिए उन्होंने बड़े-बड़े यत्न किए थे। प्रार्थना-पत्र लिखे, अफ़सरों की ख़ुशामदें कीं, पर आशा पूरी न हुई। अन्त में हार कर बैठ रहे। हाँ, इतना था कि अपने काम में त्रुटि न होने देते। ठीक समय पर जाते, देर करके आते, मन लगाकर पढ़ाते। इससे उनके अफ़सर लोग ख़ुश थे। साल में कुछ इनाम देते और वेतन-वृद्धि का जब कभी अवसर आता, उनका विशेष ध्यान रखते। परन्तु इस विभाग की वेतन-वृद्धि ऊसर की खेती है। बड़े भाग से हाथ लगती है। बस्ती के लोग उनसे सन्तुष्ट थे। लड़कों की संख्या बढ़ गई थी और पाठशाला के लड़के भी उन पर जान देते थे। कोई उनके घर आकर पानी भर देता, कोई उनकी बकरी के लिए पत्तियाँ तोड़ लाता। पंडित जी इसी को बहुत समझते थे।

2

एक बार सावन के महीने में मुंशी बैजनाथ और ठाकुर अतिबलसिंह ने श्री अयोध्या जी की यात्रा की सलाह की। दूर की यात्रा थी। हफ़्तों पहले से तैयारियाँ होने लगीं। बरसात के दिन, सपरिवार जाने में अड़चन थी; किन्तु स्त्रियाँ किसी भाँति भी न मानती थीं। अन्त में विवश होकर दोनों महाशयों ने एक-एक सप्ताह की छुट्टी ली और अयोध्या जी चले। पंडित जी को भी साथ चलने के लिए बाध्य किया। मेले-ठेले में एक फालतू आदमी से बड़े काम निकलते हैं। पंडित जी असमंजस में पड़े, परन्तु जब उन लोगों ने उनका व्यय देना स्वीकार किया तो इनकार न कर सके और अयोध्या जी की यात्रा का ऐसा सुअवसर पाकर न रुक सके।

बिल्हौर से एक बजे रात को गाड़ी छूटती थी। यह लोग खा-पीकर स्टेशन पर आ बैठे। जिस समय गाड़ी आई, चारों ओर भगदड़-सी पड़ गई।—हज़ारों यात्री जा रहे थे। उस उतावली में मुंशी जी पहले निकल गए। पंडित जी और ठाकुर साहब साथ थे। एक कमरे में बैठे। इस आफ़त में कौन किसका रास्ता देखता है।

गाड़ियों में जगह की बड़ी कमी थी, परन्तु जिस कमरे में ठाकुर साहब थे उसमें केवल चार मनुष्य थे। वह सब लेटे हुए थे। ठाकुर साहब चाहते थे कि वह उठ जाएँ तो जगह निकल आए। उन्होंने एक मनुष्य से डाँटकर कहा—उठ बैठो जी, देखते नहीं हम लोग खड़े हैं।

मुसाफ़िर लेटे-लेटे बोला—क्यों उठ बैठें जी? कुछ तुम्हारे बैठने का ठेका लिया है?

ठाकुर—क्या हमने किराया नहीं दिया है?

मुसाफ़िर—जिसे किराया दिया हो, उससे जाकर जगह माँगो।

ठाकुर—ज़रा होश की बातें करो। इस डब्बे में दस यात्रियों के बैठने की आज्ञा है।

मुसाफ़िर—यह थाना नहीं है, ज़रा ज़बान सँभाल कर बातें कीजिए।

ठाकुर—तुम कौन हो जी?

मुसाफ़िर—हम वही हैं जिस पर आपने खुफियाफरोसी का अपराध लगाया था और जिसके द्वार से आप नकद 25 रु. लेकर टले थे।

ठाकुर—अहा! अब पहचाना। परन्तु मैंने तो तुम्हारे साथ रिआयत की थी। चालान कर देता तो तुम सज़ा पा जाते।

मुसाफ़िर—और मैंने भी तुम्हारे साथ रिआयत की कि गाड़ी में खड़ा रहने दिया। ढकेल देता तो तुम नीचे जाते और तुम्हारी हड्डी-पसली का पता न लगता।

इतने में दूसरा लेटा हुआ यात्री ज़ोर से ठट्ठा मारकर हँसा और बोला—और क्यों दारोग़ा साहब, मुझे क्यों नहीं उठाते?

ठाकुर साहब क्रोध से लाल हो रहे थे। सोचते थे अगर थाने में होता तो इनकी ज़बान खींच लेता, पर इस समय बुरे फँसे थे। वह बलवान मनुष्य थे पर यह दोनों मनुष्य भी हट्टे-कट्टे देख पड़ते थे।

ठाकुर—सन्दूक़ नीचे रख दो, बस जगह हो जाए।

दूसरा मुसाफ़िर बोला—और आप ही क्यों न नीचे बैठ जाएँ। इसमें कौन-सी हेठी हुई जाती है। यह थाना थोड़े ही है कि आपके रोब में फ़र्क़ पड़ जाएगा।

ठाकुर साहब ने उसकी ओर भी ध्यान से देखकर पूछा—क्या तुम्हें भी मुझसे कोई बैर है?

'जी हाँ, मैं तो आपके ख़ून का प्यासा हूँ।'

'मैंने तुम्हारा क्या बिगाड़ा है, तुम्हारी तो सूरत भी नहीं देखी।'

दू. मु.—आपने मेरी सूरत न देखी होगी पर आपके डंडे ने देखी है। इसी कल के मेले में आपने मुझे कई डंडे लगाए। मैं चुपचाप तमाशा देखता था पर आपने आकर मेरा कचूमर निकाल लिया। मैं चुप रह गया, घाव दिल पर लगा हुआ है। आज उसकी दवा मिलेगी।

यह कहकर उसने और भी पाँव फैला दिया और क्रोधपूर्ण नेत्रों से देखने लगा। पंडित जी अब तक चुपचाप खड़े थे। डरते थे कि कहीं मार-पीट न हो जाए। अवसर पाकर ठाकुर साहब को समझाया, ज्यों ही तीसरा स्टेशन आया, ठाकुर साहब ने बाल-बच्चों को वहाँ से निकालकर दूसरे कमरे में बैठाया। इन दोनों दुष्टों ने उनका असबाब उठा-उठाकर ज़मीन पर फेंक दिया। जब ठाकुर साहब गाड़ी से उतरने लगे तो उन्होंने उनको ऐसा धक्का दिया कि बेचारे प्लेटफार्म पर गिर पड़े। गार्ड से कहने दौड़े थे कि इंजिन ने सीटी दी, जाकर गाड़ी में बैठ गए।

उधर मुंशी बैजनाथ की और भी बुरी दशा थी। सारी रात जागते गुज़ारी। ज़रा पैर फैलाने की जगह न थी। आज उन्होंने जेब में बोतल भरकर रख ली थी। प्रत्येक स्टेशन पर कोयला-पानी ले लेते थे। फल यह हुआ कि पाचन-क्रिया में विघ्न पड़ गया। एक बार उल्टी हुई और पेट में मरोड़ होने लगी। बेचारे बड़ी मुश्किल में पड़े। चाहते थे कि किसी भाँति लेट जाएँ, पर वहाँ पैर हिलाने की भी जगह न थी। लखनऊ तक तो उन्होंने किसी तरह ज़ब्त किया। आगे चलकर विवश हो गए। एक स्टेशन पर उतर पड़े। प्लेटफार्म पर लेट गए। पत्नी भी घबराई। बच्चों को लेकर उतर पड़ी। असबाब उतारा परन्तु जल्दी में ट्रंक उतारना भूल गई।

गाड़ी चल दी। दारोग़ा जी ने अपने मित्र को इस दशा में देखा तो वह भी उतर पड़े। समझ गए कि हजरत आज ज़्यादा चढ़ा गए। देखा तो मुंशी जी की दशा बिगड़ गई थी। ज्वर, पेट में दर्द, नसों में तनाव, कै और दस्त। बड़ा खटका हुआ। स्टेशनमास्टर ने यह हाल देखा तो समझे हैजा हो गया है। हुक्म दिया, रोगी को अभी बाहर ले जाओ। विवश होकर लोग मुंशी जी को एक पेड़ के नीचे उठा लाए। उनकी पत्नी रोने लगी। हकीम-डॉक्टर की तलाश हुई। पता लगा कि डिस्ट्रिक्ट बोर्ड की तरफ़ से वहाँ एक छोटा-सा अस्पताल है। लोगों की जान में जान आई। किसी से यह भी मालूम हुआ कि डॉक्टर साहब बिल्हौर के रहने वाले हैं। ढाढ़स बँधा। दारोग़ा जी अस्पताल दौड़े। डॉक्टर साहब से समाचार कह सुनाया और कहा—आप चलकर ज़रा उन्हें देख तो लीजिए।

डॉक्टर का नाम था चोखेलाल। कम्पौंडर थे, लोग आदर से डॉक्टर कहा करते थे। सब वृत्तांत सुनकर रुखाई से बोले—सबेरे के समय मुझे बाहर जाने की आज्ञा नहीं है।

दारोग़ा—तो क्या मुंशी जी को यहीं लावें?

चोखेलाल—हाँ, आपका जी चाहे लाइए।

दारोग़ा जी ने दौड़-धूप कर एक डोली का प्रबन्ध किया। मुंशी जी को लाद कर अस्पताल लाए। ज्यों ही बरामदे में पैर रखा चोखेलाल ने डाँट कर कहा—हैजे (विसूचिका) के रोगी को ऊपर लाने की आज्ञा नहीं है।

बैजनाथ अचेत तो थे नहीं, आवाज़ सुनी, पहचाना, धीरे से बोले—अरे यह तो बिल्हौर ही के हैं—भला-सा नाम है। तहसील में आया-जाया करते हैं। क्यों महाशय। मुझे पहचानते हैं?

चोखेलाल—जी हाँ, ख़ूब पहचानता हूँ।

बैजनाथ—पहचान कर भी इतनी निठुरता। मेरी जान निकल रही है। ज़रा देखिए, मुझे क्या हो गया?

चोखे—हाँ, यह सब कर दूँगा और मेरा काम ही क्या? फीस?

दारोग़ा जी—अस्पताल में कैसी फीस जनाबेमन।

चोखे—वैसी ही जैसी इन मुंशी जी ने मुझसे वसूल की थी जनाबेमन।

दारोग़ा जी—आप क्या कहते हैं, मेरी समझ में नहीं आता।

चोखे—मेरा घर बिल्हौर में है। वहाँ मेरी थोड़ी-सी ज़मीन है। साल में दो बार उसकी देखभाल को जाना पड़ता है। जब तहसील में लगान जमा करने जाता हूँ, मुंशी जी डाँटकर अपना हक़ वसूल कर लेते हैं। न दूँ तो शाम तक खड़ा रहना पड़े। स्याहा न हो। फिर जनाब कभी गाड़ी नाव पर, कभी नाव गाड़ी पर। मेरी फीस दस रुपए निकालिए। देखूँ, दवा दूँ तो अपनी राह लीजिए।

दारोग़ा—दस रुपए!!

चोखे—जी हाँ, और यहाँ ठहरना चाहें तो दस रुपए रोज़।

दारोग़ा जी विवश हो गए। बैजनाथ की स्त्री से रुपए माँगे। तब उसे अपने बक्स की याद आई। छाती पीट ली। दारोग़ा जी के पास भी अधिक रुपए नहीं थे, किसी तरह दस रुपए निकालकर चोखेलाल को दिए—उन्होंने दवा दी। दिन भर कुछ फ़ायदा न हुआ। रात को दशा सँभली। दूसरे दिन फिर दवा की आवश्यकता हुई। मुंशियाइन का एक गहना जो 20 रु. से कम का न था बाज़ार में बेचा गया तब काम चला। शाम तक मुंशी जी चंगे हुए। रात को गाड़ी पर बैठकर ख़ूब गालियाँ दीं।

श्री अयोध्या जी में पहुँचकर स्थान की खोज हुई। पंडों के घर जगह न थी। घर-घर में आदमी भरे हुए थे। सारी बस्ती छान मारी पर कहीं ठिकाना न मिला। अन्त में यह निश्चय हुआ कि किसी पेड़ के नीचे डेरा ज़माना चाहिए। किन्तु जिस पेड़ के नीचे जाते थे वहीं यात्री पड़े मिलते। खुले मैदान में, रेत पर पड़े रहने के सिवा और कोई उपाय न था। एक स्वच्छ स्थान देखकर बिस्तरे बिछाए और लेटे। इतने में बादल घिर आए। बूँदें गिरने लगीं। बिजली चमकने लगी। गरज से कान के परदे फटे जाते थे। लड़के रोते थे। स्त्रियों के कलेजे काँप रहे थे। अब यहाँ ठहरना दुस्सह था, पर जाएँ कहाँ।

अकस्मात् एक मनुष्य नदी की तरफ़ से लालटेन लिए आता हुआ दिखाई दिया—वह निकट पहुँच गया तो पंडित जी ने उसे देखा। आकृति कुछ पहचानी हुई मालूम हुई किन्तु यह विचार न आया कि कहाँ देखा है। पास जाकर बोले—क्यों भाई साहब, यहाँ यात्रियों के ठहरने के लिए जगह न मिलेगी? वह मनुष्य रुक गया। पंडित जी की ओर ध्यान से देखकर बोला—आप पंडित चन्द्रधर तो नहीं हैं?

पंडित जी प्रसन्न होकर बोले—जी हाँ। आप मुझे कैसे जानते हैं?

उस मनुष्य ने सादर पंडित जी के चरण छुए और बोला—मैं आपका पुराना शिष्य हूँ। मेरा नाम कृपाशंकर है। मेरे पिता कुछ दिनों बिल्हौर में डाक-मुंशी रहे थे। उन्हीं दिनों मैं आपकी सेवा में पढ़ता था।

पंडित जी की स्मृति जागी, बोले—ओहो तुम्हीं हो कृपाशंकर! तब तो तुम दुबले-पतले लड़के थे कोई आठ-नौ साल हुए होंगे।

कृपा—जी हाँ, नवाँ साल था। मैंने वहाँ से आकर इन्ट्रेस पास किया, अब यहाँ म्युनिसिपिल्टी में नौकर हूँ। कहिए आप तो अच्छी तरह रहे। सौभाग्य था कि आपके दर्शन हो गए।

पंडित—मुझे भी तुमसे मिलकर बड़ा आनन्द हुआ। तुम्हारे पिता अब कहाँ हैं?

कृपा—उनका तो देहान्त हो गया। माता साथ हैं। आप यहाँ कब आए।

पंडित—आज ही आया हूँ। पंडों के घर जगह न मिली। विवश होकर यहीं रात काटने की ठहरी।

कृपा—बाल-बच्चे भी साथ हैं?

पंडित—नहीं, मैं तो अकेले ही आया हूँ। पर मेरे साथ दरोग़ा जी और सियाहेनवीस साहब हैं—उनके बाल-बच्चे भी साथ हैं।

कृपा—कुल कितने मनुष्य होंगे?

पंडित जी—हैं तो दस किन्तु थोड़ी-सी जगह में निर्वाह कर लेंगे।

कृपा—नहीं साहब, बहुत-सी जगह लीजिए। मेरा बड़ा मकान ख़ाली पड़ा है। चलिए, आराम से एक, दो, तीन दिन रहिए। मेरा परम सौभाग्य है कि आपकी कुछ सेवा करने का अवसर मिला।

कृपाशंकर ने कई कुली बुलाए। असबाब उठवाया और सबको अपने मकान पर ले गया। साफ़-सुथरा घर था। नौकर ने चटपट चारपाइयाँ बिछा दीं। घर में पूरिया पकने लगीं। कृपाशंकर हाथ बाँधे सेवक की भाँति दौड़ता था। हृदयोल्लास से उसका मुख-कमल चमक रहा था। उसकी विनय और नम्रता ने सबको मुग्ध कर लिया।

और सब लोग तो खा-पीकर सोए। किन्तु पंडित चन्द्रधर को नींद नहीं आई। उनकी विचार शक्ति इस यात्रा की घटनाओं का उल्लेख कर रही थी। रेलगाड़ी की रगड़-झगड़ और चिकित्सालय की नोच-खसोट के सम्मुख कृपाशंकर की सहायता और शालीनता प्रकाशमय दिखाई देती थी।

पंडित जी ने आज शिक्षक का गौरव समझा।

उन्हें आज इस पद की महानता ज्ञात हुई।

यह लोग तीन दिन अयोध्या रहे। किसी बात का कष्ट न हुआ। कृपाशंकर ने उनके साथ जाकर प्रत्येक धाम का दर्शन कराया।

तीसरे दिन जब लोग चलने लगे तो वह स्टेशन तक पहुँचाने आया। जब गाड़ी ने सीटी दी तो उसने सजल नेत्रों से पंडित जी के चरण छुए और बोला, कभी-कभी इस सेवक को याद करते रहिएगा।

पंडित जी घर पहुँचे तो उनके स्वभाव में बड़ा परिवर्तन हो गया था। उन्होंने फिर किसी दूसरे विभाग में जाने की चेष्टा नहीं की।

सचाई का उपहार

तहसीली मदरसा बराँव के प्रथमाध्यापक मुंशी भवानीसहाय को बाग़बानी का कुछ व्यसन था। क्यारियों में भाँति-भाँति के फूल और पत्तियाँ लगा रखी थीं। दरवाज़ों पर लताएँ चढ़ा दी थीं। इससे मदरसे की शोभा अधिक हो गई थी। वह मिडिल कक्षा के लड़कों से भी अपने बग़ीचे के सींचने और साफ़ करने में मदद लिया करते थे। अधिकांश लड़के इस काम को रुचिपूर्वक करते। इससे उनका मनोरंजन होता था किन्तु दरजे में चार-पाँच लड़के ज़मींदारों के थे। उनमें कुछ ऐसी दुर्जनता थी कि यह मनोरंजक कार्य भी उन्हें बेगार प्रतीत होता। उन्होंने बाल्यकाल से आलस्य में जीवन व्यतीत किया था। अमीरी का झूठा अभिमान दिल में भरा हुआ था। वह हाथ से कोई काम करना निन्दा की बात समझते थे। उन्हें इस बग़ीचे से घृणा थी। जब उनके काम करने की बारी आती तो कोई-न-कोई बहाना करके उड़ जाते। इतना ही नहीं, दूसरे लड़कों को भी बहकाते और कहते वाह! पढ़ें फारसी, बेचें तेल! यदि खुरपी, कुदाल ही करना है तो मदरसे में किताबों से सिर मारने की क्या ज़रूरत? यहाँ पढ़ने आते हैं, कुछ मज़दूरी करने नहीं आते। मुंशी जी इस अवज्ञा के लिए उन्हें कभी-कभी दंड दे देते थे। इससे उनका द्वेष और भी बढ़ता था। अन्त में यहाँ तक नौबत पहुँची कि एक दिन उन लड़कों ने सलाह करके उस पुष्प-वाटिका को विध्वंस करने का निश्चय किया। दस बजे मदरसा लगता था, किन्तु उस दिन वह आठ ही बजे आ गए, और बग़ीचे में घुसकर उसे उजाड़ने लगे। कहीं पौधे उखाड़ फेंके, कहीं क्यारियों को रौंद डाला, पानी की नालियाँ तोड़ डालीं, क्यारियों की मेड़ें खोद डालीं। मारे भय के छाती धड़क रही थी कि कोई देखता न हो। लेकिन एक छोटी-सी फुलवारी को उजाड़ते कितने देर लगती है। दस मिनिट में हरा-भरा बाग़ नष्ट हो गया। तब यह लड़के शीघ्रता से निकले, लेकिन दरवाज़े तक आए थे कि उन्हें अपने एक सहपाठी की सूरत दिखाई दी। यह एक दुबला-पतला दरिद्र और चतुर लड़का था।

उसका नाम बाजबहादुर था। बड़ा गम्भीर, शान्त लड़का था। ऊधम पार्टी के लड़के उससे जलते थे। उसे देखते ही उनका रक्त सूख गया। विश्वास हो गया कि इसने ज़रूर देख लिया। यह मुंशी जी से कहे बिना न रहेगा। बुरे फँसे, आज कुशल नहीं है। यह राक्षस इस समय यहाँ क्या करने आया था। आपस में इशारे हुए। यह सलाह हुई कि इसे मिला लेना चाहिए। जगत सिंह उनका मुखिया था। आगे बढ़कर बोला; बाजबहादुर! सबेरे कैसे आ गए? हमने तो आज तुम लोगों के गले की फाँसी छुड़ा दी। लाला बहुत दिक किया करते थे, यह करो, वह करो। मगर यार देखो कहीं मुंशी जी से जड़ मत देना, नहीं तो लेने के देने पड़ जाएँगे।

जयराम ने कहा—कह क्या देंगे, अपने ही तो हैं, हमने जो कुछ किया है, वह सबके लिए किया है, केवल अपनी भलाई के लिए नहीं। चलो यार, तुम्हें बाज़ार की सैर करा दें, मुँह मीठा करा दें।

बाजबहादुर ने कहा—नहीं, मुझे आज घर पर पाठ याद करने का अवकाश नहीं मिला। यहीं बैठकर पढ़ूँगा!

जगतसिंह—अच्छा मुंशी जी से कहोगे तो न?

बाजबहादुर—मैं स्वयं कुछ न कहूँगा, लेकिन उन्होंने मुझसे पूछा तो?

जगतसिंह—कह देना मुझे नहीं मालूम।

बाजबहादुर—यह झूठ मुझसे न बोला जाएगा।

जयराम—अगर तुमने चुगली खाई और हमारे ऊपर मार पड़ी तो हम तुम्हें पीटे बिना न छोड़ेंगे।

बाजबहादुर—हमने कह दिया कि चुगली न खाएँगे लेकिन मुंशी जी ने पूछा तो झूठ भी न बोलेंगे।

जयराम—तो हम तुम्हारी हड्डियाँ भी तोड़ देंगे।

बाजबहादुर—इसका तुम्हें अधिकार है।

2

दस बजे जब मदरसा लगा और मुंशी भवानीसहाय ने बाग़ की यह दुर्दशा देखी तो क्रोध से आग हो गए। बाग़ के उजड़ने का इतना खेद न था जितना लड़कों की शरारत का। यदि किसी साँड ने यह दुष्कृत्य किया होता तो वह केवल हाथ मल कर रह जाते। किन्तु लड़कों के इस अत्याचार को सहन न कर सके। ज्यों ही लड़के दरजे में बैठ गए, वह तीवर बदले हुए आए और पूछा—यह बाग़ किसने उजाड़ा है?

कमरे में सन्नाटा छा गया। अपराधियों के चेहरे पर हवाइयाँ उड़ने लगीं। मिडिल कक्षा के पच्चीस विद्यार्थियों में कोई ऐसा न था जो इस घटना को न जानता हो किन्तु किसी में यह साहस न था कि उठकर साफ़-साफ़ कह दे। सब सिर झुकाए, मौन धारण किए बैठे थे।

मुंशी जी का क्रोध और भी प्रचंड हुआ। चिल्लाकर बोले—मुझे विश्वास है कि तुम्हीं लोगों में किसी की शरारत है। जिसे मालूम हो स्पष्ट कह दे, नहीं तो मैं एक सिरे से पीटना शुरू करूँगा। फिर कोई यह न कहे कि हम निरपराध मारे गए।

एक लड़का भी न बोला। वही सन्नाटा!

मुंशी—देवीप्रसाद तुम जानते हो?

देवी—जी नहीं, मुझे कुछ नहीं मालूम।

'शिवदास तुम जानते हो?'

'जी नहीं, मुझे कुछ नहीं मालूम।'

'बाजबहादुर तुम कभी झूठ नहीं बोलते, तुम्हें मालूम है?'

बाजबहादुर खड़ा हो गया, उसके मुखमंडल पर वीरत्व का प्रकाश था। नेत्रों में साहस झलक रहा था। बोला—जी हाँ! मुंशी जी ने कहा—शाबाश!

अपराधियों ने बाजबहादुर की ओर रक्त-वर्ण आँखों से देखा और मन में कहा—अच्छा!

3

भवानीसहाय बड़े धैर्यवान मनुष्य थे। यथाशक्ति लड़कों को यातना नहीं देते थे। किन्तु ऐसी दुष्टता का दंड देने में वह लेशमात्र भी दया न दिखाते थे। छड़ी मँगाकर पाँचों अपराधियों को दस-दस छड़ियाँ लगाईं, सारे दिन बेंच पर खड़ा रखा और चाल-चलन के रजिस्टर में उनके नाम के सामने काले चिह्न बना दिए।

बाजबहादुर से शरारती पार्टीवाले लड़के यों ही जला करते थे, आज उसकी सचाई के कारण उसके ख़ून के प्यासे हो गए। यंत्रणा में सहानुभूति पैदा करने की शक्ति होती है। इस समय दरजे के अधिकांश लड़के अपराधियों के मित्र हो रहे थे। उनमें षड्यंत्र रचा जाने लगा कि आज बाजबहादुर की ख़बर ली जाए। ऐसा मारो कि फिर मदरसे में मुँह न दिखावे। यह हमारे घर का भेदी है। दग़ाबाज़! बड़ा सच्चे की दुम बना है! आज सचाई का हाल मालूम हो जाएगा! बेचारे बाजबहादुर को इस गुप्त-लीला की ज़रा भी ख़बर न थी। विद्रोहियों ने उसे अंधकार में रखने का पूरा यत्न किया था।

छुट्टी होने के बाद बाजबहादुर घर की तरफ़ चला। रास्ते में एक अमरूद का बाग़ था। वहाँ जगतसिंह और जयराम कई लड़कों के साथ खड़े थे। बाजबहादुर चौंका, समझ गया कि यह लोग मुझे छेड़ने पर उतारू हैं किन्तु बचने का कोई उपाय न था। कुछ हिचकता हुआ आगे बढ़ा। जगतसिंह बोला—आओ लाला! बहुत राह दिखाई। आओ, सचाई का इनाम लेते जाओ।

बाजबहादुर—रास्ते से हट जाओ, मुझे जाने दो।

जयराम—ज़रा सचाई का मज़ा तो चखते जाइए।

बाजबहादुर—मैंने तुमसे कह दिया था कि जब मेरा नाम लेकर पूछेंगे तो मैं बता दूँगा।

जयराम—हमने भी तो कह दिया था कि तुम्हें इस काम का इनाम दिए बिना न छोड़ेंगे।

यह कहते ही वह बाजबहादुर की तरफ़ घूँसा तान कर बढ़ा। जगतसिंह ने उसके दोनों हाथ पकड़ने चाहे। जयराम का छोटाभाई शिवराम अमरूद की एक टहनी लेकर झपटा। शेष लड़के चारों तरफ़ खड़े होकर तमाशा देखने लगे। यह 'रिजर्व' सेना थी जो आवश्यकता पड़ने पर मित्रदल की सहायता के लिए तैयार थी। बाजबहादुर दुर्बल लड़का था। उसकी मरम्मत करने को वह तीन मज़बूत लड़के काफ़ी थे। सब लोग यही समझ रहे थे कि क्षण भर में यह तीनों उसे गिरा लेंगे। बाजबहादुर ने जब देखा कि शत्रुओं ने शस्त्र-प्रहार करना शुरू कर दिया तो उसने कनखियों से इधर-उधर देखा, तब तेज़ी से झपट कर शिवराम के हाथ से अमरूद की टहनी छीन ली, और दो क़दम पीछे हटकर टहनी ताने हुए बोला—तुम मुझे सचाई का इनाम या सज़ा देनेवाले कौन होते हो?

दोनों ओर से दाँव-पेंच होने लगे। बाजबहादुर था तो कमज़ोर, पर अत्यन्त चपल और सतर्क, उस पर सत्य का विश्वास हृदय को और भी बलवान बनाए हुए था। सत्य चाहे सिर कटा दे, लेकिन क़दम पीछे नहीं हटाता। कई मिनट तक बाजबहादुर उछल-उछल कर वार करता और हटाता रहा। लेकिन अमरूद की टहनी कहाँ तक थाम सकती। ज़रा देर में उसकी धज्जियाँ उड़ गईं। जब तक वह उसके हाथ में रही तलवार रही। कोई उसके निकट आने की हिम्मत न करता था। निहत्था होने पर वह ठोकरों और घूँसों से जवाब देता रहा। मगर अन्त में अधिक संख्या ने विजय पाई। बाजबहादुर की पसली में शिवराम का एक घूँसा ऐसा पड़ा कि वह बेदम होकर गिर पड़ा। आँखें पथरा गईं; और मूर्छा-सी आ गई। शत्रुओं ने यह दशा देखी तो उनके हाथों के तोते उड़ गए। समझे इसकी जान निकल गई। बेतहाशा भागे।

कोई दस मिनिट के पीछे बाजबहादुर सचेत हुआ। कलेजे पर चोट लग गई। घाव ओछा पड़ा था, तिस पर भी खड़े होने की शक्ति न थी। साहस करके उठा और लँगड़ाता हुआ घर की ओर चला।

उधर यह विजय दल भागते-भागते जयराम के मकान पर पहुँचा। रास्ते में ही सारा दल तितर-बितर हो गया। कोई इधर से निकल भागा, कोई उधर से, कठिन समस्या आ पड़ी थी। जयराम के घर तक केवल तीन सुदृढ़ लड़के पहुँचे। वहाँ पहुँचकर उनकी जान में जान आई।

जयराम—कहीं मर न गया हो। मेरा घूँसा बैठ गया था।

जगतसिंह—तुम्हें पसली में नहीं मारना था। अगर तिल्ली फट गई होगी तो न बचेगा!

जयराम—यार, मैंने जान के थोड़े ही मारा था। संयोग ही था। अब बताओ क्या किया जाए?

जगत—करना क्या है, चुपचाप बैठे रहो।

जयराम—कहीं मैं अकेला तो न फँसूँगा?

जगत—अकेले कौन फँसेगा, सबके साथ चलेंगे।

जयराम—अगर बाजबहादुर मरा नहीं है तो उठकर सीधे मुंशी जी के पास जाएगा।

जगत—और मुंशी जी कल हम लोगों की खाल अवश्य उधेड़ेंगे।

जयराम—इसलिए मेरी सलाह है कि कल मदरसे जाओ ही नहीं। नाम कटा के दूसरी जगह चले चलें। नहीं तो बीमारी का बहाना करके बैठे रहें। महीने-दो-महीने के बाद जब मामला ठंडा पड़ जाएगा तो देखा जाएगा।

शिवराम—और जो परीक्षा होनेवाली है।

जयराम—ओ हो! इसका तो ख़याल ही न था। एक ही महीना तो और रह गया है।

जगत—तुम्हें अबकी ज़रूर वजीफा मिलता।

जयराम—हाँ, मैंने बहुत परिश्रम किया था। तो फिर?

जगत—कुछ नहीं, तरक्की तो हो ही जाएगी। वजीफे से हाथ धोना पड़ेगा।

जयराम—बाजबहादुर के हाथ लग जाएगा।

जगत—बहुत अच्छा होगा! बेचारे ने मार भी तो खाई है।

दूसरे दिन मदरसा लगा। जगतसिंह, जयराम और शिवराम तीनों ग़ायब थे। वली मुहम्मद पैर में पट्टी बाँधे आए थे, लेकिन भय के मारे बुरा हाल था। कल के दर्शकगण भी थरथरा रहे थे कि कहीं हम लोग भी गेहूँ के साथ घुन की तरह न पिस जाएँ। बाजबहादुर नियमानुसार अपने काम में लगा हुआ था। ऐसा मालूम होता था मानो उसे कल की बातें याद ही नहीं हैं।

किसी से उनकी चर्चा न की। हाँ, आज वह अपने स्वभाव के प्रतिकूल कुछ प्रसन्नचित्त देख पड़ता था। विशेषत: कल के योद्धाओं से वह अधिक हिलामिला हुआ था। वह चाहता था कि यह लोग मेरी ओर से नि:शंक हो जाएँ। रात भर की विवेचना के पश्चात् उसने यही निश्चय किया था। और जब संध्या समय वह घर चला तो उसे अपनी उदारता का फल मिल चुका था। उसके शत्रु लज्जित थे और उसकी प्रशंसा करते थे।

मगर वह तीनों अपराधी दूसरे दिन भी न आए। तीसरे दिन भी उनका कहीं पता न था। वह घर से मदरसे को चलते लेकिन देहात की तरफ़ निकल जाते। वहाँ दिन भर किसी वृक्ष के नीचे बैठे रहते, अथवा गुल्ली-डंडे खेलते। शाम को घर चले आते।

उन्होंने यह पता तो लगा लिया था कि इस समर के अन्य सभी योद्धागण मदरसे आते हैं और मुंशी जी उनसे कुछ नहीं बोलते, किन्तु चित्त से शंका दूर न होती थी। बाजबहादुर ने ज़रूर कहा होगा। हम लोगों के जाने की देर है। गए और बेभाव की पड़ी। यही सोचकर मदरसे आने का साहस न कर सकते।

4

चौथे दिन प्रात:काल तीनों अपराधी बैठे सोच रहे थे कि आज किधर चलना चाहिए। इतने में बाजबहादुर आता हुआ दिखाई दिया। इन लोगों को आश्चर्य तो हुआ परन्तु उसे अपने द्वार पर आते देखकर कुछ आशा बँध गई। यह लोग अभी बोलने भी न पाए थे कि बाजबहादुर ने कहा—क्यों मित्रो, तुम लोग मदरसे क्यों नहीं आते? तीन दिन से ग़ैरहाज़िरी हो रही है।

जगत—मदरसे क्या जाएँ, जान भारी पड़ी है? मुंशी जी एक हड्डी भी न छोड़ेंगे।

बाजबहादुर—क्यों, वली मुहम्मद, दुर्गा, सभी तो जाते हैं, मुंशी जी ने किसी से भी कुछ कहा?

जयराम—तुमने उन लोगों को छोड़ दिया होगा, लेकिन हमें भला तुम क्यों छोड़ने लगे। तुमने एक-एक की तीन-तीन जड़ी होगी।

बाज.—आज मदरसे चलकर इसकी परीक्षा ही कर लो।

जगत—यह झाँसे रहने दीजिए। हमें पिटवाने की चाल है।

बाज.—तो मैं कहीं भागा तो नहीं जाता? उस दिन सचाई की सज़ा दी थी, आज झूठ का इनाम दे देना।

जयराम—सच कहते हो, तुमने शिकायत नहीं की।

बाज.—शिकायत की कौन बात थी। तुमने मुझे मारा, मैंने तुम्हें मारा। अगर तुम्हारा घूँसा न पड़ता तो मैं तुम लोगों को रणक्षेत्र से भगा कर दम लेता। आपस के झगड़ों की शिकायत करने की मेरी आदत नहीं है।

जगत—चलूँ तो यार लेकिन विश्वास नहीं आता! तुम हमें झाँसे दे रहे हो, कचूमर निकलवा लोगे।

बाज.—तुम जानते हो झूठ बोलने की मेरी बान नहीं है!

यह शब्द बाजबहादुर ने ऐसी विश्वासोत्पादक रीति से कहे कि उन लोगों का भ्रम दूर हो गया। बाजबहादुर के चले आने के पश्चात् तीनों देर तक उसकी बातों की विवेचना करते रहे। अन्त में यही निश्चय हुआ कि आज चलना चाहिए।

ठीक दस बजे तीनों मित्र मदरसे पहुँच गए, किन्तु चित्त में आशंकित थे। चेहरे का रंग उड़ा हुआ था।

मुंशी जी कमरे में आए। लड़कों ने खड़े होकर उनका स्वागत किया, उन्होंने तीनों मित्रों की ओर तीव्र दृष्टि से देखकर केवल इतना कहा—तुम लोग तीन दिन से ग़ैरहाजिर हो। देखो दरजे में जो इम्तहानी सवाल हुए हैं उन्हें नक़ल कर लो।

फिर पढ़ने में मग्न हो गए!

5

जब पानी पीने के लिए लड़कों को आध घंटे का अवकाश मिला तो तीनों मित्र और उनके सहयोगी जमा होकर बातें करने लगे।

जयराम—हम तो जान पर खेलकर मदरसे आते थे, मगर बाजबहादुर है बात का धनी।

वली मुहम्मद—मुझे तो ऐसा मालूम होता है वह आदमी नहीं देवता है। यह आँखों देखी बात न होती तो मुझे कभी इस पर विश्वास न आता।

जगत—भलमनसी इसी को कहते हैं। हमसे बड़ी भूल हुई कि उसके साथ ऐसा अन्याय किया।

दुर्गा—चलो उससे क्षमा माँगें।

जयराम—हाँ, यह तुम्हें ख़ूब सूझी। आज ही।

जब मदरसा बन्द हुआ तो दरजे के सब लड़के मिलकर बाजबहादुर के पास गए। जगतसिंह उनका नेता बनकर बोला, भाई साहेब! हम सब-के-सब तुम्हारे अपराधी हैं। तुम्हारे साथ हम लोगों ने जो अत्याचार किया है उस पर हम हृदय से लज्जित हैं। हमारा अपराध क्षमा करो। तुम सज्जनता की मूर्ति हो, हम लोग उजड्ड, गँवार और मूर्ख हैं; हमें अब क्षमा प्रदान करो।

बाजबहादुर की आँखों में आँसू भर आए—बोला, मैं पहले भी तुम लोगों को अपना भाई समझता था और अब भी वही समझता हूँ। भाइयों के झगड़े में क्षमा कैसी?

सब-के-सब उसके गले मिले। इसकी चर्चा सारे मदरसे में फैल गई। सारा मदरसा बाजबहादुर की पूजा करने लगा। वह अपने मदरसे का मुखिया, नेता और सिरमौर बन गया।

पहले उसे सचाई का दंड मिला, अबकी

सचाई का उपहार मिला।

ज्वालामुखी

डिग्री लेने के बाद मैं नित्य लाइब्रेरी जाया करता! पत्रों या किताबों का अवलोकन करने के लिए नहीं। किताबों को तो मैंने छूने की क़सम खा ली थी। जिस दिन गजट में अपना नाम देखा उसी दिन मिल और कैंट को उठाकर ताक पर रख दिया। मैं कैवल अँगरेज़ी पत्रों के 'वांटेड' कालमों को देखा करता। जीवन-यात्रा की फ़िक्र सवार थी। मेरे दादा या परदादा ने किसी अँगरेज़ को गदर के दिन में बचाया होता, अथवा किसी इलाक़े का ज़मींदार होता तो

कहीं 'नामिनेशन' के लिए उद्योग करता। पर मेरे पास कोई सिफारिश न थी। शोक! कुत्ते, बिल्लियों और मोटरों की माँग सबको थी। पर बी. ए. पास का कोई पुरसाँहाल न था। महीनों इसी तरह दौड़ते गुज़र गए, पर अपनी रुचि के अनुसार कोई जगह न नज़र आई। मुझे अक्सर अपने बी. ए. होने पर क्रोध आता था। ड्राइवर, फायरमैन, मिस्त्री, खानसामा या बावर्ची होता तो मुझे इतने दिनों तक बेकार न बैठना पड़ता।

एक दिन मैं चारपाई पर लेटा हुआ एक पत्र पढ़ रहा था कि मुझे एक माँग अपनी इच्छा के अनुसार दिखाई दी। किसी रईस को एक ऐसे प्राइवेट सेक्रेटरी की ज़रूरत थी जो विद्वान्, रसिक, सहृदय और रूपवान हो। वेतन एक हज़ार मासिक! मैं उछल पड़ा। कहीं मेरा भाग्य उदय हो जाता और यह पद मुझे मिल जाता तो ज़िन्दगी चैन से कट जाती। उसी दिन मैंने अपना विनय-पत्र अपने फ़ोटो के साथ रवाना कर दिया। पर अपने आत्मीयगणों में किसी से इसका ज़िक्र न किया कि कहीं लोग मेरी हँसी न उड़ाएँ। मेरे लिए 30 रु. मासिक भी बहुत थे। एक हज़ार कौन देगा? पर दिल से यह ख़याल दूर न होता। बैठे-बैठे शेखचिल्ली के मनसूबे बाँधा करता। फिर होश में आकर अपने को समझाता कि मुझमें ऐसे ऊँचे पद के लिए कौन-सी योग्यता है। मैं अभी कालिज से निकला हुआ पुस्तकों का पुतला हूँ। दुनिया से बेख़बर। इस पद के लिए एक से एक विद्वान्, अनुभवी पुरुष मुँह फैलाए बैठे होंगे। मेरे लिए कोई आशा नहीं। मैं रूपवान सही, सजीला सही, मगर पदों के लिए रूपवान होना काफ़ी नहीं होता। विज्ञापन में इसकी चर्चा करने से केवल इतना अभिप्राय होगा कि कुरूप आदमी की ज़रूरत नहीं, और यह उचित भी है। बल्कि बहुत सजीलापन तो ऊँचे पदों के लिए कुछ शोभा नहीं देता। मध्यम श्रेणी का तोंद, भरा हुआ शरीर, फूले हुए गाल, और गौरवयुक्त वाक्-शैली, यह उच्च पदाधिकारियों के लक्षण हैं और मुझे इनमें से एक भी मयस्सर नहीं। इसी आशा और भय में एक सप्ताह गुज़र गया। और मैं निराश हो गया—मैं भी कैसा ओछा हूँ कि एक बेसिर-पैर की बात के पीछे ऐसा फूल उठा; इसी को लड़कपन कहते हैं। जहाँ तक मेरा ख़याल है किसी दिल्लगीबाज़ ने आज के शिक्षित समाज की मूर्खता की परीक्षा करने के लिए यह स्वाँग रचा है। मुझे इतना भी न सूझा। मगर आठवें दिन प्रातःकाल तार के चपरासी ने मुझे आवाज़ दी। मेरे हृदय में गुदगुदी-सी होने लगी। लपका हुआ आया। तार खोलकर देखा, लिखा था—स्वीकार है, शीघ्र आओ ऐशगढ़।

मगर यह सुख सम्वाद पाकर मुझे वह आनन्द न हुआ जिसकी आशा थी। मैं कुछ देर तक खड़ा सोचता रहा। किसी तरह विश्वास न आता था। ज़रूर किसी दिल्लगीबाज़ की शरारत है। मगर कोई मुजायका नहीं, मुझे भी इसका मुँहतोड़ जवाब देना चाहिए। तार दे दूँ कि एक महीने की तनख़्वाह भेज दो। आप ही सारी कलई खुल जाएगी! मगर फिर विचार किया कहीं वास्तव में नसीब जागा हो तो उद्दंडता से बना-बनाया खेल बिगड़ जाएगा। चलो दिल्लगी ही सही! जीवन में यह घटना भी स्मरणीय रहेगी। इस तिलिस्म को खोल ही डालूँ! यह निश्चय करके तार द्वारा आने की सूचना दे दी और सीधे रेलवे स्टेशन पहुँचा। पूछने पर मालूम हुआ कि वह स्थान दक्खिन की ओर है। टाइमटेबिल में उसका वृत्तांत विस्तार के साथ लिखा हुआ था। स्थान अति रमणीय है, पर जलवायु स्वास्थ्यकर नहीं। हाँ हृष्ट-पुष्ट नवयुवकों पर उनका असर शीघ्र नहीं होता। दृश्य बहुत मनोहर है पर ज़हरीले जानवर बहुत मिलते हैं। यथासाध्य अँधेरी घाटियों में न जाना चाहिए। यह वृत्तांत पढ़कर उत्सुकता और भी

बढ़ी। ज़हरीले जानवर हैं तो हुआ करें, कहाँ नहीं हैं। मैं अँधेरी घाटियों के पास भूलकर भी न जाऊँगा। आकर सफ़र का सामान ठीक किया और ईश्वर का नाम लेकर नियत समय पर स्टेशन की तरफ़ चला। पर अपने अलापी मित्रों से इसका कुछ ज़िक्र न किया, क्योंकि मुझे पूरा विश्वास था कि दो ही चार दिन में फिर अपना-सा मुँह लेकर लौटना पड़ेगा।

2

गाड़ी पर बैठा तो शाम हो गई थी। कुछ देर तक तो सिगार और पत्रों में दिल बहलाता रहा। फिर मालूम नहीं कब नींद आ गई। आँखें खुलीं और खिड़की से बाहर की तरफ़ झाँका तो उषाकाल का मनोहर दृश्य दिखाई दिया। दोनों ओर हरे वृक्षों से ढँकी हुई पर्वत श्रेणियाँ, उन पर चरती हुई उजली-उजली गायें और भेड़ें सूर्य की सुनहरी किरणों में रँगी हुई बहुत सुन्दर मालूम होती थीं। जी चाहता था कि कहीं मेरी कुटिया भी इन्हीं सुखद पहाड़ियों में होती, जंगल के फल खाता, झरनों का ताज़ा पानी पीता और आनन्द के गीत गाता, यकायक दृश्य बदला, एक विस्तृत झील दिखाई दी जिसमें कँवल खिले हुए थे। कहीं उजले-उजले पक्षी तैरते थे और कहीं छोटी-छोटी डोंगियाँ निर्बल आत्माओं के सदृश डगमगाती चली जाती थीं। यह दृश्य भी बदला। पहाड़ियों के दामन में एक गाँव नज़र आया, झाड़ियों और वृक्षों से ढका हुआ मानो शान्ति और सन्तोष ने यहाँ अपना निवास-स्थान बनाया हो। कहीं बच्चे खेलते थे, कहीं गाय के बछड़े किलोल करते थे। फिर एक घना जंगल मिला। झुँड के झुँड हिरन दिखाई दिए जो गाड़ी की हहकार सुनते ही चौकड़ियाँ भरते दूर भाग जाते थे। यह सब दृश्य स्वप्न के चित्रों के समान आँखों के सामने आते थे और एक क्षण में ग़ायब हो जाते थे। उनमें एक अवर्णनीय शान्तिदायिनी शोभा थी जिससे हृदय में आकांक्षाओं के आवेग उठने लगते थे।

आख़िर ऐशगढ़ निकट आया। मैंने बिस्तर सँभाला। ज़रा देर में सिग्नल दिखाई दिया। मेरी छाती धड़कने लगी। गाड़ी रुकी। मैंने उतरकर इधर-उधर देखा, कुलियों को पुकारने लगा कि इतने में दो वरदी पहने हुए आदमियों ने आकर मुझे सादर सलाम किया और पूछा—आप... से आ रहे हैं न, चलिए मोटर तैयार है। मेरी बाछें खिल गईं। अब तक कभी मोटर पर बैठने का सौभाग्य न हुआ था। शान के साथ जा बैठा। मन में बहुत लज्जित था कि ऐसे फटेहाल क्यों आया, अगर जानता कि सचमुच सौभाग्य-सूर्य चमका है तो ठाट-बाट से आता। ख़ैर, मोटर चली। दोनों तरफ़ मौलसरी के सघन वृक्ष थे। सड़क पर लाल बजरी बिछी हुई थी। सड़क हरे-भरे मैदान में किसी सुरम्य जलधारा के सदृश बल खाती चली गई थी। दस मिनट भी न गुज़रे होंगे कि सामने एक शान्तिमय सागर दिखाई दिया। सागर के उस पार पहाड़ी पर एक विशाल भवन बना हुआ था। भवन अभिमान से सिर उठाए हुए था, सागर सन्तोष से नीचे लेटा हुआ, सारा दृश्य काव्य, श्रृंगार और आमोद से भरा हुआ था।

हम सदर दरवाज़े पर पहुँचे, कई आदमियों ने दौड़कर मेरा स्वागत किया। इनमें से एक शौकीन मुंशी जी थे, जो बाल सँवारे आँखों में सुर्मा लगाए हुए थे। मेरे लिए जो कमरा सजाया गया था उसके द्वार पर मुझे पहुँचाकर बोले—सरकार ने फरमाया है, इस समय आप आराम करें। संध्या समय मुलाक़ात कीजिएगा।

मुझे अब तक इसकी कुछ ख़बर न थी कि यह 'सरकार' कौन हैं, न मुझे किसी से पूछने का साहस हुआ, क्योंकि अपने स्वामी के नाम से अनभिज्ञ होने का परिचय नहीं देना चाहता

था। मगर इसमें कोई सन्देह नहीं कि मेरा स्वामी बड़ा सज्जन मनुष्य था। मुझे इतने आदर-सत्कार की कदापि आशा न थी। अपने सुसज्जित कमरे में जाकर जब मैं एक आरामकुरसी पर बैठा तो हर्ष से विह्वल हो गया। पहाड़ियों की तरफ़ से शीतल वायु के मंद-मंद झोंके आ रहे थे। सामने छज्जा था। नीचे झील थी, साँप के केंचुले के सदृश छाया और प्रकाश से पूर्ण, और मैं, जिसे भाग्यदेवी ने सदैव अपना सौतेला लड़का समझा था, इस समय जीवन में पहली बार निर्विघ्न आनन्द का सुख उठा रहा था।

तीसरे पहर उन्हीं शौकीन मुंशी जी ने आकर इत्तला दी कि सरकार ने याद किया है। मैंने इस बीच में बाल बना लिए थे। तुरन्त अपना सर्वोत्तम सूट पहना और मुंशी जी के साथ सरकार की सेवा में चला। उस समय मेरे मन में यह शंका उठ रही थी कि कहीं मेरी बातचीत से स्वामी असन्तुष्ट न हो जाएँ। और उन्होंने मेरे विषय में जो विचार स्थिर किए हों उनमें कोई अन्तर न पड़ जाए। तथापि मैं अपनी योग्यता का परिचय देने के लिए ख़ूब तैयार था। हम कई बरामदों से होते हुए अन्त में सरकार के कमरे के दरवाज़े पर पहुँचे। रेशमी परदा पड़ा हुआ था। मुंशी जी ने परदा उठाकर मुझे इशारे से बुलाया। मैंने काँपते हुए हृदय से कमरे में क़दम रक्खा और आश्चर्य से चकित हो गया! मेरे सामने सौन्दर्य की ज्वाला दीप्तिमान थी।

3

फूल भी सुन्दर है और दीपक भी सुन्दर है। फूल में ठंडक और सुगंध है, दीपक में प्रकाश और उद्दीपन। फूल पर भ्रमर उड़-उड़कर उसका रस लेता है दीपक पर पतंग जलकर राख हो जाता है। मेरे सामने कारचोबी मसनद पर जो सुन्दरी विराजमान थी, वह सौन्दर्य की प्रकाशमय ज्वाला थी। फूल की पंखुड़ियाँ हो सकती हैं, ज्वाला को विभक्त करना असम्भव है। उसके एक-एक अंग की प्रशंसा करना ज्वाला को काटना है। वह नख-शिख तक एक ज्वाला थी, वही दीपन, वही चमक, वही लालिमा, वही प्रभा। कोई चित्रकार प्रतिभा सौन्दर्य का इससे अच्छा चित्र नहीं खींच सकता था। रमणी ने मेरी तरफ़ वात्सल्य दृष्टि से देखकर कहा—आपको सफ़र में कोई विशेष कष्ट तो नहीं हुआ?

मैंने सँभलकर उत्तर दिया, जी नहीं, कोई कष्ट नहीं हुआ।

रमणी—यह स्थान पसन्द आया?

मैंने साहसपूर्ण उत्साह के साथ जवाब दिया, ऐसा सुन्दर स्थान पृथ्वी पर न होगा। हाँ, गाइडबुक देखने से विदित हुआ कि यहाँ का जलवायु जैसा सुखद प्रकट होता है, यथार्थ में वैसा नहीं, विषैले पशुओं की भी शिकायत थी।

यह सुनते ही रमणी का मुखसूर्य कांतिहीन हो गया। मैंने तो यह चर्चा इसलिए कर दी थी जिससे प्रकट हो जाए कि यहाँ आने में मुझे भी कुछ त्याग करना पड़ा है। पर मुझे ऐसा मालूम हुआ कि इस चर्चा से उसे कोई विशेष दु:ख हुआ। पर क्षण भर में सूर्य मेघमंडल से बाहर निकल आया, बोली—यह स्थान अपनी रमणीयता के कारण बहुधा लोगों की आँखों में खटकता है। गुण का निरादर करने वाले सभी होते हैं। और यदि जलवायु कुछ हानिकर हो भी तो आप जैसे बलवान मनुष्य को इसकी क्या चिन्ता हो सकती है। रहे विषैले जीव-जन्तु, वह आपके नेत्रों के सामने विचर रहे हैं। अगर मोर, हिरन और हंस विषैले जीव हैं तो निस्सन्देह यहाँ विषैले जीव बहुत हैं।

मुझे संशय हुआ कि कहीं मेरे कथन से उसका चित्त खिन्न हो गया हो, गर्व से बोला—गाइडबुकों पर विश्वास करना सर्वथा भूल है।

इस वाक्य से सुन्दरी का हृदय खिल गया, बोली—आप स्पष्टवादी मालूम होते हैं, और यह मनुष्य का एक उच्च गुण है। मैं आपका चित्र देखते ही इतना समझ गई थी। आपको यह सुनकर आश्चर्य होगा कि इस पद के लिए मेरे पास एक लाख से अधिक प्रार्थना-पत्र आए थे। कितने ही एम.ए. थे, कोई डी.एस.सी. था, कोई जर्मनी से पी-एच.डी. की उपाधि प्राप्त किए हुए था, मानो यहाँ मुझे किसी दार्शनिक विषय की जाँच करानी थी। मुझे अबकी यह अनुभव हुआ कि देश में उच्चशिक्षित मनुष्यों की इतनी भरमार है। कई महाशयों ने स्वरचित ग्रंथों की नामावली लिखी थी मानो देश में लेखकों और पंडितों ही की आवश्यकता है। कालगति का लेशमात्र भी परिचय नहीं है। प्राचीन कर्मकथाएँ अब केवल अंधभक्तों के रसास्वादन के लिए ही हैं, उनसे और कोई लाभ नहीं है। यह भौतिक उन्नति का समय है। आजकल लोग भौतिक सुख पर अपने प्राण अर्पण कर देते हैं। कितने ही लोगों ने अपने चित्र भी भेजे थे। कैसी-कैसी विचित्र मूर्तियाँ थीं, जिन्हें देखकर घंटों हँसिए। मैंने उन सभी को एक अलबम में लगा लिया है और अवकाश मिलने पर जब हँसने की इच्छा होती है तो उन्हें देखा करती हूँ। मैं उस विद्या को रोग समझती हूँ जो मनुष्य को वनमानुष बना दे। आपका चित्र देखते ही आँखें मुग्ध हो गईं, तत्क्षण आपको बुलाने को तार दे दिया।

मालूम नहीं क्यों, अपने गुणस्वभाव की प्रशंसा की अपेक्षा हम अपने बाह्य गुणों की प्रशंसा से अधिक सन्तुष्ट होते हैं और एक सुन्दरी के मुखकंठ से तो वह चलते हुए जादू के समान है। बोला—यथासाध्य आपको मुझसे असन्तुष्ट होने का अवसर न मिलेगा!

सुन्दरी ने मेरी ओर प्रशंसापूर्ण नेत्रों से देखकर कहा—इसका मुझे पहले ही विश्वास है। आइए अब कुछ काम की बातें हो जाएँ। इस घर को आप अपना ही समझिए और संकोच छोड़कर आनन्द से रहिए। मेरे भक्तों की संख्या बहुत है। वह संसार के प्रत्येक भाग में उपस्थित हैं और बहुधा मुझसे अनेक प्रकार की जिज्ञासा किया करते हैं। उन सबको मैं आपके सुपुर्द करती हूँ। आपको उनमें भिन्न-भिन्न स्वभाव के मनुष्य मिलेंगे। कोई मुझसे सहायता माँगता है, कोई मेरी निन्दा करता है, कोई सराहता है, कोई गालियाँ देता है। इन सब प्राणियों को सन्तुष्ट रखना आपका काम है। देखिए यह आज के पत्रों का ढेर है। एक महाशय कहते हैं, बहुत दिन हुए आपकी प्रेरणा से मैं अपने बड़े भाई की मृत्यु के बाद उनकी सम्पत्ति का अधिकारी बन बैठा था। अब उनका पुत्र वयस प्राप्त कर चुका है और मुझसे अपने पिता की जायदाद लौटाना चाहता है। इतने दिनों तक उस सम्पत्ति का उपयोग करने के पश्चात् अब उसका हाथ से निकलना अखर रहा है, आपकी इस विषय में क्या सम्मति है? इनको उत्तर दीजिए कि इस कूटनीति से काम लो, अपने भतीजे को कपट-प्रेम से मिला लो और जब वह नि:शंक हो जाए तो उससे एक सादे स्टाम्प पर हस्ताक्षर करा लो। इसके पीछे पटवारी और अन्य कर्मचारियों की मदद से इसी स्टाम्प पर जायदाद का बैनामा लिखा लो। यदि एक लगाकर दो मिलते हों तो आगा-पीछा मत करो।

यह उत्तर सुनकर मुझे बड़ा कौतूहल हुआ। नीति-ज्ञान को धक्का-सा लगा। सोचने लगा, यह रमणी कौन है और क्यों ऐसे अनर्थ का परामर्श देती है। ऐसे खुल्लम-खुल्ला तो कोई वकील भी किसी को यह राय न देगा। उसकी ओर सन्देहात्मक भाव से देखकर बोला—यह तो सर्वथा न्याय-विरुद्ध प्रतीत होता है।

कामिनी खिलखिला कर हँस पड़ी और बोली—न्याय की आपने भली कही। यह केवल धर्मान्ध मनुष्यों के मन का समझौता है, संसार में इसका अस्तित्व नहीं। आप ऋण लेकर मर जाएँ, लड़का कौड़ी-कौड़ी भरे। विद्वान् लोग इसे न्याय कहते हैं, मैं घोर अत्याचार समझती हूँ। इस न्याय के परदे में गाँठ के पूरे महाजन की हेकड़ी साफ़ झलक रही है। एक डाकू किसी भद्र पुरुष के घर में डाका मारता है, लोग उसे पकड़कर क़ैद कर देते हैं। धर्मात्मा लोग इसे भी न्याय कहते हैं, किन्तु यहाँ भी वही धन और अधिकार की प्रचंडता है। भद्र पुरुष ने कितने ही घरों को लूटा, कितनों ही का गला दबाया और इस प्रकार धन संचय किया, किसी को भी उन्हें आँख दिखाने का साहस न हुआ। डाकू ने जब उनका गला दबाया तो वह अपने धन और प्रभुत्व के बल से उस पर वज्रप्रहार कर बैठे। मैं इसे न्याय नहीं कहती। संसार में धन, छल, कपंट, धूर्त्तता का राज्य है, यही जीवन-संग्राम है, यहाँ प्रत्येक साधन जिससे हमारा काम निकले, जिससे हम अपने शत्रुओं पर विजय पा सकें, न्यायानुकूल और उचित है। धर्मयुद्ध के दिन अब नहीं रहे। यह देखिए, यह एक दूसरे सज्जन का पत्र है। वह कहते हैं मैंने प्रथम श्रेणी में एम.ए. पास किया, प्रथम श्रेणी में क़ानून की परीक्षा पास की पर अब कोई बात भी नहीं पूछता। अब तक यह आशा थी कि योग्यता और परिश्रम का अवश्य ही कुछ फल मिलेगा, पर तीन साल के अनुभव से ज्ञात हुआ कि यह केवल धार्मिक नियम है। तीन साल में घर की पूँजी भी खा चुका। अब विवश होकर आपकी शरण लेता हूँ। मुझ हतभाग्य मनुष्य पर दया कीजिए और मेरा बेड़ा पार लगाइए। इनको उत्तर दीजिए कि जाली दस्तावेज़ बनवाइए और झूठे दावे चलाकर उनकी डिगरी करा लीजिए। थोड़े ही दिनों में आपका क्लेश निवारण हो जाएगा। यह देखिए, एक सज्जन और कहते हैं, लड़की सयानी हो गई है, जहाँ जाता हूँ लोग दायज की गठरी माँगते हैं। यहाँ पेट की रोटियों का भी ठिकाना नहीं, किसी तरह भलमनसी निभा रहा हूँ, चारों ओर निन्दा हो रही है, जो आज्ञा हो उसका पालन करूँ। इन्हें लिखिए कन्या का विवाह किसी बुड्ढे खुर्राट सेठ से कर दीजिए। वह दायज लेने की जगह कुछ उल्टे और दे जाएगा। अब आप समझ गए होंगे कि ऐसे जिज्ञासुओं को किस ढंग से उत्तर देने की आवश्यकता है। उत्तर संक्षिप्त होना चाहिए, बहुत टीका-टिप्पणी व्यर्थ होती है। अभी कुछ दिनों तक आपको यह काम कठिन जान पड़ेगा, पर आप चतुर मनुष्य हैं शीघ्र ही आपको इस काम का अभ्यास हो जाएगा। तब आपको मालूम होगा कि इससे सहज और कोई काम नहीं है। आपके द्वारा सैकड़ों दारुण दुःख भोगनेवालों का कल्याण होगा और वह आजन्म आपका यश गाएँगे।

4

मुझे यहाँ रहते एक महीने से अधिक हो गया पर अब तक मुझ पर यह रहस्य न खुला कि यह सुन्दरी कौन है? मैं किसका सेवक हूँ? इसके पास इतना अतुल धन, ऐसी-ऐसी विलास की सामग्रियाँ कहाँ से आती हैं? जिधर देखता था ऐश्वर्य ही का आडम्बर दिखाई देता था। मेरे आश्चर्य की सीमा न थी मानो किसी तिलिस्म में आ फँसा हूँ। इन जिज्ञासुओं का इस रमणी से क्या सम्बन्ध है, यह भेद भी न खुलता था। मुझे नित्य उससे साक्षात् होता था, उसके सम्मुख जाते ही मैं अचेत-सा हो जाता था। उसकी चितवनों में एक प्रबल आकर्षण था जो मेरे प्राणों को खींच लिया करता था। मैं वाक्-शून्य हो जाता, केवल छुपी हुई आँखों से उसे देखा

करता था। पर मुझे उसकी मृदुल मुस्कान और रसमयी आलोचनाओं तथा मधुर, काव्यमय भावों में प्रेमानंद की जगह एक प्रबल मानसिक शान्ति का अनुभव होता था। उसकी चितवनें केवल हृदय को वाणों के समान छेदती थीं, उसके कटाक्ष चित्त को व्यस्त करते थे। शिकारी अपने शिकार को खेलाने में जो आनन्द पाता है वही उस परम सुन्दरी को मेरी प्रेमातुरता में प्राप्त होता था। वह एक सौन्दर्य-ज्वाला जलाने के सिवाय और क्या कर सकता है। तिस पर भी मैं पतंग की भाँति उस ज्वाला पर अपने को समर्पण करना चाहता था। यही आकांक्षा होती थी कि उन पद-कमलों पर सिर रखकर प्राण दे दूँ। यह केवल एक उपासक की भक्ति थी, काम और वासना से शून्य।

कभी-कभी जब वह संध्या-समय अपने मोटर-बोट पर बैठकर सागर की सैर करती तो ऐसा जान पड़ता था मानो चन्द्रमा आकाश-लालिमा में तैर रहा है। मुझे इस दृश्य में अनुपम सुख प्राप्त होता था।

मुझे अब अपने नियत कार्यों में ख़ूब अभ्यास हो गया था। मेरे पास प्रतिदिन पत्रों का एक पोथा पहुँच जाता था। मालूम नहीं कि डाक से आता था। लिफ़ाफ़ों पर कोई मोहर न होती थी। मुझे इन जिज्ञासुओं में बहुधा वह लोग मिलते थे जिनका मेरी दृष्टि में बड़ा आदर था, कितने ही ऐसे महात्मा थे जिनमें मुझे श्रद्धा थी। बड़े-बड़े विद्वान् लेखक और अध्यापक, बड़े-बड़े ऐश्वर्यवान रईस, यहाँ तक कि कितने ही धर्म के आचार्य, नित्य अपनी राम-कहानी सुनाते थे। उनकी दशा अत्यन्त करुणाजनक थी। वह सब मुझे रँगे हुए सियार दिखाई देते थे। जिन लेखकों को मैं अपनी भाषा का स्तम्भ समझता था, उनसे घृणा होने लगी। वह केवल उचक्के थे, जिनकी सारी कीर्ति चोरी, अनुवाद और कतर-ब्योंत पर निर्भर थी। जिन धर्म के आचार्यों को मैं पूज्य समझता था, वह स्वार्थ, तृष्णा और घोर नीचता के दलदल में फँसे हुए दिखाई देते थे। मुझे धीरे-धीरे यह अनुभव हो रहा था कि संसार की उत्पत्ति से अब तक, लाखों शताब्दियाँ बीत जाने पर भी, मनुष्य वैसा क्रूर, वैसा ही वासनाओं का ग़ुलाम बना हुआ है। बल्कि उस समय के लोग सरल प्रकृति के कारण इतने कुटिल, दुराग्रहों में इतने चालाक न होते थे।

एक दिन संध्या समय उस रमणी ने मुझे बुलाया। मैं अपने घमंड में यह समझता था कि मेरे बाँकेपन का कुछ न कुछ असर उस पर भी होता है। अपना सर्वोत्तम सूट पहना, बाल सँवारे और विरक्त भाव से जाकर बैठ गया। यदि वह मुझे अपना शिकार बनाकर खेलती थी तो मैं भी शिकार बनकर उसे खेलाना चाहता था।

ज्यों ही मैं पहुँचा, उस लावण्यमयी ने मुस्कुराकर मेरा स्वागत किया, पर मुखचन्द्र कुछ मलिन था। मैंने अधीर होकर पूछा—सरकार का जी तो अच्छा है।

उसने निराश भाव से उत्तर दिया—जी हाँ, एक महीने से एक कठिन रोग में फँस गई हूँ। अब तक किसी भाँति अपने को सँभाल सकी हूँ, पर अब रोग असाध्य होता जाता है। उसकी औषधि एक निर्दय मनुष्य के पास है। वह मुझे प्रतिदिन तड़पते देखता है, पर उसका पाषाण हृदय ज़रा भी नहीं पसीजता।

मैं इशारा समझ गया। सारे शरीर में एक बिजली-सी दौड़ गई। साँस, बड़े वेग से चलने लगी। एक उन्मत्तता का अनुभव होने लगा। निर्भय होकर बोला—सम्भव है, जिसे आपने निर्दय समझ रखा हो, वह भी आपको ऐसा समझता हो और भय से मुँह खोलने का साहस न कर सकता हो।

सुन्दरी ने कहा—तो कोई ऐसा उपाय बताइए जिससे दोनों ओर की आग बुझे। प्रियतम! अब मैं अपने हृदय की दहकती हुई विरहाग्नि को नहीं छिपा सकती। मेरा सर्वस्व आपकी भेंट है। मेरे पास वह ख़ज़ाने हैं, जो कभी ख़ाली न होंगे। मेरे पास वह साधन हैं, जो आपको कीर्ति के शिखर पर पहुँचा देंगे। समस्त संसार को आपके पैरों पर झुका सकती हूँ। बड़े-बड़े सम्राट भी मेरी आज्ञा को नहीं टाल सकते। मेरे पास वह मंत्र है, जिससे मैं मनुष्य के मनोवेगों को क्षणमात्र में पलट सकती हूँ। आइए, मेरे हृदय से लिपट कर इस दाह-क्रांति को शान्त कीजिए।

रमणी के चेहरे पर जलती हुई आग की-सी कांति थी। वह दोनों हाथ फैलाए कामोन्मत्त होकर मेरी ओर बढ़ी। उसकी आँखों से आग की चिनगारियाँ निकल रही थीं। परन्तु जिस प्रकार अग्नि से पारा दूर भागता है उसी प्रकार मैं भी उसके सामने से एक क़दम पीछे हट गया। उसकी इस प्रेमातुरता से मैं भयभीत हो गया जैसे कोई निर्धन मनुष्य किसी के हाथों सोने की ईंट लेते हुए भयभीत हो जाए। मेरा चित्त एक अज्ञात शंका से काँप उठा। रमणी ने मेरी ओर अग्निमय नेत्रों से देखा मानो किसी सिंहनी के मुँह से उसका आहार छिन जाए और सरोष होकर बोली—यह भीरुता क्यों?

मैं—मैं आपका एक तुच्छ सेवक हूँ, इस महान् आदर का पात्र नहीं।

रमणी—आप मुझसे घृणा करते हैं।

मैं—यह आपका मेरे साथ अन्याय है। मैं इस योग्य भी तो नहीं कि आपके तलुवों को आँखों से लगाऊँ। आप दीपक हैं, मैं पतंग हूँ; मेरे लिए इतना ही बहुत है।

रमणी नैराश्यपूर्ण क्रोध के साथ बैठ गई और बोली—वास्तव में आप निर्दयी हैं, मैं ऐसा न समझती थी। आप में अभी तक अपनी शिक्षा के कुसंस्कार लिपटे हुए हैं, पुस्तकों और सदाचार की बेड़ी आपके पैरों से नहीं निकली।

मैं शीघ्र ही अपने कमरे में चला आया और चित्त के स्थिर होने पर जब मैं इस घटना पर विचार करने लगा तो मुझे ऐसा मालूम हुआ कि मैं अग्निकुंड में गिरते-गिरते बचा। कोई गुप्त शक्ति मेरी सहायक हो गई। यह गुप्त शक्ति क्या थी?

5

मैं जिस कमरे में ठहरा हुआ था, उसके सामने झील के दूसरी तरफ़ एक छोटा-सा झोपड़ा था। उसमें एक वृद्ध पुरुष रहा करते थे। उनकी कमर तो झुक गई थी, पर चेहरा तेज़मय था। वह कभी-कभी इस महल में आया करते थे। रमणी न जाने क्यों उनसे घृणा करती थी, मन में उनसे कुछ डरती थी। उन्हें देखते ही घबरा जाती, मानो किसी असमंजस में पड़ी हुई है, उसका मुख फीका पड़ जाता, जाकर अपने किसी गुप्त स्थान में मुँह छिपा लेती, मुझे उसकी यह दशा देखकर कौतूहल होता था। कई बार उसने मुझसे उनकी चर्चा की थी, पर अत्यन्त अपमान के भाव से वह मुझे उनसे दूर-दूर रहने का उपदेश दिया करती, और यदि कभी मुझे उनसे बातें करते देख लेती तो उसके माथे पर बल पड़ जाते थे, कई-कई दिनों तक मुझसे खुलकर न बोलती थी।

उस रात को मुझे देर तक नींद नहीं आई। उधेड़बुन में पड़ा हुआ था। कभी जी चाहता आओ आँख बन्द करके प्रेम-रस पान करें। संसार के पदार्थों का सुख भोगें, जो कुछ होगा देखा जाएगा। जीवन में ऐसे दिव्य अवसर कहाँ मिलते हैं, फिर आप ही आप मन कुछ खिंच जाता था, घृणा उत्पन्न हो जाती थी।

रात के दस बजे होंगे कि हठात् मेरे कमरे का द्वार आप ही आप खुल गया और वही तेजस्वी पुरुष अन्दर आए। यद्यपि मैं अपनी स्वामिनी के भय से उनसे बहुत कम मिलता था, पर उनके मुख पर ऐसी शान्ति थी और उनके भाव ऐसे पवित्र तथा कोमल थे कि हृदय में उनके सत्संग की उत्कंठा होती थी। मैंने उनका स्वागत किया और लाकर एक कुरसी पर बैठा दिया। उन्होंने मेरी ओर दयापूर्ण भाव से देखकर कहा—मेरे आने से तुम्हें कष्ट तो नहीं हुआ!

मैंने सिर झुकाकर उत्तर दिया, आप जैसे महात्माओं का दर्शन मेरे सौभाग्य की बात है। महात्मा जी निश्चिन्त होकर बोले—

अच्छा तो सुनो और सचेत हो जाओ, मैं तुम्हें यही चेतावनी देने के लिए आया हूँ। तुम्हारे ऊपर एक घोर विपत्ति आनेवाली है। तुम्हारे लिए इस समय इसके सिवाय और कोई उपाय नहीं है कि यहाँ से चले जाओ। मेरी बात न मानोगे तो जीवनपर्यंत कष्ट झेलोगे और इस मायाजाल से कभी मुक्त न हो सकोगे। मेरा झोपड़ा तुम्हारे सामने था। मैं भी कभी-कभी यहाँ आया करता था, पर तुमने मुझसे मिलने की आवश्यकता न समझी। यदि पहले ही दिन तुम मुझसे मिलते तो सहस्त्रों मनुष्यों का सर्वनाश करने के अपराध से बच जाते। निःसन्देह यह तुम्हारे पूर्व कर्मों का फल था, जिसने आज तुम्हारी रक्षा की। अगर यह पिशाचिनी एक बार तुमसे प्रेमालिंगन कर लेती तो फिर तुम उसी दम उसके अजायबख़ाने में भेज दिए जाते। वह जिस पर रीझती है, उसकी वही गत बनाती है। यही इसका प्रेम है। चलो ज़रा इस अजायबख़ाने की सैर करो तब तुम समझोगे कि आज तुम किस आफ़त से बचे।

यह कहकर महात्मा जी ने दीवार में एक बटन दबाया। तुरन्त एक दरवाज़ा निकल आया। यह नीचे उतरने की सीढ़ी थी। महात्मा उसमें घुसे और मुझे भी बुलाया। घोर अंधकार में कई क़दम उतरने के बाद एक बड़ा कमरा नज़र आया। उसमें एक दीपक टिमटिमा रहा था। वहाँ मैंने जो घोर, वीभत्स और हृदय-विदारक दृश्य देखे, उनका स्मरण करके आज भी रोंगटे खड़े हो जाते हैं। इटली के अमर कवि 'डैन्टी' ने नर्क का जो दृश्य दिखाया है, उससे कहीं भयावह, रोमांचकारी तथा नारकीय दृश्य मेरी आँखों के सामने उपस्थित था। सैकड़ों विचित्र देहधारी नाना प्रकार की अशुद्धताओं में लिपटे हुए, भूमि पर पड़े कराह रहे थे। उनके शरीर मनुष्य के-से थे, लेकिन चेहरों का रूपांतर हो गया था। कोई कुत्ते से मिलता था, कोई गीदड़ से, कोई वनबिलाव से, कोई साँप से। एक स्थान पर एक मोटा स्थूल मनुष्य एक दुर्बल, शक्तिहीन मनुष्य के गले में मुँह लगाए उसका रक्त चूस रहा था। एक ओर दो गिद्ध की सूरत वाले मनुष्य एक सड़ी हुई लाश पर बैठ उसका मांस नोच रहे थे। एक जगह एक अजगर की सूरत का मनुष्य एक बालक को निगलना चाहता था, पर बालक उसके गले में अटका हुआ था। दोनों ही ज़मीन पर पड़े छटपटा रहे थे। एक जगह मैंने एक अत्यन्त पैशाचिक घटना देखी। दो नागिन की सूरतवाली स्त्रियाँ एक भेड़िये की सूरतवाले मनुष्य के गले में लिपटी हुई उसे काट रही थीं। वह मनुष्य घोर वेदना से चिल्ला रहा था। मुझसे अब और न देखा गया। तुरन्त वहाँ से भागा और गिरता-पड़ता अपने कमरे में आकर दम लिया। महात्मा जी मेरे साथ चले आए। जब मेरा चित्त शान्त हुआ तो उन्होंने कहा—इतनी जल्द घबरा गए, अभी तो इस रहस्य का एक भाग भी नहीं देखा। यह तुम्हारी स्वामिनी के विहार का स्थान है और यही उनके पालतू जीव हैं। इन जीवों के पिशाचाभिनय देखने में उसका विशेष मनोरंजन होता है। यह सभी मनुष्य किसी समय तुम्हारे ही समान प्रेम और प्रमोद के

पात्र थे, पर उनकी यह दुर्गति हो रही है। अब तुम्हें मैं यही सलाह देता हूँ कि इसी दम यहाँ से भागो नहीं तो रमणी के दूसरे वार से कदापि न बचोगे।

यह कहकर वह महात्मा अदृश्य हो गए। मैंने भी अपनी गठरी बाँधी और अर्धरात्रि के सन्नाटे में चोरों की भाँति कमरे से बाहर निकला। शीतल, आनन्दमय समीर चल रहा था, सामने के सागर में तारे छिटक रहे थे, मेहंदी की सुगंधि उड़ रही थी। मैं चलने को चला, पर संसार-सुखभोग का ऐसा सुअवसर छोड़ते हुए दुःख होता था। इतना देखने और महात्मा के उपदेश सुनने पर भी चित्त उस रमणी की ओर खिंचता था। मैं कई बार चला, कई बार लौटा; पर अन्त में आत्मा ने इंद्रियों पर विजय पाई। मैंने सीधा मार्ग छोड़ दिया और झील के किनारे-किनारे गिरता-पड़ता, कीचड़ में फँसता सड़क तक आ पहुँचा। यहाँ आकर मुझे एक विचित्र उल्लास हुआ, मानो कोई चिड़िया बाज के चंगुल से छूट गई हो।

यद्यपि मैं एक मास के बाद लौटा था, पर अब जो देखा तो अपनी चारपाई पर पड़ा हुआ था। कमरे में ज़रा भी गर्द या धूल न थी। मैंने लोगों से इस घटना की चर्चा की तो लोग ख़ूब हँसे और मित्रगण तो अभी तक मुझे 'प्राइवेट सेक्रेटरी' कहकर बनाया करते हैं! सभी कहते हैं कि मैं एक मिनट के लिए भी कमरे से बाहर नहीं निकला, महीना भर ग़ायब रहने की तो बात ही क्या। इसलिए अब मुझे भी विवश होकर यही कहना पड़ता है कि शायद मैंने कोई स्वप्न देखा हो। कुछ भी हो, परमात्मा को कोटि-कोटि धन्यवाद देता हूँ कि मैं उस पापकुंड से बचकर निकल आया। वह चाहे स्वप्न ही हो, पर मैं उसे अपने जीवन का एक वास्तविक अनुभव समझता हूँ, क्योंकि उसने सदैव के लिए मेरी आँखें खोल दीं।

पशु से मनुष्य

दुर्गा माली डॉक्टर मेहरा, बार-ऐट ला, के यहाँ नौकर था। पाँच रुपए मासिक वेतन पाता था। उसके घर में स्त्री और दो-तीन छोटे बच्चे थे। स्त्री पड़ोसियों के लिए गेहूँ पीसा करती थी। दो बच्चे, जो समझदार थे, इधर-उधर से लकड़ियाँ, गेहूँ, उपले चुन लाते थे। किन्तु इतना यत्न करने पर भी वे बहुत तकलीफ़ में रहते थे। दुर्गा, डॉक्टर साहब की नज़र बचाकर बग़ीचे से फूल चुन लेता और बाज़ार में पुजारियों के हाथ बेच दिया करता था। कभी-कभी फलों पर भी हाथ साफ़ किया करता। यही उसकी ऊपरी आमदनी थी। इससे नोन-तेल आदि का काम चल जाता था। उसने कई बार डॉक्टर महोदय से वेतन बढ़ाने के लिए प्रार्थना की, परन्तु डॉक्टर साहब नौकर की वेतन-वृद्धि को छूत की बीमारी समझते थे, जो एक से अनेक को ग्रस लेती है। वे साफ़ कह दिया करते कि, 'भाई मैं तुम्हें बाँधे तो हूँ नहीं। तुम्हारा निर्वाह यहाँ नहीं होता; तो और कहीं चले जाओ, मेरे लिए मालियों का अकाल नहीं है।' दुर्गा में इतना साहस न था कि वह लगी हुई रोज़ी छोड़कर नौकरी ढूँढ़ने निकलता। इससे अधिक वेतन पाने की आशा भी नहीं। इसलिए वह इसी निराशा में पड़ा हुआ जीवन के दिन काटता और अपने भाग्य को रोता था।

डॉक्टर महोदय को बाग़बानी से विशेष प्रेम था। नाना प्रकार के फूल-पत्ते लगा रखे थे। अच्छे-अच्छे फलों के पौधे दरभंगा, मलीहाबाद, सहारनपुर आदि स्थानों से मँगवा कर

लगाए थे। वृक्षों को फलों से लदे हुए देखकर उन्हें हार्दिक आनन्द होता था। अपने मित्रों के यहाँ गुलदस्ते और शाक-भाजी की डालियाँ तोहफे के तौर पर भिजवाते रहते थे। उन्हें फलों को आप खाने का शौक़ न था, पर मित्रों को खिलाने में उन्हें असीम आनन्द प्राप्त होता था। प्रत्येक फल के मौसम में मित्रों की दावत करते, और 'पिकनिक पार्टियाँ' उनके मनोरंजन का प्रधान अंग थीं।

एक बार गर्मियों में उन्होंने अपने कई मित्रों को आम खाने की दावत दी। मलीहाबादी में सुफेदे के फल ख़ूब लगे हुए थे। डॉक्टर साहब इन फलों को प्रतिदिन देखा करते थे। ये पहले ही फले थे, इसलिए वे मित्रों से उनके मिठास और स्वाद का बखान सुनना चाहते थे। इस विचार से उन्हें वही आमोद था, जो किसी पहलवान को अपने पट्ठों के करतब दिखाने से होता है। इतने बड़े सुन्दर और सुकोमल सुफेदे स्वयं उनकी निगाह से न गुज़रे थे। इन फलों के स्वाद का उन्हें इतना विश्वास था कि वे एक फल चखकर उनकी परीक्षा करना आवश्यक न समझते थे, प्रधानतः इसलिए कि एक फल की कमी एक मित्र को रसास्वादन से वंचित कर देगी।

संध्या का समय था, चैत का महीना। मित्रगण आकर बग़ीचे के हौज के किनारे कुरसियों पर बैठे थे। बर्फ़ और दूध का प्रबन्ध पहले ही से कर लिया गया था, पर अभी तक फल न तोड़े गए थे। डॉक्टर साहब पहले फलों को पेड़ में लगे हुए दिखलाकर तब उन्हें तोड़ना चाहते थे, जिसमें किसी को यह सन्देह न हो कि फल इनके बाग़ के नहीं हैं। जब सब सज्जन जमा हो गए तब उन्होंने कहा—आप लोगों को कष्ट होगा, पर ज़रा चलकर फलों को पेड़ में लटके हुए देखिए। बड़ा ही मनोहर दृश्य है। गुलाब में भी ऐसी लोचनप्रिय लाली न होगी। रंग से स्वाद टपक पड़ता है। मैंने इसकी क़लम ख़ास मलीहाबाद से मँगवाई थी और उसका विशेष रीति से पालन किया है।

मित्रगण उठे। डॉक्टर साहब आगे-आगे चले—रविशों के दोनों ओर गुलाब की क्यारियाँ थीं। उनकी छटा दिखाते हुए वे अन्त में सुफेदे के पेड़ के सामने आ गए। मगर, आश्चर्य! वहाँ एक फल भी न था। डॉक्टर साहब ने समझा, शायद वह यह पेड़ नहीं है। दो पग और आगे चले, दूसरा पेड़ मिल गया। और आगे बढ़े, तीसरा पेड़ मिला। फिर पीछे लौटे और एक विस्मित दशा में सुफेदे के वृक्ष के नीचे आकर रुक गए। इसमें सन्देह नहीं कि वृक्ष यही है, पर फल क्या हुए? बीस-पच्चीस आम थे, एक का भी पता नहीं! मित्रों की ओर अपराधपूर्ण नेत्रों से देखकर बोले—आश्चर्य है कि इस पेड़ में एक भी फल नहीं है। आज सुबह मैंने देखा था, पेड़ फलों से लदा हुआ था। यह देखिए, फलों का डंठल है। यह अवश्य माली की शरारत है। मैं आज उसकी हड्डियाँ तोड़ दूँगा। उस पाजी ने मुझे कितना धोखा दिया! मैं बहुत लज्जित हूँ कि आप लोगों को व्यर्थ कष्ट हुआ। मैं सत्य कहता हूँ, इस समय मुझे जितना दुःख है, उसे प्रकट नहीं कर सकता। ऐसे रंगीले, कोमल, कमनीय फल मैंने अपने जीवन में कभी न देखे थे। उनके यों लुप्त हो जाने से मेरे हृदय के टुकड़े हुए जाते हैं।

यह कहकर वे नैराश्य-वेदना से कुरसी पर बैठ गए। मित्रों ने सांत्वना देते हुए कहा—नौकरों का सब जगह यही हाल है। यह जाति ही पाजी होती है। आप हम लोगों के कष्ट का खेद न करें। यह सुफेदे न सही दूसरे फल सही।

एक सज्जन ने कहा—साहब, मुझे तो सब आम एक ही से मालूम होते हैं। सुफेदे, मोहनभोग, लँगड़े, बम्बई, फजली, दशहरी इनमें कोई भेद ही नहीं मालूम होता, न जाने आप लोगों को कैसे उनके स्वाद में फ़र्क़ मालूम होता है।

दूसरे सज्जन बोले—यहाँ भी वही हाल है। इस समय जो फल मिले, वही मँगवाइए। जो गए उनका अफ़सोस क्या?

डॉक्टर साहब ने व्यथित भाव से कहा—आमों की क्या कमी है, सारा बाग़ भरा पड़ा है, ख़ूब शौक़ से खाइए और बाँधकर घर ले जाइए। वे हैं और किस लिए? पर वह रस और स्वाद कहाँ? आपको विश्वास न होगा, उन सुफेदों पर ऐसा निखार था कि सेब मालूम होते थे। सेब भी देखने में ही सुन्दर होता है, उसमें वह रुचिवर्द्धक लालित्य, वह सुधामय मृदुता कहाँ! इस माली ने आज वह अनर्थ किया है कि जी चाहता है नमकहराम को गोली मार दूँ। इस वक़्त सामने आ जाए तो अधमुआ कर दूँ।

माली बाज़ार गया हुआ था। डॉ. साहब ने साईस से कुछ आम तुड़वाए, मित्रों ने आम खाए, दूध पिया और डॉक्टर साहब को धन्यवाद देकर अपने-अपने घर की राह ली। लेकिन मिस्टर मेहरा वहाँ हौज के किनारे हाथ में हंटर लिए माली की बाट जोहते रहे। आकृति से जान पड़ता था मानो साक्षात् क्रोध मूर्तिमान हो गया था।

2

कुछ रात गए दुर्गा बाज़ार से लौटा। वह चौकन्नी आँखों से इधर-उधर देख रहा था। ज्यों ही उसने डॉक्टर साहब को हौज के किनारे हाथ में हंटर लिए बैठे देखा, उसके होश उड़ गए। समझ गया कि चोरी पकड़ ली गई। इसी भय से उसने बाज़ार में ख़ूब देर की थी। उसने समझा था, डॉक्टर साहब कहीं सैर करने गए होंगे, मैं चुपके कटहल के नीचे अपनी झोंपड़ी में जा बैठूँगा, सबेरे कुछ पूछताछ भी हुई तो मुझे सफ़ाई देने का अवसर मिल जाएगा। कह दूँगा, सरकार, मेरे झोपड़े की तलाशी ले लें, इस प्रकार मामला दब जाएगा। समय सफल चोर का सबसे बड़ा मित्र है। एक-एक क्षण उसे निर्दोष सिद्ध करता जाता है। किन्तु जब वह रँगे हाथों पकड़ा जाता है तब उसे बच निकलने की कोई राह नहीं रहती। रुधिर के सूखे हुए धब्बे रंग के दाग़ बन सकते हैं, पर ताज़ा लोहू आप ही आप पुकारता है। दुर्गा के पैर थम गए, छाती धड़कने लगी। डॉक्टर साहब की निगाह उस पर पड़ गई थी। अब उलटे पाँव लौटना व्यर्थ था।

डॉक्टर साहब उसे दूर से देखते ही उठे कि चलकर उसकी ख़ूब मरम्मत करूँ। लेकिन वकील थे, विचार किया कि इसका बयान लेना आवश्यक है। इशारे से निकट बुलाया और पूछा—सुफेदे के पेड़ में कई आम लगे हुए थे। एक भी नहीं दिखाई देता। क्या हो गए?

दुर्गा ने निर्दोष भाव से उत्तर दिया—हुज़ूर, अभी मैं बाज़ार गया हूँ तब तक तो सब आम लगे हुए थे। इतनी देर में कोई तोड़ ले गया हो तो मैं नहीं कह सकता।

डॉक्टर—तुम्हारा किस पर सन्देह है?

दुर्गा—सरकार, अब मैं किसे बताऊँ! इतने नौकर-चाकर हैं, न जाने किसकी नीयत बिगड़ी हो।

डॉक्टर—मेरा सन्देह तुम्हारे ऊपर है, अगर तोड़कर रखे हो तो लाकर दे दो या साफ़-साफ़ कह दो कि मैंने तोड़े हैं, नहीं तो मैं बुरी तरह पेश आऊँगा।

चोर केवल दंड से ही नहीं बचना चाहता, वह अपमान से भी बचना चाहता है। वह दंड से उतना नहीं डरता जितना अपमान से। जब उसे सज़ा से बचने की कोई आशा नहीं रहती, उस समय भी वह अपने अपराध को स्वीकार नहीं करता। वह अपराधी बनकर छूट जाने से निर्दोष बनकर दंड भोगना बेहतर समझता है। दुर्गा इस समय अपराध स्वीकार करके सज़ा से बच सकता था, पर उसने कहा—हुजूर मालिक हैं, जो चाहें करें, पर मैंने आम नहीं तोड़े। सरकार ही बताएँ, इतने दिन मुझे आपकी ताबेदारी करते हो गए, मैंने एक पत्ती भी छुई है।

डॉक्टर—तुम क़सम खा सकते हो?

दुर्गा—गंगा की क़सम जो मैंने आमों को हाथ से छुआ भी हो।

डॉक्टर—मुझे इस क़सम पर विश्वास नहीं है। तुम पहले लोटे में पानी लाओ, उसमें तुलसी की पत्तियाँ डालो, तब क़सम खाकर कहो कि अगर मैंने तोड़े हों तो मेरा लड़का मेरे काम न आए। तब मुझे विश्वास आवेगा।

दुर्गा—हुजरू साँच को आँच क्या, जो क़सम कहिए खाऊँगा। जब मैंने काम ही नहीं किया तो मुझ पर क़सम क्या पड़ेगी।

डॉक्टर—अच्छा, बातें न बनाओ, जाकर पानी लाओ।

डॉक्टर महोदय मानव-़चरित्र के ज्ञाता थे। सदैव अपराधियों से व्यवहार रहता था। यद्यपि दुर्गा ज़बान से हेकड़ी की बातें कर रहा था, पर उसके हृदय में भय समाया हुआ था। वह अपने झोपड़े में आया, लेकिन लोटे में पानी लेकर जाने की हिम्मत न हुई। उसके हाथ थरथराने लगे। ऐसी घटनाएँ याद आ गईं जिनमें झूठी गंगा उठानेवाले पर दैवी कोप का प्रहार हुआ था। ईश्वर के सर्वज्ञ होने का ऐसा मर्मस्पर्शी विश्वास उसे कभी नहीं हुआ था। उसने निश्चय किया, 'मैं झूठी गंगा न उठाऊँगा, यही न होगा, निकाल दिया जाऊँगा। नौकरी फिर कहीं न कहीं मिल जाएगी और नौकरी भी न मिले तो मजूरी तो कहीं नहीं गई है। कुदाल भी चलाऊँगा तो साँझ तक आध सेर आटे का ठिकाना हो जाएगा।' वह धीरे-धीरे ख़ाली हाथ डॉक्टर साहब के सामने आकर खड़ा हो गया!

डॉक्टर साहब ने कड़े स्वर से पूछा—पानी लाया?

दुर्गा—हुजूर, मैं गंगा न उठाऊँगा।

डॉक्टर—तो तुम्हारा आम तोड़ना साबित है!

दुर्गा—अब सरकार जो चाहें, समझें। मान लीजिए, मैंने ही आम तोड़े तो आपका ग़ुलाम ही तो हूँ। रात-दिन ताबेदारी करता हूँ, बाल-बच्चे आमों के लिए रोवें तो कहाँ जाऊँ। अबकी जान बकसी जाए, फिर ऐसा कसूर न होगा।

डॉक्टर महोदय इतने उदार न थे। उन्होंने यही बड़ा उपकार किया कि दुर्गा को पुलिस के हवाले न किया और हंटर ही लगाए। उसकी इस धार्मिक श्रद्धा ने उन्हें कुछ नर्म कर दिया था। मगर ऐसे दुर्बल हृदय को अपने यहाँ रखना असम्भव था। उन्होंने उसी क्षण दुर्गा को जवाब दे दिया और उसकी आधे महीने की बाक़ी मजूरी ज़ब्त कर ली।

3

कई मास के पश्चात् एक दिन डॉक्टर मेहरा बाबू प्रेमशंकर के बाग़ की सैर करने गए। वहाँ से कुछ अच्छी-अच्छी क़लमें लाना चाहते थे। प्रेमशंकर को भी बाग़बानी से प्रेम था और

दोनों मनुष्यों में यही समानता थी, अन्य सभी विषयों में एक दूसरे से भिन्न थे। प्रेमशंकर बड़े सन्तोषी, सरल, सहृदय मनुष्य थे। वे कई साल अमेरिका रह चुके थे। वहाँ उन्होंने कृषि-विज्ञान का ख़ूब अध्ययन किया था और यहाँ आकर इस वृत्ति को अपनी जीविका का आधार बना लिया था। मानव-चरित्र और वर्तमान सामाजिक संगठन के विषय में उनके विचार विचित्र थे। इसीलिए शहर के सभ्य समाज में लोग उनकी उपेक्षा करते थे और उन्हें झक्की समझते थे। इसमें सन्देह नहीं कि उनके सिद्धान्तों से लोगों को एक प्रकार की दार्शनिक सहानुभूति थी, पर उनके क्रियात्मक होने के विषय में उन्हें बड़ी शंका थी। संसार कर्मक्षेत्र है, मीमांसा क्षेत्र नहीं। यहाँ सिद्धान्त, सिद्धान्त ही रहेंगे, उनका प्रत्यक्ष घटनाओं से सम्बन्ध नहीं।

डॉक्टर साहब बग़ीचे में पहुँचे तो उन्होंने प्रेमशंकर को क्यारियों में पानी देते हुए पाया। कुएँ पर एक मनुष्य खड़ा पम्प से पानी निकाल रहा था। मेहरा ने उसे तुरन्त ही पहचान लिया। वह दुर्गा माली था। डॉक्टर साहब के मन में उस समय दुर्गा के प्रति एक विचित्र ईर्ष्या का भाव उत्पन्न हुआ। जिस नराधम को उन्होंने दंड देकर अपने यहाँ से अलग कर दिया था, उसे नौकरी क्यों मिल गई? यदि दुर्गा इस वक़्त फटेहाल रोनी सूरत बनाए दिखाई देता तो डॉक्टर साहब को उस पर दया आ जाती। वे सम्भवत: उसे कुछ इनाम देते और प्रेमशंकर से उसकी प्रशंसा भी कर देते। उनकी प्रकृति में दया थी और अपने नौकरों पर उनकी कृपादृष्टि रहती थी। परन्तु उनकी इस कृपा और दया में लेशमात्र भी भेद न था, जो अपने कुत्तों और घोड़ों से थी। इस कृपा का आधार न्याय नहीं, दीन-पालन है। दुर्गा ने उन्हें देखा, कुएँ पर खड़े-खड़े सलाम किया और फिर अपने काम में लग गया। उसका यह अभिमान डॉक्टर साहब के हृदय में भाले की भाँति चुभ गया। उन्हें यह विचार कर अत्यन्त क्रोध आया कि मेरे यहाँ से निकलना इसके लिए हितकर हो गया। उन्हें अपनी सहृदयता पर जो घमंड था, उसे बड़ा आघात लगा। प्रेमशंकर ज्यों ही उनसे हाथ मिलाकर उन्हें क्यारियों की सैर कराने लगे, त्यों ही डॉक्टर साहब ने उनसे पूछा—यह आदमी आपके यहाँ कितने दिनों से है?

प्रेमशंकर—यही 6 या 7 महीने होंगे।

डॉक्टर—कुछ नोच-खसोट तो नहीं करता? यह मेरे यहाँ माली था। इसके हथलपकेपन से तंग आकर मैंने इसे निकाल दिया था। कभी फूल तोड़कर बेच आता, कभी पौधे उखाड़ ले जाता, और फलों का कहना ही क्या? वे इसके मारे बचते ही न थे। एक बार मैंने मित्रों की दावत की थी। मलीहाबादी सुफेदे में ख़ूब फल लगे हुए थे। जब सब आकर बैठ गए और मैं उन्हें फल दिखाने के लिए ले गया तो सारे फल ग़ायब! कुछ न पूछिए, उस घड़ी कितनी भद्द हुई! मैंने उसी क्षण इन महाशय को दुतकार बताई। बड़ा ही दग़ाबाज़ आदमी है, और ऐसा चतुर है कि इसको पकड़ना मुश्किल है। कोई वकीलों ही जैसा काइयाँ आदमी हो तो इसे पकड़ सकता है। ऐसी सफ़ाई और ढिठाई से ढुलकता है कि इसका मुँह देखते रह जाइए। आपको भी तो कभी चरका नहीं दिया?

प्रेमशंकर—जी नहीं, कभी नहीं। मुझे इसने शिकायत का कोई अवसर नहीं दिया। यहाँ तो ख़ूब मेहनत करता है, यहाँ तक कि दोपहर की छुट्टी में भी आराम नहीं करता। मुझे तो इस पर इतना भरोसा हो गया कि सारा बग़ीचा इस पर छोड़ रक्खा है। दिन भर में जो कुछ आमदनी होती है, वह शाम को मुझे दे देता है और कभी एक पाई का भी अन्तर नहीं पड़ता।

डॉक्टर—यही तो इसका कौशल है कि आपको उलटे छुरे मूँड़े और आपको ख़बर भी नहीं। आप इसे वेतन क्या देते हैं?

प्रेमशंकर—यहाँ किसी को वेतन नहीं दिया जाता। सब लोग लाभ में बराबर के साझेदार हैं। महीने भर में आवश्यक व्यय के पश्चात् जो कुछ बचता है, उनमें से 10 रु. प्रति सैकड़ा धर्मखाते में डाल दिया जाता है, शेष रुपए समान भागों में बाँट दिए जाते हैं। पिछले महीने में 140 रु. की आमदनी हुई थी। मुझे मिलाकर यहाँ सात आदमी हैं। 20 रु. हिस्से पड़े। अबकी नारंगियाँ ख़ूब हुई हैं, मटर की फलियों, गन्ने, गोभी आदि से अच्छी आमदनी हो रही है, 40 रु. से कम न पड़ेंगे।

डॉक्टर मेहरा ने आश्चर्य से पूछा—इतने में आपका काम चल जाता है?

प्रेमशंकर—जी हाँ, बड़ी सुगमता से। मैं इन्हीं आदमियों के-से कपड़े पहनता हूँ, इन्हीं का-सा खाना खाता हूँ और मुझे कोई दूसरा व्यसन नहीं है। यहाँ 20 रु. मासिक उन औषधियों का ख़र्च है, जो ग़रीबों को दी जाती हैं। ये रुपए संयुक्त आय से अलग कर लिये जाते हैं, किसी को कोई आपत्ति नहीं होती। यह सायकिल जो आप देखते हैं संयुक्त आय से ही ली गई है। जिसे ज़रूरत होती है इस पर सवार होता है। मुझे ये सब अधिक कार्यकुशल समझते हैं और मुझ पर पूरा विश्वास रखते हैं। बस मैं इनका मुखिया हूँ। जो कुछ सलाह देता हूँ, उसे सब मानते हैं। कोई भी यह नहीं समझता कि मैं किसी का नौकर हूँ। सब-के-सब अपने को साझेदार समझते हैं और जी तोड़कर मिहनत करते हैं। जहाँ कोई मालिक होता है और दूसरा उनका नौकर तो उन दोनों में तुरन्त द्वेष पैदा हो जाता है। मालिक चाहता है कि इससे जितना काम लेते बने, लेना चाहिए। नौकर चाहता है कि मैं कम से कम काम करूँ, उसमें स्नेह या सहानुभूति का नाम तक नहीं होता। दोनों यथार्थ में एक-दूसरे के शत्रु होते हैं। इस प्रतिद्वंद्विता का दुष्परिणाम हम और आप देख ही रहे हैं। मोटे और पतले आदमियों के पृथक्-पृथक् दल बन गए हैं और उनमें घोर संग्राम हो रहा है। कल-चिह्नों से ज्ञात होता है कि यह प्रतिद्वंद्विता अब कुछ ही दिनों की मेहमान है। इसकी जगह अब सहकारिता का आगमन होने वाला है। मैंने अन्य देशों में इस घातक संग्राम के दृश्य देखे हैं और मुझे घृणा हो गई है। सहकारिता ही हमें इस संकट से मुक्त कर सकती है।

डॉक्टर—तो यह कहिए कि आप 'सोशलिस्ट' हैं।

प्रेमशंकर—जी नहीं, मैं 'सोशलिस्ट' या 'डिमोक्रेट' कुछ नहीं हूँ। मैं केवल न्याय और धर्म का दीन सेवक हूँ। मैं निःस्वार्थ सेवा को विद्या से श्रेष्ठ समझता हूँ। मैं अपनी आत्मिक और मानसिक शक्तियों को, बुद्धि-सामर्थ्य को, धन और वैभव का गुलाम नहीं बनाना चाहता। मुझे वर्तमान शिक्षा और सभ्यता पर विश्वास नहीं। विद्या का धर्म है—आत्मिक उन्नति का फल, उदारता, त्याग, सदिच्छा, सहानुभूति, न्यायप्रियता और दयाशीलता। जो शिक्षा हमें निर्बलों को सताने के लिए तैयार करे, जो हमें धरती और धन का ग़ुलाम बनाए, जो हमें भोग-विलास में डुबाए, जो हमें दूसरों का रक्त पीकर मोटा होने का इच्छुक बनाए, वह शिक्षा नहीं है। अगर मूर्ख लोभ और मोह के पंजे में फँस जाएँ तो वे क्षम्य हैं, परन्तु विद्या और सभ्यता के उपासकों की स्वार्थान्धता अत्यन्त लज्जाजनक है। हमने विद्या और बुद्धि-बल की विभूति के शिखर पर चढ़ने का मार्ग बना लिया। वास्तव में वह सेवा और प्रेम का साधन था। कितनी विचित्र दशा है कि जो जितना ही बड़ा विद्वान् है, वह उतना ही बड़ा स्वार्थसेवी है। बस, हमारी सारी

विद्या और बुद्धि, हमारा सारा उत्साह और अनुराग, धनलिप्सा में ग्रसित है। हमारे प्रोफ़ेसर साहब एक हज़ार से कम वेतन पाएँ तो उनका मुँह ही नहीं सीधा होता। हमारे दीवान और माल के अधिकारी लोग दो हज़ार मासिक पाने पर भी अपने भाग्य को रोया करते हैं। हमारे डॉक्टर साहब चाहते हैं कि मरीज मरे या जिए, मेरी फीस में बाधा न पड़े और हमारे वकील साहब (क्षमा कीजिएगा) ईश्वर से मनाया करते हैं कि ईर्ष्या और द्वेष का प्रकोप हो और सोने की दीवार खड़ी कर लूँ। 'समय धन है' इसी वाक्य को हम ईश्वर-वाक्य समझ रहे हैं। इन महान् पुरुषों में से प्रत्येक व्यक्ति सैकड़ों नहीं हज़ारों-लाखों की जीविका हड़प जाते हैं। और फिर भी उनका जाति का भक्त बनने का दावा है। वह अपने स्वजाति-प्रेम का डंका बजाता फिरता है। पैदा दूसरे करें, पसीना दूसरे बहाएँ, खाना और मोछों पर ताव देना इनका काम है। मैं समस्त शिक्षित समुदाय को केवल निकम्मा ही नहीं, वरन् अनर्थकारी भी समझता हूँ।

डॉक्टर साहब ने बहुत धैर्य से काम लेकर पूछा—तो क्या आप चाहते हैं कि हम सब-के-सब मजूरी करें?

प्रेमशंकर—जी नहीं, हालाँकि ऐसा हो तो मनुष्य-जाति का बहुत उपकार हो। मुझे जो आपत्ति है, वह केवल दशाओं में इस अन्यायपूर्ण समता से है। यदि एक मजूर 5 रुपया में अपना निर्वाह कर सकता है, तो एक मानसिक काम करने वाले प्राणी के लिए इससे दुगुनी-तिगुनी आय काफ़ी होनी चाहिए और वह अधिकता इसलिए कि उसे कुछ उत्तम भोजन-वस्त्र तथा सुख की आवश्यकता होती है। मगर पाँच और पाँच हज़ार, पचास और पचास हज़ार का अस्वाभाविक अन्तर क्यों हो? इतना नहीं, हमारा समाज पाँच और पाँच लाख के अन्तर का भी तिरस्कार नहीं करता; वरन् उसकी और भी प्रशंसा करता है। शासन-प्रबन्ध, वकालत, चिकित्सा, चित्र-रचना, शिक्षा, दलाली, व्यापार, संगीत और इसी प्रकार की सैकड़ों अन्य कलाएँ शिक्षित समुदाय की जीवन-वृत्ति बनी हुई हैं। पर इनमें से एक भी धनोपार्जन नहीं करतीं। इनका आधार दूसरों की कमाई पर है। मेरी समझ में नहीं आता कि वह उद्योग-धंधे जो जीवन की सामग्रियाँ पैदा करते हैं, जिन पर जीवन का अवलम्बन है, क्यों उन पेशों से नीचे समझे जाएँ, जिनका काम केवल मनोरंजन या अधिक-से-अधिक धनोपार्जन में सहायता करना है। आज सारे वकीलों को देश-निकाला हो जाए, सारे अधिकारी वर्ग लुप्त हो जाएँ और सारे दलाल स्वर्ग को सिधारें, तब भी संसार का काम चलता रहेगा, बल्कि और भी सरलता से। किसान भूमि जोतेंगे, जुलाहे कपड़े बुनेंगे, बढ़ई, लोहार, राज, चर्मकार, सब-के-सब पूर्ववत् अपना-अपना काम करते रहेंगे। उनकी पंचायतें उनके झगड़ों का निबटारा करेंगी। लेकिन यदि किसान न हों तो सारा संसार क्षुधा-पीड़ा से व्याकुल हो जाए। परन्तु किसान के लिए 5 रु. बहुत समझा जाता है और वकील साहब या डॉक्टर साहब को पाँच हज़ार भी काफ़ी नहीं।

डॉक्टर—आप अर्थशास्त्र के उस महत्त्वपूर्ण सिद्धान्त को भूले जाते हैं जिसे श्रम-विभाजन (Division of Labour) कहते हैं। प्रकृति ने प्राणियों को भिन्न-भिन्न शक्तियाँ प्रदान की हैं और उनके विकास के लिए भिन्न-भिन्न दशाओं की आवश्यकता है।

प्रेमशंकर—मैं यह कब कहता हूँ कि प्रत्येक मनुष्य को मजूरी करने पर मजबूर किया जाए! नहीं जिसे परमात्मा ने विचार की शक्ति दी है, वह शास्त्रों की विवेचना करे। जो भावुक हो, वह काव्य की रचना करे। जो अन्याय से घृणा करता हो वह वकालत करे। मेरा कथन यह है कि विभिन्न कार्यों की हैसियत में इतना अन्तर न रहना चाहिए। मानसिक और औद्योगिक

कामों में इतना फ़र्क़ न्याय के विरुद्ध है। यह प्रकृति के नियमों के प्रतिकूल ज्ञात होता है कि आवश्यक और अनिवार्य कार्यों पर अनावश्यक और निवार्य कार्यों की प्रधानता हो। कतिपय सज्जनों का मत है कि इस साम्य से गुणी लोगों का अनादर होगा और संसार को उनके सद्‌विचारों और सत्कार्यों से लाभ न पहुँच सकेगा। किन्तु वे भूल जाते हैं कि संसार के बड़े-से-बड़े पंडित, बड़े-से-बड़े कवि, बड़े-से-बड़े आविष्कारक, बड़े-से-बड़े शिक्षक धन और प्रभुता के लोभ से मुक्त थे। हमारे अस्वाभाविक जीवन का एक कुपरिणाम यह भी है कि हम बलात् कवि और शिक्षक बन जाते हैं। संसार में आज अगणित लेखक और कवि, वकील और शिक्षक उपस्थित हैं। वे सब-के-सब पृथ्वी पर भार-रूप हो रहे हैं। जब उन्हें मालूम होगा कि इन दिव्य कलाओं में कुछ लाभ नहीं है तो वही लोग कवि होंगे, जिन्हें कवि होना चाहिए। संक्षेप में कहना यही है कि धन की प्रधानता ने हमारे समस्त समाज को उलट-पलट दिया है।

डॉक्टर मेहरा अधीर हो गए; बोले—महाशय, समाज-संगठन का यह रूप देवलोक के लिए चाहे उपयुक्त हो, पर भौतिक संसार के लिए और इस भौतिक काल में वह कदापि उपयोगी नहीं हो सकता।

प्रेमशंकर—केवल इसी कारण से अभी तक धनवानों का, ज़मींदारों का और शिक्षित समुदाय का प्रभुत्व जमा हुआ है। पर इसके पहले भी, कई बार इस प्रभुत्व को धक्का लग चुका है। और चिह्नों से ज्ञात होता है कि निकट भविष्य में फिर इसकी पराजय होने वाली है। कदाचित् वह हार निर्णयात्मक होगी। समाज का चक्र साम्य से आरम्भ होकर फिर साम्य पर ही समाप्त होता है। एकाधिपत्य, रईसों का प्रभुत्व और वाणित्य-प्राबल्य, उसकी मध्यवर्ती दशाएँ हैं। वर्तमान चक्र ने मध्यवर्ती दशाओं को भोग लिया है और वह अपने अन्तिम स्थान के निकट आता जाता है। किन्तु हमारी आँखें अधिकार और प्रभुता के मद में ऐसी भरी हुई हैं कि हमें आगे-पीछे कुछ नहीं सूझता। चारों ओर से जनतावाद का घोर नाद हमारे कानों में आ रहा है, पर हम ऐसे निश्चिन्त हैं मानो वह साधारण मेघ की गरज है। हम अभी तक उन्हीं विद्याओं और कलाओं में लीन हैं जिनका आश्रय दूसरों की मेहनत है। हमारे विद्यालयों की संख्या बढ़ती जाती है, हमारे वकीलख़ाने में पाँव रखने की जगह बाक़ी नहीं, गली-गली फ़ोटो स्टूडियो खुल रहे हैं, डॉक्टरों की संख्या मरीजों से भी अधिक हो गई है, पर अब भी हमारी आँखें नहीं खुलतीं। हम इस अस्वाभाविक जीवन, इस सभ्यता के तिलिस्म से बाहर निकलने की चेष्टा नहीं करते। हम शहरों में कारख़ाने खोलते फिरते हैं, इसलिए कि मज़दूरों की मेहनत से मोटे हो जाएँ। 30 रु. और 40 रु. सैकड़े लाभ की कल्पना करके फूले नहीं समाते, पर ऐसा कहीं देखने में नहीं आता कि किसी शिक्षित सज्जन ने कपड़ा बुनना या ज़मीन जोतना शुरू किया हो। यदि कोई दुर्भाग्यवश ऐसा करे भी तो उसकी हँसी उड़ाई जाती है। हम उसी को मान-प्रतिष्ठा के योग्य समझते हैं, जो तकियागद्दी लगाए बैठा रहे, हाथ-पैर न हिलाए और लेन-देन पर, सूद-बट्टे पर लाखों के वारे-न्यारे करता हो...।

यही बातें हो रही थीं कि दुर्गा माली एक डाली नारंगियाँ, गोभी के फूल, अमरूद, मटर की फलियाँ आदि सजा कर लाया और उसे डॉक्टर साहब के सामने रख दिया। उसके चेहरे पर एक प्रकार का गर्व था, मानो उसकी आत्मा जागरित हो गई है। वह डॉक्टर साहब के समीप एक मोटे मोढ़े पर बैठ गया और बोला—हुजूर को कैसी क़लमें चाहिए? आप बाबू

जी को एक चिट पर उनके नाम लिखकर दे दीजिए। मैं कल आपके मकान पहुँचा दूँगा। आपके बाल-बच्चे तो अच्छी तरह हैं?

डॉक्टर साहब ने कुछ सकुचा कर कहा—हाँ, लड़के अच्छी तरह हैं, तुम यहाँ अच्छी तरह हो?

दुर्गा—जी हाँ, आपकी दया से बहुत आराम से हूँ।

डॉक्टर साहब उठकर चले तो प्रेमशंकर उन्हें विदा करने साथ-साथ फाटक तक आए। डॉक्टर साहब मोटर पर बैठे तो मुस्कुराकर प्रेमशंकर से बोले—मैं आपके सिद्धान्तों का कायल नहीं हुआ, पर इसमें सन्देह नहीं कि आपने एक पशु को मनुष्य बना दिया। यह आपके सत्संग का फल है। लेकिन क्षमा कीजिएगा, मैं फिर भी कहूँगा कि आप इससे होशियार रहिएगा। 'यूजेनिक्स' (सुप्रजनन-शास्त्र) अभी तक किसी ऐसे प्रयोग का आविष्कार नहीं कर सका है, जो जन्म के संस्कारों को मिटा दे!

मूठ

डॉक्टर जयपाल ने प्रथम श्रेणी की सनद पाई थी, पर इसे भाग्य ही कहिए या व्यावसायिक सिद्धान्तों का अज्ञान कि उन्हें अपने व्यवसाय में कभी उन्नत अवस्था न मिली। उनका घर सँकरी गली में था; पर उनके जी में खुली जगह में घर लेने का विचार तक न उठा। औषधालय की आलमारियाँ, शीशियाँ और डॉक्टरी यंत्र आदि भी साफ़-सुथरे न थे। मितव्ययिता के सिद्धान्त का वह अपनी घरेलू बातों में भी बहुत ध्यान रखते थे।

लड़का जवान हो गया था, पर अभी उसकी शिक्षा का प्रश्न सामने न आया था। सोचते थे कि इतने दिनों तक पुस्तकों से सर मारकर मैंने ऐसी कौन-सी बड़ी सम्पत्ति पा ली, जो उसके पढ़ाने-लिखाने में हज़ारों रुपए बर्बाद करूँ। उनकी पत्नी अहल्या धैर्यवान महिला थी, पर डॉक्टर साहब ने उसके इन गुणों पर इतना बोझ रख दिया था कि उसकी कमर भी झुक गई थी। माँ भी जीवित थी, पर गंगास्नान के लिए तरस-तरस कर रह जाती थी; दूसरे पवित्र स्थानों की यात्रा की चर्चा ही क्या! इस क्रूर मितव्ययिता का परिणाम यह था कि इस घर में सुख और शान्ति का नाम न था। अगर कोई मद फुटकल थी तो वह बुढ़िया महरी जगिया थी। उसने डॉक्टर साहब को गोद में खिलाया था और उसे इस घर से ऐसा प्रेम हो गया था कि सब प्रकार की कठिनाइयाँ झेलती थी, पर टलने का नाम न लेती थी।

2

डॉक्टर साहब डॉक्टरी आय की कमी को कपड़े और शक्कर के कारख़ानों में हिस्से लेकर पूरा करते थे। आज संयोगवश बम्बई के कारख़ाने ने उनके पास वार्षिक लाभ के साढ़े सात सौ रुपए भेजे। डॉक्टर साहब ने बीमा खोला, नोट गिने, डाकिये को विदा किया, पर डाकिये के पास रुपए अधिक थे, बोझ से दबा जाता था। बोला—हुजूर रुपए ले लें और मुझे नोट दे दें तो बड़ा अहसान हो, बोझ हलका हो जाए। डॉक्टर साहब डाकियों को प्रसन्न रखा करते

थे, उन्हें मुफ्त दवाइयाँ दिया करते थे। सोचा कि हाँ, मुझे बैंक जाने के लिए ताँगा मँगाना ही पड़ेगा, क्यों न बिन कौड़ी के उपकार वाले सिद्धान्त से काम लूँ। रुपए गिनकर एक थैली में रख दिए और सोच ही रहे थे कि चलूँ उन्हें बैंक में रखता आऊँ कि एक रोगी ने बुला भेजा। ऐसे अवसर यहाँ कदाचित् ही आते थे। यद्यपि डॉक्टर साहब को बक्स पर भरोसा न था, पर विवश होकर थैली बक्स में रखी और रोगी को देखने चले गए। वहाँ से लौटे तो तीन बज चुके थे, बैंक बन्द हो चुका था। आज रुपए किसी तरह जमा न हो सकते थे। प्रतिदिन की भाँति औषधालय में बैठ गए। आठ बजे रात को जब घर के भीतर जाने लगे, तो थैली को घर ले जाने के लिए बक्स से निकाला, थैली कुछ हलकी जान पड़ी, तत्काल उसे दवाइयों के तराजू पर तौला, होश उड़ गए। पूरे पाँच सौ रुपए कम थे। विश्वास न हुआ। थैली खोलकर रुपए गिने। पाँच सौ रुपए कम निकले। विक्षिप्त अधीरता के साथ बक्स के दूसरे खानों को टटोला परन्तु व्यर्थ। निराश होकर एक कुरसी पर बैठ गए और स्मरण-शक्ति को एकत्र करने के लिए आँखें बन्द कर दीं और सोचने लगे, मैंने रुपए कहीं अलग तो नहीं रखे, डाकिये ने रुपए कम तो नहीं दिए, मैंने गिनने में भूल तो नहीं की, मैंने पचीस-पचीस रुपए की गड्डियाँ लगाई थीं, पूरी तीस गड्डियाँ थीं, ख़ूब याद है। मैंने एक-एक गड्डी गिनकर थैली में रखी, स्मरण-शक्ति मुझे धोखा नहीं दे रही है। सब मुझे ठीक-ठीक याद है। बक्स का ताला भी बन्द कर दिया था, किन्तु ओह, अब समझ में आ गया, कुंजी मेज़ पर ही छोड़ दी, जल्दी के मारे उसे जेब में रखना भूल गया, वह अभी तक मेज़ पर पड़ी है। बस यही बात है, कुंजी जेब में डालने की याद नहीं रही, परन्तु ले कौन गया, बाहर दरवाज़े बन्द थे। घर में धरे रुपए-पैसे कोई छूता नहीं, आज तक कभी ऐसा अवसर नहीं आया। अवश्य यह किसी बाहरी आदमी का काम है। हो सकता है कि कोई दरवाज़ा खुला रह गया हो, कोई दवा लेने आया हो, कुंजी मेज़ पर पड़ी देखी हो और बक्स खोलकर रुपए निकाल लिये हों।

इसी से मैं रुपए नहीं लिया करता, कौन ठिकाना डाकिये की ही करतूत हो, बहुत सम्भव है, उसने मुझे बक्स में थैली रखते देखा था। रुपए जमा हो जाते तो मेरे पास पूरे...हज़ार रुपए हो जाते, ब्याज जोड़ने में सरलता होती। क्या करूँ। पुलिस को ख़बर दूँ? व्यर्थ बैठे-बिठाए उलझन मोल लेनी है। टोले भर के आदमियों की दरवाज़े पर भीड़ होगी। दस-पाँच आदमियों को गालियाँ खानी पड़ेंगी और फल कुछ नहीं! तो क्या धीरज धर कर बैठ रहूँ? कैसे धीरज धरूँ! यह कोई सेंतमेंत मिला धन तो था नहीं, हराम की कौड़ी होती तो समझता कि जैसे आई, वैसे गई। यहाँ एक-एक पैसा अपने पसीने का है। मैं जो इतनी मितव्ययिता से रहता हूँ, इतने कष्ट से रहता हूँ, कंजूस प्रसिद्ध हूँ, घर के आवश्यक व्यय में भी काट-छाँट करता हूँ, क्या इसीलिए कि किसी उचक्के के लिए मनोरंजन का सामान जुटाऊँ? मुझे रेशम से घृणा नहीं, न मेवे ही अरुचिकर हैं, न अजीर्ण का रोग है कि मलाई खाऊँ और अपच हो जाए, न आँखों में दृष्टि कम है कि थियेटर और सिनेमा का आनन्द न उठा सकूँ। मैं सब ओर से अपने मन को मारे रहता हूँ, इसीलिए तो कि मेरे पास चार पैसे हो जाएँ, काम पड़ने पर किसी के आगे हाथ फैलाना न पड़े। कुछ जायदाद ले सकूँ, और नहीं तो अच्छा घर ही बनवा लूँ। पर इस मन मारने का यह फल! गाढ़े परिश्रम के रुपए लुट जाएँ। अन्याय है कि मैं यों दिनदहाड़े लुट जाऊँ और उस दुष्ट का बाल भी टेढ़ा न हो। उसके घर दीवाली हो रही होगी, आनन्द मनाया जा रहा होगा, सब-के-सब बग़लें बजा रहे होंगे।

डॉक्टर साहब बदला लेने के लिए व्याकुल हो गए। मैंने कभी किसी फ़क़ीर को, किसी साधु को, दरवाज़े पर खड़ा होने नहीं दिया। अनेक बार चाहने पर भी मैंने कभी मित्रों को अपने यहाँ निमंत्रित नहीं किया, कुटुम्बियों और सम्बन्धियों से सदा बचता रहा, क्या इसीलिए? उसका पता लग जाता तो मैं एक विषैली सुई से उसके जीवन का अन्त कर देता।

किन्तु कोई उपाय नहीं है। जुलाहे का ग़ुस्सा दाढ़ी पर। गुप्त पुलिसवाले भी बस नाम ही के हैं, पता लगाने की योग्यता नहीं। इनकी सारी अक़्ल राजनीतिक व्याख्यानों और झूठी रिपोर्टों के लिखने में समाप्त हो जाती है। किसी मेस्मेरिजम जानने वाले के पास चलूँ, वह इस उलझन को सुलझा सकता है। सुनता हूँ, यूरोप और अमेरिका में बहुधा चोरियों का पता इसी उपाय से लग जाता है। पर यहाँ ऐसा मेस्मेरिजम का पंडित कौन है और फिर मेस्मेरिजम के उत्तर सदा विश्वसनीय नहीं होते। ज्योतिषियों के समान वे भी अनुमान और अटकल के अनंत सागर में डुबकियाँ लगाने लगते हैं। कुछ लोग नाम भी तो निकालते हैं। मैंने कभी उन कहानियों पर विश्वास नहीं किया, परन्तु कुछ न कुछ इसमें तत्त्व है अवश्य, नहीं तो इस प्रकृति-उपासना के युग में इनका अस्तित्व ही न रहता। आजकल के विद्वान् भी तो आत्मिक बल का लोहा मानते जाते हैं, पर मान लो किसी ने नाम बतला ही दिया तो मेरे हाथ में बदला चुकाने का कौन-सा उपाय है, अंतर्ज्ञान साक्षी का काम नहीं दे सकता। एक क्षण के लिए मेरे जी को शान्ति मिल जाने के सिवाय और इनसे क्या लाभ है?

हाँ, ख़ूब याद आया। नदी की ओर जाते हुए वह जो एक ओझा बैठता है, उसके करतब की कहानियाँ प्राय: सुनने में आती हैं। सुनता हूँ, गए हुए धन का पता बतला देता है, रोगियों को बात की बात में चंगा कर देता है, चोरी के माल का पता लगा देता है, मूठ चलाता है। मूठ की बड़ी बड़ाई सुनी है, मूठ चली और चोर के मुँह से रक्त जारी हुआ, जब तक वह माल न लौटा दे रक्त बन्द नहीं होता। यह निशाना बैठ जाए तो मेरी हार्दिक इच्छा पूरी हो जाए! मुँहमाँगा फल पाऊँगा। रुपए भी मिल जाएँ, चोर को शिक्षा भी मिल जाए! उसके यहाँ सदा लोगों की भीड़ लगी रहती है। इसमें कुछ करतब न होता तो इतने लोग क्यों जमा होते? उसकी मुखाकृति से एक प्रतिभा बरसती है। आजकल के शिक्षित लोगों को तो इन बातों पर विश्वास नहीं है, पर नीच और मूर्ख-मंडली में उसकी बहुत चर्चा है। भूत-प्रेत आदि की कहानियाँ प्रतिदिन ही सुना करता हूँ। क्यों न उसी ओझे के पास चलूँ? मान लो कोई लाभ न हुआ तो हानि ही क्या हो जाएगी। जहाँ पाँच सौ गए हैं, दो-चार रुपए का ख़ून और सही। यह समय भी अच्छा है। भीड़ कम होगी, चलना चाहिए।

3

जी में यह निश्चय करके डॉक्टर साहब उस ओझे के घर की ओर चले, जाड़े की रात थी। नौ बज गए थे। रास्ता लगभग बन्द हो गया था। कभी-कभी घरों से रामायण की ध्वनि कानों में आ जाती थी। कुछ देर के बाद बिलकुल सन्नाटा हो गया। रास्ते के दोनों ओर हरे-भरे खेत थे। सियारों का हुँआना सुन पड़ने लगा। जान पड़ता है इनका दल कहीं पास ही है। डॉक्टर साहब को प्राय: दूर से इनका सुरीला स्वर सुनने का सौभाग्य हुआ था। पास से सुनने का नहीं। इस समय इस सन्नाटे में और इतने पास से उनका चीख़ना सुनकर उन्हें डर लगा। कई बार अपनी छड़ी धरती पर पटकी, पैर धमधमाए। सियार बड़े डरपोक होते हैं, आदमी के

पास नहीं आते; पर फिर सन्देह हुआ, कहीं इनमें कोई पागल हो तो उसका काटा तो बचता ही नहीं। यह सन्देह होते ही कीटाणु, बैक्टिरिया, पास्टयार इन्स्टिच्यूट और कसौली की याद उनके मस्तिष्क में चक्कर काटने लगी। वह जल्दी-जल्दी पैर बढ़ाए चले जाते थे। एकाएक जी में विचार उठा—कहीं मेरे ही घर में किसी ने रुपए उठा लिये हों तो। वे तत्काल ठिठक गए, पर एक ही क्षण में उन्होंने इसका भी निर्णय कर लिया, क्या हर्ज़ है घरवालों को तो और भी कड़ा दंड मिलना चाहिए। चोर की मेरे साथ सहानुभूति नहीं हो सकती, पर घरवालों की सहानुभूति का मैं अधिकारी हूँ। उन्हें जानना चाहिए कि मैं जो कुछ करता हूँ उन्हीं के लिए करता हूँ। रात-दिन मरता हूँ तो उन्हीं के लिए मरता हूँ। यदि इस पर भी वे मुझे यों धोखा देने के लिए तैयार हों तो उनसे अधिक कृतघ्न, उनसे अधिक अकृतज्ञ, उनसे अधिक निर्दय और कौन होगा? उन्हें और भी कड़ा दंड मिलना चाहिए। इतना कड़ा, इतना शिक्षाप्रद कि फिर कभी किसी को ऐसा करने का साहस न हो।

अन्त में वे ओझे के घर के पास जा पहुँचे। लोगों की भीड़ न थी। उन्हें बड़ा सन्तोष हुआ। हाँ, उनकी चाल कुछ धीमी पड़ गई। फिर जी में सोचा, कहीं यह सब ढकोसला ही ढकोसला हो तो व्यर्थ लज्जित होना पड़े। जो सुने, मूर्ख बनाए। कदाचित् ओझा ही मुझे तुच्छबुद्धि समझे। पर अब तो आ गया, यह तजरबा भी हो जाए। और कुछ न होगा तो जाँच ही सही। ओझा का नाम बुद्धू था। लोग चौधरी कहते थे। जाति का चमार था। छोटा-सा घर और वह भी गन्दा। छप्पर इतनी नीची थी कि झुकने पर भी सिर में टक्कर लगने का डर लगता था। दरवाज़े पर एक नीम का पेड़ था। उसके नीचे एक चौरा। नीम के पेड़ पर एक झंडी लहराती थी। चौरा पर मिट्टी के सैकड़ों हाथी सिंदूर से रँगे हुए खड़े थे। कई लोहे के नोकदार त्रिशूल भी गड़े थे, जो मानो इन मंदगति हाथियों के लिए अंकुश का काम दे रहे थे। दस बजे थे। बुद्धू चौधरी जो एक काले रंग का तोंदीला और रोबदार आदमी था, एक फटे हुए टाट पर बैठा नारियल पी रहा था। बोतल और गिलास भी सामने रखे हुए।

बुद्धू ने डॉक्टर साहब को देखकर तुरन्त बोतल छिपा दी और नीचे उतरकर सलाम किया। घर से एक बुढ़िया ने मोढ़ा लाकर उनके लिए रख दिया। डॉक्टर साहब ने कुछ झेंपते हुए सारी घटना कह सुनाई। बुद्धू ने कहा हुजूर, यह कौन बड़ा काम है। अभी इसी इतवार को दारोग़ाजी की घड़ी चोरी गई थी, बहुत कुछ तहक़ीक़ात की, पता न चला। मुझे बुलाया। मैंने बात की बात में पता लगा दिया। पाँच रुपए इनाम दिए। कल की बात है, जमादार साहब की घोड़ी खो गई थी। चारों तरफ़ दौड़ते फिरते थे। मैंने ऐसा पता बता दिया कि घोड़ी चरती हुई मिल गई। इसी विद्या की बदौलत हुजूर हुक्काम सभी मानते हैं।

डॉक्टर को दारोग़ा और जमादार की चर्चा न रुची। इन सब गँवारों की आँखों में जो कुछ है, वह दारोग़ा और जमादार ही हैं। बोले—मैं केवल चोरी का पता लगाना नहीं चाहता, मैं चोर को सज़ा देना चाहता हूँ।

बुद्धू ने एक क्षण के लिए आँखें बन्द कीं, जमुहाइयाँ लीं, चुटकियाँ बजाईं और फिर कहा—यह घर ही के किसी आदमी का काम है।

डॉक्टर—कुछ परवाह नहीं, कोई हो।

बुढ़िया—पीछे से कोई बात बने या बिगड़ेगी तो हजूर हमीं को बुरा कहेंगे।

डॉक्टर—इसकी तुम कुछ चिन्ता न करो, मैंने ख़ूब सोच-विचार लिया है! बल्कि अगर घर के किसी आदमी की शरारत है तो मैं उसके साथ और भी कड़ाई करना चाहता हूँ। बाहर का आदमी मेरे साथ छल करे तो क्षमा के योग्य है, पर घर के आदमी को मैं किसी प्रकार क्षमा नहीं कर सकता।

बुद्धू—तो हुजूर क्या चाहते हैं?

डॉक्टर—बस यही कि मेरे रुपए मिल जाएँ और चोर किसी बड़े कष्ट में पड़ जाए।

बुद्धू—मूठ चला दूँ?

बुढ़िया—ना बेटा, मूठ के पास न जाना। न जाने कैसी पड़े, कैसी न पड़े।

डॉक्टर—तुम मूठ चला दो, इसका जो कुछ मेहनताना और इनाम हो, मैं देने को तैयार हूँ।

बुढ़िया—बेटा, मैं फिर कहती हूँ, मूठ के फेर में मत पड़। कोई जोखम की बात आ पड़ेगी तो वही बाबूजी फिर तेरे सिर होंगे और तेरे बनाए कुछ न बनेगी। क्या जानता नहीं, मूठ का उतार कितना कठिन है?

बुद्धू—हाँ बाबू जी! फिर एक बार अच्छी तरह सोच लीजिए। मूठ तो मैं चला दूँगा, लेकिन उसको उतारने का ज़िम्मा मैं नहीं ले सकता।

डॉक्टर—अभी कह तो दिया, मैं तुमसे उतारने को न कहूँगा, चलाओ भी तो।

बुद्धू ने आवश्यक सामान की एक लम्बी तालिका बनाई। डॉक्टर साहब ने सामान की अपेक्षा रुपए देना अधिक उचित समझा। बुद्धू राज़ी हो गया। डॉक्टर साहब चलते-चलते बोले—ऐसा मंतर चलाओ के सबेरा होते-होते चोर मेरे सामने माल लिए हुए आ जाए।

बुद्धू ने कहा—आप निसाख़ातिर रहें।

4

डॉक्टर साहब वहाँ से चले तो ग्यारह बजे थे। जाड़े की रात, कड़ाके की ठंड थी। उनकी माँ और स्त्री दोनों बैठी हुई उनकी राह देख रही थीं। उन्होंने जी को बहलाने के लिए बीच में एक अँगीठी रख ली थी, जिसका प्रभाव शरीर की अपेक्षा विचार पर अधिक पड़ता था। यहाँ कोयला विलास्य पदार्थ समझा जाता था। बुढ़िया महरी जगिया वहीं फटा टाट का टुकड़ा ओढ़े पड़ी थी। वह बार-बार उठकर अपनी अँधेरी कोठरी में जाती, आले पर कुछ टटोल कर देखती और फिर अपनी जगह पर आकर पड़ रहती। बार-बार पूछती, कितनी रात गई होगी। ज़रा भी खटका होता तो चौंक पड़ती और चिन्तित दृष्टि से इधर-उधर देखने लगती। आज डॉक्टर साहब ने नियम के प्रतिकूल क्यों इतनी देर लगाई, इसका सबको आश्चर्य था। ऐसे अवसर बहुत कम आते थे कि उन्हें रोगियों को देखने के लिए रात को जाना पड़ता हो। यदि कुछ लोग उनकी डॉक्टरी के कायल भी थे, तो वे रात को उस गली में आने का साहस न करते थे। सभा-सोसाइटियों में जाने को उन्हें रुचि न थी। मित्रों से भी उनका मेल-जोल न था। माँ ने कहा—जाने कहाँ चला गया, खाना बिलकुल पानी हो गया।

अहल्या—आदमी जाता है तो कहकर जाता है, आधी रात से ऊपर हो गई।

माँ—कोई ऐसी ही अटक हो गई होगी, नहीं तो वह कब घर से बाहर निकलता है?

अहल्या—मैं तो अब सोने जाती हूँ, उनका जब जी चाहे आएँ। कोई सारी रात बैठा पहरा देगा।

यही बातें हो रही थीं कि डॉक्टर साहब घर आ पहुँचे। अहल्या सँभल बैठी; जगिया उठकर खड़ी हो गई और उनकी ओर सहमी हुई आँखों से ताकने लगी। माँ ने पूछा—आज कहाँ इतनी देर लगा दी?

डॉक्टर—तुम लोग तो सुख से बैठी हो न! हमें देर हो गई, इसकी तुम्हें क्या चिन्ता! जाओ, सुख से सोओ, इन ऊपरी दिखावटी बातों से मैं धोखे में नहीं आता। अवसर पाओ तो गला काट लो, इस पर चली हो बात बनाने!

माँ ने दुःखी होकर कहा—बेटा! ऐसी जी दुखाने वाली बातें क्यों करते हो? घर में तुम्हारा कौन बैरी है जो तुम्हारा बुरा चेतेगा?

डॉक्टर—मैं किसी को अपना मित्र नहीं समझता, सभी मेरे बैरी हैं, मेरे प्राणों के ग्राहक हैं! नहीं तो क्या आँख ओझल होते ही मेरी मेज़ से पाँच सौ रुपए उड़ जाएँ, दरवाज़े बाहर से बन्द थे, कोई ग़ैर आया नहीं, रुपए रखते ही उड़ गए। जो लोग इस तरह मेरा गला काटने पर उतारू हों, उन्हें क्योंकर अपना समझूँ। मैंने ख़ूब पता लगा लिया है, अभी एक ओझे के पास से चला आ रहा हूँ। उसने साफ़ कह दिया कि घर के ही किसी आदमी का काम है। अच्छी बात है, जैसी करनी वैसी भरनी। मैं भी बता दूँगा कि मैं अपने बैरियों का शुभचिन्तक नहीं हूँ। यदि बाहर का आदमी होता तो कदाचित् मैं जाने भी देता। पर जब घर के आदमी जिनके लिए रात-दिन चक्की पीसता हूँ, मेरे साथ ऐसा छल करें तो वे इसी योग्य हैं कि उनके साथ ज़रा भी रिआयत न की जाए। देखना सबेरे तक चोर की क्या दशा होती है। मैंने ओझे से मूठ चलाने को कह दिया है। मूठ चली और उधर चोर के प्राण संकट में पड़े।

जगिया घबड़ाकर बोली—भइया, मूठ में जान जोखम है।

डॉक्टर—चोर की यही सज़ा है।

जगिया—किस ओझे ने चलाया है?

डॉक्टर—बुद्धू चौधरी ने।

जगिया—अरे राम, उसकी मूठ का तो उतार ही नहीं।

डॉक्टर अपने कमरे में चले गए, तो माँ ने कहा—सूम का धन शैतान खाता है। पाँच सौ रुपया कोई मुँह मारकर ले गया। इतने में तो मेरे सातों धाम हो जाते।

अहल्या बोली—कंगन के लिए बरसों से झींक रही हूँ, अच्छा हुआ, मेरी आह पड़ी है।

माँ—भला घर में उसके रुपए कौन लेगा?

अहिल्या—किवाड़ खुले होंगे, कोई बाहरी आदमी उड़ा ले गया होगा।

माँ—उसको विश्वास क्योंकर आ गया कि घर ही के किसी आदमी ने रुपए चुराए हैं।

अहल्या—रुपए का लोभ आदमी को शक्की बना देता है।

5

रात को एक बजा था। डॉक्टर जयपाल भयानक स्वप्न देख रहे थे। एकाएक अहल्या ने आकर कहा—ज़रा चलकर देखिए, जगिया का क्या हाल हो रहा है। जान पड़ता है, जीभ ऐंठ गई। कुछ बोलती ही नहीं, आँखें पथरा गई हैं।

डॉक्टर चौंककर उठ बैठे। एक क्षण तक इधर-उधर ताक़ते रहे; मानो सोच रहे थे, यह भी स्वप्न तो नहीं है। तब बोले—क्या कहा! जगिया को क्या हो गया?

अहल्या ने फिर जगिया का हाल कहा। डॉक्टर के मुख पर हलकी-सी मुस्कुराहट दौड़ गई। बोले—चोर पकड़ा गया! मूठ ने अपना काम किया।

अहल्या—और जो घर ही के किसी आदमी ने ले लिये होते?

डॉक्टर—तो उसकी भी यही दशा होती, सदा के लिए सीख जाता।

अहल्या—पाँच सौ रुपए के पीछे प्राण ले लेते?

डॉक्टर—पाँच सौ रुपए के लिए नहीं, आवश्यकता पड़े तो पाँच हज़ार ख़र्च कर सकता हूँ, केवल छल-कपट का दंड देने के लिए।

अहल्या—बड़े निर्दयी हो।

डॉक्टर—तुम्हें सिर से पैर तक सोने से लाद दूँ तो मुझे भलाई का पुतला समझने लगो, क्यों? खेद है कि मैं तुमसे यह सनद नहीं ले सकता।

यह कहते हुए वह जगिया की कोठरी में गए। उनकी हालत उससे कहीं अधिक ख़राब थी जो अहल्या ने बताई थी। मुख पर मुर्दनी छाई हुई थी, हाथ-पैर अकड़ गए थे, नाड़ी का पता न था। उसकी माँ उसे होश में लाने के लिए बार-बार उसके मुँह पर पानी के छींटे दे रही थी। डॉक्टर ने यह हालत देखी तो होश उड़ गए। उन्हें अपने उपाय की सफलता पर प्रसन्न होना चाहिए था। जगिया ने रुपए चुराए इसके लिए अब अधिक प्रमाण की आवश्यकता न थी; परन्तु मूठ इतनी जल्दी प्रभाव डालने वाली और घातक वस्तु है, इसका उन्हें अनुमान भी न था। वे चोर को एड़ियाँ रगड़ते, पीड़ा से कराहते और तड़पते देखना चाहते थे। बदला लेने की इच्छा आशातीत सफल हो रही थी; परन्तु वहाँ नमक की अधिकता थी, जो कौर को मुँह के भीतर धँसने नहीं देती। यह दु:खमय दृश्य देखकर प्रसन्न होने के बदले उनके हृदय पर चोट लगी। रोब में हम अपनी निर्दयता और कठोरता का भ्रममूलक अनुमान कर लिया करते हैं। प्रत्यक्ष घटना विचार से कहीं अधिक प्रभावशालिनी होती है। रणस्थल का विचार कितना कवित्वमय है। युद्धावेश का काव्य कितनी गर्मी उत्पन्न करने वाला है। परन्तु कुचले हुए शव के कटे हुए अंग-प्रत्यंग देखकर कौन मनुष्य है, जिसे रोमांच न हो आवे। दया मनुष्य का स्वाभाविक गुण है।

इसके अतिरिक्त इसका उन्हें अनुमान न था कि जगिया जैसी दुर्बल आत्मा मेरे रोष पर बलिदान होगी। वह समझते थे, मेरे बदले का वार किसी सजीव मनुष्य पर होगा; यहाँ तक कि वे अपनी स्त्री और लड़के को भी इस वार के योग्य समझते थे। पर मरे को मारना, कुचले को कुचलना, उन्हें अपना प्रतिघात मर्यादा के विपरीत जान पड़ा। जगिया का यह काम क्षमा के योग्य था। जिसे रोटियों के लाले हों, कपड़ों को तरसे, जिसकी आकांक्षा का भवन सदा अंधकारमय रहा हो, जिसकी इच्छाएँ कभी पूरी न हुई हों, उसकी नीयत बिगड़ जाए तो आश्चर्य की बात नहीं। वे तत्काल औषधालय में गए, होश में लाने की जो अच्छी-अच्छी औषधियाँ थीं, उनको मिलाकर एक मिश्रित नई औषधि बना लाए, जगिया के गले में उतार दी। कुछ लाभ न हुआ। तब विद्युत यंत्र ले आए और उसकी सहायता से जगिया को होश में लाने का यत्न करने लगे। थोड़ी ही देर में जगिया की आँखें खुल गईं। उसने सहमी हुई दृष्टि से डॉक्टर को देखा, जैसे लड़का अपने अध्यापक की छड़ी की ओर देखता है, और उखड़े हुए स्वर में बोली—हाय राम, कलेजा फुँका जाता है, अपने रुपए ले ले, आले पर एक हाँड़ी है, उसी में रखे हुए हैं। मुझे अंगारों से मत जला। मैंने तो यह रुपए तीरथ करने के लिए चुराए

थे। क्या तुझे तरस नहीं आता, मुट्ठी भर रुपयों के लिए मुझे आग में जला रहा है, मैं तुझे ऐसा काला न समझती थी, हाय राम!

यह कहते-कहते वह फिर मूर्छित हो गई, नाड़ी बन्द हो गई, ओठ नीले पड़ गए, शरीर के अंगों में खिंचाव होने लगा। डॉक्टर ने दीन भाव से अहल्या की ओर देखा और बोले—मैं तो अपने सारे उपाय कर चुका, अब इसे होश में लाना मेरी सामर्थ्य के बाहर है। मैं क्या जानता था कि यह अभागी मूठ इतनी घातक होती है। कहीं इसकी जान पर बन गई तो जीवन भर पछताना पड़ेगा। आत्मा की ठोकरों से कभी छुटकारा न मिलेगा। क्या करूँ, बुद्धि कुछ काम नहीं करती।

अहल्या—सिविल सर्जन को बुलाओ, कदाचित् वह कोई अच्छी दवा दे दे। किसी को जान-बूझकर आग में ढकेलना न चाहिए।

डॉक्टर—सिविल सर्जन इससे अधिक और कुछ नहीं कर सकता, जो मैं कर चुका। हर घड़ी इसकी दशा और गिरती जाती है, न जाने हत्यारे ने कौन-सा मंत्र चला दिया। उसकी माँ मुझे बहुत समझाती रही, पर मैंने क्रोध में उसकी बातों की ज़रा भी परवाह न की।

माँ—बेटा, तुम उसी को बुलाओ जिसने मंत्र चलाया है; पर क्या किया जाएगा। कहीं मर गई तो हत्या सिर पर पड़ेगी। कुटुम्ब को सदा सताएगी।

6

दो बज रहे थे, ठंडी हवा हड्डियों में चुभी जाती थी। डॉक्टर लम्बे पाँवों बुद्धू चौधरी के घर की ओर चले जाते थे। इधर-उधर व्यर्थ आँखें दौड़ाते थे कि कोई इक्का या ताँगा मिल जाए। उन्हें मालूम होता था कि बुद्धू का घर बहुत दूर हो गया। कई बार धोखा हुआ, कहीं रास्ता तो नहीं भूल गया। कई बार इधर आया हूँ, यह बाग़ तो कभी नहीं मिला, लेटर-बक्स भी सड़क पर कभी नहीं देखा, यह पुल तो कदापि न था, अवश्य राह भूल गया। किससे पूछूँ। वे अपनी स्मरण-शक्ति पर झुँझलाए और उसी ओर थोड़ी दूर तक दौड़े। पता नहीं, दुष्ट इस समय मिलेगा भी या नहीं, शराब में मस्त पड़ा होगा। कहीं इधर बेचारी चल न बसी हो। कई बार इधर-उधर घूम जाने का विचार हुआ पर अंत:प्रेरणा ने सीधी राह से हटने न दिया। यहाँ तक कि बुद्धू का घर दिखाई पड़ा। डॉक्टर जयपाल की जान में जान आई। बुद्धू के दरवाज़े पर जाकर ज़ोर से कुंडी खटखटाई। भीतर से कुत्ते ने असभ्यतापूर्ण उत्तर दिया, पर किसी आदमी का शब्द न सुनाई दिया। फिर ज़ोर-ज़ोर से किवाड़ खटखटाए, कुत्ता और भी तेज़ पड़ा, बुढ़िया की नींद टूटी। बोली—यह कौन इतनी रात गए किवाड़ तोड़े डालता है?

डॉक्टर—मैं हूँ, जो कुछ देर हुई तुम्हारे पास आया था।

बुढ़िया ने बोली पहचानी, समझ गई इनके घर के किसी आदमी पर बिपत पड़ी, नहीं तो इतनी रात गए क्यों आते; पर अभी तो बुद्धू ने मूठ चलाई नहीं। उसका असर क्योंकर हुआ, समझाती थी तब न माने। ख़ूब फँसे। उठकर कुप्पी जलाई और उसे लिए बाहर निकली। डॉक्टर साहब ने पूछा—बुद्धू चौधरी सो रहे हैं। ज़रा उन्हें जगा दो।

बुढ़िया—न बाबू जी, इस बखत मैं न जगाऊँगी, मुझे कच्चा ही खा जाएगा, रात को लाट साहब भी आवें तो नहीं उठता।

डॉक्टर साहब ने थोड़े शब्दों में पूरी घटना कह सुनाई और बड़ी नम्रता के साथ कहा कि बुद्धू को जगा दे। इतने में बुद्धू अपने ही आप बाहर निकल आया और आँखें मलता हुआ बोला—कहिए बाबू जी, क्या हुकुम है।

बुढ़िया ने चिढ़कर कहा—तेरी नींद आज कैसे खुल गई, मैं जगाने गई होती तो मारने उठता।

डॉक्टर—मैंने सब माजरा बुढ़िया से कह दिया है, इसी से पूछो।

बुढ़िया—कुछ नहीं, तूने मूठ चलाई थी, रुपए इनके घर की महरी ने लिए हैं, अब उसका अब-तब हो रहा है।

डॉक्टर—बेचारी मर रही है, कुछ ऐसा उपाय करो कि उसके प्राण बच जाएँ!

बुद्धू—यह तो आपने बुरी सुनाई, मूठ को फेरना सहज नहीं है।

बुढ़िया—बेटा, जान जोखिम है, क्या तू जानता नहीं। कहीं उल्टे फेरनेवाले पर ही पड़े तो जान बचना ही कठिन हो जाए।

डॉक्टर—अब उसकी जान तुम्हारे ही बचाए बचेगी, इतना धर्म करो।

बुढ़िया—दूसरे की जान की ख़ातिर कोई अपनी जान गढ़े में डालेगा?

डॉक्टर—तुम रात-दिन यही काम करते हो, तुम उसके दाँव-घात सब जानते हो। मार भी सकते हो, जिला भी सकते हो। मेरा तो इन बातों पर बिलकुल विश्वास ही न था, लेकिन तुम्हारा कमाल देखकर दंग रह गया। तुम्हारे हाथों कितने ही आदमियों का भला होता है, उस ग़रीब बुढ़िया पर दया करो।

बुद्धू कुछ पसीजा, पर उसकी माँ मामलेदारी में उससे कहीं अधिक चतुर थी। डरी, कहीं यह नरम होकर मामला बिगाड़ न दे। उसने बुद्धू को कुछ कहने का अवसर न दिया। बोली—यह तो सब ठीक है, पर हमारे भी बाल-बच्चे हैं! न जाने कैसी पड़े कैसी न पड़े। वह हमारे सिर आवेगी न? आप तो अपना काम निकालकर अलग हो जाएँगे। मूठ फेरना हँसी नहीं है।

बुद्धू—हाँ बाबू जी, काम बड़े जोखिम का है।

डॉक्टर—काम जोखिम का है जो मुफ्त तो नहीं करवाना चाहता।

बुढ़िया—आप बहुत देंगे, सौ-पचास रुपए देंगे। इतने में हम कै दिन तक खाएँगे। मूठ फेरना साँप के बिल में हाथ डालना है, आग में कूदना है। भगवान् की ऐसी ही निगाह हो तो जान बचती है।

डॉक्टर—तो माता जी, मैं तुमसे बाहर तो नहीं होता हूँ। जो कुछ तुम्हारी मरजी हो वह कहो। मुझे तो उस ग़रीब की जान बचानी है। यहाँ बातों में देर हो रही है, वहाँ मालूम नहीं, उसका क्या हाल होगा।

बुढ़िया—देर तो आप ही कर रहे हैं, आप बात पक्की कर दें तो यह आपके साथ चला जाए। आपकी ख़ातिर यह जोखिम अपने सिर ले रही हूँ दूसरा होता तो झट इनकार कर जाती। आपके मुलाहजे में पड़कर जान-बूझकर ज़हर पी रही हूँ।

डॉक्टर साहब को एक क्षण एक वर्ष जान पड़ रहा था। बुद्धू को उसी समय अपने साथ ले जाना चाहते थे। कहीं उसका दम निकल गया तो यह जाकर क्या बनाएगा। उस समय उनकी आँखों में रुपए का कोई मूल्य न था। केवल यही चिन्ता थी कि जगिया मौत के मुँह से निकल आए। जिस रुपए पर वह अपनी आवश्यकताएँ और घरवालों की आकांक्षाएँ निछावर

करते उसे दया के आवेश ने बिलकुल तुच्छ बना दिया था। बोले—तुम्हीं बतलाओ, अब मैं क्या कहूँ, पर जो कुछ कहना हो झटपट कह दो।

बुढ़िया—अच्छा तो पाँच सौ रुपए दीजिए, इससे कम में काम न होगा।

बुद्धू ने माँ की ओर आश्चर्य से देखा, और डॉक्टर साहब मूर्छित से हो गए, निराशा से बोले—इतना मेरे बूते के बाहर है, जान पड़ता है उसके भाग्य में मरना ही बदा है।

बुढ़िया—तो जाने दीजिए, हमें अपनी जान भार थोड़े ही है। हमने तो आपके मुलाहिजे से इस काम का बीड़ा उठाया था। जाओ बुद्धू, सोओ।

डॉक्टर—बूढ़ी माता, इतनी निर्दयता न करो, आदमी का काम आदमी से निकलता है।

बुद्धू—नहीं बाबूजी, मैं हर तरह से आपका काम करने को तैयार हूँ, इसने पाँच सौ कहे, आप कुछ कम कर दीजिए। हाँ, जोखिम का ध्यान रखिएगा।

बुढ़िया—तू जा के सोता क्यों नहीं? इन्हें रुपए प्यारे हैं तो क्या तुझे अपनी जान प्यारी नहीं है। कल को लहू थूकने लगेगा तो कुछ बनाए न बनेगी, बाल-बच्चों को किस पर छोड़ेगा? है घर में कुछ?

डॉक्टर साहब ने संकोच करते हुए ढाई सौ रुपए कहे। बुद्धू राज़ी हो गया, मामला तय हुआ, डॉक्टर साहब उसे साथ लेकर घर की ओर चले। उन्हें ऐसी आत्मिक प्रसन्नता कभी न मिली थी। हारा हुआ मुक़दमा जीत कर अदालत से लौटने वाला मुक़दमेबाज़ भी इतना प्रसन्न न होगा। लपके चले जाते थे। बुद्धू से बार-बार तेज़ चलने को कहते। घर पहुँचे तो जगिया को बिलकुल मरने के निकट पाया। जान पड़ता था यही साँस अन्तिम साँस है। उनकी माँ और स्त्री दोनों आँसू भरे निराश बैठी थीं। बुद्धू को दोनों ने विनम्र दृष्टि से देखा। डॉक्टर साहब के आँसू भी न रुक सके। जगिया की ओर झुके तो आँसू की बूँदें उसके मुरझाए हुए पीले मुँह पर टपक पड़ीं। स्थिति ने बुद्धू को सजग कर दिया, बुढ़िया के देह पर हाथ रखते हुए बोला—बाबू जी, अब मेरा किया कुछ नहीं हो सकता, यह दम तोड़ रही है।

डॉक्टर साहब ने गिड़गिड़ा कर कहा—नहीं चौधरी, ईश्वर के नाम पर अपना मंत्र चलाओ, इसकी जान बच गई तो सदा के लिए मैं तुम्हारा ग़ुलाम बना रहूँगा।

बुद्धू—आप मुझे जान-बूझकर ज़हर खाने को कहते हैं। मुझे मालूम न था कि मूठ के देवता इस बखत इतने गरम हैं। वह मेरे मन में बैठे कह रहे हैं, तुमने हमारा शिकार छीना तो हम तुम्हें निगल जाएँगे।

डॉक्टर—देवता को किसी तरह राज़ी कर लो।

बुद्धू—राजी करना बड़ा कठिन है, पाँच सौ रुपए दीजिए तो इसकी जान बचे। उतारने के लिए बड़े-बड़े जतन करने पड़ेंगे।

डॉक्टर—पाँच सौ रुपए दे दूँ तो इसकी जान बचा दोगे?

बुद्धू—हाँ, शर्त बद कर।

डॉक्टर साहब बिजली की तरह लपककर अपने कमरे में आ गए और पाँच सौ रुपयों की थैली लाकर बुद्धू के सामने रख दी। बुद्धू ने विजय की दृष्टि से थैली को देखा। फिर जगिया का सर अपनी गोद में रखकर उस पर हाथ फेरने लगा। कुछ बुदबुदा कर छू-छू करता जाता था। एक क्षण में उसकी सूरत डरावनी हो गई, लपटें-सी निकलने लगीं। बार-बार अँगड़ाइयाँ लेने लगा। इसी दशा में एक बेसुरा गाना आरम्भ किया, पर हाथ जगिया के सर पर ही था।

अन्त में कोई आध घंटा बीतने पर जगिया ने आँखें खोल दीं, जैसे बुझते हुए दीये में तेल पड़ जाए। धीरे-धीरे उसकी अवस्था सुधरने लगी। उधर कौवे की बोली सुनाई दी, जगिया एक अँगड़ाई लेकर उठ बैठी।

7

सात बजे थे जगिया मीठी नींद सो रही थी; उसकी आकृति निरोग थी, बुद्धू रुपयों की थैली लेकर अभी गया था। डॉक्टर साहब की माँ ने कहा—बात-की-बात में पाँच सौ रुपए मार ले गया।

डॉक्टर—यह क्यों नहीं कहती कि एक मुरदे को जिला गया। क्या उसके प्राण का मूल्य इतना भी नहीं है।

माँ—देखो, आले पर पाँच सौ रुपए हैं या नहीं?

डॉक्टर—नहीं, उन रुपयों में हाथ मत लगाना, उन्हें वहीं पड़े रहने दो। उसने तीरथ करने के वास्ते लि, थे, वह उसी काम में लगेंगे।

माँ—यह सब रुपए उसी के भाग के थे।

डॉक्टर—उसके भाग के तो पाँच सौ ही थे, बाक़ी मेरे भाग के थे। उनकी बदौलत मुझे ऐसी शिक्षा मिली, जो उम्र भर न भूलेगी। तुम मुझे अब आवश्यक कामों में मुट्ठी बन्द करते हुए न पाओगी।

ब्रह्म का स्वाँग

स्त्री

मैं वास्तव में अभागिन हूँ, नहीं तो क्या मुझे नित्य ऐसे-ऐसे घृणित दृश्य देखने पड़ते! शोक की बात यह है कि वे मुझे केवल देखने ही नहीं पड़ते, वरन् दुर्भाग्य ने उन्हें मेरे जीवन का मुख्य भाग बना दिया है। मैं उस सुपात्र ब्राह्मण की कन्या हूँ, जिसकी व्यवस्था बड़े-बड़े गहन धार्मिक विषयों पर सर्वमान्य समझी जाती है। मुझे याद नहीं, घर पर कभी बिना स्नान और देवोपासना किए पानी की एक बूँद भी मुँह में डाली हो। मुझे एक बार कठिन ज्वर में स्नानादि के बिना दवा पीनी पड़ी थी; उसका मुझे महीनों खेद रहा। हमारे घर में धोबी क़दम नहीं रखने पाता! चमारिन दालान में भी नहीं बैठ सकती थी। किन्तु यहाँ आकर मैं मानो भ्रष्टलोक में पहुँच गई हूँ। मेरे स्वामी बड़े दयालु, बड़े चरित्रवान और बड़े सुयोग्य पुरुष हैं! उनके यह सद्गुण देखकर मेरे पिताजी उन पर मुग्ध हो गए थे। लेकिन! वे क्या जानते थे कि यहाँ लोग अघोर-पंथ के अनुयायी हैं। संध्या और उपासना तो दूर रही, कोई नियमित रूप से स्नान भी नहीं करता। बैठक में नित्य मुसलमान, क्रिस्तान सब आया-जाया करते हैं और स्वामी जी वहीं बैठे-बैठे पानी, दूध, चाय पी लेते हैं। इतना ही नहीं, वह वहीं बैठे-बैठे मिठाइयाँ भी खा लेते हैं। अभी कल की बात है, मैंने उन्हें लेमोनेड पीते देखा था। साईस जो चमार है, बेरोक-टोक घर में चला आता है। सुनती हूँ वे अपने मुसलमान मित्रों के घर दावतें खाने भी

जाते हैं। यह भ्रष्टाचार मुझसे नहीं देखा जाता। मेरा चित्त घृणा से व्याप्त हो जाता है। जब वे मुस्कुराते हुए मेरे समीप आ जाते हैं और हाथ पकड़कर अपने समीप बैठा लेते हैं तो मेरा जी चाहता है कि धरती फट जाए और मैं उसमें समा जाऊँ। हा हिन्दू जाति! तूने हम स्त्रियों को पुरुषों की दासी बनना ही क्या हमारे जीवन का परम कर्तव्य बना दिया! हमारे विचारों का, हमारे सिद्धान्तों का, यहाँ तक कि हमारे धर्म का भी कुछ मूल्य नहीं रहा।

× × ×

अब मुझे धैर्य नहीं। आज मैं इस अवस्था का अन्त कर देना चाहती हूँ। मैं इस आसुरिक भ्रष्ट-जाल से निकल जाऊँगी। मैंने अपने पिता की शरण में जाने का निश्चय कर लिया है। आज यहाँ सहभोजन हो रहा है, मेरे पति उसमें सम्मिलित ही नहीं, वरन् उसके मुख्य प्रेषकों में हैं। इन्हीं के उद्योग तथा प्रेरणा में यह विधर्मीय अत्याचार हो रहा है। समस्त जातियों के लोग एक साथ बैठकर भोजन कर रहे हैं। सुनती हूँ, मुसलमान भी एक ही पंक्ति में बैठे हुए हैं। आकाश क्यों नहीं गिर पड़ता! क्या भगवान् धर्म की रक्षा करने के लिए अवतार न लेंगे। ब्राह्मण जाति अपने निजी बन्धुओं के सिवाय अन्य ब्राह्मणों का भी पकाया भोजन नहीं करती, वही महान् जाति इस अधोगति को पहुँच गई कि कायस्थों, बनियों, मुसलमानों के साथ बैठकर खाने में लेशमात्र भी संकोच नहीं करती, बल्कि इसे जातीय गौरव, जातीय एकता का हेतु समझती है।

पुरुष

वह कौन शुभ घड़ी होगी कि इस देश की स्त्रियों में ज्ञान का उदय होगा और वे राष्ट्रीय संगठन में पुरुषों की सहायता करेंगी? हम कब तक ब्राह्मणों के गोरखधंधे में फँसे रहेंगे? हमारे विवाह-प्रवेश कब तक जानेंगे कि स्त्री और पुरुषों के विचारों की अनुकूलता और समानता गोत्र और वर्ण से कहीं अधिक महत्त्व रखती है। यदि ऐसा ज्ञात होता तो मैं वृन्दा का पति न होता और न वृन्दा मेरी पत्नी। हम दोनों के विचारों में ज़मीन और आसमान का अन्तर है। यद्यपि वह प्रत्यक्ष नहीं कहती, किन्तु मुझे विश्वास है कि वह मेरे विचारों को घृणा की दृष्टि से देखती है, मुझे ऐसा ज्ञात होता है कि वह मुझे स्पर्श भी नहीं करना चाहती। यह उसका दोष नहीं, यह हमारे माता-पिता का दोष है, जिन्होंने हम दोनों पर ऐसा घोर अत्याचार किया।

× × ×

कल वृन्दा खुल पड़ी। मेरे कई मित्रों ने सहभोज का प्रस्ताव किया था। मैंने उसका सहर्ष समर्थन किया। कई दिन के वाद-विवाद के पश्चात् अन्त को कल कुछ गिने-गिनाए सज्जनों ने सहभोज का सामान कर ही डाला। मेरे अतिरिक्त केवल चार और सज्जन ब्राह्मण थे, शेष अन्य जातियों के लोग थे। यह उदारता वृन्दा के लिए असह्य हो गई। जब मैं भोजन करके लौटा तो वह ऐसी विकल थी मानो उसके मर्मस्थल पर आघात हुआ हो। मेरी ओर विषादपूर्ण नेत्रों से देखकर बोली—अब तो स्वर्ग का द्वार अवश्य खुल गया होगा!

यह कठोर शब्द मेरे हृदय पर तीर के समान लगे! ऐंठकर बोला—स्वर्ग और नर्क की चिन्ता में वे रहते हैं—जो अपाहिज हैं, कर्तव्य-हीन हैं, निर्जीव हैं। हमारा स्वर्ग और नर्क सब इसी पृथ्वी पर है। हम इस कर्मक्षेत्र में कुछ कर जाना चाहते हैं।

वृन्दा—धन्य है आपके पुरुषार्थ को, आपके सामर्थ्य को। आज संसार में सुख और

शान्ति का साम्राज्य हो जाएगा। आपने संसार का उद्धार कर दिया। इससे बढ़कर उसका कल्याण क्या हो सकता है?

मैंने झुँझला कर कहा—अब तुम्हें इन विषयों के समझने की ईश्वर ने बुद्धि ही नहीं दी, तो क्या समझाऊँ। इस पारस्परिक भेदभाव से हमारे राष्ट्र को जो हानि हो रही है, उसे मोटी से मोटी बुद्धि का मनुष्य भी समझ सकता है। इस भेद को मिटाने से देश का कितना कल्याण होता है, इसमें किसी को सन्देह नहीं। हाँ, जो जानकर भी अनजान बने उसकी बात दूसरी है।

वृन्दा—बिना एक साथ भोजन किए परस्पर प्रेम उत्पन्न नहीं हो सकता?

मैंने इस विवाद में पड़ना अनुपयुक्त समझा। किसी ऐसी नीति की शरण लेनी आवश्यक जान पड़ी, जिसमें विवाद का स्थान ही न हो। वृन्दा की धर्म पर बड़ी श्रद्धा है, मैंने उसी के शास्त्र से उसे पराजित करना निश्चय किया। बड़े गम्भीर भाव से बोला—यदि असम्भव नहीं तो कठिन अवश्य है। किन्तु सोचो तो यह कितना घोर अन्याय है कि हम सब एक हो पिता की संतान होते हुए, एक दूसरे से घृणा करें, ऊँच-नीच की व्यवस्था में मग्न रहें। यह सारा जगत उसी परमपिता का विराट रूप है। प्रत्येक जीव में उसी परमात्मा की ज्योति आलोकित हो रही है। केवल इसी भौतिक परदे ने हमें एक दूसरे से पृथक् कर दिया है। यथार्थ में हम सब एक हैं। जिस प्रकार सूर्य का प्रकाश अलग-अलग घरों में जाकर भिन्न नहीं हो जाता, उसी प्रकार ईश्वर की महान् आत्मा पृथक्-पृथक् जीवों में प्रवृष्ट होकर विभिन्न नहीं होती...

मेरी इस ज्ञान-वर्षा ने वृन्दा के शुष्क हृदय को तृप्त कर दिया। वह तन्मय होकर मेरी बात सुनती रही। जब मैं चुप हुआ तो उसने मुझे भक्ति-भाव से देखा और रोने लगी।

स्त्री

स्वामी के ज्ञानोपदेश ने मुझे सजग कर दिया, मैं अँधेरे कुएँ में पड़ी थी। इस उपदेश ने मुझे उठाकर पर्वत के ज्योतिर्मय शिखर पर बैठा दिया। मैंने अपनी कुलीनता से, झूठे अभिमान से, अपने वर्ण की पवित्रता के गर्व में, कितनी आत्माओं का निरादर किया! परमपिता, तुम मुझे क्षमा करो, मैंने अपने पूज्यपाद पति से इस अज्ञान के कारण, जो अश्रद्धा प्रकट की है, जो कठोर शब्द कहे हैं, उन्हें क्षमा करना!

जब से मैंने यह अमृत वाणी सुनी है, मेरा हृदय अत्यन्त कोमल हो गया है, नाना प्रकार की सद्कल्पनाएँ चित्त में उठती रहती हैं। कल धोबिन कपड़े लेकर आई थी। उसके सिर में बड़ा दर्द था। पहले मैं उसे इस दशा में देखकर कदाचित् मौखिक संवेदना प्रकट करती, अथवा महरी से उसे थोड़ा तेल दिलवा देती, पर कल मेरा चित्त विकल हो गया। मुझे प्रतीत हुआ, मानो यह मेरी बहिन है। मैंने उसे अपने पास बैठा लिया और घंटे भर तक उसके सिर में तेल मलती रही। उस समय मुझे जो स्वर्गीय आनन्द हो रहा था, वह अकथनीय है। मेरा अंत:करण किसी प्रबल शक्ति के वशीभूत होकर उसकी ओर खिंचा चला जाता था। मेरी ननद ने आकर मेरे इस व्यवहार पर कुछ नाक-भौं चढ़ाई, पर मैंने लेशमात्र भी परवाह न की। आज प्रात:काल कड़ाके की सर्दी थी। हाथ-पाँव गले जाते थे। महरी काम करने आई तो खड़ी काँप रही थी। मैं लिहाफ ओढ़े अँगीठी के सामने बैठी हुई थी! तिस पर भी मुँह बाहर निकालते न बनता था। महरी की सूरत देखकर मुझे अत्यन्त दु:ख हुआ। मुझे अपनी स्वार्थवृत्ति पर लज्जा आई। इसके और मेरे बीच में क्या भेद है। इसकी आत्मा में उसी प्रकार

की ज्योति है। यह अन्याय क्यों? क्यों इसीलिए कि माया ने हम में भेद कर दिया है? मुझे कुछ और सोचने का साहस नहीं हुआ। मैं उठी, अपनी ऊनी चादर लाकर महरी को ओढ़ा दी और उसे हाथ पकड़कर अँगीठी के पास बैठा लिया। इसके उपरान्त मैंने अपना लिहाफ रख दिया और उसके साथ बैठकर बर्तन धोने लगी। वह सरल हृदय मुझे वहाँ से बार-बार हटाना चाहती थी। मेरी ननद ने आकर मुझे कौतूहल से देखा और इस प्रकार मुँह बनाकर चली गई, मानो मैं क्रीड़ा कर रही हूँ। सारे घर में हलचल पड़ गई और इस ज़रा-सी बात पर! हमारी आँखों पर कितने मोटे परदे पड़ गए हैं। हम परमात्मा का कितना अपमान कर रहे हैं?

पुरुष

कदाचित् मध्य पथ पर रहना नारी-प्रकृति ही में नहीं है—वह केवल सीमाओं पर ही रह सकती है। वृन्दा कहाँ तो अपनी कुलीनता और अपनी कुल-मर्यादा पर जान देती थी, कहाँ अब साम्य और सहृदयता की मूर्ति बनी हुई है। मेरे उस सामान्य उपदेश का यह चमत्कार है! अब मैं भी अपनी प्रेरक शक्तियों पर गर्व कर सकता हूँ। मुझे उसमें कोई आपत्ति नहीं है कि वह नीच जाति की स्त्रियों के साथ बैठे, हँसे और बोले। उन्हें कुछ पढ़कर सुनाए, लेकिन उनके पीछे अपने को बिलकुल भूल जाना मैं कदापि पसन्द नहीं कर सकता। तीन दिन हुए, मेरे पास एक चमार अपने ज़मींदार पर नालिश करने आया था। निस्सन्देह ज़मींदारों ने उसके साथ ज़्यादती की थी, लेकिन वकीलों का काम मुफ्त में मुक़दमे दायर करना नहीं। फिर एक चमार के पीछे एक बड़े ज़मींदार से बैर करूँ! ऐसे तो वकालत कर चुका! उसके रोने की भनक वृन्दा के कान में भी पड़ गई। बस, वह मेरे पीछे पड़ गई कि उस मुक़दमे को ज़रूर लो। मुझसे तर्क-वितर्क करने पर उद्यत हो गई। मैंने बहाना करके उसे किसी प्रकार टालना चाहा, लेकिन उसने मुझसे वकालतनामे पर हस्ताक्षर करा कर तब पिंड छोड़ा। उसका परिणाम यह हुआ कि, पिछले तीन दिन मेरे यहाँ मुफ्तखोर मुवक्किलों का ताँता लगा रहा और मुझे कई बार वृन्दा से कठोर शब्दों में बातें करनी पड़ीं। इसी से प्राचीन काल के व्यवस्थाकारों ने स्त्रियों को धार्मिक उपदेशों का पात्र नहीं समझा था। इनकी समझ में यह नहीं आता कि प्रत्येक सिद्धान्त का व्यावहारिक रूप कुछ और ही होता है। हम सभी जानते हैं कि ईश्वर न्यायशील है, किन्तु न्याय के पीछे अपनी परिस्थिति को कौन भूलता है। आत्मा की व्यापकता को यदि व्यवहार में लाया जाए तो आज संसार में साम्य का राज्य हो जाए, किन्तु उसी भाँति साम्य जैसे दर्शन का एक सिद्धान्त ही रहा और रहेगा, वैसे ही राजनीति भी एक अलभ्य वस्तु है और रहेगी। हम इन दोनों सिद्धान्तों की मुक्त कंठ से प्रशंसा करेंगे, उन पर तर्क करेंगे। अपने पक्ष को सिद्ध करने में उनसे सहायता लेंगे, किन्तु उनका उपयोग करना असम्भव है। मुझे नहीं मालूम था कि वृन्दा इतनी मोटी-सी बात भी न समझेगी!

× × ×

वृन्दा की बुद्धि दिनोंदिन उलटी होती जाती है। आज रसोई में सबके लिए एक ही प्रकार के भोजन बने। अब तक घरवालों के लिए महीन चावल पकते थे, तरकारियाँ घी में बनती थीं, दूध-मक्खन आदि दिया जाता था। नौकरों के लिए मोटा चावल, मटर की दाल और तेल की भाजियाँ बनती थीं। बड़े-बड़े रईसों के यहाँ भी यही प्रथा चली आती है। हमारे नौकरों ने कभी इस विषय में शिकायत नहीं की। किन्तु आज देखता हूँ, वृन्दा ने सबके लिए एक ही

भोजन बनाया है। मैं कुछ बोल न सका, भौंचक्का-सा हो गया। वृन्दा सोचती होगी कि भोजन में भेद करना नौकरों पर अन्याय है। कैसा बच्चों का-सा विचार है! नासमझ! यह भेद सदा रहा है और रहेगा। मैं राष्ट्रीय ऐक्य का अनुरागी हूँ। समस्त शिक्षित समुदाय राष्ट्रीयता पर जान देता है। किन्तु कोई स्वप्न में भी कल्पना नहीं करता कि हम मज़दूरों या सेवावृत्तिधारियों को समता का स्थान देंगे। हम उनमें शिक्षा का प्रचार करना चाहते हैं। उनको दीनावस्था से उठाना चाहते हैं। यह हवा संसार भर में फैली हुई है पर इसका मर्म क्या है, यह दिल में भी समझते हैं, चाहे कोई खोलकर न कहे। इसका अभिप्राय यही है कि हमारा राजनैतिक महत्त्व बढ़े, हमारा प्रभुत्व उदय हो, हमारे राष्ट्रीय आंदोलन का प्रभाव अधिक हो, हमें यह कहने का अधिकार हो जाए कि हमारी ध्वनि केवल मुट्ठी भर शिक्षित वर्ग ही की नहीं, वरन् समस्त जाति की संयुक्त ध्वनि है, पर वृन्दा को यह रहस्य कौन समझावे!

स्त्री

कल मेरे पति महाशय खुल पड़े। इसीलिए मेरा चित्त खिन्न है। प्रभो! संसार में इतना दिखावा, इतनी स्वार्थांधता है, हम इतने दीन घातक हैं। उनका उपदेश सुनकर मैं उन्हें देवतुल्य समझने लगी थी। आज मुझे ज्ञान हो गया कि जो लोग एक साथ दो नाव पर बैठना जानते हैं, वे ही जाति के हितैषी कहलाते हैं।

कल मेरी ननद की विदाई थी। वह ससुराल जा रही थी। बिरादरी की कितनी ही महिलाएँ निमंत्रित थीं। वे उत्तम-उत्तम वस्त्रभूषण पहने कालीनों पर बैठी हुई थीं। मैं उनका स्वागत कर रही थी। निदान मुझे द्वार के निकट कई स्त्रियाँ भूमि पर बैठी हुई दिखाई दीं, जहाँ इन महिलाओं की जूतियाँ और स्लीपरें रक्खी हुई थीं। वे बेचारी भी विदाई देखने आई थीं। मुझे उनका वहाँ बैठना अनुचित जान पड़ा। मैंने उन्हें भी लाकर कालीन पर बैठा दिया। इस पर महिलाओं में मटकियाँ होने लगीं और थोड़ी देर में वे किसी न किसी बहाने से एक-एक करके चली गईं। मेरे पति महाशय से किसी ने यह समाचार कह दिया। वे बाहर से क्रोध में भरे हुए आए और आँखें लाल करके बोले—यह तुम्हें क्या सूझी है, क्या हमारे मुँह में कालिख लगवाना चाहती हो? तुम्हें ईश्वर ने इतनी भी बुद्धि नहीं दी कि किसके साथ बैठना चाहिए। भले घर की महिलाओं के साथ नीच स्त्रियों को बैठा दिया! वे अपने मन में क्या कहती होंगी! तुमने मुझे मुँह दिखाने लायक नहीं रखा। छि:! छि:!!

मैंने सरल भाव से कहा—इससे महिलाओं का तो क्या अपमान हुआ! आत्मा तो सबकी एक ही है। आभूषणों से आत्मा तो ऊँची नहीं हो जाती!

पति महाशय ने होंठ चबाकर कहा—चुप भी रहो, बेसुरा राग अलाप रही हो। बस वही मुर्गी की एक टाँग। आत्मा एक है, परमात्मा एक है? न कुछ जानो न बूझो, सारे शहर में नक्कू बना दिया, उस पर और बोलने को मरती हो। उन महिलाओं की आत्मा को कितना दु:ख हुआ, कुछ इस पर भी ध्यान दिया?

मैं विस्मित होकर उनका मुँह ताकने लगी।

× × ×

आज प्रात:काल उठी तो मैंने एक विचित्र दृश्य देखा। रात को मेहमानों की जूठी पत्तल, सकोरे, दोने आदि बाहर मैदान में फेंक दिए गए थे। पचासों मनुष्य उन पत्तलों पर गिरे हुए उन्हें चाट रहे

थे! हाँ, मनुष्य थे, वही मनुष्य जो परमात्मा के निज स्वरूप हैं। कितने ही कुत्ते भी उन पत्तलों पर झपट रहे थे, पर वे कंगले कुत्तों को मार-मारकर भगा देते थे। उनकी दशा कुत्तों से भी गई-बीती थी। यह कौतुक देखकर मुझे रोमांच होने लगा, मेरी आँखों से अश्रुधारा बहने लगी। भगवान्! ये भी हमारे भाई-बहन हैं, हमारी आत्माएँ हैं। उनकी ऐसी शोचनीय, दीन दशा! मैंने तत्क्षण महरी को भेज कर उन मनुष्यों को बुलाया और जितनी पूरी-मिठाइयाँ मेहमानों के लिए रखी हुई थीं, सब पत्तलों में रखकर उन्हें दे दीं। महरी थर-थर काँप रही थी, सरकार सुनेंगे तो मेरे सिर का बाल भी न छोड़ेंगे। लेकिन मैंने उसे ढाढ़स दिया, तब उसकी जान में जान आई।

अभी ये बेचारे कंगले मिठाइयाँ खा ही रहे थे कि पति महाशय मुँह लाल किए हुए आए और अत्यन्त कठोर स्वर में बोले—तुमने भंग तो नहीं खा ली? जब देखो, एक न एक उपद्रव खड़ा कर देती हो। मेरी तो समझ में नहीं आता कि तुम्हें क्या हो गया है। ये मिठाइयाँ डोमड़ों के लिए नहीं बनाई गई थीं। इनमें घी, शक्कर, मैदा लगा था, जो आजकल मोतियों के मोल बिक रहा है। हलवाइयों को दूध के धोए रुपए मज़दूरी के दिए गए थे। तुमने उठाकर सब डोमड़ों को खिला दीं। अब मेहमानों को क्या खिलाया जाएगा? तुमने मेरी इज़्ज़त बिगाड़ने का प्रण कर लिया है क्या?

मैंने गम्भीर भाव से कहा—आप व्यर्थ इतने क्रुद्ध होते हैं। आपकी जितनी मिठाइयाँ खिला दी हैं, वह मैं मँगवा दूँगी। मुझसे यह नहीं देखा जाता कि कोई आदमी तो मिठाइयाँ खाय और कोई पत्तलें चाटें। डोमड़े भी तो मनुष्य ही हैं। उनके जीव में भी तो उसी...

स्वामी ने बात काट कर कहा—रहने भी दो, मरी तुम्हारी आत्मा! बस तुम्हारी ही रक्षा से आत्मा की रक्षा होगी। यदि ईश्वर की इच्छा होती कि प्राणिमात्र को समान सुख प्राप्त हो तो उसे सबको एक दशा में रखने से किसने रोका था? वह ऊँच-नीच का भेद होने ही क्यों देता है? जब उसकी आज्ञा के बिना एक पत्ता भी नहीं हिल सकता, तो इतनी महान् सामाजिक व्यवस्था उसकी आज्ञा के बिना क्योंकर भंग हो सकती है? जब वह स्वयं सर्वव्यापी है तो वह अपने ही को ऐसे-ऐसे घृणोत्पादक अवस्थाओं में क्यों रखता है? जब तुम इन प्रश्नों का कोई उत्तर नहीं दे सकती तो उचित है कि संसार की वर्तमान रीतियों के अनुसार चलो। इन बेसिर-पैर की बातों से हँसी और निन्दा के सिवाय और कुछ लाभ नहीं।

मेरे चित्त की क्या दशा हुई, वर्णन नहीं कर सकती। मैं अवाक् रह गई। हा स्वार्थ! हा मायांधकार! हम ब्रह्म का भी स्वाँग बनाते हैं।

उसी क्षण से पतिश्रद्धा और पतिभक्ति का भाव मेरे हृदय से लुप्त हो गया!

यह घर मुझे अब कारागार लगता है; किन्तु मैं निराश नहीं हूँ। मुझे विश्वास है कि जल्दी या देर ब्रह्म ज्योति यहाँ अवश्य चमकेगी और वह इस अंधकार को नष्ट कर देगी।

विमाता

स्त्री की मृत्यु के तीन ही मास बाद पुनर्विवाह करना मृतात्मा के साथ ऐसा अन्याय और उसकी आत्मा पर ऐसा आघात है जो कदापि क्षम्य नहीं हो सकता। मैं यह कहूँगा कि उस

स्वर्गवासिनी की मुझसे अन्तिम प्रेरणा थी और न मेरा शायद यह कथन ही मान्य समझा जाए कि हमारे छोटे बालक के लिए 'माँ' की उपस्थिति परमावश्यक थी। परन्तु इस विषय में मेरी आत्मा निर्मल है और मैं आशा करता हूँ कि स्वर्गलोक में मेरे इस कार्य की निर्दय आलोचना न की जाएगी। सारांश यह कि मैंने विवाह किया और यद्यपि एक नव-विवाहिता वधू को मातृत्व उपदेश बेसुरा राग था, पर मैंने पहले ही दिन अम्बा से कह दिया कि मैंने तुमसे केवल इस अभिप्राय से विवाह किया है कि तुम मेरे भोले बालक की माँ बनो और उसके हृदय से उसकी माँ की मृत्यु का शोक भुला दो।

2

दो मास व्यतीत हो गए। मैं संध्या समय मुन्नू को साथ लेकर वायु सेवन को जाया करता था। लौटते समय कतिपय मित्रों से भेंट भी कर लिया करता था। उन संगतों में मुन्नू श्यामा की भाँति चहकता। वास्तव में इन संगतों से मेरा अभिप्राय मनोविनोद नहीं, केवल मुन्नू के असाधारण बुद्धि चमत्कार को प्रदर्शित करना था। मेरे मित्रगण जब मुन्नू को प्यार करते और उसकी विलक्षण बुद्धि की सराहना करते तो मेरा हृदय बाँसों उछलने लगता था। एक दिन मैं मुन्नू के साथ बाबू ज्वालासिंह के घर बैठा हुआ था। ये मेरे परम मित्र थे। मुझमें और उनमें कुछ भेदभाव न था। इसका अर्थ यह नहीं है कि हम अपनी क्षुद्रताएँ, अपने पारिवारिक कलहादि और अपनी आर्थिक कठिनाइयाँ बयान किया करते थे। नहीं, हम इन मुलाक़ातों में भी अपनी प्रतिष्ठा की रक्षा करते थे और अपनी दुरवस्था का ज़िक्र कभी हमारी ज़बान पर न आता था। अपनी कालिमाओं को सदैव छिपाते थे। एकता में भी भेद था और घनिष्ठता में भी अन्तर। अचानक बाबू ज्वालासिंह ने मुन्नू से पूछा—'क्यों तुम्हारी अम्माँ तुम्हें ख़ूब प्यार करती हैं न?' मैंने मुस्कुराकर मुन्नू की ओर देखा। उसके उत्तर के विषय में मुझे कोई सन्देह न था। मैं भली-भाँति जानता था कि अम्माँ उसे बहुत प्यार करती है। परन्तु मेरे आश्चर्य का ठिकाना न रहा जब मुन्नू ने इस प्रश्न का उत्तर मुख से न देकर नेत्रों से दिया। उसके नेत्रों से आँसू की बूँदें टपकने लगीं। मैं लज्जा से गड़ गया। इस अश्रु-जल ने अम्बा के उस सुन्दर चित्र को नष्ट-भ्रष्ट कर दिया जो गत दो मास से मैंने हृदय में अंकित कर रखा था। ज्वालासिंह ने कुछ संशय की दृष्टि से देखा और पुनः मुन्नू से पूछा—'क्यों रोते हो बेटा?' मुन्नू बोला—'रोता नहीं हूँ, आँखों में धुआँ लग गया था।' ज्वालासिंह का विमाता की ममता पर सन्देह करना स्वाभाविक बात थी; परन्तु वास्तव में मुझे भी सन्देह हो गया! अम्बा सहृदयता और स्नेह की वह देवी नहीं है, जिसकी सराहना करते मेरी जिह्वा न थकती थी। वहाँ से उठा तो मेरा हृदय भरा हुआ था और लज्जा से माथा न उठता था।

3

मैं घर की ओर चला तो मन में विचार करने लगा कि किस प्रकार अपने क्रोध को प्रकट करूँ। क्यों न मुँह ढाँक कर सो रहूँ। अम्बा जब पूछे तो कठोरता से कह दूँ कि सिर में पीड़ा है, मुझे तंग मत करो। भोजन के लिए उठाए तो झिड़क कर उत्तर दूँ। अम्बा अवश्य समझ जाएगी कि कोई बात मेरी इच्छा के प्रतिकूल हुई है। मेरे पाँव पकड़ने लगेगी। उस समय अपनी व्यंग्यपूर्ण बातों से उसका हृदय बेध डालूँगा। ऐसा रुलाऊँगा कि वह भी याद करे। पुनः

विचार आया कि उसका हँसमुख चेहरा देखकर मैं अपने हृदय को वश में रख सकूँगा या नहीं। उसकी एक प्रेम-पूर्ण दृष्टि, एक मीठी बात, एक रसीली चुटकी मेरी शिलातुल्य रुष्टता के टुकड़े-टुकड़े कर सकती है। परन्तु हृदय की इस निर्बलता पर मेरा मन झुँझला उठा। यह मेरी क्या दशा है, क्यों इतनी जल्दी मेरे चित्त की काया पलट गई? मुझे पूर्ण विश्वास था कि मैं इन मृदुल वाक्यों की आँधी और ललित कटाक्षों के बहाव में भी अचल रह सकता हूँ और कहाँ अब यह दशा हो गई कि मुझमें साधारण झोंके को भी सहन करने की सामर्थ्य नहीं! इन विचारों से हृदय में कुछ दृढ़ता आई, तिस पर भी क्रोध की लगाम पग-पग पर ढीली होती जाती थी। अन्त में मैंने हृदय को बहुत दबाया और बनावटी क्रोध का भाव धारण किया। ठान लिया कि चलते ही चलते एकदम से बरस पड़ूँगा।

ऐसा न हो कि विलम्बरूपी वायु इस क्रोधरूपी मेघ को उड़ा ले जाए, परन्तु ज्यों ही घर पहुँचा, अम्बा ने दौड़कर मुन्नू को गोदी में ले लिया और प्यार से सने हुए कोमल स्वर से बोली—'आज तुम इतनी देर तक कहाँ घूमते रहे? चलो, देखो, मैंने तुम्हारे लिए कैसी अच्छी-अच्छी फुलौड़ियाँ बनाई हैं।' मेरा कृत्रिम क्रोध एक क्षण में उड़ गया। मैंने विचार किया, इस देवी पर क्रोध करना भारी अत्याचार है। मुन्नू अबोध बालक है। सम्भव है कि वह अपनी माँ का स्मरण कर रो पड़ा हो। अम्बा इसके लिए दोषी नहीं ठहराई जा सकती। हमारे मनोभाव पूर्व विचारों के अधीन नहीं होते, हम उनको प्रकट करने के निमित्त कैसे-कैसे शब्द गढ़ते हैं, परन्तु समय पर शब्द हमें धोखा दे जाते हैं और वे ही भावनाएँ स्वाभाविक रूप से प्रकट होती हैं। मैंने अम्बा को न तो कोई व्यंग्यपूर्ण बातें ही कहीं और न क्रोधित हो मुख ढाँक कर सोया ही, बल्कि अत्यन्त कोमल स्वर में बोला—मुन्नू ने आज मुझे अत्यन्त लज्जित किया। ख़ज़ानची साहब ने पूछा तुम्हारी नई अम्माँ तुम्हें प्यार करती हैं या नहीं, तो ये रोने लगा। मैं लज्जा से गड़ गया। मुझे तो स्वप्न में भी यह विचार नहीं हो सकता कि तुमने इसे कुछ कहा होगा। परन्तु अनाथ बच्चों का हृदय उस चित्र की भाँति होता है जिस पर एक बहुत ही साधारण परदा पड़ा हुआ हो। पवन का साधारण झोंका भी उसे हटा देता है।

ये बातें कितनी कोमल थीं, तिस पर भी अम्बा का विकसित मुखमंडल कुछ मुरझा गया। वह सजल नेत्र होकर बोली—इस बात का विचार तो मैंने यथासाध्य पहले ही दिन से रखा है। परन्तु यह असम्भव है कि मैं मुन्नू के हृदय से माँ का शोक मिटा दूँ। मैं चाहे अपना सर्वस्व अर्पण कर दूँ, परन्तु मेरे नाम पर जो सौतेलेपन की कालिमा लगी हुई है, वह मिट नहीं सकती।

4

मुझे भय था कि इस वार्तालाप का परिणाम कहीं विपरीत न हो, परन्तु दूसरे ही दिन मुझे अम्बा के व्यवहार में बहुत अन्तर दिखाई देने लगा। मैं उसे प्रात:-सायंकाल पर्यंत मुन्नू की ही सेवा में लगी हुई देखता, यहाँ तक कि उस धुन में उसे मेरी भी चिन्ता न रहती थी। परन्तु मैं ऐसा त्यागी न था कि अपने आराम को मुन्नू पर अर्पण कर देता। कभी-कभी मुझे अम्बा की यह अश्रद्धा न भाती, परन्तु मैं कभी भूलकर भी इसकी चर्चा न करता। एक दिन मैं अनियमित रूप से दफ़्तर से कुछ पहले ही आ गया। क्या देखता हूँ कि मुन्नू द्वार पर भीतर की ओर मुख किए खड़ा है। मुझे इस समय आँख-मिचौनी खेलने की सूझी। मैंने दबे पाँव पीछे से जाकर उसके नेत्र मूँद लिये। पर शोक! उसके दोनों गाल अश्रुपूरित थे। मैंने तुरन्त दोनों हाथ हटा

लिये। ऐसा प्रतीत हुआ मानो सर्प ने डस लिया हो। हृदय पर एक चोट लगी। मुन्नू को गोद में लेकर बोला—मुन्नू, क्यों रोते हो? यह कहते-कहते मेरे नेत्र भी सजल हो आए।

मुन्नू आँसू पीकर बोला—जी नहीं, रोता नहीं हूँ।

मैंने उसे हृदय से लगा लिया और कहा—अम्माँ ने कुछ कहा तो नहीं?

मुन्नू ने सिसकते हुए कहा—जी नहीं, मुझे वह बहुत प्यार करती हैं।

मुझे विश्वास न हुआ, पूछा—वह प्यार करती तो तुम रोते क्यों? उस दिन ख़ज़ानची के घर भी तुम रोए थे। तुम मुझसे छिपाते हो। कदाचित् तुम्हारी अम्माँ अवश्य तुमसे कुछ क्रुद्ध हुई हैं।

मुन्नू ने मेरी ओर कातर दृष्टि से देखकर कहा—जी नहीं, वह मुझे प्यार करती हैं इसी कारण मुझे बारम्बार रोना आता है। मेरी अम्माँ मुझे अत्यन्त प्यार करती थीं। वह मुझे छोड़कर चली गईं। नई अम्माँ उससे भी अधिक प्यार करती हैं। इसीलिए मुझे भय लगता है कि उसकी तरह यह भी मुझे छोड़कर न चली जाए।

यह कहकर मुन्नू पुनः फूट-फूटकर रोने लगा। मैं भी रो पड़ा। अम्बा के इस स्नेहमय व्यवहार ने मुन्नू के सुकोमल हृदय पर कैसा आघात किया था। थोड़ी देर तक मैं स्तम्भित रह गया। किसी कवि की यह वाणी स्मरण आ गई कि पवित्र आत्माएँ इस संसार में चिरकाल तक नहीं ठहरतीं। कहीं भावी ही इस बालक की जिह्वा से तो यह शब्द नहीं कहला रही है। ईश्वर न करे कि वह अशुभ दिन देखना पड़े। परन्तु मैंने तर्क द्वारा इस शंका को दिल से निकाल दिया। समझा कि माता की मृत्यु ने प्रेम और वियोग में एक मानसिक सम्बन्ध उत्पन्न कर दिया है और कोई बात नहीं है। मुन्नू को गोद में लिए हुए अम्बा के पास गया और मुस्कुराकर बोला—'इनसे पूछो क्यों रो रहे हैं?' अम्बा चौंक पड़ी। उसके मुख की कांति मलिन हो गई। बोली—तुम्हीं पूछो। मैंने कहा—यह इसलिए रोते हैं कि तुम इन्हें अत्यन्त प्यार करती हो और इनको भय है कि तुम भी इनकी माता की भाँति इन्हें छोड़कर न चली जाओ। जिस प्रकार गर्द साफ़ हो जाने से दर्पण चमक उठता है, उसी भाँति अम्बा का मुखमंडल प्रकाशित हो गया। उसने मुन्नू को मेरी गोद से छीन लिया और कदाचित् यह प्रथम अवसर था कि उसने ममतापूर्ण स्नेह से मुन्नू के पाँव का चुम्बन किया।

5

शोक! महा शोक!! मैं क्या जानता था कि मुन्नू की अशुभ कल्पना इतनी शीघ्र पूर्ण हो जाएगी। कदाचित् उसकी बाल-दृष्टि ने होनहार को देख लिया था, कदाचित् उसके बाल श्रवण मृत्यु दूतों के विकराल शब्दों से परिचित थे।

छह मास भी व्यतीत न होने पाए थे कि अम्बा बीमार पड़ी और एन्फ़्लुएंजा ने देखते-देखते उसे हमारे हाथों से छीन लिया। पुनः वह उपवन मरुतुल्य हो गया, पुनः वह बसा हुआ घर उजड़ गया। अम्बा ने अपने को मुन्नू पर अर्पण कर दिया था—हाँ, उसने पुत्र-स्नेह का आदर्श रूप दिखा दिया। शीतकाल था और वह घड़ी रात्रि शेष रहते ही मुन्नू के लिए प्रातःकाल का भोजन बनाने उठती थी। उसके इस स्नेह-बाहुल्य ने मुन्नू पर स्वाभाविक प्रभाव डाल दिया था। वह हठीला और नटखट हो गया था। जब तक अम्बा भोजन कराने न बैठे, मुँह में कौर न डालता, जब तक अम्बा पंखा न झले, वह चारपाई पर पाँव न रखता। उसे छेड़ता, चिढ़ाता और हैरान कर डालता। परन्तु अम्बा को इन बातों से आत्मिक सुख प्राप्त होता था। एन्फ़्लुएंज़ा

से कराह रही थी, करवट लेने तक की शक्ति न थी, शरीर तवा हो रहा था, परन्तु मुन्नू के प्रात:काल के भोजन की चिन्ता लगी रहती थी। हाय! वह नि:स्वार्थ मातृ-स्नेह अब स्वप्न हो गया। उस स्वप्न के स्मरण से अब भी हृदय गद्गद हो जाता है। अम्बा के साथ मुन्नू का चुलबुलापन तथा बाल क्रीड़ा विदा हो गई। अब वह शोक और नैराश्य की जीवित मूर्ति है, वह अब भी नहीं रोता। ऐसा पदार्थ खोकर अब उसे कोई खटका, कोई भय नहीं रह गया।

बूढ़ी काकी

बुढ़ापा बहुधा बचपन का पुनरागमन हुआ करता है। बूढ़ी काकी में जिह्वा-स्वाद के सिवा और कोई चेष्टा शेष न थी और न अपने कष्टों की ओर आकर्षित करने का, रोने के अतिरिक्त कोई दूसरा सहारा ही। समस्त इन्द्रियाँ, नेत्र, हाथ और पैर जवाब दे चुके थे! पृथ्वी पर पड़ी रहती और घर वाले कोई बात उनकी इच्छा के प्रतिकूल करते, भोजन का समय टल जाता या उसका परिमाण पूर्ण न होता, अथवा बाज़ार से कोई वस्तु आती और न मिलती तो ये रोने लगती थीं। उनका रोना-सिसकना साधारण रोना न था, वे गला फाड़-फाड़ कर रोती थीं।

उनके पतिदेव को स्वर्ग सिधारे कालांतर हो चुका था। बेटे तरुण हो-होकर चल बसे थे। अब एक भतीजे के सिवाय और कोई न था। उसी भतीजे के नाम उन्होंने अपनी सारी सम्पत्ति लिख दी। भतीजे ने सारी सम्पत्ति लिखाते समय ख़ूब लम्बे-चौड़े वादे किए, किन्तु वे सब वादे केवल कुली डिपो के दलालों के दिखाए हुए सब्ज़बाग थे। यद्यपि उस सम्पत्ति की वार्षिक आय डेढ़-दो सौ रुपए से कम न थी तथापि बूढ़ी काकी को पेट भर भोजन भी कठिनाई से मिलता था। इसमें उनके भतीजे पंडित बुद्धिराम का अपराध था अथवा उनकी अर्द्धांगिनी श्रीमती रूपा का, इसका निर्णय करना सहज नहीं। बुद्धिराम स्वभाव के सज्जन थे, किन्तु उसी समय तक जब कि उनके कोष पर कोई आँच न आए। रूपा स्वभाव से तीव्र थी सही, पर ईश्वर से डरती थी। अतएव बूढ़ी काकी को उसकी तीव्रता उतनी न खलती थी जितनी बुद्धिराम की भलमनसाहत।

बुद्धिराम को कभी-कभी अपने अत्याचार का खेद होता था। विचारते कि इसी सम्पत्ति के कारण मैं इस समय भलामानुष बना बैठा हूँ। यदि मौखिक आश्वासन और सूखी सहानुभूति से स्थिति में सुधार हो सकता तो उन्हें कदाचित् कोई आपत्ति न होती, परन्तु विशेष व्यय का भय उनकी सुचेष्टा को दबाए रखता था। यहाँ तक कि यदि द्वार पर कोई भला आदमी बैठा होता और बूढ़ी काकी उस समय अपना राग अलापने लगतीं तो वह आग हो जाते और घर में आकर उन्हें ज़ोर से डाँटते। लड़कों को बुड्ढों से स्वाभाविक विद्वेष होता ही है और फिर जब माता-पिता का यह रंग देखते तो वे बूढ़ी काकी को और सताया करते। कोई चुटकी काट कर भागता, कोई उन पर पानी की कुल्ली कर देता! काकी चीख़ मारकर रोतीं, परन्तु यह बात प्रसिद्ध थी कि वह केवल खाने के लिए रोती हैं, अतएव उनके संताप और आर्त्तनाद पर कोई ध्यान नहीं देता था। हाँ, काकी क्रोधातुर होकर बच्चों को गालियाँ देने लगतीं तो रूपा घटनास्थल पर आ पहुँचती। इस भय से काकी अपनी जिह्वा कृपाण का कदाचित् ही प्रयोग करती थीं, यद्यपि उपद्रव-शान्ति का यह उपाय रोने से कहीं अधिक उपयुक्त था।

सम्पूर्ण परिवार में यदि काकी से किसी को अनुराग था, तो वह बुद्धिराम की छोटी लड़की लाडली थी। लाडली अपने दोनों भाइयों के भय से अपने हिस्से की मिठाई-चबैना बूढ़ी काकी के पास बैठकर खाया करती थी। यही उसका रक्षागार था और यद्यपि काकी की शरण उनकी लोलुपता के कारण बहुत महँगी पड़ती थी, तथापि भाइयों के अन्याय से कहीं सुलभ थी। इसी स्वार्थानुकूलता ने उन दोनों में सहानुभूति का आरोपण कर दिया था।

2

रात का समय था। बुद्धिराम के द्वार पर शहनाई बज रही थी और गाँव के बच्चों का झुंड विस्मयपूर्ण नेत्रों से गाने का रसास्वादन कर रहा था। चारपाइयों पर मेहमान विश्राम करते हुए नाइयों से मुक्कियाँ लगवा रहे थे। समीप ही खड़ा हुआ भाट विरुदावली सुना रहा था और कुछ भावज्ञ मेहमानों की 'वाह, वाह' पर ऐसा ख़ुश हो रहा था मानो इस वाह-वाह का यथार्थ में वही अधिकारी है। दो-एक अँगरेज़ी पढ़े हुए नवयुवक इन व्यवहारों से उदासीन थे। वे इस गँवार मंडली में बोलना अथवा सम्मिलित होना अपनी प्रतिष्ठा के प्रतिकूल समझते थे।

आज बुद्धिराम के बड़े लड़के मुखराम का तिलक आया है। यह उसी का उत्सव है। घर के भीतर स्त्रियाँ गा रही थीं और रूपा मेहमानों के लिए भोजन के प्रबन्ध में व्यस्त थी। भट्ठियों पर कड़ाह चढ़ रहे थे। एक में पूड़ियाँ-कचौड़ियाँ निकल रही थीं, दूसरे में अन्य पकवान बनते थे। एक बड़े हंडे में मसालेदार तरकारी पक रही थी। घी और मसाले की क्षुधावर्द्धक सुगंधि चारों ओर फैली हुई थी।

बूढ़ी काकी अपनी कोठरी में शोकमय विचार की भाँति बैठी हुई थीं। यह स्वाद-मिश्रित सुगंधि उन्हें बेचैन कर रही थी। वे मन ही मन विचार कर रही थीं, सम्भवत: मुझे पूड़ियाँ न मिलेंगी। इतनी देर हो गई, कोई भोजन लेकर नहीं आया। मालूम होता है, सब लोग भोजन कर चुके हैं। मेरे लिए कुछ न बचा। यह सोचकर उन्हें रोना आया, परन्तु अशकुन के भय से वह रो न सकीं।

'आहा! कैसी सुगंधि है? अब मुझे कौन पूछता है? जब रोटियों ही के लाले पड़े हैं तब ऐसे भाग्य कहाँ कि भरपेट पूड़ियाँ मिलें?' यह विचार कर उन्हें रोना आया, कलेजे में हूक-सी उठने लगी। परन्तु रूपा के भय से उन्होंने फिर मौन धारण कर लिया।

बूढ़ी काकी देर तक इन्हीं दु:खदायक विचारों में डूबी रहीं। घी और मसालों की सुगंधि रह-रहकर मन को आपे से बाहर किए देती थी। मुँह में पानी भर-भर आता था। पूड़ियों का स्वाद स्मरण करके हृदय में गुदगुदी होने लगती थी। किसे पुकारूँ, आज लाडली बेटी भी नहीं आई। दोनों छोकड़े सदा दिक किया करते हैं। आज उनका भी कहीं पता नहीं। कुछ मालूम तो होता कि क्या बन रहा है।

बूढ़ी काकी की कल्पना में पूड़ियों की तस्वीर नाचने लगी। ख़ूब लाल-लाल, फूली-फूली, नरम-नरम होंगी। रूपा ने भली-भाँति भोजन किया होगा। कचौड़ियों में अजवाइन और इलायची की महक आ रही होगी। एक पूड़ी मिलती तो ज़रा हाथ में लेकर देखती। क्यों न चलकर कड़ाह के सामने ही बैठूँ। पूड़ियाँ छन-छन कर तैयार होंगी। कड़ाह से गरम-गरम निकालकर थाल में रखी जाती होंगी। फूल हम घर में भी सूँघ सकते हैं; परन्तु वाटिका में कुछ और बात होती है। इस प्रकार निर्णय करके बूढ़ी काकी उकड़ूँ बैठकर

हाथों के बल सरकती हुई बड़ी कठिनाई से चौखट से उतरीं और धीरे-धीरे रेंगती हुई कड़ाह के पास आ बैठीं। यहाँ आने पर उन्हें उतना ही धैर्य हुआ जितना भूखे कुत्ते को खाने वाले के सम्मुख बैठने में होता है।

रूपा उस समय कार्य-भार से उद्विग्न हो रही थी। कभी इस कोठे में जाती, कभी उस कोठे में, कभी कड़ाह के पास आती, कभी भंडार में जाती। किसी ने बाहर से आकर कहा—'महाराज ठंडाई माँग रहे हैं।' ठंडाई देने लगी। इतने में फिर किसी ने आकर कहा—'भाट आया है, उसे कुछ दे दो।' भाट के लिए सीधा निकाल रही थी कि एक तीसरे आदमी ने आकर पूछा—'अभी भोजन तैयार होने में कितना विलम्ब है? ज़रा ढोल-मजीरा उतार दो।' बेचारी अकेली स्त्री दौड़ते-दौड़ते व्याकुल हो रही थी, झुँझलाती थी, कुढ़ती थी, परन्तु क्रोध प्रकट करने का अवसर न पाती थी। भय होता, कहीं पड़ोसिनें यह न कहने लगें कि इतने में उबल पड़ीं। प्यास से स्वयं कंठ सूख रहा था। गर्मी के मारे फुँकी जाती थी, परन्तु इतना अवकाश भी नहीं था कि ज़रा पानी पी ले अथवा पंखा लेकर झले। यह भी खटका था कि ज़रा आँख हटी और चीज़ों की लूट मची। इस अवस्था में उसने बूढ़ी काकी को कड़ाह के पास बैठी देखा तो जल गई। क्रोध न रुक सका। इसका भी ध्यान न रहा कि पड़ोसिनें बैठी हुई हैं, मन में क्या कहेंगी, पुरुषों में लोग सुनेंगे तो क्या कहेंगे। जिस प्रकार मेंढक केंचुए पर झपटता है, उसी प्रकार वह बूढ़ी काकी पर झपटी और उन्हें दोनों हाथों से झटककर बोली—ऐसे पेट में आग लगे, पेट है या भाड़? कोठरी में बैठते हुए क्या दम घुटता था? अभी मेहमानों ने नहीं खाया, भगवान् को भोग नहीं लगा, तब तक धैर्य न हो सका? आकर छाती पर सवार हो गई। जल जाए ऐसी जीभ। दिन भर खाती न होती तो न जाने किसकी हाँड़ी में मुँह डालती? गाँव देखेगा तो कहेगा कि बुढ़िया भरपेट खाने को नहीं पाती तभी तो इस तरह मुँह बाये फिरती है। डायन न मरे न माँचा छोड़े। नाम बेचने पर लगी है। नाक कटवा कर दम लेगी। इतना ठूँसती है, न जाने कहाँ भस्म हो जाता है। भला चाहती हो तो जाकर कोठरी में बैठो, जब घर के लोग खाने लगेंगे तब तुम्हें भी मिलेगा। तुम कोई देवी नहीं हो कि चाहे किसी के मुँह में पानी न जाए, परन्तु तुम्हारी पूजा पहले ही हो जाए।

बूढ़ी काकी ने सिर उठाया; न रोईं न बोलीं। चुपचाप रेंगती हुई अपनी कोठरी में चली गईं। आवाज़ ऐसी कठोर थी कि हृदय और मस्तिष्क की सम्पूर्ण शक्तियाँ, सम्पूर्ण विचार और सम्पूर्ण भार उसी ओर आकर्षित हो गए थे। नदी में जब कगार का कोई वृहद् खंड कटकर गिरता है तो आस-पास का जलसमूह चारों ओर उसी स्थान को पूरा करने के लिए दौड़ता है!

3

भोजन तैयार हो गया है। आँगन में पत्तलें पड़ गईं, मेहमान खाने लगे। स्त्रियों ने जेवनार-गीत गाना आरम्भ कर दिया। मेहमानों के नाई और सेवकगण भी उसी मंडली के साथ किन्तु कुछ हटकर भोजन करने बैठे थे, परन्तु सभ्यतानुसार जब तक सब-के-सब खा न चुके कोई उठ नहीं सकता था। दो-एक मेहमान जो कुछ पढ़े-लिखे थे, सेवकों के दीर्घाहार पर झुंझला रहे थे। वे इस बंधन को व्यर्थ और बेसिर-पैर की बात समझते थे।

बूढ़ी काकी अपनी कोठरी में जाकर पश्चात्ताप कर रही थीं कि मैं कहाँ से कहाँ गई। उन्हें रूपा पर क्रोध नहीं था। अपनी जल्दबाजी पर दु:ख था। सच ही तो है जब तक मेहमान

लोग भोजन कर न चुकेंगे, घर वाले कैसे खाएँगे। मुझसे इतनी देर भी न रहा गया। सबके सामने पानी उतर गया। अब जब तक कोई बुलाने न आएगा, न जाऊँगी।

मन ही मन इसी प्रकार का विचार कर वह बुलाने की प्रतीक्षा करने लगीं। परन्तु घी की रुचिकर सुबास बड़ी धैर्य-परीक्षक प्रतीत हो रही थी। उन्हें एक-एक पल एक-एक युग के समान मालूम होता था। अब पत्तलें बिछ गई होंगी! अब मेहमान आ गए होंगे। लोग हाथ-पैर धो रहे हैं, नाई पानी दे रहा है। मालूम होता है लोग खाने बैठ गए। जेवनार गाया जा रहा है, यह विचार कर वह मन को बहलाने के लिए लेट गईं। धीरे-धीरे एक गीत गुनगुनाने लगीं। उन्हें मालूम हुआ कि मुझे गाते देर हो गई। क्या इतनी देर तक लोग भोजन कर ही रहे होंगे। किसी की आवाज़ नहीं सुनाई देती। अवश्य ही लोग खा-पीकर चले गए। मुझे कोई बुलाने नहीं आया। रूपा चिढ़ गई है, क्या जाने न बुलाए। सोचती हो कि आप ही आवेंगी, वह कोई मेहमान तो नहीं जो उन्हें बुलाऊँ। बूढ़ी काकी चलने के लिए तैयार हुई। यह विश्वास कि एक मिनट में पूड़ियाँ और मसालेदार तरकारियाँ सामने आएँगी, उनकी स्वादेन्द्रियों को गुदगुदाने लगा। उन्होंने मन में तरह-तरह के मनसूबे बाँधे—पहले तरकारी से पूड़ियाँ खाऊँगी, फिर दही और शक्कर से, कचौरियाँ रायते के साथ मज़ेदार मालूम होंगी। चाहे कोई बुरा माने चाहे भला, मैं तो माँग-माँग कर खाऊँगी। यही न लोग कहेंगे कि इन्हें विचार नहीं। कहा करें, इतने दिन के बाद पूड़ियाँ मिल रही हैं तो मुँह जूठा करके थोड़े ही उठ जाऊँगी।

वह उकड़ूँ बैठकर हाथों के बल सरकती हुई आँगन में आईं। परन्तु हा दुर्भाग्य! अभिलाषा ने अपने पुराने स्वभाव के अनुसार समय की मिथ्या कल्पना की थी। मेहमान मंडली अभी बैठी हुई थी। कोई खाकर उँगलियाँ चाटता था, कोई तिरछे नेत्रों से देखता था कि और लोग अभी खा रहे हैं या नहीं। कोई इस चिन्ता में था कि पत्तल पर पूड़ियाँ छूटी जाती हैं किसी तरह इन्हें भीतर रख लेता। कोई दही खाकर जीभ चटकारता था, परन्तु दूसरा दोना माँगते संकोच करता था कि इतने में बूढ़ी काकी रेंगती हुई उनके बीच में जा पहुँचीं। कई आदमी चौंककर उठ खड़े हुए। पुकारने लगे—अरे यह बुढ़िया कौन है। यह कहाँ से आ गई? देखो किसी को छू न दे।

पंडित बुद्धिराम काकी को देखते ही क्रोध से तिलमिला गए। पूड़ियों का थाल लिए खड़े थे। थाल को ज़मीन पर पटक दिया और जिस प्रकार निर्दयी महाजन अपने किसी बेईमान और भगोड़े क़र्ज़दार को देखते ही झपटकर उसका टेंटुआ पकड़ लेता है उसी तरह लपककर उन्होंने काकी के दोनों हाथ पकड़े और घसीटते हुए लाकर उन्हें अँधेरी कोठरी में धम से पटक दिया। आशा-रूपी वाटिका लू के एक झोंके में नष्ट-विनष्ट हो गई।

मेहमानों ने भोजन किया। घरवालों ने भोजन किया। बाजेवाले, धोबी, चमार भी भोजन कर चुके, परन्तु बूढ़ी काकी को किसी ने न पूछा। बुद्धिराम और रूपा दोनों ही बूढ़ी काकी को उनकी निर्लज्जता के लिए दंड देने का निश्चय कर चुके थे। उनके बुढ़ापे पर, दीनता पर, हतज्ञान पर किसी को करुणा न आई थी, अकेली लाडली उनके लिए कुढ़ रही थी।

लाडली को काकी से अत्यन्त प्रेम था। बेचारी भोली लड़की थी। बाल-विनोद और चंचलता की उसमें गंध तक न थी। दोनों बार जब उसके माता-पिता ने काकी को निर्दयता से घसीटा तो लाडली का हृदय ऐंठ कर रह गया। वह झुंझला रही थी कि यह लोग काकी को क्यों बहुत-सी पूड़ियाँ नहीं दे देते। क्या मेहमान सब-की-सब खा जाएँगे? और यदि काकी ने मेहमानों के पहले खा लिया तो क्या बिगड़ जाएगा? वह काकी के पास जाकर उन्हें धैर्य देना

चाहती थी, परन्तु माता के भय से न जाती थी। उसने अपने हिस्से की पूड़ियाँ बिलकुल न खाई थीं। अपनी गुड़ियों की पिटारी में बन्द कर रक्खी थीं। उन पूड़ियों को काकी के पास ले जाना चाहती थी। उसका हृदय अधीर हो रहा था। बूढ़ी काकी मेरी बात सुनते ही उठ बैठेंगी, पूड़ियाँ देखकर कैसी प्रसन्न होंगी! मुझे ख़ूब प्यार करेंगी।

4

रात को ग्यारह बज गए थे। रूपा आँगन में पड़ी सो रही थी। लाडली की आँखों में नींद न आती थी। काकी को पूड़ियाँ खिलाने की ख़ुशी उसे सोने न देती थी। उसने गुड़ियों की पिटारी सामने ही रखी थी। जब विश्वास हो गया कि अम्माँ सो रही हैं, तो वह चुपके से उठी और विचारने लगी, कैसे चलूँ। चारों ओर अँधेरा था। केवल चूल्हों में आग चमक रही थी और चूल्हों के पास एक कुत्ता लेटा हुआ था। लाडली की दृष्टि द्वार के सामने वाले नीम की ओर गई। उसे मालूम हुआ कि उस पर हनुमान जी बैठे हुए हैं। उनकी पूँछ, उनकी गदा, सब स्पष्ट दिखलाई दे रही है। मारे भय के उसने आँखें बन्द कर लीं। इतने में कुत्ता उठ बैठा, लाडली को ढाढ़स हुआ। कई सोए हुए मनुष्यों के बदले एक भागता हुआ कुत्ता उसके लिए अधिक धैर्य का कारण हुआ। उसने पिटारी उठाई और बूढ़ी काकी की कोठरी की ओर चली।

5

बूढ़ी काकी को केवल इतना स्मरण था कि किसी ने मेरे हाथ पकड़कर घसीटे, फिर ऐसा मालूम हुआ कि जैसे कोई पहाड़ पर उड़ाए लिये जाता है। उनके पैर बार-बार पत्थरों से टकराए तब किसी ने उन्हें पहाड़ पर से पटका, वे मूर्छित हो गईं।

जब वे सचेत हुईं तो किसी की ज़रा भी आहट न मिलती थी। समझी कि सब लोग खा-पीकर सो गए और उनके साथ मेरी तकदीर भी सो गई। रात कैसे कटेगी? राम! क्या खाऊँ? पेट में अग्नि धधक रही है। हा! किसी ने मेरी सुधि न ली! क्या मेरा पेट काटने से धन जुड़ जाएगा? इन लोगों को इतनी भी दया नहीं आती कि न जाने बुढ़िया कब मर जाए? उसका जी क्यों दुखावें? मैं पेट की रोटियाँ ही खाती हूँ कि और कुछ? इस पर यह हाल। मैं अंधी, अपाहिज ठहरी, न कुछ सुनूँ न बूझूँ। यदि आँगन में चली गई तो क्या बुद्धिराम से इतना कहते न बनता था कि काकी, अभी लोग खा रहे हैं, फिर आना। मुझे घसीटा, पटका। उन्हीं पूड़ियों के लिए रूपा ने सबके सामने गालियाँ दीं। उन्हीं पूड़ियों के लिए इतनी दुर्गति करने पर भी उनका पत्थर का कलेजा न पसीजा। सबको खिलाया, मेरी बात तक न पूछी। जब तब ही न दीं, तब अब क्या देंगे?

यह विचारकर काकी निराशामय सन्तोष के साथ लेट गईं। ग्लानि से गला भर-भर आता था, परन्तु मेहमानों के भय से रोती न थीं।

सहसा उनके कानों में आवाज़ आई—'काकी उठो; मैं पूड़ियाँ लाई हूँ।' काकी ने लाडली की बोली पहचानी। चटपट उठ बैठीं। दोनों हाथों से लाडली को टटोला और उसे गोद में बैठा लिया। लाडली ने पूड़ियाँ निकालकर दीं।

काकी ने पूछा—क्या तुम्हारी अम्माँ ने दी हैं?

लाडली ने कहा—नहीं, यह मेरे हिस्से की हैं।

काकी पूड़ियों पर टूट पड़ीं। पाँच मिनट में पिटारी ख़ाली हो गई।

लाडली ने पूछा—काकी, पेट भर गया।

जैसी थोड़ी-सी वर्षा ठंडक के स्थान पर और भी गर्मी पैदा कर देती है उसी भाँति इन थोड़ी पूड़ियों ने काकी की क्षुधा और इच्छा को और उत्तेजित कर दिया था। बोलीं—नहीं बेटी, जाकर अम्माँ से और माँग लाओ।

लाडली ने कहा—अम्माँ सोती हैं, जगाऊँगी तो मारेंगी।

काकी ने पिटारी को फिर टटोला। उसमें कुछ खुर्चन गिरे थे। उन्हें निकालकर वे खा गईं। बार-बार होंठ चाटती थीं, चटखारें भरती थीं।

हृदय मसोस रहा था कि और पूड़ियाँ कैसे पाऊँ। सन्तोष-सेतु जब टूट जाता है तब इच्छा का बहाव अपरिमित हो जाता है। मतवालों को मद का स्मरण करना उन्हें मदांध बनाता है। काकी का अधीर मन इच्छा के प्रबल प्रवाह में बह गया। उचित और अनुचित का विचार जाता रहा। वे कुछ देर तक उस इच्छा को रोकती रहीं। सहसा लाडली से बोलीं—मेरा हाथ पकड़कर वहाँ ले चलो जहाँ मेहमानों ने बैठकर भोजन किया है।

लाडली उनका अभिप्राय समझ न सकी। उसने काकी का हाथ पकड़ा और ले जाकर जूठे पत्तलों के पास बैठा दिया। दीन, क्षुधातुर, हतज्ञान बुढ़िया पत्तलों से पूड़ियों के टुकड़े चुन-चुन कर भक्षण करने लगी। ओह, दही कितना स्वादिष्ट था, कचौड़ियाँ कितनी सलोनी, खस्ता कितने सुकोमल। काकी बुद्धिहीन होते हुए भी इतना जानती थीं कि मैं वह काम कर रही हूँ, जो मुझे कदापि न करना चाहिए। मैं दूसरों की जूठी पत्तल चाट रही हूँ। परन्तु बुढ़ापा तृष्णा रोग का अन्तिम समय है, जब सम्पूर्ण इच्छाएँ एक ही केंद्र पर आ लगती हैं। बूढ़ी काकी में यह केन्द्र उनकी स्वादेन्द्रिय थी।

ठीक उसी समय रूपा की आँखें खुलीं। उसे मालूम हुआ कि लाडली मेरे पास नहीं है। वह चौंकी, चारपाई के इधर-उधर ताकने लगी कि कहीं नीचे तो नहीं गिर पड़ी। उसे वहाँ न पाकर वह उठी तो क्या देखती है कि लाडली जूठे पत्तलों के पास चुपचाप खड़ी है और बूढ़ी काकी पत्तलों पर से पूड़ियों के टुकड़े उठा-उठाकर खा रही है। रूपा का हृदय सन्न हो गया। किसी गाय की गर्दन पर छुरी चलते देखकर जो अवस्था उसकी होती, वही उस समय हुई। एक ब्राह्मणी दूसरों की जूठी पत्तल टटोले, इससे अधिक शोकमय दृश्य असम्भव था। पूड़ियों के कुछ ग्रासों के लिए उसकी चचेरी सास ऐसा पतित और निकृष्ट कर्म कर रही है। यह वह दृश्य था जिसे देखकर देखनेवालों के हृदय काँप उठते हैं। ऐसा प्रतीत होता मानो ज़मीन रुक गई, आसमान चक्कर खा रहा है। संसार पर कोई आपत्ति आनेवाली है। रूपा को क्रोध न आया। शोक के सम्मुख क्रोध कहाँ? करुणा और भय से उसकी आँखें भर आईं! इस अधर्म के पाप का भागी कौन है? उसने सच्चे हृदय से गगन-मंडल की ओर हाथ उठाकर कहा—परमात्मा, मेरे बच्चों पर दया करो। इस अधर्म का दंड मुझे मत दो, नहीं तो मेरा सत्यानाश हो जाएगा।

रूपा को अपनी स्वार्थपरता और अन्याय इस प्रकार प्रत्यक्ष रूप में कभी न देख पड़े थे। वह सोचने लगी—हाय! कितनी निर्दय हूँ। जिसकी सम्पत्ति से मुझे दो सौ रुपया वार्षिक आय हो रही है, उसकी यह दुर्गति! और मेरे कारण! हे दयामय भगवान्! मुझसे बड़ी भारी चूक हुई है, मुझे क्षमा करो! आज मेरे बेटे का तिलक था। सैकड़ों मनुष्यों ने भोजन पाया।

मैं उनके इशारों की दासी बनी रही। अपने नाम के लिए सैकड़ों रुपए व्यय कर दिए; परन्तु जिसकी बदौलत हज़ारों रुपए खाए, उसे इस उत्सव में भी भरपेट भोजन न दे सकी। केवल इसी कारण तो, वह वृद्धा असहाय है।

रूपा ने दीया जलाया, अपने भंडार का द्वार खोला और एक थाली में सम्पूर्ण सामग्रियाँ सजा कर लिए हुए बूढ़ी काकी की ओर चली।

आधी रात जा चुकी थी, आकाश पर तारों के थाल सजे हुए थे और उन पर बैठे हुए देवगण स्वर्गीय पदार्थ सजा रहे थे, परन्तु उनमें किसी को वह परमानंद प्राप्त न हो सकता था, जो बूढ़ी काकी को अपने सम्मुख थाल देखकर प्राप्त हुआ। रूपा ने कंठावरुद्ध स्वर में कहा—काकी उठो, भोजन कर लो। मुझसे आज बड़ी भूल हुई, उसका बुरा न मानना। परमात्मा से प्रार्थना कर दो कि वह मेरा अपराध क्षमा कर दें।

भोले-भाले बच्चों की भाँति, जो मिठाइयाँ पाकर मार और तिरस्कार सब भूल जाता है, बूढ़ी काकी वैसे ही सब भुलाकर बैठी हुई खाना खा रही थीं। उनके एक-एक रोयें से सच्ची सदिच्छाएँ निकल रही थीं और रूपा बैठी इस स्वर्गीय दृश्य का आनन्द लेने में निमग्न थी।

हार की जीत

केशव से मेरी पुरानी लाग-डाँट थी। लेख और वाणी, हास्य और विनोद सभी क्षेत्रों में मुझसे कोसों आगे था। उसके गुणों की चन्द्र-ज्योति में मेरे दीपक का प्रकाश कभी प्रस्फुटित न हुआ। एक बार उसे नीचा दिखाना मेरे जीवन की सबसे बड़ी अभिलाषा थी। उस समय मैंने कभी स्वीकार नहीं किया। अपनी त्रुटियों को कौन स्वीकार करता है—पर वास्तव में मुझे ईश्वर ने उसकी जैसी बुद्धि-शक्ति न प्रदान की थी। अगर मुझे कुछ तस्कीन थी तो यह कि विद्याक्षेत्र में चाहे मुझे उनसे कन्धा मिलाना कभी नसीब न हो, पर व्यवहार की रंगभूमि में सेहरा मेरे ही सिर रहेगा। लेकिन दुर्भाग्य से जब प्रणय-सागर में भी उसने मेरे साथ गोता मारा और रत्न उसी के हाथ लगता हुआ नज़र आया तो मैं हताश हो गया। हम दोनों ने ही एम.ए. के लिए साम्यवाद का विषय लिया था। हम दोनों ही साम्यवादी थे। केशव के विषय में तो यह स्वाभाविक बात थी। उसका कुल बहुत प्रतिष्ठित न था, न वह समृद्धि ही थी जो इस कमी को पूरा कर देती। मेरी अवस्था इसके प्रतिकूल थी। मैं ख़ानदान का ताल्लुकेदार और रईस था। मेरी साम्यवादिता पर लोगों को कुतूहल होता था। हमारे साम्यवाद के प्रोफ़ेसर बाबू हरिदास भाटिया साम्यवाद के सिद्धान्तों के कायल थे, लेकिन शायद धन की अवहेलना न कर सकते थे। अपनी लज्जावती के लिए उन्होंने कुशाग्र बुद्धि केशव को नहीं, मुझे पसन्द किया। एक दिन संध्या-समय वह मेरे कमरे में आए और चिन्तित भाव से बोले—शारदाचरण, मैं महीनों से एक बड़ी चिन्ता में पड़ा हुआ हूँ। मुझे आशा है कि तुम उसका निवारण कर सकते हो! मेरे कोई पुत्र नहीं है। मैंने तुम्हें और केशव दोनों ही को पुत्र-तुल्य समझा है। यद्यपि केशव तुमसे चतुर है, पर मुझे विश्वास है कि विस्तृत संसार में तुम्हें जो सफलता मिलेगी, वह उसे नहीं मिल सकती। अतएव मैंने तुम्हीं को अपनी लज्जा के लिए वरा है। क्या मैं आशा करूँ कि मेरा मनोरथ पूरा होगा।

मैं स्वतंत्र था, मेरे माता-पिता मुझे लड़कपन ही में छोड़कर स्वर्ग चले गए थे। मेरे कुटुम्बियों में अब ऐसा कोई न था, जिसकी अनुमति लेने की मुझे ज़रूरत होती। लज्जावती जैसी सुशीला, सुन्दरी, सुशिक्षित स्त्री को पाकर कौन पुरुष होगा जो अपने भाग्य को न सराहता। मैं फूला न समाया। लज्जा एक कुसुमित वाटिका थी, जहाँ गुलाब की मनोहर सुगंधि थी और हरियाली की मनोरम शीतलता, समीर की शुभ्र तरंगें थीं और पक्षियों का मधुर संगीत। वह स्वयं साम्यवाद पर मोहित थी। स्त्रियों के प्रतिनिधित्व और ऐसे ही अन्य विषयों पर उसने मुझसे कितनी ही बार बातें की थीं। लेकिन प्रोफ़ेसर भाटिया की तरह केवल सिद्धान्तों की भक्त न थी, उनको व्यवहार में भी लाना चाहती थी। उसने चतुर केशव को अपना स्नेह-पात्र बनाया था। तथापि मैं जानता था कि प्रोफ़ेसर भाटिया के आदेश को वह कभी नहीं टाल सकती, यद्यपि उसकी इच्छा के विरुद्ध मैं उसे अपनी प्रणयिनी बनाने के लिए तैयार न था। इस विषय में मैं स्वेच्छा के सिद्धान्त का कायल था। इसलिए मैं केशव की विरक्ति और क्षोभ से आशातीत आनन्द न उठा सका। हम दोनों ही दु:खी थे, और मुझे पहली बार केशव से सहानुभूति हुई। मैं लज्जावती से केवल इतना पूछना चाहता था कि उसने मुझे क्यों नज़रों से गिरा दिया। पर उसके सामने ऐसे नाजुक प्रश्नों को छेड़ते हुए मुझे संकोच होता था, और यह स्वाभाविक था, क्योंकि कोई रमणी अपने अंत:करण के रहस्यों को नहीं खोल सकती। लेकिन शायद लज्जावती इस परिस्थिति को मेरे सामने प्रकट करना अपना कर्तव्य समझ रही थी। वह इसका अवसर ढूँढ़ रही थी। संयोग से उसे शीघ्र ही अवसर मिल गया।

संध्या का समय था। केशव राजपूत हॉस्टल में साम्यवाद पर एक व्याख्यान देने गया हुआ था। प्रोफ़ेसर भाटिया उस जलसे के प्रधान थे। लज्जा अपने बँगले में अकेली बैठी हुई थी। मैं अपने अशान्त हृदय के भाव छिपाए हुए, शोक और नैराश्य की दाह से जलता हुआ उसके समीप आकर बैठ गया। लज्जा ने मेरी ओर एक उड़ती हुई निगाह डाली और सदय भाव से बोली—कुछ चिन्तित जान पड़ते हो?

मैंने कृत्रिम उदासीनता से कहा—तुम्हारी बला से।

लज्जा—केशव का व्याख्यान सुनने नहीं गए?

मेरी आँखों से ज्वाला सी निकलने लगी। ज़ब्त करके बोला—आज सिर में दर्द हो रहा था।

यह कहते-कहते अनायास ही मेरे नेत्रों से आँसू की कई बूँदें टपक पड़ीं। मैं अपने शोक को प्रदर्शित करके उसका करुणापात्र बनना नहीं चाहता था। मेरे विचार में रोना स्त्रियों के ही स्वाभावानुकूल था। मैं उस पर क्रोध प्रकट करना चाहता था और निकल पड़े आँसू। मन के भाव इच्छा के अधीन नहीं होते।

मुझे रोते देखकर लज्जा की आँखों से आँसू गिरने लगे।

मैं कीना नहीं रखता, मलिन हृदय नहीं हूँ, लेकिन न मालूम क्यों लज्जा के रोने पर मुझे इस समय एक आनन्द का अनुभव हुआ। उस शोकावस्था में भी मैं उस पर व्यंग्य करने से बाज न रह सका। बोला—लज्जा, मैं तो अपने भाग्य को रोता हूँ। शायद तुम्हारे अन्याय की दुहाई दे रहा हूँ; लेकिन तुम्हारे आँसू क्यों?

लज्जा ने मेरी ओर तिरस्कार-भाव से देखा और बोली—मेरे आँसुओं का रहस्य तुम न समझोगे क्योंकि तुमने कभी समझने की चेष्टा नहीं की। तुम मुझे कटु वचन सुनाकर अपने चित्त को शान्त कर लेते हो। मैं किसे जलाऊँ। तुम्हें क्या मालूम है कि मैंने कितना आगा-पीछा

सोचकर, हृदय को कितना दबाकर, कितनी रातें करवटें बदलकर और कितने आँसू बहा कर यह निश्चय किया है। तुम्हारी कुल-प्रतिष्ठा, तुम्हारी रियासत एक दीवार की भाँति मेरे रास्ते में खड़ी है। उस दीवार को मैं पार नहीं कर सकती। मैं जानती हूँ कि इस समय तुम्हें कुल-प्रतिष्ठा और रियासत का लेशमात्र भी अभिमान नहीं है। लेकिन यह भी जानती हूँ कि तुम्हारा कॉलेज की शीतल छाया में पला हुआ साम्यवाद बहुत दिनों तक सांसारिक जीवन की लू और लपट को न सह सकेगा। उस समय तुम अवश्य अपने फ़ैसले पर पछताओगे और कुढ़ोगे। मैं तुम्हारे दूध की मक्खी और हृदय का काँटा बन जाऊँगी।

मैंने आर्द्र होकर कहा—जिन कारणों से मेरा साम्यवाद लुप्त हो जाएगा, क्या वह तुम्हारे साम्यवाद को जीता छोड़ेगा?

लज्जा—हाँ, मुझे पूरा विश्वास है कि मुझ पर उनका ज़रा भी असर न होगा। मेरे घर में कभी रियासत नहीं रही और कुल की अवस्था तुम भलीभाँति जानते हो। बाबू जी ने केवल अपने अविरल परिश्रम और अध्यवसाय से यह पद प्राप्त किया है। मुझे वह नहीं भूला है जब मेरी माता जीवित थीं और बाबू जी 11 बजे रात को प्राइवेट ट्यूशन करके घर आते थे। तो मुझे रियासत और कुल-गौरव का अभिमान कभी नहीं हो सकता, उसी तरह जैसे तुम्हारे हृदय से यह अभिमान कभी मिट नहीं सकता। यह घमंड मुझे उसी दशा में होगा जब मैं स्मृतिहीन हो जाऊँगी।

मैंने उद्दंडता से कहा—कुल-प्रतिष्ठा को तो मैं मिटा नहीं सकता, मेरे वश की बात नहीं है, लेकिन तुम्हारे लिए मैं आज रियासत को तिलांजलि दे सकता हूँ।

लज्जा क्रूर मुस्कान से बोली—फिर वही भावुकता! अगर यह बात तुम किसी अबोध बालिका से करते तो कदाचित् वह फूली न समाती। मैं एक ऐसे गहन विषय में, जिस पर दो प्राणियों के समस्त जीवन का सुख-दु:ख निर्भर है, भावुकता का आश्रय नहीं ले सकती। शादी बनावट नहीं है। परमात्मा साक्षी है, मैं विवश हूँ, मुझे अभी तक स्वयं मालूम नहीं है कि मेरी डोंगी किधर जाएगी; लेकिन मैं तुम्हारे जीवन को कंटकमय नहीं बना सकती।

मैं यहाँ से चला तो इतना निराश न था जितना संचित। लज्जा ने मेरे सामने एक नई समस्या उपस्थित कर दी थी।

2

हम दोनों साथ-साथ एम.ए. हुए। केशव प्रथम श्रेणी में आया, मैं द्वितीय श्रेणी में। उसे नागपुर के एक कॉलेज में अध्यापक का पद मिल गया। मैं घर आकर अपनी रियासत का प्रबन्ध करने लगा। चलते समय हम दोनों गले मिलकर और रोकर विदा हुए। विरोध और ईर्ष्या को कॉलेज में छोड़ दिया।

मैं अपने प्रान्त का पहला ताल्लुकेदार था, जिसने एम.ए. पद प्राप्त किया हो। पहले तो राज्याधिकारियों ने मेरी ख़ूब आवभगत की; लेकिन जब मेरे सामाजिक सिद्धान्तों से अवगत हुए तो उनकी कृपादृष्टि कुछ शिथिल पड़ गई। मैंने भी उनसे मिलना-जुलना छोड़ दिया। अपना अधिकांश समय असामियों के ही बीच में व्यतीत करता।

पूरा साल भर भी न गुज़रने पाया कि एक ताल्लुकेदार की परलोक-यात्रा ने कौंसिल में एक स्थान ख़ाली कर दिया। मैंने कौंसिल में जाने की अपनी तरफ़ से कोई कोशिश नहीं

की। लेकिन काश्तकारों ने अपने प्रतिनिधित्व का भार मेरे ही सिर रखा। बेचारा केशव तो अपने कॉलेज में लेक्चर देता था, किसी को ख़बर भी न थी कि वह कहाँ है और क्या कर रहा है और मैं अपने कुल-मर्यादा की बदौलत कौंसिल का मेम्बर हो गया। मेरी वक्तृताएँ समाचार-पत्रों में छपने लगीं। मेरे प्रश्नों की प्रशंसा होने लगी। कौंसिल में मेरा विशेष सम्मान होने लगा, कई सज्जन ऐसे निकल आए जो जनतावाद के भक्त थे। पहले वह परिस्थितियों से कुछ दबे हुए थे, अब वह खुल पड़े। हम लोगों ने लोकवादियों का अपना एक पृथक् दल बना लिया और कृषकों के अधिकारों को ज़ोरों के साथ व्यक्त करना शुरू किया। अधिकांश भूपतियों ने मेरी अवहेलना की। कई सज्जनों ने धमकियाँ भी दीं; लेकिन मैंने अपने निश्चित पथ को न छोड़ा। सेवा के इस सुअवसर को क्योंकर हाथ से जाने देता। दूसरा वर्ष समाप्त होते-होते जाति के प्रधान नेताओं में मेरी गणना होने लगी। मुझे बहुत परिश्रम करना, बहुत पढ़ना, बहुत लिखना और बहुत बोलना पड़ता, पर ज़रा भी न घबराता। इस परिश्रमशीलता के लिए केशव का ऋणी था। उसी ने मुझे इतना अभ्यस्त बना दिया था।

मेरे पास केशव और प्रोफ़ेसर भाटिया के पत्र बराबर आते रहते थे। कभी-कभी लज्जावती भी मिलती थी। उसके पत्रों में श्रद्धा और प्रेम की मात्रा दिनोंदिन बढ़ती जाती थी। वह मेरी राष्ट्रसेवा का बड़े उदार, बड़े उत्साहमय शब्दों में बखान करती। मेरे विषय में उसे पहले जो शंकाएँ थीं, वह मिटती जाती थीं। मेरी तपस्या की देवी को आकर्षित करने लगी थी। केशव के पत्रों से उदासीनता टपकती थी। उसके कॉलेज में धन का अभाव था। तीन वर्ष हो गए थे, पर उसकी तरक्की न हुई थी। पत्रों से ऐसा प्रतीत होता था मानो वह जीवन से असन्तुष्ट है। कदाचित् इसका मुख्य कारण यह था कि अभी तक उसके जीवन का सुखमय स्वप्न चरितार्थ न हुआ था।

तीसरे वर्ष गर्मियों की तातील में प्रोफ़ेसर भाटिया मुझसे मिलने आए और बहुत प्रसन्न होकर गए। उसके एक ही सप्ताह पीछे लज्जावती का पत्र आया, अदालत ने तजबीज सुना दी, मेरी डिग्री हो गई। केशव की पहली बार मेरे मुक़ाबले में हार हुई। मेरे हर्षोल्लास की कोई सीमा न थी। प्रो. भाटिया का इरादा भारतवर्ष के सब प्रान्तों में भ्रमण करने का था। वह साम्यवाद पर एक ग्रंथ लिख रहे थे जिसके लिए प्रत्येक बड़े नगर में कुछ अन्वेषण करने की ज़रूरत थी। लज्जा को अपने साथ ले जाना चाहते थे। निश्चय हुआ कि उनके लौट आने पर आगामी चैत के महीने में हमारा संयोग हो जाए। मैं यह वियोग के दिन बड़ी बेसब्री से काटने लगा। अब तक मैं जानता था बाज़ी केशव के हाथ रहेगी, मैं निराश था, पर शान्त था। अब आशा थी और उसके साथ घोर अशान्ति थी।

3

मार्च का महीना था। प्रतीक्षा की अवधि पूरी हो चुकी थी। कठिन परिश्रम के दिन गए, फ़सल काटने का समय आया। प्रोफ़ेसर साहब ने ढाका से पत्र लिखा था कि कई अनिवार्य कारणों से मेरा लौटना मार्च में नहीं मई में होगा। इसी बीच में कश्मीर के दीवान लाला सोमनाथ कपूर नैनीताल आए। बजट पेश था। उन पर व्यवस्थापक सभा में वाद-विवाद हो रहा था। गवर्नर की ओर से दीवान साहब को पार्टी दी गई। सभा के प्रतिनिधियों को भी निमंत्रण मिला। कौंसिल की ओर से मुझे अभिवादन करने का सौभाग्य प्राप्त हुआ। मेरी बकवास को दीवान साहब ने बहुत पसन्द किया। चलते समय मुझसे कई मिनट तक बातें कीं और मुझे अपने

डेरे पर आने का आदेश दिया। उनके साथ उनकी पुत्री सुशीला भी थी। वह पीछे सिर झुकाए खड़ी रही। जान पड़ता था, भूमि को पढ़ रही है। पर मैं अपनी आँखों को काबू में न रख सका। वह उतनी ही देर में एक बार नहीं, कई बार उठी और जैसे बच्चा किसी अजनबी की चुमकार से उसकी ओर लपकता है, पर फिर डर कर माँ की गोद से चिमट जाता है; वह भी डर कर आधे रास्ते से लौट गई। लज्जा अगर कुसुमित वाटिका थी तो सुशीला शीतल सलिल-धारा थी जहाँ वृक्षों के कुंज थे, विनोदशील मृगों के झुँड, विहगावली की अनंत शोभा और तरंगों का मधुर संगीत।

मैं घर पर आया तो ऐसा थका हुआ था जैसे कोई मंज़िल मारकर आया हूँ। सौन्दर्य जीवन-सुधा है। मालूम नहीं क्यों इसका असर इतना प्राणघातक होता है।

लेटा तो वही सूरत सामने थी। मैं उसे हटाना चाहता था। मुझे भय था कि एक क्षण भी उस भँवर में पड़कर मैं अपने को सँभाल न सकूँगा। मैं अब लज्जावती का हो चुका था, वही अब मेरे हृदय की स्वामिनी थी। मेरा उस पर कोई अधिकार न था लेकिन मेरे सारे संयम, सारी दलीलें निष्फल हुईं। जल के उद्वेग में नौका को धागे से कौन रोक सकता है। अन्त में हताश होकर मैंने अपने को विचारों के प्रवाह में डाल दिया। कुछ दूर तक नौका वेगवती तरंगों के साथ चली, फिर उसी प्रवाह में विलीन हो गई।

दूसरे दिन मैं नियत समय पर दीवान साहब के डेरे पर जा पहुँचा, इस भाँति काँपता और हिचकता जैसे कोई बालक दामिनी की चमक से चौंक-चौंककर आँख बन्द कर लेता है कि कहीं वह चमक न जाए, कहीं मैं उसकी चमक न देख लूँ; भोला-भाला किसान भी अदालत के सामने इतना सशंक न होता होगा। यथार्थ यह था कि मेरी आत्मा परास्त हो चुकी थी, उसमें अब प्रतिकार की शक्ति न रही थी।

दीवान साहब ने मुझसे हाथ मिलाया और कोई घंटे भर तक आर्थिक और सामाजिक प्रश्नों पर वार्तालाप करते रहे। मुझे उनकी बहुज्ञता पर आश्चर्य होता था। ऐसा वाक्चतुर पुरुष मैंने कभी न देखा था। साठ वर्ष की वयस थी, पर हास्य और विनोद के मानो भंडार थे। न जाने कितने श्लोक, कितने कवित्त, कितने शेर उन्हें याद थे। बात-बात पर कोई न कोई सुयुक्ति निकाल लाते थे। खेद है उस प्रकृति के लोग अब ग़ायब होते जाते हैं। वह शिक्षा प्रणाली न जाने कैसी थी, जो ऐसे-ऐसे रत्न उत्पन्न करती थी। अब तो सजीवता कहीं दिखाई ही नहीं देती। प्रत्येक प्राणी चिन्ता की मूर्ति है, उसके होंठों पर कभी हँसी आती ही नहीं। ख़ैर, दीवान साहब ने पहले चाय मँगवाई, फिर फल और मेवे मँगवाए। मैं रह-रहकर इधर-उधर उत्सुक नेत्रों से देखता था। मेरे कान उसके स्वर का रसपान करने के लिए मुँह खोले हुए थे, आँखें द्वार की ओर लगी हुई थीं। भय भी था और लगाव भी, झिझक भी थी और खिंचाव भी। बच्चा झूले से डरता है पर उस पर बैठना भी चाहता है।

लेकिन रात के नौ बज गए, मेरे लौटने का समय आ गया। मन में लज्जित हो रहा था कि दीवान साहब दिल में क्या कह रहे होंगे। सोचते होंगे इसे कोई काम नहीं है? जाता क्यों नहीं, बैठे-बैठे दो ढाई घंटे तो हो गए।

सारी बातें समाप्त हो गईं। उनके लतीफे भी ख़त्म हो गए। वह नीरवता उपस्थित हो गई, जो कहती है कि अब चलिए फिर मुलाक़ात होगी। यार ज़िन्दा व सोहबत बाक़ी। मैंने कई बार उठने का इरादा किया, लेकिन इन्तज़ार में आशिक़ की जान भी नहीं निकलती, मौत को

भी इन्तज़ार का सामना करना पड़ता है। यहाँ तक कि साढ़े नौ बज गए और अब मुझे विदा होने के सिवाय कोई मार्ग न रहा, जैसे दिल बैठ गया।

जिसे मैंने भय कहा है, वह वास्तव में भय नहीं था, वह उत्सुकता की चरम सीमा थी।

यहाँ से चला तो ऐसा शिथिल और निर्जीव था मानो प्राण निकल गए हों। अपने को धिक्कारने लगा। अपनी क्षुद्रता पर लज्जित हुआ। तुम समझते हो कि हम भी कुछ हैं। यहाँ किसी की तुम्हारे मरने-जीने की परवाह नहीं। माना उसके लक्षण क्वाँरियों के-से हैं। संसार में क्वाँरी लड़कियों की कमी नहीं। सौन्दर्य भी ऐसी दुर्लभ वस्तु नहीं। अगर प्रत्येक रूपवती और क्वाँरी युवती को देखकर तुम्हारी वही हालत होती रही तो ईश्वर ही मालिक है।

वह भी तो अपने दिल में यही विचार करती होगी। प्रत्येक रूपवान युवक पर उसकी आँखें क्यों उठें। कुलवती स्त्रियों के यह ढंग नहीं होते। पुरुषों के लिए अगर यह रूप-तृष्णा निन्दाजनक है तो स्त्रियों के लिए विनाशकारक है। द्वैत से अद्वैत को भी इतना आघात नहीं पहुँच सकता, जितना सौन्दर्य को।

दूसरे दिन शाम को मैं अपने बरामदे में बैठा पत्र देख रहा था। क्लब जाने को भी जी नहीं चाहता था। चित्त कुछ उदास था। सहसा मैंने दीवान साहब को फिटन पर आते देखा। मोटर से उन्हें घृणा थी। वह उसे पैशाचिक उड़नखटोला कहा करते थे। उसके बग़ल में सुशीला थी। मेरा हृदय धक्-धक् करने लगा। उसकी निगाह मेरी तरफ़ उठी हो या न उठी हो, पर मेरी टकटकी उस वक़्त तक लगी रही जब तक फिटन अदृश्य न हो गई।

तीसरे दिन मैं फिर बरामदे में आ बैठा। आँखें सड़क की ओर लगी हुई थीं। फिटन आई और चली गई। अब यही उसका नित्यप्रति का नियम हो गया है। मेरा अब यही काम था कि सारे दिन बरामदे में बैठा रहूँ। मालूम नहीं फिटन कब निकल जाए। विशेषत: तीसरे पहर तो मैं अपनी जगह से हिलने का नाम भी न लेता था।

इस प्रकार एक मास बीत गया। मुझे अब कौंसिल के कामों में कोई उत्साह न था। समाचार-पत्रों में, उपन्यासों में जी न लगता। कहीं सैर करने का भी जी न चाहता। प्रेमियों को न जाने जंगल-पहाड़ में भटकने की, काँटों में उलझने की सनक कैसे सवार होती है। मेरे तो जैसे पैरों में बेड़ियाँ-सी पड़ गई थीं। बस बरामदा था और मैं, और फिटन का इन्तज़ार। मेरी विचारशक्ति भी शायद अंतर्धान हो गई थी। मैं दीवान साहब को या अँगरेज़ी शिष्टता के अनुसार सुशीला को ही, अपने यहाँ निमंत्रित कर सकता था, पर वास्तव में मैं अभी तक उससे भयभीत था। अब भी लज्जावती को अपनी प्रणयिनी समझता था। वह अब भी मेरे हृदय की रानी थी, चाहे उस पर किसी दूसरी शक्ति का अधिकार ही क्यों न हो गया हो!

एक महीना और निकल गया, लेकिन मैंने लज्जा को कोई पत्र न लिखा। मुझमें अब उसे पत्र लिखने की भी सामर्थ्य न थी। शायद उससे पत्र-व्यवहार करने को मैं नैतिक अत्याचार समझता था। मैंने उससे दग़ा की थी। मुझे अब उसे अपने मलिन अंत:करण में भी अपवित्र करने का कोई अधिकार न था। इसका अन्त क्या होगा? यही चिन्ता अहर्निश मेरे मन पर कुहर मेघ की भाँति शून्य हो गई थी। चिन्ता-दाह से दिनोंदिन घुलता जाता था। मित्रजन अक्सर पूछा करते आपको क्या मरज है? मुख निस्तेज, कांतिहीन हो गया। भोजन औषधि के समान लगता। सोने जाता तो जान पड़ता, किसी ने पिंजरे में बन्द कर दिया है। कोई मिलने आता तो चित्त उससे कोसों भागता। विचित्र दशा थी।

एक दिन शाम को दीवान साहब की फिटन मेरे द्वार पर आकर रुकी। उन्होंने अपने व्याख्यानों का एक संग्रह प्रकाशित कराया था। उसकी प्रति मुझे भेंट करने के लिए आए थे। मैंने उन्हें बैठने के लिए बहुत आग्रह किया, लेकिन उन्होंने यही कहा, सुशीला को यहाँ आने में संकोच होगा और फिटन पर अकेली वह घबराएगी। वह चले तो मैं भी साथ हो लिया और फिटन तक पीछे-पीछे आया। जब वह फिटन पर बैठने लगे तो मैंने सुशीला को निःशंक हो आँख भरकर देखा, जैसे कोई प्यासा पथिक गर्मी के दिन में अफर कर पानी पिए कि न जाने कब उसे जल मिलेगा। मेरी उस एक चितवन में उग्रता, वह याचना, वह उद्वेग, वह करुणा, वह श्रद्धा, वह आग्रह, वह दीनता थी, जो पत्थर की मूर्ति को भी पिघला देती। सुशीला तो फ़िर स्त्री थी। उसने भी मेरी ओर देखा, निर्भीक सरल नेत्रों से, ज़रा भी झेंप नहीं, ज़रा भी झिझक नहीं। मेरे परास्त होने में जो कसर रह गई थी, वह पूरी हो गई। इसके साथ उसने मुझ पर मानो अमृत वर्षा कर दी। मेरे हृदय और आत्मा में एक नई शक्ति का संचार हो गया। मैं लौटा तो ऐसा प्रसन्नचित्त था मानो कल्पवृक्ष मिल गया हो।

एक दिन मैंने प्रोफ़ेसर भाटिया को पत्र लिखा—मैं थोड़े दिनों से किसी गुप्त रोग से ग्रस्त हो गया हूँ। सम्भव है, तपेदिक (क्षय) का आरम्भ हो इसलिए मैं इस मई में विवाह करना उचित नहीं समझता। मैं लज्जावती से इस भांति पराङ्मुख होना चाहता था कि उनकी निगाहों में मेरी इज़्ज़त कम न हो। मैं कभी-कभी अपनी स्वार्थपरता पर क्रुद्ध होता। लज्जा के साथ यह छल-कपट, यह बेवफ़ाई करते हुए मैं अपनी ही नज़रों में गिर गया था। लेकिन मन पर कोई वश न था। उस अबला को कितना दुःख होगा, यह सोचकर मैं कई बार रोया। अभी तक मैं सुशीला के स्वभाव, विचार, मनोवृत्तियों से ज़रा भी परिचित न था। केवल उसके रूप-लावण्य पर अपनी लज्जा की चिरसंचित अभिलाषाओं का बलिदान कर रहा था। अबोध बालकों की भाँति मिठाई के नाम पर अपने दूध-चावल को ठुकराए देता था। मैंने प्रोफ़ेसर को लिखा था, लज्जावती से मेरी बीमारी का ज़िक्र न करें, लेकिन प्रोफ़ेसर साहब इतने गहरे न थे। चौथे ही दिन लज्जा का पत्र आया, जिसमें उसने अपना हृदय खोलकर रख दिया था। वह मेरे लिए सब कुछ, यहाँ तक कि वैधव्य की यंत्रणाएँ भी सहने के लिए तैयार थी। उसकी इच्छा थी कि अब हमारे संयोग में एक क्षण का भी विलम्ब न हो, अस्तु! इस पत्र को लिए घंटों एक संज्ञाहीन दशा में बैठा रहा। इस अलौकिक आत्मोत्सर्ग के सामने अपनी क्षुद्रता, अपनी स्वार्थपरता, अपनी दुर्बलता कितनी घृणित थी!

4

लज्जावती

सावित्री ने क्या सब कुछ जानते हुए भी सत्यवान से विवाह नहीं किया था? मैं क्यों डरूँ? अपने कर्तव्य-मार्ग से क्यों डिगूँ। मैं उनके लिए व्रत रखूँगी, तीर्थ करूँगी, तपस्या करूँगी। भय मुझे उनसे अलग नहीं कर सकता। मुझे उनसे कभी इतना प्रेम न था। कभी इतनी अधीरता न थी। यह मेरी परीक्षा का समय है, और मैंने निश्चय कर लिया है। पिताजी अभी यात्रा से लौटे हैं, हाथ ख़ाली हैं, कोई तैयारी नहीं कर सके हैं। इसलिए दो-चार महीनों के विलम्ब से उन्हें तैयारी करने का अवसर मिल जाता; पर मैं अब विलम्ब न करूँगी। हम और वह इसी

महीने में एक दूसरे के हो जाएँगे, हमारी आत्माएँ सदा के लिए संयुक्त हो जाएँगी, फिर कोई विपत्ति, दुर्घटना मुझे उनसे जुदा न कर सकेगी।

मुझे अब एक दिन की देर भी असह्य है। मैं रस्म और रिवाज की लौंडी नहीं हूँ। न वही इसके ग़ुलाम हैं। बाबू जी रस्मों के भक्त नहीं। फिर क्यों न तुरन्त नैनीताल चलूँ? उनकी सेवा-शुश्रूषा करूँ, उन्हें ढाढ़स दूँ। मैं उन्हें सारी चिन्ताओं से, समस्त विघ्न-बाधाओं से मुक्त कर दूँगी। इलाक़े का सारा प्रबन्ध अपने हाथों में लूँगी। कौंसिल के कामों में इतना व्यस्त हो जाने के कारण ही उनकी यह दशा हुई। पत्रों में अधिकतर उन्हीं के प्रश्न, उन्हीं की आलोचनाएँ, उन्हीं की वक्तृताएँ दिखाई देती हैं। मैं उनसे याचना करूँगी कि कुछ दिनों के लिए कौंसिल से इस्तीफ़ा दे दें। वह मेरा गाना कितने चाव से सुनते थे। मैं उन्हें अपने गीत सुनाकर प्रसन्न करूँगी, क़िस्से पढ़कर सुनाऊँगी, उनको समुचित रूप से शान्त रखूँगी। इस देश में तो इस रोग की दवा नहीं हो सकती। मैं उनके पैरों पर गिरकर प्रार्थना करूँगी कि कुछ दिनों के लिए यूरोप के किसी सैनिटोरियम चलें और विधिपूर्वक इलाज कराएँ। मैं कल ही कॉलेज के पुस्तकालय से इस रोग के सम्बन्ध की पुस्तकें लाऊँगी, और विचारपूर्वक उनका अध्ययन करूँगी। दो-चार दिन में कॉलेज बन्द हो जाएगा। मैं आज ही बाबू जी से नैनीताल चलने की चर्चा करूँगी।

5

आह! मैंने कल उन्हें देखा तो पहचान न सकी। कितना सुर्ख़ चेहरा था, कितना भरा हुआ शरीर। मालूम होता था, ईंगुर भरी हुई है! कितना सुन्दर अंग-विन्यास था? कितना शौर्य था! तीन ही वर्षों में यह कायापलट हो गई, मुख पीला पड़ गया, शरीर घुलकर काँटा हो गया। आहार आधा भी नहीं रहा, हरदम चिन्ता में मग्न रहते हैं। कहीं आते-जाते नहीं देखती। इतने नौकर हैं, इतना सुरम्य स्थान है! विनोद के सभी सामान मौजूद हैं; लेकिन इन्हें अपना जीवन अब अंधकारमय जान पड़ता है। इस कलमुँही बीमारी का सत्यानाश हो। अगर इसे ऐसी ही भूख थी तो मेरा शिकार क्यों न किया। मैं बड़े प्रेम से इसका स्वागत करती। कोई ऐसा उपाय होता कि यह बीमारी इन्हें छोड़कर मुझे पकड़ लेती! मुझे देखकर कैसे खिल जाते थे और मैं मुस्कुराने लगती थी। एक-एक अंग प्रफुल्लित हो जाता था। पर मुझे यहाँ दूसरा दिन है। एक बार भी उनके चेहरे पर हँसी न दिखाई दी। जब मैंने बरामदे में क़दम रखा तब ज़रूर हँसे थे, किन्तु कितनी निराश हँसी थी! बाबू जी अपने आँसुओं को न रोक सके। अलग कमरे में जाकर देर तक रोते रहे। लोग कहते हैं, कौंसिल में लोग केवल सम्मान-प्रतिष्ठा के लोभ से जाते हैं। उनका लक्ष्य केवल नाम पैदा करना होता है। बेचारे मेम्बरों पर यह कितना कठोर आक्षेप है, कितनी घोर कृतघ्नता। जाति की सेवा में शरीर को घुलाना पड़ता है, रक्त को जलाना पड़ता है। यही जाति-सेवा का उपहार है।

पर यहाँ के नौकरों को ज़रा भी चिन्ता नहीं है। बाबू जी ने इनके दो-चार मिलने वालों से बीमारी का ज़िक्र किया; पर उन्होंने भी परवाह न की। यह मित्रों की सहानुभूति का हाल है। सभी अपनी-अपनी धुन में मस्त हैं, किसी को ख़बर नहीं कि दूसरों पर क्या गुज़रती है। हाँ, इतना मुझे भी मालूम होता है कि इन्हें क्षय का केवल भ्रम है। उसके कोई लक्षण नहीं देखती। परमात्मा करे मेरा अनुमान ठीक हो। मुझे तो कोई और ही रोग मालूम होता है। मैंने कई बार टेम्परेचर लिया। उष्णता साधारण थी। उसमें कोई आकस्मिक परिवर्तन भी न हुआ। अगर

यही बीमारी है तो अभी आरम्भिक अवस्था है, कोई कारण नहीं कि उचित प्रयत्न से उसकी जड़ न उखड़ जाए। मैं कल से ही इन्हें नित्य सैर कराने ले जाऊँगी। मोटर की ज़रूरत नहीं, फिटन पर बैठने से ज़्यादा लाभ होगा। मुझे यह स्वयं कुछ लापरवाह से जान पड़ते हैं। इस मरज के बीमारों को बड़ी एहतियात करते देखा है। दिन में बीसों बार तो थर्मामीटर देखते हैं। पथ्यापथ्य का बड़ा विचार रखते हैं। वे फल, दूध और पुष्टिकारक पदार्थों का सेवन किया करते हैं। यह नहीं कि जो कुछ रसोइए ने अपने मन से बनाकर सामने रख दिया, वही दो-चार ग्रास खाकर उठ आए। मुझे तो विश्वास होता जाता है कि इन्हें कोई दूसरी ही शिकायत है। ज़रा अवकाश मिले तो इसका पता लगाऊँ। कोई चिन्ता नहीं है? रियासत पर क़र्ज़ का बोझ तो नहीं है? थोड़ा बहुत क़र्ज़ तो अवश्य ही होगा। यह तो रईसों की शान है। अगर क़र्ज़ ही इसका मूल कारण है तो अवश्य कोई भारी रक़म होगी।

6

चित्त विविध चिन्ताओं से इतना दबा हुआ है कि कुछ लिखने को जी नहीं चाहता! मेरे समस्त जीवन की अभिलाषाएँ मिट्टी में मिल गईं। हा हतभाग्य! मैं अपने को कितनी ख़ुशनसीब समझती थी। अब संसार में मुझसे ज़्यादा बदनसीब और कोई न होगा। वह अमूल्य रत्न जो मुझे चिरकाल की तपस्या और उपासना से न मिला, वह इस मृगनयनी सुन्दरी को अनायास मिल जाता है। शारदा ने अभी उसे हाल में ही देखा है। कदाचित् अभी तक उससे परस्पर बातचीत करने की नौबत नहीं आई। लेकिन उससे कितने अनुरक्त हो रहे हैं। उसके प्रेम में कैसे उन्मत्त हो गए हैं। पुरुषों को परमात्मा ने हृदय नहीं दिया, केवल आँखें दी हैं। वह हृदय की कद्र नहीं करना जानते, केवल रूप-रंग पर बिक जाते हैं। अगर मुझे किसी तरह विश्वास हो जाए कि सुशीला उन्हें मुझसे ज़्यादा प्रसन्न रख सकेगी, उनके जीवन को अधिक सार्थक बना देगी, तो मुझे उसके लिए जगह ख़ाली करने में ज़रा भी आपत्ति न होगी। वह इतनी गर्ववती, इतनी निठुर है कि मुझे भय है कहीं शारदा को पछताना न पड़े।

लेकिन यह मेरी स्वार्थ-कल्पना है। सुशीला गर्ववती सही, निठुर सही, विलासिनी सही, शारदा ने अपना प्रेम उस पर अर्पण कर दिया है। वह बुद्धिमान हैं, चतुर हैं, दूरदर्शी हैं। अपना हानि-लाभ सोच सकते हैं। उन्होंने सब कुछ सोचकर ही निश्चय किया होगा। जब उन्होंने मन में यह बात ठान ली तो मुझे कोई अधिकार नहीं है कि उनके सुख-मार्ग का काँटा बनूँ। मुझे सब्र करके, अपने मन को समझाकर यहाँ से निराश, हताश, भग्नहृदय, विदा हो जाना चाहिए। परमात्मा से यही प्रार्थना है कि उन्हें प्रसन्न रखे। मुझे ज़रा भी ईर्ष्या, ज़रा भी दम्भ नहीं है। मैं तो उनकी इच्छाओं की चेरी हूँ। अगर उन्हें मुझको विष दे देने से ख़ुशी होती तो मैं शौक़ से विष का प्याला पी लेती। प्रेम ही जीवन का प्राण है। हम इसी के लिए जीना चाहते हैं। अगर इसके लिए मरने का भी अवसर मिले तो धन्य भाग। यदि केवल मेरे हट जाने से सब काम सँवर सकते हैं तो मुझे कोई इनकार नहीं। हरि इच्छा! लेकिन मानव शरीर पाकर कौन मायामोह से रहित होता है? जिस प्रेम-लता को मुद्दतों से पाला था, आँसुओं से सींचा था, उसको पैरों तले रौंदा जाना नहीं देखा जाता। हृदय विदीर्ण हो जाता है। अब काग़ज़ तैरता जान पड़ता है, आँसू उमड़े चले आते हैं, कैसे मन को खींचूँ। हा! जिसे अपना समझती थी, जिसके चरणों पर अपने को भेंट कर चुकी थी, जिसके सहारे जीवन-लता पल्लवित हुई थी,

जिसे हृदय-मन्दिर में पूजती थी, जिसके ध्यान में मग्न हो जाना जीवन का सबसे प्यारा काम था, उससे अब अनन्त काल के लिए वियोग हो रहा है। आह! किससे अब फ़रियाद करूँ? किसके सामने जाकर रोऊँ? किससे अपनी दु:ख-कथा कहूँ। मेरा निर्बल हृदय यह वज्राघात नहीं सह सकता। यह चोट मेरी जान लेकर छोड़ेगी। अच्छा ही होगा। प्रेम-विहीन हृदय के लिए संसार कालकोठरी है, नैराश्य और अंधकार से भरी हुई। मैं जानती हूँ अगर आज बाबू जी उनसे विवाह के लिए ज़ोर दें तो वह तैयार हो जाएँगे, बस मुरौवत के पुतले हैं। केवल मेरा मन रखने के लिए अपनी जान पर खेल जाएँगे। वह उन शीलवान पुरुषों में हैं जिन्होंने 'नहीं' करना ही नहीं सीखा। अभी तक उन्होंने दीवान साहब से सुशीला के विषय में कोई बातचीत नहीं की। शायद मेरा रुख़ देख रहे हैं। इसी असमंजस ने उन्हें इस दशा को पहुँचा दिया है। वह मुझे हमेशा प्रसन्न रखने की चेष्टा करेंगे। मेरा दिल कभी न दुखावेंगे, सुशीला की चर्चा भूलकर भी न करेंगे। मैं उनके स्वभाव को जानती हूँ। वह नर-रत्न हैं। लेकिन मैं उनके पैरों की बेड़ी नहीं बनना चाहती। जो कुछ बीते अपने ही ऊपर बीते। उन्हें क्यों समेटूँ? डूबना ही है तो आप क्यों न डूबूँ, उन्हें अपने साथ क्यों डुबाऊँ?

वह भी जानती हूँ कि यदि इस शोक ने घुला-घुला कर मेरी जान ले ली तो यह अपने को कभी क्षमा न करेंगे। उनका समस्त जीवन क्षोभ और ग्लानि को भेंट हो जाएगा, उन्हें कभी शान्ति न मिलेगी। कितनी विकट समस्या है। मुझे मरने की भी स्वाधीनता नहीं। मुझे इनको प्रसन्न रखने के लिए अपने को प्रसन्न रखना होगा। उनसे निष्ठुरता करनी पड़ेगी। त्रियाचरित्र खेलना पड़ेगा। दिखाना पड़ेगा कि इस बीमारी के कारण अब विवाह की बातचीत अनर्गल है। वचन को तोड़ने का अपराध अपने सिर लेना पड़ेगा। इसके सिवाय उद्धार की और कोई व्यवस्था नहीं? परमात्मा मुझे बल दो कि इस परीक्षा में सफल हो जाऊँ।

7

शारदाचरण

एक ही निगाह ने निश्चय कर दिया। लज्जा ने मुझे जीत लिया। एक ही निगाह से सुशीला ने भी मुझे जीता था। उस निगाह में प्रबल आकर्षण था, एक मनोहर सारल्य, एक आनन्दोद्गार, जो किसी भाँति छिपाए नहीं छिपता था, एक बालोचित उल्लास, मानो उसे कोई खिलौना मिल गया हो। लज्जा की चितवन में क्षमा थी और थी करुणा, नैराश्य तथा वेदना। वह अपने को मेरी इच्छा पर बलिदान कर रही थी। आत्म-परिचय में उसे सिद्धि है। उसने अपनी बुद्धिमानी से सारी स्थिति ताड़ ली और तुरन्त फ़ैसला कर लिया। वह मेरे सुख में बाधक नहीं बनना चाहती थी। उसके साथ ही यह भी प्रकट करना चाहती थी कि मुझे तुम्हारी परवाह नहीं है। अगर तुम मुझसे जौ भर खिंचोगे तो मैं तुमसे गज़ भर खिंच जाऊँगी। लेकिन मनोवृत्तियाँ सुगंध के समान हैं जो छिपाने से नहीं छिपतीं। उसकी निठुरता में नैराश्यमय वेदना थी, उसकी मुस्कान में आँसुओं की झलक। वह मेरी निगाह बचाकर क्यों रसोई में चली जाती थी और कोई न कोई पाक, जिसे वह जानती है कि मुझे रुचिकर है, बना लाती थी? वह मेरे नौकरों को क्यों आराम से रखने की गुप्त रीति से ताकीद किया करती थी? समाचारपत्रों को क्यों मेरी निगाह से छिपा दिया करती थी? क्यों संध्या समय मुझे सैर करने को मजबूर किया करती थी? उसकी एक-एक बात उसके हृदय का परदा खोल देती थी।

उसे कदाचित् मालूम नहीं है कि आत्म-परिचय रमणियों का विशेष गुण नहीं। उस दिन जब प्रोफ़ेसर भाटिया ने बातों ही बातों में मुझ पर व्यंग्य किए, मुझे वैभव और सम्पत्ति का दास कहा और मेरे साम्यवाद की हँसी उड़ानी चाही तो उसने कितनी चतुरता से बात टाल दी। पीछे से मालूम नहीं उसने उन्हें क्या कहा; पर मैं बरामदे में बैठा सुन रहा था कि बाप और बेटी बग़ीचे में बैठे हुए किसी विषय पर बहस कर रहे हैं। कौन ऐसा हृदयशून्य प्राणी है जो निष्काम सेवा के वशीभूत न हो जाए। लज्जावती को मैं बहुत दिनों से जानता हूँ। पर मुझे ज्ञात हुआ कि इसी मुलाक़ात में मैंने उसका यथार्थ रूप देखा। पहले मैं उसकी रूपराशि का, उसके उदार विचारों का, उसकी मृदुवाणी का भक्त था। उसकी उज्ज्वल, दिव्य आत्मज्योति मेरी आँखों से छिपी हुई थी। मैंने अबकी ही जाना कि उसका प्रेम कितना गहरा, कितना पवित्र, कितना अगाध है। इस अवस्था में कोई दूसरी स्त्री ईर्ष्या से बावली हो जाती, मुझसे नहीं तो सुशीला से तो अवश्य ही जलने लगती, आप कुढ़ती, उसे व्यंग्यों से छेदती और मुझे धूर्त, कपटी, पाषाण, न जाने क्या-क्या कहती। पर लज्जा ने जितने विशुद्ध प्रेम-भाव से सुशीला का स्वागत किया, वह मुझे कभी न भूलेगा—मालिन्य, संकीर्णता, कटुता का लेश न था। इस तरह उसे हाथों-हाथ लिये फिरती थी मानो छोटी बहिन उसके यहाँ मेहमान है। सुशीला इस व्यवहार पर मानो मुग्ध हो गई। आह! वह दृश्य भी चिरस्मरणीय है, जब लज्जावती मुझसे विदा होने लगी। प्रोफ़ेसर भाटिया मोटर पर बैठे हुए थे। वह मुझसे कुछ खिन्न हो गए और जल्दी से जल्दी भाग जाना चाहते थे। लज्जा एक उज्ज्वल साड़ी पहने हुए मेरे सम्मुख आकर खड़ी हो गई। वह एक तपस्विनी थी, जिसने प्रेम पर अपना जीवन अर्पण कर दिया हो, श्वेत पुष्पों की माला थी जो किसी देवमूर्ति के चरणों पर पड़ी हुई हो। उसने मुस्कुराकर मुझसे कहा—कभी-कभी पत्र लिखते रहना, इतनी कृपा की मैं अपने को अधिकारिणी समझती हूँ।

मैंने जोश से कहा—हाँ, अवश्य।

लज्जावती ने फिर कहा—शायद यह हमारी अन्तिम भेंट हो। न जाने मैं कहाँ रहूँगी, कहाँ जाऊँगी; फिर कभी आ सकूँगी या नहीं। मुझे बिलकुल भूल न जाना। अगर मेरे मुँह से कोई ऐसी बात निकल आई हो जिससे तुम्हें दुःख हुआ हो तो क्षमा करना और...अपने स्वास्थ्य का बहुत ध्यान रखना।

यह कहते हुए उसने मेरी तरफ़ हाथ बढ़ाए। हाथ काँप रहे थे। कदाचित् आँखों में आँसुओं का आवेग हो रहा था। वह जल्दी से कमरे के बाहर निकल जाना चाहती थी। अपने ज़ब्त पर अब उसे भरोसा न था। उसने मेरी ओर दबी आँखों से देखा। मगर इस अर्द्ध-चितवन में दबे हुए पानी का वेग और प्रवाह था। ऐसे प्रवाह में मैं स्थिर न रह सका। इस निगाह ने हारी हुई बाज़ी जीत ली; मैंने उसके दोनों हाथ पकड़ लिये और गद्गद स्वर से बोला—नहीं लज्जा, अब हममें और तुममें कभी वियोग न होगा।

× × ×

सहसा चपरासी ने सुशीला का पत्र लाकर सामने रख दिया। लिखा था—

प्रिय श्री शारदाचरण जी,

हम लोग कल यहाँ से चले जाएँगे। मुझे आज बहुत काम करना है, इसलिए मिल न सकूँगी। मैंने आज रात को अपना कर्तव्य स्थिर कर लिया। मैं लज्जावती के बने-बनाए घर को उजाड़ना नहीं चाहती। मुझे पहले यह बात न मालूम थी, नहीं तो हममें इतनी घनिष्ठता न

होती। मेरा आपसे यही अनुरोध है कि लज्जा को हाथ से न जाने दीजिए। वह नारी-रत्न है। मैं जानती हूँ कि मेरा रूप-रंग उससे कुछ अच्छा है और कदाचित् आप उसी प्रलोभन में पड़ गए; लेकिन मुझमें वह त्याग, वह सेवा भाव, वह आत्मोत्सर्ग नहीं है। मैं आपको प्रसन्न रख सकती हूँ, पर आपके जीवन को उन्नत नहीं कर सकती, उसे पवित्र और यशस्वी नहीं बना सकती। लज्जा देवी है, वह आपको देवता बना देगी। मैं अपने को इस योग्य नहीं समझती। कल मुझसे भेंट करने का विचार न कीजिए, रोने-रुलाने से क्या लाभ। क्षमा कीजिएगा।

—आपकी

सुशीला

मैंने यह पत्र लज्जा के हाथ में रख दिया। वह पढ़कर बोली—मैं उससे आज ही मिलने जाऊँगी।

मैंने उसका आशय समझकर कहा—क्षमा करो, तुम्हारी उदारता की दूसरी बार परीक्षा नहीं लेना चाहता।

यह कहकर मैं प्रोफ़ेसर भाटिया के पास गया। वह मोटर पर मुँह फुलाए बैठे थे। मेरे बदले लज्जावती आई होती तो उस पर ज़रूर ही बरस पड़ते।

मैंने उनके पद स्पर्श किए और सिर झुकाकर बोला—आपने मुझे सदैव अपना पुत्र समझा है। अब उस नाते को और भी दृढ़ कर दीजिए।

प्रोफ़ेसर भाटिया ने पहले तो मेरी ओर अविश्वासपूर्ण नेत्रों से देखा तब मुस्कुराकर बोले—यह तो मेरे जीवन की सबसे बड़ी अभिलाषा थी।

दफ़्तरी

रफाकत हुसेन मेरे दफ़्तर का दफ़्तरी था। 10 रु. मासिक वेतन पाता था। दो-तीन रुपए बाहर के फुटकर काम से मिल जाते थे। यही उसकी जीविका थी, पर वह अपनी दशा पर सन्तुष्ट था। उसकी आंतरिक अवस्था तो ज्ञात नहीं, पर वह सदैव साफ़-सुथरे कपड़े पहनता और प्रसन्नचित्त रहता। क़र्ज़ इस श्रेणी के मुनष्यों का आभूषण है। रफाकत पर इसका जादू न चलता था। उसकी बातों में कृत्रिम शिष्टाचार की झलक भी न होती। बेलाग और खरी कहता था। अमलों में जो बुराइयाँ देखता, साफ़ कह देता। इसी साफ़गोई के कारण लोग उसका सम्मान हैसियत से ज़्यादा करते थे। उसे पशुओं से विशेष प्रेम था। एक घोड़ी, एक गाय, कई बकरियाँ, एक बिल्ली और एक कुत्ता और कुछ मुर्गियाँ पाल रखी थीं। इन पशुओं पर जान देता था। बकरियों के लिए पत्तियाँ तोड़ लाता, घोड़ी के लिए घास छील लाता। यद्यपि उसे आए दिन मवेशीखाने के दर्शन करने पड़ते थे, और बहुधा लोग उसके पशु-प्रेम की हँसी उड़ाते थे, पर वह किसी की न सुनता था और उसका यह नि:स्वार्थ प्रेम था। किसी ने उसे मुर्गियों के अंडे बेचते नहीं देखा। उसकी बकरियों के बच्चे कभी बूचड़ की छुरी के नीचे नहीं गए और उसकी घोड़ी ने कभी लगाम का मुँह नहीं देखा। गाय का दूध कुत्ता पीता था। बकरी का दूध बिल्ली के हिस्से में आता था। जो कुछ बचा रहता, वह आप पीता था।

सौभाग्य से उसकी पत्नी भी साध्वी थी। यद्यपि उसका घर बहुत छोटा था, पर किसी ने द्वार पर उसकी आवाज़ नहीं सुनी। किसी ने उसे द्वार पर झाँकते नहीं देखा। वह गहने-कपड़ों के तगादों से पति की नींद हराम न करती थी। दफ़्तरी उसकी पूजा करता था। वह गाय का गोबर उठाती, घोड़ों को घास डालती, बिल्ली को अपने साथ बिठाकर खिलाती, यहाँ तक कि कुत्ते को नहलाने से भी उसे घृणा न होती थी।

2

बरसात थी, नदियों में बाढ़ आई हुई थी। दफ़्तर के कर्मचारी मछलियों का शिकार खेलने चले। शामत का मारा रफाकत भी उनके साथ हो लिया। दिन भर लोग शिकार खेला किए, शाम को मूसलाधार पानी बरसने लगा। कर्मचारियों ने तो एक गाँव में रात काटी, दफ़्तरी घर चला, पर अँधेरी रात राह भूल गया और सारी रात भटकता फिरा। प्रातःकाल घर पहुँचा तो अभी अँधेरा ही था, लेकिन दोनों द्वार-पट खुले हुए थे। उसका कुत्ता पूँछ दबाए करुण-स्वर से कराहता हुआ आकर, उसके पैरों पर लोट गया। द्वार खुले देखकर दफ़्तरी का कलेजा सन्न-से हो गया। घर में क़दम रखे तो बिलकुल सन्नाटा था। दो-तीन बार स्त्री को पुकारा, किन्तु कोई उत्तर न मिला। घर भाँय-भाँय कर रहा था। उसने दोनों कोठरियों में जाकर देखा। जब वहाँ भी उसका पता न मिला तो पशुशाला में गया। भीतर जाते हुए अज्ञात भय हो रहा था जो किसी अँधेरे खोह में जाते हुए होता है। उसकी स्त्री वहीं भूमि पर चित पड़ी हुई थी। मुँह पर मक्खियाँ बैठी हुई थीं, होंठ नीले पड़ गए थे, आँखें पथरा गई थीं। लक्षणों से अनुमान होता था कि साँप ने डस लिया है।

दूसरे दिन रफाकत आया तो उसे पहचानना मुश्किल था। मालूम होता था, बरसों का रोगी है। बिलकुल खोया हुआ, गुम-सुम बैठा रहा मानो किसी दूसरी दुनिया में है। संध्या होते ही वह उठा और स्त्री की क़ब्र पर जाकर बैठ गया। अँधेरा हो गया। तीन-चार घड़ी रात बीत गई, पर दीपक के टिमटिमाते हुए प्रकाश में उसी क़ब्र पर नैराश्य और दुःख की मूर्ति बना बैठा रहा, मानो मृत्यु की राह देख रहा हो। मालूम नहीं, कब घर आया। अब यही उसका नित्य का नियम हो गया। प्रातःकाल उठकर मज़ार पर जाता, झाड़ू लगाता, फूलों के हार चढ़ाता, लोबान जलाता और नौ बजे तक कुरान का पाठ करता, संध्या समय फिर यही क्रम शुरू होता। अब यही उसके जीवन का नियमित कर्म था। अब वह अंतर्जगत में बसता था। बाह्य जगत से उसने मुँह मोड़ लिया था। शोक ने विरक्त कर दिया था।

3

कई महीने तक यही हाल रहा। कर्मचारियों को दफ़्तरी से सहानुभूति हो गई थी। उसके काम कर लेते, उसे कष्ट न देते। उसकी पत्नी-भक्ति पर लोगों को विस्मय होता था।

लेकिन मनुष्य सर्वदा प्राणलोक में नहीं रह सकता। वहाँ की जलवायु उसके अनुकूल नहीं। वहाँ वह रूपमय, रसमय, भावनाएँ कहाँ? विराग में वह चिन्तामय उल्लास कहाँ? वह आशामय आनन्द कहाँ? दफ़्तरी को आधी रात तक ध्यान में डूबे रहने के बाद चूल्हा जलाना पड़ता, प्रातःकाल पशुओं की देखभाल करनी पड़ती। यह बोझा उसके लिए असह्य था। अवस्था ने भावुकता पर विजय पाई। मरुभूमि के प्यासे पथिक की भाँति दफ़्तरी फिर दाम्पत्य-

सुख जल स्रोत की ओर दौड़ा। वह फिर जीवन का यही सुखद अभिनय देखना चाहता था। पत्नी की स्मृति दाम्पत्य-सुख के रूप में विलीन होने लगी। यहाँ तक कि छह महीने में उस स्थिति का चिह्न भी शेष न रहा।

इस मुहल्ले के दूसरे सिरे पर बड़े साहब का एक अरदली रहता था। उसके यहाँ से विवाह की बातचीत होने लगी, मियाँ रफाकत फूले न समाए। अरदली साहब का सम्मान मुहल्ले में किसी वकील से कम न था। उनकी आमदनी पर अनेक कल्पनाएँ की जाती थीं। साधारण बोलचाल में कहा जाता था, 'जो कुछ मिल जाए वह थोड़ा है।' वह स्वयं कहा करते थे कि तकाबी के दिनों में मुझे जेब की जगह थैली रखनी पड़ती थी। दफ़्तरी ने समझा भाग्य उदय हुआ। इस तरह टूटे, जैसे बच्चे खिलौने पर टूटते हैं। एक ही सप्ताह में सारा विधान पूरा हो गया और नववधू घर में आ गई। जो मनुष्य कभी एक सप्ताह पहले संसार से विरक्त, जीवन से निराश बैठा हो, उसे मुँह पर सेहरा डाले घोड़े पर सवार नवकुसुम की भाँति विकसित देखना मानव-प्रकृति की एक विलक्षण विवेचना थी।

किन्तु एक ही अठवारे में नववधू के जौहर खुलने लगे। विधाता ने उसे रूपेन्द्रिय से वंचित रखा था। पर उसकी कसर पूरी करने के लिए अति तीक्ष्ण वाकेन्द्रिय प्रदान की थी। इसका सबूत उसकी वह वाक्पटुता थी जो अब बहुधा पड़ोसियों को विनोदित और दफ़्तरी को अपमानित किया करती थी। उसने आठ दिन तक दफ़्तरी के चरित्र का तात्विक दृष्टि से अध्ययन किया और तब एक दिन उससे बोली—तुम विचित्र जीव हो। आदमी पशु पालता है अपने आराम के लिए, न कि जंजाल के लिए। यह क्या कि गाय का दूध कुत्ते पिएँ, बकरियों का दूध बिल्ली चट कर जाए। आज से सब दूध घर में लाया करो।

दफ़्तरी निरुत्तर हो गया। दूसरे दिन घोड़ी का रातिब बन्द हो गया। वह चने अब भाड़ में भुनने और नमक-मिर्च से खाए जाने लगे। प्रात:काल ताज़े दूध का नाश्ता होता, आए दिन तस्मई बनती। बड़े घर की बेटी, पान बिना क्योंकर रहती? घी, मसाले का भी ख़र्च बढ़ा। पहले ही महीने में दफ़्तरी को विदित हो गया कि मेरी आमदनी गुज़र के लिए काफ़ी नहीं है। उसकी दशा उस मनुष्य की-सी थी, जो शक्कर के धोखे में कुनैन फाँक गया हो।

दफ़्तरी बड़ा धर्मपरायण मनुष्य था। दो-तीन महीने तक यह विषम वेदना सहता रहा। पर उसकी सूरत उसकी अवस्था को शब्दों से अधिक व्यक्त कर देती थी। वह दफ़्तरी जो अभाव में भी सन्तोष का आनन्द उठाता था, अब चिन्ता की सजीव मूर्ति था। कपड़े मैले, सिर के बाल बिखरे हुए, चेहरे पर उदासी छाई हुई, अहर्निश हाय-हाय किया करता था। उसकी गाय अब हड्डियों का ढाँचा थी, घोड़ी का जगह से हिलना कठिन था, बिल्ली पड़ोसियों के छींकों पर उचकती और कुत्ता घूरों पर हड्डियाँ नोचता फिरता था। पर अब भी वह हिम्मत का धनी इन पुराने मित्रों को अलग न करता था। सबसे बड़ी विपत्ति पत्नी की वह वाक्प्रचुरता थी जिसके सामने कभी उसका धैर्य, उसकी कर्मनिष्ठा, उसकी उत्साहशीलता प्रस्थान कर जाती और अपनी अँधेरी कोठरी के एक कोने में बैठकर ख़ूब फूट-फूट कर रोता। सन्तोष के आनन्द को दुर्लभ पाकर रफाकत का पीड़ित हृदय उच्छृंखलता की ओर प्रवृत्त हुआ। आत्माभिमान जो सन्तोष का प्रसाद है, उसके चित्त से लुप्त हो गया। उसने फाकेमस्ती का पथ ग्रहण किया। अब उसके पास पानी रखने के लिए कोई बरतन न था। वह उस कुएँ से पानी खींचकर उसी दम पी जाना चाहता था जिससे वह ज़मीन पर बह न जाए। वेतन पाकर

अब वह महीने भर का सामान जुटाता, ठंडे पानी और रूखी रोटियों से अब उसे तस्कीन न होती, बाज़ार से बिस्कुट लाता, मलाई के दोनों और क़लमी आमों की ओर लपकता। दस रुपए की भुगत ही क्या? एक सप्ताह में सब रुपए उड़ जाते, तब जिल्दबन्दियों की पेशगी पर हाथ बढ़ाता, फिर दो-एक उपवास होता, अन्त में उधार माँगने लगता। शनैः-शनैः यह दशा हो गई कि वेतन देनदारों ही के हाथों में चला जाता और महीने के पहले ही दिन क़र्ज़ लेना शुरू करता। वह पहले दूसरों को मितव्ययिता का उपदेश दिया करता था, अब लोग उसे समझाते, पर वह लापरवाही से कहता—साहब, आज मिलता है खाते हैं कल का ख़ुदा मालिक है; मिलेगा खाएँगे नहीं पड़कर सो रहेंगे। उसकी अवस्था अब उस रोगी-सी हो गई जो आरोग्य लाभ से निराश होकर पथ्यापथ्य का विचार त्याग दे, जिसमें मृत्यु के आने तक वह भोज्य-पदार्थों से भली-भाँति तृप्त हो जाए।

लेकिन अभी तक उसने घोड़ी और गाय न बेची, यहाँ तक कि एक दिन दोनों मवेशीख़ाने में दाख़िल हो गईं। बकरियाँ भी तृष्णा व्याघ्र के पंजे में फँस गईं। पोलाव और जरदे के चस्के ने नानबाई का ऋणी बना दिया था। जब उसे मालूम हो गया कि नगद रुपए वसूल न होंगे तो एक दिन सभी बकरियाँ हाँक ले गया। दफ़्तरी मुँह ताकता रह गया। बिल्ली ने भी स्वामिभक्ति से मुँह मोड़ा। गाय और बकरियों के जाने के बाद अब उसे दूध के बर्तनों को चाटने की भी आशा न रही, जो उसके स्नेह-बंधन का अन्तिम सूत्र था। हाँ, कुत्ता पुराने सद्व्यवहारों की याद करके अभी तक आत्मीयता का पालन करता जाता था, किन्तु उसकी सजीवता विदा हो गई थी। यह वह कुत्ता न था जिसके सामने द्वार पर किसी अपरिचित मनुष्य या कुत्ते का निकल जाना असम्भव था। वह अब भी भूँकता था, लेकिन लेटे-लेटे और प्रायः छाती में सिर छिपाए हुए, मानो अपनी वर्तमान स्थिति पर रो रहा हो। या तो उसमें अब उठने की शक्ति ही न थी, या वह चिरकालीन कृपाओं के लिए इतना कीर्तिगान पर्याप्त समझता था।

4

संध्या का समय था। मैं द्वार पर बैठा हुआ पत्र पढ़ रहा था कि अकस्मात् दफ़्तरी को आते देखा। कदाचित् कोई किसान सम्मन पाने वाले चपरासी से भी इतना भयभीत न होगा, बाल-वृन्द टीका लगाने वाले से भी इतना न डरते होंगे। मैं अव्यवस्थित होकर उठा और चाहा कि अन्दर जाकर द्वार बन्द कर लूँ कि इतने में दफ़्तरी लपककर सामने आ पहुँचा। अब कैसे भागता? कुर्सी पर बैठ गया, पर नाक-भौं चढ़ाए हुए। दफ़्तरी किसलिए आ रहा था इसमें मुझे लेशमात्र भी शंका न थी। ऋणेच्छुओं की हृदय-चेष्टा उनकी मुखाकृति पर, उनके आचार-व्यवहार पर उज्ज्वल रंगों से अंकित होती है। वह एक विशेष नम्रता, संकोचमय परवशता होती है जिसे एक बार देखकर फिर नहीं भुलाया जा सकता।

दफ़्तरी ने आते ही बिना किसी प्रस्तावना के अभिप्राय कह सुनाया जो मुझे पहले ही ज्ञात हो चुका था।

मैंने रुखाई से उत्तर दिया—मेरे पास रुपए नहीं हैं।

दफ़्तरी ने सलाम किया और उल्टे पाँव लौटा। उसके चेहरे पर ऐसी दीनता और बेकसी छाई थी कि मुझे उस पर दया आ गई। उसका इस भाँति बिना कुछ कहे-सुने लौटना कितना सारपूर्ण था! इसमें लज्जा थी, सन्तोष था, पछतावा था। उसके मुँह से एक शब्द भी न निकला,

लेकिन उसका चेहरा कह रहा था, मुझे विश्वास था कि आप यही उत्तर देंगे! इसमें मुझे ज़रा भी सन्देह न था। लेकिन यह जानते हुए भी मैं यहाँ तक आया, मालूम नहीं क्यों? मेरी समझ में स्वयं नहीं आता। कदाचित् आपकी दयाशीलता, आपकी वत्सलता मुझे यहाँ तक लाई। अब जाता हूँ, वह मुँह ही नहीं रहा कि अपनी कुछ कथा सुनाऊँ।

मैंने दफ़्तरी को आवाज़ दी—ज़रा सुनो तो, क्या काम है?

दफ़्तरी को कुछ उम्मीद हुई। बोला—आपसे क्या अर्ज करूँ, दो दिन से उपवास हो रहा है।

मैंने बड़ी नम्रता से समझाया—इस तरह क़र्ज़ लेकर कै दिन तुम्हारा काम चलेगा। तुम समझदार आदमी हो, जानते हो कि आजकल सभी को अपनी फ़िक्र सवार रहती है। किसी के पास फालतू रुपए नहीं रहते और यदि हों भी तो वह ऋण देकर रार क्यों लेने लगा! तुम अपनी दशा सुधारते क्यों नहीं।

दफ़्तरी ने विरक्त भाव से कहा—यह सब दिनों का फेर है। और क्या कहूँ। जो चीज़ महीने भर के लिए लाता हूँ, वह एक दिन में उड़ जाती है, मैं घरवाली के चटोरेपन से लाचार हूँ। अगर एक दिन दूध न मिले तो महनामथ मचा दे, बाज़ार से मिठाइयाँ न लाऊँ तो घर में रहना मुश्किल हो जाए, एक दिन गोश्त न पके तो मेरी बोटियाँ नोच खाय। ख़ानदान का शरीफ हूँ। यह बेइज़्ज़ती नहीं सही जाती कि खाने के पीछे स्त्री से झगड़ा-तकरार करूँ। जो कुछ कहती है सिर के बल पूरा करता हूँ। अब ख़ुदा से यही दुआ है कि मुझे इस दुनिया से उठा ले। इसके सिवाय मुझे दूसरी कोई सूरत नहीं नज़र आती, सब कुछ करके हार गया।

मैंने सन्दूक़ से 5 रु. निकाले और उसे देकर बोला—यह लो, यह तुम्हारे पुरुषार्थ का इनाम है। मैं नहीं जानता था कि तुम्हारा हृदय इतना उदार, इतना वीररसपूर्ण है।

गृहदाह में जलनेवाले वीर, रणक्षेत्र के वीरों से कम महत्त्वशाली नहीं होते।

विध्वंस

ज़िला बनारस में बीरा नाम का एक गाँव है। वहाँ एक विधवा वृद्धा, संतानहीन, गोंड़िन रहती थी, जिसका भुनगी नाम था। उसके पास एक धुर भी ज़मीन न थी और न रहने का घर ही था। उसके जीवन का सहारा केवल एक भाड़ था। गाँव के लोग प्रायः एक बेला चबैना या सत्तू पर निर्वाह करते ही हैं, इसलिए भुनगी के भाड़ पर नित्य भीड़ लगी रहती थी। वह जो कुछ भुनाई पाती वही भून या पीसकर खा लेती और भाड़ ही की झोंपड़ी के एक कोने में पड़ रहती। वह प्रात:काल उठती और चारों ओर से भाड़ झोंकने के लिए सूखी पत्तियाँ बटोर लाती। भाड़ के पास ही, पत्तियों का एक बड़ा ढेर लगा रहता था। दोपहर के बाद उसका भाड़ जलता था। लेकिन जब एकादशी या पूर्णमासी के दिन प्रथानुसार भाड़ न जलता, या गाँव के ज़मींदार पंडित उदयभान पाँड़े के दाने भूनने पड़ते, उस दिन उसे भूखे ही सो रहना पड़ता था। पंडित जी उससे बेगार में दाने ही न भुनवाते थे, उसे उनके घर का पानी भी भरना पड़ता था। और कभी-कभी इस हेतु से भी भाड़ बन्द रहता था। वह पंडित जी के गाँव में रहती थी, इसलिए उन्हें उससे सभी प्रकार की बेगार लेने का अधिकार था। उसे अन्याय नहीं कहा जा सकता।

अन्याय केवल इतना था कि बेगार सूखी लेते थे। उनकी धारणा यह थी कि जब खाने ही को दिया गया तो बेगार कैसी। किसान को अधिकार है कि बैलों को दिन भर जोतने के बाद शाम को खूँटे से भूखा बाँध दे। यदि वह ऐसा नहीं करता तो यह उसकी दयालुता नहीं है, केवल अपनी हित चिन्ता है। पंडित जी को उसकी चिन्ता न थी क्योंकि एक तो भुनगी दो-एक दिन भूखी रहने से मर नहीं सकती थी और यदि दैवयोग से मर भी जाती तो उसकी जगह दूसरा गोंड़ बड़ी आसानी से बसाया जा सकता था। पंडित जी की यही क्या कम कृपा थी कि वह भुनगी को अपने गाँव में बसाए हुए थे।

2

चैत का महीना था और संक्रांति का पर्व। आज के दिन नए अन्न का सत्तू खाया और दान दिया जाता है। घरों में आग नहीं जलती। भुनगी का भाड़ आज बड़े ज़ोरों पर था। उसके सामने एक मेला-सा लगा हुआ था। साँस लेने का भी अवकाश न था। गाहकों की जल्दबाजी पर कभी-कभी झुँझला पड़ती थी, कि इतने में ज़मींदार साहब के यहाँ से दो बड़े-बड़े टोकरे अनाज से भरे हुए आ पहुँचे और हुक्म हुआ कि अभी भून दे। भुनगी दोनों टोकरे देखकर सहम उठी। अभी दोपहर था पर सूर्यास्त के पहले इतना अनाज भुनना असम्भव था। घड़ी-दो-घड़ी और मिल जाते तो एक अठवारे के खाने भर को अनाज हाथ आता। दैव से इतना भी न देखा गया, इन यमदूतों को भेज दिया। अब पहर रात तक सेंतमेंत में भाड़ में जलना पड़ेगा; एक नैराश्य भाव से दोनों टोकरे ले लिए।

चपरासी ने डाँटकर कहा—देर न लगे, नहीं तो तुम जानोगी।

भुनगी—यहीं बैठे रहो, जब भुन जाए तो लेकर जाना। किसी दूसरे के दाने छुऊँ तो हाथ काट लेना।

चपरासी—बैठने की हमें छुट्टी नहीं है, लेकिन तीसरे पहर तक दाना भुन जाए।

चपरासी तो यह ताकीद करके चलते बने और भुनगी अनाज भूनने लगी। लेकिन मन भर अनाज भूनना कोई हँसी तो थी नहीं, उस पर बीच-बीच में भुनाई बन्द करके भाड़ भी झोंकना पड़ता था। अतएव तीसरा पहर हो गया और आधा काम भी न हुआ। उसे भय हुआ कि ज़मींदार के आदमी आते होंगे। आते ही गालियाँ देंगे, मारेंगे। उसने और वेग से हाथ चलाना शुरू किया। रास्ते की ओर ताक़ती और बालू नाँद में छोड़ती जाती थी। यहाँ तक कि बालू ठंडी हो गई, सेवड़े निकलने लगे। उसकी समझ में न आता था, क्या करे। न भूनते बनता था न छोड़ते बनता था। सोचने लगी कैसी विपत्ति है। पंडित जी कौन मेरी रोटियाँ चला देते हैं, कौन मेरे आँसू पोंछ देते हैं। अपना रक्त जलाती हूँ तब कहीं दाना मिलता है। लेकिन जब देखो खोपड़ी पर सवार रहते हैं, इसलिए न कि उनकी चार अँगुल धरती से मेरा निस्तार हो रहा है। क्या इतनी-सी ज़मीन का इतना मोल है? ऐसे कितने ही टुकड़े गाँव में बेकाम पड़े हैं, कितनी बखरियाँ उजाड़ पड़ी हुई हैं। वहाँ तो केसर नहीं उपजती फिर मुझी पर क्यों यह आठों पहर धौंस रहती है। कोई बात हुई और यह धमकी मिली कि भाड़ खोद कर फेंक दूँगा, उजाड़ दूँगा, मेरे सिर पर भी कोई होता तो क्या बौछारें सहनी पड़तीं।

वह इन्हीं कुत्सित विचारों में पड़ी हुई थी कि दोनों चपरासियों ने आकर कर्कश स्वर में कहा—क्यों री, दाने भुन गए।

भुनगी ने निडर होकर कहा—भून तो रही हूँ। देखते नहीं हो।

चपरासी—सारा दिन बीत गया और तुमसे इतना अनाज न भूना गया? यह तू दाना भून रही है कि उसे चौपट कर रही है। यह तो बिलकुल सेवड़े हैं, इनका सत्तू कैसे बनेगा। हमारा सत्यानाश कर दिया। देख तो आज महाराज तेरी क्या गति करते हैं।

परिणाम यह हुआ कि उसी रात को भाड़ खोद डाला गया और वह अभागिनी विधवा निरावलम्ब हो गई।

3

भुनगी को अब रोटियों का कोई सहारा न रहा। गाँववालों को भी भाड़ के विध्वंस हो जाने से बहुत कष्ट होने लगा। कितने ही घरों में दोपहर को दाना ही न मयस्सर होता। लोगों ने जाकर पंडित जी से कहा कि बुढ़िया को भाड़ जलाने की आज्ञा दे दीजिए, लेकिन पंडित जी ने कुछ ध्यान न दिया। वह अपना रोब न घटा सकते थे। बुढ़िया से उसके कुछ शुभचिन्तकों ने अनुरोध किया कि जाकर किसी दूसरे गाँव में क्यों नहीं बस जाती। लेकिन उसका हृदय इस प्रस्ताव को स्वीकार न करता। इस गाँव में उसने अपने अदिन के पचास वर्ष काटे थे। यहाँ के एक-एक पेड़-पत्ते से उसे प्रेम हो गया था! जीवन के सुख-दुःख इसी गाँव में भोगे थे। अब अन्तिम समय वह इसे कैसे त्याग दे! यह कल्पना ही उसे संकटमय जान पड़ती थी। दूसरे गाँव के सुख से यहाँ का दुःख भी प्यारा था।

इस प्रकार एक पूरा महीना गुज़र गया। प्रातःकाल था। पंडित उदयभान अपने दो-तीन चपरासियों को लिए लगान वसूल करने जा रहे थे। कारिंदों पर उन्हें विश्वास न था। नज़राने में, डाँड़-बाँध में, रसूम में वह किसी अन्य व्यक्ति को शरीक न करते थे। बुढ़िया के भाड़ की ओर ताका तो बदन में आग-सी लग गई। उसका पुनरुद्धार हो रहा था। बुढ़िया बड़े वेग से उस पर मिट्टी के लोंदे रख रही थी। कदाचित् उसने कुछ रात रहते ही काम में हाथ लगा दिया था और सूर्योदय से पहले ही उसे समाप्त कर देना चाहती थी। उसे लेशमात्र भी शंका न थी कि मैं ज़मींदार के विरुद्ध कोई काम कर रही हूँ। क्रोध इतना चिरजीवी हो सकता है इसका समाधान भी उसके मन में न था। एक प्रतिभाशाली पुरुष किसी दीन अबला से इतना कीना रख सकता है उसे उसका ध्यान भी न था। वह स्वभावतः मानव-चरित्र को इससे कहीं ऊँचा समझती थी। लेकिन हा! हतभागिनी! तूने धूप में ही बाल सफ़ेद किए।

सहसा उदयभान ने गरज कर कहा—किसके हुक्म से?

भुनगी ने हकबका कर देखा तो सामने ज़मींदार महोदय खड़े हैं।

उदयभान ने फिर पूछा—किसके हुक्म से बना रही है?

भुनगी डरते हुए बोली—सब लोग कहने लगे बना लो, तो बना रही हूँ।

उदयभान—मैं अभी इसे फिर खुदवा डालूँगा। यह कह उन्होंने भाड़ में एक ठोकर मारी। गीली मिट्टी सब कुछ लिये दिए बैठ गई। दूसरी ठोकर नाँद पर चलाई लेकिन बुढ़िया सामने आ गई और ठोकर उसकी कमर पर पड़ी। अब उसे क्रोध आया। कमर सहलाते हुए बोली—महाराज, तुम्हें आदमी का डर नहीं है तो भगवान् का डर तो होना चाहिए। मुझे इस तरह उजाड़ कर क्या पाओगे? क्या इस चार अंगुल धरती में सोना निकल आएगा? मैं तुम्हारे ही भले की कहती हूँ, दीन की हाय मत लो। मेरा रोआँ दुखी मत करो।

उदयभान—अब तो यहाँ फिर भाड़ न बनाएगी।

भुनगी—भाड़ न बनाऊँगी तो खाऊँगी क्या?

उदयभान—तेरे पेट का हमने ठेका नहीं लिया है।

भुनगी—टहल तो तुम्हारी करती हूँ खाने कहाँ जाऊँ?

उदयभान—गाँव में रहोगी तो टहल करनी पड़ेगी।

भुनगी—टहल तो तभी करूँगी जब भाड़ बनाऊँगी। गाँव में रहने के नाते टहल नहीं कर सकती।

उदयभान—तो छोड़कर निकल जा।

भुनगी—क्यों छोड़कर निकल जाऊँ। बारह साल खेत जोतने से असामी काश्तकार हो जाता है। मैं तो इस झोंपड़े में बूढ़ी हो गई। मेरे सास-ससुर और उनके बाप-दादे इसी झोंपड़े में रहे। अब इसे यमराज को छोड़कर और कोई मुझसे नहीं ले सकता।

उदयभान—अच्छा तो अब क़ानून भी बघारने लगी। हाथ-पैर पड़ती तो चाहे मैं रहने भी देता, लेकिन अब तुझे निकालकर तभी दम लूँगा। (चपरासियों से) अभी जाकर उसके पत्तियों के ढेर में आग लगा दो, देखें कैसे भाड़ बनता है।

4

एक क्षण में हाहाकार मच गया। ज्वाला-शिखर आकाश से बातें करने लगा। उसकी लपटें किसी उन्मत्त की भाँति इधर-उधर दौड़ने लगीं। सारे गाँव के लोग उस अग्नि-पर्वत के चारों ओर जमा हो गए। भुनगी अपने भाड़ के पास उदासीन भाव में खड़ी यह लंकादहन देखती रही। अकस्मात् वह वेग से आकर उसी अग्नि-कुंड में कूद पड़ी। लोग चारों तरफ़ से दौड़े, लेकिन किसी की हिम्मत न पड़ी कि आग के मुँह में जाए। क्षणमात्र में उसका सूखा हुआ शरीर अग्नि में समाविष्ट हो गया।

उसी दम पवन भी वेग से चलने लगी। ऊर्ध्वगामी लपटें पूर्व दिशा की ओर दौड़ने लगीं। भाड़ के समीप ही किसानों की कई झोंपड़ियाँ थीं, वह सब उन्मत्त ज्वालाओं का ग्रास बन गईं। इस भाँति प्रोत्साहित होकर लपटें और आगे बढ़ीं। सामने पंडित उदयभान की बखार थी, उस पर झपटीं। अब गाँव में हलचल पड़ी। आग बुझाने की तैयारियाँ होने लगीं। लेकिन पानी के छींटों ने आग पर तेल का काम किया। ज्वालाएँ और भड़कीं और पंडित जी के विशाल भवन को दबोच बैठीं। देखते ही देखते वह भवन उस नौका की भाँति जो उन्मत्त तरंगों के बीच में झकोरे खा रही हो, अग्नि-सागर में विलीन हो गया और वह क्रंदन-ध्वनि जो उसके भस्मावशेष में प्रस्फुटित होने लगी, भुनगी के शोकमय विलाप से भी अधिक करुणाकारी थी।

स्वत्व-रक्षा

मीर दिलावर अली के पास एक बड़ी रास का कुम्मैत घोड़ा था। कहते तो वह यही थे कि मैंने अपनी ज़िन्दगी की आधी कमाई इस पर ख़र्च की है, पर वास्तव में उन्होंने इसे पलटन

से सस्ते दामों मोल लिया था। यों कहिए कि यह पलटन का निकाला हुआ घोड़ा था। शायद पलटन के अधिकारियों ने इसे अपने यहाँ रखना उचित न समझकर नीलाम कर दिया था। मीर साहब कचहरी में मोहर्रिर थे। शहर के बाहर मकान था। कचहरी तक आने में तीन मील की मंज़िल तय करनी पड़ती थी, एक जानवर की फ़िक्र थी। यह घोड़ा सुभीते से मिल गया, ले लिया। पिछले तीन वर्षों से वह मीर साहब की ही सवारी में था। देखने में तो उसमें कोई ऐब न था, पर कदाचित् आत्म-सम्मान की मात्रा अधिक थी। उसे उसकी इच्छा के विरुद्ध या अपमानसूचक काम में लगाना दुस्तर था। ख़ैर, मीर साहब ने सस्ते दामों में कलाँ रास का घोड़ा पाया, तो फूले न समाए। लाकर द्वार पर बाँध दिया। साईस का इन्तज़ाम करना कठिन था। बेचारे ख़ुद ही शाम-सबेरे उस पर दो-चार हाथ फेर लेते थे। शायद घोड़ा इस सम्मान से प्रसन्न होता था। इसी कारण रातिब की मात्रा बहुत कम होने पर भी वह असन्तुष्ट नहीं जान पड़ता था। उसे मीर साहब से कुछ सहानुभूति हो गई थी। इस स्वामिभक्ति में उसका शरीर बहुत क्षीण हो चुका था; पर वह मीर साहब को नियत समय पर प्रसन्नतापूर्वक कचहरी पहुँचा दिया करता था। उसकी चाल उसके आत्मिक सन्तोष की द्योतक थी। दौड़ना वह अपनी स्वाभाविक गम्भीरता के प्रतिकूल समझता था। उसकी दृष्टि में उच्छृंखलता थी। स्वामिभक्ति में उसने अपने कितने ही चिर-संचित स्वत्वों का बलिदान कर दिया था। अब अगर किसी स्वत्व से प्रेम था तो वह रविवार का शान्तिनिवास था। मीर साहब इतवार को कचहरी न जाते थे। घोड़े को मलते, नहलाते, तैराते थे। इसमें उसे हार्दिक आनन्द प्राप्त होता था। वहाँ कचहरी में पेड़ के नीचे बँधे हुए सूखी घास पर मुँह मारना पड़ता था, लू से सारा शरीर झुलस जाता था; कहाँ इस दिन छप्परों की शीतल छाँह में हरी-हरी दूब खाने को मिलती थी। अतएव इतवार को आराम वह अपना हक़ समझता था और मुमकिन न था कि कोई उसका यह हक़ छीन सके। मीर साहब ने कभी-कभी बाज़ार जाने के लिए इस दिन उस पर सवार होने की चेष्टा की, पर इस उद्योग में बुरी तरह मुँह की खाई। घोड़े ने मुँह में लगाम तक न ली। अन्त को मीर साहब ने अपनी हार स्वीकार कर ली। वह उसके आत्म-सम्मान को आघात पहुँचाकर अपने अवयवों को परीक्षा में न डालना चाहते थे।

2

मीर साहब के पड़ोस में एक मुंशी सौदागरलाल रहते थे। उनका भी कचहरी से कुछ सम्बन्ध था। वह मुहर्रिर न थे, कर्मचारी भी न थे। उन्हें किसी ने कभी कुछ लिखते-पढ़ते न देखा था। पर उनका वकीलों और मुख्तारों के समाज में बड़ा मान था। मीर साहब से उनकी दाँत-काटी रोटी थी।

जेठ का महीना था। बारातों की धूम थी। बाजेवाले सीधे मुँह बात न करते थे। आतिशबाज़ के द्वार पर ग़रज़ के बावले लोग चर्खी की भाँति चक्कर लगाते थे। भाँड़ और कथक लोगों को उँगलियों पर नचाते थे। पालकी के कहार पत्थर के देवता बने हुए थे, भेंट लेकर भी न पसीजते थे। इसी सहालोगों की धूम में मुंशीजी ने भी लड़के का विवाह ठान दिया। दबाववाले आदमी थे। धीरे-धीरे बारात का सब सामान जुटा तो लिया, पर पालकी का प्रबन्ध न कर सके। कहारों ने ऐन वक़्त पर बयाना लौटा दिया। मुंशी जी बहुत गरम पड़े, हरजाने की धमकी दी, पर कुछ फल न हुआ। विवश होकर यही निश्चय किया कि वर को घोड़े पर बिठाकर वर-यात्रा की रस्म पूरी कर ली जाए। छह बजे शाम को बारात चलने का मुहूर्त था। चार बजे

मुंशी ने आकर मीर साहब से कहा—यार अपना घोड़ा दे दो, वर को स्टेशन तक पहुँचा दें। पालकी तो कहीं मिलती नहीं।

मीरसाहब—आपको मालूम नहीं, आज इतवार का दिन है।

मुंशी जी—मालूम क्यों नहीं है, पर आख़िर घोड़ा ही तो ठहरा। किसी न किसी तरह स्टेशन तक पहुँचा ही देगा। कौन दूर जाना है?

मीरसाहब—यों आपका जानवर है, ले जाइए। पर मुझे उम्मीद नहीं कि आज वह पुट्ठे पर हाथ तक रखने दे।

मुंशी जी—अजी मार के आगे भूत भागता है। आप डरते हैं। इसलिए आप से बदमाशी करता है। बच्चा पीठ पर बैठ जाएँगे तो कितना ही उछले-कूदे पर उन्हें हिला न सकेगा।

मीरसाहब—अच्छी बात है, जाइए। और अगर उसकी यह ज़िद आप लोगों ने तोड़ दी, तो मैं आपका बड़ा एहसान मानूँगा।

3

मगर ज्यों ही मुंशी जी अस्तबल में पहुँचे, घोड़े ने शशंक नेत्रों से देखा और एक बार हिनहिना कर घोषित किया कि तुम आज मेरी शान्ति में विघ्न डालने वाले कौन होते हो। बाजे की धड़-धड़, पों-पों से वह उत्तेजित हो रहा था। मुंशी जी ने जब पगहे को खोलना शुरू किया तो उसने कनौतियाँ खड़ी कीं और अभिमानसूचक भाव से हरी-हरी घास खाने लगा।

लेकिन मुंशी जी भी चतुर खिलाड़ी थे। तुरन्त घर से थोड़ा-सा दाना मँगवाया और घोड़े के सामने रख दिया। घोड़े ने इधर बहुत दिनों से दाने की सूरत न देखी थी! बड़ी रुचि से खाने लगा और तब कृतज्ञ नेत्रों से मुंशी जी की ओर ताका, मानो अनुमति दी कि मुझे आपके साथ चलने में कोई आपत्ति नहीं है।

मुंशी जी के द्वार पर बाजे बज रहे थे। वर वस्त्रभूषण पहने हुए घोड़े की प्रतीक्षा कर रहा था। मुहल्ले की स्त्रियाँ उसे विदा करने के लिए आरती लिए खड़ी थीं। पाँच बज गए थे। सहसा मुंशी जी घोड़ा लाते हुए दिखाई दिए। बाजेवालों ने आगे की तरफ़ क़दम बढ़ाया। एक आदमी मीर साहब के घर से दौड़कर साज लाया।

घोड़े को खींचने की ठहरी, मगर वह लगाम देखकर मुँह फेर लेता था। मुंशी जी ने चुमकारा-पुचकारा, पीठ सहलाई, फिर दाना दिखलाया। पर घोड़े ने मुँह तक न खोला, तब उन्हें क्रोध आ गया। ताबड़तोड़ कई चाबुक लगाए। घोड़े ने जब अब भी मुँह में लगाम न ली, तो उन्होंने उसके नथनों पर चाबुक के बेंत से कई बार मारा। नथनों से ख़ून निकलने लगा। घोड़े ने इधर-उधर दीन और विवश आँखों से देखा। समस्या कठिन थी। इतनी मार उसने कभी न खाई थी। मीर साहब की अपनी चीज़ थी। यह इतनी निर्दयता से कभी न पेश आते थे। सोचा मुँह नहीं खोलता तो नहीं मालूम और कितनी मार पड़े। लगाम ले ली। फिर क्या था, मुंशी जी की फतह हो गई। उन्होंने तुरन्त जीन भी कस दी। दूल्हा कूदकर घोड़े पर सवार हो गया।

4

जब वर ने घोड़े की पीठ पर आसन जमा लिया, तो घोड़ा मानो नींद से जागा। विचार करने लगा, थोड़े-से दाने के बदले अपने इस स्वत्व से हाथ धोना एक कटोरे कढ़ी के लिए अपने

जन्मसिद्ध अधिकारों को बेचना है। उसे याद आया कि मैं कितने दिनों से आज के दिन आराम करता रहा हूँ, तो आज क्यों यह बेगार करूँ? ये लोग मुझे न जाने कहाँ ले जाएँगे, लौंडा आसन का पक्का जान पड़ता है, मुझे दौड़ाएगा, एँड़ लगाएगा, चाबुक से मार-मारकर अधमुँआ कर देगा, फिर न जाने भोजन मिले या नहीं। यह सोच-विचार कर उसने निश्चय किया कि मैं यहाँ से क़दम न उठाऊँगा। यही न होगा मारेंगे, सवार को लिए हुए ज़मीन पर लोट जाऊँगा। आप ही छोड़ देंगे। मेरे मालिक मीर साहब भी तो यहीं कहीं होंगे। उन्हें मुझ पर इतनी मार पड़ती कभी पसन्द न आएगी कि कल उन्हें कचहरी भी न ले जा सकूँ।

वर ज्यों ही घोड़े पर सवार हुआ स्त्रियों ने मंगलगान किया, फूलों की वर्षा हुई। बारात के लोग आगे बढ़े। मगर घोड़ा ऐसा अड़ा कि पैर ही नहीं उठाता। वर उसे एँड लगाता है, चाबुक मारता है, लगाम को झटके देता है, मगर घोड़े के क़दम मानों ज़मीन में ऐसे गड़ गए हैं कि उखड़ने का नाम नहीं लेते।

मुंशी जी को ऐसा क्रोध आता था कि अपना जानवर होता तो गोली मार देते। मित्र ने कहा—अड़ियल जानवर है, यों न चलेगा। इसके पीछे से डंडे लगाओ, आप दौड़ेगा।

मुंशी जी ने यह प्रस्ताव स्वीकार कर लिया। पीछे से जाकर कई डंडे लगाए, पर घोड़े ने पैर न उठाए, उठाए तो भी अगले पैर, और आकाश की ओर। दो-एक बार पिछले पैर भी, जिससे विदित होता था कि वह बिलकुल प्राणहीन नहीं है। मुंशी जी बाल-बाल बच गए।

तब दूसरे मित्र ने कहा—इसकी पूँछ के पास एक जलता हुआ कुंदा जलाओ, आँच के डर से भागेगा।

यह प्रस्ताव भी स्वीकृत हुआ। फल यह हुआ कि घोड़े की पूँछ जल गई। वह दो-तीन बार उछला-कूदा पर आगे न बढ़ा। पक्का सत्याग्रही था, कदाचित् इन यंत्रणाओं ने उसके संकल्प को और भी दृढ़ कर दिया।

इतने में सूर्यास्त होने लगा। पंडित जी ने कहा—'जल्दी कीजिए नहीं तो मुहूर्त टल जाएगा।' लेकिन अपने वश की बात तो थी नहीं। जल्दी कैसे होती। बाराती लोग गाँव के बाहर जा पहुँचे। यहाँ स्त्रियों और बालकों का मेला लग गया। लोग कहने लगे, 'कैसा घोड़ा है कि पग ही नहीं उठाता।' एक अनुभवी महाशय ने कहा—'मार-पीट से काम न चलेगा। थोड़ा-सा दाना मँगवाइए। एक आदमी इसके सामने तोबड़े में दाना दिखाता हुआ चले। दाने के लालच से खट-खट चला जाएगा।' मुंशी जी ने यह उपाय भी करके देखा पर सफल मनोरथ न हुए। घोड़ा अपने स्वत्व को किसी दाम पर बेचना न चाहता था। एक महाशय ने कहा—'इसे थोड़ी-सी शराब पिला दीजिए, नशे में आकर ख़ूब चौकड़ियाँ भरने लगेगा।' शराब की बोतल आई। एक तसले में शराब उँड़ेल कर घोड़े के सामने रखी गई, पर उसने सूँघी तक नहीं।

अब क्या हो? चिराग़ जल गए मुहूर्त टल चुका था। घोड़ा यह नाना दुर्गतियाँ सह कर दिल में ख़ुश होता था और अपने सुख में विघ्न डालनेवाले की दुरवस्था और व्यग्रता का आनन्द उठा रहा था। उसे इस समय इन लोगों की प्रयत्नशीलता पर एक दार्शनिक आनन्द प्राप्त हो रहा था। देखें आप लोग अब क्या करते हैं। वह जानता था कि अब मार खाने की सम्भावना नहीं है। लोग जान गए कि मारना व्यर्थ है। वह केवल अपनी सुयुक्तियों की विवेचना कर रहा था।

पाँचवें सज्जन ने कहा—अब एक ही तरकीब और है। वह जो खेत में खाद फेंकने की दो-पहिया गाड़ी होती है, उसे घोड़े के सामने लाकर रखिए। इसके दोनों अगले पैर उसमें रख

दिए जाएँ और हम लोग गाड़ी को खींचें। तब तो ज़रूर ही उसके पैर उठ जाएँगे। अगले पैर आगे बढ़े तो पिछले पैर भी झख मारकर उठेंगे ही। घोड़ा चल निकलेगा।

मुंशी जी डूब रहे थे। कोई तिनका सहारे के लिए काफ़ी था। दो आदमी गए। दो-पहिया गाड़ी निकाल लाए। वर ने लगाम तानी। चार-पाँच आदमी घोड़े के पास डंडे लेकर खड़े हो गए। दो आदमियों ने उसके अगले पाँव ज़बरदस्ती उठाकर गाड़ी पर रक्खे। घोड़ा अभी तक यह समझ रहा था कि मैं यह उपाय भी न चलने दूँगा, लेकिन जब गाड़ी चली, तो उसके पिछले पैर आप ही आप उठ गए। उसे ऐसा जान पड़ा, मानो पानी में बहा जा रहा हूँ। कितना ही चाहता था कि पैरों को जमा लूँ पर कुछ अक़्ल काम न करती थी। चारों ओर शोर मचा—'चला-चला।' तालियाँ पड़ने लगीं! लोग ठट्ठे मार-मार हँसने लगे। घोड़े को यह उपहास और यह अपमान असह्य था, पर करता क्या? हाँ, उसने धैर्य न छोड़ा। मन में सोचा इस तरह कहाँ तक ले जाएँगे। ज्यों ही गाड़ी रुकेगी मैं भी रुक जाऊँगा। मुझसे बड़ी भूल हुई, मुझे गाड़ी पर पैर ही न रखना चाहिए था।

अन्त में वही हुआ जो उसने सोचा था। किसी तरह लोगों ने सौ क़दम तक गाड़ी खींची, आगे न खींच सके। सौ-दो-सौ क़दम ही खींचना होता, तो शायद लोगों की हिम्मत बँध जाती पर स्टेशन पूरे तीन मील पर था। इतनी दूर घोड़े को खींच ले जाना दुस्तर था। ज्यों ही गाड़ी रुकी घोड़ा भी रुक गया! वर ने फिर लगाम को झटके दिए, एँड़ लगाई। चाबुकों की वर्षा कर दी, पर घोड़े ने अपनी टेक न छोड़ी। उसके नथनों से ख़ून निकल रहा था, चाबुकों से सारा शरीर छिल गया था, पिछले पैरों में घाव हो गए थे, पर वह दृढ़-प्रतिज्ञ घोड़ा अपनी आन पर अड़ा हुआ था।

5

पुरोहित ने कहा—'आठ बज गए। मुहूर्त टल गया।' दीन-दुर्बल घोड़े ने मैदान मार लिया। मुंशी जी क्रोधोन्मत्त होकर रो पड़े। वर एक क़दम भी पैदल नहीं चल सकता। विवाह के अवसर पर भूमि पर पाँव रखना वर्जित है, प्रतिष्ठा भंग होती है, निन्दा होती है, कुल को कलंक लगता है पर अब पैदल चलने के सिवाय अन्य उपाय न था। आकर घोड़े के सामने खड़े हो गए और कुंठित स्वर से बोले—महाशय, अपना भाग्य बखानो कि मीर साहब के घर हो। यदि मैं तुम्हारा मालिक होता तो तुम्हारी हड्डी-पसली का पता न लगता। इसके साथ ही मुझे आज मालूम हुआ कि पशु भी अपने स्वत्व की रक्षा किस प्रकार कर सकता है। मैं न जानता था, तुम व्रतधारी हो। बेटा, उतरो, बारात स्टेशन पहुँच रही होगी। चलो पैदल ही चलें। हम आपस ही के दस-बारह आदमी हैं, हँसने वाला कोई नहीं। ये रंगीन कपड़े उतार दो। रास्ते में लोग हँसेंगे कि पाँव-पाँव ब्याह करने जाता है। चल बे अड़ियल घोड़े, तुझे मीर साहब के हवाले कर आऊँ।

पूर्व-संस्कार

सज्जनों के हिस्से में भौतिक उन्नति कभी भूलकर ही आती है। रामटहल विलासी, दुर्व्यसनी, चरित्रहीन आदमी थे, पर सांसारिक व्यवहारों में चतुर, सूद-ब्याज के मामले में दक्ष और मुक़दमे-

अदालत में कुशल थे। उनका धन बढ़ता था। सभी उनके असामी थे। उधर उन्हीं के छोटे भाई शिवटहल साधु-भक्त, धर्म-परायण और परोपकारी जीव थे। उनका धन घटता जाता था। उनके द्वार पर दो-चार अतिथि बने रहते थे। बड़े भाई का सारे मुहल्ले पर दबाव था। जितने नीच श्रेणी के आदमी थे, उनका हुक्म पाते ही फ़ौरन उनका काम करते थे। उनके घर की मरम्मत बेगार में हो जाती। ऋणी कुँजड़े साग-भाजी भेंट में दे जाते। ऋणी ग्वाला उन्हें बाज़ार-भाव से ड्योढ़ा दूध देता। छोटे भाई का किसी पर रोब न था। साधु-संत आते और इच्छापूर्ण भोजन करके अपनी राह लेते। दो-चार आदमियों को रुपए उधार दिए भी तो सूद के लालच से नहीं, बल्कि संकट से छुड़ाने के लिए। कभी ज़ोर देकर तगादा न करते कि कहीं उन्हें दुःख न हो।

इस तरह कई साल गुज़र गए। यहाँ तक कि शिवटहल की सारी सम्पत्ति परमार्थ में उड़ गई। रुपए भी बहुत डूब गए! उधर रामटहल ने नया मकान बनवा लिया। सोने-चाँदी की दुकान खोल ली। थोड़ी ज़मीन भी ख़रीद ली और खेती-बारी भी करने लगे।

शिवटहल को अब चिन्ता हुई। निर्वाह कैसे होगा? धन न था कि कोई रोज़गार करते। वह व्यवहार-बुद्धि भी न थी, जो बिना धन के भी अपनी राह निकाल लेती है। किसी से ऋण लेने की हिम्मत न पड़ती थी। रोज़गार में घाटा हुआ तो देंगे कहाँ से? किसी दूसरे आदमी की नौकरी भी न कर सकते थे। कुल-मर्यादा भंग होती थी। दो-चार महीने तो ज्यों-त्यों करके काटे, अन्त में चारों ओर से निराश होकर बड़े भाई के पास गए और कहा—भैया, अब मेरे और मेरे परिवार के पालन का भार आपके ऊपर है। आपके सिवा अब किसकी शरण लूँ?

रामटहल ने कहा—इसकी कोई चिन्ता नहीं। तुमने कुकर्म में तो धन उड़ाया नहीं। जो कुछ किया, उससे कुल-कीर्ति ही फैली है। मैं धूर्त हूँ; संसार को ठगना जानता हूँ। तुम सीधे-सादे आदमी हो। दूसरों ने तुम्हें ठग लिया। यह तुम्हारा ही घर है। मैंने जो ज़मीन ली है, उसकी तहसील वसूल करो, खेती-बारी का काम सँभालो। महीने में तुम्हें जितना ख़र्च पड़े, मुझसे ले जाओ। हाँ, एक बात मुझसे न होगी। मैं साधु-संतों का सत्कार करने को एक पैसा भी न दूँगा और न तुम्हारे मुँह से अपनी निन्दा सुनूँगा।

शिवटहल ने गद्‌गद कंठ से कहा—भैया, मुझसे इतनी भूल अवश्य हुई कि मैं सबसे आपकी निन्दा करता रहा हूँ, उसे क्षमा करो। अब से मुझे अपनी निन्दा करते सुनना तो जो चाहे दंड देना। हाँ, आपसे मेरी एक विनय है। मैंने अब तक अच्छा किया या बुरा, पर भाभी जी को मना कर देना कि उसके लिए मेरा तिरस्कार न करें।

रामटहल—अगर वह कभी तुम्हें ताना देंगी, तो मैं उनकी जीभ खींच लूँगा।

2

रामटहल की ज़मीन शहर से दस-बारह कोस पर थी। वहाँ एक कच्चा मकान भी था। बैल, गाड़ी, खेती की अन्य सामग्रियाँ वहीं रहती थीं। शिवटहल ने अपना घर भाई को सौंपा और अपने बाल-बच्चों को लेकर गाँव चले गए। वहाँ उत्साह के साथ काम करने लगे। नौकरों ने काम में चौकसी की। परिश्रम का फल मिला। पहले ही साल उपज ड्योढ़ी हो गई और खेती का ख़र्च आधा रह गया।

पर स्वभाव को कैसे बदलें? पहले की तरह तो नहीं, पर अब भी दो-चार मूर्तियाँ शिवटहल की कीर्ति सुनकर आ ही जाती थीं। और शिवटहल को विवश होकर उनकी सेवा और सत्कार

करना ही पड़ता था। हाँ, अपने भाई से यह बात छिपाते थे कि कहीं वह अप्रसन्न होकर जीविका का यह आधार भी न छीन लें। फल यह होता कि उन्हें भाई से छिपाकर अनाज, भूसा, खली आदि बेचना पड़ता। इस कमी को पूरी करने के लिए वह मज़दूरों से और भी कड़ी मेहनत लेते थे और ख़ुद भी कड़ी मेहनत करते। धूप-ठंड, पानी-बूँदी की बिलकुल परवाह न करते थे। मगर कभी इतना परिश्रम तो किया न था। शरीर शक्तिहीन होने लगा। भोजन भी रूखा-सूखा मिलता था। उस पर कोई ठीक समय नहीं। कभी दोपहर को खाया, कभी तीसरे पहर। कभी प्यास लगी, तो तालाब का पानी पी लिया। दुर्बलता रोग का पूर्व रूप है। बीमार पड़ गए। देहात में दवा-दारू का सुभीता न था। भोजन में भी कुपथ्य करना पड़ता था। रोग ने जड़ पकड़ ली। ज्वर ने प्लीहा का रूप धारण किया और प्लीहा ने छह महीने में काम तमाम कर दिया।

रामटहल ने यह शोक-समाचार सुना, तो उन्हें बड़ा दु:ख हुआ। इन तीन वर्षों में उन्हें एक पैसे का नाज नहीं लेना पड़ा। गुड़, घी, भूसा-चारा, उपले-ईंधन सब गाँव से चला आता था। बहुत रोए, पछतावा हुआ कि मैंने भाई की दवा-दरपन की कोई फ़िक्र नहीं की; अपने स्वार्थ की चिन्ता में उसे भूल गया। लेकिन मैं क्या जानता था कि मलेरिया का ज्वर प्राणघातक ही होगा! नहीं तो यथाशक्ति अवश्य इलाज करता। भगवान् की यही इच्छा थी, फिर मेरा क्या वश!

3

अब कोई खेती को सँभालने वाला न था। इधर रामटहल को खेती का मज़ा मिल गया था! उस पर विलासिता ने उनका स्वास्थ्य भी नष्ट कर डाला था। अब वह देहात के स्वच्छ जलवायु में रहना चाहते थे। निश्चय किया कि ख़ुद ही गाँव में जाकर खेती-बारी करूँ। लड़का जवान हो गया था। शहर का लेन-देन उसे सौंपा और देहात चले आए।

यहाँ उनका समय और चित्त विशेष कर गौओं की देखभाल में लगता था। उनके पास एक जमुनापारी बड़ी रास की गाय थी। उसे कई साल हुए बड़े शौक़ से ख़रीदा था। दूध ख़ूब देती थी, और सीधी वह इतनी कि बच्चा भी सींग पकड़ ले, तो न बोलती। वह इन दिनों गाभिन थी। उसे बहुत प्यार करते थे। शाम-सबेरे उसकी पीठ सुहलाते, अपने हाथों से नाज खिलाते। कई आदमी उसके ड्योढ़े दाम देते थे, पर रामटहल ने न बेची। जब समय पर गऊ ने बच्चा दिया, तो रामटहल ने धूमधाम से उसका जन्मोत्सव मनाया, कितने ही ब्राह्मणों को भोजन कराया। कई दिन तक गाना-बजाना होता रहा। इस बछड़े का नाम रखा गया 'जवाहिर'। एक ज्योतिषी से उसका जन्म-पत्र भी बनवाया गया। उसके अनुसार बछड़ा बड़ा होनहार, बड़ा भाग्यशाली, स्वामिभक्त निकला। केवल छठे वर्ष उस पर एक संकट की शंका थी। उससे बच गया तो फिर जीवन-पर्यन्त सुख से रहेगा।

बछड़ा श्वेत-वर्ण था। उसके माथे पर एक लाल तिलक था। आँखें कजरी थीं। स्वरूप का अत्यन्त मनोहर और हाथ-पाँव का सुडौल था। दिन भर कलोलें किया करता। रामटहल का चित्त उसे छलाँगें भरते देखकर प्रफुल्लित हो जाता था। वह उनसे इतना हिल-मिल गया कि उनके पीछे-पीछे कुत्ते की भाँति दौड़ा करता था। जब वह शाम और सुबह को अपनी खाट पर बैठकर असामियों से बातचीत करने लगते, तो जवाहिर उनके पास खड़ा होकर उनके हाथ या पाँव को चाटता था। वह प्यार से उसकी पीठ पर हाथ फेरने लगते, तो उसकी

पूँछ खड़ी हो जाती और आँखें हृदय के उल्लास से चमकने लगतीं। रामटहल को भी उससे इतना स्नेह था कि जब तक वह उनके सामने चौके में न बैठा हो, भोजन में स्वाद न मिलता। वह उसे बहुधा गोद में चिपटा लिया करते। उसके लिए चाँदी का हार, रेशमी फूल, चाँदी की झाँझें बनवाईं। एक आदमी उसे नित्य नहलाता और झाड़ता-पोंछता रहता था। जब कभी वह किसी काम से दूसरे गाँव में चले जाते तो उन्हें घोड़े पर आते देखकर जवाहिर कुलेलें मारता हुआ उसके पास पहुँच जाता और उनके पैरों को चाटने लगता। पशु और मनुष्य में यह पिता-पुत्र-सा प्रेम देखकर लोग चकित हो जाते।

4

जवाहिर की अवस्था ढाई वर्ष की हुई। रामटहल ने उसे अपनी सवारी की बहली के लिए निकालने का निश्चय किया। वह अब बछड़े से बैल हो गया था। उसका ऊँचा डील, गठे हुए अंग, सुदृढ़ मांसपेशियाँ, गर्दन के ऊपर ऊँचा डील, चौड़ी छाती और मस्तानी चाल थी। ऐसा दर्शनीय बैल सारे इलाक़े में न था। बड़ी मुश्किल से उसका बाँधा मिला। पर देखने वाले साफ़ कहते थे कि जोड़ नहीं मिला। रुपए आपने बहुत ख़र्च किए हैं, पर कहाँ जवाहिर और कहाँ यह! कहाँ लैंप और कहाँ दीपक!

पर कौतूहल की बात यह थी कि जवाहिर को कोई गाड़ीवान हाँकता तो वह आगे पैर न उठाता। गर्दन हिला-हिलाकर रह जाता। मगर जब रामटहल आप पगहा हाथ में ले लेते और एक बार चुमकार कर कहते—चलो बेटा, तो जवाहिर उन्मत्त होकर गाड़ी को ले उड़ता। दो-दो कोस तक बिना रुके, एक ही साँस में दौड़ता चला जाता। घोड़े भी उसका मुक़ाबला न कर सकते।

एक दिन संध्या समय जब जवाहिर नाँद में खली और भूसा खा रहा था और रामटहल उसके पास खड़े उसकी मक्खियाँ उड़ा रहे थे, एक साधु महात्मा आकर द्वार पर खड़े हो गए। रामटहल ने अविनयपूर्ण भाव से कहा—यहाँ क्यों खड़े हो महाराज, आगे जाओ।

साधु—कुछ नहीं बाबा, इसी बैल को देख रहा हूँ। मैंने ऐसा सुन्दर बैल नहीं देखा।

रामटहल—(ध्यान देकर) घर ही का बछड़ा है।

साधु—साक्षात् देवरूप है।

यह कहकर महात्मा जी जवाहिर के निकट गए और उसके खुर चूमने लगे।

रामटहल—आपका शुभागमन कहाँ से हुआ? आज यहीं विश्राम कीजिए तो बड़ी दया हो।

साधु—नहीं बाबा, क्षमा करो। मुझे आवश्यक कार्य से रेलगाड़ी पर सवार होना है। रातो-रात चला जाऊँगा! ठहरने से विलम्ब होगा।

रामटहल—तो फिर और कभी दर्शन होंगे?

साधु—हाँ, तीर्थ-यात्रा से तीन वर्ष में लौटकर इधर से फिर जाना होगा। तब आपकी इच्छा होगी तो ठहर जाऊँगा! आप बड़े भाग्यशाली पुरुष हैं कि आपको ऐसे देवरूप नंदी की सेवा का अवसर मिल रहा है। इन्हें पशु न समझिए, यह कोई महान् आत्मा हैं। इन्हें कष्ट न दीजिएगा। इन्हें कभी फूल से भी न मारिएगा।

यह कहकर साधु ने फिर जवाहिर के चरणों पर सीस नवाया और चले गए।

5

उस दिन से जवाहिर की और भी ख़ातिर होने लगी। वह पशु से देवता हो गया। रामटहल उसे पहले रसोई के सब पदार्थ खिलाकर तब आप भोजन करते। प्रात:काल उठकर उसके दर्शन करते। यहाँ तक कि वह उसे अपनी बहली में भी न जोतना चाहते। लेकिन जब उनको कहीं जाना होता और बहली बाहर निकाली जाती, तो जवाहिर उसमें जुतने के लिए इतना अधीर और उत्कंठित हो जाता, सिर हिला-हिलाकर इस तरह अपनी उत्सुकता प्रकट करता कि रामटहल को विवश होकर उसे जोतना पड़ता। दो-एक बार वह दूसरी जोड़ी जोत कर चले तो जवाहिर को इतना दु:ख हुआ कि उसने दिन भर नाँद में मुँह नहीं डाला। इसलिए वह अब बिना किसी विशेष कार्य के कहीं जाते ही न थे।

उनकी श्रद्धा देखकर गाँव के अन्य लोगों ने भी जवाहिर को अन्न ग्रास देना शुरू किया। सुबह उसके दर्शन करने तो प्राय: सभी आ जाते थे।

इस प्रकार तीन साल और बीते। जवाहिर को छठा वर्ष लगा।

रामटहल को ज्योतिषी की बात याद थी। भय हुआ, कहीं उसकी भविष्यवाणी सत्य न हो। पशु-चिकित्सा की पुस्तकें मँगाकर पढ़ीं। पशु-चिकित्सक से मिले और कई औषधियाँ लाकर रखीं। जवाहिर को टीका लगवा दिया। कहीं नौकर उसे ख़राब चारा या गन्दा पानी न खिला-पिला दें, इस आशंका से वह अपने हाथों से उसे खोलने-बाँधने लगे। पशुशाला का फ़र्श पक्का करा दिया जिसमें कोई कीड़ा-मकोड़ा न छिप सके। उसे नित्यप्रति ख़ूब धुलवाते भी थे।

संध्या हो गई थी। रामटहल नाँद के पास खड़े जवाहिर को खिला रहे थे कि इतने में सहसा वही साधु महात्मा आ निकले जिन्होंने आज से तीन वर्ष पहले दर्शन दिए थे। रामटहल उन्हें देखते ही पहचान गए। जाकर दंडवत् की, कुशल-समाचार पूछे और उनके भोजन का प्रबन्ध करने लगे। इतने में अकस्मात् जवाहिर ने ज़ोर से डकार ली और धम-से भूमि पर गिर पड़ा। रामटहल दौड़े हुए उसके पास आए। उसकी आँखें पथरा रही थीं। पहले एक स्नेहपूर्ण दृष्टि उन पर डाली और चित हो गया।

रामटहल घबराए हुए घर से दवाएँ लाने दौड़े। कुछ समझ में न आया कि खड़े-खड़े इसे हो क्या गया। जब वह घर में से दवाइयाँ लेकर निकले तब जवाहिर का अन्त हो चुका था।

रामटहल शायद अपने छोटे भाई की मृत्यु पर भी इतने शोकातुर न हुए थे। वह बार-बार लोगों के रोकने पर भी दौड़-दौड़कर जवाहिर के शव के पास जाते और उससे लिपट कर रोते।

रात उन्होंने रो-रोकर काटी। उसकी सूरत आँखों से न उतरती थी। रह-रहकर हृदय में एक वेदना-सी होती और शोक से विह्वल हो जाते।

प्रात:काल लाश उठाई गई, किन्तु रामटहल ने गाँव की प्रथा के अनुसार उसे चमारों के हवाले नहीं किया। यथाविधि उसकी दाह-क्रिया की, स्वयं आग दी। शास्त्रानुसार सब संस्कार किए। तेरहवें दिन गाँव के ब्राह्मणों को भोजन कराया गया। उक्त साधु महात्मा को उन्होंने अब तक नहीं जाने दिया था। उनकी शान्ति देने वाली बातों से रामटहल को बड़ी सांत्वना मिलती थी।

6

एक दिन रामटहल ने साधु से पूछा—महात्मा जी, कुछ समझ में नहीं आता कि जवाहिर को कौन-सा रोग हुआ था। ज्योतिषी जी ने उसके जन्मपत्र में लिखा था कि उसका छठा साल

अच्छा न होगा। लेकिन मैंने इस तरह किसी जानवर को मरते नहीं देखा। आप तो योगी हैं, यह रहस्य कुछ आपकी समझ में आता है?

साधु—हाँ, कुछ थोड़ा-थोड़ा समझता हूँ।

रामटहल—कुछ मुझे भी बताइए। चित्त को धैर्य नहीं आता।

साधु—वह उस जन्म का कोई सच्चरित्र, साधु-भक्त, परोपकारी जीव था। उसने आपकी सारी सम्पत्ति धर्म-कार्यों में उड़ा दी थी। आपके सम्बन्धियों में ऐसा कोई सज्जन था?

रामटहल—हाँ महाराज, था।

साधु—उसने तुम्हें धोखा दिया—तुमसे विश्वासघात किया। तुमने उसे अपना कोई काम सौंपा था। वह तुम्हारी आँख बचाकर तुम्हारे धन से साधुजनों की सेवा-सत्कार किया करता था।

रामटहल—मुझे उस पर इतना सन्देह नहीं होता। वह इतना सरल प्रकृति, इतना सच्चरित्र मनुष्य था कि बेईमानी करने का उसे कभी ध्यान भी नहीं आ सकता था।

साधु—लेकिन उसने विश्वासघात अवश्य किया। अपने स्वार्थ के लिए नहीं, अतिथि-सत्कार के लिए सही, पर था वह विश्वासघाती।

रामटहल—सम्भव है दुरवस्था ने उसे धर्म-पथ से विचलित कर दिया हो।

साधु—हाँ, यही बात है। उस प्राणी को स्वर्ग में स्थान देने का निश्चय किया गया। पर उसे विश्वासघात का प्रायश्चित्त करना आवश्यक था। उसने बेईमानी से तुम्हारा जितना धन हर लिया था, उसकी पूर्ति करने के लिए उसे तुम्हारे यहाँ पशु का जन्म दिया गया। यह निश्चय कर लिया गया कि छह वर्ष में प्रायश्चित्त पूरा हो जाएगा। इतनी अवधि तक वह तुम्हारे यहाँ रहा। ज्यों ही अवधि पूरी हो गई त्यों ही उसकी आत्मा निष्पाप और निर्लिप्त होकर निर्वाणपद को प्राप्त हो गई।

× × ×

महात्मा जी तो दूसरे दिन विदा हो गए, लेकिन रामटहल के जीवन में उसी दिन से एक बड़ा परिवर्तन देख पड़ने लगा। उनकी चित्त-वृत्ति बदल गई। दया और विवेक से हृदय परिपूर्ण हो गया। वह मन में सोचते, जब ऐसे धर्मात्मा प्राणी को ज़रा से विश्वासघात के लिए इतना कठोर दंड मिला तो मुझ जैसे कुकर्मी की क्या दुर्गति होगी! यह बात उनके ध्यान से कभी न उतरती थी।

दुस्साहस

लखनऊ के नौबस्ते मोहल्ले में एक मुंशी मैकूलाल मुख्तार रहते थे। बड़े उदार, दयालु और सज्जन पुरुष थे। अपने पेशे में इतने कुशल थे कि ऐसा बिरला ही कोई मुक़दमा होता था जिसमें वह किसी न किसी पक्ष की ओर से न रखे जाते हों। साधु-संतों से भी उन्हें प्रेम था। उनके सत्संग से उन्होंने कुछ तत्त्वज्ञान और कुछ गाँजे-चरस का अभ्यास प्राप्त कर लिया था। रही शराब, यह उनकी कुल-प्रथा थी। शराब के नशे में वह क़ानूनी मसौदे ख़ूब लिखते थे, उनकी बुद्धि प्रज्वलित हो जाती थी। गाँजे और चरस का प्रभाव उनके ज्ञान पर पड़ता था।

दम लगाकर वह वैराग्य और ध्यान में तल्लीन हो जाते थे। मोहल्लेवालों पर उनका बड़ा रोब था। लेकिन यह उनकी क़ानूनी प्रतिभा का नहीं, उनकी उदार सज्जनता का फल था। मोहल्ले के एक्केवान, ग्वाले और कहार उनके आज्ञाकारी थे, सौ काम छोड़कर उनकी खिदमत करते थे। उनकी मद्यजनित उदारता ने सबों को वशीभूत कर लिया था। वह नित्य कचहरी से आते ही अलगू कहार के सामने दो रुपए फेंक देते थे। कुछ कहने-सुनने की ज़रूरत न थी, अलगू इसका आशय समझता था। शाम को शराब की एक बोतल और कुछ गाँजा तथा चरस मुंशी जी के सामने आ जाता था। बस, महफ़िल जम जाती। यार लोग आ पहुँचते। एक ओर मुवक्किलों की कतार बैठती, दूसरी ओर सहवासियों की। वैराग्य की और ज्ञान की चर्चा होने लगती। बीच-बीच में मुवक्किलों से भी मुक़दमे की दो-एक बातें कर लेते! दस बजे रात को वह सभा विसर्जित होती थी। मुंशी जी अपने पेशे और ज्ञान चर्चा के सिवा और कोई दर्द सिर मोल न लेते थे। देश के किसी आन्दोलन, किसी सभा, किसी सामाजिक सुधार से उनका सम्बन्ध न था। इस विषय में वह सच्चे विरक्त थे। बंग-भंग हुआ, नरम-गरम दल बने, राजनैतिक सुधारों का आविर्भाव हुआ, स्वराज्य की आकांक्षा ने जन्म लिया, आत्म-रक्षा की आवाज़ें देश में गूँजने लगीं, किन्तु मुंशी जी की अविरल शान्ति में ज़रा भी विघ्न न पड़ा। अदालत और शराब के सिवाय वह संसार की सभी चीज़ों को माया समझते थे, सभी से उदासीन रहते थे।

2

चिराग़ जल चुके थे। मुंशी मैकूलाल की सभा जम गई थी, उपासकगण जमा हो गए थे, अभी तक मदिरा देवी प्रकट न हुई थी। अलगू बाज़ार से न लौटा था। सब लोग बार-बार उत्सुक नेत्रों से ताक रहे थे। एक आदमी बरामदे में प्रतीक्षास्वरूप खड़ा था, दो-तीन सज्जन टोह लेने के लिए सड़क पर खड़े थे, लेकिन अलगू आता नज़र न आता था। आज जीवन में पहला अवसर था कि मुंशी जी को इतना इन्तज़ार खींचना पड़ा। उनकी प्रतीक्षाजनक उद्विग्नता ने गहरी समाधि का रूप धारण कर लिया था, न कुछ बोलते थे, न किसी ओर देखते थे। समस्त शक्तियाँ प्रतीक्षाबिंदु पर केंद्रीभूत हो गईं।

अकस्मात् सूचना मिली कि अलगू आ रहा है। मुंशी जी जाग पड़े, सहवासीगण खिल गए, आसन बदलकर सँभल बैठे, उनकी आँखें अनुरक्त हो गईं। आशामय विलम्ब आनन्द को और बढ़ा देता है।

एक क्षण में अलगू आकर सामने खड़ा हो गया। मुंशी जी ने उसे डाँटा नहीं, यह पहला अपराध था, इसका कुछ न कुछ कारण अवश्य होगा, दबे हुए पर उत्कंठायुक्त नेत्रों से अलगू के हाथ की ओर देखा। बोतल न थी। विस्मय हुआ, विश्वास न आया, फिर ग़ौर से देखा बोतल न थी। यह अप्राकृतिक घटना थी, पर इस पर उन्हें क्रोध न आया, नम्रता के साथ पूछा—बोतल कहाँ है?

अलगू—आज नहीं मिली।

मैकूलाल—यह क्यों?

अलगू—दुकान के दोनों नाके रोके हुए सुराजवाले खड़े हैं, किसी को उधर जाने ही नहीं देते।

अब मुंशीजी को क्रोध आया, अलगू पर नहीं, स्वराज्यवालों पर। उन्हें मेरी शराब बन्द करने का क्या अधिकार है? तर्क भाव से बोले—तुमने मेरा नाम नहीं लिया?

अलगू—बहुत कहा, लेकिन वहाँ कौन किसी की सुनता था? सभी लोग लौटे आते थे, मैं भी लौट आया।

मुंशी—चरस लाए?

अलगू—वहाँ भी यही हाल था।

मुंशी—तुम मेरे नौकर हो या स्वराज्यवालों के?

अलगू—मुँह में कालिख लगवाने के लिए थोड़े ही नौकर हूँ?

मुंशी—तो क्या वहाँ बदमाश लोग मुँह में कालिख भी लगा रहे हैं?

अलगू—देखा तो नहीं, लेकिन सब यही कहते थे।

मुंशी—अच्छी बात है, मैं ख़ुद जाता हूँ, देखूँ किसकी मजाल है जो रोके। एक-एक को लाल घर दिखा दूँगा, यह सरकार का राज है, कोई बदमिली नहीं है। वहाँ कोई पुलिस का सिपाही नहीं था?

अलगू—थानेदार साहब आप ही खड़े सबसे कहते थे जिसका जी चाहे जाए शराब ले या पीए लेकिन लौट आते थे, उनकी कोई न सुनता था।

मुंशी—थानेदार मेरे दोस्त हैं, चलो जी ईदू चलते हो। रामबली, बेचन, झिनकू सब चलो। एक-एक बोतल ले लो, देखूँ कौन रोकता है। कल ही तो मज़ा चखा दूँगा।

3

मुंशी जी अपने चारों साथियों के साथ शराबख़ाने की गली के सामने पहुँचे तो वहाँ बहुत भीड़ थी। बीच में दो सौम्य मूर्तियाँ खड़ी थीं। एक मौलाना जामिन थे जो शहर के मशहूर मुजतहिद थे, दूसरे स्वामी घनानन्द थे जो वहाँ की सेवा-समिति के संस्थापक और प्रजा के बड़े हितचिन्तक थे। उनके सम्मुख ही थानेदार साहब कई कांस्टेबलों के साथ खड़े थे। मुंशी जी और उनके साथियों को देखते ही थानेदार साहब प्रसन्न होकर बोले—आइए मुख्तार साहब, क्या आज आप ही को तकलीफ़ करनी पड़ी? यह चारों आप ही के हमराह हैं न?

मुंशी जी बोले—जी हाँ, पहले आदमी भेजा, वह नाकाम वापस गया। सुना आज यहाँ हड़बोंग मची हुई है, स्वराज्यवाले किसी को अन्दर जाने ही नहीं देते।

थानेदार—जी नहीं, यहाँ किसकी मजाल है जो किसी के काम में हाजिर हो सके। आप शौक़ से जाइए। कोई चूँ तक नहीं कर सकता। आख़िर मैं यहाँ किस लिए हूँ।

मुंशी जी ने गौरवोन्मत्त दृष्टि से अपने साथियों को देखा और गली में घुसे कि इतने में मौलाना जामिन ने ईदू से बड़ी नम्रता से कहा—दोस्त, यह तो तुम्हारी नमाज़ का वक़्त है, यहाँ कैसे आए? क्या इसी दीनदारी के बल पर ख़िलाफ़त का मसला हल करेंगे?

ईदू के पैरों में जैसे लोहे की बेड़ी पड़ गई। लज्जित भाव से खड़ा भूमि की ओर ताकने लगा। आगे क़दम रखने का साहस न हुआ।

स्वामी घनानन्द ने मुंशी जी और उनके बाक़ी तीनों साथियों से कहा—बच्चा, यह पंचामृत लेते जाओ, तुम्हारा कल्याण होगा। झिनकू, रामबली और बेचन ने अनिवार्य भाव से हाथ

फैला दिए और स्वामी जी से पंचामृत लेकर पी गए। मुंशी जी ने कहा—इसे आप ख़ुद पी जाइए। मुझे ज़रूरत नहीं।

स्वामी जी उनके सामने हाथ जोड़कर खड़े हो गए और विनोद भाव से बोले—इस भिक्षुक पर आज दया कीजिए, उधर न जाइए।

लेकिन मुंशी जी ने उनका हाथ पकड़कर सामने से हटा दिया और गली में दाख़िल हो गए। उनके तीनों साथी स्वामी जी के पीछे सिर झुकाए खड़े रहे।

मुंशी—रामबली, झिनकू आते क्यों नहीं? किसकी ताक़त है कि हमें रोक सके।

झिनकू—तुम ही काहे नाहीं लौट आवत हो। साधु-संतन की बात माने का होत है।

मुंशी—तो इसी हौसले पर घर से निकले थे?

रामबली—निकले थे कि कोई जबर्दस्ती रोकेगा तो उससे समझेंगे। साधु-संतों से लड़ाई करने थोड़े ही चले थे।

मुंशी—सच कहा है, गँवार भेड़ होते हैं।

बेचन—आप शेर हो जाएँ, हम भेड़ ही बने रहेंगे।

मुंशी जी अकड़ते हुए शराबख़ाने में दाख़िल हुए। दुकान पर उदासी छाई हुई थी, कलवार अपनी गद्दी पर बैठा ऊँघ रहा था। मुंशी जी की आहट पाकर चौंक पड़ा, उन्हें तीव्र दृष्टि से देखा मानो यह कोई विचित्र जीव है, बोतल भर दी और ऊँघने लगा।

मुंशी जी गली के द्वार पर आए तो अपने साथियों को न पाया। बहुत से आदमियों ने उन्हें चारों ओर से घेर लिया और निन्दासूचक बोलियाँ बोलने लगे।

एक ने कहा—दिलावर हो तो ऐसा हो।

दूसरा बोला—शर्मचे कुत्तीस्त कि पेशे मरदाँ विवाअद (मरदों के सामने लज्जा नहीं आ सकती।)

तीसरा बोला—है कोई पुराना पियक्कड़ पक्का लतियल।

इतने में थानेदार साहब ने आकर भीड़ हटा दी। मुंशी जी ने उन्हें धन्यवाद दिया और घर चले। एक कांस्टेबल भी रक्षार्थ उनके साथ चला।

4

मुंशी जी के चारों मित्रों ने बोतलें फेंक दीं और आपस में बातें करते हुए चले।

झिनकू—एक बेर हमारा एक्का बेगार में पकड़ जात रहे तो यही स्वामी जी चपरासी से कह-सुन के छुड़ाय दिहेन रहा।

रामबली—पिछले साल जब हमारे घर में आग लगी थी तब भी तो यही सेवा-समिति वालों को लेकर पहुँच गए थे, नहीं तो घर में एक सूत न बचता।

बेचन—मुख्तार अपने सामने किसी को गिनते ही नहीं। आदमी कोई बुरा काम करता है तो छिप के करता है, यह नहीं कि बेहाई पर कमर बाँध ले।

झिनकू—भाई, पीठ पीछे कोऊ की बुराई न करै चाही। और जौन कुछ होय पर आदमी बड़ा अकबाली हौ। उतने आदमियन के बीच माँ कैसा घुसत चला गवा।

रामबली—यह कोई अकबाल नहीं है। थानेदार न होता तो आटे-दाल का भाव मालूम हो जाता।

बेचन—मुझे तो कोई पचास रुपए देता तो भी गली में पैर न रख सकता। शर्म से सिर ही नहीं उठता था!

ईदू—इनके साथ आकर आज बड़ी मुसीबत में फँस गया। मौलाना जहाँ देखेंगे वहाँ आड़े हाथों लेंगे। दीन के ख़िलाफ़ ऐसा काम क्यों करें कि शर्मिंदा होना पड़े। मैं तो आज मारे शर्म के गड़ गया। आज तोबा करता हूँ। अब इसकी तरफ़ आँख उठाकर भी न देखूँगा।

रामबली—शराबियों की तोबा कच्चे धागे से मज़बूत नहीं होती।

ईदू—अगर फिर कभी मुझे पीते देखना तो मुँह में कालिख लगा देना।

बेचन—अच्छा तो इसी बात पर आज से मैं इसे छोड़ता हूँ। अब पीऊँ तो गऊ-रक्त बराबर।

झिनकू—तो का हमही सबसे पापी हन। फिर कभू जो हमका पियत देख्यो, बैठाय के पचास जूता लगायो।

रामबली—अरे जा, अभी मुंशी जी बुलाएँगे, तो कुत्ते की तरह दौड़ते हुए जाओगे।

झिनकू—मुंशी जी के साथ बैठे देख्यो तो सौ जूता लगायो, जिनके बात में फरक है उनके बाप में फरक है।

रामबली—तो भाई मैं भी क़सम खाता हूँ कि आज से गाँठ के पैसे निकालकर न पीऊँगा। हाँ, मुफ्त की पीने में इनकार नहीं।

बेचन—गाँठ के पैसे तुमने कभी ख़र्च किए हैं?

इतने में मुंशी मैकूलाल लपके हुए आते दिखाई दिए। यद्यपि वह बाज़ी मारकर आए थे, मुख पर विजय गर्व की जगह खिसियानापन छाया हुआ था। किसी अव्यक्त कारणवश वह इस विजय का हार्दिक आनन्द न उठा सकते थे। हृदय के किसी कोने में छिपी हुई लज्जा उनकी चुटकियाँ ले रही थीं। वह स्वयं अज्ञात थे, पर उस दुस्साहस का खेद उन्हें व्यथित कर रहा था।

रामबली ने कहा—आइए मुख़्तार साहब, बड़ी देर लगाई।

मुंशी—तुम सब-के-सब गावदी ही निकले, एक साधु के चकमे में आ गए।

रामबली—इन लोगों ने तो आज से शराब न पीने की क़सम खा ली है।

मुंशी—ऐसा तो मैंने मर्द ही नहीं देखा जो एक बार इसके चंगुल में फँसकर निकल जाए। मुँह से बकना दूसरी बात है।

ईदू—ज़िन्दगी रही तो देख लीजिएगा।

झिनकू—दाना-पानी तो कोऊ से नाहीं छूट सकत है और बातन का जब मनमा आवे छोड़ देव। बस चोट लग जाए का चाही, नशा खाए बिना कोऊ मर नाहीं जात है।

मुंशी—देखूँगा तुम्हारी बहादुरी भी।

बेचन—देखना क्या है, छोड़ देना कोई बड़ी बात नहीं। यही न होगा कि दो-चार दिन जी सुस्त रहेगा। लड़ाई में अँगरेज़ों ने छोड़ दिया था जो इसे पानी की तरह पीते हैं तो हमारे लिए कोई मुश्किल काम नहीं।

यही बातें करते हुए लोग मुख़्तार साहब के मकान पर आ पहुँचे।

5

दीवानख़ाने में सन्नाटा था। मुवक्किल चले गए थे। अलगू पड़ा सो रहा था। मुंशी जी मसनद पर जा बैठे और आलमारी से ग्लास निकालने लगे। उन्हें अभी तक अपने साथियों की प्रतिज्ञा

पर विश्वास न आता था। उन्हें पूरा यक़ीन था कि शराब की सुगंध और लालिमा देखते ही सभों की तोबा टूट जाएगी। जहाँ मैंने ज़रा बढ़ावा दिया वहीं सब-के-सब आकर डट जाएँगे और महफ़िल जम जाएगी। जब ईदू सलाम करके चलने लगा और झिनकू ने अपना डंडा सँभाला तो मुंशी जी ने दोनों हाथ पकड़ लिये और बड़े मृदुल शब्दों में बोले—यारो, यों साथ छोड़ना अच्छा नहीं। आओ ज़रा आज इसका मज़ा तो चखो, ख़ास तौर पर अच्छी है।

मुंशी—अजी आओ तो, इन बातों में क्या धरा है?

ईदू—आप ही को मुबारक रहे, मुझे जाने दीजिए।

झिनकू—हम तो भगवान् चाही तो एके नियर न जाब; जूता कौन खाय?

यह कहकर दोनों अपने-अपने हाथ छुड़ाकर चले गए तब मुख्तार साहब ने बेचन का हाथ पकड़ा जो बरामदे से नीचे उतर रहा था, बोले—बेचन, क्या तुम भी बेवफाई करोगे?

बेचन—मैंने तो बड़ी क़सम खाई है। जब एक बार इसे गऊ-रक्त कह चुका तो फिर इसकी ओर ताक भी नहीं सकता। कितना ही गया-बीता हूँ तो क्या गऊ-रक्त की लाज भी न रखूँगा। अब आप भी छोड़िए, कुछ दिन राम-राम कीजिए। बहुत दिन तो पीते हो गए।

यह कहकर वह भी सलाम करके चलता हुआ। अब अकेले रामबली रह गया। मुंशी जी ने उससे शोकातुर होकर कहा—देखो रामबली, इन सभों की बेवफाई? यह लोग ऐसे ढुलमुल होंगे, मैं न जानता था। आओ, आज हमीं तुम सही। दो सच्चे दोस्त ऐसे दरजनों कचलोहियों से अच्छे हैं। आओ, बैठ जाओ।

रामबली—मैं तो हाजिर ही हूँ, लेकिन मैंने भी क़सम खाई है कि कभी गाँठ के पैसे ख़र्च करके न पीऊँगा।

मुंशी—अजी जब तक मेरे दम में दम है, तुम जितना चाहो पीयो, ग़म क्या है?

रामबली—लेकिन आप न रहे तब? ऐसा सज्जन फिर कहाँ पाऊँगा?

मुंशी—अजी तब देखी जाएगी, मैं आज मरा थोड़े ही जाता हूँ।

रामबली—ज़िन्दगी का कोई एतबार नहीं, आप मुझसे पहले ज़रूर ही मरेंगे, तो उस वक़्त मुझे कौन रोज़ पिलाएगा। तब तो छोड़ भी न सकूँगा। इससे बेहतर यही है कि अभी से फ़िक्र करूँ।

मुंशी—यार ऐसी बातें करके दिल न छोटा करो। आओ बैठ जाओ, एक ही गिलास ले लेना।

रामबली—मुख्तार साहब, अब ज़्यादा मजबूर न कीजिए। जब ईदू और झिनकू जैसे लतियों ने क़सम खा ली जो औरतों के गहने बेच-बेच पी गए और निरे मूर्ख हैं, तो मैं इतना निर्लज्ज नहीं हूँ कि इसका ग़ुलाम बना रहूँ। स्वामी जी ने मेरा सर्वनाश होने से बचाया है। उनकी आज्ञा मैं किसी तरह नहीं टाल सकता। यह कहकर रामबली भी विदा हो गया।

6

मुंशी जी ने प्याला मुँह से लगाया, लेकिन दूसरा प्याला भरने के पहले उनकी मद्यातुरता ग़ायब हो गई थी। जीवन में यह पहला अवसर था कि उन्हें एकान्त में बैठकर दवा की भाँति शराब पीनी पड़ी। पहले तो सहवासियों पर झुँझलाए। दग़ाबाज़ों को मैंने सैकड़ों रुपए खिला दिए होंगे, लेकिन आज ज़रा-सी बात पर सब-के-सब फिरंट हो गए। अब मैं भूत की भाँति अकेला

पड़ा हुआ हूँ, कोई हँसने-बोलने वाला नहीं। यह तो सोहबत की चीज़ है, जब सोहबत का आनन्द ही न रहा तो पीकर खाट पर पड़ रहने से क्या फ़ायदा?

मेरा आज कितना अपमान हुआ! जब मैं गली में घुसा हूँ तो सैकड़ों ही आदमी मेरी ओर आग्नेय दृष्टि से ताक रहे थे। शराब लेकर लौटा हूँ तब तो लोगों का वश चलता तो मेरी बोटियाँ नोच खाते। थानेदार न होता तो घर तक आना मुश्किल था। यह अपमान और लोकनिन्दा किस लिए। इसलिए कि घड़ी भर बैठकर मुँह कड़वा करूँ और कलेजा जलाऊँ। कोई हँसी-चुहल करने वाला तक नहीं।

लोग इसे कितनी त्याज्य-वस्तु समझते हैं, इसका अनुभव मुझे आज ही हुआ, नहीं तो एक संन्यासी के ज़रा-से इशारे पर बरसों के लती पियक्कड़ यों मेरी अवहेलना न करते। बात यही है कि अंत:करण से सभी इसे निषिद्ध समझते हैं। जब मेरे साथ के ग्वाले, एक्केवान और कहार तक इसे त्याग सकते हैं तो क्या मैं उनसे भी गया-गुजरा हूँ? इतना अपमान सह कर, जनता की निगाह में पतित होकर, सारे शहर में बदनाम होकर, नक्कू बनकर एक क्षण के लिए सिर में सरूर पैदा कर लिया तो क्या काम किया? कुवासना के लिए आत्मा को इतना नीचे गिराना क्या अच्छी बात है? यह चारों इस घड़ी मेरी निन्दा कर रहे होंगे, मुझे दुष्ट बना रहे होंगे, मुझे नीच समझ रहे होंगे। इन नीचों की दृष्टि में मैं नीचा हो गया। यह दुरवस्था नहीं सही जाती। आज इस वासना का अन्त कर दूँगा, अपमान का अन्त कर दूँगा।

एक क्षण में धड़ाके की आवाज़ हुई। अलगू चौंककर उठा तो देखा कि मुंशी जी बरामदे में खड़े हैं और बोतल ज़मीन पर टूटी पड़ी है!

बौड़म

मुझे देवीपुर गए पाँच दिन हो चुके थे, पर ऐसा एक दिन भी न होगा कि बौड़म की चर्चा न हुई हो। मेरे पास सुबह से शाम तक गाँव के लोग बैठे रहते थे। मुझे अपनी बहुज्ञता को प्रदर्शित करने का न कभी ऐसा अवसर ही मिला था और न प्रलोभन ही। मैं बैठा-बैठा इधर-उधर की गप्पें उड़ाया करता। बड़े लाट ने गांधी बाबा से यह कहा और गांधी बाबा ने यह जवाब दिया। अभी आप लोग क्या देखते हैं, आगे देखिएगा क्या-क्या गुल खिलते हैं। पूरे 50 हज़ार जवान जेल जाने को तैयार बैठे हुए हैं। गांधी जी ने आज्ञा दी है कि हिन्दुओं में छूतछात का भेद न रहे, नहीं तो देश को और भी अदिन देखने पड़ेंगे। अस्तु! लोग मेरी बातों को तन्मय होकर सुनते। उनके मुख फूल की तरह खिल जाते। आत्माभिमान की आभा मुख पर दिखाई देती। गद्‌गद कंठ से कहते, अब तो महात्मा जी ही का भरोसा है। न हुआ बौड़म नहीं आपका गला न छोड़ता। आपको खाना-पीना कठिन हो जाता। कोई उससे ऐसी बातें किया करे तो रात की रात बैठा रहे। मैंने एक दिन पूछा, आख़िर यह बौड़म है कौन? कोई पागल है क्या? एक सज्जन ने कहा—'महाशय, पागल क्या है, बस बौड़म है। घर में लाखों की सम्पत्ति है, शक्कर की एक मिल सिवान में है, दो कारख़ाने छपरे में हैं, तीन-तीन, चार-चार सौ के तलबवाले आदमी नौकर हैं, पर इसे देखिए, फटेहाल घूमा करता है। घरवालों ने सिवान

भेज दिया था कि जाकर वहाँ निगरानी करे। दो ही महीने में मैनेजर से लड़ बैठा, उसने यहाँ लिखा, मेरा इस्तीफ़ा लीजिए। आपका लड़का मज़दूरों को सिर चढ़ाए रहता है, वे मन से काम नहीं करते। आख़िर घरवालों ने बुला लिया। नौकर-चाकर लूटते खाते हैं उसकी तो ज़रा भी चिन्ता नहीं, पर जो सामने आम का बाग़ है उसकी रात-दिन रखवाली किया करता है, क्या मजाल कि कोई एक पत्थर भी फेंक सके।' एक मियाँ जी बोले—'बाबू जी, घर में तरह-तरह के खाने पकते हैं, मगर इसकी तकदीर में वही रोटी और दाल लिखी है और कुछ नहीं। बाप अच्छे-अच्छे कपड़े ख़रीदते हैं, लेकिन वह उनकी तरफ़ निगाह भी नहीं उठाता। बस, वही मोटा कुरता, गाढ़े की तहमत बाँधे मारा-मारा फिरता है। आपसे उसकी सिफत कहाँ तक कहें, बस पूरा बौड़म है।'

2

ये बातें सुनकर भी इस विचित्र व्यक्ति से मिलने की उत्कंठा हुई। सहसा एक आदमी ने कहा—'वह देखिए, बौड़म आ रहा है।' मैने कुतूहल से उसकी ओर देखा। एक 20-21 वर्ष का हृष्ट-पुष्ट युवक था। नंगे सिर, एक गाढ़े का कुरता पहने, गाढ़े का ढीला पाजामा पहने चला आता था! पैरों में जूते थे। पहले मेरी ही ओर आया। मैंने कहा—'आइए बैठिए।' उसने मंडली की ओर अवहेलना की दृष्टि से देखा और बोला—'अभी नहीं, फिर आऊँगा।' यह कहकर चला गया।

जब संध्या हो गई और सभा विसर्जित हुई तो वह आम के बाग़ की ओर से धीरे-धीरे आकर मेरे पास बैठ गया और बोला—इन लोगों ने तो मेरी ख़ूब बुराइयाँ की होंगी। मुझे यह बौड़म का लकब मिला है।

मैंने सुकचाते हुए कहा—हाँ, आपकी चर्चा लोग रोज़ करते थे। मेरी आपसे मिलने की बड़ी इच्छा थी। आपका नाम क्या है?

बौड़म ने कहा—नाम तो मेरा मुहम्मद खलील है, पर आस-पास के दस-पाँच गाँवों में मुझे लोग उर्फ़ के नाम से ज़्यादा जानते हैं। मेरा उर्फ़ बौड़म है।

मैं—आख़िर लोग आपको बौड़म क्यों कहते हैं?

खलील—उनकी ख़ुशी और क्या कहूँ? मैं जिन्दगी को कुछ और समझता हूँ, पर मुझे इजाज़त नहीं है कि पाँचों वक़्त की नमाज़ पढ़ सकूँ। मेरे वालिद हैं, चचा हैं। दोनों साहब पहर रात से पहर रात तक काम में मसरूफ़ रहते हैं। रात-दिन हिसाब-किताब, नफ़ा-नुक़सान, मंदी-तेज़ी के सिवाय और कोई जिक्र ही नहीं होता, गोया ख़ुदा के बन्दे न हुए इस दौलत के बन्दे हुए। चचा साहब हैं, वह पहर रात तक शीरे के पीपों के पास खड़े होकर उन्हें गाड़ी पर लदवाते हैं। वालिद साहब अक्सर अपने हाथों से शक्कर का वजन करते हैं। दोपहर का खाना शाम को और शाम का खाना आधी रात को खाते हैं। किसी को नमाज़ पढ़ने की फ़ुर्सत नहीं। मैं कहता हूँ, आप लोग इतना सिर-मगजन क्यों करते हैं। बड़े कारबार में सारा काम एतबार पर होता है। मालिक को कुछ न कुछ बल खाना ही पड़ता है। अपने बलबूते पर छोटे कारोबार ही चल सकते हैं। मेरा उसूल किसी को पसन्द नहीं, इसलिए मैं बौड़म हूँ।

मैं—मेरे ख़याल में तो आपका उसूल ठीक है।

खलील—ऐसा भूलकर भी न कहिएगा, वरना एक ही जगह दो बौड़म हो जाएँगे। लोगों को कारबार के सिवा न दीन से ग़रज़ है न दुनिया से। न मुल्क से, न क़ौम से। मैं अख़बार

मँगाता हूँ, स्मर्ना फंड में कुछ रुपए भेजना चाहता हूँ। ख़िलाफ़त-फंड को मदद करना भी अपना फ़र्ज़ समझता हूँ। सबसे बड़ा सितम है कि ख़िलाफ़त का रज़ाकार भी हूँ। क्यों साहब, जब क़ौम पर, मुल्क पर और दीन पर चारों तरफ़ से दुश्मनों का हमला हो रहा है तो क्या मेरा फ़र्ज़ नहीं है कि जाति के फ़ायदे को क़ौम पर क़ुर्बान कर दूँ। इसीलिए घर और बाहर मुझे बौड़म का लकब दिया गया है।

मैं—आप तो वह कर रहे हैं जिसकी इस वक़्त क़ौम को ज़रूरत है।

खलील—मुझे ख़ौफ़ है कि इस चौपट नगरी से आप बदनाम होकर जाएँगे। जब मेरे हज़ारों भाई जेल में पड़े हुए हैं, उन्हें गजी का गाढ़ा तक पहनने को मयस्सर नहीं तो मेरी ग़ैरत गवारा नहीं करती कि मैं मीठे लुकमें उड़ाऊँ और चिकन के कुर्त्ते पहनूँ, जिनकी कलाइयों और मुड्ढों पर सीजनकारी की गई हो।

मैं—आप यह बहुत ही मुनासिब कहते हैं। अफ़सोस है कि और लोग आपका-सा त्याग करने के काबिल नहीं।

खलील—मैं इसे त्याग नहीं समझता, न दुनिया को दिखाने के लिए यह भेष बना के घूमता हूँ। मेरा जी ही लज़्ज़त और शौक़ से फिर गया है। थोड़े दिन होते हैं वालिद ने मुझे सिवान के मिल में निगरानी के लिए भेजा, मैंने वहाँ जाकर देखा तो इंजीनियर साहब के ख़ानसामे, बैरे, मेहतर, धोबी, माली, चौकीदार, सभी मज़दूरों की जेल में लिखे हुए थे। काम साहब का करते थे, मज़दूरी कारख़ाने से पाते थे। साहब बहादुर ख़ुद तो बेउसूल हैं, पर मज़दूरों पर इतनी सख़्ती थी कि अगर पाँच मिनट की देर हो जाए तो उनकी आधे दिन की मज़दूरी कट जाती थी। मैंने साहब की मिज़ाजपुरसी करनी चाही। मज़दूरों के साथ रियायत करनी शुरू की। फिर क्या था? साहब बिगड़ गए, इस्तीफ़े की धमकी दी। घरवालों को उनके सब हालात मालूम हैं। पल्ले दरजे का हरामखोर आदमी है। लेकिन उसकी धमकी पाते ही सबके होश उड़ गए। मैं तार से वापस बुला लिया गया और घर पर मेरी ख़ूब ले-दे हुई। पहले बौड़म होने में कुछ कोर-कसर थी, वह पूरी हो गई। न जाने साहब से लोग क्यों इतना डरते हैं?

मैं—आपने वही किया जो इस हालत में मैं भी करता बल्कि मैं तो पहले साहब पर ग़बन का मुक़दमा दायर करता, बदमाशों से पिटवाता, तब बात करता। ऐसे हरामखोरों की यही सज़ाएँ हैं।

खलील—फिर तो एक और, दो हो गए। अफ़सोस यही है कि आपका यहाँ कयाम न रहेगा। मेरा जी चाहता है, कि चन्द रोज़ आपके साथ रहूँ। मुद्दत के बाद आप ऐसे आदमी मिले हैं जिससे मैं अपने दिल की बातें कह सकता हूँ। इन गँवारों से मैं बोलता भी नहीं। मेरे चाचा साहब को जवानी में एक चमारिन से ताल्लुक हो गया था। उससे दो बच्चे, एक लड़का और एक लड़की पैदा हुए। चमारिन लड़की को गोद में छोड़कर मर गई। तब से इन दोनों बच्चों की मेरे यहाँ वही हालत थी जो यतीमों की होती है। कोई बात न पूछता था। उनको खाने-पहनने को भी न मिलता। बेचारे नौकरों के साथ खाते और बाहर झोपड़े में पड़े रहते थे। जनाब, मुझसे यह न देखा गया। मैंने उन्हें अपने दस्तरखान पर खिलाया और अब भी खिलाता हूँ। घर में कुहराम मच गया। जिसे देखिए मुझ पर त्योरियाँ बदल रहा है, मगर मैंने परवाह न की। आख़िर है वह भी तो हमारा ही ख़ून। इसलिए मैं बौड़म कहलाता हूँ।

मैं—जो लोग आपको बौड़म कहते हैं, वे ख़ुद बौड़म हैं।

खलील—जनाब, इनके साथ रहना अजीब है। शाह काबुल ने क़ुर्बानी की मुमानियत कर दी है। हिन्दुस्तान के उलमा ने भी यही फ़तवा दिया, पर यहाँ ख़ास मेरे घर क़ुर्बानी हुई। मैंने हरचन्द बावैला मचाया, पर मेरी कौन सुनता है? उसका कफारा (प्रायश्चित्त) मैंने यह अदा किया कि अपनी सवारी का घोड़ा बेचकर 300 फ़क़ीरों को खाना खिलाया और तब से कसाइयों को गायें लिये जाते देखता हूँ तो क़ीमत देकर ख़रीद लेता हूँ। इस वक़्त तक दस गायों की जान बचा चुका हूँ। वे सब यहाँ हिन्दुओं के घरों में हैं, पर मज़ा यह है कि जिन्हें मैंने गायें दी हैं, वे भी मुझे बौड़म कहते हैं। मैं भी इस नाम का इतना आदी हो गया हूँ कि अब मुझे इससे मुहब्बत हो गई है।

मैं—आप ऐसे बौड़म काश मुल्क में और ज़्यादा होते।

खलील—लीजिए आपने भी बनाना शुरू कर दिया। यह देखिए आम का बाग़ है। मैं उसकी रखवाली करता हूँ। लोग कहते हैं जहाँ हज़ारों का नुक़सान हो रहा है वहाँ तो देखभाल करता नहीं, ज़रा-सी बग़िया की रखवाली में इतना मुस्तैद। जनाब, यहाँ लड़कों का यह हाल है कि एक आम तो खाते हैं और पचीस आम गिराते हैं। कितने ही पेड़ चोट खा जाते हैं और फिर किसी काम के नहीं रहते। मैं चाहता हूँ कि आम पक जाएँ, टपकने लगें तब जिसका जी चाहे चुन ले जाए। कच्चे आम ख़राब करने से क्या फ़ायदा? यह भी मेरे बौड़मपन में दाख़िल है।

3

ये बातें हो ही रही थीं कि सहसा तीन-चार आदमी एक बनिये को पकड़े, घसीटते हुए आते दिखाई दिए। पूछा तो उन चारों आदमियों में से एक ने, जो सूरत से मौलवी मालूम होते थे, कहा—यह बड़ा बेईमान है, इसके बाँट कम हैं। अभी इसके यहाँ से सेर भर घी ले गया हूँ। घर पर तौलता हूँ तो आध पाव ग़ायब। अब जो लौटाने आया हूँ तो कहता है मैंने तो पूरा तौला था। पूछो अगर तूने पूरा तौला था तो क्या मैं रास्ते में खा गया। अब ले चलता हूँ थाने पर, वहीं इसकी मरम्मत होगी।

दूसरे महाशय, जो वहाँ डाकखाने के मुंशी थे बोले—इसकी हमेशा की यही आदत है, कभी पूरा नहीं तौलता। आज ही दो आने की शक्कर मँगवाई। लड़का घर लेकर गया तो मुश्किल से एक आने की थी। लौटाने आया तो आँखें दिखाने लगा। इसके बाँटों की आज जाँच करानी चाहिए।

तीसरा आदमी अहीर था। अपने सिर पर से खली की गठरी उतारकर बोला—साहब, यह 11 रु. की खली है। 6 सेर के भाव से दी थी। घर पर तौला तो 2 सेर हुई। लाया कि लौटा दूँगा, पर यह लेता ही नहीं! अब इसका निबटारा थाने ही में होगा। इस पर कई आदमियों ने कहा—यह सचमुच बेईमान आदमी है।

बनिये ने कहा—अगर मेरे बाँट रत्ती भर कम निकलें तो हज़ार रुपए डाँड़ दूँ।

मौलवी साहब ने कहा—तो कमबख़्त, टाँकी मारता होगा।

मुंशी जी बोले—टाँकी मार देता है, यही बात है।

अहीर ने कहा—दोहरे बाँट रखे हैं। दिखाने के और, बेचने के और। इसके घर की पुलिस तलाशी ले।

बनिये ने फिर प्रतिवाद किया, पकड़नेवालों ने फिर आक्रमण किया, इसी तरह कोई आध घंटा तक तकरार होती रही। मेरी समझ में न आता था कि क्या करूँ। बनिये को छुड़ाने के लिए ज़ोर दूँ या जाने दूँ। बनिये से सभी जले हुए मालूम होते थे। खलील को देखा तो ग़ायब? न जाने कब उठकर चला गया? बनिया किसी तरह न दबता था, यहाँ तक कि थाने जाने से भी न डरता था।

4

ये लोग थाने जाना ही चाहते थे कि बौड़म सामने आता दिखाई दिया। उसके एक हाथ में एक टोकरा था, दूसरे हाथ में एक कटोरा और पीछे एक 7-8 बरस का लड़का। उसने आते ही मौलवी साहब से कहा—यह कटोरा आप ही का है क़ाज़ी जी?

मौलवी—(चौंककर) हाँ है तो, फिर? तुम मेरे घर से इसे क्यों लाए?

बौड़म—इसलिए कि कटोरे में वही आधा पाव घी है जिसके विषय में आप कहते हैं कि बनिये ने कम तौला। घी वही है। वजन वही है। बेईमानी ग़रीब बनिये की नहीं है, बल्कि क़ाज़ी हाजी मौलवी जहूर अहमद की।

मौलवी—तुम अपना बौड़मपना यहाँ न दिखाना नहीं तो मैं किसी से डरने वाला नहीं हूँ। तुम लखपती होगे तो अपने घर के होगे। तुम्हें क्या मजाल था मेरे घर में जाने का!

बौड़म—वही जो आपको बनिये को थाने में ले जाने का है। अब यह घी भी थाने जाएगा।

मौलवी—(सिटपिटा कर) सबके घर में थोड़ी-बहुत चीज़ रखी ही रहती है। क़सम कुरान शरीफ की, मैं अभी तुम्हारे वालिद के पास जाता हूँ, आज तक गाँव भर में किसी ने मुझ पर ऐसा इलज़ाम नहीं लगाया था।

बनिया—मौलवी साहब, आप जाते कहाँ हैं? चलिए हमारा-आपका फ़ैसला थाने में होगा। मैं एक न मानूँगा। कहलाने को मौलवी, दीनदार, ऐसे बनते हैं कि देवता ही हैं। पर घर में चीज़ रखकर दूसरों को बेईमान बनाते हैं। यह लम्बी दाढ़ी धोखा देने के लिए बढ़ाई है?

मगर मौलवी साहब न रुके। बनिये को छोड़कर खलील के बाप के पास चले गए, जो इस वक़्त शर्म से बचने का सहज बहाना था।

तब खलील ने अहीर से कहा—क्यों बे, तू भी थाने जा रहा है? चल मैं भी चलता हूँ। तेरे घर से यह सेर भर खली लेता आया हूँ।

अहीर ने मौलवी साहब की दुर्गति देखी तो चेहरे पर हवाइयाँ उड़ने लगीं, बोला—भैया जवानी की क़सम है, मुझे मौलवी साहब ने सिखा दिया था।

खलील—दूसरे के सिखाने से तुम किसी के घर में आग लगा दोगे? ख़ुद तो बच्चा दूध में आधा पानी मिला-मिलाकर बेचते हो, मगर आज तुमको इतनी मुटमरदी सवार हो गई कि एक भले आदमी को तबाह करने पर आमादा हो गए। खली उठाकर घर में रख ली, उस पर बनिये से कहते हो कि कम तौला।

बनिया—भैया, मेरी लाख रुपए की इज़्ज़त बिगड़ गई। मैं थाने में रपट किए बिना न मानूँगा।

अहीर—साहू जी, अबकी माफ़ करो, नहीं तो कहीं का न रहूँगा।

तब खलील ने मुंशी जी से कहा—कहिए जनाब, आपकी कलई खोलूँ या चुपके से घर की राह लीजिएगा।

मुंशी—तुम बेचारे मेरी कलई क्या खोलोगे। मुझे भी अहीर समझ लिया है कि तुम्हारी भपकियों में आऊँगा?

खलील—(लड़के से) क्यों बेटा, तुम शक्कर लेकर सीधे घर चले गए थे?

लड़का—(मुंशी जी को सशंक नेत्रों से देखकर) बताऊँगा।

मुंशी—लड़कों को जैसा सिखा दोगे वैसा कहेंगे।

खलील—बेटा, अभी तुमने मुझसे जो कहा था, वही फिर कह दो।

लड़का—दादा मारेंगे।

मुंशी—क्या तूने रास्ते में शक्कर फाँक ली थी।

लड़का रोने लगा।

खलील—जी हाँ, इसने मुझसे ख़ुद कहा, पर आपने उससे तो पूछा नहीं बनिये के सिर हो गए। यही शराफत है।

मुंशी—मुझे क्या मालूम था कि उसने रास्ते में यह शरारत की?

खलील—तो ऐसे कमज़ोर सबूत पर आप थाने क्योंकर चले थे? आप गँवारों को मनीआर्डर के रुपए देते हैं तो उस रुपए पर दो आने अपनी दस्तूरी काट लेते हैं। टके के पोस्टकार्ड आने में बेचते हैं, जब कहिए तब साबित कर दूँ। उसे क्या आप बेईमानी नहीं समझते हैं?

मुंशी जी ने बौड़म के मुँह लगना मुनासिब न समझा। लड़के को मारते हुए घर ले गए। बनिये ने बौड़म को ख़ूब आशीर्वाद दिया। दर्शक लोग भी धीरे-धीरे चले गए। तब मैंने खलील से कहा—आपने इस बनिये की जान बचा ली नहीं तो बेचारा बेगुनाह पुलिस के पंजे में फँस जाता।

खलील—आप जानते हैं कि मुझे क्या सिला (इनाम) मिलेगा। थानेदार मेरे दुश्मन हो जाएँगे। कहेंगे यह मेरे शिकारों को भगा दिया करता है। वालिद साहब पुलिस से थर-थर काँपते हैं। मुझे हाथों लेंगे कि तू दूसरों के बीच में क्यों दख़ल देता है? यहाँ यह भी बौड़मपन में दाख़िल है। एक बनिये के पीछे मुझे भले आदमियों की कलई खोलनी मुनासिब न थी। ऐसी हरकत बौड़म लोग किया करते हैं।

मैंने श्रद्धापूर्ण शब्दों में कहा—अब मैं आपको इसी नाम से पुकारूँगा। आज मुझे मालूम हुआ कि बौड़म देवताओं को कहा जाता है! जो स्वार्थ पर आत्मा की भेंट कर देता है वह चतुर है, बुद्धिमान है। जो आत्मा के सामने, सच्चे सिद्धान्त के सामने, सत्य के सामने, स्वार्थ की, निन्दा की परवाह नहीं करता वह बौड़म है, निर्बुद्धि है।

गुप्तधन

बाबू हरिदास का ईंटों का पजावा शहर से मिला हुआ था। आसपास के देहातों से सैकड़ों स्त्री-पुरुष, लड़के नित्य आते और पजावे से ईंट सिर पर उठाकर ऊपर कतारों से सजाते। एक आदमी पजावे के पास एक टोकरी में कौड़ियाँ लिए बैठा रहता था। मज़दूरों को ईंटों की संख्या के हिसाब से कौड़ियाँ बाँटता। ईंटें जितनी ही ज़्यादा होतीं उतनी ही ज़्यादा कौड़ियाँ

मिलतीं। इस लोभ में बहुत से मज़दूर बूते के बाहर काम करते। वृद्धों और बालकों को ईंटों के बोझ से अकड़े हुए देखना बहुत करुणाजनक दृश्य था। कभी-कभी बाबू हरिदास स्वयं आकर कौड़ीवाले के पास बैठ जाते और ईंटें लादने को प्रोत्साहित करते। यह दृश्य तब और भी दारुण हो जाता था जब ईंटों की कोई असाधारण आवश्यकता आ पड़ती। उसमें मजूरी दूनी कर दी जाती और मजूर लोग अपनी सामर्थ्य से दूनी ईंटें लेकर चलते। एक-एक पग उठाना कठिन हो जाता। उन्हें सिर से पैर तक पसीने में डूबे पजावे की राख चढ़ाए ईंटों का एक पहाड़ सिर पर रखे, बोझ से दबे देखकर ऐसा जान पड़ता था मानो लोभ का भूत उन्हें ज़मीन पर पटक कर उनके सिर पर सवार हो गया है। सबसे करुण दशा एक छोटे लड़के की थी जो सदैव अपनी अवस्था के लड़कों से दुगनी ईंटें उठाता और सारे दिन अविश्रांत परिश्रम और धैर्य के साथ अपने काम में लगा रहता। उसके मुख पर ऐसी दीनता छाई रहती थी, उसका शरीर इतना कृश और दुर्बल था कि उसे देखकर दया आ जाती थी। और लड़के बनिये की दुकान से गुड़ लाकर खाते, कोई सड़क पर जानेवाले इक्कों और हवागाड़ियों की बहार देखता और कोई व्यक्तिगत संग्राम में अपनी जिह्वा और बाहु के जौहर दिखाता, लेकिन इस ग़रीब लड़के को अपने काम से काम था। उसमें लड़कपन की न चंचलता थी, न शरारत, न खिलाड़ीपन, यहाँ तक कि उसके ओंठों पर कभी हँसी भी न आती थी। बाबू हरिदास को उसकी दशा पर दया आती। कभी-कभी कौड़ीवाले को इशारा करते कि उसे हिसाब से अधिक कौड़ियाँ दे दो। कभी-कभी वे उसे कुछ खाने को दे देते।

एक दिन उन्होंने उस लड़के को बुलाकर अपने पास बैठाया और उसके समाचार पूछने लगे। ज्ञात हुआ कि उसका घर पास ही के गाँव में है। घर में एक वृद्धा माता के सिवा कोई नहीं है और वह वृद्धा भी किसी पुराने रोग से ग्रस्त रहती है। घर का सारा भार इसी लड़के के सिर था। कोई उसे रोटियाँ बनाकर देने वाला भी न था। शाम को जाता तो अपने हाथों से रोटियाँ बनाता और अपनी माँ को खिलाता था। जाति का ठाकुर था। किसी समय उसका कुल धन-धान्य सम्पन्न था। लेन-देन होता था और शक्कर का कारख़ाना चलता था। कुछ ज़मीन भी थी किन्तु भाइयों की स्पर्धा और विद्वेष ने उसे इतनी हीनावस्था को पहुँचा दिया कि अब रोटियों के लाले थे। लड़के का नाम मगनसिंह था।

हरिदास ने पूछा—गाँववाले तुम्हारी कुछ मदद नहीं करते?

मगन—वाह, उनका वश चले तो मुझे मार डालें। सब समझते हैं कि मेरे घर में रुपए गड़े हैं।

हरिदास ने उत्सुकता से पूछा—पुराना घराना है, कुछ-न-कुछ तो होगा ही। तुम्हारी माँ ने इस विषय में तुमसे कुछ नहीं कहा?

मगन—बाबूजी नहीं, एक पैसा भी नहीं। रुपए होते तो अम्माँ इतनी तकलीफ़ क्यों उठातीं।

2

बाबू हरिदास मगनसिंह से इतने प्रसन्न हुए कि मजूरों की श्रेणी से उठाकर अपने नौकरों में रख लिया। उसे कौड़ियाँ बाँटने का काम दिया और पजावे में मुंशी जी को ताकीद कर दी कि इसे कुछ पढ़ना-लिखना सिखाइए। अनाथ के भाग्य जाग उठे।

मगनसिंह बड़ा कर्तव्यशील और चतुर लड़का था। उसे कभी देर न होती, कभी नागा न होता। थोड़े ही दिनों में उसने बाबू साहब का विश्वास प्राप्त कर लिया। लिखने-पढ़ने में भी कुशल हो गया।

बरसात के दिन थे। पजावे में पानी भरा हुआ था। कारबार बन्द था। मगनसिंह तीन दिनों से ग़ैरहाजिर था। हरिदास को चिन्ता हुई, क्या बात है, कहीं बीमार तो नहीं हो गया, कोई दुर्घटना तो नहीं हो गई? कई आदमियों से पूछताछ की, पर कुछ पता न चला! चौथे दिन पूछते-पूछते मगनसिंह के घर पहुँचे। घर क्या था पुरानी समृद्धि का ध्वंसावशेष मात्र था। उनकी आवाज़ सुनते ही मगनसिंह बाहर निकल आया। हरिदास ने पूछा—कई दिन से आए क्यों नहीं, माता का क्या हाल है?

मगनसिंह ने अवरुद्ध कंठ से उत्तर दिया—अम्माँ आजकल बहुत बीमार है, कहती है अब न बचूँगी। कई बार आपको बुलाने के लिए मुझसे कह चुकी है, पर मैं संकोच के मारे आपके पास न आता था। अब आप सौभाग्य से आ गए हैं तो ज़रा चलकर उसे देख लीजिए। उसकी लालसा भी पूरी हो जाए।

हरिदास भीतर गए। सारा घर भौतिक निस्सारता का परिचायक था। सुर्खी, कंकड़, ईंटों के ढेर चारों ओर पड़े हुए थे। विनाश का प्रत्यक्ष स्वरूप था। केवल दो कोठरियाँ गुज़र करने लायक थीं। मगनसिंह ने एक कोठरी की ओर उन्हें इशारे से बताया। हरिदास भीतर गए तो देखा कि वृद्धा एक सड़े हुए काठ के टुकड़े पर पड़ी कराह रही है।

उनकी आहट पाते ही आँखें खोलीं और अनुमान से पहचान गई, बोली—आप आ गए, बड़ी दया की। आपके दर्शनों की बड़ी अभिलाषा थी, मेरे अनाथ बालक के नाथ अब आप ही हैं। जैसे आपने अब तक उसकी रक्षा की है, वह निगाह उस पर सदैव बनाए रखिएगा। मेरी विपित्त के दिन पूरे हो गए। इस मिट्टी को पार लगा दीजिएगा। एक दिन घर में लक्ष्मी का वास था। अदिन आए तो उन्होंने भी आँखें फेर लीं। पुरखों ने इसी दिन के लिए कुछ थाती धरती माता को सौंप दी थी। उसका बीजक बड़े यत्न से रखा था; पर बहुत दिनों से उसका कहीं पता न लगता था। मगन के पिता ने बहुत खोजा पर न पा सके, नहीं तो हमारी दशा इतनी हीन न होती। आज तीन दिन हुए मुझे वह बीजक आप ही आप रद्दी काग़ज़ों में मिल गया। तब से उसे छिपाकर रखे हुए हूँ, मगन बाहर है। मेरे सिरहाने जो सन्दूक़ रखी है, उसी में वह बीजक है। उसमें सब बातें लिखी हैं। उसी से ठिकाने का भी पता चलेगा। अवसर मिले तो उसे खुदवा डालिएगा। मगन को दे दीजिएगा। यही कहने के लिए आपको बार-बार बुलवाती थी। आपके सिवा मुझे किसी पर विश्वास न था। संसार से धर्म उठ गया। किसकी नीयत पर भरोसा किया जाए।

3

हरिदास ने बीजक का समाचार किसी से न कहा। नीयत बिगड़ गई। दूध में मक्खी पड़ गई! बीजक से ज्ञात हुआ कि धन उस घर से 500 डग पश्चिम की ओर एक मन्दिर के चबूतरे के नीचे है।

हरिदास धन को भोगना चाहते थे, पर इस तरह कि किसी को कानों-कान ख़बर न हो। काम कष्ट-साध्य था। नाम पर धब्बा लगने की प्रबल आशंका थी जो संसार में सबसे बड़ी

यंत्रणा है। कितनी घोर नीचता थी। जिस अनाथ की रक्षा की, जिसे बच्चे की भाँति पाला, उसके साथ विश्वासघात! कई दिनों तक आत्म-वेदना की पीड़ा सहते रहे। अन्त में कुतर्कों ने विवेक को परास्त कर दिया। मैंने कभी धर्म का परित्याग नहीं किया और न कभी करूँगा। क्या कोई ऐसा प्राणी भी है जो जीवन में एक बार भी विचलित न हुआ हो। यदि है तो वह मनुष्य नहीं, देवता है। मैं मनुष्य हूँ। मुझे देवताओं की पंक्ति में बैठने का दावा नहीं है।

मन को समझाना बच्चे को फुसलाना है। हरिदास साँझ को सैर करने के लिए घर से निकल जाते। जब चारों ओर सन्नाटा छा जाता तो मन्दिर के चबूतरे पर आ बैठते और एक कुदाली से उसे खोदते। दिन में दो-एक बार इधर-उधर ताक-झाँक करते कि कोई चबूतरे के पास खड़ा तो नहीं है। रात की निस्तब्धता में उन्हें अकेले बैठे ईंटों को हटाते हुए उतना ही भय होता था जितना किसी भ्रष्ट वैष्णव को आमिष भोजन से होता है।

चबूतरा लम्बा-चौड़ा था। उसे खोदते एक महीना लग गया और अभी आधी मंज़िल भी तय न हुई। इन दिनों उनकी दशा उस पुरुष की-सी थी जो कोई मंत्र जगा रहा हो। चित्त पर चंचलता छाई रहती। आँखों की ज्योति तीव्र हो गई थी। बहुत गुम-सुम रहते, मानो ध्यान में हों। किसी से बातचीत न करते, अगर कोई छेड़कर बात करता तो झुँझला पड़ते। पजावे की ओर बहुत कम जाते। विचारशील पुरुष थे। आत्मा बार-बार इस कुटिल व्यापार से भागती, निश्चय करते कि अब चबूतरे की ओर न जाऊँगा, पर संध्या होते ही उन पर एक नशा-सा छा जाता, बुद्धि-विवेक का अपहरण हो जाता। जैसे कुत्ता मार खाकर थोड़ी देर के बाद टुकड़े की लालच में जा बैठता है, वही दशा उनकी थी। यहाँ तक कि दूसरा मास भी व्यतीत हुआ।

अमावस की रात थी। हरिदास मलिन हृदय में बैठी हुई कालिमा की भाँति चबूतरे पर बैठे हुए थे। आज चबूतरा खुद जाएगा। ज़रा देर तक और मेहनत करनी पड़ेगी। कोई चिन्ता नहीं। घर में लोग चिन्तित हो रहे होंगे। पर अभी निश्चित हुआ जाता है कि चबूतरे के नीचे क्या है। पत्थर का तहख़ाना निकल आया तो समझ जाऊँगा कि धन अवश्य होगा। तहख़ाना न मिले तो मालूम हो जाएगा कि सब धोखा ही धोखा है। कहीं सचमुच तहख़ाना न मिले तो बड़ी दिल्लगी हो। मुफ्त में उल्लू बनूँ। पर नहीं, कुदाली खट-खट बोल रही है। हाँ, पत्थर की चट्टान है। उन्होंने टटोल कर देखा। भ्रम दूर हो गया। चट्टान थी। तहख़ाना मिल गया; लेकिन हरिदास ख़ुशी से उछले-कूदे नहीं।

आज वे लौटे तो सिर में दर्द था। समझे थकान है। लेकिन यह थकान नींद से न गई। रात को ही उन्हें ज़ोर सी बुखार हो गया। तीन दिन तक ज्वर में पड़े रहे। किसी दवा से फ़ायदा न हुआ।

इस रुग्णावस्था में हरिदास को बार-बार भ्रम होता था—कहीं यह मेरी तृष्णा का दंड तो नहीं है। जी में आता था, मगनसिंह को बीजक दे दूँ और क्षमा की याचना करूँ; पर भंडाफोड़ होने का भय मुँह बन्द कर देता था। न जाने ईसा के अनुयायी अपने पादरियों के सम्मुख कैसे अपने जीवन भर के पापों की कथा सुनाया करते थे।

4

हरिदास की मृत्यु के पीछे यह बीजक उनके सुपुत्र प्रभुदास के हाथ लगा। बीजक मगनसिंह के पुरखों का लिखा हुआ है, इसमें लेशमात्र भी सन्देह न था। लेकिन उन्होंने सोचा—पिताजी ने

कुछ सोचकर ही इस मार्ग पर पग रखा होगा। वे कितने नीतिपरायण, कितने सत्यवादी पुरुष थे। उनकी नीयत पर कभी किसी को सन्देह नहीं हुआ। जब उन्होंने इस आचार को घृणित नहीं समझा तो मेरी क्या गिनती है। कहीं यह धन हाथ आ जाए तो कितने सुख से जीवन व्यतीत हो। शहर के रईसों को दिखा दूँ कि धन का सदुपयोग क्योंकर होना चाहिए। बड़े-बड़ों का सिर नीचा कर दूँ। कोई आँखें न मिला सके। इरादा पक्का हो गया।

शाम होते ही वे घर से बाहर निकले। वही समय था, वही चौकन्नी आँखें थीं और वही तेज़ कुदाली थी। ऐसा ज्ञात होता था मानो हरिदास की आत्मा इस नए भेष में अपना काम कर रही है।

चबूतरे का धरातल पहले ही खुद चुका था। अब संगीन तहख़ाना था, जोड़ों को हटाना कठिन था। पुराने ज़माने का पक्का मसाला था; कुल्हाड़ी उचट-उचट कर लौट आती थी। कई दिनों में ऊपर की दरारें खुलीं, लेकिन चट्टानें ज़रा भी न हिलीं। तब वह लोहे की छड़ से काम लेने लगे, लेकिन कई दिनों तक ज़ोर लगाने पर भी चट्टानें न खिसकीं। सब कुछ अपने ही हाथों करना था। किसी से सहायता न मिल सकती थी। यहाँ तक कि फिर वही अमावस्या की रात आई! प्रभुदास को ज़ोर लगाते बारह बज गए और चट्टानें भाग्यरेखाओं की भाँति अटल थीं।

पर, आज इस समस्या को हल करना आवश्यक था। कहीं तहख़ाने पर किसी की निगाह पड़ जाए तो मेरे मन की लालसा मन ही में रह जाए।

वह चट्टान पर बैठकर सोचने लगे—क्या करूँ, बुद्धि कुछ काम नहीं करती। सहसा उन्हें एक युक्ति सूझी, क्यों न बारूद से काम लूँ? इतने अधीर हो रहे थे कि कल पर इस काम को न छोड़ सके। सीधे बाज़ार की तरफ़ चले, दो मील का रास्ता हवा की तरह तय किया। पर वहाँ पहुँचे तो दुकानें बन्द हो चुकी थीं। आतिशबाज़ हीले करने लगा। बारूद इस समय नहीं मिल सकती। सरकारी हुक्म नहीं है। तुम कौन हो? इस वक़्त बारूद लेकर क्या करोगे? न भैया; कोई वारदात हो जाए तो मुफ्त में बँधा-बँधा फिरूँ, तुम्हें कौन पूछेगा?

प्रभुदास की शान्ति-वृत्ति कभी इतनी कठिन परीक्षा में न पड़ी थी। वे अन्त तक अनुनय-विनय ही करते रहे, यहाँ तक कि मुद्राओं की सुरीली झंकार ने उसे वशीभूत कर लिया। प्रभुदास यहाँ से चले तो धरती पर पाँव न पड़ते थे।

रात के दो बजे थे। प्रभुदास मन्दिर के पास पहुँचे। चट्टानों की दराजों में बारूद रख पलीता लगा दिया और दूर भागे। एक क्षण में बड़े ज़ोर का धमाका हुआ। चट्टान उड़ गई। अँधेरागार सामने था, मानो कोई पिशाच उन्हें निगल जाने के लिए मुँह खोले हुए है।

5

प्रभात का समय था। प्रभुदास अपने कमरे में लेटे हुए थे। सामने लोहे के सन्दूक़ में दस हज़ार पुरानी मुहरें रखी हुई थीं। उनकी माता सिरहाने बैठी पंखा झल रही थीं। प्रभुदास ज्वर की ज्वाला से जल रहे थे। करवटें बदलते थे, कराहते थे, हाथ-पाँव पटकते थे; पर आँखें लोहे के सन्दूक़ की ओर लगी हुई थीं। इसी में उनके जीवन की आशाएँ बन्द थीं।

मगनसिंह अब पजावे का मुंशी था। इसी घर में रहता था। आकर बोला—पजावे चलिएगा? गाड़ी तैयार कराऊँ?

प्रभुदास ने उसके मुख की ओर क्षमा-याचना की दृष्टि से देखा और बोले—नहीं, मैं आज न चलूँगा, तबीयत अच्छी नहीं है। तुम भी मत जाओ।

मगनसिंह उनकी दशा देखकर डॉक्टर को बुलाने चला।

दस बजते-बजते प्रभुदास का मुख पीला पड़ गया। आँखें लाल हो गईं। माता ने उसकी ओर देखा तो शोक से विह्वल हो गईं। बाबू हरिदास की अन्तिम दशा उनकी आँखों में फिर गई। जान पड़ता था, यह उसी शोक घटना की पुनरावृत्ति है! यह देवताओं की मनौतियाँ मना रही थीं, किन्तु प्रभुदास की आँखें उसी लोहे के सन्दूक़ की ओर लगी हुई थीं, जिस पर उन्होंने अपनी आत्मा अर्पण कर दी थी।

उनकी स्त्री आकर उनके पैताने बैठ गई और बिलख-बिलख कर रोने लगी। प्रभुदास की आँखों से भी आँसू बह रहे थे, पर वे आँखें उसी लोहे के सन्दूक़ की ओर निराशापूर्ण भाव से देख रही थीं।

डॉक्टर ने आकर देखा, दवा दी और चला गया, पर दवा का असर उल्टा हुआ। प्रभुदास के हाथ-पाँव सर्द हो गए, मुख निस्तेज हो गया, हृदय की गति मंद पड़ गई, पर आँखें सन्दूक़ की ओर से न हटीं।

मुहल्ले के लोग जमा हो गए। पिता और पुत्र के स्वभाव और चरित्र पर टिप्पणियाँ होने लगीं। दोनों शील और विनय के पुतले थे। किसी को भूलकर भी कड़ी बात न कही। प्रभुदास का सम्पूर्ण शरीर ठंडा हो गया था। प्राण था तो केवल आँखों में। वे अब भी उसी लोहे के सन्दूक़ की ओर सतृष्ण भाव से देख रही थीं।

घर में कोहराम मचा हुआ था। दोनों महिलाएँ पछाड़ें खा-खाकर गिरती थीं। मुहल्ले की स्त्रियाँ उन्हें समझाती थीं। अन्य मित्रगण आँखों पर रूमाल जमाए हुए थे। जवानी की मौत संसार का सबसे करुण, सबसे अस्वाभाविक और भयंकर दृश्य है। यह वज्राघात है, विधाता की निर्दय लीला है। प्रभुदास का सारा शरीर प्राणहीन हो गया था, पर आँखें जीवित थीं। वे अब भी उसी सन्दूक़ की ओर लगी हुई थीं। जीवन ने तृष्णा का रूप धारण कर लिया था। साँस निकलती है, पर आस नहीं निकलती।

इतने में मगनसिंह आकर खड़ा हो गया। प्रभुदास की निगाह उस पर पड़ी। ऐसा जान पड़ा मानो उनके शरीर में फिर रक्त का संचार हुआ। अंगों में स्फूर्ति के चिह्न दिखाई दिए। इशारे से अपने मुँह के निकट बुलाया, उसके कान में कुछ कहा, एक बार लोहे के सन्दूक़ की ओर इशारा किया और आँखें उलट गईं, प्राण निकल गए।

आदर्श विरोध

महाशय दयाकृष्ण मेहता के पाँव ज़मीन पर न पड़ते थे। उनकी वह आकांक्षा पूरी हो गई थी जो उनके जीवन का मधुर स्वप्न था। उन्हें वह राज्याधिकार मिल गया था जो भारत-निवासियों के लिए जीवन-स्वर्ग है। वाइसराय ने उन्हें अपनी कार्यकारिणी सभा का मेम्बर नियुक्त कर दिया था।

मित्रगण उन्हें बधाइयाँ दे रहे थे। चारों ओर आनन्दोत्सव मनाया जा रहा था, कहीं दावतें होती थीं, कहीं आश्वासन-पत्र दिए जाते थे। वह उनका व्यक्तिगत सम्मान नहीं, राष्ट्रीय सम्मान समझा जाता था। अँगरेज़ अधिकारी-वर्ग भी उन्हें हाथों-हाथ लिए फिरता था।

महाशय दयाकृष्ण लखनऊ के एक सुविख्यात बैरिस्टर थे। बड़े उदार हृदय, राजनीति में कुशल तथा प्रजाभक्त थे। सदैव सार्वजनिक कार्यों में तल्लीन रहते थे। समस्त देश में शासन का ऐसा निर्भय तत्त्वान्वेषी, ऐसा निःस्पृह समालोचक न था और न प्रजा का ऐसा सूक्ष्मदर्शी, ऐसा विश्वसनीय और ऐसा सहृदय बन्धु।

समाचार-पत्रों में इस नियुक्ति पर ख़ूब टीकाएँ हो रही थीं। एक ओर से आवाज़ आ रही थी—हम गवर्नमेंट को इस चुनाव पर बधाई नहीं दे सकते। दूसरी ओर के लोग कहते थे—यह सरकारी उदारता और प्रजाहित-चिन्ता का सर्वोत्तम प्रमाण है। तीसरा दल भी था, जो दबी ज़बान से कहता था कि—राष्ट्र का एक और स्तम्भ गिर गया।

संध्या का समय था। कैसरपार्क में लिबरल लोगों की ओर से महाशय मेहता को पार्टी दी गई! प्रान्त भर के विशिष्ट पुरुष एकत्र थे। भोजन के पश्चात् सभापति ने अपनी वक्तृता में कहा—हमें पूरा विश्वास है कि आपका अधिकार-प्रवेश प्रजा के लिए हितकर होगा, और आपके प्रयत्नों से उन धाराओं में संशोधन हो जाएगा, जो हमारे राष्ट्र के जीवन में बाधक हैं।

महाशय मेहता ने उत्तर देते हुए कहा—राष्ट्र के क़ानून वर्तमान परिस्थितियों के अधीन होते हैं। जब तक परिस्थितियों में परिवर्तन न हो, क़ानून में सुव्यवस्था की आशा करना भ्रम है।

सभा विसर्जित हो गई। एक दल ने कहा—कितना न्याययुक्त और प्रशंसनीय राजनैतिक विधान है। दूसरा पक्ष बोला—आ गए जाल में। तीसरे दल ने नैराश्यपूर्ण भाव से सिर हिला दिया, पर मुँह से कुछ न कहा।

2

मि. दयाकृष्ण को दिल्ली आए हुए एक महीना हो गया। फागुन का महीना था। शाम हो रही थी। वे अपने उद्यान में हौज के किनारे एक मखमली आरामकुर्सी पर बैठे थे। मिसेज़ रामेश्वरी मेहता सामने बैठी हुई पियानो बजाना सीख रही थीं और मिस मनोरमा हौज की मछलियों को बिस्कुट के टुकड़े खिला रही थीं। सहसा उसने पिता से पूछा—यह अभी कौन साहब आए थे।

मेहता—कौंसिल के सैनिक मेम्बर हैं।

मनोरमा—वाइसराय के नीचे यही होंगे?

मेहता—वाइसराय के नीचे तो सभी हैं। वेतन भी सबका बराबर है, लेकिन इनकी योग्यता को कोई नहीं पहुँचता। क्यों राजेश्वरी, तुमने देखा, अँगरेज़ लोग कितने सज्जन और विनयशील होते हैं।

राजेश्वरी—मैं तो उन्हें विनय की मूर्ति कहती हूँ। इस गुण में भी ये हमसे बढ़े हुए हैं। उनकी पत्नी मुझसे कितने प्रेम से गले मिलीं।

मनोरमा—मेरा तो जी चाहता था, उनके पैरों पर गिर पड़ूँ।

मेहता—मैंने ऐसे उदार, शिष्ट, निष्कपट और गुणग्राही मनुष्य नहीं देखे। हमारा दया-धर्म कहने ही को है। मुझे इसका बहुत दुःख है कि अब तक क्यों इनसे बदगुमान रहा। सामान्यतः

इनसे हम लोगों को जो शिकायतें हैं उनका कारण पारस्परिक सम्मिलन का न होना है। एक दूसरे के स्वभाव और प्रकृति से परिचित नहीं।

राजेश्वरी—एक यूनियन क्लब की बड़ी आवश्यकता है जहाँ दोनों जातियों के लोग सहवास का आनन्द उठावें। मिथ्या-द्वेष-भाव के मिटाने का एकमात्र यही उपाय है!

मेहता—मेरा भी यही विचार है। (घड़ी देखकर) 7 बज रहे हैं, व्यवसाय मंडल के जलसे का समय आ गया। भारत-निवासियों की विचित्र दशा है। ये समझते हैं कि हिन्दुस्तानी मेम्बर कौंसिल में आते ही हिन्दुस्तान के स्वामी हो जाते हैं और जो चाहें स्वच्छंदता से कर सकते हैं। आशा की जाती है कि वे शासन की प्रचलित नीति को पलट दें, नया आकाश और नया सूर्य बना दें। उन सीमाओं पर विचार नहीं किया जाता हैं जिनके अन्दर मेम्बरों को काम करना पड़ता है।

राजेश्वरी—इनमें उनका दोष नहीं। संसार की यह रीति है कि लोग अपनों से सभी प्रकार की आशा रखते हैं। अब तो कौंसिल के आधे मेम्बर हिन्दुस्तानी हैं। क्या उनकी राय का सरकार की नीति पर असर नहीं हो सकता?

मेहता—अवश्य हो सकता है, और हो रहा है। किन्तु उस नीति में परिवर्तन नहीं किया जा सकता। आधे नहीं, अगर सारे मेम्बर हिन्दुस्तानी हों तो भी वे नई नीति का उद्घाटन नहीं कर सकते। वे कैसे भूल जावें कि कौंसिल में उनकी उपस्थिति केवल सरकार की कृपा और विश्वास पर निर्भर है। उसके अतिरिक्त वहाँ आकर उन्हें आंतरिक अवस्था का अनुभव होता है और जनता की अधिकांश शंकाएँ असंगत प्रतीत होने लगती हैं, पद के साथ उत्तरदायित्व का भारी बोझ भी सिर पर आ पड़ता है। किसी नई नीति की सृष्टि करते हुए उनके मन में यह चिन्ता उठनी स्वाभाविक है कि कहीं उसका फल आशा के विरुद्ध न हो। यहाँ वस्तुत: उनकी स्वाधीनता नष्ट हो जाती है। उन लोगों से मिलते हुए भी झिझकते हैं जो पहले इनके सहकारी थे; पर अब अपने उच्छृंखल विचारों के कारण सरकार की आँखों में खटक रहे हैं। अपनी वक्तृताओं में न्याय और सत्य की बातें करते हैं और सरकार की नीति को हानिकर समझते हुए भी उसका समर्थन करते हैं। जब इसके प्रतिकूल वे कुछ कर ही नहीं सकते, तो इसका विरोध करके अपमानित क्यों बनें? इस अवस्था में यही सर्वोचित है कि शब्दाडम्बर से काम लेकर अपनी रक्षा की जाए। और सबसे बड़ी बात यह है कि ऐसे सज्जन, उदार, नीतिज्ञ शुभचिन्तकों के विरुद्ध कुछ कहना या करना मनुष्यत्व और सद्व्यवहार का गला घोटना है। यह लो, मोटर आ गई। चलो व्यवसाय-मंडल में लोग आ गए होंगे।

ये लोग वहाँ पहुँचे तो करतल-ध्वनि होने लगी। सभापति महोदय ने एड्रेस पढ़ा जिसका निष्कर्ष यह था कि सरकार को उन शिल्प-कलाओं की रक्षा करनी चाहिए जो अन्य देशीय प्रतिद्वंद्विता के कारण मिटी जाती हैं। राष्ट्र की व्यावसायिक उन्नति के लिए नए-नए कारख़ाने खोलने चाहिए और जब वे सफल हो जावें तो उन्हें व्यावसायिक संस्थाओं के हवाले कर देना चाहिए। उन कलाओं की आर्थिक सहायता करना भी उसका कर्तव्य है, जो अभी शैशवावस्था में हैं, जिससे जनता का उत्साह बढ़े।

मेहता महोदय ने सभापति को धन्यवाद देने के पश्चात् सरकार की औद्योगिक नीति की घोषणा करते हुए कहा—आपके सिद्धान्त निर्दोष हैं, किन्तु उनको व्यवहार में लाना नितांत दुस्तर है। गवर्नमेंट आपको सम्मति प्रदान कर सकती है, लेकिन व्यावसायिक कार्यों में अग्रसर

बनना जनता का काम है। आपको स्मरण रखना चाहिए कि ईश्वर भी उन्हीं की सहायता करता है जो अपनी सहायता आप करते हैं। आपमें आत्म-विश्वास, औद्योगिक उत्साह का बड़ा अभाव है। पग-पग पर सरकार के सामने हाथ फैलाना अपनी अयोग्यता और अकर्मण्यता की सूचना देना है।

दूसरे दिन समाचार-पत्रों में इस वक्तृता पर टीकाएँ होने लगीं। एक दल ने कहा—मिस्टर मेहता की स्पीच ने सरकार की नीति को बड़ी स्पष्टता और कुशलता से निर्धारित कर दिया है।

दूसरे दल ने लिखा—हम मिस्टर मेहता की स्पीच पढ़कर स्तम्भित हो गए। व्यवसाय-मंडल ने वही पथ ग्रहण किया जिसके प्रदर्शक स्वयं मिस्टर मेहता थे। उन्होंने उस लोकोक्ति को चरितार्थ कर दिया कि 'नमक की खान में जो कुछ जाता है, नमक हो जाता है।'

तीसरे दल ने लिखा—हम मेहता महोदय के इस सिद्धान्त से पूर्ण सहमत हैं कि हमें पग-पग पर सरकार के सामने दीनभाव से हाथ न फैलाना चाहिए। यह वक्तृता उन लोगों की आँखें खोल देगी जो कहते हैं कि हमें योग्यतम पुरुषों को कौंसिल में भेजना चाहिए। व्यवसाय-मंडल के सदस्यों पर दया आती है जो आत्म-विश्वास का उपदेश ग्रहण करने के लिए कानपुर से दिल्ली गए थे।

3

चैत का महीना था। शिमला आबाद हो चुका था। मेहता महाशय अपने पुस्तकालय में बैठे हुए पढ़ रहे थे कि राजेश्वरी ने आकर पूछा—ये कैसे पत्र हैं?

मेहता—यह आय-व्यय का मसविदा है। आगामी सप्ताह में कौंसिल में पेश होगा। उनकी कई मदें ऐसी हैं जिन पर मुझे पहले भी शंका थी और अब भी है। अब समझ में नहीं आता कि इस पर अनुमति कैसे दूँ। यह देखो, तीन करोड़ रुपए उच्च कर्मचारियों की वेतनवृद्धि के लिए रखे गए हैं। यहाँ कर्मचारियों का वेतन पहले से ही बढ़ा हुआ है। इस वृद्धि की ज़रूरत ही नहीं, पर बात ज़बान पर कैसे लाऊँ? जिन्हें इससे लाभ होगा वे सभी नित्य के मिलने वाले हैं। सैनिक व्यय में बीस करोड़ बढ़ गए हैं। जब हमारी सेनाएँ अन्य देशों में भेजी जाती हैं तो विदित ही है कि हमारी आवश्यकता से अधिक हैं, लेकिन इस मद का विरोध करूँ तो कौंसिल मुझ पर उँगलियाँ उठाने लगे।

राजेश्वरी—इस भय से चुप रह जाना तो उचित नहीं, फिर तुम्हारे यहाँ आने से ही क्या लाभ हुआ।

मेहता—कहना तो आसान है, पर करना कठिन है। यहाँ जो कुछ आदर-सम्मान है, सब हाँ-हुजूर में है। वायसराय की निगाह ज़रा तिरछी हो जाए, तो कोई पास न फटके। नक्कू बन जाऊँ। यह लो, राजा भद्रबहादुर सिंह जी आ गए।

राजेश्वरी—शिवराजपुर कोई बड़ी रियासत है।

मेहता—हाँ, पन्द्रह लाख वार्षिक से कम आय न होगी और फिर स्वाधीन राज्य है।

राजेश्वरी—राजा साहब मनोरमा की ओर बहुत आकर्षित हो रहे हैं। मनोरमा को भी उनसे प्रेम होता जान पड़ता है।

मेहता—यह सम्बन्ध हो जाए तो क्या पूछना! यह मेरा अधिकार है जो राजा साहब को इधर खींच रहा है। लखनऊ में ऐसे सुअवसर कहाँ थे? वह देखो अर्थसचिव मिस्टर काक आ गए।

काक—(मेहता से हाथ मिलाते हुए) मिसेज़ मेहता, मैं आपके पहनावे पर आसक्त हूँ। खेद है, हमारी लेडियाँ साड़ी नहीं पहनतीं।

राजेश्वरी—मैं तो अब गाउन पहनना चाहती हूँ।

काक—नहीं मिसेज़ मेहता, ख़ुदा के वास्ते यह अनर्थ न करना। मिस्टर मेहता, मैं आपके वास्ते एक बड़ी ख़ुशख़बरी लाया हूँ। आपके सुयोग्य पुत्र अभी आ रहे हैं या नहीं? महाराजा भिंद उन्हें अपना प्राइवेट सेक्रेटरी बनाना चाहते हैं। आप उन्हें आज ही सूचना दे दें।

मेहता—मैं आपका बहुत अनुगृहीत हूँ।

काक—तार दे दीजिए तो अच्छा हो। आपने काबुल की रिपोर्ट तो पढ़ी होगी। हिज मैजेस्टी अमीर हमसे संधि करने के लिए उत्सुक नहीं जान पड़ते। वे बोल्शेविकों की ओर झुके हुए हैं। अवस्था चिन्ताजनक है।

मेहता—मैं तो ऐसा नहीं समझता। गत शताब्दी में काबुल को भारत पर आक्रमण करने का साहस कभी न हुआ। भारत ही अग्रसर हुआ। हाँ, वे लोग अपनी रक्षा करने में कुशल हैं।

काक—लेकिन क्षमा कीजिएगा, आप भूल जाते हैं कि ईरान-अफ़ग़ानिस्तान और बोल्शेविक में संधि हो गई है। क्या हमारी सीमा पर इतने शत्रुओं का जमा हो जाना चिन्ता की बात नहीं? उनसे सतर्क रहना हमारा कर्तव्य है।

इतने में लंच (जलपान) का समय आया। लोग मेज़ पर जा बैठे। उस समय घुड़दौड़ और नाट्यशाला की चर्चा ही रुचिकर प्रतीत हुई।

4

मेहता महोदय ने बजट पर जो विचार प्रकट किए, उनसे समस्त देश में हलचल मच गई। एक दल उन विचारों को देववाणी समझता था, दूसरा दल भी कुछ अंशों को छोड़कर शेष विचारों से सहमत था, किन्तु तीसरा दल वक्तृता के एक-एक शब्द पर निराशा से सिर धुनता और भारत की अधोगति पर रोता था। उसे विश्वास ही न आता था कि ये शब्द मेहता की ज़बान से निकले होंगे।

मुझे आश्चर्य है कि ग़ैर-सरकारी सदस्यों ने एक स्वर से प्रस्तावित व्यय के उस भाग का विरोध किया है, जिस पर देश की रक्षा, शान्ति, सुदशा और उन्नति अवलम्बित है। आप शिक्षा-सम्बन्धी सुधारों को, आरोग्य विधान को, नहरों की वृद्धि को अधिक महत्त्वपूर्ण समझते हैं। आपको अल्प वेतन वाले कर्मचारियों का अधिक ध्यान है। मुझे आप लोगों के राजनैतिक ज्ञान पर इससे अधिक विश्वास था। शासन का प्रधान कर्तव्य भीतर और बाहर की अशान्तिकारी शक्तियों से देश को बचाना है। शिक्षा और चिकित्सा, उद्योग और व्यवसाय गौण कर्तव्य हैं। हम अपनी समस्त प्रजा को अज्ञान-सागर में निमग्न देख सकते हैं, समस्त देश को प्लेग और मलेरिया में ग्रस्त रख सकते हैं, अल्प वेतन वाले कर्मचारियों को दारुण चिन्ता का आहार बना सकते हैं, कृषकों को प्रकृति की अनिश्चित दशा पर छोड़ सकते हैं, किन्तु अपनी सीमा पर किसी शत्रु को खड़े नहीं देख सकते। अगर हमारी आय सम्पूर्णतः देश-रक्षा पर समर्पित हो जाय, तो भी आपको आपत्ति न होनी चाहिए। आप कहेंगे इस समय किसी आक्रमण की सम्भावना नहीं है। मैं कहता हूँ संसार में असम्भव का राज्य है। हवा में रेल चल सकती है, पानी में आग लग सकती है,

वृक्षों में वार्तालाप हो सकता है। जड़ चैतन्य हो सकता है। क्या ये रहस्य नित्यप्रति हमारी नज़रों से नहीं गुज़रते? आप कहेंगे राजनीतिज्ञों का काम सम्भावनाओं के पीछे दौड़ना नहीं, वर्तमान और निकट भविष्य की समस्याओं को हल करना है। राजनीतिज्ञों के कर्तव्य क्या हैं, मैं इस बहस में नहीं पड़ना चाहता; लेकिन इतना तो सभी मानते हैं कि पथ्य, औषधि सेवन से अच्छा होता है। आपका केवल यही धर्म नहीं कि सरकार के सैनिक व्यय का समर्थन करें, बल्कि यह मन्तव्य आपकी ओर से पेश होना चाहिए! आप कहेंगे कि स्वयंसेवकों की सेना बढ़ाई जाए। सरकार को हाल के महा-संग्राम में इसका बहुत ही खेदजनक अनुभव हो चुका है। शिक्षित वर्ग विलासप्रिय, साहसहीन और स्वार्थसेवी हैं। देहात के लोग शान्तिप्रिय, संकीर्ण-हृदय (मैं भीरु न कहूँगा) और गृहसेवी हैं। उनमें वह आत्म-त्याग कहाँ, वह वीरता कहाँ, अपने पुरखों की वह वीरता कहाँ? और शायद मुझे यह याद दिलाने की ज़रूरत नहीं कि किसी शान्तिप्रिय जनता को आप दो-चार वर्षों में रणकुशल और समर-प्रवीण नहीं बना सकते।

5

जेठ का महीना था, लेकिन शिमले में न लू की ज्वाला थी और न धूप का ताप। महाशय मेहता विलायती चिट्ठियाँ खोल रहे थे। बालकृष्ण का पत्र देखते ही फड़क उठे, लेकिन जब उसे पढ़ा तो मुखमंडल पर उदासी छा गई। पत्र लिए हुए राजेश्वरी के पास आए। उसने उत्सुक होकर पूछा—बाला का पत्र आया।

मेहता—हाँ, यह है।

राजेश्वरी—कब आ रहे हैं।

मेहता—आने-जाने के विषय में कुछ नहीं लिखा। बस, सारे पत्र में मेरे जाति-द्रोह और दुर्गति का रोना है। उसकी दृष्टि में मैं जाति का शत्रु, धूर्त-स्वार्थांध, दुरात्मा, सब कुछ हूँ। मैं नहीं समझता कि उसके विचारों में इतना अन्तर कैसे हो गया। मैं तो उसे बहुत ही शान्त-प्रकृति, गम्भीर, सुशील, सच्चरित्र और सिद्धान्तप्रिय नवयुवक समझता था और उस पर गर्व करता था। और फिर यह पत्र लिखकर ही उसे सन्तोष नहीं हुआ, उसने मेरी स्पीच का विस्तृत विवेचन एक प्रसिद्ध अँगरेज़ी पत्रिका में छपवाया है। इतनी कुशल हुई कि वह लेख अपने नाम से नहीं लिखा, नहीं तो मैं कहीं मुँह दिखाने योग्य न रहता। मालूम नहीं यह किन लोगों की कुसंगति का फल है। महाराज भिंद की नौकरी उसके विचार में गुलामी है, राजा भद्रबहादुर सिंह के साथ मनोरमा का विवाह घृणित और अपमानजनक है। उसे इतना साहस कि मुझे धूर्त, मक्कार, ईमान बेचनेवाला, कुलद्रोही कहे। यह अपमान! मैं उसका मुँह नहीं देखना चाहता...

राजेश्वरी—लाओ, ज़रा इस पत्र को मैं भी देखूँ! वह तो इतना मुँहफट न था।

यह कहकर उसने पति के हाथ से पत्र लिया और एक मिनट में आद्यांत पढ़कर बोली—यह सब कटु बातें कहाँ हैं? मुझे तो इसमें एक भी अपशब्द नहीं मिलता।

मेहता—भाव देखो, शब्दों पर न जाओ।

राजेश्वरी—जब तुम्हारे और उसके आदर्शों में विरोध है तो उसे 'तुम पर श्रद्धा क्योंकर हो सकती है?

लेकिन मेहता महोदय जामे से बाहर हो रहे थे। राजेश्वरी की सहिष्णुतापूर्ण बातों से वे

और जल उठे। दफ़्तर में जाकर उसी क्रोध में पुत्र को पत्र लिखने लगे जिसका एक-एक शब्द छुरी और कटार से भी ज़्यादा तीखा था।

उपर्युक्त घटना के दो सप्ताह पीछे मिस्टर मेहता ने विलायती डाक खोली तो बालकृष्ण का कोई पत्र न था। समझे मेरी चोटें काम कर गईं, आ गया सीधे रास्ते पर, तभी तो उत्तर देने का साहस नहीं हुआ। 'लंदन टाइम्स' की चिट फाड़ी (इस पत्र को बड़े चाव से पढ़ा करते थे) और तार की ख़बरें देखने लगे। सहसा उनके मुँह से एक आह निकली। पत्र हाथ से छूटकर गिर पड़ा। पहला समाचार था—

लंदन में भारतीय देशभक्तों का जमाव, ऑनरेबुल मिस्टर मेहता की वक्तृता पर असन्तोष, मिस्टर बालकृष्ण मेहता का विरोध और आत्महत्या

गत शनिवार को बैक्सटन हॉल में भारतीय युवकों और नेताओं की एक बड़ी सभा हुई। सभापति मिस्टर तालिबजा ने कहा—हमको बहुत खोजने पर भी कौंसिल के किसी अँगरेज़ मेम्बर की वक्तृता में ऐसे मर्मभेदी, ऐसे कठोर शब्द नहीं मिलते। हमने अब तक किसी राजनीतिज्ञ के मुख से ऐसे भ्रांतिकारक, ऐसे निरंकुश विचार नहीं सुने। इस वक्तृता ने सिद्ध कर दिया कि भारत के उद्धार का कोई उपाय है तो वह स्वराज्य है जिसका आशय है—मन और वचन की पूर्ण स्वाधीनता। क्रमागत उन्नति (Evolution) पर से यदि हमारा एतबार अब तक नहीं उठा था तो अब उठ गया। हमारा रोग असाध्य हो गया है। यह अब चूर्णों और अवलेहों से अच्छा नहीं हो सकता। उससे निवृत्त होने के लिए हमें कायाकल्प की आवश्यकता है। ऊँचे राज्यपद हमें स्वाधीन नहीं बनाते; बल्कि हमारी आध्यात्मिक पराधीनता को और भी पुष्ट कर देते हैं। हमें विश्वास है कि ऑनरेबुल मिस्टर मेहता ने जिन विचारों का प्रतिपादन किया है उन्हें वे अंत:कारण से मिथ्या समझते हैं; लेकिन सम्मान-लालसा, श्रेय-प्रेम और पदानुराग ने उन्हें अपनी आत्मा का गला घोंटने पर बाध्य कर दिया है...(किसी ने उच्च स्वर से कहा: यह मिथ्या दोषारोपण है।)

लोगों ने विस्मित होकर देखा तो मिस्टर बालकृष्ण अपनी जगह पर खड़े थे। क्रोध से उनका शरीर काँप रहा था। वे बोलना चाहते थे, लेकिन लोगों ने उन्हें घेर लिया और उनकी निन्दा और अपमान करने लगे। सभापति ने बड़ी कठिनाई से लोगों को शान्त किया, किन्तु मिस्टर बालकृष्ण वहाँ से उठकर चले गए।

दूसरे दिन जब मित्रगण बालकृष्ण से मिलने गए तो उनकी लाश फ़र्श पर पड़ी हुई थी। पिस्तौल की दो गोलियाँ छाती से पार हो गई थीं। मेज़ पर उनकी डायरी खुली पड़ी थी, उस पर ये पंक्तियाँ लिखी हुई थीं—

आज सभा में मेरा गर्व दलित हो गया। मैं यह अपमान नहीं सह सकता। मुझे अपने पूज्य पिता के प्रति ऐसे कितने ही निन्दासूचक दृश्य देखने पड़ेंगे। इस आदर्श-विरोध का अन्त ही कर देना अच्छा है। सम्भव है, मेरा जीवन उनके निर्दिष्ट मार्ग में बाधक हो। ईश्वर मुझे बल प्रदान करे!

विषम समस्या

मेरे दफ़्तर में चार चपरासी थे, उनमें एक का नाम ग़रीब था। बहुत ही सीधा, बड़ा आज्ञाकारी, अपने काम में चौकस रहनेवाला, घुड़कियाँ खाकर चुप रह जानेवाला। यथा नाम तथा गुण, ग़रीब मनुष्य था। मुझे इस दफ़्तर में आए साल भर हो गया था, मगर मैंने उसे एक दिन के लिए भी ग़ैरहाजिर नहीं पाया था। मैं उसे नौ बजे दफ़्तर में अपनी दरी पर बैठे हुए देखने का ऐसा आदी हो गया था, मानो वह भी इस इमारत का कोई अंग है। इतना सरल है कि किसी की बात टालना जानता ही न था। एक चपरासी मुसलमान था। उससे सारा दफ़्तर डरता है, मालूम नहीं क्यों? मुझे तो इसका कारण सिवाय उसकी बड़ी-बड़ी बातों के और कुछ नहीं मालूम होता। उसके कथनानुसार उसके चचेरे भाई रामपुर रियासत में कोतवाल थे। उसे सर्वसम्मति ने 'क़ाज़ी-साहेब' की उपाधि दे रखी थी, शेष दो महाशय जाति के ब्राह्मण थे। उनके आशीर्वाद का मूल्य उनके काम से कहीं अधिक था। ये तीनों कामचोर, गुस्ताख और आलसी थे। कोई छोटा-सा भी काम करने को कहिए तो बिना नाक-भौं सिकोड़े न करते थे। क्लर्कों को तो कुछ समझते ही न थे! केवल बड़े बाबू से कुछ डरते; यद्यपि कभी-कभी उनसे भी बेअदबी कर बैठते थे। मगर इन सब दुर्गुणों के होते हुए भी दफ़्तर में किसी की मिट्टी इतनी ख़राब नहीं थी, जितनी बेचारे ग़रीब की। तरक्की का अवसर आता तो ये तीनों नम्बर मार ले जाते, ग़रीब को कोई पूछता भी न था। और सब दस-दस रुपए पाते थे, पर बेचारा ग़रीब सात पर ही पड़ा हुआ था। सुबह से शाम तक उसके पैर एक क्षण के लिए भी नहीं टिकते थे। यहाँ तक कि तीनों चपरासी भी उस पर क्रोध जताते और ऊपर की आमदनी में उसे कोई भाग न देते थे। तिस पर भी दफ़्तर के सब, कर्मचारी से लेकर बड़े बाबू तक उससे चिढ़ते थे। उसको कितनी ही बार जुर्माना हो चुका था और डाँट-फटकार तो नित्य का व्यवहार था। इसका रहस्य मेरी समझ में कुछ नहीं आता था। मुझे उस पर दया आती थी और अपने बरताव से मैं यह दिखाना चाहता था कि उसका आदर मेरी दृष्टि में अन्य तीनों चपरासियों से कम नहीं है। यहाँ तक कि कई बार मैं उसके पीछे कर्मचारियों से लड़ भी चुका था।

2

एक दिन बड़े बाबू ने ग़रीब से अपनी मेज़ साफ़ करने को कहा, वह तुरन्त मेज़ साफ़ करने लगा। दैवयोग से झाड़न का झटका लगा तो दावात उलट गई और रोशनाई मेज़ पर फैल गई। बड़े बाबू यह देखते ही जामे से बाहर हो गए। उसके दोनों कान पकड़कर ख़ूब ऐंठे और भारतवर्ष की सभी प्रचलित भाषाओं से दुर्वचन चुन-चुनकर उसे सुनाने लगे। बेचारा ग़रीब आँखों में आँसू भरे चुपचाप मूर्तिवत् सुनता था, मानो उसने कोई हत्या कर डाली हो। मुझे बड़े बाबू का ज़रा-सी बात पर इतना भयंकर रौद्ररूप धारण करना बुरा मालूम हुआ। यदि किसी दूसरे चपरासी ने उससे भी बड़ा अपराध किया होता तो भी उस पर इतना कठोर वज्रप्रहार न होता। मैंने अँगरेज़ी में कहा—बाबू साहब, यह अन्याय कर रहे हैं, उसने जान-बूझकर तो रोशनाई गिराई नहीं। इसका इतना कड़ा दंड देना अनौचित्य की पराकाष्ठा है।

बाबू जी ने नम्रता से कहा—आप इसे जानते नहीं, यह बड़ा दुष्ट है।

'मैं तो इसकी कोई दुष्टता नहीं देखता।'

‘आप अभी इसे जाने नहीं। यह बड़ा पाजी है। इसके घर में दो हलों की खेती होती है, हज़ारों का लेन-देन करता है, कई भैंसें लगती हैं, इन बातों का इसे घमंड है।’

‘घर की दशा ऐसी ही होती तो आपके यहाँ चपरासीगिरी क्यों करता?’

बड़े बाबू ने गम्भीर भाव से कहा—विश्वास मानिए, बड़ा पोढ़ा आदमी है, और बला का मक्खीचूस है।

‘यदि ऐसा ही हो तो भी कोई अपराध नहीं है।’

‘अभी आप यहाँ कुछ दिन और रहिए तो आपको मालूम हो जाएगा कि यह कितना कमीना आदमी है।’

एक दूसरे महाशय बोल उठे—भाई साहब, इसके घर मनों दूध होता है, मनों जुआर, चना, मटर होती है, लेकिन इसकी कभी इतनी हिम्मत नहीं होती कि थोड़ा-सा दफ़्तरवालों को भी दे दे। यहाँ इन चीज़ों के लिए तरस-तरस कर रह जाते हैं। तो फिर क्यों न जी जले और यह सब कुछ इसी नौकरी के बदौलत हुआ है नहीं तो पहले इसके घर में भूनी भाँग तक न थी।

बड़े बाबू सकुचा कर बोले—यह कोई बात नहीं। उसकी चीज़ है चाहे किसी को दे या न दे।

मैं इसका मर्म कुछ-कुछ समझ गया। बोला—यदि ऐसे तुच्छ हृदय का आदमी है तो वास्तव में पशु ही है। मैं यह न जानता था।

अब बड़े बाबू भी खुले, संकोच दूर हुआ। बोले—इन बातों से उबार तो होता नहीं, केवल देनेवाले की सहृदयता प्रकट होती है और आशा भी उसी से की जाती है जो इस योग्य है। जिसमें कुछ सामर्थ्य ही नहीं उससे कोई आशा भी नहीं करता। नंगे से कोई क्या लेगा?

रहस्य खुल गया। बड़े बाबू ने सरल भाव से सारी अवस्था दर्शा दी। समृद्धि के शत्रु सब होते हैं, छोटे ही नहीं, बड़े भी। हमारी ससुराल या ननिहाल दरिद्र हो तो हम उससे कोई आशा नहीं रखते। कदाचित् हम उसे भूल जाते हैं, किन्तु वे सामर्थ्यवान होकर हमें न पूछें, हमारे यहाँ तीज और चौथ न भेजें तो हमारे कलेजे पर साँप लोटने लगता है।

हम अपने किसी निर्धन मित्र के पास जाएँ तो उसके एक बीड़े पान ही पर सन्तुष्ट हो जाते हैं, पर ऐसा कौन मनुष्य है जो किसी धनी मित्र के घर से बिना जलपान किए हुए लौटे और सदा के लिए उसका तिरस्कार न करने लगे। सुदामा कृष्ण के घर से यदि निराश लौटते तो कदाचित् वे उनके शिशुपाल और जरासंध से भी बड़े शत्रु होते।

3

कई दिन पीछे मैंने ग़रीब से पूछा—क्यों जी, तुम्हारे घर कुछ खेती-बारी होती है?

ग़रीब ने दीनभाव से कहा—हाँ सरकार, होती है, आपके दो ग़ुलाम हैं। वही करते हैं।

मैंने पूछा—गायें-भैंसें लगती हैं?

‘हाँ हुज़ूर, दो भैंसें लगती हैं? गाय अभी गाभिन है। आप लोगों की दया से पेट की रोटियाँ चल जाती हैं।’

‘दफ़्तर के बाबू लोगों की भी कभी कुछ ख़ातिर करते हो?’

ग़रीब ने दीनतापूर्ण आश्चर्य से कहा—हुज़ूर, मैं सरकार लोगों की क्या ख़ातिर कर सकता हूँ। खेती में जौ, चना, मक्का, जुवार, घासपात के सिवाय और क्या होता है! आप लोग राजा हैं, यह मोटी-झोटी चीज़ें किस मुँह से आपको भेंट करूँ। जी डरता है कि कहीं कोई डाँट न

बैठे, कि टके के आदमी की इतनी मजाल! इसी मारे बाबू जी कभी हियाव नहीं पड़ता। नहीं तो दूध-दही की कौन बिसात थी। मुँह के लायक बीड़ा तो होना चाहिए।

'भला एक दिन कुछ लाके दो तो; देखो लोग क्या कहते हैं। शहर में ये चीज़ें कहाँ मुयस्सर होती हैं। इन लोगों का जी भी तो कभी-कभी मोटी-झोटी चीज़ों पर चला करता है।'

'जो सरकार कोई कुछ कहे तो? कहीं साहब से शिकायत कर दें तो मैं कहीं का न रहूँ।'

'इसका मेरा ज़िम्मा है, तुम्हें कोई कुछ न कहेगा; कोई कुछ कहेगा भी, तो मैं समझा दूँगा।'

'हुज़ूर, आजकल तो मटर की फसिल है और कोल्हू भी खड़े हो गए हैं। इसके सिवाय तो और कुछ भी नहीं है।'

'बस तो यही चीज़ें लाओ।'

'कुछ उल्टी-सीधी पड़ी तो आप ही को सँभालना पड़ेगा।'

दूसरे दिन ग़रीब आया तो उसके साथ तीन हृष्ट-पुष्ट युवक भी थे। दो के सिरों पर दो टोकरियाँ थीं। उनमें मटर की फलियाँ भरी हुई थीं। एक के सिर पर मटका था जिसमें ऊख का रस था। तीनों युवक ऊख का एक-एक गट्ठा काँख में दबाए हुए थे। ग़रीब आकर चुपके से बरामदे के सामने पेड़ के नीचे खड़ा हो गया। दफ़्तर में उसे आने का साहस नहीं होता था मानो कोई अपराधी है। वृक्ष के नीचे खड़ा ही था कि इतने में दफ़्तर के चपरासियों और अन्य कर्मचारियों ने उसे घेर लिया। कोई ऊख लेकर चूसने लगा। कई आदमी टोकरों पर टूट पड़े। इतने में बड़े बाबू भी दफ़्तर में आ पहुँचे। यह कौतुक देखकर उच्च स्वर से बोले—यह क्या भीड़ लगा रखी है! चलो अपना-अपना काम देखो।

मैंने जाकर उनके कान में कहा—ग़रीब अपने घर से यह सौगात लाया है, कुछ आप लीजिए, कुछ हम लोगों को बाँट दीजिए।

बड़े बाबू ने कृत्रिम क्रोध धारण करके कहा—क्यों ग़रीब, तुम यह चीज़ें यहाँ क्यों लाए? अभी लौटा ले जाओ, नहीं तो मैं अभी साहब से कह दूँगा। क्या हम लोगों को मरभुख समझ लिया?

ग़रीब का रंग उड़ गया। थर-थर काँपने लगा। मुँह से एक शब्द भी नहीं निकला। मेरी ओर अपराधी नेत्रों से ताकने लगा।

मैंने अपने ओर से क्षमा-प्रार्थना की। बहुत कहने-सुनने पर बाबू साहब राज़ी हुए। अब चीज़ों में से आधी अपने घर भिजवाईं, आधी में अन्य लोगों के हिस्से लगाए। इस प्रकार यह अभिनय समाप्त हुआ।

4

अब दफ़्तर में ग़रीब का मान होने लगा। उसे नित्य घुड़कियाँ न मिलतीं। दिन भर दौड़ना न पड़ता। कर्मचारियों के व्यंग्य और अपने सहवर्गियों के कटु वाक्य न सुनने पड़ते। चपरासी लोग स्वयं उसका काम कर देते। उसके नाम में थोड़ा-सा परिवर्तन हुआ। वह ग़रीब से ग़रीबदास बना। स्वभाव में भी कुछ तबदीली पैदा हुई। दीनता की जगह आत्म-गौरव का उद्‌भव हुआ। तत्परता की जगह आलस्य ने ली। वह अब कभी-कभी देर से दफ़्तर आता। कभी-कभी बीमारी का बहाना करके घर बैठ रहता। उसके सभी अपराध अब क्षम्य थे। उसे अपनी प्रतिष्ठा का गुर हाथ लग गया। वह अब दसवें-पाँचवें दिन दूध, दही आदि लाकर बड़े बाबू को भेंट किया करता। वह देवता को सन्तुष्ट करना सीख गया। सरलता के बदले

अब उसमें काँइयाँपन आ गया। एक रोज़ बड़े बाबू ने उसे सरकारी फार्मों का पार्सल छुड़ाने के लिए स्टेशन भेजा। कई बड़े-बड़े पुलिंदे थे, ठेले पर आए। ग़रीब ने ठेलेवालों से बारह आना मज़दूरी तय की थी। जब काग़ज़ दफ़्तर में पहुँच गए तो उसने बाबू से बारह आने पैसे ठेलेवाले को देने के लिए वसूल किए। लेकिन दफ़्तर से कुछ दूर जाकर उसकी नीयत बदली, अपनी दस्तूरी माँगने लगा, ठेलावाला राज़ी न हुआ। इस पर ग़रीब ने बिगड़कर सब पैसे जेब में रख लिये और धमका कर बोला—अब एक फूटी कौड़ी न दूँगा, जाओ जहाँ चाहो फ़रियाद करो। देखें हमारा क्या बना लेते हो।

ठेलेवाले ने जब देखा कि भेंट न देने से जमा ही ग़ायब हुई जाती है तो रो-धोकर चार आने पैसे देने को राज़ी हुआ। ग़रीब ने अठन्नी उसके हवाले की और बारह आने की रसीद लिखवा कर उसके अँगूठे का निशान लगवाए और रसीद दफ़्तर में दाख़िल हो गई।

वह कौतूहल देखकर मैं दंग रह गया। यह वही ग़रीब है जो कई महीने पहले सत्यता और दीनता की मूर्ति था। जिसे कभी अन्य चपरासियों से भी अपने हिस्से की रक़म माँगने का साहस न होता! दूसरों को खिलाना भी न जानता था, खाने की ज़िक्र ही क्या। मुझे यह स्वभावांतर देखकर अत्यन्त खेद हुआ। इसका उत्तरदायित्व किसके सिर था—मेरे सिर। मैंने उसे धूर्तता का पहला पाठ पढ़ाया था। मेरे चित्त में प्रश्न उठा, इस काँइयाँपन से, जो दूसरों का गला दबाता है, वह भोलापन क्या बुरा था, जो दूसरों का अन्याय सह लेता था। वह अशुभ मुहूर्त था जब उसे मैंने प्रतिष्ठा-प्राप्ति का मार्ग दिखाया, क्योंकि वास्तव में वह उसके पतन का भयंकर मार्ग था। मैंने बाह्य प्रतिष्ठा पर उसकी आत्म-प्रतिष्ठा का बलिदान कर दिया।

अनिष्ट शंका

चाँदनी रात, समीर के सुखद झोंके, सुरम्य उद्यान। कुँवर अमरनाथ अपनी विस्तीर्ण छत पर लेटे हुए मनोरमा से कह रहे थे—तुम घबराओ नहीं, मैं जल्द आऊँगा।

मनोरमा ने उनकी ओर कातर नेत्रों से देखकर कहा—मुझे क्यों नहीं लेते चलते?

अमरनाथ—तुम्हें वहाँ कष्ट होगा, मैं कभी यहाँ रहूँगा, कभी वहाँ, सारे दिन मारा-मारा फिरूँगा, पहाड़ी देश है, जंगल और बीहड़ के सिवाय बस्ती का कोसों पता नहीं, उन पर भयंकर पशुओं का भय, तुमसे यह तकलीफ़ें न सही जाएँगी।

मनोरमा—तुम भी तो इन तकलीफ़ों के आदी नहीं हो।

अमरनाथ—मैं पुरुष हूँ, आवश्यकता पड़ने पर सभी तकलीफ़ों का सामना कर सकता हूँ।

मनोरमा (गर्व से)—मैं भी स्त्री हूँ, आवश्यकता पड़ने पर आग में कूद सकती हूँ। स्त्रियों की कोमलता पुरुषों की काव्य-कल्पना है। उनमें शारीरिक सामर्थ्य चाहे न हो पर उनमें यह धैर्य और साहस है जिस पर काल की दुश्चिन्ताओं का ज़रा भी असर नहीं होता।

अमरनाथ ने मनोरमा को श्रद्धामय दृष्टि से देखा और बोले—यह मैं मानता हूँ, लेकिन जिस कल्पना को हम चिरकाल से प्रत्यक्ष समझते आए हैं वह एक क्षण में नहीं मिट सकती। तुम्हारी तकलीफ़ मुझसे न देखी जाएगी, मुझे दुःख होगा। देखो इस समय चाँदनी में कितनी बहार है!

मनोरमा—मुझे बहलाओ मत। मैं हठ नहीं करती, लेकिन यहाँ मेरा जीवन अपाढ़ हो जाएगा। मेरे हृदय की दशा विचित्र है। तुम्हें अपने सामने न देखकर मेरे मन में तरह-तरह की शंकाएँ होती हैं कि कहीं चोट न लग गई हो, शिकार खेलने जाते हो तो डरती हूँ कहीं घोड़े ने शरारत न की हो। मुझे अनिष्ट का भय सदैव सताया करता है।

अमरनाथ—लेकिन मैं तो विलास का भक्त हूँ। मुझ पर इतना अनुराग करके तुम अपने ऊपर अन्याय करती हो।

मनोरमा ने अमरनाथ को दबी हुई दृष्टि से देखा जो कह रही थी मैं तुमको तुमसे ज़्यादा पहचानती हूँ।

2

बुंदेलखंड में भीषण दुर्भिक्ष था। लोग वृक्षों की छालें छील-छील कर खाते थे। क्षुधा-पीड़ा ने भक्ष्याभक्ष्य की पहचान मिटा दी थी। पशुओं का तो कहना ही क्या, मानव संतानें कौड़ियों के मोल बिकती थीं। पादरियों की चढ़ बनी थी, उनके अनाथालयों में नित्य गोल के गोल बच्चे भेंड़ों की भाँति हाँके जाते थे। माँ की ममता मुट्ठी भर अनाज पर क़ुर्बान हो जाती। कुँवर अमरनाथ काशी-सेवा-समिति के व्यवस्थापक थे। समाचार-पत्रों में यह रोमांचकारी समाचार देखे तो तड़प उठे। समिति के कई नवयुवकों को साथ लिया और बुंदेलखंड जा पहुँचे। मनोरमा को वचन दिया कि प्रतिदिन पत्र लिखेंगे और यथासम्भव जल्द लौट आएँगे।

एक सप्ताह तक तो उन्होंने अपना वचन पालन किया, लेकिन शनैः-शनैः पत्रों में विलम्ब होने लगा। अक्सर इलाक़े डाकघर से बहुत दूर पड़ते थे। यहाँ से नित्यप्रति पत्र भेजने का प्रबन्ध करना दुःसाध्य था।

मनोरमा वियोग-दुःख से विकल रहने लगी। वह अव्यवस्थित दशा में उदास बैठी रहती, कभी नीचे आती, कभी ऊपर जाती, कभी बाग़ में जा बैठती। जब तक पत्र न आ जाता वह इसी भाँति व्यग्र रहती, पत्र मिलते ही सूखे धान में पानी पड़ जाता।

लेकिन जब पत्रों के आने में देर होने लगी तो उसका वियोग-विकल-हृदय अधीर हो गया। बार-बार पछताती कि मैं नाहक उनके कहने में आ गई, मुझे उनके साथ जाना चाहिए था। उसे किताबों से प्रेम था पर अब उनकी ओर ताकने का भी जी न चाहता। विनोद की वस्तुओं से उसे अरुचि-सी हो गई! इस प्रकार एक महीना गुज़र गया।

एक दिन उसने स्वप्न देखा कि अमरनाथ द्वार पर नंगे सिर, नंगे पैर, खड़े रो रहे हैं। वह घबराकर उठ बैठी और उग्रावस्था में दौड़ी द्वार तक आई। यहाँ का सन्नाटा देखकर उसे होश आ गया। उसी दम मुनीम को जगाया और कुँवर साहब के नाम तार भेजा। किन्तु जवाब न आया। सारा दिन गुज़र गया मगर कोई जवाब नहीं। दूसरी रात भी गुज़री लेकिन जवाब का पता न था। मनोरमा निर्जल, निराहार मूर्च्छित दशा में अपने कमरे में पड़ी रहती। जिसे देखती उसी से पूछती जवाब आया? कोई द्वार पर आवाज़ देता तो दौड़ी हुई जाती और पूछती—कुछ जवाब आया?

उसके मन में विविध शंकाएँ उठतीं; लौंडियों से स्वप्न का आशय पूछती। स्वप्नों के कारण और विवेचना पर कई ग्रंथ पढ़ डाले, पर कुछ रहस्य न खुला। लौंडियाँ उसे दिलासा देने के लिए कहतीं, कुँवर जी कुशल से हैं। स्वप्न में किसी को नंगे पैर देखें तो समझो वह

घोड़े पर सवार है। घबराने की कोई बात नहीं। लेकिन रमा को इस बात से तस्कीन न होती। उसे तार के जवाब की रट लगी हुई थी, यहाँ तक कि चार दिन गुज़र गए।

3

किसी मुहल्ले में मदारी का आ जाना बालवृन्द के लिए एक महत्त्व की बात है। उसके डमरू की आवाज़ में खोंचेवाले की क्षुधावर्धक ध्वनि से भी अधिक आकर्षण होता है। इसी प्रकार मुहल्ले में किसी ज्योतिषी का आ जाना मारके की बात है। एक क्षण में इसकी ख़बर घर-घर फैल जाती है। सास अपनी बहू को लिए आ पहुँचती है, माता भाग्यहीन कन्या को लेकर आ जाती है। ज्योतिषी जी दुःख-सुख की अवस्थानुसार वर्षा करने लगते हैं। उनकी भविष्यवाणियों में बड़ा गूढ़ रहस्य होता है। उनका भाग्य निर्माण भाग्य-रेखाओं से भी जटिल और दुर्ग्राह्य होता है। सम्भव है कि वर्तमान शिक्षा विधान ने ज्योतिष का आदर कुछ कम कर दिया हो पर ज्योतिषी जी के माहात्म्य में ज़रा कमी नहीं हुई। उनकी बातों पर चाहे किसी को विश्वास न हो पर सुनना सभी चाहते हैं। उनके एक-एक शब्दों में आशा और भय को उत्तेजित करने की शक्ति भरी रहती है, विशेषतः उसकी अमंगल सूचना तो वज्रपात के तुल्य है, घातक और दग्धकारी।

तार भेजे हुए आज पाँचवाँ दिन था कि कुँवर साहब के द्वार पर एक ज्योतिषी का आगमन हुआ। तत्काल मुहल्ले की महिलाएँ जमा हो गईं। ज्योतिषी जी भाग्य-विवेचन करने लगे, किसी को रुलाया, किसी को हँसाया। मनोरमा को ख़बर मिली। उन्हें तुरन्त अन्दर बुला भेजा और स्वप्न का आशय पूछा।

ज्योतिषी जी ने इधर-उधर देखा, पन्ने के पन्ने उल्टे, उँगलियों पर कुछ गिना, पर कुछ निश्चय न कर सके कि क्या उत्तर देना चाहिए, बोले क्या सरकार ने यह स्वप्न देखा है?

मनोरमा बोली—नहीं, मेरी एक सखी ने देखा है, मैं कहती हूँ, यह अमंगलसूचक है। वह कहती है, मंगलमय है। आप इसकी क्या विवेचना करते हैं?

ज्योतिषी जी फिर बग़लें झाँकने लगे। उन्हें अमरनाथ की यात्रा का हाल न मालूम था और न इतनी मुहलत ही मिली थी कि यहाँ आने के पूर्व वह अवस्थाज्ञान प्राप्त कर लेते जो अनुमान के साथ मिलकर जनता में ज्योतिष के नाम से प्रसिद्ध है। जो प्रश्न पूछा था उसका भी कुछ सूत्रसूचक उत्तर न मिला। निराश होकर मनोरमा के समर्थन करने ही में अपना कल्याण देखा। बोले—सरकार जो कहती हैं वही सत्य है। यह स्वप्न अमंगलसूचक है।

मनोरमा खड़ी सितार के तार की भाँति थर-थर काँपने लगी। ज्योतिषी जी ने उस अमंगल का उद्घाटन करते हुए कहा—उनके पति पर कोई महान् संकट आनेवाला है, उनका घर नाश हो जाएगा, वह देश-विदेश मारे-मारे फिरेंगे।

मनोरमा ने दीवार का सहारा लेकर कहा—भगवान्, मेरी रक्षा करो और मूर्च्छित होकर ज़मीन पर गिर पड़ी।

ज्योतिषी जी अब चेते। समझ गए कि बड़ा धोखा खाया। आश्वासन देने लगे, आप कुछ चिन्ता न करें। मैं उस संकट का निवारण कर सकता हूँ। मुझे एक बकरा, कुछ लौंग और कच्चा धागा मँगा दें। जब कुँवर जी के यहाँ से कुशल-समाचार आ जाए तो जो दक्षिणा चाहें दे दें। काम कठिन है पर भगवान् की दया से असाध्य नहीं है। सरकार देखें मुझे बड़े-बड़े

हाकिमों ने सर्टिफिकेट दिए हैं। अभी डिप्टी साहब की कन्या बीमार थी। डॉक्टरों ने जवाब दे दिया था। मैंने यंत्र दिया, बैठे-बैठे आँखें खुल गईं। कल की बात है, सेठ चन्दूलाल के यहाँ से रोकड़ की एक थैली उड़ गई थी, कुछ पता न चलता था, मैंने सगुन विचारा और बात की बात में चोर पकड़ लिया। उनके मुनीम का काम था, थैली ज्यों की त्यों निकल आई।

ज्योतिषी जी तो अपनी सिद्धियों की सराहना कर रहे थे और मनोरमा अचेत पड़ी हुई थी।

अकस्मात् वह उठ बैठी, मुनीम को बुलाकर कहा—यात्रा की तैयारी करो, मैं शाम की गाड़ी से बुंदेलखंड जाऊँगी।

4

मनोरमा ने स्टेशन पर आकर अमरनाथ को तार दिया—'मैं आ रही हूँ।' उनके अन्तिम पत्र से ज्ञात हुआ था कि वह कबरई में हैं, कबरई का टिकट लिया। लेकिन कई दिनों से जागरण कर रही थी। गाड़ी पर बैठते ही नींद आ गई और नींद आते ही अनिष्ट शंका ने एक भीषण स्वप्न का रूप धारण कर लिया।

उसने देखा सामने एक अगम सागर है, उसमें एक टूटी हुई नौका हलकोरें खाती बहती चली जाती है। उस पर न कोई मल्लाह है न पाल, न डाँडें। तरंगें उसे कभी ऊपर ले जाती हैं कभी नीचे, सहसा उस पर एक मनुष्य दृष्टिगोचर हुआ। यह अमरनाथ थे, नंगे सिर, नंगे पैर, आँखों से आँसू बहाते हुए। मनोरमा थर-थर काँप रही थी। जान पड़ता था नौका अब डूबी और अब डूबी। उसने ज़ोर से चीख़ मारी और जाग पड़ी। शरीर पसीने से तर था, छाती धड़क रही थी। वह तुरन्त उठ बैठी, हाथ-मुँह धोया और इसका इरादा किया अब न सोऊँगी! हा! कितना भयावह दृश्य था। परम पिता! अब तुम्हारा ही भरोसा है। उनकी रक्षा करो।

उसने खिड़की से सिर निकालकर देखा। आकाश पर तारागण दौड़ रहे थे। घड़ी देखी, बारह बजे थे, उसको आश्चर्य हुआ मैं इतनी देर तक सोई। अभी तो एक झपकी भी पूरी न होने पाई।

उसने एक पुस्तक उठा ली और विचारों को एकाग्र कर पढ़ने लगी। इतने में प्रयाग आ पहुँचा, गाड़ी बदली। उसने फिर किताब खोली और उच्च स्वर से पढ़ने लगी। लेकिन कई दिनों की जगी आँखें इच्छा के अधीन नहीं होतीं। बैठे-बैठे झपकियाँ लेने लगी, आँखें बन्द हो गईं और एक दूसरा दृश्य सामने उपस्थित हो गया।

उसने देखा, आकाश से मिला हुआ एक पर्वत-शिखर है। उसके ऊपर के वृक्ष छोटे-छोटे पौधों के सदृश दिखाई देते हैं। श्यामवर्ण घटाएँ छाई हुई हैं, बिजली इतने ज़ोर से कड़कती है कि कान के परदे फटे जाते हैं, कभी यहाँ गिरती है कभी वहाँ। शिखर पर एक मनुष्य नंगे सिर बैठा हुआ है, उसकी आँखों का अश्रु-प्रवाह साफ़ दीख रहा है। मनोरमा दहल उठी, यह अमरनाथ थे। वह पर्वत शिखर से उतरना चाहते थे लेकिन मार्ग न मिलता था। भय से उनका मुखवर्ण शून्य हो रहा था। अकस्मात् एक बार बिजली का भयंकर नाद सुनाई दिया, एक ज्वाला-सी दिखाई दी और अमरनाथ अदृश्य हो गए। मनोरमा ने फिर चीख़ मारी और जाग पड़ी। उसका हृदय बाँसों उछल रहा था, मस्तिष्क चक्कर खाता था। जागते ही उसकी आँखों में जल-प्रवाह होने लगा। वह उठ खड़ी हुई और कर जोड़कर ईश्वर से विनय करने लगी—ईश्वर मुझे ऐसे बुरे-बुरे स्वप्न दिखाई दे रहे हैं, न जाने उन पर क्या बीत रही है, तुम

दीनों के बन्धु हो, मुझ पर दया करो, मुझे धन और सम्पत्ति की इच्छा नहीं, मैं झोपड़ी में ख़ुश रहूँगी, मैं केवल उनकी शुभकामना रखती हूँ। मेरी इतनी प्रार्थना स्वीकार करो।

वह फिर अपनी जगह पर बैठ गई। अरुणोदय की मनोरम छटा और शीतल सुखद समीर ने उसे आकर्षित कर लिया। उसे सन्तोष हुआ, किसी तरह रात कट गई, अब तो नींद न आएगी। पर्वतों से मनोहर दृश्य दिखाई देने लगे, कहीं पहाड़ियों पर भेंड़ों के गल्ले, कहीं पहाड़ियों के दामन में मृगों के झुँड, कहीं कमल के फूलों से लहराते सागर। मनोरमा एक अर्धस्मृति की दशा में इन दृश्यों को देखती रही। लेकिन फिर न जाने कब उसकी अभागी आँखें झपक गईं।

उसने देखा अमरनाथ घोड़े पर सवार एक पुल पर चले जाते हैं। नीचे नदी उमड़ी हुई है, पुल बहुत तंग है, घोड़ा रह-रहकर बिदकता है और अलग हो जाता है। मनोरमा के हाथ-पाँव फूल गए। वह उच्च-स्वर से चिल्ला-चिल्लाकर कहने लगी—घोड़े से उतर पड़ो, घोड़े से उतर पड़ो, यह कहते हुए वह उनकी तरफ़ झपटी, आँखें खुल गईं। गाड़ी किसी स्टेशन के प्लेटफार्म से सनसनाती चली जाती थी। अमरनाथ नंगे सिर, नंगे पैर प्लेटफार्म पर खड़े थे। मनोरमा की आँखों में अभी तक वही भयंकर स्वप्न समाया हुआ था। कुँवर को देखकर उसे भय हुआ कि वह घोड़े से गिर पड़े और नीचे नदी में फिसलना चाहते हैं। उसने तुरन्त उन्हें पकड़ने के लिए हाथ फैलाया और जब उन्हें न पा सकी तो उसी सुषुप्तावस्था में उसने गाड़ी का द्वार खोला और कुँवर साहब की ओर हाथ फैलाए हुए गाड़ी के बाहर निकल आई। तब वह चौंकी, जान पड़ा किसी ने उठाकर आकाश से भूमि पर पटक दिया, ज़ोर से एक धक्का लगा और चेतना शून्य हो गई।

5

वह कबरई का स्टेशन था। अमरनाथ तार पाकर स्टेशन पर आए थे। मगर यह डाक थी, वहाँ न ठहरती थी, मनोरमा को हाथ फैलाए गाड़ी से गिरते देखकर वह 'हाँ हाँ' करते हुए लपके लेकिन कर्मलेख पूरा हो चुका था। मनोरमा प्रेमवेदी पर बलिदान हो चुकी थी।

इसके तीसरे दिन वह नंगे सिर, नंगे पैर भग्नहृदय घर पहुँचे। मनोरमा का स्वप्न सच्चा हुआ।

उस प्रेमविहीन स्थान में अब कौन रहता। उन्होंने अपनी सम्पूर्ण सम्पत्ति काशी-सेवा समिति को प्रदान कर दी और अब नंगे सिर, नंगे पैर, विरक्त दशा में देश-विदेश घूमते रहते हैं। ज्योतिषी जी की विवेचना भी चरितार्थ हो गई।

सौत

पंडित देवदत्त का विवाह हुए बहुत दिन हुए, पर उनके कोई संतान न हुई। जब तक उनके माँ-बाप जीवित थे तब तक वे उनसे सदा दूसरा विवाह कर लेने के लिए आग्रह किया करते थे पर वे राज़ी न हुए। उन्हें अपनी पत्नी गोदावरी से अटल प्रेम था। संतान से होनेवाले सुख के निमित्त वे अपना वर्तमान पारिवारिक सुख नष्ट न करना चाहते थे। इसके अतिरिक्त वे

कुछ नए विचार के मनुष्य थे। कहा करते थे कि संतान होने से माँ-बाप की ज़िम्मेदारियाँ बढ़ जाती हैं। जब तक मनुष्य में यह सामर्थ्य न हो कि वह उसका भली प्रकार पालन-पोषण और शिक्षण आदि कर सके तब तक उसकी संतान से देश, जाति और निज का कुछ भी कल्याण नहीं हो सकता। पहले तो कभी-कभी बालकों को हँसते-खेलते देखकर उनके हृदय पर चोट भी लगती थी, परन्तु अब अपने अनेक देश-भाइयों की तरह वे भी शारीरिक व्याधियों से ग्रस्त रहने लगे। अब क़िस्से-कहानियों के बदले धार्मिक ग्रंथों से उनका अधिक मनोरंजन होता था। अब संतान का ख़याल करते ही उन्हें भय-सा लगता था।

पर, गोदावरी इतनी जल्दी निराश होनेवाली न थी। पहले तो वह देवी-देवता, गंडे-ताबीज और यंत्र-मंत्र आदि की शरण लेती रही, परन्तु जब उसने देखा कि ये औषधियाँ कुछ काम नहीं करतीं तब वह एक महौषधि की फ़िक्र में लगी जो कायाकल्प से कम नहीं थी। उसने महीनों, बरसों इसी चिन्ता-सागर में गोते लगाते काटे। उसने दिल को बहुत समझाया; परन्तु मन में जो बात समा गई थी किसी तरह न निकली। उसे बड़ा भारी आत्मत्याग करना पड़ेगा। शायद पति-प्रेम के सदृश अनमोल रत्न भी उसके हाथ से निकल जाए, पर क्या ऐसा हो सकता है? पन्द्रह वर्ष तक लगातार जिस प्रेम के वृक्ष की उसने सेवा की है क्या वह हवा का एक झोंका भी न सह सकेगा?

गोदावरी ने अन्त में अपने प्रबल विचारों के आगे सिर झुका ही दिया। अब सौत का शुभागमन करने के लिए वह तैयार हो गई थी।

2

पंडित देवदत्त गोदावरी का यह प्रस्ताव सुनकर स्तम्भित हो गए। उन्होंने अनुमान किया कि या तो यह प्रेम की परीक्षा कर रही है या मेरा मन लेना चाहती है। उन्होंने उसकी बात हँसकर टाल दी। पर जब गोदावरी ने गंभीर भाव से कहा, तुम इसे हँसी मत समझो, मैं अपने हृदय से कहती हूँ कि संतान का मुँह देखने के लिए मैं सौत से छाती पर मूँग दलवाने के लिए भी तैयार हूँ, तब तो उनका सन्देह जाता रहा। इतने ऊँचे और पवित्र भाव से भरी हुई गोदावरी को उन्होंने गले से लिपटा लिया। वे बोले, मुझसे यह न होगा। मुझे संतान की अभिलाषा नहीं।

गोदावरी ने ज़ोर देकर कहा, तुमको न हो मुझे तो है। अगर अपनी ख़ातिर नहीं तो तुम्हें मेरी ख़ातिर यह काम करना ही पड़ेगा।

पंडित जी सरल स्वभाव के आदमी थे। हामी तो उन्होंने न भरी, पर बार-बार कहने से वे कुछ-कुछ राज़ी अवश्य हो गए। उस तरफ़ से इसी की देर थी। पंडित जी को कुछ भी परिश्रम न करना पड़ा। गोदावरी की कार्य-कुशलता ने सब काम उनके लिए सुलभ कर दिया। उसने इस काम के लिए अपने पास से केवल रुपए ही नहीं निकाले, किन्तु अपने गहने और कपड़े भी अर्पण कर दिए! लोक-निन्दा का भय इस मार्ग में सबसे बड़ा काँटा था। देवदत्त मन में विचार करने लगे कि जब मैं मौर सजा कर चलूँगा तब लोग मुझे क्या कहेंगे? मेरे दफ़्तर के मित्र मेरी हँसी उड़ाएँगे और मुस्कुराते हुए कटाक्षों से मेरी ओर देखेंगे। उनके वे कटाक्ष छुरी से भी ज़्यादा तेज़ होंगे। उस समय मैं क्या करूँगा?

गोदावरी ने अपने गाँव में जाकर इस कार्य को आरम्भ कर दिया और इसे निर्विघ्न समाप्त भी कर डाला। नई बहू घर में आ गई। उस समय गोदावरी ऐसी प्रसन्न मालूम हुई मानो वह

बेटे को ब्याह कर लाई हो। वह ख़ूब गाती-बजाती रही। उसे क्या मालूम था कि शीघ्र ही उसे इस गान के बदले रोना पड़ेगा।

3

कई मास बीत गए। गोदावरी अपनी सौत पर इस तरह शासन करती थी मानो वह उसकी सास हो, तथापि वह यह बात कदापि न भूलती थी कि मैं वास्तव में उसकी सास नहीं हूँ। उधर गोमती को अपनी स्थिति का पूरा ख़याल रहता था। इसी कारण सास के शासन की तरह कठोर न रहने पर भी गोदावरी का शासन उसे अप्रिय होता था। उसे अपनी छोटी-मोटी ज़रूरतों के लिए भी गोदावरी से कहते संकोच होता था।

कुछ दिनों बाद गोदावरी के स्वभाव में एक विशेष परिवर्तन दिखाई देने लगा। वह पंडित जी को घर में आते-जाते बड़ी तीव्र दृष्टि से देखने लगी। उसकी स्वाभाविक गंभीरता अब मानो लोप-सी हो गई, ज़रा-सी बात भी उसके पेट में नहीं पचती! जब पंडित जी दफ़्तर से आते तब गोदावरी उनके पास घंटों बैठी गोमती का वृत्तांत सुनाया करती। वृत्तांत-कथन में बहुत-सी ऐसी छोटी-मोटी बातें भी होती थीं कि जब कथा समाप्त होती तब पंडित जी के हृदय से बोझ-सा उतर जाता। गोदावरी क्यों इतनी मृदुभाषिणी हो गई थी; इसका कारण समझना मुश्किल है। शायद अब वह गोमती से डरती थी। उसके सौन्दर्य से, उसके जीवन से, उसके लज्जायुक्त नेत्रों से शायद वह अपने को पराभूत समझती। बाँध को तोड़कर वह पानी की धारा को मिट्टी के ढेलों से रोकना चाहती थी।

एक दिन गोदावरी ने गोमती से मीठा चावल पकाने को कहा। शायद वह रक्षाबंधन का दिन था। गोमती ने कहा, शक्कर नहीं है। गोदावरी यह सुनते ही विस्मित हो उठी। उतनी शक्कर इतनी जल्दी कैसे उठ गई! जिसे छाती फाड़ कर कमाना पड़ता है, उसे अखरता है, खानेवाले क्या जानें?

जब पंडित जी दफ़्तर से आए तब यह ज़रा-सी बात बड़ा विस्तृत रूप धारण करके उनके कानों में पहुँची। थोड़ी देर के लिए पंडित जी के दिल में भी यह शंका हुई कि गोमती को कहीं भस्मक रोग तो नहीं हो गया।

ऐसी ही घटना एक बार फिर हुई। पंडित जी को बवासीर की शिकायत थी। लालमिर्च वह बिलकुल न खाते थे। गोदावरी जब रसोई बनाती थी तब वह लालमिर्च रसोई घर में लाती ही न थी। गोमती ने एक दिन दाल में मसाले के साथ थोड़ी-सी लालमिर्च भी डाल दी। पंडित जी ने दाल कम खाई। पर गोदावरी गोमती के पीछे पड़ गई। ऐंठ कर वह बोली—ऐसी जीभ जल क्यों नहीं जाती?

4

पंडित जी बड़े ही सीधे आदमी थे। दफ़्तर से आए, खाना खाया, पड़कर सो रहे। वे एक साप्ताहिक पत्र मँगाते थे। उसे कभी-कभी महीनों खोलने की नौबत न आती थी। जिस काम में ज़रा भी कष्ट या परिश्रम होता, उससे वे कोसों दूर भागते थे। कभी उनके दफ़्तर में थियेटर के 'पास' मुफ्त मिला करते थे। पर पंडित जी उनसे कभी काम नहीं लेते, और ही लोग उनसे माँग ले जाया करते। रामलीला या कोई मेला तो उन्होंने शायद नौकरी करने के बाद फिर

कभी देखा ही नहीं। गोदावरी उनकी प्रकृति का परिचय अच्छी तरह पा चुकी थी। पंडित जी भी प्रत्येक विषय में गोदावरी के मतानुसार चलने में अपनी कुशल समझते थे।

पर रुई-सी मुलायम वस्तु भी दबकर कठोर हो जाती है। पंडित जी को यह आठों पहर की चह-चह असह्य-सी प्रतीत होती, कभी-कभी मन में झुँझलाने भी लगते। इच्छा-शक्ति जो इतने दिनों तक बेकार पड़ी रहने से निर्बल-सी हो गई थी, अब कुछ सजीव-सी होने लगी थी।

पंडित जी यह मानते थे कि गोदावरी ने सौत को घर लाने में बड़ा भारी त्याग किया है। उसका यह त्याग अलौकिक कहा जा सकता है; परन्तु उसके त्याग का भार जो कुछ है वह मुझ पर है, गोमती पर उसका क्या एहसान? यहाँ उसे कौन-सा सुख है जिसके लिए वह फटकार पर फटकार सहे? पति मिला है वह बूढ़ा और सदा रोगी, घर मिला है वह ऐसा कि अगर नौकरी छूट जाए तो कल चूल्हा न जले। इस दशा में गोदावरी का यह स्नेह-रहित बरताव उन्हें बहुत अनुचित मालूम होता।

गोदावरी की दृष्टि इतनी स्थूल न थी कि उसे पंडित जी के मन के भाव नज़र न आवें। उनके मन में जो विचार उत्पन्न होते वे सब गोदावरी को उनके मुख पर अंकित-से दिखाई पड़ते। यह जानकारी उसके हृदय में एक ओर गोमती के प्रति ईर्ष्या की प्रचंड अग्नि दहका देती, दूसरी ओर पंडित देवदत्त पर निष्ठुरता और स्वार्थप्रियता का दोषारोपण कराती। फल यह हुआ कि मनोमालिन्य दिन-दिन बढ़ता गया।

5

गोदावरी ने धीरे-धीरे पंडित जी से गोमती की बातचीत करनी छोड़ दी, मानो उसके निकट गोमती घर में थी ही नहीं। न उसके खाने-पीने की वह सुधि लेती, न कपड़े-लत्ते की। एक बार कई दिनों तक उसे जलपान के लिए कुछ भी न मिला। पंडित जी तो आलसी जीव थे। वे इन अत्याचारों को देखा करते, पर अपने शान्तिसागर में घोर उपद्रव मच जाने के भय से किसी से कुछ न कहते। तथापि इस छिछले अन्याय ने उनकी महती सहन-शक्ति को भी मथ डाला। एक दिन उन्होंने गोदावरी से डरते-डरते कहा, क्या आजकल जलपान के लिए मिठाई-विठाई नहीं आती?

गोदावरी ने क्रुद्ध होकर जवाब दिया, तुम लाते ही नहीं तो आए कहाँ से! मेरे कोई नौकर बैठा है?

देवदत्त को गोदावरी के ये कठोर वचन तीर-से लगे। आज तक गोदावरी ने उनसे ऐसी रोषपूर्ण बात कभी न की थी।

वे बोले, धीरे बोलो, झुँझलाने की तो कोई बात नहीं है। गोदावरी ने आँखें नीची करके कहा, मुझे तो जैसा आता है वैसे बोलती हूँ, दूसरों की-सी मधुर बोली कहाँ से लाऊँ।

देवदत्त ने ज़रा गरम होकर कहा, आजकल मुझे तुम्हारे मिज़ाज का कुछ रंग ही नहीं मालूम होता। बात-बात पर उलझती रहती हो!

गोदावरी का चेहरा क्रोधाग्नि से लाल हो गया। वह बैठी थी खड़ी हो गई। उसके होंठ फड़कने लगे। वह बोली, मेरी कोई बात अब तुमको क्यों अच्छी लगेगी। अब मैं सिर से पैर तक दोषों से भरी हुई हूँ। अब और लोग तुम्हारे मन का काम करेंगे। मुझसे नहीं हो सकता।

यह लो सन्दूक़ की कुंजी! अपने रुपए-पैसे सँभालो, यह रोज़-रोज़ की झंझट मेरे मान की नहीं। जब तक निभा, निभाया। अब नहीं निभ सकता।

पंडित देवदत्त मानो मूर्च्छित-से हो गए। जिस शान्ति-भंग का उन्हें भय था उसने अत्यन्त भयंकर रूप धारण करके घर में प्रवेश किया। वह कुछ भी न बोल सके। इस समय उनके अधिक बोलने से बात बढ़ जाने का भय था। वह बाहर चले आए और सोचने लगे कि मैंने गोदावरी के साथ कौन-सा अनुचित व्यवहार किया है। उनके ध्यान में आया कि गोदावरी के हाथ से निकलकर घर का प्रबन्ध कैसे हो सकेगा। इस थोड़ी-सी आमदनी में वह न जाने किस प्रकार काम चलाती थी? क्या-क्या उपाय वह करती थी! अब न जाने नारायण कैसे पार लगावेंगे। उसे मनाना पड़ेगा, और हो ही क्या सकता है। गोमती भला क्या कर सकती है, सारा बोझ मेरे ही सिर पड़ेगा। मानेगी तो, पर मुश्किल से।

परन्तु पंडित जी की ये शुभकामनाएँ निष्फल हुईं। सन्दूक़ की कुंजी विषैली नागिन की तरह वहीं आँगन में ज्यों की त्यों तीन दिन तक पड़ी रही, किसी को उसके निकट जाने का साहस न हुआ। चौथे दिन पंडित जी ने मानो जान पर खेलकर उस कुंजी को उठा लिया। उस समय उन्हें ऐसा मालूम हुआ मानो किसी ने उनके सिर पर पहाड़ उठाकर रख दिया। आलसी आदमियों को अपने नियमित मार्ग से तिल भर भी हटना बड़ा कठिन मालूम होता है।

यद्यपि पंडित जी जानते थे कि मैं अपने दफ़्तर के कारण इस कार्य को सम्भालने में असमर्थ हूँ, तथापि उनसे इतनी ढिठाई न हो सकी कि वह कुंजी गोमती को दें। पर यह केवल दिखावा ही भर था। कुंजी उन्हीं के पास रहती थी, काम सब गोमती को करना पड़ता था। इस प्रकार गृहस्थी के शासन का अन्तिम साधन भी गोदावरी के हाथ से निकल गया। गृहिणी के नाम के साथ जो मर्यादा और सम्मान था वह भी गोदावरी के पास से उसी कुंजी के साथ चला गया। देखते-देखते घर की महरी और पड़ोस की स्त्रियों के बरताव में भी बहुत अन्तर पड़ गया। गोदावरी अब पदच्युता रानी की तरह थी। उसका अधिकार अब केवल दूसरों की सहानुभूति पर ही रह गया था।

6

गृहस्थी के काम-काज में परिवर्तन होते ही गोदावरी के स्वभाव में भी शोकजनक परिवर्तन हो गया। ईर्ष्या मन में रहनेवाली वस्तु नहीं। आठों पहर पास-पड़ोस के घरों में यही चर्चा होने लगी, देखा दुनिया कैसे मतलब की है। बेचारी ने लड़-झगड़कर ब्याह कराया, जान-बूझकर अपने पैरों पर कुल्हाड़ी मारी। यहाँ तक कि अपने गहने-कपड़े तक उतार दिए। पर अब रोते-रोते आँचल भीगता है। सौत तो सौत ही है, पति ने भी उसे आँखों से गिरा दिया। बस, अब दासी की तरह घर में पड़ी-पड़ी पेट जिलाया करे। यह जीना भी कोई जीना है?

ये सहानुभूतिपूर्ण बात सुनकर गोदावरी की ईर्ष्याग्नि और भी प्रबल होती जाती थी। इसे इतना न सूझता था कि वह मौखिक संवेदनाएँ अधिकांश में उस मनोविकार से पैदा हुई हैं जिससे मनुष्यों को हानि और दुःख पर हँसने में विशेष आनन्द आता है।

गोदावरी को जिस बात का पूर्ण विश्वास और पंडित जी को जिसका बड़ा भय था, वह न हुई। घर के काम-काज में कोई विघ्न-बाधा, कोई रुकावट न पड़ी। हाँ, अनुभव न होने के

कारण पंडित जी का प्रबन्ध गोदावरी के प्रबन्ध जैसा अच्छा न था। कुछ ख़र्च ज़्यादा पड़ जाता था। पर काम भली-भाँति चला जाता था। हाँ, गोदावरी को गोमती के सभी काम दोषपूर्ण दिखाई देते थे। ईर्ष्या में अग्नि है। परन्तु अग्नि का गुण उसमें नहीं। वह हृदय को फैलाने के बदले और भी संकीर्ण कर देती है। अब घर में कुछ हानि हो जाने से गोदावरी को दुःख के बदले आनन्द होता। बरसात के दिन थे। कई दिन तक सूर्यनारायण के दर्शन न हुए। सन्दूक़ में रक्खे हुए कपड़ों में फफूँदी लग गई। तेल के अचार बिगड़ गए। गोदावरी को यह सब देखकर रत्ती भर भी दुःख न हुआ। हाँ, दो-चार जली-कटी सुनाने का अवसर अवश्य मिल गया। मालकिन ही बनना आता है कि मालकिन का काम करना भी।

पंडित देवदत्त की प्रकृति में भी अब नया रंग नज़र आने लगा! जब तक गोदावरी अपनी कार्यपरायणता से घर का सारा बोझ सम्भाले थी, तब तक उनको कभी किसी चीज़ की कमी नहीं खली। यहाँ तक कि शाक-भाजी के लिए भी उन्हें बाज़ार नहीं जाना पड़ा। पर अब गोदावरी उन्हें दिन में कई बार बाज़ार दौड़ते देखती। गृहस्थी का प्रबन्ध ठीक न रहने से बहुधा ज़रूरी चीज़ों के लिए उन्हें बाज़ार ऐन वक़्त पर जाना पड़ता। गोदावरी यह कौतुक देखती और सुना-सुनाकर कहती, यही महाराज हैं कि एक तिनका उठाने के लिए भी न उठते थे। अब देखती हूँ, दिन में दस दफे बाज़ार में खड़े रहते हैं। अब मैं इन्हें कभी यह कहते नहीं सुनती कि मेरे लिखने-पढ़ने में हर्ज़ होगा।

गोदावरी को इस बात का एक बार परिचय मिल चुका था कि पंडित जी बाज़ार-हाट के काम में कुशल नहीं हैं। इसलिए जब उसे कपड़े की ज़रूरत होती तब वह अपने पड़ोस के एक बूढ़े लाला साहब से मँगवाया करती थी। पंडित जी को यह बात भूल-सी गई थी कि गोदावरी को साड़ियों की भी ज़रूरत पड़ती है। उनके सिर से तो जितना बोझ कोई हटा दे उतना ही अच्छा था। ख़ुद वे भी वही कपड़े पहनते थे जो गोदावरी मँगाकर उन्हें दे देती थी। पंडित जी को नए फैशन और नए नमूनों से कोई प्रयोजन न था। पर अब कपड़ों के लिए भी उन्हीं को बाज़ार जाना पड़ता है। एक बार गोमती के पास साड़ियाँ न थीं। पंडित जी बाज़ार गए तो एक बहुत अच्छा-सा जोड़ा उसके लिए ले आए। बजाज ने मनमाने दाम लिये। उधार सौदा लाने में पंडित जी ज़रा भी आगा-पीछा न करते थे। गोमती ने वह जोड़ा गोदावरी को दिखाया। गोदावरी ने देखा और मुँह फेर कर रुखाई से बोली, भला तुमने उन्हें कपड़े लाना तो सिखा दिया। मुझे तो सोलह वर्ष बीत गए, उनके हाथ का लाया हुआ एक कपड़ा स्वप्न में भी पहनना नसीब न हुआ।

ऐसी घटनाएँ गोदावरी की ईर्ष्याग्नि को और भी प्रज्वलित कर देती थीं। जब तक उसे यह विश्वास था कि पंडित जी स्वभाव से ही रूखे हैं तब तक उसे सन्तोष था। परन्तु अब उनकी ये नई-नई तरंगें देखकर उसे मालूम हुआ कि जिस प्रीति को मैं सैकड़ों यत्न करके भी न पा सकी उसे इस रमणी ने केवल अपने यौवन से जीत लिया। उसे अब निश्चय हुआ कि मैं जिसे सच्चा प्रेम समझ रही थी वह वास्तव में कपटपूर्ण था। वह निरा स्वार्थ था।

दैवयोग से इन्हीं दिनों गोमती बीमार पड़ी। उसे उठने-बैठने की भी शक्ति न रही। गोदावरी रसोई बनाने लगी, पर उसे इसका निश्चय नहीं था कि गोमती वास्तव में बीमार है। उसे यही ख़याल था कि मुझसे खाना पकवाने के लिए ही दोनों प्राणियों ने यह स्वाँग रचा है पड़ोस की स्त्रियों से कहती कि लौंडी बनने में इतनी ही कसर थी वह पूरी हो गई।

पंडित जी को आजकल खाना खाते वक़्त भाग-भाग-सी पड़ जाती है। वे न जाने क्यों गोदावरी से एकान्त में बातचीत करते डरते हैं। न मालूम कैसी कठोर और हृदय-विदारक बातें वह सुनाने लगे। इसीलिए खाना खाते वक़्त वे डरते थे कि कहीं उस भयंकर समय का आगमन न हो जाए। गोदावरी अपने तीव्र नेत्रों से उनके मन का भाव ताड़ जाती थी, पर मन ही मन में ऐंठ कर रह जाती थी।

एक दिन उससे न रहा गया। वह बोली, क्या मुझसे बोलने की भी मनाही कर दी गई है? देखती हूँ, कहीं तो रात-रात भर बातों का तार नहीं टूटता, पर मेरे सामने मुँह खोलने की भी क़सम-सी खाई है। घर का रंग-ढंग देखते हो न? अब तो काम तुम्हारे इच्छानुसार चल रहा है न?

पंडित जी ने सिर नीचा किए हुए उत्तर दिया, उँह! जैसे चलता है, वैसे चलता है। उस फ़िक्र से क्या अपनी जान दे दूँ? जब तुम यह चाहती हो कि घर मिट्टी में मिल जाए तब फिर मेरा क्या वश है?

इस पर गोदावरी ने बड़े कठोर वचन कहे। बात बढ़ गई। पंडित जी चौके पर से उठ आए। गोदावरी ने क़सम दिला कर उन्हें बिठाना चाहा, पर वे वहाँ क्षण भर भी न रुके! तब उसने भी रसोई उठा दी। सारे घर को उपवास करना पड़ा।

गोमती में एक विचित्रता यह थी कि वह कड़ी से कड़ी बात सहन कर सकती थी पर भूख सहन करना उसके लिए बड़ा कठिन था। इसलिए कोई व्रत भी न रखती थी। हाँ, कहने-सुनने को जन्माष्टमी रख लेती थी। पर आजकल बीमारी के कारण उसे और भी भूख लगती थी। जब उसने देखा कि दोपहर होने को आई और भोजन मिलने के कोई लक्षण नहीं, तब विवश होकर बाज़ार से मिठाई मँगाई। सम्भव है उसने गोदावरी को जलाने के लिए ही खेल खेला हो, क्योंकि कोई भी एक वक़्त खाना न खाने से मर नहीं जाता। गोदावरी के सिर से पैर तक आग लग गई। उसने भी तुरन्त मिठाइयाँ मँगवाईं। कई वर्ष के बाद आज उसने पेट भर मिठाइयाँ खाईं। ये सब ईर्ष्या के कौतुक हैं।

जो गोदावरी दोपहर के पहले मुँह में पानी न डालती थी वही अब प्रात:काल ही कुछ जलपान किए बिना नहीं रह सकती। सिर में वह हमेशा मीठा तेल डालती थी, पर अब मीठे तेल से उसके सिर में पीड़ा होने लगती थी। पान खाने का उसे नया व्यसन लग गया। ईर्ष्या ने उसे नई नवेली बहू बना दिया।

जन्माष्टमी का शुभ दिन आया। पंडित जी का स्वाभाविक आलस्य इन दो-तीन दिनों के लिए ग़ायब हो जाता था। बड़े उत्साह से झाँकी बनाने में लग जाते थे। गोदावरी यह व्रत बिना जल के रखती थी और पंडित जी तो कृष्ण के उपासक ही थे। अब उनके अनुरोध से गोमती ने भी निर्जल व्रत रखने का साहस किया, पर उसे बड़ा आश्चर्य हुआ जब महरी ने आकर उससे कहा, बड़ी बहू निर्जल न रहेंगी, उनके लिए फलाहार मँगा दो।

संध्या समय गोदावरी ने मान-मन्दिर जाने कि लिए इक्के की फ़रमाइश की। गोमती को यह फ़रमाइश बुरी मालूम हुई। आज के दिन इक्कों का किराया बहुत बढ़ जाता था। मान-मन्दिर कुछ दूर भी नहीं था। इससे वह चिढ़कर बोली––व्यर्थ रुपया क्यों फेंका जाए? मन्दिर कौन बड़ी दूर है। पाँव-पाँव क्यों नहीं चली जाती। हुक्म चला देना तो सहज है। अखरता उसे है जो बैल की तरह कमाता है।

तीन साल पहले गोमती ने इसी तरह की बातें गोदावरी के मुँह से सुनी थीं। आज गोदावरी को भी गोमती के मुँह से सुननी पड़ीं। समय की गति!

इन दिनों गोदावरी बड़े उदासीन भाव से खाना बनाती है। पंडित जी के पथ्यापथ्य के विषय में भी अब उसे पहले की-सी चिन्ता न थी। एक दिन उसने महरी से कहा कि अंदाज से मसाले निकालकर पीस ले, मसाले दाल में पड़े तो मिर्च ज़रा अधिक तेज़ हो गई। मारे भय से पंडित जी से वह न खाई गई। अन्य आलसी मनुष्यों की तरह चटपटी वस्तुएँ उन्हें भी बहुत प्रिय थीं, परन्तु वह रोग से डरे हुए थे। गोमती ने जब यह सुना तब भौंहें चढ़ाकर बोली, क्या बुढ़ापे में ज़बान गज़ भर की हो गई है।

कुछ इसी तरह से कटु-वाक्य एक बार गोदावरी ने भी कहे थे। आज उसकी बारी सुनने की थी।

7

आज गोदावरी गंगा से गले मिलने आई है। तीन साल हुए वह वर और वधू को लेकर गंगा जी को पुष्प और दूध चढ़ाने गई थी। आज वह अपने प्राण समर्पण करने आई है। आज वह गंगा जी की आनन्दमयी लहरों में विश्राम करना चाहती है।

गोदावरी को अब उस घर में एक क्षण रहना भी दुस्सह हो गया था। जिस घर में रानी बनकर रही उसी में चेरी बनकर रहना उस जैसी सगर्वा स्त्री के लिए असम्भव था।

अब इस घर में गोदावरी का स्नेह उस पुरानी रस्सी की तरह था जो बराबर गाँठ देने पर भी कहीं न कहीं से टूट ही जाती है। उसे गंगा जी की शरण लेने के सिवाय और कोई उपाय न सूझता था।

कई दिन हुए उसके मुँह से बार-बार जान देने की धमकी सुन पंडित जी खिजला कर बोल उठे थे, तुम किसी तरह मर भी तो जातीं। गोदावरी उन विष-भरे शब्दों को अब तक न भूली थी। चुभनेवाली बातें उसको कभी न भूलती थीं। आज गोमती ने भी वही बातें कहीं, यद्यपि उसने बहुत कुछ सहन करने के पीछे कठोर बातें कही थीं। तथापि गोदावरी को अपनी बातें तो भूल-सी गई थीं। केवल गोमती और पंडित जी के वाक्य ही उसके कानों में गूँज रहे थे। पंडित जी ने उसे डाँटा तक नहीं। मुझ पर ऐसा घोर अन्याय और वे मुँह तक न खोलें।

आज सब लोगों के सो जाने पर गोदावरी घर से बाहर निकली, आकाश में काली घटाएँ छाई हुई थीं। वर्षा की झड़ी लग रही थी। उधर उसके नेत्रों से भी आँसुओं की धारा बह रही थी। प्रेम का बंधन कितना कोमल है और दृढ़ भी कितना! कोमल है अपमान के सामने, दृढ़ है वियोग के सामने! गोदावरी चौखट पर खड़ी-खड़ी घंटों रोती रही, कितनी ही पिछली बातें उसे याद आती थीं। हा! कभी यहाँ उसके लिए प्रेम भी था, मान भी था, जीवन का सुख भी था। शीघ्र ही पंडित जी के वे कठोर शब्द भी याद आ गए। आँखों से फिर पानी की धारा बहने लगी। गोदावरी घर से चल खड़ी हुई।

इस समय यदि पंडित देवदत्त नंगे सिर, नंगे पाँव पानी में भीगते दौड़े आते और गोदावरी के कम्पित हाथों को पकड़कर अपने धड़कते हुए हृदय से उसे लगाकर कहते, 'प्रिये!' इससे अधिक और उनके मुँह से कुछ भी न निकलता, तो भी क्या गोदावरी अपने विचारों पर स्थिर रह सकती?

कुआर का महीना था। रात को गंगा की लहरों की गरज बड़ी भयानक मालूम होती थी। साथ ही जब बिजली तड़प जाती तब उसकी उछलती हुई लहरें प्रकाश से उज्ज्वल हो जाती थीं। मानो प्रकाश उन्मत्त हाथी का रूप धारणकर किलोलें कर रहा हो। जीवन-संग्राम का एक विशाल दृश्य आँखों के सामने आ रहा था।

गोदावरी के हृदय में भी इस समय विचार की अनेक लहरें बड़े वेग से उठतीं, आपस में टकरातीं और ऐंठती हुई लोप हो जाती थीं। कहाँ? अंधकार में।

क्या यह गरजने-उमड़नेवाली गंगा गोदावरी को शान्ति प्रदान कर सकती है? उसकी लहरों में सुधासम मधुर ध्वनि नहीं है और न उसमें करुणा का विकास ही है। वह इस समय उद्दंडता और निर्दयता की भीषण मूर्ति धारण किए हुए है।

गोदावरी किनारे बैठी क्या सोच रही थी, कौन कह सकता है? क्या अब उसे यह खटका नहीं लगा था कि पंडित देवदत्त आते न होंगे? प्रेम का बंधन कितना मज़बूत होता है।

उसी अंधकार में ईर्ष्या, निष्ठुरता और नैराश्य की सताई हुई वह अबला गंगा की गोद में गिर पड़ी। लहरें झपटीं और उसे निगल गईं।

सबेरा हुआ। गोदावरी घर में नहीं थी। उसकी चारपाई पर यह पत्र पड़ा हुआ था—

'स्वामिन, संसार में सिवाय आपके मेरा और कौन स्नेही था? मैंने अपना सर्वस्व आपके सुख की भेंट कर दिया। अब आपका सुख इसी में है कि मैं इस संसार से लोप हो जाऊँ। इसीलिए ये प्राण आपकी भेंट हैं। मुझसे जो कुछ अपराध हुए हों, क्षमा कीजिएगा। ईश्वर सदा आपको सुखी रक्खे?'

पंडित जी इस पत्र को देखते ही मूर्च्छित होकर गिर पड़े। गोमती रोने लगी। पर क्या वे उसके विलाप के आँसू थे?

सज्जनता का दंड

साधारण मनुष्य की तरह शाहजहाँपुर के डिस्ट्रिक्ट इंजीनियर सरदार शिवसिंह में भी भलाइयाँ और बुराइयाँ दोनों ही वर्तमान थीं। भलाई यह थी कि उनके यहाँ न्याय और दया में कोई अन्तर न था। बुराई यह थी कि वे सर्वथा निर्लोभ और निःस्वार्थ थे। भलाई ने मातहतों को निडर और आलसी बना दिया था, बुराई के कारण उस विभाग के सभी अधिकारी उनकी जान के दुश्मन बन गए थे।

प्रातःकाल का समय था। वे किसी पुल की निगरानी के लिए तैयार खड़े थे। मगर साईस अभी तक मीठी नींद ले रहा था। रात को उसे अच्छी तरह सहेज दिया था कि पौ फटने के पहले गाड़ी तैयार कर लेना। लेकिन सुबह भी हुई, सूर्य भगवान् ने दर्शन भी दिए, शीतल किरणों में गरमी भी आई, पर साईस की नींद अभी तक नहीं टूटी।

सरदार साहब खड़े-खड़े थककर एक कुर्सी पर बैठ गए। साईस तो किसी तरह जागा, परन्तु अर्दली के चपरासियों का पता नहीं। जो महाशय डाक लेने गए थे वे एक ठाकुरद्वारा

में खड़े चरणामृत की परीक्षा कर रहे थे। जो ठेकेदार को बुलाने गए थे वे बाबा रामदास की सेवा में बैठे गाँजे का दम लगा रहे थे।

धूप तेज़ होती जाती थी। सरदार साहब झुँझला कर मकान में चले गए और अपनी पत्नी से बोले, इतना दिन चढ़ आया, अभी तक एक चपरासी का भी पता नहीं। इनके मारे तो मेरे नाक में दम आ गया है।

पत्नी ने दीवार की ओर देखकर दीवार से कहा, यह सब उन्हें सिर चढ़ाने का फल है।

सरदार साहब चिढ़कर बोले, क्या करूँ, उन्हें फाँसी दे दूँ?

2

सरदार साहब के पास मोटरकार का तो कहना ही क्या, कोई फिटन भी न थी। वे अपने इक्के से ही प्रसन्न थे, जिसे उनके नौकर-चाकर अपनी भाषा में उड़नखटोला कहते थे। शहर के लोग उसे इतना आदर-सूचक नाम न देकर छकड़ा कहना ही उचित समझते थे। इस तरह सरदार साहब अन्य व्यवहारों में भी बड़े मितव्ययी थे। उनके दो भाई इलाहाबाद में पढ़ते थे। विधवा माता बनारस में रहती थीं। एक विधवा बहिन भी उन्हीं पर अवलम्बित थी। इनके सिवा कई ग़रीब लड़कों को छात्रवृत्तियाँ भी देते थे। इन्हीं कारणों से वे सदा ख़ाली हाथ रहते! यहाँ तक कि उनके कपड़ों पर भी इस आर्थिक दशा के चिह्न दिखाई देते थे! लेकिन यह सब कष्ट सह कर भी वे लोभ को अपने पास फटकने न देते थे! जिन लोगों पर उनका स्नेह था वे उनकी सज्जनता को सराहते थे और उन्हें देवता समझते थे। उनकी सज्जनता से उन्हें कोई हानि न होती थी, लेकिन जिन लोगों से उनके व्यावसायिक सम्बन्ध थे वे उनके सद्भावों के ग्राहक न थे, क्योंकि उन्हें हानि होती थी। यहाँ तक कि उन्हें अपनी सहधर्मिणी से भी कभी-कभी अप्रिय बातें सुननी पड़ती थीं।

एक दिन वे दफ़्तर से आए तो उनकी पत्नी ने स्नेहपूर्ण ढंग से कहा, तुम्हारी यह सज्जनता किस काम की, जब सारा संसार तुमको बुरा कह रहा है।

सरदार साहब ने दृढ़ता से जवाब दिया, संसार जो चाहे कहे परमात्मा तो देखता है।

रामा ने यह जवाब पहले ही सोच लिया। वह बोली, मैं तुमसे विवाद तो करती नहीं, मगर ज़रा अपने दिल में विचार करके देखो कि तुम्हारी इस सचाई का दूसरों पर क्या असर पड़ता है? तुम तो अच्छा वेतन पाते हो। तुम अगर हाथ न बढ़ाओ तो तुम्हारा निर्वाह हो सकता है? रूखी रोटियाँ मिल ही जाएँगी, मगर ये दस-दस पाँच-पाँच रुपए के चपरासी, मुहर्रिर, दफ़्तरी बेचारे कैसे गुज़र करें। उनके भी बाल-बच्चे हैं। उनके भी कुटुम्ब-परिवार हैं। शादी-गमी, तिथि-त्योहार यह सब उनके पास लगे हुए हैं। भलमनसी का भेष बनाए काम नहीं चलता। बताओ उनका गुज़र कैसे हो? अभी रामदीन चपरासी की घरवाली आई थी। रोते-रोते आँचल भीगता था। लड़की सयानी हो गई है। अब उसका ब्याह करना पड़ेगा। ब्राह्मण की जाति—हज़ारों का ख़र्च। बताओ उसके आँसू किसके सिर पड़ेंगे?

ये सब बातें सच थीं। इनसे सरदार साहब को इनकार नहीं हो सकता था। उन्होंने स्वयं इस विषय में बहुत कुछ विचार किया था। यही कारण था कि वह अपने मातहतों के साथ बड़ी नरमी का व्यवहार करते थे। लेकिन सरलता और शालीनता का आत्मिक गौरव चाहे जो हो, उनका आर्थिक मोल बहुत कम है। वे बोले, तुम्हारी बातें सब यथार्थ हैं, किन्तु मैं

विवश हूँ। अपने नियमों को कैसे तोड़ूँ? यदि मेरा वश चले तो मैं उन लोगों का वेतन बढ़ा दूँ। लेकिन यह नहीं हो सकता कि मैं ख़ुद लूट मचाऊँ और उन्हें लूटने दूँ।

रामा ने व्यंग्यपूर्ण शब्दों में कहा, तो यह हत्या किस पर पड़ेगी?

सरदार साहब ने तीव्र होकर उत्तर दिया, यह उन लोगों पर पड़ेगी जो अपनी हैसियत और आमदनी से अधिक ख़र्च करना चाहते हैं। अरदली बनकर क्यों वकील के लड़के से लड़की ब्याहने को ठानते हैं। दफ़्तरी को यदि टहलुवे की ज़रूरत हो तो यह किसी पाप कार्य से कम नहीं। मेरे साईस की स्त्री अगर चाँदी की सिल गले में डालना चाहे तो यह उसकी मूर्खता है। इस झूठी बड़ाई का उत्तरदाता मैं नहीं हो सकता।

3

इंजीनियरों का ठेकेदारों से कुछ ऐसा ही सम्बन्ध है जैसे मधु-मक्खियों का फूलों से। अगर वे अपने नियत भाग से अधिक पाने की चेष्टा न करें तो उनसे किसी को शिकायत नहीं हो सकती। यह मधु-रस कमीशन कहलाता है। रिश्वत लोक और परलोक दोनों का ही सर्वनाश कर देती है। उसमें भय है, चोरी है, बदमाशी है। मगर कमीशन एक मनोहर वाटिका है, जहाँ न मनुष्य का डर है, न परमात्मा का भय, यहाँ तक कि वहाँ आत्मा की छिपी हुई चुटकियों का भी गुज़र नहीं है। और कहाँ तक कहें उसकी ओर बदनामी आँख भी नहीं उठा सकती। यह वह बलिदान है जो हत्या होते हुए भी धर्म का एक अंश है। ऐसी अवस्था में यदि सरदार शिवसिंह अपने उज्ज्वल चरित्र को इस धब्बे से साफ़ रखते थे और उस पर अभिमान करते थे तो क्षमा के पात्र थे।

मार्च का महीना बीत रहा था। चीफ इंजीनियर साहब ज़िले में मुआयना करने आ रहे थे। मगर अभी तक इमारतों का काम अपूर्ण था। सड़कें ख़राब हो रही थीं, ठेकेदारों ने मिट्टी और कंकड़ भी नहीं जमा किए थे।

सरदार साहब रोज़ ठेकेदारों को ताकीद करते थे, मगर इसका कुछ फल न होता था।

एक दिन उन्होंने सबको बुलाया। वे कहने लगे, तुम लोग क्या यही चाहते हो कि मैं इस ज़िले से बदनाम होकर जाऊँ। मैंने तुम्हारे साथ कोई बुरा सलूक नहीं किया। मैं चाहता तो आपसे काम छीनकर ख़ुद करा लेता, मगर मैंने आपको हानि पहुँचाना उचित न समझा। उसकी मुझे यह सज़ा मिल रही है। ख़ैर!

ठेकेदार लोग यहाँ से चले तो बातें होने लगीं। मिस्टर गोपालदास बोले, अब आटे-दाल का भाव मालूम हो जाएगा।

शाहबाज़ ख़ाँ ने कहा, किसी तरह इसका जनाज़ा निकले तो यहाँ से...

सेठ चुन्नीलाल ने फरमाया, इंजीनियर से मेरी जान-पहचान है। मैं उसके साथ काम कर चुका हूँ। वह उन्हें ख़ूब लथेड़ेगा।

इस पर बूढ़े हरिदास ने उपदेश दिया, यारो, स्वार्थ की बात है। नहीं तो सच यह है कि यह मनुष्य नहीं, देवता है। भला और नहीं तो साल भर में कमीशन के 10 हज़ार तो होते होंगे। इतने रुपयों को ठीकरे की तरह तुच्छ समझना क्या कोई सहज बात है? एक हम हैं कि कौड़ियों के पीछे ईमान बेचते फिरते हैं। जो सज्जन पुरुष हमसे एक पाई का रवादार न हो, सब प्रकार के कष्ट उठाकर भी जिसकी नीयत डाँवाँडोल न हो, उसके साथ ऐसा नीच और कुटिल बरताव करना पड़ता है। इसे अपने अभाग्य के सिवा और क्या समझें।

शाहबाज़ ख़ाँ ने फरमाया—हाँ; इसमें तो कोई शक नहीं कि यह शख़्स नेकी का फरिश्ता है।

सेठ चुन्नीलाल ने गम्भीरता से कहा, ख़ाँ साहब! बात तो वही है, जो तुम कहते हो। लेकिन किया क्या जाए? नेकनीयती से तो काम नहीं चलता। यह दुनिया तो छल-कपट की है।

मिस्टर गोपालदास बी. ए. पास थे। वे गर्व के साथ बोले, इन्हें जब इस तरह रहना था तो नौकरी करने की क्या ज़रूरत थी? यह कौन नहीं जानता की नीयत को साफ़ रखना अच्छी बात है। मगर यह भी तो देखना चाहिए कि इसका दूसरों पर क्या असर पड़ता है। हमको तो ऐसा आदमी चाहिए जो ख़ुद खाए और हमें भी खिलावे। ख़ुद हलुवा खाय, हमें रूखी रोटियाँ ही खिलावे। वह अगर एक रुपया कमीशन लेगा तो उसकी जगह पाँच का फ़ायदा कर देगा। इन महाशय के यहाँ क्या है? इसीलिए आप जो चाहें कहें, मेरी तो कभी इनसे निभ नहीं सकती।

शाहबाज़ ख़ाँ बोले, हाँ, नेक और पाक-साफ़ रहना ज़रूर अच्छी चीज़ है, मगर ऐसी नेकी ही से क्या जो दूसरों की जान ले ले।

बूढ़े हरिदास की बातों की जिन लोगों ने पुष्टि की थी वे सब गोपालदास की हाँ में हाँ मिलाने लगे! निर्बल आत्माओं में सचाई का प्रकाश जुगनू की चमक है।

4

सरदार साहब के एक पुत्री थी। उसका विवाह मेरठ के एक वकील के लड़के से ठहरा था। लड़का होनहार था। जाति-कुल का ऊँचा था। सरदार साहब ने कई महीने की दौड़-धूप में इस विवाह को तै किया था। और सब बातें तै हो चुकी थीं, केवल दहेज का निर्णय नहीं हुआ था। आज वकील साहब का एक पत्र आया। उसने इस बात का भी निश्चय कर दिया, मगर विश्वास, आशा और वचन के बिलकुल प्रतिकूल। पहले वकील साहब ने एक ज़िले के इंजीनियर के साथ किसी प्रकार का ठहराव व्यर्थ समझा। बड़ी सस्ती उदारता प्रकट की। इस लज्जित और घृणित व्यवहार पर ख़ूब आँसू बहाए। मगर जब ज़्यादा पूछताछ करने पर सरदार साहब के धन-वैभव का भेद खुल गया तब दहेज का ठहराना आवश्यक हो गया। सरदार साहब ने आशंकित हाथों से पत्र खोला, पाँच हज़ार रुपए से कम पर विवाह नहीं हो सकता। वकील साहब को बहुत खेद और लज्जा थी कि वे इस विषय में स्पष्ट होने पर मजबूर किए गए। मगर वे अपने ख़ानदान के कई बूढ़े खुर्राट, विचारहीन, स्वार्थांध महात्माओं के हाथों बहुत तंग थे। उनका कोई वंश न था। इंजीनियर साहब ने एक लम्बी साँस खींची—सारी आशाएँ मिट्टी में मिल गईं। क्या सोचते थे, क्या हो गया। विकल होकर कमरे में टहलने लगे।

उन्होंने ज़रा देर पीछे पत्र को उठा लिया और अन्दर चले गए। विचारा कि यह पत्र रामा को सुनावें, मगर फिर ख़याल आया कि यहाँ सहानुभूति की कोई आशा नहीं। क्यों अपनी निर्बलता दिखाऊँ? क्यों मूर्ख बनूँ? वह बिना बातों के बात न करेगी। यह सोचकर वे आँगन से लौट गए।

सरदार साहब स्वभाव के बड़े दयालु थे और कोमल हृदय आपत्तियों में स्थिर नहीं रह सकता। वे दुःख और ग्लानि से भरे हुए सोच रहे थे कि मैंने ऐसे कौन से बुरे काम किए हैं जिनका मुझे यह फल मिल रहा है। बरसों की दौड़-धूप के बाद जो कार्य सिद्ध हुआ था वह क्षण मात्र में नष्ट हो गया। अब वह मेरी सामर्थ्य से बाहर है। मैं उसे नहीं सम्हाल सकता। चारों ओर अंधकार है। कहीं आशा का प्रकाश नहीं। कोई मेरा सहायक नहीं। उनके नेत्र सजल हो गए।

सामने मेज़ पर ठेकेदारों के बिल रखे हुए थे। वे कई सप्ताहों से यों ही पड़े थे। सरदार ने उन्हें खोलकर भी न देखा था। आज इस आत्मिक ग्लानि और नैराश्य की अवस्था में उन्होंने इन बिलों को सतृष्ण आँखों से देखा। ज़रा से इशारे पर ये सारी कठिनाइयाँ दूर हो सकती हैं। चपरासी और क्लर्क केवल मेरी सम्मति के सहारे सब कुछ कर लेंगे। मुझे ज़बान हिलाने की भी ज़रूरत नहीं। न मुझे लज्जित ही होना पड़ेगा। इन विचारों का इतना प्राबल्य हुआ कि वे वास्तव में बिलों को उठाकर ग़ौर से देखने और हिसाब लगाने लगे कि उनमें कितनी निकासी हो सकती है।

मगर शीघ्र ही आत्मा ने उन्हें जगा दिया—आह! मैं किस भ्रम में पड़ा हुआ हूँ? क्या उस आत्मिक पवित्रता को, जो मेरी जन्म-भर की कमाई है, केवल थोड़े से धन पर अर्पण कर दूँ? जो मैं अपने सहकारियों के सामने गर्व से सिर उठाए चलता था, जिससे मोटरकार वाले भ्रातृगण आँखें नहीं मिला सकते थे, वही मैं आज अपने उस सारे गौरव और मान को, अपनी सम्पूर्ण आत्मिक सम्पत्ति को दस-पाँच हज़ार रुपयों पर त्याग दूँ। ऐसा कदापि नहीं हो सकता।

अब उस कुविचार को परास्त करने के लिए, जिसने क्षणमात्र के लिए उन पर विजय पा ली थी, वे उस सुनसान कमरे में ज़ोर से ठठा कर हँसे। चाहे यह हँसी उन बिलों ने और कमरे की दीवारों ने न सुनी हो, मगर उनकी आत्मा ने अवश्य सुनी। उस आत्मा को एक कठिन परीक्षा में पार पाने पर परम आनन्द हुआ।

सरदार साहब ने उन बिलों को उठाकर मेज़ के नीचे डाल दिया। फिर उन्हें पैरों से कुचला। तब इस विजय पर मुस्कुराते हुए वे अन्दर गए।

5

बड़े इंजीनियर साहब नियत समय पर शाहजहाँपुर आए। उसके साथ सरदार साहब का दुर्भाग्य भी आया। ज़िले के सारे काम अधूरे पड़े हुए थे। उनके खानसामा ने कहा—हुजूर! काम कैसे पूरा हो? सरदार साहब ठेकेदारों को बहुत तंग करते हैं। हेडक्लर्क ने दफ़्तर के हिसाब को भ्रम और भूलों से भरा हुआ पाया। उन्हें सरदार साहब की तरफ़ से न कोई दावत दी गई न कोई भेंट। तो क्या वे सरदार साहब के नातेदार थे जो ग़लतियाँ न निकालते।

ज़िले के ठेकेदारों ने एक बहुमूल्य डाली सजाई और उसे बड़े इंजीनियर साहब की सेवा में लेकर हाजिर हुए। वे बोले, हुजूर! चाहे गुलामों को गोली मार दें, मगर सरदार साहब का अन्याय अब नहीं सहा जाता। कहने को तो कमीशन नहीं लेते मगर सच पूछिए तो जान ले लेते हैं।

चीफ इंजीनियर साहब ने मुआइने की किताब में लिखा, 'सरदार शिवसिंह बहुत ईमानदार आदमी हैं। उनका चरित्र उज्ज्वल है, मगर वे इतने बड़े ज़िले के कार्य का भार नहीं सम्भाल सकते।'

परिणाम यह हुआ कि वे एक छोटे-से ज़िले में भेज दिए गए और उनका दरजा भी घटा दिया गया।

सरदार साहब के मित्रों और स्नेहियों ने बड़े समारोह से एक जलसा किया। उसमें उनकी धर्मनिष्ठा और स्वतंत्रता की प्रशंसा की। सभापति ने सजलनेत्र होकर कम्पित स्वर में कहा, सरदार साहब के वियोग का दुःख हमारे दिल में सदा खटकता रहेगा। यह घाव कभी न भरेगा।

मगर 'फेयरवेल डिनर' में यह बात सिद्ध हो गई कि स्वादिष्ट पदार्थों के सामने वियोग का दु:ख दुस्सह नहीं।

यात्रा के सामान तैयार थे। सरदार साहब जलसे से आए तो रामा ने उन्हें बहुत उदास और मलिनमुख देखा। उसने बार-बार कहा था कि बड़े इंजीनियर के खानसामा को इनाम दो, हेड क्लर्क की दावत करो; मगर सरदार साहब ने उसकी बात न मानी थी। इसलिए जब उसने सुना कि उनका दरजा घटा और बदली भी हुई तब उसने बड़ी निर्दयता से अपने व्यंग्य-बाण चलाए। मगर इस वक़्त उन्हें उदास देखकर उससे न रहा गया। बोली, क्यों इतने उदास हो? सरदार साहब ने उत्तर दिया, क्या करूँ हँसूँ? रामा ने गम्भीर स्वर से कहा, हँसना ही चाहिए। रोए तो वह जिसने कौड़ियों पर अपनी आत्मा भ्रष्ट की हो—जिसने रुपयों पर अपना धर्म बेचा हो। वह बुराई का दंड नहीं है। यह भलाई और सज्जनता का दंड है, इसे सानन्द झेलना चाहिए।

यह कह उसने पति की ओर देखा तो नेत्रों में सच्चा अनुराग भरा हुआ दिखाई दिया। सरदार साहब ने भी उसकी ओर स्नेहपूर्ण दृष्टि से देखा। उनकी हृदयेश्वरी का मुखारविंद सच्चे आमोद से विकसित था। उसे गले लगाकर वे बोले, रामा! मुझे तुम्हारी ही सहानुभूति की ज़रूरत थी, अब मैं इस दंड को सहर्ष सहूँगा।

नमक का दारोग़ा

जब नमक का नया विभाग बना और ईश्वरप्रदत्त वस्तु के व्यवहार करने का निषेध हो गया तो लोग चोरी-छिपे इसका व्यवहार करने लगे। अनेक प्रकार के छल-प्रपंचों का सूत्रपात हुआ, कोई घूस से काम निकालता था, कोई चालाकी से। अधिकारियों के पौ-बारह थे। पटवारीगिरी का सर्वसम्मानित पद छोड़-छोड़कर लोग इस विभाग की बरकंदाजी करते थे। इसके दारोग़ा पद के लिए तो वकीलों का भी जी ललचाता था। यह वह समय था जब अँगरेज़ी शिक्षा और ईसाई मत को लोग एक ही वस्तु समझते थे। फारसी का प्राबल्य था। प्रेम की कथाएँ और शृंगार रस के काव्य पढ़कर फारसीदाँ लोग सर्वोच्च पदों पर नियुक्त हो जाया करते थे। मुंशी वंशीधर भी जुलेखा की विरहकथा समाप्त करके मजनूँ और फरहाद के प्रेम-वृत्तांत को नल और नील की लड़ाई और अमेरिका के आविष्कार से अधिक महत्त्व की बातें समझते हुए रोज़गार की खोज में निकले। उनके पिता एक अनुभवी पुरुष थे। समझाने लगे, बेटा! घर की दुर्दशा देख रहे हो। ऋण के बोझ से दबे हुए हैं। लड़कियाँ हैं, वह घास-फूस की तरह बढ़ती चली जाती हैं। मैं कगारे पर का वृक्ष हो रहा हूँ, न मालूम कब गिर पड़ूँ! अब तुम्हीं घर के मालिक-मुख्तार हो। नौकरी में ओहदे की ओर ध्यान मत देना, यह तो पीर का मज़ार है। निगाह चढ़ावे और चादर पर रखनी चाहिए। ऐसा काम ढूँढ़ना जहाँ कुछ ऊपरी आय हो। मासिक वेतन तो पूर्णमासी का चाँद है, जो एक दिन दिखाई देता है और घटते-घटते लुप्त हो जाता है। ऊपरी आय बहता हुआ स्रोत है जिससे सदैव प्यास बुझती है। वेतन मनुष्य देता है, इसी से उसमें वृद्धि नहीं होती। ऊपरी आमदनी ईश्वर देता है, इसी से उसकी बरकत होती है, तुम स्वयं विद्वान् हो, तुम्हें क्या समझाऊँ।

इस विषय में विवेक की बड़ी आवश्यकता है। मनुष्य को देखो, उसकी आवश्यकता को देखो और अवसर देखो, उसके उपरान्त जो उचित समझो, करो। ग़रज़वाले आदमी के साथ कठोरता करने में लाभ ही लाभ है। लेकिन बेग़रज़ को दाँव पर पाना ज़रा कठिन है। इन बातों को निगाह में बाँध लो। यह मेरी जन्म भर की कमाई है।

इस उपदेश के बाद पिताजी ने आशीर्वाद दिया। वंशीधर आज्ञाकारी पुत्र थे। ये बातें ध्यान से सुनीं और तब घर से चल खड़े हुए। इस विस्तृत संसार में उनके लिए धैर्य अपना मित्र, बुद्धि अपनी पथप्रदर्शक और आत्मावलम्बन ही अपना सहायक था। लेकिन अच्छे शकुन से चले थे, जाते ही जाते नमक विभाग के दारोग़ा पद पर प्रतिष्ठित हो गए। वेतन अच्छा और ऊपरी आय का तो ठिकाना ही न था। वृद्ध मुंशी जी को सुख-संवाद मिला तो फूले न समाए। महाजन कुछ नरम पड़े, कलवार की आशालता लहलहाई। पड़ोसियों के हृदय में शूल उठने लगे।

2

जाड़े के दिन थे और रात का समय। नमक के सिपाही, चौकीदार नशे में मस्त थे। मुंशी वंशीधर को यहाँ आए अभी छह महीनों से अधिक न हुए थे, लेकिन इस थोड़े समय में ही उन्होंने अपनी कार्यकुशलता और उत्तम आचार से अफ़सरों को मोहित कर लिया था। अफ़सर लोग उन पर बहुत विश्वास करने लगे। नमक के दफ़्तर से एक मील पूर्व की ओर जमुना बहती थी, उस पर नावों का एक पुल बना हुआ था। दारोग़ा जी किवाड़ बन्द किए मीठी नींद से सो रहे थे। अचानक आँख खुली तो नदी के प्रवाह की जगह गाड़ियों की गड़गड़ाहट तथा मल्लाहों का कोलाहल सुनाई दिया। उठ बैठे। इतनी रात गए गाड़ियाँ क्यों नदी के पार जाती हैं? अवश्य कुछ न कुछ गोलमाल है। तर्क ने भ्रम को पुष्ट किया। वरदी पहनी, तमंचा जेब में रखा और बात की बात में घोड़ा बढ़ाए हुए पुल पर आ पहुँचे। गाड़ियों की एक लम्बी कतार पुल के पार जाती देखी। डाँटकर पूछा, किसकी गाड़ियाँ हैं।

थोड़ी देर तक सन्नाटा रहा। आदमियों में कुछ कानाफूसी हुई तब आगे वाले ने कहा—पंडित अलोपीदीन की।

'कौन पंडित अलोपीदीन!'

'दातागंज के।'

मुंशी वंशीधर चौंके। पंडित अलोपीदीन इस इलाक़े के सबसे प्रतिष्ठित ज़मींदार थे। लाखों रुपए का लेन-देन करते थे, इधर छोटे से बड़े कौन ऐसे थे जो उनके ऋणी न हों। व्यापार भी बड़ा लम्बा-चौड़ा था। बड़े चलते-पुरजे आदमी थे। अँगरेज़ अफ़सर उनके इलाक़े में शिकार खेलने आते और उनके मेहमान होते। बारहों मास सदाव्रत चलता था।

मुंशीजी ने पूछा, गाड़ियाँ कहाँ जाएँगी? उत्तर मिला, कानपुर। लेकिन इस प्रश्न पर कि इनमें क्या है, सन्नाटा छा गया। दारोग़ा साहब का सन्देह और भी बढ़ा। कुछ देर तक उत्तर की बाट देखकर वह ज़ोर से बोले, क्या गूँगे हो गए हो? हम पूछते हैं, इनमें क्या लदा है?

जब इस बार भी कोई उत्तर न मिला तो उन्होंने घोड़े को एक गाड़ी से मिलाकर बोरे को टटोला। भ्रम दूर हो गया। यह नमक के ढेले थे।

3

पंडित अलोपीदीन अपने सजीले रथ पर सवार, कुछ सोते, कुछ जागते चले आते थे। अचानक कई गाड़ीवानों ने घबराए हुए आकर जगाया और बोले—महाराज! दारोग़ा ने गाड़ियाँ रोक दी हैं और घाट पर खड़े आपको बुलाते हैं।

पंडित अलोपीदीन का लक्ष्मी जी पर अखंड विश्वास था। वह कहा करते थे कि संसार का तो कहना ही क्या, स्वर्ग में भी लक्ष्मी का ही राज्य है। उनका यह कहना यथार्थ ही था। न्याय और नीति सब लक्ष्मी के ही खिलौने हैं, इन्हें वह जैसे चाहती हैं नचाती हैं। लेटे ही लेटे गर्व से बोले, चलो हम आते हैं। यह कहकर पंडित जी ने बड़ी निश्चिन्तता से पान के बीड़े लगाकर खाए। फिर लिहाफ ओढ़े हुए दारोग़ा के पास आकर बोले, बाबू जी आशीर्वाद! कहिए, हमसे ऐसा कौन-सा अपराध हुआ कि गाड़ियाँ रोक दी गईं। हम ब्राह्मणों पर तो आपकी कृपा-दृष्टि रहनी चाहिए।

वंशीधर रुखाई से बोले, सरकारी हुक्म!

पं. अलोपीदीन ने हँसकर कहा, हम सरकारी हुक्म को नहीं जानते और न सरकार को। हमारे सरकार तो आप ही हैं। हमारा और आपका तो घर का मामला है, हम कभी आपसे बाहर हो सकते हैं? आपने व्यर्थ का कष्ट उठाया। यह हो नहीं सकता कि इधर से जाएँ और इस घाट के देवता को भेंट न चढ़ावें। मैं तो आपकी सेवा में स्वयं ही आ रहा था। वंशीधर पर ऐश्वर्य की मोहिनी वंशी का कुछ प्रभाव न पड़ा। ईमानदारी की नई उमंग थी। कड़ककर बोले, हम उन नमकहरामों में नहीं हैं जो कौड़ियों पर अपना ईमान बेचते फिरते हैं। आप इस समय हिरासत में हैं। आपका कायदे के अनुसार चालान होगा। बस, मुझे अधिक बातों की फुर्सत नहीं है। जमादार बदलूसिंह! तुम इन्हें हिरासत में ले चलो, मैं हुक्म देता हूँ।

पं. अलोपीदीन स्तम्भित हो गए। गाड़ीवानों में हलचल मच गई। पंडित जी के जीवन में कदाचित् यह पहला ही अवसर था कि पंडित को ऐसी कठोर बातें सुननी पड़ीं। बदलूसिंह आगे बढ़ा, किन्तु रोब के मारे यह साहस न हुआ कि उनका हाथ पकड़ सके। पंडित जी ने धर्म को धन का ऐसा निरादर करते कभी न देखा था। विचार किया कि यह अभी उद्दंड लड़का है। माया-मोह के जाल में अभी नहीं पड़ा। अल्हड़ है, झिझकता है। बहुत दीन-भाव से बोले, बाबू साहब, ऐसा न कीजिए, हम मिट जाएँगे। इज़्ज़त धूल में मिल जाएगी। हमारा अपमान करने से आपके हाथ क्या आएगा। हम किसी तरह आपसे बाहर थोड़े ही हैं!

वंशीधर ने कठोर स्वर में कहा, हम ऐसी बातें नहीं सुनना चाहते।

अलोपीदीन ने जिस सहारे को चट्टान समझ रखा था, वह पैरों के नीचे खिसकता हुआ मालूम हुआ। स्वाभिमान और धन-ऐश्वर्य को कड़ी चोट लगी। किन्तु अभी तक धन की सांख्यिक शक्ति का पूरा भरोसा था। अपने मुख्तार से बोले, लाला जी, एक हज़ार के नोट बाबू साहब की भेंट करो, आप इस समय भूखे सिंह हो रहे हैं।

वंशीधर ने गरम होकर कहा, एक हज़ार नहीं, एक लाख भी मुझे सच्चे मार्ग से नहीं हटा सकते।

धर्म की इस बुद्धिहीन दृढ़ता और देव-दुर्लभ त्याग पर मन बहुत झुँझलाया। अब दोनों शक्तियों में संग्राम होने लगा। धन ने उछल-उछलकर आक्रमण करने शुरू किए। एक से पाँच, पाँच से दस, दस से पन्द्रह और पन्द्रह से बीस हज़ार तक नौबत पहुँची, किन्तु धर्म

अलौकिक वीरता के साथ इस बहुसंख्यक सेना के सम्मुख अकेला पर्वत की भाँति अटल, अविचलित खड़ा था।

अलोपीदीन निराश होकर बोले—अब इससे अधिक मेरा साहस नहीं। आगे आपको अधिकार है।

वंशीधर ने अपने जमादार को ललकारा। बदलूसिंह मन में दारोग़ा जी को गालियाँ देता हुआ पंडित अलोपीदीन की ओर बढ़ा। पंडित जी घबड़ाकर दो-तीन क़दम पीछे हट गए। अत्यन्त दीनता से बोले—बाबू साहब, ईश्वर के लिए मुझ पर दया कीजिए, मैं पच्चीस हज़ार पर निपटारा करने को तैयार हूँ।

'असम्भव बात है।'

'तीस हज़ार पर।'

'किसी तरह भी सम्भव नहीं।'

'क्या चालीस हज़ार पर भी नहीं?'

'चालीस हज़ार नहीं, चालीस लाख पर भी असम्भव है।'

'बदलूसिंह, इस आदमी को अभी हिरासत में ले लो। अब मैं एक शब्द भी नहीं सुनना चाहता।'

धर्म ने धन को पैरों तले कुचल डाला। अलोपीदीन ने एक हृष्ट-पुष्ट मनुष्य को हथकड़ियाँ लिए हुए अपनी तरफ़ आते देखा। चारों ओर निराश और कातर दृष्टि से देखने लगे। इसके बाद मूर्च्छित होकर गिर पड़े।

4

दुनिया सोती थी पर दुनिया की जीभ जागती थी। सबेरे देखिए तो बालक-वृद्ध सबके मुँह से यही बात सुनाई देती थी। जिसे देखिए वही पंडित जी के इस व्यवहार पर टीका-टिप्पणी कर रहा था, निन्दा की बौछारें हो रही थीं, मानो संसार से अब पापी का पाप कट गया। पानी को दूध के नाम से बेचनेवाला ग्वाला, कल्पित रोजनामचे भरने वाले अधिकारी वर्ग, रेल में बिना टिकट सफ़र करनेवाले बाबू लोग, जाली दस्तावेज़ बनानेवाले सेठ और साहूकार यह सब के सब देवताओं की भाँति गर्दनें चला रहे थे। जब दूसरे दिन पंडित अलोपीदीन अभियुक्त होकर कांस्टेबलों के साथ, हाथों में हथकड़ियाँ, हृदय में ग्लानि और क्षोभ भरे, लज्जा से गर्दन झुकाए अदालत की तरफ़ चले तो सारे शहर में हलचल मच गई। मेलों में कदाचित् आँखें इतनी व्यग्र न होती होंगी। भीड़ के मारे छत और दीवार में कोई भेद न रहा।

किन्तु अदालत में पहुँचने की देर थी। पंडित अलोपीदीन इस अगाध वन के सिंह थे। अधिकारी वर्ग उनके भक्त, अमले उनके सेवक, वकील-मुख्तार उनके आज्ञापालक और अरदली, चपरासी तथा चौकीदार तो उनके बिना मोल के ग़ुलाम थे। उन्हें देखते ही लोग चारों तरफ़ से दौड़े। सभी लोग विस्मित हो रहे थे। इसलिए नहीं कि अलोपीदीन ने क्यों यह कर्म किया बल्कि इसलिए कि वह क़ानून के पंजे में कैसे आए। ऐसा मनुष्य जिसके पास असाध्य साधन करने वाला धन और अनन्य वाचालता हो, वह क्यों क़ानून के पंजे में आए। प्रत्येक मनुष्य उनसे सहानुभूति प्रकट करता था। बड़ी तत्परता से इस आक्रमण को रोकने के निमित्त वकीलों की एक सेना तैयार की गई। न्याय के मैदान में धर्म और धन में युद्ध ठन

गया। वंशीधर चुपचाप खड़े थे। उनके पास सत्य के सिवा न कोई बल था, न स्पष्ट भाषण के अतिरिक्त कोई शस्त्र। गवाह थे, किन्तु लोभ से डाँवाँडोल।

यहाँ तक कि मुंशी जी को न्याय भी अपनी ओर से कुछ खिंचा हुआ दीख पड़ता था। वह न्याय का दरबार था, परन्तु उसके कर्मचारियों पर पक्षपात का नशा छाया हुआ था। किन्तु पक्षपात और न्याय का क्या मेल? जहाँ पक्षपात हो, वहाँ न्याय की कल्पना भी नहीं की जा सकती। मुक़दमा शीघ्र ही समाप्त हो गया। डिप्टी मजिस्ट्रेट ने अपनी तजवीज में लिखा, पंडित अलोपीदीन के विरुद्ध दिए गए प्रमाण निर्मूल और भ्रमात्मक हैं। वह एक बड़े भारी आदमी हैं। यह बात कल्पना के बाहर है कि उन्होंने थोड़े लाभ के लिए ऐसा दुस्साहस किया हो। यद्यपि नमक के दारोग़ा मुंशी वंशीधर का अधिक दोष नहीं, लेकिन यह बड़े खेद की बात है कि उसकी उद्दंडता और विचारहीनता के कारण एक भलेमानुस को कष्ट झेलना पड़ा। हम प्रसन्न हैं कि वह अपने काम से सजग और सचेत रहता है, किन्तु नमक से मुक़दमे की बढ़ी हुई नमकहलाली ने उसके विवेक और बुद्धि को भ्रष्ट कर दिया। भविष्य में उसे होशियार रहना चाहिए।

वकीलों ने यह फ़ैसला सुना और उछल पड़े। पंडित अलोपीदीन मुस्कुराते हुए बाहर निकले। स्वजन बांधवों ने रुपयों की लूट की। उदारता का सागर उमड़ पड़ा। उसकी लहरों ने अदालत की नींव तक हिला दी। जब वंशीधर बाहर निकले तो चारों ओर से उनके ऊपर व्यंगबाणों की वर्षा होने लगी। चपरासियों ने झुक-झुककर सलाम किए। किन्तु इस समय एक-एक कटु वाक्य, एक-एक संकेत उनकी गर्वाग्नि को प्रज्वलित कर रहा था। कदाचित् इस मुक़दमे में सफल होकर वह इस तरह अकड़ते हुए न चलते। आज उन्हें संसार का एक खेदजनक विचित्र अनुभव हुआ। न्याय और विद्वत्ता, लम्बी-चौड़ी उपाधियाँ, बड़ी-बड़ी दाढ़ियाँ और ढीले चोंगे एक भी सच्चे आदर के पात्र नहीं हैं।

वंशीधर ने धन से बैर मोल लिया था, उसका मूल्य चुकाना अनिवार्य था। कठिनता से एक सप्ताह बीता होगा कि मुअत्तली का परवाना आ पहुँचा। कार्यपरायणता का दंड मिला। बेचारे भग्नहृदय, शोक और खेद से व्यथित घर को चले। बूढ़े मुंशी जी तो पहले ही से कुड़बुड़ा रहे थे कि चलते-चलते इस लड़के को समझाया था, लेकिन इसने एक न सुनी। सब मनमानी करता है। हम तो कलवार और कसाई के तगादे सहें, बुढ़ापे में भगत बनकर बैठें और वहाँ बस वही सूखी तनख़्वाह! हमने भी तो नौकरी की है और कोई ओहदेदार नहीं थे, लेकिन काम किया, दिल खोलकर किया और आप ईमानदार बनने चले हैं। घर में चाहे अँधेरा हो, मस्जिद में अवश्य दीया जलाएँगे। खेद ऐसी समझ पर! पढ़ना-लिखना सब अकारथ गया। इसके थोड़े ही दिनों बाद, जब मुंशी वंशीधर इस दुरवस्था में घर पहुँचे और बूढ़े पिताजी ने समाचार सुना तो सिर पीट लिया। बोले, जी चाहता है कि तुम्हारा और अपना सिर फोड़ लूँ। बहुत देर तक पछता-पछताकर हाथ मलते रहे। क्रोध में कुछ कठोर बातें भी कहीं और यदि वंशीधर वहाँ से टल न जाते जो अवश्य ही यह क्रोध विकट रूप धारण करता। वृद्धा माता को भी दु:ख हुआ। जगन्नाथ और रामेश्वर यात्रा की कामनाएँ मिट्टी में मिल गईं। पत्नी ने तो कई दिन तक सीधे मुँह से बात भी नहीं की।

इसी प्रकार एक सप्ताह बीत गया। संध्या का समय था। बूढ़े मुंशी जी बैठे राम-नाम की माला जप रहे थे। इसी समय उनके द्वार पर सजा हुआ रथ आकर रुका। हरे और गुलाबी

परदे, पछाहियें बैलों की जोड़ी, उनकी गर्दनों में नीले धागे, सींगें पीतल से जड़ी हुईं। कई नौकर लाठियाँ कन्धों पर रखे साथ थे। मुंशी जी अगवानी को दौड़े। देखा तो पंडित अलोपीदीन हैं। झुककर दंडवत् की और लल्लो-चप्पो की बातें करने लगे, हमारा भाग्य उदय हुआ जो आपके चरण इस द्वार पर आए। आप हमारे पूज्य देवता हैं, आपको कौन-सा मुँह दिखावें, मुँह में तो कालिख लगी हुई है। किन्तु क्या करें, लड़का अभागा कपूत है, नहीं तो आपसे क्यों मुँह छिपाना पड़ता? ईश्वर निस्संतान चाहे रक्खे पर ऐसी संतान न दे।

अलोपीदीन ने कहा—नहीं भाई साहब, ऐसा न कहिए।

मुंशी जी ने चकित होकर कहा—ऐसी संतान को और क्या कहूँ।

अलोपीदीन ने वात्सल्यपूर्ण स्वर में कहा—कुलतिलक और पुरखों की कीर्ति उज्ज्वल करने वाले संसार में ऐसे कितने धर्मपरायण मनुष्य हैं जो धर्म पर अपना सब कुछ अर्पण कर सकें?

पं. अलोपीदीन ने वंशीधर से कहा—दारोग़ा जी, इसे ख़ुशामद न समझिए, ख़ुशामद करने के लिए मुझे इतना कष्ट उठाने की ज़रूरत न थी। उस रात को आपने अपने अधिकार-बल से मुझे अपनी हिरासत में लिया था, किन्तु आज मैं स्वेच्छा से आपकी हिरासत में आया हूँ। मैंने हज़ारों रईस और अमीर देखे, हज़ारों उच्च पदाधिकारियों से काम पड़ा। किन्तु मुझे परास्त किया तो आपने। मैंने सबको अपना और अपने धन का ग़ुलाम बनाकर छोड़ दिया। मुझे आज्ञा दीजिए कि आपसे कुछ विनय करूँ।

वंशीधर ने अलोपीदीन को आते देखा तो उठकर सत्कार किया; किन्तु स्वाभिमान सहित। समझ गए कि यह महाशय मुझे लज्जित करने और जलाने आए हैं। क्षमा-प्रार्थना की चेष्टा नहीं की, वरन् उन्हें अपने पिता की यह ठकुरसुहाती की बात असह्य-सी प्रतीत हुई। पर पंडित जी की बातें सुनीं तो मन की मैल मिट गया। पंडित जी की ओर उड़ती हुई दृष्टि से देखा। सद्‌भाव झलक रहा था। गर्व ने लज्जा के सामने सिर झुका दिया। शर्माते हुए बोले—यह आपकी उदारता है जो ऐसा कहते हैं। मुझसे जो कुछ अविनय हुई है, उसे क्षमा कीजिए। मैं धर्म की बेड़ी में जकड़ा हुआ था, नहीं तो वैसे मैं आपका दास हूँ। जो आज्ञा होगी, वह मेरे सिर-माथे पर।

अलोपीदीन ने विनीत भाव से कहा—नहीं, तट पर आपने मेरी प्रार्थना नहीं स्वीकार की थी, किन्तु आज स्वीकार करनी पड़ेगी।

वंशीधर बोले—मैं किस योग्य हूँ, किन्तु जो कुछ सेवा मुझसे हो सकती है उसमें त्रुटि न होगी।

अलोपीदीन ने एक स्टाम्प लगा हुआ पत्र निकाला और उसे वंशीधर के सामने रखकर बोले—इस पद को स्वीकार कीजिए और अपने हस्ताक्षर कर दीजिए। मैं ब्राह्मण हूँ, जब तक यह सवाल पूरा न कीजिएगा, द्वार से न हटूँगा।

मुंशी वंशीधर ने उस काग़ज़ को पढ़ा तो कृतज्ञता से आँखों में आँसू भर आए। पंडित अलोपीदीन ने उनको अपनी सारी जायदाद का स्थायी मैनेजर नियत किया था। छह हज़ार वार्षिक वेतन के अतिरिक्त रोज़ाना ख़र्च अलग, सवारी के लिए घोड़ा, रहने को बँगला, नौकर-चाकर मुफ्त। कम्पित स्वर में बोले—पंडित जी, मुझमें इतनी सामर्थ्य नहीं है कि आपकी उदारता की प्रशंसा कर सकूँ। किन्तु ऐसे उच्च पद के योग्य नहीं हूँ।

अलोपीदीन हँसकर बोले—मुझे इस समय एक अयोग्य मनुष्य की ही ज़रूरत है।

वंशीधर ने गम्भीर भाव से कहा—यों मैं आपका दास हूँ। आप जैसे कीर्तिवान, सज्जन पुरुष की सेवा करना मेरे लिए सौभाग्य की बात है। किन्तु मुझमें न विद्या है, न बुद्धि, न वह स्वभाव जो इन त्रुटियों की पूर्ति कर देता है। ऐसे महान् कार्य के लिए एक बड़े मर्मज्ञ अनुभवी मनुष्य की ज़रूरत है।

अलोपीदीन ने क़लमदान से क़लम निकाली और उसे वंशीधर के हाथ में देकर बोले, न मुझे विद्वत्ता की चाह है, न अनुभव की, न मर्मज्ञता की, न कार्य-कुशलता की। इन गुणों के महत्त्व का परिचय ख़ूब पा चुका हूँ। अब सौभाग्य और सुअवसर ने मुझे वह मोती दे दिया है जिसके सामने योग्यता और विद्वत्ता की चमक फीकी पड़ जाती है। यह क़लम लीजिए, अधिक सोच-विचार न कीजिए, दस्तख़त कर दीजिए। परमात्मा से यही प्रार्थना है कि वह आपको सदैव वही नदी के किनारे वाला बेमुरौवत, उद्दंड, कठोर परन्तु धर्मनिष्ठ दारोग़ा बनाए रखे!

वंशीधर की आँखें डबडबा आईं। हृदय के संकुचित पात्र में इतना एहसान न समा सका। एक बार फिर पंडित जी की ओर भक्ति और श्रद्धा की दृष्टि से देखा और काँपते हुए हाथ से मैनेजरी पर हस्ताक्षर कर दिए।

अलोपीदीन ने प्रफुल्लित होकर उन्हें गले लगा लिया।

उपदेश

प्रयाग के सुशिक्षित समाज में पंडित देवरत्न शर्मा वास्तव में एक रत्न थे। शिक्षा भी उन्होंने उच्च श्रेणी की पाई थी और कुल के भी उच्च थे। न्यायशीला गवर्नमेंट ने उन्हें एक उच्च पद पर नियुक्त करना चाहा, पर उन्होंने अपनी स्वतंत्रता का घात करना उचित न समझा। उनके कई शुभचिन्तक मित्रों ने बहुत समझाया कि इस सुअवसर को हाथ से मत जाने दो, सरकारी नौकरी बड़े भाग्य से मिलती है, बड़े-बड़े लोग इसके लिए तरसते हैं और कामना लिए ही संसार से प्रस्थान कर जाते हैं। अपने कुल की कीर्ति उज्ज्वल करने का इससे सुगम और मार्ग नहीं है, इसे कल्पवृक्ष समझो। विभव, सम्पत्ति, सम्मान और ख्याति यह सब इसके दास हैं। रह गई देश-सेवा, सो तुम्हीं देश के लिए क्यों प्राण देते हो? इस नगर में अनेक बड़े-बड़े विद्वान् और धनवान पुरुष हैं, जो सुख-चैन से बँगलों में रहते और मोटरों पर हरहराते, धूल की आँधी उड़ाते घूमते हैं। क्या वे लोग देश-सेवक नहीं हैं? जब आवश्यकता होती है या कोई अवसर आता है तो वे देश-सेवा में निमग्न हो जाते हैं। अभी जब म्युनिसिपल चुनाव का झगड़ा छिड़ा तो मेयोहाल के हाते में मोटरों का ताँता लगा हुआ था। भवन के भीतर राष्ट्रीय गीतों और व्याख्यानों की भरमार थी। पर इनमें से कौन ऐसा है, जिसने स्वार्थ को तिजांजलि दे रखी हो? संसार का नियम ही है कि पहले घर में दीया जलाकर तब मस्जिद में जलाया जाता है। सच्ची बात तो यह है कि यह जातीयता की चर्चा कुछ कॉलेज के विद्यार्थियों को ही शोभा देती है। जब संसार में प्रवेश हुआ तो कहाँ की जाति और कहाँ की जातीय चर्चा। संसार की यही रीति है। फिर तुम्हीं को क़ाज़ी बनने की क्या ज़रूरत! यदि सूक्ष्म दृष्टि से देखा जाए तो सरकारी पद पाकर मनुष्य अपने देश-भाइयों की जैसी सच्ची सेवा कर सकता है, वैसी

किसी अन्य व्यवस्था से कदापि नहीं कर सकता। एक दयालु दारोग़ा सैकड़ों जातीय सेवकों से अच्छा है। एक न्यायशील, धर्मपरायण मजिस्ट्रेट सहस्रों जातीय दानवीरों से अधिक सेवा कर सकता है। इसके लिए केवल हृदय में लगन चाहिए। मनुष्य चाहे जिस अवस्था में हो, देश का हित-साधन कर सकता है। इसीलिए अब अधिक आगा-पीछा न करो, चटपट पद को स्वीकार कर लो।

शर्मा जी को और युक्तियाँ कुछ न जँचीं, पर इस अन्तिम युक्ति की सारगर्भिता से वह इनकार न कर सके। लेकिन फिर भी चाहे नियमपरायणता के कारण, चाहे केवल आलस्य के वश जो बहुधा ऐसी दशा में जातीय सेवा का गौरव पा जाता है, उन्होंने नौकरी से अलग रहने में ही अपना कल्याण समझा। उनके इस स्वार्थ-त्याग पर कॉलेज के नवयुवकों ने उन्हें ख़ूब बधाइयाँ दीं। इस आत्म-विजय पर एक जातीय ड्रामा खेला गया, जिसके नायक हमारे शर्मा जी ही थे। समाज की उच्च श्रेणियों में इस आत्म-त्याग की चर्चा हुई और शर्मा जी को अच्छी-ख़ासी ख्याति प्राप्त हो गई! इसी से वह कई वर्षों से जातीय सेवा में लीन रहते थे। इस सेवा का अधिक भाग समाचार-पत्रों के अवलोकन में बीतता था, जो जातीय सेवा का ही एक विशेष अंग समझा जाता है। इसके अतिरिक्त वह पत्रों के लिए लेख लिखते, सभाएँ करते और उनमें फड़कते हुए व्याखान देते थे। शर्मा जी फ्री लाइब्ररी के सेक्रेटरी, स्टूडेंट्स एसोसिएशन के सभापति, सोशल सर्विस लीग के सहायक मंत्री और प्राइमरी एजूकेशन कमिटी के संस्थापक थे। कृषि-सम्बन्धी विषयों से उन्हें विशेष प्रेम था। पत्रों में जहाँ कहीं किसी नई खाद या किसी नवीन आविष्कार का वर्णन देखते, तत्काल उस पर लाल पेन्सिल से निशान कर देते और अपने लेखों में उसकी चर्चा करते थे। किन्तु शहर से थोड़ी दूर पर उनका एक बड़ा ग्राम होने पर भी, वह अपने किसी असामी से परिचित न थे। यहाँ तक कि कभी प्रयाग के सरकारी कृषि-क्षेत्र की सैर करने न गए थे।

2

उसी मुहल्ले में एक लाला बाबूलाल रहते थे। वह एक वकील के मुहर्रिर थे। थोड़ी-सी उर्दू-हिन्दी जानते थे और उसी से अपना काम भली-भाँति चला लेते थे। सूरत-शक्ल के कुछ सुन्दर न थे। उस शक्ल पर मऊ के चारखाने की लम्बी अचकन और भी शोभा देती थी। जूता भी देशी ही पहनते थे। यद्यपि कभी-कभी वे कड़वे तेल से उसकी सेवा किया करते, पर वह नीच स्वभाव के अनुसार उन्हें काटने से न चूकता था। बेचारे को साल के छह महीने पैरों में मलहम लगानी पड़ती। बहुधा नंगे पाँव कचहरी जाते, पर कंजूस कहलाने के भय से जूतों को हाथ में ले जाते। जिस ग्राम में शर्मा जी की ज़मींदारी थी, उसमें कुछ थोड़ा-सा हिस्सा उनका भी था। इस नाते से कभी-कभी उनके पास आया करते थे। हाँ, तातील के दिनों में गाँव चले जाते। शर्मा जी को उनका आकर बैठना नागवार मालूम देता, विशेषकर जब वह फैशनेबुल मनुष्यों की उपस्थिति में आ जाते। मुंशी जी भी कुछ ऐसी स्थूल दृष्टि के पुरुष थे कि उन्हें अपना अनमिलापन बिलकुल दिखाई न देता। सबसे बड़ी आपत्ति यह थी वे बराबर कुर्सी पर डट जाते, मानो हंसों में कौआ। उस समय मित्रगण अँगरेज़ी में बातें करने लगते और बाबूलाल को क्षुद्र-बुद्धि, झक्की, बौड़म, बुद्धू आदि उपाधियों का पात्र बनाते। कभी-कभी उनकी हँसी उड़ाते थे। शर्मा जी में इतनी सज्जनता अवश्य थी कि वे अपने विचारहीन मित्र

को यथाशक्ति निरादर से बचाते थे। यथार्थ में बाबूलाल की शर्मा जी पर सच्ची भक्ति थी। एक तो वह बी.ए. पास थे, दूसरे वह देशभक्त थे। बाबूलाल जैसे विद्याहीन मनुष्य का ऐसे रत्न को आदरणीय समझना कुछ अस्वाभाविक न था।

3

एक बार प्रयाग में प्लेग का प्रकोप हुआ। शहर के रईस लोग निकल भागे। बेचारे ग़रीब चूहों की भाँति पटापट मरने लगे। शर्मा जी ने भी चलने की ठानी। लेकिन सोशल सर्विस लीग के वे मंत्री ठहरे। ऐसे अवसर पर निकल भागने में बदनामी का भय था। बहाना ढूँढ़ा। लीग के प्राय: सभी लोग कॉलेज में पढ़ते थे। उन्हें बुलाकर इन शब्दों में अपना अभिप्राय प्रकट किया—मित्रवृन्द! आप अपनी जाति के दीपक हैं। आप ही इस मरणोन्मुख जाति के आशास्थल हैं। आज हम पर विपत्ति की घटाएँ छाई हुई हैं। ऐसी अवस्था में हमारी आँखें आपकी ओर न उठें तो किसकी ओर उठेंगी। मित्र, इस जीवन में देशसेवा के अवसर बड़े सौभाग्य से मिला करते हैं। कौन जानता है कि परमात्मा ने तुम्हारी परीक्षा के लिए ही यह वज्रप्रहार किया हो। जनता को दिखा दो कि तुम वीरों का हृदय रखते हो, जो कितने ही संकट पड़ने पर भी विचलित नहीं होता। हाँ, दिखा दो कि वह वीरप्रसविनी पवित्र भूमि जिसने हरिश्चन्द्र और भरत को उत्पन्न किया, आज भी शून्यगर्भा नहीं है। जिस जाति के युवकों में अपने पीड़ित भाइयों के प्रति ऐसी करुणा और यह अटल प्रेम है वह संसार में सदैव यश-कीर्ति की भागी रहेगी। आइए, हम कमर बाँधकर कर्म-क्षेत्र में उतर पड़ें। इसमें सन्देह नहीं कि काम कठिन है, राह बीहड़ है, आपको अपने आमोद-प्रमोद, अपने हाकी-टेनिस, अपने मिल और मिल्टन को छोड़ना पड़ेगा। तुम ज़रा हिचकोगे, हटोगे और मुँह फेर लोगे, परन्तु भाइयो! जातीय सेवा का स्वर्गीय आनन्द सहज में नहीं मिल सकता! हमारा पुरुषत्व, हमारा मनोबल, हमारा शरीर यदि जाति के काम न आवे तो वह व्यर्थ है। मेरी प्रबल आकांक्षा थी कि इस शुभ कार्य में मैं तुम्हारा हाथ बँटा सकता, पर आज ही देहातों में भी बीमारी फैलने का समाचार मिला है। अतएव मैं यहाँ का काम आपके सुयोग्य, सुदृढ़, हाथों में सौंपकर देहात में जाता हूँ कि यथासाध्य देहाती भाइयों की सेवा करूँ। मुझे विश्वास है कि आप सहर्ष मातृभूमि के प्रति अपना कर्तव्य पालन करेंगे।

इस तरह गला छुड़ाकर शर्मा जी संध्या समय स्टेशन पहुँचे। पर मन कुछ मलिन था। वे अपनी इस कायरता और निर्बलता पर मन ही मन लज्जित थे।

संयोगवश स्टेशन पर उनके एक वकील मित्र मिल गए। यह वही वकील थे जिनके आश्रय में बाबूलाल का निर्वाह होता था। यह भी भागे जा रहे थे। बोले—कहिए शर्मा जी, किधर चले? क्या भाग खड़े हुए?

शर्मा जी पर घड़ों पानी पड़ गया, पर सँभलकर बोले—भागूँ क्यों?

वकील—सारा शहर क्यों भागा जा रहा है?

शर्मा जी—मैं ऐसा कायर नहीं हूँ?

वकील—यार क्यों बात बनाते हो, अच्छा बताओ, कहाँ जाते हो?

शर्मा जी—देहातों में बीमारी फैल रही है, वहाँ कुछ रिलीफ का काम करूँगा।

वकील—यह बिलकुल झूठ है। अभी मैं डिस्ट्रिक्ट गजट देखके चला आता हूँ। शहर के बाहर कहीं बीमारी का नाम नहीं है।

शर्मा जी निरुत्तर होकर भी विवाद कर सकते थे। बोले, गजट को आप देव-वाणी समझते होंगे, मैं नहीं समझता।

वकील—आपके कान में तो आकाश के दूत कह गए होंगे? साफ़-साफ़ क्यों नहीं कहते कि जान के डर से भागा जा रहा हूँ।

शर्मा जी—अच्छा, मान लीजिए यही सही। तो क्या पाप कर रहा हूँ? सबको अपनी जान प्यारी होती है।

वकील—हाँ, अब आए राह पर। यह मरदों की-सी बात है। अपने जीवन की रक्षा करना शास्त्र का पहला नियम है। लेकिन अब भूलकर भी देश-भक्ति की डींग न मारिएगा। इस काम के लिए बड़ी दृढ़ता और आत्मिक बल की आवश्यकता है। स्वार्थ और देश-भक्ति में विरोधात्मक अन्तर है। देश पर मिट जाने वाले को देश-सेवक का सर्वोच्च पद प्राप्त होता है, वाचालता और कोरी क़लम घिसने से देश-सेवा नहीं होती। कम से कम मैं तो अख़बार पढ़ने को यह गौरव नहीं दे सकता। अब कभी बढ़-बढ़कर बातें न कीजिएगा। आप लोग अपने सिवा सारे संसार को स्वार्थांध समझते हैं, इसी से कहता हूँ।

शर्मा जी ने उद्दंडता का कुछ उत्तर न दिया। घृणा से मुँह फेर कर गाड़ी में बैठ गए।

4

तीसरे ही स्टेशन पर शर्मा जी उतर पड़े। वकील की कठोर बात से खिन्न हो रहे थे। चाहते थे कि उसकी आँख बचाकर निकल जाएँ, पर देख ही लिया और हँसकर बोला—क्या आपके ही गाँव में प्लेग का दौरा हुआ है?

शर्मा जी ने कुछ उत्तर न दिया। बहली पर जा बैठे। कई बेगार हाजिर थे। उन्होंने असबाब उठाया। फागुन का महीना था। आमों के बौर से महकती हुई मंद-मंद वायु चल रही थी। कभी-कभी कोयल की सुरीली तान सुनाई दे जाती थी। खलिहानों में किसान आनन्द से उन्मत्त हो-होकर फाग गा रहे थे। लेकिन शर्मा जी को अपनी फटकार पर ऐसी ग्लानि थी कि इन चित्ताकर्षक वस्तुओं का उन्हें कुछ ध्यान ही न हुआ।

थोड़ी देर बाद वे ग्राम में पहुँचे। शर्मा जी के स्वर्गवासी पिता एक रसिक पुरुष थे। एक छोटा-सा बाग़, छोटा-सा पक्का कुआँ, बँगला, शिवजी का मन्दिर यह सब उन्हीं के कीर्ति चिह्न थे। वह गर्मी के दिनों में यहीं रहा करते थे, पर शर्मा जी के यहाँ आने का पहला ही अवसर था। बेगारियों ने चारों तरफ़ सफ़ाई कर रक्खी थी। शर्मा जी बहली से उतरकर सीधे बँगले में चले गए, सैकड़ों असामी दर्शन करने आए थे, पर वह उनसे कुछ न बोले।

घड़ी रात जाते-जाते शर्मा जी के नौकर टमटम लिए आ पहुँचे। कहार, साईस और रसोइया-महाराज तीनों ने असामियों को इस दृष्टि से देखा मानो वह उनके नौकर हैं। साईस ने एक मोटे-ताज़े किसान से कहा—घोड़े को खोल दो।

किसान बेचारा डरता-डरता घोड़े के निकट गया। घोड़े ने अनजान आदमी को देखते ही तेवर बदलकर कनौतियाँ खड़ी कीं। किसान डर कर लौट आया, तब साईस ने उसे ढकेल कर कहा—बस, निरे बछिया के ताऊ ही हो। हल जोतने से क्या अक़्ल भी चली जाती है? यह लो घोड़ा टहलाओ। मुँह क्या बनाते हो, कोई सिंह है कि खा जाएगा?

किसान ने भय से काँपते हुए रास पकड़ी। उसका घबराया हुआ मुख देखकर हँसी आती थी। पग-पग पर घोड़े को चौकन्नी दृष्टि से देखता, मानो वह कोई पुलिस का सिपाही है।

रसोई बनाने वाले महाराज एक चारपाई पर लेटे हुए थे—कड़क कर बोले, अरे नउआ कहाँ है? चल पानी-वानी ला, हाथ-पैर धो दे।

कहार ने कहा—अरे, किसी के पास ज़रा सुरती-चूना हो तो देना। बहुत देर से तमाखू नहीं खाई।

मुख्तार (कारिंदा) साहब ने इन मेहमानों की दावत का प्रबन्ध किया। साईस और कहार के लिए पूरियाँ बनने लगीं, महाराज को सामान दिया गया। मुख्तार साहब इशारे पर दौड़ते थे और दीन किसानों का तो पूछना ही क्या, वे तो बिना दामों के ग़ुलाम थे। सच्चे-स्वतंत्र लोग इस समय सेवकों के सेवक बने हुए थे।

5

कई दिन बीत गए। शर्मा जी अपने बँगले में बैठे पत्र और पुस्तकें पढ़ा करते थे। रस्किन के कथनानुसार राजाओं और महात्माओं के सत्संग का सुख लूटते थे, हालैंड के कृषि-विधान, अमेरिकी-शिल्प-वाणिज्य और जर्मनी की शिक्षा-प्रणाली आदि गूढ़ विषयों पर विचार किया करते थे। गाँव में ऐसा कौन था जिसके साथ बैठते? किसानों से बातचीत करने को उनका जी चाहता, पर न जाने क्यों वे उजड्ड, अक्खड़ लोग उनसे दूर रहते। शर्मा जी का मस्तिष्क कृषि-सम्बन्धी ज्ञान का भंडार था। हालैंड और डेनमार्क की वैज्ञानिक खेती, उसकी उपज का परिमाण और वहाँ के कोआपरेटिव बैंक आदि गहन विषय उनकी जिह्वा पर थे, पर इन गँवारों को क्या ख़बर? यह सब उन्हें झुककर पालागन अवश्य करते और कतरा कर निकल जाते, जैसे कोई मरकहे बैल से बचे। यह निश्चय करना कठिन है कि शर्मा जी की उनसे वार्तालाप करने की इच्छा में क्या रहस्य था, सच्ची सहानुभूति या अपनी सर्वज्ञता का प्रदर्शन!

शर्मा जी की डाक शहर से लाने और ले जाने के लिए दो आदमी प्रतिदिन भेजे जाते। वह लुई कूने की जल-चिकित्सा के भक्त थे। मेवों का अधिक सेवन करते थे। एक आदमी इस काम के लिए भी दौड़ाया जाता था। शर्मा जी ने अपने मुख्तार से सख़्त ताकीद कर दी थी कि किसी से मुफ्त काम न लिया जाए तथापि शर्मा जी को यह देखकर आश्चर्य होता था कि कोई इन कामों के लिए प्रसन्नता से नहीं जाता। प्रतिदिन बारी-बारी से आदमी भेजे जाते थे। वह इसे भी बेगार समझते थे। मुख्तार साहब को प्राय: कठोरता से काम लेना पड़ता था। शर्मा जी किसानों की इस शिथिलता को मुटमरदी के सिवा और क्या समझते! कभी-कभी वह स्वयं क्रोध से भरे हुए अपने शान्ति-कुटीर से निकल आते और अपनी तीव्र वाक्-शक्ति का चमत्कार दिखाने लगते थे। शर्मा जी के घोड़े के लिए घास-चारे का प्रबन्ध भी कुछ कम कष्टदायक न था। रोज़ संध्या समय डाँट-डपट और रोने-चिल्लाने की आवाज़ उन्हें सुनाई देती थी। एक कोलाहल-सा मच जाता था। पर वह इस सम्बन्ध में अपने मन को इस प्रकार समझा लेते थे कि घोड़ा भूखों नहीं मर सकता, घास का दाम दे दिया जाता है, यदि इस पर भी यह हाय-हाय होती है तो हुआ करे। शर्मा जी को यह कभी नहीं सूझी कि ज़रा चमारों से पूछ लें कि घास का दाम मिलता है या नहीं। यह सब व्यवहार देख-देखकर उन्हें अनुभव

होता जाता था कि देहाती बड़े मुटमरद, बदमाश हैं। इनके विषय में मुख़्तार साहब जो कुछ कहते हैं, वह यथार्थ है। पत्रों और व्याख्यानों में उनकी अवस्था पर व्यर्थ गुल-गपाड़ा मचाया जाता है, यह लोग इसी बरताव के योग्य हैं। जो इनकी दीनता और दरिद्रता का राग अलापते हैं, वह सच्ची अवस्था से परिचित नहीं हैं। एक दिन शर्मा जी महात्माओं की संगति से उकता कर सैर को निकले। घूमते-फिरते खलिहानों की तरफ़ निकल गए। वहाँ आम के वृक्ष के नीचे किसानों की गाढ़ी कमाई के सुनहरे ढेर लगे हुए थे। चारों ओर भूसे की आँधी-सी उड़ रही थी। बैल अनाज का एक गाल खा लेते थे। यह सब उन्हीं की कमाई है, उनके मुँह में आज चाबी देना बड़ी कृतघ्नता है। गाँव के बढ़ई, चमार, धोबी और कुम्हार अपना वार्षिक कर उगाहने के लिए जमा थे। एक ओर नट ढोल बजा-बजाकर अपने करतब दिखा रहा था। कवीश्वर महाराज की अतुल काव्य-शक्ति आज उमंग पर थी।

शर्मा जी इस दृश्य से बहुत प्रसन्न हुए। परन्तु इस उल्लास में उन्हें अपने कई सिपाही दिखाई दिए जो लट्ठ लिए अनाज के ढेरों के पास जमा थे। पुष्पवाटिका में ठूँठ जैसा भद्दा दिखाई देता है अथवा ललित संगीत में जैसे कोई बेसुरी तान कानों को अप्रिय लगती है, उसी तरह शर्मा जी की सहृदयतापूर्ण दृष्टि में ये मँडराते हुए सिपाही दिखाई दिए। उन्होंने निकट जाकर एक सिपाही को बुलाया। उन्हें देखते ही सब-के-सब पगड़ियाँ सँभालते दौड़े।

शर्मा जी ने पूछा—तुम लोग यहाँ इस तरह क्यों बैठे हो?

एक सिपाही ने उत्तर दिया—सरकार, हम लोग असामियों के सिर पर सवार न रहें तो एक कौड़ी वसूल न हो। अनाज घर में जाने की देर है, फिर वह सीधे बात भी न करेंगे—बड़े सरकश लोग हैं। हम लोग रात की रात बैठे रहते हैं। इतने पर भी जहाँ आँख झपकी ढेर ग़ायब हुआ।

शर्मा जी ने पूछा—तुम लोग यहाँ कब तक रहोगे? एक सिपाही ने उत्तर दिया—हुजूर! बनियों को बुलाकर अपने सामने अनाज तौलाते हैं। जो कुछ मिलता है उसमें से लगान काट कर बाक़ी असामी को देते हैं।

शर्मा जी सोचने लगे, जब यह हाल है तो इन किसानों की अवस्था क्यों न ख़राब हो? यह बेचारे अपने धन के मालिक नहीं हैं। उसे अपने पास रखकर अच्छे अवसर पर नहीं बेच सकते। इस कष्ट का निवारण कैसे किया जाए? यदि मैं इस समय इनके साथ रिआयत कर दूँ तो लगान कैसे वसूल होगा।

इस विषय पर विचार करते हुए वहाँ से चल दिए। सिपाहियों ने साथ चलना चाहा, पर उन्होंने मना कर दिया। भीड़-भाड़ से उन्हें उलझन होती थी। अकेले ही गाँव में घूमने लगे। छोटा-सा गाँव था, पर सफ़ाई का कहीं नाम न था। चारों ओर से दुर्गंध उठ रही थी। किसी के दरवाज़े पर गोबर सड़ रहा था, तो कहीं कीचड़ और कूड़े का ढेर वायु को विषैली बना रहा था। घरों के पास ही घूर पर खाद के लिए गोबर फेंका हुआ था जिससे गाँव में गन्दगी फैलने के साथ-साथ खाद का सारा अंश धूप और हवा के साथ ग़ायब हो जाता था। गाँव के मकान तथा रास्ते बेसिलसिले, बेढंगे तथा टूटे-फूटे थे। मोरियों से गन्दे पानी के निकास का कोई प्रबन्ध न होने की वजह से दुर्गंध से दम घुटता था। शर्मा जी ने नाक पर रूमाल लगा ली। साँस रोककर तेज़ी से चलने लगे। बहुत जी घबराया तो दौड़े और हाँफते हुए एक सघन नीम के वृक्ष की छाया में आकर खड़े हो गए। अभी अच्छी तरह साँस भी न लेने पाए थे कि बाबूलाल ने आकर पालागन किया और पूछा क्या कोई साँड़ था?

शर्मा जी साँस खींचकर बोले—साँड़ से अधिक भयंकर विषैली हवा थी। ओह! यह लोग ऐसी गन्दगी में रहते हैं?

बाबूलाल—रहते क्या हैं, किसी तरह जीवन के दिन पूरे करते हैं।

शर्मा जी—पर यह स्थान तो साफ़ है?

बाबूलाल—जी हाँ, इस तरफ़ गाँव के किनारे तक साफ़ जगह मिलेगी।

शर्मा जी—तो उधर इतना मैला क्यों है?

बाबूलाल—गुस्ताखी माफ़ हो तो कहूँ?

शर्मा जी हँसकर बोले—प्राणदान माँगा होता। सच बताओ क्या बात है? एक तरफ़ ऐसी स्वच्छता और दूसरी तरफ़ वह गन्दगी?

बाबूलाल—यह मेरा हिस्सा है और वह आपका हिस्सा है। मैं अपने हिस्से की देख-रेख स्वयं करता हूँ, पर आपका हिस्सा नौकरों की कृपा के अधीन है।

शर्मा जी—अच्छा यह बात है। आख़िर आप क्या करते हैं?

बाबूलाल—और कुछ नहीं, केवल ताकीद करता रहता हूँ। जहाँ अधिक मैलापन देखता हूँ, स्वयं साफ़ करता हूँ। मैंने सफ़ाई का एक इनाम नियत कर दिया है, जो प्रति मास सबसे साफ़ घर के मालिक को मिलता है।

शर्मा जी के लिए एक कुर्सी रख दी गई। वे उस पर बैठ गए और बोले—क्या आप आज ही आए हैं?

बाबूलाल—जी हाँ, कल तातील है। आप जानते ही हैं कि तातील के दिन मैं भी यहीं रहता हूँ।

शर्मा जी—शहर का क्या रंग-ढंग है?

बाबूलाल—वही हाल, बल्कि और भी ख़राब। 'सोशल सर्विस लीग' वाले भी ग़ायब हो गए। ग़रीबों के घरों में मुर्दे पड़े हुए हैं। बाज़ार बन्द हो गए। खाने को अनाज नहीं मिलता है।

शर्मा जी—भला बताओ तो, ऐसी आग में मैं वहाँ कैसे रहता? बस लोगों ने मेरी ही जान सस्ती समझ रखी है। जिस दिन मैं यहाँ आ रहा था आपके वकील साहब मिल गए, बेतरह गरम हो पड़े, मुझे देश-भक्ति के उपदेश देने लगे। जिन्हें कभी भूलकर भी देश का ध्यान नहीं आता वे भी मुझे उपदेश देना अपना कर्तव्य समझते हैं। कुछ ही देश-भक्ति का दावा है। जिसे देखो वही तो देश-सेवक बना फिरता है। जो लोग सहस्रों रुपए अपने भोग-विलास में फूँकते हैं उनकी गणना भी जाति-सेवकों में है। मैं तो फिर भी कुछ-न-कुछ करता हूँ। मैं भी मनुष्य हूँ कोई देवता नहीं, धन की अभिलाषा अवश्य है। मैं जो अपना जीवन पत्रों के लिए लेख लिखने में काटता हूँ, देश-हित की चिन्ता में मग्न रहता हूँ, उसके लिए मेरा इतना सम्मान बहुत समझा जाता है। जब किसी सेठ जी या किसी वकील साहब के दरेदौलत पर हाजिर हो जाऊँ तो वह कृपा करके मेरा कुशल-समाचार पूछ लें। उस पर भी यदि दुर्भाग्यवश किसी चन्दे के सम्बन्ध में जाता हूँ, तो लोग मुझे यम का दूत समझते हैं। ऐसी रुखाई का व्यवहार करते हैं जिससे सारा उत्साह भंग हो जाता है। यह सब आपत्तियाँ तो मैं झेलूँ, पर जब किसी सभा का सभापति चुनने का समय आता है तो कोई वकील साहब इसके पात्र समझे जाते हैं, जिन्हें अपने धन के सिवा उक्त पद का कोई अधिकार नहीं। तो भाई जो गुड़ खाय वह कान छिदावे। देश-हितैषियों का पुरस्कार यही जातीय सम्मान है। जब वहाँ तक मेरी पहुँच ही नहीं

तो व्यर्थ जान क्यों दूँ। यदि यह आठ वर्ष मैंने लक्ष्मी की आराधना में व्यतीत किए होते तो अब तक मेरी गिनती बड़े आदमियों में होती। अभी मैंने कितने परिश्रम से देहाती बैंकों पर लेख लिखा, महीनों उसकी तैयारी में लगे, सैकड़ों पत्र-पत्रिकाओं के पन्ने उलटने पड़े, पर किसी ने उसके पढ़ने का कष्ट भी न उठाया। यदि इतना परिश्रम किसी और काम में किया होता तो कम से कम स्वार्थ तो सिद्ध होता। मुझे ज्ञात हो गया कि इन बातों को कोई नहीं पूछता। सम्मान और कीर्ति यह सब धन के नौकर हैं।

बाबूलाल—आपका कहना यथार्थ ही है; पर आप जैसे महानुभाव इन बातों को मन में लावेंगे तो यह काम कौन करेगा?

शर्मा जी—वही करेंगे जो 'ऑनरेबुल' बने फिरते हैं या जो नगर के पिता कहलाते हैं। मैं तो अब देशाटन करूँगा, संसार की हवा खाऊँगा।

बाबूलाल समझ गए कि यह महाशय इस समय आपे में नहीं हैं। विषय बदलकर पूछा—यह तो बताइए, आपने देहात को कैसे पसन्द किया? आप तो पहले-ही-पहल यहाँ आए हैं।

शर्मा जी—बस, यही कि बैठे-बैठे जी घबराता है। हाँ, कुछ नए अनुभव अवश्य प्राप्त हुए हैं। कुछ भ्रम दूर हो गए। पहले समझता था कि किसान बड़े दीन-दु:खी होते हैं। अब मालूम हुआ कि यह मुटमरद, अनुदार और दुष्ट हैं। सीधे बात न सुनेंगे, पर कड़ाई से जो काम चाहे करा लो। बस, निरे पशु हैं। और तो और, लगान के लिए भी उनके सिर पर सवार रहने की ज़रूरत है। टल जाओ तो कौड़ी वसूल न हो। नालिश कीजिए, बेदख़ली जारी कीजिए, कुर्की कराइए, यह सब आपत्तियाँ सहेंगे, पर समय पर रुपया देना नहीं जानते। यह सब मेरे लिए नई बातें हैं। मुझे अब तक इनसे जो सहानुभूति थी वह अब नहीं है। पत्रों में उनकी हीनावस्था के जो मरसिये गाये जाते हैं, वह सर्वथा कल्पित हैं। क्यों, आपका क्या विचार है?

बाबूलाल ने सोचकर जवाब दिया—मुझे तो अब तक कोई शिकायत नहीं हुई। मेरा अनुभव यह है कि यह लोग बड़े शीलवान्, नम्र और कृतज्ञ होते हैं। परन्तु उनके ये गुण प्रकट में नहीं दिखाई देते। उनमें मिलिए और उन्हें मिलाइए तब उनके जौहर खुलते हैं। उन पर विश्वास कीजिए तब वह आप पर विश्वास करेंगे। आप कहेंगे इस विषय में अग्रसर होना उनका काम है और आपका यह कहना उचित भी है, लेकिन शताब्दियों से वह इतने पीसे गए हैं, इतनी ठोकरें खाई हैं कि उनमें स्वाधीन गुणों का लोप-सा हो गया है। ज़मींदार को वह एक हौआ समझते हैं जिनका काम उन्हें निगल जाना है। वह उनका मुक़ाबिला नहीं कर सकते, इसलिए छल और कपट से काम लेते हैं, जो निर्धनों का एकमात्र आधार है। पर आप एक बार उनके विश्वासपात्र बन जाइए, फिर आप कभी उनकी शिकायत न करेंगे।

बाबूलाल यह बातें कर ही रहे थे कि कई चमारों ने घास के बड़े-बड़े गट्ठे लाकर डाल दिए और चुपचाप चले गए। शर्मा जी को आश्चर्य हुआ। इसी घास के लिए इनसे बँगले पर हाय-हाय होती है और यहाँ किसी को ख़बर भी नहीं हुई। बोले—आख़िर अपना विश्वास ज़माने का कोई उपाय भी है।

बाबूलाल ने उत्तर दिया—आप स्वयं बुद्धिमान हैं। आपके सामने मेरा मुँह खोलना धृष्टता है। मैं इसका एक ही उपाय जानता हूँ। उन्हें किसी कष्ट में देखकर उनकी मदद कीजिए। मैंने उन्हीं के लिए वैद्यक सीखा और एक छोटा-मोटा औषधालय अपने साथ रखता हूँ। रुपया माँगते हैं तो रुपया, अनाज माँगते हैं जो अनाज देता हूँ, पर सूद नहीं लेता। इससे मुझे

ग्लानि नहीं होती, दूसरे रूप में सूद अधिक मिल जाता है। गाँव में दो अंधी स्त्रियाँ और दो अनाथ लड़कियाँ हैं, उनके निर्वाह का प्रबन्ध कर दिया है। होता सब उन्हीं की कमाई से है, पर नेकनामी मेरी होती है।

इतने में कई असामी आए और बोले—भैया, पोत ले लो।

शर्मा जी ने सोचा इसी लगान के लिए मेरे चपरासी खलिहान में चारपाई डालकर सोते हैं और किसानों को अनाज के ढेर के पास फटकने नहीं देते और वही लगान यहाँ इस तरह आप से आप चला आता है। बोले—यह सब तो तब ही हो सकता है जब ज़मींदार आप गाँव में रहे।

बाबूलाल ने उत्तर दिया—जी हाँ, और क्यों? ज़मींदार के गाँव में न रहने से इन किसानों को बड़ी हानि होती है। कारिंदों और नौकरों से यह आशा करनी भूल है कि वह इनके साथ अच्छा बर्ताव करेंगे, क्योंकि उनको तो अपना उल्लू सीधा करने से काम रहता है। जो किसान उनकी मुट्ठी गरम करते हैं उन्हें मालिक के सामने सीधा और जो कुछ नहीं देते उन्हें बदमाश और सरकश बतलाते हैं। किसानों को बात-बात के लिए चूसते हैं, किसान छान छवाना चाहे तो उन्हें दे, दरवाज़े पर एक खूँटा तक गाड़ना चाहे तो उन्हें पूजे, एक छप्पर उठाने के लिए दस रुपए ज़मींदार को नज़राना दे तो दो रुपए मुंशी जी को ज़रूर ही देने होंगे। कारिंदे को घी-दूध मुफ्त खिलावे, कहीं-कहीं तो गेहूँ-चावल तक मुफ्त हजम कर जाते हैं। ज़मींदार तो किसानों को चूसते ही हैं, कारिंदे भी कम नहीं चूसते। ज़मींदार तीन पाव के भाव में रुपए का सेर भर घी ले तो मुंशी जी को अपने घर अपने साले-बहनोइयों के लिए अठारह छटाँक चाहिए ही। तनिक-तनिक सी बात के लिए डाँड़ और जुर्माना देते-देते किसानों के नाक में दम हो जाता है। आप जानते हैं इसी से और कहीं की 30 रु. की नौकरी छोड़कर भी ज़मींदारों की कारिंदागिरी लोग 8 रु., 10 रु. में स्वीकार कर लेते हैं, क्योंकि 8 रु., 10 रु. का कारिंदा साल में 800 रु., 1000 रु. ऊपर से कमाता है। खेद तो यह है कि ज़मींदार लोगों में शिक्षा की उन्नति के साथ-साथ शहर में रहने की प्रथा दिनोंदिन बढ़ती जा रही है। मालूम नहीं आगे चलकर इन बेचारों की क्या गति होगी?

6

शर्मा जी को बाबूलाल की बातें विचारपूर्ण मालूम हुईं! पर वह सुशिक्षित मनुष्य थे। किसी बात को चाहे वह कितनी ही यथार्थ क्यों न हो, बिना तर्क के ग्रहण नहीं कर सकते थे। बाबूलाल को वह सामान्य बुद्धि का आदमी समझते आए थे। इस भाव में एकाएक परिवर्तन हो जाना असम्भव था। इतना ही नहीं, इन बातों का उल्टा प्रभाव यह हुआ कि वह बाबूलाल से चिढ़ गए। उन्हें ऐसा प्रतीत हुआ कि बाबूलाल अपने सुप्रबन्ध के अभिमान में मुझे तुच्छ समझता है, मुझे ज्ञान सिखाने की चेष्टा करता है। जो सदैव दूसरों को सद्ज्ञान सिखाने और सम्मान दिखाने का प्रयत्न करता हो वह बाबूलाल जैसे आदमी के सामने कैसे सिर झुकाता? अतएव जब यहाँ से चले तो शर्मा जी की तर्क-शक्ति बाबूलाल की बातों की आलोचना कर रही थी। मैं गाँव में क्योंकर रहूँ! क्या जीवन की सारी अभिलाषाओं पर पानी फेर दूँ? गँवारों के साथ बैठे-बैठे गप्पें लड़ाया करूँ! घड़ी-आध-घड़ी मनोरंजन के लिए उनसे बातचीत करना सम्भव है, पर यह मेरे लिए असह्य है कि वह आठों पहर मेरे सिर पर सवार रहें। मुझे तो उन्माद हो जाए। माना कि उनकी रक्षा करना मेरा कर्तव्य है, पर यह कदापि नहीं हो सकता कि उनके

लिए मैं अपना जीवन नष्ट कर दूँ। बाबूलाल बन जाने की क्षमता मुझमें नहीं है कि जिससे बेचारे इस गाँव की सीमा के बाहर नहीं जा सकते। मुझे संसार में बहुत काम करना है, बहुत नाम करना है। ग्राम्य जीवन मेरे लिए प्रतिकूल ही नहीं बल्कि प्राणघातक भी है।

यही सोचते हुए वह बँगले पर पहुँचे तो क्या देखते हैं कि कई कांस्टेबल कमरे के बरामदे में लेटे हुए हैं। मुख्तार साहब शर्मा जी को देखते ही आगे बढ़कर बोले—हुजूर! बड़े दारोग़ा जी, छोटे दारोग़ा जी के साथ आए हैं। मैंने उनके लिए पलंग कमरे में ही बिछवा दिए हैं। ये लोग जब इधर आ जाते हैं तो ठहरा करते हैं। देहात में इनके योग्य स्थान और कहाँ है? अब मैं इनसे कैसे कहता कि कमरा ख़ाली नहीं है। हुजूर का पलंग ऊपर बिछा दिया है।

शर्मा जी अपने अन्य देश-हितचिन्तक भाइयों की भाँति पुलिस के घोर विरोधी थे। पुलिसवालों के अत्याचारों के कारण उन्हें बड़ी घृणा की दृष्टि से देखते थे। उनका सिद्धान्त था कि यदि पुलिस का आदमी प्यास से भी मर जाए तो उसे पानी न देना चाहिए। अपने कारिंदे से यह समाचार सुनते ही उनके शरीर में आग-सी लग गई। कारिंदे की ओर लाल आँखों से देखा और लपककर कमरे की ओर चले कि बेईमानों का बोरिया-बँधना उठाकर फेंक दूँ। वाह! मेरा घर न हुआ कोई होटल हुआ! आकर डट गए। तेवर बदले हुए बरामदे में जा पहुँचे कि इतने में छोटे दारोग़ा बाबू कोकिला सिंह ने कमरे से निकलकर पालागन किया और हाथ बढ़ाकर बोले—अच्छी साइत से चला था कि आपके दर्शन हो गए। आप मुझे भूल तो न गए होंगे?

यह महाशय दो साल पहले 'सोशल सर्विस लीग' के उत्साही सदस्य थे। इंटरमीडियेट फेल हो जाने के बाद पुलिस में दाख़िल हो गए थे। शर्मा जी ने उन्हें देखते ही पहचान लिया। क्रोध शान्त हो गया। मुस्कुराने की चेष्टा करके बोले—भूलना बड़े आदमियों का काम है। मैंने तो आपको दूर ही से पहचान लिया था। कहिए, इसी थाने में हैं क्या? कोकिला सिंह बोले—जी हाँ, आजकल यहीं हूँ। आइए, आपको दारोग़ा जी से इन्ट्रोड्यूस (परिचय) करा दूँ।

भीतर आरामकुरसी पर लेटे दारोग़ा जुल्फिकार अली ख़ाँ हुक़्क़ा पी रहे थे। बड़े डीलडौल के मनुष्य थे। चेहरे से रोब टपकता था। शर्मा जी को देखते ही उठकर हाथ मिलाया और बोले—जनाब से नियाज़ हासिल करने का शौक़ मुद्दत से था। आज ख़ुशनसीब मौक़ा भी मिल गया। इस मुदाख़िलत बेजा को मुआफ़ फरमाइएगा।

शर्मा जी को आज मालूम हुआ कि पुलिसवालों को अशिष्ट कहना अन्याय है। हाथ मिलाकर बोले—यह आप क्या फरमाते हैं, यह आपका घर है।

पर इसके साथ ही पुलिस पर आक्षेप करने का ऐसा अच्छा अवसर हाथ से नहीं जाने देना चाहते थे। कोकिला सिंह से बोले—आपने तो पिछले साल कॉलेज छोड़ा है। लेकिन आपने नौकरी भी की तो पुलिस की!

बड़े दारोग़ा जी यह ललकार सुनकर सँभल बैठे और बोले—क्यों जनाब! क्या पुलिस ही सारे मुहकमों से गया-गुज़रा है? ऐसा कौन-सा सेगा है जहाँ रिश्वत का बाज़ार गर्म नहीं। अगर आप ऐसे एक भी सेगा का नाम बता दीजिए तो मैं ताउम्र आपकी ग़ुलामी करूँ। मुलाज़मत करके रिश्वत लेना मुहाल है। तामील के सेगे को बेलौस कहा जाता है, मगर मुझको इसका ख़ूब तजरबा हो चुका है। अब मैं किसी रास्तबाज़ी के दावे को तसलीम नहीं कर सकता। और दूसरे सेगों की निस्बत तो मैं नहीं कह सकता, मगर पुलिस में जो रिश्वत नहीं लेता उसे

मैं अहमक समझता हूँ। मैंने दो-एक दयानतदार सब-इंस्पेक्टर देखे हैं, पर उन्हें हमेशा तबाह देखा। कभी मातूइ, कभी मुअत्तल, कभी बरखास्त! चौकीदार और कांस्टेबल बेचारे थोड़ी औक़ात के आदमी हैं, इनका गुज़ारा क्योंकर हो? वही हमारे हाथ-पाँव हैं, उन्हीं पर हमारी नेकनामी का दारमदार है। जब वह ख़ुद भूखों मरेंगे तब हमारी मदद करेंगे! जो लोग हाथ बढ़ाकर लेते हैं, ख़ुद खाते हैं, दूसरों को खिलाते हैं, अफ़सरों को ख़ुश रखते हैं, उनका शुमार कारगुजार, नेकनाम आदमियों में होता है। मैंने तो यही अपना वसूल बना रखा है और ख़ुदा का शुक्र है कि अफ़सर और मातहत सभी ख़ुश हैं।

शर्मा जी ने कहा—इसी वजह से तो मैंने ठाकुर साहब से कहा था कि आप क्यों इस सेगे में आए?

जुल्फिकार अली ख़ाँ गरम होकर बोले—आए तो मुहकमे पर कोई एहसान नहीं किया। किसी दूसरे सेगे में होते तो अभी तक ठोकरें खाते होते, नहीं तो घोड़े पर सवार नौशा बने घूमते हैं। मैं तो बात सच्ची कहता हूँ, चाहे किसी को अच्छी लगे या बुरी। इनसे पूछिए, हराम की कमाई अकेले आज तक किसी को हजम हुई है? यह नए लोग जो आते हैं उनकी यह आदत होती है कि जो कुछ मिले अकेले ही हजम कर लें। चुपके-चुपके लेते हैं और थाने के अहलकार मुँह ताक़ते रह जाते हैं! दुनिया की निगाह में ईमानदार बनना चाहते हैं, पर ख़ुदा से नहीं डरते। अबे, जब हम ख़ुदा ही से नहीं डरते तो आदमियों का क्या ख़ौफ़? ईमानदार बनना हो तो दिल से बनो। सचाई का स्वाँग क्यों भरते हो? यह हजरत छोटी-छोटी रक़मों पर गिरते हैं। मारे ग़रूर के किसी आदमी से राय तो लेते नहीं। जहाँ आसानी से सौ रुपए मिल सकते हैं वहाँ पाँच रुपए में बुलबुल हो जाते हैं! कहीं दूधवाले के दाम मार लिये, कहीं हज्जाम के पैसे दबा लिये, कहीं बनिये से निर्ख के लिए झगड़ बैठे। यह अफ़सरी नहीं लुच्चापन है; गुनाह बेलज़्ज़त, फ़ायदा तो कुछ नहीं; बदनामी मुफ्त। मैं बड़े-बड़े शिकारों पर निगाह रखता हूँ। यह पिद्दी और बटेर मातहतों के लिए छोड़ देता हूँ। हलफ से कहता हूँ, ग़रज़ बुरी शय है। रिश्वत देनेवालों से ज़्यादा अहमक अंधे आदमी दुनिया में न होंगे। ऐसे कितने ही उल्लू आते हैं जो महज यह चाहते हैं कि मैं उसके किसी पट्टीदार या दुश्मन को दो-चार खोटी-खरी सुना दूँ, कई ऐसे बेईमान ज़मींदार आते हैं जो यह चाहते हैं कि वह असामियों पर जुल्म करते रहें और पुलिस दख़ल न दे! इतने ही के लिए वह सैकड़ों रुपए मेरी नज़र करते हैं और ख़ुशामद घालू में। ऐसे अक़्ल के दुश्मनों पर रहम करना हिमाकत है। ज़िले में मेरे इस इलाक़े को सोने की खान कहते हैं। इस पर सबके दाँत रहते हैं। रोज़ एक न एक शिकार मिलता रहता है। ज़मींदार निरे जाहिल, लंठ, ज़रा-ज़रा सी बात पर फ़ौजदारियाँ कर बैठते हैं। मैं तो ख़ुदा से दुआ करता रहता हूँ कि यह हमेशा इसी जहालत के गड्ढ़े में पड़े रहें। सुनता हूँ, कोई साहब आम तालीम का सवाल पेश कर रहे हैं, उस भलेमानुस को न जाने क्या धुन है। शुक्र है कि हमारी आली फहम सरकार ने नामंजूर कर दिया। बस, इस सारे इलाक़े में एक यही आप का पट्टीदार अलबत्ता समझदार आदमी है। उसके यहाँ मेरी या और किसी की दाल नहीं ग़लती और लुत्फ यह कि कोई उससे नाख़ुश नहीं! बस मीठी-मीठी बातों से मन भर देता है। अपने असामियों के लिए जान देने को हाजिर, और हलफ से कहता हूँ कि अगर मैं ज़मींदार होता तो इसी शख़्स का तरीका अख़्तियार करता। ज़मींदार का फ़र्ज़ है कि अपने असामियों को ज़ुल्म से बचाए। उन पर शिकारियों का वार न होने दे। बेचारे ग़रीब किसानों की जान के तो सभी ग्राहक होते हैं और हलफ से कहता हूँ, उनकी कमाई

उनके काम नहीं आती! उनकी मेहनत का मज़ा हम लूटते हैं। यों तो ज़रूरत से मजबूर होकर इनसान क्या नहीं कर सकता, पर हक़ यह है कि इन बेचारों की हालत वाकई रहम के काबिल है और जो शख़्स उनके लिए सीनासिपर हो सके उसके क़दम चूमने चाहिए। मगर मेरे लिए तो वही आदमी सबसे अच्छा है जो शिकार में मेरी मदद करे।

शर्मा जी ने इस बकवाद को बड़े ध्यान से सुना। वह रसिक मनुष्य थे। इसकी मार्मिकता पर मुग्ध हो गए। सहृदयता और कठोरता के ऐसे विचित्र मिश्रण से उन्हें मनुष्यों के मनोभावों का एक कौतूहलजनक परिचय प्राप्त हुआ। ऐसी वक्तृता का उत्तर देने की कोशिश करना व्यर्थ था। बोले—क्या कोई तहक़ीक़ात है, या महज गश्त?

दारोग़ा जी बोले—जी नहीं, महज गश्त। आजकल किसानों के फ़सल के दिन हैं। यही ज़माना हमारी फ़सल का भी है। शेर को भी तो माँद में बैठे-बैठे शिकार नहीं मिलता। जंगल में घूमता है। हम भी शिकार की तलाश में हैं। किसी पर खुफियाफरोशी का इलज़ाम लगाया, किसी को चोरी का माल ख़रीदने के लिए पकड़ा, किसी को हमलहराम का झगड़ा उठाकर फाँसा। अगर हमारे नसीब से डाका पड़ गया तो हमारी पाँचों अँगुलियाँ घी में समझिए। डाकू तो नोच-खसोट कर भागते हैं। असली डाका हमारा पड़ता है। आस-पास के गाँव में झाड़ई फेर देते हैं। ख़ुदा से शबोरोज दुआ किया करते हैं कि परवरदिगार! कहीं से रिजक भेज। झूठे-सच्चे डाके की ख़बर आवे। अगर देखा कि तकदीर पर शाकिर रहने से काम नहीं चलता तो तदवीर से काम लेते हैं। ज़रा से इशारे की ज़रूरत है, डाका पड़ते क्या देर लगती है! आप मेरी साफ़गोई पर हैरान होते होंगे। अगर मैं अपने सारे हथकंडे बयान करूँ तो आप यक़ीन न करेंगे और लुत्फ यह कि मेरा शुमार ज़िले के निहायत होशियार, कारगुजार, दयानतदार सब-इंस्पेक्टरों में है। फर्जी डाके डलवाता हूँ! फर्जी मुल्जिम पकड़ता हूँ, मगर सज़ाएँ असली दिलवाता हूँ। शहादतें ऐसी गढ़ता हूँ कि कैसा ही बैरिस्टर का चचा क्यों न हो, उन्हें गिरफ़्तार नहीं कर सकता।

इतने में शहर से शर्मा जी की डाक आ गई। वे उठ खड़े हुए और बोले—दारोग़ा जी, आपकी बातें बड़ी मज़ेदार होती हैं। अब इजाज़त दीजिए। डाक आ गई है। ज़रा उसे देखना है।

7

चाँदनी रात थी। शर्मा जी खुली छत पर लेटे हुए एक समाचार-पत्र पढ़ने में मग्न थे। अकस्मात् कुछ शोरगुल सुनकर नीचे की तरफ़ झाँका तो क्या देखते हैं कि गाँव के चारों तरफ़ से कांस्टेबलों के साथ किसान चले आ रहे हैं। बहुत से आदमी खलिहान की तरफ़ से बड़बड़ाते आते थे। बीच-बीच में सिपाहियों की डाँट-फटकार की आवाज़ें भी कानों में आती थीं। यह सब आदमी बँगले के सामने सहन में बैठते जाते थे। कहीं-कहीं स्त्रियों का आर्त्तनाद भी सुनाई देता था। शर्मा जी हैरान थे कि मामला क्या है? इतने में दारोग़ा जी की भयंकर गरज सुनाई पड़ी—हम एक न मानेंगे, सब लोगों को थाने चलना होगा।

फिर सन्नाटा हो गया। मालूम होता था कि आदमियों में कानाफूसी हो रही है। बीच-बीच में मुख्तार साहब और सिपाहियों के हृदय-विदारक शब्द आकाश में गूँज उठते। फिर ऐसा जान पड़ा कि किसी पर मार पड़ रही है। शर्मा जी से अब न रहा गया। वह सीढ़ियों के द्वार पर आए। कमरे में झाँककर देखा। मेज़ पर रुपए गिने जा रहे थे। दारोग़ा जी ने फर्माया, इतने बड़े गाँव में सिर्फ़ यही?

मुख़्तार साहब ने उत्तर दिया—अभी घबड़ाइए नहीं। अबकी मुखियों की ख़बर ली जाए। रुपयों का ढेर लग जाता है।

यह कहकर मुख़्तार ने कई किसानों को पुकारा, पर कोई न बोला। तब दारोग़ा जी का गगनभेदी नाद सुनाई दिया। यह लोग सीधे न मानेंगे, मुखियों को पकड़ लो। हथकड़ियाँ भर दो। एक-एक को डामुल भिजवाऊँगा।

यह नादिरशाही हुक्म पाते ही कांस्टेबलों का दल उन आदमियों पर टूट पड़ा। ढोल-सी पिटने लगी। क्रंदन-ध्वनि से आकाश गूँज उठा। शर्मा जी का रक्त खौल रहा था। उन्होंने सदैव न्याय और सत्य की सेवा की थी। अन्याय और निर्दयता का यह करुणात्मक अभियान उनके लिए असह्य था।

अचानक किसी ने रोकर कहा—दोहाई सरकार की, मुख़्तार साहब हम लोगन को हक़ नाहक मरवाये डारत हैं।

शर्मा जी क्रोध से काँपते हुए धम-धम कोठे से उतर पड़े, यह दृढ़ संकल्प कर लिया कि मुख़्तार साहब को मारे हंटरों के गिरा दूँ, पर जनसेवा में मनोवेगों को दबाने की बड़ी प्रबल शक्ति होती है। रास्ते ही में सँभल गए। मुख़्तार को बुलाकर कहा—मुंशी जी, आपने यह क्या गुल-गपाड़ा मचा रखा है?

मुख़्तार ने उत्तर दिया—हुजूर, दारोग़ा जी ने इन्हें एक डाके की तहक़ीक़ात में तलब किया है।

शर्मा जी बोले—जी हाँ, इस तहक़ीक़ात का अर्थ मैं ख़ूब समझता हूँ। घंटे भर से इसका तमाशा देख रहा हूँ। तहक़ीक़ात हो चुकी या कसर बाक़ी है?

मुख़्तार ने कहा—हुजूर, दारोग़ा जी जानें, मुझे क्या मतलब?

दारोग़ा जी बड़े चतुर पुरुष थे। मुख़्तार साहब की बातों से उन्होंने समझा था कि शर्मा जी का स्वभाव भी अन्य ज़मींदारों के सदृश है। इसलिए वह बेखटके थे, पर इस समय उन्हें अपनी भूल ज्ञात हुई। शर्मा जी के तेवर देखे, नेत्रों से क्रोधाग्नि की ज्वाला निकल रही थी, शर्मा जी की शक्तिशालीनता से भली-भाँति परिचित थे। समीप आकर बोले—आपके इस मुख़्तार ने मुझे बड़ा धोखा दिया, वरना मैं हलफ़ से कहता हूँ कि यहाँ यह आग न लगती। आप मेरे मित्र बाबू कोकिला सिंह के मित्र हैं और इस नाते से मैं आपको अपना मुरब्बी समझता हूँ, पर इस नामरदूद बदमाश ने मुझे बड़ा चकमा दिया! मैं भी ऐसा अहमक था कि इसके चक्कर में आ गया। मैं बहुत नादिम हूँ कि हिमाकत के बाइस जनाब को इतनी तकलीफ़ हुई! मैं आपसे मुआफी का सायल हूँ। मेरी एक दोस्ताना इल्तमाश यह है कि जितनी जल्दी मुमकिन हो इस शख़्स को बरतरफ़ कर दीजिए। यह आपकी रियासत को तबाह किए डालता है। अब मुझे भी इजाज़त हो कि अपने मनहूस क़दम यहाँ से ले जाऊँ। मैं हलफ से कहता हूँ कि मुझे आपको मुँह दिखाते शर्म आती है।

8

यहाँ तो यह घटना हो रही थी, उधर बाबूलाल अपने चौपाल में बैठे हुए, इसके सम्बन्ध में अपने कई असामियों से बातचीत कर रहे थे। शिवदीन ने कहा—भैया, आप जाके दारोग़ा जी को काहे नाहीं समझावत हौ। राम-राम! ऐसन अँधेर!

बाबूलाल—भाई, मैं दूसरे के बीच में बोलनेवाला कौन? शर्मा जी तो वहीं हैं। वह आप ही बुद्धिमान हैं। जो उचित होगा, करेंगे। यह आज कोई नई बात थोड़े ही है। देखते तो हो कि आए दिन एक न एक उपद्रव मचा ही रहता है। मुख़्तार साहब का इसमें भला

होता है। शर्मा जी से मैं इस विषय में इसलिए कुछ नहीं कहता कि शायद वे यह समझें कि मैं ईर्ष्यावश शिकायत कर रहा हूँ।

रामदास ने कहा—शर्मा जी कोठा पर हैं और नीचू बेचारन पर मार परत है। देखा नाहीं जात है। जिनसे मुराद पाय जात हैं उनका छोड़े देत हैं। मोका तो जान परत है कि ई तहक़ीक़ात-सहकीकात सब रुपैयन के ख़ातिर कीन जात है।

बाबूलाल—और काहे के लिए की जाती है। दारोग़ा जी ऐसे ही शिकार ढूँढ़ा करते हैं, लेकिन देख लेना शर्मा जी अबकी मुख्तार साहब की ज़रूर ख़बर लेंगे। वह ऐसे-वैसे आदमी नहीं हैं कि यह अँधेर अपनी आँखों से देखें और मौन धारण कर लें? हाँ, यह तो बताओ अबकी कितनी ऊख बोई है?

रामदास—ऊख बोये ढेर रहे मुदा दुष्टन के मारे बचै पावै। तू मानत नाहीं भैया, पर आँखन देखी बात है कि कराह के कराह रस जर गवा और छटाँको भर माल न परा। न जानी अस कौन मन्तर मार देत हैं।

बाबूलाल—अच्छा, अबकी मेरे कहने से यह हानि उठा लो। देखूँ ऐसा कौन बड़ा सिद्ध है जो कराही का रस उड़ा देता है? ज़रूर इसमें कोई न कोई बात है, इस गाँव में जितने कोल्हू ज़मीन में गड़े पड़े हैं उनसे विदित होता है कि पहले यहाँ ऊख बहुत होती थी, किन्तु अब बेचारी का मुँह भी मीठा नहीं होने पाता।

शिवदीन—अरे भैया! हमारे होस में ई सब कोल्हू चलत रहे हैं। माघ-पूस में रात भर गाँव में मेला लगा रहत रहा, पर जब से ई नासिनी विद्या फैली है तब से कोऊ का ऊख के नेरे जाए का हियाव नहीं परत है।

बाबूलाल—ईश्वर चाहेंगे तो फिर वैसी ही ऊख लगेगी। अबकी मैं इस मंत्र को उलट दूँगा। भैया यह तो बताओ अगर ऊख लग जाए और माल पड़े तो तुम्हारी पट्टी में एक हज़ार का गुड़ हो जाएगा?

हरखू ने हँसकर कहा—भैया, कैसी बात कहते हो—हज़ार तो पाँच बीघा में मिल सकत हैं। हमारे पट्टी में 25 बीघा से कम ऊख नहीं था। कुछो न परे तो अढ़ाई हज़ार कहूँ नहीं गए हैं।

बाबूलाल—तब तो आशा है कि कोई पचास रुपए बयाई में मिल जाएँगे। यह रुपए गाँव की सफ़ाई में ख़र्च होंगे।

इतने में एक युवा मनुष्य दौड़ता हुआ आया और बोला—भैया! ऊ तहक़ीक़ात देखे गइल रहलीं। दारोग़ा जी सबका डाँटत मारत रहें। देवी मुखिया बोला—मुख्तार साहब, हमका चाहे काट डारो मुदा हम एक कौड़ी न देबै। थाना, कचहरी जहाँ कहो चलै के तैयार हई। ई सुन के मुख्तार लाल हुई गयेन। चार सिपाहिन से कहेन कि एहिका पकरिके ख़ूब मारो, तब देवी चिल्लाय-चिल्लाय रोवे लागल, एतने में सरमा जी कोठी पर से खट-खट उतरेन और मुख्तार का लगे डाँटे। मुख्तार ठाढ़े झूर होय गयेन। दारोग़ा जी धीरे से घोड़ा मँगवाय के भागेन। मनई सरमा जी का असीसत चला जात हैं।

बाबूलाल—यह तो मैं पहले ही कहता था कि शर्मा जी से यह अन्याय न देखा जाएगा।

इतने में दूर से एक लालटेन का प्रकाश दिखाई दिया। एक आदमी के साथ शर्मा जी आते हुए दिखाई दिए। बाबूलाल ने असामियों को वहाँ से हटा दिया, कुरसी रखवा दी और बढ़कर बोले—आपने इस समय क्यों कष्ट किया, मुझको बुला लिया होता।

शर्मा जी ने नम्रता से उत्तर दिया—आपको किस मुँह से बुलाता, मेरे सारे आदमी वहाँ पीटे जा रहे थे, उनका गला दबाया जा रहा था और आप पास न फटके। मुझे आपसे मदद की आशा थी। आज हमारे मुख्तार ने गाँव में लूट मचा दी थी। मुख्तार की और क्या कहूँ। बेचारा थोड़े औकात का आदमी है। खेद तो यह है कि आपके दारोग़ा जी भी उसके सहायक थे। कुशल यह थी कि मैं वहाँ मौजूद था।

बाबूलाल—बहुत लज्जित हूँ कि इस अवसर पर आपकी कुछ सेवा न कर सका! पर बात यह है कि मेरे वहाँ जाने से मुख्तार साहब और दारोग़ा दोनों ही अप्रसन्न होते। मुख्तार मुझसे कई बार कह चुके हैं कि आप मेरे बीच में न बोला कीजिए। मैं आपसे कभी गाँव की दशा इस भय से न कहता था कि शायद आप समझें कि मैं ईर्ष्या के कारण ऐसा कहता हूँ। यहाँ यह कोई नई बात नहीं है। आए दिन ऐसी ही घटनाएँ होती रहती हैं, और कुछ इसी गाँव में नहीं, जिस गाँव को देखिए, यही दशा है। इन सब आपत्तियों का एकमात्र कारण यह है कि देहातों में कर्मपरायण, विद्वान् और नीतिज्ञ मनुष्यों का अभाव है। शहर के सुशिक्षित ज़मींदार जिनसे उपकार की बहुत कुछ आशा की जाती है, सारा काम कारिंदों पर छोड़ देते हैं। रहे देहात के ज़मींदार सो निरक्षर भट्टाचार्य हैं। अगर कुछ थोड़े-बहुत पढ़े भी हैं तो अच्छी संगति न मिलने के कारण उनमें बुद्धि का विकास नहीं है। क़ानून के थोड़े से दफ़े सुन-सुना लिये हैं, बस उसी की रट लगाया करते हैं। मैं आप से सत्य कहता हूँ, मुझे ज़रा भी ख़बर होती तो मैं आपको सचेत कर दिया होता।

शर्मा जी—ख़ैर, यह बला तो टली, पर मैं देखता हूँ कि इस ढंग से काम न चलेगा। अपने असामियों को आज इस विपत्ति में देखकर मुझे बड़ा दु:ख हुआ। मेरा मन बार-बार मुझको इन सारी दुर्घटनाओं का उत्तरदाता ठहराता है। जिनकी कमाई खाता हूँ, जिनकी बदौलत टमटम पर सवार होकर रईस बना घूमता हूँ, उनके कुछ स्वत्व भी तो मुझ पर हैं। मुझे अब अपनी स्वार्थांधता स्पष्ट दीख पड़ती है। मैं आप अपनी ही दृष्टि में गिर गया हूँ। मैं सारी जाति के उद्धार का बीड़ा उठाए हुए हूँ, सारे भारतवर्ष के लिए प्राण देता फिरता हूँ, पर अपने घर की ख़बर ही नहीं। जिनकी रोटियाँ खाता हूँ उनकी तरफ़ से इस तरह उदासीन हूँ! अब इस दुरवस्था को समूल नष्ट करना चाहता हूँ। इस काम में मुझे आपकी सहायता और सहानुभूति की ज़रूरत है। मुझे अपना शिष्य बनाइए। मैं याचकभाव से आपके पास आया हूँ। इस भार को सँभालने की शक्ति मुझमें नहीं। मेरी शिक्षा ने मुझे किताबों का कीड़ा बनाकर छोड़ दिया और मन के मोदक खाना सिखाया। मैं मनुष्य नहीं, किन्तु नियमों का पोथ हूँ। आप मुझे मनुष्य बनाइए, मैं अब यहीं रहूँगा, पर आपको भी यहीं रहना पड़ेगा। आपकी जो हानि होगी उसका भार मुझ पर है। मुझे सार्थक जीवन का पाठ पढ़ाइए। आपसे अच्छा गुरु मुझे न मिलेगा। सम्भव है कि आपका अनुगामी बन कर मैं अपना कर्तव्य पालन करने योग्य हो जाऊँ।

परीक्षा

जब रियासत देवगढ़ के दीवान सरदार सुजानसिंह बूढ़े हुए तो परमात्मा की याद आई। जाकर महाराज से विनय की कि दीनबंधु! दास ने श्रीमान् की सेवा चालीस साल तक की, अब मेरी

अवस्था भी ढल गई, राज-काज सँभालने की शक्ति नहीं रही। कहीं भूल-चूक हो जाए तो बुढ़ापे में दाग़ लगे। सारी ज़िन्दगी की नेकनामी मिट्टी में मिल जाए।

राजा साहब अपने अनुभवशील नीतिकुशल दीवान का बड़ा आदर करते थे। बहुत समझाया, लेकिन जब दीवान साहब ने न माना, तो हार कर उनकी प्रार्थना स्वीकार कर ली; पर शर्त यह लगा दी कि रियासत के लिए नया दीवान आप ही को खोजना पड़ेगा।

दूसरे दिन देश के प्रसिद्ध पत्रों में यह विज्ञापन निकला कि देवगढ़ के लिए एक सुयोग्य दीवान की ज़रूरत है। जो सज्जन अपने को इस पद के योग्य समझें वे वर्तमान सरकार सुजानसिंह की सेवा में उपस्थित हों। यह ज़रूरी नहीं है कि वे ग्रेजुएट हों, मगर हृष्ट-पुष्ट होना आवश्यक है, मंदाग्नि के मरीज को यहाँ तक कष्ट उठाने की कोई ज़रूरत नहीं। एक महीने तक उम्मीदवारों के रहन-सहन, आचार-विचार की देखभाल की जाएगी। विद्या का कम, परन्तु कर्तव्य का अधिक विचार किया जाएगा। जो महाशय इस परीक्षा में पूरे उतरेंगे, वे इस उच्च पद पर सुशोभित होंगे।

2

इस विज्ञापन ने सारे मुल्क में तहलका मचा दिया। ऐसा ऊँचा पद और किसी प्रकार की क़ैद नहीं? केवल नसीब का खेल है। सैकड़ों आदमी अपना-अपना भाग्य परखने के लिए चल खड़े हुए। देवगढ़ में नए-नए और रंग-बिरंगे मनुष्य दिखाई देने लगे। प्रत्येक रेलगाड़ी से उम्मीदवारों का एक मेला-सा उतरता। कोई पंजाब से चला आता था, कोई मद्रास से, कोई नई फैशन का प्रेमी, कोई पुरानी सादगी पर मिटा हुआ। पंडितों और मौलवियों को भी अपने-अपने भाग्य की परीक्षा करने का अवसर मिला। बेचारे सनद के नाम रोया करते थे, यहाँ उसकी कोई ज़रूरत नहीं थी। रंगीन एमामे, चोगे और नाना प्रकार के अंगरखे और कंटोप देवगढ़ में अपनी सज-धज दिखाने लगे। लेकिन सबसे विशेष संख्या ग्रेजुएटों की थी, क्योंकि सनद की क़ैद न होने पर भी सनद से परदा तो ढँका रहता है।

सरदार सुजानसिंह ने इन महानुभावों के आदर-सत्कार का बड़ा अच्छा प्रबन्ध कर दिया था। लोग अपने-अपने कमरों में बैठे हुए रोजेदार मुसलमानों की तरह महीने के दिन गिना करते थे। हर एक मनुष्य अपने जीवन को अपनी बुद्धि के अनुसार अच्छे रूप में दिखाने की कोशिश करता था। मिस्टर अ नौ बजे दिन तक सोया करते थे, आजकल वे बग़ीचे में टहलते हुए ऊषा का दर्शन करते थे। मि. ब को हुक़्क़ा पीने की लत थी, आजकल बहुत रात गए किवाड़ बन्द करके अँधेरे में सिगार पीते थे। मि. द, स और ज से उनके घरों पर नौकरों की नाक में दम था, लेकिन ये सज्जन आजकल 'आप' और 'जनाब' के बग़ैर नौकरों से बातचीत नहीं करते थे। महाशय क नास्तिक थे, हक्सले के उपासक, मगर आजकल उनकी धर्मनिष्ठा देखकर मन्दिर के पुजारी को पदच्युत हो जाने की शंका लगी रहती थी! मि. ल को किताब से घृणा थी, परन्तु आजकल वे बड़े-बड़े ग्रंथ देखने-पढ़ने में डूबे रहते थे। जिससे बात कीजिए, वह नम्रता और सदाचार का देवता बना मालूम देता था। शर्मा जी घड़ी रात से ही वेद-मंत्र पढ़ने में लगते थे और मौलवी साहब को नमाज़ और तलावत के सिवा और कोई काम न था। लोग समझते थे कि एक महीने का झंझट है, किसी तरह काट लें, कहीं कार्य सिद्ध हो गया तो कौन पूछता है।

लेकिन मनुष्यों का वह बूढ़ा जौहरी आड़ में बैठा हुआ देख रहा था कि इन बगुलों में हंस कहाँ छिपा हुआ है।

3

एक दिन नए फैशनवालों को सूझी कि आपस में हाकी का खेल हो जाए। यह प्रस्ताव हाकी के मँजे हुए खिलाड़ियों ने पेश किया। यह भी तो आख़िर एक विद्या है। इसे क्यों छिपा रखें। सम्भव है, कुछ हाथों की सफ़ाई ही काम कर जाए। चलिए तय हो गया, फील्ड बन गई, खेल शुरू हो गया और गेंद किसी दफ़्तर के अप्रेंटिस की तरह ठोकरें खाने लगा।

रियासत देवगढ़ में यह खेल बिलकुल निराली बात थी। पढ़े-लिखे भलेमानुस लोग शतरंज और ताश जैसे गंभीर खेल खेलते थे। दौड़-कूद के खेल बच्चों के खेल समझे जाते थे।

खेल बड़े उत्साह से जारी था। धावे के लोग जब गेंद को लेकर तेज़ी से उड़ते तो ऐसा जान पड़ता था कि कोई लहर बढ़ती चली आती है। लेकिन दूसरी ओर के खिलाड़ी इस बढ़ती हुई लहर को इस तरह रोक लेते थे कि मानो लोहे की दीवार है।

संध्या तक यही धूमधाम रही। लोग पसीने से तर हो गए। ख़ून की गर्मी आँख और चेहरे से झलक रही थी। हाँफते-हाँफते बेदम हो गए, लेकिन हार-जीत का निर्णय न हो सका।

अँधेरा हो गया था। इस मैदान से ज़रा दूर हटकर एक नाला था। उस पर कोई पुल न था। पथिकों को नाले में से चलकर आना पड़ता था। खेल अभी बन्द ही हुआ था और खिलाड़ी लोग बैठे दम ले रहे थे कि एक किसान अनाज से भरी हुई गाड़ी लिए हुए उस नाले में आया। लेकिन कुछ तो नाले में कीचड़ था और कुछ उसकी चढ़ाई इतनी ऊँची थी कि गाड़ी ऊपर न चढ़ सकती थी। वह कभी बैलों को ललकारता, कभी पहियों को हाथ से ढकेलता लेकिन बोझ अधिक था और बैल कमज़ोर। गाड़ी ऊपर को न चढ़ती और चढ़ती भी तो कुछ दूर चढ़कर फिर खिसक कर नीचे पहुँच जाती। किसान बार-बार ज़ोर लगाता और बार-बार झुँझला कर बैलों को मारता, लेकिन गाड़ी उभरने का नाम न लेती। बेचारा इधर-उधर निराश होकर ताकता मगर वहाँ कोई सहायक नज़र न आता। गाड़ी को अकेले छोड़कर कहीं जा भी नहीं सकता। बड़ी आपत्ति में फँसा हुआ था। इसी बीच में खिलाड़ी हाथों में डंडे लिए घूमते-घामते उधर से निकले। किसान ने उनकी तरफ़ सहमी हुई आँखों से देखा, परन्तु किसी से मदद माँगने का साहस न हुआ। खिलाड़ियों ने भी उसको देखा मगर बन्द आँखों से, जिनमें सहानुभूति न थी। उनमें स्वार्थ था, मद था, मगर उदारता और वात्सल्य का नाम भी न था।

4

लेकिन उसी समूह में एक ऐसा मनुष्य था जिसके हृदय में दया थी और साहस था। आज हाकी खेलते हुए उसके पैरों में चोट लग गई थी। लँगड़ाता हुआ धीरे-धीरे चला आता था। अकस्मात् उसकी निगाह गाड़ी पर पड़ी। ठिठक गया। उसे किसान की सूरत देखते ही सब बातें ज्ञात हो गईं। डंडा एक किनारे रख दिया। कोट उतार डाला और किसान के पास जाकर बोला—मैं तुम्हारी गाड़ी निकाल दूँ?

किसान ने देखा एक गठे हुए बदन का लम्बा आदमी सामने खड़ा है। झुककर बोला—हुजूर, मैं आपसे कैसे कहूँ? युवक ने कहा—मालूम होता है, तुम यहाँ बड़ी देर से फँसे हो।

अच्छा, तुम गाड़ी पर जाकर बैलों को साधो, मैं पहियों को ढकेलता हूँ, अभी गाड़ी ऊपर चढ़ जाती है।

किसान गाड़ी पर जा बैठा। युवक ने पहिये को ज़ोर लगाकर उकसाया। कीचड़ बहुत ज़्यादा था। वह घुटने तक ज़मीन में गड़ गया, लेकिन हिम्मत न हारी। उसने फिर ज़ोर किया, उधर किसान ने बैलों को ललकारा। बैलों को सहारा मिला, हिम्मत बँध गई, उन्होंने कन्धे झुकाकर एक बार ज़ोर किया तो गाड़ी नाले के ऊपर थी।

किसान युवक के सामने हाथ जोड़कर खड़ा हो गया। बोला—महाराज, आपने आज मुझे उबार लिया, नहीं तो सारी रात मुझे यहाँ बैठना पड़ता।

युवक ने हँसकर कहा—अब मुझे कुछ इनाम देते हो? किसान ने गम्भीर भाव से कहा—नारायण चाहेंगे तो दीवानी आपको ही मिलेगी।

युवक ने किसान की तरफ़ ग़ौर से देखा। उसके मन में एक सन्देह हुआ, क्या यह सुजानसिंह तो नहीं हैं? आवाज़ मिलती है, चेहरा-मोहरा भी वही। किसान ने भी उसकी ओर तीव्र दृष्टि से देखा। शायद उसके दिल के सन्देह को भाँप गया। मुस्कुराकर बोला—गहरे पानी में पैठने से ही मोती मिलता है।

5

निदान महीना पूरा हुआ। चुनाव का दिन आ पहुँचा। उम्मीदवार लोग प्रातःकाल ही से अपनी क़िस्मतों का फ़ैसला सुनने के लिए उत्सुक थे। दिन काटना पहाड़ हो गया। प्रत्येक के चेहरे पर आशा और निराशा के रंग आते थे। नहीं मालूम, आज किसके नसीब जागेंगे! न जाने किस पर लक्ष्मी की कृपादृष्टि होगी।

संध्या समय राजा साहब का दरबार सजाया गया। शहर के रईस और धनाढ्य लोग, राज्य के कर्मचारी और दरबारी तथा दीवानी के उम्मीदवारों का समूह, सब रंग-बिरंगी सज-धज बनाए दरबार में आ विराजे! उम्मीदवारों के कलेजे धड़क रहे थे।

जब सरदार सुजानसिंह ने खड़े होकर कहा—मेरे दीवानी के उम्मीदवार महाशयो! मैंने आप लोगों को जो कष्ट दिया है, उसके लिए मुझे क्षमा कीजिए। इस पद के लिए ऐसे पुरुष की आवश्यकता थी जिसके हृदय में दया हो और साथ-साथ आत्मबल। हृदय वह जो उदार हो, आत्मबल वह जो आपत्ति का वीरता के साथ सामना करे और इस रियासत के सौभाग्य से हमें ऐसा पुरुष मिल गया। ऐसे गुणवाले संसार में कम हैं और जो हैं, वे कीर्ति और मान के शिखर पर बैठे हुए हैं, उन तक हमारी पहुँच नहीं। मैं रियासत के पंडित जानकीनाथ-सा दीवान पाने पर बधाई देता हूँ।

रियासत के कर्मचारियों और रईसों ने जानकीनाथ की तरफ़ देखा। उम्मीदवार दल की आँखें उधर उठीं, मगर उन आँखों में सत्कार था, इन आँखों में ईर्ष्या।

सरदार साहब ने फिर फरमाया, आप लोगों को यह स्वीकार करने में कोई आपत्ति न होगी कि जो पुरुष स्वयं ज़ख़्मी होकर भी एक ग़रीब किसान की भरी हुई गाड़ी को दलदल से निकालकर नाले के ऊपर चढ़ा दे उसके हृदय में साहस, आत्मबल और उदारता का वास है। ऐसा आदमी ग़रीबों को कभी न सतावेगा। उसका संकल्प दृढ़ है जो उसके चित्त को स्थिर रखेगा। वह चाहे धोखा खा जाए, परन्तु दया और धर्म से कभी न हटेगा।

दुनिया का सबसे अनमोल रतन

दिलफ़िगार एक कँटीले पेड़ के नीचे दामन चाक लिए बैठा हुआ ख़ून के आँसू बहा रहा था। वह सौन्दर्य की देवी यानी मलका दिलफ़रेब का सच्चा और जान देनेवाला प्रेमी था। उन प्रेमियों में नहीं, जो इत्र-फुलेल में बसकर और शानदार कपड़ों से सजकर आशिक़ के वेश में माशूक़ियत का दम भरते हैं, बल्कि उन सीधे-सादे, भोले-भाले फ़िदाइयों में जो जंगल और पहाड़ों से सर टकराते हैं और फ़रियाद मचाते फिरते हैं। दिलफ़रेब ने उससे कहा था कि अगर तू मेरा सच्चा प्रेमी है, तो जा और दुनिया की सबसे अनमोल चीज़ लेकर मेरे दरबार में आ। तब मैं तुझे अपनी गुलामी में क़बूल करूँगी। अगर तुझे वह चीज़ न मिले तो ख़बरदार इधर रुख़ ने करना, वरना सूली पर खिंचवा दूँगी। दिलफ़िगार को अपनी भावनाओं के प्रदर्शन का, शिकवे-शिकायत का, प्रेमिका के सौन्दर्य-दर्शन का तनिक भी अवसर न दिया गया। दिलफ़रेब ने ज्यों ही यह फ़ैसला सुनाया उसके चोबदारों ने ग़रीब दिलफ़िगार को धक्के देकर बाहर निकाल दिया और आज तीन दिन से यह आफ़त का मारा आदमी उसी कँटीले पेड़ के नीचे उसी भयानक मैदान में बैठा हुआ सोच रहा है कि क्या करूँ। दुनिया की सबसे अनमोल चीज़ मुझको मिलेगी? नामुमकिन! और वह क्या? क़ारूँ का ख़ज़ाना? आबेहयात? ख़ुसरो का ताज़? जामे-जम? तख़्ते ताऊस? परबेज़ की दौलत? नहीं, यह चीज़ें हरगिज़ नहीं। दुनिया में ज़रूर इनसे भी महँगी, इनसे भी अनमोल चीज़ें मौजूद हैं मगर वह क्या है? कैसे मिलेंगी? या ख़ुदा, मेरी मुश्किल क्योंकर आसान होगी?

दिलफ़िगार इन्हीं ख़यालों में चक्कर खा रहा था और अक्ल कुछ काम नहीं करती थी। मुनीर शामी को हातिम-सा मददगार मिल गया। ऐ काश कोई मेरा भी मददगार हो जाता, ऐ काश मुझे भी उस चीज़ का, जो दुनिया की सबसे बेशक़ीमती चीज़ है, नाम बतला दिया जाता! बला से वह चीज़ हाथ न आती मगर मुझे इतना तो मालूम हो जाता कि वह किस क़िस्म की चीज़ है। मैं घड़े बराबर मोती की खोज में जा सकता हूँ। मैं समुंदर का गीत, पत्थर का दिल, मौत की आवाज़ और इनसे भी ज़्यादा बेनिशान चीज़ों की तलाश में कमर कस सकता हूँ। मगर दुनिया की सबसे अनमोल चीज़! यह मेरी कल्पना की उड़ान से बहुत ऊपर है।

आसमान पर तारे निकल आए थे। दिलफ़िगार यकायक ख़ुदा का नाम लेकर उठा और एक तरफ़ को चल खड़ा हुआ। भूखा-प्यासा, नंगे बदन, थकन से चूर, वह बरसों वीरानों और आबादियों की ख़ाक छानता फिरा, तलवे काँटों से छलनी हो गए, शरीर में हड्डियाँ-ही-हड्डियाँ दिखाई देने लगीं मगर वह चीज़, जो दुनिया की सबसे बेशक़ीमत चीज़ थी, न मिल और न उसका कुछ निशान मिला।

एक रोज़ वह भूलता-भटकता एक मैदान में जा निकला, जहाँ हज़ारों आदमी ग़ोल बाँधे खड़े थे। बीच में कई अमामे और चोग़ेवाले दढ़ियल क़ाज़ी अफ़सरी शान से बैठे हुए आपस में कुछ सलाह-मशबिरा कर रहे थे और इस जमात से ज़रा दूर पर एक सूली खड़ी थी। दिलफ़िगार कुछ तो कमज़ोरी की वजह से और कुछ यहाँ की कैफ़ियत देखने के इरादे से ठिठक गया। क्या देखता है कि कई लोग नंगी तलवारें लिए, एक क़ैदी को, जिसके हाथ-पैर में जंज़ीरें थीं, पकड़े चल आ रहे हैं। सूली के पास पहुँचकर सब सिपाही रुक गए और क़ैदी की हथकड़ियाँ-बेड़ियाँ सब उतार ली गईं। इस अभागे आदमी का दामन सैकड़ों बेगुनाहों के

ख़ून के छींटों से रंगीन था और उसका दिल नेकी के ख़याल और रहम की आवाज़ से ज़रा भी परिचित न था। उसे काला चोर कहते थे। सिपाहियों ने उसे सूली के तख़्ते पर खड़ा कर दिया, मौत की फाँसी उसकी गरदन में डाल दी और जल्लादों ने तख़्ता खींचने का इरादा किया कि वह अभागा मुजरिम चीख़कर बोला—ख़ुदा के वास्ते मुझे एक पल के लिए फाँसी से उतार दो, ताकि अपने दिल की आख़िरी आरज़ू निकाल लूँ। यह सुनते ही चारों तरफ़ सन्नाटा छा गया। लोग अचंभे में आकर ताकने लगे। क़ाज़ियों ने एक मरनेवाले आदमी की अन्तिम याचना को रद्द करना उचित न समझा और बदनसीब पापी काला चोर ज़रा देर के लिए फाँसी से उतार लिया गया।

इसी भीड़ में एक ख़ूबसूरत भोला-भाला लड़का एक छड़ी पर सवार होकर अपने पैरों पर उछल-उछल फ़र्ज़ी घोड़ा दौड़ा रहा था और अपनी सादगी की दुनिया में ऐसा मगन था कि जैसे वह इस वक़्त सचमुच अरबी घोड़े का शहसवार है। उसका चेहरा उस सच्ची ख़ुशी से कमल की तरह खिला हुआ था जो चन्द दिनों के लिए बचपन ही में हासिल होती है और जिसकी याद हमको मरते दम तक नहीं भूलती। उसका दिल अभी तक पाप की गर्द और धूल से अछूता था और मासूमियत उसे अपनी गोद में खिला रहा थी।

बदनसीब काला चोर फाँसी से उतरा। हज़ारों आँखें उस पर गड़ी हुई थीं। वह उस लड़के के पास आया और उसे गोद में उठाकर प्यार करने लगा। उसे इस वक़्त वह ज़माना याद आया जब वह ख़ुद ऐसा ही भोला-भाला, ऐसा ही ख़श-ब-खुर्रम और दुनिया की गन्दगियों से ऐसा ही पाक-साफ़ था। माँ गोदियों में खिलाती थी, बाप बलाएँ लेता था और सारा कुनबा जान न्योछावर करता था। आह, काले चोर के दिल पर इस वक़्त बीते हुए दिनों की याद का इतना असर हुआ कि उसकी आँखों से, जिन्होंने दम तोड़ती हुई लाशों को तड़पते देखा और न झपकीं, आँसू का एक क़तरा टपक पड़ा। दिलफ़िगार ने लपककर उस अनमोल मोती को हाथ में ले लिया और उसके दिल ने कहा—बेशक यह दुनिया की सबसे अनमोल चीज़ है जिस पर तख़्ते ताऊस और जामे जम और आबेहयात और ज़रे परवेज़ सब न्योछावर हैं।

इस ख़याल से ख़ुश होता, कामयाबी की उम्मीद में सरमस्त, दिलफ़िगार अपनी माशूका दिलफ़रेब के शहर मीनोसवाद को चला। मगर ज्यों-ज्यों मंज़िलें तय होती जाती थीं, उसका दिल बैठा जाता था कि कहीं उस चीज़ की, जिसे मैं दुनिया की सबसे बेशक़ीमत चीज़ समझता हूँ, दिलफ़रेब की आँखों में क़द्र न हुई तो मैं फाँसी पर चढ़ा दिया जाऊँगा और इस दुनिया से नामुराद जाऊँगा। लेकिन जो हो सो हो, अब तो क़िस्मत-आज़माई है। आख़िरकार पहाड़ और दरिया तय करते शहर मीनोसवाद में आ पहुँचा और दिलफ़रेब की ड्योढ़ी पर जाकर विनती की कि थकान से टूटा हुआ दिलफ़िगार ख़ुदा के फ़ज़ल से हुक्म की तामील करके आया है और आपके क़दम चूमना चाहता है। दिलफ़रेब ने फ़ौरन अपने सामने बुला भेजा और एक सुनहरे परदे की ओट से फ़रमाइश की कि वह अनमोल चीज़ पेश करो। दिलफ़िगर ने आशा और भय की एक विचित्र मन:स्थिति में वह बूँद पेश की और उसकी सारी कैफ़ियत बहुत पुरअसर लफ़्ज़ों में बयान की। दिलफ़रेब ने पूरी कहानी बहुत ग़ौर से सुनी और वह भेंट हाथ में लेकर ज़रा देर तक ग़ौर करने के बाद बोली—दिलफ़िगार, बेशक तूने दुनिया की एक बेशक़ीमत चीज़ ढूँढ़ निकाली, तेरी हिम्मत और तेरी सूझ-बूझ की दाद देती हूँ! मगर यह दुनिया की सबसे बेशक़ीमत चीज़ नहीं, इसीलिए तू यहाँ से जा और फिर

कोशिश कर, शायद अब की तेरे हाथ वह मोती लगे और तेरी क़िस्मत में मेरी गुलामी लिखी हो। जैसा कि मैंने पहले ही बतला दिया था, मैं तुझे फाँसी पर चढ़वा सकती हूँ, मगर मैं तेरी जाँबख़्शी करती हूँ इसलिए कि तुझमें वह गुण मौजूद हैं, जो मैं अपने प्रेमी में देखना चाहती हूँ और यक़ीन है कि तू ज़रूर कभी-न-कभी कामयाब होगा।

नाकाम और नामुराद दिलफ़िगार इस माशूक़ाना इनायत से ज़रा दिलेर होकर बोला—ऐ दिल की रानी, बड़ी मुद्दत के बाद तेरी ड्योढ़ी पर सजदा करना नसीब होता है। फिर ख़ुदा जाने ऐसे दिन कब आएँगे, क्या तू अपने जान देनेवाले आशिक़ के बुरे हाल पर तरस न खाएगी और क्या अपने रूप की एक झलक दिखाकर इस जलते हुए दिलफ़िगार को आनेवाली सख़्तियों के झेलने की ताक़त न देगी? तेरी एक मस्त निगाह के नशे से चूर होकर मैं वह कर सकता हूँ जो आज तक किसी से न बन पड़ा हो।

दिलफ़रेब आशिक़ की यह चाव-भरी बातें सुनकर गुस्सा हो गई और हुक्म दिया कि इस दीवाने को खड़े-खड़े दरबार से निकाल दो। चोबदार ने फ़ौरन ग़रीब दिलफ़िगार को धक्का देकर यार के कूचे से बाहर निकाल दिया।

कुछ देर तक तो दिलफ़िगार अपनी निष्ठुर प्रेमिका की इस कठोरता पर आँसू बहाता रहा और फिर सोचने लगा कि अब कहाँ जाऊँ। मुद्दतों रास्ते नापने और जंगलों में भटकने के बाद आँसू की यह बूँद मिली थी, अब ऐसी कौन-सी चीज़ है जिसकी क़ीमत इस आबदार मोती से ज़्यादा हो। हज़रते खिज्र! तुमने सिकंदर को आबेहयात के कुएँ का रास्ता दिखाया था, क्या मेरी बाँह न पकड़ोगे? सिकंदर सारी दुनिया का मालिक था। मैं तो बेघरबार मुसाफ़िर हूँ। तुमने कितनी ही डूबती किश्तियाँ किनारे लगाई हैं, मुझ ग़रीब का बेड़ा भी पार करो। ऐ आली मुक़ाम जिबरील! कुछ तुम्हीं इस नीमजान दुःखी आशिक़ पर तरस खाओ। तुम ख़ुदा के एक ख़ास दरबारी हो, क्या मेरी मुश्किल आसान न करोगे? ग़रज़ यह कि दिलफ़िगार ने बहुत फ़रियाद मचाई, मगर उसका हाथ पकड़ने के लिए कोई सामने न आया। आख़िर निराश होकर वह पागलों की तरह दुबारा एक तरफ़ को चल खड़ा हुआ।

दिलफ़िगार ने पूरब से पश्चिम तक और उत्तर से दक्खिन तक कितने ही जंगलों और वीरानों की ख़ाक छानी, कभी बर्फ़िस्तानी चोटियों पर सोया, कभी डरावनी घाटियों में भटकता फिरा, मगर जिस चीज़ की धुन थी वह न मिली। यहाँ तक कि उसका शरीर हड्डियों का एक ढाँचा रह गया।

एक रोज़ वह शाम के वक़्त किसी नदी के किनारे ख़स्ताहाल पड़ा हुआ था। बेख़ुदी के नशे से चौंका तो क्या देखता है कि चन्दन की एक चिता बनी हुई है और उस पर एक युवती सुहाग के जोड़े पहने सोलहो सिंगार किए बैठी है, उसकी जाँघ पर के प्यारे पति का सर है। हज़ारों आदमी गोल बाँधे खड़े हैं और फूलों की बरखा कर रहे हैं। यकायक चिता में से ख़ुद-ब-ख़ुद एक लपक उठी। सती का चेहरा उस वक़्त एक पवित्र भाव से आलोकित हो रहा था, चिता की पवित्र लपटें उसके गले से लिपट गई और दम-के-दम में वह फूला-सा शरीर राख का ढेर हो गया। प्रेमिका ने अपने को प्रेम पर न्योछावर कर दिया और दो प्रेमियों के सच्चे, पवित्र, अमर प्रेम की अन्तिम लीला आँख से ओझल हो गई। जब सब लोग अपने घरों से लौटे, तो दिलफ़िगार चुपके से उठा और अपने चाक-दामन कुरते में यह राख का ढेर समेट लिया और इस मुट्ठी भर राख का ढेर समेट लिया और इस मुट्ठी भर राख को दुनिया की सबसे अनमोल चीज़ समझता हुआ, सफलता के नशे में चूर, यार के कूचे की तरफ़ चला।

अबकी ज्यों-ज्यों वह अपनी मंज़िल क़रीब आता था, उसकी हिम्मत बढ़ती जाती थी। कोई उसके दिल में बैठा हुआ कह रहा था—अब तेरी जीत है और इस ख़याल ने उसके दिल को जो-जो सपने दिखाए उनकी चर्चा व्यर्थ है। आख़िरकार वह शहर मोनोसवाद में दाख़िल हुआ और दिलफ़रेब की ऊँची ड्योढ़ी पर जाकर ख़बर दी कि दिलफ़िगार सुर्ख़-रू होकर लौटा है, और हुज़ूर के सामने आना चाहता है। दिलफ़रेब ने जाँबाज़ आशिक़ को फ़ौरन दरबार में बुलाया और उस चीज़ के लिए, जो दुनिया की सबसे बेशक़ीमत चीज़ थी, हाथ फैला दिया। दिलफ़िगार ने हिम्मत करके उसकी चाँदी जैसी कलाई को चूम लिया और मुट्ठी-भर राख को उसकी हथेली में रखकर सारी कैफ़ियात दिल को पिघला देनेवाले लफ़्ज़ों में कह सुनाई और अपनी सुन्दर प्रेमिका के होंठों से अपनी क़िस्मत का मुबारक फ़ैसला सुनने के लिए इन्तज़ार करने लगा। दिलफ़रेब ने उस मुट्ठी-भर राख को आँखों से लगा लिया और कुछ देर तक विचारों के सागर में डूबे रहने के बाद बोली, ऐ जान निछावर करनेवाले आशिक़ दिलफ़िगार! बेशक यह राख जो तू लाया है, जिसमें लोहे को सोना कर देने की सिफ़त है, दुनिया की बहुत बेशक़ीमती चीज़ है और मैं सच्चे दिल से तेरी एहसानमंद हूँ कि तूने ऐसी अनमोल भेंट दी। मगर दुनिया में इससे भी ज़्यादा अनमोल कोई चीज़ है, जा उसे तलाश कर और तब मेरे पास आ। मैं तहेदिल से दुआ करती हूँ कि ख़ुदा तुझे कामयाब करे। यह कहकर वह सुनहरे परदे से बाहर आई और माशूक़ाना अदा से अपने रूप का जलवा दिखाकर फिर नज़रों से ओझल हो गई। एक बिजली थी कि कौंधी और फिर बादलों के परदे में छिप गई। अभी दिलफ़िगार के होश-हवास ठिकाने पर न आने पाए थे कि चोबदार ने मुलायमियत से उसका हाथ पकड़कर यार के कूचे से उसको निकाल दिया और तीसरी बार वह प्रेम का पुजारी निराशा के अथाह समुद्र में गोता खाने लगा।

दिलफ़िगार का हियाव छूट गया। उसे यक़ीन हो गया कि मैं दुनिया में इसी तरह नाशाद और नामुराद मर जाने के लिए पैदा किया था और अब इसके सिवा और कोई चारा नहीं कि किसी पहाड़ पर चढ़कर नीचे कूद पड़ूँ, ताकि माशूक़ के जुल्मों की फ़रियाद करने के लिए एक हड्डी भी बाक़ी न रहे। वह दीवाने की तरह उठा और गिरता-पड़ता एक गगनचुंबी पहाड़ की चोटी पर जा पहुँचा। किसी और समय वह ऐसे ऊँचे पहाड़ पर चढ़ने का साहस न कर सकता था, मगर इस वक़्त जान देने के जोश में उसे वह पहाड़ एक मामूली टेकरी से ज़्यादा ऊँचा न नज़र आया। क़रीब था कि वह नीचे कूद पड़े कि हरे-हरे कपड़े पहने हुए और हीर अमामा बाँधे एक बुज़ुर्ग एक हाथ में तसबीह और दूसरे हाथ में लाठी लिए बरामद हुए और हिम्मत बढ़ानेवाले स्वर में बोले, दिलफ़िगार, नादान दिलफ़िगार, यह क्या बुज़दिलों जैसी हरकत है! तू मुहब्बत का दावा करता है और तुझे इतनी भी ख़बर नहीं कि मज़बूत इरादा मुहब्बत के रास्ते की पहली मंज़िल है? मर्द बन और यों हिम्मत न हार। पूरब की तरफ़ एक देश है, जिसका नाम हिन्दोस्तान है, वहाँ जा और तेरी आरज़ू पूरी होगी।

यह कहकर हज़रते ख़िज्र ग़ायब हो गए। दिलफ़िगार ने शुक्रिए की नमाज़ अदा की और ताज़ा हौसले, ताज़ा और अलौकिक सहायता का सहारा पाकर ख़ुश-ख़ुश पहाड़ से उतरा और हिन्दोस्तान की तरफ़ चल पड़ा।

मुद्दतों तक काँटे से भरे हुए जंगलों, आग बरसानेवाले रेगिस्तानों, कठिन घाटियों और अलंघ्य पर्वतों को तय करने के बाद दिलफ़िगार हिन्द की पाक सरज़मीन में दाख़िल हुआ

और एक ठंडे पानी के सोते में सफ़र की तकलीफ़ें धोकर थकान के मारे नदी के किनारे लेट गया। शाम होते-होते वह एक चटियल मैदान में पहुँचा, जहाँ बेशुमार अधमरी और बेजा़ लाशें बिना कफ़न के पड़ी हुई थीं। चील-कौए ओर बहशी दरिंदे मरे पड़े थे और सारा मैदान ख़ून से लाल हो रहा था। यह डरावना दृश्य देखते ही दिलफ़िगार का जी दहल गया। या ख़ुदा, किस मुसीबत में जान फँसी, मरनेवालों का कराहना, सिसकना और एड़ियाँ रगड़कर जान देना, दरिंदों का हड्डियों को नोचना और गोश्त के लोथड़ों को लेकर भागना, ऐसा हौलनाक सीन दिलफ़िगार ने कभी न देखा था। यकायक उसे ख़याल आया, यह लड़ाई का मैदान है और यह लाशें सूरमा सिपाहियों की हैं। इतने में क़रीब से कराहने की आवाज़ आई। दिलफ़िगार उस तरफ़ फिरा तो देखा कि एक लम्बा-तगड़ा आदमी, जिसका मर्दाना चेहरा जान निकलने की कमज़ोरी से पीला हो गया है, ज़मीन पर सर झुकाए पड़ा हुआ है। सीने से ख़ून का फ़व्वारा जारी है, मगर आबदार तलवार की मूठ पंजे से अलग नहीं हुई। दिलफ़िगार ने एक चीथड़ा लेकर घाव के मुँह पर रख दिया, ताकि ख़ून रुक जाए और बोला, ऐ जवाँमर्द, तू कौन है? जवाँमर्द ने यह सुनकर आँखें खोलीं और वीरों की तरह बोला, क्या तू नहीं जानता मैं कौन हूँ, क्या तूने आज इस तलवार की काट नहीं देखी? मैं अपनी माँ का बेटा और भारत का सपूत हूँ। यह कहते-कहते उसकी त्योरियों पर बल पड़ गए। पीला चेहरा ग़ुस्से से लाल हो गया और आबदार शमशीर फिर अपना जौहर दिखाने के लिए चमक उठी। दिलफ़िगार समझ गया कि यह इस वक़्त मुझे दुश्मन समझ रहा है, नरमी से बोला, ऐ जवाँमर्द, मैं तो दुश्मन नहीं हूँ। अपने वतन से निकला हुआ एक ग़रीब मुसाफ़िर हूँ। इधर भूलता-भटकता आ निकला। बराय मेहरबानी मुझसे यहाँ की कुल कैफ़ियत बयान कर।

यह सुनते ही घायल सिपाही बहुत मीठे स्वर में बोला, अगर तू मुसाफ़िर है तो आ और मेरे ख़ून से तर पहलू में बैठ जा, क्योंकि यही दो अंगुल ज़मीन है जो मेरे पास बाक़ी रह गई है और जो सिवाय मौत के कोई नहीं छीन सकता। अफ़सोस है कि तू यहाँ ऐसे वक़्त में आया जब हम तेरा आतिथ्य-सत्कार करने के योग्य नहीं। हमारे बाप-दादा का देश आज हमारे हाथ से निकल गया और इस वक़्त हम बेवतन हैं। मगर (पहलू बदलकर) हमने हमलावर दुश्मन को बता दिया कि राजपूत अपने देश के लिए कैसी बहादुरी से जान देता है। यह आसपास जो लाशें तू देख रहा है, यह उन लोगों की हैं, जो इस तलवार के घाट उतरे हैं। (मुस्कुराकर) और गो कि मैं बेवतन हूँ, मगर ग़नीमत है कि दुश्मन की ज़मीन पर मर रहा हूँ। (सीने के घाव से चीथड़ा निकालकर) क्या तूने यह मरहम रख दिया? ख़ून निकलने दे, इसे रोकने से क्या फ़ायदा? क्या मैं अपने ही देश में ग़ुलामी करने के लिए ज़िन्दा रहूँ? नहीं, ऐसी ज़िन्दगी से मर जाना अच्छा। इससे अच्छी मौत मुमकिन नहीं।

जवाँमर्द की आवाज़ मद्धिम हो गई, अंग ढीले पड़ गए, ख़ून इतना ज़्यादा बहा कि ख़ुद-ब-ख़ुद बन्द हो गया, रह-रहकर एकाध बूँद टपक पड़ती थी। आख़िरकार सारा शरीर बेदम हो गया, दिल की हरकत बन्द हो गई और आँखें मुँद गईं। दिलफ़िगार ने समझा अब काम तमाम हो गया कि मरनेवाले ने धीमे से कहा, भारतमाता की जय। और उसके सीने से ख़ून का आख़िरी क़तरा निकल पड़ा। एक सच्चे देशप्रेमी और देशभक्त ने देशभक्ति का हक़ अदा कर दिया। दिलफ़िगार पर इस दृश्य का बहुत गहरा असर पड़ा और उसके दिल ने कहा, बेशक दुनिया में ख़ून के इस क़तरे से ज़्यादा अनमोल चीज़ कोई नहीं हो सकती। उसे

फ़ौरन उस ख़ून की बूँ को, जिसके आगे यमन का लाल भी हेच है, हाथ में ले लिया और इस दिलेर राजपूत की बहादुरी पर हैरत करता हुआ अपने वतन की तरफ़ रवाना हुआ और सख़्तियाँ झेलता आख़िरकार बहुत दिनों के बाद रूप की रानी मलका दिलफ़रेब की ड्योढ़ी पर जा पहुँचा और पैग़ाम दिया कि दिलफ़िगार सुर्ख़-रू और कामयाब होकर लौटा है और दरबार में हाज़िर होना चाहता है। दिलफ़रेब ने उसे फ़ौरन हाज़िर होने का हुक्म दिया। ख़ुद हस्बे-मामूल सुनहरे पर्द की ओट में बैठी और बोली, दिलफ़िगार, अबकी तू बहुत दिनों के बाद वापस आया है। ला, दुनिया की सबसे बेशक़ीमत चीज़ कहाँ है?

दिलफ़िगार ने मेहँदी-रची हथेलियों को चूमते हुए ख़ून का वह कतरा उस पर रख दिया और उसकी पूरी कैफ़ियत पुरजोश लहजे में कह सुनाई। वह ख़ामोश भी न होने पाया था कि यकायक वह सुनहरा परदा हट गया और दिलफ़िगार के सामने हुस्न का एक दरबार सजा हुआ नज़र आया, जिसकी एक-एक नाज़नीन जुलेख़ा से बढ़कर थी। दिलफ़िगार हुस्न का यह तिलिस्म देखकर अचंभे में पड़ गया और चित्रलिखित-सा खड़ा रहा कि दिलफ़रेब मसनद से उठी और कई क़दम आगे बढ़कर उससे लिपट गई। गानेवालियों ने ख़ुशी के गाने शुरू किए, दरबारियों ने दिलफ़िगार को नज़रें भेंट कीं और चाँद-सूरज को बड़ी इज़्ज़त के साथ मसनद पर बैठा दिया। जब वह लुभावना गीत बन्द हुआ तो दिलफ़रेब खड़ी हो गई और हाथ जोड़कर दिलफ़िगार से बोली, ऐ जाँनिसार आशिक़ दिलफ़िगार! मेरी दुआएँ बर आईं और ख़ुदा ने मेरी सुन ली, और तुझे कामयाब व सुर्ख़-रू किया। आज से तू मेरा मालिक है और मैं तूरी लौंडी!

यह कहकर उसने एक रत्नजटित मंजूषा मँगाई और उसमें से एक तख़्ती निकाली जिस पर सुनहरे अक्षरों में लिखा हुआ था—

'ख़ून का वह आख़िरी क़तरा जो वतन की हिफ़ाज़त में गिरे दुनिया की सबसे अनमोल चीज़ है।'

शेख़ मख़मूर

मुल्के जन्नतनिशाँ के इतिहास में वह बहुत अँधेरा वक़्त था जब शाह किशवर की फ़तहों की बाढ़ बड़े ज़ोर-शोर के साथ उस पर आई। सारा देश तबाह हो गया। आज़ादी की इमारतें ढह गईं और जानोमाल के लाले पड़ गए। शाह बामुराद ख़ूब जी तोड़कर लड़ा, ख़ूब बहादुरी का सबूत दिया और अपने ख़ानदान के तीन लाख सूरमाओं को अपने देश पर चढ़ा दिया मगर विजेता की पत्थर काट देनेवाली तलवार के मुक़ाबले में उसकी यह मर्दाना जाँबाज़ियाँ बेअसर साबित हुईं। मुल्क पर शाह किशवरकुशा की हुकूमत का सिक्का जम गया और शाह बामुराद अकेला और तनहा बेयारो मददगार अपना सब कुछ आज़ादी के नाम पर कुर्बान करके एक झोंपड़े में ज़िन्दगी बसर करने लगा।

यह झोंपड़ा पहाड़ी इलाक़े में था। आस-पास जंगली क़ौमें आबाद थीं और दूर-दूर तक पहाड़ों के सिलसिले नज़र आते थे। इस सुनसान जगह में शाह बामुराद मुसीबत के दिन काटने लगा, दुनिया में अब उसका कोई दोस्त न था। वह दिन भर आबादी से दूर एक चट्टान पर

अपने ख़याल में मस्त बैठा रहता था। लोग समझते थे कि यह कोई ब्रह्म ज्ञान के नशे में चूर सूफ़ी है। शाह बामुराद को यों बसर करते एक ज़माना बीत गया और जवानी की विदाई और बुढ़ापे के स्वागत की तैयारियाँ होने लगीं।

तब एक रोज़ शाह बामुराद बस्ती के सरदार के पास गया और उससे कहा—मैं अपनी शादी करना चाहता हूँ। उसकी तरफ़ से पैग़ाम सुनकर वह अचंभे में आ गया मगर चूँकि दिल में शाह साहब के कमाल और फ़क़ीरी में गहरा विश्वास रखता था, पलटकर जवाब न दे सका और अपनी कुँवारी नौजवान बेटी उनको भेंट की। तीसरे साल इस युवती की कामनाओं की वाटिका में एक नौरस पौधा उगा। शाह साहब ख़ुशी के मारे जामे में फूले न समाए। बच्चे को गोद में उठा लिया और हैरत में डूबी हुई माँ के सामने जोश-भरे लहज़े में बोले—'ख़ुदा का शुक्र है कि मुल्के जन्नतनिशाँ का वारिस पैदा हुआ।'

बच्चा बढ़ने लगा। अक्ल और ज़हानत में, हिम्मत और ताक़त में, वह अपनी दुगनी उमर के बच्चों से बढ़कर था। सुबह होते ही ग़रीब रिंदा बच्चे का बनाव-शृंगार करके और उसे नाश्ता खिलाकर अपने काम-धंधों में लग जाती थी और शाह साहब बच्चे की उँगली पकड़कर उसे आबादी से दूर चट्टान पर ले जाते। वहाँ कभी उसे पढ़ाते, कभी हथियार चलाने की मश्क़ कराते और कभी उसे शाही क़ायदे समझाते। बच्चा था तो कमसिन, मगर इन बातों में ऐसा जी लगाता और ऐसे चाव से लगा रहता गोया उसे अपने वंश का हाल मालूम है। मिज़ाज भी बादशाहों जैसा था। गाँव का एक-एक लड़का उसके हुक्म का फ़रमाबरदार था। माँ उस पर गर्व करती, बाप फूला न समाता और सारे गाँव के लोग समझते कि यह शाह साहब के जप-तप का असर है।

बच्चा मसऊद देखते-देखते एक सात साल का नौजवान शहज़ादा हो गया। देखकर देखनेवाले के दिल को एक नशा-सा होता था। एक रोज़ शाम का वक़्त था, शाह साहब अकेले सैर करने गए और जब लौटे तो उनके सर पर एक जड़ाऊ ताज शोभा दे रहा था। रिंदा उनका यह हुलिया देखकर सहम गई और मुँह से कुछ बोल न सकी। तब उन्होंने नौजवान मसऊद को गले से लगाया, उसी वक़्त उसे नहलाया-धुलाया और एक चट्टान के तख़्त पर बैठाकर दर्द-भरे लहज़े में बोले—मसऊद, मैं आज तुमसे रुख़सत होता हूँ और तुम्हारी अमानत तुम्हें सौंपता हूँ। यह उसी मुल्के जन्नतनिशाँ का ताज है। कोई वह ज़माना था, कि यह ताज तुम्हारे बदनसीब बाप के सर पर ज़ेब देता था, अब वह तुम्हें मुबारक हो। रिंदा! प्यारी बीवी! तेरा बदक़िस्मत शौहर किसी ज़माने में इस मुल्क का बादशाह था और अब तू उसकी मलिका है। मैंने यह राज़ तुमसे अब तक छिपाया था, मगर हमारे अलग होने का वक़्त बहुत पास है। अब छिपाकर क्या करूँ। मसऊद, तुम अभी बच्चे हो, मगर दिलेर और समझदार हो। मुझे यक़ीन है कि तुम अपने बूढ़े बाप की आख़िरी वसीयत पर ध्यान दोगे और उस पर अमल करने की कोशिश करोगे। यह मुल्क तुम्हारा है, यह ताज तुम्हारा है और यह रिआया तुम्हारी है। तुम इन्हें अपने क़ब्ज़े में लाने की मरते दम तक कोशिश करते रहना और अगर तुम्हारी तमाम कोशिशें नाकाम हो जाएँ और तुम्हें भी यही बेसरोसामानी की मौत नसीब हो तो यही वसीयत तुम अपने बेटे को कर देना और यह ताज जो उसकी अमानत होगी उसके सुपुर्द करना। मुझे तुमसे और कुछ नहीं कहना है, ख़ुदा तुम दोनों को ख़ुशोखुर्रम रखे और तुम्हें मुराद को पहुँचाए।

यह कहते-कहते शाह साहब की आँखें बन्द हो गईं। रिंदा दौड़कर उनके पैरों से लिपट गई और मसऊद रोने लगा। दूसरे दिन सुबह को गाँव के लोग जमा हुए और एक पहाड़ी गुफ़ा की गोद में लाश रख दी।

2

शाह किशवरकुशा ने आधी सदी तक ख़ूब इनसाफ़ के साथ राज किया मगर किशवरकुशा दोयम ने सिंहासन पर आते ही अपने अक्लमंद बाप के मंत्रियों को एक सिरे से बर्ख़ास्त कर दिया और अपनी मज़ीर् के मुआफ़िक नए-नए वज़ीर और सलाहकार नियुक्त किए। सल्तनत का काम रोज़-ब-रोज़ बिगड़ने लगा। सरदारों ने बेइनसाफ़ी पर कमर बाँधी और हुक्काम रिआया पर ज़ोर-ज़बर्दस्ती करने लगे। यहाँ तक कि ख़ानदाने मुरादिया के एक पुराने नमकख़ोर ने मौक़ा अच्छा देखकर बग़ावत का झंडा बुलंद कर दिया। आसपास के लोग उसके झंडे के नीचे जमा होने लगे और कुछ ही हफ़्तों में एक बड़ी फ़ौज क़ायम हो गई और मसऊद भी नमकख़ोर सरदार की फ़ौज में आकर मामूली सिपाहियों का काम करने लगा।

मसऊद का अभी यौवन का आरंभ था। दिल में मर्दाना जोश और बाज़ुओं में शेरों की कूवत मौजूद थी। ऐसा लम्बा-तगड़ा, सुन्दर नौजवान बहुत कम किसी ने देखा होगा। शेरों के शिकार का उसे इश्क़ था। दूर-दूर तक के जंगल दरिंदों से ख़ाली हो गए। सवेरे से शाम तक उसे सैरो-शिकार के सिवा कोई धंधा न था। लबोलहजा ऐसा दिलकश पाया था कि जिस वक़्त मस्ती में आकर कोई क़ौमी गीत छेड़ देता तो राह चलते मुसाफ़िरों और पहाड़ी औरतों का ठट लग जाता था। कितने ही भोले-भाले दिलों पर उसकी मोहिनी सूरत नक़्श थी, कितनी ही आँखें उसे देखने को तरसती और कितनी ही जानें उसकी मुहब्बत की आग में घुलती थीं। मगर मसऊद पर अभी तक किसी का जादू न चला था। हाँ, अगर उसे मुहब्बत थी तो अपनी आबदार शमशीर से जो उसने बाप से विरसे में पाई थी। इस तेग़ को वह जान से ज़्यादा प्यार करता। बेचारा ख़ुद नंगे बदन रहता मगर उसके लिए तरह-तरह के मियान बनवाए थे। उसे एक दम के लिए अपने पहलू से अलग न करता। सच है दिलेर सिपाही की तलवार उसकी निगाहों में दुनिया की तमाम चीज़ों से ज़्यादा प्यारी होती है। ख़ासकर वह आबदार खंजर जिसका जौहर बहुत से मौक़ों पर परखा जा चुका हो। इसी तेग़ से मसऊद ने कितने ही जंगली दरिंदों को मारा था, कितने ही लुटेरों और डाकुओं को मौत का मज़ा चखाया था और उसे पूरा यक़ीन था कि यही तलवार किसी दिन किशवरकुशा दोयम के सर पर चमकेगी और उसकी शहरग के ख़ून से अपनी ज़बान तर करेगी।

एक रोज़ वह एक शेर का पीछा करते-करते बहुत दूर निकल गया। धूप सख़्त थी, भूख और प्यास से जी बेताब हुआ, मगर वहाँ न कोई मेवे का दरख़्त नज़र आया न कोई बहता हुआ पानी का सोता जिसमें भूख और प्यास की आग बुझाता। हैरान और परेशान खड़ा था कि सामने से एक चाँद जैसी सुन्दर युवती हाथ में बर्छी लिए और बिजली की तरह तेज़ घोड़े पर सवार आती हुई दिखाई दी। पसीने की मोती जैसी बूँदें उसके माथे पर झलक रही थीं और अंबर की सुगंध में बसे हुए बाल दोनों कन्धों पर एक सुहानी बेतकल्लुफी से बिखरे हुए थे। दोनों की निगाहें चार हुईं और मसऊद का दिल हाथ से जाता रहा। उस ग़रीब ने आज तक दुनिया को जला डालनेवाला ऐसा हुस्न न देखा

था, उसके ऊपर एक सकता-सा छा गया। यह जवान औरत उस जंगल में मलिका शेर अफ़गन के नाम से मशहूर थी।

मलिका ने मसऊद को देखकर घोड़े की बाग़ खींच ली और गरम लहजे में बोली—क्या तू वही नौजवान है, जो मेरे इलाक़े के शेरों का शिकार किया करता है? बतला तेरी इस गुस्ताख़ी की क्या सज़ा दूँ?

यह सुनते ही मसऊद की आँखें लाल हो गईं और बरबस हाथ तलवार की मूठ पर जा पहुँचा, मगर ज़ब्त करके बोला—इस सवाल का जवाब मैं ख़ूब देता, अगर आपके बजाय यह किसी दिलेर मर्द की ज़बान से निकलता!

इन शब्दों ने मलिका के ग़ुस्से की आग को और भी भड़का दिया। उसने घोड़े को चमकाया और बर्छी उछालती सर पर आ पहुँची और वार पर वार करने शुरू किए। मसऊद के हाथ-पाँव बेहद थकान से चूर हो रहे थे और मलिका शेर अफ़गन बर्छी चलाने की कला में बेजोड़ थी। उसने चरके पर चरके लगाए, यहाँ तक कि मसऊद घायल होकर घोड़े से गिर पड़ा। उसने अब तक मलिका के वारों को काटने के सिवा ख़ुद एक हाथ भी न चलाया था।

तब मलिका घोड़े से कूदी और अपना रूमाल फाड़-फाड़कर मसऊद के ज़ख़्म पर बाँधने लगी। ऐसा दिलेर और ग़ैरतमंद जवाँमर्द उसकी नज़र से आज तक न गुज़रा था। वह उसे बहुत आराम से उठवाकर अपने खेमे में लाई और पूरे दो हफ़्ते तक उसकी परिचर्या में लगी रही यहाँ तक कि घाव भर गया और मसऊद का चेहरा फिर पूरनमासी के चाँद की तरह चमकने लगा। मगर हसरत यह थी कि अब मलिका ने उसके पास आना-जाना छोड़ दिया।

एक रोज़ मलिका शेर अफ़गन ने मसऊद को दरबार में बुलाया और यह बोली—ऐ घमंडी नौजवान! ख़ुदा का शुक्र है कि तू मेरी बर्छी की चोट से अच्छा हो गया, अब मेरे इलाक़े में शिकार के लिए आने की हिम्मत न करना। फ़िलहाल ताकीद के तौर पर तेरी तलवार छीन ली जाएगी ताकि तू घमंड के नशे से चूर होकर फिर इधर क़दम बढ़ाने की हिम्मत न करे।

मसऊद ने नंगी तलवार मियान से खींच ली और कड़ककर बोला—जब तक मेरे दम-में-दम है, कोई यह तलवार मुझसे नहीं ले सकता। यह सुनते ही एक देव-जैसा लम्बा-तगड़ा हैकल पहलवान ललकार कर बढ़ा और मसऊद की कलाई पर तेग़े का तुला हुआ हाथ चलाया। मसऊद ने वार ख़ाली दिया और सँभलकर तेग़े का वार किया तो पहलवान की गर्दन की पट्टी तक बाक़ी न रही। यह कैफ़ियत देखते ही मलिका की आँखों से चिनगारियाँ उड़ने लगीं। भयानक ग़ुस्से के स्वर में बोली—ख़बरदार, यह शख़्स यहाँ से ज़िन्दा न जाने पावे। चारों तरफ़ से आज़माए हुए मज़बूत सिपाही पिल पड़े और मसऊद पर तलवारों और बर्छियों की बौछार पड़ने लगी।

मसऊद का जिस्म ज़ख़्मों से छलनी हो गया। ख़ून के फ़व्वारे जारी थे और ख़ून की प्यासी तलवारें ज़बान खोले बार-बार उसकी तरफ़ लपकती थीं और उसका ख़ून चाटकर अपनी प्यास बुझा लेती थीं। कितनी ही तलवारें उसकी ढाल से टकराकर टूट गईं, कितने ही बहादुर सिपाही ज़ख़्मी होकर तड़पने लगे और कितने ही उस दुनिया को सिधारे। मगर मसऊद के हाथ में वह आबदार शमशीर ज्यों की त्यों बिजली की तरह कौंधती और सुथराव करती रही। यहाँ तक कि इस फ़न के कमाल को समझनेवाली मलिका ने ख़ुद उसकी तारीफ़ का नारा बुलंद किया और उसके तेग़े को चूमकर बोली—मसऊद! तू बहादुरी के समुंदर

का मगर है। शेरों के शिकार में वक़्त बर्बाद मत कर। दुनिया में शिकार के अलावा और भी ऐसे मौक़े हैं जहाँ तू अपने आबदार तेग़ का जौहर दिखा सकता है। जा और मुल्कोक़ौम की ख़िदमत कर। सैरो शिकार हम जैसी औरतों के लिए छोड़ दे।

मसऊद के दिल ने गुदगुदाया, प्यार की बानी ज़बान तक आई मगर बाहर निकल न सकी और उसी वक़्त वह अपने दिल में किसी की पलकों की टीस लिए हुए तीन हफ़्तों के बाद अपनी बेक़रार माँ के क़दमों पर जा गिरा।

3

नमकख़ोर सरदार की फ़ौज रोज़-ब-रोज़ बढ़ने लगी। पहले तो वह अँधेरे के पर्दे में शाही ख़ज़ानों पर हाथ बढ़ाता रहा, धीरे-धीरे एक बाक़ायदा फ़ौज तैयार हो गई, यहाँ तक कि सरदार को शाही फ़ौजों के मुक़ाबले में अपनी तलवार आज़माने का हौसला हुआ, और पहली लड़ाई में चौबीस क़िले इस नई फ़ौज के हाथ आ गए। शाही फ़ौज ने लड़ने में ज़रा भी कसर न की मगर वह ताकत, वह जोश, वह जज़्बा जो सरदार नमकख़ोर और उसके दोस्तों के दिलों को हिम्मत के मैदान में आगे बढ़ाता रहता था, किशवरकुशा दोयम के सिपाहियों में ग़ायब था। लड़ाई के कला-कौशल, हथियारों की ख़ूबी और ऊपर दिखाई पड़नेवाली शान-शौकत के लिहाज़ से दोनों फ़ौजों का कोई मुक़ाबला न था। बादशाह के सिपाही लहीम-शहीम, लम्बे-तगड़े और आज़माए हुए थे। उनके साज-सामान और तौर-तरीके से देखनेवालों के दिलों पर एक डर-सा छा जाता था और वहम भी यह गुमान न कर सकता था कि इस ज़बर्दस्त जमात के मुक़ाबले में निहत्थी-सी अधनंगी और बेक़ायदा सरदारी फ़ौज एक पल के लिए भी पैर जमा सकेगी। मगर जिस वक़्त 'मारो' की दिल बढ़ानेवाली पुकार हवा में गूँजी, एक अजीबोग़रीब नज़ारा सामने आया। सरदार के सिपाही तो नारे मारकर आगे धावा करते थे और बादशाह की फ़ौज भागने की राह पर दबी हुई निगाहें डालती थी। दम के दम में मोर्चे गुब्बारे की तरह फट गए और जब मस्क़ात के मज़बूत क़िले में सरदार नमकख़ोर शाही क़िलेदार की मसनद पर अमीराना ठाट-बाट से बैठा और अपनी फ़ौज की कारगुज़ारियों और जाँबाज़ियों का इनाम देने के लिए एक तश्तरी में सोने के तमग़े मँगवाकर रखे तो सबसे पहले जिस सिपाही का नाम पुकारा गया वह नौजवान मसऊद था।

मसऊद पर इस वक़्त उसकी फ़ौज घमंड करती थी। लड़ाई के मैदान में सबसे पहले उसी की तलवार चमकती थी और धावे के वक़्त सबसे पहले उसी के क़दम उठते थे। दुश्मन के मोर्चों में ऐसा बेधड़क घुसता था जैसे आसमान में चमकता हुआ लाल तारा। उसकी तलवार के वार क़यामत थे और उसके तीर का निशाना मौत का संदेश।

मगर टेढ़ी चाल की तक़दीर से उसका यह प्रताप, यह प्रतिष्ठा न देखी गई। कुछ थोड़े-से आज़माए हुए अफ़सर जिनके तेग़ों की चमक मसऊद के तेग़ के सामने मंद पड़ गई थी, उससे खार खाने लगे और उसे मिटा देने की तदबीरें सोचने लगे। संयोग से उन्हें मौक़ा भी जल्द हाथ आ गया।

किशवरकुशा दोयम ने बाग़ियों को कुचलने के लिए अबकी एक ज़बर्दस्त फ़ौज रवाना की और मीर शुजा को उसका सिपहसालार बनाया जो लड़ाई के मैदान में अपने वक़्त का इसफ़ंदियार था। सरदार नमकख़ोर ने यह ख़बर पाई तो हाथ-पाँव फूल गए। मीर शुजा के

मुक़ाबले में आना अपनी हार को बुलाना था। आख़िरकार यह राह तय पाई कि इस जगह से आबादी का निशान मिटाकर हम लोग क़िलेबन्द हो जाएँ। उस वक़्त नौजवान मसऊद ने उठकर बड़े पुरजोश लहज़े में कहा—

नहीं, हम क़िलेबन्द न होंगे, हम मैदान में रहेंगे और हाथोंहाथ दुश्मन का मुक़ाबला करेंगे। हमारे सीनों की हड्डियाँ ऐसी कमज़ोर नहीं हैं कि तीर-तुपुक के निशाने बर्दाश्त न कर सकें। क़िलेबन्द होना इस बात का एलान है कि हम आमने-सामने नहीं लड़ सकते। क्या आप लोग, जो शाह बामुराद के नामलेवा हैं, भूल गए कि इसी मुल्क पर उसने अपने ख़ानदान के तीन लाख सपूतों को फूल की तरह चढ़ा दिया? नहीं, हम हरगिज़ क़िलेबन्द न होंगे। हम दुश्मन के मुक़ाबले में ताल ठोंककर आएँगे और अगर ख़ुदा इनसाफ़ करनेवाला है तो ज़रूर हमारी तलवारें दुश्मनों से गले मिलेंगी और हमारी बर्छियाँ उनके पहलू में जगह पाएँगी।

सैकड़ों निगाहें मसऊद के पुरजोश चेहरे की तरफ़ उठ गईं। सरदारों की त्योरियों पर बल पड़ गए और सिपाहियों के सीने जोश से धड़कने लगे। सरदार नमकख़ोर ने उसे गले से लगा लिया और बोले—मसऊद, तेरी हिम्मत और हौसले की दाद देता हूँ। तू हमारी फ़ौज की शान है। तेरी सलाह मर्दाना सलाह है। बेशक हम क़िलेबन्द न होंगे। हम दुश्मन के मुक़ाबले में ताल ठोंककर आएँगे और अपने प्यारे जन्नतनिशाँ के लिए अपना ख़ून पानी की तरह बहाएँगे। तू हमारे लिए आगे-आगे चलनेवाली मशाल है और हम सब आज इसी रोशनी में क़दम बढ़ाएँगे।

मसऊद ने चुने हुए सिपाहियों का एक दस्ता तैयार किया और कुछ इस दमख़म और कुछ इस जोशख़रोश से मीर शुजा पर टूटा कि उसकी सारी फ़ौज में खलबली पड़ गई। सरदार नमकख़ोर ने जब देखा कि शाही फ़ौज के क़दम डगमगा रहे हैं, तो अपनी पूरी ताक़त से बादल और बिजली की तरह लपका और तेग़ों से तेग़े और बर्छियों से बर्छियाँ खड़कने लगीं। तीन घंटे तक बला का शोर मचा रहा, यहाँ तक कि शाही फ़ौज के क़दम उखड़ गए और वह सिपाही जिसकी तलवार मीर शुजा से गले मिली मसऊद था।

तब सरदारी फ़ौज और अफ़सर सब के सब लूट के माल पर टूटे और मसऊद ज़ख़्मों से चूर और ख़ून में रँगा हुआ अपने कुछ जान पर खेलनेवाले दस्तों के साथ मस्कात के क़िले की तरफ़ लौटा मगर जब होश ने आँखें खोलीं और हवास ठिकाने हुए तो क्या देखता है कि मैं एक सजे हुए कमरे में मख़मली गद्दे पर लेटा हुआ हूँ। फूलों की सुहानी महक और लम्बी छरहरी सुन्दरियों के जमघट से कमरा चमन बना हुआ था। ताज्जुब से इधर-उधर ताकने लगा कि इतने में एक अप्सरा-जैसी सुन्दर युवती तश्तरी में फूलों का हार लिए धीरे-धीरे आती हुई दिखाई दी कि जैसे बहार फूलों की डाली पेश करने आ रही है। उसे देखते ही उन लम्बी छरहरी सुन्दरियों ने आँखें बिछाईं और उसकी हिनाई हथेली को चूमा। मसऊद देखते ही पहचान गया। यह मलिका शेर अफ़गन थी।

मलिका ने फूलों का हार मसऊद के गले में डाला। हीरे-जवाहरात उस पर चढ़ाए और सोने के तारों से टकी हुई मसनद पर बड़ी आन-बान से बैठ गई। साज़िन्दों ने बीन ले-लेकर विजयी अतिथि के स्वागत में सुहाने राग अलापने शुरू किए।

यहाँ तो नाच-गाने की महफ़िल थी उधर आपसी डाह ने नए-नए शिगूफ़े खिलाए। सरदार से शिकायत की कि मसऊद ज़रूर दुश्मन से जा मिला है और आज जान-बूझकर फ़ौज का एक दस्ता लेकर लड़ने को गया था, ताकि उसे ख़ाक और ख़ून में सुलाकर सरदारी फ़ौज

को बेचिराग़ कर दे। इसके सबूत में कुछ जाली ख़त भी दिखाए गए और इस कमीनी कोशिश में ज़बान की ऐसी चालाकी से काम लिया कि आख़िर सरदार को इन बातों पर यक़ीन आ गया। पौ फटे जब मसऊद मलिका शेर अफ़गन के दरबार से विजय का हार गले में डाले सरदार को बधाई देने गया तो बजाय इसके कि कद्रदानी का सिरोपा और बहादुरी का तमग़ा पाए, उसको खरी-खोटी बातों के तीर का निशाना बनाया गया और हुक्म मिला कि तलवार कमर से खोलकर रख दे।

मसऊद स्तंभित रह गया। यह तेग़ा मैंने अपने बाप से विरसे में पाया है और यह मेरे पिछले बड़प्पन की आख़िरी यादगार है। यह मेरी बाँहों की ताक़त और मेरा सहयोगी और मददगार है। इसके साथ कैसी-कैसी स्मृतियाँ जुड़ी हुई हैं, क्या मैं जीते जी इसे अपने पहलू से अलग कर दूँ? अगर मुझ पर कोई आदमी लड़ाई के मैदान से क़दम हटाने का इलज़ाम लगा सकता, अगर कोई शख़्स इस तेग़े का इस्तेमाल मेरे मुक़ाबले में ज़्यादा कारगुज़ारी के साथ कर सकता, अगर मेरी बाँहों में तेग़ा पकड़ने की ताक़त न होती तो ख़ुदा की क़सम, मैं ख़ुद ही तेग़ा कमर से खोलकर रख देता। मगर ख़ुदा का शुक्र है कि मैं इन इलज़ामों से बरी हूँ। फिर क्यों मैं इसे हाथ से जाने दूँ? क्या इसलिए कि मेरी बुराई चाहनेवाले कुछ थोड़े से डाहियों ने सरदार नमकख़ोर का मन मेरी तरफ़ से फेर दिया है। ऐसा नहीं हो सकता।

मगर फिर उसे ख़याल आया, मेरी सरकशी पर सरदार और भी ग़ुस्सा हो जाएँगें और यक़ीनन मुझसे तलवार शमशीर के ज़ोर से छीन ली जाएगी। ऐसी हालत में मेरे ऊपर जान छिड़कनेवाले सिपाही कब अपने को क़ाबू में रख सकेंगे। ज़रूर आपस में ख़ून की नदियाँ बहेंगी और भाई-भाई का सिर कटेगा। ख़ुदा न करे कि मेरे सबब से यह दर्दनाक मार-काट हो। यह सोचकर उसने चुपके से शमशीर सरदार नमकख़ोर के बग़ल में रख दी और ख़ुद सर नीचा किए ज़ब्त की इन्तहाई कुव्वत से ग़ुस्से को दबाता हुआ ख़ेमे से बाहर निकल आया।

मसऊद पर सारी फ़ौज गर्व करती थी और उस पर जानें वारने के लिए हथेली में सर लिए रहती थी। जिस वक़्त उसने तलवार खोली है, दो हज़ार सूरमा सिपाही मियान पर हाथ रखे और शोले बरसाती हुई आँखों से ताक़ते कनौतियाँ बदल रहे थे। मसऊद के एक ज़रा से इशारे की देर थी और दम के दम में लाशों के ढेर लग जाते। मगर मसऊद बहादुरी ही में बेजोड़ न था, ज़ब्त और धीरज में भी उसका जवाब न था। उसने यह जिल्लत और बदनामी सब गवारा की, तलवार देना गवारा किया, बग़ावत का इलज़ाम लेना गवारा किया और अपने साथियों के सामने सर झुकाना गवारा किया मगर यह गवारा न किया कि उसके कारण फ़ौज में बग़ावत और हुक्म न मानने का ख़याल पैदा हो। और ऐसे नाजुक वक़्त में जबकि कितने ही दिलेर जिन्होंने लड़ाई की आज़माइश में अपनी बहादुरी का सबूत दिया था, ज़ब्त हाथ से खो बैठते और ग़ुस्से की हालत में एक-दूसरे के गले काटते, ख़ामोश रहा और उसके पैर नहीं डगमगाए। उसकी पेशानी पर ज़रा भी बल न आया, उसके तेवर ज़रा भी न बदले। उसने ख़ून बरसाती हुई आँखों से दोस्तों को अलविदा कहा और हसरत भरा दिल लिए उठा और एक गुफ़ा में छिप बैठा और जब सूरज डूबने पर वहाँ से उठा तो उसके दिल ने फ़ैसला कर लिया था कि बदनामी का दाग़ माथे से मिटाऊँगा और डाहियों को शर्मिंदगी के गड्ढे में गिराऊँगा।

मसऊद ने फ़क़ीरों का भेष अख़्तियार किया, सर पर लोहे की टोपी के बजाय लम्बी जटाएँ बनाईं, जिस्म पर ज़िरहबख़्तर के बजाय गेरुए रंग का बाना सजा, हाथ में तलवार के

बजाय फ़क़ीरों का प्याला लिया। जंग के नारे के बजाय फ़क़ीरों की सदा बुलंद की और अपना नाम शेख़ मख़मूर रख दिया। मगर यह जोगी दूसरे जोगियों की तरह धूनी रमाकर न बैठा और न उस तरह का प्रचार शुरू किया। वह दुश्मन की फ़ौज में जाता और सिपाहियों की बातें सुनता। कभी उनकी मोर्चेबन्दियों पर निगाह दौड़ाता, कभी उनके दमदमों और क़िलों की दीवारों का मुआइना करता। तीन बार सरदार नमकख़ोर दुश्मन के पंजे से ऐसे वक़्त निकले जबकि उन्हें जान बचाने की कोई आस न रही थी। और यह सब शेख़ मख़मूर की करामात थी। मिनक़ाद का क़िला जीतना कोई आसान बात न थी। पाँच हज़ार बहादुर सिपाही उसकी हिफ़ाज़त के लिए कुर्बान होने को तैयार बैठे थे। तीस तोपें आग के गोले उगलने के लिए मुँह खोले हुए थीं और दो हज़ार सधे हुए तीरंदाज़ हाथों में मौत का पैग़ाम लिए हुक्म का इन्तज़ार कर रहे थे। मगर जिस वक़्त सरदार नमकख़ोर अपने दो हज़ार बहादुरों के साथ इस क़िले पर चढ़ा तो पाँचों हज़ार दुश्मन सिपाही काठ के पुतले बन गए। तोपों के मुँह बन्द हो गए और तीरंदाज़ों के तीर हवा में उड़ने लगे। और यह सब शेख़ मख़मूर की करामात थी। शाह साहब वहीं मौजूद थे। सरदार दौड़कर उनके क़दमों पर गिर पड़ा और उनके पैरों की धूल माथे पर लगाई।

4

किशवरकुशा दोयम का दरबार सजा हुआ है। अंगूरी शराब का दौर चल रहा है और दरबार के बड़े-बड़े अमीर और रईस अपने-अपने दर्जे के हिसाब से अदब के साथ घुटना मोड़े बैठे हैं। यकायक भेदियों ने ख़बर दी कि मीर शुजा की हार हुई और वह जान से मारे गए। यह सुनकर किशवरकुशा के चेहरे पर चिन्ता के लक्षण दिखाई पड़े। सरदारों को सम्बोधित करके बोले—आप लोगों में ऐसा दिलेर कौन है जो इस बदमाश सरदार का सर क़लम करके हमारे सामने पेश करे। इसकी गुस्ताख़ियाँ अब हद से आगे बढ़ी जाती हैं। आप ही लोगों के बड़े-बूढ़ों ने यह मुल्क तलवार के ज़ोर से मुरादिया ख़ानदान से छीना था। क्या आप उन्हीं पुरखों की औलाद नहीं हैं? यह सुनते ही सरदारों में एक सन्नाटा छा गया, सब के चेहरे पर हवाइयाँ उड़ने लगीं और किसी की हिम्मत न पड़ी कि बादशाह की दावत क़बूल करे। आख़िरकार किशवरकुशा के बुड्ढे चचा ख़ुद उठे और बोले—ऐ शाह जवाँबख़्त! मैं तेरी दावत क़बूल करता हूँ, अगरचे मैं बुड्ढा हो गया हूँ और बाजुओं में तलवार पकड़ने की ताक़त बाक़ी नहीं रही, मगर मेरे ख़ून में वही गरमी और दिल में वही जोश है जिनकी बदौलत हमने यह मुल्क शाह बामुराद से लिया था। या तो मैं इस नापाक कुत्ते की हस्ती ख़ाक में मिला दूँगा या इस कोशिश में अपनी जान निसार कर दूँगा, ताकि अपनी आँखों से सल्तनत की बर्बादी न देखूँ। यह कहकर अमीर पुरतदबीर वहाँ से उठा और मुस्तैदी से जंगी तैयारियों में लग गया। उसे मालूम था कि यह आख़िरी मुक़ाबला है और अगर इसमें नाकाम रहे तो मर जाने के सिवा और कोई चारा नहीं है। उधर सरदार नमकख़ोर धीरे-धीरे राजधानी की तरफ़ बढ़ता आता था, यकायक उसे ख़बर मिली कि अमीर पुरतदबीर बीस हज़ार पैदल और सवारों के साथ मुक़ाबले के लिए आ रहा है।

यह सुनते ही सरदार नमकख़ोर की हिम्मतें छूट गईं। अमीर पुरतदबीर बुढ़ापे के बावजूद अपने वक़्त का एक ही सिपहसालार था। उसका नाम सुनकर बड़े-बड़े बहादुर कानों पर हाथ रख लेते थे। सरदार नमकख़ोर का ख़याल था कि अमीर कहीं एक कोने में बैठे ख़ुदा की

इबादत करते होंगे। मगर उनको अपने मुक़ाबले में देखकर उसके होश उड़ गए कि कहीं ऐसा न हो कि हार से हम अपनी सारी जीत खो बैठें और बरसों की मेहनत पर पानी फिर जाए। सबकी यही सलाह हुई कि वापस चलना ही ठीक है। उस वक़्त शेख़ मख़मूर ने कहा—ऐ सरदार नमकख़ोर! तूने मुल्के जन्नतनिशाँ को छुटकारा दिलाने का बीड़ा उठाया है। क्या इन्हीं हिम्मतों से तेरी आरज़ूएँ पूरी होंगी? तेरे सरदार और सिपाहियों ने कभी मैदान से क़दम पीछे नहीं हटाया, कभी पीठ नहीं दिखाई, तीरों की बौछार को तुमने पानी की फुहार समझा और बन्दूक़ों की बाढ़ को फूलों की बहार। क्या इन चीज़ों से इतनी जल्दी तुम्हारा जी भर गया? तुमने यह लड़ाई सल्तनत को बढ़ाने के कमीने इरादे से नहीं छेड़ी है। तुम सचाई और इनसाफ़ की लड़ाई लड़ रहे हो। क्या तुम्हारा जोश इतनी जल्द ठंडा हो गया? क्या तुम्हारी इनसाफ़ की तलवार की प्यास इतनी जल्दी बुझ गई? तुम ख़ूब जानते हो कि इनसाफ़ और सचाई की जीत जरूर होगी, तुम्हारी इन बहादुरियों का इनाम ख़ुदा के दरबार से ज़रूर मिलेगा। फिर अभी से क्यों हौसले छोड़े देते हो? क्या बात है, अगर अमीर पुरतदबीर बड़ा दिलेर और इरादे का पक्का सिपाही है। अगर वह शेर है तो तुम शेर मर्द हो; अगर उसकी तलवार लोहे की है तो तुम्हारा तेग़ा फ़ौलाद का है; अगर उसके सिपाही जान पर खेलनेवाले हैं तो तुम्हारे सिपाही भी सर कटाने के लिए तैयार हैं। हाथों में तेग़ा मज़बूत पकड़ो और ख़ुदा का नाम लेकर दुश्मन पर टूट पड़ो। तुम्हारे तेवर कहे देते हैं कि मैदान तुम्हारा है।

इस पुरजोश तक़रीर ने सरदारों के हौसले उभार दिए। उनकी आँखें लाल हो गईं, तलवारें पहलू बदलने लगीं और क़दम बरबस लड़ाई के मैदान की तरफ़ बढ़े। शेख़ मख़मूर ने तब फ़क़ीरी बाना उतार फेंका, फ़क़ीरी प्याले को सलाम किया और हाथों में वही तलवार और ढाल लेकर जो किसी वक़्त मसऊद से छीने गए थे, सरदार नमकख़ोर के साथ-साथ सिपाहियों और अफ़सरों का दिल बढ़ाते शेरों की तरह बिफरता हुआ चला। आधी रात का वक़्त था, अमीर के सिपाही अभी मंज़िलें मारे चले आते थे। बेचारे दम भी न लेने पाए थे कि यकायक सरदार नमकख़ोर के आ पहुँचने की ख़बर पाई। होश उड़ गए और हिम्मतें टूट गईं। मगर अमीर शेर की तरह गरजकर ख़ेमे से बाहर आया और दम के दम में अपनी सारी फ़ौज दुश्मन के मुक़ाबले में क़तार बाँधकर खड़ी कर दी कि जैसे एक माली था कि आया और इधर-उधर बिखरे हुए फूलों को एक गुलदस्ते में सजा गया।

दोनों फ़ौजें काले-काले पहाड़ों की तरह आमने-सामने खड़ी हैं। और तोपों का आग बरसाना ज्वालामुखी का दृश्य प्रस्तुत कर रहा था। उनकी घनगरज आवाज़ से बला का शोर मच रहा था। यह पहाड़ धीरे-धीरे आगे बढ़ते गए। यकायक वह टकराए और कुछ इस ज़ोर से टकराए कि ज़मीन काँप उठी और घमासान की लड़ाई शुरू हो गई। मसऊद का तेग़ा इस वक़्त एक बला हो रहा था, जिधर पहुँचता लाशों के ढेर लग जाते और सैकड़ों सर उस पर भेंट चढ़ जाते।

पौ फटे तक तेग़ें यों ही खड़का किए और यों ही ख़ून का दरिया बहता रहा। जब दिन निकला तो लड़ाई का मैदान मौत का बाज़ार हो रहा था। जिधर निगाह उठती थी, मरे हुओं के सर और हाथ-पैर लहू में तैरते दिखाई देते थे। यकायक शेख़ मख़मूर की कमान से एक तीर बिजली बनकर निकला और अमीर पुरतदबीर की जान के घोंसले पर गिरा और उसके गिरते ही शाही फ़ौज भाग निकली और सरदारी फ़ौज फ़तेह का झंडा उठाए राजधानी की तरफ़ बढ़ी।

5

जब यह जीत की **लहर-जैसी फ़ौज** शहर की दीवार के अन्दर दाख़िल हुई तो शहर के मर्द और औरत, जो बड़ी मुद्दत से गुलामी की सख़्तियाँ झेल रहे थे, उसकी अगवानी के लिए निकल पड़े। सारा शहर उमड़ आया। लोग सिपाहियों को गले लगाते थे और उन पर फूलों की बरखा करते थे कि जैसे बुलबुलें थीं जो बहेलिए के पंजे से रिहाई पाने पर बाग़ में फूलों को चूम रही थीं। लोग शेख़ मख़मूर के पैरों की धूल माथे से लगाते थे और सरदार नमकख़ोर के पैरों पर ख़ुशी के आँसू बहाते थे।

अब मौक़ा था कि मसऊद अपना जोगिया भेष उतार फेंके और ताजोतख़्त का दावा पेश करे। मगर जब उसने देखा कि मलिका शेर अफ़गन का नाम हर आदमी की ज़बान पर है तो ख़ामोश हो रहा है। वह ख़ूब जानता था कि अगर मैं अपने दावे को साबित कर दूँ तो मलिका का दावा ख़त्म हो जाएगा। मगर तब भी यह नामुमकिन था कि सख़्त मार-काट के बिना यह फ़ैसला हो सके। एक पुरजोश और आरज़ूमंद दिल के लिए इस हद तक ज़ब्त करना मामूली बात न थी। जबसे उसने होश सँभाला, यह ख़याल कि मैं इस मुल्क का बादशाह हूँ, उसके रगरेशे में घुल गया था। शाह बामुराद की वसीयत उसे एक दम को भी न भूलती थी। दिन को वह बादशाहत के मंसूबे बाँधता और रात को बादशाहत के सपने देखता। यह यक़ीन है कि मैं बादशाह हूँ, उसे बादशाह बनाए हुए था। अफ़सोस, आज वह मंसूबे टूट गए और वह सपना तितर-बितर हो गया। मगर मसऊद के चरित्र में मर्दाना ज़ब्त अपनी हद पर पहुँच गया था। उसने उफ़ तक न की, एक ठंडी आह भी न भरी, बल्कि पहला आदमी जिसने मलिका के हाथों को चूमा और उसके सामने सर झुकाया, वह फ़क़ीर मख़मूर था। हाँ, ठीक उस वक़्त जबकि वह मलिका के हाथ को चूम रहा था, उसकी ज़िन्दगी भर की लालसाएँ आँसू की एक बूँद बनकर मलिका की मेहँदी-रची हथेली पर गिर पड़ीं कि जैसे मसऊद ने अपनी लालसा का मोती मलिका को सौंप दिया। मलिका ने हाथ खींच लिया और फ़क़ीर मख़मूर के चेहरे पर मुहब्बत से भरी हुई निगाह डाली। जब सल्तनत के सब दरबारी भेंट दे चुके, तोपों की सलामियाँ दग़ने लगीं, शहर में धूमधाम का बाज़ार गरम हो गया और ख़ुशियों के जलसे चारों तरफ़ नज़र आने लगे।

राजगद्दी के तीसरे दिन मसऊद ख़ुदा की इबादत में बैठा हुआ था कि मलिका शेर अफ़गन अकेले उसके पास आई और बोली—मसऊद, मैं एक नाचीज़ तोहफ़ा तुम्हारे लिए लाई हूँ और वह मेरा दिल है। क्या तुम उसे मेरे हाथ से क़बूल करोगे? मसऊद अचंभे में ताकता रह गया, मगर जब मलिका की आँखें मुहब्बत के नशे में डूबी हुई पाईं तो चाव के मारे उठा और उसे सीने से लगाकर बोला—मैं तो मुद्दत से तुम्हारी बर्छी की नोक का घायल हूँ, मेरी क़िस्मत है कि आज तुम मरहम रखने आई हो।

6

मुल्के जन्नतनिशाँ अब आज़ादी और ख़ुशहाली का घर है। मलिका शेर अफ़गन को अभी गद्दी पर बैठे साल भर से ज़्यादा नहीं गुज़रा मगर सल्तनत का कारबार बहुत अच्छी तरह और ख़ूबी से चल रहा है और इस बड़े काम में उसका प्यारा शौहर मसऊद, जो अभी तक फ़क़ीर मख़मूर के नाम से मशहूर है, उसका सलाहकार और मददगार है।

रात का वक़्त था, शाही दरबार सजा हुआ था, बड़े-बड़े वज़ीर अपने पद के अनुसार बैठे हुए थे और नौकर ज़र्क-बर्फ़ वर्दियाँ पहने हाथ बाँधे खड़े थे कि एक ख़िदमतगार ने आकर अर्ज़ की—दोनों जहान की मलिका, एक ग़रीब औरत बाहर खड़ी है और आपके क़दमों का बोसा लेने की गुज़ारिश करती है। दरबारी चौंके और मलिका ने ताज्जुबभरे लहजे में कहा—अन्दर हाज़िर करो। ख़िदमतगार बाहर चला गया और ज़रा देर में एक बुढ़िया लाठी टेकती हुई आई और अपनी पिटारी से एक जड़ाऊ ताज निकालकर बोली—तुम लोग इसे ले लो, अब यह मेरे किसी काम का नहीं रहा। मियाँ ने मरते वक़्त इसे मसऊद को देकर कहा था कि तुम इसके मालिक हो, मगर अपने जिगर के टुकड़े मसऊद को कहाँ ढूँढू। रोते-रोते अंधी हो गई, सारी दुनिया की ख़ाक छानी, मगर उसका कहीं पता न लगा। अब ज़िन्दगी से तंग आ गई हूँ, जीकर क्या करूँगी। यह अमानत मेरे पास है, जिसका जी चाहे ले ले।

दरबार में सन्नाटा छा गया। लोग हैरत के मारे मूरत-से बन गए कि जैसे एक जादूगर था जो उँगली के इशारे से सबका दम बन्द किए हुए था। यकायक मसऊद अपनी जगह से उठा और रोता हुआ जाकर रिंदा के पैरों पर गिर पड़ा। रिंदा अपने जिगर के टुकड़े को देखते ही पहचान गई, उसे छाती से लगा लिया और वह जड़ाऊ ताज उसके सर पर रखकर बोली—साहबो, यही मेरा प्यारा मसऊद और शाहे बामुराद का बेटा है, तुम लोग इसकी रियाया हो, यह ताज इसका है, यह मुल्क इसका है और सारी ख़िलक़त इसकी है। आज से वह अपने मुल्क का बादशाह है, अपनी क़ौम का ख़ादिम।

दरबार में क़यामत का शोर मचने लगा, दरबारी उठे और मसऊद को हाथोंहाथ ले जाकर तख़्त पर मलिका शेर अफ़गन की बग़ल में बिठा दिया। भेंटें दी जाने लगीं, सलामियाँ दग़ने लगीं, नफ़ीरियों ने ख़ुशी का गीत गाया और बाजों ने जीत का शोर मचाया। मगर जब जोश की यह ख़ुशी ज़रा कम हुई और लोगों ने रिंदा को देखा तो वह मर गई थी। आरज़ुओं के पूरे होते ही जान निकल गई। गोया आरज़ुएँ रूह बनकर उसके मिट्टी के तन को ज़िन्दा रखे हुए थीं।

यही मेरा वतन

आज पूरे साठ बरस के बाद मुझे अपने वतन, प्यारे वतन का दर्शन फिर नसीब हुआ। जिस वक़्त मैं अपने प्यारे देश से विदा हुआ और क़िस्मत मुझे पच्छिम की तरफ़ ले चली, मेरी उठती जवानी थी। मेरी रगों में ताज़ा ख़ून दौड़ता था और सीना उमंगों और बड़े-बड़े इरादों से भरा हुआ था। मुझे प्यारे हिन्दुस्तान से किसी ज़ालिम की सख़्तियों और इंसाफ़ के ज़बर्दस्त हाथों ने अलग नहीं किया था। नहीं, ज़ालिम का ज़ुल्म और क़ानून की सख़्तियाँ मुझसे जो चाहें करा सकती हैं मगर मेरा वतन मुझसे नहीं छुड़ा सकतीं। यह मेरे बुलन्द इरादे और बड़े-बड़े मंसूबे थे जिन्होंने मुझे देश निकाला दिया। मैंने अमरीका में ख़ूब व्यापार किया, ख़ूब दौलत कमाई और ख़ूब ऐश किए। भाग्य से बीवी भी ऐसी पाई जो अपने रूप में बेजोड़ थी, जिसकी ख़ूबसूरती की चर्चा सारे अमरीका में फैली हुई थी और जिसके दिल में किसी ऐसे ख़याल की गुंजाइश भी न थी जिसका मुझसे सम्बन्ध न हो। मैं उस पर दिलोजान से न्योछावर

था और वह मेरे लिए सब कुछ थी। मेरे पाँच बेटे हुए, सुन्दर, हृष्ट-पुष्ट और नेक, जिन्होंने व्यापार को और भी चमकाया और जिनके भोले,नन्हे बच्चे उस वक़्त मेरी गोद में बैठे हुए थे जब मैंने प्यारी मातृभूमि का अन्तिम दर्शन करने के लिए क़दम उठाया। मैंने बेशुमार दौलत, वफ़ादार बीवी, सपूत बेटे और प्यारे-प्यारे जिगर के टुकड़े, ऐसी-ऐसी अनमोल नेमतें छोड़ दीं। इसलिए कि प्यारी भारतमाता का अन्तिम दर्शन कर लूँ। मैं बहुत बुड्ढा हो गया था। दस और हों तो पूरे सौ बरस का हो जाऊँ, और अब अगर मेरे दिल में कोई आरज़ू बाक़ी है तो यही कि अपने देश की ख़ाक में मिल जाऊँ। यह आरज़ू कुछ आज ही मेरे मन में पैदा नहीं हुई है, उस वक़्त भी थी जब कि मेरी बीवी अपनी मीठी बातों और नाज़ुक अदाओं से मेरा दिल ख़ुश किया करती थी। जबकि मेरे नौजवान बेटे सबेरे आकर अपने बूढ़े बाप को अदब से सलाम करते थे, उस वक़्त भी मेरे जिगर में एक काँटा-सा खटकता था और वह काँटा यह था कि मैं यहाँ अपने देश से निर्वासित हूँ। यह देश मेरा नहीं है, मैं इस देश का नहीं हूँ। धन मेरा था, बीवी मेरी थी, लड़के मेरे थे और जायदादें मेरी थीं, मगर जाने क्यों मुझे रह रहकर अपनी मातृभूमि के टूटे-फूटे झोंपड़े, चार-छह बीघा मौरूसी ज़मीन और बचपन के लँगोटिया यारों की याद सताया करती थी और अक्सर ख़ुशियों की धूमधाम में भी यह ख़याल चुटकी लिया करता कि काश अपने देश में होता!

मगर जिस वक़्त बंबई में जहाज़ से उतरा और काले कोट-पतलून पहने, टूटी-फूटी अँगरेज़ी बोलते मल्लाह देखे, फिर अँगरेज़ी दुकानें, ट्रामवे और मोटर-गाड़ियाँ नज़र आईं, फिर रबड़वाले पहियों और मुँह में चुरुट दाबे आदमियों से मुठभेड़ हुई,फिर रेल का स्टेशन, और रेल पर सवार होकर अपने गाँव को चला, प्यारे गाँव को जो हरी-भरी पहाड़ियों के बीच में आबाद था, तो मेरी आँखों में आँसू भर आए। मैं ख़ूब रोया, क्योंकि यह मेरा प्यारा देश न था, यह वह देश न था जिसके दर्शन की लालसा हमेशा मेरे दिल में लहरें लिया करती थीं। यह कोई और देश था। यह अमरीका था, इंग्लिस्तान था मगर प्यारा भारत नहीं।

रेलगाड़ी जंगलों, पहाडों, नदियों और मैदानों को पार करके मेरे प्यारे गाँव के पास पहुँची जो किसी ज़माने में फूल-पत्तों की बहुतायत और नदी-नालों की प्रचुरता में स्वर्ग से होड़ करता था। मैं गाड़ी से उतरा तो मेरा दिल बाँसों उछल रहा था—अब अपना प्यारा घर देखूँगा, अपने बचपन के प्यारे साथियों से मिलूँगा। मुझे उस वक़्त यह बिल्कुल याद न रहा कि मैं नब्बे बरस का बूढ़ा आदमी हूँ। ज्यों-ज्यों मैं गाँव के पास पहुँचता था, मेरे क़दम जल्द-जल्द उठते थे और दिल में एक ऐसी ख़ुशी लहरें मार रही थी जिसे बयान नहीं किया जा सकता। हर चीज़ पर आँखें फाड़-फाड़कर निगाह डालता—अहा, यह वो नाला है जिसमें हम रोज़ घोड़े नहलाते और ख़ुद गोते लगाते थे, मगर अब इसके दोनों तरफ़ काँटेदार तारों की चहारदीवारी खिंची हुई थी और सामने एक बँगला था जिसमें दो-तीन अँगरेज़ बन्दूक़ें लिए इधर-उधर ताक रहे थे। नाले में नहाने या नहलाने की सख़्त मनाही थी। गाँव में गया और आँखें बचपन के साथियों को ढूँढ़ने लगीं मगर अफ़सोस वह सब के सब मौत का निवाला बन चुके थे और मेरा टूटा-फूटा झोंपड़ा जिसकी गोद में बरसों तक खेला था, जहाँ बचपन और बेफ़िक्रियों के मज़े लूटे थे, जिसका नक्शा अभी तक आँखों में फिर रहा है, वह अब एक मिट्टी का ढेर बन गया था। जगह ग़ैर-आबाद न थी। सैकड़ों आदमी चलते-फिरते नज़र आए, जो अदालत और कलक्टरी और थाने-पुलिस की बातें कर रहे थे। उनके चेहरे बेजान

और फ़िक्र में डूबे हुए थे और वह सब दुनिया की परेशानियों से टूटे हुए मालूम होते थे। मेरे साथियों के से हृष्ट-पुष्ट, सुन्दर, गोरे-चिट्टे नौजवान कहीं न दिखाई दिए। वह अखाड़ा जिसकी मेरे हाथों ने बुनियाद डाली थी, वहाँ अब एक टूटा-फूटा स्कूल था और उसमें गिनती के बीमार शक्ल-सूरत के बच्चे जिनके चेहरों पर भूख लिखी थी, चिथड़े लगाए बैठे ऊँघ रहे थे। नहीं, यह मेरा देश नहीं है। यह देश देखने के लिए मैं इतनी दूर से नहीं आया। यह कोई और देश है, मेरा प्यारा देश नहीं है।

उस बरगद के पेड़ की तरफ़ दौड़ा जिसकी सुहानी छाया में हमने बचपन के मज़े लूटे थे, जो हमारे बचपन का हिंडोला और ज़वानी की आरामगाह था। इस प्यारे बरगद को देखते ही रोना-सा आने लगा और ऐसी हसरतभरी, तड़पाने वाली और दर्दनाक यादें ताज़ी हो गईं कि घंटों ज़मीन पर बैठकर रोता रहा। यही प्यारा बरगद है जिसकी फुनगियों पर हम चढ़ जाते थे, जिसकी जटाएँ हमारा झूला थीं और जिसके फल हमें सारी दुनिया की मिठाइयों से ज़्यादा मज़ेदार और मीठे मालूम होते थे। वह मेरे गले में बाँहें डालकर खेलने वाले हमजोली जो कभी रूठते थे, कभी मनाते थे, वह कहाँ गए? आह, मैं बेघरबार मुसाफ़िर क्या अब अकेला हूँ? क्या मेरा कोई साथी नहीं। इस बरगद के पास अब थाना और पेड़ के नीचे एक कुर्सी पर कोई लाल पगड़ी बाँधे बैठा हुआ था। उसके आसपास दस-बीस और लाल पगड़ीवाले हाथ बाँधे खड़े थे और एक अधनंगा अकाल का मारा आदमी जिस पर अभी-अभी चाबुकों की बौछार हुई थी, पड़ा सिसक रहा था। मुझे ख़याल आया, यह मेरा प्यारा देश नहीं है, यह कोई और देश है, यह योरोप है, अमरीका है, मगर मेरा प्यारा देश नहीं है, हरगिज़ नहीं।

इधर से निराश होकर मैं उस चौपाल की ओर चला जहाँ शाम को पिताजी गाँव के और बड़े-बूढ़ों के साथ हुक़्क़ा पीते और हँसी-दिल्लगी करते थे। हम भी उस टाट पर क़लाबाज़ियाँ खाया करते। कभी-कभी वहाँ पंचायत भी बैठती थी जिसके सरपंच हमेशा पिताजी ही होते थे। इसी चौपाल से लगी हुई एक गोशाला थी। जहाँ गाँव भर की गाएँ रक्खी जाती थीं और हम यहीं बछड़ों के साथ कुलेलें किया करते थे। अफ़सोस, अब इस चौपाल का पता न था! वहाँ अब गाँव के टीका लगाने का स्टेशन और एक डाकख़ाना था। उन दिनों इसी चौपाल से लगा हुआ एक कोल्हाड़ा था जहाँ जाड़े के दिनों में ऊख पेरी जाती थी और गुड़ की महक से दिमाग़ तर हो जाता था। हम और हमारे हमजोली घंटों गँडेरियों के इन्तज़ार में बैठे रहते थे और गँडेरियाँ काटने वाले मज़दूरों के हाथों की तेज़ी पर अचरज करते थे, जहाँ सैकड़ों बार मैंने कच्चा रस और पक्का दूध मिलाकर पिया था। यहाँ आसपास के घरों से औरतें और बच्चे अपने-अपने घड़े लेकर आते और उन्हें रस से भरवाकर ले जाते। अफ़सोस, वह कोल्हू अभी ज्यों के त्यों गड़े हुए हैं मगर देखो, कोल्हाड़े की जगह पर अब एक सन लपेटने वाली मशीन है और उसके सामने एक तम्बोली और सिगरेट की दुकान है। इन दिल को छलनी करने वाले दृश्यों से दुखी होकर मैंने एक आदमी से जो सूरत से शरीफ़ नज़र आता था, कहा—बाबा, मैं परदेशी मुसाफ़िर हूँ, रात भर पड़े रहने के लिए मुझे जगह दे दो। इस आदमी ने मुझे सर से पैर तक घूरकर देखा और बोला—आगे जाओ, यहाँ जगह नहीं है। मैं आगे गया और यहाँ से फिर हुक्म मिला—आगे जाओ। पाँचवीं बार सवाल करने पर एक साहब ने मुट्ठी भर चने मेरे हाथ पर रख दिए। चने मेरे हाथ से छूटकर गिर पड़े और आँखों से आँसू

बहने लगे। हाय, यह मेरा प्यारा देश नहीं है, यह कोई और देश है। यह हमारा मेहमान और मुसाफ़िर की आवभगत करने वाला प्यारा देश नहीं, हरगिज़ नहीं।

मैंने एक सिगरेट की डिबिया ली और एक सुनसान जगह पर बैठकर बीते दिनों की याद करने लगा कि यकायक मुझे उस धर्मशाला का ख़याल आया जो मेरे परदेश जाते वक़्त बन रहा था। मैं उधर की तरफ़ लपका कि रात किसी तरह वहीं काटूँ, मगर अफ़सोस, हाय अफ़सोस, धर्मशाला की इमारत ज्यों की त्यों थी, लेकिन उसमें ग़रीब मुसाफ़िरों के रहने के लिए जगह न थी। शराब और शराबखोरी, जुआ और बदचलनी का वहाँ अड्डा था। यह हालत देखकर बरबस दिल से एक ठंडी आह निकली, मैं ज़ोर से चीख़ उठा—नहीं-नहीं और हज़ार बार नहीं यह मेरा वतन, मेरा प्यारा देश, मेरा प्यारा भारत नहीं है। यह कोई और देश है। यह योरोप है, अमरीका है, मगर भारत हरगिज़ नहीं।

अँधेरी रात थी। गीदड़ और कुत्ते अपने राग अलाप रहे थे। मैं दर्दभरा दिल लिए उसी नाले के किनारे जाकर बैठ गया और सोचने लगा कि अब क्या करूँ? क्या फिर अपने प्यारे बच्चों के पास लौट जाऊँ और अपनी नामुराद मिट्टी अमरीका की ख़ाक में मिलाऊँ? अब तो मेरा कोई वतन न था, पहले मैं वतन से अलग ज़रूर था मगर प्यारे वतन की याद दिल में बनी हुई थी। अब बेवतन हूँ, मेरा कोई वतन नहीं। इसी सोच-विचार में बहुत देर तक चुपचाप घुटनों में सिर दिए बैठा रहा। रात आँखों ही आँखों में कट गई, घड़ियाल ने तीन बजाए और किसी के गाने की आवाज़ कानों में आई। दिल ने गुदगुदाया, यह तो वतन का नग्मा है, अपने देश का राग है। मैं झट उठ खड़ा हुआ। क्या देखता हूँ कि पन्द्रह-बीस औरतें, बूढ़ी, कमज़ोर, सफ़ेद धोतियाँ पहने, हाथों में लोटे लिए स्नान को जा रही हैं और गाती जाती हैं—

प्रभु, मेरे अवगुन चित न धरो

इस मादक और तड़पा देने वाले राग से मेरे दिल की जो हालत हुई उसका बयान करना, मुश्किल है। मैंने अमरीका की चंचल से चंचल, हँसमुख से हँसमुख सुन्दरियों की अलाप सुनी थी और उनकी ज़बानों से मुहब्बत और प्यार के बोल सुने थे जो मोहक गीतों से भी ज़्यादा मीठे थे। मैंने प्यारे बच्चों के अधूरे बोलों और तोतली बानी का आनन्द उठाया था। मैंने सुरीली चिड़ियों का चहचहाना सुना था। मगर जो लुत्फ़, जो मज़ा, जो आनन्द मुझे गीत में आया वह ज़िन्दगी में कभी और हासिल न हुआ था। मैंने ख़ुद गुनगुनाना शुरू किया—

प्रभु, मेरे अवगुन चित न धरो

तन्मय हो रहा था कि फिर मुझे बहुत से आदमियों की बोलचाल सुनाई पड़ी और कुछ लोग हाथों में पीतल के कमंडल लिए शिव शिव, हर, हर गंगे गंगे, नारायण-नारायण कहते हुए दिखाई दिए। मेरे दिल ने, फिर गुदगुदाया, यह तो मेरे देश प्यारे देश की बाते हैं। मारे ख़ुशी के दिल बाग़-बाग़ हो गया। मैं इन आदमियों के साथ हो लिया और एक दो तीन चार पाँच छह मील पहाड़ी रास्ता पार करने के बाद हम उस नदी के किनारे पहुँचे जिसका नाम पवित्र है, जिसकी लहरों में डुबकी लगाना और जिसकी गोद में मरना हर हिन्दू सबसे बड़ा पुण्य समझता है। गंगा मेरे प्यारे गाँव से छह सात मील पर बहती थी और किसी ज़माने में सुबह के वक़्त घोड़े पर चढ़कर गंगा माता के दर्शन को आया करता था। उनके दर्शन की

कामना मेरे दिल में हमेशा थी। यहाँ मैंने हज़ारों आदमियों को इस सर्द, ठिठुरते हुए पानी में डुबकी लगाते देखा। कुछ लोग बालू पर बैठे गायत्री मंत्र जप रहे थे। कुछ लोग हवन करने में लगे हुए थे। कुछ लोग माथे पर टीके लगा रहे थे। कुछ और लोग वेदमंत्र सस्वर पढ़ रहे थे। मेरे दिल ने फिर गुदगुदाया और मैं ज़ोर से कह उठा—हाँ हाँ, यही मेरा देश है, यही मेरा प्यारा वतन है, यही मेरा भारत है। और इसी के दर्शन की, इसी की मिट्टी में मिल जाने की आरज़ू मेरे दिल में थी।

मैं ख़ुशी में पागल हो रहा था। मैंने अपना पुराना कोट और पतलून उतार फेंका और जाकर गंगा माता की गोद में गिर पड़ा, जैसे कोई नासमझ, भोला-भाला बच्चा दिन भर पराए लोगों के साथ रहने के बाद शाम को अपनी प्यारी माँ की गोद में दौड़कर चला आए, उसकी छाती से चिपट जाए। हाँ, अब अपने देश में हूँ। यह मेरा प्यारा वतन है, यह लोग मेरे भाई, गंगा मेरी माता है।

मैंने ठीक गंगाजी के किनारे एक छोटी सी झोंपड़ी बनवा ली है और अब मुझे सिवाय रामनाम जपने के और कोई काम नहीं। मैं रोज़ शाम-सबेरे गंगा-स्नान करता हूँ और यह मेरी लालसा है कि इसी जगह मेरा दम निकले और मेरी हड्डियाँ गंगामाता की लहरों की भेंट चढ़ें।

मेरे लड़के और मेरी बीवी मुझे बार-बार बुलाते हैं, मगर अब मैं यह गंगा का किनारा और यह प्यारा देश छोड़कर वहाँ नहीं जा सकता। मैं अपनी मिट्टी गंगाजी को सौंपूँगा। अब दुनिया की कोई इच्छा, कोई आकांक्षा मुझे यहाँ से नहीं हटा सकती क्योंकि यह मेरा प्यारा देश, मेरी प्यारी मातृभूमि है और मेरी लालसा है कि मैं अपने देश में मरूँ।

शोक का पुरस्कार

आज तीन दिन गुज़र गए। शाम का वक़्त था। मैं यूनिवर्सिटी हाल से ख़ुश-ख़ुश चला आ रहा था। मेरे सैकड़ों दोस्त मुझे बधाइयाँ दे रहे थे। मारे ख़ुशी के मेरी बाँछें खिली जाती थीं। मेरी ज़िन्दगी की सबसे प्यारी आरज़ू कि मैं एम.ए. पास हो जाऊँ, पूरी हो गई थी और ऐसी ख़ूबी से जिसकी मुझे तनिक भी आशा न थी। मेरा नंबर अव्वल था। वाइस चांसलर साहब ने ख़ुद मुझसे हाथ मिलाया था और मुस्कुराकर कहा था कि भगवान तुम्हें और भी बड़े कामों की शक्ति दे। मेरी ख़ुशी की कोई सीमा न थी। मैं नौजवान था, सुन्दर था, स्वस्थ था, रुपए-पैसे की न मुझे इच्छा थी और न कुछ कमी, माँ-बाप बहुत कुछ छोड़ गए थे। दुनिया में सच्ची ख़ुशी पाने के लिए जिन चीज़ों की ज़रूरत है वे सब मुझे प्राप्त थीं। और सबसे बढ़कर पहलू में एक हौसलामंद दिल था जो ख्याति प्राप्त करने के लिए अधीर हो रहा था।

घर आया, दोस्तों ने यहाँ भी पीछा न छोड़ा, दावत की ठहरी। दोस्तों की ख़ातिर-तवाज़ो में बारह बज गए, लेटा तो बरबस ख़याल मिस लीलावती की तरफ़ जा पहुँचा जो मेरे पड़ोस में रहती थी और जिसने मेरे साथ बी.ए. का डिप्लोमा हासिल किया था। भाग्यशाली होगा वह व्यक्ति जो मिस लीला को ब्याहेगा, कैसी सुन्दर है! कितना मीठा गला है! कैसा हँसमुख स्वभाव! मैं कभी-कभी उसके यहाँ प्रोफ़ेसर साहब से दर्शनशास्त्र में सहायता लेने के लिए जाया करता था। वह दिन शुभ होता था जब प्रोफ़ेसर साहब घर पर न मिलते थे। गिरा लीला

मेरे साथ बड़े तपाक से पेश आती और मुझे ऐसा मालूम होता था कि मैं ईसा मसीह की शरण में आ जाऊँ तो उसे मुझे अपना पति बना लेने में आपत्ति न होगी। वह शेली, बायरन और कीट्स की प्रेमी थी और मेरी रुचि भी बिलकुल उसी के समान थी। हम जब अकेले होते तो अक्सर प्रेम और प्रेम के दर्शन पर बातें करने लगते और उसके मुँह से भावों में डूबी हुई बातें सुन-सुनकर मेरे दिल में गुदगुदी पैदा होने लगती थी। मगर अफ़सोस मैं अपना मालिक न था। मेरी शादी एक ऊँचे घराने में कर दी गई थी और अगरचे मैंने अब तक अपनी बीवी की सूरत भी न देखी थी मगर मुझे पूरा-पूरा विश्वास था कि मुझे उसकी संगत में वह आनन्द नहीं मिल सकता जो मिस लीला की संगत में सम्भव है। शादी हुए दो साल हो चुके थे मगर उसने मेरे पास एक ख़त भी न लिखा था। मैंने दो-तीन ख़त लिखे भी, मगर किसी का जवाब न मिला। इससे मुझे शक हो गया था कि उसकी तालीम भी यों ही-सी है।

आह! क्या मैं इसी लड़की के साथ ज़िन्दगी बसर करने पर मजबूर हूँगा?...इस सवाल ने मेरे उन तमाम हवाई क़िलों को ढा दिया जो मैंने अभी-अभी बनाए थे। क्या मैं मिस लीला से हमेशा के लिए हाथ धो लूँ? नामुमकिन है। मैं कुमुदिनी को छोड़ दूँगा, मैं अपने घरवालों से नाता तोड़ लूँगा, मैं बदनाम हूँगा, परेशान हूँगा, मगर मिस लीला को ज़रूर अपना बनाऊँगा।

इन्हीं ख़यालों के असर में मैंने अपनी डायरी लिखी और उसे मेज़ पर खुला छोड़कर बिस्तर पर लेट रहा और सोचते-सोचते सो गया।

सवेरे उठकर देखता हूँ तो बाबू निरंजनदास मेरे सामने कुर्सी पर बैठे हैं। उनके हाथ में डायरी थी जिसे वह ध्यानपूर्वक पढ़ रहे थे। उन्हें देखते ही मैं बड़े चाव से लिपट गया। अफ़सोस, अब उस देवोपम स्वभाववाले नौजवान की सूरत देखनी न नसीब होगी। अचानक मौत ने उसे हमेशा के लिए हमसे अलग कर दिया। कुमुदिनी के सगे भाई थे, बहुत स्वस्थ, सुन्दर और हँसमुख, उम्र मुझसे दो ही चार साल ज़्यादा थी, ऊँचे पद पर नियुक्त थे, कुछ दिनों से इसी शहर में तब्दील होकर आ गए थे। मेरी और उनकी गाढ़ी दोस्ती हो गई थी। मैंने पूछा—क्या तुमने डायरी पढ़ ली?

निरंजन—हाँ।

मैं—मगर कुमुदिनी से कुछ न कहना।

निरंजन—बहुत अच्छा, न कहूँगा।

मैं—इस वक़्त किसी सोच में हो। मेरा डिप्लोमा देखा?

निरंजन—घर से ख़त आया है, पिताजी बीमार हैं, दो-तीन दिन में जानेवाला हूँ।

मैं—शौक़ से जाइए, ईश्वर उन्हें जल्द स्वस्थ करे।

निरंजन—तुम भी चलोगे? न मालूम कैसा पड़े, कैसा न पड़े।

मैं—मुझे तो इस वक़्त माफ़ कर दो।

निरंजनदास यह कहकर चले गए। मैंने हज़ामत बनाई, कपड़े बदले और मिस लीलावती से मिलने का चाव मन में लेकर चला। वहाँ जाकर देखा तो ताला पड़ा हुआ है। मालूम हुआ कि मिस साहिबा की तबीयत दो-तीन दिन से ख़राब थी। आबहवा बदलने के लिए नैनीताल चली गई हैं। अफ़सोस, मैं हाथ मलकर रह गया। क्या लीला मुझसे नाराज़ थी? उसने मुझे क्यों ख़बर नहीं दी। लीला, क्या तू बेवफ़ा है, तुझसे बेवफ़ाई की उम्मीद न थी। फ़ौरन पक्का इरादा कर लिया कि आज की डाक से नैनीताल चल दूँ। मगर घर आया तो लीला का ख़त

मिला। काँपते हुए हाथों से खोला, लिखा था—मैं बीमार हूँ, मेरे जीने की कोई उम्मीद नहीं है, डॉक्टर कहते हैं कि प्लेग है। जब तक तुम आओगे, शायद मेरा क़िस्सा तमाम हो जाएगा। आख़िरी वक़्त तुमसे न मिलने का सख़्त सदमा है। मेरी याद दिल में क़ायम रखना। मुझे सख़्त अफ़सोस है कि तुमसे मिलकर नहीं आई। मेरा क़ुसूर माफ़ करना और अपनी अभागिनी लीला को भुला मत देना। ख़त मेरे हाथ से छूटकर गिर पड़ा। दुनिया आँखों में अँधेरी हो गई, मुँह से एक ठंडी आह निकली। बिना एक क्षण गँवाए मैंने बिस्तर बाँधा और नैनीताल चलने के लिए तैयार हो गया। घर से निकला ही था कि प्रोफ़ेसर बोस से मुलाक़ात हो गई। कॉलेज से चले आ रहे थे, चेहरे पर शोक लिखा हुआ था। मुझे देखते ही उन्होंने जेब से एक तार निकालकर मेरे सामने फेंक दिया। मेरा कलेजा धक् से हो गया। आँखों में अँधेरा छा गया, तार कौन उठाता है, हाय मारकर बैठ गया। लीला, तू इतनी जल्द मुझसे जुदा हो गई!

2

मैं रोता हुआ घर आया और चारपाई पर मुँह ढाँपकर ख़ूब रोया। नैनीताल जाने का इरादा ख़त्म हो गया। दस-बारह दिन तक मैं उन्माद की-सी दशा में इधर-उधर घूमता रहा। दोस्तों की सलाह हुई कि कुछ रोज़ के लिए कहीं घूमने चले जाओ। मेरे दिल में भी यह बात जम गई। निकल खड़ा हुआ और दो महीने तक विंध्याचल, पारसनाथ वग़ैरह पहाड़ियों में आवारा फिरता रहा। ज्यों-त्यों करके नई-नई जगहों और दृश्यों की सैर से तबीयत को ज़रा तस्कीन हुई। मैं आबू में था जब मेरे नाम तार पहुँचा कि मैं कॉलेज की असिस्टेंट प्रोफ़ेसरी के लिए चुना गया हूँ। जी तो न चाहता था कि फिर इस शहर में आऊँ, मगर प्रिंसिपल के ख़त ने मजबूर कर दिया। लाचार, लौटा और अपने काम में लग गया। ज़िन्दादिली नाम को न बाक़ी रही थी। दोस्तों की संगत से भागता और हँसी-मज़ाक़ से चिढ़ मालूम होती।

एक रोज़ शाम के वक़्त मैं अपने अँधेरे कमरे में लेटा हुआ कल्पना-लोक की सैर कर रहा था कि सामनेवाले मकान से गाने की आवाज़ आई। आह, क्या आवाज़ थी, तीर की तरह दिल में चुभी जाती थी, स्वर कितना करुण था! इस वक़्त मुझे अन्दाज़ा हुआ कि गाने में क्या असर होता है। तमाम रोंगटे खड़े हो गए, कलेजा मसोसने लगा और दिल पर एक अजीब वेदना-सी छा गई। आँखों से आँसू बहने लगे। हाय, यह लीला का प्यारा गीत था—

पिया मिलन है कठिन बावरी।

मुझसे ज़ब्त न हो सका, मैं एक उन्माद की-सी दशा में उठा और जाकर सामनेवाले मकान का दरवाज़ा खटखटाया। मुझे उस वक़्त यह चेतना न रही कि एक अजनबी आदमी के मकान पर आकर खड़े हो जाना और उसके एकान्त में विघ्न डालना परले दरजे की असभ्यता है।

3

एक बुढ़िया ने दरवाज़ा खोल दिया और मुझे खड़े देखकर लपकी हुई अन्दर गई। मैं भी उसके साथ चला गया। दहलीज़ तय करते ही एक बड़े कमरे में पहुँचा। उस पर एक सफ़ेद फ़र्श बिछा हुआ था। गावतकिए भी रखे थे। दीवारों पर ख़ूबसूरत तसवीरें लटक रही थीं और एक सोलह-सत्रह साल का सुन्दर नौजवान जिसकी अभी मसें भीग रही थीं मसनद के क़रीब बैठा हुआ हारमोनियम पर गा रहा था। मैं क़सम खा सकता हूँ कि ऐसा सुन्दर स्वस्थ नौजवान मेरी

नज़र से कभी नहीं गुज़रा। चाल-ढाल से सिख मालूम होता था। मुझे देखते ही चौंक पड़ा और हारमोनियम छोड़कर खड़ा हो गया। शर्म से सिर झुका लिया और कुछ घबराया हुआ-सा नज़र आने लगा। मैंने कहा—माफ़ कीजिएगा, मैंने आपको बड़ी तकलीफ़ दी। आप इस फ़न के उस्ताद मालूम होते हैं। ख़ासकर जो चीज़ अभी आप गा रहे थे, वह मुझे पसन्द है।

नौजवान ने अपनी बड़ी-बड़ी आँखों से मेरी तरफ़ देखा और सर नीचा कर लिया और होंठों ही में कुछ अपने नौसिखियेपन की बात कही। मैंने फिर पूछा—आप यहाँ कब से हैं?

नौजवान—तीन महीने के क़रीब होता है।

मैं—आपका शुभ नाम।

नौजवान—मुझे मेहर सिंह कहते हैं।

मैं बैठ गया और बहुत गुस्ताख़ाना बेतकल्लुफ़ी से मेहर सिंह का हाथ पकड़कर बिठा दिया और फिर माफ़ी माँगी। उस वक़्त की बातचीत से मालूम हुआ कि वह पंजाब का रहनेवाला है और यहाँ पढ़ने के लिए आया हुआ है। शायद डॉक्टरों ने सलाह दी थी कि पंजाब की आबहवा उसके लिए ठीक नहीं है। मैं दिल में तो झेंपा कि एक स्कूल के लड़के के साथ बैठकर ऐसी बेतकल्लुफ़ी से बातें कर रहा हूँ, मगर संगीत के प्रेम ने इस ख़याल को रहने न दिया। रस्मी परिचय के बाद मैंने फिर प्रार्थना की कि वही चीज़ छेड़िए। मेहर सिंह ने आँखें नीची करके जवाब दिया कि मैं अभी बिलकुल नौसिखिया हूँ।

मैं—यह तो आप अपनी ज़बान से कहिए।

मेहर सिंह—(झेंपकर) आप कुछ फ़रमाएँ, हारमोनियम हाज़िर है।

मैं—इस फ़न में बिलकुल कोरा हूँ वरना आपकी फ़रमाइश ज़रूर पूरी करता।

इसके बाद मैंने बहुत आग्रह किया मगर मेहर सिंह झेंपता ही रहा। मुझे स्वभावत: शिष्टाचार से घृणा है। हालाँकि इस वक़्त मुझे रूखा होने का कोई हक़ न था मगर जब मैंने देखा कि यह किसी तरह न मानेगा तो ज़रा रुखाई से बोला—ख़ैर जाने दीजिए। मुझे अफ़सोस है कि मैंने आपका बहुत वक़्त बर्बाद किया। माफ़ कीजिए। यह कहकर उठ खड़ा हुआ। मेरी रोनी सूरत देखकर शायद मेहर सिंह को उस वक़्त तरस आ गया, उसने झेंपते हुए मेरा हाथ पकड़ लिया और बोला—आप तो नाराज़ हुए जाते हैं।

मैं—मुझे आपसे नाराज़ होने का हक़ हासिल नहीं।

मेहर सिंह—अच्छा बैठ जाइए, मैं आपकी फ़रमाइश पूरी करूँगा। मगर मैं अभी बिलकुल अनाड़ी हूँ।

मैं बैठ गया और मेहर सिंह ने हारमोनियम पर वही गीत अलापना शुरू किया—

पिया मिलन है कठिन बावरी।

कैसी सुरीली तान थी, कैसी मीठी आवाज़, कैसा बेचैन करनेवाला भाव! उसके गले में वह रस था जिसका बयान नहीं हो सकता। मैंने देखा कि गाते-गाते ख़ुद उसकी आँखों में आँसू भर आए। मुझ पर इस वक़्त एक मोहक सपने की-सी दशा छाई हुई थी। एक बहुत मीठा, नाज़ुक, दर्दनाक असर दिल पर हो रहा था जिसे बयान नहीं किया जा सकता। एक हरे-भरे मैदान का नक़्शा आँखों के सामने खिंच गया और लीला, प्यारी लीला उस मैदान पर बैठी हुई मेरी तरफ़ हसरतनाक आँखों से ताक रही थी। मैंने एक लम्बी आह भरी और बिना

कुछ कहे उठ खड़ा हुआ। इस वक़्त मेहर सिंह ने मेरी तरफ़ ताका, उसकी आँखों में मोती के क़तरे डबडबाए हुए थे और बोला—कभी-कभी तशरीफ़ लाया कीजिएगा।

मैंने सिर्फ़ इतना जवाब दिया—मैं आपका बहुत कृतज्ञ हूँ।

4

धीरे-धीरे मेरी यह हालत हो गई कि जब तक मेहर सिंह के यहाँ जाकर दो-चार गाने न सुन लूँ, जी को चैन न आता। शाम हुई और मैं जा पहुँचा। कुछ देर तक गानों की बहार लूटता और तब उसे पढ़ाता। ऐसे ज़हीन और समझदार लड़के को पढ़ाने में मुझे ख़ास मज़ा आता था। मालूम होता था कि मेरी एक-एक बात उसके दिल पर नक़्श हो रही है। जब तक मैं पढ़ाता वह पूरे जी-जान से कान लगाए बैठा रहता। जब उसे देखता, पढ़ने-लिखने में डूबा हुआ पाता। साल भर में अपने भगवान के दिए हुए ज़ेहन की बदौलत उसने अँगरेज़ी में अच्छी योग्यता प्राप्त कर ली। मामूली चिट्ठियाँ लिखने लगा और दूसरा साल गुज़रते-गुज़रते वह अपने स्कूल के कुल छात्रों से बाज़ी ले गया। जितने मुदर्रिस थे, सब उसकी अक्ल पर हैरत करते और सीधा नेक-चलन ऐसा कि कभी झूठ-मूठ भी किसी ने उसकी शिकायत नहीं की। वह अपने सारे स्कूल की उम्मीद और रौनक़ था लेकिन बावजूद सिख होने के उसे खेल-कूद में रुचि न थी। मैंने उसे कभी क्रिकेट में नहीं देखा। शाम होते ही सीधे घर चला आता और लिखने-पढ़ने में लग जाता।

मैं धीरे-धीरे उससे इतना हिल-मिल गया कि बजाय शिष्य के उसको अपना दोस्त समझने लगा। उम्र के लिहाज़ से उसकी समझ आश्चर्यजनक थी। देखने में 16-17 साल से ज़्यादा न मालूम होता मगर जब कभी मैं रवानी में आकर दुर्बोध कवि-कल्पनाओं और कोमल भावों की उसके सामने व्याख्या करता तो मुझे उसकी भंगिमा से ऐसा मालूम होता कि एक-एक बारीकी को समझ रहा है। एक दिन मैंने उससे पूछा—मेहर सिंह, तुम्हारी शादी हो गई?

मेहर सिंह ने शरमाकर जवाब दिया—अभी नहीं।

मैं—तुम्हें कैसी औरत पसन्द है?

मेहर सिंह—मैं शादी करूँगा ही नहीं।

मैं—क्यों?

मेहर सिंह—मुझ जैसे जाहिल गँवार के साथ शादी करना कोई औरत पसन्द न करेगी।

मैं—बहुत कम ऐसे नौजवान होंगे जो तुमसे ज़्यादा लायक हों या तुमसे ज़्यादा समझ रखते हों।

मेहर सिंह ने मेरी तरफ़ अचुंभे से देखकर कहा—आप दिल्लगी करते हैं।

मैं—दिल्लगी नहीं, मैं सच कहता हूँ। मुझे ख़ुद आश्चर्य होता है कि इतने दिनों में तुमने इतनी योग्यता क्योंकर पैदा कर ली। अभी तुम्हें अँगरेज़ी शुरू किए तीन बरस से ज़्यादा नहीं हुए।

मेहर सिंह—क्या मैं किसी पढ़ी-लिखी लेडी को ख़ुश रख सकूँगा।

मैं—(जोश से) बेशक!

5

गर्मी का मौसम था। मैं हवा खाने शिमले गया हुआ था। मेहर सिंह भी मेरे साथ था। वहाँ मैं बीमार पड़ा। चेचक निकल आई। तमाम जिस्म में फफोले पड़ गए। पीठ के बल चारपाई पर

पड़ा रहता। उस वक़्त मेहर सिंह ने मेरे साथ जो-जो एहसान किए वह मुझे हमेशा याद रहेंगे। डॉक्टरों की सख़्त मनाही थी कि वह मेरे कमरे में न आवे। मगर मेहर सिंह आठों पहर मेरे ही पास बैठा रहता। मुझे खिलाता-पिलाता, उठाता-बिठाता। रात-रात भर चारपाई के क़रीब बैठकर जागते रहना मेहर सिंह ही का काम था। सगा भाई भी इससे ज़्यादा सेवा नहीं कर सकता था। एक महीना गुज़र गया। मेरी हालत रोज़-ब-रोज़ बिगड़ती जाती थी। एक रोज़ मैंने डॉक्टर को मेहर सिंह से कहते हुए सुना कि इनकी हालत नाज़ुक है। मुझे यक़ीन हो गया कि अब न बचूँगा, मगर मेहर सिंह कुछ ऐसी दृढ़ता से मेरी सेवा-शुश्रूषा में लगा हुआ था कि जैसे वह ज़बर्दस्ती मौत के मुँह से बचा लेगा। एक रोज़ शाम के वक़्त मैं कमरे में लेटा हुआ था कि किसी के सिसकी लेने की आवाज़ आई। वहाँ मेहर सिंह को छोड़कर और कोई न था। मैंने पूछा—मेहर सिंह, मेहर सिंह, तुम रोते हो!

मेहर सिंह ने ज़ब्त करके कहा—नहीं, रोऊँ क्यों, और मेरी तरफ़ बड़ी दर्द-भरी आँखों से देखा।

मैं—तुम्हारे सिसकने की आवाज़ आई।

मेहर सिंह—वह कुछ बात न थी। घर की याद आ गई थी।

मैं—सच बोलो।

मेहर सिंह की आँखें फिर डबडबा आईं। उसने मेज़ पर से आईना उठाकर मेरे सामने रख दिया। हे नारायण! मैं ख़ुद अपने को पहचान न सका। चेहरा इतना ज़्यादा बदल गया था। रंगत बजाय सुर्ख़ के सियाह हो रही थी और चेचक के बदनुमा दाग़ों ने मेरी सूरत बिगाड़ दी थी। अपनी यह बुरी हालत देखकर मुझसे भी ज़ब्त न हो सका और आँखें डबडबा गईं। वह सौन्दर्य जिस पर मुझे इतना गर्व था बिलकुल विदा हो गया था।

6

मैं शिमले से वापस आने की तैयारी कर रहा था। मेहर सिंह उसी रोज़ मुझसे विदा होकर अपने घर चला गया था। मेरी तबीयत बहुत उचाट हो रही थी। असबाब सब बँध चुका था कि एक गाड़ी मेरे दरवाज़े पर आकर रुकी और उसमें से कौन उतरा? मिस लीला! मेरी आँखों को विश्वास न हो रहा था, चकित होकर ताकने लगा। मिस लीलावती ने आगे बढ़कर मुझे सलाम किया और हाथ मिलाने को बढ़ाया। मैंने भी बौखलाहट में हाथ तो बढ़ा दिया पर अभी तक यह यक़ीन नहीं हुआ था कि मैं सपना देख रहा हूँ या हक़ीकत है। लीला के गालों पर वह लाली न थी न वह चुलबुलापन, बल्कि वह बहुत गम्भीर और पीली-पीली-सी हो रही थी। आख़िर मेरी हैरत कम न होते देखकर उसने मुस्कुराने की कोशिश करते हुए कहा—तुम कैसे जेंटिलमैन हो कि एक शरीफ लेडी को बैठने के लिए कुर्सी भी नहीं देते!

मैंने अन्दर से कुर्सी लाकर उसके लिए रख दी, मगर अभी तक यही समझ रहा था कि सपना देख रहा हूँ।

लीलावती ने कहा—शायद तुम मुझे भूल गए।

मैं—भूल तो उम्र-भर नहीं सकता मगर आँखों को एतबार नहीं आता।

लीला—तुम तो बिलकुल पहचाने नहीं जाते।

मैं—तुम भी तो वह नहीं रही। मगर आख़िर यह भेद क्या है, क्या तुम स्वर्ग से लौट आईं!

लीला—मैं तो नैनीताल में अपने मामा के यहाँ थी।

मैं—और वह चिट्ठी मुझे किसने लिखी थी और तार किसने दिया था?

लीला—मैंने ही।

मैं—क्यों? तुमने मुझे यह धोखा क्यों दिया? शायद तुम अन्दाज़ा नहीं कर सकतीं कि मैंने तुम्हारे शोक में कितनी पीड़ा सही है।

मुझे उस वक़्त एक अनोखा ग़ुस्सा आया—यह फिर मेरे सामने क्यों आ गई! मर गई थी तो मरी ही रहती!

लीला—इसमें एक गुर था, मगर यह बातें तो फिर होती रहेंगी। आओ इस वक़्त तुम्हें अपनी एक लेडी फ्रेंड से इंट्रोड्यूस कराऊँ, वह तुमसे मिलने की बहुत इच्छुक है।

मैंने अचरज से पूछा—मुझसे मिलने की! मगर लीलावती ने इसका कुछ जवाब न दिया और मेरा हाथ पकड़कर गाड़ी के सामने ले गई। उसमें एक युवती हिन्दुस्तानी कपड़े पहने बैठी हुई थी। मुझे देखते ही उठ खड़ी हुई और हाथ बढ़ा दिया। मैंने लीला की तरफ़ सवाल करती हुई आँखों से देखा।

लीला—क्या तुमने नहीं पहचाना?

मैं—मुझे अफ़सोस है कि मैंने आपको पहले कभी नहीं देखा और अगर देखा भी हो तो घूँघट की आड़ से क्योंकर पहचान सकता हूँ।

लीला—यह तुम्हारी बीवी कुमुदिनी है!

मैंने आश्चर्य के स्वर में कहा—कुमुदिनी यहाँ!

लीला—कुमुदिनी, मुँह खोल दो और अपने प्यारे पति का स्वागत करो।

कुमुदिनी ने काँपते हुए हाथों से ज़रा-सा घूँघट उठाया। लीला ने सारा मुँह खोल दिया और ऐसा मालूम हुआ कि जैसे बादल से चाँद निकल आया। मुझे ख़याल आया, मैंने यह चेहरा कहीं देखा है। कहाँ? आह, उसकी नाक पर भी तो वही तिल है, उँगली में वही अँगूठी भी है।

लीला—क्या सोचते हो, अब पहचाना?

मैं—मेरी कुछ अक़्ल काम नहीं करती। हू-ब-हू यही हुलिया मेरे एक प्यारे दोस्त मेहर सिंह का है।

लीला—(मुस्कुराकर) तुम तो हमेशा निगाह के तेज़ बनते थे, इतना भी नहीं पहचान सकते!

मैं ख़ुशी से फूल उठा—कुमुदिनी मेहर सिंह के भेष में! मैंने उसी वक़्त उसे गले से लगा लिया और ख़ूब दिल खोलकर प्यार किया। इन कुछ क्षणों में मुझे जो ख़ुशी हासिल हुई उसके मुक़ाबले में ज़िन्दगी भर की ख़ुशियाँ हेच हैं। हम दोनों आलिंगन-पाश में बँधे हुए थे। कुमुदिनी, प्यारी कुमुदिनी के मुँह से आवाज़ न निकलती थी। हाँ, आँखों से आँसू जारी थे।

मिस लीला बाहर खड़ी कोमल आँखों से यह दृश्य देख रही थी। मैंने उसके हाथों को चूमकर कहा—प्यारी लीला, तुम सच्ची देवी हो, जब तक जिएँगे तुम्हारे कृतज्ञ रहेंगे।

लीला के चेहरे पर एक हल्की-सी मुस्कुराहट दिखाई दी। बोली—अब तो शायद तुम्हें मेरे शोक का काफ़ी पुरस्कार मिल गया।

सांसारिक प्रेम और देश-प्रेम

शहर लंदन के एक पुराने टूटे-फूटे होटल में जहाँ शाम ही से अँधेरा हो जाता है, जिस हिस्से में फ़ैशनेबुल लोग आना ही गुनाह समझते हैं और जहाँ जुआ, शराबख़ोरी और बदचलनी के बड़े भयानक दृश्य हरदम आँख के सामने रहते हैं उस होटल में, उस बदचलनी के अखाड़े में इटली का नामवर देश-प्रेमी मैज़िनी ख़ामोश बैठा हुआ है। उसका सुन्दर चेहरा पीला है, आँखों से चिन्ता बरस रही है, होंठ सूखे हुए हैं और शायद महीनों से हजामत नहीं बनी। कपड़े मैले-कुचैले हैं। कोई व्यक्ति जो मैज़िनी को पहले से न जानता हो, उसे देखकर यह ख़याल करने से नहीं रुक सकता कि हो न हो यह भी उन्हीं अभागे लोगों में है जो अपनी वासनाओं के गुलाम होकर ज़लील से ज़लील काम करते हैं।

मैज़िनी अपने विचारों में डूबा हुआ है। आह बदनसीब क़ौम! ऐ मज़लूम इटली! क्या तेरी क़िस्मतें कभी न सुधरेंगी, क्या तेरे सैकड़ों सपूतों का ख़ून ज़रा भी रंग न लाएगा! क्या तेरे देश से निकाले हुए हज़ारों जाँनिसारों की आहों में ज़रा भी तासीर नहीं। क्या तू अन्याय और अत्याचार और गुलामी के फंदे में हमेशा गिरफ़्तार रहेगी। शायद तुझमें अभी सुधरने की, स्वतंत्र होने की योग्यता नहीं आई। शायद तेरी क़िस्मत में कुछ दिनों और ज़िल्लत और बर्बादी झेलनी लिखी है। आज़ादी, हाय आज़ादी, तेरे लिए मैंने कैसे-कैसे दोस्त, जान से प्यारे दोस्त कुर्बान किए। कैसे-कैसे नौजवान, होनहार नौजवान, जिसकी माँएँ और बीवियाँ आज उनकी क़ब्र पर आँसू बहा रही हैं और अपने कष्टों और आपदाओं से तंग आकर उनके वियोग के कष्ट में अभागे, आफ़त के मारे मैज़िनी को शाप दे रही हैं। कैसे-कैसे शेर जो दुश्मनों के सामने पीठ फेरना न जानते थे, क्या यह सब कुर्बानियाँ, यह सब भेंटें काफ़ी नहीं हैं? आज़ादी तू ऐसी क़ीमती चीज़ है! हाँ तो फिर मैं क्यों ज़िन्दा रहूँ? क्या यह देखने के लिए कि मेरा प्यारा वतन, मेरा प्यारा देश, धोखेबाज़ अत्याचारी दुश्मनों के पैरों तले रौंदा जाए, मेरे प्यारे भाई, मेरे प्यारे हमवतन, अत्याचार का शिकार बनें। नहीं, मैं यह देखने के लिए ज़िन्दा नहीं रह सकता!

मैज़िनी इन्हीं ख़यालों में डूबा हुआ था कि उसका दोस्त रफ़ेती जो उसके साथ निर्वासित किया गया था, इस कोठरी में दाख़िल हुआ। उसके हाथ में एक बिस्कुट का टुकड़ा था। रफ़ेती उम्र में अपने दोस्त से दो-चार बरस छोटा था। भंगिमा से सज्जनता झलक रही थी। उसने मैज़िनी का कन्धा पकड़कर हिलाया और कहा—जोज़ेफ़, यह लो, कुछ खा लो।

मैज़िनी ने चौंककर सर उठाया और बिस्कुट देखकर बोला—यह कहाँ से लाए? तुम्हारे पास पैसे कहाँ थे?

रफ़ेती—पहले खा लो फिर यह बातें पूछना, तुमने कल शाम से कुछ नहीं खाया है।

मैज़िनी—पहले यह बता दो, कहाँ से लाए। जेब में तंबाकू का डिब्बा भी नज़र आता है। इतनी दौलत कहाँ हाथ लगी?

रफ़ेती—पूछकर क्या करोगे? वही अपना नया कोट जो माँ ने भेजा था, गिरो रख आया हूँ।

मैज़िनी ने एक ठंडी साँस ली, आँखों से आँसू टप-टप ज़मीन पर गिर पड़े। रोते हुए बोला—यह तुमने क्या हरकत की, क्रिसमस के दिन आते हैं, उस वक़्त क्या पहनोगे? क्या इटली के एक लखपती व्यापारी का इकलौता बेटा क्रिसमस के दिन भी ऐसे ही फटे-पुराने कोट में बसर करेगा? ऐं?

रफ़ेती—क्यों, क्या उस वक़्त तक कुछ आमदनी न होगी, हम तुम दोनों नए जोड़े बनवाएँगे और अपने प्यारे देश की आनेवाली आज़ादी के नाम पर ख़ुशियाँ मनाएँगे।

मैज़िनी—आमदनी की तो कोई सूरत नज़र नहीं आती। जो लेख मासिक पत्रिकाओं के लिए लिखे गए थे, वह वापस ही आ गए। घर से जो कुछ मिलता है, वह कब का ख़त्म हो चुका। अब और कौन-सा ज़रिया है?

रफ़ेती—अभी क्रिसमस को हफ़्ता भर पड़ा है। अभी से उसकी क्या फ़िक्र करें। और अगर मान लो यही कोट पहना तो क्या? तुमने नहीं मेरी बीमारी में डॉक्टर की फ़ीस के लिए मैग्डलीन की अँगूठी बेच डाली थी? मैं जल्दी ही यह बात उसे लिखनेवाला हूँ, देखना तुम्हें कैसा बनाती है।

2

क्रिसमस का दिन है, लंदन में चारों तरफ़ ख़ुशी की गरम बाज़ारी है। छोटे-बड़े, अमीर-ग़रीब सब अपने-अपने घर ख़ुशियाँ मना रहे हैं और अपने अच्छे से अच्छे कपड़े पहनकर गिरजाघरों में जा रहे हैं। कोई उदास सूरत नज़र नहीं आती। ऐसे वक़्त मैज़िनी और रफ़ेती दोनों उसी छोटी-सी अँधेरी कोठरी में सर झुकाए ख़ामोश बैठे हैं। मैज़िनी ठंडी आहें भर रहा है और रफ़ेती रह-रहकर दरवाज़े पर आता है और बदमस्त शराबियों को और दिनों से ज़्यादा बहकते और दीवानेपन की हरकतें करते देखकर अपनी ग़रीबी और मुहताजी की फ़िक्र दूर करना चाहता है। अफ़सोस! इटली का सरताज जिसकी एक ललकार पर हज़ारों आदमी अपना ख़ून बहाने के लिए तैयार हो जाते थे, आज ऐसा मुहताज हो रहा है कि उसे खाने का ठिकाना नहीं। यहाँ तक कि आज सुबह से उसने एक सिगार भी नहीं पिया। तंबाकू ही दुनिया की वह नेमत थी जिससे वह हाथ नहीं खींच सकता था और वह भी आज उसे नसीब न हुआ। मगर इस वक़्त उसे अपनी फ़िक्र नहीं, रफ़ेती, नौजवान, ख़ुशहाल और ख़ूबसूरत होनहार रफ़ेती की फ़िक्र जी पर भारी हो रही है। वह पूछता है कि मुझे क्या हक़ है कि मैं एक ऐसे आदमी को अपने साथ ग़रीबी की तकलीफ़ें झेलने पर मजबूर करूँ जिसके स्वागत के लिए दुनिया की सब नेमतें बाँहें खोले खड़ी हैं।

इतने में एक चिट्ठीरसा ने पूछा—जोज़ेफ़ मैज़िनी यहाँ कहीं रहता है? अपनी चिट्ठी ले जा।

रफ़ेती ने ख़त ले लिया और ख़ुशी के जोश से उछलकर बोला—जोज़ेफ़, यह लो मैग्डलीन का ख़त है।

मैज़िनी ने चौंककर ख़त ले लिया और बड़ी बेसब्री से खोला। लिफ़ाफ़ा खोलते ही थोड़े से बालों का एक गुच्छा गिर पड़ा, जो मैग्डलीन ने क्रिसमस के उपहार के रूप में भेजा था। मैज़िनी ने उस गुच्छे को चूमा और उसे उठाकर अपने सीने की जेब में खोंस लिया। ख़त में लिखा था—

माई डियर जोज़ेफ़,

यह तुच्छ भेंट स्वीकार करो। भगवान करे तुम्हें एक सौ क्रिसमस देखने नसीब हों। इस यादगार को हमेशा अपने पास रखना और ग़रीब मैग्डलीन को भूलना मत। मैं और क्या लिखूँ। कलेजा मुँह को आया जाता है। हाय जोज़ेफ़, मेरे प्यारे, मेरे स्वामी, मेरे मालिक जोज़ेफ़, तू मुझे कब तक तड़पाएगा। अब ज़ब्त नहीं होता। आँखों में आँसू उगड़े आते हैं। मैं तेरे साथ

मुसीबतें झेलूँगी, भूखों मरूँगी, यह सब मुझे गवारा है, मगर तुझसे जुदा रहना गवारा नहीं। तुझे क़सम है, तुझे अपने ईमान की क़सम है, तुझे अपने वतन की क़सम, तुझे मेरी क़सम, यहाँ आ जा, यह आँखें तरस रही हैं, कब तुझे देखूँगी। क्रिसमस क़रीब है, मुझे क्या, जब तक ज़िन्दा हूँ, तेरी हूँ।

तुम्हारी
मैग्डलीन

3

मैग्डलीन का घर स्विट्ज़रलैंड में था। वह एक समृद्ध व्यापारी की बेटी थी और अनिंद्य सुन्दरी। आंतरिक सौन्दर्य में भी उसका जोड़ मिलना मुश्किल था। कितने ही अमीर और रईस लोग उसका पागलपन सर में रखते थे, मगर वह किसी को कुछ ख़याल में न लाती थी। मैज़िनी जब इटली से भागा तो स्विट्ज़रलैंड में आकर शरण ली। मैग्डलीन उस वक़्त भोली-भाली जवानी की गोद में खेल रही थी। मैज़िनी की हिम्मत और कुर्बानियों की तारीफ़ें पहले ही सुन चुकी थी। कभी-कभी अपनी माँ के साथ उसके यहाँ आने लगी और आपस का मिलना-जुलना जैसे-जैसे बढ़ा और मैज़िनी के भीतरी सौन्दर्य का ज्यों-ज्यों उसके दिल पर गहरा असर होता गया, उसकी मुहब्बत उसके दिल में पक्की होती गई। यहाँ तक कि उसने एक दिन ख़ुद लाज-शर्म को किनारे रखकर मैज़िनी के पैरों पर सिर रख दिया और कहा—मुझे अपनी सेवा में स्वीकार कर लीजिए।

मैज़िनी पर भी उस वक़्त जवानी छाई हुई थी, देश की चिन्ताओं ने अभी दिल को ठंडा नहीं किया था। जवानी की पुरजोश उम्मीदें दिल में लहरें मार रही थीं, मगर उसने संकल्प कर लिया था कि मैं देश और जाति पर अपने को न्योछावर कर दूँगा। और इस संकल्प पर क़ायम रहा। एक ऐसी सुन्दर युवती के नाज़ुक-नाज़ुक होंठों से ऐसी दरख़्वास्त सुनकर रद्द कर देना मैज़िनी ही जैसे संकल्प के पक्के, हियाव के पूरे आदमी का काम था।

मैग्डलीन भीगी-भीगी आँखें लिए उठी मगर निराश न हुई थी। इस असफलता ने उसके दिल में प्रेम की आग और भी तेज़ कर दी और गो आज मैज़िनी को स्विट्ज़रलैंड छोड़े कई साल गुज़रे मगर वफ़ादार मैग्डलीन अभी तक मैज़िनी को नहीं भूली। दिनों के साथ उसकी मुहब्बत और भी गाढ़ी और सच्ची होती जाती है।

मैज़िनी ख़त पढ़ चुका तो एक लम्बी आह भरकर रफ़ेती से बोला—देखा मैग्डलीन क्या कहती है?

रफ़ेती—उस ग़रीब की जान लेकर दम लोगे!

मैज़िनी फिर ख़याल में डूबा—मैग्डलीन, तू नौजवान है, सुन्दर है, भगवान ने तुझे अकूत दौलत दी है, तू क्यों एक ग़रीब, दुखियारे, कंगाल, फक्कड़, परदेश में मारे-मारे फिरनेवाले आदमी के पीछे अपनी ज़िन्दगी मिट्टी में मिला रही है! मुझ जैसा मायूस, आफ़त का मारा हुआ आदमी तुझे क्योंकर ख़ुश रख सकेगा? नहीं, नहीं, मैं ऐसा स्वार्थी नहीं हूँ। दुनिया में बहुत से ऐसे हँसमुख, ख़ुशहाल नौजवान हैं जो तुझे ख़ुश रख सकते हैं, जो तेरी पूजा कर सकते हैं। क्यों तू उनमें से किसी को अपनी गुलामी में नहीं ले लेती। मैं तेरे प्रेम, सच्चे, नेक और निःस्वार्थ प्रेम का आदर करता हूँ। मगर मेरे लिए, जिसका दिल देश और जाति पर समर्पित

हो चुका है, तू एक प्यारी और हमदर्द बहन के सिवा और कुछ नहीं हो सकती। मुझमें ऐसी क्या ख़ूबी है, ऐसे कौन से गुण हैं कि तुझ जैसी देवी मेरे लिए ऐसी मुसीबतें झेल रही है। आह मैज़िनी, कमबख़्त मैज़िनी, तू कहीं का न हुआ। जिनके लिए तूने अपने को न्योछावर कर दिया, वह तेरी सूरत से नफ़रत करते हैं। जो तेरे हमदर्द हैं, वह समझते हैं तू सपने देख रहा है।

इन ख़यालों से बेबस होकर मैज़िनी ने क़लम-दावात निकाली और मैग्डलीन को ख़त लिखना शुरू किया।

4

प्यारी मैग्डलीन,

तुम्हारा ख़त उस अनमोल तोहफ़े के साथ आया। मैं तुम्हारा हृदय से कृतज्ञ हूँ कि तुमने मुझ जैसे बेकस और बेबस आदमी को इस भेंट के काबिल समझा। मैं उसकी हमेशा क़द्र करूँगा। यह मेरे पास हमेशा एक सच्चे नि:स्वार्थ और अमर प्रेम की स्मृति के रूप में रहेगी और जिस वक़्त यह मिट्टी का शरीर क़ब्र की गोद में जाएगा मेरी आख़िरी वसीयत यह होगी कि यह यादगार मेरे जनाजे के साथ दफ़न कर दी जाए। मैं शायद ख़ुद उस ताक़त का अन्दाज़ा नहीं लगा सकता जो मुझे इस ख़याल से मिलती है, कि दुनिया में जहाँ चारों तरफ़ मेरे बारे में बदगुमानियाँ फैल रही हैं, कम से कम एक ऐसी नेक औरत है जो मेरी नियत की सफ़ाई और मेरी बुराइयों से पाक कोशिश पर सच्ची निष्ठा रखती है और शायद तुम्हारी हमदर्दी का यक़ीन है कि मैं ज़िन्दगी की ऐसी कठिन परीक्षाओं में सफल होता जाता हूँ।

मगर प्यारी बहन, मुझे कोई तकलीफ़ नहीं है। तुम मेरी तकलीफ़ों के ख़याल से अपना दिल मत दुखाना। मैं बहुत आराम से हूँ। तुम्हारे प्रेम जैसी अक्षयनिधि पाकर भी अगर मैं कुछ थोड़े-से शारीरिक कष्टों का रोना रोऊँ तो मुझ जैसा अभागा आदमी दुनिया में कौन होगा।

मैंने सुना है, तुम्हारी सेहत रोज़-ब-रोज़ गिरती जाती है। मेरा जी बेअख़्तियार चाहता है कि तुझे देखूँ। काश मैं आज़ाद होता, काश मेरा दिल इस क़ाबिल होता कि तुझे भेंट चढ़ा सकता। मगर एक पज़मुर्दा, उदास दिल तेरे क़ाबिल नहीं। मैग्डलीन, ख़ुदा के वास्ते अपनी सेहत का ख़याल रखो, मुझे शायद इससे ज़्यादा और किसी बात की तकलीफ़ न होगी कि प्यारी मैग्डलीन तकलीफ़ में है और मेरे लिए! तेरा पाकीज़ा चेहरा इस वक़्त निगाहों के सामने है। मेगा! देखो मुझसे नाराज़ न हो। ख़ुदा की क़सम मैं तुम्हारे क़ाबिल नहीं हूँ। आज क्रिसमस का दिन है, तुम्हें क्या तोहफ़ा भेजूँ। ख़ुदा तुम पर हमेशा अपनी बेइन्तहा बरकतों का साया रखे। अपनी माँ को मेरी तरफ़ से सलाम कहना। तुम लोगों को देखने की इच्छा है। देखें कब तक पूरी होती है।

तेरा जोज़ेफ़

5

इस वाक़ये के बाद बहुत दिन गुज़र गए। जोज़ेफ़ मैज़िनी फिर इटली पहुँचा और रोम में पहली बार जनता के राज्य का एलान किया। तीन आदमी राज्य की व्यवस्था के लिए निर्वाचित किए गए। मैज़िनी भी उनमें एक था। मगर थोड़े ही दिनों में फ्रांस की ज़्यादतियों और पीडमांट के बादशाह की दग़ा-बाज़ियों की बदौलत इस जनता के राज का ख़ातमा हो गया और उसके

कर्मचारी और मंत्री अपनी जानें लेकर भाग निकले। मैज़िनी अपने विश्वसनीय मित्रों की दग़ाबाज़ी और मौक़ा-परस्ती पर पेचोताव खाता हुआ खस्ताहाल और परेशान रोम की गलियों की ख़ाक छानता फिरता था। उसका यह सपना कि रोम को मैं ज़रूर एक दिन जनता के राज का केन्द्र बनाकर छोड़ूँगा, पूरा होकर फिर तितर-बितर हो गया।

दोपहर का वक़्त था, धूप से परेशान होकर वह एक पेड़ की छाया में ज़रा दम लेने के लिए ठहर गया कि सामने से एक लेडी आती हुई दिखाई दी। उसका चेहरा पीला था, कपड़े बिलकुल सफ़ेद और सादा, उम्र तीस से ज़्यादा। मैज़िनी आत्म-विस्मृति की दशा में था कि यह स्त्री प्रेम से व्यग्र होकर उसके गले लिपट गई। मैज़िनी ने चौंककर देखा, बोला—प्यारी मैग्डलीन, तुम हो! यह कहते-कहते उसकी आँखें भीग गईं। मैग्डलीन न रोकर कहा—जोज़ेफ़! और मुँह से कुछ न निकला।

दोनों ख़ामोश कई मिनट तक रोते रहे। आख़िर मैज़िनी बोला—तुम यहाँ कब आईं, मेगा?

मैग्डलीन—मैं यहाँ कई महीने से हूँ, मगर तुमसे मिलने की कोई सूरत नहीं निकलती थी। तुम्हें कामकाज में डूबा हुआ देखकर और यह समझकर कि अब तुम्हें मुझ जैसी औरत की हमदर्दी की ज़रूरत बाक़ी नहीं रही, तुमसे मिलने की कोई ज़रूरत न देखती थी। (रुककर) क्यों जोज़ेफ़, यह क्या कारण है कि अक्सर लोग तुम्हारी बुराई किया करते हैं? क्या वह अंधे हैं, क्या भगवान ने उन्हें आँखें नहीं दीं?

जोज़ेफ़—मेगा, शायद वह लोग सच कहते होंगे। फ़िलहाल मुझमें वे गुण नहीं हैं जो मैं शान के मारे अक्सर कहा करता हूँ कि मुझमें हैं या जिन्हें तुम अपनी सरलता और पवित्रता के कारण मुझमें मौजूद समझती हो। मेरी कमज़ोरियाँ रोज़-ब-रोज़ मुझे मालूम होती जाती हैं।

मैग्डलीन—जभी तो तुम इस काबिल हो कि मैं तुम्हारी पूजा करूँ। मुबारक है वह इनसान जो ख़ुदी को मिटाकर अपने को हेय समझने लगे। जोज़ेफ़, भगवान के लिए मुझे इस तरह अपने से मत अलग करो। मैं तुम्हारी हो गई हूँ और मुझे विश्वास है कि तुम वैसे ही पाक-साफ़ हो जैसा हमारा ईसू था। यह ख़याल मेरे मन पर अंकित हो गया है और अगर उसमें ज़रा कमज़ोरी आ गई थी तो तुम्हारी इस वक़्त की बातचीत ने उसे और भी पक्का कर दिया। बेशक तुम फ़रिश्ते हो। मगर मुझे अफ़सोस है कि दुनिया में क्यों लोग इतने तंग-दिल और अंधे होते हैं और ख़ासतौर पर वह लोग जिन्हें मैं तंग ख़याल से ऊपर समझती थी। रफ़ेती, रसारीनो, पलाइनो, बर्नाबास यह सब के सब तुम्हारे दोस्त हैं। तुम उन्हें अपना दोस्त समझते हो, मगर वह सब तुम्हारे दुश्मन हैं और उन्होंने मुझसे मेरे सामने सैकड़ों ऐसी बातें तुम्हारे बारे में कही हैं जिनका मैं मरकर भी यक़ीन नहीं कर सकती। वह सब ग़लत झूठ बकते हैं, हमारा प्यारा जोज़ेफ़, वैसा ही है जैसा मैं समझती थी बल्कि उससे भी अच्छा। क्या यह भी तुम्हारी एक ज़ाती-ख़ूबी नहीं है कि तुम अपने दुश्मनों को भी अपना दोस्त समझते हो?

जोज़ेफ़ से अब सब्र न हो सका। मैग्डलीन के मुरझाए हुए पीले-पीले हाथों को चूमकर बोला—प्यारी मेगा, मेरे दोस्त बेक़सूर हैं और मैं ख़ुद दोषी हूँ। (रोकर) जो कुछ उन्होंने कहा वह सब मेरे ही इशारे और मरज़ी के अनुसार था, मैंने तुमसे दग़ा की मगर मेरी प्यारी बहन, सिर्फ़ इसलिए था कि तुम मेरी तरफ़ से बेपरवाह हो जाओ और अपनी जवानी के बाक़ी दिन ख़ुशी से बसर करो। मैं बहुत शर्मिंदा हूँ। मैंने तुम्हें ज़रा भी न समझा था। मैं तुम्हारे प्रेम की गहराई से अपरिचित था, क्योंकि मैं जो चाहता था उसका उल्टा असर हुआ। मगर मेगा, मैं माफ़ी चाहता हूँ।

मैग्डलीन—हाय जोज़ेफ़, तुम मुझसे माफ़ी माँगते हो, ऐं, तुम जो दुनिया के सब इनसानों से ज़्यादा नेक, ज़्यादा सच्चे और ज़्यादा लायक हो! मगर हाँ, बेशक तुमने मुझे बिलकुल न समझा था जोज़ेफ़! यह तुम्हारी ग़लती थी। मुझे ताज्जुब तो यह है कि तुम्हारा ऐसा पत्थर का दिल कैसे हो गया।

जोज़ेफ़—मेगा, ईश्वर जानता है जब मैंने रफ़ेती को यह सब सिखा-पढ़ाकर तुम्हारे पास भेजा है, उस वक़्त मेरे दिल की क्या कैफ़ियत थी। मैं जो दुनिया में नेकनामी को सबसे ज़्यादा क़ीमती समझता हूँ और मैं जिसने दुश्मनों के जाती हमलों को कभी पूरी तरह काटे बिना न छोड़ा, अपने मुँह से सिखाऊँ कि जाकर मुझे बुरा कहो! मगर यह केवल इसलिए था कि तुम अपने शरीर का ध्यान रखो और मुझे भूल जाओ।

सचाई यह थी कि मैज़िनी ने मैग्डलीन के प्रेम को रोज़-ब-रोज़ बढ़ते देखकर एक ख़ास हिकमत की थी। उसे ख़ूब मालूम था कि मैग्डलीन के प्रेमियों में से कितने ही ऐसे हैं जो उससे ज़्यादा सुन्दर, ज़्यादा दौलतमंद और ज़्यादा अक्लवाले हैं, मगर वह किसी को ख़याल में नहीं लाती। मुझमें उसके लिए जो खास आकर्षण है, वह मेरे कुछ खास गुण हैं और अगर मेरे ऐसे मित्र, जिनका आदर मैग्डलीन भी करती है, उससे मेरी शिकायत करके इन गुणों का महत्त्व उसके दिल से मिटा दें तो वह ख़ुद-ब-ख़ुद मुझे भूल जाएगी। पहले तो उसके दोस्त इस काम के लिए तैयार न होते थे मगर इस डर से कि कहीं मैग्डलीन ने घुल-घुलकर जान दे दी तो मैज़िनी ज़िन्दगी भर हमें माफ़ न करेगा, उन्होंने यह अप्रिय काम स्वीकार कर लिया था। वह स्विट्ज़रलैंड गए और जहाँ तक उनकी ज़बान में ताक़त थी, अपने दोस्त की पीठ पीछे बुराई करने में ख़र्च की। मगर मैग्डलीन पर मुहब्बत का रंग ऐसा गहरा चढ़ा हुआ था, कि इन कोशिशों का इसके सिवा और कोई नतीजा न हो सकता था जो हुआ। वह एक रोज़ बेक़रार होकर घर से निकल खड़ी हुई और रोम में आकर एक सराय में ठहर गई। यहाँ उसका रोज़ का नियम था कि मैज़िनी के पीछे-पीछे उसकी निगाह से दूर घूमा करती मगर उसे आश्वस्त और अपनी सफलता से प्रसन्न देखकर उसे छेड़ने का साहस न करती थी। आख़िरकार जब फिर उस पर असफलताओं का वार हुआ और वह फिर दुनिया में बेकस और बेबस हो गया तो मैग्डलीन ने समझा, अब इसको किसी हमदर्द की ज़रूरत है। और पाठक देख चुके हैं जिस तरह वह मैज़िनी से मिली।

6

मैज़िनी रोम से फिर इंगलिस्तान पहुँचा और यहाँ एक अरसे तक रहा। सन् 1870 में उसे ख़बर मिली कि सिसली की रिआया बग़ावत पर आमादा है और उन्हें मैदाने जंग में लाने के लिए एक उभारनेवाले की ज़रूरत है। बस वह फ़ौरन सिसली पहुँचा मगर उसके जाने के पहले शाही फ़ौज ने बागियों को दबा दिया था। मैज़िनी जहाज़ से उतरते ही गिरफ़्तार करके एक क़ैदख़ाने में डाल दिया गया। मगर चूँकि अब वह बहुत बुड्ढा हो गया था, शाही हुक्काम ने इस डर से कि कहीं वह क़ैद की तकलीफ़ों से मर जाए तो जनता को सन्देह होगा कि बादशाह की प्रेरणा से वह क़त्ल कर डाला गया, उसे रिहा कर दिया। निराश और टूटा हुआ दिल लिए मैज़िनी फिर स्विट्ज़रलैंड की तरफ़ रवाना हुआ। उसकी ज़िन्दगी की तमाम उम्मीदें ख़ाक में मिल गईं। इसमें शक नहीं कि इटली के एकताबद्ध हो जाने के दिन बहुत पास आ

गए थे मगर उसकी हुकूमत की हालत उससे हरगिज़ बेहतर न थी जैसी आस्ट्रिया या नेपल्स के शासनकाल में। अन्तर यह था कि पहले वह एक दूसरी क़ौम की ज़्यादतियों से परेशान थे, अब अपनी क़ौम के हाथों। इन निरंतर असफलताओं ने दृढ़व्रती मैज़िनी के दिल में यह ख़याल पैदा किया कि शायद जनता की राजनीतिक शिक्षा इस हद तक नहीं हुई है, कि वह अपने लिए एक प्रजातांत्रिक शासक-व्यवस्था की बुनियाद डाल सके और इसी नियत से वह स्विट्ज़रलैंड जा रहा था कि वहाँ से एक ज़बर्दस्त क़ौमी अख़बार निकाले क्योंकि इटली में उसे अपने विचारों को फैलाने की इजाज़त न थी। वह रात भर नाम बदलकर रोम में ठहरा। फिर वहाँ से अपनी जन्मभूमि जिनेवा में आया और अपनी नेक माँ की क़ब्र पर फूल चढ़ाए। इसके बाद स्विट्ज़रलैंड की तरफ़ चला और साल भर तक कुछ विश्वसनीय मित्रों की सहायता से अख़बार निकालता रहा। मगर निरंतर चिन्ता और कष्टों ने उसे बिलकुल कमज़ोर कर दिया था। सन् 1870 में वह सेहत के ख़याल से इंगलिस्तान आ रहा था कि आल्प्स पर्वत की तलहटी में निमोनिया की बीमारी ने उसके जीवन का अन्त कर दिया और वह एक अरमानों से भरा हुआ दिल लिए स्वर्ग को सिधारा। इटली का नाम मरते दम तक उसकी ज़बान पर था। यहाँ भी उसके बहुत से समर्थक और हमदर्द शरीक थे। उसका जनाज़ा बड़ी धूम से निकला। हज़ारों आदमी साथ थे और एक बड़ी सुहानी खुली हुई जगह पर पानी के एक साफ़ चश्मे के किनारे पर इस क़ौम के लिए मर मिटनेवाले को सुला दिया गया।

7

मैज़िनी को क़ब्र में सोए हुए आज तीन दिन गुज़र गए। शाम का वक़्त था, सूरज की पीली किरणें इस ताज़ा क़ब्र पर हसरतभरी आँखों से ताक रही हैं। तभी एक अधेड़ ख़ूबसूरत औरत, सुहाग के जोड़े पहने, लड़खड़ाती हुई आई। यह मैग्डलीन थी। उसका चेहरा शोक में डूबा हुआ था, बिल्कुल मुरझाया हुआ, कि जैसे अब इस शरीर में जान बाक़ी नहीं रही। वह इस क़ब्र के सिरहाने बैठ गई और अपने सीने पर खुँसे हुए फूल उस पर चढ़ाए, फिर घुटनों के बल बैठकर सच्चे दिल से दुआ करती रही। जब ख़ूब अँधेरा हो गया, बर्फ़ पड़ने लगी तो वह चुपके से उठी और ख़ामोश सर झुकाए क़रीब के एक गाँव में जाकर रात बसर की और भोर की बेला अपने मकान की तरफ़ रवाना हुई।

मैग्डलीन अब अपने घर की मालिक थी। उसकी माँ बहुत ज़माना हुआ, मर चुकी थी। उसने मैज़िनी के नाम से एक आश्रम बनवाया और ख़ुद आश्रम की ईसाई लेडियों के लिबास में वहाँ रहने लगी। मैज़िनी का नाम उसके लिए एक निहायत पुरदर्द और दिलकश गीत से कम न था। हमदर्दों और क़द्रदानों के लिए उसका घर उनका अपना घर था। मैज़िनी के ख़त उसकी इंजील और मैज़िनी का नाम उसका ईश्वर था। आसपास के ग़रीब लड़कों और मुफ़लिस बीवियों के लिए यही बरकत से भरा हुआ नाम जीविका का साधन था। मैग्डलीन तीन बरस तक ज़िन्दा रही और जब मरी तो अपनी आख़िरी वसीयत के मुताबिक उसी आश्रम में दफ़न की गई। उनका प्रेम मामूली प्रेम न था, एक पवित्र और निष्कलंक भाव था और वह हमको उन प्रेम-रस में डूबी हुई गोपियों की याद दिलाता है जो श्रीकृष्ण के प्रेम में वृंदावन की कुंजों और गलियों में मँडलाया करती थीं, जो उससे मिले होने पर भी उससे अलग थीं और जिनके दिलों में प्रेम के सिवा और किसी चीज़ की जगह न थी। मैज़िनी का आश्रम

आज तक क़ायम है और ग़रीब और साधु-सन्त अभी तक मैज़िनी का पवित्र नाम लेकर वहाँ हर तरह का सुख पाते हैं।

कफ़न

झोपड़े के द्वार पर बाप और बेटा दोनों एक बुझे हुए अलाव के सामने चुपचाप बैठे हुए हैं और अन्दर बेटे की जवान बीबी बुधिया प्रसव-वेदना में पछाड़ खा रही थी। रह-रहकर उसके मुँह से ऐसी दिल हिला देने वाली आवाज़ निकलती थी, कि दोनों कलेजा थाम लेते थे। जाड़ों की रात थी, प्रकृति सन्नाटे में डूबी हुई, सारा गाँव अन्धकार में लय हो गया था।

घीसू ने कहा—मालूम होता है, बचेगी नहीं। सारा दिन दौड़ते हो गया, जा देख तो आ।

माधव चिढ़कर बोला—मरना ही तो है जल्दी मर क्यों नहीं जाती? देखकर क्या करूँ?

'तू बड़ा बेदर्द है बे! साल-भर जिसके साथ सुख-चैन से रहा, उसी के साथ इतनी बेवफाई!'

'तो मुझसे तो उसका तड़पना और हाथ-पाँव पटकना नहीं देखा जाता।'

चमारों का कुनबा था और सारे गाँव में बदनाम। घीसू एक दिन काम करता तो तीन दिन आराम करता। माधव इतना काम-चोर था कि आध घंटे काम करता तो घंटे भर चिलम पीता। इसलिए उन्हें कहीं मज़दूरी नहीं मिलती थी। घर में मुट्ठी-भर भी अनाज मौजूद हो, तो उनके लिए काम करने की क़सम थी। जब दो-चार फाके हो जाते तो घीसू पेड़ पर चढ़कर लकड़ियाँ तोड़ लाता और माधव बाज़ार से बेच लाता और जब तक वह पैसे रहते, दोनों इधर-उधर मारे-मारे फिरते। गाँव में काम की कमी न थी। किसानों का गाँव था, मेहनती आदमी के लिए पचास काम थे। मगर इन दोनों को उसी वक़्त बुलाते, जब दो आदमियों से एक का काम पाकर भी सन्तोष कर लेने के सिवा और कोई चारा न होता। अगर दोनों साधु होते, तो उन्हें सन्तोष और धैर्य के लिए, संयम और नियम की बिलकुल जरूरत न होती। यह तो इनकी प्रकृति थी। विचित्र जीवन था इनका! घर में मिट्टी के दो-चार बर्तन के सिवा कोई सम्पत्ति नहीं। फटे चीथड़ों से अपनी नग्नता को ढाँके हुए जिए जाते थे। संसार की चिन्ताओं से मुक्त क़र्ज़ से लदे हुए। गालियाँ भी खाते, मार भी खाते, मगर कोई गम नहीं। दीन इतने कि वसूली की बिलकुल आशा न रहने पर भी लोग इन्हें कुछ-न-कुछ क़र्ज़ दे देते थे। मटर, आलू की फ़सल में दूसरों के खेतों से मटर या आलू उखाड़ लाते और भून-भानकर खा लेते या दस-पाँच ऊख उखाड़ लाते और रात को चूसते। घीसू ने इसी आकाश-वृत्ति से साठ साल की उम्र काट दी और माधव भी सपूत बेटे की तरह बाप ही के पद-चिह्नों पर चल रहा था, बल्कि उसका नाम और भी उजागर कर रहा था। इस वक़्त भी दोनों अलाव के सामने बैठकर आलू भून रहे थे, जो कि किसी खेत से खोद लाए थे। घीसू की स्त्री का तो बहुत दिन हुए, देहान्त हो गया था। माधव का ब्याह पिछले साल हुआ था। जब से यह औरत आई थी, उसने इस खानदान में व्यवस्था की नींव डाली थी और इन दोनों बे-गैरतों का दोजख भरती रहती थी। जब से वह आई, यह दोनों और भी आरामतलब हो गए थे। बल्कि कुछ अकड़ने भी लगे थे। कोई कार्य करने को बुलाता, तो निर्ब्याज भाव से दुगुनी मज़दूरी

माँगते। वही औरत आज प्रसव-वेदना से मर रही थी और यह दोनों इसी इन्तज़ार में थे कि वह मर जाए, तो आराम से सोएँ।

घीसू ने आलू निकालकर छीलते हुए कहा—जाकर देख तो, क्या दशा है उसकी? चुड़ैल का फिसाद होगा, और क्या? यहाँ तो ओझा भी एक रुपया माँगता है!

माधव को भय था, कि वह कोठरी में गया, तो घीसू आलुओं का बड़ा भाग साफ़ कर देगा। बोला—मुझे वहाँ जाते डर लगता है।

'डर किस बात का है, मैं तो यहाँ हूँ ही।'

'तो तुम्हीं जाकर देखो न?'

'मेरी औरत जब मरी थी, तो मैं तीन दिन तक उसके पास से हिला तक नहीं; और फिर मुझसे लजाएगी कि नहीं? जिसका कभी मुँह नहीं देखा, आज उसका उघड़ा हुआ बदन देखूँ! उसे तन की सुध भी तो न होगी? मुझे देख लेगी तो खुलकर हाथ-पाँव भी न पटक सकेगी!'

'मैं सोचता हूँ कोई बाल-बच्चा हुआ, तो क्या होगा? सोंठ, गुड़, तेल, कुछ भी तो नहीं है घर में!'

'सब कुछ आ जाएगा। भगवान् दें तो! जो लोग अभी एक पैसा नहीं दे रहे हैं, वे ही कल बुलाकर रुपए देंगे। मेरे नौ लड़के हुए, घर में कभी कुछ न था; मगर भगवान् ने किसी-न-किसी तरह बेड़ा पार ही लगाया।'

जिस समाज में रात-दिन मेहनत करने वालों की हालत उनकी हालत से कुछ बहुत अच्छी न थी, और किसानों के मुक़ाबले में वे लोग, जो किसानों की दुर्बलताओं से लाभ उठाना जानते थे, कहीं ज़्यादा सम्पन्न थे, वहाँ इस तरह की मनोवृत्ति का पैदा हो जाना कोई अचरज की बात न थी। हम तो कहेंगे, घीसू किसानों से कहीं ज़्यादा विचारवान् था और किसानों के विचार-शून्य समूह में शामिल होने के बदले बैठकबाज़ों की कुत्सित मंडली में जा मिला था। हाँ, उसमें यह शक्ति न थी, कि बैठकबाज़ों के नियम और नीति का पालन करता। इसलिए जहाँ उसकी मंडली के और लोग गाँव के सरगना और मुखिया बने हुए थे, उस पर सारा गाँव उँगली उठाता था। फिर भी उसे यह तसकीन तो थी ही कि अगर वह फटेहाल है तो कम-से-कम उसे किसानों की-सी जी-तोड़ मेहनत तो नहीं करनी पड़ती, और उसकी सरलता और निरीहता से दूसरे लोग बेजा फ़ायदा तो नहीं उठाते! दोनों आलू निकाल-निकालकर जलते-जलते खाने लगे। कल से कुछ नहीं खाया था। इतना सब्र न था कि ठंडा हो जाने दें। कई बार दोनों की जबानें जल गईं। छिल जाने पर आलू का बाहरी हिस्सा जबान, हलक और तालू को जला देता था और उस अंगारे को मुँह में रखने से ज़्यादा खैरियत इसी में थी कि वह अन्दर पहुँच जाए। वहाँ उसे ठंडा करने के लिए काफ़ी सामान थे। इसलिए दोनों जल्द-जल्द निगल जाते। हालाँकि इस कोशिश में उनकी आँखों से आँसू निकल आते।

घीसू को उस वक़्त ठाकुर की बरात याद आई, जिसमें बीस साल पहले वह गया था। उस दावत में उसे जो तृप्ति मिली थी, वह उसके जीवन में एक याद रखने लायक बात थी, और आज भी उसकी याद ताज़ी थी, बोला—वह भोज नहीं भूलता। तब से फिर उस तरह का खाना और भरपेट नहीं मिला। लड़की वालों ने सबको भर पेट पूड़ियाँ खिलाई थीं, सबको! छोटे-बड़े सबने पूड़ियाँ खाईं और असली घी की! चटनी, रायता, तीन तरह के सूखे साग,

एक रसेदार तरकारी, दही, चटनी, मिठाई, अब क्या बताऊँ कि उस भोज में क्या स्वाद मिला, कोई रोक-टोक नहीं थी, जो चीज़ चाहो, माँगो, जितना चाहो, खाओ। लोगों ने ऐसा खाया, ऐसा खाया, कि किसी से पानी न पिया गया। मगर परोसने वाले हैं कि पत्तल में गर्म-गर्म, गोल-गोल सुवासित कचौड़ियाँ डाल देते हैं। मना करते हैं कि नहीं चाहिए, पत्तल पर हाथ रोके हुए हैं, मगर वह हैं कि दिए जाते हैं। और जब सबने मुँह धो लिया, तो पान-इलायची भी मिली। मगर मुझे पान लेने की कहाँ सुध थी? खड़ा हुआ न जाता था। चटपट जाकर अपने कम्बल पर लेट गया। ऐसा दिल-दरियाव था वह ठाकुर!

माधव ने इन पदार्थों का मन-ही-मन मज़ा लेते हुए कहा—अब हमें कोई ऐसा भोज नहीं खिलाता।

'अब कोई क्या खिलाएगा? वह ज़माना दूसरा था। अब तो सबको किफायत सूझती है। सादी-ब्याह में मत ख़र्च करो, क्रिया-कर्म में मत ख़र्च करो। पूछो, गरीबों का माल बटोर-बटोरकर कहाँ रखोगे? बटोरने में तो कमी नहीं है। हाँ, ख़र्च में किफायत सूझती है!'

'तुमने एक बीस पूरियाँ खाई होंगी?'

'बीस से ज़्यादा खाई थीं!'

'मैं पचास खा जाता!'

'पचास से कम मैंने न खाई होंगी। अच्छा पका था। तू तो मेरा आधा भी नहीं है।'

आलू खाकर दोनों ने पानी पिया और वहीं अलाव के सामने अपनी धोतियाँ ओढ़कर पाँव पेट में डाले सो रहे। जैसे दो बड़े-बड़े अजगर गेंडुलिया मारे पड़े हों।

और बुधिया अभी तक कराह रही थी।

2

सबेरे माधव ने कोठरी में जाकर देखा, तो उसकी स्त्री ठंडी हो गई थी। उसके मुँह पर मक्खियाँ भिनक रही थीं। पथराई हुई आँखें ऊपर टँगी हुई थीं। सारी देह धूल से लथपथ हो रही थी। उसके पेट में बच्चा मर गया था।

माधव भागा हुआ घीसू के पास आया। फिर दोनों ज़ोर-ज़ोर से हाय-हाय करने और छाती पीटने लगे। पड़ोस वालों ने यह रोना-धोना सुना, तो दौड़े हुए आए और पुरानी मर्यादा के अनुसार इन अभागों को समझाने लगे।

मगर ज़्यादा रोने-पीटने का अवसर न था। कफ़न की और लकड़ी की फ़िक्र करनी थी। घर में तो पैसा इस तरह ग़ायब था, जैसे चील के घोंसले में मांस?

बाप-बेटे रोते हुए गाँव के ज़मींदार के पास गए। वह इन दोनों की सूरत से नफ़रत करते थे। कई बार इन्हें अपने हाथों से पीट चुके थे। चोरी करने के लिए, वादे पर काम पर न आने के लिए। पूछा– क्या है बे घिसुआ, रोता क्यों है? अब तो तू कहीं दिखलाई भी नहीं देता! मालूम होता है, इस गाँव में रहना नहीं चाहता।

घीसू ने ज़मीन पर सिर रखकर आँखों में आँसू भरे हुए कहा—सरकार! बड़ी विपत्ति में हूँ। माधव की घरवाली रात को गुज़र गई। रात-भर तड़पती रही सरकार! हम दोनों उसके सिरहाने बैठे रहे। दवा-दारू जो कुछ हो सका, सब कुछ किया, मुदा वह हमें दगा दे गई। अब कोई एक रोटी देने वाला भी न रहा मालिक! तबाह हो गए। घर उजड़ गया। आपका

गुलाम हूँ, अब आपके सिवा कौन उसकी मिट्टी पार लगाएगा। हमारे हाथ में तो जो कुछ था, वह सब तो दवा-दारू में उठ गया। सरकार ही की दया होगी, तो उसकी मिट्टी उठेगी। आपके सिवा किसके द्वार पर जाऊँ।

ज़मींदार साहब दयालु थे। मगर घीसू पर दया करना काले कम्बल पर रंग चढ़ाना था। जी में तो आया, कह दें, चल, दूर हो यहाँ से। यों तो बुलाने से भी नहीं आता, आज जब ग़रज़ पड़ी तो आकर ख़ुशामद कर रहा है। हरामखोर कहीं का, बदमाश! लेकिन यह क्रोध या दंड देने का अवसर न था। जी में कुढ़ते हुए दो रुपए निकालकर फेंक दिए। मगर सांत्वना का एक शब्द भी मुँह से न निकला। उसकी तरफ़ ताका तक नहीं। जैसे सिर का बोझ उतारा हो।

जब ज़मींदार साहब ने दो रुपए दिए, तो गाँव के बनिए-महाजनों को इनकार का साहस कैसे होता? घीसू ज़मींदार के नाम का ढिंढोरा भी पीटना जानता था। किसी ने दो आने दिए, किसी ने चारे आने। एक घंटे में घीसू के पास पाँच रुपए की अच्छी रक़म जमा हो गई। कहीं से अनाज मिल गया, कहीं से लकड़ी। और दोपहर को घीसू और माधव बाज़ार से कफ़न लाने चले। इधर लोग बाँस-वाँस काटने लगे।

गाँव की नर्मदिल स्त्रियाँ आ-आकर लाश देखती थीं और उसकी बेकसी पर दो बूँद आँसू गिराकर चली जाती थीं।

3

बाज़ार में पहुँचकर घीसू बोला—लकड़ी तो उसे जलाने-भर को मिल गई है, क्यों माधव!

माधव बोला—हाँ, लकड़ी तो बहुत है, अब कफ़न चाहिए।

'तो चलो, कोई हलका-सा कफ़न ले लें।'

'हाँ, और क्या! लाश उठते-उठते रात हो जाएगी। रात को कफ़न कौन देखता है?'

'कैसा बुरा रिवाज है कि जिसे जीते जी तन ढाँकने को चीथड़ा भी न मिले, उसे मरने पर नया कफ़न चाहिए।'

'कफ़न लाश के साथ जल ही तो जाता है।'

'और क्या रखा रहता है? यही पाँच रुपए पहले मिलते, तो कुछ दवा-दारू कर लेते।'

दोनों एक-दूसरे के मन की बात ताड़ रहे थे। बाज़ार में इधर-उधर घूमते रहे। कभी इस बजाज की दुकान पर गए, कभी उसकी दुकान पर! तरह-तरह के कपड़े, रेशमी और सूती देखे, मगर कुछ जँचा नहीं। यहाँ तक कि शाम हो गई। तब दोनों न जाने किस दैवी प्रेरणा से एक मधुशाला के सामने जा पहुँचे। और जैसे किसी पूर्व निश्चित व्यवस्था से अन्दर चले गए। वहाँ ज़रा देर तक दोनों असमंजस में खड़े रहे। फिर घीसू ने गद्दी के सामने जाकर कहा—साहूजी, एक बोतल हमें भी देना।

उसके बाद कुछ चिखौना आया, तली हुई मछली आई और दोनों बरामदे में बैठकर शान्तिपूर्वक पीने लगे।

कई कुज्जियाँ ताबड़तोड़ पीने के बाद दोनों सरूर में आ गए।

घीसू बोला—कफ़न लगाने से क्या मिलता? आख़िर जल ही तो जाता। कुछ बहू के साथ तो न जाता।

माधव आसमान की तरफ़ देखकर बोला, मानों देवताओं को अपनी निष्पापता का साक्षी बना रहा हो—दुनिया का दस्तूर है, नहीं लोग बाँभनों को हज़ारों रुपए क्यों दे देते हैं? कौन देखता है, परलोक में मिलता है या नहीं!

'बड़े आदमियों के पास धन है, फ़ूँके। हमारे पास फूँकने को क्या है?'

'लेकिन लोगों को जवाब क्या दोगे? लोग पूछेंगे नहीं, कफ़न कहाँ है?'

घीसू हँसा—अबे, कह देंगे कि रुपए कमर से खिसक गए। बहुत ढूँढ़ा, मिले नहीं। लोगों को विश्वास न आएगा, लेकिन फिर वही रुपए देंगे।

माधव भी हँसा—इस अनपेक्षित सौभाग्य पर। बोला—बड़ी अच्छी थी बेचारी! मरी तो ख़ूब खिला-पिलाकर!

आधी बोतल से ज़्यादा उड़ गई। घीसू ने दो सेर पूड़ियाँ मँगाईं। चटनी, अचार, कलेजियाँ। शराबख़ाने के सामने ही दुकान थी। माधव लपककर दो पत्तलों में सारे सामान ले आया। पूरा डेढ़ रुपया ख़र्च हो गया। सिर्फ थोड़े से पैसे बच रहे।

दोनों इस वक़्त इस शान में बैठे पूड़ियाँ खा रहे थे जैसे जंगल में कोई शेर अपना शिकार उड़ा रहा हो। न जवाबदेही का ख़ौफ़ था, न बदनामी की फ़िक्र। इन सब भावनाओं को उन्होंने बहुत पहले ही जीत लिया था।

घीसू दार्शनिक भाव से बोला—हमारी आत्मा प्रसन्न हो रही है तो क्या उसे पुन्न न होगा?

माधव ने श्रद्धा से सिर झुकाकर तसदीक़ की—जरूर-से-जरूर होगा। भगवान्, तुम अंतर्यामी हो। उसे बैकुंठ ले जाना। हम दोनों हृदय से आशीर्वाद दे रहे हैं। आज जो भोजन मिला वह कभी उम्र-भर न मिला था।

एक क्षण के बाद माधव के मन में एक शंका जागी। बोला—क्यों दादा, हम लोग भी एक-न-एक दिन वहाँ जाएँगे ही?

घीसू ने इस भोले-भाले सवाल का कुछ उत्तर न दिया। वह परलोक की बातें सोचकर इस आनन्द में बाधा न डालना चाहता था।

'जो वहाँ हम लोगों से पूछे कि तुमने हमें कफ़न क्यों नहीं दिया तो क्या कहोगे?'

'कहेंगे तुम्हारा सिर!'

'पूछेगी तो जरूर!'

'तू कैसे जानता है कि उसे कफ़न न मिलेगा? तू मुझे ऐसा गधा समझता है? साठ साल क्या दुनिया में घास खोदता रहा हूँ? उसको कफ़न मिलेगा और बहुत अच्छा मिलेगा!'

माधव को विश्वास न आया। बोला—कौन देगा? रुपए तो तुमने चट कर दिए। वह तो मुझसे पूछेगी। उसकी माँग में तो सेंदुर मैंने डाला था।

'कौन देगा, बताते क्यों नहीं?'

'वही लोग देंगे, जिन्होंने अबकी दिया। हाँ, अबकी रुपए हमारे हाथ न आएँगे।'

'ज्यों-ज्यों अँधेरा बढ़ता था और सितारों की चमक तेज़ होती थी, मधुशाला की रौनक भी बढ़ती जाती थी। कोई गाता था, कोई डींग मारता था, कोई अपने संगी के गले लिपटा जाता था। कोई अपने दोस्त के मुँह में कुल्हड़ लगाए देता था।

वहाँ के वातावरण में सरूर था, हवा में नशा। कितने तो यहाँ आकर एक चुल्लू में मस्त हो जाते थे। शराब से ज़्यादा यहाँ की हवा उन पर नशा करती थी। जीवन की बाधाएँ

यहाँ खींच लाती थीं और कुछ देर के लिए यह भूल जाते थे कि वे जीते हैं या मरते हैं। या न जीते हैं, न मरते हैं।

और यह दोनों बाप-बेटे अब भी मजे ले-लेकर चुसकियाँ ले रहे थे। सबकी निगाहें इनकी ओर जमी हुई थीं। दोनों कितने भाग्य के बली हैं! पूरी बोतल बीच में है।

भरपेट खाकर माधव ने बची हुई पूड़ियों का पत्तल उठाकर एक भिखारी को दे दिया, जो खड़ा इनकी ओर भूखी आँखों से देख रहा था। और देने के गौरव, आनन्द और उल्लास का अपने जीवन में पहली बार अनुभव किया।

घीसू ने कहा—ले जा, ख़ूब खा और आशीर्वाद दे! जिसकी कमाई है, वह तो मर गई। मगर तेरा आशीर्वाद उसे जरूर पहुँचेगा। रोएँ-रोएँ से आशीर्वाद दो, बड़ी गाढ़ी कमाई के पैसे हैं!

माधव ने फिर आसमान की तरफ़ देखकर कहा—वह बैकुंठ में जाएगी दादा, बैकुंठ की रानी बनेगी।

घीसू खड़ा हो गया और जैसे उल्लास की लहरों में तैरता हुआ बोला—हाँ, बेटा बैकुंठ में जाएगी। किसी को सताया नहीं, किसी को दबाया नहीं। मरते-मरते हमारी ज़िन्दगी की सबसे बड़ी लालसा पूरी कर गई। वह न बैकुंठ जाएगी तो क्या ये मोटे-मोटे लोग जाएँगे, जो गरीबों को दोनों हाथों से लूटते हैं, और अपने पाप को धोने के लिए गंगा में नहाते हैं और मन्दिरों में जल चढ़ाते हैं?

श्रद्धालुता का यह रंग तुरन्त ही बदल गया। अस्थिरता नशे की खासियत है। दु:ख और निराशा का दौरा हुआ।

माधव बोला—मगर दादा, बेचारी ने ज़िन्दगी में बड़ा दु:ख भोगा। कितना दु:ख झेलकर मरी!

वह आँखों पर हाथ रखकर रोने लगा। चीख़ें मार-मारकर।

घीसू ने समझाया—क्यों रोता है बेटा, ख़ुश हो कि वह माया-जाल से मुक्त हो गई, जंजाल से छूट गई। बड़ी भाग्यवान थी, जो इतनी जल्द माया-मोह के बन्धन तोड़ दिए।

और दोनों खड़े होकर गाने लगे—

'ठगिनी क्यों नैना झमकावे! ठगिनी।'

पियक्कड़ों की आँखें इनकी ओर लगी हुई थीं और यह दोनों अपने दिल में मस्त गाए जाते थे। फिर दोनों नाचने लगे। उछले भी, कूदे भी। गिरे भी, मटके भी। भाव भी बताए, अभिनय भी किए। और आख़िर नशे में मदमस्त होकर वहीं गिर पड़े।

लेखक

प्रात:काल महाशय प्रवीण ने बीस दफ़ा उबाली हुई चाय का प्याला तैयार किया और बिना शक्कर और दूध के पी गए। यही उनका नाश्ता था। महीनों से मीठी, दूधिया चाय न मिली थी। दूध और शक्कर उनके लिए जीवन के आवश्यक पदार्थों में न थे। घर में गए ज़रूर, कि पत्नी को जगाकर पैसे माँगें; पर उसे फटे-मैले लिहाफ़ में निद्रा-मग्न देखकर जगाने की इच्छा

न हुई। सोचा, शायद मारे सर्दी के बेचारी को रात भर नींद न आई होगी, इस वक़्त जाकर आँख लगी है। कच्ची नींद जगा देना उचित न था। चुपके से चले आए।

चाय पीकर उन्होंने क़लम-दावात सँभाली और किताब लिखने में तल्लीन हो गए, जो उनके विचार में इस शताब्दी की सबसे बड़ी रचना होगी, जिसका प्रकाशन उन्हें गुमनाम से निकालकर ख्याति और समृद्धि के स्वर्ग पर पहुँचा देगा।

आध घंटे बाद पत्नी आँखें मलती हुई आकर बोली—क्या तुम चाय पी चुके?

प्रवीण ने सहास्य मुख से कहा—हाँ, पी चुका। बहुत अच्छी बनी थी।

'पर दूध और शक्कर कहाँ से लाए?

'दूध और शक्कर तो कई दिन से नहीं मिलता। मुझे आजकल सादा चाय ज़्यादा स्वादिष्ट लगती है। दूध और शक्कर मिलाने से उसका स्वाद बिगड़ जाता है। डॉक्टरों की भी यही राय है कि चाय हमेशा सादा पीनी चाहिए। योरोप में तो दूध का बिलकुल रिवाज नहीं है। यह तो हमारे यहाँ के मधुर-प्रिय रईसों की ईजाद है।'

'जाने तुम्हें फीकी चाय कैसे अच्छी लगती है! मुझे जगा क्यों न लिया? पैसे तो रखे थे।'

महाशय प्रवीण फिर लिखने लगे। जवानी ही में उन्हें यह रोग लग गया था, और आज बीस साल से वह उसे पाले हुए थे। इस रोग में देह घुल गई, स्वास्थ्य घुल गए, और चालीस की अवस्था में बुढ़ापे ने आ घेरा; पर यह रोग असाध्य था। सूर्योदय से आधी रात तक यह साहित्य का उपासक अंतर्जगत् में डूबा हुआ, समस्त संसार से मुँह मोड़े, हृदय के पुष्प और नैवेद्य चढ़ाता रहता था। पर भारत में सरस्वती की उपासना लक्ष्मी की अभक्ति है। मन तो एक ही था। दोनों देवियों को एक साथ कैसे प्रसन्न करता, दोनों के वरदान का पात्र क्योंकर बनता? और लक्ष्मी की यह अकृपा केवल धनाभाव के रूप में न प्रकट होती थी। उसकी सबसे निर्दय क्रीड़ा यह थी कि पत्रों के सम्पादक और पुस्तकों के प्रकाशक उदारता-पूर्वक सहायता का दान भी न देते थे। कदाचित् सारी दुनिया ने उसके विरुद्ध कोई षड्यंत्र-सा रच डाला था। यहाँ तक कि इस निरंतर अभाव ने उसके आत्म-विश्वास को जैसे कुचल दिया था। कदाचित् अब उसे यह ज्ञात होने लगा था, कि उसकी रचनाओं में कोई सार, कोई प्रतिभा नहीं है, और यह भावना अत्यन्त हृदय-विदारक थी। यह दुर्लभ मानव-जीवन यों ही नष्ट हो गया! यह तस्कीन भी नहीं कि संसार ने चाहे उसका सम्मान न किया हो, पर उसकी जीवनकृति इतनी तुच्छ नहीं। जीवन की आवश्यकताएँ घटते-घटते संन्यास की सीमा को भी पार कर चुकी थीं। अगर कोई सन्तोष था, तो उसकी जीवन-सहचरी त्याग और तप में उनसे भी दो क़दम आगे थी। सुमित्रा इस दशा में भी प्रसन्न थी। प्रवीणजी को दुनिया से शिकायत हो, पर सुमित्रा जैसे गेंद में भरी हुई वायु की भाँति उन्हें बाहर की ठोकरें से बचाती रहती थी। अपने भाग्य का रोना तो दूर की बात थी, इस देवी ने कभी माथे पर बल भी न आने दिया।

सुमित्रा ने चाय का प्याला समेटते हुए कहा—तो जाकर घंटा-आध-घंटा कहीं घूम फिर क्यों नहीं आते? जब मालूम हो गया कि प्राण देकर काम करने से भी कोई नतीजा नहीं, तो व्यर्थ क्यों सिर खपाते हो?

प्रवीण ने बिना मस्तक उठाए, काग़ज़ पर क़लम चलाते हुए कहा—लिखने में कम-से-कम यह सन्तोष तो होता है कि कुछ कर रहा हूँ। सैर करने में तो मुझे ऐसा जान पड़ता कि समय का नाश कर रहा हूँ।

'यह इतने पढ़े-लिखे आदमी नित्य-प्रति हवा खाने जाते हैं, तो अपने समय का नाश करते हैं?'

'मगर इनमें अधिकांश वही लोग हैं, जिनके सैर करने से उनकी आमदनी में बिल्कुल कमी नहीं होती। अधिकांश तो सरकारी नौकर हैं, जिनको मासिक वेतन मिलता है, या तो ऐसे पेशों के लोग हैं, जिनका लोग आदर करते हैं। मैं तो मिल का मजूर हूँ। तुमने किसी मजूर को हवा खाते देखा है? जिन्हें भोजन की कमी नहीं, उन्हीं को हवा ख़ाने की भी ज़रूरत है। जिनको रोटियों के लाले हैं, वे हवा ख़ाने नहीं जाते। फिर स्वास्थ्य और जीवन-वृद्धि की ज़रूरत उन लोगों को है जिनके जीवन में आनन्द और स्वाद है। मेरे लिए तो जीवन भार है। इस भार को सिर पर कुछ दिन और बनाए रहने की अभिलाषा मुझे नहीं है।'

सुमित्रा निराशा में डूबे हुए शब्द सुनकर आँखों में आँसू भरे अन्दर चली गई। उसका दिल कहता था, इस तपस्वी की कीर्ति-कौमुदी एक दिन अवश्य फैलेगी। चाहे लक्ष्मी की अकृपा बनी रहे। किन्तु प्रवीण महोदय अब निराशा की उस सीमा तक पहुँच चुके थे, जहाँ से प्रतिकूल दिशा में उदय होने वाली आशामय उषा की लाली भी नहीं दिखाई देती थी।

2

एक रईस के यहाँ कोई उत्सव है। उसने महाशय प्रवीण को भी निमंत्रित किया है। आज उनका मन आनन्द के घोड़े पर बैठा हुआ नाच रहा है। सारे दिन वह इसी कल्पना में मग्न रहे। राजा साहब किन शब्दों में उनका स्वागत करेंगे और वह किन शब्दों में उनको धन्यवाद देंगे, किन प्रसंगों पर वार्तालाप होगा, और वहाँ किन महानुभावों से उनका परिचय होगा, सारे दिन वह इन्हीं कल्पनाओं का आनन्द उठाते रहे। इस अवसर के लिए उन्होंने एक कविता भी रची, जिसमें उन्होंने जीवन की एक उद्यान से तुलना की थी। अपनी सारी धारणाओं की उन्होंने आज उपेक्षा कर दी, क्योंकि रईसों के मनोभावों को वह आघात न पहुँचा सकते थे।

दोपहर ही से उन्होंने तैयारियाँ शुरू कीं। हजामत बनाई, साबुन से नहाया, सिर में तेल डाला। मुश्किल कपड़ों की थी। मुद्दत गुज़री, जब उन्होंने एक अचकन बनवाई थी। उसकी दशा भी उन्हीं की दशा जैसी जीर्ण हो चुकी थी। जैसा ज़रा-सी सर्दी या गर्मी से उन्हें जुकाम या सिरदर्द हो जाता था, उसी तरह वह अचकन भी नाजुक-मिज़ाज थी। उसे निकाला और झाड़-पोंछकर रखा।

सुमित्रा ने कहा—तुमने व्यर्थ ही यह निमंत्रण स्वीकार किया। लिख देते, मेरी तबीयत अच्छी नहीं है। इन फटेहालों जाना तो और भी बुरा है।

प्रवीण ने दार्शनिक गम्भीरता से कहा—जिन्हें ईश्वर ने हृदय और परख दी है, वे आदमियों की पोशाक नहीं देखते—उनके गुण और चरित्र देखते हैं। आख़िर कुछ बात तो है कि राजा साहब ने मुझे निमंत्रित किया। मैं कोई ओहदेदार नहीं, ज़मींदार नहीं, जागीरदार नहीं, ठेकेदार नहीं, केवल एक साधारण लेखक हूँ। लेखक का मूल्य उसकी रचनाएँ होती हैं। इस एतबार से मुझे किसी भी लेखक से लज्जित होने का कारण नहीं है।

सुमित्रा उनकी सरलता पर दया करके बोली—तुम कल्पनाओं के संसार में रहते-रहते प्रत्यक्ष संसार से अलग हो गए हो। मैं कहती हूँ, राजा साहब के यहाँ लोगों की निगाह सबसे

ज़्यादा कपड़ों पर ही पड़ेगी। सरलता ज़रूर अच्छी चीज़ है, पर इसका अर्थ यह तो नहीं कि आदमी फूहड़ बन जाए।

प्रवीण को इस कथन में कुछ सार जान पड़ा। विद्वज्जनों की भाँति उन्हें भी अपनी भूलों को स्वीकार करने में कुछ विलम्ब न होता था। बोले—मैं समझता हूँ, दीपक जल जाने के बाद जाऊँ।

'मैं तो कहती हूँ, जाओ ही क्यों?'

'अब तुम्हें कैसे समझाऊँ, प्रत्येक प्राणी के मन में आदर और सम्मान की एक क्षुधा होती है। तुम पूछोगी, यह क्षुधा क्यों होती है? इसलिए कि यह हमारे आत्मविश्वास की एक मंज़िल है। हम उस महान सत्ता के सूक्ष्मांश हैं, जो समस्त ब्रह्मांड में व्याप्त हैं। अंश में पूर्ण के गुणों का होना लाज़िमी है। इसलिए कीर्ति और सम्मान, आत्मोन्नति और ज्ञान की ओर हमारी स्वाभाविक रुचि है। मैं इस लालसा को बुरा नहीं समझता।'

सुमित्रा ने गला छुड़ाने के लिए कहा—अच्छा भाई, जाओ। मैं तुमसे बहस नहीं करती, लेकिन कल के लिए कोई व्यवस्था करते आना; क्योंकि मेरे पास केवल एक आना और रह गया है। जिनसे उधार मिल सकता था, उनसे ले चुकी और जिससे लिया उसे देने की नौबत नहीं आई। मुझे तो और अब कोई उपाय नहीं सूझता।

प्रवीण ने एक क्षण के बाद कहा—दो पत्रिकाओं से मेरे लेखों के रुपए आने वाले हैं। शायद कल तक आ जाएँ। और अगर कल उपवास ही करना पड़े तो क्या चिन्ता? हमारा धर्म है काम करना। हम काम करते हैं और तन-मन से करते हैं। अगर इस पर भी हमें फ़ाक़ा करना पड़े, तो मेरा दोष नहीं। मर ही तो जाऊँगा। हमारे जैसे लाखों आदमी रोज मरते हैं। संसार का काम ज्यों-का-त्यों चलता रहता है। फिर इसका क्या गम कि हम भूखों मर जाएँगे? मौत डरने की वस्तु नहीं। मैं तो कबीरपंथियों का कायल हूँ, जो अर्थी को गाते-बजाते ले जाते हैं। मैं इससे नहीं डरता। तुम्हीं कहो, मैं जो कुछ करता हूँ, इससे अधिक और कुछ मेरी शक्ति के बाहर है या नहीं। सारी दुनिया मीठी नींद सोती होती है और मैं क़लम लिए बैठा रहता हूँ। लोग हँसी-दिल्लगी, आमोद-प्रमोद करते रहते हैं, मेरे लिए वह सब हराम है। यहाँ तक कि महीनों से हँसने की नौबत नहीं आई। होली के दिन भी मैंने तातील नहीं मनाई। बीमार भी होता हूँ, तो लिखने की फ़िक्र सिर पर सवार रहती है। सोचो, तुम बीमार थीं, और मैं वैद्य के यहाँ जाने के लिए समय न पाता था। अगर दुनिया नहीं क़दर करती, न करे। इसमें दुनिया का ही नुक़सान है। मेरी कोई हानि नहीं! दीपक का काम है जलना। उसका प्रकाश फैलता है या उसके सामने कोई ओट है, उसे इससे प्रयोजन नहीं।

मेरा भी ऐसा कौन मित्र, परिचित या सम्बन्धी है, जिसका मैं आभारी नहीं? यहाँ तक कि अब घर से निकलते शर्म आती है। सन्तोष इतना ही है कि लोग मुझे बदनीयत नहीं समझते। वे मेरी कुछ अधिक मदद न कर सकें, पर उन्हें मुझसे सहानुभूति अवश्य है। मेरी ख़ुशी के लिए इतना ही काफ़ी है कि आज वह अवसर तो आया कि एक रईस ने मेरा सम्मान किया।

फिर सहसा उन पर एक नशा-सा छा गया। गर्व से बोले-नहीं, मैं अब रात को न जाऊँगा। मेरी ग़रीबी अब रुसवाई की हद तक पहुँच चुकी है। उस पर परदा डालना व्यर्थ है। मैं इसी वक़्त जाऊँगा। जिसे रईस और राजे आमंत्रित करें, वह कोई ऐसा-वैसा आदमी नहीं हो सकता। राजा साहब साधारण रईस नहीं हैं। वह इस नगर के ही नहीं, भारत के विख्यात रईसों में हैं। अगर अब भी मुझे कोई नीचा समझे, तो वह ख़ुद नीचा है।

3

संध्या का समय है। प्रवीणजी अपनी फटी-पुरानी अचकन और सड़े हुए जूते और बेढंगी-सी टोपी पहने घर से निकले। खामख्वाह बाँगड़ू उचक्के-से मालूम होते थे। डीलडौल और चेहरे-मुहरे के आदमी होते, तो इस ठाठ में भी एक शान होती। स्थूलता स्वयं रोब डालने वाली वस्तु है। पर साहित्य-सेवा और स्थूलता में विरोध है। अगर कोई साहित्य-सेवी मोटा-ताज़ा, डबल आदमी है, तो समझ लो, उसमें माधुर्य नहीं, लोच नहीं, हृदय नहीं। दीपक का काम है, लजना। दीपक वही लबालब भरा होगा, जो जला न हो। फिर भी आप अकड़े जाते हैं। एक-एक अंग से गर्व टपक रहा है।

यों घर से निकलकर वह दुकानदारों से आँखें चुराते, गलियों से निकल जाते थे। पर आज वह गरदन उठाए, उनके सामने से जा रहे हैं। आज वह उनके तकाजों का दंदाँशिकन जवाब देने को तैयार थे। पर संध्या का समय है, हरेक दुकान पर ग्राहक बैठे हुए हैं। कोई उनकी तरफ़ नहीं देखता। जिस रक़म को वह अपनी हीनावस्था में दुर्विचार समझते थे, वह दुकानदारों की निगाह में इतनी जोखिम न थीं, कि एक जाने-पहचाने आदमी को सरे-बाज़ार टोकते, विशेषकर जब वह आज किसी से मिलने जाते हुए मालूम होते थे।

प्रवीण ने एक बार सरे-बाज़ार का चक्कर लगाया, पर जी न भरा तब दूसरा चक्कर लगाया, पर वह भी निष्फल। तब वह ख़ुद हाफ़िज समद की दुकान पर जाकर खड़े हो गए। हाफ़िजजी बिसाते का कारोबार करते थे। बहुत दिन हुए प्रवीण इस दुकान से एक छतरी ले गए थे और अभी तक दाम न चुका सके थे। प्रवीण को देखकर बोले—महाशयजी, अभी तक छतरी के दाम नहीं मिले। ऐसे सौ-पचास ग्राहक मिल जाएँ, तो दिवाला ही हो जाए। अब तो बहुत दिन हुए।

प्रवीण की बाछें खिल गईं। दिली मुराद पूरी हुई। बोले—मैं भूला नहीं हूँ हाफ़िजजी, इन दिनों काम इतना ज़्यादा था कि घर से निकलना मुश्किल था। रुपए तो नहीं हाथ आते, पर आपकी दुआ से क़दरशिनासों की कमी नहीं। दो-चार आदमी घेरे ही रहते हैं। इस वक़्त भी राजा साहब—अजी वही जो नुक्कड़ वाले बँगले में रहते हैं—उन्हीं के यहाँ जा रहा हूँ। दावत है। रोज ऐसा कोई-न-कोई मौक़ा आता ही रहता है।

हाफ़िज समद प्रभावित होकर बोला—अच्छा! आज राजा साहब के यहाँ तशरीफ ले जा रहे हैं। ठीक है, आप जैसे बाक़मालों की क़दर रईस ही कर सकते हैं, और कौन करेगा? सुभानल्लाह! आप इस ज़माने में यकता हैं। अगर कोई मौक़ा हाथ आ जाए, तो ग़रीबों को न भूल जाइएगा। राजा साहब की अगर इधर निगाह हो जाए, तो फिर क्या पूछना! एक पूरा बिसाता तो उन्हीं के लिए चाहिए। ढाई-तीन लाख सालाना की आमदनी है।

प्रवीण को ढाई-तीन लाख कुछ तुच्छ जान पड़े। ज़बानी जमाख़र्च है, तो दस-बीस लाख कहने से क्या हानि? बोले—ढाई-तीन लाख! आप तो उन्हें गालियाँ देते हैं। उनकी आमदनी दस लाख से कम नहीं। एक साहब का अन्दाज़ तो बीस लाख का है। इलाक़ा है, मकानात हैं, दुकानें हैं, ठीका है, अमानती रुपए हैं और फिर सबसे बड़ी सरकार बहादुर की निगाह है।

हाफ़िज ने बड़ी नम्रता से कहा—यह दुकान आप की है जनाब, बस इतनी ही अरज है। अरे मुरादी, ज़रा दो पैसे के अच्छे-से पान बना ला आपके लिए। आइए दो मिनट बैठिए। कोई चीज़ पसन्द हो तो दिखाऊँ। आपसे तो घर का वास्ता है।

प्रवीण ने पान खाते हुए कहा—इस वक़्त तो मुआफ़ रखिए। वहाँ देर होगी। फिर कभी हाज़िर हूँगा।

यहाँ से उठकर वह एक कपड़े वाले की दुकान के सामने रुके। मनोहरदास नाम था। इन्हें खड़े देखकर आँखें उठाईं। बेचारा इनके नाम को रो बैठा था। समझ लिया, शायद इस शहर में हैं ही नहीं। समझा रुपए देने आए हैं। बोले—भाई प्रवीणजी, आपने तो बहुत दिनों दर्शन ही नहीं दिए। रुक्का कई बार भेजा, मगर प्यादे को आपके घर का पता ही न मिला। मुनीमजी, ज़रा देखो तो आपके नाम क्या है।

प्रवीण के प्राण तकाजों से सूख जाते थे; पर आज वह इस तरह खड़े थे, मानों उन्होंने कवच धारण कर लिया है, जिस पर किसी अस्त्र का आघात नहीं हो सकता। बोले—ज़रा इन राजा साहब के यहाँ से लौट आऊँ, तो निश्चित होकर बैठूँ। इस समय जल्दी में हूँ। राजा साहब पर मनोहरदास के कई हज़ार रुपए आते थे। फिर भी उनका दामन न छोड़ता था। एक के तीन वसूल करता। उसने प्रवीणजी को ऊँची श्रेणी में रखा जिनका पेशा रईसों को लूटना है। बोला—पान तो खाते जाइए महाशय! राजा साहब एक दिन के हैं। हम तो बारहों मास के हैं, भाई साहब! कुछ कपड़े दरकार हों तो ले जाइए। अब तो होली आ रही है। मौक़ा हो, तो ज़रा राजा साहब के ख़ज़ानची से कहिएगा पुराना हिसाब बहुत दिन से पड़ा हुआ है, अब तो सफ़ाई हो जाए! हम सब ऐसा कौन-सा नफ़ा लेते हैं कि दो-दो साल हिसाब ही न हो?

प्रवीण ने कहा—इस समय तो पान-वान रहने दो भाई? देर हो जाएगी। जब उन्हें मुझसे मिलने का इतना शौक है और मेरा इतना सम्मान करते हैं, तो अपना भी धर्म है कि उनको मेरे कारण कष्ट न हो। हम तो गुणग्राहक चाहते हैं, दौलत के भूखे नहीं। कोई अपना सम्मान करे, तो उसकी ग़ुलामी करें। अगर किसी को रियासत का घमंड हो, तो हमें उसकी परवाह नहीं।

4

प्रवीणजी राजा साहब के विशाल भवन के सामने पहुँचे, तो दीये जल चुके थे। अमीरों और रईसों की मोटरें खड़ी थीं। वरदी-पोश दरबान द्वार पर खड़े थे। एक सज्जन मेहमानों का स्वागत कर रहे थे। प्रवीणजी को देखकर वह ज़रा झिझके। फिर उन्हें सिर से पाँव तक देखकर बोले—आपके पास नवेद है?

प्रवीण की जेब में नवेद था। पर इस भेदभाव पर उन्हें क्रोध आ गया। उन्हीं से क्यों नवेद माँगा जाए? औरों से भी क्यों न पूछा जाए? बोले—जी नहीं, मेरे पास नवेद नहीं है। अगर आप अन्य महाशयों से माँगते हों; तो मैं भी दिखा सकता हूँ। वरना मैं इस भेद को अपने लिए अपमान की बात समझता हूँ। आप राजा साहब से कह दीजिए, 'प्रवीणजी आए थे और द्वार से लौट गए।'

'नहीं-नहीं, महाशय अन्दर चलिए। मुझे आपसे परिचय न था। बेअदबी माफ़ कीजिए। आप ही ऐसे महानुभावों से तो महफ़िल की शोभा है। ईश्वर ने आपको वह वाणी प्रदान की है, कि क्या कहना।'

इस व्यक्ति ने प्रवीण को कभी न देखा था। लेकिन जो कुछ उसने कहा, वह हरेक साहित्य-सेवी के विषय में कह सकते हैं, और हमें विश्वास है कि कोई साहित्य-सेवी इस दाद की उपेक्षा नहीं कर सकता।

प्रवीण अन्दर पहुँचे तो देखा, बारहदरी के सामने विस्तृत और सुसज्जित प्रांगण में बिजली के कुमकुमे अपना प्रकाश फैला रहे हैं। मध्य में एक हौज है, हौज में संगमरमर की परी, परी के सिर पर फौवारा, फौवारे की फुहारें रंगीन कुमकुमों से रंजित होकर ऐसी मालूम होती थीं, मानो इन्द्र-धनुष पिघलकर ऊपर से बरस रहा है। हौज के चारों ओर मेज़ें लगी हुई थीं। मेज़ों पर सुफेद मेज़-पोश, ऊपर सुन्दर गुलदस्ते।

प्रवीण को देखते ही राजा साहब ने स्वागत किया—आइए, आइए! अबकी 'हंस' में आपका लेख देखकर दिल फड़क उठा। मैं तो चकित हो गया। मालूम ही न था, कि इस नगर में आप-जैसे रत्न भी छिपे हुए हैं।

फिर उपस्थित सज्जनों से उनका परिचय देने लगे—आपने महाशय प्रवीण का नाम तो सुना होगा। वह आप ही हैं। क्या माधुर्य है, क्या ओज है, क्या भाव है, क्या भाषा है, क्या सूझ है, क्या चमत्कार है, क्या प्रवाह है कि वाह! वाह! मेरी तो आत्मा जैसे नृत्य करने लगती है।

एक सज्जन ने, जो अँगरेज़ी सूट में थे, प्रवीण को ऐसी निगाह से देखा मानो वह चिड़िया-घर के कोई जीव हों और बोले—आपने अँगरेज़ी के कवियों का भी अध्ययन किया है—बायरन, शेली, कीट्स आदि।

प्रवीण ने रुख़ाई से जवाब दिया—जी हाँ, थोड़ा-बहुत देखा तो है।

आप इन महाकवियों में से किसी की रचनाओं का अनुवाद कर दें, तो आज हिन्दी-भाषा की अमर सेवा करें।

प्रवीण अपने को बायरन, शेली आदि से जौ-भर भी कम न समझते थे। वह अँगरेज़ी के कवि थे। उनकी भाषा, शैली, विषय-व्यंजना सभी अँगरेज़ की रुचि के अनुकूल था। उनका अनुवाद करना वह अपने लिए गौरव की बात न समझते थे, उसी तरह जैसे वे उनकी रचनाओं का अनुवाद करना अपने लिए गौरव की वस्तु न समझते। बोले—हमारे यहाँ आत्म-दर्शन का अभी इतना अभाव नहीं है, कि हम विदेशी कवियों से भिक्षा माँगें। मेरा विचार है कि कम-से-कम इस विषय में भारत अब भी पश्चिम को कुछ सिखा सकता है।

यह अनर्गल बात थी। अँगरेज़ी के भक्त महाशय ने प्रवीण को पागल समझा।

राजा साहब ने प्रवीण को ऐसी आँखों से देखा, जो कह रही थीं—ज़रा मौका-महल देखकर बातें करो! और बोले—अँगरेज़ी साहित्य का क्या पूछना! कविता में तो वह अपना जोड़ नहीं रखता।

अँगरेज़ी के भक्त महाशय ने प्रवीण को सगर्व नेत्रों से देखा—हमारे कवियों ने अभी तक कविता का अर्थ ही नहीं समझा, अभी तक वियोग और नख-शिख को कविता का आधार बनाए हुए हैं।

प्रवीण ने ईंट का जवाब पत्थर से दिया—मेरा विचार है कि आपने वर्तमान कवियों का अध्ययन नहीं किया, या किया तो उतरी आँखों से।

राजा साहब ने अब प्रवीण की ज़बान बन्द कर देने का निश्चय किया—आप मिस्टर परांजपे हैं, प्रवीण जी! आपके लेख अँगरेज़ी पत्रों में छपते हैं और बड़े आदर की दृष्टि से देखे जाते हैं।

उसका आशय यह था, कि अब आप न बहकिए।

प्रवीण समझ गए। परांजपे के सामने उन्हें नीचा देखना पड़ा। विदेशी वेश-भूषा और भाषा का यह भक्त जाति-द्रोही होकर भी इतना सम्मान पाए, यह उनके लिए असह्य था। पर क्या करते?

उसी भेष के एक-दूसरे सज्जन आए। राजा साहब ने तपाक से उनका अभिवादन किया—आइए डॉक्टर चड्ढा! कैसे मिज़ाज हैं?

डॉक्टर साहब ने राजा साहब से हाथ मिलाया और फिर प्रवीण की ओर जिज्ञासा-भरी आँखों से देखकर पूछा—आपकी तारीफ़?

राजा साहब ने प्रवीण का परिचय दिया—आप महाशय प्रवीण हैं। आप भाषा के अच्छे कवि और लेखक हैं।

डॉक्टर साहब ने एक खास अन्दाज़ से कहा—अच्छा! आप कवि हैं! और बिना कुछ पूछे आगे बढ़ गए।

फिर उसी भेष में एक और महाशय पधारे। यह नामी बैरिस्टर थे। राजा साहब ने उनसे भी प्रवीण का परिचय कराया। उन्होंने भी उसी अन्दाज़ में कहा—अच्छा! आप कवि हैं? और आगे बढ़ गए। यही अभिनय कई बार हुआ। और हर बार प्रवीण को यही दाद मिली—अच्छा! आप कवि हैं?

यह वाक्य हर बार प्रवीण के हृदय पर एक नया आघात पहुँचाता था। उसके नीचे जो भाव था उसे प्रवीण ख़ूब समझते थे। उसका सीधा-सादा आशय यह था कि तुम अपने ख़याली-पुलाव पकाते हो, पकाओ! यहाँ तुम्हारा क्या प्रयोजन? तुम्हारा इतना साहस कि तुम इस सभ्य-समाज में बेधड़क आओ।

प्रवीण मन-ही-मन अपने ऊपर झुँझला रहे थे। निमंत्रण पाकर उन्होंने अपने को धन्य माना था, पर यहाँ आकर उनका जितना अपमान हो रहा था, उसके देखते तो वह सन्तोष की कुटिया स्वर्ग थी। उन्होंने अपने मन को धिक्कारा—तुम जैसे सम्मान के लोभियों का यह दंड है। अब तो आँखें खुलीं, तुम कितने सम्मान के पात्र हो! तुम इस स्वार्थमय संसार में किसी के काम नहीं आ सकते। वकील-बैरिस्टर तुम्हारा सम्मान क्यों करें? तुम उनके मुवक्किल नहीं हो सकते, न उन्हें तुम्हारे द्वारा कोई मुक़दमा पाने की आशा है। डॉक्टर या हकीम तुम्हारा सम्मान क्यों करें? उन्हें तुम्हारे घर बिना फीस आने की इच्छा नहीं। तुम लिखने के लिए बने हो, लिखे जाओ। बस, और संसार में तुम्हारा कोई प्रयोजन नहीं।

सहसा लोगों में हलचल पड़ गई। आज के प्रधान अतिथि का आगमन हुआ। यह महाशय हाईकोर्ट के जज नियुक्त हुए थे। इसी उपलक्ष्य में यह जलसा हो रहा था। राजा साहब ने लपककर जल्द हाथ मिलाया और आकर प्रवीणजी से बोले—आप अपनी कविता तो लिख ही लाए होंगे?

प्रवीण ने कहा—मैंने कोई कविता नहीं लिखी।

'सच! तब तो आपने ग़ज़ब ही कर दिया। अरे भले आदमी, अबसे कोई चीज़ लिख डालो। दो-ही चार पंक्तियाँ हो जाएँ। बस! ऐसे अवसर पर एक कविता का पढ़ा जाना लाज़िमी है।'

'मैं इतनी जल्दी कोई चीज़ नहीं लिख सकता।'

'मैंने व्यर्थ ही इतने आदमियों से आपका परिचय कराया?

'बिल्कुल व्यर्थ।'

'अरे भाई जान, किसी प्राचीन कवि की ही कोई चीज़ सुना दीजिए। यहाँ कौन जानता है।'

'जी नहीं, क्षमा कीजिएगा। मैं भाट नहीं हूँ, न कथक हूँ।

यह कहते हुए प्रवीणजी तुरन्त वहाँ से चल दिए। घर पहुँचे तो उनका चेहरा खिला हुआ था।

सुमित्रा ने प्रसन्न होकर पूछा—इतनी जल्दी कैसे आ गए?

'मेरी वहाँ कोई ज़रूरत न थी।'

'चलो, चेहरा खिला हुआ है ख़ूब सम्मान हुआ होगा।'

'हाँ सम्मान तो, जैसी आशा न थी वैसा हुआ।'

'ख़ुश बहुत हो।'

इसी से कि आज मुझे हमेशा के लिए सबक मिल गया। मैं दीपक हूँ और जलने के लिए बना हूँ। आज मैं इस तत्व को भूल गया था। ईश्वर ने मुझे ज़्यादा बहकने न दिया। मेरी यह कुटिया ही मेरे लिए स्वर्ग है। मैं आज यह तत्व पा गया कि साहित्य-सेवा पूरी तपस्या है।

जुरमाना

ऐसा शायद ही कोई महीना जाता कि अलारक्खी के वेतन से कुछ जुरमाना न कट जाता। कभी-कभी तो उसे 6) के 5) ही मिलते, लेकिन वह सब कुछ सहकर भी सफ़ाई के दारोग़ा मु. खैरात अली ख़ाँ के चंगुल में कभी न आती। ख़ाँ साहब की मातहती में सैकड़ों मेहतरानियाँ थीं। किसी की भी तलब न कटती, किसी पर जुर्माना न होता, न डाँट ही पड़ती। ख़ाँ साहब नेकनाम थे, दयालु थे। मगर अलारक्खी उनके हाथों बराबर ताड़ना पाती रहती थी। वह कामचोर नहीं थी, बेअदब नहीं थी, फूहड़ नहीं थी, बदसूरत भी नहीं थी; पहर रात को इस ठंड के दिनों में वह झाड़ू लेकर निकल जाती और नौ बजे तक एक-चित्त होकर सड़क पर झाड़ू लगाती रहती। फिर भी उस पर जुर्माना हो जाता। उसका पति हुसेनी भी अवसर पाकर उसका काम कर देता, लेकिन अलारक्खी की क़िस्मत में जुर्माना देना था। तलब का दिन औरों के लिए हँसने का दिन था अलारक्खी के लिए रोने का। उस दिन उसका मन जैसे सूली पर टँगा रहता। न जाने कितने पैसे कट जाएँगे? वह परीक्षा वाले छात्रों की तरह बार-बार जुर्माना की रक़म का तखमीना करती।

उस दिन वह थककर ज़रा दम लेने के लिए बैठ गई थी। उसी वक़्त दारोग़ाजी अपने इक्के पर आ रहे थे। वह कितना कहती रही हजूरअली, मैं फिर काम करूँगी, लेकिन उन्होंने एक न सुनी थी, अपनी किताब में उसका नाम नोट कर लिया था। उसके कई दिन बाद फिर ऐसा ही हुआ। वह हलवाई से एक पैसे के सेवड़े लेकर खा रही थी। उसी वक़्त दारोग़ा न जाने किधर से निकल पड़ा था और फिर उसका नाम लिख लिया गया था। न जाने कहाँ छिपा रहता है? ज़रा भी सुस्ताने लगे कि भूत की तरह आकर खड़ा हो जाता है। नाम तो उसने दो ही दिन लिखा था, पर जुर्माना कितना करता है—अल्ला जाने! आठ आने से बढ़कर एक रुपया न हो जाए। वह सिर झुकाए वेतन लेने जाती और तखमीने से कुछ ज़्यादा ही कटा

हुआ पाती। काँपते हुए हाथों से रुपए लेकर आँखों में आँसू भरे लौट आती। किससे फ़रियाद करे, दारोग़ा के सामने उसकी सुनेगा कौन?

आज फिर वही तलब का दिन था। इस महीने में उसकी दूध पीती बच्ची को खाँसी और ज्वर आने लगा था। ठंड भी ख़ूब पड़ी थी। कुछ तो ठंड के मारे और कुछ लड़की के रोने-चिल्लाने के कारण उसे रात-रात-भर जागना पड़ता था। कई दिन काम पर जाने में देर हो गई। दारोग़ा ने उसका नाम लिख लिया था। अबकी आधे रुपए कट जाएँगे। आधे भी मिल जाएँ तो गनीमत है। कौन जाने कितना कटा है? उसने तड़के बच्ची को गोद में उठाया और झाड़ू लेकर सड़क पर जा पहुँची। मगर वह दुष्ट गोद से उतरती ही न थी। उसने बार-बार दारोग़ा के आने की धमकी दी—अभी आता होगा, मुझे भी मारेगा, तेरे भी नाक-कान काट लेगा। लेकिन लड़की को अपने नाक-कान कटवाना मंजूर था, गोद से उतरना मंजूर न था; आख़िर जब वह डराने-धमकाने, प्यारने-पुचकारने, किसी उपाय से न उतरी तो अलारक्खी ने उसे गोद से उतार दिया और उसे रोती-चिल्लाती छोड़कर झाड़ू लगाने लगी। मगर वह अभागिनी एक जगह बैठकर मन-भर रोती भी न थी। अलारक्खी के पीछे लगी हुई बार-बार उसकी साड़ी पकड़कर खींचती, उसकी टाँग से लिपट जाती, फिर ज़मीन पर लोट जाती और एक क्षण में उठकर फिर रोने लगती।

उसने झाड़ू तानकर कहा—चुप हो जा, नहीं तो झाड़ू से मारूँगी, जान निकल जाएगी; अभी दारोग़ा दाढ़ीजार आता होगा...

पूरी धमकी मुँह से निकल भी न पाई थी कि दारोग़ा खैरातअली ख़ाँ सामने आकर साइकिल से उतर पड़ा। अलारक्खी का रंग उड़ गया, कलेजा धक्-धक् करने लगा! या मेरे अल्लाह, कहीं इसने सुन न लिया हो! मेरी आँखें फूट जाएँ। सामने से आया और मैंने देखा नहीं। कौन जानता था, आज पैरगाड़ी पर आ रहा है? रोज तो इक्के पर आता था। नाड़ियों में रक्त का दौड़ना बन्द हो गया। झाड़ू हाथ में लिए नि:स्तब्ध खड़ी रह गई।

दारोग़ा ने डाँटकर कहा—काम करने चलती है तो एक पुच्छिल्ला साथ ले लेती है। इसे घर पर क्यों नहीं छोड़ आई?

अलारक्खी ने कातर स्वर में कहा—इसका जी अच्छा नहीं है हुजूर, घर पर किसके पास छोड़ आती।

'क्या हुआ है इसको!'

'बुखार आता है हुजूर!'

'और तू इसे यों छोड़कर रुला रही है। मरेगी कि जिएगी?'

'गोद में लिए-लिए काम कैसे करूँ हुजूर!

'छुट्टी क्यों नहीं ले लेती!'

'तलब कट जाती हुजूर, गुजारा कैसे होता?'

'इसे उठा ले और घर जा। हुसेनी लौटकर आए तो इधर झाड़ू लगाने के लिए भेज देना।'

अलारक्खी ने लड़की को उठा लिया और चलने को हुई, तब दारोग़ाजी ने पूछा—मुझे गाली क्यों दे रही थी?

अलारक्खी की रही-सही जान भी निकल गई। काटो तो लहू नहीं। थर-थर काँपती बोली—नहीं हुजूर, मेरी आँखें फूट जाएँ जो तुमको गाली दी हो।

और वह फूट-फूटकर रोने लगी।

2

संध्या समय हुसेनी और अलारक्खी दोनों तलब लेने चले। अलारक्खी बहुत उदास थी।

हुसेनी ने सान्त्वना दी—तू इतनी उदास क्यों है? तलब ही न कटेगी—काटने दे अबकी से तेरी जान की क़सम खाता हूँ, एक घूँट दारू या ताड़ी नहीं पिऊँगा।

'मैं डरती हूँ, बरखास्त न कर दे मेरी जीभ जल जाए! कहाँ से कहाँ...'

'बरखास्त कर देगा, कर दे, उसका अल्ला भला करे! कहाँ तक रोएँ!'

'तुम मुझे नाहक लिए चलते हो। सब-की-सब हँसेंगी।'

'बरखास्त करेगा तो पूछूँगा नहीं किस इलज़ाम पर बरखास्त करते हो, गाली देते किसने सुना? कोई अन्धेर है, जिसे चाहे, बरखास्त कर दे और कहीं सुनवाई न हुई तो पंचों से फ़रियाद करूँगा। चौधरी के दरवाज़े पर सर पटक दूँगा।'

'ऐसी ही एकता होती तो दारोग़ा इतना जरीमाना करने पाता?'

'जितना बड़ा रोग होता है, उतनी दवा होती है, पगली!'

फिर भी अलारक्खी का मन शान्त न हुआ। मुख पर विषाद का धुआँ-सा छाया हुआ था। दारोग़ा क्यों गाली सुनकर भी बिगड़ा नहीं, उसी वक़्त उसे क्यों नहीं बरखास्त कर दिया, यह उसकी समझ में न आता था। वह कुछ दयालु भी मालूम होता था। उसका रहस्य वह न समझ पाती थी, और जो चीज़ हमारी समझ में नहीं आती उसी से हम डरते हैं। केवल जुरमाना करना होता तो उसने किताब पर उसका नाम लिखा होता। उसको निकाल बाहर करने का निश्चय कर चुका है, तभी दयालु हो गया था। उसने सुना था कि जिन्हें फाँसी दी जाती है, उन्हें अन्त समय ख़ूब पूरी-मिठाई खिलाई जाती है, जिससे मिलना चाहें उससे मिलने दिया जाता है। निश्चय बरखास्त करेगा।

म्युनिसिपैलिटी का दफ़्तर आ गया। हज़ारों मेहतरानियाँ जमा थीं, रंग-बिरंग के कपड़े पहने, बनाव-सिंगार किए। पान-सिगरेट वाले भी आ गए थे, खोंचे वाले भी। पठानों का एक दल भी अपने असामियों से रुपए वसूली करने आ पहुँचा था। वह दोनों भी जाकर खड़े हो गए।

वेतन बँटने लगा। पहले मेहतरानियों का नम्बर था। जिसका नाम पुकारा जाता वह लपककर जाती और अपने रुपए लेकर दारोग़ाजी को मुफ्त की दुआएँ देती हुई चली जाती। चम्पा के बाद अलारक्खी का नाम बराबर पुकारा जाता था। आज अलारक्खी का नाम उड़ गया था। चम्पा के बाद जहूरन का नाम पुकारा गया जो अलारक्खी के नीचे था।

अलारक्खी ने हताश आँखों से हुसेनी को देखा। मेहतरानियाँ उसे देख-देखकर कानाफूसी करने लगीं। उसके जी में आया, घर चली जाए। यह उपहास नहीं सहा जाता। ज़मीन फट जाती कि उसमें समा जाती।

एक के बाद दूसरा नाम आता गया और अलारक्खी सामने के वृक्षों की ओर देखती रही। उसे अब इसकी परवा न थी कि किसका नाम आता है, कौन जाता है, कौन उसकी ओर ताकता है, कौन उस पर हँसता है।

सहसा अपना नाम सुनकर वह चौंक पड़ी! धीरे से उठी और नवेली बहू की भाँति पग उठाती हुई चली। ख़ज़ांची ने पूरे 6) उसके हाथ पर रख दिए।

उसे आश्चर्य हुआ। ख़ज़ांची ने भूल तो नहीं की? इन तीन बरसों में पूरा वेतन तो कभी मिला नहीं। और अबकी तो आधा भी मिले तो बहुत है। वह एक सेकंड वहाँ खड़ी रही कि शायद ख़ज़ांची उससे रुपया वापस माँगे। जब ख़ज़ांची ने पूछा, अब क्यों खड़ी है। जाती क्यों नहीं? तब वह धीरे से बोली—यह तो पूरे रुपए हैं।

ख़ज़ांची ने चकित होकर उसकी ओर देखा!

'तो और क्या चाहती है, कम मिलें?'

'कुछ जरीमाना नहीं है?'

'नहीं, अबकी कुछ जरीमाना नहीं है।'

अलारक्खी चली, पर उसका मन प्रसन्न न था। वह पछता रही थी कि दारोग़ाजी को गाली क्यों दी।

रहस्य

विमल प्रकाश ने सेवाश्रम के द्वार पर पहुँचकर जेब से रूमाल निकाला और बालों पर पड़ी हुई गर्द साफ़ की, फिर उसी रूमाल से जूतों की गर्द झाड़ी और अन्दर दाख़िल हुआ। सुबह को वह रोज़ टहलने जाता है और लौटती बार सेवाश्रम की देखभाल भी कर लेता है। वह इस आश्रम का बानी भी है, और संचालक भी।

सेवाश्रम का काम शुरू हो गया था। अध्यापिकाएँ लड़कियों को पढ़ा रही थीं, माली फूलों की क्यारियों में पानी दे रहा था और एक दरजे की लड़कियाँ हरी-हरी घास पर दौड़ लगा रही थीं। विमल को लड़कियों की सेहत का बड़ा ख़याल है।

विमल एक क्षण वहीं खड़ा प्रसन्न मन से लड़कियों की बाल-क्रीड़ा देखता रहा, फिर आकर दफ़्तर में बैठ गया। क्लर्क ने कल की आई हुई डाक उसके सामने रख दी। विमल ने सारे पत्र एक-एक करके खोले और सरसरी तौर पर पढ़कर रख दिए। उसके मुख पर चिन्ता और निराशा का धूमिल रंग दौड़ गया। उसने धन के लिए समाचार-पत्रों में जो अपील निकाली थी, उसका कोई असर नहीं हुआ। कैसे यह संस्था चलेगी? लोग क्या इतने अनुदार हैं? वह तन-मन से इस काम में लगा हुआ है। उसके पास जो कुछ था, वह सब उसने इस आश्रम की भेंट कर दिया। अब लोग उससे और क्या चाहते हैं। क्या अब भी वह उनकी दया और विश्वास के योग्य नहीं है?

वह इसी चिन्ता में डूबा हुआ उठा और घर पर आकर सोचने लगा, यह संकट कैसे टाले। अभी साल का आधा भी नहीं गुज़रा और आश्रम पर बारह हज़ार का क़र्ज़ हो गया था। साल पूरा होते-होते तो वह बीस हज़ार तक पहुँचेगा। अगर वह लड़कियों की फ़ीस एक-एक रुपया बढ़ा दे, तो पाँच सौ रुपए की आमदनी बढ़ सकती है। होस्टल की फ़ीस दो-दो रुपए बढ़ा दे, तो पाँच सौ रुपए और आ सकते हैं। इस तरह वह आश्रम की आमदनी में बारह हज़ार सालाना की बढ़ती कर सकता है; लेकिन फिर उसका वह आदर्श कहाँ रहेगा कि ग़रीबों की लड़कियों को नाममात्र फ़ीस लेकर ऊँची शिक्षा दी जाए। काश! उसे ऐसी

अध्यापिकाओं की काफ़ी तादाद मिल जाती, जो केवल गुज़ारे पर काम करतीं। क्या इतने बड़े देश में ऐसी दस-बीस पढ़ी-लिखी देवियाँ भी नहीं हैं? उसने कई बार अख़बारों में यह ज़रूरत छपवाई थी; मगर आज तक किसी ने जवाब न दिया। अब फ़ीस बढ़ाने के सिवा उसके लिए और कौन-सा रास्ता है।

इसी वक़्त उसके द्वार के सामने एक ताँगा आकर रुका और एक महिला उतरकर बरामदे में आईं। विमल ने कमरे से बाहर निकलकर उनका स्वागत किया और उन्हें अन्दर ले जाकर एक कुरसी पर बैठा दिया। देवीजी रूपवती तो न थीं; पर उनके मुख पर शिष्टता और कुलीनता की आभा ज़रूर थी। औसत क़द, कोमल गात, चंपई रंग, प्रसन्न मुख, ख़ूब बनी-सँवरी हुई; मगर उस बनाव-सँवार में ही जैसे अभाव की झलक। विमल के लिए यह कोई नई बात न थी। जब से उसने सेवाश्रम खोला था, भले घरों की देवियाँ अकसर उससे मिलने आती रहती थीं।

देवीजी ने कुरसी पर बैठते हुए कहा—पहले अपना नाम बता दूँ। मुझे मंजुला कहते हैं। मैंने कुछ दिन हुए, 'लीडर' में आपकी नोटिस देखी थी और उसी प्रयोजन से आपकी सेवा में आई हूँ। यों तो आपसे मिलने का शौक बहुत दिनों से था; पर कोई अवसर न निकाल पाती थी, और बरबस आकर आपका कीमती समय नष्ट न करना चाहती थी। आपने जिस त्याग और तन्मयता से नारियों की सेवा की है, उसने आपके प्रति मेरे मन में इतनी श्रद्धा पैदा कर दी है कि मैं उसे प्रकट करूँ तो शायद आप ख़ुशामद समझें। मेरे मन में भी इसी तरह की सेवा की इच्छा बहुत दिनों से है; पर जितना सोचती हूँ, उतना कर नहीं सकती। आपके प्रोत्साहन से सम्भव है, मैं भी कुछ कर सकूँ।

विमल मौन सेवकों में था। अपनी प्रशंसा उसके लिए सबसे कठिन परीक्षा थी। उसकी ठीक वही दशा हो जाती थी, जैसे कोई पानी में डुबकियाँ खा रहा हो। वह ख़ुद किसी के मुँह पर उसकी तारीफ़ न करता था; इसलिए तारीफ़ के भूखे उसे तंगदिल समझते थे। वह पीठ के पीछे तारीफ़ करता था। हाँ, बुराइयाँ वह मुँह पर करता था और दूसरों से भी यही आशा रखता था।

उसने अपना उखड़ा हुआ पाँव जमाते हुए कहा—यह तो बहुत अच्छी बात होगी। आप शौक से आएँ। सेवाश्रम की आर्थिक दशा तो आपको मालूम होगी?

मैं इस इरादे से यहाँ नहीं आई हूँ।

यह मैं पहले ही समझ गया था। मेरी यह आशा न थी। यों ही कह दिया। अच्छा, आपका मकान यही है?

मंजुला देवी का घर लखनऊ में है। जालंधर के कन्या-विद्यालय में शिक्षा पाई है। अँगरेज़ी में अच्छी लियाकत है। घर के काम-धंधे में भी कुशल हैं और सबसे बड़ी बात यह है कि उनके हृदय में सेवा का उत्साह है। अगर ऐसी स्त्री सेवाश्रम का भार अपने ऊपर ले ले, तो क्या कहना।

मगर विमल के मन में एक प्रश्न उठा। पूछा—आपके पति भी आपके साथ रहेंगे?

साधारण-सा सवाल था; मगर मंजुला को नागवार लगा। बोली—जी नहीं। वह अपने घर रहेंगे। वह एक बैंक में नौकर हैं और अच्छा वेतन पाते हैं।

विमल के मन का प्रश्न और भी जटिल हो गया। जो आदमी अच्छा वेतन पाता है, उसकी पत्नी क्यों उससे अलग, काशी में रहना चाहती है।

केवल इतना मुँह से निकला—अच्छा!

मंजुला ने शायद उनके मन का भाव ताड़कर कहा—आपको यह कुछ अनोखी-सी बात लगती होगी; लेकिन क्या आपके ख़याल में शादी का आशय यह है कि स्त्री को पुरुष के दामन में छिपा रहना चाहिए?

विमल ने जोश के साथ कहा—हर्गिज़ नहीं।

जब मैं अपनी ज़रूरतों को घटाकर सिफ़र तक पहुँचा सकती हूँ, तो किसी पर भार क्यों बनूँ?

बेशक़!

हम दोनों में मतभेद है और उसके अनेक कारण हैं। मैं भक्ति और पूजा को मानव-जीवन का सत्य समझती हूँ। वह इसे लचर समझते हैं, यहाँ तक कि ईश्वर में भी उनका विश्वास नहीं है। मैं हिन्दू-संस्कृति को सबसे ऊँचा समझती हूँ। उन्हें हमारी संस्कृति में ऐब-ही-ऐब नज़र आते हैं। ऐसे आदमी के साथ मेरा निबाह कैसे हो सकता है।

विमल ख़ुद भक्ति और पूजा को ढोंग समझते थे, और इतनी-सी बात पर किसी स्त्री का पुरुष से अलग हो जाना उनकी समझ में न आया। उन्हें ऐसी कई मिसालें याद थीं, जहाँ स्त्रियों ने पति के विधर्मी हो जाने पर भी अपने व्रत का पालन किया। इस समस्या का व्यावहारिक अंग ही उनके सामने था। पूछा—उन्हें कोई आपत्ति तो न होगी?

मंजुला ने गर्व के साथ कहा—मैं ऐसी आपत्तियों की परवाह नहीं करती। अगर पुरुष स्वतंत्र है, तो स्त्री भी स्वतंत्र है।

फिर उसने नर्म होकर करुण स्वर में कहा—यों कहिए कि हम और वह तीन साल से अलग हैं। रहते हैं एक ही मकान में; लेकिन बोलते नहीं। जब कभी वह बीमार पड़े हैं, मैंने उनकी तीमारदारी की है। उन पर कोई संकट आया है, तो मैंने उनसे सच्ची सहानुभूति की है; लेकिन मैं मर भी जाऊँ, तो उन्हें दु:ख न होगा। वह ख़ुश होंगे कि गला छूट गया। वह मेरा पालन-पोषण करते हैं, इसलिए...

उसका गला भर आया था। एक-क्षण तक वह चुपचाप ज़मीन की ओर ताक़ती रही। फिर उसे भय हुआ कि कहीं विमल उसे हलका और ओछी न समझ रहा हो, जो अपने जीवन के गुप्त रहस्यों का ढिंढोरा पीटती फिरती है। इस भ्रम को विमल के मन से निकालना ज़रूरी था। उसने उन्हें यक़ीन दिलाया कि आज तक किसी ने उसके मुँह से ये शब्द नहीं सुने, यहाँ तक कि उसने अपने मन की व्यथा कभी अपनी माता से भी नहीं कही। विमल वह पहले व्यक्ति हैं, जिनसे उसने ये बातें कहने का साहस किया है और इसका कारण यही है कि वह जानती है, उनके दिल में दर्द है और वह एक स्त्री की विवशता का अन्दाज़ा कर सकते हैं।

विमल ने लजाते हुए कहा—यह आपकी कृपा है, जो मेरे बारे में ऐसा ख़याल करती हैं।

और उसके मन में मंजुला के प्रति श्रद्धा उत्पन्न हुई। बहुत दिनों के बाद उसे एक देवी नज़र आई, जो सिद्धान्त के लिए इतना साहस कर सकती है। वह ख़ुद मन-ही-मन समाज से विद्रोह करता रहता था। सेवाश्रम भी उसके मानसिक विद्रोह का ही फल था। ऐसी स्त्री के हाथों में वह सेवाश्रम बड़ी ख़ुशी से सौंप देगा। मंजुला इसके लिए तैयार होकर आई थी।

2

मंजुला के जीवन में आत्मदान की मात्रा ही ज़्यादा थी। देह को वह इस भावना की पूर्ति का साधन-मात्र समझती थी। दुनिया की बड़ी-से-बड़ी विभूति भी उसे शान्ति न दे सकती थी।

मिस्टर मेहरा से उसे केवल इसलिए अरुचि थी कि वह भी साधारण प्राणियों की भाँति भोग-विलास के प्रेमी थे। जीवन उनके लिए इच्छाओं में बहने का नाम था। स्वार्थ की सिद्धि में नीति या धर्म की बाधा उनके लिए असह्य थी; अगर उनमें कुछ उदारता होती और मंजुला से मतभेद होने पर भी वह उसकी भावनाओं का आदर करते और कम-से-कम मुख से ही उसमें सहयोग करते, तो मंजुला का जीवन सुखी होता; पर उस भले आदमी को पत्नी से ज़रा भी सहानुभूति न थी और वह हर एक अवसर पर उसके मार्ग में आकर खड़े हो जाते थे और मंजुला मन-ही-मन सिमटकर रह जाती थी। यहाँ तक कि उसकी भावनाएँ विकास का मार्ग न पाकर टेढ़े-मेढ़े रास्तों पर जाने लगीं; अगर वह इस अभाव को कला का रूप दे सकती, तो उसकी आत्मा को उसमें शान्ति मिलती। जीवन में जो कुछ न मिला, उसे कला में पाकर वह प्रसन्न होती; मगर उसमें वह प्रतिभा, वह रचना-शक्ति न थी और उसकी आत्मा पिंजड़े में बन्द पक्षी की भाँति हमेशा बेचैन रहती थी। उसका अहम् भाव इतना प्रच्छन्न हो गया था कि वह जीवन से विरक्त होकर बैठ सकती थी। वह अपने व्यक्तित्व को स्वतंत्र और पृथक रखना चाहती थी। उसे इसमें गर्व और उल्लास होता था कि वह भी कुछ है। वह केवल किसी वृक्ष पर फैलनेवाली और उसके सहारे जीनेवाली बेल नहीं है। उसकी अपनी अलग हस्ती है, अपना अलग कार्यक्षेत्र है।

लेकिन यथार्थताओं के इस संसार में आकर उसे मालूम हुआ कि आत्म-दान का जो आशय उसने समझ रखा था, वह सरासर ग़लत था। सेवाश्रम में ऐसे लोग अक्सर आते रहते थे, जिनसे थोड़ी-सी ख़ुशामद करके बहुत कुछ सहायता ली जा सकती थी; लेकिन मंजुला का आत्माभिमान ख़ुशामद कर किसी तरह राज़ी न होता था। उनके यश-गान से भरे हुए अभिनन्दन-पत्र पढ़ना, उनके भवनों पर जाकर उन्हें सेवाश्रम के मुआयने का नेवता देना या रेलवे स्टेशन पर जाकर उनका स्वागत करना, ये ऐसे काम थे, जिनसे उसे हार्दिक घृणा होती थी; लेकिन सेवाश्रम के संचालन का भार उस पर था और उसे अपने मन को दबाकर और कर्तव्य का आदर्श सामने रखकर यह सारी नाज़बरदारियाँ करनी पड़ती थीं। यद्यपि वह इन विद्रोही भावों को मक़दूर भर छिपाती थी, पर जिस काम में मन न हो, वहाँ उल्लास और उत्साह कहाँ से आएँ? जिन समझौतों से घबड़ाकर वह भागी थी, वह यहाँ और भी विकृत रूप में उसका पीछा कर रहे थे। उसके मन में कटुता आती जाती थी और एकाग्र-सेवा की धुन मिटती जाती थी।

इसके विरुद्ध वह विमल को देखती थी कि उसके चेहरे पर कभी शिकन नहीं आती। वही सहास मुख, वही उत्सर्ग से भरा हुआ सद्भाव, वही क्रियाशील तन्मयता। छोटे-से-छोटे काम के लिए हमेशा हाज़िर, सेवाश्रम की कोई कन्या या अध्यापिका बीमार पड़ जाए, विमल उसकी तीमारदारी के लिए मौजूद है। सहानुभूति का न जाने कितना बड़ा कोष उसके पास है कि उसमें ज़रा भी क्षति नहीं आती। उसके मन में किसी प्रकार का सन्देह या संशय नहीं है। उसने एक रास्ता पकड़ लिया है, और उस पर क़दम बढ़ाता चला जा रहा है। उसे विश्वास है, इसी रास्ते से वह अपने ध्येय पर पहुँचेगा। राह में जो यात्री मिल जाते हैं, उन्हें अपना संगी बना लेता है। जो कलेवा लेकर चला है, वह संगियों को बाँटकर ख़ाने में आनन्द पाता है। उसे नित्य परेशानियाँ उठानी पड़ती हैं, ख़ुशामदें करनी पड़ती हैं, अपमान सहने पड़ते हैं, अयोग्य व्यक्तियों के सामने सिर झुकाना पड़ता है, भीख माँगनी पड़ती है; मगर उसे ग़म नहीं। वह कभी निराश नहीं होता, कभी बुरा नहीं मानता। उसके अन्दर कोई ऐसी चीज़ है, जो

हज़ारों ठोकरें खाने पर भी ज्यों-की-त्यों उछलती और दौड़ती रहती है। अध्यापिकाएँ अक़सर साधारण-सी बातों पर शिकायतें करने लगती हैं, कभी-कभी रूठ जाती हैं, और सेवाश्रम से विदा हो जाना चाहती हैं। अगर धोबी ने कपड़े ख़राब धोए या कहारिन ने उनकी साड़ी में दाग़ डाल दिए या चौकीदार ने उनके कुत्ते को दुत्कार दिया या उनके कमरे में झाड़ू नहीं लगी या ग्वाले ने दूध में पानी मिला दिया, तो इसमें सेवाश्रम के अधिकारियों का क्या दोष; मगर इन्हीं बातों पर यहाँ रोना-गाना मच जाता है, दुनिया सिर पर उठा ली जाती है। और विमल सेवक की भाँति अनुनय-विनय करके उनका ग़ुस्सा ठंडा करता है। उनकी घुड़कियाँ सुनता है और हँसकर रह जाता है। फल यह है कि अध्यापिकाओं को उस पर श्रद्धा होती जाती है। वह उसे अपना अफ़सर नहीं, अपना मित्र और बन्धु समझती हैं।

मगर मंजुला विमल से कुछ खिंची रहती है। कभी उससे कोई शिकायत नहीं करती, कभी उससे किसी मुआमले में सलाह नहीं लेती। यद्यपि वह दिल में समझती है कि जिस दुनियादारी को वह आत्मा का पतन कहकर उसे हेय समझती है, वह वास्तव में विकसित मानवता का ही रूप है, फिर भी अपने सिद्धान्त-प्रेम के अभिमान को तोड़ डालना उसके लिए कठिन है और इस अभिमान के होते हुए भी विमल की विशुद्ध, नि:स्वार्थ व्यावहारिकता उसे जबरदस्ती अपनी ओर खींचती है। उसने साधारण मनुष्यों के विषय में, अनुभव से, मन में जो सीमाएँ खींच ली थीं, विमल उनसे ऊपर था। उसमें स्वार्थ का लेश भी नहीं है। अभिमान उसे छू भी नहीं गया है। उसके त्याग की कोई सीमा नहीं। मंजुला के आध्यात्मिक जीवन में मनुष्य का यही सबसे ऊँचा आदर्श था; लेकिन विमल को उस आदर्श के समीप देखकर उसे एक प्रकार का हार का बोध होता था। आदर्श का महत्त्व इसी में है कि वह पहुँच के बाहर हो; अगर वह साध्य हो जाए, तो आदर्श ही क्यों रहे? मंजुला अपनी आदर्श-भावना को और ऊँचा बनाकर इस विचार से सन्तोष पाना चाहती है कि विमल अभी उस आदर्श से बहुत दूर है; लेकिन विमल जैसे जबरन उनका श्रद्धा-पात्र बनता जाता है। वह अपने को प्रवाह में बहने से रोकने के लिए लकड़ी का सहारा लेती है; पर उसके पैरों के साथ वह लकड़ी भी उखड़ जाती है, और वह फिर किसी दूसरे रोक की तलाश करने लगती है और अन्त में उसे यह सहारा मिल जाता है।

उसने अपनी तीव्र दृष्टि से देख लिया है कि विमल उसकी कारगुज़ारियों से सन्तुष्ट नहीं है। फिर वह उससे शिकायत क्यों नहीं करता, उससे जवाब क्यों नहीं माँगता। उसी तीव्र दृष्टि से उसने यह भी ताड़ लिया है कि विमल उसके रूप-रंग से अप्रभावित नहीं है। फिर यह शीतलता और उदासीनता क्यों? क्या इससे यह सिद्ध नहीं होता कि वह कपटी या कायर है। औरों से वह कितना खुलकर मिलता है, कितनी हमदर्दी से पेश आता है, तो मंजुला से वह क्यों दूर-दूर रहता है? क्यों उससे ऊपरी मन से बातें करता है? वह पहले दिन का निष्कपट व्यवहार कहाँ गया? क्या वह यह दिखाना चाहता है कि मंजुला की उसे बिलकुल परवा नहीं है या उससे केवल इसलिए नाराज़ है कि वह धनियों की चौखट पर सिर नहीं झुकाती? यह ख़ुशामद उसे मुबारक रहे। मंजुला सेवा करेगी; पर अपने आत्माभिमान को अछूता रखकर।

एक दिन प्रात:काल मंजुला बग़ीचे में टहल रही थी कि विमल ने आकर उसे प्रणाम किया और उसे सूचना दी कि सेवाश्रम का वार्षिकोत्सव निकट आ रहा है। उसके लिए तैयारी करनी चाहिए।

मंजुला ने उदासीन भाव से पूछा—यह जलसा तो हर साल ही होता है?

विमल ने कहा—जी हाँ, हर साल; मगर अबकी ज़्यादा समारोह से करने का विचार है।

'मेरे किए जो कुछ हो सकता है वह मैं भी करूँगी, हालाँकि आप जानते हैं मैं इस विषय में ज़्यादा निपुण नहीं हूँ।

इसकी सफलता का सारा भार आप ही के ऊपर है।

मेरे ऊपर?

जी हाँ, आप चाहें तो यह आश्रम कहीं से कहीं पहुँच जाए।

मेरे विषय में आपका अनुमान ग़लत है।

विमल ने विश्वास-भरे हुए स्वर में कहा—मेरा अनुमान ग़लत है या आपका अनुमान ग़लत है; यह तो जल्द ही मालूम हुआ जाता है।

आज यह पहली प्रेरणा थी, जो विमल ने मंजुला से की। जिस दिन से उसने सेवाश्रम उसके हाथ में सौंपा था, उस दिन से कभी इस विषय में कोई आदेश न दिया था। उसे कभी इसका साहस ही न हुआ। मुलाक़ातों में इधर-उधर की ऊपरी बातें होकर रह जातीं। शायद विमल समझता था कि मंजुला ने जो त्याग किया है, वह काफ़ी से ज़्यादा है और उस पर अब और बोझ डालना ज़ुल्म होगा। या शायद वह यह देख रहा था कि मंजुला का मन इस संस्था में रम जाए तो कुछ कहे। आज जो उसने विनय और आग्रह से भरा हुआ यह आदेश दिया तो मंजुला में एक नई स्फूर्ति दौड़ गई। सेवाश्रम से ऐसा निजत्व उसे कभी न हुआ था। विमल से उसे जो दुर्भावनाएँ थीं, सब जैसे काई की तरह फट गईं और वह पूर्ण तन्मयता के साथ तैयारियों में लग गई। अब तक वह क्यों आश्रम से इतनी उदासीन थी इस पर उसे आश्चर्य होने लगा। एक सप्ताह तक वह रात-दिन मेहमानों के आदर-सत्कार में व्यस्त रही। खाने तक की फ़ुरसत न मिलती। दोपहर का खाना तीसरे पहर मिलता। कोई मेहमान किसी गाड़ी से आता, कोई किसी गाड़ी से। अक्सर उसे रात को भी स्टेशन जाना पड़ता। उस पर तरह-तरह के करतबों का रिहर्सल भी कराना पड़ता। अपने भाषण की तैयारी अलग। इस साधना का पुरस्कार तो मिला कि जलसा हर एक दृष्टि से सफल रहा और कई हज़ार की रक़म चन्दे में मिल गई; मगर जिस दिन मेहमान रुख़सत हुए उसी दिन मंजुला को नए मेहमान का स्वागत करना पड़ा, जिसने तीन दिन तक उसे सिर न उठाने दिया। ऐसा बुख़ार उसे कभी न आया था। तीन ही दिन में ऐसी हो गई, जैसे बरसों से बीमार हो।

विमल भी दौड़-धूप में लगा हुआ था। पहले तो कई दिन पंडाल बनवाने और मेहमानों की दावत का इन्तज़ाम करने में लगा रहा। जलसा ख़त्म हो जाने पर जहाँ-जहाँ से जो सामान आए थे उन्हें सहेज-सहेजकर लौटाने की पड़ गई। मंजुला को धन्यवाद देने भी न आ सका। किसी ने कहा ज़रूर कि देवी जी बीमार हैं, मगर उसने समझा थकन से कुछ हरारत हो आई होगी, ज़्यादा परवा न की; लेकिन चौथे दिन ख़बर मिली कि बुखार अभी तक नहीं उतरा और बड़े ज़ोर का है, तो वह बदहवास दौड़ा हुआ आया और अपराधी भाव से उसके सामने खड़ा होकर बोला—अब कैसी तबीयत है? आपने मुझे बुला क्यों न लिया?

मंजुला को ऐसा जान पड़ा, जैसे एकाएक बुख़ार हल्का हो गया है। सिर का दर्द भी कुछ शान्त हुआ जान पड़ा। लेटे-लेटे विवश आँखों से ताक़ती हुई बोली—बैठ जाइए, आप खड़े क्यों हैं? फिर मुझे भी उठना पड़ेगा।

विमल ने इस भाव से देखा मानो उसका बस होता, तो यह सारा ताप और दर्द ख़ुद ले लेता। फिर आग्रह से बोला—नहीं-नहीं, आप लेटी रहें, मैं बैठ जाता हूँ। इसका अपराधी मैं हूँ। मैंने ही आपको इस ज़हमत में डाला। मुझे क्षमा कीजिए। मैंने आपसे वह काम लिया जो मुझे ख़ुद करना चाहिए था। मैं अभी जाकर डॉक्टर को बुला लाता हूँ। क्या कहूँ, मुझे ज़रा भी ख़बर न हुई। फ़िज़ूल के कामों में ऐसा फँसा रहा...

और उसने पीठ फेरी ही थी कि मंजुला ने हाथ उठाकर मना करते हुए कहा—नहीं-नहीं; डॉक्टर की कोई ज़रूरत नहीं। आप ज़रा भी परेशान न हों। मैं बिलकुल अच्छी हूँ। कल तक उठ बैठूँगी।

उसके मन में और कितनी ही बातें उठीं; मगर उसने होंठ बन्द कर लिए। इस आवेश में वह न-जाने क्या-क्या बक जाएगी। अभी तक विमल ने शायद उसे देवी समझकर उसके सामने सिर झुकाया है। उससे दूर अवश्य रहा है; मगर इसलिए नहीं, कि वह समीप आना नहीं चाहता; बल्कि इसलिए कि अपनी सरलता में, अपनी साधुता में, उसके समीप आने में झिझकता है कि कहीं देवी को नागवार न गुज़रे। विमल ने अपने मन में उसे जिस ऊँचे आसन पर बैठा दिया है, उससे नीचे वह न आएगी। विमल को मालूम नहीं, वह कितना सात्विक, कितना विशालात्मा पुरुष है। ऐसे आदमी की स्मृति में हमेशा के लिए एक आकाश में उड़नेवाली, निष्कलंक, निष्कपट, सती की धुँधली छाया छोड़ जाना कितना बड़ा मोह है!

उसने विनोद भाव से कहा—हाँ क्यों नहीं; क्योंकि आप तो मनुष्य हैं और मैं काठ की पुतली।

नहीं आप देवी हैं।

नहीं, एक नादान औरत।

आपने जो कुछ कर दिखाया वह मैं सौ जन्म लेकर भी न कर सकता था।

उसका कारण भी आपने सोचा? यह स्त्री की विजय नहीं उसकी हार है; अगर इन दोषों के साथ मैं स्त्री न होकर पुरुष होती, तो शायद इसकी चौथाई सफलता भी न मिलती। यह मेरी जीत नहीं, मेरी नारीत्व की जीत है। रूप तो असार वस्तु है, जिसकी कोई हक़ीक़त नहीं, वह धोखा है, फरेब है, दुर्बलताओं के छिपाने का परदा मात्र।

विमल ने आवेश में कहा—यह आप क्या कहती हैं मंजुला देवी। रूप संसार का सबसे बड़ा सत्य है। रूप को भयंकर समझकर हमारे महात्माओं और पंडितों ने दुनिया के साथ घोर अन्याय किया है।

मंजुला की सुन्दर छवि गर्व के प्रकाश से चमक उठी। रूप को असत्य समझने के प्रयास में वह सदैव असफल रही थी और अपनी निष्ठा और भक्ति से मानो अपने रूप का प्रायश्चित कर रही थी। उसी रूप के इस समर्थन ने एक क्षण के लिए उसे मुग्ध कर दिया। मगर वह सँभलकर बोली—आप धोखे में हैं विमल बाबू, मुझे क्षमा कीजिएगा; मगर यह रूप की उपासना आपमें कोई नई बात नहीं है। मरदों ने हमेशा रूप की उपासना की है। थोड़े से पंडितों या महात्माओं ने चाहे रूप की निन्दा की हो; पर मरदों ने प्राय: रूपासक्ति ही का प्रमाण दिया है। यहाँ तक कि रूप के लिए धर्म की भी परवा नहीं की और उन पंडितों और महात्माओं ने भी ज़बान या क़लम से चाहे रूप के विरुद्ध विष उगला हो; लेकिन अंत:करण में वे भी उसकी पूजा किया करते हैं। जब कभी रूप ने उनकी परीक्षा की है, उनकी तपस्या

पर विजय पाई है। फिर भी जो असत्य है, वह असत्य ही रहेगा। रूप का आकर्षण केवल बाहरी आँखों के लिए है। ज्ञानियों की निगाह में उसका कोई मूल्य नहीं। कम-से-कम आपके मुख से मैं रूप का बखान नहीं सुनना चाहती, क्योंकि मैं आपको देव-तुल्य समझती हूँ और दिल से आप पर श्रद्धा रखती हूँ।

विमल विक्षिप्त-सा ज़मीन की तरफ़ ताकता रहा और बराबर ताकता ही चला गया; जैसे वह मूर्छावस्था में हो। फिर चौंककर उठा और अपराधियों की भाँति सिर झुकाए, संदिग्ध भाव से क़दम उठाता हुआ कमरे से निकल गया।

और मंजुला निश्चिल बैठी रही।

3

उस दिन से एकाएक विमल का सारा उत्साह और कर्मण्यता जैसे ठंडी पड़ गई, जैसे उसमें अब अपना मुँह दिखलाने की हिम्मत नहीं है। मानो इस रहस्य का पर्दा खुल गया है और चारों तरफ़ उसकी हँसी उड़ रही है। वह अब सेवाश्रम में बहुत कम आता है और आता भी है, तो अध्यापिकाओं से कुछ बातचीत नहीं करता। सबसे जैसे मुँह चुराता फिरता है। मंजुला को मिलने का कोई अवसर नहीं देता और जब मंजुला हारकर उसके घर जाती है, तो कहला देता है घर में नहीं है, हालाँकि वह घर में छिपा बैठा रहता है।

और मंजुला उसके मनोरहस्य को समझने में असमर्थ है। विमल ने अपनी साधना और सद्‌भावना से उसे अपनी ओर आकर्षित कर लिया है, इसमें सन्देह नहीं। वह एक नारी की गहरी अंतर्दृष्टि से देख रही है कि विमल भी उसका उपासक बन बैठा है और ज़रा भी प्रोत्साहन पाने पर अपने को उसके चरणों पर डाल देगा। उसने बरसों से जो ज़िन्दगी बसर की है, उसमें प्रेम नहीं है और सेवा और कर्तव्य का दामन पकड़कर भी उसे अपनी अपूर्णता का ज्ञान होता रहता है। जिस पुरुष में उसका प्रेम नहीं है, न विश्वास है, उसके प्रति वह किसी तरह का नैतिक या धार्मिक बन्धन नहीं स्वीकार करती। वह अपने को स्वच्छंद समझती है। चाहे समाज उसकी स्वच्छंदता न माने; पर उसकी आत्मा इस विषय में अपने को आज़ाद समझती है; मगर विमल की नज़रों में आदर और भक्ति पाने का मोह उसमें इतना प्रबल है कि वह उस स्वच्छंदता की भावना को सिर नहीं उठाने देती। वह विमल से संसर्ग की घनिष्ठता तो चाहती है; पर अपने आत्माभिमान की रक्षा करते हुए। इसके साथ ही विमल के पवित्र और निर्मल जीवन में वह दाग़ नहीं लगाना चाहती। उसने सोचा था विमल को दवा का हलका-सा घूँट पिलाकर वह स्वस्थ कर देगी। वह स्वस्थ होकर उसके मनोद्यान में आएगा, फूलों को देखकर प्रसन्न होगा, हरी-हरी दूब पर लेटेगा, पक्षियों का गाना सुनेगा। उससे वह इतना ही संसर्ग चाहती थी। दीपक के प्रकाश का आनन्द तो दीपक से दूर रहकर ही लिया जा सकता है। उसे स्पर्श करके तो वह अपने को जला ही सकती है; मगर अब उसे मालूम हुआ कि दवा की वह घूँट बाधा को हरने के बदले एक दूसरा रोग पैदा कर गई। विमल में निर्लेप होकर रहने की शक्ति न थी। वह जिस चीज़ की ओर झुकता था, तन-मन से उसी का हो जाता था और जब खिंचता था, तो मानो नाता ही तोड़ लेता था' उसके इस नए व्यवहार को मंजुला अपना अपमान समझती है और उसका मन यहाँ से उचाट होता जाता है।

आख़िर एक दिन उसने विमल को पकड़ ही लिया था। मंजुला जानती थी, विमल रोज़ दरिया-किनारे सैर करने जाता है। एक दिन उसने वहीं उसे जा घेरा और अपना इस्तीफ़ा उसके हाथ में रख दिया।

विमल के गले में जैसे फाँसी पड़ गई। ज़मीन की ओर ताकता हुआ बोला—ऐसा क्यों?

इसलिए कि मैं अपने को इस काम के योग्य नहीं पाती।

संस्था तो ख़ूब चल रही है?

फिर भी मैं यहाँ रहना नहीं चाहती।

मुझसे कोई अपराध हुआ है?

आप अपने दिल से पूछिए।

विमल ने इस वाक्य का वह आशय समझ लिया, जो मंजुला की कल्पना से भी कोसों दूर था। उसके मुख का रंग उड़ गया, जैसे रक्त की गति बन्द हो गई हो। इसका उसके पास कोई जवाब न था। ऐसा फ़ैसला था जिसकी कहीं अपील न थी।

आहत स्वर में बोला—जैसी आपकी इच्छा। मुझ पर दया कीजिए।

मंजुला ने आर्द्र होकर कहा—तो मैं चली जाऊँ?

जैसी आपकी इच्छा!

और वह जैसे गले का फंदा छुड़ाकर भाग खड़ा हुआ। मंजुला करुण नेत्रों से उसे देखती रही, मानो सामने कोई नौका डूबी जा रही हो।

4

चाबुक खाकर विमल फिर सेवाश्रम की गाड़ी में जुत गया। कह दिया गया मंजुला देवी के पति बीमार थे। चली गईं। कामकाजी आदमी प्रेम का रोग नहीं पालता, उसे कविता करने और प्रेमपत्र लिखने और ठंडी आहें भरने की कहाँ फ़ुरसत। उसके सामने तो कर्तव्य है, प्रगति की इच्छा है, आदर्श है। विमल भी काम-धंधे में लग गया। हाँ, कभी-कभी एकान्त में मंजुला की याद आ जाती थी और लज्जा से उसका मस्तक आप-ही-आप झुक जाता था। उसे हमेशा के लिए सबक मिल गया था। ऐसी सती साध्वी स्त्री के प्रति उसने कितनी बेहूदगी की!

तीन साल गुज़र गए थे। गर्मियों के दिन थे। विमल अबकी मंसूरी की सैर करने गया हुआ था और एक होटल में ठहरा था। एक दिन बैंड स्टैंड के समीप खड़ा बैंड सुन रहा था कि बग़ल की एक बेंच पर मंजुला बैठी नज़र आई, आभूषणों और रंगों से जगमगाती हुई। उसके पास ही एक युवक कोट-पैंट पहने बैठा हुआ था। दोनों मुसकिरा-मुसकिराकर बातें कर रहे थे। दोनों के चेहरे खिले, दोनों प्रेम के नशे में मस्त। विमल के मन में सवाल उठा, यह युवक कौन है? मंजुला का पति नहीं हो सकता, या सम्भव है उसका पति ही हो। दंपती में अब मेल हो गया हो। उसे मंजुला के सामने जाने का साहस न हुआ।

दूसरे दिन वह एक अँगरेज़ी तमाशा देखने सिनेमा हॉल गया था। इंटरवल में बाहर निकला, तो कैफ़े में फिर मंजुला दिखाई दी। सिर से पाँव तक अँगरेज़ी पहनावे में। वही कलवाला युवक आज भी उसके साथ था। आज विमल से ज़ब्त न हो सका। इसके पहले कि वह मन में कुछ निश्चय कर सके, वह मंजुला के सामने खड़ा था।

मंजुला उसे देखते ही सन्नाटे में आ गई। मुँह पर हवाइयाँ उड़ने लगीं, मगर एक ही क्षण में उसने अपने को सँभाल लिया और मुस्कुराकर बोली—हल्लो विमल बाबू! आप यहाँ कैसे?

और उसने उस नवयुवक से विमल का परिचय कराया—आप महात्मा पुरुष हैं, काशी के सेवाश्रम के संचालक और यह मेरे मित्र मि. खन्ना हैं जो अभी हाल में इंग्लैंड से आई.सी.एस. होकर आए हैं।

दोनों आदमियों ने हाथ मिलाए।

मंजुला ने पूछा—सेवाश्रम तो ख़ूब चल रहा है। मैंने उसका वार्षिक रिपोर्ट पत्रों में पढ़ा था। आप यहाँ कहाँ ठहरे हुए हैं?

विमल ने अपने होटल का नाम बतलाया।

खेल फिर शुरू हो गया। खन्ना ने कहा—खेल शुरू हो गया, चलो अन्दर चलें।

मंजुला ने कहा—तुम जाकर देखो, मैं ज़रा मिस्टर विमल से बातें करूँगी।

खन्ना ने विमल को जलती हुई आँखों से देखा और अकड़ता हुआ अन्दर चला गया। मंजुला और विमल बाहर आकर हरी-हरी घास पर बैठ गए। विमल का हृदय गर्व से फूला हुआ था। आशामय उल्लास की चाँदनी-सी हृदय पर छिटकी हुई थी।

मंजुला ने गम्भीर स्वर में पूछा—आपको मेरी याद काहे को आई होगी। कई बार इच्छा हुई कि आपको पत्र लिखूँ; लेकिन संकोच के मारे न लिख सकी। आप मज़े में तो थे?

विमल को उसका यह उलाहना बुरा लगा। कहाँ अभी हास्य-विनोद में मग्न थी, कहाँ उसे देखते ही गम्भीरता की पुतली बन गई। रूखे स्वर में बोला—हाँ, बहुत अच्छी तरह था। आप तो आराम से थीं?

मंजुला आर्द्र कंठ से बोली—मेरे भाग्य में तो आराम लिखा ही नहीं है मिस्टर विमल। पिछले साल पति का देहान्त हो गया। उन्होंने जितनी ज़ायदाद छोड़ी, उससे ज़्यादा क़र्ज़ छोड़ा। इन्हीं उलझनों में पड़ी रही। स्वास्थ्य भी बिगड़ गया। डॉक्टरों ने पहाड़ पर रहने की सलाह दी। तब से यहीं पड़ी हुई हूँ।

आपने मुझे ख़त तक न लिखा।

आपके सिर यों ही क्या कम बोझ है कि मैं अपनी चिन्ताओं का भार भी रख देती।

फिर भी एक मित्र के नाते मुझे ख़बर तो देनी ही थी।

मंजुला ने स्वर में श्रद्धा भरकर कहा—आपका काम इन झगड़ों में पड़ना नहीं है विमल बाबू। आपको ईश्वर ने सेवा और त्याग के लिए रचा है। वही आपका क्षेत्र है। मैं जानती हूँ, आपकी मुझ पर दया-दृष्टि है। मैं कह नहीं सकती मेरी नज़रों में उसका कितना मूल्य है। जिसे कभी दया और प्रेम न मिला हो, वह इनकी ओर लपके तो क्षमा के योग्य है। आप समझ सकते हैं, उनका परित्याग करके मैंने कितनी बड़ी क़ुर्बानी की है; मगर मैंने इसी को अपना कर्तव्य समझा। मैं सब कुछ सह लूँगी; पर आपको देवत्व के ऊँचे आसन से नीचे न गिराऊँगी। आप ज्ञानी हैं, संसार के सुख कितने अनित्य हैं, आप ख़ूब जानते हैं। इनके प्रलोभन में न आइए। आप मनुष्य हैं। आप में भी इच्छाएँ हैं, वासनाएँ हैं; लेकिन इच्छाओं पर विजय पाकर ही आपने यह ऊँचा पद पाया है। उसकी रक्षा कीजिए और अध्यात्म ही आपकी मदद कर सकता है। उसकी साधना से आपका जीवन सात्विक होगा और मन पवित्र होगा।

विमल ने अभी-अभी मंजुला को आमोद-प्रमोद में क्रीड़ा करते देखा था। खन्ना से उसका सम्बन्ध किस तरह का है, यह भी वह समझ रहा था। फिर भी इस उपदेश में उसे सच्ची सहानुभूति का संदेश मिला। विलासिनी मंजुला उसे देवी के रूप में नज़र आई। उसके भीतर का अहंकार उसकी लोलुपता से बलवान् था। सद्भावना से भरकर बोला—देवीजी, आपने जिन शब्दों से मेरा सम्मान किया है, उनके लिए आपका एहसानमंद हूँ। कहिए, मैं आपकी क्या सेवा कर सकता हूँ?

मंजुला ने उठते हुए कहा—आपकी कृपा-दृष्टि काफ़ी है।

उसी वक़्त खन्ना सिनेमा-हॉल से बाहर निकलकर आता हुआ दिखाई दिया।

मेरी पहली रचना

उस वक़्त मेरी उम्र कोई 13 साल की रही होगी। हिन्दी बिल्कुल न जानता था। उर्दू के उपन्यास पढ़ने-लिखने का उन्माद था। मौलाना शरर, पं. रतननाथ सरशार, मिर्ज़ा रुसवा, मौलवी मुहम्मद अली हरदोई निवासी, उस वक़्त के सर्वप्रिय उपन्यासकार थे। इनकी रचनाएँ जहाँ मिल जाती थीं, स्कूल की याद भूल जाती थी और पुस्तक समाप्त करके ही दम लेता था। उस ज़माने में रेनाल्ड के उपन्यासों की धूम थी। उर्दू में उनके अनुवाद धड़ाधड़ निकल रहे थे और हाथों-हाथ बिकते थे। मैं भी उनका आशिक़ था। स्व. हजरत रियाज़ ने जो उर्दू के प्रसिद्ध कवि थे और जिनका हाल में देहान्त हुआ है, रेनाल्ड की एक रचना का अनुवाद 'हरम सरा' के नाम से किया था। उस ज़माने में लखनऊ के साप्ताहिक 'अवध-पंच' के सम्पादक स्व. मौलाना सज्जाद हुसेन ने, जो हास्यरस के अमर कलाकार हैं, रेनाल्ड के दूसरे उपन्यास का अनुवाद 'धोखा' या 'तिलस्मी फ़ानूस' के नाम से किया था। ये सारी पुस्तकें मैंने उसी ज़माने में पढ़ीं और पं. रतननाथ सरशार से तो मुझे तृप्ति न होती थी। उनकी सारी रचनाएँ मैंने पढ़ डालीं। उन दिनों मेरे पिता गोरखपुर में रहते थे और मैं भी गोरखपुर ही के मिशन स्कूल में आठवें में पढ़ता था, जो तीसरा दरजा कहलाता था। रेती पर एक बुकसेलर बुद्धिलाल नाम का रहता था। मैं उसकी दुकान पर जा बैठता था और उसके स्टाक से उपन्यास ले-लेकर पढ़ता था; मगर दुकान पर सारे दिन तो बैठ न सकता था, इसलिए मैं उसकी दुकान से अँगरेज़ी पुस्तकों की कुंजियाँ और नोट्स लेकर अपने स्कूल के लड़कों के हाथ बेचा करता था और इसके मुआवजे में दुकान से उपन्यास घर लाकर पढ़ता था। दो-तीन वर्षों में मैंने सैकड़ों ही उपन्यास पढ़ डाले होंगे। जब उपन्यासों का स्टाक समाप्त हो गया, तो मैंने नवलकिशोर प्रेस से निकले हुए पुराणों के उर्दू अनुवाद भी पढ़े, और 'तिलस्मी होशरुबा' के कई भाग भी पढ़े। इस वृहद् तिलस्मी ग्रंथ के 17 भाग उस वक़्त निकल चुके थे और एक-एक भाग बड़े सुपररायल के आकार के दो-दो हज़ार पृष्ठों से कम न होगा। और इन 17 भागों के उपरान्त उसी पुस्तक के अलग-अलग प्रसंगों पर पचीसों भाग छप चुके थे। इनमें से भी मैंने पढ़े। जिसने इतने बड़े ग्रंथ की रचना की, उसकी कल्पना-शक्ति कितनी प्रबल होगी, इसका केवल अनुमान किया जा सकता है। कहते हैं, ये कथाएँ मौलाना फैज़ी ने अकबर के विनोदार्थ फारसी में लिखी थीं।

इनमें कितना सत्य है, कह नहीं सकता; लेकिन इतनी वृहद् कथा शायद ही संसार की किसी भाषा में हो। पूरी एंसाइक्लोपीडिया समझ लीजिए। एक आदमी तो अपने 60 वर्ष के जीवन में उनकी नक़ल भी करना चाहे, तो नहीं कर सकता। रचना तो दूसरी बात है।

उसी ज़माने में मेरे एक नाते के मामू कभी-कभी हमारे यहाँ आया करते थे। अधेड़ हो गए थे; लेकिन अभी तक बिन-ब्याहे थे। पास में थोड़ी-सी ज़मीन थी, मकान था, लेकिन घरनी के बिना सब कुछ सूना था। इसलिए घर पर जी नहीं लगता था। नातेदारियों में घूमा करते थे, और सबसे यही आशा रखते थे, कि कोई उनका ब्याह करा दे। इसके लिए सौ-दो-सौ ख़र्च करने को भी तैयार थे। क्यों उनका ब्याह नहीं हुआ, यह आश्चर्य था। अच्छे-खासे हृष्ट-पुष्ट आदमी थे, बड़ी-बड़ी मूँछें, औसत कद, साँवला रंग। गाँजा पीते थे, इससे आँखें लाल रहती थीं। अपने ढंग के धर्मनिष्ठ भी थे। शिवजी को रोजाना जल चढ़ाते थे। और मांस मछली नहीं खाते थे।

आख़िर एक बार उन्होंने भी वही किया, जो बिन-ब्याहे लोग अक्सर किया करते हैं। एक चमारिन के नयन-बाणों से घायल हो गए। वह उनके यहाँ गोबर पाथने, बैलों को सानी-पानी देने और इसी तरह के दूसरे फुटकर कामों के लिए नौकर थी। जवान थी, छबीली थी, और अपने वर्ग की अन्य रमणियों की भाँति प्रसन्न मुख और विनोदनी थी। 'एक समय सखि सुअरि सुन्दरि' वाली बात थी। मामू साहब का तृषित हृदय मीठे जल की धारा देखते ही फिसल पड़ा। बातों-बातों में उससे छेड़छाड़ करने लगे। वह इनके मन का भाव ताड़ गई। ऐसी अल्हड़ न थी। और नखरे करने लगी। केशों में तेल भी पड़ने लगा, चाहे सरसों का ही क्यों न हो। आँखों में काजल भी चमका, ओठों पर मिस्सी भी आई, और काम में ढिलाई भी शुरू हुई। कभी दोपहर को आई और झलक दिखाकर चली गई, कभी साँझ को आई और एक तीर चलाकर चली गई। बैलों को सानी-पानी मामू साहब ख़ुद दे देते, गोबर दूसरे उठा ले जाते, युवती से बिगड़ते क्योंकर? वहाँ तो अब प्रेम उदय हो गया था। होली में उसे प्रथानुसार एक साड़ी दी; मगर अबकी गजी की साड़ी न थी, ख़ूबसूरत-सी सवा दो रुपए की चुँदरी थी। होली की त्योहारी भी मामूल से चौगुनी दी। और यह सिलसिला यहाँ तक बढ़ा कि वह चमारिन ही घर की मालकिन हो गई।

एक दिन संध्या-समय चमारों ने आपस में पंचायत की। बड़े आदमी हैं तो हुआ करें, क्या किसी की इज़्ज़त लेंगे! एक इन लाला के बाप थे कि कभी किसी मेहरिया की ओर आँख उठाकर न देखा, (हालाँकि यह सरासर ग़लत था) और एक यह हैं कि नीच जाति की बहू-बेटियों पर भी डोरे डालते हैं! समझाने-बुझाने का मौक़ा न था। समझाने से लाला मानेंगे तो नहीं, उलटे और कोई मामला खड़ा कर देंगे। इनके क़लम घुमाने की तो देर है। इसलिए निश्चय हुआ कि लाला साहब को ऐसा सबक देना चाहिए कि हमेशा के लिए याद हो जाए। इज़्ज़त का बदला ख़ून ही चुकाता है, लेकिन मरम्मत से भी कुछ उसकी पुरौती हो सकती है।

दूसरे दिन शाम को जब चम्पा मामू साहब के घर में आई तो उन्होंने अन्दर का द्वार बन्द कर दिया। महीनों के असमंजस और हिचक और धार्मिक संघर्ष के बाद आज मामू साहब ने अपने प्रेम को व्यावहारिक रूप देने का निश्चय किया था। चाहे कुछ हो जाए, कुल मरजाद रहे या जाए, बाप-दादा का नाम डूबे या उतराय!

उधर चमारों का जत्था ताक में था ही। इधर किवाड़ बन्द हुए, उधर उन्होंने द्वार खटखटाना शुरू किया। पहले तो मामू साहब ने समझा, कोई असामी मिलने आया होगा, किवाड़ बन्द

पाकर लौट जाएगा; लेकिन जब आदमियों का शोरगुल सुना तो घबड़ाए। जाकर किवाड़ों की दराज से झाँका। कोई बीस-पचीस चमार लाठियाँ लिए द्वार रोके खड़े किवाड़ों को तोड़ने की चेष्टा कर रहे थे। अब करें तो क्या करें? भागने का कहीं रास्ता नहीं, चम्पा को कहीं छिपा नहीं सकते। समझ गए कि शामत आ गई। आशिक़ी इतनी जल्दी गुल खिलाएगी यह क्या जानते थे, नहीं इस चमारिन पर दिल को आने ही क्यों देते। उधर चम्पा इन्हीं को कोस रही थी—तुम्हारा क्या बिगड़ेगा, मेरी तो इज़्ज़त लुट गई। घर वाले मूड़ ही काटकर छोड़ेंगे, कहती थी, कभी किवाड़ बन्द न करो, हाथ-पाँव जोड़ती थी, मगर तुम्हारे सिर पर तो भूत सवार था। लगी मुँह में कालिख कि नहीं?

मामू साहब बेचारे इस कूचे में कभी न आए थे। कोई पक्का खिलाड़ी होता तो सौ उपाय निकाल लेता; लेकिन मामू साहब की तो जैसे सिट्टी-पिट्टी भूल गई। बरौठ में थर-थर काँपते 'हनुमान-चालीसा' का पाठ करते हुए खड़े थे। कुछ न सूझता था।

और उधर द्वार पर कोलाहल बढ़ता जा रहा था, यहाँ तक कि सारा गाँव जमा हो गया। बाम्हन, ठाकुर, कायस्थ सभी तमाशा देखने और हाथ की खुजली मिटाने के लिए आ पहुँचे। इससे ज़्यादा मनोरंजक और स्फूर्तिवर्द्धक तमाशा और क्या होगा कि एक मर्द एक औरत के साथ घर में बन्द पाया जाए! फिर वह चाहे कितना ही प्रतिष्ठित और विनम्र क्यों न हो, जनता उसे किसी तरह क्षमा नहीं कर सकती। बढ़ई बुलाया गया, किवाड़ फाड़े गए और मामू साहब भूसे की कोठरी में छिपे हुए मिले। चम्पा आँगन में खड़ी रो रही थी। द्वार खुलते ही भागी। कोई उससे नहीं बोला। मामू साहब भागकर कहाँ जाते? वह जानते थे, उनके लिए भागने का रास्ता नहीं है। मार खाने के लिए तैयार बैठे थे। मार पड़ने लगी और बेभाव की पड़ने लगी। जिसके हाथ जो कुछ लगा—जूता, छड़ी, छाता, लात, घूँसा अस्त्र चले। यहाँ तक मामू साहब बेहोश हो गए और लोगों ने उन्हें मुर्दा समझकर छोड़ दिया। अब इतनी दुर्गति के बाद वह बच भी गए, तो गाँव में नहीं रह सकते और उनकी ज़मीन पट्टीदारों के हाथ आएगी।

इस दुर्घटना की ख़बर उड़ते-उड़ते हमारे यहाँ भी पहुँची। मैंने भी उसका ख़ूब आनन्द उठाया। पिटते समय उनकी रूप-रेखा कैसी रही होगी, इसकी कल्पना करके मुझे ख़ूब हँसी आई।

एक महीने तक तो वह हल्दी और गुड़ पीते रहे। ज्योंही चलने-फिरने लायक हुए, हमारे यहाँ आए। यहाँ अपने गाँव वालों पर डाके का इस्तग़ासा दायर करना चाहते थे।

अगर उन्होंने कुछ दीनता दिखाई होती, तो शायद मुझे हमदर्दी हो जाती; लेकिन उनका वही दम-खम था। मुझे खेलते या उपन्यास पढ़ते देखकर बिगड़ना और रोब ज़माना और पिताजी से शिकायत करने की धमकी देना, यह अब मैं क्यों सहने लगा था! अब तो मेरे पास उन्हें नीचा दिखाने के लिए काफ़ी मसाला था!

आख़िर एक दिन मैंने यह सारी दुर्घटना एक नाटक के रूप में लिख डाली और अपने मित्रों को सुनाई। सब-के-सब ख़ूब हँसे। मेरा साहस बढ़ा। मैंने उसे साफ़-साफ़ लिखकर वह कापी मामू साहब के सिरहाने रख दी और स्कूल चला गया। दिल में कुछ डरता भी था, कुछ ख़ुश भी था और कुछ घबराया हुआ भी था। सबसे बड़ा कुतूहल यह था कि ड्रामा पढ़कर मामू साहब क्या कहते हैं। स्कूल में जी न लगता था। दिल उधर ही टँगा हुआ था। छुट्टी होते ही घर चला गया। मगर द्वार के समीप आकर पाँव रुक गए। भय हुआ, कहीं मामू साहब

मुझे मार न बैठें; लेकिन इतना जानता था कि वह एकाध थप्पड़ से ज़्यादा मुझे मार न सकेंगे, क्योंकि मैं मार खाने वाले लड़कों में न था।

मगर यह मामला क्या है! मामू साहब चारपाई पर नहीं हैं, जहाँ वह नित्य लेटे हुए मिलते थे। क्या घर चले गए? आकर कमरा देखा वहाँ भी सन्नाटा। मामू साहब के जूते, कपड़े, गठरी सब लापता। अन्दर जाकर पूछा। मालूम हुआ, मामू साहब किसी जरूरी काम से घर चले गए। भोजन तक नहीं किया।

मैंने बाहर आकर सारा कमरा छान मारा मगर मेरा ड्रामा—मेरी वह पहली रचना—कहीं न मिली। मालूम नहीं, मामू साहब ने उसे चिरागअली के सुपुर्द कर दिया या अपने साथ स्वर्ग ले गए?

कश्मीरी सेब

कल शाम को चौक में दो-चार ज़रूरी चीज़ें खरीदने गया था। पंजाबी मेवाफ़रोशों की दुकानें रास्ते ही में पड़ती हैं। एक दुकान पर बहुत अच्छे रंगदार, गुलाबी सेब सजे हुए नज़र आए। जी ललचा उठा। आजकल शिक्षित समाज में विटामिन और प्रोटीन के शब्दों में विचार करने की प्रवृत्ति हो गई है। टमाटो को पहले कोई सेंत में भी न पूछता था। अब टमाटो भोजन का आवश्यक अंग बन गया है। गाजर भी पहले ग़रीबों के पेट भरने की चीज़ थी। अमीर लोग तो उसका हलवा ही खाते थे; मगर अब पता चला है कि गाजर में भी बहुत विटामिन है, इसलिए गाजर को भी मेज़ों पर स्थान मिलने लगा है और सेब के विषय में तो यह कहा जाने लगा है कि एक सेब रोज़ खाइए तो आपको डॉक्टरों की ज़रूरत न रहेगी। डॉक्टरों से बचने के लिए हम निमकौड़ी तक ख़ाने को तैयार हो सकते हैं। सेब तो रस और स्वाद में अगर आम से बढ़कर नहीं है तो घटकर भी नहीं। हाँ, बनारस के लँगड़े और लखनऊ के दसहरी और बंबई के अल्फांसो की बात दूसरी है। उनके टक्कर का फल तो संसार में दूसरा नहीं है; मगर उनमें विटामिन और प्रोटीन है या नहीं, है तो काफ़ी है या नहीं, इन विषयों पर अभी किसी पश्चिमी डॉक्टर की व्यवस्था देखने में नहीं आई। सेब को यह व्यवस्था मिल चुकी है। अब वह केवल स्वाद की चीज़ नहीं है, उसमें गुण भी हैं। हमने दुकानदार से मोल-भाव किया और आध सेर सेब माँगे।

दुकानदार ने कहा—बाबूजी, बड़े मज़ेदार सेब आए हैं, ख़ास कश्मीर के। आप ले जाएँ, खाकर तबीयत ख़ुश हो जाएगी।

मैंने रूमाल निकालकर उसे देते हुए कहा—चुन-चुनकर रखना।

दुकानदार ने तराजू उठाई और अपने नौकर से बोला—लौंडे आध सेर कश्मीरी सेब निकाल ला। चुनकर लाना।

लौंडा चार सेब लाया। दुकानदार ने तौला, एक लिफ़ाफ़े में उन्हें रखा और रूमाल में बाँधकर मुझे दे दिया। मैंने चार आने उसके हाथ में रखे।

घर आकर लिफ़ाफ़ा ज्यों-का-त्यों रख दिया। रात को सेब या कोई दूसरा फल खाने का क़ायदा नहीं है। फल खाने का समय तो प्रातःकाल है। आज सुबह मुँह-हाथ धोकर जो नाश्ता

करने के लिए एक सेब निकाला, तो सड़ा हुआ था। एक रुपए के आकार का छिलका गल गया था। समझा, रात को दुकानदार ने देखा न होगा। दूसरा निकाला। मगर यह आधा सड़ा हुआ था। अब सन्देह हुआ, दुकानदार ने मुझे धोखा तो नहीं दिया है? तीसरा सेब निकाला। यह सड़ा तो न था; मगर एक तरफ़ दबकर बिल्कुल पिचक गया था। चौथा देखा। वह यों तो बेदाग़ था; मगर उसमें एक काला सूराख था जैसा अक्सर बेरों में होता है। काटा तो भीतर वैसे ही धब्बे, जैसे किड़हे बेर में होते हैं। एक सेब भी खाने लायक नहीं। चार आने पैसों का इतना गम न हुआ जितना समाज के इस चारित्रिक पतन का। दुकानदार ने जान-बूझकर मेरे साथ धोखेबाज़ी का व्यवहार किया। एक सेब सड़ा हुआ होता, तो मैं उसको क्षमा के योग्य समझता। सोचता, उसकी निगाह न पड़ी होगी। मगर चार-के-चारों ख़राब निकल जाएँ, यह तो साफ़ धोखा है। मगर इस धोखे में मेरा भी सहयोग था। मेरा उसके हाथ में रूमाल रख देना मानो उसे धोखा देने की प्रेरणा थी। उसने भाँप लिया कि यह महाशय अपनी आँखों से काम लेनेवाले जीव नहीं हैं और न इतने चौकस हैं कि घर से लौटाने आएँ। आदमी बेईमानी तभी करता है, जब उसे अवसर मिलता है। बेईमानी का अवसर देना, चाहे वह अपने ढीलेपन से हो या सहज विश्वास से, बेईमानी में सहयोग देना है। पढ़े-लिखे बाबुओं और कर्मचारियों पर तो अब कोई विश्वास नहीं करता। किसी थाने या कचहरी या म्युनिसिपिलटी में चले जाइए, आपकी ऐसी दुर्गति होगी कि आप बड़ी-से-बड़ी हानि उठाकर भी उधर न जाएँगे। व्यापारियों की साख अभी तक बनी हुई थी। यों तौल में चाहे छटाँक-आध छटाँक कस लें; लेकिन आप उन्हें पाँच की जगह भूल से दस के नोट दे आते थे तो आपको घबड़ाने की कोई ज़रूरत न थी। आपके रुपए सुरक्षित थे। मुझे याद है, एक बार मैंने मुहर्रम के मेले में एक खोंचे वाले से एक पैसे की रेवड़ियाँ ली थीं और पैसे की जगह अठन्नी दे आया था। घर आकर जब अपनी भूल मालूम हुई तो खोंचेवाले के पास दौड़ा गया। आशा नहीं थी कि वह अठन्नी लौटाएगा, लेकिन उसने प्रसन्नचित्त से अठन्नी लौटा दी और उलटे मुझसे क्षमा माँगी और यहाँ कश्मीरी सेब के नाम से सड़े हुए सेब बेचे जाते हैं! मुझे आशा है, पाठक बाज़ार में जाकर मेरी तरह आँखें न बन्द कर लिया करेंगे। नहीं उन्हें भी कश्मीरी सेब ही मिलेंगे?

जीवन सार[1]

मेरा जीवन सपाट, समतल मैदान है, जिसमें कहीं-कहीं गड्ढ़ तो हैं, पर टीलों, पर्वतों, घने जंगलों, गहरी घाटियों और खंडहरों का स्थान नहीं है। जो सज्जन पहाड़ों की सैर के शौकीन हैं, उन्हें तो यहाँ निराशा ही होगी। मेरा जन्म सम्वत् 1967 में हुआ। पिता डाकखाने में क्लर्क थे, माता मरीज। एक बड़ी बहिन भी थी। उस समय पिताजी शायद 20 रुपए पाते थे। 40 रुपए तक पहुँचते-पहुँचते उनकी मृत्यु हो गई। यों वह बड़े ही विचारशील, जीवन-पथ पर आँखें खोलकर चलने वाले आदमी थे; लेकिन आख़िरी दिनों में एक ठोकर खा ही गए और ख़ुद तो गिरे ही थे, उसी धक्के में मुझे भी गिरा दिया। पन्द्रह साल की अवस्था में उन्होंने

1. आत्म-कहानी

मेरा विवाह कर दिया और विवाह करने के साल ही भर बाद परलोक सिधारे। उस समय मैं नवें दरजे में पढ़ता था। घर में मेरी स्त्री थी, विमाता थी, उनके दो बालक थे, और आमदनी एक पैसे की नहीं। घर में जो कुछ लेई-पूँजी थी, वह पिताजी की छह महीने की बीमारी और क्रिया-कर्म में ख़र्च हो चुकी थी। और मुझे अरमान था, वकील बनने का और एम.ए. पास करने का। नौकरी उस ज़माने में भी इतनी ही दुष्प्राप्य थी, जितनी अब है। दौड़-धूप करके शायद दस-बारह की कोई जगह पा जाता; पर यहाँ तो आगे पढ़ने की धुन थी—पाँव में लोहे की नहीं अष्टधातु की बेड़ियाँ थीं और मैं चढ़ना चाहता था पहाड़ पर!

पाँव में जूते न थे। देह पर साबित कपड़े न थे। महँगी अलग-10 सेर के जौ थे। स्कूल से साढ़े तीन बजे छुट्टी मिलती थी। काशी के क्वींस कॉलेज में पढ़ता था। हेडमास्टर ने फ़ीस माफ़ कर दी थी। इम्तहान सिर पर था। और मैं बाँस के फाटक पर एक लड़के को पढ़ाने जाता था। जाड़ों के दिन थे। चार बजे पहुँचता था। पढ़ाकर छह बजे छुट्टी पाता। वहाँ से मेरा घर देहात में पाँच मील पर था। तेज़ चलने पर भी आठ बजे से पहले घर न पहुँच सकता। और प्रात:काल आठ ही बजे फिर घर से चलना पड़ता था, कभी वक़्त पर स्कूल न पहुँचता। रात को भोजन करके कुप्पी के सामने पढ़ने बैठता और न जाने कब सो जाता। फिर भी हिम्मत बाँधे हुए था।

मैट्रिकुलेशन तो किसी तरह पास हो गया, पर आया सेकंड डिवीजन में और क्वींस कॉलेज में भरती होने की आशा न रही। फ़ीस केवल अव्वल दरजे वाले की ही मुआफ़ हो सकती थी। संयोग से उसी साल हिन्दू कॉलेज खुल गया। मैंने इस नए कॉलेज में पढ़ने का निश्चय किया। प्रिंसिपल थे मि. रिचर्डसन। उनके मकान पर गया। वह पूरे हिन्दुस्तानी वेश में थे। कुरता और धोती पहने फ़र्श पर बैठे कुछ लिख रहे थे। मगर मिजाज़ को तबदील करना इतना आसान न था। मेरी प्रार्थना सुनकर—आधी ही कहने पाया था—बोले कि घर में कॉलेज की बातचीत नहीं करता, क़ालेज में आओ। खैर, कॉलेज में गया। मुलाक़ात हुई; पर निराशाजनक। फ़ीस मुआफ़ न हो सकती थी। अब क्या करूँ? अगर प्रतिष्ठित सिफारिशें ला सकता, तो शायद मेरी प्रार्थना पर कुछ विचार होता; लेकिन देहाती युवक को शहर में जानता ही कौन था?

रोज़ घर से चलता कि कहीं से सिफ़ारिश लाऊँ, पर बारह मील की मंज़िल मारकर शाम को घर लौट आता। किससे कहूँ? कोई अपना पुछत्तर न था।

कई दिनों के बाद एक सिफ़ारिश मिली। एक ठाकुर इन्द्रनारायण सिंह हिन्दू कॉलेज की प्रबन्धकारिणी सभा में थे। उनसे जाकर रोया। उन्हें मुझ पर दया आ गई। सिफ़ारिशी चिट्ठी दे दी। उस समय मेरे आनन्द की सीमा न रही। ख़ुश होता हुआ घर आया। दूसरे दिन प्रिंसिपल से मिलने का इरादा था; लेकिन घर पहुँचते ही मुझे ज्वर आ गया। और दो सप्ताह से पहले न हिला। नीम का काढ़ा पीते-पीते नाक में दम आ गया। एक दिन द्वार पर बैठा था कि मेरे पुरोहितजी आ गए। मेरी दशा देखकर समाचार पूछा और तुरन्त खेतों में जाकर एक जड़ खोद लाए और उसे धोकर सात दाने काली मिर्च के साथ पिसवाकर मुझे पिला दिया। उसने जादू सा असर किया। ज्वर चढ़ने में घंटे ही भर की देर थी। इस औषध ने, मानों जाकर उसका गला ही दबा दिया। मैंने पंडितजी से बार-बार उस जड़ी का नाम पूछा, पर उन्होंने न बताया। कहा—नाम बता देने से उसका असर जाता रहेगा।

एक महीने बाद मैं फिर मि. रिचर्डसन से मिला और सिफ़ारिशी चिट्ठी दिखाई। प्रिंसिपल ने मेरी तरफ तीव्र नेत्रों से देखकर पूछा-इतने दिनों कहाँ थे?

'बीमार हो गया था।'

'क्या बीमारी थी?'

मैं इस प्रश्न के लिए तैयार न था। अगर ज्वर बताता हूँ तो शायद साहब मुझे झूठा समझें। ज्वर मेरी समझ में हलकी-सी चीज थी, जिसके लिए इतनी लम्बी गैरहाजिरी अनावश्यक थी। कोई ऐसी बीमारी बतानी चाहिए, जो अपनी कष्टसाध्यता के कारण दया को भी उभारे। उस वक़्त मुझे और किसी बीमारी का नाम याद न आया। ठाकुर इन्द्रनारायण सिंह से जब मैं सिफ़ारिश के लिए मिला था, तो उन्होंने अपने दिल की धड़कन की बीमारी की चर्चा की थी। वह शब्द मुझे याद आ गया।

मैंने कहा—पैलपिटेशन आफ हार्ट सर!

साहब ने विस्मित होकर मेरी ओर देखा और कहा—अब तुम बिलकुल अच्छे हो?

'जी हाँ!'

'अच्छा, प्रवेश-पत्र भरकर लाओ।'

मैंने समझा बेड़ा पार हुआ। फार्म लिया, खानापुरी की और पेश कर दिया। साहब उस समय कोई क्लास ले रहे थे। तीन बजे मुझे फार्म वापस मिला। उस पर लिखा था-इसकी योग्यता की जाँच की जाए।

यह नई समस्या उपस्थित हुई। मेरा दिल बैठ गया। अँगरेज़ी के सिवा और किसी विषय में पास होने की मुझे आशा न थी। और बीजगणित और रेखागणित से तो रूह काँपती थी। जो कुछ याद था, वह भी भूल-भाल गया था; लेकिन दूसरा उपाय ही क्या था? भाग्य का भरोसा करके क्लास में गया और अपना फार्म दिखाया। प्रोफ़ेसर साहब बंगाली थे अँगरेज़ी पढ़ा रहे थे। वाशिंगटन इर्विंग का 'रिपिवान विंकिल' था। मैं पीछे की कतार में जाकर बैठ गया और दो-ही-चार मिनिट में मुझे ज्ञात हो गया कि प्रोफ़ेसर साहब अपने विषय के ज्ञाता हैं। घंटा समाप्त होने पर उन्होंने आज के पाठ पर मुझसे कई प्रश्न किए और फ़ार्म पर 'सन्तोषजनक' लिख दिया।

दूसरा घंटा बीजगणित का था। इसके प्रोफ़ेसर भी बंगाली थे। मैंने अपना फ़ार्म दिखाया। नई संस्थाओं मंस प्राय: वही छात्र आते हैं, जिन्हें कहीं जगह नहीं मिलती। यहाँ भी यही हाल था। क्लासों में अयोग्य छात्र भरे हुए थे। पहले रेले में जो आया, वह भरती हो गया। भूख में साग-पात सभी रुचिकर होता है। अब पेट भर गया था। छात्र चुन-चुनकर लिए जाते थे। इन प्रोफ़ेसर साहब ने गणित में मेरी परीक्षा ली और मैं फेल हो गया। फ़ार्म पर गणित के खाने में 'असन्तोषजनक' लिख दिया।

मैं इतना हताश हुआ कि फ़ार्म लेकर फिर प्रिसिंपल के पास न गया। सीधा घर चला आया। गणित मेरे लिए गौरीशंकर की चोटी थी। कभी उस पर न चढ़ सका। 'इंटरमीडिएट' में दो बार गणित में फेल हुआ और निराश होकर इम्तहान देना छोड़ दिया। दस-बारह साल के बाद जब गणित की परीक्षा में अख़्तियारी हो गई तब मैंने दूसरे विषय लेकर उसे आसानी से पास कर लिया। उस समय तक यूनिवर्सिटी के इस नियम ने, कितने युवकों की आकांक्षाओं का ख़ून किया, कौन कह सकता है। ख़ैर मैं निराश होकर घर तो लौट आया; लेकिन पढ़ने

की लालसा अभी तक बनी हुई थी। घर बैठकर क्या करता? किसी तरह गणित को सुधारूँ और कॉलेज में भरती हो जाऊँ, यही धुन थी। इसके लिए शहर में रहना जरूरी था। संयोग से एक वकील साहब के लड़कों को पढ़ाने का काम मिल गया। पाँच रुपए वेतन ठहरा मैंने दो रुपए में अपना गुज़र करके तीन रुपए घर पर देने का निश्चय किया। वकील साहब के अस्तबल के ऊपर एक छोटी-सी कच्ची कोठरी थी। उसी में रहने की आज्ञा ले ली! एक टाट का टुकड़ा बिछा दिया! बाज़ार से एक छोटा सा लैम्प लाया और शहर में रहने लगा। घर से कुछ बरतन भी लाया। एक वक़्त खिचड़ी पका लेता और बरतन धो-माँजकर लाइब्रेरी चला जाता। गणित तो बहाना था, उपन्यास आदि पढ़ा करता। पंडित रतननाथ दर का 'फसाना-ए-आज़ाद' उन्हीं दिनों पढ़ा। 'चन्द्रकांता-सन्तति' भी पढ़ी। बंकिम बाबू के उर्दू अनुवाद, जितने पुस्तकालय में मिले, सब पढ़ डाले। जिन वकील साहब के लड़कों को पढ़ाता था, उनके साले मेरे साथ मैट्रिकुलेशन में पढ़ते थे। उन्हीं की सिफ़ारिश से मुझे यह पद मिला था। उनसे दोस्ती थी, इसलिए जब जरूरत होती, पैसे उधार ले लिया करता था। वेतन मिलने पर हिसाब हो जाता था। कभी दो रुपए हाथ आते, कभी तीन। जिस दिन वेतन के दो-तीन रुपए मिलते, मेरा संयम हाथ से निकल जाता। प्यासी तृष्णा हलवाई की दुकान की ओर खींच ले जाती। दो-तीन आने पैसे खाकर ही उठता। उसी दिन घर जाता और दो-ढाई रुपए दे आता। दूसरे दिन से फिर उधार लेना शुरू कर देता; लेकिन कभी-कभी उधार माँगने में भी संकोच होता और दिन-का-दिन निराहारव्रत रखना पड़ जाता।

इस तरह चार-पाँच महीने बीते। इस बीच एक बजाज से दो-ढाई रुपए के कपड़े लिए थे। रोज उधर से निकलता था। उसे मुझ पर विश्वास हो गया था। जब महीने-दो-महीने निकल गए और मैं रुपए न चुका सका, तो मैंने उधर से निकलना ही छोड़ दिया! चक्कर देकर निकल जाता। तीन साल के बाद उसके रुपए अदा कर सका। उसी ज़माने में शहर का एक बेलदार मुझसे हिन्दी पढ़ने आया करता था। वकील साहब के पिछवाड़े उसका मकान था। 'जान लो भैया' उसका सखुन तकिया था। हम लोग उसे 'जान लो भैया' ही कहा करते थे। एक बार मैंने उससे भी आठ आने पैसे उधार लिए थे। वह पैसे उसने मुझसे मेरे घर गाँव में जाकर पाँच साल बाद वसूल किए। मेरी अब भी पढ़ने की इच्छा थी; लेकिन दिन-दिन निराश होता जाता था। जी चाहता था, कहीं नौकरी कर लूँ। पर नौकरी कैसे मिलती है और कहाँ मिलती है, यह न जानता था।

जाड़ों के दिन थे। पास एक कौड़ी न थी। दो दिन एक-एक पैसे का चबेना खाकर काटे थे। मेरे महाजन ने उधार देने से इनकार कर दिया था, या संकोचवश मैं उससे माँग न सका था। चिराग़ जल चुके थे। मैं एक बुकसेलर की दुकान पर एक किताब बेचने गया था। चक्रवर्ती गणित की कुंजी थी। दो साल हुए खरीदी थी। अब तक उसे बड़े जतन से रखे हुए था; पर आज चारों ओर से निराश होकर मैंने उसे बेचने का निश्चय किया। किताब दो रुपए की थी; लेकिन एक पर सौदा ठीक हुआ। मैं रुपया लेकर दुकान से उतरा ही था कि एक बड़ी-बड़ी मूँछों वाले सौम्य पुरुष ने, जो उस दुकान पर बैठे हुए थे, मुझसे पूछा—तुम कहाँ पढ़ते हो?

मैंने कहा—पढ़ता तो कहीं नहीं हूँ; पर आशा करता हूँ कि कहीं नाम लिखा लूँगा।

'मैट्रिकुलेशन पास हो?'

'जी हाँ।'

'नौकरी करने की इच्छा तो नहीं है?'

'नौकरी कहीं मिलती ही नहीं।'

वह सज्जन एक छोटे-से स्कूल के हेडमास्टर थे। इन्हें एक सहकारी अध्यापक की जरूरत थी। अठारह रुपए वेतन था। मैंने स्वीकार कर लिया। अठारह रुपए उस ज़माने में मेरी निराशा-व्यथित कल्पना की ऊँची-से-ऊँची उड़ान से भी ऊपर थे। मैं दूसरे दिन हेडमास्टर साहब से मिलने का वादा करके चला, तो पाँव ज़मीन पर न पड़ते थे। यह सन् 1899 की बात है। परिस्थितियों का सामना करने को तैयार था और गणित में अटक न जाता, तो अवश्य आगे जाता; पर सबसे कठिन परिस्थिति यूनिवर्सिटी की मनोविज्ञान-शून्यता थी, जो उस समय और उसके कई साल बाद तक उस डाकू का-सा व्यवहार करती थी, जो छोटे-बड़े सभी को एक ही खाट पर सुलाता है।

2

मैंने पहले-पहल 1907 में गल्पें लिखनी शुरू कीं। डॉक्टर रवीन्द्रनाथ की कई गल्पें मैंने अँगरेज़ी में पढ़ी थीं और उनका उर्दू अनुवाद उर्दू पत्रिकाओं में छपवाया था। उपन्यास तो मैंने 1901 ही से लिखना शुरू किया। मेरा एक उपन्यास 1902 में निकला और दूसरा 1904 में; लेकिन गल्प 1907 से पहिले मैंने एक भी न लिखी। मेरी पहली कहानी का नाम था, 'संसार का सबसे अनमोल रत्न'। वह 1907 में, 'जमाना' में छपी। उसके बाद मैंने चार-पाँच कहानियाँ लिखीं। पाँच कहानियों का संग्रह 'सोजे वतन' के नाम से 1909 में छपा। उस समय बंग-भंग का आन्दोलन हो रहा था। कांग्रेस में गर्म दल की सृष्टि हो चुकी थी। इन पाँचों कहानियों में स्वदेश-प्रेम की महिमा गाई गई थी।

उस वक़्त मैं शिक्षा-विभाग में सब डिप्टी इन्स्पेक्टर था और हमीरपुर जिले में तैनात था। पुस्तक को छपे छह महीने हो चुके थे। एक दिन मैं रात को अपनी रावटी में बैठा हुआ था कि मेरे नाम जिलाधीश का परवाना पहुँचा, कि मुझसे तुरन्त मिलो। जाड़ों के दिन थे। साहब दौरे पर थे। मैंने बैलगाड़ी जुतवाई और रातों-रात 30-40 मील तय करके दूसरे दिन साहब से मिला। साहब के सामने 'सोजे वतन' की एक प्रति रखी हुई थी। मेरा माथा ठनका। उस वक़्त मैं 'नवाबराय' के नाम से लिखा करता था। मुझे इसका कुछ-कुछ पता मिल चुका था कि खुफिया पुलिस इस किताब के लेखक की खोज में है। समझ गया, उन लोगों ने मुझे खोज निकाला और इसी की जवाबदेही करने के लिए मुझे बुलाया गया है।

साहब ने मुझसे पूछा—यह पुस्तक तुमने लिखी है?

मैंने स्वीकार किया।

साहब ने मुझसे एक-एक कहानी का आशय पूछा और अन्त में बिगड़कर बोले—तुम्हारी कहानियों में 'सिडीशन' भरा हुआ है। अपने भाग्य को बखानो कि अँगरेज़ी अमलदारी में हो। मुगलों का राज्य होता, तो तुम्हारे दोनों हाथ काट लिए जाते। तुम्हारी कहानियाँ एकांगी हैं, तुमने अँगरेज़ी सरकार की तौहीन की है, आदि। फ़ैसला यह हुआ कि मैं 'सोजे वतन' की सारी प्रतियाँ सरकार के हवाले कर दूँ और साहब की अनुमति के बिना कभी कुछ न लिखूँ। मैंने समझा, चलो सस्ता छूटे। एक हज़ार प्रतियाँ छपी थीं। अभी मुश्किल से 300 बिकी थीं। 700 प्रतियाँ मैंने 'जमाना कार्यालय' से मँगवाकर साहब की सेवा में अर्पण कर दीं।

मैंने समझा था, बला टल गई; किन्तु अधिकारियों को इतनी आसानी से सन्तोष न हो सका। मुझे बाद को मालूम हुआ कि साहब ने इस विषय में जिले के अन्य कर्मचारियों से परामर्श किया। सुपरिंटेंडेंट पुलिस, दो डिप्टी कलेक्टर और डिप्टी इन्स्पेक्टर—जिनका मैं मातहत था मेरी तकदीर का फ़ैसला करने बैठे। एक डिप्टी कलेक्टर साहब ने गल्पों से उद्धरण निकालकर सिद्ध किया कि इनमें आदि से अन्त तक सिडीशन के सिवा और कुछ नहीं है। और सिडीशन भी साधारण नहीं; बल्कि संक्रामक। पुलिस के देवता ने कहा—ऐसे खतरनाक आदमी को जरूर सख़्त सज़ा देनी चाहिए। डिप्टी-इन्स्पेक्टर साहब मुझसे बहुत स्नेह करते थे। इस भय से कि कहीं मुआमला तूल न पकड़ ले, उन्होंने यह प्रस्ताव किया कि वह मित्रभाव से मेरे राजनीतिक विचारों की थाह लें और उस कमेटी में रिपोर्ट पेश करें। उनका विचार था, कि मुझे समझा दें और रिपोर्ट में लिख दें, कि लेखक केवल क़लम का उग्र है और राजनैतिक आन्दोलन से उसका कोई सम्बन्ध नहीं है। कमेटी ने उनके प्रस्ताव को स्वीकार किया। हालाँकि पुलिस के देवता उस वक़्त भी पैंतरे बदलते रहे।

सहसा कलेक्टर साहब ने डिप्टी इन्स्पेक्टर से पूछा—आपको आशा है कि वह आपसे अपने दिल की बातें कह देगा?

'आप मित्र बनकर उसका भेद लेना चाहते हैं। यह तो मुखबिरी है। मैं इसे कमीनापन समझता हूँ।'

डिप्टी साहब अप्रतिभ होकर हकलाते हुए बोले—मैं तो हुजूर के हुक्म...साहब ने बात काटी—नहीं, यह मेरा हुक्म नहीं है। मैं ऐसा हुक्म नहीं देना चाहता। अगर पुस्तक के लेखक का सिडीशन साबित हो सके, तो खुली अदालत में मुक़दमा चलाइए, नहीं धमकी देकर छोड़ दीजिए। 'मुँह में राम, बगल में छुरी' मुझे पसन्द नहीं।

जब यह वृत्तान्त डिप्टी इन्स्पेक्टर साहब ने कई दिन पीछे ख़ुद मुझसे कहा, तो मैंने पूछा—क्या आप सचमुच मेरी मुखबिरी करते?

वह हँसकर बोले—असम्भव! कोई लाख रुपए भी देता, तो न करता। मैं तो केवल अदालती कार्रवाई रोकना चाहता था, और वह रुक गई। मुक़दमा अदालत में आता, तो सज़ा हो जाना यकीनी था। यहाँ आपकी पैरवी करने वाला भी कोई न मिलता; मगर साहब हैं शरीफ आदमी।

मैंने स्वीकार किया—बहुत ही शरीफ।

3

मैं हमीरपुर ही में था कि मुझे पेचिश की शिकायत पैदा हो गई। गर्मी के दिनों में देहातों में कोई हरी तरकारी मिलती न थी। एक बार कई दिन तक लगातार सूखी घुंइयाँ खानी पड़ीं। यों मैं घुंइयों को बिच्छू समझता हूँ और तब भी समझता था; लेकिन न-जाने क्योंकर यह धारणा मन में हो गई कि अजवाइन से घुंइयाँ का बादीपन जाता रहता है। ख़ूब अजवाइन खा लिया करता। दस-बारह दिन तक किसी तरह का कष्ट न हुआ। मैंने समझा, शायद बुन्देलखंड की पहाड़ी जलवायु ने मेरी दुर्बल पाचन शक्ति को तीव्र कर दिया; लेकिन एक दिन पेट में दर्द हुआ और सारे दिन मैं मछली की भाँति तड़पता रहा। फंकियाँ लगाईं; मगर दर्द न कम हुआ। दूसरे दिन से पेचिश हो गई; मल के साथ आँव आने लगा; लेकिन दर्द जाता रहा।

एक महीना बीत चुका था। मैं एक क़स्बे में पहुँचा, तो वहाँ के थानेदार साहब ने मुझसे थाने में ही ठहरने और भोजन करने का आग्रह किया। कई दिन से मूँग की दाल खाते और पथ्य करते-करते ऊब उठा था। सोचा क्या हरज़ है, आज यहीं ठहरो। भोजन तो स्वादिष्ट मिलेगा! थाने में ही अड्डा जमा दिया। दारोग़ाजी ने जमींकन्द का सालन पकवाया, पकौड़ियाँ, दही-बड़े, पुलाव। मैंने एहतियात से खाया—जमींकन्द तो मैंने केवल दो फाँकें खाईं; लेकिन खा-पीकर जब थाने के सामने दारोग़ाजी के फूस के बँगले में लेटा, तो दो-ढाई घंटे के बाद पेट में फिर दर्द होने लगा। सारी रात और अगले दिन-भर कराहता रहा। सोडे की दो बोतलें पीने के बाद कै हुई, तो जाकर चैन मिला। मुझे विश्वास हो गया, यह जमींकन्द की कारस्तानी है। घुँइयाँ से पहले मेरी कुट्टी हो चुकी थी। अब जमींकन्द से भी बैर हो गया। तबसे इन दोनों चीज़ों की सूरत देखकर मैं काँप जाता हूँ। दर्द तो फिर जाता रहा; पर पेचिश ने अड्डा जमा दिया। पेट में चौबीसों घंटे तनाव बना रहता। अफरा हुआ करता। संयम के साथ चार-पाँच मील टहलने जाता, व्यायाम करता, पथ्य से भोजन करता, कोई-न-कोई औषधि भी खाया करता; किन्तु पेचिश टलने का नाम न लेती थी, और देह भी घुलती जाती थी। कई बार कानपुर आकर दवा कराई, एक बार महीने-भर प्रयाग में डॉक्टरी और आयुर्वेदिक औषधियों का सेवन किया; पर कोई फ़ायदा नहीं।

तब मैंने तबादला कराया। चाहता था रोहेलखंड; पर पटका गया बस्ती के जिले में, और हलका वह मिला जो नेपाल की तराई है। सौभाग्य से वहीं मेरा परिचय स्व. पं. मन्नन द्विवेदी गजपुरी से हुआ, जो डोमरियागंज में तहसीलदार थे। कभी-कभी उनके साथ साहित्य-चर्चा हो जाती थी; लेकिन यहाँ आकर पेचिश और बढ़ गई। तब मैंने छह महीने की छुट्टी ली; और लख़नऊ के मेडिकल कॉलेज से निराश होकर काशी के एक हकीम से इलाज कराने लगा। तीन-चार महीने बाद कुछ थोड़ा-सा फ़ायदा तो मालूम हुआ, पर बीमारी जड़ से न गई। जब फिर बस्ती में पहुँचा तो वही हालत हो गई। तब मैंने दौरे की नौकरी छोड़ दी और बस्ती हाईस्कूल में स्कूल-मास्टर हो गया। फिर यहाँ से तबदील होकर गोरखपुर पहुँचा। पेचिश पूर्ववत जारी रही। यहाँ मेरा परिचय महावीर प्रसादजी पोद्दार से हुआ जो साहित्य के मर्मज्ञ, राष्ट्र के सच्चे सेवक और बड़े ही उद्योगी पुरुष हैं। मैंने बस्ती से ही 'सरस्वती' में कई गल्पें छपवाईं थीं। पोद्दारजी की प्रेरणा से मैंने फिर उपन्यास लिखा और 'सेवासदन' की सृष्टि हुई। वहीं मैंने प्राइवेट बी.ए. भी पास किया। 'सेवासदन' का जो आदर हुआ, उससे उत्साहित होकर मैंने 'प्रेमाश्रम' लिख डाला और गल्पें भी बराबर लिखता रहा।

कुछ मित्रों की, विशेषकर पोद्दारजी की सलाह से मैंने जल-चिकित्सा आरम्भ की; लेकिन तीन-चार महीने के स्नान और पथ्य का मेरे दुर्भाग्य से यह परिणाम हुआ कि मेरा पेट बढ़ गया और मुझे रास्ता चलने में भी दुर्बलता मालूम होने लगी। एक बार कई मित्रों के साथ मुझे एक ज़ीने पर चढ़ने का अवसर पड़ा। और लोग धड़धड़ाते हुए चले गए, पर मेरे पाँव ही न उठते थे। बड़ी मुश्किल से हाथों का सहारा लेते हुए ऊपर पहुँचा। उसी दिन मुझे अपनी कमज़ोरी का यथार्थ ज्ञान हुआ। समझ गया, अब थोड़े दिनों का और मेहमान हूँ, जल-चिकित्सा बन्द कर दी।

एक दिन संध्या समय 'उर्दू बाज़ार' में श्री दशरथप्रसादजी द्विवेदी, सम्पादक 'स्वदेश' से मेरी भेंट हो गई। कभी-कभी उनसे भी साहित्य-चर्चा होती रहती थी। उन्होंने मेरी पीली

सूरत देखकर खेद के साथ कहा—बाबूजी, आप तो बिलकुल पीले पड़ गए हैं, कोई इलाज कराइए।

मुझे अपनी बीमारी का ज़िक्र बुरा लगता था। मैं भूल जाना चाहता था कि मैं बीमार हूँ। जब दो-चार महीने ही की ज़िन्दगी से नाता है, तो क्यों न हँसकर मरूँ? मैंने चिढ़कर कहा—मर ही तो जाऊँगा भई, या और कुछ! मैं मौत का स्वागत करने को तैयार हूँ। द्विवेदीजी बेचारे लज्जित हो गए। मुझे पीछे से अपनी उग्रता पर बड़ा खेद हुआ। यह 1921 की बात है। असहयोग आन्दोलन ज़ोरों पर था। जलियाँवाला बाग़ का हत्याकांड हो चुका था। उन्हीं दिनों महात्मा गांधी ने गोरखपुर का दौरा किया। गाजीमियाँ के मैदान में ऊँचा प्लेटफार्म तैयार किया गया। दो लाख से कम जमाव न था। क्या शहर, क्या देहात, श्रद्धालु जनता दौड़ी चली आती थी। ऐसा समारोह मैंने अपने जीवन में कभी न देखा था। महात्माजी के दर्शनों का यह प्रताप था, कि मुझ-जैसा मरा हुआ आदमी भी चेत उठा। उसके दो ही चार दिन बाद मैंने अपनी 20 साल की नौकरी से इस्तीफ़ा दे दिया।

अब देहात में चलकर कुछ प्रचार करने की इच्छा हुई। पोद्दारजी का देहात में एक मकान था। हम और वह दोनों वहाँ चले गए और चर्खे बनवाने लगे। वहाँ जाने के एक ही सप्ताह बाद मेरी पेचिश कम होने लगी। यहाँ तक कि एक महीने के अन्दर मल के साथ आँव आना बन्द हो गया। फिर मैं काशी चला आया और अपने देहात में बैठकर कुछ प्रचार और कुछ साहित्य-सेवा में जीवन को सार्थक करने लगा। गुलामी से मुक्त होते ही मैं नौ साल के जीर्ण रोग से मुक्त हो गया।

इस अनुभव ने मुझे कट्टर भाग्यवादी बना दिया है। अब मेरा दृढ़ विश्वास है कि भगवान् की जो इच्छा होती है वही होता है, और मनुष्य का उद्योग भी इच्छा के बिना सफल नहीं होता।

तथ्य

वह भेद अमृत के मन में हमेशा ज्यों-का-त्यों बना रहा और कभी न खुला। न तो अमृत की नज़रों से, न उसकी बातों से और न रंग-ढंग से ही पूर्णिमा को कभी इस बात का नाम को भी भ्रम हुआ कि साधारण पड़ोसियों का जिस तरह बरताव होना चाहिए और लड़कपन की दोस्ती का जिस तरह निबाह होना चाहिए, उसके सिवा अमृत का मेरे साथ और किसी प्रकार का सम्बन्ध है या हो सकता है। बेशक जब वह घड़ा लेकर कुएँ पर पानी खींचने के लिए जाती थी, तब अमृत भी ईश्वर जाने कहाँ से वहाँ आ पहुँचता था और ज़बरदस्ती उसके हाथ से घड़ा छीनकर उसके लिए पानी खींच देता था, और जब वह अपनी गाय को सानी देने लगती थी, तब वह उसके हाथ से भूसे की टोकरी ले लेता था और गाय की नाँद में सानी डाल देता था। जब वह बनिए की दुकान पर कोई चीज़ लेने जाती थी, तब अमृत भी अक्सर उसे रास्ते में मिल जाया करता था और उसका काम कर देता था।

पूर्णिमा के घर में कोई दूसरा लड़का या आदमी नहीं था। उनके पिता का कई साल पहले परलोकवास हो चुका था और उसकी माँ परदे में रहती थी। जब अमृत पढ़ने जाने

लगता, तब पूर्णिमा के घर जाकर पूछ लिया करता कि बाज़ार से कुछ मँगवाना तो नहीं है। उसके घर में खेती-बारी होती थी, गाएँ-भैंसें थीं और बाग़-बग़ीचे भी थे। वह अपने घरवालों की नज़र बचाकर फ़सल की चीज़ें सौगात के तौर पर पूर्णिमा के घर दे आता था, लेकिन पूर्णिमा उसकी इन ख़ातिरदारियों को उसकी भलमनसाहत और खाने-पीने से सन्तुष्ट होने के सिवा और क्या समझे और क्यों समझे? एक गाँव में रहनेवाले चाहे किसी प्रकार का रक्त-सम्बन्ध या कोई रिश्तेदारी न रखते हों, लेकिन फिर भी गाँव के रिश्ते से भाई-बहन होते ही तो हैं। इसलिए इन ख़ातिरदारियों में कोई ख़ास बात न थी।

एक दिन पूर्णिमा ने उससे कहा भी, कि तुम दिन-भर मदरसे में रहते हो, मेरा जी घबराता है।

अमृत ने सीधी तरह से कह दिया—क्या करूँ, इम्तहान पास आ गया है।

मैं सोचा करती हूँ कि जब मैं चली जाऊँगी, तब तुम्हें कैसे देखूँगी और तुम क्यों मेरे घर आओगे?

अमृत ने घबराकर पूछा—कहाँ चली जाओगी?

पूर्णिमा लजा गई। फिर बोली—जहाँ तुम्हारी बहनें चली गईं, जहाँ सब लड़कियाँ चली जाती हैं।

अमृत ने निराश भाव से कहा—अच्छा, यह बात!

इतना कहकर अमृत चुप हो गया। अभी तक यह बात कभी उसके ध्यान में ही नहीं आई थी कि पूर्णिमा कहीं चली भी जाएगी। इतनी दूर तक सोचने की उसे फ़ुरसत ही नहीं थी। प्रसन्नता तो वर्तमान में ही मस्त रहती है। यदि भविष्य की बातें सोचने लगे तो फिर प्रसन्नता ही क्यों रहे?

और अमृत जितनी जल्दी इस दुर्घटना के होने की कल्पना कर सकता था, उससे पहले ही यह दुर्घटना एक ख़बर के रूप में सामने आ ही गई। पूर्णिमा के ब्याह की एक जगह बातचीत हो गई। अच्छा दौलतमंद ख़ानदान था और साथ ही इज़्ज़तदार भी। पूर्णिमा की माँ ने उसे बहुत ख़ुशी से मंजूर भी कर लिया। ग़रीबी की उस हालत में उसकी नज़रों में जो चीज़ सबसे ज़्यादा प्यारी थी, वह दौलत थी और यहाँ पूर्णिमा के लिए सब तरह से सुखी रहकर ज़िन्दगी बिताने के सामान मौजूद थे। मानो उसे मुँहमाँगी मुराद मिल गई हो। इससे पहले वह मारे फ़िक्र के घुली जाती थी। लड़की के ब्याह का ध्यान आते ही उसका कलेजा धड़कने लगता था। अब मानो परमात्मा ने अपने एक ही कटाक्ष से उसकी सारी चिन्ताओं और विकलताओं का अन्त कर दिया।

अमृत ने सुना तो उसकी हालत पागलों की-सी हो गई। वह बेतहाशा पूर्णिमा के घर की तरफ़ दौड़ा, मगर फिर लौट पड़ा। होश ने उसके पैर रोक दिए। वह सोचने लगा कि वहाँ जाने से क्या फ़ायदा? आख़िर उसमें उसका क़सूर ही क्या है? और किसी का क्या क़सूर है? अपने घर आया और मुँह ढँककर लेट रहा। पूर्णिमा चली जाएगी। फिर वह कैसे रहेगा? वह विचलित-सा होने लगा। वह ज़िन्दा ही क्यों रहे? ज़िन्दगी में रखा ही क्या है? लेकिन यह भाव भी दूर हो गया और उसका स्थान लिया उस निःस्तब्धता ने, जो तूफ़ान के बाद आती है। वह उदासीन हो गया। जब पूर्णिमा जाती ही है, तो वह उसके साथ कोई सम्बन्ध क्यों रखे? क्यों मिले-जुले? और अब पूर्णिमा को उसकी परवाह ही क्यों होने लगी? और परवाह थी ही कब? वह आप ही उसके पीछे कुत्तों की तरह दुम हिलाता रहता था। पूर्णिमा ने तो कभी बात

भी नहीं पूछी और अब उसे क्यों न अभिमान हो? एक लखपती की स्त्री बनने जा रही है। शौक से बने। अमृत भी ज़िन्दा रहेगा। मरेगा नहीं। यही इस ज़माने की वफ़ादारी की रस्म है।

लेकिन यह सारी तेज़ी दिल के अन्दर-ही-अन्दर थी और निरर्थक थी। भला उसमें इतनी हिम्मत कहाँ थी कि जाकर पूर्णिमा की माँ से कह दे कि पूर्णिमा मेरी है और मेरी ही रहेगी। ग़ज़ब हो जाएगा। गाँव में आफ़त मच जाएगी। ऐसी बातें न गाँव की कहानियों में कभी सुनी हैं और न देहातों में कभी देखी हैं?

और पूर्णिमा का यह हाल था कि दिन भर उसका रास्ता देखा करती थी। वह सोचती थी कि क्यों मेरे दरवाज़े से होकर निकल जाता है और क्यों अन्दर नहीं आता! कभी रास्ते में मुलाक़ात हो जाती है तो मानो उसकी परछाईं से भागता है। वह पानी की कलसी लेकर कुएँ पर खड़ी रहती है और सोचती है कि वह आता होगा, लेकिन वह कहीं दिखाई ही नहीं देता।

एक दिन वह उसके घर गई और उससे जवाब माँगा। उसने पूछा—तुम आजकल आते क्यों नहीं! बस उसी समय उसका गला भर आया। उसे याद आ गया कि अब वह इस गाँव में थोड़े ही दिनों की मेहमान है!

लेकिन अमृत चुपचाप ज्यों-का-त्यों बैठा रहा। लापरवाही से उसने सिर्फ़ इतना कहा—इम्तहान पास आ गया है। फ़ुरसत नहीं मिलती।

फिर कुछ ठहरकर उसने कहा—सोचता हूँ कि जब तुम जा ही रही हो...। वह कहना ही चाहता था कि—तो फिर अब मुहब्बत क्यों बढ़ाऊँ! मगर उसे ध्यान आ गया कि बहुत मूर्खता की बात है। अगर कोई रोगी मरने जा रहा हो, तो क्या इसी विचार से उसका इलाज छोड़ दिया जाता है कि वह मरेगा ही! इसके विपरीत ज्यों-ज्यों उसकी हालत और भी ज़्यादा ख़राब होती जाती है, त्यों-त्यों लोग और भी अधिक तत्परता से उसकी चिकित्सा करते हैं और जब उसका अन्तिम समय आ जाता है, तब तो दौड़-धूप की हद ही नहीं रहती। उसने बात का रुख़ बदलकर कहा—सुना है, वह लोग भी बहुत मालदार हैं।

पूर्णिमा ने उसके ये अन्तिम शब्द सुने ही नहीं या उनका जवाब देने की ज़रूरत नहीं समझी। उसके कानों में तो जवाब का पहला हिस्सा गूँज रहा था।

उसने बहुत ही दुःखपूर्ण भाव से कहा—तो इसमें मेरा क्या कसूर है? मैं अपनी ख़ुशी से तो जा नहीं रही हूँ। जाना पड़ता है, इसलिए जा रही हूँ।

यह कहते-कहते मारे लज्जा के उसका चेहरा लाल हो गया। जितना उसे कहना चाहिए था, शायद उससे ज़्यादा वह कह गई थी।

मुहब्बत में भी शतरंज की-सी चालें होती हैं। अमृत ने उसकी तरफ़ इस तरह देखा कि मानो वह इस बात की जाँच करना चाहता है कि इन शब्दों में कुछ अर्थ भी है या नहीं। क्या अच्छा होता कि उसकी आँखों में आर-पार देखने की शक्ति होती! इस तरह तो सभी लड़कियाँ निराश भाव से बातें करती हैं, मानो ब्याह होते ही उनकी जान पर आ बनेगी। मगर सभी लड़कियाँ एक-न-एक दिन अच्छे-अच्छे गहने और कपड़े पहनकर और पालकी में बैठकर चली जाती हैं। इन बातों से उसको कोई सन्तोष नहीं हुआ।

फिर डरते-डरते बोला—तब तुम्हें मेरी याद क्यों आएगी?

उसके माथे पर पसीना आ गया। उसे ऐसी बेढब शर्मिंदगी हुई कि जी चाहा कि कमरे से बाहर भाग जाऊँ। पूर्णिमा की ओर देखने की हिम्मत भी नहीं हुई। कहीं वह समझ न गई हो।

पूर्णिमा ने सिर झुकाकर मानो अपने दिल से कहा—तुम मुझे इतना निर्मोही समझते हो! मैं बेकसूर हूँ और मुझसे रूठते हो। तुम्हें इस समय मेरे साथ सहानुभूति होनी चाहिए थी। तुम्हें उचित था कि तुम मुझे ढाढ़स देते और तुम मुझसे तने बैठे हो। तुम्हीं बतलाओ कि मेरे लिए और कौन-सा दूसरा रास्ता है? जो मेरे अपने हैं, वही मुझे ग़ैर के घर भेज रहे हैं। वहाँ मुझ पर क्या बीतेगी? मेरी क्या हालत होगी? क्या यही ग़म मेरी जान लेने के लिए काफ़ी नहीं है जो तुम उसमें अपना ग़ुस्सा भी मिलाए देते हो?

उसका गला फिर भर आया। आज पूर्णिमा को इस प्रकार दु:खी और उदास देखकर अमृत को विश्वास हो गया कि इसके अन्दर भी एक छिपी हुई वेदना है। उसका ओछापन और स्वार्थपरता मानो कालिख बनकर उसके चेहरे पर चमकने लगी। पूर्णिमा के इन शब्दों में पूरी सत्पता थी और साथ ही कितनी फटकार और कितना अपमान भी भरा हुआ था। जो पराए हो, उनसे शिकायत ही क्यों करे? अवश्य ही ऐसी अवस्था में उसे पूर्णिमा को ढाढस दिलाना चाहिए था। वह उसका कर्तव्य था और वह कर्तव्य उसे बहुत प्रसन्नता के साथ पूरा करना चाहिए था। पूर्णिमा ने प्रेम का एक नया आदर्श उसके सामने रख दिया था और उसका विवेक इस आदर्श से बचकर नहीं निकलने देता था। इसमें सन्देह नहीं कि प्रेम भी एक स्वार्थ-त्याग है, परन्तु बहुत बड़ा और जिगर को जलानेवाला है।

उसने लज्जित होकर कहा—माफ़ करो पूर्णिमा। मेरी भूल थी; बल्कि बेवकूफ़ी थी।

2

पूर्णिमा का ब्याह हो गया। अमृत जी-जान से उसके ब्याह के प्रबन्ध में लगा रहा। दूल्हा अधेड़ था। तोदन और भोंडा था और साथ ही बहुत घमंडी और बद-मिज़ाज भी था। लेकिन अमृत ऐसी तत्परता से उसकी ख़ातिरदारी कर रहा था कि मानो वह कोई देवता हो और उसकी एक ही मुस्कुराहट उसे स्वर्ग में पहुँचा देगी। पूर्णिमा के साथ बातचीत करने का अमृत को अवसर ही नहीं मिला और न उसने अवसर निकालने का कोई प्रयास किया। वह पूर्णिमा को जब देखता था, तब वह रोती ही रहती थी। और अमृत आँखों की ज़बान से जहाँ तक हो सकता था, बिना कुछ कहे ही उसे जितना ढाढ़स और तसल्ली दे सकता था, वह देता था और उसके प्रति सहानुभूति दिखलाता था।

तीसरे दिन पूर्णिमा रो-धोकर ससुराल विदा हो गई। अमृत ने उसी दिन शिवजी के मन्दिर में जाकर परम निष्ठा तथा भक्ति से भरे हुए दिल से प्रार्थना की कि पूर्णिमा सदा सुखी रहे। जब नया और ताज़ा ग़म हो, तो फिर इधर-उधर के और फ़ालतू विचारों का भला कहाँ प्रवेश हो सकता है! दु:ख तो आत्मा के रोगों का नाशक है, परन्तु मन में उसे एक तरह की शून्यता का अनुभव हो रहा था, मानो अब उसका जीवन उजाड़ हो गया था। अब उसका कोई उद्देश्य या कोई कामना नहीं रह गई थी।

3

तीन बरस बाद पूर्णिमा फिर मैके आई। इस बीच में अमृत का भी ब्याह हो गया था और जीवन का जुआ गरदन पर रखे हुए लकीर पीटता चला जा रहा था। परन्तु उसके मन में एक ऐसी अस्पष्ट-सी वासना दबी हुई थी, जिसे वह कोई स्पष्ट रूप नहीं दे सकता था। वह

वासना थर्मामीटर के पारे की तरह उसके अन्दर सुरक्षित थी। अब पूर्णिमा ने आकर उसमें गरमी पैदा कर दी थी और वह पारा चढ़कर सरसाम की सीमा तक जा पहुँचा था। उसकी गोद में दो बरस का एक प्यारा-सा बच्चा था। अमृत उस बच्चे को दिन-रात, मानो गले से बाँधे रहता था। यह सबेरे और संध्या उसे गोद में लेकर टहलने जाया करता था और उसके लिए बाज़ार से तरह-तरह के खिलौने और मिठाइयाँ लाया करता था। सबेरा होते ही उसके जलपान के लिए हलुआ और दूध लेकर पहुँचा जाता था। उसे नहलाता-धुलाता और उसके बाल साफ़ करता था। उसके फोड़े-फुंसियाँ धोकर उन पर मलहम लगाता था। ये सभी सेवाएँ उसने अपने ज़िम्मे ले ली थी। बच्चा भी उसके साथ इतना हिल-मिल गया था कि पल-भर के लिए भी उसका गला न छोड़ता था। यहाँ तक कि कभी-कभी उसी के पास सो भी जाता था और पूर्णिमा के आकर बुलाने पर भी उसके साथ नहीं जाता था।

अमृत पूछता—तुम किसके बेटे हो।

बच्चा कहता—टुमाले।

अमृत मारे आनन्द के मतवाला होकर उसे गले से लगा लेता था।

पूर्णिमा का रूप अब और भी निखर आया था। कली खिलकर फूल हो गई थी। अब उसके स्वभाव में अहमन्यता और अभिमान आ गया था और साथ ही बनाव-सिंगार से प्रेम भी हो गया था। सोने के गहनों से सजकर और रेशमी साड़ी पहनकर अब वह और भी अधिक आकर्षक हो गई थी और ऐसा जान पड़ता था कि मानो वह अमृत से कुछ बचना चाहती है। बिना कोई विशेष आवश्यकता हुए उससे बहुत कम बोलती है और जो कुछ बोलती भी है, वह इस ढंग से बोलती है कि मानो अमृत पर कोई एहसान कर रही है। अमृत उसके बच्चे के लिए इतनी जान देता है और उसकी फ़रमाइशों को कितने शौक से पूरा करता है, लेकिन ऊपर से देखने पर यही जान पड़ता था कि पूर्णिमा की निगाहों में उसकी इन सब सेवाओं का कोई मूल्य ही नहीं था, मानो सेवा करना अमृत का कर्तव्य ही है। और वह कर्तव्य उसे पूरा करना चाहिए! इसके लिए वह किसी प्रकार के धन्यवाद या कृतज्ञता का अधिकारी नहीं है।

जब बच्चा रोता है, तब वह उसे धमकाती है कि ख़बरदार, रोना नहीं। नहीं तो मामाजी तुमसे कभी न बोलेंगे और इतना सुनते ही बच्चा चुप हो जाता है।

जब उसे किसी चीज़ की ज़रूरत होती है तब वह अमृत को बुलाकर मानो आज्ञा के रूप में उससे कह देती है। और अमृत भी तुरन्त उस आज्ञा का पालन करता है, मानो वह उसका ग़ुलाम हो और वह भी शायद यही समझती है कि मैंने अमृत से ग़ुलामी का पट्टा लिखा लिया है।

छह महीने मैके रहकर पूर्णिमा फिर ससुराल चली गई। अमृत उसे पहुँचाने के लिए स्टेशन तक आया था। जब वह गाड़ी में बैठ गई तब अमृत ने बच्चा उसकी गोद में दे दिया। अमृत की आँखों से आँसू की बूँद टपक पड़ी और उसने मुँह फेर लिया और आँखों पर हाथ फेरकर आँसू पोंछ डाला। पूर्णिमा को अपने आँसू कैसे दिखलाए? क्योंकि उसकी आँखें तो बिलकुल खुश्क थी, लेकिन फिर भी उसका जी नहीं मानता था। वह सोचता था कि न जाने अब फिर कब मुलाक़ात हो!

पूर्णिमा ने कुछ अभिमान के साथ कहा—क्या कई दिन तक तुम्हारे लिए बहुत हुड़केगा।

अमृत ने भरे हुए गले से कहा—मुझे तो उम्र-भर भी इसकी सूरत नहीं भूलेगी।

कभी-कभी एकाध पत्र तो भेज दिया करो।

भेजूँगा?

मगर मैं जवाब नहीं दूँगी, यह समझ लो।

मत देना। मैं माँगता तो नहीं।...मगर याद रखना।

गाड़ी चल पड़ी। अमृत उसकी खिड़की की ओर देखता रहा। गाड़ी के कोई एक फर्लांग निकल जाने पर उसने देखा कि पूर्णिमा ने खिड़की से सिर निकालकर उसकी तरफ़ देखा और फिर बच्चे को गोद में लेकर उसे ज़रा-सा दिखला दिया।

अमृत का हृदय उस समय उड़कर पूर्णिमा के पास पहुँच जाना चाहता था। वह इतना प्रसन्न है कि मानो उसका उद्देश्य सिद्ध हो गया हो।

4

उसी वर्ष पूर्णिमा की माँ का देहान्त हो गया। पूर्णिमा उस समय सफ़र में थी। वह अपनी माँ को अन्तिम समय न देख सकी। जहाँ तक हो सकता था, अमृत ने पहले तो उसकी पूरी चिकित्सा की और उसके मर जाने पर उसका क्रिया—कर्म भी कर दिया। ब्राह्मणों को भी और बिरादरीवालों को भी भोजन कराया, मानो स्वयं उसी की माँ मर गई हो। स्वयं उसके पिता का देहान्त हो ही चुका था, इसलिए वह आप ही अपने घर का मालिक हो गया था। कोई उसका हाथ पकड़नेवाला नहीं था।

पूर्णिमा अब किस नाते से मैके आती? और फिर अब उसे इतनी फुरसत कहाँ थी? अपने घर की मालकिन थी। घर किस पर छोड़कर आती? उसे दो बच्चे और भी हुए। पहला लड़का बड़ा होकर स्कूल में पढ़ने लगा। छोटा देहात के मदरसे में पढ़ता था। अमृत साल में एक बार नाई को भेजकर उन सबकी ख़ैर-सल्ला मँगा लिया करता था। पूर्णिमा सब प्रकार से सुखी और निश्चिन्त है, और उसकी तसल्ली के लिए इतना ही काफ़ी था। अमृत के लड़के भी सयाने हो गए थे। वह घर-गृहस्थी की चिन्ताओं में फँसा रहता था। फिर उसकी उम्र भी चालीस से आगे निकल गई थी, परन्तु फिर भी पूर्णिमा की स्मृति अभी तक उसके हृदय की गम्भीरतर भाग में सुरक्षित थी।

5

अचानक एक दिन अमृत ने सुना कि पूर्णिमा के पति का देहान्त हो गया, परन्तु आश्चर्य यह था कि उसे कोई दु:ख नहीं हुआ। वह यों ही अपने मन में यह निश्चय कर बैठा था कि इस खबीस बुड्ढे के साथ पूर्णिमा का जीवन कभी ईर्ष्या के योग्य नहीं हो सकता। कर्तव्य की विवशता और पतिव्रत धर्म के पालन के विचार से उसने कभी अपना हार्दिक कष्ट प्रकट नहीं किया था, परन्तु यह असम्भव है कि सभी प्रकार के सुख और निश्चिन्तता के रहते हुए भी उस घृणित व्यक्ति के साथ उसे कोई विशेष प्रेम रहा हो। यह तो भारतवर्ष ही है, जहाँ ऐसी अप्सराएँ ऐसे अयोग्य कुपात्रों के गले बाँध दी जाती हैं। और नहीं तो यदि पूर्णिमा किसी दूसरे देश में होती, तो उस देश के नवयुवक उस पर निछावर हो जाते। उसकी मरी हुई वासनाएँ फिर जीवित हो गईं। अब उसमें वह पहले वाली झिझक नहीं है और न उसकी ज़बान पर वह पहलेवाली मौन की मोहर ही है और फिर पूर्णिमा भी अब स्वतंत्र है। अवस्था के धर्म ने अवश्य ही उसे अधिक दयालु बना दिया होगा। वह शोखी, अल्हड़पन और लापरवाही तो

कभी की बिदा हो चुकी होगी। उस लड़कपन की जगह अब उसमें अनुभवी स्त्रियों की वे सब बातें आ गई होंगी, जो प्रेम का आदर करती हैं और उसकी इच्छुक होती हैं। वह पूर्णिमा के घर मातमपुरसी करने जाएगा और उसे अपने साथ ले आएगा और जहाँ तक हो सकेगा, उसकी सेवा करेगा। अब पूर्णिमा के केवल सामीप्य से ही उसको सन्तोष हो जाएगा। वह केवल उसके मुँह से यह सुनकर ही हार्दिक सन्तोष प्राप्त करेगा कि वह भी उसे याद करती है। अब भी उससे वही बचपन का-सा प्रेम करती है। बीस साल पहले उसने पूर्णिमा की जो सूरत देखी थी, उसका शरीर भरा हुआ था, गालों पर लाली थी, अंगों में कोमलता थी। उसकी खिंची हुई ठोढ़ी थी जो मानो अमृत के भरे हुए कुंड के समान थी। उसकी मुस्कुराहट मादक थी। बस उसका वही रूप अब भी बहुत ही थोड़े परिवर्तन के साथ उसकी आँखों में समाया हुआ था और वह परिवर्तन उस एकान्त की आँखों में उसे और भी अधिक प्रिय जान पड़ने लगा था। अवश्य ही समय की प्रगति का उस पर कुछ-न-कुछ प्रभाव होगा, परन्तु पूर्णिमा के शरीर में किसी ऐसे परिवर्तन की वह कभी कल्पना भी नहीं कर सकता था, जिससे उसकी मनोहरता में कोई अन्तर आ जाए। और अब वह केवल ऊपरी रूप का उतना अधिक इच्छुक भी नहीं रह गया था, जितना उसके मधुर वचनों का भूखा था। वह उसकी प्रेमपूर्ण दृष्टि और उसके विश्वास का ही विशेष इच्छुक था। अपने पुरुषोचित आत्माभिमान के कारण कदाचित् वह यह भी समझता था कि वह पूर्णिमा की अतृप्त प्रेम-वासना को अपनी नाज़बरदारियों और प्रेम के आवेश से सुरक्षित रखेगा और अपनी पिछली भूल-चूक का मार्जन कर डालेगा।

6

संयोग से पूर्णिमा स्वयं ही एक दिन अपने छोटे बच्चे के साथ अपने घर आ गई। उसकी एक विधवा मौसी थी जो उसकी माँ के साथ ही अपने वैधव्य के दिन काट रही थी। वह अभी तक जीती थी। इस प्रकार वह सूना घर फिर से बस गया।

जब अमृत ने यह समाचार सुना, तब वह बड़े शौक से मानो मदमत्त होकर उसके घर की तरफ़ दौड़ा। वह अपने लड़कपन और जवानी की मधुर स्मृतियों को अपने मन की झोली में अच्छी तरह सँभालता हुआ ले जा रहा था। उस समय उसकी अवस्था ठीक उस छोटे बच्चे के समान थी जो अपने हमजोली को देखकर उसके साथ खेलने के लिए टूटे-फूटे खिलौने लेकर दौड़ पड़ता है।

लेकिन उसकी सूरत देखते ही उसका सारा शौक और सारी उमंग मानो बुझ-सी गई। वह नि:स्तब्ध होकर खड़ा रह गया। पूर्णिमा उसके सामने आकर सिर झुकाकर खड़ी हो गई। सफ़ेद साड़ी के घूँघट से आधा मुँह छिपा हुआ था, लेकिन कमर झुक गई थी। बाँहें सूत-सी पतली, पैर के पिछले भाग की रगें उभरी हुईं, आँखों से आँसू बह रहे थे और चेहरे का रंग बिलकुल पीला पड़ गया था, मानो कफ़न में लपेटी हुई लाश खड़ी हो।

पूर्णिमा की मौसी ने आकर कहा—बैठो बेटा! देखते हो इसकी हालत सूखकर काँटा हो गई है। एक क्षण को भी आँसू नहीं थमते। सिर्फ़ एक समय सूखी रोटियाँ खाती है और किसी चीज़ से मतलब नहीं। नमक छोड़ दिया है, घी-दूध सब त्याग दिया है। बस रूखी रोटियों से काम। इस पर आए दिन व्रत रखती है। कभी एकादशी, कभी इतवार और कभी मंगल। एक चटाई बिछाकर ज़मीन पर सोती है। घड़ी रात रहे उठकर पूजा-पाठ करने लगती है। लड़के

समझाते हैं, मगर किसी की नहीं सुनती। कहती है कि जब भगवान ने सुहाग ही उठा लिया, तो फिर सब कुछ मिथ्या है। जी बहलाने के लिए यहाँ आई थी। मगर यहाँ भी रोने के सिवा दूसरा काम नहीं। कितना समझाती हूँ कि बेटी, भाग्य में जो कुछ लिखा था, वह हुआ। अब सब्र करो। भगवान ने तुम्हें बाल-बच्चे दिए हैं। उनको पालो। घर में ईश्वर का दिया सब कुछ है। चार को खिलाकर खा सकती हो। मन पवित्र होना चाहिए। शरीर को दु:ख देने से क्या लाभ? लेकिन सुनती ही नहीं। अब तुम समझाओ तो शायद माने।

अमृत ऊपर से देखने में तो नि:स्तब्ध; परन्तु अन्दर हृदय-विदारक वेदना छिपाए हुए खड़ा था, मानो जिस नींव पर उसने ज़िन्दगी की इमारत खड़ी की थी, वह हिल गई हो। आज उसे मालूम हुआ कि जन्म भर उसने जिस वस्तु को तथ्य समझ रखा था, वह वास्तव में मृग-तृष्णा थी अथवा केवल स्वप्न था। पूर्णिमा के इस विकट आत्म-संयम और तपस्वियों के-से आचरण के सामने उसकी समस्त वासनाओं और प्रेम की उमंगों का नाश हो गया था। और उसके सामने जीवन का यह नया तथ्य आकर उपस्थित हो गया था कि यदि मन में मिट्टी को देवता बनाने की शक्ति है, तो मनुष्य को देवता बनाने की शक्ति है। पूर्णिमा उसी घृणित मनुष्य को देवता बनाकर उसकी पूजा कर रही थी।

उसने शान्त भाव से कहा—तपस्विनी को हम जैसे स्वार्थी लोग कैसे समझा सकते हैं, मौसी! हम लोगों का कर्तव्य इसके चरणों पर सिर झुकाना है, इसे समझाना नहीं।

पूर्णिमा ने मुँह पर का घूँघट हटाते हुए कहा—तुम्हारा बच्चा तुम्हें अभी तक पूछा करता है।

दो बहनें

दोनों बहनें दो साल के बाद एक तीसरे नातेदार के घर मिलीं और ख़ूब रो-धोकर ख़ुश हुईं तो बड़ी बहन रूपकुमारी ने देखा कि छोटी बहन रामदुलारी सिर से पाँव तक गहनों से लदी हुई है, कुछ उसका रंग खुल गया है, स्वभाव में कुछ गरिमा आ गई है और बातचीत करने में ज़्यादा चतुर हो गई है। क़ीमती बनारसी साड़ी और बेलदार उन्नावी मखमल के जम्पर ने उसके रूप को और भी चमका दिया—वही रामदुलारी, लड़कपन में सिर के बाल खोले, फूहड़-सी इधर-उधर खेला करती थी। अन्तिम बार रूपकुमारी ने उसे उसके विवाह में देखा था—दो साल पहले। तब भी उसकी शक्ल-सूरत में कुछ ज़्यादा अन्तर न हुआ था। लम्बी तो हो गई थी, मगर थी उतनी ही दुबली, उतनी ही फूहड़, उतनी ही मंदबुद्धि। ज़रा-ज़रा सी बात पर रूठनेवाली, मगर आज तो कुछ हालत ही और थी, जैसे कली खिल गई हो और यह रूप इसने छिपा कहाँ रखा था? नहीं, आँखों को धोखा हो रहा है। यह रूप नहीं, केवल आँखों को लुभाने की शक्ति है, रेशम और मखमल और सोने के बल पर वह रूप-रेखा थोड़े ही बदल जाएगी। फिर भी, आँखों में समाई जाती है। पच्चासों स्त्रियाँ जमा हैं, मगर यह आकर्षण, यह जादू और किसी में नहीं।

कहीं आईना मिलता तो वह ज़रा अपनी सूरत भी देखती। घर से चलते समय उसने आईना देखा था। अपने रूप को चमकाने के लिए जितना सान चढ़ा सकती थी, उससे कुछ अधिक ही चढ़ाया था, लेकिन अब वह सूरत जैसे स्मृति से मिट गई है, उसकी धुँधली-सी

परछाहीं-भर हृदय-पट पर है। उसे फिर से देखने के लिए वह बेकरार हो रही है। वह अब तुलनात्मक दृष्टि से देखेगी, रामदुलारी में यह आकर्षण कहाँ से आया, इस रहस्य का पता लगाएगी। यों उसके पास मेकअप की सामग्रियों के साथ छोटा-सा आईना भी है, लेकिन भीड़-भाड़ में वह आईना देखने या बनाव-सिंगार की आदी नहीं है। ये औरतें दिल में न जाने क्या समझें। मगर यहाँ कोई आईना तो होगा ही। ड्राइंग-रूम में तो ज़रूर ही होगा। वह उठकर ड्राइंग-रूम में गई और क़द्देआदम शीशे में अपनी सूरत देखी। वहाँ इस वक़्त और कोई न था। मर्द बाहर सहन में थे, औरतें गाने-बजाने में लगी हुई थीं। उसने आलोचनात्मक दृष्टि से एक-एक अंग का, अंगों के एक-एक विन्यास को देखा। उसका अंग-विन्यास, उसकी मुख-छवि निष्कलंक है। मगर वह ताजगी, वह मादकता, वह माधुर्य नहीं है। हाँ, नहीं है। वह अपने को धोखे में नहीं डाल सकती। कारण क्या है? यही कि रामदुलारी आज खिली है, उसे खिले ज़माना हो गया, लेकिन इस ख़याल से उसका चित्त शान्त नहीं होता। वह रामदुलारी से हेठी बनकर नहीं रह सकती। ये पुरुष भी कितने गावदी होते हैं। किसी में भी सच्चे सौन्दर्य की परख नहीं। इन्हें तो जवानी और चंचलता और हाव-भाव चाहिए। आँखें रखकर भी अंधे बनते हैं। भला इन बातों का आपसे क्या सम्बन्ध! ये तो उम्र के तमाशे हैं। असली रूप तो वह है, जो समय की परवाह न करे। उसके कपड़ों में रामदुलारी को खड़ा कर दो, फिर देखो, यह सारा जादू कहाँ उड़ जाता है। चुड़ैल-सी नज़र आए। मगर इन अंधों को कौन समझाए। मगर रामदुलारी के घरवाले तो इतने सम्पन्न न थे। विवाह में जो जोड़े और गहने आए थे, वे तो बहुत ही निराशाजनक थे। ख़ुशहाली का दूसरा कोई सामान भी न था। इसके ससुर एक रियासत के मुख़्तारआम थे, और दूल्हा कॉलेज में पढ़ता था। इस दो साल में कहाँ से यह हुस्न बरस गया। कौन जाने, गहने कहीं से माँग लाई हो। कपड़े भी माँगे के हो सकते हैं। कुछ औरतों को अपनी हैसियत बढ़ाकर दिखाने की लत होती है। तो वह स्वाँग रामदुलारी को मुबारक रहे। मैं जैसी हूँ, वैसी अच्छी हूँ। प्रदर्शन का यह रोग कितना बढ़ता जाता है। घर में रोटियों का ठिकाना नहीं है, मर्द 25-30 रुपए पर क़लम घिस रहा है; लेकिन देवीजी घर से निकलेंगी तो इस तरह बन-ठनकर, मानो कहीं की राजकुमारी हैं। बिसातियों के और दरजियों के तकाजे सहेंगी, बज़ाज़ के सामने हाथ जोड़ेंगी, शौहर की घुड़कियाँ खाएँगी, रोएँगी, रूठेंगी, मगर प्रदर्शन के उन्माद को नहीं रोकतीं। घरवाले भी सोचते होंगे, कितनी छिछोरी तबीयत है इसकी! मगर यहाँ तो देवीजी ने बेहयाई पर कमर बाँध ली है। कोई कितना ही हँसे, बेहया की बला दूर। उन्हें तो बस यही धुन सवार है कि जिधर से निकल जाएँ, उधर लोग हृदय पर हाथ रखकर रह जाएँ। रामदुलारी ने ज़रूर किसी से गहने और जेवर माँग लिए, बेशर्म जो है!

उसके चेहरे पर आत्म-सम्मान की लाली दौड़ गई। न सही उसके पास जेवर और कपड़े। उसे किसी के सामने लज्जित तो नहीं होना पड़ता! किसी से मुँह तो नहीं चुराना पड़ता। एक-एक लाख के तो उसके दो लड़के हैं। भगवान् उन्हें चिरायु करे, वह इसी में ख़ुश है। ख़ुद अच्छा पहन लेने और अच्छा खा लेने से तो जीवन का उद्देश्य नहीं पूरा हो जाता। उसके घरवाले ग़रीब हैं, पर उनकी इज़्ज़त तो है, किसी का गला तो नहीं दबाते, किसी का शाप तो नहीं लेते!

इस तरह अपने मन को ढाढ़स देकर वह फिर बरामदे में आई, तो रामदुलारी ने जैसे उसे दया की आँखों से देखकर कहा—जीजाजी की कुछ तरक्की-वरक्की हुई कि नहीं बहन? या अभी तक वही 75 रुपए पर क़लम घिस रहे हैं?

रूपकुमारी की देह में आग-सी लग गई। ओफ्फोह रे दिमाग़! मानों इसका पति लाट ही तो है। अकड़कर बोली—तरक्की क्यों नहीं हुई। अब सौ के ग्रेड में हैं। आजकल यह भी गनीमत है, नहीं, अच्छे-अच्छे एम.ए. पासों को देखती हूँ कि कोई टके को नहीं पूछता। तेरा शौहर तो अब बी.ए. में होगा?

रामदुलारी ने नाक सिकोड़कर कहा—उन्होंने तो पढ़ना छोड़ दिया बहन, पढ़कर औकात ख़राब करना था और क्या। एक कंपनी के एजेंट हो गए हैं। अब ढाई सौ रुपए माहवार पाते हैं। कमीशन ऊपर से। पाँच रुपए रोज़ सफ़र-ख़र्च के भी मिलते हैं। यह समझ लो कि पाँच सौ का औसत पड़ जाता है। डेढ़ सौ माहवार तो उनका निज ख़र्च है बहन! ऊँचे ओहदे के लिए अच्छी हैसियत भी तो चाहिए। साढ़े तीन सौ बेदाग़ घर दे देते हैं। उसमें से सौ रुपए मुझे मिलते हैं, ढाई सौ में घर का ख़र्च ख़ुशफैली से चल जाता है। एम.ए. पास करके क्या करते!

रूपकुमारी इस कथन को शेखचिल्ली की दास्तान से ज़्यादा महत्त्व नहीं देना चाहती, मगर रामदुलारी के लहज़े में इतनी विश्वासोत्पादकता है कि वह अपनी निम्नचेतना में उससे प्रभावित हो रही है और उसके मुख पर पराजय की खिन्नता साफ़ झलक रही है। मगर यदि उसे बिलकुल पागल नहीं हो जाना है तो इस ज्वाला को हृदय से निकाल देना पड़ेगा। जिरह करके अपने मन को विश्वास दिलाना पड़ेगा कि इसके काव्य में एक चौथाई से ज़्यादा सत्य नहीं है। एक चौथाई तक वह सह सकती है। इससे ज़्यादा उससे न सहा जाएगा। इसके साथ ही उसके दिल में धड़कन भी है कि कहीं यह कथा सत्य निकली तो वह रामदुलारी को कैसे मुँह दिखाएगी। उसे भय है कि कहीं उसकी आँखों से आँसू न निकल पड़ें। कहाँ पछत्तर और कहाँ पाँच सौ! इतनी बड़ी रक़म आत्मा की हत्या करके भी क्यों न मिले, फिर भी रूपकुमारी के लिए असह्य है। आत्मा का मूल्य अधिक-से-अधिक सौ रुपए हो सकता है। पाँच सौ किसी हालत में भी नहीं।

उसने परिहास के भाव से पूछा—जब एजेंटी में इतना वेतन और भत्ता मिलता है तो ये सारे कॉलेज बन्द क्यों नहीं हो जाते? हज़ारों लड़के क्यों अपनी ज़िन्दगी ख़राब करते हैं?

रामदुलारी बहन के खिसियानेपन का आनन्द उठाती हुई बोली—बहन, तुम यहाँ भूलकर रही हो। एम.ए. तो सभी पास हो सकते हैं, मगर एजेंटी बिरले ही किसी को आती है। यह तो ईश्वर की देन है। कोई ज़िन्दगी-भर पढ़ता रहे, मगर यह ज़रूरी नहीं कि वह अच्छा एजेंट भी हो जाए। रुपए पैदा करना दूसरी बात है, आलिम-फ़ाज़िल हो जाना दूसरी बात। अपने माल की श्रेष्ठता का विश्वास पैदा कर देना, यह दिल में जमा देना कि इससे सस्ता और टिकाऊ माल बाज़ार में मिल ही नहीं सकता, आसान काम नहीं है। एक-से-एक घाघों से उनका साबका पड़ता है। बड़े-बड़े राजाओं और रईसों का मत फेरना पड़ता है, तब जाके कहीं माल बिकता है। मामूली आदमी तो राजाओं और नवाबों के सामने ही न जा सके। पहुँच ही न हो और किसी तरह पहुँच भी जाए तो ज़बान न खुले। पहले-पहल तो इन्हें भी झिझक हुई थी, मगर अब तो इस सागर के मगर हैं। अगले साल तरक्की होनेवाली है।

रूपकुमारी की धमनियों में रक्त की गति जैसे बन्द हुई जा रही है। निर्दयी आकाश गिर क्यों नहीं पड़ता! पाषाण-हृदया धरती फट क्यों नहीं जाती! यह कहाँ का न्याय है कि रूपकुमारी जो रूपवती है, तमीज़दार है, सुघड़ है, पति पर जान देती है, बच्चों को प्राणों से ज़्यादा चाहती है, थोड़े में गृहस्थी को इतने अच्छे ढंग से चलाती है, उसकी तो यह दुर्गति और यह घमंडिन, बदतमीज़, विलासिनी, चंचल, मुँहफट छोकरी, जो अभी तक सिर खोले

घूमा करती थी, रानी बन जाए? मगर उसे अब भी कुछ आशा बाकी थी। शायद आगे चलकर उसके चित्त की शान्ति का कोई मार्ग निकल आए।

उसी परिहास के स्वर में बोली—तब तो शायद एक हज़ार मिलने लगें?

'एक हज़ार तो नहीं, पर छह सौ में सन्देह नहीं?'

'कोई आँखों का अंधा मालिक फँस गया होगा?'

'व्यापारी आँखों के अंधे नहीं होते दीदी! उनकी आँखें हमारी-तुम्हारी आँखों से कहीं तेज़ होती हैं। जब तुम उन्हें छह हज़ार कमाकर दो, तब कहीं छह सौ मिलें, जो सारी दुनिया को चराए उसे कौन बेवकूफ़ बनाएगा।'

परिहास से काम न चलते देखकर रूपकुमारी ने अपमान का अस्त्र निकाला—मैं तो इसे बहुत अच्छा पेशा नहीं समझती। सारे दिन झूठ के तूमार बाँधो। यह तो ठग-विद्या है!

रामदुलारी ज़ोर से हँसी। बहन पर उसने पूरी विजय पाई थी।

'इस तरह तो जितने वकील-बैरिस्टर हैं सभी ठग-विद्या करते हैं। अपने मुवक्किल के फ़ायदे के लिए उन्हें क्या नहीं करना पड़ता? झूठी शहादतें तक बनानी पड़ती हैं। मगर उन्हीं वकीलों और बैरिस्टरों को हम अपना लीडर कहते हैं, उन्हें अपनी कौमी सभाओं का प्रधान बनाते हैं, उनकी गाड़ियाँ खींचते हैं, उन पर फूलों और अशर्फियों की वर्षा करते हैं, उनके नाम से सड़कें, प्रतिमाएँ और संस्थाएँ बनाते हैं। आजकल दुनिया पैसा देखती है। आजकल ही क्यों? हमेशा से धन की यही महिमा रही है। पैसे कैसे आएँ, यह कोई नहीं देखता। जो पैसेवाला है, उसी की पूजा होती है। जो अभागे हैं, अयोग्य हैं या भीरु हैं, वे आत्मा और सदाचार की दुहाई देकर अपने आँसू पोंछते हैं। नहीं, आत्मा और सदाचार को कौन पूछता है।'

रूपकुमारी खामोश हो गई। अब उसे यह सत्य उसकी सारी वेदनाओं के साथ स्वीकार करना पड़ेगा कि रामदुलारी उससे ज़्यादा भाग्यवान है। इससे अब त्राण नहीं। परिहास या अनादर से वह अपनी तंगदिली का प्रमाण देने के सिवा और क्या पाएगी। उसे किसी बहाने से रामदुलारी के घर जाकर असलियत की छानबीन करनी पड़ेगी। अगर रामदुलारी वास्तव में लक्ष्मी का वरदान पा गई है तो रूपकुमारी अपनी किस्मत ठोंककर बैठ रहेगी। समझ लेगी कि दुनिया में कहीं न्याय नहीं है, कहीं ईमानदारी की पूछ नहीं है।

मगर क्या सचमुच उसे इस विचार से सन्तोष होगा? यहाँ कौन ईमानदार है? वही, जिसे बेईमानी करने का अवसर नहीं है और न इतनी बुद्धि या मनोबल है कि वह अवसर पैदा कर ले। उसके पति 75 रुपए पाते हैं; पर क्या दस-बीस रुपए और ऊपर से मिल जाएँ तो वह ख़ुश होकर ले न लेंगे? उनकी ईमानदारी और सत्यवादिता उसी समय तक है, जब तक अवसर नहीं मिलता। जिस दिन मौक़ा मिला, सारी सत्यवादिता धरी रह जाएगी। और क्या रूपकुमारी में इतना नैतिक बल है कि वह अपने पति को हराम का माल हज़म करने से रोक दे? रोकना तो दूर की बात है, वह प्रसन्न होगी, शायद पतिदेव की पीठ ठोंकेगी। अभी उनके दफ़्तर से आने के समय वह मन मारे बैठी रहती है। तब वह द्वार पर खड़ी होकर उनकी बाट जोहेगी, और ज्योंही वह घर में आएँगे, उनकी जेबों की तलाशी लेगी।

आँगन में गाना-बजाना हो रहा था। रामदुलारी उमंग के साथ गा रही थी, और रूपकुमारी वहीं बरामदे में उदास बैठी हुई थी। न जाने क्यों उसके सिर में दर्द होने लगा था। कोई गाए, कोई नाचे, उससे प्रयोजन नहीं। वह तो अभागिन है। रोने के लिए पैदा की गई है।

नौ बजे रात को मेहमान रुख़सत होने लगे। रूपकुमारी भी उठी। एक्का मँगवाने जा रही थी कि रामदुलारी ने कहा—एक्का मँगवाकर क्या करोगी बहन, मुझे लेने के लिए कार आती होगी, चलो दो-चार दिन मेरे यहाँ रहो, फिर चली जाना। मैं जीजाजी को कहला भेजूँगी तुम्हारा इन्तज़ार न करें।

रूपकुमारी का यह अन्तिम अस्त्र भी बेकार हो गया। रामदुलारी के घर जाकर हालचाल की टोह लेने की इच्छा ग़ायब हो गई। वह अब अपने घर जाएगी और मुँह ढाँपकर पड़ी रहेगी। इन फटे हालों में क्यों किसी के घर जाए। बोली—नहीं, अभी तो मुझे फ़ुरसत नहीं है, बच्चे घबरा रहे होंगे। फिर कभी आऊँगी।

'क्या रात-भर भी न ठहरोगी?'

'नहीं।'

'अच्छा बताओ, कब आओगी? मैं सवारी भेज दूँगी।'

'मैं ख़ुद कहला भेजूँगी।'

'तुम्हें याद न रहेगी। साल-भर हो गया, भूलकर भी याद न किया। मैं इसी इन्तज़ार में थी कि दीदी बुलावें तो चलूँ। एक ही शहर में रहते हैं, फिर भी इतनी दूर कि साल भर गुज़र जाए और मुलाक़ात तक न हो।'

रूपकुमारी इसके सिवा और क्या कहे कि घर के कामों से छुट्टी नहीं मिलती। कई बार उसने इरादा किया कि दुलारी को बुलाए, मगर अवसर ही न मिला।

सहसा रामदुलारी के पति मि. गुरुसेवक ने आकर बड़ी साली को सलाम किया। बिलकुल अँगरेज़ी सज-धज, मुँह में चुरुट, कलाई पर सोने की घड़ी, आँखों पर सुनहरी ऐनक, जैसे कोई सिविलियन हो। चेहरे से जेहानत और शराफ़त बरस रही थी। वह इतना रूपवान् और सजीला है, रूपकुमारी को अनुमान न था। कपड़े जैसे उसकी देह पर खिल रहे थे।

आशीर्वाद देकर बोली—आज यहाँ न आती तो मुझसे मुलाक़ात क्यों होती!

गुरुसेवक हँसकर बोला—यह उलटी शिकायत! क्यों न हो। कभी आपने बुलाया और मैं न गया?

'मैं नहीं जानती थी कि तुम अपने को मेहमान समझते हो। वह भी तो तुम्हारा ही घर है।'

रूपकुमारी देख रही थी कि मन में उससे ईर्ष्या रखते हुए भी वह कितनी वाणी-मधुर, कितनी स्निग्ध, कितनी अनुग्रह-प्रार्थिनी होती जा रही है।

गुरुसेवक ने उदार मन से कहा—हाँ, अब मान गया भाभी साहब, बेशक मेरी ग़लती है। इस दृष्टि से मैंने विचार नहीं किया था। मगर आज तो मेरे घर रहिए।

'नहीं, आज बिलकुल अवकाश नहीं है। फिर कभी आऊँगी। लड़के घबरा रहे होंगे।'

रामदुलारी बोली—मैं कितना कहके हार गई, मानती ही नहीं।

दोनों बहनें कार की पिछली सीट पर बैठी। गुरुसेवक ड्राइव करता हुआ चला। ज़रा देर में उसका मकान आ गया। रामदुलारी ने फिर बहन से उतरने के लिए आग्रह किया, पर वह न मानी। लड़के घबरा रहे होंगे। आख़िर रामदुलारी उससे गले मिलकर अन्दर चली गई। गुरुसेवक ने कार बढ़ाई। रूपकुमारी ने उड़ती हुई निगाह से रामदुलारी का मकान देखा और वह ठोस सत्य एक शलाका की भाँति उसके कलेजे में चुभ गया।

कुछ दूर चलकर गुरुसेवक बोला—भाभी, मैंने तो अपने लिए अच्छा रास्ता निकाल लिया। अगर दो-चार साल इसी तरह काम करता रहा तो आदमी बन जाऊँगा।

रूपकुमारी ने सहानुभूति के साथ कहा—रामदुलारी ने मुझसे बताया था। भगवान् करे, जहाँ रहो; ख़ुश रहो। मगर ज़रा हाथ-पैर सँभाल के रहना।

'मैं मालिक की आँख बचाकर एक पैसा भी लेना पाप समझता हूँ, भाभी। दौलत का मज़ा तो तभी है कि ईमान सलामत रहे। ईमान खोकर पैसे मिले तो क्या! मैं ऐसी दौलत को त्याज्य समझता हूँ, और आँख किसकी बचाऊँ। सब सियाह-सुफेद तो मेरे हाथ में है। मालिक तो रहा नहीं, केवल उसकी बेवा है। उसने सब कुछ मेरे हाथ में छोड़ रखा है। मैंने उसका कारोबार सँभाल न लिया होता तो सब कुछ चौपट हो जाता। मेरे सामने तो मालिक सिर्फ़ तीन महीने ज़िन्दा रहे। मगर आदमी को परखना ख़ूब जानते थे। मुझे 100 रुपए पर रखा और एक महीने में 200 रुपए कर दिए। आप लोगों की दुआ से पहले ही महीने में मैंने बारह हज़ार का काम किया।'

'क्या काम करना पड़ता है?' रूपकुमारी ने बिना किसी उद्‌देश्य के पूछा।

'वही मशीनों की एजेंटी तरह-तरह की मशीनें मँगाना और बेचना।' ठंडा जवाब था।

रूपकुमारी का मनहूस घर आ गया। द्वार पर एक लालटेन टिमटिमा रही थी। उसके पति उमानाथ द्वार पर टहल रहे थे। मगर रूपकुमारी ने गुरुसेवक से उतरने के लिए आग्रह नहीं किया। एक बार शिष्टाचार के नाते कहा ज़रूर, पर ज़ोर नहीं दिया, और उमानाथ तो गुरुसेवक से मुखातिब भी न हुए।

रूपकुमारी को वह घर अब कब्रिस्तान-सा लग रहा था, जैसे फूटा हुआ भाग्य हो। न कहीं फ़र्श, न फरनीचर, न गमले। दो-चार टूटी-टाटी तिपाइयाँ, एक लँगड़ी मेज़, चार-पाँच पुरानी-धुरानी खाटें, यही उस घर की बिसात थी। आज सुबह तक रूपकुमारी इसी घर में ख़ुश थी, लेकिन अब यह घर उसे काटे खा रहा है। लड़के अम्माँ-अम्माँ करके दौड़े, मगर उसने दोनों को झिड़क दिया। उसके सिर में दर्द है, वह किसी से न बोलेगी, कोई उसे न छेड़े! अभी घर में खाना नहीं पका। पकाता कौन? लड़कों ने तो दूध पी लिया है, किन्तु उमानाथ ने कुछ नहीं खाया। इसी इन्तज़ार में थे कि रूपकुमारी आए तो पकाए, पर रूपकुमारी के सिर में दर्द है। मज़बूर होकर बाज़ार से पूरियाँ लानी पड़ेंगी।

रूपकुमारी ने तिरस्कार के स्वर में कहा—तुम अब तक मेरा इन्तज़ार क्यों करते रहे? मैंने तो खाना पकाने की नौकरी नहीं लिखाई है और जो मैं रात को वहीं रह जाती? आख़िर तुम कोई महराजिन क्यों नहीं रख लेते? क्या ज़िन्दगी-भर मुझी को पीसते रहोगे?

उमानाथ ने उसकी तरफ़ आहत विस्मय की आँखों से देखा। उसके बिगड़ने का कोई कारण उनकी समझ में न आया। रूपकुमारी से उन्होंने हमेशा निरापद सहयोग पाया है, निरापद ही नहीं, सहानुभूतिपूर्ण भी। उन्होंने कई बार उससे महाराजिन रख लेने का प्रस्ताव ख़ुद किया था, पर उसने बराबर यही जवाब दिया कि आख़िर में बैठे-बैठे क्या करूँगी? चार-पाँच रुपए का ख़र्च बढ़ाने से क्या फ़ायदा? यह पैसे तो बच्चों के मक्खन में ख़र्च होते हैं।

और आज वह इतनी निर्ममता से उलाहना दे रही है, जैसे गुस्से में भरी हो।

अपनी सफ़ाई देते हुए बोले—महराजिन रखने के लिए तो मैंने ख़ुद तुमसे कई बार कहा।

तो लाकर रख क्यों न दिया? मैं उसे निकाल देती तो कहते!'

'हाँ यह ग़लती हुई।'

'तुमने कभी सच्चे दिल से नहीं कहा, रूपकुमारी ने और भी प्रचंड होकर कहा—तुमने केवल मेरा मन लेने के लिए कहा। मैं ऐसी भोली नहीं हूँ कि तुम्हारे मन का रहस्य न समझूँ। तुम्हारे दिल में कभी मेरे आराम का विचार आया ही नहीं। तुम तो ख़ुश थे कि अच्छी लौंडी मिल गई है। एक रोटी खाती है और चुपचाप पड़ी रहती है। महज़ खाने और कपड़े पर। यह भी जब घर की ज़रूरतों से बचे। पचहत्तर रुपल्लियाँ लाकर मेरे हाथ पर रख देते हो और सारी दुनिया का ख़र्च। मेरा दिल ही जानता है, मुझे कितनी कतर-ब्योत करनी पड़ती है। क्या पहनूँ और क्या ओढ़ूँ! तुम्हारे साथ ज़िन्दगी ख़राब हो गई! संसार में ऐसे मर्द भी हैं, जो स्त्री के लिए आसमान के तारे तोड़ लाते हैं। गुरुसेवक ही को देखो, दूर क्यों जाओ। तुमसे कम पढ़ा है, उम्र में तुमसे कहीं कम है, मगर पाँच सौ का महीना लाता है, और रामदुलारी रानी बनी बैठी रहती है। तुम्हारे लिए यही 75 रुपए बहुत हैं। राँड़ माँड़ में ही मगन! तुम नाहक मर्द हुए, तुम्हें तो औरत होना चाहिए था। औरतों के दिल में कैसे-कैसे अरमान होते हैं। मगर मैं तो तुम्हारे लिए घर की मुर्गी का बासी साग हूँ। तुम्हें तो कोई तकलीफ़ होती नहीं। तुम्हें तो कपड़े भी अच्छे चाहिए, खाना भी अच्छा चाहिए, क्योंकि पुरुष हो, बाहर से कमाकर लाते हो। मैं चाहे जैसे रहूँ तुम्हारी बला से।'

वाग्वाणों का यह सिलसिला कई मिनट तक जारी रहा, और उमानाथ चुपचाप सुनते रहे। अपनी जान में उन्होंने रूपकुमारी को शिकायत का कभी मौक़ा नहीं दिया। उनका वेतन कम है, यह सत्य है, पर यह उनके वश की बात तो नहीं। वह दिल लगाकर अपना काम करते हैं, अफ़सरों को ख़ुश रखने की सदैव चेष्टा करते हैं। इसी साल बड़े बाबू के छोटे सुपुत्र को छह महीने तक बिला नागा पढ़ाया, इसीलिए तो कि वह प्रसन्न रहें। अब वह और क्या करें। रूपकुमारी की खफ़गी का रहस्य वह समझ गए। अगर गुरुसेवक वास्तव में पाँच सौ रुपए लाता है तो बेशक वह भाग्य का बली है, लेकिन दूसरों की ऊँची पेशानी देखकर अपना माथा तो नहीं फोड़ा जाता। किसी संयोग से उसे यह अवसर मिल गया। मगर हरएक को तो ऐसे अवसर नहीं मिलते। वह इसका पता लगाएँगे कि सचमुच उसे पाँच सौ ही मिलते हैं, या महज डींग है। और मान लिया कि पाँच सौ ही मिलते हैं, तो क्या इससे रूपकुमारी को यह हक़ है कि वह उनको ताने दे और उन्हें जली-कटी सुनाए। अगर इसी तरह वह भी रूपकुमारी से ज़्यादा रूपवती और सुशीला रमणी को देखकर रूपकुमारी को कोसना शुरू करें तो कैसा हो! रूपकुमारी सुन्दरी है, मृदुभाषिणी है, त्यागमयी है लेकिन उससे बढ़कर सुन्दरी, मृदुभाषिणी, त्यागमयी देवियों से दुनिया ख़ाली नहीं है तो क्या इस कारण वह रूपकुमारी का अनादर करें?

एक समय था, जब उनकी नज़रों में रूपकुमारी से ज़्यादा रूपवती रमणी संसार में न थी; लेकिन वह उन्माद कब का शान्त हो गया। भावुकता के संसार से वास्तविक जीवन में आए उन्हें एक युग बीत गया। अब तो विवाहित जीवन का उन्हें काफ़ी अनुभव हो गया है। एक को दूसरे के गुण-दोष मालूम हो गए हैं। अब तो सन्तोष ही में उनका जीवन सुखी रह सकता है। मगर रूपकुमारी समझदार होकर भी इतनी मोटी-सी बात नहीं समझती!

फिर भी उन्हें रूपकुमारी से सहानुभूति ही हुई। वह उदार प्रकृति के आदमी थे और कल्पनाशील भी। उसकी कटु बातों का कुछ जवाब न दिया। शर्बत की तरह पी गए। अपनी बहन के ठाठ देखकर एक क्षण के लिए रूपकुमारी के मन गें ऐसे निराशाजनक, अन्यायपूर्ण,

दु:खद भावों का उठना बिलकुल स्वाभाविक है। रूपकुमारी कोई संन्यासिनी नहीं, विरागिनी नहीं कि हर एक दशा में अविचलित रहे।

इस तरह अपने मन को समझाकर उमानाथ ने गुरुसेवक के विषय में तहक़ीक़ात करने का संकल्प किया।

2

एक सप्ताह तक रूपकुमारी मानसिक अशान्ति की दशा में रही। बात-बात पर झुँझलाती, लड़कों को डाँटती, पति को कोसती, अपने नसीबों को रोती। घर का काम तो करना ही पड़ता था, लेकिन अब इस काम में उसे आनन्द न आता था। बेगार-सी टालती थी। घर की जिन पुरानी-धुरानी चीज़ों से उसका आत्मीय सम्बन्ध-सा हो गया था, जिनकी सफ़ाई और सजावट में वह व्यस्त रहा करती थी, उनकी तरफ़ अब आँख उठाकर भी न देखती। घर में एक ही ख़िदमतगार था। उसने जब देखा, बहूजी घर की तरफ़ से ख़ुद ही लापरवाह हैं तो उसे क्या ग़रज़ थी कि सफ़ाई करता। जो चीज़ जहाँ पड़ी थी, वहीं पड़ी रहती। कौन उठाकर ठिकाने से रखे। बच्चे माँ से बोलते डरते थे और उमानाथ तो उसके साए से भागते थे। जो कुछ सामने थाली में आ जाता उसे पेट में डाल लेते और दफ़्तर चले जाते। दफ़्तर से लौटकर दोनों बच्चों को साथ ले लेते और कहीं घूमने निकल जाते। रूपकुमारी से कुछ कहना बारूद में दियासलाई लगाना था। हाँ, उनकी यह तहक़ीक़ात जारी थी।

एक दिन उमानाथ दफ़्तर से लौटे तो उनके साथ गुरुसेवक भी थे। रूपकुमारी ने आज कई दिनों के बाद परिस्थिति से सहयोग कर लिया था और इस वक़्त झाड़न लिए कुरसियाँ और तिपाइयाँ साफ़ कर रही थी कि गुरुसेवक ने अन्दर पहुँचकर सलाम किया। रूपकुमारी दिल में कट गई। उमानाथ पर ऐसा क्रोध आया कि उसका मुँह नोच ले। इन्हें लाकर यहाँ क्यों खड़ा कर दिया? न कहना, न सुनना, बस बुला लाए। उसे इस दशा में देखकर गुरुसेवक दिल में क्या कहता होगा। मगर इन्हें अक़्ल आई ही कब थी। वह अपना परदा ढाँकती फिरती हैं और आप उसे खोलते फिरते हैं। ज़रा भी लज्जा नहीं, जैसे बेहयाई का बाना पहन लिया है। बरबस उसका अपमान करते हैं। न जाने उसने उनका क्या बिगाड़ा है?

आशीर्वाद देकर कुशल-समाचार पूछा और कुरसी रख दी। गुरुसेवक ने बैठते हुए कहा—आज भाई साहब ने मेरी दावत की है, मैं उनकी दावत पर तो न आता; लेकिन जब उन्होंने कहा, तुम्हारी भाभी का कड़ा तकाज़ा है, तब मुझे समय निकालना पड़ा।

रूपकुमारी ने बात बनाई। घर का कलह छिपाना पड़ा—तुमसे उस दिन कुछ बातचीत न हो पाई। जी लगा हुआ था।

गुरुसेवक ने कमरे के चारों तरफ़ नज़र दौड़ाकर कहा—इस पिंजड़े में तो आप लोगों को बड़ी तकलीफ़ होती होगी?

रूपकुमारी को ज्ञात हुआ, यह युवक कितना सुरुचिहीन, कितना अरसिक है। दूसरों के मनोभावों का आदर करना जैसे जानता ही नहीं। इसे इतनी-सी बात कभी नहीं मालूम कि दुनिया में सभी भाग्यशाली नहीं होते। लाखों में एक ही कहीं भाग्यवान् निकलता है और उसे भाग्यवान् ही क्यों कहा जाए? जहाँ बहुतों को दाना न मयस्सर हो, वहाँ थोड़े से आदमियों के भोग-विलास में कौन-सा सौभाग्य! जहाँ बहुत-से आदमी भूखों मर रहे

हों, वहाँ दो-चार आदमी मोहनभोग उड़ाएँ तो यह उनकी बेहयाई और हृदयहीनता है, सौभाग्य कभी नहीं।

कुछ चिढ़कर बोली—पिंजड़े में, कठघरे में रहने से अच्छा है। पिंजड़े में निरीह पक्षी रहते हैं, कठघरा तो घातक जन्तुओं का ही निवास स्थान है।

गुरुसेवक शायद यह संकेत न समझ सका, बोला—मेरा तो इस घर में दम घुट जाए। मैं आपके लिए अपने घर के पास ही एक मकान ठीक करा दूँगा। ख़ूब लम्बा-चौड़ा। आपसे कुछ किराया न लिया जाएगा। मकान हमारी मालकिन का है। मैं भी उसी के एक मकान में रहता हूँ। सैकड़ों मकान हैं उनके पास, सैकड़ों। सब मेरे अख़्तियार में हैं। जिसे जो मकान चाहूँ, दे दूँ। मेरे अख़्तियार में है। किराया लूँ या न लूँ। मैं आपके लिए सबसे अच्छा मकान ठीक करूँगा। मैं आपका बहुत अदब करता हूँ।

रूपकुमारी समझ गई, महाशय इस वक़्त नशे में हैं जभी यों बहक रहे हैं। अब उसने ग़ौर से देखा तो उनकी आँखें सिकुड़ गई थीं, गाल कुछ फूल गए थे। ज़बान भी लड़खड़ाने लगी थी। एक जवान, ख़ूबसूरत, शरीफ चेहरा कुछ ऐसा शेख़ीबाज़ और निर्लज्ज हो गया कि उसे देखकर घृणा होती थी।

उसने एक क्षण बाद फिर बहकना शुरू किया—मैं आपका बहुत अदब करता हूँ, जी हाँ! आप मेरी बड़ी भाभी हैं। आपके लिए मेरी जान हाज़िर है। आपके लिए एक मकान नहीं, सौ मकान तैयार हैं। मैं मिसेज़ लोहिया का मुख़्तार हूँ। सब कुछ मेरे हाथ में है। सब कुछ, मैं जो कुछ कहता हूँ, वह आँखें बन्द करके मंज़ूर कर लेती हैं। मुझे अपना बेटा समझती हैं। मैं उसकी सारी जायदाद का मालिक हूँ। मि. लोहिया ने मुझे 20 रुपए पर रखा था, 20 रुपए पर। वह बड़ा मालदार था। मगर किसी को नहीं मालूम; उसकी दौलत कहाँ से आती थी। किसी को नहीं मालूम। मेरे सिवा कोई नहीं जानता। वह खुफियाफ़रोश था। किसी से कहना नहीं। वह चोरी से कोकीन बेचता था। लाखों की आमदनी थी उसकी। अब वही व्यापार मैं करता हूँ। हर शहर में हमारे खुफिया एजेंट हैं। मि. लोहिया ने मुझे इस फ़न में उस्ताद बना दिया। जी हाँ! मज़ाल नहीं कि मुझे कोई गिरफ़्तार कर ले; बड़े-बड़े अफ़सरों से मेरा याराना है। उनके मुँह में नोटों के पुलिंदे ठूँस-ठूँसकर उनकी आवाज़ बन्द कर देता हूँ। कोई चूँ नहीं कर सकता। दिन-दहाड़े बेचता हूँ। हिसाब में लिखता हूँ, एक हज़ार रिश्वत दी। देता हूँ, पाँच सौ, बाक़ी यारों का है। बेदरेग रुपए आते हैं और बेदरेग ख़र्च करता हूँ। बुढ़िया को तो राम नाम से मतलब है। सत्तर चूहे खाके अब हज करने चली है। कोई मेरा हाथ पकड़ने वाला नहीं, कोई बोलनेवाला नहीं, (जेब से नोटों का एक बंडल निकालकर) यह आपके चरणों की भेंट है। मुझे दुआ दीजिए कि इसी शान से ज़िन्दगी कट जाए। जो आत्मा और सदाचार के उपासक हैं, उन्हें कुबेर लातें मारता है। लक्ष्मी उनको पकड़ती है, जो उसके लिए अपना दीन और ईमान सब कुछ छोड़ने को तैयार हैं। मुझे बुरा न कहिए। मैं कौन मालदार हूँ? जितने धनी हैं, वे सब-के-सब लुटेरे हैं, पक्के लुटेरे, डाकू। कल मेरे पास रुपए हो जाएँ और मैं एक धर्मशाला बनवा दूँ। फिर देखिए, मेरी कितनी वाह-वाह होती है। कौन पूछता है, मुझे दौलत कहाँ से मिली। जिस महात्मा को कहिए, बुलाकर उससे प्रशंसा करवा लूँ। मि. लोहिया को महात्माओं ने धर्म-भूषण की उपाधि दी थी। इन स्वार्थी, पेट के बन्दरों ने। उस बुड्ढे को जिससे बड़ा कुकर्मी संसार में न होगा। यहाँ तो लूट है। एक वकील आध घंटा

बहस करके पाँच सौ मार लेता है, एक डॉक्टर ज़रा-सा नश्तर लगाकर एक हज़ार सीधा कर लेता है, एक जुआरी स्पेकुलेशन में एक-एक दिन में लाखों का वारा-न्यारा करता है। अगर उनकी आमदनी जायज़ है तो मेरी आमदनी भी जायज़ है। जी हाँ, जायज़ है। मेरी निगाह में बड़े-से-बड़े मालदार की भी कोई इज़्ज़त नहीं। मैं जानता हूँ, वह कितना बड़ा हथकंडेबाज़ है। यहाँ जो आदमी आँखों में धूल झोंक सके, वही सफल है! ग़रीबों को लूटकर मालदार हो जाना समाज की पुरानी परिपाटी है। मैं भी वही करता हूँ, जो दूसरे करते हैं। जीवन का उद्देश्य है, ऐसा करना। ख़ूब लूटूँगा, ख़ूब ऐश करूँगा और बुढ़ापे में ख़ूब ख़ैरात करूँगा और एक दिन लीडर बन जाऊँगा। कहिए गिना दूँ। यहाँ कितने लोग जुआ खेल-खालकर करोड़पति हो गए, कितने औरतों का बाज़ार लगाकर करोड़पति हो गए...।

सहसा उमानाथ ने आकर कहा—मि. गुरुसेवक, क्या कर रहे हो? चलो चाय पी लो। ठंडी हो रही है।

गुरुसेवक ऐसा हड़बड़ा उठा, मानो अपने सचेत रहने का प्रमाण देना चाहता हो। मगर पाँव लड़खड़ाए और ज़मीन पर गिर पड़ा। फिर सँभलकर उठा और झूमता-झूमता, ठोकरें खाता, बाहर चला गया। रूपकुमारी ने आज़ादी की साँस ली। यहाँ बैठे-बैठे उसे हौल दिल-सा हो रहा था। कमरे की हवा जैसे कुछ भारी हो गई थी। जो प्रेरणाएँ कई दिन से अच्छे-अच्छे मनोहर रूप भरकर उसके मन में आ रही थीं, आज उसे उनका असली वीभत्स, घिनावना रूप नज़र आया। जिस त्याग, सादगी और साधुता के वातावरण में अब तक उसकी ज़िन्दगी गुज़री थी, उसमें इस तरह के दाँव-पेंच, छल-कपट और पतित स्वार्थ का घुसना बिलकुल ऐसा ही था, जैसे किसी बाग़ में साँड़ों का एक झुंड घुस आए। इन दामों वह दुनिया की सारी दौलत और सारा ऐश खरीदने को भी तैयार न हो सकती थी। नहीं, अब रामदुलारी के भाग्य से अपने भाग्य का बदला न करेगी। वह अपने हाल में ख़ुश है। रामदुलारी पर उसे दया आई, जो भोग-विलास की धुन और अमीर कहलाने के मोह में अपनी आत्मा का सर्वनाश कर रही है। मगर वह बेचारी भी क्या करे? और गुरुसेवक का भी क्या दोष है। जिस समाज में दौलत पुजती है, जहाँ मनुष्य का मोल उसके बैंक-एकाउंट और टीम-टाम से आँका जाता है, जहाँ पग-पग पर प्रलोभनों का जाल बिछा हुआ है और समाज की कुव्यवस्था आदमी में ईर्ष्या, द्वेष, अपहरण और नीचता के भावों को उकसाती और उभारती रहती है, गुरुसेवक और रामदुलारी उस जाल में फँस जाएँ, उस प्रवाह में बह जाएँ तो कोई अचरज नहीं।

उसी वक़्त उमानाथ ने आकर कहा—गुरुसेवक यहाँ बैठा-बैठा क्या बहक रहा था? मैंने तो उसे विदा कर दिया। जी डरता था, कहीं पुलिस उसके पीछे न लगी हो, नहीं तो मैं भी गेहूँ के साथ घुन की तरह पिस जाऊँ।

रूपकुमारी ने क्षमा-प्रार्थी नेत्रों से उन्हें देखकर जवाब दिया—वही अपनी खुफ़ियाफ़रोशी की डींग मार रहा था।

'मुझे भी मिसेज़ लोहिया से मिलने को कह गया।'

'जी नहीं, आप अपनी क्लर्की किए जाइए। इसी में हमारा कल्याण है।'

'मगर क्लर्की में वह ऐश कहाँ? क्यों न साल-भर की छुट्टी लेकर ज़रा उस दुनिया की भी सैर करूँ!'

'मुझे अब उस ऐश का मोह नहीं रहा।'

'दिल से कहती हो?'

'सच्चे दिल से।'

उमानाथ एक मिनट तक चुप रहने के बाद फिर बोले—मैं आकर तुमसे यह वृत्तांत कहता तो तुम्हें विश्वास आता या नहीं, सच कहना?

'कभी नहीं, मैं तो कल्पना ही नहीं कर सकती कि अपने स्वार्थ के लिए कोई आदमी दुनिया को विष खिला सकता है!'

'मुझे सारा हाल पुलिस के सब इन्स्पेक्टर से मालूम हो गया था। मैंने उसे ख़ूब शराब पिला दी थी कि नशे में बहकेगा ज़रूर और सब कुछ ख़ुद उगल देगा।'

'ललचता तो तुम्हारा जी भी था।'

'हाँ, ललचता तो था, और अब भी ललच रहा है। मगर ऐश करने के लिए जिस हुनर की ज़रूरत है, वह कहाँ से लाऊँगा?'

'ईश्वर न करे, वह हुनर तुममें आए। मुझे तो उस बेचारे पर तरस आता है। मालूम नहीं ख़ैरियत से घर पहुँच गया या नहीं।'

'उसकी कार थी। कोई चिन्ता नहीं।'

रूपकुमारी एक क्षण ज़मीन की तरफ़ ताक़ती रही। फिर बोली—तुम मुझे दुलारी के घर पहुँचा दो। अभी शायद मैं उसकी कुछ मदद कर सकूँ। जिस बाग़ की वह सैर कर रही है उसके चारों तरफ़ निशाचर घात लगाए बैठे हैं। शायद मैं उसे बचा सकूँ।

उमानाथ ने देखा, उसकी छवि कितनी दया पुलकित हो उठी है।

आहुति

आनन्द ने गद्देदार कुर्सी पर बैठकर सिगार जलाते हुए कहा—आज विशम्भर ने कैसी हिमाकत की! इम्तहान क़रीब है और आप आज वालंटियर बन बैठे। कहीं पकड़ गए, तो इम्तहान से हाथ धोएँगे। मेरा तो ख़याल है कि वजीफ़ा भी बन्द हो जाएगा।

सामने दूसरे बेंच पर रूपमणि बैठी एक अख़बार पढ़ रही थी। उसकी आँखें अख़बार की तरफ़ थीं; पर कान आनन्द की तरफ़ लगे हुए थे। बोली—यह तो बुरा हुआ। तुमने समझाया नहीं? आनन्द ने मुँह बनाकर कहा—जब कोई अपने को दूसरा गांधी समझने लगे, तो उसे समझाना मुश्किल हो जाता है। वह उलटे मुझे समझाने लगता है।

रूपमणि ने अख़बार को समेटकर बालों को सँभालते हुए कहा—तुमने मुझे भी नहीं बताया, शायद मैं उसे रोक सकती।

आनन्द ने कुछ चिढ़कर कहा—तो अभी क्या हुआ, अभी तो शायद कांग्रेस ऑफ़िस ही में हो। जाकर रोक लो।

आनन्द और विशम्भर दोनों ही यूनिवर्सिटी के विद्यार्थी थे। आनन्द के हिस्से में लक्ष्मी भी पड़ी थी, सरस्वती भी; विशम्भर फूटी तक़दीर लेकर आया था। प्रोफ़ेसरों ने दया करके एक छोटा-सा वजीफा दे दिया था। बस, यही उसकी जीविका थी। रूपमणि भी साल भर

पहले उन्हीं के समकक्ष थी; पर इस साल उसने कॉलेज छोड़ दिया था। स्वास्थ्य कुछ बिगड़ गया था। दोनों युवक कभी-कभी उससे मिलने आते रहते थे। आनन्द आता था। उसका हृदय लेने के लिए, विशम्भर आता था यों ही। जी पढ़ने में न लगता या घबड़ाता, तो उसके पास आ बैठता था। शायद उससे अपनी विपत्ति-कथा कहकर उसका चित्त कुछ शान्त हो जाता था। आनन्द के सामने कुछ बोलने की उसकी हिम्मत न पड़ती थी। आनन्द के पास उसके लिए सहानुभूति का एक शब्द भी न था। वह उसे फटकारता था; ज़लील करता था और बेवक़ूफ़ बनाता था। विशम्भर में उससे बहस करने की सामर्थ्य न थी। सूर्य के सामने दीपक की हस्ती ही क्या? आनन्द का उस पर मानसिक आधिपत्य था। जीवन में पहली बार उसने उस आधिपत्य को अस्वीकार किया था। और उसी की शिकायत लेकर आनन्द रूपमणि के पास आया था। महीनों विशम्भर ने आनन्द के तर्क पर अपने भीतर के आग्रह को ढाला; पर तर्क से परास्त होकर भी उसका हृदय विद्रोह करता रहा। बेशक उसका यह साल ख़राब हो जाएगा। सम्भव है, छात्र-जीवन ही का अन्त हो जाए, फिर इस 14-15 वर्षों की मेहनत पर पानी फिर जाएगा न ख़ुदा ही मिलेगा, न सनम का विसाल ही नसीब होगा। आग में कूदने से क्या फ़ायदा। यूनिवर्सिटी में रहकर भी तो बहुत कुछ देश का काम किया जा सकता है। आनन्द महीने में कुछ-न-कुछ चन्दा जमा करा देता है, दूसरे छात्रों से स्वदेशी की प्रतिज्ञा करा ही लेता है। विशम्भर को भी आनन्द ने यही सलाह दी। इस तर्क ने उसकी बुद्धि को तो जीत लिया, पर उसके मन को न जीत सका। आज जब आनन्द कॉलेज गया तो विशम्भर ने स्वराज्य-भवन की राह ली। आनन्द कॉलेज से लौटा तो उसे अपनी मेज़ पर विशम्भर का पत्र मिला। लिखा था—

'प्रिय आनन्द,

मैं जानता हूँ कि मैं जो कुछ करने जा रहा हूँ वह मेरे लिए हितकर नहीं है; पर न जाने कौन-सी शक्ति मुझे खींचे लिये जा रही है। मैं जाना नहीं चाहता, पर जाता हूँ, उसी तरह जैसे आदमी मरना नहीं चाहता, पर मरता है; रोना नहीं चाहता, पर रोता है। जब सभी लोग, जिन पर हमारी भक्ति है, ओखली में अपना सिर डाल चुके थे, तो मेरे लिए भी अब कोई दूसरा मार्ग नहीं है। मैं अब और अपनी आत्मा को धोखा नहीं दे सकता। यह इज़्ज़त का सवाल है, और इज़्ज़त किसी तरह का समझौता (compromise) नहीं कर सकती।

तुम्हारा—'विशम्भर'

ख़त पढ़कर आनन्द के जी में आया, कि विशम्भर को समझाकर लौटा लाए; पर उसकी हिमाक़त पर ग़ुस्सा आया और उसी तैश में वह रूपमणि के पास जा पहुँचा। अगर रूपमणि उसकी ख़ुशामद करके कहती—जाकर उसे लौटा लाओ, तो शायद वह चला जाता, पर उसका यह कहना कि मैं उसे रोक लेती, उसके लिए असह्य था। उसके जवाब में रोष था, रुखाई थी और शायद कुछ हसद भी था।

रूपमणि ने गर्व से उसकी ओर देखा और बोली—अच्छी बात है, मैं जाती हूँ।

एक क्षण के बाद उसने डरते-डरते पूछा—तुम क्यों नहीं चलते?

फिर वही ग़लती। अगर रूपमणि उसकी ख़ुशामद करके कहती तो आनन्द ज़रूर उसके साथ चला जाता, पर उसके प्रश्न में पहले ही यह भाव छिपा था, कि आनन्द जाना नहीं

चाहता। अभिमानी आनन्द इस तरह नहीं जा सकता। उसने उदासीन भाव से कहा—मेरा जाना व्यर्थ है। तुम्हारी बातों का ज़्यादा असर होगा। मेरी मेज़ पर यह ख़त छोड़ गया था। जब वह आत्मा और कर्तव्य और आदर्श की बड़ी-बड़ी बातें सोच रहा है और अपने को भी कोई ऊँचे दरजे का आदमी समझ रहा है, तो मेरा उस पर कोई असर न होगा।

उसने जेब से पत्र निकालकर रूपमणि के सामने रख दिया। इन शब्दों में जो संकेत और व्यंग्य था, उसने एक क्षण तक रूपमणि को उसकी तरफ़ देखने न दिया। आनन्द के इस निर्दय प्रहार ने उसे आहत-सा कर दिया था; पर एक ही क्षण में विद्रोह की एक चिनगारी-सी उसके अन्दर जा घुसी। उसने स्वच्छंद भाव से पत्र को लेकर पढ़ा। पढ़ा सिर्फ़ आनन्द के प्रहार का जवाब देने के लिए; पर पढ़ते-पढ़ते उसका चेहरा तेज़ से कठोर हो गया, गरदन तन गई, आँखों में उत्सर्ग की लाली आ गई।

उसने मेज़ पर पत्र रखकर कहा—नहीं, अब मेरा जाना भी व्यर्थ है।

आनन्द ने अपनी विजय पर फूलकर कहा—मैंने तो तुमसे पहले ही कह दिया, इस वक़्त उसके सिर पर भूत सवार है, उस पर किसी के समझाने का असर न होगा। जब साल भर जेल में चक्की पीस लेंगे और वहाँ तपेदिक लेकर निकलेंगे, या पुलिस के डंडों से सिर और हाथ-पाँव तुड़वा लेंगे, तो बुद्धि ठिकाने आवेगी। अभी तो जयजयकार और तालियों के स्वप्न देख रहे होंगे।

रूपमणि सामने आकाश की ओर देख रही थी। नीले आकाश में एक छायाचित्र-सा नज़र आ रहा था—दुर्बल, सूखा हुआ नग्न शरीर, घुटनों तक धोती, चिकना सिर, पोपला मुँह, तप, त्याग और सत्य की सजीव मूर्ति।

आनन्द ने फिर कहा—अगर मुझे मालूम हो, कि मेरे रक्त से देश का उद्धार हो जाएगा, तो मैं आज उसे देने को तैयार हूँ; लेकिन मेरे जैसे सौ-पचास आदमी निकल ही आएँ, तो क्या होगा? प्राण देने के सिवा और तो कोई प्रत्यक्ष फल नहीं दीखता।

रूपमणि अब भी वही छायाचित्र देख रही थी। वही छाया मुस्कुरा रही थी, सरल मनोहर मुस्कान, जिसने विश्व को जीत लिया है।

आनन्द फिर बोला—जिन महाशयों को परीक्षा का भूत सताया करता है, उन्हें देश का उद्धार करने की सूझती है। पूछिए, आप अपना उद्धार तो कर ही नहीं सकते, देश का क्या उद्धार कीजिएगा? इधर फेल होने से उधर के डंडे फिर भी हलके हैं।

रूपमणि की आँखें आकाश की ओर थीं। छायाचित्र कठोर हो गया था।

आनन्द ने जैसे चौंककर कहा—हाँ, आज बड़ी मज़ेदार फ़िल्म है। चलती हो? पहले शो में लौट आएँ।

रूपमणि ने जैसे आकाश से नीचे उतरकर कहा—नहीं, मेरा जी नहीं चाहता।

आनन्द ने धीरे से उसका हाथ पकड़कर कहा—तबीयत तो अच्छी है? रूपमणि ने हाथ छुड़ाने की चेष्टा न की। बोली—हाँ, तबीयत में हुआ क्या है?

'तो चलती क्यों नहीं?'

'आज जी नहीं चाहता।'

'तो फिर मैं भी न जाऊँगा।'

'बहुत ही उत्तम, टिकट के रुपए कांग्रेस को दे दो।'

'यह तो टेढ़ी शर्त है; लेकिन मंज़ूर!

'कल रसीद मुझे दिखा देना।'

'तुम्हें मुझ पर इतना विश्वास भी नहीं?'

आनन्द होस्टल चला। ज़रा देर बाद रूपमणि स्वराज्य-भवन की ओर चली।

2

रूपमणि स्वराज्य-भवन पहुँची, तो स्वयंसेवकों का एक दल विलायती कपड़े के गोदामों को पिकेट करने जा रहा था। विशम्भर दल में न था।

दूसरा दल शराब की दुकानों पर जाने को तैयार खड़ा था। विशम्भर इसमें भी न था।

रूपमणि ने मंत्री के पास आकर कहा—आप बता सकते हैं, विशम्भर नाथ कहाँ हैं?

मंत्री ने पूछा—वही, जो आज भरती हुए हैं?

'जी हाँ, वही।'

'बड़ा दिलेर आदमी है। देहातों को तैयार करने का काम लिया है। स्टेशन पहुँच गया होगा। सात बजे की गाड़ी से जा रहा है।'

'तो अभी स्टेशन पर होंगे।'

मंत्री ने घड़ी पर नज़र डालकर जवाब दिया—हाँ, अभी तो शायद स्टेशन पर मिल जाएँ।

रूपमणि ने बाहर निकलकर साइकिल तेज़ की। स्टेशन पर पहुँची, तो देखा, विशम्भर प्लेटफ़ार्म पर खड़ा है।

रूपमणि को देखते ही लपककर उसके पास आया और बोला—तुम यहाँ कैसे आई। आज आनन्द से तुम्हारी मुलाक़ात हुई थी?

रूपमणि ने उसे सिर से पाँव तक देखकर कहा—यह तुमने क्या सूरत बना रखी है? क्या पाँव में जूता पहनना भी देशद्रोह है?

विशम्भर ने डरते-डरते पूछा—आनन्द बाबू ने तुमसे कुछ कहा नहीं?

रूपमणि ने स्वर को कठोर बनाकर कहा—जी हाँ, कहा। तुम्हें यह क्या सूझी? दो साल से कम के लिए न जाओगे!

विशम्भर का मुँह गिर गया। बोला—जब यह जानती हो, तो क्या तुम्हारे पास मेरी हिम्मत बाँधने के लिए दो शब्द नहीं हैं?

रूपमणि का हृदय मसोस उठा; मगर बाहरी उपेक्षा को न त्याग सकी। बोली—तुम मुझे दुश्मन समझते हो, या दोस्त।

विशम्भर ने आँखों में आँसू भरकर कहा—तुम ऐसा प्रश्न क्यों करती हो रूपमणि? इसका जवाब मेरे मुँह से न सुनकर भी क्या तुम नहीं समझ सकतीं?

रूपमणि—तो मैं कहती हूँ, तुम मत जाओ।

विशम्भर—यह दोस्त की सलाह नहीं है रूपमणि! मुझे विश्वास है, तुम हृदय से यह नहीं कह रही हो। मेरे प्राणों का क्या मूल्य है, ज़रा यह सोचो। एम.ए. होकर भी सौ रुपए की नौकरी। बहुत बढ़ा तो तीन-चार सौ तक जाऊँगा। इसके बदले यहाँ क्या मिलेगा, जानती हो? सम्पूर्ण देश का स्वराज्य। इतने महान् हेतु के लिए मर जाना भी उस ज़िन्दगी से कहीं बढ़कर है। अब जाओ, गाड़ी आ रही है। आनन्द बाबू से कहना, मुझसे नाराज़ न हों।

रूपमणि ने आज तक इस मंदबुद्धि युवक पर दया की थी। इस समय उसकी श्रद्धा का पात्र बन गया। त्याग में हृदय को खींचने की जो शक्ति है, उसने रूपमणि को इतने वेग से खींचा कि परिस्थितियों का अन्तर मिट-सा गया। विशम्भर में जितने दोष थे, वे सभी अलंकार बन-बनकर चमक उठे। उसके हृदय की विशालता में वह किसी पक्षी की भाँति उड़-उड़कर आश्रय खोजने लगी।

रूपमणि ने उसकी ओर आतुर नेत्रों से देखकर कहा—मुझे भी अपने साथ लेते चलो।

विशम्भर पर जैसे घड़ों का नशा चढ़ गया।

'तुमको? आनन्द बाबू मुझे ज़िन्दा न छोड़ेंगे!'

'मैं आनन्द के हाथों बिकी नहीं हूँ!'

'आनन्द तो तुम्हारे हाथों बिके हुए हैं?'

रूपमणि ने विद्रोह भरी आँखों से उसकी ओर देखा, पर कुछ बोली नहीं। परिस्थितियाँ उसे इस समय बाधाओं-सी मालूम हो रही थीं। वह भी विशम्भर की भाँति स्वच्छंद क्यों न हुई? सम्पन्न माँ-बाप की अकेली लड़की, भोग-विलास में पली हुई, इस समय अपने को क़ैदी समझ रही थी। उसकी आत्मा उन बन्धनों को तोड़ डालने के लिए ज़ोर लगाने लगी।

गाड़ी आ गई। मुसाफ़िर चढ़ने-उतरने लगे। रूपमणि ने सजल नेत्रों से कहा—तुम मुझे नहीं ले चलोगे?

विशम्भर ने दृढ़ता से कहा—नहीं।

'क्यों?'

'मैं इसका जवाब नहीं देना चाहता!'

'क्या तुम समझते हो, मैं इतनी विलासासक्त हूँ कि मैं देहात में रह नहीं सकती?'

विशम्भर लज्जित हो गया। यह भी एक बड़ा कारण था, पर उसने इनकार किया—नहीं, यह बात नहीं।

'फिर क्या बात है? क्या यह भय है, पिताजी मुझे त्याग देंगे?'

'अगर यह भय हो तो क्या वह विचार करने योग्य नहीं?'

'मैं उनकी तृण बराबर परवा नहीं करती।'

विशम्भर ने देखा, रूपमणि के चाँद-से मुख पर गर्वमय संकल्प का आभास था। वह उस संकल्प के सामने जैसे काँप उठा। बोला—मेरी यह याचना स्वीकर करो, रूपमणि, मैं तुमसे विनती करता हूँ।

रूपमणि सोचती रही।

विशम्भर ने फिर कहा—मेरी ख़ातिर तुम्हें यह विचार छोड़ना पड़ेगा।

रूपमणि ने सिर झुकाकर कहा—अगर तुम्हारा यह आदेश है, तो मैं मानूँगी विशम्भर! तुम दिल से समझते हो, मैं क्षणिक आवेश में आकर इस समय अपने भविष्य को गारत करने जा रही हूँ। मैं तुम्हें दिखा दूँगी, यह मेरा क्षणिक आवेश नहीं है, दृढ़ संकल्प है। जाओ; मगर मेरी इतनी बात मानना कि क़ानून के पंजे में उसी वक़्त आना, जब आत्माभिमान या सिद्धान्त पर चोट लगती हो। मैं ईश्वर से तुम्हारे लिए प्रार्थना करती रहूँगी।

गाड़ी ने सीटी दी। विशम्भर अन्दर जा बैठा। गाड़ी चली, रूपमणि मानो विश्व की सम्पत्ति अंचल में लिए खड़ी रही।

3

रूपमणि के पास विशम्भर का एक पुराना रद्दी-सा फ़ोटो आल्मारी के एक कोने में पड़ा हुआ था। आज स्टेशन से आकर उसने उसे निकाला और उसे एक मख़मली फ्रेम में लगाकर मेज़ पर रख दिया। आनन्द का फ़ोटो वहाँ से हटा दिया गया।

विशम्भर ने छुट्टियों में उसे दो-चार पत्र लिखे थे। रूपमणि ने वे पढ़कर एक किनारे डाल दिए थे। आज उसने उन पत्रों को निकाला और उन्हें दोबारा पढ़ा। उन पत्रों में आज कितना रस था। वह बड़ी हिफाजत से राइटिंग-बाक्स में बन्द कर दिए गए।

दूसरे दिन समाचारपत्र आया तो रूपमणि उस पर टूट पड़ी। विशम्भर का नाम देखकर वह गर्व से फूल उठी।

दिन में एक बार स्वराज्य-भवन जाना उनका नियम हो गया। जलसों में भी बराबर शरीक होती, विलास की चीज़ें एक-एक करके सब फेंक दी गईं। रेशमी साड़ियों की जगह गाढ़े की साड़ियाँ आईं। चरखा भी आया। वह घंटों बैठी सूत काता करती। उसका सूत दिन-दिन बारीक होता जाता था। इसी सूत से वह विशम्भर के कुरते बनवाएगी।

इन दिनों परीक्षा की तैयारियाँ थीं। आनन्द को सिर उठाने की फुरसत न मिलती। दो-एक बार वह रूपमणि के पास आया; पर ज़्यादा देर बैठा नहीं शायद रूपमणि की शिथिलता ने उसे ज़्यादा बैठने ही न दिया।

एक महीना बीत गया।

एक दिन शाम आनन्द आया। रूपमणि स्वराज्य-भवन जाने को तैयार थी। आनन्द ने भवें सिकोड़कर कहा—तुमसे तो अब बातें भी मुश्किल हैं।

रूपमणि ने कुर्सी पर बैठकर कहा—तुम्हें भी तो किताबों से छुट्टी नहीं मिलती। आज की कुछ ताज़ी ख़बर नहीं मिली। स्वराज्य-भवन में रोज-रोज का हाल मालूम हो जाता है।

आनन्द ने दार्शनिक उदासीनता से कहा—विशम्भर ने तो सुना, देहातों में ख़ूब शोरगुल मचा रखा है। जो काम उसके लायक था, वह मिल गया। यहाँ उसकी ज़बान बन्द रहती थी। वहाँ देहातियों में ख़ूब गरजता होगा; मगर आदमी दिलेर है।

रूपमणि ने उसकी ओर ऐसी आँखों से देखा; जो कह रही थीं; तुम्हारे लिए यह चर्चा अनधिकार चेष्टा है, और बोली—आदमी में अगर यह गुण है तो फिर उसके सारे अवगुण मिट जाते हैं। तुम्हें कांग्रेस बुलेटिन पढ़ने की क्यों फुरसत मिलती होगी। विशम्भर ने देहातों में ऐसी जागृति फैला दी है कि विलायती का एक सूत भी नहीं बिकने पाता और न नशे की दुकानों पर कोई जाता है। और मज़ा यह है कि पिकेटिंग करने की ज़रूरत नहीं पड़ती। अब तो पंचायतें खोल रहे हैं।

आनन्द ने उपेक्षा भाव से कहा—तो समझ लो, अब उनके चलने के दिन भी आ गए हैं।

रूपमणि ने जोश से कहा—इतना करके जाना बहुत सस्ता नहीं है। कल तो किसानों का एक बहुत बड़ा जलसा होने वाला था। पूरे परगने के लोग जमा हुए होंगे। सुना है, आजकल देहातों से कोई मुक़दमा ही नहीं आता। वकीलों की नानी मरी जा रही है।

आनन्द ने कड़वेपन से कहा—यही तो स्वराज्य का मज़ा है कि ज़मींदार, वकील और व्यापारी सब मरें। बस, केवल मज़दूर और किसान रह जाएँ।

रूपमणि ने समझ लिया, आज आनन्द तुलकर आया है। उसने भी जैसे आस्तीन चढ़ाते हुए कहा—तो तुम क्या चाहते हो कि ज़मींदार और वकील और व्यापारी ग़रीबों को चूस-चूसकर मोटे होते जाएँ और जिन सामाजिक व्यवस्थाओं में ऐसा महान् अन्याय हो रहा है, उनके ख़िलाफ़ ज़बान तक न खोली जाए? तुम तो समाजशास्त्र के पंडित हो। क्या किसी अर्थ में यह व्यवस्था आदर्श कही जा सकती है? सभ्यता के तीन मुख्य सिद्धान्तों का ऐसी दशा में किसी न्यूनतम मात्रा में भी व्यवहार हो सकता है?

आनन्द ने गर्म होकर कहा—शिक्षा और सम्पत्ति का प्रभुत्व हमेशा रहा है और हमेशा रहेगा। हाँ, उसका रूप भले ही बदल जाए।

रूपमणि ने आवेश से कहा—अगर स्वराज्य आने पर भी सम्पत्ति का यही प्रभुत्व रहे और पढ़ा-लिखा समाज यों ही स्वार्थांध बना रहे, तो मैं कहूँगी, ऐसे स्वराज्य का न आना ही अच्छा। अँगरेज़ी महाजनों की धनलोलुपता और शिक्षितों का स्वहित ही आज हमें पीसे डाल रहा है। जिन बुराइयों को दूर करने के लिए आज हम प्राणों को हथेली पर लिए हुए हैं, उन्हीं बुराइयों को क्या प्रजा इसलिए सिर चढ़ाएगी कि वे विदेशी नहीं, स्वदेशी हैं? कम-से-कम मेरे लिए तो स्वराज्य का यह अर्थ नहीं है कि जॉन की जगह गोविंद बैठ जाएँ। मैं समाज की ऐसी व्यवस्था देखना चाहती हूँ, जहाँ कम-से-कम विषमता को आश्रय न मिल सके।

आनन्द—यह तुम्हारी निज की कल्पना होगी।

रूपमणि—तुमने अभी इस आंदोलन का साहित्य पढ़ा ही नहीं।

आनन्द—न पढ़ा है, न पढ़ना चाहता हूँ।

रूपमणि-इससे राष्ट्र की कोई बड़ी हानि न होगी।

आनन्द—तुम तो जैसे वह रही ही नहीं। बिलकुल काया-पलट हो गई।

सहसा डाकिए ने कांग्रेस बुलेटिन लाकर मेज़ पर रख दिया। रूपमणि ने अधीर होकर उसे खोला। पहले शीर्षक पर नज़र पड़ते ही उसकी आँखों में जैसे नशा छा गया। अज्ञात रूप से गर्दन तन गई और चेहरा एक अलौकिक तेज़ से दमक उठा।

उसने आवेश में खड़ी होकर कहा—विशम्भर पकड़ लिए गए और दो साल की सज़ा हो गई।

आनन्द ने विरक्त मन से पूछा—किस मुआमले में सज़ा हुई?

रूपमणि ने विशम्भर के फ़ोटो को अभिमान की आँखों से देखकर कहा—रानीगंज में किसानों की विराट् सभा थी। वहीं पकड़ा है।

आनन्द —मैंने तो पहले ही कहा था, दो साल के लिए जाएँगे। ज़िन्दगी ख़राब कर डाली।

रूपमणि ने फटकार बताई—क्या डिग्री ले लेने से ही आदमी का जीवन सफल हो जाता है? सारा ज्ञान, सारा अनुभव पुस्तकों ही में भरा हुआ है। मैं समझती हूँ, संसार और मानवी चरित्र का जितना अनुभव विशम्भर को दो सालों में हो जाएगा, उतना दर्शन और क़ानून की पोथियों से तुम्हें दो सौ वर्षों में भी न होगा। अगर शिक्षा का उद्देश्य चरित्रबल मानो, तो राष्ट्र-संग्राम में मनोबल के जितने साधन हैं, पेट के संग्राम में कभी हो ही नहीं सकते। तुम यह कह सकते हो कि हमारे लिए पेट की चिन्ता ही बहुत है, हमसे और कुछ हो ही नहीं सकता, हममें न उतना साहस है, न बल है, न धैर्य है, न संगठन, तो मैं मान जाऊँगी; लेकिन जातिहित के लिए प्राण देने वालों को बेवकूफ़ बनाना मुझसे नहीं सहा जा सकता। विशम्भर

के इशारे पर आज लाखों आदमी सीना खोलकर खड़े हो जाएँगे। तुममें है जनता के सामने खड़े होने का हौसला? जिन लोगों ने तुम्हें पैरों के नीचे कुचल रखा है, जो तुम्हें कुत्तों से भी नीचे समझते हैं, उन्हीं की गुलामी करने के लिए तुम डिग्रियों पर जान दे रहे हो। तुम इसे अपने लिए गौरव की बात समझो, मैं नहीं समझती।

आनन्द तिलमिला उठा। बोला—तुम तो पक्की क्रान्तिकारिणी हो गईं इस वक़्त।

रूपमणि ने उसी आवेश में कहा—अगर सच्ची-खरी बातों में तुम्हें क्रान्ति की गंध मिले, तो मेरा दोष नहीं।

आज विशम्भर को बधाई देने के लिए जलसा ज़रूर होगा। क्या तुम उसमें जाओगी?

रूपमणि ने उग्रभाव से कहा—ज़रूर जाऊँगी, बोलूँगी भी, और कल रानीगंज भी चली जाऊँगी। विशम्भर ने जो दीपक जलाया है, वह मेरे जीते-जी बुझने न पाएगा।

आनन्द ने डूबते हुए आदमी की तरह तिनके का सहारा लिया—अपनी अम्माँ और दादा से पूछ लिया है?

'पूछ लूँगी!'

'और वह तुम्हें अनुमति भी दे देंगे?'

'सिद्धान्त के विषय में अपनी आत्मा का आदेश सर्वोपरि होता है।'

'अच्छा, यह नई बात मालूम हुई।'

यह कहता हुआ आनन्द उठ खड़ा हुआ और बिना हाथ मिलाए कमरे के बाहर निकल गया। उसके पैर इस तरह लड़खड़ा रहे थे, कि अब गिरा, अब गिरा।

होली का उपहार

मैकूलाल अमरकांत के घर शतरंज खेलने आए, तो देखा, वह कहीं बाहर जाने की तैयारी कर रहे हैं। पूछा—कहीं बाहर की तैयारी कर रहे हो क्या भाई? फ़ुरसत हो, तो आओ, आज दो-चार बाज़ियाँ हो जाएँ।

अमरकांत ने सन्दूक़ में आईना-कंघी रखते हुए कहा—नहीं भाई, आज तो बिलकुल फ़ुरसत नहीं है। कल ज़रा ससुराल जा रहा हूँ। सामान-आमान ठीक कर रहा हूँ।

मैकू—तो आज ही से क्या तैयारी करने लगे? चार क़दम तो हैं। शायद पहली बार जा रहे हो?

अमर—हाँ यार, अभी एक बार भी नहीं गया। मेरी इच्छा तो अभी जाने को न थी; पर ससुरजी आग्रह कर रहे हैं।

मैकू—तो कल शाम को उठना और चल देना। आध घंटे में तो पहुँच जाओगे।

अमर—मेरे हृदय में तो अभी से जाने कैसी धड़कन हो रही है। अभी तक तो कल्पना में पत्नी-मिलन का आनन्द लेता था। अब वह कल्पना प्रत्यक्ष हुई जाती है। कल्पना सुन्दर होती है, प्रत्यक्ष क्या होगा, कौन जाने।

मैकू—तो कोई सौगात ले ली है? ख़ाली हाथ न जाना, नहीं मुँह ही सीधा न होगा। अमरकांत ने कोई सौगात न लिया था। इस कला में अभी अभ्यस्त न हुए थे।

मैकू बोला—तो अब ले लो, भले आदमी! पहली बार जा रहे हो, भला वह दिल में क्या कहेंगी?

अमर—तो क्या चीज़ ले जाऊँ? मुझे तो इसका ख़याल ही नहीं आया। कोई ऐसी चीज़ बताओ, जो कम ख़र्च और बालानशीन हो; क्योंकि घर भी रुपए भेजने हैं, दादा ने रुपए माँगे हैं।

मैकू माँ-बाप से अलग रहता था। व्यंग्य करके बोला—जब दादा ने रुपए माँगे हैं, तो भला कैसे टाल सकते हो! दादा का रुपए माँगना कोई मामूली बात तो है नहीं?

अमरकांत ने व्यंग्य न समझकर कहा—हाँ इसी वजह से तो मैंने होली के लिए कपड़े भी नहीं बनवाए। मगर जब कोई सौगात ले जाना भी ज़रूरी है, तो कुछ-न-कुछ लेना ही पड़ेगा। हलके दामों की कोई चीज़ बतलाओ।

दोनों मित्रों में विचार-विनिमय होने लगा। विषय बड़े ही महत्त्व का था। उसी आधार पर भावी दाम्पत्य-जीवन सुखमय या इसके प्रतिकूल हो सकता था। पहले दिन बिल्ली को मारना अगर जीवन पर स्थायी प्रभाव डाल सकता है, तो पहला उपहार क्या कम महत्त्व का विषय है? देर तक बहस होती रही; पर कोई निश्चय न हो सका।

उसी वक़्त एक पारसी महिला एक नए फ़ैशन की साड़ी पहने हुए मोटर पर निकल गई। मैकूलाल ने कहा—अगर ऐसी एक साड़ी ले लो तो वह ज़रूर ख़ुश हो जाएँ। कितना सूफियाना रंग है। और वज़ा कितनी निराली! मेरी आँखों में तो जैसे बस गई। हाशिम की दुकान से ले लो। 25) में आ जाएगी।

अमरकांत भी उस साड़ी पर मुग्ध हो रहा था। वधू यह साड़ी देखकर कितनी प्रसन्न होगी और उसके गोरे रंग पर यह कितनी खिलेगी, वह इसी कल्पना में मग्न था। बोला—हाँ यार, पसन्द तो मुझे भी है; लेकिन हाशिम की दुकान पर तो पिकेटिंग हो रही है।

'तो होने दो। ख़रीदने वाले ख़रीदते ही हैं, अपनी इच्छा है, जो चीज़ चाहते हैं, ख़रीदते हैं, किसी के बाबा का साझा है।'

अमरकांत ने क्षमा-प्रार्थना के भाव से कहा—यह तो सत्य है; लेकिन मेरे लिए स्वयंसेवकों के बीच से दुकान में जाना सम्भव नहीं है। फिर तमाशाइयों की हरदम भीड़ भी तो लगी रहती है।

मैकू ने मानों उसकी कायरता पर दया करके कहा—तो पीछे के द्वार से चले जाना। वहाँ पिकेटिंग नहीं होती।

'किसी देशी दुकान पर न मिल जाएगी?'

'हाशिम की दुकान के सिवा और कहीं न मिलेगी।'

2

संध्या हो गई थी। अमीनाबाद में आकर्षण का उदय हो गया था। सूर्य की प्रतिभा विद्युत-प्रकाश के बुलबुलों में अपनी स्मृति छोड़ गई थी।

अमरकांत दबे पाँव हाशिम की दुकान के सामने पहुँचा। स्वयंसेवकों का धरना भी था और तमाशाइयों की भीड़ भी। उसने दो-तीन बार अन्दर जाने के लिए कलेजा मज़बूत किया, पर फ़ुटपाथ तक जाते-जाते हिम्मत ने जवाब दे दिया।

मगर साड़ी लेना ज़रूरी था। वह उसकी आँखों में खुब गई थी। वह उसके लिए पागल हो रहा था।

आख़िर उसने पिछवाड़े के द्वार से जाने का निश्चय किया। जाकर देखा, अभी तक वहाँ कोई वालंटियर न था। जल्दी से एक सपाटे में भीतर चला गया और बीस-पचीस मिनट में उसी नमूने की एक साड़ी लेकर फिर उसी द्वार पर आया; पर इतनी ही देर में परिस्थिति बदल चुकी थी। तीन स्वयंसेवक आ पहुँचे थे। अमरकांत एक मिनट तक द्वार पर दुविधे में खड़ा रहा। फिर तीर की तरह निकल भागा और अंधाधुंध भागता चला गया। दुर्भाग्य की बात! एक बुढ़िया लाठी टेकती हुई चली आ रही थी। अमरकांत उससे टकरा गया। बुढ़िया गिर पड़ी और लगी गालियाँ देने-आँखों में चर्बी छा गई है क्या? देखकर नहीं चलते? यह जवानी ढै जाएगी एक दिन।

अमरकांत के पाँव आगे न जा सके। बुढ़िया को उठाया और उससे क्षमा माँग रहे थे कि तीनों स्वयंसेवकों ने पीछे से आकर उन्हें घेर लिया। एक स्वयंसेवक ने साड़ी के पैकेट पर हाथ रखते हुए कहा—बिल्लाती कपड़ा ले जाए का हुक्म नहीं ना। बुलाइत है, तो सुनत नाहीं हौ।

दूसरा बोला—आप तो ऐसे भागे, जैसे कोई चोर भागे?

तीसरा—हज्ज़ारन मनई पकर-पकरि के जेहल में भरा जात अहैं, देश में आग लगी है, और इनका मन बिल्लाती माल से नहीं भरा।

अमरकांत ने पैकेट को दोनों हाथों से मज़बूत करके कहा—तुम लोग मुझे जाने दोगे या नहीं।

पहले स्वयंसेवक ने पैकेट पर हाथ बढ़ाते हुए कहा—जाए कसन देई। बिल्लाती कपड़ा लेके तुम यहाँ से कबौं नाहीं जाय सकत हौ।

अमरकांत ने पैकेट को एक झटके से छुड़ाकर कहा—तुम मुझे हर्गिज़ नहीं रोक सकते।

उन्होंने क़दम आगे बढ़ाया, मगर दो स्वयंसेवक तुरन्त उसके सामने लेट गए। अब बेचारे बड़ी मुश्किल में फँसे। जिस विपत्ति से बचना चाहते थे, वह ज़बरदस्ती गले पड़ गई। एक मिनट में बीसों आदमी जमा हो गए। चारों तरफ़ से उन पर टिप्पणियाँ होने लगीं।

'कोई जंटुलमैन मालूम होते हैं।'

'यह लोग अपने को शिक्षित कहते हैं। छिः! इस दुकान पर से रोज दस-पाँच आदमी गिरफ़्तार होते हैं; पर आपको इसकी क्या परवाह!'

'कपड़ा छीन लो और कह दो, जाकर पुलिस में रपट करें।'

'बेचारे बेड़ियाँ-सी पहने खड़े थे। कैसे गला छूटे, इसका कोई उपाय न सूझता था। मैकूलाल पर क्रोध आ रहा था कि उसी ने यह रोग उनके सिर मढ़ा। उन्हें तो किसी सौग़ात की फ़िक्र न थी। आए वहाँ से कि कोई सौग़ात ले लो।

कुछ देर तक लोग टिप्पणियाँ ही करते रहे, फिर छीन-झपट शुरू हुई। किसी ने सिर से टोपी उड़ा दी। उसकी तरफ़ लपके, तो एक ने साड़ी का पैकेट हाथ से छीन लिया। फिर वह हाथों-हाथ ग़ायब हो गई।

अमरकांत ने बिगड़कर कहा—मैं पुलिस में रिपोर्ट करता हूँ।

एक आदमी ने कहा—हाँ-हाँ, ज़रूर जाओ और हम सभी को फाँसी चढ़वा दो!

सहसा एक युवती खद्दर की साड़ी पहने, एक थैला लिए आ निकली। यहाँ यह हुड़दंग देखकर बोली—क्या मुआमला है? तुम लोग क्यों इस भले आदमी को दिक कर रहे हो?

अमरकांत की जान में जान आई। उसके पास जाकर फ़रियाद करने लगे—ये लोग मेरे कपड़े छीनकर भाग गए हैं और उन्हें ग़ायब कर दिया। मैं इसे डाका कहता हूँ, यह चोरी है। इसे मैं न सत्याग्रह कहता हूँ, न देश प्रेम।

युवती ने दिलासा दिया—घबड़ाइए नहीं! आपके कपड़े मिल जाएँगे होंगे तो इन्हीं लोगों के पास! कैसे कपड़े थे?

एक स्वयंसेवक बोला—बहनजी, इन्होंने हाशिम की दुकान से कपड़े लिए हैं।

युवती—किसी की दुकान से लिए हों, तुम्हें उनके हाथ से कपड़ा छीनने का कोई अधिकार नहीं है। आपके कपड़े वापस ला दो। किसके पास हैं?

एक क्षण में अमरकांत की साड़ी जैसे हाथोंहाथ गई थी, वैसे ही हाथोंहाथ वापस आ गई। ज़रा देर में भीड़ भी ग़ायब हो गई। स्वयंसेवक भी चले गए। अमरकांत ने युवती को धन्यवाद देते हुए कहा—आप इस समय न आई होतीं तो इन लोगों ने धोती तो ग़ायब कर ही दी थी, शायद मेरी ख़बर भी लेते।

युवती ने सरल भर्त्सना के भाव से कहा—जन सम्पत्ति का लिहाज सभी को करना पड़ता है; मगर आपने इस दुकान से कपड़े लिए ही क्यों? जब आप देख रहे हैं कि वहाँ हमारे ऊपर कितना अत्याचार हो रहा है, फिर भी आप न माने। जो लोग समझकर भी नहीं समझते, उन्हें कैसे कोई समझाए!

अमरकांत इस समय लज्जित हो गए और अपने मित्रों में बैठकर वे जो स्वेच्छा के राग अलापा करते थे, वह भूल गए। बोले—मैंने अपने लिए नहीं ख़रीदे हैं, एक महिला की फ़रमाइश थी; इसलिए मजबूर था।

'उन महिला को आपने समझाया नहीं?'

'आप समझातीं, तो शायद समझ पातीं, मेरे समझाने से तो न समझीं।'

'कभी अवसर मिला, तो ज़रूर समझाने की चेष्टा करूँगी। पुरुषों की नकेल महिलाओं के हाथ में है! आप किस मुहल्ले में रहते हैं?'

'सआदगंज में।'

'शुभ नाम?'

'अमरकांत।'

युवती ने तुरन्त ज़रा-सा घूँघट खींच लिया और सिर झुकाकर संकोच और स्नेह से सने स्वर में बोली—आपकी पत्नी तो आपके घर में नहीं है, उसने फ़रमाइश कैसे की?

अमरकांत ने चकित होकर पूछा——आप किस मुहल्ले में रहती हैं?

'घसियारी मंडी।'

'आपका नाम सुखदा देवी तो नहीं है?'

'हो सकता है, इस नाम की कई स्त्रियाँ हैं।'

'आपके पिता का नाम ज्वालादत्तजी है?'

'उस नाम के भी कई आदमी हो सकते हैं।'

अमरकांत ने जेब से दियासलाई निकाली और वहीं सुखदा के सामने उस साड़ी को जला दिया।

सुखदा ने कहा—आप कल आएँगे?

अमरकांत ने अवरुद्ध कंठ से कहा—नहीं सुखदा, जब तक इसका प्रायश्चित न कर लूँगा, न आऊँगा।

सुखदा कुछ और कहने जा रही थी कि अमरकांत तेज़ी से क़दम बढ़ाकर दूसरी तरफ़ चले गए।

3

आज होली है; मगर आज़ादी के मतवालों के लिए न होली है न बसन्त। हाशिम की दुकान पर आज भी पिकेटिंग हो रही है, और तमाशाई आज भी जमा हैं। आज के स्वयंसेवकों में अमरकांत भी खड़े पिकेटिंग कर रहे हैं। उनकी देह पर खद्दर का कुरता है और खद्दर की धोती। हाथ में तिरंगा झंडा लिए हैं।

एक स्वयंसेवक ने कहा—पानीदारों को यों बात लगती है। कल तुम क्या थे, आज क्या हो! सुखदा देवी न आ जातीं, तो बड़ी मुश्किल होती।

अमर ने कहा—मैं उनके लिए तुम लोगों को धन्यवाद देता हूँ। नहीं मैं आज यहाँ न होता।

'आज तुम्हें न आना चाहिए था। सुखदा बहन तो कहती थीं, मैं आज उन्हें न जाने दूँगी।'

'कल के अपमान के बाद अब मैं उन्हें मुँह दिखाने योग्य नहीं हूँ। जब वह रमणी होकर इतना कर सकती हैं, तो हम तो हर तरह के कष्ट उठाने के लिए बने ही हैं। ख़ासकर जब बाल-बच्चों का भार सिर पर नहीं है।'

उसी वक़्त पुलिस की लारी आई, एक सब-इंस्पेक्टर उतरा और स्वयंसेवकों के पास आकर बोला—मैं तुम लोगों को गिरफ़्तार करता हूँ।

'वंदे मातरम्' की ध्वनि हुई। तमाशाइयों में कुछ हलचल हुई। लोग दो-दो क़दम और आगे बढ़ आए। स्वयंसेवकों ने दर्शकों को प्रणाम किया और मुस्कुराते हुए लारी में जा बैठे। अमरकांत सबसे आगे थे। लारी चलना ही चाहती थी, कि सुखदा किसी तरफ़ से दौड़ी हुई आ गई। उसके हाथ में एक पुष्पमाला थी, लारी का द्वार खुला था। उसने ऊपर चढ़कर वह अमरकांत के गले में डाल दी। आँखों से स्नेह और गर्व की दो बूँदें टपक पड़ीं। लारी चली गई। यही होली थी, यही होली का आनन्द-मिलन था।

उसी वक़्त सुखदा दुकान पर खड़ी होकर बोली—विलायती कपड़े ख़रीदना और पहनना देशद्रोह है!

पंडित मोटेराम की डायरी

क्या नाम कि कुछ समझ में नहीं आता कि डेरी और डेरी-फार्म में क्या सम्बन्ध! डेरी तो कहते हैं उस छोटी-सी सादी सजिल्द पोथी को, जिस पर रोज़-रोज़ का वृत्तांत लिखा जाता है और जो प्राय: सभी महान् पुरुष लिखा करते हैं और डेरी-फार्म उस स्थान को कहते हैं जहाँ गायें-भैंसें पाली जाती हैं और उनका दूध, मक्खन, घी तैयार किया जाता है। ऐसा मालूम होता है, डेरी-फार्म इसलिए नाम पड़ा कि जैसे डेरी में नित्य-प्रति का समाचार लिखा जाता है, उस

तरह वहाँ नित्यप्रति दूध-मक्खन बनता है। जो कुछ हो, मैंने अब डेरी लिखने का निश्चय कर लिया है। कई साल पहले एक बार एक पुस्तकवाले ने मुझे एक डेरी भेंट की थी। तब मैंने उस पर एक महीने तक अपना हाल लिखा; लेकिन मुझे उसमें लिखने को कुछ सूझता ही न था। रात को सोने से पहले घंटों बैठा सोचता—क्या लिखूँ। लिखने लायक कोई बात भी हो? यह लिखना कि प्रात:काल उठा, मुँह-हाथ धोया, स्नान किया, तिलक-चन्दन लगाया, पूजन किया, यजमानों से मिला, कहीं साइत बाँचने गया; फिर लौटकर भोजन किया और सोया। तीसरे पहर फिर उठा, भंग छानी, फिर स्नान किया, फिर तिलक लगाया और कथा बाँचने चला गया; लौटकर फिर भोजन किया और सो रहा। यह सब लिखना मुझे अच्छा न लगता था। इसलिए उस डेरी पर मैंने धोबी के कपड़ों और आमदनी-ख़र्च लिखकर उसे पूरा किया। जब से वह डेरी समाप्त हुई, तब से ख़र्च-आमदनी का हिसाब लिखना छोड़ दिया और धोबी के कपड़ों का हिसाब पंडिताइन के ज़िम्मे डाल दिया।

लेकिन अब मैं फिर डेरी लिखना आरंभ कर रहा हूँ, इसका क्या कारण है? मैंने सुना है कि इससे आयु बढ़ती है, और चारों पदार्थ हाथ आ जाते हैं। इसलिए अब मैं फिर भगवान् का नाम लेकर, और गणेशजी के सामने शीश झुकाकर डेरी लिखना आरंभ करता हूँ। ओम शान्ति: शान्ति: शान्ति:।

क्या नाम कि आजकल साम्यवाद और समष्टिवाद की बड़ी चर्चा सुन रहा हूँ। साम्यवाद का अर्थ यह है कि सभी मनुष्य बराबर हों। तो मैं अपने साम्यवादी विद्वानों से जो इस विषय के आचार्य हैं, जैसे—श्री सम्पूर्णानन्द , आचार्य नरेंद्रदेवजी और आचार्य श्रीप्रकाशजी से पूछना चाहता हूँ कि सब मनुष्य कैसे बराबर हो सकते हैं? आचार्य नरेंद्रदेवजी मुझे क्षमा करें या न करें, मगर उनके जैसे तीन आचार्य मेरे पेट में समा सकते हैं, फिर यह कैसा साम्यवाद? इसका मतलब तो यही हो सकता है कि या मैं वामन-रूप धारण कर लूँगा या वह विराट् रूप धारण कर लें।

अच्छा, अब दूसरी बात लीजिए। धन तो आप सबका बराबर कर देना चाहते हैं; लेकिन कृपा करके यह बतलाइए कि आप सबके पेट कैसे बराबर कर देंगे? आचार्य नरेंद्रदेवजी एक-दो फुलके और आध घूँट दूध पीकर रह सकते हैं; मगर मुझे तो पूजा करने के बाद, मध्याह्न, तीसरे पहर और रात को, चार बार तर माल चकाचक चाहिए, जिसमें लड्डू, हलवा, मलाई, बादाम, कलाकंद आदि का प्राधान्य हो। अगर आपका साम्यवाद इसकी गारंटी करे कि वह मुझे इच्छापूर्ण भोजन देगा तो मैं उस पर विचार कर सकता हूँ और अगर आप चाहते हों कि मैं भी दो फुलके और तोले भर दूध और दो तोले भाजी खाकर रहूँ तो ऐसे साम्यवाद को मेरा दूर ही से प्रणाम है। मैं धन नहीं माँगता; लेकिन भोजन आँतफाड़ चाहता हूँ, अगर इस तरह की गारंटी दी गई, तो वचन देता हूँ कि मैं और मेरे अनेक मित्र साम्यवादी बनने को तैयार हो जाएँगे।

लेकिन एक भोजन ही से तो काम नहीं चलता। कपड़ा ही ले लीजिए। आपको एक कुरता और एक टोपी चाहिए। कुरते में एक गज़ से अधिक खद्दर न लगेगा। मैं लम्बी अंगरखी पहनता हूँ, जिसमें सात गज़ से कम कपड़ा नहीं लगता। मैंने दरजी के सामने बैठकर ख़ुद कटवाया है और इसका विश्वास दिलाता हूँ कि इससे कम में मेरी अंगरखी नहीं बन सकती। फिर बारह गज़ का साफ़ा, 5 गज़ की चादर ऊपर से। साम्यवाद इसकी गारंटी ले सकता है? धन लेकर मुझे क्या करना है, लेकिन भोजन और वस्त्र तो चाहिए ही।

आप कहेंगे, काम सबके बराबर करना पड़ेगा। मैं स्वीकार करता हूँ। अगर कोई सज्जन घड़ी भर पूजा करें, तो मैं दो घड़ी कर दूँगा; वह घड़ी भर स्नान करें तो मैं दो घड़ी पानी में रह सकता हूँ; वह एक घड़ी शास्त्रार्थ करें तो मैं भोजन-पूजन आदि को छोड़कर दिन-भर शास्त्रार्थ कर सकता हूँ। इसमें मैं किसी से पीछे हटनेवाला नहीं।

एक बात और। स्थान की मुझे परवाह नहीं; झोंपड़ा भी हो तो मैं अपना निबाह कर सकता हूँ, लेकिन रेल यात्रा करते समय अगर मुझे सबके बराबर जगह मिली, तो उस पटरी पर बैठनेवालों को छोड़कर भागना पड़ेगा; क्योंकि मैं एक पूरी पटरी से कम में समा नहीं सकता। दूसरी बात यह है कि मैं सन्नाटा मारकर नहीं सो सकता। निद्रा में एक विचित्र प्रकार का खर्राटा लेता हूँ। कभी कोई सज्जन मेरे समीप सोते हैं; तो उन्हें रात को उठकर भागना पड़ता है। इसलिए अपने हित के लिए नहीं, दूसरों के हित के लिए मैं यह चाहूँगा कि मुझे एक पूरी कोठरी सोने को मिले। अगर साम्यवाद इसमें मीनमेख निकाले तो मैं उसकी ओर आँख उठाकर भी न देखूँगा।

इतना लिख चुका था कि पंडिताइन आकर खड़ी हो गईं और पूछने लगीं—आज सबेरे-सबेरे यह क्या लिखने बैठ गए। सेठजी के लड़के की कुंडली क्यों नहीं बना डालते? व्यर्थ शास्त्रार्थ करके अपना मूँड़ क्यों दुखवाते हो?

मैं स्त्रियों का अपमान नहीं करता। उन्हें घर की देवी समझता हूँ। वे घर की लक्ष्मी हैं, लेकिन घर-गिरस्ती के सिवा उनसे किसी और बात में सलाह नहीं लेता। घर की लक्ष्मी को घर तक ही रखना चाहता हूँ। राजनीति, समाज, धर्म आदि के विषय से उन्हें क्या मतलब। स्त्रियों को सिर चढ़ाने की इन मुट्ठी-भर पढ़े-लिखे बाबुओं को जो सनक सवार हुई है, मैं इसे पसन्द नहीं करता। पंडिताइन भी एक दिन आधी बाँह की जंपर पहने हुए निकलीं जिससे आधी छाती दिखाई दे रही थी, तो मैंने उसी दम वह जंपर उतरवाकर छोड़ा। वह बहुत बिगड़ीं, लेकिन मैंने भी रौद्ररूप दिखाया। आख़िरकार जब मैं डंडा लेने दौड़ा; तो उन्होंने धीरे से जंपर उतार दिया और मुँह फुला बैठीं। मैंने कहा—चाहे मुँह फुलाओ, चाहे गाल फुलाओ, चाहे सारी देह फुलाकर कुप्पा हो जाओ; लेकिन इस भेष में मैं तुम्हें घर से निकलने न दूँगा। ख़ैर, जब उन्होंने आकर मुझे डाँट बताई, तो मैंने कह दिया—तुम यह बातें नहीं समझ सकती, जाकर अपना काम देखो।

पंडिताइन बोलीं—तुमने चार अक्षर पढ़ लिया तो बड़े समझदार हो गए? अभी एक जून चूल्हा न जलाऊँ तो सारी समझदारी निकल जाए।

कितना बेतुका जवाब था। मारूँ घुटना; फूटे आँख! लेकिन मुझे आश्चर्य नहीं हुआ! उनसे मैं ऐसे जवाब सुनने का अभ्यस्त हो गया हूँ। मैंने ज़रा कड़ाई के साथ कहा—तुम्हारे मतलब की कोई बात नहीं है देवी, नहीं तो मैं तुम्हें सुना देता।

'कोई कविताई करते होंगे। यही तो तुम्हें रोग है।'

'कविता करने का रोग मुझे कब था? बे-बात-की-बात करती हो। मैं कविताई से इतनी दूर हूँ, जितना पूरब पच्छिम से। यह वेश-भूषा, यह डील-डौल कवियों का है? तुम क्या जानो, कवि किसे कहते हैं? कवि वह है, जिसकी सूरत से कविता बरसती हो। बस, मैं कविताई नहीं कर रहा हूँ, एक सामाजिक प्रश्न पर कुछ शंकाएँ उपस्थित करने का सौभाग्य-सिन्दूर प्राप्त कर रहा हूँ।'

पंडित के पांडित्यपूर्ण कथन से वह कुछ रोब में आ गईं, लेकिन मैं थोड़ा सा बुद्धू भी हूँ। उसी वक़्त मुझे हँसी आ गई। बस, पंडिताइन लौट पड़ीं और मेरे हाथ से लेख छीनकर बोलीं—मैं समझ गई, किसी को प्रेम-पत्र लिख रहे हो?

अब नहीं तो अब बनी। मैं गंगाजल लेकर शपथ खा सकता हूँ कि मैंने आज तक न जाना, प्रेम किस चिड़िया का नाम है। मेरी प्रेमिका तर माल है। दूसरा प्रेम मेरी समझ में ही नहीं आता; लेकिन पंडिताइन को न जाने क्यों मुझ पर सन्देह होता रहता है। प्रेमियों की दशा देखकर तो मुझे उन पर हँसी आती है। जब देखो, रो रहे हैं। ठंडी साँसें खींच रहे हैं। न कुछ खाते हैं, न पीते हैं, ख़ासे लक़लक़ बने हुए हैं, फूँक दो तो उड़ जाएँ। इस तरह का प्रेम करके तो मैं तीसरे दिन संसार से विदा हो जाऊँ। लेकिन इस सन्देह का निवारण करना अब लाज़िम हो गया।

मैंने थोड़े से शब्दों में पंडिताइन को साम्यवाद का तत्त्व समझाने की चेष्टा की। जब मैं अपना कथन समाप्त कर चुका, तो वह आँखें मटकाकर बोलीं—ऐ नौज तुम्हारा सामवाद! कुछ घास तो नहीं खा गए हो! जिसके बाल वंश न हों, वे सामवाद की बात सोचें। मुझे तो भगवान ने पाँच-पाँच पुत्र दिए हैं, और छठवाँ आनेवाला है। मैं सामवाद के फेर में क्यों पड़ूँ? 'मेरे बराबर हो, पड़ोसन, गोदा-रोटी खाय।' अच्छा सामवाद है। मेरे लाल जीते रहेंगे, तो माँग खाएँगे।

वह और भी न जाने क्या-क्या अनाप-शनाप बकती रहीं; लेकिन उनकी बातों से मेरे मन में एक शंका उत्पन्न हो गई। साम्यवाद में कहीं सन्तान-निग्रह का बन्धन तो नहीं है? क्योंकि इस तरह का कोई सम्बन्ध हुआ तो फिर मेरा उससे कोई सम्पर्क न रहेगा। मैं इस विषय में किसी से समझौता न करूँगा। पीछे से थुक्का-फ़जीहत करना मुझे पसन्द नहीं। आचार्य मुझे स्पष्ट बतला दें कि मुझे गृहस्थाश्रम का त्याग तो न करना पड़ेगा? मैं इसकी स्वाधीनता चाहता हूँ कि जितनी सन्तानें आवें, उनका स्वागत करूँ; क्योंकि मैं जानता हूँ, जन्म देनेवाले भगवान हैं और पालन करनेवाले भी भगवान हैं। मैं तो निमित्त-मात्र हूँ।

2

क्या नाम है कि मैं पंडित मोटेराम वल्द पंडित छोटेराम स्वर्गवासी, साकिन विश्वनाथपुरी जो शंकर भगवान के तिरसूल पर बसी है, आज बंबई में दनदना रहा हूँ। एक यजमान सेठजी ने तार भेजा, हम बड़े संकट में हैं, तुरन्त आओ। तार के साथ डबल तीसरे दरजे का किराया भी, इसलिए हमने चटपट बंबई को प्रस्थान कर दिया! अपने यजमान पर संकट पड़े, तो हम कैसे रुक सकते थे। सेठजी एक बार काशी आए थे। वहाँ मैं भी निमंत्रण में गया था। वहीं मेरी उनकी जान-पहचान हुई। बात करने में मैं पक्का फ़िक़ैत हूँ। बस यही समझ लो कि कोई मुझे निमंत्रण-भर दे दे, फिर मैं अपनी बातों से ज्ञान घोलता हूँ, वेदों-शास्त्रों की ऐसी व्याख्या करता हूँ कि क्या मज़ाल जो यजमान उल्लू न हो जाए। योगासन, हस्तरेखा, सन्तानशास्त्र, वशीकरण आदि सभी विद्याएँ, जिन पर सेठ-महाजनों का पक्का विश्वास है, मेरी जिह्वा पर हैं। अगर पूछो कि क्यों पंडित मोटेराम शास्त्री, आपने इन विद्याओं को पढ़ा भी है? तो मैं डंके की चोट पर कहता हूँ, मैंने कभी नहीं पढ़ा। इन विद्याओं का क्या रोना, हमने कुछ नहीं पढ़ा, पूरे लंठ हैं, निरक्षर महान : लेकिन फिर भी किसी बड़े-से-बड़े पुस्तक चाटू, शास्त्रघोंटू

पंडित का सामना करा दो, चपेट न दूँ तो मोटेराम नहीं। जी हाँ, चपेट दूँ, ऐसा चपेटूँ, ऐसा रगेदूँ कि पंडितजी को भागने का रास्ता न मिले! पाठक कहेंगे; यह असम्भव है, भला एक मूर्ख आदमी महान पंडित को कैसे रगेदेगा। मैं कहता हूँ प्रियवर, पुस्तक चाटने से कोई विद्वान नहीं हो जाता। जो विद्वान आज इस युग में श्राद्ध, पिंडदान और वर्णाश्रम में विश्वास रखता है, जो आज गोबर और गोमूत्र को पवित्र समझता है, जो देवपूजा को मुक्ति का साधन समझता है, वह विद्वान कैसे हो सकता है? मैं ख़ुद यजमानों में यह सब कृत्य कराता हूँ; नि:सन्देह जानता हूँ, हलवा और कलाकंद किसी आत्मा के पेट में नहीं, मेरे पेट में जाता है, फिर भी यजमानों को मूड़ता हूँ, तो इसलिए कि मेरी यह जीविका है। जीविका नहीं छोड़ी जाती, और इसलिए यजमान ख़ुद बेवकूफ़ बनना चाहता है, पाँच पैसे का गऊदान करके भवसागर पार उतरना चाहता है, तो मुझे क्या कुत्ते ने काटा है जो कहूँ कि यह सब मिथ्या है, सरासर मिथ्या है। आती हुई लक्ष्मी को कौन दुत्कारता है? लेकिन पंडितों के बीच में दूसरी बात हो जाती है। वहाँ मुझे अपनी जीविका का डर नहीं रहता और मैं भिगो-भिगोकर लगाता हूँ, कभी दाहिने, कभी बाएँ, चौंधिया देता हूँ, साँस नहीं लेने देता। बस पंडितों के पास इसके सिवा और जवाब नहीं रहता कि तुम नास्तिक हो।

मगर मैं अपने विषय से बहककर कहाँ जा पहुँचा। जब मैं बंबई चलने को तैयार हुआ, तो पंडिताइन रोने लगीं। कहने लगीं, बताओ कै दिन में आओगे। दो-तीन दिन कि ज़रूर से लौट आना। मैं जो उस वक़्त बता दूँ कि दो दिन पहुँचने में लग जाएँगे, तो फिर वह मेरा पिंड न छोड़तीं। इसलिए बड़े प्रेम भरे शब्दों में कहा—प्रिये, मेरा जी तुम्हीं में लगा रहेगा। खाऊँगा तो तुम्हारे कर-कमलों की गुदगुदी रोटियाँ और पतली दाल याद आएगी। पानी पिऊँगा तो तुम्हारे पपड़ियाए हुए अधरों का ध्यान बना रहेगा। सोते-जागते, उठते-बैठते, बस तुम्हारे ही पास मन मँडराता रहेगा। इससे उन्हें कुछ ढाढ़स हुआ। लेकिन क्या नाम कि स्त्री का हृदय कुछ अटपटा होता है। एकाएक बोल उठीं—मुझे तुम्हारे ऊपर विश्वास नहीं आता। कौन जाने तुम वहाँ कैसे जाओ। कहीं तुम कुछ गड़बड़ न कर बैठो। मैंने तुरन्त समझाया—प्राणप्रिये, मुझे तुम्हारे प्रेम में पगे लगभग 45 साल हुए। क्या तुम समझती हो कि इतने दिनों में जो रंग जमा है, वह दो-चार दिन में फीका पड़ जाएगा? कहाँ तुम्हारा ख़याल है! बोली—क्या जाने भाई, तुम मरदों का हाल कौन जाने? यहाँ तो ऐसी मीठी-मीठी बातें करते हो, वहाँ जाकर क्या जाने क्या कर बैठो। मैं वहाँ थोड़ी बैठी रहूँगी कि तुम्हारी देखभाल करती रहूँ। मैं तो एक ही सरियत पर जाने दूँगी, कि तुम गंगाजल हाथ में लेकर कहो कि वहाँ कुछ गड़बड़-सड़बड़ न करूँगा। मैं मन में हँसा और गंगाजल लेकर क़सम खाई। तब जाके पंडिताइन का चित्त शान्त हुआ।

चलने को तो चला; लेकिन हृदय मेरा भी काँपता था। प्रयाग तक तो मेरा मन ठिकाने रहा; लेकिन जब फिर भी बंबई का कहीं पता न चला, तो मुझे रोना आ गया। भगवान! यह तो कालापानी है। दिन-भर चला, बंबई नदारद। रात-भर चला, बंबई नदारद। समझ गया कि काशी में मरना न बदा था। मज़े से गंगास्नान करता था, विश्वनाथ के दर्शनों का पुन्न लूटता था और धेली बारह आने कहीं-न-कहीं से पीट ही लाता था और यहाँ गाड़ी में बैठे न जाने किस लोक को चले जा रहे हैं। इतनी दूर तो चन्द्रमा भी न होंगे। मुझे भ्रम हो गया कि यात्री और रेल कर्मचारी सब मुझे धोखा दे रहे हैं। बंबई ज़रूर पीछे छूट गई। बारे कोई दस बजे बंबई का नाम सुना। जान आई। देखा तो यजमान सेठजी मेरा स्वागत करने के लिए खड़े

थे। उन्होंने पालागन किया; मगर असीस कौन देता है, यहाँ तो चोला भसम हो रहा था। मैंने ब्रह्म तेज़ से गरजकर कहा—तुमने मुझे लिखा क्यों नहीं कि बंबई लंका के पास है? अभी तक जल नहीं ग्रहण किया। प्राण छटपटा के निकलने जा रहा था; बारे मैंने योगबल से रोक लिया। मैं झूठ बोल रहा था। मैं रास्ते-भर फलाहारी खाता रहा और रेल से उतरकर पानी पीता चला आ रहा था; लेकिन ऐसे यजमानों के सामने अपने नेम का डंका बजा देना फलदायक होता है। सेठजी ने दौड़कर मेरी अधारी कन्धे पर रखी और लगे घिघियाने—महाराज, क्षमा किया जाए, मैं क्या जानता था कि महाराज को बंबई...

मैंने फिर डाँटा—महाराज को बंबई से क्या सम्बन्ध? अपने लोग तीर्थ-स्थानों में रहते हैं कि राक्षसों के देश में? यहाँ वह रहे, जो धन का लोभी हो। हम ब्राह्मणों को अपना धर्म प्यारा है।

इस डाँट से सेठजी की नानी मर गई। बाहर आए तो मोटर खड़ी थी। बैठकर यजमान के घर चले। वाह रे बंबई! वहाँ तो आदमी पागल हो जाए। सड़कें न जाने क्यों इतनी चौड़ी बनाई हैं। हमारी चौखंभेवाली कितनी गुलजार गली है कि वाह! यहाँ की सड़कें हैं कि बाले मियाँ का मैदान है। मगर बंबई का हाल फिर लिखेंगे। इस वक़्त तो सेठजी के संकट की कथा कहनी है, जिसके लिए हम इतनी दूर से बुलाए गए हैं। संकट यह कि सेठजी ने सट्टा खेला है और चाहते हैं; मैं कोई ऐसा अनुष्ठान करूँ कि सेठजी के पौ-बारह हो जाएँ। मामला गहरा है, कोई डेढ़ लाख का। मैंने यह वृत्तांत सुनकर ऐसा गम्भीर मुँह बनाया, मानो सब कुछ मेरे ही हाथ में है। फिर बोला—सेठजी, आप जो हैं सो मेरे यजमान हैं और मुझे जो कुछ विद्या आती है, उसमें कुछ उठा न रखूँगा। और यह आप जानते हैं कि मुझे किसी बात से ममता नहीं रही। ब्राह्मण को धन से क्या प्रयोजन? धन चाहता तो अब तक लाखों बटोर लेता। कितने यजमान मेरे अनुष्ठानों से करोड़पति हो गए, लखपतियों की तो गिनती ही नहीं। मैं वही ब्राह्मण का ब्राह्मण बना हूँ। तो बात क्या है? हम ममता को पास नहीं आने देते। साढ़े सात सौ कोस से ही ललकारते हैं, ख़बरदार जो इधर मुँह किया! हाँ, बात इतनी है कि अनुष्ठानों में पैसे ख़रच होते हैं। अगर यही अनुष्ठान विधिपूर्वक करूँ तो डेढ़-दो सौ से कम न ख़र्च होंगे। यह समझ लीजिए।

लेकिन मैं इस 65 साल की अवस्था में भी पोंगा ही रहा। मैंने डेढ़-दो सौ अपनी समझ में बहुत कहे थे। इससे ऊँचे जाने की मुझे हिम्मत ही न पड़ी। कभी इतना बड़ा शिकार तो फँसा नहीं था। उसके दाँव-घात क्या समझता? सेठजी का मुँह लटक गया। उन्होंने दस-बारह हज़ार का अनुमान किया था। डेढ़-दो सौ सुनकर मेरी सारी प्रतिष्ठा उनके हृदय से निकल भागी। क्या स्वर्ण-संयोग दिया था भगवान् विश्वनाथ ने, लेकिन तक़दीर खोटी है तो उनका क्या बस? दस हज़ार कह देता तो जन्म भर के लिए अयाच्य हो जाता। बोलते-बोलते बोला क्या? डेढ़-दो सौ! धत् तेरे पोंगापन का सत्यानाश हो! अब तो यही जी चाहता है कि जाकर समुद्र में कूद पड़ूँ! उसी दिन एक-दूसरे घोंघानाथ शास्त्री के नाम तार गया। अब यह पट्ठा आकर इन सेठजी को मूँड़ेगा। 20 हज़ार से कम न लेगा; लेकिन अब पछताने से क्या होता है। फिर भी मैंने सोचा, बला से मैं नहीं पा रहा हूँ! कोई दूसरा क्यों ले जावे? मेरा क्या यह धर्म नहीं है कि अपने यजमान की इन लुटेरों से रक्षा करूँ? बोला—मैंने केवल सामग्री का मूल्य दिया। दक्षिणा में मैं लेता नहीं। एक हज़ार रुपए विप्रों की दक्षिणा भी समझ लीजिए।

सेठजी बोले—उससे कोई मतलब नहीं, वह तो यहाँ से अलग दिया जाएगा। आपकी सामग्री तो क़ुल 200 रुपए की होगी?

मैंने कहा—बस, इससे अधिक नहीं। हाँ, ऐसे लोगों को भी जानता हूँ, जो इसी अनुष्ठान के लिए 10 हज़ार, 15 हज़ार तक ले लेंगे। लगेगा तो ढाई-तीन सौ, शेष अपने पेट में ठूँस लेंगे। इसलिए ऐसे धूर्तों से सचेत रहिएगा।

लेकिन सेठ के कंठ तले से यह बात न धँसी। बोला—यह आप क्या कहते हो शास्त्रीजी? गुड़ जितना ही डालो, उतना ही मीठा पकवान होगा। आपका अनुष्ठान 200 रुपए का है। आप कीजिए, लेकिन बिना बड़े अनुष्ठान के मेरा काम न चलेगा।

अब भी मुझे अपना उल्लू फाँसने का मौक़ा था। कह सकता था, सेठजी, आपका काम तो छोटे अनुष्ठान से ही निकल सकता है, लेकिन आपकी इच्छा है तो मैं महा-महा-महा मृत्युंजय-पाठ और ब्रह्म-प्रवीक्षक क्रिया भी कर सकता हूँ। हाँ, उसमें कोई साढ़े तेरह हज़ार का ख़र्च है; मगर यह तो अब सूझ रही है। उस वक़्त अक़्ल पर पत्थर पड़ गया था। मेरी भी विचित्र खोपड़ी है। जब सूझती है, अवसर निकल जाने पर। हाँ, मैंने यह निश्चय कर लिया कि पंडित घोंघानाथ को बिना दस-पाँच घिस्से दिए न छोड़ूँगा या तो बेटा से आधा रखा लूँगा; या फिर यहीं बंबई के मैदान में हमारी उनकी ठनेगी। वह विद्वान् होंगे। यहाँ सारी जवानी अखाड़े में कटी है। भरकुस निकाल दूँगा।

अपनी इस पिछिल-सूझता पर पछता रहा था कि डाकिया एक तिकोना सा बैरंग लिफ़ाफ़ा लाकर मुझे दे गया। समझा गया, पंडिताइन की कृपा है। आज यह पत्र हाथ में लेकर मुझे सचमुच उनकी याद आ गई। बेचारी ने मेरे साथ 45 साल काट दिए, और मैं बराबर उसे बातों में टालता रहा। आँखें सजल हो गईं। पत्र खोला। लिखा था—स्वस्ति श्री सर्व उपमा योग...सो तुम जाए के बंबई में बैठि रह्यौ, कान में तेल डारिकै। हमका रोज़ सपना दिखात है। डरन के मारे नींद नहीं आवति है। कतों तुम कुछ गड़बड़ि न करि बैठो, यही चिन्ता में हमार परान सूखा जात है। तुम कहिहौ हम 65 साल के होय गएन, अबका जन्म भर गड़बड़े करत रहिबे। मुला सुनित है, बैदन सो अइस-अइस बिरवा निकारेन हैं कि ओहिका खायके मनई बौराय जात है। एक बैद झाँसी माँ है, एक और कतों है। तुमार हाथ जोरित है, तुम कौनो औखद न खायो। तुम गंगाजल उठाय के जौन परन किह्यौ ओहिका निबाह करै का परी। हम तुमका साँड़ न बनै देब।

लीजिए साहब, अब मैं साँड़ हो गया। कमर सीधी होती नहीं, डेढ़ सेर मलाई भी नहीं पचाए पचती, और वहाँ पंडिताइन मुझे साँड़ बना रही हैं। सो यहाँ भी अपनी ही भूल है। मैं पंडिताइन के सामने अपनी जवाँमरदी और पुरुषार्थ की डींग मारा करता हूँ। वह गऊ क्या जाने, यह लवाड़ियाँ है। मैं जो कुछ कहता हूँ, उसे ब्रह्मवाक्य समझ बैठती हैं और उसका यह फल है। इस यात्रा से सम्भवत: मेरी दृष्टि कुछ सूक्ष्म हो रही है।

3

क्या नाम कि जब मैंने देखा कि अब तो मुझसे भूल हो ही गई और बहुत खींचतान करने पर भी दो सौ से बेशी न मिलेंगे, तो मैंने सोचा, लाओ और कुछ न सही तो इसके सौ पचास रुपए भोजनों में ही बिगाड़ दो। यह भी क्या समझेगा कि किसी से पाला पड़ा था। बस, मैंने शंकर भगवान् का सुमिरन किया और विनती की—हे उमापति, अब तुम्हीं मेरी रक्षा करो, मैं तो अब प्राणों से हाथ धोकर भोजन पर जुटता हूँ। नाश्ता आया तो मैंने कह दिया—मुझे

आपके महाराज के हाथ की बनी चीज़ों में कोई स्वाद नहीं आता, मुझे तो आप सामग्री दे दीजिए, मैं अपना भोजन आप पका लूँगा। भंडारी ने कहा—जैसी आपकी इच्छा, जो आज्ञा हो वह हाजिर करूँ। मैंने नाश्ते का नुसखा बताया—सवा सेर ताज़ा मक्खन, आध सेर बादाम, आधा सेर पिश्ते, आध तोले केसर, सेर-भर सूजी और सेर-भर शक्कर। भंडारी मेरा मुँह ताकने लगा। मैंने कहा—मुँह क्या ताक़ते हो, क्या बाँधकर ले जाने को माँगता हूँ? ज़ाकर चटपट लाओ। बस मैंने घोटी भंग और चढ़ाया गोला और विश्वनाथ का नाम लेकर हलवा बनाने बैठ गया। शंकर की दया से ऐसा स्वादिष्ट पदार्थ बना कि क्या कहूँ। पलथी मारके जो बैठा, तो आध घंटे में साफ़। मक्खी के लिए भी न बचा। भंडारी के होश उड़ गए। दोपहर को फिर मैंने पूरियाँ पकाईं। आधो-आध मोयन देकर। रात को कुछ खाने की इच्छा न होने पर भी मैंने सवा सेर मलाई चढ़ा ली।

लेकिन अब वह जवानी तो है नहीं कि ईंट-पत्थर जो पेट में पहुँच जाए, वह सब भस्म। तीसरे ही दिन मुझे उदर-विकार के लक्षण दिखे। मैंने सोचा—यहाँ किसी से कहता हूँ तो सब यही कहेंगे कि ब्राह्मण की जात, खाने के पीछे प्राण दे रहा है। इसलिए मुहल्ले ही में एक डॉक्टर के पास कोई पाचक-बटी लेने चला गया। बड़ा भारी मकान, मोटर, फ़ोन। मैंने अपना परिचय दिया तो डॉक्टर ने मुझे ग़ौर से देखा और बोले—काशी से आता है?

मैंने कहा—हाँ साहब, विश्वनाथ जी आपको प्रसन्न रखें, यहाँ कुछ भोजन प्रकृति के अनुकूल न मिलने के कारण पाचन दूषित हो गया है। कोई औषधि प्रदान कीजिए।

डॉक्टर मुझे एक अलग कमरे में ले गया और एक मेज़ पर लेटाकर मेरा पेट टटोलने लगा। फिर सीने की परीक्षा की, पीठ ठोंकी, आँखें देखीं, जीभ निकलवाकर परीक्षा ली। इस तरह कोई आध घंटे तक मेरी दलेल करने के बाद बोला—वेल पंडितजी, आपको कुछ टी.बी. के आसार मालूम देता है। आपको उसका दवाई करने होगा। हम टी.बी. का इसपिसलिस्ट है। आपको अच्छा कर सकता है; पर आपको अभी एक दूसरा डॉक्टर के पास अपने ख़ून का मुलाहज़ा कराना होगा। बिना ख़ून देखे हम कुछ नहीं कर सकता। हम आपको चिट्ठी देता है। आप डॉक्टर सूबेदार के पास जाएँ। वह चौपाटी में रहता है। हम चिट्ठी देता है। आपके ब्लड का मुलाहज़ा करके हमको लिखेगा।

मेरे होश फ़ाखता हो गए। पंडिताइन की याद आई। भगवान्, क्या बंबई में मेरी मिट्टी की दुर्दशा करोगे। आया था कि कुछ कमाकर जाऊँगा, सो यहाँ जान पर बीता चाहती है। अभी काशी से चला हूँ तो कोई बात न थी। ख़ासा साठा-पाठा बना हुआ था कि बंबई का पानी है, और कुछ नहीं। दुबे विजयानन्द ने कहा था—बंबई का पानी ख़राब है, ज़रा सँभलकर रहना। लेकिन यह क्या जानता था कि दस-पाँच दिन में ही सिल धरे लेता है; लेकिन अब पछताए क्या होता है। चलो, लहू भी दिखा लो; और फिर डर किस बात का है। मर ही तो जाएँगे। यहाँ अमर कौन है। ज़रा कच्ची गिरस्ती है, यही चिन्ता है। मगर जानता कि अन्त इतना निकट है तो पिछले दो लड़के क्यों होते और तीसरा गर्भ में क्यों रहता। लेकिन हरि की इच्छा। तुलसीदासजी ने कहा भी तो है—

सुत बनितादि जानि स्वारथ रत न करु नेह सबही ते,
अन्तहुँ तोहि तजेंगे पामर, तू न तजे अबही ते।

मैं यहाँ से चला तो दिल बहुत छोटा हो गया था; लेकिन डॉक्टर साहब ने तुरन्त टोका—हमारा फ़ीस 32 रुपया हुआ। सेठजी के पास बिल भेज देगा न?

अगर अभी तक यमराज न आए थे, तो अब आ गए, 32 रुपया फ़ीस! जो उमर में कभी नहीं दी! बैद, डॉक्टर को अमीर लोग पैसा देते हैं? हम शंकर के उपासक तो केवल आशीर्वाद से काम निकालते हैं। काशी में जब कभी काम पड़ता था, डॉक्टर चौधरी, डॉक्टर बनर्जी, डॉ. सेठ आदि जिसके पास चला गया दवाई ले आया, ऊपर से रुपए-आठ आने बिदाई झटक आया। और यहाँ ज़रा-सी परीक्षा की तो 32 रुपया फ़ीस। आँखों-तले अँधेरा छा गया; लेकिन फिर सोचा—अब तो मर ही रहे हो, रुपए-पैसे के माया-मोह में क्या पड़े हो। 32 रुपया ख़र्च हुए तो हुए, मालूम तो हो गया कि तपेदिक हो गया है। नहीं यों ही एक दिन चल देते, किसी को पता न चलता। दवा-दारू करने की नौबत ही न आती। भला, दवा करने का अवसर मिल गया। और आदमी कमाता ही किसलिए है। लेकिन यह पूछ लेना आवश्यक मालूम हुआ कि डॉ. सूबेदार को तो कुछ न देना पड़ेगा। अतएव मैंने इस विषय का प्रश्न किया।

डॉ. साहब ज़ोर से हँसे। बोले—तुम काशी का विद्वान लोग बड़ा मज़ाक़ करता है। काशी में एक पंडित को दछना देने से सब पंडित तो नहीं परसन हो जाएगा। बोलो?

हमने कलेजा थामकर पूछा—तो उनकी क्या फ़ीस होगी?

'उसका फ़ीस केवल 10 रुपया है।'

मैंने मन में कहा—चलो मन यह 10 रुपए भी ग़म खाओ। बंबई में जो कमाना है, वह सब देकर भी प्राण बचे तो समझना चाहिए, नया जीवन पाया। नहीं, यहीं बैठे-बैठे टें हो जाएँगे, कोई रोनेवाला भी न मिलेगा। उस वक़्त ऐसा वैराग्य सवार हुआ कि सब छोड़-छाड़कर निकल भागूँ। कबीर का वह पद याद आया जिसे पढ़कर मैं कभी-कभी हँसा करता था। धूर्त्तताई में जीवन कट गया। अब इस काया की क्या दुरदसा होगी भगवान—

दिवाने मन भजन दुख पैहो,
पहिला जनम भूत का पैहो, सात जनम पछतैहो;
कीरा पर के पानी पैहो, प्यासन ही मरि जैहो।
दूजा जनम सुवा का पैहो, बाग़ बसेरा लैहो;
टूटे पंख बाज मँडराने, अधफड़ प्रान गँवैहो।
बाज़ीगर के बानर होइहौ, लकड़िन नाच नचैहो;
ऊँच-नीच के हाथ पसरिहौ, माँगे भीख न पैहो।
तेलिन के घर बैला होइहौ, आँखिन ढाँप ढँपैहो;
कोस पचास घरै माँ चलिहौ, बाहर हीन न पैहो।
पाँचवाँ जनम ऊँट का पैहो, बिन तोले बोझ लदैहो;
बैठे तो उठन न पैहो, घुरच-घुरच मरि जैहो।
धोबी घाट के गदहा होइहौ, कटी घास न पैहो;
लादी लादि आपु चढ़ बैठे, लैके घाट पहुँचैहो।

आख़िर यही कहना पड़ा कि हाँ सेठजी के पास बिल भेज देना। फिर वहाँ का पता पूछता हुआ डॉक्टर सूबेदार के पास पहुँचा। कोई दस बज गए थे, पेट में मीठा-मीठा दर्द होने

लगा था; लेकिन सोचा इस झमेले से निबट लो, फिर विश्वनाथ जी की जैसी इच्छा होगी, वह तो होगा ही।

डॉ. सूबेदार युवक-से लगते, कोट-पैंट से लैस। मैंने पत्र जो दिया, आपने ले जाकर भीतर के कमरे में लेटा दिया और ऐसे ज़ोर से मेरी बाँह में सुई चुभो दिया कि मैं ऐंठकर रह गया। बाँह में से रक्त निकल पड़ा। उसने एक शीशे की नलकी में ले लिया और मेरी बाँह में कुछ पोतकर एक तीसरी कोठरी में जाकर न जाने क्या करता रहा। फिर आकर बोला—वेल पंडितजी, आपके ब्लड में टी.बी. का जर्म दिखाई देता है। आपको किसी पहाड़ पर जाना होगा और वहाँ आराम से रहना होगा। आपको पढ़ना-लिखना बन्द करना होगा, लेकिन अभी हम कुछ ठीक-ठीक नहीं कह सकता, आप डॉ. घोड़ेपुरकर के पास जाए, वह आपका यूरीन देखेगा। उसका रिपोर्ट लेकर तब हम अपना रिपोर्ट देगा। तब आप डॉक्टर लंपट के पास जाएगा। फिर वह जो कुछ कहेगा, वह आपको करना होगा।

मेरे बदन में आग लग गई। जी में तो आया, मारूँ गोली इन डॉक्टरों को और चलकर दो पैसे की हरड़ मँगवाकर उसकी फंकी फाँक लूँ। मरना ही बदा है, तो सारी दुनिया के डॉक्टर भी तो नहीं जिला सकते; लेकिन जान का लोभ बड़ा बलवान होता है। उनकी चिट्ठी लेकर पता पूछता हुआ चला डॉक्टर घोड़ेपुरकर के पास। इसने मुझसे एक चोंगे में लघुशंका करवाई और बड़ी देर तक न जाने क्या करता रहा। फिर मुझे रिपोर्ट लिखकर दी और कहा—डॉ. सूबेदार के पास जाइए। सूबेदार के पास फिर पहुँचा, तो तीन बज गए थे। आपने अपनी रिपोर्ट दी, तो आया डॉ. लंपट के पास। डॉक्टर लंपट ने दोनों रिपोर्टों को बड़े ध्यान से देखा और बोले—मेरा अनुमान ठीक था पंडितजी, आपको टी.बी. हो गया है।

मैंने सजल-नेत्र होकर पूछा—तो मैं मर जाऊँगा?

'नहीं-नहीं, हम आपको मरने नहीं देगा। आपको पहाड़ पर रहना होगा। अच्छा भोजन करने से आप बच सकता है। आपको अंडों का सेवन करना होगा।'

मैंने कानों पर हाथ रखकर कहा—क्या कहा, अंडों का? मैं अंडे हाथ से नहीं छू सकता, खाने की कौन कहे!

'ओह! यह सब आरथोडाक्सी यहाँ नहीं चलेगा। तुमको अंडे खाना होगा।'

'अंडे मैं किसी तरह नहीं खा सकता।'

'तुम मर जाएगा।'

'कोई चिन्ता नहीं।'

'हम दवाई देता है, इसे तो पी सकता है।'

'ना! अब न कोई दवा खाऊँगा; न किसी डॉक्टर के पास जाऊँगा।'

यह कहकर मैं सेठजी की कोठी पर लौट आया। दिन-भर जो कुछ भोजन न किया था, तो भूख चमचमा उठी थी। बूटी छानी, शौच गया और फिर ख़ूब डटकर भोजन किया।

सहसा सेठजी घबड़ाए हुए आए और बोले—पंडितजी, क्या आपका मूलाहजा किया था लंपट साहब ने! आपको तो टी.बी. बताते हैं।

मैंने कहा—वह आपके घर आने का पुरस्कार है, और क्या?

'आप आज ही काशी चले जाइए।'

'मैं बिना अनुष्ठान पूरा किए नहीं जा सकता।'

'नहीं, नहीं, कोई दरकार नहीं, आप इसी नौ बजे की गाड़ी से चले जाएँ।'

मैंने उसकी घबराहट देखी तो समझ गया, वह ब्रह्म हत्या से डर रहा है। बस, फिर क्या था। मेरी लह गई।

मैंने कहा—बिना अनुष्ठान पूरा किए लौट जाने में प्राणों का भय है। इसका उपचार करने में कम-से-कम एक हज़ार का खरच है। मैं वह कहाँ से लाऊँगा। फिर मरने से क्या डरना! यहीं मर जाऊँगा तो क्या चिन्ता।

सेठजी काँपते हुए बोले—नहीं पंडितजी, आपका जो कुछ ख़र्च पड़े, वह लीजिए और आज ही चल दीजिए।

बस मुनीमजी बुलाए गए और फिर सौ-सौ के दस नोट मेरे चरणों पर रख दिए। मैंने विश्वनाथजी को धन्यवाद दिया, नोट गाँठ में किए और टी.बी. को ऐसा भूला कि वह भी मुझे भूल गया।

4

क्या नाम कि मैं जहाँ जाता हूँ, वहीं कुछ-न-कुछ लोग मेरे पीछे पड़ जाते हैं, और आ-आकर मुझे दिक़ करते हैं। बंबई में भी भले आदमियों से गला न छूटा। यह तो होता नहीं कि आकर एक मोहर मेरे चरणों पर रखें और तब अपनी कथा सुनाएँ। बस आकर लगते हैं अपनी कथा सुनाने और चाहते हैं कि मैं सेंत-मेंत में उन्हें अनुष्ठान बता दूँ। तो यहाँ ऐसे उल्लू नहीं हैं। सुनने को सुन लेते हैं, लेकिन अनुष्ठान बताने के लिए पचासों बार दौड़ते हैं, ऐसा पदाते हैं कि वह भाग खड़ा होता है। जब कोई डॉक्टर सेंत-मेंत में किसी रोगी को नहीं देखता, कोई वकील सेंत में कोई मिसिल नहीं छूता, तो मैं क्यों सेंत में अपनी विद्या लुटाता फिरूँ? वह विद्या क्या है, यह मैं जानता हूँ, उसी तरह जैसे वकील और डॉक्टर अपनी विद्या को जानते हैं; लेकिन भाई, एक-दूसरे का पर्दा क्यों खोलो। संसार उसका है, जो उसे बेवकूफ़ बनाए, जिसे यह कला नहीं आती, वह कौड़ी का तीन है।

कल भंग-बूटी से निपटकर मलाई पर हाथ साफ़ कर रहा था कि एक सज्जन आकर बैठ गए। कोट, पैंट, कालर, बूट; हैट ख़ासे साहब बहादुर थे। चेहरा लटका हुआ, मानो पत्नी मर गई हो, बोले—आपका नाम पंडित मोटेराम शास्त्री है?

मैंने कहा—हाँ, मेरा ही नाम है। कहिए, आपकी क्या सेवा करूँ?

साहब बहादुर ने जेब से रूमाल निकाला और सिर का पसीना पोंछते हुए कहा—मैं बड़े संकट में पड़ गया हूँ महाशय! कुछ अक़्ल काम नहीं करती। अब आप ही बेड़ा पार लगाइए तो लगे।

मेरे हृदय में गुदगुदी हुई। यह तो कोई शिकार मालूम होता है। बोला—भगवान की दया से सारी बाधाएँ दूर हो जाएँगी, कुछ चिन्ता मत कीजिए।

'क्या कहूँ महोदय, कहते संकोच हो रहा है।'

'संकोच की कोई बात नहीं, सन्तान तो मेरी मुट्ठी में है। कहिए तो बालकों से आपका घर भर दूँ। बस एक अनुष्ठान...'

'जी नहीं, बालकों से तो मुझे प्रेम नहीं। मैं सन्तान विरोधी हूँ।'

'अच्छा, तो क्या धन की इच्छा है?'

'धन की इच्छा किसे न होगी; लेकिन इस वक़्त मैं इस हेतु से आपकी सेवा में नहीं आया था।'

'तो कहो न? पौष्टिक अनुष्ठानों की भी मेरे पास कमी नहीं। चूर्ण, अवलेह, गोली, भस्म, आसव, क्वाथ, किसी चीज़ के सेवन करने की आवश्यकता नहीं, बस पाँच बार उस मंत्र का जप करके सो जाइए, फिर उसकी करामात देखिए।'

'मैं इस समय एक दूसरे ही काम से सेवा में आया था।'

मुझे कुछ निराशा होने लगी। हत्थे पर चढ़नेवाला नहीं जान पड़ता। फिर भी मैंने दिलासा दिया—जो इच्छा हो वह निस्संकोच कहो।

उसने पूछा—आप उसमें अपना अपमान तो न समझेंगे?

अब मेरे कान खड़े हुए, उत्सुकता और बढ़ी।

'अपमान की बात होगी, तो अवश्य अपमान समझूँगा।'

'बात यह है कि कल संध्या समय मेरे माता-पिता देश से आ गए हैं।'

'बहुत अच्छी बात है, तुम्हें उनका आदर-सत्कार करना चाहिए।'

'लेकिन करूँ कैसे यह समझ में नहीं आता। कल से उन्होंने भोजन नहीं किया!'

'भोजन नहीं किया! यह तो बड़ा अनर्थ है। कुछ उदर विकार हो गया है? मैं आयुर्वेद भी जानता हूँ।'

'नहीं-नहीं शास्त्रीजी, वह तो आपसे भी भारी डील-डौल के हैं।'

'भारी डील-डौल के लोग क्या बीमार नहीं पड़ते?'

'पड़ते होंगे; पर फादर कभी बीमार नहीं पड़ते और मदर के सिर में तो कभी दर्द भी नहीं हुआ।'

'तो वह और आप दोनों भाग्यवान् हैं।'

'समस्या यह है कि वे दोनों ही बड़े नेम से रहते हैं।'

'बड़े हर्ष की बात है। आप वास्तव में भाग्यशाली हैं।'

'लेकिन वह मेरे ख़ानसामा के हाथ का भोजन तो नहीं कर सकते!'

'तो एक-दो दिन तुम्हारी स्त्री ही भोजन पका लेगी तो क्या छोटी हो जाएगी? सास-ससुर की सेवा करना ही स्त्री का परम धर्म है।'

'मैं इसे नहीं स्वीकार करता, महोदय। बुरा न मानिएगा। आप सौ बरस की पुरानी बात कह रहे हैं। सास-ससुर को ऐसी ज़रा-ज़रा की बातों के लिए पुत्र और पुत्रवधू को संकट में न डालना चाहिए। समय बहुत आगे बढ़ गया है। अब ऐसे माता-पिता के लिए स्थान नहीं रहा।'

'यह आप बहुत ठीक कह रहे हैं; लेकिन जब माता-पिता दो-ही चार दिन के लिए आए हैं, तो स्त्री को थोड़ा-सा कष्ट भी तो सह लेना चाहिए।' इस पर सज्जन ने कुछ भौंवे सिकोड़कर कहा—लेकिन भोजन पकाने का उन्हें अभ्यास नहीं है, श्रीमान्! जब कभी ख़ानसामा बैठ रहता है, तो हम लोग होटल में खा लेते हैं। एक बार घर में रुपए न थे, और होटल में नक़द दाम देना पड़ता है; इसलिए स्त्री ने सोचा—कुछ पका लें, तो! साहब, आटा ऐसा हो गया जैसे गाढ़ा दूध और चावल जलकर कोयला हो गया। उस पर तीन दिन श्रीमतीजी के सिर में दर्द होता रहा। हारकर हमें फाँका करना पड़ा। तो साहब, फिर वह

विपत्ति नहीं मोल लेना चाहता। न जाने क्यों होटल में खाना खाते इन लोगों की नानी मरती है। मैं इसे उनकी कोरी ज़िद समझता हूँ। माँ-बाप हैं, क्या कहूँ? क्या आप इतनी कृपा न करेंगे कि एक-दो दिन जब तक वह लोग यहाँ रहें, उनका भोजन पका दें? आपको कष्ट तो होगा, लेकिन आप ब्राह्मण हैं और ब्राह्मण को परोपकार के लिए अपने कष्ट की परवाह नहीं होती।

मेरा ख़ून खौल उठा। जी में आया, उठा के पटक दूँ, लेकिन मैंने सब्र किया। क्या क़दर की है आपने ब्राह्मण की! और मज़ा यह है कि इस मूर्ख को मुझसे ऐसी बात कहते संकोच भी न हुआ। मुझे चुप देखकर उसने कहा—क्या बुरा मान गए?

मैंने कहा—नहीं, बुरा क्या मानूँगा, लेकिन आपने इस काम के लिए किसी पानी-पाँड़े को पकड़ा होता, मुझे आप शायद नहीं जानते?

उसने कहा—मैं आपको ख़ूब जानता हूँ, आप काशी के शास्त्री हैं। जब मैं होस्टल में था तो एक काशी के शास्त्री मेरे सहपाठी थे। वह बराबर अपना भोजन आप पकाया करते थे और जब कभी हमारे मेस का रसोइयादार बीमार पड़ जाता या भाग जाता तो वह मेरा भोजन पका देते थे और आग्रह करके खिलाते थे। इसीलिए मैंने आपसे यह प्रार्थना की।

मेरे पास इसका क्या जवाब था। पुरखों ने जो कुछ किया है, उसका तावान तो देना ही पड़ेगा।

मैंने कहा—आपकी इच्छा है तो मैं चलकर भोजन बना दूँगा। लेकिन एक शर्त है, अगर आप उसे स्वीकार करें।

'कहिए, कहिए, आप जो कुछ कहेंगे वह मुझे स्वीकार है। आपने आज मेरी लाज रख ली।'

'मैं रसोई में बैठकर बताता जाऊँगा; काम श्रीमतीजी को करना पड़ेगा।'

'लेकिन उनके सिर में दर्द हुआ तब?'

'उसकी मेरे पास दवा है। सिर में चक्कर आ जाए, आँखों के सामने अँधेरा छा जाए, मैं बात-की-बात में अच्छा कर सकता हूँ।'

'और जो उन्हें गर्मी लगे?'

'आप खड़े पंखा झलते रहिएगा।'

'और उन्होंने क्रोध में आकर आपको कुछ कह दिया?'

'तो मुझे भी क्रोध आ जाएगा और क्रोध में मैं लाट साहब को भी कुछ नहीं समझता। हाँ, इतना कह सकता हूँ कि इसके बाद उन्हें फिर क्रोध न आएगा।'

'और जो उन्होंने बहस शुरू कर दी? उनकी दलीलों का आप जवाब दे सकते हैं?'

'वाह! और मैंने उम्र भर किया क्या है? पहले तो दलील का जवाब दलील से देता हूँ। जब इससे काम नहीं चलता तो हाथ-पाँव से भी काम लेता हूँ। कितने ही शास्त्रार्थों में सम्मिलित हुआ हूँ और कभी परास्त होकर नहीं आया। बड़े-बड़े महामहोपाध्यायों को गुड़-हल्दी पिलाकर छोड़ दिया।'

सज्जन ने एक क्षण तक विचार किया और फिर आने का वादा करके चले गए। तब से अब तक सूरत नहीं दिखाई।

प्रेम की होली

गंगी का सत्रहवाँ साल था, पर वह तीन साल से विधवा थी, और जानती थी कि मैं विधवा हूँ, मेरे लिए संसार के सुखों के द्वार बन्द हैं। फिर वह क्यों रोए और कलपे? मेले से सभी तो मिठाई के दोने और फूलों के हार लेकर नहीं लौटते? कितनों ही का तो मेले की सजी दुकानें और उन पर खड़े नर-नारी देखकर ही मनोरंजन हो जाता है। गंगी खाती-पीती थी, हँसती-बोलती थी, किसी ने उसे मुँह लटकाए, अपने भाग्य को रोते नहीं देखा। घड़ी रात को उठकर गोबर निकालकर, गाय-बैलों को सानी देना, फिर उपले पाथना, उसका नित्य का नियम था। तब वह अपने भैया को गाय दुहाने के लिए जगाती थी। फिर कुएँ से पानी लाती, चौके का धंधा शुरू हो जाता। गाँव की भावजें उससे हँसी करतीं, पर एक विशेष प्रकार की हँसी छोड़कर सहेलियाँ ससुराल से आकर उससे सारी कथा कहतीं, पर एक विशेष प्रसंग बचाकर। सभी उसके वैधव्य का आदर करते थे। जिस छोटे से अपराध के लिए, उसकी भावज पर घुड़कियाँ पड़तीं, उसकी माँ को गालियाँ मिलतीं, उसके भाई पर मार पड़ती, वह उसके लिए क्षम्य था। जिसे ईश्वर ने मारा है, उसे क्या कोई मारे! जो बातें उसके लिए वर्जित थीं उनकी ओर उसका मन ही न जाता था। उसके लिए उसका अस्तित्व ही न था। जवानी के इस उमड़े हुए सागर में मतवाली लहरें न थीं, डरावनी ग़रज़ न थी, अचल शान्ति का साम्राज्य था।

2

होली आई, सबने गुलाबी साड़ियाँ पहनीं, गंगी की साड़ी न रँगी गई। माँ ने पूछा—बेटी, तेरी साड़ी भी रंग दूँ। गंगी ने कहा—नहीं अम्माँ, यों ही रहने दो। भावज ने फाग गाया। वह पकवान बनाती रही। उसे इसी में आनन्द था।

तीसरे पहर दूसरे गाँव के लोग होली खेलने आए। यह लोग भी होली लौटाने जाएँगे। गाँवों में यही परस्पर व्यवहार है। मैकू महतो ने भंग बनवा रखी थी, चरस-गाँजा, माजूम सब कुछ लाए थे। गंगी ने ही भंग पीसी थी, मीठी अलग बनाई थी, नमकीन अलग। उसका भाई पिलाता था, वह हाथ धुलाती थी। जवान सिर नीचा किए पीकर चले जाते, बूढ़े, गंगी से पूछ लेते—अच्छी तरह हो न बेटी, या चुहल करते—क्यों री गंगिया भावज तुझे खाना नहीं देती क्या, जो इतनी दुबली हो गई है! गंगिया हँसकर रह जाती। देह क्या उसके बस की थी। न जाने क्यों वह मोटी हुई थी।

भंग पीने के बाद लोग फाग गाने लगे। गंगिया अपनी चौखट पर खड़ी सुन रही थी। एक जवान ठाकुर गा रहा था। कितना अच्छा स्वर था, कैसा मीठा। गंगिया को बड़ा आनन्द आ रहा था। माँ ने कई बार पुकारा—सुन जा। वह न गई। एक बार गई भी तो जल्दी से लौट आई। उसका ध्यान उसी गाने पर था। न जाने क्या बात उसे खींचे लेती थी, बाँधे लेती थी। जवान ठाकुर भी बार-बार गंगिया की ओर देखता और मस्त हो-होकर गाता। उसके साथ वालों को आश्चर्य हो रहा था। ठाकुर को यह सिद्धि कहाँ मिल गई! वह लोग विदा हुए तो गंगिया चौखटे पर खड़ी थी। जवान ठाकुर ने भी उसकी ओर देखा और चला गया।

गंगिया ने अपने बाप से पूछा—कौन गाता था दादा?

मैकू ने कहा—कोठार के बुद्धूसिंह का लड़का है, ग़रीबसिंह। बुद्धू रीति व्यवहार में आते-जाते थे। उनके मरने के बाद अब वही लड़का आने-जाने लगा।

गंगी—यहाँ तो पहले पहल आया है?

मैकू—हाँ, और तो कभी नहीं देखा। मिज़ाज बिलकुल बाप का-सा है और वैसी ही मीठी बोली है। घमंड तो छू नहीं गया। बुद्धू के बखार में अनाज रखने को जगह न थी, पर चमार को भी देखते तो पहले हाथ उठाते। वही इसका स्वभाव है। गोरू आ रहे थे। गंगी पगहिया लेने भीतर चली गई। वही स्वर उसके कानों में गूँज रहा था।

कई महीने गुज़र गए। एक दिन गंगी गोबर पाथ रही थी। सहसा उसने देखा, वही ठाकुर सिर झुकाए द्वार पर से चला जा रहा है। वह गोबर छोड़कर उठ खड़ी हुई। घर में कोई मर्द न था। सब बाहर चले गए थे। यह कहना चाहती थी—ठाकुर! बैठो, पानी पीते जाव। पर उसके मुँह से बात न निकली। उसकी छाती कितने ज़ोर से धड़क रही थी। उसे एक विचित्र घबराहट होने लगी—क्या करे, कैसे उसे रोक ले। ग़रीबसिंह ने एक बार उसकी ओर ताका और फिर आँखें नीची कर लीं। उस दृष्टि में क्या बात थी कि गंगी के रोएँ खड़े हो गए। वह दौड़ी घर में गई और माँ से बोली—अम्माँ, वह ठाकुर जा रहे हैं, ग़रीबसिंह। माँ ने कहा—किसी काम से आए होंगे। गंगी बाहर गई तो ठाकुर चला गया था। वह फिर गोबर पाथने लगी, पर उपले टूट-टूट जाते थे, आप ही आप हाथ बन्द हो जाते, मगर फिर चौंककर पाथने लगती, जैसे कहीं दूर से उसके कानों में आवाज़ आ रही हो। वही दृष्टि आँखों के सामने थी। उसमें क्या जादू था? क्या मोहिनी थी? उसने अपनी मूक भाषा में कुछ कहा। गंगी ने भी कुछ सुना। क्या कहा? यह वह नहीं जानती, पर वह दृष्टि उसकी आँखों में बसी हुई थी।

रात को लेटी तब भी वही दृष्टि सामने थी। स्वप्न में भी वही दृष्टि दिखाई दी।

फिर कई महीने गुज़र गए। एक दिन संध्या समय मैकू द्वार पर बैठे सन कात रहे थे और गंगी बैलों को सानी चला रही थी कि सहसा चिल्ला उठी—दादा, दादा, ठाकुर।

मैकू ने सिर उठाया तो द्वार पर ग़रीबसिंह चला आ रहा था। राम-राम हुआ।

मैकू ने पूछा—कहाँ ग़रीबसिंह! पानी तो पीते जाव।

ग़रीब आकर एक माची पर बैठ गया। उसका चेहरा उतरा हुआ था। कुछ वह बीमार-सा जान पड़ता था। मैकू ने कहा—कुछ बीमार थे क्या?

ग़रीब—नहीं तो दादा!

मैकू—कुछ मुँह उतरा हुआ है, क्या सूद-ब्याज की चिन्ता में पड़ गए?

ग़रीब—तुम्हारे जीते मुझे क्या चिन्ता है दादा!

मैकू—बाकी दे दी न?

ग़रीब—हाँ दादा, सब बेबाक कर दिया।

मैकू ने गंगी से कहा—बेटी जा, कुछ ठाकुर को पानी पीने को ला। भैया हो तो कह देना चिलम दे जाए।

ग़रीब ने कहा—चिलम रहने दो दादा! मैं नहीं पीता।

मैकू—अबकी घर ही तमाकू बनी है, सवाद तो देखो। पीते तो हो?

ग़रीब—इतना बेअदब न बनाओ दादा। काका के सामने चिलम नहीं छुई। मैं तुमको उन्हीं की जगह देता हूँ।

यह कहते-कहते उसकी आँखें भर आईं। मैकू का हृदय भी गद्गद हो उठा। गंगी हाथ की टोकरी लिए मूर्ति के समान खड़ी थी। उसकी सारी चेतना, सारी भावना, ग़रीबसिंह की

बातों की ओर खिंची हुई थी! उसमें और कुछ सोचने की, और कुछ करने की शक्ति न थी। ओह! कितनी नम्रता है, कितनी सज्जनता, कितना अदब।

मैकू ने फिर कहा—सुना नहीं बेटी, जाकर कुछ पानी पीने को लाव! गंगी चौंक पड़ी। दौड़ी हुई घर में गई। कटोरा माँजा, उसमें थोड़ी-सी राब निकाली। फिर लोटा-गिलास माँजकर शर्बत बनाया।

माँ ने पूछा—कौन आया है गंगिया?

गंगी—वह हैं ठाकुर ग़रीबसिंह। दूध तो नहीं है अम्माँ, रस में मिला देती?

माँ—है क्यों नहीं, हाड़ी में देख।

गंगी ने सारी मलाई उतारकर रस में मिला दी और लोटा-गिलास लिए बाहर निकली। ठाकुर ने उसकी ओर देखा। गंगी ने सिर झुका लिया! यह संकोच उसमें कहाँ से आ गया?

ठाकुर ने रस लिया और राम-राम करके चला गया।

मैकू बोला—कितना दुबला हो गया है।

गंगी—बीमार हैं क्या?

मैकू—चिन्ता है और क्या? अकेला आदमी है, इतनी बड़ी गिरस्ती; क्या करे।

गंगी को रात-भर नींद नहीं आई। उन्हें कौन-सी चिन्ता है। दादा से कुछ कहा भी तो नहीं। क्यों इतने सकुचाते हैं। चेहरा कैसा पीला पड़ गया है।

सबेरे गंगी ने माँ से कहा—ग़रीबसिंह अबकी बहुत दुबले हो गए हैं अम्माँ!

माँ—अब वह बेफ़िक्री कहाँ है बेटी। बाप के ज़माने में खाते थे और खेलते थे। अब तो गिरस्ती का जंजाल सिर पर है।

गंगी को इस जवाब से सन्तोष न हुआ। बाहर जाकर मैकू से बोली—दादा, तुमने ग़रीबसिंह को समझा नहीं दिया—क्यों इतनी चिन्ता करते हो?

मैकू ने आँखें फाड़कर देखा और कहा—जा, अपना काम कर।

गंगी पर मानो बज्रपात हो गया। वह कठोर उत्तर और दादा के मुँह से। हाय! दादा को भी उनका ध्यान नहीं। कोई उसका मित्र नहीं। उन्हें कौन समझाए! अबकी वह आएँगे तो मैं ख़ुद उन्हें समझाऊँगी।

गंगी रोज सोचती-वह आते होंगे, पर ठाकुर न आए। फिर होली आई। फिर गाँव में फाग होने लगा। रमणियों ने फिर गुलाबी साड़ियाँ पहनीं। फिर रंग घोला गया। मैकू ने भंग, चरस, गाँजा मँगवाया। गंगी ने फिर मीठी और नमकीन भंग बनाई! द्वार पर टाट बिछ गया। व्यवहारी लोग आने लगे। मगर कोठार से कोई नहीं आया। शाम हो गई। किसी का पता नहीं! गंगी बेकरार थी। कभी भीतर जाती, कभी बाहर आती। भाई से पूछती—क्या कोठार वाले नहीं आए? भाई कहता—नहीं। दादा से पूछती—भंग तो नहीं बची, कोठार वाले आवेंगे तो क्या पीएँगे? दादा कहते—अब क्या रात को आवेंगे, सामने तो गाँव है। आते होते तो दिखाई देते।

रात हो गई, पर गंगी को अभी तक आशा लगी हुई थी। वह मन्दिर के ऊपर चढ़ गई और कोठार की ओर निगाह दौड़ाई। कोई न आता था।

सहसा उसे उसी सिवाने की ओर आग दहकती हुई दिखाई दी। देखते-देखते ज्वाला प्रचंड हो गई। यह क्या! वहाँ आज होली जल रही है। होली तो कल ही जल गई। कौन जाने वहाँ पंडितों ने आज होली जलाने की सायत बताई हो। तभी वे लोग आज नहीं आए। कल आएँगे।

उसने घर आकर मैकू से कहा—दादा, कोठार में तो आज होली जली है।

मैकू—दुत् पगली! होली सब जगह कल जल गई।

गंगी—तुम मानते नहीं हो, मैं मन्दिर पर से देख आई हूँ। होली जल रही है। न पतियाते हो तो चलो, मैं दिखा दूँ।

मैकू—अच्छा चल देखूँ।

मैकू ने गंगी के साथ मन्दिर की छत पर आकर देखा। एक मिनट तक देखते रहे। फिर बिना कुछ बोले नीचे उतर आए।

गंगी ने कहा—है होली कि नहीं, तुम न मानते थे?

मैकू—होली नहीं है पगली—चिता है। कोई मर गया है। तभी आज कोठार वाले नहीं आए।

गंगी का कलेजा धक्-से हो गया। इतने में किसी ने नीचे से पुकारा—मैकू महतो, कोठार के ग़रीबसिंह गुज़र गए।

मैकू नीचे चले गए, पर गंगी वहीं स्तंभित खड़ी रही। कुछ ख़बर न रही—मैं कौन हूँ, कहाँ हूँ, मालूम हुआ जैसे ग़रीबसिंह उस सुदूर चिता से निकलकर उसकी ओर देख रहा है—वही दृष्टि थी, वही चेहरा, क्या उसे वह भूल सकती थी? उस दिवस से फिर कभी होली देखने नहीं गई। होली हर साल आती थी, हर साल उसी तरह भंग बनती थी, हर साल उसी तरह फाग होता था; हर साल अबीर-गुलाल उड़ती थी, पर गंगी के लिए होली सदा के लिए चली गई।

यह भी नशा, वह भी नशा

होली के दिन रायसाहब पंडित घसीटेलाल की बारहदरी में भंग छन रही थी कि सहसा मालूम हुआ, ज़िलाधीश मिस्टर बुल आ रहे हैं। बुलसाहब बहुत ही मिलनसार आदमी थे और अभी हाल ही में विलायत से आए थे। भारतीय रीति-नीति के जिज्ञासु थे, बहुधा मेले-ठेलों में जाते थे। शायद इस विषय पर कोई बड़ी किताब लिख रहे थे। उनकी ख़बर पाते ही यहाँ बड़ी खलबली मच गई। सब-के-सब नंग-धिड़ंग, मूसरचन्द बने भंग छान रहे थे। कौन जानता था कि इस वक़्त साहब आएँगे। फुर-से भागे, कोई ऊपर जा छिपा, कोई घर में भागा, पर बिचारे रायसाहब जहाँ-के-तहाँ निश्चल बैठे रह गए। आधा घंटे में तो आप काँखकर उठते थे और घंटे-भर में एक क़दम रखते थे, इस भगदड़ में कैसे भागते। जब देखा कि अब प्राण बचने का कोई उपाय नहीं है तो ऐसा मुँह बना लिया मानो वह जान-बूझकर इस स्वदेशी ठाट से साहब का स्वागत करने को बैठे हैं। साहब ने बरामदे में आते ही कहा—हलो रायसाहब, आज तो आपका होली है?

रायसाहब ने हाथ बाँधकर कहा—हाँ सरकार, होली है।

बुल—ख़ूब लाल रंग खेलता है?

रायसाहब—हाँ सरकार, आज के दिन की यही बहार है।

साहब ने पिचकारी उठा ली। सामने मटकों में गुलाल रखा हुआ था। बुल ने पिचकारी भरकर पंडितजी के मुँह पर छोड़ दी तो पंडितजी नहीं उठे। धन्य भाग! कैसे यह सौभाग्य प्राप्त

हो सकता है। वाह रे हाकिम! इसे प्रजावात्सल्य कहते हैं। आह! इस वक़्त सेठ जोखनराम होते तो दिखा देता कि यहाँ ज़िला में अफ़सर इतनी कृपा करते हैं। बताएँ आकर कि उनपर किसी गोरे ने भी पिचकारी छोड़ी है, ज़िलाधीश का कहना ही क्या। यह पूर्व-तपस्या का फल है, और कुछ नहीं। कोई पहले एक सहस्र वर्ष तपस्या करे, तब यह परम पद पा सकता है। हाथ जोड़कर बोले—धर्मावतार, आज जीवन सफल हो गया। जब सरकार ने होली खेली है तो मुझे भी हुक्म मिले कि अपने हृदय की अभिलाषा पूरी कर लूँ।

यह कहकर रायसाहब ने गुलाल का एक टीका साहब के माथे पर लगा दिया।

बुल—इस बड़े बरतन में क्या रखा है, रायसाहब?

राय—सरकार, यह भंग है। बहुत विधिपूर्वक बनाई गई है हुज़ूर!

बुल—इसके पीने से क्या होगा?

राय—हुज़ूर की आँखें खुल जाएँगी। बड़ी विलक्षण वस्तु है सरकार।

बुल—हम भी पीएगा।

रायसाहब को जान पड़ा, मानो स्वर्ग के द्वार खुल गए हैं और वह पुष्पक विमान पर बैठे ऊपर उड़े चले जा रहे हैं। ग्लास तो साहब को देना उचित न था, पर कुल्हड़ में देते संकोच होता था। आख़िर बहुत ऊँच-नीच सोचकर ग्लास में भंग उँड़ेली और साहब को दी। साहब पी गए। मारे सुगंध के चित्त प्रसन्न हो गया।

2

दूसरे दिन रायसाहब इस मुलाक़ात का जवाब देने चले। प्रात:काल ज्योतिषी से मुहूर्त पूछा। पहर रात गए साइत बनती थी, अतएव दिन-भर ख़ूब तैयारियाँ कीं। ठीक समय पर चले। साहब उस समय भोजन कर रहे थे। ख़बर पाते ही सलाम दिया। रायसाहब अन्दर गए तो शराब की दुर्गंध से नाक फटने लगी। बेचारे अँगरेज़ी दवा न पीते थे, अपनी उम्र में शराब कभी न छुई थी। जी में आया कि नाक बन्द कर लें, मगर डरे कि साहब बुरा न मान जाएँ। जी मचला रहा था, पर साँस रोके बैठे हुए थे। साहब ने एक चुस्की ली और ग्लास मेज़ पर रखते हुए बोले—रायसाहब, हम कल आप का बंग पी गया, आज आपको हमारा बंग पीना पड़ेगा। आपका बंग बहुत अच्छा था। हम बहुत-सा खाना खा गया।

राय—हुज़ूर, हम लोग मदिरा हाथ से भी नहीं छूते। हमारे शास्त्रों में इसको छूना पाप कहा गया है।

बुल—(हँसकर) नहीं, नहीं, आपको पीना पड़ेगा रायसाहब! पाप-पुन कुछ नहीं है। यह हमारा बंग है, वह आपका बंग है। कोई फरक नहीं है। उससे भी नशा होता है, इससे भी नशा होता है, फिर फ़रक कैसा?

राय—नहीं धर्मावतार, मदिरा को हमारे यहाँ वर्जित किया गया है।

बुल—ऐसा कभी हो नहीं सकता। शास्त्र मना करेगा तो इसको भी मना करेगा, उसको भी मना करेगा। अफ़ीम को भी मना करेगा। आप इसको पिएँ, डरें नहीं। बहुत अच्छा है।

यह कहते हुए साहब ने एक ग्लास में शराब उँड़ेलकर रायसाहब के मुँह से लगा ही तो दी। रायसाहब ने मुँह फेर लिया और आँखें करके दोनों हाथों से साहब का हाथ हटाने लगे। साहब की समझ में यह रहस्य न आता था। वह यही समझ रहे थे कि यह डर के मारे

नहीं पी रहे हैं। अपने मज़बूत हाथों से रायसाहब की गरदन पकड़ी और ग्लास मुँह की तरफ़ बढ़ाया। रायसाहब को अब क्रोध आ गया। साहब की ख़ातिर से सब कुछ कर सकते थे, पर धर्म नहीं छोड़ सकते थे। ज़रा कठोर स्वर में बोले—हुज़ूर, हम वैष्णव हैं। हम इसे छूना भी पाप समझते हैं।

रायसाहब इसके आगे और कुछ न कह सके। मारे आवेश के कंठावरोध हो गया। एक क्षण बाद ज़रा स्वर को संयत करके फिर बोले—हुज़ूर, भंग पवित्र वस्तु है। ऋषि, मुनि, साधु, महात्मा, देवी, देवता सब इसका सेवन करते हैं। सरकार, हमारे यहाँ इसकी बड़ी महिमा लिखी है। कौन ऐसा पंडित है, जो बूटी न छानता हो। लेकिन मदिरा का तो सरकार, हम नाम लेना भी पाप समझते हैं।

बुल ने ग्लास हटा लिया और कुरसी पर बैठकर बोला—तुम पागल का माफ़िक बात करता है। धरम का किताब बंग और शराब दोनों को बुरा कहता है। तुम उसको ठीक नहीं समझता। नशा को इसलिए सारा दुनिया बुरा कहता है कि इससे आदमी का अकल ख़त्म हो जाता है, तो बंग पीने से पंडित और देवता लोग का अकल कैसे खप्त नहीं होगा, यह हम नहीं समझ सकता। तुम्हारा पंडित लोग बंग पीकर राक्षस क्यों नहीं होता! हम समझता है कि तुम्हारा पंडित लोग बंग पीकर खप्त हो गया है, तभी तो वह कहता है, यह अछूत है, वह नापाक है, रोटी नहीं खाएगा, मिठाई खाएगा। हम छू लें तो तुम पानी नहीं पीएगा। यह सब खप्त लोगों का बात। अच्छा सलाम!

रायसाहब की जान-में-जान आई। गिरते-पड़ते बरामदे में आए, गाड़ी पर बैठे और घर की राह ली।

✪✪✪

सम्पूर्ण कहानियाँ

खंड : 1

सम्पूर्ण कहानियाँ

खंड : 1

प्रेमचन्द

लोकभारती प्रकाशन

लोकभारती प्रकाशन
पहली मंजिल, दरबारी बिल्डिंग, महात्मा गांधी मार्ग
प्रयागराज-211 001
वेबसाइट : www.lokbhartiprakashan.com
ईमेल : info@lokbhartiprakashan.com

शाखाएँ : 1-बी, नेताजी सुभाष मार्ग, दरियागंज
नई दिल्ली-110 002
अशोक राजपथ, साइंस कॉलेज के सामने
पटना-800 006

पहला संस्करण : 2007
पाँचवाँ संस्करण : 2014
पहली आवृत्ति : 2023

बी.के. ऑफसेट
नवीन शाहदरा, दिल्ली-110 032
द्वारा मुद्रित

SAMPOORAN KAHANIYAN : Vol. 1
by Premchand

ISBN : 978-81-924346-8-1

मूल्य : ₹ 3995
(दो खंडों में)

क्रम

अलग्योझा

भोला महतो ने पहली स्त्री के मर जाने के बाद दूसरी सगाई की तो उसके लड़के रग्घू के लिए बुरे दिन आ गए। रग्घू की उम्र उस समय केवल दस वर्ष की थी। चैन से गाँव में गुल्ली-डंडा खेलता फिरता था। माँ के आते ही चक्की में जुतना पड़ा। पन्ना रूपवती स्त्री थी और रूप और गर्व में चोली-दामन का नाता है। वह अपने हाथों से कोई मोटा काम न करती। गोबर रग्घू निकालता, बैलों को सानी रग्घू देता। रग्घू ही जूठे बरतन माँजता। भोला की आँखें कुछ ऐसी फिरीं कि उसे अब रग्घू में सब बुराइयाँ-ही-बुराइयाँ नज़र आतीं। पन्ना की बातों को वह प्राचीन मर्यादानुसार आँखें बन्द करके मान लेता था। रग्घू की शिकायतों की ज़रा भी परवाह न करता। नतीजा यह हुआ कि रग्घू ने शिकायत करना छोड़ दिया। किसके सामने रोए? बाप ही नहीं, सारा गाँव उसका दुश्मन था। बड़ा जिद्दी लड़का है, पन्ना को कुछ समझता ही नहीं; बेचारी उसका दुलार करती है, खिलाती-पिलाती है। यह उसी का फल है। दूसरी औरत होती, तो निबाह न होता! वह तो कहो, पन्ना इतनी सीधी-सादी है कि निबाह होता जाता है। सबल की शिकायतें सब सुनते हैं, निर्बल की फ़रियाद भी कोई नहीं सुनता। रग्घू का हृदय माँ की ओर से दिन-दिन फटता जाता था। यहाँ तक कि आठ साल गुज़र गए। और एक दिन भोला के नाम मृत्यु का सन्देश आ पहुँचा।

पन्ना के चार बच्चे थे—तीन बेटे और एक बेटी। इतना बड़ा ख़र्च और कमानेवाला कोई नहीं। रग्घू अब क्यों पूछने लगा। यह मानी हुई बात थी। अपनी स्त्री लाएगा और अलग रहेगा। स्त्री आकर और भी आग लगाएगी। पन्ना के चारों ओर अँधेरा-ही-अँधेरा दिखाई देता था। पर कुछ भी हो, वह रग्घू की आसरैत बनकर घर में न रहेगी। जिस घर में उसने राज किया, उसमें अब लौंडी न बनेगी। जिस लौंडे को अपना ग़ुलाम समझा, उसका मुँह न ताकेगी। वह सुन्दर थी, अवस्था भी कुछ ऐसी ज़्यादा न थी। जवानी अपनी पूरी बहार पर थी। क्या वह कोई दूसरा घर नहीं कर सकती? यही न होगा, लोग हँसेंगे। बला से! उसकी बिरादरी में क्या ऐसा होता नहीं। ब्राह्मण-ठाकुर थोड़े ही थी कि नाक कट जाएगी। यह तो ऊँची जातों में होता है कि घर में चाहे जो कुछ करो, बाहर परदा ढँका रहे। वह तो संसार को दिखाकर दूसरा घर कर सकती है। फिर वह रग्घू की दबैल बनकर क्यों रहे?

भोला को मरे एक महीना गुज़र चुका था। संध्या हो गई थी। पन्ना इसी चिन्ता में पड़ी हुई थी कि सहसा उसे ख़याल आया, लड़के घर में नहीं हैं। यह बैलों के लौटने की बेला है, कहीं कोई लड़का उनके नीचे न आ जाए। अब द्वार पर कौन है, जो उनकी देखभाल करेगा। घर से बाहर निकली, तो देखा रग्घू अपने झोंपड़े में बैठा ऊख की गँड़ेरियाँ बना रहा है, तीनों

लड़के उसे घेरे खड़े हैं और छोटी लड़की गर्दन में हाथ डाले उसकी पीठ पर सवार होने की चेष्टा कर रही है। पन्ना को अपनी आँखों पर विश्वास न आया। आज तो यह नई बात है! शायद दुनिया को दिखाता है कि मैं अपने भाइयों को कितना चाहता हूँ और मन में छुरी रक्खी हुई है। घात मिले तो जान ही ले ले। काला साँप है, काला साँप। कठोर स्वर में बोली—तुम सब-के-सब वहाँ क्या करते हो? घर में आओ, साँझ की बेला है, गोरू आते होंगे।

रग्घू ने विनीत नेत्रों से देखकर कहा—मैं तो हूँ ही काकी, डर किस बात का है?

बड़ा लड़का केदार बोला—काकी, रग्घू दादा ने हमारे लिए दो गाड़ियाँ बना दी हैं। यह देख, एक पर हम और खुन्नू बैठेंगे, दूसरी पर लछमन और झुनिया। दादा दोनों गाड़ियाँ खींचेंगे।

यह कहकर वह कोने से छोटी-छोटी गाड़ियाँ निकाल लाया, चार-चार पहिए लगे थे, बैठने के लिए तख़्ते और रोक के लिए दोनों तरफ़ बाजू थे।

पन्ना ने आश्चर्य से पूछा—ये गाड़ियाँ किसने बनाईं?

केदार ने चिढ़कर कहा—रग्घू दादा ने बनाई हैं, और किसने। भगत के घर से बसूला और रुखानी माँग लाए और झटपट बना दीं। ख़ूब दौड़ती हैं काकी। बैठ खुन्नू, मैं खींचूँ।

खुन्नू गाड़ी में बैठ गया। केदार खींचने लगा। चर-चर का शोर हुआ, मानो गाड़ी भी इस खेल में लड़कों के साथ शरीक है।

लछमन ने दूसरी गाड़ी पर बैठकर कहा—दादा खींचो।

रग्घू ने झुनिया को भी गाड़ी में बैठा दिया और गाड़ी खींचता हुआ दौड़ा। तीनों लड़के तालियाँ बजाने लगे। पन्ना चकित नेत्रों से यह दृश्य देख रही थी और सोच रही थी कि यह वही रग्घू है या और।

थोड़ी देर के बाद दोनों गाड़ियाँ लौटीं; लड़के घर में आकर इस यान-यात्रा के अनुभव बयान करने लगे। कितने ख़ुश थे सब, मानों हवाई जहाज़ पर बैठ आए हों।

खुन्नू ने कहा—काकी सच, पेड़ दौड़ रहे थे।

लछमन—और बछिया कैसी भागीं, सब-की-सब दौड़ीं।

केदार—काकी, रग्घू दादा दोनों गाड़ियाँ एक साथ खींच ले जाते हैं।

झुनिया सबसे छोटी थी। उसकी व्यंजनाशक्ति उछल-कूद और नेत्रों तक परिमित थी—तालियाँ बजा-बजाकर नाच रही थी।

खुन्नू—अब हमारे घर गाय भी आ जाएगी काकी। रग्घू दादा ने गिरधारी से कहा है कि हमें एक गाय ला दो।

गिरधारी बोला—कल लाऊँगा।

केदार—तीन सेर दूध देती है काकी। ख़ूब दूध पीएँगे।

इतने में रग्घू भी अन्दर आ गया। पन्ना ने अवहेलना की दृष्टि से देखकर पूछा—क्यों रग्घू, तुमने गिरधारी से कोई गाय माँगी है?

रग्घू ने क्षमा-प्रार्थना के भाव से कहा—हाँ माँगी तो है, कल लावेगा।

पन्ना—रुपए किसके घर से आएँगे? यह भी सोचा है?

रग्घू—सब सोच लिया है काकी। मेरी यह मुहर नहीं है। इसके पच्चीस रुपए मिल रहे हैं; पाँच रुपए बछिया के मुजरा दे दूँगा। बस गाय अपनी हो जाएगी।

पन्ना सन्नाटे में आ गई। अब उसका अविश्वासी मन भी रग्घू के प्रेम और सज्जनता को अस्वीकार न कर सका। बोली—मुहर को क्यों बेचे देते हो? गाय की अभी कौन जल्दी है। हाथ में पैसे हो जाएँ, तो ले लेना। सूना-सूना गला अच्छा न लगेगा। इतने दिनों गाय नहीं रही; तो क्या लड़के नहीं जिए?

रग्घू दार्शनिक भाव से बोला—बच्चों के खाने-पीने के यही दिन हैं काकी। इस उम्र में न खाया, तो फिर क्या खाएँगे। मुहर पहनना मुझे अच्छा भी नहीं मालूम होता, लोग समझते होंगे कि बाप तो मर गया, इसे मुहर पहनने की सूझी है।

भोला महतो तो गाय की चिन्ता ही में चल बसे, न रुपए आए और न गाय मिली, मज़बूर थे। रग्घू ने वह समस्या कितनी सुगमता से हल कर दी। आज जीवन में पहली बार, पन्ना को रग्घू पर विश्वास आया, बोली—जब गहना ही बेचना है, तो अपनी मुहर क्यों बेचोगे। मेरी हँसली ले लेना।

रग्घू—नहीं काकी! वह तुम्हारे गले में बहुत अच्छी लगती है। मर्दों को क्या, मुहर पहने या न पहने।

पन्ना—चल, मैं बूढ़ी हुई। मुझे अब हँसली पहनकर क्या करना है। तू अभी लड़का है, तेरा सूना गला अच्छा न लगेगा।

रग्घू मुस्कुरा कर बोला—तुम अभी से कैसे बूढ़ी हो गईं? गाँव में, कौन तुम्हारे बराबर है?

रग्घू की सरल आलोचना ने पन्ना को लज्जित कर दिया। उसके रूखे-मुरझाए मुख पर प्रसन्नता की लाली दौड़ गई।

2

पाँच साल गुज़र गए। रग्घू का-सा मेहनती, ईमानदार, बात का धनी दूसरा किसान गाँव में न था। पन्ना की इच्छा के बिना कोई काम न करता। उसकी उम्र अब 23 साल की हो गई थी। पन्ना बार-बार कहती—भइया बहू को बिदा करा लाओ। कब तक नैहर में पड़ी रहेगी। सब लोग मुझी को बदनाम करते हैं कि यही बहू को नहीं आने देती, मगर रग्घू टाल देता था। कहता कि अभी जल्दी क्या है। उसे अपनी स्त्री के रंग-ढंग का कुछ परिचय दूसरों से मिल चुका था। ऐसी औरत को घर में लाकर वह अपनी शांति में बाधा नहीं डालना चाहता था।

आख़िर एक दिन पन्ना ने ज़िद करके कहा—तो तुम न लाओगे?

'कह दिया कि अभी कोई जल्दी नहीं है।'

'तुम्हारे लिए जल्दी न होगी, मेरे लिए तो जल्दी है। मैं आज आदमी भेजती हूँ।'

'पछताओगी काकी, उसका मिज़ाज अच्छा नहीं है।'

'तुम्हारी बला से। जब मैं उससे बोलूँगी ही नहीं; तो क्या हवा से लड़ेगी। रोटियाँ तो बना लेगी। मुझसे भीतर-बाहर का सारा काम नहीं होता, मैं आज बुलाए लेती हूँ।'

'बुलाना चाहती हो, बुला लो; मगर फिर यह न कहना कि यह मेहरिया को ठीक नहीं करता, उसका ग़ुलाम हो गया।'

'न कहूँगी, जाकर दो साड़ियाँ और मिठाई ले आ।'

तीसरे दिन मुलिया मैके से आ गई। दरवाज़े पर नगाड़े बजे। शहनाइयों की मधुर ध्वनि आकाश में गूँजने लगी। मुँह-दिखावे की रस्म अदा हुई। वह इस मरुभूमि में निर्मल जल-धारा

थी। गेहुआँ रंग था, बड़ी-बड़ी नोकीली पलकें, कपोलों पर हल्की सुर्खी, आँखों में प्रबल आकर्षण, रग्घू उसे देखते ही मंत्र-मुग्ध हो गया।

प्रात:काल पानी का घड़ा लेकर चलती, तब उसका गेहुआँ रंग प्रभात की सुनहली किरणों से कुन्दन हो जाता, मानो उषा अपनी सारी सुगंध, सारा विकास और सारा उन्माद लिए मुस्कुराती चली जाती हो।

3

मुलिया मैके से ही जली-भुनी आई थी, मेरा शौहर छाती फाड़कर काम करे, और पन्ना रानी बनी बैठी रहे, उसके लड़के रईसजादे बने घूमें। मुलिया से यह बरदाश्त न होगा। वह किसी की ग़ुलामी न करेगी। अपने लड़के तो अपने होते ही नहीं, भाई किसके होते हैं। जब तक पर नहीं निकलते हैं, रग्घू को घेरे हुए हैं। ज्यों ही ज़रा सयाने हुए, पर झाड़कर निकल जाएँगे। बात भी न पूछेंगे।

उस दिन उसने रग्घू से कहा—तुम्हें इस तरह ग़ुलामी करनी हो तो करो, मुझसे न होगी।

रग्घू—तो फिर क्या करूँ, तू ही बता? लड़के तो अभी घर का काम करने लायक भी नहीं हैं।

मुलिया—लड़के रावत के हैं, कुछ तुम्हारे नहीं हैं। यही पन्ना है, जो तुम्हें दाने-दाने को तरसाती थी। सब सुन चुकी हूँ। मैं लौंडी बनकर न रहूँगी। रुपए-पैसे का मुझे कुछ हिसाब नहीं मिलता। न जाने तुम क्या लाते हो? और वह क्या करती है। तुम समझते हो रुपए घर ही में तो हैं; मगर देख लेना, तुम्हें जो एक फूटी कौड़ी भी मिले।

रग्घू—रुपए-पैसे तेरे हाथ में देने लगूँ, तो दुनिया क्या कहेगी, यह तो सोच।

मुलिया—दुनिया जो चाहे, कहे। दुनिया के हाथों बिकी नहीं हूँ। देख लेना, भाड़ लीपकर हाथ काला ही रहेगा। फिर तुम अपने भाइयों के लिए मरो, मैं क्यों मरूँ?

रग्घू ने जवाब न दिया—उसे जिस बात का भय था, वह इतनी जल्द सिर पर आ पड़ी। अब अगर उसने बहुत तथ्थोथंभी किया, तो साल-छह महीने और काम चलेगा। बस, आगे यह डोंगा चलता नज़र नहीं आता। बकरे की माँ कब तक ख़ैर मनाएगी?

एक दिन पन्ना ने महुए का सुखावन डाला। बरसात शुरू हो गई थी। बखार में अनाज गीला हो रहा था। मुलिया से बोली—बहू, ज़रा देखती रहना, मैं तालाब से नहा आऊँ।

मुलिया ने लापरवाही से कहा—मुझे नींद आ रही है, तुम बैठकर देखो, एक दिन न नहाओगी तो क्या होगा।

पन्ना ने साड़ी उठाकर रख दी, नहाने न गई। मुलिया का वार ख़ाली गया।

कई दिन के बाद एक शाम को पन्ना धान रोपकर लौटी, अँधेरा हो गया था। दिन भर की भूखी थी, आशा थी, बहू ने रोटी बना रखी होगी, मगर देखा तो यहाँ चूल्हा ठंडा पड़ा हुआ था, और बच्चे मारे भूख के तड़प रहे थे। मुलिया से आहिस्ते से पूछा—आज अभी चूल्हा नहीं जला?

केदार ने कहा—आज दोपहर को भी चूल्हा नहीं जला काकी! भाभी ने कुछ बनाया ही नहीं।

पन्ना—तो तुम लोगों ने खाया क्या?

केदार—कुछ नहीं, रात की रोटियाँ थीं, खुन्नू और लछमन ने खाईं। मैंने सत्तू खा लिया।

पन्ना—और बहू?

केदार—वह तो पड़ी सो रही है, कुछ नहीं खाया।

पन्ना ने उसी वक़्त चूल्हा जलाया और खाना बनाने बैठ गई। आटा गूँथती थी और रोती थी। क्या नसीब है, दिन-भर खेत में जली, घर आई तो चूल्हे के सामने जलना पड़ा।

केदार का चौदहवाँ साल था। भाभी के रंग-ढंग देखकर सारी स्थिति समझ रहा था। बोला—काकी, भाभी अब तुम्हारे साथ रहना नहीं चाहती। पन्ना ने चौंककर पूछा—क्या कुछ कहती थी?

केदार—कहती कुछ नहीं थी; मगर है उसके मन में यही बात। फिर तुम क्यों नहीं छोड़ देतीं? जैसे चाहे रहे; हमारा भी भगवान है।

पन्ना ने दाँतों से जीभ दबाकर कहा—चुप, मेरे सामने ऐसी बात भूल कर भी न कहना। रग्घू तुम्हारा भाई नहीं, तुम्हारा बाप है। मुलिया से कभी बोलोगे, तो समझ लेना ज़हर खा लूँगी।

4

दशहरे का त्योहार आया। इस गाँव से कोस-भर पर एक पुरवे में मेला लगता था। गाँव के सब लड़के मेला देखने चले। पन्ना भी लड़कों के साथ चलने को तैयार हुई; मगर पैसे कहाँ से आएँ? कुंजी तो मुलिया के पास थी।

रग्घू ने आकर मुलिया से कहा—लड़के मेले जा रहे हैं, सबों को दो-दो आने पैसे दे दे।

मुलिया ने त्योरियाँ चढ़ाकर कहा—पैसे घर में नहीं हैं।

रग्घू—अभी तो तेलहन बिका था, क्या इतनी जल्दी रुपए उठ गए?

मुलिया—हाँ, उठ गए।

रग्घू—कहाँ उठ गए? ज़रा सुनूँ, आज त्योहार के दिन लड़के मेला देखने न जाएँगे?

मुलिया—अपनी काकी से कहो, पैसे निकालें, गाड़कर क्या करेंगी।

खूँटी पर कुंजी लटक रही थी। रग्घू ने कुंजी उतारी और चाहा कि सन्दूक खोले कि मुलिया ने उसका हाथ पकड़ लिया और बोली—कुंजी मुझे दे दो, नहीं तो ठीक न होगा। खाने-पहनने को भी चाहिए, काग़ज़-किताब को भी चाहिए, उस पर मेला देखने को भी चाहिए। हमारी कमाई इसलिए नहीं है कि दूसरे खाएँ और मूँछों पर ताव दें।

पन्ना ने रग्घू से कहा—भइया, पैसे क्या होंगे। लड़के मेले देखने न जाएँगे।

रग्घू ने झिड़ककर कहा—मेला देखने क्यों न जाएँगे? सारा गाँव जा रहा है। हमारे ही लड़के न जाएँगे।

यह कहकर रग्घू ने अपना हाथ छुड़ा लिया और पैसे निकालकर लड़कों को दे दिए; मगर कुंजी जब मुलिया को देने लगा, तब उसने उसे आँगन में फेंक दिया और मुँह लपेटकर लेट गई। लड़के मेला देखने न गए।

इसके बाद दो दिन गुज़र गए। मुलिया ने कुछ नहीं खाया, और पन्ना भी भूखी रही। रग्घू कभी इसे मनाता, कभी उसे; पर न यह उठती न वह। आख़िर रग्घू ने हैरान होकर मुलिया से पूछा—कुछ मुँह से कह, चाहती क्या है?

मुलिया ने धरती को सम्बोधित करके कहा—मैं कुछ नहीं चाहती, तू मुझे मेरे घर पहुँचा दे।

रग्घू—अच्छा उठ, बना खा। पहुँचा दूँगा।

मुलिया ने रग्घू की ओर आँखें उठाईं। रग्घू उसकी सूरत देखकर डर गया। वह माधुर्य, वह मोहकता, वह लावण्य ग़ायब हो गया था। दाँत निकल आए थे, आँखें फट गई थीं और नथुने फड़क रहे थे। अँगारे की-सी लाल आँखों से देखकर बोली—अच्छा, तो काकी ने यह सलाह दी है, यह मंत्र पढ़ाया है? तो यहाँ ऐसी कच्ची नहीं हूँ। तुम दोनों की छाती पर मूँग दलूँगी। हो किस फेर में।

रग्घू—अच्छा, तो मूँग ही दल लेना। कुछ खा-पी लेगी, तभी तो मूँग दल सकेगी।

मुलिया—अब तो तभी मुँह में पानी डालूँगी, जब घर अलग हो जाएगा। बहुत झेल चुकी, अब नहीं झेला जाता।

रग्घू सन्नाटे में आ गया, एक मिनट तक तो उसके मुँह से आवाज़ ही न निकली। अलग होने की उसने स्वप्न में भी कल्पना न की थी। उसने गाँव में दो-चार परिवारों को अलग होते देखा था। वह ख़ूब जानता था, रोटी के साथ लोगों के हृदय भी अलग हो जाते हैं। अपने हमेशा के लिए ग़ैर हो जाते हैं। फिर उनमें वही नाता रह जाता है, जो गाँव के और आदमियों में। रग्घू ने मन में ठान लिया था कि इस विपत्ति को घर न आने दूँगा; मगर होनहार के सामने उसकी एक न चली। आह! मेरे मुँह में कालिख लगेगी, दुनिया यही कहेगी कि बाप के मर जाने पर दस साल भी एक में निबाह न हो सका। फिर किससे अलग हो जाऊँ। जिनको गोद में खिलाया, जिनको बच्चों की तरह पाला, जिनके लिए तरह-तरह के कष्ट झेले, उन्हीं से अलग हो जाऊँ। अपने प्यारों को घर से निकाल बाहर करूँ। उसका गला फँस गया। काँपते हुए स्वर में बोला—तू क्या चाहती है कि मैं अपने भाइयों से अलग हो जाऊँ? भला सोच तो; कहीं मुँह दिखाने लायक रहूँगा?

मुलिया—तो मेरा इन लोगों के साथ निबाह न होगा?

रग्घू—तो तू अलग हो जा। मुझे अपने साथ क्यों घसीटती है।

मुलिया—तो मुझे क्या तुम्हारे घर में मिठाई मिलती है, मेरे लिए क्या संसार में जगह नहीं है?

रग्घू—तेरी जैसी मर्जी, जहाँ चाहे रह। मैं अपने घरवालों से अलग नहीं हो सकता। जिस दिन इस घर में दो चूल्हे जलेंगे, उस दिन मेरे कलेजे के दो टुकड़े हो जाएँगे। मैं यह चोट नहीं सह सकता। तुझे जो तकलीफ़ हो, वह मैं दूर कर सकता हूँ। माल-असबाब की मालकिन तू है ही, अनाज-पानी तेरे ही हाथ है, अब रह क्या गया है? अगर कुछ काम-धन्धा करना नहीं चाहती, मत कर। भगवान ने मुझे समाई दी होती, तो तुझे तिनका तक उठाने न देता। तेरे यह सुकुमार हाथ-पाँव मेहनत-मजूरी करने के लिए बनाए ही नहीं गए हैं; मगर क्या करूँ, अपना कुछ बस ही नहीं है। फिर भी तेरा जी कोई काम करने को न चाहे, मत कर; मगर मुझसे अलग होने को न कह, तेरे पैरों पड़ता हूँ।

मुलिया ने सिर से आंचल खिसकाया और ज़रा समीप आकर बोली—मैं काम करने से नहीं डरती, न बैठे-बैठे खाना चाहती हूँ; मगर मुझसे किसी की धौंस नहीं सही जाती। तुम्हारी ही काकी घर का काम-काज करती हैं, तो अपने लिए करती हैं, अपने बाल-बच्चों के लिए करती हैं। मुझ पर कुछ एहसान नहीं करतीं। फिर मुझ पर धौंस क्यों जमाती हैं। उन्हें अपने बच्चे प्यारे होंगे, मुझे तो तुम्हारा आसरा है। मैं अपनी आँखों से यह नहीं देख सकती कि सारा घर तो चैन करे, ज़रा-ज़रा से बच्चे तो दूध पीएँ, और जिसके बलबूते पर गृहस्थी थमी हुई

है, वह मट्ठे को तरसे। कोई उसका पूछनेवाला न हो। ज़रा अपना मुँह तो देखो, कैसे सूरत निकल आई है। औरों के तो चार बरस में अपने पट्ठे तैयार हो जाएँगे। तुम तो दस साल में खाट पर पड़ जाओगे। बैठ जाओ, खड़े क्यों हो? क्या मारकर भागोगे! मैं तुम्हें ज़बरदस्ती न बाँध लूँगी। जानती कि ऐसे निर्मोहिये से पाला पड़ेगा, तो इस घर में भूल से न आती। आती भी तो मन न लगाती, मगर अब तो मन तुमसे लग गया। घर भी जाऊँ, तो मन यहाँ ही रहेगा। और तुम जो हो, मेरी बात नहीं पूछते।

मुलिया की ये रसीली बातें रग्घू पर कोई असर न डाल सकीं। वह उसी रुखाई से बोला—मुलिया, मुझसे यह न होगा। अलग होने का ध्यान करते ही मेरा मन न जाने कैसा हो जाता है। यह चोट मुझसे न सही जाएगी।

मुलिया ने परिहास करके कहा—तो चूड़ियाँ पहनकर अन्दर बैठो न। लाओ मैं मूँछें लगा लूँ। मैं तो समझती थी कि तुममें भी कुछ कस-बल है। अब देखती हूँ, तो निरे मिट्टी के लोंदे हो।

पन्ना दालान में खड़ी दोनों की बातचीत सुन रही थी। अब उससे न रहा गया। सामने आकर रग्घू से बोली—जब वह अलग होने पर तुली हुई है, फिर तुम क्यों उसे ज़बरदस्ती मिलाए रखना चाहते हो? तुम उसे लेकर रहो, हमारे भगवान मालिक हैं। जब महतो मर गए थे, और कहीं पत्ती की भी छाँह न थी, जब उस वक़्त भगवान ने निबाह दिया, तो अब्र क्या डर? अब तो भगवान की दया से तीनों लड़के सयाने हो गए हैं। अब कोई चिन्ता नहीं।

रग्घू ने आँसू भरी आँखों से पन्ना को देखकर कहा—काकी, तू भी पागल हो गई है क्या? जानती नहीं, दो रोटियाँ होते ही दो मन हो जाते हैं।

पन्ना—जब वह मानती ही नहीं, तब तुम क्या करोगे? भगवान की यही मरजी होगी, तो कोई क्या करेगा। परालब्ध में जितने दिन एक साथ रहना लिखा था, उतने दिन रहे, अब उसकी यही मरजी है, तो यही सही। तुमने मेरे बाल-बच्चों के लिए जो कुछ किया, वह मैं भूल नहीं सकती। तुमने इनके सिर पर हाथ न रक्खा होता तो आज इनकी न जाने क्या गति होती, न जाने किसके द्वार पर ठोकरें खाते होते, न जाने कहाँ-कहाँ भीख माँगते फिरते। तुम्हारा जस मरते दम तक गाऊँगी, अगर मेरी खाल तुम्हारे जूते बनाने के काम आए, तो ख़ुशी से दे दूँ। चाहे तुमसे अलग हो जाऊँ, पर जिस घड़ी तुम पुकारोगे, कुत्ते की तरह दौड़ी आऊँगी। यह भूलकर भी न सोचना कि तुमसे अलग होकर मैं तुम्हारा बुरा चेतूँगी। जिस दिन तुम्हारा अनभल मेरे मन में आएगा, उसी दिन विष खाकर मर जाऊँगी। भगवान करे, तुम दूधों नहाव, पूतों फलो। मरते दम तक यही असीस मेरे रोएँ-रोएँ से निकलती रहेगी। और अगर लड़के भी अपने बाप के हैं, तो मरते दम तुम्हारा पोस मानेंगे।

यह कहकर पन्ना रोती हुई वहाँ से चली गई। रग्घू वहीं मूर्ति की तरह खड़ा रहा। आसमान की ओर टकटकी लगी थी और आँखों से आँसू बह रहे थे।

5

पन्ना की बातें सुनकर मुलिया समझ गई कि अब अपने पौ बारह हैं। चटपट उठी, घर में झाड़ू लगाई, चूल्हा जलाया और कुएँ से पानी लाने चली। उसकी टेक पूरी हो गई थी।

गाँव में स्त्रियों के दो दल होते हैं—एक बहुओं का, दूसरा सासों का। बहुएँ सलाह और सहानुभूति के लिए अपने दल में जाती हैं, सासें अपने दल में। दोनों की पंचायतें अलग

होती हैं। मुलिया को कुएँ पर दो-तीन बहुएँ मिल गईं। एक ने पूछा—आज तो तुम्हारी बुढ़िया बहुत रो-धो रही थी।

मुलिया ने विजय के गर्व से कहा—इतने दिनों से घर की मालकिन बनी हुई हैं, राज-पाट छोड़ते किसे अच्छा लगता है। बहन, मैं उनका बुरा नहीं चाहती; लेकिन एक आदमी की कमाई में कहाँ तक बरकत होगी। मेरे भी तो यही खाने-पीने, पहनने-ओढ़ने के दिन है। अभी उनके पीछे मरो, फिर बाल-बच्चे हो जाएँ, उनके पीछे मरो। सारी ज़िंदगी रोते ही कट जाए।

एक बहू—बुढ़िया यही चाहती है कि यह बस जन्म भर लौंडी बनी रहे। मोटा-झोटा खाएँ और पड़ी रहे।

दूसरी बहू—किस भरोसे पर कोई मरे। अपने लड़के तो बात नहीं पूछते, पराए लड़कों का क्या भरोसा? कल इनके हाथ-पाँव हो जाएँगे, फिर कौन पूछता है। अपनी-अपनी मेहरियों का मुँह देखेंगे। पहले से ही फटकार देना अच्छा है। फिर तो कोई कलंक न होगा।

मुलिया पानी लेकर गई, खाना बनाया और रग्घू से बोली—'जाओ, नहा आओ, रोटी तैयार है।'

रग्घू ने मानो सुना ही नहीं। सिर पर हाथ रखकर द्वार की तरफ़ ताकता रहा।

मुलिया—क्या कहती हूँ, कुछ सुनाई देता है? रोटी तैयार है, जाओ नहा आओ।

रग्घू—सुन तो रहा हूँ, क्या बहरा हूँ? रोटी तैयार है, तो जाकर खा ले। मुझे भूख नहीं है।

मुलिया ने फिर कुछ नहीं कहा। जाकर चूल्हा बुझा दिया, रोटियाँ उठाकर छींके पर रख दीं और मुँह ढाँककर लेट रही।

ज़रा देर में पन्ना आकर बोली—खाना तो तैयार है, नहा-धोकर खा लो! वह भी तो भूखी होगी?

रग्घू ने झुँझलाकर कहा—काकी, तू घर में रहने देगी कि मुँह में कालिख लगाकर कहीं निकल जाऊँ? खाना तो खाना ही है, आज न खाऊँगा, कल खाऊँगा; लेकिन अभी मुझसे न खाया जाएगा। केदार क्या अभी मदरसे से नहीं आया?

पन्ना—अभी तो नहीं आया, आता ही होगा।

पन्ना समझ गई कि जब तक वह खाना बनाकर लड़कों को न खिलाएगी और ख़ुद न खाएगी, रग्घू न खाएगा। इतना ही नहीं, उसे रग्घू से लड़ाई करनी पड़ेगी, उसे जली-कटी सुनानी पड़ेगी, उसे यह दिखाना पड़ेगा कि मैं ही उससे अलग होना चाहती हूँ, नहीं तो वह इसी चिन्ता में घुल-घुलकर प्राण दे देगा। यह सोचकर उसने अलग चूल्हा जलाया। और खाना बनाने लगी। इतने में केदार और खुन्नू मदरसे से आ गए। पन्ना ने कहा—आओ बेटा, खा लो रोटी तैयार है।

केदार ने पूछा—भइया को बुला लूँ न?

पन्ना—तुम आकर खा लो। उनकी रोटी बहू ने अलग बनाई है।

खुन्नू—जाकर भइया से पूछ न आऊँ?

पन्ना—जब उनका जी चाहेगा, खाएँगे। तू बैठकर खा, तुझे इन बातों से क्या मतलब? जिसका जी चाहेगा, खाएगा, जिसका जी न चाहेगा न खाएगा। जब वह और उसकी बीवी अलग रहने पर तुले हैं, तो कौन मनाए?

केदार—तो क्या अम्माँजी, क्या हम अलग घर में रहेंगे?

पन्ना—उनका जी चाहे एक घर में रहें, जी चाहे आँगन में दीवार डाल लें।

खुन्नू ने दरवाज़े पर आकर झाँका, सामने फूस की झोपड़ी थी, वहीं खाट पर पड़ा रग्घू नारियल पी रहा था।

खुन्नू—भइया तो अभी नारियल लिए बैठे हैं।

पन्ना—जब जी चाहेगा खाएँगे।

केदार—भइया ने भाभी को डाँटा नहीं?

मुलिया अपनी कोठरी में पड़ी सुन रही थी। बाहर आकर बोली—भइया ने तो नहीं डाँटा, अब तुम आकर डाँटो।

केदार के चेहरे का रंग उड़ गया। फिर ज़बान न खोली। तीनों लड़कों ने खाना खाया, और बाहर निकले। लू चलने लगी थी। आम के बाग़ में गाँव के लड़के-लड़कियाँ हवा से गिरे हुए आम चुन रहे थे। केदार ने कहा—आज हम भी आम चुनने चलें, ख़ूब आम गिर रहे हैं।

खुन्नू—दादा जी बैठे हैं...

लछमन—मैं न जाऊँगा, दादा घुड़केंगे।

केदार—वह तो अब अलग हो गए।

लछमन—तो अब हमको कोई मारेगा, तब भी दादा न बोलेंगे?

केदार—वाह, तब क्यों न बोलेंगे?

रग्घू ने तीनों लड़कों को दरवाज़े पर खड़े देखा, पर कुछ बोला नहीं। पहले तो वह घर से बाहर निकलते ही उन्हें डाँट बैठता था; पर आज वह मूर्ति के समान निश्चल बैठा रहा। अब लड़कों को कुछ साहस हुआ। कुछ दूर और आगे बढ़े, रग्घू अब भी न बोला, कैसे बोले। वह सोच रहा था, काकी ने लड़कों को खिला-पिला दिया, मुझसे पूछा तक नहीं। क्या उसकी आँखों पर भी परदा पड़ गया है; अगर मैंने लड़कों को पुकारा और वह न आए तो? मैं उनको मार-पीट तो सकूँगा। लू में सब-के-सब मारे-मारे फिरेंगे। कहीं बीमार न पड़ जाएँ। उसका दिल मसोसकर रह जाता था; लेकिन मुँह से कुछ कह न सकता था। लड़कों ने देखा कि यह बिलकुल नहीं बोलते, तो निर्भय होकर चल पड़े।

सहसा मुलिया ने आकर कहा—अब तो उठोगे कि अब भी नहीं? जिनके नाम पर फाका कर रहे हो, उन्होंने मज़े से लड़कों को खिलाया और आप खाया, अब आराम से सो रही हैं। 'मोर पिया मोरी बात न पूछें मोर सुहागिन नाँव।' एक बार भी तो मुँह से न फूटा कि भइया, खा लो।

रग्घू को इस समय मर्मान्तक पीड़ा हो रही थी। मुलिया के इन कठोर शब्दों ने घाव पर नमक छिड़क दिया। दु:खित नेत्रों से देखकर बोला—तेरी जो मर्ज़ी थी, वही तो हुआ। अब जा ढोल बजा!

मुलिया—नहीं, तुम्हारे लिए थाली परोसे बैठी हैं!

रग्घू—मुझे चिढ़ा मत। तेरे पीछे मैं भी बदनाम हो रहा हूँ। जब तू किसी की होकर नहीं रहना चाहती; तो दूसरे को क्या ग़रज़ है, जो तेरी खुशामद करे। जाकर काकी से पूछ, लड़के आम चुनने गए हैं, उन्हें पकड़ लाऊँ।

मुलिया अँगूठा दिखाकर बोली—यह जाता है! तुम्हें सौ बार ग़रज़ हो जाकर पूछो।

इतने में पन्ना भी भीतर से निकल आई। रग्घू ने पूछा—लड़के बग़ीचे में चले गए काकी, लू चल रही है।

पन्ना—अब उनका कौन पुछत्तर है। बग़ीचे में जाएँ, पेड़ पर चढ़ें, पानी में डूबें। मैं अकेली क्या-क्या करूँ?

रग्घू—जाकर पकड़ लाऊँ?

पन्ना—जब तुम्हें अपने मन से नहीं जाना है, तो फिर मैं जाने को क्यों कहूँ? तुम्हें रोकना होता, तो रोक न देते? तुम्हारे सामने ही तो गए होंगे।

पन्ना की बात पूरी न हुई थी कि रग्घू ने नारियल कोने में रख दिया और बाग़ की तरफ़ चला।

6

रग्घू लड़कों को लेकर बाग़ से लौटा, तो देखा मुलिया अभी तक झोपड़े में खड़ी है। बोला—तू जाकर खा क्यों नहीं लेती। मुझे तो इस बेला भूख नहीं है।

मुलिया ऐंठकर बोली—हाँ, भूख क्यों लगेगी। भाइयों ने खाया, वह तुम्हारे पेट में पहुँच ही गया होगा।

रग्घू ने दाँत पीसकर कहा—मुझे जला मत मुलिया, नहीं तो अच्छा न होगा। खाना कहीं भागा नहीं जाता। एक बेला न खाऊँगा, तो मर न जाऊँगा। क्या तू समझती है, घर में आज कोई छोटी बात हो गई है? तूने घर में चूल्हा नहीं जलाया, मेरे कलेजे में आग लगाई है। मुझे घमंड था कि और चाहे कुछ हो जाए, पर मेरे घर में फूट का रोग न आने पावेगा, पर तूने मेरा घमंड चूर कर दिया। परालब्ध की बात है।

मुलिया तिनककर बोली—सारा मोह-छोह तुम्हीं को है कि और किसी को भी है? मैं तो किसी को तुम्हारी तरह बिसूरते नहीं देखती।

रग्घू ने ठंडी साँस खींचकर कहा—मुलिया घाव पर नोन न छिड़क। तेरे ही कारन मेरी पीठ में धूल लग रही है। मुझे इस गृहस्थी का मोह न होगा, तो किसे होगा? मैंने ही तो इसे मर-मर जोड़ा। जिनको गोद में खेलाया, वही अब मेरे पट्टीदार होंगे। जिन बच्चों को मैं डाँटता था, उन्हें आज कड़ी आँखों से भी नहीं देख सकता। मैं उनके भले के लिए भी कोई बात करूँ, तो दुनिया यही कहेगी कि यह अपने भाइयों को लूटे लेता है। जा, मुझे छोड़ दे, अभी मुझसे कुछ न खाया जाएगा।

मुलिया—मैं क़सम रखा दूँगी, नहीं चुपके से चले चलो।

रग्घू—देख, अब भी कुछ नहीं बिगड़ा है। अपनी हठ छोड़ दे।

मुलिया—हमारा ही लहू पिए, जो खाने न उठे।

रग्घू ने कानों पर हाथ रखकर कहा—यह तूने क्या किया मुलिया? मैं तो उठ ही रहा था। चल खा लूँ। नहाने-धोने कौन जाए, लेकिन इतना कहे देता हूँ कि चाहे चार की जगह छह रोटियाँ खा जाऊँ, चाहे तू मुझे घी के मटके में ही डुबो दे; पर यह दाग़ मेरे दिल से न मिटेगा।

मुलिया—दाग़-साग सब मिट जाएगा। पहले सबको ऐसा ही लगता है। देखते नहीं हो, उधर कैसी चैन की बंसी बज रही है। वह तो मना ही रही थी किसी तरह यह सब अलग हो जाएँ। अब वह पहले की-सी चाँदी तो नहीं है कि जो कुछ घर में आवे, सब ग़ायब! अब क्यों हमारे साथ रहने लगीं।

रग्घू ने आहत स्वर में कहा—इसी बात का तो मुझे ग़म है। काकी से ऐसी आशा न थी।

रग्घू खाने बैठा, तो कौर विष के घूँट-सा लगता था। जान पड़ता था, रोटियाँ भूसी की हैं। दाल पानी-सी लगती थी। पानी भी कंठ के नीचे न उतरता था। दूध की तरफ़ देखा तक नहीं। दो-चार ग्रास खाकर उठ आया, जैसे किसी प्रियजन के श्राद्ध का भोजन हो।

रात का भोजन भी उसने इसी तरह किया। भोजन क्या किया, क़सम पूरी की। रात-भर उसका चित्त उद्विग्न रहा। एक अज्ञात शंका उसके मन पर छाई हुई थी, जैसे भोला महतो द्वार पर बैठा रो रहा हो। वह कई बार चौंककर उठा। ऐसा जान पड़ा, भोला उसकी ओर तिरस्कार की आँखों से देख रहा है।

वह दोनों जून का भोजन करता था; पर जैसे शत्रु के घर। भोला की शोकमग्न मूर्ति आँखों से न उतरती थी। रात को उसे नींद न आती। वह गाँव में निकलता, तो इस तरह मुँह चुराए, सिर झुकाए, मानो गोहत्या की हो।

7

पाँच साल गुज़र गए। रग्घू अब दो लड़कों का बाप था। आँगन में दीवार खिंच गई थी, खेतों में मेड़ें डाल दी गई थीं, और बैल-बधिए बाँट लिए गए थे। केदार की उम्र अब सोलह साल की हो गई थी। उसने पढ़ना छोड़ दिया था और खेती का काम करता था। खुन्नू गाय चराता था। केवल लछमन अब तक मदरसे जाता था। पन्ना और मुलिया दोनों एक दूसरे की सूरत से जलती थीं। मुलिया के दोनों लड़के बहुधा पन्ना के पास ही रहते। वही उन्हें उबटन मलती, वही काजल लगाती, वही गोद में लिए फिरती; मगर मुलिया के मुँह से अनुग्रह का एक शब्द भी न निकलता। न पन्ना ही इसकी इच्छुक थी। वह जो कुछ करती निर्ब्याज भाव से करती थी। उसके दो-दो लड़के कमाऊ हो गए थे। लड़की खाना पका लेती थी। वह ख़ुद ऊपर का काम-काज कर लेती। इसके विरुद्ध रग्घू अपने घर का अकेला था, वह भी दुर्बल, अशक्त और जवानी में बूढ़ा। अभी आयु तीस वर्ष से अधिक न थी; लेकिन बाल खिचड़ी हो गए थे, कमर भी झुक चली थी। खाँसी ने जीर्ण कर रक्खा था। देखकर दया आती थी। और खेती पसीने की वस्तु है। खेतों की जैसी सेवा होनी चाहिए, वह उससे न हो पाती। फिर अच्छी फ़सल कहाँ से आती! कुछ ऋणी भी हो गया था। वह चिन्ता और भी मारे डालती थी। चाहिए तो यह था कि अब उसे कुछ आराम मिलता। इतने दिनों के निरन्तर परिश्रम के बाद सिर का बोझ कुछ हल्का होता; किन्तु मुलिया की स्वार्थपरता और अदूरदर्शिता ने लहराती हुई खेती उजाड़ दी; अगर सब एकसाथ रहते, तो वह अब तक पेंशन पा जाता, मज़े से द्वार पर बैठा हुआ नारियल पीता। भाई काम करता, वह सलाह देता। महतो बना फिरता। कहीं किसी के झगड़े चुकाता। कहीं साधु-संतों की सेवा करता; पर वह अवसर हाथ से निकल गया। अब तो चिन्ताभार दिन-दिन बढ़ता जाता था।

आख़िर उसे धीमा-धीमा ज्वर रहने लगा। हृदय-शूल, चिन्ता, कड़े परिश्रम और अभाव का यही पुरस्कार है। पहले कुछ परवाह न की। समझा आप ही अच्छा हो जाएगा; मगर कमज़ोरी बढ़ने लगी, तो दवा की फ़िक्र हुई। जिसने जो बता दिया, खा लिया। डॉक्टरों और वैद्यों के पास जाने की सामर्थ्य कहाँ? और सामर्थ्य भी होती, तो रुपए ख़र्च कर देने के सिवा और नतीजा ही क्या था। जीर्ण ज्वर की औषधि आराम है और पुष्टिकारक भोजन। न वह बसंत-मालती का सेवन कर सकता था और न आराम से बैठकर बलवर्धक भोजन कर सकता था, कमज़ोरी बढ़ती ही गई।

पन्ना को अवसर मिलता तो वह आकर उसे तसल्ली देती; लेकिन उसके लड़के अब रग्घू से बात भी न करते थे। दवा-दारू तो क्या करते, उसका और मज़ाक़ उड़ाते। भैया समझते थे कि हम लोगों से अलग होकर सोने की ईंट रख लेंगे। भाभी भी समझती थीं, सोने से लद जाऊँगी। अब देखें, कौन पूछता है। सिसक-सिसककर न मरें, तो कह देना। बहुत 'हाय! हाय!' भी अच्छी नहीं होती। आदमी उतना काम करे, जितना हो सके। यह नहीं कि रुपए के लिए जान ही दे दे।

पन्ना कहती—रग्घू बेचारे का कौन दोष है।

केदार कहता—चल, मैं ख़ूब समझता हूँ। भैया की जगह मैं होता तो डंडे से बात करता। मजाल थी कि औरत यों ज़िद करती। यह सब भैया की चाल थी। सब सधी-बदी बात थी।

आख़िर एक दिन रग्घू का टिमटिमाता हुआ जीवन-दीपक बुझ गया। मौत ने सारी चिन्ताओं का अंत कर दिया।

अंत समय उसने केदार को बुलाया था, पर केदार को ऊख में पानी देना था। डरा, कहीं दवा के लिए न भेज दें। बहाना बना दिया।

8

मुलिया का जीवन अंधकारमय हो गया। जिस भूमि पर उसने मंसूबों की दीवार खड़ी की थी, अब नीचे से खिसक गई थी। जिस खूँटे के बल पर वह उछल रही थी, वह उखड़ गया था। गाँववालों ने कहना शुरू किया, ईश्वर ने कैसा तत्काल दंड दिया। बेचारी मारे लाज के अपने बच्चों को लिए रोया करती। गाँव में किसी को मुँह दिखाने का साहस न होता। प्रत्येक प्राणी उससे यह कहता हुआ मालूम होता था—'मारे घमंड के धरती पर पाँव न रखती थी, आख़िर सज़ा मिल गई कि नहीं।' अब इस घर में कैसे निबाह होगा? वह किसके सहारे रहेगी? किसके बल पर खेती होगी। बेचारा रग्घू बीमार था, दुर्बल था; पर जब तक जीता रहा, अपना काम करता रहा। मारे कमज़ोरी के कभी-कभी सिर पकड़कर बैठ जाता, और ज़रा दम लेकर फिर हाथ चलाने लगता था। सारी खेती तहस-नहस हो रही थी, उसे कौन सँभालेगा? अनाज की डाँठें खलियान में पड़ी थीं, ऊख अलग सूख रही थी। वह अकेली क्या-क्या करेगी? फिर सिंचाई अकेले आदमी का तो काम नहीं। तीन-तीन मजूरों को कहाँ से लाए? गाँव में मजूर थे ही कितने? आदमियों के लिए खींचातानी हो रही थी। क्या करे, क्या न करे?

इस तरह तेरह दिन बीत गए। क्रिया-कर्म से छुट्टी मिली। दूसरे ही दिन सबेरे मुलिया ने दोनों बालकों को गोद में उठाया और अनाज माँड़ने चली। खलिहान में पहुँचकर उसने एक को तो पेड़ के नीचे घास के नर्म बिस्तर पर सुला दिया और दूसरे को वहीं बैठाकर अनाज माँड़ने लगी। बैलों को हाँकती थी और रोती थी। क्या इसीलिए भगवान ने उसको जन्म दिया था? देखते-देखते क्या-से-क्या हो गया? इन्हीं दिनों पिछले साल भी अनाज माँड़ा गया था, वह रग्घू के लिए लोटे में शरबत और मटर की घुँघनी लेकर आई थी। आज कोई उसके न आगे है न पीछे! लेकिन किसी की लौंडी तो नहीं हूँ? उसे अलग होने का अब भी पछतावा न था।

एकाएक छोटे बच्चे का रोना सुनकर उसने उधर ताका, तो बड़ा लड़का उसे चुमकारकर कह रहा था—मैया, तुप रहो, तुप रहो। धीरे-धीरे उसके मुँह पर हाथ फेरता था और चुप करने के लिए विकल था। जब बच्चा किसी तरह न चुप हुआ तो वह ख़ुद उसके पास लेट

गया और उसे छाती से लगाकर प्यार करने लगा; मगर जब यह प्रयत्न भी सफल न हुआ, तो वह रोने लगा।

उसी समय पन्ना दौड़ी आई और छोटे बालक को गोद में उठाकर प्यार करती हुई बोली—लड़कों को मुझे क्यों न दे आई बहू? हाय! हाय! अभी बेचारा धरती पर पड़ा लोट रहा है। जब मैं मर जाऊँ, तो जो चाहे करना, अभी तो जीती हूँ। अलग हो जाने से बच्चे तो नहीं अलग हो गए।

मुलिया ने कहा—तुम्हें भी तो छुट्टी नहीं थी अम्माँ, क्या करती।

पन्ना—तो तुझे यहाँ आने की ऐसी क्या जल्दी थी। डाँट माँड न जाती तीन-तीन लड़के तो हैं, और किस दिन काम आएँगे। केदार तो कल ही माँड़ने को कह रहा था; पर मैंने कहा—पहले ऊख में पानी दे लो; फिर अनाज माँड़ना। मँड़ाई तो दस दिन बाद भी हो सकती है, ऊख की सिंचाई न हुई तो सूख जाएगी। कल से पानी चढ़ा हुआ है, परसों तक खेत पुर जाएगा। तब मँड़ाई हो जाएगी। तुझे विश्वास न आवेगा, जब से भैया मरे हैं, केदार को बड़ी चिन्ता हो गई है। दिन में सौ-सौ बार पूछता है, भाभी बहुत रोती तो नहीं हैं? देख, लड़के भूखे तो नहीं हैं। कोई लड़का रोता है, तो दौड़ा आता है देख अम्माँ क्या हुआ, बच्चा क्यों रोता है? कल रोकर बोला—अम्माँ, मैं जानता कि भैया इतनी जल्दी चले जाएँगे, तो उनकी सेवा कर लेता। कहाँ जगाए-जगाए उठता था, अब देखती हो; पहर रात से उठकर काम में लग जाता है। खुन्नू कल ज़रा-सा बोला—पहले हम अपनी ऊख में पानी दे लेंगे, तब भैया की ऊख में देंगे। उस पर केदार ने ऐसा डाँटा कि खुन्नू के मुँह से फिर बात न निकली। बोला—कैसी तुम्हारी और कैसी हमारी ऊख। भैया ने जिला न लिया होता, तो आज या तो मर गए होते या कहीं भीख माँगते। आज तुम बड़े ऊखवाले बने हो! यह उन्हीं का पुन-परताप है कि आज भले आदमी बने बैठे हो। परसों रोटी खाने को बुलाने गई; तो मड़ैया में बैठा रो रहा था। पूछा—क्यों रोता है? तो बोला—अम्माँ, भैया इसी 'अलग्योझे' के दुख से मर गए, नहीं अभी उनकी उमिर ही क्या थी। यह उस बखत न सूझा; नहीं उनसे क्यों बिगाड़ करते।

यह कहकर पन्ना ने मुलिया की ओर संकेतपूर्ण दृष्टि से देखकर कहा—तुम्हें वह अलग न रहने देगा बहू; कहता है, भैया हमारे लिए मर गए तो हम भी उनके बाल-बच्चों के लिए मर जाएँगे।

मुलिया की आँखों से आँसू जारी थे, पन्ना की बातों में आज सच्ची वेदना, सच्ची सांत्वना, सच्ची सद्चिन्ता भरी हुई थी। मुलिया का मन कभी उसकी ओर इतना आकर्षित न हुआ था। जिनसे उसे व्यंग्य और प्रतिकार का भय था, वे इतने दयालु, इतने शुभेच्छु हो गए थे।

आज पहली बार उसे अपनी स्वार्थपरता पर लज्जा आई, पहली बार आत्मा ने अलग्योझे पर धिक्कारा!

9

इस घटना को हुए पाँच साल गुज़र गए। पन्ना आज बूढ़ी हो गई है। केदार घर का मालिक है। मुलिया घर की मालकिन है। खुन्नू और लछमन के विवाह हो चुके हैं; मगर केदार अभी तक क्वाँरा है। कहता है—मैं विवाह न करूँगा। कई जगहों से बातचीत हुई, कई सगाइयाँ आईं; पर उसने हामी न भरी। पन्ना ने कम्पे लगाए, जाल फैलाए; पर वह न फँसा। कहता—औरतों

से कौन सुख। मेहरिया घर में आई और आदमी का मिज़ाज बदला। फिर जो कुछ है, वह मेहरिया है। माँ-बाप, भाई-बन्धु सब पराए हैं। जब भैया-जैसे आदमी का मिज़ाज बदल गया, तो फिर दूसरों की क्या गिनती। दो लड़के भगवान के दिए हैं, और क्या चाहिए। बिना ब्याह किए दो बेटे मिल गए, इससे बढ़कर और क्या होगा। जिसे अपना समझो, वह अपना है, जिसे ग़ैर समझो, वह ग़ैर है।

एक दिन पन्ना ने कहा—तेरा वंश कैसे चलेगा?

केदार—मेरा वंश तो चल रहा है। दोनों लड़कों को अपना ही समझता हूँ।

पन्ना—समझने ही पर है, तो तू मुलिया को भी अपनी मेहरिया समझता होगा।

केदार ने झेंपते हुए कहा—तुम तो गाली देती हो अम्माँ!

पन्ना—गाली कैसी, तेरी भाभी ही तो है।

केदार—मेरे जैसे लट्ठ-गँवार को वह क्या पूछने लगी!

पन्ना—तू करने को कह, तो मैं उससे पूछूँ?

केदार—नहीं मेरी अम्माँ, कहीं रोने-गाने न लगे।

पन्ना—तेरा मन हो, तो मैं बातों-बातों में उसके मन की थाह लूँ?

केदार—मैं नहीं जानता, जो चाहे कर।

पन्ना केदार के मन की बात समझ गई। लड़के का दिल मुलिया पर आया हुआ है; पर संकोच और भय के मारे कुछ नहीं कहता।

उसी दिन उसने मुलिया से कहा—'क्या करूँ बहू, मन की लालसा मन में ही रही जाती है। केदार का घर भी बस जाता; तो मैं निश्चिन्त हो जाती।

मुलिया—वह तो करने ही नहीं कहते।

पन्ना—कहता है, ऐसी औरत मिले, जो घर में मेल से रहे, तो कर लूँ।

मुलिया—ऐसी औरत कहाँ मिलेगी? कहीं ढूँढ़ो।

पन्ना—मैंने तो ढूँढ़ लिया है।

मुलिया—सच! किस गाँव की है?

पन्ना—अभी न बताऊँगी, मुदा यह जानती हूँ कि उससे केदार की सगाई हो जाए, तो घर बस जाए और केदार की ज़िन्दगी भी सफल हो जाए। न जाने लड़की मानेगी कि नहीं!

मुलिया—मानेगी क्यों नहीं अम्माँ; ऐसा सुन्दर, कमाऊ, सुशील वर और कहाँ मिल जाता है। उस जनम का कोई साधु-महात्मा है, नहीं तो लड़ाई-झगड़े के डर से कौन बिना ब्याहा रहता है। कहाँ रहती है, मैं जाकर उसे मना लाऊँ।

पन्ना—तू चाहे, तो मना ले। तेरे ही ऊपर है।

मुलिया—मैं आज ही चली जाऊँगी अम्माँ! उसके पैरों पड़कर मना लाऊँगी।

पन्ना—बता दूँ! वह तू ही है!

मुलिया लजाकर बोली—तुम तो अम्माँ जी, गाली देती हो।

पन्ना—गाली कैसी, देवर ही तो है।

मुलिया—मुझ-जैसी बुढ़िया को वह क्यों पूछेंगे।

पन्ना—वह तुझी पर दाँत लगाए बैठा है। तेरे सिवा कोई और उसे भाती ही नहीं। डर के मारे कहता नहीं; पर उसके मन की बात मैं जानती हूँ।

वैधव्य के शोक से मुरझाया हुआ मुलिया का पीत वदन कमल की भाँति अरुण हो उठा। दस वर्षों में जो कुछ खोया था, उसी एक क्षण में मानो ब्याज के साथ मिल गया। वही लावण्य, वही विकास, वही आकर्षण, वही लोच!

ईदगाह

रमज़ान के पूरे तीस रोज़ों के बाद आज ईद आई है। कितना मनोहर, कितना सुहावना प्रभात है। वृक्षों पर कुछ अजीब हरियाली है, खेतों में कुछ अजीब रौनक है, आसमान पर कुछ अजीब लालिमा है। आज का सूर्य देखो, कितना प्यारा, कितना शीतल है, मानो संसार को ईद की बधाई दे रहा है। गाँव में कितनी हलचल है। ईदगाह जाने की तैयारियाँ हो रही हैं। किसी के कुरते में बटन नहीं है। पड़ोस के घर से सुई-धागा लेने दौड़ा जा रहा है। किसी के जूते कड़े हो गए हैं। उनमें तेल डालने के लिए तेली के घर भागा जाता है। जल्दी-जल्दी बैलों को सानी-पानी दे दें। ईदगाह से लौटते-लौटते दोपहर हो जाएगी। तीन कोस का पैदल रास्ता, फिर सैकड़ों आदमियों से मिलना-भेंटना। दोपहर के पहले लौटना असंभव है। लड़के सबसे ज़्यादा प्रसन्न हैं। किसी ने एक रोज़ा रखा है, वह भी दोपहर तक, किसी ने वह भी नहीं; लेकिन ईदगाह जाने की ख़ुशी उनके हिस्से की चीज़ है। रोज़े बड़े-बूढ़ों के लिए होंगे। उनके लिए तो ईद है। रोज़ ईद का नाम रटते थे। आज वह आ गई। अब जल्दी पड़ी है कि लोग ईदगाह क्यों नहीं चलते। इन्हें गृहस्थी की चिन्ताओं से क्या प्रयोजन! सेवैयों के लिए दूध और शक्कर घर में है या नहीं, इनकी बला से, ये तो सेवैयाँ खाएँगे। वह क्या जाने कि अब्बाजान क्यों बदहवास चौधरी कायमअली के घर दौड़े जा रहे हैं। उन्हें क्या ख़बर कि चौधरी आज आँखें बदल लें, तो यह सारी ईद मुहर्रम हो जाए। उनकी अपनी जेबों में तो कुबेर का धन भरा हुआ है। बार-बार जेब से अपना ख़ज़ाना निकालकर गिनते हैं और ख़ुश होकर फिर रख लेते हैं। महमूद गिनता है, एक-दो, दस-बारह। उसके पास बारह पैसे हैं। मोहसिन के पास एक, दो, तीन, आठ, नौ, पंद्रह पैसे हैं। इन्हीं अनगिनती पैसों में अनगिनती चीज़ें लाएँगे—खिलौने, मिठाइयाँ, बिगुल, गेंद और न जाने क्या-क्या। और सबसे ज़्यादा प्रसन्न है हामिद। वह चार-पाँच साल का ग़रीब-सूरत, दुबला-पतला लड़का, जिसका बाप गत वर्ष हैजे की भेंट हो गया और माँ न जाने क्यों पीली होती-होती एक दिन मर गई। किसी को पता न चला, क्या बीमारी है। कहती भी तो कौन सुनने वाला था। दिल पर जो कुछ बीतती थी, वह दिल में ही सहती थी और जब न सहा गया तो संसार से बिदा हो गई। अब हामिद अपनी बूढ़ी दादी अमीना की गोद में सोता है और उतना ही प्रसन्न है। उसके अब्बाजान रुपए कमाने गए हैं। बहुत-सी थैलियाँ लेकर आएँगे। अम्मीजान अल्लाह मियाँ के घर से उसके लिए बड़ी अच्छी-अच्छी चीज़ें लाने गई हैं; इसलिए हामिद प्रसन्न है। आशा तो बड़ी चीज़ है, और फिर बच्चों की आशा! उनकी कल्पना तो राई का पर्वत बना लेती है। हामिद के पाँव में जूते नहीं हैं, सिर पर एक पुरानी-धुरानी टोपी है, जिसका गोट काला पड़ गया है, फिर भी वह प्रसन्न है। जब उसके अब्बाजान थैलियाँ और अम्मीजान नियामतें लेकर आएँगी, तो वह

दिल के अरमान निकाल लेगा। तब देखेगा महमूद, मोहसिन, नूरे और सम्मी कहाँ से उतने पैसे निकालेंगे। अभागिन अमीना अपनी कोठरी में बैठी रो रही है। आज ईद का दिन और उसके घर में दाना नहीं! आज आबिद होता तो क्या इसी तरह ईद आती और चली जाती! इस अंधकार और निराशा में वह डूबी जा रही थी। किसने बुलाया था इस निगोड़ी ईद को। इस घर में उसका काम नहीं है, लेकिन हामिद! उसे किसी के मरने-जीने से क्या मतलब? उसके अन्दर प्रकाश है, बाहर आशा। विपत्ति अपना सारा दल-बल लेकर आए, हामिद की आनंद-भरी चितवन उसका विध्वंस कर देगी।

हामिद भीतर जाकर दादी से कहता है—तुम डरना नहीं अम्माँ, मैं सबसे पहले आऊँगा। बिलकुल न डरना!

अमीना का दिल कचोट रहा है। गाँव के बच्चे अपने-अपने बाप के साथ जा रहे हैं। हामिद के बाप अमीना के सिवा और कौन है? उसे कैसे अकेले मेले जाने दे। उस भीड़-भाड़ में बच्चा कहीं खो जाए तो क्या हो। नहीं; अमीना उसे यों न जाने देगी। नन्ही-सी जान! तीन कोस चलेगा कैसे! पैर में छाले पड़ जाएँगे। जूते भी तो नहीं हैं। वह थोड़ी-थोड़ी दूर पर उसे गोद ले लेगी; लेकिन यहाँ सेवैयाँ कौन पकाएगा? पैसे होते तो लौटते-लौटते सब सामग्री जमा करके चटपट बना लेती। यहाँ तो घंटों चीज़ें जमा करते लगेंगे। माँगे ही का तो भरोसा ठहरा। उस दिन फहीमन के कपड़े सिये थे। आठ आने पैसे मिले थे। उस अठन्नी को ईमान की तरह बचाती चली आती थी इसी ईद के लिए, लेकिन कल ग्वालन सिर पर सवार हो गई तो क्या करती। हामिद के लिए कुछ नहीं है, तो दो पैसे का दूध तो चाहिए ही। अब तो कुल दो आने पैसे बच रहे हैं। तीन पैसे हामिद की जेब में, पाँच अमीना के बटवे में। यही तो बिसात है और ईद का त्योहार! अल्लाह ही बेड़ा पार लगावे। धोबन और नाइन और मेहतरानी और चूड़िहारिन सभी तो आएँगी। सभी को सेवैयाँ चाहिए और थोड़ा किसी की आँखों नहीं लगता। किस-किस से मुँह चुराएगी। और मुँह क्या चुराए? साल भर का त्योहार है। ज़िंदगी ख़ैरियत से रहे, उनकी तक़दीर भी तो उसी के साथ है। बच्चे को ख़ुदा सलामत रखे, ये दिन भी कट जाएँगे।

गाँव से मेला चला। और बच्चों के साथ हामिद भी जा रहा था। कभी सबके सब दौड़कर आगे निकल जाते। फिर किसी पेड़ के नीचे खड़े होकर साथवालों का इंतज़ार करते। ये लोग क्यों इतना धीरे-धीरे चल रहे हैं। हामिद के पैरों में तो जैसे पर लग गए हैं। वह कभी थक सकता है! शहर का दामन आ गया। सड़क के दोनों ओर अमीरों के बग़ीचे हैं। पक्की चारदीवारी बनी हुई है। पेड़ों में आम और लीचियाँ लगी हुई हैं। कभी-कभी कोई लड़का कँकड़ी उठाकर आम पर निशाना लगता है। माली अन्दर से गाली देता हुआ निकलता है। लड़के वहाँ से एक फर्लांग पर हैं। ख़ूब हँस रहे हैं। माली को कैसे उल्लू बनाया है।

बड़ी-बड़ी इमारतें आने लगीं; यह अदालत है, यह कॉलेज है, यह क्लब-घर है। इतने बड़े कॉलेज में कितने लड़के पढ़ते होंगे? सब लड़के नहीं हैं जी! बड़े-बड़े आदमी हैं, सच उनकी बड़ी-बड़ी मूँछें हैं। इतने बड़े हो गए, अभी तक पढ़ने जाते हैं। न जाने कब तक पढ़ेंगे और क्या करेंगे इतना पढ़कर। हामिद के मदरसे में दो-तीन बड़े-बड़े लड़के हैं, बिलकुल तीन कौड़ी के, रोज़ मार खाते हैं, काम से जी चुरानेवाले। इस जगह भी उसी तरह के लोग होंगे और क्या! क्लब-घर में जादू होता है। सुना है, यहाँ मुरदे की खोपड़ियाँ दौड़ती हैं।

और बड़े-बड़े तमाशे होते हैं, पर किसी को अन्दर नहीं जाने देते। और यहाँ शाम को साहब लोग खेलते हैं। बड़े-बड़े आदमी खेलते हैं, मूँछों-दाढ़ीवाले और मेमें खेलती हैं, सच! हमारी अम्माँ को वह दे दो, क्या नाम है, बैट, तो उसे पकड़ ही न सकें। घुमाते ही लुढ़क न जाएँ।

महमूद ने कहा—हमारी अम्मीजान का तो हाथ काँपने लगे, अल्ला क़सम।

मोहसिन बोला—अम्मी मनों आटा पीस डालती हैं। ज़रा-सा बैट पकड़ लेंगी, तो हाथ काँपने लगे। सैकड़ों घड़े पानी रोज़ निकालती हैं। पाँच घड़े तो मेरी भैंस पी जाती है। किसी मेम को एक घड़ा पानी भरना पड़े तो आँखों तले अँधेरा आ जाए।

महमूद—लेकिन दौड़तीं तो नहीं, उछल-कूद तो नहीं सकतीं।

मोहसिन—हाँ, उछल-कूद नहीं कर सकतीं; लेकिन उस दिन मेरी गाय खुल गई थी और चौधरी के खेत में जा पड़ी थी, तो अम्माँ इतनी तेज़ दौड़ीं कि मैं उन्हें न पा सका, सच?

आगे चले। हलवाइयों की दुकानें शुरू हुईं। आज ख़ूब सजी हुई थीं। इतनी मिठाइयाँ कौन खाता है। देखो न, एक-एक दुकान पर मनों होंगी। सुना है, रात को जिन्नात आकर ख़रीद ले जाते हैं। अब्बा कहते थे कि आधी रात को एक आदमी हर दुकान पर जाता है और जितना माल बचा होता है, वह तुलवा लेता है और सचमुच के रुपए देता है, बिलकुल ऐसे ही रुपए।

हामिद को यक़ीन न आया—ऐसे रुपए जिन्नात को कहाँ से मिल जाएँगे?

मोहसिन ने कहा—जिन्नात को रुपए की क्या कमी? जिस ख़ज़ाने में चाहें, चले जाएँ। लोहे के दरवाज़े तक उन्हें नहीं रोक सकते जनाब, आप हैं किस फेर में। हीरे-जवाहरात तक उनके पास रहते हैं, जिससे ख़ुश हो गए, उसे टोकरों जवाहरात दे दिए। अभी यहीं बैठे हैं, पाँच मिनट में कहो कलकत्ता पहुँच जाएँ।

हामिद ने फिर पूछा—जिन्नात बहुत बड़े-बड़े होते होंगे?

मोहसिन—एक-एक आसमान के बराबर होता है जी। ज़मीन पर खड़ा हो जाए तो उसका सिर आसमान से जा लगे, मगर चाहें तो एक लोटे में घुस जाएँ।

हामिद—लोग उन्हें ख़ुश करते होंगे? कोई मुझे वह मन्तर बता दे, तो एक जिन्न को ख़ुश कर लूँ।

मोहसिन—अब यह तो मैं नहीं जानता, लेकिन चौधरी साहब के काबू में बहुत से जिन्नात हैं। कोई चीज़ चोरी चली जाए, चौधरी साहब उसका पता लगा देंगे और चोर का नाम भी बता देंगे। जुमराती का बछवा उस दिन खो गया था। तीस दिन हैरान हुए, कहीं न मिला। तब झख मारकर चौधरी के पास गए। चौधरी ने तुरन्त बता दिया कि मवेशीखाने में है, और वहीं मिला। जिन्नात आकर उन्हें सारे जहान की ख़बरें दे जाते हैं।

अब उसकी समझ में आ गया कि चौधरी के पास क्यों इतना धन है, और क्यों उनका इतना सम्मान है।

आगे चले। यह पुलिस लाइन है। यहीं सब कानिसटिबल कवायद करते हैं। रैटन! फाय फो! रात को बेचारे घूम-घूमकर पहरा देते हैं, नहीं चोरियाँ हो जाएँ। मोहसिन ने प्रतिवाद किया—यह कानिसटिबल पहरा देते हैं? तभी तुम बहुत जानते हो। अजी हजरत, यही चोरी कराते हैं। शहर के जितने चोर-डाकू हैं, सब इनसे मिले रहते हैं। रात को ये लोग चोरों से तो कहते हैं, चोरी करो और आप दूसरे मुहल्ले में जाकर 'जागते रहो! जागते रहो!' पुकारते हैं। जभी इन लोगों के पास इतने रुपए आते हैं। मेरे मामूँ एक थाने में कानिसटिबल हैं।

बीस रुपया महीना पाते हैं; लेकिन पचास रुपए घर भेजते हैं। अल्ला क़सम! मैंने एक बार पूछा था कि मामूँ, आप इतने रुपए कहाँ से पाते हैं? हँसकर कहने लगे—बेटा, अल्लाह देता है। फिर आप ही बोले—लोग चाहें तो एक दिन में लाखों मार लाएँ। हम तो इतना ही लेते हैं, जिसमें अपनी बदनामी न हो और नौकरी न चली जाए।

हामिद ने पूछा—यह लोग चोरी करवाते हैं तो कोई इन्हें पकड़ता नहीं?

मोहसिन उसकी नादानी पर दया दिखाकर बोला—अरे पागल, इन्हें कौन पकड़ेगा। पकड़नेवाला तो यह ख़ुद हैं; लेकिन अल्लाह इन्हें सज़ा भी ख़ूब देता है। हराम का माल हराम में जाता है। थोड़े ही दिन हुए, मामूँ के घर में आग लग गई। सारी लेई-पूँजी जल गई। एक बरतन तक न बचा। कई दिन पेड़ के नीचे सोए, अल्ला क़सम, पेड़ के नीचे। फिर न जाने कहाँ से एक सौ क़र्ज़ लाए तो बरतन-भांडे आए।

हामिद—एक सौ तो पचास से ज़्यादा होते हैं?

'कहाँ पचास कहाँ एक सौ। पचास एक थैली-भर होता है। सौ तो दो थैलियों में भी न आवे।'

अब बस्ती घनी होने लगी थी। ईदगाह जानेवालों की टोलियाँ नज़र आने लगीं। एक-से-एक भड़कीले वस्त्र पहने हुए। कोई इक्के-ताँगे पर सवार, कोई मोटर पर, सभी इत्र में बसे; सभी के दिलों में उमंग। ग्रामीणों का यह छोटा-सा दल अपनी विपन्नता से बेख़बर, सन्तोष और धैर्य में मगन चला जा रहा था। बच्चों के लिए नगर की सभी चीज़ें अनोखी थीं। जिस चीज़ की ओर ताकते, ताक़ते ही रह जाते। और पीछे से बार-बार हॉर्न की आवाज़ होने पर भी न चेतते। हामिद तो मोटर के नीचे आते-आते बचा।

सहसा ईदगाह नज़र आया। ऊपर इमली के घने वृक्षों की छाया। नीचे पक्का फ़र्श है, जिस पर जाजिम बिछा हुआ है। और रोज़ेदारों की पंक्तियाँ एक के पीछे एक न जाने कहाँ तक चली गई हैं, पक्के जगत के नीचे तक, जहाँ जाजिम भी नहीं है। नए आनेवाले आकर पीछे की कतार में खड़े हो जाते हैं। आगे जगह नहीं है। यहाँ कोई धन और पद नहीं देखता। इस्लाम की निगाह में सब बराबर हैं। इन ग्रामीणों ने भी वज़ू किया और पिछली पंक्ति में खड़े हो गए। कितना सुन्दर संचालन है, कितनी सुन्दर व्यवस्था! लाखों सिर एक साथ सिजदे में झुक जाते हैं, फिर सब-के-सब एक साथ खड़े हो जाते हैं, एक साथ झुकते हैं और एक साथ घुटनों के बल बैठ जाते हैं। कई बार यही क्रिया होती है, जैसे बिजली की लाखों बत्तियाँ एक साथ प्रदीप्त हों और एक साथ बुझ जाएँ, और यही क्रम चलता रहा। कितना अपूर्व दृश्य था, जिसकी सामूहिक क्रियाएँ, विस्तार और अनन्तता हृदय को श्रद्धा, गर्व और आत्मानन्द से भर देती थीं, मानो भ्रातृत्व का एक सूत्र इन समस्त आत्माओं को एक लड़ी में पिरोये हुए है।

2

नमाज़ ख़त्म हो गई है। लोग आपस में गले मिल रहे हैं। तब मिठाई और खिलौने की दुकानों पर धावा होता है। ग्रामीणों का यह दल इस विषय में बालकों से कम उत्साही नहीं है। यह देखो, हिंडोला है। एक पैसा देकर चढ़ जाओ। कभी आसमान पर जाते हुए मालूम होंगे, कभी ज़मीन पर गिरते हुए। यह चर्खी है, लकड़ी के हाथी, घोड़े, ऊँट छड़ों से लटके हुए हैं। एक पैसा देकर बैठ जाओ और पच्चीस चक्करों का मज़ा लो। महमूद और मोहसिन और नूरे और

सम्मी इन घोड़ों और ऊँटों पर बैठते हैं। हामिद दूर खड़ा है। तीन ही पैसे तो उसके पास हैं। अपने कोष का तिहाई ज़रा-सा चक्कर खाने के लिए नहीं दे सकता।

सब चर्खियों से उतरते हैं। अब खिलौने लेंगे। इधर दुकानों की कतार लगी हुई है। तरह-तरह के खिलौने हैं—सिपाही और गुजरिया, राजा और वकील, भिश्ती और धोबिन और साधू। वाह! कितने सुन्दर खिलौने हैं। अब बोला ही चाहते हैं। महमूद सिपाही लेता है, खाकी वर्दी और लाल पगड़ीवाला, कन्धे पर बन्दूक़ रखे हुए। मालूम होता है, अभी कवायद किए चला आ रहा है। मोहसिन को भिश्ती पसन्द आया। कमर झुकी है, ऊपर मशक रखे हुए है। मशक का मुँह एक हाथ से पकड़े हुए है। कितना प्रसन्न है। शायद कोई गीत गा रहा है। बस, मशक से पानी उँडेला ही चाहता है। नूरे को वकील से प्रेम है। कैसी विद्वत्ता है उसके मुख पर! काला चोगा, नीचे सफ़ेद अचकन, अचकन के सामने की जेब में घड़ी, सुनहरी जंजीर, एक हाथ में क़ानून का पोथा लिए हुए। मालूम होता है, अभी किसी अदालत से जिरह या बहस किए चला आ रहा है। यह सब दो-दो पैसे के खिलौने हैं। हामिद के पास कुल तीन पैसे हैं; इतने महँगे खिलौने वह कैसे ले? खिलौना कहीं हाथ से छूट पड़े, तो चूर-चूर हो जाए। ज़रा पानी पड़े तो सारा रंग धुल जाए। ऐसे खिलौने लेकर वह क्या करेगा; किस काम के!

मोहसिन—मेरा भिश्ती रोज़ पानी दे जाएगा; साँझ-सबेरे।

महमूद—और मेरा सिपाही घर का पहरा देगा। कोई चोर आवेगा, तो फ़ौरन बन्दूक़ से फैर कर देगा!

नूरे—और मेरा वकील ख़ूब मुक़दमा लड़ेगा।

सम्मी—और मेरी धोबिन रोज़ कपड़े धोएगी।

हामिद खिलौनों की निंदा करता है—मिट्टी ही के तो हैं, गिरें तो चकनाचूर हो जाएँ, लेकिन ललचाई हुई आँखों से खिलौनों को देख रहा है और चाहता है कि ज़रा देर के लिए उन्हें हाथ में ले सकता। उसके हाथ अनायास ही लपकते हैं : लेकिन लड़के इतने त्यागी नहीं होते, विशेषकर जब अभी नया शौक़ है। हामिद ललचता रह जाता है।

खिलौने के बाद मिठाइयाँ आती हैं। किसी ने रेवड़ियाँ ली हैं, किसी ने गुलाबजामुन, किसी ने सोहनहलुआ। मज़े से खा रहे हैं। हामिद उनकी बिरादरी से पृथक है। अभागे के पास तीन पैसे हैं। क्यों नहीं कुछ लेकर खाता? ललचाई आँखों से सबकी ओर देखता है।

मोहसिन कहता है—हामिद, रेवड़ी ले जा, कितनी ख़ुशबूदार है।

हामिद को सन्देह हुआ, यह केवल क्रूर विनोद है, मोहसिन इतना उदार नहीं है; लेकिन यह जानकर भी वह उसके पास जाता है। मोहसिन दोने से एक रेवड़ी निकालकर हामिद की ओर बढ़ाता है। हामिद हाथ फैलाता है। मोहसिन रेवड़ी अपने मुँह में रख लेता है। महमूद, नूरे और सम्मी ख़ूब तालियाँ बजा-बजाकर हँसते हैं। हामिद खिसिया जाता है।

मोहसिन—अच्छा, अबकी ज़रूर देंगे हामिद, अल्ला क़सम, ले जाव।

हामिद—रखे रहो। क्या मेरे पास पैसे नहीं हैं?

सम्मी—तीन ही पैसे तो हैं। तीन पैसे में क्या-क्या लोगे?

महमूद—हमसे गुलाबजामुन ले जाव हामिद। मोहसिन बदमाश है।

हामिद—मिठाई कौन बड़ी नेमत है। किताब में इसकी कितनी बुराइयाँ लिखी हैं।

मोहसिन—लेकिन दिल में कह रहे होंगे कि मिले तो खा लें। अपने पैसे क्यों नहीं निकालते?

महमूद—हम समझते हैं इसकी चालाकी। जब हमारे सारे पैसे ख़र्च हो जाएँगे, तो हमें ललचा-ललचाकर खाएगा।

मिठाइयों के बाद कुछ दुकानें लोहे की चीज़ों की हैं। कुछ गिलट और कुछ नक़ली गहनों की। लड़कों के लिए यहाँ कोई आकर्षण न था। वह सब आगे बढ़ जाते हैं। हामिद लोहे की दुकान पर रुक जाता है। कई चिमटे रखे हुए थे। उसे ख़याल आया, दादी के पास चिमटा नहीं है। तवे से रोटियाँ उतारती है, तो हाथ जल जाता है; अगर वह चिमटा ले जाकर दादी को दे दे, तो वह कितनी प्रसन्न होंगी? फिर उनकी उँगलियाँ कभी न जलेंगी। घर में एक काम की चीज़ हो जाएगी। खिलौने से क्या फ़ायदा। व्यर्थ में पैसे ख़राब होते हैं। ज़रा देर ही तो ख़ुशी होती है। फिर तो खिलौनों को कोई आँख उठा कर नहीं देखता। या तो घर पहुँचते-पहुँचते टूट-फूटकर बराबर हो जाएँगे, या छोटे बच्चे जो मेले में नहीं आए हैं, ज़िद करके ले लेंगे और तोड़ डालेंगे। चिमटा कितने काम की चीज़ है। रोटियाँ तवे से उतार लो, चूल्हें में सेंक लो। कोई आग माँगने आवे तो चटपट चूल्हे से आग निकालकर उसे दे दो। अम्माँ बेचारी को कहाँ फुर्सत है कि बाज़ार आएँ, और इतने पैसे ही कहाँ मिलते हैं। रोज़ हाथ जला लेती हैं। हामिद के साथी आगे बढ़ गए हैं। सबील पर सब-के-सब शर्बत पी रहे हैं। देखो, सब कितने लालची हैं। इतनी मिठाइयाँ लीं, मुझे किसी ने एक भी न दी। उस पर कहते हैं, मेरे साथ खेलो। मेरा यह काम करो। अब अगर किसी ने कोई काम करने को कहा, तो पूछूँगा। खाएँ मिठाइयाँ, आप मुँह सड़ेगा, फोड़े-फुंसियाँ निकलेंगी, आप ही ज़बान चटोरी हो जाएगी। तब घर के पैसे चुराएँगे और मार खाएँगे। किताब में झूठी बातें थोड़े ही लिखी हैं। मेरी ज़बान क्यों ख़राब होगी? अम्मा चिमटा देखते ही दौड़कर मेरे हाथ से ले लेंगी और कहेंगी—मेरा बच्चा अम्माँ के लिए चिमटा लाया है! हज़ारों दुआएँ देंगी। फिर पड़ोस की औरतों को दिखाएँगी। सारे गाँव में चरचा होने लगेगी, हामिद चिमटा लाया है। कितना अच्छा लड़का है। इन लोगों के खिलौनों पर कौन इन्हें दुआएँ देगा। बड़ों की दुआएँ सीधे अल्लाह के दरबार में पहुँचती हैं, और तुरन्त सुनी जाती हैं। मेरे पास पैसे नहीं हैं। तभी तो मोहसिन और महमूद यों मिज़ाज दिखाते हैं। मैं भी इनसे मिज़ाज दिखाऊँगा। खेलें खिलौने और खाएँ मिठाइयाँ। मैं नहीं खेलता खिलौने, किसी का मिज़ाज क्यों सहूँ। मैं ग़रीब सही, किसी से कुछ माँगने तो नहीं जाता। आख़िर अब्बाजान कभी-न-कभी आएँगे। अम्माँ भी आएँगी ही। फिर इन लोगों से पूछूँगा कितने खिलौने लोगे? एक-एक को टोकरियों खिलौने दूँ और दिखा दूँ कि दोस्तों के साथ इस तरह सलूक किया जाता है। यह नहीं कि एक पैसे की रेवड़ियाँ लीं तो चिढ़ा-चिढ़ाकर खाने लगे। सब-के-सब ख़ूब हँसेंगे कि हामिद ने चिमटा लिया है। हँसें। मेरी बला से। उसने दुकानदार से पूछा—यह चिमटा कितने का है?

दुकानदार ने उसकी ओर देखा और कोई आदमी साथ न देखकर कहा—यह तुम्हारे काम का नहीं है जी?

'बिकाऊ है?'

'बिकाऊ क्यों नहीं है। और यहाँ क्यों लाद लाए हैं?'

'तो बताते क्यों नहीं, कै पैसे का है?'

'छै पैसे लगेंगे।'

हामिद का दिल बैठ गया।

'ठीक-ठीक पाँच पैसे लगेंगे, लेना हो लो, नहीं चलते बनो।'

हामिद ने कलेजा मज़बूत करके कहा—तीन पैसे लोगे?

यह कहता हुआ वह आगे बढ़ गया कि दुकानदार की घुड़कियाँ न सुने। लेकिन दुकानदार ने घुड़कियाँ नहीं दीं। बुलाकर चिमटा दे दिया। हामिद ने उसे इस तरह कन्धे पर रखा, मानो बन्दूक़ है और शान से अकड़ता हुआ संगियों के पास आया। ज़रा सुनें, सब-के-सब क्या-क्या आलोचनाएँ करते हैं।

मोहसिन ने हँसकर कहा—यह चिमटा क्यों लाया पगले; इसे क्या करेगा? हामिद ने चिमटे को ज़मीन पर पटककर कहा—ज़रा अपना भिश्ती ज़मीन पर गिरा दो। सारी पसलियाँ चूर-चूर हो जाएँ बच्चू की।

महमूद बोला—तो यह चिमटा कोई खिलौना है?

हामिद—खिलौना क्यों नहीं? अभी कन्धे पर रखा, बन्दूक़ हो गई। हाथ में लिया, फ़क़ीरों का चिमटा हो गया। चाहूँ तो इससे मजीरे का काम ले सकता हूँ। एक चिमटा जमा दूँ तो तुम लोगों के सारे खिलौनों की जान निकल जाए। तुम्हारे खिलौने कितना ही ज़ोर लगावें, वे मेरे चिमटे का बाल भी बाँका नहीं कर सकते। मेरा बहादुर शेर है—चिमटा।

सम्मी ने खँजरी ली थी। प्रभावित होकर बोला—मेरी खँजरी से बदलोगे? दो आने की है।

हामिद ने खँजरी की ओर उपेक्षा से देखा—मेरा चिमटा चाहे तो तुम्हारी खँजरी का पेट फाड़ डाले। बस, एक चमड़े की झिल्ली लगा दी, ढब-ढब बोलने लगी। ज़रा-सा पानी लग जाए तो खतम हो जाए। मेरा बहादुर चिमटा आग में, पानी में, तूफ़ान में बराबर डटा खड़ा रहेगा।

चिमटे ने सभी को मोहित कर लिया; लेकिन अब पैसे किसके पास धरे हैं! फिर मेले से दूर निकल आए हैं, नौ कब के बज गए, धूप तेज़ हो रही है। घर पहुँचने की जल्दी हो रही है। बाप से ज़िद भी करें, तो चिमटा नहीं मिल सकता है। हामिद है बड़ा चालाक। इसीलिए बदमाश ने अपने पैसे बचा रखे थे!

अब बालकों के दो दल हो गए हैं। मोहसिन, महमूद, सम्मी और नूर एक तरफ़ हैं, हामिद अकेला दूसरी तरफ़। शास्त्रार्थ हो रहा है। सम्मी तो विधर्मी हो गया। दूसरे पक्ष से जा मिला; लेकिन मोहसिन, महमूद और नूरे भी, हामिद से एक-एक, दो-दो साल बड़े होने पर भी हामिद के आघातों से आतंकित हो उठे हैं। उसके पास न्याय का बल है और नीति की शक्ति। एक ओर मिट्टी है, दूसरी ओर लोहा, जो इस वक़्त अपने को फ़ौलाद कह रहा है। वह अजेय है, घातक है। अगर कोई शेर आ जाए, तो मियाँ भिश्ती के छक्के छूट जाएँ, मियाँ सिपाही मिट्टी की बन्दूक़ छोड़कर भागें, वकील साहब की नानी मर जाए, चुगे में मुँह छिपाकर ज़मीन पर लेट जाएँ। मगर यह चिमटा, यह बहादुर, यह रुस्तमे-हिंद लपककर शेर की गरदन पर सवार हो जाएगा और उसकी आँखें निकाल लेगा।

मोहसिन ने एड़ी-चोटी का ज़ोर लगाकर कहा—अच्छा, पानी तो नहीं भर सकता।

हामिद ने चिमटे को सीधा खड़ा करके कहा—भिश्ती को एक डाँट बताएगा, तो दौड़ा हुआ पानी लाकर उसके द्वार पर छिड़कने लगेगा।

मोहसिन परास्त हो गया; पर महमूद ने कुमक पहुँचाई—अगर बच्चा पकड़ा जाए तो अदालत में बँधे-बँधे फिरेंगे। तब तो वकील साहब के ही पैरों पड़ेंगे।

हामिद इस प्रबल तर्क का जवाब न दे सका। उसने पूछा—हमें पकड़ने कौन आएगा?

नूरे ने अकड़कर कहा—यह सिपाही बन्दूक़ वाला।

हामिद ने मुँह चिढ़ाकर कहा—यह बेचारे हम बहादुर रुस्तमे-हिंद को पकड़ेंगे! अच्छा लाओ, अभी ज़रा कुश्ती हो जाए। इसकी सूरत देखकर दूर से भागेंगे। पकड़ेंगे क्या बेचारे!

मोहसिन को एक नई चोट सूझ गई—तुम्हारे चिमटे का मुँह रोज़ आग में जलेगा।

उसने समझा था कि हामिद लाजवाब हो जाएगा; लेकिन यह बात न हुई। हामिद ने तुरन्त जवाब दिया—आग में बहादुर ही कूदते हैं जनाब, तुम्हारे यह वकील, सिपाही और भिश्ती लौंडियों की तरह घर में घुस जाएँगे। आग में कूदना वह काम है, जो रुस्तमे-हिंद ही कर सकता है।

महमूद ने एक ज़ोर लगाया—वकील साहब कुर्सी-मेज़ पर बैठेंगे, तुम्हारा चिमटा तो बाबरचीख़ाने में ज़मीन पर पड़ा रहेगा।

इस तर्क ने सम्मी और नूरे को भी सजीव कर दिया। कितने ठिकाने की बात कही है पट्ठे ने। चिमटा बाबरचीख़ाने में पड़े रहने के सिवा और क्या कर सकता है?

हामिद को कोई फड़कता हुआ जवाब न सूझा तो उसने धाँधली शुरू की—मेरा चिमटा बाबरचीख़ाने में नहीं रहेगा। वकील साहब कुरसी पर बैठेंगे तो जाकर उन्हें ज़मीन पर पटक देगा और उनका क़ानून उनके पेट में डाल देगा।

बात कुछ बनी नहीं। खासी गाली-गलौच थी; क़ानून को पेट में डालने वाली बात छा गई। ऐसी छा गई थी कि तीनों सूरमा मुँह ताक़ते रह गए, मानो कोई धेलचा कनकौआ किसी गंडेवाले कनकौए को काट गया हो। क़ानून मुँह से बाहर निकलनेवाली चीज़ है। उसको पेट के अन्दर डाल दिया जावे, बेतुकी-सी बात होने पर भी कुछ नयापन रखती है। हामिद ने मैदान मार लिया। उसका चिमटा रुस्तमे-हिंद है। अब इसमें मोहसिन, महमूद, नूरे, सम्मी किसी को भी आपत्ति नहीं हो सकती।

विजेता को हारनेवालों से जो सत्कार मिलना स्वाभाविक है, वह हामिद को भी मिला। औरों ने तीन-तीन, चार-चार आने पैसे ख़र्च किए; पर कोई काम की चीज़ न ले सके। हामिद ने तीन पैसे में रंग जमा लिया। सच ही तो है, खिलौनों का क्या भरोसा? टूट-फूट जाएँगे। हामिद का चिमटा बना रहेगा बरसों!

सन्धि की शर्त तय होने लगी। मोहसिन ने कहा—ज़रा अपना चिमटा दो, हम भी देखें, तुम हमारा भिश्ती लेकर देखो।

महमूद और नूरे ने भी अपने-अपने खिलौने पेश किए।

हामिद को इन शर्तों के मानने में कोई आपत्ति न थी। चिमटा बारी-बारी से सबके हाथ में गया; और उनके खिलौने बारी-बारी से हामिद के हाथ में आए। कितने ख़ूबसूरत खिलौने हैं!

हामिद ने हारनेवाले के आँसू पोंछे—मैं तुम्हें चिढ़ा रहा था, सच। यह लोहे का चिमटा भला इन खिलौनों की क्या बराबरी करेगा; मालूम होता है, अब बोले, अब बोले।

लेकिन मोहसिन की पार्टी को इस दिलासे से सन्तोष नहीं होता। चिमटे का सिक्का ख़ूब बैठ गया है। चिपका हुआ टिकट अब पानी से नहीं छूट रहा है।

मोहसिन—लेकिन इन खिलौनों के लिए कोई हमें दुआ तो न देगा।

महमूद—दुआ को लिए फिरते हो। उलटे मार न पड़े। अम्माँ ज़रूर कहेंगी कि मेले में मिट्टी के खिलौने तुम्हें मिले?

हामिद को स्वीकार करना पड़ा कि खिलौनों को देखकर किसी की माँ इतनी ख़ुश न होंगी, जितनी दादी चिमटे को देखकर होंगी। तीन पैसों ही में तो उसे सब कुछ करना था, और उन पैसों के इस उपयोग पर पछतावे की बिलकुल ज़रूरत न थी। फिर अब तो चिमटा रुस्तमे-हिंद है और सभी खिलौनों का बादशाह।

रास्ते में महमूद को भूख लगी। उसके बाप ने केले खाने को दिए। महमूद ने केवल हामिद को साझी बनाया। उसके अन्य मित्र मुँह ताक़ते रह गए। यह उस चिमटे का प्रसाद था।

3

ग्यारह बजे सारे गाँव में हलचल मच गई। मेलेवाले आ गए। मोहसिन की छोटी बहन ने दौड़कर भिश्ती उसके हाथ से छीन लिया और मारे ख़ुशी के जो उछली, तो मियाँ भिश्ती नीचे आ रहे और सुरलोक सिधारे। इस पर भाई-बहन में मार-पीट हुई। दोनों ख़ूब रोए। उनकी अम्माँ यह शोर सुनकर बिगड़ीं और दोनों को ऊपर से दो-दो चाँटे और लगाए।

मियाँ नूरे के वकील का अंत उसकी प्रतिष्ठानुकूल इससे ज़्यादा गौरवमय हुआ। वकील ज़मीन पर या ताक पर तो नहीं बैठ सकता। उसकी मर्यादा का विचार तो रखना ही होगा। दीवार में दो खूटियाँ गाड़ी गईं। उन पर लकड़ी का एक पटरा रखा गया। पटरे पर काग़ज़ का कालीन बिछाया गया। वकील साहब राजा भोज की भाँति सिंहासन पर विराजे। नूरे ने उन्हें पंखा झलना शुरू किया। अदालतों में खस की टट्टियाँ और बिजली के पंखे रहते हैं। क्या यहाँ मामूली पंखा भी न हो। क़ानून की गर्मी दिमाग़ पर चढ़ जाएगी कि नहीं। बाँस का पंखा आया और नूरे हवा करने लगे। मालूम नहीं, पंखे की हवा से या पंखे की चोट से वकील साहब स्वर्गलोक से मृत्युलोक में आ रहे और उनका माटी का चोला माटी में मिल गया। फिर बड़े ज़ोर-शोर से मातम हुआ और वकील साहब की अस्थि घूर पर डाल दी गई।

अब रहा महमूद का सिपाही। उसे चटपट गाँव का पहरा देने का चार्ज मिल गया; लेकिन पुलिस का सिपाही कोई साधारण व्यक्ति तो था नहीं; जो अपने पैरों चले। वह पालकी पर चलेगा। एक टोकरी आई, उसमें कुछ लाल रंग के फटे-पुराने चिथड़े बिछाए गए, जिसमें सिपाही साहब आराम से लेटे। नूरे ने यह टोकरी उठाई और अपने द्वार का चक्कर लगाने लगे। उनके दोनों छोटे भाई सिपाही की तरफ़ से 'छोनेवाले, जागते लहो' पुकारते चलते हैं। मगर रात तो अँधेरी ही होनी चाहिए। महमूद को ठोकर लग जाती है। टोकरी उसके हाथ से छूटकर गिर पड़ती है और मियाँ सिपाही अपनी बन्दूक़ लिए ज़मीन पर आ जाते हैं और उनकी एक टाँग में विकार आ जाता है। महमूद को आज ज्ञात हुआ कि वह अच्छा डॉक्टर है। उसको ऐसा मरहम मिल गया है, जिससे वह टूटी टाँग को आनन-फानन जोड़ सकता है। केवल गूलर का दूध चाहिए। गूलर का दूध आता है। टाँग जोड़ दी जाती है; लेकिन सिपाही को ज्यों ही खड़ा किया जाता है, टाँग जवाब दे जाती है। शल्यक्रिया असफल हुई, तब उसकी दूसरी टाँग भी तोड़ दी जाती है। अब कम-से-कम एक जगह आराम से बैठ तो सकता है। एक टाँग से तो न चल सकता था न बैठ सकता था। अब वह सिपाही संन्यासी हो गया है। अपनी जगह पर बैठा-बैठा पहरा देता है। कभी-कभी देवता भी बन जाता है। उसके सिर का झालरदार साफा खुरच दिया गया है। अब उसका जितना रूपान्तर चाहो, कर सकते हो। कभी-कभी तो उससे बाट का काम भी लिया जाता है।

अब मियाँ हामिद का हाल सुनिए। अमीना उसकी आवाज़ सुनते ही दौड़ी और उसे गोद में उठाकर प्यार करने लगी। सहसा उसके हाथ में चिमटा देखकर वह चौंकी।

'यह चिमटा कहाँ था?'

'मैंने मोल लिया है।'

'कै पैसे में?'

'तीन पैसे दिए।'

अमीना ने छाती पीट ली। यह कैसा बेसमझ लड़का है कि दोपहर हुआ, कुछ खाया न पिया। लाया क्या यह चिमटा! सारे मेले में तुझे और कोई चीज़ न मिली, जो यह लोहे का चिमटा उठा लाया।

हामिद ने अपराधी भाव से कहा—तुम्हारी उँगलियाँ तवे से जल जाती थीं, इसलिए मैंने इसे ले लिया।

बुढ़िया का क्रोध तुरन्त स्नेह में बदल गया, और स्नेह भी वह नहीं, जो प्रगल्भ होता है और अपनी सारी कसक शब्दों में बिखेर देता है। यह मूक स्नेह था, ख़ूब ठोस, रस और स्वाद से भरा हुआ। बच्चे में कितना त्याग, कितना सद्भाव और कितना विवेक है! दूसरों को खिलौने लेते और मिठाई खाते देखकर उसका मन कितना ललचाया होगा। इतना ज़ब्त इससे हुआ कैसे? वहाँ भी उसे अपनी बुढ़िया दादी की याद बनी रही। अमीना का मन गद्गद हो गया।

और अब एक बड़ी विचित्र बात हुई। हामिद के इस चिमटे से भी विचित्र। बच्चे हामिद ने बूढ़े हामिद का पार्ट खेला था। बुढ़िया अमीना बालिका अमीना बन गई। वह रोने लगी। दामन फैलाकर हामिद को दुआएँ देती जाती थी और आँसू की बड़ी-बड़ी बूँदें गिराती जाती थी। हामिद इसका रहस्य क्या समझता!

माँ

आज बन्दी छूटकर घर आ रहा है। करुणा ने एक दिन पहले ही घर लीप-पोत रक्खा था, इन तीन वर्षों में उसने कठिन तपस्या करके जो दस-पाँच रुपए जमा कर रखे थे, वह सब पति के सत्कार और स्वागत की तैयारियों में ख़र्च कर दिए। पति के लिए धोतियों का जोड़ा लाई थी, नए कुरते बनवाए थे, बच्चे के लिए नए कोट और टोपी का आयोजन किया था। बार-बार बच्चे को गले लगाती, और प्रसन्न होती। अगर इस बच्चे ने सूर्य की भाँति उदय होकर उसके अँधेरे जीवन को प्रदीप्त न कर दिया होता, तो कदाचित् ठोकरों ने उसके जीवन का अंत कर दिया होता। पति के कारावास दंड के तीन ही महीने बाद इस बालक का जन्म हुआ। उसी का मुँह देख-देखकर करुणा ने यह तीन साल काट दिए थे। वह सोचती—जब मैं बालक को उनके सामने ले जाऊँगी, तो वह कितने प्रसन्न होंगे! उसे देखकर पहले तो चकित हो जाएँगे, फिर गोद में उठा लेंगे, और कहेंगे—करुणा, तुमने यह रत्न देकर मुझे निहाल कर दिया। क़ैद के सारे कष्ट बालक की तोतली बातों में भूल जाएँगे, उसकी एक सरल, पवित्र, मोहक दृष्टि

हृदय की सारी व्यथाओं को धो डालेगी। इस कल्पना का आनंद लेकर वह फूली न समाती थी। वह सोच रही थी—आदित्य के साथ बहुत से आदमी होंगे। जिस समय वह द्वार पर पहुँचेंगे, 'जय-जय शंकर' की ध्वनि से आकाश गूँज उठेगा। वह कितना स्वर्गीय दृश्य होगा। उन आदमियों के बैठने के लिए करुणा ने एक फटा-सा टाट बिछा दिया था, कुछ पान बना लिये थे और बार-बार आशामय नेत्रों से द्वार की ओर ताकती थी। पति की वह सुदृढ़, उदार, तेज़पूर्ण मुद्रा बार-बार आँखों में फिर जाती थी, उनकी वे बातें बार-बार याद आती थीं, जो चलते समय उनके मुख से निकली थीं, उनका वह धैर्य, वह आत्मबल, जो पुलिस के प्रहारों के सामने भी अटल रहा था, वह मुस्कुराहट जो उस समय भी उनके अधरों पर खेल रही थी; वह आत्माभिमान जो उस समय भी उनके मुख से टपक रहा था, क्या करुणा के हृदय से कभी विस्मृत हो सकता था? उनका स्मरण आते ही करुणा के निस्तेज मुख पर आत्मगौरव की लालिमा छा गई। यही वह आलम्बन था, जिसने इन तीन वर्षों की घोर यातनाओं में भी उसके हृदय को आश्वासन दिया था। कितनी ही रातें फाकों से गुजरीं, बहुधा घर में दीपक जलने की नौबत भी न आती थी; पर दीनता के आँसू कभी उसकी आँखों से न गिरे। आज उन सारी विपत्तियों का अंत हो जाएगा। पति के प्रगाढ़ आलिंगन में वह सब कुछ हँसकर झेल लेगी। वह अनन्त निधि पाकर फिर उसे कोई अभिलाषा न रहेगी।

गगन-पथ का चिरगामी पथिक लपका हुआ विश्राम की ओर चला जाता था, जहाँ संध्या ने सुनहरी फ़र्श सजाया था और उज्ज्वल पुष्पों की सेज बिछा रखी थी। उसी समय करुणा को एक आदमी लाठी टेकता आता दिखाई दिया, मानो किसी जीर्ण मनुष्य की वेदना-ध्वनि हो। पग-पग पर रुककर खाँसने लगता था। उसका सिर झुका हुआ था; करुणा उसका चेहरा न देख सकती थी; लेकिन चाल-ढाल से कोई बूढ़ा आदमी मालूम होता था, पर एक क्षण में जब वह समीप आ गया, तो करुणा उसे पहचान गई। वह उसका प्यारा पति ही था; किन्तु शोक। उसकी सूरत कितनी बदल गई थी। वह जवानी, वह तेज़, वह चपलता, वह सुगठन सब प्रस्थान कर चुका था। केवल हड्डियों का एक ढाँचा रह गया था। न कोई संगी, न साथी, न यार, न दोस्त। करुणा उसे पहचानते ही बाहर निकल आई, पर आलिंगन की कामना हृदय में दबकर ही रह गई। सारे मंसूबे धूल में मिल गए। सारा मनोल्लास आँसुओं के प्रवाह में बह गया, विलीन हो गया।

आदित्य ने घर में क़दम रखते ही मुसकिराकर करुणा को देखा। पर उस मुसक्यान में वेदना का एक संसार भरा हुआ था। करुणा ऐसी शिथिल हो गई, मानो हृदय का स्पन्दन रुक गया हो। वह फटी हुई आँखों से स्वामी की ओर टकटकी बाँधे खड़ी थी, मानो उसे अपनी आँखों पर अब भी विश्वास न आता हो। स्वागत या दुख का एक शब्द भी उसके मुँह से न निकला। बालक भी उसकी गोद में बैठा हुआ सहमी आँखों से इस कंकाल को देख रहा था और माता की गोद में चिपटा जाता था।

आख़िर उसने कातर स्वर में कहा—यह तुम्हारी क्या दशा है? बिलकुल पहचाने नहीं जाते।

आदित्य ने उसकी चिन्ता को शान्त करने के लिए मुसकिराने की चेष्टा करके कहा—कुछ नहीं, ज़रा दुबला हो गया हूँ। तुम्हारे हाथों का भोजन पाकर फिर स्वस्थ हो जाऊँगा।

करुणा—छी! सूखकर काँटा हो गए। क्या वहाँ भरपेट भोजन भी नहीं मिलता! तुम कहते थे, राजनैतिक आदमियों के साथ बड़ा अच्छा व्यवहार किया जाता है, और वह तुम्हारे साथी

क्या हो गए, जो तुम्हें आठों पहर घेरे रहते थे और तुम्हारे पसीने की जगह ख़ून बहाने को तैयार रहते थे।

आदित्य की त्यौरियों पर बल पड़ गए। बोले—यह बड़ा ही कटु अनुभव है करुणा। मुझे न मालूम था कि मेरे क़ैद होते ही लोग मेरी ओर से यों आँखें फेर लेंगे, कोई बात भी न पूछेगा। राष्ट्र के नाम पर मिटनेवालों का यही पुरस्कार है, यह मुझे न मालूम था। जनता अपने सेवकों को बहुत जल्द भूल जाती है, यह तो मैं जानता था; लेकिन अपने सहयोगी और सहायक इतने बेवफा होते हैं, इसका मुझे यह पहला ही अनुभव हुआ; लेकिन मुझे किसी से शिकायत नहीं। सेवा स्वयं अपना पुरस्कार है। मेरी भूल थी कि मैं इसके लिए यश और नाम चाहता था।

करुणा—तो क्या वहाँ भोजन भी न मिलता था?

आदित्य—यह न पूछो करुणा, बड़ी करुण कथा है। बस यही गनीमत समझो की जीता लौट आया। तुम्हारे दर्शन बदे थे; नहीं कष्ट तो ऐसे-ऐसे उठाए कि अब तक मुझे प्रस्थान कर जाना चाहिए था। मैं ज़रा लेटूँगा। खड़ा नहीं रहा जाता। दिन भर में इतनी दूर आया हूँ।

करुणा—चलकर कुछ खा लो; आराम से लेटो। (बालक को गोद में उठाकर) बाबूजी हैं बेटा, तुम्हारे बाबूजी। इनकी गोद में जाओ तुम्हें प्यार करेंगे।

आदित्य ने आँसू-भरी आँखों से बालक को देखा और उनका एक-एक रोम उनका तिरस्कार करने लगा। अपनी जीर्ण दशा पर उन्हें कभी इतना दुःख न हुआ था। ईश्वर की असीम दया से यदि उनकी दशा सँभल जाती, तो वह फिर कभी राष्ट्रीय आन्दोलनों के समीप न जाते। इस फूल-से बच्चे को यों संसार में लाकर दरिद्रता और दीनता की आग में झोंकने का उन्हें क्या अधिकार था? वह अब लक्ष्मी की उपासना करेंगे; और अपना क्षुद्र जीवन बच्चे के लालन-पालन के लिए अर्पित कर देंगे। उन्हें उस समय ऐसा ज्ञात हुआ कि बालक उन्हें उपेक्षा की दृष्टि से देख रहा है; मानो कह रहा है—'मेरे साथ आपने अपना कौन-सा कर्तव्य पालन किया?' उनकी सारी कामना, सारा प्यार बालक को हृदय से लगा लेने के लिए अधीर हो उठा; पर हाथ फैला न सके। हाथों में शक्ति ही न थी।

करुणा बालक को लिए हुए उठी, और थाली में कुछ भोजन निकालकर लाई। आदित्य ने क्षुधा-पूर्ण नेत्रों से थाली की ओर देखा, मानो आज बहुत दिनों के बाद कोई खाने की चीज़ सामने आई है। जानता था कि कई दिनों के उपवास के बाद और आरोग्य की इस गई-गुज़री दशा में उसे ज़बान को काबू में रखना चाहिए; पर सब्र न कर सका; थाली पर टूट पड़ा और देखते-देखते थाली साफ़ कर दी। करुणा संशक हो गई। उसने दोबारा किसी चीज़ के लिए न पूछा। थाली उठाकर चली गई, पर उसका दिल कह रहा था—इतना तो यह कभी न खाते थे।

करुणा बच्चे को कुछ खिला रही थी कि एकाएक कानों में आवाज़ आई—करुणा!

करुणा ने आकर पूछा—क्या तुमने मुझे पुकारा है?

आदित्य का चेहरा पीला पड़ गया था, और साँस ज़ोर-ज़ोर से चल रही थी। हाथों के सहारे वहीं टाट पर लेट गए थे। करुणा उनकी यह हालत देखकर घबड़ा गई। बोली—जाकर किसी वैद को बुला लाऊँ?

आदित्य ने हाथ के इशारे से उसे मना करके कहा—व्यर्थ है करुणा! अब तुमसे छिपाना व्यर्थ है, मुझे सिल हो गया है। कई बार मरते-मरते बच गया हूँ। तुम लोगों के दर्शन बदे थे। इसलिए प्राण न निकलते थे। देखो प्रिये, रोओ मत।

करुणा ने सिसकियों को दबाते हुए कहा—मैं वैदजी को लेकर अभी आती हूँ।

आदित्य ने फिर सिर हिलाया—नहीं करुणा, केवल मेरे पास बैठी रहो। अब किसी से कोई आशा नहीं है। डॉक्टरों ने जवाब दे दिया है। मुझे तो यही आश्चर्य है कि यहाँ पहुँच कैसे गया। न जाने कौन-सी दैवी शक्ति मुझे वहाँ से खींच लाई। कदाचित् यह इस बुझते हुए दीपक की अन्तिम झलक थी। आह! मैंने तुम्हारे साथ बड़ा अन्याय किया। इसका मुझे हमेशा दुःख रहेगा। मैं तुम्हें कोई आराम न दे सका। तुम्हारे लिए कुछ न कर सका। केवल सोहाग का दाग़ लगाकर और एक बालक के पालन का भार छोड़कर चला जा रहा हूँ। आह!

करुणा ने हृदय को दृढ़ करके कहा—तुम्हें कहीं दर्द तो नहीं हो रहा है? आग बना लाऊँ। कुछ बताते क्यों नहीं?

आदित्य ने करवट बदलकर कहा—कुछ करने की ज़रूरत नहीं प्रिये। कहीं दर्द नहीं। बस, ऐसा मालूम हो रहा है कि दिल बैठा जाता है, जैसे पानी में डूबा जाता हूँ। जीवन की लीला समाप्त हो रही है। दीपक को बुझते हुए देख रहा हूँ। कह नहीं सकता, कब आवाज़ बन्द हो जाए। जो कुछ कहना है, वह कह डालना चाहता हूँ। क्यों वह लालसा ले जाऊँ? मेरे एक प्रश्न का जवाब दोगी, पूछूँ?

करुणा के मन की सारी दुर्बलता, सारा शोक, सारी वेदना मानो लुप्त हो गई, और उनकी जगह उस आत्म-बल का उदय हुआ, जो मृत्यु पर हँसता है, और विपत्ति के साँपों से खेलता है। रत्न-जड़ित, मखमली म्यान में जैसे तेज़ तलवार छिपी रहती है, जल के कोमल प्रवाह में जैसे असीम शक्ति छिपी रहती है, वैसे ही रमणी का कोमल हृदय साहस और धैर्य को अपनी गोद में छिपाए रहता है। क्रोध जैसे तलवार को बाहर खींच लेता है, विज्ञान जैसे जल-शक्ति का उद्घाटन कर लेता है, वैसे ही प्रेम रमणी के साहस और धैर्य को प्रदीप्त कर देता है।

करुणा ने पति के सिर पर हाथ रखते हुए कहा—पूछते क्यों नहीं प्यारे!

आदित्य ने करुणा के हाथों के कोमल स्पर्श का अनुभव करते हुए कहा—तुम्हारे विचार में मेरा जीवन कैसा था। बधाई के योग्य? देखो, तुमने मुझसे कभी परदा नहीं रखा। इस समय भी स्पष्ट ही कहना। तुम्हारे विचार में मुझे अपने जीवन पर हँसना चाहिए या रोना चाहिए?

करुणा ने उल्लास के साथ कहा—यह प्रश्न क्यों करते हो प्रियतम? क्या मैंने तुम्हारी कभी उपेक्षा की है? तुम्हारा जीवन देवताओं का-सा जीवन था, निःस्वार्थ, निर्लिप्त और आदर्श! विघ्न-बाधाओं से तंग आकर मैंने तुम्हें कितनी ही बार संसार की ओर खींचने की चेष्टा की है; पर उस समय भी मैं मन में जानती थी कि मैं तुम्हें ऊँचे आसन से गिरा रही हूँ। अगर तुम माया-मोह में फँसे होते, कदाचित् मेरे मन को अधिक सन्तोष होता; लेकिन मेरी आत्मा को वह गर्व और उल्लास न होता, जो इस समय हो रहा है। मैं अगर किसी को बड़े-से-बड़ा आशीर्वाद दे सकती हूँ, तो वह यही होगा कि उसका जीवन तुम्हारे जैसा हो।

यह कहते-कहते करुणा का आभाहीन मुखमंडल ज्योतिर्मय हो गया, मानो उसकी आत्मा दिव्य हो गई हो। आदित्य ने सगर्व नेत्रों से करुणा को देखकर कहा—बस, अब मुझे सन्तोष हो गया करुणा, इस बच्चे की ओर से मुझे कोई शंका नहीं है। मैं उसे इससे अधिक कुशल हाथों में नहीं छोड़ सकता। मुझे विश्वास है कि जीवन का यह ऊँचा और पवित्र आदर्श सदैव तुम्हारे सामने रहेगा। अब मैं मरने को तैयार हूँ।

2

सात वर्ष बीत गए।

बालक प्रकाश अब दस साल का रूपवान, बलिष्ठ, प्रसन्नमुख कुमार था, बला का तेज़, साहसी और मनस्वी। भय तो उसे छू भी नहीं गया था। करुणा का संतप्त हृदय उसे देखकर शीतल हो जाता। संसार करुणा को अभागिनी और दीन समझे। वह कभी भाग्य का रोना नहीं रोती। उसने उन आभूषणों को बेच डाला, जो पति के जीवन में उसे प्राणों से भी प्रिय थे, और उस धन से कुछ गायें और भैंसें मोल लीं। वह कृषक की बेटी थी, और गो-पालन उसके लिए कोई नया व्यवसाय न था। इसी को उसने अपनी जीविका का साधन बनाया। विशुद्ध दूध कहाँ मयस्सर होता है? सब दूध हाथों-हाथ बिक जाता। करुणा को पहर दिन से पहर रात तक काम में लगा रहना पड़ता; पर वह प्रसन्न थी। उसके मुख पर निराशा या दीनता की छाया नहीं, संकल्प और साहस का तेज़ है। उसके एक-एक अंग से आम-गौरव की ज्योति-सी निकल रही है; आँखों में एक दिव्य प्रकाश है—गम्भीर, अथाह और असीम। सारी वेदनाएँ—वैधव्य का शोक और विधि का निर्दय प्रहार—सब उस प्रकाश की गहराई में विलीन हो गया है। प्रकाश पर वह जान देती है। उसका आनंद, उसकी अभिलाषा, उसका संसार, उसका स्वर्ग, सब प्रकाश पर न्योछावर है; पर यह मजाल नहीं कि प्रकाश कोई शरारत करे और करुणा आँखें बन्द कर ले। नहीं, वह उसके चरित्र की बड़ी कठोरता से देखभाल करती है। वह प्रकाश की माँ ही नहीं, माँ-बाप दोनों है। उसके पुत्र-स्नेह में माता की ममता के साथ पिता की कठोरता भी मिली हुई है। पति के अन्तिम शब्द अभी तक उसके कानों में गूँज रहे हैं। वह आत्मोल्लास जो उनके चेहरे पर झलकने लगा था, वह गर्वमयी लाली जो उनकी आँखों में छा गई थी, अभी तक उसकी आँखों में फिर रही है। निरन्तर पति-चिन्तन ने आदित्य को उसकी आँखों में प्रत्यक्ष कर दिया है। वह सदैव उनकी उपस्थिति का अनुभव किया करती है। उसे ऐसा जान पड़ता है कि आदित्य की आत्मा सदैव उसकी रक्षा करती रहती है। उसकी यही हार्दिक अभिलाषा है कि प्रकाश जवान होकर पिता का पदगामी हो।

संध्या हो गई थी। एक भिखारिन द्वार पर आकर भीख माँगने लगी। करुणा उस समय गउओं को सानी दे रही थी। प्रकाश बाहर खेल रहा था। बालक ही तो था। शरारत सूझी! घर में गया, और कटोरे में थोड़ा-सा भूसा लेकर बाहर निकला। भिखारिन ने अपनी झोली फैला दी। प्रकाश ने भूसा उसकी झोली में डाल दिया और ज़ोर-ज़ोर से तालियाँ बजाता हुआ भागा।

भिखारिन ने अग्निमय नेत्रों से देखकर कहा—वाह रे लाडले! मुझसे हँसी करने चला है! यही माँ-बाप ने सिखाया है! तब तो ख़ूब कुल का नाम जगाओगे।

करुणा उसका बोल सुनकर बाहर निकल आई, और पूछा—क्या है माता? किसे कह रही हो?

भिखारिन ने प्रकाश की तरफ़ इशारा करके कहा—वह तुम्हारा लड़का है न। देखो, कटोरे में भूसा भरकर मेरी झोली में डाल गया है। चुटकी-भर आटा था, वह भी मिट्टी में मिल गया। कोई इस तरह दुखियों को सताता है? सबके दिन एक से नहीं रहते। आदमी को घमंड न करना चाहिए।

करुणा ने कठोर स्वर में पुकारा—प्रकाश!

प्रकाश लज्जित न हुआ। अभिमान से सिर उठाए हुए आया और बोला— यह हमारे घर भीख माँगने क्यों आई है। कुछ काम क्यों नहीं करती?

करुणा ने उसे समझाने की चेष्टा करके कहा—शर्म तो नहीं आती, उलटे और आँखें दिखाते हो।

प्रकाश—शर्म क्यों आए? यह क्यों रोज़ भीख माँगने आती है? हमारे यहाँ क्या कोई चीज़ मुफ़्त आती है!

करुणा—तुम्हें कुछ न देना था तो सीधे से कह देते, जाओ। तुमने यह शरारत क्यों की?

प्रकाश—उसकी आदत कैसे छूटती?

करुणा ने बिगड़कर कहा—तुम अब पिटोगे, मेरे हाथों।

प्रकाश—पिटूँगा क्यों, आप ज़बरदस्ती पीटेंगी? दूसरे मुल्कों में अगर कोई भीख माँगे, तो क़ैद कर लिया जाए। यह नहीं कि उलटे भिखमंगों को और शह दिया जाए।

करुणा—जो अपंग है, वह कैसे काम करे?

प्रकाश—तो जाकर डूब मरे, ज़िन्दा क्यों रहती है।

करुणा निरुत्तर हो गई। बुढ़िया को तो उसने आटा-दाल देकर विदा किया; किन्तु प्रकाश का कुतर्क उसके हृदय में फोड़े के समान टीसता रहा। इसने यह धृष्टता, यह अविनय कहाँ सीखा। रात को भी उसे बार-बार यही ख़याल सताता रहा।

आधी रात के समीप एकाएक प्रकाश की नींद टूटी, तो देखा—लालटेन जल रही है और करुणा बैठी रो रही है। उठ बैठा और बोला—अम्माँ, अभी तुम सोई नहीं?

करुणा ने मुँह फेरकर कहा—नींद नहीं आई। तुम कैसे जाग गए? प्यास तो नहीं लगी है?

प्रकाश—नहीं अम्माँ, न जाने क्यों आँख खुल गई। मुझसे आज बड़ा अपराध हुआ अम्माँ।

करुणा ने उसके मुख की ओर स्नेह के नेत्रों से देखा।

प्रकाश—मैंने आज बुढ़िया के साथ बड़ी नटखटी की। मुझे क्षमा करो। फिर कभी ऐसी शरारत न करूँगा।

यह कहकर वह रोने लगा। करुणा ने स्नेहार्द्र होकर उसे गले लगा लिया और उसके कपोलों का चुम्बन करके बोली—बेटा, मुझे ख़ुश करने के लिए यह कह रहे हो; या तुम्हारे मन में सचमुच पछतावा हो रहा है?

प्रकाश ने सिसकते हुए कहा—नहीं अम्माँ, मुझे दिल से अफ़सोस हो रहा है। अबकी वह बुढ़िया आएगी, तो मैं उसे बहुत से पैसे दूँगा।

करुणा का हृदय मतवाला हो गया। ऐसा जान पड़ा, आदित्य सामने खड़े बच्चे को आशीर्वाद दे रहे हैं और कह रहे हैं, करुणा, क्षोभ मत कर! प्रकाश अपने पिता का नाम रोशन करेगा। तेरी सम्पूर्ण कामनाएँ पूरी हो जाएँगी।

3

लेकिन प्रकाश के कर्म और वचन में मेल न था, और दिनों के साथ उसके चरित्र का यह अंग प्रत्यक्ष होता जाता था। जहीन था ही, विश्वविद्यालय से उसे वजीफे मिलते थे, करुणा भी उसकी यथेष्ट सहायता करती रहती थी, फिर भी उसका ख़र्च पूरा न पड़ता था। वह मितव्ययिता और सरल जीवन पर विद्वत्ता से भरे हुए व्याख्यान दे सकता था; पर उसका रहन-सहन फैशन के अंधभक्तों से जौ भर भी घटकर न था। प्रदर्शन की धून हमेशा सवार रहती थी। उसके मन

और बुद्धि में निरन्तर द्वन्द्व होता रहता था। मन जाति की ओर था, बुद्धि अपनी ओर। बुद्धि मन को दबाए रखती थी। उसके सामने मन की एक न चलती थी। जाति-सेवा ऊसर की खेती है, वहाँ बड़े-से-बड़ा उपहार जो मिल सकता है, वह है गौरव और यश; पर वह भी स्थायी नहीं, इतना अस्थिर कि एक क्षण में जीवन भर की कमाई पर पानी फिर सकता है। अतएव उसका अन्त:करण अनिवार्य वेग के साथ विलासमय जीवन की ओर झुकता था। यहाँ तक कि धीरे-धीरे उसे त्याग और निग्रह से घृणा होने लगी। वह दुरवस्था और दरिद्रता को हेय समझता था। उसके हृदय न था, भाव न थे, केवल मस्तिष्क था। मस्तिष्क में दर्द कहाँ, दया कहाँ! वहाँ तो तर्क है, हौसला है, मंसूबे हैं।

सिंध में बाढ़ आई। हज़ारों आदमी तबाह हो गए। विद्यालय ने वहाँ एक सेवा समिति भेजी। प्रकाश के मन में द्वन्द्व होने लगा—जाऊँ या न जाऊँ। इतने दिनों अगर वह परीक्षा की तैयारी करे तो प्रथम श्रेणी में पास हो। चलते समय उसने बीमारी का बहाना कर दिया। करुणा ने लिखा, तुम सिंध न गए, इसका मुझे खेद है। तुम बीमार रहते हुए भी वहाँ जा सकते थे। समिति में चिकित्सक भी तो थे! प्रकाश ने पत्र का उत्तर न दिया।

उड़ीसा में अकाल पड़ा। प्रजा मक्खियों की तरह मरने लगी। कांग्रेस ने पीड़ितों के लिए मिशन तैयार किया। उन्हीं दिनों विद्यालय ने इतिहास के छात्रों को ऐतिहासिक खोज के लिए लंका भेजने का निश्चय किया। करुणा ने प्रकाश को लिखा तुम उड़ीसा जाओ, किन्तु प्रकाश लंका जाने को लालायित था। वह कई दिन इसी दुविधा में रहा। अंत को सीलोन ने उड़ीसा पर विजय पाई। करुणा ने अबकी उसे कुछ न लिखा। चुपचाप रोती रही।

सीलोन से लौटकर प्रकाश छुट्टियों में घर गया। करुणा उससे खिंची-खिंची रही। प्रकाश मन में लज्जित हुआ और संकल्प किया कि अबकी कोई अवसर आया, तो अम्माँ को अवश्य प्रसन्न करूँगा। यह निश्चय करके वह विद्यालय लौटा। लेकिन यहाँ आते ही फिर परीक्षा की फ़िक्र सवार हो गई। यहाँ तक कि परीक्षा के दिन आ गए; मगर इम्तहान से फुरसत पाकर भी प्रकाश घर न गया। विद्यालय के एक अध्यापक कश्मीर सैर करने जा रहे थे। प्रकाश उन्हीं के साथ कश्मीर चल खड़ा हुआ। जब परीक्षाफल निकले और प्रकाश प्रथम आया, तब उसे घर की याद आई। उसने तुरन्त करुणा को पत्र लिखा, और अपने आने की सूचना दी। माता को प्रसन्न करने के लिए उसने दो-चार शब्द जाति-सेवा के विषय में भी लिखे—अब मैं आपकी आज्ञा का पालन करने को तैयार हूँ। मैंने शिक्षा-सम्बन्धी कार्य करने का निश्चय किया है। इसी विचार से मैंने यह विशिष्ट स्थान प्राप्त किया है। हमारे नेता भी तो विद्यालयों के आचार्यों ही का सम्मान करते हैं—अभी तक इन उपाधियों के मोह से मुक्त नहीं हुए हैं। यह उपाधि लेकर वास्तव में मैंने अपने सेवा-मार्ग से एक बाधा हटा दी है। हमारे नेता भी योग्यता, सदुत्साह, लगन का उतना सम्मान नहीं करते, जितना उपाधियों का! अब सब मेरी इज़्ज़त करेंगे, और ज़िम्मेदारी का काम सौंपेंगे, जो पहले माँगे भी न मिलता।

करुणा की आस फिर बँधी।

4

विद्यालय खुलते ही प्रकाश के नाम रजिस्ट्री का पत्र पहुँचा। उन्होंने प्रकाश को इंगलैंड जाकर विद्याभ्यास करने के लिए सरकार से वजीफे की मंजूरी की सूचना दी थी। प्रकाश पत्र हाथ

में लिए हर्ष के उन्माद में जाकर माँ से बोला—अम्माँ, इंगलैंड जाकर पढ़ने के लिए सरकारी वजीफा मिल गया।

करुणा ने उदासीन भाव से पूछा—तो तुम्हारा क्या इरादा है?

प्रकाश—मेरा इरादा? ऐसा अवसर पाकर भला कौन छोड़ता है!

करुणा—तुम तो स्वयंसेवकों में भरती होने जा रहे थे?

प्रकाश—तो क्या आप समझती हैं, स्वयंसेवक बन जाना ही जाति-सेवा है? मैं इंगलैंड से आकर भी तो सेवा-कार्य कर सकता हूँ, और अम्माँ, सच पूछो तो एक मैजिस्ट्रेट अपने देश का जितना उपकार कर सकता है, उतना एक हज़ार स्वयंसेवक मिलकर भी नहीं कर सकते। मैं तो सिविल सर्विस की परीक्षा में बैठूँगा, और मुझे विश्वास है कि सफल हो जाऊँगा।

करुणा ने चकित होकर पूछा—तो क्या तुम मैजिस्ट्रेट हो जाओगे?

प्रकाश—सेवा-भाव रखने वाला एक मैजिस्ट्रेट कांग्रेस के एक हज़ार सभापतियों से ज़्यादा उपकार कर सकता है। अख़बारों में उसकी लम्बी-लम्बी तारीफें न छपेंगी, उसकी वक्तृताओं पर तालियाँ न बजेंगी, जनता उसके जुलूस की गाड़ी न खींचेगी, और न विद्यालयों के छात्र उसको अभिनन्दन-पत्र देंगे; पर सच्ची सेवा मैजिस्ट्रेट ही कर सकता है।

करुणा ने आपत्ति के भाव से कहा—लेकिन यही मैजिस्ट्रेट जो जाति के सेवकों को सज़ाएँ देते हैं, उन पर गोलियाँ चलाते हैं?

प्रकाश—अगर मैजिस्ट्रेट के हृदय में परोपकार का भाव है तो वह नरमी से वही काम कर सकता है, जो दूसरे गोलियाँ चलाकर भी नहीं कर सकते।

करुणा—मैं यह न मानूँगी। सरकार अपने नौकरों को इतनी स्वाधीनता नहीं देती। वह एक नीति बना देती है, और हर एक सरकारी नौकर को उसका पालन करना पड़ता है। सरकार की पहली नीति यह है कि वह दिन-दिन अधिक संगठित और दृढ़ हो। इसके लिए स्वाधीनता के भावों का दमन करना ज़रूरी है, अगर कोई मैजिस्ट्रेट इस नीति के विरुद्ध काम करता है, तो वह मैजिस्ट्रेट न रहेगा। वह हिन्दुस्तानी मैजिस्ट्रेट था, जिसने तुम्हारे बाबूजी को ज़रा-सी बात पर तीन साल की सज़ा दे दी। इस सज़ा ने उनके प्राण लिए। बेटा, मेरी इतनी बात मानो। सरकारी पदों पर न गिरो। मुझे यह मंजूर है कि तुम मोटा खाकर और मोटा पहनकर अपने देश की कुछ सेवा करो इसके बदले कि तुम हाकिम बन जाओ; और शान से जीवन बिताओ। यह समझ लो कि जिस दिन तुम हाकिम की कुरसी पर बैठोगे, उस दिन से तुम्हारा दिमाग़ हाकिमों का-सा हो जाएगा। तुम यही चाहोगे कि अफ़सरों में तुम्हारी नेकनामी और तरक्की हो। एक गँवारू मिसाल लो। लड़की जब तक मैके में क्वाँरी रहती है, वह अपने को उसी घर का समझती है; लेकिन जिस दिन ससुराल चली जाती है, वह अपने घर को दूसरों का घर समझने लगती है। माँ-बाप, भाई-बंद सब वही रहते हैं; लेकिन वह घर अपना नहीं रहता। यही दुनिया का दस्तूर है।

प्रकाश ने खीझकर कहा—तो क्या आप यही चाहती हैं कि मैं ज़िंदगी भर चारों तरफ़ ठोकरें खाता फिरूँ?

करुणा कठोर नेत्रों से देखकर बोली—अगर ठोकर खाकर आत्मा स्वाधीन रह सकती है, तो मैं कहूँगी, ठोकर खाना अच्छा है!

प्रकाश ने निश्चयात्मक भाव से पूछा—तो आपकी यही इच्छा है?

करुणा ने उसी स्वर में उत्तर दिया—हाँ, मेरी यही इच्छा है।

प्रकाश ने कुछ जवाब न दिया। उठकर बाहर चला गया, और तुरन्त रजिस्ट्रार को इनकारी-पत्र लिख भेजा, मगर उसी क्षण से मानो उसके सिर पर विपत्ति ने आसन जमा लिया। विरक्त और विमन अपने कमरे में पड़ा रहता, न कहीं घूमने जाता, न किसी से मिलता। मुँह लटकाए भीतर आता; दो-चार कौर खाता, और फिर बाहर चला जाता, यहाँ तक कि एक महीना गुज़र गया। न चेहरे पर वह लाली रही, न वह ओज; आँखें अनाथों के मुख की भाँति याचना से भरी हुईं, ओठ हँसना भूल गए, मानो उस इनकारी-पत्र के साथ उसकी सारी सजीवता, सारी चपलता, सारी सरसता बिदा हो गई। करुणा उसके मनोभाव समझती थी, और उसके शोक को भुलाने की चेष्टा करती थी; पर रूठे देवता प्रसन्न न होते थे।

आख़िर एक दिन उसने प्रकाश से कहा—बेटा, अगर तुमने विलायत जाने की ठान ली है, तो चले जाओ। मैं मना न करूँगी। मुझे खेद है कि मैंने तुम्हें रोका। अगर मैं जानती कि तुम्हें इतना आघात पहुँचेगा, तो कभी न रोकती। मैंने तो केवल एक विचार से रोका था कि तुम्हें जाति-सेवा में मग्न देखकर तुम्हारे बाबूजी की आत्मा प्रसन्न होगी। उन्होंने चलते समय यह वसीयत की थी।

प्रकाश ने रुखाई से जवाब दिया—अब क्या जाऊँगा। इनकारी-खत लिख चुका। मेरे लिए कोई अब तक बैठा थोड़े ही होगा। कोई दूसरा लड़का चुन लिया गया होगा। और फिर करना ही क्या है। जब आपकी मर्ज़ी है कि गाँव-गाँव की खाक छानता फिरूँ, तो वही सही।

करुणा का गर्व चूर-चूर हो गया। इस अनुमति से उसने बाधा का काम लेना चाहा था; पर सफल न हुई। बोली—अभी न चुना गया होगा। लिख दो, मैं जाने को तैयार हूँ।

प्रकाश ने झुँझलाकर कहा—अब कुछ नहीं हो सकता। लोग हँसी उड़ाएँगे। मैंने तय कर लिया है कि जीवन को आपकी इच्छा के अनुकूल बनाऊँगा?

करुणा—तुमने अगर शुद्ध मन से यह इरादा किया होता, तो यों न रहते। तुम मुझसे सत्याग्रह कर रहे हो; अगर मन को दबाकर, मुझे अपनी राह का काँटा समझकर, तुमने मेरी इच्छा पूरी भी की, तो क्या। मैं तो जब जानती कि तुम्हारे मन में आप-ही-आप सेवा का भाव उत्पन्न होता। तुम आज ही रजिस्ट्रार साहब को पत्र लिख दो।

प्रकाश—अब नहीं लिख सकता।

'तो इसी शोक में तने बैठे रहोगे?'

'लाचारी है।'

करुणा ने कुछ और न कहा। ज़रा देर में प्रकाश ने देखा कि वह कहीं जा रही है; मगर वह कुछ बोला नहीं। करुणा के लिए बाहर आना-जाना कोई असाधारण बात न थी; लेकिन जब संध्या हो गई, और करुणा न आई, तो प्रकाश को चिन्ता होने लगी। अम्माँ कहाँ गईं? यह प्रश्न बार-बार उसके मन में उठने लगा।

प्रकाश सारी रात द्वार पर बैठा रहा। भाँति-भाँति की शंकाएँ मन में उठने लगीं। उसे अब याद आया, चलते समय करुणा कितनी उदास थी, उसकी आँखें कितनी लाल थीं। यह बातें प्रकाश को उस समय क्यों न नज़र आईं? वह क्या स्वार्थ में अन्धा हो गया था?

हाँ अब प्रकाश को याद आया—माता ने साफ़-सुथरे कपड़े पहने थे। उसके हाथ में छतरी भी थी, तो क्या वह कहीं बहुत दूर गई हैं? किससे पूछे? अनिष्ट के भय से प्रकाश रोने लगा।

श्रावण की अँधेरी, भयानक रात थी। आकाश में श्याम मेघमालाएँ भीषण स्वप्न की भाँति छाई हुई थीं। प्रकाश रह-रहकर आकाश की ओर देखता था, मानो करुणा उन्हीं मेघमालाओं में छिपी बैठी है। उसने निश्चय किया, सबेरा होते ही माँ को खोजने चलूँगा और अगर...

किसी ने द्वार खटखटाया। प्रकाश ने दौड़कर खोला, तो देखा, करुणा खड़ी है! उसका मुख-मंडल इतना खोया हुआ, इतना करुण था, जैसे आज ही उसका सोहाग उठ गया है, जैसे अब संसार में उसके लिए कुछ नहीं रहा, जैसे वह नदी के किनारे खड़ी अपनी लदी हुई नाव को डूबती देख रही है और कुछ कर नहीं सकती।

प्रकाश ने अधीर होकर पूछा—अम्माँ, कहीं चली गई थीं? बहुत देर लगाई?

करुणा ने भूमि की ओर ताक़ते हुए जवाब दिया—एक काम से गई थी, देर हो गई।

यह कहते हुए उसने प्रकाश के सामने एक बन्द लिफ़ाफ़ा फेंक दिया। प्रकाश ने उत्सुक होकर लिफ़ाफ़ा उठा लिया। ऊपर ही विद्यालय की मुहर थी। तुरन्त ही लिफ़ाफ़ा खोलकर पढ़ा। हलकी-सी लालिमा चेहरे पर दौड़ गई। पूछा—यह तुम्हें कहाँ मिल गया अम्माँ?

करुणा—तुम्हारे रजिस्ट्रार के पास से लाई हूँ।

'क्या तुम वहाँ चली गई थीं?'

'और क्या करती।'

'कल तो गाड़ी का समय न था?'

'मोटर ले ली थी!'

प्रकाश एक क्षण तक मौन खड़ा रहा। फिर कुंठित स्वर में बोला—जब तुम्हारी इच्छा नहीं है, तो क्यों मुझे भेज रही हो?

करुणा ने विरक्त भाव से कहा—इसलिए कि तुम्हारी जाने की इच्छा है। तुम्हारा यह मलिन वेश नहीं देखा जाता। अपने जीवन के बीस वर्ष तुम्हारी हित-कामना पर अर्पित कर दिए; अब तुम्हारी महत्त्वाकांक्षा की हत्या नहीं कर सकती। तुम्हारी यात्रा सफल हो, यही मेरी हार्दिक अभिलाषा है।

करुणा का कंठ रुँध गया और कुछ न कह सकी।

5

प्रकाश उसी दिन से यात्रा की तैयारियाँ करने लगा। करुणा के पास जो कुछ था, वह सब ख़र्च हो गया। कुछ ऋण भी लेना पड़ा। नए सूट बने, सूटकेस लिए गए। प्रकाश अपनी धुन में मस्त था। कभी किसी चीज़ की फ़रमाइश लेकर आता, कभी किसी चीज़ की।

करुणा इस एक सप्ताह में कितनी दुर्बल हो गई है, उसके बालों पर कितनी सफ़ेदी आ गई है, चेहरे पर कितनी झुर्रियाँ पड़ गई हैं, यह उसे कुछ न नज़र आता। उसकी आँखों में इंगलैंड के दृश्य समाए हुए थे। महत्त्वाकांक्षा आँखों पर परदा डाल देती है।

प्रस्थान का दिन आया। आज कई दिन के बाद धूप निकली थी। करुणा स्वामी के पुराने कपड़ों को बाहर निकाल रही थी। उनकी गाढ़े की चादरें, खद्दर के कुरते, पाजामे और लिहाफ अभी तक सन्दूक में संचित थे। प्रतिवर्ष वे धूप में सुखाए जाते और झाड़-पोंछकर रख दिए जाते थे। करुणा ने आज फिर उन कपड़ों को निकाला, मगर सुखाकर रखने के लिए

नहीं, ग़रीबों को बाँट देने के लिए। वह आज पति से नाराज़ है। वह लुटिया, डोर और घड़ी जो आदित्य की चिरसंगिनी थीं और जिनकी आज बीस वर्ष से करुणा ने उपासना की थी, आज निकालकर आँगन में फेंक दी गईं; वह झोली जो बरसों आदित्य के कन्धों पर आरूढ़ रह चुकी थी, आज कूड़े में डाल दी गई; वह चित्र जिसके सामने आज बीस वर्ष से करुणा सिर झुकाती थी, आज बड़ी निर्दयता से भूमि पर डाल दिया गया। पति का कोई स्मृति-चिह्न वह अब अपने घर में नहीं रखना चाहती। उसका अन्त:करण शोक और निराशा से विदीर्ण हो गया है, और पति के सिवा वह किस पर क्रोध उतारे? कौन उसका अपना है? वह किससे अपनी व्यथा कहे? किसे अपनी छाती चीरकर दिखाए? वह होते तो क्या आज प्रकाश दासता की जंजीर गले में डालकर फूला न समाता! उसे कौन समझाए कि आदित्य भी इस अवसर पर पछताने के सिवा और कुछ न कर सकते।

प्रकाश के मित्रों ने आज उसे विदाई का भोज दिया था। वहाँ से वह संध्या समय कई मित्रों के साथ मोटर पर लौटा। सफ़र का सामान मोटर पर रख दिया गया। तब वह अन्दर जाकर माँ से बोला—अम्माँ, जाता हूँ। बम्बई पहुँचकर पत्र लिखूँगा। तुम्हें मेरी क़सम, रोना मत, और मेरे खतों का जवाब बराबर देना।

जैसे किसी लाश को बाहर निकालते समय सम्बन्धियों का धैर्य छूट जाता है, रुके हुए आँसू निकल पड़ते हैं और शोक की तरंगें उठने लगती हैं, वही दशा करुणा की हुई। कलेजे में एक हाहाकार हुआ, जिसने उसकी दुर्बल आत्मा के एक-एक अणु को कँपा दिया। मालूम हुआ, पाँव पानी में फिसल गया है, और मैं लहरों में बही जा रही हूँ। उसके मुख से शोक या आशीर्वाद का एक शब्द भी न निकला। प्रकाश ने उसके चरण छुए, अश्रुजल से माता के चरणों को पखारा, फिर बाहर चला गया। करुणा पाषाण-मूर्ति की भाँति खड़ी थी।

सहसा ग्वाले ने आकर कहा—बहूजी, भइया चले गए! बहुत रोते थे।

तब करुणा की समाधि टूटी। देखा, सामने कोई नहीं है। घर में मृत्यु का-सा सन्नाटा छाया हुआ है, और मानो हृदय की गति बन्द हो गई है।

सहसा करुणा की दृष्टि ऊपर उठ गई। उसने देखा कि आदित्य अपनी गोद में प्रकाश की निर्जीव देह लिए खड़े रो रहे हैं। करुणा पछाड़ खाकर गिर पड़ी।

6

करुणा जीवित थी; पर संसार से उसका कोई नाता न था। उसका छोटा-सा संसार जिसे उसने अपनी कल्पनाओं के हृदय में रचा था, स्वप्न की भाँति अनन्त में विलीन हो गया था। जिस प्रकाश को सामने देखकर वह जीवन की अँधेरी रात में भी हृदय में आशाओं की संपत्ति लिए जी रही थी, वह बुझ गया और संपत्ति लुट गई। अब न कोई आश्रय था, और न उसकी ज़रूरत। जिन गउओं को वह दोनों वक़्त अपने हाथों से दाना-चारा देती और सहलाती थी, अब खूँटे पर बँधी निराश नेत्रों से द्वार की ओर ताकती रहती थीं। बछड़ों को गले लगाकर चुमकारने वाला अब कोई न था। किसके लिए दूध दुहे, मस्का निकाले? खानेवाला कौन था? करुणा ने अपने छोटे-से संसार को अपने ही अन्दर समेट लिया था।

किन्तु एक ही सप्ताह में करुणा के जीवन ने फिर रंग बदला। उसका छोटा-सा संसार फैलते-फैलते विश्वव्यापी हो गया। जिस लंगर ने नौका को तट से एक केन्द्र पर बाँध रखा

था, वह उखड़ गया। अब नौका सागर के अशेष विस्तार में भ्रमण करेगी, चाहे वह उद्दाम तरंगों के वक्ष में ही क्यों न विलीन हो जाए।

करुणा द्वार पर जा बैठती, और मुहल्ले भर के लड़कों को जमा करके दूध पिलाती। दोपहर तक मक्खन निकालती, और वह मक्खन मुहल्ले के लड़के खाते। फिर भाँति-भाँति के पकवान बनाती और कुत्तों को खिलाती। अब यही उसका नित्य का नियम हो गया। चिड़ियाँ, कुत्ते, बिल्लियाँ, चींटे-चींटियाँ सब अपने हो गए। प्रेम का वह द्वार अब किसी के लिए बन्द न था। उस अंगुल भर जगह में, जो प्रकाश के लिए भी काफ़ी न थी, अब समस्त संसार समा गया।

एक दिन प्रकाश का पत्र आया। करुणा ने उसे उठाकर फेंक दिया। फिर थोड़ी देर के बाद उसे उठाकर फाड़ डाला, और चिड़ियों को दाना चुगाने लगी; मगर जब निशा-योगिनी ने अपनी धूनी जलाई, और वेदनाएँ उससे वरदान माँगने के लिए विकल हो-होकर चलीं, तो करुणा की मनोवेदना भी सजग हो उठी—प्रकाश का पत्र पढ़ने के लिए उसका मन व्याकुल हो उठा। उसने सोचा प्रकाश मेरा कौन है? मेरा उससे क्या प्रयोजन? हाँ, प्रकाश मेरा कौन है? हृदय ने उत्तर दिया; प्रकाश तेरा सर्वस्व है, वह तेरे उस अमर प्रेम की निशानी है, जिससे तू सदैव के लिए वंचित हो गई। वह तेरे प्राणों का प्राण है, जीवन-दीपक का प्रकाश, तेरी संचित कामनाओं का माधुर्य, तेरे अश्रुजल में विहार करने वाला हास। करुणा उस पत्र के टुकड़ों को जमा करने लगी, मानो उसके प्राण बिखर गए हों। एक-एक टुकड़ा उसे अपने खोए हुए प्रेम का एक-एक पदचिह्न मालूम होता था। जब सारे पुरजे जमा हो गए, तो करुणा दीपक के सामने बैठकर उन्हें जोड़ने लगी, जैसे कोई वियोगी हृदय प्रेम के टूटे हुए तारों को जोड़ रहा हो। हाय री ममता! वह अभागिनी सारी रात उन पुरजों को जोड़ने में लगी रही। पत्र दोनों ओर लिखा हुआ था, इसलिए पुरजों को ठीक स्थान पर रखना और भी कठिन था। कोई शब्द, कोई वाक्य बीच में ग़ायब हो जाता। उस एक टुकड़े को वह फिर खोजने लगती। सारी रात बीत गई; पर, पत्र अभी अपूर्ण था।

दिन चढ़ आया, मुहल्ले के लौंडे मक्खन और दूध की चाट में एकत्र हो गए, कुत्तों और बिल्लियों का आगमन हुआ, चिड़ियाँ आ-आकर आँगन में फुदकने लगीं, कोई ओखली पर बैठी, कोई तुलसी के चौतरे पर; पर करुणा को सर उठाने की फुरसत नहीं।

दोपहर हुआ। करुणा ने सिर न उठाया। न भूख थी, न प्यास थी। फिर संध्या हो गई; पर वह पत्र अभी तक अधूरा था। पत्र का आशय समझ में आ रहा था—प्रकाश का जहाज़ कहीं-से-कहीं जा रहा है। उसके हृदय में कुछ उठा हुआ है। क्या उठा हुआ है? पर करुणा न सोच सकी। प्यास से तड़पते हुए आदमी की प्यास क्या ओस से बुझ सकती है? करुणा पुत्र की लेखनी से निकले हुए एक-एक शब्द को पढ़ना और उसे अपने हृदय पर अंकित कर लेना चाहती थी।

इस भाँति तीन दिन गुज़र गए। संध्या हो गई थी। तीन दिन की जगी आँखें ज़रा झपक गईं। करुणा ने देखा, एक लम्बा-चौड़ा कमरा है; उसमें मेज़ें और कुर्सियाँ लगी हुई हैं, बीच में एक ऊँचे मंच पर कोई आदमी बैठा हुआ है। करुणा ने ध्यान से देखा, वह प्रकाश था।

एक क्षण में एक क़ैदी उसके सामने लाया गया, उसके हाथ-पाँव में जंजीर थी, कमर झुकी हुई, यह आदित्य थे।

करुणा की आँखें खुल गईं। आँसू बहने लगे। पत्र के टुकड़ों को फिर समेट लिया और उसे जलाकर राख कर डाला। राख की एक चुटकी के सिवा वहाँ कुछ न रहा। यही उस ममता की चिता थी, जो उसके हृदय को विदीर्ण किए डालती थी। इसी एक चुटकी राख में उसका गुड़ियों वाला बचपन, उसका संतप्त यौवन और उसका तृष्णामय वैधव्य सब समा गया।

प्रातःकाल लोगों ने देखा, तो पक्षी पिंजड़े से उड़ चुका था। आदित्य का चित्र अब भी उसके शून्य हृदय से चिपका हुआ था। वह भग्नहृदय पति की स्नेह-स्मृति में विश्राम कर रहा था और प्रकाश का जहाज़ू योरप चला जा रहा था!!

बेटों वाली विधवा

पंडित अयोध्यानाथ का देहान्त हुआ तो सबने कहा, ईश्वर आदमी को ऐसी ही मौत दे। चार जवान बेटे थे, एक लड़की। चारों लड़कों के विवाह हो चुके थे, केवल लड़की क्वाँरी थी। सम्पत्ति भी काफ़ी छोड़ी। एक पक्का मकान, दो बग़ीचे, कई हज़ार के गहने और बीस हज़ार नकद। विधवा फूलमती को वह शोक तो हुआ और कई दिन तक वह बेहाल रही; लेकिन जवान बेटों को सामने देखकर उसे ढाढ़स हुआ। चारों लड़के एक-से-एक सुशील, चारों बहुएँ एक-से-एक बढ़कर आज्ञाकारिणी। जब वह रात को लेटती तो चारों बारी-बारी से उसके पाँव दबातीं। वह स्नान करके उठती, तो साड़ी छाँटतीं। सारा घर उसके इशारे पर चलता था। बड़ा लड़का कामता एक दफ़्तर में 50/- पर नौकर था, छोटा उमानाथ डॉक्टरी पास कर चुका था, और कहीं औषधालय खोलने की फ़िक्र में था, तीसरा दयानाथ बी.ए. में फेल हो गया था और पत्रिकाओं में लेख-लिखकर कुछ-न-कुछ कमा लेता था, चौथा सीतानाथ चारों में सबसे कुशाग्र और होनहार था और अबकी साल बी.ए. प्रथम श्रेणी में पास करके एम.ए. की तैयारी में लगा हुआ था। किसी लड़के में वह दुर्व्यसन, वह छैलापन, वह लुटाऊपन न था, जो माता-पिता को जलाता और कुलमर्यादा को डुबाता है। फूलमती घर की मालकिन थी, गोकि कुंजियाँ बड़ी बहू के पास रहती थीं। बुढ़िया में वह अधिकार-प्रेम न था, जो वृद्धजनों को कटु और कलहशील बना दिया करता है; किन्तु उसकी इच्छा के बिना कोई बालक मिठाई तक न मँगा सकता था।

संध्या हो गई थी। पंडित को मरे आज बारहवाँ दिन था। कल तेरही है। ब्रह्मभोज होगा। बिरादरी के लोग निमंत्रित होंगे। उसी की तैयारियाँ हो रही थीं। फूलमती अपनी कोठरी में बैठी देख रही थी कि पल्लेदार बोरे में आटा लाकर रख रहे हैं। घी के टिन आ रहे हैं। शाक-भाजी के टोकरे, शक्कर की बोरियाँ, दही के मटके चले आ रहे हैं। महापात्र के लिए दान की चीज़ें लाई गईं—बर्तन, कपड़े, पलँग, बिछावन, छाते, जूते, छड़ियाँ, लालटेनें आदि किन्तु फूलमती को कोई चीज़ नहीं दिखाई गई। नियमानुसार ये सब सामान उसके पास आने चाहिए थे। वह प्रत्येक वस्तु को देखती, उसे पसन्द करती, उसकी मात्रा में कमी-बेशी का फ़ैसला करती, तब इन चीज़ों को भंडारे में रखा जाता। क्यों उसे दिखाने और उसकी राय लेने की ज़रूरत नहीं समझी गई? अच्छा! वह आटा तीन ही बोरा क्यों आया? उसने तो पाँच बोरों के लिए कहा

था। घी भी पाँच ही कनस्तर है। उसने तो दस कनस्तर मँगवाएँ थे। इसी तरह शाक-भाजी, शक्कर, दही आदि में भी कमी की गई होगी। किसने उसके हुक्म में हस्तक्षेप किया? जब उसने एक बात तय कर दी, तब किसे उसको घटाने-बढ़ाने का अधिकार है।

आज चालीस वर्षों से घर के प्रत्येक मामले में फूलमती की बात सर्वमान्य थी। उसने सौ कहा तो सौ ख़र्च किए गए, एक कहा तो एक! किसी ने मीन-मेख न की। यहाँ तक कि पं. अयोध्यानाथ भी उसकी इच्छा के विरुद्ध कुछ न करते थे; पर आज उसकी आँखों के सामने प्रत्यक्ष रूप से उसके हुक्म की उपेक्षा की जा रही है! इसे वह क्योंकर स्वीकार कर सकती!

कुछ देर तक तो वह ज़ब्त किए बैठी रही; पर अंत में न रहा गया। स्वायत्त-शासन उसका स्वभाव हो गया था। वह क्रोध में भरी हुई आई और कामतानाथ से बोली—क्या आटा तीन ही बोरे लाए? मैंने तो पाँच बोरे के लिए कहा था। और घी भी पाँच ही टिन मँगवाया। तुम्हें याद है, मैंने दस कनस्तर कहा था? क़िफायत को मैं बुरा नहीं समझती; लेकिन जिसने यह कुआँ खोदा उसी की आत्मा पानी को तरसे, यह कितनी लज्जा की बात है!

कामतानाथ ने क्षमा-याचना न की, अपनी भूल स्वीकार न की, लज्जित भी नहीं हुआ। एक मिनट तो विद्रोही भाव से खड़ा रहा, फिर बोला—हम लोगों की सलाह तीन ही बोरों की हुई और तीन बोरे के लिए पाँच टिन घी काफ़ी था। इसी हिसाब से और चीज़ें भी कम कर दी गई हैं।

फूलमती उग्र होकर बोली—किसकी राय से आटा कम किया गया?

'हम लोगों की राय से।'

'तो मेरी राय कोई चीज़ नहीं है?'

'है क्यों नहीं; लेकिन अपना हानि-लाभ तो हम भी समझते हैं।'

फूलमती हक्का-बक्का होकर उसका मुँह ताकने लगी। इस वाक्य का आशय उसकी समझ में न आया। अपना हानि-लाभ! अपने घर में हानि-लाभ की ज़िम्मेदार वह आप है। दूसरों को, चाहे वे उसके पेट के जन्मे पुत्र ही क्यों न हों, उसके कामों में हस्तक्षेप करने का क्या अधिकार? यह लौंडा तो इस ढिठाई से जवाब दे रहा है, मानो घर उसी का है, उसी ने मर-मरकर गृहस्थी जोड़ी है, मैं तो ग़ैर हूँ! ज़रा इसकी हेकड़ी तो देखो।

उसने तमतमाए हुए मुख से कहा—मेरे हानि-लाभ के ज़िम्मेदार तुम नहीं हो। मुझे अख़्तियार है, जो उचित समझूँ वह करूँ। अभी जाकर दो बोरे आटा और पाँच टिन घी और लाओ और आगे के लिए ख़बरदार, जो किसी ने मेरी बात काटी।

अपने विचार से उसने काफ़ी तम्बीह कर दी थी। शायद इतनी कठोरता अनावश्यक थी। उसे अपनी उग्रता पर खेद हुआ। लड़के ही तो हैं, समझे होंगे, कुछ क़िफायत करनी चाहिए। मुझसे इसलिए न पूछा होगा कि अम्माँ तो ख़ुद हरेक काम में क़िफायत किया करती हैं। अगर इन्हें मालूम होता, कि इस काम में मैं क़िफायत पसन्द न करूँगी, तो कभी इन्हें मेरी उपेक्षा करने का साहस न होता। यद्यपि कामतानाथ अब भी उसी जगह खड़ा था और उसकी भावभंगी से ऐसा ज्ञात होता था कि इस आज्ञा का पालन करने के लिए वह बहुत उत्सुक नहीं है, पर फूलमती निश्चिंत होकर अपनी कोठरी में चली गई। इतनी तम्बीह पर भी किसी को उसकी अवज्ञा करने की सामर्थ्य हो सकती है, इसकी सम्भावना का ध्यान भी उसे न आया।

पर ज्यों-ज्यों समय बीतने लगा, उस पर यह हक़ीक़त खुलने लगी कि इस घर में अब उसकी वह हैसियत नहीं रही, जो दस-बारह दिन पहले थी। सम्बन्धियों के यहाँ से नेवते में शक्कर, मिठाई, दही, अचार आदि आ रहे थे। बड़ी बहू इन वस्तुओं को स्वामिनी-भाव से सँभाल-सँभालकर रख रही थी। कोई भी उससे पूछने नहीं आता। बिरादरी के लोग भी जो कुछ पूछते हैं, कामतानाथ से, या बड़ी बहू से। कामतानाथ कहाँ का बड़ा इंतज़ामकार है, रात-दिन भंग पिए पड़ा रहता है। किसी तरह रो-धोकर दफ़्तर चला जाता है। उसमें भी महीने में पंद्रह नागों से कम नहीं होते। वह तो कहो, साहब पंडित जी का लिहाज़ करता है, नहीं अब तक कभी का निकाल देता। और बड़ी बहू जैसी फूहड़ औरत भला इन बातों को क्या समझेगी! अपने कपड़े-लत्ते तक तो जतन से रख नहीं सकती, चली है गृहस्थी चलाने! भद होगी और क्या। सब मिलकर कुल की नाक कटवाएँगे। वक़्त पर कोई-न-कोई चीज़ कम हो जाएगी। इन कामों के लिए बड़ा अनुभव चाहिए! कोई चीज़ तो इतनी ज़्यादा बन जाएगी कि मारी-मारी फिरेगी। कोई चीज़ इतनी कम बनेगी कि किसी पत्तल पर पहुँचेगी, किसी पर नहीं। आख़िर इन सबों को हो क्या गया है! अच्छा, बहू तिजोरी क्यों खोल रही है? वह मेरी आज्ञा के बिना तिजोरी खोलने वाली कौन होती है! कुंजी उसके पास है अवश्य; लेकिन जब तक मैं रुपए न निकलवाऊँ, तिजोरी नहीं खोलती; आज तो इस तरह खोल रही है, मानो मैं कुछ हूँ ही नहीं। यह मुझसे न बर्दाश्त होगा?

वह झमककर उठी और बहू के पास जाकर कठोर स्वर में बोली—तिजोरी क्यों खोलती हो बहू, मैंने तो खोलने को नहीं कहा?

बड़ी बहू ने निस्संकोच भाव से उत्तर दिया—बाज़ार से सामान आया है, तो दाम न दिया जाएगा?

'कौन चीज़ किस भाव से आई है और कितनी आई है, यह मुझे कुछ नहीं मालूम! जब तक हिसाब-किताब न हो जाए, रुपए कैसे दिए जाएँ?'

'हिसाब-किताब सब हो गया है।'

'किसने किया?'

'अब मैं क्या जानूँ किसने किया? जाकर मरदों से पूछो। मुझे हुकुम मिला, रुपए लाकर दे दो, रुपए लिये जाती हूँ।'

फूलमती ख़ून का घूँट पीकर रह गई। इस वक़्त बिगड़ने का अवसर न था। घर में मेहमान स्त्री-पुरुष भरे हुए थे। अगर इस वक़्त उसने लड़कों को डाँटा, तो लोग यही कहेंगे कि इनके घर में पंडितजी के मरते ही फूट पड़ गई। दिल पर पत्थर रखकर फिर अपनी कोठरी में चली आई। जब मेहमान विदा हो जाएँगे, तब वह एक-एक की ख़बर लेगी। तब देखेगी, कौन उसके सामने आता है और क्या कहता है। इनकी सारी चौकड़ी भुला देगी।

किन्तु कोठरी के एकान्त में भी वह निश्चिंत न बैठी थी। सारी परिस्थिति को गिद्ध-दृष्टि से देख रही थी। कहाँ सत्कार का कौन-सा नियम भंग होता है, कहाँ मर्यादाओं की उपेक्षा की जाती है। भोज आरम्भ हो गया। सारी बिरादरी एक साथ पंगतों में बिठा दी गई। आँगन में मुश्किल से दो सौ आदमी बैठ सकते हैं। ये पाँच सौ आदमी इतनी-सी जगह में कैसे बैठ जाएँगे? क्या आदमी के ऊपर आदमी बिठाए जाएँगे? दो पंगतों में लोग बिठाए जाते तो क्या बुराई हो जाती? यही तो होता कि बारह बजे की जगह भोज दो बजे समाप्त होता; मगर यहाँ

तो सबको सोने की जल्दी पड़ी हुई है। किसी तरह यह बला सिर से टले और चैन से सोएँ! लोग कितने सटकर बैठे हुए हैं कि किसी को हिलने की भी जगह नहीं। पत्तल एक-पर-एक रखे हुए हैं। पूरियाँ ठंडी हो गईं, लोग गरम-गरम माँग रहे हैं। मैदे की पूरियाँ ठंडी होकर चिमड़ी हो जाती हैं। इन्हें कौन खाएगा? रसोइये को कढ़ाव पर से न जाने क्यों उठा दिया गया। यही सब बातें नाक कटाने की हैं।

सहसा शोर मचा, तरकारियों में नमक नहीं। बड़ी बहू जल्दी-जल्दी नमक पीसने लगी। फूलमती क्रोध के मारे ओठ चबा रही थी, पर इस अवसर पर मुँह न खोल सकती थी। नमक पिसा और पत्तलों पर डाला गया। इतने में फिर शोर मचा—पानी गरम है, ठंडा पानी लाओ। ठंडे पानी का कोई प्रबंध न था, बर्फ़ भी न मँगाई थी। आदमी बाज़ार दौड़ाया गया, मगर बाज़ार में इतनी रात गए बर्फ़ कहाँ! आदमी ख़ाली हाथ लौट आया। मेहमानों को वही नल का गरम पानी पीना पड़ा। फूलमती का बस चलता, तो लड़कों का मुँह नोच लेती। ऐसी छीछालेदर उसके घर में कभी न हुई थी। उस पर सब मालिक बनने के लिए मरते हैं! बर्फ़ जैसी ज़रूरी चीज़ मँगवाने की भी किसी को सुधि न थी! सुधि कहाँ से रहे। जब किसी को गप लड़ाने से फुर्सत मिले। मेहमान अपने दिल में क्या कहेंगे कि चले हैं बिरादरी को भोज देने और घर में बर्फ़ तक नहीं!

अच्छा, फिर यह हलचल क्यों मच गई! अरे, लोग पंगत से उठे जा रहे हैं। क्या मामला है?

फूलमती उदासीन न रह सकी। कोठरी से निकलकर बरामदे में आई और कामतानाथ से पूछा—क्या बात हो गई लल्ला? लोग उठे क्यों जा रहे हैं?

कामता ने कोई जवाब न दिया। वहाँ से खिसक गया। फूलमती झुँझला कर रह गई। सहसा कहारिन मिल गई। फूलमती ने उससे भी वही प्रश्न किया। मालूम हुआ, किसी के शोरबे में मरी हुई चुहिया निकल आई। फूलमती चित्रलिखित-सी वहीं खड़ी रह गई। भीतर ऐसा उबाल उठा कि दीवार से सिर टकरा ले। अभागे भोज का प्रबंध करने चले थे। इस फूहड़पन की कोई हद है, कितने आदमियों का धर्म सत्यानाश हो गया। फिर पंगत क्यों न उठ जाए? आँखों से देखकर अपना धर्म कौन गँवाएगा। हाँ! किया-धरा मिट्टी में मिल गया! सैकड़ों रुपए पर पानी फिर गया। बदनामी हुई वह अलग।

मेहमान उठ चुके थे। पत्तलों पर खाना ज्यों-का-त्यों पड़ा हुआ था। चारों लड़के आँगन में लज्जित खड़े थे। एक-दूसरे को इलज़ाम दे रहा था। बड़ी बहू अपनी देवरानियों पर बिगड़ रही थी। देवरानियाँ सारा दोष कुमुद के सिर डालती थीं। कुमुद खड़ी रो रही थी। उसी वक़्त फूलमती झल्लाई हुई आकर बोली—मुँह में कालिख लगी कि नहीं? या अभी कुछ कसर बाक़ी है? डूब मरो सब-के-सब जाकर चुल्लू भर पानी में! शहर में कहीं मुँह दिखाने लायक भी नहीं रहे।

किसी लड़के ने जवाब न दिया।

फूलमती और भी प्रचंड होकर बोली—तुम लोगों को क्या। किसी को शर्म-हया तो है नहीं। आत्मा तो उसकी रो रही है; जिन्होंने अपनी ज़िंदगी घर की मरजाद बनाने में ख़राब कर दी। उनकी पवित्र आत्मा को तुमने यों कलंकित किया। शहर में थुड़ी-थुड़ी हो रही है। अब कोई तुम्हारे द्वार पर पेशाब करने तो आएगा नहीं।

कामतानाथ कुछ देर तक चुपचाप खड़ा सुनता रहा। आख़िर झुँझलाकर बोला—अच्छा; अब चुप रहो अम्माँ। भूल हुई, हम सब मानते हैं, बड़ी भयंकर भूल हुई; लेकिन क्या अब

उसके लिए घर के प्राणियों को हलाल कर डालोगी? सभी से भूलें होती हैं। आदमी पछताकर रह जाता है। किसी की जान तो नहीं मारी जाती?

बड़ी बहू ने अपनी सफाई दी—हम क्या जानते थे कि बीबी (कुमुद) से इतना-सा काम भी न होगा। इन्हें चाहिए था कि देखकर तरकारी कढ़ाव में डालतीं। टोकरी उठाकर कढ़ाव में डाल दी। इसमें हमारा क्या दोष?

कामतानाथ ने पत्नी को डाँटा—इसमें न कुमुद का कसूर है न तुम्हारा, न मेरा। संयोग की बात है। बदनामी भाग्य में लिखी थी वह हुई। इतने बड़े भोज में एक-एक मुट्ठी तरकारी कढ़ाव में नहीं डाली जाती। टोकरे-के-टोकरे उँड़ेल दिए जाते हैं। कभी-कभी ऐसी दुर्घटना हो ही जाती है, पर इसमें कैसी जग-हँसाई और कैसी नाक-कटाई। तुम खामखाह जले पर नमक छिड़कती हो।

फूलमती ने दाँत पीसकर कहा—शरमाते तो नहीं, उलटे और बेहयाई की बातें करते हो।

कामता ने निःसंकोच होकर कहा—शरमाऊँ क्यों, किसी की चोरी की है। चीनी में चींटे और आटे में घुन, यह नहीं देखे जाते। पहले हमारी निगाह न पड़ी, बस यहीं बात बिगड़ गई। नहीं, चुपके से चुहिया निकालकर फेंक देते। किसी को ख़बर तक न होती।

फूलमती ने चकित होकर कहा—क्या कहता है, मरी चुहिया खिलाकर सबका धर्म बिगाड़ देता।

कामता हँसकर बोला—क्या पुराने ज़माने की बातें करती हो अम्माँ? इन बातों से धर्म नहीं जाता। यह धर्मात्मा लोग जो पत्तल पर से उठ गए हैं, इनमें ऐसा कौन है जो भेड़-बकरी का मांस न खाता हो? तालाब के कछुए और घोंघे तक तो किसी से बचते नहीं। ज़रा-सी चुहिया में क्या रखा था।

फूलमती को ऐसा प्रतीत हुआ कि अब प्रलय आने में बहुत देर नहीं है। जब पढ़े-लिखे आदमियों के मन में ऐसे अधार्मिक भाव आने लगें, तो फिर धर्म की भगवान ही रक्षा करें। अपना-सा मुँह लेकर चली गई।

2

दो महीने गुज़र गए हैं। रात का समय है। चारों भाई दिन के काम से छुट्टी पाकर कमरे में बैठे गप-शप कर रहे हैं। बड़ी बहू भी षड्यंत्र में शरीक है। कुमुद के विवाह का प्रश्न छिड़ा हुआ है।

कामतानाथ ने मसनद पर टेक लगाते हुए कहा—दादा की बात दादा के साथ गई। मुरारी पंडित विद्वान् भी हैं और कुलीन भी होंगे। लेकिन जो आदमी अपनी विद्या और कुलीनता को रुपयों पर बेचे, वह नीच है, ऐसे नीच आदमी के लड़के से हम कुमुद का विवाह सेंत में भी न करेंगे, पाँच हज़ार दहेज़ तो दूर की बात है। उसे बताओ धता और किसी दूसरे वर की तलाश करो। हमारे पास कुल बीस हज़ार ही तो हैं। एक-एक हिस्से में पाँच-पाँच हज़ार आते हैं। पाँच हज़ार दहेज़ में दे दें, और पाँच हज़ार नेग-न्योछावर, बाजे-गाजे में उड़ा दें तो फिर हमारी तो बधिया ही बैठ जाएगी।

उमानाथ बोले—मुझे अपना औषधालय खोलने के लिए कम-से-कम पाँच हज़ार की ज़रूरत है। मैं अपने हिस्से में से एक पाई भी नहीं दे सकता। फिर खुलते ही आमदनी तो होगी नहीं। कम-से-कम साल-भर घर से खाना पड़ेगा।

दयानाथ एक समाचार-पत्र देख रहे थे। आँखों से ऐनक उतारते हुए बोले—मेरा विचार भी एक पत्र निकालने का है। प्रेस और पत्र में कम-से-कम दस हज़ार की कैपिटल चाहिए। पाँच हज़ार मेरे रहेंगे, तो कोई-न-कोई साझेदार पाँच हज़ार का मिल जाएगा। पत्रों में लेख लिखकर मेरा निर्वाह नहीं हो सकता।

कामतानाथ ने सिर हिलाते हुए कहा—अजी, राम भजो, सेंत में कोई लेख छापता नहीं; रुपए कौन दिए देता है।

दयानाथ ने प्रतिवाद किया—नहीं, यह बात तो नहीं है। मैं तो कहीं भी बिना पेशगी पुरस्कार लिए नहीं लिखता।

कामता ने जैसे अपने शब्द वापस लिए—तुम्हारी बात मैं नहीं कहता भाई। तुम तो थोड़ा-बहुत मार लेते हो; लेकिन सबको तो नहीं मिलता।

बड़ी बहू ने श्रद्धा-भाव से कहा—कन्या भाग्यवान हो, तो दरिद्र घर में भी सुखी रह सकती है। अभागी हो, तो राजा के घर में भी रोएगी। यह सब नसीबों का खेल है।

कामतानाथ ने स्त्री की ओर प्रशंसा भाव से देखा—फिर इसी साल हमें सीता का विवाह भी करना है।

सीतानाथ सबसे छोटा था। सिर झुकाए भाइयों की स्वार्थभरी बातें सुन-सुनकर कुछ कहने के लिए उतावला हो रहा था। अपना नाम सुनते ही बोला—मेरे विवाह की आप लोग चिन्ता न करें। मैं जब तक किसी धन्धे में न लग जाऊँगा, विवाह का नाम भी न लूँगा, और सच पूछिए तो मैं विवाह करना नहीं चाहता। देश को इस समय बालकों की ज़रूरत नहीं, काम करने वालों की ज़रूरत है। मेरे हिस्से के रुपए आप कुमुद के विवाह में ख़र्च कर दें। सारी बातें तय हो जाने के बाद यह उचित नहीं कि पंडित मुरारीलाल से सम्बन्ध तोड़ लिया जाए।

उमा ने तीव्र स्वर में कहा—दस हज़ार कहाँ से आएँगे?

सीता ने डरते हुए कहा—'मैं तो अपने हिस्से के रुपए देने को कहता हूँ।'

'और शेष?'

'मुरारीलाल से कहा जाए कि दहेज में कुछ कमी कर दें। वह इतने स्वार्थांध नहीं हैं कि इस अवसर पर कुछ बल खाने को तैयार न हो जाएँ; अगर वह तीन हज़ार में संतुष्ट हो जाएँ, तो पाँच हज़ार में विवाह हो सकता है।'

उमा ने कामतानाथ से कहा—सुनते हैं भाई साहब, इनकी बातें?

दयानाथ बोल उठे—तो इसमें आप लोगों का क्या नुक़सान है। यह अपने रुपए दे रहे हैं, ख़र्च कीजिए। मुरारी पंडित से हमारा कोई बैर नहीं है। मुझे तो इस बात से ख़ुशी हो रही है कि भला हममें कोई तो त्याग करने योग्य है। इन्हें तत्काल रुपए की ज़रूरत नहीं है। सरकार से वजीफा पाते ही हैं। पास होने पर कहीं-न-कहीं जगह मिल जाएगी। हम लोगों की हालत तो ऐसी नहीं।

कामतानाथ ने दूरदर्शिता का परिचय दिया—नुक़सान की एक ही कही। हममें से एक को कष्ट हो, तो क्या और लोग बैठे देखेंगे? यह अभी लड़के हैं, इन्हें क्या मालूम समय पर एक रुपया एक लाख का काम करता है? कौन जानता है, कल इन्हें विलायत जाकर पढ़ने के लिए सरकारी वजीफा मिल जाए, या सिविल सर्विस में आ जाएँ। उस वक़्त सफ़र की तैयारियों में चार-पाँच हज़ार लग जाएँगे। तब किसके सामने हाथ फैलाते फिरेंगे? मैं यह नहीं चाहता कि दहेज़ के पीछे इनकी ज़िंदगी नष्ट हो जाए।

इस तर्क ने सीतानाथ को भी तोड़ लिया। सकुचाता हुआ बोला—हाँ, यदि ऐसा हुआ तो बेशक मुझे रुपए की ज़रूरत होगी।

'क्या ऐसा होना असंभव है?'

'असंभव तो मैं नहीं समझता, लेकिन कठिन अवश्य है। वजीफे उन्हें मिलते हैं, जिनके पास सिफारिशें होती हैं, मुझे कौन पूछता है।'

'कभी-कभी सिफारिशें धरी रह जाती हैं और बिना सिफारिश वाले बाज़ी मार ले जाते हैं।'

'तो आप जैसा उचित समझें। मुझे यहाँ तक मंजूर है कि चाहे मैं विलायत न जाऊँ, पर कुमुद अच्छे घर जाए।'

कामतानाथ ने निष्ठा-भाव से कहा—अच्छा घर दहेज देने से नहीं मिलता भैया! जैसा तुम्हारी भाभी ने कहा, यह नसीबों का खेल है। मैं तो चाहता हूँ कि मुरारीलाल को जवाब दे दिया जाए और कोई ऐसा वर खोजा जाए, जो थोड़े में राज़ी हो जाए। इस विवाह में मैं एक हज़ार से ज़्यादा नहीं ख़र्च कर सकता। पंडित दीनदयाल कैसे हैं?

उमा ने प्रसन्न होकर कहा—बहुत अच्छे। एम.ए., बी.ए. न सही, जजमानी से अच्छी आमदनी है।

दयानाथ ने आपत्ति की—अम्माँ से भी तो पूछ लेना चाहिए।

कामतानाथ को इसकी कोई ज़रूरत न मालूम़ हुई। बोले—उनकी तो जैसे बुद्धि ही भ्रष्ट हो गई है। वही पुराने युग की बातें। मुरारीलाल के नाम पर उधार खाए बैठी हैं। यह नहीं समझतीं कि वह ज़माना नहीं रहा। उनको तो बस कुमुद मुरारी पंडित के घर जाए, चाहे हम लोग तबाह हो जाएँ।

उमा ने एक शंका उपस्थित की—अम्माँ अपने सब गहने कुमुद को दे देंगी, देख लीजिएगा।

कामतानाथ का स्वार्थ नीति से विद्रोह न कर सका। बोले—गहनों पर उनका पूरा अधिकार है। यह उनका स्त्री-धन है। जिसे चाहें दे सकती हैं।

उमा ने कहा—स्त्री-धन है तो क्या वह उसे लुटा देंगी। आख़िर वह भी तो दादा ही की कमाई है।

'किसी की कमाई हो। स्त्री-धन पर उनका पूरा अधिकार है।'

'यह क़ानूनी गोरखधन्धे हैं। बीस हज़ार में तो चार हिस्सेदार हों और दस हज़ार के गहने अम्माँ के पास रह जाएँ। देख लेना, इन्हीं के बल पर वह कुमुद का विवाह मुरारी पंडित के घर करेंगी।'

उमानाथ इतनी बड़ी रक़म को इतनी आसानी से नहीं छोड़ सकता। वह कपट-नीति में कुशल है। कोई कौशल रचकर माता से सारे गहने ले लेगा। उस वक़्त तक कुमुद के विवाह की चर्चा करके फूलमती को भड़काना उचित नहीं। उमानाथ ने सिर हिलाकर कहा—गहने दस हज़ार से कम के न होंगे।

कामतानाथ अविचलित स्वर में बोले—कितने ही के हों, मैं अनीति में हाथ नहीं डालना चाहता।

'तो आप अलग बैठिए। हाँ, बीच में भाँजी न मारिएगा।'

'मैं अलग रहूँगा।'

'और तुम सीता?'

'मैं भी अलग रहूँगा।'

लेकिन जब दयानाथ से यही प्रश्न किया गया; तो वह उमानाथ से सहयोग करने को तैयार हो गया। दस हज़ार में ढाई हज़ार तो उसके होंगे ही। इतनी बड़ी रक़म के लिए यदि कुछ कौशल भी करना पड़े तो क्षम्य है।

3

फूलमती रात का भोजन करके लेटी थीं कि उमा और दया उसके पास जाकर बैठ गए। दोनों ऐसा मुँह बनाए हुए थे, मानो कोई भारी विपत्ति आ पड़ी है। फूलमती ने संशक होकर पूछा—तुम दोनों घबड़ाए हुए मालूम होते हो।

उमा ने सिर खुजलाते हुए कहा—समाचार-पत्रों में लेख लिखना बड़े जोखिम का काम है अम्माँ। कितना ही बचकर लिखो; लेकिन कहीं-न-कहीं पकड़ हो ही जाती है। दयानाथ ने एक लेख लिखा था। उस पर पाँच हज़ार की ज़मानत माँगी गई है! अगर कल तक ज़मानत न जमा कर दी गई, तो गिरफ़्तार हो जाएँगे और दस साल की सज़ा ठुक जाएगी।

फूलमती ने सिर पीटकर कहा—तो ऐसी बातें क्यों लिखते हो बेटा, जानते नहीं हो आजकल हमारे अदिन आए हुए हैं। ज़मानत किसी तरह टल नहीं सकती?

दयानाथ ने अपराधी भाव से उत्तर दिया—मैंने तो अम्माँ ऐसी कोई बात नहीं लिखी थी; लेकिन क़िस्मत को क्या करूँ। हाकिम ज़िला इतना कड़ा है कि ज़रा भी रियायत नहीं करता। मैंने जितनी दौड़-धूप हो सकती थी, वह सब कर ली।

'तो तुमने कामता से रुपए का प्रबंध करने को नहीं कहा?'

उमा ने मुँह बनाया—उनका स्वभाव तो तुम जानती हो अम्माँ, उन्हें रुपए प्राणों से प्यारे हैं। उन्हें चाहे कालापानी ही हो जाए; वह एक पाई न देंगे।

दयानाथ ने समर्थन किया—मैंने तो उनसे इसका ज़िक्र ही नहीं किया।

फूलमती ने चारपाई से उठते हुए कहा—चलो, मैं कहती हूँ, देगा कैसे नहीं? रुपए इसी दिन के लिए होते हैं कि गाड़कर रखने के लिए?

उमानाथ ने माता को रोककर कहा—नहीं अम्माँ, उनसे कुछ न कहो। रुपए तो न देंगे, उल्टे और हाय-हाय मचाएँगे। उनको अपनी नौकरी की खैरियत मनानी है, इन्हें घर में रहने भी न देंगे। अफ़सरों में जाकर ख़बर दे दें तो आश्चर्य नहीं।

फूलमती ने लाचार होकर कहा—तो फिर ज़मानत का क्या प्रबंध करोगे? मेरे पास तो कुछ नहीं है। हाँ, मेरे गहने हैं, इन्हें ले जाव, कहीं गिरों रखकर ज़मानत दे दो। और आज से कान पकड़ो कि किसी पत्र में एक शब्द भी न लिखोगे।

दयानाथ कानों पर हाथ रखकर बोला—यह तो नहीं हो सकता अम्माँ, कि तुम्हारे जेवर लेकर मैं अपनी जान बचाऊँ। दस-पाँच साल की क़ैद ही तो होगी, झेल लूँगा। यहीं बैठा-बैठा क्या कर रहा हूँ।

फूलमती छाती पीटते हुए बोली—कैसी बातें मुँह से निकालते हो बेटा, मेरे जीते जी तुम्हें कौन गिरफ़्तार कर सकता है? उसका मुँह झुलस दूँगी। गहने इसी दिन के लिए हैं या और किसी दिन के लिए। जब तुम्हीं न रहोगे, तो गहने लेकर क्या आग में झोंकूँगी।

उसने पिटारी लाकर उसके सामने रख दी।

दया ने उमा की ओर जैसे फ़रियाद की आँखों से देखा, और बोला—आपकी क्या राय है भाई साहब? इसी मारे मैं कहता था, अम्माँ को जताने की ज़रूरत नहीं। जेल ही तो हो जाती या और कुछ।

उमा ने जैसे सिफारिश करते हुए कहा—यह कैसे हो सकता था कि इतनी बड़ी वारदात हो जाती और अम्माँ को ख़बर न होती। मुझसे यह नहीं हो सकता था कि सुनकर पेट में डाल लेता; मगर अब करना क्या चाहिए; यह मैं ख़ुद निर्णय नहीं कर सकता। न तो यही अच्छा लगता है कि तुम जेल जाओ और न यही अच्छा लगता है कि अम्माँ के गहने गिरों रखे जाएँ।

फूलमती ने व्यथित कंठ से पूछा—क्या तुम समझते हो मुझे गहने तुमसे ज़्यादा प्यारे हैं। मैं तो अपने प्राण तक तुम्हारे ऊपर न्यौछावर कर दूँ, गहनों की बिसात ही क्या है।

दया ने दृढ़ता से कहा—अम्माँ तुम्हारे गहने तो न लूँगा, चाहे मुझ पर कुछ भी क्यों न आ पड़े। जब आज तक तुम्हारी कुछ सेवा न कर सका; तो किस मुँह से तुम्हारे गहने उठा ले जाऊँ। मुझ जैसे कपूत को तो तुम्हारी कोख से जन्म ही न लेना चाहिए था। सदा तुम्हें कष्ट देता रहा।

फूलमती ने भी उतनी ही दृढ़ता से कहा—तुम अगर यों न लोगे; तो मैं ख़ुद जाकर इन्हें गिरों रख दूँगी और ख़ुद हाकिम ज़िला के पास जाकर ज़मानत जमा कर आऊँगी; अगर इच्छा हो तो यह परीक्षा भी ले लो। आँखें बन्द हो जाने के बाद क्या होगा, भगवान जानें; लेकिन जब तक जीती हूँ, तुम्हारी ओर कोई तिरछी आँखों से देख नहीं सकता।

उमानाथ ने मानो माता पर एहसान रखकर कहा—अब तो हमारे लिए कोई रास्ता नहीं रहा दयानाथ। क्या हरज है, ले लो; मगर याद रखो, ज्यों ही हाथ में रुपए आ जाएँ गहने छुड़ाने पड़ेंगे। सच कहते हैं, मातृत्व दीर्घ तपस्या है। माता के सिवाय इतना स्नेह कौन कर सकता है। हम बड़े अभागे हैं कि माता के प्रति जितनी श्रद्धा रखनी चाहिए उसका शतांश भी नहीं रखते।

दोनों ने जैसे बड़े धर्म-संकट में पड़कर गहनों की पिटारी सँभाली और चलते बने। माता वात्सल्यभरी आँखों से उनकी ओर देख रही थी, और उसकी सम्पूर्ण आत्मा का आशीर्वाद जैसे उन्हें अपनी गोद में समेट लेने के लिए व्याकुल हो रहा था। आज कई महीने के बाद उनके भग्न मातृहृदय को अपना सर्वस्व अर्पण करके जैसे आनंद की विभूति मिली। उसकी स्वामिनी-कल्पना इसी त्याग के लिए, इसी आत्म-समर्पण के लिए जैसे कोई मार्ग ढूँढती रहती थी। अधिकार या लोभ या ममता की वहाँ गंध तक न थी। त्याग ही उसका आनंद और त्याग ही उसका अधिकार है। आज अपना खोया हुआ अधिकार पाकर, अपनी सिरजी हुई प्रतिमा पर अपने प्राणों की भेंट करके वह निहाल हो गई।

4

तीन महीने और गुज़र गए। माँ के गहनों पर हाथ साफ़ करके चारों भाई उसकी दिलजोई करने लगे थे। अपनी स्त्रियों को भी समझाते रहते थे कि उसका दिल न दुखाएँ। अगर थोड़े शिष्टाचार से उसकी आत्मा को शांति मिलती है, तो इसमें क्या हानि है। चारों करते अपने मन की, पर माता से सलाह ले लेते। या ऐसा जाल फैलाते कि वह सरला उनकी बातों में आ

जाती और हरेक काम में सहमत हो जाती। बाग़ को बेचना उसे बहुत बुरा लगता था; लेकिन चारों ने ऐसी माया रची कि वह उसे बेचने पर राज़ी हो गई; किन्तु कुमुद के विवाह के विषय में मतैक्य न हो सका। माँ पं. मुरारीलाल पर जमी हुई थी, लड़के दीनदयाल पर अड़े हुए थे। एक दिन आपस में कलह हो गया।

फूलमती ने कहा—माँ-बाप की कमाई में बेटी का हिस्सा भी है। तुम्हें सोलह हज़ार का एक बाग़ मिला, पच्चीस हज़ार का एक मकान। बीस हज़ार नकद में; क्या पाँच हज़ार भी कुमुद का हिस्सा नहीं है?

कामता ने नम्रता से कहा—अम्माँ, कुमुद आपकी लड़की है, तो हमारी बहिन है। आप दो-चार साल में प्रस्थान कर जाएँगी, पर हमारा और उसका बहुत दिनों तक सम्बन्ध रहेगा। तब यथाशक्ति कोई ऐसी बात न करेंगे, जिससे उसका अमंगल हो; लेकिन हिस्से की बात कहती हो; तो कुमुद का हिस्सा कुछ नहीं। दादा जीवित थे तब और बात थी। वह उसके विवाह में जितना चाहते ख़र्च करते। कोई उनका हाथ न पकड़ सकता था; लेकिन अब तो हमें एक-एक पैसे की क़िफायत करनी पड़ेगी, जो काम एक हज़ार में हो जाए उसके लिए पाँच हज़ार ख़र्च करना कहाँ की बुद्धिमानी है?

उमानाथ ने सुधारा—पाँच हज़ार क्यों, दस हज़ार कहिए।

कामता ने भवें सिकोड़कर कहा—नहीं, मैं पाँच हज़ार ही कहूँगा। एक विवाह में पाँच हज़ार ख़र्च करने की हमारी हैसियत नहीं है।

फूलमती ने ज़िद पकड़कर कहा—विवाह तो मुरारीलाल के पुत्र से ही होगा; चाहे पाँच हज़ार ख़र्च हों, चाहे दस हज़ार। मेरे पति की कमाई है। मैंने मर-मर कर जोड़ा है। अपनी इच्छा से ख़र्च करूँगी। तुम्हीं ने मेरी कोख से नहीं जन्म लिया है। कुमुद भी उसी कोख से आई है। मेरी आँखों में तुम सब बराबर हो। मैं किसी से कुछ माँगती नहीं। तुम बैठे तमाशा देखो, मैं सब कुछ कर लूँगी, बीस हज़ार में पाँच हज़ार कुमुद का है।

कामतानाथ को अब कड़वे सत्य की शरण लेने के सिवा और कोई मार्ग न रहा। बोला—अम्माँ, तुम बरबस बात बढ़ाती हो। जिन रुपयों को तुम अपना समझती हो, वह तुम्हारे नहीं हैं, हमारे हैं। तुम हमारी अनुमति के बिना उनमें से कुछ नहीं ख़र्च कर सकतीं।

फूलमती को जैसे सर्प ने डस लिया—क्या कहा! फिर तो कहना! मैं अपने ही संचे रुपए अपनी इच्छा से नहीं ख़र्च कर सकती?

'वह रुपए तुम्हारे नहीं रहे, हमारे हो गए।'

'तुम्हारे होंगे, लेकिन मेरे मरने के पीछे।'

'नहीं, दादा के मरते ही हमारे हो गए।'

उमानाथ ने बेहयाई से कहा—'अम्माँ क़ानून-कायदा तो जानतीं नहीं, नाहक उलझती हैं।'

फूलमती क्रोध-विह्वल होकर बोली—भाड़ में जाए तुम्हारा क़ानून। मैं ऐसे क़ानून को नहीं मानती। तुम्हारे दादा ऐसे कोई बड़े धन्नासेठ न थे। मैंने ही पेट और तन काटकर यह गृहस्थी जोड़ी है, नहीं आज बैठने को छाँह न मिलती। मेरे जीते-जी तुम मेरे रुपए नहीं छू सकते। मैंने तीन भाइयों के विवाह में दस-दस हज़ार ख़र्च किए हैं। वही मैं कुमुद के विवाह में भी ख़र्च करूँगी।

कामतानाथ भी गर्म पड़ा—आपको कुछ भी ख़र्च करने का अधिकार नहीं है।

उमानाथ ने बड़े भाई को डाँटा—आप खामख्वाह अम्माँ के मुँह लगते हैं भाई साहब! मुरारीलाल को पत्र लिख दीजिए कि तुम्हारे यहाँ कुमुद का विवाह न होगा। बस, छुट्टी हुई। यह कायदा-क़ानून तो जानतीं नहीं, व्यर्थ की बहस करती हैं।

फूलमती ने संयमित स्वर में कहा—अच्छा, क्या क़ानून है, ज़रा मैं भी सुनूँ?

उमा ने निरीह भाव से कहा—क़ानून यही है कि बाप के मरने के बाद जायदाद बेटों की हो जाती है। माँ का हक़ केवल रोटी-कपड़े का है।

फूलमती ने तड़पकर पूछा—किसने यह क़ानून बनाया है?

उमा शांत-स्थिर स्वर में बोला—हमारे ऋषियों ने, महाराज मनु ने, और किसने?

फूलमती एक क्षण अवाक् रहकर आहत कंठ से बोली—तो इस घर में मैं तुम्हारे टुकड़ों पर पड़ी हुई हूँ?

उमानाथ ने न्यायाधीश की निर्ममता से कहा—तुम जैसा समझो।

फूलमती की सम्पूर्ण आत्मा मानो इस वज्रपात से चीत्कार करने लगी। उसके मुख से जलती हुई चिनगारियों की भाँति यह शब्द निकल पड़े—मैंने घर बनवाया; मैंने सम्पत्ति जोड़ी, मैंने तुम्हें जन्म दिया, पाला और आज मैं इस घर में ग़ैर हूँ? मनु का यही क़ानून है और तुम उसी क़ानून पर चलना चाहते हो? अच्छी बात है। अपना घर-द्वार लो। मुझे तुम्हारी आश्रिता बनकर रहना स्वीकार नहीं। इससे कहीं अच्छा है कि मर जाऊँ। वाह रे अन्धेर! मैंने पेड़ लगाया और मैं ही उसकी छाँह में खड़ी हो नहीं सकती; अगर यही क़ानून है, तो इसमें आग लग जाए।

चारों युवकों पर माता के इस क्रोध और आतंक का कोई असर न हुआ। क़ानून का फ़ौलादी कवच उनकी रक्षा कर रहा था। इन काँटों का उन पर क्या असर हो सकता था।

ज़रा देर में फूलमती उठकर चली गई। आज जीवन में पहली बार उसका वात्सल्य-भग्न मातृत्व अभिशाप बनकर उसे धिक्कारने लगा। जिस मातृत्व को उसने जीवन की विभूति समझा था, जिसके चरणों पर वह सदैव अपनी समस्त अभिलाषाओं और कामनाओं को अर्पित करके अपने को धन्य मानती थी, वही मातृत्व आज उसे अग्निकुंड-सा जान पड़ा, जिसमें उसका जीवन जलकर भस्म हो रहा था।

संध्या हो गई थी। द्वार पर नीम का वृक्ष सिर झुकाए निस्तब्ध खड़ा था, मानो संसार की गति पर क्षुब्ध हो रहा हो। अस्ताचल की ओर प्रकाश और जीवन का देवता फूलमती के मातृत्व की ही भाँति अपनी चिता में जल रहा था।

5

फूलमती अपने कमरे में जाकर लेटी, तो उसे मालूम हुआ, उसकी कमर टूट गई है। पति के मरते ही अपने पेट के लड़के उसके शत्रु हो जाएँगे, उसको स्वप्न में भी गुमान न था। जिन लड़कों को उसने अपना हृदय-रक्त पिला-पिलाकर पाला, वही आज उसके हृदय पर यों आघात कर रहे हैं। अब वह घर उसे काँटों की सेज हो रहा था। जहाँ उसकी कुछ क़द्र नहीं, कुछ गिनती नहीं, वहाँ अनाथों की भाँति पड़ी रोटियाँ खाए, यह उसकी अभिमानी प्रकृति के लिए असह्य था।

पर उपाय ही क्या था! वह लड़कों से अलग होकर रहे भी तो नाक किसकी कटेगी! संसार उसे थूके तो क्या, और लड़कों को थूके तो क्या, बदनामी तो उसी की है। दुनिया यही

तो कहेगी कि चार जवान बेटों के होते बुढ़िया अलग पड़ी हुई मजूरी करके पेट पाल रही है। जिन्हें उसने हमेशा नीच समझा, वही उस पर हँसेंगे। नहीं, वह अपमान इस अनादर से कहीं ज़्यादा हृदयविदारक था। अब अपना और घर का परदा ढँका रखने में ही कुशल है। हाँ, अब उसे अपने को नई परिस्थितियों के अनुकूल बनाना पड़ेगा। समय बदल गया है। अब तक स्वामिनी बनकर रही, अब लौंडी बनकर रहना पड़ेगा। ईश्वर की यही इच्छा है, अपने बेटों की बातें और लातें ग़ैरों की बातों और लातों की अपेक्षा फिर भी गनीमत है।

वह बड़ी देर तक मुँह ढाँपे अपनी दशा पर रोती रही। सारी रात इसी आत्मवेदना में कट गई। शरद का प्रभात डरता-डरता उषा की गोद से निकला, जैसे कोई क़ैदी छिपकर जेल से भाग आया हो। फूलमती अपने नियम के विरुद्ध आज तड़के ही उठी, रात भर में उसका मानसिक परिवर्तन हो चुका था। सारा घर सो रहा था और वह आँगन में झाड़ू लगा रही थी। रात ओस में भीगी हुई पक्की ज़मीन उसके नंगे पैरों में काँटों की तरह चुभ रही थी। पंडितजी उसे कभी इतने सबेरे उठने न देते थे। शीत उसके लिए बहुत हानिकर थी। पर अब वह दिन नहीं। प्रकृति को भी समय के साथ बदल देने का प्रयत्न कर रही थी। झाड़ू से फुर्सत पाकर उसने आग जलाई और चावल-दाल की कंकड़ियाँ चुनने लगी। कुछ देर में लड़के जागे। बहुएँ उठीं। सभी ने बुढ़िया को सर्दी से सिकुड़े हुए काम करते देखा, पर किसी ने यह न कहा कि अम्माँ, क्यों हलकान होती हो? शायद सब-के-सब बुढ़िया के इस मान-मर्दन पर प्रसन्न थे।

आज से फूलमती का यही नियम हो गया कि जी-तोड़कर घर का काम करना, और अंतरंग नीति से अलग रहना। उसके मुख पर जो एक आत्मगौरव झलकता रहता था, उसकी जगह अब गहरी वेदना छाई हुई नज़र आती थी। जहाँ बिजली जलती थी, वहाँ अब तेल का दीया टिमटिमा रहा था, जिसे बुझा देने के लिए हवा का एक हलका-सा झोंका काफ़ी है।

मुरारीलाल को इनकारी-पत्र लिखने की बात पक्की हो चुकी थी। दूसरे दिन पत्र लिख दिया गया। दीनदयाल से कुमुद का विवाह निश्चित हो गया, दीनदयाल की उम्र चालीस से कुछ अधिक थी, मर्यादा में भी कुछ हेठे थे, पर रोटी-दाल से ख़ुश थे। बिना किसी ठहराव के विवाह करने पर राज़ी हो गए। तिथि नियत हुई, बारात आई, विवाह हुआ और कुमुद विदा कर दी गई। फूलमती के दिल पर क्या गुज़र रही थी, इसे कौन जान सकता है। कुमुद के दिल पर क्या गुज़र रही थी, इसे कौन जान सकता है; पर चारों भाई बहुत प्रसन्न थे, मानो उनके हृदय का काँटा निकल गया हो। ऊँचे कुल की कन्या, मुँह कैसे खोलती। भाग्य में सुख भोगना लिखा होगा, सुख भोगेगी, दुःख भोगना लिखा होगा, दुःख झेलेगी। हरि इच्छा बेकसों का अन्तिम अवलम्ब है। घरवालों ने जिससे विवाह कर दिया, उसमें हज़ार ऐब हों, तो भी वह उसका उपास्य, उसका स्वामी है। प्रतिरोध उसकी कल्पना से परे था।

फूलमती ने किसी काम में दख़ल न दिया। कुमुद को क्या दिया गया, मेहमानों का कैसा सत्कार किया गया, किसके यहाँ से नेवते में क्या आया, किसी बात से भी उसे सरोकार न था। उससे कोई सलाह भी ली गई तो यही कहा—बेटा, तुम लोग जो करते हो, अच्छा ही करते हो, मुझसे क्या पूछते हो।

जब कुमुद के लिए द्वार पर डोली आ गई और कुमुद माँ के गले लिपटकर रोने लगी, तो वह बेटी को अपनी कोठरी में ले गई और जो कुछ सौ-पचास रुपए और

दो-चार मामूली गहने उसके पास बच रहे थे बेटी के अंचल में डालकर बोली—बेटी, मेरी तो मन की मन में रह गई; नहीं क्या आज तुम्हारा विवाह इस तरह होता और तुम इस तरह विदा की जातीं।

आज तक फूलमती ने अपने गहनों की बात किसी से न कही थी। लड़कों ने उसके साथ जो कपट-व्यवहार किया था, इसे चाहे वह अब तक न समझी हो, लेकिन इतना जानती थी कि गहने फिर न मिलेंगे और मनोमालिन्य बढ़ने के सिवा कुछ हाथ न लगेगा; लेकिन इस अवसर पर उसे अपनी सफाई देने की ज़रूरत मालूम हुई। कुमुद यह भाव मन में लेकर जाए कि अम्माँ ने अपने गहने बहुओं के लिए रख छोड़े हैं, इसे वह किसी तरह न सह सकती थी, इसीलिए वह अपनी कोठरी में गई थी; लेकिन कुमुद को पहले ही इस कौशल की टोह मिल चुकी थी, उसने गहने और रुपए अंचल से निकालकर माता के चरणों पर रख दिए और बोली—अम्माँ, मेरे लिए तुम्हारा आशीर्वाद लाखों रुपयों के बराबर है। तुम इन चीज़ों को अपने पास रक्खो। न जाने अभी तुम्हें किन विपत्तियों का सामना करना पड़े।

फूलमती कुछ कहना ही चाहती थी कि उमानाथ ने आकर कहा—क्या कर रही है कुमुद? चल, जल्दी कर। साइत टली जाती है। वह लोग हाय-हाय कर रहे हैं, फिर तो दो-चार महीने में आएगी ही, जो कुछ लेना-देना हो, ले लेना।

फूलमती के घाव पर जैसे मनों निमक पड़ गया। बोलीं—मेरे पास अब क्या है भैया, जो मैं इसे दूँगी। जाओ बेटी, भगवान तुम्हारा सोहाग अमर करें।

कुमुद विदा हो गई। फूलमती पछाड़ खाकर गिर पड़ी। जीवन की अन्तिम लालसा नष्ट हो गई।

6

एक साल बीत गया।

फूलमती का कमरा घर के सब कमरों में बड़ा और हवादार था। कई महीनों से उसने बड़ी बहू के लिए ख़ाली कर दिया था और ख़ुद एक छोटी-सी कोठरी में रहने लगी थी, जैसे कोई भिखारिन हो। बेटों और बहुओं से अब उसे ज़रा भी स्नेह न था। वह अब घर की लौंडी थी। घर के किसी प्राणी, किसी वस्तु, किसी प्रसंग से उसे प्रयोजन न था। वह केवल इसीलिए जीती थी कि मौत न आती थी। सुख या दु:ख का अब उसे लेशमात्र भी ज्ञान न था। उमानाथ का औषधालय खुला, मित्रों की दावत हुई, नाच-तमाशा हुआ। दयानाथ का प्रेस खुला, फिर जलसा हुआ। सीतानाथ को वजीफा मिला और विलायत गया। फिर उत्सव हुआ। कामतानाथ के बड़े लड़के का यज्ञोपवीत-संस्कार हुआ, फिर धूमधाम हुई; लेकिन फूलमती के मुख पर आनंद की छाया तक न आई। कामतानाथ टाईफाइड में महीने भर बीमार रहा और मरकर उठा। दयानाथ ने अबकी अपने पत्र का प्रचार बढ़ाने के लिए वास्तव में एक आपत्तिजनक लेख लिखा और छह महीने की सज़ा पाई। उमानाथ ने एक फ़ौजदारी के मामले में रिश्वत लेकर ग़लत रिपोर्ट लिखी और उनकी सनद छीन ली गई; पर फूलमती के चेहरे पर रंज की परछाईं तक न पड़ी। उसके जीवन में अब कोई आशा, कोई दिलचस्पी, कोई चिन्ता न थी। बस, पशुओं की तरह काम करना और खाना, यही उसकी ज़िंदगी के दो काम थे। जानवर मारने से काम करता है, पर खाता है मन से। फूलमती बेकहे काम करती थी, पर खाती थी

विष के कौर की तरह। महीनों सिर में तेल न पड़ता, महीनों कपड़े न धुलते, कुछ परवाह नहीं। वह चेतनाशून्य हो गई थी।

सावन की झड़ी लगी हुई थी। मलेरिया फैल रहा था। आकाश में मटियाले बादल थे, ज़मीन पर मटियाला पानी। आर्द्र वायु शीत-ज्वर और श्वास का वितरण करती फिरती थी। घर की महरी बीमार पड़ गई। फूलमती ने घर के सारे बर्तन माँजे, पानी में भीग-भीगकर सारा काम किया। फिर आग जलाई और चूल्हे पर पतीलियाँ चढ़ा दीं। लड़कों को समय पर भोजन तो मिलना ही चाहिए। सहसा उसे याद आया कामतानाथ नल का पानी नहीं पीते। उसी वर्षा में गंगाजल लाने चली।

कामतानाथ ने पलँग पर लेटे-लेटे कहा—रहने दो अम्माँ, मैं पानी भर लाऊँगा, आज महरी ख़ूब बैठ रही।

फूलमती ने मटियाले आकाश की ओर देखकर कहा—तुम भीग जाओगे बेटा, सर्दी हो जाएगी।

कामतानाथ बोले—तुम भी भीग रही हो। कहीं बीमार न पड़ जाओ।

फूलमती निर्मम भाव से बोली—मैं बीमार न पड़ूँगी! मुझे भगवान ने अमर कर दिया है।

उमानाथ भी वहीं बैठा था। उसके औषधालय में कुछ आमदनी न होती थी; इसीलिए बहुत चिन्तित रहता था। भाई-भावज की मुँह-देखी करता रहता था। बोला—जाने भी दो भैया। बहुत दिनों बहुओं पर राज कर चुकी हैं, उसका प्रायश्चित तो करने दो।

गंगा बढ़ी हुई थी, जैसे समुद्र हो। क्षितिज सामने के कूल से मिला हुआ था। किनारे के वृक्षों की केवल फुनगियाँ पानी के ऊपर रह गई थीं। घाट ऊपर तक पानी में डूब गए थे। फूलमती कलसा लिए नीचे उतरी। पानी भरा और ऊपर जा रही थी कि पाँव फिसला। सँभल न सकी। पानी में गिर पड़ी। पल भर हाथ-पाँव चलाए, फिर लहरें उसे नीचे खींच ले गईं। किनारे पर दो-चार पंडे चिल्लाए—'अरे दौड़ो, बुढ़िया डूबी जाती है।' दो-चार आदमी दौड़े भी, लेकिन फूलमती लहरों में समा गई थी, उन बल खाती हुई लहरों में, जिन्हें देखकर हृदय काँप उठता था।

एक ने पूछा—यह कौन बुढ़िया थी?

'अरे, वही पंडित अयोध्यानाथ की विधवा है।'

'अयोध्यानाथ तो बड़े आदमी थे।'

'हाँ, थे तो; पर इसके भाग्य में ठोकर खाना लिखा था।'

'उनके तो कई लड़के बड़े-बड़े हैं और सब कमाते हैं?'

'हाँ, सब हैं भाई, मगर भाग्य भी तो कोई वस्तु है!'

बड़े भाई साहब

मेरे भाई साहब मुझसे पाँच साल बड़े थे; लेकिन केवल तीन दरजे आगे। उन्होंने भी उसी उम्र में पढ़ना शुरू किया था जब मैंने शुरू किया था; लेकिन तालीम जैसे महत्त्व के मामले में वह जल्दबाजी से काम लेना पसन्द न करते थे। इस भावना की बुनियाद ख़ूब मज़बूत डालना

चाहते थे, जिस पर आलीशान महल बन सके। एक साल का काम दो साल में करते थे। कभी-कभी तीन साल भी लग जाते थे। बुनियाद ही पुख्ता न हो, तो मकान कैसे पायेदार बने!

मैं छोटा था, वह बड़े थे। मेरी उम्र नौ साल की थी, वह चौदह साल के थे। उन्हें मेरी तम्बीह और निगरानी का पूरा और जन्मसिद्ध अधिकार था। और मेरी शालीनता इसी में थी कि उनके हुक्म को क़ानून समझूँ।

वह स्वभाव से बड़े अध्ययनशील थे। हरदम किताब खोले बैठे रहते। और शायद दिमाग़ को आराम देने के लिए कभी कापी पर, कभी किताब के हाशियों पर चिड़ियों, कुत्तों, बिल्लियों की तस्वीरें बनाया करते थे। कभी-कभी एक ही नाम या शब्द या वाक्य दस-बीस बार लिख डालते। कभी एक शेर को बार-बार सुन्दर अक्षरों में नक़ल करते। कभी ऐसी शब्द-रचना करते, जिसमें न कोई अर्थ होता, न कोई सामंजस्य। मसलन एक बार उनकी कापी पर मैंने यह इबारत देखी—स्पेशल, अमीना, भाइयों-भाइयों, दर-असल, भाई-भाई, राधेश्याम, श्रीयुत राधेश्याम, एक घंटे तक—इसके बाद एक आदमी का चेहरा बना हुआ था। और उनसे पूछने का साहस न हुआ। वह नवीं जमात में थे, मैं पाँचवीं में। उनकी रचनाओं को समझना मेरे लिए छोटा मुँह बड़ी बात थी।

मेरा जी पढ़ने में बिलकुल न लगता था। एक घंटा भी किताब लेकर बैठना पहाड़ था। मौक़ा पाते ही होस्टल से निकल मैदान में आ जाता और कभी कंकरियाँ उछालता, कभी काग़ज़ की तितलियाँ उड़ाता, और कहीं कोई साथी मिल गया, तो पूछना ही क्या। कभी चारदीवारी पर चढ़कर नीचे कूद रहे हैं, कभी फाटक पर सवार, उसे आगे-पीछे चलाते हुए मोटरकार का आनंद उठा रहे हैं, लेकिन कमरे में आते ही भाई साहब का वह रौद्र-रूप देखकर प्राण सूख जाते! उनका पहला सवाल यह होता—'कहाँ थे?' हमेशा यही सवाल, इसी ध्वनि में हमेशा पूछा जाता था और इसका जवाब मेरे पास केवल मौन था। न जाने मेरे मुँह से यह बात क्यों न निकलती कि ज़रा बाहर खेल रहा था। मेरा मौन कह देता था कि मुझे अपना अपराध स्वीकार है और भाई साहब के लिए इसके सिवा और कोई इलाज न था कि स्नेह और रोष से मिले हुए शब्दों में मेरा सत्कार करें।

'इस तरह अँग्रेज़ी पढ़ोगे, तो ज़िंदगी भर पढ़ते रहोगे और हर्फ न आएगा। अँग्रेज़ी पढ़ना कोई हँसी-खेल नहीं है कि जो चाहे, पढ़ ले; नहीं ऐरा-गैरा नत्थू-खैरा सभी अँग्रेज़ी के विद्वान हो जाते। यहाँ रात-दिन आँखें फोड़नी पड़ती हैं और ख़ून जलाना पड़ता है, तब कहीं यह विद्या आती है। और आती क्या है, हाँ, कहने को आ जाती है। बड़े-बड़े विद्वान भी शुद्ध अँग्रेज़ी नहीं लिख सकते, बोलना तो दूर रहा। और मैं कहता हूँ, तुम कितने घोंघा हो कि मुझे देखकर भी सबक नहीं लेते। मैं कितनी मेहनत करता हूँ, यह तुम अपनी आँखों से देखते हो, अगर नहीं देखते, तो यह तुम्हारी आँखों का कसूर है, तुम्हारी बुद्धि का कसूर है। इतने मेले-तमाशे होते हैं, मुझे तुमने कभी देखने जाते देखा है? रोज़ ही क्रिकेट और हाकी-मैच होते हैं। मैं पास नहीं फटकता। हमेशा पढ़ता रहता हूँ। उस पर भी एक-एक दरजे में दो-दो, तीन-तीन साल पड़ा रहता हूँ; फिर भी तुम कैसे आशा करते हो कि तुम यों खेल-कूद में वक़्त गँवाकर पास हो जाओगे? मुझे तो दो ही तीन साल लगते हैं, तुम उम्र-भर इसी दरजे में पड़े सड़ते रहोगे! अगर तुम्हें इस तरह उम्र गँवानी है तो बेहतर है; घर चले जाओ और मज़े से गुल्ली-डंडा खेलो। दादा की गाढ़ी कमाई के रुपए क्यों बरबाद करते हो?'

मैं यह लताड़ सुनकर आँसू बहाने लगता। जवाब ही क्या था। अपराध तो मैंने किया, लताड़ कौन सहे? भाई साहब उपदेश की कला में निपुण थे। ऐसी-ऐसी लगती बातें कहते, ऐसे-ऐसे सूक्ति-बाण चलाते, कि मेरे जिगर के टुकड़े-टुकड़े हो जाते और हिम्मत टूट जाती। इस तरह जान तोड़कर मेहनत करने की शक्ति मैं अपने में न पाता था और उस निराशा में ज़रा देर के लिए मैं सोचने लगता—क्यों न घर चला जाऊँ। जो काम मेरे बूते के बाहर है, उसमें हाथ डालकर क्यों अपनी ज़िंदगी ख़राब करूँ। मुझे अपना मूर्ख रहना मंजूर था, लेकिन उतनी मेहनत! मुझे तो चक्कर आ जाता था; लेकिन घंटे-दो घंटे के बाद निराशा के बादल छँट जाते और मैं इरादा करता कि आगे से ख़ूब जी लगाकर पढ़ूँगा। चटपट एक टाइम-टेबिल बना डालता। बिना पहले से नक़्शा बनाए, कोई स्कीम तैयार किए काम कैसे शुरू करूँ। टाइम टेबिल में खेलकूद की मद बिलकुल उड़ जाती। प्रातःकाल उठना; छह बजे मुँह-हाथ धो, नाश्ता कर, पढ़ने बैठ जाना। छह से आठ तक अँग्रेज़ी, आठ से नौ तक हिसाब, नौ से साढ़े नौ तक इतिहास, फिर भोजन और स्कूल। साढ़े तीन बजे स्कूल से वापस होकर आध घंटा आराम, चार से पाँच तक भूगोल, पाँच से छह तक ग्रामर; आध घंटा होस्टल के सामने ही टहलना, साढ़े छह से सात तक अँग्रेज़ी कम्पोजीशन, फिर भोजन करके आठ से नौ तक अनुवाद, नौ से दस तक हिंदी, दस से ग्यारह तक विविध-विषय, फिर विश्राम।

मगर टाइम-टेबिल बना लेना एक बात है, उस पर अमल करना दूसरी बात। पहले ही दिन उसकी अवेहलना शुरू हो जाती। मैदान की वह सुखद हरियाली, हवा के हल्के-हल्के झोंके, फुटबाल की तरह उछलकूद, कबड्डी के वह दाँव-घात, बालीबाल की वह तेज़ी और फुरती, मुझे अज्ञात और अनिवार्य रूप से खींच ले जाती और वहाँ जाते ही मैं सब कुछ भूल जाता। वह जानलेवा टाइम-टेबिल, आँखफोड़ पुस्तकें किसी को याद न रहतीं, और भाई साहब को नसीहत और फजीहत का अवसर मिल जाता। मैं उनके साए से भागता, उनकी आँखों से दूर रहने की चेष्टा करता, कमरे में इस तरह दबे पाँव आता कि उन्हें ख़बर न हो। उनकी नज़र मेरी ओर उठी और मेरे प्राण निकले। हमेशा सिर पर एक नंगी तलवार-सी लटकती मालूम होती। फिर भी जैसे मौत और विपत्ति के बीच भी आदमी मोह और माया के बन्धन में जकड़ा रहता है, मैं फटकार और घुड़कियाँ खाकर भी खेल-कूद का तिरस्कार न कर सकता।

2

सालाना इम्तहान हुआ। भाई साहब फेल हो गए, मैं पास हो गया और दरजे में प्रथम आया। मेरे और उनके बीच में केवल दो साल का अंतर रह गया। जी में आया, भाई साहब को आड़े हाथों लूँ—आपकी वह घोर तपस्या कहाँ गई? मुझे देखिए, मज़े से खेलता भी रहा और दरजे में अव्वल भी हूँ। लेकिन वह इतने दुखी और उदास थे कि मुझे उनसे दिली हमदर्दी हुई और उनके घाव पर नमक छिड़कने का विचार ही लज्जास्पद जान पड़ा। हाँ, अब मुझे अपने ऊपर कुछ अभिमान हुआ और आत्मसम्मान भी बढ़ा। भाई साहब का वह रौब मुझ पर न रहा। आज़ादी से खेलकूद में शरीक होने लगा। दिल मज़बूत था। अगर उन्होंने फिर फजीहत की, तो साफ़ कह दूँगा—आपने अपना ख़ून जलाकर कौन-सा तीर मार लिया। मैं तो खेलते-कूदते दरजे में अव्वल आ गया। ज़बान से यह हेकड़ी जताने का साहस न होने पर भी मेरे रंग-ढंग से साफ़ जाहिर होता था कि भाई साहब का वह आतंक मुझ पर नहीं

था। भाई साहब ने इसे भाँप लिया—उनकी सहज-बुद्धि बड़ी तीव्र थी और एक दिन जब मैं भोर का सारा समय गुल्ली-डंडे की भेंट करके ठीक भोजन के समय लौटा तो भाई साहब ने मानो तलवार खींच ली और मुझ पर टूट पड़े—देखता हूँ, इस साल पास हो गए और दरजे में अव्वल आ गए, तो तुम्हें दिमाग़ हो गया है; मगर भाईजान, घमंड तो बड़े-बड़े का नहीं रहा, तुम्हारी क्या हस्ती है? इतिहास में रावण का हाल तो पढ़ा ही होगा। उसके चरित्र से तुमने कौन-सा उपदेश लिया? या यों ही पढ़ गए? महज इम्तहान पास कर लेना कोई चीज़ नहीं, असल चीज़ है बुद्धि का विकास। जो कुछ पढ़ो, उसका अभिप्राय समझो। रावण भूमंडल का स्वामी था। ऐसे राजाओं को चक्रवर्ती कहते हैं। आजकल अंग्रेज़ों के राज्य का विस्तार बहुत बढ़ा हुआ है; पर इन्हें चक्रवर्ती नहीं कह सकते। संसार में अनेकों राष्ट्र अंग्रेज़ों का आधिपत्य स्वीकार नहीं करते, बिलकुल स्वाधीन हैं। रावण चक्रवर्ती राजा था, संसार के सभी महीप उसे कर देते थे। बड़े-बड़े देवता उसकी ग़ुलामी करते थे। आग और पानी के देवता भी उसके दास थे; मगर उसका अंत क्या हुआ? घमंड ने उसका नामो-निशान तक मिटा दिया, कोई उसे एक चुल्लू पानी देनेवाला भी न बचा। आदमी और जो कुकर्म चाहे करे; पर अभिमान न करे, इतराए नहीं। अभिमान किया, और दीन-दुनिया दोनों से गया। शैतान का हाल भी पढ़ा ही होगा। उसे यह अभिमान हुआ था कि ईश्वर का उससे बढ़कर सच्चा भक्त कोई है ही नहीं! अंत में यह हुआ कि स्वर्ग से नरक में ढकेल दिया गया। शाहेरूम ने भी एक बार अहंकार किया था। भीख माँग-माँगकर मर गया। तुमने तो अभी केवल एक दरजा पास किया है, और अभी से तुम्हारा सिर फिर गया, तब तो तुम आगे पढ़ चुके। यह समझ लो कि तुम अपनी मेहनत से नहीं पास हुए, अन्धे के हाथ बटेर लग गई। मगर बटेर केवल एक बार हाथ लग सकती है, बार-बार नहीं लग सकती। कभी-कभी गुल्ली-डंडे में भी अंधा-चोट निशाना पड़ जाता है। इससे कोई सफल खिलाड़ी नहीं हो जाता। सफल खिलाड़ी वह है, जिसका कोई निशाना ख़ाली न जाए। मेरे फेल होने पर मत जाओ। मेरे दरजे में आओगे, तो दाँतों पसीना आ जाएगा, जब अलजबरा और जामेट्री के लोहे के चने चबाने पड़ेंगे, और इंगलिस्तान का इतिहास पढ़ना पड़ेगा। बादशाहों के नाम याद रखना आसान नहीं। आठ-आठ हेनरी ही गुज़रे हैं। कौन-सा कांड किस हेनरी के समय में हुआ, क्या यह याद कर लेना आसान समझते हो? हेनरी सातवें की जगह हेनरी आठवाँ लिखा और सब नम्बर ग़ायब! सफाचट। सिफर भी ना मिलेगा, सिफर भी! हो किस ख़याल में। दरजनों तो जेम्स हुए हैं, दरजनों विलियम, कोड़ियों चार्ल्स! दिमाग़ चक्कर खाने लगता है। आँधी रोग हो जाता है। इन अभागों को नाम भी न जुड़ते थे। एक ही नाम के पीछे दोयम, सोयम, चहारुम, पंजुम लगाते चले गए। मुझसे पूछते, तो दस लाख नाम बता देता और जामेट्री तो बस ख़ुदा की पनाह! अ ब ज की जगह अ ज ब लिख दिया और सारे नम्बर कट गए। कोई इन निर्दयी मुमतहिनों से नहीं पूछता कि आख़िर अ ब ज और अ ज ब में क्या फ़र्क़ है, और व्यर्थ की बात के लिए क्यों छात्रों का ख़ून करते हो। दाल-भात-रोटी या भात-दाल-रोटी खाई, इसमें क्या रखा है, मगर इन परीक्षकों को क्या परवाह। वह तो वही देखते हैं जो पुस्तक में लिखा है। चाहते हैं कि लड़के अक्षर-अक्षर रट डालें। और इसी रटन्त का नाम शिक्षा रख छोड़ा है। और आख़िर इन बे-सर-पैर की बातों के पढ़ने से फ़ायदा? इस रेखा पर वह लम्ब गिरा दो, तो आधार लम्ब से दुगुना होगा। पूछिए, इससे प्रयोजन? दुगुना नहीं, चौगुना हो जाए, या आधा ही रहे, मेरी बला से; लेकिन परीक्षा

में पास होना है, तो यह सब खुराफात याद करनी पड़ेगी। कह दिया—'समय की पाबंदी' पर एक निबंध लिखो, जो चार पन्नों से कम न हो। अब आप कापी सामने खोले, क़लम हाथ में लिए उसके नाम को रोइए। कौन नहीं जानता कि समय की पाबंदी बहुत अच्छी बात है, इससे आदमी के जीवन में संयम आ जाता है, दूसरों का उस पर स्नेह होने लगता है और उसके कारोबार में उन्नति होती है; लेकिन इस ज़रा-सी बात पर चार पन्ने कैसे लिखें। जो बात एक वाक्य में कही जा सके, उसे चार पन्नों में लिखने की ज़रूरत? मैं तो इसे हिमाकत कहता हूँ। यह तो समय की क़िफायत नहीं; बल्कि उसका दुरुपयोग है कि व्यर्थ में किसी बात को ठूँस दिया जाए। हम चाहते हैं, आदमी को जो कुछ कहना हो, चटपट कह दे, अपनी राह ले। मगर नहीं, आपको चार पन्ने रँगने पड़ेंगे; चाहे जैसे लिखिए। और पन्ने भी पूरे फुलस्केप के आकार के। यह छात्रों पर अत्याचार नहीं तो और क्या है? अनर्थ तो यह है कि कहा जाता है, संक्षेप में लिखो। समय की पाबंदी पर संक्षेप में एक निबंध लिखो, जो चार पन्नों से कम न हो। ठीक! संक्षेप में तो चार पन्ने हुए, नहीं शायद सौ-दो सौ पन्ने लिखवाते। तेज़ भी दौड़िए और धीरे-धीरे भी। उल्टी बात है या नहीं? बालक भी इतनी-सी बात समझ सकता है; लेकिन इन अध्यापकों को इतनी तमीज भी नहीं। उस पर दावा है कि हम अध्यापक हैं। मेरे दरजे में आओगे लाला, तो ये सारे पापड़ बेलने पड़ेंगे और तब आटे-दाल का भाव मालूम होगा। इस दरजे में अव्वल आ गए हो, तो ज़मीन पर पाँव नहीं रखते। इसलिए मेरा कहना मानिए। लाख फेल हो गया हूँ, लेकिन तुमसे बड़ा हूँ, संसार का मुझे तुमसे कहीं ज़्यादा अनुभव है, जो कुछ कहता हूँ, उसे गिरह बाँधिए, नहीं पछताइएगा।

स्कूल का समय निकट था, नहीं ईश्वर जाने यह उपदेश-माला कब समाप्त होती। भोजन आज मुझे निःस्वाद-सा लग रहा था। जब पास होने पर यह तिरस्कार हो रहा है, तो फेल हो जाने पर शायद प्राण ही ले लिए जाएँ। भाई साहब ने अपने दरजे की पढ़ाई का जो भयंकर चित्र खींचा था; उसने मुझे भयभीत कर दिया। स्कूल छोड़कर घर नहीं भागा, यही ताज्जुब है; लेकिन इतने तिरस्कार पर भी पुस्तकों में मेरी अरुचि ज्यों-की-त्यों बनी रही। खेल-कूद का कोई अवसर हाथ से न जाने देता। पढ़ता भी; मगर बहुत कम, बस इतना ही कि रोज़ का टास्क पूरा हो जाए और दरजे में जलील न होना पड़े। अपने ऊपर जो विश्वास पैदा था, वह फिर लुप्त हो गया और फिर चोरों का-सा जीवन कटने लगा।

3

फिर सालाना इम्तहान हुआ, और कुछ ऐसा संयोग हुआ कि मैं फिर पास हुआ और भाई साहब फेल हो गए। मैंने बहुत मेहनत नहीं की; पर न जाने कैसे दरजे में अव्वल आ गया। मुझे ख़ुद अचरज हुआ। भाई साहब ने प्राणांतक परिश्रम किया। कोर्स का एक-एक शब्द चाट गए थे, दस बजे रात तक इधर, चार बजे भोर से उधर, छह से साढ़े नौ तक स्कूल जाने के पहले। मुद्रा कांति—हीन हो गई थी; मगर बेचारे फेल हो गए। मुझे उन पर दया आती थी! नतीजा सुनाया गया, तो वह रो पड़े और मैं भी रोने लगा। अपने पास होने की ख़ुशी आधी हो गई! मैं भी फेल हो गया होता, तो भाई साहब को इतना दुःख न होता, लेकिन विधि की बात कौन टाले।

मेरे और भाई साहब के बीच में अब केवल एक दरजे का अंतर और रह गया। मेरे मन में एक कुटिल भावना उदय हुई कि कहीं भाई साहब एक साल और फेल हो जाएँ, तो मैं

उनके बराबर हो जाऊँ, फिर वह किस आधार पर मेरी फजीहत कर सकेंगे, लेकिन मैंने इस कमीने विचार को दिल से बलपूर्वक निकाल डाला। आख़िर वह मुझे मेरे हित के विचार से ही तो डाँटते हैं। मुझे इस वक़्त अप्रिय लगता है अवश्य, मगर वह शायद उनके उपदेशों का ही असर हो कि मैं दनादन पास हो जाता हूँ और इतने अच्छे नम्बरों से।

अब भाई साहब बहुत कुछ नर्म पड़ गए थे। कई बार मुझे डाँटने का अवसर पाकर भी उन्होंने धीरज से काम लिया। शायद अब वह ख़ुद समझने लगे थे कि मुझे डाँटने का अधिकार उन्हें नहीं रहा, या रहा भी, तो बहुत कम। मेरी स्वच्छन्दता भी बढ़ी। मैं उनकी सहिष्णुता का अनुचित लाभ उठाने लगा। मुझे कुछ ऐसी धारणा हुई कि मैं पास हो ही जाऊँगा, पढ़ूँ या न पढ़ूँ, मेरी तक़दीर बलवान है; इसलिए भाई साहब के डर से जो थोड़ा बहुत पढ़ लिया करता था, वह भी बन्द हुआ। मुझे कनकौए उड़ाने का नया शौक़ पैदा हो गया था और अब सारा समय पतंगबाजी की ही भेंट होता था; फिर भी मैं भाई साहब का अदब करता था, और उनकी नज़र बचाकर कनकौए उड़ाता था। माँझा देना, कन्ने बाँधना, पतंग टूरनामेंट की तैयारियाँ आदि समस्याएँ सब गुप्त रूप से हल की जाती थीं। मैं भाई साहब को यह सन्देह न करने देना चाहता था कि उनका सम्मान और लिहाज़ मेरी नज़रों में कम हो गया है।

एक दिन संध्या समय, होस्टल से दूर मैं एक कनकौआ लूटने बेतहाशा दौड़ा जा रहा था। आँखें आसमान की ओर थीं और मन उस आकाशगामी पथिक की ओर, जो मन्द गति से झूमता पतन की ओर चला आ रहा था, मानो कोई आत्मा स्वर्ग से निकलकर विरक्त मन से नए संस्कार ग्रहण करने आ रही हो। बालकों की पूरी सेना लग्गे और झाड़दार बाँस लिए इसका स्वागत करने को दौड़ी आ रही थी। किसी को अपने आगे-पीछे की ख़बर न थी। सभी मानो उस पतंग के साथ ही आकाश में उड़ रहे थे, जहाँ सब कुछ समतल है, न मोटरकारें हैं, ट्राम, न गाड़ियाँ।

सहसा भाई साहब से मेरी मुठभेड़ हो गई, जो शायद बाज़ार से लौट रहे थे। उन्होंने वहीं हाथ पकड़ लिया और उग्र भाव से बोले—इन बाज़ारी लौंडों के साथ धेले के कनकौए के लिए दौड़ते तुम्हें शर्म नहीं आती? तुम्हें इसका भी कुछ लिहाज़ नहीं कि अब नीची जमाअत में नहीं हो; बल्कि आठवीं जमाअत में आ गए हो और मुझसे केवल एक दरजा नीचे हो। आख़िर आदमी को कुछ तो अपनी पोजीशन का ख़याल करना चाहिए। एक ज़माना था कि लोग आठवाँ दरजा पास करके नायब तहसीलदार हो जाते थे। मैं कितने ही मिडिलचियों को जानता हूँ, जो आज अव्वल दरजे के डिप्टी मैजिस्ट्रेट या सुपरिंटेंडेंट हैं। कितने ही आठवीं जमाअतवाले हमारे लीडर और समाचारपत्रों के सम्पादक हैं। बड़े-बड़े विद्वान उनकी मातहती में काम करते हैं। और तुम उसी आठवें दरजे में आकर बाज़ारी लौंडों के साथ कनकौए के लिए दौड़ रहे हो? मुझे तुम्हारी इस कमअक़्ली पर दुःख होता है। तुम जहीन हो, इसमें शक नहीं, लेकिन वह जेहन किस काम का, जो हमारे आत्म-गौरव की हत्या कर डाले। तुम अपने दिल में समझते होंगे, मैं भाई साहब से महज एक दरजा नीचे हूँ, और अब उन्हें मुझको कुछ कहने का हक़ नहीं; लेकिन यह तुम्हारी ग़लती है। तुमसे पाँच साल बड़ा हूँ और चाहे आज तुम मेरी ही जमाअत में आ जाओ—और परीक्षकों का यही हाल है; तो निस्सन्देह अगले साल तुम मेरे समकक्ष हो जाओगे और शायद एक साल बाद मुझसे आगे भी निकल जाओ—लेकिन

मुझमें और तुममें जो पाँच साल का अंतर है; उसे तुम क्या, ख़ुदा भी नहीं मिटा सकता। मैं तुमसे पाँच साल बड़ा हूँ और हमेशा रहूँगा! मुझे दुनिया का और ज़िन्दगी का जो तजरबा है, तुम उसकी बराबरी नहीं कर सकते, चाहे तुम एम.ए. और डी.लिट्. और डी.फिल. ही क्यों न हो जाओ। समझ किताबें पढ़ने से नहीं आती, दुनिया देखने से आती है। हमारी अम्माँ ने कोई दरजा नहीं पास किया, और दादा भी शायद पाँचवीं-छठी जमाअत के आगे नहीं गए; लेकिन हम दोनों चाहे सारी दुनिया की विद्या पढ़ लें, अम्माँ और दादा को हमें समझाने और सुधारने का अधिकार हमेशा रहेगा। केवल इसलिए नहीं कि वे हमारे जन्मदाता हैं; बल्कि इसलिए कि उन्हें दुनिया का सबसे ज़्यादा तजरबा है और रहेगा। अमेरिका में किस तरह की राज-व्यवस्था है, और आठवें हेनरी ने कितने ब्याह किए और आकाश में कितने नक्षत्र हैं, यह बातें चाहे उन्हें न मालूम हों; लेकिन हज़ारों ऐसी बातें हैं, जिनका ज्ञान उन्हें हमसे और तुमसे ज़्यादा है। दैव न करे, आज मैं बीमार हो जाऊँ, तो तुम्हारे हाथ-पाँव फूल जाएँगे। दादा को तार देने के सिवा तुम्हें और कुछ न सूझेगा; लेकिन तुम्हारी जगह दादा हों, तो किसी को तार न दें, न घबराएँ, न बदहवास हों। पहले ख़ुद मरज पहचानकर इलाज क़रेंगे, उसमें सफल न हुए, तो किसी डॉक्टर को बुलाएँगे। बीमारी तो ख़ैर बड़ी चीज़ है। हम तुम तो इतना भी नहीं जानते कि महीने भर का ख़र्च महीना भर कैसे चले। जो कुछ दादा भेजते हैं, उसे हम बीस-बाईस तक ख़र्च कर डालते हैं, और फिर पैसे-पैसे को मुहताज हो जाते हैं। नाश्ता बन्द हो जाता है, धोबी और नाई से मुँह चुराने लगते हैं, लेकिन जितना आज हम और तुम ख़र्च कर रहे हैं, उसके आधे में दादा ने अपनी उम्र का बड़ा भाग इज़्ज़त और नेकनामी के साथ निभाया है और कुटुम्ब का पालन किया है जिसमें सब मिलाकर नौ आदमी थे। अपने हेडमास्टर साहब ही को देखो। एम.ए. हैं कि नहीं; और यहाँ के एम.ए. नहीं, ऑक्सफोर्ड के। एक हज़ार रुपए पाते हैं; लेकिन उनके घर का इंतज़ाम कौन करता है? उनकी बूढ़ी माँ। हेडमास्टर साहब की डिग्री यहाँ आकर बेकार हो गई। पहले ख़ुद घर का इंतज़ाम करते थे। ख़र्च पूरा न पड़ता था। करजदार रहते थे। जब से उनकी माताजी ने प्रबंध अपने हाथ में ले लिया है, जैसे घर में लक्ष्मी आ गई है। तो भाईजान, यह गरूर दिल से निकाल डालो कि तुम मेरे समीप आ गए हो और अब स्वतंत्र हो। मेरे देखते तुम बेराह न चलने पाओगे। अगर तुम यों न मानोगे तो मैं (थप्पड़ दिखाकर) इसका प्रयोग भी कर सकता हूँ। मैं जानता हूँ तुम्हें मेरी बातें ज़हर लग रही हैं...

मैं उनकी इस नई युक्ति से नत-मस्तक हो गया। मुझे आज सचमुच अपनी लघुता का अनुभव हुआ और भाई साहब के प्रति मेरे मन में श्रद्धा उत्पन्न हुई। मैंने सजल आँखों से कहा—हरगिज नहीं। आप जो फरमा रहे हैं, वह बिलकुल सच है और आपको उसको कहने का अधिकार है।

भाई साहब ने मुझे गले से लगा लिया और बोले—मैं कनकौए उड़ाने को मना नहीं करता। मेरा भी जी ललचाता है; लेकिन करूँ क्या, ख़ुद बेराह चलूँ, तो तुम्हारी रक्षा कैसे करूँ? यह कर्तव्य भी तो मेरे सिर है!

संयोग से उसी वक़्त एक कटा हुआ कनकौआ हमारे ऊपर से गुज़रा। उसकी डोर लटक रही थी। लड़कों का एक गोल पीछे-पीछे दौड़ रहा था। भाई साहब लम्बे हैं ही! उछलकर उसकी डोर पकड़ ली और बेतहाशा होस्टल की तरफ़ दौड़े। मैं पीछे-पीछे दौड़ रहा था।

शांति

स्वर्गीय देवनाथ मेरे अभिन्न मित्रों में थे। आज भी जब उनकी याद आ जाती है, तो वह रँगरेलियाँ आँखों में फिर जाती हैं, और कहीं एकान्त में जाकर ज़रा देर रो लेता हूँ। हमारे और उनके बीच में दो-ढाई सौ मील का अंतर था। मैं लखनऊ में था, वह दिल्ली में; लेकिन ऐसा शायद ही कोई महीना जाता हो कि हम आपस में न मिल जाते हों। वह स्वच्छन्द प्रकृति के, विनोदप्रिय, सहृदय, उदार और मित्रों पर प्राण देनेवाले आदमी थे; जिन्होंने अपने और पराए में कभी भेद नहीं किया। संसार क्या है और यहाँ लौकिक व्यवहार का कैसे निर्वाह होता है, यह उस व्यक्ति ने कभी न जाना और न जानने की चेष्टा की। उनके जीवन में ऐसे कई अवसर आए, जब उन्हें आगे के लिए होशियार हो जाना चाहिए था, मित्रों ने उनकी निष्कपटता से अनुचित लाभ उठाया, और कई बार उन्हें लज्जित भी होना पड़ा, लेकिन उस आदमी ने जीवन से कोई सबक न लेने की क़सम खा ली थी। उनके व्यवहार ज्यों के त्यों रहे—जैसे भोलानाथ जिए, वैसे ही भोलानाथ मरे। जिस दुनिया में वह रहते थे वह निराली दुनिया थी, जिसमें सन्देह, चालाकी और कपट के लिए स्थान न था—सब अपने थे, कोई ग़ैर न था। मैंने बार-बार उन्हें सचेत करना चाहा पर इसका परिणाम आशा के विरुद्ध हुआ। जीवन के स्वप्नों को भंग करने में उन्हें हार्दिक वेदना होती थी। मुझे कभी-कभी चिन्ता होती थी कि उन्होंने हाथ बन्द न किया तो नतीजा क्या होगा? लेकिन विडम्बना यह थी कि उनकी स्त्री गोपा भी कुछ उसी साँचे में ढली हुई थी। हमारी देवियों में जो एक चातुरी होती है, जो सदैव ऐसे उड़ाऊ पुरुषों की असावधानियों पर 'ब्रेक' का काम करती है, उससे वह वंचित थी। यहाँ तक कि वस्त्रभूषण में भी उसे विशेष रुचि न थी। अतएव जब मुझे देवनाथ के स्वर्गारोहण का समाचार मिला, और मैं भागा हुआ दिल्ली गया, तो घर में बरतन-भाँडे और मकान के सिवा और कोई संपत्ति न थी। और अभी उनकी उम्र ही क्या थी, जो संचय की चिन्ता करते। चालीस भी तो पूरे न हुए थे। यों तो लड़कपन उनके स्वभाव में ही था; लेकिन इस उम्र में प्रायः सभी लोग कुछ बेफ़िक्र रहते हैं। पहले एक लड़की हुई थी। इसके बाद दो लड़के हुए। दोनों लड़के तो बचपन में ही दग़ा दे गए थे। लड़की बच रही थी, और यही इस नाटक का सबसे करुण दृश्य था। जिस तरह का इनका जीवन था, उसके देखते इस छोटे-से परिवार के लिए दो सौ रुपए महीने की ज़रूरत थी। दो-तीन साल में लड़की का विवाह भी करना होगा। कैसे क्या होगा, मेरी बुद्धि कुछ काम न करती थी।

इस अवसर पर मुझे यह बहुमूल्य अनुभव हुआ कि जो लोग सेवा-भाव रखते हैं और जो स्वार्थ-सिद्धि को जीवन का लक्ष्य नहीं बनाते, उनके परिवार को आड़ देनेवालों की कमी नहीं रहती। यह कोई नियम नहीं है; क्योंकि मैंने ऐसे लोगों को भी देखा है, जिन्होंने जीवन में बहुतों के साथ सलूक किए; पर उनके पीछे उनके बाल-बच्चों की किसी ने बात तक न पूछी; लेकिन चाहे कुछ हो, देवनाथ के मित्रों ने प्रशंसनीय औदार्य से काम लिया और गोपा के निर्वाह के लिए स्थायी धन जमा करने का प्रस्ताव किया। दो-एक सज्जन जो रँडुवे थे, उससे विवाह करने को तैयार थे; किन्तु गोपा ने भी उसी स्वाभिमान का परिचय दिया; जो हमारी देवियों का जौहर है और इस प्रस्ताव को अस्वीकार कर दिया। मकान बहुत बड़ा था।

उसका एक भाग किराए पर उठा दिया। इस तरह उसको 50/- महावार मिलने लगे। वह इतने में ही अपना निर्वाह कर लेगी। जो कुछ ख़र्च था, वह सुन्नी की जात से था। गोपा के लिए तो जीवन में अब कोई अनुराग ही न था।

2

इसके एक ही महीने बाद मुझे कारोबार के सिलसिले में विदेश जाना पड़ा और वहाँ अनुमान से कहीं अधिक—दो साल लग गए। गोपा के पत्र बराबर जाते रहते थे, जिससे मालूम होता था—वे आराम से हैं, कोई चिन्ता की बात नहीं है। मुझे पीछे ज्ञात हुआ कि गोपा ने मुझे भी ग़ैर समझा और वास्तविक स्थिति छिपाती रही।

विदेश से लौटकर मैं सीधा दिल्ली पहुँचा। द्वार पर पहुँचते ही मुझे रोना आ गया। मृत्यु की प्रतिध्वनि-सी छाई हुई थी। जिस कमरे में मित्रों के जमघट रहते थे, उसके द्वार बन्द थे, मकड़ियों ने चारों ओर जाले तान रखे थे। देवनाथ के साथ वह श्री भी लुप्त हो गई थी। पहली नज़र में तो मुझे ऐसा भ्रम हुआ कि देवनाथ द्वार पर खड़े मेरी ओर देखकर मुस्कुरा रहे हैं। मैं मिथ्यावादी नहीं हूँ और आत्मा की दैहिकता में मुझे सन्देह है; लेकिन उस वक़्त एक बार मैं चौंक ज़रूर पड़ा। हृदय में एक कम्पन-सा उठा; लेकिन दूसरी नज़र में प्रतिमा मिट चुकी थी। द्वार खुला। गोपा के सिवा खोलनेवाला ही कौन था? मैंने उसे देखकर दिल थाम लिया। उसे मेरे आने की सूचना थी और मेरे स्वागत की प्रतीक्षा में उसने नई साड़ी ली थी और शायद बाल भी गुँथा लिए थे; पर इन दो वर्षों ने उस पर जो आघात किए थे, उन्हें क्या कहती? नारियों के जीवन में यह वह अवस्था है; जब रूप-लावण्य अपने पूरे विकास पर होता है, जब उसमें अल्हड़पन, चंचलता और अभिमान की जगह आकर्षण, माधुर्य और रसिकता आ जाती है; लेकिन गोपा का यौवन बीत चुका था। उसके मुख पर झुर्रियाँ और विषाद की रेखाएँ अंकित थीं, जिन्हें उसकी प्रयत्नशील प्रसन्नता भी न मिटा सकती थी। केशों पर सफ़ेदी दौड़ चली थी और एक-एक अंग बूढ़ा हो रहा था!

मैंने करुण स्वर में पूछा—क्या तुम बीमार थीं, गोपा?

गोपा ने आँसू पीकर कहा—नहीं तो, मुझे तो कभी सिर दर्द भी नहीं हुआ।

'तो तुम्हारी यह क्या दशा है? बिलकुल बूढ़ी हो गई हो।'

'तो अब जवानी लेकर करना ही क्या है? मेरी उम्र भी तो पैंतीस के ऊपर हो गई?'

'पैंतीस की उम्र तो बहुत नहीं होती।'

'हाँ, उनके लिए, जो बहुत दिन जीना चाहते हैं। मैं तो चाहती हूँ, जितनी जल्दी हो सके, जीवन का अंत हो जाए। बस, सुन्नी के ब्याह की चिन्ता है। इससे छुट्टी पा जाऊँ; फिर मुझे ज़िंदगी की परवाह न रहेगी।'

अब मालूग हुआ कि जो सज्जन इस मकान में किरायेदार हुए थे, वह थोड़े दिन के बाद तबदील होकर चले गए और तब से कोई दूसरा किरायेदार न आया। मेरे हृदय में बरछी-सी चुभ गई। इतने दिन इन बेचारों का निर्वाह कैसे हुआ, यह कल्पना ही दुःखद थी।

मैंने विरक्त मन से कहा—लेकिन तुमने सूचना क्यों न दी? क्या मैं बिलकुल ग़ैर हूँ?

गोपा ने लज्जित होकर कहा—नहीं-नहीं, यह बात नहीं है। तुम्हें ग़ैर समझूँगी तो अपना किसे समझूँगी? मैंने समझा, परदेश में तुम ख़ुद अपने झमेले में पड़े होंगे, तुम्हें क्यों सताऊँ?

किसी-न-किसी तरह दिन कट ही गए। घर में और कुछ न था, तो थोड़े-से गहने तो थे ही। अब सुनीता के विवाह की चिन्ता है। पहले, मैंने सोचा था, इस मकान को निकाल दूँगी, बीस-बाईस हज़ार मिल जाएँगे। विवाह भी हो जाएगा और कुछ मेरे लिए भी बच रहेगा; लेकिन बाद को मालूम हुआ कि मकान पहले ही रेहन हो चुका है और सूद मिलाकर उस पर बीस हज़ार हो गए हैं। महाजन ने इतनी दया ही क्या कम की कि मुझे घर से निकाल न दिया। इधर से तो अब कोई आशा नहीं है। बहुत हाथ-पाँव जोड़ने पर, संभव है, महाजन से दो-ढाई हज़ार मिल जाए। इतने में क्या होगा? इसी फ़िक्र में घुली जा रही हूँ। लेकिन, मैं भी कितनी मतलबी हूँ, न तुम्हें हाथ-मुँह धोने को पानी दिया, न कुछ जलपान लाई और अपना दुखड़ा ले बैठी। अब आप कपड़े उतारिए और आराम से बैठिए। कुछ खाने को लाऊँ, खा लीजिए, तब बातें हों। घर पर तो सब कुशल है?

मैंने कहा—मैं तो सीधा बम्बई से यहाँ आ रहा हूँ। घर कहाँ गया?

गोपा ने मुझे तिरस्कार-भरी आँखों से देखा; पर उस तिरस्कार की आड़ में घनिष्ठ आत्मीयता बैठी झाँक रही थी। मुझे ऐसा जान पड़ा, उसके मुख की झुर्रियाँ मिट गई हैं। पीछे मुख पर हल्की-सी लाली दौड़ गई। उसने कहा—इसका फल यह होगा कि तुम्हारी देवीजी तुम्हें कभी यहाँ न आने देंगी।

'मैं किसी का ग़ुलाम नहीं हूँ।'

'किसी को अपना ग़ुलाम बनाने के लिए पहले ख़ुद ही उसका ग़ुलाम बनना पड़ता है।'

शीतकाल की संध्या देखते-देखते दीपक जलाने लगी। सुन्नी लालटेन लेकर कमरे में आई। दो साल पहले की अबोध और कृशतनु बालिका रूपवती युवती हो गई थी, जिसकी हर एक चितवन, हर एक बात, उसकी गौरवशाली प्रकृति का पता दे रही थी। जिसे मैं गोद में उठाकर प्यार करता था, उसकी तरफ़ आँखें न उठा सका, और वह जो मेरे गले से लिपटकर प्रसन्न होती थी, आज मेरे सामने खड़ी भी न हो सकी। जैसे मुझसे कोई वस्तु छिपाना चाहती है; और जैसे मैं उसे उस वस्तु के छिपाने का अवसर दे रहा हूँ।

मैंने पूछा—अब तुम किस दरजे में पहुँची सुन्नी?

उसने सिर झुकाए हुए जवाब दिया—दसवें में हूँ।

'घर का भी कुछ काम-काज करती हो?'

'अम्माँ जब करने भी दें।'

गोपी बोली—मैं नहीं करने देती या तू ख़ुद किसी काम के नगीच नहीं जाती।

सुन्नी मुँह फेरकर हँसती हुई चली गई। माँ की दुलारी लड़की थी। जिस दिन वह गृहस्थी का काम करती, उस दिन शायद गोपा रो-रोकर आँखें फोड़ लेती। वह ख़ुद लड़की को कोई काम न करने देती थी; मगर सबसे शिकायत करती थी कि वह कोई काम नहीं करती। यह शिकायत भी उसके प्यार का ही एक करिश्मा था। हमारी 'मर्यादा' हमारे बाद भी जीवित रहती है।

मैं भोजन करके लेटा, तो गोपा ने फिर सुन्नी के विवाह की तैयारियों की चर्चा छेड़ दी। इसके सिवा उसके पास बात ही क्या थी। लड़के तो बहुत मिलते हैं; लेकिन कुछ हैसियत भी तो हो। लड़की को यह सोचने का अवसर क्यों मिले कि दादा होते, तो शायद मेरे लिए इससे अच्छा घर-वर ढूँढ़ते। फिर गोपा ने डरते-डरते लाला मदारीलाल के लड़के का ज़िक्र किया।

मैंने चकित होकर उसकी ओर देखा। लाला मदारीलाल पहले इंजीनियर थे। अब पेंशन पाते थे, लाखों रुपए जमा कर लिए थे; पर अब तक उनके लोभ की प्यास न बुझी थी। गोपा ने घर भी वह छाँटा, जहाँ उसकी रसाई कठिन थी।

मैंने आपत्ति की—मदारीलाल तो बड़ा ही दुर्जन मनुष्य है।

गोपा ने दाँतों-तले जीभ दबाकर कहा—अरे नहीं भैया, तुमने उन्हें पहचाना न होगा, मेरे ऊपर बड़े दयालु हैं। कभी-कभी आकर कुशल-समाचार पूछ जाते हैं। लड़का ऐसा होनहार है मैं तुमसे क्या कहूँ। फिर उनके यहाँ कमी किस बात की है? यह ठीक है कि वह ख़ूब रिश्वत लेते थे; लेकिन यहाँ धर्मात्मा कौन है? कौन अवसर पाकर जाने देता है? मदारीलाल ने तो यहाँ तक कह दिया कि वह मुझसे दहेज़ नहीं चाहते, केवल कन्या चाहते हैं। सुन्नी उनके मन में बैठ गई है।

मुझे गोपा की सरलता पर दया आई; लेकिन मैंने सोचा, क्यों इसके मन में किसी के प्रति अविश्वास उत्पन्न करूँ। संभव है, मदारीलाल वह न रहे हों। चित्त की भावनाएँ बदलती भी रहती हैं।

मैंने अर्द्ध सहमत होकर कहा—मगर यह तो सोचो, उनमें और तुममें कितना अंतर है। तुम शायद अपना सर्वस्व अर्पण करके भी उनका मुँह सीधा न कर सको।

लेकिन गोपा के मन में बात जम गई थी। सुन्नी को वह ऐसे घर में ब्याहना चाहती थी, जहाँ वह रानी बनकर रहे!

दूसरे दिन प्रात:काल मैं मदारीलाल के पास गया और उनसे मेरी जो बातचीत हुई, उसने मुझे मुग्ध कर लिया। किसी समय वह लोभी रहे होंगे। इस समय तो मैंने उन्हें बहुत ही सहृदय, उदार और विनयशील पाया। बोले—भाई साहब, मैं देवनाथजी से परिचित हूँ। आदमियों में रत्न थे। उनकी लड़की मेरे घर में आए, यह मेरा सौभाग्य है। आप उनकी माँ से कह दें; मदारीलाल उनसे किसी चीज़ की इच्छा नहीं रखता। ईश्वर का दिया हुआ मेरे घर में सब कुछ है, मैं उन्हें जेरबार नहीं करना चाहता।

मेरे दिल का बोझ उतर गया। हम सुनी-सुनाई बातों से दूसरों के सम्बन्ध में कैसी मिथ्या धारणा कर लिया करते हैं, इसका बड़ा शुभ अनुभव हुआ। मैंने आकर गोपा को बधाई दी। यह निश्चय हुआ कि गर्मियों में विवाह कर दिया जाए।

3

वे चार महीने गोपा ने विवाह की तैयारियों में काटे। मैं महीने में एक बार अवश्य उससे मिल आता था, पर हर बार खिन्न होकर लौटता। गोपा ने अपनी कुल-मर्यादा का न जाने कितना महान् आदर्श अपने सामने रख लिया था। पगली इस भ्रम में पड़ी हुई थी कि उसका यह उत्साह नगर में अपनी यादगार छोड़ जाएगा। यह न जानती थी कि यहाँ ऐसे तमाशे रोज़ होते हैं और आए दिन भुला दिए जाते हैं। शायद वह संसार से यह श्रेय लेना चाहती थी कि इस गई-बीती दशा में भी, लेटा हुआ हाथी नौ लाख का है। पग-पग पर उसे देवनाथ की याद आती। वह होते तो यह काम यों न होता, यों होता और तब रोती। मदारीलाल सज्जन हैं, यह सत्य है; लेकिन गोपा का अपनी कन्या के प्रति भी तो कुछ धर्म है। कौन उसके दस-पाँच लड़कियाँ बैठी हुई हैं। वह तो दिल खोलकर अरमान निकालेगी। सुन्नी के लिए उसने जितने

गहने और जोड़े बनवाए थे, उन्हें देखकर मुझे आश्चर्य होता था। जब देखो कुछ-न-कुछ सी रही है, कभी सुनारों की दुकान पर बैठी हुई है, कभी मेहमानों के आदर-सत्कार का आयोजन कर रही है, मुहल्ले में ऐसा बिरला ही कोई सम्पन्न मनुष्य होगा, जिससे उसने कुछ क़र्ज़ न लिया हो। वह इसे क़र्ज़ समझती थी, देनेवाले दान समझकर देते थे। सारा मुहल्ला उसका सहायक था। सुन्नी अब मुहल्ले की लड़की थी। गोपा की इज़्ज़त सबकी इज़्ज़त है और गोपा के लिए तो नींद और आराम हराम था। दर्द से सिर फटा जा रहा है; आधी रात हो गई; मगर वह बैठी कुछ-न-कुछ सी रही है, या 'इस कोठी का धान उस कोठी' कर रही है। कितनी वात्सल्य से भरी आकांक्षा थी कि देखनेवालों में श्रद्धा उत्पन्न कर देती थी।

अकेली औरत और वह भी आधी जान की। क्या-क्या करे? जो काम दूसरों पर छोड़ देती है, उसी में कुछ-न-कुछ कसर रह जाती है; पर उसकी हिम्मत है कि किसी तरह हार नहीं मानती।

पिछली बार उसकी दशा देखकर मुझसे न रहा गया। बोला—गोपा देवी, अगर मरना ही चाहती हो, तो विवाह हो जाने के बाद मरो; मुझे भय है कि तुम उसके पहले ही न चल दो।

गोपा का मुरझाया हुआ मुख प्रमुदित हो उठा। बोली—इसकी चिन्ता न करो भैया, विधवा की आयु बहुत लम्बी होती है। तुमने सुना नहीं, 'राँड मरे न खँडहर ढहे।' लेकिन मेरी यही कामना है कि सुन्नी का ठिकाना लगाकर मैं भी चल दूँ। अब और जीकर क्या करूँगी, सोचो! क्या करूँ, अगर किसी तरह का विघ्न पड़ गया तो किसकी बदनामी होगी! इन चार महीनों में मुश्किल से घंटा-भर सोती हूँगी। नींद नहीं आती, पर मेरा चित्त प्रसन्न है। मैं मरूँ या जीऊँ, मुझे यह सन्तोष तो होगा कि सुन्नी के लिए उसका बाप जो कर सकता था, वह मैंने कर दिया। मदारीलाल ने अपनी सज्जनता दिखाई, तो मुझे भी अपनी नाक रखनी है।

एक देवी ने आकर कहा—बहन, ज़रा चलकर देख लो, चाशनी ठीक हो गई है या नहीं। गोपा उसके साथ चाशनी की परीक्षा करने गई और एक क्षण के बाद आकर बोली—जी चाहता है सिर पीट लूँ। तुमसे ज़रा बात करने लगी, उधर चाशनी इतनी कड़ी हो गई कि लड्डू दाँतों से लड़ेंगे। किससे क्या कहूँ!

मैंने चिढ़कर कहा—तुम व्यर्थ का झंझट कर रही हो। क्यों नहीं किसी हलवाई को बुलाकर मिठाइयों का ठीका दे देतीं? फिर तुम्हारे यहाँ मेहमान ही कितने आवेंगे, जिनके लिए यह तूमार बाँध रही हो। दस-पाँच की मिठाई उनके लिए बहुत होगी।

गोपा ने व्यथित नेत्रों से मेरी ओर देखा। मेरी यह आलोचना उसे बुरी लगी। इन दिनों उसे बात-बात पर क्रोध आ जाता था। बोली—भैया, तुम यह बातें न समझोगे। तुम्हें न माँ बनने का अवसर मिला, न पत्नी बनने का! सुन्नी के पिता का कितना नाम था, कितने आदमी उनके दम से जीते थे, क्या यह तुम नहीं जानते? वह पगड़ी मेरे ही सिर तो बँधी है! तुम्हें विश्वास न आएगा, नास्तिक जो ठहरे; पर मैं तो उन्हें सदैव अपने अन्दर बैठा हुआ पाती हूँ, जो कुछ कर रहे हैं, वह कर रहे हैं, मैं मन्द-बुद्धि स्त्री भला अकेली क्या कर लेती? वही मेरे सहायक हैं, वही मेरे प्रकाश हैं! यह समझ लो कि यह देह मेरी है, पर इसके अन्दर जो आत्मा है, वह उनकी है। जो कुछ हो रहा है, उनके पुण्य आदेश से हो रहा है। तुम उनके मित्र हो। तुमने अपने सैकड़ों रुपए ख़र्च किए और इतना हैरान हो रहे हो। मैं तो उनकी सहगामिनी हूँ, लोक में, परलोक में भी।

मैं अपना-सा मुँह लेकर रह गया।

4

जून में विवाह हो गया। गोपा ने बहुत कुछ दिया और अपनी हैसियत से बहुत ज़्यादा दिया; लेकिन फिर भी, उसे सन्तोष न था। आज सुन्नी के पिता होते, तो जाने क्या करते! बराबर रोती रही।

जाड़ों में फिर दिल्ली गया। मैंने समझा था, अब गोपा सुखी होगी। लड़की का घर और वर दोनों आदर्श हैं। गोपा को इसके सिवा और क्या चाहिए, लेकिन सुख उसके भाग्य में ही न था।

मैं अभी कपड़े भी न उतारने पाया था कि उसने अपना दुखड़ा शुरू कर दिया—भैया, घर-द्वार सब अच्छा है, सास-ससुर भी अच्छे हैं; लेकिन जमाई निकम्मा निकला। सुन्नी बेचारी रो-रोकर दिन काट रही है। तुम उसे देखो, तो पहचान न सको। उसकी परछाईं मात्र रह गई है। अभी कई दिन हुए, आई हुई थी, उसकी दशा देखकर छाती फटती थी! जैसे जीवन में अपने पथ खो बैठी हो। न तन-बदन की सुध है, न कपड़े-लत्ते की। मेरी सुन्नी की दुर्गति होगी, यह तो स्वप्न में भी न सोचा था। बिलकुल गुम-सुम हो गई है। कितना पूछा—बेटी, तुमसे वह क्यों नहीं बोलता, किस बात पर नाराज़ है, लेकिन कुछ जवाब नहीं देती। बस, आँखों से आँसू बहते रहते हैं। मेरी सुन्नी कुएँ में गिर गई।

मैंने कहा—तुमने उनके घरवालों से पता नहीं लगाया?

'लगाया क्यों नहीं भैया, सब हाल मालूम हो गया। लौंडा चाहता है, मैं चाहे जिस राह जाऊँ, सुन्नी मेरी पूजा करती रहे। सुन्नी भला इसे क्यों सहने लगी! उसे तो तुम जानते हो, कितनी अभिमानिनी है। वह उन स्त्रियों में नहीं है जो पति को देवता समझती हैं और उसका दुर्व्यवहार सहती रहती हैं। उसने सदैव दुलार और प्यार पाया है। बाप भी उस पर जान देता था। मैं भी आँख की पुतली समझती थी। पति मिला छैला, जो आधी-आधी रात तक मारा-मारा फिरता है। दोनों में क्या बात हुई, यह कौन जान सकता है; लेकिन दोनों में कोई गाँठ पड़ गई है। न वह सुन्नी की परवाह करता है, न सुन्नी उसकी परवाह करती है; मगर वह तो अपने रंग में मस्त है, सुन्नी प्राण दिए देती है। उसके लिए सुन्नी की जगह मुन्नी है, सुन्नी के लिए उसकी उपेक्षा है और रुदन है।'

मैंने कहा—लेकिन तुमने सुन्नी को समझाया नहीं? उस लौंडे का क्या बिगड़ेगा। इसकी तो ज़िंदगी ख़राब हो जाएगी।

गोपा की आँखों में आँसू भर आए। बोली—भैया, किस दिल से समझाऊँ? सुन्नी को देखकर तो मेरी छाती फटने लगती है। बस, यही जी चाहता है कि इसे अपने कलेजे में रख लूँ, कि इसे कोई कड़ी आँख से देख भी न सके। सुन्नी फूहड़ होती, कटु-भाषिणी होती, आरामतलब होती तो समझाती भी। क्या यह समझाऊँ कि तेरा पति गली-गली मुँह काला करता फिरे, फिर भी तू उसकी पूजा किया कर? मैं तो ख़ुद यह अपमान न सह सकती। स्त्री-पुरुष में विवाह की पहली शर्त यह है कि दोनों सोलहों आने एक-दूसरे के हो जाएँ। ऐसे पुरुष तो कम हैं, जो स्त्री को जौ-भर विचलित होते देखकर शान्त रह सकें; पर ऐसी स्त्रियाँ बहुत हैं, जो पति को स्वच्छन्द समझती हैं। सुन्नी उन स्त्रियों में नहीं है, वह अगर आत्म-समर्पण

करती है, तो आत्म-समर्पण चाहती भी है, और यदि पति में यह बात न हुई, तो वह उससे कोई सम्पर्क न रखेगी, चाहे उसका सारा जीवन रोते कट जाए।

यह कहकर गोपा भीतर गई और एक सिंगारदान लाकर उसके अन्दर के आभूषण दिखाती हुई बोली—सुन्नी इसे अबकी यहीं छोड़ गई। इसीलिए आई ही थी। ये वे गहने हैं, जो मैंने न जाने कितने कष्ट सहकर बनवाए थे। उनके पीछे महीनों मारी-मारी फिरी थी। यों कहो कि भीख माँग कर जमा किए थे। सुन्नी अब इनकी ओर आँख उठाकर भी नहीं देखती। पहने तो किसके लिए? सिंगार करे तो किस पर? पाँच सन्दूक कपड़ों के दिए थे। कपड़े सीते-सीते मेरी आँखें फूट गईं। यह सब कपड़े उठाती लाई। इन चीज़ों से जैसे उसे घृणा हो गई है। बस, कलाई में दो काँच की चूड़ियाँ और एक उजली साड़ी, यही उसका सिंगार है।

मैंने गोपा को सांत्वना दी—मैं जाकर ज़रा केदारनाथ से मिलूँगा। देखूँ तो, वह किस रंग-ढंग का आदमी है।

गोपा ने हाथ जोड़कर कहा—नहीं, भूलकर भी न जाना; सुन्नी सुनेगी तो प्राण ही दे देगी। अभिमान की पुतली ही समझो उसे, रस्सी समझ लो, जिसके जल जाने पर भी बल नहीं जाते। जिन पैरों ने उसे ठुकरा दिया है, उन्हें वह कभी न सहलाएगी। उसे अपना बनाकर कोई चाहे यों लौंडी बना ले; लेकिन शासन तो उसने मेरा न सहा, दूसरों का क्या सहेगी!

मैंने गोपा से उस वक़्त कुछ न कहा; लेकिन अवसर पाते ही लाला मदारीलाल से मिला। मैं रहस्य का पता लगाना चाहता था। संयोग से पिता और पुत्र, दोनों एक ही जगह मिल गए। मुझे देखते ही केदार ने इस तरह झुककर मेरे चरण छुए कि मैं उसकी शालीनता पर मुग्ध हो गया। तुरन्त भीतर गया और चाय, मुरब्बा और मिठाइयाँ लाया। इतना सौम्य, इतना सुशील, इतना विनम्र युवक मैंने न देखा था। वह भावना ही न हो सकती थी कि इसके भीतर और बाहर में कोई अंतर हो सकता है। जब तक रहा, सिर झुकाए बैठा रहा। उच्छृंखलता तो उसे छू भी नहीं गई थी।

जब केदार टेनिस खेलने चला गया, तो मैंने मदारीलाल से कहा—केदार बाबू तो बहुत सच्चरित्र जान पड़ते हैं, फिर स्त्री-पुरुष में इतना मनोमालिन्य क्यों हो गया है?

मदारीलाल ने एक क्षण विचार करके कहा—इसका कारण इसके सिवा और क्या बताऊँ कि दोनों अपने माँ-बाप के लाडले हैं, और प्यार लड़कों को अपने मन का बना देता है। मेरा सारा जीवन संघर्ष में कटा। अब जाकर ज़रा शांति मिली है। भोग-विलास का कभी अवसर ही न मिला। दिन-भर परिश्रम करता था, संध्या को पड़कर सो रहता था। स्वास्थ्य भी अच्छा न था; इसलिए बार-बार यह चिन्ता सवार रहती थी कि कुछ संचय कर लूँ। ऐसा न हो कि मेरे पीछे बाल-बच्चे भीख माँगते फिरें। नतीजा यह हुआ कि इन महाशय को मुफ़्त का धन मिला। सनक सवार हो गई। शराब उड़ने लगी। फिर ड्रामा खेलने का शौक़ हुआ। धन की कमी थी ही नहीं, उस पर माँ-बाप के अकेले बेटे। इसकी प्रसन्नता ही हमारे जीवन का स्वर्ग थी। पढ़ना-लिखना तो दूर रहा, विलास की इच्छा बढ़ती गई। रंग और गहरा हुआ, अपने जीवन का ड्रामा खेलने लगे। मैंने यह रंग देखा तो मुझे चिन्ता हुई। सोचा ब्याह कर दूँ, ठीक हो जाएगा। गोपा देवी का पैगाम आया, तो मैंने तुरन्त स्वीकार कर लिया। मैं सुन्नी को देख चुका था। सोचा, ऐसी रूपवती स्त्री पाकर इसका मन स्थिर हो जाएगा, पर वह भी लाडली लड़की थी—हठीली, अबोध, आदर्शवादिनी। सहिष्णुता तो उसने सीखी ही न थी।

समझौते का जीवन में क्या मूल्य है, इसकी उसे ख़बर ही नहीं। लोहा-लोहे से लड़ गया। वह अभिमान से इसे पराजित करना चाहती है, यह उपेक्षा से। यही रहस्य है। और साहब, मैं तो बहू को ही अधिक दोषी समझता हूँ। लड़के तो प्राय: मनचले होते ही हैं। लड़कियाँ स्वभाव से ही सुशीला होती हैं और अपनी ज़िम्मेदारी समझती हैं। इनकी सेवा, त्याग और प्रेम ही उनका अस्त्र है, जिससे वे पुरुष पर विजय पाती हैं। उसमें ये पूर्ण ही नहीं। डोंगा कैसे पार होगा, ईश्वर ही जानें।

सहसा सुन्नी अन्दर से आ गई। बिलकुल अपने चित्र की रेखा-सी, मानो मनोहर संगीत की प्रतिध्वनि हो। कुन्दन तपकर भस्म हो गया था। मिटी हुई आशाओं का इससे अच्छा चित्र नहीं हो सकता। उलाहना देती हुई बोली—आप न जाने कब से बैठे हुए हैं, मुझे ख़बर तक नहीं और शायद आप बाहर-ही-बाहर चले भी जाते।

मैंने आँसुओं के वेग को रोकते हुए कहा—नहीं सुन्नी, यह कैसे हो सकता था। तुम्हारे पास आ ही रहा था कि तुम स्वयं आ गईं।

मदारीलाल कमरे से बाहर अपनी 'कार' की सफाई कराने लगे। शायद मुझे सुन्नी से बातचीत करने का अवसर देना चाहते थे।

सुन्नी ने पूछा—अम्माँ तो अच्छी तरह से हैं?

'हाँ, अच्छी हैं। तुमने अपनी यह क्या गत बना रखी है?'

'मैं तो बहुत अच्छी तरह से हूँ।'

'यह बात क्या है? तुम लोगों में यह क्या अनबन है? गोपा देवी प्राण दिए डालती हैं! तुम ख़ुद मरने की तैयारी कर रही हो। कुछ तो विचार से काम लो।'

सुन्नी के माथे पर बल पड़ गए—आपने नाहक यह विषय छेड़ दिया चाचा जी! मैंने तो यह सोचकर अपने मन को समझा लिया कि मैं अभागिन हूँ। बस, इसका निवारण मेरे बूते से बाहर है। मैं उस जीवन से मृत्यु को कहीं अच्छा समझती हूँ, जहाँ अपनी कदर न हो। मैं व्रत के बदले में व्रत चाहती हूँ। जीवन का कोई दूसरा रूप मेरी समझ में नहीं आता। इस विषय में किसी तरह का समझौता करना मेरे लिए असंभव है। नतीजे की मैं परवाह नहीं करती।

'लेकिन...'

'नहीं चाचाजी, इस विषय में अब कुछ न कहिए, नहीं तो मैं चली जाऊँगी।'

'आख़िर सोचो तो...'

'मैं सब सोच चुकी और तय कर चुकी। पशु को मनुष्य बनाना मेरी शक्ति के बाहर है।'

इसके बाद मेरे लिए अपना मुँह बन्द कर लेने के सिवा और क्या रह गया था।

5

मई का महीना था। मैं मंसूरी गया हुआ था कि गोपा का तार पहुँचा—'तुरंत आओ, ज़रूरी काम है।' मैं घबरा तो गया; लेकिन इतना निश्चित था कि कोई दुर्घटना नहीं हुई। दूसरे ही दिन दिल्ली जा पहुँचा। गोपा मेरे सामने आकर खड़ी हो गई, नि:स्पन्द, मूक, निष्प्राण, जैसे तपेदिक का रोगी हो।

मैंने पूछा—कुशल तो है, मैं तो घबरा उठा।

उसने बुझी हुई आँखों से देखा और बोली—सच!

'सुन्नी तो कुशल से है?'

'हाँ, अच्छी तरह है।'

'और केदारनाथ?'

'वह भी अच्छी तरह है।'

'तो फिर माजरा क्या है? तुमने तार दिया और कहती हो—कुछ तो नहीं?'

'दिल घबरा रहा था, इससे तुम्हें बुला लिया। सुन्नी को किसी तरह समझा कर यहाँ लाना है। मैं तो सब कुछ करके हार गई।'

'क्या इधर कोई नई बात हो गई?'

'नई तो नहीं है; लेकिन एक तरह से नई ही समझो। केदार एक एक्ट्रेस के साथ कहीं भाग गया। एक सप्ताह से उसका कहीं पता नहीं है। सुन्नी से कह गया है—जब तक तुम रहोगी, घर नहीं आऊँगा। सारा घर सुन्नी का शत्रु हो रहा है; लेकिन वह वहाँ से टलने का नाम नहीं लेती। सुना है, केदार अपने बाप के दस्तख़त बनाकर कई हज़ार रुपए बैंक से ले गया है।'

'तुम सुन्नी से मिली थीं?'

'हाँ, तीन दिन से बराबर जा रही हूँ।'

'वह नहीं आना चाहती, तो रहने क्यों नहीं देतीं?'

'वहाँ वह घुट-घुटकर मर जाएगी।'

मैं उन्हीं पैरों लाला मदारीलाल के घर चला। हालाँकि मैं जानता था कि सुन्नी किसी तरह न आएगी; मगर वहाँ पहुँचा, तो देखा—कुहराम मचा हुआ है। मेरा कलेजा धक से रह गया। वहाँ तो अर्थी सज रही थी। मुहल्ले के सैकड़ों आदमी जमा थे। घर में 'हाय! हाय!' की क्रन्दन-ध्वनि आ रही थी। यह सुन्नी का शव था।

मदारीलाल मुझे देखते ही मुझसे उन्मत्त की भाँति लिपट गए और बोले—भाई साहब मैं तो लुट गया। लड़का भी गया, बहू भी गई, ज़िंदगी ही गारत हो गई।

मालूम हुआ कि जब से केदार ग़ायब हो गया था, सुन्नी और ज़्यादा उदास रहने लगी थी। उसने उसी दिन अपनी चूड़ियाँ तोड़ डाली थीं और माँग का सिंदूर पोंछ डाला था। सास ने जब आपत्ति की, तो उनको अपशब्द कहे। मदारीलाल ने समझाना चाहा; तो उन्हें भी जली-कटी सुनाई। ऐसा अनुमान होता था—उन्माद हो गया है। लोगों ने उससे बोलना छोड़ दिया था। आज प्रातःकाल यमुना-स्नान करने गई। अँधेरा था, सारा घर सो रहा था। किसी को नहीं जगाया। जब दिन चढ़ गया और बहू घर में न मिली तो उसकी तलाश होने लगी। दोपहर को पता लगा कि यमुना गई है। लोग उधर भागे वहाँ उसकी लाश मिली! पुलिस आई, शव की परीक्षा हुई। अब जाकर शव मिला है। मैं कलेजा थामकर बैठ गया। हाय, अभी थोड़े दिन पहले जो सुन्दरी पालकी पर सवार होकर आई थी, आज वह चार के कन्धे पर जा रही है।

मैं अर्थी के साथ हो लिया और वहाँ से लौटा तो रात के दस बज गए थे। मेरे पाँव काँप रहे थे। मालूम नहीं, यह ख़बर पाकर गोपा की क्या दशा होगी। प्राणान्त न हो जाए, मुझे यही भय हो रहा था। सुन्नी उसकी प्राण थी। उसके जीवन का केन्द्र थी। उस दुखिया के उद्यान में यही एक पौधा बच रहा था। उसे वह हृदय-रक्त से सींचकर पाल रही थी उसके बसंत का सुनहरा स्वप्न ही उसका जीवन था—उसमें कोपलें निकलेंगी, फूल खिलेंगे, फल लगेंगे, चिड़ियाँ उसकी डालियों पर बैठकर अपने सुहाने राग गावेंगी; किन्तु आज निष्ठुर नियति

ने उस जीवन-सूत्र को उखाड़कर फेंक दिया। और अब उसके जीवन का कोई आधार न था! वह बिन्दु ही मिट गया था, जिस पर जीवन की सारी रेखाएँ आकर एकत्र हो जाती थीं।

दिल को दोनों हाथों से थामे, मैंने जंजीर खटखटाई। गोपा एक लालटेन लिए निकली। मैंने गोपा के मुख पर एक नए आनंद की झलक देखी।

मेरी शोक-मुद्रा देखकर उसने मातृवत् प्रेम से मेरा हाथ पकड़ लिया और बोली—आज तो तुम्हें सारे दिन रोते ही कटा। अर्थी के साथ बहुत से आदमी रहे होंगे? मेरे जी में भी आया कि चलकर सुन्नी का अन्तिम दर्शन कर लूँ। लेकिन, मैंने सोचा—आज सुन्नी ही न रही, तो उसकी लाश में क्या रखा है! न गई।

मैं विस्मय से गोपा का मुँह देखने लगा तो इसे यह शोक-समाचार मिल चुका है। फिर भी यह शांति! और यह अविचल धैर्य? बोला—अच्छा किया न गईं, रोना ही तो था।

'हाँ और क्या! रोती यहाँ भी, लेकिन तुमसे सच कहती हूँ, दिल से नहीं रोई। न जाने कैसे आँसू निकल आए। मुझे तो सुन्नी की मौत से प्रसन्नता हुई। दुखिया अपनी मान-मर्यादा के लिए संसार से विदा हो गई, नहीं तो न जाने क्या-क्या देखना पड़ता। इसलिए और भी प्रसन्न हूँ कि उसने अपनी आन निभा दी। स्त्री को जीवन में प्यार न मिले, तो उसका अंत हो जाना ही अच्छा। तुमने सुन्नी की मुद्रा देखी थी, लोग कहते हैं, ऐसा जान पड़ता था—मुस्कुरा रही है। मेरी सुन्नी सचमुच देवी थी। भैया, आदमी इसलिए थोड़े ही जीना चाहता है कि रोता रहे। जब मालूम हुआ कि जीवन में दुःख के सिवा और कुछ नहीं है, तो आदमी जीकर क्या करे। किसलिए जिए? खाने और सोने और मर जाने के लिए? यह मैं नहीं कहती कि मुझे सुन्नी की याद न आएगी और मैं उसे याद करके रोऊँगी नहीं लेकिन वह शोक के आँसू न होंगे, हर्ष के आँसू होंगे। बहादुर बेटे की माँ उसकी वीरगति पर प्रसन्न होती है। सुन्नी की मौत में क्या कुछ कम गौरव है, और चाहे सारा संसार उसकी निंदा करे, उसकी माता उसकी सराहना ही करेगी। उसकी आत्मा से यह आनंद भी छीन लूँ? लेकिन अब रात ज़्यादा हो गई है। ऊपर जाकर सो रहो! मैंने तुम्हारी चारपाई बिछा दी है; मगर देखो, अकेले पड़े-पड़े रोना नहीं। सुन्नी ने वही किया, जो उसे करना चाहिए था। उसके पिता होते तो आज सुन्नी की प्रतिमा बना कर पूजते।'

मैं ऊपर जाकर लेटा तो मेरे दिल का बोझा बहुत हल्का हो गया था; किन्तु रह-रहकर यह सन्देह हो जाता था कि गोपा की यह शांति उसकी अपार व्यथा का ही रूप तो नहीं है।

नशा

ईश्वरी एक बड़े ज़मींदार का लड़का था और मैं एक ग़रीब क्लर्क था, जिसके पास मेहनत-मजूरी के सिवा और कोई जायदाद न थी। हम दोनों में परस्पर बहसें होती रहती थीं। मैं ज़मींदारों की बुराई करता, उन्हें हिंसक पशु और ख़ून चूसने वाली जोंक और वृक्षों की चोटी पर फूलनेवाला बंझा कहता। वह ज़मींदारों का पक्ष लेता; पर स्वभावतः उसका पहलू कुछ कमज़ोर होता था, क्योंकि उसके पास ज़मींदारों के अनुकूल कोई दलील न थी। यह कहना

कि सभी मनुष्य बराबर नहीं होते, छोटे-बड़े हमेशा होते रहते हैं और होते रहेंगे, लचर दलील थी। किसी मानुषीय या नैतिक नियम से इस व्यवस्था का औचित्य सिद्ध करना कठिन था। मैं इस वाद-विवाद की गर्मा-गर्मी में अक्सर तेज़ हो जाता और लगने वाली बातें कह जाता; लेकिन ईश्वरी हारकर भी मुस्कुराता रहता था। मैंने उसे कभी गर्म होते नहीं देखा। शायद इसका कारण यह था कि वह अपने पक्ष की कमज़ोरी समझता था। नौकरों से वह सीधे मुँह बात न करता था। अमीरों में जो एक बेदर्दी और उद्दंडता होती है, उसका उसे भी प्रचुर भाग मिला था। नौकर ने बिस्तर लगाने में ज़रा भी देर की, दूध ज़रूरत से ज़्यादा गर्म या ठंडा हुआ, साइकिल अच्छी तरह साफ़ नहीं हुई, तो वह आपे से बाहर हो जाता। सुस्ती, बदतमीजी उसे ज़रा भी बर्दाश्त न थी, पर दोस्तों से और विशेषकर मुझसे उसका व्यवहार सौहार्द और नम्रता से भरा होता था। शायद उसकी जगह मैं होता, तो मुझमें भी वही कठोरताएँ पैदा हो जातीं, जो उसमें थीं; क्योंकि मेरा लोक-प्रेम सिद्धांतों पर नहीं, निजी दशाओं पर टिका हुआ था; लेकिन वह मेरी जगह होकर भी शायद अमीर ही रहता, क्योंकि वह प्रकृति से ही विलासी और ऐश्वर्य-प्रिय था।

अबकी दशहरे की छुट्टियों में मैंने निश्चय किया कि घर न जाऊँगा। मेरे पास किराए के लिए रुपए न थे और न मैं घरवालों को तकलीफ़ देना चाहता था। मैं जानता हूँ वे मुझे जो कुछ देते हैं वह उनकी हैसियत से बहुत ज़्यादा है। इसके साथ ही परीक्षा का भी ख़याल था। अभी बहुत-कुछ पढ़ना बाक़ी था और घर जाकर कौन पढ़ता है। बोर्डिंग हाउस में भूत की तरह अकेले पड़े रहने को भी जी न चाहता था। लेकिन जब ईश्वरी ने मुझे अपने घर चलने का नेवता दिया, तो मैं बिना आग्रह के राज़ी हो गया। ईश्वरी के साथ परीक्षा की तैयारी ख़ूब हो जाएगी। वह अमीर होकर भी मेहनती और जहीन है।

उसने इसके साथ ही कहा—लेकिन भाई एक बात का ख़याल रखना। वहाँ अगर ज़मींदारों की निंदा की तो मुआमला बिगड़ जाएगा और मेरे घरवालों को बुरा लगेगा। वह लोग तो असामियों पर इसी दावे से शासन करते हैं कि ईश्वर ने असामियों को उनकी सेवा के लिए पैदा किया है। असामी भी यही समझता है। अगर उसे सुझा दिया जाए कि ज़मींदार और असामी में कोई मौलिक भेद नहीं है, तो ज़मींदारों का कहीं पता न लगे।

मैंने कहा—तो क्या तुम समझते हो कि मैं वहाँ जाकर कुछ और हो जाऊँगा?

'हाँ मैं तो यही समझता हूँ।'

'तो तुम ग़लत समझते हो।'

ईश्वरी ने इसका कोई जवाब न दिया। कदाचित् उसने इस मुआमले को मेरे विवेक पर छोड़ दिया और बहुत अच्छा किया। अगर वह अपनी बात पर अड़ता, तो मैं भी ज़िद पकड़ लेता।

2

सेकेंड क्लास तो क्या मैंने कभी इंटर क्लास में भी सफ़र न किया था। अबकी सेकेंड क्लास में सफ़र करने का सौभाग्य प्राप्त हुआ। गाड़ी तो नौ बजे रात को आती थी, पर यात्रा के हर्ष में हम शाम को ही स्टेशन जा पहुँचे। कुछ देर इधर-उधर सैर करने के बाद रिफ़्रेशमेंट रूम में जाकर हम लोगों ने भोजन किया। मेरी वेश-भूषा और रंग-ढंग से पारखी खानसामों को यह पहचानने में देर न लगी कि मालिक कौन है और पिछलग्गू कौन; लेकिन न जाने मुझे उनकी

गुस्ताखी बुरी लग रही थी। पैसे ईश्वरी के जेब से गए। शायद मेरे पिता को जो वेतन मिलता है, उससे ज़्यादा इन खानसामों को इनाम-एकराम में मिल जाता हो। एक अठन्नी तो चलते समय ईश्वरी ही ने दी। फिर भी मैं उन सबों से उसी तत्परता और विनय की प्रतीक्षा करता था, जिससे वे ईश्वरी की सेवा कर रहे थे! ईश्वरी के हुक्म पर सब-के-सब क्यों दौड़ते हैं, लेकिन मैं कोई चीज़ माँगता हूँ तो इतना उत्साह नहीं दिखाते? मुझे भोजन में कुछ स्वाद न मिला। वह भेद मेरे ध्यान को सम्पूर्ण रूप से अपनी ओर खींचे हुए था।

गाड़ी आई, हम दोनों सवार हुए। खानसामों ने ईश्वरी को सलाम किया। मेरी ओर देखा भी नहीं।

ईश्वरी ने कहा—कितने तमीजदार हैं ये सब। एक हमारे नौकर हैं कि कोई काम करने का ढंग नहीं।

मैंने खट्टे मन से कहा—इसी तरह अगर तुम अपने नौकरों को भी आठ आने रोज़ इनाम दिया करो तो शायद इससे ज़्यादा तमीजदार हो जाएँ।

'तो क्या! तुम समझते हो, यह सब केवल इनाम के लालच से इतना अदब करते हैं?'

'जी नहीं, कदापि नहीं। तमीज और अदब तो इनके रक्त में मिल गया है!'

गाड़ी चली। डाक थी। प्रयाग से चली तो प्रतापगढ़ जाकर रुकी। एक आदमी ने हमारा कमरा खोला। मैं तुरन्त चिल्ला उठा—दूसरा दरजा है—सेकेंड क्लास है।

उस मुसाफिर ने डब्बे के अन्दर आकर मेरी ओर एक विचित्र उपेक्षा की दृष्टि से देखकर कहा—जी हाँ, सेवक भी इतना समझता है, और बीचवाले बर्थ पर बैठ गया। मुझे कितनी लज्जा आई, कह नहीं सकता।

भोर होते-होते हम लोग मुरादाबाद पहुँचे। स्टेशन पर कई आदमी हमारा स्वागत करने के लिए खड़े थे। दो भद्र पुरुष थे। पाँच बेगार। बेगारों ने हमारा लगेज उठाया। दोनों भद्र पुरुष पीछे-पीछे चले। एक मुसलमान था, रियासत अली; दूसरा ब्राह्मण था, रामहरख। दोनों ने मेरी ओर अपरिचित नेत्रों से देखा, मानो कह रहे हैं, तुम कौवे होकर हंस के साथ कैसे?

रियासत अली ने ईश्वरी से पूछा—यह बाबू साहब क्या आपके साथ पढ़ते हैं?

ईश्वरी ने जवाब दिया—हाँ, साथ पढ़ते भी हैं, और साथ रहते भी हैं? यों कहिए कि आप ही की बदौलत मैं इलाहाबाद पड़ा हुआ हूँ, नहीं कब का लखनऊ चला आया होता। अबकी मैं इन्हें घसीट लाया। इनके घर से कई तार आ चुके थे; मगर मैंने इनकारी जवाब दिलवा दिए। आख़िरी तार तो अर्जेंट था, जिसकी फीस चार आने प्रति शब्द है; पर यहाँ से भी उसका जवाब इनकारी ही गया।

दोनों सज्जनों ने मेरी ओर चकित नेत्रों से देखा। आतंकित हो जाने की चेष्टा करते हुए जान पड़े।

रियासत अली ने अर्द्ध शंका के स्वर में कहा—लेकिन आप बड़े सादे लिबास में रहते हैं!

ईश्वरी ने शंका निवारण की—महात्मा गांधी के भक्त हैं साहब! खद्दर के सिवा कुछ पहनते ही नहीं। पुराने सारे कपड़े जला डाले! यों कहो कि राजा हैं। ढाई लाख सालाना की रियासत है; पर आपकी सूरत देखो तो मालूम होता है, अभी अनाथालय से पकड़कर आए हैं।

रामहरख बोले—अमीरों का ऐसा स्वभाव बहुत कम देखने में आता है। कोई भाँप ही नहीं सकता।

रियासत अली ने समर्थन किया—आपने महाराज चाँगली को देखा होता, तो दाँतों उँगली दबाते। एक गाढ़े की मिर्जई और चमरौधे जूते पहने बाज़ारों में घूमा करते थे। सुनते हैं, एक बार बेगार में पकड़े गए थे और उन्हीं ने दस लाख से कॉलेज खोल दिया।

मैं मन में कटा जा रहा था; पर न जाने क्या बात थी कि यह सफ़ेद झूठ उस वक़्त मुझे हास्यास्पद न जान पड़ा। उसके प्रत्येक वाक्य के साथ मानो मैं उस कल्पित वैभव के समीपतर आता जाता था।

मैं शहसवार नहीं हूँ। हाँ, लड़कपन में कई बार लद्दू घोड़ों पर सवार हुआ हूँ। यहाँ देखा तो दो कलाँ-रास घोड़े हमारे लिए तैयार खड़े थे। मेरी तो जान ही निकल गई। सवार तो हुआ; पर बोटियाँ काँप रही थीं। मैंने चेहरे पर शिकन न पड़नी दी। घोड़े को ईश्वरी के पीछे डाल दिया। खैरियत यह हुई कि ईश्वरी ने घोड़े को तेज़ न किया, वरना शायद मैं हाथ-पाँव तुड़वाकर लौटता। संभव है, ईश्वरी ने समझ लिया हो कि वह कितने पानी में है।

3

ईश्वरी का घर क्या था, किला था। इमामबाड़े का-सा फाटक, द्वार पर पहरेदार टहलता हुआ, नौकरों का कोई हिसाब नहीं, एक हाथी बँधा हुआ। ईश्वरी ने अपने पिता, चाचा, ताऊ आदि सबसे मेरा परिचय कराया, और उसी अतिशयोक्ति के साथ। ऐसी हवा बाँधी कि कुछ न पूछिए। नौकर-चाकर ही नहीं, घर के लोग भी मेरा सम्मान करने लगे। देहात के ज़मींदार, लाखों का मुनाफा, मगर पुलिस कान्सटेबिल को भी अफ़सर समझने वाले। कई महाशय तो मुझे हुजूर-हुजूर कहने लगे।

जब ज़रा एकान्त हुआ, तो मैंने ईश्वरी से कहा—तुम बड़े शैतान हो यार, मेरी मिट्टी क्यों पलीद कर रहे हो?

ईश्वरी ने सुदृढ़ मुस्कान के साथ कहा—इन गधों के सामने यही चाल ज़रूरी थी; वरना सीधे मुँह बोलते भी नहीं।

ज़रा देर बाद एक नाई हमारे पाँव दबाने आया। कुँवर लोग स्टेशन से आए हैं, थक गए होंगे। ईश्वरी ने मेरी ओर इशारा करके कहा—पहले कुँवर साहब के पाँव दबा।

मैं चारपाई पर लेटा हुआ था। मेरे जीवन में ऐसा शायद ही कभी हुआ हो कि किसी ने मेरे पाँव दबाए हों। मैं इसे अमीरों के चोंचले, रईसों का गधापन और बड़े आदमियों की मुटमादी और जाने क्या-क्या कहकर ईश्वरी का परिहास किया करता और आज मैं पोतड़ों का रईस बनने का स्वाँग भर रहा था!

इतने में दस बज गए। पुरानी सभ्यता के लोग थे। नई रोशनी अभी केवल पहाड़ की चोटी तक पहुँच पाई थी। अन्दर से भोजन का बुलावा आया। हम स्नान करने चले। मैं हमेशा अपनी धोती ख़ुद छाँट लिया करता हूँ; मगर यहाँ मैंने ईश्वरी की ही भाँति अपनी धोती भी छोड़ दी। अपने हाथों अपनी धोती छाँटते शर्म आ रही थी। अन्दर भोजन करने चले। होटल में जूते पहने मेज़ पर डटते थे। यहाँ पाँव धोना आवश्यक था। कहार पानी लिए खड़ा था।

ईश्वरी ने पाँव बढ़ा दिए। कहार ने उसके पाँव धोए। मैंने भी पाँव बढ़ा दिए। कहार ने मेरे पाँव भी धोए। मेरा वह विचार न जाने कहाँ चला गया था।

4

सोचा था, वहाँ देहात तें एकाग्र होकर ख़ूब पढ़ेंगे; पर वहाँ सारा दिन सैर-सपाटे में कट जाता था। कहीं नदी में बजरे पर सैर कर रहे हैं; कहीं मछलियों या चिड़ियों का शिकार खेल रहे हैं, कहीं पहलवानों की कुश्ती देख रहे हैं, कहीं शतरंज पर जमे हैं। ईश्वरी ख़ूब अंडे मँगवाता और कमरे में 'स्टोव' पर आमलेट बनते। नौकरों का एक जत्था हमेशा घेरे रहता। अपने हाथ-पाँव को हिलाने की कोई ज़रूरत नहीं। केवल एक ज़बान हिला देना काफ़ी है। नहाने बैठे तो आदमी नहलाने को हाजिर, लेटे तो आदमी पंखा झलने को खड़े। मैं महात्मा गांधी का कुँअर चेला मशहूर था। भीतर से बाहर तक मेरी धाक थी। नाश्ते में ज़रा भी देर न होने पाए, कहीं कुँअर साहब नाराज़ न हो जाएँ, बिछावन ठीक समय पर लग जाए, कुँवर साहब के सोने का समय आ गया। मैं ईश्वरी से भी ज़्यादा नाजुक दिमाग़ बन गया था, या बनने पर मजबूर किया गया था। ईश्वरी अपने हाथ से बिस्तर बिछा ले; लेकिन कुँवर मेहमान अपने हाथों से कैसे अपना बिछावन बिछा सकते हैं! उनकी महानता में बट्टा लग जाएगा।

एक दिन सचमुच यही बात हो गई। ईश्वरी घर में थे। शायद अपनी माता से कुछ बातचीत करने में देर हो गई। यहाँ दस बज गए। मेरी आँखें नींद से झपक रही थीं; मगर बिस्तर कैसे लगाऊँ? कुँअर जो ठहरा। कोई साढ़े ग्यारह बजे महरा आया। बड़ा मुँहलगा नौकर था। घर के धन्धों में मेरा बिस्तर लगाने की उसे सुधि ही न रही। अब जो याद आई, तो भागा हुआ आया। मैंने ऐसी डाँट बताई कि उसने भी याद किया होगा।

ईश्वरी मेरी डाँट सुनकर बाहर निकल आया और बोला—तुमने बहुत अच्छा किया। यह सब हरामखोर इसी व्यवहार के योग्य हैं।

इसी तरह ईश्वरी एक दिन एक जगह दावत में गया हुआ था। शाम हो गई; पर लैम्प न जला। लैम्प मेज़ पर रखा हुआ था। दियासलाई भी वहीं थी; लेकिन ईश्वरी ख़ुद कभी लैम्प नहीं जलाता। फिर कुँअर साहब कैसे जलाएँ? मैं झुंझला रहा था। समाचार-पत्र आया रखा हुआ था। जी उधर लगा हुआ था; पर लैम्प नदारत। दैवयोग उसी वक़्त मुंशी रियासत अली आ निकले। मैं उन्हीं पर उबल पड़ा ऐसी फटकार बताई कि बेचारा उल्लू हो गया—तुम लोगों को इतनी फ़िक्र भी नहीं कि लैम्प जलवा दो! मालूम नहीं, ऐसे कामचोर आदमियों का यहाँ कैसे गुज़र होता है। मेरे यहाँ घंटे भर निर्वाह न हो। रियासत अली ने काँपते हुए हाथों से लैम्प जला दिया।

वहाँ एक ठाकुर अक्सर आया करता था। कुछ मनचला आदमी था, महात्मा गांधी का परम भक्त। मुझे महात्माजी का चेला समझकर मेरा लिहाज़ करता था; पर मुझसे कुछ पूछते संकोच करता था। एक दिन मुझे अकेला देखकर आया और हाथ बाँधकर बोला—सरकार तो गांधी बाबा के चेले हैं न? लोग कहते हैं कि यहाँ सुराज हो जाएगा तो ज़मींदार न रहेंगे।

मैंने शान जमाई—ज़मींदारों के रहने की ज़रूरत ही क्या है? यह लोग ग़रीबों का ख़ून चूसने के सिवा और क्या करते हैं?

ठाकुर ने फिर पूछा—तो क्या सरकार, सब ज़मींदारों की ज़मीन छीन ली जाएगी?

मैंने कहा—बहुत से लोग ख़ुशी से दे देंगे। जो लोग ख़ुशी से न देंगे उनकी ज़मीन छीननी ही पड़ेगी। हम लोग तो तैयार बैठे हुए हैं। ज्यों ही स्वराज्य हुआ, अपने सारे इलाक़े असामियों के नाम हिब्बा कर देंगे।

मैं कुरसी पर पाँव लटकाए बैठा था। ठाकुर मेरे पाँव दबाने लगा। फिर बोला—आजकल ज़मींदार लोग बड़ा जुलुम करते हैं सरकार! हमें भी हुजूर अपने इलाक़े में थोड़ी-सी ज़मीन दे दें; तो चलकर वहीं आपकी सेवा में रहें।

मैंने कहा—अभी तो मेरा कोई अख़्तियार नहीं है भाई, लेकिन ज्यों ही अख़्तियार मिला, मैं सबसे पहले तुम्हें बुलाऊँगा। तुम्हें मोटर-ड्राइवरी सिखाकर अपना ड्राइवर बना लूँगा।

सुना, उस दिन ठाकुर ने ख़ूब भंग पी और अपनी स्त्री को ख़ूब पीटा और गाँव के महाजन से लड़ने पर तैयार हो गया।

5

छुट्टी इस तरह तमाम हुई और हम फिर प्रयाग चले। गाँव के बहुत से लोग हम लोगों को पहुँचाने आए। ठाकुर तो हमारे साथ स्टेशन तक आया। मैंने भी अपना पार्ट ख़ूब सफाई से खेला और अपनी कुबेरोचित विनय और देवत्व की मुहर हरेक हृदय पर लगा दी। जी तो चाहता था, हरेक को अच्छा इनाम दूँ, लेकिन यह सामर्थ्य कहाँ थी? वापसी टिकट था ही, केवल गाड़ी में बैठना था; पर गाड़ी आई तो ठसाठस भरी हुई। दुर्गा पूजा की छुट्टियाँ भोगकर सभी लोग लौट रहे थे। सेकेंड क्लास में तिल रखने की जगह नहीं। इंटर क्लास की हालत उससे भी बदतर। यह आख़िरी गाड़ी थी। किसी तरह रुक न सकते थे। बड़ी मुश्किल से तीसरे दर्जे में जगह मिली। हमारे ऐश्वर्य ने वहाँ अपना रंग जमा लिया; मगर मुझे उसमें बैठना बुरा लग रहा था। आए थे आराम से लेटे-लेटे, जा रहे थे सिकुड़े हुए। पहलू बदलने की भी जगह न थी।

कई आदमी पढ़े-लिखे भी थे। आपस में अँग्रेज़ी राज्य की तारीफ करते जा रहे थे। एक महाशय बोले—ऐसा न्याय तो किसी राज्य में नहीं देखा। छोटे-बड़े सब बराबर। राजा भी किसी पर अन्याय करे, तो अदालत उसकी भी गर्दन दबा देती है।

दूसरे सज्जन ने समर्थन किया—अरे साहब, आप ख़ुद बादशाह पर दावा कर सकते हैं! अदालत में बादशाह पर डिग्री हो जाती है।

एक आदमी, जिसकी पीठ पर बड़ा-सा गट्ठर बँधा था, कलकत्ते जा रहा था। कहीं गठरी रखने की जगह न मिलती थी। पीठ पर बाँधे हुए था। इससे बेचैन होकर बार-बार द्वार पर खड़ा हो जाता। मैं द्वार के पास ही बैठा हुआ था। उसका बार-बार आकर मेरे मुँह को अपनी गठरी से रगड़ना मुझे बहुत बुरा लग रहा था। एक तो हवा यों ही कम थी, दूसरे उस गँवार का आकर मेरे मुँह पर खड़ा हो जाना मानो मेरा गला दबाना था। मैं कुछ देर ज़ब्त किए बैठा रहा। एकाएक मुझे क्रोध आ गया। मैंने उसे पकड़कर ढकेल दिया और दो तमाचे ज़ोर-ज़ोर से लगाए।

उसने आँखें निकालकर कहा—क्यों मारते हो बाबूजी, हमने भी किराया दिया है।

मैंने उठकर दो-तीन तमाचे और जड़ दिए।

गाड़ी में तूफ़ान आ गया। चारों ओर से मुझ पर बौछार पड़ने लगी।

'अगर इतने नाजुक मिज़ाज हो, तो अव्वल दर्जे में क्यों नहीं बैठे?'

'कोई बड़ा आदमी होगा तो अपने घर का होगा। मुझे इस तरह मारते, तो दिखा देता।'

'क्या कसूर किया था बेचारे ने? गाड़ी में साँस लेने की जगह नहीं, खिड़की पर ज़रा साँस लेने खड़ा हो गया तो उस पर इतना क्रोध! अमीर होकर क्या आदमी अपनी इनसानियत बिलकुल खो देता है?'

'यह भी अँग्रेज़ी राज है, जिसका आप बखान कर रहे थे!'

एक ग्रामीण बोला—दफ़्तरन माँ घुसन तो पावत नहीं, उस पर इत्ता मिज़ाज!

ईश्वरी ने अँग्रेज़ी में कहा—What an idiot you are Bir!

और मेरा नशा कुछ-कुछ उतरता हुआ मालूम होता था।

स्वामिनी

शिवदास ने भंडारे की कुंजी अपनी बहू रामप्यारी के सामने फेंककर अपनी बूढ़ी आँखों में आँसू भरकर कहा—बहू, आज से गिरस्ती की देख-भाल तुम्हारे ऊपर है। मेरा सुख भगवान से नहीं देखा गया, नहीं तो क्या जवान बेटे को यों ही छीन लेते। उसका काम करने वाला तो कोई चाहिए। एक हल तोड़ दूँ तो गुजारा न होगा। मेरे ही कुकरम से भगवान का यह कोप आया है, और मैं ही अपने माथे पर उसे लूँगा। बिरजू का हल अब मैं ही सँभालूँगा। अब घर की देख-रेख करने वाला, धरने-उठाने वाला तुम्हारे सिवा दूसरा कौन है। रोओ मत बेटा, भगवान की जो इच्छा थी, वह हुआ; और जो इच्छा होगी, वह होगा। हमारा तुम्हारा क्या बस है? मेरे जीते-जी तुम्हें कोई टेढ़ी आँख से देख भी न सकेगा। तुम किसी बात का सोच मत करो। बिरजू गया, तो मैं तो अभी बैठा ही हुआ हूँ।

रामप्यारी और रामदुलारी दो सगी बहनें थीं। दोनों का विवाह—मथुरा और बिरजू—दो सगे भाइयों से हुआ। दोनों बहनें नैहर की तरह ससुराल में भी प्रेम और आनंद से रहने लगीं। शिवदास को पेंशन मिली। दिन-भर द्वार पर बैठे गप-शप करते। भरा-पूरा परिवार देख-देखकर प्रसन्न होते और अधिकतर धर्म-चर्चा में लगे रहते थे। लेकिन दैवगति से बड़ा लड़का बिरजू बीमार पड़ा और आज उसे मरे हुए पंद्रह दिन बीत गए। आज क्रिया-कर्म से फुरसत मिली और शिवदास ने सच्चे कर्मवीर की भाँति फिर जीवन-संग्राम के लिए कमर कस ली। मन में उसे चाहे कितना ही दुःख हुआ हो, उसे किसी ने रोते नहीं देखा। आज अपनी बहू को देखकर एक क्षण के लिए उसकी आँखें सजल हो गईं; लेकिन उसने मन को सँभाला और रुद्ध-कंठ से उसे दिलासा देने लगा। कदाचित् उसने सोचा था, घर की स्वामिनी बनकर विधवा के आँसू पुँछ जाएँगे, कम-से-कम उसे इतना परिश्रम न करना पड़ेगा; इसलिए उसने भंडारे की कुंजी बहू के सामने फेंकी थी। वैधव्य की व्यथा को स्वामित्व के गर्व से दबा देना चाहता था।

रामप्यारी ने पुलकित कंठ से कहा—यह कैसे हो सकता है दादा, कि तुम मेहनत-मजूरी करो और मैं मालकिन बनकर बैठूँ? काम-धन्धे में लगी रहूँगी, तो मन बहलता रहेगा, बैठे-बैठे तो रोने के सिवा और कुछ न होगा।

शिवदास ने समझाया—बेटा, दैवगति से तो किसी का बस नहीं। रोने-धोने से हलाकानी के सिवा और क्या हाथ आएगा? घर में भी तो बीसों काम हैं। कोई साधु-संत आ जाएँ, कोई पाहुना ही आ पहुँचे, उनके सेवा-सत्कार के लिए किसी को तो घर पर रहना ही पड़ेगा।

बहू ने बहुत-से हीले किए, पर शिवदास ने एक न सुनी।

2

शिवदास के बाहर चले जाने पर रामप्यारी ने कुंजी उठाई तो उसे मन में अपूर्व गौरव और उत्तरदायित्व का अनुभव हुआ। ज़रा देर के लिए पति-वियोग का दुःख उसे भूल गया। उसकी छोटी बहन और देवर दोनों काम करने गए हुए थे। शिवदास बाहर था। घर बिलकुल ख़ाली था। इस वक़्त वह निश्चिंत होकर भंडारे को खोल सकती है! उसमें क्या-क्या सामान है, क्या-क्या विभूति है, यह देखने के लिए उसका मन लालायित हो उठा। इस घर में वह कभी न आई थी। जब कभी किसी को कुछ देना या किसी से कुछ लेना होता था, तभी शिवदास आकर इस कोठरी को खोला करता था। फिर उसे बन्द कर वह ताली अपनी कमर में रख लेता था। रामप्यारी कभी-कभी द्वार की दराजों से भीतर झाँकती थी, पर अँधेरे में कुछ न दिखाई देता था। सारे घर के लिए वह कोठरी कोई तिलस्म या रहस्य था, जिसके विषय में भाँति-भाँति की कल्पनाएँ होती रहती थीं। आज रामप्यारी को वह रहस्य खोलकर देखने का अवसर मिल गया। उसने बाहर का द्वार बन्द कर दिया कि कोई उसे भंडारा खोलते न देख ले, नहीं सोचेगा, बेज़रूरत इसने क्यों खोला। तब आकर काँपते हुए हाथों से ताला खोला। उसकी छाती धड़क रही थी कि कोई द्वार न खटखटाने लगे। अन्दर पाँव रखा तो उसे कुछ उसी प्रकार का, लेकिन उससे कहीं तीव्र आनंद हुआ जो उसे अपने गहने-कपड़े की पिटारी खोलने में होता था। मटकों में गुड़, शक्कर, गेहूँ, जौ आदि चीज़ें रखी हुई थीं। एक किनारे बड़े-बड़े बर्तन भरे थे, जो शादी-ब्याह के अवसर पर निकाले जाते थे, या माँगे दिए जाते थे। एक आले पर मालगुजारी की रसीदें और लेन-देन के पुरजे बँधे हुए रखे थे। कोठरी में एक विभूति-सी छाई थी। मानो लक्ष्मी अज्ञात रूप से यहाँ विराज रही हों। उस विभूति की छाया में रामप्यारी आधे घंटे तक बैठी अपनी आत्मा को तृप्त करती रही। प्रतिक्षण उसके हृदय पर ममत्व का नशा-सा छाया जा रहा था। जब वह उस कोठरी से निकली, तो उसके मन के संस्कार बदल गए थे, मानो किसी ने उस पर मंत्र डाल दिया हो।

उसी समय द्वार पर किसी ने आवाज़ दी। उसने तुरन्त भंडारे का द्वार बन्द किया और जाकर सदर दरवाज़ा खोल दिया। देखा तो पड़ोसिन झुनिया खड़ी है और एक रुपया माँग रही है।

रामप्यारी ने रुखाई से कहा—अभी तो एक पैसा घर में नहीं है जीजी, क्रिया-कर्म में सब खरच हो गया।

झुनिया चकरा गई। चौधरी के घर में इस समय एक रुपया भी नहीं है, यह विश्वास करने की बात न थी। जिसके यहाँ सैकड़ों का लेन-देन है, वह सब कुछ क्रिया-कर्म में नहीं ख़र्च कर सकता। अगर शिवदास ने यह बहाना किया होता, तो उसे आश्चर्य न होता। प्यारी तो अपने सरल स्वभाव के लिए गाँव में मशहूर थी। अक्सर शिवदास की आँखें बचाकर पड़ोसियों को इच्छित वस्तुएँ दे दिया करती थी। अभी कल ही उसने जानकी को सेर भर दूध

दे दिया था। यहाँ तक कि अपने गहने तक माँगे दे देती थी। कृपण शिवदास के घर में ऐसी सखरज बहू का आना गाँव वाले अपने सौभाग्य की बात समझते थे। झुनिया ने चकित होकर कहा—ऐसा न कहो जीजी, बड़े गाढ़े में पड़कर आई हूँ, नहीं तुम जानती हो, मेरी आदत ऐसी नहीं है। बाक़ी का एक रुपया देना है। प्यादा द्वार पर खड़ा बक-झक रहा है। रुपया दे दो, तो किसी तरह यह विपत्ति टले। मैं आज के आठवें दिन आकर दे जाऊँगी। गाँव में और कौन घर है, जहाँ माँगने जाऊँ?

प्यारी टस से मस न हुई।

उसके जाते ही प्यारी साँझ के लिए रसोई-पानी का इंतज़ाम करने लगी। पहले चावल-दाल बिनना अपाढ़ लगता था और रसोई में जाना तो सूली पर चढ़ने से कम न था। कुछ देर दोनों बहनों में झाँव-झाँव होती, तब शिवदास आकर कहते, क्या आज रसोई न बनेगी, तो दो में से एक उठती और मोटे-मोटे टिक्कड़ लगाकर रख देती, मानो बैलों का रातिब हो। आज प्यारी तन-मन से रसोई के प्रबंध में लगी हुई है। अब वह घर की स्वामिनी है।

तब उसने बाहर निकलकर देखा, कितना कूड़ा-करकट पड़ा हुआ है। बुढ़ऊ दिन-भर मक्खी मारा करते हैं, इतना भी नहीं होता कि ज़रा झाड़ू ही लगा दें। अब क्या इनसे इतना भी न होगा? द्वार ऐसा चिकना चाहिए कि देखकर आदमी का मन प्रसन्न हो जाए। यह नहीं कि उबकाई आने लगे। अभी कह दूँ, तो तिनक उठेंगे। अच्छा, यह मुन्नी नाँद से अलग क्यों खड़ी है?

उसने मुन्नी के पास जाकर नाँद में झाँका। दुर्गंध आ रही थी। ठीक! मालूम होता है, महीनों से पानी ही नहीं बदला गया। इस तरह तो गाय रह चुकी। अपना पेट भर लिया, छुट्टी हुई, और किसी से क्या मतलब? हाँ, दूध सबको अच्छा लगता है। दादा द्वार पर बैठे चिलम पी रहे हैं, मगर इतना नहीं होता कि चार घड़ा पानी नाँद में डाल दें। मजूर रखा है, वह भी तीन कौड़ी का। खाने को डेढ़ सेर, काम करते नानी मरती है। आज आते हैं तो पूछती हूँ, नाँद में पानी क्यों नहीं बदला। रहना हो रहे या जाए। आदमी बहुत मिलेंगे। चारों ओर तो लोग मारे-मारे फिर रहे हैं।

आख़िर उससे न रहा गया। घड़ा उठाकर पानी लाने चली।

शिवदास ने पुकारा—पानी क्या होगा बहू? इसमें पानी भरा हुआ है।

प्यारी ने कहा—नाँद का पानी सड़ गया है। मुन्नी भूसे में मुँह नहीं डालती। देखते नहीं हो, कोस भर पर खड़ी है।

शिवदास मार्मिक भाव से मुस्कुराए और आकर बहू के हाथ से घड़ा ले लिया।

3

कई महीने बीत गए। प्यारी के अधिकार में आते ही उस घर में जैसे बसंत आ गया। भीतर-बाहर जहाँ देखिए, किसी निपुण प्रबंधक के हस्त-कौशल, सुविचार और सुरुचि के चिह्न दीखते थे। प्यारी ने गृहयंत्रा की ऐसी चाबी कस दी थी कि सभी पुरजे ठीक-ठीक चलने लगे थे। भोजन पहले से अच्छा मिलता, समय पर मिलता है। दूध ज़्यादा होता है, घी ज़्यादा होता है, और काम ज़्यादा होता है। प्यारी न ख़ुद विश्राम लेती है, न दूसरों को विश्राम लेने देती है। घर में कुछ ऐसी बरकत आ गई है कि जो चीज़ माँगो, घर ही में निकल आती है। आदमी से

लेकर जानवर तक सभी स्वस्थ दिखाई देते हैं। अब वह पहले की-सी दशा नहीं है कि कोई चीथड़े लपेटे घूम रहा है, किसी को गहने की धुन सवार है। हाँ, अगर कोई रुग्ण और चिन्तित तथा मलिन वेष में है, तो वह प्यारी है; फिर भी सारा घर उससे जलता है। यहाँ तक कि बूढ़े शिवदास भी कभी-कभी उसकी बदगोई करते हैं। किसी को पहर रात रहे उठना अच्छा नहीं लगता। मेहनत से सभी जी चुराते हैं। फिर भी यह सब मानते हैं कि प्यारी न हो तो घर का काम न चले। और-तो-और, दोनों बहनों में भी उतना अपनापन नहीं है।

प्रातःकाल का समय था। दुलारी ने हाथों के कड़े लाकर प्यारी के सामने पटक दिए और घुन्नाई हुई बोली—लेकर इसे भी भंडारे में बन्द कर दे।

प्यारी ने कड़े उठा लिए और कोमल स्वर में कहा—कह तो दिया, हाथ में रुपए आने दे, बनवा दूँगी। अभी ऐसा घिस नहीं गया है कि आज ही उतार कर फेंक दिया जाए।

दुलारी लड़ने को तैयार होकर आई थी। बोली—तेरे हाथ में काहे को कभी रुपए आएँगे और काहे को कड़े बनेंगे। जोड़-जोड़ रखने में मज़ा आता है न?

प्यारी ने हँसकर कहा—जोड़-जोड़ रखती हूँ, तो तेरे ही लिए कि मेरा कोई और बैठा हुआ है, कि मैं सबसे ज़्यादा खा-पहन लेती हूँ। मेरा अनन्त कब का टूटा पड़ा है।

दुलारी—तुम न खाओ-पहनो, जस तो पाती हो, यहाँ खाने-पहनने के सिवा और क्या है? तुम्हारा हिसाब-किताब नहीं जानती, मेरे कड़े आज बनने को भेज दो।

प्यारी ने सरल विनोद के भाव से पूछा—रुपए न हों, तो कहाँ से लाऊँ?

दुलारी ने उद्दंडता के साथ कहा—मुझे इससे कोई मतलब नहीं। मैं तो कड़े चाहती हूँ।

इसी तरह घर के सब आदमी अपने-अपने अवसर पर प्यारी को दो-चार खोटी-खरी सुना जाते थे। और वह ग़रीब सब की धौंस हँसकर सहती थी। स्वामिनी का तो यह धर्म ही है कि सब की धौंस सुन ले और करे वही, जिसमें घर का कल्याण हो। स्वामित्व के कवच पर धौंस, ताने, धमकी—किसी का असर न होता। उसकी स्वामिनी-कल्पना इन आघातों से और भी स्वस्थ होती थी। वह गृहस्थी की संचालिका है। सभी अपने-अपने दुःख उसी के सामने रोते हैं; पर जो कुछ वह कहती है, वही होता है। इतना उसे प्रसन्न करने के लिए काफ़ी था।

गाँव में प्यारी की सराहना होती थी। अभी उम्र ही क्या है, लेकिन सारे घर को सँभाले हुए है। चाहती तो सगाई करके चैन से रहती। इस घर के पीछे अपने को मिटाए देती है। कभी किसी से हँसती-बोलती भी नहीं। जैसे कायापलट हो गई।

कई दिन बाद दुलारी के कड़े बनकर आ गए। प्यारी ख़ुद सुनार के घर दौड़-दौड़ गई।

संध्या हो गई थी। दुलारी और मथुरा हार से लौटे। प्यारी ने नए कड़े दुलारी को दिए। दुलारी निहाल हो गई। चटपट कड़े पहने और दौड़ी हुई बरौठे में जाकर मथुरा को दिखाने लगी। प्यारी बरौठे के द्वार पर छिपी खड़ी यह दृश्य देखने लगी। उसकी आँखें सजल हो गईं। दुलारी उससे कुल तीन ही साल तो छोटी है! पर दोनों में कितना अंतर है! उसकी आँखें मानो उस दृश्य पर जम गईं, दाम्पत्य का वह सरल आनंद, उनका प्रेमालिंगन, उनकी मुग्ध मुद्रा—प्यारी की टकटकी-सी बँध गई, यहाँ तक कि दीपक के धुँधले प्रकाश में वे दोनों उसकी नज़रों से ग़ायब हो गए और अपने ही अतीत जीवन की एक लीला आँखों के सामने बार-बार नए-नए रूप में आने लगी।

सहसा शिवदास ने पुकारा—बड़ी बहू, एक पैसा दो। तमाखू मँगवाऊँ। प्यारी की समाधि टूट गई। आँसू पोंछती हुई भंडारे में पैसा लेने चली गई।

4

एक-एक करके प्यारी के गहने उसके हाथ से निकलते जाते थे। वह चाहती थी, मेरा घर गाँव में सबसे सम्पन्न समझा जावे, और इस महत्त्वाकांक्षा का मूल्य देना पड़ता था। कभी घर की मरम्मत के लिए, कभी बैलों की नई गोई ख़रीदने के लिए, कभी नातेदारों के व्यवहार के लिए, कभी बीमारों की दवा-दारू के लिए रुपए की ज़रूरत पड़ती रहती थी, और जब बहुत कतर-ब्योंत करने पर भी काम न चलता, तो वह अपनी कोई-न-कोई चीज़ निकाल देती। और चीज़ एक बार हाथ से निकलकर फिर न लौटती थी। वह चाहती, तो इनमें से कितने ही ख़र्चों को टाल जाती; पर जहाँ इज़्ज़त की बात आ पड़ती थी, वह दिल खोलकर ख़र्च करती। अगर गाँव में हेठी हो गई, तो क्या बात रही। लोग उसी का नाम तो धरेंगे। दुलारी के पास भी गहने थे। दो-एक चीज़ें, मथुरा के पास भी थीं, लेकिन प्यारी उसकी चीज़ें न छूती। उनके खाने-पहनने के दिन हैं, वे इस जंजाल में क्यों फँसे।

दुलारी को लड़का हुआ, तो प्यारी ने धूम से जन्मोत्सव मनाने का प्रस्ताव किया।

शिवदास ने विरोध किया—क्या फ़ायदा? जब भगवान की दया से सगाई-ब्याह के दिन आएँगे, तो धूम-धाम कर लेना।

प्यारी का हौसला से भरा दिल भला क्यों मानता। बोली—कैसी बात कहते हो दादा? पहलौंठी लड़के के लिए भी धूम-धाम न हुआ तो कब होगा? मन तो नहीं मानता। फिर दुनिया क्या कहेगी, नाम बड़े दर्शन थोड़े। मैं तुमसे कुछ नहीं माँगती। अपना सारा सरंजाम कर लूँगी।

गहनों के माथे जाएगी, और क्या?—शिवदास ने चिंतित होकर कहा—इस तरह एक दिन धागा भी न बचेगा। कितना समझाया बेटा, भाई-भौजाई किसी के नहीं होते। अपने पास दो चीज़ें रहेंगी, तो सब मुँह जोहेंगे, नहीं कोई सीधी बात भी न करेगा।

प्यारी ने ऐसा मुँह बनाया, मानो वह ऐसी बूढ़ी बातें बहुत सुन चुकी है, और बोली—जो अपने हैं, वे भी न पूछें, तों भी अपने ही रहते हैं। मेरा धरम मेरे साथ है, उनका धरम उनके साथ है। मर जाऊँगी, तो क्या छाती पर लाद ले जाऊँगी?

धूम-धाम से जन्मोत्सव मनाया गया। बरही के दिन सारी बिरादरी का भोज हुआ। लोग खा-पीकर चले गए, तो प्यारी दिन भर की थकी-माँदी आँगन में एक टाट का टुकड़ा बिछाकर कमर सीधी करने लगी। आँखें झपक गईं। मथुरा उसी वक़्त घर में आया। नवजात पुत्र को देखने के लिए उसका चित्त व्याकुल हो रहा था। दुलारी सौर-गृह से निकल चुकी थी। गर्भावस्था में उसकी देह क्षीण हो गई थी, मुँह भी उतर गया था; पर आज स्वस्थता की लालिमा मुख पर छाई हुई थी। मातृत्व के गर्व और आनंद ने अंगों में संजीवनी-सी भर रखी थी। सौर के संयम और पौष्टिक भोजन ने देह को चिकना कर दिया था। मथुरा उसे आँगन में देखते ही समीप आ गया और एक बार प्यारी की ओर ताककर उसके निद्रामग्न होने का निश्चय करके उसने शिशु को गोद में ले लिया और उसका मुँह चूमने लगा।

आहट पाकर प्यारी की आँखें खुल गईं; पर उसने नींद का बहाना किया और अधखुली आँखों से यह आनंद-क्रीड़ा देखने लगी। माता और पिता दोनों बारी-बारी से बालक को

चूमते, गले लगाते, और उसके मुँह को निहारते थे। कितना स्वर्गीय आनंद था। प्यारी की तृषित लालसा एक क्षण के लिए स्वामिनी को भूल गई। जैसे लगाम से मुखबद्ध, बोझा से लदा हुआ, हाँकनेवाले की चाबुक से पीड़ित दौड़ते-दौड़ते बेदम तुरंग हिनहिनाने की आवाज़ सुनकर कनौतियाँ खड़ी कर लेता है और परिस्थिति को भूलकर एक दबी हुई हिनहिनाहट से उसका जवाब देता है, कुछ वही दशा प्यारी की हुई। उसका मातृत्व जो पिंजरे में बन्द मूक निश्चेष्ट पड़ा हुआ था, समीप से आने वाली मातृत्व की चहकार सुनकर जैसे जाग पड़ा और चिन्ताओं के उस पिंजरे से निकलने के लिए पंख फड़फड़ाने लगा।

मथुरा ने कहा—यह मेरा लड़का है।

दुलारी ने बालक को गोद में चिमटाकर कहा—हाँ, है क्यों नहीं। तुम्हीं ने तो नौ महीने पेट में रखा है। साँसत तो मेरी हुई, बाप कहलाने के लिए तुम कूद पड़े।

मथुरा—मेरा लड़का न होता, तो मेरी सूरत का क्यों होता! चेहरा-मोहरा, रंग-रूप सब मेरा ही-सा है कि नहीं?

दुलारी—इससे क्या होता है। बीज बनिये के घर से आता है। खेत किसान का होता है। उपज बनिये की नहीं होती, किसान की होती है।

मथुरा—बातों में तुमसे कोई न जीतेगा। मेरा लड़का बड़ा हो जाएगा, तो मैं द्वार पर बैठकर मज़े से हुक़्क़ा पिया करूँगा।

दुलारी—मेरा लड़का पढ़े-लिखेगा, कोई बड़ा हुद्दा पाएगा। तुम्हारी तरह दिन-भर बैल के पीछे न चलेगा। मालकिन से कहना है, कल एक पालना बनवा दें।

मथुरा—अब बहुत सबेरे न उठा करना और छाती फाड़कर काम भी न करना।

दुलारी—यह महारानी जीने देंगी।

मथुरा—मुझे तो बेचारी पर दया आती है। उसके कौन बैठा हुआ है। हमीं लोगों के लिए तो मरती है। भैया होते, तो अब तक दो-तीन बच्चों की माँ हो गई होती।

प्यारी के कंठ से आँसुओं का ऐसा वेग उठा कि उसे रोकने में सारी देह काँप उठी। अपना वंचित जीवन उसे मरुस्थल-सा लगा, जिसकी सूखी रेत पर वह हरा-भरा बाग़ लगाने की निष्फल चेष्टा कर रही थी।

सहसा शिवदास ने भीतर आकर कहा—बड़ी बहू; क्या सो गई? बाजे वालों को अभी परोसा नहीं मिला। क्या कह दूँ?

5

कुछ दिनों के बाद शिवदास भी मर गया। उधर दुलारी के दो बच्चे और हुए। वह भी अधिकतर बच्चों के लालन-पालन में व्यस्त रहने लगी। खेती का काम मजूरों पर आ पड़ा। मथुरा मज़दूर तो अच्छा था, संचालक अच्छा न था। उसे स्वतंत्र रूप से काम लेने का कभी अवसर न मिला था। ख़ुद पहले भाई की निगरानी में काम करता रहा। बाद को बाप की निगरानी में करने लगा। खेती का तार भी न जानता था। वही मजूर उसके यहाँ टिकते थे, जो मेहनती नहीं, खुशामद करने में कुशल होते थे; इसीलिए प्यारी को अब दिन में दो-चार चक्कर हार का भी लगाना पड़ता। कहने को तो अब मालकिन थी; पर वास्तव में घर-भर की सेविका थी। मजूर भी उससे त्योरियाँ बदलते, ज़मींदार का प्यादा भी उसी पर धौंस जमाता। भोजन में

भी क़िफायत करनी पड़ती। लड़कों को तो जितनी बार माँगें उतनी बार कुछ-न-कुछ चाहिए। दुलारी तो लड़कोरी थी; उसे भी भरपूर भोजन चाहिए, मथुरा घर का सरदार था, उसके इस अधिकार को कौन छीन सकता था। मजूर भला क्यों रिआयत करने लगे थे। सारी कसर बेचारी प्यारी पर निकलती थी। वह एक फालतू चीज़ थी; अगर आधा पेट खाय, तो किसी को कोई हानि न हो सकती थी। तीस वर्ष की अवस्था में उसके बाल पक गए, कमर झुक गई, आँखों की जोत कम हो गई; मगर वह प्रसन्न थी। स्वामित्व का गौरव इस सारे ज़ख़्मों पर मरहम का काम करता था।

एक दिन मथुरा ने कहा—भाभी, अब तो कहीं परदेश जाने का जी होता है। यहाँ कमाई में कोई बरक्कत नहीं। किसी तरह पेट की रोटियाँ चल जाती हैं, वह भी रो-धोकर। कई आदमी पूरब से आए हैं, वे कहते हैं, वहाँ दो-तीन रुपए रोज़ की मजूरी हो जाती है। चार-पाँच साल भी रह गया, तो मालोमाल हो जाऊँगा। अब आगे लड़के-बाले हुए। इनके लिए तो कुछ तो करना ही चाहिए।

दुलारी ने समर्थन किया—हाथ में चार पैसे होंगे, लड़कों को पढ़ाएँगे-लिखाएँगे। हमारी तो किसी तरह कट गई, लड़कों को तो आदमी बनाना है।

प्यारी यह प्रस्ताव सुनकर अवाक् रह गई। उनका मुँह ताकने लगी। इसके पहले इस तरह की बातचीत कभी न हुई थी। यह धुन कैसे सवार हो गई? उसे सन्देह हुआ, शायद मेरे कारण यह भावना उत्पन्न हुई है। बोली—मैं तो जाने को न कहूँगी; आगे जैसी तुम्हारी इच्छा हो। लड़कों को पढ़ाने-लिखाने के लिए यहाँ भी तो मदरसा है। फिर क्या नित्य यही दिन बने रहेंगे? दो-तीन साल भी खेती बन गई तो, सब कुछ हो जाएगा।

मथुरा—इतने दिन खेती करते हो गए, अब तक न बनी, तो अब क्या बन जाएगी। इसी तरह एक दिन चल देंगे, मन-की-मन में रह जाएगी। फिर अब पौरुख भी तो थक रहा है। यह खेती कौन सँभालेगा। लड़कों को मैं इस चक्की में जोतकर उनकी ज़िंदगी नहीं ख़राब करना चाहता।

प्यारी ने आँखों में आँसू लाकर कहा—भैया, घर पर जब तक आधी मिले; सारी के लिए न धावना चाहिए; अगर मेरी ओर से कोई बात हो तो अपना घरबार अपने हाथ में करो, मुझे एक टुकड़ा दे देना, पड़ी रहूँगी।

मथुरा आर्द्र-कंठ होकर बोला—भाभी, यह तुम क्या कहती हो, तुम्हारे ही सँभाले यह घर अब तक चला है, नहीं रसातल को चला गया होता। इस गिरस्ती के पीछे तुमने अपने को मिट्टी में मिला दिया, अपनी देह घुला डाली। मैं अन्धा नहीं हूँ। सब कुछ समझता हूँ। हम लोगों को जाने दो। भगवान ने चाहा, तो फिर घर सँभल जाएगा। तुम्हारे लिए हम बराबर खरच-वरच भेजते रहेंगे।

प्यारी ने कहा—जो ऐसा ही है तो तुम चले जाव, बाल-बच्चों को कहाँ-कहाँ बाँधे फिरोगे।

दुलारी बोली—यह कैसे हो सकता है बहन, यहाँ देहात में लड़के क्या पढ़े-लिखेंगे। बच्चों के बिना इनका जी वहाँ न लगेगा। दौड़-दौड़ घर आएँगे और सारी कमाई रेल खा जाएगी। परदेश में अकेले जितना खरच होगा, उतने में सारा घर आराम से रहेगा।

प्यारी बोली—तो मैं यहाँ रहकर क्या करूँगी? मुझे भी लेते चलो।

दुलारी उसे साथ ले चलने को तैयार न थी। कुछ दिन जीवन का आनंद उठाना चाहती थी; अगर परदेश में भी यह बन्धन रहा, तो जाने से फ़ायदा ही क्या? बोली—बहन, तुम

चलतीं तो क्या बात थी, लेकिन फिर यहाँ का सारा कारोबार तो चौपट हो जाएगा। तुम तो कुछ-न-कुछ देखभाल करती ही रहोगी।

प्रस्थान की तिथि के एक दिन पहले ही रामप्यारी ने रात-भर जागकर हलुआ और पूरियाँ पकाईं। जब से इस घर में आई, कभी एक दिन के लिए भी अकेले रहने का अवसर नहीं आया। दोनों बहनें सदैव साथ रहीं। आज उस भयंकर अवसर को सामने आते देखकर प्यारी का दिल बैठा जाता था। वह देखती थी, मथुरा प्रसन्न है, बाल-वृन्द यात्रा के आनंद में खाना-पीना तक भूले हुए है, तो उसके जी में आता, वह भी इस भाँति निर्द्वन्द्व रहे? मोह और ममता को पैरों से कुचल डाले; किन्तु वह ममता जिस खाद्य को खा-खाकर पली थी, उसे अपने सामने से हटाए जाते देखकर क्षुब्ध होने से न रुकती थी। दुलारी तो इस तरह निश्चिंत होकर बैठी थी, मानो कोई मेला देखने जा रही है। नई-नई चीज़ों को देखने, नई दुनिया में विचरने की उत्सुकता ने उसे क्रियाशून्य-सा कर दिया था। प्यारी के सिर सारे प्रबंध का भार था। धोबी के घर से सब कपड़े आए हैं या नहीं, कौन-कौन से बर्तन साथ जाएँगे, सफ़र ख़र्च के लिए कितने रुपए की ज़रूरत होगी, एक बच्चे को खाँसी आ रही थी। दूसरे को कई दिन से दस्त आ रहे थे, उन दोनों की औषधियों को पीसना-कूटना आदि सैकड़ों ही काम व्यस्त किए हुए थे। लड़कोरी न होकर भी वह बच्चों के लालन-पालन में दुलारी से कुशल थी। देखो, बच्चों को बहुत मारना-पीटना मत, मारने से बच्चे जिद्दी और बेहया हो जाते हैं। बच्चों के साथ आदमी को बच्चा बन जाना पड़ता है, कभी उनके साथ खेलना पड़ता है, कभी हँसना पड़ता है। जो तुम चाहो कि हम आराम से पड़े रहें और बच्चे चुपचाप बैठ रहें, हाथ-पैर न हिलाएँ, तो यह नहीं हो सकता। बच्चे तो स्वभाव के चंचल होते हैं। उन्हें किसी-न-किसी काम में फँसाए रखो। धेले का एक खिलौना हज़ार घुड़कियों से बढ़कर होता है। दुलारी उपदेशों को इस तरह बेमन होकर सुनती थी, मानो कोई सनककर बक रहा हो।

बिदाई का दिन प्यारी के लिए परीक्षा का दिन था। उसके जी में आता था, कहीं चली जाए, जिससे वह दृश्य देखना न पड़े। हा! घड़ी भर में यह घर सूना हो जाएगा! वह दिन-भर घर में अकेली पड़ी रहेगी! किससे हँसेगी-बोलेगी? यह सोचकर उसका हृदय काँप जाता था। ज्यों-ज्यों समय निकट आता था, उसकी वृत्तियाँ शिथिल होती जाती थीं। वह कोई काम करते-करते जैसे खो जाती थी और अपलक नेत्रों से किसी बिन्दु की ओर ताकने लगती थी। कभी अवसर पाकर एकान्त में जाकर थोड़ा रो आती थी। मन को समझा रही थी, यह लोग अपने होते तो क्या इस तरह चले जाते। यह तो मानने का नाता है; किसी पर कोई ज़बरदस्ती है? दूसरों के लिए कितना ही मरो, तो भी अपने नहीं होते। पानी तेल में कितना ही मिले, फिर भी अलग ही रहेगा। बच्चे नए-नए कुरते पहने नवाब बने घूम रहे थे। प्यारी उन्हें प्यार करने के लिए गोद में लेना चाहती, तो रोने का-सा मुँह बनाकर छुड़ाकर भाग जाते। वह क्या जानती थी कि ऐसे अवसर पर बहुधा अपने बच्चे भी ऐसे निठुर हो जाते हैं।

दस बजते-बजते द्वार पर बैलगाड़ी आ गई। लड़के पहले ही से उस पर जा बैठे। गाँव के कितने स्त्री-पुरुष मिलने आए। प्यारी को इस समय उनका आना बुरा लग रहा था। वह दुलारी से थोड़ी देर एकान्त में गले मिलकर रोना चाहती थी, मथुरा से हाथ जोड़कर कहना चाहती थी, मेरी खोज-ख़बर लेते रहना, तुम्हारे सिवा मेरा संसार में कौन है; लेकिन इस

भड़भड़ में उसको इन बातों का मौक़ा न मिला। मथुरा और दुलारी दोनों गाड़ी में जा बैठे। प्यारी द्वार पर रोती खड़ी रह गई। वह इतनी विह्वल थी कि गाँव के बाहर तक पहुँचाने की भी उसे सुधि न रही।

6

कई दिन तक प्यारी मूर्च्छित-सी पड़ी रही। न घर से निकली, न चूल्हा जलाया, न हाथ-मुँह धोया। उसका हलवाहा जोखू बार-बार आकर कहता—'मालकिन, उठो, मुँह-हाथ धोओ, कुछ खाओ-पियो। कब तक इसी तरह पड़ी रहोगी?' इस तरह की तसल्ली गाँव की और स्त्रियाँ भी देती थीं; पर उनकी तसल्ली में एक प्रकार की ईर्ष्या का भाव छिपा हुआ जान पड़ता था। जोखू के स्वर से सच्ची सहानुभूति झलकती थी। जोखू कामचोर, बातूनी और नशेबाज था। प्यारी उसे बार-बार डाँटती रहती थी। दो-एक बार उसे निकाल भी चुकी थी, पर मथुरा के आग्रह से फिर रख लिया था। आज भी जोखू की सहानुभूति-भरी बातें सुनकर प्यारी झुँझलाती, यह काम करने क्यों नहीं जाता, यहाँ मेरे पीछे क्यों पड़ा हुआ है; मगर उसे झिड़क देने को जी न चाहता था। उसे इस समय सहानुभूति की भूख थी। फल काँटेदार वृक्ष से भी मिलें, तो क्या उन्हें छोड़ दिया जाता है?

धीरे-धीरे क्षोभ का वेग कम हुआ। जीवन के व्यापार होने लगे। अब खेती का सारा भार प्यारी पर था। लोगों ने सलाह दी, एक हल तोड़ दो और खेतों को उठा दो; पर प्यारी का गर्व यों ढोल बजाकर अपनी पराजय स्वीकार न कर सकता था। सारे काम पूर्ववत् चलने लगे। उधर मथुरा के चिट्ठी-पत्री न भेजने से उसके अभिमान को और भी उत्तेजना मिली। वह समझता है, मैं उसके आसरे बैठी हूँ। यहाँ उसको भी खिलाने का दावा रखती हूँ। उसके चिट्ठी भेजने से मुझे कोई निधि न मिल जाती। उसे अगर मेरी चिन्ता नहीं है तो मैं कब उसकी परवाह करती हूँ।

घर में तो अब विशेष कोई काम रहा नहीं, प्यारी सारे दिन खेतीबारी के काम में लगी रहती। खरबूजे बोये थे। वह ख़ूब फले और ख़ूब बिके। पहले सारा दूध घर में ख़र्च हो जाता था, अब बिकने लगा। प्यारी की मनोवृत्तियों में भी एक विचित्र परिवर्तन आ गया। वह अब साफ़-सुथरे कपड़े पहनती, माँग-चोटी की ओर से भी उतनी उदासीन न थी। आभूषणों में भी रुचि हुई। रुपए हाथ में आते ही उसने अपने गिरवी गहने छुड़ाए और भोजन भी संयम से करने लगी। सागर पहले खेतों को सींचकर ख़ुद ख़ाली हो जाता था। अब निकासी की नालियाँ बन्द हो गई थीं। सागर में पानी जमा होने लगा और अब उसमें हलकी-हलकी लहरें भी थीं, खिले हुए कमल भी थे।

एक दिन जोखू हार से लौटा, तो अँधेरा हो गया था। प्यारी ने पूछा—अब तक वहाँ क्या करता रहा?

जोखू ने कहा—चार क्यारियाँ बच रही थीं। मैंने सोचा, दस मोट और सींच दूँ। कल की झंझट कौन रखे।

जोखू अब कुछ दिनों से काम में मन लगाने लगा था। जब तक मालिक उसके सिर पर सवार रहते थे, वह हीले-बहाने करता था। अब सब कुछ उसके हाथ में था। प्यारी सारे दिन हार में थोड़े ही रह सकती थी; इसलिए अब उसमें ज़िम्मेदारी आ गई थी।

प्यारी ने लोटे का पानी रखते हुए कहा—अच्छा, हाथ-मुँह धो डालो। आदमी जान रखकर काम करता है, हाय-हाय करने से कुछ नहीं होता। खेत आज न होते, कल होते, क्या जल्दी थी।

जोखू ने समझा प्यारी बिगड़ रही है, उसने तो अपनी समझ में कारगुजारी की थी और समझा था, तारीफ होगी। यहाँ आलोचना हुई। चिढ़कर बोला—मालकिन, तुम दाएँ-बाएँ दोनों ओर चलती हो। जो बात नहीं समझती हो, उसमें क्यों कूदती हो। कल के लिए तो उँचवा के खेत पड़े सूख रहे हैं। आज बड़ी मुश्किल से कुआँ ख़ाली हुआ है।

सबेरे मैं न पहुँचता, तो कोई और आकर न छेंक लेता? फिर अठवारे तक राह देखनी पड़ती। तब तक तो सारी ऊख बिदा हो जाती।

प्यारी उसकी सरलता पर हँसकर बोली—अरे, तो मैं तुझे कुछ कह थोड़ी रही हूँ, पागल! मैं तो यह कहती हूँ कि जान रखकर काम कर। कहीं बीमार पड़ गया, तो लेने के देने पड़ जाएँगे।

जोखू—कौन बीमार पड़ जाएगा, मैं? बीस साल में कभी सिर तक तो दुखा नहीं, आगे की नहीं जानता। कहो रात भर काम करता रहूँ।

प्यारी—मैं क्या जानूँ, तुम्हीं अँतरे दिन बैठे रहते थे, और पूछा जाता था, तो कहते थे—जुर आ गया था, पेट में दरद था।

जोखू झेंपता हुआ बोला—वह बातें तब थीं, जब मालिक लोग चाहते थे कि इसे पीस डालें। अब तो जानता हूँ, मेरे ही माथे है। मैं न करूँगा तो सब चौपट हो जाएगा।

प्यारी—मैं क्या देखभाल नहीं करती?

जोखू—तुम बहुत करोगी, दो बेर चली जावगी। सारे दिन तुम यहाँ बैठी नहीं रह सकतीं।

प्यारी को उसके निष्कपट व्यवहार ने मुग्ध कर लिया। बोली—तो इतनी रात गए चूल्हा जलाओगे? कोई सगाई क्यों नहीं कर लेते?

जोखू ने मुँह धोते हुए कहा—तुम भी ख़ूब कहती हो मालकिन। अपने पेट भर को तो होता नहीं, सगाई कर लूँ। सवा सेर खाता हूँ एक जून—पूरा सवा सेर। दोनों जून के लिए दो सेर चाहिए।

प्यारी—आज मेरी रसोई में खाओ, देखूँ कितना खाते हो?

जोखू ने पुलकित होकर कहा—नहीं मालकिन, तुम बनाते-बनाते थक जावगी। हाँ, आध-आध सेर की दो रोटी बनाकर खिला दो तो खा लूँ। मैं तो यही करता हूँ। बस, आटा सानकर दो लिट बनाता हूँ और उपलों पर सेंक लेता हूँ। कभी मठे से, कभी नमक से, कभी प्याज़ से खा लेता हूँ और आकर पड़ रहता हूँ।

प्यारी—मैं तुम्हें आज फुलके खिलाऊँगी।

जोखू—तब तो सारी रात खाते ही बीत जाएगी।

प्यारी—बको मत, चटपट आकर बैठ जाओ।

जोखू—ज़रा बैलों को पानी देता आऊँ तो बैठूँ।

7

जोखू और प्यारी में ठनी हुई थी।

प्यारी ने कहा—मैं कहती हूँ, धान रोपने की कोई ज़रूरत नहीं। झड़ी लग जाए, तो खेत डूब जाए। बर्खा बन्द हो जाए, तो खेत सूख जाए। जुआर, बाजरा, सन, अरहर सब तो हैं, धान न सही।

जोखू ने अपने विशाल कन्धे पर फावड़ा रखते हुए कहा—जब सबका होगा, तो मेरा भी होगा। सबका डूब जाएगा, तो मेरा भी डूब जाएगा। मैं क्यों किसी से पीछे रहूँ। बाबा के जमाने में पाँच बीघे से कम नहीं रोपा जाता था, बिरजू भैया ने उसमें एक-दो बीघे और बढ़ा दिए। मथुरा ने भी थोड़ा-बहुत हर साल रोपा, तो मैं क्या सबसे गया-बीता हूँ? मैं पाँच बीघे से कम न लगाऊँगा।

'तब घर के दो जवान काम करने वाले थे।'

'मैं अकेला उन दोनों के बराबर खाता हूँ। दोनों के बराबर काम क्यों न करूँगा?'

'चल, झूठा कहीं का। कहते थे, दो सेर खाता हूँ, चार सेर खाता हूँ। आध सेर में रह गए।'

'एक दिन तौलो, तब मालूम हो।'

'तौला है। बड़े खानेवाले! मैं कहे देती हूँ, धान न रोपो। मजूर मिलेंगे नहीं, अकेले हलकान होना पड़ेगा।'

'तुम्हारी बला से। मैं ही हलकान हूँगा न? यह देह किस दिन काम आएगी?'

प्यारी ने उसके कन्धे पर से फावड़ा ले लिया और बोली—तुम पहर दिन से पहर रात तक ताल में रहोगे, अकेले मेरा जी ऊबेगा!

जोखू को जी ऊबने का अनुभव न था। कोई काम न हो, तो आदमी पड़ कर सो रहे। जी क्यों ऊबे। बोला—जी ऊबे तो सो रहना। मैं घर रहूँगा, तब तो और जी ऊबेगा। मैं ख़ाली बैठता हूँ, तो बार-बार खाने की सूझती है। बातों में देर हो रही है और बादल घिरे आते हैं।

प्यारी ने हारकर कहा—अच्छा, कल से जाना, आज बैठो।

जोखू ने मानो बन्धन में पड़कर कहा—अच्छा, बैठ गया, कहो क्या कहती हो?

प्यारी ने विनोद करते हुए कहा—कहना क्या है, मैं तुमसे पूछती हूँ अपनी सगाई क्यों नहीं कर लेते? अकेली मरती हूँ। तब एक से दो हो जाऊँगी?

जोखू शरमाता हुआ बोला—तुमने फिर वही बेबात की बात छेड़ दी, मालकिन! किससे सगाई कर लूँ यहाँ? मैं ऐसी मेहरिया लेकर क्या करूँगा, जो गहनों के लिए मेरी जान खाती रहे।

प्यारी—यह तो तुमने बड़ी कड़ी शर्त लगाई। ऐसी औरत कहाँ मिलेगी, जो गहने भी न चाहे।

जोखू—यह मैं थोड़े ही कहता हूँ कि वह गहने न चाहे; हाँ, मेरी जान न खाय। तुमने तो कभी गहनों के लिए हठ न किया; बल्कि अपने सारे गहने दूसरों के ऊपर लगा दिए।

प्यारी के कपोलों पर हलका-सा रंग आ गया। बोली—अच्छा, और क्या चाहते हो?

जोखू—मैं कहने लगूँगा, तो बिगड़ जावगी।

प्यारी की आँखों में लज्जा की एक रेखा नज़र आई, बोली—बिगड़ने की बात कहोगे, तो ज़रूर बिगड़ूँगी।

जोखू—तो मैं न कहूँगा।

प्यारी ने उसे पीछे की ओर ढकेलते हुए कहा—कहोगे कैसे नहीं, मैं कहला के छोड़ूँगी।

जोखू—मैं चाहता हूँ कि वह तुम्हारी तरह हो; ऐसी ही गम्भीर हो, ऐसी ही बातचीत में चतुर हो, ऐसा ही अच्छा खाना पकाती हो, ऐसी ही क़िफायती हो, ऐसी ही हँसमुख हो। बस, ऐसी औरत मिलेगी, तो करूँगा नहीं इसी तरह पड़ा रहूँगा।

प्यारी का मुख लज्जा से आरक्त हो गया। उसने पीछे हटकर कहा—तुम बड़े नटखट हो! हँसी-हँसी में सब कुछ कह गए।

ठाकुर का कुआँ

जोखू ने लोटा मुँह से लगाया तो पानी में सख़्त बदबू आई। गंगी से बोला—यह कैसा पानी है? मारे बास के पिया नहीं जाता। गला सूखा जा रहा है और तू सड़ा हुआ पानी पिलाए देती है।

गंगी प्रतिदिन शाम को पानी भर लिया करती थी। कुआँ दूर था; बार-बार जाना मुश्किल था। कल वह पानी लाई, तो उसमें बू बिलकुल न थी; आज पानी में बदबू कैसी? लोटा नाक से लगाया, तो सचमुच बदबू थी। ज़रूर कोई जानवर कुएँ में गिरकर मर गया होगा, मगर दूसरा पानी आवे कहाँ से?

ठाकुर के कुएँ पर कौन चढ़ने देगा। दूर से लोग डाँट बताएँगे। साहू का कुआँ गाँव के उस सिरे पर है; परन्तु वहाँ भी कौन पानी भरने देगा? चौथा कुआँ गाँव में है नहीं।

जोखू कई दिन से बीमार है। कुछ देर तक तो प्यास रोके चुप पड़ा रहा, फिर बोला—अब तो मारे प्यास के रहा नहीं जाता। ला, थोड़ा पानी नाक बन्द करके पी लूँ।

गंगी ने पानी न दिया। ख़राब पानी पीने से बीमारी बढ़ जाएगी—इतना जानती थी; परन्तु यह न जानती थी कि पानी को उबाल देने से उसकी ख़राबी जाती रहती है। बोली यह पानी कैसे पियोगे? न जाने कौन जानवर मरा है। कुएँ से मैं दूसरा पानी लाए देती हूँ।

जोखू ने आश्चर्य से उसकी ओर देखा—दूसरा पानी कहाँ से लाएगी?

'ठाकुर और साहू के दो कुएँ तो हैं। क्या एक लोटा पानी न भरने देंगे?'

'हाथ-पाँव तुड़वा आएगी और कुछ न होगा। बैठ चुपके से। ब्रह्म-देवता आशीर्वाद देंगे, ठाकुर लाठी मारेंगे, साहूजी एक के पाँच लेंगे। ग़रीबों का दर्द कौन समझता है! हम तो मर भी जाते हैं, तो कोई दुआर पर झाँकने नहीं आता, कंधा देना तो बड़ी बात है। ऐसे लोग कुएँ से पानी भरने देंगे?'

इन शब्दों में कड़ुवा सत्य था। गंगी क्या जवाब देती; किन्तु उसने वह बदबूदार पानी पीने को न दिया।

2

रात के नौ बजे थे। थके-माँदे मज़दूर तो सो चुके थे, ठाकुर के दरवाज़े पर दस-पाँच बेफ़िक्रे जमा थे। मैदानी बहादुरी का तो अब न ज़माना रहा है, न मौक़ा। क़ानूनी बहादुरी की बातें हो रही थीं; कितनी होशियारी से ठाकुर ने थानेदार को एक ख़ास मुकद्दमे में रिश्वत दे दी और साफ़ निकल गए। कितनी अक़्लमन्दी से एक मार्के के मुक़द्दमे की नक़ल ले आए। नाजिर और मोहतमिम, सभी कहते थे, नक़ल नहीं मिल सकती। कोई पचास माँगता; कोई सौ। यहाँ बेपैसे-कौड़ी नक़ल उड़ा दी। काम करने का ढंग चाहिए।

इसी समय गंगी कुएँ से पानी लेने पहुँची।

कुप्पी की धुँधली रोशनी कुएँ पर आ रही थी। गंगी जगत की आड़ में बैठी मौक़े का इंतज़ार करने लगी। इस कुएँ का पानी सारा गाँव पीता है। किसी के लिए रोक नहीं; सिर्फ़ ये बदनसीब नहीं भर सकते।

गंगी का विद्रोही दिल रिवाजी पाबंदियों और मज़बूरियों पर चोटें करने लगा—हम क्यों नीच हैं और यह लोग क्यों ऊँच हैं? इसलिए कि ये लोग गले में तागा डाल लेते हैं? यहाँ

तो जितने हैं, एक-से-एक छँटे हैं? चोरी ये करें, जाल-फरेब ये करें, झूठे मुक़द्दमे ये करें। अभी इस ठाकुर ने तो उस दिन बेचारे गडरिये की एक भेड़ चुरा ली थी और बाद में मारकर खा गया। इन्हीं पंडितजी के घर में बारहों मासा जुआ होता है। यही साहूजी तो घी में तेल मिलाकर बेचते हैं। काम करा लेते हैं, मजूरी देते नानी मरती है। किस बात में हैं हमसे ऊँचे। हाँ, मुँह में हमसे ऊँचे हैं। हम गली-गली चिल्लाते नहीं कि हम ऊँचे हैं, हम ऊँचे हैं! कभी गाँव में आ जाती हूँ, तो रसभरी आँखों से देखने लगते हैं। जैसे सबकी छाती पर साँप लोटने लगता है, परन्तु घमंड यह कि हम ऊँचे हैं।

कुएँ पर किसी के आने की आहट हुई। गंगी की छाती धक-धक करने लगी। कहीं देख ले, तो ग़ज़ब हो जाए।

एक लात भी तो नीचे न पड़े। उसने घड़ा और रस्सी उठा ली और झुककर चलती हुई एक वृक्ष के अँधेरे साये में जा खड़ी हुई। कब इन लोगों को दया आती है किसी पर। बेचारे महँगू को इतना मारा कि महीनों लहू थूकता रहा। इसलिए कि उसने बेगार न दी थी! उस पर ये लोग ऊँचे बनते हैं।

कुएँ पर दो स्त्रियाँ पानी भरने आई थीं। इनमें बातें हो रही थीं।

'खाना खाने चले और हुक्म हुआ कि ताज़ा पानी भर लाओ। घड़े के लिए पैसे नहीं है।'

'हम लोगों को आराम से बैठे देखकर जैसे मरदों को जलन होती है।'

'हाँ, यह तो न हुआ कि कलसिया उठाकर भर लाते। बस, हुकुम चला दिया कि ताज़ा पानी लाओ, जैसे हम लौंडियाँ ही तो हैं।'

'लौंडिया नहीं तो और क्या हो तुम? रोटी-कपड़ा नहीं पातीं? दस-पाँच रुपए छीन-झपट कर ले ही लेती हो। और लौंडिया कैसी होती है।'

'मत लजाओ दीदी! छिन भर आराम करने को जी तरस कर रह जाता है। इतना काम किसी दूसरे के घर कर देती, तो इससे कहीं आराम से रहती। ऊपर से वह एहसान मानता। यहाँ काम करते-करते मर जाओ; पर किसी का मुँह ही नहीं सीधा होता।'

दोनों पानी भरकर चली गईं, तो गंगी वृक्ष की छाया से निकली और कुएँ के जगत के पास आई। बेफ़िक्रे चले गए थे। ठाकुर भी दरवाज़ा बन्द कर अन्दर आँगन में सोने जा रहे थे। गंगी ने क्षणिक सुख की साँस ली। किसी तरह मैदान तो साफ़ हुआ। अमृत चुरा लाने के लिए जो राजकुमार किसी जमाने में गया था, वह भी शायद इतनी सावधानी के साथ और समझ-बूझकर न गया होगा। गंगी दबे पाँव कुएँ के जगत पर चढ़ी। विजय का ऐसा अनुभव उसे पहले कभी न हुआ था।

उसने रस्सी का फंदा घड़े में ढाला। दाएँ-बाएँ चौकन्नी दृष्टि से देखा, जैसे कोई सिपाही रात को शत्रु के क़िले में सुराख कर रहा हो। अगर इस समय वह पकड़ ली गई, तो फिर उसके लिए माफ़ी या रिआयत की रत्ती-भर उम्मीद नहीं। अंत में देवताओं को याद करके उसने कलेजा मज़बूत किया और घड़ा कुएँ में डाल दिया।

घड़े ने पानी में गोता लगाया, बहुत ही आहिस्ता। ज़रा भी आवाज़ न हुई। गंगी ने दो चार हाथ जल्दी-जल्दी मारे। घड़ा कुएँ से मुँह तक आ पहुँचा। कोई बड़ा शहज़ोर पहलवान भी इतनी तेज़ी से उसे न खींच सकता था।

गंगी झुकी कि घड़े को पकड़कर जगत पर रखे, कि एकाएक ठाकुर साहब का दरवाज़ा खुल गया। शेर का मुँह इससे अधिक भयानक न होगा।

गंगी के हाथ से रस्सी छूट गई। रस्सी के साथ घड़ा धड़ाम से पानी में गिरा और कई क्षण तक पानी में हलकोरे की आवाज़ें सुनाई देती रहीं।

ठाकुर, 'कौन है, कौन है?' पुकारते हुए कुएँ की तरफ़ आ रहे थे और गंगी जगत से कूदकर भागी जा रही थी।

घर पहुँचकर देखा कि जोखू लोटा मुँह से लगाए वही मैला-गंदा पानी पी रहा है।

घरजमाई

हरिधन जेठ की दुपहरी में ऊख में पानी देकर आया और बाहर बैठा रहा। घर में से धुआँ उठता नज़र आता था। छन-छन की आवाज़ भी आ रही थी। उसके दोनों साले उसके बाद आए और घर में चले गए। दोनों सालों के लड़के भी आए और उसी तरह अन्दर दाख़िल हो गए; पर हरिधन अन्दर न जा सका। इधर एक महीने से उसके साथ यहाँ जो बर्ताव हो रहा था और विशेषकर कल उसे जैसी फटकार सुननी पड़ी थी, वह उसके पाँव में बेड़ियाँ-सी डाले हुए था। कल उसकी सास ही ने तो कहा था, मेरा जी तुमसे भर गया, मैं तुम्हारी ज़िंदगी-भर का ठीका लिए बैठी हूँ क्या—और सबसे बढ़कर अपनी स्त्री की निष्ठुरता ने उसके हृदय के टुकड़े-टुकड़े कर दिए थे। वह बैठी यह फटकार सुनती रही; पर एक बार तो उसके मुँह से न निकला, अम्माँ, तुम क्यों इनका अपमान कर रही हो! बैठी गट-गट सुनती रही। शायद मेरी दुर्गति पर ख़ुश हो रही थी। इस घर में वह कैसे जाए? क्या फिर वही गालियाँ खाने, वही फटकार सुनने के लिए? और आज इस घर में जीवन के दस साल गुज़र जाने पर यह हाल हो रहा है। मैं किसी से कम काम करता हूँ? दोनों साले मीठी नींद सो रहते हैं और मैं बैलों को सानी-पानी देता हूँ; छाँटी काटता हूँ। वहाँ सब लोग पल-पल पर चिलम पीते हैं, मैं आँखें बन्द किए अपने काम में लगा रहता हूँ। संध्या समय घरवाले गाने-बजाने चले जाते हैं, मैं घड़ी रात तक गाय-भैंसे दुहता रहता हूँ। उसका यह पुरस्कार मिल रहा है कि कोई खाने को भी नहीं पूछता। उल्टे गालियाँ मिलती हैं।

उसकी स्त्री घर में से डोल लेकर निकली और बोली—ज़रा इसे कुएँ से खींच लो। एक बूँद पानी नहीं है।

हरिधन ने डोल लिया और कुएँ से पानी भर लाया। उसे ज़ोर की भूख लगी हुई थी, समझा अब खाने को बुलाने आवेगी; मगर स्त्री डोल लेकर अन्दर गई तो वहीं की हो रही। हरिधन थका-माँदा क्षुधा से व्याकुल पड़ा-पड़ा सो गया।

सहसा उसकी स्त्री गुमानी ने आकर उसे जगाया।

हरिधन ने पड़े-पड़े कहा—क्या है? क्या पड़ा भी न रहने देगी या और पानी चाहिए।

गुमानी कटु स्वर में बोली—गुर्राते क्या हो, खाने को तो बुलाने आई हूँ।

हरिधन ने देखा, उसके दोनों साले और बड़े साले के दोनों लड़के भोजन किए चले

आ रहे थे। उसकी देह में आग लग गई। मेरी अब यह नौबत पहुँच गई कि इन लोगों के साथ बैठकर खा भी नहीं सकता। ये लोग मालिक हैं। मैं इनकी जूठी थाली चाटने वाला हूँ। मैं इनका कुत्ता हूँ, जिसे खाने के बाद एक टुकड़ा रोटी डाल दी जाती है। यही घर है जहाँ आज से दस साल पहले उसका कितना आदर-सत्कार होता था। साले ग़ुलाम बने रहते थे। सास मुँह जोहती रहती थी। स्त्री पूजा करती थी। तब उसके पास रुपए थे, जायदाद थी। अब वह दरिद्र है, उसकी सारी जायदाद को इन्हीं लोगों ने कूड़ा कर दिया। अब उसे रोटियों के भी लाले हैं। उसके जी में एक ज्वाला-सी उठी कि इसी वक़्त अन्दर जाकर सास को और सालों को भिगो-भिगोकर लगाए; पर ज़ब्त करके रह गया। पड़े-पड़े बोला—मुझे भूख नहीं है। आज न खाऊँगा।

गुमानी ने कहा—न खाओगे मेरी बला से, हाँ नहीं तो! खाओगे, तुम्हारे ही पेट में जाएगा, कुछ मेरे पेट में थोड़े ही चला जाएगा।

हरिधन का क्रोध आँसू बन गया। यह मेरी स्त्री है, जिसके लिए मैंने अपना सर्वस्व मिट्टी में मिला दिया। मुझे उल्लू बनाकर यह सब अब निकाल देना चाहते हैं। वह अब कहाँ जाए! क्या करे!

उसकी सास आकर बोली—चलकर खा क्यों नहीं लेते जी, रूठते किस पर हो? यहाँ तुम्हारे नखरे सहने का किसी में बूता नहीं है। जो देते हो वह मत देना और क्या करोगे। तुमसे बेटी ब्याही है, कुछ तुम्हारी ज़िंदगी का ठीका नहीं लिखा हैं।

हरिधन ने मर्माहत होकर कहा—हाँ अम्माँ, मेरी भूल थी कि मैं यही समझ रहा था। अब मेरे पास क्या है कि तुम मेरी ज़िंदगी का ठीका लोगी। जब मेरे पास भी धन था तब सब कुछ आता था। अब दरिद्र हूँ, तुम क्यों बात पूछोगी।

बूढ़ी सास भी मुँह फुलाकर भीतर चली गई।

2

बच्चों के लिए बाप एक फ़ालतू-सी चीज़—एक विलास की वस्तु—है, जैसे घोड़े के लिए चने या बाबुओं के लिए मोहनभोग। माँ रोटी-दाल है। मोहनभोग उम्र-भर न मिले तो किसका नुक़सान है; मगर एक दिन रोटी-दाल के दर्शन न हों, तो फिर देखिए, क्या हाल होता है। पिता के दर्शन कभी-कभी शाम-सबेरे हो जाते हैं, वह बच्चे को उछालता है, दुलारता है, कभी गोद में लेकर या उँगली पकड़कर सैर कराने ले जाता है और बस, यही उसके कर्तव्य की इति है। वह परदेस चला जाए, बच्चे को परवाह नहीं होती; लेकिन माँ तो बच्चे का सर्वस्व है। बालक एक मिनिट के लिए भी उसका वियोग नहीं सह सकता। पिता कोई हो, उसे परवाह नहीं, केवल एक उछलने-कूदनेवाला आदमी होना चाहिए; लेकिन माता तो अपनी ही होनी चाहिए, सोलहों आने अपनी; वही रूप, वही रंग, वही प्यार, वही सब कुछ। वह अगर नहीं है तो बालक के जीवन का स्रोत मानो सूख जाता है, फिर वह शिव का नन्दी है, जिस पर फूल या जल चढ़ाना लाजिमी नहीं, अख़्तियारी है। हरिधन की माता का आज दस साल हुए देहान्त हो गया था; उस वक़्त उसका विवाह हो चुका था। वह सोलह साल का कुमार था। पर माँ के मरते ही उसे मालूम हुआ, मैं कितना निस्सहाय हूँ। जैसे उस पर उसका कोई अधिकार ही न रहा हो। बहनों के विवाह हो चुके थे। भाई कोई दूसरा न था। बेचारा अकेले घर में जाते

भी डरता था। माँ के लिए रोता था; पर माँ की परछाईं से डरता था। जिस कोठरी में उसने देह-त्याग किया था, उधर वह आँखें तक न उठाता। घर में एक बुआ थी, वह हरिधन का बहुत दुलार करती। हरिधन को अब दूध ज़्यादा मिलता, काम भी कम करना पड़ता। बुआ बार-बार पूछती—बेटा! कुछ खाओगे? बाप भी अब उसे ज़्यादा प्यार करता, उसके लिए अलग एक गाय मँगवा दी, कभी-कभी उसे कुछ पैसे दे देता कि जैसे चाहे ख़र्च करे। पर इन मरहमों से वह घाव न पूरा होता था; जिसने उसकी आत्मा को आहत कर दिया था। यह दुलार और प्यार उसे बार-बार माँ की याद दिलाता। माँ की घुड़कियों में जो मज़ा था; वह क्या इस दुलार में था? माँ से माँगकर, लड़कर, ठुनककर, रूठकर लेने में जो आनंद था, वह क्या इस भिक्षादान में था? पहले वह स्वस्थ था, माँगकर खाता, लड़-लड़कर खाता, अब वह बीमार था, अच्छे-से-अच्छे पदार्थ उसे दिए जाते थे; पर भूख न थी।

साल-भर तक वह इस दशा में रहा। फिर दुनिया बदल गई। एक नई स्त्री जिसे लोग उसकी माता कहते थे, उसके घर में आई और देखते-देखते एक काली घटा की तरह उसके संकुचित भूमंडल पर छा गई—सारी हरियाली, सारे प्रकाश पर अंधकार का परदा पड़ गया। हरिधन ने इस नक़ली माँ से बात तक न की, कभी उसके पास गया तक नहीं। एक दिन घर से निकला और ससुराल चला आया।

बाप ने बार-बार बुलाया; पर उनके जीते-जी वह फिर उस घर में न गया। जिस दिन उसके पिता के देहान्त की सूचना मिली, उसे एक प्रकार का ईर्ष्यामय हर्ष हुआ। उसकी आँखों से आँसू की एक बूँद भी न आई।

इस नए संसार में आकर हरिधन को एक बार फिर मातृ-स्नेह का आनंद मिला। उसकी सास ने ऋषि-वरदान की भाँति उसके शून्य जीवन को विभूतियों से परिपूर्ण कर दिया। मरुभूमि में हरियाली उत्पन्न हो गई। सालियों की चुहल में, सास के स्नेह में, सालों के वाक्-विलास में और स्त्री के प्रेम में उसके जीवन की सारी आकांक्षाएँ पूरी हो गईं। सास कहती—बेटा, तुम इस घर को अपना ही समझो, तुम्हीं मेरी आँखों के तारे हो। वह उससे अपने लड़कों की, बहुओं की शिकायत करती। वह दिल में समझता था, सासजी मुझे अपने बेटों से भी ज़्यादा चाहती हैं। बाप के मरते ही वह घर गया और अपने हिस्से की जायदाद को कूड़ा करके, रुपयों की थैली लिए हुए आ गया। अब उसका दूना आदर-सत्कार होने लगा। उसने अपनी सारी सम्पत्ति सास के चरणों पर अर्पण करके अपने जीवन को सार्थक कर दिया। अब तक उसे कभी-कभी घर की याद आ जाती थी। अब भूलकर भी उसकी याद न आती, मानो वह उसके जीवन का कोई भीषण कांड था, जिसे भूल जाना ही उसके लिए अच्छा था। वह सबसे पहले उठता, सबसे ज़्यादा काम करता, उसका मनोयोग, उसका परिश्रम देखकर गाँव के लोग दाँतों तले उँगली दबाते थे। उसके ससुर का भाग बखानते, जिसे ऐसा दामाद मिल गया; लेकिन ज्यों-ज्यों दिन गुज़रते गए, उसका मान-सम्मान घटता गया। पहले देवता, फिर घर का आदमी, अंत में घर का दास हो गया। रोटियों में भी बाधा पड़ गई। अपमान होने लगा। अगर घर के लोग भूखों मरते और साथ ही उसे भी मरना पड़ता, तो उसे ज़रा भी शिकायत न होती। लेकिन जब देखता, और लोग मूँछों पर ताव दे रहे हैं, केवल मैं ही दूध की मक्खी बना दिया गया हूँ, तो उसके अंत:स्तल से एक लम्बी, ठंडी आह निकल आती। अभी उसकी उम्र पच्चीस ही साल की

तो थी। इतनी उम्र इस घर में कैसे गुजरेगी? और तो और, उसकी स्त्री ने भी आँखें फेर लीं। यह उस विपत्ति का सबसे क्रूर दृश्य था।

3

हरिधन तो उधर भूखा-प्यासा चिन्ता-दाह में जल रहा था, इधर घर में सास जी और दोनों सालों में बातें हो रही थीं। गुमानी भी हाँ-में-हाँ मिलाती जाती थी।

बड़े साले ने कहा—हम लोगों की बराबरी करते हैं। यह नहीं समझते कि किसी ने उनकी ज़िंदगी भर का बीड़ा थोड़े ही लिया है। दस साल हो गए। इतने दिनों में क्या दो-तीन हज़ार न हड़प गए होंगे?

छोटे साले बोले—मजूर हो तो आदमी घुड़के भी, डाँटे भी, अब इनसे कोई क्या कहे। न जाने इनसे कभी पिंड छूटेगा भी या नहीं। अपने दिल में समझते होंगे, मैंने दो हज़ार रुपए नहीं दिए हैं? यह नहीं समझते कि उनके दो हज़ार कब के उड़ चुके। सवा सेर तो एक जून को चाहिए।

सास ने गम्भीर भाव से कहा—बड़ी भारी खोराक है!

गुमानी माता के सिर से जूँ निकाल रही थी। सुलगते हुए हृदय से बोली—निकम्मे आदमी को खाने के सिवा और काम ही क्या रहता है?

बड़े—खाने की कोई बात नहीं है। जिसकी जितनी भूख हो उतना खाय, लेकिन कुछ पैदा भी तो करना चाहिए। यह नहीं समझते कि पहुनई में किसी के दिन कटे हैं!

छोटे—मैं तो एक दिन कह दूँगा, अब अपनी राह लीजिए, आपका करजा नहीं खाया है।

गुमानी घरवालों की ऐसी-ऐसी बातें सुनकर अपने पति से द्वेष करने लगी थी। अगर वह बाहर से चार पैसे लाता, तो इस घर में उसका कितना मान-सम्मान होता, वह भी रानी बनकर रहती। न जाने क्यों, कहीं बाहर जाकर कमाते उसकी नानी मरती है। गुमानी की मनोवृत्तियाँ अभी तक बिलकुल बालपन की-सी थीं। उसका अपना कोई घर न था। उसी घर का हित-अहित उसके लिए भी प्रधान था। वह भी उन्हीं शब्दों में विचार करती, इस समस्या को उन्हीं आँखों से देखती जैसे उसके घरवाले देखते थे। सच तो, दो हज़ार रुपए में क्या किसी को मोल ले लेंगे? दस साल में दो हज़ार होते ही क्या हैं। दो सौ ही तो साल भर के हुए। क्या दो आदमी साल भर में दो सौ भी न खाएँगे। फिर कपड़े-लत्ते, दूध-घी, सभी कुछ तो है। दस साल हो गए, एक पीतल का छल्ला नहीं बना। घर से निकलते तो जैसे इनके प्रान निकलते हैं। जानते हैं जैसे पहले पूजा होती थी वैसे ही जनम-भर होती रहेगी। यह नहीं सोचते कि पहले और बात थी, अब और बात है। बहू तो पहले ससुराल जाती है तो उसका कितना महातम होता है। उसके डोली से उतरते ही बाजे बजते हैं, गाँव-मुहल्ले की औरतें उसका मुँह देखने आती हैं और रुपए देती हैं। महीनों उसे घर भर से अच्छा खाने को मिलता है, अच्छा पहनने को, कोई काम नहीं लिया जाता; लेकिन छह महीनों के बाद कोई उसकी बात भी नहीं पूछता, वह घर-भर की लौंडी हो जाती है। उनके घर में मेरी भी तो वही गति होती। फिर काहे का रोना। जो यह कहो कि मैं तो काम करता हूँ, तो तुम्हारी भूल है, मजूर की और बात है। उसे आदमी डाँटता भी है, मारता भी है, जब चाहता है, रखता है, जब

चाहता है, निकाल देता है। कसकर काम लेता है। यह नहीं कि जब जी में आया, कुछ काम किया, जब जी में आया, पड़कर सो रहे।

4

हरिधन अभी पड़ा अन्दर-ही-अन्दर सुलग रहा था, कि दोनों साले बाहर आए और बड़े साहब बोले—भैया, उठो तीसरा पहर ढल गया, कब तक सोते रहोगे? सारा खेत पड़ा हुआ है।

हरिधन चट उठ बैठा और तीव्र स्वर में बोला—क्या तुम लोगों ने मुझे उल्लू समझ लिया है।

दोनों साले हक्का-बक्का हो गए। जिस आदमी ने कभी ज़बान नहीं खोली, हमेशा ग़ुलामों की तरह हाथ बाँधे हाजिर रहा, वह आज एकाएक इतना आत्माभिमानी हो जाए, यह उनको चौंका देने के लिए काफ़ी था। कुछ जवाब न सूझा।

हरिधन ने देखा, इन दोनों के क़दम उखड़ गए हैं, तो एक धक्का और देने की प्रबल इच्छा को न रोक सका। उसी ढंग से बोला—मेरी भी आँखें हैं। अंधा नहीं हूँ, न बहरा ही हूँ। छाती फाड़कर काम करूँ और उस पर भी कुत्ता समझा जाऊँ; ऐसे गधे और कहीं होंगे!

अब बड़े साले भी गर्म पड़े—तुम्हें किसी ने यहाँ बाँध तो नहीं रक्खा है।

अबकी हरिधन लाजवाब हुआ। कोई बात न सूझी।

बड़े ने फिर उसी ढंग से कहा—अगर तुम यह चाहो कि जन्म-भर पाहुने बने रहो और तुम्हारा वैसा ही आदर-सत्कार होता रहे, तो यह हमारे वश की बात नहीं है।

हरिधन ने आँखें निकालकर कहा—क्या मैं तुम लोगों से कम काम करता हूँ?

बड़े—यह कौन कहता है?

हरिधन—तो तुम्हारे घर की नीति है कि जो सबसे ज़्यादा काम करे वही भूखों मारा जाए?

बड़े—तुम ख़ुद खाने नहीं गए। क्या कोई तुम्हारे मुँह में कौर डाल देता?

हरिधन ने ओठ चबाकर कहा—मैं ख़ुद खाने नहीं गया कहते तुम्हें लाज नहीं आती?

'नहीं आई थी बहन तुम्हें बुलाने?'

छोटे साले ने कहा—अम्माँ भी तो आई थीं। तुमने कह दिया, मुझे भूख नहीं है, तो क्या करतीं।

सास भीतर से लपकी चली आ रही थी। यह बात सुनकर बोली—कितना कहकर हार गई, कोई उठे न तो मैं क्या करूँ?

हरिधन ने विष, ख़ून और आग से भरे हुए स्वर में कहा—मैं तुम्हारे लड़कों का झूठा खाने के लिए हूँ? मैं कुत्ता हूँ कि तुम लोग खाकर मेरे सामने रूखी रोटी का टुकड़ा फेंक दो?

बुढ़िया ने ऐंठकर कहा—तो क्या तुम लड़कों की बराबरी करोगे?

हरिधन परास्त हो गया। बुढ़िया ने एक ही वाक्-प्रहार में उसका काम तमाम कर दिया। उसकी तनी हुई भवें ढीली पड़ गईं, आँखों की आग बुझ गई, फड़कते हुए नथुने शान्त हो गए। किसी आहत मनुष्य की भाँति वह ज़मीन पर गिर पड़ा। 'क्या तुम मेरे लड़कों की बराबरी करोगे?' यह वाक्य एक लम्बे भाले की तरह उसके हृदय में चुभता चला जाता था—न हृदय का अंत था, न उस भाले का!

5

सारे घर ने खाया; पर हरिधन न उठा। सास ने मनाया, सालियों ने मनाया, ससुर ने मनाया, दोनों साले मनाकर थक गए। हरिधन न उठा; वहीं द्वार पर एक टाट पर पड़ा था। उसे उठाकर सबसे अलग कुएँ पर ले गया और जगत पर बिछाकर पड़ा रहा।

रात भीग चुकी थी। अनन्त प्रकाश में उज्ज्वल तारे बालकों की भाँति क्रीड़ा कर रहे थे। कोई नाचता था, कोई उछलता था, कोई हँसता था, कोई आँखें मींचकर फिर खोल देता था। रह-रहकर कोई साहसी बालक सपाटा भरकर एक पल में उस विस्तृत क्षेत्र को पार कर लेता था और न जाने कहाँ छिप जाता था। हरिधन को अपना बचपन याद आया, जब वह भी इसी तरह क्रीड़ा करता था। उसकी बाल-स्मृतियाँ उन्हीं चमकीले तारों की भाँति प्रज्वलित हो गईं। वह अपना छोटा-सा घर, वह आम के बाग़ जहाँ वह केरियाँ चुना करता था, वह मैदान जहाँ वह कबड्डी खेला करता था, सब उसे याद आने लगे। फिर अपनी स्नेहमयी माता की सदय मूर्ति उसके सामने खड़ी हो गई। उन आँखों में कितनी करुणा थी, कितनी दया थी। उसे ऐसा जान पड़ा मानो माता आँखों में आँसू भरे, उसे छाती से लगा लेने के लिए हाथ फैलाए उसकी ओर चली आ रही है। वह उस मधुर भावना में अपने को भूल गया। ऐसा जान पड़ा मानो माता ने उसे छाती से लगा लिया है और उसके सिर पर हाथ फेर रही है। वह रोने लगा, फूट-फूटकर रोने लगा। उसी आत्म-सम्मोहित दशा में उसके मुँह से यह शब्द निकला—अम्मा, तुमने मुझे इतना भुला दिया। देखो, तुम्हारे प्यारे लाल की क्या दशा हो रही है? कोई उसे पानी को भी नहीं पूछता। क्या जहाँ तुम हो, वहाँ मेरे लिए जगह नहीं है?

सहसा गुमानी ने आकर पुकारा—क्या सो गए तुम, नौज किसी को ऐसी राक्षसी नींद आए। चलकर खा क्यों नहीं लेते? कब तक कोई तुम्हारे लिए बैठा रहे?

हरिधन उस कल्पना-जगत् से क्रूर प्रत्यक्ष में आ गया। वही कुएँ की जगत थी, वही फटा हुआ टाट और गुमानी सामने खड़ी कह रही थी—कब तक कोई तुम्हारे लिए बैठा रहे!

हरिधन उठ बैठा और मानो तलवार म्यान से निकालकर बोला—भला तुम्हें मेरी सुध तो आई। मैंने तो कह दिया था, मुझे भूख नहीं है।

गुमानी—तो कै दिन न खाओगे?

'अब इस घर का पानी भी न पीऊँगा, तुझे मेरे साथ चलना है या नहीं?'

दृढ़ संकल्प से भरे हुए इन शब्दों को सुनकर गुमानी सहम उठी। बोली—कहाँ जा रहे हो।

हरिधन ने मानो नशे में कहा—तुझे इससे क्या मतलब? मेरे साथ चलेगी या नहीं? फिर पीछे से न कहना, मुझसे कहा नहीं।

गुमानी आपत्ति के भाव से बोली—तुम बताते क्यों नहीं, कहाँ जा रहे हो?

'तू मेरे साथ चलेगी या नहीं?'

'जब तक तुम बता न दोगे, मैं नहीं जाऊँगी।'

'तो मालूम हो गया, तू नहीं जाना चाहती। मुझे इतना ही पूछना था, नहीं अब तक मैं आधी दूर निकल गया होता।'

यह कहकर वह उठा और अपने घर की ओर चला। गुमानी पुकारती रही—'सुन लो', 'सुन लो'; पर उसने पीछे फिरकर भी न देखा।

6

तीस मील की मंज़िल हरिधन ने पाँच घंटों में तय की। जब वह अपने गाँव की अमराइयों के सामने पहुँचा, तो उसकी मातृ-भावना उषा की सुनहरी गोद में खेल रही थी। उन वृक्षों को देखकर उसका विह्वल हृदय नाचने लगा। मन्दिर का वह सुनहरा कलश देखकर वह इस तरह दौड़ा मानो एक छलाँग में उसके ऊपर जा पहुँचेगा। वह वेग में दौड़ा जा रहा था मानो उसकी माता गोद फैलाए उसे बुला रही हो। जब वह आमों के बाग़ में पहुँचा, जहाँ डालियों पर बैठकर वह हाथी की सवारी का आनंद पाता था, जहाँ की कच्ची बेरों और लिसोड़ों में एक स्वर्गीय स्वाद था, तो वह बैठ गया और भूमि पर सिर झुका कर रोने लगा, मानो अपनी माता को अपनी विपत्ति-कथा सुना रहा हो। वहाँ की वायु में, वहाँ के प्रकाश में, मानो उसकी विराट रूपिणी माता व्याप्त हो रही थी, वहाँ की अंगुल-अंगुल भूमि माता के पद-चिह्नों से पवित्र थी, माता के स्नेह में डूबे हुए शब्द अभी तक मानो आकाश में गूँज रहे थे। इस वायु और इस आकाश में न जाने कौन-सी संजीवनी थी जिसने उसके शोकार्त्त हृदय को बालोत्साह से भर दिया। वह एक पेड़ पर चढ़ गया और अधर से आम तोड़-तोड़कर खाने लगा। सास के वह कठोर शब्द, स्त्री का वह निष्ठुर आघात, वह सारा अपमान वह भूल गया। उसके पाँव फूल गए थे, तलवों में जलन हो रही थी; पर इस आनंद में उसे किसी बात का ध्यान न था।

सहसा रखवाले ने पुकारा—वह कौन ऊपर चढ़ा हुआ है रे? उतर अभी नहीं तो ऐसा पत्थर खींचकर मारूँगा कि वहीं ठंडे हो जाओगे।

उसने कई गालियाँ भी दीं। इस फटकार और इन गालियों में इस समय हरिधन को अलौकिक आनंद मिल रहा था। वह डालियों में छिप गया, कई आम काट-काटकर नीचे गिराए, और ज़ोर से ठट्ठा मारकर हँसा। ऐसी उल्लास से भरी हुई हँसी उसने बहुत दिन से न हँसी थी।

रखवाले को वह हँसी परिचित-सी मालूम हुई। मगर हरिधन यहाँ कहाँ? वह तो ससुराल की रोटियाँ तोड़ रहा है। कैसा हँसोड़ा था, कितना चिबिल्ला! न जाने बेचारे का क्या हाल हुआ? पेड़ की डाल से तालाब में कूद पड़ता था। अब गाँव में ऐसा कौन है?

डाँटकर बोला—वहाँ बैठे-बैठे हँसोगे, तो आकर सारी हँसी निकाल दूँगा, नहीं सीधे से उतर आओ।

वह गालियाँ देने जा रहा था कि एक गुठली आकर उसके सिर पर लगी। सिर सहलाता हुआ बोला—यह कौन सैतान है? नहीं मानता, ठहर तो, मैं आकर तेरी ख़बर लेता हूँ।

उसने अपनी लकड़ी नीचे रख दी और बंदरों की तरह चटपट ऊपर चढ़ गया। देखा तो हरिधन बैठा मुसकिरा रहा है। चकित होकर बोला—अरे हरिधन! तुम यहाँ कब आए? इस पेड़ पर कब से बैठे हो?

दोनों बचपन सखा वहीं गले मिले।

'यहाँ कब आए? चलो, घर चलो भले आदमी, क्या वहाँ आम भी मयस्सर न होते थे?'

हरिधन ने मुस्किराकर कहा—मँगरू, इन आमों में जो स्वाद है, वह और कहीं के आमों में नहीं है। गाँव का क्या रंग-ढंग है?

मँगरू—सब चैनचान है भैया! तुमने तो जैसे नाता ही तोड़ लिया। इस तरह कोई अपना गाँव-घर छोड़ देता है? जब से तुम्हारे दादा मरे सारी गिरस्ती चौपट हो गई। दो छोटे-छोटे लड़के हैं, उनके किए क्या होता है?

हरिधन—मुझे अब उस गिरस्ती से क्या वास्ता है भाई? मैं तो अपना ले-दे चुका। मजूरी तो मिलेगी न? तुम्हारी गैया मैं ही चरा दिया करूँगा; मुझे खाने को दे देना।

मँगरू ने अविश्वास के भाव से कहा—अरे भैया कैसी बात करते हो, तुम्हारे लिए जान तक हाजिर है। क्या ससुराल में अब न रहोगे? कोई चिन्ता नहीं। पहले तो तुम्हारा घर ही है। उसे सँभालो। छोटे-छोटे बच्चे हैं, उनको पालो। तुम नई अम्माँ से नाहक डरते थे। बड़ी सीधी है बेचारी। बस, अपनी माँ ही समझो, तुम्हें पाकर तो निहाल हो जाएगी। अच्छा, घरवाली को भी तो लाओगे?

हरिधन—उसका अब मुँह न देखूँगा। मेरे लिए वह मर गई।

मँगरू—तो दूसरी सगाई हो जाएगी। अबकी ऐसी मेहरिया ला दूँगा कि उसके पैर धो-धोकर पिओगे; लेकिन कहीं पहली भी आ गई तो?

हरिधन—वह न आएगी।

7

हरिधन अपने घर पहुँचा तो दोनों भाई, 'भैया आए! भैया आए!' कहकर भीतर दौड़े और माँ को ख़बर दी।

उस घर में क़दम रखते ही हरिधन को ऐसी शान्त महिमा का अनुभव हुआ मानो वह अपनी माँ की गोद में बैठा हुआ है। इतने दिनों ठोकरें खाने से उसका हृदय कोमल हो गया था। जहाँ पहले अभिमान था, आग्रह था, हेकड़ी थी, वहाँ अब निराशा थी, पराजय थी और याचना थी। बीमारी का ज़ोर कम हो चला था; अब उस पर मामूली दवा भी असर कर सकती थी, क़िले की दीवारें छिद चुकी थीं, अब उसमें घुस जाना असाध्य न था। वही घर जिससे वह एक दिन विरक्त हो गया था, अब गोद फैलाए उसे आश्रय देने को तैयार था। हरिधन का निरवलम्बन मन यह आश्रय पाकर मानो तृप्त हो गया।

शाम को विमाता ने कहा—बेटा, तुम घर आ गए, हमारे धनभाग। अब इन बच्चों को पालो; माँ का नाता न सही, बाप का नाता तो है ही। मुझे एक रोटी दे देना, खाकर एक कोने में पड़ी रहूँगी। तुम्हारी अम्माँ से मेरा बहन का नाता है। उस नाते से भी तो तुम मेरे लड़के होते हो?

हरिधन की मातृ-विह्वल आँखों को विमाता के रूप में अपनी माता के दर्शन हुए। घर के एक-एक कोने में मातृ-स्मृतियों की छटा चाँदनी की भाँति छिटकी हुई थी, विमाता का प्रौढ़ मुखमंडल भी उसी छटा से रंजित था।

दूसरे दिन हरिधन फिर कन्धे पर हल रखकर खेत को चला। उसके मुख पर उल्लास था और आँखों में गर्व। वह अब किसी का आश्रित नहीं; आश्रयदाता था; किसी के द्वार का भिक्षुक नहीं, घर का रक्षक था।

एक दिन उसने सुना, गुमानी ने दूसरा घर कर लिया। माँ से बोला—तुमने सुना काकी! गुमानी ने घर कर लिया।

काकी ने कहा—घर क्या कर लेगी, ठट्ठा है? बिरादरी में ऐसा अँधेर? पंचायत नहीं, अदालत तो है?

हरिधन ने कहा—नहीं काकी, बहुत अच्छा हुआ। ला, महाबीरजी को लड्डू चढ़ा आऊँ। मैं तो डर रहा था, कहीं मेरे गले न आ पड़े। भगवान ने मेरी सुन ली। मैं वहाँ से यही ठानकर चला था, अब उसका मुँह न देखूँगा।

पूस की रात

हल्कू ने आकर स्त्री से कहा—सहना आया है, लाओ, जो रुपए रखे हैं, उसे दे दूँ, किसी तरह गला तो छूटे।

मुन्नी झाड़ू लगा रही थी। पीछे फिरकर बोली—तीन ही तो रुपए हैं; दे दोगे तो कम्मल कहाँ से आवेगा? माघ-पूस की रात हार में कैसे कटेगी। उससे कह दो, फ़सल पर रुपए दे देंगे। अभी नहीं।

हल्कू एक क्षण अनिश्चित दशा में खड़ा रहा। पूस सिर पर आ गया, कम्मल के बिना हार में रात को वह किसी तरह नहीं जा सकता। मगर सहना मानेगा नहीं, घुड़कियाँ जमावेगा, गालियाँ देगा। बला से जाड़ों मरेंगे, बला सिर से टल जाएगी। यह सोचता हुआ वह अपना भारी-भरक्रम डील लिए हुए (जो उसके नाम को झूठ सिद्ध करता था) स्त्री के समीप आ गया और खुशामद करके बोला—ला दे दे, गला तो छूटे। कम्मल के लिए कोई दूसरा उपाय सोचूँगा।

मुन्नी उसके पास से दूर हट गई और आँखें तरेरती हुई बोली—कर चुके दूसरा उपाय! ज़रा सुनूँ, कौन उपाय करोगे? कोई खैरात दे देगा कम्मल? न जाने कितनी बाक़ी है जो किसी तरह चुकने ही नहीं आती। मैं कहती हूँ, तुम क्यों नहीं खेती छोड़ देते? मर-मर काम करो, उपज हो तो बाक़ी दे दो, चलो छुट्टी हुई। बाक़ी चुकाने के लिए ही तो हमारा जनम हुआ है। पेट के लिए मजूरी करो। ऐसी खेती से बाज आए। मैं रुपए न दूँगी—न दूँगी।

हल्कू उदास होकर बोला—तो क्या गाली खाऊँ?

मुन्नी ने तड़पकर कहा—गाली क्यों देगा, क्या उसका राज है?

मगर यह कहने के साथ उसकी तनी हुई भौंहें ढीली पड़ गईं। हल्कू के उस वाक्य में जो कठोर सत्य था, वह मानो एक भीषण जन्तु की भाँति उसे घूर रहा था।

उसने जाकर आले पर से रुपए निकाले और लाकर हल्कू के हाथ पर रख दिए। फिर बोली—तुम छोड़ दो अबकी से खेती। मजूरी में सुख से एक रोटी खाने को तो मिलेगी। किसी की धौंस तो न रहेगी। अच्छी खेती है! मजूरी करके लाओ, वह उसी में झोंक दो, उस पर से धौंस।

हल्कू ने रुपए लिए और इस तरह बाहर चला मानो अपना हृदय निकालकर देने जा रहा हो। उसने मजूरी से एक-एक पैसा काट-कपटकर तीन रुपए कम्मल के लिए जमा किए थे। वह आज निकले जा रहे थे। एक-एक पग के साथ उसका मस्तक अपनी दीनता के भार से दबा जा रहा था।

2

पूस की अँधेरी रात! आकाश पर तारे ठिठुरते हुए मालूम होते थे। हल्कू अपने खेत के किनारे ऊख के पत्तों की एक छतरी के नीचे बाँस के खटोले पर अपनी पुरानी गाढ़े की चादर ओढ़े काँप रहा था। खाट के नीचे उसका संगी कुत्ता जबरा पेट में मुँह डाले सर्दी से कूँ-कूँ कर रहा था। दो में से एक को भी नींद न आती थी।

हल्कू ने घुटनियों को गर्दन में चिपकाते हुए कहा—क्यों जबरा, जाड़ा लगता है? कहता तो था, घर में पुआल पर लेट रह, तो यहाँ क्या लेने आए थे। अब खाओ ठंड, मैं क्या करूँ? जानते थे, मैं यहाँ हलुवा-पूरी खाने आ रहा हूँ, दौड़े-दौड़े आगे-आगे चले आए। अब रोओ नानी के नाम को।

जबरा ने पड़े-पड़े दुम हिलाई और अपनी कूँ-कूँ को दीर्घ बनाता हुआ एक बार जम्हाई लेकर चुप हो गया। उसकी श्वान-बुद्धि ने शायद ताड़ लिया, स्वामी को मेरी कूँ-कूँ से नींद नहीं आ रही है।

हल्कू ने हाथ निकालकर जबरा की ठंडी पीठ सहलाते हुए कहा—कल से मत आना मेरे साथ, नहीं तो ठंडे हो जाओगे। यह राँड पछुआ न जाने कहाँ से बरफ लिए आ रही है। उठूँ, फिर एक चिलम भरूँ। किसी तरह रात तो कटे! आठ चिलम तो पी चुका। यह खेती का मज़ा है! और एक-एक भागवान ऐसे पड़े हैं, जिनके पास जाड़ा जाए तो गर्मी से घबराकर भागे। मोटे-मोटे गद्दे, लिहाफ-कम्मल। मजाल है कि जाड़े का गुज़र हो जाए। तक़दीर की बख़ूबी है! मजूरी हम करें, मज़ा दूसरे लूटें!

हल्कू उठा और गड्ढे में से ज़रा-सी आग निकालकर चिलम भरी। जबरा भी उठ बैठा।

हल्कू ने चिलम पीते हुए कहा, पिएगा चिलम, जाड़ा तो क्या जाता है, ज़रा मन बहल जाता है।

जबरा ने उसके मुँह की ओर प्रेम से छलकती हुई आँखों से देखा।

हल्कू—आज और जाड़ा खा ले। कल से मैं यहाँ पुआल बिछा दूँगा। उसी में घुसकर बैठना, तब जाड़ा न लगेगा।

जबरा ने अगले पंजे उसकी घुटनियों पर रख दिए और उसके मुँह के पास अपना मुँह ले गया। हल्कू को उसकी गर्म साँस लगी।

चिलम पीकर हल्कू फिर लेटा और निश्चय करके लेटा कि चाहे कुछ हो अबकी सो जाऊँगा, पर एक ही क्षण में उसके हृदय में कम्पन होने लगा। कभी इस करवट लेटता, कभी उस करवट; पर जाड़ा किसी पिशाच की भाँति उसकी छाती को दबाए हुए था।

जब किसी तरह न रहा गया तो उसने जबरा को धीरे से उठाया और उसके सिर को थपथपाकर उसे अपनी गोद में सुला लिया। कुत्ते की देह से जाने कैसी दुर्गंध आ रही थी, पर वह उसे अपनी गोद से चिपटाए हुए ऐसे सुख का अनुभव कर रहा था, जो इधर महीनों से उसे न मिला था। जबरा शायद समझ रहा था कि स्वर्ग यही है; और हल्कू की पवित्र आत्मा में तो उस कुत्ते के प्रति घृणा की गंध तक न थी। अपने किसी अभिन्न मित्र या भाई को भी वह इतनी ही तत्परता से गले लगाता। वह अपनी दीनता से आहत न था, जिसने आज उसे इस दशा को पहुँचा दिया। नहीं, इस अनोखी मैत्री ने जैसे उसकी आत्मा के सब द्वार खोल दिए थे और उसका एक-एक अणु प्रकाश से चमक रहा था।

सहसा जबरा ने किसी जानवर की आहट पाई। इस विशेष आत्मीयता ने उसमें एक नई स्फूर्ति पैदा कर दी थी, जो हवा के ठंडे झोकों को तुच्छ समझती थी। वह झपटकर उठा और छतरी के बाहर आकर भूँकने लगा। हल्कू ने उसे कई बार चुमकारकर बुलाया; पर वह उसके पास न आया। हार में चारों तरफ़ दौड़-दौड़कर भूँकता रहा। एक क्षण के लिए आ भी जाता तो तुरन्त ही फिर दौड़ता। कर्तव्य उसके हृदय में अरमान की भाँति उछल रहा था।

3

एक घंटा और गुज़र गया। रात ने शीत को हवा से धधकाना शुरू किया। हल्कू उठ बैठा और दोनों घुटनों को छाती से मिलाकर सिर को उसमें छिपा लिया। फिर भी ठंड कम न हुई। ऐसा जान पड़ता था, सारा रक्त जम गया है, धमनियों में रक्त की जगह हिम बह रहा है। उसने झुककर आकाश की ओर देखा, अभी कितनी रात बाक़ी है। सप्तर्षि अभी आकाश में आधे भी नहीं चढ़े। ऊपर आ जाएँगे तब कहीं सबेरा होगा। अभी पहर भर से ऊपर रात है।

हल्कू के खेत से कोई एक गोली के टप्पे पर आमों का बाग़ था। पतझड़ शुरू हो गई थी। बाग़ में पत्तियों का ढेर लगा हुआ था। हल्कू ने सोचा, चलकर पत्तियाँ बटोरूँ और उन्हें जलाकर ख़ूब तापूँ। रात को कोई मुझे पत्तियाँ बटोरते देखे तो समझे कोई भूत है। कौन जाने कोई जानवर ही छिपा बैठा हो; मगर अब तो बैठे नहीं रहा जाता।

उसने पास के अरहर के खेत में जाकर कई पौधे उखाड़ लिए और उनका एक झाड़ू बनाकर हाथ में सुलगता हुआ उपला लिए बग़ीचे की तरफ़ चला। जबरा ने उसे आते देखा तो पास आया और दुम हिलाने लगा।

हल्कू ने कहा—अब तो नहीं रहा जाता जबरू! चलो, बग़ीचे में पत्तियाँ बटोरकर तापें। टाँटे हो जाएँगे, तो फिर आकर सोएँगे। अभी तो रात बहुत है।

जबरा ने कूँ-कूँ करके सहमति प्रकट की और आगे-आगे बग़ीचे की ओर चला।

बग़ीचे में ख़ूब अँधेरा छाया हुआ था और अंधकार में निर्दय पवन पत्तियों को कुचलता हुआ चला जाता था। वृक्षों से ओस की बूँदें टप-टप नीचे टपक रही थीं।

एकाएक एक झोंका मेंहँदी के फूलों की ख़ुशबू लिए हुए आया।

हल्कू ने कहा—कैसी अच्छी महक आई जबरू! तुम्हारी नाक में भी सुगंध आ रही है?

जबरा को कहीं ज़मीन पर एक हड्डी पड़ी मिल गई थी। उसे वह चिचोड़ रहा था।

हल्कू ने आग ज़मीन पर रख दी और पत्तियाँ बटोरने लगा। ज़रा देर में पत्तियों का एक ढेर लग गया। हाथ ठिठुरे जाते थे। नंगे पाँव गले जाते थे। और वह पत्तियों का पहाड़ खड़ा कर रहा था। इसी अलाव में वह ठंड को जलाकर भस्म कर देगा।

थोड़ी देर में अलाव जल उठा। उसकी लौ ऊपर वाले वृक्ष की पत्तियों को छू-छूकर भागने लगीं। उस अस्थिर प्रकाश में बग़ीचे के विशाल वृक्ष ऐसे मालूम होते थे, मानो उस अथाह अंधकार को अपने सिरों पर सँभाले हुए हों। अंधकार के उस अनन्त सागर में यह प्रकाश एक नौका के समान हिलता, मचलता हुआ जान पड़ता था।

हल्कू अलाव के सामने बैठा आग ताप रहा था। एक क्षण में उसने दोहर उतारकर बग़ल में दबा ली और दोनों पाँव फैला दिए, मानो ठंड को ललकार रहा हो, तेरे जी में जो आए सो कर। ठंड की असीम शक्ति पर विजय पाकर वह विजय-गर्व को हृदय में छिपा न सकता था।

उसने जबरा से कहा—क्यों जब्बर, अब ठंड नहीं लग रही है?

जब्बर ने कूँ-कूँ करके मानो कहा—अब क्या ठंड लगती ही रहेगी।

'पहले से यह उपाय न सूझा, नहीं इतनी ठंड क्यों खाते।'

जबरा ने पूँछ हिलाई।

'अच्छा आओ, इस अलाव को कूद कर पार करें। देखें, कौन निकल जाता है। अगर जल गए बच्चा, तो मैं दवा न करूँगा।'

जबरा ने उस अग्निराशि की ओर कातर नेत्रों से देखा।

'मुन्नी से कल न कह देना नहीं तो लड़ाई करेगी।'

यह कहता हुआ वह उछला और अलाव के ऊपर से साफ़ निकल गया। पैरों में ज़रा लपट लगी; पर वह कोई बात न थी। जबरा आग के गिर्द घूमकर उसके पास आ खड़ा हुआ।

हल्कू ने कहा—चलो-चलो, इसकी सही नहीं। ऊपर से कूदकर आओ। वह फिर कूदा और अलाव के इस पार आ गया।

4

पत्तियाँ जल चुकी थीं। बग़ीचे में फिर अँधेरा छाया था। राख के नीचे कुछ-कुछ आग बाक़ी थी, जो हवा का झोंका आ जाने पर ज़रा जाग उठती थी; पर एक क्षण में फिर आँखें बन्द कर लेती थी।

हल्कू ने फिर चादर ओढ़ ली और गर्म राख के पास बैठा हुआ एक गीत गुनगुनाने लगा। उसके बदन में गर्मी आ गई थी; पर ज्यों-ज्यों शीत बढ़ती जाती थी, उसे आलस्य दबाए लेता था।

जबरा ज़ोर से भूँककर खेत की ओर भागा। हल्कू को ऐसा मालूम हुआ कि जानवरों का एक झुंड उसके खेत में आया है। शायद नीलगायों का झुंड था। उनके कूदने-दौड़ने की आवाज़ें साफ़ कान में आ रही थीं। फिर ऐसा मालूम हुआ कि वह खेत में चर रही हैं। उनके चबाने की आवाज़ चर-चर सुनाई देने लगी।

उसने दिल में कहा—नहीं, जबरा के होते कोई जानवर खेत में नहीं आ सकता। नोच ही डाले। मुझे भ्रम हो रहा है। कहाँ! अब तो कुछ नहीं सुनाई देता। मुझे भी कैसा धोखा हुआ।

उसने ज़ोर से आवाज़ लगाई—जबरा, जबरा।

जबरा भूँकता रहा। उसके पास न आया।

फिर खेत के चरे जाने की आहट मिली। अब वह अपने को धोखा न दे सका। उसे अपनी जगह से हिलना ज़हर लग रहा था। कैसा दंदाया हुआ था। इस जाड़े-पाले में खेत में जाना, जानवरों के पीछे दौड़ना असूझ जान बैठा पड़ा। वह अपनी जगह से न हिला।

उसने ज़ोर से आवाज़ लगाई—लिहो लिहो! लिहो!!

जबरा भूँक उठा। जानवर खेत चर रहे थे। फ़सल तैयार है। कैसी अच्छी खेती थी; पर ये दुष्ट जानवर उसका सर्वनाश किए डालते हैं।

हल्कू पक्का इरादा करके उठा और दो-तीन क़दम चला; पर एकाएक हवा का ऐसा ठंडा, चुभनेवाला, बिच्छू के डंक का-सा झोंका लगा कि वह फिर बुझते हुए अलाव के पास आ बैठा और राख को कुरेदकर अपनी ठंडी देह को गर्माने लगा।

जबरा अपना गला फाड़े डालता था, नीलगाएं खेत का सफाया किए डालती थीं। और हल्कू गर्म राख के पास शान्त बैठा हुआ था। अकर्मण्यता ने रस्सियों की भाँति उसे चारों तरफ़ से जकड़ रखा था।

उसी राख के पास गर्म ज़मीन पर वह चादर ओढ़कर सो गया।

सबेरे जब उसकी नींद खुली, तब चारों तरफ़ धूप फैल गई थी। और मुन्नी कह रही थी—क्या आज सोते ही रहोगे? तुम यहाँ आकर रम गए और उधर सारा खेत चौपट हो गया।

हल्कू ने उठकर कहा—क्या तू खेत से होकर आ रही है?

मुन्नी बोली—हाँ, सारे खेत का सत्यानाश हो गया। भला ऐसा भी कोई सोता है! तुम्हारे मड़ैया डालने से क्या हुआ?

हल्कू ने बहाना किया—मैं मरते-मरते बचा, तुझे अपने खेत की पड़ी है। पेट में ऐसा दरद हुआ, कि मैं ही जानता हूँ।

दोनों फिर खेत की डाँड़ पर आए। देखा, सारा खेत रौंदा पड़ा हुआ है, और जबरा मड़ैया के नीचे चित लेटा है; मानो प्राण ही न हों।

दोनों खेत की दशा देख रहे थे। मुन्नी के मुख पर उदासी छाई थी। पर हल्कू प्रसन्न था।

मुन्नी ने चिंतित होकर कहा—अब मजूरी करके मालगुजारी भरनी पड़ेगी।

हल्कू ने प्रसन्न-मुख से कहा—रात की ठंड में यहाँ सोना तो न पड़ेगा।

झाँकी

कई दिनों से घर में कलह मचा हुआ था। माँ अलग मुँह फुलाये बैठी थी, स्त्री अलग। घर की वायु में जैसे विष भरा हुआ था। रात को भोजन नहीं बना, दिन को मैंने स्टोव पर खिचड़ी डाली; पर खाया किसी ने नहीं। बच्चों को भी आज भूख न थी। छोटी लड़की कभी मेरे पास आकर खड़ी हो जाती, कभी माता के पास, कभी दादी के पास; पर कहीं उसके लिए प्यार की बातें न थीं। कोई उसे गोद में न उठाता, मानो उसने भी कोई अपराध किया हो। लड़का शाम को स्कूल से आया। किसी ने उसे कुछ खाने को न दिया, न उससे बोला, न कुछ पूछा। दोनों बरामदे में मन मारे बैठे हुए थे, शायद सोच रहे थे—घर में आज क्यों लोगों के हृदय उनसे इतने फिर गए हैं। भाई-बहन दिन में कितनी ही बार लड़ते हैं, रोना-पीटना भी कई बार हो जाता है; पर ऐसा कभी नहीं होता कि घर में खाना न पके या कोई किसी से बोले नहीं! यह कैसा झगड़ा है कि चौबीस घंटे गुज़र जाने पर भी शान्त नहीं होता, यह शायद उसकी समझ में न आता था।

झगड़े की जड़ कुछ न थी। अम्माँ ने मेरी बहन के घर तीज भेजने के लिए जिन सामानों की सूची लिखाई, वह पत्नीजी को घर की स्थिति देखते हुए अधिक मालूम हुई। अम्माँ ख़ुद समझदार हैं। उन्होंने थोड़ी-बहुत काट-छाँट कर दी थी; लेकिन पत्नीजी के विचार में और काट-छाँट होनी चाहिए थी। पाँच साड़ियों की जगह तीन रहें, तो क्या बुराई है। खिलौने इतने क्या होंगे, इतनी मिठाई की क्या ज़रूरत! उनका कहना था—जब रोजगार में कुछ मिलता नहीं;

दैनिक कार्यों में खींचतान करनी पड़ती है, दूध-घी के बजट में तखलीफ हो गई, तो फिर तीज में क्यों इतनी उदारता की जाए? पहले घर में दीया जलाकर तब मसजिद में जलाते हैं। यह नहीं कि मसजिद में तो दीया जला दें, और घर में अँधेरा पड़ा रहे। इसी बात पर सास-बहू में तकरार हो गई, फिर शाखें फूट निकलीं। बात कहाँ-से-कहाँ जा पहुँची, गड़े हुए मुरदे उखाड़े गए। अन्योक्तियों की बारी आई, व्यंग्य का दौर शुरू हुआ और मौनालंकार पर समाप्त हो गया।

मैं बड़े संकट में था। अगर अम्माँ की तरफ़ से कुछ कहता हूँ, तो पत्नी जी रोना-धोना शुरू करती हैं, अपने नसीबों को कोसने लगती हैं; पत्नी की-सी कहता हूँ तो जन-मुरीद की उपाधि मिलती है। इसलिए बारी-बारी से दोनों पक्षों का समर्थन करता जाता था; पर स्वार्थवश मेरी सहानुभूति पत्नी के साथ ही थी। मेरे सिनेमा का बजट इधर साल-भर से बिलकुल ग़ायब हो गया था; पान-पत्ते के ख़र्च में भी कमी करनी पड़ी थी, बाज़ार की सैर बन्द हो गई थी। खुलकर तो अम्माँ से कुछ न कह सकता था; पर दिल में समझ रहा था कि ज़्यादती इन्हीं की है। दुकान का यह हाल है कि कभी-कभी बोहनी भी नहीं होती। असामियों से टका वसूल नहीं होता, तो इन पुरानी लकीरों को पीटकर क्यों अपनी जान संकट में डाली जाए।

बार-बार गृहस्थी के जंजाल में तबीयत झुँझलाती थी। घर में तीन तो प्राणी हैं और उनमें भी प्रेम-भाव नहीं। ऐसी गृहस्थी में आग लगा देनी चाहिए। कभी-कभी ऐसी सनक सवार हो जाती थी कि सबको छोड़-छाड़कर कहीं भाग जाऊँ। जब अपने सिर पड़ेगी, तब इनको होश आएगा। तब मालूम होगा कि गृहस्थी कैसे चलती है। क्या जानता था कि यह विपत्ति झेलनी पड़ेगी, नहीं विवाह का नाम ही न लेता। तरह-तरह के कुत्सित भाव मन में आ रहे थे। कोई बात नहीं, अम्माँ मुझे परेशान करना चाहती हैं। बहू उनके पाँव नहीं दबाती, उनके सिर में तेल नहीं डालती, तो इसमें मेरा क्या दोष? मैंने उसे मना तो नहीं कर दिया। मुझे तो सच्चा आनंद होगा; यदि सास-बहू में इतना प्रेम हो जाए; लेकिन यह मेरे वश की बात तो नहीं कि दोनों में प्रेम डाल दूँ। अगर अम्माँ ने अपनी सास की साड़ी धोई है, उनके पाँव दबाये हैं, उनकी घुड़कियाँ खाई हैं, तो आज वह पुराना हिसाब बहू से क्यों चुकाना चाहती हैं? उन्हें क्यों दिखाई नहीं देता कि अब समय बदल गया है। बहुएँ अब भयवश सास की ग़ुलामी नहीं करतीं। प्रेम से चाहे उनके सिर के बाल नोच लो; लेकिन जो रोब दिखाकर उन पर शासन करना चाहा, तो वह दिन लद गए।

सारे शहर में जन्माष्टमी का उत्सव हो रहा था। मेरे घर में संग्राम छिड़ा हुआ था। संध्या हो गई थी; पर सारे घर में अँधेरा पड़ा था। नहूसत छाई हुई थी। मुझे अपनी पत्नी पर क्रोध आया। लड़ती हो, लड़ो; लेकिन घर में अँधेरा क्यों रखा है। जाकर कहा—क्या आज घर में चिराग न जलेंगे?

पत्नी ने मुँह फुलाकर कहा—जला क्यों नहीं लेते। तुम्हारे हाथ नहीं हैं?

मेरी देह में आग लग गई। बोला—तो क्या जब तुम्हारे चरण नहीं आए थे, तब घर में चिराग न जलते थे?

अम्माँ ने आग को हवा दी—नहीं तब सब लोग अँधेरे ही में पड़े रहते थे।

पत्नीजी को अम्माँ की इस टिप्पणी ने जामे से बाहर कर दिया। बोलीं—जलाते होंगे मिट्टी की कुप्पी! लालटेन तो मैंने नहीं देखी। मुझे भी इस घर में आए दस साल हो गए।

मैंने डाँटा—अच्छा चुप रहो, बहुत बढ़ो नहीं।

'ओ हो! तुम ऐसा डाँट रहे हो, जैसे मुझे मोल लाये हो!'

'मैं कहता हूँ, चुप रहो!'

'क्यों चुप रहूँ। अगर एक कहोगे, तो दो सुनोगे!'

'इसी का नाम पतिव्रत है।'

'जैसा मुँह होता है, वैसे ही बीड़े मिलते हैं!'

मैं परास्त होकर बाहर चला आया, और अँधेरी कोठरी में बैठा हुआ, उस मनहूस घड़ी को कोसने लगा, जब इस कुलच्छनी से मेरा विवाह हुआ था। इस अंधकार में भी दस साल का जीवन सिनेमा-चित्रों की भाँति मेरे स्मृति-नेत्रों के सामने दौड़ गया। उसमें कहीं प्रकाश की झलक न थी, कहीं स्नेह की मृदुता न थी।

2

सहसा मेरे मित्र पंडित जयदेवजी ने द्वार पर पुकारा—अरे, आज यह अँधेरा क्यों कर रखा है जी? कुछ सूझता ही नहीं। कहाँ हो?

मैंने कोई जवाब न दिया। सोचा—यह आज कहाँ से आकर सिर पर सवार हो गए।

जयदेव ने फिर पुकारा—अरे कहाँ हो भाई? बोलते क्यों नहीं? कोई घर में है या नहीं?

कहीं से कोई जवाब न मिला।

जयदेव ने द्वार को इतनी ज़ोर से झँझोड़ा कि मुझे भय हुआ, कहीं दरवाज़ा चौखट-बाजू समेत गिर न पड़े। फिर भी मैं बोला नहीं। उनका आना खल रहा था।

जयदेव चले गए। मैंने आराम की साँस ली। बारे शैतान टला, नहीं घंटों सिर खाता है।

मगर पाँच ही मिनट में फिर किसी के पैरों की आहट मिली और अबकी टार्च के तीव्र प्रकाश से मेरा सारा कमरा भर उठा। जयदेव ने मुझे बैठे देखकर कुतूहल से पूछा—तुम कहाँ गए थे जी? घंटों चीख़ा, किसी ने जवाब तक न दिया। यह आज क्या मामला है! चिराग क्यों नहीं जले?

मैंने बहाना किया—क्या जाने, मेरे सिर में दर्द था, दुकान से आकर लेटा तो नींद आ गई।

'और सोये तो घोड़ा बेचकर, मुर्दों से शर्त लगाकर?'

'हाँ यार, नींद आ गई।'

'मगर घर में चिराग तो जलाना चाहिए। या उनका retrenchment कर दिया?'

'आज घर में लोग व्रत से हैं। न हाथ ख़ाली होगा।'

'ख़ैर चलो, कहीं झाँकी देखने चलते हो? सेठ घूरेलाल के मन्दिर में ऐसी झाँकी बनी है कि देखते ही बनता है। ऐसे शीशे और बिजली के सामान सजाए हैं कि आँखें झपक उठती हैं। अशोक के स्तम्भों में लाल-हरी-नीली बत्तियों की अनोखी बहार है। सिंहासन के ठीक सामने ऐसा फौवारा लगाया है कि उसमें से गुलाबजल की फुहारें निकलती हैं। मेरा तो चोला मस्त हो गया। सीधे तुम्हारे पास दौड़ा आ रहा हूँ। बहुत झाँकियाँ देखी होंगी तुमने, लेकिन यह और ही चीज़ है। आलम फटा पड़ता है। सुनते हैं, दिल्ली से कोई चतुर कारीगर आया है। उसी की यह करामात है।'

मैंने उदासीन भाव से कहा—मेरी तो जाने की इच्छा नहीं है भाई। सिर में ज़ोर का दर्द है।

'तब तो ज़रूर चलो भाई। दर्द भाग न जाए तो कहना।'

'तुम तो यार बहुत दिक करते हो। इसी मारे मैं चुपचाप पड़ा था कि किसी तरह यह बला टले; लेकिन तुम सिर पर सवार ही हो गए। कह दिया—मैं न जाऊँगा।'

'और मैंने कह दिया—मैं ज़रूर ले जाऊँगा।'

मुझ पर विजय पाने का मेरे मित्रों को बहुत आसान नुस्खा याद है। यों हाथापाई, धींगा-मुश्ती, धौल-धप्पा में किसी से पीछे रहने वाला नहीं हूँ; लेकिन किसी ने मुझे गुदगुदाया और मैं परास्त हुआ। फिर मेरी कुछ नहीं चलती। मैं हाथ जोड़ने लगता हूँ, घिघियाने लगता हूँ और कभी-कभी रोने लगता हूँ। जयदेव ने वही नुस्खा आज़माया और उसकी जीत हो गई। सन्धि की यह शर्त ठहरी कि मैं चुपके से झाँकी देखने चला चलूँ।

3

सेठ घूरेलाल उन आदमियों में हैं, जिनका प्रात: को नाम ले लो, तो दिन भर भोजन न मिले। उनके मक्खीचूसपने की सैकड़ों ही दंतकथाएँ नगर में प्रचलित हैं। कहते हैं कि एक बार मारवाड़ का एक भिखारी उनके द्वार पर डट गया कि भिक्षा लेकर ही जाऊँगा। सेठजी भी अड़ गए थे कि भिक्षा न दूँगा, चाहे कुछ हो। मारवाड़ी उन्हीं के देश का था। कुछ देर तो उनके पूर्वजों का बखान करता रहा; फिर उनकी निंदा करने लगा, अंत में द्वार पर लेट रहा। सेठजी ने रत्ती-भर परवाह न की। भिक्षुक भी अपनी धुन का पक्का था। सात दिन द्वार पर बे-दाना-पानी पड़ा रहा और अंत में वहीं पर मर गया। तब सेठजी पसीजे और उसकी क्रिया इतनी धूम-धाम से की कि बहुत कम किसी ने की होगी। एक लाख ब्राह्मणों को भोजन कराया और लाख ही उन्हें दक्षिणा में दिया। भिक्षुक का सत्याग्रह सेठजी के लिए वरदान हो गया। उनके अन्त:करण में भक्ति का जैसे स्रोत खुल गया। अपनी सारी सम्पत्ति धर्मार्थ अर्पण कर दी।

हम लोग ठाकुरद्वारे में पहुँचे, तो दर्शकों की भीड़ लगी हुई थी। कंधे-से-कंधा छिलता था। आने और जाने के मार्ग अलग थे, फिर भी हमें आध घंटे के बाद भीतर जाने का अवसर मिला। जयदेव सजावट देख-देखकर लोट-पोट हुए जाते थे; पर मुझे ऐसा मालूम होता था कि इस बनावट और सजावट के मेले में कृष्ण की आत्मा कहीं खो गई है। उनकी वह रत्न-जटित, बिजली से जगमगाती मूर्ति देखकर मेरे मन में ग्लानि उत्पन्न हुई। इस रूप में भी प्रेम का निवास हो सकता है? हमने तो रत्नों में दर्प और अहंकार ही भरा देखा है। मुझे उस वक़्त यह याद न रही, कि यह एक करोड़पति सेठ का मन्दिर है और धनी मनुष्य धन में लोटने वाले ईश्वर ही की कल्पना कर सकता है। धनी ईश्वर में ही उनकी श्रद्धा हो सकती है। जिसके पास धन नहीं, वह उनकी दया का पात्र हो सकता है, श्रद्धा का कदापि नहीं।

मन्दिर में जयदेव को सभी जानते हैं। उन्हें तो सभी जगह सभी जानते हैं। मन्दिर के आँगन में संगीत-मंडली बैठी हुई थी। केलकरजी अपने गंधर्व-विद्यालय के कई शिष्यों के साथ तंबूरा लिए बैठे थे। पखावज, सितार, सरोद, वीणा और जाने कौन-कौन से बाजे, जिनके नाम भी मैं नहीं जानता, उनके शिष्यों के पास थे। कोई गीत बजाने की तैयारी हो रही थी। जयदेव को देखते ही केलकरजी ने पुकारा। मैं भी तुफैल में जा बैठा। एक क्षण में गीत शुरू हुआ। समाँ बँध गया। जहाँ इतना शोरगुल था कि तोप की आवाज़ भी न सुनाई देती, वहाँ जैसे माधुर्य के उस प्रवाह ने सब किसी को अपने में डुबा लिया। जो जहाँ था, वहीं मंत्र-मुग्ध-सा खड़ा था। मेरी कल्पना

कभी इतनी सचित्र और सजीव न थी। मेरे सामने न वह बिजली की चकाचौंध थी, न वह रत्नों की जगमगाहट, न वह भौतिक विभूतियों का समारोह। मेरे सामने वही यमुना का तट था, गुल्म-लताओं का घूँघट मुँह पर डाले हुए। वही मोहिनी गउएँ थीं, वही गोपियों की जल-क्रीड़ा, वही वंशी की मधुर ध्वनि, वही शीतल चाँदनी और वही प्यारा नन्द किशोर! जिसकी मुख-छवि में प्रेम और वात्सल्य की ज्योति थी, जिसके दर्शनों ही से हृदय निर्मल हो जाते थे।

4

मैं इसी आनंद-विस्मृति की दशा में था, कि कंसर्ट बन्द हो गया और आचार्य केलकर के एक किशोर शिष्य ने धुरपद अलापना शुरू किया। कलाकारों की आदत है कि वह शब्दों को कुछ इस तरह तोड़-मरोड़ देते हैं कि अधिकांश सुननेवालों की समझ में नहीं आता, कि क्या गा रहे हैं। इस गीत का एक शब्द भी मेरी समझ में न आया; लेकिन कंठ-स्वर में कुछ ऐसा मादकता भरा लालित्य था कि प्रत्येक स्वर मुझे रोमांचित कर देता था। कंठ-स्वर में इतनी जादू-भरी शक्ति है, इसका मुझे आज कुछ अनुभव हुआ। मन में एक नए संसार की सृष्टि होने लगी, जहाँ आनंद-ही-आनंद, प्रेम-ही-प्रेम, त्याग-ही-त्याग है। ऐसा जान पड़ा, दु:ख केवल चित्त की वृत्ति है, सत्य है केवल आनंद। एक स्वच्छ करुणा-भरी कोमलता, जैसे मन को मसोसने लगी। ऐसी भावना मन में उठी कि वहाँ जितने सज्जन बैठे हुए थे, सब मेरे अपने हैं, अभिन्न हैं। फिर अतीत के गर्भ में मेरे भाई की स्मृति-मूर्ति निकल आई। मेरा छोटा भाई बहुत दिन हुए, मुझसे लड़कर घर की जमा-जथा लेकर रंगून भाग गया था, और वहीं उसका देहान्त हो गया था। उसके पाशविक व्यवहारों को याद करके मैं उन्मत्त हो उठता था। उसे जीता पा जाता, तो शायद उसका ख़ून पी जाता; पर इस समय उस स्मृति-मूर्ति को देखकर मेरा मन जैसे मुखरित हो उठा। मैं उसे आलिंगन करने के लिए व्याकुल हो गया। उसने मेरे साथ, मेरी स्त्री के साथ, माता के साथ, मेरे बच्चों के साथ जो-जो कटु, नीच और घृणास्पद व्यवहार किए थे, वह सब मुझे भूल गए। मन में केवल यही भावना थी—मेरा भैया कितना दु:खी है। मुझे इस भाई के प्रति कभी इतनी ममता न हुई थी, फिर तो मन की वह दशा हो गई, जिसे विह्वलता कह सकते हैं। शत्रु-भाव जैसे मन से मिट गया हो। जिन-जिन प्राणियों से मेरा बैर-भाव था, जिनसे गाली-गलौज, मारपीट, मुक़दमेबाज़ी सब कुछ हो चुकी थी, वह सभी जैसे मेरे गले में लिपट-लिपट कर हँस रहे थे! फिर विद्या (पत्नी) की मूर्ति मेरे सामने आ खड़ी हुई—वह मूर्ति जिसे दस साल पहले मैंने देखा था—उन आँखों में वही विकल कम्पन था, वही संदिग्ध विश्वास, कपोलों पर वही लज्जा-लालिमा, जैसे प्रेम के सरोवर से निकला हुआ कोई कमल-पुष्प हो। वही अनुराग, वही आवेश, वही उन्माद, वही याचना-भरी उत्सुकता; जिससे मैंने उस न भूलने वाली रात को उसका स्वागत किया था, एक बार फिर मेरे हृदय में जाग उठी। मधुर स्मृतियों का जैसे स्रोत-सा खुल गया। जी ऐसा तड़पा कि इसी समय जाकर विद्या के चरणों पर सिर रगड़कर रोऊँ और रोते-रोते बेसुध हो जाऊँ। मेरी आँखें सजल हो गईं। मेरे मुँह से जो कटु शब्द निकले थे, वह सब जैसे मेरे ही हृदय में गड़ने लगे! इसी दशा में, जैसी ममतामयी माता ने आकर मुझे गोद में उठा लिया। बालपन में जिस वात्सल्य का आनंद उठाने की मुझमें शक्ति न थी वह आनंद आज मैंने उठाया।

गाना बन्द हो गया। सब लोग उठ-उठकर जाने लगे। मैं कल्पना-सागर में ही डूबा बैठा रहा।

सहसा जयदेव ने पुकारा—चलते हो, या बैठे ही रहोगे?

गुल्ली-डंडा

हमारे अँग्रेज़ीदाँ दोस्त मानें या न मानें, मैं तो यही कहूँगा कि गुल्ली-डंडा सब खेलों का राजा है। अब भी कभी लड़कों को गुल्ली-डंडा खेलते देखता हूँ, तो जी लोट-पोट हो जाता है कि इनके साथ जाकर खेलने लगूँ। न लॉन की ज़रूरत, न कोर्ट की, न नेट की, न थापी की। मज़े से किसी पेड़ की एक टहनी काट ली, गुल्ली बना ली, और दो आदमी भी आ गए; तो खेल शुरू हो गया। विलायती खेलों में सबसे बड़ा ऐब है कि उनके सामान महँगे होते हैं। जब तक कम-से-कम एक सैकड़ा न ख़र्च कीजिए, खिलाड़ियों में शुमार ही नहीं हो सकता। यह गुल्ली-डंडा है कि बिना हर्र-फिटकरी के चोखा रंग देता है; पर हम अँग्रेज़ी चीज़ों के पीछे ऐसे दीवाने हो रहे हैं कि अपनी सभी चीज़ों से अरुचि हो गई है। हमारे स्कूलों में हरेक लड़के से तीन-चार रुपए सालाना केवल खेलने की फीस ली जाती है। किसी को यह नहीं सूझता कि भारतीय खेल खेलाएँ; जो बिना दाम-कौड़ी के खेले जाते हैं। अँग्रेज़ी खेल उनके लिए है, जिनके पास धन है। ग़रीब लड़कों के सिर क्यों यह व्यसन मढ़ते हो। ठीक है, गुल्ली से आँख फूट जाने का भय रहता है। तो क्या क्रिकेट से सिर फूट जाने, तिल्ली फट जाने, टाँग टूट जाने का भय नहीं रहता? अगर हमारे माथे में गुल्ली का दाग़ आज तक बना हुआ है, तो हमारे कई दोस्त ऐसे भी हैं, जो थापी को बैसाखी से बदल बैठे। ख़ैर, यह अपनी-अपनी रुचि है। मुझे गुल्ली ही सब खेलों से अच्छी लगती है और बचपन की मीठी स्मृतियों में गुल्ली ही सबसे मीठी है। वह प्रातःकाल घर से निकल जाना, वह पेड़ पर चढ़कर टहनियाँ काटना और गुल्ली-डंडे बनाना, वह उत्साह, वह लगन, वह खिलाड़ियों के जमघटे, वह पदना और पदाना; वह लड़ाई-झगड़े, वह सरल स्वभाव, जिसमें छूत-अछूत, अमीर-ग़रीब का बिलकुल भेद न रहता था, जिसमें अमीराना चोचलों की, प्रदर्शन की, अभिमान की गुंजाइश ही न थी, यह उसी वक़्त भूलेगा जब...घरवाले बिगड़ रहे हैं, पिताजी चौके पर बैठे वेग से रोटियों पर अपना क्रोध उतार रहे हैं, अम्माँ की दौड़ केवल द्वार तक है, लेकिन उनकी विचारधारा में मेरा अंधकारमय भविष्य टूटी हुई नौका की तरह डगमगा रहा है, और मैं हूँ कि पदाने में मस्त हूँ, न नहाने की सुधि है, न खाने की। गुल्ली है तो ज़रा-सी; पर उसमें दुनिया भर की मिठाइयों की मिठास और तमाशों का आनंद भरा हुआ है।

मेरे हमजोलियों में एक लड़का गया नाम का था। मुझसे दो-तीन साल बड़ा होगा। दुबला, लम्बा, बंदरों की-सी लम्बी-लम्बी पतली-पतली उँगलियाँ, बंदरों की-सी ही चपलता, वही झल्लाहट। गुल्ली कैसी हो, उस पर इस तरह लपकता था; जैसे छिपकली कीड़ों पर लपकती है। मालूम नहीं उसके माँ-बाप थे या नहीं, कहाँ रहता था, क्या खाता था; पर था हमारे गुल्ली-क्लब का चैम्पियन। जिसकी तरफ़ वह आ जाए, उसकी जीत निश्चित थी! हम सब उसे दूर से आते देख, उसका दौड़कर स्वागत करते थे और उसे अपना गोइयाँ बना लेते थे।

एक दिन हम और गया दो ही खेल रहे थे। वह पदा रहा था, मैं पद रहा था; मगर कुछ विचित्र बात है कि पदाने में हम दिन भर मस्त रह सकते हैं, पदना एक मिनट का भी अखरता है। मैंने गला छुड़ाने के लिए सब चालें चलीं, जो ऐसे अवसर पर शास्त्र-विहित न होने पर भी क्षम्य हैं, लेकिन गया अपना दाँव लिए बग़ैर मेरा पिंड न छोड़ता था।

अनुनय-विनय का कोई असर न हुआ। मैं घर की ओर भागा।

गया ने मुझे दौड़कर पकड़ लिया और डंडा तानकर बोला—मेरा दाँव देकर जाओ। पदाया तो बड़े बहादुर बनके, पदने की बेर क्यों भागे जाते हो?

'तुम दिन भर पदाओ तो मैं दिन भर पदता रहूँ?'

'हाँ, तुम्हें दिन भर पदना पड़ेगा।'

'न खाने जाऊँ न पीने जाऊँ?'

'हाँ, मेरा दाँव दिए बिना कहीं नहीं जा सकते।'

'मैं तुम्हारा ग़ुलाम हूँ?'

'हाँ, मेरे ग़ुलाम हो।'

'मैं घर जाता हूँ, देखूँ मेरा क्या कर लेते हो?'

'घर कैसे जाओगे, कोई दिल्लगी है? दाँव दिया है, दाँव लेंगे।'

'अच्छा, कल मैंने तुम्हें अमरूद खिलाया था। वह लौटा दो।'

'वह तो पेट में चला गया।'

'निकालो पेट से। तुमने क्यों खाया मेरा अमरूद?'

'अमरूद तुमने दिया, तब मैंने खाया। तुमसे माँगने न गया था।'

'जब तक मेरा अमरूद न दोगे, मैं दाँव न दूँगा।'

मैं समझता था, न्याय मेरी ओर है। आख़िर मैंने किसी स्वार्थ से ही उसे अमरूद खिलाया होगा। कौन नि:स्वार्थ किसी के साथ सलूक करता है। भिक्षा तक तो स्वार्थ के लिए ही देते हैं। जब गया ने अमरूद खाया, तो फिर उसे मुझसे दाँव लेने का क्या अधिकार है? रिश्वत देकर तो लोग ख़ून पचा जाते हैं। यह मेरा अमरूद यों ही हजम कर जाएगा? अमरूद पैसे के पाँच वाले थे, जो गया के बाप को भी नसीब न होंगे। यह सरासर अन्याय था।

गया ने मुझे अपनी ओर खींचते हुए कहा—मेरा दाँव देकर जाओ, अमरूद-समरूद मैं नहीं जानता।

मुझे न्याय का बल था। वह अन्याय पर डटा हुआ था। मैं हाथ छुड़ाकर भागना चाहता था। वह मुझे जाने न देता था! मैंने गाली दी; उसने उससे कड़ी गाली दी, और गाली नहीं, दो-एक चाँटा जमा दिया। मैंने उसे दाँत काट लिया। उसने मेरी पीठ पर डंडा जमा दिया। मैं रोने लगा। गया मेरे इस अस्त्र का मुक़ाबला न कर सका। भागा। मैंने तुरन्त आँसू पोंछ डाले, डंडे की चोट भूल गया और हँसता हुआ घर में जा पहुँचा! मैं थानेदार का लड़का एक नीच जात के लौंडे के हाथों पिट गया, यह मुझे उस समय भी अपमानजनक मालूम हुआ; लेकिन घर में किसी से शिकायत न की।

2

उन्हीं दिनों पिताजी का वहाँ से तबादला हो गया। नई दुनिया देखने की ख़ुशी में ऐसा फूला कि अपने हमजोलियों से बिछुड़ जाने का बिलकुल दु:ख न हुआ। पिताजी दु:खी थे। यह बड़ी आमदनी की जगह थी। अम्माँजी भी दु:खी थीं, यहाँ सब चीज़ें सस्ती थीं, और मुहल्ले की स्त्रियों से घराव-सा हो गया था, लेकिन मैं मारे ख़ुशी के फूला न समाता था। लड़कों से जीट उड़ा रहा था, वहाँ ऐसे घर थोड़े ही होते हैं। ऐसे-ऐसे ऊँचे घर हैं कि आसमान से बातें करते हैं। वहाँ के अँग्रेज़ी स्कूल में कोई मास्टर लड़कों को पीटे, तो उसे जेहल हो जाए। मेरे मित्रों

की फैली हुई आँखें और चकित-मुद्रा बतला रही थीं कि मैं उनकी निगाह में कितना ऊँचा उठ गया हूँ। बच्चों में मिथ्या को सत्य बना लेने की वह शक्ति है, जिसे हम, जो सत्य को मिथ्या बना लेते हैं, क्या समझेंगे। उन बेचारों को मुझसे कितनी स्पर्द्धा हो रही थी। मानो कह रहे थे—तुम भाग्यवान हो भाई, जाओ हमें तो इस ऊजड़ ग्राम में जीना भी है और मरना भी।

बीस साल गुज़र गए। मैंने इंजीनियरी पास की और उसी ज़िले का दौरा करता हुआ, उसी क़स्बे में पहुँचा और डाकबँगले में ठहरा। उस स्थान को देखते ही इतनी मधुर बाल-स्मृतियाँ हृदय में जाग उठीं कि मैंने छड़ी उठाई और क़स्बे की सैर करने निकला। आँखें किसी प्यासे पथिक की भाँति बचपन के उन क्रीड़ा-स्थलों को देखने के लिए व्याकुल हो रही थीं; पर उस परिचित नाम के सिवा वहाँ और कुछ परिचित न था। जहाँ खँडहर था, पक्के मकान खड़े थे। जहाँ बरगद का पुराना पेड़ था; वहाँ अब एक सुन्दर बगीचा था। स्थान का काया-पलट हो गया था। अगर उसके नाम और स्थिति का ज्ञान न होता, तो मैं इसे पहचान भी न सकता। बचपन की संचित और अमर स्मृतियाँ बाँहें खोले अपने उन पुराने मित्रों से गले मिलने को अधीर हो रही थीं; मगर वह दुनिया बदल गई थी। ऐसा जी होता था कि उस धरती से लिपटकर रोऊँ और कहूँ, तुम मुझे भूल गईं। मैं तो अब भी तुम्हारा वही रूप देखना चाहता हूँ।

सहसा एक खुली हुई जगह में मैंने दो-तीन लड़कों को गुल्ली-डंडा खेलते देखा। एक क्षण के लिए मैं अपने को बिलकुल भूल गया। भूल गया कि मैं एक ऊँचा अफ़सर हूँ, साहबी ठाठ में, रौब और अधिकार के आवरण में।

जाकर एक लड़के से पूछा—क्यों बेटे, यहाँ कोई गया नाम का आदमी रहता है?

एक लड़के ने गुल्ली-डंडा समेटकर सहमे हुए स्वर में कहा—कौन गया? गया चमार?

मैंने यों ही कहा—हाँ-हाँ, वही। गया नाम का कोई आदमी है तो। शायद वही हो।

'हाँ, है तो।'

'ज़रा उसे बुला ला सकते हो?'

लड़का दौड़ा हुआ गया और एक क्षण में एक पाँच हाथ के काले देव को साथ लिए आता दिखाई दिया। मैं दूर ही से पहचान गया। उसकी ओर लपकना चाहता था कि उसके गले लिपट जाऊँ; पर कुछ सोचकर रह गया। बोला—कहो गया, मुझे पहचानते हो?

गया ने झुककर सलाम किया—हाँ मालिक, भला पहचानूँगा क्यों नहीं? आप मज़े में रहे?

'बहुत मज़े में। तुम अपनी कहो?'

'डिप्टी साहब का साईस हूँ।'

'मतई, मोहन, दुर्गा यह सब कहाँ हैं? कुछ ख़बर है?'

'मतई तो मर गया, दुर्गा और मोहन दोनों डाकिए हो गए हैं, आप?'

'मैं तो ज़िले का इंजीनियर हूँ?'

'सरकार तो पहले ही बड़े जहीन थे।'

'अब कभी गुल्ली-डंडा खेलते हो?'

गया ने मेरी ओर प्रश्न की आँखों से देखा—अब गुल्ली-डंडा क्या खेलूँगा सरकार, अब तो पेट के धंधे से छुट्टी नहीं मिलती।

आओ, आज हम तुम खेलें। तुम पदाना, हम पदेंगे। तुम्हारा एक दाँव हमारे ऊपर है। वह आज ले लो।

गया बड़ी मुश्किल से राज़ी हुआ। वह ठहरा टके का मज़दूर, मैं एक बड़ा अफ़सर। हमारा और उसका क्या जोड़? बेचारा झेंप रहा था; लेकिन मुझे भी कुछ कम झेंप न थी; इसलिए नहीं कि मैं गया के साथ खेलने जा रहा था; बल्कि इसलिए कि लोग इस खेल को अजूबा समझकर इसका तमाशा बना लेंगे और अच्छी-खासी भीड़ लग जाएगी। उस भीड़ में वह आनंद कहाँ रहेगा; पर खेले बग़ैर तो रहा नहीं जाता था। आख़िर निश्चय हुआ कि दोनों जने बस्ती से दूर जाकर एकान्त में खेलें। वहाँ कौन कोई देखनेवाला बैठा होगा। मज़े से खेलेंगे और बचपन की उस मिठाई को ख़ूब रस ले-लेकर खाएँगे। मैं गया को लेकर डाकबँगले पर आया और मोटर में बैठकर दोनों मैदान की ओर चले। साथ में एक कुल्हाड़ी ले ली। मैं गम्भीर भाव धारण किए हुए था, लेकिन गया इसे अभी तक मज़ाक़ ही समझ रहा था। फिर भी उसके मुख पर उत्सुकता या आनंद का कोई चिह्न न था। शायद वह हम दोनों में जो अंतर हो गया था, वह सोचने में मगन था।

मैंने पूछा—तुम्हें कभी हमारी याद आई थी गया? सच कहना।

गया झेंपता हुआ बोला—मैं आपको क्या याद करता हुज़ूर, किस लायक हूँ। भाग में आपके साथ कुछ दिन खेलना बदा था, नहीं मेरी क्या गिनती।

मैंने कुछ उदास होकर कहा—लेकिन मुझे तो बराबर तुम्हारी याद आती थी। तुम्हारा वह डंडा, जो तुमने तानकर जमाया था, याद है न?

गया ने पछताते हुए कहा—वह लड़कपन था सरकार, उसकी याद न दिलाओ।

'वाह! वह मेरे बाल-जीवन की सबसे रसीली याद है। तुम्हारे उस डंडे में जो रस था, वह तो अब न आदर-सम्मान में पाता हूँ, न धन में। कुछ ऐसी मिठास थी उसमें कि आज तक उससे मन मीठा होता रहता है।'

इतनी देर में हम बस्ती से कोई तीन मील निकल आए हैं। चारों तरफ़ सन्नाटा है। पश्चिम की ओर कोसों तक भीमताल फैला हुआ है, जहाँ आकर हम किसी समय कमल के पुष्प तोड़ ले जाते थे और उसके झुमके बनाकर कानों में डाल लेते थे। जेठ की संध्या केसर में डूबी चली आ रही है। मैं लपककर एक पेड़ पर चढ़ गया और एक टहनी काट लाया। चटपट गुल्ली-डंडा बन गया।

खेल शुरू हो गया। मैंने गुच्ची में गुल्ली रखकर उछाली। गुल्ली गया के सामने से निकल गई। उसने हाथ लपकाया जैसे मछली पकड़ रहा हो। गुल्ली उसके पीछे जाकर गिरी। यह वही गया है, जिसके हाथों में गुल्ली जैसे आप-ही-आप जाकर बैठ जाती थी। वह दाहिने-बाएँ कहीं हो, गुल्ली उसकी हथेलियों में ही पहुँचती थी। जैसे गुल्लियों पर वशीकरण डाल देता हो। नई गुल्ली, पुरानी गुल्ली, छोटी गुल्ली, बड़ी गुल्ली, नोकदार गुल्ली, सपाट गुल्ली, सभी उसे मिल जाती थी। जैसे उसके हाथों में कोई चुंबक हो, जो गुल्लियों को खींच लेता हो, लेकिन आज गुल्ली को उससे प्रेम नहीं रहा। फिर तो मैंने पदाना शुरू किया। मैं तरह-तरह की धाँधलियाँ कर रहा था। अभ्यास की कसर बेईमानी से पूरी कर रहा था। हुच जाने पर भी डंडा खेले जाता था; हालाँकि शास्त्र के अनुसार गया की बारी आनी चाहिए थी। गुल्ली पर जब ओछी चोट पड़ती और वह ज़रा दूर पर गिर पड़ती, तो मैं झटपट उसे ख़ुद उठा लेता और दोबारा टाँड़ लगाता। गया यह सारी-बे-कायदगियाँ देख रहा था, पर कुछ न बोलता था, जैसे उसे वह सब कायदे-क़ानून भूल गए। उसका निशाना कितना अचूक था। गुल्ली उसके

हाथ से निकलकर टन-से डंडे में आकर लगती थी। उसके हाथ से छूटकर उसका काम था डंडे से टकरा जाना; लेकिन आज वह गुल्ली डंडे में लगती ही नहीं। कभी दाहिने जाती है, कभी बाएँ, कभी आगे, कभी पीछे।

आध घंटे पदाने के बाद एक बार गुल्ली डंडे में आ लगी। मैंने धाँधली की, गुल्ली डंडे में नहीं लगी, बिलकुल पास से गई; लेकिन लगी नहीं।

गया ने किसी प्रकार का असन्तोष न प्रकट किया।

'न लगी होगी।'

'डंडे में लगती तो क्या मैं बेईमानी करता?'

'नहीं भैया, तुम भला बेईमानी करोगे!'

बचपन में मजाल था, कि मैं ऐसा घपला करके जीता बचता। यही गया गरदन पर चढ़ बैठता; लेकिन आज मैं उसे कितनी आसानी से धोखा दिए चला जाता था। गधा है! सारी बातें भूल गधा।

सहसा गुल्ली फिर डंडे में लगी और इतने ज़ोर से लगी जैसे बन्दूक़ छुटी हो। इस प्रमाण के सामने अब किसी तरह की धाँधली करने का साहस मुझे इस वक़्त भी न हो सका; लेकिन क्यों न एक बार सच को झूठ बनाने की चेष्टा करूँ? मेरा हरज ही क्या है। मान गया, तो वाह-वाह नहीं तो दो-चार हाथ पदना ही तो पड़ेगा। अँधेरे का बहाना करके जल्दी से गला छुड़ा लूँगा। फिर कौन दाँव देने आता है।

गया ने विजय के उल्लास में कहा—लग गई, लग गई! टन से बोली।

मैंने अनजान बनने की चेष्टा करके कहा—तुमने लगते देखा? मैंने तो नहीं देखा।

'टन से बोली है सरकार!'

'और जो किसी ईंट में लग गई हो?'

मेरे मुख से यह वाक्य उस समय कैसे निकला, इसका मुझे ख़ुद आश्चर्य है। इस सत्य को झुठलाना वैसे ही था जैसे दिन को रात बताना। हम दोनों ने गुल्ली को डंडे में ज़ोर से लगते देखा था; लेकिन गया ने मेरा कथन स्वीकार कर लिया।

'हाँ, किसी ईंट में ही लगी होगी। डंडे में लगती, तो इतनी आवाज़ न आती।'

मैंने फिर पदाना शुरू कर दिया; लेकिन इतनी प्रत्यक्ष धाँधली कर लेने के बाद, गया की सरलता पर मुझे दया आने लगी, इसलिए जब तीसरी बार गुल्ली डंडे में लगी, तो मैंने बड़ी उदारता से दाँव देना तय कर दिया।

गया ने कहा—अब तो अँधेरा हो गया भैया, कल पर रखो।

मैंने सोचा, कल बहुत-सा समय होगा, यह न जाने कितनी देर पदाये, इसलिए इसी वक़्त मुआमला साफ़ कर लेना अच्छा होगा।

'नहीं, नहीं। अभी बहुत उजाला है। तुम अपना दाँव ले लो।'

'गुल्ली सूझेगी नहीं।'

'कुछ परवाह नहीं।'

गया ने पदाना शुरू किया, पर उसे अब बिलकुल अभ्यास न था। उसने दो बार टाँड़ लगाने का इरादा किया; पर दोनों ही बार हुच गया। एक मिनट से कम में वह दाँव पूरा कर चुका। बेचारा घंटा भर पदा; पर एक मिनट ही में अपना दाँव खो बैठा। मैंने अपने हृदय की विशालता का परिचय दिया।

'एक दाँव और खेल लो। तुम पहले ही हाथ में हुच गए।'

'नहीं भैया, अब अँधेरा हो गया।'

'तुम्हारा अभ्यास छूट गया। क्या कभी खेलते नहीं?'

'खेलने का समय कहाँ मिलता है भैया!'

हम दोनों मोटर पर जा बैठे और चिराग जलते-जलते पड़ाव पर पहुँच गए। गया चलते-चलते बोला—कल यहाँ गुल्ली-डंडा होगा। सभी पुराने खिलाड़ी खेलेंगे। आप भी आओगे? जब आपको फुरसत हो, तभी खिलाड़ियों को बुलाऊँ।

मैंने शाम का समय दिया और दूसरे दिन मैच देखने आया। कोई दस-दस आदमियों की मंडली थी। कई मेरे लड़कपन के साथी निकले। अधिकांश युवक थे जिन्हें मैं पहचान न सका। खेल शुरू हुआ। मैं मोटर पर बैठा-बैठा तमाशा देखने लगा। आज गया का खेल, उसका वह नैपुण्य देखकर मैं चकित हो गया। टाँड़ लगाता, तो गुल्ली आसमान से बातें करती। कल की-सी वह झिझक, वह हिचकिचाहट, वह बेदिली आज न थी। लड़कपन में जो बात थी, आज उसने प्रौढ़ता प्राप्त कर ली थी। कहीं कल इसने मुझे इस तरह पदाया होता, तो मैं ज़रूर रोने लगता। उसके डंडे की चोट खाकर गुल्ली दो सौ गज की ख़बर लाती थी।

पदनेवालों में एक युवक ने धाँधली की! उसने अपने विचार में गुल्ली लोक ली थी। गया का कहना था—गुल्ली ज़मीन में लगकर उछली थी। इस पर दोनों में ताल ठोंकने की नौबत आई। युवक दब गया। गया का तमतमाया हुआ चेहरा देखकर डर गया। अगर वह दब न जाता, तो ज़रूर मारपीट हो जाती। मैं खेल में न था; पर दूसरों के इस खेल में मुझे वही लड़कपन का आनंद आ रहा था, जब हम सब कुछ भूलकर खेल में मस्त हो जाते थे। अब मुझे मालूम हुआ कि कल गया ने मेरे साथ खेला नहीं, केवल खेलने का बहाना किया। उसने मुझे दया का पात्र समझा। मैंने धाँधली की, बेईमानियाँ कीं; पर उसे ज़रा भी क्रोध न आया। इसलिए कि वह खेल न रहा था, मुझे खेला रहा था, मेरा मान रख रहा था। वह मुझे पदाकर मेरा कचूमर नहीं निकालना चाहता था। मैं अब अफ़सर हूँ। यह अफ़सरी मेरे और उसके बीच में दीवार बन गई है। अब मैं उसका लिहाज़ पा सकता हूँ, अदब पा सकता हूँ, साहचर्य नहीं पा सकता। लड़कपन था, तब मैं उसका समकक्ष था। हममें कोई भेद न था। यह पद पाकर अब मैं केवल उसकी दया के योग्य हूँ। वह मुझे अपना जोड़ नहीं समझता। वह बड़ा हो गया है, मैं छोटा हो गया हूँ।

ज्योति

विधवा हो जाने के बाद बूटी का स्वभाव बहुत कटु हो गया था। जब बहुत जी जलता तो अपने मृत पति को कोसती—आप तो सिधार गए, मेरे लिए यह सारा जंजाल छोड़ गए! जब इतनी जल्दी जाना था, तो ब्याह न जाने किसलिए किया। घर भूनी भाँग नहीं, चले थे ब्याह करने। वह चाहती तो दूसरी सगाई कर लेती। अहीरों में इसका रिवाज है। देखने-सुनने में भी

बुरी न थी। दो आदमी तैयार भी थे; लेकिन बूटी पतिव्रता कहलाने के मोह को न छोड़ सकी। और यह सारा क्रोध उतरता था, बड़े लड़के मोहन पर! जो अब सोलह साल का था। सोहन अभी छोटा था और मैना लड़की थी। ये दोनों अभी किसी लायक न थे। अगर यह तीनों न होते, तो बूटी को क्यों इतना कष्ट होता। जिसका थोड़ा-सा काम कर देती; वह रोटी-कपड़ा दे देता। जब चाहती किसी के सिर बैठ जाती। अब अगर कहीं बैठ जाए, तो लोग यही कहेंगे तीन-तीन लड़कों के होते इसे यह क्या सूझी। मोहन भरसक उसका भार हल्का करने की चेष्टा करता। गायों, भैंसों की सानी-पानी, दुहना-मथना यह सब कर लेता, लेकिन बूटी का मुँह सीधा न होता था। वह रोज़ एक-न-एक खुचड़ निकालती रहती और मोहन ने भी उसकी घुड़कियों की परवाह करना छोड़ दिया था। पति उसके सिर गृहस्थी का यह भार पटककर क्यों चला गया? उसे यही गिला थी। बेचारी का सर्वनाश ही कर दिया! न खाने का सुख मिला, न पहनने-ओढ़ने का, न और किसी बात का। इस घर में क्या आई, मानो भट्ठी में पड़ गई! उसकी वैधव्य साधना और अतृप्त भोग-लालसा में सदैव द्वन्द्व-सा मचा रहता था और उसकी जलन में उसके हृदय की सारी मृदुता जलकर भस्म हो गई थी। पति के पीछे और कुछ नहीं तो बूटी के पास चार-पाँच सौ के गहने थे, लेकिन एक-एक करके सब उसके हाथ से निकल गए। उसी मुहल्ले में, उसकी बिरादरी में, कितनी औरतें थीं जो उससे जेठ होने पर भी गहने झमकाकर, आँखों में काजल लगाकर, माँग में सेंदुर की मोटी-सी रेखा डालकर मानो उसे जलाया करती थीं; इसलिए जब उनमें से कोई विधवा हो जाती, तो बूटी को ख़ुशी होती और यह सारी जलन वह लड़कों पर निकालती, विशेषकर मोहन पर। वह शायद सारे संसार की स्त्रियों को अपने ही रूप में देखना चाहती थी। कुत्सा में उसे विशेष आनंद मिलता था। उसकी वंचित लालसा जल न पाकर ओस चाट लेने में ही संतुष्ट होती थी; फिर यह कैसे संभव था कि वह मोहन के विषय में कुछ सुने और पेट में डाल ले। ज्यों ही मोहन संध्या समय दूध बेचकर घर आया, बूटी ने कहा—देखती हूँ, तू अब साँड़ बनने पर उतारू हो गया है।

मोहन ने प्रश्न के भाव से देखा—कैसा साँड़! क्या बात है?

'तू रुपिया से छिप-छिपकर नहीं हँसता-बोलता? उस पर कहता है कैसा साँड़? तुझे लाज नहीं आती! घर में पैसे-पैसे की तंगी है और वहाँ उसके लिए पान लाए जाते हैं, कपड़े रँगाये जाते हैं।'

मोहन ने विद्रोह का भाव धारण किया—अगर उसने मुझसे चार पैसे के पान माँगे तो क्या करता? कहता कि पैसे दो तो लाऊँगा। अपनी धोती रँगने को दी, तो उससे रँगाई माँगता?

'टोले में एक तू ही बड़ा धन्ना सेठ है? और किसी से उसने क्यों न कहा?'

'यह वह जाने, मैं क्या बताऊँ।'

'तुझे अब छैला बनने की सूझती है! घर में भी कभी एक पैसे का पान लाया?'

'यहाँ पान किसके लिए लाता?'

'क्या तेरे लेखे घर में सब मर गए?'

'मैं न जानता था, तुम पान खाना चाहती हो?'

'संसार में एक रुपिया ही पान खाने जोग है?'

'शौक-सिंगार की भी तो उमिर होती है।'

बूटी जल उठी। उसे बुढ़िया कह देना उसकी सारी साधना पर पानी फेर देना था। बुढ़ापे में उन साधनाओं का महत्त्व ही क्या। जिस त्याग-कल्पना के बल पर वह सब स्त्रियों के सामने सिर उठाकर चलती थी, उस पर इतना कठोराघात! इन्हीं लड़कों के पीछे उसने अपनी जवानी धूल में मिला दी! उसके आदमी को मरे आज पाँच साल हुए। तब उसकी चढ़ती जवानी थी। तीन लड़के भगवान ने उसके गले मढ़ दिए, नहीं अभी वह है कै दिन की। चाहती तो आज वह भी ओठ लाल किए, पाँव में महावर लगाए, अनवट-बिछुए पहने मटकती फिरती। वह सब कुछ उसने इन लड़कों के कारन त्याग दिया और आज मोहन उसे बुढ़िया कहता है? रुपिया उसके सामने खड़ी कर दी जाए, तो चुहिया-सी लगे। फिर भी वह जवान है, और बूटी बुढ़िया है।

बोली—हाँ और क्या! मेरे लिए तो अब फटे-चिथड़े पहनने के दिन हैं। जब तेरा बाप मरा तो मैं रुपिया से दो ही चार साल बड़ी थी। उस वक़्त कोई घर कर लेती, तो तुम लोगों का कहीं पता न चलता। गली-गली भीख माँगते फिरते। लेकिन मैं कहे देती हूँ अगर तू फिर उससे बोला तो या तो तू ही घर में रहेगा या मैं ही रहूँगी।

मोहन ने डरते-डरते कहा—मैं उसे बात दे चुका हूँ अम्माँ।

'कैसी बात?'

'सगाई की।'

'अगर रुपिया मेरे घर में आई तो झाड़ू मारकर निकाल दूँगी। यह सब उसकी माँ की माया है। वह कुटनी मेरे लड़के को मुझसे छीने लेती है। राँड से इतना भी नहीं देखा जाता। चाहती है कि उसे सौत बनाकर छाती पर बैठा दे।'

मोहन ने व्यथित कंठ से कहा—अम्माँ, ईश्वर के लिए चुप रहो। क्यों अपना पानी आप खो रही हो। मैंने तो समझा था, चार दिन में मैना अपने घर चली जाएगी; तुम अकेली पड़ जाओगी, इसलिए उसे लाने की बात सोच रहा था। अगर तुम्हें बुरा लगता है तो जाने दो।

'तू आज से यहीं आँगन में सोया कर।'

'और गायें-भैंसे बाहर पड़ी रहेंगी?'

'पड़ी रहने दे, कोई डाका नहीं पड़ा जाता।'

'मुझ पर तुझे इतना सन्देह है?'

'हाँ!'

'तो मैं यहाँ न सोऊँगा।'

'तो निकल जा मेरे घर से।'

'हाँ, तेरी यही इच्छा है तो निकल जाऊँगा।'

मैना ने भोजन पकाया। मोहन ने कहा, मुझे भूख नहीं है। बूटी उसे मनाने न आई। मोहन का युवक-हृदय माता के इस कठोर शासन को किसी तरह स्वीकार नहीं कर सकता। उसका घर है, ले ले। अपने लिए वह कोई दूसरा ठिकाना ढूँढ़ निकालेगा। रुपिया ने उसके रुखे जीवन में एक स्निग्धता भर दी थी। जब वह एक अव्यक्त कामना से चंचल हो रहा था, जीवन कुछ सूना-सूना लगता था, रुपिया ने नव-वसंत की भाँति आकर उसे पल्लवित कर दिया। मोहन को जीवन में एक मीठा स्वाद मिलने लगा। कोई काम करता होता; पर ध्यान रुपिया की ओर लगा रहता। सोचता; उसे क्या दे दे कि वह प्रसन्न हो जाए! अब वह कौन

मुँह लेकर उसके पास जाए? क्या उससे कहे कि अम्माँ ने मुझे तुझसे मिलने को मना किया है? अभी कल ही तो बरगद के नीचे दोनों में कैसी-कैसी बातें हुई थीं। मोहन ने कहा था, रूपा तुम इतनी सुन्दर हो; तुम्हारे सौ गाहक निकल आएँगे। मेरें घर में तुम्हारे लिए क्या रक्खा है? इस पर रुपिया ने जो जवाब दिया था, वह तो संगीत की तरह अब भी उसके प्राणों में बसा हुआ था—मैं तो तुमको चाहती हूँ मोहन, अकेले तुमको। परगने के चौधरी हो जाव, तब भी मोहन हो; मजूरी करने लगो, तब भी मोहन हो। उसी रुपिया से आज वह जाकर कहे—मुझे अब तुमसे कोई सरोकार नहीं है।

नहीं, यह नहीं हो सकता। उसे घर की परवाह नहीं है। वह रुपिया के साथ माँ से अलग रहेगा। इस जगह न सही, किसी दूसरे मोहल्ले में सही। इस वक़्त भी रुपिया उसकी राह देख रही होगी। कैसे अच्छे बीड़े लगाती है। कहीं अम्माँ सुन पावें कि वह रात को रुपिया के द्वार पर गया था तो परान ही दे दें। दे दें परान! अपने भाग तो नहीं बखानतीं कि ऐसी देवी बहू मिली जाती है। न जाने क्यों रुपिया से इतना चिढ़ती हैं। वह ज़रा पान खा लेती है, ज़रा साड़ी रँगकर पहनती है। बस यही तो।

चूड़ियों की झनकार सुनाई दी। रुपिया आ रही है। हाँ, वही है।

रुपिया उसके सिरहाने आकर बोली—सो गए क्या मोहन? घड़ी भर से तुम्हारी राह देख रही हूँ। आए क्यों नहीं?

मोहन नींद का मक्कर किए पड़ा रहा।

रुपिया ने उसका सिर हिलाकर फिर कहा—क्या सो गए मोहन?

उन कोमल उँगलियों के स्पर्श में क्या सिद्धि थी, कौन जाने। मोहन की सारी आत्मा उन्मत्त हो उठी। उसके प्राण बाहर निकलकर रुपिया के चरणों में समर्पित हो जाने के लिए उछल पड़े। देवी वरदान के लिए सामने खड़ी है। सारा विश्व जैसे नाच रहा है। उसे मालूम हुआ, जैसे उसका शरीर लुप्त हो गया है, केवल वह एक मधुर स्वर की भाँति विश्व की गोद से चिमटा हुआ उसके साथ नृत्य कर रहा है।

रुपिया ने फिर कहा—अभी से सो गए क्या जी?

मोहन बोला—हाँ, ज़रा नींद आ गई थी रूपा। तुम इस वक़्त क्या करने आईं। कहीं अम्माँ देख लें, तो मुझे मार ही डालें।

'तुम आज आए क्यों नहीं?'

'आज अम्माँ से लड़ाई हो गई।'

'क्या कहती थीं?'

'कहती थीं, रुपिया से बोलेगा तो परान दे दूँगी।'

'तुमने पूछा नहीं रुपिया से क्यों चिढ़ती हो?'

'अब उनकी बात क्या कहूँ रूपा। वह किसी का खाना-पहनना नहीं देख सकतीं। अब मुझे तुमसे दूर रहना पड़ेगा।'

'मेरा जी तो न मानेगा।'

'ऐसी बात करोगी, तो मैं तुम्हें लेकर भाग जाऊँगा।'

'तुम मेरे पास एक बार रोज़ आ जाय करो। बस, और मैं कुछ नहीं चाहती।'

'और अम्माँ जो बिगड़ेंगी।'

'तो मैं समझ गई। तुम मुझे प्यार नहीं करते।'

'मेरा बस होता तो तुमको अपने परान में रख लेता।'

इसी समय घर के किवाड़ खटके। रुपिया भाग गई।

2

मोहन दूसरे दिन सोकर उठा तो उसके हृदय में आनंद का सागर-सा भरा हुआ था। वह सोहन को बराबर डाँटता रहता था। सोहन आलसी था। घर के काम-धंधे में जी न लगता था। आज भी वह आँगन में बैठा अपनी धोती में साबुन छिपाकर भाग जाने का अवसर खोजने लगा।

मोहन ने मुस्कुराकर कहा—क्या धोती बहुत मैली हो गई है सोहन? धोबी को क्यों नहीं देते?

सोहन को इन शब्दों में स्नेह की गंध आई।

'धोबिन पैसे माँगती है।'

'तो पैसे अम्माँ से क्यों नहीं माँग लेते?'

'अम्माँ कौन पैसे दिए देती है।'

'तो मुझसे ले लो!'

यह कह उसने एक इकन्नी उसकी ओर फेंक दी। सोहन प्रसन्न हो गया। भाई और माता दोनों ही उसे धिक्कारते थे। बहुत दिनों बाद आज उसे स्नेह की मधुरता का स्वाद मिला। इकन्नी उठा ली और धोती को वहीं छोड़कर गाय को खोलकर ले चला।

मोहन ने कहा—तुम रहने दो, मैं इसे लिए जाता हूँ।

सोहन ने पगहिया भाई को देकर फिर पूछा—तुम्हारे लिए चिलम रख लाऊँ?

जीवन में आज पहली बार सोहन ने भाई के प्रति ऐसा सद्भाव प्रकट किया। इसमें क्या रहस्य है; यह मोहन की समझ में न आया। बोला—आग हो तो रख लाओ।

मैना सिर के बाल खोले आँगन में घरौंदा बना रही थी। मोहन को देखते ही उसने घरौंदा बिगाड़ दिया और अंचल से बाल छिपाकर रसोईघर में बरतन उठाने चली।

मोहन ने पूछा—क्या खेल रही थी मैना?

मैना डरी हुई बोली—कुछ तो नहीं।

'तू तो बहुत अच्छे घरौंदे बनाती है। ज़रा बना, देखूँ।'

मैना का रुआँसा चेहरा खिल उठा। प्रेम के शब्द में कितना जादू है। मुँह से निकलते ही जैसे सुगंध फैल गई। जिसने सुना उसका हृदय खिल उठा। जहाँ भय था, वहाँ विश्वास चमक उठा। जहाँ कटुता थी, वहाँ अपनापा छलक पड़ा। चारों ओर चेतनता छोड़ गई। कहीं आलस्य नहीं, कहीं खिन्नता नहीं। मोहन का हृदय आज प्रेम से भरा हुआ है। उसमें सुगंध का विकर्षण हो रहा है।

मैना घरौंदा बनाने बैठ गई।

मोहन ने उसके उलझे हुए बालों को सुलझाते हुए कहा—तेरी गुड़िया का ब्याह कब होगा मैना, नेवता दे, कुछ मिठाई खाने को मिले।

मैना का मन आकाश में उड़ने लगा। अब भैया पानी माँगे, तो वह लोटे को राख से ख़ूब चमाचम करके पानी ले जाएगी।

'अम्माँ पैसे नहीं देती। गुड्डा तो ठीक हो गया है। टीका कैसे भेजूँ।'
'कितने पैसे लेगी?'
'एक पैसे के बतासे लूँगी और एक पैसे का रंग। जोड़े तो रँग जाएँगे कि नहीं।'
'तो दो पैसे में तेरा काम चल जाएगा?'
'तो दो पैसे दे दो भैया, तो मेरी गुड़िया का ब्याह धूमधाम से हो जाए।'

मोहन ने पैसे हाथ में लेकर मैना को दिखाए। मैना लपकी, मोहन ने हाथ ऊपर उठाया, मैना ने हाथ पकड़कर नीचे खींचना शुरू किया। मोहन ने उसे गोद में उठा लिया। मैना ने पैसे ले लिये और नीचे उतरकर नाचने लगी। फिर अपनी सहेलियों को विवाह का नेवता देने के लिए भागी।

उसी वक़्त बूटी गोबर का झौवा लिए आ पहुँची। मोहन को खड़े देखकर कठोर स्वर में बोली—अभी तक मटरगस्ती ही हो रही है। भैंस कब दुही जाएगी?

आज बूटी को मोहन ने विद्रोह-भर जवाब न दिया। जैसे उसके मन में माधुर्य का कोई सोता-सा खुल गया हो। माता को गोबर का बोझ लिए देखकर उसने झौवा उसके सिर से उतार दिया।

बूटी ने कहा—रहने दे, रहने दे, जाकर भैंस दुह, मैं तो गोबर लिए जाती हूँ।
'तुम इतना भारी बोझ क्यों उठा लेती हो, मुझे क्यों नहीं बुला लेतीं?'
माता का हृदय वात्सल्य से गद्गद हो उठा।
'तू जा अपना काम देख। मेरे पीछे क्यों पड़ता है?'
'गोबर निकालने का काम मेरा है।'
'और दूध कौन दुहेगा?'
'वह भी मैं करूँगा।'
'तू इतना बड़ा जोधा है कि सारे काम कर लेगा?'
'जितना कहता हूँ उतना कर लूँगा।'
'तो मैं क्या करूँगी?'
'तुम लड़कों से काम लो; जो तुम्हारा धर्म है।'
'मेरी सुनता है कोई?'

3

आज मोहन बाज़ार से दूध पहुँचाकर लौटा, तो पान, कत्था, सुपारी, एक छोटा-सा पानदान और थोड़ी-सी मिठाई लाया। बूटी बिगड़कर बोली—आज पैसे कहीं फालतू मिल गए थे क्या? इस तरह उड़ावेगा तो कै दिन निबाह होगा?

'मैंने तो एक पैसा भी नहीं उड़ाया अम्माँ। पहले मैं समझता था, तुम पान खाती ही नहीं।'
'तो अब मैं पान खाऊँगी!'
'हाँ और क्या। जिसके दो-दो जवान बेटे हों, क्या वह इतना शौक़ भी न करे।'

बूटी के सूखे कठोर हृदय में कहीं से कुछ हरियाली निकल गई, एक नन्ही-सी कोपल थी, लेकिन उसके अन्दर कितना जीवन, कितना रस था। उसने मैना और सोहन को एक-एक मिठाई दे दी, फिर मोहन को देने लगी।

'मिठाई तो लड़कों के लिए लाया था अम्माँ।'

'और तू तो बूढ़ा हो गया, क्यों?'

'इन लड़कों के सामने तो बूढ़ा ही हूँ।'

'लेकिन मेरे सामने तो लड़का ही है।'

मोहन ने मिठाई ले ली। मैना ने मिठाई पाते ही गप से मुँह में डाल ली थी। वह केवल मिठास का स्वाद जीभ पर छोड़कर कब की ग़ायब हो चुकी थी। मोहन की मिठाई को ललचाई आँखों से देखने लगी। मोहन ने आधा लड्डू तोड़कर मैना को दे दिया। एक मिठाई दोने में और बची थी। बूटी ने उसे मोहन की तरफ़ बढ़ाकर कहा—लाया भी तो इतनी-सी मिठाई। यह ले ले।

मोहन ने आधी मिठाई मुँह में डालकर कहा—यह तुम्हारा हिस्सा है, अम्माँ।

'तुम्हें खाते देखकर मुझे जो आनंद मिलता है, उसमें मिठास से ज़्यादा स्वाद है।'

उसने आधी मिठाई सोहन को और आधी मोहन को दे दी; फिर पानदान खोलकर देखने लगी। आज जीवन में पहली बार उसे यह सौभाग्य प्राप्त हुआ। धन्य भाग कि पति के राज में जिस विभूति के लिए तरसती रही, वह लड़के के राज में मिली। पानदान में कई कुल्हियाँ हैं। और देखो, दो छोटी-छोटी चिमचियाँ भी हैं, ऊपर कड़ा लगा हुआ है। जहाँ चाहो लटकाकर ले जाव। ऊपर की तश्तरी में पान रखे जाएँगे। ज्यों ही मोहन बाहर चला गया, उसने पानदान को माँज-धोकर उसमें चूना-कत्था भरा, सुपारी काटी, पान को भिगो कर तश्तरी में रखा। तब एक बीड़ा लगाकर खाया। उस बीड़े के रस ने जैसे उसके वैधव्य की कटुता को स्निग्ध कर दिया। मन की प्रसन्नता, व्यवहार में उदारता बन जाती है। अब वह घर में नहीं बैठ सकती। उसका मन इतना गहरा नहीं है कि इतनी बड़ी विभूति उसमें जाकर गुम हो जाए। एक पुराना आईना पड़ा हुआ है। उसने उसमें अपना मुँह देखा। ओठों पर लाली तो नहीं है। मुँह लाल करने के लिए उसने थोड़े ही पान खाया है।

धनिया ने आकर कहा—काकी, तनक रस्सी दे दो, मेरी रस्सी टूट गई है।

कल बूटी ने साफ़ कह दिया होता, मेरी रस्सी गाँव भर के लिए नहीं है। रस्सी टूट गई है तो बनवा लो। आज उसने धनिया को रस्सी निकालकर प्रसन्न मुख से दे दी और सद्भाव से पूछा—लड़के के दस्त बन्द हुए कि नहीं धनिया?

धनिया ने उदास मन से कहा—नहीं काकी, आज तो दिन भर दस्त आए। जाने दाँत आ रहे हैं।

'पानी भर ले तो चल ज़रा देखूँ, दाँत ही हैं कि और कुछ फसाद है। किसी की नज़र-वज़र तो नहीं लगी?'

'अब क्या जाने काकी, कौन जाने किसी की आँख फूटी हो।'

'चंचल लड़कों को नज़र का बड़ा डर रहता है।'

'जाते चुमकारकर बुलाया, झट उसकी गोद में चला जाता है। ऐसा हँसता है कि तुमसे क्या कहूँ।'

'कभी-कभी माँ की नज़र भी लग जाया करती है।'

'ऐ नौज काकी, भला कोई अपने लड़के को नज़र लगाएगा।'

'यही तो तू समझती नहीं। नज़र आप-ही-आप लग जाती है।'

धनिया पानी लेकर आई तो बूटी उसके साथ बच्चे को देखने चली।

'तू अकेली है! आजकल घर के काम-धंधे में बड़ा अंडस होता होगा।'

'नहीं अम्माँ, रुपिया आ जाती है, घर का कुछ काम कर देती है, नहीं अकेले तो मेरी मरन हो जाती।'

बूटी को आश्चर्य हुआ। रुपिया को उसने केवल तितली समझ रखा था।

'रुपिया!'

'हाँ काकी, बेचारी बड़ी सीधी है। झाड़ू लगा देती है, चौका-बरतन कर देती है, लड़के को सँभालती है। गाढ़े समय कौन किसी की बात पूछता है काकी!'

'उसे तो अपने मिस्सी-काजल से छुट्टी नहीं मिलती होगी!'

'यह तो अपनी-अपनी रुचि है काकी। मुझे तो इस मिस्सी-काजल वाली ने जितना सहारा दिया, उतना किसी भक्तिन ने न दिया। बेचारी रात भर जागती रही। मैंने कुछ दे तो नहीं दिया। हाँ, जब तक जीऊँगी उसका जस गाऊँगी।'

'तू उसके गुन अभी नहीं जानती धनिया। पान के लिए पैसे कहाँ से आते हैं? किनारदार साड़ियाँ कहाँ से आती हैं?'

'मैं इन बातों में नहीं पड़ती काकी। फिर शौक-सिंगार करने को किसका जी नहीं चाहता। खाने-पहनने की यही तो उमिर है।'

धनिया का घर आ गया। आँगन में रुपिया बच्चे को गोद में लिए थपक रही थी। बच्चा सो गया था।

धनिया ने बच्चे को खटोले पर सुला दिया। बूटी ने बच्चे के सिर पर हाथ रखा, पेट में धीरे-धीरे उँगली गड़ाकर देखा। नाभि पर हींग का लेप करने को कहा। रुपिया बेनिया लाकर उसे झलने लगी।

बूटी ने कहा—ला बेनिया मुझे दे दो।

'मैं डूला दूँगी तो क्या छोटी हो जाऊँगी।'

'तू दिन भर यहाँ काम-धंधा करती रही है। थक गई होगी।'

'तुम इतनी भलीमानस हो, और यहाँ लोग कहते थे कि वह बिना गाली के बात नहीं करती। मारे डर के तुम्हारे पास न आई।'

बूटी मुस्कुराई।

'लोग झूठ तो नहीं कहते।'

'मैं आँखों की देखी मानूँ कि कानों की सुनी?'

आज भी रुपिया आँखों में काजल लगाए, पान खाए, रंगीन साड़ी पहने हुए थी; किन्तु आज बूटी को मालूम हुआ, इस फूल में केवल रंग नहीं है, सुगंध भी है। उसके मन में रुपिया से जो घृणा हो गई थी, वह किसी दैवी-मंत्र से धुल-सी गई। कितनी सुशील लड़की है, कितनी लज्जातुर। बोली कितनी मीठी है। आजकल की लड़कियाँ अपने बच्चों की तो परवाह नहीं करतीं, दूसरों के लिए कौन मरता है। सारी रात धनिया के लड़के को लिए जागती रही! मोहन ने कल की बातें इससे कह तो दी होंगी। दूसरी लड़की होती तो मेरी ओर से मुँह फेर लेती, मुझे जलाती, मुझसे ऐंठती! इसे तो जैसे कुछ मालूम ही न हो। हो सकता है कि मोहन ने इससे कुछ कहा ही न हो। हाँ, यही बात है।

आज रुपिया बूटी को बड़ी सुन्दर लगी। ठीक तो है, अभी शौक-सिंगार न करेगी तो कब करेगी। शौक-सिंगार इसलिए बुरा लगता है कि ऐसे आदमी अपने भोग-विलास में मस्त रहते हैं। किसी के घर में आग लग जाए, उनसे मतलब नहीं। उनका काम तो ख़ाली दूसरों को रिझाना है। जैसे अपने रूप की दुकान सजाए, राह-चलतों को बुलाते हों कि ज़रा इस दुकान की सैर भी करते जाइए। ऐसे उपकारी प्राणियों का सिंगार बुरा नहीं लगता। नहीं, बल्कि और अच्छा लगता है। इससे मालूम होता है कि इसका रूप जितना सुन्दर है, उतना ही मन भी सुन्दर है; फिर कौन नहीं चाहता कि लोग उसके रूप का बखान करें। किसे दूसरों की आँखों में खुब जाने की लालसा नहीं होती? बूटी का यौवन कब का विदा हो चुका; फिर भी यह लालसा उसे बनी हुई है। कोई उसे रस-भरी आँखों से देख लेता है, तो उसका मन कितना प्रसन्न हो जाता है। ज़मीन पर पाँव नहीं पड़ते; फिर रूपा तो अभी जवान है।

उस दिन से रूपा प्राय: दो-एक बार नित्य बूटी के घर आती। बूटी ने मोहन से आग्रह करके उसके लिए एक अच्छी-सी साड़ी मँगवा दी। अगर रूपा कभी बिना काजल लगाए या बेरंगी साड़ी पहने आ जाती, तो बूटी कहती—बहू-बेटियों को यह जोगिया भेस अच्छा नहीं लगता है। यह भेस तो हम-जैसी बुढ़ियों के लिए है।

रूपा ने एक दिन कहा—तुम बूढ़ी काहे को हो गईं अम्माँ। लोगों को इशारा मिल जाए, तो भौंरों की तरह तुम्हारे ऊपर मँडराने लगें। मेरे दादा तो तुम्हारे द्वार पर धरना देने लगें।

बूटी ने मीठे तिरस्कार से कहा—चल, मैं तेरी माँ की सौत बनकर जाऊँगी।

'अम्माँ तो बूढ़ी हो गईं!'

'तो क्या तेरे दादा अभी जवान बैठे हैं।'

'हाँ ऐया, बड़ी अच्छी मिट्टी है उनकी।'

बूटी ने उसकी ओर रस-भरी आँखों से देखकर पूछा—अच्छा बता, मोहन से तेरा ब्याह कर दूँ?

रूपा लजा गई। मुख पर गुलाब की आभा दौड़ गई!

आज मोहन दूध बेचकर लौटा तो बूटी ने कहा—कुछ रुपए-पैसे जुटा, मैं रूपा से तेरी बातचीत कर रही हूँ।

दिल की रानी

जिन वीर तुर्कों के प्रखर प्रताप से ईसाई-दुनिया काँप रही थी, उन्हीं का रक्त आज कुस्तुन्तुनिया की गलियों में बह रहा है। वही कुस्तुन्तुनिया, जो सौ साल पहले तुर्कों के आतंक से आहत हो रहा था, आज उनके गर्म रक्त से अपना कलेजा ठंडा कर रहा है। सत्तर हज़ार तुर्क योद्धाओं की लाशें बास-फरस की लहरों पर तैर रही हैं और तुर्की सेनापति एक लाख सिपाहियों के साथ तैमूरी तेज़ के सामने अपनी क़िस्मत का फ़ैसला सुनने के लिए खड़ा है।

तैमूर ने विजय से भरी आँखें उठाईं और सेनापति यज़दानी की ओर देखकर सिंह के समान ग़रज़ा—क्या चाहते हो, ज़िंदगी या मौत?

यज़दानी ने गर्व से सिर उठाकर कहा—इज़्ज़त की ज़िंदगी मिले तो ज़िंदगी, वरना मौत।

तैमूर का क्रोध प्रचंड हो उठा। उसने बड़े-बड़े अभिमानियों का सिर नीचा कर दिया था। यह जवाब इस अवसर पर सुनने की उसे ताब न थी। इन एक लाख आदमियों की जान उसकी मुट्ठी में है। उन्हें वह एक क्षण में मसल सकता है। उस पर भी इतना अभिमान! इज़्ज़त की ज़िंदगी! इसका यही तो अर्थ है कि ग़रीबों का जीवन अमीरों के भोग-विलास पर बलिदान किया जाए, वही शराब की मज़लिसें, वही अरमीनिया और काफ़ की परियाँ...नहीं, तैमूर ने खलीफा बायज़ीद का घमंड इसलिए नहीं तोड़ा है कि तुर्कों को फिर उस मदान्ध स्वाधीनता में इस्लाम का नाम डुबाने को छोड़ दे। तब उसे इतना रक्त बहाने की क्या ज़रूरत थी। मानव-रक्त का प्रवाह संगीत का प्रवाह नहीं, रस का प्रवाह नहीं—एक वीभत्स दृश्य है, जिसे देखकर आँखें मुँह फेर लेती हैं, हृदय सिर झुका लेता है। तैमूर कोई हिंसक पशु नहीं है, जो यह दृश्य देखने के लिए अपने जीवन की बाज़ी लगा दे।

वह अपने शब्दों में धिक्कार भरकर बोला—जिसे तुम इज़्ज़त की ज़िंदगी कहते हो, वह गुनाह और जहन्नुम की ज़िंदगी है।

यज़दानी को तैमूर से दया या क्षमा की आशा न थी। उसकी या उसके योद्धाओं की जान किसी तरह नहीं बच सकती। फिर क्यों दबे और क्यों न जान पर खेलकर तैमूर के प्रति उसके मन में जो घृणा है, उसे प्रकट कर दे। उसने एक बार कातर नेत्रों से उस रूपवान युवक की ओर देखा, जो उसके पीछे खड़ा जैसे अपनी जवानी का लगाम खींच रहा था। सान पर चढ़े हुए, इस्पात के समान अंग-अंग से अतुल क्रोध की चिनगारियाँ निकल रही थीं। यज़दानी ने उसकी सूरत देखी और जैसे अपनी खींची हुई तलवार म्यान में कर ली और ख़ून के घूँट पीकर बोला—जहाँपनाह इस वक़्त फतहमंद हैं, लेकिन अपराध क्षमा हो तो कह दूँ कि अपने जीवन के विषय में तुर्कों को तातारियों से उपदेश लेने की ज़रूरत नहीं पड़ी। दुनिया से अलग, तातार के ऊसर मैदानों में न त्याग और व्रत की उपासना की जा सकती है और न मयस्सर होने वाले पदार्थों का बहिष्कार किया जा सकता है; पर जहाँ ख़ुदा ने नेमतों की वर्षा की हो, वहाँ उन नेमतों का भोग न करना नाशुक्री है; अगर तलवार ही सभ्यता की सनद होती, तो गाल कौम रोमनों से कहीं ज़्यादा सभ्य होती।

तैमूर ज़ोर से हँसा और उसके सिपाहियों ने तलवारों पर हाथ रख लिये। तैमूर का ठहाका मौत का ठहाका था, या गिरने वाले वज्र का तड़ाका।

'तातारवाले पशु हैं, क्यों?'

'मैं यह नहीं कहता।'

'तुम कहते हो, ख़ुदा ने तुम्हें ऐश करने के लिए पैदा किया है। मैं कहता हूँ, वह कुफ्र है। ख़ुदा ने इंसान को बंदगी के लिए पैदा किया है और इसके ख़िलाफ़ जो कोई कुछ करता है, वह काफिर है, जहन्नुमी है। रसूलेपाक हमारी ज़िंदगी को पाक करने के लिए आए थे, हमें सच्चा इंसान बनाने के लिए आए थे; हमें हराम की तालीम देने नहीं। तैमूर दुनिया को इस कुफ्र से पाक कर देने का बीड़ा उठा चुका है। रसूलेपाक के क़दमों की क़सम; मैं बेरहम नहीं हूँ, जालिम नहीं, ख़ूँख्वार नहीं हूँ; लेकिन कुफ्र की सज़ा मेरे ईमान में मौत के सिवा कुछ नहीं है।'

उसने तातारी सिपहसालार की तरफ़ क़ातिल नज़रों से देखा और तत्क्षण एक देव-सा आदमी तलवार सौंतकर यज़दानी के सिर पर आ पहुँचा। तातारी सेना भी तलवारें खींच-खींचकर तुर्की सेना पर टूट पड़ीं और दम-के-दम में कितनी ही लाशें ज़मीन पर फड़कने लगीं।

2

सहसा वही रूपवान युवक, जो यज़दानी के पीछे खड़ा था, आगे बढ़कर तैमूर के सामने आया और जैसे मौत को अपनी बँधी हुई मुट्ठियों में मसलता हुआ बोला—ऐ अपने को मुसलमान कहने वाले बादशाह! क्या यही वह इस्लाम है, जिसकी तबलीग़ का तूने बीड़ा उठाया है? इस्लाम की यही तालीम है कि तू उन बहादुरों का इस बेदर्दी से ख़ून बहाए, जिन्होंने इसके सिवा कोई गुनाह नहीं किया कि अपने खलीफा और अपने मुल्क की हिमायत की।

चारों तरफ़ सन्नाटा छा गया। एक युवक, जिसकी अभी मसें न भीगी थीं, तैमूर जैसे तेजस्वी बादशाह का इतने खुले हुए शब्दों में तिरस्कार करे और उसकी ज़बान तालू से न खिंचवा ली जाए! सभी स्तम्भित हो रहे थे और तैमूर सम्मोहित-सा बैठा उस युवक की ओर ताक रहा था।

युवक ने तातारी सिपाहियों की तरफ़, जिनके चेहरों पर कुतूहलमय प्रोत्साहन झलक रहा था, देखा और बोला—तू इन मुसलमानों को काफिर कहता है और समझता है कि तू इन्हें क़त्ल करके ख़ुदा और इस्लाम की ख़िदमत कर रहा है। मैं तुझसे पूछता हूँ, अगर वह लोग जो ख़ुदा के सिवा और किसी के सामने सिजदा नहीं करते, जो रसूलेपाक को अपना रहबर समझते हैं, मुसलमान नहीं हैं तो कौन मुसलमान है? मैं कहता हूँ, हम काफिर सही, लेकिन तेरे क़ैदी तो हैं? क्या इस्लाम जंजीर में बँधे हुए क़ैदियों के क़त्ल की इजाजत देता है? ख़ुदा ने अगर तुझे ताक़त दी है, अख़्तियार दिया है, तो क्या इसलिए कि तू ख़ुदा के बंदों का ख़ून बहाए? क्या गुनहगारों को क़त्ल करके उन्हें सीधे रास्ते पर ले जाएगा? तूने कितनी बेरहमी से सत्तर हज़ार बहादुर तुर्कों को धोखा देकर सुरंग से उड़वा दिया; और उनके मासूम बच्चों और निरपराध स्त्रियों को अनाथ कर दिया, तुझे कुछ अनुमान है? क्या यही कारनामे हैं, जिन पर तू अपने को मुसलमान होने का गर्व करता है? क्या इसी क़त्ल, ख़ून और जुल्म की सियाही से तू दुनिया में अपना नाम रोशन करेगा? तूने तुर्कों के ख़ून बहते दरिया में अपने घोड़ों के सुम नहीं भिगोए हैं, बल्कि इस्लाम को जड़ से खोदकर फेंक दिया है। यह वीर तुर्कों का ही आत्मोत्सर्ग है, जिसने यूरोप में इस्लाम की तौहीद फैलाई। आज सोफिया के गिरजे में तुझे अल्लाहो अकबर की सदा सुनाई दे रही है, सारा यूरोप इस्लाम का स्वागत करने को तैयार है। क्या ये कारनामे इसी लायक हैं कि उनका यह इनाम मिले? इस ख़याल को दिल से निकाल दे कि तू ख़ूँरेज़ी से इस्लाम की खिदमत कर रहा है। एक दिन तुझे भी परवरदिगार के सामने अपने कर्मों का जवाब देना पड़ेगा और तेरा कोई उज्र न सुना जाएगा; क्योंकि अगर तुझमें अब भी नेक और बद की तमीज बाक़ी है, तो अपने दिल से पूछ। तूने यह जिहाद ख़ुदा की राह में किया या अपनी हविस के लिए, और मैं जानता हूँ तुझे जो जवाब मिलेगा, वह तेरी गर्दन शर्म से झुका देगा।

खलीफा अभी सिर झुकाए ही था कि यज़दानी ने काँपते हुए शब्दों में अर्ज़ की—जहाँपनाह, यह ग़ुलाम का लड़का है। इसके दिमाग़ में कुछ फितूर है। हुजूर इसकी गुस्ताखियों को मुआफ करें। मैं उसकी सज़ा झेलने को तैयार हूँ।

तैमूर उस युवक के चेहरे की तरफ़ स्थिर नेत्रों से देख रहा था। आज जीवन में पहली बार उसे ऐसे निर्भीक शब्दों को सुनने का अवसर मिला। उसके सामने बड़े-बड़े सेनापतियों, मंत्रियों और बादशाहों की ज़बान न खुलती थी। वह जो कुछ करता या कहता था, वही क़ानून था, किसी को उसमें चूँ करने की ताक़त न थी। उनकी खुशामदों ने उसकी अहंमन्यता को आसमान पर चढ़ा दिया था। उसे विश्वास हो गया था कि ख़ुदा ने इस्लाम को जगाने और सुधारने के लिए ही उसे दुनिया में भेजा है। उसने पैगम्बरी का दावा तो आज तक नहीं किया था, पर उसके मन में यह भावना दृढ़ हो गई थी; इसलिए जब युवक ने प्राणों का मोह छोड़ उसकी कीर्ति का पर्दा खोल दिया तो उसकी चेतना जैसे जाग उठी। उसके मन में क्रोध ओर हिंसा की जगह श्रद्धा का उदय हुआ। उसकी आँखों का एक इशारा इस युवक की ज़िंदगी का चिराग गुल कर सकता था। उसकी संसार-विजयिनी शक्ति के सामने यह दुधमुँहा बालक मानो अपने नन्हे-नन्हे हाथों से समुद्र के प्रवाह को रोकने के लिए खड़ा हो। कितना हास्यास्पद साहस था; पर उसके साथ ही कितना आत्मविश्वास से भरा हुआ। तैमूर को ऐसा जान पड़ा कि इस निहत्थे बालक के सामने वह कितना निर्बल है। मनुष्य में ऐसे साहस का एक ही स्रोत हो सकता है और वह सत्य पर अटल विश्वास है। उसकी आत्मा दौड़कर उस युवक के दामन में चिमट जाने के लिए अधीर हो गई; वह दार्शनिक न था, जो सत्य में शंका करता है। वह सरल सैनिक था जो असत्य को भी अपने विश्वास से सत्य बना देता है।

यज़दानी ने उसी स्वर में कहा—जहाँपनाह, इसकी बदज़बानी का ख़याल न फरमावें।...

तैमूर ने तुरन्त तख़्त से उठकर यज़दानी को गले लगा लिया और बोला—काश, ऐसी गुस्ताखियों और बदज़बानियों के सुनने का पहले इत्तिफाक़ होता, तो आज इतने बेगुनाहों का ख़ून मेरी गर्दन पर न होता। मुझे इस जवान में किसी फ़रिश्ते की रूह का जलवा नज़र आता है, जो मुझ जैसे गुमराहों को सच्चा रास्ता दिखाने के लिए भेजी गई है। मेरे दोस्त, तुम ख़ुशनसीब हो कि ऐसे फ़रिश्ता-सिफ़त बेटे के बाप हो। क्या मैं उसका नाम पूछ सकता हूँ?

यज़दानी पहले आतशपरस्त था, पीछे मुसलमान हो गया था; पर अभी तक कभी-कभी उसके मन में शंकाएँ उठती रहती थीं कि उसने क्यों इस्लाम कबूल किया। जो क़ैदी फाँसी के तख़्ते पर खड़ा सूखा जा रहा था कि एक क्षण में रस्सी उसकी गर्दन में पड़ेगी और वह लटकता रह जाएगा; उसे जैसे किसी फ़रिश्ते ने गोद में ले लिया। वह गद्गद कंठ से बोला—उसे हबीब कहते हैं।

तैमूर ने युवक के सामने जाकर उसका हाथ पकड़ लिया और उसे आँखों से लगाता हुआ बोला—मेरे जवान दोस्त, तुम सचमुच ख़ुदा के हबीब हो। मैं वह गुनहगार हूँ, जिसने अपनी जहालत में हमेशा अपने गुनाहों को सबाब समझा, इसलिए कि मुझसे कहा जाता था, तेरी जात बेऐब है। आज मुझे मालूम हुआ कि मेरे हाथों इस्लाम को कितना नुक़सान पहुँचा। आज से मैं तुम्हारा ही दामन पकड़ता हूँ। तुम्हीं मेरे खिज्र, तुम्हीं मेरे रहनुमा हो। मुझे यक़ीन हो गया कि तुम्हारे ही वसीले से मैं ख़ुदा के दरगाह तक पहुँच सकता हूँ।

यह कहते हुए उसने युवक के चेहरे पर नज़र डाली, तो उस पर शर्म की लाली छाई हुई थी। उस कठोरता की जगह मधुर संकोच झलक रहा था।

युवक ने सिर झुकाकर कहा—यह हुजूर की कदरदानी है, वरना मेरी क्या हस्ती है।

तैमूर ने उसे खींचकर अपनी बग़ल में तख़्त पर बैठा दिया और अपने सेनापति को हुक्म दिया, सारे तुर्क क़ैदी छोड़ दिए जाएँ, उनके हथियार वापस कर दिए जाएँ और जो माल लूटा गया है, वह सिपाहियों में बराबर बाँट दिया जाए।

वजीर तो इधर इस हुक्म की तामील करने लगा, उधर तैमूर हबीब का हाथ पकड़े हुए अपने खेमे में गया और दोनों मेहमानों की दावत का प्रबंध करने लगा। और जब भोजन समाप्त हो गया, तो उसने अपने जीवन की सारी कथा रो-रोकर सुनाई, जो आदि से अंत तक मिश्रित पशुता और बर्बरता के कृत्यों से भरी हुई थी। और उसने यह सब कुछ इस भ्रम में किया कि वह ईश्वरीय आदेश का पालन कर रहा है। वह ख़ुदा को कौन मुँह दिखाएगा? रोते-रोते उसकी हिचकियाँ बँध गईं।

अंत में उसने हबीब से कहा—मेरे जवान दोस्त, अब मेरा बेड़ा आप ही पार लगा सकते हैं। आपने मुझे राह दिखाई है तो मंज़िल पर पहुँचाइए। मेरी बादशाहत को अब आप ही सँभाल सकते हैं। मुझे अब मालूम हो गया कि मैं उसे तबाही के रास्ते पर लिए जाता था। मेरी आप से यही इल्तमास (प्रार्थना) है कि आप उसकी वजारत कबूल करें। देखिए, ख़ुदा के लिए इनकार न कीजिएगा, वरना मैं कहीं का न रहूँगा।

यज़दानी ने अर्ज की—हुजूर, इतनी कदरदानी फरमाते हैं, यह आपकी इनायत है, लेकिन अभी इस लड़के की उम्र ही क्या है। वजारत की खिदमत यह क्या अन्जाम दे सकेगा? अभी तो इसकी तालीम के दिन हैं।

इधर से इनकार होता रहा और उधर तैमूर आग्रह करता रहा। यज़दानी इनकार तो कर रहे थे; पर छाती फूली जाती थी। मूसा आग लेने गए थे, पैगम्बरी मिल गई। कहाँ मौत के मुँह में जा रहे थे, वजारत मिल गई। लेकिन यह शंका भी थी कि ऐसे अस्थिर-चित्त आदमी का क्या ठिकाना? आज ख़ुदा हुए, वजारत देने को तैयार हैं, कल नाराज़ हो गए, तो जान की ख़ैरियत नहीं। उन्हें हबीब की लियाकत पर भरोसा तो था, फिर भी जी डरता था कि बिराने देश में न जाने कैसी पड़े, कैसी न पड़े? दरबार वालों में षड्यंत्र होते ही रहते हैं। हबीब नेक है, समझदार है, अवसर पहचानता है, लेकिन वह तजरबा कहाँ से लाएगा, जो उम्र ही से आता है।

उन्होंने इस प्रश्न पर विचार करने के लिए एक दिन की मुहलत माँगी और रुख़सत हुए।

3

हबीब यज़दानी का लड़का नहीं, लड़की थी। उसका नाम उम्मतुल हबीब था। जिस वक़्त यज़दानी और उसकी पत्नी मुसलमान हुए, तो लड़की की उम्र कुल बारह साल की थी; पर प्रकृति ने उसे बुद्धि और प्रतिभा के साथ विचार-स्वातंत्र्य भी प्रदान किया था। वह जब तक सत्यासत्य की परीक्षा न कर लेती, कोई बात स्वीकार न करती। माँ-बाप के धर्म-परिवर्तन से उसे अशांति तो हुई; पर जब तक इस्लाम का अच्छी तरह अध्ययन न कर ले, वह केवल माँ-बाप को ख़ुश करने के लिए इस्लाम की दीक्षा नहीं ले सकती थी। माँ-बाप भी उस पर किसी तरह का दबाव न डालना चाहते थे। जैसे उन्हें अपने धर्म को बदल देने का अधिकार है, वैसे ही उसे अपने धर्म पर आरूढ़ रहने का भी अधिकार है। लड़की को सन्तोष हुआ; लेकिन उसने इस्लाम और जरतुश्त धर्म—दोनों ही का तुलनात्मक अध्ययन आरम्भ किया, और पूरे दो साल के अन्वेषण और परीक्षण के बाद उसने भी इस्लाम की दीक्षा ले ली।

माता-पिता फूले न समाए। लड़की उनके दबाव से मुसलमान नहीं हुई है; बल्कि स्वेच्छा से, स्वाध्याय से और ईमान से। दो साल तक उन्हें जो एक शंका घेरे रहती थी, वह मिट गई।

यज़दानी के कोई पुत्र न था और उस युग में, जबकि आदमी की तलवार ही सबसे बड़ी अदालत थी, पुत्र का न रहना संसार का सबसे बड़ा दुर्भाग्य था। यज़दानी बेटे का अरमान बेटी से पूरा करने लगा। लड़कों की ही भाँति उसकी शिक्षा-दीक्षा होने लगी। बालकों के-से कपड़े पहनती, घोड़े पर सवार होती, शस्त्र-विद्या सीखती और अपने बाप के साथ अक्सर खलीफा बायज़ीद के महलों में जाती और राजकुमारों के साथ शिकार खेलने जाती। इसके साथ ही वह दर्शन, काव्य, विज्ञान और अध्यात्म का भी अभ्यास करती थी। यहाँ तक कि सोलहवें वर्ष में वह फ़ौजी विद्यालय में दाख़िल हो गई और दो साल के अन्दर वहाँ की सबसे ऊँची परीक्षा पास करके फ़ौज में नौकर हो गई। शस्त्र-विद्या और सेना-संचालन-कला में वह इतनी निपुण थी और खलीफा बायज़ीद उसके चरित्र से इतना प्रसन्न था कि पहले ही पहल उसे एकहज़ारी मनसब मिल गया। ऐसी युवती के चाहने वालों की क्या कमी? उसके साथ के कितने ही अफ़सर, राज-परिवार के कितने ही युवक उस पर प्राण देते थे; पर कोई उसकी नज़रों में न जँचता था। नित्य ही निकाह के पैगाम आते रहते थे; पर वह हमेशा इनकार कर देती थी। वैवाहिक जीवन ही से उसे अरुचि थी। उसकी स्वाधीन प्रकृति इस बन्धन में न पड़ना चाहती थी। फिर नित्य ही वह देखती थी कि युवतियाँ कितने अरमानों से ब्याह कर लाई जाती हैं और फिर कितने निरादर से महलों में बन्द कर दी जाती हैं। उनका भाग्य पुरुषों की दया के अधीन है। अकसर ऊँचे घराने की महिलाओं से उसको मिलने-जुलने का अवसर मिलता था। उनके मुख से उनकी करुण कथा सुन-सुनकर वह वैवाहिक पराधीनता से और भी घृणा करने लगती थी। और यज़दानी उसकी स्वाधीनता में बिलकुल बाधा न देता था। लड़की स्वाधीन है। उसकी इच्छा हो विवाह करे या क्वाँरी रहे, वह अपनी आप मुखतार है। उसके पास पैगाम आते, तो वह साफ़ जवाब दे देता—मैं इस बारे में कुछ नहीं जानता, इसका फ़ैसला वही करेगी। यद्यपि एक युवती का पुरुष वेष में रहना, युवकों से मिलना-जुलना समाज में आलोचना का विषय था; पर यज़दानी और उसकी स्त्री दोनों ही को उसके सतीत्व पर विश्वास था। हबीब के व्यवहार और आचार में उन्हें कोई ऐसी बात नज़र न आती थी, जिससे उन्हें किसी तरह की शंका होती। यौवन की आँधी और लालसाओं के तूफ़ान में भी वह चौबीस वर्ष की वीरबाला अपने हृदय की सम्पत्ति लिए अटल और अजेय खड़ी थी, मानो सभी युवक उसके सगे भाई हैं।

4

कुस्तुन्तुनिया में कितनी ख़ुशियाँ मनाई गईं, हबीब का कितना सम्मान और स्वागत हुआ, तो कितनी बधाइयाँ मिलीं; यह सब लिखने की बात नहीं। शहर तबाह हुआ जाता था। संभव था, आज उसके महलों और बाज़ारों से आग की लपटें निकलती होतीं। राज्य और नगर को उस कल्पनातीत विपत्ति से बचाने वाला आदमी कितने आदर, प्रेम, श्रद्धा और उल्लास का पात्र होगा, इसकी तो कल्पना भी नहीं की जा सकती। उस पर कितने फूलों और कितने लाल और जवाहर की वर्षा हुई, इसका अनुमान तो कोई कवि ही कर सकता है। और नगर की महिलाएँ हृदय के अक्षय भंडार से असीसें निकाल-निकाल कर उस पर लुटाती थीं और गर्व से फूली हुई उसका मुख निहारकर अपने को धन्य मानती थीं। उसने देवियों का मस्तक ऊँचा कर दिया था।

रात को तैमूर के प्रस्ताव पर विचार होने लगा। सामने गद्देदार कुर्सी पर यज़दानी था—सौम्य, विशाल, तेजस्वी। उसकी दाहिनी तरफ़ उसकी पत्नी थी, ईरानी लिबास में, आँखों में दया और विश्वास की ज्योति भरे हुए। बाईं तरफ़ उम्मतुल हबीब थी, जो इस समय रमणी-वेष में मोहिनी बनी हुई थी, ब्रह्मचर्य के तेज़ से दीप्त।

यज़दानी ने प्रस्ताव का विरोध करते हुए कहा—मैं अपनी तरफ़ से कुछ नहीं कहना चाहता; लेकिन यदि मुझे सलाह देने का अधिकार है, तो मैं स्पष्ट कहता हूँ कि तुम्हें इस प्रस्ताव को कभी स्वीकार न करना चाहिए। तैमूर से यह बात बहुत दिन तक छिपी नहीं रह सकती कि तुम क्या हो। उस वक़्त क्या परिस्थिति होगी, मैं नहीं कह सकता। और यहाँ इस विषय में जो कुछ टीकाएँ होंगी, वह तुम मुझसे ज़्यादा जानती हो। यहाँ मैं मौजूद था और कुत्सा को मुँह न खोलने देता था; पर वहाँ पर तुम अकेली रहोगी और कुत्सा को मनमाने आरोप करने का अवसर मिलता रहेगा।

उसकी पत्नी स्वेच्छा को इतना महत्त्व न देना चाहती थी। बोली—मैंने सुना है, तैमूर निगाहों का अच्छा आदमी नहीं है। मैं किसी तरह तुझे न जाने दूँगी। कोई बात हो जाए तो सारी दुनिया हँसे। यों ही हँसनेवाले क्या कम हैं?

इसी तरह स्त्री-पुरुष बड़ी देर तक ऊँच-नीच सुझाते और तरह-तरह की शंकाएँ करते रहे; लेकिन हबीब मौन साधे बैठी हुई थी। यज़दानी ने समझा, हबीब भी उनसे सहमत है। इनकार की सूचना देने के लिए ही था कि हबीब ने पूछा—आप तैमूर से क्या कहेंगे?

'यही, जो यहाँ तय हुआ है।'

'मैंने तो अभी कुछ नहीं कहा।'

'मैंने तो समझा, तुम भी हमसे सहमत हो।'

'जी नहीं, आप उनसे जाकर कह दें, मैं स्वीकार करती हूँ।'

माता ने छाती पर हाथ रखकर कहा—यह क्या ग़ज़ब करती है बेटी, सोच तो दुनिया क्या कहेगी?

यज़दानी भी सिर थामकर बैठ गए, मानो हृदय में गोली लग गई हो। मुँह से एक शब्द भी न निकला।

हबीब त्योरियों पर बल डालकर बोली—अम्मीजान, मैं आपके हुक्म से जौ-भर भी मुँह नहीं फेरना चाहती। आपको पूरा अख़्तियार है, मुझे जाने दें या न जाने दें, लेकिन मुल्क की ख़िदमत का ऐसा मौक़ा शायद मुझे ज़िंदगी में फिर न मिले। इस मौक़े को हाथ से खो देने का अफ़सोस मुझे उम्र भर रहेगा। मुझे यक़ीन है कि अमीर तैमूर को मैं अपनी दियानत, बेगरजी और सच्ची वफादारी से इनसान बना सकती हूँ और शायद उसके हाथों ख़ुदा के बंदों का ख़ून इतनी कसरत से न बहे। वह दिलेर है; मगर बेरहम नहीं। कोई दिलेर आदमी बेरहम नहीं हो सकता। उसने अब तक जो कुछ किया है, मज़हब के अंधे जोश में किया है। आज ख़ुदा ने मुझे यह मौक़ा दिया है कि मैं उसे दिखा दूँ कि मज़हब ख़िदमत का नाम है, लूट और क़त्ल का नहीं। अपने बारे में मुझे मुतलक अन्देशा नहीं है। मैं अपनी हिफाजत आप कर सकती हूँ। मुझे दावा है कि अपने फ़र्ज़ को नेकनीयती से अदा करके मैं दुश्मनों की ज़बान भी बन्द कर सकती हूँ और मान लीजिए मुझे नाकामी भी हो, तो क्या सच्चाई और हक़ के लिए क़ुर्बान हो जाना ज़िंदगी की सबसे शानदार फतह नहीं है? अब तक मैंने जिस उसूल पर ज़िन्दगी बसर

की है, उसने मुझे धोखा नहीं दिया और उसी के फैज़ से आज मुझे यह दर्जा हासिल हुआ है जो बड़ों-बड़ों के लिए ज़िंदगी का ख़्वाब है। ऐसे आजमाए हुए दोस्त मुझे कभी धोखा नहीं दे सकते। तैमूर पर मेरी हक़ीक़त खुल भी जाए, तो क्या ख़ौफ़? मेरी तलवार मेरी हिफाजत कर सकती है। शादी पर मेरे ख़याल आपको मालूम हैं। अगर मुझे कोई ऐसा आदमी मिलेगा, जिसे मेरी रूह कबूल करती हो, जिसकी ज़ात अपनी हस्ती को खोकर मैं अपनी रूह को ऊँचा उठा सकूँ, तो मैं उसके क़दमों पर गिरकर अपने को उसकी नज़र कर दूँगी।

यज़दानी ने ख़ुश होकर बेटी को गले लगा लिया। उसकी स्त्री इतनी जल्द आश्वस्त न हो सकी। वह किसी तरह बेटी को अकेली न छोड़ेगी। उसके साथ वह भी जाएगी।

5

कई महीने गुज़र गए। युवक हबीब तैमूर का वज़ीर है, लेकिन वास्तव में वही बादशाह है। तैमूर उसी की आँखों से देखता है, उसी के कानों से सुनता है और उसी की अक़्ल से सोचता है। वह चाहता है, हबीब आठों पहर उसके पास रहे। उसके सामीप्य में, उसे स्वर्ग का-सा सुख मिलता है। समरकन्द में एक प्राणी भी ऐसा नहीं, ज़ो उससे जलता हो। उसके बरताव ने सभी को मुग्ध कर लिया है, क्योंकि वह इन्साफ से जौ-भर भी क़दम नहीं हटाता। जो लोग उसके हाथों चलती हुई न्याय की चक्की में पिस जाते हैं; वे भी उससे सद्भाव ही रखते हैं, क्योंकि वह न्याय को ज़रूरत से ज़्यादा कटु नहीं होने देता।

संध्या हो गई थी। राज्य कर्मचारी जा चुके थे। शमादान में मोम की बत्तियाँ जल रही थीं। अगर की सुगंध से सारा दीवान महक रहा था। हबीब भी उठने ही को था कि चोबदार ने ख़बर दी—हुजूर, जहाँपनाह तशरीफ़ ला रहे हैं।

हबीब इस ख़बर से कुछ प्रसन्न नहीं हुआ। अन्य मंत्रियों की भाँति वह तैमूर की सोहबत का भूखा नहीं है। वह हमेशा तैमूर से दूर रहने की चेष्टा करता है। ऐसा शायद ही कभी हुआ हो उसने शाही दस्तरखान पर भोजन किया हो। तैमूर की मजलिसों में भी वह कभी शरीक नहीं होता। उसे जब शांति मिलती है, तब एकान्त में अपनी माता के पास बैठकर दिन भर का माजरा उससे कहता है और वह उस पर अपनी पसन्द की मुहर लगा देती है।

उसने द्वार पर जाकर तैमूर का स्वागत किया। तैमूर ने मसनद पर बैठते हुए कहा—मुझे ताज्जुब होता है कि तुम इस जवानी में जाहिदों की-सी ज़िंदगी कैसे बसर करते हो हबीब! ख़ुदा ने तुम्हें वह हुस्न दिया है कि हसीन-से-हसीन नाज़नीन भी तुम्हारी माशूक बनकर अपने को ख़ुशनसीब समझेंगी। मालूम नहीं तुम्हें ख़बर है या नहीं जब तुम अपने मुश्की घोड़े पर सवार होकर निकलते हो, तो समरकन्द की खिड़कियों पर हज़ारों आँखें तुम्हारी एक झलक देखने के लिए मुन्तजिर बैठी रहती हैं; पर तुम्हें किसी ने किसी की तरफ़ आँखें उठाते नहीं देखा। मेरा ख़ुदा गवाह है, मैं जितना चाहता हूँ कि तुम्हारे क़दमों के नक़्शों पर चलूँ; पर दुनिया मेरी गर्दन नहीं छोड़ती। क्यों अपनी पाक़ ज़िंदगी का जादू मुझ पर नहीं डालते? मैं चाहता हूँ जैसे तुम दुनिया में रहकर भी दुनिया से अलग रहते हो, वैसे मैं भी रहूँ; लेकिन मेरे पास न वह दिल है, न वह दिमाग़। मैं हमेशा अपने आप पर, सारी दुनिया पर दाँत पीसता रहता हूँ। जैसे मुझे हरदम ख़ून की प्यास लगी रहती है, जिसे तुम बुझने नहीं देते, और यह जानते हुए भी कि तुम जो कुछ करते हो, इससे बेहतर कोई दूसरा नहीं कर

सकता। मैं अपने ग़ुस्से को काबू में नहीं कर सकता। तुम जिधर से निकलते हो, मुहब्बत और रोशनी फैला देते हो। जिसको तुम्हारा दुश्मन होना चाहिए, वह भी तुम्हारा दोस्त है। मैं जिधर से निकलता हूँ, नफ़रत और शुबहा फैलाता हुआ निकलता हूँ। जिसे मेरा दोस्त होना चाहिए, वह भी मेरा दुश्मन है। दुनिया में बस यही एक जगह है, जहाँ मुझे आफियत मिलती है। अगर तुम समझते हो, यह ताज और तख़्त मेरे रास्ते के रोड़े हैं तो ख़ुदा की क़सम मैं आज इन पर लात मार दूँ। मैं आज तुम्हारे पास यही दरख्वास्त लेकर आया हूँ कि तुम मुझे वह रास्ता दिखाओ, जिससे मैं सच्ची ख़ुशी पा सकूँ। मैं चाहता हूँ तुम इसी महल में रहो ताकि मैं तुमसे सच्ची ज़िंदगी का सबक सीखूँ।

हबीब का हृदय धक् से हो उठा। कहीं अमीर पर उसके नारीत्व का रहस्य खुल तो नहीं गया? उसकी समझ में न आया कि उसे क्या जवाब दे। उसका कोमल हृदय तैमूर की इस करुण आत्मग्लानि पर द्रवित हो गया। जिसके नाम से दुनिया काँपती है, वह उसके सामने एक दयनीय प्रार्थी बना हुआ उससे प्रकाश की भिक्षा माँग रहा है। तैमूर की उस कठोर, विकृत, शुष्क, हिंसात्मक मुद्रा में उसे एक स्निग्ध मधुर ज्योति दिखाई दी, मानो उसका जाग्रत विवेक भीतर से झाँक रहा हो। उसे अपना स्थिर जीवन, जिसमें ऊपर उठने की स्मृति ही न रही थी, इस विफल उद्योग के सामने तुच्छ जान पड़ा।

उसने मुग्ध कंठ से कहा—हुज़ूर, इस ग़ुलाम की इतनी क़द्र करते हैं, यह मेरी ख़ुशनसीबी है। लेकिन मेरा शाही महल में रहना मुनासिब नहीं।

तैमूर ने पूछा—क्यों?

'इसलिए कि जहाँ दौलत ज़्यादा होती है, वहाँ डाके पड़ते हैं और जहाँ क़द्र ज़्यादा होती है, वहाँ दुश्मन भी ज़्यादा होते हैं।'

'तुम्हारा दुश्मन भी कोई हो सकता है?'

'मैं ख़ुद अपना दुश्मन हो जाऊँगा। आदमी का सबसे बड़ा दुश्मन गरूर है।'

तैमूर को जैसे कोई रत्न मिल गया। उसे अपनी मनःतुष्टि का आभास हुआ। 'आदमी का सबसे बड़ा दुश्मन गरूर है' इस वाक्य को मन-ही-मन दोहराकर उसने कहा—तुम मेरे काबू में कभी न आओगे हबीब। तुम वह परन्द हो, जो आसमान में ही उड़ सकता है। उसे सोने के पिंजरे में भी रखना चाहो तो फड़फड़ाता रहेगा। ख़ैर, ख़ुदा हाफिज!

वह तुरन्त अपने महल की ओर चला, मानो उस रत्न को सुरक्षित स्थान में रख देना चाहता हो। यह वाक्य आज पहली बार उसने न सुना था, पर आज इसमें जो ज्ञान, जो आदेश, जो सद्प्रेरणा उसे मिली, वह कभी न मिली थी।

6

इस्तख़र के इलाक़े से बगावत की ख़बर आई है। हबीब को शंका है कि तैमूर वहाँ पहुँचकर कहीं क़त्लेआम न कर दे। वह शांतिमय उपायों से इस विद्रोह को ठंडा करके तैमूर को दिखाना चाहता है कि सद्भावना में कितनी शक्ति है। तैमूर उसे इस मुहिम पर नहीं भेजना चाहता; लेकिन हबीब के आग्रह के सामने बेबस है। हबीब को जब और कोई युक्ति न सूझी, तो उसने कहा—ग़ुलाम के रहते हुए हुज़ूर अपनी जान ख़तरे में डालें, यह नहीं हो सकता।

तैमूर मुस्कुराया—मेरी जान की तुम्हारी जान के मुक़ाबले में कोई हक़ीक़त नहीं है हबीब। फिर मैंने तो कभी जान की परवाह न की। मैंने दुनिया में क़त्ल और लूट के सिवा और क्या यादगार छोड़ी? मेरे मर जाने पर दुनिया मेरे नाम को रोएगी नहीं, यक़ीन मानो। मेरे जैसे लुटेरे हमेशा पैदा होंगे; लेकिन ख़ुदा न करे, तुम्हारे दुश्मनों को कुछ हो गया, तो यह सल्तनत खाक में मिल जाएगी, और तब मुझे भी सीने में खंजर चुभा लेने के सिवा और कोई रास्ता नहीं रहेगा। मैं नहीं कह सकता हबीब, तुमसे मैंने कितना पाया। काश, दस-पाँच साल पहले तुम मुझे मिल जाते, तो तैमूर तारीख़ में इतना रूसियाह न होता। आज अगर ज़रूरत पड़े तो अपने जैसे सौ तैमूरों को तुम्हारे ऊपर निसार कर दूँ। यही समझ लो कि तुम मेरी रूह को अपने साथ लिए जा रहे हो। आज मैं तुमसे कहता हूँ हबीब कि मुझे तुमसे इश्क़ है, वह इश्क़ जो मुझे आज तक किसी हसीना से नहीं हुआ। इश्क़ क्या चीज़ है, इसे मैं अब जान पाया हूँ। मगर इसमें क्या बुराई है कि मैं भी तुम्हारे साथ चलूँ?

हबीब ने धड़कते हुए हृदय से कहा—अगर मैं आपकी ज़रूरत समझूँगा तो इत्तला दूँगा।

तैमूर ने दाढ़ी पर हाथ रखकर कहा—जैसी तुम्हारी मर्ज़ी, लेकिन रोज़ाना क़ासिद भेजते रहना, वरना शायद मैं बेचैन होकर चला आऊँ।

तैमूर ने कितनी मुहब्बत से हबीब के सफ़र की तैयारियाँ कीं। तरह-तरह के आराम और तकल्लुफ की चीज़ें उसके लिए जमा कीं। उस कोहिस्तान में यह चीज़ें कहाँ मिलेंगी। वह ऐसा संलग्न था, मानो माता अपनी लड़की को ससुराल भेज रही हो।

जिस वक़्त हबीब फ़ौज के साथ चला; तो सारा समरकन्द उसके साथ था और तैमूर आँखों पर रूमाल रक्खे, अपने तख़्त पर ऐसा सिर झुकाए बैठा था, मानो कोई पक्षी आहत हो गया हो।

7

इस्तख़र अरमनी ईसाइयों का इलाक़ा था। मुसलमानों ने उन्हें परास्त करके वहाँ अपना अधिकार जमा लिया था और ऐसे नियम बना दिए थे, जिनसे ईसाइयों को पग-पग पर अपनी पराधीनता का स्मरण होता रहता था। पहला नियम जजिए का था, जो हरेक को देना पड़ता था, जिससे मुसलमान मुक्त थे। दूसरा नियम था कि गिरजों में घंटा न बजे। तीसरा नियम मदिरा का था, जिसे मुसलमान हराम समझते थे। ईसाइयों ने इन नियमों का क्रियात्मक विरोध किया और मुसलमान अधिकारियों ने शस्त्र-बल से काम लेना चाहा, तो ईसाइयों ने बगावत कर दी, मुसलमान सूबेदार को क़ैद कर लिया और क़िले पर सलीबी झंडा उड़ने लगा।

हबीब को यहाँ आज दूसरा दिन है; पर इस समस्या को कैसे हल करे? उसका उदार हृदय कहता था, ईसाइयों पर इन बन्धनों का कोई अर्थ नहीं, हरेक धर्म का समान रूप से आदर होना चाहिए। लेकिन मुसलमान इन क़ैदों को उठा देने पर कभी राज़ी न होंगे। और यह लोग मान भी जाएँ तो तैमूर क्यों मानने लगा? उसके धार्मिक विचारों में कुछ उदारता आई है, फिर भी वह इन क़ैदों को उठाना कभी मंजूर न करेगा। लेकिन क्या वह इसलिए ईसाइयों को सज़ा दे कि वे अपनी धार्मिक स्वाधीनता के लिए लड़ रहे हैं। जिसे वह सत्य समझता है, उसकी हत्या कैसे करे? नहीं, उसे सत्य का पालन करना होगा, चाहे इसका नतीजा कुछ भी हो। अमीर समझेंगे, मैं ज़रूरत से ज़्यादा बढ़ा जा रहा हूँ। कोई मुजायका नहीं।

दूसरे दिन हबीब ने प्रात:काल डंके की चोट ऐलान कराया—जजिया माफ़ किया गया, शराब और घंटों पर कोई भेद नहीं है।

मुसलमानों में तहलका पड़ गया। यह कुफ्र है, हरामपरस्ती है। अमीर तैमूर ने जिस इस्लाम को अपने ख़ून से सींचा, उसकी जड़ उन्हीं के वज़ीर हबीब पाशा के हाथों ख़ुद रही है। पाँसा पलट गया। शाही फ़ौजें मुसलमानों से जा मिलीं। हबीब ने इस्तख़र के क़िले में पनाह ली। मुसलमानों की ताक़त शाही फ़ौज से मिल जाने से बहुत बढ़ गई थी। उन्होंने क़िला घेर लिया और यह समझकर कि हबीब ने तैमूर से बगावत की है, तैमूर के पास इसकी सूचना देने और परिस्थिति समझाने के लिए क़ासिद भेजा।

8

आधी रात गुज़र चुकी थी। तैमूर को दो दिनों से इस्तख़र की कोई ख़बर न मिली थी। तरह-तरह की शंकाएँ हो रही थीं। मन में पछतावा हो रहा था कि उसने क्यों हबीब को अकेला जाने दिया। माना कि वह बड़ा नीतिकुशल है; पर बगावत कहीं ज़ोर पकड़ गई, तो मुट्ठी भर आदमियों से वह क्या कर सकेगा? और बगावत यक़ीनन ज़ोर पकड़ेगी। वहाँ के ईसाई बला के सरकश हैं। जब उन्हें मालूम होगा कि तैमूर की तलवार में जंग लग गया और उसे अब महलों की ज़िंदगी ज़्यादा पसन्द है, तो उनकी हिम्मतें दूनी हो जाएँगी। हबीब कहीं दुश्मनों में घिर गया, तो बड़ा ग़ज़ब हो जाएगा।

उसने अपने जानू पर हाथ मारा और पहलू बदलकर अपने ऊपर झुँझलाया। वह इतना पस्त-हिम्मत क्यों हो गया? क्या उसका तेज़ और शौर्य उससे विदा हो गया? जिसका नाम सुनकर दुश्मनों में कम्पन पड़ जाता था, वह आज अपना मुँह छिपाकर महलों में बैठा हुआ है। दुनिया की आँखों में इसका एक ही अर्थ हो सकता है कि तैमूर अब मैदान का शेर नहीं, कालीन का शेर हो गया। हबीब फरिशता है, इनसान की बुराइयों से वाकिफ नहीं। जो रहम और साफ़दिल और बेगरजी का देवता है, वह क्या जाने इनसान कितना शैतान हो सकता है। अमन के दिनों में तो ये बातें कौम और मुल्क को तरक्की के रास्ते पर ले जाती हैं; पर जंग में, जबकि शैतानी जोश का तूफ़ान उठता है, ख़ूबियों की गुंजाइश नहीं। उस वक़्त तो उसी की जीत होती है, जो इनसानी ख़ून का रंग खेले, खेतों-खलियानों की होली जलाए, जंगलों को बसाए और बस्तियों को वीरान करे! अमन का क़ानून जंग के क़ानून से बिलकुल जुदा है।

सहसा चोबदार ने इस्तख़र से एक क़ासिद के आने की ख़बर दी। क़ासिद ने ज़मीन चूमी और एक किनारे अदब से खड़ा हो गया। तैमूर का रौब ऐसा छा गया कि जो कुछ कहने आया था, वह सब भूल गया।

तैमूर ने त्योरियाँ चढ़ाकर पूछा—क्या ख़बर लाया है? तीन दिन के बाद आया भी तो इतनी रात गए?

क़ासिद ने फिर ज़मीन चूमी और बोला—ख़ुदाबंद, वज़ीर साहब ने जजिया मुआफ कर दिया।

तैमूर ग़रज़ उठा—क्या कहता है; जजिया माफ़ कर दिया?

'हाँ ख़ुदाबंद।'

'किसने?'

'वज़ीर साहब ने।'

'किसके हुक्म से?'

'अपने हुक्म से हुजूर।'

'हूँ!'

'और हुजूर, शराब का भी हुक्म दे दिया।'

'हूँ!'

'गिरजों में घंटे बजाने का भी हुक्म हो गया है।'

'हूँ!'

'और ख़ुदाबंद, ईसाइयों से मिलकर मुसलमानों पर हमला कर दिया!'

'तो मैं क्या करूँ?'

'हुजूर हमारे मालिक हैं। अगर हमारी कुछ मदद न हुई, तो वहाँ एक मुसलमान भी ज़िन्दा न बचेगा।'

'हबीब पाशा इस वक़्त कहाँ है?'

'इस्तख़र के क़िले में हुजूर।'

'और मुसलमान क्या कर रहे हैं?'

'हमने ईसाइयों को क़िले में घेर लिया है।'

'उन्हीं के साथ हबीब को भी?'

'हाँ हुजूर, वह हुजूर से बागी हो गए।'

और इसलिए मेरे वफादार इस्लाम के खादिमों ने उन्हें क़ैद कर रक्खा है। मुमकिन है मेरे पहुँचते-पहुंचते उन्हें क़त्ल भी कर दें। बदजात, दूर हो जा मेरे सामने से। मुसलमान समझते हैं, हबीब मेरा नौकर है और मैं उसका आका हूँ। यह ग़लत है, झूठ है। बस सल्तनत का मालिक हबीब है, तैमूर उसका अदना ग़ुलाम है। उसके फ़ैसले में तैमूर दस्तन्दाजी नहीं कर सकता। बेशक जजिया मुआफ होना चाहिए। मुझे कोई मजाज़ नहीं कि दूसरे मजहब वालों से उनके ईमान का तावान लूँ। कोई मजाज़ नहीं है; अगर मस्जिद में अजान होती है तो कलीसा में घंटा क्यों न बजे? घंटे की आवाज़ में कुफ्र नहीं है। सुनता है बदजात! घंटे की आवाज़ में कुफ्र नहीं है। काफ़िर वह है, जो दूसरों का हक़ छीन ले, जो ग़रीबों को सताए, दग़ाबाज हो, ख़ुदगरज़ हो। काफ़िर वह नहीं, जो मिट्टी या पत्थर के टुकड़े में ख़ुदा का नूर देखता है; जो नदियों और पहाड़ों में, दरख्तों पर, झाड़ियों में, ख़ुदा का जलवा पाता हो। वह हमसे और तुमसे ज़्यादा ख़ुदापरस्त है, जो मस्जिद में ख़ुदा को बन्द समझते हैं। तू समझता है, मैं कुफ्र बक रहा हूँ? किसी को काफ़िर समझना ही कुफ्र है। हम सब ख़ुदा के बंदे हैं, सब। बस जा और उन बागी मुसलमानों से कह दे, अगर फ़ौरन मुहासरा न उठा लिया गया, तो तैमूर कयामत की तरह आ पहुँचेगा।

क़ासिद हतबुद्धि-सा खड़ा ही था कि बाहर ख़तरे का बिगुल बज उठा और फ़ौजें किसी समर-यात्रा की तैयारी करने लगीं।

तीसरे दिन तैमूर इस्तख़र पहुँचा, तो क़िले का मुहासरा उठ चुका था। क़िले की तोपों ने उसका स्वागत किया। हबीब ने समझा तैमूर ईसाइयों को सज़ा देने आ रहा है। ईसाइयों के हाथ-पाँव फूले हुए थे, मगर हबीब मुक़ाबले के लिए तैयार था। ईसाइयों के स्वत्व की रक्षा में

यदि उसकी जान भी जाए; तो कोई ग़म नहीं। इस मुआमले पर किसी तरह का समझौता नहीं हो सकता। तैमूर अगर तलवार से काम लेना चाहता है, तो उसका जवाब तलवार से दिया जाएगा।

मगर यह क्या बात है! शाही फ़ौज सुफेद झंडा दिखा रही है। तैमूर लड़ने नहीं सुलह करने आया है। उसका स्वागत दूसरी तरह का होगा। ईसाई सरदारों को साथ लिए हबीब क़िले के बाहर निकला। तैमूर अकेला घोड़े पर सवार चला आ रहा था। हबीब घोड़े से उतरकर आदाब बजा लाया। तैमूर भी घोड़े से उतर पड़ा और हबीब का माथा चूम लिया और बोला—मैं सब कुछ सुन चुका हूँ हबीब! तुमने बहुत अच्छा किया और वही किया जो तुम्हारे सिवा दूसरा नहीं कर सकता था। मुझे जजिया लेने का या ईसाइयों के मज़हबी हक़ छीनने का कोई मजाज़ न था। मैं आज दरबार करके इन बातों की तसदीक कर दूँगा और तब मैं एक ऐसी तजबीज करूँगा, जो कई दिन से मेरे जेहन में आ रही है, और मुझे उम्मीद है कि तुम उसे मंजूर कर लोगे। मंजूर करना पड़ेगा।

हबीब के चेहरे का रंग उड़ रहा था। कहीं हक़ीक़त खुल तो नहीं गई? वह क्या तजबीज है; उसके मन में खलबली पड़ गई।

तैमूर ने मुस्कुराकर पूछा—तुम मुझसे लड़ने को तैयार थे?

हबीब ने शरमाते हुए कहा—हक के सामने अमीर तैमूर की भी कोई हक़ीक़त नहीं।

'बेशक, बेशक! तुममें फरिश्तों का दिल है, तो शेरों की हिम्मत भी है, लेकिन अफ़सोस यही है कि तुमने गुमान ही क्यों किया कि तैमूर तुम्हारे फ़ैसले को मन्सूख कर सकता है? यह तुम्हारी ज़ात है, जिसने मुझे बतलाया है कि सल्तनत किसी आदमी की जायदाद नहीं बल्कि एक ऐसा दरख्त है जिसकी हरेक शाख और पत्ती एक-सी खुराक पाती हैं।'

दोनों क़िले में दाख़िल हुए। सूरज डूब चुका था। आन-की-आन में दरबार लग गया और उसमें तैमूर ने ईसाइयों के धार्मिक अधिकारों को स्वीकार किया।

चारों तरफ़ से आवाज़ आई—ख़ुदा हमारे शाहंशाह की उम्र दराज करे।

तैमूर ने उसी सिलसिले में कहा—दोस्तो, मैं इस दुआ का हक़दार नहीं हूँ। जो चीज़ मैंने आपसे जबरन छीन ली थी, उसे आपको वापस देकर मैं दुआ का काम नहीं कर रहा हूँ। इससे कहीं ज़्यादा मुनासिब यह है कि आप मुझे लानत दें कि मैंने इतने दिनों तक आपके हक़ों से आपको महरूम रखा।

चारों तरफ़ से आवाज़ आई—मरहबा! मरहबा!!

'दोस्तो, उन हक़ों के साथ-साथ मैं आपकी सल्तनत भी आपको वापस करता हूँ; क्योंकि ख़ुदा की निगाह में सभी इनसान बराबर हैं और किसी क़ौम या शख़्स को दूसरी क़ौम पर हुकूमत करने का अख़्तियार नहीं है। आज से आप अपने बादशाह हैं। मुझे उम्मीद है कि आप भी मुस्लिम आबादी को उसके जाएज हक़ों से महरूम न करेंगे। अगर कभी ऐसा मौक़ा आए कि कोई जाबिर क़ौम आपकी आज़ादी छीनने की कोशिश करे, तो तैमूर आपकी मदद करने को हमेशा तैयार रहेगा।'

क़िले में जश्न खतम हो चुका है। उमरा और हुक्काम रुख़सत हो चुके हैं। दीवाने-खास में सिर्फ़ तैमूर और हबीब रह गए हैं। हबीब के मुख पर आज स्मित हास्य की वह छटा है, जो सदैव गम्भीरता के नीचे दबी रहती थी। आज उसके कपोलों पर जो लाली, आँखों में जो नशा, अंगों में जो चंचलता है, वह तो और कभी नज़र न आई थी। वह कई बार तैमूर से

शोखियाँ कर चुका है, कई बार हँसी कर चुका है, उसकी युवती चेतना, पद और अधिकार को भूलकर चहकती फिरती है।

सहसा तैमूर ने कहा—हबीब, मैंने आज तक तुम्हारी हरेक बात मानी है। अब मैं तुमसे यह तजबीज करता हूँ, जिसका मैंने ज़िक्र किया, उसे तुम्हें कबूल करना पड़ेगा।

हबीब ने धड़कते हुए हृदय से सिर झुकाकर कहा—फ़रमाइए!

'पहले वादा करो कि तुम कबूल करोगे।'

'मैं तो आपका ग़ुलाम हूँ!'

'नहीं, तुम मेरे मालिक हो, मेरी ज़िंदगी की रोशनी हो। तुमसे मैंने कितना फैज पाया है, उसका अंदाज नहीं कर सकता। मैंने अब तक सल्तनत को अपनी ज़िंदगी की सबसे प्यारी चीज़ समझा था। इसके लिए मैंने सब कुछ किया, जो मुझे न करना चाहिए था। अपनों के ख़ून से भी इन हाथों को दाग़दार किया, ग़ैरों के ख़ून से भी। मेरा काम अब ख़त्म हो चुका। मैंने बुनियाद जमा दी, इस पर महल बनाना तुम्हारा काम है। मेरी यही इल्तजा है कि आज से तुम इस बादशाहत के अमीर हो जाओ, मेरी ज़िंदगी में भी और मेरे मरने के बाद भी।

हबीब ने आकाश में उड़ते हुए कहा—इतना बड़ा बोझ! मेरे कन्धे इतने मज़बूत नहीं हैं।

तैमूर ने दीन आग्रह के स्वर में कहा—नहीं, मेरे प्यारे दोस्त, मेरी यह इल्तजा तुम्हें माननी पड़ेगी।

हबीब की आँखों में हँसी थी, अधरों पर संकोच। उसने आहिस्ता से कहा—मंजूर है।

तैमूर ने प्रफुल्लित स्वर में कहा—ख़ुदा तुम्हें सलामत रखे।

'लेकिन अगर आपको मालूम हो जाए कि हबीब एक कच्ची अक़्ल की क्वाँरी बालिका है तो?'

'तो वह मेरी बादशाहत के साथ मेरे दिल की भी रानी हो जाएगी।'

'आपको बिलकुल ताज्जुब नहीं हुआ?'

'मैं जानता था।'

'कब से?'

'जब तुमने पहली बार अपनी जालिम आँखों से मुझे देखा।'

'मगर आपने छिपाया ख़ूब!!'

'तुम्हीं ने तो सिखाया। शायद मेरे सिवा यहाँ किसी को यह बात मालूम नहीं!'

'आपने कैसे पहचान लिया!'

तैमूर ने मतवाली आँखों से देखकर कहा—यह न बताऊँगा।

यही हबीब तैमूर की 'बेगम हमीदा' के नाम से मशहूर है।

धिक्कार

अनाथ और विधवा मानी के लिए जीवन में अब रोने के सिवा दूसरा अवलंब न था। वह पाँच ही वर्ष की थी जब पिता का देहान्त हो गया। माता ने किसी तरह उसका पालन किया। सोलह वर्ष की अवस्था में मुहल्ले वालों की मदद से उसका विवाह भी हो गया, पर साल

के अन्दर ही माता और पति दोनों विदा हो गए। इस विपत्ति में उसे अपने चचा वंशीधर के सिवा और कोई ऐसा नज़र न आया जो उसे आश्रय देता। वंशीधर ने अब तक जो व्यवहार किया था, उससे यह आशा न हो सकती थी कि वहाँ वह शांति के साथ रह सकेगी। पर, वह सब कुछ सहने और सब करने को तैयार थी। वह गाली, झिड़की, मार-पीट सब सह लेगी, कोई उस पर सन्देह तो न करेगा, उस पर मिथ्या लांछन तो न लगेगा, शोहदों और लुच्चों से उसकी रक्षा होगी। वंशीधर को कुल-मर्यादा की कुछ चिन्ता हुई। मानी की याचना को अस्वीकार न कर सके।

लेकिन दो-चार महीनों में ही मानी को मालूम हो गया कि इस घर में बहुत दिनों तक उसका निबाह न होगा। वह घर का सारा काम करती, इशारों पर नाचती, सबको ख़ुश रखने की कोशिश करती; पर न जाने क्यों चचा और चची दोनों उससे जलते रहते। उसके आते ही महरी अलग कर दी गई। नहलाने-धुलाने के लिए एक लौंडा था, उसे भी जवाब दिया गया। पर मानी से इतना उबार होने पर भी चचा और चची न जाने क्यों उससे मुँह फुलाए रहते। चचा घुड़कियाँ जमाते, कभी चची कोसतीं, यहाँ तक कि उसकी चचेरी बहन ललिता भी बात-बात पर उसे गालियाँ देती। घर भर में केवल उसके चचेरे भाई गोकुल को ही उससे सहानुभूति थी। उसी की बातों में कुछ आत्मीयता, कुछ स्नेह का परिचय मिलता था। वह अपनी माता का स्वभाव जानता था। अगर वह उसे समझाने की चेष्टा करता, या खुल्लम-खुल्ला मानी का पक्ष लेता, तो मानी को एक घड़ी घर में रहना कठिन हो जाता। इसलिए उसकी सहानुभूति मानी ही को दिलासा देने तक रह जाती थी। वह कहता—बहन, मुझे कहीं नौकर हो जाने दो, फिर तुम्हारे कष्टों का अंत हो जाएगा। तब देखूँगा कौन तुम्हें तिरछी आँखों से देखता है। जब तक पढ़ता हूँ तभी तक तुम्हारे बुरे दिन हैं। मानी ये स्नेह में डूबी बातें सुनकर पुलकित हो जाती और उसका रोआँ-रोआँ गोकुल को आशीर्वाद देने लगता।

2

आज ललिता का विवाह है। सबेरे से ही मेहमानों का आना शुरू हो गया है। गहनों की झनकार से घर गूँज रहा है। मानी भी मेहमानों को देख-देखकर ख़ुश हो रही है। उसकी देह पर कोई आभूषण नहीं है और न उसे सुन्दर कपड़े ही दिए गए हैं, फिर भी उसका मुख प्रसन्न है।

आधी रात हो गई थी। विवाह का मुहूर्त निकट आ गया। जनवासे से चढ़ावे की चीज़ें आईं। सभी औरतें उत्सुक हो-होकर उन चीज़ों को देखने लगीं। ललिता को आभूषण पहिनाए जाने लगे। मानी के हृदय में बड़ी इच्छा हुई कि जाकर वधू को देखे। अभी कल जो बालिका थी उसे आज वधू-वेश में देखने की इच्छा न रोक सकी। वह मुस्कुराती हुई कमरे में घुसी। सहसा उसकी चाची ने झिड़ककर कहा—तुझे यहाँ किसने बुलाया था, निकल जा यहाँ से!

मानी ने बड़ी-बड़ी यातनाएँ सही थीं; पर आज की वह झिड़की उसके हृदय में बाण की तरह चुभ गई। उसका मन उसे धिक्कारने लगा। 'तेरे छिछोरेपन का यही पुरस्कार है, यहाँ सुहागियों के बीच में तेरे आने की क्या ज़रूरत थी।' वह खिसियाई हुई कमरे से निकली और एकान्त में बैठकर रोने के लिए ऊपर जाने लगी। सहसा जीने पर उसकी इन्द्रनाथ से मुठभेड़ हो गई। इन्द्रनाथ गोकुल का सहपाठी और परम मित्र था। वह भी न्यौते में आया हुआ था। इस वक़्त गोकुल को खोजने के लिए ऊपर आया था। मानी को वह दो-एक बार देख चुका

था और यह भी जानता था कि यहाँ उसके साथ बड़ा दुर्व्यवहार किया जाता है। चाची की बातों की भनक उसके कान में भी पड़ गई थी। मानी को ऊपर जाते देखकर वह उसके चित्त का भाव समझ गया और उसे सांत्वना देने के लिए ऊपर आया; मगर दरवाज़ा भीतर से बन्द था। उसने किवाड़ की दरार से भीतर झाँका। मानी मेज़ के पास खड़ी रो रही थी।

उसने धीरे से कहा—मानी, द्वार खोल दो!

मानी उसकी आवाज़ सुनकर कोने में छिप गई और गम्भीर स्वर में बोली—क्या है?

इन्द्रनाथ ने गद्गद स्वर में कहा—तुम्हारे पैरों पड़ता हूँ मानी, खोल दो।

यह स्नेह में डूबा हुआ विनय मानी के लिए अभूतपूर्व था। इस निर्दय संसार में कोई उससे ऐसी विनती भी कर सकता है, इसकी उसने स्वप्न में भी कल्पना न की थी। मानी ने काँपते हुए हाथों से द्वार खोल दिया। इन्द्रनाथ झपटकर कमरे में घुसा, देखा कि छत के पंखे के कड़े से एक रस्सी लटक रही है। उसका हृदय काँप उठा। उसने तुरन्त जेब से चाकू निकालकर रस्सी काट दी और बोला—क्या करने जा रही थी मानी? जानती हो इस अपराध का क्या दंड है?

मानी ने गर्दन झुकाकर कहा—इस दंड से कोई और दंड कठोर हो सकता है? जिसकी सूरत से लोगों को घृणा हो, उसे मरने पर भी अगर कठोर दंड दिया जाए, तो मैं यही कहूँगी कि ईश्वर के दरबार में न्याय का नाम भी नहीं है। तुम मेरी दशा का अनुभव नहीं कर सकते।

इन्द्रनाथ की आँखें सजल हो गईं! मानी की बातों में कितना कठोर सत्य भरा हुआ था। बोला—सदा ये दिन नहीं रहेंगे मानी। अगर तुम यह समझ रही हो कि संसार में तुम्हारा कोई नहीं है तो यह तुम्हारा भ्रम है। संसार में कम-से-कम एक मनुष्य ऐसा है जिसे तुम्हारे प्राण अपने प्राणों से भी प्यारे हैं!

सहसा गोकुल आता हुआ दिखाई दिया। मानी कमरे से निकल गई। इन्द्रनाथ के शब्दों ने उसके मन में एक तूफ़ान-सा उठा दिया था। उसका क्या आशय है, यह उसकी समझ में न आया। फिर भी आज उसे अपना जीवन सार्थक मालूम हो रहा था। उसके अंधकारमय जीवन में एक प्रकाश का उदय हो गया।

3

इन्द्रनाथ को वहाँ बैठे और मानी को कमरे से जाते देखकर गोकुल को खटक गया। उसकी त्योरियाँ बदल गईं। कठोर स्वर में बोला—तुम यहाँ कब आए?

इन्द्रनाथ ने अविचलित भाव से कहा—तुम्हीं को खोजता हुआ यहाँ आया था। तुम यहाँ न मिले तो नीचे लौटा जा रहा था। अगर मैं चला गया होता तो इस वक़्त तुम्हें यह कमरा बन्द मिलता और पंखे के कड़े में एक लाश लटकती हुई नज़र आती।

गोकुल ने समझा, यह अपने अपराध को छिपाने के लिए कोई बहाना निकाल रहा है। तीव्र कंठ से बोला—तुम यह विश्वासघात करोगे, मुझे ऐसी आशा न थी।

इन्द्रनाथ का चेहरा लाल हो गया। वह आवेश में खड़ा हो गया और बोला—न मुझे यह आशा थी कि तुम मुझ पर इतना बड़ा लांछन रख दोगे। मुझे न मालूम था कि तुम मुझे इतना नीच और कुटिल समझते हो। मानी तुम्हारे लिए तिरस्कार की वस्तु हो, मेरे लिए वह श्रद्धा की वस्तु है और रहेगी। मुझे तुम्हारे सामने अपनी सफ़ाई देने की ज़रूरत नहीं है; लेकिन

मानी मेरे लिए उससे कहीं पवित्र है, जितनी तुम समझते हो। मैं नहीं चाहता था कि इस वक़्त तुमसे ये बातें कहूँ। इसके लिए और अनुकूल परिस्थितियों की राह देख रहा था; लेकिन मुआमला आ पड़ने पर कहना ही पड़ रहा है। मैं यह तो जानता था कि मानी का तुम्हारे घर में कोई आदर नहीं; लेकिन तुम लोग उसे इतना नीच और त्याज्य समझते हो, यह आज तुम्हारी माताजी की बातें सुनकर मालूम हुआ। केवल इतनी-सी बात के लिए कि वह चढ़ावे के गहने देखने चली गई थी, तुम्हारी माता ने उसे इस बुरी तरह झिड़का, जैसे कोई कुत्ते को भी न झिड़केगा। तुम कहोगे इसमें मैं क्या करूँ, मैं कर ही क्या सकता हूँ, जिस घर में एक अनाथ स्त्री पर इतना अत्याचार हो, उस घर का पानी पीना भी हराम है। अगर तुमने अपनी माता को पहले ही दिन समझा दिया होता, तो आज यह नौबत न आती। तुम इस इल्जाम से नहीं बच सकते। तुम्हारे घर में आज विवाह का उत्सव है, मैं तुम्हारे माता-पिता से कुछ बातचीत नहीं कर सकता; लेकिन तुमसे कहने में कोई संकोच नहीं है कि मैं मानी को अपनी जीवन-सहचरी बनाकर अपने को धन्य समझूँगा। मैंने समझा था अपना कोई ठिकाना करके तब यह प्रस्ताव करूँगा, पर मुझे भय है कि और विलम्ब करने में शायद मानी से हाथ धोना पड़े; इसलिए तुम्हें और तुम्हारे घर वालों को चिन्ता से मुक्त करने के लिए मैं आज ही यह प्रस्ताव किए देता हूँ।

गोकुल के हृदय में इन्द्रनाथ के प्रति ऐसी श्रद्धा कभी न हुई थी। उस पर ऐसा सन्देह करके वह बहुत ही लज्जित हुआ। उसने यह अनुभव भी किया कि माता के भय से मैं मानी के विषय में तटस्थ रहकर कायरता का दोषी हुआ हूँ। यह केवल कायरता थी और कुछ नहीं। कुछ झेंपता हुआ बोला—अगर अम्माँ ने मानी को इस बात पर झिड़का तो यह उनकी मूर्खता है, मैं उनसे अवसर मिलते ही पूछूँगा।

इन्द्रनाथ—अब पूछने-पाछने का समय निकल गया। मैं चाहता हूँ कि तुम मानी से इस विषय में सलाह करके मुझे बतला दो! मैं नहीं चाहता कि अब वह यहाँ क्षण-भर भी रहे। मुझे आज मालूम हुआ कि वह गर्विणी प्रकृति की स्त्री है और सच पूछो तो मैं उसके स्वभाव पर मुग्ध हो गया हूँ। ऐसी स्त्री अत्याचार नहीं सह सकती!

गोकुल ने डरते-डरते कहा—लेकिन तुम्हें मालूम है—वह विधवा है।

जब हम किसी के हाथों अपना असाधारण हित होते देखते हैं तो हम अपनी बुराइयाँ उसके सामने खोलकर रख देते हैं। हम उसे दिखाना चाहते हैं कि हम आपकी इस कृपा के सर्वथा अयोग्य नहीं हैं।

इन्द्रनाथ ने मुस्कुराकर कहा—जानता हूँ, सुन चुका हूँ और इसीलिए तुम्हारे बाबूजी से कुछ कहने का मुझे अब तक साहस नहीं हुआ; लेकिन न जानता तो भी इसका मेरे निश्चय पर कोई असर न पड़ता। मानी विधवा ही नहीं, अछूत हो, उससे भी गई-बीती अगर कुछ हो सकती है, वह भी हो फिर भी मेरे लिए वह रमणी-रत्न है। हम छोटे-मोटे कामों के लिए तजर्बेकार आदमी खोजते हैं; मगर जिसके साथ हमें जीवन-यात्रा करनी है, उसमें तजर्बे का होना ऐब समझते हैं। मैं न्याय का गला घोटनेवालों में नहीं हूँ। विपत्ति से बढ़कर तजर्बा सिखानेवाला कोई विद्यालय आज तक नहीं खुला। जिसने इस विद्यालय में डिग्री ले ली उसके हाथों में हम निश्चिन्त होकर जीवन की बागडोर दे सकते हैं। किसी रमणी का विधवा होना मेरी आँखों में दोष नहीं, गुण है।

गोकुल ने प्रसन्न होकर कहा—लेकिन तुम्हारे घर के लोग?

इन्द्रनाथ ने दृढ़ता से कहा—मैं अपने घरवालों को इतना मूर्ख नहीं समझता कि इस विषय में आपत्ति करें; लेकिन वे आपत्ति करें तो मैं अपनी क़िस्मत अपने हाथ में ही रखना पसन्द करता हूँ। मेरे बड़ों को मुझ पर अनेक अधिकार हैं। बहुत-सी बातों में मैं उनकी इच्छा को क़ानून समझता हूँ; लेकिन जिस बात को मैं अपनी आत्मा के विकास के लिए शुभ समझता हूँ; उसमें मैं किसी से दबना नहीं चाहता; मैं इस गर्व का आनंद उठाना चाहता हूँ कि मैं स्वयं अपने जीवन का निर्माता हूँ!

गोकुल ने कुछ शंकित होकर कहा—और अगर मानी न मंजूर करे।

इन्द्रनाथ को यह शंका बिलकुल निर्मूल जान पड़ी। बोले—तुम इस समय बच्चों की-सी बातें कर रहे हो गोकुल। यह मानी हुई बात है कि मानी आसानी से मंजूर न करेगी। वह इस घर में ठोकरें खाएगी, झिड़कियाँ सहेगी, गालियाँ सुनेंगी; पर इसी घर में रहेगी। युगों के संस्कारों को मिटा देना आसान नहीं है; लेकिन हमें उसको राज़ी करना पड़ेगा। उसके मन में संचित संस्कारों को निकालना पड़ेगा। मैं विधवाओं के पुनर्विवाह के पक्ष में नहीं हूँ। मेरा ख़याल है कि पतिव्रत का अलौकिक आदर्श संसार का अमूल्य रत्न है और हमें बहुत सोच-समझकर उस पर आघात करना चाहिए; लेकिन मानी के विषय में यह बात ही नहीं उठती। प्रेम और भक्ति नाम से नहीं, व्यक्ति से होती है। जिस पुरुष की उसने सूरत भी नहीं देखी, उससे उसे प्रेम नहीं हो सकता। केवल रस्म की बात है। इस आडम्बर की, इस दिखावे की हमें परवाह न करनी चाहिए। देखो, शायद कोई तुम्हें बुला रहा है। मैं भी चलता हूँ। दो-तीन दिन में फिर मिलूँगा; मगर ऐसा न हो कि तुम संकोच में पड़कर सोचते-विचारते रह जाओ और दिन निकलते चले जाएँ।

गोकुल ने उसके गले में हाथ डालकर कहा—मैं परसों ख़ुद ही आऊँगा।

4

बारात बिदा हो गई थी। मेहमान भी रुख़सत हो गए थे। रात के नौ बज गए थे। विवाह के बाद की नींद मशहूर है। घर के सभी लोग सरेशाम से सो रहे थे। कोई चारपाई पर, कोई तख़्त पर, कोई ज़मीन पर, जिसे जहाँ जगह मिल गई, वहीं सो रहा था। केवल मानी घर की देखभाल कर रही थी, और ऊपर गोकुल अपने कमरे में बैठा हुआ समाचारपत्र पढ़ रहा था।

सहसा गोकुल ने पुकारा—मानी, एक ग्लास ठंडा पानी तो लाना, बड़ी प्यास लगी है।

मानी पानी लेकर ऊपर गई और मेज़ पर पानी रखकर लौटना ही चाहती थी कि गोकुल ने कहा—ज़रा मानी, तुमसे कुछ कहना है।

मानी ने कहा—अभी फ़ुरसत नहीं है भाई, सारा घर सो रहा है। कहीं कोई घुस आए तो लोटा-थाली भी न बचे!

गोकुल ने कहा—घुस आने दो, मैं तुम्हारी जगह होता तो चोरों से मिलकर चोरी करवा देता। मुझे इसी वक़्त इन्द्रनाथ से मिलना है। मैंने उससे आज मिलने का वचन दिया है—देखो संकोच मत करना, मैं जो बात पूछ रहा हूँ उसका जल्द उत्तर देना। देर होगी तो वह घबराएगा। इन्द्रनाथ को तुमसे प्रेम है, यह तुम जानती हो न?

मानी ने मुँह फेरकर कहा—यही बात कहने के लिए मुझे बुलाया था। मैं कुछ नहीं जानती।

गोकुल—ख़ैर, यह वह जाने और तुम जानो। वह तुमसे विवाह करना चाहता है। वैदिक रीति से विवाह होगा। तुम्हें स्वीकार है?

मानी की गर्दन शर्म से झुक गई। वह कुछ जवाब न दे सकी।

गोकुल ने फिर कहा—दादा और अम्माँ से यह बात नहीं कही गई, इसका कारण तुम जानती ही हो। वह तुम्हें घुड़कियाँ दे-देकर, जला-जलाकर चाहे मार डालें, पर विवाह करने की सम्मति कभी न देंगे। इससे उनकी नाक कट जाएगी। इसलिए अब इसका निर्णय तुम्हारे ही ऊपर है। मैं तो समझता हूँ, तुम्हें स्वीकार कर लेना चाहिए। इन्द्रनाथ तुमसे प्रेम करता है ही; यों भी निष्कलंक चरित्र का आदमी है और बला का दिलेर। भय तो उसे छू भी नहीं गया। मुझे तुम्हें सुखी देखकर सच्चा आनंद होगा!

मानी के हृदय में एक वेग उठ रहा था, मगर मुँह से आवाज़ न निकली।

गोकुल ने अबकी खीझकर कहा—देखो मानी, यह चुप रहने का समय नहीं है, सोचती क्या हो?

मानी ने काँपते हुए स्वर में कहा—हाँ!

गोकुल के हृदय का बोझ हल्का हो गया। मुस्कुराने लगा। मानी शर्म के मारे वहाँ से भाग गई।

5

शाम को गोकुल ने अपनी माँ से कहा—अम्माँ, इन्द्रनाथ के घर आज कोई उत्सव है। उसकी माता अकेली घबड़ा रही थीं कि कैसे काम होगा? मैंने कहा, मानी को भेज दूँगा, तुम्हारी आज्ञा हो तो मानी को पहुँचा दूँ। कल-परसों तक चली आएगी।

मानी उसी वक़्त वहाँ आ गई। गोकुल ने उसकी ओर कनखियों से ताका। मानी लज्जा से गड़ गई। भागने का रास्ता न मिला।

माँ ने कहा—मुझसे क्या पूछते हो, वह जाए तो ले जाओ!

गोकुल ने कहा—कपड़े पहनकर तैयार हो जाओ, तुम्हें इन्द्रनाथ के घर चलना है।

मानी ने आपत्ति की—मेरा जी अच्छा नहीं है, मैं न जाऊँगी।

गोकुल की माँ ने कहा—चली क्यों नहीं जाती, क्या वहाँ कोई पहाड़ खोदना है।

मानी एक सफ़ेद साड़ी पहनकर ताँगे पर बैठी, तो उसका हृदय काँप रहा था और बार-बार आँखों में आँसू भर आते थे, उसका हृदय बैठा जाता था, मानो नदी में डूबने जा रही हो।

ताँगा कुछ दूर निकल गया तो उसने गोकुल से कहा—भैया मेरा जी न जाने कैसा हो रहा है, लौट चलो, तुम्हारे पैर पड़ती हूँ।

गोकुल ने कहा—तू पागल है। वहाँ सब लोग तेरी राह देख रहे हैं और तू कहती है लौट चलो।

मानी—मेरा मन कहता है कोई अनिष्ट होने वाला है।

गोकुल—और मेरा मन कहता है तू रानी बनने जा रही है।

मानी—दस-पाँच दिन ठहर क्यों नहीं जाते। कह देना मानी बीमार है।

गोकुल—पागलों की-सी बातें न करो।

मानी—लोग कितना हँसेंगे?

गोकुल—मैं शुभ कार्य में किसी की परवा नहीं करता।

मानी—अम्माँ तुम्हें घर में घुसने न देंगी। मेरे कारण तुम्हें भी झिड़कियाँ मिलेंगी।

गोकुल—इसकी कोई परवा नहीं है। उनकी तो यह आदत ही है।

ताँगा पहुँच गया। इन्द्रनाथ की माता विचारशील महिला थीं। उन्होंने आकर वधू को उतारा और भीतर ले गईं।

6

गोकुल यहाँ से घर चला तो ग्यारह बज रहे थे। एक ओर तो शुभ कार्य के पूरा करने का आनंद था, दूसरी ओर भय था कि कल मानी न जाएगी तो लोगों को क्या जवाब दूँगा। उसने निश्चय किया चलकर सब साफ़-साफ़ कह दूँ। छिपाना व्यर्थ है। आज नहीं कल, कल नहीं परसों तो सब कुछ कहना ही पड़ेगा। आज ही क्यों न कह दूँ।

यह निश्चय करके वह घर में दाख़िल हुआ।

माता ने किवाड़ खोलते हुए कहा—इतनी रात तक क्या करने लगे? उसे भी क्यों न लेते आए, कल सबेरे चौका-बरतन कौन करेगा?

गोकुल ने सिर झुकाकर कहा—वह तो अब शायद लौटकर न आवे अम्माँ। उसके वहीं रहने का प्रबंध हो गया है।

माता ने आँख फाड़कर कहा—क्या बकता है, भला वह वहाँ कैसे रहेगी?

गोकुल—इन्द्रनाथ से उसका विवाह हो गया है।

माता मानो आकाश से गिर पड़ीं। उन्हें कुछ सुध न रही कि मेरे मुँह से निकल रहा है कुलांगार, भड़वा, हरामजादा, और न जाने क्या-क्या कहा। यहाँ तक कि गोकुल का धैर्य चरम सीमा का उल्लंघन कर गया। उसका मुँह लाल हो गया, त्योरियाँ चढ़ गईं। बोला—अम्माँ बस करो, अब मुझमें इससे ज़्यादा सुनने की सामर्थ्य नहीं है। अगर मैंने कोई अनुचित कर्म किया होता तो आपकी जूतियाँ खाकर भी सिर न उठाता मगर मैंने कोई अनुचित कर्म नहीं किया। मैंने वही किया जो ऐसी दशा में मेरा कर्तव्य था। और जो हर एक भले आदमी को करना चाहिए। तुम मूर्ख हो, तुम्हें कुछ नहीं मालूम कि समय की क्या प्रगति है। इसलिए अब तक मैंने धैर्य के साथ तुम्हारी गालियाँ सुनीं। तुमने, और मुझे दुख के साथ कहना पड़ता है कि पिताजी ने भी, मानी के जीवन को नारकीय बना रखा था। तूने उसे ऐसी-ऐसी ताड़नाएँ दीं जो कोई अपने शत्रु को भी न देगा। इसीलिए न कि वह तुम्हारी आश्रिता थी? इसीलिए न कि वह अनाथिनी थी? अब वह तुम्हारी गालियाँ खाने न आवेगी। जिस दिन तुम्हारे घर का विवाह उत्सव हो रहा था, तुम्हारे ही एक कठोर वाक्य से आहत होकर वह आत्महत्या करने जा रही थी। इन्द्रनाथ उस समय ऊपर न पहुँच जाते तो आज हम, तुम और सारा घर हवालात में बैठे होते।

माता ने आँखें मटकाकर कहा—आहा! कितने सपूत बेटे हो तुम कि सारे घर को संकट से बचा लिया। क्यों न हो! अभी बहन की बारी है। तुम दिन में मुझे ले जाकर किसी के गले बाँध आना। फिर तुम्हारी चाँदी हो जाएगी। यह रोजगार सबसे अच्छा है। पढ़-लिखकर क्या करोगे।

गोकुल मर्म-वेदना से तिलमिला उठा। व्यथित कंठ से बोला—ईश्वर न करे कि कोई बालक तुम-जैसी माता के गर्भ से जन्म ले। तुम्हारा मुँह देखना भी पाप है।

यह कहता हुआ वह घर से निकल पड़ा और उन्मत्तों की तरह एक तरफ़ चल खड़ा हुआ। ज़ोर के झोंके चल रहे थे; पर उसे ऐसा मालूम हो रहा था कि साँस लेने के लिए हवा नहीं है।

7

एक सप्ताह बीत गया; पर गोकुल का कहीं पता नहीं। इन्द्रनाथ को बम्बई में एक जगह मिल गई। वह वहाँ चला गया था। वहाँ रहने का प्रबंध करके वह अपनी माता को तार देगा और तब सास और बहू वहाँ चली जाएँगी। वंशीधर को पहले सन्देह हुआ कि गोकुल इन्द्रनाथ के घर छिपा होगा; पर जब वहाँ पता न चला तो उन्होंने सारे शहर में खोज-पूछ शुरू की। जितने मिलने वाले, स्नेही, सम्बन्धी थे, सभी के घर गए; पर सब जगह से साफ़ जवाब पाया। दिन भर दौड़-धूप कर शाम को घर आते तो स्त्री को आड़े हाथों लेते—और कोसो लड़के को, पानी पी-पीकर कोसो। न जाने तुम्हें कभी बुद्धि आएगी भी या नहीं। गई थी चुड़ैल, जाने देती। एक बोझ सिर से टला। एक महरी रख लो काम चल जाएगा। जब वह न थी, तो घर क्या भूखों मरता था। विधवाओं के पुनर्विवाह चारों ओर तो हो रहे हैं, यह कोई अनहोनी बात नहीं है। हमारे वश की बात होती तो इस विधवा-विवाह के पक्षपातियों को देश से निकाल देते, शाप देकर जला देते; लेकिन यह हमारे वश की बात नहीं। फिर तुमसे इतना भी न हो सका कि मुझसे तो पूछ लेतीं। मैं जो उचित समझता, करता। क्या तुमने यह समझा था, मैं दफ़्तर से लौटकर आऊँगा ही नहीं, वहीं मेरी अंत्येष्टि हो जाएगी। बस लड़के पर टूट पड़ीं। अब रोओ, ख़ूब दिल खोलकर।

संध्या हो गई थी। वंशीधर स्त्री को फटकारें सुनाकर द्वार पर उद्वेग की दशा में टहल रहे थे। रह-रहकर मानी पर क्रोध आता था। इसी राक्षसी के कारण मेरे घर का सर्वनाश हुआ। न जाने किस बुरी साइत में आई कि घर को मिटाकर छोड़ा! वह न आई होती, तो आज क्यों यह बुरे दिन देखने पड़ते। कितना होनहार, कितना प्रतिभाशाली लड़का था। न जाने कहाँ गया।

एकाएक एक बुढ़िया उनके समीप आई और बोली—बाबू साहब, यह ख़त लाई हूँ। ले लीजिए।

वंशीधर ने लपककर बुढ़िया के हाथ से पत्र ले लिया, उनकी छाती आशा से धक्-धक् करने लगी। गोकुल ने शायद यह पत्र लिखा होगा। अँधेरे में कुछ न सूझा, पूछा—कहाँ से लाई है?

बुढ़िया ने कहा—वही जो बाबू हुसेनगंज में रहते हैं; जो बंबई में नौकर हैं, उन्हीं की बहू ने भेजा है।

वंशीधर ने कमरे में जाकर लैम्प जलाया और पत्र पढ़ने लगे। मानी का ख़त था। लिखा था—

'पूज्य चाचाजी, अभागिनी मानी का प्रणाम स्वीकार कीजिए।

'मुझे यह सुनकर अत्यन्त दुःख हुआ कि गोकुल भैया कहीं चले गए और अब तक उनका पता नहीं है। मैं ही इसका कारण हूँ। यह कलंक मेरे ही मुख पर लगना था, वह भी लग गया। मेरे कारण आपको इतना शोक हुआ इसका मुझे बहुत दुःख है; मगर भैया आवेंगे अवश्य, इसका मुझे विश्वास है। मैं इसी नौ बजेवाली गाड़ी से बंबई जा रही हूँ। मुझसे जो कुछ अपराध हुए हैं, उन्हें क्षमा कीजिएगा और चाची से मेरा प्रणाम कहिएगा। मेरी ईश्वर से यही प्रार्थना है कि गोकुल भैया सकुशल घर लौट आवें। ईश्वर की इच्छा हुई तो भैया के विवाह में आपके चरणों के दर्शन करूँगी।'

वंशीधर ने पत्र फाड़कर पुर्जे-पुर्जे कर डाला। घड़ी में देखा तो आठ बज रहे थे। तुरन्त कपड़े पहने, सड़क पर आकर एक्का किया और स्टेशन चले।

8

बंबई मेल प्लेटफार्म पर खड़ी थी। मुसाफिरों में भगदड़ मची हुई थी। खोंचे वालों की चीख़-पुकार से कान में पड़ी आवाज़ न सुनाई देती थी। गाड़ी छूटने में थोड़ी ही देर थी। मानी और उसकी सास एक जनाने कमरे में बैठी हुई थीं। मानी सजल नेत्रों से सामने ताक रही थी। अतीत चाहे दुःखद ही क्यों न हो, उसकी स्मृतियाँ मधुर होती हैं। मानी आज उन बुरे दिनों को स्मरण करके सुखी हो रही थी। गोकुल से अब न जाने कब भेंट होगी। चाचाजी आ जाते, उनके दर्शन कर लेती। कभी-कभी बिगड़ते थे तो क्या, उसके भले ही के लिए डाँटते थे। वह आवेंगे नहीं। अब तो गाड़ी छूटने में थोड़ी ही देर है। कैसे आवें, समाज में हलचल न मच जाएगी। भगवान की इच्छा होगी तो अबकी जब यहाँ आऊँगी तो ज़रूर उनके दर्शन करूँगी।

एकाएक उसने लाला वंशीधर को आते देखा। वह गाड़ी से निकलकर बाहर खड़ी हो गई और चाचाजी की ओर बढ़ी। उनके चरणों पर गिरना चाहती थी कि वह पीछे हट गए और आँखें निकाल बोले—मुझे मत छू, दूर रह, अभागिनी कहीं की। मुँह में कालिख लगाकर मुझे पत्र लिखती है। तुझे मौत भी नहीं आती! तूने मेरे कुल का सर्वनाश कर दिया। आज तक गोकुल का पता नहीं है। तेरे ही कारण वह घर से निकला और तू अभी तक मेरी छाती पर मूँग दलने को बैठी है। तेरे लिए क्या गंगा में पानी नहीं है? मैं तुझे ऐसी कुलटा, ऐसी हरजाई समझता, तो पहले दिन ही तेरा गला घोंट देता। अब मुझे अपनी भक्ति दिखलाने चली है! तुझ जैसी पापिष्ठाओं का मरना ही अच्छा है, पृथ्वी का बोझ कम हो जाएगा।

प्लेटफार्म पर सैकड़ों आदमियों की भीड़ लग गई थी, और वंशीधर निर्लज्ज भाव से गालियों की बौछार कर रहे थे। किसी की समझ में न आता था, क्या माजरा है; पर मन में सब लाला को धिक्कार रहे थे।

मानी पाषाण-मूर्ति के समान खड़ी थी। मानो वहीं जम गई हो। उसका सारा अभिमान चूर-चूर हो गया। ऐसा जी चाहता था, धरती फट जाए और मैं समा जाऊँ, कोई वज्र गिराकर उसके जीवन—अधम जीवन—का अंत कर दे। इतने आदमियों के सामने उसका पानी उतर गया! उसकी आँखों से आँसू की एक बूँद भी न निकली, हृदय में आँसू न थे। उसकी जगह एक दावानल-सा दहक रहा था जो मानो वेग से मस्तिष्क की ओर बढ़ता जाता था। संसार में कौन जीवन इतना अधम होगा!

सास ने पुकारा—बहू, अन्दर आ जाओ।

9

गाड़ी चली तो माता ने कहा—ऐसा बेशर्म आदमी मैंने नहीं देखा। मुझे तो ऐसा क्रोध आ रहा था कि उसका मुँह नोच लूँ।

मानी ने सिर ऊपर न उठाया।

माता फिर बोली—न जाने इन सड़ियलों को कब बुद्धि आएगी, अब तो मरने के दिन भी आ गए। पूछो, तेरा लड़का भाग गया तो हम क्या करें; अगर ऐसे पापी न होते यह वज्र ही क्यों गिरता।

मानी ने फिर मुँह न खोला। शायद उसे कुछ सुनाई न देता था। शायद उसे अपने अस्तित्व का ज्ञान भी न था। वह टकटकी लगाए खिड़की की ओर ताक रही थी। उस अंधकार में उसे न जाने क्या सूझ रहा था।

कानपुर आया। माता ने पूछा—बेटी कुछ खाएगी? थोड़ी सी मिठाई लो; दस कब के बज गए।

मानी ने कहा—अभी तो भूख नहीं है अम्माँ, फिर खा लूँगी।

माता सोई। मानी भी लेटी; पर चचा की वह सूरत आँखों के सामने खड़ी थी और उनकी बातें कानों में गूँज रही थीं—आह! मैं इतनी नीच हूँ, ऐसी पतित कि मेरे मर जाने से पृथ्वी का भार हल्का हो जाएगा! क्या कहा था, तू अपने माँ-बाप की बेटी है तो फिर मुँह मत दिखाना। न दिखाऊँगी। जिस मुँह पर कालिमा लगी हुई हो तो उसे किसी को दिखाने की इच्छा भी नहीं है।

गाड़ी अंधकार को चीरती हुई चली जा रही थी। मानी ने अपना ट्रंक खोला, अपने आभूषण निकालकर उसमें रख दिए। फिर इन्द्रनाथ का चित्र निकालकर उसे देर तक देखती रही। उसकी आँखों में गर्व की एक झलक-सी दिखाई दी। उसने तस्वीर रख दी और आप-ही-आप—नहीं-नहीं, मैं तुम्हारे जीवन को कलंकित नहीं कर सकती। तुम देवतुल्य हो, तुमने मुझ पर दया की है! मैं अपने पूर्व-संस्कारों का प्रायश्चित कर रही थी। तुमने मुझे उठाकर हृदय से लगा लिया; लेकिन मैं तुम्हें कलंकित न करूँगी। तुम्हें मुझसे प्रेम है। तुम मेरे लिए अनादर, अपमान, निंदा सब सह लोगे; पर मैं तुम्हारे जीवन का भार न बनूँगी।

गाड़ी अंधकार को चीरती चली जा रही थी। मानी आकाश की ओर इतनी देर तक देखती रही कि सारे तारे अदृश्य हो गए और अंधकार में उसे अपनी माता का स्वरूप दिखाई दिया—ऐसा उज्ज्वल, ऐसा प्रत्यक्ष कि उसने चौंककर आँखें बन्द कर लीं। फिर कमरे के अन्दर देखा तो माताजी सो रही थीं।

10

न जाने कितनी रात गुज़र चुकी थी। दरवाज़ा खुलने की आहट से माताजी की आँख खुल गई। गाड़ी तेज़ी से चली जा रही थी; मगर बहू का पता न था। वह आँखें मलकर उठ बैठीं और पुकारा—बहू! बहू; कोई जवाब न मिला।

उनका हृदय धक्-धक् करने लगा। ऊपर की बर्थ पर नज़र डाली, पेशाबखाने में देखा, बेंचों के नीचे देखा, बहू कहीं न थी। तब वह द्वार पर आकर खड़ी हो गई। शंका हुई, यह द्वार किसने खोला? कोई गाड़ी में तो नहीं आया! उनका जी घबड़ाने लगा। उन्होंने किवाड़ बन्द कर दिए और ज़ोर-ज़ोर से रोने लगीं। किससे पूछें? डाक गाड़ी अब न जाने कितनी देर में रुकेगी। कहती थी, बहू मरदानी गाड़ी में बैठो। पर मेरा कहना न माना। कहने लगी, अम्माँजी, आपको सोने की तकलीफ़ होगी। यही आराम दे गई?

सहसा उसे ख़तरे की जंजीर याद आई। उसने ज़ोर-ज़ोर से कई बार जंजीर खींची। कई मिनट के बाद गाड़ी रुकी। गार्ड आया। पड़ोस के कमरे से दो-चार आदमी और भी आए। फिर लोगों ने सारा कमरा तलाश किया। नीचे तख़्ते को ध्यान से देखा। रक्त का कोई चिह्न न था। असबाब की जाँच की। बिस्तर, संदूक, संदूकची, बर्तन सब मौजूद थे। ताले भी सबके बन्द थे। कोई चीज़ ग़ायब न थी। अगर बाहर से कोई आदमी आता तो चलती गाड़ी से जाता

कहाँ? एक स्त्री को लेकर गाड़ी से कूद जाना असंभव था। सब लोग इन लक्षणों से इस नतीजे पर पहुँचे कि मानी द्वार खोलकर बाहर झाँकने लगी होगी और मुठिया हाथ से छूट जाने के कारण गिर पड़ी होगी। गार्ड भला आदमी था। उसने नीचे उतरकर एक मील तक सड़क के दोनों तरफ़ तलाश किया। मानी का कोई निशान न मिला। रात को उससे ज़्यादा और क्या किया जा सकता था। माताजी को कुछ लोग आग्रहपूर्वक एक मरदाने डिब्बे में ले गए। यह निश्चय हुआ कि माताजी अगले स्टेशन पर उतर पड़ें और सबेरे इधर-उधर दूर तक देख-भाल की जाए। विपत्ति में हम परमुखापेक्षी हो जाते हैं। माताजी उसका मुँह देखतीं, कभी उसका। उनकी याचना से भरी हुई आँखें मानो सबसे कह रही थीं—कोई मेरी बच्ची को खोज क्यों नहीं लाता? हाय! अभी तो बेचारी की चूँदरी भी नहीं मैली हुई, कैसे-कैसे साधों और अरमानों से भरी पति के पास जा रही थी! कोई उस दुष्ट वंशीधर से जाकर कहता क्यों नहीं—ले तेरी मनोभिलाषा पूरी हो गई—जो तू चाहता था, वह पूरा हो गया। क्या अब भी तेरी छाती नहीं जुड़ाती!

वृद्धा बैठी रो रही थी और गाड़ी अंधकार को चीरती चली गई।

11

रविवार का दिन था। संध्या समय इन्द्रनाथ दो-तीन मित्रों के साथ अपने घर की छत पर बैठा हुआ था। आपस में हास-परिहास हो रहा था। मानी का आगमन इस परिहास का विषय था।

एक मित्र बोले—क्यों इन्द्र, तुमने तो वैवाहिक जीवन का कुछ अनुभव किया है हमें क्या सलाह देते हो? बनाएँ कहीं घोसला, या यों ही डालियों पर बैठे-बैठे दिन काटें। पत्र-पत्रिकाओं को देखकर तो यही मालूम होता है कि वैवाहिक जीवन और नरक में बहुत थोड़ा ही-सा अंतर है।

इन्द्रनाथ ने मुस्कुराकर कहा—यह तो तक़दीर का खेल है भाई, सोलहों आना तक़दीर का। अगर एक दशा में वैवाहिक जीवन नरक-तुल्य है, तो दूसरी दशा में स्वर्ग से कम नहीं।

दूसरे मित्र बोले—इतनी आज़ादी तो भला क्या रहेगी?

इन्द्रनाथ—इतनी क्या, इसका शतांश भी न रहेगी। अगर तुम रोज़ सिनेमा देखकर बारह बजे घर लौटना चाहते हो, नौ बजे सोकर उठना चाहते हो और दफ़्तर से चार बजे लौटकर ताश खेलना चाहते हो, तो तुम्हें विवाह करने से कोई सुख न होगा। और जो हर महीने सूट बनवाते हो, तब शायद साल भर में भी न बनवा सको।

'श्रीमतीजी तो आज रात की गाड़ी से आ रही हैं?'

'हाँ मेल से। मेरे साथ चलकर उन्हें रिसीव करोगे न?'

'यह भी पूछने की बात है! अब घर कौन जाता है; मगर कल दावत खिलानी पड़ेगी।'

सहसा तार के चपरासी ने आकर इन्द्रनाथ के हाथ में तार का लिफ़ाफ़ा रख दिया।

इन्द्रनाथ का चेहरा खिल उठा। झट तार खोलकर पढ़ने लगा। एक बार पढ़ते ही उसका हृदय धक् से हो गया, साँस रुक गई, सिर घूमने लगा। आँखों की रोशनी लुप्त हो गई, जैसे विश्व पर काला परदा पड़ गया हो। उसने तार को मित्रों के सामने फेंक दिया और दोनों हाथों से मुँह ढाँपकर फूट-फूटकर रोने लगा। दोनों मित्रों ने घबड़ाकर तार उठा लिया और उसे पढ़ते ही हत् बुद्धि से ही दीवार की ओर ताकने लगे। क्या सोच रहे थे और क्या हो गया!

तार में लिखा था—मानी गाड़ी से कूद पड़ी। उसकी लाश लालपुर से तीन मील पर पाई गई। मैं लालपुर में हूँ। तुरन्त आओ।

एक मित्र ने कहा—किसी शत्रु ने झूठी ख़बर न भेज दी हो।

दूसरे मित्र ने कहा—हाँ, कभी-कभी लोग ऐसी शरारतें करते हैं।

इन्द्रनाथ ने शून्य नेत्रों से उनकी ओर देखा; पर मुँह से कुछ बोले नहीं!

कई मिनट तीनों आदमी निर्वाक्, निस्पन्द बैठे रहे। एकाएक इन्द्रनाथ खड़े हो गए और बोले—मैं इस गाड़ी से जाऊँगा।

बम्बई से नौ बजे रात को गाड़ी छूटती थी। दोनों मित्रों ने चटपट बिस्तर आदि बाँधकर तैयार कर दिया। एक ने बिस्तर उठाया, दूसरे ने ट्रंक। इन्द्रनाथ ने चटपट कपड़े पहने और स्टेशन चले। निराशा आगे थी; आशा रोती हुई पीछे।

12

एक सप्ताह गुज़र गया था। लाला वंशीधर दफ़्तर से आकर द्वार पर बैठे ही थे कि इन्द्रनाथ ने आकर प्रणाम किया। वंशीधर उसे देखकर चौंक पड़े, उसके अनपेक्षित आगमन पर नहीं, उसकी विकृत दशा पर; मानो वीतराग शोक सामने खड़ा हो, मानो कोई हृदय से निकली हुई आह मूर्तिमान हो गई हो।

वंशीधर ने पूछा—तुम बम्बई चले गए थे न?

इन्द्रनाथ ने जवाब दिया—जी हाँ, आज ही आया हूँ।

वंशीधर ने तीखे स्वर में कहा—गोकुल को तो तुम ले बीते!

इन्द्रनाथ ने अपनी अँगूठी की ओर ताक़ते हुए कहा—वह मेरे घर पर हैं।

वंशीधर के उदास मुख पर हर्ष का प्रकाश दौड़ गया। बोले—तो यहाँ क्यों नहीं आए? तुमसे कहाँ उसकी भेंट हुई? क्या बम्बई चला गया था?

'जी नहीं, कल मैं गाड़ी से उतरा तो स्टेशन पर मिल गए।'

'तो जाकर लिवा लाओ न, जो किया अच्छा किया।'

यह कहते हुए वह घर में दौड़े। एक क्षण में गोकुल की माता ने उसे अन्दर बुलाया।

वह अन्दर गया तो माता ने उसे सिर से पाँव तक देखा—तुम बीमार थे क्या भैया? चेहरा क्यों इतना उतरा है।

गोकुल की माता ने पानी का लोटा रखकर कहा—हाथ-मुँह धो डालो बेटा, गोकुल है तो अच्छी तरह? कहाँ रहा इतने दिन! तब से सैकड़ों मन्नतें मान डालीं। आया क्यों नहीं?

इन्द्रनाथ ने हाथ-मुँह धोते हुए कहा—मैंने तो कहा था चलो, लेकिन डर के मारे नहीं आते।

'और था कहाँ इतने दिन?'

'कहते थे, देहातों में घूमता रहा।'

'तो क्या तुम अकेले बम्बई से आए हो?'

'जी नहीं, अम्माँ भी आई हैं।'

गोकुल की माता ने कुछ सकुचाकर पूछा—मानी तो अच्छी जगह है?

इन्द्रनाथ ने हँसकर कहा—जी हाँ, अब वह बड़े सुख से हैं। संसार के बन्धनों से छूट गईं।

माता ने अविश्वास करके कहा—चल नटखट कहीं का। बेचारी को कोस रहा है, मगर इतनी जल्दी बम्बई से लौट क्यों आए?

इन्द्रनाथ ने मुस्कुराते हुए कहा—क्या करता! माताजी का तार बम्बई में मिला कि मानी ने गाड़ी से कूदकर प्राण दे दिए! वह लालपुर में पड़ी हुई थीं, दौड़ा हुआ आया। वहीं दाह-क्रिया की। आज घर चला आया। अब मेरा अपराध क्षमा कीजिए।

वह और कुछ न कह सका। आँसुओं के वेग ने गला बन्द कर दिया। जेब से एक पत्र निकालकर माता के सामने रखता हुआ बोला—उनके सन्दूक में यही पत्र मिला है।

गोकुल की माता कई मिनट तक मर्माहत-सी बैठी ज़मीन की ओर ताकती रहीं। शोक और उससे अधिक पश्चाताप ने सिर को दबा रखा था। फिर पत्र उठाकर पढ़ने लगीं।

'स्वामी!

जब यह पत्र आपके हाथों में पहुँचेगा तब तक मैं इस संसार से विदा हो जाऊँगी! मैं बड़ी अभागिनी हूँ। मेरे लिए इस संसार में स्थान नहीं है। आपको भी मेरे कारण क्लेश और निंदा ही निंदा मिलेगी। मैंने सोचकर देखा और यही निश्चय किया कि मेरा मरना ही अच्छा है। मुझ पर आपने जो दया की थी, उसके लिए आपको क्या प्रतिदान करूँ? जीवन में मैंने कभी किसी वस्तु की इच्छा नहीं की; परन्तु मुझे दुःख है कि आपके चरणों पर सिर रख कर न मर सकी। मेरी अन्तिम याचना है कि मेरे लिए आप शोक न कीजिएगा। ईश्वर आपको सदा सुखी रखे।'

माताजी ने पत्र रख दिया और आँखों से आँसू बहने लगे। बरामदे में वंशीधर निस्पंद खड़े थे और जैसे मानी लज्जानत उनके सामने खड़ी थी।

कायर

युवक का नाम केशव था, युवती का प्रेमा। दोनों एक ही कॉलेज के और एक ही क्लास के विद्यार्थी थे। केशव नए विचारों का युवक था, जात-पाँत के बन्धनों का विरोधी। प्रेमा पुराने संस्कारों की कायल थी, पुरानी मर्यादाओं और प्रथाओं में पूरा विश्वास रखनेवाली; लेकिन फिर भी दोनों में गाढ़ा प्रेम हो गया था। और यह बात सारे कॉलेज में मशहूर थी। केशव ब्राह्मण होकर भी वैश्य कन्या प्रेमा से विवाह करके अपना जीवन सार्थक करना चाहता था। उसे अपने माता-पिता की परवाह न थी। कुल-मर्यादा का विचार भी उसे स्वाँग-सा लगता था। उसके लिए सत्य कोई वस्तु थी तो प्रेम थी; किन्तु प्रेमा के लिए माता-पिता और कुल-परिवार के आदेश के विरुद्ध एक क़दम बढ़ाना भी असंभव था।

संध्या का समय है। विक्टोरिया-पार्क के एक निर्जन स्थान में दोनों आमने-सामने हरियाली पर बैठे हुए हैं। सैर करनेवाले एक-एक करके विदा हो गए; किन्तु ये दोनों अभी वहीं बैठे हुए हैं। उनमें एक ऐसा प्रसंग छिड़ा हुआ है, जो किसी तरह समाप्त नहीं होता।

केशव ने झुँझलाकर कहा—इसका यह अर्थ है कि तुम्हें मेरी परवाह नहीं है?

प्रेमा ने उसको शान्त करने की चेष्टा करके कहा—तुम मेरे साथ अन्याय कर रहे हो, केशव! लेकिन मैं इस विषय को माता-पिता के सामने कैसे छेड़ूँ, यह मेरी समझ में नहीं

आता। वे लोग पुरानी रूढ़ियों के भक्त हैं। मेरी तरफ़ से कोई ऐसी बात सुनकर मन में जो-जो शंकाएँ होंगी, उनकी तुम कल्पना कर सकते हो?

केशव ने उग्र भाव से कहा—तो तुम भी उन्हीं पुरानी रूढ़ियों की ग़ुलाम हो?

प्रेमा ने अपनी बड़ी-बड़ी आँखों में मृदु-स्नेह भरकर कहा—नहीं, मैं उनकी ग़ुलाम नहीं हूँ, लेकिन माता-पिता की इच्छा मेरे लिए और सब चीज़ों से अधिक मान्य है।

'तुम्हारा व्यक्तित्व कुछ नहीं है?'

'ऐसा ही समझ लो।'

'मैं तो समझता था कि ये ढकोसले मूर्खों के लिए ही हैं; लेकिन अब मालूम हुआ कि तुम जैसी विदुषियाँ भी उनकी पूजा करती हैं। जब मैं तुम्हारे लिए संसार को छोड़ने पर तैयार हूँ तो तुमसे भी यही आशा करता हूँ।'

प्रेमा ने मन में सोचा, मेरा अपनी देह पर क्या अधिकार है। जिन माता-पिता ने अपने रक्त से मेरी सृष्टि की है, और अपने स्नेह से उसे पाला है, उनकी मरजी के ख़िलाफ़ कोई काम करने का उसे कोई हक़ नहीं।

उसने दीनता के साथ केशव से कहा—क्या प्रेम स्त्री और पुरुष के रूप ही में रह सकता है, मैत्री के रूप में नहीं? मैं तो आत्मा का बंधन समझती हूँ।

केशव ने कठोर भाव से कहा—इन दार्शनिक विचारों से तुम मुझे पागल कर दोगी, प्रेमा! बस, इतना समझ लो मैं निराश होकर जिन्दा नहीं रह सकता। मैं प्रत्यक्षवादी हूँ, और कल्पनाओं के संसार में प्रत्यक्ष का आनंद उठाना मेरे लिए असंभव है।

यह कहकर उसने प्रेमा का हाथ पकड़कर अपनी ओर खींचने की चेष्टा की। प्रेमा ने झटके से हाथ छुड़ा लिया और बोली—नहीं केशव, मैं कह चुकी हूँ कि मैं स्वतंत्र नहीं हूँ। तुम मुझसे वह चीज़ न माँगो, जिस पर मेरा कोई अधिकार नहीं है।

केशव को अगर प्रेमा ने कठोर शब्द कहे होते तो भी उसे इतना दुःख न हुआ होता। एक क्षण तक वह मन मारे बैठा रहा, फिर उठकर निराशा भरे स्वर में बोला—'जैसी तुम्हारी इच्छा!' आहिस्ता-आहिस्ता क़दम उठाता हुआ वह वहाँ से चला गया। प्रेमा अब भी वहीं बैठी आँसू बहाती रही।

2

रात को भोजन करके प्रेमा जब अपनी माँ के साथ लेटी, तो उसकी आँखों में नींद न थी। केशव ने उसे एक ऐसी बात कह दी थी, जो चंचल पानी में पड़ने वाली छाया की तरह उसके दिल पर छाई हुई थी। प्रतिक्षण उसका रूप बदलता था। वह उसे स्थिर न कर सकती थी। माता से इस विषय में कुछ कहे तो कैसे? लज्जा मुँह बन्द कर देती थी। उसने सोचा, अगर केशव के साथ मेरा विवाह न हुआ तो उस समय मेरा क्या कर्तव्य होगा। अगर केशव ने कुछ उद्दंडता कर डाली तो मेरे लिए संसार में फिर क्या रह जाएगा; लेकिन मेरा बस ही क्या है। इन भाँति-भाँति के विचारों में एक बात जो उसके मन में निश्चित हुई, वह यह थी कि केशव के सिवा वह और किसी से विवाह न करेगी।

उसकी माता ने पूछा—क्या तुझे अब तक नींद न आई? मैंने तुझसे कितनी बार कहा कि थोड़ा-बहुत घर का काम-काज किया कर; लेकिन तुझे किताबों से ही फ़ुरसत नहीं मिलती।

चार दिन में तू पराए घर जाएगी, कौन जाने कैसा घर मिले। अगर कुछ काम करने की आदत न रही, तो कैसे निबाह होगा?

प्रेमा ने भोलेपन से कहा—मैं पराए घर जाऊँगी ही क्यों?

माता ने मुस्कुराकर कहा—लड़कियों के लिए यही तो सबसे बड़ी विपत्ति है, बेटी! माँ-बाप की गोद में पलकर ज्यों ही सयानी हुई, दूसरों की हो जाती है। अगर अच्छे प्राणी मिले, तो जीवन आराम से कट गया, नहीं रो-रोकर दिन काटना पड़ा। सब कुछ भाग्य के अधीन है। अपनी बिरादरी में तो मुझे कोई घर नहीं भाता। कहीं लड़कियों का आदर नहीं; लेकिन करना तो बिरादरी में ही पड़ेगा। न जाने यह जात-पाँत का बन्धन कब टूटेगा?

प्रेमा डरते-डरते बोली—कहीं-कहीं तो बिरादरी के बाहर भी विवाह होने लगे हैं!

उसने कहने को कह दिया; लेकिन उसका हृदय काँप रहा था कि माता जी कुछ भाँप न जाएँ।

माता ने विस्मय से पूछा—क्या हिन्दुओं में ऐसा हुआ है!

फिर उसने आप-ही-आप उस प्रश्न का जवाब भी दिया—और दो-चार जगह ऐसा हो भी गया, तो उससे क्या होता है?

प्रेमा ने इसका कुछ जवाब न दिया, भय हुआ कि माता कहीं उसका आशय समझ न जाएँ। उसका भविष्य एक अँधेरी खाई की तरह उसके सामने मुँह खोले खड़ा था, मानो उसे निगल जाएगा।

उसे न जाने कब नींद आ गई।

3

प्रातःकाल प्रेमा सोकर उठी, तो उसके मन में एक विचित्र साहस का उदय हो गया था। सभी महत्त्वपूर्ण फ़ैसले हम आकस्मिक रूप से लिया करते हैं, मानो कोई दैवी शक्ति हमें उनकी ओर खींच ले जाती है; वही हालत प्रेमा की थी। कल तक वह माता-पिता के निर्णय को मान्य समझती थी, पर संकट को सामने देखकर उसमें उस वायु की हिम्मत पैदा हो गई थी, जिसके सामने कोई पर्वत आ गया हो। वही मन्द वायु प्रबल वेग से पर्वत के मस्तक पर चढ़ जाती है और उसे कुचलती हुई दूसरी तरफ़ जा पहुँचती है। प्रेमा मन में सोच रही थी—मानो, यह देह माता-पिता की है; किन्तु आत्मा तो मेरी है। मेरी आत्मा को जो कुछ भुगतना पड़ेगा, वह इसी देह से तो भुगतना पड़ेगा। अब वह इस विषय में संकोच करना अनुचित ही नहीं, घातक समझ रही थी। अपने जीवन को क्यों एक झूठे सम्मान पर बलिदान करे? उसने सोचा विवाह का आधार अगर प्रेम न हो, तो वह देह का विक्रय है। आत्म-समर्पण तो बिना प्रेम के भी हो सकता है? इस कल्पना ही से कि न जाने किस अपरिचित युवक से उसका विवाह हो जाएगा, उसका हृदय विद्रोह कर उठा।

वह अभी नाश्ता करके कुछ पढ़ने जा रही थी कि उसके पिता ने प्यार से पुकारा—मैं कल तुम्हारे प्रिन्सिपल के पास गया था, वे तुम्हारी बड़ी तारीफ कर रहे थे।

प्रेमा ने सरल भाव से कहा—आप तो यों ही कहा करते हैं।

'नहीं, सच।'

यह कहते हुए उन्होंने अपनी मेज़ की दराज खोली, और मखमली चौखटों में जड़ी हुई एक तस्वीर निकालकर उसे दिखाते हुए बोले—यह लड़का आई.सी.एस. के इम्तहान में प्रथम आया है। इसका नाम तो तुमने सुना होगा?

बूढ़े पिता ने ऐसी भूमिका बाँध दी थी कि माँ उनका आशय न समझ सकी लेकिन प्रेमा भाँप गई! उसका मन तीर की भाँति लक्ष्य पर जा पहुँचा। उसने बिना तस्वीर की ओर देखे ही कहा—नहीं, मैंने तो उसका नाम नहीं सुना।

पिता ने बनावटी आश्चर्य से कहा—क्या! तुमने उसका नाम ही नहीं सुना? आज के दैनिक पत्र में उसका चित्र और जीवन-वृत्तान्त छपा है।

प्रेमा ने रुखाई से जवाब दिया—होगा, मगर मैं तो उस परीक्षा का कोई महत्त्व नहीं समझती। मैं तो समझती हूँ, जो लोग इस परीक्षा में बैठते हैं वे पल्ले सिरे के स्वार्थी होते हैं। आख़िर उनका उद्देश्य इसके सिवा और क्या होता है कि अपने ग़रीब, निर्धन, दलित भाइयों पर शासन करें और ख़ूब धन संचय करें। यह तो जीवन का कोई ऊँचा उद्देश्य नहीं है।

इस आपत्ति में जलन थी, अन्याय था, निर्दयता थी। पिताजी ने समझा था, प्रेमा यह बखान सुनकर लट्टू हो जाएगी। यह जवाब सुनकर तीखे स्वर में बोले—तू तो ऐसी बातें कर रही है जैसे तेरे लिए धन और अधिकार का कोई मूल्य ही नहीं।

प्रेमा ने ढिठाई से कहा—हाँ, मैं तो इसका मूल्य नहीं समझती। मैं तो आदमी में त्याग देखती हूँ। मैं ऐसे युवकों को जानती हूँ, जिन्हें यह पद ज़बरदस्ती भी दिया जाए, तो स्वीकार न करेंगे।

पिता ने उपहास के ढंग से कहा—यह तो आज मैंने नई बात सुनी। मैं तो देखता हूँ कि छोटी-छोटी नौकरियों के लिए लोग मारे-मारे फिरते हैं। मैं ज़रा उस लड़के की सूरत देखना चाहता हूँ, जिसमें इतना त्याग हो। मैं तो उसकी पूजा करूँगा।

शायद किसी दूसरे अवसर पर ये शब्द सुनकर प्रेमा लज्जा से सिर झुका लेती; पर इस समय उसकी दशा उस सिपाही की-सी थी, जिसके नीचे गहरी खाई हो। आगे बढ़ने के सिवा उसके लिए और कोई मार्ग न था। अपने आवेश को संयम से दबाती हुई, आँखों में विद्रोह भरे, वह अपने कमरे में गई, और केशव के कई चित्रों में से वह एक चित्र चुनकर लाई, जो उसकी निगाह में सबसे ख़राब था, और पिता के सामने रख दिया। बूढ़े पिता ने चित्र को उपेक्षा के भाव से देखना चाहा; लेकिन पहली दृष्टि ही में उसने उन्हें आकर्षित कर लिया। ऊँचा कद था और दुर्बल स्वास्थ्य और संयम का परिचय दे रहा था। मुख पर प्रतिभा का तेज़ न था; पर विचारशीलता का कुछ ऐसा प्रतिबिम्ब था, जो उसके मन में विश्वास पैदा करता था।

उन्होंने उस चित्र की ओर देखते हुए पूछा—यह किसका चित्र है?

प्रेमा ने संकोच से सिर झुकाकर कहा—यह मेरी ही क्लास में पढ़ते हैं।

'अपनी ही बिरादरी का है?'

प्रेमा की मुखमुद्रा धूमिल हो गई। इसी प्रश्न के उत्तर पर उसकी क़िस्मत का फ़ैसला हो जाएगा। उसके मन में पछतावा हुआ कि व्यर्थ मैं इस चित्र को यहाँ लाई। उसमें एक क्षण के लिए जो दृढ़ता आई थी, वह इस पैने प्रश्न के सामने कातर हो उठी। दबी हुई आवाज़ में बोली—'जी नहीं, वह ब्राह्मण हैं।' और यह कहने के साथ ही क्षुब्ध होकर कमरे से निकल गई मानो यहाँ की वायु में उसका गला घुटा जा रहा हो और दीवार की आड़ में होकर रोने लगी।

लालाजी को तो पहले ऐसा क्रोध आया कि प्रेमा को बुलाकर साफ़-साफ़ कह दें कि यह असंभव है। वे उसी ग़ुस्से में दरवाज़े पर आए, लेकिन प्रेमा को रोते देखकर नम्र हो गए। इस युवक के प्रति प्रेमा के मन में क्या भाव थे, यह उनसे छिपा न रहा। वे स्त्री-शिक्षा के पूरे समर्थक थे; लेकिन इसके साथ ही कुल-मर्यादा की रक्षा भी करना चाहते थे। अपनी ही जाति के सुयोग्य वर के लिए अपना सर्वस्व अर्पण कर सकते थे; लेकिन उस क्षेत्र के बाहर कुलीन से कुलीन और योग्य से योग्य वर की कल्पना भी उनके लिए असह्य थी। इससे बड़ा अपमान वे सोच ही न सकते थे।

उन्होंने कठोर स्वर में कहा—आज से कॉलेज जाना बन्द कर दो, अगर शिक्षा कुल-मर्यादा को डुबोना ही सिखाती है, तो कु-शिक्षा है।

प्रेमा ने कातर कंठ से कहा—परीक्षा तो समीप आ गई है।

लालाजी ने दृढ़ता से कहा—आने दो।

और फिर अपने कमरे में जाकर विचारों में डूब गए।

4

छह महीने गुज़र गए।

लालाजी ने घर में आकर पत्नी को एकान्त में बुलाया और बोले—जहाँ तक मुझे मालूम हुआ है, केशव बहुत ही सुशील और प्रतिभाशाली युवक है। मैं तो समझता हूँ प्रेमा इस शोक में घुल-घुलकर प्राण दे देगी। तुमने भी समझाया, मैंने भी समझाया, दूसरों ने भी समझाया; पर उस पर कोई असर ही नहीं होता। ऐसी दशा में हमारे लिए क्या उपाय है?

उनकी पत्नी ने चिन्तित भाव से कहा—कर तो दोगे; लेकिन रहोगे कहाँ? न जाने कहाँ से यह कुलच्छनी मेरी कोख में आई?

लालाजी ने भवें सिकोड़कर तिरस्कार के साथ कहा—यह तो हज़ार दफा सुन चुका; लेकिन कुल-मर्यादा के नाम को कहाँ तक रोएँ। चिड़िया का पर खोलकर यह आशा करना कि वह तुम्हारे आँगन में ही फुदकती रहेगी भ्रम है। मैंने इस प्रश्न पर ठंडे दिल से विचार किया है और इस नतीजे पर पहुँचा हूँ कि हमें इस आपद्धर्म को स्वीकार कर लेना ही चाहिए। कुल-मर्यादा के नाम पर मैं प्रेमा की हत्या नहीं कर सकता। दुनिया हँसती हो, हँसे; मगर वह ज़माना बहुत जल्द आनेवाला है, जब ये सभी बन्धन टूट जाएँगे। आज भी सैकड़ों विवाह जात-पाँत के बन्धनों को तोड़कर हो चुके हैं। अगर विवाह का उद्देश्य स्त्री और पुरुष का सुखमय जीवन है, तो हम प्रेमा की उपेक्षा नहीं कर सकते हैं।

वृद्धा ने क्षुब्ध होकर कहा—जब तुम्हारी यही इच्छा है, तो मुझसे क्या पूछते हैं? लेकिन मैं कहे देती हूँ, कि मैं इस विवाह के नज़दीक न जाऊँगी, न कभी इस छोकरी का मुँह देखूँगी, समझ लूँगी, जैसे और सब लड़के मर गए वैसे यह भी मर गई।

'तो फिर आख़िर तुम क्या करने को कहती हो?'

'क्यों नहीं उस लड़के से विवाह कर देते, उसमें क्या बुराई है? वह दो साल में सिविल सरविस पास करके आ जाएगा। केशव के पास क्या रखा है, बहुत होगा किसी दफ़्तर में क्लर्क हो जाएगा।'

'और अगर प्रेमा प्राण-हत्या कर ले, तो?'

'तो कर ले, तुम तो उसे और शह देते हो? जब उसे हमारी परवाह नहीं है, तो हम उसके लिए अपने नाम को क्यों कलंकित करें? प्राण-हत्या करना कोई खेल नहीं है। यह सब धमकी है। मन घोड़ा है, जब तक उसे लगाम न दो, पुट्ठे पर हाथ भी न रखने देगा। जब उसके मन का यह हाल है, तो कौन कहे, केशव के साथ ही ज़िन्दगी भर निबाह करेगी। जिस तरह आज उससे प्रेम है, उसी तरह कल दूसरे से हो सकता है। तो क्या पत्ते पर अपना मांस बिकवाना चाहते हो?'

लालाजी ने स्त्री को प्रश्नसूचक दृष्टि से देखकर कहा—और अगर वह कल ख़ुद जाकर केशव से विवाह कर ले, तो तुम क्या कर लोगी? फिर तुम्हारी कितनी इज़्ज़त रह जाएगी। वह चाहे संकोचवश, या हम दोनों के लिहाज़ से यों ही बैठी रहे; पर यदि ज़िद पर कमर बाँध ले, हम-तुम कुछ नहीं कर सकते।

इस समस्या का ऐसा भीषण अन्त भी हो सकता है, यह इस वृद्धा के ध्यान में भी न आया था। यह प्रश्न बम के गोले की तरह उसके मस्तक पर गिरा। एक क्षण तक वह अवाक् बैठी रह गई, मानो इस आघात ने उसकी बुद्धि की धज्जियाँ उड़ा दी हों। फिर पराभूत होकर बोली—तुम्हें अनोखी कल्पनाएँ सूझती हैं। मैंने तो आज तक कभी भी नहीं सुना कि किसी कुलीन कन्या ने अपनी इच्छा से विवाह किया है।

'तुमने न सुना हो; लेकिन मैंने सुना है, और देखा है और ऐसा होना बहुत संभव है।'

'जिस दिन ऐसा होगा; उस दिन तुम मुझे जीती न देखोगे।'

'मैं यह नहीं कहता कि ऐसा होगा ही; लेकिन होना संभव है।'

'तो जब ऐसा होना है, तो इससे तो यही अच्छा है कि हमीं इसका प्रबंध करें। जब नाक ही कट रही है, तो तेज़ छुरी से क्यों न कटे। कल केशव को बुलाकर देखो, क्या कहता है।'

5

केशव के पिता सरकारी पेन्शनर थे, मिज़ाज के चिड़चिड़े और कृपण। धर्म के आडम्बरों में ही उनके चित्त को शांति मिलती थी। कल्पना-शक्ति का अभाव था। किसी के मनोभावों का सम्मान न कर सकते थे। वे अब भी उस संसार में रहते थे, जिसमें उन्होंने अपने बचपन और जवानी के दिन काटे थे। नवयुग की बढ़ती हुई लहर को वे सर्वनाश कहते थे, और कम-से-कम अपने घर को दोनों हाथों और दोनों पैरों का ज़ोर लगाकर उसे बचाए रखना चाहते थे; इसलिए जब एक दिन प्रेमा के पिता उनके पास पहुँचे और केशव से प्रेमा के विवाह का प्रस्ताव किया, तो बूढ़े पंडितजी अपने आपे में न रह सके। धुँधली आँखें फाड़कर बोले—आप भंग तो नहीं खा गए हैं? इस तरह का सम्बन्ध और चाहे जो कुछ हो, विवाह नहीं है। मालूम होता है, आपको भी नए ज़माने की हवा लग गई।

बूढ़े बाबूजी ने नम्रता से कहा—मैं ख़ुद ऐसा सम्बन्ध नहीं पसन्द करता। इस विषय में मेरे भी वही विचार हैं, जो आपके; पर बात ऐसी आ पड़ी है कि मुझे विवश होकर आपकी सेवा में आना पड़ा। आजकल के लड़के और लड़कियाँ कितने स्वेच्छाचारी हो गए हैं, यह तो आप जानते ही हैं। हम बूढ़े लोगों के लिए अब अपने सिद्धांतों की रक्षा करना कठिन हो गया है। मुझे भय है कि कहीं ये दोनों निराश होकर अपनी जान पर न खेल जाएँ।

बूढ़े पंडितजी ज़मीन पर पाँव पटकते हुए ग़रज़ उठे—आप क्या कहते हैं, साहब! आपको शरम नहीं आती? हम ब्राह्मण हैं और ब्राह्मणों में भी कुलीन। ब्राह्मण कितने ही पतित हो

गए हों, इतने मर्यादा-शून्य नहीं हुए हैं कि बनिये-बक्कालों की लड़की से विवाह करते फिरें! जिस दिन कुलीन ब्राह्मणों में लड़कियाँ न रहेंगी, उस दिन यह समस्या उपस्थित हो सकती है। मैं कहता हूँ, आपको मुझसे यह बात कहने का साहस कैसे हुआ?

बूढ़े बाबूजी जितना ही दबते थे, उतना ही पंडितजी बिगड़ते थे। यहाँ तक कि लालाजी अपना अपमान ज़्यादा न सह सके, और अपनी तक़दीर को कोसते हुए चले गए।

उसी वक़्त केशव कॉलेज से आया। पंडितजी ने तुरन्त उसे बुलाकर कठोर कंठ से कहा—मैंने सुना है, तुमने किसी बनिये की लड़की से अपना विवाह कर लिया है। यह ख़बर कहाँ तक सही है?

केशव ने अनजान बनकर पूछा—आपसे किसने कहा?

'किसी ने कहा। मैं पूछता हूँ, यह बात ठीक है, या नहीं? अगर ठीक है, और तुमने अपनी मर्यादा को डुबाने का निश्चय कर लिया है, तो तुम्हारे लिए हमारे घर में कोई स्थान नहीं। तुम्हें मेरी कमाई पर एक धेला भी नहीं मिलता। मेरे पास जो कुछ है, वह मेरी अपनी कमाई है, मुझे अख़्तियार है कि मैं उसे जिसे चाहूँ, दे दूँ। तुम यह अनीति करके मेरे घर में क़दम नहीं रख सकते।'

केशव पिता के स्वभाव से परिचित था। प्रेमा से उसे प्रेम था। वह गुप्त रूप से प्रेमा से विवाह कर लेना चाहता था! बाप हमेशा तो बैठे न रहेंगे। माता के स्नेह पर उसे विश्वास था। उस प्रेम की तरंग में वह सारे कष्टों को झेलने के लिए तैयार मालूम होता था; लेकिन जैसे कोई कायर सिपाही बन्दूक़ के सामने जाकर हिम्मत खो बैठता है और क़दम पीछे हटा लेता है, यही दशा केशव की हुई । वह साधारण युवकों की तरह सिद्धांतों के लिए बड़े-बड़े तर्क कर सकता था, ज़बान से उनमें अपनी भक्ति की दोहाई दे सकता था; लेकिन उसके लिए यातनाएँ झेलने की सामर्थ्य उसमें न थी। अगर वह अपनी ज़िद पर अड़ा और पिता ने भी अपनी टेक रखी, तो उसका कहाँ ठिकाना लगेगा? उसका जीवन ही नष्ट हो जाएगा।

उसने दबी ज़बान से कहा—जिसने आपसे यह कहा है, बिलकुल झूठ कहा है।

पंडितजी ने तीव्र नेत्रों से देखकर कहा—तो यह ख़बर बिलकुल ग़लत है?

'जी हाँ, बिलकुल ग़लत।'

'तो तुम आज ही इसी वक़्त उस बनिये को ख़त लिख दो और याद रखो कि अगर इस तरह की चर्चा फिर कभी उठी, तो तुम्हारा सबसे बड़ा शत्रु मैं होऊँगा। बस, जाओ।'

केशव और कुछ न कह सका। वह यहाँ से चला, तो ऐसा मालूम होता था कि पैरों में दम नहीं है।

6

दूसरे दिन प्रेमा ने केशव के नाम यह पत्र लिखा—

'प्रिय केशव!

तुम्हारे पूज्य पिताजी ने लालाजी के साथ जो अशिष्ट और अपमानजनक व्यवहार किया है, उसका हाल सुनकर मेरे मन में बड़ी शंका उत्पन्न हो रही है। शायद उन्होंने तुम्हें भी डाँट-फटकार बताई होगी, ऐसी दशा में मैं तुम्हारा निश्चय सुनने के लिए विकल हो रही हूँ। तुम्हारे साथ हर तरह का कष्ट झेलने को तैयार हूँ। मुझे तुम्हारे पिताजी की सम्पत्ति का मोह

नहीं है, मैं तो केवल तुम्हारा प्रेम चाहती हूँ और उसी में प्रसन्न हूँ। आज शाम को यहीं आकर भोजन करो। दादा और माँ दोनों तुमसे मिलने के लिए बहुत इच्छुक हैं। मैं वह स्वप्न देखने में मग्न हूँ जब हम दोनों उस सूत्र में बँध जाएँगे, जो टूटना नहीं जानता। जो बड़ी-से-बड़ी आपत्ति में भी अटूट रहता है।

तुम्हारी—
प्रेमा'

संध्या हो गई और इस पत्र का कोई जवाब न आया। उसकी माता बार-बार पूछती थी—केशव आए नहीं? बूढ़े लालाजी द्वार की ओर आँख लगाए बैठे थे। यहाँ तक कि रात के नौ बज गए, पर न तो केशव ही आए, न उनका पत्र।

प्रेमा के मन में भाँति-भाँति के संकल्प-विकल्प उठ रहे थे, कदाचित् उन्हें पत्र लिखने का अवकाश न मिला होगा, या आज आने की फुरसत न मिली होगी, कल अवश्य आ जाएँगे। केशव ने पहले उसके पास जो प्रेम-पत्र लिखे थे, उन सबको उसने फिर पढ़ा। उनके एक-एक शब्द से कितना अनुराग टपक रहा था, उनमें कितना कम्पन था, कितनी विकलता, कितनी तीव्र आकांक्षा! फिर उसे केशव के वे वाक्य याद आए, जो उसने सैकड़ों ही बार कहे थे। कितनी बार वह उसके सामने रोया था। इतने प्रमाणों के होते हुए निराशा के लिए कहाँ स्थान था, मगर फिर भी सारी रात उसका मन जैसे सूली पर टँगा रहा।

प्रातःकाल केशव का जवाब आया। प्रेमा ने काँपते हुए हाथों से पत्र लेकर पढ़ा। पत्र हाथ से गिर गया। ऐसा जान पड़ा, मानो उसकी देह का रक्त स्थिर हो गया हो। लिखा था—

'मैं बड़े संकट में हूँ, कि तुम्हें क्या जवाब दूँ! मैंने इधर इस समस्या पर ख़ूब ठंडे दिल से विचार किया है और इस नतीजे पर पहुँचा हूँ कि वर्तमान दशाओं में मेरे लिए पिता की आज्ञा की उपेक्षा करना दुःसह है। मुझे कायर न समझना। मैं स्वार्थी भी नहीं हूँ, लेकिन मेरे सामने जो बाधाएँ हैं उन पर विजय पाने की शक्ति मुझमें नहीं है। पुरानी बातों को भूल जाओ। उस समय मैंने इन बाधाओं की कल्पना न की थी!'

प्रेमा ने एक लम्बी, गहरी, जलती हुई साँस खींची और उस ख़त को फाड़कर फेंक दिया। उसकी आँखों से अश्रुधारा बहने लगी। जिस केशव को उसने अपने अन्तःकरण से वर लिया था, वह इतना निष्ठुर हो जाएगा, इसकी उसको रत्ती भर भी आशा न थी। ऐसा मालूम पड़ा मानो अब तक वह कोई सुनहला स्वप्न देख रही थी; पर आँख खुलने पर वह सब कुछ अदृश्य हो गया। जीवन में जब आशा ही लुप्त हो गई, तो अब अंधकार के सिवा और क्या रहा! अपने हृदय की सारी सम्पत्ति लगाकर उसने एक नाव लदवाई थी, वह नाव जलमग्न हो गई। अब दूसरी नाव कौन कहाँ से लदवाए; अगर वह नाव टूटी है तो उसके साथ वह भी डूब जाएगी।

माता ने पूछा—क्या केशव का पत्र है?

प्रेमा ने भूमि की ओर ताक़ते हुए कहा—हाँ, उनकी तबीयत अच्छी नहीं है—इसके सिवा वह और क्या कहे? केशव की निष्ठुरता और बेवफाई का समाचार कहकर लज्जित होने का साहस उसमें न था।

दिन भर वह घर के काम-धंधों में लगी रही, मानो उसे कोई चिन्ता ही नहीं है। रात को उसने सबको भोजन कराया, ख़ुद भी भोजन किया और बड़ी देर तक हारमोनियम पर गाती रही।

मगर सबेरा हुआ, तो उसके कमरे में उसकी लाश पड़ी हुई थी। प्रभात की सुनहरी किरणें उसके पीले मुख को जीवन की आभा प्रदान कर रही थीं।

शिकार

फटे वस्त्रों वाली मुनिया ने रानी वसुधा के चाँद से मुखड़े की ओर सम्मान भरी आँखों से देखकर राजकुमार को गोद में उठाते हुए कहा—हम ग़रीबों का इस तरह कैसे निबाह हो सकता है महारानी! मेरी तो अपने आदमी से एक दिन न पटे, मैं उसे घर में पैठने न दूँ। ऐसी-ऐसी गालियाँ सुनाऊँ कि छठी का दूध याद आ जाए।

रानी वसुधा ने गम्भीर विनोद के भाव से कहा—क्यों, वह कहेगा नहीं, तू मेरे बीच में बोलनेवाली कौन है? मेरी जो इच्छा होगी वह करूँगा। तू अपना रोटी-कपड़ा मुझसे लिया कर। तुझे मेरी दूसरी बातों से क्या मतलब? मैं तेरा ग़ुलाम नहीं हूँ।

मुनिया तीन ही दिन से यहाँ लड़कों को खेलाने के लिए नौकर हुई थी। पहले दो-चार घरों में चौका-बरतन कर चुकी थी; पर रानियों से अदब के साथ बातें करना अभी न सीख पाई थी। उसका सूखा हुआ साँवला चेहरा उत्तेजित हो उठा। कर्कश स्वर में बोली—जिस दिन ऐसी बातें मुँह से निकालेगा, मूँछें उखाड़ लूँगी सरकार! वह मेरा ग़ुलाम नहीं है, तो क्या मैं उसकी लौंडी हूँ? अगर वह मेरा ग़ुलाम है, तो मैं उसकी लौंडी हूँ। मैं आप नहीं खाती, उसे खिला देती हूँ; क्योंकि वह मर्द-बच्चा है। पल्लेदारी में उसे बहुत कसाला करना पड़ता है। आप चाहे फटे पहनूँ; पर उसे फटे-पुराने नहीं पहनने देती। जब मैं उसके लिए इतना करती हूँ, तो मजाल है, कि वह मुझे आँख दिखाए। अपने घर को आदमी इसलिए तो छाता-छोपता है, कि उससे बर्खा-बूँदी में बचाव हो। अगर यह डर लगा रहे, कि घर न जाने कब गिर पड़ेगा, तो ऐसे घर में कौन रहेगा। उससे तो ऊख की छाँह ही कहीं अच्छी। कल न जाने कहाँ बैठा गाता-बजाता रहा। दस बजे रात को घर आया। मैं रात-भर उससे बोली ही नहीं। लगा पैरों पड़ने, घिघियाने, तब मुझे दया आ गई! यही मुझमें एक बुराई है। मुझसे उसकी रोनी सूरत नहीं देखी जाती। इसी से वह कभी-कभी बहक जाता है; पर अब मैं पक्की हो गई हूँ। फिर किसी दिन झगड़ा किया, तो या वही रहेगा, या मैं ही रहूँगी। क्यों किसी की धौंस सहूँ सरकार? जो बैठकर खाय, वह धौंस सहे! यहाँ तो बराबर की कमाई करती हूँ।

वसुधा ने उसी गम्भीर भाव से फिर पूछा—अगर वह तुझे बैठाकर खिलाता तब उसकी धौंस सहती?

मुनिया जैसे लड़ने पर उतारू हो गई। बोली—बैठाकर कोई क्या खिलाएगा सरकार? मर्द बाहर काम करता है, तो हम भी घर में काम करती हैं कि घर के काम में कुछ लगता ही नहीं? बाहर के काम से तो रात को छुट्टी मिल जाती है। घर के काम से तो रात को भी छुट्टी नहीं मिलती। पुरुष यह चाहे कि मुझे घर में बिठाकर आप सैर-सपाटा करे, तो मुझसे तो न सहा जाए—यह कहती हुई मुनिया राजकुमार को लिए हुए बाहर चली गई।

वसुधा ने थकी हुई, रुआँसी आँखों से खिड़की की ओर देखा। बाहर हरा-भरा बाग़ था, जिसके रंग-बिरंगे फूल यहाँ से साफ़ नज़र आ रहे थे। और पीछे एक विशाल मन्दिर आकाश में अपना सुनहला मस्तक उठाए, सूर्य से आँखें मिला रहा था। स्त्रियाँ रंग-बिरंगे वस्त्रभूषण पहने पूजन करने आ रही थीं। मन्दिर की दाहिनी तरफ़ तालाब में कमल प्रभात के सुनहले आनंद से मुस्कुरा रहे थे और कार्तिक की शीत रवि-छवि-जीवन-ज्योति लुटाती फिरती थी; पर प्रकृति की यह सुरम्य शोभा वसुधा को कोई हर्ष न प्रदान कर सकी। उसे जान पड़ा—प्रकृति उसकी दशा पर व्यंग्य से मुसकिरा रही है। उसी सरोवर के तट पर केवट का एक टूटा-फूटा झोपड़ा किसी अभागिनी वृद्धा की भाँति रो रहा था। वसुधा की आँखें सजल हो गईं। पुष्प और उद्यान के मध्य में खड़ा वह सूना झोपड़ा उसके विलास और ऐश्वर्य से घिरे हुए मन का सजीव मित्र था। उसके जी में आया, जाकर झोपड़े के गले लिपट जाऊँ! और ख़ूब रोऊँ!

वसुधा को इस घर में आए पाँच वर्ष हो गए। पहले उसने अपने भाग्य को सराहा था। माता-पिता के छोटे-से कच्चे आनंदहीन घर को छोड़कर, वह एक विशाल भवन में आई थी, जहाँ सम्पत्ति उसके पैरों को चूमती हुई जान पड़ती थी। उस समय सम्पत्ति ही उसकी आँखों में सब कुछ थी। पति-प्रेम गौण-सी वस्तु थी; पर उसका लोभी मन सम्पत्ति पर संतुष्ट न रह सका, पति-प्रेम के लिए हाथ फैलाने लगा। कुछ दिनों में उसे मालूम हुआ, मुझे परम-रत्न भी मिल गया; पर थोड़े ही दिनों में वह भ्रम जाता रहा। कुँवर गजराजसिंह रूपवान थे, उदार थे, बलवान् थे, शिक्षित थे, विनोदप्रिय थे और प्रेम का अभिनय भी करना जानते थे; उनके जीवन में प्रेम से कंपित होने वाला तार न था। वसुधा का खिला हुआ यौवन और देवताओं को भी लुभाने वाला रूप-रंग केवल विनोद का सामान था। घुड़दौड़ और शिकार, सट्टे और मकार जैसे सनसनी पैदा करने वाले मनोरंजन में प्रेम दबकर पीला और निर्जीव हो गया था। और प्रेम से वंचित होकर वसुधा की प्रेम-तृष्णा अब अपने भाग्य को रोया करती थी। दो पुत्र-रत्न पाकर भी वह सुखी न थी। कुँवर साहब एक महीने से ज़्यादा हुआ, शिकार खेलने गए और अभी तक लौटकर नहीं आए। और यह ऐसा, पहला ही अवसर न था। हाँ, अब उनकी अवधि बढ़ गई थी। पहले वह एक सप्ताह में लौट आते थे; फिर दो सप्ताह का नम्बर चला और अब कई बार से एक-एक महीने की ख़बर लेने लगे। साल में तीन-तीन महीने शिकार की भेंट हो जाते थे। शिकार से लौटते, तो घुड़दौड़ का राग छिड़ता। कभी मेरठ, कभी पूना, कभी बम्बई, कभी कलकत्ता। घर पर ही रहते, तो अधिकतर लम्पट रईसजादों के साथ गप्पें उड़ाया करते। पति के यह रंग-ढंग देखकर वसुधा मन-ही-मन कुढ़ती और घुलती जाती थी। कुछ दिनों से हल्का-हल्का ज्वर भी रहने लगा था।

वसुधा बड़ी देर तक बैठी उदास आँखों से यह दृश्य देखती रही। फिर टेलीफ़ोन पर आकर उसने रियासत के मैनेजर से पूछा—कुँवर साहब का कोई पत्र आया?

फ़ोन ने जवाब दिया—जी हाँ, अभी ख़त आया है। कुँवर साहब ने एक बहुत बड़े शेर को मारा है।

वसुधा ने जलकर कहा—मैं यह नहीं पूछती! आने को कब लिखा है?

'आने के बारे में तो कुछ नहीं लिखा।'

'यहाँ से उनका पड़ाव कितनी दूर है?'

'यहाँ से! दो सौ मील से कम न होगा। पीलीभीत के जंगलों में शिकार हो रहा है।'

'मेरे लिए दो मोटरों का इंतज़ाम कर दीजिए। मैं आज वहाँ जाना चाहती हूँ।'

फ़ोन ने कई मिनट बाद जवाब दिया—एक मोटर तो वह साथ ले गए हैं। एक हाकिम ज़िला के बँगले पर भेज दी गई, तीसरी बैंक के मैनेजर की सवारी में, चौथी की मरम्मत हो रही है।

वसुधा का चेहरा क्रोध से तमतमा उठा। बोली—किसके हुक्म से बैंक के मैनेजर और हाकिम ज़िला को मोटरें भेजी गईं? आप दोनों मँगवा लीजिए। मैं आज ज़रूर जाऊँगी।

'उन दोनों साहबों के पास हमेशा मोटरें भेजी जाती रही हैं; इसलिए मैंने भेज दीं। अब आप हुक्म दे रही हैं, तो मँगवा लूँगा!'

वसुधा ने फ़ोन से आकर सफ़र का सामान ठीक करना शुरू किया। उसने उसी आवेश में आकर अपना भाग्य-निर्णय करने का निश्चय कर लिया था। परित्यक्ता की भाँति पड़ी रहकर जीवन को समाप्त न करना चाहती थी। वह जाकर कुँवर साहब से कहेगी—अगर आप समझते हैं कि मैं आपकी सम्पत्ति की लौंडी बनकर रहूँ, तो यह मुझसे न होगा। आपकी सम्पत्ति आपको मुबारक हो। मेरा अधिकार आपकी सम्पत्ति पर नहीं, आपके ऊपर है। अगर आप मुझसे जौ-भर हटना चाहते हैं, तो मैं आपसे हाथ-भर हट जाऊँगी! इस तरह की और कितनी ही विराग-भरी बातें उसके मन में बगूलों की भाँति उठ रही थीं।

डॉक्टर साहब ने द्वार पर आकर पुकारा—मैं अन्दर आऊँ?

वसुधा ने नम्रता से कहा—आज क्षमा कीजिए, मैं ज़रा पीलीभीत जा रही हूँ।

डॉक्टर ने आश्चर्य से कहा—आप पीलीभीत जा रही हैं! आपका ज्वर चढ़ जाएगा। इस दशा में मैं आपको जाने की सलाह न दूँगा।

वसुधा ने विरक्त स्वर में कहा—बढ़ जाएगा, बढ़ जाए; मुझे इसकी चिन्ता नहीं है!

वृद्ध डॉक्टर परदा उठाकर आ गया और वसुधा के चेहरे की ओर ताकता हुआ बोला—लाइए मैं टेम्परेचर ले लूँ। अगर टेम्परेचर बढ़ा होगा, तो मैं आपको हरगिज न जाने दूँगा।

'टेम्परेचर लेने की ज़रूरत नहीं। मेरा इरादा पक्का हो गया है।'

'स्वास्थ्य पर ध्यान रखना आपका पहला कर्तव्य है।'

वसुधा ने मुस्कुराकर कहा—आप निश्चिन्त रहिए, मैं इतनी जल्द मरी नहीं जा रही हूँ! फिर अगर किसी बीमारी की दवा मौत ही हो, तो आप क्या करेंगे?

डॉक्टर ने दो-एक बार आग्रह किया। फिर विस्मय से सिर हिलाता चला गया!

2

रेलगाड़ी से जाने में आख़िरी स्टेशन से दस कोस तक जंगली सुनसान रास्ता तय करना पड़ता था, इसलिए कुँवर साहब बराबर मोटर ही पर जाते थे। वसुधा ने उसी से जाने का निश्चय किया। दस बजते-बजते दोनों मोटरें आईं। वसुधा ने ड्राइवरों पर ग़ुस्सा उतारा—अब मेरे हुक्म के बग़ैर कहीं मोटर ले गए, तो मोटर का किराया तुम्हारी तलब से काट लूँगी। अच्छी दिल्लगी है! घर को रोएँ, वन की गायें! हमने अपने आराम के लिए मोटरें रखी हैं, किसी की खुशामद करने के लिए नहीं। जिसे मोटर पर सवार होने का शौक़ हो, मोटर ख़रीदे। यह नहीं कि हलवाई की दुकान देखी और दादे का फातिहा पढ़ने बैठ गए!

वह चली, तो दोनों बच्चे कुनमुनाए, मगर जब मालूम हुआ, कि अम्माँ बड़ी दूर हौआ को मारने जा रही हैं तो उनका यात्रा-प्रेम ठंडा पड़ा। वसुधा ने आज सुबह से उन्हें प्यार न

किया था। उसने जलन में सोचा—मैं ही क्यों इन्हें प्यार करूँ, मैंने ही इनका ठेका लिया है! वह तो वहाँ जाकर चैन करें और मैं यहाँ इन्हें छाती से लगाए बैठी रहूँ। लेकिन चलते समय माता का हृदय पुलक उठा। दोनों को बारी-बारी से गोद में लिया, चूमा, प्यार किया और घंटे भर में लौट आने का वचन देकर वह सजल नेत्रों के साथ घर से निकली। मार्ग में भी उसे बच्चों की याद बार-बार आती रही। रास्ते में कोई गाँव आ जाता और छोटे-छोटे बालक मोटर की दौड़ देखने के लिए घरों से निकल आते, और सड़क पर खड़े होकर तालियाँ बजाते हुए मोटर का स्वागत करते, तो वसुधा का जी चाहता, इन्हें गोद में उठाकर प्यार कर लूँ। मोटर जितने वेग से आगे जा रही थी, उतने ही वेग से उसका मन सामने के वृक्ष-समूहों के पीछे की ओर उड़ा जा रहा था। कई बार इच्छा हुई, घर लौट चलूँ। जब उन्हें मेरी रत्ती भर परवाह नहीं है, तो मैं ही क्यों उनकी फ़िक्र में प्राण दूँ? जी चाहे आवें या न आवें; लेकिन एक बार पति से मिलकर उनसे खरी-खरी बात करने के प्रलोभन को वह न रोक सकी। सारी देह थककर चूर-चूर हो रही थी, ज्वर भी हो आया था, सिर पीड़ा से फटा पड़ता था; पर वह संकल्प से सारी बाधाओं को दबाए आगे बढ़ती जाती थी। यहाँ तक कि जब वह दस बजे रात को जंगल के उस डाक-बँगले में पहुँची, तो उसे तन-बदन की सुधि न थी। ज़ोर का ज्वर चढ़ा हुआ था।

3

शोर की आवाज़ सुनते ही कुंवर साहब निकल आए और पूछा—तुम यहाँ कैसे आए जी? कुशल तो है?

शोफर ने समीप आकर कहा—रानी साहब आई हैं हुजूर! रास्ते में बुखार हो आया। बेहोश पड़ी हुई हैं।

कुँवर साहब ने वहीं खड़े कठोर स्वर में पूछा—तो तुम उन्हें वापस क्यों न ले गए? क्या तुम्हें मालूम नहीं था, यहाँ कोई वैद्य-हकीम नहीं है।

शोफर ने सिटपिटाकर जवाब दिया—हुजूर, वह किसी तरह मानती ही न थीं, तो मैं क्या करता?

कुँवर साहब ने डाँटा—चुप रहो जी, बातें न बनाओ। तुमने समझा होगा, शिकार की बहार देखेंगे और पड़े-पड़े सोएँगे। तुमने वापस चलने को कहा ही न होगा।

शोफर—वह मुझे डाँटती थीं हुजूर!

'तुमने कहा था?'

'मैंने कहा तो नहीं हुजूर!'

'बस तो चुप रहो! मैं तुमको भी पहचानता हूँ। तुम्हें मोटर लेकर इसी वक़्त लौटना पड़ेगा। और कौन-कौन साथ हैं?'

शोफर ने दबी हुई आवाज़ में कहा—एक मोटर पर बिस्तर और कपड़े हैं एक पर ख़ुद रानी साहब हैं।

'यानी और कोई साथ नहीं है?'

'हुजूर! मैं तो हुक्म का ताबेदार हूँ।'

'बस, चुप रहो!'

यों झल्लाते हुए कुँवर साहब वसुधा के पास गए और आहिस्ता से पुकारा। जब कोई जवाब न मिला तो उन्होंने धीरे से उसके माथे पर हाथ रखा। सिर गर्म तवा हो रहा था। उस ताप ने मानो उनकी सारी क्रोध-ज्वाला को खींच लिया। लपककर बँगले में आए, सोए हुए आदमियों को जगाया, पलँग बिछवाया, अचेत वसुधा को गोद में उठाकर कमरे में लाए और पलँग पर लिटा दिया। फिर उसके सिरहाने खड़े होकर उसे व्यथित नेत्रों से देखने लगे। उस धूल से भरे मुखमंडल और बिखरे हुए रज-रंजित केशों में आज उन्होंने आग्रहमय प्रेम की झलक देखी। अब तक उन्होंने वसुधा को विलासिनी के रूप में देखा था, जिसे उनके प्रेम की परवाह न थी, जो अपने बनाव-सिंगार ही में मगन थी, आज धूल के पौडर और पोमेड में वह उसके नारीत्व का दर्शन कर रहे थे। उसमें कितना आग्रह था, कितनी लालसा थी! अपनी उड़ान के आनंद में डूबी हुई; अब वह पिंजरे के द्वार पर आकर पंख फड़फड़ा रही थी। पिंजरे का द्वार खुलकर क्या उसका स्वागत न करेगा?

रसोइये ने पूछा—क्या सरकार अकेले आई हैं?

कुँवर साहब ने कोमल कंठ से कहा—हाँ जी, और क्या। इतने आदमी हैं, किसी को साथ न लिया। आराम से रेलगाड़ी से आ सकती थीं। यहाँ से मोटर भेज दी जाती। मन ही तो है। कितने ज़ोर का बुखार है कि हाथ नहीं रखा जाता। ज़रा-सा पानी गर्म करो और देखो, कुछ खाने को बना लो।

रसोइये ने ठकुर-सोहाती की—सौ कोस की दौड़ बहुत होती है सरकार! सारा दिन बैठे-बैठे बीत गया।

कुँवर साहब ने वसुधा के सिर के नीचे तकिया सीधा करके कहा— 'कचूमर तो हम लोगों का निकल जाता है। दो दिन तक कमर नहीं सीधी होती फिर इनकी क्या बात है। ऐसी बेहूदा सड़क दुनिया में न होगी।' यह कहते हुए उन्होंने एक शीशी से तेल निकाला और वसुधा के सिर में मलने लगे।

4

वसुधा का ज्वर इक्कीस दिन तक न उतरा। घर के डॉक्टर आए। दोनों बालक, मुनिया, नौकर-चाकर, सभी आ गए। जंगल में मंगल हो गया।

वसुधा खाट पर पड़ी-पड़ी कुँवर साहब की शुश्रुषाओं में अलौकिक आनंद और सन्तोष का अनुभव किया करती। वह दोपहर दिन चढ़े तक सोने के आदी थे, कितने सबेरे उठते, उसके पथ्य और आराम की ज़रा-ज़रा सी बातों का कितना ख़याल रखते। ज़रा देर के लिए स्नान और भोजन करते जाते, फिर आकर बैठ जाते। एक तपस्या-सी कर रहे थे। उसका स्वास्थ्य बिगड़ता जाता था, चेहरे पर स्वास्थ्य की लाली न थी। कुछ व्यस्त से रहते थे।

एक दिन वसुधा ने कहा—तुम आजकल शिकार खेलने क्यों नहीं जाते? मैं तो शिकार खेलने ही आई थी, मगर न जाने किस बुरी साइत से चली कि तुम्हें इतनी तपस्या करनी पड़ गई। अब मैं बिलकुल अच्छी हूँ। ज़रा आईने में अपनी सूरत तो देखो।

कुँवर साहब को इतने दिनों शिकार का कभी ध्यान ही न आया था। इसकी चर्चा ही न होती थी। शिकारियों का आना-जाना, मिलना-जुलना बन्द था। एक बार साथ के एक शिकारी ने किसी शेर का ज़िक्र किया था। कुँवर साहब ने उसकी ओर कुछ ऐसी कड़वी आँखों से

देखा कि वह सूख-सा गया। वसुधा के पास बैठने, उससे कुछ बातें करके उसका मन बहलाने, दवा और पथ्य बनाने में ही उन्हें आनंद मिलता था। उनका भोग-विलास जीवन के इस कठोर व्रत में जैसे बुझ गया। वसुधा की एक हथेली पर अँगुलियों से रेखा खींचने में मग्न थे। शिकार की बात किसी और के मुँह से सुनी होती, तो फिर उसी आग्नेय नेत्रों से देखते। वसुधा के मुँह से यह चर्चा सुनकर उन्हें दुःख हुआ। वह उन्हें इतना शिकार का आसक्त समझती है! अमर्ष भरे स्वर में बोले—हाँ, शिकार खेलने का इससे अच्छा और कौन अवसर मिलेगा!

वसुधा ने आग्रह किया—मैं तो अब अच्छी हूँ, सच! देखो (आईने की ओर दिखाकर) मेरे चेहरे पर वह पीलापन नहीं रहा। तुम अलबत्ता बीमार से हो जाते हो। ज़रा मन बहल जाएगा। बीमार के पास बैठने से आदमी सचमुच बीमार हो जाता है।

वसुधा ने साधारण-सी बात कही थी; पर कुँवर साहब के हृदय पर वह चिनगारी के समान लगी। इधर वह अपने शिकार के खब्त पर कई बार पछता चुके थे। अगर वह शिकार के पीछे यों न पड़ते, तो वसुधा यहाँ क्यों आती और क्यों बीमार पड़ती। उन्हें मन-ही-मन इसका बड़ा दुःख था। इस वक़्त कुछ न बोले। शायद कुछ बोला ही न गया। फिर वसुधा की हथेली पर रेखाएँ बनाने लगे।

वसुधा ने उसी सरल भाव से कहा—अबकी तुमने क्या-क्या तोहफे जमा किए, ज़रा मँगाओ, देखूँ। उनमें से जो सबसे अच्छा होगा, उसे मैं ले लूँगी। अबकी मैं भी तुम्हारे साथ शिकार खेलने चलूँगी। बोलो, मुझे ले चलोगे न? मैं मानूँगी नहीं। बहाने मत करने लगना।

अपने शिकारी तोहफे दिखाने का कुँवर साहब को मरज था। सैकड़ों ही खालें जमा कर रखी थीं। उनके कई कमरों में फ़र्श-गद्दे, कोच, कुर्सियाँ, मोढ़े सब खालों ही के थे। ओढ़ना और बिछौना भी खालों ही का था! बाघम्बरों के कई सूट बनवा रखे थे। शिकार में वही सूट पहनते थे। अबकी भी बहुत से सींग, सिर, पंजे, खालें जमा कर रखी थीं। वसुधा का इन चीज़ों से अवश्य मनोरंजन होगा। यह न समझे कि वसुधा ने सिंह-द्वार से प्रवेश न पाकर चोर दरवाज़े से घुसने का प्रयत्न किया है। जाकर वह चीज़ें उठवा लाए; लेकिन आदमियों को परदे की आड़ में खड़ा करके पहले अकेले ही उसके पास गए! डरते थे; कहीं मेरी उत्सकुता वसुधा को बुरी न लगे।

वसुधा ने उत्सुक होकर पूछा—चीज़ें नहीं लाए?

'लाया हूँ, मगर कहीं डॉक्टर साहब न हों।'

'डॉक्टर ने पढ़ने-लिखने को मना किया था।'

तोहफे लाए गए। कुँवर साहब एक-एक चीज़ निकालकर दिखाने लगे। वसुधा के चेहरे पर हर्ष की ऐसी लाली हफ़्तों से न दिखी थी, जैसे कोई बालक तमाशा देखकर मगन हो रहा हो। बीमारी के बाद हम बच्चों की तरह जिद्दी, उतने ही आतुर, उतने ही सरल हो जाते हैं। जिन किताबों में भी मन न लगा हो, वह बीमारी के बाद पढ़ी जाती हैं। वसुधा जैसे उल्लास की गोद में खेलने लगी। चीतों की खालें थीं, बाघों की, मृगों की, शेरों की। वसुधा हरेक खाल नई उमंग से देखती, जैसे बायस्कोप के एक चित्र के बाद दूसरा चित्र आ रहा हो। कुँवर साहब एक-एक तोहफे का इतिहास सुनाने लगे। यह जानवर कैसे मारा गया, उसके मारने में क्या-क्या बाधाएँ पड़ीं, क्या-क्या उपाय करने पड़े, पहले कहाँ गोली लगी आदि। वसुधा हरेक की कथा आँखें फाड़-फाड़कर सुन रही थी। इतना सजीव, स्फूर्तिमय आनंद

उसे आज तक किसी कविता, संगीत या आमोद में भी न मिला था। सबसे सुन्दर एक सिंह की खाल थी। वही उसने छाँटी।

कुँवर साहब की यह सबसे बहुमूल्य वस्तु थी। उसे अपने कमरे में लटकाने को रखे हुए थे। बोले—तुम बाघम्बरों में से कोई ले लो। यह तो कोई अच्छी चीज़ नहीं।

वसुधा ने खाल को अपनी ओर खींचकर कहा—रहने दीजिए अपनी सलाह। मैं ख़राब ही लूँगी।

कुँवर साहब ने जैसे अपनी आँखों से आँसू पोंछकर कहा—तुम वही ले लो, मैं तो तुम्हारे ख़याल से कह रहा था। मैं फिर वैसा ही मार लूँगा।

'तो तुम मुझे चकमा क्यों देते थे?'

'चकमा कौन देता था?'

'अच्छा, खाओ मेरे सिर की क़सम, कि यह सबसे सुन्दर खाल नहीं है?' कुँवर साहब ने हार की हँसी हँस कर कहा—क़सम क्यों खाएँ, इस एक खाल के लिए? ऐसी-ऐसी एक लाख खालें हों, तो तुम्हारे ऊपर न्योछावर कर दूँ।

जब शिकारी सब खालें लेकर चला गया, तो कुँवर साहब ने कहा—मैं इस खाल पर काले ऊन से अपना समर्पण लिखूँगा।

वसुधा ने थकान से पलँग पर लेटते हुए कहा—अब मैं भी शिकार खेलने चलूँगी।

फिर वह सोचने लगी, वह भी कोई शेर मारेगी और उसकी खाल पतिदेव को भेंट करेगी। उस पर लाल ऊन से लिखा जाएगा—प्रियतम!

जिस ज्योति के मन्द पड़ जाने से हरेक व्यापार, हरेक व्यंजन पर अंधकार छा गया था, वह ज्योति अब प्रदीप्त होने लगी थी।

5

शिकारों का वृत्तान्त सुनने की वसुधा को चाट-सी पड़ गई। कुँवर साहब को कई-कई बार अपने अनुभव सुनाने पड़े। उसका सुनने से जी ही न भरता था। अब तक कुँवर साहब का संसार अलग था, जिसके दु:ख-सुख, हानि-लाभ, आशा-निराशा से वसुधा को कोई सरोकार न था। वसुधा को इस संसार के व्यापार से कोई रुचि न थी, बल्कि अरुचि थी। कुँवर साहब इस पृथक् संसार की बातें उससे छिपाते थे; पर अब वसुधा उनके इस संसार में एक उज्ज्वल प्रकाश, एक वरदानों वाली देवी के समान अवतरित हो गई थी।

एक दिन वसुधा ने आग्रह किया—मुझे बन्दूक़ चलाना सिखा दो।

डॉक्टर साहब की अनुमति मिलने में विलम्ब न हुआ। वसुधा स्वस्थ हो गई थी। कुँवर साहब ने शुभ मुहूर्त में उसे दीक्षा दी। उस दिन से जब देखो, वृक्षों की छाँह में खड़ी निशाने का अभ्यास कर रही है, और कुँवर साहब खड़े उसकी परीक्षा ले रहे हैं।

जिस दिन उसने पहली चिड़िया मारी, कुँवर साहब हर्ष से उछल पड़े। नौकरों को इनाम दिए; ब्राह्मणों को दान दिया गया। इस आनंद की शुभ-स्मृति में उस पक्षी की ममी बनाकर रखी गई।

वसुधा के जीवन में अब एक नया उत्साह, एक नया उल्लास, एक नई आशा थी। पहले की भाँति उसका वंचित हृदय अशुभ कल्पनाओं से त्रस्त न था। अब उसमें विश्वास था, बल था, अनुराग था।

6

कई दिनों के बाद वसुधा की साध पूरी हुई। कुँवर साहब उसे साथ लेकर शिकार खेलने पर राज़ी हुए और शिकार था शेर का और शेर भी वह जिसने इधर एक महीने से आसपास के गाँवों में तहलका मचा दिया था।

चारों तरफ़ अंधकार था, ऐसा सघन कि पृथ्वी उसके भार से कराहती हुई जान पड़ती। कुँवर साहब और वसुधा एक ऊँचे मचान पर बन्दूक़ लिए दम साधे बैठे हुए थे। बहुत भयंकर जन्तु था। अभी पिछली रात को वह एक सोते हुए आदमी को खेत में मचान पर से खींचकर ले भागा था। उसकी चालाकी पर लोग दाँतों तले अँगुली दबाए थे। मचान इतना ऊँचा था कि चीता उछलकर न पहुँच सकता था। हाँ, उसने यह देख लिया कि वह आदमी मचान पर बाहर की तरफ़ सिर किए सो रहा था। दुष्ट को एक चाल सूझी। वह पास के गाँव में गया और वहाँ से एक लम्बा बाँस उठा लाया। बाँस के एक सिरे को उसने दाँतों से कुचला और जब उसकी कूँची-सी बन गई, तो उसे न जाने अगले पंजों या दाँतों से उठाकर सोने वाले आदमी के बालों में फिराने लगा। वह जानता था, बाल बाँस के रेशों में फँस जाएँगे। एक झटके में वह अभागा आदमी नीचे आ रहा। इसी मानस-भक्षी चीते की घात में दोनों शिकारी बैठे हुए थे। नीचे कुछ दूर पर भैंसा बाँध दिया गया था और शेर के आने की राह देखी जा रही थी। कुँवर साहब शान्त थे; पर वसुधा की छाती धड़क रही थी। ज़रा-सा भी पत्ता खड़कता, तो वह चौंक पड़ती और बन्दूक़ सीधी करने के बदले में चौंककर कुँवर साहब से चिपक जाती। कुँवर साहब बीच-बीच में उसकी हिम्मत बँधाते जाते थे।

'ज्यों ही भैंसे पर आया, मैं उसका काम तमाम कर दूँगा। तुम्हारी गोली की नौबत ही न आने पावेगी।'

वसुधा ने सिहरकर कहा—और जो कहीं निशाना चूक गया तो उछलेगा?

'तो फिर दूसरी गोली चलेगी। तीनों बन्दूक़ें तो भरी तैयार रखी हैं। तुम्हारा जी घबड़ाता तो नहीं?'

'बिलकुल नहीं। मैं तो चाहती हूँ, पहला मेरा निशाना होता।'

पत्ते खड़खड़ा उठे। वसुधा चौंककर पति के कन्धों से लिपट गई। कुँवर साहब ने उसकी गर्दन में हाथ डालकर कहा—दिल मज़बूत करो प्रिये।

वसुधा ने लज्जित होकर कहा—नहीं-नहीं, मैं डरती नहीं, ज़रा चौंक पड़ी थी।

सहसा भैंसे के पास दो चिनगारियाँ-सी चमक उठी। कुँवर साहब ने धीरे से वसुधा का हाथ दबाकर शेर के आने की सूचना दी और सतर्क हो गए। जब शेर भैंसे पर आ गया, तो उन्होंने निशाना मारा। ख़ाली गया। दूसरा फैर किया। चीता ज़ख़्मी तो हुआ; पर गिरा नहीं। क्रोध से पागल होकर इतनी ज़ोर से ग़रजा कि वसुधा का कलेजा दहल उठा। कुँवर साहब तीसरा फैर करने जा रहे थे कि चीते ने मचान पर जस्त मारी। उसके अगले पंजों के धक्के से मचान ऐसा हिला कि कुँवर साहब हाथ में बन्दूक़ लिए झोंके से नीचे गिर पड़े। कितना भीषण अवसर था! अगर एक पल का भी विलम्ब होता, तो कुँवर साहब की खैरियत न थी। शेर की जलती हुई आँखें वसुधा के सामने चमक रही थीं। उसकी दुर्गंधमय साँस देह में लग रही थी। हाथ-पाँव फूले हुए थे। आँखें भीतर को सिकुड़ी जा रही थीं; पर इस ख़तरे ने जैसे उसकी नाड़ियों में बिजली भर दी। उसने अपनी बन्दूक़ सँभाली। शेर के और उसके बीच में

दो हाथ से ज़्यादा अंतर न था। वह उचककर आना ही चाहता था कि वसुधा ने बन्दूक़ की नली उसकी आँखों में डालकर बन्दूक़ छोड़ी। धायँ! शेर के पंजे ढीले पड़े। नीचे गिर पड़ा। अब समस्या भीषण थी। शेर से तीन-चार क़दम पर ही कुँवर साहब गिरे पड़े थे। शायद चोट ज़्यादा आई हो। शेर में अगर अभी दम है, तो वह उन पर ज़रूर वार करेगा। वसुधा के प्राण आँखों में थे और बल कलाइयों में। इस वक़्त कोई उसकी देह में भाला भी चुभा देता, तो उसे ख़बर न होती! वह अपने होश में न थी। उसकी मूर्च्छा ही चेतना का काम कर रही थी। उसने बिजली की बत्ती जलाई। देखा शेर उठने की चेष्टा कर रहा है। दूसरी गोली सिर पर मारी और उसके साथ ही रिवाल्वर लिए नीचे कूदी। शेर ज़ोर से गुर्राया। वसुधा ने उसके मुँह के सामने रिवाल्वर ख़ाली कर दिया। कुँवर साहब सँभलकर खड़े हो गए। दौड़कर उसे छाती से चिपटा लिया। अरे! यह क्या। वसुधा बेहोश थी। भय उसके प्राणों को मुट्ठी में लिए उसकी आत्म-रक्षा कर रहा था। भय के शान्त होते ही मूर्च्छा आ गई।

7

तीन घंटों के बाद वसुधा की मूर्च्छा टूटी। उसकी चेतना अब भी उन्हीं भयप्रद परिस्थितियों में विचर रही थी। उसने धीरे से डरते-डरते आँखें खोलीं। कुँवर साहब ने पूछा—कैसा जी है प्रिये?

वसुधा ने उनकी रक्षा के लिए दोनों हाथों का घेरा बनाते हुए कहा—वहाँ से हट जाओ! ऐसा न हो, झपट पड़े।

कुँवर साहब ने हँसकर कहा—शेर कब का ठंडा हो गया। वह बरामदे में पड़ा है। ऐसे डील-डौल का और इतना भयंकर सिंह मैंने नहीं देखा।

वसुधा—तुम्हें चोट तो नहीं आई?

कुँवर—बिलकुल नहीं। तुम कूद क्यों पड़ीं? पैरों में बड़ी चोट आई होगी। तुम जीती कैसे बचीं, यह आश्चर्य है। मैं तो इतनी ऊँचाई से कभी न कूद सकता।

वसुधा ने चकित होकर कहा—मैं! मैं कहाँ कूदी? शेर मचान पर आया, इतना याद है। उसके बाद क्या हुआ, मुझे कुछ याद नहीं।

कुँवर को भी विस्मय हुआ—वाह! तुमने उस पर दो गोलियाँ चलाईं। जब वह नीचे गिरा, तो तुम भी कूद पड़ीं और उसके मुँह में रिवाल्वर की नली ठूँस दी। बस वहीं ठंडा हो गया। बड़ा बेहया जानवर था। अगर तुम चूक जातीं, तो वह नीचे आते ही मुझ पर ज़रूर चोट करता। मेरे पास तो छुरी भी न थी। बन्दूक़ हाथ से छूटकर दूसरी तरफ़ गिर गई थी। अँधेरे में कुछ सुझाई न देता था। तुम्हारे ही प्रभाव से इस वक़्त मैं यहाँ खड़ा हूँ, तुमने मुझे प्राण-दान दिया।

दूसरे दिन प्रात:काल यहाँ से कूच हुआ।

जो घर वसुधा को फाड़े खाता था, उसमें आज जाकर ऐसा आनंद आया, जैसे किसी बिछुड़े मित्र से मिली हो। हरेक वस्तु उसका स्वागत करती हुई मालूम होती थी! जिन नौकरों और लौंडियों से वह महीनों से सीधे मुँह न बोली थी, उनसे वह आज हँस-हँसकर कुशल पूछती और गले मिलती थी, जैसे अपनी पिछली रुखाइयों की पटौती कर रही हो।

संध्या का सूर्य, आकाश के स्वर्ण सागर में अपनी नौका खेता हुआ चला जा रहा था! वसुधा खिड़की के सामने कुरसी पर बैठकर सामने का दृश्य देखने लगी। उस दृश्य में आज

जीवन था, विकास था, उन्माद था। केवट का वह सूना झोपड़ा भी आज कितना सुहावना लग रहा था। प्रकृति में मोहिनी भरी हुई थी।

मन्दिर के सामने मुनिया राजकुमारों को खिला रही थी। वसुधा के मन में आज कुलदेव के प्रति श्रद्धा जागृत हुई, जो बरसों से पड़ी सो रही थी। उसने पूजा के सामान मँगवाए और पूजा करने चली। आनंद से भरे भंडार से अब वह कुछ दान भी कर सकती थी। जलते हुए हृदय से ज्वाला के सिवा और क्या निकलती।

उसी वक़्त कुँवर साहब आकर बोले—अच्छा, पूजा करने जा रही हो। मैं भी वहीं जा रहा था। मैंने एक मनौती मान रक्खी है।

वसुधा ने मुस्कुराती हुई आँखों से पूछा—कैसी मनौती है?

कुँवर साहब ने हँसकर कहा—यह न बताऊँगा।

सुभागी

और लोगों के यहाँ चाहे जो होता हो, तुलसी महतो अपनी लड़की सुभागी को लड़के रामू से जौ-भर भी कम प्यार न करते थे। रामू जवान होकर भी काठ का उल्लू था। सुभागी ग्यारह साल की बालिका होकर भी घर के काम में इतनी चतुर, और खेती-बारी के काम में इतनी निपुण थी कि उसकी माँ लक्ष्मी दिल में डरती रहती कि कहीं लड़की पर देवताओं की आँख न पड़ जाए। अच्छे बालकों से भगवान को भी तो प्रेम है। कोई सुभागी का बखान न करे, इसलिए वह अनायास ही उसे डाँटती रहती थी। बखान से लड़के बिगड़ जाते हैं, यह भय तो न था, भय था—नज़र का! वही सुभागी आज ग्यारह साल की उम्र में विधवा हो गई।

घर में कुहराम मचा हुआ था। लक्ष्मी पछाड़ें खाती थी। तुलसी सिर पीटते थे। उन्हें रोते देखकर सुभागी भी रोती थी। बार-बार माँ से पूछती—क्यों रोती हो अम्माँ, मैं तुम्हें छोड़कर कहीं न जाऊँगी, तुम क्यों रोती हो? उसकी भोली बातें सुनकर माता का दिल और भी फटा जाता था। वह सोचती थी—ईश्वर तुम्हारी यही लीला है! जो खेल खेलते हो, वह दूसरों को दुःख देकर। ऐसा तो पागल करते हैं। आदमी पागलपन करे तो उसे पागलख़ाने भेजते हैं; मगर तुम जो पागलपन करते हो, उसका कोई दंड नहीं। ऐसा खेल किस काम का कि दूसरे रोएँ और तुम हँसो। तुम्हें तो लोग दयालु कहते हैं। यही तुम्हारी दया है!

और सुभागी क्या सोच रही थी? उसके पास कोठरी भर रुपए होते, तो वह उन्हें छिपाकर रख देती। फिर एक दिन चुपके से बाज़ार चली जाती और अम्माँ के लिए अच्छे-अच्छे कपड़े लाती, दादा जब बाक़ी माँगने आते, तो चट रुपए निकालकर दे देती, अम्माँ-दादा कितने ख़ुश होते।

2

जब सुभागी जवान हुई तो लोग तुलसी महतो पर दबाव डालने लगे कि लड़की का घर कहीं कर दो। जवान लड़की का यों फिरना ठीक नहीं। जब हमारी बिरादरी में इसकी कोई निंदा नहीं है, तो क्यों सोच-विचार करते हो?

तुलसी ने कहा—भाई मैं तो तैयार हूँ; लेकिन जब सुभागी भी माने। वह किसी तरह राज़ी नहीं होती।

हरिहर ने सुभागी को समझाकर कहा—बेटी, हम तेरे ही भले को कहते हैं। माँ-बाप अब बूढ़े हुए, उनका क्या भरोसा। तुम इस तरह कब तक बैठी रहोगी?

सुभागी ने सिर झुकाकर क़हा—चाचा, मैं तुम्हारी बात समझ रही हूँ; लेकिन मेरा मन घर करने को नहीं कहता। मुझे आराम की चिन्ता नहीं है। मैं सब कुछ झेलने को तैयार हूँ। और जो काम तुम कहो, वह सिर-आँखों के बल करूँगी; मगर घर बसाने को मुझसे न कहो। जब मेरा चाल-कुचाल देखना तो मेरा सिर काट लेना। अगर मैं सच्चे बाप की बेटी हूँगी, तो बात की भी पक्की हूँगी। फिर लज्जा रखनेवाले तो भगवान हैं, मेरी क्या हस्ती है कि अभी कुछ कहूँ।

उजड्ड रामू बोला—तुम अगर सोचती हो कि भैया कमावेंगे और मैं बैठी मौज करूँगी, तो इस भरोसे न रहना। यहाँ किसी ने जनम भर का ठीका नहीं लिया है।

रामू की दुल्हन रामू से भी दो अंगुल ऊँची थी। मटककर बोली—हमने किसी का करज थोड़े ही खाया कि जनम भर बैठे भरा करें। यहाँ तो खाने को भी महीन चाहिए, पहनने को भी महीन चाहिए, यह हमारे बूते की बात नहीं। सुभागी ने गर्व से भरे हुए स्वर में कहा—भाभी, मैंने तुम्हारा आसरा कभी नहीं किया और भगवान ने चाहा तो कभी करूँगी भी नहीं। तुम अपनी देखो, मेरी चिन्ता न करो।

रामू की दुल्हन को जब मालूम हो गया कि सुभागी घर न करेगी, तो और भी उसके सिर हो गई। हमेशा एक-न-एक खुचड़ लगाए रहती। उसे रुलाने में जैसे उसको मज़ा आता था। वह बेचारी पहर रात से उठकर कूटने-पीसने में लग जाती, चौका-बरतन करती, गोबर पाथती। फिर खेत में काम करने चली जाती। दोपहर को आकर जल्दी-जल्दी खाना पकाकर सबको खिलाती। रात को कभी माँ के सिर में तेल डालती, कभी उसकी देह दबाती। तुलसी चिलम के भक्त थे। उन्हें बार-बार चिलम पिलाती। जहाँ तक अपना बस चलता, माँ-बाप को कोई काम न करने देती। हाँ, भाई को न रोकती। सोचती, यह तो जवान आदमी हैं, यह काम न करेंगे तो गृहस्थी कैसे चलेगी।

मगर रामू को यह बुरा लगता। अम्मा और दादा को तिनका तक नहीं उठाने देती और मुझे पीसना चाहती है। यहाँ तक कि एक दिन वह जामे से बाहर हो गया। सुभागी से बोला—अगर उन लोगों का बड़ा मोह है, तो क्यों नहीं अलग लेकर रहती हो। तब सेवा करो तो मालूम हो कि सेवा कड़वी लगती है कि मीठी। दूसरों के बल पर वाहवाही लेना आसान है। बहादुर वह है, जो अपने बल पर काम करे।

सुभागी ने तो कुछ जवाब न दिया। बात बढ़ जाने का भय था। मगर उसके माँ-बाप बैठे सुन रहे थे। महतो से न रहा गया। बोले—क्या है रामू, उस ग़रीबिन से क्यों लड़ते हो?

रामू पास आकर बोला—तुम क्यों बीच में कूद पड़े, मैं तो उसको कहता था।

तुलसी—जब तक मैं जीता हूँ, तुम उसे कुछ नहीं कह सकते। मेरे पीछे जो चाहे करना। बेचारी का घर में रहना मुश्किल कर दिया।

रामू—आपको बेटी बहुत प्यारी है, तो उसे गले बाँध कर रखिए। मुझसे तो नहीं सहा जाता।

तुलसी—अच्छी बात है। अगर तुम्हारी यह मरजी है, तो यही होगा। मैं कल गाँव के आदमियों को बुलाकर बँटवारा कर दूँगा। तुम चाहे छूट जाव, सुभागी नहीं छूट सकती।

रात को तुलसी लेटे तो वह पुरानी बात याद आई, जब रामू के जन्मोत्सव में उन्होंने रुपए क़र्ज़ लेकर जलसा किया था, और सुभागी पैदा हुई, तो घर में रुपए रहते हुए भी उन्होंने एक कौड़ी न ख़र्च की। पुत्र को रत्न समझा था, पुत्री को पूर्व-जन्म के पापों का दंड। वह रत्न कितना कठोर निकला और यह दंड कितना मंगलमय।

3

दूसरे दिन महतो ने गाँव के आदमियों को जमा करके कहा—पंचो, अब रामू का और मेरा एक में निबाह नहीं होता। मैं चाहता हूँ कि तुम लोग इंसाफ से जो कुछ मुझे दे दो, वह लेकर अलग हो जाऊँ। रात-दिन की किच-किच अच्छी नहीं।

गाँव के मुख्तार बाबू सजनसिंह बड़े सज्जन पुरुष थे। उन्होंने रामू को बुलाकर पूछा—क्यों जी, तुम अपने बाप से अलग रहना चाहते हो? तुम्हें शर्म नहीं आती कि औरत के कहने से माँ-बाप को अलग किए देते हो? राम! राम!

रामू ने ढिठाई के साथ कहा—जब एक में गुज़र न हो, तो अलग हो जाना ही अच्छा है।

सजनसिंह—तुमको एक में क्या कष्ट होता है?

रामू—एक बात हो तो बताऊँ।

सजनसिंह—कुछ तो बतलाओ।

रामू—साहब, एक में मेरा इनके साथ निबाह न होगा। बस मैं और कुछ नहीं जानता।

यह कहता हुआ रामू वहाँ से चलता बना।

तुलसी—देख लिया आप लोगों ने इसका मिज़ाज! आप चाहे चार हिस्सों में तीन हिस्से उसे दे दें, पर अब मैं इस दुष्ट के साथ न रहूँगा। भगवान ने बेटी को दुःख दे दिया, नहीं मुझे खेती-बारी लेकर क्या करना था। जहाँ रहता वहीं कमाता खाता! भगवान ऐसा बेटा सातवें बैरी को भी न दें। 'लड़के से लड़की भली, जो कुलवंती होय।'

सहसा सुभागी आकर बोली—दादा, यह सब बाँट-बखरा मेरे ही कारन तो हो रहा है, मुझे क्यों नहीं अलग कर देते। मैं मेहनत-मजूरी करके अपना पेट पाल लूँगी। अपने से जो कुछ बन पड़ेगा, तुम्हारी सेवा करती रहूँगी; पर रहूँगी अलग। यों घर का बारा-बाँट होते मुझसे नहीं देखा जाता। मैं अपने माथे यह कलंक नहीं लेना चाहती।

तुलसी ने कहा—बेटी, हम तुझे न छोड़ेंगे चाहे संसार छूट जाए! रामू का मैं मुँह नहीं देखना चाहता, उसके साथ रहना तो दूर रहा।

रामू की दुल्हन बोली—तुम किसी का मुँह नहीं देखना चाहते, तो हम भी तुम्हारी पूजा करने को व्याकुल नहीं हैं।

महतो दाँत पीसते हुए उठे कि बहू को मारें, मगर लोगों ने पकड़ लिया।

4

बँटवारा होते ही महतो और लक्ष्मी को मानों पेंशन मिल गई। पहले तो दोनों सारे दिन, सुभागी के मना करने पर भी कुछ-न-कुछ करते ही रहते थे; पर अब उन्हें पूरा विश्राम था। पहले दोनों दूध-घी को तरसते थे। सुभागी ने कुछ रुपए बचाकर एक भैंस ले ली।

बूढ़े आदमियों की जान तो उनका भोजन है। अच्छा भोजन न मिले तो वे किस आधार पर रहें। चौधरी ने बहुत विरोध किया। कहने लगे, घर का काम यों ही क्या कम है कि तू यह नया झंझट पाल रही है। सुभागी उन्हें बहलाने के लिए कहती—दादा, दूध के बिना मुझे खाना नहीं अच्छा लगता।

लक्ष्मी ने हँसकर कहा—बेटी, तू झूठ कब से बोलने लगी। कभी दूध हाथ से तो छूती नहीं, खाने की कौन कहे। सारा दूध हम लोगों के पेट में ठूँस देती है।

गाँव में जहाँ देखो सबके मुँह से सुभागी की तारीफ। लड़की नहीं देवी है। दो मरदों का काम भी करती है, उस पर माँ-बाप की सेवा भी किए जाती है। सजनसिंह तो कहते, यह उस जन्म की देवी है।

मगर शायद महतो को यह सुख बहुत दिन तक भोगना न लिखा था।

सात-आठ दिन से महतो को ज़ोर का ज्वर चढ़ा हुआ था। देह पर कपड़े का तार भी नहीं रहने देते। लक्ष्मी पास बैठी रो रही थी। सुभागी पानी लिए खड़ी है। अभी एक क्षण पहले महतो ने पानी माँगा था; पर जब तक वह पानी लावे, उनका जी डूब गया और हाथ-पाँव ठंडे हो गए। सुभागी उनकी यह दशा देखते ही रामू के घर गई और बोली—भैया, चलो, देखो आज दादा न जाने कैसे हुए जाते हैं। सात दिन से ज्वर नहीं उतरा।

रामू ने चारपाई पर लेटे-लेटे कहा—तो क्या मैं डॉक्टर-हकीम हूँ कि देखने चलूँ? जब तक अच्छे थे, तब तक तो तुम उनके गले का हार बनी हुई थीं। अब जब मरने लगे तो मुझे बुलाने आई हो!

उसी वक़्त उसकी दुल्हन अन्दर से निकल आई और सुभागी से पूछा—दादा को क्या हुआ है दीदी?

सुभागी के पहले रामू बोल उठा—हुआ क्या है, अभी कोई मरे थोड़े ही जाते हैं।

सुभागी ने फिर उससे कुछ न कहा, सीधे सजनसिंह के पास गई। उसके जाने के बाद रामू हँसकर स्त्री से बोला—त्रियाचरित्र इसी को कहते हैं।

स्त्री—इसमें त्रियाचरित्र की कौन बात है? चले क्यों नहीं जाते?

रामू—मैं नहीं जाने का। जैसे उसे लेकर अलग हुए थे, वैसे उसे लेकर रहें। मर भी जाएँ तो न जाऊँ।

स्त्री—(हँसकर) मर जाएँगे तो आग देने तो जाओगे, तब कहाँ भागोगे?

रामू—कभी नहीं? सब कुछ उनकी प्यारी सुभागी कर लेगी।

स्त्री—तुम्हारे रहते वह क्यों करने लगी!

रामू—जैसे मेरे रहते उसे लेकर अलग हुए और कैसे!

स्त्री—नहीं जी, यह अच्छी बात नहीं है। चलो देख आवें। कुछ भी हो, बाप ही तो हैं। फिर गाँव में कौन मुँह दिखाओगे?

रामू—चुप रहो, मुझे उपदेश मत दो।

उधर बाबू साहब ने ज्यों ही महतो की हालत सुनी, तुरन्त सुभागी के साथ भागे चले आए। यहाँ पहुँचे तो महतो की दशा और ख़राब हो चुकी थी। नाड़ी देखी तो बहुत धीमी थी। समझ गए कि ज़िन्दगी के दिन पूरे हो गए। मौत का आतंक छाया हुआ था। सजल नेत्र होकर बोले—महतो भाई, कैसा जी है?

महतो जैसे नींद से जागकर बोले—बहुत अच्छा है भैया! अब तो चलने की बेला है। सुभागी के पिता अब तुम्हीं हो। उसे तुम्हीं को सौंपे जाता हूँ।

सजनसिंह ने रोते हुए कहा—भैया महतो, घबड़ाओ मत, भगवान ने चाहा तो तुम अच्छे हो जाओगे। सुभागी को तो मैंने हमेशा अपनी बेटी समझा है और जब तक जिऊँगा ऐसा ही समझता रहूँगा। तुम निश्चिंत रहो। मेरे रहते सुभागी या लक्ष्मी को कोई तिरछी आँख से न देख सकेगा। और कुछ इच्छा हो तो वह भी कह दो।

महतो ने विनीत नेत्रों से देखकर कहा—और कुछ नहीं कहूँगा भैया। भगवान तुम्हें सदा सुखी रखे।

सजनसिंह—रामू को बुलाकर लाता हूँ। उससे जो भूल-चूक हो क्षमा कर दो।

महतो—नहीं भैया। उस पापी हत्यारे का मुँह मैं नहीं देखना चाहता।

इसके बाद गोदान की तैयारी होने लगी।

5

रामू को गाँव भर ने समझाया; पर वह अंत्येष्टि करने पर राज़ी न हुआ। कहा, जिस पिता ने मरते समय मेरा मुँह देखना स्वीकार न किया, वह मेरा न पिता है, न मैं उसका पुत्र हूँ।

लक्ष्मी ने दाह-क्रिया की। इन थोड़े से दिनों में सुभागी ने न जाने कैसे रुपए जमा कर लिए थे कि जब तेरही का सामान आने लगा तो गाँववालों की आँखें खुल गईं। बरतन, कपड़े, घी, शक्कर, सभी सामान इफ़रात से जमा हो गए। रामू देख-देख जलता था। और सुभागी उसे जलाने के लिए सबको यह सामान दिखाती थी।

लक्ष्मी ने कहा—बेटी, घर देखकर ख़र्च करो। अब कोई कमानेवाला नहीं बैठा है, आप ही कुआँ खोदना और पानी पीना है।

सुभागी बोली—बाबूजी का काम तो धूम-धाम से ही होगा अम्माँ, चाहे घर रहे या जाए। बाबूजी फिर थोड़े ही आवेंगे। मैं भैया को दिखा देना चाहती हूँ कि अबला क्या कर सकती है। वह समझते होंगे इन दोनों के किए कुछ न होगा। उनका यह घमंड तोड़ दूँगी।

लक्ष्मी चुप हो रही। तेरही के दिन आठ गाँव के ब्राह्मणों का भोज हुआ। चारों तरफ़ वाह-वाही मच गई।

पिछले पहर का समय था; लोग भोजन करके चले गए थे। लक्ष्मी थक कर सो गई थी। केवल सुभागी बची हुई चीज़ें उठा-उठाकर रख रही थी कि ठाकुर सजनसिंह ने आकर कहा—अब तुम भी आराम करो बेटी! सबेरे यह सब काम कर लेना।

सुभागी ने कहा—अभी थकी नहीं हूँ दादा। आपने जोड़ लिया कुल कितने रुपए उठे?

सजनसिंह—वह पूछकर क्या करोगी बेटी?

'कुछ नहीं यों ही पूछती थी।'

'कोई तीन सौ रुपए उठे होंगे।'

सुभागी ने सकुचाते हुए कहा—'मैं इन रुपयों की देनदार हूँ।'

'तुमसे तो मैं माँगता नहीं। महतो मेरे मित्र और भाई थे। उनके साथ कुछ मेरा भी तो धर्म है।'

'आपकी यही दया क्या कम है कि मेरे ऊपर इतना विश्वास किया, मुझे कौन 300/- देता?'

सजनसिंह सोचने लगे। इस अबला की धर्म-बुद्धि का कहीं वारपार भी है या नहीं।

6

लक्ष्मी उन स्त्रियों में थी जिनके लिए पति-वियोग जीवन-स्रोत का बन्द हो जाना है। पचास वर्ष के चिर-सहवास के बाद अब यह एकान्त जीवन उसके लिए पहाड़ हो गया। उसे अब ज्ञात हुआ कि मेरी बुद्धि, मेरा बल, मेरी सुमति मानो सबसे मैं वंचित हो गई।

उसने कितनी बार ईश्वर से विनती की थी, मुझे स्वामी के सामने उठा लेना; मगर उसने यह विनती स्वीकार न की। मौत पर अपना काबू नहीं, तो क्या जीवन पर भी काबू नहीं है?

वह लक्ष्मी जो गाँव में अपनी बुद्धि के लिए मशहूर थी, जो दूसरे को सीख दिया करती थी, अब बौरही हो गई है। सीधी-सी बात करते नहीं बनती।

लक्ष्मी का दाना-पानी उसी दिन से छूट गया। सुभागी के आग्रह पर चौके में जाती; मगर कौर कंठ के नीचे न उतरता। पचास वर्ष हुए एक दिन भी ऐसा न हुआ कि पति के बिना खाए ख़ुद खाया हो। अब उस नियम को कैसे तोड़े?

आख़िर उसे खाँसी आने लगी। दुर्बलता ने जल्द ही खाट पर डाल दिया। सुभागी अब क्या करे! ठाकुर साहब के रुपए चुकाने के लिए दिलोजान से काम करने की ज़रूरत थी। यहाँ माँ बीमार पड़ गई। अगर बाहर जाए तो माँ अकेली रहती है। उनके पास बैठे तो बाहर का काम कौन करे। माँ की दशा देखकर सुभागी समझ गई कि इनका परवाना भी आ पहुँचा। महतो को भी तो यही ज्वर था।

गाँव में और किसे फुरसत थी कि दौड़-धूप करता। सजनसिंह दोनों वक़्त आते, लक्ष्मी को देखते, दवा पिलाते, सुभागी को समझाते, और चले जाते; मगर लक्ष्मी की दशा बिगड़ती जाती थी। यहाँ तक कि पंद्रहवें दिन वह भी संसार से सिधार गई। अन्तिम समय रामू आया और उसके पैर छूना चाहता था, पर लक्ष्मी ने उसे ऐसी झिड़की दी कि वह उसके समीप न जा सका। सुभागी को उसने आशीर्वाद दिया—तुम्हारी-जैसी बेटी पाकर तर गई। मेरा क्रिया-कर्म तुम्हीं करना। मेरी भगवान से यही अरजी है कि उस जन्म में भी तुम मेरी कोख पवित्र करो।

7

माता के देहान्त के बाद सुभागी के जीवन का केवल एक लक्ष्य रह गया—सजनसिंह के रुपए चुकाना। 300/- पिता के क्रिया-कर्म में लगे थे। लगभग 200/- माता के काम में लगे। 500/- का ऋण था और उसकी अकेली जान! मगर वह हिम्मत न हारती थी। तीन साल तक सुभागी ने रात को रात और दिन को दिन न समझा। उसकी कार्य-शक्ति और पौरुष देखकर लोग दाँतों तले उँगली दबाते थे। दिन भर खेती-बारी का काम करने के बाद वह रात को चार-चार पसेरी आटा पीस डालती। तीसवें दिन 15/- लेकर वह सजनसिंह के पास पहुँच जाती। इसमें कभी नागा न पड़ता। यह मानो प्रकृति का अटल नियम था।

अब चारों ओर से उसकी सगाई के पैगाम आने लगे। सभी उसके लिए मुँह फैलाए हुए थे। जिसके घर सुभागी जाएगी, उसके भाग्य फिर जाएँगे। सुभागी यही जवाब देती—अभी वह दिन नहीं आया।

जिस दिन सुभागी ने आख़िरी किस्त चुकाई, उस दिन उसकी ख़ुशी का ठिकाना न था। आज उसके जीवन का कठोर व्रत पूरा हो गया।

वह चलने लगी तो सजनसिंह ने कहा—बेटी, तुमसे मेरी एक प्रार्थना है। कहो कहूँ, कहो न कहूँ, मगर वचन दो कि मानोगी।

सुभागी ने कृतज्ञ भाव से देखकर कहा—दादा, आपकी बात न मानूँगी तो किसकी बात मानूँगी। मेरा तो रोयाँ-रोयाँ आपका गुलाम है।

सजनसिंह—अगर तुम्हारे मन में यह भाव है, तो मैं न कहूँगा। मैंने अब तक तुमसे इसलिए नहीं कहा कि तुम अपने को मेरा देनदार समझ रही थीं। अब रुपए चुक गए। मेरा तुम्हारे ऊपर कोई एहसान नहीं है, रत्ती भर भी नहीं। बोलो कहूँ?

सुभागी—आपकी जो आज्ञा हो।

सजनसिंह—देखो इनकार न करना, नहीं मैं फिर तुम्हें अपना मुँह न दिखाऊँगा।

सुभागी—क्या आज्ञा है?

सजनसिंह—मेरी इच्छा है कि तुम मेरी बहू बनकर मेरे घर को पवित्र करो। मैं जात-पाँत का कायल हूँ, मगर तुमने मेरे सारे बन्धन तोड़ दिए। मेरा लड़का तुम्हारे नाम का पुजारी है। तुमने उसे बारहा देखा है। बोलो, मंजूर करती हो?

सुभागी—दादा, इतना सम्मान पाकर पागल हो जाऊँगी।

सजनसिंह—तुम्हारा सम्मान भगवान कर रहे हैं बेटी! तुम साक्षात् भगवती का अवतार हो।

सुभागी—मैं तो आपको अपना पिता समझती हूँ। आप जो कुछ करेंगे, मेरे भले ही के लिए करेंगे। आपके हुक्म को कैसे इनकार कर सकती हूँ।

सजनसिंह ने उसके माथे पर हाथ रखकर कहा—बेटी, तुम्हारा सोहाग अमर हो। तुमने मेरी बात रख ली। मुझ-सा भाग्यशाली संसार में और कौन होगा?

अनुभव

प्रियतम को एक वर्ष की सज़ा हो गई। और अपराध केवल इतना था, कि तीन दिन पहले जेठ की तपती दोपहरी में उन्होंने राष्ट्र के कई सेवकों का शर्बत-पान से सत्कार किया था। मैं उस वक़्त अदालत में खड़ी थी। कमरे के बाहर सारे नगर की राजनैतिक चेतना किसी बन्दी पशु की भाँति खड़ी चीत्कार कर रही थी। मेरे प्राणधन हथकड़ियों से जकड़े हुए लाए गए। चारों ओर सन्नाटा छा गया। मेरे भीतर हाहाकार मचा हुआ था, मानो प्राण पिघला जा रहा हो। आवेश की लहरें-सी उठ-उठकर समस्त शरीर को रोमांचित किए देती थीं। ओह इतना गर्व मुझे कभी नहीं हुआ था। वह अदालत, कुरसी पर बैठा हुआ अँग्रेज़ अफ़सर, लाल जरीदार पगड़ियाँ बाँधे हुए पुलिस के कर्मचारी सब मेरी आँखों में तुच्छ जान पड़ते थे। बार-बार जी में आता था, दौड़कर जीवन-धन के चरणों में लिपट जाऊँ और उसी दशा में प्राण त्याग दूँ। कितनी शांत, अविचलित, तेज़ और स्वाभिमान से प्रदीप्त मूर्ति थी। ग्लानि, विषाद या शोक की छाया भी न थी। नहीं, उन ओठों पर एक स्फूर्ति से भरी हुई मनोहारिणी, ओजस्वी मुस्कान थी। इस अपराध के लिए एक वर्ष का कठिन कारावास! वाह रे न्याय! तेरी बलिहारी है! मैं ऐसे हज़ार अपराध करने को तैयार थी। प्राणनाथ ने चलते समय एक बार मेरी ओर

देखा, कुछ मुस्कुराए, फिर उनकी मुद्रा कठोर हो गई। अदालत से लौटकर मैंने पाँच रुपए की मिठाई मँगवाई और स्वयंसेवकों को बुलाकर खिलाया। और संध्या समय मैं पहली बार कांग्रेस के जलसे में शरीक हुई—शरीक ही नहीं हुई, मंच पर जाकर बोली और सत्याग्रह की प्रतिज्ञा ले ली। मेरी आत्मा में इतनी शक्ति कहाँ से आ गई, नहीं कह सकती। सर्वस्व लुट जाने के बाद फिर किसकी शंका और किसका डर। विधाता का कठोर-से-कठोर आघात भी अब मेरा क्या अहित कर सकता था?

2

दूसरे दिन मैंने दो तार दिए। एक पिताजी को, दूसरा ससुरजी को। ससुरजी पेंशन पाते थे। पिताजी जंगल के महकमे में अच्छे पद पर थे; पर सारा दिन गुज़र गया, तार का जवाब नदारद! दूसरे दिन भी कोई जवाब नहीं। तीसरे दिन दोनों महाशयों के पत्र आए। दोनों जामे से बाहर थे। ससुरजी ने लिखा—आशा थी, तुम लोग बुढ़ापे में मेरा पालन करोगे। तुमने उस आशा पर पानी फेर दिया। क्या अब चाहती हो, मैं भिक्षा माँगूँ। मैं सरकार से पेंशन पाता हूँ। तुम्हें आश्रय देकर मैं अपनी पेंशन से हाथ नहीं धो सकता। पिताजी के शब्द इतने कठोर न थे, पर भाव लगभग ऐसा ही था। इसी साल उन्हें ग्रेड मिलनेवाला था। वह मुझे बुलाएँगे, तो संभव है, ग्रेड से वंचित होना पड़े। हाँ, वह मेरी सहायता मौखिक रूप से करने को तैयार थे। मैंने दोनों पत्र फाड़कर फेंक दिए और उन्हें कोई पत्र न लिखा। हाँ स्वार्थ! तेरी माया कितनी प्रबल है! अपना ही पिता, केवल स्वार्थ में बाधा पड़ने के भय से, लड़की की तरफ़ से इतना निर्दय हो जाए। अपना ससुर अपनी बहू की ओर से इतना उदासीन हो जाए! मगर अभी मेरी उम्र ही क्या है! अभी तो सारी दुनिया देखने को पड़ी है।

अब तक मैं अपने विषय में निश्चिन्त थी; लेकिन अब यह नई चिन्ता सवार हुई। इस निर्जन घर में, निराधार, निराश्रय कैसे रहूँगी। मगर जाऊँगी कहाँ? अगर कोई मर्द होती, तो कांग्रेस के आश्रम में चली जाती, या कोई मजूरी कर लेती। मेरे पैरों में नारीत्व की बेड़ियाँ पड़ी हुई थीं। अपनी रक्षा की इतनी चिन्ता न थी, जितनी अपने नारीत्व की रक्षा की। अपनी जान की फ़िक्र न थी; पर नारीत्व की ओर किसी की आँख भी न उठनी चाहिए।

किसी की आहट पाकर मैंने नीचे देखा। दो आदमी खड़े थे। जी में आया, पूछूँ तुम कौन हो। यहाँ क्यों खड़े हो? मगर फिर ख़याल आया, मुझे यह पूछने का क्या हक़? आम रास्ता है। जिसका जी चाहे खड़ा हो।

पर मुझे खटका हो गया। उस शंका को किसी तरह दिल से न निकाल सकती थी। वह एक चिनगारी की भाँति हृदय के अन्दर समा गई थी।

गरमी से देह फुँकी जाती थी; पर मैंने कमरे का द्वार भीतर से बन्द कर लिया। घर में एक बड़ा-सा चाक़ू था। उसे निकालकर सिरहाने रख लिया। वह शंका सामने बैठी घूरती हुई मालूम होती थी।

किसी ने पुकारा। मेरे रोएँ खड़े हो गए। मैंने द्वार से कान लगाया। कोई मेरी कुंडी खटखटा रहा था। कलेजा धक्-धक् करने लगा। वही दोनों बदमाश होंगे। क्यों कुंडी खटखटा रहे हैं? मुझसे क्या काम है? मुझे झुँझलाहट आ गई। मैंने द्वार खोला और छज्जे पर खड़ी होकर ज़ोर से बोली—कौन कुंडी खड़खड़ा रहा है?

आवाज़ सुनकर मेरी शंका शान्त हो गई। कितना ढाढ़स हो गया! यह बाबू ज्ञानचंद थे। मेरे पति के मित्रों में इनसे ज़्यादा सज्जन दूसरा नहीं है। मैंने नीचे जाकर द्वार खोल दिया। देखा तो एक स्त्री भी थी। वह मिसेज़ ज्ञानचन्द थीं। यह मुझसे बड़ी थीं। पहले-पहल मेरे घर आई थीं। मैंने उनके चरण स्पर्श किए। हमारे वहाँ मित्रता मर्दों ही तक रहती है। औरतों तक नहीं जाने पाती।

दोनों जने ऊपर आए! ज्ञान बाबू एक स्कूल में मास्टर हैं। बड़े ही उदार, विद्वान, निष्कपट, पर आज मुझे मालूम हुआ कि उनकी पथ-प्रदर्शिका उनकी स्त्री हैं। वह दोहरे बदन की, प्रतिभाशाली महिला थीं। चेहरे पर ऐसा रोब था, मानो कोई रानी हों। सिर से पाँव तक गहनों से लदी हुई। मुख सुन्दर न होने पर भी आकर्षक था। शायद मैं उन्हें कहीं और देखती; तो मुँह फेर लेती। गर्व की सजीव प्रतिमा थीं; वह बाहर जितनी कठोर, भीतर उतनी ही दयालु।

'घर कोई पत्र लिखा?'—यह प्रश्न उन्होंने कुछ हिचकते हुए किया।

मैंने कहा—हाँ, लिखा था।

'कोई लेने आ रहा है?'

'जी नहीं। न पिताजी अपने पास रखना चाहते हैं, न ससुरजी।'

'तो फिर?'

'फिर क्या, अभी तो यहीं पड़ी हूँ।'

'तो मेरे घर क्यों नहीं चलतीं? अकेले तो इस घर में मैं न रहने दूँगी।'

'खुफिया के दो आदमी इस वक़्त भी डटे हुए हैं।'

'मैं पहले ही समझ गई थी, दोनों खुफिया के आदमी होंगे।'

ज्ञान बाबू ने पत्नी की ओर देखकर, मानो उसकी आज्ञा से कहा—'तो मैं जाकर ताँगा लाऊँ?'

देवीजी ने इस तरह देखा, मानो कह रही हों, क्या अभी तुम यहीं खड़े हो?

मास्टर साहब चुपके से द्वार की ओर चले।

'ठहरो'—देवीजी बोलीं—'कै ताँगे लाओगे?'

'कै!' मास्टर साहब घबड़ा गए।

'हाँ कै! एक ताँगे पर तीन सवारियाँ ही बैठेंगी। संदूक, बिछावन, बरतन-भाँडे क्या मेरे सिर पर जाएँगे?'

'तो दो लेता आऊँगा।'—मास्टर साहब डरते-डरते बोले।

'एक ताँगे में कितना सामान भर दोगे?'

'तो तीन लेता आऊँ?'

'अरे तो जाओगे भी। ज़रा-सी बात के लिए घंटा भर लगा दिया।'

मैं कुछ कहने न पाई थी, कि ज्ञान बाबू चल दिए। मैंने सकुचाते हुए कहा—बहन, तुम्हें मेरे जाने से कष्ट होगा और...

देवीजी ने तीक्ष्ण स्वर में कहा—हाँ, होगा तो अवश्य। तुम दोनों जून में दो-तीन पाव भर आटा खाओगी, कमरे के एक कोने में अड्डा जमा लोगी, सिर में आने का तेल डालोगी। यह क्या थोड़ा कष्ट है!

मैंने झेंपते हुए कहा—आप तो बना रही हैं।

देवीजी ने सहृदय भाव से मेरा कंधा पकड़कर कहा—जब तुम्हारे बाबूजी, लौट आवें; तो मुझे भी अपने घर मेहमान रख लेना। मेरा घाटा पूरा हो जाएगा। अब तो राज़ी हुई। चलो असबाब बाँधो। खाट-वाट कल मँगवा लेंगे।

3

मैंने ऐसी सहृदय, उदार, मीठी बातें करनेवाली स्त्री नहीं देखी। मैं उनकी छोटी बहन होती, तो भी शायद इससे अच्छी तरह न रखतीं। चिन्ता या क्रोध को तो जैसे उन्होंने जीत लिया हो। सदैव उनके मुख पर मधुर विनोद खेला करता था। कोई लड़का-बाला न था, पर मैंने उन्हें कभी दुखी नहीं देखा। ऊपर के काम के लिए लौंडा रख लिया था। भीतर का सारा काम ख़ुद करतीं। इतना कम खाकर और इतनी मेहनत करके वह कैसे इतनी हृष्ट-पुष्ट थीं, मैं नहीं कह सकती। विश्राम तो जैसे उनके भाग्य में ही नहीं लिखा था। जेठ की दुपहरी में भी न लेटती थीं! हाँ, मुझे कुछ न करने देतीं, उस पर जब देखो कुछ खिलाने को सिर पर सवार। मुझे यहाँ बस यही एक तकलीफ़ थी।

मगर आठ ही दिन गुज़रे थे कि एक दिन मैंने उन्हीं दोनों खुफियों को नीचे बैठा देखा। मेरा माथा ठनका। यह अभागे यहाँ भी मेरे पीछे पड़े हैं। मैंने तुरन्त बहनजी से कहा—वे दोनों बदमाश यहाँ भी मँडरा रहे हैं।

उन्होंने हिकारत से कहा—कुत्ते हैं। फिरने दो।

मैं चिन्तित होकर बोली—कोई स्वाँग न खड़ा करें।

उसी बेपरवाही से बोलीं—भूँकने के सिवा और क्या कर सकते हैं?

मैंने कहा—काट भी तो सकते हैं।

हँसकर बोलीं—इसके डर से कोई भाग तो नहीं जाता न!

मगर मेरी दाल में मक्खी पड़ गई। बार-बार छज्जे पर जाकर उन्हें टहलते देख आती। यह सब मेरे पीछे पड़े हुए हैं! आख़िर मैं नौकरशाही का क्या बिगाड़ सकती हूँ। मेरी सामर्थ्य ही क्या है? क्या यह सब इस तरह से मुझे यहाँ से भगाने पर तुले हैं। इससे उन्हें क्या मिलेगा? यही तो कि मैं मारी-मारी फिरूँ! कितनी नीची तबीयत है?

एक हफ़्ता और गुज़र गया। खुफिया ने पिंड न छोड़ा। मेरे प्राण सूखते जाते थे। ऐसी दशा में यहाँ रहना मुझे अनुचित मालूम होता था; पर देवीजी से कुछ कह न सकती थी।

एक दिन शाम को ज्ञान बाबू आए, तो घबड़ाए हुए थे। मैं बरामदे में थी। परवल छील रही थी। ज्ञान बाबू ने कमरे में जाकर देवीजी को इशारे से बुलाया।

देवीजी ने बैठे-बैठे कहा—पहले कपड़े-वपड़े उतारो, मुँह-हाथ धोओ, कुछ खाओ, फिर जो कहना हो, कह देना।

ज्ञान बाबू को धैर्य कहाँ? पेट में बात की गंध तक न पचती थी। आग्रह से बुलाया—तुमसे उठा नहीं जाता। मेरी जान आफ़त में है।

देवी ने बैठे-बैठे कहा—तो कहते क्यों नहीं, क्या कहना है?

'यहाँ आओ।'

'क्या यहाँ कोई और बैठा हुआ है?'

मैं वहाँ से चली। बहन ने मेरा हाथ पकड़ लिया। मैं ज़ोर करने पर भी न छुड़ा सकी। ज्ञान बाबू मेरे सामने न कहना चाहते थे; पर इतना सब्र भी न था कि ज़रा देर रुक जाते। बोले—प्रिन्सिपल से मेरी लड़ाई हो गई।

देवी ने बनावटी गम्भीरता से कहा—सच! तुमने उसे ख़ूब पीटा न?

'तुम्हें दिल्लगी सूझती है! यहाँ नौकरी जा रही है।'

'जब यह डर था, तो लड़े क्यों?'

'मैं थोड़े ही लड़ा। उसी ने मुझे बुलाकर डाँटा।'

'बेक़सूर?'

'अब तुमसे क्या कहूँ।'

'फिर वही पर्दा। मैं कह चुकी, यह मेरी बहन है। मैं इससे कोई पर्दा नहीं रखना चाहती।'

'और जो इन्हीं के बारे में कोई बात हो, तो?'

देवीजी ने जैसे पहेली बूझकर कहा—अच्छा समझ गई। कुछ खुफियों का झगड़ा होगा। पुलिस ने तुम्हारे प्रिन्सिपल से शिकायत की होगी।

ज्ञान बाबू ने इतनी आसानी से अपनी पहेली का बूझा जाना स्वीकार न किया।

बोले—पुलिस ने प्रिन्सिपल से नहीं, हाकिम ज़िला से कहा। उसने प्रिन्सिपल को बुलाकर मुझसे जवाब-तलब करने का हुक्म दिया।

देवी ने अन्दाज से कहा—समझ गई। प्रिन्सिपल ने तुमसे कहा होगा, कि उस स्त्री को घर से निकाल दो।

'हाँ, यही, समझ लो!'

'तो तुमने क्या जवाब दिया?'

'अभी कोई जवाब नहीं दिया। वहाँ खड़े-खड़े क्या कहता!'

देवीजी ने उन्हें आड़े हाथों लिया—'जिस प्रश्न का एक ही जवाब हो, उसमें सोच-विचार कैसा?'

ज्ञान बाबू सिटपिटाकर बोले—लेकिन कुछ सोचना तो ज़रूरी था।

देवीजी की त्योरियाँ बदल गईं। आज मैंने पहली बार उनका यह रूप देखा! बोलीं—तुम उस प्रिन्सिपल से जाकर कह दो, मैं उसे किसी तरह नहीं छोड़ सकता और न माने, तो इस्तीफ़ा दे दो। अभी जाओ। लौटकर हाथ-मुँह धोना।

मैंने रोकर कहा—बहन मेरे लिए...

देवी ने डाँट बताई—तू चुप रह, नहीं कान पकड़ लूँगी। तू क्यों बीच में कूदती है! रहेंगे, तो साथ रहेंगे। मरेंगे तो साथ मरेंगे। इस मर्दुए को मैं क्या कहूँ? आधी उम्र बीत गई और बात करना न आया। (पति से) खड़े सोच क्या रहे हो, तुम्हें डर लगता हो; तो मैं जाकर कह आऊँ?

ज्ञान बाबू ने खिसियाकर कहा—तो कल कह दूँगा, इस वक़्त कहाँ होगा, कौन जाने।

4

रात-भर मुझे नींद नहीं आई। बाप और ससुर जिसका मुँह नहीं देखना चाहते, उसका यह आदर! राह की भिखारिन का यह सम्मान। देवी, तू सचमुच देवी है।

दूसरे दिन ज्ञान बाबू चले तो देवी ने फिर कहा—फ़ैसला करके घर आना। यह न हो कि फिर सोचकर जवाब देने की ज़रूरत पड़े।

ज्ञान बाबू के चले जाने के बाद मैंने कहा—तुम मेरे साथ बड़ा अन्याय कर रही हो बहनजी। मैं यह कभी नहीं देख सकती कि मेरे कारण तुम्हें यह विपत्ति झेलनी पड़े।

देवी ने हास्य-भाव से कहा—कह चुकी या कुछ और कहना है।

'कह चुकी; मगर अभी बहुत कुछ कहूँगी!'

'अच्छा बता तेरे प्रियतम क्यों जेल गए? इसीलिए तो कि स्वयंसेवकों का सत्कार किया था। स्वयंसेवक कौन हैं? यह हमारी सेना के वीर हैं, जो हमारी लड़ाइयाँ लड़ रहे हैं। स्वयंसेवकों के भी तो बाल-बच्चे होंगे, माँ-बाप होंगे, वह भी तो कोई कारोबार करते होंगे; पर देश की लड़ाई लड़ने के लिए उन्होंने सब कुछ त्याग दिया है। ऐसे वीरों का सत्कार करने के लिए जो आदमी जेल में डाल दिया जाए, उसकी स्त्री के दर्शनों से भी आत्मा पवित्र होती है। मैं तुझ पर एहसान नहीं कर रही हूँ, तू मुझ पर एहसान कर रही है।

मैं इस दया-सागर में डुबकियाँ खाने लगी। बोलती क्या।

शाम को जब ज्ञान बाबू लौटे, तो उनके मुख पर विजय का आनंद था।

देवी ने पूछा—हार कि जीत?

ज्ञान बाबू ने अकड़कर कहा—जीत! मैंने इस्तीफ़ा दे दिया तो चक्कर में आ गया। उसी वक़्त हाकिम ज़िला के पास गया। वहाँ न जाने मोटर पर बैठकर दोनों में क्या बातें हुईं। लौटकर मुझसे बोला—आप पोलिटिकल जलसों में तो नहीं जाते।

मैंने कहा—कभी भूलकर भी नहीं।

'कांग्रेस के मेम्बर तो नहीं हैं?'

मैंने कहा—मेम्बर क्या, मेम्बर का दोस्त भी नहीं।

'कांग्रेस-फंड में चन्दा तो नहीं देते?'

मैंने कहा—'कानी कौड़ी भी कभी नहीं देता।'

'तो हमें आपसे कुछ नहीं कहना है। मैं आपका इस्तीफ़ा वापस करता हूँ।'

देवीजी ने मुझे गले लगा लिया।

लांछन

अगर संसार में ऐसा प्राणी होता, जिसकी आँखें लोगों के हृदयों के भीतर घुस सकतीं, तो ऐसे बहुत कम स्त्री-पुरुष होंगे, जो उसके सामने सीधी आँखें करके ताक सकते! महिला-आश्रम की जुगनूबाई के विषय में लोगों की धारणा कुछ ऐसी ही हो गई थी। वह बेपढ़ी-लिखी, ग़रीब, बूढ़ी औरत थी, देखने में बड़ी सरल, बड़ी हँसमुख; लेकिन जैसे किसी चतुर प्रूफ़रीडर की निगाह ग़लतियों ही पर जा पड़ती है; उसी तरह उसकी आँखें भी बुराइयों ही पर पहुँच जाती थीं। शहर में ऐसी कोई महिला न थी; जिसके विषय में दो-चार लुकी-छिपी बातें उसे न मालूम हों। उसका ठिगना स्थूल शरीर, सिर के खिचड़ी बाल, गोल मुँह, फूले-फूले गाल,

छोटी-छोटी आँखें उसके स्वभाव की प्रखरता और तेज़ी पर परदा-सा डाले रहती थीं; लेकिन जब वह किसी की कुत्सा करने लगती, तो उसकी आकृति कठोर हो जाती, आँखें फैल जातीं और कंठ-स्वर कर्कश हो जाता। उसकी चाल में बिल्लियों का-सा संयम था; दबे पाँव धीरे-धीरे चलती, पर शिकार की आहट पाते ही, जस्त मारने को तैयार हो जाती थी। उसका काम था, महिला-आश्रम में महिलाओं की सेवा-टहल करना; पर महिलाएँ उसकी सूरत से काँपती थीं। उसका आतंक था, कि ज्यों ही वह कमरे में क़दम रखती, ओठों पर खेलती हुई हँसी जैसे रो पड़ती थी। चहकने वाली आवाज़ें जैसे बुझ जाती थीं, मानो उनके मुख पर लोगों को अपने पिछले रहस्य अंकित नज़र आते हों। पिछले रहस्य! कौन है, जो अपने अतीत को किसी भयंकर जन्तु के समान कटघरों में बन्द करके न रखना चाहता हो। धनियों को चोरों के भय से निद्रा नहीं आती, मानियों को उसी भाँति मान की रक्षा करनी पड़ती है। वह जन्तु, जो पहले कीट के समान अल्पाकार रहा होगा, दिनों के साथ दीर्घ और सबल होता जाता है, यहाँ तक हम उसकी याद ही से काँप उठते हैं; और अपने ही कारनामों की बात होती, तो अधिकांश देवियाँ जुगनू को दुत्कारतीं; पर यहाँ तो मैके और ससुराल, ननियाल, ददियाल, फुफियाल और मौसियाल, चारों ओर की रक्षा करनी थी और जिस क़िले में इतने द्वार हों, उसकी रक्षा कौन कर सकता है। वहाँ तो हमला करने वाले के सामने मस्तक झुकाने में ही कुशल है। जुगनू के दिल में हज़ारों मुरदे गड़े पड़े थे और वह ज़रूरत पड़ने पर उन्हें उखाड़ दिया करती थी। जहाँ किसी महिला ने दून की ली, या शान दिखाई, वहाँ जुगनू की त्योरियाँ बदलीं। उसकी एक कड़ी निगाह अच्छे-अच्छे को दहला देती थी; मगर यह बात न थी कि स्त्रियाँ उससे घृणा करती हों। नहीं, सभी बड़े चाव से उससे मिलतीं और उसका आदर-सत्कार करतीं। अपने पड़ोसियों की निंदा सनातन से मनुष्य के लिए मनोरंजन का विषय रही है और जुगनू के पास इसका काफ़ी सामान था।

2

नगर में इंदुमती-महिला-पाठशाला नाम का एक लड़कियों का हाईस्कूल था। हाल में मिस खुरशेद उसकी हेड मिस्ट्रेस होकर आई थीं। शहर में महिलाओं का दूसरा क्लब न था। मिस खुरशेद एक दिन आश्रम में आईं। ऐसी ऊँचे दर्जे की शिक्षा पाई हुई आश्रम में कोई देवी न थी। उनकी बड़ी आवभगत हुई। पहले ही दिन मालूम हो गया, मिस खुरशेद के आने से आश्रम में एक नए जीवन का संचार होगा। कुछ इस तरह दिल खोलकर हरेक से मिलीं, कुछ ऐसी दिलचस्प बातें कीं, कि सभी देवियाँ मुग्ध हो गईं। गाने में चतुर थीं। व्याख्यान भी ख़ूब देती थीं और अभिनय-कला में तो उन्होंने लंदन में नाम कमा लिया था। ऐसी सर्वगुण-सम्पन्न देवी का आना आश्रम का सौभाग्य था। गुलाबी गोरा रंग, कोमल गाल, मदभरी आँखें, नए फैशन के कटे हुए केश, एक-एक अंग साँचे में ढला हुआ; मादकता की इससे अच्छी प्रतिमा न बन सकती थी।

चलते समय मिस खुरशेद ने मिसेज़ टंडन को, जो आश्रम की प्रधान थीं, एकान्त में बुलाकर पूछा—वह बुढ़िया कौन है?

जुगनू कई बार कमरे में आकर मिस खुरशेद को अन्वेषण की आँखों से देख चुकी थी, मानो कोई शहसवार किसी नई घोड़ी को देख रहा हो।

मिसेज़ टंडन ने मुस्कुराकर कहा—यहाँ ऊपर का काम करने के लिए नौकर है। कोई काम हो, तो बुलाऊँ? मिस खुरशेद ने धन्यवाद देकर कहा—जी नहीं, कोई विशेष काम नहीं है। मुझे चालबाज मालूम होती है। यह भी देख रही हूँ, कि वह सेविका नहीं स्वामिनी है। मिसेज़ टंडन तो जुगनू से जली बैठी ही थीं, इनके वैधव्य को लांछित करने के लिए, वह उन्हें सदा-सोहागिन कहा करती थी। मिस खुरशेद से उसकी जितनी बुराई हो सकी, वह की और उससे सचेत रहने का आदेश दिया।

मिस खुरशेद ने गम्भीर होकर कहा—तब तो भयंकर स्त्री है। तभी सब देवियाँ इससे काँपती हैं। आप इसे निकाल क्यों नहीं देतीं? ऐसी चुड़ैल को एक दिन न रखना चाहिए।

मिसेज़ टंडन ने अपनी मज़बूरी बताई—निकाल कैसे दूँ; ज़िन्दा रहना मुश्किल हो जाए। हमारा भाग्य उसकी मुट्ठी में है। आपको दो-चार दिन में उसके जौहर खुलेंगे। मैं तो डरती हूँ, कहीं आप भी उसके पंजे में न फँस जाएँ! उसके सामने भूलकर भी किसी पुरुष से बातें न कीजिएगा। इसके गोयन्दे न जाने कहाँ-कहाँ लगे हुए हैं। नौकर से मिलकर भेद यह ले, डाकिए से मिलकर चिट्ठियाँ यह देखे, लड़कों को फुसलाकर घर का हाल यह पूछे। इस राँड को खुफिया पुलिस में जाना चाहिए था। यहाँ न जाने क्यों आ मरी।

मिस खुरशेद चिन्तित हो गईं, मानो इस समस्या को हल करने की फ़िक्र में हों। एक क्षण बाद बोलीं—अच्छा मैं इसे ठीक करूँगी; अगर न निकाल दूँ, तो कहना।

मिसेज़ टंडन—निकाल देने ही से क्या होगा। उसकी ज़बान तो न बन्द होगी। तब तो वह और भी निडर होकर कीचड़ फेंकेगी।

मिस खुरशेद ने निश्चिन्त स्वर में कहा—मैं उसकी ज़बान भी बन्द कर दूँगी बहन। आप देख लीजिएगा। टके की औरत, यहाँ बादशाहत कर रही है। मैं यह बर्दाश्त नहीं कर सकती।

वह चली गई, तो मिसेज़ टंडन ने जुगनू को बुलाकर कहा—इस नई मिस साहब को देख। यहाँ प्रिन्सिपल हैं।

जुगनू ने द्वेष भरे हुए स्वर में कहा—आप देखें। मैं ऐसी सैकड़ों छोकरियाँ देख चुकी हूँ। आँखों का पानी जैसे मर गया हो।

मिसेज़ टंडन धीरे से बोलीं—तुम्हें कच्चा ही खा जाएँगी। उनसे डरती रहना। कह गई हैं, मैं इसे ठीक करके छोड़ूँगी। मैंने सोचा, तुम्हें चेता दूँ। ऐसा न हो, उसके सामने कुछ ऐसी-वैसी बातें कह बैठो।

जुगनू ने मानो तलवार खींचकर कहा—मुझे चेताने का काम नहीं, उन्हें चेता दीजिएगा। यहाँ का आना न बन्द कर दूँ, तो अपने बाप की नहीं। वह घूमकर दुनिया देख आई हैं, तो यहाँ घर बैठे दुनिया देख चुकी हूँ।

मिसेज़ टंडन ने पीठ ठोंकी—मैंने समझा दिया भाई, आगे तुम जानो तुम्हारा काम जाने।

जुगनू—आप चुपचाप देखती जाइए। कैसा तिगनी का नाच नचाती हूँ। इसने अब तक ब्याह क्यों नहीं किया? उमिर तो तीस के लगभग होगी?

मिसेज़ टंडन ने रद्दा जमाया—कहती है, मैं शादी करना ही नहीं चाहती। किसी पुरुष के हाथ क्यों अपनी आज़ादी बेचूँ?

जुगनू ने आँखें नचाकर कहा—कोई पूछता ही न होगा। ऐसी बहुत-सी क्वाँरियाँ देख चुकी हूँ। सत्तर चूहे खाकर, बिल्ली चली हज्ज को!

और कई लौंडियाँ आ गईं और बात का सिलसिला बन्द हो गया।

3

दूसरे दिन सबेरे जुगनू मिस खुरशेद के बँगले पर पहुँची। मिस खुरशेद हवा खाने गई हुई थीं। ख़ानसामा ने पूछा—कहाँ से आती हो?

जुगनू—यहीं रहती हूँ बेटा। मेम साहब कहाँ से आई हैं, तुम तो इनके पुराने नौकर होगे?

ख़ानसामा—नागपुर से आई हैं! मेरा घर भी वहीं है। दस साल से इनके साथ हूँ।

जुगनू—किसी ऊँचे ख़ानदान की होंगी? वह तो रंग-ढंग से ही मालूम होता है।

ख़ानसामा—ख़ानदान तो कुछ ऐसा ऊँचा नहीं, हाँ तक़दीर की अच्छी हैं। इनकी माँ अभी तक मिशन में 30/- पाती हैं। यह पढ़ने में तेज़ थीं वजीफा मिल गया, विलायत चली गईं, बस तक़दीर खुल गई। अब तो अपनी माँ को बुलानेवाली हैं, लेकिन वह बुढ़िया शायद ही आए। यह गिरजे-विरजे नहीं जातीं, इससे दोनों में पटती नहीं।

जुगनू—मिज़ाज की तेज़ मालूम होती हैं।

ख़ानसामा—नहीं; यों तो बहुत नेक हैं, गिरजे नहीं जातीं। तुम क्या नौकरी की तलाश में हो? करना चाहो, तो कर लो, एक आया रखना चाहती हैं।

जुगनू—नहीं बेटा, मैं अब क्या नौकरी करूँगी। इस बँगले में पहले जो मेम साहब रहती थीं, वह मुझ पर बड़ी निगाह रखती थीं। मैंने समझा, चलूँ नई मेम साहब को आसीरबाद दे आऊँ।

ख़ानसामा—यह आसीरबाद लेनेवाली मेम साहब नहीं हैं। ऐसों से बहुत चिढ़ती हैं। कोई मँगता आया और उसे डाँट बताई। कहती हैं, बिना काम किए किसी को ज़िन्दा रहने का हक़ नहीं है। भला चाहती हो, तो चुपके से राह लो।

जुगनू—तो यह कहो, इनका कोई धरम-करम नहीं। फिर भला ग़रीबों पर क्यों दया करने लगीं।

जुगनू को अपनी दीवार खड़ी करने के लिए काफ़ी सामान मिल गया—नीच ख़ानदान की है, माँ से नहीं पटती; धर्म से विमुख है। पहले धावे में इतनी सफलता कुछ कम न थी। चलते-चलते ख़ानसामा से इतना और पूछा—इनके साहब क्या करते हैं? ख़ानसामा ने मुस्कुराकर कहा—इनकी तो अभी शादी ही नहीं हुई। साहब कहाँ से होंगे।

जुगनू ने बनावटी आश्चर्य से कहा—अरे, अब तक ब्याह ही नहीं हुआ। हमारे यहाँ तो दुनिया हँसने लगे।

ख़ानसामा—अपना-अपना रिवाज है। इनके यहाँ तो कितनी ही औरतें उम्र भर ब्याह नहीं करतीं!

जुगनू ने मार्मिक भाव से कहा—ऐसी क्वाँरियों को मैं बहुत देख चुकी। हमारी बिरादरी में कोई इस तनो रहे, तो थुड़ी-थुड़ी हो जाए। मुदा इनके यहाँ जो जी में आवे करो, कोई नहीं पूछता।

इतने में मिस खुरशेद आ पहुँचीं। गुलाबी जाड़ा पड़ने लगा था। मिस साहब साड़ी के ऊपर ओवरकोट पहने हुए थीं। एक हाथ में छतरी थी, दूसरे में छोटे कुत्ते की जंजीर। प्रभात की शीतल वायु में व्यायाम ने कपोलों को ताज़ा और सुर्ख कर दिया था। जुगनू ने झुककर सलाम किया, पर उन्होंने उसे देखकर भी न देखा। अन्दर जाते ही ख़ानसामा को बुलाकर पूछा—यह औरत क्या करने आई है।

ख़ानसामा ने जूते का फीता खोलते हुए कहा—भिखारिन है हुजूर! पर औरत समझदार है। मैंने कहा, यहाँ नौकरी करेगी, तो राज़ी नहीं हुई। पूछने लगी, इनके साहब क्या करते हैं। जब मैंने बता दिया, तो इसे बड़ा ताज्जुब हुआ और होना ही चाहे। हिन्दुओं में तो दुधमुँहे बालकों तक का विवाह हो जाता है।

खुरशेद ने जाँच की—और क्या कहती थी?

'और तो कोई बात नहीं हुजूर!'

'अच्छा, उसे मेरे पास भेज दो!'

4

जुगनू ने ज्यों ही कमरे में क़दम रक्खा, मिस खुरशेद ने कुरसी से उठकर स्वागत किया—आइए माँजी! मैं ज़रा सैर करने चली गई थी। आपके आश्रम में तो सब कुशल है?

जुगनू एक कुरसी का तकिया पकड़कर खड़ी-खड़ी बोली—कुशल है मिस साहब! मैंने कहा, आपको आसीरबाद दे आऊँ। मैं आपकी चेरी हूँ। जब कोई काम पड़े मुझे याद कीजिएगा। यहाँ अकेले तो हुजूर को अच्छा न लगता होगा।

मिस खुरशेद—मुझे अपने स्कूल की लड़कियों के साथ बड़ा आनंद मिलता है, वह सब मेरी ही लड़कियाँ हैं।

जुगनू ने मातृ-भाव से सिर हिलाकर कहा—यह ठीक है मिस साहब, पर अपना, अपना ही है। दूसरा अपना हो जाए, तो अपनों के लिए कोई क्यों रोए!

सहसा एक सुन्दर सजीला युवक रेशमी सूट धारण किए जूते चरमर करता हुआ अन्दर आया। मिस खुरशेद ने इस तरह दौड़कर प्रेम से उसका अभिवादन किया, मानो जामे में फूली न समाती हों। जुगनू उसे देखकर कोने में दुबक गई!

खुरशेद ने युवक से गले मिलकर कहा—प्यारे! मैं कब से तुम्हारी राह देख रही हूँ। (जुगनू से) माँजी, आप जाएँ फिर कभी आना। यह हमारे परम मित्र विलियम किंग हैं। हम और यह बहुत दिनों तक साथ-साथ पढ़े हैं।

जुगनू चुपके से निकलकर बाहर आई। ख़ानसामा खड़ा था। पूछा—यह लौंडा कौन है?

ख़ानसामा ने सिर हिलाया—मैंने इसे आज ही देखा है। शायद अब क्वाँरपन से जी ऊबा! अच्छा तरहदार जवान है।

जुगनू—दोनों इस तरह टूटकर गले मिले हैं कि मैं तो लाज के मारे गड़ गई। ऐसा चूमा-चाटी तो जोरू-ख़सम में नहीं होती। दोनों लिपट गए। लौंडा तो मुझे देखकर कुछ झिझकता था; पर तुम्हारी मिस साहब तो जैसे मतवाली हो गई थीं।

ख़ानसामा ने मानो अमंगल के आभास से कहा—मुझे तो कुछ बेढब मुआमला नज़र आता है।

जुगनू तो यहाँ से सीधे मिसेज़ टंडन के घर पहुँची। इधर मिस खुरशेद और युवक में बातें होने लगीं।

मिस खुरशेद ने क़हक़हा मारकर कहा—तुमने अपना पार्ट ख़ूब खेला लीला, बुढ़िया सचमुच चौंधिया गई!

लीला—मैं तो डर रही थी, कि कहीं बुढ़िया भाँप न जाए।

मिस खुरशेद—मुझे विश्वास था, वह आज ज़रूर आएगी। मैंने दूर ही से उसे बरामदे में देखा और तुम्हें सूचना दी। आज आश्रम में बड़े मज़े रहेंगे। जी चाहता है, महिलाओं की कनफुसकियाँ सुनती! देख लेना, सभी उसकी बातों पर विश्वास करेंगी।

लीला—तुम भी तो जान-बूझकर दलदल में पाँव रख रही हो।

मिस खुरशेद—मुझे अभिनय में मज़ा आता है। दिल्लगी रहेगी। बुढ़िया ने बड़ा ज़ुल्म कर रखा है। ज़रा उसे सबक देना चाहती हूँ। कल तुम इसी वक़्त इसी ठाट से फिर आ जाना। बुढ़िया कल फिर आएगी। उसके पेट में पानी न हजम होगा। नहीं, ऐसा क्यों? जिस वक़्त वह आएगी, मैं तुम्हें ख़बर दूँगी। बस, तुम छैला बनी हुई पहुँच जाना।

5

आश्रम में उस दिन जुगनू को दम मारने की फुर्सत न मिली। उसने सारा वृत्तान्त मिसेज़ टंडन से कहा। मिसेज़ टंडन दौड़ी हुई आश्रम पहुँचीं और अन्य महिलाओं को ख़बर सुनाई। जुगनू उसकी तसदीक करने के लिए बुलाई गई। जो महिला आती, वह जुगनू के मुँह से यह कथा सुनती। हर एक रिहर्सल में कुछ-कुछ रंग और चढ़ जाता। यहाँ तक कि दोपहर होते-होते सारे शहर के सभ्य समाज में वह ख़बर गूँज उठी।

एक देवी ने पूछा—यह युवक है कौन!

मिसेज़ टंडन—सुना तो, उनके साथ का पढ़ा हुआ है। दोनों में पहले से कुछ बातचीत रही होगी। वही तो मैं कहती थी कि इतनी उम्र हो गई, यह क्वाँरी कैसे बैठी है? अब कलई खुली।

जुगनू—और कुछ हो या न हो, जवान तो बाँका है।

टंडन—यह हमारी विद्वान बहनों का हाल है।

जुगनू—मैं तो उसकी सूरत देखते ही ताड़ गई थी। धूप में बाल नहीं सुफेद किए हैं।

टंडन—कल फिर जाना।

जुगनू—कल नहीं, मैं आज रात ही को जाऊँगी। लेकिन रात को जाने के लिए कोई बहाना ज़रूरी था। मिसेज़ टंडन ने आश्रम के लिए एक किताब मँगवा भेजी। रात को नौ बजे जुगनू मिस खुरशेद के बँगले पर जा पहुँची। संयोग से लीलावती उस वक़्त मौजूद थी; बोली—बुढ़िया तो बेहतर पीछे पड़ गई।

मिस खुरशेद—मैंने तुमसे कहा था, उसके पेट में पानी न पचेगा। तुम जाकर रूप भर जाओ। तब तक मैं बातों में लगाती हूँ। शराबियों की तरह अंट-संट बकना शुरू करना। मुझे भगा ले जाने के प्रस्ताव भी करना, बस यों बन जाना जैसे अपने होश में नहीं हो।

लीला मिशन में डॉक्टर थी। उसका बँगला भी पास ही था। वह चली गई, तो मिस खुरशेद ने जुगनू को बुलाया।

जुगनू ने एक पुरज़ा उसको देकर कहा—मिसेज़ टंडन ने यह किताब माँगी है। मुझे आने में देर हो गई। मैं इस वक़्त आपको कष्ट न देती; पर सबेरे ही वह मुझसे माँगेंगी। हज़ारों रुपए महीने की आमदनी है मिस साहब, मगर एक-एक कौड़ी दाँत से पकड़ती हैं। इनके द्वारे पर भिखारी को भीख तक नहीं मिलती।

मिस खुरशेद ने पुरज़ा देखकर कहा—इस वक़्त तो यह किताब नहीं मिल सकती, सुबह ले जाना। तुमसे कुछ बातें करनी हैं। बैठो, मैं अभी आती हूँ।

वह परदा उठाकर पीछे के कमरे में चली गई और वहाँ से कोई पंद्रह मिनट में एक सुन्दर रेशमी साड़ी पहने, इत्र में बसी हुई, मुँह पर पाउडर लगाए निकली। जुगनू ने उसे आँखें फाड़कर देखा। ओ हो! यह शृंगार! शायद इस समय वह लौंडा आनेवाला होगा। तभी यह तैयारियाँ हैं। नहीं, सोने के समय क्वाँरियों को बनाव-सँवार की क्या ज़रूरत? जुगनू की नीति में स्त्रियों के शृंगार का केवल एक उद्देश्य था, पति को लुभाना। इसलिए सोहागिनों के सिवा शृंगार और सभी के लिए वर्जित था! अभी खुरशेद कुरसी पर बैठने भी न पाई थी कि जूतों का चरमर सुनाई दिया और एक क्षण में विलियम किंग ने कमरे में क़दम रक्खा। उसकी आँखें चढ़ी हुई मालूम होती थीं, और कपड़ों से शराब की गंध आ रही थी। उसने बेधड़क मिस खुरशेद को छाती से लगा लिया और बार-बार उसके कपोलों के चुम्बन लेने लगा।

मिस खुरशेद ने अपने को उसके कर-पाश से छुड़ाने की चेष्टा करके कहा—चलो हटो, शराब पीकर आए हो।

किंग ने उसे और चिमटाकर कहा—आज तुम्हें भी पिलाऊँगा प्रिये! तुमको पीना होगा। फिर हम दोनों लिपटकर सोवेंगे। नशे में प्रेम कितना सजीव हो जाता है, इसकी परीक्षा कर लो।

मिस खुरशेद ने इस तरह जुगनू की उपस्थिति का उसे संकेत किया कि जुगनू पर नज़र पड़ जाए। पर किंग नशे में मस्त था, जुगनू की तरफ़ देखा ही नहीं।

मिस खुरशेद ने रोष के साथ अपने को अलग करके कहा—तुम इस वक़्त आपे में नहीं हो। इतने उतावले क्यों हुए जाते हो? क्या मैं कहीं भागी जा रही हूँ?

किंग—इतने दिनों से चोरों की तरह आया हूँ, आज से मैं खुले ख़जाने आऊँगा।

खुरशेद—तुम तो पागल हो रहे हो। देखते नहीं हो, कमरे में कौन बैठा हुआ है?

किंग ने हकबकाकर जुगनू की तरफ़ देखा और झिझककर बोला—यह बुढ़िया यहाँ कब आई? तू यहाँ क्यों आई बुड्ढी! शैतान की बच्ची! यहाँ भेद लेने आती है? हमको बदनाम करना चाहती है? मैं तेरा गला घोंट दूँगा। ठहर भागती कहाँ है? मैं तुझे ज़िन्दा न छोड़ूँगा!

जुगनू बिल्ली की तरह कमरे से निकली और सिर पर पाँव रखकर भागी। उधर कमरे से क़हक़हे उठ-उठकर छत को हिलाने लगे।

जुगनू उसी वक़्त मिसेज़ टंडन के घर पहुँची, उसके पेट में बुलबुले उठ रहे थे; पर मिसेज़ टंडन सो गई थीं। वहाँ से निराश होकर उसने कई दूसरे घरों की कुंडी खटखटाई; पर कोई द्वार न खुला और दुखिया को सारी रात इसी तरह काटनी पड़ी, मानो कोई रोता हुआ बच्चा गोद में हो। प्रात:काल वह आश्रम में जा कूदी।

कोई आध घंटे में मिसेज़ टंडन भी आईं। उन्हें देखकर उसने मुँह फेर लिया।

मिसेज़ टंडन ने पूछा—रात क्या तुम मेरे घर आई थीं? इस वक़्त मुझसे महाराज ने कहा।

जुगनू ने विरक्त भाव से कहा—प्यासा ही तो कुएँ के पास जाता है। कुआँ थोड़े ही प्यासे के पास आता है। मुझे आग में झोंककर आप दूर हट गईं। भगवान ने मेरी रक्षा की, नहीं कल जान ही गई थी।

मिसेज़ टंडन ने उत्सुकता से कहा—क्या, हुआ क्या, कुछ कहो तो? मुझे तुमने जगा क्यों न लिया? तुम तो जानती हो, मेरी आदत सबेरे सो जाने की है।

'महाराज ने घर में घुसने ही न दिया। जगा कैसे लेती? आपको इतना तो सोचना चाहिए था, कि वह वहाँ गई है, तो आती होगी? घड़ी भर बाद ही सोतीं, तो क्या बिगड़ जाता; पर आपको किसी की क्या परवाह!'

'तो क्या हुआ, मिस खुरशेद मारने दौड़ीं?'

'वह नहीं मारने दौड़ीं, उनका वह खसम है, वह मारने दौड़ा। लाल आँखें निकाले आया और मुझसे कहा—निकल जा। जब तक मैं निकलूँ, तब तक हंटर खींचकर दौड़ ही तो पड़ा। मैं सिर पर पाँव रखकर न भागती तो चमड़ा उधेड़ डालता। और वह राँड बैठी तमाशा देखती रही। दोनों में पहले से सधी-बदी थी। ऐसी कुलटाओं का मुँह देखना पाप है। बेसवा भी इतनी निर्लज्ज न होगी।'

ज़रा देर में और देवियाँ आ पहुँचीं। यह वृत्तांत सुनने के लिए सभी उत्सुक हो रही थीं। जुगनू की कैंची अविश्रांत रूप से चलती रही। महिलाओं को इस वृत्तांत में इतना आनंद आ रहा था कि कुछ न पूछो। एक-एक बात को खोद-खोदकर पूछती थीं। घर के काम-धंधे भूल गए, खाने-पीने की सुधि भी न रही; और एक बार सुनकर उनकी तृप्ति न होती थी, बार-बार वही कथा नए आनंद से सुनती थीं।

मिसेज़ टंडन ने अंत में कहा—हमें आश्रम में ऐसी महिलाओं को लाना अनुचित है। आप लोग इस प्रश्न पर विचार करें।

मिसेज़ पाण्ड्या ने समर्थन किया—हम आश्रम को आदर्श से गिराना नहीं चाहते। मैं तो कहती हूँ, ऐसी औरत किसी संस्था की प्रिन्सिपल बनने के योग्य नहीं।

मिसेज़ बाँगड़ा ने फरमाया—जुगनूबाई ने ठीक कहा था, ऐसी औरत का मुँह देखना भी पाप है। उससे साफ़ कह देना चाहिए, आप यहाँ तशरीफ़ न लावें।

अभी यह खिचड़ी पक रही थी कि आश्रम के सामने एक मोटर आकर रुकी। महिलाओं ने सिर उठा-उठाकर देखा, गाड़ी में मिस खुरशेद और विलियम किंग बैठे हुए थे।

जुगनू ने मुँह फैलाकर हाथ से इशारा किया, वही लौंडा है। महिलाओं का सम्पूर्ण समूह चिक के सामने आने के लिए विकल हो गया।

मिस खुरशेद ने मोटर से उतरकर हुड बन्द कर दिया और आश्रम के द्वार की ओर चलीं। महिलाएँ भाग-भागकर अपनी-अपनी जगह आ बैठीं।

मिस खुरशेद ने कमरे में क़दम रक्खा। किसी ने स्वागत न किया। मिस खुरशेद ने जुगनू की ओर निःसंकोच आँखों से देखकर मुस्कुराते हुए कहा—कहिए बाईजी, रात आपको चोट तो नहीं आई?

जुगनू ने बहुतेरी दीदा-दिलेर स्त्रियाँ देखी थीं; पर इस ढिठाई ने उसे चकित कर दिया। चोर हाथ में चोरी का माल लिए, साह को ललकार रहा था।

जुगनू ने ऐंठकर कहा—जी न भरा हो, तो अब पिटवा दो। सामने ही तो है।

खुरशेद—वह इस वक़्त तुमसे अपना अपराध क्षमा कराने आए हैं। रात वह नशे में थे।

जुगनू ने मिसेज़ टंडन की ओर देखकर कहा—और आप भी तो कुछ कम नशे में नहीं थीं।

खुरशेद ने व्यंग्य समझकर कहा—मैंने आज तक कभी नहीं पी, मुझ पर झूठा इलज़ाम मत लगाओ।

जुगनू ने लाठी मारी—शराब से भी बड़ी नशे की चीज़ है कोई; वह उसी का नशा होगा। उन महाशय को परदे में क्यों ढक दिया। देवियाँ भी तो उनकी सूरत देखतीं।

मिस खुरशेद ने शरारत की—सूरत तो उनकी लाख-दो-लाख में एक है।

मिसेज़ टंडन ने आशंकित होकर कहा—नहीं, उन्हें यहाँ लाने की ज़रूरत नहीं! आश्रम को हम बदनाम नहीं करना चाहते।

मिस खुरशेद ने आग्रह किया—मुआमले को साफ़ करने के लिए उनका आप लोगों के सामने आना ज़रूरी है। एकतरफ़ा फ़ैसला आप क्यों करती हैं?

मिसेज़ टंडन ने टालने के लिए कहा—यहाँ कोई मुक़दमा थोड़े ही पेश है!

मिस खुरशेद—वाह! मेरी इज़्ज़त में बट्टा लगा जा रहा है, और आप कहती हैं, कोई मुक़दमा नहीं है? मिस्टर किंग आएँगे और आपको उनका बयान सुनना होगा।

मिसेज़ टंडन को छोड़कर और सभी महिलाएँ किंग को देखने के लिए उत्सुक थीं। किसी ने विरोध न किया।

खुरशेद ने द्वार पर आकर ऊँची आवाज़ से कहा—तुम ज़रा यहाँ चले आओ!

हुड खुला और मिस लीलावती रेशमी साड़ी पहने मुस्कुराती हुई निकल आईं।

आश्रम में सन्नाटा छा गया। देवियाँ विस्मित आँखों से लीलावती को देखने लगीं।

जुगनू ने आँखें चमकाकर कहा—उन्हें कहाँ छिपा दिया आपने?

खुरशेद—छूमन्तर से उड़ गए। जाकर गाड़ी देख लो।

जुगनू लपककर गाड़ी के पास गई और ख़ूब देख-भालकर मुँह लटकाए हुए लौटी।

मिस खुरशेद ने पूछा—क्या हुआ, मिला कोई?

जुगनू—मैं यह तिरिया-चरित्तर क्या जानूँ। (लीलावती को ग़ौर से देखकर) और मरदों को साड़ी पहनाकर आँखों में धूल झोंक रही हो। यही तो हैं, वह रात वाले साहब!

खुरशेद—ख़ूब पहचानती हो?

जुगनू—हाँ-हाँ, क्या अन्धी हूँ?

मिसेज़ टंडन—क्या पागलों-सी बातें करती हो जुगनू, यह तो डॉक्टर लीलावती हैं।

जुगनू—(उँगली चमकाकर) चलिए-चलिए, लीलावती हैं। साड़ी पहनकर औरत बनते लाज भी नहीं आती! तुम रात को इनके घर नहीं थे?

लीलावती ने विनोद-भाव से कहा—मैं कब इनकार कर रही हूँ। इस वक़्त लीलावती हूँ। रात को विलियम किंग बन जाती हूँ। इसमें बात ही क्या है!

देवियों को अब यथार्थ की लालिमा दिखाई दी। चारों तरफ़ क़हक़हे पड़ने लगे। कोई तालियाँ बजाती थीं, कोई डॉक्टर लीलावती की गरदन से लिपट जाती थीं; कोई मिस खुरशेद की पीठ पर थपकियाँ देती थीं। कई मिनट तक हू-हक मचता रहा। जुगनू का मुँह उस लालिमा में बिलकुल ज़रा-सा निकल आया। ज़बान बन्द हो गई। ऐसा चरका उसने कभी न खाया था। इतनी जलील कभी न हुई थी।

मिसेज़ मेहरा ने डाँट बताई—अब बोलो दाई, लगी मुँह में कालिख कि नहीं?

मिसेज़ बाँगड़ा—इसी तरह सबको बदनाम करती है।

लीलावती—आप लोग भी तो जो यह कहती है, उस पर विश्वास कर लेती हैं।

इस हरबोंग में जुगनू को किसी ने जाते न देखा। अपने सिर पर यह तूफ़ान उठते देखकर उसे चुपके से सरक जाने में ही अपनी कुशल मालूम हुई। पीछे के द्वार से निकली और गलियों-गलियों भागी।

मिस खुरशेद ने कहा—ज़रा उससे पूछो; मेरे पीछे क्यों पड़ गई थी?

मिसेज़ टंडन ने पुकारा, पर जुगनू कहाँ! तलाश होने लगी। जुगनू ग़ायब!

उस दिन से शहर में फिर किसी ने जुगनू की सूरत नहीं देखी। आश्रम के इतिहास में यह मुआमला आज भी उल्लेख और मनोरंजन का विषय बना हुआ है।

आख़िरी हीला

यद्यपि मेरी स्मरण-शक्ति पृथ्वी के इतिहास की सारी स्मरणीय तारीख़ें भूल गईं, वह तारीख़ें जिन्हें रातों को जागकर और मस्तिष्क को खपाकर याद किया था; मगर विवाह की तिथि समतल भूमि में एक स्तम्भ की भाँति अटल है। न भूलता हूँ, न भूल सकता हूँ। उससे पहले और पीछे की सारी घटनाएँ दिल में मिट गईं, उनका निशान तक बाक़ी नहीं। वह सारी अनेकता एक एकता में मिश्रित हो गई है और वह मेरे विवाह की तिथि है। चाहता हूँ, उसे भूल जाऊँ; मगर जिस तिथि का नित्य-प्रति सुमिरन किया जाता हो, वह कैसे भूल जाए; नित्य-प्रति सुमिरन क्यों करता हूँ, यह उस विपत्ति-मारे से पूछिए जिसे भगवद्-भजन के सिवा जीवन के उद्धार का कोई आधार न रहा हो।

लेकिन क्या मैं वैवाहिक जीवन से इसलिए भागता हूँ कि मुझमें रसिकता का अभाव है और मैं कोमल वर्ग की मोहनी शक्ति से निर्लिप्त हूँ और अनासक्ति का पद प्राप्त कर चुका हूँ। क्या मैं नहीं चाहता हूँ कि जब मैं सैर करने निकलूँ, तो हृदयेश्वरी भी मेरे साथ विराजमान हों। विलास-वस्तुओं की दुकानों पर उनके साथ जाकर थोड़ी देर के लिए रसमय आग्रह का आनंद उठाऊँ। मैं उस गर्व और आनंद और महत्त्व का अनुभव कर सकता हूँ, जो मेरे अन्य भाइयों की भाँति मेरे हृदय में भी आंदोलित होगा, लेकिन मेरे भाग्य में वह ख़ुशियाँ—वह रंगरेलियाँ नहीं हैं।

क्योंकि चित्र का दूसरा पक्ष भी तो देखता हूँ। एक पक्ष जितना ही मोहक और आकर्षक है, दूसरा उतना ही हृदय विदारक और भयंकर। शाम हुई और आप बदनसीब बच्चे को गोद में लिए तेल या ईंधन की दुकान पर खड़े हैं। अँधेरा हुआ और आप आटे की पोटली बग़ल में दबाए गलियों में यों क़दम बढ़ाए हुए निकल जाते हैं, मानो चोरी की है। सूर्य निकला और बालकों को गोद में लिए होमियोपैथ डॉक्टर की दुकान में टूटी कुर्सी पर आरूढ़ हैं। किसी खोंचेवाले की रसीली आवाज़ सुनकर बालक ने गगनभेदी विलाप आरम्भ किया और आपके प्राण सूखे। ऐसे बापों को भी देखा है, जो दफ़्तर से लौटते हुए पैसे-दो पैसे की मूँगफली या रेवड़ियाँ लेकर लज्जास्पद शीघ्रता के साथ मुँह में रखते चले जाते हैं कि घर पहुँचते-पहुँचते बालकों के आक्रमण से पहले ही यह पदार्थ समाप्त हो जाए। कितना निराशाजनक होता है यह दृश्य, जब देखता हूँ कि मेले में बच्चा किसी खिलौने की दुकान के सामने मचल रहा है और पिता महोदय ऋषियों की-सी विद्वत्ता के साथ उनकी क्षणभंगुरता का राग अलाप रहे हैं।

चित्र का पहला रुख़ तो मेरे लिए एक मदन-स्वप्न है, दूसरा रुख़ एक भयंकर सत्य। इस सत्य के सामने मेरी सारी रसिकता अंतर्धान हो जाती है। मेरी सारी मौलिकता, सारी

रचनाशीलता इसी दाम्पत्य के फन्दों से बचने में प्रयुक्त हुई है। जानता हूँ कि जाल के नीचे जाना है, मगर जाल जितना ही रंगीन और ग्राहक है, दाना उतना ही घातक और विषैला। इस जाल में पक्षियों को तड़पते और फड़फड़ाते देखता हूँ और फिर भी जाल पर जा बैठता हूँ।

लेकिन इधर कुछ दिनों से श्रीमतीजी ने अविश्रान्त रूप से आग्रह करना शुरू किया है कि मुझे बुला लो। पहले जब छुट्टियों में जाता था, तो मेरा केवल 'कहाँ चलोगी' कह देना उनकी चित्त-शांति के लिए काफ़ी होता था, फिर मैंने 'झंझट है' कहकर उन्हें तसल्ली देनी शुरू की। इसके बाद गृहस्थ-जीवन की असुविधाओं से डराया; किन्तु अब कुछ दिनों से उनका अविश्वास बढ़ता जाता है। अब मैंने छुट्टियों में भी उनके आग्रह के भय से घर जाना बन्द कर दिया है कि कहीं वह मेरे साथ न चल खड़ी हों और नाना प्रकार के बहानों से उन्हें आशंकित करता रहता हूँ।

मेरा पहला बहाना पत्र-सम्पादकों के जीवन की कहानियों के विषय में था। कभी बारह बजे रात को सोना नसीब होता है, कभी रतजगा करना पड़ जाता है। सारे दिन गली-गली ठोकरें खानी पड़ती हैं। इस पर तुर्रा यह है कि हमेशा सिर पर नंगी तलवार लटकती रहती है। न जाने कब गिरफ़्तार हो जाऊँ, कब ज़मानत तलब हो जाए। खुफिया पुलिस की एक फ़ौज हमेशा पीछे पड़ी रहती है। कभी बाज़ार में निकल जाता हूँ, तो लोग उँगलियाँ उठाकर कहते हैं—वह जा रहा है अख़बारवाला। मानो संसार में जितनी दैविक, आधिदैविक, भौतिक, आधिभौतिक बाधाएँ हैं, उनका उत्तरदायी मैं हूँ। मानो मेरा मस्तिष्क झूठी ख़बरें गढ़ने का कार्यालय है। सारा दिन अफ़सरों की सलामी और पुलिस की खुशामद में गुज़र जाता है। कान्सटेबिलों को देखा और प्राण-पीड़ा होने लगी। मेरी तो यह हालत है और हुक्काम हैं कि मेरी सूरत से काँपते हैं। एक दिन दुर्भाग्यवश एक अंग्रेज़ के बँगले की तरफ़ जा निकला। साहब ने पूछा—क्या काम करता है? मैंने गर्व के साथ कहा—पत्र का सम्पादक हूँ। साहब तुरन्त अन्दर घुस गए और कपाट मुंद्रित कर लिये। फिर मैंने मेम साहब और बाबा लोगों को खिड़कियों से झाँकते देखा; मानो कोई भयंकर जन्तु हूँ। एक बार रेलगाड़ी में सफ़र कर रहा था, साथ और भी कई मित्र थे, इसलिए अपने पद का सम्मान निभाने के लिए सेकेंड क्लास का टिकट लेना पड़ा। गाड़ी में बैठा तो एक साहब ने मेरे सूटकेस पर मेरा नाम और पेशा देखते ही तुरन्त अपना सन्दूक खोला और रिवाल्वर निकालकर मेरे सामने गोलियाँ भरीं, जिससे मुझे मालूम हो जाए कि वह मुझसे सचेत है। मैंने देवीजी से अपनी आर्थिक कठिनाइयों की कभी चर्चा नहीं की, क्योंकि मैं रमणियों के सामने यह ज़िक्र करना अपनी मर्यादा के विरुद्ध समझता हूँ। हालाँकि मैं वह चर्चा करता, तो देवीजी की दया का अवश्य पात्र बन जाता।

मुझे विश्वास था कि श्रीमतीजी फिर यहाँ आने का नाम न लेंगी। मगर यह मेरा भ्रम था। उनके आग्रह पूर्ववत् होते रहे।

तब मैंने दूसरा बहाना सोचा। शहर बीमारियों के अड्डे हैं। हर एक खाने-पीने की चीज़ में विष की शंका। दूध में विष, घी में विष, फलों में विष, शाक-भाजी में विष, हवा में विष, पानी में विष। यह मनुष्य का जीवन पानी की लकीर है! जिसे आज देखो वह कल ग़ायब। अच्छे-खासे बैठे हैं, हृदय की गति बन्द हो गई। घर से सैर को निकले, मोटर से टकराकर सुरपुर की राह ली। अगर कोई शाम को सांगोपांग घर आ जाए, तो उसे भाग्यवान समझो। मच्छर की आवाज़ कान में आई, दिल बैठा, मक्खी नज़र आई और हाथ-पाँव फूले। चूहा

बिल से निकला और जान निकल गई। जिधर देखिए यमराज की अमलदारी है। अगर मोटर और ट्राम से बचकर आ गए, तब मच्छर और मक्खी के शिकार हुए। बस यही समझ लो कि मौत हरदम सिर पर खेलती रहती है। रात-भर मच्छरों से लड़ता हूँ, दिन-भर मक्खियों से। नन्ही-सी जान को किन-किन दुश्मनों से बचाऊँ। साँस भी मुश्किल से लेता हूँ कि कहीं क्षय के कीटाणु फेफड़े में न पहुँच जाएँ।

देवीजी को फिर भी मुझ पर विश्वास न आया। दूसरे पत्र में भी वही आरजू थी। लिखा था, तुम्हारे पत्र ने एक और चिन्ता बढ़ा दी अब। अब प्रतिदिन पत्र लिखा करना, मैं एक न सुनूँगी और सीधे चली आऊँगी। मैंने दिल में कहा—चलो, सस्ते छूटे।

मगर यह खटका लगा हुआ था कि न जाने कब उन्हें शहर आने की सनक सवार हो जाए। इसलिए मैंने तीसरा बहाना सोच निकाला। यहाँ मित्रों के मारे नाकोदाम रहता है, आकर बैठ जाते हैं तो उठने का नाम भी नहीं लेते मानो अपना घर बेच आए हैं। अगर घर से टल जाओ, तो आकर बेधड़क कमरे में बैठ जाते हैं और नौकर से जो चीज़ चाहते हैं, उधार मँगवा लेते हैं। देना मुझे पड़ता है। कुछ लोग तो हफ़्तों पड़े रहते हैं, टलने का नाम ही नहीं लेते। रोज़ उनकी सेवा-सत्कार करो, रात को थिएटर या सिनेमा दिखाओ। फिर सबेरे तक ताश या शतरंज खेलो। अधिकांश तो ऐसे हैं, जो शराब के बग़ैर ज़िन्दा ही नहीं रह सकते। अक्सर तो बीमार होकर आते हैं। बल्कि अधिकतर बीमार ही आते हैं। अब रोज़ डॉक्टर को बुलाओ, सेवा-शुश्रूषा करो, रातभर सिरहाने बैठे पंखा झलते रहो, उस पर यह शिकायत भी सुनते रहो कि यहाँ कोई हमारी बात भी नहीं पूछता! मेरी घड़ी महीनों से मेरी कलाई पर नहीं आई। दोस्तों के साथ जलसों में शरीक हो रही है। अचकन है, वह एक साहब के पास है, कोट और दूसरे साहब ले गए। जूते और एक बाबू ले उड़े। मैं वही रद्दी कोट और वही चमरौधा जूता पहनकर दफ़्तर जाता हूँ। मित्र वृन्द ताड़ते रहते हैं कि कौन-सी नई वस्तु लाया। कोई चीज़ लाता हूँ, तो मारे डर के सन्दूक में बन्द कर देता हूँ। किसी की निगाह पड़ जाए, तो कहीं-न-कहीं न्योता खाने की धुन सवार हो जाए। पहली तारीख़ को वेतन मिलता है, तो चोरों की तरह दबे पाँव घर आता हूँ कि कहीं कोई महाशय रुपयों की प्रतीक्षा में द्वार पर धरना जमाए न बैठे हों! मालूम नहीं, उनकी सारी आवश्यकताएँ पहली ही तारीख़ की बाट क्यों जोहती रहती हैं। एक दिन वेतन लेकर बारह बजे रात को लौटा; मगर देखा तो आधे दर्जन मित्र उस वक़्त भी डटे हुए थे। माथा ठोंक लिया। कितने ही बहाने करूँ, उनके सामने एक नहीं चलती। मैं कहता हूँ, घर से पत्र आया है, माताजी बहुत बीमार हैं। जवाब देते हैं, अजी बूढ़े इतनी जल्द नहीं मरते। मरना ही होता, तो इतने दिन जीवित क्यों रहतीं। देख लेना दो-चार दिन में अच्छी हो जाएँगी, और अगर मर भी जाएँ, तो वृद्धजनों की मृत्यु का शोक ही क्या, वह तो और ख़ुशी की बात है। कहता हूँ, लगान का बड़ा तकाजा हो रहा है! जवाब मिलता है, आजकल लगान तो बन्द हो ही रहा है। लगान देने की ज़रूरत ही नहीं रही। अगर किसी संस्कार का बहाना करता हूँ, तो फरमाते हैं, तुम भी विचित्र जीव हो। इन कुप्रथाओं की लकीर पीटना तुम्हारी शान के ख़िलाफ़ है। अगर तुम उनका मूलोच्छेदन करोगे, तो वह लोग क्या आकाश से आवेंगे? ग़रज़ यह कि किसी तरह प्राण नहीं बचते।

मैंने समझा था कि हमारा यह बहाना निशाने पर बैठेगा। ऐसे घर में कौन रमणी रहना पसन्द करेगी, जो मित्रों पर ही अर्पित हो गया हो! किन्तु मुझे फिर भ्रम हुआ। उत्तर में फिर वही आग्रह था।

तब मैंने चौथा हीला सोचा। यहाँ के मकान हैं कि चिड़ियों के पिंजरे, न हवा, न रोशनी। वह दुर्गंध उड़ती है कि खोपड़ी भन्ना जाती है। कितने ही के तो इसी दुर्गंध के कारण विसूचिका, टाइफाइड, यक्ष्मा आदि रोग हो जाते हैं। वर्षा हुई और मकान टपकने लगा। पानी चाहे घंटे भर बरसे, मकान रात भर बरसता रहता है। ऐसे बहुत कम घर होंगे, जिनमें प्रेत-बाधाएँ न हों, लोगों को डरावने स्वप्न दिखाई देते हैं। कितनों ही को उन्माद रोग हो जाता है। आज नए घर में आए, कल ही उसे बदलने की चिन्ता सवार हो गई। कोई ठेला असबाब से लदा हुआ जा रहा है, कोई आ रहा है। जिधर देखिए ठेले-ही-ठेले नज़र आते हैं। चोरियाँ तो इस कसरत से होती हैं कि अगर कोई रात कुशल से बीत जाए, तो देवताओं की मनौती की जाती है। आधी रात हुई और 'चोर-चोर! लेना-लेना!' की आवाज़ें आने लगीं। लोग दरवाज़ों पर मोटे-मोटे लकड़ी के फट्टे या जूते या चिमटे लिए खड़े रहते हैं; फिर भी चोर इतने कुशल हैं कि आँख बचाकर अन्दर पहुँच ही जाते हैं। एक मेरे बेतकल्लुफ दोस्त हैं, स्नेहवश मेरे पास बहुत देर तक बैठे रहते हैं। रात अँधेरे में बर्तन खड़के, तो मैंने बिजली की बत्ती जलाई! देखा, तो वही महाशय बर्तन समेट रहे हैं। मेरी आवाज़ सुनकर ज़ोर से क़हक़हा मारा और बोले, मैं तुम्हें चकमा देना चाहता था। मैंने दिल में समझ लिया, अगर निकल जाते, तो बर्तन आपके थे, जब जाग पड़ा तो चकमा हो गया। घर में आए कैसे थे, यह रहस्य है। कदाचित् रात को ताश खेलकर चले, तो बाहर जाने के बदले नीचे अँधेरी कोठरी में छिप गए। एक दिन एक महाशय मुझसे पत्र लिखाने आए, कमरे में क़लम-दवात न थी। ऊपर के कमरे से लाने गया। लौटकर आया तो देखा आप ग़ायब हैं और उनके साथ फाउंटेनपेन भी ग़ायब है। सारांश यह कि नगर-जीवन नरक-जीवन से कम दु:खदाई नहीं है।

मगर पत्नीजी पर नागरिक जीवन का ऐसा जादू चढ़ा हुआ है कि मेरा कोई बहाना उन पर असर नहीं करता। इस पत्र के जवाब में उन्होंने लिखा—मुझसे बहाना करते हो, मैं हर्गिज़ न मानूँगी, तुम आकर मुझे ले जाओ।

आख़िर मुझे पाँचवाँ बहाना करना पड़ा। यह खोंचेवालों के विषय में था।

अभी बिस्तर से उठने की नौबत नहीं आई कि कानों में विचित्र आवाज़ें आने लगीं। बाबुल के मीनार के निर्माण के साथ ऐसी निरर्थक आवाज़ें न आई होंगी। वह खोंचेवालों की शब्द-क्रीड़ा है। उचित तो यह था, यह खोंचेवाले ढोल-मँजीरे के साथ लोगों को अपनी चीज़ों की ओर आकर्षित करते; मगर इन औंधी अक़्लवालों को यह कहाँ सूझती है। ऐसे पैशाचिक स्वर निकालते हैं कि सुननेवालों के रोएँ खड़े हो जाते हैं। बच्चे माँ की गोद में चिमट जाते हैं। मैं भी रात को अक्सर चौंक पड़ता हूँ। एक दिन तो मेरे पड़ोस में एक दुर्घटना हो गई। ग्यारह बजे थे। कोई महिला बच्चे को दूध पिलाने उठी थी। एकाएक जो किसी खोंचेवाले की भयंकर ध्वनि कानों में आई, तो चीख़ मारकर चिल्ला उठी और फिर बेहोश हो गई। महीनों की दवा-दारू के बाद अच्छी हुई। और अब रात को कानों में रुई डालकर सोती है। ऐसे कृत्य नगरों में नित्य होते रहते हैं। मेरे ही मित्रों में कई ऐसे हैं जो अपनी स्त्रियों को घर से लाए; मगर बेचारियाँ दूसरे ही दिन इन आवाज़ों से भयभीत होकर लौट गईं।

श्रीमतीजी ने इसके जवाब में लिखा—तुम समझते हो, मैं खोंचेवालों की आवाज़ों से डर जाऊँगी। यहाँ गीदड़ों का हौवाना और उल्लुओं का चीख़ना सुनकर तो डरती नहीं खोंचेवालों से क्या डरूँगी!

अंत में मुझे एक ऐसा बहाना सूझा, जिसकी सफलता का मुझे पूरा विश्वास था। यद्यपि इसमें कुछ बदनामी थी; लेकिन बदनामी से मैं इतना नहीं डरता, जितना उस विपत्ति से।

फिर मैंने लिखा—शहर शरीफ़जादियों के रहने की जगह नहीं। यहाँ की महरियाँ इतनी कटुभाषिणी हैं कि बातों का जवाब गालियों से देती हैं, और उनके बनाव-सँवार का क्या पूछना। भले घर की स्त्रियाँ तो उनके ठाट देखकर ही शर्म से पानी-पानी हो जाती हैं। सिर से पाँव तक सोने से लदी हुई, सामने से निकल जाती हैं, तो ऐसा मालूम होता है कि सुगंधि की लपट निकल गई। गृहिणियाँ ये ठाट कहाँ से लाएँ? उन्हें तो और भी सैकड़ों चिन्ताएँ हैं। इन महरियों को तो बनाव-सिंगार के सिवा दूसरा काम ही नहीं। नित्य नई सज-धज, नित्य नई अदा और चंचल तो इस ग़ज़ब की हैं; मानो अंगों में रक्त की जगह पारा भर दिया हो। उनका चमकना और मटकना और मुस्कुराना देखकर गृहिणियाँ लज्जित हो जाती हैं और ऐसी दीदा-दिलेर हैं कि ज़बरदस्ती घरों में घुस पड़ती हैं। जिधर देखो इनका मेला-सा लगा हुआ है। इनके मारे भले आदमियों का घर में बैठना मुश्किल है! कोई ख़त लिखाने के बहाने से आ जाती है; कोई ख़त पढ़ाने के बहाने से। असली बात तो यह है कि गृहदेवियों का रंग फीका करने में इन्हें आनंद आता है। इसलिए शरीफ़जादियाँ बहुत कम शहरों में आती हैं।

मालूम नहीं इस पत्र में मुझसे क्या ग़लती हुई कि तीसरे दिन पत्नीजी एक बूढ़े कहार के साथ मेरा पता पूछती हुई अपने तीनों बच्चों को लिए एक असाध्य रोग की भाँति आ डटीं।

मैंने बदहवास होकर पूछा—क्यों कुशल तो है?

पत्नीजी ने चादर उतारते हुए कहा—घर में कोई चुड़ैल बैठी तो नहीं है? यहाँ किसी ने क़दम रखा तो नाक काट लूँगी। हाँ, जो तुम्हारी शह न हो!

अच्छा, तो अब रहस्य खुला। मैंने सिर पीट लिया। क्या जानता था, अपना तमाचा अपने ही मुँह पर पड़ेगा।

तावान

छकौड़ीलाल ने दुकान खोली और कपड़े के थानों को निकाल-निकाल रखने लगा कि एक महिला, दो स्वयंसेवकों के साथ उसकी दुकान छेकने आ पहुँची। छकौड़ी के प्राण निकल गए।

महिला ने तिरस्कार करके कहा—क्यों लाला तुमने सील तोड़ डाली न? अच्छी बात है, देखें तुम कैसे एक गिरह कपड़ा भी बेच लेते हो! भले आदमी, तुम्हें शर्म नहीं आती कि देश में यह संग्राम छिड़ा हुआ है और तुम विलायती कपड़ा बेच रहे हो, डूब मरना चाहिए। औरतें तक घरों से निकल पड़ी हैं, फिर भी तुम्हें लज्जा नहीं आती! तुम जैसे कायर देश में न होते तो उसकी यह अधोगति न होती!

छकौड़ी ने वास्तव में कल कांग्रेस की सील तोड़ डाली थी। यह तिरस्कार सुनकर उसने सिर नीचा कर लिया। उसके पास कोई सफ़ाई न थी; कोई जवाब न था। उसकी दुकान बहुत छोटी थी। लेहने पर कपड़े लाकर बेचा करता था। यही जीविका थी, इसी पर वृद्धा माता, रोगिणी स्त्री और पाँच बेटे-बेटियों का निर्वाह होता था। जब स्वराज्य-संग्राम छिड़ा और सभी

बजाज विलायती कपड़ों पर मुहरें लगवाने लगे, तो उसने भी मुहर लगवा ली। दस-पाँच थान स्वदेशी कपड़ों के उधार लाकर दुकान पर रख लिये; पर कपड़ों का मेल न था; इसलिए बिक्री कम होती थी। कोई भूला-भटका गाहक आ जाता, तो रुपया-आठ आने की बिक्री हो जाती। दिन भर दुकान में तपस्या-सी करके पहर रात को घर लौट जाता था। गृहस्थी का ख़र्च इस बिक्री में क्या चलता। कुछ दिन क़र्ज़-वर्ज़ लेकर काम चलाया, फिर गहने बेचने की नौबत आई। यहाँ तक कि अब घरों में कोई ऐसी चीज़ न बची, जिससे दो-चार महीने पेट का भूत सिर से टल जाता। उधर स्त्री का रोग असाध्य होता जाता था। बिना किसी कुशल डॉक्टर को दिखाए काम न चल सकता था। इसी चिन्ता में डूब-उतरा रहा था कि विलायती कपड़े का एक गाहक मिल गया, जो एकमुश्त दस रुपए का माल लेना चाहता था। इस प्रलोभन को वह न रोक सका।

स्त्री ने सुना, तो कानों पर हाथ रखकर बोली—मैं मुहर तोड़ने को कभी न कहूँगी। डॉक्टर तो कुछ अमृत पिला न देगा। तुम नक्कू क्यों बनो। बचना होगा बच जाऊँगी, मरना होगा मर जाऊँगी, बेआबरुई तो न होगी। मैं जीकर ही घर का क्या उपकार कर रही हूँ। और सबको दिक कर रही हूँ। देश को स्वराज्य मिले लोग सुखी हों, बला से मैं मर जाऊँगी! हज़ारों आदमी जेल जा रहे हैं, कितने घर तबाह हो गए, तो क्या सबसे ज़्यादा प्यारी मेरी ही जान है?

पर छकौड़ी इतना पक्का न था। अपना बस चलते वह स्त्री को भाग्य के भरोसे न छोड़ सकता था। उसने चुपके से मुहर तोड़ डाली और लागत के दामों दस रुपए के कपड़े बेच लिये।

अब डॉक्टर को कैसे ले जाए। स्त्री से क्या परदा रखता। उसने जाकर साफ़-साफ़ सारा वृत्तांत कह सुनाया और डॉक्टर को बुलाने चला।

स्त्री ने उसका हाथ पकड़कर कहा—मुझे डॉक्टर की ज़रूरत नहीं। अगर तुमने ज़िद की, तो मैं दवा की तरफ़ आँख भी न उठाऊँगी।

छकौड़ी और उसकी माँ ने रोगिणी को बहुत समझाया, पर वह डॉक्टर को बुलाने पर राज़ी न हुई। छकौड़ी ने दसों रुपए उठाकर घर-कुइयाँ में फेंक दिए और बिना कुछ खाए-पीए, क़िस्मत को रोता-झींकता दुकान पर चला आया। उसी वक़्त पिकेट करने वाले आ पहुँचे और उसे फटकारना शुरू कर दिया। पड़ोस के दुकानदार ने कांग्रेस कमेटी में जाकर चुगली खाई थी।

2

छकौड़ी ने महिला के लिए अन्दर से लोहे की एक टूटी, बेरंग कुरसी निकाली और लपककर उनके लिए पान लाया। जब वह पान खाकर कुरसी पर बैठीं, तो उसने अपने अपराध के लिए क्षमा माँगी! बोला—बहनजी, बेशक मुझसे यह अपराध हुआ है; लेकिन मैंने मज़बूर होकर मुहर तोड़ी। अबकी मुझे मुआफी दीजिए। फिर ऐसी खता न होगी।

देशसेविका ने थानेदारों के रोब के साथ कहा—यों अपराध क्षमा नहीं हो सकता। तुम्हें इसका तावान देना पड़ेगा। तुमने कांग्रेस के साथ विश्वासघात किया है और इसका तुम्हें दंड मिलेगा। आज ही बायकाट-कमेटी में यह मामला पेश होगा।

छकौड़ी बहुत ही विनीत, बहुत ही सहिष्णु था; लेकिन चिन्ताग्नि में तपकर उसका हृदय उस दशा को पहुँच गया था, जब एक चोट भी चिनगारियाँ पैदा करती है। तिनककर बोला—तावान तो मैं न दे सकता हूँ, न दूँगा। हाँ, दुकान भले ही बन्द कर दूँ। और दुकान

भी क्यों बन्द करूँ, अपना माल है, जिस जगह चाहूँ, बेच सकता हूँ। अभी जाकर थाने में लिखा दूँ, तो बायकाट कमेटी को भागने की राह न मिले। जितना ही दबता हूँ; उतना ही आप लोग दबाती हैं।

महिला ने सत्याग्रह-शक्ति के प्रदर्शन का अवसर पाकर कहा—हाँ, ज़रूर पुलिस में रपट करो। मैं तो चाहती हूँ, तुम रपट करो। तुम उन लोगों को यह धमकी दे रहे हो, जो तुम्हारे ही लिए अपने प्राणों का बलिदान कर रहे हैं। तुम इतने स्वार्थान्ध हो कि अपने स्वार्थ के लिए देश का अनहित करते तुम्हें लज्जा नहीं आती? उस पर मुझे पुलिस की धमकी देते हो! बायकाट-कमेटी जाए या रहे; पर तुम्हें तावान देना पड़ेगा; अन्यथा दुकान बन्द करनी पड़ेगी।

यह कहते-कहते महिला का चेहरा गर्व से तेज़वान हो गया। कई आदमी जमा हो गए और सब-के-सब छकौड़ी को बुरा-भला कहने लगे। छकौड़ी को भी मालूम हो गया कि पुलिस की धमकी देकर उसने बहुत बड़ा अविवेक किया है। लज्जा और अपमान से उसकी गरदन झुक गई और मुँह ज़रा-सा निकल आया। फिर उसने गरदन नहीं उठाई।

सारा दिन गुज़र गया और धेले की बिक्री न हुई। आख़िर हारकर उसने दुकान बन्द कर दी और घर चला आया।

दूसरे दिन प्रातःकाल बायकाट-कमेटी ने एक स्वयंसेवक द्वारा उसे सूचना दे दी कि कमेटी ने उसे 101/- का दंड दिया है।

3

छकौड़ी इतना जानता था कि कांग्रेस की शक्ति के सामने वह सर्वथा अशक्त है। उसकी ज़बान से जो धमकी निकल गई, उस पर उसे घोर पश्चात्ताप हुआ; लेकिन तीर कमान से निकल चुका था। दुकान खोलना व्यर्थ था। वह जानता था, उसकी धेले की भी बिक्री न होगी। 101/- देना उसके बूते से बाहर की बात थी! दो-तीन दिन चुपचाप बैठा रहा। एक दिन रात को दुकान खोलकर सारी गाँठें घर उठा लाया और चुपके-चुपके बेचने लगा। पैसे की चीज़ धेले में लुटा रहा था और वह भी उधार! जीने के लिए कुछ आधार तो चाहिए!

मगर उसकी यह चाल भी कांग्रेस से छिपी न रही। चौथे ही दिन गोइन्दों ने कांग्रेस को ख़बर पहुँचा दी। उसी दिन तीसरे पहर छकौड़ी के घर की पिकेटिंग शुरू हो गई। अबकी सिर्फ़ पिकेटिंग शुरू न थी, स्यापा भी था। पाँच-छह स्वयंसेविकाएँ और इतने ही स्वयंसेवक द्वार पर स्यापा करने लगे।

छकौड़ी आँगन में सिर झुकाए खड़ा था। कुछ अक़्ल काम न करती थी, इस विपत्ति को कैसे टाले। रोगिणी स्त्री सायबान में लेटी हुई थी, वृद्धा माता उसके सिरहाने बैठी पंखा झल रही थी और बच्चे बाहर स्यापे का आनंद उठा रहे थे।

स्त्री ने कहा—इन सबसे पूछते नहीं, खाएँ क्या?

छकौड़ी बोला—किससे पूछूँ, जब कोई सुने भी!

'जाकर कांग्रेसवालों से कहो, हमारे लिए कुछ इंतज़ाम कर दें, हम अभी कपड़े को जला देंगे। ज़्यादा नहीं, 25/- महीना दे दें।'

'वहाँ भी कोई न सुनेगा।'

'तुम जाओगे भी, या यहीं से क़ानून बघारने लगे?'

'क्या जाऊँ, उलटे और लोग हँसी उड़ाएँगे। यहाँ तो जिसने दुकान खोली, उसे दुनिया लखपती ही समझने लगती है।'

'तो खड़े-खड़े ये गालियाँ सुनते रहोगे?'

'तुम्हारे कहने से चला जाऊँ; मगर वहाँ ठिठोली के सिवा और कुछ न होगा।'

'हाँ, मेरे कहने से जाओ। जब कोई न सुनेगा, तो हम भी कोई और राह निकालेंगे।'

छकौड़ी ने मुँह लटकाए कुरता पहना और इस तरह कांग्रेस-दफ़्तर चला, जैसे कोई मरणासन्न रोगी को देखने के लिए वैद्य को बुलाने जाता है।

4

कांग्रेस-कमेटी के प्रधान ने परिचय के बाद पूछा—'तुम्हारे ही ऊपर तो बायकाट-कमेटी ने 101/- का तावान लगाया है?'

'जी हाँ!'

'तो रुपया कब दोगे?'

'मुझमें तावान देने की सामर्थ्य नहीं है। आपसे मैं सत्य कहता हूँ, मेरे घर में दो दिन से चूल्हा नहीं जला। घर की जो जमा-जथा थी, वह सब बेचकर खा गया। अब आपने तावान लगा दिया, दुकान बन्द करनी पड़ी। घर पर कुछ माल बेचने लगा। वहाँ स्यापा बैठ गया। अगर आपकी यही इच्छा हो कि हम सब दाने बग़ैर मर जाएँ, तो मार डालिए, और मुझे कुछ नहीं कहना है।'

छकौड़ी जो बात कहने घर से चला था, वह उसके मुँह से न निकली। उसने देख लिया कि यहाँ कोई उस पर विचार करनेवाला नहीं है।

प्रधानजी ने गम्भीर भाव से कहा—तावान तो देना ही पड़ेगा। अगर तुम्हें छोड़ दूँ, तो इसी तरह और लोग भी करेंगे। फिर विलायती कपड़े की रोकथाम कैसे होगी?

'मैं आपसे जो कह रहा हूँ, उस पर आपको विश्वास नहीं आता?'

'मैं जानता हूँ, तुम मालदार आदमी हो।'

'मेरे घर की तलाशी ले लीजिए।'

'मैं इन चकमों में नहीं आता।'

छकौड़ी ने उद्दंड होकर कहा—तो यह कहिए कि आप देश-सेवा नहीं कर रहे हैं, ग़रीबों का ख़ून चूस रहे हैं! पुलिसवाले क़ानूनी पहलू से लेते हैं, आप ग़ैरक़ानूनी पहलू से लेते हैं। नतीजा एक है। आप भी अपमान करते हैं, वह भी अपमान करते हैं। मैं क़सम खा रहा हूँ कि मेरे घर में खाने के लिए दाना नहीं है, मेरी स्त्री खाट पर पड़ी-पड़ी मर रही है। फिर भी आपको विश्वास नहीं आता। आप मुझे कांग्रेस का काम करने के लिए नौकर रख लीजिए। 25/- महीने दीजिएगा। इससे ज़्यादा अपनी ग़रीबी का और क्या प्रमाण दूँ। अगर मेरा काम सन्तोष के लायक न हो, तो एक महीने के बाद मुझे निकाल दीजिएगा। यह समझ लीजिए कि जब मैं आपकी ग़ुलामी करने को तैयार हुआ हूँ, तो इसीलिए कि मुझे दूसरा कोई आधार नहीं है। हम व्यापारी लोग; अपना बस चलते, किसी की चाकरी नहीं करते। ज़माना बिगड़ा हुआ है, नहीं 101/- के लिए इतना हाथ-पाँव न जोड़ता।

प्रधानजी हँसकर बोले—यह तो तुमने नई चाल चली!

'चाल नहीं चल रहा हूँ, अपनी विपत्ति-कथा कह रहा हूँ।'

'कांग्रेस के पास इतने रुपए नहीं हैं कि वह मोटों को खिलाती फिरे।'

'अब भी आप मुझे मोटा कहे जाएँगे?'

'तुम मोटे हो ही!'

'मुझ पर ज़रा भी दया न कीजिएगा?'

प्रधान ज़्यादा गहराई से बोले—छकौड़ीलालजी, मुझे पहले तो इसका विश्वास नहीं आता कि आपकी हालत इतनी ख़राब है और अगर विश्वास आ भी जाए, तो भी मैं कुछ कर नहीं सकता। इतने महान् आन्दोलन में कितने ही घर तबाह हुए और होंगे। हम लोग सभी तबाह हो रहे हैं। आप समझते हैं; हमारे सिर कितनी बड़ी ज़िम्मेदारी है। आपका तावान मुआफ कर दिया जाए, तो कल ही आपके बीसियों भाई अपनी मुहरें तोड़ डालेंगे और हम उन्हें किसी तरह कायल न कर सकेंगे। आप ग़रीब हैं, लेकिन आपके सभी भाई तो ग़रीब नहीं हैं। तब तो सभी अपनी ग़रीबी के प्रमाण देने लगेंगे। मैं किस-किस की तलाशी लेता फिरूँगा। इसलिए जाइए, किसी तरह रुपए का प्रबंध कीजिए और दुकान खोलकर कारबार कीजिए। ईश्वर चाहेगा, तो वह दिन भी आएगा जब आपका नुक़सान पूरा होगा।

5

छकौड़ी घर पहुँचा तो अँधेरा हो गया था। अभी तक उसके द्वार पर स्यापा हो रहा था। घर में जाकर स्त्री से बोला—आख़िर वही हुआ, जो मैं कहता था। प्रधानजी को मेरी बातों पर विश्वास ही नहीं आया।

स्त्री का मुरझाया हुआ बदन उत्तेजित हो उठा। उठ खड़ी हुई और बोली—अच्छी बात है, हम उन्हें विश्वास दिला देंगे। मैं अब कांग्रेस दफ़्तर के सामने ही मरूँगी। मेरे बच्चे उसी दफ़्तर के सामने विकल हो-होकर तड़पेंगे। कांग्रेस हमारे साथ सत्याग्रह करती है, तो हम भी उसके साथ सत्याग्रह करके दिखा दें। मैं इसी मरी हुई दशा में भी कांग्रेस को तोड़ डालूँगी। जो अभी इतने निर्दयी हैं, वह कुछ अधिकार हो जाने पर न्याय करेंगे? एक इक्का बुला लो, खाट की ज़रूरत नहीं। वहीं सड़क किनारे मेरी जान निकलेगी। जनता ही के बल पर तो वह कूद रहे हैं। मैं दिखा दूँगी, जनता तुम्हारे साथ नहीं, मेरे साथ है।

इस अग्निकुंड के सामने छकौड़ी की गर्मी शान्त हो गई। कांग्रेस के साथ इस रूप में सत्याग्रह करने की कल्पना ही से वह काँप उठा। सारे शहर में हलचल पड़ जाएगी। हज़ारों आदमी आकर यह दशा देखेंगे। संभव है, कोई हंगामा ही हो जाए। यह सभी बातें इतनी भयंकर थीं कि छकौड़ी का मन कातर हो गया। उसने स्त्री को शान्त करने की चेष्टा करते हुए कहा—इस तरह चलना उचित नहीं है अम्बे! मैं एक बार प्रधानजी से फिर मिलूँगा। अब रात हुई, स्यापा भी बन्द हो जाएगा। कल देखी जाएगी। अभी तो तुमने पथ्य भी नहीं लिया। प्रधानजी बेचारे बड़े असमंजस में पड़े हुए हैं। कहते हैं, अगर आपके साथ रियायत करूँ, तो फिर कोई शासन ही न रह जाएगा। मोटे-मोटे आदमी भी मुहरें तोड़ डालेंगे और जब कुछ कहा जाएगा, तो आपकी नज़ीर पेश कर देंगे।

अम्बा एक क्षण अनिश्चित दशा में खड़ी छकौड़ी का मुँह देखती रही, फिर धीरे से खाट पर बैठ गई। उसकी उत्तेजना गहरे विचार में लीन हो गई। कांग्रेस की और अपनी ज़िम्मेदारी का ख़याल आ गया। प्रधानजी के कथन में कितना सत्य था; यह उससे छिपा न रहा।

उसने छकौड़ी से कहा—तुमने आकर यह बात न कही थी।

छकौड़ी बोला—उस वक़्त मुझे इसकी याद न थी।

'यह प्रधानजी ने कहा है, या तुम अपनी तरफ़ से मिला रहे हो?'

'नहीं, उन्होंने ख़ुद कहा, मैं अपनी तरफ़ से क्यों मिलाता?'

'बात तो उन्होंने ठीक ही कही!'

'हम तो मिट जाएँगे!'

'हम तो यों ही मिटे हुए हैं!'

'रुपए कहाँ से आवेंगे। भोजन के लिए तो ठिकाना ही नहीं, दंड कहाँ से दें?'

'और कुछ नहीं है; घर तो है। इसे रेहन रख दो। और अब विलायती कपड़े भूलकर भी न बेचना। सड़ जाएँ, कोई परवाह नहीं। तुमने सील तोड़कर यह आफ़त सिर ली। मेरी दवा-दारू की चिन्ता न करो। ईश्वर की जो इच्छा होगी, वह होगा। बाल-बच्चे भूखों मरते हैं, मरने दो। देश में करोड़ों आदमी ऐसे हैं, जिनकी दशा हमारी दशा से भी ख़राब है। हम न रहेंगे, देश तो सुखी होगा।'

छकौड़ी जानता था, अम्बा जो कहती है, वह करके रहती है, कोई उज्र नहीं सुनती। वह सिर झुकाए, अम्बा पर झुँझलाता हुआ घर से निकलकर महाजन के घर की ओर चला।

घासवाली

मुलिया हरी-हरी घास का गट्ठा लेकर आई, तो उसका गेहुआँ रंग कुछ तमतमाया हुआ था और बड़ी-बड़ी मद-भरी आँखों में शंका समाई हुई थी। महावीर ने उसका तमतमाया हुआ चेहरा देखकर पूछा—क्या है मुलिया, आज कैसा जी है।

मुलिया ने कुछ जवाब न दिया—उसकी आँखें डबडबा गईं!

महावीर ने समीप आकर पूछा—क्या हुआ है, बताती क्यों नहीं? किसी ने कुछ कहा है, अम्माँ ने डाँटा है, क्यों इतनी उदास है?

मुलिया ने सिसककर कहा—कुछ नहीं, हुआ क्या है, अच्छी तो हूँ?

महावीर ने मुलिया को सिर से पाँव तक देखकर कहा—चुपचाप रोएगी, बताएगी नहीं?

मुलिया ने बात टालकर कहा—कोई बात भी हो, क्या बताऊँ।

मुलिया इस ऊसर में गुलाब का फूल थी। गेहुआँ रंग था, हिरन की-सी आँखें, नीचे खिंचा हुआ चिबुक, कपोलों पर हलकी लालिमा, बड़ी-बड़ी नुकीली पलकें, आँखों में एक विचित्र आर्द्रता, जिसमें एक स्पष्ट वेदना, एक मूक व्यथा झलकती रहती थी। मालूम नहीं, चमारों के इस घर में वह अप्सरा कहाँ से आ गई थी। क्या उसका कोमल फूल-सा गात इस योग्य था कि सर पर घास की टोकरी रखकर बेचने जाती? उस गाँव में भी ऐसे लोग मौजूद थे, जो उसके तलवों के नीचे आँखें बिछाते थे, उसकी एक चितवन के लिए तरसते थे, जिनसे अगर वह एक शब्द भी बोलती, तो निहाल हो जाते; लेकिन उसे आए साल-भर से अधिक हो गया, किसी ने उसे युवकों की तरफ़ ताक़ते या बातें करते नहीं देखा। वह घास

लिए निकलती, तो ऐसा मालूम होता, मानो उषा का प्रकाश, सुनहरे आवरण में रंजित, अपनी छटा बिखेरता जाता हो। कोई ग़ज़लें गाता, कोई छाती पर हाथ रखता; पर मुलिया नीची आँख किए अपनी राह चली जाती। लोग हैरान होकर कहते—इतना अभिमान! महावीर में ऐसे क्या सुरखाब के पर लगे हैं, ऐसा अच्छा जवान भी तो नहीं, न जाने यह कैसे उसके साथ रहती है!

मगर आज ऐसी बात हो गई, जो इस जाति की और युवतियों के लिए चाहे गुप्त संदेश होती, मुलिया के लिए हृदय का शूल थी। प्रभात का समय था, पवन आम की बौर की सुगंधि से मतवाला हो रहा था, आकाश पृथ्वी पर सोने की वर्षा कर रहा था। मुलिया सिर पर झौआ रक्खे घास छीलने चली, तो उसका गेहुआँ रंग प्रभात की सुनहरी किरणों से कुन्दन की तरह दमक उठा। एकाएक युवक चैनसिंह सामने से आता हुआ दिखाई दिया। मुलिया ने चाहा कि कतराकर निकल जाए; मगर चैनसिंह ने उसका हाथ पकड़ लिया और बोला—मुलिया, तुझे क्या मुझ पर ज़रा भी दया नहीं आती?

मुलिया का वह फूल-सा खिला हुआ चेहरा ज्वाला की तरह दहक उठा। वह ज़रा भी नहीं डरी, ज़रा भी न झिझकी, झौआ ज़मीन पर गिरा दिया, और बोली—मुझे छोड़ दो, नहीं मैं चिल्लाती हूँ।

चैनसिंह को आज जीवन में एक नया अनुभव हुआ। नीची जातों में रूप-माधुर्य का इसके सिवा और काम ही क्या है कि वह ऊँची जातवालों का खिलौना बने। ऐसे कितने ही मार्क उसने जीते थे; पर आज मुलिया के चेहरे का वह रंग, उसका वह क्रोध, वह अभिमान देखकर उसके छक्के छूट गए। उसने लज्जित होकर उसका हाथ छोड़ दिया। मुलिया वेग से आगे बढ़ गई। संघर्ष की गरमी में चोट की व्यथा नहीं होती, पीछे से टीस होने लगती है। मुलिया जब कुछ दूर निकल गई, तो क्रोध और भय तथा अपनी बेकसी को अनुभव करके उसकी आँखों में आँसू भर आए। उसने कुछ देर ज़ब्त किया, फिर सिसक-सिसक कर रोने लगी। अगर वह इतनी ग़रीब न होती, तो किसी की मजाल थी कि इस तरह उसका अपमान करता! वह रोती जाती थी और घास छीलती जाती थी। महावीर का क्रोध वह जानती थी। अगर उससे कह दे, तो वह इस ठाकुर के ख़ून का प्यासा हो जाएगा। फिर न जाने क्या हो! इस ख़याल से उसके रोएँ खड़े हो गए। इसीलिए उसने महावीर के प्रश्नों का कोई उत्तर न दिया।

2

दूसरे दिन मुलिया घास के लिए न गई। सास ने पूछा—तू क्यों नहीं जाती? और सब तो चली गईं?

मुलिया ने सिर झुकाकर कहा—मैं अकेली न जाऊँगी।

सास ने बिगड़कर कहा—अकेले क्या तुझे बाघ उठा ले जाएगा?

मुलिया ने और भी सिर झुका लिया और दबी हुई आवाज़ से बोली—सब मुझे छेड़ते हैं।

सास ने डाँटा—न तू औरों के साथ जाएगी, न अकेली जाएगी, तो फिर जाएगी कैसे! वह साफ़-साफ़ क्यों नहीं कहती कि मैं न जाऊँगी। तो यहाँ मेरे घर में रानी बन के निबाह न होगा। किसी को चाम नहीं प्यारा होता, काम प्यारा होता है। तू बड़ी सुन्दर है, तो तेरी सुन्दरता लेकर चाटूँ? उठा झाबा और घास ला!

द्वार पर नीम के दरख़्त के साए में महावीर खड़ा घोड़े को मल रहा था। उसने मुलिया को रोनी सूरत बनाए जाते देखा; पर कुछ बोल न सका। उसका बस चलता तो मुलिया को

कलेजे में बिठा लेता, आँखों में छिपा लेता; लेकिन घोड़े का पेट भरना तो ज़रूरी था। घास मोल लेकर खिलाए, तो बारह आने रोज़ से कम न पड़े। ऐसी मज़दूरी ही कौन होती है। मुश्किल से डेढ़-दो रुपए मिलते हैं, वह भी कभी मिले, कभी न मिले। जब से यह सत्यानाशी लारियाँ चलने लगी हैं; एक्केवालों की बधिया बैठ गई है। कोई सेंत भी नहीं पूछता। महाजन से डेढ़-सौ रुपए उधार लेकर एक्का और घोड़ा ख़रीदा था; मगर लारियों के आगे एक्के को कौन पूछता है। महाजन का सूद भी तो न पहुँच सकता था, मूल का कहना ही क्या! ऊपरी मन से बोला—न मन हो, तो रहने दो, देखी जाएगी।

इस दिलजोई से मुलिया निहाल हो गई। बोली—घोड़ा खाएगा क्या?

आज उसने कल का रास्ता छोड़ दिया और खेतों की मेड़ों से होती हुई चली। बार-बार सतर्क आँखों से इधर-उधर ताकती जाती थी। दोनों तरफ़ ऊख के खेत खड़े थे। ज़रा भी खड़खड़ाहट होती, उसका जी सन्न हो जाता—कहीं कोई ऊख में छिपा न बैठा हो। मगर कोई नई बात न हुई। ऊख के खेत निकल गए, आमों का बाग़ निकल गया; सिंचे हुए खेत नज़र आने लगे। दूर के कुएँ पर पुर चल रहा था। खेतों की मेड़ों पर हरी-हरी घास जमी हुई थी। मुलिया का जी ललचाया। यहाँ आध घंटे में जितनी घास छिल सकती है, सूखे मैदान में दोपहर तक न छिल सकेगी! यहाँ देखता ही कौन है। कोई चिल्लाएगा, तो चली जाऊँगी। वह बैठकर घास छीलने लगी और एक घंटे में उसका झाबा आधे से ज़्यादा भर गया। वह अपने काम में इतनी तन्मय थी कि उसे चैनसिंह के आने की ख़बर ही न हुई। एकाएक उसने आहट पाकर सिर उठाया, तो चैनसिंह को खड़ा देखा।

मुलिया की छाती धक् से हो गई। जी में आया भाग जाए, झाबा उलट दे और ख़ाली झाबा लेकर चली जाए; पर चैनसिंह ने कई गज के फासले से ही रुककर कहा—डर मत, डर मत, भगवान जानता है! मैं तुझसे कुछ न बोलूँगा। जितनी घास चाहे छील ले, मेरा ही खेत है।

मुलिया के हाथ सुन्न हो गए, खुरपी हाथ में जम-सी गई, घास नज़र ही न आती थी। जी चाहता था; ज़मीन फट जाए और मैं समा जाऊँ। ज़मीन आँखों के सामने तैरने लगी।

चैनसिंह ने आश्वासन दिया—छीलती क्यों नहीं? मैं तुमसे कुछ कहता थोड़े ही हूँ। यहीं रोज़ चली आया कर, मैं छील दिया करूँगा।

मुलिया चित्रलिखित-सी बैठी रही।

चैनसिंह ने एक क़दम आगे बढ़ाया और बोला—तू मुझसे इतना डरती क्यों है! क्या तू समझती है, मैं आज भी तुझे सताने आया हूँ? ईश्वर जानता है, कल भी तुझे सताने के लिए मैंने तेरा हाथ नहीं पकड़ा था। तुझे देखकर आप-ही-आप हाथ बढ़ गए। मुझे कुछ सुध ही न रही। तू चली गई, तो मैं वहीं बैठकर घंटों रोता रहा। जी में आता था, हाथ काट डालूँ। कभी जी चाहता था, ज़हर खा लूँ। तभी से तुझे ढूँढ़ रहा हूँ आज तू इस रास्ते से चली आई। मैं सारा हार छानता हुआ यहाँ आया हूँ। अब जो सज़ा तेरे जी में आवे, दे दे। अगर तू मेरा सिर भी काट ले, तो गर्दन न हिलाऊँगा। मैं शोहदा था, लुच्चा था, लेकिन जब से तुझे देखा है, मेरे मन से सारी खोट मिट गई है। अब तो यही जी में आता है कि तेरा कुत्ता होता और तेरे पीछे-पीछे चलता, तेरा घोड़ा होता, तब तो तू अपने हाथों से मेरे सामने घास डालती। किसी तरह यह चोला तेरे काम आवे, मेरे मन की यह सबसे बड़ी लालसा है। मेरी जवानी काम न आवे, अगर मैं किसी खोट से ये बातें कर रहा हूँ। बड़ा भागवान था महावीर, जो ऐसी देवी उसे मिली।

मुलिया चुपचाप सुनती रही, फिर नीचा सिर करके भोलेपन से बोली—तो तुम मुझे क्या करने को कहते हो?

चैनसिंह और समीप आकर बोला—बस, तेरी दया चाहता हूँ।

मुलिया ने सिर उठाकर उसकी ओर देखा। उसकी लज्जा न जाने कहाँ ग़ायब हो गई। चुभते हुए शब्दों में बोली। तुमसे एक बात कहूँ, बुरा तो न मानोगे? तुम्हारा ब्याह हो गया है या नहीं?

चैनसिंह ने दबी ज़बान से कहा—ब्याह तो हो गया, लेकिन ब्याह क्या है, खिलवाड़ है।

मुलिया के होठों पर अवहेलना की मुस्कुराहट झलक पड़ी, बोली—फिर भी अगर मेरा आदमी तुम्हारी औरत से इसी तरह बातें करता, तो तुम्हें कैसा लगता? तुम उसकी गर्दन काटने पर तैयार हो जाते कि नहीं? बोलो! क्या समझते हो कि महावीर चमार है तो उसकी देह में लहू नहीं है, उसे लज्जा नहीं है, अपने मर्यादा का विचार नहीं है? मेरा रूप-रंग तुम्हें भाता है। क्या घाट के किनारे मुझसे कहीं सुन्दर औरतें नहीं घूमा करतीं? मैं उनके तलवों की बराबरी भी नहीं कर सकती। तुम उसमें से किसी से क्यों नहीं दया माँगते! क्या उनके पास दया नहीं है? मगर वहाँ तुम न जाओगे; क्योंकि वहाँ जाते तुम्हारी छाती दहलती है। मुझसे दया माँगते हो, इसलिए न कि मैं चमारिन हूँ, नीच जाति हूँ और नीच जाति की औरत ज़रा-सी घुड़की-धमकी वा ज़रा-सी लालच से तुम्हारी मुट्ठी में आ जाएगी। कितना सस्ता सौदा है। ठाकुर हो न, ऐसा सस्ता सौदा क्यों छोड़ने लगे?

चैनसिंह लज्जित होकर बोला—मूला, यह बात नहीं। मैं सच कहता हूँ, इसमें ऊँच-नीच की बात नहीं है। सब आदमी बराबर हैं। मैं तो तेरे चरणों पर सिर रखने को तैयार हूँ।

मुलिया—इसीलिए न कि जानते हो, मैं कुछ कर नहीं सकती। जाकर किसी खतरानी के चरणों पर सिर रक्खो, तो मालूम हो कि चरणों पर सिर रखने का क्या फल मिलता है। फिर यह सिर तुम्हारी गर्दन पर न रहेगा।

चैनसिंह मारे शर्म के ज़मीन में गड़ा जाता था। उसका मुँह ऐसा सूख गया था, मानो महीनों की बीमारी से उठा हो। मुँह से बात न निकलती थी। मुलिया इतनी वाक्-पटु है, इसका उसे गुमान भी न था।

मुलिया फिर बोली—मैं भी रोज़ बाज़ार जाती हूँ। बड़े-बड़े घरों का हाल जानती हूँ। मुझे किसी बड़े घर का नाम बता दो, जिसमें कोई साईस, कोई कोचवान, कोई कहार, कोई पंडा, कोई महाराज न घुसा बैठा हो? यह सब बड़े घरों की लीला है। और वह औरतें जो कुछ करती हैं, ठीक करती हैं! उनके घरवाले भी तो चमारिनों और कहारिनों पर जान देते फिरते हैं। लेना-देना बराबर हो जाता है। बेचारे ग़रीब आदमियों के लिए यह बातें कहाँ? मेरे आदमी के लिए संसार में जो कुछ हूँ, मैं हूँ। वह किसी दूसरी मिहरिया की ओर आँख उठाकर भी नहीं देखता। संयोग की बात है कि मैं तनिक सुन्दर हूँ, लेकिन मैं काली-कलूटी भी होती, तब भी वह मुझे इसी तरह रखता। इसका मुझे विश्वास है। मैं चमारिन होकर भी इतनी नीच नहीं हूँ कि विश्वास का बदला खोट से दूँ। हाँ, वह अपने मन की करने लगे, मेरी छाती पर मूँग दलने लगे, तो मैं भी उसकी छाती पर मूँग दलूँगी। तुम मेरे रूप ही के दीवाने हो न! आज मुझे माता निकल आएँ, कानी हो जाऊँ, तो मेरी ओर ताकोगे भी नहीं। बोलो, झूठ कहती हूँ?

चैनसिंह इनकार न कर सका।

मुलिया ने उसी गर्व से भरे हुए स्वर में कहा—लेकिन मेरी एक नहीं, दोनों आँखें फूट जाएँ, तब भी वह मुझे इसी तरह रक्खेगा। मुझे उठावेगा, बैठावेगा, खिलावेगा। तुम चाहते हो, मैं ऐसे आदमी के साथ कपट करूँ? जाओ, अब मुझे कभी न छेड़ना, नहीं अच्छा न होगा।

3

जवानी जोश है, बल है, दया है, साहस है, आत्म-विश्वास है, गौरव है और सब कुछ जो जीवन को पवित्र, उज्ज्वल और पूर्ण बना देता है। जवानी का नशा घमंड है, निर्दयता है, स्वार्थ है, शेखी है, विषय-वासना है, कटुता है और वह सब कुछ जो जीवन को पशुता, विकार और पतन की ओर ले जाता है। चैनसिंह पर जवानी का नशा था। मुलिया के शीतल छींटों ने नशा उतार दिया। जैसे उबलती हुई चाशनी में पानी के छींटे पड़ जाने से फेन मिट जाता है, मैल निकल जाता है और निर्मल, शुद्ध रस निकल आता है। जवानी का नशा जाता रहा, केवल जवानी रह गई। कामिनी के शब्द जितनी आसानी से दीन और ईमान को गारत कर सकते हैं, उतनी ही आसानी से उनका उद्धार भी कर सकते हैं।

चैनसिंह उस दिन से दूसरा ही आदमी हो गया। ग़ुस्सा उसकी नाक पर रहता था, बात-बात पर मज़दूरों को गालियाँ देना, डाँटना और पीटना उसकी आदत थी। असामी उससे थर-थर काँपते थे। मज़दूर उसे आते देखकर अपने काम में चुस्त हो जाते थे; पर ज्यों ही उसने इधर पीठ फेरी और उन्होंने चिलम पीना शुरू किया। सब दिल में उससे जलते थे, उसे गालियाँ देते थे। मगर उस दिन से चैनसिंह इतना दयालु, इतना गम्भीर, इतना सहनशील हो गया कि लोगों को आश्चर्य होता था।

कई दिन गुज़र गए थे। एक दिन संध्या समय चैनसिंह खेत देखने गया। पुर चल रहा था। उसने देखा कि एक जगह नाली टूट गई है, और सारा पानी बहा चला जाता है। क्यारियों में पानी बिलकुल नहीं पहुँचता, मगर क्यारी बनाने वाली बुढ़िया चुपचाप बैठी है। उसे इसकी ज़रा भी फ़िक्र नहीं है कि पानी क्यों नहीं आता। पहले यह दशा देखकर चैनसिंह आपे से बाहर हो जाता। उस औरत की उस दिन मजूरी काट लेता और पुर चलानेवालों को घुड़कियाँ जमाता, पर आज उसे क्रोध नहीं आया। उसने मिट्टी लेकर नाली बाँध दी और खेत में जाकर बुढ़िया से बोला—तू यहाँ बैठी है और पानी सब बहा जा रहा है।

बुढ़िया घबड़ाकर बोली—अभी खुल गई होगी। राजा! मैं अभी जाकर बन्द किए देती हूँ।

यह कहती हुई वह थरथर काँपने लगी। चैनसिंह ने उसकी दिलजोई करते हुए कहा—भाग मत, भाग मत। मैंने नाली बन्द कर दी। बुढ़ऊ कई दिन से नहीं दिखाई दिए, कहीं काम पर जाते हैं कि नहीं?

बुढ़िया गद्गद होकर बोली—आजकल तो ख़ाली ही बैठे हैं भैया, कहीं काम नहीं लगता।

चैनसिंह ने नरम भाव से कहा—तो हमारे यहाँ लगा दे। थोड़ा-सा सन रखा है, उसे कात दें।

यह कहता हुआ वह कुएँ की ओर चला गया। यहाँ चार पुर चल रहे थे; पर इस वक़्त दो हँकवे बेर खाने गए थे। चैनसिंह को देखते ही मजूरों के होश उड़ गए। ठाकुर ने पूछा, दो आदमी कहाँ गए, तो क्या जवाब देंगे? सब-के-सब डाँटे जाएँगे। बेचारे दिल में सहमे जा रहे थे। चैनसिंह ने पूछा—वह दोनों कहाँ चले गए?

किसी के मुँह से आवाज़ न निकली। सहसा सामने से दोनों मजूर धोती के एक कोने में बेर भरे आते दिखाई दिए। ख़ुश-ख़ुश बात करते चले आ रहे थे। चैनसिंह पर निगाह पड़ी, तो दोनों के प्राण सूख गए। पाँव मन-मन भर के हो गए। अब न आते बनता है, न जाते। दोनों समझ गए कि आज डाँट पड़ी, शायद मजूरी भी कट जाए। चाल धीमी पड़ गई। इतने में चैनसिंह ने पुकारा—बढ़ आओ, बढ़ आओ, कैसे बेर हैं, लाओ ज़रा मुझे भी दो, मेरे ही पेड़ के हैं न?

दोनों और भी सहम उठे। आज ठाकुर जीता न छोड़ेगा। कैसा मिठा-मिठाकर बोल रहा है। उतनी ही भिगो-भिगोकर लगाएगा। बेचारे और भी सिकुड़ गए।

चैनसिंह ने फिर कहा—जल्दी से आओ जी, पक्की-पक्की सब मैं ले लूँगा। ज़रा एक आदमी लपककर घर से थोड़ा-सा नमक तो ले लो! (बाक़ी दोनों मजूरों से) तुम भी दोनों आ जाओ, उस पेड़ के बेर मीठे होते हैं। बेर खा ले, काम तो करना ही है।

अब दोनों भगोड़ों को कुछ ढारस हुआ। सभी ने जाकर सब बेर चैनसिंह के आगे डाल दिए और पक्के-पक्के छाँटकर उसे देने लगे। एक आदमी नमक लाने दौड़ा। आध घंटे तक चारों पुर बन्द रहे। जब सब बेर उड़ गए और ठाकुर चलने लगे, तो दोनों अपराधियों ने हाथ जोड़कर कहा—भैयाजी, आज जान बकसी हो जाए, बड़ी भूख लगी थी, नहीं तो कभी न जाते।

चैनसिंह ने नम्रता से कहा—तो इसमें बुराई क्या हुई? मैंने भी तो बेर खाए। एक-आध घंटे का हरज हुआ यही न? तुम चाहोगे, तो घंटे भर का काम आध घंटे में कर दोगे। न चाहोगे, दिन-भर में भी घंटे-भर का काम न होगा।

चैनसिंह चला गया, तो चारों बातें करने लगे।

एक ने कहा—मालिक इस तरह रहे, तो काम करने में जी लगता है। यह नहीं कि हरदम छाती पर सवार।

दूसरा—मैंने तो समझा, आज कच्चा ही खा जाएँगे।

तीसरा—कई दिन से देखता हूँ, मिज़ाज नरम हो गया है।

चौथा—साँझ को पूरी मजूरी मिले तो कहना।

पहला—तुम तो हो गोबर-गनेस। आदमी का रुख़ नहीं पहचानते।

दूसरा—अब ख़ूब दिल लगाकर काम करेंगे।

तीसरा—और क्या! जब उन्होंने हमारे ऊपर छोड़ दिया, तो हमारा भी धरम है कि कोई कसर न छोड़ें।

चौथा—मुझे तो भैया, ठाकुर पर अब भी विश्वास नहीं आता।

4

एक दिन चैनसिंह को किसी काम से कचहरी जाना था। पाँच मील का सफ़र था। यों तो वह बराबर अपने घोड़े पर जाय करता था; पर आज धूप बड़ी तेज़ हो रही थी, सोचा एक्के पर चला चलूँ। महावीर को कहला भेजा मुझे लेते जाना। कोई नौ बजे महावीर ने पुकारा। चैनसिंह तैयार बैठा था। चटपट एक्के पर बैठ गया। मगर घोड़ा इतना दुबला हो रहा था, एक्के की गद्दी इतनी मैली और फटी हुई, सारा सामान इतना रद्दी कि चैनसिंह को उस पर बैठते शर्म आई। पूछा—यह सामान क्यों बिगड़ा हुआ है महावीर? तुम्हारा घोड़ा तो इतना दुबला कभी न था; क्या आजकल सवारियाँ कम हैं क्या? महावीर ने कहा—नहीं मालिक, सवारियाँ काहे

नहीं है; मगर लारियों के सामने एक्के को कौन पूछता है। कहाँ दो-ढाई-तीन की मजूरी करके घर लौटता था, कहाँ अब बीस आने पैसे भी नहीं मिलते? क्या जानवर को खिलाऊँ क्या आप खाऊँ? बड़ी विपत्ति में पड़ा हूँ। सोचता हूँ एक्का-घोड़ा बेच-बाचकर आप लोगों की मजूरी कर लूँ, पर कोई गाहक नहीं लगता। ज़्यादा नहीं तो बारह आने तो घोड़े ही को चाहिए, घास ऊपर से। जब अपना ही पेट नहीं चलता, तो जानवर को कौन पूछे।

चैनसिंह ने उसके फटे हुए कुरते की ओर देखकर कहा—दो-चार बीघे खेती क्यों नहीं कर लेते?

महावीर सिर झुकाकर बोला—खेती के लिए बड़ा पौरुख चाहिए मालिक! मैंने तो यही सोचा है कि कोई गाहक लग जाए, तो एक्के को औने-पौने निकाल दूँ, फिर घास छीलकर बाज़ार ले जाया करूँ। आजकल सास-पतोहू दोनों छीलती हैं। तब जाकर दस-बारह आने पैसे नसीब होते हैं।

चैनसिंह ने पूछा—तो बुढ़िया बाज़ार जाती होगी?

महावीर लजाता हुआ बोला—नहीं भैया, वह इतनी दूर कहाँ चल सकती है। घरवाली चली जाती है। दोपहर तक घास छीलती है, तीसरे पहर बाज़ार जाती है। वहाँ से घड़ी रात गए लौटती है। हलकान हो जाती है भैया, मगर क्या करूँ, तक़दीर से क्या ज़ोर।

चैनसिंह कचहरी पहुँच गए और महावीर सवारियों की टोह में इधर-उधर इक्के को घुमाता हुआ शहर की तरफ़ चला गया। चैनसिंह ने उसे पाँच बजे आने को कह दिया।

कोई चार बजे चैनसिंह कचहरी से फुरसत पाकर बाहर निकले। हाते में पान की दुकान थी, ज़रा और आगे बढ़कर एक घना बरगद का पेड़ था, उसकी छाँह में बीसों ही ताँगे; एक्के, फिटनें खड़ी थीं। घोड़े खोल दिए गए थे। वकीलों, मुख्तारों और अफ़सरों की सवारियाँ यहीं खड़ी रहती थीं। चैनसिंह ने पानी पिया, पान खाया और सोचने लगा कोई लारी मिल जाए, तो ज़रा शहर चला जाऊँ कि उसकी निगाह एक घासवाली पर पड़ गई। सिर पर घास का झाबा रक्खे साईसों से मोल-भाव कर रही थी। चैनसिंह का हृदय उछल पड़ा—यह तो मुलिया है! बनी-ठनी, एक गुलाबी साड़ी पहने कोचवानों से मोल-तोल कर रही थी। कई कोचवान जमा हो गए थे। कोई उससे दिल्लगी करता था, कोई घूरता था, कोई हँसता था।

एक काले-कलूटे कोचवान ने कहा—मूला, घास तो उड़के अधिक से अधिक छह आने की है।

मुलिया ने उन्माद पैदा करने वाली आँखों से देखकर कहा—छह आने पर लेना है, तो सामने घसियारिनें बैठी हैं, चले जाओ, दो-चार पैसे कम में पा जाओगे, मेरी घास तो बारह आने में ही जाएगी।

एक अधेड़ कोचवान ने फिटन के ऊपर से कहा—तेरा ज़माना है, बारह आने नहीं एक रुपया माँग। लेनेवाले झख मारेंगे और लेंगे। निकलने दे वकीलों को, अब देर नहीं है।

एक ताँगेवाले ने, जो गुलाबी पगड़ी बाँधे हुए था, बोला—बुढ़ऊ के मुँह में पानी भर आया, अब मुलिया काहे को किसी की ओर देखेगी!

चैनसिंह को ऐसा क्रोध आ रहा था कि इन दुष्टों को जूते से पीटे। सब-के-सब कैसे उसकी ओर टकटकी लगाए ताक रहे हैं, आँखों से पी जाएँगे। और मुलिया भी यहाँ कितनी ख़ुश है। न लजाती है, न झिझकती है, न दबती है। कैसा मुसकिरा-मुसकिराकर, रसीली आँखों

से देख-देखकर, सिर का अंचल खिसका-खिसकाकर, मुँह मोड़-मोड़कर बातें कर रही है। वही मुलिया, जो शेरनी की तरह तड़प उठी थी।

इतने में चार बजे। अमले और वकील-मुख़्तारों का एक मेला-सा निकल पड़ा। अमले लारियों पर दौड़े। वकील-मुख़्तार इन सवारियों की ओर चले। कोचवानों ने भी चटपट घोड़े जोते। कई महाशयों ने मुलिया को रसिक नेत्रों से देखा और अपनी-अपनी गाड़ियों पर जा बैठे।

एकाएक मुलिया घास का झाबा लिए उस फिटन के पीछे दौड़ी। फिटन में एक अँग्रेज़ी फैशन के जवान वकील साहब बैठे थे। उन्होंने पावदान पर घास रखवा ली, जेब से कुछ निकालकर मुलिया को दिया। मुलिया मुस्कुराई, दोनों में कुछ बातें भी हुईं, जो चैनसिंह न सुन सके।

एक क्षण में मुलिया प्रसन्न-मुख घर की ओर चली। चैनसिंह पानवाले की दुकान पर विस्मृति की दशा में खड़ा रहा। पानवाले ने दुकान बढ़ाई, कपड़े पहिने और केबिन का द्वार बन्द करके नीचे उतरा तो चैनसिंह की समाधि टूटी। पूछा—क्या दुकान बन्द कर दी?

पानवाले ने सहानुभूति दिखाकर कहा—इसकी दवा करो ठाकुर साहब, यह बीमारी अच्छी नहीं है!

चैनसिंह ने चकित होकर पूछा—कैसी बीमारी?

पानवाला बोला—कैसी बीमारी! आध घंटे से यहाँ खड़े हो जैसे कोई मुरदा खड़ा हो। सारी कचहरी ख़ाली हो गई, सब दुकानें बन्द हो गईं, मेहतर तक झाड़ू लगाकर चल दिए; तुम्हें कुछ ख़बर हुई? यह बुरी बीमारी है, जल्दी दवा कर डालो।

चैनसिंह ने छड़ी सँभाली और फाटक की ओर चला कि महा़वीर का एक्का सामने से आता दिखाई दिया।

5

कुछ दूर एक्का निकल गया, तो चैनसिंह ने पूछा—आज कितने पैसे कमाए महावीर?

महावीर ने हँसकर कहा—आज तो मालिक, दिन भर खड़ा ही रह गया। किसी ने बेगार में भी न पकड़ा। ऊपर से चार पैसे की बीड़ियाँ पी गया।

चैनसिंह ने ज़रा देर के बाद कहा—मेरी एक सलाह है। तुम मुझसे एक रुपया रोज़ लिया करो। बस, जब मैं बुलाऊँ तो एक्का लेकर चले आया करो। तब तो तुम्हारी घरवाली को घास लेकर बाज़ार न जाना पड़ेगा। बोलो मंजूर है?

महावीर ने सजल आँखों से देखकर कहा—मालिक, आप ही का तो खाता हूँ। आपकी परजा हूँ। जब मरजी हो, पकड़ मँगवाइए। आपसे रुपए...

चैनसिंह ने बात काटकर कहा—नहीं, मैं तुमसे बेगार नहीं लेना चाहता। तुम मुझसे एक रुपया रोज़ ले जाया करो। घास लेकर घरवाली को बाज़ार मत भेजा करो। तुम्हारी आबरू मेरी आबरू है। और भी रुपए-पैसे का जब काम लगे, बेखटके चले आया करो। हाँ, देखो, मुलिया से इस बात की भूलकर भी चर्चा न करना। क्या फ़ायदा!

कई दिनों के बाद संध्या समय मुलिया चैनसिंह से मिली। चैनसिंह असामियों से मालगुजारी वसूल करके घर की ओर लपका जा रहा था कि उसी जगह जहाँ उसने मुलिया की बाँह

पकड़ी थी, मुलिया की आवाज़ कानों में आई। उसने ठिठककर पीछे देखा, तो मुलिया दौड़ी आ रही थी। बोला—क्या है मूला! क्यों दौड़ती हो, मैं तो खड़ा हूँ?

मुलिया ने हाँफते हुए कहा—कई दिन से तुमसे मिलना चाहती थी। आज तुम्हें आते देखा, तो दौड़ी। अब मैं घास बेचने नहीं जाती।

चैनसिंह ने कहा—बहुत अच्छी बात है।

'क्या तुमने कभी मुझे घास बेचते देखा है?

'हाँ, एक दिन देखा था। क्या महावीर ने तुझसे सब कह डाला? मैंने तो मना कर दिया था।'

'वह मुझसे कोई बात नहीं छिपाता।'

दोनों एक क्षण चुप खड़े रहे। किसी को कोई बात न सूझती थी। एकाएक मुलिया ने मुस्कुराकर कहा—यहाँ तुमने मेरी बाँह पकड़ी थी।

चैनसिंह ने लज्जित होकर कहा—उसको भूल जाओ मूला। मुझ पर जाने कौन भूत सवार था।

मुलिया गद्गद कंठ से बोली—उसे क्यों भूल जाऊँ। उसी बाँह गहे की लाज तो निभा रहे हो। ग़रीबी आदमी से जो चाहे करावे। तुमने मुझे बचा लिया। फिर दोनों चुप हो गए।

ज़रा देर के बाद मुलिया ने फिर कहा—तुमने समझा होगा, मैं हँसने-बोलने में मगन हो रही थी?

चैनसिंह ने बलपूर्वक कहा—नहीं मुलिया, मैंने एक क्षण के लिए भी नहीं समझा।

मुलिया मुस्कुराकर बोली—मुझे तुमसे यही आशा थी, और है।

पवन सिंचे हुए खेतों में विश्राम करने जा रहा था, सूर्य निशा की गोद में विश्राम करने जा रहा था, और उस मलिन प्रकाश में चैनसिंह मुलिया की विलीन होती हुई रेखा को खड़ा देख रहा था!

गिला

जीवन का बड़ा भाग इसी घर में गुज़र गया, पर कभी आराम न नसीब हुआ। मेरे पति संसार की दृष्टि में बड़े सज्जन, बड़े शिष्ट, बड़े उदार, बड़े सौम्य होंगे; लेकिन जिस पर गुज़रती है वही जानता है। संसार को उन लोगों की प्रशंसा करने में आनंद आता है, जो अपने घर को भाड़ में झोंक रहे हों, ग़ैरों के पीछे अपना सर्वनाश किए डालते हों। जो प्राणी घरवालों के लिए मरता है, उसकी प्रशंसा संसारवाले नहीं करते। वह तो उनकी दृष्टि में स्वार्थी है, कृपण है, संकीर्ण हृदय है, आचार-भ्रष्ट है। इसी तरह जो लोग बाहरवालों के लिए मरते हैं, उनकी प्रशंसा घरवाले क्यों करने लगे? अब इन्हीं को देखो, सारे दिन मुझे जलाया करते हैं। मैं परदा तो नहीं करती; लेकिन सौदे-सुलफ़ के लिए बाज़ार जाना बुरा मालूम होता है। और, इनका यह हाल है, कि चीज़ मँगवाओ, तो ऐसी दुकान से लाएँगे, जहाँ कोई ग्राहक भूलकर भी न जाता हो। ऐसी दुकान पर न तो चीज़ अच्छी मिलती है, न तौल ठीक होती है, न दाम ही उचित होते हैं। यह दोष न होते, तो वह दुकान बदनाम ही क्यों होती; पर इन्हें ऐसी ही गई-बीती दुकानों की चीज़ें लाने का मरज है। बार-बार कह दिया, साहब कि चलती हुई दुकान से सौदे लाया

करो। वहाँ माल अधिक खपता है, इसलिए ताज़ा माल आता रहता है; पर इनकी तो टुटपुँजिया से बनती है, और वे इन्हें उल्टे छुरे से मूँड़ते हैं। गेहूँ लाएँगे, तो सारे बाज़ार से ख़राब, घुना हुआ चावल, ऐसा मोटा कि बैल भी न पूछे, दाल में कराई और कंकड़ भरे हुए। मनों लकड़ी जला डालो, क्या मज़ाल कि गले! घी लाएँगे तो आधाआध तेल, या सोलहों आने काटोजेम और दरअसल घी से एक छटाँक कम! तेल लाएँगे तो मिलावट, बालों में डालो, तो चिमट जाएँ; पर दाम दे आएँगे शुद्ध आँवले के तेल का! किसी चलती हुई नामी दुकान पर जाते तो इन्हें जैसे डर लगता है। शायद ऊँची दुकान और फीके पकवान के कायल हैं। मेरा अनुभव तो यह है, कि नीची दुकान पर ही सड़े पकवान मिलते हैं।

एक दिन की बात हो, तो बरदाश्त कर ली जाए। रोज़-रोज़ का टंटा नहीं सहा जाता। मैं पूछती हूँ; आख़िर आप टुटपुँजियों की दुकान पर जाते ही क्यों हैं? क्या उनके पालन-पोषण का ठीका तुम्हीं ने लिया है? आप फ़रमाते हैं, मुझे देखकर सब-के-सब बुलाने लगते हैं। वाह क्या कहना है! कितनी दूर की बात कही है। ज़रा इन्हें बुला लिया और खुशामद के दो शब्द सुना दिए, थोड़ी-सी स्तुति कर दी, बस आपका मिज़ाज आसमान पर जा पहुँचा। फिर इन्हें सुधि नहीं रहती कि यह कूड़ा-करकट बाँध रहा है या क्या। पूछती हूँ, तुम उस रास्ते से जाते ही क्यों हो? क्यों किसी दूसरे रास्ते से नहीं जाते। ऐसे उठाईगीरों को मुँह ही क्यों लगाते हो? इसका कोई जवाब नहीं? एक चुप सौ बाधाओं को हराती है?

एक बार एक गहना बनवाने को दिया। मैं तो महाशय को जानती थी। इनसे कुछ पूछना व्यर्थ समझा। अपने पहचान के एक सुनार को बुला रही थी। संयोग से आप भी विराजमान थे। बोले—यह सम्प्रदाय विश्वास के योग्य नहीं, धोखा खाओगी। मैं एक सुनार को जानता हूँ, मेरे साथ का पढ़ा हुआ है, बरसों साथ-साथ खेले हैं, वह मेरे साथ चालबाज़ी नहीं कर सकता। मैंने भी समझा, जब इनका मित्र है और वह भी बचपन का, तो कहाँ तक दोस्ती का हक़ न निभाएगा। सोने का एक आभूषण और सौ रुपए इनके हवाले किए। इस भलेमानस ने वह आभूषण और रुपए न जाने किस बेईमान को दे दिए कि बरसों के झंझट के बाद जब चीज़ बनकर आई, तो आठ आने ताँबा और इतनी भद्दी कि देखकर घिन लगती थी। बरसों की अभिलाषा धूल में मिल गई। रो-पीटकर बैठ रही। ऐसे-ऐसे वफ़ादार तो इनके मित्र हैं; जिन्हें मित्र की गरदन पर छुरी फेरने पर भी संकोच नहीं। इनकी दोस्ती भी उन्हीं लोगों से है, जो ज़माने भर के जट्टू, गिरहकट, लँगोटी में फाग खेलनेवाले, फाकेमस्त हैं, जिनका उद्यम ही इन जैसे आँख के अन्धों से दोस्ती गाँठना है। नित्य ही एक-न-एक महाशय उधार माँगने के लिए सिर पर सवार रहते हैं और बिना लिए गला नहीं छोड़ते। मगर ऐसा कभी न हुआ कि किसी ने रुपए चुकाए हों। आदमी एकबार खोकर सीखता है, दो बार खोकर सीखता है, किन्तु यह भलेमानस हज़ार बार खोकर भी नहीं सीखते! जब कहती हूँ, रुपए तो दे आए। अब माँग क्यों नहीं लाते! क्या मर गए तुम्हारे वह दोस्त? तो बस बग़लें झाँककर रह जाते हैं। आपसे मित्रों को सूखा जवाब नहीं दिया जाता। ख़ैर, सूखा जवाब न दो। मैं भी नहीं कहती कि दोस्तों से बेमुरौवती करो; मगर चिकनी-चुपड़ी बातें तो बना सकते हो, बहाने तो कर सकते हो। किसी मित्र ने रुपए माँगे और आपके सिर पर बोझ पड़ा। बेचारे कैसे इनकार करें। आख़िर लोग जान जाएँगे कि नहीं कि यह महाशय भी खुक्खल ही हैं! इनकी हविस यह है कि दुनिया इन्हें सम्पन्न समझती रहे, चाहे मेरे गहने ही क्यों न गिरों रखने पड़ें। सच

कहती हूँ, कभी-कभी तो एक-एक पैसे की तंगी हो जाती है और इन भले आदमी को रुपए जैसे घर में काटते हैं। जब तक रुपए के वारे-न्यारे न कर लें, इन्हें चैन नहीं। इनकी करतूत कहाँ तक गाऊँ। मेरी तो नाक में दम आ गया। एक-न-एक मेहमान रोज़ यमराज की भाँति सिर पर सवार रहते हैं। न जाने कहाँ के बेफ़िक्रे इनके मित्र हैं। कोई कहीं से आकर मरता है, कोई कहीं से। घर क्या है, अपाहिजों का अड्डा है। ज़रा-सा तो घर, मुश्किल से दो पलँग, ओढ़ना-बिछौना भी फ़ालतू नहीं, मगर आप हैं कि मित्रों को निमंत्रण देने को तैयार! आप तो अतिथि के साथ लेटेंगे, इसलिए इन्हें चारपाई भी चाहिए, ओढ़ना-बिछौना भी चाहिए, नहीं तो घर का परदा खुल जाए। जाता है मेरे बच्चों के सिर, गरमियों में तो ख़ैर कोई मुजायका नहीं; लेकिन जाड़ों में तो ईश्वर ही याद आते हैं। गरमियों में भी खुली छत पर तो मेहमानों का अधिकार हो जाता है, अब मैं बच्चों को लिए पिंजड़े में पड़ी फड़फड़ाया करूँ। इन्हें इतनी समझ भी नहीं, कि जब घर की यह दशा है; तो क्यों ऐसों को मेहमान बनाएँ, जिनके पास कपड़े-लत्ते तक नहीं। ईश्वर की दया से इनके सभी मित्र इसी श्रेणी के हैं। एक भी ऐसा माई का लाल नहीं, जो समय पड़ने पर धेले से भी इनकी मदद कर सके। दो-एक बार महाशय को इसका अनुभव—अत्यन्त कटु अनुभव—हो चुका है; मगर इस जड़ भरत ने जैसे आँखें न खोलने की क़सम खा ली है। ऐसे ही दरिद्र भट्टाचार्यों से इनकी पटती है। शहर में इतने लक्ष्मी के पुत्र हैं, पर आपका किसी से परिचय नहीं। उनके पास जाते इनकी आत्मा दुखती है। दोस्ती गाँठेंगे ऐसों से जिनके घर में खाने का ठिकाना नहीं।

एक बार हमारा कहार छोड़कर चला गया और कई दिन कोई दूसरा कहार न मिला। किसी चतुर और कुशल कहार की तलाश में थी; किन्तु आपको जल्द-से-जल्द कोई आदमी रख लेने की धुन सवार हो गई। घर के सारे काम पूर्ववत् चल रहे थे, पर आपको मालूम हो रहा था कि गाड़ी रुकी हुई है। मेरा जूठे बरतन माँजना और अपना साग-भाजी के लिए बाज़ार जाना इनके लिए असह्य हो उठा। एक दिन जाने कहाँ से एक बाँगड़ू को पकड़ लाए। उसकी सूरत कहे देती थी कि कोई जाँगलू है; मगर आपने उसका ऐसा बखान किया, कि क्या कहूँ। बड़ा होशियार है, बड़ा आज्ञाकारी, परले सिरे का मेहनती, ग़ज़ब का सलीकेदार और बहुत ही ईमानदार। ख़ैर, मैंने उसे रख लिया। मैं बार-बार क्यों इनकी बातों में आ जाती हूँ, इसका मुझे स्वयं आश्चर्य है। यह आदमी केवल रूप से आदमी था। आदमियत के और कोई लक्षण उसमें न थे। किसी काम की तमीज नहीं। बेईमान न था; पर गधा अव्वल दरजे का। बेईमान होता, तो कम-से-कम इतनी तस्कीन तो होती कि ख़ुद खा जाता है। अभागा दुकानदारों के हाथों लुट जाता था। दस तक की गिनती उसे न आती थी। एक रुपया देकर बाज़ार भेजूँ तो संध्या तक हिसाब न समझा सके। क्रोध पी-पीकर रह जाती थी। रक्त खौलने लगता था कि दुष्ट के कान उखाड़ लूँ, मगर इन महाशय को उसे कभी कुछ कहते नहीं देखा, डाँटना तो दूर की बात है। आप नहा-धोकर धोती छाँट रहे हैं और वह दूर बैठा तमाशा देख रहा है। मैं तो बचा का ख़ून पी जाती; लेकिन इन्हें ज़रा भी ग़म नहीं। जब मेरे डाँटने पर धोती छाँटने जाता भी, तो आप उसे समीप न आने देते। बस, उसके दोषों को गुण बनाकर दिखाया करते थे; और इस प्रयास में सफल न होते, तो दोषों पर परदा डाल देते थे। मूर्ख को झाड़ू लगाने की तमीज़ न थी। मरदाना कमरा ही तो सारे घर में ढंग का एक कमरा है। उसमें झाड़ू लगाता, तो इधर की चीज़ उधर, ऊपर की नीचे; मानो कमरे में भूकम्प आ गया हो। और गर्द का

यह हाल, कि साँस लेना कठिन; पर आप शांतिपूर्वक कमरे में बैठे हैं, जैसे कोई बात ही नहीं। एक दिन मैंने उसे ख़ूब डाँटा—कल से ठीक-ठीक झाड़ू न लगाई तो कान पकड़ कर निकाल दूँगी। सबेरे सोकर उठी, तो देखती हूँ कमरे में झाड़ू लगी हुई है और हरेक चीज़ करीने से रखी हुई है। गर्दगुबार का नाम नहीं। मैं चकित होकर देखने लगी, तो आप हँसकर बोले—देखती क्या हो; आज घूरे ने बड़े सबेरे उठकर झाड़ू लगाई है। मैंने समझा दिया। तुम ढंग तो बताती नहीं, उलटे डाँटने लगती हो।

मैंने समझा। ख़ैर, दुष्ट ने कम-से-कम एक काम तो सलीके से किया। अब रोज़ कमरा साफ़-सुथरा मिलता। घूरे मेरी दृष्टि में विश्वासी बनने लगा। संयोग की बात एक दिन मैं ज़रा मामूल से सबेरे उठ बैठी और कमरे में आई, तो क्या देखती हूँ कि घूरे द्वार पर खड़ा है, और आप तन-मन से कमरे में झाड़ू लगा रहे हैं। मेरी आँखों में ख़ून उतर आया। उनके हाथ से झाड़ू छीन कर घूरे के सिर जमा दी। हरामखोर को उसी दम निकाल बाहर किया। आप फ़रमाने लगे—उसका महीना तो चुका दो। वाह री समझ। एक तो काम न करे, उस पर आँखें दिखाए। उस पर पूरी मजूरी भी चुका दूँ। मैंने एक कौड़ी भी न दी। एक कुरता दिया था, वह भी छीन लिया। इस पर जड़ भरत महाशय मुझसे कई दिन रूठे रहे। घर छोड़कर भागे जाते थे। बड़ी मुश्किलों से रुके। ऐसे-ऐसे भोंदू भी संसार में पड़े हुए हैं। मैं न होती, तो शायद अब तक इन्हें किसी ने बाज़ार में बेच दिया होता।

एक दिन मेहतर ने उतारे कपड़ों का सवाल किया। इस बेकारी के ज़माने में फालतू कपड़े तो शायद पुलिसवालों या रईसों के घर में हों, मेरे घर में तो ज़रूरी कपड़े भी काफ़ी नहीं। आपका वस्त्रालय एक बकची में आ जाएगा, जो डाक के पारसल से कहीं भेजा जा सकता है। फिर इस साल जाड़ों के कपड़े बनवाने की नौबत न आई। पैसे नज़र नहीं आते, कपड़े कहाँ से बनें। मैंने मेहतर को साफ़ जवाब दे दिया। कड़ाके का जाड़ा पड़ रहा था; इसका अनुभव मुझे कम न था। ग़रीबों पर क्या बीत रही है, इसका भी मुझे ज्ञान था। लेकिन मेरे या आपके पास खेद के सिवा इसका और क्या इलाज है। जब तक समाज का यह संगठन रहेगा, ऐसी शिकायतें पैदा होती रहेंगी। जब एक-एक अमीर और रईस के पास एक-एक मालगाड़ी कपड़ों से भरी हुई है, तब फिर निर्धनों को क्यों न नग्नता का कष्ट उठाना पड़े? ख़ैर मैंने तो मेहतर को जवाब दे दिया, आपने क्या किया कि आपका कोट उठाकर उसको भेंट कर दिया। मेरी देह में आग लग गई। इतनी दानशील नहीं हूँ कि दूसरों को खिलाकर आप सो रहूँ, देवता के पास यही एक कोट था। आपको इसकी ज़रा भी चिन्ता न हुई कि पहनेंगे क्या? यश के लोभ ने जैसे बुद्धि ही हर ली। मेहतर ने सलाम किया, दुआएँ दीं, और अपनी राह ली। आप कई दिन सर्दी से ठिठुरते रहे। प्रात:काल घूमने जाया करते थे। वह बन्द हो गया। ईश्वर ने उन्हें हृदय भी एक विचित्र प्रकार का दिया है। फटे-पुराने कपड़े पहनते आपको ज़रा भी संकोच नहीं होता; मैं तो मारे लाज के गड़ जाती हूँ, पर आपको ज़रा फ़िक्र नहीं। कोई हँसता है, तो हँसे, आपकी बला से। अंत में जब मुझसे न देखा गया, तो एक कोट बनवा दिया। जी तो जलता था कि ख़ूब सर्दी खाने दूँ; पर डरी कि कहीं बीमार पड़ जाएँ, तो और बुरा हो। आख़िर काम तो उन्हीं को करना है।

महाशय अपने दिल में समझते होंगे, मैं कितना विनीत, कितना परोपकारी हूँ। शायद इन्हें इन बातों का गर्व हो। मैं इन्हें परोपकारी नहीं समझती, न विनीत ही समझती हूँ, यह जड़ता

है, सीधी-सादी निरीहता। जिस मेहतर को आपने अपना कोट दिया, उसे मैंने कई बार रात को शराब के नशे में मस्त झूमता देखा है और आपको दिखा भी दिया है। फिर दूसरों की विवेकहीनता की पुरौती हम क्यों करें? अगर आप विनीत और परोपकारी होते, तो घरवालों के प्रति भी तो आपके मन में कुछ उदारता होती। या सारी उदारता बाहरवालों ही के लिए सुरक्षित है? घरवालों को उसका अल्पांश भी न मिलना चाहिए? मेरी इतनी अवस्था बीत गई; पर इस भले आदमी ने कभी अपने हाथों से मुझे एक उपहार भी न दिया। बेशक मैं जो चीज़ बाज़ार से मँगवाऊँ; उसे लाने में इन्हें ज़रा भी आपत्ति नहीं, बिलकुल उज्र नहीं, मगर रुपए मैं दे दूँ, यह शर्त है। इन्हें ख़ुद कभी यह उमंग नहीं होती। यह मैं मानती हूँ कि बेचारे अपने लिए भी कुछ नहीं लाते। मैं जो कुछ मँगवा दूँ उसी पर संतुष्ट हो जाते हैं; मगर आख़िर आदमी कभी-कभी शौक़ की चीज़ें चाहता ही है। अन्य पुरुषों को देखती हूँ, स्त्री के लिए तरह-तरह के गहने, भाँति-भाँति के कपड़े, शौक-सिंगार की वस्तुएँ लाते रहते हैं। यहाँ इस व्यवहार का निषेध है। बच्चों के लिए भी मिठाइयाँ, खिलौने, बाजे शायद जीवन में एक बार भी न लाए हों। शपथ भी खा ली है; इसलिए मैं तो इन्हें कृपण कहूँगी, अरसिक कहूँगी, हृदय-शून्य कहूँगी, उदार नहीं कह सकती। दूसरों के साथ इनका जो सेवा-भाव है, उसका कारण है, इनका यश-लोभ और व्यावहारिक अज्ञानता। आपके विनय का यह हाल है कि जिस दफ़्तर में आप नौकर हैं, उसके किसी अधिकारी से आपका मेल-जोल नहीं। अफ़सरों को सलाम करना तो आपकी नीति के विरुद्ध है, नज़र या डाली तो दूर की बात है। और तो और, कभी, किसी अफ़सर के घर नहीं जाते। इसका खामियाजा आप न उठाएँ, तो कौन उठाए। औरों को रिआयती छुट्टियाँ मिलती हैं, आपका वेतन कटता है; औरों की तरक्कियाँ होती हैं, आपको कोई पूछता भी नहीं; हाज़िरी में पाँच मिनट की भी देर हो जाए, तो जवाब पूछा जाता है। बेचारे जी तोड़कर काम करते हैं, कोई बड़ा कठिन काम आ जाता है, तो इन्हीं के सिर मढ़ा जाता है, इन्हें ज़रा भी आपत्ति नहीं। दफ़्तर में इन्हें 'घिस्सू', 'पिस्सू' आदि उपाधियाँ मिली हुई हैं, मगर पड़ाव कितना ही बड़ा मारें इनके भाग्य में वही सूखी घास लिखी है। यह विनय नहीं है, स्वाधीन मनोवृत्ति भी नहीं है, मैं तो इसे समय-चातुरी का अभाव कहती हूँ, व्यावहारिक ज्ञान की क्षति कहती हूँ। आख़िर कोई अफ़सर आपसे क्यों प्रसन्न हो। इसलिए कि आप बड़े मेहनती हैं? दुनिया का काम मुरौवत और रवादारी से चलता है! अगर हम किसी से खिंचे रहें, तो कोई कारण नहीं कि वह भी हमसे न खिंचा रहे। फिर जब मन में क्षोभ होता है, तो वह दफ़्तरी व्यवहारों में भी प्रकट हो ही जाता है। जो मातहत अफ़सर को प्रसन्न रखने की चेष्टा करता है, जिसकी जात से अफ़सर का कोई व्यक्तिगत उपकार होता है, जिस पर वह विश्वास कर सकता है, उसका लिहाज़ वह स्वभावतः करता है। ऐसे सिराग़ियों से क्यों किसी को सहानुभूति होने लगी। अफ़सर भी तो मनुष्य है। उसके हृदय में जो सम्मान और विशिष्टता की कामना है, वह कहाँ पूरी हो। जब अधीनस्थ कर्मचारी ही उससे फिरन्ट रहें, तो क्या उसके अफ़सर उसे सलाम करने आएँगे? आपने जहाँ नौकरी की, वहाँ से निकाले गए। कभी किसी दफ़्तर में दो-तीन साल से ज़्यादा न टिके। या तो अफ़सर से लड़ गए, या कार्याधिक्य के कारण छोड़ बैठे।

आपको कुटुम्ब-सेवा का दावा है। आपके कई भाई-भतीजे होते हैं, वह कभी इनकी बात भी नहीं पूछते; आप बराबर उनका मुँह ताक़ते रहते हैं।

इनके एक भाई साहब आजकल तहसीलदार हैं। घर की मिल्कियत उन्हीं की निगरानी में है। वह ठाट से रहते हैं। मोटर रख ली है; कई नौकर-चाकर हैं मगर यहाँ भूले से भी पत्र नहीं लिखते। एक बार हमें रुपए की बड़ी तंगी हुई। मैंने कहा—अपने भ्राताजी से क्यों नहीं माँग लेते? कहने लगे—उन्हें क्यों चिन्ता में डालूँ। उन्हें भी तो अपना ख़र्च है। कौन-सी ऐसी बचत हो जाती होगी। जब मैंने बहुत मज़बूर किया; तो आपने पत्र लिखा। मालूम नहीं पत्र में क्या लिखा, पत्र लिखा या मुझे चकमा दे दिया; रुपए न आने थे, न आए। कई दिनों के बाद मैंने पूछा—कुछ जवाब आया श्रीमान् के भाई साहब के दरबार से? आपने रुष्ट होकर कहा—अभी केवल एक सप्ताह तो ख़त पहुँचे हुए, अभी क्या जवाब आ सकता है। एक सप्ताह और गुज़रा, मगर जवाब नदारद। अब आपका यह हाल है कि मुझे कुछ बातचीत करने का अवसर ही नहीं देते। इतने प्रसन्न-चित्त नज़र आते हैं कि क्या कहूँ। बाहर से आते हैं तो ख़ुश-ख़ुश! कोई-न-कोई शिगूफा लिए हुए। मेरी खुशामद भी ख़ूब हो रही है, मेरे मैके वालों की प्रशंसा भी हो रही है, मेरे गृह-प्रबंध का बखान भी असाधारण रीति से किया जा रहा है। मैं इस महाशय की चाल समझ रही थी। यह सारी दिलजोई केवल इसलिए थी कि श्रीमान् के भाईसाहब के विषय में कुछ पूछ न बैठूँ। सारे राजनैतिक, आर्थिक, सामाजिक, आचारिक प्रश्नों की मुझसे व्याख्या की जाती थी, इतने विस्तार और गवेषणा के साथ, कि विशेषज्ञ भी लोहा मान जाएँ। केवल इसलिए कि मुझे वह प्रसंग उठाने का अवसर न मिले; लेकिन मैं भला कब चूकनेवाली थी। जब पूरे दो सप्ताह गुज़र गए और बीमे के रुपए भेजने की मिती, मौत की तरह सिर पर सवार हो गई तो मैंने पूछा—क्या हुआ, तुम्हारे भाई साहब ने श्रीमुख से कुछ फरमाया या अभी तक पत्र नहीं पहुँचा? आख़िर घर की जायदाद में हमारा भी कुछ हिस्सा है या नहीं? या हम किसी लौंडी-दासी की संतान हैं? पाँच सौ रुपए साल का नफा तो दस साल पहले था। अब तो एक हज़ार से कम न होगा, पर हमें कभी एक कानी कौड़ी भी नहीं मिली। मोटे हिसाब से हमें दो हज़ार मिलना चाहिए। दो हज़ार न हों, एक हज़ार हों, पाँच सौ हों, ढाई सौ हों, कुछ न हों, तो बीमा के प्रीमियम भर के तो हों। तहसीलदार साहब की आमदनी हमारी आमदनी की चौगुनी है, रिश्वतें भी लेते हैं; तो फिर हमारे रुपए क्यों नहीं देते? आप हें-हें, हाँ-हाँ, करने लगे। कहने लगे, वह बेचारे घर की मरम्मत करवाते हैं। बन्धु-बान्धवों का स्वागत-सत्कार करते हैं, नातेदारियों में भेंट-भाँट भेजते हैं। और कहाँ से लावें जो हमारे पास भेजें? वाह री बुद्धि! मानो जायदाद इसीलिए होती है कि उसकी कमाई उसी में ख़र्च हो जाए। इस भले आदमी को बहाने गढ़ने भी नहीं आते। मुझसे पूछते मैं एक नहीं, हज़ार बता देती, एक-से-एक बढ़कर—कह देते घर में आग लग गई, सब कुछ स्वाहा हो गया था, या चोरी हो गई, तिनका तक न बचा या दस हज़ार का अनाज भरा था, उसमें घाटा रहा, या किसी से फ़ौजदारी हो गई, उसमें दिवाला पिट गया। आपको सूझी भी तो लचर-सी बात। तक़दीर ठोंककर बैठ रही। पड़ोस की एक महिला से रुपए क़र्ज़ लिए, तब जाकर काम चला। फिर भी आप भाई-भतीजों की तारीफ के पुल बाँधते हैं, तो मेरे शरीर में आग लग जाती है। ऐसे कौरवों से ईश्वर बचाए।

ईश्वर की दया से आपके दो बच्चे हैं, दो बच्चियाँ भी हैं। ईश्वर की दया कहूँ; या कोप कहूँ। सब-के-सब उधमी हो गए हैं कि ख़ुदा की पनाह! मगर क्या मजाल है कि यह भोंदू किसी को कड़ी आँखों से देखें! रात के आठ बजे गए हैं, युवराज अभी घूमकर नहीं आए। मैं घबरा रही हूँ, आप निश्चिन्त बैठे अख़बार पढ़ रहे हैं। झल्लाई हुई जाती हूँ और अख़बार छीनकर कहती

हूँ, जाकर ज़रा देखते क्यों नहीं, लौंडा कहाँ रह गया? न जाने तुम्हारा हृदय कितना कठोर है। ईश्वर ने तुम्हें संतान ही न जाने क्यों दे दी। पिता का पुत्र के साथ कुछ तो धर्म है। तब आप भी गर्म हो जाते हैं। अभी तक नहीं आया? बड़ा शैतान है। आज बचा आते हैं, तो कान उखाड़ लेता हूँ। मारे हंटरों के खाल उधेड़कर रख दूँगा। यों बिगड़कर तैश के साथ आप उसे खोजने निकलते हैं। संयोग की बात, आप उधर जाते हैं, इधर लड़का आ जाता है। मैं पूछती हूँ—तू किधर से आ गया? तुझे वह ढूँढ़ने गए हुए हैं। देखना, आज कैसी मरम्मत होती है। यह आदत ही छूट जाएगी। दाँत पीस रहे थे। आते ही होंगे! छड़ी भी उनके हाथ में है। तुम इतने मन के हो गए हो कि बात नहीं सुनते! आज आटे-दाल का भाव मालूम होगा। लड़का सहम जाता है और लैम्प जलाकर पढ़ने बैठ जाता है। महाशयजी दो-ढाई घंटे के बाद लौटते हैं; हैरान, परेशान और बदहवास। घर में पाँव रखते ही पूछते हैं—आया कि नहीं? मैं उनका क्रोध उत्तेजित करने के विचार से कहती हूँ—आकर बैठा तो है, जाकर पूछते क्यों नहीं? पूछकर हार गई, कहाँ गया था, कुछ बोलता ही नहीं। आप ग़रज़कर कहते हैं—मन्नू, यहाँ आओ।

लड़का थरथर काँपता हुआ आकर आँगन में खड़ा हो जाता है। दोनों बच्चियाँ घर में छिप जाती हैं कि कोई बड़ा भयंकर कांड होनेवाला है। छोटा बच्चा खिड़की से चूहे की तरह झाँक रहा है। आप क्रोध से बौखलाए हुए हैं। हाथ में छड़ी है ही, मैं भी वह क्रोधोन्मत्त आकृति देखकर पछताने लगती हूँ, कि कहाँ से इनसे शिकायत की? आप लड़के के पास जाते हैं, मगर छड़ी जमाने के बदले आहिस्ते से उसके कन्धे पर हाथ रखकर बनावटी क्रोध से कहते हैं—तुम कहाँ गए थे जी? मना किया जाता है, मानते नहीं हो। ख़बरदार, जो अब कभी इतनी देर होगी। आदमी शाम को घर चला आता है, या मटरगश्ती करता है?

मैं समझ रही हूँ कि यह भूमिका है। विषय अब आएगा। भूमिका तो बुरी नहीं; लेकिन यहाँ तो भूमिका पर इति हो जाती है। बस, आपका क्रोध शान्त हो गया। बिलकुल जैसे क्वार की घटा—घेर-घार हुआ, काले बादल आए, गड़गड़ाहट हुई और गिरी क्या चार बूँदें! लड़का अपने कमरे में चला जाता है और शायद ख़ुशी से नाचने लगता है।

मैं पराभूत होकर कहती हूँ—तुम तो जैसे डर गए। भला दो-चार तमाचे तो लगाए होते! इसी तरह तो लड़के शेर हो जाते हैं।

आप फरमाते हैं—तुमने सुना नहीं, मैंने कितने ज़ोर से डाँटा! बचा की जान ही निकल गई होगी। देख लेना, जो फिर कभी देर में आए।

'तुमने डाँटा तो नहीं, हाँ, आँसू पोंछ दिए।'

'तुमने मेरी डाँट सुनी नहीं?'

'क्या कहना है, आपकी डाँट का! लोगों के कान बहरे हो गए। लाओ, तुम्हारा गला सहला दूँ।'

आपने एक नया सिद्धांत निकाला है कि दंड देने से लड़के ख़राब हो जाते हैं। आपके विचार से लड़कों को आजाद रहना चाहिए। उन पर किसी तरह का बन्धन, शासन या दबाव न होना चाहिए। आपके मत से शासन बालकों के मानसिक विकास में बाधक होता है। इसी का यह फल है कि लड़के बे-नकेल के ऊँट बने हुए हैं। कोई एक मिनट भी किताब खोलकर नहीं बैठता। कभी गुल्ली-डंडा है, कभी गोलियाँ, कभी कनकौवे। श्रीमान् भी लड़कों के साथ खेलते हैं, चालीस साल की उम्र और लड़कपन इतना। मेरे पिताजी के सामने मजाल थी कि कोई

लड़का कनकौवा उड़ा ले, या गुल्ली-डंडा खेल सके। ख़ून पी जाते। प्रातःकाल से लड़कों को लेकर बैठ जाते थे। स्कूल से ज्यों ही लड़के आते, फिर ले बैठते थे। बस, संध्या समय आध घंटे की छुट्टी देते थे। रात को फिर जोत देते। यह नहीं कि आप तो अख़बार पढ़ा करें और लड़के गली-गली भटकते फिरें। कभी-कभी आप सींग कटाकर बछड़े बन जाते हैं। लड़कों के साथ ताश खेलने बैठा करते हैं। ऐसे बाप का भला लड़कों पर क्या रोब हो सकता है? पिताजी के सामने मेरे भाई सीधे ताक नहीं सकते थे। उनकी आवाज़ सुनते ही तहलका मच जाता था। उन्होंने घर में क़दम रखा और शांति का साम्राज्य हुआ। उसके सम्मुख जाते लड़कों के प्राण सूखते थे। उसी शासन की यह बरकत है कि सभी लड़के अच्छे-अच्छे पदों पर पहुँच गए। हाँ, स्वास्थ्य किसी का अच्छा नहीं है। तो पिताजी ही का स्वास्थ्य कौन बड़ा अच्छा था! बेचारे हमेशा किसी-न-किसी औषधि का सेवन करते रहते थे। और क्या कहूँ; एक दिन तो हद ही हो गई। श्रीमानजी लड़कों को कनकौवा उड़ाने की शिक्षा दे रहे थे—यों घुमाओ, यों गोता दो, यों खींचो, यों ढील दो। ऐसा तन-मन से सिखा रहे थे मानो गुरु-मंत्र दे रहे हों। उस दिन मैंने इनकी ऐसी ख़बर ली कि याद करते होंगे—तुम कौन होते हो, मेरे बच्चों को बिगाड़ने वाले! तुम्हें घर से कोई मतलब नहीं है, न हो; लेकिन आप मेरे बच्चों को ख़राब न कीजिए। बुरी-बुरी आदतें न सिखाइए। आप उन्हें सुधार नहीं सकते, तो कम-से-कम बिगाड़िए मत। लगे बग़लें झाँकने। मैं चाहती हूँ, एक बार यह भी गरम पड़ें, तो अपना चंडी रूप दिखाऊँ, पर यह इतना जल्द दब जाते हैं कि मैं हार जाती हूँ। पिताजी किसी लड़के को मेले-तमाशे न ले जाते थे। लड़का सिर पटककर मर जाए, मगर ज़रा भी न पसीजते थे और इन महात्माजी का यह हाल है कि एक-एक से पूछकर मेले ले जाते हैं—चलो, चलो, वहाँ बड़ी बहार है, खूब आतिशबाजियाँ छूटेंगी, गुब्बारे उड़ेंगे, विलायती चर्खियाँ भी हैं। उन पर मज़े से बैठना। और तो और, आप लड़कों को हाकी खेलने से भी नहीं रोकते। यह अँग्रेज़ी खेल भी कितने जानलेवा होते हैं, क्रिकेट, फुटबाल, हाकी एक-से-एक घातक। गेंद लग जाए तो जान लेकर ही छोड़े; पर आपको इन सभी खेलों से प्रेम है। कोई लड़का मैच में जीतकर आ जाता है, तो ऐसे फूल उठते हैं, मानो क़िला जीतकर आया हो। आपको इसकी ज़रा भी परवाह नहीं कि चोट-चपेट आ गई, तो क्या होगा। हाथ-पाँव टूट गए, तो बेचारों की ज़िंदगी कैसे पार लगेगी!

पिछले साल कन्या का विवाह था। आपको ज़िद थी कि दहेज़ के नाम कानी कौड़ी भी न देंगे, चाहे कन्या आजीवन क्वाँरी बैठी रहे। यहाँ भी आपका आदर्शवाद आ कूदा। समाज के नेताओं का छल-प्रपंच आए दिन देखते रहते हैं, फिर भी आपकी आँखें नहीं खुलतीं। जब तक समाज की यह व्यवस्था कायम है और युवती कन्या का अविवाहित रहना निंदास्पद है, तब तक यह प्रथा मिटने की नहीं। दो-चार ऐसे व्यक्ति भले ही निकल आवें जो दहेज़ के लिए हाथ न फैलावें; लेकिन इसका परिस्थिति पर कोई असर नहीं पड़ता और कुप्रथा ज्यों-की-त्यों बनी हुई है। पैसों की तो कमी नहीं है, दहेज़ की बुराइयों पर लेक्चर दे सकते हैं; लेकिन मिलते हुए दहेज़ को छोड़ देनेवाला मैंने आज तक न देखा। जब लड़कों की तरह लड़कियों की शिक्षा और जीविका की सुविधाएँ निकल आएँगी, तो यह प्रथा भी विदा हो जाएगी। उसके पहले संभव नहीं। मैंने जहाँ-जहाँ सन्देश भेजा दहेज़ का प्रश्न उठ खड़ा हुआ और आपने प्रत्येक अवसर पर टाँग अड़ाई। अब इस तरह पूरा साल गुज़र गया और कन्या को सत्रहवाँ लग गया, तो मैंने एक जगह बात पक्की कर ली। आपने भी स्वीकार कर लिया, क्योंकि वरपक्ष ने लेन-देन

का प्रश्न उठाया ही नहीं, हालाँकि अन्तःकरण में उन लोगों को पूरा विश्वास था कि अच्छी रक़म मिलेगी और मैंने भी तय कर लिया था कि यथाशक्ति कोई बात उठा न रखूँगी। विवाह के सकुशल होने में कोई सन्देह न था; लेकिन इन महाशय के आगे मेरी एक न चली—यह प्रथा निन्द्य है, यह रस्म निरर्थक है, यहाँ रुपए की क्या ज़रूरत? यहाँ गीतों का क्या काम? नाक में दम था। यह क्यों, वह क्यों, यह तो साफ़ दहेज़ है, तुमने मेरे मुँह में कालिख लगा दी, मेरी आबरू मिटा दी। ज़रा सोचिए इस परिस्थिति को कि बारात द्वार पर पड़ी हुई है और यहाँ बात-बात पर शास्त्रार्थ हो रहा है। विवाह का मुहूर्त आधी रात के बाद था। प्रथानुसार मैंने व्रत रखा; किन्तु आपकी टेक थी कि व्रत की कोई ज़रूरत नहीं। जब लड़के के माता-पिता व्रत नहीं रखते, जब लड़का तक व्रत नहीं रखता, तो कन्या पक्षवाले ही व्रत क्यों रखें! मैं और सारा ख़ानदान मना करता रहा; लेकिन आपने नाश्ता किया, भोजन किया। ख़ैर! कन्या-दान का मुहूर्त आया। आप सदैव से इस प्रथा के विरोधी हैं। आप इसे निषिद्ध समझते हैं। कन्या क्या दान की वस्तु है? दान रुपए-पैसे, जगह-ज़मीन का हो सकता है। पशु-दान भी होता है लेकिन लड़की का दान! एक लचर सी बात है। कितना समझाती हूँ; पुरानी प्रथा है, वेद-काल से होती चली आई है, शास्त्रों में इसकी व्यवस्था है; सम्बन्धी समझा रहे हैं, पंडित समझा रहे हैं, पर आप हैं, कि कान पर जूँ नहीं रेंगती। हाथ जोड़ती हूँ, पैरों पड़ती हूँ, गिड़गिड़ाती हूँ, लेकिन मंडप के नीचे न गए। और मज़ा यह है कि आपने ही तो यह अनर्थ किया और आप ही मुझसे रूठ गए। विवाह के पश्चात् महीनों बोलचाल न रही। झक मारकर मुझी को मानना पड़ा।

किन्तु सबसे बड़ी विडम्बना यह है कि इन सारे दुर्गुणों के होते हुए भी मैं इनसे एक दिन भी पृथक नहीं रह सकती—एक क्षण का वियोग नहीं सह सकती। इन सारे दोषों पर भी मुझे इनसे प्रगाढ़ प्रेम है। इनमें यह कौन-सा गुण है, जिस पर मैं मुग्ध हूँ, मैं ख़ुद नहीं जानती; पर इनमें कोई बात ऐसी है, जो मुझे इनकी चेरी बनाए हुए है। वह ज़रा मामूली सी देर में घर आते हैं, तो प्राण नहों में समा जाते हैं। आज यदि विधाता इनके बदले मुझे कोई विद्या और बुद्धि का पुतला, रूप और धन का देवता भी दे, तो मैं उसकी ओर आँखें उठाकर न देखूँ। यह धर्म की बेड़ी नहीं है, कदापि नहीं। प्रथागत पतिव्रत भी नहीं; बल्कि हम दोनों की प्रकृति में कुछ ऐसी क्षमताएँ, कुछ व्यवस्थाएँ उत्पन्न हो गई हैं, मानो किसी मशीन के कल-पुरजे घिस-घिसाकर फिट हो गए हों, और एक पुरजे की जगह दूसरा पुरज़ा काम न दे सके, चाहे वह पहले से कितना ही सुडौल, नया और सुदृढ़ क्यों न हो। जाने हुए रास्ते से हम निःशंक आँखें बन्द किए जाते हैं, उसके ऊँच-नीच, मोड़ और घुमाव सब हमारी आँखों में समाए हुए हैं। अनजान रास्ते पर चलना कितना कष्टप्रद होगा। शायद आज मैं इनके दोषों को गुणों से बदलने पर भी तैयार न हूँगी।

रसिक सम्पादक

'नवरस' के सम्पादक पं. चोखेलाल शर्मा की धर्मपत्नी का जब से देहान्त हुआ है, आपको स्त्रियों से विशेष अनुराग हो गया है और रसिकता की मात्रा भी कुछ बढ़ गई है। पुरुषों के अच्छे-अच्छे लेख रद्दी में डाल दिए जाते हैं; पर देवियों के लेख कैसे भी हों, तुरन्त स्वीकार

कर लिए जाते हैं और बहुधा लेख की रसीद के साथ लेख की प्रशंसा कुछ इन शब्दों में की जाती है—आपका लेख पढ़कर दिल थामकर रह गया, अतीत जीवन आँखों के सामने मूर्तिमान हो गया, अथवा आपके भाव साहित्य-सागर के उज्ज्वल रत्न हैं, जिनकी चमक कभी कम न होगी। और कविताएँ तो हृदय की हिलोरें, विश्व-वीणा की अमर तान, अनन्त की मधुर वेदना, निशा का नीरव गान होती थीं। प्रशंसा के साथ दर्शन की उत्कट अभिलाषा भी प्रकट की जाती थी। यदि आप कभी इधर से गुज़रें तो मुझे न भूलिएगा। जिसने ऐसी कविता की सृष्टि की है, उसके दर्शन का सौभाग्य मुझे मिला, तो अपने को धन्य मानूँगा।

लेखिकाएँ अनुरागमय प्रोत्साहन से भरे हुए पत्र पाकर फूली न समातीं। जो लेख अभागे भिक्षुक की भाँति कितनी ही पत्र-पत्रिकाओं के द्वार से निराश लौट आए थे, उनका यहाँ इतना आदर! पहली बार ही ऐसा सम्पादक जन्मा है, जो गुणों का पारखी है। और सभी सम्पादक अहम्मन्य हैं, अपने आगे किसी को समझते ही नहीं हैं। ज़रा-सी सम्पादकी क्या मिल गई मानो कोई राज्य मिल गया। सम्पादकों को कहीं सरकारी पद मिल जाए तो अंधेर मचा दें। वह तो कहो कि सरकार इन्हें पूछती नहीं। उसने बहुत अच्छा किया जो आर्डिनेन्स पास कर दिए। और स्त्रियों से द्वेष करो। यह उसी का दंड है। यह भी सम्पादक ही हैं, कोई घास नहीं छीलते और सम्पादक भी एक जगत्-विख्यात पत्र के। 'नवरस' सब पत्रों में राजा है।

चोखेलालजी के पत्र की ग्राहक-संख्या बड़े वेग से बढ़ने लगी। हर डाक से धन्यवादों की एक बाढ़-सी आ जाती, और लेखिकाओं में उनकी पूजा होने लगी। ब्याह, गौना, मुंडन, छेदन, जन्म, मरण के समाचार आने लगे। कोई आशीर्वाद माँगती, कोई उनके मुख से सांत्वना के दो शब्द सुनने की अभिलाषा करती, कोई उनसे घरेलू संकटों में परामर्श पूछती। और महीने में दस-पाँच महिलाएँ उन्हें दर्शन भी दे जातीं। शर्माजी उनकी अवाई का तार या पत्र पाते ही स्टेशन पर जाकर उनका स्वागत करते, बड़े आग्रह से उन्हें एकाध दिन ठहराते, उनकी ख़ूब ख़ातिर करते। सिनेमा के फ्री पास मिले हुए थे ही, ख़ूब सिनेमा दिखाते। महिलाएँ उनके सद्भाव से मुग्ध होकर विदा होतीं। मशहूर तो यहाँ तक कि शर्माजी का कई लेखिकाओं से बहुत ही घनिष्ठ सम्बन्ध हो गया है; लेकिन इस विषय में हम निश्चयपूर्वक कुछ नहीं कह सकते। हम तो इतना ही जानते हैं कि जो देवियाँ एकबार यहाँ आ जातीं, वह शर्माजी की अनन्य भक्त हो जातीं। बेचारा साहित्य की कुटिया का तपस्वी है। अपने विधुर जीवन की निराशाओं को अपने अंतस्तल में संचित रखकर मूक वेदना में प्रेम-माधुर्य का रसपान कर रहा है। सम्पादकजी के जीवन में जो कमी आ गई थी, उसकी कुछ पूर्ति करना महिलाओं ने अपना धर्म-सा मान लिया। उनके भरे हुए भंडार में से अगर एक क्षुधित प्राणी को थोड़ी-सी मिठाई दी जा सके, तो उससे भंडार की शोभा ही है। कोई देवी पारसल से अचार भेज देती, कोई लड्डू; एक ने पूजा का ऊनी आसन अपने हाथों बनाकर भेज दिया। एक देवी महीने में एक बार आकर उनके कपड़ों की मरम्मत कर देती थीं। दूसरी देवी महीने में दो-तीन बार आकर उन्हें अच्छी-अच्छी चीज़ें बनाकर खिला जाती थीं। अब वह किसी एक के न होकर सबके हो गए थे। स्त्रियों के अधिकारों का उनसे बड़ा रक्षक शायद ही कोई मिले। पुरुषों से तो शर्माजी को हमेशा तीव्र आलोचना ही मिलती थी। श्रद्धामय सहानुभूति का आनंद तो उन्होंने स्त्रियों ही में पाया।

एक दिन सम्पादकजी को एक ऐसी कविता मिली, जिसमें लेखिका ने अपने उग्र प्रेम का रूप दिखाया था। अन्य सम्पादक उसे अश्लील कहते, लेकिन चोखेलाल इधर बहुत उदार हो गए थे। कविता इतने सुन्दर अक्षरों में लिखी थी, लेखिका का नाम इतना मोहक था कि सम्पादकजी के सामने उसका एक कल्पना-चित्र सा आकर खड़ा हो गया। भावुक प्रकृति, कोमल गात, याचना-भरे नेत्र, बिम्ब-अधर, चंपई रंग, अंग-अंग में चपलता भरी हुई, पहले गोंद की तरह शुष्क और कठोर, आर्द्र होते ही चिपक जाने वाली। उन्होंने कविता को दो-तीन बार पढ़ा और हर बार उनके मन में सनसनी दौड़ी—

क्या तुम समझते हो मुझे छोड़कर भाग जाओगे?
भाग सकोगे?
मैं तुम्हारे गले में हाथ डाल दूँगी;
मैं तुम्हारी कमर में कर-पाश कस दूँगी;
मैं तुम्हारा पाँव पकड़कर रोक लूँगी;
तब उस पर सिर रख दूँगी।
क्या तुम समझते हो, मुझे छोड़कर भाग जाओगे?
छोड़ सकोगे?
मैं तुम्हारे अधरों पर अपने कपोल चिपका दूँगी;
उस प्याले में जो मादक सुधा है—
उसे पीकर तुम मस्त हो जाओगे।
और मेरे पैरों पर सिर रख दोगे।
क्या तुम समझते हो मुझे छोड़कर भाग जाओगे।

—'कामाक्षी'

शर्माजी को हर बार इस कविता में एक नया रस मिलता था। उन्होंने उसी क्षण कामाक्षी देवी के नाम यह पत्र लिखा—

'आपकी कविता पढ़कर मैं नहीं कह सकता, मेरे चित्त की क्या दशा हुई। हृदय में एक ऐसी तृष्णा जाग उठी है, जो मुझे भस्म किए डालती है। नहीं जानता, इसे कैसे शान्त करूँ? बस, यही आशा है कि इसको शीतल करने वाली सुधा भी वहीं मिलेगी, जहाँ से यह तृष्णा मिली है। मन मतंग की भाँति जंजीर तुड़ाकर भाग जाना चाहता है। जिस हृदय से यह भाव निकले हैं, उसमें प्रेम का कितना अक्षय भंडार है, उस प्रेम का, जो अपने को समर्पित कर देने में ही आनंद पाता है। मैं आपसे सत्य कहता हूँ, ऐसी कविता मैंने आज तक नहीं पढ़ी थी और इसने मेरे अन्दर जो तूफ़ान उठा दिया है, वह मेरी विधुर शांति को छिन्न-भिन्न किए डालता है। आपने एक ग़रीब की फूस की झोपड़ी में आग लगा दी है; लेकिन मन यह स्वीकार नहीं करता कि यह केवल विनोद-क्रीड़ा है। इन शब्दों में मुझे एक ऐसा हृदय छिपा हुआ ज्ञात होता है, जिसने प्रेम की वेदना सही है, जो लालसा की आग में तपा है। मैं इसे अपना परम सौभाग्य समझूँगा, यदि आपके दर्शनों का सौभाग्य पा सका। यह कुटिया अनुराग की भेंट लिए आपका स्वागत करने को तड़प रही है।

सप्रेम'

तीसरे ही दिन उत्तर आ गया। कामाक्षी ने बड़े भावुकतापूर्ण शब्दों में कृतज्ञता प्रकट की थी और अपने आने की तिथि बताई थी।

2

आज कामाक्षी का शुभागमन है।

शर्माजी ने प्रातःकाल हजामत बनवाई, साबुन और बेसन से स्नान किया, महीन खद्दर की धोती, कोकटी का ढीला चुन्नटदार कुरता, मलाई के रंग की रेशमी चादर। इस ठाठ से आकर कार्यालय में बैठे, तो सारा दफ़्तर गमक उठा। दफ़्तर की भी ख़ूब सफाई करा दी गई थी। बरामदे में गमले रखवा दिए गए थे। मेज़ पर गुलदस्ते सजा दिए गए थे। गाड़ी नौ बजे आती है, अभी साढ़े आठ हैं, साढ़े नौ बजे तक यहाँ आ जाएगी। इस परेशानी में कोई काम नहीं हो रहा है। बार-बार घड़ी की ओर ताक़ते हैं, फिर आईने में अपनी सूरत देखकर कमरे में टहलने लगते हैं। मूँछों में दो-चार बाल पके हुए नज़र आ रहे हैं, उन्हें उखाड़ फेंकने का इस समय कोई साधन नहीं है। कोई हरज नहीं। इससे रंग कुछ और ज़्यादा जमेगा। प्रेम जब श्रद्धा के साथ आता है तब वह ऐसा मेहमान हो जाता है, जो उपहार लेकर आता हो। युवकों का प्रेम ख़र्चीली वस्तु है, लेकिन महात्माओं या महात्मापन के समीप पहुँचे हुए लोगों का प्रेम—उलटे और कुछ ले आता है। युवक, जो रंग बहुमूल्य उपहारों से जमाता है, यह महात्मा या अर्द्ध-महात्मा लोग केवल आशीर्वाद से जमा लेते हैं।

ठीक साढ़े नौ बजे चपरासी ने आकर एक कार्ड दिया। लिखा था—'कामाक्षी।'

शर्माजी ने उसे देवीजी को लाने की अनुमति देकर एक बार फिर आईने में अपनी सूरत देखी और एक मोटी-सी पुस्तक पढ़ने लगे, मानो स्वाध्याय में तन्मय हो गए हैं। एक क्षण में देवीजी ने कमरे में क़दम रखा। शर्माजी को उनके आने की ख़बर न हुई।

देवीजी डरते-डरते समीप आ गईं, तब शर्माजी ने चौंककर सिर उठाया, मानो समाधि से जाग पड़े हों, और खड़े होकर देवीजी का स्वागत किया; मगर यह वह मूर्ति न थी, जिसकी उन्होंने कल्पना कर रखी थी।

एक काली, मोटी, अधेड़, चंचल औरत थी, जो शर्माजी को इस तरह घूर रही थी, मानो उन्हें पी जाएगी, शर्माजी का सारा उत्साह, सारा अनुराग ठंडा पड़ गया। वह सारी मन की मिठाइयाँ, जो वह महीनों से खा रहे थे, पेट में शूल की भाँति चुभने लगीं। कुछ कहते-सुनते न बना। केवल इतना बोले—सम्पादकों का जीवन बिलकुल पशुओं का जीवन है। सिर उठाने का समय नहीं मिलता। उस पर कार्याधिक्य से इधर मेरा स्वास्थ्य भी बिगड़ रहा है। रात ही से सिर-दर्द से बेचैन हूँ। आपकी क्या ख़ातिर करूँ?

कामाक्षी देवी के हाथ में एक बड़ा-सा पुलिंदा था। उसे मेज़ पर पटककर, रूमाल से मुँह पोंछकर मृदु-स्वर में बोलीं—यह आपने तो बड़ी बुरी ख़बर सुनाई। मैं तो एक सहेली से मिलने जा रही थी। सोचा, रास्ते में आपके दर्शन करती चलूँ; लेकिन जब आपका स्वास्थ्य ठीक नहीं है, तो मुझे यहाँ कुछ दिन रहकर आपका स्वास्थ्य सुधारना पड़ेगा। मैं आपके सम्पादन-कार्य में भी आपकी मदद करूँगी। आपका स्वास्थ्य स्त्री जाति के लिए बड़े महत्त्व की वस्तु है। आपको इस दशा में छोड़कर मैं अब जा नहीं सकती।

शर्माजी को ऐसा जान पड़ा, जैसे उनका रक्त-प्रवाह रुक गया है; नाड़ी छूटी जा रही है। उस चुड़ैल के साथ रहकर तो जीवन ही नरक हो जाएगा। चली हैं कविता करने, और कविता भी कैसी? अश्लीलता में डूबी हुई। अश्लील तो है ही। बिलकुल सड़ी हुई, गन्दी। एक सुन्दरी युवती की क़लम से वह कविता काम-बाण थी। इस डाइन की क़लम से तो वह परनाले का कीचड़ है। मैं कहता हूँ, इसे ऐसी कविता लिखने का अधिकार ही क्या है? यह क्यों ऐसी कविता लिखती है? क्यों नहीं किसी कोने में बैठकर राम-भजन करती? आप पूछती हैं—मुझे छोड़कर भाग सकोगे? मैं कहता हूँ, आपके पास कोई आएगा ही क्यों? दूर से ही देखकर न लम्बा हो जाएगा। कविता क्या है, जिसका न सिर न पैर, मात्राओं तक का इसे ज्ञान नहीं है! और कविता करती है! कविता अगर इस काया में निवास कर सकती है, तो फिर गधा भी गा सकता है। ऊँट भी नाच सकता है! इस राँड को इतना भी नहीं मालूम कि कविता करने के लिए रूप और यौवन चाहिए, नज़ाकत चाहिए, नफासत चाहिए। भूतनी-सी तो आपकी सूरत है, रात को कोई देख ले, तो डर जाए और आप उत्तेजक कविता लिखती हैं। कोई कितना ही क्षुधातुर हो तो क्या गोबर खा लेगा? और चुड़ैल इतना बड़ा पोथा लेती आई है। इसमें भी वही परनाले का गन्दा कीचड़ होगा!

उस मोटी पुस्तक की ओर देखते हुए बोले—नहीं-नहीं, मैं आपको कष्ट नहीं देना चाहता। वह ऐसी कोई बात नहीं है। दो-चार दिन के विश्राम से ठीक हो जाएगा? आपकी सहेली आपकी प्रतीक्षा करती होगी।

'आप तो महाशयजी संकोच कर रहे हैं। मैं दस-पाँच दिन के बाद भी चली जाऊँगी, तो कोई हानि न होगी।'

'इसकी कोई आवश्यकता नहीं है देवीजी।'

'आपके मुँह पर तो आपकी प्रशंसा करना ख़ुशामद होगी, पर जो सज्जनता मैंने आप में देखी, वह कहीं नहीं पाई। आप पहले महानुभाव हैं, जिन्होंने मेरी रचना का आदर किया, नहीं तो मैं निराश ही हो चुकी थी। आपके प्रोत्साहन का यह शुभ फल है कि मैंने इतनी कविताएँ रच डालीं। आप इनमें से जो चाहें रख लें। मैंने एक ड्रामा भी लिखना शुरू कर दिया है। उसे भी शीघ्र ही आपकी सेवा में भेजूँगी। कहिए तो दो-चार कविताएँ सुनाऊँ? ऐसा अवसर मुझे फिर कब मिलेगा! यह तो नहीं जानती कि कविताएँ कैसी हैं, पर आप सुनकर प्रसन्न होंगे। बिलकुल उसी रंग की हैं।'

उसने अनुमति की प्रतीक्षा न की। तुरन्त पोथा खोलकर एक कविता सुनाने लगी। शर्माजी को ऐसा मालूम होने लगा, जैसे कोई भिगो-भिगोकर जूते मार रहा है। कई बार उन्हें मतली आ गई, जैसे एक हज़ार गधे कानों के पास खड़े अपना स्वर अलाप रहे हों। कामाक्षी के स्वर में कोयल का माधुर्य था; पर शर्माजी को इस समय वह भी अप्रिय लग रहा था। सिर में सचमुच दर्द होने लगा। वह गधी टलेगी भी, या यों ही बैठी सिर खाती रहेगी? इसे मेरे चेहरे से भी मेरे मनोभावों का ज्ञान नहीं हो रहा है। उस पर आप कविता करने वाली हैं! इस मुँह से तो महादेवी या सुभद्राकुमारी की कविताएँ भी घृणा ही उत्पन्न करेंगी।

आख़िर न रहा गया। बोले—आपकी रचनाओं का क्या कहना, आप यह संग्रह यहीं छोड़ जाएँ। मैं अवकाश में पढ़ूँगा। इस समय तो बहुत-सा काम है।

कामाक्षी ने दयार्द्र होकर कहा—आप इतना दुर्बल स्वास्थ्य होने पर भी इतने व्यस्त रहते हैं? मुझे आप पर दया आती है।

'आपकी कृपा है।'

'आपको कल अवकाश रहेगा? ज़रा मैं अपना ड्रामा सुनाना चाहती थी?'

'खेद है, कल मुझे ज़रा प्रयाग जाना है।'

'तो मैं भी आपके साथ चलूँ? गाड़ी में सुनाती चलूँगी।'

'कुछ निश्चय नहीं, किस गाड़ी से जाऊँ।'

'आप लौटेंगे कब तक?'

'यह भी निश्चय नहीं।'

और टेलीफ़ोन पर जाकर बोले—हल्लो, नं. 77।

कामाक्षी ने आध घंटे तक उनका इंतज़ार किया; मगर शर्माजी एक सज्जन से ऐसी महत्त्व की बातें कर रहे थे, जिसका अंत ही होने न पाता था।

निराश होकर कामाक्षी देवी विदा हुईं और शीघ्र ही फिर आने का वादा कर गईं। शर्माजी ने आराम की साँस ली और उस पोथे को उठाकर रद्दी में डाल दिया, और जले हुए दिल से आप-ही-आप कहा—ईश्वर न करे कि फिर तुम्हारे दर्शन हों। कितनी बेशर्म है, कुलटा कहीं की। आज इसने सारा मज़ा किरकिरा कर दिया।

फिर मैनेजर को बुलाकर कहा—कामाक्षी की कविता नहीं जाएगी।

मैनेजर ने स्तम्भित होकर कहा—फार्म तो मशीन पर है।

'कोई हरज नहीं। फार्म उतार लीजिए।'

'बड़ी देर होगी।'

'होने दीजिए। वह कविता नहीं जाएगी।'

मनोवृत्ति

एक सुन्दर युवती, प्रात:काल, गांधी-पार्क में बिल्लौर के बेंच पर गहरी नींद में सोई पाई जाए, यह चौंका देनेवाली बात है। सुन्दरियाँ पार्कों में हवा खाने आती हैं, हँसती हैं, दौड़ती हैं, फूल-पौधों से खेलती हैं, किसी का इधर ध्यान नहीं जाता; लेकिन कोई युवती रविश के किनारे वाले बेंच पर बेख़बर सोए, यह बिलकुल ग़ैर मामूली बात है, अपनी ओर बल-पूर्वक आकर्षित करने वाली। रविश पर कितने आदमी चहलक़दमी कर रहे हैं, बूढ़े भी, जवान भी, सभी एक क्षण के लिए वहाँ ठिठक जाते हैं, एक नज़र वह दृश्य देखते हैं और तब चले जाते हैं। युवकवृन्द रहस्यभाव से मुसकिराते हुए, वृद्धजन चिन्ता-भाव से सिर हिलाते हुए और युवतियाँ लज्जा से आँखें नीचे किए हुए।

2

बसंत और हाशिम निकर और बनियान पहने नंगे पाँव दौड़ रहे हैं। बड़े दिन की छुट्टियों में ओलिम्पियन रेस होनेवाला है, दोनों उसी की तैयारी कर रहे हैं। दोनों इस स्थल पर पहुँचकर रुक जाते हैं और दबी आँखों से युवती को देखकर आपस में ख़याल दौड़ाने लगते हैं।

बसंत ने कहा—इसे और कहीं सोने की जगह ही नहीं मिली।

हाशिम ने जवाब दिया—कोई वेश्या है।

'लेकिन वेश्याएँ भी तो इस तरह बेशर्मी नहीं करतीं।'

'वेश्या अगर बेशर्म न हो तो वेश्या नहीं।'

'बहुत-सी ऐसी बातें हैं, जिनमें कुलवधू और वेश्या दोनों एक व्यवहार करती हैं। कोई वेश्या मामूली तौर पर सड़क पर सोना नहीं चाहती।'

'रूप-छवि दिखाने का नया आर्ट है।'

'आर्ट का सबसे सुन्दर रूप छिपाव है, दिखाव नहीं। वेश्या इस रहस्य को ख़ूब समझती है।'

'उसका छिपाव केवल आकर्षण बढ़ाने के लिए है।'

'हो सकता है; मगर केवल यहाँ सो जाना यह प्रमाणित नहीं करता कि यह वेश्या है। इसकी माँग में सेंदुर है।'

'वेश्याएँ अवसर पड़ने पर सौभाग्यशाली बन जाती हैं। रात-भर प्याले के दौर चले होंगे। काम-क्रीड़ाएँ हुई होंगी। अवसाद के कारण, ठंडक पाकर सो गई होगी।'

'मुझे तो कुलवधू-सी लगती है?'

'कुलवधू पार्क में सोने आएगी?'

'हो सकता है, घर से रूठकर आई हो?'

'चलकर पूछ ही क्यों न लें।'

'निरे अहमक हो! बग़ैर परिचय के आप किसी को जगा कैसे सकते हैं?'

'अभी चलकर परिचय कर लेंगे। उलटे और एहसान जताएँगे।'

'और जो कहीं झिड़क दे?'

'झिड़कने की कोई बात भी हो। उससे सौजन्य और सहृदयता में डूबी हुई बातें करेंगे। कोई युवती ऐसी बातें सुनकर चिढ़ नहीं सकती। अजी, गत-यौवनाएँ तक तो रस-भरी बातें सुनकर फूल ही उठती हैं। यह तो नवयौवना है। मैंने रूप और यौवन का ऐसा सुन्दर संयोग नहीं देखा था।'

'मेरे हृदय पर तो यह रूप अब जीवन-पर्यन्त के लिए अंकित हो गया! शायद कभी न भूल सकूँ।'

'मैं तो फिर यही कहता हूँ कि कोई वेश्या है।'

'रूप की देवी वेश्या भी हो, उपास्य है।'

'यहीं खड़े-खड़े कवियों की-सी बातें करोगे, ज़रा वहाँ चलते क्यों नहीं। तुम केवल खड़े रहना, पाश तो मैं डालूँगा।'

'कोई कुलवधू है।'

'कुलवधू पार्क में आकर सोए, तो इसका इसके सिवा कोई अर्थ नहीं कि वह आकर्षित करना चाहती है, और यह वेश्या मनोवृत्ति है।'

'आजकल की युवतियाँ भी तो फार्वर्ड होने लगी हैं।'

'फार्वर्ड युवतियाँ युवकों से आँखें नहीं चुरातीं।'

'हाँ, लेकिन है कुलवधू, कुलवधू से किसी तरह की बातचीत करना मैं बेहूदगी समझता हूँ।'

'तो चलो फिर दौड़ लगावें।'

'लेकिन दिल में तो वह मूर्ति दौड़ रही है।'
'तो आओ बैठें। जब वह उठकर जाने लगे; तो उसके पीछे चलें। मैं कहता हूँ वेश्या है।'
'और मैं कहता हूँ, कुलवधू है।'
'तो दस-दस की बाज़ी रही।'

3

दो वृद्ध पुरुष धीरे-धीरे ज़मीन की ओर ताक़ते आ रहे हैं, मानो खोई जवानी ढूँढ़ रहे हों। एक की कमर झुकी, बाल काले, शरीर स्थूल; दूसरे के बाल पके हुए, पर कमर सीधी, इकहरा शरीर। दोनों के दाँत टूटे; पर नक़ली दाँत लगाए, दोनों की आँखों पर ऐनक। मोटे महाशय वक़ील हैं, छरहरे महोदय डॉक्टर।

वक़ील—देखा, यह बीसवीं सदी की करामात!

डॉक्टर—जी हाँ देखा, हिन्दुस्तान दुनिया से अलग तो नहीं है।

'लेकिन आप इसे शिष्टता तो नहीं कह सकते?'

'शिष्टता की दुहाई देने का अब समय नहीं।'

'है किसी भले घर की लड़की।'

'वेश्या है साहब, आप इतना भी नहीं समझते।'

'वेश्या इतनी फूहड़ नहीं होती।'

'और भले घर की लड़कियाँ फूहड़ होती हैं?'

'नई आज़ादी है, नया नशा है।'

'हम लोगों की तो बुरी-भली कट गई। जिनके सिर आएगी, वह झेलेंगे।'

'अफ़सोस, जवानी रुख़सत हो गई।'

'ज़िंदगी जहन्नुम से बदतर हो जाएगी।'

'मगर आँखें तो नहीं रुख़सत हो गई; वह दिल तो नहीं रुख़सत हो गया।'

'बस आँख से देखा करो, दिल जलाया करो।'

'मेरा तो फिर जवान होने को जी चाहता है। सच पूछो तो आजकल के जीवन में ही ज़िंदगी की बहार है। हमारे वक्तों में तो कहीं कोई सूरत ही नज़र न आती थी। आज तो जिधर जाओ, हुस्न-ही-हुस्न के जलवे।'

'सुना, युवतियों को दुनिया में जिस चीज़ से सबसे ज़्यादा नफ़रत है, वह बूढ़े मर्द हैं।'

'मैं इसका कायल नहीं। पुरुष का जौहर उसकी जवानी नहीं, उसका शक्तिसम्पन्न होना है। कितने ही बूढ़े जवानों से ज़्यादा कड़ियल होते हैं। मुझे तो आए दिन इसके तज़रबे होते हैं। मैं ही अपने को किसी जवान से कम नहीं समझता।'

'यही सब सही है; पर बूढ़ों का दिल कमज़ोर हो जाता है। अगर यह बात न होती तो इस रमणी को इस तरह देखकर हम लोग यों न चले जाते। मैं तो आँखों भर देख भी न सका। डर लग रहा था कि कहीं उसकी आँखें खुल जाएँ और वह मुझे ताक़ते देख ले तो दिल में क्या समझे।'

'ख़ुश होती कि बूढ़े पर भी उसका जादू चल गया।'

'अजी रहने भी दो।'

'आप कुछ दिनों 'ओकासा' का सेवन कीजिए।'

'चन्द्रोदय खाकर देख चुका। सब लूटने की बाते हैं।'

'मंकी ग्लैंड लगवा लीजिए न?'

'आप इस युवती से मेरी बातें पक्की करा दें। मैं तैयार हूँ।'

'हाँ, यह मेरा ज़िम्मा, मगर भाई हमारा हिस्सा भी रहेगा।'

'अर्थात्?'

'अर्थात् यह कि कभी-कभी मैं आपके घर आकर अपनी आँखें ठंडी कर लिया करूँगा।'

'अगर आप इस इरादे से आएँ तो मैं आपका दुश्मन हो जाऊँ।'

'ओ हो, आप तो मंकी ग्लैंड का नाम सुनते ही जवान हो गए।'

'मैं तो समझता हूँ, यह भी डॉक्टरों ने लूटने का एक लटका निकाला है। सच!'

'अरे साहब, इस रमणी के स्पर्श में जवानी है, आप हैं किस फेर में! उसके एक-एक अंग में, एक-एक चितवन में, एक-एक मुसकान में, एक-एक विलास में जवानी भरी हुई है। न सौ मंकी ग्लैंड न एक रमणी का बाहु-पाश।'

'अच्छा क़दम बढ़ाइए, मुवक्किल आकर बैठे होंगे।'

'यह सूरत याद रहेगी।'

'फिर आपने याद दिला दी।'

'वह इस तरह सोई है, इसलिए कि लोग उसके रूप को, उसके अंग-विन्यास को, उसके बिखरे हुए केशों को, उसकी खुली हुई गर्दन को देखें और अपनी छाती पीटें। इस तरह चले जाना, उसके साथ अन्याय है। वह बुला रही है, और आप भागे जा रहे हैं।'

'हम जिस तरह दिल से प्रेम कर सकते हैं, जवान कभी कर सकता है?'

'बिलकुल ठीक! मुझे तो ऐसी औरतों से साबिका पड़ चुका है, जो रसिक बूढ़ों को खोजा करती हैं। जवान तो छिछोरे, उच्छृंखल, अस्थिर और गर्वीले होते हैं। वे प्रेम के बदले में कुछ चाहते हैं। यहाँ निःस्वार्थ भाव से आत्म-समर्पण करते हैं।'

'आपकी बातों से दिल में गुदगुदी हो गई।'

'मगर एक बात याद रखिए, कहीं उसका जवान प्रेमी मिल गया तो?'

'तो मिला करे, यहाँ ऐसों से नहीं डरते।'

'आपकी शादी की कुछ बातचीत थी तो?'

'हाँ थी, मगर अपने ही लड़के जब दुश्मनी पर कमर बाँधें, तो क्या हो! मेरा बड़ा लड़का यशवंत तो मुझे बन्दूक़ दिखाने लगा। यह जमाने की ख़ूबी है।'

अक्टूबर की धूप तेज़ हो चली थी। दोनों मित्र निकल गए।

4

दो देवियाँ—एक वृद्धा, दूसरी नवयौवना पार्क के फाटक पर मोटर से उतरीं और पार्क में हवा खाने आईं। उनकी निगाह भी उस नींद की माती युवती पर पड़ी।

वृद्धा ने कहा—बड़ी बेशर्म है!

नवयौवना ने तिरस्कार-भाव से उसकी ओर देखकर कहा—ठाट तो भले घर की देवियों के हैं!

'बस ठाट ही देख लो। इसी से मर्द कहते हैं—स्त्रियों को आज़ादी न मिलनी चाहिए।'

'मुझे तो कोई वेश्या मालूम होती है।'

'वेश्या ही सही, पर उसे इतनी बेशर्मी करके स्त्री-समाज को लज्जित करने का क्या अधिकार है?'

'कैसे मज़े से सो रही है, मानो अपने घर में है।'

'बेहयाई है। मैं परदा नहीं चाहती, पुरुषों की ग़ुलामी नहीं चाहती; लेकिन औरतों में जो गौरवशीलता और सलज्जता है, उसे नहीं छोड़ना चाहती। मैं किसी युवती को सड़क पर सिगरेट पीते देखती हूँ, तो मेरे बदन में आग लग जाती है, उसी तरह आधी छाती का जम्फर भी मुझे नहीं सोहाता। क्या अपने धर्म की लाज छोड़ देने से ही साबित होगा कि हम बहुत फार्वर्ड हैं? पुरुष अपनी छाती या पीठ खोले तो नहीं घूमते?'

'इसी बात पर बाईजी, जब मैं आपको आड़े हाथों लेती हूँ, तो आप बिगड़ने लगती हैं। पुरुष स्वाधीन है, वह दिल में समझता है कि मैं स्वाधीन हूँ। वह स्वाधीनता का स्वाँग नहीं भरता। स्त्री अपने दिल में समझती है कि वह स्वाधीन नहीं है, इसलिए वह अपनी स्वाधीनता का ढोंग करती है। जो बलवान् हैं, वे अकड़ते नहीं। जो दुर्बल हैं, वही अकड़ दिखाते हैं। क्या आप उन्हें अपने आँसू पोंछने के लिए इतना अधिकार भी नहीं देना चाहतीं?'

'मैं तो कहती हूँ, स्त्री अपने को छिपाकर पुरुष को जितना नचा सकती है, अपने को खोलकर नहीं नचा सकती।'

'स्त्री ही पुरुष के आकर्षण की फ़िक्र क्यों करे? पुरुष क्यों स्त्री से पर्दा नहीं करता?'

'अब मुँह न खुलवाओ मीनू! इस छोकरी को जगाकर कह दो—जाकर घर पर सोए। इतने आदमी आ-जा रहे हैं और निर्लज्ज टाँग फैलाए पड़ी है। यहाँ इसे नींद कैसे आ गई?'

'रात कितनी गर्मी थी बाईजी! ठंडक पाकर बेचारी की आँख लग गई है।'

'रात-भर यहीं रही है, कुछ-कुछ बदती हूँ?'

मीनू युवती के पास जाकर उसका हाथ पकड़कर हिलाती है—यहाँ क्यों सो रही हो देवीजी, इतना दिन चढ़ आया, उठकर घर जाओ।

युवती आँखें खोल देती है—ओ हो, इतना दिन चढ़ आया? क्या मैं सो गई थी? मेरे सिर में चक्कर आ जाया करता है। मैंने समझा शायद हवा से कुछ लाभ हो। यहाँ आई; पर ऐसा चक्कर आया कि मैं इस बेंच पर बैठ गई, फिर मुझे कुछ होश न रहा। अब भी मैं खड़ी नहीं हो सकती। मालूम होता है, मैं गिर पड़ूँगी। बहुत दवा की; पर कोई फ़ायदा नहीं होता। आप डॉक्टर श्यामनाथ को जानती होंगी, वह मेरे ससुर हैं।

युवती ने आश्चर्य से कहा—अच्छा! वह तो अभी इधर ही से गए हैं।

'सच! लेकिन मुझे पहचान कैसे सकते हैं? अभी मेरा गौना नहीं हुआ है।'

'तो क्या आप उनके लड़के वसन्तलाल की धर्मपत्नी हैं?'

युवती ने शर्म से सिर झुकाकर स्वीकार किया। मीनू ने हँसकर कहा—वसन्तलाल तो अभी इधर से गए हैं? मेरा उनसे यूनिवर्सिटी का परिचय है।

'अच्छा! लेकिन मुझे उन्होंने देखा कहाँ है?'

'तो मैं दौड़कर डॉक्टर को ख़बर दे दूँ।'

'जी नहीं, मैं थोड़ी देर में बिलकुल अच्छी हो जाऊँगी।'

'वसन्तलाल भी वह खड़ा है, उसे बुला दूँ।'

'जी नहीं, किसी को न बुलाइए।'

'तो चलो, अपने मोटर पर तुम्हें तुम्हारे घर पहुँचा दूँ।'

'आपकी बड़ी कृपा होगी।'

'किस मुहल्ले में?'

'बेगमगंज, मि. जयरामदास के घर।'

'मैं आज ही मि. वसन्तलाल से कहूँगी।'

'मैं क्या जानती थी कि वह इस पार्क में आते हैं।'

'मगर कोई आदमी तो साथ ले लिया होता?'

'किसलिए? कोई ज़रूरत न थी।'

कुसुम

साल-भर की बात है, एक दिन शाम को हवा खाने जा रहा था कि महाशय नवीन से मुलाक़ात हो गई। मेरे पुराने दोस्त हैं, बड़े बेतकल्लुफ़ और मनचले। आगरे में मकान है, अच्छे कवि हैं। उनके कवि-समाज में कई बार शरीक हो चुका हूँ। ऐसा कविता का उपासक मैंने नहीं देखा। पेशा तो वकालत; पर डूबे रहते हैं काव्य-चिन्तन में। आदमी ज़हीन हैं, मुक़दमा सामने आया और उसकी तह तक पहुँच गए; इसलिए कभी-कभी मुक़दमे मिल जाते हैं, लेकिन कचहरी के बाहर अदालत या मुक़दमे की चर्चा उनके लिए निषिद्ध है। अदालत की चारदीवारी के अन्दर चार-पाँच घंटे वह वकील होते हैं। चारदीवारी के बाहर निकलते ही कवि हैं—सिर से पाँव तक। जब देखिए, कवि-मंडल जमा है, कवि-चर्चा हो रही है, रचनाएँ सुन रहे हैं। मस्त हो-होकर झूम रहे हैं, और अपनी रचना सुनाते समय तो उन पर एक तल्लीनता-सी छा जाती है। कंठ स्वर भी इतना मधुर है कि उनके पद बाण की तरह सीधे कलेजे में उतर जाते हैं। अध्यात्म में माधुर्य की सृष्टि करना, निर्गुण में सगुण की बहार दिखाना उनकी रचनाओं की विशेषता है। वह जब लखनऊ आते हैं, मुझे पहले सूचना दे दिया करते हैं। आज उन्हें अनायास लखनऊ में देखकर मुझे आश्चर्य हुआ—आप यहाँ कैसे? कुशल तो हैं? मुझे आने की सूचना तक न दी।

बोले—भाईजान, एक जंजाल में फँस गया हूँ। आपको सूचित करने का समय न था। फिर आपके घर को मैं अपना घर समझता हूँ। इस तकल्लुफ़ की क्या ज़रूरत है कि आप मेरे लिए कोई विशेष प्रबंध करें। मैं एक ज़रूरी मुआमले में आपको कष्ट देने आया हूँ। इस वक़्त की सैर को स्थगित कीजिए और चलकर मेरी विपत्ति-कथा सुनिए।

मैंने घबड़ाकर कहा—आपने तो मुझे चिन्ता में डाल दिया। आप और विपत्ति-कथा! मेरे तो प्राण सूखे जाते हैं।

'घर चलिए, चित्त शान्त हो तो सुनाऊँ!'

'बाल-बच्चे तो अच्छी तरह हैं?'

'हाँ, सब अच्छी तरह हैं। वैसी कोई बात नहीं है!'

'तो चलिए, रेस्ट्राँ में कुछ जलपान तो कर लीजिए।'

'नहीं भाई, इस वक़्त मुझे जलपान नहीं सूझता।'

हम दोनों घर की ओर चले।

घर पहुँचकर उनका हाथ-मुँह धुलाया, शरबत पिलाया। इलायची-पान खाकर उन्होंने अपनी विपत्ति-कथा सुनानी शुरू की—

'कुसुम के विवाह में आप गए ही थे। उसके पहले भी आपने उसे देखा था। मेरा विचार है कि किसी सरल प्रकृति के युवक को आकर्षित करने के लिए जिन गुणों की ज़रूरत है, वह सब उसमें मौजूद हैं। आपका क्या ख़याल है?'

मैंने तत्परता से कहा—मैं आपसे कहीं ज़्यादा कुसुम का प्रशंसक हूँ। ऐसी लज्जाशील, सुघड़, सलीक़ेदार और विनोदिनी बालिका मैंने दूसरी नहीं देखी।

महाशय नवीन ने करुण स्वर में कहा—वही कुसुम आज अपने पति के निर्दय व्यवहार के कारण रो-रोकर प्राण दे रही है। उसका गौना हुए एक साल हो रहा है। इस बीच में वह तीन बार ससुराल गई, पर उसका पति उससे बोलता ही नहीं। उसकी सूरत से बेज़ार है। मैंने बहुत चाहा कि उसे बुलाकर दोनों में सफ़ाई करा दूँ, मगर न आता है, न मेरे पत्रों का उत्तर देता है। न जाने क्या गाँठ पड़ गई है कि उसने इस बेदर्दी से आँखें फेर लीं। अब सुनता हूँ, उसका दूसरा विवाह होने वाला है। कुसुम का बुरा हाल हो रहा है। आप शायद उसे देखकर पहचान भी न सकें। रात-दिन रोने के सिवा दूसरा काम नहीं है। इससे आप हमारी परेशानी का अनुमान कर सकते हैं। ज़िंदगी की सारी अभिलाषाएँ मिटी जाती हैं। हमें ईश्वर ने पुत्र न दिया; पर हम अपनी कुसुम को पाकर संतुष्ट थे और अपने भाग्य को धन्य मानते थे। उसे कितने लाड़-प्यार से पाला, कभी उसे फूल की छड़ी से भी न छुआ। उसकी शिक्षा-दीक्षा में कोई बात उठा न रखी। उसने बी. ए. नहीं पास किया, लेकिन विचारों की प्रौढ़ता और ज्ञान-विस्तार में किसी ऊँचे दर्जे की शिक्षित महिला से कम नहीं। आपने उसके लेख देखे हैं। मेरा ख़याल है, बहुत कम देवियाँ वैसे लेख लिख सकती हैं! समाज, धर्म, नीति सभी विषयों में उसके विचार बड़े परिष्कृत हैं। बहस करने में तो वह इतनी पटु है कि मुझे आश्चर्य होता है। गृह-प्रबंध में इतनी कुशल कि मेरे घर का प्राय: सारा प्रबंध उसी के हाथ में था; किन्तु पति की दृष्टि में वह पाँव की धूल के बराबर भी नहीं। बार-बार पूछता हूँ, तूने उसे कुछ कह दिया है, या क्या बात है? आखिर, वह क्यों तुझसे इतना उदासीन है? इसके जवाब में रोकर यही कहती है—'मुझसे तो उन्होंने कभी कोई बातचीत ही नहीं की।' मेरा विचार है कि पहले ही दिन दोनों में कुछ मनमुटाव हो गया। वह कुसुम के पास आया होगा और उससे कुछ पूछा होगा। उसने मारे शर्म के जवाब न दिया होगा। संभव है, उससे दो-चार बातें और भी की हों। कुसुम ने सिर न उठाया होगा। आप जानते ही हैं, कि कितनी शर्मीली है। बस, पतिदेव रूठ गए होंगे। मैं तो कल्पना ही नहीं कर सकता कि कुसुम-जैसी बालिका से कोई पुरुष उदासीन रह सकता है, लेकिन दुर्भाग्य को कोई क्या करे? दुखिया ने पति के नाम कई पत्र लिखे, पर उस निर्दयी ने एक का भी जवाब न दिया! सारी चिट्ठियाँ लौटा दीं। मेरी समझ में नहीं आता कि उस पाषाण-हृदय को कैसे पिघलाऊँ। मैं अब ख़ुद तो उसे कुछ लिख नहीं सकता। आप ही कुसुम की प्राण रक्षा करें, नहीं तो शीघ्र ही उसके

जीवन का अंत हो जाएगा और उसके साथ हम दोनों प्राणी भी सिधार जाएँगे। उसकी व्यथा अब नहीं देखी जाती।

नवीनजी की आँखें सजल हो गईं। मुझे भी अत्यन्त क्षोभ हुआ। उन्हें तसल्ली देता हुआ बोला—आप इतने दिनों इस चिन्ता में पड़े रहे, मुझसे पहले ही क्यों न कहा? मैं आज ही मुरादाबाद जाऊँगा और उस लौंडे की इस बुरी तरह ख़बर लूँगा कि वह भी याद करेगा। बचा को ज़बरदस्ती घसीट कर लाऊँगा और कुसुम के पैरों पर गिरा दूँगा।

नवीनजी मेरे आत्मविश्वास पर मुसकुराकर बोले—आप उससे क्या कहेंगे?

'यह न पूछिए! वशीकरण के जितने मंत्र हैं, उन सभी की परीक्षा करूँगा।'

'तो आप कदापि सफल न होंगे। वह इतना शीलवान, इतना विनम्र, इतना प्रसन्नमुख है, इतना मधुर-भाषी कि आप वहाँ से उसके भक्त होकर लौटेंगे! वह नित्य आपके सामने हाथ बाँधे खड़ा रहेगा। आपकी सारी कठोरता शान्त हो जाएगी। आपके लिए तो एक ही साधन है। आपके क़लम में जादू है! आपने कितने ही युवकों को सन्मार्ग पर लगाया है। हृदय में सोई हुई मानवता को जगाना आपका कर्तव्य है। मैं चाहता हूँ, आप कुसुम की ओर से ऐसा करुणाजनक, ऐसा दिल हिला देनेवाला पत्र लिखें कि वह लज्जित हो जाए और उसकी प्रेम-भावना सचेत हो उठे। मैं जीवन-पर्यन्त आपका आभारी रहूँगा।'

नवीनजी कवि ही तो ठहरे। इस तजबीज में वास्तविकता की अपेक्षा कवित्व ही की प्रधानता थी। आप मेरे कई गल्पों को पढ़कर रो पड़े हैं, इससे आपको विश्वास हो गया है कि मैं चतुर सँपेरे की भाँति जिस दिल को चाहूँ, नचा सकता हूँ। आपको यह मालूम नहीं कि सभी मनुष्य कवि नहीं होते, और न एक-से भावुक। जिन गल्पों को पढ़कर आप रोए हैं, उन्हीं गल्पों को पढ़कर कितने ही सज्जनों ने विरक्त होकर पुस्तक फेंक दी है। पर इन बातों का वह अवसर न था। वह समझते कि मैं अपना गला छुड़ाना चाहता हूँ, इसलिए मैंने सहृदयता से कहा—आपको बहुत दूर की सूझी। और मैं इस प्रस्ताव से सहमत हूँ और यद्यपि आपने मेरी करुणोत्पादक शक्ति का अनुमान करने में अत्युक्ति से काम लिया है; लेकिन मैं आपको निराश न करूँगा। मैं पत्र लिखूँगा और यथाशक्ति उस युवक की न्याय-बुद्धि को जगाने की चेष्टा भी करूँगा, लेकिन आप अनुचित न समझें तो पहले मुझे वह पत्र दिखा दें, जो कुसुम ने अपने पति के नाम लिखे थे, उसने पत्र तो लौटा ही दिए हैं और यदि कुसुम ने उन्हें फाड़ नहीं डाला है, तो उसके पास होंगे। उन पत्रों को देखने से मुझे ज्ञात हो जाएगा कि किन पहलुओं पर लिखने की गुंजाइश बाक़ी है।

नवीनजी ने जेब से पत्रों का एक पुलिन्दा निकालकर मेरे सामने रख दिया और बोले—मैं जानता था आप इन पत्रों को देखना चाहेंगे, इसलिए इन्हें साथ लेता आया। आप इन्हें शौक़ से पढ़ें। कुसुम जैसी मेरी लड़की है, वैसी ही आपकी भी लड़की है। आपसे क्या परदा!

सुगंधित, गुलाबी, चिकने काग़ज़ पर बहुत ही सुन्दर अक्षरों में लिखे उन पत्रों को मैंने पढ़ना शुरू किया—

मेरे स्वामी, मुझे यहाँ आए एक सप्ताह हो गया; लेकिन आँखें पल-भर के लिए भी नहीं झपकीं। सारी रात करवटें बदलते बीत जाती है। बार-बार सोचती हूँ, मुझसे ऐसा क्या अपराध हुआ कि उसकी आप मुझे यह सज़ा दे रहे हैं। आप मुझे झिड़कें, घुड़कें, कोसें; इच्छा हो तो मेरे कान भी पकड़ें। मैं इन सभी सज़ाओं को सहर्ष सह लूँगी; लेकिन यह निष्ठुरता नहीं सही

जाती। मैं आपके घर एक सप्ताह रही। परमात्मा जानता है कि मेरे दिल में क्या-क्या अरमान थे। मैंने कितनी बार चाहा कि आपसे कुछ पूछूँ; आपसे अपने अपराधों को क्षमा कराऊँ; लेकिन आप मेरी परछाईं से भी दूर भागते थे। मुझे कोई अवसर न मिला। आपको याद होगा कि जब दोपहर को सारा घर सो जाता था; तो मैं आपके कमरे में जाती थी और घंटों सिर झुकाए खड़ी रहती थी; पर आपने कभी आँख उठाकर न देखा। उस वक़्त मेरे मन की क्या दशा होती थी, इसका कदाचित् आप अनुमान न कर सकेंगे। मेरी जैसी अभागिनी स्त्रियाँ इसका कुछ अन्दाज कर सकती हैं। मैंने अपनी सहेलियों से उनकी सोहागरात की कथाएँ सुन-सुनकर अपनी कल्पना में सुखों का जो स्वर्ग बनाया था उसे आपने कितनी निर्दयता से नष्ट कर दिया!

मैं आपसे पूछती हूँ, क्या आपके ऊपर मेरा कोई अधिकार नहीं है? अदालत भी किसी अपराधी को दंड देती है, तो उस पर कोई-न-कोई अभियोग लगाती है, गवाहियाँ लेती है, उनका बयान सुनती है। आपने तो कुछ पूछा ही नहीं। मुझे अपनी ख़ता मालूम हो जाती, तो आगे के लिए सचेत हो जाती। आपके चरणों पर गिरकर कहती, मुझे क्षमा-दान दो। मैं शपथपूर्वक कहती हूँ, मुझे कुछ नहीं मालूम, आप क्यों रुष्ट हो गए। संभव है, आपने अपनी पत्नी में जिन गुणों को देखने की कामना की हो, वे मुझमें न हों। बेशक मैं अँगरेज़ी नहीं पढ़ी, अँगरेज़ी-समाज की रीति-नीति से परिचित नहीं, न अँगरेज़ी खेल ही खेलना जानती हूँ। और भी कितनी ही त्रुटियाँ मुझमें होंगी। मैं जानती हूँ कि मैं आपके योग्य न थी। आपको मुझसे कहीं अधिक रूपवती, गुणवती, बुद्धिमती स्त्री मिलनी चाहिए थी; लेकिन मेरे देवता, दंड अपराधों का मिलना चाहिए, त्रुटियों का नहीं। फिर मैं तो आपके इशारे पर चलने को तैयार हूँ। आप मेरी दिलजोई करें, फिर देखिए, मैं अपनी त्रुटियों को कितनी जल्द पूरा कर लेती हूँ। आपका प्रेम-कटाक्ष मेरे रूप को प्रदीप्त, मेरी बुद्धि को तीव्र और मेरे भाग्य को बलवान कर देगा। वह विभूति पाकर मेरी कायाकल्प हो जाएगी।

स्वामी! क्या आपने सोचा है? आप यह क्रोध किस पर कर रहे हैं? वह अबला, जो आपके चरणों पर पड़ी हुई आपसे क्षमा-दान माँग रही है, जो जन्म-जन्मान्तर के लिए आपकी चेरी है, क्या इस क्रोध को सहन कर सकती है? मेरा दिल बहुत कमज़ोर है। मुझे रुलाकर आपको पश्चात्ताप के सिवा और क्या हाथ आएगा। इस क्रोधाग्नि की एक चिनगारी मुझे भस्म कर देने के लिए काफ़ी है, अगर आपकी यह इच्छा है कि मैं मर जाऊँ, तो मैं मरने के लिए तैयार हूँ; केवल आपका इशारा चाहती हूँ। अगर मरने से आपका चित्त प्रसन्न हो, तो मैं बड़े हर्ष से अपने को आपके चरणों पर समर्पित कर दूँगी; मगर इतना कहे बिना नहीं रहा जाता कि मुझमें सौ ऐब हों, पर एक गुण भी है—मुझे दावा है कि आपकी जितनी सेवा मैं कर सकती हूँ, उतनी कोई दूसरी स्त्री नहीं कर सकती। आप विद्वान् हैं, उदार हैं, मनोविज्ञान के पंडित हैं, आपकी लौंडी आपके सामने खड़ी दया की भीख माँग रही है। क्या उसे द्वार से ठुकरा दीजिएगा?

आपकी अपराधिनी,

—कुसुम

यह पत्र पढ़कर मुझे रोमांच हो आया। यह बात मेरे लिए असह्य थी कि कोई स्त्री अपने पति की इतनी खुशामद करने पर मज़बूर हो जाए। पुरुष अगर स्त्री से उदासीन रह सकता है, तो स्त्री उसे क्यों नहीं ठुकरा सकती? वह दुष्ट समझता है कि विवाह ने एक स्त्री को उसका

ग़ुलाम बना दिया। वह उस अबला पर जितना अत्याचार चाहे करे, कोई उसका हाथ नहीं पकड़ सकता, कोई चूँ भी नहीं कर सकता। पुरुष अपनी दूसरी, तीसरी, चौथी शादी कर सकता है, स्त्री से कोई सम्बन्ध न रखकर भी उस पर उसी कठोरता से शासन कर सकता है। वह जानता है कि स्त्री कुल-मर्यादा के बन्धनों में जकड़ी हुई है, उसे रो-रोकर मर जाने के सिवा और कोई उपाय नहीं है। अगर उसे भय होता कि औरत भी उसकी ईंट का जवाब पत्थर से नहीं, ईंट से भी नहीं; केवल थप्पड़ से दे सकती है, तो उसे कभी इस बदमिज़ाजी का साहस न होता। बेचारी स्त्री कितनी विवश है। शायद मैं कुसुम की जगह होता, तो इस निष्ठुरता का जवाब इसकी दसगुनी कठोरता से देता। उसकी छाती पर मूँग दलता? संसार के हँसने की ज़रा भी चिन्ता न करता। समाज अबलाओं पर इतना ज़ुल्म देख सकता है और चूँ तक नहीं करता, उसके रोने या हँसने की मुझे ज़रा भी परवाह न होती। अरे अभागे युवक! तुझे ख़बर नहीं, तू अपने भविष्य की गर्दन पर कितनी बेदर्दी से छुरी फेर रहा है? यह वह समय है, जब पुरुष को अपने प्रणय-भंडार से स्त्री के माता-पिता, भाई-बहन, सखियाँ-सहेलियाँ, सभी के प्रेम की पूर्ति करनी पड़ती है। अगर पुरुष में यह सामर्थ्य नहीं है तो स्त्री की क्षुधित आत्मा को कैसे संतुष्ट रख सकेगा। परिणाम वही होगा, जो बहुधा होता है। अबला कुढ़-कुढ़कर मर जाती है। यही वह समय है, जिसकी स्मृति जीवन में सदैव के लिए मिठास पैदा कर देती है। स्त्री की प्रेमसुधा इतनी तीव्र होती है कि वह पति का स्नेह पाकर अपना जीवन सफल समझती है और इस प्रेम के आधार पर जीवन के सारे कष्टों को हँस-खेलकर सह लेती है। यही वह समय है, जब हृदय में प्रेम का बसंत आता है और उसमें नई-नई आशा-कोंपलें निकलने लगती हैं। ऐसा कौन निर्दयी है, जो इस ऋतु में उस वृक्ष पर कुल्हाड़ी चलाएगा। यही वह समय है, जब शिकारी किसी पक्षी को उसके बसेरे से लाकर पिंजरे में बन्द कर देता है। क्या वह उसकी गर्दन पर छुरी चलाकर उसका मधुर गान सुनने की आशा रखता है?

मैंने दूसरा पत्र पढ़ना शुरू किया—

मेरे जीवन-धन! दो सप्ताह जवाब की प्रतीक्षा करने के बाद आज फिर यही उलाहना देने बैठी हूँ। जब मैंने वह पत्र लिखा था, तो मेरा मन गवाही दे रहा था कि उसका उत्तर ज़रूर आएगा। आशा के विरुद्ध आशा लगाए हुए थी। मेरा मन अब भी इसे स्वीकार नहीं करता कि जान-बूझकर उसका उत्तर नहीं दिया। कदाचित् आपको अवकाश नहीं मिला, या ईश्वर न करे, कहीं आप अस्वस्थ तो नहीं हो गए? किससे पूछूँ? इस विचार से ही मेरा हृदय काँप रहा है। मेरी ईश्वर से यही प्रार्थना है कि आप प्रसन्न और स्वस्थ हों। पत्र मुझे न लिखें, न सही, रोकर चुप ही तो हो जाऊँगी। आपको ईश्वर का वास्ता है; अगर आपको किसी प्रकार का कष्ट हो, तो मुझे तुरन्त पत्र लिखिए, मैं किसी को साथ लेकर आ जाऊँगी। मर्यादा और परिपाटी के बन्धनों से मेरा जी घबराता है, ऐसी दशा में भी यदि आप मुझे अपनी सेवा से वंचित रखते हैं, तो आप मुझसे मेरा वह अधिकार छीन रहे हैं, जो मेरे जीवन की सबसे मूल्यवान् वस्तु है। मैं आपसे और कुछ नहीं माँगती, आप मुझे मोटे-से-मोटा खिलाइए, मोटे-से-मोटा पहनाइए, मुझे ज़रा भी शिकायत न होगी। मैं आपके साथ घोर-से-घोर विपत्ति में भी प्रसन्न रहूँगी। मुझे आभूषणों की लालसा नहीं, महल में रहने की लालसा नहीं, सैर-तमाशे की लालसा नहीं, धन बटोरने की लालसा नहीं। मेरे जीवन का उद्देश्य केवल आपकी सेवा करना है। यही उसका ध्येय है। मेरे लिए दुनिया में कोई देवता नहीं, कोई गुरु नहीं, कोई हाकिम नहीं। मेरे देवता

आप हैं, मेरे राजा आप हैं, मुझे अपने चरणों से न हटाइए, मुझे ठुकराइए नहीं। मैं सेवा और प्रेम के फूल लिए, कर्तव्य और व्रत की भेंट अंचल में सजाए आपकी सेवा में आई हूँ। मुझे इस भेंट को, इन फूलों को अपने चरणों पर रखने दीजिए। उपासक का काम तो पूजा करना है। देवता उसकी पूजा स्वीकार करता है या नहीं, यह सोचना उसका धर्म नहीं।

मेरे सिरताज! शायद आपको पता नहीं, आजकल मेरी क्या दशा है। यदि मालूम होता, तो आप इस निष्ठुरता का व्यवहार न करते। आप पुरुष हैं, आपके हृदय में दया है, सहानुभूति है, उदारता है, मैं विश्वास नहीं कर सकती कि आप मुझ जैसी नाचीज़ पर क्रोध कर सकते हैं। मैं आपकी दया के योग्य हूँ—कितनी दुर्बल, कितनी अपंग, कितनी बेज़बान! आप सूर्य हैं, मैं अणु हूँ; आप अग्नि हैं, मैं तृण हूँ; आप राजा हैं, मैं भिखारिन हूँ। क्रोध तो बराबर वालों पर करना चाहिए, मैं भला आपके क्रोध का आघात कैसे सह सकती हूँ? अगर आप समझते हैं कि मैं आपकी सेवा के योग्य नहीं हूँ, तो मुझे अपने हाथों से विष का प्याला दे दीजिए। मैं उसे सुधा समझकर सिर और आँखों से लगाऊँगी और आँखें बन्द करके पी जाऊँगी। जब जीवन आपकी भेंट हो गया, तो आप मारें या जिलाएँ, यह आपकी इच्छा है। मुझे यही सन्तोष काफ़ी है कि मेरी मृत्यु से आप निश्चिन्त हो गए। मैं तो इतना ही जानती हूँ कि मैं आपकी हूँ और सदैव आपकी रहूँगी; इस जीवन में ही नहीं, बल्कि अनन्त तक।

अभागिनी

—कुसुम

यह पत्र पढ़कर मुझे कुसुम पर भी झुँझलाहट आने लगी और उस लौंडे से तो घृणा हो गई। माना, तुम स्त्री हो, आजकल के प्रथानुसार पुरुष को तुम्हारे ऊपर हर तरह का अधिकार है, लेकिन नम्रता की भी तो कोई सीमा होती है? तो उसे भी चाहिए कि उसकी बात न पूछे। स्त्रियों को धर्म और त्याग का पाठ पढ़ा-पढ़ाकर हमने उनके आत्म-सम्मान और आत्म-विश्वास दोनों ही का अंत कर दिया। अगर पुरुष स्त्री का मुहताज नहीं, तो स्त्री भी पुरुष की मुहताज क्यों है? ईश्वर ने पुरुष को हाथ दिए हैं, तो क्या स्त्री को उससे वंचित रखा है? पुरुष के पास बुद्धि है, तो क्या स्त्री अबोध है? इसी नम्रता ने तो मरदों का मिज़ाज आसमान पर पहुँचा दिया। पुरुष रूठ गया, तो स्त्री के लिए मानो प्रलय आ गया। मैं तो समझता हूँ, कुसुम नहीं, उसका अभागा पति ही दया के योग्य है, जो कुसुम-जैसी स्त्री की क़द्र नहीं कर सकता। मुझे ऐसा सन्देह होने लगा कि इस लौंडे ने कोई दूसरा रोग पाल रखा है। किसी शिकारी के रंगीन जाल में फँसा हुआ है।

ख़ैर, मैंने तीसरा पत्र खोला—

प्रियतम! अब मुझे मालूम हो गया कि मेरी ज़िंदगी निरुद्देश्य है। जिस फूल को देखनेवाला, चुननेवाला कोई नहीं, वह खिले तो क्यों? क्या इसीलिए कि मुरझाकर ज़मीन पर गिर पड़े और पैरों से कुचल दिया जाए? मैं आपके घर में एक महीना रहकर दोबारा आई हूँ। ससुरजी ही ने मुझे बुलाया, ससुरजी ही ने मुझे बिदा कर दिया। इतने दिनों में आपने एक बार भी मुझे दर्शन न दिए। आप दिन में बीसों ही बार घर में आते थे, अपने भाई-बहनों से हँसते-बोलते थे, या मित्रों के साथ सैर-तमाशे देखते थे; लेकिन मेरे पास आने की आपने क़सम खा ली थी। मैंने कितनी बार आपके पास संदेश भेजे, कितना अनुनय-विनय किया, कितनी बार बेशर्मी करके आपके कमरे में गई; लेकिन आपने कभी मुझे आँख उठाकर भी

न देखा। मैं तो कल्पना ही नहीं कर सकती कि कोई प्राणी इतना हृदयहीन हो सकता है। प्रेम के योग्य नहीं, विश्वास के योग्य नहीं, सेवा करने के भी योग्य नहीं, तो क्या दया के भी योग्य नहीं? मैंने उस दिन कितनी मेहनत और प्रेम से आपके लिए रसगुल्ले बनाए थे। आपने उन्हें हाथ से छुआ भी नहीं। जब आप मुझसे इतने विरक्त हैं, तो मेरी समझ में नहीं आता कि जीकर क्या करूँ? न-जाने यह कौन-सी आशा है, जो मुझे जीवित रखे हुए है। क्या अन्धेर है कि आप सज़ा तो देते हैं; पर अपराध नहीं बतलाते। यह कौन-सी नीति है? आपको ज्ञात है, इस एक मास में मैंने मुश्किल से दस दिन आपके घर में भोजन किया होगा। मैं इतनी कमज़ोर हो गई हूँ कि चलती हूँ तो आँखों के सामने अँधेरा छा जाता है। आँखों में जैसे ज्योति ही नहीं रही! हृदय में मानो रक्त का संचालन ही नहीं रहा। ख़ैर, सता लीजिए, जितना जी चाहे। इस अनीति का अंत भी एक दिन हो ही जाएगा। अब तो मृत्यु ही पर सारी आशाएँ टिकी हुई हैं। अब मुझे प्रतीत हो रहा है कि मेरे मरने की ख़बर पाकर आप उछलेंगे और हल्की साँस लेंगे, आपकी आँखों से आँसू की एक बूँद भी न गिरेगी; पर यह आपका दोष नहीं, मेरा दुर्भाग्य है। उस जन्म में मैंने कोई बहुत बड़ा पाप किया था। मैं चाहती हूँ मैं भी आपकी परवाह न करूँ, आप ही की भाँति आपसे आँखें फेर लूँ, मुँह फेर लूँ, दिल फेर लूँ; लेकिन न-जाने क्यों मुझमें वह शक्ति नहीं है। क्या लता वृक्ष की भाँति खड़ी रह सकती है? वृक्ष के लिए किसी सहारे की ज़रूरत नहीं। लता वह शक्ति कहाँ से लाए? वह तो वृक्ष से लिपटने के लिए पैदा की गई है। उसे वृक्ष से अलग कर दो और वह सूख जाएगी। मैं आपसे पृथक् अपने अस्तित्व की कल्पना ही नहीं कर सकती। मेरे जीवन की हर एक गति, प्रत्येक विचार, प्रत्येक कामना में आप मौजूद होते हैं। मेरा जीवन वह वृत्त है, जिसके केन्द्र आप हैं। मैं वह हार हूँ, जिसके प्रत्येक फूल में आप धागे की भाँति घुसे हैं। उस धागे के बग़ैर हार के फूल बिखर जाएँगे और धूल में मिल जाएँगे।

मेरी एक सहेली है, शन्नो। उसका इस साल पाणिग्रहण हो गया है। उसका पति जब ससुराल आता है, शन्नो के पाँव ज़मीन पर नहीं पड़ते। दिन-भर में न जाने कितने रूप बदलती है। मुख-कमल खिल जाता है। उल्लास सँभाले नहीं सँभलता। उसे बिखेरती, लुटाती चलती है—हम जैसे अभागों के लिए। जब आकर मेरे गले से लिपट जाती है, तो हर्ष और उन्माद की वर्षा से जैसे मैं लथपथ हो जाती हूँ। दोनों अनुराग से मतवाले हो रहे हैं। उनके पास धन नहीं है, जायदाद नहीं है। मगर अपनी दरिद्रता में ही मगन हैं। इस अखंड प्रेम का एक क्षण! उसकी तुलना में संसार की कौन-सी वस्तु रखी जा सकती है? मैं जानती हूँ, यह रँगरेलियाँ और बेफ़िक्रियाँ बहुत दिन न रहेंगी। जीवन की चिन्ताएँ और दुराशाएँ उन्हें भी परास्त कर देंगी, लेकिन ये मधुर स्मृतियाँ संचित धन की भाँति अंत तक उन्हें सहारा देती रहेंगी। प्रेम में भीगी हुई सूखी रोटियाँ, प्रेम में रँगे हुए मोटे कपड़े और प्रेम के प्रकाश से आलोकित छोटी-सी कोठरी, अपनी इस विपन्नता में भी वह स्वाद, वह शोभा और वह विश्राम रखती है, जो शायद देवताओं को स्वर्ग में भी नसीब नहीं। जब शन्नो का पति अपने घर चला जाता है, तो वह दुखिया किस तरह फूट-फूटकर रोती है कि मेरा हृदय गद्गद हो जाता है। उसके पत्र आ जाते हैं, तो मानो उसे कोई विभूति मिल जाती है। उसके रोने में भी, उसकी विफलताओं में भी, उसके उपालम्भों में भी एक स्वाद है, एक रस है। उसके आँसू व्यग्रता और विह्वलता के हैं, मेरे आँसू निराशा और दुःख के। उसकी व्याकुलता में प्रतीक्षा और उल्लास है, मेरी

व्याकुलता में दैन्य और परवशता। उसके उपालम्भ में अधिकार और ममता है, मेरे उपालम्भ में भग्नता और रुदन!

पत्र लम्बा हुआ जाता है और दिल का बोझ हलका नहीं होता। भयंकर गरमी पड़ रही है। दादा मुझे मसूरी ले जाने का विचार कर रहे हैं। मेरी दुर्बलता से उन्हें 'टी.बी.' का सन्देह हो रहा है। वह नहीं जानते कि मेरे लिए मसूरी नहीं, स्वर्ग भी काल-कोठरी है।

अभागिन,

—कुसुम

मेरे पत्थर के देवता! कल मसूरी से लौट आई। लोग कहते हैं, बड़ा स्वास्थ्यवर्द्धक और रमणीक स्थान है, होगा। मैं तो एक दिन भी कमरे से नहीं निकली। भग्न-हृदयों के लिए संसार सूना है।

मैंने रात एक बड़े मज़े का सपना देखा। बतलाऊँ; पर क्या फ़ायदा? न जाने क्यों मैं अब भी मौत से डरती हूँ। आशा का कच्चा धागा मुझे अब भी जीवन से बाँधे हुए है। जीवन-उद्यान के द्वार पर जाकर बिना सैर किए लौट आना कितना हसरतनाक है। अन्दर क्या सुषमा है, क्या आनंद है। मेरे लिए वह द्वार ही बन्द है। कितनी अभिलाषाओं से विहार का आनंद उठाने चली थी—कितनी तैयारियों से—पर मेरे पहुँचते ही द्वार बन्द हो गया है।

अच्छा बतलाओ, मैं मर जाऊँगी तो मेरी लाश पर आँसू की दो बूँदें गिराओगे? जिसकी ज़िंदगी-भर की ज़िम्मेदारी ली थी, जिसकी सदैव के लिए बाँह पकड़ी थी, क्या उसके साथ इतनी भी उदारता न करोगे? मरनेवालों के अपराध सभी क्षमा कर दिया करते हैं। तुम भी क्षमा कर देना। आकर मेरे शव को अपने हाथों से नहलाना, अपने हाथ से सोहाग के सिन्दूर लगाना, अपने हाथ से सोहाग की चूड़ियाँ पहनाना, अपने हाथ से मेरे मुँह में गंगाजल डालना, दो-चार पग कन्धा दे देना, बस, मेरी आत्मा संतुष्ट हो जाएगी और तुम्हें आशीर्वाद देगी। मैं वचन देती हूँ कि मालिक के दरबार में तुम्हारा यश गाऊँगी। क्या यह भी महँगा सौदा है? इतने-से शिष्टाचार से तुम अपनी सारी ज़िम्मेदारियों से मुक्त हुए जाते हो। आह! मुझे विश्वास होता कि तुम इतना शिष्टाचार करोगे, तो मैं कितनी ख़ुशी से मौत का स्वागत करती। लेकिन मैं तुम्हारे साथ अन्याय न करूँगी। तुम कितने ही निष्ठुर हो, इतने निर्दयी नहीं हो सकते। मैं जानती हूँ; तुम यह समाचार पाते ही आओगे और शायद एक क्षण के लिए मेरी शोक-मृत्यु पर तुम्हारी आँखें रो पड़ें। कहीं मैं अपने जीवन में वह शुभ अवसर देख सकती!

अच्छा, क्या मैं एक प्रश्न पूछ सकती हूँ? नाराज़ न होना। क्या मेरी जगह किसी और सौभाग्यवती ने ले ली है? अगर ऐसा है, तो बधाई! ज़रा उसका चित्र मेरे पास भेज देना। मैं उसकी पूजा करूँगी, उसके चरणों पर शीश नवाऊँगी। मैं जिस देवता को प्रसन्न न कर सकी, उसी देवता से उसने वरदान प्राप्त कर लिया। ऐसी सौभागिनी के तो चरण धो-धो पीना चाहिए। मेरी हार्दिक इच्छा है कि तुम उसके साथ सुखी रहो। यदि मैं उस देवी की कुछ सेवा कर सकती, अपरोक्ष न सही, परोक्ष रूप से ही तुम्हारे कुछ काम आ सकती। अब मुझे केवल उसका शुभ नाम और स्थान बता दो, मैं सिर के बल दौड़ी हुई उसके पास जाऊँगी और कहूँगी—देवी, तुम्हारी लौंडी हूँ, इसलिए कि तुम मेरे स्वामी की प्रेमिका हो। मुझे अपने चरणों में शरण दो। मैं तुम्हारे लिए फूलों की सेज बिछाऊँगी, तुम्हारी माँग मोतियों से भरूँगी, तुम्हारी एड़ियों में महावर रचाऊँगी—यह मेरी जीवन की साधना होगी!

यह न समझना कि मैं जलूँगी या कुढ़ूँगी। जलन तब होती है, जब कोई मुझसे मेरी वस्तु छीन रहा हो। जिस वस्तु को अपना समझने का मुझे कभी सौभाग्य न हुआ, उसके लिए मुझे जलन क्यों हो।

अभी बहुत कुछ लिखना था; लेकिन डॉक्टर साहब आ गए हैं। बेचारा हृदयदाह को टी.बी. समझ रहा है।

दु:ख की सताई हुई
—कुसुम

इन दोनों पत्रों ने धैर्य का प्याला भर दिया! मैं बहुत ही आवेशहीन आदमी हूँ। भावुकता मुझे छू भी नहीं गई। अधिकांश कलाविदों की भाँति मैं भी शब्दों से आंदोलित नहीं होता। क्या वस्तु दिल से निकलती है, क्या वस्तु केवल मर्म को स्पर्श करने के लिए लिखी गई है, यह भेद बहुधा मेरे साहित्यिक आनंद में बाधक हो जाता है, लेकिन इन पत्रों ने मुझे आपे से बाहर कर दिया। एक स्थान पर तो सचमुच मेरी आँखें भर आईं। यह भावना कितनी वेदनापूर्ण थी कि वही बालिका, जिस पर माता-पिता प्राण छिड़कते रहते थे, विवाह होते ही इतनी विपदग्रस्त हो जाए! विवाह क्या हुआ, मानो उसकी चिता बनी, या उसकी मौत का परवाना लिखा गया। इसमें सन्देह नहीं कि ऐसी वैवाहिक दुर्घटनाएँ कम होती हैं; लेकिन समाज की वर्तमान दशा में उनकी सम्भावना बनी रहती है। जब तक स्त्री-पुरुष के अधिकार समान न होंगे, ऐसे आघात नित्य होते रहेंगे। दुर्बल को सताना कदाचित् प्राणियों का स्वभाव है। काटनेवाले कुत्तों से लोग दूर भागते हैं, सीधे कुत्ते पर बालवृन्द विनोद के लिए पत्थर फेंकते हैं। तुम्हारे दो नौकर एक ही श्रेणी के हों, उनमें कभी झगड़ा न होगा; लेकिन आज उनमें से एक को अफ़सर और दूसरे को उसका मातहत बना दो, फिर देखो, अफ़सर साहब अपने मातहत पर कितना रोब जमाते हैं। सुखमय दाम्पत्य की नींव अधिकार-साम्य ही पर रखी जा सकती है। इस वैषम्य में प्रेम का निवास हो सकता है, मुझे तो इसमें सन्देह है। हम आज जिसे स्त्री-पुरुषों में प्रेम कहते हैं, वह वही प्रेम है, जो स्वामी को अपने पशु से होता है। पशु सिर झुकाए काम किए चला जाए, स्वामी उसे भूसा और खली भी देगा, और उसकी देह भी सहलाएगा, उसे आभूषण भी पहनाएगा; लेकिन जानवर ने ज़रा चाल धीमी की, ज़रा गर्दन टेढ़ी की कि मालिक का चाबुक पीठ पर पड़ा। इसे प्रेम नहीं कहते।

ख़ैर, मैंने पाँचवाँ पत्र खोला—

जैसा मुझे विश्वास था, आपने मेरे पिछले पत्र का भी उत्तर न दिया। इसका खुला हुआ अर्थ है कि आपने मुझे परित्याग करने का संकल्प कर लिया है। जैसी आपकी इच्छा! पुरुष के लिए स्त्री पाँव की जूती है, स्त्री के लिए तो पुरुष देव तुल्य है, बल्कि देवता से भी बढ़कर। विवेक का उदय होते ही वह पति की कल्पना करने लगती है। मैंने भी वही किया। जिस समय मैं गुड़िया खेलती थी, उसी समय आपने गुड्डे के रूप में मेरे मनोदेश में प्रवेश किया। मैंने आपके चरणों को पखारा, माला-फूल और नैवेद्य से आपका सत्कार किया। कुछ दिनों के बाद कहानियाँ सुनने और पढ़ने की चाट पड़ी, तब आप कथाओं के नायक के रूप में मेरे घर आए। मैंने आपको हृदय में स्थान दिया। बाल्यकाल ही से आप किसी-न-किसी रूप में मेरे जीवन में घुसे हुए थे। वे भावनाएँ मेरे अंतस्तल की गहराइयों तक पहुँच गई हैं। मेरे अस्तित्व का एक-एक अणु उन भावनाओं से गुँथा हुआ है। उन्हें दिल से निकाल डालना

सहज नहीं है। उसके साथ मेरे जीवन के परमाणु भी बिखर जाएँगे, लेकिन आपकी यही इच्छा है तो यही सही। मैं आपकी सेवा में सबकुछ करने को तैयार थी। अभाव और विपन्नता का तो कहना ही क्या मैं तो अपने को मिटा देने को भी राज़ी थी। आपकी सेवा में मिट जाना ही मेरे जीवन का उद्देश्य था। मैंने लज्जा और संकोच का परित्याग किया, आत्म-सम्मान को पैरों से कुचला, लेकिन आप मुझे स्वीकार नहीं करना चाहते। मज़बूर हूँ। आपका कोई दोष नहीं। अवश्य मुझसे कोई ऐसी बात हो गई है, जिसने आपको इतना कठोर बना दिया है। आप उसे ज़बान पर लाना भी उचित नहीं समझते। मैं इस निष्ठुरता के सिवा और हर एक सज़ा झेलने को तैयार थी। आपके हाथ से ज़हर का प्याला लेकर पी जाने में मुझे विलम्ब न होता, किन्तु विधि की गति निराली है! मुझे पहले इस सत्य के स्वीकार करने में बाधा थी कि स्त्री पुरुष की दासी है। मैं उसे पुरुष की सहचरी, अर्द्धांगिनी समझती थी, पर अब मेरी आँखें खुल गईं। मैंने कई दिन हुए एक पुस्तक में पढ़ा था कि आदिकाल में स्त्री पुरुष की उसी तरह सम्पत्ति थी, जैसा गाय-बैल या खेतबारी। पुरुष को अधिकार था स्त्री को बेचे, गिरो रखे या मार डाले। विवाह की प्रथा उस समय केवल यह थी कि वर-पक्ष अपने सूर सामन्तों को लेकर सशस्त्र आता था कन्या को उड़ा ले जाता था। कन्या के साथ कन्या के घर में रुपया-पैसा, अनाज या पशु जो कुछ उसके हाथ लग जाता था, उसे भी उठा ले जाता था। वह स्त्री को अपने घर ले जाकर, उसके पैरों में बेड़ियाँ डालकर घर के अन्दर बन्द कर देता था। उसके आत्म-सम्मान के भावों को मिटाने के लिए यह उपदेश दिया जाता था कि पुरुष ही उसका देवता है, सोहाग स्त्री की सबसे बड़ी विभूति है। आज कई हज़ार वर्षों के बीतने पर पुरुष के उस मनोभाव में कोई परिवर्तन नहीं हुआ। पुरानी सभी प्रथाएँ कुछ विकृत या संस्कृत रूप में मौजूद हैं। आज मुझे मालूम हुआ कि उस लेखक ने स्त्री-समाज की दशा का कितना सुन्दर निरूपण किया था।

अब आपसे मेरा सविनय अनुरोध है और यही अन्तिम अनुरोध है कि आप मेरे पत्रों को लौटा दें। आपके दिए हुए गहने और कपड़े अब मेरे किसी काम के नहीं। इन्हें अपने पास रखने का मुझे कोई अधिकार नहीं। आप जिस समय चाहें, वापस मँगवा लें। मैंने उन्हें एक पिटारी में बन्द करके अलग रख दिया है। उसकी सूची भी वहीं रखी हुई है, मिला लीजिएगा। आज से आप मेरी ज़बान या क़लम से कोई शिकायत न सुनेंगे। इस भ्रम को भूलकर भी दिल में स्थान न दीजिएगा कि मैं आपसे बेवफाई या विश्वासघात करूँगी। मैं इसी घर में कुढ़-कुढ़कर मर जाऊँगी, पर आपकी ओर से मेरा मन कभी मैला न होगा। मैं जिस जलवायु में पली हूँ, उसका मूल तत्त्व है पति में श्रद्धा। ईर्ष्या या जलन भी उस भावना को मेरे दिल से नहीं निकाल सकती। मैं आपकी कुल-मर्यादा की रक्षिका हूँ। उस अमानत में जीते-जी खयानत न करूँगी। अगर मेरे बस में होता, तो मैं उसे भी वापस कर देती, लेकिन यहाँ मैं भी मज़बूर हूँ और आप भी मज़बूर हैं। मेरी ईश्वर से यही विनती है कि आप जहाँ रहें, कुशल से रहें। जीवन में मुझे सबसे कटु अनुभव जो हुआ, वह यही है कि नारी-जीवन अधम है—अपने लिए, अपने माता-पिता के लिए, अपने पति के लिए। उसकी कदर न माता के घर में है, न पति के घर में। मेरा घर शोकागार बना हुआ है। अम्माँ रो रही हैं, दादा रो रहे हैं। कुटुम्ब के लोग रो रहे हैं, एक मेरी ज़ात से लोगों की कितनी मानसिक वेदना हो रही है, कदाचित् वे सोचते होंगे, यह कन्या कुल में न आती तो अच्छा होता। मगर सारी दुनिया एक तरफ़ हो जाए, आपके

ऊपर विजय नहीं पा सकती। आप मेरे प्रभु हैं। आपका फ़ैसला अटल है। उसकी कहीं अपील नहीं, कहीं फ़रियाद नहीं। ख़ैर, आज से यह कांड समाप्त हुआ। अब मैं हूँ और मेरा दलित, भग्न हृदय। हसरत यही है कि आपकी कुछ सेवा न कर सकी!

अभागिनी,

—कुसुम

2

मालूम नहीं, मैं कितनी देर तक मूक वेदना की दशा में बैठा रहा कि महाशय नवीन बोले—आपने इन पत्रों को पढ़कर क्या निश्चय किया?

मैंने रोते हुए हृदय से कहा—अगर इन पत्रों ने उस नर-पिशाच के दिल पर कोई असर न किया, तो मेरा पत्र भला क्या असर करेगा। इससे अधिक करुणा और वेदना मेरी शक्ति के बाहर है। ऐसा कौन-सा धार्मिक भाव है, जिसे इन पत्रों में स्पर्श न किया गया हो। दया, लज्जा, तिरस्कार, न्याय, मेरे विचार में तो कुसुम ने कोई पहलू नहीं छोड़ा। मेरे लिए अब यही अन्तिम उपाय है कि उस शैतान के सिर पर सवार हो जाऊँ और उससे मुँह-दर-मुँह बातें करके इस समस्या की तह तक पहुँचने की चेष्टा करूँ। अगर उसने मुझे कोई सन्तोषप्रद उत्तर न दिया, तो मैं उसका और अपना ख़ून एक कर दूँगा। या तो मुझी को फाँसी होगी, या वही कालेपानी जाएगा। कुसुम ने जिस धैर्य और साहस से काम लिया है, वह सराहनीय है। आप उसे सान्त्वना दीजिएगा। मैं आज रात की गाड़ी से मुरादाबाद जाऊँगा और परसों तक जैसी कुछ परिस्थिति होगी; उसकी आपको सूचना दूँगा! मुझे तो यह कोई चरित्रहीन और बुद्धिहीन युवक मालूम होता है।

मैं उस बहक में जाने क्या-क्या बकता रहा। इसके बाद हम दोनों भोजन करके स्टेशन चले। वह आगरे गए, मैंने मुरादाबाद का रास्ता लिया। उनके प्राण अब भी सूखे जाते थे कि क्रोध के आवेश में कोई पागलपन न कर बैठूँ। मेरे बहुत समझाने पर उनका चित्त शान्त हुआ।

मैं प्रातःकाल मुरादाबाद पहुँचा और जाँच शुरू कर दी। इस युवक के चरित्र के विषय में मुझे जो सन्देह था, वह ग़लत निकला। मुहल्ले में, कॉलेज में, उसके इष्ट-मित्रों में, सभी उसके प्रशंसक थे। अँधेरा और गहरा होता हुआ जान पड़ा। संध्या-समय मैं उसके घर जा पहुँचा। जिस निष्कपट भाव से वह दौड़कर मेरे पैरों पर झुका, वह मैं नहीं भूल सकता। ऐसा वाक्चतुर, ऐसा सुशील और विनीत युवक मैंने नहीं देखा। बाहर और भीतर में इतना आकाश-पाताल का अंतर मैंने कभी न देखा था। मैंने कुशल-क्षेम और शिष्टाचार के दो-चार वाक्यों के बाद पूछा—तुमसे मिलकर चित्त प्रसन्न हुआ; लेकिन आख़िर कुसुम ने क्या अपराध किया है, जिसका तुम उसे इतना कठोर दंड दे रहे हो? उसने तुम्हारे पास कई पत्र लिखे, तुमने एक का भी उत्तर न दिया। वह दो-तीन बार यहाँ भी आई, पर तुम उससे बोले तक नहीं। क्या उस निर्दोष बालिका के साथ तुम्हारा यह अन्याय नहीं है?

युवक ने लज्जित भाव से कहा—बहुत अच्छा होता कि आपने इस प्रश्न को न उठाया होता। उसका जवाब देना मेरे लिए बहुत मुश्किल है। मैंने तो इसे आप लोगों के अनुमान पर छोड़ दिया था; लेकिन इस ग़लतफ़हमी को दूर करने के लिए मुझे विवश होकर कहना पड़ेगा।

यह कहते-कहते वह चुप हो गया। बिजली की बत्ती पर भाँति-भाँति के कीट-पतंगे जमा हो गए। कई झींगुर उछल-उछलकर मुँह पर आ जाते थे; और जैसे मनुष्य पर अपनी विजय का परिचय देकर उड़ जाते थे। एक बड़ा-सा अँखफोड़ भी मेज़ पर बैठा था और शायद जस्त मारने के लिए अपनी देह तौल रहा था। युवक ने एक पंखा लाकर मेज़ पर रख दिया, जिसने विजयी कीट-पतंगों को दिखा दिया कि मनुष्य इतना निर्बल नहीं है, जितना वे समझ रहे थे। एक क्षण में मैदान साफ़ हो गया और हमारी बातों में दख़ल देनेवाला कोई न रहा।

युवक ने सकुचाते हुए कहा—संभव है, आप मुझे अत्यन्त लोभी, कमीना और स्वार्थी समझें; लेकिन यथार्थ यह है कि इस विवाह से मेरी वह अभिलाषा न पूरी हुई, जो मुझे प्राणों से भी प्रिय थी। मैं विवाह पर रजामन्द न था, अपने पैरों में बेड़ियाँ न डालना चाहता था; किन्तु जब महाशय नवीन बहुत पीछे पड़ गए और उनकी बातों से मुझे यह आशा हुई कि वह सब प्रकार से मेरी सहायता करने को तैयार हैं, तब मैं राज़ी हो गया; पर विवाह होने के बाद उन्होंने मेरी बात भी न पूछी। मुझे एक पत्र भी न लिखा कि कब तक वह मुझे विलायत भेजने का प्रबंध कर सकेंगे। हालाँकि मैंने अपनी इच्छा उन पर पहले ही प्रकट कर दी थी; पर उन्होंने मुझे निराश करना ही उचित समझा। उनकी इस अकृपा ने मेरे सारे मनसूबे धूल में मिला दिए। मेरे लिए अब इसके सिवा और क्या रह गया है कि एल-एल.बी. पास कर लूँ और कचहरी में जूती फटफटाता फिरूँ।

मैंने पूछा—तो आख़िर तुम नवीनजी से क्या चाहते हो? लेन-देन में तो उन्होंने शिकायत का कोई अवसर नहीं दिया। तुम्हें विलायत भेजने का ख़र्च तो शायद उनके क़ाबू से बाहर हो।

युवक ने सिर झुकाकर कहा—तो यह उन्हें पहले ही मुझसे कह देना चाहिए था। फिर मैं विवाह ही क्यों करता। उन्होंने चाहे कितना ही ख़र्च कर डाला हो; पर इससे मेरा क्या उपकार हुआ? दोनों तरफ़ से दस-बारह हज़ार रुपए खाक में मिल गए और उनके साथ मेरी अभिलाषाएँ खाक में मिल गईं। पिताजी पर तो कई हज़ार का ऋण हो गया है। वह अब मुझे इंग्लैंड नहीं भेज सकते। क्या पूज्य नवीनजी चाहते तो मुझे इंग्लैंड न भेज देते? उनके लिए दस-पाँच हज़ार की कोई हक़ीकत नहीं।

मैं सन्नाटे में आ गया। मेरे मुँह से अनायास निकल गया—छि:! वाह री दुनिया! और वाह रे हिन्दू-समाज! तेरे यहाँ ऐसे-ऐसे स्वार्थ के दास पड़े हुए हैं, जो एक अबला का जीवन संकट में डालकर उसके पिता पर ऐसे अत्याचारपूर्ण दबाव डालकर ऊँचा पद प्राप्त करना चाहते हैं। विद्यार्जन के लिए विदेश जाना बुरा नहीं। ईश्वर सामर्थ्य दे तो शौक़ से जाओ; किन्तु पत्नी का परित्याग करके ससुर पर इसका भार रखना निर्लज्जता की पराकाष्ठा है। तारीफ की बात तो तब थी कि तुम अपने पुरुषार्थ से जाते। इस तरह किसी की गर्दन पर सवार होकर, अपना आत्म-सम्मान बेचकर गए तो क्या गए। इस पामर की दृष्टि में कुसुम का कोई मूल्य ही नहीं। वह केवल उसकी स्वार्थ-सिद्धि का साधनमात्र है। ऐसे नीच प्रकृति के आदमीं से कुछ तर्क करना व्यर्थ था। परिस्थिति ने हमारी चुटिया उसके हाथ में रखी थी और हमें उसके चरणों पर सिर झुकाने के सिवाय और कोई उपाय न था।

दूसरी गाड़ी से मैं आगरे जा पहुँचा और नवीनजी से यह वृत्तांत कहा। उन बेचारे को क्या मालूम था कि यहाँ सारी ज़िम्मेदारी उन्हीं के सिर डाल दी गई है। यद्यपि इस मन्दी ने उनकी वकालत भी ठंडी कर रखी है और वह दस-पाँच हज़ार का ख़र्च सुगमता से नहीं उठा सकते

लेकिन इस युवक ने उनसे इसका संकेत भी किया होता, तो वह अवश्य कोई-न-कोई उपाय करते। कुसुम के सिवा दूसरा उनका कौन बैठा हुआ है? उन बेचारे को तो इस बात का ज्ञान ही न था। अतएव मैंने योंही उनसे यह समाचार कहा, तो वह बोल उठे—छि:! इस ज़रा-सी बात को इस भले आदमी ने इतना तूल दे दिया। आप आज ही उसे लिख दें कि वह जिस वक़्त जहाँ पढ़ने के लिए जाना चाहे, शौक़ से जा सकता है। मैं उसका सारा भार स्वीकार करता हूँ। साल-भर तक निर्दयी ने कुसुम को रुला-रुलाकर मार डाला।

घर में इसकी चर्चा हुई। कुसुम ने भी माँ से सुना। मालूम हुआ, एक हज़ार का चेक उसके पति के नाम भेजा जा रहा है; पर इस तरह, जैसे किसी संकट का मोचन करने के लिए अनुष्ठान किया जा रहा हो।

कुसुम ने भृकुटी सिकोड़कर कहा—अम्माँ, दादा से कह दो, कहीं रुपए भेजने की ज़रूरत नहीं।

माता ने विस्मित होकर बालिका की ओर देखा—कैसे रुपए? अच्छा! वह! क्यों इसमें क्या हर्ज़ है? लड़के का मन है, तो विलायत जाकर पढ़े। हम क्यों रोकने लगे? यों भी उसी का है, वो भी उसी का नाम है। हमें कौन छाती पर लादकर ले जाना है?

'नहीं आप दादा से कह दीजिए, एक पाई न भेजें।'

'आख़िर इसमें क्या बुराई है?'

'इसीलिए कि यह उसी तरह की डाकाजनी है, जैसी बदमाश लोग किया करते हैं। किसी आदमी को पकड़कर ले गए और उसके घरवालों से उसके मुक्तिधन के तौर पर अच्छी रक़म ऐंठ ली।'

माता ने तिरस्कार की आँखों से देखा।

'कैसी बातें करती हो बेटी? इतने दिनों के बाद तो जाके देवता सीधे हुए हैं और तुम उन्हें फिर चिढ़ाए देती हो।'

कुसुम ने झल्लाकर कहा—ऐसे देवता का रूठे रहना ही अच्छा। जो आदमी इतना स्वार्थी, इतना दम्भी, इतना नीच है, उसके साथ मेरा निर्वाह न होगा। मैं कहे देती हूँ, वहाँ रुपए गए, तो मैं ज़हर खा लूँगी। इसे दिल्लगी न समझना। मैं ऐसे आदमी का मुँह भी नहीं देखना चाहती। दादा से कह देना और अगर तुम्हें डर लगता हो तो मैं ख़ुद कह दूँ! मैंने स्वतंत्र रहने का निश्चय कर लिया है।

माँ ने देखा, लड़की का मुखमंडल आरक्त हो उठा है। मानो इस प्रश्न पर वह न कुछ कहना चाहती है, न सुनना।

दूसरे दिन नवीनजी ने यह हाल मुझसे कहा, तो मैं एक आत्म-विस्मृत की दशा में दौड़ा हुआ गया और कुसुम को गले लगा लिया। मैं नारियों में ऐसा ही आत्माभिमान देखना चाहता हूँ। कुसुम ने वह कर दिखाया, जो मेरे मन में था और जिसे प्रकट करने का साहस मुझमें न था।

साल-भर हो गया है, कुसुम ने पति के पास एक पत्र भी नहीं लिखा और न उसका ज़िक्र ही करती है। नवीनजी ने कई बार जमाई को मना लाने की इच्छा प्रकट की; पर कुसुम उसका नाम भी सुनना नहीं चाहती। उसमें स्वावलम्बन की ऐसी दृढ़ता आ गई है कि आश्चर्य होता है। उसके मुख पर निराशा और वेदना के पीलेपन और तेज़हीनता की जगह स्वाभिमान और स्वतंत्रता की लाली और तेजस्विता भासित हो गई है।

ख़ुदाई फ़ौजदार

सेठ नानकचन्द को आज फिर वही लिफ़ाफ़ा मिला और वही लिखावट सामने आई तो उनका चेहरा पीला पड़ गया। लिफ़ाफ़ा खोलते हुए हाथ और हृदय दोनों काँपने लगे। ख़त में क्या है, यह उन्हें ख़ूब मालूम था। इसी तरह के दो ख़त पहले पा चुके थे। इस तीसरे ख़त में भी वही धमकियाँ हैं, इसमें उन्हें सन्देह न था। पत्र हाथ में लिए हुए आकाश की ओर ताकने लगे। वह दिल के मज़बूत आदमी थे, धमकियों से डरना उन्होंने न सीखा था, मुर्दों से भी अपनी रक़म वसूल कर लेते थे। दया या उपकार जैसी मानवीय दुर्बलताएँ उन्हें छू भी न गई थीं, नहीं तो महाजन ही कैसे बनते! उस पर धर्मनिष्ठ भी थे। हर पूर्णमासी को सत्यनारायण की कथा सुनते थे। हर मंगल को महाबीरजी को लड्डू चढ़ाते थे, नित्य-प्रति जमुना में स्नान करते थे और हर एकादशी को व्रत रखते और ब्राह्मणों को भोजन कराते थे और इधर जब से घी में करारा नफा होने लगा था, एक धर्मशाला बनवाने की फ़िक्र में थे। ज़मीन ठीक कर ली थी। उनके असामियों में सैकड़ों ही थवई और बेलदार थे, जो केवल सूद में काम को तैयार थे। इंतज़ार यही था कि कोई ईंट और चूने वाला फँस जाए और दस-बीस हज़ार का दस्तावेज़ लिखा ले, तो सूद में ईंट और चूना भी मिल जाए। इस धर्मनिष्ठा ने उनकी आत्मा को और भी शक्ति प्रदान कर दी थी। देवताओं के आशीर्वाद और प्रताप से उन्हें कभी किसी सौदे में घाटा नहीं हुआ और भीषण परिस्थितियों में भी वह स्थिरचित्त रहने के आदी थे; किन्तु जब से यह धमकियों से भरे हुए पत्र मिलने लगे थे, उन्हें बरबस तरह-तरह की शंकाएँ व्यथित करने लगी थीं। कहीं सचमुच डाकुओं ने छापा मारा, तो कौन उनकी सहायता करेगा? दैवी बाधाओं में तो देवताओं की सहायता पर वह तकिया कर सकते थे, पर सिर पर लटकती हुई इस तलवार के सामने वह श्रद्धा कुछ काम न देती थी। रात को उनके द्वार पर केवल एक चौकीदार रहता है। अगर दस-बीस हथियारबंद आदमी आ जाएँ, तो वह अकेला क्या कर सकता है? शायद उनकी आहट पाते ही भाग खड़ा हो। पड़ोसियों में ऐसा कोई नज़र न आता था, जो इस संकट में काम आवे। यद्यपि सभी उनके असामी थे या रह चुके थे। लेकिन यह एहसान-फरामोशों का सम्प्रदाय है, जिस पत्तल में खाता है, उसी में छेद करता है; जिसके द्वार पर अवसर पड़ने पर नाक रगड़ता है, उसी का दुश्मन हो जाता है। इनसे कोई आशा नहीं। हाँ, किवाड़ें सुदृढ़ हैं; उन्हें तोड़ना आसान नहीं, फिर अन्दर का दरवाज़ा भी तो है। सौ आदमी लग जाएँ तो हिलाए न हिले। और किसी ओर से हमले का खटका नहीं। इतनी ऊँची सपाट दीवार पर कोई क्या खा के चढ़ेगा? फिर उनके पास रायफलें भी तो हैं। एक रायफल से वह दर्जनों आदमियों को भूनकर रख देंगे। मगर इतने प्रतिबन्धों के होते हुए भी उनके मन में एक हूक-सी समाई रहती थी। कौन जाने चौकीदार भी उन्हीं में मिल गया हो, खिदमतगार भी आस्तीन के साँप हो गए हों! इसलिए वह अब बहुधा अन्दर ही रहते थे। और जब तक मिलनेवालों का पता-ठिकाना न पूछ लें, उनसे मिलते न थे। फिर भी दो-चार घंटे तो चौपाल में बैठने ही पड़ते थे; नहीं तो सारा कारोबार मिट्टी में न मिल जाता! जितनी देर बाहर रहते थे, उनके प्राण जैसे सूली पर टँगे रहते थे। उधर उनके मिज़ाज में बड़ी तब्दीली हो गई थी। इतने विनम्र और मिष्टभाषी वह कभी न थे। गालियाँ तो क्या, किसी से तू-तकार भी न करते। सूद की दर भी कुछ घटा दी थी; लेकिन फिर भी चित्त को शांति न मिलती थी। आख़िर कई

मिनट तक दिल को मज़बूत करने के बाद उन्होंने पत्र खोला, और जैसे गोली लग गई। सिर में चक्कर आ गया और सारी चीज़ें नाचती हुई मालूम हुईं। साँस फूलने लगी, आँखें फैल गईं। लिखा था, तुमने हमारे दोनों पत्रों पर कुछ भी ध्यान न दिया। शायद तुम समझते होगे कि पुलिस तुम्हारी रक्षा करेगी; लेकिन यह तुम्हारा भ्रम है। पुलिस उस वक़्त आएगी, जब हम अपना काम करके सौ कोस निकल गए होंगे। तुम्हारी अक़्ल पर पत्थर पड़ गया है, इसमें हमारा कोई दोष नहीं। हम तुमसे सिर्फ़ 25 हज़ार रुपए माँगते हैं। इतने रुपए दे देना तुम्हारे लिए कुछ भी मुश्किल नहीं। हमें पता है कि तुम्हारे पास एक लाख की मोहरें रखी हुई हैं; लेकिन विनाशकाले विपरीत बुद्धि; अब हम तुम्हें और ज़्यादा न समझाएँगे। तुमको समझाने की चेष्टा करना ही व्यर्थ है। आज शाम तक अगर रुपए न आ गए, तो रात को तुम्हारे ऊपर धावा होगा। अपनी हिफाजत के लिए जिसे बुलाना चाहो, बुला लो, जितने आदमी और हथियार जमा करना चाहो, जमा कर लो। हम ललकार कर आएँगे और दिनदहाड़े आएँगे। हम चोर नहीं हैं, हम वीर हैं और हमारा विश्वास बाहुबल में है। हम जानते हैं कि लक्ष्मी उसी के गले में जयमाल डालती है, जो धनुष तोड़ सकता है, मछली को वेध सकता है। यदि...

सेठ ने तुरन्त बही-खाते बन्द कर दिए और रोकड़ सँभालकर तिजोरी में रख दिया और सामने का द्वार भीतर से बन्द करके मरे हुए से केसर के पास आकर बोले—आज फिर वही ख़त आया, केसर! अब आज ही आ रहे हैं।

केसर दोहरे बदन की स्त्री थी, यौवन बीत जाने पर भी युवती, शौक-सिंगार में लिप्त रहने वाली, उस फलहीन वृक्ष की तरह, जो पतझड़ में भी हरी-भरी पत्तियों से लदा रहता है। संतान की विफल कामना में जीवन का बड़ा भाग बिता चुकने के बाद, अब उसे अपनी संचित माया को भोगने की धुन सवार रहती थी। मालूम नहीं, कब आँखें बन्द हो जाएँ, फिर यह थाती किसके हाथ लगेगी, कौन जाने? इसलिए उसे सबसे अधिक भय बीमारी का था, जिसे वह मौत का पैगाम समझती थी और नित्य ही कोई-न-कोई दवा खाती रहती थी। काया के इस वस्त्र को उस समय तक उतारना न चाहती थी, जब तक उसमें एक तार भी बाक़ी रहे। बाल-बच्चे होते तो वह मृत्यु का स्वागत करती, लेकिन अब तो उसके जीवन ही के साथ अंत था, फिर क्यों न वह अधिक-से-अधिक समय तक जिए। हाँ, वह जीवन निरानन्द अवश्य था, उस मधुर ग्रास की भाँति, जिसे हम इसलिए खा जाते हैं कि रखे-रखे सड़ जाएगा।

उसने घबड़ाकर कहा—मैं तुमसे क़ब से कह रही हूँ कि दो-चार महीनों के लिए यहाँ से कहीं भाग चलो, लेकिन तुम सुनते ही नहीं। आख़िर क्या करने पर तुले हुए हो?

सेठजी सशंक तो थे और यह स्वाभाविक था—ऐसी दशा में कौन शान्त रह सकता था—लेकिन वह कायर नहीं थे। उन्हें अब भी विश्वास था कि अगर कोई संकट आ पड़े तो वह पीछे क़दम न हटाएँगे। जो कुछ कमज़ोरी आ गई थी, वह संकट को सिर पर मँडराते देखकर भाग गई थी। हिरन भी तो भागने की राह न पाकर शिकारी पर चोट कर बैठता है। कभी-कभी नहीं, अक्सर संकट पड़ने पर ही आदमी के जौहर खुलते हैं। इतनी देर में सेठजी ने एक तरह से भावी विपत्ति का सामना करने का पक्का इरादा कर लिया था। डर क्यों, जो कुछ होना है, वह होकर रहेगा। अपनी रक्षा करना हमारा कर्तव्य है, मरना-जीना विधि के हाथ में है। सेठानीजी को दिलासा देते हुए बोले—तुम नाहक इतना डरती हो केसर, आख़िर वे सब भी तो आदमी हैं, अपनी जान का मोह उन्हें भी है, नहीं तो यह कुकर्म ही क्यों करते?

मैं खिड़की की आड़ से दस-बीस आदमियों को गिरा सकता हूँ। पुलिस को इत्तला देने भी जा रहा हूँ। पुलिस का कर्तव्य है कि हमारी रक्षा करे। हम दस हज़ार सालाना टैक्स देते हैं, किसलिए? मैं अभी दरोगाजी के पास जाता हूँ। जब सरकार हमसे टैक्स लेती है, तो हमारी मदद करना उसका धर्म हो जाता है।

राजनीति का यह तत्त्व उसकी समझ में नहीं आया। वह तो किसी तरह उस भय से मुक्त होना चाहती थी, जो उसके दिल में साँप की भाँति बैठा फुफकार रहा था। पुलिस का उसे जो अनुभव था, उससे चित्त को सन्तोष न होता था। बोली—पुलिसवालों को बहुत देख चुकी। वारदात के समय तो उनकी सूरत नहीं दिखाई देती। जब वारदात हो चुकती है, तब अलबत्ता शान के साथ आकर रोब जमाने लगते हैं।

'पुलिस तो सरकार का राज चला रही है। तुम क्या जानो?'

'मैं तो कहती हूँ, यों अगर कल वारदात होने वाली होगी, तो पुलिस को ख़बर देने से आज ही हो जाएगी। लूट के माल में इनका भी साझा होता है।'

'जानता हूँ, देख चुका हूँ, और रोज़ देखता हूँ; लेकिन मैं सरकार को दस हज़ार का सालाना टैक्स देता हूँ। पुलिसवालों का आदर-सत्कार भी करता रहता हूँ। अभी जाड़ों में सुपरिंटेंडेंट साहब आए थे, तो मैंने कितनी रसद पहुँचाई थी। एक पूरा कनस्तर घी और एक शक्कर की पूरी बोरी भेज दी थी। यह सब खिलाना-पिलाना किस दिन काम आएगा। हाँ, आदमी को सोलहो आने दूसरों के भरोसे न बैठना चाहिए; इसलिए मैंने सोचा है, तुम्हें भी बन्दूक़ चलाना सिखा दूँ? हम दोनों बन्दूक़ें छोड़ना शुरू करेंगे, तो डाकुओं की क्या मजाल है कि अन्दर क़दम रख सकें?'

प्रस्ताव हास्यजनक था। केसर ने मुस्कुराकर कहा—हाँ और क्या, अब आज मैं बन्दूक़ चलाना सीखूँगी! तुमको जब देखो, हँसी ही सूझती है।

'इसमें हँसी की क्या बात है? आजकल तो औरतों की फ़ौजें बन रही हैं। सिपाहियों की तरह औरतें भी कवायद करती हैं, बन्दूक़ चलाती हैं, मैदानों में खेलती हैं। औरतों के घर में बैठने का ज़माना अब नहीं है।'

'विलायत की औरतें बन्दूक़ चलाती होंगी, यहाँ की औरतें क्या चलाएँगी। हाँ, हाथ भर की ज़बान चाहे चला लें।'

'यहाँ की औरतों ने बहादुरी के जो-जो काम किए हैं, उनसे इतिहास के पन्ने भरे पड़े हैं। आज दुनिया उन वृत्तान्तों को पढ़कर चकित हो जाती है।'

'पुराने ज़माने की बातें छोड़ो। तब औरतें बहादुर रही होंगी। आज कौन बहादुरी कर रही हैं?'

'वाह! अभी हज़ारों औरतें घर-बार छोड़कर हँसते-हँसते जेल चली गईं। यह बहादुरी नहीं थी? अभी पंजाब में हरनाद कुँवर ने अकेले चार सशस्त्र डाकुओं को गिरफ़्तार किया और लाट साहब तक ने उसकी प्रशंसा की।'

'क्या जाने वे कैसी औरतें हैं। मैं तो डाकुओं को देखते ही चक्कर खाकर गिर पड़ूँगी।'

उसी वक़्त नौकर ने आकर कहा—सरकार, थाने से चार कानिस्टिबिल आए हैं। आपको बुला रहे हैं।

सेठजी प्रसन्न होकर बोले—थानेदार भी हैं?

'नहीं सरकार, अकेले कानिस्टिबिल हैं।'

'थानेदार क्यों नहीं आया?'—यह कहते हुए सेठजी ने पान खाया और बाहर निकले।

2

सेठजी को देखते ही चारों कानिस्टिबिलों ने झुककर सलाम किया, बिलकुल अँगरेज़ी क़ायदे से, मानो अपने किसी अफ़सर को सैल्यूट कर रहे हों। सेठजी ने उन्हें बेंचों पर बैठाया और बोले—दरोग़ाजी का मिज़ाज तो अच्छा है? मैं तो उनके पास आनेवाला था।

चारों में जो सबसे प्रौढ़ था, जिसकी आस्तीन पर कई बिल्ले लगे हुए थे, बोला—आप क्यों तकलीफ़ करते हैं, वह तो ख़ुद ही आ रहे थे; पर एक बड़ी ज़रूरी तहकीकात आ गई, इससे रुक गए। कल आपसे मिलेंगे। जबसे यहाँ डाकुओं की ख़बरें आई हैं, बेचारे बहुत घबराए हुए हैं। आपकी तरफ़ हमेशा उनका ध्यान रहता है। कई बार कह चुके हैं कि मुझे सबसे ज़्यादा फिकर सेठजी की है। गुमनाम ख़त तो आपके पास भी आए होंगे?

सेठजी ने लापरवाही दिखाकर कहा—अजी, ऐसी चिट्ठियाँ आती ही रहती हैं, इनकी कौन परवाह करता है। मेरे पास तो तीन ख़त आ चुके हैं, मैंने किसी से ज़िक्र भी नहीं किया।

कानिस्टिबिल हँसा—दरोग़ाजी को ख़बर मिली थी।

'सच!'

'हाँ, साहब? रत्ती-रत्ती ख़बर मिलती रहती है। यहाँ तक मालूम हुआ है कि कल आपके मकान पर उनका धावा होनेवाला है। जभी तो आज दरोग़ा जी ने मुझे आपकी खिदमत में भेजा।'

'मगर वहाँ कैसे ख़बर पहुँची? मैंने तो किसी से कहा ही नहीं।'

कानिस्टिबिल ने रहस्यमय भाव से कहा—हुज़ूर, यह न पूछें। इलाक़े के सबसे बड़े सेठ के पास ऐसे ख़त आएँ और पुलिस को ख़बर न हो! भला, कोई बात है। फिर ऊपर से बराबर ताकीद आती रहती है कि सेठजी को शिकायत का कोई मौक़ा न दिया जाए। सुपरिंटेंडेंट साहब की ख़ास ताकीद है आपके लिए। और हुजूर, सरकार भी तो आप ही के बूते पर चलती है। सेठ-साहूकारों के जान-माल की हिफाजत न करे, तो रहे कहाँ? हमारे होते मजाल है कि कोई आपकी तरफ़ तिरछी आँखों से देख सके; मगर यह कम्बख़्त डाकू इतने दिलेर और तादाद में इतने ज़्यादा हैं कि थाने के बाहर उनसे मुक़ाबिला करना मुश्किल है। दरोग़ाजी गारद मँगाने की बात सोच रहे थे; मगर ये हत्यारे कहीं एक जगह तो रहते नहीं, आज यहाँ हैं, तो कल यहाँ से दो सौ कोस पर। गारद मँगाकर ही क्या किया जाए? इलाक़े की रिआया की तो हमें ज़्यादा फ़िक्र नहीं, हुजूर मालिक हैं, आपसे क्या छिपाएँ, किसके पास रखा है इतना माल-असबाब! और अगर किसी के पास दो-चार सौ की पूँजी निकल ही आई तो उसके लिए पुलिस डाकुओं के पीछे अपनी जान हथेली पर लिए न फिरेगी। उन्हें क्या, वह तो छूटते ही गोली चलाते हैं और अक्सर छिपकर। हमारे लिए तो हज़ार बंदिशें हैं। कोई बात बिगड़ जाए तो उलटे अपनी ही जान आफ़त में फँस जाए। हमें तो ऐसे रास्ते चलना है कि साँप मरे और लाठी न टूटे, इसलिए दरोग़ाजी ने आपसे यह अर्ज करने को कहा है कि आपके पास जोखिम की जो चीज़ें हों, उन्हें लाकर सरकारी ख़ज़ाने में जमा कर दीजिए। आपको उसकी रसीद दे दी जाएगी। ताला और मुहर आप ही की रहेगी। जब यह हंगामा ठंडा हो जाए तो मँगवा लीजिएगा। इससे आपको भी बेफ़िक्री हो जाएगी और हम भी ज़िम्मेदारी से बच जाएँगे।

नहीं ख़ुदा न करे, कोई वारदात हो जाए, तो हुजूर को तो जो नुक़सान हो वह तो हो ही हमारे ऊपर भी जवाबदेही आ जाए। और यह जालिम सिर्फ़ माल-असबाब लेकर ही तो जान नहीं छोड़ते—ख़ून करते हैं, घर में आग लगा देते हैं, यहाँ तक कि औरतों की बेइज़्ज़ती भी करते हैं। हुजूर तो जानते हैं, होता है वही जो तक़दीर में लिखा है। आप इकबालवाले आदमी हैं, डाकू आपका कुछ नहीं बिगाड़ सकते। सारा क़स्बा आपके लिए जान देने को तैयार है। आपका पूजा-पाठ, धर्म-कर्म ख़ुदा ख़ुद देख रहा है। यह उसी की बरकत है कि आप मिट्टी भी छू लें, तो सोना हो जाए; लेकिन आदमी भरसक अपनी हिफाजत करता है। हुजूर के पास मोटर है ही, जो कुछ रखना हो, उस पर रख दीजिए। हम चार आदमी आपके साथ हैं, कोई खटका नहीं। वहाँ एक मिनट में आपको फुरसत हो जाएगी। पता चला है कि इस गोल में बीस जवान हैं। दो तो बैरागी बने हुए हैं, दो पंजाबियों के भेस में धुस्से और अलवान बेचते फिरते हैं। इन दोनों के साथ दो बहँगीवाले भी हैं। दो आदमी बलूचियों के भेस में छूरियाँ और ताले बेचते हैं। कहाँ तक गिनाऊँ, हुजूर! हमारे थाने में तो हर एक का हुलिया रखा हुआ है।

ख़तरे में आदमी का दिल कमज़ोर हो जाता है और वह ऐसी बातों पर विश्वास कर लेता है, जिन पर शायद होश-हवास में न करता। जब किसी दवा से रोगी को लाभ नहीं होता, तो हम दुआ, ताबीज, ओझों और सयानों की शरण लेते हैं और वहाँ तो सन्देह करने का कोई कारण ही न था। संभव है, दरोग़ाजी का कुछ स्वार्थ हो, मगर सेठजी इसके लिए तैयार थे। अगर दो-चार सौ बल खाने पड़ें, तो कोई बड़ी बात नहीं। ऐसे अवसर तो जीवन में आते ही रहते हैं और इस परिस्थिति में इससे अच्छा दूसरा क्या इंतज़ाम हो सकता था; बल्कि इसे तो ईश्वरीय प्रेरणा समझना चाहिए। माना, उनके पास दो-दो बन्दूक़ें हैं, कुछ लोग मदद करने के लिए निकल ही आएँगे, लेकिन है जान जोखिम। उन्होंने निश्चय किया, दरोग़ाजी की इस कृपा से लाभ उठाना चाहिए। इन्हीं आदमियों को कुछ दे-दिलाकर सारी चीज़ें निकलवा लेंगे। दूसरों का क्या भरोसा? कहीं कोई चीज़ उड़ा दें तो बस?

उन्होंने इस भाव से कहा, मानो दरोग़ाजी ने उन पर कोई विशेष कृपा नहीं की है; वह तो उनका कर्तव्य ही था—मैंने यहाँ ऐसा प्रबंध किया था कि यहाँ वह सब आते तो उनके दाँत खट्टे कर दिए जाते। सारा क़स्बा मदद के लिए तैयार था। सभी से तो अपना मित्र-भाव है, लेकिन दरोग़ाजी की तजवीज मुझे पसन्द है। इससे वह भी अपनी ज़िम्मेदारी से बरी हो जाते हैं और मेरे सिर से भी फ़िक्र का बोझ उतर जाता है, लेकिन भीतर से चीज़ें बाहर निकाल-निकालकर लाना मेरे बूते की बात नहीं। आप लोगों की दुआ से नौकर-चाकरों की तो कमी नहीं है, मगर किसकी नीयत कैसी है, कौन जान सकता है? आप लोग कुछ मदद करें तो काम आसान हो जाए।

हेड कानिस्टिबिल ने बड़ी ख़ुशी से यह सेवा स्वीकार कर ली और बोला—हम सब हुजूर के ताबेदार हैं, इसमें मदद की कौन-सी बात है? तलब सरकार से पाते हैं, यह ठीक है; मगर देनेवाले तो आप ही हैं। आप केवल सामान हमें दिखाए जाएँ, हम बात-की-बात में सारी चीज़ें निकाल लाएँगे। हुजूर की खिदमत करेंगे तो कुछ इनाम-इकराम मिलेगा ही। तनख़्वाह में गुज़र नहीं होता सेठजी, आप लोगों की रहम की निगाह न हो, तो एक दिन भी निबाह न हो। बाल-बच्चे भूखों मर जाएँ पंद्रह-बीस रुपए में क्या होता है हुजूर, इतना तो हमारे लिए ही पूरा नहीं पड़ता।

सेठजी ने अन्दर जाकर केसर से यह समाचार कहा तो उसे जैसे आँखें मिल गईं। बोली—भगवान् ने सहायता की, नहीं मेरे प्राण संकट में पड़े हुए थे।

सेठजी ने सर्वज्ञता के भाव से फरमाया—इसी को कहते हैं सरकार का इंतज़ाम! इसी मुस्तैदी के बल पर सरकार का राज़ थमा हुआ है। कैसी सुव्यवस्था है कि ज़रा-सी कोई बात हो, वहाँ तक ख़बर पहुँच जाती है और तुरन्त उसकी रोकथाम का हुक्म हो जाता है। और यहाँ वाले ऐसे बुद्धू हैं कि स्वराज्य-स्वराज्य चिल्ला रहे हैं। इनके हाथ में अख़्तियार आ जाए तो दिन-दोपहर लूट मच जाए, कोई किसी की न सुने। ऊपर से ताकीद आई है। हाकिमों का आदर-सत्कार कभी निष्फल नहीं जाता। मैं तो सोचता हूँ, कोई बहुमूल्य वस्तु घर में न छोड़ूँ। साले आएँ तो अपना-सा मुँह लेकर रह जाएँ।

केसर ने मन-ही-मन प्रसन्न होकर कहा—कुंजी उनके सामने फेंक देना कि जो चीज़ चाहो निकाल ले जाओ।

'साले झेंप जाएँगे।'

'मुँह में कालिख लग जाएगी।'

'घमंड तो देखो कि तिथि तक बता दी। यह नहीं समझे कि अँग्रेज़ी सरकार का राज है। तुम डाल-डाल चलो, तो वह पात-पात चलते हैं।'

'समझे होंगे कि धमकी में आ जाएँगे।'

तीन कानिस्टिबिलों ने आकर संदूकचे और सेफ निकालने शुरू किए। एक बाहर सामान को मोटर पर लाद रहा था और एक हरेक चीज़ को नोटबुक पर टाँकता जाता था। आभूषण, मुहरें, नोट, रुपए, क़ीमती कपड़े, साड़ियाँ; लहँगे, शाल-दुशाले, सब कार में रख दिए। मामूली बरतन, लोहे-लकड़ी के सामान, फ़र्श आदि के सिवा घर में और कुछ न बचा। और डाकुओं के लिए ये चीज़ें कौड़ी की भी नहीं। केसर का सिंगारदान ख़ुद सेठजी लाए और हेड के हाथ में देकर बोले—इसे बड़ी हिफाजत से रखना भाई!

हेड ने सिंगारदान लेकर कहा—मेरे लिए एक-एक तिनका इतना ही क़ीमती है।

सेठजी के मन में एक सन्देह उठा। पूछा—ख़ज़ाने की कुंजी तो मेरे ही पास रहेगी?

'और क्या, यह तो मैं पहले ही अर्ज कर चुका; मगर यह सवाल आपके दिल से क्यों पैदा हुआ?'

'योंही, पूछा था'—सेठजी लज्जित हो गए।

'नहीं, अगर आपके दिल में कुछ शुबहा हो, तो हम लोग यहाँ भी आप की खिदमत के लिए हाज़िर हैं। हाँ, हम ज़िम्मेदार न होंगे।'

'अजी नहीं हेड साहब, मैंने योंही पूछ लिया था। यह फ़िहरिस्त तो मुझे दे दोगे न?'

'फ़िहरिस्त आपको थाने में दरोग़ाजी के दस्तख़त से मिलेगी। इसका क्या एतबार?'

कार पर सारा सामान रख दिया गया। क़स्बे के सैकड़ों आदमी तमाशा देख रहे थे। कार बड़ी थी, पर ठसाठस भरी हुई थी। बड़ी मुश्किल से सेठजी के लिए जगह निकली। चारों कांनिस्टिबिल आगे की सीट पर सिमटकर बैठे।

कार चली। केसर द्वार पर इस तरह खड़ी थी, मानो उसकी बेटी बिदा हो रही हो। बेटी ससुराल जा रही है, जहाँ वह मालकिन बनेगी; लेकिन उसका घर सूना किए जा रही है।

3

थाना यहाँ से पाँच मील पर था। क़स्बे से बाहर निकलते ही पहाड़ों का पथरीला सन्नाटा था, जिसके दामन में हरा-भरा मैदान था और इसी मैदान के बीच में लाल मोरम की सड़क चक्कर खाती हुई लाल साँप-जैसी निकल गई थी।

हेड ने सेठजी से पूछा—यह कहाँ तक सही है सेठजी, कि आज से पच्चीस साल पहले आपके बाप केवल लोटा-डोर लेकर यहाँ ख़ाली हाथ आए थे?

सेठजी ने गर्व करते हुए कहा—'बिलकुल सही है। मेरे पास कुल तीन रुपए थे। उसी से आटे-दाल की दुकान खोली थी। तक़दीर का खेल है, भगवान् की दया चाहिए, आदमी के बनते-बिगड़ते देर नहीं लगती। लेकिन मैंने कभी पैसे को दाँतों से नहीं पकड़ा। यथाशक्ति धर्म का पालन करता गया। धन की शोभा धर्म ही से है, नहीं तो धन से कोई फ़ायदा नहीं।'

'आप बिलकुल ठीक कहते हैं सेठजी। आपको मूरत बनाकर पूजना चाहिए। तीन रुपए से लाख कमा लेना मामूली काम नहीं है!'

'आधी रात तक सिर उठाने की फुरसत नहीं मिलती, खाँ साहब!'

'आपको तो यह सब कारोबार जंजाल-सा लगता होगा।'

'जंजाल तो है ही, मगर भगवान् की ऐसी माया है कि आदमी सबकुछ समझकर भी इसमें फँस जाता है और सारी उम्र फँसा रहता है। मौत आ जाती है, तभी छुट्टी मिलती है। बस, यही अभिलाषा है कि कुछ यादगार छोड़ जाऊँ।'

'आपके कोई औलाद हुई ही नहीं?'

'भाग्य में न थी खाँ साहब, और क्या कहूँ! जिनके घर में भूनी भाँग नहीं है, उनके यहाँ घास-फूस की तरह बच्चे-ही-बच्चे देख लो, जिन्हें भगवान् ने खाने को दिया है, वे संतान का मुँह देखने को तरसते हैं।'

'आप बिलकुल ठीक कहते हैं, सेठजी! ज़िन्दगी का मज़ा संतान से है। जिसके आगे अँधेरा है, उसके लिए धन-दौलत किस काम की?'

'ईश्वर की यही इच्छा है तो आदमी क्या करे। मेरा बस चलता, तो मायाजाल से निकल भागता खाँ साहब, एक क्षण भी यहाँ न रहता, कहीं तीर्थस्थान में बैठकर भगवान् का भजन करता। मगर करूँ क्या? मायाजाल तोड़े नहीं टूटता।'

'एक बार दिल मज़बूत करके तोड़ क्यों नहीं देते? सब उठाकर ग़रीबों को बाँट दीजिए। साधु-संतों को नहीं, न मोटे ब्राह्मणों को बल्कि उनको, जिनके लिए यह ज़िन्दगी बोझ हो रही है, जिसकी यही एक आरज़ू है कि मौत आकर उनकी विपत्ति का अंत कर दे।'

'इस मायाजाल को तोड़ना आदमी का काम नहीं है, खाँ साहब! भगवान् की इच्छा होती है, तभी मन में वैराग्य आता है।'

'आज भगवान् ने आपके ऊपर दया की है। हम इस मायाजाल को मकड़ी के जाले की तरह तोड़कर आपको आज़ाद करने के लिए भेजे गए हैं। भगवान् आपकी भक्ति से प्रसन्न हो गए हैं और आपको इस बन्धन में नहीं रखना चाहते, जीवन-मुक्त कर देना चाहते हैं।'

'ऐसी भगवान् की दया हो जाती, तो क्या पूछना खाँ साहब!'

'भगवान् की ऐसी ही दया है सेठजी, विश्वास मानिए। हमें इसीलिए उन्होंने मृत्युलोक में तैनात किया है। हम कितने ही मायाजाल के क़ैदियों की बेड़ियाँ काट चुके हैं। आज आपकी बारी है।'

सेठजी की नाड़ियों में जैसे रक्त का प्रवाह बन्द हो गया। सहमी हुई आँखों से सिपाहियों को देखा। फिर बोले—आप बड़े हँसोड़ हो, खाँ साहब?

'हमारे जीवन का सिद्धांत है कि किसी को कष्ट मत दो; लेकिन ये रुपए वाले कुछ ऐसी औंधी खोपड़ी के लोग हैं कि जो उनका उद्धार करने आता है, उसी के दुश्मन हो जाते हैं। हम आपकी बेड़ियाँ काटने आए हैं; लेकिन अगर आपसे कहें कि यह सब जमा-जथा और लता-पता छोड़कर घर की राह लीजिए, तो आप चीख़ना-चिल्लाना शुरू कर देंगे। हम लोग वही ख़ुदाई फ़ौजदार हैं, जिनके इत्तलाई ख़त आपके पास पहुँच चुके हैं।'

सेठजी मानो आकाश से पाताल में गिर पड़े। सारी ज्ञानेन्द्रियों ने जवाब दे दिया और इसी मूर्च्छा की दशा में वह मोटरकार से नीचे ढकेल दिए गए और गाड़ी चल पड़ी।

सेठजी की चेष्टा जाग पड़ी। बदहवास गाड़ी के पीछे दौड़े—हुजूर, सरकार, तबाह हो जाएँगे, दया कीजिए, घर में एक कौड़ी भी नहीं है...

हेड साहब ने खिड़की से बाहर हाथ निकाला और तीन रुपए ज़मीन पर फेंक दिए। मोटर की चाल तेज़ हो गई।

सेठजी सिर पकड़कर बैठ गए और विक्षिप्त नेत्रों से मोटरकार को देखा, जैसे कोई शव स्वर्गारोही प्राण को देखे। उनके जीवन का स्वप्न उड़ा चला जा रहा था।

वेश्या

छह महीने बाद कलकत्ते से घर आने पर दयाकृष्ण ने पहला काम जो किया, वह अपने प्रिय मित्र सिंगारसिंह से मातमपुरसी करने जाना था। सिंगार के पिता का आज तीन महीने हुए देहान्त हो गया था। दयाकृष्ण बहुत व्यस्त रहने के कारण उस समय न आ सका था। मातमपुरसी की रस्म पत्र लिखकर अदा कर दी थी; लेकिन ऐसा एक दिन भी नहीं बीता कि सिंगार की याद उसे न आई हो। अभी वह दो-चार महीने और कलकत्ते रहना चाहता था; क्योंकि वहाँ उसने जो कारोबार जारी किया था, उसे संगठित रूप में लाने के लिए उसका वहाँ मौजूद रहना ज़रूरी था और उसकी थोड़े दिन की ग़ैरहाजिरी से भी हानि की शंका थी। किन्तु जब सिंगार की स्त्री लीला का परवाना आ पहुँचा तो वह अपने को न रोक सका। लीला ने साफ़-साफ़ तो कुछ न लिखा था, केवल उसे तुरन्त बुलाया था; लेकिन दयाकृष्ण को पत्र के शब्दों से कुछ ऐसा अनुमान हुआ कि वहाँ की परिस्थिति चिन्ताजनक है और इस अवसर पर उसका वहाँ पहुँचना ज़रूरी है। सिंगार सम्पन्न बाप का बेटा था, बड़ा ही अल्हड़, बड़ा ही जिद्दी, बड़ा ही आरामपसन्द। दृढ़ता या लगन उसे छू भी नहीं गई थी। उसकी माँ उसके बचपन ही में मर चुकी थी और बाप ने उसके पालने में नियंत्रण की अपेक्षा स्नेह से ज़्यादा काम लिया था। उसे कभी दुनिया की हवा नहीं लगने दी। उद्योग भी कोई वस्तु है, यह वह जानता ही न था। उसके महज इशारे पर हर एक चीज़ सामने आ जाती थी। वह जवान बालक था, जिसमें न अपने विचार थे न सिद्धांत। कोई भी आदमी उसे बड़ी आसानी से अपने कपट-बाणों का निशाना बना सकता था। मुख्तारों और मुनीमों के दाँव-पेंच समझना उसके लिए लोहे के

चने चबाना था। उसे किसी ऐसे समझदार और हितैषी मित्र की ज़रूरत थी, जो स्वार्थियों के हथकंडों से उसकी रक्षा करता रहे। दयाकृष्ण पर इस घर के बड़े-बड़े एहसान थे। उस दोस्ती का हक़ अदा करने के लिए उसका आना आवश्यक था।

मुँह-हाथ धोकर सिंगारसिंह के घर पर ही भोजन का इरादा करके दयाकृष्ण उससे मिलने चला। नौ बज गए थे, हवा और धूप में गर्मी आने लगी थी।

सिंगारसिंह उसकी ख़बर पाते ही बाहर निकल आया। दयाकृष्ण उसे देखकर चौंक पड़ा। लम्बे-लम्बे केशों की जगह उसके सिर पर घुँघराले बाल थे (वह सिक्ख था), आड़ी माँग निकली हुई। आँखों में न आँसू थे, न शोक का कोई दूसरा चिह्न, चेहरा कुछ जर्द अवश्य था पर उस पर विलासिता की मुसकराहट थी। वह एक महीन रेशमी कमीज़ और मखमली जूते पहने हुए था; मानो किसी महफ़िल से उठा आ रहा हो। संवेदना के शब्द दयाकृष्ण के ओंठों तक आकर निराश लौट गए! वहाँ बधाई के शब्द ज़्यादा अनुकूल प्रतीत हो रहे थे।

सिंगारसिंह लपककर उसके गले से लिपट गया और बोला—तुम ख़ूब आए यार, इधर तुम्हारी बहुत याद आ रही थी; मगर पहले यह बतला दो, वहाँ का कारोबार बन्द कर आए या नहीं? अगर वह झंझट छोड़ आए हो, तो पहले उसे तिलांजलि दे आओ। अब आप यहाँ से जाने न पाएँगे। मैंने तो भाई, अपना कैंड़ा बदल दिया। बताओ, कब तक तपस्या करता। अब तो आए दिन जलसे होते हैं। मैंने सोचा—यार, दुनिया में आए, तो कुछ दिन सैर-सपाटे का आनंद भी उठा लो। नहीं तो एक दिन यों ही हाथ मलते चले जाएँगे। कुछ भी साथ न जाएगा।

दयाकृष्ण विस्मय से उसके मुँह की ओर ताकने लगा। यह वही सिंगार है या कोई और! बाप के मरते ही इतनी तब्दीली!

दोनों मित्र कमरे में गए और सोफ़े पर बैठे। सरदार साहब के सामने इस कमरे में फ़र्श और मसनद थी, आलमारी थी। अब दर्जनों गद्देदार सोफ़े और कुर्सियाँ हैं, कालीन का फ़र्श है, रेशमी परदे हैं, बड़े-बड़े आईने हैं। सरदार साहब को संचय की धुन थी, सिंगार को उड़ाने की धुन है।

सिंगार ने एक सिगार जलाकर कहा—तेरी बहुत याद आती थी यार, तेरी जान की क़सम।

दयाकृष्ण ने शिकवा किया—क्यों झूठ बोलते हो भाई, महीनों गुज़र जाते थे, एक ख़त लिखने की तो आपको फुर्सत न मिलती थी, मेरी याद आती थी।

सिंगार ने अल्हड़पन से कहा—बस, इसी बात पर मेरी सेहत का एक जाम पियो। अरे यार, इस ज़िन्दगी में और क्या रखा है? हँसी-खेल में जो वक़्त कट जाए, उसे गनीमत समझो। मैंने तो यह तपस्या त्याग दी। अब तो आए दिन जलसे होते हैं, कभी दोस्तों की दावत है, कभी दरिया की सैर, कभी गाना-बजाना, कभी शराब के दौर। मैंने कहा, लाओ कुछ दिन वह बहार भी देख लूँ। हसरत क्यों दिल में रह जाए। आदमी संसार में कुछ भोगने के लिए आता है, यही ज़िन्दगी के मज़े हैं। जिसने ये मज़े नहीं चक्खे, उसका जीना वृथा है। बस, दोस्तों की मजलिस हो, बग़ल में माशूक हो और हाथ में प्याला हो, इसके सिवा मुझे और कुछ न चाहिए!

उसने आलमारी खोलकर एक बोतल निकाली और दो गिलासों में शराब डालकर बोला—यह मेरी सेहत का जाम है। इनकार न करना। मैं तुम्हारे सेहत का जाम पीता हूँ।

दयाकृष्ण को कभी शराब पीने का अवसर न मिला था। वह इतना धर्मात्मा तो न था कि शराब पीना पाप समझता, हाँ, उसे दुर्व्यसन समझता था। गंध ही से उसका जी मितलाने लगा।

उसे भय हुआ कि वह शराब का घूँट चाहे मुँह में ले ले, उसे कंठ के नीचे नहीं उतार सकता। उसने प्याले को शिष्टाचार के तौर पर हाथ में ले लिया, फिर उसे ज्यों-का-त्यों मेज़ पर रखकर बोला—तुम जानते हो, मैंने कभी नहीं पी। इस समय मुझे क्षमा करो। दस-पाँच दिन में यह फन भी सीख जाऊँगा, मगर यह तो बताओ, अपना कारोबार भी कुछ देखते हो, या इसी में पड़े रहते हो।

सिंगार ने अरुचि से मुँह बनाकर कहा—ओह, क्या ज़िक्र तुमने छेड़ दिया, यार? कारोबार के पीछे इस छोटी-सी ज़िन्दगी को तबाह नहीं कर सकता। न कोई साथ लाया है, न साथ ले जाएगा। पापा ने मर-मरकर धन संचय किया। क्या हाथ लगा? पचास तक पहुँचते-पहुँचते चल बसे। उनकी आत्मा अब भी संसार के सुखों के लिए तरस रही होगी। धन छोड़कर मरने से फाकेमस्त रहना कहीं अच्छा है। धन की चिन्ता तो नहीं सताती, पर यह हाय-हाय तो नहीं होती कि मेरे बाद क्या होगा! तुमने गिलास मेज़ पर रख दिया। ज़रा पियो, आँखें खुल जाएँगी, दिल हरा हो जाएगा। और लोग सोड़ा और बरफ़ मिलाते हैं, मैं तो खालिस पीता हूँ। इच्छा हो, तो तुम्हारे लिए बरफ़ मँगाऊँ?

दयाकृष्ण ने फिर क्षमा माँगी; मगर सिंगार गिलास-पर-गिलास पीता गया। उसकी आँखें लाल-लाल निकल आईं, ऊल-जलूल बकने लगा, ख़ूब डींगें मारीं, फिर बेसुरे राग में एक बाज़ारू गीत गाने लगा। अंत में उसी कुर्सी पर पड़ा-पड़ा बेसुध हो गया।

2

सहसा पीछे का परदा हटा और लीला ने उसे इशारे से बुलाया। दयाकृष्ण की धमनियों में शतगुण वेग से रक्त दौड़ने लगा। उसकी संकोचमय, भीरु प्रकृति भीतर से जितनी ही रूपासक्त थी, बाहर से उतनी ही विरक्त। सुन्दरियों के सम्मुख आकर वह स्वयं अवाक् हो जाता था, उसके कपोलों पर लज्जा की लाली दौड़ जाती थी और आँखें झुक जाती थीं; लेकिन मन उनके चरणों पर लोटकर अपने-आपको समर्पित कर देने के लिए विकल हो जाता था। मित्रगण उसे बूढ़े बाबा कहा करते थे। स्त्रियाँ उसे अरसिक समझकर उससे उदासीन रहती थीं। किसी युवती के साथ लंका तक रेल में एकान्त-यात्रा करके भी वह उससे एक शब्द भी बोलने का साहस न करता। हाँ, यदि युवती स्वयं उसे छेड़ती, तो वह अपने प्राण तक उसकी भेंट कर देता। उसके इस संकोचमय, अवरुद्ध जीवन में लीला ही एक युवती थी, जिसने उसके मन को समझा था और उससे सवाक् सहृदयता का व्यवहार किया था। तभी से दयाकृष्ण मन से उसका उपासक हो गया था। उसके अनुभवशून्य हृदय में लीला नारी-जाति का सबसे सुन्दर आदर्श थी। उसकी प्यासी आत्मा को शर्बत या लेमनेड की उतनी इच्छा न थी, जितना ठंडे, मीठे पानी की। लीला में रूप है, लावण्य है, सुकुमारता है, इन बातों की ओर उसका ध्यान न था। उससे ज़्यादा रूपवती, लावण्यमयी और सुकुमार युवतियाँ उसने पार्कों में देखी थीं। लीला में सहृदयता है, विचार है, दया है, इन्हीं तत्त्वों की ओर उसका आकर्षण था। उसकी रसिकता में आत्म-समर्पण के सिवा और कोई भाव न था। लीला के किसी आदेश का पालन करना उसकी सबसे बड़ी कामना थी, उसकी आत्मा की तृप्ति के लिए इतना काफ़ी था। उसने काँपते हाथों से परदा उठाया और अन्दर आकर खड़ा हो गया। और विस्मय भरी आँखों से उसे देखने लगा। उसने लीला को यहाँ न देखा होता, तो पहचान भी न सकता। वह रूप, यौवन और विकास की देवी इस तरह मुरझा गई थी, जैसे किसी ने उसके प्राणों को चूसकर

निकाल लिया हो। करुण-स्वर में बोला—यह तुम्हारा क्या हाल है, लीला? बीमार हो क्या? मुझे सूचना तक न दी।

लीला मुस्कुराकर बोली—तुमसे मतलब? मैं बीमार हूँ या अच्छी हूँ, तुम्हारी बला से! तुम तो अपने सैर-सपाटे करते रहे। छह महीने के बाद जब आपको याद आई है, तो पूछते हो बीमार हो? मैं उस रोग से ग्रस्त हूँ, जो प्राण लेकर ही छोड़ता है। तुमने इन महाशय की हालत देखी? उनका यह रंग देखकर मेरे दिल पर क्या गुज़रती है, यह क्या मैं अपने मुँह से कहूँ तभी समझोगे? मैं अब इस घर में ज़बरदस्ती पड़ी हूँ और बेहयाई से जीती हूँ। किसी को मेरी चाह या चिन्ता नहीं है। पापा क्या मरे, मेरा सोहाग ही उठ गया। कुछ समझती हूँ, तो बेवकूफ़ बनाई जाती हूँ। रात-रात भर न जाने कहाँ ग़ायब रहते हैं। जब देखो, नशे में मस्त, हफ़्तों घर में नहीं आते कि दो बातें कर लूँ; अगर इनके यही ढंग रहे, तो साल-दो-साल में रोटियों के मुहताज हो जाएँगे।

दया ने पूछा—यह लत इन्हें कैसे पड़ गई? ये बातें तो इनमें न थीं।

लीला ने व्यथित स्वर में कहा—रुपए की बलिहारी है और क्या! इसीलिए तो बूढ़े मर-मरके कमाते हैं और मरने के बाद लड़कों के लिए छोड़ जाते हैं। अपने मन में समझते होंगे, हम लड़कों के लिए बैठने का ठिकाना किए जाते हैं। मैं कहती हूँ, तुम उनके सर्वनाश का सामान किए जाते हो, उनके लिए ज़हर बोये जाते हो। पापा ने लाखों रुपए की सम्पत्ति न छोड़ी होती, तो आज यह महाशय किसी काम में लगे होते, कुछ घर की चिन्ता होती; कुछ ज़िम्मेदारी होती; नहीं तो बैंक से रुपए निकाले और उड़ाए। अगर मुझे विश्वास होता कि सम्पत्ति समाप्त करके वह सीधे मार्ग पर आ जाएँगे, तो मुझे ज़रा भी दुःख न होता; पर मुझे तो यह भय है कि ऐसे लोग फिर किसी काम के नहीं रहते। या तो जेलखाने में मरते हैं या अनाथालय में। आपकी एक वेश्या से आशनाई है। माधुरी नाम है और वह इन्हें उल्टे छुरे से मूँड़ रही है, जैसा उसका धर्म है। आपको यह खब्त हो गया कि वह मुझ पर जान देती है। उससे विवाह का प्रस्ताव भी किया जा चुका है। मालूम नहीं, उसने क्या जवाब दिया। कई बार जी में आया कि जब यहाँ किसी से कोई नाता ही नहीं है तो अपने घर चली जाऊँ; लेकिन डरती हूँ कि तब तो यह और भी स्वतंत्र हो जाएँगे। मुझे किसी पर विश्वास है, तो वह तुम हो। इसीलिए तुम्हें बुलाया था कि शायद तुम्हारे समझाने-बुझाने का कुछ असर हो। अगर तुम भी असफल हुए, तो मैं एक क्षण यहाँ न रहूँगी। भोजन तैयार है, चलो कुछ खा लो।

दयाकृष्ण ने सिंगारसिंह की ओर संकेत करके कहा—और यह?

'यह तो अब कहीं दो-तीन बजे चेतेंगे।'

'बुरा न मानेंगे।'

'मैं अब इन बातों की परवाह नहीं करती। मैंने तो निश्चय कर लिया है कि अगर मुझे कभी आँखें दिखाईं, तो मैं इन्हें मज़ा चखा दूँगी। मेरे पिताजी फ़ौज में सूबेदार मेजर हैं। मेरी देह में उनका रक्त है।'

लीला की मुद्रा उत्तेजित हो गई। विद्रोह की वह आग, जो महीनों से पड़ी सुलग रही थी, प्रचंड हो उठी।

उसने उसी लहजे में कहा—मेरी इस घर में इतनी साँसत हुई है, इतना अपमान हुआ है और हो रहा है कि मैं उसका किसी तरह भी प्रतिकार करके आत्मग्लानि का अनुभव न

करूँगी। मैंने पापा से अपना हाल छिपा रखा है। आज लिख दूँ, तो इनकी सारी मशीखत उतर जाए। नारी होने का दंड भोग रही हूँ, लेकिन नारी के धैर्य की भी सीमा है।

दयाकृष्ण उस सुकुमारी का वह तमतमाया हुआ चेहरा, वे जलती हुई आँखें, वह काँपते हुए होंठ देखकर काँप उठा। उसकी दशा उस आदमी की-सी हो गई, जो किसी को दर्द से तड़पते देखकर वैद्य को बुलाने दौड़े। आर्द्र कंठ से बोला—इस समय मुझे क्षमा करो लीला, फिर कभी तुम्हारा निमंत्रण स्वीकार करूँगा। तुम्हें अपनी ओर से इतना ही विश्वास दिलाता हूँ कि मुझे अपना सेवक समझती रहना। मुझे न मालूम था कि तुम्हें इतना कष्ट है, नहीं तो शायद अब तक मैंने कुछ युक्ति सोची होती। मेरा यह शरीर तुम्हारे किसी काम आए, इससे बढ़कर सौभाग्य की बात मेरे लिए और क्या होगी!

दयाकृष्ण वहाँ से चला, तो उसके मन में इतना उल्लास भरा हुआ था, मानो विमान पर बैठा हुआ स्वर्ग की ओर जा रहा है। आज उसे जीवन में एक ऐसा लक्ष्य मिल गया था, जिसके लिए वह जी भी सकता है और मर भी सकता है। वह एक महिला का विश्वासपात्र हो गया था। इस रत्न को वह अपने हाथ से कभी न जाने देगा, चाहे उसकी जान ही क्यों न चली जाए।

3

एक महीना गुज़र गया। दयाकृष्ण सिंगारसिंह के घर नहीं आया। न सिंगारसिंह ने उसकी परवाह की। इस एक ही मुलाक़ात में उसने समझ लिया था कि दया इस नए रंग में आनेवाला आदमी नहीं है। ऐसे सात्विक जनों के लिए उसके यहाँ स्थान न था। वहाँ तो रंगीले, रसिया, अय्याश और बिगड़े-दिलों ही की चाह थी। हाँ, लीला को हमेशा उसकी याद आती रहती थी।

मगर दयाकृष्ण के स्वभाव में अब वह संयम नहीं है। विलासिता का जादू उस पर भी चलता हुआ मालूम होता है। माधुरी के घर उसका भी आना-जाना शुरू हो गया है। वह सिंगारसिंह का मित्र नहीं रहा, प्रतिद्वन्द्वी हो गया है। दोनों एक ही प्रतिमा के उपासक हैं; मगर उनकी उपासना में अंतर है। सिंगार की दृष्टि से माधुरी केवल विलास की एक वस्तु है, केवल विनोद का एक यंत्र। दयाकृष्ण विनय की मूर्ति है जो माधुरी की सेवा में ही प्रसन्न है। सिंगार माधुरी के हास-विलास को अपना जरख़रीद हक़ समझता है, दयाकृष्ण इसी में संतुष्ट है कि माधुरी उसकी सेवाओं को स्वीकार करती है। माधुरी की ओर से ज़रा भी अरुचि देखकर वह उसी तरह बिगड़ जाएगा जैसे अपनी प्यारी घोड़ी की मुँहजोरी पर। दयाकृष्ण अपने को उसकी कृपादृष्टि के योग्य ही नहीं समझता। सिंगार जो कुछ माधुरी को देता है, गर्व-भरे आत्म-प्रदर्शन के साथ; मानो उस पर कोई एहसान कर रहा हो। दयाकृष्ण के पास देने को है ही क्या; पर वह जो कुछ भेंट करता है, वह ऐसी श्रद्धा से, मानो देवता को फूल चढ़ाता हो। सिंगार का आसक्त मन माधुरी को अपने पिंजरे में बन्द रखना चाहता है, जिसमें उस पर किसी की निगाह न पड़े। दयाकृष्ण निर्लिप्त भाव से उसकी स्वच्छंद क्रीड़ा का आनंद उठाता है। माधुरी को अब तक जितने आदमियों से साबिका पड़ा था, वे सब सिंगारसिंह की ही भाँति कामुकी, ईर्ष्यालू, दंभी और कोमल भावों से शून्य थे, रूप को भोगने की वस्तु समझनेवाले। दयाकृष्ण उन सबों से अलग था—सहृदयी, भद्र और सेवाशील, मानो उस पर अपनी आत्मा को समर्पण कर देना चाहता हो। माधुरी को अब अपने जीवन में कोई ऐसा पदार्थ मिल गया है, जिसे वह बड़ी एहतियात से सँभालकर रखना चाहती है। जड़ाऊ गहने

अब उसकी आँखों में उतने मूल्यवान नहीं रहे, जितनी यह फ़क़ीर की दी हुई तावीज। जड़ाऊ गहने हमेशा मिलेंगे, यह तावीज खो गई, तो फिर शायद ही कभी हाथ आए। जड़ाऊ गहने केवल उसकी विलास-प्रवृत्ति को उत्तेजित करते हैं। पर इस तावीज में कोई दैवी शक्ति है, जो न जाने कैसे उसमें सद्नुराग और परिष्कार-भावना को जगाती है। दयाकृष्ण कभी प्रेम-प्रदर्शन नहीं करता, अपनी विरह-व्यथा के राग नहीं अलापता, पर माधुरी को उस पर पूरा विश्वास है। सिंगारसिंह के प्रलाप में उसे बनावट और दिखावे का आभास होता है। वह चाहती है, यह जल्द यहाँ से टले; लेकिन दयाकृष्ण के संयत भाषण में उसे गहराई तथा गाम्भीर्य और गुरुत्व का आभास होता है। औरों की वह प्रेमिका है; लेकिन दयाकृष्ण की आशिक़, जिसके क़दमों की आहट पाकर उसके अन्दर एक तूफ़ान उठने लगता है। उसके जीवन में यह नई अनुभूति है। अब तक वह दूसरों के भोग की वस्तु थी, अब कम-से-कम एक प्राणी की दृष्टि में वह आदर और प्रेम की वस्तु है।

सिंगारसिंह को जब से दयाकृष्ण के इस प्रेमाभिनय की सूचना मिली है, वह उसके ख़ून का प्यासा हो गया है। ईर्ष्याग्नि से फुँका जा रहा है। उसने दयाकृष्ण के पीछे कई शोहदे लगा रखे हैं कि वे उसे जहाँ पाएँ, उसका काम तमाम कर दें। वह ख़ुद पिस्तौल लिए उसकी टोह में रहता है। दयाकृष्ण इस ख़तरे को समझता है, जानता है; अपने नियत समय पर माधुरी के यहाँ बिला नाग़ा आ जाता है। मालूम होता है, उसे अपनी जान का कुछ भी मोह नहीं है। शोहदे उसे देखकर क्यों कतरा जाते हैं, मौक़ा पाकर भी क्यों उस पर वार नहीं करते, इसका रहस्य वह नहीं समझता।

एक दिन माधुरी ने उससे कहा—कृष्णजी, तुम यहाँ न आया करो। तुम्हें तो पता नहीं है, पर यहाँ तुम्हारे बीसों दुश्मन हैं। मैं डरती हूँ कि किसी दिन कोई बात न हो जाए।

शिशिर की तुषार-मंडित संध्या थी। माधुरी एक काश्मीरी शाल ओढ़े अँगीठी के सामने बैठी हुई थी। कमरे में बिजली का रजत प्रकाश फैला हुआ था। दयाकृष्ण ने देखा, माधुरी की आँखें सजल हो गई हैं और वह मुँह फेरकर उन्हें दयाकृष्ण से छिपाने की चेष्टा कर रही है। प्रदर्शन और सुखभोग करनेवाली रमणी क्यों इतना संकोच कर रही है, यह उसका अनाड़ी मन न समझ सका। हाँ, माधुरी के गोरे, प्रसन्न, संकोचहीन मुख पर लज्जामिश्रित मधुरिमा की ऐसी छटा उसने कभी न देखी थी। आज उसने उस मुख पर कुलवधू की भीरु आकांक्षा और दृढ़ वात्सल्य देखा और उसके अभिनय में सत्य का उदय हो गया।

उसने स्थिर भाव से जवाब दिया—मैं तो किसी की बुराई नहीं करता, मुझसे किसी को क्यों वैर होने लगा। मैं यहाँ किसी का बाधक नहीं, किसी का विरोधी नहीं। दाता के द्वार पर सभी भिक्षुक जाते हैं। अपना-अपना भाग्य है, किसी को एक चुटकी मिलती है, किसी को पूरा थाल। कोई क्यों किसी से जले? अगर किसी पर तुम्हारी विशेष कृपा है, तो मैं उसे भाग्यशाली समझकर उसका आदर करूँगा। जलूँ क्यों?

माधुरी ने स्नेह-कातर स्वर में कहा—जी नहीं, आप कल से न आया कीजिए।

दयाकृष्ण मुस्कुराकर बोला—तुम मुझे यहाँ आने से नहीं रोक सकतीं। भिक्षुक को तुम दुत्कार सकती हो, द्वार पर आने से नहीं रोक सकतीं।

माधुरी स्नेह की आँखों से उसे देखने लगी, फिर बोली—क्या सभी आदमी तुम्हीं जैसे निष्कपट हैं?

'तो फिर मैं क्या करूँ?'

'यहाँ न आया करो।'

'यह मेरे बस की बात नहीं।'

माधुरी एक क्षण तक विचार करके बोली—एक बात कहूँ, मानोगे? चलो, हम-तुम किसी दूसरे नगर की राह लें।

'केवल इसीलिए कि कुछ लोग मुझसे खार खाते हैं?'

'खार नहीं खाते, तुम्हारी जान के ग्राहक हैं।'

दयाकृष्ण उसी अविचलित भाव से बोला—जिस दिन प्रेम का यह पुरस्कार मिलेगा, वह मेरे जीवन का नया दिन होगा, माधुरी! इससे अच्छी मृत्यु और क्या हो सकती है? तब मैं तुमसे पृथक् न रहकर तुम्हारे मन में, तुम्हारी स्मृति में रहूँगा।

माधुरी ने कोमल हाथ से उसके गाल पर थपकी दी। उसकी आँखें भर आई थीं। इन शब्दों में जो प्यार भरा हुआ था, वह जैसे पिचकारी की धार की तरह उसके हृदय में समा गया। ऐसी विकल वेदना! ऐसा नशा! इसे वह क्या कहे?

उसने करुण स्वर में कहा—ऐसी बातें न किया करो कृष्ण, नहीं तो मैं सच कहती हूँ, एक दिन ज़हर खाकर तुम्हारे चरणों पर सो जाऊँगी। तुम्हारे इन शब्दों में न-जाने क्या जादू था कि मैं जैसे फुँक उठी। अब आप ख़ुदा के लिए यहाँ न आया कीजिए, नहीं तो देख लेना, मैं एक दिन प्राण दे दूँगी। तुम क्या जानो, हत्यारा सिंगार किस बुरी तरह तुम्हारे पीछे पड़ा हुआ है। मैं उसके शोहदों की खुशामद करते-करते हार गई। कितना कहती हूँ, दयाकृष्ण से मेरा कोई सम्बन्ध नहीं, उसके सामने तुम्हारी निंदा करती हूँ, कितना कोसती हूँ, लेकिन उस निर्दयी को मुझ पर विश्वास नहीं आता। तुम्हारे लिए मैंने इन गुंडों की कितनी मिन्नतें की हैं, उनके हाथ कितना अपमान सहा है, वह तुमसे न कहना ही अच्छा है। जिनका मुँह देखना भी मैं अपनी शान के ख़िलाफ़ समझती हूँ, उनके पैरों पड़ी हूँ, लेकिन ये कुत्ते हड्डियों के टुकड़े पाकर और भी शेर हो जाते हैं। मैं अब उनसे तंग आ गई हूँ और तुमसे हाथ जोड़कर कहती हूँ कि यहाँ से किसी ऐसी जगह चले चलो, जहाँ हमें कोई न जानता हो। वहाँ शांति के साथ पड़े रहें। मैं तुम्हारे साथ सबकुछ झेलने को तैयार हूँ। आज इसका निश्चय कराए बिना मैं तुम्हें न जाने दूँगी। मैं जानती हूँ, तुम्हें मुझ पर अब भी विश्वास नहीं है। तुम्हें सन्देह है कि तुम्हारे साथ कपट करूँगी।

दयाकृष्ण ने टोका—नहीं माधुरी, तुम मेरे साथ अन्याय कर रही हो। मेरे मन में कभी ऐसा सन्देह नहीं आया। पहले ही दिन मुझे न-जाने क्यों कुछ ऐसा प्रतीत हुआ कि तुम अपनी और बहनों से पृथक् हो। मैंने तुममें वह शील और संकोच देखा, जो मैंने कुलवधुओं में देखा है।

माधुरी ने उसकी आँखों में आँखें गड़ाकर कहा—तुम झूठ बोलने की कला में इतने निपुण नहीं हो कृष्ण, कि वेश्या को भुलावा दे सको! मैं न शीलवती हूँ, न संकोचवती हूँ और न अपनी दूसरी बहनों से भिन्न हूँ, मैं वेश्या हूँ; उतनी ही कलुषित, उतनी ही विलासांध, उतनी ही मायाविनी, जितनी मेरी दूसरी बहनें; बल्कि उनसे कुछ ज़्यादा। न तुम अन्य पुरुषों की तरह मेरे पास विनोद और वासना-तृप्ति के लिए आए थे। नहीं, महीनों आते रहने पर भी तुम यों अलिप्त न रहते। तुमने कभी डींग नहीं मारी, मुझे धन का प्रलोभन नहीं दिया। मैंने भी कभी तुमसे धन की आशा नहीं की। तुमने अपनी वास्तविक स्थिति मुझसे कह दी। फिर भी

मैंने तुम्हें एक नहीं, अनेक ऐसे अवसर दिए कि कोई दूसरा आदमी उन्हें न छोड़ता; लेकिन तुम्हें मैं अपने पंजे में न ला सकी। तुम चाहे और जिस इरादे से आए हो, भोग की इच्छा से नहीं आए। अगर मैं तुम्हें इतना नीच, इतना हृदयहीन, इतना विलासांध समझती, तो इस तरह तुम्हारे नाज न उठाती। फिर मैं भी तुम्हारे साथ मित्र-भाव रखने लगी। समझ लिया, मेरी परीक्षा हो रही है। जब तक इस परीक्षा में सफल न हो जाऊँ, तुम्हें नहीं पा सकती। तुम जितने सज्जन हो, उतने ही कठोर हो।

यह कहते हुए माधुरी ने दयाकृष्ण का हाथ पकड़ लिया और अनुराग और समर्पण-भरी चितवनों से उसे देखकर बोली—सच बताओ कृष्ण, तुम मुझमें क्या देखकर आकर्षित हुए थे? देखो, बहानेबाजी न करना। तुम रूप पर मुग्ध होने वाले आदमी नहीं हो, मैं क़सम खा सकती हूँ।

दयाकृष्ण ने संकट में पड़कर कहा—रूप इतनी तुच्छ वस्तु नहीं है, माधुरी! वह मन का आईना है।

'यहाँ मुझसे रूपवान् स्त्रियों की कमी नहीं है।'

'यह तो अपनी-अपनी निगाह है। मेरे पूर्व संस्कार रहे होंगे।'

माधुरी ने भँवें सिकोड़कर कहा—तुम फिर झूठ बोल रहे हो, चेहरा कहे देता है।

दयाकृष्ण ने परास्त होकर पूछा—पूछकर क्या करोगी, माधुरी? मैं डरता हूँ, कहीं तुम मुझसे घृणा न करने लगो। संभव है, तुम मेरा जो रूप देख रही हो, वह मेरा असली रूप न हो?

माधुरी का मुँह लटक गया। विरक्त-सी होकर बोली—इसका खुले शब्दों में यह अर्थ है कि तुम्हें मुझ पर विश्वास नहीं। ठीक है, वेश्याओं पर विश्वास करना भी नहीं चाहिए। विद्वानों और महात्माओं का उपदेश कैसे न मानोगे?

नारी-हृदय इस समस्या पर विजय पाने के लिए अपने अस्त्रों से काम लेने लगा।

दयाकृष्ण पहले ही पहले हमले में हिम्मत छोड़ बैठा। बोला—तुम तो नाराज़ हुई जाती हो, माधुरी! मैंने तो केवल इस विचार से कहा था कि तुम मुझे धोखेबाज समझने लगोगी। तुम्हें शायद मालूम नहीं है, सिंगारसिंह ने मुझ पर कितने एहसान किए हैं। मैं उन्हीं के टुकड़ों पर पला हूँ। इसमें रत्ती भर भी मुबालगा नहीं। वहाँ जाकर जब मैंने उनके रंग-ढंग देखे और उनकी साध्वी स्त्री लीला को बहुत दुखी पाया, तो सोचते-सोचते मुझे यही उपाय सूझा कि किसी तरह सिंगारसिंह को तुम्हारे पंजे से छुड़ाऊँ। मेरे इस अभिमान का यही रहस्य है, लेकिन उन्हें छुड़ा तो न सका, ख़ुद फँस गया। मेरे इस फरेब की जो सज़ा चाहो दो, सिर झुकाए हुए हूँ।

माधुरी का अभिमान टूट गया। जलकर बोली—तो यह कहिए कि आप लीला देवी के आशिक़ हैं। मुझे पहले से मालूम होता, तो तुम्हें इस घर में घुसने न देती। तुम तो एक छिपे रुस्तम निकले।

वह तोते के पिंजरे के पास जाकर उसे पुचकारने का बहाना करने लगी। मन में जो एक दाह उठ रही थी, उसे कैसे शान्त करे?

दयाकृष्ण ने तिरस्कार-भरे स्वर में कहा—मैं लीला का आशिक़ नहीं हूँ, माधुरी! उस देवी को कलंकित न करो। मैं आज तुमसे शपथ खाकर कहता हूँ कि मैंने कभी उसे इस निगाह से नहीं देखा। उसके प्रति मेरा वही भाव था, जो अपने किसी आत्मीय को दुःख में देखकर हर एक मनुष्य के मन में आता है।

'किसी से प्रेम करना तो पाप नहीं है, तुम व्यर्थ में अपनी और लीला की सफ़ाई दे रहे हो।'

'मैं नहीं चाहता कि लीला पर किसी तरह का आक्षेप किया जाए।'

'अच्छा साहब, लीजिए; लीला का नाम न लूँगी। मैंने मान लिया, वह सती है, साध्वी है और केवल उसकी आज्ञा से...'

दयाकृष्ण ने बात काटी—उनकी कोई आज्ञा नहीं थी।

'ओ हो, तुम तो ज़बान पकड़ते हो, कृष्ण! क्षमा करो, उनकी आज्ञा से नहीं तुम अपनी इच्छा से आए। अब तो राज़ी हुए। अब यह बताओ, आगे तुम्हारे क्या इरादे हैं? मैं वचन तो दे दूँगी; मगर अपने संस्कारों को नहीं बदल सकती। मेरा मन दुर्बल है। मेरा सतीत्व कब का नष्ट हो चुका है। अन्य मूल्यवान् पदार्थों की तरह रूप और यौवन की रक्षा भी बलवान् हाथों से हो सकती है। मैं तुमसे पूछती हूँ, तुम मुझे अपनी शरण में लेने पर तैयार हो? तुम्हारा आश्रय पाकर तुम्हारे प्रेम की शक्ति से, मुझे विश्वास है, मैं जीवन के सारे प्रलोभनों का सामना कर सकती हूँ। मैं इस सोने के महल को ठुकरा दूँगी; लेकिन इसके बदले मुझे किसी हरे वृक्ष की छाँह तो मिलनी चाहिए। वह छाँह तुम मुझे दोगे? अगर नहीं दे सकते, तो मुझे छोड़ दो। मैं अपने हाल में मगन हूँ। मैं वादा करती हूँ, सिंगारसिंह से मैं कोई सम्बन्ध न रखूँगी। वह मुझे घेरेगा, रोएगा। संभव है, गुंडों से मेरा अपमान कराए, आतंक दिखाए। लेकिन मैं सबकुछ झेल लूँगी, तुम्हारी ख़ातिर से...'

आगे और कुछ न कहकर वह तृष्णा-भरी लेकिन उसके साथ ही निरपेक्ष नेत्रों से दयाकृष्ण की ओर देखने लगी, जैसे दुकानदार गाहक को बुलाता तो है पर साथ ही यह भी दिखाना चाहता है कि उसे उसकी परवाह नहीं है। दयाकृष्ण क्या जवाब दे? संघर्षमय संसार में वह अभी केवल एक क़दम टिका पाया है। इधर वह अंगुल-भर जगह भी उससे छिन गई है। शायद ज़ोर मारकर वह फिर वह स्थान पा जाए; लेकिन वहाँ बैठने की जगह नहीं। और एक दूसरे प्राणी को लेकर तो वह खड़ा भी नहीं रह सकता। अगर मान लिया जाए कि अदम्य उद्योग से दोनों के लिए स्थान निकाल लेगा, तो आत्म-सम्मान को कहाँ ले जाए? संसार क्या कहेगा? लीला क्या फिर उसका मुँह देखना चाहेगी? सिंगार से वह फिर आँखें मिला सकेगी? यह भी छोड़ो। लीला अगर उसे पति समझती है, समझे। सिंगार अगर उससे जलता है तो जले, उसे इसकी परवाह नहीं। लेकिन अपने मन को क्या करे? विश्वास उसके अन्दर आकर जाल में फँसे पक्षी की भाँति फड़फड़ा कर निकल भागता है। कुलीना अपने साथ विश्वास का वरदान लिए आती है। उसके साहचर्य में हमें कभी सन्देह नहीं होता। वहाँ सन्देह के लिए प्रत्यक्ष प्रमाण चाहिए। कुत्सिता सन्देह का संस्कार लिए आती है। वहाँ विश्वास के लिए प्रत्यक्ष—अत्यन्त प्रत्यक्ष—प्रमाण की ज़रूरत है। उसने नम्रता से कहा—तुम जानती हो, मेरी क्या हालत है?

'हाँ, ख़ूब जानती हूँ।'

'और उस हालत में तुम प्रसन्न रह सकोगी?'

'तुम ऐसा प्रश्न क्यों करते हो कृष्ण? मुझे दुःख होता है। तुम्हारे मन में जो सन्देह है, वह मैं जानती हूँ, समझती हूँ। मुझे भ्रम हुआ था कि तुमने भी मुझे जान लिया है, समझ लिया है। अब मालूम हुआ, मैं धोखे में थी!'

वह उठकर वहाँ से जाने लगी। दयाकृष्ण ने उसका हाथ पकड़ लिया और प्रार्थी-भाव से बोला—तुम मेरे साथ अन्याय कर रही हो, माधुरी! मैं सत्य कहता हूँ, ऐसी कोई बात नहीं है...

माधुरी ने खड़े-खड़े विरक्त मन से कहा—तुम झूठ बोल रहे हो, बिलकुल झूठ। तुम अब भी मन से यह स्वीकार नहीं कर रहे हो कि कोई स्त्री स्वेच्छा से रूप का व्यवसाय नहीं करती। पैसे के लिए अपनी लज्जा को उघाड़ना, तुम्हारी समझ में कुछ ऐसे आनंद की बात है, जिसे वेश्या शौक़ से करती है। तुम वेश्या में स्त्रीत्व का होना संभव से बहुत दूर समझते हो। तुम इसकी कल्पना ही नहीं कर सकते कि वह क्यों अपने प्रेम में स्थिर नहीं होती। तुम नहीं जानते, कि प्रेम के लिए उसके मन में कितनी व्याकुलता होती है और जब वह सौभाग्य से उसे पा जाती है, तो किस तरह प्राणों की भाँति उसे संचित रखती है। खारे पानी के समुद्र में मीठे पानी का छोटा-सा पात्र कितना प्रिय होता है इसे वह क्या जाने, जो मीठे पानी के मटके उँड़ेलता रहता हो।

दयाकृष्ण कुछ ऐसे असमंजस में पड़ा हुआ था कि उसके मुँह से एक भी शब्द न निकला। उसके मन में जो शंका चिनगारी की भाँति छिपी हुई है, वह बाहर निकलकर कितनी भयंकर ज्वाला उत्पन्न कर देगी। उसने कपट का जो अभिनय किया था, प्रेम का जो स्वाँग रचा था, उसकी ग्लानि उसे और भी व्यथित कर रही थी।

सहसा माधुरी ने निष्ठुरता से पूछा—तुम यहाँ क्यों बैठे हो?

दयाकृष्ण ने अपमान को पीकर कहा—मुझे सोचने के लिए कुछ समय दो माधुरी!

'क्या सोचने के लिए?'

'अपना कर्तव्य है?'

'मैंने अपना कर्तव्य सोचने के लिए तो तुमसे समय नहीं माँगा! तुम अगर मेरे उद्धार की बात सोच रहे हो, तो उसे दिल से निकाल डालो। मैं भ्रष्टा हूँ और तुम साधुता के पुतले हो—जब तक यह भाव तुम्हारे अन्दर रहेगा, मैं तुमसे उसी तरह बात करूँगी जैसे औरों के साथ करती हूँ। अगर भ्रष्ट हूँ, तो जो लोग यहाँ अपना मुँह काला करने आते हैं, वे कुछ कम भ्रष्ट नहीं हैं। तुम जो एक मित्र की स्त्री पर दाँत लगाए हुए हो, तुम जो एक सरला अबला के साथ झूठे प्रेम का स्वाँग करते हो, तुम्हारे हाथों अगर मुझे स्वर्ग भी मिलता हो, तो उसे ठुकरा दूँ।'

दयाकृष्ण ने लाल आँखें करके कहा—तुमने फिर वही आक्षेप किया?

माधुरी तिलमिला उठी। उसकी रही-सही मृदुता भी ईर्ष्या के उमड़ते हुए प्रवाह में समा गई। लीला पर आक्षेप भी असह्य है, इसलिए कि वह कुलवधू है। मैं वेश्या हूँ, इसलिए मेरे प्रेम का उपकार भी स्वीकार नहीं किया जा सकता!

उसने अविचलित भाव से कहा—आक्षेप नहीं कर रही हूँ, सच्ची बात कह रही हूँ। तुम्हारे डर से बिल खोदने जा रही हूँ। तुम स्वीकार करो या न करो, तुम लीला पर मरते हो। तुम्हारी लीला तुम्हें मुबारक रहे। मैं अपने सिंगारसिंह ही में प्रसन्न हूँ, उद्धार की लालसा अब नहीं रही। पहले जाकर अपना उद्धार करो। अब से ख़बरदार कभी भूलकर भी यहाँ न आना, नहीं तो पछताओगे। तुम जैसे रँगे हुए पतितों का उद्धार नहीं करते। उद्धार वही कर सकते हैं, जो उद्धार के अभिमान को हृदय में आने ही नहीं देते। जहाँ प्रेम है, वहाँ किसी तरह का भेद नहीं रह सकता।

यह कहने के साथ ही वह उठकर बराबर वाले दूसरे कमरे में चली गई, और अन्दर से द्वार बन्द कर लिया। दयाकृष्ण कुछ देर वहाँ मर्माहत-सा खड़ा रहा, फिर धीरे-धीरे नीचे उतर गया, मानो देह में प्राण न हो।

4

दो दिन दयाकृष्ण घर से न निकला। माधुरी ने उसके साथ जो व्यवहार किया, इसकी उसे आशा न थी! माधुरी को उससे प्रेम था, इसका उसे विश्वास था, लेकिन जो प्रेम इतना असहिष्णु हो, जो दूसरे के मनोभावों का ज़रा भी विचार न करे, जो मिथ्या कलंक आरोपण करने से भी संकोच न करे, वह उन्माद हो सकता है, प्रेम नहीं। उसने बहुत अच्छा किया कि माधुरी के कपट-जाल में न फँसा, नहीं तो उसकी न जाने क्या दुर्गति होती।

पर दूसरे क्षण उसके भाव बदल जाते और माधुरी के प्रति उसका मन कोमलता से भर जाता। अब वह अपनी अनुदारता पर, अपनी संकीर्णता पर पछताता! उसे माधुरी पर सन्देह करने का कोई कारण न था। ऐसी दशा में ईर्ष्या स्वाभाविक है और वह ईर्ष्या ही क्या, जिसमें डंक न हो, विष न हो। माना, समाज उसकी निंदा करता। यह भी मान लिया कि माधुरी सती भार्या न होती। कम-से-कम सिंगारसिंह तो उसके पंजे से निकल जाता। दयाकृष्ण के सिर से ऋण का भार तो कुछ हल्का हो जाता, लीला का जीवन तो सुखी हो जाता।

सहसा किसी ने द्वार खटखटाया। उसने द्वार खोला, तो सिंगारसिंह सामने खड़ा था। बाल बिखरे हुए, कुछ अस्त-व्यस्त।

दयाकृष्ण ने हाथ मिलाते हुए पूछा—क्या पाँव-पाँव ही आ रहे हो, मुझे क्यों न बुला लिया?

सिंगार ने उसे चुभती हुई आँखों से देखकर कहा—मैं तुमसे यह पूछने आया हूँ कि माधुरी कहाँ है? अवश्य तुम्हारे घर में होगी।

'क्यों अपने घर पर होगी, मुझे क्या ख़बर? मेरे घर क्यों आने लगी?'

'इन बहानों से काम न चलेगा, समझ गए? मैं कहता हूँ, मैं तुम्हारा ख़ून पी जाऊँगा वरना ठीक-ठीक बता दो, वह कहाँ गई?'

'मैं बिलकुल कुछ नहीं जानता, तुम्हें विश्वास दिलाता हूँ। मैं तो दो दिन से घर से निकला ही नहीं।'

'रात को मैं उसके पास था। सवेरे मुझे उसका यह पत्र मिला। मैं उसी वक़्त दौड़ा हुआ उसके घर गया। वहाँ उसका पता न था। नौकरों से इतना मालूम हुआ, ताँगे पर बैठकर कहीं गई है। कहाँ गई है, यह कोई न बता सका। मुझे शक हुआ, यहाँ आई होगी। जब तक तुम्हारे घर की तलाशी न ले लूँगा, मुझे चैन न आएगी।'

उसने मकान का एक-एक कोना देखा, तख़्त के नीचे, आलमारी के पीछे। तब निराश होकर बोला—बड़ी बेवफा और मक्कार औरत है। ज़रा इस ख़त को पढ़ो।

दोनों फ़र्श पर बैठ गए। दयाकृष्ण ने पत्र लेकर पढ़ना शुरू किया—

सरदार साहब! मैं आज कुछ दिनों के लिए यहाँ से जा रही हूँ, कब लौटूँगी, कुछ नहीं जानती। कहाँ जा रही हूँ, यह भी नहीं जानती। जा इसलिए रही हूँ कि इस बेशर्मी और बेहयाई की ज़िन्दगी से मुझे घृणा हो रही है। और घृणा हो रही है उन लम्पटों से, जिनके कुत्सित विलास का मैं खिलौना थी और जिनमें तुम मुख्य हो। तुम महीनों से मुझ पर सोने और रेशम

की वर्षा कर रहे हो; मगर मैं तुमसे पूछती हूँ, उससे लाख गुने सोने और दस लाख गुने रेशम पर भी तुम अपनी बहन या स्त्री को इस रूप के बाज़ार में बैठने दोगे? कभी नहीं। उन देवियों में कोई ऐसी वस्तु है, जिसे तुम संसार भर की दौलत से भी मूल्यवान समझते हो। लेकिन जब तुम शराब के नशे में चूर, अपने एक-एक अंग में काम का उन्माद भरे आते थे, तो तुम्हें कभी ध्यान आता था कि तुम उसी अमूल्य वस्तु को किस निर्दयता के साथ पैरों से कुचल रहे हो? कभी ध्यान आता था कि अपनी कुल-देवियों को इस अवस्था में देखकर तुम्हें कितना दुःख होता? कभी नहीं। यह उन गीदड़ों और गिद्धों की मनोवृत्ति है, जो किसी लाश को देखकर चारों ओर से जमा हो जाते हैं, और उसे नोच-नोचकर खाते हैं। यह समझ रक्खो, नारी अपना बस रहते हुए कभी पैसों के लिए अपने को समर्पित नहीं करती। यदि वह ऐसा कर रही है, तो समझ लो कि उसके लिए और कोई आश्रय और कोई आधार नहीं है और पुरुष इतना निर्लज्ज है कि उसकी दुरवस्था से अपनी वासना तृप्त करता है और इसके साथ ही इतना निर्दय कि उसके माथे पर पतिता का कलंक लगाकर उसे उसी दुरवस्था में मरते देखना चाहता है! क्या वह नारी है? क्या नारीत्व के पवित्र मन्दिर में उसका स्थान नहीं है? लेकिन तुम उसे उस मन्दिर में घुसने नहीं देते। उसके स्पर्श से मन्दिर की प्रतिमा भ्रष्ट हो जाएगी। ख़ैर, पुरुष-समाज जितना अत्याचार चाहे कर ले। हम असहाय हैं, आत्माभिमान को भूल बैठी हैं लेकिन...

सहसा सिंगारसिंह ने उसके हाथ से वह पत्र छीन लिया और जेब में रखता हुआ बोला—क्या बड़े ग़ौर से पढ़ रहे हो, कोई नई बात नहीं। सबकुछ वही है, जो तुमने सिखाया है। यही करने तो तुम उसके यहाँ जाते थे। मैं कहता हूँ, तुम्हें मुझसे इतनी जलन क्यों हो गई? मैंने तो तुम्हारे साथ कोई बुराई न की थी। इस साल-भर में मैंने माधुरी पर दस हज़ार से कम न फूँके होंगे। घर में जो कुछ मूल्यवान् था, वह मैंने उसके चरणों पर चढ़ा दिया और आज उसे साहस हो रहा है कि वह हमारी कुल-देवियों की बराबरी करे! यह सब तुम्हारा प्रसाद है। सत्तर चूहे खाके बिल्ली हज को चली! कितनी बेवफा जात है। ऐसों को तो गोली मार दे। जिस पर सारा घर लुटा दिया, जिसके पीछे सारे शहर में बदनाम हुआ, वह आज मुझे उपदेश करने चली है! ज़रूर इसमें कोई-न-कोई रहस्य है। कोई नया शिकार फँसा होगा; मगर मुझसे भागकर जाएगी कहाँ, ढूँढ़ न निकालूँ तो नाम नहीं। कम्बख़्त कैसी प्रेम-भरी बातें करती थी कि मुझ पर घड़ों नशा चढ़ जाता था। बस, कोई नया शिकार फँस गया। यह बात न हो, मूँछ मुड़ा लूँ।

दयाकृष्ण उसके सफाचट चेहरे की ओर देखकर मुस्कुराया—तुम्हारी मूँछें तो पहले ही मुड़ चुकी हैं।

इस हलके-से विनोद ने जैसे सिंगारसिंह के घाव पर मरहम रख दिया। वह बे-सरो-सामान घर, वह फटा फ़र्श, वे टूटी-फूटी चीज़ें देखकर उसे दयाकृष्ण पर दया आ गई। चोट की तिलमिलाहट में वह जवाब देने के लिए ईंट-पत्थर ढूँढ़ रहा था; पर अब चोट ठंडी पड़ गई थी और दर्द घनीभूत हो रहा था। दर्द के साथ-साथ सौहार्द भी जाग रहा था। जब आग ही ठंडी हो गई तो धुआँ कहाँ से आता?

उसने पूछा—सच कहना, तुमसे भी कभी प्रेम की बातें करती थी?

दयाकृष्ण ने मुस्कुराते हुए कहा—मुझसे? मैं तो ख़ाली उसकी सूरत देखने जाता था।

'सूरत देखकर दिल पर क़ाबू तो नहीं रहता।'

'यह तो अपनी-अपनी रुचि है।'

'है मोहनी, देखते ही कलेजे पर छुरी चल जाती है।'

'मेरे कलेजे पर तो कभी छुरी नहीं चली। यही इच्छा होती थी कि इसके पैरों पर गिर पड़ूँ।'

'इसी शायरी ने तो यह अनर्थ किया। तुम-जैसे बुद्धुओं को किसी देहातिन से शादी करके रहना चाहिए। चले थे वेश्या से प्रेम करने!'

एक क्षण के बाद उसने फिर कहा—मगर है बेवफा, मक्कार!

'तुमने उससे वफा की आशा की, मुझे तो यही अफ़सोस है।'

'तुमने वह दिल ही नहीं पाया, तुमसे क्या कहूँ।'

एक मिनट के बाद उसने सहृदय-भाव से कहा—अपने पत्र में उसने बातें तो सच्ची लिखी हैं, चाहे कोई माने या न माने? सौन्दर्य को बाज़ारू चीज़ समझना कुछ बहुत अच्छी बात तो नहीं है।

दयाकृष्ण ने पुचारा दिया—जब स्त्री अपना रूप बेचती है, तो उसके ख़रीदार भी निकल आते हैं। फिर यहाँ तो कितनी ही जातियाँ हैं, जिनका यही पेशा है।

'यह पेशा चला कैसे?'

'स्त्रियों की दुर्बलता से।'

'नहीं, मैं समझता हूँ, बिस्मिल्लाह पुरुषों ने की होगी।'

इसके बाद एकाएक जेब से घड़ी निकालकर देखता हुआ बोला—ओहो! दो बज गए और अभी मैं यहीं बैठा हूँ। आज शाम को मेरे यहाँ खाना खाना। ज़रा इस विषय पर बातें होंगी। अभी तो उसे ढूँढ़ निकालना है। वह है कहीं इसी शहर में। घरवालों से भी कुछ नहीं कहा। बुढ़िया नायका सिर पीट रही थी। उस्तादजी अपनी तक़दीर को रो रहे थे। न-जाने कहाँ जाकर छिप रही।

उसने उठकर दयाकृष्ण से हाथ मिलाया और चला।

दयाकृष्ण ने पूछा—मेरी तरफ़ से तो तुम्हारा दिल साफ़ हो गया?

सिंगार ने पीछे फिरकर कहा—हुआ भी और नहीं भी हुआ। और बाहर निकल गया।

5

सात-आठ दिन तक सिंगारसिंह ने सारा शहर छाना, पुलिस में रिपोर्ट की, समाचारपत्रों में नोटिस छपाई, अपने आदमी दौड़ाए; लेकिन माधुरी का कुछ भी सुराग न मिला कि फिर महफ़िल गर्म होती। मित्रवृन्द सुबह-शाम हाजिरी देने आते और अपना-सा मुँह लेकर लौट जाते। सिंगार के पास उनके साथ गप-शप करने का समय न था।

गरमी के दिन, सजा हुआ कमरा भट्ठी बना हुआ था। खस की टट्टियाँ भी थीं, पंखा भी; लेकिन गरमी जैसे किसी के समझाने-बुझाने की परवाह नहीं करना चाहती, अपने दिल का बुखार निकालकर ही रहेगी।

सिंगारसिंह अपने भीतरवाले कमरे में बैठा हुआ पेग-पर-पेग चढ़ा रहा था; पर अन्दर की आग न शान्त होती थी। इस आग ने ऊपर की घास-फूस को जलाकर भस्म कर दिया था और अब अंतस्तल की जड़ विरक्ति और अचल विचार को द्रवित करके बड़े वेग से ऊपर फेंक रही थी। माधुरी की बेवफाई ने उसके आमोदी हृदय को इतना आहत कर दिया था कि अब अपना जीवन ही बेकार-सा मालूम होता था। माधुरी उसके जीवन में सबसे सत्य वस्तु थी,

सत्य भी और सुन्दर भी। उसके जीवन की सारी रेखाएँ इसी बिन्दु पर आकर जमा हो जाती थीं। वह बिन्दु एकाएक पानी के बुलबुले की भाँति मिट गया और अब वे सारी रेखाएँ, वे सारी भावनाएँ, वे सारी मृदु स्मृतियाँ उन झल्लाई हुई मधुमक्खियों की तरह भनभनाती फिरती थीं, जिनका छत्ता जला दिया गया हो। जब माधुरी ने कपट व्यवहार किया तो और किससे कोई आशा की जाए? इस जीवन ही में क्या है? आम में रस ही न रहा, तो गुठली किस काम की?

लीला कई दिनों से महफ़िल में सन्नाटा देखकर चकित हो रही थी। उसने कई महीनों से घर के किसी विषय में बोलना छोड़ दिया था। बाहर से जो आदेश मिलता था, उसे बिना कुछ कहे-सुने पूरा करना ही उसके जीवन का क्रम था। वीतराग-सी हो गई थी। न किसी शौक़ से वास्ता था, न सिंगार से।

मगर इस कई दिन के सन्नाटे ने उसके उदास मन को भी चिन्तित कर दिया। चाहती थी कि कुछ पूछे; लेकिन पूछे कैसे? मान जो टूट जाता। मान ही किस बात का? मान तब करे, जब कोई उसकी बात पूछता हो। मान-अपमान से प्रयोजन नहीं। नारी ही क्यों हुई?

उसने धीरे-धीरे कमरे का पर्दा हटाकर अन्दर झाँका। देखा, सिंगारसिंह सोफ़ा पर चुपचाप लेटा हुआ है, जैसे कोई पक्षी साँझ के सन्नाटे में परों में मुँह छिपाए बैठा हो।

समीप आकर बोली—मेरे मुँह पर ताला डाल दिया गया है; लेकिन क्या करूँ, बिना बोले रहा नहीं जाता। कई दिन से सरकार की महफ़िल में सन्नाटा क्यों है? तबीयत तो अच्छी है?

सिंगार ने उसकी ओर आँखें उठाईं। उनमें व्यथा भरी हुई थी। कहा—तुम अपने मैके क्यों नहीं चली जातीं लीला?

'आपकी जो आज्ञा; पर यह तो मेरे प्रश्न का उत्तर न हुआ।'

'वह कोई बात नहीं। मैं बिलकुल अच्छा हूँ। ऐसे बेहयाओं को मौत भी नहीं आती। अब इस जीवन से जी भर गया। कुछ दिनों के लिए बाहर जाना चाहता हूँ। तुम अपने घर चली जाओ, तो मैं निश्चिन्त हो जाऊँ।'

'भला आपको मेरी इतनी चिन्ता तो है।'

'अपने साथ जो कुछ ले जाना चाहती हो, ले जाओ।'

'मैंने इस घर की चीज़ों को अपना समझना छोड़ दिया है।'

'मैं नाराज़ होकर नहीं कह रहा हूँ, लीला न-जाने कब लौटूँ, तुम यहाँ अकेले कैसे रहोगी?'

कई महीने के बाद लीला ने पति की आँखों में स्नेह की झलक देखी।

'मेरा विवाह तो इस घर की सम्पत्ति से नहीं हुआ है, तुमसे हुआ है। जहाँ तुम रहोगे वहीं मैं भी रहूँगी।'

'मेरे साथ तो अब तक तुम्हें रोना ही पड़ा।'

लीला ने देखा, सिंगार की आँखों में आँसू की एक बूँद नीले आकाश में चन्द्रमा की तरह गिरने-गिरने को हो रही थी। उसका मन भी पुलकित हो उठा। महीनों की क्षुधाग्नि में जलने के बाद अन्न का एक दाना पाकर वह उसे कैसे ठुकरा दे? पेट नहीं भरेगा, कुछ भी नहीं होगा, लेकिन उस दाने को ठुकराना क्या उसके बस की बात थी?

उसने बिलकुल पास आकर, अपने आंचल को उसके समीप ले जाकर कहा—मैं तो तुम्हारी हो गई। हँसाओगे, हँसूँगी, रुलाओगे, रोऊँगी, रखोगे तो रहूँगी, निकालोगे तो भी रहूँगी, मेरा घर तुम हो, धर्म तुम हो, अच्छी हूँ तो तुम्हारी हूँ, बुरी हूँ तो तुम्हारी हूँ।

और दूसरे क्षण सिंगार के विशाल सीने पर उसका सिर रखा हुआ था और उसके हाथ थे लीला की कमर में। दोनों के मुख पर हर्ष की लाली थी, आँखों में हर्ष के आँसू और मन में एक ऐसा तूफ़ान, जो उन्हें न जाने कहाँ उड़ा ले जाएगा।

एक क्षण के बाद सिंगार ने कहा—तुमने कुछ सुना, माधुरी भाग गई और पगला दयाकृष्ण उसकी खोज में निकला!

लीला को विश्वास न आया—दयाकृष्ण!

'हाँ जी, जिस दिन वह भागी है, उसके दूसरे ही दिन वह भी चल दिया।'

'वह तो ऐसा नहीं है। और माधुरी क्यों भागी?'

'दोनों में प्रेम हो गया था। माधुरी उसके साथ रहना चाहती थी। वह राज़ी न हुआ।'

लीला ने एक लम्बी साँस ली। दयाकृष्ण के वे शब्द याद आए, जो उसने कई महीने पहले कहे थे। दयाकृष्ण की वे याचना-भरी आँखें उसके मन को मसोसने लगीं।

सहसा किसी ने बड़े ज़ोर से द्वार खोला और धड़धड़ाता हुआ भीतर वाले कमरे के द्वार पर आ गया।

सिंगार ने चकित होकर कहा—'अरे! तुम्हारी यह क्या हालत है, कृष्णा? किधर से आ रहे हो?'

दयाकृष्ण की आँखें लाल थीं, सिर और मुँह पर गर्द जमी हुई, चेहरे पर घबराहट, जैसे कोई दीवाना हो।

उसने चिल्लाकर कहा—तुमने सुना; माधुरी इस संसार में नहीं रही!

और दोनों हाथों से सिर पीट-पीटकर रोने लगा, मानो हृदय और प्राणों को आँखों से बहा देगा।

चमत्कार

बी.ए. पास करने के बाद चन्द्रप्रकाश को एक ट्यूशन करने के सिवा और कुछ न सूझा। उसकी माता पहले ही मर चुकी थी, इसी साल पिता का भी देहान्त हो गया और प्रकाश जीवन के जो मधुर स्वप्न देखा करता था, वे सब धूल में मिल गए। पिता ऊँचे ओहदे पर थे, उनकी कोशिश से चन्द्रप्रकाश को कोई अच्छी जगह मिलने की पूरी आशा थी; पर वे सब मनसूबे धरे रह गए और अब गुज़र-बसर के लिए वही 30) महीने की ट्यूशन रह गई। पिता ने कुछ सम्पत्ति भी न छोड़ी, उलटे वधू का बोझ और सिर पर लाद दिया और स्त्री भी मिली, तो पढ़ी-लिखी, शौकीन, ज़बान की तेज़ जिसे मोटा खाने और मोटा पहनने से मर जाना कबूल था। चन्द्रप्रकाश को 30) की नौकरी करते शर्म तो आई; लेकिन ठाकुर साहब ने रहने का स्थान देकर उसके आँसू पोंछ दिए। यह मकान ठाकुर साहब के मकान से बिलकुल मिला हुआ था—पक्का, हवादार, साफ़-सुथरा और ज़रूरी सामान से लैस। ऐसा मकान 20) से कम पर न मिलता, काम केवल दो घंटे का। लड़का था तो लगभग उन्हीं की उम्र का; पर बड़ा कुन्दजेहन, कामचोर। अभी नवें दरजे में पढ़ता था। सबसे बड़ी बात यह कि

ठाकुर और ठाकुराइन दोनों प्रकाश का बहुत आदर करते थे, बल्कि उसे लड़का ही समझते थे। वह नौकर नहीं, घर का आदमी था और घर के हर एक मामले में उसकी सलाह ली जाती थी। ठाकुर साहब अँगरेज़ी नहीं जानते थे। उनकी समझ में अँगरेज़ीदाँ लौंडा भी उनसे ज़्यादा बुद्धिमान, चतुर और तजरबेकार था।

2

संध्या का समय था। प्रकाश ने अपने शिष्य वीरेन्द्र को पढ़ाकर छड़ी उठाई, तो ठाकुराइन ने आकर कहा—अभी न जाओ बेटा, ज़रा मेरे साथ आओ, तुमसे कुछ सलाह करनी है।

प्रकाश ने मन में सोचा—आज कैसी सलाह है, वीरेन्द्र के सामने क्यों नहीं कहा? उसे भीतर ले जाकर रमा देवी ने कहा—तुम्हारी क्या सलाह है, बीरू को ब्याह दूँ? एक बहुत अच्छे घर से सन्देशा आया है।

प्रकाश ने मुस्कुराकर कहा—यह तो बीरू बाबू ही से पूछिए।

'नहीं, मैं तुमसे पूछती हूँ।'

प्रकाश ने असमंजस में पड़कर कहा—मैं इस विषय में क्या सलाह दे सकता हूँ? उनका बीसवाँ साल तो है; लेकिन यह समझ लीजिए कि पढ़ना हो चुका।

'तो अभी न करूँ, यही सलाह है?'

'जैसा आप उचित समझें। मैंने तो दोनों बातें कह दीं।'

'तो कर डालूँ? मुझे यही डर लगता है कि लड़का कहीं बहक न जाए।'

'मेरे रहते इसकी तो आप चिन्ता न करें। हाँ, इच्छा हो, तो कर डालिए। कोई हरज भी नहीं है।'

'सब तैयारियाँ तुम्हीं को करनी पड़ेंगी, यह समझ लो।'

'तो मैं इनकार कब करता हूँ।'

रोटी की ख़ैर मनानेवाले शिक्षित युवकों में एक प्रकार की दुविधा होती है, जो उन्हें अप्रिय सत्य कहने से रोकती है। प्रकाश में भी यही कमज़ोरी थी।

बात पक्की हो गई और विवाह का सामान आने लगा। ठाकुर साहब उन मनुष्यों में थे, जिन्हें अपने ऊपर विश्वास नहीं होता। उनकी निगाह में प्रकाश की डिग्री, उनके साठ साल के अनुभव से कहीं मूल्यवान् थी। विवाह का सारा आयोजन प्रकाश के हाथों में था। दस-बारह हज़ार रुपए ख़र्च करने का अधिकार कुछ कम गौरव की बात न थी। देखते-देखते ही फटेहाल युवक ज़िम्मेदार मैनेजर बन बैठा। कहीं कपड़ेवाला उसे सलाम करने आया है; कहीं मुहल्ले का बनिया घेरे हुए है; कहीं गैस और शामियानेवाला खुशामद कर रहा है। वह चाहता, तो दो-चार सौ रुपए बड़ी आसानी से बना लेता, लेकिन इतना नीच न था। फिर उसके साथ क्या दग़ा करता, जिसने सबकुछ उसी पर छोड़ दिया था। पर जिस दिन उसने पाँच हज़ार के जेवर ख़रीदे, उस दिन उसका मन चंचल हो उठा।

घर आकर चम्पा से बोला—हम तो यहाँ रोटियों के मुहताज हैं और दुनिया में ऐसे आदमी पड़े हुए हैं जो हज़ारों-लाखों रुपए के जेवर बनवा डालते हैं। ठाकुर साहब ने आज बहू के चढ़ावे के लिए पाँच हज़ार के जेवर ख़रीदे। ऐसी-ऐसी चीज़ें कि देखकर आँखें ठंडी हो जाएँ। सच कहता हूँ, बाज चीज़ों पर तो आँख नहीं ठहरती थी।

चम्पा ईर्ष्या-जनित विराग से बोली—ऊँह, हमें क्या करना है? जिन्हें ईश्वर ने दिया है, वे पहनें। यहाँ तो रोकर मरने ही के लिए पैदा हुए हैं।

चन्द्रप्रकाश—इन्हीं लोगों की मौज़ है। न कमाना, न धमाना। बाप-दादा छोड़ गए हैं, मज़े से खाते और चैन करते हैं। इसी से कहता हूँ, ईश्वर बड़ा अन्यायी है।

चम्पा—अपना-अपना पुरुषार्थ है, ईश्वर का क्या दोष? तुम्हारे बाप-दादा छोड़ गए होते, तो तुम भी मौज़ करते। यहाँ तो रोटियाँ चलना मुश्किल हैं, गहने-कपड़े को कौन रोए। और न इस ज़िन्दगी में कोई ऐसी आशा ही है। कोई गत की साड़ी भी नहीं रही कि किसी भले आदमी के घर जाऊँ, तो पहन लूँ। मैं तो इसी सोच में हूँ कि ठकुराइन के यहाँ ब्याह में कैसे जाऊँगी। सोचती हूँ, बीमार पड़ जाती तो जान बचती।

यह कहते-कहते उसकी आँखें भर आईं।

प्रकाश ने तसल्ली दी—साड़ी तुम्हारे लिए लाऊँ। अब क्या इतना भी न कर सकूँगा? मुसीबत के ये दिन क्या सदा बने रहेंगे? ज़िन्दा रहा, तो एक दिन तुम सिर से पाँव तक जेवरों से लदी रहोगी।

चम्पा मुस्कुराकर बोली—चलो, ऐसी मन की मिठाई मैं नहीं खाती। निबाह होता जाए, यही बहुत है। गहनों की साध नहीं है।

प्रकाश ने चम्पा की बातें सुनकर लज्जा और दुःख से सिर झुका लिया। चम्पा उसे इतना पुरुषार्थहीन समझती है।

3

रात को दोनों भोजन करके लेटे, तो प्रकाश ने फिर गहनों की बात छेड़ी। गहने उसकी आँखों में बसे हुए थे—इस शहर में ऐसे बढ़िया गहने बनते हैं, मुझे इसकी आशा न थी।

चम्पा ने कहा—कोई और बात करो। गहनों की बात सुनकर जी जलता है।

'वैसी चीज़ें तुम पहनो, तो रानी मालूम होने लगो।'

'गहनों से क्या सुन्दरता बढ़ जाती है? तो ऐसी बहुत-सी औरतें देखी हैं, जो गहने पहनकर भद्दी दीखने लगती हैं।'

'ठाकुर साहब भी मतलब के यार हैं। यह न हुआ कि कहते, इसमें से कोई चीज़ चम्पा के लिए भी लेते जाओ।'

'तुम भी कैसी बच्चों की-सी बातें करते हो?'

'इसमें बचपने की क्या बात है? कोई उदार आदमी कभी इतनी कृपणता न करता।'

'मैंने तो कोई ऐसा उदार आदमी नहीं देखा, जो अपनी बहू के गहने किसी ग़ैर को दे दे।'

'मैं ग़ैर नहीं हूँ। हम दोनों एक ही मकान में रहते हैं। मैं उनके लड़के को पढ़ाता हूँ और शादी का सारा इंतज़ाम कर रहा हूँ। अगर सौ-दो सौ की कोई चीज़ दे देते, तो वह निष्फल न जाती। मगर धनवानों का हृदय धन के भार से दबकर सिकुड़ जाता है। उनमें उदारता के लिए स्थान ही नहीं रहता।'

रात के बारह बज गए हैं, फिर भी प्रकाश को नींद नहीं आती। बार-बार वही चमकीले गहने आँखों के सामने आ जाते हैं। कुछ बादल हो आए हैं और बार-बार बिजली चमक उठती है।

सहसा प्रकाश चारपाई से उठ खड़ा हुआ। उसे चम्पा का आभूषणहीन अंग देखकर दया आई। यही तो खाने-पहनने की उम्र है और इसी उम्र में इस बेचारी को हर एक चीज़ के लिए तरसना पड़ रहा है। वह दबे पाँव कमरे से बाहर निकलकर छत पर आया। ठाकुर साहब की छत इस छत से मिली हुई थी। बीच में एक पाँच फीट ऊँची दीवार थी। वह दीवार पर चढ़कर ठाकुर साहब की छत पर आहिस्ता से उतर गया। घर में बिलकुल सन्नाटा था।

उसने सोचा—पहले ज़ीने से उतरकर ठाकुर साहब के कमरे में चलूँ। अगर वह जाग गए, तो ज़ोर से हँसूँगा और कहूँगा—कैसा चरका दिया, या कह दूँगा, मेरे घर की छत से कोई आदमी इधर आता दिखाई दिया, इसलिए मैं भी उसके पीछे-पीछे आया कि देखूँ, यह क्या करता है। अगर सन्दूक की कुंजी मिल गई तो फिर फतह है। किसी को मुझ पर सन्देह ही न होगा। सब लोग नौकरों पर सन्देह करेंगे, मैं भी कहूँगा—साहब! नौकरों की हरकत है, इन्हें छोड़कर और कौन ले जा सकता है? मैं बेदाग़ बच जाऊँगा! शादी के बाद कोई दूसरा घर लूँगा। फिर धीरे-धीरे एक-एक चीज़ चम्पा को दूँगा, जिसमें उसे कोई सन्देह न हो।

फिर भी वह ज़ीने से उतरने लगा तो उसकी छाती धड़क रही थी।

4

धूप निकल आई थी। प्रकाश अभी सो रहा था कि चम्पा ने उसे जगाकर कहा—बड़ा ग़ज़ब हो गया। रात को ठाकुर साहब के घर में चोरी हो गई। चोर गहने की संदूकची उठा ले गया।

प्रकाश ने पड़े-पड़े पूछा—किसी ने पकड़ा नहीं चोर को?

'किसी को ख़बर भी हो! वह संदूकची ले गया, जिसमें ब्याह के गहने रखे थे। न-जाने कैसे कुंजी उड़ा ली और न-जाने कैसे उसे मालूम हुआ कि इस सन्दूक में संदूकची रखी है!'

'नौकरों की कार्रवाई होगी। बाहरी चोर का यह काम नहीं है।'

'नौकर तो उनके तीनों पुराने हैं।'

'नीयत बदलते क्या देर लगती है! आज मौक़ा देखा, उठा ले गए!'

'तुम जाकर ज़रा उन लोगों को तसल्ली तो दो। ठाकुराइन बेचारी रो रही थीं। तुम्हारा नाम ले-लेकर कहती थीं कि बेचारा महीनों इन गहनों के लिए दौड़ा, एक-एक चीज़ अपने सामने जँचवाई और चोर दाढ़ीजारों ने उसकी सारी मेहनत पर पानी फेर दिया।'

प्रकाश चटपट उठ बैठा और घबड़ाता हुआ-सा जाकर ठाकुराइन से बोला—यह तो बड़ा अनर्थ हो गया माताजी, मुझसे तो अभी-अभी चम्पा ने कहा।

ठाकुर साहब सिर पर हाथ रखे बैठे हुए थे। बोले—कहीं सेंध नहीं, कोई ताला नहीं टूटा, किसी दरवाज़े की चूल नहीं उतरी। समझ में नहीं आता, चोर आया किधर से!

ठाकुराइन ने रोकर कहा—मैं तो लुट गई भैया, ब्याह सिर पर खड़ा है, कैसे क्या होगा, भगवान्! तुमने दौड़-धूप की थी, तब कहीं जाके चीज़ें आई थीं। न-जाने किस मनहूस सायत से लग्न आई थी।

प्रकाश ने ठाकुर साहब के कान में कहा—मुझे तो किसी नौकर की शरारत मालूम होती है।

ठाकुराइन ने विरोध किया—अरे नहीं भैया, नौकरों में ऐसा कोई नहीं। दस-दस हज़ार रुपए यों ही ऊपर रखे रहते थे, कभी एक पाई भी नहीं गई।

ठाकुर साहब ने नाक सिकोड़कर कहा—तुम क्या जानो, आदमी का मन कितना जल्द बदल जाया करता है। जिसने अब तक चोरी नहीं की, वह कभी चोरी न करेगा, यह कोई नहीं कह सकता। मैं पुलिस में रिपोर्ट करूँगा और एक-एक नौकर की तलाशी कराऊँगा। कहीं माल उड़ा दिया होगा। जब पुलिस के जूते पड़ेंगे, तो आप ही कबूलेंगे।

प्रकाश ने पुलिस का घर में आना ख़तरनाक समझा। कहीं उन्हीं के घर में तलाशी ले, तो अनर्थ ही हो जाए। बोले—पुलिस में रिपोर्ट करना और तहकीकात कराना व्यर्थ है। पुलिस माल तो न बरामद कर सकेगी। हाँ, नौकरों को मार-पीट भले ही लेगी। कुछ नज़र भी उसे चाहिए, नहीं तो कोई दूसरा ही स्वाँग खड़ा कर देगी। मेरी तो सलाह है कि एक-एक नौकर को एकान्त में बुलाकर पूछा जाए।

ठाकुर साहब ने मुँह बनाकर कहा—तुम भी क्या बच्चों की-सी बात करते हो, प्रकाश बाबू! भला, चोरी करने वाला अपने आप कबूलेगा। तुम मारपीट भी तो नहीं करते। हाँ, पुलिस में रिपोर्ट करना मुझे भी फजूल मालूम होता है। माल बरामद होने से रहा, उलटे महीनों की परेशानी हो जाएगी।

प्रकाश—लेकिन कुछ-न-कुछ तो करना ही पड़ेगा।

ठाकुर—कोई लाभ नहीं। हाँ, अगर कोई खुफिया पुलिस हो, जो चुपके-चुपके पता लगावे, तो अलबत्ता माल निकल आए; लेकिन यहाँ ऐसी पुलिस कहाँ? तक़दीर ठोंककर बैठ रहो और क्या।

प्रकाश—आप बैठ रहिए; लेकिन मैं बैठने वाला नहीं। मैं इन्हीं नौकरों के सामने चोर का नाम निकलवाऊँगा?

ठाकुराइन—नौकरों पर मुझे पूरा विश्वास है। किसी का नाम निकल भी आए, तो मुझे सन्देह ही रहेगा। किसी बाहर के आदमी का काम है। चाहे जिधर से आया हो; पर चोर आया बाहर से। तुम्हारे कोठे से भी तो आ सकता है।

ठाकुर—हाँ, ज़रा अपने कोठे पर तो देखो, शायद कुछ निशान मिले। कल दरवाज़ा तो खुला नहीं रह गया?

प्रकाश का दिल धड़कने लगा। बोला—मैं तो दस बजे द्वार बन्द कर लेता हूँ। हाँ, कोई पहले से मौक़ा पाकर कोठे पर चला गया हो और वहाँ छिपा बैठा रहा हो, तो बात दूसरी है।

तीनों आदमी छत पर गए, तो बीच की मुँड़ेर पर किसी के पाँव की रगड़ के निशान दिखाई दिए। जहाँ पर प्रकाश का पाँव पड़ा था, वहाँ का चूना लग जाने के कारण छत पर पाँव का निशान पड़ गया था। प्रकाश की छत पर जाकर मुँड़ेर की दूसरी तरफ़ देखा, तो वैसे ही निशान वहाँ भी दिखाई दिए। ठाकुर साहब सिर झुकाए खड़े थे, संकोच के मारे कुछ कह न सकते थे। प्रकाश ने उनके मन की बात खोल दी—इससे तो स्पष्ट होता है कि चोर मेरे ही घर में से आया। अब तो कोई सन्देह ही नहीं रहा।

ठाकुर साहब ने कहा—हाँ, मैं भी यही समझता हूँ; लेकिन इतना पता लग जाने से ही क्या हुआ। माल तो जाना था, सो गया। अब चलो, आराम से बैठें! आज रुपए की कोई फ़िक्र करनी होगी।

प्रकाश—मैं आज ही वह घर छोड़ दूँगा।

ठाकुर—क्यों, इसमें तुम्हारा कोई दोष नहीं।

प्रकाश—आप कहें; लेकिन मैं समझता हूँ मेरे सिर बड़ा भारी अपराध लग गया। मेरा दरवाज़ा नौ-दस बजे तक खुला ही रहता है। चोर ने रास्ता देख लिया। संभव है, दो-चार दिन में फिर आ घुसे। घर में अकेली एक औरत सारे घर की निगरानी नहीं कर सकती। इधर वह तो रसोई में बैठी है, उधर कोई आदमी चुपके से ऊपर चढ़ जाए, तो ज़रा भी आहट नहीं मिल सकती। मैं घूम-घामकर कभी नौ बजे आया, कभी दस बजे। और शादी के दिनों में तो देर होती ही रहेगी। उधर का रास्ता बन्द हो जाना चाहिए। मैं तो समझता हूँ, इस चोरी की सारी ज़िम्मेदारी मेरे सिर है।

ठाकुराइन डरीं—तुम चले जाओगे भैया, तब तो घर और फाड़ खायगा।

प्रकाश—कुछ भी हो माताजी, मुझे बहुत जल्द घर छोड़ना ही पड़ेगा। मेरी गफलत से चोरी हुई, उसका मुझे प्रायश्चित्त करना ही पड़ेगा।

प्रकाश चला गया, तो ठाकुर ने स्त्री से कहा—बड़ा लायक आदमी है।

ठाकुराइन—क्या बात है। चोर उधर से आया, यही बात उसे लग गई।

'कहीं यह चोर को पकड़ पावे, तो कच्चा खा जाए।'

'मार ही डाले!'

'देख लेना, कभी-न-कभी माल बरामद करेगा।'

'अब इस घर में कदापि न रहेगा, कितना ही समझाओ।'

'किराए के 20) और दे दूँगा।'

'हम किराया क्यों दें? वह आप ही घर छोड़ रहे हैं। हम तो कुछ कहते नहीं।'

'किराया तो देना ही पड़ेगा। ऐसे आदमी के साथ कुछ बल भी खाना पड़े, तो बुरा नहीं लगता।'

'मैं तो समझती हूँ, वह किराया लेंगे ही नहीं।'

'तीस रुपए में गुज़र भी तो न होता होगा।'

5

प्रकाश ने उसी दिन वह घर छोड़ दिया। उस घर में रहने से जोखिम था। लेकिन जब तक शादी की धूमधाम रही, प्रायः सारे दिन यहीं रहते थे। चम्पा से कहा—एक सेठजी के यहाँ 50) महीने का काम और मिल गया है; मगर वह रुपए मैं उन्हीं के पास जमा करता जाऊँगा। वह आमदनी केवल जेवरों में ख़र्च होगी। उसमें से एक पाई भी घर के ख़र्च में न आने दूँगा। चम्पा फड़क उठी। पति-प्रेम का यह परिचय पाकर उसने अपने भाग्य को सराहा, देवताओं में उसकी श्रद्धा और भी बढ़ गई।

अब तक प्रकाश और चम्पा के बीच में कोई परदा न था। प्रकाश के पास जो कुछ था, वह चम्पा का था। चम्पा ही के पास उसके बक्से, संदूक, आलमारी की कुंजियाँ रहती थीं; मगर अब प्रकाश का एक सन्दूक हमेशा बन्द रहता। उसकी कुंजी कहाँ है, इसका चम्पा को पता नहीं। वह पूछती है, इस सन्दूक में क्या है, तो वह कह देते हैं—कुछ नहीं, पुरानी किताबें मारी-मारी फिरती थीं, उठा के सन्दूक में बन्द कर दी हैं। चम्पा को सन्देह का कोई कारण न था।

एक दिन चम्पा पति को पान देने गई तो देखा, वह उस सन्दूक को खोले हुए देख रहे हैं। उसे देखते ही उन्होंने सन्दूक जल्दी से बन्द कर दिया। उनका चेहरा जैसे फक हो गया।

सन्देह का अंकुर जमा; मगर पानी न पाकर सूख गया। चम्पा किसी ऐसे कारण की कल्पना ही न कर सकी, जिससे सन्देह को आश्रय मिलता।

लेकिन पाँच हज़ार की सम्पत्ति को इस तरह छोड़ देना कि उसका ध्यान ही न आवे, प्रकाश के लिए असंभव था। वह कहीं बाहर से आता तो एक बार सन्दूक अवश्य खोलता।

एक दिन पड़ोस में चोरी हो गई। उस दिन से प्रकाश अपने कमरे ही में सोने लगा। असाढ़ के दिन थे। उमस के मारे दम घुटता था। ऊपर एक साफ़-सुथरा बरामदा था, जो बरसात में सोने के लिए ही शायद बनाया गया था। चम्पा ने कई बार ऊपर सोने के लिए कहा, पर प्रकाश ने न माना। अकेला घर कैसे छोड़ दे?

चम्पा ने कहा—चोरी ऐसों के यहाँ नहीं होती। चोर घर में कुछ देखकर ही जान ख़तरे में डालता है। यहाँ क्या रखा है?

प्रकाश ने क्रुद्ध होकर कहा—कुछ नहीं है, बरतन-भाँड़े तो हैं ही। ग़रीब के लिए अपनी हाँड़ी ही बहुत है।

एक दिन चम्पा ने कमरे में झाड़ू लगाई, तो सन्दूक को खिसकाकर दूसरी तरफ़ रख दिया। प्रकाश ने सन्दूक का स्थान बदला हुआ पाया, तो सशंक होकर बोला—संदूक तुमने हटाया?

यह पूछने की कोई बात न थी। झाड़ू लगाते वक़्त प्रायः चीज़ें इधर-उधर खिसक ही जाती हैं। बोली—मैं क्यों हटाने लगी?

'फिर किसने हटाया?'

'मैं नहीं जानती।'

'घर में तुम रहती हो, जानेगा कौन?'

'अच्छा, अगर मैंने ही हटा दिया, तो इसमें पूछने की क्या बात है?'

'कुछ नहीं, यों ही पूछता था।'

मगर जब तक सन्दूक खोलकर सब चीज़ें देख न ले, प्रकाश को चैन कहाँ? चम्पा ज्यों ही भोजन पकाने लगी, उसने सन्दूक खोला और आभूषणों को देखने लगा। आज चम्पा ने पकौड़ियाँ बनाई थीं। पकौड़ियाँ गरम-गरम ही मज़ा देती हैं। प्रकाश को पकौड़ियाँ पसन्द भी थीं। उसने थोड़ी-सी पकौड़ियाँ एक तश्तरी में रखीं और प्रकाश को देने गई। प्रकाश ने उसको देखते ही सन्दूक धमाके से बन्द कर दिया और ताला लगाकर उसे बहलाने के इरादे से बोला—तश्तरी में क्या लाईं? अच्छा, पकौड़ियाँ हैं!

आज चम्पा को सन्देह हो गया। सन्दूक में क्या है, यह देखने की उत्सुकता हुई। प्रकाश उसकी कुंजी कहीं छिपाकर रखता था। चम्पा किसी तरह वह कुंजी उड़ा देने की चाल सोचने लगी। एक दिन एक बिसाती कुंजियों का गुच्छा बेचने आ निकला। चम्पा ने उस ताले की कुंजी ले ली और सन्दूक खोल डाली। अरे! ये तो आभूषण हैं। उसने एक-एक आभूषण को निकालकर देखा। ये गहने कहाँ से आए! मुझसे कभी इनकी चर्चा नहीं की। सहसा उसके मन में भाव उठा—कहीं ये ठाकुर साहब के गहने तो नहीं हैं। चीज़ें वही थीं, जिनका वह बखान करते रहते थे। उसे अब कोई सन्देह न रहा; लेकिन इतना घोर पतन! लज्जा और खेद से उसका सिर झुक गया।

उसने तुरन्त सन्दूक बन्द कर दिया और चारपाई पर लेटकर सोचने लगी। इनकी इतनी हिम्मत पड़ी कैसे? यह दुर्भावना इनके मन में आई ही क्यों? मैंने तो कभी आभूषणों के लिए

आग्रह नहीं किया। अगर आग्रह भी करती, तो क्या उसका आशय यह होता कि वह चोरी करके लावें? चोरी—आभूषणों के लिए! इनका मन क्यों इतना दुर्बल हो गया?

उसके जी में आया, इन गहनों को उठा ले और ठाकुराइन के चरणों पर डाल दे। उनसे कहे—यह मत पूछिए, ये गहने मेरे पास कैसे आए। आपकी चीज़ आपके पास आ गई, इसी से सन्तोष कर लीजिए।

लेकिन परिणाम कितना भयंकर होगा!

6

उस दिन से चम्पा कुछ उदास रहने लगी। प्रकाश से उसे वह प्रेम न रहा, न वह सम्मान-भाव। बात-बात पर तकरार होती। अभाव में जो परस्पर सद्भाव था, वह ग़ायब हो गया। तब एक दूसरे से दिल की बात कहता था, भविष्य के मनसूबे बाँधे जाते थे, आपस में सहानुभूति थी। अब दोनों ही दिलगीर रहते। कई-कई दिनों तक आपस में एक बात भी न होती।

कई महीने गुज़र गए। शहर के एक बैंक में असिस्टेंट मैनेजर की जगह ख़ाली हुई। प्रकाश ने अर्थशास्त्र पढ़ा था; लेकिन शर्त यह थी कि नकद दस हज़ार की ज़मानत दाख़िल की जाए। इतनी बड़ी रक़म कहाँ से आवे। प्रकाश तड़प-तड़पकर रह जाता था।

एक दिन ठाकुर साहब से इस विषय में बात चल पड़ी।

ठाकुर साहब ने कहा—तुम क्यों नहीं दरख्वास्त भेजते?

प्रकाश ने सिर झुकाकर कहा—दस हज़ार की नकद ज़मानत माँगते हैं। मेरे पास रुपए कहाँ रखे हैं!

'अजी, तुम दरख्वास्त तो दो। अगर सारी बातें तय हो जाएँ, तो ज़मानत भी दे दी जाएगी। इसकी चिन्ता न करो।'

प्रकाश ने स्तम्भित होकर कहा—आप ज़मानत दे देंगे?

'हाँ-हाँ, यह कौन-सी बड़ी बात है।'

प्रकाश घर चला तो बहुत रंजीदा था! उसको यह जगह अब अवश्य मिलेगी; लेकिन फिर भी वह प्रसन्न नहीं है। ठाकुर साहब की सरलता, उनका उस पर इतना अटल विश्वास, उसे आहत कर रहा है। उनकी शराफत उसके कमीनेपन को कुचले डालती है।

उसने घर आकर चम्पा को यह ख़ुशख़बरी सुनाई। चम्पा ने सुनकर मुँह फेर लिया। एक क्षण के बाद बोली—ठाकुर साहब से तुमने क्यों ज़मानत दिलवाई? प्रकाश ने चिढ़कर कहा—फिर और किससे दिलवाता?

'यही न होता कि जगह न मिलती। रोटियाँ तो मिल ही जातीं। रुपए-पैसे की बात है। कहीं भूल-चूक हो जाए, तो तुम्हारे साथ उनके रुपए भी जाएँ?'

'यह तुम कैसे समझती हो कि भूल-चूक होगी? क्या मैं अनाड़ी हूँ?'

चम्पा ने विरक्त मन से कहा—आदमी की नीयत भी तो हमेशा एक-सी नहीं रहती!

प्रकाश ठक-से रह गया। उसने चम्पा को चुभती हुई आँखों से देखा; पर चम्पा ने मुँह फेर लिया था। वह उसके भावों के विषय में कुछ निश्चय न कर सका, लेकिन ऐसी ख़ुशख़बरी सुनकर भी चम्पा का उदासीन रहना उसे विकल करने लगा। उसके मन में प्रश्न उठा—इस वाक्य में कहीं आक्षेप तो नहीं छिपा हुआ है। चम्पा ने सन्दूक खोलकर

देख तो नहीं लिया? इस प्रश्न का उत्तर पाने के लिए इस समय वह अपनी एक आँख भी भेंट कर सकता था।

भोजन करते समय प्रकाश ने चम्पा से पूछा—तुमने क्या सोचकर कहा था कि आदमी की नीयत तो हमेशा एक-सी नहीं रहती? जैसे यह उसके जीवन या मृत्यु का प्रश्न हो।

चम्पा ने संकट में पड़कर कहा—कुछ नहीं, मैंने दुनिया की बात कही थी। प्रकाश को सन्तोष न हुआ।

'क्या जितने आदमी बैंकों में नौकर हैं, उनकी नीयत बदलती रहती है?' वह बोला।

चम्पा ने गला छुड़ाना चाहा—तुम ज़बान पकड़ते हो। ठाकुर साहब के यहाँ इस शादी ही में तुम अपनी नीयत ठीक नहीं रख सके। सौ-दो सौ रुपए की चीज़ें घर रख ही लीं।

प्रकाश के दिल से बोझ उतर गया। मुस्कुराकर बोला—अच्छा, तुम्हारा संकेत उस तरफ़ था, लेकिन मैंने कमीशन के सिवा उनकी एक पाई भी नहीं छुई। और कमीशन लेना तो कोई पाप नहीं! बड़े-बड़े हुक्काम खुले-ख़ज़ाने कमीशन लिया करते हैं।

चम्पा ने तिरस्कार के भाव से कहा—जो आदमी अपने ऊपर इतना विश्वास रखे, उसकी आँख बचाकर एक पाई भी लेना मैं पाप समझती हूँ। तुम्हारी सज्जनता तो मैं जब जानती कि तुम कमीशन के रुपए ले जाकर उनके हवाले कर देते। इन छह महीनों में उन्होंने तुम्हारे साथ क्या-क्या सलूक किए, कुछ याद है? मकान तुमने ख़ुद छोड़ा; लेकिन वह 20) महीने देते जाते हैं। इलाक़े से कोई सौगात आती है, तो तुम्हारे यहाँ ज़रूर भेजते हैं। तुम्हारे पास घड़ी न थी, अपनी घड़ी तुम्हें दे दी। तुम्हारी महरी जब नागा करती है, ख़बर पाते ही अपना नौकर भेज देते हैं। मेरी बीमारी ही में डॉक्टर साहब की फीस उन्होंने दी, और दिन में दो बार हाल-चाल भी पूछने आया करते थे। यह ज़मानत ही क्या छोटी बात है? अपने सम्बन्धियों तक की ज़मानत तो जल्दी कोई करता ही नहीं, तुम्हारी ज़मानत के लिए दस हज़ार रुपए नकद निकाल कर दे दिए। इसे तुम छोटी बात समझते हो? आज तुमसे कोई भूल-चूक हो जाए, तो उनके रुपए तो ज़ब्त हो ही जाएँगे! जो आदमी अपने ऊपर इतनी दया रखे, उसके लिए हमें भी प्राण देने को तैयार रहना चाहिए।

प्रकाश भोजन करके लेटा; तो उसकी आत्मा उसे धिक्कार रही थी। दुखते हुए फोड़े में कितना मवाद भरा हुआ है, यह उस वक़्त मालूम होता है, जब नश्तर लगाया जाता है। मन का विकार उस वक़्त मालूम होता है, जब कोई उसे हमारे सामने खोलकर रख देता है। किसी सामाजिक या राजनीतिक अन्याय का व्यंग्य-चित्र देखकर क्यों हमारे मन को चोट लगती है? इसीलिए कि वह चित्र हमारी पशुता को खोलकर हमारे सामने रख देता है। वह, जो मनो-सागर में बिखरा हुआ पड़ा था, जैसे केन्द्रीभूत होकर वृहदाकार हो जाता है। तब हमारे मुँह से निकल पड़ता है—उफ्फोह! चम्पा के इन तिरस्कार-भरे शब्दों ने प्रकाश के मन में ग्लानि उत्पन्न कर दी। वह सन्दूक कई गुना भारी होकर शिला की भाँति उसे दबाने लगा। मन में फैला हुआ विकार एक बिन्दु पर एकत्र होकर टीसने लगा।

7

कई दिन बीत गए। प्रकाश को बैंक में जगह मिल गई। इसी उत्सव में उसके यहाँ मेहमानों की दावत है। ठाकुर साहब, उनकी स्त्री, बीरू और उसकी नवेली बहू—सभी आए हुए हैं।

चम्पा सेवा-सत्कार में लगी हुई है। बाहर दो-चार मित्र गा-बजा रहे हैं। भोजन करने के बाद ठाकुर साहब चलने को तैयार हुए।

प्रकाश ने कहा—आज आपको यहीं रहना होगा, दादा! मैं इस वक़्त न जाने दूँगा।

चम्पा को उसका यह आग्रह बुरा लगा। चारपाइयाँ नहीं हैं, बिछावन नहीं है और न काफ़ी जगह ही है। रात-भर उन्हें तकलीफ़ देने और आप तकलीफ़ उठाने की कोई ज़रूरत उसकी समझ में न आई; लेकिन प्रकाश आग्रह करता ही रहा, यहाँ तक कि ठाकुर साहब राज़ी हो गए।

बारह बज गए थे। ठाकुर साहब ऊपर सो रहे थे। बीरू और प्रकाश बाहर बरामदे में थे। तीन स्त्रियाँ अन्दर कमरे में थीं, प्रकाश जाग रहा था। बीरू के सिरहाने उसकी कुंजियों का गुच्छा पड़ा हुआ था। प्रकाश ने गुच्छा उठा लिया। फिर कमरा खोलकर उसमें से गहनों की संदूकची निकाली और ठाकुर साहब के घर की तरफ़ चला। कई महीने पहले वह इसी भाँति कंपित हृदय के साथ ठाकुर साहब के घर में घुसा था। उसके पाँव तब भी इसी तरह थरथरा रहे थे; लेकिन तब काँटा चुभने की वेदना थी, आज काँटा निकलने की। तब ज्वर का चढ़ाव था—उन्माद, ताप और विकलता से भरा हुआ; अब ज्वर का उतार था—शांत और शीतल। तब क़दम पीछे हटता था, आज आगे बढ़ रहा था।

ठाकुर साहब के घर पहुँचकर उसने धीरे से बीरू का कमरा खोला और अन्दर जाकर ठाकुर साहब की खाट के नीचे संदूकची रख दी, फिर तुरन्त बाहर आकर धीरे से द्वार बन्द किया और घर को लौट पड़ा। हनुमान संजीवनी बूटीवाला धवलागिर उठाए जिस गर्वीले आनंद का अनुभव कर रहे थे, कुछ वैसा ही आनंद प्रकाश को भी हो रहा था। गहनों को अपने घर ले जाते समय उसके प्राण सूखे हुए थे, मानो किसी गहरी अथाह खाई में गिरा जा रहा हो। आज संदूकची को लौटाकर उसे मालूम हो रहा था, जैसे वह किसी विमान पर बैठा हुआ आकाश की ओर उड़ा जा रहा है—ऊपर, ऊपर और ऊपर!

वह घर पहुँचा, तो बीरू सोया हुआ था। कुंजी उसने सिरहाने रख दी।

8

ठाकुर साहब प्रातःकाल चले गए।

प्रकाश संध्या-समय पढ़ाने जाया करता था। आज वह अधीर होकर तीसरे ही पहर जा पहुँचा। देखना चाहता था, वहाँ आज क्या गुल खिल रहे हैं।

वीरेन्द्र ने उसे देखते ही ख़ुश होकर कहा—बापूजी, कल आपके यहाँ की दावत बड़ी मुबारक थी। जो गहने चोरी गए थे, सब मिल गए।

ठाकुर साहब भी आ गए और बोले—बड़ी मुबारक दावत थी तुम्हारी! पूरा संदूक-का-संदूक मिल गया। एक चीज़ भी नहीं छुई। जैसे केवल रखने ही के लिए ले गया हो।

प्रकाश को इन बातों पर कैसे विश्वास आए, जब तक वह अपनी आँखों से सन्दूक न देख ले। कहीं ऐसा भी हो सकता है कि चोरी गया हुआ माल छह महीने के बाद मिल जाए और ज्यों-का-त्यों!

संदूक को देखकर उसने गम्भीर भाव से कहा—बड़े आश्चर्य की बात है। मेरी बुद्धि तो कुछ काम नहीं करती।

ठाकुर—किसी की बुद्धि काम नहीं करती भई, तुम्हारी ही क्यों। बीरू की माँ कहती है, कोई दैवी घटना है। आज मुझे भी देवताओं में श्रद्धा हो गई।

प्रकाश—अगर आँखों-देखी बात न होती, तो मुझे तो कभी विश्वास ही न आता।

ठाकुर—आज इसी ख़ुशी में हमारे यहाँ दावत होगी।

प्रकाश—आपने कोई अनुष्ठान तो नहीं कराया था?

ठाकुर—अनुष्ठान तो बीसों ही कराए।

प्रकाश—बस, तो यह अनुष्ठान ही की करामात है।

घर लौटकर प्रकाश ने चम्पा को यह ख़बर सुनाई; तो वह दौड़कर उसके गले से चिपट गई और न-जाने क्यों रोने लगी, जैसे उसका बिछुड़ा हुआ पति बहुत दिनों के बाद घर आ गया हो।

प्रकाश ने कहा—आज उनके यहाँ हमारी दावत है।

'मैं कल एक हज़ार कँगलों को भोजन कराऊँगी।'

'तुम तो सैकड़ों का ख़र्च बतला रही हो।'

'मुझे इतना आनंद हो रहा है कि लाखों ख़र्च करने पर भी अरमान पूरा न होगा।'

प्रकाश की आँखों से भी आँसू निकल आए।

मोटर के छींटे

क्या नाम कि प्रात:काल स्नान-पूजा से निपट, तिलक लगा, पीताम्बर पहन, खड़ाऊँ पाँव में डाल, बग़ल में पत्रा दबा, हाथ में मोटा-सा शत्रु-मस्तक-भंजन ले एक जजमान के घर चला। विवाह की साइत विचारनी थी। कम-से-कम एक कलदार का डौल था। जलपान ऊपर से। और मेरा जलपान मामूली जलपान नहीं है। बाबुओं को तो मुझे निमंत्रित करने की हिम्मत ही नहीं पड़ती। उनका महीने-भर का नाश्ता मेरा एक दिन का जलपान है। इस विषय में तो हम अपने सेठों-साहूकारों के कायल हैं—ऐसा खिलाते हैं, ऐसा खिलाते हैं, और इतने खुले मन से कि चोला आनंदित हो उठता है। जजमान का दिल देखकर ही मैं उनका निमंत्रण स्वीकार करता हूँ। खिलाते समय किसी ने रोनी सूरत बनाई और मेरी क्षुधा ग़ायब हुई। रोकर किसी ने खिलाया तो क्या? ऐसा भोजन कम-से-कम मुझे नहीं पचता। जजमान ऐसा चाहिए कि ललकारता जाए—लो शास्त्रीजी, एक बालूशाही और मैं कहता जाऊँ...नहीं जजमान अब नहीं!

रात ख़ूब वर्षा हुई थी, सड़क पर जगह-जगह पानी जमा था। मैं अपने विचारों में मगन चला जाता था कि एक मोटर छप-छप करती हुई निकल गई। मुँह पर छींटे पड़े। जो देखता हूँ, तो धोती पर मानो किसी ने कीचड़ घोलकर डाल दिया हो। कपड़े भ्रष्ट हुए, वह अलग, देह भ्रष्ट हुई, वह अलग, आर्थिक क्षति जो हुई, वह अलग। अगर मोटरवालों को पकड़ पाता, तो ऐसी मरम्मत करता कि वे भी याद करते। मन मसोसकर रह गया। इस वेश में जजमान के घर तो जा नहीं सकता था, अपना घर भी मील-भर से कम न था। फिर आने-जाने वाले सब मेरी ओर देख-देखकर तालियाँ बजा रहे थे। ऐसी दुर्गति मेरी कभी नहीं हुई थी। अब क्या करोगे मन? घर जाओगे, तो पंडिताइन क्या कहेंगी?

मैंने चटपट अपने कर्तव्य का निश्चय कर लिया। इधर-उधर से दस-बारह पत्थर के टुकड़े बटोर लिए और दूसरी मोटर की राह देखने लगा। ब्रह्मतेज़ सिर पर चढ़ बैठा! अभी दस मिनट भी न गुज़रे होंगे कि एक मोटर आती हुई दिखाई दी! ओहो वही मोटर थी। शायद स्वामी को स्टेशन से लेकर लौट रही थी। ज्यों ही समीप आई, मैंने एक पत्थर चलाया, भरपूर ज़ोर लगाकर चलाया। साहब की टोपी उड़कर सड़क के उस बाजू पर गिरी। मोटर की चाल धीमी हुई। मैंने दूसरा फैर किया। खिड़की के शीशे चूर-चूर हो गए और एक टुकड़ा साहब बहादुर के गाल में भी लगा। ख़ून बहने लगा। मोटर रुकी और साहब उतरकर मेरी तरफ़ आए और घूँसा तानकर बोले—सूअर, हम तुमको पुलिस में देगा। इतना सुनना था कि मैंने पोथी-पत्रा ज़मीन पर फेंका और साहब की कमर पकड़कर अड़ंगी लगाई, तो कीचड़ में भद-से गिरे। मैंने चट सवारी गाँठी और गरदन पर एक पचीस रद्दे ताबड़तोड़ जमाए कि साहब चौंधिया गए। इतने में उनकी पत्नीजी उतर आईं। ऊँची एड़ी का जूता, रेशमी साड़ी, गालों पर पाउडर, ओठों पर रंग, भँवों पर स्याही, मुझे छाते से गोदने लगीं। मैंने साहब को छोड़ दिया और डंडा सम्भालता हुआ बोला—देवीजी, आप मरदों के बीच में न पड़ें, कहीं चोट-चपेट आ जाए, तो मुझे दुःख होगा।

साहब ने अवसर पाया, तो सम्हलकर उठे और अपने बूटदार पैरों से मुझे एक ठोकर जमाई। मेरे घुटने में बड़ी चोट लगी। मैंने बौखलाकर डंडा उठा लिया। और साहब के पाँव में जमा दिया। वह कटे पेड़ की तरह गिरे। मेम साहब छतरी तानकर दौड़ीं। मैंने धीरे से उनकी छतरी छीनकर फेंक दी। ड्राइवर अभी तक बैठा था। अब वह भी उतरा और छड़ी लेकर मुझ पर पिल पड़ा। मैंने एक डंडा उसके भी जमाया, लोट गया। पचासों आदमी तमाशा देखने जमा हो गए। साहब भूमि पर पड़े-पड़े बोले—रैस्केल, हम तुमको पुलिस में देगा।

मैंने फिर डंडा सँभाला और चाहता था कि खोपड़ी पर जमाऊँ कि साहब ने हाथ जोड़कर कहा—नहीं-नहीं, बाबा, हम पुलिस में नहीं जाएगा, माफी दो।

मैंने कहा—हाँ, पुलिस का नाम न लेना, नहीं तो यहीं खोपड़ी रँग दूँगा। बहुत होगा छह महीने की सज़ा हो जाएगी, मगर तुम्हारी आदत छुड़ा दूँगा। मोटर चलाते हो, तो छींटे उड़ाते चलते हो, मारे घमंड के अन्धे हो जाते हो। सामने या बग़ल में कौन जा रहा है, इसका कुछ ध्यान ही नहीं रखते।

एक दर्शक ने आलोचना की—अरे महाराज, मोटरवाले जान-बूझकर छींटे उड़ाते हैं और जब आदमी लथपथ हो जाता है, तो सब उसका तमाशा देखते हैं। और ख़ूब हँसते हैं। आपने बड़ा अच्छा किया, कि एक को ठीक कर दिया।

मैंने साहब को ललकारकर कहा—सुनता है कुछ, जनता क्या कहती है। साहब ने उस आदमी की ओर लाल-लाल आँखों से देखकर कहा—तुम झूठ बोलता है, बिलकुल झूठ बोलता है।

मैंने डाँटा—अभी तुम्हारी हेकड़ी कम नहीं हुई, आऊँ फिर और दूँ एक सोंटा कसके?

साहब ने घिघियाकर कहा—अरे नहीं बाबा, सच बोलता है, सच बोलता है। अब तो ख़ुश हुआ।

दूसरा दर्शक बोला—अभी जो चाहें कह दें, लेकिन ज्यों ही गाड़ी पर बैठे, फिर वही हरकत शुरू कर देंगे। गाड़ी पर बैठते ही सब अपने को नवाब का नाती समझने लगते हैं।

दूसरे महाशय बोले—इससे कहिए थूककर चाटे।

तीसरे सज्जन ने कहा—नहीं, कान पकड़कर उठाइए-बैठाइए।

चौथा बोला—अरे ड्राइवर को भी। ये सब और बदमाश होते हैं। मालदार आदमी घमंड करे, तो एक बात है, तुम किस बात पर अकड़ते हो। चक्कर हाथ में लिया और आँखों पर परदा पड़ा।

मैंने यह प्रस्ताव स्वीकार किया। ड्राइवर और मालिक दोनों ही को कान पकड़कर उठाना-बैठाना चाहिए और मेम साहब गिनें। सुनो मेम साहब, तुमको गिनना होगा। पूरी सौ बैठकें। एक भी कम नहीं, ज़्यादा जितनी चाहें, हो जाएँ।

दो आदमियों ने साहब का हाथ पकड़कर उठाया, दो ने ड्राइवर महोदय का। ड्राइवर बेचारे की टाँग में चोट थी, फिर भी वह बैठकें लगाने लगा। साहब की अकड़ अभी काफ़ी थी। आप लेट गए और ऊल-जलूल बकने लगे। मैं उस समय रुद्र बना हुआ था। दिल में ठान लिया था कि इससे बिना सौ बैठकें लगवाए न छोड़ूँगा। चार आदमियों को हुक्म दिया कि गाड़ी को ढकेलकर सड़क के नीचे गिरा दो।

हुक्म की देर थी। चार की जगह पचास आदमी लिपट गए और गाड़ी को ढकेलने लगे। वह सड़क बहुत ऊँची थी। दोनों तरफ़ की ज़मीन नीची। गाड़ी नीचे गिरती और टूट-टाटकर ढेर हो जाती। गाड़ी सड़क के किनारे तक पहुँच चुकी थी, कि साहब काँखकर उठ खड़े हुए और बोले—बाबा, गाड़ी को मत तोड़ो, हम उठे-बैठेगा।

मैंने आदमियों को अलग हट जाने का हुक्म दिया; मगर सबों को एक दिल्लगी मिल गई थी। किसी ने मेरी ओर ध्यान न दिया। लेकिन जब मैं डंडा लेकर उनकी ओर दौड़ा तब सब गाड़ी छोड़कर भागे और साहब ने आँखें बन्द करके बैठकें लगानी शुरू कीं।

मैंने दस बैठकों के बाद मेम साहब से पूछा—कितनी बैठकें हुईं?

मेम साहब ने रोब से जवाब दिया—हम नहीं गिनता।

'तो इस तरह साहब दिन-भर काँखते रहेंगे और मैं न छोड़ूँगा। अगर उनको कुशल से घर ले जाना चाहती हो, तो बैठकें गिन दो। मैं उनको रिहा कर दूँगा।'

साहब ने देखा कि बिना दंड भोगे जान न बचेगी, तो बैठकें लगाने लगे। एक, दो, तीन, चार, पाँच।

सहसा एक दूसरी मोटर आती दिखाई दी। साहब ने देखा और नाक रगड़कर बोले—पंडितजी, आप मेरा बाप है! मुझ पर दया करो, अब हम कभी मोटर पर न बैठेगा। मुझे भी दया आ गई। बोला—नहीं, मोटर पर बैठने से मैं नहीं रोकता, इतना ही कहता हूँ कि मोटर पर बैठकर भी आदमियों को आदमी समझो।

दूसरी गाड़ी तेज़ चली आती थी। मैंने इशारा किया। सब आदमियों ने दो-दो पत्थर उठा लिए। उस गाड़ी का मालिक स्वयं ड्राइव कर रहा था। गाड़ी धीमी करके धीरे से सरक जाना चाहता था कि मैंने बढ़कर उसके दोनों कान पकड़े और ख़ूब ज़ोर से हिलाकर और दोनों गालों पर एक-एक पड़ाका देकर बोला—गाड़ी से छींटा न उड़ाया करो, समझे। चुपके से चले जाओ।

यह महोदय बक-झक तो करते रहे; मगर एक सौ आदमियों को पत्थर लिए खड़ा देखा, तो बिना कान-पूँछ डुलाए चलते हुए।

उनके जाने के एक ही मिनट बाद दूसरी गाड़ी आई। मैंने 50 आदमियों को राह रोक लेने का हुक्म दिया। गाड़ी रुक गई। मैंने उन्हें भी चार पड़ाके देकर विदा किया; मगर यह बेचारे भले आदमी थे। मज़े से चाँटें खाकर चलते हुए।

सहसा एक आदमी ने कहा—पुलिस आ रही है।

और सब-के-सब हुर्र हो गए! मैं भी सड़क के नीचे उतर गया और एक गली में घुसकर ग़ायब हो गया!

क़ैदी

चौदह साल तक निरन्तर मानसिक वेदना और शारीरिक यातना भोगने के बाद आइवन ओखोटस्क जेल से निकला; पर उस पक्षी की भाँति नहीं, जो शिकारी के पिंजरे से पंखहीन होकर निकला हो बल्कि उस सिंह की भाँति, जिसे कटघरे की दीवारों ने और भी भयंकर तथा और भी रक्त-लोलुप बना दिया हो। उसके अंतस्तल में एक द्रव ज्वाला उमड़ रही थी, जिसने अपने ताप से उसके बलिष्ठ शरीर, सुडौल अंग-प्रत्यंग और लहराती हुई अभिलाषाओं को झुलस डाला था और आज उसके अस्तित्व का एक-एक अणु एक-एक चिनगारी बना हुआ था—क्षुधित, चंचल और विद्रोहमय।

जेलर ने उसे तौला। प्रवेश के समय दो मन तीस सेर था, आज केवल एक मन पाँच सेर।

जेलर ने सहानुभूति दिखाकर कहा—तुम बहुत दुर्बल हो गए हो, आइवन। अगर ज़रा भी कुपथ्य हुआ, तो बुरा होगा।

आइवन ने अपने हड्डियों के ढाँचे को विजय-भाव से देखा और अपने अन्दर एक अग्निमय प्रवाह का अनुभव करता हुआ बोला—कौन कहता है कि मैं दुर्बल हो गया हूँ?

'तुम ख़ुद देख रहे होगे।'

'दिल की आग जब तक नहीं बुझेगी, आइवन नहीं मरेगा, मि. जेलर, सौ वर्ष तक नहीं, विश्वास रखिए।'

आइवन इसी प्रकार बहकी-बहकी बातें किया करता था, इसलिए जेलर ने ज़्यादा परवाह न की। सब उसे अर्द्ध-विक्षिप्त समझते थे। कुछ लिखा-पढ़ी हो जाने के बाद उसके कपड़े और पुस्तकें मँगवाई गईं; पर वे सारे सूट अब उसे उतारे हुए-से लगते थे। कोटों की जेबों में कई नोट निकले, कई नगद रूबेल। उसने सबकुछ वहीं जेल के वार्डरों और निम्न कर्मचारियों को दे दिया मानो उसे कोई राज्य मिल गया हो।

जेलर ने कहा—यह नहीं हो सकता, आइवन! तुम सरकारी आदमियों को रिश्वत नहीं दे सकते।

आइवन साधु-भाव से हँसा—यह रिश्वत नहीं है, मि. जेलर! इन्हें रिश्वत देकर अब मुझे इनसे क्या लेना-देना है? अब ये अप्रसन्न होकर मेरा क्या बिगाड़ लेंगे और प्रसन्न होकर मुझे क्या देंगे? यह उन कृपाओं का धन्यवाद है जिनके बिना चौदह साल तो क्या, मेरा यहाँ चौदह

घंटे रहना असह्य हो जाता। जब वह जेल के फाटक से निकला, तो जेलर और सारे अन्य कर्मचारी उसके पीछे उसे मोटर तक पहुँचाने चले।

2

पंद्रह साल पहले आइवन मास्को के सम्पन्न और सम्भ्रान्त कुल का दीपक था।

उसने विद्यालय में ऊँची शिक्षा पाई थी, खेल में अभ्यस्त था, निर्भीक था। उदार और सहृदय था। दिल आईने की भाँति निर्मल, शील का पुतला, दुर्बलों की रक्षा के लिए जान पर खेलनेवाला, जिसकी हिम्मत संकट के सामने नंगी तलवार हो जाती थी। उसके साथ हेलेन नाम की एक युवती पढ़ती थी, जिस पर विद्यालय के सारे युवक प्राण देते थे। वह जितनी ही रूपवती थी, उतनी ही तेज़ थी, बड़ी कल्पनाशील; पर अपने मनोभावों को ताले में बन्द रखनेवाली। आइवन में क्या देखकर वह उसकी ओर आकर्षित हो गई, यह कहना कठिन है। दोनों में लेशमात्र भी सामंजस्य न था। आइवन सैर और शराब का प्रेमी था, हेलेन कविता एवं संगीत और नृत्य पर जान देती थी। आइवन की निगाह में रुपए केवल इसलिए थे कि दोनों हाथों से उड़ाए जाएँ, हेलेन अत्यन्त कृपण। आइवन को लेक्चर-हॉल कारागार-सा लगता था; हेलेन इस सागर की मछली थी। पर कदाचित् वह विभिन्नता ही उनमें स्वाभाविक आकर्षण बन गई, जिसने अंत में विकल प्रेम का रूप लिया। आइवन ने उससे विवाह का प्रस्ताव किया और उसने स्वीकार कर लिया। और दोनों किसी शुभ मुहूर्त में पाणिग्रहण करके सोहागरात बिताने के लिए किसी पहाड़ी जगह में जाने के मनसूबे बाँध रहे थे कि सहसा राजनैतिक संग्राम ने उन्हें अपनी ओर खींच लिया। हेलेन पहले से ही राष्ट्रवादियों की ओर झुकी हुई थी। आइवन भी उसी रंग में रँग उठा। ख़ानदान का रईस था, उसके लिए प्रजा-पक्ष लेना एक महान् तपस्या थी; इसलिए जब कभी वह इस संग्राम में हताश हो जाता, तो हेलेन उसकी हिम्मत बँधाती और आइवन उसके स्नेह और अनुराग से प्रभावित होकर अपनी दुर्बलता पर लज्जित हो जाता।

इन्हीं दिनों उक्रायेन प्रान्त की सूबेदारी पर रोमनाफ नाम का एक गवर्नर नियुक्त होकर आया—बड़ा ही कट्टर, राष्ट्रवादियों का जानी दुश्मन, दिन में दो-चार विद्रोहियों को जब तक जेल न भेज लेता, उसे चैन न आता। आते-ही-आते उसने कई सम्पादकों पर राजद्रोह का अभियोग चलाकर उन्हें साइबेरिया भेजवा दिया, कृषकों की सभाएँ तोड़ दीं, नगर की म्युनिसिपैलिटी तोड़ दी और जब जनता ने अपना रोष प्रकट करने के लिए जलसे किए, तो पुलिस से भीड़ पर गोलियाँ चलवाईं, जिससे कई बेगुनाहों की जानें गईं। मार्शल लॉ जारी कर दिया। सारे नगर में हाहाकार मच गया। लोग मारे डर के घरों से न निकलते थे; क्योंकि पुलिस हर एक की तलाशी लेती थी और उसे पीटती थी।

हेलेन ने कठोर मुद्रा से कहा—यह अन्धेर तो अब नहीं देखा जाता, आइवन। इसका कुछ उपाय होना चाहिए।

आइवन ने प्रश्न भरी आँखों से देखा—उपाय! हम क्या कर सकते हैं?

हेलेन ने उसकी जड़ता पर खिन्न होकर कहा—तुम कहते हो, हम क्या कर सकते हैं? मैं कहती हूँ, हम सबकुछ कर सकते हैं। मैं इन्हीं हाथों से उसका अंत कर दूँगी।

आइवन ने विस्मय से उसकी ओर देखा—तुम समझती हो, उसे क़त्ल करना आसान है? वह कभी खुली गाड़ी में नहीं निकलता। उसके आगे-पीछे सशस्त्र सवारों का एक दल

हमेशा रहता है। रेलगाड़ी में भी वह रिजर्व डब्बों में सफ़र करता है! मुझे तो असंभव-सा लगता है, हेलेन—बिल्कुल असंभव।

हेलेन कई मिनट तक चाय बनाती रही। फिर दो प्याले मेज़ पर रखकर उसने प्याला मुँह से लगाया और धीरे-धीरे पीने लगी। किसी विचार में तन्मय हो रही थी। सहसा उसने प्याला मेज़ पर रख दिया और बड़ी-बड़ी आँखों में तेज़ भरकर बोली—यह सबकुछ होते हुए भी मैं उसे क़त्ल कर सकती हूँ, आइवन! आदमी एक बार अपनी जान पर खेलकर सबकुछ कर सकता है। जानते हो, मैं क्या करूँगी? मैं उससे राहो-रस्म पैदा करूँगी; उसका विश्वास प्राप्त करूँगी, उसे इस भ्रांति में डालूँगी कि मुझे उससे प्रेम है। मनुष्य कितना ही हृदयहीन हो, उसके हृदय के किसी-न-किसी कोने में पराग की भाँति रस छिपा ही रहता है। मैं तो समझती हूँ कि रोमनाफ की यह दमन-नीति उसकी अवरुद्ध अभिलाषा की गाँठ है और कुछ नहीं। किसी मायाविनी के प्रेम में असफल होकर उसके हृदय का रस-स्रोत सूख गया है। वहाँ रस का संचार करना होगा और किसी युवती का एक मधुर शब्द, एक सरल मुस्कान भी जादू का काम करेगी! ऐसों को तो वह चुटकियों में अपने पैरों पर गिरा सकती है। तुम-जैसे सैलानियों को रिझाना इससे कहीं कठिन है। अगर तुम यह स्वीकार करते हो कि मैं रूपहीन नहीं हूँ, तो मैं तुम्हें विश्वास दिलाती हूँ कि मेरा कार्य सफल होगा। बतलाओ मैं रूपवती हूँ या नहीं?

उसने तिरछी आँखों से आइवन को देखा। आइवन इस भाव-विलास पर मुग्ध होकर बोला—तुम यह मुझसे पूछती हो, हेलेन? मैं तो तुम्हें संसार की ...

हेलेन ने उसकी बात काटकर कहा—अगर तुम ऐसा समझते हो, तो तुम मूर्ख हो, आइवन! इस नगर में नहीं, हमारे विद्यालय में ही, मुझसे कहीं रूपवती बालिकाएँ मौजूद हैं। हाँ, तुम इतना ही कह सकते हो कि तुम कुरूपा नहीं हो। क्या तुम समझते हो, मैं तुम्हें संसार का सबसे रूपवान युवक समझती हूँ? कभी नहीं। मैं ऐसे एक नहीं सौ नाम गिना सकती हूँ, जो चेहरे-मोहरे में तुमसे कहीं बढ़कर हैं, मगर तुममें कोई ऐसी वस्तु है, जो तुम्हीं में है और वह मुझे और कहीं नज़र नहीं आती। तो मेरा कार्यक्रम सुनो। एक महीने तो मुझे उससे मेल करते लगेगा। फिर वह मेरे साथ सैर करने निकलेगा। और तब एक दिन हम और वह दोनों रात को पार्क में जाएँगे और तालाब के किनारे बेंच पर बैठेंगे। तुम उसी वक़्त रिवाल्वर लिए आ जाओगे और वहीं पृथ्वी उसके बोझ से हलकी हो जाएगी।

जैसा हम पहले कह चुके हैं, आइवन एक रईस का लड़का था और क्रांतिमय राजनीति से उसका हार्दिक प्रेम न था। हेलेन के प्रभाव से कुछ मानसिक सहानुभूति अवश्य पैदा हो गई थी और मानसिक सहानुभूति प्राणी को संकट में नहीं डालती। उसने प्रकट रूप से तो कोई आपत्ति नहीं की लेकिन कुछ संदिग्ध भाव से बोला—यह तो सोचो हेलेन, इस तरह की हत्या कोई मानुषीय कृति है?

हेलेन ने तीखेपन से कहा—जो दूसरों के साथ मानुषीय व्यवहार नहीं करता, उसके साथ हम क्यों मानुषीय व्यवहार करें? क्या यह सूर्य की भाँति प्रकट नहीं है कि आज सैकड़ों परिवार इस राक्षस के हाथों तबाह हो रहे हैं? कौन जानता है, इसके हाथ कितने बेगुनाहों के ख़ून से रँगे हुए हैं? ऐसे व्यक्ति के साथ किसी तरह की रिआयत करना असंगत है। तुम न-जाने क्यों इतने ठंडे हो। मैं तो उसके दुष्टाचरण को देखती हूँ तो मेरा रक्त खौलने लगता है। मैं सच कहती हूँ, जिस वक़्त उसकी सवारी निकलती है, मेरी बोटी-बोटी हिंसा के आवेग

से काँपने लगती है। अगर मेरे सामने कोई उसकी खाल भी खींच ले, तो मुझे दया न आए। अगर तुममें इसका साहस नहीं है, तो कोई हरज नहीं। मैं ख़ुद सबकुछ कर लूँगी। हाँ, देख लेना, मैं कैसे उस कुत्ते को जहन्नुम पहुँचाती हूँ।

हेलेन का मुखमंडल हिंसा के आवेग से लाल हो गया। आइवन ने लज्जित होकर कहा—नहीं-नहीं, यह बात नहीं है, हेलेन! मेरा यह आशय न था कि मैं इस काम में तुम्हें सहयोग न दूँगा। मुझे आज मालूम हुआ कि तुम्हारी आत्मा देश की दुर्दशा से कितनी विकल है; लेकिन मैं फिर यही कहूँगा कि यह काम इतना आसान नहीं है और हमें बड़ी सावधानी से काम लेना पड़ेगा।

हेलेन ने उसके कन्धे पर हाथ रखकर कहा—तुम इसकी कुछ चिन्ता न करो, आइवन! संसार में मेरे लिए जो वस्तु सबसे प्यारी है, उसे दाँव पर रखते हुए क्या मैं सावधानी से काम न लूँगी? लेकिन तुमसे एक याचना करती हूँ। अगर इस बीच में कोई ऐसा काम करूँ, जो तुम्हें बुरा मालूम हो तो तुम मुझे क्षमा करोगे न?

आइवन ने विस्मयभरी आँखों से हेलेन के मुख की ओर देखा। उसका आशय उसकी समझ में न आया।

हेलेन डरी, आइवन कोई नई आपत्ति तो नहीं खड़ी करना चाहता। आश्वासन के लिए अपने मुख को उसके आतुर अधरों के समीप ले जाकर बोली—प्रेम का अभिनय करने में मुझे वह सबकुछ करना पड़ेगा, जिस पर एकमात्र तुम्हारा ही अधिकार है। मैं डरती हूँ, कहीं तुम मुझ पर सन्देह न करने लगो।

आइवन ने उसे कर-पाश में लेकर कहा—यह असंभव है हेलेन, विश्वास प्रेम की पहली सीढ़ी है।

अंतिम शब्द कहते-कहते उसकी आँखें झुक गईं। इन शब्दों में उदारता का जो आदर्श था, वह उस पर पूरा उतरेगा या नहीं, वह यही सोचने लगा।

इसके तीन दिन पीछे नाटक का सूत्रपात हुआ। हेलेन अपने ऊपर पुलिस के निराधार सन्देह की फ़रियाद लेकर रोमनाफ से मिली और उसे विश्वास दिलाया कि पुलिस के अधिकारी उससे केवल इसलिए असंतुष्ट हैं कि वह उनके कलुषित प्रस्तावों को ठुकरा रही है। यह सत्य है कि विद्यालय में उसकी संगति कुछ उग्र युवकों से हो गई थी; पर विद्यालय से निकलने के बाद उसका उनसे कोई सम्बन्ध नहीं है। रोमनाफ जितना चतुर था, उससे कहीं चतुर अपने को समझता था। अपने दस साल के अधिकारी जीवन में उसे किसी ऐसी रमणी से साबिका न पड़ा था, जिसने उसके ऊपर इतना विश्वास करके अपने को उसकी दया पर छोड़ दिया हो। किसी धन-लोलुप की भाँति सहसा यह धन-राशि देखकर उसकी आँखों पर परदा पड़ गया। अपनी समझ में तो वह हेलेन से उग्र युवकों के विषय में ऐसी बहुत-सी बातों का पता लगाकर फूला न समाया, जो खुफिया पुलिसवालों को बहुत सिर मारने पर भी ज्ञात न हो सकी थीं; पर इन बातों में मिथ्या का कितना मिश्रण है, वह न भाँप सका। इस आध घंटे में एक युवती ने एक अनुभवी अफ़सर को अपने रूप की मदिरा से उन्मत्त कर दिया था।

जब हेलेन चलने लगी, तो रोमनाफ ने कुर्सी से खड़े होकर कहा—मुझे आशा है, यह हमारी आख़िरी मुलाक़ात न होगी।

हेलेन ने हाथ बढ़ाकर कहा—हुजूर ने जिस सौजन्य से मेरी विपत्ति-कथा सुनी है, उसके लिए मैं आपको धन्यवाद देती हूँ।

'कल आप तीसरे पहर यहीं चाय पिएँ।'

रब्त-ज़ब्त बढ़ने लगा। हेलेन आकर रोज़ की बातें आइवन से कह सुनाती। रोमनाफ वास्तव में जितना बदनाम है, उतना बुरा नहीं। नहीं, वह बड़ा रसिक, संगीत और कला का प्रेमी और शील तथा विनय की मूर्ति है। इन थोड़े ही दिनों में हेलेन से उसकी घनिष्ठता हो गई है और किसी अज्ञात रीति से नगर में पुलिस का अत्याचार कम होने लगा है।

अंत में वह निश्चित तिथि आई। आइवन और हेलेन दिन-भर बैठे-बैठे इसी प्रश्न पर विचार करते रहे। आइवन का मन आज बहुत चंचल हो रहा था। कभी अकारण ही हँसने लगता, कभी अनायास ही रो पड़ता। शंका, प्रतीक्षा और किसी अज्ञात चिन्ता ने उसके मनो-सागर को इतना अशांत कर दिया था कि उसमें भावों की नौकाएँ डगमगा रही थीं—न मार्ग का पता था न दिशा का। हेलेन भी आज बहुत चिन्तित और गम्भीर थी। आज के लिए उसने पहले ही से सजीले वस्त्र बनवा रखे थे। रूप को अलंकृत करने के न-जाने किन-किन विधानों का प्रयोग कर रही थी; पर इसमें किसी योद्धा का उत्साह नहीं, कायर का कम्पन था।

सहसा आइवन ने आँखों में आँसू भरकर कहा—तुम आज इतनी मायाविनी हो गई हो हेलेन, कि मुझे न-जाने क्यों तुमसे भय हो रहा है!

हेलेन मुस्काई। उस मुस्कान में करुणा भरी हुई थी—मनुष्य को कभी-कभी कितने ही अप्रिय कर्तव्यों का पालन करना पड़ता है आइवन, आज मैं सुधा से विष का काम लेने जा रही हूँ। अलंकार का ऐसा दुरुपयोग तुमने कहीं और देखा है?

आइवन उड़े हुए मन से बोला—इसी को राष्ट्र-जीवन कहते हैं।

'यह राष्ट्र-जीवन है—यह नरक है।'

'मगर संसार में अभी कुछ दिन और इसकी ज़रूरत रहेगी।'

'यह अवस्था जितनी जल्द बदल जाए, उतना ही अच्छा।'

पाँसा पलट चुका था, आइवन ने गर्म होकर कहा—अत्याचारियों को संसार में फलने-फूलने दिया जाए, जिससे एक दिन इनके काँटों के मारे पृथ्वी पर कहीं पाँव रखने की जगह न रहे।

हेलेन ने कोई जवाब न दिया; पर उसके मन में जो अवसाद उत्पन्न हो गया था, वह उसके मुख पर झलक रहा था। राष्ट्र उसकी दृष्टि में सर्वोपरि था, उसके सामने व्यक्ति का कोई मूल्य न था। अगर इस समय उसका मन किसी कारण से दुर्बल भी हो रहा था, तो उसे खोल देने का उसमें साहस न था।

दोनों गले मिलकर विदा हुए। कौन जाने, यह अन्तिम दर्शन हो?

दोनों के दिल भारी थे और आँखें सजल।

आइवन ने उत्साह के साथ कहा—मैं ठीक समय पर आऊँगा।

हेलेन ने कोई जवाब न दिया।

आइवन ने फिर सानुरोध कहा—ख़ुदा से मेरे लिए दुआ करना, हेलेन!

हेलेन ने जैसे रोते हुए गले से कहा—मुझे ख़ुदा पर भरोसा नहीं है।

'मुझे तो है!'

'कब से?'

'जब से मौत मेरी आँखों के सामने खड़ी हो गई।'

वह वेग के साथ चला गया। संध्या हो गई थी और दो घंटे के बाद ही उस कठिन परीक्षा का समय आ जाएगा, जिससे उसके प्राण काँप रहे थे। वह कहीं एकान्त में बैठकर सोचना चाहता था। आज उसे ज्ञात हो रहा था कि वह स्वाधीन नहीं है। बड़ी मोटी जंजीर उसके एक-एक अंग को जकड़े हुए थी। इन्हें वह कैसे तोड़े?

दस बज गए थे। हेलेन और रोमनाफ पार्क के एक कुंज में बेंच पर बैठे हुए थे। तेज़ बर्फ़ीली हवा चल रही थी। चाँद किसी क्षीण आशा की भाँति बादलों में छिपा हुआ था।

हेलेन ने इधर-उधर सशंक नेत्रों से देखकर कहा—अब तो देर हो गई, यहाँ से चलना चाहिए।

रोमनाफ ने बेंच पर पाँव फैलाते हुए कहा—अभी तो ऐसी देर नहीं हुई है, हेलेन! कह नहीं सकता, जीवन के यह क्षण स्वप्न हैं या सत्य; लेकिन सत्य भी हैं तो स्वप्न से अधिक मधुर और स्वप्न भी हैं तो सत्य से अधिक उज्ज्वल।

हेलेन बेचैन होकर उठी और रोमनाफ का हाथ पकड़कर बोली—मेरा जी आज कुछ चंचल हो रहा है। सिर में चक्कर-सा आ रहा है। चलो मुझे मेरे घर पहुँचा दो।

रोमनाफ ने उसका हाथ पकड़कर अपनी बग़ल में बैठाते हुए कहा—लेकिन मैंने मोटर तो ग्यारह बजे बुलाई है!

हेलेन के मुँह से चीख़ निकल गई—ग्यारह बजे!

'हाँ, अब ग्यारह बजा चाहते हैं। आओ तब तक और कुछ बातें हों। रात तो काली बला-सी मालूम होती है। जितनी ही देर उसे दूर रख सकूँ उतना ही अच्छा। मैं तो समझता हूँ, उस दिन तुम मेरे सौभाग्य की देवी बनकर आई थीं हेलेन, नहीं तो अब तक मैंने न जाने क्या-क्या अत्याचार किए होते। उस उदार नीति ने वातावरण में जो शुभ परिवर्तन कर दिया, उस पर मुझे स्वयं आश्चर्य हो रहा है। महीनों के दमन ने जो कुछ न कर पाया था, वह दिनों के आश्वासन ने पूरा कर दिखाया। और इसके लिए मैं तुम्हारा ऋणी हूँ, हेलेन, केवल तुम्हारा। पर खेद यही है कि हमारी सरकार दवा करना नहीं जानती, केवल मारना जानती है। जार के मंत्रियों में अभी से मेरे विषय में सन्देह होने लगा है, और मुझे यहाँ से हटाने का प्रस्ताव हो रहा है।

सहसा टार्च का चकाचौंध पैदा करनेवाला प्रकाश बिजली की भाँति चमक उठा और रिवाल्वर छूटने की आवाज़ आई। उसी वक़्त रोमनाफ ने उछलकर आइवन को पकड़ लिया और चिल्लाया—पकड़ो, पकड़ो! ख़ून! हेलेन, तुम यहाँ से भागो।

पार्क में कई संतरी थे। चारों ओर से दौड़ पड़े। आइवन घिर गया। एक क्षण में न-जाने कहाँ से टाउन-पुलिस, सशस्त्र पुलिस, गुप्त पुलिस और सवार पुलिस के जत्थे-के-जत्थे आ पहुँचे। आइवन गिरफ़्तार हो गया।

रोमनाफ ने हेलेन से हाथ मिलाकर सन्देह के स्वर में कहा—यह आइवन तो वही युवक है, जो तुम्हारे साथ विद्यालय में था।

हेलेन ने क्षुब्ध होकर कहा—हाँ, है। लेकिन मुझे इसका ज़रा भी अनुमान न था कि वह क्रान्तिकारी हो गया है।

'गोली मेरे सिर पर से सन्-सन् करती हुई निकल गई।'

'या ईश्वर!'

'मैंने दूसरा फ़ायर करने का अवसर ही न दिया। मुझे इस युवक की दशा पर दु:ख हो रहा है, हेलेन! ये अभागे समझते हैं कि इन हत्याओं से वे देश का उद्धार कर लेंगे। अगर मैं मर ही जाता तो क्या मेरी जगह कोई मुझसे भी ज़्यादा कठोर मनुष्य न आ जाता? लेकिन मुझे ज़रा भी क्रोध, दु:ख या भय नहीं है हेलेन, तुम बिलकुल चिन्ता न करना। चलो, मैं तुम्हें पहुँचा दूँ।'

रास्ते-भर रोमनाफ इस आघात से बच जाने पर अपने को बधाई और ईश्वर को धन्यवाद देता रहा और हेलेन विचारों में मग्न बैठी रही।

दूसरे दिन मजिस्ट्रेट के इजलास में अभियोग चला और हेलेन सरकारी गवाह थी। आइवन को मालूम हुआ कि दुनिया अँधेरी हो गई है और वह उसकी अथाह गहराई में धँसता चला जा रहा है।

3

चौदह साल के बाद।

आइवन रेलगाड़ी से उतरकर हेलेन के पास जा रहा है। उसे घरवालों की सुध नहीं है। माता और पिता उसके वियोग में मरणासन्न हो रहे हैं, इसकी उसे परवाह नहीं है। वह अपने चौदह साल के पाले हुए हिंसा-भाव से उन्मत्त, हेलेन के पास जा रहा है; पर उसकी हिंसा में रक्त की प्यास नहीं है, केवल गहरी दाहक दुर्भावना है। इन चौदह सालों में उसने जो यातनाएँ झेली हैं, उनके दो-चार वाक्यों में मानो सत्त निकालकर, विष के समान हेलेन की धमनियों में भरकर, उसे तड़पते हुए देखकर, वह अपनी आँखों को तृप्त करना चाहता है। और वह वाक्य क्या है?—'हेलेन, तुमने मेरे साथ जो दग़ा की है, वह शायद त्रिया-चरित्र के इतिहास में भी अद्वितीय है। मैंने अपना सर्वस्व तुम्हारे चरणों पर अर्पण कर दिया। मैं केवल तुम्हारे इशारों का ग़ुलाम था। तुमने ही मुझे रोमनाफ की हत्या के लिए प्रेरित किया और तुमने ही मेरे विरुद्ध साक्षी दी; केवल अपनी कुटिल काम-लिप्सा को पूरा करने के लिए! मेरे विरुद्ध कोई दूसरा प्रमाण न था। रोमनाफ और उसकी सादी पुलिस भी झूठी शहादतों से मुझे परास्त न कर सकती थी; मगर तुमने केवल अपनी वासना को तृप्त करने के लिए, केवल रोमनाफ के विषाक्त आलिंगन का आनंद उठाने के लिए मेरे साथ यह विश्वासघात किया। पर आँखें खोलकर देखो कि वही आइवन, जिसे तुमने पैर के नीचे कुचला था, आज तुम्हारी उन सारी मक्कारियों का पर्दा खोलने के लिए तुम्हारे सामने खड़ा है। तुमने राष्ट्र की सेवा का बीड़ा उठाया था। तुम अपने को राष्ट्र की वेदी पर होम कर देना चाहती थीं; किन्तु कुत्सित कामनाओं के पहले ही प्रलोभन में तुम अपने सारे बहुरूप को तिलांजलि देकर भोग-लालसा की ग़ुलामी करने पर उतर गईं। अधिकार और समृद्धि के पहले ही टुकड़े पर तुम दुम हिलाती हुई टूट पड़ीं, धिक्कार है तुम्हारी इस भोग-लिप्सा को, तुम्हारे इस कुत्सित जीवन को?'

4

संध्या-काल था। पश्चिम के क्षितिज पर दिन की चिता जलकर ठंडी हो रही थी और रोमनाफ के विशाल भवन में हेलेन की अर्थी को ले चलने की तैयारियाँ हो रही थीं। नगर के नेता जमा थे और रोमनाफ अपने शोक-कंपित हाथों से अर्थी को पुष्पहारों से सजा रहा था एवं उन्हें अपने आत्म-जल से शीतल कर रहा था। उसी वक़्त आइवन उन्मत्त वेश में, दुर्बल, झुका

हुआ, सिर के बाल बढ़ाए, कंकाल-सा आकर खड़ा हो गया। किसी ने उसकी ओर ध्यान न दिया। समझे, कोई भिक्षुक होगा, जो ऐसे अवसरों पर दान के लोभ से आ जाया करते हैं!

जब नगर के बिशप ने अन्तिम संस्कार समाप्त किया और मरियम की बेटियाँ नए जीवन के स्वागत पर गीत गा चुकीं, तो आइवन ने अर्थी के पास जाकर आवेश से काँपते हुए स्वर में कहा—यह वह दुष्टा है, जिसे सारी दुनिया की पवित्र आत्माओं की शुभ कामनाएँ भी नरक की यातना से नहीं बचा सकतीं। वह इस योग्य थी कि उसकी लाश...

कई आदमियों ने दौड़कर उसे पकड़ लिया और धक्के देते हुए फाटक की ओर ले चले। उसी वक़्त रोमनाफ ने आकर उसके कन्धे पर हाथ रख दिया और उसे अलग ले जाकर पूछा—दोस्त, क्या तुम्हारा नाम क्लॉडियस आइवनाफ है? हाँ, तुम वही हो, मुझे तुम्हारी सूरत याद आ गई। मुझे सब कुछ मालूम है, रत्ती-रत्ती मालूम है। हेलेन ने मुझसे कोई बात नहीं छिपाई। अब वह इस संसार में नहीं है, मैं झूठ बोलकर उसकी कोई सेवा नहीं कर सकता। तुम उस पर कठोर शब्दों का प्रहार करो या कठोर आघातों का, वह समान रूप से शान्त रहेगी; लेकिन अंत समय तक वह तुम्हारी याद करती रही। उस प्रसंग की स्मृति उसे सदैव रुलाती रहती थी। उसके जीवन की यह सबसे बड़ी कामना थी कि तुम्हारे सामने घुटने टेककर क्षमा की याचना करे, मरते-मरते उसने यह वसीयत की, कि जिस तरह भी हो सके उसकी यह विनय तुम तक पहुँचाऊँ कि वह तुम्हारी अपराधिनी है और तुमसे क्षमा चाहती है। क्या तुम समझते हो, जब वह तुम्हारे सामने आँखों में आँसू भरे आती, तो तुम्हारा हृदय पत्थर होने पर भी न पिघल जाता? क्या इस समय भी तुम्हें दीन याचना की प्रतिमा-सी खड़ी नहीं दीखती? चलकर उसका मुस्कुराता हुआ चेहरा देखो। मोशियो आइवन, तुम्हारा मन अब भी उसका चुम्बन लेने के लिए विकल हो जाएगा। मुझे ज़रा भी ईर्ष्या न होगी। उस फूलों की सेज पर लेटी हुई वह ऐसी लग रही है, मानो फूलों की रानी हो। जीवन में उसकी एक ही अभिलाषा अपूर्ण रह गई आइवन, वह तुम्हारी क्षमा है। प्रेमी हृदय बड़ा उदार होता है आइवन, वह क्षमा और दया का सागर होता है। ईर्ष्या और दम्भ के गन्दे नाले उसमें मिलकर उतने ही विशाल और पवित्र हो जाते हैं। जिसे एक बार तुमने प्यार किया, उसकी अन्तिम अभिलाषा की तुम उपेक्षा नहीं कर सकते।

उसने आइवन का हाथ पकड़ा और सैकड़ों कुतूहलपूर्ण नेत्रों के सामने उसे लिए हुए अर्थी के पास आया और ताबूत का ऊपरी तख़्ता हटाकर हेलेन का शान्त मुखमंडल उसे दिखा दिया। उस निस्पन्द, निश्चेष्ट, निर्विकार छवि को मृत्यु ने एक दैवी गरिमा-सी प्रदान कर दी थी, मानो स्वर्ग की सारी विभूतियाँ उसका स्वागत कर रही हैं। आइवन की कुटिल आँखों में एक दिव्य ज्योति-सी चमक उठी और वह दृश्य सामने खिंच गया, जब उसने हेलेन को प्रेम से आलिंगित किया था और अपने हृदय के सारे अनुराग और उल्लास को पुष्पों में गूँथकर उसके गले में डाला था। उसे जान पड़ा, यह सबकुछ जो उसके सामने हो रहा है, स्वप्न है और एकाएक उसकी आँखें खुल गई हैं और वह उसी भाँति हेलेन को अपनी छाती से लगाए हुए है। उस आत्मानन्द के एक क्षण के लिए क्या वह फिर चौदह साल का कारावास झेलने के लिए न तैयार हो जाएगा? क्या अब भी उसके जीवन की सबसे सुखद घड़ियाँ वही न थीं, जो हेलेन के साथ गुज़री थीं और क्या उन घड़ियों के अनुपम आनंद को वह इन चौदह सालों में भी भूल सका था? उसने ताबूत के पास बैठकर श्रद्धा के काँपते हुए कंठ से प्रार्थना

की—'ईश्वर, तू मेरे प्राणों से प्रिय हेलेन को अपनी क्षमा के दामन में ले!' और जब वह ताबूत को कन्धे पर लिए चला, तो उसकी आत्मा लज्जित थी अपनी संकीर्णता पर, अपनी उद्विग्नता पर, अपनी नीचता पर और जब ताबूत क़ब्र में रख दिया गया, तो वह वहाँ बैठकर न-जाने कब तक रोता रहा। दूसरे दिन रोमनाफ़ जब फातिहा पढ़ने आया तो देखा, आइवन सिजदे में सिर झुकाए हुए है और उसकी आत्मा स्वर्ग को प्रयाण कर चुकी है।

मिस पद्मा

क़ानून में अच्छी सफलता प्राप्त कर लेने के बाद मिस पद्मा को एक नया अनुभव हुआ, वह था जीवन का सूनापन। विवाह को उसने एक अप्राकृतिक बंधन समझा था और निश्चय कर लिया था कि स्वतंत्र रहकर जीवन का उपभोग करूँगी। एम.ए. की डिग्री ली, फिर क़ानून पास किया और प्रैक्टिस शुरू कर दी। रूपवती थी, युवती थी, मृदुभाषिणी थी और प्रतिभाशालिनी भी थी। मार्ग में कोई बाधा न थी। देखते-देखते वह अपने साथी नौजवान मर्द वकीलों को पीछे छोड़कर आगे निकल गई और अब उसकी आमदनी कभी-कभी एक हज़ार से भी ऊपर बढ़ जाती। अब उतने परिश्रम और सिरमगजन की आवश्यकता न रही। मुक़दमे अधिकतर वही होते थे, जिनका उसे पूरा अनुभव हो चुका था, उनके विषय में किसी तरह की तैयारी की उसे ज़रूरत न मालूम होती। अपनी शक्तियों पर कुछ विश्वास भी हो गया था। क़ानून में कैसे विजय मिला करती है, इसके कुछ लटके भी उसे मालूम हो गए थे। इसलिए उसे अब बहुत अवकाश मिलता था और इसे वह क़िस्से-कहानियाँ पढ़ने, सैर करने, सिनेमा देखने, मिलने-मिलाने में ख़र्च करती थी। जीवन को सुखी बनाने के लिए किसी व्यसन की ज़रूरत को वह ख़ूब समझती थी। उसने फूल और पौधे लगाने का व्यसन पाल लिया था। तरह-तरह के बीज और पौधे मँगाती और उन्हें उगते-बढ़ते, फूलते-फलते देखकर ख़ुश होती; मगर फिर भी जीवन में सूनेपन का अनुभव होता रहता था। यह बात न थी कि उसे पुरुषों से विरक्ति हो। नहीं, उसके प्रेमियों की कमी न थी। अगर उसके पास केवल रूप और यौवन होता, तो भी उपासकों का अभाव न रहता; मगर यहाँ तो रूप और यौवन के साथ धन भी था। फिर रसिक-वृन्द क्यों चूक जाते? पद्मा को विलास से घृणा थी नहीं, घृणा थी पराधीनता से, विवाह को जीवन का व्यवसाय बनाने से। जब स्वतंत्र रहकर भोग-विलास का आनंद उड़ाया जा सकता है, तो फिर क्यों न उड़ाया जाए? भोग में उसे कोई नैतिक बाधा न थी, इसे वह केवल देह की एक भूख समझती थी। इस भूख को किसी साफ़-सुथरी दुकान से भी शान्त किया जा सकता है। और पद्मा को साफ़-सुथरी दुकान की हमेशा तलाश रहती थी। ग्राहक दुकान में वही चीज़ लेता है, जो उसे पसन्द आती है। पद्मा भी वही चीज़ चाहती थी। यों उसके दर्जनों आशिक़ थे—कई वकील, कई प्रोफ़ेसर, कई डॉक्टर, कई रईस। मगर ये सब-के-सब ऐयाश थे—बेफ़िक्र, केवल भौंरे की तरह रस लेकर उड़ जाने वाले। ऐसा एक भी न था, जिस पर वह विश्वास कर सकती। अब उसे मालूम हुआ कि उसका मन केवल भोग नहीं चाहता, कुछ और भी चाहता है। वह चीज़ क्या थी? पूरा आत्म-समर्पण और यह उसे न मिलती थी।

उसके प्रेमियों में एक मि. प्रसाद था—बड़ा ही रूपवान और धुरन्धर विद्वान्। एक कॉलेज में प्रोफ़ेसर था। वह भी मुक्त-भोग के आदर्श का उपासक था और पद्मा उस पर फिदा थी। चाहती थी उसे बाँधकर रखे, सम्पूर्णतः अपना बना ले; लेकिन प्रसाद चंगुल में न आता था।

संध्या हो गई थी। पद्मा सैर करने जा रही थी कि प्रसाद आ गया। सैर करना मुल्तवी हो गया। बातचीत में सैर से कहीं ज़्यादा आनंद था और पद्मा आज प्रसाद से कुछ दिल की बात कहने वाली थी। कई दिन के सोच-विचार के बाद उसने कह डालने ही का निश्चय किया था।

उसने प्रसाद की नशीली आँखों से आँखें मिलाकर कहा—तुम यहीं मेरे बँगले में आकर क्यों नहीं रहते?

प्रसाद ने कुटिल-विनोद के साथ कहा—नतीजा यह होगा कि दो-चार महीने में यह मुलाक़ात भी बन्द हो जाएगी।

'मेरी समझ में नहीं आया, तुम्हारा क्या आशय है।'

'आशय वही है, जो मैं कह रहा हूँ।'

'आख़िर क्यों?'

'मैं अपनी स्वतंत्रता न खोना चाहूँगा, तुम अपनी स्वतंत्रता न खोना चाहोगी। तुम्हारे पास तुम्हारे आशिक़ आएँगे, मुझे जलन होगी। मेरे पास मेरी प्रेमिकाएँ आएँगी, तुम्हें जलन होगी। मनमुटाव होगा, फिर वैमनस्य होगा और तुम मुझे घर से निकाल दोगी। घर तुम्हारा है ही! मुझे बुरा लगेगा ही, फिर यह मैत्री कैसे निभेगी?'

दोनों कई मिनट तक मौन रहे। प्रसाद ने परिस्थिति को इतने स्पष्ट बेलाग, लट्ठमार शब्दों में खोलकर रख दिया था कि कुछ कहने की जगह न मिलती थी!

आख़िर प्रसाद ही को नुकता सूझा। बोला—जब तक हम दोनों यह प्रतिज्ञा न कर लें कि आज से मैं तुम्हारा हूँ और तुम मेरी हो, तब तक एक साथ निर्वाह नहीं हो सकता।

'तुम यह प्रतिज्ञा करोगे?'

'पहले तुम बतलाओ।'

'मैं करूँगी।'

'तो मैं भी करूँगा।'

'मगर इस एक बात के सिवा मैं और सभी बातों में स्वतंत्र रहूँगी!'

'और मैं भी इस एक बात के सिवा हर बात में स्वतंत्र रहूँगा।'

'मंजूर।'

'मंजूर!'

'तो कब से?'

'जब से तुम कहो।'

'मैं तो कहती हूँ, कल ही से।'

'तय। लेकिन अगर तुमने इसके विरुद्ध आचरण किया तो?'

'और तुमने किया तो?'

'तुम मुझे घर से निकाल सकती हो; लेकिन मैं तुम्हें क्या सज़ा दूँगा?'

'तुम मुझे त्याग देना, और क्या करोगे?'

'जी नहीं, तब इतने से चित्त को शांति न मिलेगी। तब मैं चाहूँगा तुम्हें जलील करना; बल्कि तुम्हारी हत्या करना।'

'तुम बड़े निर्दयी हो, प्रसाद?'

'जब तक हम दोनों स्वाधीन हैं, हमें किसी को कुछ कहने का हक़ नहीं, लेकिन एक बार प्रतिज्ञा में बँध जाने के बाद फिर न मैं उसकी अवज्ञा सह सकूँगा, न तुम सह सकोगी। तुम्हारे पास दंड का साधन है, मेरे पास नहीं है। क़ानून मुझे कोई भी अधिकार नहीं देगा। मैं तो केवल अपने पशुबल से प्रतिज्ञा का पालन कराऊँगा और तुम्हारे इतने नौकरों के सामने मैं अकेला क्या कर सकूँगा?'

'तुम तो चित्र का श्याम पक्ष ही देखते हो! जब मैं तुम्हारी हो रही हूँ, तो यह मकान, नौकर-चाकर और जायदाद सबकुछ तुम्हारा है। हम-तुम दोनों जानते हैं कि ईर्ष्या से ज़्यादा घृणित कोई सामाजिक पाप नहीं है। तुम्हें मुझसे प्रेम है या नहीं, मैं नहीं कह सकती; लेकिन तुम्हारे लिए मैं सबकुछ सहने, सबकुछ करने को तैयार हूँ।'

'दिल से कहती हो पद्मा?'

'सच्चे दिल से।'

'मगर न-जाने क्यों तुम्हारे ऊपर विश्वास नहीं आ रहा है?'

'मैं तो तुम्हारे ऊपर विश्वास कर रही हूँ।'

'यह समझ लो, मैं मेहमान बनकर तुम्हारे घर में न रहूँगा, स्वामी बनकर रहूँगा।'

'तुम घर के स्वामी ही नहीं, मेरे स्वामी बनकर रहोगे। मैं तुम्हारी स्वामिनी बनकर रहूँगी।'

2

प्रो. प्रसाद और मिस पद्मा दोनों साथ रहते हैं और प्रसन्न हैं। दोनों ही ने जीवन का जो आदर्श मन में स्थिर कर लिया था, वह सत्य बन गया है। प्रसाद को केवल दो सौ रुपए वेतन मिलता है; मगर अब वह अपनी आमदनी का दुगुना भी ख़र्च कर दे तो परवाह नहीं। पहले वह कभी-कभी शराब पीता था, अब रात-दिन शराब में मस्त रहता है। अब उसके लिए अलग अपनी कार है, अलग अपने नौकर हैं, तरह-तरह की बहुमूल्य चीज़ें मँगवाता रहता है और पद्मा बड़े हर्ष से उसकी सारी फ़िजूलख़र्चियाँ बर्दाश्त करती है। नहीं, बर्दाश्त करने का प्रश्न नहीं। वह ख़ुद उसे अच्छे-से-अच्छे सूट पहनाकर अच्छे-से-अच्छे ठाठ में रखकर, प्रसन्न होती है। जैसी घड़ी इस वक़्त प्रो. प्रसाद के पास है, शहर के बड़े-से-बड़े रईस के पास न होगी और पद्मा जितना ही उससे दबती है प्रसाद उतना ही उसे दबाता है। कभी-कभी उसे नागवार भी लगता है, पर किसी अज्ञात कारण से अपने को उसके वश में पाती है। प्रसाद को ज़रा भी उदास या चिन्तित देखकर उसका मन चंचल हो जाता है। उस पर आवाज़ें कसी जाती हैं; फबतियाँ चुस्त की जाती हैं। जो उसके पुराने प्रेमी थे, वे उसे जलाने और कुढ़ाने का प्रयास भी करते हैं; पर वह प्रसाद के पास आते ही सब कुछ भूल जाती है। प्रसाद ने उस पर पूरा आधिपत्य पा लिया है और उसने इसका ज्ञान पद्मा की बारीक आँखों से पढ़ा है और उसका आसन अच्छी तरह पा गया है।

मगर जैसे राजनीति के क्षेत्र में अधिकार दुरुपयोग की ओर जाता है, उसी तरह प्रेम के क्षेत्र में भी वह दुरुपयोग की ओर ही जाता है और जो कमज़ोर है, उसे तावान देना पड़ता है। आत्माभिमानी पद्मा अब प्रसाद की लौंडी थी और प्रसाद उसकी दुर्बलता का फ़ायदा उठाने

से क्यों चूकता? उसने कील की पतली नोक चुभा दी थी और बड़ी कुशलता से उत्तरोत्तर उसे अन्दर ठोंकता जाता था। यहाँ तक कि उसने रात को देर में घर आना शुरू किया। पद्मा को अपने साथ न ले जाता, उससे बहाना करता कि मेरे सिर में दर्द है और जब पद्मा घूमने जाती तो अपनी कार निकाल लेता और उड़ जाता। दो साल गुज़र गए थे और पद्मा को गर्भ था। वह स्थूल भी हो चली थी। उसके रूप में पहले की-सी नवीनता और मादकता न रह गई थी। वह घर की मुर्गी थी, साग बराबर।

एक दिन इसी तरह पद्मा लौटकर आई, तो प्रसाद ग़ायब थे। वह झुंझला उठी। इधर कई दिन से वह प्रसाद का रंग बदला हुआ देख रही थी। आज उसने कुछ स्पष्ट बातें कहने का साहस बटोरा। दस बज गए, ग्यारह बज गए, बारह बज गए, पद्मा उसके इंतज़ार में बैठी थी। भोजन ठंडा हो गया, नौकर-चाकर सो गए। वह बार-बार उठती, फाटक पर जाकर नज़र दौड़ाती। एक बजे के क़रीब प्रसाद घर आया।

पद्मा ने साहस तो बहुत बटोरा था; पर प्रसाद के सामने जाते ही उसे इतनी कमज़ोरी मालूम हुई। फिर भी उसने ज़रा कड़े स्वर में पूछा—आज इतनी रात तक कहाँ थे? कुछ ख़बर है, कितनी रात गई?

प्रसाद को वह इस वक़्त असुन्दरता की मूर्ति-सी लगी। वह एक विद्यालय की छात्र के साथ सिनेमा देखने गया था। बोला—तुमको आराम से सो जाना चाहिए था। तुम जिस दशा में हो, उसमें तुम्हें, जहाँ तक हो सके, आराम से रहना चाहिए।

पद्मा का साहस कुछ प्रबल हुआ—तुमसे मैं जो पूछती हूँ, उसका जवाब दो। मुझे जहन्नुम में भेजो!

'तो तुम भी मुझे जहन्नुम में जाने दो।'

'तुम मेरे साथ दग़ा कर रहे हो, यह मैं साफ़ देख रही हूँ।'

'तुम्हारी आँखों की ज्योति कुछ बढ़ गई होगी!'

'मैं इधर कई दिन से तुम्हारा मिज़ाज कुछ बदला हुआ देख रही हूँ।'

'मैंने तुम्हारे साथ अपने को बेचा नहीं है। अगर तुम्हारा जी मुझसे भर गया हो, तो मैं आज जाने को तैयार हूँ।'

'तुम जाने की धमकी क्यों देते हो! यहाँ तुमने आकर कोई बड़ा त्याग नहीं किया है।'

'मैंने त्याग नहीं किया है? तुम यह कहने का साहस कर रही हो? मैं देखता हूँ, तुम्हारा मिज़ाज बिगड़ रहा है। तुम समझती हो, मैंने इसे अपंग कर दिया। मगर मैं इसी वक़्त तुम्हें ठोकर मारने को तैयार हूँ, इसी वक़्त, इसी वक़्त!'

पद्मा का साहस जैसे बुझ गया था। प्रसाद अपना ट्रंक सँभाल रहा था। पद्मा ने दीन-भाव से कहा—मैंने तो ऐसी कोई बात नहीं कही, जो तुम इतना बिगड़ उठे। मैं तो केवल तुमसे पूछ रही थी, कहाँ थे। क्या मुझे इतना भी अधिकार नहीं देना चाहते? मैं कभी तुम्हारी इच्छा के विरुद्ध कोई काम नहीं करती और तुम मुझे बात-बात पर डाँटते रहते हो। तुम्हें मुझ पर ज़रा भी दया नहीं आती! मुझे तुमसे कुछ भी तो सहानुभूति मिलनी चाहिए। मैं तुम्हारे लिए क्या कुछ करने को तैयार नहीं हूँ? और आज जो मेरी दशा हो गई है, तो तुम मुझसे आँखें फेर लेते हो...

उसका कंठ रुँध गया और मेज़ पर सिर रखकर फूट-फूटकर रोने लगी। प्रसाद ने पूरी विजय पाई।

3

पद्मा के लिए मातृत्व अब बड़ा ही अप्रिय प्रसंग था। उस पर एक चिन्ता मँडराती रहती। कभी-कभी वह भय से काँप उठती और पछताती। प्रसाद की निरंकुशता दिन-दिन बढ़ती जाती थी। क्या करे, क्या न करे। गर्भ पूरा हो गया था, वह कोर्ट न जाती थी। दिन-भर अकेली बैठी रहती। प्रसाद संध्या समय आता, चाय-वाय पीकर फिर उड़ जाता, तो ग्यारह-बारह बजे के पहले न लौटता। वह कहाँ जाता है, यह भी उससे छिपा न था। प्रसाद को जैसे उसकी सूरत से नफ़रत थी। पूर्ण गर्भ, पीला मुख, चिन्तित, सशंक, उदास। फिर भी वह प्रसाद को श्रृंगार और आभूषणों से बाँधने की चेष्टा से बाज न आती थी। मगर वह जितना ही प्रयास करती, उतना ही प्रसाद का मन उसकी ओर से फिरता था। इस अवस्था में श्रृंगार उसे और भद्दा लगता।

प्रसव-वेदना हो रही थी। प्रसाद का पता नहीं। नर्स मौजूद थी, लेडी डॉक्टर मौजूद थी; मगर प्रसाद का न रहना पद्मा की प्रसव-वेदना को और भी दारुण बना रहा था।

बालक को गोद में देखकर उसका कलेजा फूल उठा, मगर फिर प्रसाद को सामने न पाकर उसने बालक की ओर से मुँह फेर लिया। मीठे फल में जैसे कीड़े पड़ गए हों।

पाँच दिन सौर-गृह में काटने के बाद जैसे पद्मा जेलखाने से निकली...नंगी तलवार बनी हुई। माता बनकर वह अपने में एक अद्भुत शक्ति का अनुभव कर रही थी।

उसने चपरासी को चेक देकर बैंक भेजा। प्रसव-सम्बन्धी कई बिल अदा करने थे। चपरासी ख़ाली हाथ लौट आया।

पद्मा ने पूछा—रुपए?

'बैंक के बाबू ने कहा, रुपए सब प्रसाद बाबू निकाल ले गए।'

पद्मा को गोली लग गई। बीस हज़ार रुपए प्राणों की तरह संचित कर रखे थे, इसी शिशु के लिए। हाय! सौर से निकलने पर मालूम हुआ, प्रसाद विद्यालय की एक बालिका को लेकर इंगलैंड की सैर करने चला गया। झल्लाई हुई घर में आई, प्रसाद की तसवीर उठाकर ज़मीन पर पटक दी और उसे पैरों से कुचला। उसका जितना सामान था, उसे जमा करके दियासलाई लगा दी और उसके नाम पर थूक दिया।

एक महीना बीत गया था। पद्मा अपने बँगले के फाटक पर शिशु को गोद में लिए खड़ी थी। उसका क्रोध अब शोकमय निराशा बन चुका था। बालक पर कभी दया आती, कभी प्यार आता, कभी घृणा आती। उसने सड़क पर देखा, एक यूरोपियन लेडी अपने पति के साथ अपने बालक को बच्चों की गाड़ी में बिठाए लिए चली जा रही थी। उसने हसरत-भरी आँखों से उस ख़ुशनसीब जोड़े को देखा और उसकी आँखें सजल हो गईं।

विद्रोही

आज दस साल से ज़ब्त कर रहा हूँ। अपने इस नन्हे-से हृदय में अग्नि का दहकता हुआ कुंड छिपाए बैठा हूँ। संसार में कहीं शांति होगी, कहीं सैर-तमाशे होंगे, कहीं मनोरंजन की वस्तुएँ होंगी; मेरे लिए तो अब यही अग्निराशि है और कुछ नहीं। जीवन की सारी अभिलाषाएँ इसी

में जलकर राख हो गईं। किससे अपनी मनोव्यथा कहूँ? फ़ायदा ही क्या? जिसके भाग्य में रुदन, अनंत रुदन हो, उसका मर जाना ही अच्छा।

मैंने पहली बार तारा को उस वक़्त देखा, जब मेरी उम्र दस साल की थी। मेरे पिता आगरे के एक अच्छे डॉक्टर थे। लखनऊ में मेरे एक चचा रहते थे। उन्होंने वकालत में काफ़ी धन कमाया था। मैं उन दिनों चचा ही के साथ रहता था। चचा के कोई संतान न थी; इसलिए मैं ही उनका वारिस था। चचा और चची दोनों मुझे अपना पुत्र समझते थे। मेरी माता बचपन ही में सिधार चुकी थीं। मातृ-स्नेह का जो कुछ प्रसाद मुझे मिला, वह चचीजी ही की भिक्षा थी। वही भिक्षा मेरे उस मातृ-प्रेम से वंचित बालपन की सारी विभूति थी।

चचा साहब के पड़ोस में हमारी बिरादरी के एक बाबू साहब और रहते थे। वह रेलवे-विभाग में किसी अच्छे ओहदे पर थे। दो-ढाई सौ रुपए पाते थे। नाम था विमलचन्द्र। तारा उन्हीं की पुत्री थी। उस वक़्त उसकी उम्र पाँच साल की होगी। बचपन का वह दिन आज भी आँखों के सामने है, जब तारा एक फ्राक पहने, बालों में एक गुलाब का फूल गूँथे हुए मेरे सामने आकर खड़ी हो गई। कह नहीं सकता, क्यों मैं उसे देखकर झेंप-सा गया। मुझे वह देव-कन्या सी मालूम हुई, जो उषा-काल के सौरभ और प्रकाश से रंजित आकाश से उतर आई हो।

उस दिन से तारा अक्सर मेरे घर आती। उसके घर में खेलने की जगह न थी। चचा साहब के घर के सामने लम्बा-चौड़ा मैदान था। वहीं वह खेला करती। धीरे-धीरे मैं भी उससे मानूस हो गया। मैं जब स्कूल से लौटता तो तारा दौड़कर मेरे हाथों से किताबों का बस्ता ले लेती। जब मैं स्कूल जाने के लिए गाड़ी पर बैठता, तो वह भी आकर मेरे साथ बैठ जाती। एक दिन उसके सामने चची ने चचाजी से कहा—तारा को मैं अपनी बहू बनाऊँगी। क्यों कृष्णा, तू तारा से ब्याह करेगा? मैं मारे शर्म के बाहर भाग गया; लेकिन तारा वहीं खड़ी रही, मानो चची ने उसे मिठाई देने को बुलाया हो। उस दिन से चचा और चची में अक्सर यही चर्चा होती...कभी सलाह के ढंग से, कभी मज़ाक़ के ढंग से। उस अवसर पर मैं तो शर्माकर बाहर भाग जाता था; पर तारा ख़ुश होती थी। दोनों परिवारों में इतना घराव था कि इस सम्बन्ध का हो जाना कोई असाधारण बात न थी। तारा के माता-पिता को तो इसका पूरा विश्वास था कि तारा से मेरा विवाह होगा। मैं जब उनके घर जाता, तो मेरी बड़ी आवभगत होती। तारा की माँ उसे मेरे साथ छोड़कर किसी बहाने से टल जाती थीं। किसी को अब इसमें शक न था कि तारा ही मेरी हृदयेश्वरी होगी।

एक दिन उस तारा ने मिट्टी का एक घरौंदा बनाया। मेरे मकान के सामने नीम का पेड़ था। उसी की छाँह में वह घरौंदा तैयार हुआ। उसमें कई ज़रा-ज़रा से कमरे थे, कई मिट्टी के बरतन, एक नन्ही-सी चारपाई थी। मैंने जाकर देखा, तो तारा घरौंदा बनाने में तन्मय हो रही थी। मुझे देखते ही दौड़कर मेरे पास आई और बोली—कृष्णा, चलो हमारा घर देखो, मैंने अभी बनाया है। घरौंदा देखा, तो हँसकर बोला—इसमें कौन रहेगा, तारा?

तारा ने ऐसा मुँह बनाया, मानो यह व्यर्थ का प्रश्न था! बोली—क्यों, हम और तुम कहाँ रहेंगे? जब हमारा-तुम्हारा विवाह हो जाएगा, तो हम लोग इसी घर में आकर रहेंगे। वह देखो, तुम्हारी बैठक है, तुम यहीं बैठकर पढ़ोगे। दूसरा कमरा मेरा है, इसमें बैठकर मैं गुड़िया खेलूँगी।

मैंने हँसी करके कहा—क्यों, क्या मैं सारी उम्र पढ़ता ही रहूँगा और तुम हमेशा गुड़िया ही खेलती रहोगी?

तारा ने मेरी तरफ़ इस ढंग से देखा, जैसे मेरी बात नहीं समझी। पगली जानती थी कि ज़िन्दगी खेलने और हँसने ही के लिए है। यह न जानती थी कि एक दिन हवा का एक झोंका आएगा और इस घरौंदे को उड़ा ले जाएगा और इसी के साथ हम दोनों भी कहीं-से-कहीं जा उड़ेंगे।

2

इसके बाद मैं पिताजी के पास चला आया और कई साल पढ़ता रहा। लखनऊ की जलवायु मेरे अनुकूल न थी, या पिताजी ने मुझे अपने पास रखने के लिए यह बहाना किया था, मैं निश्चय नहीं कह सकता। इंटरमीडिएट तक मैं आगरे ही में पढ़ा, लेकिन चचा साहब के दर्शनों के लिए बराबर जाता रहता था। हर एक तातील में लखनऊ अवश्य जाता और गर्मियों की छुट्टी तो पूरी लखनऊ ही में कटती थी। एक छुट्टी गुज़रते ही दूसरी छुट्टी आने के दिन गिने जाने लगते थे। अगर मुझे एक दिन की भी देर हो जाती, तो तारा का पत्र आ पहुँचता। बचपन के उस सरल प्रेम में अब जवानी का उत्साह और उन्माद था। वे प्यारे दिन क्या भूल सकते हैं! वही मधुर स्मृतियाँ अब इस जीवन का सर्वस्व हैं। हम दोनों रात को सब की नज़रें बचाकर मिलते और हवाई क़िले बनाते। इससे कोई यह न समझे कि हमारे मन में पाप था, कदापि नहीं। हमारे बीच में एक भी ऐसा शब्द, एक भी ऐसा संकेत न आने पाता, जो हम दूसरों के सामने न कर सकते, जो उचित सीमा के बाहर होते। यह केवल वह संकोच था, जो इस अवस्था में हुआ करता है। शादी हो जाने के बाद भी तो कुछ दिनों तक स्त्री और पुरुष बड़ों के सामने बातें करते लजाते हैं। हाँ, जो अँग्रेज़ी सभ्यता के उपासक हैं, उनकी बात मैं नहीं चलाता। वे तो बड़ों के सामने आलिंगन और चुम्बन तक करते हैं। हमारी मुलाक़ातें दोस्तों की मुलाक़ातें होती थीं—कभी ताश की बाज़ी होती, कभी साहित्य की चर्चा, कभी स्वदेश सेवा के मनसूबे बँधते, कभी संसार यात्रा के। क्या कहूँ, तारा का हृदय कितना पवित्र था! अब मुझे ज्ञात हुआ कि स्त्री कैसे पुरुष पर नियंत्रण कर सकती है, कुत्सित को कैसे पवित्र बना सकती है। एक-दूसरे से बातें करने में, एक-दूसरे के सामने बैठे रहने में हमें असीम आनंद होता था। फिर, प्रेम की बातों की ज़रूरत वहाँ होती हैं, जहाँ अपने अखंड अनुराग, अपनी अतुल निष्ठा, अपने पूर्ण आत्म-समर्पण का विश्वास दिलाना होता है। हमारा सम्बन्ध तो स्थिर हो चुका था। केवल रस्में बाक़ी थीं। वह मुझे अपना पति समझती थी, मैं उसे अपनी पत्नी समझता था। ठाकुरजी का भोग लगाने के पहले थाल के पदार्थों में कौन हाथ लगा सकता है? हम दोनों में कभी-कभी लड़ाई भी होती थी और कई-कई दिनों तक बातचीत की नौबत न आती; लेकिन ज़्यादती कोई करे, मनाना उसी को पड़ता था। मैं ज़रा-सी बात पर तिनक जाता था। वह हँसमुख थी, बहुत ही सहनशील, लेकिन उसके साथ ही मानिनी भी परले सिरे की। मुझे खिलाकर भी ख़ुद न खाती, मुझे हँसाकर भी ख़ुद न हँसती।

इंटरमीडिएट पास होते ही मुझे फ़ौज में एक जगह मिल गई। उस विभाग के अफ़सरों में पिताजी का बड़ा मान था। मैं सार्जेन्ट हो गया और सौभाग्य से लखनऊ ही में मेरी नियुक्ति हुई। मुँहमाँगी मुराद पूरी हुई।

मगर विधि-वाम कुछ और ही षड्यंत्र रच रहा था। मैं तो इस ख़याल में मगन था कि कुछ दिनों में तारा मेरी होगी। उधर एक दूसरा ही गुल खिल गया। शहर के एक नामी रईस ने चचाजी से मेरे विवाह की बात छेड़ दी और आठ हज़ार रुपए दहेज़ का वचन दिया। चचाजी

के मुँह से लार टपक पड़ी। सोचा, यह आशातीत रक़म मिलती है, इसे क्यों छोड़ूँ। विमल बाबू की कन्या का विवाह कहीं-न-कहीं हो ही जाएगा। उन्हें सोचकर जवाब देने का वादा करके विदा किया और विमल बाबू को बुलाकर बोले—आज चौधरी साहब कृष्णा की शादी की बातचीत करने आए थे। आप तो उन्हें जानते होंगे? अच्छे रईस हैं। आठ हज़ार रुपए दे रहे हैं। मैंने कह दिया है, सोचकर जवाब दूँगा। आपकी क्या राय है? यह शादी मंजूर कर लूँ?

विमल बाबू ने चकित होकर कहा—यह आप क्या फरमाते हैं? कृष्णा की शादी तो तारा से ठीक हो चुकी है न?

चचा साहब ने अनजान बनकर कहा—यह तो मुझे आज मालूम हो रहा है। किसने ठीक की है यह शादी? आपसे तो मुझसे इस विषय में कोई भी बातचीत नहीं हुई।

विमल बाबू ज़रा गर्म होकर बोले—जो बात आज दस-बारह साल से सुनता हूँ, क्या उसकी तसदीक भी करनी चाहिए थी? मैं तो इसे तय समझे बैठा हूँ। मैं ही क्या, सारा मुहल्ला तय समझ रहा है।

चचा साहब ने बदनामी के भय से ज़रा दबकर कहा—भाई साहब, हक़ तो यह है कि मैं जब कभी इस सम्बन्ध की चर्चा करता था, दिल्लगी के तौर पर लेकिन ख़ैर, मैं आपको निराश नहीं करना चाहता। आप मेरे पुराने मित्र हैं। मैं आपके साथ सब तरह की रिआयत करने को तैयार हूँ। मुझे आठ हज़ार मिल रहे हैं। आप मुझे सात ही हज़ार दीजिए—छह हज़ार ही दीजिए।

विमल बाबू ने उदासीन भाव से कहा—आप मुझसे मज़ाक़ कर रहे हैं या सचमुच दहेज़ माँग रहे हैं, मुझे यक़ीन नहीं आता।

चचा साहब ने माथा सिकोड़कर कहा—इसमें मज़ाक़ की तो कोई बात नहीं। मैं आपके सामने चौधरी से बातें कर सकता हूँ।

विमल बाबू—आपने तो यह नया प्रश्न छेड़ दिया। मुझे तो स्वप्न में भी गुमान न था कि हमारे और आपके बीच में यह प्रश्न खड़ा होगा। ईश्वर ने आपको बहुत कुछ दिया है। दस-पाँच हज़ार में आपका कुछ न बनेगा। हाँ, यह रक़म मेरी सामर्थ्य से बाहर है। मैं तो आपसे दया ही की भिक्षा माँग सकता हूँ। आज दस-बारह साल से हम कृष्णा को अपना दामाद समझते आ रहे हैं। आपकी बातों से भी कई बार इसकी तसदीक हो चुकी है। कृष्णा और तारा में जो प्रेम है, वह आपसे छिपा नहीं है। ईश्वर के लिए थोड़े-से रुपयों के वास्ते कई जनों का ख़ून न कीजिए।

चचा साहब ने धृष्टता से कहा—विमल बाबू, मुझे खेद है कि मैं इस विषय में और नहीं दब सकता।

विमल बाबू ज़रा तेज़ होकर बोले—आप मेरा गला घोंट रहे हैं!

चचा—आपको मेरा एहसान मानना चाहिए कि कितनी रिआयत कर रहा हूँ।

विमल—क्यों न हो, आप मेरा गला घोंटें और मैं आपका एहसान मानूँ? मैं इतना उदार नहीं हूँ। अगर मुझे मालूम होता कि आप इतने लोभी हैं, तो आपसे दूर ही रहता। मैं आपको सज्जन समझता था। अब मालूम हुआ कि आप भी कौड़ियों के ग़ुलाम हैं। जिसकी निगाह में मुरौवत नहीं, जिसकी बातों का कोई विश्वास नहीं, उसे मैं शरीफ नहीं कह सकता। आपको अख़्तियार है, कृष्णा बाबू की शादी जहाँ चाहें करें; लेकिन आपको हाथ न मलना पड़े, तो कहिएगा। तारा का विवाह तो कहीं-न-कहीं हो ही जाएगा और ईश्वर ने चाहा तो किसी अच्छे

ही घर में होगा। संसार में सज्जनों का अभाव नहीं है; मगर आपके हाथ अपयश के सिवा और कुछ न लगेगा।

चचा साहब ने त्यौरियाँ चढ़ाकर कहा—अगर आप मेरे घर में न होते, तो इस अपमान का कुछ जवाब देता!

विमल बाबू ने छड़ी उठा ली और कमरे से बाहर जाते हुए कहा—आप मुझे क्या जवाब देंगे? आप जवाब देने के योग्य ही नहीं हैं।

उसी दिन शाम को जब मैं बैरक से आया और जलपान करके विमल बाबू के घर जाने लगा, तो चची ने कहा—कहाँ जाते हो? विमल बाबू से और तुम्हारे चचाजी से आज एक झड़प हो गई।

मैंने ठिठककर ताज्जुब के साथ कहा—झड़प हो गई! किस बात पर?

चची ने सारा-का-सारा वृत्तान्त कह सुनाया और विमल को जितने काले रंगों में रँग सकीं, रँगा—तुमसे क्या कहूँ बेटा, ऐसा मुँहफट तो आदमी ही नहीं देखा। हज़ारों ही गालियाँ दीं, लड़ने पर आमादा हो गया।

मैंने एक मिनट तक सन्नाटे में खड़े रहकर कहा—अच्छी बात है, वहाँ न जाऊँगा। बैरक जा रहा हूँ। चची बहुत रोईं-चिल्लाईं; पर मैं एक क्षण-भर भी न ठहरा। ऐसा जान पड़ता था, जैसे कोई मेरे हृदय में भाले भोंक रहा है। घर से बैरक तक पैदल जाने में शायद मुझे दस मिनट से ज़्यादा न लगे होंगे। बार-बार जी झुँझलाता था; चचा साहब पर नहीं, विमल बाबू पर भी नहीं, केवल अपने ऊपर। क्यों मुझमें इतनी हिम्मत नहीं है कि जाकर चचा साहब से कह दूँ—कोई मुझे लाख रुपए भी दे, तो शादी न करूँगा। मैं क्यों इतना डरपोक, इतना तेज़हीन, इतना दब्बू हो गया?

इसी क्रोध में मैंने पिताजी को एक पत्र लिखा और वह सारा वृत्तांत सुनाने के बाद अंत में लिखा—मैंने निश्चय कर लिया है कि और कहीं शादी न करूँगा, चाहे मुझे आपकी अवज्ञा ही क्यों न करनी पड़े। उस आवेश में न जाने क्या-क्या लिख गया, अब याद भी नहीं। इतना ही याद है कि दस-बारह पन्ने दस मिनट में लिख डाले थे। संभव होता तो मैं यही सारी बातें तार से भेजता।

तीन दिन मैंने बड़ी व्यग्रता के साथ काटे। उसका केवल अनुमान किया जा सकता है। सोचता, तारा हमें अपने मन में कितना नीच समझ रही होगी। कई बार जी में आया कि चलकर उसके पैरों पर गिर पड़ूँ और कहूँ—देवी, मेरा अपराध क्षमा करो—चचा साहब के कठोर व्यवहार की परवा न करो मैं तुम्हारा था और तुम्हारा हूँ। चचा साहब मुझसे बिगड़ जाएँ, पिताजी घर से निकाल दें, मुझे किसी की परवा नहीं है; लेकिन तुम्हें खोकर मेरा जीवन ही खो जाएगा।

तीसरे दिन पत्र का जवाब आया। रही-सही आशा भी टूट गई। वही जवाब था जिसकी मुझे शंका थी। लिखा था—भाई साहब मेरे पूज्य हैं। उन्होंने जो निश्चय किया है, उसके विरुद्ध मैं एक शब्द भी मुँह से नहीं निकाल सकता और तुम्हारे लिए भी यही उचित है कि उन्हें नाराज़ न करो।

मैंने उस पत्र को फाड़कर पैरों से कुचल दिया और उसी वक़्त विमल बाबू के घर की तरफ़ चला। आह! उस वक़्त अगर कोई मेरा रास्ता रोक लेता, मुझे धमकाता कि उधर मत जाओ, तो मैं विमल बाबू के पास जाकर ही दम लेता और आज मेरा जीवन कुछ और ही होता; पर वहाँ मना करने वाला कौन बैठा था। कुछ दूर चलकर हिम्मत हार बैठा। लौट पड़ा। कह नहीं सकता, क्या सोचकर लौटा। चचा साहब की अप्रसन्नता का मुझे रत्ती-भर भी भय

न था। उनकी अब मेरे दिल में ज़रा भी इज़्ज़त न थी। मैं उनकी सारी सम्पत्ति को ठुकरा देने को तैयार था। पिताजी के नाराज़ हो जाने का भी डर न था। संकोच केवल यह था—कौन मुँह लेकर जाऊँ! आख़िर मैं उन्हीं चचा का भतीजा तो हूँ। विमल बाबू मुझसे मुखातिब न हुए या जाते-ही-जाते दुत्कार दिया, तो मेरे लिए डूब मरने के सिवा और क्या रह जाएगा? सबसे बड़ी शंका यह थी कि कहीं तारा ही मेरा तिरस्कार कर बैठे तो मेरी क्या गति होगी। हाय! अहृदय तारा! निष्ठुर तारा! अबोध तारा! अगर तूने उस वक़्त दो शब्द लिखकर मुझे तसल्ली दे दी होती, तो आज मेरा जीवन कितना सुखमय होता। तेरे मौन ने मुझे मटियामेट कर दिया—सदा के लिए! आह, सदा के लिए।

3

तीन दिन फिर मैंने अंगारों पर लोट-लोटकर काटे। ठान लिया था कि अब किसी से न मिलूँगा। सारा संसार मुझे अपना शत्रु-सा दीखता था। तारा पर भी क्रोध आता था। चचा साहब की तो सूरत से मुझे घृणा हो गई थी; मगर तीसरे दिन शाम को चचाजी का रुक्का पहुँचा, मुझसे आकर मिल जाओ। जी में तो आया, लिख दूँ, मेरा आपसे कोई सम्बन्ध नहीं, आप समझ लीजिए, मैं मर गया। मगर फिर उनके स्नेह और उपकारों की याद आ गई। खरी-खरी सुनाने का भी अच्छा अवसर मिल रहा था। हृदय में युद्ध का नशा और जोश भरे हुए मैं चचाजी की सेवा में पहुँच गया।

चचाजी ने मुझे सिर से पैर तक देखकर कहा—क्या आजकल तुम्हारी तबीयत अच्छी नहीं है? आज रायसाहब सीताराम तशरीफ़ लाए थे। तुमसे कुछ बातें करना चाहते हैं। कल सबेरे मौक़ा मिले, तो चले आना या तुम्हें लौटने की जल्दी न हो, तो मैं इसी वक़्त बुला भेजूँ।

मैं समझ तो गया कि यह रायसाहब कौन हैं; लेकिन अनजान बनकर बोला—यह रायसाहब कौन हैं? मेरा तो उनसे परिचय नहीं है।

चचाजी ने लापरवाही से कहा—अजी, यह वही महाशय हैं, जो तुम्हारे ब्याह के लिए घेरे हुए हैं। शहर के रईस और कुलीन आदमी हैं। लड़की भी बहुत अच्छी है। कम-से-कम तारा से कई गुनी अच्छी। मैंने हाँ कर लिया है। तुम्हें भी जो बातें पूछनी हों, उनसे पूछ लो।

मैंने आवेश के उमड़ते हुए तूफ़ान को रोककर कहा—आपने नाहक हाँ की। मैं अपना विवाह नहीं करना चाहता।

चचाजी ने मेरी तरफ़ आँखें फाड़कर कहा—क्यों?

मैंने उसी निर्भीकता से जवाब दिया—इसीलिए कि मैं इस विषय में स्वाधीन रहना चाहता हूँ।

चचा साहब ने ज़रा नर्म होकर कहा—मैं अपनी बात दे चुका हूँ, क्या तुम्हें इसका कुछ ख़याल नहीं है?

मैंने उद्दंडता से जवाब दिया। जो बात पैसों पर बिकती है, उसके लिए मैं अपनी ज़िन्दगी नहीं ख़राब कर सकता।

चचा साहब ने गम्भीर भाव से कहा—यह तुम्हारा आख़िरी फ़ैसला है?

'जी हाँ, आख़िरी।'

'पछताना पड़ेगा।'

'आप इसकी चिन्ता न करें। आपको कष्ट देने न आऊँगा।'

'अच्छी बात है।'

यह कहकर वह उठे और अन्दर चले गए। मैं कमरे से निकला और बैरक की तरफ़ चला। सारी पृथ्वी चक्कर खा रही थी, आसमान नाच रहा था और मेरी देह हवा में उड़ी जाती थी। मालूम होता था, पैरों के नीचे की ज़मीन है ही नहीं।

बैरक में पहुँचकर मैं पलंग पर लेट गया और फूट-फूटकर रोने लगा। माँ-बाप, चाचा-चाची, धन-दौलत, सबकुछ होते हुए भी मैं अनाथ था। उफ! कितना निर्दय आघात था!

4

सबेरे हमारे रेजीमेंट को देहरादून जाने का हुक्म हुआ। मुझे आँखें-सी मिल गईं। अब लखनऊ काटे खाता था। उसके गली-कूचों तक से घृणा हो गई थी। एक बार जी में आया, चलकर तारा से मिल लूँ; मगर फिर वही शंका हुई—कहीं वह मुखातिब न हुई तो? विमल बाबू इस दशा में भी मुझसे उतना ही स्नेह दिखाएँगे, जितना अब तक दिखाते आए हैं, इसका मैं निश्चय न कर सका। पहले मैं एक धनी परिवार का दीपक था, अब एक अनाथ युवक, जिसे मजूरी के सिवा और कोई अवलम्ब नहीं था।

देहरादून में अगर कुछ दिन मैं शांति से रहता, तो संभव था, मेरा आहत हृदय सँभल जाता और मैं विमल बाबू को मना लेता; लेकिन वहाँ पहुँचे एक सप्ताह भी न हुआ था कि मुझे तारा का पत्र मिल गया। पते को देखकर मेरे हाथ काँपने लगे। समस्त देह में कंपन-सा होने लगा। शायद शेर को सामने देखकर मैं इतना भयभीत न होता। हिम्मत ही न पड़ती थी कि उसे खोलूँ। वही लिखावट थी, वही मोतियों की लड़ी, जिसे देखकर मेरे लोचन तृप्त-से हो जाते थे, जिसे चूमता था और हृदय से लगाता था, वही काले अक्षर आज नागिनों से भी ज़्यादा डरावने मालूम होते थे। अनुमान कर रहा था कि उसने क्या लिखा होगा; पर अनुमान की दूर तक दौड़ भी पत्र के विषय तक न पहुँच सकी। आख़िर, एक बार कलेजा मज़बूत करके मैंने पत्र खोल डाला। देखते ही आँखों में अँधेरा छा गया। मालूम हुआ, किसी ने शीशा पिघलाकर पिला दिया। तारा का विवाह तय हो गया था। शादी होने में कुल चौबीस घंटे बाक़ी थे। उसने मुझसे अपनी भूलों के लिए क्षमा माँगी थी और विनती की थी कि मुझे भुला मत देना। पत्र का अन्तिम वाक्य पढ़कर मेरी आँखों से आँसुओं की झड़ी लग गई। लिखा था—यह अन्तिम प्यार लो। अब आज से मेरे और तुम्हारे बीच में केवल मैत्री का नाता है। मगर कुछ और समझूँ तो वह अपने पति के साथ अन्याय होगा, जिसे शायद तुम सबसे ज़्यादा नापसन्द करोगे। बस इससे अधिक और न लिखूँगी। बहुत अच्छा हुआ कि तुम यहाँ से चले गए। तुम यहाँ रहते, तो तुम्हें भी दुःख होता और मुझे भी। मगर प्यारे! अपनी इस अभागिनी तारा को भूल न जाना। तुमसे यही अन्तिम निवेदन है।

मैं पत्र को हाथ में लिये-लिये लेट गया। मालूम होता था, छाती फट जाएगी! भगवान्, अब क्या करूँ? जब तक मैं लखनऊ पहुँचूँगा, बारात द्वार पर आ चुकी होगी, यह निश्चय था। लेकिन तारा के अन्तिम दर्शन करने की प्रबल इच्छा को मैं किसी तरह न रोक सकता था। वही अब जीवन की अन्तिम लालसा थी।

मैंने जाकर कमांडिंग आफ़िसर से कहा—मुझे एक बड़े ज़रूरी काम से लखनऊ जाना है। तीन दिन की छुट्टी चाहता हूँ।

साहब ने कहा—अभी छुट्टी नहीं मिल सकती।

'मेरा जाना ज़रूरी है।'

'तुम नहीं जा सकते।'

'मैं किसी तरह नहीं रुक सकता।'

'तुम किसी तरह नहीं जा सकते।'

मैंने और अधिक आग्रह न किया। वहाँ से चला आया। रात की गाड़ी से लखनऊ जाने का निश्चय कर लिया। कोर्ट-मार्शल का अब मुझे ज़रा भी डर न था।

5

जब मैं लखनऊ पहुँचा, तो शाम हो गई थी। कुछ देर तक मैं प्लेटफार्म से दूर खड़ा ख़ूब अँधेरा हो जाने का इंतज़ार करता रहा। तब अपनी क़िस्मत के नाटक का सबसे भीषण कांड देखने चला। बारात द्वार पर आ गई थी। गैस की रोशनी हो रही थी। बाराती लोग जमा थे। हमारे मकान की छत तारा की छत से मिली हुई थी। रास्ता मरदाने कमरे की बग़ल से था। चचा साहब शायद कहीं सैर करने गए हुए थे। नौकर-चाकर सब बारात की बहार देख रहे थे। मैं चुपके से जीने पर चढ़ा और छत पर जा पहुँचा। वहाँ उस वक़्त बिलकुल सन्नाटा था। उसे देखकर मेरा दिल भर आया। हाय! यही वह स्थान है, जहाँ हमने प्रेम के आनंद उठाए थे। यहीं मैं तारा के साथ बैठकर ज़िन्दगी के मनसूबे बाँधता था! यही स्थान मेरी आशाओं का स्वर्ग और मेरे जीवन का तीर्थ था। इस ज़मीन का एक-एक अणु मेरे लिए मधुर-स्मृतियों से पवित्र था। पर हाय! मेरे हृदय की भाँति आज वह भी ऊजड़, सुनसान, अँधेरा था। मैं उसी ज़मीन से लिपटकर ख़ूब रोया, यहाँ तक कि हिचकियाँ बँध गईं। काश! उस वक़्त तारा वहाँ आ जाती, तो मैं उसके चरणों पर सिर रखकर हमेशा के लिए सो जाता! मुझे ऐसा भासित होता था कि तारा की पवित्र आत्मा मेरी दशा पर रो रही है। आज भी तारा यहाँ ज़रूर आई होगी। शायद इसी ज़मीन पर लिपटकर वह भी रोई होगी। उस भूमि से उसके सुगंधित केशों की महक आ रही थी। मैंने जेब से रूमाल निकाला और वहाँ की धूल जमा करने लगा। एक क्षण में मैंने सारी छत साफ़ कर डाली और अपनी अभिलाषाओं की इस राख को हाथ में लिए घंटों रोया। यही मेरे प्रेम का पुरस्कार है, यही मेरी उपासना का वरदान है, यही मेरे जीवन की विभूति है। हाय री दुराशा!

नीचे विवाह के संस्कार हो रहे थे। ठीक आधी रात के समय वधू मंडप के नीचे आई, अब भाँवरें होंगी। मैं छत के किनारे चला आया और वह मर्मान्तक दृश्य देखने लगा। बस, यही मालूम हो रहा था कि कोई हृदय के टुकड़े किए डालता है। आश्चर्य है, मेरी छाती क्यों न फट गई, मेरी आँखें क्यों न निकल पड़ीं। वह मंडप मेरे लिए एक चिता थी, जिसमें वह सबकुछ, जिस पर मेरे जीवन का आधार था, जला जा रहा था।

भाँवरें समाप्त हो गईं तो मैं कोठे से उतरा। अब क्या बाक़ी था? चिता की राख भी जलमग्न हो चुकी थी। दिल को थामे, वेदना से तड़पता हुआ, जीने के द्वार तक आया; मगर द्वार बाहर से बन्द था। अब क्या हो? उल्टे पाँव लौटा। अब तारा के आँगन से होकर जाने के सिवा दूसरा रास्ता न था। मैंने सोचा, इस जमघट में मुझे कौन पहचानता है, निकल जाऊँगा। लेकिन ज्योंही आँगन में पहुँचा, तारा की माताजी की निगाह पड़ गई। चौंककर बोलीं—कौन,

कृष्णा बाबू? तुम कब आए? आओ, मेरे कमरे में आओ। तुम्हारे चचा साहब के भय से हमने तुम्हें न्यौता नहीं भेजा। तारा प्रातःकाल विदा हो जाएगी। आओ, उससे मिल लो। दिन-भर से तुम्हारी रट लगा रही है।

यह कहते हुए उन्होंने मेरा बाजू पकड़ लिया और मुझे खींचते हुए अपने कमरे में ले गईं। फिर पूछा—अपने घर से होते हुए आए हो न?

मैंने कहा—मेरा घर यहाँ कहाँ है?

'क्यों, तुम्हारे चचा साहब नहीं हैं?'

'हाँ, चचा साहब का घर है, मेरा घर अब कहीं नहीं है। बनने की कभी आशा थी, पर आप लोगों ने वह भी तोड़ दी।'

'हमारा इसमें क्या दोष था भैया? लड़की का ब्याह तो कहीं-न-कहीं करना था। तुम्हारे चचाजी ने तो हमें मँझधार में छोड़ दिया था। भगवान् ही ने उबारा। क्या अभी स्टेशन से चले आ रहे हो? तब तो अभी कुछ खाया भी न होगा।'

'हाँ, थोड़ा-सा ज़हर लाकर दीजिए, यही मेरे लिए सबसे अच्छी दवा है।'

वृद्धा विस्मित होकर मुँह ताकने लगी। मुझे तारा से कितना प्रेम था, वह बेचारी क्या जानती थी?

मैंने उसी विरक्ति के साथ फिर कहा—जब आप लोगों ने मुझे मार डालने ही का निश्चय कर लिया, तो अब देर क्यों करती हैं? आप मेरे साथ यह दग़ा करेंगी यह मैं न समझता था। ख़ैर, जो हुआ, अच्छा ही हुआ। चचा और बाप की आँखों से गिरकर मैं शायद आपकी आँखों में भी न जँचता।

बुढ़िया ने मेरी तरफ़ शिकायत की नज़रों से देखकर कहा—तुम हमको इतना स्वार्थी समझते हो, बेटा।

मैंने जले हुए हृदय से कहा—अब तक तो न समझता था लेकिन परिस्थिति ने ऐसा समझने को मज़बूर किया। मेरे ख़ून का प्यासा दुश्मन भी मेरे ऊपर इससे घातक वार न कर सकता। मेरा ख़ून आप ही की गरदन पर होगा।

'तुम्हारे चचाजी ने ही तो इनकार कर दिया?'

'आप लोगों ने मुझसे भी कुछ पूछा, मुझसे भी कुछ कहा, मुझे भी कुछ कहने का अवसर दिया? आपने तो ऐसी निगाहें फेरीं जैसे आप दिल से यही चाहती थीं। मगर अब आपसे शिकायत क्यों करूँ? तारा ख़ुश रहे, मेरे लिए यही बहुत है।'

'तो बेटा, तुमने भी तो कुछ नहीं लिखा; अगर तुम एक पुरज़ा भी लिख देते, तो हमें तस्कीन हो जाती। हमें क्या मालूम था कि तुम तारा को इतना प्यार करते हो। हमसे ज़रूर भूल हुई; मगर उससे बड़ी भूल तुमसे हुई। अब मुझे मालूम हुआ कि तारा क्यों बराबर डाकिए को पूछती रहती थी। अभी कल वह दिन-भर डाकिए की राह देखती रही। जब तुम्हारा कोई ख़त नहीं आया, तब वह निराश हो गई। बुला दूँ उसे? मिलना चाहते हो?'

मैंने चारपाई से उठकर कहा—नहीं-नहीं, उसे मत बुलाइए। मैं अब उसे नहीं देख सकता। उसे देखकर मैं न-जाने क्या कर बैठूँ।

यह कहता हुआ मैं चल पड़ा। तारा की माँ ने कई बार पुकारा पर मैंने पीछे फिर कर भी न देखा।

यह है मुझ निराश की कहानी। इसे आज दस साल गुज़र गए। इन दस सालों में मेरे ऊपर जो कुछ बीती, उसे मैं ही जानता हूँ। कई-कई दिन मुझे निराहार रहना पड़ा है। फ़ौज से तो उसके तीसरे ही दिन निकाल दिया गया था। अब मारे-मारे फिरने के सिवा मुझे कोई काम नहीं। पहले तो काम मिलता ही नहीं और अगर मिल भी गया, तो मैं टिकता नहीं। ज़िन्दगी पहाड़ हो गई है। किसी बात की रुचि नहीं रही। आदमी की सूरत से दूर भागता हूँ।

तारा प्रसन्न है। तीन-चार साल हुए, एक बार मैं उसके घर गया था। उसके स्वामी ने बहुत आग्रह करके बुलाया था। बहुत क़समें दिलाईं। मज़बूर होकर गया। वह कली अब खिलकर फूल हो गई है। तारा मेरे सामने आई। उसका पति भी बैठा हुआ था। मैं उसकी तरफ़ ताक न सका। उसने मेरे पैर खींच लिए। मेरे मुँह से एक शब्द भी न निकला। अगर तारा दुखी होती, कष्ट में होती, फटेहालों में होती, तो मैं उस पर बलि हो जाता; पर सम्पन्न, सरस, विकसित तारा मेरी संवेदना के योग्य न थी। मैं इस कुटिल विचार को न रोक सका—कितनी निष्ठुरता! कितनी बेवफाई!

शाम को मैं उदास बैठा वहाँ जाने पर पछता रहा था कि तारा का पति आकर मेरे पास बैठ गया और मुस्कुराकर बोला—बाबूजी, मुझे यह सुनकर खेद हुआ कि तारा से मेरे विवाह हो जाने का आपको बड़ा सदमा हुआ। तारा-जैसी रमणी शायद देवताओं को भी स्वार्थी बना देती; लेकिन मैं आपसे सच कहता हूँ, अगर मैं जानता कि आपको उससे इतना प्रेम है, तो मैं हरगिज आपकी राह का काँटा न बनता। शोक यही है कि मुझे बहुत पीछे मालूम हुआ। तारा मुझसे आपकी प्रेम-कथा कह चुकी है।

मैंने मुस्कुराकर कहा—तब तो आपको मेरी सूरत से घृणा होगी।

उसने जोश से कहा—इसके प्रतिकूल मैं आपका आभारी हूँ। प्रेम का ऐसा पवित्र, ऐसा उज्ज्वल आदर्श आपने उसके सामने रखा। वह आपको अब भी उसी मुहब्बत से याद करती है। शायद कोई दिन ऐसा नहीं जाता कि आपका ज़िक्र न करती हो। आपके प्रेम को वह अपनी ज़िन्दगी की सबसे प्यारी चीज़ समझती है। आप शायद समझते हों कि उन दिनों को याद करके उसे दुःख होता होगा। बिल्कुल नहीं, वही उसके जीवन की सबसे मधुर स्मृतियाँ हैं। वह कहती है, मैंने अपने कृष्णा को तुममें पाया है।

मेरे लिए इतना ही काफ़ी है।

उन्माद

मनहर ने अनुरक्त होकर कहा—यह सब तुम्हारी क़ुर्बानियों का फल है वागी, नहीं आज मैं भी किसी अँधेरी गली में, किसी अँधेरे मकान के अन्दर, अपनी अँधेरी ज़िन्दगी के दिन काटता होता। तुम्हारी सेवा और उपकार हमेशा याद रहेंगे। तुमने मेरा जीवन सुधार दिया—मुझे आदमी बना दिया।

वागेश्वरी ने सिर झुकाए हुए नम्रता से उत्तर दिया—यह तुम्हारी सज्जनता ही मानूँ, मैं बेचारी भला तुम्हारी ज़िन्दगी क्या सुधारूँगी, हाँ, तुम्हारे साथ मैं भी एक दिन आदमी बन

जाऊँगी। तुमने परिश्रम किया, उसका पुरस्कार पाया। जो अपनी मदद आप करते हैं, उनकी मदद परमात्मा भी करते हैं। अगर मुझ जैसी गँवारिन किसी और के पाले पड़ती, तो अब तक न जाने क्या गत बनी होती।

मनहर मानो इस बहस में अपना पक्ष-समर्थ करने के लिए कमर बाँधता हुआ बोला—तुम जैसी गँवारिन पर मैं एक लाख सजी हुई गुड़ियों और रंगीन तितलियों को न्योछावर कर सकता हूँ। तुमने मेहनत करने का वह अवसर और अवकाश दिया, जिसके बिना कोई सफल हो ही नहीं सकता। अगर तुमने अपनी अन्य विलासप्रिय, रंगीन-मिज़ाज बहनों की तरह मुझे अपने तक़ाज़ों से दबा रखा होता, तो मुझे उन्नति करने का अवसर कहाँ मिलता। तुमने मुझे वह निश्चिन्तता प्रदान की, जो स्कूल के दिनों में भी न मिली थी। अपने और सहकारियों को देखता हूँ, तो मुझे उन पर दया आती है। किसी का ख़र्च पूरा नहीं पड़ता। आधा महीना भी नहीं जाने पाता और हाथ ख़ाली हो जाता है। कोई दोस्तों से उधार माँगता है, कोई घरवालों को ख़त लिखता है। कोई गहनों की फ़िक्र में मरा जाता है, कोई कपड़ों की। कभी नौकर की टोह में हैरान, कभी वैद की टोह में परेशान। किसी को शांति नहीं। आए दिन स्त्री-पुरुष में जूते चलते रहते हैं। अपना जैसा भाग्यवान् तो मुझे कोई दीख नहीं पड़ता। मुझे घर के सारे आनंद प्राप्त हैं और ज़िम्मेदारी एक भी नहीं। तुमने ही मेरे हौसलों को उभारा, मुझे उत्तेजना दी। जब कभी मेरा उत्साह टूटने लगता था, तुम मुझे तसल्ली देती थीं। मुझे कभी मालूम ही नहीं हुआ कि तुम घर का प्रबंध कैसे करती हो। तुमने मोटे-से-मोटा काम अपने हाथों से किया, जिसमें मुझे पुस्तकों के लिए रुपए की कमी न हो। तुम्हीं मेरी देवी हो, और तुम्हारी बदौलत ही आज मुझे यह सौभाग्य प्राप्त हुआ है। मैं तुम्हारी इन सेवाओं की स्मृति को हृदय में सुरक्षित रखूँगा वागी, और एक दिन वह आएगा, जब तुम अपने त्याग और तप का आनंद उठाओगी।

वागेश्वरी ने गद्‌गद होकर कहा—तुम्हारे यह शब्द मेरे लिए सबसे बड़े पुरस्कार हैं मानू। मैं और किसी पुरस्कार को भूखी नहीं। मैंने जो कुछ तुम्हारी थोड़ी बहुत सेवा की, उसका इतना यश मुझे मिलेगा; मुझे तो आशा भी न थी।

मनहरनाथ का हृदय इस समय उदार भावों से उमड़ा हुआ था। वह यों बहुत ही अल्पभाषी, कुछ रूखा आदमी था और शायद वागेश्वरी को मन में उसकी शुष्कता पर दुःख भी हुआ हो, पर इस समय सफलता के नशे ने उसकी वाणी में पर-से लगा दिए थे। बोला—जिस समय मेरे विवाह की बातचीत हो रही थी, मैं बहुत शंकित था। समझ गया कि मुझे जो कुछ होना था, हो चुका। अब सारी उम्र देवीजी की नाज़बरदारी में गुज़रेगी। बड़े-बड़े अँगरेज़ विद्वानों की पुस्तकें पढ़ने से मुझे भी विवाह से घृणा हो गई थी। मैं इसे उम्र-क़ैद समझने लगा था, जो आत्मा और बुद्धि की उन्नति का द्वार बन्द कर देती है, मनुष्य को स्वार्थ का भक्त बना देती है,जो जीवन के क्षेत्र को संकीर्ण कर देती है। मगर दो ही चार मास के बाद मुझे अपनी भूल मालूम हुई। मुझे मालूम हुआ कि सुभार्या स्वर्ग की सबसे बड़ी विभूति है, जो मनुष्य के चरित्र को उज्ज्वल और पूर्ण बना देती है, जो आत्मोन्नति का मूल-मंत्र है। मुझे मालूम हुआ कि विवाह का उद्‌देश्य भोग नहीं, आत्मा का विकास है।

वागेश्वरी मनहर की नम्रता और सहन न कर सकी। वह किसी बात के बहाने से उठकर चली गई।

मनहर और वागेश्वरी का विवाह हुए तीन साल गुज़रे थे। मनहर उस समय एक दफ़्तर में क्लर्क था। सामान्य युवकों की भाँति उसे भी जासूसी उपन्यासों से बहुत प्रेम था। धीरे-धीरे उसे जासूसी का शौक़ हुआ। इस विषय पर उसने बहुत-सा साहित्य जमा किया और बड़े मनोयोग से उनका अध्ययन किया। इसके बाद उसने इस विषय पर स्वयं एक किताब लिखी। इस रचना में उसने ऐसी विलक्षण विवेचना-शक्ति का परिचय दिया, उसकी शैली भी इतनी रोचक थी, कि जनता ने उसे हाथों-हाथ लिया। इस विषय पर वह सर्वोत्तम ग्रंथ था।

देश में धूम मच गई। यहाँ तक कि इटली और जर्मनी-जैसे देशों से उसके पास प्रशंसा पत्र आए, और इस विषय की पत्रिकाओं में अच्छी-अच्छी आलोचनाएँ निकलीं। अंत में सरकार ने भी अपनी गुणग्राहकता का परिचय दिया—उसे इंग्लैंड जाकर इस कला का अभ्यास करने के लिए वृत्ति प्रदान की। और यह सब कुछ वागेश्वरी की सद्प्रेरणा का शुभ फल था।

मनहर की इच्छा थी कि वागेश्वरी भी साथ चले, पर वागेश्वरी उनके पाँव की बेड़ी न बनना चाहती थी। उसने घर रहकर सास-ससुर की सेवा करना ही उचित समझा।

मनहर के लिए इंगलैंड एक दूसरी ही दुनिया थी, जहाँ उन्नति के मुख्य साधनों में एक रूपवती पत्नी का होना भी जरूरी था। अगर पत्नी रूपवती है, चपल है, चतुर है, वाणी-कुशल है, प्रगल्भ है, तो समझ लो कि उसके पति को सोने की ख़ान मिल गई; अब वह उन्नति के शिखर पर पहुँच सकता है। मनोयोग और तपस्या के बूते पर नहीं, पत्नी के प्रभाव और आकर्षण के तेज़ पर। उस संसार में रूप और लावण्य-व्रत के बन्धनों से मुक्त, एक अबाध सम्पत्ति थी। जिसने किसी रमणी को प्राप्त कर लिया, उसकी मानो तक़दीर खुल गई। यदि कोई सुन्दरी तुम्हारी सहधर्मिणी नहीं है, तो तुम्हारा सारा उद्योग, सारी कार्यपटुता निष्फल है। कोई तुम्हारा पुरसाँहाल न होगा; अतएवं वहाँ लोग रूप को व्यापारिक दृष्टि से देखते थे।

साल ही भर के अँग्रेज़ी-समाज के संसर्ग ने मनहर की मनोवृत्तियों में क्रांति पैदा कर दी। उसके मिज़ाज़ में सांसारिकता का इतना प्राधान्य हो गया कि कोमल भावों के लिए वहाँ कोई स्थान ही न रहा। वागेश्वरी उसके विद्याभ्यास में सहायक हो सकती थी, पर उस अधिकार और पद की ऊँचाइयों पर न पहुँचा सकती थी। उसके त्याग और सेवा का महत्त्व भी अब मनहर की निगाहों में कम होता जाता था। वागेश्वरी अब उसे एक व्यर्थ-सी वस्तु मालूम होती थी, क्योंकि उसकी भौतिक दृष्टि से हर एक वस्तु का मूल्य उससे होने वाले लाभ पर ही अवलंबित था। अपना पूर्व-जीवन अब उसे हास्यप्रद जान पड़ता था। चंचल, हँसमुख, विनोदिनी अँगरेज़-युवतियों के सामने वागेश्वरी एक हल्की, तुच्छ-सी वस्तु जान पड़ती—इस विद्युत-प्रकाश में वह दीपक अब मलिन पड़ गया था। यहाँ तक कि शनैः-शनैः उसका वह मलिन प्रकाश भी लुप्त हो गया।

मनहर ने अपने भविष्य का निश्चय कर लिया। वह भी एक रमणी की रूप नौका द्वारा ही अपने लक्ष्य पर पहुँचेगा। इसके सिवा और कोई उपाय न था।

2

रात के नौ बजे थे। मनहर लंदन के एक फ़ैशनेबुल रेस्ट्रां में बना-ठना बैठा था। उसका रंग-रूप और ठाट-बाट देखकर सहसा यह कोई नहीं कह सकता था कि वह अँगरेज़ नहीं है। लंदन में भी उसके सौभाग्य ने उसका साथ दिया था। उसने चोरी के कई गहरे मुआमलों

का पता लगा दिया था, इसलिए उसे धन और यश दोनों ही मिल रहा था। वह अब यहाँ के भारतीय समाज का एक प्रमुख अंग बन गया था, जिसके आतिथ्य और सौजन्य की सभी सराहना करते थे। उसका लबो-लहज़ा भी अँगरेज़ से मिलता-जुलता था। उसके सामने मेज़ के दूसरी ओर एक रमणी बैठी हुई उसकी बातें बड़े ध्यान से सुन रही थी। उसके अंग-अंग से यौवन टपक पड़ता था। भारत के अद्‌भुत वृत्तांत सुन-सुनकर उसकी आँखें ख़ुशी से चमक रही थीं। मनहर चिड़िया के सामने दाने बिखेर रहा था।

मनहर—विचित्र देश है जेनी, अत्यंत विचित्र। पाँच-पाँच साल के दूल्हे तुम्हें भारत के सिवा और कहीं देखने को न मिलेंगे। लाल रंग के कामदार कपड़े, सिर पर चमकता हुआ लम्बा टोप, चेहरे पर फूलों का झालरदार बुर्क़ा, घोड़े पर सवार चले जा रहे हैं। दो आदमी दोनों तरफ़ से छतरियाँ लगाए हुए हैं। हाथों में मेहँदी लगी हुई?

जेनी—मेहँदी क्यों लगाते हैं?

मनहर—जिसमें हाथ लाल हो जाएँ। पैरों में भी रंग भरा जाता है। उँगलियों के नाख़ून लाल रंग दिए जाते हैं। वह दृश्य देखते ही बनता है।

जेनी—यह तो दिल में सनसनी पैदा करनेवाला दृश्य होगा। दुल्हिन भी इसी तरह सजाई जाती होगी?

मनहर—इससे कई गुना अधिक। सिर से पाँव तक सोने-चाँदी के ज़ेवरों से लदी हुई। ऐसा कोई अंग नहीं जिसमें दो-दो, चार-चार गहने न हों।

जेनी—तुम्हारी शादी भी उसी तरह हुई होगी। तुम्हें तो बड़ा आनंद आया होगा?

मनहर—हाँ, वही आनंद आया था, जो तुम्हें मेरी गोराउंड पर चढ़ने में आता है। अच्छी-अच्छी चीजें ख़ाने को मिलती हैं, अच्छे-अच्छे कपड़े पहनने को मिलते हैं। ख़ूब नाच-तमाशे देखता था और शहनाइयों का गाना सुनता था। मज़ा तो जब आता है जब दुलहिन अपने घर से बिदा होती है। सारे घर में कुहराम मच जाता है। दुलहिन हर एक से लिपट-लिपटकर रोती है, जैसे मातम कर रही हो।

जेनी—दुलहिन रोती क्यों है?

मनहर—रोने का रिवाज़ चला आता है। हालाँकि सभी जानते हैं कि वह हमेशा के लिए नहीं चली जा रही है, फिर भी सारा घर इस तरह फूट-फूटकर रोता है, मानो वह कालेपानी भेजी जा रही हो।

जेनी—मैं तो इस तमाशे पर ख़ूब हँसूँ।

मनहर—हँसने की बात ही है।

जेनी—तुम्हारी बीवी भी रोई होगी?

मनहर—अजी, कुछ न पूछो, पछाड़ें खा रही थी, मानो मैं उसका गला घोट दूँगा। मेरी पालकी से निकलकर भागी जाती थी, पर मैंने ज़ोर से पकड़कर अपनी बग़ल में बैठा लिया, तब मुझे दाँत काटने दौड़ी।

मिस जेनी ने ज़ोर से क़हक़हा मारा और मारे हँसी के लोट गई। बोली—हॉरिबिल! हॉरिबिल! क्या अब भी दाँत काटती है?

मनहर—वह अब इस संसार में नहीं है, जेनी! मैं उससे ख़ूब काम लेता था। मैं सोता था, तो वह मेरे बदन में चम्पी लगाती थी, मेरे सिर में तेल डालती थी, पंखा झलती थी।

जेनी—मुझे तो विश्वास नहीं आता। बिलकुल मूर्ख थी!

मनहर—कुछ न पूछो। दिन को किसी के सामने मुझसे बोलती भी न थी, मगर मैं उसका पीछा करता रहता था।

जेनी—ओ! नॉटी बॉय! तुम बड़े शरीर हो। थी तो रूपवती?

मनहर—हाँ, उसका मुँह तुम्हारे तलवों जैसा था।

जेनी—नॉनसेंस! तुम ऐसी औरत के पीछे कभी न दौड़ते।

मनहर—उस वक़्त मैं भी मूर्ख था जेनी।

जेनी—ऐसी मूर्ख लड़की से तुमने विवाह क्यों किया?

मनहर—विवाह न करता तो माँ-बाप ज़हर खा लेते!

जेनी—वह तुम्हें प्यार कैसे करने लगी?

मनहर—और करती क्या? मेरे सिवा दूसरा था ही कौन। घर से बाहर निकल न पाती थी। मगर प्यार हममें से किसी को न था। वह मेरी आत्मा और हृदय का संतुष्ट न कर सकती थी। जेनी! मुझे उन दिनों की याद आती है, तो ऐसा मालूम होता है कि कोई भयंकर स्वप्न था। उफ़! अगर वह स्त्री आज जीवित होती, तो मैं किसी अँधेरे दफ़्तर में बैठा क़लम घिसता होता। इस देश में आकर मुझे यथार्थ ज्ञान हुआ कि संसार में स्त्री का क्या स्थान है, उसका क्या दायित्व है, और जीवन उसके कारण कितना आनंदप्रद हो जाता है और जिस दिन तुम्हारे दर्शन हुए, यह तो मेरी ज़िन्दगी का सबसे मुबारक दिन था। याद है तुम्हें वह दिन? तुम्हारी वह सूरत मेरी आँखों में अब भी फिर रही है।

जेनी—अब मैं चली जाऊँगी। तुम मेरी ख़ुशामद करने लगे।

3

भारत के मजदूर-सचिव थे लार्ड बारबर, और उनके प्राइवेट सेक्रेटरी थे मि. कावर्ड। लार्ड बारबर भारत के सच्चे मित्र समझे जाते थे। जब कंजरवेटिव और लिबरल दलों का अधिकार था तो लार्ड बारबर भारत की बड़े ज़ोरों से वकालत करते थे। वह उन मंत्रियों पर ऐसे-ऐसे कटाक्ष करते कि उन बेचारों को कोई जवाब न सूझता। एक बार वह हिन्दुस्तान आए थे और यहाँ कांग्रेस में शरीक भी हुए थे। उस समय उनकी उदार वक़्तताओं ने समस्त देश में आशा और उत्साह की एक लहर दौड़ा दी थी। कांग्रेस के जलसे के बाद वह जिस शहर में गए, जनता ने उनके रास्ते में आँखें बिछाईं, उनकी गाड़ियाँ खींची, उन पर फूल बरसाए। चारों ओर से यही आवाज़ आती थी—यह है भारत का उद्धार करनेवाला। लोगों को विश्वास हो गया कि भारत के सौभाग्य से अगर कभी लार्ड बारबर को अधिकार प्राप्त हुआ, तो वह दिन भारत के इतिहास में मुबारक होगा।

लेकिन अधिकार पाते ही लार्ड बारबर में एक विचित्र परिवर्तन हो गया। उनके सारे सद्भाव, उनकी उदारता, न्यायपरायणता, सहानुभूति ये सभी अधिकार के भँवर में पड़ गए और अब लार्ड बारबर और उनके पूर्वाधिकार के व्यवहार में लेशमात्र भी अंतर न था। वह भी वही कर रहे थे, जो उनके पहले के लोग कर चुके थे। वही दमन था, वही जातिगत अभिमान, वही कट्टरता, वही संकीर्णता। देवता अधिकार के सिंहासन पर पाँव रखते ही अपना देवत्व खो बैठा था। अपने दो साल के अधिकार काल में उन्होंने सैकड़ों ही अफ़सर नियुक्त

किए थे, पर उनमें एक भी हिन्दुस्तानी न था। भारतवासी निराश हो-होकर उन्हें 'डाइहार्ड' और 'धन का उपासक' और 'साम्राज्यवाद का पुजारी' कहने लगे थे। यह खुला हुआ रहस्य था कि जो कुछ करते थे मि. कावर्ड करते थे। हक़ यह था कि लार्ड बारबर नीयत के इतने शेर थे, जितने दिल के कमज़ोर। हालाँकि परिणाम दोनों दशाओं में एक-सा था।

यह मि. कावर्ड एक ही महापुरुष थे, उनकी उम्र 40 से अधिक गुज़र चुकी थी, पर अभी तक उन्होंने विवाह न किया था। शायद उनका ख़याल था कि राजनीति के क्षेत्र में रहकर वैवाहिक जीवन का आनंद नहीं उठा सकते। वास्तव में वह नवीनता के मधुप थे। उन्हें नित नए विनोद और आकर्षण, नित नए विवास और उल्लास की टोह रहती थी। दूसरों के लगाए हुए बाग़ की सैर करके चित्त को प्रसन्न कर लेना इससे कहीं सरल था कि अपना बाग़ आप लगाएँ और उसकी रक्षा और सजावट में अपना सिर खपाएँ। उनकी व्यावहारिक और व्यापारिक दृष्टि में यह लटका उससे कहीं आसान था।

दोपहर का समय था। मि. कावर्ड नाश्ता करके सिगार पी रहे थे कि मिस जेनी रोज़ के आने की ख़बर हुई। उन्होंने तुरन्त आईने ने के सामने खड़े होकर अपनी सूरत देखी, बिखरे हुए बालों को संवारा, बहुमूल्य इत्र मला और मुख से स्वागत की सहास छवि दर्शाते हुए कमरे से निकलकर मिस रोज़ से हाथ मिलाया।

जेनी ने कमरे में क़दम रखते ही कहा—अब मैं समझ गई कि क्यों कोई सुन्दरी तुम्हारी बात नहीं पूछती। आप अपने वादों को पूरा करना नहीं जानते।

मि. कावर्ड ने जेनी के लिए एक कुर्सी खींचते हुए कहा—मुझे बहुत खेद है मिस रोज़ कि मैं कल अपना वादा पूरा न कर सका। प्राइवेट सेक्रेटरियों का जीवन कुत्तों के जीवन से भी हेय है। बार-बार चाहता था कि दफ़्तर से उड़ूँ, पर एक-न-एक कॉल ऐसा आ जाता था कि फिर रुक जाना पड़ता था। मैं तुमसे क्षमा माँगता हूँ। बॉल में तुम्हें ख़ूब आनंद आया होगा?

जेनी—मैं तुम्हें तलाश करती रही। जब तुम न मिले, तो मेरा जी खट्टा हो गया। मैं और किसी के साथ नहीं नाची! अगर तुम्हें नहीं जाना था, तो मुझे निमंत्रण-पत्र क्यों दिलाया था?

कावर्ड ने जेनी को सिगार भेंट करते हुए कहा—तुम मुझे लज्जित कर रही हो जेनी! मेरे लिए इससे ज़्यादा ख़ुशी की ओर क्या बात हो सकती थी कि तुम्हारे साथ नाचता। एक पुराना बैचेलर होने पर भी मैं उस आनंद की कल्पना कर सकता हूँ। बस, यही समझ लो, तड़प-तड़पकर रह जाता था।

जेनी ने कठोर मुस्कान के साथ कहा—तुम इसी योग्य हो कि बैचेलर बने रहो। यही तुम्हारी सज़ा है।

कावर्ड ने अनुरक्त होकर उत्तर दिया—तुम बड़ी कठोर हो, जेनी। तुम्हीं क्या, रमणियाँ सभी कठोर होती हैं। मैं, कितनी ही परवशता दिखाऊँ, तुम्हें विश्वास न आएगा। मुझे यह अरमान ही रह गया कि कोई सुन्दरी मेरे अनुराग और लगन का आदर करती।

जेनी—तुममें अनुराग हो भी तो? रमणियाँ ऐसे बहानेबाज़ों को मुँह नहीं लगातीं।

कावर्ड—फिर बहानेबाज़ कहा। मज़बूर क्यों नहीं कहती?

जेनी—मैं किसी की मज़बूरी को नहीं मानती। मेरे लिए यह हर्ष और गौरव की बात नहीं हो सकती, कि आपको जब अपने सरकारी, अर्द्धसरकारी और ग़ैर-सरकारी कामों से अवकाश मिले, तो आप मेरा मन रखने को एक क्षण के लिए अपने कोमल चरणों

को कष्ट दें। मैं दफ़्तर और काम के हीले नहीं सुनना चाहती। इसी कारण तुम अब तक झींख रहे हो।

कावर्ड ने गम्भीर भाव से कहा—तुम मेरे साथ अन्याय कर रही हो, जेनी। मेरे अविवाहित रहने का क्या कारण है, यह कल तक मुझे ख़ुद न मालूम था। कल आप-ही-आप मालूम हो गया।

जेनी ने उसका परिहास करते हुए कहा—अच्छा! तो यह रहस्य आपको मालूम हो गया? तब तो आप सचमुच आत्मदर्शी हैं। ज़रा मैं भी सुनूँ, क्या कारण था?

कावर्ड ने उत्साह के साथ कहा—अब तक कोई ऐसी सुन्दरी नमिली थी, जो मुझे उन्मत्त कर सकती।

जेनी ने कठोर परिहास के साथ कहा—मेरा ख़याल है कि दुनिया में ऐसी औरत पैदा ही नहीं हुई, जो तुम्हें उन्मत्त कर सकती। तुम उन्मत्त बनाना चाहते हो, उन्मत्त बनना नहीं चाहते।

कावर्ड—तुम बड़ा अत्याचार करती हो, जेनी!

जेनी—अपने उन्माद का प्रमाण देना चाहते हो?

कावर्ड—हृदय से, जेनी! मैं उस अवसर की ताक में बैठा हूँ।

उसी दिन शाम को जेनी ने मनहर से कहा—तुम्हारे सौभाग्य पर बधाई। तुम्हें वह जगह मिल गई।

मनहर उछलकर बोला—सच! सेक्रेटरी से कोई बातचीत हुई थी?

जेनी—सेक्रेटरी से कुछ कहने की ज़रूरत ही न पड़ी। सब कुछ कावर्ड के हाथ में है। मैंने उसी को चंग पर चढ़ाया। लगा मुझसे इश्क़ जताने। पचास साल की तो उम्र है, चाँद के बाल झड़ गए हैं गालों पर झुर्रियाँ पड़ गई हैं, पर अभी तक आपको इश्क़ का ख़ब्त है। आप अपने को एक ही रसिया समझते हैं। उसके बूढ़े चोचले बहुत बुरे मालूम होते थे, मगर तुम्हारे लिए सब कुछ सहना पड़ा। ख़ैर, मेहनत सफल हो गई। कल तुम्हें परवाना मिल जाएगा। अब सफ़र की तैयारी करनी चाहिए।

मनहर ने गद्गद होकर कहा—तुमने मुझ पर बहुत बड़ा एहसान किया है, जेनी।

4

मनहर को गुप्तचर-विभाग में ऊँचा पद मिला। देश के राष्ट्रीय पत्रों ने उसकी तारीफ़ों के पुल बाँधे, उसकी तस्वीर छापी और राष्ट्र की ओर से उसे बधाई दी। वह पहला भारतीय था, जिसे यह ऊँचा पद प्रदान किया गया था। ब्रिटिश सरकार ने सिद्ध कर दिया था कि उसकी न्यायबुद्धि जातीय अभिमान और द्वेष से उच्चतर है।

मनहर और जेनी का विवाह इंग्लैंड में ही हो गया। हनीमून का महीना फ्रांस में गुज़रा। वहाँ से दोनों हिन्दुस्तान आए। मनहर का दफ़्तर बंबई में था। वहीं दोनों एक होटल में रहने लगे। मनहर को गुप्त अभियोगों की खोज के लिए अकसर दौरे करने पड़ते थे। कभी काश्मीर, कभी मद्रास, कभी रंगून। जेनी इन यात्राओं में बराबर उसके साथ रहती। नित नए दृश्य थे, नए विनोद, नए उल्लास। उसकी नवीनता-प्रिय प्रकृति के लिए आनंद का इससे अच्छा और क्या सामान हो सकता था।

मनहर का रहन-सहन तो अँग्रेज़ी था ही, घरवालों से भी सम्बन्ध-विच्छेद हो गया था। वागेश्वरी के पत्रों का उत्तर देना तो दूर रहा, उन्हें खोलकर पढ़ता भी न था। भारत में उसे

हमेशा यह शंका बनी रहती थी कि कहीं उसके घरवालों को उसका पता न चल जाए। जेनी से वह अपनी यथार्थ स्थिति को छिपाए रखना चाहता था। उसने घरवालों को अपने आने की सूचना तक न दी। यहाँ तक कि वह हिन्दुस्तानियों से बहुत कम मिलता था। उसके मित्र अधिकांश पुलिस और फ़ौज के अफ़सर थे। वही उसके मेहमान होते। वाक्-चतुर जेनी, सम्मोहन-कला में सिद्धहस्त थी। पुरुषों के प्रेम से खेलना उसकी सबसे आमोदमय क्रीड़ा थी। जलाती भी थी, रिझाती भी थी, और मनहर भी उसकी कपट-लीला का शिकार बनता रहता था। उसे वह हमेशा भूलभुलैया में रखती, कभी इतना निकट कि छाती पर सवार, कभी इतनी दूर कि योजनों का अंतर—कभी निष्ठुर और कठोर, कभी प्रेम-विह्वल और व्यग्र। एक रहस्य था, जिसे वह कभी समझता था, कभी हैरान रह जाता था।

इस तरह दो वर्ष बीत गए और मनहर और जेनी कोण की दो भुजाओं की भाँति एक दूसरे से दूर होते गए। मनहर इस भावना को हृदय से न निकाल सकता था कि जेनी का मेरे प्रति एक विशेष कर्तव्य है। यह चाहे उसकी संकीर्णता हो, या कुल-मर्यादा का असर कि वह जेनी को पाबंद देखना चाहता था। उसकी स्वच्छंद वृत्ति उसे लज्जास्पद मालूम होती थी। वह भूल जाता था कि जेनी से उसके सम्पर्क का आरंभ ही स्वार्थ पर अवलंबित था। शायद उसने समझा था कि समय के साथ जेनी को अपने कर्तव्य का ज्ञान हो जाएगा, हालाँकि उसे मालूम होना चाहिए था कि टेढ़ी बुनियाद पर बना हुआ भवन जल्द या देर में अवश्य भूमिस्थ होकर रहेगा। और ऊँचाई के साथ इसकी शंका और भी बढ़ती जाती थी। इसके विपरीत, जेनी का व्यवहार बिलकुल परिस्थिति के अनुकूल था। उसने मनहर को विनोदमय, विलासमय जीवन का एक साधन समझा था और उसी विचार पर अब तक स्थिर थी। इस व्यक्ति को वह मन में पति का स्थान न दे सकती थी, पाषाण-प्रतिमा को अपना देवता न बना सकती थी। पत्नी बनना उसके जीवन का स्वप्न न था। इसलिए वह मनहर के प्रति अपने किसी कर्तव्य को स्वीकार न करती थी। अगर मनहर अपनी गाढ़ी कमाई उसके चरणों पर अर्पित करता था, तो उस पर कोई एहसान न करता था। मनहर उसी का बनाया हुआ पुतला, उसी का लगाया हुआ वृक्ष था। उसकी छाया और फल का भोग करना वह अपना अधिकार समझती थी।

5

मनोमालिन्य बढ़ता गया। आख़िर मनहर ने उसके साथ दावतों और जलसों में जाना छोड़ दिया, पर जेनी पूर्ववत् सैर करने जाती, मित्रों से मिलती, दावतें करती और दावतों में शरीक होती। मनहर के साथ न जाने से उसे लेशमात्र भी दुःख या निराशा न होती थी, बल्कि वह शायद उसकी उदासीनता पर और भी प्रसन्न होती। मनहर इस मानसिक व्यथा को शराब के नशे में डुबाने का उद्योग करता। पीना तो उसने इंग्लैंड ही में शुरू कर दिया था, पर अब उसकी मात्रा बहुत बढ़ गई थी। वहाँ स्फूर्ति और आनंद के लिए पीता था, यहाँ स्फूर्ति और आनंद को मिटाने के लिए। वह दिन-दिन दुर्बल होता जाता था। वह जानता था, शराब मुझे पिए जा रही है; पर उसके जीवन का यही एक अवलम्ब रह गया था।

गर्मियों के दिन थे। मनहर एक मुआमले की जाँच करने के लिए लखनऊ में डेरा डाले हुए था। मुआमला बहुत संगीन था। उसे सिर उठाने की फ़ुरसत न मिलती थी। स्वास्थ्य भी

कुछ ख़राब हो चला था। मगर जेनी अपने सैर-सपाटे में मग्न थी। आख़िर एक दिन उसने कहा—मैं नैनीताल जा रही हूँ। यहाँ की गर्मी मुझसे सही नहीं जाती।

मनहर ने लाल-लाल आँखें निकालकर कहा—नैनीताल में क्या काम है?

वह आज अपना अधिकार दिखाने पर तुल गया था, जेनी भी उसके अधिकार की उपेक्षा करने पर तुली हुई थी। बोली—यहाँ कोई सोसाइटी नहीं। सारा लखनऊ पहाड़ों पर चला गया है।

मनहर ने जैसे म्यान से तलवार निकालकर कहा—जब तक मैं यहाँ हूँ, तुम्हें कहीं जाने का अधिकार नहीं है। तुम्हारी शादी मेरे साथ हुई है। सोसाइटी के साथ नहीं हुई। फिर तुम साफ़ देख रही हो कि मैं बीमार हूँ तिस पर भी तुम अपनी विलास प्रवृत्ति को रोक नहीं सकतीं। मुझे स्वप्न में भी यह ग़ुमान न था कि तुम मेरे साथ ऐसी बेवफ़ाई करोगी।

जेनी ने अविचलित भाव से कहा—तो क्या तुम समझते थे, मैं भी तुम्हारी हिन्दुस्तानी स्त्री की तरह तुम्हारी लौंडी बनकर रहूँगी और तुम्हारे तलवे सहलाऊँगी? मैं तुम्हें इतना नादान नहीं समझती। अगर तुम्हें हमारी अँगरेज़ी सभ्यता की इतनी मोटी-सी बात मालूम नहीं, तो अब मालूम कर लो कि अँगरेज़ स्त्री अपनी रुचि के सिवा और किसी की पाबंद नहीं। तुमने मुझसे इसलिए विवाह किया था कि मेरी सहायता से तुम्हें सम्मान और पद प्राप्त हो। सभी पुरुष ऐसा करते हैं और तुमने भी वही किया। मैं इसके लिए तुम्हें बुरा नहीं कहती, लेकिन जब तुम्हारा वह उद्देश्य पूरा हो गया, जिसके लिए तुमने मुझसे विवाह किया था, तो तुम मुझसे अधिक आशा क्या रखते हो? तुम हिन्दुस्तानी हो, अँगरेज़ नहीं हो सकते। मैं अँगरेज़ हूँ और हिन्दुस्तानी नहीं हो सकती। इसलिए हममें से किसी को यह अधिकार नहीं है कि वह दूसरे को अपनी मर्ज़ी का ग़ुलाम बनाने की चेष्टा करे।

मनहर हतबुद्धि-सा बैठा सुनता रहा। एक-एक शब्द विष की घूँट की भाँति उसके कंठ के नीचे उतर रहा था। कितना कठोर सत्य था। पद-लालसा के उस प्रचंड आवेग में, विलास तृष्णा के उस अदम्य प्रवाह में वह भूल गया था कि जीवन में कोई ऐसा तत्त्व भी है, जिसके सामने पद और विलास काँच के खिलौनों से अधिक मूल्य नहीं रखते। वह विस्मृत सत्य इस समय अपने दारुण विलाप से उसकी मदमग्न चेतना को तड़पाने लगा।

शाम को जेनी नैनीताल चली गई। मनहर ने उसकी ओर आँखें उठाकर भी न देखा।

6

तीन दिन तक मनहर घर से न निकला। जीवन के पाँच-छह वर्षों में उसने जितने रत्न संचित किए थे, जिन पर वह गर्व करता था; जिन्हें पाकर वह अपने को धन्य मानता था, अब परीक्षा की कसौटी पर आकर नक़ली पत्थर सिद्ध हो रहे थे। उसकी अपमानित, ग्लानित, पराजित आत्मा एकान्त-रोदन के सिवा और कोई त्राण न पाती थी। अपनी टूटी झोंपड़ी को छोड़कर वह जिस सुनहले कलशवाले भवन की ओर लपका था, वह मरीचिका-मात्र थी, और अब उसे फिर उसी टूटी झोंपड़ी की याद आई, जहाँ उसने शांति, प्रेम और आशीर्वाद की सुधा पी थी। यह सारा आडंबर उसे काट ख़ाने लगा। उस सरल शीतल स्नेह के सामने ये सारी विभूतियाँ तुच्छ-सी जँचने लगीं। तीसरे दिन वह भीषण संकल्प करके उठा और दो पत्र लिखे। एक तो अपने पद से इस्तीफ़ा था, दूसरा जेनी से अन्तिम बिदा की सूचना। इस्तीफ़े में उसने

लिखा—मेरा स्वास्थ्य नष्ट हो गया है, और मैं इस भार को नहीं सँभाल सकता। जेनी के पत्र में उसने लिखा—हम और तुम दोनों ने भूल की और हमें जल्द-से-जल्द उस भूल को सुधार लेना चाहिए। मैं तुम्हें सारे बन्धनों से मुक्त करता हूँ, तुम भी मुझे मुक्त कर दो। मेरा तुमसे कोई सम्बन्ध नहीं है। अपराध न तुम्हारा है, न मेरा। समझ का फेर तुम्हें भी था और मुझे भी। मैंने अपने पद से इस्तीफ़ा दे दिया है, और अब तुम्हारा मुझ पर कोई एहसान नहीं रहा। मेरे पास जो कुछ है वह तुम्हारा है, वह सब मैं छोड़े जाता हूँ। मैं तो निमित्त-मात्र था, स्वामिनी तुम थीं। उस सभ्यता को दूर से ही सलाम है, जो विनोद और विलास के सामने किसी बन्धन को स्वीकार नहीं करती।

उसने ख़ुद जाकर दोनों पत्रों की रजिस्टरी कराई और बिना उत्तर का इंतज़ार किए, वहाँ से चलने को तैयार हो गया।

7

जेनी ने जब मनहर का पत्र पाकर पढ़ा, तो मुस्कुराई। उसे मनहर की इच्छा पर शासन करने का ऐसा अभ्यास पड़ गया था कि इस पत्र से उसे ज़रा भी घबराहट न हुई। उसे विश्वास था कि दो-चार दिन चिकनी-चुपड़ी बातें करके वह उसे फिर वशीभूत कर लेगी। अगर मनहर की इच्छा केवल धमकी देना न होती, उसके दिल पर चोट लगी होती, तो वह अब तक यहाँ न होता। कब का वह स्थान छोड़ चुका होता। उसका यहाँ रहना ही बता रहा था कि वह केवल बंदरघुड़की दे रहा है।

जेनी ने स्थिरचित्त होकर कपड़े बदले और तब इस तरह मनहर के कमरे में आई, मानो कोई अभिनय करने स्टेज पर आई हो।

मनहर उसे देखते ही ज़ोर से ठट्टा मारकर हँसा। जेनी सहमकर पीछे हट गई। इस हँसी में क्रोध या प्रतिकार न था। इसमें उन्माद भरा हुआ था। मनहर के सामने मेज़ पर बोतल और गिलास रखा हुआ था। एक दिन में उसने न जाने कितनी शराब पी ली थी। उसकी आँखों में जैसे रक्त उबला पड़ता था।

जेनी ने समीप जाकर उसके कन्धे पर हाथ रखा और बोली—क्या रात-भर पीते ही रहोगे? चलो आराम से लेटो, रात ज़्यादा आ गई है। घंटों से बैठी तुम्हारा इंतज़ार कर रही हूँ। तुम इतने निष्ठुर तो कभी न थे।

मनहर खोया हुआ-सा बोला—तुम कब आ गईं वागी? देखो मैं कब से तुम्हें पुकार रहा हूँ। चलो आज सैर कर आएँ। वहीं नदी के किनारे तुम अपना वही प्यारा गीत सुनाना जिसे सुनकर मैं पागल हो जाता हूँ। क्या कहती हो, मैं बेमुरौवत हूँ। यह तुम्हारा अन्याय है वागी। मैं क़सम खाकर कहता हूँ ऐसा एक दिन भी नहीं गुज़रा जब तुम्हारी याद ने मुझे रुलाया न हो।

जेनी ने उनका कंधा हिलाकर कहा—तुम यह क्या ऊल-जुलूल बक रहे हो? वागी यहाँ कहाँ है।

मनहर ने उसकी ओर अपरिचित भाव से देखकर कुछ कहा फिर ज़ोर से हँसकर बोला—मैं यह न मानूँगा वागी! तुम्हें मेरे साथ चलना होगा। वहाँ मैं तुम्हारे लिए फूलों की एक माला बनाऊँगा...।

जेनी ने समझा यह शराब बहुत पी गए हैं। बक-झक कर रहे हैं। इनसे इस वक़्त कुछ बातें करना व्यर्थ है। चुपके से कमरे के बाहर चली गई। उसे ज़रा-सी शंका हुई थी। यहाँ उसका मूलोच्छेद हो गया। जिस आदमी का अपनी वाणी पर अधिकार नहीं, वह इच्छा पर क्या अधिकार रख सकता है?

उसी घड़ी से मनहर को घरवालों की रट-सी लग गई। कभी वागेश्वरी को पुकारता, कभी अम्माँ को, कभी दादा को। उसकी आत्मा अतीत में विचरती रहती, उस अतीत में जब जेनी ने काली छाया की भाँति प्रवेश न किया था और वागेश्वरी अपने सरल व्रत से उसके जीवन में प्रकाश फैलाती रहती थी।

दूसरे दिन जेनी ने जाकर उससे कहा—तुम इतनी शराब क्यों पीते हो? देखते नहीं तुम्हारी क्या दशा हो रही है?

मनहर ने उसकी ओर आश्चर्य से देखकर कहा—तुम कौन हो?

जेनी—क्या मुझे नहीं पहचानते? इतनी जल्द भूल गए?

मनहर—मैंने तुम्हें कभी नहीं देखा। मैं तुम्हें नहीं पहचानता।

जेनी ने और अधिक बातचीत न की। उसने मनहर के कमरे से शराब की बोतलें उठवा लीं और नौकरों को ताकीद कर दी कि उसे एक घूँट भी शराब न दी जाए। उसे अब कुछ-कुछ सन्देह होने लगा; क्योंकि मनहर की दशा उससे कहीं शंकाजनक थी, जितनी वह समझी थी। मनहर का जीवित और स्वस्थ रहना उसके लिए आवश्यक था। इसी घोड़े पर बैठकर वह शिकार खेलती थी। घोड़े के बग़ैर शिकार का आनंद कहाँ?

मगर एक सप्ताह को जाने पर भी मनहर की मानसिक दशा में कोई अंतर न हुआ। न मित्रों को पहचानता, न नौकरों को। पिछले तीन बरसों का उसका जीवन एक स्वप्न की भाँति मिट गया था।

सातवें दिन जेनी सिविल सर्जन को लेकर आई, तो मनहर का कहीं पता न था।

8

पाँच साल के बाद वागेश्वरी का लुटा हुआ सोहाग फिर चेता। माँ-बाप पुत्र के वियोग में रो-रोकर अँधे हो चुके थे। वागेश्वरी निराशा में भी आस बाँधे बैठी हुई थी। उसका मायका सम्पन्न था। बार-बार बुलावे आते, बाप आया, भाई आया, पर वह धैर्य और व्रत की देवी घर से न टली।

जब मनहर भारत में आया, तो वागेश्वरी ने सुना वह विलायत से एक मेम लाया है। फिर भी उसे आशा थी, वह आएगा, लेकिन उसकी आशा पूरी न हुई। फिर उसने सुना, वह ईसाई हो गया है और आचार-विचार त्याग दिया है। तब उसने माथा ठोंक लिया।

घर की अवस्था दिन-दिन बिगड़ने लगी। वर्षा बन्द हो गई और सागर सूखने लगा। घर बिका, कुछ ज़मीन थी वह बिकी, फिर गहनों की बारी आई, यहाँ तक कि अब केवल आकाशी वृत्ति थी। कभी चूल्हा जल गया, कभी ठंडा पड़ा रहा।

एक दिन संध्या समय वह कुएँ पर पानी भरने गई थी कि एक थका हुआ, जीर्ण, विपत्ति का मारा जैसा आदमी आकर कुएँ की जगत पर बैठ गया। वागेश्वरी ने देखा तो मनहर! उसने तुरन्त घूँघट बढ़ा लिया। आँखों पर विश्वास न हुआ, फिर भी आनंद और विस्मय से

हृदय में फुरेरियाँ उड़ने लगीं। रस्सी और कलसा कुएँ पर छोड़कर लपकी हुई घर आई और सास से बोली—अम्माँ जी, ज़रा कुएँ पर जाकर देखो, कोई आया है। सास ने कहा—तू पानी लाने गई थी, या तमाशा देखने। घर में एक बूँद पानी नहीं है। कौन आया है कुएँ पर?

'चलकर देख लो न!'

'कोई सिपाही-प्यासा होगा। अब उनके सिवा और कौन आनेवाला है। कोई महाजन तो नहीं है?'

'नहीं अम्माँ, तुम चली क्यों नहीं चलतीं।'

बूढ़ी माता भाँति-भाँति की शंकाएँ करती हुई कुएँ पर पहुँची, तो मनहर दौड़कर उनके पैरों से चिपट गया। माता ने उसे छाती से लगाकर कहा—तुम्हारी यह क्या दशा है, मानू? क्या बीमार हो? असबाब कहाँ है?

मनहर ने कहा—पहले कुछ खाने को दो, अम्माँ। बहुत भूखा हूँ। मैं बड़ी दूर से पैदल चला आ रहा हूँ।

गाँव में ख़बर फैल गई कि मनहर आया है। लोग उसे देखने दौड़े। किस ठाट से आया है। बड़े ऊँचे पद पर है, हज़ारों रुपए पाता है। अब उसके ठाट का क्या पूछना! मेम भी साथ आई है या नहीं?

मगर जब आकर देखा तो आफ़त का मारा आदमी, फटेहाल, कपड़े तार-तार, बाल बढ़े हुए जैसे जेल से आया हो।

प्रश्नों की बौछार होने लगी—हमने तो सुना था, तुम किसी बड़े ऊँचे पद पर हो?

मनहर ने जैसे किसी भूली बात को याद करने का विफल प्रयास करके कहा—मैं! मैं तो किसी ओहदे पर नहीं हूँ।

'वाह! तुम विलायत से मेम नहीं लाए थे?'

मनहर ने चकित होकर कहा—विलायत! विलायत कौन गया था?

'अरे! भंग तो नहीं खा गए हो! तुम विलायत नहीं गए थे?'

मनहर मूढ़ों की भाँति हँसा—मैं विलायत क्या करने जाता।

'अजी, तुमको वज़ीफ़ा नहीं मिला था? यहाँ से तुम विलायत गए। तुम्हारे पत्र बराबर आते थे। अब तुम कहते हो मैं विलायत गया ही नहीं। होश में हो, या हम लोगों को उल्लू बना रहे हो।'

मनहर ने उन लोगों की ओर आँखें फाड़कर देखा और बोला—मैं तो कहीं नहीं गया था। आप लोग जाने क्या कह रहे हैं।

अब इसमें सन्देह की गुंजाइश न रही कि वह अपने होश-हवास में नहीं है। उसे विलायत जाने के पहले की सारी बातें याद थीं। गाँव और घर के हरेक आदमी को पहचानता था, सबसे नम्रता और प्रेम से बातें करता था, लेकिन जब इंगलैंड, अँगरेज़-बीवी और ऊँचे पद का ज़िक्र आता, तो भौचक्का होकर ताकने लगता। वागेश्वरी को अब उसके प्रेम में एक अस्वाभाविक अनुराग दीखता था, जो बनावटी मालूम होता था। वह चाहती थी कि उसके व्यवहार और आचरण में पहले की-सी बेतकल्लुफ़ी हो। वह प्रेम का स्वाँग नहीं, प्रेम चाहती थी। दस ही पाँच दिनों में उसे ज्ञात हो गया कि इस विशेष अनुराग का कारण बनावट या दिखावा नहीं, वरन् कोई मानसिक विकार है। मनहर ने माँ-बाप का इतना अदब पहले

कभी न किया था। उसे अब मोटे से मोटा काम करने में भी संकोच न था। वह, जो बाज़ार से साग-सब्जी लाने में अपना अनादर समझता था, अब कुएँ से पानी खींचता, लकड़ियाँ फाड़ता और घर में झाड़ू लगाता था और अपने घर में ही नहीं, सारे मुहल्ले में उसकी सेवा और नम्रता की चर्चा होती थी।

एक बार मुहल्ले में चोरी हुई। पुलिस ने बहुत दौड़-धूप की, पर चोरों का पता न चला। मनहर ने चोरों का पता ही नहीं लगा दिया, बल्कि माल भी बरामद करा लिया। इससे आसपास के गाँवों और मुहल्लों में उसका यश फैल गया। कोई चोरी हो जाती तो लोग उसके पास दौड़े आते, और अधिकांश उद्योग सफल भी होते थे। इस तरह उसकी जीविका की एक व्यवस्था हो गई। वह अब वागेश्वरी के इशारों का ग़ुलाम था। उसी की दिलजोई और सेवा में उसके दिन कटते थे। अगर उसमें विकार या बीमारी का कोई लक्षण था, तो इतना ही। यही सनक उसे सवार हो गई थी।

वागेश्वरी को उसकी दशा पर दुःख होता था, पर उसकी यह बीमारी उस स्वास्थ्य से उसे कहीं प्रिय थी, जब वह उसकी बात भी न पूछता था।

9

छह महीनों के बाद एक दिन जेनी मनहर का पता लगाती हुई आ पहुँची। हाथ में जो कुछ था, वह सब उड़ा चुकने के बाद अब उसे किसी आश्रय की खोज थी। उसके चाहनेवालों में कोई ऐसा न था, जो उसकी आर्थिक सहायता करता। शायद अब जेनी को कुछ ग्लानि भी होती थी। वह अपने किए पर लज्जित थी।

द्वार पर हार्न की आवाज़ सुनकर मनहर बाहर निकला और इस प्रकार जेनी को देखने लगा, मानो उसे कभी देखा ही नहीं है।

जेनी ने मोटर से उतरकर उससे हाथ मिलाया और अपनी बीती सुनाने लगी—तुम इस तरह मुझसे छिपकर क्यों चले आए? और फिर आकर एक पत्र भी नहीं लिखा। आख़िर मैंने तुम्हारे साथ क्या बुराई की थी? फिर मुझमें कोई बुराई देखी थी, तो तुम्हें चाहिए था मुझे सावधान कर देते। छिपकर चले आने से क्या फ़ायदा हुआ? ऐसी अच्छी जगह मिल गई थी, वह भी हाथ से निकल गई।

मनहर काठ के उल्लू की भाँति खड़ा रहा।

जेनी ने फिर कहा—तुम्हारे चले आने के बाद मेरे ऊपर जो संकट आए, वह सुनाऊँ, तो तुम घबरा जाओगे। मैं इसी चिन्ता और दुख से बीमार हो गई। तुमहारे बग़ैर मेरा जीवन निरर्थक हो गया है। तुम्हारा चित्र देखकर मन को ढाढ़स देती थी। तुम्हारे पत्रों को आदि से अंत तक पढ़ना मेरे लिए सबसे मनोरंजक विषय था। तुम मेरे साथ चलो। मैंने एक डॉक्टर से बातचीत की है। वह मस्तिष्क के विकारों का डॉक्टर है। मुझे आशा है, उसके उपचार से तुम्हें लाभ होगा।

मनहर चुपचाप विरक्त भाव से खड़ा रहा, मानो वह न कुछ देख रहा है, न सुन रहा है।

सहसा वागेश्वरी निकल आई। जेनी को देखते ही वह ताड़ गई कि यही मेरी यूरोपियन सौत है। वह उसे बड़े आदर-सत्कार के साथ भीतर ले गई। मनहर भी उनके पीछे-पीछे चला गया।

जेनी ने टूटी खाट पर बैठते हुए कहा—इन्होंने मेरा ज़िक्र तो तुमसे किया ही होगा। मेरी इनसे लंदन में शादी हुई है।

वागेश्वरी बोली—यह तो मैं आपको देखते ही समझ गई थी।

जेनी—इन्होंने कभी मेरा ज़िक्र नहीं किया?

वागेश्वरी—कभी नहीं। इन्हें तो कुछ याद ही नहीं। आपको तो यहाँ आने में बड़ा कष्ट हुआ होगा?

जेनी—महीनों के बाद तब इनके घर का पता चला। वहाँ से बिना कुछ कहे-सुने चल दिए।

'आपको कुछ मालूम है, इन्हें क्या शिकायत है?'

'शराब बहुत पीने लगे थे। आपने किसी डॉक्टर को नहीं दिखाया?'

'हमने तो किसी को नहीं दिखाया।'

जेनी ने तिरस्कार करके कहा—क्यों? क्या आप इन्हें हमेशा बीमार रखना चाहती हैं।

वागेश्वरी ने बेपरवाई से जवाब दिया—मेरे लिए तो इनका बीमार रहना इनके स्वस्थ रहने से कहीं अच्छा है। तब वह अपनी आत्मा को भूल गए थे, अब उसे पा गए।

फिर उसने निर्दय कटाक्ष करके कहा—मेरे विचार में तो वह तब बीमार थे, अब स्वस्थ हैं।

जेनी ने चिढ़कर कहा—नॉनसेंस! इनकी किसी विशेषज्ञ से चिकित्सा करानी होगी। यह जासूसी में बड़े कुशल हैं। इनके सभी अफ़सर इनसे प्रसन्न थे। वह चाहें तो अब भी इन्हें वह जगह मिल सकती है। अपने विभाग में ऊँचे-से-ऊँचे पद तक पहुँच सकते हैं। मुझे विश्वास है कि इनका रोग असाध्य नहीं है, हाँ, विचित्र अवश्य है। आप क्या इनकी बहन हैं?

वागेश्वरी ने मुस्कुराकर कहा—आप तो गाली दे रही हैं। यह मेरी स्वामी हैं।

जेनी पर मानो वज्रपात-सा हुआ। उसके मुख पर से नम्रता का आवरण हट गया और मन में छिपा हुआ क्रोध जैसे दाँत पीसने लगा। उसके गर्दन की नसें तन गईं, दोनों मुट्ठियाँ बँध गईं। उन्मत होकर बोली—बड़ा दग़ाबाज़ आदमी है। इसने मुझे बड़ा धोखा दिया। मुझसे इसने कहा था, मेरी स्त्री मर गई है। कितना बड़ा धूर्त है! यह पागल नहीं है। इसने पागलपन का स्वाँग भरा है। मैं अदालत से इसकी सज़ा कराऊँगी।

क्रोधावेश के कारण वह काँप उठी। फिर रोती हुई बोली—इस दग़ाबाज़ी का मैं इसे मज़ा चखाऊँगी। ओह! इसने मेरा कितना घोर अपमान किया है। ऐसा विश्वासघात करनेवाले को जो दंड दिया जाए, वह थोड़ा है। इसने कैसी मीठी-मीठी बातें करके मुझे फाँसा। मैंने ही इसे जगह दिलाई। मेरे ही प्रयत्नों से यह बड़ा आदमी बना। इसके लिए मैंने अपना धर छोड़ा, अपना देश छोड़ा, और इसने मेरे साथ ऐसा कपट किया।

जेनी सिर पर हाथ रखकर बैठ गई। फिर तैश में उठी और मनहर के पास जाकर उसको अपनी ओर खींचती हुई बोली—मैं तुझे ख़राब करके छोड़ूँगी। तूने मुझे समझा क्या है...।

मनहर इस तरह शान्त भाव से खड़ा रहा, मानो उससे कोई प्रयोजन नहीं है।

फिर वह सिंहनी की भाँति मनहर पर टूट पड़ी और उसे ज़मीन पर गिराकर उसकी छाती पर चढ़ बैठी। वागेश्वरी ने उसका हाथ पकड़कर अलग कर दिया और बोली—तुम ऐसी डायन न होती, तो उनकी यह दशा ही क्यों होती?

जेनी ने तैश में आकर जेब से पिस्तौल निकाली और वागेश्वरी की तरफ़ बढ़ी। सहसा मनहर तड़पकर उठा, उसके हाथ से भरा हुआ पिस्तौल छीन कर फेंक दिया और वागेश्वरी के सामने खड़ा हो गया। फिर ऐसा मुँह बना लिया, मानो कुछ हुआ ही नहीं।

उसी वक़्त मनहर की माता दोपहरी की नींद सोकर उठीं और जेनी को देखकर वागेश्वरी की ओर प्रश्न की आँखों से ताका।

वागेश्वरी ने उपहास के भाव से कहा—यह आपकी बहू हैं।

बुढ़िया तिनककर बोली—कैसी मेरी बहू? यह मेरी बहू बनने जोग है बंदरिया? लड़के पर न-जाने क्या कर-करा दिया, अब छाती पर मूँग दलने आई है।

जेनी एक क्षण तक ख़ून-भरी आँखों से मनहर की ओर देखती रही। फिर बिजली की भाँति कौंधकर उसने आँगन में पड़ा हुआ पिस्तौल उठा लिया और वागेश्वरी पर छोड़ना चाहती थी कि मनहर सामने आ गया। वह बेधड़क जेनी के सामने चला गया। उसके हाथ से पिस्तौल छीन लिया और अपनी छाती में गोली मार ली।

न्याय

हजरत मुहम्मद को इलहाम हुए थोड़े ही दिन हुए थे। दस-पाँच पड़ोसियों तथा निकट सम्बन्धियों के सिवा और कोई उनके दीन पर ईमान न लाया था, यहाँ तक कि उनकी लड़की जैनब और दामाद अबुलआस भी जिनका विवाह इलहाम से पहले ही हो चुका था, अभी तक दीक्षित न हुए थे। जैनब कई बार अपने मैके गई थी और अपने पूज्य पिता की ज्ञानमय वाणी सुन चुकी थी। वह दिल से इस्लाम पर ईमान ला चुकी थी; लेकिन अबुलआस धार्मिक मनोवृत्ति का आदमी न था। वह कुशल व्यापारी था। मक्के के खजूर, मेवे आदि जिन्हें लेकर बंदरगाहों को चालान किया करता था। बहुत ही ईमानदार, लेन-देन का खरा, मेहनती आदमी था, जिसे इहलोक से इतनी फुरसत न थी कि परलोक की फ़िक्र करे।

जैनब के सामने कठिन समस्या थी। आत्मा धर्म की ओर थी, हृदय पति की ओर। न धर्म को छोड़ सकती थी; न पति को। उसके घर के सभी आदमी मूर्तिपूजक थे। इस नए सम्प्रदाय से सारे नगर में हलचल मची हुई थी। जैनब सबसे अपनी लगन को छिपाती, यहाँ तक कि पति से भी न कह सकती थी। वे धार्मिक सहिष्णुता के दिन न थे; बात-बात पर ख़ून की नदी बह जाती थी, ख़ानदान-के-ख़ानदान मिट जाते थे। उन दिनों अरब की वीरता पारस्परिक कलहों में प्रकट होती थी! राजनैतिक संगठन का ज़माना न था। ख़ून का बदला ख़ून, धन-हानि का बदला ख़ून, अपमान का बदला ख़ून––मानव-रक्त ही से सभी झगड़ों का निबटारा होता था। ऐसी अवस्था में अपने धर्मानुराग को प्रकट करना अबुलआस के शक्तिशाली परिवार और मुहम्मद तथा इनके इने-गिने अनुयायियों में देवासुरों का संग्राम छेड़ना था। उधर प्रेम का बन्धन पैरों को जकड़े हुए था। नए धर्म में दीक्षित होना अपने प्राणप्रिय पति से सदा के लिए बिछुड़ जाना था। कुरैश-जाति के ऐसे

लोग मिश्रित विवाहों को परिवार के लिए कलंक समझते थे। माया और धर्म की दुविधा में पड़ी हुई जैनब कुढ़ती रहती थी।

2

धर्म का अनुराग एक दुर्बल वस्तु है; किन्तु जब उसका वेग होता है; तो हृदय के रोके नहीं रुकता। दोपहर का समय था, धूप इतनी तेज़ थी कि उसकी ओर ताक़ते आँखों से चिनगारियाँ निकलती थीं। हजरत मुहम्मद चिन्ता में डूबे हुए बैठे थे। निराशा चारों ओर अंधकार के रूप में दिखाई देती थी। खुदैजा भी सिर झुकाए पास ही बैठी हुई एक फटा कुरता सी रही थी। धन-सम्पत्ति सब कुछ इस लगन की भेंट हो चुकी थी। शत्रुओं का दुराग्रह दिनोंदिन बढ़ता जाता था। उसके मतानुयायियों को भाँति-भाँति की यंत्रणाएँ दी जा रही थीं। स्वयं हजरत को घर से निकलना मुश्किल था। यह ख़ौफ़ होता था कि कहीं लोग उन पर ईंट-पत्थर न फेंकने लगे। ख़बर आती थी, आज फलाँ 'मुस्लिम' का घर लुट गया, आज फलाँ को लोगों ने आहत किया। हजरत ये ख़बरें सुन-सुनकर विकल हो जाते थे और बार-बार ख़ुदा से धैर्य और क्षमा की याचना करते थे।

हजरत ने फरमाया—मुझे ये लोग अब यहाँ न रहने देंगे। मैं ख़ुद सब कुछ झेल सकता हूँ, लेकिन अपने दोस्तों की तकलीफ़ें नहीं देखी जातीं।

खुदैजा—हमारे चले जाने से इन बेचारों की और भी कोई शरण न रहेगी। अभी कम-से-कम तुम्हारे पास आकर रो तो लेते हैं। मुसीबत में रोने का सहारा ही बहुत होता है।

हजरत—तो मैं अकेले थोड़े ही जाना चाहता हूँ। मैं सब दोस्तों को साथ लेकर जाने का इरादा रखता हूँ। अभी हम लोग यहाँ बिखरे हुए हैं; कोई किसी की मदद को नहीं पहुँच सकता। हम सब एक ही जगह एक कुटुम्ब की तरह रहेंगे, तो किसी को हमारे ऊपर हमला करने का साहस न होगा। हम अपनी मिली हुई शक्ति से बालू का ढेर तो हो ही सकते हैं, जिस पर चढ़ने की किसी को हिम्मत न होगी।

सहसा जैनब घर में दाख़िल हुई। उसके साथ न कोई आदमी था, न आदमज़ात। मालूम होता था, कहीं से भागी चली आ रही है। खुदैजा ने उसे गले लगाकर पूछा—क्या हुआ जैनब, खैरियत तो है?

जैनब ने अपने अंतर-संग्राम की कथा कह सुनाई और पिता से दीक्षा की याचना की।

हजरत मुहम्मद आँखों में आँसू भरकर बोले—बेटी, मेरे लिए इससे ज़्यादा ख़ुशी की और कोई बात नहीं हो सकती; लेकिन जानता हूँ, तुम्हारा क्या हाल होगा।

जैनब—या हजरत! ख़ुदा की राह में सब कुछ त्याग देने का निश्चय कर लिया है! दुनिया के लिए अपनी नजात को नहीं खोना चाहती।

हजरत—जैनब, ख़ुदा की राहों में काँटे हैं।

जैनब—अब्बाजान, लगन को काँटों की परवा नहीं होती!

हजरत—ससुराल से नाता टूट जाएगा।

जैनब—ख़ुदा से तो नाता जुड़ जाएगा?

हजरत—और अबुलआस?

जैनब की आँखों में आँसू डबडबा आए। क्षीण स्वर में बोली—अब्बाजान, उन्होंने इतने दिनों मुझे बाँध रखा था, नहीं तो मैं कब की आपकी शरण आ चुकी होती। मैं जानती हूँ उनसे जुदा होकर मैं ज़िन्दा न रहूँगी और शायद उनसे भी मेरा वियोग न सहा जाए; पर मुझे विश्वास है कि वह किसी-न-किसी दिन ज़रूर ख़ुदा पर ईमान लाएँगे और फिर मुझे उनकी सेवा का अवसर मिलेगा।

हजरत—बेटी, अबुलआस ईमानदार है, दयाशील है, सद्वक्ता है, किन्तु उसका अहंकार शायद अंत तक उसे ईश्वर से विमुख रखे। वह तक़दीर को नहीं मानता। रूह को नहीं मानता, स्वर्ग और नरक को नहीं मानता। कहता है, ख़ुदा की ज़रूरत ही क्या है? हम उससे क्यों डरें? विवेक और बुद्धि की हिदायत हमारे लिए काफ़ी है। ऐसा आदमी ख़ुदा पर ईमान नहीं ला सकता। कुफ्र को तोड़ना आसान है; लेकिन वह जब दर्शन की सूरत पकड़ लेता है, तो उस पर किसी का ज़ोर नहीं चलता।

जैनब ने दृढ़ होकर कहा—या हजरत, आत्मा का उपकार जिसमें हो, मुझे वही चाहिए। मैं किसी इन्सान को अपने और ख़ुदा के बीच में न आने दूँगी।

हजरत ने कहा—ख़ुदा तुझ पर दया करे बेटी! तेरी बातों ने दिल ख़ुश कर दिया।

यह कहकर उन्होंने जैनब को गले लगा लिया!

3

दूसरे दिन जैनब को यथाविधि आम मस्जिद में क़लमा पढ़ाया गया।

कुरैशियों ने जब यह ख़बर पाई, तो जल उठे। ग़ज़ब ख़ुदा का। इस्लाम ने तो बड़े-बड़े घरों पर भी हाथ साफ़ करना शुरू किया! अगर यही हाल रहा, तो धीरे-धीरे उसकी शक्ति इतनी बढ़ जाएगी कि हमारे लिए उसका सामना करना कठिन हो जाएगा। अबुलआस के घर पर एक बड़ी मजलिस हुई।

अबूसिफियान ने जो इस्लाम के दुश्मनों में सबसे प्रतिष्ठित मनुष्य था, अबुलआस से कहा—तुम्हें अपनी बीवी को तलाक़ देना पड़ेगा।

अबुलआस ने कहा—हरगिज नहीं।

अबूसिफियान—तो क्या तुम भी मुसलमान हो जाओगे।

अ. आ.—हरगिज नहीं।

अ. सि.—तो उसे मुहम्मद ही के घर रहना पड़ेगा?

अ. आ.—हरगिज नहीं। आप लोग मुझे आज्ञा दीजिए कि उसे अपने घर लाऊँ।

अ. सि.—हरगिज नहीं।

अ. आ.—क्या यह नहीं हो सकता कि वह मेरे घर में रहकर अपनी इच्छानुसार ख़ुदा की बंदगी करे?

अ. सि.—हरगिज नहीं।

अ. आ.—मेरी कौम मेरे साथ इतनी सहानुभूति भी न करेगी?

अ. सि.— हरगिज नहीं।

अ. आ.—तो फिर आप लोग मुझे समाज से पतित कर दीजिए। मुझे पतित होना मंजूर है। आप लोग और जो सज़ा चाहें दें, वह सब मंजूर है। मगर मैं अपनी बीवी को नहीं

छोड़ सकता। मैं किसी की धार्मिक स्वाधीनता का अपहरण नहीं करना चाहता और वह भी अपनी बीवी की।

अ. सि.—कुरैश में क्या और लड़कियाँ नहीं हैं?

अ. आ.—जैनब की-सी कोई नहीं है।

अ. सि.—हम ऐसी लड़कियाँ बता सकते हैं, जो चाँद को लज्जित कर दें।

अ. आ.—मैं सौन्दर्य का उपासक नहीं।

अ. सि.—ऐसी लड़कियाँ दे सकता हूँ, जो गृह-प्रबंध में निपुण हों, बातें ऐसी करें कि मुँह से फूल झड़ें, खाना ऐसा पकाएँ कि बीमार को भी रुचिकर हो, सीने-पिरोने में इतनी कुशल कि पुराने कपड़े को नया कर दें।

अ. आ.—मैं इन गुणों में से किसी का भी उपासक नहीं। मैं प्रेम—और केवल प्रेम—का उपासक हूँ। और मुझे विश्वास है कि जैनब का-सा प्रेम मुझे सारी दुनिया में कहीं नहीं मिल सकता।

अ. सि.—प्रेम होता, तो तुम्हें छोड़कर यह बेवफाई करती?

अ. आ.—मैं नहीं चाहता कि मेरे लिए वह अपने आत्म-स्वातंत्र्य का त्याग करे।

अ. आ.—इसका आशय यह है कि तुम समाज में समाज के विरोधी बनकर रहना चाहते हो। आँखों की क़सम! समाज तुम्हें अपने ऊपर यह अत्याचार न करने देगा! मैं कहे देता हूँ इसके लिए तुम रोओगे।

4

अबूसिफियान और उनकी टोली के लोग तो धमकियाँ देकर उधर गए, इधर अबुलआस ने लकड़ी सँभाली और हजरत मुहम्मद के घर जा पहुँचे। शाम हो गई थी। हजरत दरवाज़े पर अपने मुरीदों के साथ मगरिब की नमाज़ पढ़ रहे थे। अबुलआस ने उन्हें सलाम किया और जब तक नमाज़ होती रही, ग़ौर से देखते रहे। जमाअत का एक साथ उठना-बैठना और झुकना देखकर उनके मन में श्रद्धा की तरंगें उठने लगीं। उन्हें मालूम न होता था कि मैं क्या कर रहा हूँ; पर अज्ञात भाव से वह जमाअत के साथ बैठते, झुकते और खड़े हो जाते थे। वहाँ एक-एक परमाणु इस समय ईश्वरमय हो रहा था। एक क्षण के लिए अबुलआस भी उसी अंतर-प्रवाह में बह गए।

जब नमाज़ ख़तम हुई और लोग सिधारे, तो अबुलआस ने हजरत के पास जाकर सलाम किया और कहा मैं जैनब को विदा कराने आया हूँ।

हजरत ने विस्मित होकर पूछा—तुम्हें मालूम नहीं कि वह ख़ुदा और उसके रसूल पर ईमान ला चुकी है?

अ. आ.—जी हाँ, मालूम है।

हजरत—इस्लाम ऐसे सम्बन्धों का निषेध करता है, यह भी तुम्हें मालूम है?

अ. आ.—क्या इसका मतलब यह है कि जैनब ने मुझे तलाक़ दे दिया?

हजरत—अगर यही मतलब हो, तो!

अ. आ.—तो कुछ नहीं। जैनब का अपने ख़ुदा और रसूल की बंदगी मुबारक हो। मैं एक बार उससे मिलकर घर चला जाऊँगा और फिर कभी आपको अपनी सूरत न दिखाऊँगा;

लेकिन उस दशा में अगर कुरैश-जाति आपसे लड़ने को तैयार हो जाए, तो उसका इलज़ाम मुझ पर न होगा।

हजरत—मैं कुरैश से इस वक़्त नहीं लड़ना चाहता।

अ. आ.—तो जैनब को मेरे साथ जाने दीजिए। उस हालत में कुरैश के क्रोध का भाजन मैं होऊँगा। आप और आपके मुरीदों पर कोई आफ़त नहीं होगी।

हजरत—तुम दबाव में आकर जैनब को ख़ुदा की तरफ़ से फेरने का यत्न तो न करोगे?

अ. आ.—मैं किसी के धर्म में बाधा डालना सर्वथा अमानुषीय समझता हूँ।

हजरत—तुम्हें लोग जैनब को तलाक़ देने पर तो मज़बूर न करेंगे?

अ. आ.—मैं जैनब को तलाक़ देने के पहले ज़िन्दगी को तलाक़ दे दूँगा।

हजरत को अबुलआस की बातों से इत्मीनान हो गया। वह आस की इज़्ज़त करते थे। आस को हरम में जैनब से मिलने का मौक़ा दिया।

आस ने पूछा—जैनब, मैं तुम्हें अपने साथ ले चलने आया हूँ; धर्म के बदलने से कहीं मन तो नहीं बदल गया?

जैनब रोती हुई उनके पैरों पर गिर पड़ी और बोली—या मेरे आका! धर्म बार-बार मिलता है, हृदय केवल एक बार। मैं आपकी हूँ, चाहे जहाँ रहूँ, लेकिन समाज मुझे आपकी सेवा में रहने देगा?

आस—यदि समाज न रहने देगा, तो मैं समाज से ही निकल जाऊँगा। दुनिया में आराम से जीवन व्यतीत करने के लिए बहुत से स्थान हैं। रहा मैं, तुम जानती हो, मैं धार्मिक स्वाधीनता का पक्षपाती हूँ। मैं तुम्हारे धार्मिक विषयों में कभी हस्तक्षेप न करूँगा।

जैनब चली, तो खुदैजा ने रोते हुए उसे यमन के लालों का एक बहुमूल्य हार विदाई में दिया।

5

इस्लाम पर विधर्मियों के अत्याचार दिनोंदिन बढ़ने लगे। अवहेलना की दशा से निकलकर उसने भय के क्षेत्र में प्रवेश किया। शत्रुओं ने उसे समूल नाश करने की आयोजना करनी शुरू की। दूर-दूर के कबीलों से मदद माँगी जाने लगी। इस्लाम में इतनी शक्ति न थी कि शस्त्र बल से विरोधियों को दबा सके। हजरत मुहम्मद ने मक्का छोड़कर कहीं और चले जाने का निश्चय किया। मक्के में मुस्लिमों के घर सारे शहर में बिखरे हुए थे। एक की मदद को दूसरे मुसलमान न पहुँच सकते थे! हजरत मुहम्मद किसी ऐसी जगह आबाद होना चाहते थे, जहाँ सब मिले हुए रहें और शत्रुओं की संगठित शक्ति का प्रतिकार कर सकें। अंत में उन्होंने मदीने को पसन्द किया और अपने समस्त अनुयायियों को सूचना दे दी। भक्तजन उनके साथ हुए और एक दिन मुस्लिमों ने मक्के से मदीने को प्रस्थान किया। यही हिजरत थी।

मदीने पहुँचकर मुसलमानों में एक नई शक्ति, नई स्फूर्ति का उदय हुआ। वे निश्शंक होकर अपने धर्म का पालन करने लगे। अब पड़ोसियों से दबने और छिपने की ज़रूरत न थी।

आत्मविश्वास बढ़ा। इधर भी विधर्मियों का स्वागत करने की तैयारियाँ होने लगीं। दोनों पक्ष सेना इकट्ठी करने लगे। विधर्मियों ने संकल्प किया कि संसार से इस्लाम का नाम ही मिटा देंगे। इस्लाम ने भी उनके दाँत खट्टे करने का निश्चय किया।

एक दिन अबुलआस ने आकर पत्नी से कहा—जैनब, हमारे नेताओं ने इस्लाम पर जिहाद करने की घोषणा कर दी है।

जैनब ने घबड़ाकर कहा—अब तो वे लोग यहाँ से चले गए! फिर इस जिहाद की क्या ज़रूरत?

अबुलआस—मक्के से चले गए, अरब से तो नहीं चले गए! उन लोगों की ज्यादतियाँ बढ़ती जा रही हैं। जिहाद के सिवा और कोई उपाय नहीं है! जिहाद में मेरा शरीक होना ज़रूरी है।

जैनब—अगर तुम्हारा दिल तुम्हें मज़बूर करता है, तो शौक़ से जाओ। मैं भी तुम्हारे साथ चलूँगी।

आस—मेरे साथ?

जैनब—हाँ, वहाँ आहत मुसलमानों की सेवा-सुश्रूषा करूँगी।

आस—शौक से चलो।

6

घोर संग्राम हुआ। दोनों दलवालों ने ख़ूब दिल के अरमान निकाले। भाई-भाई से, बाप-बेटे से लड़ा। सिद्ध हो गया कि मजहब का बन्धन रक्त और वीर्य के बन्धन से सुदृढ़ है!

दोनों दल वाले वीर थे! अंतर यह था कि मुसलमानों में नया धर्मानुराग था, मृत्यु के पश्चात् स्वर्ग की आशा थी। दिलों में वह अटल विश्वास था, जो नवजात सम्प्रदायों का लक्षण है। विधर्मियों में 'बलिदान' का यह भाव लुप्त था।

कई दिन तक लड़ाई होती रही। मुसलमानों की संख्या बहुत कम थी, पर अंत में उनके धर्मोत्साह ने मैदान मार लिया। विधर्मियों में कितने ही मारे गए, कितने ही घायल हुए और कितने ही क़ैद कर लिये गए। अबुलआस भी इन्हीं क़ैदियों में थे।

जैनब ने ज्योंही सुना कि अबुलआस पकड़ लिये गए, उसने तुरन्त हजरत मोहम्मद की सेवा में मुक्ति-धन भेजा। यह वही बहुमूल्य हार था, जो खुदैजा ने उसे दिया था। जैनब अपने पूज्य पिता को उस धर्म-संकट में एक क्षण के लिये भी न डालना चाहती थी, जो मुक्ति-धन के अभाव की दिशा में उन पर पड़ता, किन्तु अबुलआस को इच्छा होते हुए भी पक्षपात भय से न छोड़ सके।

सब क़ैदी हजरत के सामने पेश किए गए। कितने ही तो ईमान लाए, कितनों के घरों से मुक्ति-धन आ चुका था, वे मुक्त कर दिए गए। हजरत ने अबुलआस को देखा, सबसे अलग सिर झुकाए खड़े हैं। मुख पर लज्जा का भाव झलक रहा है।

हजरत ने कहा—अबुलआस, ख़ुदा ने इस्लाम की हिमायत की, वरना उसे यह वि॰ न प्राप्त होती।

अबुलआस—अगर आपके कथनानुसार संसार में एक ख़ुदा है, तो वह अपने एक बंदे को दूसरे का गला काटने में मदद नहीं दे सकता। मुसलमानों की विजय उनके रणोत्साह से हुई।

एक सहाबी ने पूछा—तुम्हारा फिदिया (मुक्ति-धन) कहाँ है?

हजरत ने फरमाया—अबुलआस का हार निहायत बेशक़ीमती है, इनके बारे में आप क्या फ़ैसला करते हैं? आपको मालूम है, यह मेरे दामाद हैं?

अबूबकर—आज तुम्हारे घर में जैनब हैं, जिन पर ऐसे सैकड़ों हार क़ुर्बान किए जा सकते हैं।

अबुलआस—तो आपका मतलब यह है कि जैनब मेरी फिदिया हो?

जैद–बेशक हमारा मतलब है।

अबुलआस—उससे तो कहीं बेहतर था कि आप मुझे क़त्ल कर देते।

अबूबकर—हम रसूल के दामाद को क़त्ल नहीं करेंगे, चाहे वह विधर्मी ही क्यों न हो। तुम्हारी यहाँ उतनी ख़ातिर होगी, जितनी हम कर सकते हैं।

अबुलआस के सामने विषम समस्या थी। इधर यहाँ की मेहमानी में अपमान था, उधर जैनब के वियोग की दारुण वेदना थी। उन्होंने निश्चय किया कि यह वेदना सहूँगा, किन्तु अपमान न सहूँगा। प्रेम, आत्मा की गौरव पर बलिदान कर दूँगा। बोले—मुझे आपका फ़ैसला मंजूर है। जैनब मेरी फिदिया होगी।

7

मदीने में रसूल की बेटी की जितनी इज़्ज़त होनी चाहिए, उतनी होती थी। सुख था, ऐश्वर्य था, धर्म था; पर प्रेम न था। अबुलआस के वियोग में रोया करती थी।

तीन वर्ष तीन युगों की भाँति बीते। अबुलआस के दर्शन न हुए।

उधर अबुलआस पर उसकी बिरादरी का दबाव पड़ रहा था कि विवाह कर लो, पर जैनब की मधुर स्मृतियाँ ही उसके प्रणय वंचित हृदय को तसकीन देने को काफ़ी थीं, वह उत्तरोत्तर उत्साह के साथ अपने व्यवसाय में तल्लीन हो गया। महीनों घर न आता। धनोपार्जन ही अब उसके जीवन का मुख्य आधार था! लोगों को आश्चर्य होता था कि अब यह धन के पीछे क्यों प्राण दे रहा है। निराशा और चिन्ता बहुधा शराब के नशे से शान्त होती है; प्रेम उन्माद से। अबुलआस को धनोन्माद हो गया था। धन के आवरण में ढका हुआ यह प्रेम-नैराश्य था; माया के परदे में छिपा हुआ प्रेम-वैराग्य।

एक बार वह मक्के से माल लादकर ईराक की तरफ़ चला। काफिले में और भी कितने ही सौदागर थे। रक्षकों का एक दल भी साथ था। मुसलमानों के कई काफिले विधर्मियों के हाथों लुट चुके थे। उन्हें ज्योंही इस काफिले की ख़बर मिली, जैद ने कुछ चुने हुए आदमियों के साथ उन पर धावा कर दिया। काफिले के रक्षक लड़े और मारे गए। काफिले वाले भाग निकले। अतुल धन मुसलमानों के हाथ लगा। अबुलआस फिर क़ैद हो गए।

दूसरे दिन हजरत मुहम्मद के सामने अबुलआस की पेशी हुई। हजरत ने एक बार उसकी तरफ़ करुण-दृष्टि डाली और सिर झुका लिया। साहिबियों ने कहा—या हजरत, अबुलआस के बारे में आप क्या फ़ैसला करते हैं?

मुहम्मद—इसके बारे में फ़ैसला करना तुम्हारा काम है। यह मेरा दामाद है। संभव है, मैं पक्षपात का दोषी हो जाऊँ।

यह कहकर वह मकान में चले गए। जैनब रोकर पैरों पर गिर पड़ी और बोली—अब्बाजान, आपने औरों को तो आज़ाद कर दिया। अबुलआस क्या उन सबसे गया बीता है?

हजरत—नहीं जैनब, न्याय के पद पर बैठने वाले आदमी को पक्षपात और द्वेष से मुक्त होना चाहिए। यद्यपि यह नीति मैंने ही बनाई है। तो भी अब उसका स्वामी नहीं, दास हूँ। मुझे अबुलआस से प्रेम है। मैं न्याय को प्रेमकलंकित नहीं कर सकता।

सहाबी हजरत की इस नीति-भक्ति पर मुग्ध हो गए। अबुलआस को सब मालअसबाब के साथ मुक्त कर दिया।

अबुलआस पर हजरत की न्याय-परायणता का गहरा असर पड़ा। मक्के आकर उन्होंने अपना हिसाब-किताब साफ़ किया, लोगों का माल लौटाया, क़र्ज़ अदा किया और घरबार त्याग कर हजरत मुहम्मद की सेवा में पहुँच गए। जैनब की मुराद पूरी हुई।

कुत्सा

अपने घर में आदमी बादशाह को भी गाली देता है। एक दिन मैं अपने दो-तीन मित्रों के साथ बैठा हुआ एक राष्ट्रीय संस्था के व्यक्तियों की आलोचना कर रहा था। हमारे विचार में राष्ट्रीय कार्यकर्ताओं को स्वार्थ और लोभ से ऊपर रहना चाहिए। ऊँचा और पवित्र आदर्श सामने रखकर ही राष्ट्र की सच्ची सेवा की जा सकी है। कई व्यक्तियों के आचरण ने हमें क्षुब्ध कर दिया था और हम इस समय बैठे अपने दिल का ग़ुबार निकाल रहे थे। संभव था, उस परिस्थिति में पड़कर हम और भी गिर जाते; लेकिन उस वक़्त तो हम विचारक के स्थान पर बैठे हुए थे, और विचारक उदार बनने लगे, तो न्याय कौन करे? विचारक को यह भूल जाने में विलम्ब नहीं होता कि उसमें भी कमज़ोरियाँ हैं और उसमें और अभियुक्त में केवल इतना ही अंतर है कि या तो विचारक महाशय उस परिस्थिति में पड़े ही नहीं, या पड़कर भी अपनी चतुराई से बेदाग़ निकल गए।

पद्मादेवी ने कहा—महाशय 'क' काम तो बड़े उत्साह से करते हैं, लेकिन अगर हिसाब देखा जाए, तो उनके ज़िम्मे एक हज़ार से कम न निकलेगा।

उर्मिला बोली—ख़ैर 'क' को तो क्षमा किया जा सकता है। उसके बाल-बच्चे हैं, आख़िर उनका पालन-पोषण कैसे करे। जब वह चौबीसों घंटे सेवा-कार्य ही में लगा रहता है, तो उसे कुछ-न-कुछ तो मिलना ही चाहिए। उस योग्यता का आदमी 500 रुपए वेतन पर भी न मिलता। अगर इस साल-भर में उसने एक हज़ार ख़र्च कर डाला तो बहुत नहीं है। महाशय 'ख' तो बिलकुल निहंग हैं। 'ज़ोरू न जाँता अल्लाह मियाँ से नाता', पर उनके ज़िम्मे भी एक हज़ार से कम न होंगे। किसी को क्या अधिकार है कि वह ग़रीबों का धन मोटर की सवारी और यार-दोस्तों की दावत में उड़ा दे?

श्यामादेवी उद्दंड होकर बोलीं—महाशय 'ग' को इसका जवाब देना पड़ेगा, भाई साहब। यों बचकर नहीं निकल सकते। हम लोग भिक्षा माँग-माँग कर पैसे लाते हैं, इसीलिए कि यार-दोस्तों की दावतें हों; शराबें उड़ाई जाएँ और मुज़रे देखे जाएँ? रोज़ सिनेमा की सैर होती है। ग़रीबों का धन यों उड़ाने के लिए नहीं है। यहाँ पाई-पाई का लेखा समझाना पड़ेगा। मैं भरी सभा में रगेदूँगी। उन्हें जहाँ पाँच सौ वेतन मिलता हो, वहाँ चले जाएँ। राष्ट्र के सेवक बहुतेरे निकल आवेंगे।

मैं भी एक बार इसी संस्था का मंत्री रह चुका हूँ। मुझे गर्व है कि मेरे ऊपर कभी किसी ने इस तरह का आक्षेप नहीं किया, पर न-जाने क्यों लोग मेरे मंत्रीत्व से संतुष्ट नहीं थे। लोगों का ख़याल था कि मैं बहुत कम समय देता हूँ और मेरे समय में संस्था ने कोई गौरव बढ़ानेवाला कार्य नहीं किया। इसलिए मैंने रूठकर इस्तीफ़ा दे दिया था। मैं उसी पद से बेलौस रहकर भी निकाला गया। महाशय 'ग' हज़ारों हड़प करके भी उसी पद पर जमे हुए हैं। क्या यह मेरे उनसे कुनह रखने की काफ़ी वजह न थी? मैं चतुर खिलाड़ी की भाँति ख़ुद तो कुछ न करना चाहता था, किन्तु पर्दे की आड़ से रस्सी खींचता रहता था।

मैंने रद्दा जमाया—देवीजी, आप अन्याय कर रही हैं। महाशय 'ग' से ज़्यादा दिलेर और...

उर्मिला ने मेरी बात काटकर कहा—मैं ऐसे आदमी को दिलेर नहीं कहती, जो छिपकर जनता के रुपए से शराब पिए। जिन शराब की दुकानों पर हम धरना देने जाते थे, उन्हीं दुकानों से उनके लिए शराब आती थी। इससे बढ़कर बेहयाई और क्या हो सकती है? मैं तो ऐसे आदमी को देशद्रोही कहती हूँ।

मैंने रस्सी और खींची—लेकिन यह तो तुम भी मानती हो कि महाशय 'ग' केवल अपने प्रभाव से हज़ारों रुपए चन्दा वसूल कर लाते हैं। विलायती कपड़े को रोकने का उन्हें जितना श्रेय दिया जाए, थोड़ा है।

उर्मिलादेवी कब माननेवाली थीं। बोलीं—उन्हें चन्दे इस संस्था के नाम पर मिलते हैं। व्यक्तिगत रूप से एक धेला भी लावें तो कहूँ। रहा विलायती कपड़ा। जनता नामों को पूजती है और महाशय की तारीफ़ें हो रही हैं; पर सच पूछिए तो यह श्रेय हमें मिलना चाहिए। वह तो कभी किसी दुकान पर गए भी नहीं। आज सारे शहर में इस बात की चर्चा हो रही है। जहाँ चन्दा माँगने जाओ, वहीं लोग यही आक्षेप करने लगते हैं। किस-किस का मुँह बन्द कीजिएगा। आप बनते तो हैं जाति के सेवक, मगर आचरण ऐसे कि शोहदों का भी न होगा। देश का उद्धार ऐसे विलासियों के हाथों नहीं हो सकता। उसके लिए सच्चा त्याग होना चाहिए।

2

यही आलोचनाएँ हो रही थीं कि एक दूसरी देवी आईं—भगवती! बेचारी चन्दा माँगने गई थीं। थकी-माँदी चली आ रही थीं। यहाँ जो पंचायत देखी, तो रम गईं। उनके साथ उनकी बालिका भी थी। कोई दस साल उम्र होगी। इन कामों में बराबर माँ के साथ रहती थी। उसे ज़ोर की भूख लगी हुई थी। घर की कुंजी भी भगवती देवी के पास थी। पतिदेव दफ़्तर से आ गए होंगे। घर का खुलना भी ज़रूरी था। इसलिए मैंने बालिका को उसके घर पहुँचाने की सेवा स्वीकार की।

कुछ दूर चलकर बालिका ने कहा—आपको मालूम है, महाशय 'ग' शराब पीते हैं?

मैं इस आक्षेप का समर्थन न कर सका। भोली-भाली बालिका के हृदय में कटुता, द्वेष और प्रपंच का विष बोना मेरी ईर्ष्यालु-प्रकृति को भी रुचिकर न जान पड़ा। जहाँ कोमलता और सारल्य, विश्वास और माधुर्य का राज्य होना चाहिए, वहाँ कुत्सा और क्षुद्रता का मर्यादित होना कौन पसन्द करेगा; देवता के गले में काँटों की माला कौन पहनाएगा?

मैंने पूछा—तुमसे किसने कहा कि महाशय 'ग' शराब पीते हैं?

'वाह, पीते ही हैं, आप क्या जानें!'

'तुम्हें, कैसे मालूम हुआ?'

'सारे शहर के लोग कह रहे हैं।'

'शहरवाले झूठ बोल रहे हैं।'

बालिका ने मेरी ओर अविश्वास की आँखों से देखा। शायद वह समझी, मैं भी महाशय 'ग' के ही भाई-बंदों में हूँ।

'आप कह सकते हैं, महाशय 'ग' शराब नहीं पीते?'

'हाँ, वह कभी शराब नहीं पीते।'

'और महाशय 'क' ने जनता के रुपए भी नहीं उड़ाए?'

'यह भी असत्य है।'

'और महाशय 'ख' मोटर पर हवा ख़ाने नहीं जाते?'

'मोटर पर हवा खाना अपराध नहीं है।'

'अपराध नहीं है, राजाओं के लिए, रईसों के लिए, अफ़सरों के लिए, जो जनता का ख़ून चूसते हैं। देश-भक्ति का दम भरने वालों के लिए वह बहुत बड़ा अपराध है।'

'लेकिन यह तो सोचो, इन लोगों को कितना दौड़ना पड़ता है। पैदल कहाँ तक दौड़ें?'

'पैरगाड़ी पर तो चल सकते हैं? यह कुछ बात नहीं है। ये लोग शान दिखाना चाहते हैं, जिसमें लोग समझें कि यह भी बहुत बड़े आदमी हैं। हमारी संस्था ग़रीबों की संस्था है। यहाँ मोटर पर उसी वक़्त बैठना चाहिए, जब और किसी तरह काम ही न चल सके और शराबियों के लिए तो यहाँ स्थान ही न होना चाहिए। आप तो चन्दे माँगने जाते नहीं। हमें कितना लज्जित होना पड़ता है, आपको क्या मालूम!'

मैंने गम्भीर होकर कहा—तुम्हें लोगों से कह देना चाहिए, यह सरासर ग़लत है। हम और तुम इस संस्था के शुभचिन्तक हैं। हमें अपने कार्यकर्ताओं का अपमान करना उचित नहीं। हमें तो इतना ही देखना चाहिए कि वे हमारी कितनी सेवा करते हैं। मैं यह नहीं कहता कि क, ख, ग में बुराइयाँ नहीं हैं। संसार में ऐसा कौन है जिसमें बुराइयाँ न हों? लेकिन बुराइयों के मुक़ाबले में उनमें गुण कितने हैं, यह तो देखो। हम सभी स्वार्थ पर जान देते हैं—मकान बनाते हैं, जायदाद ख़रीदते हैं। और कुछ नहीं, तो आराम से घर में सोते हैं। ये बेचारे चौबीसों घंटे देश-हित की फ़िक्र में डूबे रहते हैं। तीनों ही साल-साल भर की सज़ा काटकर, कई महीने हुए, लौटे हैं। तीनों ही के उद्योग से अस्पताल और पुस्तकालय खुले, इन्हीं वीरों ने आन्दोलन करके किसानों का लगान कम कराया। अगर इन्हें शराब पीना और धन कमाना होता, तो इस क्षेत्र में आते ही क्यों?

बालिका ने विचारपूर्ण दृष्टि से मुझे देखा। फिर बोली—यह बताइए, महाशय 'ग' शराब पीते हैं या नहीं?

मैंने निश्चयपूर्वक कहा—नहीं। जो यह कहता है, वह झूठ बोलता है।

भगवतीदेवी का मकान आ गया। बालिका चली गई। मैं आज झूठ बोलकर जितना प्रसन्न था, उतना कभी सच बोलकर भी न हुआ था। मैंने बालिका के निर्मल हृदय को कुत्सा के पंक में गिरने से बचा लिया था।

दो बैलों की कथा

जानवरों में गधा सबसे ज़्यादा बुद्धिहीन समझा जाता है। हम जब किसी आदमी को परले दरजे का बेवकूफ़ कहना चाहते हैं, तो उसे गधा कहते हैं। गधा सचमुच बेवकूफ़ है, या उसके सीधेपन, उसकी निरापद सहिष्णुता ने उसे यह पदवी दे दी है, इसका निश्चय नहीं किया जा सकता। गायें सींग मारती हैं, ब्यायी हुई गाय तो अनायास ही सिंहनी का रूप धारण कर लेती है। कुत्ता भी बहुत ग़रीब जानवर है, लेकिन कभी-कभी उसे भी क्रोध आ ही जाता है; किन्तु गधे को कभी क्रोध करते नहीं सुना, न देखा। जितना चाहो ग़रीब को मारो, चाहे जैसी ख़राब, सड़ी हुई घास सामने डाल दो, उसके चेहरे पर कभी असन्तोष की छाया भी न दिखाई देगी। वैशाख में चाहे एकाध बार कुलेल कर लेता हो; पर हमने तो उसे कभी ख़ुश होते नहीं देखा। उसके चेहरे पर एक स्थायी विषाद स्थायी रूप से छाया रहता है। सुख-दुःख, हानि-लाभ, किसी भी दशा में उसे बदलते नहीं देखा। ऋषियों-मुनियों के जितने गुण हैं, वे सभी उसमें पराकाष्ठा को पहुँच गए हैं; पर आदमी उसे बेवकूफ़ कहता है। सद्गुणों का इतना अनादर कहीं नहीं देखा। कदाचित् सीधापन संसार के लिए उपयुक्त नहीं है। देखिए न, भारतवासियों की अफ़्रीका में क्या दुर्दशा हो रही है? क्यों अमरीका में उन्हें घुसने नहीं दिया जाता? बेचारे शराब नहीं पीते, चार पैसे कुसमय के लिए बचाकर रखते हैं, जी तोड़कर काम करते हैं, किसी से लड़ाई-झगड़ा नहीं करते, चार बातें सुनकर ग़म खा जाते हैं फिर भी बदनाम हैं। कहा जाता है, वे जीवन के आदर्श को नीचा करते हैं। अगर वे भी ईंट का जवाब पत्थर से देना सीख जाते, तो शायद सभ्य कहलाने लगते। जापान की मिसाल सामने है। एक ही विजय ने उसे संसार की सभ्य जातियों में गण्य बना दिया।

लेकिन गधे का एक छोटा भाई और भी है, जो उससे कम ही गधा है, और वह है 'बैल'। जिस अर्थ में हम गधा का प्रयोग करते हैं, कुछ उसी से मिलते-जुलते अर्थ में 'बछिया के ताऊ' का भी प्रयोग करते हैं। कुछ लोग बैल को शायद बेवकूफ़ों में सर्वश्रेष्ठ कहेंगे; मगर हमारा विचार ऐसा नहीं है। बैल कभी-कभी मारता भी है, कभी-कभी अड़ियल बैल भी देखने में आता है। और भी कई रीतियों से अपना असन्तोष प्रकट कर देता है; अतएव उसका स्थान गधे से नीचा है।

झूरी काछी के दोनों बैलों के नाम थे हीरा और मोती। दोनों पछाईं जाति के थे—देखने में सुन्दर, काम में चौकस, डील में ऊँचे। बहुत दिनों साथ रहते-रहते दोनों में भाईचारा हो गया था। दोनों आमने-सामने या आस-पास बैठे हुए एक-दूसरे से मूक-भाषा में विचार-विनिमय करते थे। एक, दूसरे के मन की बात कैसे समझ जाता था, हम नहीं कह सकते। अवश्य ही उनमें कोई ऐसी गुप्त शक्ति थी, जिससे जीवों में श्रेष्ठता का दावा करनेवाला मनुष्य वंचित है। दोनों एक-दूसरे को चाटकर और सूँघकर अपना प्रेम प्रकट करते, कभी-कभी दोनों सींग भी मिला लिया करते थे—विग्रह के नाते से नहीं, केवल विनोद के भाव से, आत्मीयता के भाव से, जैसे दोस्तों में घनिष्ठता होते ही धौल-धप्पा होने लगता है। इसके बिना दोस्ती कुछ फुसफुसी, कुछ हलकी-सी रहती है, जिस पर ज़्यादा विश्वास नहीं किया जा सकता। जिस वक़्त ये दोनों बैल हल या गाड़ी में जोत दिए जाते और गरदन हिला-हिलाकर चलते, उस वक़्त हर एक की यही चेष्टा होती थी कि ज़्यादा-से-ज़्यादा बोझ मेरी ही गरदन पर रहे। दिन-भर

के बाद दोपहर या संध्या को दोनों खुलते, तो एक-दूसरे को चाट-चूटकर अपनी थकान मिटा लिया करते। नाँद में खली-भूसा पड़ जाने के बाद दोनों साथ उठते, साथ नाँद में मुँह डालते और साथ ही बैठते थे। एक मुँह हटा लेता, तो दूसरा भी हटा लेता था।

संयोग की बात, झूरी ने एक बार गोईं को ससुराल भेज दिया। बैलों को क्या मालूम, वे क्यों भेजे जा रहे हैं। समझे, मालिक ने हमें बेच दिया। अपना यों बेचा जाना उन्हें अच्छा लगा या बुरा, कौन जाने, पर झूरी के साले गया को घर तक गोईं ले जाने में दाँतों पसीना आ गया। पीछे से हाँकता तो दोनों दाएँ-बाएँ भागते; पगहिया पकड़कर आगे से खींचता, तो दोनों पीछे को ज़ोर लगाते। मारता तो दोनों सींग नीचे करके हुँकारते। अगर ईश्वर ने उन्हें वाणी दी होती, तो झूरी से पूछते—तुम हम ग़रीबों को क्यों निकाल रहे हो? हमने तो तुम्हारी सेवा करने में कोई कसर नहीं उठा रखी। अगर इतनी मेहनत से काम न चलता था तो और काम ले लेते। हमें तो तुम्हारी चाकरी में मर जाना कबूल था। हमने कभी दाने-चारे की शिकायत नहीं की। तुमने जो कुछ खिलाया, वह सिर झुकाकर खा लिया, फिर तुमने हमें इस जालिम के हाथ क्यों बेच दिया?

संध्या समय दोनों बैल अपने नए स्थान पर पहुँचे। दिन-भर के भूखे थे, लेकिन जब नाँद में लगाए गए, तो एक ने भी उसमें मुँह न डाला। दिल भारी हो रहा था। जिसे उन्होंने अपना घर समझ रखा था, वह आज उनसे छूट गया था। यह नया घर, नया गाँव, नए आदमी, उन्हें बेगानों-से लगते थे।

दोनों ने अपनी मूक-भाषा में सलाह की, एक-दूसरे को कनखियों से देखा और लेट गए। जब गाँव में सोता पड़ गया, तो दोनों ने ज़ोर मारकर पगहे तुड़ा डाले और घर की तरफ़ चले। पगहे बहुत मज़बूत थे। अनुमान न हो सकता था कि कोई बैल उन्हें तोड़ सकेगा; पर इन दोनों में इस समय दूनी शक्ति आ गई थी। एक-एक झटके में रस्सियाँ टूट गईं।

झूरी प्रात:काल सोकर उठा, तो देखा कि दोनों बैल चरनी पर खड़े हैं। दोनों की गरदनों में आधा-आधा गराँव लटक रहा है। घुटने तक पाँव कीचड़ से भरे हैं और दोनों की आँखों में विद्रोहमय स्नेह झलक रहा है।

झूरी बैलों को देखकर स्नेह से गद्गद हो गया। दौड़कर उन्हें गले लगा लिया। प्रेमालिंगन और चुम्बन का वह दृश्य बड़ा ही मनोहर था।

घर और गाँव के लड़के जमा हो गए और तालियाँ बजा-बजाकर उनका स्वागत करने लगे। गाँव के इतिहास में यह घटना अभूतपूर्व न होने पर भी महत्त्वपूर्ण थी। बाल-सभा ने निश्चय किया, दोनों पशु-वीरों को अभिनन्दन-पत्र देना चाहिए। कोई अपने घर से रोटियाँ लाया, कोई गुड़, कोई चोकर, कोई भूसी।

एक बालक ने कहा—ऐसे बैल किसी के पास न होंगे।

दूसरे ने समर्थन किया—इतनी दूर से दोनों अकेले चले आए।

तीसरा बोला—बैल नहीं हैं वे, उस जनम के आदमी हैं।

इसका प्रतिवाद करने का किसी को साहस न हुआ।

झूरी की स्त्री ने बैलों को द्वार पर देखा, तो जल उठी। बोली—कैसे नमकहराम बैल हैं कि एक दिन वहाँ काम न किया; भाग खड़े हुए।

झूरी अपने बैलों पर यह आक्षेप न सुन सका—नमकहराम क्यों हैं? चारा-दाना न दिया होगा, तो क्या करते?

स्त्री ने रोब के साथ कहा—बस, तुम्हीं तो बैलों को खिलाना जानते हो, और तो सभी पानी पिला-पिलाकर रखते हैं।

झूरी ने चिढ़ाया—चारा मिलता तो क्यों भागते?

स्त्री चिढ़ी—भागे इसलिए कि वे लोग तुम-जैसे बुद्धुओं की तरह बैलों को सहलाते नहीं। खिलाते हैं, तो रगड़कर जोतते भी हैं। ये दोनों ठहरे कामचोर, भाग निकले। अब देखूँ, कहाँ से खली और चोकर मिलता है! सूखे भूसे के सिवा कुछ न दूँगी, खाएँ चाहें मरें।

वही हुआ। मजूर को कड़ी ताक़ीद कर दी गई कि बैलों को ख़ाली सूखा भूसा दिया जाए।

बैलों ने नाँद में मुँह डाला, तो फीका-फीका। न कोई चिकनाहट, न कोई रस! क्या खाएँ? आशा-भरी आँखों से द्वार की ओर ताकने लगे।

झूरी ने मजूर से कहा—थोड़ी-सी खली क्यों नहीं डाल देता बे?

'मालकिन मुझे मार ही डालेंगी।'

'चुराकर डाल आ।'

'ना दादा, पीछे से तुम भी उन्हीं की-सी कहोगे।'

2

दूसरे दिन झूरी का साला फिर आया और बैलों को ले चला। अबकी उसने दोनों को गाड़ी में जोता।

दो-चार बार मोती ने गाड़ी को सड़क की खाई में गिराना चाहा; पर हीरा ने सँभाल लिया। वह ज़्यादा सहनशील था।

संध्या-समय घर पहुँचकर उसने दोनों को मोटी रस्सियों से बाँधा और कल की शरारत का मज़ा चखाया। फिर वही सूखा भूसा डाल दिया। अपने दोनों बैलों को खली, चूनी सब कुछ दी।

दोनों बैलों का ऐसा अपमान कभी न हुआ था। झूरी इन्हें फूल की छड़ी से भी न छूता था। उसकी टिटकार पर दोनों उड़ने लगते थे। यहाँ मार पड़ी। आहत-सम्मान की व्यथा तो थी ही, उस पर मिला सूखा भूसा!

नाँद की तरफ़ आँखें तक न उठाईं।

दूसरे दिन गया ने बैलों को हल में जोता, पर इन दोनों ने जैसे पाँव न उठाने की क़सम खा ली थी। वह मारते-मारते थक गया; पर दोनों ने पाँव न उठाया। एक बार जब उस निर्दयी ने हीरा की नाक पर ख़ूब डंडे जमाए, तो मोती का ग़ुस्सा काबू के बाहर हो गया। हल लेकर भागा। हल, रस्सी, जुआ, जोत, सब टूट-टाट कर बराबर हो गया। गले में बड़ी-बड़ी रस्सियाँ न होतीं, तो दोनों पकड़ाई में न आते।

हीरा ने मूक-भाषा में कहा—भागना व्यर्थ है।

मोती ने उत्तर दिया—तुम्हारी तो इसने जान ही ले ली थी।

'अबकी बड़ी मार पड़ेगी।'

'पड़ने दो, बैल का जन्म लिया है, तो मार से कहाँ तक बचेंगे?'

'गया दो आदमियों के साथ दौड़ा आ रहा है। दोनों के हाथों में लाठियाँ हैं।'

मोती बोला—कहो तो दिखा दूँ कुछ मज़ा मैं भी। लाठी लेकर आ रहा है।

हीरा ने समझाया—नहीं भाई! खड़े हो जाओ।

'मुझे मारेगा, तो मैं भी एक-दो को गिरा दूँगा!'

'नहीं। हमारी जाति का यह धर्म नहीं है।'

मोती दिल में ऐंठकर रह गया। गया आ पहुँचा और दोनों को पकड़कर ले चला। कुशल हुई कि उसने इस वक़्त मारपीट न की, नहीं तो मोती भी पलट पड़ता। उसके तेवर देखकर गया और उसके सहायक समझ गए कि इस वक़्त टाल जाना ही मसलहत है।

आज दोनों के सामने फिर वही सूखा भूसा लाया गया। दोनों चुपचाप खड़े रहे। घर के लोग भोजन करने लगे। उस वक़्त छोटी-सी लड़की दो रोटियाँ लिए निकली, और दोनों के मुँह में देकर चली गई। उस एक रोटी से इनकी भूख तो क्या शान्त होती; पर दोनों के हृदय को मानो भोजन मिल गया। यहाँ भी किसी सज्जन का वास है। लड़की भैरो की थी। उसकी माँ मर चुकी थी। सौतेली माँ उसे मारती रहती थी, इसलिए इन बैलों से उसे एक प्रकार की आत्मीयता हो गई थी।

दोनों दिन-भर जोते जाते, डंडे खाते, अड़ते। शाम को थान पर बाँध दिए जाते और रात को वही बालिका उन्हें दो रोटियाँ खिला जाती। प्रेम के इस प्रसाद की यह बरकत थी कि दो-दो गाल सूखा भूसा खाकर भी दोनों दुर्बल न होते थे, मगर दोनों की आँखों में रोम-रोम में विद्रोह भरा हुआ था।

एक दिन मोती ने मूक-भाषा में कहा—अब तो नहीं सहा जाता, हीरा!

'क्या करना चाहते हो?'

'एकाध को सींगों पर उठाकर फेंक दूँगा।'

'लेकिन जानते हो, वह प्यारी लड़की, जो हमें रोटियाँ खिलाती है, उसी की लड़की है, जो इस घर का मालिक है। यह बेचारी अनाथ न हो जाएगी?'

'तो मालकिन को न फेंक दूँ। वही तो उस लड़की को मारती है।'

'लेकिन औरत जात पर सींग चलाना मना है, यह भूले जाते हो।'

'तुम तो किसी तरह निकलने ही नहीं देते। बताओ, तुड़ाकर भाग चलें।'

'हाँ, यह मैं स्वीकार करता हूँ, लेकिन इतनी मोटी रस्सी टूटेगी कैसे?'

'इसका एक उपाय है। पहले रस्सी को थोड़ा-सा चबा लो। फिर एक झटके में जाती है।'

रात को जब बालिका रोटियाँ खिलाकर चली गई, दोनों रस्सियाँ चबाने लगे, पर मोटी रस्सी मुँह में न आती थी। बेचारे बार-बार ज़ोर लगाकर रह जाते थे।

सहसा घर का द्वार खुला और वही लड़की निकली। दोनों सिर झुकाकर उसका हाथ चाटने लगे। दोनों की पूँछें खड़ी हो गईं। उसने उनके माथे सहलाए और बोली—खोले देती हूँ। चुपके से भाग जाओ, नहीं तो यहाँ लोग मार डालेंगे। आज घर में सलाह हो रही है कि इनकी नाकों में नाथ डाल दी जाएँ।

उसने गराँव खोल दिया, पर दोनों चुपचाप खड़े रहे।

मोती ने अपनी भाषा में पूछा—अब चलते क्यों नहीं।

हीरा ने कहा—चलें तो लेकिन कल इस अनाथ पर आफ़त आएगी। सब इसी पर सन्देह करेंगे। सहसा बालिका चिल्लाई—दोनों फूफावाले बैल भागे जा रहे हैं। ओ दादा! दादा! दोनों बैल भागे जा रहे हैं, जल्दी दौड़ो।

गया हड़बड़ाकर भीतर से निकला और बैलों को पकड़ने चला। वे दोनों भागे। गया ने पीछा किया। और भी तेज़ हुए। गया ने शोर मचाया। फिर गाँव के कुछ आदमियों को भी

साथ लेने के लिए लौटा। दोनों मित्रों को भागने का मौक़ा मिल गया। सीधे दौड़ते चले गए। यहाँ तक कि मार्ग का ज्ञान न रहा। जिस परिचित मार्ग से आए थे, उसका यहाँ पता न था। नए-नए गाँव मिलने लगे। तब दोनों एक खेत के किनारे खड़े होकर सोचने लगे, अब क्या करना चाहिए।

हीरा ने कहा—मालूम होता है, राह भूल गए।

'तुम भी बेतहाशा भागे। वहीं उसे मार गिराना था।'

'उसे मार गिराते, तो दुनिया क्या कहती? वह अपना धर्म छोड़ दे, लेकिन हम अपना धर्म क्यों छोड़ें?'

दोनों भूख से व्याकुल हो रहे थे। खेत में मटर खड़ी थी। चरने लगे। रह-रहकर आहट ले लेते थे, कोई आता तो नहीं है।

जब पेट भर गया, दोनों ने आज़ादी का अनुभव किया, तो मस्त होकर उछलने-कूदने लगे। पहले दोनों ने डकार ली। फिर सींग मिलाए और एक-दूसरे को ठेलने लगे। मोती ने हीरा को कई क़दम पीछे हटा दिया, यहाँ तक कि वह खाई में गिर गया। तब उसे भी क्रोध आया। सँभलकर उठा और फिर मोती से मिल गया। मोती ने देखा—खेल में झगड़ा हुआ चाहता है, तो किनारे हट गया।

3

अरे! यह क्या? कोई साँड़ डौंकता चला आ रहा है। हाँ, साँड़ ही है। वह सामने आ पहुँचा। दोनों मित्र बग़लें झाँक रहे हैं। साँड़ पूरा हाथी है। उससे भिड़ना जान से हाथ धोना है; लेकिन न भिड़ने पर भी जान बचती नहीं नज़र आती। इन्हीं की तरफ़ आ भी रहा है। कितनी भयंकर सूरत है!

मोती ने मूक-भाषा में कहा—बुरे फँसे। जान बचेगी? कोई उपाय सोचो।

हीरा ने चिन्तित स्वर में कहा—अपने घमंड में भूला हुआ है। आरजू-विनती न सुनेगा।

'भाग क्यों न चलें?'

'भागना कायरता है।'

'तो फिर यहीं मरो। बंदा तो नौ-दो-ग्यारह होता है।'

'और जो दौड़ाए?'

'तो फिर कोई उपाय सोचो जल्द!'

'उपाय यही है कि उस पर दोनों जने एक साथ चोट करें? मैं आगे से रगेदता हूँ, तुम पीछे से रगेदो, दोहरी मार पड़ेगी, तो भाग खड़ा होगा। मेरी ओर झपटे, तुम बग़ल से उसके पेट में सींग घुसेड़ देना। जान जोखिम है; पर दूसरा उपाय नहीं है।'

दोनों मित्र जान हथेलियों पर लेकर लपके। साँड़ को भी संगठित शत्रुओं से लड़ने का तजुरबा न था। वह तो एक शत्रु से मल्लयुद्ध करने का आदी था। ज्यों ही हीरा पर झपटा, मोती ने पीछे से दौड़ाया। साँड़ उसकी तरफ़ मुड़ा, तो हीरा ने रगेदा। साँड़ चाहता था कि एक-एक करके दोनों को गिरा ले; पर ये दोनों भी उस्ताद थे। उसे वह अवसर न देते थे। एक बार साँड़ झल्लाकर हीरा का अंत कर देने के लिए चला कि मोती ने बग़ल से आकर पेट में सींग भोंक दिया। साँड़ क्रोध में आकर पीछे फिरा तो हीरा ने दूसरे पहलू में सींग चुभा दिया।

आख़िर बेचारा जख्मी होकर भागा और दोनों मित्रों ने दूर तक उसका पीछा किया। यहाँ तक कि साँड़ बेदम होकर गिर पड़ा। तब दोनों ने उसे छोड़ दिया।

दोनों मित्र विजय के नशे में झूमते चले जाते थे।

मोती ने अपनी सांकेतिक भाषा में कहा—मेरा जी तो चाहता था कि बच्चा को मार ही डालूँ।

हीरा ने तिरस्कार किया—गिरे हुए बैरी पर सींग न चलाना चाहिए।

'यह सब ढोंग है। बैरी को ऐसा मारना चाहिए कि फिर न उठे।'

'अब घर कैसे पहुँचेंगे, वह सोचो।'

'पहले कुछ खा लें, तो सोचें।'

सामने मटर का खेत था ही। मोती उसमें घुस गया। हीरा मना करता रहा, पर उसने एक न सुनी। अभी दो ही चार ग्रास खाए थे कि दो आदमी लाठियाँ लिए दौड़ पड़े, और दोनों मित्रों को घेर लिया। हीरा तो मेड़ पर था, निकल गया। मोती सींचे हुए खेत में था। उसके खुर कीचड़ में धँसने लगे। न भाग सका। पकड़ लिया। हीरा ने देखा, संगी संकट में है, तो लौट पड़ा। फँसेंगे तो दोनों फँसेंगे। रखवालों ने उसे भी पकड़ लिया।

प्रातःकाल दोनों मित्र काँजीहौस में बन्द कर दिए गए।

4

दोनों मित्रों को जीवन में पहली बार ऐसा साबिका पड़ा कि सारा दिन बीत गया और खाने को एक तिनका भी न मिला। समझ ही में न आता था, यह कैसा स्वामी है। इससे तो गया फिर भी अच्छा था। यहाँ कई भैंसें थीं, कई बकरियाँ, कई घोड़े, कई गधे; पर किसी के सामने चारा न था, सब ज़मीन पर मुरदों की तरह पड़े थे। कई तो इतने कमज़ोर हो गए थे कि खड़े भी न हो सकते थे। सारा दिन दोनों मित्र फाटक की ओर टकटकी लगाए ताक़ते रहे; पर कोई चारा लेकर आता न दिखाई दिया। तब दोनों ने दीवार की नमकीन मिट्टी चाटनी शुरू की, पर इससे क्या तृप्ति होती?

रात को भी जब कुछ भोजन न मिला, तो हीरा के दिल में विद्रोह की ज्वाला दहक उठी। मोती से बोला—अब तो नहीं रहा जाता मोती!

मोती ने सिर लटकाए हुए जवाब दिया—मुझे तो मालूम होता है, प्राण निकल रहे हैं।

'इतनी जल्द हिम्मत न हारो भाई! यहाँ से भागने का कोई उपाय निकालना चाहिए।'

'आओ दीवार तोड़ डालें।

'मुझसे तो अब कुछ नहीं होगा।'

'बस इसी बूते पर अकड़ते थे!'

'सारी अकड़ निकल गई।'

बाड़े की दीवार कच्ची थी। हीरा मज़बूत तो था ही, अपने नुकीले सींग दीवार में गड़ा दिए और ज़ोर मारा, तो मिट्टी का एक चिप्पड़ निकल आया। फिर तो उसका साहस बढ़ा। इसने दौड़-दौड़कर दीवार पर चोटें कीं और हर चोट में थोड़ी-थोड़ी मिट्टी गिराने लगा।

उसी समय काँजीहौस का चौकीदार लालटेन लेकर जानवरों की हाजिरी लेने आ निकला। हीरा का उजड्डपन देखकर उसने उसे कई डंडे रसीद किए और मोटी-सी रस्सी से बाँध दिया।

मोती ने पड़े-पड़े कहा—आख़िर मार खाई, क्या मिला?

'अपने बूते-भर ज़ोर तो मार दिया।'

'ऐसा ज़ोर मारना किस काम का कि और बंधन में पड़ गए।'

'ज़ोर तो मारता ही जाऊँगा, चाहे कितने ही बंधन पड़ते जाएँ।'

'जान से हाथ धोना पड़ेगा।'

'कुछ परवाह नहीं। यों भी तो मरना ही है। सोचो, दीवार ख़ुद जाती, तो कितनी जानें बच जातीं। इतने भाई यहाँ बन्द हैं। किसी की देह में जान नहीं है। दो-चार दिन और यही हाल रहा, तो सब मर जाएँगे।'

'हाँ, यह बात तो है। अच्छा, तो ला, फिर मैं भी ज़ोर लगाता हूँ।'

मोती ने भी दीवार में उसी जगह सींग मारा। थोड़ी-सी मिट्टी गिरी और फिर हिम्मत बढ़ी। फिर तो वह दीवार में सींग लगाकर इस तरह ज़ोर करने लगा, मानो किसी प्रतिद्वन्द्वी से लड़ रहा है। आख़िर कोई दो घंटे की ज़ोर-आजमाई के बाद दीवार ऊपर से लगभग एक हाथ गिर गई। उसने दूनी शक्ति से दूसरा धक्का मारा, तो आधी दीवार गिर पड़ी।

दीवार का गिरना था कि अधमरे-से पड़े हुए सभी जानवर चेत उठे। तीनों घोड़ियाँ सरपट भाग निकलीं। फिर बकरियाँ निकलीं। इसके बाद भैंसें भी खिसक गईं; पर गधे अभी तक ज्यों-के-त्यों खड़े थे।

हीरा ने पूछा—तुम दोनों क्यों नहीं भाग जाते?

एक गधे ने कहा—जो कहीं फिर पकड़ लिये जाएँ।

'तो क्या हरज है। अभी तो भागने का अवसर है।'

'हमें तो डर लगता है, हम यहीं पड़े रहेंगे।'

आधी रात से ऊपर जा चुकी थी। दोनों गधे अभी तक खड़े सोच रहे थे कि भागें या न भागें, और मोती अपने मित्र की रस्सी तोड़ने में लगा हुआ था। जब वह हार गया, तो हीरा ने कहा—तुम जाओ, मुझे यहीं पड़ा रहने दो। शायद कहीं भेंट हो जाए।

मोती ने आँखों में आँसू लाकर कहा—तुम मुझे इतना स्वार्थी समझते हो, हीरा? हम और तुम इतने दिनों एक साथ रहे हैं। आज तुम विपति में पड़ गए, तो मैं तुम्हें छोड़कर अलग हो जाऊँ।

हीरा ने कहा—बहुत मार पड़ेगी। लोग समझ जाएँगे, यह तुम्हारी शरारत है।

मोती गर्व से बोला—जिस अपराध के लिए तुम्हारे गले में बन्धन पड़ा, उसके लिए अगर मुझ पर मार पड़े, तो क्या चिन्ता। इतना तो हो ही गया कि नौ-दस प्राणियों की जान बच गई। वे सब तो आशीर्वाद देंगे।

यह कहते हुए मोती ने दोनों गधों को सींगों से मार-मारकर बाड़े के बाहर निकाला और तब अपने बन्धु के पास आकर सो रहा।

भोर होते ही मुंशी और चौकीदार तथा अन्य कर्मचारियों में कैसी खलबली मची, इसके लिखने की ज़रूरत नहीं। बस, इतना ही काफ़ी है कि मोती की ख़ूब मरम्मत हुई और उसे भी मोटी रस्सी से बाँध दिया गया।

5

एक सप्ताह तक दोनों मित्र वहाँ बँधे पड़े रहे। किसी ने चारे का एक तृण भी न डाला। हाँ, एक बार पानी दिखा दिया जाता था। यही उनका आधार था। दोनों इतने दुर्बल हो गए थे कि उठा तक न जाता था; ठठरियाँ निकल आई थीं।

एक दिन बाड़े के सामने डुग्गी बजने लगी और दोपहर होते-होते वहाँ पचास-साठ आदमी जमा हो गए। तब दोनों मित्र निकाले गए और उनकी देखभाल होने लगी। लोग आ-आकर उनकी सूरत देखते और मन फीका करके चले जाते। ऐसे मृतक बैलों का कौन ख़रीदार होता?

सहसा एक दढ़ियल आदमी, जिसकी आँखें लाल थीं और मुद्रा अत्यन्त कठोर, आया और दोनों मित्रों के कूल्हों में उँगली गोदकर मुंशीजी से बातें करने लगा। उसका चेहरा देखकर अंतर्ज्ञान से दोनों मित्रों के दिल काँप उठे। वह कौन है और उन्हें क्यों टटोल रहा है, इस विषय में उन्हें कोई सन्देह न हुआ। दोनों ने एक-दूसरे को भीत नेत्रों से देखा और सिर झुका लिया।

हीरा ने कहा—गया के घर से नाहक भागे। अब जान न बचेगी।

मोती ने अश्रद्धा के भाव से उत्तर दिया—कहते हैं, भगवान् सबके ऊपर दया करते हैं। उन्हें हमारे ऊपर क्यों दया नहीं आती?

'भगवान् के लिए हमारा मरना-जीना दोनों बराबर है। चलो, अच्छा ही है, कुछ दिन उसके पास तो रहेंगे। एक बार भगवान् ने उस लड़की के रूप में हमें बचाया था। क्या अब न बचाएँगे?'

'यह आदमी छुरी चलाएगा। देख लेना।'

'तो क्या चिन्ता है? मांस, खाल, सींग, हड्डी सब किसी-न-किसी काम आ जाएँगे।'

नीलाम हो जाने के बाद दोनों मित्र उस दढ़ियल के साथ चले। दोनों की बोटी-बोटी काँप रही थी। बेचारे पाँव तक न उठा सकते थे, पर भय के मारे गिरते-पड़ते भागे जाते थे; क्योंकि वह ज़रा भी चाल धीमी हो जाने पर ज़ोर से डंडा जमा देता था।

राह में गाय-बैलों का एक रेवड़ हरे-हरे हार में चरता नज़र आया। सभी जानवर प्रसन्न थे, चिकने, चपल। कोई उछलता था, कोई आनंद से बैठा पागुर करता था। कितना सुखी जीवन था इनका; पर कितने स्वार्थी हैं सब। किसी को चिन्ता नहीं कि उनके दो भाई बधिक के हाथ पड़े कैसे दुःखी हैं।

सहसा दोनों को ऐसा मालूम हुआ कि यह परिचित राह है। हाँ, इसी रास्ते से गया उन्हें ले गया था। वही खेत, वही बाग़, वही गाँव मिलने लगे। प्रतिक्षण उनकी चाल तेज़ होने लगी। सारी थकान, सारी दुर्बलता ग़ायब हो गई। आह? यह लो! अपना ही हार आ गया। इसी कुएँ पर हम पुर चलाने आया करते थे; यही कुआँ है।

मोती ने कहा—हमारा घर नगीच आ गया।

हीरा बोला—भगवान् की दया है।

'मैं तो अब घर भागता हूँ।'

'यह जाने देगा?'

'इसे मैं मार गिराता हूँ।'

'नहीं-नहीं, दौड़कर थान पर चलो। वहाँ से हम आगे न जाएँगे।'

दोनों उन्मत्त होकर बछड़ों की भाँति कुलेलें करते हुए घर की ओर दौड़े। वह हमारा थान है। दोनों दौड़कर अपने थान पर आए और खड़े हो गए। दढ़ियल भी पीछे-पीछे दौड़ा चला आता था।

झूरी द्वार पर बैठा धूप खा रहा था। बैलों को देखते ही दौड़ा और उन्हें बारी-बारी से गले लगाने लगा। मित्रों की आँखों से आनंद के आँसू बहने लगे। एक झूरी का हाथ चाट रहा था।

दढ़ियल ने जाकर बैलों की रस्सियाँ पकड़ लीं।

झूरी ने कहा—मेरे बैल हैं।

'तुम्हारे बैल कैसे? मैं मवेशीखाने से नीलाम लिए आता हूँ।'

'मैं तो समझता हूँ चुराए लिये आते हो! चुपके से चले जाओ। मेरे बैल हैं। मैं बेचूँगा तो बिकेंगे। किसी को मेरे बैल नीलाम करने का क्या अख़्तियार है?'

'जाकर थाने में रपट कर दूँगा।'

'मेरे बैल हैं। इसका सबूत यह है कि मेरे द्वार पर खड़े हैं।'

दढ़ियल झल्लाकर बैलों को ज़बरदस्ती पकड़ ले जाने के लिए बढ़ा। उसी वक़्त मोती ने सींग चलाया। दढ़ियल पीछे हटा। मोती ने पीछा किया। दढ़ियल भागा। मोती पीछे दौड़ा। गाँव के बाहर निकल जाने पर वह रुका; पर खड़ा दढ़ियल का रास्ता देख रहा था। दढ़ियल दूर खड़ा धमकियाँ दे रहा था, गालियाँ निकाल रहा था, पत्थर फेंक रहा था। और मोती विजयी शूर की भाँति उसका रास्ता रोके खड़ा था। गाँव के लोग यह तमाशा देखते थे और हँसते थे।

जब दढ़ियल हारकर चला गया, तो मोती अकड़ता हुआ लौटा।

हीरा ने कहा—मैं डर रहा था कि कहीं तुम ग़ुस्से में आकर मार न बैठो।

'अगर वह मुझे पकड़ता, तो मैं बे-मारे न छोड़ता।'

'अब न आएगा।'

'आएगा तो दूर ही से ख़बर लूँगा। देखूँ, कैसे ले जाता है।'

'जो गोली मरवा दे?'

'मर जाऊँगा; पर उसके काम तो न आऊँगा।'

'हमारी जान को कोई जान ही नहीं समझता।'

'इसीलिए कि हम इतने सीधे हैं।'

ज़रा देर में नाँदों में खली, भूसा, चोकर और दाना भर दिया गया और दोनों मित्र खाने लगे। झूरी खड़ा दोनों को सहला रहा था और बीसों लड़के तमाशा देख रहे थे। सारे गाँव में उछाह-सा मालूम होता था।

उसी समय मालकिन ने आकर दोनों के माथे चूम लिये।

रियासत का दीवान

महाशय मेहता उन अभागों में थे, जो अपने स्वामी को प्रसन्न नहीं रख सकते थे। वह दिल से अपना काम करते थे और चाहते थे कि उनकी प्रशंसा हो। वह यह भूल जाते थे कि वह काम के नौकर तो हैं ही, अपने स्वामी के सेवक भी हैं। जब उनके अन्य सहकारी स्वामी के दरबार में हाजिरी देते थे, तो वह बेचारे दफ़्तर में बैठे काग़ज़ों से सिर मारा करते थे। इसका फल यह था कि स्वामी के सेवक तो तरक़्क़ियाँ पाते थे, पुरस्कार और पारितोषिक उड़ाते थे। और काम के सेवक मेहता किसी-न-किसी अपराध में निकाल दिए जाते थे। ऐसे कटु अनुभव उन्हें अपने जीवन में कई बार हो चुके थे; इसलिए अबकी जब राजा साहब सतिया

ने उन्हें एक अच्छा पद प्रदान किया, तो उन्होंने प्रतिज्ञा की कि अब वह भी स्वामी का रुख़ देखकर काम करेंगे। और उनके स्तुति-गान में ही भाग्य की परीक्षा करेंगे। और इस प्रतिज्ञा को उन्होंने कुछ इस तरह निभाया कि दो साल भी न गुज़रे थे कि राजा साहब ने उन्हें अपना दीवान बना लिया। एक स्वाधीन राज्य की दीवानी का क्या कहना! वेतन तो 500) मासिक ही था, मगर अख़्तियार बड़े लम्बे। राई का पर्वत करो, या पर्वत से राई, कोई पूछनेवाला न था। राजा साहब भोग-विलास में पड़े रहते थे, राज्य-संचालन का सारा भार मि. मेहता पर था। रियासत के सभी अमले और कर्मचारी दंडवत् करते, बड़े-बड़े रईस नज़राने देते, यहाँ तक कि रानियाँ भी उनकी खुशामद करतीं। राजा साहब उग्र प्रकृति के मनुष्य थे, जैसे प्राय: राजे होते हैं। दुर्बलों के सामने शेर, सबलों के सामने भीगी बिल्ली। कभी मि. मेहता को डाँट-फटकार भी बताते; पर मेहता ने अपनी सफ़ाई में एक शब्द भी मुँह से निकालने की क़सम खा ली थी। सिर झुकाकर सुन लेते। राजा साहब की क्रोधाग्नि ईंधन न पाकर शान्त हो जाती।

गर्मियों के दिन थे। पोलिटिकल एजेंट का दौरा था। राज्य में उनके स्वागत की तैयारियाँ हो रही थीं। राजा साहब ने मेहता को बुलाकर कहा—मैं चाहता हूँ, साहब बहादुर यहाँ से मेरा क़लमा पढ़ते हुए जाएँ।

मेहता ने सिर झुकाकर विनीत भाव से कहा—चेष्टा तो ऐसी ही कर रहा हूँ, अन्नदाता!

'चेष्टा तो सभी करते हैं; मगर वह चेष्टा कभी सफल नहीं होती। मैं चाहता हूँ, तुम दृढ़ता के साथ कहो—ऐसा ही होगा।'

'ऐसा ही होगा।'

'रुपए की परवाह मत करो।'

'जो हुक्म।'

'कोई शिकायत न आए; वरना तुम जानोगे।'

'वह हुजूर को धन्यवाद देते जाएँ तो सही।'

'हाँ, मैं यही चाहता हूँ।'

'जान लड़ा दूँगा, दीनबन्धु!'

'अब मुझे सन्तोष है!'

इधर तो पोलिटिकल एजेंट का आगमन था, उधर मेहता का लड़का जयकृष्ण गर्मियों की छुट्टियाँ मनाने माता-पिता के पास आया। किसी विश्वविद्यालय में पढ़ता था। एक बार 1932 में कोई उग्र भाषण करने के जुर्म में 6 महीने की सज़ा काट चुका था। मि. मेहता की नियुक्ति के बाद जब वह पहली बार आया था तो राजा साहब ने उसे ख़ास तौर पर बुलाया था और उससे जी खोलकर बातें की थीं, उसे अपने साथ शिकार खेलने ले गए थे और नित्य उसके साथ टेनिस खेला करते थे। जयकृष्ण पर राजा साहब के साम्यवादी विचारों का बड़ा प्रभाव पड़ा था। उसे ज्ञात हुआ कि राजा साहब केवल देशभक्त ही नहीं, क्रांति के समर्थक भी हैं। रूस और फ्रांस की क्रांति पर दोनों में ख़ूब बहस हुई थी। लेकिन अबकी यहाँ उसने कुछ और ही रंग देखा। रियासत के हर एक किसान और ज़मींदार से जबरन चन्दा वसूल किया जा रहा था। पुलिस गाँव-गाँव चन्दा उगाहती फिरती थी। रक़म दीवान साहब नियत करते थे। वसूल करना पुलिस का काम था। फ़रियाद की कहीं सुनवाई न थी। चारों ओर त्राहि-त्राहि मची हुई थी। हज़ारों मज़दूर सरकारी इमारतों की सफ़ाई, सजावट और सड़कों की मरम्मत में बेगार

कर रहे थे। बनियों से डंडों के ज़ोर से रसद जमा की जा रही थी। जयकृष्ण को आश्चर्य हो रहा था कि यह क्या हो रहा है। राजा साहब के विचार और व्यवहार में इतना अंतर कैसे हो गया। कहीं ऐसा तो नहीं है कि महाराज को इन अत्याचारों की ख़बर ही न हो, या उन्होंने जिन तैयारियों का हुक्म दिया हो, उनकी तामील में कर्मचारियों ने अपनी कारगुजारी की धुन में यह अनर्थ कर डाला हो। रात भर तो उसने किसी तरह ज़ब्त किया। प्रात:काल उसने मेहताजी से पूछा—आपने राजा साहब को इन अत्याचारों की सूचना नहीं दी?

मेहताजी को स्वयं इस अनीति से ग्लानि हो रही थी। वह स्वभावत: दयालु मनुष्य थे; लेकिन परिस्थितियों ने उन्हें अशक्त कर रखा था। दु:खित स्वर में बोले—राजा साहब का यही हुक्म है, तो क्या किया जाए?

'तो आपको ऐसी दशा में अलग हो जाना चाहिए था। आप जानते हैं, यह जो कुछ हो रहा है, उसकी सारी ज़िम्मेदारी आपके सिर लादी जा रही है, प्रजा आप ही को अपराधी समझती है।'

'मैं मज़बूर हूँ। मैंने कर्मचारियों से बार-बार संकेत किया कि यथासाध्य किसी पर सख़्ती न की जाए; लेकिन हरेक स्थान पर मैं मौजूद तो नहीं रह सकता। अगर प्रत्यक्ष रूप से हस्तक्षेप करूँ, तो शायद कर्मचारी लोग महाराज से मेरी शिकायत कर दें। ये लोग ऐसे ही अवसरों की ताक में तो रहते हैं। इन्हें तो जनता को लूटने का कोई बहाना चाहिए। जितना सरकारी कोष में जमा करते हैं, उससे ज़्यादा अपने घर में रख लेते हैं। मैं कुछ नहीं कर सकता।'

जयकृष्ण ने उत्तेजित होकर कहा—तो आप इस्तीफ़ा क्यों नहीं दे देते?

मेहता लज्जित होकर बोले—बेशक, मेरे लिए मुनासिब तो यही था; लेकिन जीवन में इतने धक्के खा चुका हूँ कि अब और सहने की शक्ति नहीं रही। यह निश्चय है कि नौकरी करके मैं अपने को बेदाग़ नहीं रख सकता। धर्म और अधर्म, सेवा और परमार्थ के झमेलों में पड़कर मैंने बहुत ठोकरें खाईं। मैंने देख लिया कि दुनिया दुनियादारों के लिए है, जो अवसर और काल देखकर काम करते हैं। सिद्धांतवादियों के लिए यह अनुकूल स्थान नहीं है।

जयकृष्ण ने तिरस्कार-भरे स्वर में पूछा—मैं राजा साहब के पास जाऊँ?

'क्या तुम समझते हो, राजा साहब से ये बातें छिपी हैं?'

'संभव है, प्रजा की दु:ख-कथा सुनकर उन्हें कुछ दया आए।'

मि. मेहता को इसमें क्या आपत्ति हो सकती थी? वह तो ख़ुद चाहते थे किसी तरह अन्याय का बोझ उनके सिर से उतर जाए। हाँ, यह भय अवश्य था कि कहीं जयकृष्ण की सत्प्रेरणा उनके लिए हानिकर न हो और कहीं उन्हें इस सम्मान और अधिकार से हाथ न धोना पड़े। बोले—यह ख़याल रखना कि तुम्हारे मुँह से कोई ऐसी बात न निकल जाए, जो महाराज को अप्रसन्न कर दे।

जयकृष्ण ने उन्हें आश्वासन दिया कि वह ऐसी कोई बात न करेगा। क्या वह इतना नादान है? मगर उसे क्या ख़बर थी कि आज के महाराजा साहब वह नहीं हैं, जो एक साल पहले थे, या संभव है, पोलिटिकल एजेंट के चले जाने के बाद वह फिर हो जाएँ। वह न जानता था कि उनके लिए क्रांति और आतंक की चर्चा भी उसी तरह विनोद की वस्तु थी, जैसे हत्या, बलात्कार या जाल की वारदातें, या रूप के बाज़ार के आकर्षक समाचार। जब उसने ड्योढ़ी पर पहुँचकर अपनी इत्तला कराई, तो मालूम हुआ कि महाराज इस समय अस्वस्थ हैं, लेकिन वह लौट ही रहा था कि महाराज ने उसे बुला भेजा। शायद उससे सिनेमा-संसार

के ताज़े समाचार पूछना चाहते थे। उसके सलाम पर मुस्कुराकर बोले—तुम ख़ूब आए भई, कहो एम.सी.सी. का मैच देखा या नहीं? मैं तो इन बखेड़ों में ऐसा फँसा कि जाने की नौबत नहीं आई। अब तो यही दुआ कर रहा हूँ कि किसी तरह एजेंट साहब ख़ुश-ख़ुश रुख़सत हो जाएँ। मैंने जो भाषण लिखवाया है, वह ज़रा तुम भी देख लो। मैंने इन राष्ट्रीय आन्दोलनों की ख़ूब ख़बर ली है और हरिजनोद्धार पर भी छींटे उड़ा दिए हैं।

जयकृष्ण ने अपने आवेश को दबाकर कहा—राष्ट्रीय आन्दोलनों की आपने ख़बर ली, यह अच्छा किया; लेकिन हरिजनोद्धार को तो सरकार भी पसन्द करती है, इसीलिए उसने महात्मा गांधी को रिहा कर दिया और जेल में भी उन्हें इस आन्दोलन के सम्बन्ध में लिखने-पढ़ने और मिलने-जुलने की पूरी स्वाधीनता दे रखी थी।

राजा साहब ने तात्विक मुस्कान के साथ कहा—तुम जानते नहीं हो, यह सब प्रदर्शन-मात्र है। दिल में सरकार समझती है कि यह भी राजनैतिक आन्दोलन है। वह इस रहस्य को बड़े ध्यान से देख रही है। लॉयलटी में जितना प्रदर्शन करो, चाहे वह औचित्य की सीमा के पार ही क्यों न हो जाए, उसका रंग चोखा ही होता है—उसी तरह जैसे कवियों की विरुदावली से हम फूल उठते हैं, चाहे वह हास्यास्पद ही क्यों न हो। हम ऐसे कवि को खुशामदी समझें, अहमक भी समझ सकते हैं, पर उससे अप्रसन्न नहीं हो सकते। वह हमें जितना ही ऊँचा उठाता है, उतना ही वह हमारी दृष्टि में ऊँचा उठता जाता है।

राजा साहब ने अपने भाषण की एक प्रति मेज़ की दराज से निकालकर जयकृष्ण के सामने रख दी, पर जयकृष्ण के लिए इस भाषण में अब कोई आकर्षण न था। अगर वह सभा-चतुर होता, तो जाहिरदारी के लिए ही इस भाषण को बड़े ध्यान से पढ़ता, उनके शब्द-विन्यास और भावोत्कर्ष की प्रशंसा करता और उसकी तुलना महाराजा बीकानेर या पटियाला के भाषणों से करता; पर अभी दरबारी दुनिया की रीति-नीति से अनभिज्ञ था। जिस चीज़ को बुरा समझता था, उसे बुरा कहता था और जिस चीज़ को अच्छा समझता था, उसे अच्छा कहता था। बुरे को अच्छा और अच्छे को बुरा कहना अभी उसे न आया था। उसने भाषण पर सरसरी नज़र डालकर उसे मेज़ पर रख दिया और अपनी स्पष्टवादिता का बिगुल फूँकता हुआ बोला—मैं राजनीति के रहस्यों को भला क्या समझ सकता हूँ लेकिन मेरा ख़याल है कि चाणक्य के ये वंशज इन चालों को ख़ूब समझते हैं और कृत्रिम भावों का उन पर कोई असर नहीं होता बल्कि इससे आदमी उनकी नज़रों में और भी गिर जाता है। अगर एजेंट को मालूम हो जाए कि उसके स्वागत के लिए प्रजा पर कितने ज़ुल्म ढाये जा रहे हैं, तो शायद वह यहाँ से प्रसन्न होकर न जाए। फिर, मैं तो प्रजा की दृष्टि देखता हूँ। एजेंट की प्रसन्नता आपके लिए लाभप्रद हो सकती है, प्रजा को तो उससे हानि ही होगी।

राजा साहब अपने किसी काम की आलोचना नहीं सह सकते थे। उनका क्रोध पहले जिरहों के रूप में निकलता, फिर तर्क का आकार धारण कर लेता और अंत में भूकम्प के आवेश से उबल पड़ता था, जिससे उनका स्थूल शरीर, कुर्सी, मेज़, दीवारें और छत सभी में भीषण कम्पन होने लगता था। तिरछी आँखों से देखकर बोले—क्या हानि होगी, ज़रा सुनूँ?

जयकृष्ण समझ गया कि क्रोध की मशीनगन चक्कर में है और घातक विस्फोट होने ही वाला है। सँभलकर बोला—इसे आप मुझसे ज़्यादा समझ सकते हैं।

'नहीं, मेरी बुद्धि इतनी प्रखर नहीं है।'

'आप बुरा मान जाएँगे।'

'क्या तुम समझते हो, मैं बारूद का ढेर हूँ?'

'बेहतर है, आप इसे न पूछें।'

'तुम्हें बतलाना पड़ेगा।'

और आप-ही-आप उनकी मुट्ठियाँ बँध गईं।

'तुम्हें बतलाना पड़ेगा, इसी वक्त!'

जयकृष्ण यह धौंस क्यों सहने लगा? क्रिकेट के मैदान में राजकुमारों पर रोब जमाया करता था, बड़े-बड़े हुक्काम की चुटकियाँ लेता था। बोला—अभी आपके दिल में पोलिटिकल एजेंट का कुछ भय है, आप प्रजा पर ज़ुल्म करते डरते हैं। जब वह आपके एहसानों से दब जाएगा, आप स्वच्छन्द हो जाएँगे और प्रजा की फ़रियाद सुनने वाला कोई न रहेगा।

राजा साहब प्रज्ज्वलित नेत्रों से ताक़ते हुए बोले—मैं एजेंट का ग़ुलाम नहीं हूँ कि उससे डरूँ, कोई कारण नहीं है कि मैं उससे डरूँ, बिलकुल कारण नहीं है। मैं पोलिटिकल एजेंट की इसलिए ख़ातिर करता हूँ कि वह हिज़ मैजेस्टी का प्रतिनिधि है। मेरे और हिज़ मैजेस्टी के बीच में भाईचारा है, एजेंट केवल उनका दूत है। मैं केवल नीति का पालन कर रहा हूँ। मैं विलायत जाऊँ तो हिज़ मैजेस्टी भी इसी तरह मेरा सत्कार करेंगे! मैं डरूँ क्यों? मैं अपने राज्य का स्वतंत्र राजा हूँ। जिसे चाहूँ, फाँसी दे सकता हूँ। मैं किसी से क्यों डरने लगा? डरना नामर्दों का काम है, मैं ईश्वर से भी नहीं डरता। डर क्या वस्तु है, यह मैंने आज तक नहीं जाना। मैं तुम्हारी तरह कॉलेज का मुँहफट छात्र नहीं हूँ कि क्रांति और आज़ादी की हाँक लगाता फिरूँ। तुम क्या जानो, क्रांति क्या चीज़ है? तुमने केवल उसका नाम सुन लिया है। उसके लाल दृश्य आँखों से नहीं देखे। बन्दूक़ की आवाज़ सुनकर तुम्हारा दिल काँप उठेगा। क्या तुम चाहते हो, मैं एजेंट से कहूँ—प्रजा तबाह है, आपके आने की ज़रूरत नहीं। मैं इतना आतिथ्य-शून्य नहीं हूँ। मैं अन्धा नहीं हूँ, अहमक नहीं हूँ, प्रजा की दशा का मुझे तुमसे कहीं अधिक ज्ञान है, तुमने उसे बाहर से देखा है, मैं उसे नित्य भीतर से देखता हूँ। तुम मेरी प्रजा को क्रांति का स्वप्न दिखाकर उसे गुमराह नहीं कर सकते। तुम मेरे राज्य में विद्रोह और असन्तोष के बीज नहीं बो सकते। तुम्हें अपने मुँह पर ताला लगाना होगा, तुम मेरे विरुद्ध एक शब्द भी मुँह से नहीं निकाल सकते, चूँ भी नहीं कर सकते ...

डूबते हुए सूरज की किरणें महराबी दीवानख़ाने के रंगीन शीशों से होकर राजा साहब के क्रोधोन्मत्त मुखमंडल को और भी रंजित कर रही थीं। उनके बाल नीले हो गए थे, आँखें पीली, चेहरा लाल और देह हरी। मालूम होता था, प्रेतलोक का कोई पिशाच है। जयकृष्ण की सारी उद्दंडता हवा हो गई। राजा साहब को इस उन्माद की दशा में उसने कभी न देखा था, लेकिन इसके साथ ही उसका आत्मगौरव इस ललकार का जवाब देने के लिए व्याकुल हो रहा था। जैसे विनय का जवाब विनय है, वैसे ही क्रोध का जवाब क्रोध है, जब वह आतंक और भय, अदब और लिहाज़ के बन्धनों को तोड़कर निकल पड़ता है।

उसने भी राजा साहब को आग्नेय नेत्रों से देखकर कहा—मैं अपनी आँखों से यह अत्याचार देखकर मौन नहीं रह सकता।

राजा साहब ने आवेश से खड़े होकर, मानो उसकी गरदन पर सवार होते हुए कहा—तुम्हें यहाँ ज़बान खोलने का कोई हक़ नहीं है।

'प्रत्येक विचारशील मनुष्य को अन्याय के विरुद्ध आवाज़ उठाने का हक़ है। आप वह हक़ मुझसे नहीं छीन सकते!'

'मैं सबकुछ कर सकता हूँ।'

'आप कुछ नहीं कर सकते।'

'मैं तुम्हें अभी जेल में बन्द कर सकता हूँ।'

'आप मेरा बाल भी बाँका नहीं कर सकते।'

इसी वक़्त मि. मेहता बदहवास से कमरे में आए और जयकृष्ण की ओर कोप-भरी आँखें उठाकर बोले—कृष्णा, निकल जा यहाँ से, अभी मेरी आँखों से दूर हो जा और ख़बरदार! फिर मुझे अपनी सूरत न दिखाना। मैं तुझ-जैसे कपूत का मुँह नहीं देखना चाहता। जिस थाल में खाता है, उसी में छेद करता है, बेअदब कहीं का! अब अगर ज़बान खोली, तो मैं तेरा ख़ून पी जाऊँगा।

जयकृष्ण ने हिंसा-विक्षिप्त पिता को घृणा की आँखों से देखा और अकड़ता हुआ, गर्व से सिर उठाए, दीवानख़ाने के बाहर निकल गया।

राजा साहब ने कोच पर लेटकर कहा—बदमाश आदमी है, परले सिरे का बदमाश! मैं नहीं चाहता कि ऐसा ख़तरनाक आदमी एक क्षण भी रियासत में रहे। तुम उससे जाकर कहो, इसी वक़्त यहाँ से चला जाए वरना उसके हक़ में अच्छा न होगा। मैं केवल आपकी मुरौवत से ग़म खा गया; नहीं तो इसी वक़्त इसका मज़ा चखा सकता था। केवल आपकी मुरौवत ने हाथ पकड़ लिया। आपको तुरन्त निर्णय करना पड़ेगा, इस रियासत की दीवानी या लड़का। अगर दीवानी चाहते हो, तो तुरन्त उसे रियासत से निकाल दो और कह दो कि फिर कभी मेरी रियासत में पाँव न रखे। लड़के से प्रेम है, तो आज ही रियासत से निकल जाइए। आप यहाँ से कोई चीज़ नहीं ले जा सकते, एक पाई की भी चीज़ नहीं। जो कुछ है, वह रियासत की है। बोलिए, क्या मंजूर है?

मि. मेहता ने क्रोध के आवेश में जयकृष्ण को डाँट तो बतलाई थी पर यह न समझे थे कि मामला इतना तूल खींचेगा। एक क्षण के लिए वह सन्नाटे में आ गए। सिर झुकाकर परिस्थिति पर विचार करने लगे—राजा उन्हें मिट्टी में मिला सकता है। वह यहाँ बिलकुल बेबस हैं, कोई उनका साथी नहीं, कोई उनकी फ़रियाद सुननेवाला नहीं। राजा उन्हें भिखारी बनाकर छोड़ देगा। इस अपमान के साथ निकाले जाने की कल्पना करके वह काँप उठे। रियासत में उनके बैरियों की कमी न थी। सब-के-सब मूसलों ढोल बजाएँगे। जो आज उनके सामने भीगी बिल्ली बने हुए हैं, कल शेरों की तरह गुर्राएँगे। फिर इस उमर में अब उन्हें नौकर ही कौन रखेगा। निर्दयी संसार के सामने क्या फिर उन्हें हाथ फैलाना पड़ेगा? नहीं, इससे तो यह कहीं अच्छा है कि वह यहीं पड़े रहें। कम्पित स्वर में बोले—मैं आज ही उसे घर से निकाल देता हूँ, अन्नदाता!

'आज नहीं, इसी वक़्त!'

'इसी वक़्त निकाल दूँगा!'

'हमेशा के लिए?'

'हमेशा के लिए।'

'अच्छी बात है, जाइए और आधे घंटे के अन्दर मुझे सूचना दीजिए।'

मि. मेहता घर चले, तो मारे क्रोध के उनके पाँव काँप रहे थे। देह में आग-सी लगी हुई थी। इस लौंडे के कारण आज उन्हें कितना अपमान सहना पड़ा। गधा चला है यहाँ अपने साम्यवाद का राग अलापने। अब बच्चा को मालूम होगा, ज़बान पर लगाम न रखने का क्या नतीजा होता है। मैं क्यों उसके पीछे गली-गली ठोकरें खाऊँ। हाँ, मुझे यह पद और सम्मान प्यारा है। क्यों न प्यारा हो? इसके लिए बरसों एड़ियाँ रगड़ी हैं, अपना ख़ून और पसीना एक किया है। यह अन्याय बुरा ज़रूर लगता है; लेकिन बुरी लगने की एक यही बात तो नहीं है! और हज़ारों बातें भी तो बुरी लगती हैं। जब किसी बात का उपाय मेरे पास नहीं, तो इस मुआमले के पीछे क्यों अपनी ज़िन्दगी ख़राब करूँ?

उन्होंने घर आते-ही-आते पुकारा—जयकृष्ण!

सुनीता ने कहा—जयकृष्ण तो तुमसे पहले ही राजा साहब के पास गया था। तब से यहाँ कब आया?

'अब तक यहाँ नहीं आया! वह तो मुझसे पहले ही चल चुका था।'

वह फिर बाहर आए और नौकरों से पूछना शुरू किया। अब भी उसका पता न था। मारे डर के कहीं छिप रहा होगा और राजा ने आध घंटे में इत्तला देने का हुक्म दिया है। यह लौंडा न जाने क्या करने पर लगा हुआ है। आप तो जाएगा ही मुझे भी अपने साथ ले डूबेगा।

सहसा एक सिपाही ने एक पुरज़ा लाकर उनके हाथ में रख दिया। अच्छा, यह तो जयकृष्ण की लिखावट है। क्या कहता है—इस दुर्दशा के बाद मैं इस रियासत में एक क्षण भी नहीं रह सकता। मैं जाता हूँ। आपको अपना पद और मान अपनी आत्मा से ज़्यादा प्रिय है, आप ख़ुशी से उसका उपभोग कीजिए। मैं फिर आपको तकलीफ़ देने न आऊँगा। अम्माँ से मेरा प्रणाम कहिएगा।

मेहता ने पुरज़ा लाकर सुनीता को दिखाया और खिन्न होकर बोले—इसे न जाने कब समझ आएगी, लेकिन बहुत अच्छा हुआ। अब लाला को मालूम होगा, दुनिया में किस तरह रहना चाहिए। बिना ठोकरें खाए, आदमी की आँखें नहीं खुलतीं। मैं ऐसे तमाशे बहुत खेल चुका, अब इस खुराफात के पीछे अपना शेष जीवन नहीं बरबाद करना चाहता—और तुरन्त राजा साहब को सूचना देने चले।

2

दम-से-दम में सारी रियासत में यह समाचार फैल गया। जयकृष्ण अपने शील-स्वभाव के कारण जनता में बड़ा प्रिय था। लोग बाज़ारों और चौरस्तों पर खड़े हो-होकर इस कांड पर आलोचना करने लगे—अजी, वह आदमी नहीं था, भाई, उसे किसी देवता का अवतार समझो। महाराज के पास जाकर बेधड़क बोला—अभी बेगार बन्द कीजिए वरना शहर में हंगामा हो जाएगा। राजा साहब की तो ज़बान बन्द हो गई। बग़लें झाँकने लगे। शेर-है-शेर! उम्र तो कुछ नहीं; पर आफ़त का परकाला है। और वह यह बेगार बन्द कराके रहता, हमेशा के लिए। राजा साहब को भागने की राह न मिलती। सुना, घिघियाने लगे थे। मुदा इसी बीच में दीवान साहब पहुँच गए और उसे देश-निकाले का हुक्म दे दिया। यह हुक्म सुनकर उसकी आँखों में ख़ून उतर आया था, लेकिन बाप का अपमान न किया।

'ऐसे बाप को तो गोली मार देनी चाहिए। बाप है या दुश्मन!'

'वह कुछ भी हो, है तो बाप ही।'

सुनीता सारे दिन बैठी रोती रही। जैसे कोई उसके कलेजे में बर्छियाँ चुभो रहा था। बेचारा न-जाने कहाँ चला गया। अभी जलपान तक न किया था। चूल्हे में जाए ऐसा भोग-विलास, जिसके पीछे उसे बेटे को त्यागना पड़े। हृदय में ऐसा उद्वेग उठा कि इसी दम पति और घर को छोड़कर रियासत से निकल जाए, जहाँ, ऐसे नर-पिशाचों का राज्य है। इन्हें अपनी दीवानी प्यारी है, उसे लेकर रहें। वह अपने पुत्र के साथ उपवास करेगी, पर उसे आँखों से देखती तो रहेगी।

एकाएक वह उठकर महारानी के पास चली! वह उनसे फ़रियाद करेगी, उन्हें भी ईश्वर ने बालक दिए हैं। उन्हें क्या एक अभागिनी माता पर दया न आवेगी? इसके पहले भी वह कई बार महारानी के दर्शन कर चुकी थी। उसका मुरझाया हुआ मन आशा से लहलहा उठा।

लेकिन रनिवास में पहुँची तो देखा कि महारानी के तेवर भी बदले हुए हैं। उसे देखते ही बोलीं—तुम्हारा लड़का बड़ा उजड्ड है। ज़रा भी अदब नहीं। किससे किस तरह बात करनी चाहिए, इसका ज़रा भी सलीका नहीं। न-जाने विश्वविद्यालय में क्या पढ़ा करता है। आज महाराज से उलझ बैठा। कहता था कि बेगार बन्द कर दीजिए और एजेंट साहब के स्वागत-सत्कार की कोई तैयारी न कीजिए। इतनी समझ भी उसे नहीं है कि इस तरह कोई राजा कै घंटे गद्दी पर रह सकता है। एजेंट बहुत बड़ा अफ़सर न सही; लेकिन है तो बादशाह का प्रतिनिधि। उसका आदर-सत्कार करना तो हमारा धर्म है। फिर ये बेगार किस दिन काम आएँगे। उन्हें रियासत से जागीरें मिली हुई हैं। किस दिन के लिए? प्रजा में विद्रोह की आग भड़काना कोई भले आदमी का काम है? जिस पत्तल में खाओ, उसी में छेद करो। महाराज ने दीवान साहब का मुलाहजा किया, नहीं तो उसे हिरासत में डलवा देते! अब बच्चा नहीं है। खासा पाँच हाथ का जवान है। सबकुछ देखता और समझता है। हम हाकिमों से बैर करें, तो कै दिन निबाह हो। उसका क्या बिगड़ता है। कहीं सौ-पचास की चाकरी पा जाएगा। यहाँ तो करोड़ों की रियासत बरबाद हो जाएगी।

सुनीता ने आँचल फैलाकर कहा—महारानी बहुत सत्य कहती हैं; पर अब तो उसका अपराध क्षमा कीजिए। बेचारा लज्जा और भय के मारे घर नहीं गया। न-जाने किधर चला गया। हमारे जीवन का यही एक अवलम्ब है, महारानी! हम दोनों रो-रोकर मर जाएँगे। आँचल फैलाकर आपसे भीख माँगती हूँ, उसको क्षमा-दान दीजिए। माता के हृदय को आपसे ज़्यादा और कौन समझेगा; आप महाराज से सिफारिश कर दें ...

महारानी ने अपनी बड़ी-बड़ी आँखों से उसकी ओर देखा मानो वह कोई बड़ी अनोखी बात कह रही हो और अपने रँगे हुए होंठों पर अँगूठियों से जगमगाती हुई उँगली रखकर बोलीं—क्या कहती हो, सुनीता देवी! उस युवक की महाराज से सिफारिश करूँ जो हमारी जड़ खोदने पर तुला हुआ है? आस्तीन में साँप पालूँ? तुम किस मुँह ऐसी बात कहती हो? और महाराज मुझे क्या कहेंगे? ना, मैं इसके बीच में न पड़ूँगी। उसने जो बीज बोए हैं, उनका वह फल खाए। मेरा लड़का ऐसा नालायक होता, तो उसका मुँह न देखती। और तुम ऐसे बेटे की सिफारिश करती हो?

सुनीता ने आँखों में आँसू भरकर कहा—महारानी, ऐसी बातें आपके मुँह से शोभा नहीं देतीं।

महारानी मसनद टेककर उठ बैठीं और तिरस्कार-भरे स्वर में बोलीं—अगर तुमने सोचा था कि मैं तुम्हारे आँसू पोंछूँगी, तो तुमने भूल की। हमारे द्रोही की सिफारिश लेकर हमारे पास

आना, इसके सिवा और क्या है कि तुम उसके अपराध को बाल-क्रीड़ा समझ रही हो। अगर तुमने उसके अपराध की भीषणता का ठीक अनुमान किया होता, तो मेरे पास कभी न आतीं। जिसने इस रियासत का नमक खाया हो, वह रियासत के द्रोही की पीठ सहलाए! वह स्वयं राजद्रोही है! इसके सिवा और क्या कहूँ?

सुनीता भी गर्म हो गई। पुत्र-स्नेह म्यान के बाहर निकल आया। बोली—राजा का कर्तव्य केवल अपने अफ़सरों को प्रसन्न करना नहीं है। प्रजा को पालने की ज़िम्मेदारी इससे कहीं बढ़कर है।

उसी समय महाराज ने कमरे में क़दम रखा! रानी ने उठकर स्वागत किया और सुनीता सिर झुकाए निस्पंद खड़ी रह गई।

राजा ने व्यंग्यपूर्ण मुस्कान के साथ पूछा—यह कौन महिला तुम्हें राजा के कर्तव्य का उपदेश दे रही थी?

रानी ने सुनीता की ओर आँख मारकर कहा—यह दीवान साहब की धर्मपत्नी हैं। राजा साहब की त्योरियाँ चढ़ गईं। ओठ चबाकर बोले—जब माँ ऐसी पैनी छुरी है, तो लड़का क्यों न ज़हर का बुझाया हुआ हो। देवीजी, मैं तुमसे यह शिक्षा नहीं लेना चाहता कि राजा का अपनी प्रजा के साथ क्या धर्म है। यह शिक्षा मुझे कई पीढ़ियों से मिलती चली आई है। बेहतर हो कि तुम किसी से यह शिक्षा प्राप्त कर लो कि स्वामी के प्रति उसके सेवक का क्या धर्म है और जो नमकहराम है, उसके साथ स्वामी को कैसा व्यवहार करना चाहिए।

यह कहते हुए राजा साहब उसी उन्माद की दशा में बाहर चले गए।

मि. मेहता घर जा रहे थे, राजा साहब ने कठोर स्वर में पुकारा—सुनिए मि. मेहता! आपके सपूत तो विदा हो गए लेकिन मुझे अभी मालूम हुआ कि आपकी देवीजी राजद्रोह के मैदान में उनसे भी दो क़दम आगे हैं; बल्कि मैं तो कहूँगा, वह केवल रेकार्ड है, जिसमें देवीजी की आवाज़ ही बोल रही है। मैं नहीं चाहता कि जो व्यक्ति रियासत का संचालक हो, उसके साये में रियासत के विद्रोहियों को आश्रय मिले। आप ख़ुद इस दोष से मुक्त नहीं हो सकते। यह हरगिज मेरा अन्याय न होगा, यदि मैं यह अनुमान कर लूँ कि आप ही ने यह मंत्र फूँका है।

मि. मेहता अपनी स्वामिभक्ति पर यह आक्षेप न सह सके। व्यथित कंठ से बोले—यह तो मैं किस ज़बान से कहूँ कि दीनबन्धु इस विषय में मेरे साथ अन्याय कर रहे हैं, लेकिन मैं सर्वथा निर्दोष हूँ और मुझे यह देखकर दुःख होता है कि मेरी वफादारी पर यों सन्देह किया जा रहा है।

'वफादारी केवल शब्दों से नहीं होती।'

'मेरा ख़याल है कि मैं उसका प्रमाण दे चुका।'

'नई-नई दलीलों के लिए नए-नए प्रमाणों की ज़रूरत है। आपके पुत्र के लिए जो दंड-विधान था, वही आपकी स्त्री के लिए भी है। मैं इसमें किसी भी तरह का उज्र नहीं चाहता। और इसी वक़्त इस हुक्म की तामील होनी चाहिए।'

'लेकिन दीनानाथ...'

'मैं एक शब्द भी नहीं सुनना चाहता।'

'मुझे कुछ निवेदन करने की आज्ञा न मिलेगी?'

'बिलकुल नहीं, यह मेरा आख़िरी हुक्म है।'

मि. मेहता यहाँ से चले, तो उन्हें सुनीता पर बेहद ग़ुस्सा आ रहा था। इन सभी को न-जाने क्या सनक सवार हो गई है। जयकृष्ण तो ख़ैर बालक है, बेसमझ है, इस बुढ़िया को क्या सूझी। न-जाने रानी साहब से जाकर क्या कह आई। किसी को मुझसे हमदर्दी नहीं, सब अपनी-अपनी धुन में मस्त हैं। किस मुसीबत से मैं अपनी ज़िन्दगी के दिन काट रहा हूँ, यह कोई नहीं समझता। कितनी निराशा और विपत्तियों के बाद यहाँ ज़रा निश्चिन्त हुआ था कि इन सभी ने यह नया तूफ़ान खड़ा कर दिया। न्याय और सत्य का ठीका क्या हमीं ने लिया है? यहाँ भी वही हो रहा है, जो सारी दुनिया में हो रहा है! कोई नई बात नहीं है। संसार में दुर्बल और दरिद्र होना पाप है। इसकी सज़ा से कोई बच नहीं सकता। बाज कबूतर पर कभी दया नहीं करता। सत्य और न्याय का समर्थन मनुष्य की सज्जनता और सभ्यता का एक अंग है। बेशक इससे कोई इनकार नहीं कर सकता; लेकिन जिस तरह और सभी प्राणी केवल मुख से इसका समर्थन करते हैं, क्या उसी तरह हम भी नहीं कर सकते। और जिन लोगों का पक्ष लिया जाए, वे भी तो कुछ इसका महत्त्व समझें। आज राजा साहब इन्हीं बेगारों से ज़रा हँसकर बातें करें, तो वे अपने सारे दुखड़े भूल जाएँगे और उल्टे हमारे ही शत्रु बन जाएँगे। शायद सुनीता महारानी के पास जाकर अपने दिल का बुखार निकाल आई है। गधी यह नहीं समझती कि दुनिया में किसी तरह मान-मर्यादा का निर्वाह करते हुए ज़िन्दगी काट लेना ही हमारा धर्म है। अगर भाग्य में यश और कीर्ति बदी होती, तो इस तरह दूसरों की ग़ुलामी क्यों करता? लेकिन समस्या यह है कि इसे भेजूँ कहाँ! मैके में कोई है नहीं, मेरे घर में कोई है नहीं। उँह! अब मैं इस चिन्ता में कहाँ तक मरूँ? जहाँ जी चाहे जाए, जैसा किया वैसा भोगे।

वह इसी क्षोभ और ग्लानि की दशा में घर में गए और सुनीता से बोले—आख़िर तुम्हें भी वही पागलपन सूझा, जो उस लौंडे को सूझा था। मैं कहता हूँ, आख़िर तुम्हें कभी समझ आएगी या नहीं? क्या सारे संसार के सुधार का बीड़ा हमीं ने उठाया है? कौन राजा ऐसा है, जो अपनी प्रजा पर ज़ुल्म न करता हो, उनके स्वत्वों का अपहरण न करता हो। राजा ही क्यों, हम-तुम सभी तो दूसरों पर अन्याय कर रहे हैं। तुम्हें क्या हक़ है कि तुम दर्जनों खिदमतगार रखो और उन्हें ज़रा-ज़रा-सी बात पर सज़ा दो? न्याय और सत्य निरर्थक शब्द हैं, जिनकी उपयोगिता इसके सिवा और कुछ नहीं कि बुद्धुओं की गर्दन मारी जाए और समझदारों की वाह-वाह हो। तुम और तुम्हारा लड़का उन्हीं बुद्धुओं में है। और इसका दंड तुम्हें भोगना पड़ेगा। महाराज का हुक्म है कि तुम तीन घंटे के अन्दर रियासत से निकल जाओ नहीं तो पुलिस आकर तुम्हें निकाल देगी। मैंने तो तय कर लिया है कि राजा साहब की इच्छा के विरुद्ध एक शब्द भी मुँह से न निकालूँगा। न्याय का पक्ष लेकर देख लिया है। हैरानी और अपमान के सिवा और कुछ हाथ न आया। जिनकी हिमायत की थी, वे आज भी उसी दशा में हैं; बल्कि उससे भी और बदतर। मैं साफ़ कहता हूँ कि मैं तुम्हारी उद्दंडताओं का तावान देने के लिए तैयार नहीं। मैं गुप्त रूप से तुम्हारी सहायता करता रहूँगा। इसके सिवा मैं और कुछ नहीं कर सकता।

सुनीता ने गर्व के साथ कहा—मुझे तुम्हारी सहायता की ज़रूरत नहीं। कहीं भेद खुल जाए, तो दीनबन्धु तुम्हारे ऊपर कोप का बज्र गिरा दें। तुम्हें अपना पद और सम्मान प्यारा है, उसका आनंद से उपभोग करो। मेरा लड़का और कुछ न कर सकेगा, तो पाव-भर आटा तो कमा ही लाएगा। मैं भी देखूँगी कि तुम्हारी स्वामिभक्ति कब तक निभती है और कब तक तुम अपनी आत्मा की हत्या करते हो।

मेहता ने तिलमिलाकर कहा—क्या तुम चाहती हो कि फिर उसी तरह चारों तरफ़ ठोकरें खाता फिरूँ?

सुनीता ने घाव पर नमक छिड़का—नहीं, कदापि नहीं। अब तक तो मैं समझती थी, तुम्हें ठोकरें खाने में मज़ा आता है तथा पद और अधिकार से भी मूल्यवान् कोई वस्तु तुम्हारे पास है, जिसकी रक्षा के लिए तुम ठोकरें खाना अच्छा समझते हो। अब मालूम हुआ; तुम्हें अपना पद अपनी आत्मा से भी प्रिय है। फिर क्यों ठोकरें खाओ; मगर कभी-कभी अपना कुशल-समाचार तो भेजते रहोगे, या राजा साहब की आज्ञा लेनी पड़ेगी?

'राजा साहब इतने न्याय-शून्य हैं कि मेरे पत्र-व्यवहार में रोक-टोक करें?'

'अच्छा! राजा साहब में इतनी आदमीयत है? मुझे तो विश्वास नहीं आता।'

'तुम अब भी अपनी ग़लती पर लज्जित नहीं हो?'

'मैंने कोई ग़लती नहीं की। मैं तो ईश्वर से चाहती हूँ कि जो मैंने आज किया, वह बार-बार करने का मुझे अवसर मिले।'

मेहता ने अरुचि के साथ पूछा—तुमने कहाँ जाने का इरादा किया है?

'जहन्नुम में!'

'ग़लती आप करती हो, ग़ुस्सा मुझ पर उतारती हो?'

'मैं तुम्हें इतना निर्लज्ज न समझती थी!'

'मैं भी इसी शब्द का तुम्हारे लिए प्रयोग कर सकता हूँ।'

'केवल मुख से, मन से नहीं।'

मि. मेहता लज्जित हो गए।

3

जब सुनीता की विदाई का समय आया, तो स्त्री-पुरुष दोनों ख़ूब रोए और एक तरह से सुनीता ने अपनी भूल स्वीकार कर ली। वास्तव में इन बेकारी के दिनों में मेहता ने जो कुछ किया, वही उचित था, बेचारे कहाँ मारे-मारे फिरते।

पोलिटिकल एजेंट साहब पधारे और कई दिनों तक ख़ूब दावतें खाईं और ख़ूब शिकार खेला। राजा साहब ने उनकी तारीफ़ की। उन्होंने राजा साहब की तारीफ़ की। राजा साहब ने उन्हें अपनी लॉयलटी का विश्वास दिलाया, उन्होंने सतिया राज्य को आदर्श कहा और राजा साहब को न्याय और सेवा का अवतार स्वीकार किया और तीन दिन में रियासत को ढाई लाख की चपत देकर विदा हो गए!

मि. मेहता का दिमाग़ आसमान पर था। सभी उनकी कारगुजारी की प्रशंसा कर रहे थे। एजेंट साहब तो उनकी दक्षता पर मुग्ध हो गए। उन्हें 'राय साहब' की उपाधि मिली और उनके अधिकारों में भी वृद्धि हुई। उन्होंने अपनी आत्मा को उठाकर ताक पर रख दिया था। उनकी यह साधना कि महाराज और एजेंट दोनों उनसे प्रसन्न रहें, सम्पूर्ण रीति से पूरी हो गई। रियासत में ऐसा स्वामिभक्त सेवक दूसरा न था।

राजा साहब अब कम-से-कम तीन साल के लिए निश्चिन्त थे। एजेंट ख़ुश है, तो फिर किसका भय! कामुकता, लम्पटता और भाँति-भाँति के दुर्व्यसनों की लहर प्रचंड हो उठी। सुन्दरियों की टोह लगाने के लिए सुराग-रसानों का एक विभाग खुल गया, जिसका सम्बन्ध

सीधे राजा साहब से था। एक बूढ़ा खुर्राट, जिसका पेशा हिमालय की परियों को फँसाकर राजाओं को लूटना था और जो इसी पेशे की बदौलत राजदरबारों में पूजा जाता था, इस विभाग का अध्यक्ष बना दिया गया। नई-नई चिड़ियाँ आने लगीं। भय, लोभ और सम्मान सभी अस्त्रों से शिकार खेला जाने लगा; लेकिन एक ऐसा अवसर भी पड़ा, जहाँ इस तिकड़म की सारी सामूहिक और वैयक्तिक चेष्टाएँ निष्फल हो गईं और गुप्त विभाग ने निश्चय किया कि इस बालिका को किसी तरह उड़ा लाया जाए। और इस महत्त्वपूर्ण कार्य के सम्पादन का भार मि. मेहता पर रखा गया, जिनसे ज़्यादा स्वामिभक्त सेवक रियासत में दूसरा न था। उनके ऊपर महाराजा साहब को पूरा विश्वास था। दूसरों के विषय में सन्देह था कि कहीं रिश्वत लेकर शिकार बहका दें, या भंडाफोड़ कर दें, या अमानत में खयानत कर बैठें। मेहता की ओर से किसी तरह की उन बातों की शंका न थी। रात के नौ बजे उनकी तलबी हुई—अन्नदाता ने हुजूर को याद किया है।

मेहता साहब ड्योढ़ी पर पहुँचे, तो राजा साहब पाईबाग में टहल रहे थे। मेहता को देखते ही बोले—आइए मि. मेहता, आपसे एक ख़ास बात में सलाह लेनी है। यहाँ कुछ लोगों की राय है कि सिंहद्वार के सामने आपकी एक प्रतिमा स्थापित की जाए, जिससे चिरकाल तक आपकी यादगार कायम रहे। आपको तो शायद इसमें कोई आपत्ति न होगी। और यदि हो भी तो लोग इस विषय में आपकी अवज्ञा करने पर भी तैयार हैं। सतिया की आपने जो अमूल्य सेवा की है, उसका पुरस्कार तो कोई क्या दे सकता है, लेकिन जनता के हृदय में आपसे जो श्रद्धा है, उसे तो वह किसी-न-किसी रूप में प्रकट ही करेगी।

मेहता ने बड़ी नम्रता से कहा—यह अन्नदाता की गुण-ग्राहकता है, मैं तो एक तुच्छ सेवक हूँ। मैंने जो कुछ किया, यह इतना ही है कि नमक का हक़ अदा करने का सदैव प्रयत्न किया, मगर मैं इस सम्मान के योग्य नहीं हूँ।

राजा साहब ने कृपालु भाव से हँसकर कहा—आप योग्य हैं या नहीं इसका निर्णय आपके हाथ में नहीं है मि. मेहता, आपकी दीवानी यहाँ न चलेगी। हम आपका सम्मान नहीं कर रहे हैं; अपनी भक्ति का परिचय दे रहे हैं। थोड़े दिनों में न हम रहेंगे, न आप रहेंगे, उस वक़्त भी यह प्रतिमा अपनी मूक वाणी से कहती रहेगी कि पिछले लोग अपने उद्धारकों का आदर करना जानते थे। मैंने लोगों से कह दिया है कि चन्दा जमा करें। एजेंट ने अबकी जो पत्र लिखा है, उसमें आपको ख़ास तौर से सलाम लिखा है।

मेहता ने ज़मीन में गड़कर कहा—यह उनकी उदारता है, मैं तो जैसा आपका सेवक हूँ, वैसा ही उनका भी सेवक हूँ।

राजा साहब कई मिनट तक फूलों की बहार देखते रहे। फिर इस तरह बोले, मानो कोई भूली हुई बात याद आ गई हो—तहसील ख़ास में एक गाँव लगनपुर है, आप कभी वहाँ गए हैं?

'हाँ अन्नदाता! एक बार गया हूँ, वहाँ एक धनी साहूकार है। उसी के दीवानख़ाने में ठहरा था। अच्छा आदमी है।'

'हाँ, ऊपर से बहुत अच्छा आदमी है; लेकिन अन्दर से पक्का पिशाच। आपको शायद मालूम न हो, इधर कुछ दिनों से महारानी का स्वास्थ्य बहुत बिगड़ गया है और मैं सोच रहा हूँ कि उन्हें किसी सैनेटोरियम में भेज दूँ। वहाँ सब तरह की चिन्ताओं एवं झंझटों से मुक्त होकर वह आराम से रह सकेंगी, लेकिन रनिवास में एक रानी का रहना लाजिमी है! अफ़सरों

के साथ उनकी लेडियाँ भी आती हैं, और भी कितने अंग्रेज़ मित्र अपनी लेडियों के साथ मेरे मेहमान होते रहते हैं। कभी राजे-महाराजे भी रानियों के साथ आ जाते हैं। रानी के बग़ैर लेडियों का आदर-सत्कार कौन करेगा? मेरे लिए यह वैयक्तिक प्रश्न नहीं, राजनैतिक समस्या है, और शायद आप भी मुझसे सहमत होंगे, इसलिए मैंने दूसरी शादी करने का इरादा कर लिया है। उस साहूकार की एक लड़की है, जो कुछ दिनों अजमेर में शिक्षा पा चुकी है। मैं एक बार उस गाँव से होकर निकला, तो मैंने उसे अपने घर की छत पर खड़ी देखा। मेरे मन में तुरन्त भावना उठी कि अगर यह रमणी रनिवास में आ जाए, तो रनिवास की शोभा बढ़ जाए। मैंने महारानी की अनुमति लेकर साहूकार के पास सन्देशा भेजा, किन्तु मेरे द्रोहियों ने उसे कुछ ऐसी पट्टी पढ़ा दी कि उसने मेरा सन्देशा स्वीकार न किया। कहता है, कन्या का विवाह हो चुका है। मैंने कहला भेजा, इसमें कोई हानि नहीं, मैं तावान देने को तैयार हूँ, लेकिन वह दुष्ट बराबर इनकार किए जाता है। आप जानते हैं; प्रेम असाध्य रोग है। आपको भी शायद इसका कुछ-न-कुछ अनुभव हो। बस, यह समझ लीजिए कि जीवन निरानन्द हो रहा है। नींद और आराम हराम है। भोजन से अरुचि हो गई है। अगर कुछ दिन यही हाल रहा, तो समझ लीजिए कि मेरी जान पर बन आएगी। सोते-जागते वही मूर्ति आँखों के सामने नाचती रहती है। मन को समझाकर हार गया और अब विवश होकर मैंने कूटनीति से काम लेने का निश्चय किया है। प्रेम और समर में सबकुछ क्षम्य है। मैं चाहता हूँ, आप थोड़े-से मातबर आदमियों को लेकर जाएँ और उस रमणी को किसी तरह ले आएँ। ख़ुशी से आए ख़ुशी से, बल से आए बल से, इसकी चिन्ता नहीं। मैं अपने राज्य का मालिक हूँ। इसमें जिस वस्तु पर मेरी इच्छा हो, उस पर किसी दूसरे व्यक्ति का नैतिक या सामाजिक स्वत्व नहीं हो सकता। यह समझ लीजिए कि आप ही मेरे प्राणों की रक्षा कर सकते हैं। कोई दूसरा ऐसा आदमी नहीं है, जो इस काम को इतने सुचारु रूप से पूरा कर दिखाए। आपने राज्य की बड़ी-बड़ी सेवाएँ की हैं। यह उस यज्ञ की पूर्णाहुति होगी और आप जन्म-जन्मान्तर तक राजवंश के इष्टदेव समझे जाएँगे।'

मि. मेहता का मरा हुआ आत्म-गौरव एकाएक सचेत हो गया। जो रक्त चिरकाल से प्रवाह शून्य हो गया था, उसमें सहसा उद्रेक हो उठा। त्योरियाँ चढ़ाकर बोले—तो आप चाहते हैं, मैं उसे किडनैप करूँ?

राजा साहब ने उनके तेवर देखकर आग पर पानी डालते हुए कहा—कदापि नहीं मि. मेहता, आप मेरे साथ घोर अन्याय कर रहे हैं! मैं आपको अपना प्रतिनिधि बनाकर भेज रहा हूँ। कार्य-सिद्धि के लिए आप जिस नीति से चाहें, काम ले सकते हैं। आपको पूरा अधिकार है।

मि. मेहता ने और भी उत्तेजित होकर कहा—मुझसे ऐसा पाजीपन नहीं हो सकता है।

राजा साहब की आँखों से चिनगारियाँ निकलने लगीं।

'अपने स्वामी की आज्ञा का पालन करना पाजीपन है?'

'जो आज्ञा नीति और धर्म के विरुद्ध हो उसका पालन करना बेशक पाजीपन है।'

'किसी स्त्री से विवाह का प्रस्ताव करना नीति और धर्म के विरुद्ध है?'

'इसे आप विवाह कहकर 'विवाह' शब्द को कलंकित करते हैं। यह बलात्कार है!'

'आप अपने होश में हैं?'

'ख़ूब अच्छी तरह?'

'मैं आपको धूल में मिला सकता हूँ!'

'तो आपकी गद्दी भी सलामत न रहेगी!'

'मेरी नेकियों का यही बदला है, नमकहराम?'

'आप अब शिष्टता की सीमा से आगे बढ़े जा रहे हैं, राजा साहब! मैंने अब तक अपनी आत्मा की हत्या की है और आपके हर एक जा और बेजा हुक्म की तामील की है; लेकिन आत्मसेवा की भी एक हद होती है, जिसके आगे कोई भला आदमी नहीं जा सकता। आपका यह कृत्य जघन्य है और इसमें जो व्यक्ति आपका सहायक हो, वह इसी योग्य है कि उसकी गर्दन काट ली जाए। मैं ऐसी नौकरी पर लानत भेजता हूँ।'

यह कहकर वह घर आए और रातों-रात बोरिया-बकचा समेटकर रियासत से निकल गए; मगर इसके पहले सारा वृत्तान्त लिखकर उन्होंने एजेंट के पास भेज दिया।

मुफ़्त का यश

उन दिनों संयोग से हाकिम-ज़िला एक रसिक सज्जन थे। इतिहास और पुराने सिक्कों की खोज में उन्होंने अच्छी ख्याति प्राप्त कर ली थी। ईश्वर जाने दफ़्तर के सूखे कामों से उन्हें ऐतिहासिक छानबीन के लिए कैसे समय मिल जाता था। वहाँ तो जब किसी अफ़सर से पूछिए, तो वह यही कहता है—'मारे काम के मरा जाता हूँ, सिर उठाने की फुरसत नहीं मिलती।' शायद शिकार और सैर भी उनके काम में शामिल है? उन सज्जन की कीर्तियाँ मैंने देखी थीं और मन में उनका आदर करता था; लेकिन उनकी अफ़सरी किसी प्रकार की घनिष्ठता में बाधक थी। मुझे यह संकोच था कि अगर मेरी ओर से पहल हुई तो लोग यही कहेंगे कि इसमें मेरा कोई स्वार्थ है और मैं किसी दशा में भी यह इलज़ाम अपने सिर नहीं लेना चाहता। मैं तो हुक्काम की दावतों और सार्वजनिक उत्सवों में नेवता देने का भी विरोधी हूँ और जब कभी सुनता हूँ कि किसी अफ़सर को किसी आम जलसे का सभापति बनाया गया या कोई स्कूल, औषधालय या विधवाश्रम किसी गवर्नर के नाम से खोला गया, तो अपने देश-बन्धुओं की दास-मनोवृत्ति पर घंटों अफ़सोस करता हूँ; मगर जब एक दिन हाकिम-ज़िला ने ख़ुद मेरे नाम एक रुक्का भेजा कि मैं आपसे मिलना चाहता हूँ; क्या आप मेरे बँगले पर आने का कष्ट स्वीकार करेंगे, तो मैं बड़े दुविधा में पड़ गया। क्या जवाब दूँ? अपने दो-एक मित्रों से सलाह ली। उन्होंने कहा—'साफ़ लिख दीजिए, मुझे फुरसत नहीं। वह हाकिम-ज़िला होंगे, तो अपने घर के होंगे, कोई सरकारी वा जाब्ते का काम होता, तो आपका जाना अनिवार्य था; लेकिन निजी मुलाक़ात के लिए जाना आपकी शान के ख़िलाफ़ है। आख़िर वह ख़ुद आपके मकान पर क्यों नहीं आए? इससे क्या उनकी शान में बट्टा लगा जाता था? इसीलिए तो ख़ुद नहीं आए कि वह हाकिम-ज़िला हैं। इन अहमक हिन्दुस्तानियों को कब यह समझ आएगी कि दफ़्तर के बाहर वे भी वैसे ही साधारण मनुष्य हैं, जैसे हम या आप। शायद ये लोग अपनी घरवालियों से भी अफ़सरी जताते होंगे। अपना पद उन्हें कभी नहीं भूलता।'

एक मित्र ने, जो लतीफों के चलते-फिरते तिजोरी हैं, हिन्दुस्तानी अफ़सरों के विषय में कई बड़ी मनोरंजक घटनाएँ सुनाईं। एक अफ़सर साहब ससुराल गए। शायद स्त्री को विदा

कराना था। जैसा आम रिवाज है, ससुर जी ने पहले ही वादे पर लड़की को विदा करना उचित न समझा। कहने लगे—बेटा, इतने दिनों के बाद आई है अभी कैसे विदा कर दूँ? भला, छह महीने तो रहने दो। उधर धर्मपत्नीजी ने भी नाइन से सन्देश कहला भेजा—अभी मैं नहीं जाना चाहती। आख़िर माता-पिता से भी तो मेरा कोई नाता है । कुछ तुम्हारे हाथ बिक थोड़े ही गई हूँ? दामाद साहब अफ़सर थे, जामे से बाहर हो गए। तुरन्त घोड़े पर बैठे और सदर की राह ली। दूसरे ही दिन ससुरजी पर सम्मन जारी कर दिया। बेचारा बूढ़ा आदमी तुरन्त लड़की को साथ लेकर दामाद की सेवा में जा पहुँचा। तब जाके उनकी जान बची। ये लोग ऐसे मिथ्याभिमानी होते हैं और फिर तुम्हें हाकिम-जिला से लेना ही क्या है? अगर तुम कोई विद्रोहात्मक गल्प वा लेख लिखोगे, तो फ़ौरन गिरफ़्तार कर लिए जाओगे। हाकिम-ज़िला ज़रा भी मुरौवत न करेंगे। कह देंगे—यह गवर्नमेंट का हुक्म है, मैं क्या करूँ? अपने लड़के के लिए क़ानूनगोई या नायब तहसीलदारी की लालसा तुम्हें है नहीं। व्यर्थ क्यों दौड़े जाओ।

लेकिन, मुझे मित्रों की यह सलाह पसन्द न आई। एक भला आदमी जब निमंत्रण देता है, तो केवल इसलिए अस्वीकार कर देना कि हाकिम-ज़िला ने भेजा है, मुटमर्दी है। बेशक हाकिम साहब मेरे घर आ जाते, तो उनकी शान कम न होती। उदार हृदय वाला आदमी बेतकल्लुफ चला आता; लेकिन भाई, ज़िले की अफ़सरी बड़ी चीज़ है। और एक उपन्यासकार की हस्ती ही क्या है। इंगलैंड या अमेरिका में गल्प लेखकों और उपन्यासकारों की मेज़ पर निमंत्रित होने में प्रधानमंत्री भी अपना गौरव समझेगा, हाकिम-ज़िला की तो गिनती ही क्या है? लेकिन यह भारतवर्ष है, जहाँ हर एक रईस के दरबार में कवि-सम्राटों का जत्था रईस के कीर्तिमान के लिए जमा रहता था और आज भी ताजपोशी में हमारे लेखक-वृन्द बिना बुलाए राजाओं की खिदमत में हाजिर होते हैं, कसीदे पेश करते हैं और इनाम के लिए हाथ पसारते हैं। तुम ऐसे कहाँ के बड़े वह हो कि हाकिम-ज़िला तुम्हारे घर चला आए। जब तुममें इतनी अकड़ और तुनुकमिज़ाजी है, तो वह तो ज़िले का बादशाह है। अगर उसे कुछ अभिमान भी हो, तो उचित है। इसे उसकी कमज़ोरी कहो, बेहूदगी कहो, मूर्खता कहो, उजड्डता कहो, फिर भी उचित है। देवता होना गर्व की बात है; लेकिन मनुष्य होना भी अपराध नहीं।

और मैं तो कहता हूँ—ईश्वर को धन्यवाद दो कि हाकिम-ज़िला तुम्हारे घर नहीं आए; वरना तुम्हारी कितनी भद होती। उनके आदर-सत्कार का सामान तुम्हारे पास कहाँ था? गत की एक कुर्सी भी नहीं है। उन्हें क्या तीन टाँगोंवाले सिंहासन पर बैठाते या मटमैले जाजिम पर? तीन पैसे की चौबीस बीड़ियाँ पीकर दिल ख़ुश कर लेते हो। है सामर्थ्य रुपए के दो सिगार ख़रीदने की? तुम तो इतना भी नहीं जानते कि वह सिगार मिलता कहाँ है; उसका नाम क्या है। अपना भाग्य सराहो कि अफ़सर साहब तुम्हारे घर नहीं आए और तुम्हें बुला लिया। चार-पाँच रुपए बिगड़ भी जाते और लज्जित भी होना पड़ता। और कहीं तुम्हारे परम दुर्भाग्य और पापों के दंडस्वरूप उनकी धर्मपत्नी भी उनके साथ होतीं, तब तो तुम्हें धरती में समा जाने के सिवा और कोई ठिकाना न था। तुम या तुम्हारी धर्मपत्नी उस महिला का सत्कार कर सकती थी? तुम्हारी तो घिग्घी बँध जाती साहब, बदहवास हो जाते! वह तुम्हारे दीवानख़ाने तक ही न रहती जिसे तुमने ग़रीबामऊ ढंग से सजा रखा है। वहाँ तुम्हारी ग़रीबी अवश्य है, पर फूहड़पन नहीं। अन्दर तो पग-पग पर फूहड़पन के दृश्य नज़र आते। तुम अपने में फटे-पुराने पहनकर और अपनी विपन्नता में मगन रहकर ज़िन्दगी बसर कर सकते हो; लेकिन कोई भी

आत्माभिमानी आदमी यह पसन्द नहीं कर सकता कि उसकी दुरवस्था दूसरों के लिए विनोद की वस्तु बने। इन लेडी साहिबा के सामने तो तुम्हारी ज़बान बन्द हो जाती।

चुनाँचे मैंने हाकिम-ज़िला का निमंत्रण स्वीकार कर लिया और यद्यपि उनके स्वभाव में कुछ अनावश्यक अफ़सरी की शान थी; लेकिन उनके स्नेह और उदारता ने उसे यथासाध्य प्रकट न होने दिया। कम-से-कम उन्होंने मुझे शिकायत का कोई मौक़ा न दिया। अफ़सराना प्रकृति को तब्दील करना उनकी शक्ति के बाहर था।

मुझे इस प्रसंग को कोई महत्त्व देने की कोई बात भी न थी, महत्त्व न दिया। उन्होंने मुझे बुलाया, मैं चला गया। कुछ गप-शप किया और लौट आया। किसी से इसका ज़िक्र करने की ज़रूरत ही क्या? मानो भाजी ख़रीदने बाज़ार गया था।

लेकिन टोहियों ने जाने कैसे टोह लगा लिया। विशेष समुदायों में यह चर्चा होने लगी कि हाकिम-ज़िला से मेरी बड़ी गहरी मैत्री है और वह मेरा बड़ा सम्मान करते हैं। अतिशयोक्ति ने मेरा सम्मान और भी बढ़ा दिया। यहाँ तक मशहूर हुआ कि वह मुझसे सलाह लिए बग़ैर कोई फ़ैसला या रिपोर्ट नहीं लिखते।

कोई भी समझदार आदमी इस ख्याति से लाभ उठा सकता था। स्वार्थ में आदमी बावला हो जाता है। तिनके का सहारा ढूँढ़ता फिरता है। ऐसों को विश्वास दिलाना कुछ मुश्किल न था कि मेरे द्वारा उनका काम निकल सकता है, लेकिन मैं ऐसी बातों से घृणा करता हूँ। सैकड़ों व्यक्ति अपनी कथाएँ लेकर मेरे पास आए। किसी के साथ पुलिस ने बेजा ज़्यादती की थी। कोई इनकम टैक्स वालों की सख़्तियों से दुःखी था, किसी की यह शिकायत थी कि दफ़्तर में उसकी हकतलफी हो रही है और उसके पीछे के आदमियों को दनादन तरक्कियाँ मिल रही हैं। उसका नम्बर आता है, तो कोई परवाह नहीं करता। इस तरह का कोई-न-कोई प्रसंग नित्य ही मेरे पास आने लगा, लेकिन मेरे पास उन सबके लिए एक ही जवाब था—मुझसे कोई मतलब नहीं।

एक दिन मैं अपने कमरे में बैठा था, कि मेरे बचपन के एक सहपाठी मित्र आ टपके। हम दोनों एक ही मकतब में पढ़ने जाया करते थे। कोई 45 साल की पुरानी बात है। मेरी उम्र 19 साल से अधिक न थी। वह भी लगभग इसी उम्र के रहे होंगे; लेकिन मुझसे कहीं बलवान और हृष्ट-पुष्ट। मैं जहीन था, वह निरे कौदन। मौलवी साहब उनसे हार गए थे और उन्हें सबक पढ़ाने का भार मुझ पर डाल दिया था। अपने से दुगुने व्यक्ति को पढ़ाना मैं अपने लिए गौरव की बात समझता था और ख़ूब मन लगाकर पढ़ाता था। फल यह हुआ कि मौलवी साहब की छड़ी जहाँ असफल रही, वहाँ मेरा प्रेम सफल हो गया। बलदेव चल निकला, खालिकबारी तक जा पहुँचा, मगर इस बीच में मौलवी साहब का स्वर्गवास हो गया और वह शाखा टूट गई। उनके छात्र भी इधर-उधर हो गए। तब से बलदेव को केवल मैंने दो-तीन बार रास्ते में देखा, (मैं अब भी वही सींकिया पहलवान हूँ और वह अब भी वही भीमकाय) राम-राम हुई, क्षेम-कुशल पूछा और अपनी-अपनी राह चले गए।

मैंने उनसे हाथ मिलाते हुए कहा—आओ भाई बलदेव, मज़े में तो हो? कैसे याद किया, क्या करते हो आजकल?

बलदेव ने व्यथित कंठ से कहा—ज़िन्दगी के दिन पूरे कर रहे हैं भाई, और क्या। तुमसे मिलने की बहुत दिनों से इच्छा थी। याद करो वह मकतबवाली बात, जब तुम मुझे पढ़ाया करते थे। तुम्हारी बदौलत चार अक्षर पढ़ गया और अपनी ज़मींदारी का काम सँभाल लेता

हूँ, नहीं तो मूर्ख ही बना रहता। तुम मेरे गुरु हो भाई, सच कहता हूँ; मुझ-जैसे गधे को पढ़ाना तुम्हारा ही काम था। न-जाने क्या बात थी कि मौलवी साहब से सबक पढ़कर अपनी जगह पर आया नहीं कि बिलकुल साफ़। तुम जो पढ़ाते थे, वह बिना याद किए ही याद हो ज़ाता था। तुम तब भी बड़े जहीन थे।

यह कहकर उन्होंने मुझे सगर्व-नेत्रों से देखा।

मैं बचपन के साथियों को देखकर फूल उठता हूँ। सजल नेत्र होकर बोला—मैं तो जब तुम्हें देखता हूँ, तो यही जी में आता है कि दौड़कर तुम्हारे गले लिपट जाऊँ। 45 वर्ष का युग मानो बिलकुल ग़ायब हो जाता है। वह मकतब आँखों के सामने फिरने लगता है और बचपन सारी मनोहरताओं के साथ ताज़ा हो जाता है।

बलदेव ने भी द्रवित कंठ से उत्तर दिया—मैंने तो भाई, तुम्हें सदैव अपना इष्टदेव समझा है। जब तुम्हें देखता हूँ, तो छाती गज-भर की हो जाती है कि वह मेरा बचपन का संगी जा रहा है, जो समय आ पड़ने पर कभी दग़ा न देगा। तुम्हारी बड़ाई सुन-सुनकर मन-ही-मन प्रसन्न हो जाता हूँ, लेकिन यह बताओ, क्या तुम्हें खाना नहीं मिलता? कुछ खाते-पीते क्यों नहीं? सूखते क्यों जाते हो? घी न मिलता हो, तो दो-चार कनस्तर भिजवा दूँ। अब तुम भी बूढ़े हुए, ख़ूब डटकर खाया करो। अब तो देह में जो कुछ तेज़ और बल है, वह केवल भोजन के अधीन है। मैं तो अब भी सेर-भर दूध और पाव-भर घी उड़ाए जाता हूँ। इधर थोड़ा मक्खन भी खाने लगा हूँ। ज़िन्दगी-भर बाल-बच्चों के लिए मर मिटे। अब कोई यह नहीं पूछता कि तुम्हारी तबीयत कैसी है। अगर आज कंधा डाल दूँ, तो कोई एक लोटे पानी को न पूछे। इसलिए ख़ूब खाता हूँ और सबसे ज़्यादा काम करता हूँ। घर पर अपना रोब बना हुआ है। वही जो तुम्हारा जेठा लड़का है, उस पर पुलिस ने एक झूठा मुक़दमा चला दिया है। जवानी के मद में किसी को कुछ समझता नहीं है। है भी अच्छा-खासा पहलवान। दारोग़ाजी से एक बार कुछ कहा-सुनी हो गई। तब से घात में लगे हुए थे। इधर गाँव में एक डाका पड़ गया। दारोग़ाजी ने तहक़ीक़ात में उसे भी फाँस लिया। आज एक सप्ताह से हिरासत में है। मुक़दमा मुहम्मद खलील, डिप्टी के इजलास में है और मुहम्मद खलील और दारोग़ाजी से दाँत-काटी रोटी है। अवश्य सज़ा हो जाएगी। अब तुम्हीं बचाओ, तो उसकी जान बच सकती है। और कोई आशा नहीं है। सज़ा तो जो होगी वह होगी ही; इज़्ज़त भी खाक में मिल जाएगी। तुम जाकर हाकिम-ज़िला से इतना कह दो कि मुक़दमा झूठा है, आप ख़ुद चलकर तहक़ीक़ात कर लें! बस, देखो भाई, बचपन के साथी हो, 'नहीं' न करना। जानता हूँ, तुम इन मुआमलों में नहीं पड़ते और तुम्हारे-जैसे आदमी को पड़ना भी न चाहिए। तुम प्रजा की लड़ाई लड़ने वाले जीव हो, तुम्हें सरकार के आदमियों से मेल-जोल बढ़ाना उचित नहीं; नहीं तो जनता की नज़रों से गिर जाओगे। लेकिन यह घर का मुआमला है। इतना समझ लो कि मुआमला बिलकुल झूठ न होता, तो मैं कभी तुम्हारे पास न आता। लड़के की माँ रो-रोकर जान दिए डालती है, बहू ने दाना-पानी छोड़ रखा है। सात दिन से घर में चूल्हा नहीं जला। मैं तो थोड़ा-सा दूध पी लेता हूँ, लेकिन दोनों सास-बहू तो निराहार पड़ी हुई हैं, अगर बच्चा को सज़ा हो गई, तो दोनों मर जाएँगी। मैंने यही कहकर उन्हें ढाढ़स दिया है कि जब तक हमारा छोटा भाई सलामत है, कोई हमारा बाल बाँका नहीं कर सकता। तुम्हारी भाभी ने तुम्हारी एक पुस्तक पढ़ी है। वह तो तुम्हें देवतुल्य समझती है और जब कोई बात होती है, तुम्हारी नजीर

देकर मुझे लज्जित करती है। मैं भी साफ़ कह देता हूँ—मैं उस छोकरे की-सी बुद्धि कहाँ से लाऊँ? तुम्हें उसकी नज़रों से गिराने के लिए तुम्हें छोकरा, मरियल सभी कुछ कहता हूँ, पर तुम्हारे सामने मेरा रंग नहीं जमता।

मैं बड़े संकट में पड़ गया। मेरी ओर से जितनी आपत्तियाँ हो सकती थीं, उन सबका जवाब बलदेवसिंह ने पहले ही से दे दिया था। इनको फिर दुहराना व्यर्थ था। इसके सिवा कोई जवाब न सूझा कि मैं जाकर साहब से कहूँगा। हाँ, इतना मैंने अपनी तरफ़ से और बढ़ा दिया कि मुझे आशा नहीं कि मेरे कहने का विशेष ख़याल किया जाए, क्योंकि सरकारी मुआमलों में हुक्काम हमेशा अपने मातहतों का पक्ष लिया करते हैं।

बलदेवसिंह ने प्रसन्न होकर कहा—इसकी चिन्ता नहीं, तक़दीर में जो लिखा है, वह तो होगा ही। बस, तुम जाकर कह भर दो।

'अच्छी बात है।'

'तो कल जाओगे?'

'हाँ अवश्य, जाऊँगा?'

'यह ज़रूर कहना कि आप चलकर तहक़ीक़ात कर लें।'

'हाँ, यह ज़रूर कहूँगा।'

'और यह भी कह देना कि बलदेवसिंह मेरा भाई है।'

'झूठ बोलने के लिए मुझे मजबूर न करो।'

'तुम मेरे भाई नहीं हो? मैंने तो हमेशा तुम्हें अपना भाई समझा है।'

'अच्छा, यह भी कह दूँगा।'

बलदेवसिंह को विदा करके मैंने अपना खेल समाप्त किया और आराम से भोजन करके लेटा। मैंने उससे गला छुड़ाने के लिए झूठा वादा कर दिया। मेरा इरादा हाकिम-ज़िला से कुछ कहने का नहीं था। मैंने पेशबंदी के तौर पर पहले ही जता दिया था कि हुक्काम आम तौर पर पुलिस के मुआमलों में दख़ल नहीं देते; इसलिए सज़ा हो भी गई, तो मुझे यह कहने की काफ़ी गुंजाइश थी कि साहब ने मेरी बात स्वीकार नहीं की।

कई दिन गुज़र गए थे। मैं इस वाकिए को बिलकुल भूल गया था। सहसा एक दिन बलदेवसिंह अपने पहलवान बेटे के साथ मेरे कमरे में दाख़िल हुए। बेटे ने मेरे चरणों पर सिर रख दिया और अदब से एक किनारे खड़ा हो गया। बलदेवसिंह बोले—बिलकुल बरी हो गया भैया! साहब ने दारोग़ा को बुलाकर ख़ूब डाँटा कि तुम भले आदमियों को सताते और बदनाम करते हो। अगर फिर ऐसा झूठा मुक़दमा लाए, तो बर्खास्त कर दिए जाओगे। दारोग़ाजी बहुत झेंपे। मैंने उन्हें झुककर सलाम किया। बचा पर घड़ों पानी पड़ गया। यह तुम्हारी सिफारिश का चमत्कार है, भाईजान! अगर तुमने मदद न की होती, तो हम तबाह हो गए थे। यह समझ लो कि तुमने चार प्राणियों की जान बचा ली। मैं तुम्हारे पास बहुत डरते-डरते आया था। लोगों ने कहा था—उनके पास नाहक जाते हो, वह बड़ा बेमुरौवत आदमी है, उसकी जात से किसी का उपकार नहीं हो सकता। आदमी वह है; जो दूसरों का हित करे। वह क्या आदमी है, जो किसी की कुछ सुने ही नहीं! लेकिन भाईजान, मैंने किसी की बात न मानी। मेरे दिल में मेरा राम बैठा कह रहा था—तुम चाहे कितने ही रूखे और बेलाग हो, लेकिन मुझ पर अवश्य दया करोगे।

यह कहकर बलदेवसिंह ने अपने बेटे को इशारा किया। वह बाहर गया और एक बड़ा-सा गट्ठर उठा लाया, जिसमें भाँति-भाँति की देहाती सौगातें बँधी हुई थीं। हालाँकि मैं बराबर कहे जाता था—तुम ये चीज़ें नाहक लाए, इनकी क्या ज़रूरत थी, कितने गँवार हो, आख़िर तो ठहरे देहाती, मैंने कुछ नहीं कहा, मैं तो साहब के पास गया भी नहीं, लेकिन कौन सुनता है। खोया, दही, मटर की फलियाँ, अमावट, ताज़ा गुड़ और जाने क्या-क्या आ गया।

मैंने कहने को तो एक तरह से कह दिया—मैं साहब के पास गया ही नहीं, जो कुछ हुआ, ख़ुद हुआ, मेरा कोई एहसान नहीं है, लेकिन उसका मतलब यह निकाला गया कि मैं केवल नम्रता से और सौगातों को लौटा देने का कोई बहाना ढूँढ़ने के लिए ऐसा कह रहा हूँ। मुझे इतनी हिम्मत न हुई कि मैं इस बात का विश्वास दिलाता। इसका जो अर्थ निकाला गया, वही मैं चाहता था। मुफ़्त का एहसान छोड़ने का जी न चाहता था, अंत में जब मैंने ज़ोर देकर कहा कि किसी से इस बात का ज़िक्र न करना, नहीं तो मेरे पास फ़रियादों का मेला लग जाएगा, तो मानो मैंने स्वीकार कर लिया कि मैंने सिफारिश की—और ज़ोरों से की।

बासी भात में ख़ुदा का साझा

शाम को जब दीनानाथ ने घर आकर गौरी से कहा कि मुझे एक कार्यालय में पचास रुपए की नौकरी मिल गई है, तो गौरी खिल उठी। देवताओं में उसकी आस्था और भी दृढ़ हो गई। इधर एक साल से बुरा हाल था। न कोई रोजी न रोजगार। घर में जो थोड़े-बहुत गहने थे, वह बिक चुके थे। मकान का किराया सिर पर चढ़ा हुआ था। जिन मित्रों से क़र्ज़ मिल सकता था, सबसे ले चुके थे। साल-भर का बच्चा दूध के लिए बिलख रहा था। एक वक़्त का भोजन मिलता, तो दूसरे जून की चिन्ता होती। तक़ाजों के मारे बेचारे दीनानाथ को घर से निकलना मुश्किल था। घर से निकला नहीं, कि चारों ओर से चिथाड़ मच जाती—वाह बाबूजी, वाह! दो दिन का वादा करके ले गए और आज दो महीने से सूरत नहीं दिखाई! भाई साहब, यह तो अच्छी बात नहीं, आपको अपनी ज़रूरत का ख़याल है, मगर दूसरों की ज़रूरत का ज़रा भी ख़याल नहीं? इसी से कहा है, दुश्मन को चाहे क़र्ज़ दे दो, दोस्त को कभी न दो। दीनानाथ को ये वाक्य तीरों-से लगते थे और उसका जी चाहता था कि जीवन का अंत कर डाले, मगर बेज़बान स्त्री और अबोध बच्चे का मुँह देखकर कलेजा थाम के रह जाता। बारे, आज भगवान् ने उस पर दया की और संकट के दिन कट गए।

गौरी ने प्रसन्नमुख होकर कहा—मैं कहती थी कि नहीं, ईश्वर सबकी सुधि लेते हैं। और कभी-न-कभी हमारी भी सुधि लेंगे, मगर तुमको विश्वास ही न आया था। बोलो, अब तो ईश्वर की दयालुता के कायल हुए?

दीनानाथ ने हठधर्मी करते हुए कहा—यह मेरी दौड़-धूप का नतीजा है, ईश्वर की क्या दयालुता? ईश्वर को तो तब जानता, जब कहीं से छप्पर फाड़कर भेज देते।

लेकिन मुँह से चाहे कुछ कहे, ईश्वर के प्रति उसके मन में श्रद्धा उदय हो गई थी।

2

दीनानाथ का स्वामी बड़ा ही रूखा आदमी था और काम में बड़ा चुस्त। उसकी उम्र पचास के लगभग थी और स्वास्थ्य भी अच्छा न था, फिर भी वह कार्यालय में सबसे ज़्यादा काम करता। मजाल न थी कि कोई आदमी एक मिनट की भी देर करे, या एक मिनट भी समय के पहले चला जाए। बीच में 15 मिनट की छुट्टी मिलती थी, उसमें जिसका जी चाहे पान खा ले, या सिगरेट पी ले या जलपान कर ले। इसके अलावा एक मिनट का अवकाश न मिलता था। वेतन पहली तारीख़ को मिल जाता था। उत्सवों में भी दफ़्तर बन्द रहता था और नियत समय के बाद कभी काम न लिया जाता था। सभी कर्मचारियों को बोनस मिलता था और प्रॉविडेन्ट फंड की भी सुविधा थी। फिर भी कोई आदमी ख़ुश न था। काम या समय की पाबंदी की किसी को शिकायत न थी। शिकायत थी केवल स्वामी के शुष्क व्यवहार की। कितना ही जी लगाकर काम करो, कितना ही प्राण दे दो, पर उसके बदले धन्यवाद का एक शब्द भी न मिलता था।

कर्मचारियों में और कोई संतुष्ट हो या न हो, दीनानाथ को स्वामी से कोई शिकायत न थी। वह घुड़कियाँ और फटकार पाकर भी शायद उतने ही परिश्रम से काम करता था। साल-भर में उसने क़र्ज़ चुका दिए और कुछ संचय भी कर लिया। वह उन लोगों में था, जो थोड़े में भी संतुष्ट रह सकते हैं—अगर नियमित रूप से मिलता जाए। एक रुपया भी किसी ख़ास काम में ख़र्च करना पड़ता, तो दम्पती में घंटों सलाह होती और बड़े झाँव-झाँव के बाद कहीं मंजूरी मिलती थी। बिल गौरी की तरफ़ से पेश होता, तो दीनानाथ विरोध में खड़ा होता। दीनानाथ की तरफ़ से पेश होता, तो गौरी उसकी कड़ी आलोचना करती। बिल को पास करा लेना प्रस्तावक की जोरदार वकालत पर मुनहसर था। सर्टिफाई करने वाली कोई तीसरी शक्ति वहाँ न थी।

और दीनानाथ अब पक्का आस्तिक हो गया था। ईश्वर की दया या न्याय में अब उसे कोई शंका न थी। नित्य संध्या करता और नियमित रूप से गीता का पाठ करता। एक दिन उसके एक नास्तिक मित्र ने जब ईश्वर की निंदा की, तो उसने कहा—भाई, इसका तो आज तक निश्चय नहीं हो सका ईश्वर है या नहीं। दोनों पक्षों के पास इस्पात की-सी दलीलें मौजूद हैं; लेकिन मेरे विचार में नास्तिक रहने से आस्तिक रहना कहीं अच्छा है। अगर ईश्वर की सत्ता है, तब तो नास्तिकों को नरक के सिवा कहीं ठिकाना नहीं। आस्तिक के दोनों हाथों में लड्डू है। ईश्वर है तो पूछना ही क्या, नहीं है, तब भी क्या बिगड़ता है। दो-चार मिनट का समय ही तो जाता है?

नास्तिक मित्र इस दोरुखी बात पर मुँह बिचकाकर चल दिए।

3

एक दिन जब दीनानाथ शाम को दफ़्तर से चलने लगा, तो स्वामी ने उसे अपने कमरे में बुला भेजा और बड़ी ख़ातिर से उसे कुर्सी पर बैठाकर बोला—तुम्हें यहाँ काम करते कितने दिन हुए? साल-भर तो हुआ ही होगा?

दीनानाथ ने नम्रता से कहा—जी हाँ, तेरहवाँ महीना चल रहा है।

'आराम से बैठो, इस वक़्त घर जाकर जलपान करते हो?'

'जी नहीं, मैं जलपान का आदी नहीं।'

'पान-वान तो खाते ही होगे? जवान आदमी होकर अभी से इतना संयम।'

यह कहकर उसने घंटी बजाई और अर्दली से पान और कुछ मिठाइयाँ लाने को कहा।

दीनानाथ को शंका हो रही थी—आज इतनी ख़ातिरदारी क्यों हो रही है। कहाँ तो सलाम भी नहीं लेते थे, कहाँ आज मिठाई और पान सभी कुछ मँगाया जा रहा है! मालूम होता है मेरे काम से ख़ुश हो गए हैं। इस ख़याल से उसे कुछ आत्मविश्वास हुआ और ईश्वर की याद आ गई। अवश्य परमात्मा सर्वदर्शी और न्यायकारी है; नहीं तो मुझे कौन पूछता?

अर्दली मिठाई और पान लाया। दीनानाथ आग्रह से विवश होकर मिठाई खाने लगा।

स्वामी ने मुस्कुराते हुए कहा—तुमने मुझे बहुत रूखा पाया होगा। बात यह है कि हमारे यहाँ अभी तक लोगों को अपनी ज़िम्मेदारी का इतना कम ज्ञान है कि अफ़सर ज़रा भी नर्म पड़ जाए, तो लोग उसकी शराफत का अनुचित लाभ उठाने लगते हैं और काम ख़राब होने लगता है। कुछ ऐसे भाग्यशाली हैं, जो नौकरों से हेल-मेल भी रखते हैं, उनसे हँसते-बोलते भी हैं, फिर भी नौकर नहीं बिगड़ते, बल्कि और भी दिल लगाकर काम करते हैं। मुझमें वह कला नहीं है, इसलिए मैं अपने आदमियों से कुछ अलग-अलग रहना ही अच्छा समझता हूँ। और अब तक मुझे इस नीति से कोई हानि भी नहीं हुई; लेकिन मैं आदमियों का रंग-ढंग देखता रहता हूँ और सबको परखता रहा हूँ। मैंने तुम्हारे विषय में जो मत स्थिर किया है, वह यह है कि तुम वफादार हो और मैं तुम्हारे ऊपर विश्वास कर सकता हूँ, इसलिए मैं तुम्हें ज़्यादा ज़िम्मेदारी का काम देना चाहता हूँ, जहाँ तुम्हें ख़ुद बहुत कम काम करना पड़ेगा, केवल निगरानी करनी पड़ेगी। तुम्हारे वेतन में पचास रुपए की और तरक्की हो जाएगी। मुझे विश्वास है, तुमने अब तक जितनी तनदेही से काम किया है, उससे भी ज़्यादा तनदेही से आगे करोगे।

दीनानाथ की आँखों में आँसू भर आए और कंठ की मिठाई कुछ नमकीन हो गई। जी में आया, स्वामी के चरणों पर सिर रख दे और कहे—आपकी सेवा के लिए मेरी जान हाजिर है। आपने मेरा जो सम्मान बढ़ाया है, मैं उसे निभाने में कोई कसर न उठा रखूँगा; लेकिन स्वर काँप रहा था और वह केवल कृतज्ञता-भरी आँखों से देखकर रह गया।

सेठजी ने एक मोटा-सा लेजर निकालते हुए कहा—मैं एक ऐसे काम में तुम्हारी मदद चाहता हूँ, जिस पर इस कार्यालय का सारा भविष्य टिका हुआ है। इतने आदमियों में मैंने केवल तुम्हीं को विश्वास-योग्य समझा है। और मुझे आशा है कि तुम मुझे निराश न करोगे। यह पिछले साल का लेजर है और इसमें कुछ ऐसी रक़में दर्ज हो गई हैं, जिनके अनुसार कम्पनी को कई हज़ार लाभ होता है, लेकिन तुम जानते हो, हम कई महीनों से घाटे पर काम कर रहे हैं। जिस क्लर्क ने यह लेजर लिखा था, उसकी लिखावट तुम्हारी लिखावट से बिलकुल मिलती है। अगर दोनों लिखावटें आमने-सामने रख दी जाएँ, तो किसी विशेषज्ञ को भी उनमें भेद करना कठिन हो जाएगा। मैं चाहता हूँ, तुम लेजर में एक पृष्ठ फिर से लिखकर जोड़ दो और उसी नम्बर का पृष्ठ उसमें से निकाल लो। मैंने पृष्ठ का नम्बर छपवा लिया है; एक दफ़्तरी भी ठीक कर लिया है, जो रात भर में लेजर की जिल्दबंदी कर देगा। किसी को पता तक न चलेगा। ज़रूरत सिर्फ़ यह है कि तुम अपनी क़लम से उस पृष्ठ की नक़ल कर दो।

दीनानाथ ने शंका की—जब उस पृष्ठ की नक़ल ही करनी है, तो उसे निकालने की क्या ज़रूरत है?

सेठजी हँसे—तो क्या तुम समझते हो, उस पृष्ठ की हूबहू नक़ल करनी होगी! मैं कुछ रक़मों में परिवर्तन कर दूँगा। मैं तुम्हें विश्वास दिलाता हूँ कि मैं केवल कार्यालय की भलाई के ख़याल से यह कार्रवाई कर रहा हूँ। अगर यह रद्दोबदल न किया गया, तो कार्यालय के एक सौ आदमियों की जीविका में बाधा पड़ जाएगी। इसमें कुछ सोच-विचार करने की ज़रूरत ही नहीं। केवल आध घंटे का काम है। तुम बहुत तेज़ लिखते हो।

कठिन समस्या थी। स्पष्ट था कि उससे जाल बनाने को कहा जा रहा है। उसके पास इस रहस्य का पता लगाने का कोई साधन न था कि सेठजी जो कुछ कह रहे हैं, वह स्वार्थवश होकर या कार्यालय की रक्षा के लिए; लेकिन किसी दशा में भी है यह जाल, घोर जाल। क्या वह अपनी आत्मा की हत्या करेगा? नहीं; किसी तरह नहीं।

उसने डरते-डरते कहा—मुझे आप क्षमा करें, मैं यह काम न कर सकूँगा।

सेठजी ने उसी अविचलित मुस्कान के साथ पूछा—क्यों?

'इसलिए कि यह सरासर जाल है।'

'जाल किसे कहते हैं?'

'किसी हिसाब में उलटफेर करना जाल है।'

'लेकिन उस उलटफेर से एक सौ आदमियों की जीविका बनी रहे, तो इस दशा में भी वह जाल है? कम्पनी की असली हालत कुछ और है, काग़ज़ी हालत कुछ और; अगर यह तब्दीली न की गई, तो तुरन्त कई हज़ार रुपए नफे के देने पड़ जाएँगे और नतीजा यह होगा कि कम्पनी का दिवाला हो जाएगा और सारे आदमियों को घर बैठना पड़ेगा। मैं नहीं चाहता कि थोड़े से मालदार हिस्सेदारों के लिए इतने ग़रीबों का ख़ून किया जाए। परोपकार के लिए कुछ जाल भी करना पड़े, तो वह आत्मा की हत्या नहीं है।'

दीनानाथ को कोई जवाब न सूझा। अगर सेठजी का कहना सच है और इस जाल से सौ आदमियों की रोजी बनी रहे तो वास्तव में वह जाल नहीं, कठोर कर्तव्य है; अगर आत्मा की हत्या होती भी हो, तो सौ आदमियों की रक्षा के लिए उसकी परवाह न करनी चाहिए, लेकिन नैतिक समाधान हो जाने पर अपनी रक्षा का विचार आया। बोला—लेकिन कहीं मुआमला खुल गया, तो मैं मिट जाऊँगा। चौदह साल के लिए काले पानी भेज दिया जाऊँगा।

सेठ ने ज़ोर से क़हक़हा मारा—अगर मुआमला खुल गया, तो तुम न फँसोगे, मैं फँसूँगा। तुम साफ़ इनकार कर सकते हो।

'लिखावट तो पकड़ी जाएगी?'

'पता ही कैसे चलेगा कि कौन पृष्ठ बदला गया, लिखावट तो एक-सी है।'

दीनानाथ परास्त हो गया। उसी वक़्त उस पृष्ठ की नक़ल करने लगा।

4

फिर भी दीनानाथ के मन में चोर पैदा हुआ था। गौरी से इस विषय में वह एक शब्द भी न कह सका।

एक महीने के बाद उसकी तरक्की हुई। सौ रुपए मिलने लगे। दो सौ बोनस के भी मिले।

यह सबकुछ था, घर में खुशहाली के चिह्न नज़र आने लगे; लेकिन दीनानाथ का अपराधी मन एक बोझ से दबा रहता था। जिन दलीलों से सेठजी ने उसकी ज़बान बन्द कर दी थी, उन दलीलों से गौरी को संतुष्ट कर सकने का उसे विश्वास न था।

उसकी ईश्वर-निष्ठा उसे सदैव डराती रहती थी। इस अपराध का कोई भयंकर दंड अवश्य मिलेगा। किसी प्रायश्चित, किसी अनुष्ठान से उसे रोकना असंभव है। अभी न मिले, साल-दो साल न मिले, दस-पाँच साल न मिले; पर जितनी ही देर में मिलेगा, उतना ही भयंकर होगा, मूलधन ब्याज के साथ बढ़ता जाएगा। वह अक्सर पछताता, मैं क्यों सेठजी के प्रलोभन में आ गया। कार्यालय टूटता या रहता, मेरी बला से; आदमियों की रोजी जाती या रहती, मेरी बला से; मुझे तो यह प्राण-पीड़ा न होती, लेकिन अब तो जो कुछ होना था हो चुका और दंड अवश्य मिलेगा। इस शंका ने उसके जीवन का उत्साह, आनंद और माधुर्य सबकुछ हर लिया।

मलेरिया फैला हुआ था। बच्चे को ज्वर आया। दीनानाथ के प्राण नहों में समा गए। दंड का विधान आ पहुँचा। कहाँ जाए, क्या करे, जैसे बुद्धि भ्रष्ट हो गई।

गौरी ने कहा—जाकर कोई दवा लाओ, या किसी डॉक्टर को दिखा दो, तीन दिन तो हो गए।

दीनानाथ ने चिन्तित मन से कहा—हाँ, जाता हूँ, लेकिन मुझे बड़ा भय लग रहा है।

'भय की कौन-सी बात है, बेबात की बात मुँह से निकालते हो। आजकल किसे ज्वर नहीं आता?'

'ईश्वर इतना निर्दयी क्यों है?'

'ईश्वर निर्दयी है पापियों के लिए। हमने किसका क्या हर लिया है?'

'ईश्वर पापियों को कभी क्षमा नहीं करता?'

'पापियों को दंड न मिले, तो संसार में अनर्थ हो जाए।'

'लेकिन आदमी ऐसे काम भी तो करता है, जो एक दृष्टि से पाप हो सकते हैं, दूसरी दृष्टि से पुण्य।'

'मैं नहीं समझी।'

'मान लो, मेरे झूठ बोलने से किसी की जान बचती हो, तो क्या वह पाप है?'

'मैं तो समझती हूँ, ऐसा झूठ पुण्य है।'

'तो जिस पाप से मनुष्य का कल्याण हो, वह पुण्य है?'

'और क्या।'

दीनानाथ की अमंगल शंका थोड़ी देर के लिए दूर हो गई। डॉक्टर को बुला लाया, इलाज शुरू किया, बालक एक सप्ताह में चंगा हो गया।

मगर थोड़े दिन बाद वह ख़ुद बीमार पड़ा। वह अवश्य ही ईश्वरीय दंड है और वह बच नहीं सकता। साधारण मलेरिया ज्वर था; पर दीनानाथ की दंड-कल्पना ने उसे सन्निपात का रूप दे दिया। ज्वर में, नशे की हालत की तरह यों भी कल्पनाशक्ति तीव्र हो जाती है। पहले केवल मनोगत शंका थी, वह भीषण सत्य बन गई। कल्पना ने यमदूत रच डाले, उनके भाले और गदाएँ रच डालीं, नरक का अग्निकुंड दहका दिया। डॉक्टर की एक घूँट दवा एक हज़ार मन की गदा की आवाज़ और आग के उबलते हुए समुद्र के दाह पर क्या असर करती? दीनानाथ मिथ्यावादी न था। पुराणों की रहस्यमय कल्पनाओं में उसे विश्वास न था। नहीं, वह बुद्धिवादी था और ईश्वर में भी तभी उसे विश्वास आया, जब उसकी तर्कबुद्धि कायल

हो गई। लेकिन ईश्वर के साथ उसकी दया भी आई, उसका दंड भी आया। दया ने उसे रोजी दी, मान दिया। ईश्वर की दया न होती, तो शायद वह भूखों मर जाता, लेकिन भूखों मरना अग्निकुंड में ढकेल दिए जाने से कहीं सरल था, खेल था। दंड-भावना जन्म-जन्मान्तरों के संस्कार से ऐसी बद्धमूल हो गई थी, मानो उसकी बुद्धि का, उसकी आत्मा का, एक अंग हो गई हो। उसका तर्कवाद और बुद्धिवाद इन मन्वन्तरों के जमे हुए संस्कार पर समुद्र की ऊँची लहरों की भाँति आता था पर एक क्षण में उन्हें जल-मग्न करके फिर लौट जाता था और वह पर्वत ज्यों-का-त्यों अचल खड़ा रह जाता था।

ज़िन्दगी बाक़ी थी, बच गया। ताक़त आते ही दफ़्तर जाने लगा। एक दिन गौरी बोली—जिन दिनों तुम बीमार थे और एक दिन तुम्हारी हालत बहुत नाजुक हो गई थी, तो मैंने भगवान् से कहा था कि यह अच्छे हो जाएँगे, तो पचास ब्राह्मणों को भोजन कराऊँगी। दूसरे ही दिन से तुम्हारी हालत सुधरने लगी। ईश्वर ने मेरी विनती सुन ली। उसकी दया न हो जाती, तो मुझे कहीं माँगे भीख न मिलती। आज बाज़ार से सामान ले आओ, तो मनौती पूरी कर दूँ। पचास ब्राह्मण नेवते जाएँगे, तो सौ अवश्य आएँगे। पचास कँगले भी समझ लो और मित्रों में बीस-पच्चीस निकल ही आएँगे। दो सौ आदमियों का डौल है। मैं सामग्रियों की सूची लिख देती हूँ।

दीनानाथ ने माथा सिकोड़कर कहा—तुम समझती हो, मैं भगवान् की दया से अच्छा हुआ?

'और कैसे अच्छे हुए?'

'अच्छा हुआ इसलिए कि ज़िन्दगी बाक़ी थी।'

'ऐसी बातें न करो। मनौती पूरी करनी होगी।'

'कभी नहीं। मैं भगवान् को दयालु नहीं समझता।'

'और क्या भगवान् निर्दयी है?'

'उनसे बड़ा निर्दयी कोई संसार में न होगा। जो अपने रचे हुए खिलौनों को उनकी भूलों और बेवकूफ़ियों की सज़ा अग्निकुंड में ढकेलकर दे, वह भगवान् दयालु नहीं हो सकता। भगवान् जितना दयालु है, उससे असंख्य गुना निर्दयी है। और ऐसे भगवान् की कल्पना से मुझे घृणा होती है। प्रेम सबसे बड़ी शक्ति कही गई है। विचारवानों ने प्रेम को ही जीवन की और संसार की सबसे बड़ी विभूति मानी है। व्यवहार में न सही, आदर्श में प्रेम ही हमारे जीवन का सत्य है, मगर तुम्हारा ईश्वर दंड-भय से सृष्टि का संचालन करता है। फिर उसमें और मनुष्य में क्या फ़र्क़ हुआ? ऐसे ईश्वर की उपासना मैं नहीं करना चाहता, नहीं कर सकता। जो मोटे हैं, उनके लिए ईश्वर दयालु होगा, क्योंकि वे दुनिया को लूटते हैं। हम जैसों को तो ईश्वर की दया कहीं नज़र नहीं आती। हाँ, भय पग-पग पर खड़ा घूरा करता है। यह मत करो, नहीं तो ईश्वर दंड देगा! वह मत करो, नहीं तो ईश्वर दंड देगा। प्रेम से शासन करना मानवता है, आतंक से शासन करना बर्बरता है। आतंकवादी ईश्वर से तो ईश्वर का न रहना ही अच्छा है। उसे हृदय से निकालकर मैं उसकी दया और दंड दोनों से मुक्त हो जाना चाहता हूँ। एक कठोर दंड बरसों के प्रेम को मिट्टी में मिला देता है। मैं तुम्हारे ऊपर बराबर जान देता रहता हूँ; लेकिन किसी दिन डंडा लेकर पीट चलूँ, तो तुम मेरी सूरत न देखोगी। ऐसे आतंकमय, दंडमय जीवन के लिए मैं ईश्वर का एहसान नहीं लेना चाहता। बासी भात में ख़ुदा के साझे की ज़रूरत नहीं। अगर तुमने ओज-भोज पर ज़ोर दिया, तो मैं ज़हर खा लूँगा।'

गौरी उसके मुँह की ओर भयातुर नेत्रों से ताकती रह गई।

दूध का दाम

अब बड़े-बड़े शहरों में दाइयाँ, नर्सें और लेडी डॉक्टर, सभी पैदा हो गई हैं; लेकिन देहातों में जच्चेखानों पर अभी तक भंगिनों का ही प्रभुत्व है और निकट भविष्य में इसमें कोई तब्दीली होने की आशा नहीं। बाबू महेशनाथ अपने गाँव के ज़मींदार थे, शिक्षित थे और जच्चेखानों में सुधार की आवश्यकता को मानते थे, लेकिन इसमें जो बाधाएँ थीं, उन पर कैसे विजय पाते? कोई नर्स देहात में जाने पर राज़ी न हुई और बहुत कहने-सुनने से राज़ी भी हुई, तो इतनी लम्बी-चौड़ी फीस माँगी कि बाबू साहब को सिर झुकाकर चले आने के सिवा और कुछ न सूझा। लेडी डॉक्टर के पास जाने की उन्हें हिम्मत न पड़ी। उसकी फीस पूरी करने के लिए तो शायद बाबू साहब को अपनी आधी जायदाद बेचनी पड़ती; इसलिए जब तीन कन्याओं के बाद वह चौथा लड़का पैदा हुआ, तो फिर वही गूदड़ था और वही गूदड़ की बहू। बच्चे अक्सर रात ही को पैदा होते हैं। एक दिन आधी रात को चपरासी ने गूदड़ के द्वार पर ऐसी हाँक लगाई कि पास-पड़ोस में भी जाग पड़ गई। लड़की न थी कि मरी आवाज़ से पुकारता।

गूदड़ के घर में इस शुभ अवसर के लिए महीनों से तैयारी हो रही थी। भय था तो यही कि फिर बेटी न हो जाए, नहीं तो वही बँधा हुआ एक रुपया और एक साड़ी मिलकर रह जाएगी। इस विषय में स्त्री-पुरुष में कितनी ही बार झगड़ा हो चुका था, शर्त लग चुकी थी। स्त्री कहती थी—अगर अबकी बेटा न हो तो मुँह न दिखाऊँ; हाँ-हाँ, मुँह न दिखाऊँ, सारे लच्छन बेटे के हैं। और गूदड़ कहता था—देख लेना, बेटी होगी और बीच खेत बेटी होगी। बेटा निकले तो मूँछें मुँड़ा लूँ, हाँ-हाँ, मूँछें मुँड़ा लूँ। शायद गूदड़ समझता था कि इस तरह अपनी स्त्री में पुत्र-कामना को बलवान् करके वह बेटे की अवाई के लिए रास्ता साफ़ कर रहा है।

भूँगी बोली—अब मूँछ मुँड़ा ले दाढ़ीजार! कहती थी, बेटा होगा। सुनता ही न था। अपनी ही रट लगाए जाता था। मैं आज तेरी मूँछें मूँड़ूँगी, खूँटी तक तो रखूँगी ही नहीं।

गूदड़ ने कहा—अच्छा मूँड़ लेना भलीमानस! मूँछें क्या फिर निकलेंगी ही नहीं? तीसरे दिन देख लेना, फिर ज्यों-की-त्यों हैं, मगर जो कुछ मिलेगा, उसमें आधा रखा लूँगा, कहे देता हूँ।

भूँगी ने अँगूठा दिखाया और अपने तीन महीने के बालक को गूदड़ के सुपुर्द कर सिपाही के साथ चल खड़ी हुई।

गूदड़ ने पुकारा—अरी! सुन तो, कहाँ भागी जाती है? मुझे भी बधाई बजाने जाना पड़ेगा। इसे कौन सँभालेगा?

भूँगी ने दूर ही से कहा—इसे वहीं धरती पर सुला देना। मैं आके दूध पिला जाऊँगी।

2

महेशनाथ के यहाँ अब भी भूँगी की ख़ूब ख़ातिरदारियाँ होने लगीं। सबेरे हरीरा मिलता, दोपहर को पूरियाँ और हलवा, तीसरे पहर को फिर और रात को फिर और गूदड़ को भी भरपूर परोसा मिलता था। भूँगी अपने बच्चे को दिन-रात में एक-दो बार से ज़्यादा न पिला सकती थी। उसके लिए ऊपर के दूध का प्रबंध था। भूँगी का दूध बाबूसाहब का भाग्यवान् बालक पीता था। और यह सिलसिला बारहवें दिन भी न बन्द हुआ। मालकिन मोटी-ताजी देवी थी; पर अबकी कुछ ऐसा संयोग कि उन्हें दूध हुआ ही नहीं। तीनों लड़कियों की बार इतने इफरात

से दूध होता था कि लड़कियों को बदहजमी हो जाती थी। अब की एक बूँद नहीं। भूँगी दाई भी थी और दूध-पिलाई भी।

मालकिन कहतीं—भूँगी, हमारे बच्चे को पाल दे, फिर जब तक तू जिए, बैठी खाती रहना। पाँच बीघे माफी दिलवा दूँगी। नाती-पोते तक चैन करेंगे।

और भूँगी का लाड़ला ऊपर का दूध हजम न कर सकने के कारण बार-बार उलटी करता और दिन-दिन दुबला होता जाता था।

भूँगी कहती—बहूजी, मूँड़न में चूड़े लूँगी, कहे देती हूँ।

बहूजी उत्तर देतीं—हाँ हाँ, चूड़े लेना भाई, धमकाती क्यों है? चाँदी के लेगी या सोने के।

'वाह बहूजी! चाँदी के चूड़े पहन के किसे मुँह दिखाऊँगी और किसकी हँसी होगी?'

'अच्छा, सोने के लेना भाई, कह तो दिया।'

'और ब्याह में कंठा लूँगी और चौधरी (गूदड़) के लिए हाथों के तोड़े।'

'वह भी लेना, भगवान् वह दिन तो दिखावे।'

घर में मालकिन के बाद भूँगी का राज्य था। महरियाँ, महराजिन, नौकर-चाकर सब उसका रोब मानते थे। यहाँ तक कि ख़ुद बहूजी भी उससे दब जाती थीं। एक बार तो उसने महेशनाथ को भी डाँटा था। हँसकर टाल गए। बात चली थी भंगियों की। महेशनाथ ने कहा था—दुनिया में और चाहे जो कुछ हो जाए, भंगी भंगी ही रहेंगे। इन्हें आदमी बनाना कठिन है।

इस पर भूँगी ने कहा था—मालिक, भंगी तो बड़ों-बड़ों को आदमी बनाते हैं, उन्हें कोई क्या आदमी बनाए।

यह गुस्ताखी करके किसी दूसरे अवसर पर भला भूँगी के सिर के बाल बच सकते थे? लेकिन आज बाबूसाहब ठठाकर हँसे और बोले—भूँगी बात बड़े पते की कहती है।

3

भूँगी का शासनकाल साल-भर से आगे न चल सका। देवताओं ने बालक के भंगिन का दूध पीने पर आपत्ति की, मोटेराम शास्त्री तो प्रायश्चित्त का प्रस्ताव कर बैठे। दूध तो छुड़ा दिया गया; लेकिन प्रायश्चित्त की बात हँसी में उड़ गई। महेशनाथ ने फटकारकर कहा—प्रायश्चित्त की ख़ूब कही शास्त्रीजी, कल तक उसी भंगिन का ख़ून पीकर पला, अब उसमें छूत घुस गई। वाह रे आपका धर्म।

शास्त्रीजी शिखा फटकारकर बोले—यह सत्य है, वह कल तक भंगिन का रक्त पीकर पला। मांस खाकर पला, यह भी सत्य है; लेकिन कल की बात कल थी, आज की बात आज। जगन्नाथपुरी में छूत-अछूत सब एक पंगत में खाते हैं; पर यहाँ तो नहीं खा सकते। बीमारी में तो हम भी कपड़े पहने खा लेते हैं, खिचड़ी तक खा लेते हैं बाबूजी; लेकिन अच्छे हो जाने पर तो नेम का पालन करना ही पड़ता है। आपद्धर्म की बात न्यारी है।

'तो इसका यह अर्थ है कि धर्म बदलता रहता है—कभी कुछ, कभी कुछ?'

'और क्या! राजा का धर्म अलग, प्रजा का धर्म अलग, अमीर का धर्म अलग, ग़रीब का धर्म अलग, राजे-महाराजे जो चाहें खाएँ, जिसके साथ चाहें खाएँ, जिसके साथ चाहें शादी-ब्याह करें, उनके लिए कोई बन्धन नहीं। समर्थ पुरुष हैं। बन्धन तो मध्यवालों के लिए है।'

प्रायश्चित्त तो न हुआ; लेकिन भूँगी को गद्दी से उतरना पड़ा! हाँ, दान-दक्षिणा इतनी मिली की वह अकेले ले न जा सकी और सोने के चूड़े भी मिले। एक की जगह दो नई, सुन्दर साड़ियाँ—मामूली नैनसुख की नहीं, जैसी लड़कियों की बार मिली थीं।

4

इसी साल प्लेग ने ज़ोर बाँधा और गूदड़ पहले ही चपेट में आ गया। भूँगी अकेली रह गई; पर गृहस्थी ज्यों-की-त्यों चलती रही। लोग ताक लगाए बैठे थे कि भूँगी अब गई। फलाँ भंगी से बातचीत हुई, फलाँ चौधरी आए, लेकिन भूँगी न कहीं आई, न कहीं गई, यहाँ तक कि पाँच साल बीत गए और उसका बालक मंगल, दुर्बल और सदा रोगी रहने पर भी दौड़ने लगा। सुरेश के सामने पिद्दी-सा लगता था।

एक दिन भूँगी महेशनाथ के घर का परनाला साफ़ कर रही थी। महीनों से गलीज जमा हो रहा था। आँगन में पानी भरा रहने लगा था। परनाले में एक लम्बा मोटा बाँस डालकर ज़ोर से हिला रही थी। पूरा दाहिना हाथ परनाले के अन्दर था कि एकाएक उसने चिल्लाकर हाथ बाहर निकाल लिया और उसी वक़्त एक काला साँप परनाले से निकलकर भागा। लोगों ने दौड़कर उसे मार तो डाला; लेकिन भूँगी को न बचा सके। समझे, पानी का साँप है, विषैला न होगा, इसलिए पहले कुछ गफलत की गई। जब विष देह में फैल गया और लहरें आने लगीं, तब पता चला कि वह पानी का साँप नहीं, गेहुँवन था।

मंगल अब अनाथ था। दिन-भर महेशबाबू के द्वार पर मँडराया करता। घर में जूठन इतना बचता था कि ऐसे-ऐसे दस-पाँच बालक पल सकते थे। खाने की कोई कमी न थी। हाँ, उसे तब बुरा ज़रूर लगता था, जब उसे मिट्टी के कसोरों में ऊपर से खाना दिया जाता था। सब लोग अच्छे-अच्छे बरतनों में खाते हैं, उसके लिए मिट्टी के कसोरे!

यों उसे इस भेदभाव का बिलकुल ज्ञान न होता था, लेकिन गाँव के लड़के चिढ़ा-चिढ़ाकर उसका अपमान करते रहते थे। कोई उसे अपने साथ खेलाता भी न था। यहाँ तक कि जिस टाट पर वह सोता था, वह भी अछूत था। मकान के सामने एक नीम का पेड़ था। इसी के नीचे मंगल का डेरा था। एक फटा-सा टाट का टुकड़ा, दो मिट्टी के कसोरे और एक धोती, जो सुरेश बाबू की उतारन थी, जाड़ा, गरमी, बरसात हरेक मौसम में वह जगह एक-सी आरामदेह थी और भाग्य का बली मंगल झुलसती हुई लू, गलते हुए जाड़े और मूसलाधार वर्षा में भी ज़िन्दा और पहले से कहीं स्वस्थ था। बस, उसका कोई अपना था, तो गाँव का एक कुत्ता, जो अपने सहवर्गियों के ज़ुल्म से दुखी होकर मंगल की शरण आ पड़ा था। दोनों एक ही खाना खाते, एक ही टाट पर सोते, तबीयत भी दोनों की एक-सी थी और दोनों एक-दूसरे के स्वभाव को जान गए थे। कभी आपस में झगड़ा न होता।

गाँव के धर्मात्मा लोग बाबूसाहब की इस उदारता पर आश्चर्य करते। ठीक द्वार के सामने—पचास हाथ भी न होगा—मंगल का पड़ा रहना उन्हें सोलहों आने धर्म-विरुद्ध जान पड़ा। छि:! यही हाल रहा, तो थोड़े ही दिनों में धर्म का अंत ही समझो। भंगी को भी भगवान् ने ही रचा है, यह हम भी जानते हैं। उसके साथ हमें किसी तरह का अन्याय न करना चाहिए, यह किसे नहीं मालूम? भगवान् का तो नाम ही पतित-पावन है; लेकिन समाज की मर्यादा भी

कोई वस्तु है! उस द्वार पर जाते हुए संकोच होता है। गाँव के मालिक हैं, जाना तो पड़ता ही है; लेकिन बस यही समझ लो कि घृणा होती है।

मंगल और टामी में गहरी बनती थी। मंगल कहता—देखो भाई टामी, ज़रा और खिसककर सोओ। आख़िर मैं कहाँ लेटूँ? सारा टाट तो तुमने घेर लिया।

टामी कूँ-कूँ करता, दुम हिलाता और खिसक जाने के बदले और ऊपर चढ़ आता एवं मंगल का मुँह चाटने लगता।

शाम को वह एक बार रोज़ अपना घर देखने और थोड़ी देर रोने जाता। पहले साल फूस का छप्पर गिर पड़ा, दूसरे साल एक दीवार गिरी और अब केवल आधी-आधी दीवारें खड़ी थीं, जिनका ऊपरी भाग नोकदार हो गया था। यही उसे स्नेह की सम्पत्ति मिली थी। वही स्मृति, वही आकर्षण, वही प्यार उसे एक बार उस ऊजड़ में खींच ले जाता था और टामी सदैव उसके साथ होता था। मंगल नोकदार दीवार पर बैठ जाता और जीवन के बीते और आनेवाले स्वप्न देखने लगता और बार-बार उछलकर उसकी गोद में बैठने की असफल चेष्टा करता।

5

एक दिन कई लड़के खेल रहे थे। मंगल भी पहुँचकर दूर खड़ा हो गया। या तो सुरेश को उस पर दया आई, या खेलनेवालों की जोड़ी पूरी न पड़ती थी, कह नहीं सकते। जो कुछ भी हो, तजवीज की कि आज मंगल को भी खेल में शरीक कर लिया जाए। यहाँ कौन देखने आता है। क्यों रे मंगल, खेलेगा।

मंगल बोला—ना भैया, कहीं मालिक देख लें, तो मेरी चमड़ी उधेड़ दी जाए। तुम्हें क्या, तुम तो अलग हो जाओगे।

सुरेश ने कहा—तो यहाँ कौन आता है देखने बे? चल, हम लोग सवार-सवार खेलेंगे। तू घोड़ा बनेगा, हम लोग तेरे ऊपर सवारी करके दौड़ाएँगे?

मंगल ने शंका की—मैं बराबर घोड़ा ही रहूँगा, कि सवारी भी करूँगा? यह बता दो।

यह प्रश्न टेढ़ा था। किसी ने इस पर विचार न किया था। सुरेश ने एक क्षण विचार करके कहा—तुझे कौन अपनी पीठ पर बिठाएगा, सोच? आख़िर तू भंगी है कि नहीं?

मंगल भी कड़ा हो गया। बोला—मैं कब कहता हूँ कि मैं भंगी नहीं हूँ, लेकिन तुम्हें मेरी ही माँ ने अपना दूध पिलाकर पाला है। जब तक मुझे भी सवारी करने को न मिलेगी, मैं घोड़ा न बनूँगा। तुम लोग बड़े चघड़ हो। आप तो मज़े से सवारी करोगे और मैं घोड़ा ही बना रहूँ।

सुरेश ने डाँटकर कहा, तुझे घोड़ा बनना पड़ेगा और मंगल को पकड़ने दौड़ा। मंगल भागा। सुरेश ने दौड़ाया। मंगल ने क़दम और तेज़ किया। सुरेश ने भी ज़ोर लगाया; मगर वह बहुत खा-खाकर थुल-थुल हो गया था। और दौड़ने में उसकी साँस फूलने लगती थी।

आख़िर उसने रुककर कहा—आकर घोड़ा बनो मंगल, नहीं तो कभी पा जाऊँगा, तो बुरी तरह पीटूँगा।

'तुम्हें भी घोड़ा बनना पड़ेगा।'

'अच्छा हम भी बन जाएँगे।'

'तुम पीछे से निकल जाओगे। पहले तुम घोड़ा बन जाओ। मैं सवारी कर लूँ, फिर मैं बनूँगा।'

सुरेश ने सचमुच चकमा देना चाहा था। मंगल का यह मुतालबा सुनकर साथियों से बोला—देखते हो इसकी बदमाशी, भंगी है न!

तीनों ने मंगल को घेर लिया और उसे ज़बरदस्ती घोड़ा बना दिया। सुरेश ने चटपट उसकी पीठ पर आसन जमा लिया और टिकटिक करके बोला—चल घोड़े, चल!

मंगल कुछ देर तक तो चला, लेकिन उस बोझ से उसकी कमर टूटी जाती थी। उसने धीरे से पीठ सिकोड़ी और सुरेश की रान के नीचे से सरक गया। सुरेश महोदय लद से गिर पड़े और भोंपू बजाने लगे।

माँ ने सुना, सुरेश कहीं रो रहा है। सुरेश कहीं रोए, तो उनके तेज़ कानों में ज़रूर भनक पड़ जाती थी और उसका रोना भी बिलकुल निराला होता था, जैसे छोटी लाइन के इंजन की आवाज़।

महरी से बोली—देख तो, सुरेश कहीं रो रहा है, पूछ तो किसने मारा है।

इतने में सुरेश ख़ुद आँखें मलता हुआ आया। उसे जब रोने का अवसर मिलता था, तो माँ के पास फ़रियाद लेकर ज़रूर आता था। माँ मिठाई या मेवे देकर आँसू पोंछ देती थीं। आप थे तो आठ साल के, मगर थे बिलकुल गावदी। हद से ज़्यादा प्यार ने उसकी बुद्धि के साथ वही किया था, जो हद से ज़्यादा भोजन ने उसकी देह के साथ।

माँ ने पूछा—क्यों रोता है सुरेश, किसने मारा?

सुरेश ने रोकर कहा—मंगल ने छू दिया।

माँ को विश्वास न आया। मंगल इतना निरीह था कि उससे किसी तरह की शरारत की शंका न होती थी; लेकिन जब सुरेश क़समें खाने लगा, तो विश्वास करना लाजिम हो गया। मंगल को बुलाकर डाँटा—क्यों रे मंगल, अब तुझे बदमाशी सूझने लगी। मैंने तुझसे कहा था, सुरेश को कभी मत छूना, याद है कि नहीं, बोल।

मंगल ने दबी आवाज़ से कहा—याद क्यों नहीं है।

'तो फिर तूने उसे क्यों छुआ?'

'मैंने नहीं छुआ।'

'तूने नहीं छुआ, तो वह रोता क्यों था?'

'गिर पड़े, इससे रोने लगे।'

चोरी और सीनाज़ोरी। देवीजी दाँत पीसकर रह गईं। मारतीं, तो उसी दम स्नान करना पड़ता। छड़ी तो हाथ में लेनी ही पड़ती और छूत का विद्युत-प्रवाह इस छड़ी के रास्ते उनकी देह में पैवस्त हो जाता, इसलिए जहाँ तक गालियाँ दे सकीं, दीं और हुक्म दिया कि अभी-अभी यहाँ से निकल जा। फिर जो इस द्वार पर तेरी सूरत नज़र आई, तो ख़ून ही पी जाऊँगी। मुफ़्त की रोटियाँ खा-खाकर शरारत सूझती है, आदि।

मंगल में गैरत तो क्या थी, हाँ, डर था। चुपके से अपने सकोरे उठाए, टाट का टुकड़ा बग़ल में दबाया, धोती कन्धे पर रखी और रोता हुआ वहाँ से चल पड़ा। अब वह यहाँ कभी न आएगा। यही तो होगा कि भूखों मर जाएगा। क्या हरज है? इस तरह जीने से फ़ायदा ही क्या? गाँव में उसके लिए और कहाँ ठिकाना था? भंगी को कौन पनाह देता? उसी खंडहर की ओर चला, जहाँ भले दिनों की स्मृतियाँ उसके आँसू पोंछ सकती थीं और ख़ूब फूट-फूटकर रोया।

उसी क्षण टामी भी उसे ढूँढ़ता हुआ पहुँचा और दोनों फिर अपनी व्यथा भूल गए।

6

लेकिन ज्यों-ज्यों दिन का प्रकाश क्षीण होता जाता था, मंगल की ग्लानि भी क्षीण होती जाती थी। बचपन को बेचैन करने वाली भूख देह का रक्त पी-पीकर और भी बलवान होती जाती थी। आँखें बार-बार कसोरों की ओर उठ जातीं। वहाँ अब तक सुरेश की जूठी मिठाइयाँ मिल गई होतीं। यहाँ क्या धूल फाँके?

उसने टामी से सलाह की—खाओगे क्या टामी? मैं तो भूखा लेट रहूँगा।

टामी ने कूँ-कूँ करके शायद कहा—इस तरह का अपमान तो ज़िन्दगी भर सहना है। यों हिम्मत हारोगे, तो कैसे काम चलेगा? मुझे देखो न, कभी किसी ने डंडा मारा, चिल्ला उठा, फिर ज़रा देर बाद दुम हिलाता हुआ उसके पास जा पहुँचा। हम-तुम दोनों इसीलिए बने हैं, भाई!

मंगल ने कहा—तो तुम जाओ, जो कुछ मिले खा लो, मेरी परवाह न करो।

टामी ने अपनी श्वान-भाषा में कहा—अकेला नहीं जाता, तुम्हें साथ लेकर चलूँगा।

'मैं नहीं जाता।'

'तो मैं भी नहीं जाता।'

'भूखों मर जाओगे।'

'तो क्या तुम जीते रहोगे?'

'मेरा कौन बैठा है, जो रोएगा?'

'यहाँ भी वही हाल है भाई, क्वाँर में जिस कुतिया से प्रेम किया था, उसने बेवफाई की और अब कल्लू के साथ है। खैरियत यही हुई कि अपने बच्चे लेती गई, नहीं तो मेरी जान गाढ़े में पड़ जाती। पाँच-पाँच बच्चों को कौन पालता?'

एक क्षण के बाद भूख ने एक दूसरी युक्ति सोच निकाली।

'मालकिन हमें खोज रही होंगी, क्या टामी?'

'और क्या? बाबूजी और सुरेश खा चुके होंगे। कहार ने उनकी थाली से जूठन निकाल लिया होगा और हमें पुकार रहा होगा।'

'बाबूजी और सुरेश दोनों की थालियों में घी ख़ूब रहता है और वह मीठी-मीठी चीज़—हाँ मलाई।'

'सब-का-सब घूरे पर डाल दिया जाएगा।'

'देखें, हमें खोजने कोई आता है?'

'खोजने कौन आएगा; क्या कोई पुरोहित हो? एक बार 'मंगल-मंगल' होगा और बस, थाली परनाले में उँड़ेल दी जाएगी।'

'अच्छा, तो चलो चलें। मगर मैं छिपा रहूँगा, अगर किसी ने मेरा नाम लेकर न पुकारा; तो मैं लौट आऊँगा। यह समझ लो।'

दोनों वहाँ से निकले और आकर महेशनाथ के द्वार पर अँधेरे में दबककर खड़े हो गए; मगर टामी को सब्र कहाँ? वह धीरे से अन्दर घुस गया। देखा, महेशनाथ और सुरेश थाली पर बैठ गए हैं। बरोठे में धीरे से बैठ गया, मगर डर रहा था कि कोई डंडा न मार दे।

नौकर में बातचीत हो रही थी। एक ने कहा—आज मँगलवा नहीं दिखाई देता। मालकिन ने डाँटा था, इससे भागा है साइत।

दूसरे ने जवाब दिया—अच्छा हुआ, निकाल दिया गया। सबेरे-सबेरे भंगी का मुँह देखना पड़ता था।

मंगल और अँधेरे में खिसक गया। आशा गहरे जल में डूब गई।

महेशनाथ थाली से उठ गए। नौकर हाथ धुला रहा है। अब हुक़्क़ा पीएँगे और सोएँगे। सुरेश अपनी माँ के पास बैठा कोई कहानी सुनता-सुनता सो जाएगा! ग़रीब मंगल की किसे चिन्ता है? इतनी देर हो गई, किसी ने भूल से भी न पुकारा।

कुछ देर तक वह निराश-सा वहाँ खड़ा रहा, फिर एक लम्बी साँस खींचकर जाना ही चाहता था कि कहार पत्तल में थाली का जूठन ले जाता नज़र आया।

मंगल अँधेरे से निकलकर प्रकाश में आ गया। अब मन को कैसे रोके?

कहार ने कहा—अरे, तू यहाँ था? हमने समझा कि कहीं चला गया। ले, खा ले; मैं फेंकने ले जा रहा था।

मंगल ने दीनता से कहा—मैं तो बड़ी देर से यहाँ खड़ा था।

'तो बोला क्यों नहीं?'

'मारे डर के।'

'अच्छा, ले खा ले।'

उसने पत्तल को ऊपर उठाकर मंगल के फैले हुए हाथों में डाल दिया। मंगल ने उसकी ओर ऐसी आँखों से देखा, जिसमें दीन कृतज्ञता भरी हुई थी।

टामी भी अन्दर से निकल आया था। दोनों वहीं नीम के नीचे पत्तल में खाने लगे।

मंगल ने एक हाथ से टामी का सिर सहलाकर कहा—देखा, पेट की आग ऐसी होती है! यह लात की मारी हुई रोटियाँ भी न मिलतीं, तो क्या करते?

टामी ने दुम हिला दी।

'सुरेश को अम्माँ ने पाला था।'

टामी ने फिर दुम हिलाई।

'लोग कहते हैं, दूध का दाम कोई नहीं चुका सकता और मुझे दूध का यह दाम मिल रहा है।'

टामी ने फिर दुम हिलाई।

बालक

गंगू को लोग ब्राह्मण कहते हैं और वह अपने को ब्राह्मण समझता भी है। मेरे सईस और खिदमतगार मुझे दूर से सलाम करते हैं। गंगू मुझे कभी सलाम नहीं करता। वह शायद मुझसे पालागन की आशा रखता है। मेरा जूठा गिलास कभी हाथ से नहीं छूता और न मेरी कभी इतनी हिम्मत हुई कि उससे पंखा झलने को कहूँ। जब मैं पसीने से तर होता हूँ और वहाँ कोई

दूसरा आदमी नहीं होता, तो गंगू आप-ही-आप पंखा उठा लेता है; लेकिन उसकी मुद्रा से यह भाव स्पष्ट प्रकट होता है कि मुझ पर कोई एहसान कर रहा है और मैं भी न-जाने क्यों फ़ौरन ही उसके हाथ से पंखा छीन लेता हूँ। उग्र स्वभाव का मनुष्य है। किसी की बात नहीं सह सकता। ऐसे बहुत कम आदमी होंगे, जिनसे उसकी मित्रता हो; पर सईस और खिदमतगार के साथ बैठना शायद वह अपमानजनक समझता है। मैंने उसे किसी से मिलते-जुलते नहीं देखा। आश्चर्य यह है कि उसे भंग-बूटी से प्रेम नहीं, जो इस श्रेणी के मनुष्यों में एक असाधारण गुण है। मैंने उसे कभी पूजा-पाठ करते या नदी में स्नान करते नहीं देखा। बिलकुल निरक्षर है; लेकिन फिर भी वह ब्राह्मण है और चाहता है कि दुनिया उसकी प्रतिष्ठा तथा सेवा करे और क्यों न चाहे? जब पुरुखाओं की पैदा की हुई सम्पत्ति पर आज भी लोग अधिकार जमाए हुए हैं और उसी शान से, मानो ख़ुद पैदा किए हों, तो वह क्यों उस प्रतिष्ठा और सम्मान को त्याग दे, जो उसके पुरुखाओं ने संचय किया था? यह उसकी बपौती है।

मेरा स्वभाव कुछ इस तरह का है कि अपने नौकरों से बहुत कम बोलता हूँ। मैं चाहता हूँ, जब तक मैं ख़ुद न बुलाऊँ, कोई मेरे पास न आए। मुझे यह अच्छा नहीं लगता कि ज़रा-सी बातों के लिए नौकरों को आवाज़ देता फिरूँ। मुझे अपने हाथ से सुराही से पानी उँड़ेल लेना, अपना लैम्प जला लेना, अपने जूते पहन लेना या आलमारी से कोई किताब निकाल लेना, इससे कहीं ज़्यादा सरल मालूम होता है कि हींगन और मैकू को पुकारूँ। इससे मुझे अपनी स्वेच्छा और आत्मविश्वास का बोध होता है। नौकर भी मेरे स्वभाव से परिचित हो गए हैं और बिना ज़रूरत मेरे पास बहुत कम आते हैं। इसलिए एक दिन जब प्रातःकाल गंगू मेरे सामने आकर खड़ा हो गया तो मुझे बहुत बुरा लगा। ये लोग जब आते हैं, तो पेशगी हिसाब में कुछ माँगने के लिए या किसी दूसरे नौकर की शिकायत करने के लिए। मुझे ये दोनों ही बातें अत्यंत अप्रिय हैं। मैं पहली तारीख़ को हर एक का वेतन चुका देता हूँ और बीच में जब कोई कुछ माँगता है, तो क्रोध आ जाता है; कौन दो-दो, चार-चार रुपए का हिसाब रखता फिरे। फिर जब किसी को महीने-भर की पूरी मजूरी मिल गई, तो उसे क्या हक़ है कि उसे पंद्रह दिन में ख़र्च कर दे और ऋण या पेशगी की शरण ले, और शिकायतों से तो मुझे घृणा है। मैं शिकायतों को दुर्बलता का प्रमाण समझता हूँ, या ठकुरसुहाती की क्षुद्र चेष्टा।

मैंने माथा सिकोड़कर कहा—क्या बात है, मैंने तो तुम्हें बुलाया नहीं?

गंगू के तीखे अभिमानी मुख पर आज कुछ ऐसी नम्रता, कुछ ऐसी याचना, कुछ ऐसा संकोच था कि मैं चकित हो गया। ऐसा जान पड़ा, वह कुछ जवाब देना चाहता है; मगर शब्द नहीं मिल रहे हैं।

मैंने ज़रा नरम होकर कहा—आख़िर क्या बात है, कहते क्यों नहीं? तुम जानते हो, यह मेरे टहलने का समय है। मुझे देर हो रही है।

गंगू ने निराशा भरे स्वर में कहा—तो आप हवा खाने जाएँ, मैं फिर आ जाऊँगा।

यह अवस्था और भी चिन्ताजनक थी। इस जल्दी में तो वह एक क्षण में अपना वृत्तान्त कह सुनाएगा। वह जानता है कि मुझे ज़्यादा अवकाश नहीं है। दूसरे अवसर पर तो दुष्ट घंटों रोएगा। मेरे कुछ लिखने-पढ़ने को तो वह शायद कुछ काम समझता हो; लेकिन विचार को, जो मेरे लिए सबसे कठिन साधना है, वह मेरे विश्राम का समय समझता है। वह उसी वक़्त आकर मेरे सिर पर सवार हो जाएगा।

मैंने निर्दयता के साथ कहा—क्या कुछ पेशगी माँगने आए हो? मैं पेशगी नहीं देता।

'जी नहीं सरकार, मैंने तो कभी पेशगी नहीं माँगा।'

'तो क्या किसी की शिकायत करना चाहते हो? मुझे शिकायतों से घृणा है।'

'जी नहीं सरकार, मैंने तो कभी किसी की शिकायत नहीं की।'

गंगू ने अपना दिल मज़बूत किया। उसकी आकृति से स्पष्ट झलक रहा था, मानो वह कोई छलाँग मारने के लिए अपनी सारी शक्तियों को एकत्र कर रहा हो। और लड़खड़ाती हुई आवाज़ में बोला—मुझे आप छुट्टी दे दें। मैं आपकी नौकरी अब न कर सकूँगा।

यह इस तरह का पहला प्रस्ताव था, जो मेरे कानों में पड़ा। मेरे आत्माभिमान को चोट लगी। मैं जब अपने को मनुष्यता का पुतला समझता हूँ, अपने नौकरों को कभी कटु-वचन नहीं कहता, अपने स्वामित्व को यथासाध्य म्यान में रखने की चेष्टा करता हूँ, तब मैं इस प्रस्ताव पर क्यों न विस्मित हो जाता! कठोर स्वर में बोला—क्यों, क्या शिकायत है?

'आपने तो हुजूर, जैसा अच्छा स्वभाव पाया है, वैसा क्या कोई पाएगा; लेकिन बात ऐसी आ पड़ी है कि अब मैं आपके यहाँ नहीं रह सकता। ऐसा न हो कि पीछे से कोई बात हो जाए, तो आपकी बदनामी हो। मैं नहीं चाहता कि मेरी वजह से आपकी आबरू में बट्टा लगे।'

मेरे दिल में उलझन पैदा हुई। जिज्ञासा की अग्नि प्रचंड हो गई। आत्मसमर्पण के भाव से बरामदे में पड़ी हुई कुर्सी पर बैठकर बोला—तुम तो पहेलियाँ बुझवा रहे हो। साफ़-साफ़ क्यों नहीं कहते, क्या मामला है?

गंगू ने बड़ी नम्रता से कहा—बात यह है कि वह स्त्री, जो अभी विधवा-आश्रम से निकाल दी गई है, वह गोमती देवी...

वह चुप हो गया। मैंने अधीर होकर कहा—हाँ, निकाल दी गई है, तो फिर? तुम्हारी नौकरी से उससे क्या सम्बन्ध?

गंगू ने जैसे अपने सिर का भारी बोझ ज़मीन पर पटक दिया—

'मैं उससे ब्याह करना चाहता हूँ बाबूजी!'

मैं विस्मय से उसका मुँह ताकने लगा। यह पुराने विचारों का पोंगा ब्राह्मण जिसे नई सभ्यता की हवा तक न लगी, उस कुलटा से विवाह करने जा रहा है, जिसे कोई भला आदमी अपने घर में क़दम भी न रखने देगा। गोमती ने मुहल्ले के शान्त वातावरण में थोड़ी-सी हलचल पैदा कर दी। कई साल पहले वह विधवाश्रम में आई थी। तीन बार आश्रम के कर्मचारियों ने उसका विवाह करा दिया था, पर हर बार वह महीने-पंद्रह दिन के बाद भाग आई थी। यहाँ तक कि आश्रम के मंत्री ने अबकी बार उसे आश्रम से निकाल दिया था। तब से वह इसी मुहल्ले में एक कोठरी लेकर रहती थी और सारे मुहल्ले के शोहदों के लिए मनोरंजन का केन्द्र बनी हुई थी।

मुझे गंगू की सरलता पर क्रोध भी आया और दया भी। इस गधे को सारी दुनिया में कोई स्त्री ही न मिलती थी, जो इससे ब्याह करने जा रहा है। जब वह तीन बार पतियों के पास से भाग आई, तो इसके पास कितने दिन रहेगी? कोई गाँठ का पूरा आदमी होता, तो एक बात भी थी। शायद साल-छह महीने टिक जाती। यह तो निपट आँख का अन्धा है। एक सप्ताह भी तो निबाह न होगा।

मैंने चेतावनी के भाव से पूछा—तुम्हें इस स्त्री की जीवन-कथा मालूम है?

गंगू ने आँखों-देखी बात की तरह कहा—सब झूठ है सरकार, लोगों ने हकनाहक उसको बदनाम कर दिया है।

'क्या कहते हो, वह तीन बार अपने पतियों के पास से नहीं भाग आई?'

'उन लोगों ने उसे निकाल दिया, तो क्या करती?'

'कैसे बुद्धू आदमी हो! कोई इतनी दूर से आकर विवाह करके ले जाता है, हज़ारों रुपए ख़र्च करता है, इसीलिए कि औरत को निकाल दे?'

गंगू ने भावुकता से कहा—जहाँ प्रेम नहीं है हुजूर, वहाँ कोई स्त्री नहीं रह सकती। स्त्री केवल रोटी-कपड़ा ही नहीं चाहती, कुछ प्रेम भी तो चाहती है। वे लोग समझते होंगे कि हमने एक विधवा से विवाह करके उसके ऊपर कोई बहुत बड़ा एहसान किया है। चाहते होंगे कि तन-मन से वह उनकी हो जाए, लेकिन दूसरे को अपना बनाने के लिए पहले आप उसका बन जाना पड़ता है हुजूर। यह बात है। फिर उसे एक बीमारी भी है। उसे कोई भूत लगा हुआ है। यह कभी-कभी बक-झक करने लगती है और बेहोश हो जाती है।

'और तुम ऐसी स्त्री से विवाह करोगे?'—मैंने संदिग्ध भाव से सिर हिलाकर कहा—समझ लो, जीवन कड़वा हो जाएगा।

गंगू ने शहीदों के-से आवेश से कहा—मैं तो समझता हूँ, मेरी ज़िन्दगी बन जाएगी बाबूजी, आगे भगवान् की मर्ज़ी!

मैंने ज़ोर देकर पूछा—तो तुमने तय कर लिया है?

'हाँ, हुजूर।'

'तो मैं तुम्हारा इस्तीफ़ा मंजूर करता हूँ।'

मैं निरर्थक रूढ़ियों और व्यर्थ के बन्धनों का दास नहीं हूँ; लेकिन जो आदमी एक दुष्टा से विवाह करे, उसे अपने यहाँ रखना वास्तव में जटिल समस्या थी। आए-दिन टंटे-बखेड़े होंगे, नई-नई उलझनें पैदा होंगी, कभी पुलिस दौड़ लेकर आएगी, कभी मुक़दमे खड़े होंगे। संभव है, चोरी की वारदातें भी हों। इस दलदल से दूर रहना ही अच्छा। गंगू क्षुधा-पीड़ित प्राणी की भाँति रोटी का टुकड़ा देखकर उसकी ओर लपक रहा है। रोटी जूठी है, सूखी हुई है, खाने योग्य नहीं है, इसकी उसे परवाह नहीं; उसको विचार-बुद्धि से काम लेना कठिन था। मैंने उसे पृथक् कर देने ही में अपनी कुशल समझी।

2

पाँच महीने गुज़र गए। गंगू ने गोमती से विवाह कर लिया था और उसी मुहल्ले में एक खपरैल का मकान लेकर रहता था। वह अब चाट का खोंचा लगाकर गुज़र-बसर करता था। मुझे जब कभी बाज़ार में मिल जाता, तो मैं उसका क्षेम-कुशल पूछता। मुझे उसके जीवन से विशेष अनुराग हो गया था। यह एक सामाजिक प्रश्न की परीक्षा थी—सामाजिक ही नहीं, मनोवैज्ञानिक भी। मैं देखना चाहता था, इसका परिणाम क्या होता है। मैं गंगू को सदैव प्रसन्न-मुख देखता। समृद्धि और निश्चिन्तता के मुख पर जो एक तेज़ और स्वभाव में जो एक आत्म-सम्मान पैदा हो जाता है, वह मुझे यहाँ प्रत्यक्ष दिखाई देता था। रुपए-बीस-आने की रोज़ बिक्री हो जाती थी। इसमें लागत निकालकर आठ-दस आने बच जाते थे। यही उसकी जीविका थी; किन्तु इसमें किसी देवता का वरदान था; क्योंकि इस वर्ग के मनुष्यों में जो निर्लज्जता और विपन्नता

पाई जाती है, इसका वहाँ चिह्न तक न था। उसके मुख पर आत्म-विकास और आनंद की झलक थी, जो चित्त की शांति से ही आ सकती है।

एक दिन मैंने सुना कि गोमती गंगू के घर से भाग गई है! कह नहीं सकता, क्यों? मुझे इस ख़बर से एक विचित्र आनंद हुआ। मुझे गंगू के संतुष्ट और सुखी जीवन पर एक प्रकार की ईर्ष्या होती थी। मैं उसके विषय में किसी अनिष्ट की, किसी घातक अनर्थ की, किसी लज्जास्पद घटना की प्रतीक्षा करता था। इस ख़बर से इस ईर्ष्या को सान्त्वना मिली। आख़िर वही बात हुई, जिसका मुझे विश्वास था। आख़िर बचा को अपनी अदूरदर्शिता का दंड भोगना पड़ा। अब देखें, बचा कैसे मुँह दिखाते हैं। अब आँखें खुलेंगी और मालूम होगा कि लोग, जो उन्हें इस विवाह से रोक रहे थे, उनके कैसे शुभचिन्तक थे। उस वक़्त तो ऐसा मालूम होता था, मानो आपको कोई दुर्लभ पदार्थ मिला जा रहा हो। मानो मुक्ति का द्वार खुल गया है। लोगों ने कितना कहा कि यह स्त्री विश्वास के योग्य नहीं है, कितनों को दग़ा दे चुकी है, तुम्हारे साथ भी दग़ा करेगी; लेकिन इन कानों पर जूँ तक न रेंगी। अब मिलें, तो ज़रा उनका मिज़ाज पूछूँ। कहूँ—क्यों महाराज, देवीजी का यह वरदान पाकर प्रसन्न हुए या नहीं? तुम तो कहते थे, वह ऐसी है और वैसी है, लोग उस पर केवल दुर्भावना के कारण दोष आरोपित करते हैं। अब बतलाओ, किसकी भूल थी?

उसी दिन संयोगवश गंगू से बाज़ार में भेंट हो गई। घबराया हुआ था, बदहवास था, बिलकुल खोया हुआ। मुझे देखते ही उसकी आँखों में आँसू भर आए, लज्जा से नहीं, व्यथा से। मेरे पास आकर बोला—बाबूजी, गोमती ने मेरे साथ विश्वासघात किया। मैंने कुटिल आनंद से, लेकिन कृत्रिम सहानुभूति दिखाकर कहा—तुमसे तो मैंने पहले ही कहा था; लेकिन तुम माने ही नहीं, अब सब्र करो। इसके सिवा और क्या उपाय है। रुपए-पैसे ले गई या कुछ छोड़ गई?

गंगू ने छाती पर हाथ रखा। ऐसा जान पड़ा, मानो मेरे इस प्रश्न ने उसके हृदय को विदीर्ण कर दिया।

'अरे बाबूजी, ऐसा न कहिए, उसने धेले की भी चीज़ नहीं छुई। अपना जो कुछ था, वह भी छोड़ गई। न-जाने मुझमें क्या बुराई देखी। मैं उसके योग्य न था और क्या कहूँ। वह पढ़ी-लिखी थी, मैं करिया अक्षर भैंस बराबर। मेरे साथ इतने दिन रही, यही बहुत था। कुछ दिन और उसके साथ रह जाता, तो आदमी बन जाता। उसका आपसे कहाँ तक बखान करूँ हुज़ूर। औरों के लिए चाहे जो कुछ रही हो, मेरे लिए तो किसी देवता का आशीर्वाद थी। न-जाने मुझसे क्या ऐसी खता हो गई। मगर क़सम ले लीजिए, जो उसके मुख पर मैल तक आया हो। मेरी औकात ही क्या है बाबूजी! दस-बारह आने का मजूर हूँ; पर इसी में उसके हाथों इतनी बरक्कत थी कि कभी कमी नहीं पड़ी।'

मुझे इन शब्दों से घोर निराशा हुई। मैंने समझा था, वह उसकी बेवफ़ाई की कथा कहेगा और मैं उसकी अन्ध-भक्ति पर कुछ सहानुभूति प्रकट करूँगा; मगर उस मूर्ख की आँखें अब तक नहीं खुलीं। अब भी उसी का मंत्र पढ़ रहा है। अवश्य ही इसका चित्त कुछ अव्यवस्थित है।

मैंने कुटिल परिहास आरम्भ किया—तो तुम्हारे घर से कुछ नहीं ले गई?

'कुछ भी नहीं बाबूजी, धेले की भी चीज़ नहीं।'

'और तुमसे प्रेम भी बहुत करती थी?'

'अब आपसे क्या कहूँ बाबूजी, वह प्रेम तो मरते दम तक याद रहेगा।'

'फिर भी तुम्हें छोड़कर चली गई?'

'यही तो आश्चर्य है बाबूजी!'

'त्रिया-चरित्र का नाम कभी सुना है?'

'अरे बाबूजी, ऐसा न कहिए। मेरी गर्दन पर कोई छुरी रख दे, तो भी मैं उसका यश ही गाऊँगा।'

'तो फिर ढूँढ़ निकालो!'

'हाँ, मालिक। जब तक उसे ढूँढ़ न लाऊँगा, मुझे चैन न आएगा। मुझे इतना मालूम हो जाए कि वह कहाँ है, फिर तो मैं उसे ले ही आऊँगा; और बाबूजी, मेरा दिल कहता है कि वह आएगी ज़रूर। देख लीजिएगा। वह मुझसे रूठकर नहीं गई; लेकिन दिल नहीं मानता। जाता हूँ, महीने-दो-महीने जंगल, पहाड़ की धूल छानूँगा। जीता रहा, तो फिर आपके दर्शन करूँगा।'

यह कहकर वह उन्माद की दशा में एक तरफ़ चल दिया।

3

इसके बाद मुझे एक ज़रूरत से नैनीताल जाना पड़ा। सैर करने के लिए नहीं। एक महीने के बाद लौटा, और अभी कपड़े भी न उतारने पाया था कि देखता हूँ, गंगू एक नवजात शिशु को गोद में लिए खड़ा है। शायद कृष्ण को पाकर नन्द भी इतने पुलकित न हुए होंगे। मालूम होता था, उसके रोम-रोम से आनंद फूटा पड़ता है। चेहरे और आँखों से कृतज्ञता और श्रद्धा के राग-से निकल रहे थे। कुछ वही भाव था, जो किसी क्षुधा-पीड़ित भिक्षुक के चेहरे पर भरपेट भोजन करने के बाद नज़र आता है।

मैंने पूछा—कहो महाराज, गोमतीदेवी का कुछ पता लगा, तुम तो बाहर गए थे?

गंगू ने आपे में न समाते हुए जवाब दिया—हाँ बाबूजी, आपके आशीर्वाद से ढूँढ़ लाया। लखनऊ के जनाने अस्पताल में मिली। यहाँ एक सहेली से कह गई थी कि अगर वह बहुत घबराएँ तो बतला देना। मैं सुनते ही लखनऊ भागा और उसे घसीट लाया। घाते में यह बच्चा भी मिल गया।

उसने बच्चे को उठाकर मेरी तरफ़ बढ़ाया। मानो कोई खिलाड़ी तमगा पाकर दिखा रहा हो।

मैंने उपहास के भाव से पूछा—अच्छा, यह लड़का भी मिल गया? शायद इसीलिए वह यहाँ से भागी थी। है तो तुम्हारा ही लड़का?

'मेरा काहे को है बाबूजी, आपका है, भगवान् का है।'

'तो लखनऊ में पैदा हुआ?'

'हाँ बाबूजी, अभी तो कुल एक महीने का है।'

'तुम्हारे ब्याह हुए कितने दिन हुए?'

'यह सातवाँ महीना जा रहा है।'

'तो शादी के छठे महीने पैदा हुआ?'

'और क्या बाबूजी।'

'फिर भी तुम्हारा लड़का है?'

'हाँ, जी।'

'कैसी बे-सिर-पैर की बात कर रहे हो?'

मालूम नहीं, वह मेरा आशय समझ रहा था, या बन रहा था। उसी निष्कपट भाव से बोला—मरते-मरते बची, बाबूजी नया जनम हुआ। तीन दिन, तीन रात छटपटाती रही। कुछ न पूछिए।

मैंने अब ज़रा व्यंग्य-भाव से कहा—लेकिन छह महीने में लड़का होते आज ही सुना।

यह चोट निशाने पर जा बैठी।

मुस्कुराकर बोला—अच्छा, वह बात! मुझे तो उसका ध्यान भी नहीं आया। इसी भय से तो गोमती भागी थी। मैंने कहा—गोमती, अगर तुम्हारा मन मुझसे नहीं मिलता, तो तुम मुझे छोड़ दो। मैं अभी चला जाऊँगा और फिर कभी तुम्हारे पास न आऊँगा। तुमको जब कुछ काम पड़े तो मुझे लिखना, मैं भरसक तुम्हारी मदद करूँगा। मुझे तुमसे कुछ मलाल नहीं है। मेरी आँखों में तुम अब भी उतनी ही भली हो। अब भी मैं तुम्हें उतना ही चाहता हूँ। नहीं, अब मैं तुम्हें और ज़्यादा चाहता हूँ; लेकिन अगर तुम्हारा मन मुझसे फिर नहीं गया है, तो मेरे साथ चलो। गंगू जीते-जी तुमसे बेवफ़ाई नहीं करेगा। मैंने तुमसे इसलिए विवाह नहीं किया कि तुम देवी हो; बल्कि इसलिए कि मैं तुम्हें चाहता था और सोचता था कि तुम भी मुझे चाहती हो। यह बच्चा मेरा बच्चा है। मेरा अपना बच्चा है। मैंने एक बोया हुआ खेत लिया, तो क्या उसकी फसल को इसलिए छोड़ दूँगा, कि उसे किसी दूसरे ने बोया था?

यह कहकर उसने ज़ोर से ठट्ठा मारा।

मैं कपड़े उतारना भूल गया। कह नहीं सकता, क्यों मेरी आँखें सजल हो गईं। न-जाने वह कौन-सी शक्ति थी, जिसने मेरी मनोगत घृणा को दबाकर मेरे हाथों को बढ़ा दिया। मैंने उस निष्कलंक बालक को गोद में ले लिया और इतने प्यार से उसका चुम्बन लिया कि शायद अपने बच्चों का भी न लिया होगा।

गंगू बोला—बाबूजी, आप बड़े सज्जन हैं। मैं गोमती से बार-बार आपका बखान किया करता हूँ। कहता हूँ, चल, एक बार उनके दर्शन कर आ; लेकिन मारे लाज के आती ही नहीं।

मैं और सज्जन! अपनी सज्जनता का पर्दा आज मेरी आँखों से हटा। मैंने भक्ति से डूबे हुए स्वर में कहा—नहीं जी, मेरे-जैसे कलुषित मनुष्य के पास वह क्या आएगी। चलो, मैं उनके दर्शन करने चलता हूँ। तुम मुझे सज्जन समझते हो? मैं ऊपर से सज्जन हूँ; पर दिल का कमीना हूँ। असली सज्जनता तुममें है और यह बालक वह फूल है, जिससे तुम्हारी सज्जनता की महक निकल रही है।

मैं बच्चे को छाती से लगाए हुए गंगू के साथ चला।

जीवन का शाप

कावसजी ने पत्र निकाला और यश कमाने लगे। शापूरजी ने रुई की दलाली शुरू की और धन कमाने लगे? कमाई दोनों ही कर रहे थे, पर शापूरजी प्रसन्न थे; कावसजी विरक्त। शापूरजी को धन के साथ सम्मान और यश आप-ही-आप मिलता था। कावसजी को यश के साथ धन दूरबीन से देखने पर भी दिखाई न देता था; इसलिए शापूरजी के जीवन में शांति थी, सहृदयता

थी, आशीर्वाद था, क्रीड़ा थी। कावसजी के जीवन में अशांति थी, कटुता थी, निराशा थी, उदासीनता थी। धन को तुच्छ समझने की वह बहुत चेष्टा करते थे; लेकिन प्रत्यक्ष को कैसे झुठला देते? शापूरजी के घर में विराजने वाले सौजन्य और शांति के सामने उन्हें अपने घर के कलह और फूहड़पन से घृणा होती थी। मृदुभाषिणी मिसेज़ शापूर के सामने उन्हें अपनी गुलशन बानू संकीर्णता और ईर्ष्या का अवतार-सी लगती थी। शापूरजी घर में आते, तो शीरींबानू बाई मृदु हास से उनका स्वागत करती। वह ख़ुद दिन-भर के थके-माँदे घर आते तो गुलशन अपना दुखड़ा सुनाने बैठ जाती और उनको ख़ूब फटकारें बतातीं—तुम भी अपने को आदमी कहते हो। मैं तो तुम्हें बैल समझती हूँ, बैल बड़ा मेहनती है, ग़रीब है, सन्तोषी है, माना लेकिन उसे विवाह करने का क्या हक़ था?

कावसजी से एक लाख बार यह प्रश्न किया जा चुका था कि जब तुम्हें समाचारपत्र निकालकर अपना जीवन बरबाद करना था, तो तुमने विवाह क्यों किया? क्यों मेरी ज़िन्दगी तबाह कर दी? जब तुम्हारे घर में रोटियाँ न थीं, तो मुझे क्यों लाए! इस प्रश्न का जवाब देने की कावसजी में शक्ति न थी। उन्हें कुछ सूझता ही न था। वह सचमुच अपनी ग़लती पर पछताते थे। एक बार बहुत तंग आकर उन्होंने कहा था—अच्छा भाई, अब तो जो होना था, हो चुका; लेकिन मैं तुम्हें बाँधे तो नहीं हूँ, तुम्हें जो पुरुष ज़्यादा सुखी रख सके, उसके साथ जाकर रहो, अब मैं क्या कहूँ? आमदनी नहीं बढ़ती, तो मैं क्या करूँ? क्या चाहती हो, जान दे दूँ? इस पर गुलशन ने उनके दोनों कान पकड़कर ज़ोर से ऐंठे और गालों पर दो तमाचे लगाए और पैनी आँखों से काटती हुई बोली—अच्छा, अब चोंच सँभालो, नहीं तो अच्छा न होगा। ऐसी बात मुँह से निकालते तुम्हें लाज नहीं आती। हयादार होते, तो चुल्लू भर पानी में डूब मरते। उस दूसरे पुरुष के महल में आग लगा दूँगी, उसका मुँह झुलस दूँगी। तब से बेचारे कावसज़ी के पास इस प्रश्न का कोई जवाब न रहा। कहाँ तो यह असन्तोष और विद्रोह की ज्वाला और कहाँ वह मधुरता और भद्रता की देवी शीरीं, जो कावसजी को देखते ही फूल की तरह खिल उठतीं, मीठी-मीठी बातें करतीं, चाय, मुरब्बे और फूलों से सत्कार करतीं और अक्सर उन्हें अपनी कार पर घर पहुँचा देतीं। कावसजी ने कभी मन में भी इसे स्वीकार करने का साहस नहीं किया; मगर उनके ह्रदय में यह लालसा छिपी हुई थी कि गुलशन की जगह शीरीं होतीं, तो उनका जीवन कितना गुलजार होता! कभी-कभी गुलशन की कटूक्तियों से वह इतने दुखी हो जाते कि यमराज का आवाहन करते। घर उनके लिए क़ैदखाने से कम जानलेवा न था और उन्हें जब अवसर मिलता, सीधे शीरीं के घर जाकर अपने दिल की जलन बुझा आते।

2

एक दिन कावसजी सबेरे गुलशन से झल्लाकर शापूरजी के टेरेस में पहुँचे, तो देखा शीरीं बानू की आँखें लाल हैं और चेहरा भभराया हुआ है, जैसे रोकर उठी हों। कावसजी ने चिन्तित होकर पूछा—आपका जी कैसा है, बुखार तो नहीं आ गया।

शीरीं ने दर्द-भरी आँखों से देखकर रोनी आवाज़ से कहा—नहीं, बुखार तो नहीं है, कम-से-कम देह का बुखार तो नहीं है।

कावसजी इस पहेली का कुछ मतलब न समझे।

शीरीं ने एक क्षण मौन रहकर फिर कहा—आपको मैं अपना मित्र समझती हूँ मि. कावसजी! आपसे क्या छिपाऊँ। मैं इस जीवन से तंग आ गई हूँ। मैंने अब तक हृदय की आग हृदय में रखी; लेकिन ऐसा मालूम होता है कि अब उसे बाहर न निकालूँ, तो मेरी हड्डियाँ तक जल जाएँगी। इस वक़्त आठ बजे हैं, लेकिन मेरे रँगीले पिया का कहीं पता नहीं। रात को खाना खाकर वह एक मित्र से मिलने का बहाना करके घर से निकले थे और अभी तक लौटकर नहीं आए। यह आज कोई नई बात नहीं है, इधर कई महीनों से यह इनकी रोज़ की आदत है। मैंने आज तक आपसे कभी अपना दर्द नहीं कहा, मगर उस समय भी, जब मैं हँस-हँसकर आपसे बातें करती थी, मेरी आत्मा रोती रहती थी।

कावसजी ने निष्कपट भाव से कहा—तुमने पूछा नहीं, कहाँ रह जाते हो?

'पूछने से क्या लोग अपने दिल की बातें बता दिया करते हैं?'

'तुमसे तो उन्हें कोई भेद न रखना चाहिए।'

'घर में जी न लगे तो आदमी क्या करे?'

'मुझे यह सुनकर आश्चर्य हो रहा है। तुम जैसी देवी जिस घर हो, वह स्वर्ग है। शापूरजी को तो अपना भाग्य सराहना चाहिए!'

'आपका यह भाव तभी तक है, जब तक आपके पास धन नहीं है। आज तुम्हें कहीं से दो-चार लाख रुपए मिल जाएँ, तो तुम यों न रहोगे और तुम्हारे ये भाव बदल जाएँगे। यही धन का सबसे बड़ा अभिशाप है। ऊपरी सुख-शांति के नीचे कितनी आग है, यह तो उसी वक़्त खुलता है, जब ज्वालामुखी फट पड़ता है। वह समझते हैं, धन से घर भरकर उन्होंने मेरे लिए वह सबकुछ कर दिया जो उनका कर्तव्य था और अब मुझे असंतुष्ट होने का कोई कारण नहीं। यह नहीं जानते कि ऐश के ये सामान उस मिश्री-तहखानों में गड़े हुए पदार्थों की तरह हैं, जो मृतात्मा के भोग के लिए रखे जाते थे।'

कावसजी आज एक नई बात सुन रहे थे। उन्हें अब तक जीवन का जो अनुभव हुआ था, वह यह था कि स्त्री अन्तःकरण से विलासिनी होती है। उस पर लाख प्राण वारो, उसके लिए मर ही क्यों न मिटो, लेकिन व्यर्थ। वह केवल खरहरा नहीं चाहती, उससे कहीं ज़्यादा दाना और घास चाहती है। लेकिन एक यह देवी है, जो विलास की चीज़ों को तुच्छ समझती है और केवल मीठे स्नेह और सहवास से ही प्रसन्न रहना चाहती है। उनके मन में गुदगुदी-सी उठी।

मिसेज शापूर ने फिर कहा—उनका यह व्यापार मेरी बर्दाश्त के बाहर हो गया है, मि. कावसजी! मेरे मन में विद्रोह की ज्वाला उठ रही है और मैं धर्मशास्त्र और मर्यादा इन सभी का आश्रय लेकर भी त्राण नहीं पाती! मन को समझाती हूँ—क्या संसार में लाखों विधवाएँ नहीं पड़ी हुई हैं; लेकिन किसी तरह चित्त नहीं शान्त होता। मुझे विश्वास आता जाता है कि वह मुझे मैदान में आने के लिए चुनौती दे रहे हैं। मैंने अब तक उनकी चुनौती नहीं ली है; लेकिन अब पानी सिर के ऊपर चढ़ गया है। और मैं किसी तिनके का सहारा ढूँढ़े बिना नहीं रह सकती। वह जो चाहते हैं, वह हो जाएगा। आप उनके मित्र हैं, आपसे बन पड़े, तो उनको समझाइए। मैं इस मर्यादा की बेड़ी को अब और न पहन सकूँगी।

मि. कावसजी मन में भावी सुख का एक स्वर्ग निर्माण कर रहे थे। बोले—हाँ-हाँ, मैं अवश्य समझाऊँगा। यह तो मेरा धर्म है; लेकिन मुझे आशा नहीं कि मेरे समझाने का उन पर कोई असर हो। मैं तो दरिद्र हूँ, मेरे समझाने का उनकी दृष्टि में मूल्य ही क्या?

'यों वह मेरे ऊपर बड़ी कृपा रखते हैं बस, उनकी यही आदत मुझे पसन्द नहीं!'

'तुमने इतने दिनों बर्दाश्त किया, यही आश्चर्य है। कोई दूसरी औरत तो एक दिन न सहती।'

'थोड़ी-बहुत तो यह आदत सभी पुरुषों में होती है; लेकिन ऐसे पुरुषों की स्त्रियाँ भी वैसी ही होती हैं। कर्म से न सही, मन से ही सही। मैंने तो सदैव इनको अपना इष्टदेव समझा!'

'किन्तु जब पुरुष इसका अर्थ ही न समझे, तो क्या हो? मुझे भय है, वह मन में कुछ और न सोच रहे हों।'

'और क्या सोच सकते हैं?'

'आप अनुमान कर सकती हैं।'

'अच्छा, वह बात! मगर मेरा अपराध?'

'शेर और मेमनेवाली कथा आपने नहीं सुनी?'

मिसेज शापूर एकाएक चुप हो गईं। सामने से शापूरजी की कार आती दिखाई दी। उन्होंने कावसजी को ताकीद और विनय-भरी आँखों से देखा और दूसरे द्वार के कमरे से निकलकर अन्दर चली गईं। मि. शापूर लाल आँखें किए कार से उतरे और मुस्कुराकर कावसजी से हाथ मिलाया। स्त्री की आँखें भी लाल थीं, पति की आँखें भी लाल। एक रुदन से, दूसरी रात की खुमारी से।

3

शापूरजी ने हैट उतारकर खूँटी पर लटकाते हुए कहा—क्षमा कीजिएगा, मैं रात को एक मित्र के घर सो गया था। दावत थी। खाने में देर हुई, तो मैंने सोचा अब कौन घर जाए।

कावसजी ने व्यंग्य मुस्कान के साथ कहा—किसके यहाँ दावत थी। मेरे रिपोर्टर ने तो कोई ख़बर नहीं दी। ज़रा मुझे नोट करा दीजिए।

उन्होंने जेब से नोटबुक निकाली।

शापूरजी ने सतर्क होकर कहा—ऐसी कोई बड़ी दावत नहीं थी जी, दो-चार मित्रों का प्रीतिभोज था।

'फिर भी समाचार तो जानना चाहिए। जिस प्रीतिभोज में आप-जैसे प्रतिष्ठित लोग शरीक हों, वह साधारण बात नहीं हो सकती। क्या नाम है मेज़बान साहब का?'

'आप चौंकेंगे तो नहीं?'

'बताइए तो।'

'मिस गौहर!'

'मिस गौहर!!'

'जी हाँ, आप चौंके क्यों? क्या आप इसे तस्लीम नहीं करते कि दिन-भर रुपए-आने-पाई से सिर मारने के बाद मुझे कुछ मनोरंजन करने का भी अधिकार है, नहीं तो जीवन भार हो जाए।'

'मैं इसे नहीं मानता।'

'क्यों?'

'इसीलिए कि मैं इस मनोरंजन को अपनी ब्याहता स्त्री के प्रति अन्याय समझता हूँ।'

शापूरजी नक़ली हँसी हँसे—यही दकियानूसी बात। आपको मालूम होना चाहिए; आज का समय ऐसा कोई बन्धन स्वीकार नहीं करता।

‘और मेरा ख़याल है कि कम-से-कम इस विषय में आज का समाज एक पीढ़ी पहले के समाज से कहीं परिष्कृत है। अब देवियों का यह अधिकार स्वीकार किया जाने लगा है।’

‘यानी देवियाँ पुरुषों पर हुकूमत कर सकती हैं?’

‘उसी तरह जैसे पुरुष देवियों पर हुकूमत कर सकते हैं।’

‘मैं इसे नहीं मानता। पुरुष स्त्री का मुहताज नहीं है, स्त्री पुरुष की मुहताज है।’

‘आपका आशय यही तो है कि स्त्री अपने भरण-पोषण के लिए पुरुष पर अवलम्बित है?’

‘अगर आप इन शब्दों में कहना चाहते हैं, तो मुझे कोई आपत्ति नहीं; मगर अधिकार की बागडोर जैसे राजनीति में, वैसे ही समाज-नीति में धनबल के हाथ रही है और रहेगी।’

‘अगर दैवयोग से धनोपार्जन का काम स्त्री कर रही हो और पुरुष कोई काम न मिलने के कारण घर बैठा हो, तो स्त्री को अधिकार है कि अपना मनोरंजन जिस तरह चाहे करे?’

‘मैं स्त्री को अधिकार नहीं दे सकता।’

‘यह आपका अन्याय है।’

‘बिलकुल नहीं। स्त्री पर प्रकृति ने ऐसे बन्धन लगा दिए हैं कि वह जितना भी चाहे, पुरुष की भाँति स्वच्छन्द नहीं रह सकती और न पशुबल में पुरुष का मुक़ाबला ही कर सकती है। हाँ, गृहिणी का पद त्याग कर या अप्राकृतिक जीवन का आश्रय लेकर, वह सबकुछ कर सकती है।’

‘आप लोग उसे मजबूर कर रहे हैं कि अप्राकृतिक जीवन का आश्रय ले।’

‘मैं ऐसे समय की कल्पना ही नहीं कर सकता, जब पुरुषों का आधिपत्य स्वीकार करनेवाला औरतों का काल पड़ जाए। क़ानून और सभ्यता मैं नहीं जानता। पुरुषों ने स्त्रियों पर हमेशा राज किया है और करेंगे।’

सहसा कावसजी ने पहलू बदला। इतनी थोड़ी-सी देर में ही वह अच्छे-खासे कूटनीति-चतुर हो गए थे। शापूरजी को प्रशंसा-सूचक आँखों से देखकर बोले—तो हम और आप दोनों एक विचार के हैं। मैं आपकी परीक्षा ले रहा था। मैं भी स्त्री को गृहिणी, माता और स्वामिनी, सबकुछ मानने को तैयार हूँ, पर उसे स्वच्छन्द नहीं देख सकता। अगर कोई स्त्री स्वच्छन्द होना चाहती है तो उसके लिए मेरे घर में स्थान नहीं है। अभी मिसेज़ शापूर की बातें सुनकर मैं दंग रह गया। मुझे इसकी कल्पना भी न थी कि कोई नारी मन में इतने विद्रोहात्मक भावों को स्थान दे सकती है।

मि. शापूर की गर्दन की नसें तन गईं; नथने फूल गए। कुर्सी से उठकर बोले—अच्छा, तो अब शीरीं ने यह ढंग निकाला! मैं अभी उससे पूछता हूँ—आपके सामने पूछता हूँ—अभी फ़ैसला कर डालूँगा। मुझे उसकी परवाह नहीं है। किसी की परवाह नहीं है। बेवफ़ा औरत? जिसके हृदय में ज़रा भी संवेदना नहीं, जो मेरे जीवन में ज़रा-सा आनंद भी नहीं सह सकती चाहती है, मैं उसके अंचल में बँधा-बँधा घूमूँ! शापूर से यह आशा रखती है? अभागिनी भूल जाती है कि आज मैं आँखों का इशारा कर दूँ, तो एक सौ एक शीरियाँ मेरी उपासना करने लगें; जी हाँ, मेरे इशारों पर नाचें। मैंने इसके लिए जो कुछ किया, बहुत कम पुरुष किसी स्त्री के लिए करते हैं। मैंने... मैंने...

उन्हें ख़याल आ गया कि वह ज़रूरत से ज़्यादा बहके जा रहे हैं। शीरीं की प्रेममय सेवाएँ याद आईं, रुककर बोले—लेकिन मेरा ख़याल है कि वह अब भी समझ से काम ले सकती

है। मैं उसका दिल नहीं दुखाना चाहता। मैं यह भी जानता हूँ कि वह ज़्यादा-से-ज़्यादा जो कर सकती है, वह शिकायत है। इसके आगे बढ़ने की हिमाकत वह नहीं कर सकती। औरतों को मना लेना बहुत मुश्किल नहीं है, कम-से-कम मुझे तो यही तजुरबा है।

कावसजी ने खंडन किया—मेरा तजुरबा तो कुछ और है।

'हो सकता है; मगर आपके पास ख़ाली बातें हैं, मेरे पास लक्ष्मी का आशीर्वाद है।'

'जब मन में विद्रोह के भाव जम गए, तो लक्ष्मी के टाले भी नहीं टल सकते।'

शापूरजी ने विचारपूर्ण भाव से कहा—शायद आपका विचार ठीक है।

4

कई दिन के बाद कावसजी की शीरीं से पार्क में मुलाक़ात हुई। वह इसी अवसर की खोज में थे। उनका स्वर्ग तैयार हो चुका था। केवल उसमें शीरीं को प्रतिष्ठित करने की कसर थी। उस शुभ-दिन की कल्पना में वह पागल-से हो रहे थे। गुलशन को उन्होंने उसके मैके भेज दिया था। भेज क्या दिया था, वह रूठकर चली गई थी। जब शीरीं उनकी दरिद्रता का स्वागत कर रही है, तो गुलशन की खुशामद क्यों की जाए? लपककर शीरीं से हाथ मिलाया और बोले—आप ख़ूब मिलीं। मैं आज आनेवाला था।

शीरीं ने गिला करते हुए कहा—आपकी राह देखते-देखते आँखें थक गईं। आप भी ज़बानी हमदर्दी ही करना जानते हैं। आपको क्या ख़बर, इन कई दिनों में मेरी आँखों से कितने आँसू बहे हैं।

कावसजी ने शीरीं बानू की उत्कंठापूर्ण मुद्रा देखी, जो बहुमूल्य रेशमी साड़ी की आब से और भी दमक उठी थी, और उनका हृदय अन्दर से बैठता हुआ जान पड़ा। उस छात्र की-सी दशा हुई, जो आज अन्तिम परीक्षा पास कर चुका हो और जीवन का प्रश्न उसके सामने अपने भयंकर रूप में खड़ा हो। काश! वह कुछ दिन और परीक्षाओं की भूलभुलैया में जीवन के स्वप्नों का आनंद ले सकता! उस स्वप्न के सामने यह सत्य कितना डरावना था। अभी तक कावसजी ने मधुमक्खी का शहद ही चखा था। इस समय वह उनके मुख पर मँडरा रही थी और वह डर रहे थे कि कहीं डंक न मारे।

दबी हुई आवाज़ से बोले—मुझे यह सुनकर बड़ा दुख हुआ। मैंने तो शापूर को बहुत समझाया था।

शीरीं ने उनका हाथ पकड़कर एक बेंच पर बिठा दिया और बोलीं—उन पर अब समझाने-बुझाने का कोई असर न होगा। और मुझे ही क्या ग़रज़ पड़ी है कि मैं उनके पाँव सहलाती रहूँ। आज मैंने निश्चय कर लिया है, अब उस घर में लौटकर न जाऊँगी। अगर उन्हें अदालत में जलील होने का शौक़ है, तो मुझ पर दावा करें, मैं तैयार हूँ। मैं जिसके साथ नहीं रहना चाहती, उसके साथ रहने के लिए ईश्वर भी मुझे मजबूर नहीं कर सकता, अदालत क्या कर सकती है? अगर तुम मुझे आश्रय दे सकते हो, तो मैं तुम्हारी बनकर रहूँगी, तब तक तुम मेरे पास रहोगे। अगर तुममें इतना आत्मबल नहीं है, तो मेरे लिए दूसरे द्वार खुल जाएँगे। अब साफ़-साफ़ बतलाओ, क्या वह सारी सहानुभूति ज़बानी थी?

कावसजी ने कलेजा मज़बूत करके कहा—नहीं-नहीं, शीरीं, ख़ुदा जानता है, मुझे तुमसे कितना प्रेम है। तुम्हारे लिए मेरे हृदय में स्थान है।

'मगर गुलशन का क्या करोगे?'

'उसे तलाक़ दे दूँगा।'

'हाँ, यही मैं भी चाहती हूँ। तो मैं तुम्हारे साथ चलूँगी, अभी, इसी दम। शापूर से अब मेरा कोई सम्बन्ध नहीं है।'

कावसजी को अपने दिल में कम्पन का अनुभव हुआ। बोले—लेकिन अभी तो वहाँ कोई तैयारी नहीं है।

'मेरे लिए किसी तैयारी की ज़रूरत नहीं। तुम सबकुछ हो। टैक्सी ले लो। मैं इसी वक़्त चलूँगी।'

कावसजी टैक्सी की खोज में पार्क से निकले। वह एकान्त में विचार करने के लिए थोड़ा-सा समय चाहते थे, इस बहाने से उन्हें समय मिल गया। उन पर अब जवानी का वह नशा न था, जो विवेक की आँखों पर छाकर बहुधा हमें गड्ढे में गिरा देता है। अगर कुछ नशा था, तो अब तक हिरन हो चुका था। वह किस फन्दे में गला डाल रहे हैं, वह ख़ूब समझते थे। शापूरजी उन्हें मिट्टी में मिला देने के लिए पूरा ज़ोर लगाएँगे, यह भी उन्हें मालूम था। गुलशन उन्हें सारी दुनिया में बदनाम कर देगी, यह भी वह जानते थे। ये सब विपत्तियाँ झेलने को वह तैयार थे। शापूर की ज़बान बन्द करने के लिए उनके पास काफ़ी दलीलें थीं। गुलशन को भी स्त्री-समाज में अपमानित करने का उनके पास काफ़ी मसाला था। डर था, तो यह कि शीरीं का यह प्रेम टिक सकेगा या नहीं। अभी तक शीरीं ने केवल उनके सौजन्य का परिचय पाया है, केवल उनकी न्याय, सत्य और उदारता से भरी बातें सुनी हैं। इस क्षेत्र में शापूरजी से उन्होंने बाज़ी मारी है, लेकिन उनके सौजन्य और उनकी प्रतिमा का जादू उनके बेसरोसामान घर में कुछ दिन रहेगा, इसमें उन्हें सन्देह था। हलवे की जगह चुपड़ी रोटियाँ भी मिलें तो आदमी सब्र कर सकता है। रूखी भी मिल जाएँ, तो वह सन्तोष कर लेगा; लेकिन सूखी घास सामने देखकर तो ऋषि-मुनि भी जामे से बाहर हो जाएँगे। शीरीं उनसे प्रेम करती है; लेकिन प्रेम के त्याग की भी तो सीमा है। दो-चार दिन भावुकता के उन्माद में यह सब्र कर ले; लेकिन भावुकता कोई टिकाऊ चीज़ तो नहीं है। वास्तविकता के आघातों के सामने यह भावुकता कै दिन टिकेगी। उस परिस्थिति की कल्पना करके कावसजी काँप उठे। अब तक वह रनिवास में रही है। अब उसे एक खपरैल का कॉटेज मिलेगा, जिसकी फ़र्श पर कालीन की जगह टाट भी नहीं; कहाँ वरदीपोश नौकरों की पलटन, कहाँ एक बुढ़िया मामी की संदिग्ध सेवाएँ जो बात-बात पर भुनभुनाती है, धमकाती है, कोसती है। उनका आधा वेतन तो संगीत सिखाने वाला मास्टर ही खा जाएगा और शापूरजी ने कहीं ज़्यादा कमीनापन से काम लिया, तो उनको बदमाशों से पिटवा भी सकते हैं। पिटने से वह नहीं डरते। यह तो उनकी फतह होगी; लेकिन शीरीं की भोग-लालसा पर कैसे विजय पाएँ। बुढ़िया मामी जब मुँह लटकाए आकर उसके सामने रोटियाँ और सालन परोस देगी, तब शीरीं के मुख पर कैसी विदग्ध विरक्ति छा जाएगी! कहीं वह खड़ी होकर उनको और अपनी क़िस्मत को कोसने न लगे। नहीं, अभाव की पूर्ति सौजन्य से नहीं हो सकती। शीरीं का वह रूप कितना विकराल होगा।

सहसा एक कार सामने से आती दिखाई दी। कावसजी ने देखा—शापूरजी बैठे हुए थे। उन्होंने हाथ उठाकर कार को रुकवा लिया और पीछे दौड़ते हुए जाकर शापूरजी से बोले—आप कहाँ जा रहे हैं?

'यों ही ज़रा घूमने निकला था।'

'शीरींबानू पार्क में हैं, उन्हें भी लेते जाइए।'

'वह तो मुझसे लड़कर आई हैं कि अब इस घर में कभी क़दम न रखूँगी।'

'और आप सैर करने जा रहे हैं?'

'तो क्या आप चाहते हैं, बैठकर रोऊँ?'

'वह बहुत रो रही हैं।'

'सच!'

'हाँ, बहुत रो रही हैं।'

'तो शायद उसकी बुद्धि जाग रही है।'

'तुम इस समय उन्हें मना लो, तो वह हर्ष से तुम्हारे साथ चली जाएँ।'

'मैं परीक्षा करना चाहता हूँ कि वह बिना मनाए मानती है या नहीं।'

'मैं बड़े असमंजस में पड़ा हुआ हूँ। मुझपर दया करो, तुम्हारे पैरों पड़ता हूँ।'

'जीवन में जो थोड़ा-सा आनंद है, उसे मनावन के नाट्य में नहीं छोड़ना चाहता।'

कार चल पड़ी और कावसजी कर्तव्यभ्रष्ट-से वहीं खड़े रह गए। देर हो रही थी। सोचा—कहीं शीरीं यह न समझ ले कि मैंने भी उसके साथ दग़ा की; लेकिन जाऊँ भी तो क्योंकर? अपने सम्पादकीय कुटीर में उस देवी को प्रतिष्ठित करने की कल्पना ही उन्हें हास्यास्पद लगी। वहाँ के लिए तो गुलशन ही उपयुक्त है। कुढ़ती है, कठोर बातें कहती है, रोती है, लेकिन वक़्त से भोजन तो देती है। फटे हुए कपड़ों को रफ़ू तो कर देती है, कोई मेहमान आ जाता है, तो कितने प्रसन्न-मुख से उसका आदर-सत्कार करती है, मानो उसके मन में आनंद-ही-आनंद है। कोई छोटी-सी चीज़ भी दे दी, तो कितना फूल उठती है। थोड़ी-सी तारीफ करके चाहे उससे ग़ुलामी करवा लो। अब उन्हें अपनी ज़रा-ज़रा सी बात पर झुँझला पड़ना, उसकी सीधी-सी बातों का टेढ़ा जवाब देना, विकल करने लगा। उस दिन उसने यही तो कहा था कि उसकी छोटी बहन की साल-गिरह पर कोई उपहार भेजना चाहिए। इसमें बरस पड़ने की कौन-सी बात थी। माना वह अपना सम्पादकीय नोट लिख रहे थे, लेकिन उनके लिए सम्पादकीय नोट जितना महत्त्व रखता है, क्या गुलशन के लिए उपहार भेजना उतना ही या उससे ज़्यादा महत्त्व नहीं रखता? बेशक, उनके पास उस समय रुपए न थे, तो क्या वह मीठे शब्दों में यह नहीं कह सकते थे कि डार्लिंग? मुझे खेद है, अभी हाथ ख़ाली है, दो-चार रोज़ में मैं कोई प्रबंध कर दूँगा। यह जवाब सुनकर वह चुप हो जाती। और अगर कुछ भुनभुना ही लेती तो उनका क्या बिगड़ जाता था? अपनी टिप्पणियों में वह कितनी शिष्टता का व्यवहार करते हैं। क़लम ज़रा भी गर्म पड़ जाए, तो गर्दन नापी जाए। गुलशन पर वह क्यों बिगड़ जाते हैं? इसीलिए कि वह उनके अधीन है और उन्हें रूठ जाने के सिवा कोई दंड नहीं दे सकती। कितनी नीच कायरता है कि हम सबलों के सामने दुम हिलाएँ और जो हमारे लिए अपने जीवन का बलिदान कर रही है, उसे काटने दौड़ें।

सहसा एक ताँगा आता हुआ दिखाई दिया और सामने आते ही उस पर से एक स्त्री उतर कर उनकी ओर चली। अरे! यह तो गुलशन है। उन्होंने आतुरता से आगे बढ़कर उसे गले लगा लिया और बोले—तुम इस वक़्त यहाँ कैसे आईं? मैं अभी-अभी तुम्हारा ही ख़याल कर रहा था।

गुलशन ने गद्गद कंठ से कहा—तुम्हारे ही पास जा रही थी। शाम को बरामदे में बैठी तुम्हारा लेख पढ़ रही थी। न-जाने कब झपकी आ गई और मैंने एक बुरा सपना देखा। मारे डर के मेरी नींद खुल गई और तुमसे मिलने चल पड़ी। इस वक़्त यहाँ कैसे खड़े हो? कोई दुर्घटना तो नहीं हो गई? रास्ते भर मेरा कलेजा धड़क रहा था।

कावसजी ने आश्वासन देते हुए कहा—मैं तो बहुत अच्छी तरह हूँ। तुमने क्या स्वप्न देखा?

'मैंने देखा—जैसे तुमने एक रमणी को कुछ कहा है और वह तुम्हें बाँध कर घसीटे लिए जा रही है।'

'कितना बेहूदा स्वप्न है; और तुम्हें इस पर विश्वास भी आ गया? मैं तुमसे कितनी बार कह चुका कि स्वप्न केवल चिन्तित मन की क्रीड़ा है।'

'तुम मुझसे छिपा रहे हो। कोई न कोई बात हुई है ज़रूर। तुम्हारा चेहरा बोल रहा है। अच्छा, तुम इस वक़्त यहाँ क्यों खड़े हो? यह तो तुम्हारे पढ़ने का समय है।'

'यों ही, ज़रा घूमने चला आया था।'

'झूठ बोलते हो। खा जाओ मेरे सिर की क़सम।'

'अब तुम्हें एतबार ही न आए तो क्या करूँ?'

'क़सम क्यों नहीं खाते?'

'क़सम को मैं झूठ का अनुमोदन समझता हूँ।'

गुलशन ने फिर उनके मुख पर तीव्र दृष्टि डाली। फिर एक क्षण के बाद बोली—अच्छी बात है। चलो, घर चलें।

कावसजी ने मुस्कुराकर कहा—तुम फिर मुझसे लड़ाई करोगी।

'सरकार से लड़कर भी तुम सरकार की अमलदारी में रहते हो कि नहीं? मैं भी तुमसे लड़ूँगी; मगर तुम्हारे साथ रहूँगी।'

'हम इसे कब मानते हैं कि यह सरकार की अमलदारी है।'

'यह तो मुँह से कहते हो। तुम्हारा रोआँ-रोआँ इसे स्वीकार करता है। नहीं तो तुम इस वक़्त जेल में होते।'

'अच्छा, चलो, मैं थोड़ी देर में आता हूँ।'

'मैं अकेली नहीं जाने की। आख़िर सुनूँ, तुम यहाँ क्या कर रहे हो?'

कावसजी ने बहुत कोशिश की कि गुलशन वहाँ से किसी तरह चली जाए; लेकिन वह जितना ही इस पर ज़ोर देते थे, उतना ही गुलशन का आग्रह भी बढ़ता जाता था। आख़िर मजबूर होकर कावसजी को शीरीं और शापूर के झगड़े का वृत्तान्त कहना ही पड़ा; यद्यपि इस नाटक में उनका अपना जो भाग था उसे उन्होंने बड़ी होशियारी से छिपा देने की चेष्टा की।

गुलशन ने विचार करके कहा—तो तुम्हें भी यह सनक सवार हुई!

कावसजी ने तुरन्त प्रतिवाद किया—कैसी सनक! मैंने क्या किया? अब यह तो इंसानियत नहीं है कि एक मित्र की स्त्री मेरी सहायता माँगे और मैं बगलें झाँकने लगूँ!

'झूठ बोलने के लिए बड़ी अक़्ल की ज़रूरत होती है प्यारे, और वह तुममें नहीं है; समझे? चुपके से जाकर शीरींबानू को सलाम करो और कहो कि आराम से अपने घर में बैठें। सुख कभी सम्पूर्ण नहीं मिलता। विधि इतना घोर पक्षपात नहीं कर सकता। गुलाब में काँटे

होते ही हैं। अगर सुख भोगना है तो उसे उसके दोषों के साथ भोगना पड़ेगा। अभी विज्ञान ने कोई ऐसा उपाय नहीं निकाला कि हम सुख के काँटों को अलग कर सकें! मुफ़्त का माल उड़ानेवाले को ऐयाशी के सिवा और सूझेगी क्या? अगर धन सारी दुनिया का विलास न मोल लेना चाहे तो वह धन ही कैसा? शीरीं के लिए भी क्या वे द्वार नहीं खुले हैं, शापूरजी के लिए खुले हैं? उससे कहो—शापूर के घर में रहे, उनके धन को भोगे और भूल जाए कि वह शापूर की स्त्री है, उसी तरह जैसे शापूर भूल गया है कि वह शीरीं का पति है। जलना और कुढ़ना छोड़कर विलास का आनंद लूटे। उसका धन एक-से-एक रूपवान्, विद्वान् नवयुवकों को खींच लाएगा। तुमने ही एक बार मुझसे कहा था कि एक ज़माने में फ्रांस में धनवान् विलासिनी महिलाओं का समाज पर आधिपत्य था। उनके पति सबकुछ देखते थे और मुँह खोलने का साहस न करते थे। और मुँह क्या खोलते? वे ख़ुद इसी धुन में मस्त थे। यही धन का प्रसाद है। तुमसे न बने, तो चलो, मैं शीरीं को समझा दूँ। ऐयाश मर्द की स्त्री अगर ऐयाश न हो तो यह उसकी कायरता है—लतखोरपन है!'

कावसजी ने चकित होकर कहा—लेकिन तुम भी तो धन की उपासक हो?

गुलशन ने शर्मिन्दा होकर कहा—यही तो जीवन का शाप है। हम उसी चीज़ पर लपकते हैं, जिसमें हमारा अमंगल है, सत्यानाश है। मैं बहुत दिन पापा के इलाक़े में रही हूँ। चारों तरफ़ किसान और मज़दूर रहते थे। बेचारे दिन-भर पसीना बहाते थे, शाम को घर जाते। ऐयाशी और बदमाशी का कहीं नाम न था। और यहाँ शहर में देखती हूँ कि सभी बड़े घरों में यही रोना है। सब-के-सब हथकंडों से पैसे कमाते हैं और अस्वाभाविक जीवन बिताते हैं। आज तुम्हें कहीं से धन मिल जाए, तो तुम भी शापूर बन जाओगे, निश्चय।

'तब शायद तुम भी अपने बताए हुए मार्ग पर चलोगी, क्यों?'

'शायद नहीं, अवश्य।'

डामुल का क़ैदी

दस बजे रात का समय, एक विशाल भवन में एक सजा हुआ कमरा, बिजली की अँगीठी, बिजली का प्रकाश। बड़ा दिन आ गया है।

सेठ ख़ूबचन्दजी अफ़सरों को डालियाँ भेजने का सामान लगा रहे हैं। फलों, मिठाइयों, मेवों, खिलौनों की छोटी-छोटी पहाड़ियाँ सामने खड़ी हैं। मुनीमजी अफ़सरों के नाम बोलते जाते हैं। और सेठजी अपने हाथों यथासम्मान डालियाँ लगाते जाते हैं।

ख़ूबचन्दजी एक मिल के मालिक हैं, बम्बई के बड़े ठीकेदार। एक बार नगर के मेयर भी रह चुके हैं। इस वक़्त भी कई व्यापारी-सभाओं के मंत्री और व्यापार मंडल के सभापति हैं। इस धन, यश, मान की प्राप्ति में डालियों का कितना भाग है, यह कौन कह सकता है, पर इस अवसर पर सेठजी के दस-पाँच हज़ार बिगड़ जाते थे। अगर कुछ लोग तुम्हें खुशामदी, टोड़ी, जी-हुजूर कहते हैं, तो कहा करें। इससे सेठजी का क्या बिगड़ता है। सेठजी उन लोगों में नहीं हैं, जो नेकी करके दरिया में डाल दें।

पुजारीजी ने आकर कहा—सरकार, बड़ा विलम्ब हो गया। ठाकुरजी का भोग तैयार है।

अन्य धनिकों की भाँति सेठजी ने भी एक मन्दिर बनवाया था। ठाकुरजी की पूजा करने के लिए एक पुजारी नौकर रख लिया था।

पुजारी को रोष-भरी आँखों से देखकर कहा—देखते नहीं हो, क्या कर रहा हूँ? यह भी एक काम है, खेल नहीं, तुम्हारे ठाकुरजी ही सबकुछ न दे देंगे। पेट भरने पर ही पूजा सूझती है। घंटे-आध-घंटे की देर हो जाने से ठाकुरजी भूखों न मर जाएँगे।

पुजारीजी अपना-सा मुँह लेकर चले गए और सेठजी फिर डालियाँ सजाने में मसरूफ हो गए।

सेठजी के जीवन का मुख्य काम धन कमाना था और उसके साधनों की रक्षा करना उनका मुख्य कर्तव्य। उनके सारे व्यवहार इसी सिद्धांत के अधीन थे। मित्रों से इसलिए मिलते थे कि उनसे धनोपार्जन में मदद मिलेगी। मनोरंजन भी करते थे, तो व्यापार की दृष्टि से; दान बहुत देते थे, पर उसमें भी यही लक्ष्य सामने रहता था। संध्या और वन्दना उनके लिए पुरानी लकीर थीं, जिसे पीटते रहने में स्वार्थ सिद्ध होता था, मानो कोई बेगार हो। सब कामों से छुट्टी मिली, तो जाकर ठाकुरद्वारे में खड़े हो गए, चरणामृत लिया और चले आए।

एक घंटे के बाद पुजारीजी फिर सिर पर सवार हो गए। ख़ूबचन्द उनका मुँह देखते ही झुँझला उठे। जिस पूजा में तत्काल फ़ायदा होता था, उसमें कोई बार-बार विघ्न डाले तो क्यों न बुरा लगे? बोले—कह दिया, अभी मुझे फुरसत नहीं है। खोपड़ी पर सवार हो गए! मैं पूजा का ग़ुलाम नहीं हूँ। जब घर में पैसे होते हैं, तभी ठाकुरजी की भी पूजा होती है। घर में पैसे न होंगे, तो ठाकुर जी भी पूछने न आएँगे।

पुजारी हताश होकर चला गया और सेठजी फिर अपने काम में लगे।

सहसा उनके मित्र केशवरामजी पधारे। सेठजी उठकर उनके गले से लिपट गए और बोले—किधर से? मैं तो अभी तुम्हें बुलाने वाला था।

केशवराम ने मुस्कुराकर कहा—इतनी रात गए तक डालियाँ ही लग रही हैं? अब तो समेटो। कल का सारा दिन पड़ा है, लगा लेना। तुम कैसे इतना काम करते हो, मुझे तो यही आश्चर्य होता है। आज क्या प्रोग्राम था, याद है?

सेठजी ने गर्दन उठाकर स्मरण करने की चेष्टा करके कहा—क्या कोई विशेष प्रोग्राम था? मुझे तो याद नहीं आता (एकाएक स्मृति जाग उठती है) अच्छा, वह बात! हाँ, याद आ गया। अभी देर तो नहीं हुई। इस झमेले में ऐसा भूला कि ज़रा भी याद न रही।

'तो चलो फिर। मैंने तो समझा था, तुम वहाँ पहुँच गए होगे।'

'मेरे न जाने से लैला नाराज़ तो नहीं हुई?'

'यह तो वहाँ चलने पर मालूम होगा।'

'तुम मेरी ओर से क्षमा माँग लेना।'

'मुझे क्या ग़रज़ पड़ी है, जो आपकी ओर से क्षमा माँगूँ! वह तो त्योरियाँ चढ़ाए बैठी थी। कहने लगी—उन्हें मेरी परवाह नहीं तो मुझे भी उनकी परवाह नहीं। मुझे आने ही न देती थी। मैंने शान्त तो कर दिया, लेकिन कुछ बहाना करना पड़ेगा।'

ख़ूबचन्द ने आँखें मारकर कहा—मैं कह दूँगा, गवर्नर साहब ने ज़रूरी काम से बुला भेजा था।

'जी नहीं, यह बहाना वहाँ न चलेगा। कहेगी—तुम मुझसे पूछकर क्यों नहीं गए। वह अपने सामने गवर्नर को समझती ही क्या है। रूप और यौवन बड़ी चीज़ है भाई साहब! आप नहीं जानते।'

'तो फिर तुम्हीं बताओ, कौन-सा बहाना करूँ?'

'अजी, बीस बहाने हैं। कहना, दोपहर से 106 डिग्री का ज्वर था। अभी उठा हूँ।'

दोनों मित्र हँसे और लैला का मुजरा सुनने चले।

2

सेठ ख़ूबचन्द का स्वदेशी मिल देश के बहुत बड़े मिलों में है। जब से स्वदेशी आन्दोलन चला है, मिल के माल की खपत दूनी हो गई है। सेठजी ने कपड़े की दर में दो आने रुपया बढ़ा दिए हैं फिर भी बिक्री में कोई कमी नहीं है; लेकिन इधर अनाज कुछ सस्ता हो गया है, इसलिए सेठजी ने मजूरी घटाने की सूचना दे दी है। कई दिन से मजूरों के प्रतिनिधियों और सेठजी में बहस होती रही। सेठजी जौ-भर भी न दबना चाहते थे। जब उन्हें आधी मजूरी पर नए आदमी मिल सकते हैं, तब वह क्यों पुराने आदमियों को रखें। वास्तव में यह चाल पुराने आदमियों को भगाने ही के लिए चली गई थी।

अंत में मजूरों ने यही निश्चय किया कि हड़ताल कर दी जाए।

प्रात:काल का समय है। मिल के हाते में मजूरों की भीड़ लगी हुई है। कुछ लोग चारदीवारी पर बैठे हैं, कुछ ज़मीन पर; कुछ इधर-उधर मटरगश्ती कर रहे हैं। मिल के द्वार पर कांस्टेबलों का पहरा है। मिल में पूरी हड़ताल है।

एक युवक को बाहर से आते देखकर सैकड़ों मजूर इधर-उधर से दौड़कर उसके चारों ओर जमा हो गए। हरेक पूछ रहा था—सेठजी ने क्या कहा?

यह लम्बा, दुबला, साँवला युवक मजूरों का प्रतिनिधि था। उसकी आकृति में कुछ ऐसी दृढ़ता, कुछ ऐसी निष्ठा, कुछ ऐसी गम्भीरता थी कि सभी मजूरों ने उसे नेता मान लिया था।

युवक के स्वर में निराशा थी, क्रोध था, आहत सम्मान का रुदन था।

'कुछ नहीं हुआ। सेठजी कुछ नहीं सुनते।'

चारों ओर से आवाज़ें आईं—तो हम भी उनकी खुशामद नहीं करते।

युवक ने फिर कहा—वह मजूरी घटाने पर तुले हुए हैं, चाहे कोई काम करे या न करे। इस मिल से इस साल दस लाख का फ़ायदा हुआ है। यह हम लोगों ही की मेहनत का फल है, लेकिन फिर भी हमारी मजूरी काटी जा रही है। धनवानों का पेट कभी नहीं भरता। हम निर्बल हैं, निस्सहाय हैं, हमारी कौन सुनेगा? व्यापार-मंडल उनकी ओर है, सरकार उनकी ओर है, मिल के हिस्सेदार उनकी ओर हैं, हमारा कौन है? हमारा उद्धार तो भगवान् ही करेंगे।

एक मजूर बोला—सेठजी भी तो भगवान् के बड़े भगत हैं।

युवक ने मुस्कुराकर कहा—हाँ, बहुत बड़े भक्त हैं। यहाँ किसी ठाकुरद्वारे में उनके ठाकुरद्वारे की-सी सजावट नहीं है, कहीं इतना विधिपूर्वक भोग नहीं लगता, कहीं इतने उत्सव नहीं होते, कहीं ऐसी झाँकी नहीं बनती। उसी भक्ति का प्रताप है कि आज नगर में इतना सम्मान है, औरों का माल पड़ा सड़ता है, इनका माल गोदाम में नहीं जाने पाता। वही भक्तराज हमारी मजूरी घटा रहे हैं। मिल में अगर घाटा हो तो हम आधी मजूरी पर काम करेंगे, लेकिन जब

लाखों का लाभ हो रहा है तो किस नीति से हमारी मजूरी घटाई जा रही है। हम अन्याय नहीं सह सकते। प्रण कर लो कि किसी बाहरी आदमी को मिल में घुसने न देंगे, चाहे वह अपने साथ फ़ौज लेकर ही क्यों न आए। कुछ परवाह नहीं, हमारे ऊपर लाठियाँ बरसें, गोलियाँ चलें...

एक तरफ़ से आवाज़ आई—सेठजी!

सभी पीछे फिर-फिरकर सेठजी की तरफ़ देखने लगे। सभी के चेहरों पर हवाइयाँ उड़ने लगीं। कितने ही तो डरकर कांस्टेबलों से मिल के अन्दर जाने के लिए चिरौरी करने लगे, कुछ लोग रुई की गाँठों की आड़ में जा छिपे। थोड़े-से आदमी कुछ सहमे हुए—पर जैसे जान हथेली पर लिए—युवक के साथ खड़े रहे।

सेठजी ने मोटर से उतरते हुए कांस्टेबलों को बुलाकर कहा—इन आदमियों को मारकर बाहर निकाल दो, इसी दम।

मजूरों पर डंडे पड़ने लगे। दस-पाँच तो गिर पड़े। बाक़ी अपनी-अपनी जान लेकर भागे। वह युवक दो आदमियों के साथ अभी तक डटा खड़ा था।

प्रभुता असहिष्णु होती है। सेठजी ख़ुद आ जाएँ, फिर भी ये लोग सामने खड़े रहें, यह तो खुला विद्रोह है। यह बेअदबी कौन सह सकता है। ज़रा इस लौंडे को देखो। देह पर साबित कपड़े भी नहीं हैं; मगर जमा खड़ा है, मानो मैं कुछ हूँ ही नहीं। समझता होगा, यह मेरा कर ही क्या सकते हैं।

सेठजी ने रिवाल्वर निकाल लिया और इस समूह के निकट आकर उसे जाने का हुक्म दिया; पर वह समूह अचल खड़ा था। सेठजी उन्मत्त हो गए। यह हेकड़ी! तुरन्त हेड कांस्टेबल को बुलाकर हुक्म दिया—इन आदमियों को गिरफ़्तार कर लो।

कांस्टेबलों ने तीनों आदमियों को रस्सियों से जकड़ दिया और उन्हें फाटक की ओर ले चले। इनका गिरफ़्तार होना था कि एक हज़ार आदमियों का दल रेला मारकर मिल से निकल आया और क़ैदियों की तरफ़ लपका। कांस्टेबलों ने देखा, बन्दूक़ चलाने पर भी जान न बचेगी, तो मुलजिमों को छोड़ दिया और भाग खड़े हुए। सेठजी को ऐसा क्रोध आ रहा था कि इन सारे आदमियों को तोप पर उड़वा दें। क्रोध में आत्मरक्षा की भी उन्हें परवाह न थी। क़ैदियों को सिपाहियों से छुड़ाकर वह जनसमूह सेठजी की ओर आ रहा था। सेठजी ने समझा—सब-के-सब मेरी जान लेने आ रहे हैं। अच्छा! यह लौंडा गोपी सभी के आगे है! यही यहाँ भी इनका नेता बना हुआ है! मेरे सामने कैसा भीगी बिल्ली बना हुआ था; पर यहाँ सबके आगे-आगे आ रहा है।

सेठजी अब भी समझौता कर सकते थे; पर यों दबकर विद्रोहियों से दान माँगना उन्हें असह्य था।

इतने में क्या देखते हैं कि वह बढ़ता हुआ समूह बीच ही में रुक गया। युवक ने उन आदमियों से कुछ सलाह की और तब अकेला सेठजी की तरफ़ चला। सेठजी ने मन में कहा—शायद मुझसे प्राण-दान की शर्तें तय करने आ रहा है। सभी ने आपस में यही सलाह की है। ज़रा देखो, कितने निश्शंक भाव से चला आता है, जैसे कोई विजयी सेनापति हो। ये कांस्टेबल कैसे दुम दबाकर भाग खड़े हुए; लेकिन तुम्हें तो नहीं छोड़ता बचा, जो कुछ होगा, देखा जाएगा। जब तक मेरे पास यह रिवाल्वर है, तुम मेरा क्या कर सकते हो। तुम्हारे सामने तो घुटना न टेकूँगा?

युवक समीप आ गया और कुछ बोलना ही चाहता था कि सेठजी ने रिवाल्वर निकालकर फायर कर दिया। युवक भूमि पर गिर पड़ा और हाथ-पाँव फेंकने लगा।

उसके गिरते ही मजूरों में उत्तेजना फैल गई। अभी तक उनमें हिंसा-भाव न था। वे केवल सेठजी को यह दिखा देना चाहते थे कि तुम हमारी मजूरी काटकर शान्त नहीं बैठ सकते; किन्तु हिंसा ने हिंसा को उद्‌दीप्त कर दिया। सेठजी ने देखा, प्राण संकट में हैं और समतल भूमि पर रिवाल्वर से भी देर तक प्राणरक्षा नहीं कर सकते; पर भागने का कहीं स्थान न था! जब कुछ न सूझा, तो वह रुई के गाँठ पर चढ़ गए और रिवाल्वर दिखा-दिखाकर नीचे वालों को ऊपर चढ़ने से रोकने लगे। नीचे पाँच-छह सौ आदमियों का घेरा था। ऊपर सेठजी अकेले रिवाल्वर लिए खड़े थे। कहीं से कोई मदद नहीं आ रही है और प्रतिक्षण प्राणों की आशा क्षीण होती जा रही है। कांस्टेबलों ने भी अफ़सरों को यहाँ की परिस्थिति नहीं बतलाई; नहीं तो क्या अब तक कोई न आता? केवल पाँच गोलियों से कब तक जान बचेगी? एक क्षण में ये सब समाप्त हो जाएँगी। भूल हुई, मुझे बन्दूक़ और कारतूस लेकर आना चाहिए था। फिर देखता इनकी बहादुरी। एक-एक को भूनकर रख देता; मगर क्या जानता था कि यहाँ इतनी भयंकर परिस्थिति आ खड़ी होगी।

नीचे के एक आदमी ने कहा—लगा दो गाँठों में आग। निकालो तो एक माचिस। रुई से धन कमाया है, रुई की चिता पर जले।

तुरंत एक आदमी ने जेब से दियासलाई निकाली और आग लगाना ही चाहता था कि सहसा वही जख्मी युवक पीछे से आकर सामने हो गया। उसके पाँव में पट्टी बँधी हुई थी, फिर भी रक्त बह रहा था। उसका मुख पीला पड़ गया था और उसके तनाव से मालूम होता था कि युवक को असह्य वेदना हो रही है। उसे देखते ही लोगों ने चारों तरफ़ से आकर घेर लिया। उस हिंसा के उन्माद में भी अपने नेता को जीता-जागता देखकर उनके हर्ष की सीमा न रही। जयघोष से आकाश गूँज उठा—'गोपीनाथ की जय।'

जख्मी गोपीनाथ ने हाथ उठाकर समूह को शान्त हो जाने का संकेत करके कहा—भाइयो, मैं तुमसे एक शब्द कहने आया हूँ। कह नहीं सकता, बचूँगा या नहीं। संभव है, तुमसे यह मेरा अन्तिम निवेदन हो। तुम क्या करने जा रहे हो? दरिद्र में नारायण का निवास है, क्या इसे मिथ्या करना चाहते हो? धनी को अपने धन का मद हो सकता है। तुम्हें किस बात का अभिमान है? तुम्हारे झोपड़ों में क्रोध और अहंकार के लिए कहाँ स्थान है? मैं तुमसे हाथ जोड़कर कहता हूँ, सब लोग यहाँ से हट जाओ। अगर तुम्हें मुझसे कुछ स्नेह है, अगर मैंने तुम्हारी कुछ सेवा की है, तो अपने घर जाओ और सेठजी को घर जाने दो।

चारों तरफ़ से आपत्तिजनक आवाज़ें आने लगीं; लेकिन गोपीनाथ का विरोध करने का साहस किसी में न हुआ। धीरे-धीरे लोग यहाँ से हट गए। मैदान साफ़ हो गया, तो गोपीनाथ ने विनम्र भाव से सेठजी से कहा—सरकार, अब आप चले जाएँ। मैं जानता हूँ, आपने मुझे धोखे से मारा। मैं केवल यही कहने आपके पास आ रहा था, जो अब कह रहा हूँ। मेरा दुर्भाग्य था कि आपको भ्रम हुआ। ईश्वर की यही इच्छा थी।

सेठजी को गोपीनाथ पर कुछ श्रद्धा होने लगी है। नीचे उतरने में कुछ शंका अवश्य है; पर ऊपर भी तो प्राण बचने की कोई आशा नहीं है। वह इधर-उधर सशंक नेत्रों से ताक़ते हुए उतरते हैं। जनसमूह कुछ दस गज के अंतर पर खड़ा हुआ है। प्रत्येक मनुष्य की आँखों में

विद्रोह और हिंसा भरी हुई है। कुछ लोग दबी ज़बान से—पर सेठजी को सुनाकर—अशिष्ट आलोचनाएँ कर रहे हैं, पर किसी में इतना साहस नहीं है कि उनके सामने आ सके। उस मरते हुए युवक के आदेश में इतनी शक्ति है।

सेठजी मोटर पर बैठकर चले ही थे कि गोपी ज़मीन पर गिर पड़ा।

3

सेठजी की मोटर जितनी तेज़ी से जा रही थी, उतनी ही तेज़ी से उनकी आँखों के सामने आहत गोपी का छायाचित्र भी दौड़ रहा था। भाँति-भाँति की कल्पनाएँ मन में आने लगीं। अपराधी भावनाएँ चित्त को आंदोलित करने लगीं। अगर गोपी उनका शत्रु था, तो उसने क्यों उनकी जान बचाई—ऐसी दशा में, जब वह स्वयं मृत्यु के पंजे में था? इसका उनके पास कोई जवाब न था। निरपराध गोपी, जैसे हाथ बाँधे उनके सामने खड़ा कह रहा था—आपने मुझ बेगुनाह को क्यों मारा?

भोग-लिप्सा आदमी को स्वार्थान्ध बना देती है। फिर भी सेठजी की आत्मा अभी इतनी अभ्यस्त और कठोर न हुई थी कि एक निरपराध की हत्या करके उन्हें ग्लानि न होती। वह सौ-सौ युक्तियों से मन को समझाते थे; लेकिन न्याय-बुद्धि किसी युक्ति को स्वीकार न करती थी। जैसे यह धारणा उनके न्याय-द्वार पर बैठी सत्याग्रह कर रही थी और वरदान लेकर ही टलेगी। वह घर पहुँचे तो इतने दुखी और हताश थे, मानो हाथों में हथकड़ियाँ पड़ी हों!

प्रमीला ने घबड़ाई हुई आवाज़ में पूछा—हड़ताल का क्या हुआ? अभी हो रही है या बन्द हो गई? मजूरों ने दंगा-फसाद तो नहीं किया? मैं तो बहुत डर रही थी।

ख़ूबचन्द ने आरामकुर्सी पर लेटकर एक लम्बी साँस ली और बोले—कुछ न पूछो, किसी तरह जान बच गई; बस यही समझ लो। पुलिस के आदमी तो भाग खड़े हुए, मुझे लोगों ने घेर लिया। किसी तरह जान लेकर भागा। जब मैं चारों तरफ़ से घिर गया, तो क्या करता, मैंने भी रिवाल्वर छोड़ दिया।

प्रमीला भयभीत होकर बोली—कोई ज़ख़्मी तो नहीं हुआ?

'वही गोपीनाथ ज़ख़्मी हुआ, जो मजूरों की तरफ़ से मेरे पास आया करता था। उसका गिरना था कि एक हज़ार आदमियों ने मुझे घेर लिया। मैं दौड़कर रुई की गाँठों पर चढ़ गया। जान बचने की कोई आशा न थी। मजूर गाँठों में आग लगाने जा रहे थे।'

प्रमीला काँप उठी।

'सहसा वही ज़ख़्मी आदमी उठकर मजूरों के सामने आया और उन्हें समझाकर मेरी प्राणरक्षा की। वह न आ जाता, तो मैं किसी तरह जीता न बचता।'

'ईश्वर ने बड़ी कुशल की! इसीलिए मैं मना कर रही थी कि अकेले न जाओ। उस आदमी को लोग अस्पताल ले गए होंगे?'

सेठजी ने शोक-भरे स्वर में कहा—मुझे भय है कि वह मर गया होगा। जब मैं मोटर पर बैठा, तो मैंने देखा, वह गिर पड़ा और बहुत-से आदमी उसे घेरकर खड़े हो गए। न-जाने उसकी क्या दशा हुई।

प्रमीला उन देवियों में थी जिनकी नसों में रक्त की जगह श्रद्धा बहती है। स्नान-पूजा, तप और व्रत यही उसके जीवन के आधार थे। सुख में, दुःख में, आराम में, उपासना ही उसका

कवच थी। इस समय भी उस पर संकट आ पड़ा। ईश्वर के सिवा कौन उसका उद्धार करेगा! वह वहीं खड़ी द्वार की ओर ताक रही थी और उसका धर्म-निष्ठ मन ईश्वर के चरणों में गिरकर क्षमा की भिक्षा माँग रहा था।

सेठजी बोले—यह मजूर उस जन्म का कोई महान् पुरुष था। नहीं तो जिस आदमी ने उसे मारा, उसी की प्राणरक्षा के लिए क्यों इतनी तपस्या करता!

प्रमीला श्रद्धा-भाव से बोली—भगवान् की प्रेरणा और क्या! भगवान् की दया होती है, तभी हमारे मन में सद्विचार भी आते हैं।

सेठजी ने जिज्ञासा की—तो फिर बुरे विचार भी ईश्वर की प्रेरणा ही से आते होंगे?

प्रमीला तत्परता के साथ बोली—ईश्वर आनंद-स्वरूप हैं। दीपक से कभी अंधकार नहीं निकल सकता।

सेठजी कोई जवाब सोच ही रहे थे कि बाहर शोर सुनकर चौंक पड़े। दोनों ने सड़क की तरफ़ की खिड़की खोलकर देखा, तो हज़ारों आदमी काली झंडियाँ लिए दाहिनी तरफ़ से आते दिखाई दिए। झंडियों के बाद एक अर्थी थी, सिर-ही-सिर दिखाई देते थे। यह गोपीनाथ के जनाजे का जुलूस था। सेठजी तो मोटर पर बैठकर मिल से घर की ओर चले, उधर मजूरों ने दूसरी मिलों में इस हत्याकांड की सूचना भेज दी। दम-के-दम में सारे शहर में यह ख़बर बिजली की तरह दौड़ गई और कई मिलों में हड़ताल हो गई। नगर में सनसनी फैल गई। किसी भीषण उपद्रव के भय से लोगों ने दुकानें बन्द कर दीं। यह जुलूस नगर के मुख्य स्थानों का चक्कर लगाता हुआ सेठ ख़ूबचन्द के द्वार पर आया है और गोपीनाथ के ख़ून का बदला लेने पर तुला हुआ है। उधर पुलिस-अधिकारियों ने सेठजी की रक्षा करने का निश्चय कर लिया है, चाहे ख़ून की नदी ही क्यों न बह जाए। जुलूस के पीछे सशस्त्र पुलिस के दो सौ जवान डबल मार्च से उपद्रवकारियों का दमन करने चले आ रहे हैं।

सेठजी अभी अपने कर्तव्य का निश्चय न कर पाए थे कि विद्रोहियों ने कोठी के दफ़्तर में घुसकर लेन-देन के बहीखातों को जलाना और तिजोरियों को तोड़ना शुरू कर दिया। मुनीम और अन्य कर्मचारी तथा चौकीदार सब-के-सब अपनी-अपनी जान लेकर भागे। उसी वक़्त बाईं ओर से पुलिस की दौड़ आ धमकी और पुलिस-कमिश्नर ने विद्रोहियों को पाँच मिनट के अन्दर यहाँ से भाग जाने का हुक्म दे दिया।

समूह ने एक स्वर से पुकारा—गोपीनाथ की जय!

एक घंटा पहले अगर ऐसी परिस्थिति उत्पन्न हुई होती, तो सेठजी ने बड़ी निश्चिन्तता से उपद्रवकारियों को पुलिस की गोलियों का निशाना बनने दिया होता; लेकिन गोपीनाथ के उस देवोपम सौजन्य और आत्म-समर्पण ने जैसे उनके मन:स्थित विकारों का शमन कर दिया था और अब साधारण औषधि भी उन पर रामबाण का-सा चमत्कार दिखाती थी।

उन्होंने प्रमीला से कहा—मैं जाकर सबके सामने अपना अपराध स्वीकार किए लेता हूँ। नहीं तो मेरे पीछे न-जाने कितने घर मिट जाएँगे।

प्रमीला ने काँपते हुए स्वर में कहा—यहीं खिड़की से आदमियों को क्यों नहीं समझा देते? वे जितना मजूरी बढ़ाने को कहते हों; बढ़ा दो।

'इस समय तो उन्हें मेरे रक्त की प्यास है, मजूरी बढ़ाने का उन पर कोई असर न होगा।'

सजल नेत्रों से देखकर प्रमीला बोली—तब तो तुम्हारे ऊपर हत्या का अभियोग चल जाएगा।

सेठजी ने धीरता से कहा—भगवान् की यही इच्छा है, तो हम क्या कर सकते हैं? एक आदमी का जीवन इतना मूल्यवान् नहीं है कि उसके लिए असंख्य जानें ली जाएँ।

प्रमीला को मालूम हुआ, साक्षात् भगवान् सामने खड़े हैं। वह पति के गले से लिपटकर बोली—मुझे क्या कह जाते हो?

सेठजी ने उसे गले लगाते हुए कहा—भगवान् तुम्हारी रक्षा करेंगे। उनके मुख से और कोई शब्द न निकला। प्रमीला की हिचकियाँ बँधी हुई थीं। उसे रोता छोड़कर सेठजी नीचे उतरे।

वह सारी सम्पत्ति जिसके लिए उन्होंने जो कुछ करना चाहिए, वह भी किया, जो कुछ न करना चाहिए, वह भी किया, जिसके लिए खुशामद की, छल किया, अन्याय किए, जिसे वह अपने जीवन-तप का वरदान समझते थे, आज कदाचित् सदा के लिए उनके हाथ से निकली जाती थी; पर उन्हें ज़रा भी मोह न था, ज़रा भी खेद न था। वह जानते थे, उन्हें डामुल की सज़ा होगी; यह सारा कारोबार चौपट हो जाएगा, यह सम्पत्ति धूल में मिल जाएगी, कौन जाने प्रमीला से फिर भेंट होगी या नहीं, कौन मरेगा, कौन जिएगा, कौन जानता है, मानो वह स्वेच्छा से यमदूतों का आह्वान कर रहे हों। और वह वेदनामय विवशता, जो हमें मृत्यु के समय दबा लेती है, उन्हें भी दबाए हुए थी।

प्रमीला उनके साथ-ही-साथ नीचे तक आई। वह उनके साथ उस समय तक रहना चाहती थी, जब तक जनता उसे पृथक् न कर दे; लेकिन सेठजी उसे छोड़कर जल्दी से बाहर निकल गए और वह खड़ी रोती रह गई।

4

बलि पाते ही विद्रोह का पिशाच शान्त हो गया। सेठजी एक सप्ताह हवालात में रहे। फिर उन पर अभियोग चलने लगा। बम्बई के सबसे नामी बैरिस्टर गोपी की तरफ़ से पैरवी कर रहे थे। मजूरों ने चन्दे से अपार धन एकत्र किया था और यहाँ तक तुले हुए थे कि अगर अदालत से सेठजी बरी भी हो जाएँ, तो उनकी हत्या कर दी जाए। नित्य इजलास में कई हज़ार कुली जमा रहते। अभियोग सिद्ध ही था। मुलजिम ने अपना अपराध स्वीकार कर लिया था। उनके वकीलों ने उनके अपराध को हलका करने की दलीलें पेश कीं। फ़ैसला यह हुआ कि चौदह साल का कालापानी हो गया।

सेठजी के जाते ही मानो लक्ष्मी रूठ गईं; जैसे उस विशालकाय वैभव की आत्मा निकल गई हो। साल-भर के अन्दर उस वैभव का कंकाल-मात्र रह गया। मिल तो पहले ही बन्द हो चुकी थी। लेना-देना चुकाने पर कुछ न बचा। यहाँ तक कि रहने का घर भी हाथ से निकल गया। प्रमीला के पास लाखों के आभूषण थे। वह चाहती, तो उन्हें सुरक्षित रख सकती थी; पर त्याग की धुन में उन्हें भी निकाल फेंका। सातवें महीने में जब उसके पुत्र का जन्म हुआ, तो वह छोटे-से किराए के घर में थी। पुत्र-रत्न पाकर अपनी सारी विपत्ति भूल गई। कुछ दुःख था तो यही कि पतिदेव होते, तो इस समय कितने आनंदित होते।

प्रमीला ने किन कष्टों को झेलते हुए पुत्र का पालन किया; इसकी कथा लम्बी है। सबकुछ सहा, पर किसी के सामने हाथ नहीं फैलाया। जिस तत्परता से उसने देने चुकाए थे, उससे लोगों की उस पर भक्ति हो गई थी। कई सज्जन तो उसे कुछ मासिक सहायता देने पर तैयार थे; लेकिन प्रमीला ने किसी का एहसान न लिया। भले घरों की महिलाओं से उसका

परिचय था ही। वह घरों में स्वदेशी वस्तुओं का प्रचार करके गुज़र-भर को कमा लेती थी। जब तक बच्चा दूध पीता था, उसे अपने काम में बड़ी कठिनाई पड़ी; लेकिन दूध छुड़ा देने के बाद वह बच्चे को दाई को सौंपकर आप काम करने चली जाती थी। दिन-भर के कठिन परिश्रम के बाद जब वह संध्या समय घर आकर बालक को गोद में उठा लेती, तो उसका मन हर्ष से उन्मत्त होकर पति के पास उड़ जाता जो न-जाने किस दशा में काले कोसों पर पड़ा था। उसे अपनी सम्पत्ति के लुट जाने का लेशमात्र भी दुःख नहीं है। उसे केवल इतनी ही लालसा है कि स्वामी कुशल से लौट आवें और बालक को देखकर अपनी आँखें शीतल करें। फिर तो वह इस दरिद्रता में भी सुखी और संतुष्ट रहेगी। वह नित्य ईश्वर के चरणों में सिर झुकाकर स्वामी के लिए प्रार्थना करती है। उसे विश्वास है, ईश्वर जो कुछ करेंगे, उससे उनका कल्याण ही होगा। ईश्वर-वन्दना में वह अलौकिक धैर्य, साहस और जीवन का आभास पाती है। प्रार्थना ही अब उसकी आशाओं का आधार है।

5

पंद्रह साल की विपत्ति के दिन आशा की छाँह में कट गए।

संध्या का समय है। किशोर कृष्णचन्द्र अपनी माता के पास मन-मारे बैठा हुआ है। वह माँ-बाप दोनों में से एक को भी नहीं पड़ा।

प्रमीला ने पूछा—क्यों बेटा, तुम्हारी परीक्षा तो समाप्त हो गई?

बालक ने गिरे हुए मन से जवाब दिया—हाँ अम्माँ, हो गई; लेकिन मेरे परचे अच्छे नहीं हुए। मेरा मन पढ़ने में नहीं लगता है।

यह कहते-कहते उसकी आँखें डबडबा आईं। प्रमीला ने स्नेह-भरे स्वर में कहा—यह तो अच्छी बात नहीं है बेटा, तुम्हें पढ़ने में मन लगाना चाहिए।

बालक सजल नेत्रों से माता को देखता हुआ बोला—मुझे बार-बार पिताजी की याद आती रहती है। वह तो अब बहुत बूढ़े हो गए होंगे। मैं सोचा करता हूँ कि वह आएँगे, तो तन-मन से उनकी सेवा करूँगा। इतना बड़ा उत्सर्ग किसने किया होगा अम्माँ? उस पर लोग उन्हें निर्दयी कहते हैं। मैंने गोपीनाथ के बाल-बच्चों का पता लगा लिया अम्माँ! उनकी घरवाली है, माता है और एक लड़की है, जो मुझसे दो साल बड़ी है। माँ-बेटी दोनों उसी मिल में काम करती हैं। दादी बहुत बूढ़ी हो गई है।

प्रमीला ने विस्मित होकर कहा—तुझे उनका पता कैसे चला बेटा?

कृष्णचन्द्र प्रसन्नचित्त होकर बोला—मैं आज उस मिल में चला गया था। मैं उस स्थान को देखना चाहता था, जहाँ मजूरों ने पिताजी को घेरा था और वह स्थान भी, जहाँ गोपीनाथ गोली खाकर गिरा था; पर उन दोनों में एक स्थान भी न रहा। वहाँ इमारतें बन गई हैं। मिल का काम बड़े ज़ोर से चल रहा है। मुझे देखते ही बहुत-से आदमियों ने मुझे घेर लिया। सब यही कहते थे कि तुम तो भैया गोपीनाथ का रूप धरकर आए हो। मजूरों ने वहाँ गोपीनाथ की एक तस्वीर लटका रखी है। उसे देखकर चकित हो गया अम्माँ, जैसे मेरी ही तस्वीर हो, केवल मूँछों का अंतर है। जब मैंने गोपी की स्त्री के बारे में पूछा, तो एक आदमी दौड़कर उसकी स्त्री को बुला लाया। वह मुझे देखते ही रोने लगी। और न-जाने क्यों मुझे भी रोना आ गया। बेचारी स्त्रियाँ बड़े कष्ट में हैं। मुझे तो उनके ऊपर ऐसी दया आती है कि उनकी कुछ मदद करूँ।

प्रमीला को शंका हुई, लड़का इन झगड़ों में पड़कर पढ़ना न छोड़ बैठे। बोली—अभी तुम उनकी क्या मदद कर सकते हो बेटा? धन होता तो कहती, दस-पाँच रुपए महीना दे दिया करो, लेकिन घर का हाल तो तुम जानते ही हो। अभी मन लगाकर पढ़ो। जब तुम्हारे पिताजी आ जाएँ, तो जो इच्छा हो वह करना।

कृष्णचन्द्र ने उस समय कोई जवाब न दिया; लेकिन आज से उसका नियम हो गया कि स्कूल से लौटकर एक बार गोपी के परिवार को देखने अवश्य जाता। प्रमीला उसे जेब-ख़र्च के लिए जो पैसे देती, उसे उन अनाथों ही पर ख़र्च करता। कभी कुछ फल ले लिए, कभी शाक-भाजी ले ली।

एक दिन कृष्णचन्द्र को घर आने में देर हुई, तो प्रमीला बहुत घबराई। पता लगाती हुई विधवा के घर पर पहुँची, तो देखा—एक तंग गली में, एक सीले, सड़े हुए मकान में गोपी की स्त्री एक खाट पर पड़ी है और कृष्णचन्द्र खड़ा उसे पंखा झल रहा है। माता को देखते ही बोला—मैं अभी घर न जाऊँगा अम्माँ, देखो, काकी कितनी बीमार है। दादी को कुछ सूझता नहीं, बिन्नी खाना पका रही है। इनके पास कौन बैठे?

प्रमीला ने खिन्न होकर कहा—अब तो अँधेरा हो गया, तुम यहाँ कब तक बैठे रहोगे? अकेला घर मुझे भी तो अच्छा नहीं लगता। इस वक़्त चलो। सबेरे फिर आ जाना।

रोगिणी ने प्रमीला की आवाज़ सुनकर आँखें खोल दीं और मन्द स्वर में बोली—आओ माताजी, बैठो। मैं तो भैया से कह रही थी, देर हो रही है, अब घर जाओ; पर यह गए ही नहीं। मुझ अभागिनी पर इन्हें न जाने क्यों इतनी दया आती है। अपना लड़का भी इससे अधिक मेरी सेवा न कर सकता।

चारों तरफ़ से दुर्गंध आ रही थी। उमस ऐसी थी कि दम घुटा जाता था। उस बिल में हवा किधर से आती? पर कृष्णचन्द्र ऐसा प्रसन्न था, मानो कोई परदेशी चारों ओर से ठोकरें खाकर अपने घर में आ गया हो।

प्रमीला ने इधर-उधर निगाह दौड़ाई तो एक दीवार पर उसे एक तस्वीर दिखाई दी। उसने समीप जाकर उसे देखा तो उसकी छाती धक् से हो गई। बेटे की ओर देखकर बोली—तूने यह चित्र कब खिंचवाया बेटा?

कृष्णचन्द्र मुस्कुराकर बोला—यह मेरा चित्र नहीं है अम्माँ, गोपीनाथ का चित्र है।

प्रमीला ने अविश्वास से कहा—चल, झूठा कहीं का।

रोगिणी ने कातर भाव से कहा—नहीं अम्माँ जी, वह मेरे आदमी ही का चित्र है। भगवान् की लीला कोई नहीं जानता; पर भैया की सूरत इतनी मिलती है कि मुझे अचरज होता है। जब मेरा ब्याह हुआ था, तब उनकी यही उम्र थी, और सूरत भी बिलकुल यही। यही हँसी थी, यही बातचीत और यही स्वभाव। क्या रहस्य है, मेरी समझ में नहीं आता। माताजी, जब से यह आने लगे हैं, कह नहीं सकती, मेरा जीवन कितना सुखी हो गया। इस मुहल्ले में सब हमारे ही जैसे मजूर रहते हैं। उन सभों के साथ यह लड़कों की तरह रहते हैं। सब इन्हें देखकर निहाल हो जाते हैं।

प्रमीला ने कोई जवाब न दिया। उसके मन पर एक अव्यक्त शंका छाई थी, मानो उसने कोई बुरा सपना देखा हो। उसके मन में बार-बार एक प्रश्न उठ रहा था, जिसकी कल्पना ही से उसके रोएँ खड़े हो जाते थे।

सहसा उसने कृष्णचन्द्र का हाथ पकड़ लिया और बलपूर्वक खींचती हुई द्वार की ओर चली, मानो कोई उसे उसके हाथों से छीने लिए जाता हो।

रोगिणी ने केवल इतना कहा—माताजी, कभी-कभी भैया को मेरे पास आने दिया करना, नहीं तो मैं मर जाऊँगी।

6

पंद्रह साल के बाद भूतपूर्व सेठ ख़ूबचन्द अपने नगर के स्टेशन पर पहुँचे। हरा-भरा वृक्ष ठूँठ होकर रह गया था। चेहरे पर झुर्रियाँ पड़ी हुईं, सिर के बाल सन, दाढ़ी जंगल की तरह बढ़ी हुई, दाँतों का कहीं नाम नहीं, कमर झुकी हुई। ठूँठ को देखकर कौन पहचान सकता है कि यह वही वृक्ष है, जो फल-फूल और पत्तियों से लदा रहता था, जिस पर पक्षी कलरव करते रहते थे।

स्टेशन के बाहर निकलकर वह सोचने लगे—कहाँ जाएँ? अपना नाम लेते लज्जा आती थी। किससे पूछें, प्रमीला जीती है या मर गई? अगर है तो कहाँ है? उन्हें देख वह प्रसन्न होगी, या उनकी उपेक्षा करेगी?

प्रमीला का पता लगाने में ज़्यादा देर न लगी। ख़ूबचन्द की कोठी अभी तक ख़ूबचन्द की कोठी कहलाती थी। दुनिया क़ानून के उलटफेर क्या जाने? अपनी कोठी के सामने पहुँचकर उन्होंने एक तम्बोली से पूछा—क्यों भैया, यही तो सेठ ख़ूबचन्द की कोठी है।

तम्बोली ने उनकी ओर कुतूहल से देखकर कहा—ख़ूबचन्द की जब थी तब थी; अब तो लाला देशराज की है।

'अच्छा! मुझे यहाँ आए बहुत दिन हो गए। सेठजी के यहाँ नौकर था। सुना, सेठजी को कालापानी हो गया था।'

'हाँ, बेचारे भलमनसी में मारे गए। चाहते तो बेदाग़ बच जाते। सारा घर मिट्टी में मिल गया।'

'सेठानी तो होंगी?'

'हाँ, सेठानी क्यों नहीं हैं। उनका लड़का भी है।'

सेठजी के चेहरे पर जैसे जवानी की झलक आ गई। जीवन का वह आनंद और उत्साह, जो आज पंद्रह साल से कुम्भकरण की भाँति पड़ा सो रहा था, मानो नई स्फूर्ति पाकर उठ बैठा और अब उस दुर्बल काया में समा नहीं रहा है।

उन्होंने इस तरह तम्बोली का हाथ पकड़ लिया, जैसे घनिष्ठ परिचय हो और बोले—अच्छा, उनके लड़का भी है! कहाँ रहती है भाई, बता दो, तो जाकर सलाम कर आऊँ। बहुत दिनों तक उनका नमक खाया है।

तम्बोली ने प्रमीला के घर का पता बता दिया। प्रमीला इसी मुहल्ले में रहती थी। सेठजी जैसे आकाश में उड़ते हुए यहाँ से आगे चले।

वह थोड़ी दूर गए थे कि ठाकुरजी का एक मन्दिर दिखाई दिया। सेठजी ने मन्दिर में जाकर प्रतिमा के चरणों पर सिर झुका दिया। उनके रोम-रोम से आस्था का स्रोत-सा बह रहा था। इस पंद्रह वर्ष के कठिन प्रायश्चित्त में उनकी सन्तप्त आत्मा को अगर कहीं आश्रय मिला था, तो वह अशरण-शरण भगवान् के चरण थे। उन पावन चरणों के ध्यान में ही उन्हें शांति मिलती थी। दिन भर ऊख के कोल्हू में जुते रहने या फावड़े चलाने के बाद जब वह रात को

पृथ्वी की गोद में लेटते, तो पूर्व स्मृतियाँ अपना अभिनय करने लगतीं। वह अपना विलासमय जीवन, जैसे रुदन करता हुआ उनकी आँखों के सामने आ जाता और उनके अन्तःकरण से वेदना में डूबी हुई ध्वनि निकलती—ईश्वर! मुझ पर दया करो। इस दया-याचना में उन्हें एक ऐसी अलौकिक शांति और स्थिरता प्राप्त होती थी, मानो बालक माता की गोद में लेटा हो।

जब उनके पास सम्पत्ति थी, विलास के साधन थे, यौवन था, स्वास्थ्य था, अधिकार था, उन्हें आत्म-चिन्तन का अवकाश न मिलता था। मन प्रवृत्ति ही की ओर दौड़ता था, अब इन स्मृतियों को खोकर दीनावस्था में उनका मन ईश्वर की ओर झुका। पानी पर जब तक कोई आवरण है, उसमें सूर्य का प्रकाश कहाँ?

वह मन्दिर से निकलते ही थे कि एक स्त्री ने उसमें प्रवेश किया। ख़ूबचन्द का हृदय उछल पड़ा। वह कुछ कर्तव्य-भ्रम से होकर एक स्तम्भ की आड़ में हो गए। यह प्रमीला थी।

इन पंद्रह वर्षों में एक दिन भी ऐसा नहीं गया, जब उन्हें प्रमीला की याद न आई हो। वह छाया उनकी आँखों में बसी हुई थी। आज उन्हें उस छाया और इस सत्य में कितना अंतर दिखाई दिया। छाया पर समय का क्या असर हो सकता है। उस पर सुख-दुःख का बस नहीं चलता। सत्य तो इतना अभेद्य नहीं। उस छाया में वह सदैव प्रमोद का रूप देखा करते थे—आभूषण, मुस्कान और लज्जा से रंजित। इस सत्य में उन्होंने साधक का तेजस्वी रूप देखा और अनुराग में डूबे हुए स्वर की भाँति उनका हृदय थरथरा उठा। मन में ऐसा उद्गार उठा कि इसके चरणों पर गिर पड़ूँ और कहूँ—देवी! इस पतित का उद्धार करो, किन्तु तुरन्त विचार आया—कहीं यह देवी मेरी उपेक्षा न करे। इस दशा में उसके सामने जाते उन्हें लज्जा आई।

कुछ दूर चलने के बाद प्रमीला एक गली में मुड़ी। सेठजी भी उसके पीछे-पीछे चले जाते थे। आगे एक कई मंज़िल की हवेली थी। सेठजी ने प्रमीला को उस चाल में घुसते देखा; पर यह न देख सके कि वह किधर गई। द्वार पर खड़े-खड़े सोचने लगे—किससे पूछूँ?

सहसा एक किशोर को भीतर से निकलते देखकर उन्होंने उसे पुकारा। युवक ने उनकी ओर चुभती हुई आँखों से देखा और तुरन्त उनके चरणों पर गिर पड़ा। सेठजी का कलेजा धक्-से हो उठा। यह तो गोपी था, केवल उम्र में उससे कम। वही रूप था, वही डील था, मानो वह कोई नया जन्म लेकर आ गया हो। उनका सारा शरीर एक विचित्र भय से सिहर उठा।

कृष्णचन्द्र ने एक क्षण में उठकर कहा—हम तो आज आपकी प्रतीक्षा कर रहे थे। बंदर पर जाने के लिए एक गाड़ी लेने जा रहा था। आपको तो यहाँ आने में बड़ा कष्ट हुआ होगा। आइए अन्दर आइए। मैं आपको देखते ही पहचान गया। कहीं भी देखकर पहचान जाता।

ख़ूबचन्द उसके साथ भीतर चले तो, मगर उनका मन जैसे अतीत के काँटों में उलझ रहा था। गोपी की सूरत क्या वह कभी भूल सकते थे? इस चेहरे को उन्होंने कितनी ही बार स्वप्न में देखा था। वह कांड उनके जीवन की सबसे महत्त्वपूर्ण घटना थी और आज एक युग बीत जाने पर भी वह उनके पथ में उसी भाँति अटल खड़ा था।

एकाएक कृष्णचन्द्र ज़ीने के पास रुककर बोला—जाकर अम्माँ से कह आऊँ, दादा आ गए! आपके लिए नए-नए कपड़े बने रखे हैं।

ख़ूबचन्द ने पुत्र के मुख का इस तरह चुम्बन किया, जैसे वह शिशु हो और उसे गोद में उठा लिया। वह उसे लिए ज़ीने पर चढ़े चले जाते थे। यह मनोल्लास की शक्ति थी।

7

तीस साल से व्याकुल पुत्र-लालसा, यह पदार्थ पाकर, जैसे उस पर न्योछावर हो जाना चाहती है। जीवन नई-नई अभिलाषाओं को लेकर उन्हें सम्मोहित कर रहा है। इस रत्न के लिए वह ऐसी-ऐसी कितनी ही यातनाएँ सहर्ष झेल सकते थे। अपने जीवन में उन्होंने जो कुछ अनुभव के रूप में कमाया था, उसका तत्त्व वह अब कृष्णचन्द्र के मस्तिष्क में भर देना चाहते हैं। उन्हें यह अरमान नहीं है कि कृष्णचन्द्र धन का स्वामी हो, चतुर हो, यशस्वी हो; बल्कि दयावान् हो, सेवाशील हो, नम्र हो, श्रद्धालु हो। ईश्वर की दया में अब उन्हें असीम विश्वास है, नहीं तो उन-जैसा अधम व्यक्ति क्या इस योग्य था कि इस कृपा का पात्र बनता? और प्रमीला तो साक्षात् लक्ष्मी है।

कृष्णचन्द्र भी पिता को पाकर निहाल हो गया है। अपनी सेवाओं से मानो उनके अतीत को भुला देना चाहता है। मानो पिता की सेवा ही के लिए उसका जन्म हुआ। मानो वह पूर्वजन्म का कोई ऋण चुकाने के लिए ही संसार में आया है।

आज सेठजी को आए सातवाँ दिन है। संध्या का समय है। सेठजी संध्या करने जा रहे हैं कि गोपीनाथ की लड़की बिन्नी ने आकर प्रमीला से कहा—माताजी, अम्माँ का जी अच्छा नहीं है! भैया को बुला रही हैं।

प्रमीला ने कहा—आज तो वह न जा सकेगा। उसके पिता आ गए हैं, उनसे बातें कर रहा है।

कृष्णचन्द्र ने दूसरे कमरे में से उसकी बातें सुन लीं। तुरन्त आकर बोला—नहीं अम्माँ, मैं दादा से पूछकर ज़रा देर के लिए चला जाऊँगा।

प्रमीला ने बिगड़कर कहा—तू कहीं जाता है तो तुझे घर की सुधि ही नहीं रहती। न-जाने उन सभों ने तुझे क्या बूटी सुँघा दी है।

'मैं बहुत जल्दी चला आऊँगा अम्माँ, तुम्हारे पैरों पड़ता हूँ।'

'तू भी कैसा लड़का है! वह बेचारे अकेले बैठे हुए हैं और तुझे वहाँ जाने की पड़ी हुई है।'

सेठजी ने भी ये बातें सुनीं। आकर बोले—क्या हरज है, जल्दी आने को कह रहे हैं तो जाने दो।

कृष्णचन्द्र प्रसन्नचित्त बिन्नी के साथ चला गया। एक क्षण के बाद प्रमीला ने कहा—जब से मैंने गोपी की तस्वीर देखी है, मुझे नित्य शंका बनी रहती है, कि न-जाने भगवान् क्या करने वाले हैं। बस यही मालूम होता है।

सेठजी ने गम्भीर स्वर में कहा—मैं भी तो पहली बार देखकर चकित रह गया था। जान पड़ा, गोपीनाथ ही खड़ा है।

'गोपी की घरवाली कहती है कि इसका स्वभाव भी गोपी ही का-सा है।'

सेठजी गूढ़ मुस्कान के साथ बोले—भगवान् की लीला है कि जिसकी मैंने हत्या की, वह मेरा पुत्र हो। मुझे तो विश्वास है, गोपीनाथ ने ही इसमें अवतार लिया है।

प्रमीला ने माथे पर हाथ रखकर कहा—यही सोचकर तो कभी-कभी मुझे न-जाने कैसी-कैसी शंका होने लगती है।

सेठजी ने श्रद्धा-भरी आँखों से देखकर कहा—भगवान् हमारे परम सुहृद हैं। वह जो कुछ करते हैं, प्राणियों के कल्याण के लिए करते हैं। हम समझते हैं, हमारे साथ विधि ने अन्याय

किया; पर यह हमारी मूर्खता है। विधि अबोध बालक नहीं है, जो अपने ही सिरजे हुए खिलौने को तोड़-फोड़कर आनंदित होता है। न वह हमारा शत्रु है, जो हमारा अहित करने में सुख मानता है। वह परम दयालु है, मंगल-रूप है। यही अवलम्ब था, जिसने निर्वासन-काल में मुझे सर्वनाश से बचाया। इस आधार के बिना कह नहीं सकता, मेरी नौका कहाँ-कहाँ भटकती और उसका क्या अंत होता।

8

बिन्नी ने कई क़दम चलने के बाद कहा, मैंने तुमसे झूठ-मूठ कहा कि अम्माँ बीमार है। अम्माँ तो अब बिल्कुल अच्छी हैं। तुम कई दिन से गए नहीं, इसीलिए उन्होंने मुझसे कहा—इस बहाने से बुला लाना। तुमसे वह एक सलाह करेंगी।

कृष्णचन्द्र ने कुतूहल-भरी आँखों से देखा।

'मुझसे सलाह करेंगी? मैं भला क्या सलाह दूँगा? मेरे दादा आ गए, इसीलिए नहीं आ सका।'

'तुम्हारे दादा आ गए! उन्होंने पूछा होगा, यह कौन लड़की है?'

'नहीं, कुछ नहीं पूछा।'

'दिल में तो कहते होंगे, कैसी बेशरम लड़की है।'

'दादा ऐसे आदमी नहीं हैं। मालूम हो जाता कि यह कौन है, तो बड़े प्रेम से बातें करते। मैं तो कभी-कभी डरा करता था कि न-जाने उनका मिज़ाज कैसा हो। सुनता था, क़ैदी बड़े कठोर-हृदय हुआ करते हैं, लेकिन दादा तो दया के देवता हैं।'

दोनों कुछ दूर फिर चुपचाप चले गए। तब कृष्णचन्द्र ने पूछा—तुम्हारी अम्माँ मुझसे कैसी सलाह करेंगी?

बिन्नी का ध्यान जैसे टूट गया।

'मैं क्या जानूँ, कैसी सलाह करेंगी। मैं जानती कि तुम्हारे दादा आए हैं, तो न आती। मन में कहते होंगे, इतनी बड़ी लड़की अकेली मारी-मारी फिरती है।'

कृष्णचन्द्र क़हक़हा मारकर बोला—हाँ, कहते तो होंगे। मैं जाकर और जड़ दूँगा।

बिन्नी बिगड़ गई।

'तुम क्या जड़ दोगे? बताओ, मैं कहाँ घूमती हूँ? तुम्हारे घर के सिवा मैं और कहाँ जाती हूँ?'

'मेरे जी में जो आएगा, सो कहूँगा; नहीं तो मुझे बता दो, कैसी सलाह है?'

'तो मैंने कब कहा था कि नहीं बताऊँगी। कल हमारी मिल में फिर हड़ताल होने वाली है। हमारा मनीजर इतना निर्दयी है कि किसी को पाँच मिनिट की भी देर हो जाए, तो आधे दिन की तलब काट लेता है और दस मिनिट देर हो जाए, तो दिन-भर की मजूरी ग़ायब। कई बार सभों ने जाकर उससे कहा-सुना; मगर मानता ही नहीं। तुम हो तो ज़रा-से; पर अम्माँ का न-जाने तुम्हारे ऊपर क्यों इतना विश्वास है और मजूर लोग भी तुम्हारे ऊपर बड़ा भरोसा रखते हैं। सबकी सलाह है कि तुम एक बार मनीजर के पास जाकर दोटूक बातें कर लो। हाँ या नहीं; अगर वह अपनी बात पर अड़ा रहे, तो फिर हम भी हड़ताल करेंगे।'

कृष्णचन्द्र विचारों में मग्न था। कुछ न बोला।

बिन्नी ने फिर उद्दंड-भाव से कहा—यह कड़ाई इसीलिए तो है कि मनीजर जानता है, हम बेबस हैं और हमारे लिए और कहीं ठिकाना नहीं है। तो हमें भी दिखा देना है कि हम चाहे भूखों मरेंगे, मगर अन्याय न सहेंगे।

कृष्णचन्द्र ने कहा—उपद्रव हो गया, तो गोलियाँ चलेंगी।

'तो चलने दो। हमारे दादा मर गए, तो क्या हम लोग जिये नहीं।'

दोनों घर पहुँचे, तो वहाँ द्वार पर बहुत-से मजूर जमा थे और इसी विषय पर बातें हो रही थीं।

कृष्णचन्द्र को देखते ही सभों ने चिल्लाकर कहा—लो भैया आ गए।

9

वही मिल है, जहाँ सेठ ख़ूबचन्द ने गोलियाँ चलाई थीं। आज उन्हीं का पुत्र मज़दूरों का नेता बना हुआ गोलियों के सामने खड़ा है।

कृष्णचन्द्र और मैनेजर में बातें हो चुकीं। मैनेजर ने नियमों को नर्म करना स्वीकार न किया। हड़ताल की घोषणा कर दी गई। आज हड़ताल है। मज़दूर मिल के हाते में जमा हैं और मैनेजर ने मिल की रक्षा के लिए फ़ौजी गारद बुला लिया है। मिल के मज़दूर उपद्रव नहीं करना चाहते थे। हड़ताल केवल उनके असन्तोष का प्रदर्शन थी; लेकिन फ़ौजी गारद देखकर मज़दूरों को भी जोश आ गया। दोनों तरफ़ से तैयारी हो गई है। एक ओर गोलियाँ हैं, दूसरी ओर ईंट-पत्थर के टुकड़े।

युवक कृष्णचन्द्र ने कहा—आप लोग तैयार हैं? हमें मिल के अन्दर जाना है, चाहे सब मार डाले जाएँ।

बहुत-सी आवाज़ें आईं—सब तैयार हैं।

जिसके बाल-बच्चे हों, वह अपने घर चले जाएँ।

बिन्नी पीछे खड़ी-खड़ी बोली—बाल बच्चे, सबकी रक्षा भगवान् करता है।

कई मज़दूर घर लौटने का विचार कर रहे थे। इस वाक्य ने उन्हें स्थिर कर दिया। जय-जयकार हुई और एक हज़ार मज़दूरों का दल मिल-द्वार की ओर चला। फ़ौजी गारद ने गोलियाँ चलाईं। सबसे पहले कृष्णचन्द्र फिर और कई आदमी गिर पड़े। लोगों के पाँव उखड़ने लगे।

उसी वक़्त ख़ूबचन्द नंगे सिर, नंगे पाँव हाते में पहुँचे और कृष्णचन्द्र को गिरते देखा। परिस्थिति उन्हें घर ही पर मालूम हो गई थी। उन्होंने उन्मत्त होकर कहा—कृष्णचन्द्र की जय! और दौड़कर आहत युवक को कंठ से लगा लिया। मज़दूरों में एक अद्‌भुत साहस और धैर्य का संचार हुआ।

'ख़ूबचन्द।'—इस नाम ने जादू का काम किया। इस 15 साल में ख़ूबचन्द ने शहीद का ऊँचा पद प्राप्त कर लिया था। उन्हीं का पुत्र आज मज़दूरों का नेता है। धन्य है भगवान् की लीला! सेठजी ने पुत्र की लाश ज़मीन पर लिटा दी और अविचलित भाव से बोले—भाइयो, यह लड़का मेरा पुत्र था। मैं पंद्रह साल डामुल काट कर लौटा, तो भगवान् की कृपा से मुझे इसके दर्शन हुए। आज आठवाँ दिन है। आज फिर भगवान् ने उसे अपनी शरण में ले लिया। वह भी उन्हीं की कृपा थी। यह भी उन्हीं की कृपा है। मैं

जो मूर्ख, अज्ञानी तब था, वही अब भी हूँ। हाँ, इस बात का मुझे गर्व है कि भगवान् ने मुझे ऐसा वीर बालक दिया। अब आप लोग मुझे बधाइयाँ दें। किसे ऐसी वीरगति मिलती है? अन्याय के सामने जो छाती खोलकर खड़ा हो जाए, वही तो सच्चा वीर है, इसलिए बोलिए कृष्णचन्द्र की जय!

एक हज़ार गलों से जय-ध्वनि निकली और उसी के साथ सब-के-सब हल्ला मारकर दफ़्तर के अन्दर घुस गए। गारद के जवानों ने एक बन्दूक़ भी न चलाई, इस विलक्षण कांड ने इन्हें स्तम्भित कर दिया था।

मैनेजर ने पिस्तौल उठा लिया और खड़ा हो गया। देखा, तो सामने सेठ ख़ूबचन्द!

लज्जित होकर बोला—मुझे बड़ा दु:ख है कि आज दैवगति से ऐसी दुर्घटना हो गई, पर आप ख़ुद समझ सकते हैं, क्या कर सकता था।

सेठजी ने शान्त स्वर में कहा—ईश्वर जो कुछ करता है, हमारे कल्याण के लिए करता है। अगर इस बलिदान से मज़दूरों का कुछ हित हो, तो मुझे ज़रा भी खेद न होगा।

मैनेजर सम्मान-भरे स्वर में बोला—लेकिन इस धारणा से तो आदमी को सन्तोष नहीं होता। ज्ञानियों का भी मन चंचल हो ही जाता है।

सेठजी ने इस प्रसंग का अंत कर देने के इरादे से कहा—तो अब आप क्या निश्चय कर रहे हैं?

मैनेजर सकुचाता हुआ बोला—मैं इस विषय में स्वतंत्र नहीं हूँ। स्वामियों की जो आज्ञा थी, उसका मैं पालन कर रहा था।

सेठजी कठोर स्वर में बोले—अगर आप समझते हैं कि मज़दूरों के साथ अन्याय हो रहा है, तो आपका धर्म है कि उनका पक्ष लीजिए। अन्याय में सहयोग करना अन्याय करने के ही समान है।

एक तरफ़ तो मज़दूर लोग कृष्णचन्द्र के दाह-संस्कार का आयोजन कर रहे थे, दूसरी तरफ़ दफ़्तर में मिल के डाइरेक्टर और मैनेजर सेठ ख़ूबचन्द के साथ बैठे कोई ऐसी व्यवस्था सोच रहे थे कि मज़दूरों के प्रति इस अन्याय का अंत हो जाए।

दस बजे सेठजी ने बाहर निकलकर मजदूरों को सूचना दी—मित्रो, ईश्वर को धन्यवाद दो कि उसने तुम्हारी विनय स्वीकार कर ली। तुम्हारी हाजिरी के लिए अब नए नियम बनाए जाएँगे और जुरमाने की वर्तमान प्रथा उठा दी जाएगी।

मज़दूरों ने सुना; पर उन्हें वह आनंद न हुआ, जो एक घंटा पहले होता। कृष्णचन्द्र की बलि देकर बड़ी-से-बड़ी रियासत भी उनके निगाहों में हेय थी।

अभी अर्थी न उठने पाई थी कि प्रमीला लाल आँखें किए उन्मत्त-सी दौड़ी आई और उस देह से चिमट गई, जिसे उसने अपने उदर से जन्म दिया और अपने रक्त से पाला था। चारों तरफ़ हाहाकार मच गया। मज़दूर और मालिक ऐसा कोई नहीं था, जिसकी आँखों से आँसुओं की धारा न निकल रही हो।

सेठजी ने समीप जाकर प्रमीला के कन्धे पर हाथ रखा और बोले—क्या करती हो प्रमीला, जिसकी मृत्यु पर हँसना और ईश्वर को धन्यवाद देना चाहिए, उसकी मृत्यु पर रोती हो।

प्रमीला उसी तरह शव को हृदय से लगाए पड़ी रही। जिस निधि को पाकर उसने विपत्ति को सम्पत्ति समझा था, पति-वियोग से अंधकारमय जीवन में जिस दीपक से आशा, धैर्य और

अवलम्ब पा रही थी, वह दीपक बुझ गया था। जिस विभूति को पाकर ईश्वर की निष्ठा और भक्ति उसके रोम-रोम में व्याप्त हो गई थी, वह विभूति उससे छीन ली गई थी।

सहसा उसने पति को अस्थिर नेत्रों से देखकर कहा—तुम समझते होगे, ईश्वर जो कुछ करता है, हमारे कल्याण के लिए ही करता है। मैं ऐसा नहीं समझती। समझ ही नहीं सकती। कैसे समझूँ? हाय मेरे लाल! मेरे लाड़ले! मेरे राजा, मेरे सूर्य, मेरे चन्द्र, मेरे जीवन के आधार! मेरे सर्वस्व! तुझे खोकर कैसे चित्त को शान्त रखूँ? जिसे गोद में देखकर मैंने अपने भाग्य को धन्य माना था, उसे आज धरती पर पड़ा देखकर हृदय को कैसे सँभालूँ। नहीं मानता! हाय नहीं मानता!!

यह कहते हुए उसने ज़ोर से छाती पीट ली।

उसी रात को शोकातुर माता संसार से प्रस्थान कर गई। पक्षी अपने बच्चे की खोज में पिंजरे से निकल गया।

10

तीन साल बीत गए।

श्रमजीवियों के मुहल्ले में आज कृष्णाष्टमी का उत्सव है। उन्होंने आपस में चन्दा करके एक मन्दिर बनवाया है। मन्दिर आकार में तो बहुत सुन्दर और विशाल नहीं; पर जितनी भक्ति से यहाँ सिर झुकते हैं, वह बात इससे कहीं विशाल मन्दिरों को प्राप्त नहीं। यहाँ लोग अपनी सम्पत्ति का प्रदर्शन करने नहीं, बल्कि अपनी श्रद्धा की भेंट देने आते हैं।

मज़बूर स्त्रियाँ गा रही हैं, बालक दौड़-दौड़कर छोटे-मोटे काम कर रहे हैं। और पुरुष झाँकी के बनाव-शृंगार में लगे हुए हैं।

उसी वक़्त सेठ ख़ूबचन्द आए। स्त्रियाँ और बालक उन्हें देखते ही चारों ओर से दौड़कर जमा हो गए। यह मन्दिर उन्हीं के सतत् उद्योग का फल है। मज़दूर परिवारों की सेवा ही अब उनके जीवन का उद्‌देश्य है। उनका छोटा-सा परिवार अब विराट रूप हो गया है। उनके सुख को वह अपना सुख और उनके दु:ख को अपना दु:ख मानते हैं। मज़दूरों में शराब, जुए और दुराचरण की वह कसरत नहीं रही। सेठजी की सहायता, सत्संग और सद्‌व्यवहार पशुओं को मनुष्य बना रहा है।

सेठजी ने बाल-रूप भगवान् के सामने जाकर सिर झुकाया और उनका मन अलौकिक आनंद से खिल उठा। उस झाँकी में उन्हें कृष्णचन्द्र की झलक दिखाई दी। एक ही क्षण में उसने जैसे गोपीनाथ का रूप धारण किया।

सेठजी का रोम-रोम पुलकित हो उठा। भगवान् की व्यापकता का, दया का रूप आज जीवन में पहली बार उन्हें दिखाई दिया। अब तक, भगवान् की दया को वह सिद्धांत-रूप से मानते थे। आज उन्होंने उसका प्रत्यक्ष रूप देखा। एक पथ-भ्रष्ट पतनोन्मुखी आत्मा के उद्धार के लिए इतना दैवी विधान! इतनी अनवरत ईश्वरीय प्रेरणा! सेठजी के मानस-पट पर अपना सम्पूर्ण जीवन सिनेमा-चित्रों की भाँति दौड़ गया। उन्हें जान पड़ा, जैसे आज बीस वर्ष से ईश्वर की कृपा उन पर छाया किए हुए है। गोपीनाथ का बलिदान क्या था? विद्रोही मज़दूरों ने जिस समय उनका मकान घेर लिया था, उस समय उनका आत्म-समर्पण ईश्वर की दया के सिवा और क्या था, पंद्रह साल के निर्वासित जीवन में, फिर कृष्णचन्द्र के रूप

में, कौन उनकी आत्मा की रक्षा कर रहा था? सेठजी के अन्त:करण से भक्ति की विह्वलता में डूबी हुई जय-ध्वनि निकली—कृष्ण भगवान् की जय! और जैसे सम्पूर्ण ब्रह्मांड दया के प्रकाश से जगमगा उठा।

नेउर

आकाश में चाँदी के पहाड़ भाग रहे थे, टकरा रहे थे, गले मिल रहे थे; जैसे सूर्य-मेघ संग्राम छिड़ा हुआ हो। कभी छाया हो जाती थी, कभी तेज़ धूप चमक उठती थी। बरसात के दिन थे, उमस हो रही थी। हवा बन्द हो गई थी।

गाँव के बाहर कई मजूर एक खेत की मेड़ बाँध रहे थे। नंगे बदन, पसीने में तर, कछनी कसे हुए, सब-के-सब फावड़े से मिट्टी खोदकर मेड़ पर रखते जाते थे। पानी से मिट्टी नरम हो गई थी।

गोबर ने अपनी कानी आँख मटकाकर कहा—अब तो हाथ नहीं चलता भाई! गोला भी छूट गया होगा, चबेना कर लें।

नेउर ने हँसकर कहा—यह मेड़ तो पूरी कर लो, फिर चबेना कर लेना। मैं तो तुमसे पहले आया।

दोनों ने सिर पर झौवा उठाते हुए कहा—तुमने अपनी जवानी में जितना घी खाया होगा नेउर दादा, उतना तो अब हमें पानी भी नहीं मिलता।

नेउर छोटे डील का, गठीला, काला, फुर्तीला आदमी था। उम्र पचास से ऊपर थी; मगर अच्छे-अच्छे नौजवान उसके बराबर मेहनत न कर सकते थे। अभी दो-तीन साल पहले तक कुश्ती लड़ता था। जब से गाय मर गई, कुश्ती लड़ना छोड़ दिया था।

गोबर—तुमसे तमाखू पिए बिना कैसे रहा जाता है नेउर दादा? यहाँ तो चाहे रोटी न मिले, लेकिन तमाखू के बिना नहीं रहा जाता।

दीना—तो यहाँ से जाकर रोटी बनाओगे दादा? बुढ़िया कुछ नहीं करती? हमसे तो दादा ऐसी मेहरिया से एक दिन न पटे।

नेउर के पिचके, खिचड़ी मूँछों से ढके मुख पर हास्य की स्मित रेखा चमक उठी, जिसने उसकी कुरूपता को भी सुन्दर बना दिया। बोला—जवानी तो उसी के साथ कटी है बेटा, अब उससे कोई काम नहीं होता, तो क्या करूँ!

गोबर—तुमने उसे सिर चढ़ा रखा है, नहीं तो काम क्यों न करती। मज़े से खाट पर बैठी चिलम पीती रहती है और सारे गाँव से लड़ा करती है। तुम बूढ़े हो गए; लेकिन वह तो अब भी जवान बनी है।

दीना—जवान औरत उसकी क्या बराबरी करेगी। सेंदुर, टिकुली, काजल, मेहँदी में तो उसका मन बसता है। बिना किनारदार रंगीन धोती के उसे कभी देखा ही नहीं, उस पर गहनों से भी जी नहीं भरता। तुम गऊ हो, इससे निबाह हो जाता है, नहीं तो अब तक गली-गली ठोकरें खाती होती।

गोबर—मुझे तो उसके बनाव-सिंगार पर ग़ुस्सा आता है। काम कुछ न करेगी; पर खाने-पहनने को अच्छा ही चाहिए।

नेउर—तुम क्या जानो बेटा, जब वह आई थी, तो मेरे घर में सात हल की खेती होती थी। रानी बनी बैठी रहती थी। ज़माना बदल गया, तो क्या हुआ, उसका मन तो वही है। घड़ी भर चूल्हे के सामने बैठ जाती है, तो आँखें लाल हो जाती हैं और मूड़ थामकर पड़ जाती है। मुझसे तो यह नहीं देखा जाता। इसी दिन-रात के लिए तो आदमी शादी-ब्याह करता है और इसमें क्या रखा है। यहाँ से जाकर रोटी बनाऊँगा, पानी लाऊँगा, तब दो कौर खाएगी, नहीं तो मुझे क्या था, तुम्हारी तरह चार फंकी मारकर एक लोटा पानी पी लेता। जब से बिटिया मर गई, तब से तो वह और भी लस्त हो गई। यह बड़ा भारी धक्का लगा। माँ की ममता हम-तुम क्या समझेंगे बेटा। पहले तो कभी-कभी डाँट भी देता था। अब किस मुँह से डाँटूँ?

दीना—तुम कल पेड़ पर काहे को चढ़े थे, अभी गूलर कौन पकी है?

नेउर—उस बकरी के लिए थोड़ी पत्ती तोड़ रहा था। बिटिया को दूध पिलाने को बकरी ली थी। अब बुढ़िया हो गई है; लेकिन थोड़ा दूध दे देती है। उसी का दूध और रोटी बुढ़िया का आधार है।

घर पहुँचकर नेउर ने लोटा और डोर उठाया और नहाने चला, कि स्त्री ने खाट पर लेटे-लेटे कहा—इतनी देर क्यों कर दिया करते हो? आदमी काम के पीछे परान थोड़े ही देता है? जब मजूरी सबके बराबर मिलती है, तो क्यों काम के पीछे मरते हो?

नेउर का अन्त:करण एक माधुर्य से सराबोर हो गया। उसके आत्म-समर्पण से भरे हुए प्रेम में 'मैं' की गंध भी तो नहीं थी। कितना स्नेह! और किसे उसके आराम की, उसके मरने-जीने की चिन्ता है? फिर यह क्यों न अपनी बुढ़िया के लिए मरे? बोला—तू उस जन्म में कोई देवी रही होगी बुधिया, सच।

'अच्छा रहने दो यह चापलूसी। हमारे आगे अब कौन बैठा हुआ है, जिसके लिए इतना हाय-हाय करते हो?'

नेउर गज़-भर की छाती किए स्नान करने चला गया। लौटकर उसने मोटी-मोटी रोटियाँ बनाईं। आलू चूल्हे में डाल दिए। उनका भुरता बनाया; फिर बुधिया और वह दोनों साथ खाने बैठे।

बुधिया—मेरी जात से तुम्हें कोई सुख न मिला। पड़े-पड़े खाती हूँ और तुम्हें तंग करती हूँ। इससे तो कहीं अच्छा था कि भगवान् मुझे उठा लेते!

'भगवान् आएँगे तो मैं कहूँगा, पहले मुझे ले चलो। तब इस सूनी झोंपड़ी में कौन रहेगा!'

'तुम न रहोगे तो मेरी क्या दशा होगी, यह सोचकर मेरी आँखों में अँधेरा आ जाता है। मैंने कोई बड़ा पुन किया था कि तुम्हें पाया। किसी और के साथ मेरा भला क्या निबाह होता?'

ऐसे मीठे सन्तोष के लिए नेउर क्या नहीं कर डालना चाहता था। आलसिन, लोभिन, स्वार्थिन बुधिया अपनी जीभ पर केवल मिठास रखकर नेउर को नचाती रहती थी जैसे कोई शिकारी कँटिए में चारा लगाकर मछली को खिलाता है।

पहले कौन मरे, इस विषय पर आज यह पहली ही बार बातचीत न हुई थी। इसके पहले भी कितनी ही बार यह प्रश्न उठा था और यों ही छोड़ दिया गया था; लेकिन न जाने क्यों नेउर ने अपनी डिग्री कर ली थी और उसे निश्चय था कि पहले मैं जाऊँगा। उसके पीछे भी

बुधिया जब तक रहे, आराम से रहे, किसी के सामने हाथ न फैलाए, इसीलिए वह मरता रहता था, जिसमें हाथ में चार पैसे जमा हो जाएँ! कठिन-से-कठिन काम, जिसे कोई न कर सके, नेउर करता। दिन-भर फावड़े-कुदाल का काम करने के बाद रात को वह ऊख के दिनों में किसी की ऊख पेरता, या खेतों की रखवाली करता; लेकिन दिन निकलते जाते थे और जो कुछ कमाता था, वह भी निकलता जाता था। बुधिया के बग़ैर वह जीवन...नहीं, इसकी वह कल्पना ही न कर सकता था।

लेकिन आज की बातों ने नेउर को सशंक कर दिया। जल में एक बूँद रंग की भाँति यह शंका उसके मन में समा कर अतिरंजित होने लगी।

2

गाँव में नेउर को काम की कमी न थी; पर मजूरी तो वही मिलती थी, जो अब तक मिलती आई थी; इस मन्दी में वह मजूरी भी नहीं रह गई थी। एकाएक गाँव में एक साधु कहीं से घूमते-फिरते आ निकले और नेउर के घर के सामने ही पीपल की छाँह में उनकी धूनी जल गई। गाँववालों ने अपना धन्य भाग्य समझा। बाबाजी का सेवा-सत्कार करने के लिए सभी जमा हो गए। कहीं से लकड़ी आ गई, कहीं से बिछाने को कम्बल, कहीं से आटा-दाल। नेउर के पास क्या था? बाबाजी के लिए भोजन बनाने की सेवा उसने ली। चरस आ गई, दम लगने लगा।

दो-तीन दिन में ही बाबाजी की कीर्ति फैलने लगी। वह आत्मदर्शी हैं, भूत-भविष्य सब बता देते हैं। लोभ तो छू नहीं गया। पैसा हाथ से नहीं छूते और भोजन भी क्या करते हैं! आठ पहर में एक-दो बाटियाँ खा लीं; लेकिन मुख दीपक की तरह दमक रहा है। कितनी मीठी बानी है! सरल-हृदय नेउर बाबाजी का सबसे बड़ा भक्त था। उस पर कहीं बाबाजी की दया हो गई, तो पारस ही हो जाएगा। सारा दुख-दलिद्दर मिट जाएगा।

भक्तजन एक-एक करके चले गए थे। ख़ूब कड़ाके की ठंड पड़ रही थी। केवल नेउर बैठा बाबाजी के पाँव दबा रहा था।

बाबाजी ने कहा—बच्चा! संसार माया है, इसमें क्यों फँसे हो?

नेउर ने नत-मस्तक होकर कहा—अज्ञानी हूँ महाराज; क्या करूँ? स्त्री है, उसे किस पर छोड़ूँ?

'तू समझता है, तू स्त्री का पालन करता है?'

'और कौन सहारा है उसे बाबाजी?'

'ईश्वर कुछ नहीं है, तू ही सबकुछ है?'

नेउर के मन में जैसे ज्ञान उदय हो गया! तू इतना अभिमानी हो गया है! तेरा इतना दिमाग़! मज़दूरी करते-करते जान जाती है और तू समझता है, मैं ही बुधिया का सबकुछ हूँ। प्रभु, जो सारे संसार का पालन करते हैं, तू उनके काम में दख़ल देने का दावा करता है। उसके सरल, ग्रामीण हृदय में आस्था की ध्वनि-सी उठकर उसे धिक्कारने लगी। बोला—अज्ञानी हूँ महाराज!

इससे ज़्यादा वह और कुछ न कह सका। आँखों से दीन विषाद के आँसू गिरने लगे।

बाबाजी ने तेज़स्विता से कहा—'देखना चाहता है ईश्वर का चमत्कार! वह चाहे तो क्षण-भर में तुझे लखपती कर दे। क्षण-भर में तेरी सारी चिन्ताएँ हर ले! मैं उसका एक तुच्छ भक्त हूँ काकविष्टा; लेकिन मुझमें भी इतनी शक्ति है कि तुझे पारस बना दूँ। तू साफ़ दिल का,

सच्चा, ईमानदार आदमी है। मुझे तुझ पर दया आती है। मैंने इस गाँव में सबको ध्यान से देखा। किसी में शक्ति नहीं, विश्वास नहीं। तुझमें मैंने भक्त का हृदय पाया। तेरे पास कुछ चाँदी है?'

नेउर को जान पड़ रहा था कि सामने स्वर्ग का द्वार है।

'दस-पाँच रुपए होंगे महाराज!'

'कुछ चाँदी के टूटे-फूटे गहने नहीं हैं?'

'घरवाली के पास कुछ गहने हैं।'

'कल रात को जितनी चाँदी मिल सके, यहाँ ला और ईश्वर की प्रभुता देख। तेरे सामने मैं चाँदी को हाँड़ी में रखकर इसी धूनी में रख दूँगा। प्रात:काल आकर हाँड़ी निकाल लेना; मगर इतना याद रखना कि उन अशर्फियों को अगर शराब पीने में, जुआ खेलने में या किसी दूसरे बुरे काम में ख़र्च किया, तो कोढ़ी हो जाएगा। अब जा, सो रह। हाँ, इतना और सुन ले; इसकी चर्चा किसी से मत करना, घरवालों से भी नहीं।'

नेउर घर चला, तो ऐसा प्रसन्न था, मानो ईश्वर का हाथ उसके सिर पर है। रात-भर उसे नींद नहीं आई। सबेरे उसने कई आदमियों से दो-दो, चार-चार रुपए उधार लेकर पचास रुपए जोड़े! लोग उसका विश्वास करते थे। कभी किसी का एक पैसा भी न दबाता था। वादे का पक्का, नीयत का साफ़। रुपए मिलने में दिक़्क़त न हुई। पच्चीस रुपए उसके पास थे। बुधिया से गहने कैसे ले? चाल चली। तेरे गहने बहुत मैले हो गए हैं। खटाई से साफ़ कर ले। रात-भर खटाई में रहने से नए हो जाएँगे। बुधिया चकमे में आ गई। हाँड़ी में खटाई डालकर गहने भिगो दिए। जब रात को वह सो गई, तो नेउर ने रुपए भी उसी हाँड़ी में डाल दिए और बाबाजी के पास पहुँचा। बाबाजी ने कुछ मंत्र पढ़ा। हाँड़ी को धूनी की राख में रखा और नेउर को आशीर्वाद देकर बिदा किया।

रात-भर करवटें बदलने के बाद नेउर मुँह अँधेरे बाबा के दर्शन करने गया, मगर बाबाजी का वहाँ पता न था। अधीर होकर उसने धूनी की जलती हुई राख टटोली। हाँड़ी ग़ायब थी। छाती धक्-धक् करने लगी। बदहवास होकर बाबा को खोजने लगा। हाट की तरफ़ गया। तालाब की ओर पहुँचा। दस मिनट, बीस मिनट, आधा घंटा! बाबा का कहीं निशान नहीं। भक्त आने लगे। बाबा कहाँ गए? कम्बल भी नहीं, बरतन भी नहीं!

भक्त ने कहा—रमते साधुओं का क्या ठिकाना! आज यहाँ, कल वहाँ; एक जगह रहें, तो साधु कैसे? लोगों से हेल-मेल हो जाए, बंधन में पड़ जाएँ।

'सिद्ध थे।'

'लोभ को छू नहीं गया था।'

'नेउर कहाँ है? उस पर बड़ी दया करते थे। उससे कह गए होंगे।'

नेउर की तलाश होने लगी, कहीं पता नहीं। इतने में बुधिया नेउर को पुकारती हुई घर में से निकली। फिर कोलाहल मच गया। बुधिया रोती थी और नेउर को गालियाँ देती थी।

नेउर खेतों की मेड़ों से बेतहाशा भागता चला जाता था, मानो इस पापी संसार से निकल जाएगा।

एक आदमी ने कहा—नेउर ने कल मुझसे पाँच रुपए लिए थे। आज साँझ को देने के लिए कहा था।

दूसरा—हमसे भी दो रुपए आज ही के वादे पर लिये थे।

बुधिया रोई—दाढ़ीजार मेरे सारे गहने ले गया। पच्चीस रुपए रखे थे, वह भी उठा ले गया।

लोग समझ गए, बाबा कोई धूर्त था। नेउर को झाँसा दे गया। ऐसे-ऐसे ठग पड़े हैं संसार में! नेउर के बारे में किसी को ऐसा सन्देह नहीं था। बेचारा सीधा आदमी, आ गया पट्टी में। मारे लाज के कहीं छिपा बैठा होगा।

3

तीन महीने गुज़र गए।

झाँसी ज़िले में धसान नदी के किनारे एक छोटा-सा गाँव है—काशीपुर। नदी के किनारे एक पहाड़ी टीला है। उसी पर कई दिन से एक साधु ने अपना आसन जमाया है। नाटे कद का आदमी है, काले तवे का-सा रंग, देह गठी हुई। यह नेउर है, जो साधु-वेश में दुनिया को धोखा दे रहा है—वही सरल निष्कपट नेउर, जिसने कभी पराए माल की ओर आँख नहीं उठाई, जो पसीना की रोटी खाकर मगन था। घर की, गाँव की और बुधिया की याद एक क्षण भी उसे नहीं भूलती, इस जीवन में फिर कोई दिन आएगा, कि वह अपने घर पहुँचेगा और फिर उस संसार में हँसता-खेलता अपनी छोटी-छोटी चिन्ताओं और छोटी-छोटी आशाओं के बीच आनंद से रहेगा! वह जीवन कितना सुखमय था! जितने थे सब अपने थे, सभी आदर करते थे, सहानुभूति रखते थे। दिन-भर की मजूरी, थोड़ा-सा अनाज या थोड़े-से पैसे लेकर घर आता था, तो बुधिया कितने मीठे स्नेह से उसका स्वागत करती थी। वह सारी मेहनत, सारी थकावट जैसे उस मिठास में सनकर और मीठी हो जाती थी। हाय वे दिन फिर कब आएँगे? न-जाने बुधिया कैसे रहती होगी। कौन उसे पान की तरह फेरेगा? कौन उसे पकाकर खिलाएगा? घर में पैसा भी तो नहीं छोड़ा, गहने तक डुबा दिए। तब उसे क्रोध आता कि उस बाबा को पा जाए, तो कच्चा ही खा जाए। हाय लोभ! लोभ!

उसके अनन्य भक्तों में एक सुन्दरी युवती भी थी, जिसके पति ने उसे त्याग दिया था। उसका बाप फ़ौजी पेंशनर था। एक पढ़े-लिखे आदमी से लड़की का विवाह किया; लेकिन लड़का माँ के कहने में था और युवती की अपनी सास से न पटती। वह चाहती थी, शौहर के साथ सास से अलग रहे; शौहर अपनी माँ से अलग होने पर न राज़ी हुआ। वह रूठकर मैके चली आई। तब से तीन साल हो गए थे और ससुराल से एक बार भी बुलावा न आया, न पतिदेव ही आए। युवती किसी तरह पति को अपने वश में कर लेना चाहती थी। महात्माओं के लिए किसी का दिल फेर देना ऐसा क्या मुश्किल है! हाँ, उनकी दया चाहिए।

एक दिन उसने एकान्त में बाबाजी से अपनी विपत्ति कह सुनाई। नेउर को जिस शिकार की टोह थी, वह आज मिलता हुआ जान पड़ा। गम्भीर भाव से बोला—बेटी, मैं न सिद्ध हूँ, न महात्मा, न मैं संसार के झमेलों में पड़ता हूँ, पर तेरी सरधा और परेम देखकर तुझ पर दया आती है। भगवान् ने चाहा, तो तेरा मनोरथ पूरा हो जाएगा।

'आप समर्थ हैं और मुझे आपके ऊपर विश्वास है।'

'भगवान् की जो इच्छा होगी, वही होगा।'

'इस अभागिनी की डोंगी, आप ही पार लगा सकते हैं।'

'भगवान् पर भरोसा रखो।'

'मेरे भगवान् तो आप ही हो।'

नेउर ने मानो धर्म-संकट में पड़कर कहा—लेकिन बेटी, उस काम में बड़ा अनुष्ठान करना पड़ेगा, और अनुष्ठान में सैकड़ों-हज़ारों का ख़र्च है। उस पर भी तेरा काज सिद्ध होगा या नहीं, यह मैं नहीं कह सकता। हाँ, मुझसे जो कुछ हो सकेगा, वह मैं कर दूँगा; पर सबकुछ भगवान् के हाथ में है। मैं माया को हाथ से नहीं छूता; लेकिन तेरा दुःख नहीं देखा जाता।

उसी रात को युवती ने अपने सोने के गहनों की पेटारी लाकर बाबाजी के चरणों पर रख दी। बाबाजी ने काँपते हुए हाथों से पेटारी खोली और चन्द्रमा के उज्ज्वल प्रकाश में आभूषणों को देखा। उनकी आँखें झपक गईं। यह सारी माया उनकी है। वह उनके सामने हाथ बाँधे खड़ी कह रही है—मुझे अंगीकार कीजिए। कुछ भी तो करना नहीं है, केवल पेटारी लेकर अपने सिरहाने रख लेना है और युवती को आशीर्वाद देकर विदा कर देना है। प्रात:काल वह आएगी! उस वक़्त वह उतना दूर होंगे, जहाँ तक उनकी टाँगें ले जाएँगी। ऐसा आशातीत सौभाग्य! जब वह रुपयों से भरी थैलियाँ लिए गाँव में पहुँचेंगे और बुधिया के सामने रख देंगे! ओह! इससे बड़े आनंद की तो वह कल्पना भी नहीं कर सकते।

लेकिन न-जाने क्यों इतना ज़रा-सा काम भी उससे नहीं हो सकता था। वह पेटारी को उठाकर अपने सिरहाने, कंबल के नीचे दबाकर नहीं रख सकता। है कुछ नहीं; पर उसके लिए असूझ है, असाध्य है। वह उस पेटारी की ओर हाथ भी नहीं बढ़ा सकता। हाथों पर उसका कोई बस नहीं। जाने दो हाथ, ज़बान से कह सकता है। इतना कहने में कौन-सी दुनिया उलटी जाती है, कि बेटी, इसे उठाकर इस कम्बल के नीचे रख दे। ज़बान कट तो न जाएगी; मगर अब उसे मालूम होता है कि ज़बान पर भी उसका काबू नहीं है। आँखों के इशारे से भी यह काम हो सकता है, लेकिन इस समय आँखें भी बगावत कर रही हैं। मन का राजा इतने मंत्रियों और सामन्तों के होते हुए भी अशक्त है, निरीह है। लाख रुपए की थैली सामने रखी हो, नंगी तलवार हाथ में हो, गाय मज़बूत रस्सी के सामने बँधी हो, क्या उस गाय की गरदन पर उसके हाथ उठेंगे! कभी नहीं। कोई उसकी गरदन भले ही काट ले। वह गऊ की हत्या नहीं कर सकता। वह परित्यक्ता उसे उसी गऊ की तरह लग रही थी। जिस अवसर को वह तीन महीने से खोज रहा है, उसे पाकर आज उसकी आत्मा काँप रही है। तृष्णा किसी वन्य जन्तु की भाँति अपने संस्कारों से आखेटप्रिय है, लेकिन जंजीरों से बँधे-बँधे उसके नख गिर गए हैं और दाँत कमज़ोर हो गए हैं।

उसने रोते हुए कहा—बेटी, पेटारी उठा ले जाओ। मैं तुम्हारी परीक्षा कर रहा था। तुम्हारा मनोरथ पूरा हो जाएगा।

चाँद नदी के पार वृक्षों की गोद में विश्राम कर चुका था। नेउर धीरे-से उठा और धसान में स्नान करके एक ओर चल दिया। भभूत और तिलक से उसे घृणा हो रही थी। उसे आश्चर्य हो रहा था कि वह घर से निकला ही कैसे? थोड़े से उपहास के भय से! उसे अपने अन्दर एक विचित्र उल्लास का अनुभव हो रहा था; मानो वह बेड़ियों से मुक्त हो गया हो, कोई बहुत बड़ी विजय प्राप्त की हो।

4

आठवें दिन नेउर अपने गाँव पहुँच गया। लड़कों ने दौड़कर, उछल-कूदकर, उसकी लकड़ी उसके हाथ से छीनकर, उसका स्वागत किया।

एक लड़के ने कहा—काकी तो मर गई दादा!

नेउर के पाँव जैसे बँध गए। मुँह के दोनों कोने नीचे झुक गए। दीन-विषाद आँखों में चमक उठा। कुछ बोला नहीं, कुछ पूछा भी नहीं! पल-भर जैसे निस्संज्ञ खड़ा रहा, फिर बड़ी तेज़ी से अपनी झोंपड़ी की ओर चला। बालकवृन्द भी उसके पीछे दौड़े, मगर उनकी शरारत और चंचलता भाग गई थी। झोंपड़ी खुली पड़ी थी। बुधिया की चारपाई जहाँ-की-तहाँ थी। उसकी चिलम और नारियल ज्यों-के-त्यों धरे हुए थे। एक कोने में दो-चार मिट्टी और पीतल के बरतन पड़े हुए थे। लड़के बाहर ही खड़े रह गए। झोपड़ी के अन्दर कैसे जाएँ; वहाँ बुधिया बैठी है।

गाँव में भगदड़ मच गई। नेउर दादा आ गए। झोपड़ी के द्वार पर भीड़ लग गई, प्रश्नों का ताँता बँध गया—तुम इतने दिन कहाँ थे दादा? तुम्हारे जाने के बाद तीसरे ही दिन काकी चल बसी। रात-दिन तुम्हें गालियाँ देती थी। मरते-मरते तुम्हें गरियाती ही रही। तीसरे दिन आए, तो मरी पड़ी थी। तुम इतने दिन कहाँ रहे?

नेउर ने कोई जवाब न दिया। केवल शून्य, निराश, करुण, आहत नेत्रों से लोगों की ओर देखता रहा, मानो उसकी वाणी हर ली गई है। उस दिन से किसी ने उसे बोलते, या रोते-हँसते नहीं देखा।

गाँव से आध मील पर पक्की सड़क है। अच्छी आमदरफ्त है। नेउर बड़े सबेरे जाकर सड़क के किनारे एक पेड़ के नीचे बैठ जाता है। किसी से कुछ माँगता नहीं; पर राहगीर कुछ-न-कुछ दे ही देते हैं—चबेना, अनाज, पैसे! संध्या समय वह अपनी झोंपड़ी में आ जाता है, चिराग जलाता है, भोजन बनाता है, खाता है, और उसी खाट पर पड़ा रहता है। उसके जीवन में जो एक संचालक शक्ति थी, वह लुप्त हो गई है। वह अब केवल जीवधारी है। कितनी गहरी मनोव्यथा है! गाँव में प्लेग आया। लोग घर छोड़-छोड़कर भागने लगे। नेउर को अब किसी की परवाह न थी। न किसी को उससे भय था, न प्रेम। सारा गाँव भाग गया, नेउर ने अपनी झोपड़ी न छोड़ी; तब होली आई। सबने ख़ुशियाँ मनाईं, नेउर अपनी झोपड़ी से न निकला, और आज भी वह उसी पेड़ के नीचे, सड़क के किनारे, उसी तरह मौन बैठा हुआ नज़र आता है—निश्चेष्ट, निर्जीव!

गृह-नीति

जब माँ, बेटे से बहू की शिकायतों का दफ़्तर खोल देती है और यह सिलसिला किसी तरह ख़त्म होते नज़र नहीं आता, तो बेटा उकता जाता है और दिन-भर की थकान के कारण कुछ झुँझलाकर माँ से कहता है—तो आख़िर तुम मुझसे क्या करने को कहती हो अम्माँ? मेरा काम स्त्री को शिक्षा देना तो नहीं है। यह तो तुम्हारा काम है! तुम उसे डाँटो, मारो, जो सज़ा चाहे दो। मेरे लिए इससे ज़्यादा ख़ुशी की और क्या बात हो सकती है कि तुम्हारे प्रयत्न से वह आदमी बन जाए? मुझसे मत कहो कि उसे सलीका नहीं है, तमीज नहीं है, बे-अदब है। उसे डाँटकर सिखाओ।

माँ—वाह, मुँह से बात निकालने नहीं देती, डाटूँ तो मुझे ही नोच खाय। उसके सामने अपनी आबरू बचाती फिरती हूँ, कि किसी के मुँह पर मुझे कोई अनुचित शब्द न कह बैठे।

बेटा—तो फिर इसमें मेरी क्या खता है? मैं तो उसे सिखा नहीं देता कि तुमसे बे-अदबी करे!

माँ—तो और कौन सिखाता है?

बेटा—तुम तो अन्धेर करती हो अम्माँ!

माँ—अन्धेर नहीं करती, सत्य कहती हूँ। तुम्हारी ही शह पाकर उसका दिमाग़ बढ़ गया है। जब वह तुम्हारे पास जाकर टेसुवे बहाने लगती है, तो कभी तुमने उसे डाँटा, कभी समझाया कि तुझे अम्माँ का अदब करना चाहिए? तुम तो ख़ुद उसके ग़ुलाम हो गए हो। वह भी समझती है, मेरा पति कमाता है, फिर मैं क्यों न रानी बनूँ, क्यों किसी से दबूँ? मर्द जब तक शह न दे, औरत का इतना गुर्दा हो ही नहीं सकता।

बेटा—तो क्या मैं उससे कह दूँ कि मैं कुछ नहीं कमाता, बिलकुल निखट्टू हूँ? क्या तुम समझती हो, तब वह मुझे जलील न समझेगी? हर एक पुरुष चाहता है कि उसकी स्त्री उसे कमाऊ, योग्य, तेजस्वी समझे और सामान्यत: वह जितना है, उससे बढ़कर अपने को दिखाता है। मैंने कभी नादानी नहीं की, कभी स्त्री के सामने डींग नहीं मारी; लेकिन स्त्री की दृष्टि में अपना सम्मान खोना तो कोई भी न चाहेगा।

माँ—तुम कान लगाकर, ध्यान देकर और मीठी मुस्कुराहट के साथ उसकी बातें सुनोगे, तो वह क्यों न शेर होगी? तुम ख़ुद चाहते हो कि स्त्री के हाथों मेरा अपमान कराओ। मालूम नहीं, मेरे किन पापों का तुम मुझे यह दंड दे रहे हो। किन अरमानों से, कैसे-कैसे कष्ट झेलकर, मैंने तुम्हें पाला। ख़ुद नहीं पहना, तुम्हें पहनाया; ख़ुद नहीं खाया, तुम्हें खिलाया। मेरे लिए तुम उस मरनेवाली की निशानी थे और मेरी सारी अभिलाषाओं का केन्द्र। तुम्हारी शिक्षा पर मैंने अपने हज़ारों के आभूषण होम कर दिए। विधवा के पास दूसरी कौन-सी निधि थी? इसका तुम मुझे यह पुरस्कार दे रहे हो?

बेटा—मेरी समझ में नहीं आता कि आप मुझसे चाहती क्या हैं? आपके उपकारों को मैं कब मेट सकता हूँ? आपने मुझे केवल शिक्षा ही नहीं दिलाई, मुझे जीवन-दान दिया, मेरी सृष्टि की। अपने गहने ही नहीं होम किए, अपना रक्त तक पिलाया। अगर मैं सौ बार अवतार लूँ, तो भी इसका बदला नहीं चुका सकता। मैं अपनी जान में आपकी इच्छा के विरुद्ध कोई काम नहीं करता, यथासाध्य आपकी सेवा में कोई बात उठा नहीं रखता; जो कुछ पाता हूँ, लाकर आपके हाथों पर रख देता हूँ; और मुझसे क्या चाहती हैं? और मैं कर ही क्या सकता हूँ? ईश्वर ने हमें तथा आपको और सारे संसार को पैदा किया। उसका हम उसे क्या बदला देते हैं? क्या बदला दे सकते हैं? उसका नाम भी तो नहीं लेते। उसका यश भी तो नहीं गाते। इससे क्या उसके उपकारों का भार कुछ कम हो जाता है? माँ के बलिदानों का प्रतिशोध कोई बेटा नहीं कर सकता, चाहे वह भू-मंडल का स्वामी ही क्यों न हो। ज़्यादा-से-ज़्यादा मैं आपकी दिलजोई ही तो कर सकता हूँ और मुझे याद नहीं आता कि मैंने कभी आपको असंतुष्ट किया हो।

माँ—तुम मेरी दिलजोई करते हो! तुम्हारे घर में मैं इस तरह रहती हूँ जैसे कोई लौंडी। तुम्हारी बीवी कभी मेरी बात भी नहीं पूछती। मैं भी कभी बहू थी। रात को घंटे-भर सास की देह दबाकर, उनके सिर में तेल डालकर, उन्हें दूध पिलाकर तब बिस्तर पर जाती थी। तुम्हारी

स्त्री नौ बजे अपनी किताबें लेकर अपनी सहनची में जा बैठती है, दोनों खिड़कियाँ खोल लेती है और मज़े से हवा खाती है। मैं मरूँ या जीऊँ, उससे मतलब नहीं, इसीलिए मैंने पाला था?

बेटा—तुमने मुझे पाला था, तो यह सारी सेवा मुझसे लेनी चाहिए थी, मगर तुमने मुझसे कभी नहीं कहा। मेरे अन्य मित्र भी हैं। उनमें भी मैं किसी को माँ की देह में मुक्कियाँ लगाते नहीं देखता। आप मेरे कर्तव्य का भार मेरी स्त्री पर क्यों डालती हैं? यों अगर वह आपकी सेवा करे, तो मुझसे ज़्यादा प्रसन्न और कोई न होगा। मेरी आँखों में उसकी इज़्ज़त दूनी हो जाएगी। शायद उससे और ज़्यादा प्रेम करने लगूँ। लेकिन अगर वह आपकी सेवा नहीं करती, तो आपको उससे अप्रसन्न होने का कोई कारण नहीं है। शायद उसकी जगह मैं होता, तो मैं भी ऐसा ही करता। सास मुझे अपनी लड़की की तरह प्यार करती, तो मैं उसके तलुए सहलाता, इसलिए नहीं कि वह मेरे पति की माँ होती, बल्कि इसलिए कि वह मुझसे मातृवत् स्नेह करती, मगर मुझे ख़ुद यह बुरा लगता है कि बहू सास के पाँव दबाए। कुछ दिन पहले स्त्रियाँ पति के पाँव दबाती थीं। आज भी उस प्रथा का लोप नहीं हुआ है, लेकिन मेरी पत्नी मेरे पाँव दबाए, तो मुझे ग्लानि होगी। मैं उससे कोई ऐसी खिदमत नहीं लेना चाहता, जो मैं उसकी भी न कर सकूँ। यह रस्म उस जमाने की यादगार है, जब स्त्री पति की लौंडी समझी जाती थी! अब पत्नी और पति दोनों बराबर हैं। कम-से-कम मैं ऐसा ही समझता हूँ।

माँ—तो मैं कहती हूँ कि तुम्हीं ने उसे ऐसी-ऐसी बातें पढ़ाकर शेर कर दिया है। तुम्हीं मुझसे बैर साध रहे हो। ऐसी निर्लज्ज, ऐसी बदज़बान, ऐसी टर्री, फूहड़ छोकरी संसार में न होगी! घर में अक्सर मुहल्ले की बहनें मिलने आती रहती हैं। यह राजा की बेटी न जाने किन गँवारों में पली है कि किसी का भी आदर-सत्कार नहीं करती। कमरे से निकलती तक नहीं। कभी-कभी जब वे ख़ुद उसके कमरे में चली जाती हैं, तो भी यह गधी चारपाई से नहीं उठती। प्रणाम तक नहीं करती, चरण छूना तो दूर की बात है।

बेटा—वह देवियाँ तुमसे मिलने आती होंगी। तुम्हारे और उनके बीच में न-जाने क्या बातें होती हों, अगर तुम्हारी बहू बीच में आ कूदे तो मैं उसे बदतमीज कहूँगा। कम-से-कम मैं तो कभी पसन्द न करूँगा कि जब मैं अपने मित्रों से बातें कर रहा हूँ, तो तुम या तुम्हारी बहू वहाँ जाकर खड़ी हो जाए। स्त्री भी अपनी सहेलियों के साथ बैठी हो, तो मैं वहाँ बिना बुलाए न जाऊँगा। यह तो आजकल का शिष्टाचार है।

माँ—तुम तो हर बात में उसी का पक्ष करते हो बेटा, न-जाने उसने कौन-सी जड़ी सुँघा दी है तुम्हें। यह कौन कहता है कि वह हम लोगों के बीच में आ कूदे, लेकिन बड़ों का उसे कुछ तो आदर-सत्कार करना चाहिए।

बेटा—किस तरह?

माँ—आकर अंचल से उसके चरण छुए, प्रणाम करे, पान खिलाए, पंखा झले। इन्हीं बातों से बहू का आदर होता है। लोग उसकी प्रशंसा करते हैं। नहीं तो सब-की-सब यही कहती होंगी कि बहू को घमंड हो गया है, किसी से सीधे मुँह बात नहीं करती!

बेटा—(विचार करके) हाँ, यह अवश्य उसका दोष है। मैं उसे समझा दूँगा।

माँ—(प्रसन्न होकर) तुमसे सच कहती हूँ बेटा, चारपाई से उठती तक नहीं, सब औरतें थुड़ी-थुड़ी करती हैं, मगर उसे तो शर्म जैसे छू ही नहीं गई और मैं हूँ, कि मारे शर्म के मरी जाती हूँ।

बेटा—यही मेरी समझ में नहीं आता कि तुम हर बात में अपने को उसके कामों की ज़िम्मेदार क्यों समझ लेती हो? मुझ पर दफ़्तर में न-जाने कितनी घुड़कियाँ पड़ती हैं; रोज़ ही तो जवाब-तलब होता है, लेकिन तुम्हें उलटे मेरे साथ सहानुभूति होती है। क्या तुम समझती हो, अफ़सरों को मुझसे कोई बैर है, जो अनायास ही मेरे पीछे पड़े रहते हैं, या उन्हें उन्माद हो गया है, जो अकारण ही मुझे काटने दौड़ते हैं? नहीं, इसका कारण यही है कि मैं अपने काम में चौकस नहीं हूँ। गल्तियाँ करता हूँ, सुस्ती करता हूँ, लापरवाही करता हूँ। जहाँ अफ़सर सामने से हटा कि लगे समाचारपत्र पढ़ने या ताश खेलने। क्या उस वक़्त हमें यह ख़याल नहीं रहता कि काम पड़ा हुआ है। और यह साहब डाँट ही तो बताएँगे, सिर झुकाकर सुन लेंगे, बाधा टल जाएगी। पर ताश खेलने का अवसर नहीं है, लेकिन कौन परवाह करता है। सोचते हैं, तुम मुझे दोषी समझकर भी मेरा पक्ष लेती हो और तुम्हारा बस चले, तो हमारे बड़े बाबू को मुझसे जवाब-तलब करने के अभियोग में कालेपानी भेज दो।

माँ—(खिलकर) मेरे लड़के को कोई सज़ा देगा, तो क्या मैं पान-फूल से उसकी पूजा करूँगी?

बेटा—हरेक बेटा अपनी माता से इसी तरह की कृपा की आशा रखता है और सभी माताएँ अपने लड़कों के ऐबों पर पर्दा डालती हैं। फिर बहुओं की ओर से क्यों उनका हृदय इतना कठोर हो जाता है, यह मेरी समझ में नहीं आता। तुम्हारी बहू पर जब दूसरी स्त्रियाँ चोट करें, तो तुम्हारे मातृ-स्नेह का यह धर्म है कि तुम उसकी तरफ़ से क्षमा माँगो, कोई बहाना कर दो, उनकी नज़रों में उसे उठाने की चेष्टा करो। इस तिरस्कार में तुम क्यों उनसे सहयोग करती हो? तुम्हें क्यों उसके अपमान में मज़ा आता है? मैं भी तो हरेक ब्राह्मण या बड़े-बूढ़े का आदर-सत्कार नहीं करता। मैं किसी ऐसे व्यक्ति के सामने सिर झुका ही नहीं सकता, जिससे मुझे हार्दिक श्रद्धा न हो। केवल सफ़ेद बाल, सिकुड़ी हुई खाल, पोपला मुँह और झुकी हुई कमर किसी को आदर का पात्र नहीं बना देती और न जनेऊ या तिलक या पंडित और शर्मा की उपाधि ही भक्ति की वस्तु है। मैं लकीर-पीटू सम्मान को नैतिक अपराध समझता हूँ। मैं तो उसी का सम्मान करूँगा जो मनसा-वाचा-कर्मणा हर पहलू से सम्मान के योग्य है। जिसे मैं जानता हूँ कि मक्कारी, स्वार्थ-साधन और निंदा के सिवा और कुछ नहीं करता, जिसे मैं जानता हूँ कि रिश्वत और सूद तथा खुशामद की कमाई खाता है, वह अगर ब्रह्मा की आयु लेकर भी मेरे सामने आए, तो भी मैं उसे सलाम न करूँ। इसे तुम मेरा अहंकार कह सकती हो। लेकिन मैं मज़बूर हूँ, जब तक मेरा दिल न झुके, मेरा सिर भी न झुकेगा। मुमकिन है, तुम्हारी बहू के मन में भी उन देवियों की ओर से अश्रद्धा के भाव हों। उनमें से दो-चार को मैं भी जानता हूँ। हैं वे सब बड़े घर की; लेकिन सबके दिल छोटे, विचार छोटे। कोई निंदा की पुतली है, तो कोई खुशामद में युक्त, कोई गाली-गलौज में अनुपम। सभी रूढ़ियों की ग़ुलाम, ईर्ष्या-द्वेष से जलने वाली। एक भी ऐसा नहीं, जिसने अपने घर को नरक का नमूना न बना रखा हो। अगर तुम्हारी बहू ऐसी औरतों के आगे सिर नहीं झुकाती, तो मैं उसे दोषी नहीं समझता।

माँ—अच्छा, अब चुप रहो बेटा, देख लेना तुम्हारी यह रानी एक दिन तुमसे चूल्हा न जलवाए और झाड़ू न लगवाए, तो सही। औरतों को बहुत सिर चढ़ाना अच्छा नहीं होता। इस निर्लज्जता की भी कोई हद है, कि बूढ़ी सास तो खाना पकाए और जवान बहू बैठी उपन्यास पढ़ती रहे।

बेटा—बेशक यह बुरी बात है और मैं हर्गिज नहीं चाहता कि तुम खाना पकाओ और वह उपन्यास पढ़े, चाहे वह उपन्यास प्रेमचंदजी ही के क्यों न हों; लेकिन यह भी तो देखना होगा कि उसने अपने घर कभी खाना नहीं पकाया। वहाँ रसोइया महाराज है। और जब चूल्हे के सामने जाने से उसके सिर में दर्द होने लगता है, तो उसे खाना पकाने के लिए मजबूर करना उस पर अत्याचार करना है। मैं तो समझता हूँ ज्यों-ज्यों हमारे घर की दशा का उसे ज्ञान होगा, उसके व्यवहार में आप-ही-आप इस्लाह होती जाएगी। यह उसके घरवालों की ग़लती है, कि उन्होंने उसकी शादी किसी धनी घर में नहीं की। हमने भी यह शरारत की कि अपनी असली हालत उनसे छिपाई और यह प्रकट किया कि हम पुराने रईस हैं। अब हम किस मुँह से यह कह सकते हैं कि तू खाना पका, या बरतन माँज अथवा झाड़ू लगा? हमने उन लोगों से छल किया है और उसका फल हमें चखना पड़ेगा। अब तो हमारी कुशल इसी में है कि अपनी दुर्दशा को नम्रता, विनय और सहानुभूति से ढाँकें और उसे अपने दिल को यह तसल्ली देने का अवसर दें कि बला से धन नहीं मिला, घर के आदमी तो अच्छे मिले। अगर यह तसल्ली भी हमने उससे छीन ली, तो तुम्हीं सोचो, उसको कितनी विदारक वेदना होगी! शायद वह हम लोगों की सूरत से भी घृणा करने लगे।

माँ—उसके घरवालों को सौ दफे ग़रज़ थी, तब हमारे यहाँ ब्याह किया। हम कुछ उनसे भीख माँगने गए थे?

बेटा—उनको अगर लड़के की ग़रज़ थी, तो हमें धन और कन्या दोनों की ग़रज़ थी।

माँ—यहाँ के बड़े-बड़े रईस हमसे नाता करने को मुँह फैलाए हुए थे।

बेटा—इसीलिए कि हमने रईसों का स्वाँग बना रखा है। घर की असली हालत खुल जाए, तो कोई बात भी न पूछे!

माँ—तो तुम्हारे ससुरालवाले ऐसे कहाँ के रईस हैं। इधर ज़रा वकालत चल गई, तो रईस हो गए, नहीं तो तुम्हारे ससुर के बाप मेरे सामने चपरासगीरी करते थे। और लड़की का यह दिमाग़ कि खाना पकाने से सिर में दर्द होता है। अच्छे-अच्छे घरों की लड़कियाँ ग़रीबों के घर आती हैं और घर की हालत देखकर वैसा ही बर्ताव करती हैं। यह नहीं कि बैठी अपने भाग्य को कोसा करें। इस छोकरी ने हमारे घर को अपना समझा ही नहीं।

बेटा—जब तुम समझने भी दो। जिस घर में घुड़कियों, गालियों और कटुताओं के सिवा और कुछ न मिले, उसे अपना घर कौन समझे? घर तो वह है जहाँ स्नेह और प्यार मिले। कोई लड़की डोली से उतरते ही सास को अपनी माँ नहीं समझ सकती। माँ तभी समझेगी, जब सास पहले उसके साथ माँ का-सा बर्ताव करे, बल्कि अपनी लड़की से ज़्यादा प्रिय समझे।

माँ—अच्छा, अब चुप रहो। जी न जलाओ। यह ज़माना ही ऐसा है कि लड़कों ने स्त्री का मुँह देखा और उसके ग़ुलाम हुए। ये सब न-जाने कौन-सा मंतर सीखकर आती हैं। यह बहू-बेटी के लच्छन हैं कि पहर दिन चढ़े सोकर उठें? ऐसी कुलच्छनी बहू का तो मुँह न देखे।

बेटा—मैं भी तो देर में सोकर उठता हूँ, अम्माँ। मुझे तो तुमने कभी नहीं कोसा।

माँ—तुम हर बात में उससे अपनी बराबरी करते हो?

बेटा—यह उसके साथ घोर अन्याय है; क्योंकि जब तक वह इस घर को अपना नहीं समझती, तब तक उसकी हैसियत मेहमान की है और मेहमान की हम ख़ातिर करते हैं, उसके ऐब नहीं देखते।

माँ—ईश्वर न करे कि किसी को ऐसी बहू मिले!

बेटा—तो वह तुम्हारे घर में रह चुकी।

माँ—क्या संसार में औरतों की कमी है?

बेटा—औरतों की कमी तो नहीं; मगर देवियों की कमी ज़रूर है!

माँ—नौज ऐसी औरत। सोने लगती है, तो बच्चा चाहे रोते-रोते बेदम हो जाए, मिनकती तक नहीं। फूल-सा बच्चा लेकर मैके गई थी, तीन महीने में लौटी, तो बच्चा आधा भी नहीं है।

बेटा—तो क्या मैं यह मान लूँ कि तुम्हें उसके लड़के से जितना प्रेम है, उतना उसे नहीं है? यह तो प्रकृति के नियम के विरुद्ध है। और मान लो, वह निरमोहिन ही है, तो यह उसका दोष है। तुम क्यों उसकी ज़िम्मेदारी अपने सिर लेती हो? उसे पूरी स्वतंत्रता है, जैसे चाहे अपने बच्चे को पाले, अगर वह तुमसे कोई सलाह पूछे, प्रसन्न-मुख से दे दो, न पूछे तो समझ लो, उसे तुम्हारी मदद की ज़रूरत नहीं है। सभी माताएँ अपने बच्चे को प्यार करती हैं और वह अपवाद नहीं हो सकती।

माँ—तो मैं सबकुछ देखूँ, मुँह न खोलूँ? घर में आग लगते देखूँ और चुपचाप मुँह में कालिख लगाए खड़ी रहूँ?

बेटा—तुम इस घर को जल्द छोड़नेवाली हो, उसे बहुत दिन रहना है। घर की हानि-लाभ की जितनी चिन्ता उसे हो सकती है, तुम्हें नहीं हो सकती। फिर मैं कर ही क्या सकता हूँ? ज़्यादा-से-ज़्यादा उसे डाँट बता सकता हूँ; लेकिन वह डाँट की परवाह न करे और तुर्की-बतुर्की जवाब दे, तो मेरे पास ऐसा कौन-सा साधन है, जिससे मैं उसे ताड़ना दे सकूँ?

माँ—तुम दो दिन न बोलो, तो देवता सीधे हो जाएँ, सामने नाक रगड़े।

बेटा—मुझे इसका विश्वास नहीं है। मैं उससे न बोलूँगा, वह भी मुझसे न बोलेगी। ज़्यादा पीछे पड़ूँगा, तो अपने घर चली जाएगी।

माँ—ईश्वर यह दिन लाए। मैं तुम्हारे लिए नई बहू लाऊँ।

बेटा—संभव है, इसकी भी चची हो।

[सहसा बहू आकर खड़ी हो जाती है। माँ और बेटा दोनों स्तम्भित हो जाते हैं, मानो कोई बम गोला आ गिरा हो। रूपवती, नाजुक-मिज़ाज, गर्वीली रमणी है, जो मानो शासन करने के लिए ही बनी है। कपोल तमतमाए हुए हैं; पर अधरों पर विष भरी मुस्कान है और आँखों में व्यंग्य-मिला परिहास।]

माँ—(अपनी झेंप छिपाकर) तुम्हें कौन बुलाने गया था?

बहू—क्यों, यहाँ जो तमाशा हो रहा है, उसका आनंद मैं न उठाऊँ?

बेटा—माँ-बेटे के बीच में तुम्हें दख़ल देने का कोई हक़ नहीं।

(बहू की मुद्रा सहसा कठोर हो जाती है।)

बहू—अच्छा, आप ज़बान बन्द रखिए। जो पति अपनी स्त्री की निंदा सुनता रहे, वह पति बनने के योग्य नहीं। वह पति-धर्म का क ख ग भी नहीं जानता। मुझसे अगर कोई तुम्हारी बुराई करता, चाहे वह मेरी प्यारी माँ ही क्यों न होती, तो मैं उसकी ज़बान पकड़ लेती! तुम मेरे घर जाते हो, तो वहाँ तो जिसे देखती हूँ, तुम्हारी प्रशंसा ही करता है। छोटे से बड़े तक ग़ुलामों की तरह दौड़ते फिरते हैं। अगर उनके बस में हो, तो तुम्हारे लिए स्वर्ग के तारे तोड़ लाएँ और उसका जवाब मुझे यहाँ यह मिलता है कि बात-बात पर ताने-मेहने, तिरस्कार-

बहिष्कार। मेरे घर तो तुमसे कोई नहीं कहता कि तुम देर में क्यों उठे, तुमने अमुक महोदय को सलाम नहीं किया, अमुक के चरणों पर सिर क्यों नहीं पटका? मेरे बाबूजी कभी गवारा न करेंगे कि तुम उनकी देह पर मुक्कियाँ लगाओ, या उनकी धोती धोओ, या उन्हें खाना पका कर खिलाओ। मेरे साथ यहाँ यह बर्ताव क्यों? मैं यहाँ लौंडी बनकर नहीं आई हूँ। तुम्हारी जीवन-संगिनी बनकर आई हूँ। मगर जीवन-संगिनी का यह अर्थ तो नहीं कि तुम मेरे ऊपर सवार होकर मुझे जलाओ। यह मेरा काम है कि जिस तरह चाहूँ, तुम्हारे साथ अपने कर्तव्य का पालन करूँ। उसकी प्रेरणा मेरी आत्मा से होनी चाहिए, ताड़ना या तिरस्कार से नहीं। अगर कोई मुझे कुछ सिखाना चाहता है, तो माँ की तरह प्रेम से सिखाए, मैं सीखूँगी, लेकिन कोई ज़बरदस्ती, मेरी छाती पर चढ़कर, अमृत भी मेरे कंठ में ठूँसना चाहे तो मैं ओंठ बन्द कर लूँगी। मैं अब कब की इस घर को अपना समझ चुकी होती; अपनी सेवा और कर्तव्य का निश्चय कर चुकी होती; मगर यहाँ तो हर घड़ी हर पल, मेरी देह में सुई चुभाकर मुझे याद दिलाया जाता है कि तू इस घर की लौंडी है, तेरा इस घर से कोई नाता नहीं, तू सिर्फ़ ग़ुलामी करने के लिए यहाँ लाई गई है, और मेरा रक्त खौलकर रह जाता है। अगर यही हाल रहा, तो एक दिन तुम दोनों मेरी जान लेकर रहोगे।

माँ—सुन रहे हो अपनी चहेती रानी की बातें? वह यहाँ लौंडी बनकर नहीं, रानी बनकर आई है, हम दोनों उसकी टहल करने के लिए हैं, उसका काम हमारे ऊपर शासन करना है, उसे कोई कुछ काम करने को कौन कहे, मैं ख़ुद मरा करूँ। और तुम उसकी बातें कान लगाकर सुनते हो। तुम्हारा मुँह कभी नहीं खुलता कि उसे डाँटो या समझाओ। थर-थर काँपते रहते हो।

बेटा—अच्छा अम्माँ, ठंडे दिल से सोचो। मैं इसकी बातें न सुनूँ, तो कौन सुने? क्या तुम इसके साथ इतनी हमदर्दी भी नहीं देखना चाहतीं। आख़िर बाबूजी जीवित थे, तब वह तुम्हारी बातें सुनते थे या नहीं? तुम्हें प्यार करते थे या नहीं? फिर मैं अपनी बीवी की बातें सुनता हूँ तो कौन-सी नई बात करता हूँ। और इसमें तुम्हारे बुरा मानने की कौन बात है?

माँ—हाय बेटा, तुम अपनी स्त्री के सामने मेरा अपमान कर रहे हो! इसी दिन के लिए मैंने तुम्हें पाल-पोसकर बड़ा किया था? क्यों मेरी छाती नहीं फट जाती?

[वह आँसू पोंछती, आपे से बाहर, कमरे से निकल जाती है। स्त्री-पुरुष दोनों कौतुक-भरी आँखों से उसे देखते हैं, जो बहुत जल्द हमदर्दी में बदल जाती हैं।]

पति—माँ का हृदय...

स्त्री—माँ का हृदय नहीं, स्त्री का हृदय...

पति—अर्थात्?

स्त्री—जो अंत तक पुरुष का सहारा चाहता है, स्नेह चाहता है और उस पर किसी दूसरी स्त्री का असर देखकर ईर्ष्या से जल उठता है।

पति—क्या पगली की-सी बातें करती हो?

स्त्री—यथार्थ कहती हूँ।

पति—तुम्हारा दृष्टिकोण बिलकुल ग़लत है। और इसका तजरबा तुम्हें तब होगा, जब तुम ख़ुद सास होगी।

स्त्री—मुझे सास बनना ही नहीं है। लड़का अपने हाथ-पाँव का हो जाए, ब्याह करे और अपना घर सँभाले। मुझे बहू से क्या सरोकार?

पति—तुम्हें यह अरमान बिलकुल नहीं है कि तुम्हारा लड़का योग्य हो, तुम्हारी बहू लक्ष्मी हो, और दोनों का जीवन सुख से कटे?

स्त्री—क्या मैं माँ नहीं हूँ?

पति—माँ और सास में क्या कोई अंतर है?

स्त्री—उतना ही जितना ज़मीन और आसमान में है! माँ प्यार करती है, सास शासन करती है। कितनी ही दयालु, सहनशील, सतोगुणी स्त्री हो, सास बनते ही मानो ब्यायी हुई गाय हो जाती है। जिसे पुत्र से जितना ही ज़्यादा प्रेम है, वह बहू पर उतनी ही निर्दयता से शासन करती है। मुझे भी अपने ऊपर विश्वास नहीं है। अधिकार पाकर किसे मद नहीं हो जाता? मैंने तय कर लिया है, सास बनूँगी ही नहीं। औरत की ग़ुलामी सासों के बल पर कायम है। जिस दिन सासें न रहेंगी, औरत की ग़ुलामी का अंत हो जाएगा।

पति—मेरा ख़याल है, तुम ज़रा भी सहज बुद्धि से काम लो, तो तुम अम्माँ पर भी शासन कर सकती हो। तुमने हमारी बातें कुछ सुनीं?

स्त्री—बिना सुने ही मैंने समझ लिया कि क्या बातें हो रही होंगी। वही बहू का रोना...

पति—नहीं-नहीं। तुमने बिलकुल ग़लत समझा। अम्माँ के मिज़ाज में आज मैंने विस्मयकारी अंतर देखा, बिलकुल अभूतपूर्व। आज वह जैसे अपनी कटुताओं पर लज्जित हो रही थीं। हाँ, प्रत्यक्ष रूप से नहीं, संकेत रूप से। अब तक वह तुमसे इसलिए नाराज़ रहती थीं कि तुम देर में उठती हो। अब शायद उन्हें यह चिन्ता हो रही है कि कहीं सबेरे उठने से तुम्हें ठंड न लग जाए। तुम्हारे लिए पानी गर्म करने को कह रही थीं!

स्त्री—(प्रसन्न होकर) सच!

पति—हाँ, मुझे तो सुनकर आश्चर्य हुआ।

स्त्री—तो अब मैं मुँह-अँधेरे उठूँगी। ऐसी ठंड क्या लग जाएगी; लेकिन तुम मुझे चकमा तो नहीं दे रहे हो?

पति—अब इस बदगुमानी का क्या इलाज। आदमी को कभी-कभी अपने अन्याय पर खेद तो होता ही है।

स्त्री—तुम्हारे मुँह में घी-शक्कर। अब मैं गजरदम उठूँगी। वह बेचारी मेरे लिए क्यों पानी गर्म करेंगी? मैं ख़ुद गर्म कर लूँगी। आदमी करना चाहे तो क्या नहीं कर सकता?

पति—मुझे उनकी बात सुन-सुनकर ऐसा लगता था, जैसे किसी दैवी आदेश ने उनकी आत्मा को जगा दिया हो। तुम्हारे अल्हड़पन और चपलता पर कितना भन्नाती हैं। चाहती थीं कि घर में कोई बड़ी-बूढ़ी आ जाए, तो तुम उसके चरण छुओ; लेकिन शायद अब उन्हें मालूम होने लगा है कि इस उम्र में सभी थोड़े-बहुत अल्हड़ होते हैं। शायद उन्हें अपनी जवानी याद आ रही है। कहती थीं, यही तो शौक-सिंगार, पहनने-ओढ़ने, खाने-खेलने के दिन थे। बुढ़ियों का तो दिन-भर ताँता लगा रहता है, कोई कहाँ तक उनके चरण छुए और क्यों छुए? ऐसी कहाँ की बड़ी देवियाँ हैं।

स्त्री—मुझे तो हर्षोन्माद हुआ चाहता है।

पति—मुझे तो विश्वास ही न आता था। स्वप्न देखने का सन्देह हो रहा था।

स्त्री—अब आई हैं राह पर।

पति—कोई दैवी प्रेरणा समझो।

स्त्री—मैं कल से ठेठ बहू बन जाऊँगी। किसी को ख़बर भी न होगी कि कब अपना मेकअप करती हूँ। सिनेमा के लिए भी सप्ताह में एक दिन काफ़ी है। बूढ़ियों के पाँव छू लेने में ही क्या हरज है? वे देवियाँ न सही, चुड़ैलें ही सही; मुझे आशीर्वाद तो देंगी, मेरा गुण तो गावेंगी।

पति—सिनेमा का तो उन्होंने नाम भी नहीं लिया।

स्त्री—तुमको जो इसका शौक़ है। अब तुम्हें भी न जाने दूँगी।

पति—लेकिन सोचो, तुमने कितनी ऊँची शिक्षा पाई है, किस कुल की हो, इन खूसट बुढ़ियों के पाँव पर सिर रखना तुम्हें बिलकुल शोभा न देगा।

स्त्री—तो क्या ऊँची शिक्षा के यह मानी हैं कि हम दूसरों को नीचा समझें? बुड्ढे कितने ही मूर्ख हों; लेकिन दुनिया का तजरबा तो रखते हैं। कुल की प्रतिष्ठा भी नम्रता और सद्व्यहार से होती है, हेकड़ी और रुखाई से नहीं।

पति—मुझे तो यही ताज्जुब होता है कि इतनी जल्द इनकी कायापलट कैसे हो गई। अब इन्हें बहुओं का सास के पाँव दबाना या उनकी साड़ी धोना, या उनकी देह में मुक्कियाँ लगाना बुरा लगने लगा है। कहती थीं, बहू कोई लौंडी थोड़े ही है कि बैठी सास का पाँव दबाए।

स्त्री—मेरी क़सम?

पति—हाँ जी, सच कहता हूँ। और तो और, अब वह तुम्हें खाना भी न पकाने देंगी। कहती थीं, जब बहू के सिर में दर्द होता है, तो क्यों उसे सताया जाए? कोई महाराज रख लो।

स्त्री—(फूली न समाकर) मैं तो आकाश में उड़ी जा रही हूँ। ऐसी सास के तो चरण धो-धोकर पिएँ; मगर तुमने पूछा नहीं, अब तक तुम क्यों उसे मार-मारकर हकीम बनाने पर तुली रहती थीं।

पति—पूछा क्यों नहीं, भला मैं छोड़नेवाला था। बोलीं, मैं अच्छी हो गई थी, मैंने हमेशा खाना पकाया है, फिर वह क्यों न पकाए। लेकिन अब उनकी समझ में आया है कि वह निर्धन बाप की बेटी थीं, तुम सम्पन्न कुल की कन्या हो!

स्त्री—अम्माँजी दिल की साफ़ हैं। इन्हें मैं क्षमा के योग्य समझती हूँ। जिस जलवायु में हम पलते हैं, उसे एकबारगी नहीं बदल सकते। जिन रूढ़ियों और परम्पराओं में उनका जीवन बीता है, उन्हें तुरन्त त्याग देना उनके लिए कठिन है। वह क्यों, कोई भी नहीं छोड़ सकता। वह तो फिर भी बहुत उदार हैं। तुम अभी महाराज मत रखो। ख्वामख्वाह जेरबार क्यों होंगे, जब तरक्की हो जाए, तो महाराज रख लेना। अभी मैं ख़ुद पका लिया करूँगी। तीन-चार प्राणियों का खाना ही क्या। मेरी ज़ात से कुछ अम्माँ को आराम मिले। मैं जानती हूँ सब कुछ; लेकिन कोई रोब ज़माना चाहे, तो मुझसे बुरा कोई नहीं।

पति—मगर यह तो मुझे बुरा लगेगा कि तुम रात को अम्माँ के पाँव दबाने बैठो।

स्त्री—बुरा लगने की कौन बात है, जब उन्हें मेरा इतना ख़याल है, तो मुझे भी उनका लिहाज़ करना ही चाहिए। जिस दिन मैं उनके पाँव दबाने बैठूँगी, वह मुझ पर प्राण देने लगेंगी। आख़िर बहू-बेटे का कुछ सुख उन्हें भी तो हो! बड़ों की सेवा करने में हेठी नहीं होती। बुरा तब लगता है, जब वह शासन करते हैं और अम्माँ मुझसे पाँव दबवाएँगी थोड़े ही। सेंत का यश मिलेगा।

पति—अब तो अम्माँ को तुम्हारी फजूलख़र्ची भी बुरी नहीं लगती। कहती थीं, रुपए-पैसे बहू के हाथ में दे दिया करो।

स्त्री—चिढ़कर तो नहीं कहती थीं?

पति—नहीं, नहीं, प्रेम से कह रही थीं। उन्हें अब भय हो रहा है, कि उनके हाथ में पैसे रहने से तुम्हें असुविधा होती होगी। तुम बार-बार उनसे माँगती लजाती भी होगी और डरती भी होगी एवं तुम्हें अपनी ज़रूरतों को रोकना पड़ता होगा।

स्त्री—ना भैया, मैं यह जंजाल अभी अपने सिर न लूँगी। तुम्हारी थोड़ी-सी तो आमदनी है, कहीं जल्दी से ख़र्च हो जाए, तो महीना कटना मुश्किल हो जाए। थोड़े में निर्वाह करने की विद्या उन्हीं को आती है। मेरी ऐसी ज़रूरतें ही क्या हैं? मैं तो केवल अम्माँजी को चिढ़ाने के लिए उनसे बार-बार रुपए माँगती थी। मेरे पास तो ख़ुद सौ-पचास रुपए पड़े रहते हैं। बाबूजी का पत्र आता है, तो उसमें दस-बीस के नोट ज़रूर होते हैं; लेकिन अब मुझे हाथ रोकना पड़ेगा। आख़िर बाबूजी कब तक देते चले जाएँगे और यह कौन-सी अच्छी बात है कि मैं हमेशा उन पर टैक्स लगाती रहूँ?

पति—देख लेना, अम्माँ अब तुम्हें कितना प्यार करती हैं।

स्त्री—तुम भी देख लेना, मैं उनकी कितनी सेवा करती हूँ।

पति—मगर शुरू तो उन्होंने किया?

स्त्री—केवल विचार में। व्यवहार में आरम्भ मेरी ही ओर से होगा। भोजन पकाने का समय आ गया, चलती हूँ। आज कोई ख़ास चीज़ तो नहीं खाओगे?

पति—तुम्हारे हाथों की रूखी रोटियाँ भी पकवान का मज़ा देंगी।

स्त्री—अब तुम नटखटी करने लगे।

क़ानूनी कुमार

मि. क़ानूनी कुमार, एम.एल.ए. अपने ऑफ़िस में समाचारपत्रों, पत्रिकाओं और रिपोर्टों का एक ढेर लिए बैठे हैं। देश की चिन्ताओं से उनकी देह स्थूल हो गई है; सदैव देशोद्धार की फ़िक्र में पड़े रहते हैं। सामने पार्क है। उसमें कई लड़के खेल रहे हैं। कुछ परदेवाली स्त्रियाँ भी हैं, फेंसिंग के सामने बहुत-से भिखमंगे बैठे हैं, एक चायवाला एक वृक्ष के नीचे चाय बेच रहा है।

क़ानूनी कुमार—(आप-ही-आप) देश की दशा कितनी ख़राब होती चली जाती है। गवर्नमेंट कुछ नहीं करती। बस दावतें खाना और मौज उड़ाना उसका काम है। (पार्क की ओर देखकर) आह! यह कोमल कुमार सिगरेट पी रहे हैं। शोक! महाशोक! कोई कुछ नहीं कहता, कोई इसको रोकने की कोशिश भी नहीं करता। तम्बाकू कितनी ज़हरीली चीज़ है, बालकों को इससे कितनी हानि होती है, यह कोई नहीं जानता। (तम्बाकू की रिपोर्ट देखकर) ओफ! रोंगटे खड़े हो जाते हैं। जितने बालक अपराधी होते हैं, उनमें 75 प्रति सैकड़े सिगरेटबाज होते हैं। बड़ी भयंकर दशा है। हम क्या करें! लाख स्पीचें दो, कोई सुनता ही नहीं। इसको क़ानून से रोकना चाहिए, नहीं तो अनर्थ हो जाएगा। (काग़ज़ पर नोट करता है) तम्बाकू-बहिष्कार-बिल पेश करूँगा। कौंसिल खुलते ही यह बिल पेश कर देना चाहिए।

(एक क्षण के बाद फिर पार्क की ओर ताकता है, और पहरेदार महिलाओं को घास पर बैठे देखकर लम्बी साँस लेता है।)

ग़ज़ब है, ग़ज़ब है; कितना घोर अन्याय! कितना पाशविक व्यवहार!! यह कोमलांगी सुन्दरियाँ चादर में लिपटी हुईं कितनी भद्दी, कितनी फूहड़ मालूम होती हैं। अभी तो देश का यह हाल हो रहा है। (रिपोर्ट देखकर) स्त्रियों की मृत्यु-संख्या बढ़ रही है। तपेदिक उछलता चला आता है, प्रसूत की बीमारी आँधी की तरह चढ़ी आती है और हम हैं कि आँखें बन्द किए पड़े हैं। बहुत जल्दी ऋषियों की यह भूमि, यह वीर-प्रसविनी जननी रसातल को चली जाएगी, इसका कहीं निशान भी न रहेगा। गवर्नमेंट को क्या फ़िक्र! लोग कितने पाषाण हो गए हैं। आँखों के सामने यह अत्याचार देखते हैं और ज़रा भी नहीं चौंकते। यह मृत्यु का शैथिल्य है। यहाँ भी क़ानूनी ज़रूरत है। एक ऐसा क़ानून बनना चाहिए, जिससे कोई स्त्री परदे में न रह सके। अब समय आ गया है कि इस विषय में सरकार क़दम बढ़ावे। क़ानून की मदद के बग़ैर कोई सुधार नहीं हो सकता और यहाँ क़ानूनी मदद की जितनी ज़रूरत है, उतनी और कहाँ हो सकती है। माताओं पर देश का भविष्य अवलम्बित है। परदा-हटाव-बिल पेश होना चाहिए। जानता हूँ बड़ा विरोध होगा; लेकिन गवर्नमेंट को साहस से काम लेना चाहिए, ऐसे नपुंसक विरोध के भय से उद्धार के कार्य में बाधा नहीं पड़नी चाहिए। (काग़ज़ पर नोट करता है) यह बिल भी असेंबली के खुलते ही पेश कर देना होगा। बहुत विलम्ब हो चुका, अब विलम्ब की गुंजाइश नहीं है। वरना मरीज का अंत हो जाएगा।

(मसौदा बनाने लगता है—हेतु और उद्देश्य—)

सहसा एक भिक्षुक सामने आकर पुकारता है—जय हो सरकार की, लक्ष्मी फूलें-फलें।

क़ानूनी—हट जाओ, तू सुअर कोई काम क्यों नहीं करता?

भिक्षुक—बड़ा धर्म होगा सरकार, मारे भूख के आँखों-तले अँधेरा...

क़ानूनी—चुप रहो सुअर; हट जाओ सामने से, अभी निकल जाओ, बहुत दूर निकल जाओ।

(मसौदा छोड़कर फिर आप-ही-आप)

यह ऋषियों की भूमि आज भिक्षुकों की भूमि हो रही है। जहाँ देखिए, वहाँ रेवड़-के-रेवड़ और दल-के-दल भिखारी! यह गवर्नमेंट की लापरवाही की बरकत है। इंगलैंड में कोई भिक्षुक भीख नहीं माँग सकता। पुलिस पकड़कर काल-कोठरी में बन्द कर दे। किसी सभ्य देश में इतने भिखमंगे नहीं हैं। यह पराधीन ग़ुलाम भारत है, जहाँ ऐसी बातें इस बीसवीं सदी में भी संभव हैं। उफ! कितनी शक्ति का अपव्यय हो रहा है। (रिपोर्ट निकालकर) ओह! 50 लाख! 50 लाख आदमी केवल भिक्षा माँगकर गुज़र करते हैं और क्या ठीक है कि संख्या इसकी दुगनी न हो। यह पेशा लिखाना कौन पसन्द करता है। एक करोड़ से कम भिखारी इस देश में नहीं हैं। यह तो भिखारियों की बात हुई, जो द्वार-द्वार झोली लिये घूमते हैं। इसके उपरांत टीकाधारी, कोपीनधारी और जटाधारी समुदाय भी तो हैं, जिनकी संख्या कम-से-कम दो करोड़ होगी। जिस देश में इतने हरामखोर, मुफ़्त का माल उड़ानेवाले, दूसरों की कमाई पर मोटे होने वाले प्राणी हों, उसकी दशा क्यों न इतनी हीन हो। आश्चर्य यही है कि अब तक यह देश जीवित कैसे है? (नोट करता है) एक बिल की सख़्त ज़रूरत है, उसे पेश करना ही चाहिए—नाम हो 'भिखमंगा-बहिष्कार-बिल।' ख़ूब जूतियाँ चलेंगी, धर्म के सूत्रधार ख़ूब

नाचेंगे, ख़ूब गालियाँ देंगे, गवर्नमेंट भी कन्नी काटेगी; मगर सुधार का मार्ग तो कंटकाकीर्ण है ही। तीनों बिल मेरे ही नाम से हों, फिर देखिए, कैसी खलबली मचती है।

(आवाज़ आती है—चाय गरम! चाय गरम!! मगर ग्राहकों की संख्या बहुत कम है। क़ानूनी कुमार का ध्यान चायवाले की ओर आकर्षित हो जाता है।)

क़ानूनी (आप-ही-आप) चायवाले की दुकान पर एक भी ग्राहक नहीं, कैसा मूर्ख देश है! इतनी बलवर्द्धक वस्तु और ग्राहक कोई नहीं! सभ्य देशों में पानी की जगह चाय पी जाती है। (रिपोर्ट देखकर) इंग्लैंड में पाँच करोड़ पौंड की चाय जाती है। इंग्लैंड वाले मूर्ख नहीं हैं। उनका आज संसार पर आधिपत्य है, इसमें चाय का कितना बड़ा भाग है, कौन इसका अनुमान कर सकता है? यहाँ बेचारा चायवाला खड़ा है और कोई उसके पास नहीं फटकता। चीनवाले चाय पी-पीकर स्वाधीन हो गए; मगर हम चाय न पिएँगे। क्या अकल है। गवर्नमेंट का सारा दोष है। कीटों से भरे हुए दूध के लिए इतना शोर मचता है; मगर चाय को कोई नहीं पूछता, जो कीटों से ख़ाली, उत्तेजक और पुष्टिकारक है! सारे देश की मति मारी गई है। (नोट करता है) गवर्नमेंट से प्रश्न करना चाहिए। असेंबली खुलते ही प्रश्नों का ताँता बाँध दूँगा।

प्रश्न—क्या गवर्नमेंट बताएगी कि गत पाँस सालों में भारतवर्ष में चाय की खपत कितनी बढ़ी है और उसका सर्वसाधारण में प्रचार करने के लिए गवर्नमेंट ने क्या क़दम लिए हैं?

(एक रमणी का प्रवेश। कटे हुए केश, आड़ी माँग, पारसी रेशमी साड़ी, कलाई पर घड़ी, आँखों पर ऐनक, पाँव में ऊँची एड़ी का लेडी शू, हाथ में एक बटुआ लटकाए हुए, साड़ी में ब्रूच है, गले में मोतियों का हार।)

क़ानूनी—(हाथ बढ़ाकर) हल्लो मिसेज़ बोस! आप ख़ूब आईं, कहिए, किधर की सैर हो रही है? अबकी तो 'आलोक' में आपकी कविता बड़ी सुन्दर थी। मैं तो पढ़कर मस्त हो गया। इस नन्हे-से हृदय में इतने भाव कहाँ से आ जाते हैं, मुझे आश्चर्य होता है। शब्द-विन्यास की तो आप रानी हैं। ऐसे-ऐसे चोट करने वाले भाव आपको कैसे सूझ जाते हैं।

मिसेज़ बोस—दिल जलता है, तो उसमें आप-से-आप धुएँ के बादल निकलते हैं। जब तक स्त्री-समाज पर पुरुषों का अत्याचार रहेगा, ऐसे भावों की कमी न रहेगी।

क़ानूनी—क्या इधर कोई नई बात हो गई?

बोस—रोज़ ही तो होती रहती है। मेरे लिए डॉक्टर बोस की आज्ञा नहीं कि किसी से मिलने जाओ, या कहीं सैर करने जाओ। अबकी कैसी गरमी पड़ी है कि सारा रक्त जल गया, पर मैं पहाड़ों पर न जा सकी। मुझसे यह अत्याचार, यह ग़ुलामी नहीं सही जाती।

क़ानूनी—डॉक्टर बोस ख़ुद भी तो पहाड़ों पर नहीं गए।

बोस—वह न जाएँ, उन्हें धन की हाय-हाय पड़ी है। मुझे क्यों अपने साथ लिए मरते हैं? वह क्लब में नहीं जाना चाहते, उनका समय रुपए उगलता है, मुझे क्यों रोकते हैं! वह खद्दर पहनें, मुझे क्यों अपनी पसन्द के कपड़े पहनने से रोकते हैं! वह अपनी माता और भाइयों के ग़ुलाम बने रहें, मुझे क्यों उनके साथ रो-रोकर दिन काटने पर मज़बूर करते हैं! मुझसे यह बर्दाश्त नहीं हो सकता। अमेरिका में एक कटुवचन कहने पर सम्बन्ध-विच्छेद हो जाता है। पुरुष ज़रा देर में घर आया और स्त्री ने तलाक़ दिया। वह स्वाधीनता का देश है, वहाँ लोगों के विचार स्वाधीन हैं। यह ग़ुलामों का देश है, यहाँ हर एक बात में उसी ग़ुलामी की छाप है। मैं अब डॉक्टर बोस के साथ नहीं रह सकती। नाकों दम आ गया। इसका उत्तरदायित्व

उन्हीं लोगों पर है जो समाज के नेता और व्यवस्थापक बनते हैं। अगर आप चाहते हैं कि स्त्रियों को ग़ुलाम बनाकर स्वाधीन हो जाएँ, तो यह अनहोनी बात है। जब तक तलाक़ का क़ानून न जारी होगा, आपका स्वराज्य आकाश-कुसुम ही रहेगा। डॉक्टर बोस को आप जानते हैं, धर्म में उनकी कितनी श्रद्धा है! खब्त कहिए। मुझे धर्म के नाम से घृणा है। इसी धर्म ने स्त्री-जाति को पुरुष की दासी बना दिया है। मेरा बस चले, तो मैं सारे धर्म की पोथियों को उठाकर परनाले में फेंक दूँ।

(मिसेज़ ऐयर का प्रवेश। गोरा रंग, ऊँचा कद, ऊँचा गाउन, गोल हाँड़ी की-सी टोपी, आँखों पर ऐनक, चेहरे पर पाउडर, गालों और ओंठों पर सुर्ख पेंट, रेशमी जुर्राबें और ऊँची एड़ी के जूते।)

क़ानूनी—(हाथ बढ़ाकर) हल्लो मिसेज़ ऐयर! आप ख़ूब आईं। कहिए, किधर की सैर हो रही है। 'आलोक' में अबकी आपका लेख अत्यन्त सुन्दर था, मैं तो पढ़कर दंग रह गया।

मिसेज़ ऐयर—(मिसेज़ बोस की ओर मुस्कुराकर) दंग ही तो रह गए या कुछ किया भी। हम स्त्रियाँ अपना कलेजा निकालकर रख दें; लेकिन पुरुषों का दिल न पसीजेगा।

बोस—सत्य! बिलकुल सत्य।

ऐयर—मगर इस पुरुष-राज का बहुत जल्द अंत हुआ जाता है। स्त्रियाँ अब क़ैद में नहीं रह सकतीं। मि. ऐयर की सूरत मैं नहीं देखना चाहती।

(मिसेज़ बोस मुँह फेर लेती हैं)

क़ानूनी—(मुस्कुराकर) मि. ऐयर तो ख़ूबसूरत आदमी हैं।

लेडी ऐयर—उनकी सूरत उन्हें मुबारक रहे। मैं ख़ूबसूरत पराधीनता नहीं चाहती, बदसूरत स्वाधीनता चाहती हूँ। वह मुझे अबकी ज़बरदस्ती पहाड़ पर ले गए। वहाँ की शीत मुझसे नहीं सही जाती, कितना कहा कि मुझे मत ले जाओ; मगर किसी तरह न माने। मैं किसी के पीछे-पीछे कुतिया की तरह नहीं चलना चाहती।

(मिसेज़ बोस उठकर खिड़की के पास चली जाती हैं)

क़ानूनी—अब मुझे मालूम हो गया कि तलाक़ का बिल असेम्बली में पेश करना पड़ेगा!

ऐयर—ख़ैर, आपको मालूम तो हुआ; मगर शायद कयामत में।

क़ानूनी—नहीं मिसेज़ ऐयर, अबकी छुट्टियों के बाद ही यह बिल पेश होगा और धूमधाम के साथ पेश होगा। बेशक पुरुषों का अत्याचार बढ़ रहा है। जिस प्रथा का विरोध आप दोनों महिलाएँ कर रही हैं, वह अवश्य हिन्दू समाज के लिए घातक है। अगर हमें सभ्य बनना है, तो सभ्य देशों के पदचिह्नों पर चलना पड़ेगा। धर्म के ठीकेदार चिल्ल-पों मचाएँगे, कोई परवाह नहीं। उनकी ख़बर लेना आप दोनों महिलाओं का काम होगा। ऐसा बनाना कि मुँह न दिखा सकें।

लेडी ऐयर—पेशगी धन्यवाद देती हूँ। (हाथ मिलाकर चली जाती है।)

मिसेज़ बोस—(खिड़की के पास से आकर) आज इसके घर में घी का चिराग़ जलेगा। यहाँ से सीधे बोस के पास गई होगी! मैं भी जाती हूँ।

(चली जाती है)

क़ानूनी कुमार एक क़ानून की किताब उठाकर उसमें तलाक़ की व्यवस्था देखने लगता है कि मि. आचार्य आते हैं। मुँह साफ़, एक आँख पर ऐनक, ख़ाली आधे बाँह का शर्ट, निकर, ऊनी मोजे, लम्बे बूट। पीछे एक टेरियर कुत्ता भी है।

क़ानूनी—हल्लो मि. आचार्य! आप ख़ूब आए, आज किधर की सैर हो रही है? होटल का क्या हाल है?

आचार्य—कुत्ते की मौत मर रहा हूँ। इतना बढ़िया भोजन, इतना साफ़-सुथरा मकान, ऐसी रोशनी, इतना आराम फिर भी मेहमानों का दुर्भिक्ष। समझ में नहीं आता, अब कितना निर्ख घटाऊँ। इन दामों अलग घर में मोटा खाना भी नसीब नहीं हो सकता। उस पर सारे ज़माने की झंझट, कभी नौकर का रोना, कभी दूधवाले का रोना, कभी धोबी का रोना, कभी मेहतर का रोना; यहाँ सारे जंजाल से मुक्ति हो जाती है। फिर भी आधे कमरे ख़ाली पड़े हैं।

क़ानूनी—यह तो आपने बुरी ख़बर सुनाई।

आचार्य—पच्छिम में क्यों इतना सुख और शांति है, क्यों इतना प्रकाश और धन है, क्यों इतनी स्वाधीनता और बल है। इन्हीं होटलों के प्रसाद से। होटल पश्चिमी गौरव का मुख्य अंग है, पश्चिमी सभ्यता का प्राण है। अगर आप भारत को उन्नति के शिखर पर देखना चाहते हैं, तो होटल-जीवन का प्रचार कीजिए। इसके सिवा दूसरा उपाय नहीं है। जब तक छोटी-छोटी घरेलू चिन्ताओं से मुक्त न हो जाएँगे, आप उन्नति कर ही नहीं सकते। राजों, रईसों को अलग घरों में रहने दीजिए, वह एक की जगह दस ख़र्च कर सकते हैं। मध्यम श्रेणीवालों के लिए होटल के प्रचार में ही सबकुछ है। हम अपने सारे मेहमानों की फ़िक्र अपने सिर लेने को तैयार हैं, फिर भी जनता की आँखें नहीं खुलतीं। इन मूर्खों की आँखें उस वक़्त तक न खुलेंगी, जब तक क़ानून न बन जाए।

क़ानूनी—(गम्भीर भाव से) हाँ, मैं सोच रहा हूँ। ज़रूर क़ानून से मदद लेनी चाहिए। एक ऐसा क़ानून बन जाए, कि जिन लोगों की आय 500) से कम हो, होटलों में रहें। क्यों?

आचार्य—आप अगर यह क़ानून बनवा दें, तो आनेवाली संतान आपको अपना मुक्तिदाता समझेगी। आप एक क़दम में देश को 500 वर्ष की मंज़िल तय करा देंगे।

क़ानूनी—तो लो, अबकी यह क़ानून भी असेंबली खुलते ही पेश कर दूँगा। बड़ा शोर मचेगा। लोग देशद्रोही और जाने क्या-क्या कहेंगे, पर इसके लिए तैयार हूँ। कितना दुःख होता है, जब लोगों को अहिर के द्वार पर लुटिया लिए खड़ा देखता हूँ। स्त्रियों का जीवन तो नरक-तुल्य हो रहा है। सुबह से दस-बारह बजे रात तक घर के धन्धों से फुरसत नहीं। कभी बरतन माँजो, कभी भोजन बनाओ, कभी झाड़ू लगाओ। फिर स्वास्थ्य कैसे बने, जीवन कैसे सुखी हो, सैर कैसे करें, जीवन के आमोद-प्रमोद का आनंद कैसे उठावें, अध्ययन कैसे करें? आपने ख़ूब कहा, एक क़दम में 500 सालों की मंज़िल पूरी हुई जाती है।

आचार्य—तो अबकी बिल पेश कर दीजिएगा?

क़ानूनी—अवश्य!

(आचार्य हाथ मिलाकर चला जाता है)

क़ानूनी कुमार खिड़की के सामने खड़ा होकर 'होटल-प्रचार-बिल' का मसविदा सोच रहा है। सहसा पार्क में एक स्त्री सामने से गुज़रती है। उसकी गोद में एक बच्चा है, दो बच्चे पीछे-पीछे चल रहे हैं और उदर के उभार से मालूम होता है कि गर्भवती भी है। उसका कृश शरीर, पीला मुख और मन्द गति देखकर अनुमान होता कि उसका स्वास्थ्य बिगड़ा हुआ है और इस भार का वहन करना उसे कष्टप्रद है।

क़ानूनी कुमार—(आप-ही-आप) इस समाज का, इस देश का और इस जीवन का सत्यानाश हो, जहाँ रमणियों को केवल बच्चा जनने की मशीन समझा जाता है। इस बेचारी

को जीवन का क्या सुख! कितनी ही ऐसी बहनें इसी जंजाल में फँसकर 32, 35 की अवस्था में जबकि वास्तव में जीवन को सुखी होना चाहिए, रुग्ण होकर संसार-यात्रा समाप्त कर देती हैं। हा भारत! यह विपत्ति तेरे सिर से कब टलेगी? संसार में ऐसे-ऐसे पाषाण-हृदय मनुष्य पड़े हुए हैं, जिन्हें इस दुखियारियों पर ज़रा भी दया नहीं आती। ऐसे अन्धे, ऐसे पाषाण, ऐसे पाखंडी समाज को, जो स्त्री को अपनी वासनाओं की वेदी पर बलिदान करता है, क़ानून के सिवा और किस विधि से सचेत किया जाए? और कोई उपाय ही नहीं है। नर-हत्या का जो दंड है, वही दंड ऐसे मनुष्यों को मिलना चाहिए। मुबारक होगा वह दिन, जब भारत में इस नाशिनी प्रथा का अंत हो जाएगा—स्त्री का मरण, बच्चों का मरण और जिस समाज का जीवन ऐसी संतानों पर आधारित हो, उसका मरण! ऐसे बदमाशों को क्यों न दंड दिया जाए? कितने अन्धे लोग हैं। बेकारी का यह हाल कि भरपेट किसी को रोटियाँ नहीं मिलतीं, बच्चों को दूध स्वप्न में भी नहीं मिलता और ये अन्धे हैं कि बच्चे-पर-बच्चे पैदा करते जाते हैं। 'संतान-निग्रह-बिल' की जितनी ज़रूरत है। इस देश को, उतनी और किसी क़ानून की नहीं। असेंबली खुलते ही यह बिल पेश करूँगा। प्रलय हो जाएगा, यह जानता हूँ, पर और उपाय ही क्या है? दो बच्चों से ज़्यादा जिसके हों, उसे कम-से-कम पाँच वर्ष की क़ैद, उसमें पाँच महीने से कम काल-कोठरी न हो। जिसकी आमदनी सौ रुपए से कम हो, उसे संतानोत्पत्ति का अधिकार ही न हो। (मन में बिल के बाद की अवस्था का आनंद लेकर) कितना सुखमय जीवन हो जाएगा। हाँ, एक दफ़ा यह भी रहे कि एक संतान के बाद कम-से-कम सात वर्ष तक दूसरी संतान न आने पावे। तब इस देश में सुख और सन्तोष का साम्राज्य होगा, तब स्त्रियों और बच्चों के मुँह पर ख़ून की सुर्खी नज़र आएगी, तब मज़बूत हाथ-पाँव और मज़बूत दिल और जिगर के पुरुष उत्पन्न होंगे।

(मिसेज़ क़ानूनी कुमार का प्रवेश)

क़ानूनी कुमार जल्दी से रिपोर्टों और पत्रों को समेट लेता है और एक उपन्यास खोलकर बैठ जाता है।

मिसेज़—क्या कर रहे हो? वही धुन!

क़ानूनी—उपन्यास पढ़ रहा हूँ।

मिसेज़—तुम सारी दुनिया के लिए क़ानून बनाते हो, एक क़ानून मेरे लिए भी बना दो। इससे देश का जितना बड़ा उपकार होगा, उतना और किसी क़ानून से न होगा। तुम्हारा नाम अमर हो जाएगा और घर-घर तुम्हारी पूजा होगी!

क़ानूनी—अगर तुम्हारा ख़याल है कि मैं नाम और यश के लिए देश की सेवा कर रहा हूँ, तो मुझे यही कहना पड़ेगा कि तुमने मुझे रत्ती-भर भी नहीं समझा।

मिसेज़—नाम के लिए काम कोई बुरा काम नहीं है, तुम्हें यश की आकांक्षा हो, तो मैं उसकी निंदा न करूँगी, भूलकर भी नहीं। मैं तुम्हें एक ऐसी ही तदबीर बता दूँगी, जिससे तुम्हें इतना यश मिलेगा कि तुम ऊब जाओगे। फूलों की इतनी वर्षा होगी कि तुम उसके नीचे दब जाओगे। गले में इतने हार पड़ेंगे कि तुम गरदन सीधी न कर सकोगे।

क़ानूनी—(उत्सुकता को छिपाकर)—कोई मज़ाक़ की बात होगी। देखो मिन्नी, काम करनेवाले आदमी के लिए इससे बड़ी दूसरी बाधा नहीं है कि उसके घरवाले उसके काम की निंदा करते हों। मैं तुम्हारे इस व्यवहार से निराश हो जाता हूँ।

मिसेज़—तलाक़ का क़ानून तो बनाने जा रहे हो, अब क्या डर है।

क़ानूनी—फिर वही मज़ाक़! मैं चाहता हूँ तुम इन प्रश्नों पर गम्भीर विचार करो।

मिसेज़—मैं बहुत गम्भीर विचार करती हूँ! सच मानो। मुझे इसका दुःख है कि तुम मेरे भावों को नहीं समझते। मैं इस वक़्त तुमसे जो बात करने जा रही हूँ, उसे मैं देश की उन्नति के लिए आवश्यक ही नहीं, परमावश्यक समझती हूँ। मुझे इसका पक्का विश्वास है।

क़ानूनी—पूछने की हिम्मत तो नहीं पड़ती। (अपनी झेंप मिटाने के लिए हँसता है।)

मिसेज़—मैं ख़ुद ही कहने आई हूँ। हमारा वैवाहिक जीवन कितना लज्जास्पद है; तुम ख़ूब जानते हो। रात-दिन रगड़ा-झगड़ा मचा रहता है। कहीं पुरुष स्त्री पर हाथ साफ़ कर लेता है, कहीं स्त्री पुरुष की मूँछों के बाल नोचती है। हमेशा एक-न-एक गुल खिला ही करता है। कहीं एक मुँह फुलाए बैठा है, कहीं दूसरा घर छोड़कर भाग जाने की धमकी दे रहा है। कारण जानते हो क्या है? कभी सोचा है? पुरुषों की रसिकता और कृपणता! यही दोनों ऐब मनुष्यों के जीवन को नरक-तुल्य बनाए हुए हैं। जिधर देखो, अशांति है, विद्रोह है, बाधा है। साल में लाखों हत्याएँ इन्हीं बुराइयों के कारण हो जाती हैं, लाखों स्त्रियाँ पतित हो जाती हैं, पुरुष मद्य-सेवन करने लगते हैं, यह बात है या नहीं?

क़ानूनी—बहुत-सी बुराइयाँ ऐसी हैं, जिन्हें क़ानून नहीं रोक सकता।

मिसेज़—(क़हक़हा मारकर) अच्छा, क्या आप भी क़ानून की अक्षमता स्वीकार करते हैं? मैं यह नहीं समझती थी। मैं तो क़ानून को ईश्वर से ज़्यादा सर्वव्यापी, सर्वशक्तिमान् समझती हूँ।

क़ानूनी—फिर तुमने मज़ाक़ शुरू किया।

मिसेज़—अच्छा, लो कान पकड़ती हूँ। अब न हँसूँगी। मैंने उन बुराइयों को रोकने का एक क़ानून सोचा है। उसका नाम होगा—'दम्पति-सुख-शांति बिल'। उसकी दो मुख्य धाराएँ होंगी और क़ानूनी बारीकियाँ तुम ठीक कर लेना। एक धारा होगी कि पुरुष अपनी आमदनी का आधा बिना कान-पूँछ हिलाए स्त्री को दे दे; अगर न दे, तो पाँच साल कठिन कारावास और पाँच महीने काल-कोठरी। दूसरी धारा होगी, पंद्रह से पचास तक के पुरुष घर से बाहर न निकलने पावें, अगर कोई निकले, तो दस साल कारावास और दस महीने काल-कोठरी। बोलो मंजूर है?

क़ानूनी—(गम्भीर होकर) असंभव, तुम प्रकृति को पलट देना चाहती हो। कोई पुरुष घर में क़ैदी बनकर रहना स्वीकार न करेगा।

मिसेज़—वह करेगा और उसका बाप करेगा! पुलिस डंडे के ज़ोर से कराएगी। न करेगा, तो चक्की पीसनी पड़ेगी। करेगा कैसे नहीं। अपनी स्त्री को घर की मुर्गी समझना और दूसरी स्त्रियों के पीछे दौड़ना, क्या खालाजी का घर है? तुम अभी इस क़ानून को अस्वाभाविक समझते हो। मत घबड़ाओ। स्त्रियों का अधिकार होने दो। यह पहला क़ानून न बन जावे, तो कहना कि कोई कहता था। स्त्री एक-एक पैसे के लिए तरसे और आप गुलछर्रे उड़ाएँ। दिल्लगी है! आधी आमदनी स्त्री को दे देनी पड़ेगी, जिसका उससे कोई हिसाब न पूछा जा सकेगा।

क़ानूनी—तुम मानव-समाज को मिट्टी का खिलौना समझती हो।

मिसेज़—कदापि नहीं। मैं यही समझती हूँ कि क़ानून सबकुछ कर सकता है। मनुष्य का स्वभाव भी बदल सकता है।

क़ानूनी—क़ानून यह नहीं कर सकता।

मिसेज़—कर सकता है।

क़ानूनी—नहीं कर सकता।

मिसेज़—कर सकता है; अगर वह ज़बरदस्ती लड़कों को स्कूल भेज सकता है; अगर वह ज़बरदस्ती विवाह की उम्र नियत कर सकता है; अगर वह ज़बरदस्ती बच्चों को टीका लगवा सकता है, तो वह ज़बरदस्ती पुरुषों को घर में बन्द भी कर सकता है, उसकी आमदनी का आधा स्त्रियों को भी दिला सकता है। तुम कहोगे, पुरुष को कष्ट होगा। ज़बरदस्ती जो काम कराया जाता है, उसमें करने वाले को कष्ट होता है। तुम उस कष्ट का अनुभव नहीं करते; इसीलिए वह तुम्हें नहीं अखरता। मैं यह नहीं कहती कि सुधार ज़रूरी नहीं है। मैं भी शिक्षा का प्रचार चाहती हूँ, मैं भी बाल-विवाह बन्द करना चाहती हूँ, मैं भी चाहती हूँ कि बीमारियाँ न फैलें, लेकिन क़ानून बनाकर ज़बरदस्ती यह सुधार नहीं करना चाहती। लोगों में शिक्षा और जागृति फैलाओ, जिसमें क़ानूनी भय के बग़ैर वह सुधार हो जाए। आपसे कुर्सी तो छोड़ी जाती नहीं, घर से निकला जाता नहीं, शहरों की विलासिता को एक दिन के लिए भी नहीं त्याग सकते और सुधार करने चले हैं आप देश का! इस तरह सुधार न होगा। हाँ, पराधीनता की बेड़ी और भी कठोर हो जाएगी।

(मिसेज़ कुमार चली जाती हैं, और क़ानूनी कुमार अव्यवस्थित-चित्त-सा कमरे में टहलने लगता है।)

लॉटरी

जल्दी से मालदार हो जाने की हवस किसे नहीं होती? उन दिनों जब लॉटरी के टिकट आए, तो मेरे दोस्त, विक्रम के पिता, चचा, अम्मा, और भाई, सभी ने एक-एक टिकट ख़रीद लिया। कौन जाने, किसकी तक़दीर ज़ोर करे? किसी के नाम आए, रुपया रहेगा तो घर में ही।

मगर विक्रम को सब्र न हुआ। औरों के नाम रुपए आएँगे, फिर उसे कौन पूछता है? बहुत होगा, दस-पाँच हज़ार उसे दे देंगे। इतने रुपयों में उसका क्या होगा? उसकी ज़िन्दगी में बड़े-बड़े मंसूबे थे। पहले तो उसे सम्पूर्ण जगत की यात्रा करनी थी, एक-एक कोने की। पीरू और ब्राजील और टिम्बकटू और होनोलूलू, ये सब उसके प्रोग्राम में थे। वह आँधी की तरह महीने-दो-महीने उड़कर लौट आनेवालों में न था। वह एक-एक स्थान में कई-कई दिन ठहरकर वहाँ के रहन-सहन, रीति-रिवाज आदि का अध्ययन करना और संसार-यात्रा का एक वृहद् ग्रंथ लिखना चाहता था। फिर उसे एक बहुत बड़ा पुस्तकालय बनवाना था, जिसमें दुनिया-भर की उत्तम रचनाएँ जमा की जाएँ। पुस्तकालय के लिए वह दो लाख तक ख़र्च करने को तैयार था, बँगला, कार और फर्नीचर तो मामूली बातें थीं। पिता या चचा के नाम रुपए आए, तो पाँच हज़ार से ज़्यादा का डौल नहीं, अम्माँ के नाम आए, तो बीस हज़ार मिल जाएँगे; लेकिन भाई साहब के नाम आ गए, तो उसके हाथ धेला भी न लगेगा। वह आत्माभिमानी था। घर वालों से खैरात या पुरस्कार के रूप में कुछ लेने की बात उसे अपमान-सी लगती थी। कहा करता था—भाई, किसी के सामने हाथ फैलाने से तो किसी

गड्ढे में डूब मरना अच्छा है। जब आदमी अपने लिए संसार में कोई स्थान न निकाल सके, तो यहाँ से प्रस्थान कर जाए?

वह बहुत बेकरार था। घर में लॉटरी-टिकट के लिए उसे कौन रुपए देगा और वह माँगेगा भी तो कैसे? उसने बहुत सोच-विचार कर कहा—क्यों न हम-तुम साझे में एक टिकट ले लें?

तजवीज मुझे भी पसन्द आई। मैं उन दिनों स्कूल-मास्टर था। बीस रुपए मिलते थे। उसमें बड़ी मुश्किल से गुज़र होती थी। दस रुपए का टिकट ख़रीदना मेरे लिए सुफेद हाथी ख़रीदना था। हाँ, एक महीना दूध, घी, जलपान और ऊपर के सारे ख़र्च तोड़कर पाँच रुपए की गुंजाइश निकल सकती थी। फिर भी जी डरता था। कहीं से कोई बलाई रक़म मिल जाए, तो कुछ हिम्मत बढ़े।

विक्रम ने कहा—कहो तो अपनी अँगूठी बेच डालूँ? कह दूँगा, उँगली से फिसल पड़ी।

अँगूठी दस रुपए से कम की न थी। उसमें पूरा टिकट आ सकता था; अगर कुछ ख़र्च किए बिना ही टिकट में आधा-साझा हुआ जाता है, तो क्या बुरा है?

सहसा विक्रम फिर बोला—लेकिन भई, तुम्हें नकद देने पड़ेंगे। मैं पाँच रुपए नकद लिए बग़ैर साझा न करूँगा।

अब मुझे औचित्य का ध्यान आ गया। बोला—नहीं दोस्त, यह बुरी बात है, चोरी खुल जाएगी, तो शर्मिन्दा होना पड़ेगा और तुम्हारे साथ मुझ पर भी डाँट पड़ेगी।

आख़िर यह तय हुआ कि पुरानी किताबें किसी सेकेन्ड हैंड किताबों की दुकान पर बेच डाली जाएँ और उस रुपए से टिकट लिया जाए। किताबों से ज़्यादा बेज़रूरत हमारे पास और कोई चीज़ न थी। हम दोनों साथ ही मैट्रिक पास हुए थे और यह देखकर कि जिन्होंने डिग्रियाँ लीं, अपनी आँखें फोड़ीं और घर के रुपए बरबाद किए, वह भी जूतियाँ चटका रहे थे, हमने वहीं हाल्ट कर दिया। मैं स्कूल-मास्टर हो गया और विक्रम मटरगश्ती करने लगा? हमारी पुरानी पुस्तकें अब दीमकों के सिवा हमारे किसी काम की न थीं। हमसे जितना चाटते बना, चाटा; उनका सत्त निकाल लिया। अब चूहे चाटें या दीमक, हमें परवाह न थी। आज हम दोनों ने उन्हें कूड़ेखाने से निकाला और झाड़-पोंछ कर एक बड़ा-सा गट्ठर बाँधा। मास्टर था, किसी बुकसेलर की दुकान पर किताब बेचते हुए झेंपता था। मुझे सभी पहचानते थे; इसलिए यह खिदमत विक्रम के सुपुर्द हुई और वह आध घंटे में दस रुपए का एक नोट लिए उछलता-कूदता आ पहुँचा। मैंने उसे इतना प्रसन्न कभी न देखा था। किताबें चालीस रुपए से कम की न थीं; पर यह दस रुपए उस वक़्त हमें जैसे पड़े हुए मिले। अब टिकट में आधा साझा होगा। दस लाख की रक़म मिलेगी। पाँच लाख मेरे हिस्से में आएँगे, पाँच विक्रम के। हम अपने इसी में मगन थे।

मैंने सन्तोष का भाव दिखाकर कहा—पाँच लाख भी कुछ कम नहीं होते जी!

विक्रम इतना सन्तोषी न था। बोला—पाँच लाख क्या, हमारे लिए तो इस वक़्त पाँच सौ भी बहुत है भाई, मगर ज़िन्दगी का प्रोग्राम तो बदलना पड़ गया। मेरी यात्रावाली स्कीम तो टल नहीं सकती। हाँ, पुस्तकालय ग़ायब हो गया।

मैंने आपत्ति की—आख़िर यात्रा में तुम दो लाख से ज़्यादा तो न ख़र्च करोगे?

'जी नहीं, उसका बजट है साढ़े तीन लाख का। सात वर्ष का प्रोग्राम है। पचास हज़ार रुपए साल ही तो हुए?'

‘चार हज़ार महीना कहो। मैं समझता हूँ, दो हज़ार में तुम बड़े आराम से रह सकते हो।’

विक्रम ने गर्म होकर कहा—मैं शान से रहना चाहता हूँ; भिखारियों की तरह नहीं।

‘दो हज़ार में भी तुम शान से रह सकते हो।’

‘जब तक आप अपने हिस्से में से दो लाख मुझे न दे देंगे, पुस्तकालय न बन सकेगा।’

‘कोई ज़रूरी नहीं कि तुम्हारा पुस्तकालय शहर में बेजोड़ हो?’

‘मैं तो बेजोड़ ही बनवाऊँगा।’

‘इसका तुम्हें अख़्तियार है, लेकिन मेरे रुपए में से तुम्हें कुछ न मिल सकेगा। मेरी ज़रूरतें देखो। तुम्हारे घर में काफ़ी जायदाद है। तुम्हारे सिर कोई बोझ नहीं, मेरे सिर तो सारी गृहस्थी का बोझ है। दो बहनों का विवाह है, दो भाइयों की शिक्षा है, नया मकान बनवाना है। मैंने तो निश्चय कर लिया है कि सब रुपए सीधे बैंक में जमा कर दूँगा। उनके सूद से काम चलाऊँगा। कुछ ऐसी शर्तें लगा दूँगा, कि मेरे बाद भी कोई इस रक़म में हाथ न लगा सके।’

विक्रम ने सहानुभूति के भाव से कहा—हाँ, ऐसी दशा में तुमसे कुछ माँगना अन्याय है। ख़ैर, मैं ही तकलीफ़ उठा लूँगा; लेकिन बैंक के सूद की दर तो बहुत गिर गई है।

हमने कई बैंकों में सूद की दर देखी, अस्थायी कोष की भी; सेविंग बैंक की भी। बेशक दर बहुत कम थी। दो-ढाई रुपए सैकड़े ब्याज पर जमा करना व्यर्थ है। क्यों न लेन-देन का कारोबार शुरू किया जाए? विक्रम भी अभी यात्रा पर न जाएगा। दोनों के साझे में कोठी चलेगी, जब कुछ धन जमा हो जाएगा, तब वह यात्रा करेगा। लेन-देन में सूद भी अच्छा मिलेगा और अपना रोब-दाब भी रहेगा। हाँ, जब तक अच्छी ज़मानत न हो, किसी को रुपया न देना चाहिए; चाहे असामी कितना ही मातबर क्यों न हो। और ज़मानत पर रुपए दे ही क्यों? जायदाद रेहन लिखाकर रुपए देंगे। फिर तो कोई खटका न रहेगा।

यह मंज़िल भी तय हुई। अब यह प्रश्न उठा कि टिकट पर किसका नाम रहे। विक्रम ने अपना नाम रखने के लिए बड़ा आग्रह किया। अगर उसका नाम न रहा, तो वह टिकट ही न लेगा! मैंने कोई उपाय न देखकर मंजूर कर लिया और बिना किसी लिखा-पढ़ी के, जिससे आगे चलकर मुझे बड़ी परेशानी हुई!

2

एक-एक करके इंतज़ार के दिन काटने लगे। भोर होते ही हमारी आँखें कैलेंडर पर जातीं। मेरा मकान विक्रम के मकान से मिला हुआ था। स्कूल जाने के पहले और स्कूल से आने के बाद हम दोनों साथ बैठकर अपने-अपने मंसूबे बाँधा करते और इस तरह सायँ-सायँ कि कोई सुन न ले। हम अपने टिकट ख़रीदने का रहस्य छिपाए रखना चाहते थे। यह रहस्य जब सत्य का रूप धारण कर लेगा, उस वक़्त लोगों को कितना विस्मय होगा! उस दृश्य का नाटकीय आनंद हम नहीं छोड़ना चाहते थे।

एक दिन बातों-बातों में विवाह का ज़िक्र आ गया। विक्रम ने दार्शनिक गम्भीरता से कहा—भई, शादी-वादी का जंजाल तो मैं नहीं पालना चाहता। व्यर्थ की चिन्ता और हाय-हाय। पत्नी की नाज बरदारी में ही बहुत-से रुपए उड़ जाएँगे।

मैंने इसका विरोध किया—हाँ, यह तो ठीक है; लेकिन जब तक जीवन के सुख-दु:ख का कोई साथी न हो; जीवन का आनंद ही क्या? मैं तो विवाहित जीवन से इतना विरक्त नहीं

हूँ। हाँ, साथी ऐसा चाहता हूँ जो अंत तक साथ रहे और ऐसा साथी पत्नी के सिवा दूसरा नहीं हो सकता।

विक्रम ज़रूरत से ज़्यादा तुनुकमिज़ाजी से बोला—ख़ैर, अपना-अपना दृष्टिकोण है। आपको बीवी मुबारक और कुत्तों की तरह उसके पीछे-पीछे चलना तथा बच्चों को संसार की सबसे बड़ी विभूति और ईश्वर की सबसे बड़ी दया समझना मुबारक। बंदा तो आज़ाद रहेगा, अपने मज़े से चाहा और जब चाहा उड़ गए और जब चाहा घर आ गए। यह नहीं कि हर वक़्त एक चौकीदार आपके सिर पर सवार हो। ज़रा-सी देर हुई घर आने में और फ़ौरन जवाब तलब हुआ—कहाँ थे अब तक? आप कहीं बाहर निकले और फ़ौरन सवाल हुआ—कहाँ जाते हो? और जो कहीं दुर्भाग्य से पत्नीजी भी साथ हो गईं, तब तो डूब मरने के सिवा आपके लिए कोई मार्ग ही नहीं रह जाता। न भैया, मुझे आपसे ज़रा भी सहानुभूति नहीं। बच्चे को ज़रा-सा जुकाम हुआ और आप बेतहाशा दौड़े चले जा रहे हैं होमियोपैथिक डॉक्टर के पास। ज़रा उम्र खिसकी और लौंडे मनाने लगे कि कब आप प्रस्थान करें और वह गुलछर्रे उड़ाएँ। मौक़ा मिला तो आपको ज़हर खिला दिया और मशहूर किया कि आपको कालरा हो गया था। मैं इस जंजाल में नहीं पड़ता।

कुन्ती आ गई। वह विक्रम की छोटी बहन थी, कोई ग्यारह साल की। छठे में पढ़ती थी और बराबर फेल होती थी। बड़ी चिबिल्ली, बड़ी शोख। इतने धमाके से द्वार खोला कि हम दोनों चौंककर उठ खड़े हुए।

विक्रम ने बिगड़कर कहा—तू बड़ी शैतान है कुन्ती, किसने तुझे बुलाया यहाँ?

कुन्ती ने खुफिया पुलिस की तरह कमरे में नज़र दौड़ाकर कहा—तुम लोग हरदम यहाँ किवाड़ बन्द किए बैठे क्या बातें किया करते हो? जब देखो, यहीं बैठे हो। न कहीं घूमने जाते हो, न तमाशा देखने; कोई जादू-मन्तर जगाते होंगे!

विक्रम ने उसकी गरदन पकड़कर हिलाते हुए कहा—हाँ एक मन्तर जगा रहे हैं, जिसमें तुझे ऐसा दूल्हा मिले, जो रोज़ गिनकर पाँच हज़ार हंटर जमाए सड़ासड़।

कुन्ती उसकी पीठ पर बैठकर बोली—मैं ऐसे दूल्हे से ब्याह करूँगी, जो मेरे सामने खड़ा पूँछ हिलाता रहेगा। मैं मिठाई के दोने फेंक दूँगी और वह चाटेगा। ज़रा भी चीं-चपड़ करेगा, तो कान गर्म कर दूँगी। अम्माँ को लॉटरी के रुपए मिलेंगे, तो पचास हज़ार मुझे दे दें। बस, चैन करूँगी। मैं दोनों वक़्त ठाकुरजी से अम्माँ के लिए प्रार्थना करती हूँ। अम्माँ कहती हैं, कुँवारी लड़कियों की दुआ कभी निष्फल नहीं होती। मेरा मन तो कहता है, अम्माँ को ज़रूर रुपए मिलेंगे।

मुझे याद आया, एक बार मैं अपने ननिहाल देहात में गया था, तो सूखा पड़ा हुआ था। भादों का महीना आ गया था; मगर पानी की बूँद नहीं। सब लोगों ने चन्दा करके गाँव की सब कुँवारी लड़कियों की दावत की थी। और उसके तीसरे ही दिन मूसलाधार वर्षा हुई थी। अवश्य ही कुँवारियों की दुआ में असर होता है।

मैंने विक्रम को अर्थपूर्ण आँखों से देखा, विक्रम ने मुझे। आँखों ही में हमने सलाह कर ली और निश्चय भी कर लिया। विक्रम ने कुन्ती से कहा—अच्छा, तुझसे एक बात कहें किसी से कहोगी तो नहीं? नहीं, तू तो बड़ी अच्छी लड़की है, किसी से न कहेगी। मैं अबकी तुझे ख़ूब पढ़ाऊँगा और पास करा दूँगा। बात यह है कि हम दोनों ने भी लॉटरी का टिकट लिया

है। हम लोगों के लिए भी ईश्वर से प्रार्थना किया कर। अगर हमें रुपए मिले, तो तेरे लिए अच्छे-अच्छे गहने बनवा देंगे। सच!

क[illegible]ती को विश्वास न आया। हमने क़समें खाईं। वह नखरे करने लगी। जब हमने उसे सिर से पाँव तक सोने और हीरे से मढ़ देने की प्रतिज्ञा की, तब वह हमारे लिए दुआ करने पर राज़ी हुई।

लेकिन उसके पेट में मनों मिठाई पच सकती थी; वह ज़रा-सी बात न पची। सीधे अन्दर भागी और एक क्षण में सारे घर में वह ख़बर फैल गई। अब जिसे देखिए, विक्रम को डाँट रहा है, अम्माँ भी, चचा भी, पिता भी—केवल विक्रम की शुभ-कामना से या और किसी भाव से, कौन जाने—बैठे-बैठे तुम्हें हिमाकत ही सूझती है। रुपए लेकर पानी में फेंक दिए। घर में इतने आदमियों ने तो टिकट लिया ही था, तुम्हें लेने की क्या ज़रूरत थी? क्या तुम्हें उसमें से कुछ न मिलते? और तुम भी मास्टर साहब, बिलकुल घोंघा हो। लड़के को अच्छी बातें क्या सिखाओगे, उसे और चौपट किए डालते हो।

विक्रम तो लाड़ला बेटा था। उसे और क्या कहते। कहीं रूठकर एक-दो जून खाना न खाए, तो आफ़त ही आ जाए। मुझ पर सारा ग़ुस्सा उतरा। इसकी सोहबत में लड़का बिगड़ा जाता है।

'पर उपदेश कुशल बहुतेरे' वाली कहावत मेरी आँखों के सामने थी। मुझे अपने बचपन की एक घटना याद आई। होली का दिन था। शराब की एक बोतल मँगवाई गई थी। मेरे मामूँ साहब उन दिनों आए हुए थे। मैंने चुपके से कोठरी में जाकर गिलास में एक घूँट शराब डाली और पी गया। अभी गला जल ही रहा था और आँखें लाल ही थीं, कि मामूँ साहब कोठरी में आ गए और मुझे मानो सेंध में गिरफ़्तार कर लिया और इतना बिगड़े इतना बिगड़े कि मेरा कलेजा सूखकर छुहारा हो गया। अम्माँ ने भी डाँटा, पिताजी ने भी डाँटा, मुझे आँसुओं से उनकी क्रोधाग्नि शान्त करनी पड़ी; और दोपहर ही को मामूँ साहब नशे में पागल होकर गाने लगे, फिर रोए, फिर अम्माँ को गालियाँ दीं, दादा के मना करने पर भी मारने दौड़े और आख़िर में कै करके ज़मीन पर बेसुध पड़े नज़र आए।

3

विक्रम के पिता बड़े ठाकुर साहब और ताऊ छोटे ठाकुर साहब दोनों जड़वादी थे, पूजा-पाठ की हँसी उड़ाने वाले, पूरे नास्तिक; मगर अब दोनों बड़े निष्ठावान् और ईश्वर भक्त हो गए थे। बड़े ठाकुर साहब प्रातःकाल गंगा-स्नान करने जाते और मन्दिरों के चक्कर लगाते हुए दोपहर को सारी देह में चन्दन लपेटे घर लौटते। छोटे ठाकुर साहब घर पर ही गर्म पानी से स्नान करते और गठिया से ग्रस्त होने पर भी राम-नाम लिखना शुरू कर देते। धूप निकल आने पर पार्क की ओर निकल जाते और चींटियों को आटा खिलाते। शाम होते ही दोनों भाई अपने ठाकुरद्वारे में जा बैठते और आधी रात तक भागवत की कथा तन्मय होकर सुनते। विक्रम के बड़े भाई प्रकाश को साधु-महात्माओं पर अधिक विश्वास था। वह मठों और साधुओं के अखाड़ों तथा कुटियों की खाक छानते और माताजी को तो भोर से आधी रात तक स्नान, पूजा और व्रत के सिवा दूसरा काम ही न था। इस उम्र में भी उन्हें सिंगार का शौक़ था; पर आजकल पूरी तपस्विनी बनी हुई थीं। लोग नाहक लालसा को बुरा कहते हैं। मैं तो समझता

हूँ, हममें जो यह भक्ति-निष्ठा और धर्म-प्रेम है, वह केवल हमारी लालसा, हमारी हवस के कारण। हमारा धर्म हमारे स्वार्थ के बल पर टिका हुआ है। हवस मनुष्य के मन और बुद्धि का इतना संस्कार कर सकती है, यह मेरे लिए बिलकुल नया अनुभव था। हम दोनों भी ज्योतिषियों और पंडितों से प्रश्न करके अपने को कभी दुखी कर लिया करते थे।

ज्यों-ज्यों लॉटरी का दिवस समीप आता जाता था, हमारे चित्त की शांति उड़ती जाती थी। हमेशा उसी ओर मन टँगा रहता। मुझे आप-ही-आप अकारण सन्देह होने लगा कि कहीं विक्रम मुझे हिस्सा देने से इनकार कर दे, तो मैं क्या करूँगा। साफ़ इनकार कर जाए कि तुमने टिकट में साझा किया ही नहीं। न कोई तहरीर है, न कोई दूसरा सबूत। सबकुछ विक्रम की नीयत पर है। उसकी नीयत ज़रा भी डाँवाँडोल हुई कि काम-तमाम। कहीं फ़रियाद नहीं कर सकता, मुँह तक नहीं खोल सकता। अब अगर कुछ कहूँ भी तो कुछ लाभ नहीं। अगर उसकी नीयत में फितूर आ गया है तब तो वह अभी से इनकार कर देगा; अगर नहीं आया है, तो इस सन्देह से उसे मर्मान्तक वेदना होगी। आदमी ऐसा तो नहीं है; मगर भाई, दौलत पाकर ईमान सलामत रखना कठिन है। अभी तो रुपए नहीं मिले हैं। इस वक़्त ईमानदार बनने में क्या ख़र्च होता है? परीक्षा का समय तो तब आएगा, जब दस लाख रुपए हाथ में होंगे। मैंने अपने अन्त:करण को टटोला—अगर टिकट मेरे नाम का होता और मुझे दस लाख मिल जाते, तो क्या मैं आधे रुपए बिना कान-पूँछ हिलाए विक्रम के हवाले कर देता? कौन कह सकता है; मगर अधिक संभव यही था कि मैं हीले-हवाले करता, कहता—तुमने मुझे पाँच रुपए उधार दिए थे। उसके दस ले लो, सौ ले लो और क्या करोगे; मगर नहीं, मुझसे इतनी बद-दियानती न होती।

दूसरे दिन हम दोनों अख़बार देख रहे थे कि सहसा विक्रम ने कहा—कहीं हमारा टिकट निकल आए, तो मुझे अफ़सोस होगा कि नाहक तुमसे साझा किया!

वह सरल भाव से मुस्कुराया, मगर यह थी उसके आत्मा की झलक जिसे वह विनोद की आड़ में छिपाना चाहता था।

मैंने चौंककर कहा—सच! लेकिन इसी तरह मुझे भी तो अफ़सोस हो सकता है?

'लेकिन टिकट तो मेरे नाम का है?'

'इससे क्या।'

'अच्छा, मान लो, मैं तुम्हारे साझे से इनकार कर जाऊँ?'

मेरा ख़ून सर्द हो गया। आँखों के सामने अँधेरा छा गया।

'मैं तुम्हें इतना बदनीयत नहीं समझता था।'

'मगर है बहुत संभव। पाँच लाख। सोचो! दिमाग़ चकरा जाता है!'

'तो भाई, अभी से कुशल है, लिखा-पढ़ी कर लो! यह संशय रहे ही क्यों?'

विक्रम ने हँसकर कहा—तुम बड़े शक्की हो यार! मैं तुम्हारी परीक्षा ले रहा था। भला, ऐसा कहीं हो सकता है? पाँच लाख क्या, पाँच करोड़ भी हों, तब भी ईश्वर चाहेगा, तो नीयत में खलल न आने दूँगा।

किन्तु मुझे उसके इस आश्वासन पर बिलकुल विश्वास न आया। मन में एक संशय बैठ गया।

मैंने कहा—यह तो मैं जानता हूँ, तुम्हारी नीयत कभी विचलित नहीं हो सकती, लेकिन लिखा-पढ़ी कर लेने में क्या हरज है?

'फजूल है।'

'फजूल ही सही।'

'तो पक्के काग़ज़ पर लिखना पड़ेगा। दस लाख की कोर्ट-फीस ही साढ़े सात हज़ार हो जाएगी। किस भ्रम में हैं आप?'

मैंने सोचा, बला से सादी लिखा-पढ़ी के बल पर कोई क़ानूनी कार्रवाई न कर सकूँगा। पर इन्हें लज्जित करने का, इन्हें जलील करने का, इन्हें सबके सामने बेईमान सिद्ध करने का अवसर तो मेरे हाथ आएगा और दुनिया में बदनामी का भय न हो, तो आदमी न जाने क्या करे। अपमान का भय क़ानून के भय से किसी तरह कम क्रियाशील नहीं होता। बोला—मुझे सादे काग़ज़ पर ही विश्वास आ जाएगा।

विक्रम ने लापरवाही से कहा—जिस काग़ज़ का कोई क़ानूनी महत्त्व नहीं, उसे लिखकर क्या समय नष्ट करें?

मुझे निश्चय हो गया कि विक्रम की नीयत में अभी से फितूर आ गया। नहीं तो सादा काग़ज़ लिखने में क्या बाधा हो सकती है? बिगड़कर कहा—तुम्हारी नीयत तो अभी से ख़राब हो गई।

उसने निर्लज्जता से कहा—तो क्या तुम साबित करना चाहते हो कि ऐसी दशा में तुम्हारी नीयत न बदलती?

'मेरी नीयत इतनी कमज़ोर नहीं है?'

'रहने भी दो। बड़ी नीयतवाले! अच्छे-अच्छे को देखा है!'

'तुम्हें इसी वक़्त लेखाबद्ध होना पड़ेगा। मुझे तुम्हारे ऊपर विश्वास नहीं रहा।'

'अगर तुम्हें मेरे ऊपर विश्वास नहीं है, तो मैं भी नहीं लिखता।'

'तो क्या तुम समझते हो, तुम मेरे रुपए हजम कर जाओगे?'

'किसके रुपए और कैसे रुपए?'

'मैं कहे देता हूँ विक्रम, हमारी दोस्ती का ही अंत न हो जाएगा, बल्कि इससे कहीं भयंकर परिणाम होगा।'

हिंसा की एक ज्वाला-सी मेरे अन्दर दहक उठी।

सहसा दीवानख़ाने में झड़प की आवाज़ सुनकर मेरा ध्यान उधर चला गया। यहाँ दोनों ठाकुर बैठा करते थे। उनमें ऐसी मैत्री थी, जो आदर्श भाइयों में हो सकती है। राम और लक्ष्मण में भी इतनी ही रही होगी। झड़प की तो बात ही क्या, मैंने उनमें कभी विवाद होते भी न सुना था। बड़े ठाकुर जो कह दें, वह छोटे ठाकुर के लिए क़ानून था और छोटे ठाकुर की इच्छा देखकर ही बड़े ठाकुर कोई बात कहते थे। हम दोनों को आश्चर्य हुआ दीवानख़ाने के द्वार पर जाकर खड़े हो गए। दोनों भाई अपनी-अपनी कुर्सियों से उठकर खड़े हो गए थे, एक-एक क़दम आगे भी बढ़ आए थे, आँखें लाल, मुख विकृत, त्योरियाँ चढ़ी हुईं, मुट्ठियाँ बँधी हुईं। मालूम होता था, बस हाथापाई हुई ही चाहती है।

छोटे ठाकुर ने हमें देखकर पीछे हटते हुए कहा—सम्मिलित परिवार में जो कुछ भी और कहीं से भी और किसी के नाम भी आए, वह सबका है, बराबर।

बड़े ठाकुर ने विक्रम को देखकर एक क़दम और आगे बढ़ाया—हरगिज नहीं, अगर मैं कोई जुर्म करूँ, तो मैं पकड़ा जाऊँगा, सम्मिलित परिवार नहीं। मुझे सज़ा मिलेगी, सम्मिलित परिवार को नहीं। यह वैयक्तिक प्रश्न है।

'इसका फ़ैसला अदालत से होगा।'

'शौक से अदालत जाइए। अगर मेरे लड़के, मेरी बीवी या मेरे नाम लॉटरी निकली, तो आपका उससे कोई सम्बन्ध न होगा, उसी तरह जैसे आपके नाम लॉटरी निकले, तो मुझसे, मेरी बीवी से या मेरे लड़के से उससे कोई सम्बन्ध न होगा।'

'अगर मैं जानता कि आपकी ऐसी नीयत है, तो मैं भी बीवी-बच्चों के नाम से टिकट ले सकता था।'

'यह आपकी ग़लती है।'

'इसीलिए कि मुझे विश्वास था, आप भाई हैं।'

'यह जुआ है, आपको समझ लेना चाहिए था। जुए की हार-जीत का ख़ानदान पर कोई असर नहीं पड़ सकता। अगर आप कल को दस-पाँच हज़ार रेस में हार आएँ, तो ख़ानदान उसका ज़िम्मेदार न होगा।'

'मगर भाई का हक़ दबाकर आप सुखी नहीं रह सकते।'

'आप न ब्रह्मा हैं, न ईश्वर और न कोई महात्मा।'

विक्रम की माता ने सुना कि दोनों भाइयों में ठनी हुई है और मल्लयुद्ध हुआ चाहता है, तो दौड़ी हुई बाहर आईं और दोनों को समझाने लगीं।

छोटे ठाकुर ने बिगड़कर कहा—आप मुझे क्या समझती हैं, उन्हें समझाइए, जो चार-चार टिकट लिए हुए बैठे हैं। मेरे पास क्या है, एक टिकट। उसका क्या भरोसा। मेरी अपेक्षा जिन्हें रुपए मिलने का चौगुना चांस है, उनकी नीयत बिगड़ जाए, तो लज्जा और दुःख की बात है।

ठकुराइन ने देवर को दिलासा देते हुए कहा—अच्छा, मेरे रुपए में से आधे तुम्हारे। अब तो ख़ुश हो।

बड़े ठाकुर ने बीवी की ज़बान पकड़ी—क्यों आधे ले लेंगे? मैं एक धेला भी न दूँगा। हम मुरौवत और सहृदयता से काम लें, फिर भी उन्हें पाँचवें हिस्से से ज़्यादा किसी तरह न मिलेगा। आधे का दावा किस नियम से हो सकता है?—न बौद्धिक, न धार्मिक, न नैतिक।

छोटे ठाकुर ने खिसियाकर कहा—सारी दुनिया का क़ानून आप ही तो जानते हैं।

'जानते ही हैं, तीस साल तक वकालत नहीं की है?'

'यह वकालत निकल जाएगी, जब सामने कलकत्ते का बैरिस्टर खड़ा कर दूँगा।'

'बैरिस्टर की ऐसी-तैसी, चाहे वह कलकत्ते का हो या लन्दन का!'

'मैं आधा लूँगा, उसी तरह जैसे घर की जायदाद में मेरा आधा है।'

इतने में विक्रम के बड़े भाई साहब सिर और हाथ में पट्टी बाँधे, लँगड़ाते हुए, कपड़ों पर ताज़ा ख़ून के दाग़ लगाए, प्रसन्न-मुख आकर एक आरामकुर्सी पर गिर पड़े। बड़े ठाकुर ने घबड़ाकर पूछा—यह तुम्हारी क्या हालत है जी? ऐं, यह चोट कैसे लगी? किसी से मार-पीट तो नहीं हो गई?

प्रकाश ने कुर्सी पर लेटकर एक बार कराहा, फिर मुस्कुराकर बोले—जी, कोई बात नहीं, ऐसी कुछ बहुत चोट नहीं लगी।

'कैसे कहते हो कि चोट नहीं लगी? सारा हाथ और सिर सूज गया है। कपड़े ख़ून से तर। यह मुआमला क्या है? कोई मोटर दुर्घटना तो नहीं हो गई?'

'बहुत मामूली चोट है साहब, दो-चार दिन में अच्छी हो जाएगी। घबराने की कोई बात नहीं।'

प्रकाश के मुख पर आशापूर्ण, शान्त मुस्कान थी। क्रोध, लज्जा या प्रतिशोध की भावना का नाम भी न था।

बड़े ठाकुर ने और व्यग्र होकर पूछा—लेकिन हुआ क्या, यह क्यों नहीं बतलाते? किसी से मार-पीट हुई हो तो थाने में रपट करवा दूँ।

प्रकाश ने हलके मन से कहा—मार-पीट किसी से नहीं हुई साहब। बात यह है कि मैं ज़रा झक्कड़ बाबा के पास चला गया था। आप तो जानते हैं, वह आदमियों की सूरत से भागते हैं और पत्थर लेकर मारने दौड़ते हैं। जो डरकर भागा, वह गया। जो पत्थर की चोटें खाकर भी उनके पीछे लगा रहा, वह पारस हो गया। वह यही परीक्षा लेते हैं। आज मैं वहाँ पहुँचा, तो कोई पचास आदमी जमा थे, कोई मिठाई लिए, कोई बहुमूल्य भेंट लिए, कोई कपड़ों के थान लिए। झक्कड़ बाबा ध्यानावस्था में बैठे हुए थे। एकाएक उन्होंने आँखें खोलीं और यह जन-समूह देखा, तो कई पत्थर चुनकर उनके पीछे दौड़े। फिर क्या था, भगदड़ मच गई। लोग गिरते-पड़ते भागे। हुर्र हो गए। एक भी न टिका। अकेला मैं घंटेघर की तरह वहीं डटा रहा। बस उन्होंने पत्थर चला ही तो दिया। पहला निशाना सिर में लगा। उनका निशाना अचूक पड़ता है। खोपड़ी भन्ना गई, ख़ून की धारा बह चली; लेकिन मैं हिला नहीं। फिर बाबाजी ने दूसरा पत्थर फेंका। वह हाथ में लगा। मैं गिर पड़ा और बेहोश हो गया। जब होश आया, तो वहाँ सन्नाटा था। बाबाजी भी ग़ायब हो गए थे। अंतर्धान हो जाया करते हैं। किसे पुकारूँ, किससे सवारी लाने को कहूँ? मारे दर्द के हाथ फटा पड़ता था और सिर से अभी तक ख़ून जारी था। किसी तरह उठा और सीधा डॉक्टर के पास गया। उन्होंने देखकर कहा—हड्डी टूट गई है और पट्टी बाँध दी; गर्म पानी से सेंकने को कहा है। शाम को फिर आएँगे, मगर चोट लगी तो लगी; अब लाटरी मेरे नाम आई धरी है। यह निश्चय है। ऐसा कभी हुआ ही नहीं कि झक्कड़ बाबा की मार खाकर कोई नामुराद रह गया हो। मैं तो सबसे पहले बाबा की कुटी बनवा दूँगा।

बड़े ठाकुर साहब के मुख पर सन्तोष की झलक दिखाई दी। फ़ौरन पलंग बिछ गया। प्रकाश उस पर लेटे। ठकुराइन पंखा झलने लगीं, उनका भी मुख प्रसन्न था। इतनी चोट खाकर दस लाख पा जाना कोई बुरा सौदा न था।

छोटे ठाकुर साहब के पेट में चूहे दौड़ रहे थे। ज्यों ही बड़े ठाकुर भोजन करने गए और ठकुराइन भी प्रकाश के लिए भोजन का प्रबंध करने गईं, त्यों ही छोटे ठाकुर ने प्रकाश से पूछा—क्या बहुत ज़ोर से पत्थर मारते हैं? ज़ोर से तो क्या मारते होंगे!

प्रकाश ने उनका आशय समझकर कहा—अरे साहब, पत्थर नहीं मारते, बमगोले मारते हैं। देव-सा तो डील-डौल है और बलवान् इतने हैं कि एक घूँसे में शेरों का काम तमाम कर देते हैं। कोई ऐसा-वैसा आदमी हो, तो एक ही पत्थर में टें हो जाए। कितने ही तो मर गए; मगर आज तक झक्कड़ बाबा पर मुक़दमा नहीं चला। और दो-चार पत्थर मारकर ही नहीं रह जाते, जब तक आप गिर न पड़ें और बेहोश न हो जाएँ, वह मारते ही जाएँगे; मगर रहस्य यही है कि आप जितनी ज़्यादा चोटें खाएँगे, उतने ही अपने उद्देश्य के निकट पहुँचेंगे।...

प्रकाश ने ऐसा रोएँ खड़े कर देने वाला चित्र खींचा कि छोटे ठाकुर साहब थर्रा उठे। पत्थर खाने की हिम्मत न पड़ी।

4

आख़िर भाग्य के निपटारे का दिन आया—जुलाई की बीसवीं तारीख़ क़त्ल की रात! हम प्रात:काल उठे, तो जैसे एक नशा चढ़ा हुआ था, आशा और भय के द्वन्द्व का। दोनों ठाकुरों ने घड़ी रात रहे गंगा-स्नान किया था और मन्दिर में बैठे पूजन कर रहे थे। आज मेरे मन में श्रद्धा जागी। मन्दिर में जाकर मन-ही-मन ठाकुरजी की स्तुति करने लगा—अनाथों के नाथ, तुम्हारी कृपादृष्टि क्या हमारे ऊपर न होगी? तुम्हें क्या मालूम नहीं, हमसे ज़्यादा तुम्हारी दया कौन डिज़र्व (deserve) करता है? विक्रम सूट-बूट पहने मन्दिर के द्वार पर आया, मुझे इशारे से बुलाकर इतना कहा—मैं डाकखाने जाता हूँ और हवा हो गया। ज़रा देर में प्रकाश मिठाई के थाल लिए हुए घर में से निकले और मन्दिर के द्वार पर खड़े होकर कंगालों को बाँटने लगे, जिनकी एक भीड़ जमा हो गई थी। और दोनों ठाकुर भगवान् के चरणों में लौ लगाए हुए थे, सिर झुकाए, आँखें बन्द किए हुए, अनुराग में डूबे हुए।

बड़े ठाकुर ने सिर उठाकर पुजारी की ओर देखा और बोले—भगवान् तो बड़े भक्त-वत्सल हैं, क्यों पुजारीजी?

पुजारीजी ने समर्थन किया—हाँ सरकार, भक्तों की रक्षा के लिए तो भगवान् क्षीरसागर से दौड़े और गज को ग्राह के मुँह से बचाया।

एक क्षण के बाद छोटे ठाकुर साहब ने सिर उठाया और पुजारीजी से बोले—क्यों पुजारीजी, भगवान् तो सर्वशक्तिमान् हैं, अंतर्यामी, सबके दिल का हाल जानते हैं।

पुजारी ने समर्थन किया—हाँ सरकार, अंतर्यामी न होते तो सबके मन की बात कैसे जान जाते? शबरी का प्रेम देखकर स्वयं उसकी मनोकामना पूरी की।

पूजन समाप्त हुआ। आरती हुई। दोनों भाइयों ने आज ऊँचे स्वर से आरती गायी और बड़े ठाकुर ने दो रुपए थाल में डाले। छोटे ठाकुर ने चार रुपए डाले। बड़े ठाकुर ने एक बार कोप-दृष्टि से देखा और मुँह फेर लिया।

सहसा बड़े ठाकुर ने पुजारी से पूछा—तुम्हारा मन क्या कहता है पुजारीजी?

पुजारी बोला—सरकार की फते है।

छोटे ठाकुर ने पूछा—और मेरी?

पुजारी ने उसी मुस्तैदी से कहा—आपकी भी फते है।

बड़े ठाकुर श्रद्धा से डूबे भजन गाते हुए मन्दिर से निकले—

‘प्रभुजी, मैं तो आयो सरन तिहारे, हाँ प्रभुजी!’

एक मिनट में छोटे ठाकुर साहब भी मन्दिर से गाते हुए निकले—

‘अब पत राखो मोरे दयानिधान तोरी गति लखि ना परे!’

मैं भी पीछे निकला और जाकर मिठाई बाँटने में प्रकाश बाबू की मदद करना चाहा; उन्होंने थाल हटाकर कहा—आप रहने दीजिए, मैं अभी बाँटे डालता हूँ। अब रह ही कितनी गई है?

मैं खिसियाकर डाकखाने की तरफ़ चला कि विक्रम मुस्कुराता हुआ साइकिल पर आ पहुँचा। उसे देखते ही सभी जैसे पागल हो गए। दोनों ठाकुर सामने ही खड़े थे। दोनों बाज की

तरह झपटे। प्रकाश के थाल में थोड़ी-सी मिठाई बच रही थी। उसने थाल ज़मीन पर पटका और दौड़ा। और मैंने तो उस उन्माद में विक्रम को गोंद में उठा लिया; मगर कोई उससे कुछ पूछता नहीं, सभी जय-जयकार की हाँक लगा रहे हैं।

बड़े ठाकुर ने आकाश की ओर देखा—बोलो राजा रामचन्द्र की जय!

छोटे ठाकुर ने छलाँग मारी—बोलो हनुमानजी की जय!

प्रकाश तालियाँ बजाता हुआ चीख़ा—दुहाई झक्कड़ बाबा की!

विक्रम ने और ज़ोर से क़हक़हा मारा और फिर अलग खड़ा होकर बोला जिसका नाम आया है, उससे एक लाख लूँगा! बोलो, है मंजूर?

बड़े ठाकुर ने उसका हाथ पकड़ा—पहले बता तो!

'ना! यों नहीं बताता।'

'छोटे ठाकुर बिगड़े...महज बताने के लिए एक लाख? शाबाश!

प्रकाश ने भी त्योरी चढ़ाई—क्या डाकखाना हमने देखा नहीं है?

'अच्छा, तो अपना-अपना नाम सुनने के लिए तैयार हो जाओ।'

सभी लोग फ़ौजी-अटेंशन की दशा में निश्चल खड़े हो गए।

'होश-हवाश ठीक रखना!'

सभी पूर्ण सचेत हो गए।

'अच्छा, तो सुनिए कान खोलकर इस शहर का सफाया है। इस शहर का ही नहीं, सम्पूर्ण भारत का सफाया है। अमेरिका के एक हब्शी का नाम आ गया।'

बड़े ठाकुर झल्लाए—झूठ-झूठ, बिलकुल झूठ!

छोटे ठाकुर ने पैंतरा बदला—कभी नहीं। तीन महीने की तपस्या यों ही रही? वाह?

प्रकाश ने छाती ठोंककर कहा—यहाँ सिर मुड़वाए और हाथ तुड़वाए बैठे हैं, दिल्लगी है!

इतने में और पचासों आदमी उधर से रोनी सूरत लिए निकले। ये बेचारे भी डाकखाने से अपनी क़िस्मत को रोते चले आ रहे थे। मार ले गया, अमेरिका का हब्शी! अभागा! पिशाच! दुष्ट!

अब कैसे किसी को विश्वास न आता? बड़े ठाकुर झल्लाए हुए मन्दिर में गए और पुजारी को डिसमिस कर दिया—इसीलिए तुम्हें इतने दिनों से पाल रखा है। हराम का माल खाते हो और चैन करते हो।

छोटे ठाकुर साहब की तो जैसे कमर टूट गई। दो-तीन बार सिर पीटा और वहीं बैठ गए; मगर प्रकाश के क्रोध का पारावार न था। उसने अपना मोटा सोटा लिया और झक्कड़ बाबा की मरम्मत करने चला।

माताजी ने केवल इतना कहा—सभी ने बेईमानी की है। मैं कभी मानने की नहीं। हमारे देवता क्या करें? किसी के हाथ से थोड़े ही छीन लाएँगे?

रात को किसी ने खाना नहीं खाया। मैं भी उदास बैठा हुआ था कि विक्रम आकर बोला—चलो, होटल से कुछ खा आएँ। घर में तो चूल्हा नहीं जला।

मैंने पूछा—तुम डाकखाने से आए, तो बहुत प्रसन्न क्यों थे।

उसने कहा—जब मैंने डाकखाने के सामने हज़ारों की भीड़ देखी, तो मुझे अपने लोगों के गधेपन पर हँसी आई। एक शहर में जब इतने आदमी हैं, तो सारे हिन्दुस्तान में इसके हज़ार गुने से कम न होंगे। और दुनिया में तो लाख गुने से भी ज़्यादा हो जाएँगे। मैंने आशा

का जो एक पर्वत-सा खड़ा कर रखा था, वह जैसे एकबारगी इतना छोटा हुआ कि राई बन गया, और मुझे हँसी आई। जैसे कोई दानी पुरुष छटाँक-भर अन्न हाथ में लेकर एक लाख आदमियों को नेवता दे बैठे और यहाँ हमारे घर का एक-एक आदमी समझ रहा है कि...

मैं भी हँसा—हाँ, बात तो यथार्थ में यही है और हम दोनों लिखा-पढ़ी के लिए लड़े मरते थे; मगर सच बताना, तुम्हारी नीयत ख़राब हुई थी कि नहीं?

विक्रम—मुस्कुराकर बोला—अब क्या करोगे पूछकर? परदा ढँका रहने दो।

जादू

नीला—तुमने उसे क्यों लिखा?

मीना—किसको?

'उसी को?'

'मैं नहीं समझती!'

'ख़ूब समझती हो! जिस आदमी ने मेरा अपमान किया, गली-गली मेरा नाम बेचता फिरा, उसे तुम मुँह लगाती हो, क्या यह उचित है?'

'तुम ग़लत कहती हो!'

'तुमने उसे ख़त नहीं लिखा?'

'कभी नहीं।'

'तो मेरी ग़लती थी, क्षमा करो। तुम मेरी बहन न होतीं, तो मैं तुमसे यह सवाल भी न पूछती।'

'मैंने किसी को ख़त नहीं लिखा।'

'मुझे यह सुनकर ख़ुशी हुई।'

'तुम मुस्कुराती क्यों हो?'

'मैं!'

'जी हाँ, आप!'

'मैं तो ज़रा भी नहीं मुस्कुराई।'

'क्या मैं अन्धी हूँ?'

'यह तो तुम अपने मुँह से ही कहती हो।'

'तुम क्यों मुस्कुराईं?'

'मैं सच कहती हूँ, ज़रा भी नहीं मुस्कुराई।'

'मैंने अपनी आँखों देखा।'

'अब मैं कैसे तुम्हें विश्वास दिलाऊँ?'

'तुम आँखों में धूल झोंकती हो।'

'अच्छा मुस्कुराई। बस, या जान लोगी?'

'तुम्हें किसी के ऊपर मुस्कुराने का क्या अधिकार है?'

'तेरे पैरों पड़ती हूँ नीला, मेरा गला छोड़ दे। मैं बिलकुल नहीं मुस्कुराई।

'मैं ऐसी अनीली नहीं हूँ।'

'यह मैं जानती हूँ।'

'तुमने मुझे हमेशा झूठी समझा है।'

'तू आज किसका मुँह देखकर उठी है?'

'तुम्हारा।'

'तू मुझे थोड़ा संखिया क्यों नहीं दे देती।'

'हाँ, मैं तो हत्यारिन हूँ ही।'

'मैं तो नहीं कहती।'

'अब और कैसे कहोगी, क्या ढोल बजाकर? मैं हत्यारिन हूँ, मदमाती हूँ, दीदा-दिलेर हूँ; तुम सर्वगुणागारी हो, सीता हो, सावित्री हो। अब ख़ुश हुईं?'

'लो कहती हूँ, मैंने उन्हें पत्र लिखा फिर तुमसे मतलब? तुम कौन होती हो मुझसे जवाब-तलब करनेवाली?'

'अच्छा किया, लिखा, सचमुच मेरी बेवकूफ़ी थी कि मैंने तुमसे पूछा।'

'हमारी ख़ुशी, हम जिसको चाहेंगे ख़त लिखेंगे। जिससे चाहेंगे बोलेंगे।

'तुम कौन होती हो रोकनेवाली? तुमसे तो मैं नहीं पूछने जाती; हालाँकि रोज़ तुम्हें पुलिन्दों पत्र लिखते देखती हूँ।'

'जब तुमने शर्म ही भून खाई, तो जो चाहो करो, अख़्तियार है।'

'और तुम कब से बड़ी लज्जावती बन गईं? सोचती होगी, अम्माँ से कह दूँगी, यहाँ इसकी परवाह नहीं है। मैंने उन्हें पत्र भी लिखा, उनसे पार्क में मिली भी। बातचीत भी की, जाकर अम्माँ से, दादा से और सारे मुहल्ले से कह दो।'

'जो जैसा करेगा, आप भोगेगा, मैं क्यों किसी से कहने जाऊँ?'

'ओ हो, बड़ी धैर्यवाली, यह क्यों नहीं कहतीं, अँगूर खट्टे हैं?'

'जो तुम कहो, वही ठीक है।'

'दिल में जली जाती हो।'

'मेरी बला जले।'

'रो दो ज़रा।'

'तुम ख़ुद रोओ, मेरा अँगूठा रोए।'

'मुझे उन्होंने एक रिस्टवाच भेंट दी है, दिखाऊँ?'

'मुबारक हो, मेरी आँखों का सनीचर न दूर होगा।'

'मैं कहती हूँ, तुम इतनी जलती क्यों हो?'

'अगर मैं तुमसे जलती हूँ, तो मेरी आँखें पट्टम हो जाएँ।'

'तुम जितना ही जलोगी, मैं उतना ही जलाऊँगी।'

'मैं जलूँगी ही नहीं।'

'जल रही हो साफ़।'

'कब सन्देशा आएगा?'

'जल मरो।'

'पहले तेरी भाँवरें देख लूँ।'

'भाँवरों की चाट तुम्हीं को रहती है।'

'अच्छा! तो क्या बिना भाँवरों का ब्याह होगा?'

'यह ढकोसले तुम्हें मुबारक रहें, मेरे लिए प्रेम काफ़ी है।'

'तो क्या तू सचमुच ...!'

'मैं किसी से नहीं डरती।'

'यहाँ तक नौबत पहुँच गई? और तू कह रही थी, मैंने उसे पत्र नहीं लिखा और क़समें खा रही थी।'

'क्यों अपने दिल का हाल बतलाऊँ?'

'मैं तो तुझसे पूछती न थी, मगर तू आप-ही-आप बक चली।'

'तुम मुस्कुराईं क्यों?'

'इसलिए कि वह शैतान तुम्हारे साथ भी वही दग़ा करेगा, जो उसने मेरे साथ किया और फिर तुम्हारे विषय में भी वैसी ही बातें कहता फिरेगा। और फिर तुम मेरी तरह उसके नाम को रोओगी।'

'तुमसे उन्हें प्रेम नहीं था?'

'मुझसे! मेरे पैरों पर सिर रखकर रोता था और कहता था कि मैं मर जाऊँगा और ज़हर खा लूँगा।'

'सच कहती हो?'

'बिलकुल सच।'

'यह तो वह मुझसे भी कहते हैं।'

'सच?'

'तुम्हारे सिर की क़सम।'

'और मैं समझ रही थी, अभी वह दाने बिखेर रहा है।'

'क्या वह सचमुच?'

'पक्का शिकारी है।'

मीना सिर पर हाथ रखकर चिन्ता में डूब जाती है।

नया विवाह

हमारी देह पुरानी है, लेकिन इसमें सदैव नया रक्त दौड़ता रहता है। नए रक्त के प्रवाह पर ही हमारे जीवन का आधार है। पृथ्वी की इस चिरन्तन व्यवस्था में यह नयापन उसके एक-एक अणु में, एक-एक कण में, तार में बसे हुए स्वरों की भाँति, गूँजता रहता है और यह सौ साल की बुढ़िया आज भी नवेली दुल्हन बनी हुई है।

जब से लाला डंगामल ने नया विवाह किया है, उनका यौवन नए सिरे से जाग उठा है। जब पहली स्त्री जीवित थी, तब वे घर में बहुत कम रहते थे। प्रातः से दस ग्यारह बजे तक तो पूजा-पाठ ही करते रहते थे। फिर भोजन करके दुकान चले जाते। वहाँ से एक बजे रात

लौटते और थके-माँदे सो जाते। यदि लीला कभी कहती, ज़रा और सबेरे आ जाया करो, तो बिगड़ जाते और कहते—तुम्हारे लिए क्या दुकान छोड़ दूँ, या रोजगार बन्द कर दूँ? यह वह ज़माना नहीं है कि एक लोटा जल चढ़ाकर लक्ष्मी प्रसन्न कर ली जाएँ। आज उनकी चौखट पर माथा रगड़ना पड़ता है; तब भी उनका मुँह सीधा नहीं होता। लीला बेचारी चुप हो जाती।

अभी छह महीने की बात है। लीला को ज्वर चढ़ा हुआ था। लालाजी दुकान जाने लगे, तब उसने डरते-डरते कहा था—देखो, मेरा जी अच्छा नहीं है। ज़रा सबेरे आ जाना।

डंगामल ने पगड़ी उतारकर खूँटी पर लटका दी और बोले—अगर मेरे बैठे रहने से तुम्हारा जी अच्छा हो जाए, तो मैं दुकान न जाऊँगा।

लीला हताश होकर बोली—मैं दुकान जाने को तो नहीं मना करती। केवल ज़रा सबेरे आने को कहती हूँ।

'तो क्या दुकान पर बैठा मौज़ किया करता हूँ।?'

लीला इसका क्या जवाब देती? पति का यह स्नेहहीन व्यवहार उसके लिए कोई नई बात न थी। इधर कई साल से उसे इसका कठोर अनुभव हो रहा था कि उसकी इस घर में क़द्र नहीं है। वह अक्सर इस समस्या पर विचार भी किया करती, पर वह अपना कोई अपराध न पाती। वह पति की सेवा अब पहले से कहीं ज़्यादा करती, उनके कार्य-भार को हलका करने की बराबर चेष्टा करती रहती, बराबर प्रसन्नचित्त रहती; कभी उनकी इच्छा के विरुद्ध कोई काम नहीं करती। अगर उसकी जवानी ढल चुकी थी, तो इसमें उसका क्या अपराध था? किसकी जवानी सदैव स्थिर रहती है? अगर अब उसका स्वास्थ्य उतना अच्छा न था, तो इसमें उसका क्या दोष? उसे बेक़सूर क्यों दंड दिया जाता है?

उचित तो यह था कि 25 साल का साहचर्य अब एक गहरी मानसिक और आत्मिक अनुरूपता का रूप धारण कर लेता, जो दोष को भी गुण बना लेता है, जो पके फल की तरह ज़्यादा रसीला, ज़्यादा मीठा, ज़्यादा सुन्दर हो जाता है। लेकिन लालाजी का वणिक-हृदय हर एक पदार्थ को वाणिज्य की तराजू से तौलता था। बूढ़ी गाय जब न दूध दे सकती है न बच्चे, तब उसके लिए गोशाला ही सबसे अच्छी जगह है। उनके विचार में लीला के लिए इतना ही काफ़ी था कि घर की मालकिन बनी रहे; आराम से खाय और पड़ी रहे। उसे अख़्तियार है चाहे जितने जेवर बनवाए, चाहे जितना स्नान व पूजा करे, केवल उनसे दूर रहे। मानव-प्रकृति की जटिलता का एक रहस्य यह था कि डंगामल जिस आनंद से लीला को वंचित रखना चाहते थे, जिसकी उसके लिए कोई ज़रूरत ही न समझते थे, ख़ुद उसी के लिए सदैव प्रयत्न करते रहते थे। लीला 40 वर्ष की होकर बूढ़ी समझ ली गई थी, किन्तु वे तैंतालीस के होकर अभी जवान ही थे, जवानी के उन्माद और उल्लास से भरे हुए। लीला से अब उन्हें एक तरह की अरुचि होती थी और वह दुखिया जब अपनी त्रुटियों का अनुभव करके प्रकृति के निर्दय आघातों से बचने के लिए रंग व रोगन की आड़ लेती, तब लालाजी उसके बूढ़े नखरों से और भी घृणा करने लगते। वे कहते—वाह री तृष्णा! सात लड़कों की तो माँ हो गई, बाल खिचड़ी हो गए, चेहरा धुले हुए फलालैन की तरह सिकुड़ गया, मगर आपको अभी महावर, सेंदुर, मेहँदी और उबटन की हवस बाक़ी ही है। औरतों का स्वभाव भी कितना विचित्र है! न-जाने क्यों बनाव-सिंगार पर इतना जान देती हैं? पूछो, अब तुम्हें और क्या चाहिए। क्यों नहीं मन को समझा लेतीं कि जवानी विदा हो गई और इन उपादानों से वह वापस नहीं बुलाई

जा सकती! लेकिन वे ख़ुद जवानी का स्वप्न देखते रहते थे। उनकी जवानी की तृष्णा अभी शान्त न हुई थी। जाड़ों में रसों और पाकों का सेवन करते रहते थे। हफ़्ते में दो बार खिजाब लगाते और एक डॉक्टर से मंकीग्लैंड के विषय में पत्र-व्यवहार कर रहे थे।

लीला ने उन्हें असमंजस में देखकर कातर-स्वर में पूछा—कुछ बतला सकते हो, कै बजे आओगे?

लालाजी ने शान्त भाव से पूछा—तुम्हारा जी आज कैसा है?

लीला क्या जवाब दे? अगर कहती है कि बहुत ख़राब है, तो शायद वे महाशय वहीं बैठ जाएँ और उसे जली-कटी सुनाकर अपने दिल का बुखार निकालें। अगर कहती है कि अच्छी हूँ, तो शायद निश्चिन्त होकर दो बजे तक कहीं ख़बर लें। इस दुविधा में डरते-डरते बोली—अब तक तो हलकी थी, लेकिन अब कुछ भारी हो रही है। तुम जाओ, दुकान पर लोग तुम्हारी राह देखते होंगे। हाँ, ईश्वर के लिए एक-दो न बजा देना। लड़के सो जाते हैं, मुझे ज़रा भी अच्छा नहीं लगता, जी घबराता है!

सेठजी ने अपने स्वर में स्नेह की चाशनी देकर कहा—बारह बजे तक आ ज़रूर जाऊँगा!

लीला का मुख धूमिल हो गया। उसने कहा—दस बजे तक नहीं आ सकते?

'साढ़े ग्यारह से पहले किसी तरह नहीं।'

'नहीं, साढ़े दस।'

'अच्छा, ग्यारह बजे।'

लाला वादा करके चले गए, लेकिन दस बजे रात को एक मित्र ने मुजरा सुनने के लिए बुला भेजा। इस निमंत्रण को कैसे इनकार कर देते। जब एक आदमी आपको ख़ातिर से बुलाता है, तब यह कहाँ की भलमनसाहत है कि आप उसका निमंत्रण अस्वीकार कर दें?

लालाजी मुजरा सुनने चले गए, दो बजे लौटे। चुपके से आकर नौकर को जगाया और अपने कमरे में आकर लेट रहे। लीला उनकी राह देखती, प्रतिक्षण विकल-वेदना का अनुभव करती हुई न-जाने कब सो गई थी।

अंत को इस बीमारी ने अभागिनी लीला की जान ही लेकर छोड़ा। लालाजी को उसके मरने का बड़ा दुःख हुआ। मित्रों ने समवेदना के तार भेजे। एक दैनिक पत्र ने शोक प्रकट करते हुए लीला के मानसिक और धार्मिक सद्गुणों को ख़ूब बढ़ाकर वर्णन किया। लालाजी ने इन सभी मित्रों को हार्दिक धन्यवाद दिया और लीला के नाम से बालिका-विद्यालय में पाँच वजीफे प्रदान किए तथा मृतक-भोज तो जितने समारोह से किया गया, वह नगर के इतिहास में बहुत दिनों तक याद रहेगा।

लेकिन एक महीना भी न गुज़रने पाया था कि लालाजी के मित्रों ने चारा डालना शुरू कर दिया और उसका यह असर हुआ कि छह महीने की विधुरता के तप के बाद उन्होंने दूसरा विवाह कर लिया। आख़िर बेचारे क्या करते? जीवन में एक सहचरी की आवश्यकता तो थी ही और इस उम्र में तो एक तरह से वह अनिवार्य हो गई थी।

2

जब से नई पत्नी आई, लालाजी के जीवन में आश्चर्यजनक परिवर्तन हो गया। दुकान से अब उतना प्रेम नहीं था। लगातार हफ़्तों न जाने में भी उनके कारबार में कोई हर्ज नहीं होता था।

जीवन के उपभोग की जो शक्ति दिन-दिन क्षीण होती जाती थी, अब वह छींटे पाकर सजीव हो गई थी, सूखा पेड़ हरा हो गया था, उसमें नई-नई कोपलें फूटने लगी थीं। मोटर नई आ गई थी, कमरे नए फर्नीचर से सजा दिए गए थे, नौकरों की भी संख्या बढ़ गई थी, रेडियो आ पहुँचा था और प्रतिदिन नए-नए उपहार आते रहते थे। लालाजी की बूढ़ी जवानी जवानों की जवानी से भी प्रखर हो गई थी, उसी तरह जैसे बिजली का प्रकाश चन्द्रमा के प्रकाश से ज़्यादा स्वच्छ और मनोरंजक होता है। लालाजी को उनके मित्र इस रूपान्तर पर बधाइयाँ देते, जब वे गर्व के साथ कहते—भाई, हम तो हमेशा जवान रहे और हमेशा जवान रहेंगे। बुढ़ापा यहाँ आए तो उसके मुँह में कालिख लगाकर गधे पर उलटा सवार कराके शहर से निकाल दें। जवानी और बुढ़ापे को न जाने क्यों लोग अवस्था से सम्बद्ध कर देते हैं। जवानी का उम्र से उतना ही सम्बन्ध है; जितना धर्म का आचार से, रुपए का ईमानदारी से, रूप का शृंगार से। आजकल के जवानों को आप जवान कहते हैं? उनकी एक हज़ार जवानियों को अपने एक घंटे से भी न बदलूँगा। मालूम होता है उनकी ज़िन्दगी में कोई उत्साह ही नहीं, कोई शौक़ नहीं। जीवन क्या है, गले में पड़ा हुआ एक ढोल है।

यही शब्द घटा-बढ़ाकर वे आशा के हृदय-पटल पर अंकित करते रहे थे। उससे बराबर सिनेमा, थियेटर और दरिया की सैर के लिए आग्रह करते रहते। लेकिन आशा को न-जाने क्यों इन बातों में ज़रा भी रुचि न थी। वह जाती तो थी, मगर बहुत टाल-टूल करने के बाद। एक दिन लालाजी ने आकर कहा—चलो, आज बजरे पर दरिया की सैर करें।

वर्षा के दिन थे, दरिया चढ़ा हुआ था, मेघ-मालाएँ अंतरराष्ट्रीय सेनाओं की भाँति रंग-बिरंगी वर्दियाँ पहने आकाश में कवायद कर रही थीं। सड़क पर लोग मलार और बारहमासा गाते चलते थे। बाग़ों में झूले पड़ गए थे।

आशा ने बेदिली से कहा—मेरा जी तो नहीं चाहता।

लालाजी ने मृदु प्रेरणा के साथ कहा—तुम्हारा मन कैसा है जो आमोद-प्रमोद की ओर आकर्षित नहीं होता? चलो, ज़रा दरिया की सैर देखो। सच कहता हूँ, बजरे पर बड़ी बहार रहेगी।

'आप जाएँ। मुझे और कई काम करने हैं।'

'काम करने को आदमी हैं। तुम क्यों काम करोगी?'

'महाराज अच्छे सालन नहीं पकाता। आप खाने बैठेंगे तो यों ही उठ जाएँगे।'

आशा अपने अवकाश का बड़ा भाग लालाजी के लिए तरह-तरह का भोजन पकाने में ही लगाती थी। उसने किसी से सुन रखा था कि एक विशेष अवस्था के बाद पुरुष के जीवन का सबसे बड़ा सुख, रसना का स्वाद ही रह जाता है।

लालाजी की आत्मा खिल उठी। उन्होंने सोचा कि आशा को उनसे कितना प्रेम है कि वह दरिया की सैर को उनकी सेवा के लिए छोड़ रही है। एक लीला थी कि 'मान-न-मान' चलने को तैयार रहती थी। पीछा छुड़ाना पड़ता था, ख्वामख्वाह सिर पर सवार हो जाती थी और सारा मज़ा किरकिरा कर देती थी।

स्नेह-भरे उलाहने से बोले—तुम्हारा मन भी विचित्र है। अगर एक दिन सालन फीका ही रहा, ऐसा क्या तूफ़ान आ जाएगा? तुम तो मुझे बिलकुल निकम्मा बनाए देती हो। अगर तुम न चलोगी, तो मैं भी न जाऊँगा।

आशा ने जैसे गले से फन्दा छुड़ाते हुए कहा—आप भी तो मुझे इधर-उधर घुमा-घुमाकर मेरा मिज़ाज बिगाड़ देते हैं। यह आदत पड़ जाएगी, तो घर का धन्धा कौन करेगा?

'मुझे घर के धन्धे की रत्ती-भर भी परवा नहीं—बाल की नोक बराबर भी नहीं। मैं चाहता हूँ कि तुम्हारा मिज़ाज बिगड़े और तुम गृहस्थी की चक्की से दूर रहो और तुम मुझे बार-बार आप क्यों कहती हो? मैं चाहता हूँ, तुम मुझे तुम कहो, तू कहो, गालियाँ दो, धौल जमाओ। तुम तो मुझे आप कहके जैसे देवता के सिंहासन पर बैठा देती हो! मैं अपने घर में देवता नहीं, चंचल बालक बनना चाहता हूँ।'

आशा ने मुस्कुराने की चेष्टा करके कहा—भला, मैं आपको 'तुम' कहूँगी। तुम बराबर वाले को कहा जाता है कि बड़ों को?

मुनीम ने एक लाख के घाटे की ख़बर सुनाई होती, तो भी शायद लालाजी को इतना दुःख न होता, जितना आशा के इन कठोर शब्दों से हुआ। उनका सारा उत्साह, सारा उल्लास जैसे ठंडा पड़ गया। सिर पर बाँकी रखी हुई फूलदार टोपी, गले में पड़ी हुई जोगिए रंग की चुनी हुई रेशमी चादर, वह तंजेब का बेलदार कुर्ता, जिसमें सोने के बटन लगे हुए थे—यह सारा ठाठ कैसे उन्हें हास्यजनक जान पड़ने लगा, जैसे वह सारा नशा किसी मंत्र से उतर गया हो। निराश होकर बोले—तो तुम्हें चलना है या नहीं।

'मेरा जी नहीं चाहता।'

'तो मैं भी न जाऊँ?'

'मैं आपको कब मना करती हूँ?'

'फिर 'आप' कहा?'

आशा ने जैसे भीतर से ज़ोर लगाकर कहा 'तुम' और उसका मुखमंडल लज्जा से आरक्त हो गया।

'हाँ, इसी तरह 'तुम' कहा करो। तो तुम नहीं चल रही हो? अगर मैं कहूँ, तुम्हें चलना पड़ेगा?'

'तब चलूँगी। आपकी आज्ञा मानना मेरा धर्म है।'

लालाजी आज्ञा न दे सके। आज्ञा और धर्म जैसे शब्द उनके कानों में चुभने-से लगे। खिसियाए हुए बाहर को चल पड़े; उस वक़्त आशा को उन पर दया आ गई। बोली—तो कब तक लौटोगे?

'मैं नहीं जा रहा हूँ।'

'अच्छा, तो मैं भी चलती हूँ।'

जैसे कोई जिद्दी लड़का रोने के बाद अपनी इच्छित वस्तु पाकर उसे पैरों से ठुकरा देता है, उसी तरह लालाजी ने मुँह बनाकर कहा—तुम्हारा जी नहीं करता, तो न चलो। मैं आग्रह नहीं करता।

'आप नहीं, तुम बुरा मान जाओगे।'

आशा गई, लेकिन उमंग से नहीं। जिस मामूली वेश में थी, उसी तरह चल खड़ी हुई। न कोई सजीली साड़ी, न जड़ाऊ गहने, न कोई सिंगार, जैसे कोई विधवा हो।

ऐसी ही बातों पर लालाजी मन में झुंझला उटते थे। ब्याह किया था, जीवन का आनंद उठाने के लिए, झिलमिलाते हुए दीपक में तेल डालकर उसे और चटक करने के लिए।

अगर दीपक का प्रकाश तेज़ न हुआ, तो तेल डालने से लाभ? न-जाने इसका मन क्यों इतना शुष्क और नीरस है, जैसे कोई ऊसर का पेड़ हो, कितना ही पानी डालो, उसमें हरी पत्तियों के दर्शन न होंगे। जड़ाऊ गहनों से भरी पेटारियाँ खुली हुई हैं, कहाँ-कहाँ से मँगवाए—दिल्ली से, कलकत्ते से, फ्रांस से। कैसी-कैसी बहुमूल्य साड़ियाँ रखी हुई हैं। एक नहीं, सैकड़ों। पर केवल सन्दूक में कीड़ों का भोजन बनने के लिए। दरिद्र घर की लड़कियों में यही ऐब होता है। उनकी दृष्टि सदैव संकीर्ण रही है। न खा सकें, न पहन सकें, न दे सकें। उन्हें तो ख़ज़ाना भी मिल जाए, तो यही सोचती रहेंगी कि ख़र्च कैसे करें।

दरिया की सैर तो हुई, पर विशेष आनंद न आया।

3

कई महीने तक आशा की मनोवृत्तियों को जगाने का असफल प्रयत्न करके लालाजी ने समझ लिया कि इनकी पैदाइश ही मुहर्रमी है। लेकिन फिर भी निराश न हुए। ऐसे व्यापार में एक बड़ी रक़म लगाने के बाद वे उसमें अधिक-से-अधिक लाभ उठाने की वणिक-प्रवृत्ति को कैसे त्याग देते? विनोद की नई-नई योजनाएँ पैदा की जातीं—ग्रामोफ़ोन अगर बिगड़ गया है, गाता नहीं, या साफ़ आवाज़ नहीं निकलती, तो उसकी मरम्मत करानी पड़ेगी। उसे उठाकर रख देना, तो मूर्खता है।

इधर बूढ़ा महाराज एकाएक बीमार होकर घर चला गया था और उसकी जगह उसका सत्रह-अठारह साल का जवान लड़का आ गया था—कुछ अजीब गँवार था, बिलकुल झंगड़, उजड्ड। कोई बात ही न समझता था। जितने फुलके बनाता, उतनी तरह के। हाँ, एक बात समान होती। सब बीच में मोटे होते, किनारे पतले। दाल कभी तो इतनी पतली जैसे चाय, कभी इतनी गाढ़ी जैसे दही। नमक कभी इतना कम कि बिलकुल फीकी, कभी इतना तेज़ कि नींबू का शाकीन। आशा मुँह-हाथ धोकर चौके में पहुँच जाती और इस डपोरशंख को भोजन पकाना सिखाती। एक दिन उसने कहा—तुम कितने नालायक आदमी हो जुगल। आख़िर इतनी उम्र तक तुम घास खोदते रहे या भाड़ झोंकते रहे कि फुलके तक नहीं बना सकते? जुगल आँखों में आँसू भर-कर कहता—बहूजी, अभी मेरी उम्र ही क्या है? सत्रहवाँ ही तो पूरा हुआ है!

आशा को उसकी बात पर हँसी आ गई। उसने कहा—तो रोटियाँ पकाना क्या दस-पाँच साल में आता है?

'आप एक महीना सिखा दें बहूजी, फिर देखिए, मैं आपको कैसे फुलके खिलाता हूँ कि जी ख़ुश हो जाए। जिस दिन मुझे फुलके बनाने आ जाएँगे, मैं आपसे कोई इनाम लूँगा। सालन तो अब मैं कुछ-कुछ बनाने लगा हूँ, क्यों?'

आशा ने हौसला बढ़ाने वाली मुस्कुराहट के साथ कहा—सालन नहीं, वो बनाना आता है। अभी कल ही नमक इतना तेज़ था कि खाया न गया। मसाले में कचाँध आ रही थी।

'मैं जब सालन बना रहा था, तब आप यहाँ कब थीं?'

'अच्छा, तो मैं जब यहाँ बैठी रहूँ तब तुम्हारा सालन बढ़िया पकेगा?'

'आप बैठी रहती हैं, तब मेरी अक़्ल ठिकाने रहती है।'

आशा को जुगल की इन भोली बातों पर ख़ूब हँसी आ रही थी। हँसी को रोकना चाहती थी, पर वह इस तरह निकली पड़ती थी जैसे भरी बोतल उँड़ेल दी गई हो।

'और मैं नहीं रहती तब?'

'तब तो आपके कमरे के द्वार पर जा बैठता हूँ। वहाँ बैठकर अपनी तक़दीर को रोता हूँ।'

आशा ने हँसी को रोककर पूछा—क्यों, रोते क्यों हो?

'यह न पूछिए बहूजी, आप इन बातों को नहीं समझेंगी।'

आशा ने उसके मुँह की ओर प्रश्न की आँखों से देखा। उसका आशय कुछ तो समझ गई, पर न समझने का बहाना किया।

'तुम्हारे दादा आ जाएँगे; तब तुम चले जाओगे?'

'और क्या करूँगा बहूजी। यहाँ कोई काम दिलवा दीजिएगा, तो पड़ा रहूँगा। मुझे मोटर चलाना सिखवा दीजिए। आपको ख़ूब सैर कराया करूँगा। नहीं, नहीं बहूजी, आप हट जाइए, मैं पतीली उतार लूँगा। ऐसी अच्छी साड़ी है आपकी, कहीं कोई दाग़ पड़ जाए, तो क्या हो?'

आशा पतीली उतार रही थी। जुगल ने उसके हाथ से सँड़सी ले लेनी चाही।

'दूर रहो। फूहड़ तो तुम हो ही। कहीं पतीली पाँव पर गिरा ली, तो महीनों झींकोगे।'

जुगल के मुख पर उदासी छा गई।

आशा ने मुस्कुराकर पूछा—क्यों, मुँह क्यों लटक गया सरकार का?

जुगल रुआँसा होकर बोला—आप मुझे डाँट देती हैं, बहूजी, तब मेरा दिल टूट जाता है। सरकार कितना ही घुड़कें, मुझे बिलकुल ही दु:ख नहीं होता। आपकी नज़र कड़ी देखकर मेरा ख़ून सर्द हो जाता है।

आशा ने दिलासा दिया—मैंने तुम्हें डाँटा तो नहीं, केवल यही तो कहा कि कहीं पतीली तुम्हारे पाँव पर गिर पड़े तो क्या हो?

'हाथ ही तो आपका भी है। कहीं आपके ही हाथ से छूट पड़े तो?'

लाला डंगामल ने रसोई-घर के द्वार पर आकर कहा—आशा, ज़रा यहाँ आना। देखो, तुम्हारे लिए कितने सुन्दर गमले लाया हूँ। तुम्हारे कमरे के सामने रखे जाएँगे। तुम यहाँ धुएँ-धक्कड़ में क्यों हलाकान होती हो? इस लड़के से कह दो कि जल्दी महाराज को बुलाए। नहीं तो मैं कोई दूसरा आदमी रख लूँगा। महाराजों की कमी नहीं है। आख़िर कब तक कोई रिआयत करे, गधे को ज़रा भी तमीज नहीं आई। सुनता है जुगल, लिख दे आज अपने बाप को।

चूल्हे पर तवा रखा हुआ था। आशा रोटियाँ बेलने में लगी थी। जुगल तवे के लिए रोटियों का इंतज़ार कर रहा था। ऐसी हालत में भला आशा कैसे गमले देखने जाती?

उसने कहा—जुगल रोटियाँ टेढ़ी-मेढ़ी बेल डालेगा।

लालाजी ने कुछ चिढ़कर कहा—अगर रोटियाँ टेढ़ी-मेढ़ी बेलेगा, तो निकाल दिया जाएगा!

आशा अनसुनी करके बोली—दस-पाँच दिन में सीख जाएगा, निकालने की क्या ज़रूरत है?

'तुम आकर बतला दो, गमले कहाँ रखे जाएँ।'

'कहती तो हूँ, रोटियाँ बेलकर आई जाती हूँ।'

'नहीं, मैं कहता हूँ तुम रोटियाँ मत बेलो।'

'आप तो ख्वामख्वाह ज़िद करते हैं।'

लालाजी सन्नाटे में आ गए। आशा ने कभी इतनी रुखाई से उन्हें जवाब न दिया था। और यह केवल रुखाई न थी, इसमें कटुता भी थी। लज्जित होकर चले गए। उन्हें ऐसा क्रोध आ रहा था कि इन गमलों को तोड़कर फेंक दें और सारे पौधों को चूल्हे में डाल दें।

जुगल ने सहमे हुए स्वर में कहा—आप चली जाएँ बहूजी, सरकार बिगड़ जाएँगे।

‘बको मत, जल्दी-जल्दी फुलके सेंको, नहीं तो निकाल दिए जाओगे। और आज मुझसे रुपए लेकर अपने लिए कपड़े बनवा लो। भिखमंगों की-सी सूरत बनाए घूमते हो। और बाल क्यों इतने बढ़ा रखे हैं? तुम्हें नाई भी नहीं जुड़ता?’

जुगल ने दूर की बात सोची। बोला—कपड़े बनवा लूँ, तो दादा को हिसाब क्या दूँगा?

‘अरे पागल! मैं हिसाब में नहीं देने को कहती। मुझसे ले जाना।’

जुगल काहिलपन की हँसी हँसा।

‘आप बनवाएँगी, तो अच्छे कपड़े लूँगा। खद्दर के मलमल का कुर्त्ता, खद्दर की धोती, रेशमी चादर, अच्छा-सा चप्पल।’

आशा ने मीठी मुस्कान से कहा—और अगर अपने दाम से बनवाने पड़े।

‘तब कपड़े ही क्यों बनवाऊँगा?’

‘बड़े चालाक हो तुम।’

जुगल ने अपनी बुद्धिमत्ता का प्रदर्शन किया—आदमी अपने घर में सूखी रोटियाँ खाकर सो रहता है, लेकिन दावत में तो अच्छे-अच्छे पकवान ही खाता है। वहाँ भी यदि रूखी रोटियाँ मिलें, तो वह दावत में जाए ही नहीं।

‘यह सब मैं नहीं जानती। एक गाढ़े का कुर्ता बनवा लो और एक टोपी ले लो, हजामत के लिए दो आने पैसे ऊपर से ले लो।’

जुगल ने मान करके कहा—रहने दीजिए। मैं नहीं लेता। अच्छे कपड़े पहनकर निकलूँगा, तब तो आपकी याद आवेगी। सड़ियल कपड़े पहनकर तो और जी जलेगा।

‘तुम स्वार्थी हो, मुफ़्त के कपड़े लोगे और साथ ही बढ़िया भी।’

‘जब यहाँ से जाने लगूँ, तब आप मुझे अपना एक चित्र दीजिएगा।’

‘मेरा चित्र लेकर क्या करोगे?’

‘अपनी कोठरी में लगाऊँगा और नित्य देखा करूँगा। बस, वही साड़ी पहनकर खिंचवाना, जो कल पहनी थी और वही मोतियों की माला भी हो। मुझे नंगी-नंगी सूरत अच्छी नहीं लगती। आपके पास तो बहुत गहने होंगे। आप पहनती क्यों नहीं!’

‘तो तुम्हें गहने अच्छे लगते हैं?’

‘बहुत।’

लालाजी ने फिर आकर जलते हुए मन से कहा—अभी तक तुम्हारी रोटियाँ नहीं पकीं जुगल? अगर कल से तूने अपने-आप अच्छी रोटियाँ न पकाईं तो मैं तुझे निकाल दूँगा।

आशा ने तुरन्त हाथ-मुँह धोया और बड़े प्रसन्न मन से लालाजी के साथ गमले देखने चली। इस समय उसकी छवि में प्रफुल्लता की रौनक थी, बातों में भी जैसे शक्कर घुली हुई थी। लालाजी का सारा खिसियानापन मिट गया था।

उसने गमलों को मुग्ध आँखों से देखा। उसने कहा—मैं इनमें से कोई गमला न जाने दूँगी। सब मेरे कमरे के सामने रखवाना, सब! कितने सुन्दर पौधे हैं, वाह! इनके हिन्दी नाम भी मुझे बतला देना।

लालाजी ने छेड़ा—सब गमले क्या करोगी? दस-पाँच पसन्द कर लो। शेष मैं बाहर रखवा दूँगा।

‘जी नहीं। मैं एक भी न छोड़ूँगी। सब यहीं रखे जाएँगे।’

'बड़ी लालचिन हो तुम।'

'लालचिन ही सही। मैं आपको एक भी न दूँगी।'

'दो-चार तो दे दो? इतनी मेहनत से लाया हूँ।'

'जी नहीं, इनमें से एक भी न मिलेगा।'

4

दूसरे दिन आशा ने अपने को आभूषण से ख़ूब सजाया और फीरोजी साड़ी पहनकर निकली, तब लालाजी की आँखों में ज्योति आ गई। समझे, अवश्य ही अब उनके प्रेम का जादू 'कुछ-कुछ' चल रहा है। नहीं तो उनके बार-बार के आग्रह करने पर भी, बार-बार याचना करने पर भी, उसने कोई आभूषण न पहना था। कभी-कभी मोतियों का हार गले में डाल लेती थी, वह भी ऊपरी मन से। आज वह आभूषणों से अलंकृत होकर फूली नहीं समाती, इतराई जाती है, मानो कहती हो, देखो, मैं कितनी सुन्दर हूँ!

पहले जो बन्द कली थी, वह आज खिल गई थी।

लालाजी पर घड़ों नशा चढ़ा हुआ था। वे चाहते थे, उनके मित्र और बन्धु-वर्ग आकर इस सोने की रानी के दर्शनों से अपनी आँखें ठंडी करें। देखें कि वह कितनी सुखी, संतुष्ट और प्रसन्न है। जिन विद्रोहियों ने विवाह के समय तरह-तरह की शंकाएँ की थीं, वे आँखें खोलकर देखें कि डंगामल कितना सुखी है। विश्वास, अनुराग और अनुभव ने चमत्कार किया है!

उन्होंने प्रस्ताव किया—चलो, कहीं घूम आएँ। बड़ी मज़ेदार हवा चल रही है।

आशा इस वक़्त कैसे जा सकती थी? अभी उसे रसोई में जाना था, वहाँ से कहीं बारह-एक बजे फुर्सत मिलेगी। फिर घर के दूसरे धन्धे सिर पर 'सवार' हो जाएँगे। सैर-सपाटे के पीछे क्या घर चौपट कर दें?

सेठजी ने उसका हाथ पकड़ लिया और कहा—नहीं, आज मैं तुम्हें रसोई में न जाने दूँगा।

'महाराज के किए कुछ न होगा।'

'तो आज उसकी शामत भी आ जाएगी।'

आशा के मुख पर से वह प्रफुल्लता जाती रही। मन भी उदास हो गया। एक सोफ़ा पर लेटकर बोली—आज न-जाने क्यों कलेजे में मीठा-मीठा दर्द हो रहा है। ऐसा दर्द कभी नहीं होता था।

सेठजी घबरा उठे।

'यह दर्द कब से हो रहा है?'

'हो तो रहा है रात से ही, लेकिन अभी कुछ कम हो गया था। अब फिर होने लगा है। रह-रहकर जैसे चुभन हो जाती है।'

सेठजी एक बात सोचकर दिल-ही-दिल में फूल उठे। अब वे गोलियाँ रंग ला रही हैं। राजवैद्यजी ने कहा भी था कि ज़रा सोच-समझकर इनका सेवन कीजिएगा। क्यों न हो! ख़ानदानी वैद्य हैं। इनके बाप बनारस के महाराज के चिकित्सक थे। पुराने और परीक्षित नुस्खे हैं इनके पास! उन्होंने कहा—तो रात से ही यह दर्द हो रहा है? तुमने मुझसे कहा नहीं, नहीं तो वैद्यजी से कोई दवा मँगवाता।

'मैंने समझा था, आप-ही-आप अच्छा हो जाएगा, मगर अब बढ़ रहा है।'

'कहाँ दर्द हो रहा है? ज़रा देखूँ! कुछ सूजन तो नहीं है?'

सेठजी ने आशा के आँचल की तरफ़ हाथ बढ़ाया। आशा ने शर्माकर सिर झुका लिया। उसने कहा—यह तुम्हारी शरारत मुझे अच्छी नहीं लगती। मैं अपनी जान से मरती हूँ तुम्हें हँसी सूझती है। जाकर कोई दवा ला दो।

सेठजी अपने पुंसत्व का यह डिप्लोमा पाकर उससे कहीं ज़्यादा प्रसन्न हुए, जितना रायबहादुरी पाकर होते। इस विजय का डंका पीटे बिना उन्हें कैसे चैन आ सकता था? जो लोग उनके विवाह के विषय में द्वेषमय टिप्पणियाँ कर रहे थे, उन्हें नीचा दिखाने का कितना अच्छा अवसर हाथ आया है और इतनी जल्दी।

पहले पंडित भोलानाथ के पास गए और भाग्य ठोंककर बोले—भई, मैं तो बड़ी विपत्ति में फँस गया। कल से उनके कलेजे में दर्द हो रहा है। कुछ बुद्धि काम नहीं करती। कहती है, ऐसा दर्द पहले कभी नहीं हुआ था।

भोलानाथ ने कुछ बहुत हमदर्दी न दिखाई।

सेठजी यहाँ से उठकर अपने दूसरे मित्र लाला फागमल के पास पहुँचे, और उनसे भी लगभग इन्हीं शब्दों में यह शोक-संवाद कहा।

फागमल बड़ा शोहदा था। मुस्कुराकर बोला—मुझे तो आपकी शरारत मालूम होती है।

सेठजी की बाँछें खिल गईं। उन्होंने कहा—मैं अपना दुःख सुना रहा हूँ और तुम्हें दिल्लगी सूझती है, ज़रा भी आदमीयत तुममें नहीं है।

'मैं दिल्लगी नहीं कर रहा हूँ। इसमें दिल्लगी की क्या बात है? वे हैं कमसिन, कोमलांगी, आप ठहरे पुराने लठैत, दंगल के पहलवान! बस! अगर यह बात न निकले, तो मूँछें मुड़ा लूँ।'

सेठ की आँखें जगमगा उठीं। मन में यौवन की भावना प्रबल हो उठी और उसके साथ ही मुख पर भी यौवन की झलक आ गई। छाती जैसे कुछ फैल गई। चलते समय उनके पग कुछ अधिक मज़बूती से ज़मीन पर पड़ने लगे और सिर की टोपी भी न जाने कैसे बाँकी हो गई। आकृति से बाँकपन की शान बरसने लगी।

5

जुगल ने आशा को सिर से पाँव तक जगमगाते देखकर कहा—बस बहूजी, आप इसी तरह पहने-ओढ़े रहा करें। आज मैं आपको चूल्हे के पास न आने दूँगा।

आशा ने नयन-बाण चलाकर कहा—क्यों, आज यह नया हुक्म क्यों? पहले तो तुमने कभी मना नहीं किया।

'आज की बात दूसरी है।'

'ज़रा सुनूँ, क्या बात है?'

'मैं डरता हूँ, आप कहीं नाराज़ न हो जाएँ?'

'नहीं-नहीं, कहो, मैं नाराज़ न होऊँगी।'

'आज आप बहुत सुन्दर लग रही हैं।'

लाला डंगामल ने असंख्य बार आशा के रूप और यौवन की प्रशंसा की थी; मगर उनकी प्रशंसा में उसे बनावट की गंध आती थी। वह शब्द उनके मुख से निकलकर कुछ ऐसे लगते थे, जैसे कोई पंगु दौड़ने की चेष्टा कर रहा हो। जुगल के इन सीधे शब्दों में एक उन्माद था, नशा था, एक चोट थी? आशा की सारी देह प्रकम्पित हो गई।

'तुम मुझे नज़र लगा दोगे जुगल, इस तरह क्यों घूरते हो?'

'जब यहाँ से चला जाऊँगा, तब आपकी बहुत याद आएगी।'

'रसोई पकाकर तुम सारे दिन क्या किया करते हो? दिखाई नहीं देते!'

'सरकार रहते हैं, इसीलिए, नहीं आता। फिर अब तो मुझे जवाब मिल रहा है। देखिए, भगवान् कहाँ ले जाते हैं।'

आशा की मुख-मुद्रा कठोर हो गई। उसने कहा—कौन तुम्हें जवाब देता है?

'सरकार ही तो कहते हैं, तुझे निकाल दूँगा।'

'अपना काम किए जाओ, कोई नहीं निकालेगा। अब तो तुम फुलके भी अच्छे बनाने लगे।'

'सरकार हैं बड़े ग़ुस्सेवर।'

'दो-चार दिन में उनका मिज़ाज ठीक किए देती हूँ।'

'आपके साथ चलते हैं तो आपके बाप-से लगते हैं।'

'तुम बड़े मुँहफट हो। ख़बरदार, ज़बान सँभालकर बातें किया करो।'

किन्तु अप्रसन्नता का यह झीना आवरण उनके मनोरहस्य को न छिपा सका। वह प्रकाश की भाँति उसके अन्दर से निकला पड़ता था।

जुगल ने फिर उसी निर्भीकता से कहा—मेरा मुँह कोई बन्द कर ले, यहाँ यों सभी यही कहते हैं। मेरा ब्याह कोई 50 साल की बुढ़िया से कर दे, तो मैं घर छोड़कर भाग जाऊँ। या तो ख़ुद ज़हर खा लूँ या उसे ज़हर देकर मार डालूँ। फाँसी ही तो होगी?

आशा उस कृत्रिम क्रोध को कायम न रख सकी। जुगल ने उसकी हृदयवीणा के तारों पर मिज़राब की ऐसी चोट मारी थी कि उसके बहुत ज़ब्त करने पर भी मन की व्यथा बाहर निकल आई। उसने कहा—भाग्य भी तो कोई वस्तु है।

'ऐसा भाग्य जाए भाड़ में।'

'तुम्हारा ब्याह किसी बुढ़िया से ही करूँगी, देख लेना!'

'तो मैं भी ज़हर खा लूँगा। देख लीजिएगा।'

'क्यों बुढ़िया तुम्हें जवान स्त्री से ज़्यादा प्यार करेगी, ज़्यादा सेवा करेगी। तुम्हें सीधे रास्ते पर रखेगी।'

'यह सब माँ का काम है। बीवी जिस काम के लिए है, उसी काम के लिए है।'

'आख़िर बीवी किस काम के लिए है?'

मोटर की आवाज़ आई। न-जाने कैसे आशा के सिर का अंचल खिसककर कन्धे पर आ गया। उसने जल्दी से अंचल खींचकर सिर पर कर लिया और यह कहती हुई अपने कमरे की ओर लपकी कि लाला भोजन करके चले जाएँ, तब आना।

शूद्रा

माँ और बेटी एक झोंपड़ी में गाँव के उस सिरे पर रहती थीं। बेटी बाग़ से पत्तियाँ बटोर लाती, माँ भाड़ झोंकती। यही उनकी जीविका थी। सेर-दो-सेर अनाज मिल जाता था, खाकर पड़

रहती थीं। माता विधवा थी, बेटी क्वाँरी, घर में और कोई आदमी न था। माँ का नाम गंगा था, बेटी का गौरा!

गंगा को कई साल से यह चिन्ता लगी हुई थी कि कहीं गौरा की सगाई हो जाए, लेकिन कहीं बात पक्की न होती थी। अपने पति के मर जाने के बाद गंगा ने कोई दूसरा घर न किया था, न कोई दूसरा धन्धा ही करती थी। इससे लोगों को सन्देह हो गया था कि आख़िर इसका गुज़र कैसे होता है! और लोग तो छाती फाड़-फाड़कर काम करते हैं, फिर भी पेट-भर अन्न मयस्सर नहीं होता। यह स्त्री कोई धंधा नहीं करती, फिर भी माँ-बेटी आराम से रहती हैं, किसी के सामने हाथ नहीं फैलातीं। इसमें कुछ-न-कुछ रहस्य अवश्य है। धीरे-धीरे यह सन्देह और भी दृढ़ हो गया और अब तक जीवित था। बिरादरी में कोई गौरा से सगाई करने पर राज़ी न होता था। शूद्रों की बिरादरी बहुत छोटी होती है। दस-पाँच कोस से अधिक उसका क्षेत्र नहीं होता, इसीलिए एक-दूसरे के गुण-दोष किसी से छिपे नहीं रहते, न उन पर परदा ही डाला जा सकता है।

इस भ्रांति को शान्त करने के लिए माँ ने बेटी के साथ कई तीर्थ-यात्राएँ कीं। उड़ीसा तक हो आई, लेकिन सन्देह न मिटा। गौरा युवती थी, सुन्दरी थी, पर उसे किसी ने कुएँ पर या खेतों में हँसते-बोलते नहीं देखा। उसकी निगाह कभी ऊपर उठती ही न थी। लेकिन ये बातें भी सन्देह को और पुष्ट करती थीं। अवश्य कोई-न-कोई रहस्य है। कोई युवती इतनी सती नहीं हो सकती। कुछ गुप-चुप की बात अवश्य है।

यों ही दिन गुज़रते जाते थे। बुढ़िया दिनोंदिन चिन्ता से घुल रही थी। उधर सुन्दरी की मुख-छवि दिनोंदिन निखरती जाती थी। कली खिलकर फूल हो रही थी।

2

एक दिन एक परदेशी गाँव से होकर निकला। दस-बारह कोस से आ रहा था। नौकरी की खोज में कलकत्ता जा रहा था। रात हो गई। किसी कहार का घर पूछता हुआ गंगा के घर आया। गंगा ने उसका ख़ूब आदर-सत्कार किया, उसके लिए गेहूँ का आटा लाई, घर से बरतन निकालकर दिए। कहार ने पकाया, खाया, लेटा, बातें होने लगीं। सगाई की चर्चा छिड़ गई। कहार जवान था, गौरा पर निगाह पड़ी, उसका रंग-ढंग देखा, उसकी सजल छवि आँखों में खुब गई। सगाई करने पर राज़ी हो गया। लौटकर घर चला गया। दो-चार गहने अपनी बहन के यहाँ से लाया; गाँव के बजाज ने कपड़े उधार दे दिए। दो-चार भाईबंदों के साथ सगाई करने आ पहुँचा। सगाई हो गई, यहीं रहने लगा। गंगा बेटी और दामाद को आँखों से दूर न कर सकती थी।

परन्तु दस ही पाँच दिनों में मँगरू के कानों में इधर-उधर की बातें पड़ने लगीं। सिर्फ़ बिरादरी ही के नहीं, अन्य जाति वाले भी उसके कान भरने लगे। ये बातें सुन-सुनकर मँगरू पछताता था कि नाहक यहाँ फँसा। पर गौरा को छोड़ने का ख़याल कर उसका दिल काँप उठता था।

एक महीने के बाद मँगरू अपनी बहन के गहने लौटाने गया। खाना खाने के समय उसका बहनोई उसके साथ भोजन करने न बैठा। मँगरू को कुछ सन्देह हुआ, बहनोई से बोला—तुम क्यों नहीं आते?

बहनोई ने कहा—तुम खा लो, मैं फिर खा लूँगा।

मँगरू—बात क्या है? तुम खाने क्यों नहीं उठते?

बहनोई—जब तक पंचायत न होगी, मैं तुम्हारे साथ कैसे खा सकता हूँ? तुम्हारे लिए बिरादरी तो न छोड़ दूँगा। किसी से पूछा न गाछा, जाकर एक हरजाई से सगाई कर ली।

मँगरू चौके पर से उठ आया, मिरजई पहनी और ससुराल चला आया। बहन खड़ी रोती रह गई।

उसी रात को वह किसी से कुछ कहे-सुने बग़ैर, गौरा को छोड़कर कहीं चला गया। गौरा नींद में मग्न थी। उसे क्या ख़बर थी कि वह रत्न, जो मैंने इतनी तपस्या के बाद पाया है, मुझे सदा के लिए छोड़े चला जा रहा है।

3

कई साल बीत गए। मँगरू का कुछ पता न चला। कोई पत्र तक न आया, पर गौरा बहुत प्रसन्न थी। वह माँग में सेंदुर डालती, रंग-बिरंगे कपड़े पहनती और अधरों पर मिस्सी के धड़े जमाती। मँगरू भजनों की एक पुरानी किताब छोड़ गया था। उसे कभी-कभी पढ़ती और गाती। मँगरू ने उसे हिंदी सिखा दी थी। टटोल-टटोलकर भजन पढ़ लेती थी।

पहले वह अकेली बैठी रहती। गाँव की और स्त्रियों के साथ बोलते-चालते उसे शर्म आती थी। उसके पास वह वस्तु न थी, जिस पर दूसरी स्त्रियाँ गर्व करती थीं। सभी अपने-अपने पति की चर्चा करतीं। गौरा का पति कहाँ था? वह किसकी बातें करती! अब उसके भी पति था। अब वह अन्य स्त्रियों के साथ इस विषय पर बातचीत करने की अधिकारिणी थी। वह भी मँगरू की चर्चा करती, मँगरू कितना स्नेहशील है, कितना सज्जन, कितना वीर। पति-चर्चा से उसे कभी तृप्ति ही न होती थी।

स्त्रियाँ पूछतीं—मँगरू तुम्हें छोड़कर क्यों चले गए?

गौरा कहती—क्या करते? मर्द कभी ससुराल में पड़ा रहता है? देश-परदेश में निकलकर चार पैसे कमाना ही तो मर्दों का काम है, नहीं तो मान-मरजाद का निर्वाह कैसे हो?

जब कोई पूछता, चिट्ठी-पत्री क्यों नहीं भेजते? तो हँसकर कहती—अपना पता-ठिकाना बताने में डरते हैं। जानते हैं न, गौरा आकर सिर पर सवार हो जाएगी। सच कहती हूँ, उनका पता-ठिकाना मालूम हो जाए, तो यहाँ मुझसे एक दिन भी न रहा जाए। वह बहुत अच्छा करते हैं कि मेरे पास चिट्ठी-पत्री नहीं भेजते। बेचारे परदेश में कहाँ घर-गिरस्ती सँभालते फिरेंगे?

एक दिन किसी सहेली ने कहा—हम न मानेंगे, तुझसे ज़रूर मँगरू से झगड़ा हो गया है, नहीं तो बिना कुछ कहे-सुने क्यों चले जाते?

गौरा ने हँसकर कहा—बहन, अपने देवता से भी कोई झगड़ा करता है? वह मेरे मालिक हैं, भला मैं उनसे झगड़ा करूँगी? जिस दिन झगड़े की नौबत आएगी, कहीं डूब मरूँगी। मुझसे कहके जाने पाते? मैं उनके पैरों से लिपट न जाती।

4

एक दिन कलकत्ते से एक आदमी आकर गंगा के घर ठहरा। पास ही के किसी गाँव में अपना घर बताया। कलकत्ते में वह मँगरू के पड़ोस ही में रहता था। मँगरू ने उससे गौरा को अपने साथ लाने को कहा था। दो साड़ियाँ और राह-ख़र्च के लिए रुपए भी भेजे थे। गौरा फूली न

समाई। बूढ़े ब्राह्मण के साथ चलने को तैयार हो गई। चलते वक़्त वह गाँव की सब औरतों से गले मिली। गंगा उसे स्टेशन तक पहुँचाने गई। सब कहते थे, बेचारी लड़की के भाग जग गए, नहीं तो यहाँ कुढ़-कुढ़कर मर जाती।

रास्ते-भर गौरा सोचती थी—न-जाने वह कैसे हो गए होंगे। अब तो मूँछें अच्छी तरह निकल आई होंगी। परदेश में आदमी सुख से रहता है। देह भर आई होगी। बाबू साहब हो गए होंगे। मैं पहले दो-तीन दिन उनसे बोलूँगी नहीं। फिर पूछूँगी—तुम मुझे छोड़कर क्यों चले गए? अगर किसी ने मेरे बारे में कुछ बुरा-भला कहा ही था, तो तुमने उसका विश्वास क्यों कर लिया? तुम अपनी आँखों से न देखकर दूसरों के कहने पर क्यों गए। मैं भली हूँ या बुरी हूँ, हूँ तो तुम्हारी, तुमने मुझे इतने दिनों रुलाया क्यों? तुम्हारे बारे में अगर इसी तरह कोई मुझसे कहता, तो क्या मैं तुमको छोड़ देती? जब तुमने मेरी बाँह पकड़ ली, तो तुम मेरे हो गए। फिर तुममें लाख ऐब हों, मेरी बला से। चाहे तुम तुर्क ही क्यों न हो जाओ, मैं तुम्हें छोड़ नहीं सकती। तुम क्यों मुझे छोड़ कर भागे? क्या समझते थे, भागना सहज है? आख़िर झख मारकर बुलाया कि नहीं? कैसे न बुलाते? मैंने तो तुम्हारे ऊपर दया की, कि चली आई, नहीं तो कह देती कि मैं ऐसे निर्दयी के पास नहीं जाती, तो तुम आप दौड़े आते। तप करने से देवता भी मिल जाते हैं, आकर सामने खड़े हो जाते हैं; तुम कैसे न आते? वह बार-बार उद्विग्न हो-होकर बूढ़े ब्राह्मण से पूछती, अब कितनी दूर है? धरती के छोर पर रहते हैं क्या? और भी कितनी ही बातें वह पूछना चाहती थी, लेकिन संकोच-वश न पूछ सकती थी। मन-ही-मन अनुमान करके अपने को संतुष्ट कर लेती थी। उनका मकान बड़ा-सा होगा, शहर में लोग पक्के घरों में रहते हैं। जब उनका साहब इतना मानता है, तो नौकर भी होगा। मैं नौकर को भगा दूँगी। मैं दिन-भर पड़े-पड़े क्या किया करूँगी?

बीच-बीच में उसे घर की याद भी आ जाती थी। बेचारी अम्माँ रोती होंगी। अब उन्हें घर का सारा काम आप ही करना पड़ेगा। न-जाने बकरियों को चराने ले जाती हैं या नहीं। बेचारी दिन-भर में-में करती होंगी। मैं अपनी बकरियों के लिए महीने-महीने रुपए भेजूँगी। जब कलकत्ते से लौटूँगी तब सबके लिए साड़ियाँ लाऊँगी। तब मैं इस तरह थोड़े लौटूँगी। मेरे साथ बहुत-सा असबाब होगा। सबके लिए कोई-न-कोई सौगात लाऊँगी। तब तक तो बहुत-सी बकरियाँ हो जाएँगी।

यही सुख-स्वप्न देखते-देखते गौरा ने सारा रास्ता काट दिया। पगली क्या जानती थी कि मेरे मन कुछ और है कर्ता के मन कुछ और। क्या जानती थी कि बूढ़े ब्राह्मणों के भेष में भी पिशाच होते हैं। मन की मिठाई खाने में मगन थी।

5

तीसरे दिन गाड़ी कलकत्ते पहुँची। गौरा की छाती धड़-धड़ करने लगी। वह यहीं कहीं खड़े होंगे। अब आते ही होंगे। यह सोचकर उसने घूँघट निकाल लिया और सँभल बैठी। मगर मँगरू वहाँ न दिखाई दिया। बूढ़ा ब्राह्मण बोला—मँगरू तो यहाँ नहीं दिखाई देता, मैं चारों ओर छान आया। शायद किसी काम में लग गया होगा; आने की छुट्टी न मिली होगी, मालूम भी तो न था कि हम लोग किस गाड़ी से आ रहे हैं। उनकी राह क्यों देखें, चलो, डेरे पर चलें।

दोनों गाड़ी पर बैठकर चले। गौरा कभी ताँगे पर सवार न हुई थी। उसे गर्व हो रहा था कि कितने ही बाबू लोग पैदल जा रहे हैं, मैं ताँगे पर बैठी हूँ।

एक क्षण में गाड़ी मँगरू के डेरे पर पहुँच गई। एक विशाल भवन था, अहाता साफ़-सुथरा, सायबान में फूलों के गमले रखे हुए थे। ऊपर चढ़ने लगी, विस्मय, आनंद और आशा से। उसे अपनी सुधि ही न थी। सीढ़ियों पर चढ़ते-चढ़ते पैर दुखने लगे। यह सारा महल उनका है। केराया बहुत देना पड़ता होगा। रुपए को तो वह कुछ समझते ही नहीं। उसका हृदय धड़क रहा था कि कहीं मँगरू ऊपर से उतरते आ न रहे हों। सीढ़ी पर भेंट हो गई, तो मैं क्या करूँगी? भगवान् करे वह पड़े सोते हों, तब मैं जगाऊँ और वह मुझे देखते ही हड़बड़ाकर उठ बैठें। आख़िर सीढ़ियों का अंत हुआ। ऊपर एक कमरे में गौरा को ले जाकर ब्राह्मण देवता ने बिठा दिया। यही मँगरू का डेरा था। मगर मँगरू यहाँ भी नदारद! कोठरी में केवल एक खाट पड़ी हुई थी। एक किनारे दो-चार बरतन रखे हुए थे। यही उनकी कोठरी है। तो मकान किसी दूसरे का है, उन्होंने यह कोठरी केराये पर ली होगी। देखती हूँ, चूल्हा ठंडा पड़ा हुआ है। मालूम होता है, रात को बाज़ार में पूरियाँ खाकर सो रहे होंगे। यही उनके सोने की खाट है। एक किनारे घड़ा रखा हुआ था। गौरा का मारे प्यास के तालू सूख रहा था। घड़े से पानी उँड़ेल कर पिया। एक किनारे एक झाड़ू रखा था। गौरा रास्ते की थकी थी, पर प्रेमोल्लास में थकन कहाँ? उसने कोठरी में झाड़ू लगाया, बरतनों को धो-धोकर एक जगह रखा। कोठरी की एक-एक वस्तु, यहाँ तक कि उसकी फ़र्श और दीवारों में उसे आत्मीयता की झलक दिखाई देती थी। उस घर में भी, जहाँ उसने अपने जीवन के 25 वर्ष काटे थे, उसे अधिकार का ऐसा गौरव-युक्त आनंद न प्राप्त हुआ था।

मगर उस कोठरी में बैठे-बैठे उसे संध्या हो गई और मँगरू का कहीं पता नहीं। अब छुट्टी मिली होगी। साँझ को सब जगह छुट्टी होती है। अब वह आ रहे होंगे। मगर बूढ़े बाबा ने उनसे कह तो दिया ही होगा, क्या वह अपने साहब से थोड़ी देर की छुट्टी न ले सकते थे? कोई बात होगी, तभी तो नहीं आए।

अँधेरा हो गया। कोठरी में दीपक न था। गौरा द्वार पर खड़ी पति की बाट देख रही थी। जीने पर बहुत-से आदमियों के चढ़ने-उतरने की आहट मिलती थी, बार-बार गौरा को मालूम होता था कि वह आ रहे हैं, पर इधर कोई न आता था।

नौ बजे बूढ़े बाबा आए। गौरा ने समझा, मँगरू है। झपटकर कोठरी के बाहर निकल आई। देखा तो ब्राह्मण! बोली—वह कहाँ रह गए?

बूढ़ा—उनकी तो यहाँ से बदली हो गई। दफ़्तर में गया था तो मालूम हुआ कि वह कल अपने साहब के साथ यहाँ से कोई आठ दिन की राह पर चले गए। उन्होंने साहब से बहुत हाथ-पैर जोड़े कि मुझे दस दिन की मुहलत दे दीजिए, लेकिन साहब ने एक न मानी। मँगरू यहाँ लोगों से कह गए हैं कि घर के लोग आएँ तो मेरे पास भेज देना। अपना पता दे गए हैं। कल मैं तुम्हें यहाँ से जहाज़ पर बैठा दूँगा। उस जहाज़ पर हमारे देश के और भी बहुत से आदमी होंगे; इसलिए मार्ग में कोई कष्ट न होगा।

गौरा ने पूछा—कै दिन में जहाज़ पहुँचेगा?

बूढ़ा—आठ-दस दिन से कम न लगेंगे, मगर घबराने की कोई बात नहीं। तुम्हें किसी बात की तकलीफ़ न होगी।

6

अब तक गौरा को अपने गाँव लौटने की आशा थी। कभी-न-कभी वह अपने पति को वहाँ अवश्य खींच ले जाएगी। लेकिन जहाज़ पर बैठकर उसे ऐसा मालूम हुआ कि अब फिर माता को न देखूँगी, फिर गाँव के दर्शन न होंगे, देश से सदा के लिए नाता टूट रहा है। वह देर तक घाट पर खड़ी रोती रही, जहाज़ और समुद्र देखकर उसे भय हो रहा था। हृदय दहल जाता था।

शाम को जहाज़ खुला। उस समय गौरा का हृदय एक अक्षय भय से चंचल हो उठा। थोड़ी देर के लिए नैराश्य ने उस पर अपना आतंक जमा लिया। न-जाने किस देश जा रही हूँ, उनसे वहाँ भेंट भी होगी या नहीं। उन्हें कहाँ खोजती फिरूँगी, कोई पता-ठिकाना भी तो नहीं मालूम। बार-बार पछताती थी कि एक दिन पहिले क्यों न चली आई। कलकत्ते में भेंट हो जाती तो मैं उन्हें वहाँ कभी न जाने देती।

जहाज़ पर और भी कितने ही मुसाफिर थे, कुछ स्त्रियाँ भी थीं। उनमें बराबर गाली-गलौज होती रहती थी। इसलिए गौरा को उनसे बातें करने की इच्छा न होती थी। केवल एक स्त्री उदास दिखाई देती थी। रंग-ढंग से वह किसी भले घर की स्त्री मालूम होती थी। गौरा ने उससे पूछा—तुम कहाँ जाती हो बहन?

उस स्त्री की बड़ी-बड़ी आँखें सजल हो गईं। बोली, कहाँ बताऊँ बहन कहाँ जा रही हूँ। जहाँ भाग्य लिए जाता है, वहीं जा रही हूँ। तुम कहाँ जाती हो?

गौरा—मैं तो अपने मालिक के पास जा रही हूँ। जहाँ यह जहाज़ रुकेगा वह वहीं नौकर हैं। मैं कल आ जाती तो उनसे कलकत्ते में ही भेंट हो जाती। आने में देर हो गई। क्या जानती थी कि वह इतनी दूर चले जाएँगे, नहीं तो क्यों देर करती!

स्त्री—अरे बहन, कहीं तुम्हें भी तो कोई बहकाकर नहीं लाया है? तुम घर से किसके साथ आई हो?

गौरा—मेरे आदमी ने कलकत्ता से आदमी भेजकर मुझे बुलाया था।

स्त्री—वह आदमी तुम्हारा जान-पहचान का था?

गौरा—नहीं, उसी तरफ़ का एक बूढ़ा ब्राह्मण था।

स्त्री—वही लम्बा-सा दुबला-पतला लकलक बूढ़ा; जिसकी एक आँख में फूली पड़ी हुई है।

गौरा—हाँ, हाँ, वही। क्या तुम उसे जानती हो?

स्त्री—उसी दुष्ट ने तो मेरा भी सर्वनाश किया। ईश्वर करे, उसकी सातों पुश्तें नरक भोगें, उसका निर्वंश हो जाए, कोई पानी देनेवाला भी न रहे, कोढ़ी होकर मरे। मैं अपना वृत्तान्त सुनाऊँ तो तुम समझोगी कि झूठ है। किसी को विश्वास न आएगा। क्या कहूँ, बस यही समझ लो कि इसके कारन मैं न घर की रह गई, न घाट की। किसी को मुँह नहीं दिखा सकती। मगर जान तो बड़ी प्यारी होती है। मिरिच के देश जा रही हूँ कि वहीं मेहनत-मजूरी करके जीवन के दिन काटूँ।

गौरा के प्राण नहों में समा गए। मालूम हुआ जहाज़ अथाह जल में डूबा जा रहा है। समझ गई कि बूढ़े ब्राह्मण ने दग़ा की। अपने गाँव में सुना करती थी कि ग़रीब लोग मिरिच में भरती होने के लिए जाया करते हैं। मगर जो वहाँ जाता है, वह फिर नहीं लौटता। हाँ भगवान्, तुमने मुझे किस पाप का दंड दिया? बोली—यह सब क्यों लोगों को इस तरह छलकर मिरिच भेजते हैं?

स्त्री—रुपए के लोभ से और किसलिए? सुनती हूँ, आदमी पीछे इन सभों को कुछ रुपए मिलते हैं।

गौरा—तो बहन वहाँ हमें क्या करना पड़ेगा?

स्त्री—मजूरी।

गौरा सोचने लगी—अब क्या करूँ। वह आशा-नौका जिस पर बैठी हुई वह चली जा रही थी, टूट गई थी और अब समुद्र की लहरों के सिवा उसकी रक्षा करने वाला कोई न था। जिस आधार पर उसने अपना जीवन-भवन बनाया था, वह जलमग्न हो गया। अब उसके लिए जल के सिवा और कहाँ आश्रय है? उसको अपनी माता की, अपने घर की, अपने गाँव की, सहेलियों की याद आई और ऐसी घोर मर्म वेदना होने लगी, मानो कोई सर्प अंतस्तल में बैठा हुआ, बार-बार डस रहा हो। भगवान्! अगर मुझे यही यातना देनी थी तो तुमने मुझे जन्म ही क्यों दिया था? तुम्हें दुखिया पर दया नहीं आती? जो पिसे हुए हैं उन्हीं को पीसते हो! करुण स्वर से बोली—तो अब क्या करना होगा बहन?

स्त्री—यह तो वहाँ पहुँचकर मालूम होगा। अगर मजूरी ही करनी पड़े तो कोई बात नहीं, लेकिन अगर किसी ने कुदृष्टि से देखा तो मैंने निश्चय कर लिया है कि या तो उसी के प्राण ले लूँगी या अपने प्राण दे दूँगी।

यह कहते-कहते उसे अपना वृत्तान्त सुनाने की वह उत्कट इच्छा हुई, जो दुखियों को हुआ करती है। बोली—मैं बड़े घर की बेटी और उससे भी बड़े घर की बहू हूँ, पर अभागिनी! विवाह के तीसरे ही साल पतिदेव का देहान्त हो गया। चित्त की कुछ ऐसी दशा हो गई कि नित्य मालूम होता कि वह मुझे बुला रहे हैं। पहले तो आँख झपकते ही उनकी मूर्ति सामने आ जाती थी, लेकिन फिर तो यह दशा हो गई कि जाग्रत दशा में भी रह-रहकर उनके दर्शन होने लगे। बस यही जान पड़ता था कि वह साक्षात् खड़े बुला रहे हैं। किसी से शर्म के मारे कहती न थी, पर मन में यह शंका होती थी कि जब उनका देहावसान हो गया तो वह मुझे दिखाई कैसे देते हैं? मैं इसे भ्रान्ति समझकर चित्त को शान्त कर सकती? मन कहता था, जो वस्तु प्रत्यक्ष दिखाई देती है, वह मिल क्यों नहीं सकती? केवल वह ज्ञान चाहिए। साधु-महात्माओं के सिवा ज्ञान और कौन दे सकता है? मेरा तो अब भी विश्वास है कि अभी ऐसी क्रियाएँ हैं, जिनसे हम मरे हुए प्राणियों से बातचीत कर सकते हैं, उनको स्थूल रूप में देख सकते हैं। महात्माओं की खोज में रहने लगी। मेरे यहाँ अक्सर साधु-संत जाते थे, उनसे एकान्त में इस विषय में बातें किया करती थी, पर वे लोग सदुपदेश देकर मुझे टाल देते थे। मुझे सदुपदेशों की ज़रूरत न थी। मैं वैधव्य-धर्म ख़ूब जानती थी। मैं तो वह ज्ञान चाहती थी जो जीवन और मरण के बीच का परदा उठा दे। तीन साल तक मैं इसी खेल में लगी रही। दो महीने होते हैं, वही बूढ़ा ब्राह्मण संन्यासी बना हुआ मेरे यहाँ जा पहुँचा। मैंने इससे वही भिक्षा माँगी। इस धूर्त ने कुछ ऐसा मायाजाल फैलाया कि मैं आँखें रहते हुए भी फँस गई। अब सोचती हूँ तो अपने ऊपर आश्चर्य होता है कि मुझे उसकी बातों पर इतना विश्वास क्यों हुआ? मैं पति-दर्शन के लिए सबकुछ झेलने को, सबकुछ करने को तैयार थी। इसने मुझे रात को अपने पास बुलाया। मैं घरवालों से पड़ोसिन के घर जाने का बहाना करके इसके पास गई। एक पीपल से इसकी धूईं जल रही थी। उस विमल चाँदनी में यह जटाधारी ज्ञानी और योग का देवता-सा मालूम होता था। मैं आकर धूईं के पास खड़ी हो गई। उस समय यदि बाबाजी मुझे आग में

कूद पड़ने की आज्ञा देते, तो मैं तुरन्त कूद पड़ती। इसने मुझे बड़े प्रेम से बैठाया और मेरे सिर पर हाथ रखकर न-जाने क्या कर दिया कि मैं बेसुध हो गई। फिर मुझे कुछ नहीं मालूम कि मैं कहाँ गई, क्या हुआ। जब मुझे होश आया तो मैं रेल पर सवार थी। जी में आया कि चिल्लाऊँ, पर यह सोचकर कि अब गाड़ी रुक भी गई और मैं उतर भी पड़ी तो घर में घुसने न पाऊँगी, मैं चुपचाप बैठी रह गई। मैं परमात्मा की दृष्टि में निर्दोष थी, पर संसार की दृष्टि में कलंकित हो चुकी थी। रात को किसी युवती का घर से निकल जाना कलंकित करने के लिए काफ़ी था। जब मुझे मालूम हो गया कि सब मुझे मिर्च टापू में भेज रहे हैं तो मैंने ज़रा भी आपत्ति नहीं की। मेरे लिए अब सारा संसार एक-सा है। जिसका संसार में कोई न हो, उसके लिए देश-परदेश दोनों बराबर हैं। हाँ, यह पक्का निश्चय कर चुकी हूँ कि मरते दम तक अपने सत की रक्षा करूँगी। विधि के हाथ में मृत्यु से बढ़कर कोई यातना नहीं। विधवा के लिए मृत्यु का भय। उसका तो जीना और मरना दोनों बराबर है। बल्कि मर जाने से जीवन की विपत्तियों का तो अंत हो जाएगा।

गौरा ने सोचा—इस स्त्री में कितना धैर्य और साहस है। फिर मैं क्यों इतनी कातर और निराश हो रही हूँ? जब जीवन की अभिलाषाओं का अंत हो गया तो जीवन के अंत का क्या डर। बोली—बहन, हम और तुम एक जगह रहेंगी। मुझे तो अब तुम्हारा ही भरोसा है।

स्त्री ने कहा—भगवान् का भरोसा रखो और मरने से मत डरो।

सघन अंधकार छाया हुआ था। ऊपर काला आकाश था, नीचे काला जल। गौरा आकाश की ओर ताक रही थी। उसकी संगिनी जल की ओर। उसके सामने आकाश के कुसुम थे, इसके चारों ओर अनन्त, अखंड, अपार अंधकार था!

जहाज़ से उतरते ही एक आदमी ने यात्रियों के नाम लिखने शुरू किए। इसका पहनावा तो अँग्रेज़ी था, पर बातचीत से हिन्दुस्तानी मालूम होता था। गौरा सिर झुकाए अपनी संगिनी के पीछे खड़ी थी। उस आदमी की आवाज़ सुनकर वह चौंक पड़ी। उसने दबी आँखों से उसकी ओर देखा। उसके समस्त शरीर में सनसनी दौड़ गई। क्या स्वप्न तो नहीं देख रही हूँ। आँखों पर विश्वास न आया; फिर उस पर निगाह डाली। उसकी छाती वेग से धड़कने लगी। पैर थर-थर काँपने लगे। ऐसा मालूम होने लगा, मानो चारों ओर जल-ही-जल है और उसमें बही जा रही हूँ। उसने अपनी संगिनी का हाथ पकड़ लिया, नहीं तो ज़मीन में गिर पड़ती। उसके सम्मुख वही पुरुष खड़ा था, जो उसका प्राणाधार था और जिससे इस जीवन में भेंट होने की उसे लेशमात्र भी आशा न थी। यह मँगरू था, इसमें ज़रा भी सन्देह न था। हाँ उसकी सूरत बदल गई थी। यौवन-काल का वह कान्तिमय हास, सदय छवि, नाम को भी न थी। बाल खिचड़ी हो गए थे, गाल पिचके हुए, लाल आँखों से कुवासना और कठोरता झलक रही थी। पर था वह मँगरू। गौरा के जी में प्रबल इच्छा हुई कि स्वामी के पैरों से लिपट जाऊँ। चिल्लाने का जी चाहा, पर संकोच ने मन को रोका। बूढ़े ब्राह्मण ने बहुत ठीक कहा था। स्वामी ने अवश्य मुझे बुलाया था और आने से पहले यहाँ चले आए। उसने अपनी संगिनी के कान में कहा—बहन, तुम उस ब्राह्मण को व्यर्थ ही बुरा कह रही थीं। यही तो वह हैं जो यात्रियों के नाम लिख रहे हैं।

स्त्री—सच, ख़ूब पहचानती हो?

गौरा—बहन, क्या इसमें भी धोखा हो सकता है?

स्त्री—तब तो तुम्हारे भाग जग गए, मेरी भी सुधि लेना।

गौरा—भला, बहन ऐसा भी हो सकता है कि यहाँ तुम्हें छोड़ दूँ।

मँगरू यात्रियों से बात-बात पर बिगड़ता था, बात-बात पर गालियाँ देता था, कई आदमियों को ठोकर मारे और कई को केवल अपने गाँव का ज़िला न बता सकने के कारण धक्का देकर गिरा दिया। गौरा मन-ही-मन गड़ी जाती थी। साथ ही अपने स्वामी के अधिकार पर उसे गर्व भी हो रहा था। आख़िर मँगरू उसके सामने आकर खड़ा हो गया और कुचेष्टापूर्ण नेत्रों से देखकर बोला—तुम्हारा क्या नाम है?

गौरा ने कहा—गौरा।

मँगरू चौंक पड़ा, फिर बोला—घर कहाँ है?

गौरा ने कहा—मदनपुर; ज़िला बनारस।

यह कहते-कहते उसे हँसी आ गई। मँगरू ने अबकी उसकी ओर ध्यान से देखा, तब लपककर उसका हाथ पकड़ लिया और बोला—गौरा! तुम यहाँ कहाँ? मुझे पहचानती हो?

गौरा रो रही थी, मुँह से बात न निकली।

मँगरू फिर बोला—तुम यहाँ कैसे आईं?

गौरा खड़ी हो गई, आँसू पोंछ डाले और मँगरू की ओर देखकर बोली—तुम्हीं ने तो बुला भेजा था।

मँगरू—मैंने! मैं तो सात साल से यहाँ हूँ।

गौरा—तुमने उस बूढ़े ब्राह्मण से मुझे लाने को नहीं कहा था?

मँगरू—कह तो रहा हूँ, मैं सात साल से यहाँ हूँ और मरने पर ही यहाँ से जाऊँगा। भला, तुम्हें क्यों बुलाता।

गौरा को मँगरू से इस निष्ठुरता की आशा न थी। उसने सोचा, अगर यह सत्य भी हो कि इन्होंने मुझे नहीं बुलाया, तो भी इन्हें मेरा यों अपमान न करना चाहिए था। क्या वह समझते हैं कि मैं इनकी रोटियों पर आई हूँ? यह तो इतने ओछे स्वभाव के न थे। शायद दरजा पाकर इन्हें मद हो गया है। नारिसुलभ अभिमान से गरदन उठाकर उसने कहा—तुम्हारी इच्छा हो तो अब से लौट जाऊँ, तुम्हारे ऊपर भार बनना नहीं चाहती?

मँगरू कुछ लज्जित होकर बोला—अब तुम यहाँ से लौट नहीं सकतीं गौरा! यहाँ आकर बिरला ही कोई लौटता है।

यह कहकर वह कुछ देर चिन्ता में मग्न खड़ा रहा, मानो संकट में पड़ा हुआ हो कि क्या करना चाहिए। उसकी कठोर मुखाकृति पर दीनता का रंग झलक पड़ा। तब कातर स्वर से बोला—जब आ ही गई हो तो रहो। जैसी कुछ पड़ेगी, देखी जाएगी।

गौरा—जहाज़ फिर कब लौटेगा?

मँगरू—तुम यहाँ से पाँच बरस के पहले नहीं जा सकतीं।

गौरा—क्यों, क्या कुछ ज़बरदस्ती है?

मँगरू—हाँ, यहाँ का यही हुक्म है।

गौरा—तो फिर मैं अलग मजूरी करके अपना पेट पालूँगी।

मँगरू ने सजल-नेत्र होकर कहा—जब तक मैं जीता हूँ, तुम मुझसे अलग नहीं रह सकतीं।

गौरा—तुम्हारे ऊपर भार बनकर न रहूँगी।

मँगरू—मैं तुम्हें भार नहीं समझता गौरा, लेकिन यह जगह तुम-जैसी देवियों के रहने लायक नहीं है, नहीं तो अब तक मैंने तुम्हें कब का बुला लिया होता। वही बूढ़ा आदमी जिसने तुम्हें बहकाया, मुझे घर से आते समय पटने में मिल गया और झाँसे देकर मुझे यहाँ भरती कर दिया। तब से यहीं पड़ा हुआ हूँ। चलो, मेरे घर में रहो; वहाँ बातें होंगी। यह दूसरी औरत कौन है?

गौरा—यह मेरी सखी हैं। इन्हें भी बूढ़ा बहका लाया है।

मँगरू—यह तो किसी कोठी में जाएँगी। इन सब आदमियों की बाँट होगी। जिसके हिस्से में जितने आदमी आएँगे, उतने हर एक कोठी में भेजे जाएँगे।

गौरा—यह तो मेरे साथ रहना चाहती हैं।

मँगरू—अच्छी बात है, इन्हें भी लेती चलो।

यात्रियों के नाम तो लिखे ही जा चुके थे, मँगरू ने उन्हें एक चपरासी को सौंपकर दोनों औरतों के साथ घर की राह ली। दोनों ओर सघन वृक्षों की कतारें थीं। जहाँ तक निगाह जाती थी, ऊख ही ऊख दिखाई देती थी। समुद्र की ओर से शीतल, निर्मल वायु के झोंके आ रहे थे। अत्यन्त सुरम्य दृश्य था। पर मँगरू की निगाह उस ओर न थी। वह भूमि की ओर ताकता, सिर झुकाए, सन्दिग्ध चाल से चला जा रहा था, मानो मन-ही-मन कोई समस्या हल कर रहा था।

थोड़ी ही दूर गए थे कि सामने से दो आदमी आते हुए दिखाई दिए। समीप आकर दोनों रुक गए और एक ने हँसकर कहा—मँगरू, इनमें से एक हमारी है।

दूसरा बोला—और दूसरी मेरी।

मँगरू का चेहरा तमतमा उठा था। भीषण क्रोध से काँपता हुआ बोला—यह दोनों मेरे घर की औरतें हैं। समझ गए?

इन दोनों ने ज़ोर से क़हक़हा मारा और एक ने गौरा के समीप आकर उसका हाथ पकड़ने की चेष्टा करके कहा—यह मेरी है। चाहे तुम्हारे घर की हो, चाहे बाहर की। बचा, हमें चकमा देते हो।

मँगरू—कासिम, इन्हें मत छेड़ो, नहीं तो अच्छा न होगा। मैंने कह दिया, मेरे घर की औरतें हैं।

मँगरू की आँखों से अग्नि की ज्वाला-सी निकल रही थी। वह दोनों उसके मुख का भाव देखकर कुछ सहम गए और समझ लेने की धमकी देकर आगे बढ़े। किन्तु मँगरू के अधिकार-क्षेत्र से बाहर पहुँचते ही एक ने पीछे से ललकारकर कहा—देखें कहाँ ले के जाते हो?

मँगरू ने उधर ध्यान नहीं दिया। ज़रा क़दम बढ़ाकर चलने लगा, जैसे संध्या के एकान्त में हम क़ब्रिस्तान के पास से गुज़रते हैं, हमें पग-पग पर यह शंका होती है कि कोई शब्द कान में न पड़ जाए, कोई सामने आकर खड़ा न हो जाए, कोई ज़मीन के नीचे से कफ़न ओढ़े उठ न खड़ा हो।

गौरा ने कहा—ये दोनों बड़े शोहदे थे।

मँगरू—और मैं किसलिए कह रहा था कि यह जगह तुम-जैसी स्त्रियों के रहने लायक नहीं है।

सहसा दाहिनी तरफ़ से एक अँग्रेज़ घोड़ा दौड़ाता हुआ आ पहुँचा और मँगरू से बोला—वेल जमादार, ये दोनों औरतें हमारी कोठी में रहेगा। हमारे कोठी में कोई औरत नहीं है।

मँगरू ने दोनों औरतों को अपने पीछे कर लिया और सामने खड़ा होकर बोला—साहब, ये दोनों हमारे घर की औरतें हैं।

साहब—ओ हो! तुम झूठा आदमी। हमारे कोठी में कोई औरत नहीं और तुम दो ले जाएगा। ऐसा नहीं हो सकता। (गौरा की ओर इशारा करके) इसको हमारे कोठी पर पहुँचा दो।

मँगरू ने सिर से पैर तक काँपते हुए कहा—ऐसा नहीं हो सकता।

मगर साहब आगे बढ़ गया था, उसके कान में बात न पहुँची। उसने हुक्म दे दिया था और उसकी तामील करना जमादार का काम था।

शेष मार्ग निर्विघ्न समाप्त हुआ। आगे मजूरों के रहने के मिट्टी के घर थे। द्वारों पर स्त्री-पुरुष जहाँ-तहाँ बैठे हुए थे। सभी इन दोनों स्त्रियों की ओर घूरते थे और आपस में इशारे करते हँसते थे। गौरा ने देखा, उनमें छोटे-बड़े का लिहाज़ नहीं है, न किसी की आँखों में शर्म है।

एक भदैसल औरत ने हाथ पर चिलम पीते हुए अपनी पड़ोसिन से कहा—चार दिन की चाँदनी, फिर अँधेरा पाख!

दूसरी अपनी चोटी गूँथती हुई बोली—कलोर हैं न।

7

मँगरू दिन-भर द्वार पर बैठा रहा, मानो कोई किसान अपने मटर के खेत की रखवाली कर रहा हो। कोठरी में दोनों स्त्रियाँ बैठी अपने नसीबों को रो रही थीं। इतनी देर में दोनों को यहाँ की दशा का परिचय कराया गया था। दोनों भूखी-प्यासी बैठी थीं। यहाँ का रंग देखकर भूख-प्यास सब भाग गई थी।

रात के दस बजे होंगे कि एक सिपाही ने आकर मँगरू से कहा—चलो, तुम्हें जंट साहब बुला रहे हैं।

मँगरू ने बैठे-बैठे कहा—देखो नब्बी, तुम भी हमारे देश के आदमी हो। कोई मौक़ा पड़े, तो हमारी मदद करोगे न? जाकर साहब से कह दो, मँगरू कहीं गया है, बहुत होगा जुरबाना कर देंगे।

नब्बी—न भैया, गुस्से में भरा बैठा है, पिए हुए है, कहीं मार चले, तो बस, चमड़ा इतना मज़बूत नहीं है।

मँगरू—अच्छा तो जाकर कह दो, नहीं आता।

नब्बी—मुझे क्या, जाकर कह दूँगा, पर तुम्हारी खैरियत नहीं है।

मँगरू ने ज़रा देर सोचकर लकड़ी उठाई और नब्बी के साथ साहब के बँगले पर चला। यह वही साहब थे, जिनसे आज मँगरू से भेंट हुई थी। मँगरू जानता था कि साहब से बिगाड़ करके यहाँ एक क्षण भी निर्वाह नहीं हो सकता। जाकर साहब के सामने खड़ा हो गया। साहब ने दूर से ही डाँटा, वह औरत कहाँ है? तुमने उसे अपने घर में क्यों रखा है?

मँगरू—हजूर, वह मेरी ब्याहता औरत है।

साहब—अच्छा, वह दूसरी कौन है?

मँगरू—वह मेरी सगी बहन है हुजूर!

साहब—हम कुछ नहीं जानता। तुमको लाना पड़ेगा। दो में से कोई, दो में से कोई।

मँगरू पैरों पर गिर पड़ा और रो-रोकर अपनी सारी रामकहानी सुना गया। पर साहब ज़रा भी न पसीजे! अंत में वह बोला—हुजूर, वह दूसरी औरतों की तरह नहीं हैं। अगर यहाँ आ भी गईं, तो प्राण दे देंगी।

साहब ने हँसकर कहा—ओ! जान देना इतना आसान नहीं है!

नब्बी—मँगरू, अपनी दाँव रोते क्यों हो? तुम हमारे घर नहीं घुसे थे! अब भी जब घात पाते हो, जा पहुँचते हो। अब क्यों रोते हो।

एजेंट—ओ, यह बदमाश है। अभी जाकर लाओ, नहीं तो हम तुमको हंटरों से पीटेगा।

मँगरू—हुजूर जितना चाहे पीट लें, मगर मुझसे यह काम करने को न कहें, जो मैं जीते-जी नहीं कर सकता!

एजेंट—हम एक सौ हंटर मारेगा।

मँगरू—हुजूर एक हज़ार हंटर मार लें, लेकिन मेरे घर की औरतों से न बोलें।

एजेंट नशे में चूर था। हंटर लेकर मँगरू पर पिल पड़ा और लगा सड़ासड़ जमाने। दस-बारह कोड़े मँगरू ने धैर्य के साथ सहे, फिर हाय-हाय करने लगा। देह की खाल फट गई थी और मांस पर चाबुक पड़ता था, तो बहुत ज़ब्त करने पर भी कंठ से आर्त्त-ध्वनि निकल आती थी और अभी एक सौ में कुल पंद्रह चाबुक पड़े थे।

रात के दस बज गए थे। चारों ओर सन्नाटा छाया था और उस नीरव अंधकार में मँगरू का करुण-विलाप किसी पक्षी की भाँति आकाश में मँडला रहा था। वृक्षों के समूह भी हत्‌बुद्धि-से खड़े मौन रोदन की मूर्ति बने हुए थे। यह पाषाणहृदय लम्पट, विवेकशून्य जमादार इस समय एक अपरिचित स्त्री के सतीत्व की रक्षा करने के लिए अपने प्राण तक देने को तैयार था, केवल इस नाते कि यह उसकी पत्नी की संगिनी थी। वह समस्त संसार की नज़रों में गिरना गवारा कर सकता था, पर अपनी पत्नी की भक्ति पर अखंड राज्य करना चाहता था। इसमें अणुमात्र की कमी भी उसके लिए असह्य थी। उस अलौकिक भक्ति के सामने उसके जीवन का क्या मूल्य था?

× × ×

ब्राह्मणी तो ज़मीन पर ही सो गई थी, पर गौरा बैठी पति की बाट जोह रही थी। अभी तक वह उससे कोई बात न कह सकी थी। सात वर्षों की विपत्ति-कथा कहने और सुनने के लिए बहुत समय की ज़रूरत थी और रात के सिवा वह समय फिर कब मिल सकता था। उसे ब्राह्मणी पर कुछ क्रोध-सा आ रहा था कि यह क्यों मेरे गले का हार हुई। इसी के कारण तो वह घर में नहीं आ रहे हैं।

यकायक वह किसी का रोना सुनकर चौंक पड़ी। भगवान्, इतनी रात गए कौन दुःख का मारा रो रहा है। अवश्य कोई कहीं मर गया है। वह उठकर द्वार पर आई और यह अनुमान करके कि मँगरू यहाँ बैठा हुआ है, बोली—वह कौन रो रहा है! ज़रा देखो तो।

लेकिन जब कोई जवाब न मिला, तो वह स्वयं कान लगाकर सुनने लगी। सहसा उसका कलेजा धक् से हो गया। तो यह उन्हीं की आवाज़ है। अब आवाज़ साफ़ सुनाई दे रही थी। मँगरू की आवाज़ थी। वह द्वार के बाहर निकल गई। उसके सामने एक गोली के टप्पे पर एजेंट का बँगला था। उसी तरफ़ से आवाज़ आ रही थी। कोई उन्हें मार रहा है। आदमी मार

पड़ने ही पर इस तरह रोता है। मालूम होता है, वही साहब उन्हें मार रहा है। वह वहाँ खड़ी न रह सकी, पूरी शक्ति से उस बँगले की ओर दौड़ी, रास्ता साफ़ था। एक क्षण में वह फाटक पर पहुँच गई। फाटक बन्द था। उसने ज़ोर से फाटक पर धक्का दिया, लेकिन वह फाटक न खुला और कई बार ज़ोर-ज़ोर से पुकारने पर भी कोई बाहर न निकला, तो वह फाटक के जँगलों पर पैर रखकर भीतर कूद पड़ी और उस पार जाते ही उसने एक रोमांचकारी दृश्य देखा। मँगरू नंगे बदन बरामदे में खड़ा था और एक अँग्रेज़ उसे हन्टरों से मार रहा था। गौरा की आँखों के सामने अँधेरा छा गया। वह एक छलाँग में साहब के सामने जाकर खड़ी हो गई और मँगरू को अपने अक्षय-प्रेम-सबल हाथों से ढाँककर बोली—सरकार, दया करो, इनके बदले मुझे जितना चाहो मार लो; पर इनको छोड़ दो।

एजेंट ने हाथ रोक लिया और उन्मत्त की भाँति गौरा की ओर कई क़दम आकर बोला—हम इसको छोड़ दें, तो तुम मेरे पास रहेगा।

मँगरू के नथने फड़कने लगे। यह पामर, नीच, अँग्रेज़ मेरी पत्नी से इस तरह की बातें कर रहा है। अब तक वह जिस अमूल्य रत्न की रक्षा के लिए इतनी यातनाएँ सह रहा था, वही वस्तु साहब के हाथ में चली जा रही है, यह असह्य था। उसने चाहा कि लपककर साहब की गरदन पर चढ़ बैठूँ, जो कुछ होना है, हो जाए। यह अपमान सहने के बाद जीकर ही क्या करूँगा! लेकिन नब्बी ने उसे तुरन्त पकड़ लिया और कई आदमियों को बुलाकर उसके हाथ-पाँव बाँध दिए। मँगरू भूमि पर छटपटाने लगा!!

गौरा रोती हुई साहब के पैरों पर गिर पड़ी और बोली—हजूर, इन्हें छोड़ दें, मुझ पर दया करें।

एजेंट—तुम हमारे पास रहेगा।

गौरा ने ख़ून का घूँट पीकर कहा—हाँ, रहूँगी।

8

बाहर मँगरू बरामदे में पड़ा कराह रहा था। उसकी देह में सूजन थी और घावों में जलन, सारे अंग जकड़ गए थे। हिलने की भी शक्ति न थी। हवा घावों में शर के समान चुभती थी, लेकिन यह व्यथा वह सह सकता था। असह्य यह था कि साहब गौरा के साथ इसी घर में विहार कर रहा है और मैं कुछ नहीं कर सकता। उसे अपनी पीड़ा भूल-सी गई थी, कान लगाए सुन रहा था कि उनकी बातों की भनक कान में पड़ जाए, तो देखूँ क्या बातें हो रही हैं। गौरा अवश्य चिल्लाकर भागेगी और साहब उसके पीछे दौड़ेगा। अगर मुझसे उठा जाता, तो उस वक़्त बचा को खोदकर गाड़ ही देता। लेकिन बड़ी देर हो गई, न तो गौरा चिल्लाई; न बँगले से निकलकर भागी! वह उस सजे-सजाए कमरे में साहब के साथ बैठी सोच रही थी—क्या इसमें तनिक भी दया नहीं है? मँगरू का पीड़ा-क्रन्दन सुन-सुनकर उसके हृदय के टुकड़े हुए जाते थे। क्या इसके अपने भाईबंद, माँ-बहन नहीं हैं? माता यहाँ होती, तो उसे इतना अत्याचार न करने देती। मेरी अम्माँ लड़कों पर कितना बिगड़ती थीं, जब वह किसी को पेड़ पर ढेले चलाते देखती थीं। पेड़ में भी प्राण होते हैं। क्या इसकी माता इसे एक आदमी के प्राण लेते देखकर भी इसे मना न करती! साहब शराब पी रहा था और गौरा गोश्त काटने का छुरा हाथ में लिए खेल रही थी।

सहसा गौरा की निगाह एक चित्र की ओर गई। उसमें एक माता बैठी हुई थी। गौरा ने पूछा—साहब यह किसकी तस्वीर है। साहब ने शराब का गिलास मेज़ पर रखकर कहा—ओ, वह हमारे ख़ुदा की माँ मरियम है।

गौरा—बड़ी अच्छी तस्वीर है! क्यों साहब, तुम्हारी माँ जीती हैं न!

साहब—वह मर गया। जब हम यहाँ आया, तो वह बीमार हो गया। हम उसको देख भी नहीं सका।

साहब के मुख-मंडल पर करुणा की झलक दिखाई दी।

गौरा बोली—तब तो उन्हें बड़ा दुःख हुआ होगा। तुम्हें अपनी माता का प्यार नहीं था। वह रो-रोकर मर गई और तुम देखने भी न गए! तभी तुम्हारा दिल कड़ा है।

साहब—नहीं, नहीं, हम अपनी माता को बहुत चाहता था। वैसी औरत दुनिया में न होगी। हमारा बाप हमको बहुत छोटा-सा छोड़कर मर गया था। माता ने कोयले की खान में मजूरी करके हमको पाला।

गौरा—तब तो वह देवी थी। इतनी ग़रीबी का दुःख सहकर भी तुम्हें दूसरे पर तरस नहीं आता! क्या वह दया की देवी तुम्हारी बेदरदी देखकर दुखी न होती होंगी, उनकी कोई तस्वीर तुम्हारे पास है?

साहब—ओ, हमारे पास उनके कई फोटो हैं। देखो, वह उन्हीं की तस्वीर है, वह दीवाल पर।

गौरा ने समीप जाकर तस्वीर देखी और करुण स्वर में बोली—सचमुच देवी थीं, जान पड़ता है, दया की देवी हैं। वह तुम्हें कभी मारती थीं कि नहीं? मैं तो जानती हूँ, वह कभी किसी पर न बिगड़ती रही होंगी। बिलकुल दया की मूर्ति हैं।

साहब—ओ, मामा हमको कभी नहीं मारता था। वह बहुत ग़रीब था, पर अपने कमाई में कुछ-न-कुछ ज़रूर खैरात करता था। किसी बे-बाप के बालक को देखकर उसकी आँखों में आँसू भर आता था। वह बहुत ही दयावान था।

गौरा ने तिरस्कार के स्वर में कहा—और उसी देवी के पुत्र होकर तुम इतने निर्दयी हो! क्या वह होतीं तो तुम्हें किसी को इस तरह हत्यारों की भाँति मारने देतीं? वह सरग में रो रही होंगी। सरग-नरक तो तुम्हारे यहाँ भी होगा। ऐसी देवी के पुत्र कैसे हो गए?

गौरा को ये बातें कहते हुए ज़रा भी भय न होता था। उसने अपने मन में एक दृढ़ संकल्प कर लिया था और अब उसे किसी प्रकार का भय न था। जान से हाथ धो लेने का निश्चय कर लेने के बाद भय की छाया भी नहीं रह जाती। किन्तु वह हृदय-शून्य अँग्रेज़ इन तिरस्कारों पर आग हो जाने के बदले और भी नम्र होता जाता था। गौरा मानवी भावों से कितनी ही अनभिज्ञ हो, पर इतना जानती थी कि अपनी जननी के लिए प्रत्येक हृदय में, चाहे वह साधु का हो या कसाई का, आदर और प्रेम का एक कोना सुरक्षित रहता है। ऐसा भी कोई अभागा प्राणी है, जिसे मातृ-स्नेह की स्मृति थोड़ी देर के लिए रुला न देती हो, उसके हृदय के कोमल भाव को जगा न देती हो?

साहब की आँखें डबडबा गई थीं। सिर झुकाए बैठा रहा। गौरा ने फिर उसी ध्वनि में कहा—तुमने उनकी सारी तपस्या धूल में मिला दी। जिस देवी ने मर-मरकर तुम्हारा पालन किया, उसी को मरने के पीछे तुम इतना कष्ट दे रहे हो? क्या इसीलिए माता अपने पुत्र

को अपना रक्त पिला-पिलाकर पालती है? अगर वह बोल सकतीं तो क्या चुप बैठी रहतीं; तुम्हारे हाथ पकड़ सकतीं तो न पकड़तीं? मैं तो समझती हूँ, वह जीती होतीं तो इस वक़्त विष खाकर मर जातीं।

साहब अब ज़ब्त न कर सके। नशे में क्रोध की भाँति ग्लानि का वेग सहज ही में उठ आता है। दोनों हाथों से मुँह छिपाकर साहब ने रोना शुरू किया और इतना रोया कि हिचकी बँध गई। माता के चित्र के सम्मुख जाकर वह कुछ देर तक खड़ा रहा, मानो माता से क्षमा माँग रहा हो। तब आकर आर्द्र-कंठ से बोला—हमारे माता को अब कैसे शांति मिलेगा! हाय-हाय! हमारे सबब से उसको स्वर्ग में भी सुख नहीं मिला। हम कितना अभागा है!

गौरा—अभी ज़रा देर में तुम्हारा मत बदल जाएगा और तुम फिर दूसरों पर अत्याचार करने लगोगे।

साहब—नईं, नईं, अब हम मामा को कभी दु:ख नहीं देगा? हम अभी मँगरू को अस्पताल भेजता है।

9

रात ही को मँगरू अस्पताल पहुँचा दिया गया। एजेंट ख़ुद उसको पहुँचाने आया। गौरा भी उसके साथ थी। मँगरू को ज्वर हो आया था, बेहोश पड़ा हुआ था।

मँगरू ने तीन दिन आँखें न खोलीं और गौरा तीनों दिन उसके पास बैठी रही। एक क्षण के लिए भी वहाँ से न हटी। एजेंट भी कई बार हाल-चाल पूछने आ जाता और हर मरतबा गौरा से क्षमा माँगता।

चौथे दिन मँगरू ने आँखें खोलीं, तो देखा गौरा सामने बैठी हुई है। गौरा उसे आँखें खोलते देखकर पास आ खड़ी हुई और बोली—अब कैसा जी है?

मँगरू ने कहा—तुम यहाँ कब आईं?

गौरा—मैं तो तुम्हारे साथ ही यहाँ आई थी, तब से यहीं हूँ।

मँगरू—साहब के बँगले में क्या जगह नहीं है?

गौरा—अगर बँगले की चाह होती, तो सात समुद्र-पार तुम्हारे पास क्यों आती?

मँगरू—आकर कौन-सा सुख दे दिया है? तुम्हें यही करना था, तो मुझे मर क्यों न जाने दिया?

गौरा ने झुँझलाकर कहा—तुम इस तरह की बातें मुझसे न करो। ऐसी बातों से मेरी देह में आग लग जाती है!

मँगरू ने मुँह फेर लिया, मानों उसे गौरा की बात पर विश्वास नहीं आया।

दिन-भर गौरा मँगरू के पास बे-दाना-पानी खड़ी रही। गौरा ने कई बार उसे बुलाया, लेकिन वह चुप्पी साधे रह गया। यह सन्देह-युक्त निरादर, कोमल हृदय गौरा के लिए असह्य था। जिस पुरुष को वह देव-तुल्य समझती थी, उसके प्रेम से वंचित होकर वह कैसे जीवित रह सकती थी? यही प्रेम उसके जीवन का आधार था। उसे खोकर अब वह अपना सर्वस्व खो चुकी थी।

आधी रात से अधिक बीत चुकी थी। मँगरू बेख़बर सोया हुआ था, शायद वह कोई स्वप्न देख रहा था। गौरा ने उसके चरणों पर सिर रखा और अस्पताल से निकली। मँगरू ने उसका परित्याग कर दिया था। वह भी उसका परित्याग करने जा रही थी।

अस्पताल की पूर्व दिशा में एक फर्लांग पर एक छोटी-सी नदी बहती थी। गौरा उसके कगार पर खड़ी हो गई। अभी कई दिन पहले वह अपने गाँव में आराम-से पड़ी हुई थी। उसे क्या मालूम था कि जो वस्तु इतनी मुश्किल से मिल सकती है, वह इतनी आसानी से खोई भी जा सकती है। उसे अपनी माँ की, अपने घर की, अपने सहेलियों की, अपने बकरी के बच्चों की याद आई। वह सबकुछ छोड़कर इसीलिए यहाँ आई थी? पति के ये शब्द—'क्या साहब के बँगले में जगह नहीं है' उसके मर्मस्थान में बाणों के समान चुभे हुए थे। यह सब मेरे ही कारण तो हुआ? मैं न रहूँगी, तो वह फिर आराम से रहेंगे। सहसा उसे ब्राह्मणी की याद आ गई। उस दुखिया के दिन यहाँ कैसे कटेंगे। चलकर साहब से कह दूँ कि उसे या तो उसके घर भेज दें या किसी पाठशाला में काम दिला दें।

वह लौटाना ही चाहती थी कि किसी ने पुकारा—गौरा! गौरा!!

यह मँगरू का करुण-कम्पित स्वर था। वह चुपचाप खड़ी हो गई। मँगरू ने फिर पुकारा—

गौरा! गौरा! तुम कहो? मैं ईश्वर से कहता हूँ कि...

गौरा ने और कुछ न सुना। वह धम-से नदी में कूद पड़ी। बिना अपने जीवन का अंत किए वह स्वामी की विपत्ति का अंत न कर सकती थी।

धमाके की आवाज़ सुनते ही मँगरू भी नदी में कूदा। वह अच्छा तैराक था! मगर कई बार गोते मारने पर भी गौरा का कहीं पता न चला।

प्रातःकाल दोनों लाशें साथ-साथ नदी में तैर रही थीं। जीवन-यात्रा में उन्हें वह चिर-संग कभी न मिला था। स्वर्ग-यात्रा में दोनों साथ-साथ जा रहे थे!!

विश्वास

उन दिनों मिस जोशी बम्बई सभ्य-समाज की राधिका थी। थी तो वह एक छोटी-सी कन्या-पाठशाला की अध्यापिका पर उपका ठाट-बाट, मान-सम्मान बड़ी-बड़ी धन-रानियों को भी लज्जित करता था। वह एक बड़े महल में रहती थी, जो किसी ज़माने में सतारा के महाराज का निवास-स्थान था। वहाँ सारे दिन नगर के रईसों, राजों, राज-कर्मचारियों का ताँता लगा रहता था। वह सारे प्रांत के धन और कीर्ति के उपासकों की देवी थी। अगर किसी को खिताब का खब्त था तो वह मिस जोशी की खुशामद करता था। किसी को अपने या अपने सम्बन्धों के लिए कोई अच्छा ओहदा दिलाने की धुन थी तो वह मिस जोशी की आराधना करता था। सरकारी इमारतों के ठीके; नमक, शराब, अफ़ीम आदि सरकारी चीज़ों के ठीके; लोहे-लकड़ी, कल-पुरजे आदि के ठीके सब मिस जोशी ही के हाथों में थे। जो कुछ करती थी वही करती थी, जो कुछ होता था उसी के हाथों होता था। जिस वक़्त वह अपनी अरबी घोड़ों की फिटन पर सैर करने निकलती तो रईसों की सवारियाँ आप ही आप रास्ते से हट जाती थीं, बड़े-बड़े दुकानदार खड़े हो-होकर सलाम करने लगते थे। वह रूपवती थी, लेकिन नगर में उससे बढ़कर रूपवती रमणियाँ भी थीं; वह सुशिक्षिता थी, वाक्चतुर थी, गाने में निपुण, हँसती तो अनोखी

छवि से, बोलती तो निराली छटा से, ताकती तो बाँकी चितवन से; लेकिन इन गुणों में उसका एकाधिपत्य न था। उसकी प्रतिष्ठा, शक्ति और कीर्ति का कुछ और ही रहस्य था। सारा नगर ही नहीं; सारे प्रांत का बच्चा-बच्चा जानता था कि बम्बई के गवर्नर मिस्टर जौहरी मिस जोशी के बिना दामों के ग़ुलाम हैं। मिस जोशी की आँखों का इशारा उनके लिए नादिरशाही हुक्म है। वह थिएटरों में, दावतों में, जलसों में मिस जोशी के साथ साए की भाँति रहते हैं और कभी-कभी उनकी मोटर रात के सन्नाटे में मिस जोशी के मकान से निकलती हुई लोगों को दिखाई देती है। इस प्रेम में वासना की मात्रा अधिक है या भक्ति की, यह कोई नहीं जानता। लेकिन मिस्टर जौहरी विवाहित हैं और मिस जोशी विधवा, इसलिए जो लोग उनके प्रेम को कलुषित कहते हैं, वे उन पर कोई अत्याचार नहीं करते।

बम्बई की व्यवस्थापिका-सभा ने अनाज पर कर लगा दिया था और जनता की ओर से उसका विरोध करने के लिए एक विराट् सभा हो रही थी। सभी नगरों से प्रजा के प्रतिनिधि उसमें सम्मिलित होने के लिए हज़ारों की संख्या में आए थे। मिस जोशी के विशाल भवन के सामने, चौड़े मैदान में हरी-हरी घास पर बम्बई की जनता अपनी फ़रियाद सुनाने के लिए जमा थी। अभी तक सभापति न आए थे, इसलिए लोग बैठे गप-शप कर रहे थे। कोई कर्मचारियों पर आक्षेप करता था, कोई देश की स्थिति पर, कोई अपनी दीनता पर—अगर हम लोगों में अकड़ने का ज़रा भी सामर्थ्य होता तो मजाल थी कि यह कर लगा दिया जाता, अधिकारियों का घर से बाहर निकलना मुश्किल हो जाता। हमारा ज़रूरत से ज़्यादा सीधापन हमें अधिकारियों के हाथों का खिलौना बनाए हुए है। वे जानते हैं कि इन्हें जितना दबाते जाओ, उतना दबते जाएँगे, सिर नहीं उठा सकते। सरकार ने भी उपद्रव की आशंका से सशस्त्र पुलिस बुला ली। उस मैदान के चारों कोने पर सिपाहियों के दल डेरा डाले पड़े थे। उनके अफ़सर, घोड़ों पर सवार, हाथ में हंटर लिये, जनता के बीच में निश्शंक भाव से घोड़े दौड़ाते फिरते थे, मानो साफ़ मैदान है। मिस जोशी के ऊँचे बरामदे में नगर के सभी बड़े-बड़े रईस और राज्याधिकारी तमाशा देखने के लिए बैठे हुए थे। मिस जोशी मेहमानों का आदर-सत्कार कर रही थी और मिस्टर जौहरी, आरामकुर्सी पर लेटे, इस जन-समूह को घृणा और भय की दृष्टि से देख रहे थे।

सहसा सभापति महाशय आपटे एक किराए के ताँगे पर आते दिखाई दिए। चारों तरफ़ हलचल मच गई, लोग उठ-उठकर उनका स्वागत करने दौड़े और उन्हें लाकर मंच पर बैठा दिया। आपटे की अवस्था 30-35 वर्ष से अधिक न थी; दुबले-पतले आदमी थे, मुख पर चिन्ता का गाढ़ा रंग चढ़ा हुआ; बाल भी पक चले थे, मुख पर सरल हास्य की रेखा झलक रही थी। वह एक सफ़ेद मोटा कुरता पहने थे, न पाँव में जूते थे, न सिर पर टोपी। इस अर्द्धनग्न, दुर्बल, निस्तेज प्राणी में न-जाने कौन-सा जादू था कि समस्त जनता उसकी पूजा करती थी, उसके पैरों पर सिर रगड़ती थी। इस एक प्राणी के हाथों में इतनी शक्ति थी कि वह क्षणमात्र में सारी मिलों को बन्द करा सकता था, शहर का सारा कारोबार मिटा सकता था। अधिकारियों को उसके भय से नींद न आती थी, रात को सोते-सोते चौंक पड़ते थे। उससे ज़्यादा भयंकर जन्तु अधिकारियों की दृष्टि में दूसरा न था। यह प्रचंड शासन शक्ति उस एक हड्डी के आदमी से थरथर काँपती थी, क्योंकि उस हड्डी में एक पवित्र, निष्कलंक, बलवान और दिव्य आत्मा का निवास था।

2

आपटे ने मंच पर खड़े होकर पहले जनता को शान्त चित्त रहने और अहिंसा-व्रत पालन करने का आदेश दिया। फिर देश की राजनीतिक स्थिति का वर्णन करने लगे। सहसा उनकी दृष्टि सामने मिस जोशी के बरामदे की ओर गई तो उनका प्रजा-दुःख पीड़ित हृदय तिलमिला उठा। यहाँ अगणित प्राणी अपनी विपत्ति की फ़रियाद सुनाने के लिए जमा थे और वहाँ मेज़ों पर चाय और बिस्कुट, मेवे और फल, बर्फ़ और शराब की रेल-पेल थी। वे लोग इन अभागों को देख-देख हँसते और तालियाँ बजाते थे। जीवन में पहली बार आपटे की ज़बान काबू से बाहर हो गई। मेघ की भाँति ग़रज़कर बोले—

'इधर तो हमारे भाई दाने-दाने को मुहताज हो रहे हैं, उधर अनाज पर कर लगाया जा रहा है, केवल इसलिए कि राजकर्मचारियों के हलुवे-पूरी में कमी न हो। हम जो देश के राजा हैं, जो छाती फाड़कर धरती से धन निकालते हैं, भूखों मरते हैं; और वे लोग, जिन्हें हमने अपने सुख और शांति की व्यवस्था करने के लिए रखा है, हमारे स्वामी बने हुए शराबों की बोतलें उड़ाते हैं। कितनी अनोखी बात है कि स्वामी भूखों मरें और सेवक शराबें उड़ाएँ, मेवे खाएँ और इटली और स्पेन की मिठाइयाँ चलें! यह किसका अपराध है? क्या सेवकों का? नहीं, कदापि नहीं, हमारा ही अपराध है कि हमने अपने सेवकों को इतना अधिकार दे रखा है। आज हम उच्च स्वर से कह देना चाहते हैं कि हम यह क्रूर और कुटिल व्यवहार नहीं सह सकते। यह हमारे लिए असह्य है कि हम और हमारे बाल-बच्चे दानों को तरसें और कर्मचारी लोग, विलास में डूबे हुए हमारे करुण-क्रन्दन की ज़रा भी परवा न करते हुए विहार करें। यह असह्य है कि हमारे घरों में चूल्हे न जलें और कर्मचारी लोग थिएटरों में ऐश करें, नाच-रंग की महिफ़लें सजाएँ, दावतें उड़ाएँ, वेश्याओं पर कंचन की वर्षा करें। संसार में ऐसा और कौन देश होगा, जहाँ प्रजा तो भूखों मरती हो और प्रधान कर्मचारी अपनी प्रेम-क्रीड़ाओं में मग्न हों, जहाँ स्त्रियाँ गलियों में ठोकरें खाती फिरती हों और अध्यापिकाओं का वेष धारण करनेवाली वेश्याएँ आमोद-प्रमोद के नशे में चूर हों ...'

3

एकाएक सशस्त्र सिपाहियों के दल में हलचल पड़ गई। उनका अफ़सर हुक्म दे रहा था—सभा भंग कर दो, नेताओं को पकड़ लो, कोई न जाने पाए। यह विद्रोहात्मक व्याख्यान है।

मिस्टर जौहरी ने पुलिस के अफ़सर को इशारे से बुलाकर कहा—और किसी को गिरफ़्तार करने की ज़रूरत नहीं। आपटे ही को पकड़ो। वही हमारा शत्रु है।

पुलिस ने डंडे चलाने शुरू किए और कई सिपाहियों के साथ जाकर अफ़सर ने आपटे को गिरफ़्तार कर लिया।

जनता ने त्योरियाँ बदलीं। अपने प्यारे नेता को यों गिरफ़्तार होते देख कर उनका धैर्य हाथ से जाता रहा।

लेकिन उसी वक़्त आपटे की ललकार सुनाई दी—तुमने अहिंसा-व्रत लिया है और अगर किसी ने उस व्रत को तोड़ा तो उसका दोष मेरे सिर होगा। मैं तुमसे सविनय अनुरोध करता हूँ कि अपने-अपने घर जाओ। अधिकारियों ने वही किया जो हम समझते थे। इस सभा से

हमारा जो उद्देश्य था वह पूरा हो गया। हम यहाँ बलवा करने नहीं, केवल संसार की नैतिक सहानुभूति प्राप्त करने के लिए जमा हुए थे, और हमारा उद्देश्य पूरा हो गया।

एक क्षण में सभा भंग हो गई और आपटे पुलिस की हवालात में भेज दिए गए।

4

मिस्टर जौहरी ने कहा—बच्चा बहुत दिनों के बाद पंजे में आए हैं, राजद्रोह का मुक़दमा चलाकर कम से कम 10 साल के लिए अंडमान भेजूँगा।

मिस जोशी—इससे क्या फ़ायदा?

'क्यों? उसको अपने किए की सज़ा मिल जाएगी।'

'लेकिन सोचिए, हमें उसका कितना मूल्य देना पड़ेगा। अभी जिस बात को गिने-गिनाए लोग जानते हैं वह सारे संसार में फैलेगी और हम कहीं मुँह दिखाने लायक न रहेंगे। आप अख़बारों के संवाददाताओं की ज़बान तो नहीं बन्द कर सकते।'

'कुछ भी हो, मैं इसे जेल में सड़ाना चाहता हूँ। कुछ दिनों के लिए तो चैन की नींद नसीब होगी। बदनामी से तो डरना ही व्यर्थ है। हम प्रांत के सारे समाचार-पत्रों को अपने सदाचार का राग अलापने के लिए मोल ले सकते हैं। हम प्रत्येक लांछन को झूठ साबित कर सकते हैं, आपटे पर मिथ्या दोषारोपण का अपराध लगा सकते हैं।'

'मैं इससे सहज उपाय बतला सकती हूँ। आप आपटे को मेरे हाथ में छोड़ दीजिए। मैं उससे मिलूँगी और उन यंत्रों से, जिनका प्रयोग करने में हमारी जाति सिद्धहस्त है, उसके आंतरिक भावों और विचारों की थाह लेकर आपके सामने रख दूँगी। मैं ऐसे प्रमाण खोज निकालना चाहती हूँ जिनके उत्तर में उसे मुँह खोलने का साहस न हो, और संसार की सहानुभूति उसके बदले हमारे साथ हो। चारों ओर से यही आवाज़ आए कि यह कपटी और धूर्त था और सरकार ने उसके साथ वही व्यवहार किया है जो होना चाहिए। मुझे विश्वास है कि वह षड्यंत्रकारियों का मुखिया है और मैं इसे सिद्ध कर देना चाहती हूँ। मैं उसे जनता की दृष्टि में देवता नहीं बनाना चाहती, उसको राक्षस के रूप में दिखाना चाहती हूँ।'

'यह काम इतना आसान नहीं है, जितना तुमने समझ रखा है। आपटे राजनीति में बड़ा चतुर है।'

'ऐसा कोई पुरुष नहीं है, जिस पर युवती अपनी मोहिनी न डाल सके।'

'अगर तुम्हें विश्वास है कि तुम यह काम पूरा कर दिखाओगी, तो मुझे कोई आपत्ति नहीं है। मैं तो केवल उसे दंड देना चाहता हूँ।'

'तो हुक्म दे दीजिए कि वह इसी वक़्त छोड़ दिया जाए।'

'जनता कहीं यह तो न समझेगी कि सरकार डर गई?'

'नहीं, मेरे ख़याल में तो जनता पर इस व्यवहार का बहुत अच्छा असर पड़ेगा। लोग समझेंगे कि सरकार ने जनमत का सम्मान किया है।'

'लेकिन तुम्हें उसके घर जाते लोग देखेंगे तो मन में क्या कहेंगे?'

'नक़ाब डालकर जाऊँगी, किसी को कानोंकान ख़बर न होगी।'

'मुझे तो अब भी भय है कि वह तुम्हें सन्देह की दृष्टि से देखेगा और तुम्हारे पंजे में न आएगा, लेकिन तुम्हारी इच्छा है तो आज़मा देखो।'

यह कहकर मिस्टर जौहरी ने मिस जोशी को प्रेममय नेत्रों से देखा, हाथ मिलाया और चले गए।

आकाश पर तारे निकले हुए थे, चैत की शीतल, सुखद वायु चल रही थी, सामने के चौड़े मैदान में सन्नाटा छाया हुआ था, लेकिन मिस जोशी को ऐसा मालूम हुआ मानो आपटे मंच पर खड़ा बोल रहा है। उसका शांत, सौम्य, विषादमय स्वरूप उसकी आँखों में समाया हुआ था।

5

प्रात:काल मिस जोशी अपने भवन से निकली, लेकिन उसके वस्त्र बहुत साधारण थे और आभूषण के नाम शरीर पर एक धागा भी न था। अलंकारविहीन होकर उसकी छवि स्वच्छ, निर्मल जल की भाँति और भी निखर गई। उसने सड़क पर आकर एक ताँगा लिया और चली।

आपटे का मकान ग़रीबों के एक दूर के मुहल्ले में था। ताँगेवाला मकान का पता जानता था। कोई दिक़्क़त न हुई। मिस जोशी जब मकान के द्वार पर पहुँची तो न जाने क्यों उसका दिल धड़क रहा था। उसने काँपते हुए हाथों से कुंडी खटखटाई। एक अधेड़ औरत ने निकलकर द्वार खोल दिया। मिस जोशी उस घर की सादगी देखकर दंग रह गई। एक किनारे चारपाई पड़ी हुई थी, एक टूटी आलमारी में कुछ किताबें चुनी हुई थीं, फ़र्श पर लिखने का डेस्क था और एक रस्सी की अलगनी पर कपड़े लटक रहे थे। कमरे के दूसरे हिस्से में एक लोहे का चूल्हा था और खाने के बरतन पड़े हुए थे। एक लम्बा-तड़ंगा आदमी, जो उसी अधेड़ औरत का पति था, बैठा एक टूटे हुए ताले की मरम्मत कर रहा था और एक पाँच-छह वर्ष का तेजस्वी बालक आपटे की पीठ पर चढ़ने के लिए उसके गले में हाथ डाल रहा था। आपटे इसी लोहार के साथ उसी के घर में रहते थे। समाचार-पत्रों में लेख लिखकर जो कुछ मिलता उसे दे देते और इस भाँति गृह-प्रबंध की चिन्ताओं से छुट्टी पाकर जीवन व्यतीत करते थे।

मिस जोशी को देखकर आपटे ज़रा चौंके, फिर खड़े होकर उसका स्वागत किया और सोचने लगे कि कहाँ बैठाऊँ। अपनी दरिद्रता पर आज उन्हें जितनी लाज आई उतनी और कभी न आई थी। मिस जोशी उनका असमंजस देखकर चारपाई पर बैठ गई और ज़रा रुखाई से बोली—मैं बिना बुलाए आपके यहाँ आने के लिए क्षमा माँगती हूँ किन्तु काम ऐसा ज़रूरी था कि मेरे आए बिना पूरा न हो सकता। क्या मैं एक मिनट के लिए आपसे एकान्त में मिल सकती हूँ।

आपटे ने जगन्नाथ की ओर देखकर कमरे से बाहर चले जाने का इशारा किया। उसकी स्त्री भी बाहर चली गई। केवल बालक रह गया। वह मिस जोशी की ओर बार-बार उत्सुक आँखों से देखता था। मानो पूछ रहा हो कि तुम आपटे दादा की कौन हो?

मिस जोशी ने चारपाई से उतरकर ज़मीन पर बैठते हुए कहा—आप कुछ अनुमान कर सकते हैं कि मैं इस वक़्त क्यों आई हूँ?

आपटे ने झेंपते हुए कहा—आपकी कृपा के सिवा और क्या कारण हो सकता है?

मिस जोशी—नहीं, संसार इतना उदार नहीं हुआ कि आप जिसे गालियाँ दें, वह आपको धन्यवाद दे। आपको याद है कि कल आपने अपने व्याख्यान में मुझ पर क्या-क्या आक्षेप किए थे? मैं आपसे ज़ोर देकर कहती हूँ कि वे आक्षेप करके आपने मुझ पर घोर अत्याचार किया है। आप जैसे सहृदय, शीलवान, विद्वान्, आदमी से मुझे ऐसी आशा न थी। मैं अबला

हूँ, मेरी रक्षा करनेवाला कोई नहीं है? क्या आपको उचित था कि एक अबला पर मिथ्यारोपण करें? अगर मैं पुरुष होती तो आपसे ड्यूल खेलने का आग्रह करती। अबला हूँ, इसलिए आपकी सज्जनता को स्पर्श करना ही मेरे हाथ में है। आपने मुझ पर जो लांछन लगाए हैं, वे सर्वथा निर्मूल हैं।

आपटे ने दृढ़ता से कहा—अनुमान तो बाहरी प्रमाणों से ही किया जाता है।

मिस जोशी—बाहरी प्रमाणों से आप किसी के अंतस्तल की बात नहीं जान सकते।

आपटे—जिसका भीतर-बाहर एक न हो, उसे देखकर भ्रम में पड़ जाना स्वाभाविक है।

मिस जोशी—हाँ, तो वह आपका भ्रम है और मैं चाहती हूँ कि आप उस कलंक को मिटा दें जो आपने मुझ पर लगाया है। आप इसके लिए प्रायश्चित्त करेंगे?

आपटे—अगर न करूँ तो मुझसे बड़ा दुरात्मा संसार में न होगा।

मिस जोशी—आप मुझ पर विश्वास करते हैं?

आपटे—मैंने आज तक किसी रमणी पर अविश्वास नहीं किया।

मिस जोशी—क्या आपको यह सन्देह हो रहा है कि मैं आपके साथ कौशल कर रही हूँ?

आपटे ने मिस जोशी की ओर अपने सदय, सजल, सरल नेत्रों से देखकर कहा—बाईजी, मैं गँवार और अशिष्ट प्राणी हूँ, लेकिन नारी-जाति के लिए मेरे हृदय में जो आदर है, वह उस श्रद्धा से कम नहीं है, जो मुझे देवताओं पर है। मैंने अपनी माता का मुख नहीं देखा, यह भी नहीं जानता कि मेरा पिता कौन था; किन्तु जिस देवी के दया-वृक्ष की छाया में मेरा पालन-पोषण हुआ उनकी प्रेम-मूर्ति आज तक मेरी आँखों के सामने है और नारी के प्रति मेरी भक्ति को सजीव रखे हुए है। मैं उन शब्दों को मुँह से निकालने के लिए अत्यन्त दुःखी और लज्जित हूँ जो आवेश में निकल गए, और मैं आज ही समाचार-पत्रों में खेद प्रकट करके आपसे क्षमा की प्रार्थना करूँगा।

मिस जोशी को अब तक अधिकांश स्वार्थी आदमियों ही से साबिका पड़ा था, जिनके चिकने-चुपड़े शब्दों में मतलब छिपा हुआ था। आपटे के सरल विश्वास पर उसका चित्त आनंद से गद्गद हो गया। शायद वह गंगा में खड़ी होकर अपने अन्य मित्रों से यह कहती तो उसके फैशनेबुल मिलनेवालों में से किसी को उस पर विश्वास न आता। सब मुँह के सामने तो हाँ-हाँ करते, पर बाहर निकलते ही उसका मज़ाक़ उड़ाना शुरू करते। उन कपटी मित्रों के सम्मुख यह आदमी था जिसके एक-एक शब्द में सच्चाई झलक रही थी जो उसके अंतस्तल से निकलते हुए मालूम होते थे।

आपटे उसे चुप देखकर किसी और ही चिन्ता में पड़े हुए थे। उन्हें भय हो रहा था अब मैं चाहे कितनी क्षमा माँगूँ, मिस जोशी के सामने कितनी सफाइयाँ पेश करूँ। मेरे आक्षेपों का असर कभी न मिटेगा।

इस भाव ने अज्ञात रूप से उन्हें अपने विषय की गुम बातें कहने की प्रेरणा की जो उन्हें उसकी दृष्टि में लघु बना दें, जिससे वह भी उन्हें नीच समझने लगे, उसको सन्तोष हो जाए कि यह भी कलुषित आत्मा है। बोले—मैं अन्य से अभागा हूँ। माता-पिता का तो मुँह ही देखना नसीब न हुआ, जिस दयाशील महिला ने मुझे आश्रय दिया था, वह भी मुझे 13 वर्ष की अवस्था में अनाथ छोड़कर परलोक सिधार गई। उस समय मेरे सिर पर जो कुछ बीती उसे याद करके इतनी लज्जा आती है कि किसी को मुँह न दिखाऊँ। मैंने धोबी का काम किया;

मोची का काम किया; घोड़े की साईसी की; एक होटल में बरतन माँजता रहा; यहाँ तक कि कितनी ही बार क्षुधा से व्याकुल होकर भीख भी माँगी। मज़दूरी करने को बुरा नहीं समझता, आज भी मज़दूरी ही करता हूँ। भीख माँगनी भी किसी-किसी दशा में क्षम्य है, लेकिन मैंने उस अवस्था में ऐसे-ऐसे कर्म किए, जिन्हें कहते लज्जा आती है—चोरी की, विश्वासघात किया, यहाँ तक कि चोरी के अपराध में क़ैद की सज़ा भी पाई।

मिस जोशी ने सजल नयन होकर कहा—आप यह सब बातें मुझसे क्यों कह रहे हैं? मैं इनका उल्लेख करके आपको कितना बदनाम कर सकती हूँ, इसका आपको भय नहीं है?

आपटे ने हँसकर कहा—नहीं, आपसे मुझे यह भय नहीं है।

मिस जोशी—अगर मैं आपसे बदला लेना चाहूँ, तो?

आपटे—जब मैं अपने अपराध पर लज्जित होकर आपसे क्षमा माँग रहा हूँ, तो मेरा अपराध रहा ही कहाँ, जिसका आप मुझसे बदला लेंगी। इससे तो मुझे भय होता है कि आपने मुझे क्षमा नहीं किया। लेकिन यदि मैंने आपसे क्षमा न माँगी होती तो मुझसे बदला न ले सकतीं। बदला लेने वाले की आँखें यों सजल नहीं हो जाया करतीं। मैं आपको कपट करने के अयोग्य समझता हूँ। आप यदि कपट करना चाहतीं तो यहाँ कभी न आतीं।

मिस जोशी—मैं आपका भेद लेने ही के लिए आई हूँ।

आपटे—तो शौक़ से लीजिए। मैं बतला चुका हूँ कि मैंने चोरी के अपराध में क़ैद की सज़ा पाई थी। नासिक के जेल में रखा गया था। मेरा शरीर दुर्बल था, जेल की कड़ी मेहनत न हो सकती थी और अधिकारी लोग मुझे कामचोर समझकर बेंतों से मारते थे। आख़िर एक दिन मैं रात को जेल से भाग खड़ा हुआ।

मिस जोशी—आप तो छिपे रुस्तम निकले!

आपटे—ऐसा भागा कि किसी को ख़बर न हुई। आज तक मेरे नाम वारंट जारी है और 500 रु. इनाम भी है।

मिस जोशी—तब तो मैं आपको ज़रूर पकड़ा दूँगी।

आपटे—तो फिर मैं आपको अपना असल नाम भी बतलाए देता हूँ। मेरा नाम दामोदर मोदी है। यह नाम तो पुलिस से बचने के लिए रख छोड़ा है।

बालक अब तक तो चुपचाप बैठा हुआ था। मिस जोशी के मुँह से पकड़ाने की बात सुनकर वह सजग हो गया। उसे डाँटकर बोला—हमाले दादा को कौन पकलेगा?

मिस जोशी—सिपाही और कौन?

बालक—हम सिपाही को मालेंगे।

यह कहकर वह एक कोने से अपने खेलने का डंडा उठा लाया और आपटे के पास वीरोचित भाव से खड़ा हो गया, मानो सिपाहियों से उनकी रक्षा कर रहा है।

मिस जोशी—आपका रक्षक तो बड़ा बहादुर मालूम होता है।

आपटे—इसकी भी एक कथा है। साल-भर होता है, यह लड़का खो गया था। मुझे रास्ते में मिला। मैं पूछता-पूछता इसे यहाँ लाया। उसी दिन से इन लोगों से मेरा इतना प्रेम हो गया कि मैं इनके साथ रहने लगा।

मिस जोशी—आप अनुमान कर सकते हैं कि आपका वृत्तांत सुनकर मैं आपको क्या समझ रही हूँ।

आपटे—वही, जो मैं वास्तव में हूँ—नीच, कमीना, धूर्त ...

मिस जोशी—नहीं, आप मुझ पर फिर अन्याय कर रहे हैं। पहला अन्याय तो क्षमा कर सकती हूँ, यह अन्याय क्षमा नहीं कर सकती। इतनी प्रतिकूल दशाओं में पड़कर भी जिसका हृदय इतना पवित्र, इतना निष्कपट, इतना सदय हो, वह आदमी नहीं देवता है। भगवन्, आपने मुझ पर जो आक्षेप किए वह सत्य हैं। मैं आपके अनुमान से कहीं भ्रष्ट हूँ। मैं इस योग्य भी नहीं हूँ कि आपकी ओर ताक सकूँ। आपने अपने हृदय की विशालता दिखाकर मेरा असली स्वरूप मेरे सामने प्रकट कर दिया। मुझे क्षमा कीजिए, मुझ पर दया कीजिए।

यह कहते-कहते वह उनके पैरों पर गिर पड़ी। आपटे ने उसे उठा लिया और बोले—मिस जोशी, ईश्वर के लिए मुझे लज्जित न करो।

मिस जोशी ने गद्गद कंठ से कहा—आप इन दुष्टों के हाथ से मेरा उद्धार कीजिए। मुझे इस योग्य बनाइए कि आपकी विश्वासपात्री बन सकूँ। ईश्वर साक्षी है कि मुझे कभी-कभी अपनी दशा पर कितना दुःख होता है। मैं बार-बार चेष्टा करती हूँ कि अपनी दशा सुधारूँ; इस विलासिता के जाल को तोड़ दूँ, जो मेरी आत्मा को चारों तरफ़ से जकड़े हुए है, पर दुर्बल आत्मा अपने निश्चय पर स्थित नहीं रहती। मेरा पालन-पोषण जिस ढंग से हुआ, उसका यह परिणाम होना स्वाभाविक-सा मालूम होता है। मेरी उच्च शिक्षा ने गृहिणी-जीवन से मेरे मन में घृणा पैदा कर दी। मुझे किसी पुरुष के अधीन रहने का विचार अस्वाभाविक जान पड़ता था। मैं गृहिणी की ज़िम्मेदारियों और चिन्ताओं को अपनी मानसिक स्वाधीनता के लिए विष-तुल्य समझती थी। मैं तर्कबुद्धि से अपने स्त्रीत्व को मिटा देना चाहती थी, मैं पुरुषों की भाँति स्वतंत्र रहना चाहती थी। क्यों किसी की पाबंद होकर रहूँ? क्यों अपनी इच्छाओं को किसी व्यक्ति के साँचे में ढालूँ? क्यों किसी को यह कहने का अधिकार दूँ कि तुमने यह क्यों किया? दाम्पत्य मेरी निगाह में तुच्छ वस्तु थी। अपने माता-पिता की आलोचना करना मेरे लिए उचित नहीं, ईश्वर उन्हें सद्गति दे, उनकी राय किसी बात पर न मिलती थी। पिता विद्वान् थे, माता के लिए 'काला अक्षर भैंस बराबर' था। उनमें रात-दिन वाद-विवाद होता रहता था। पिताजी ऐसी स्त्री से विवाह हो जाना अपने जीवन का सबसे बड़ा दुर्भाग्य समझते थे। वह यह कहते कभी न थकते थे कि तुम मेरे पाँव की बेड़ी बन गईं, नहीं तो मैं न जाने कहाँ उड़कर पहुँचा होता। उनके विचार में सारा दोष माताजी की अशिक्षा के सिर था। वह अपनी एकमात्र पुत्री को मूर्खा माता के संसर्ग से दूर रखना चाहते थे। माता कभी मुझसे कुछ कहती थीं तो पिताजी उन पर टूट पड़ते—तुमसे कितनी बार कह चुका कि लड़की को डाँटो मत, वह स्वयं अपना भला-बुरा सोच सकती है, तुम्हारे डाँटने से उसके आत्म-सम्मान को कितना धक्का लगेगा, यह तुम नहीं जान सकतीं। आख़िर माताजी ने निराश होकर मुझे मेरे हाल पर छोड़ दिया और कदाचित् इसी शोक में चल बसीं। अपने घर की अशांति देखकर मुझे विवाह से और भी घृणा हो गई। सबसे बड़ा असर मुझ पर मेरे कॉलेज की लेडी प्रिंसिपल का हुआ जो स्वयं अविवाहिता थीं। मेरा तो अब यह विचार है कि युवकों की शिक्षा का भार केवल आदर्श चरित्रों पर रखना चाहिए। विलास में रत, कॉलेजों के शौकीन प्रोफ़ेसर विद्यार्थियों पर कोई अच्छा असर नहीं डाल सकते। मैं इस वक़्त ऐसी बात आपसे कह रही हूँ पर अभी घर जाकर यह सब भूल जाऊँगी। मैं जिस संसार में हूँ, उसकी जलवायु ही दूषित है। वहाँ सभी मुझे कीचड़ में लथपथ देखना चाहते हैं, मेरे विलासासक्त रहने में ही उनका स्वार्थ है। आप वह पहले

आदमी हैं जिसने मुझ पर विश्वास किया है, जिसने मुझसे निष्कपट व्यवहार किया है। ईश्वर के लिए अब मुझे भूल न जाइएगा।

आपटे ने मिस जोशी की ओर वेदनापूर्ण दृष्टि से देखकर कहा—अगर मैं आपकी कुछ सेवा कर सकूँ तो यह मेरे लिए सौभाग्य की बात होगी। मिस जोशी! हम सब मिट्टी के पुतले हैं, कोई निर्दोष नहीं। मनुष्य बिगड़ता है तो परिस्थितियों से, या पूर्वसंस्कारों से। परिस्थितियों का त्याग करने से ही बच सकता है, संस्कारों से गिरनेवाले मनुष्य का मार्ग इससे कहीं कठिन है। आपकी आत्मा सुन्दर और पवित्र है, केवल परिस्थितियों ने उसे कुहरे की भाँति ढँक लिया है। अब विवेक का सूर्य उदय हो गया है, ईश्वर ने चाहा तो कुहरा भी फट जाएगा। लेकिन सबसे पहले उन परिस्थितियों का त्याग करने को तैयार हो जाइए।

मिस जोशी—यही आपको करना होगा।

आपटे ने चुभती हुई निगाहों से देखकर कहा—वैद्य रोगी को ज़बरदस्ती दवा पिलाता है।

मिस जोशी—मैं सबकुछ करूँगी। मैं कड़वी से कड़वी दवा पियूँगी यदि आप पिलाएँगे। कल आप मेरे घर आने की कृपा करेंगे, शाम को?

आपटे—अवश्य आऊँगा।

मिस जोशी ने विदा लेते हुए कहा—भूलिएगा नहीं, मैं आपकी राह देखती रहूँगी। अपने रक्षक को भी लाइएगा।

यह कहकर उसने बालक को गोद में उठाया और उसे गले से लगा कर बाहर निकल आई।

गर्व के मारे उसके पाँव ज़मीन पर न पड़ते थे। मालूम होता था, हवा में उड़ी जा रही है। प्यास से तड़पते हुए मनुष्य को नदी का तट नज़र आने लगा था।

6

दूसरे दिन प्रात:काल मिस जोशी ने मेहमानों के नाम दावती कार्ड भेजे और उत्सव मनाने की तैयारियाँ करने लगी। मिस्टर आपटे के सम्मान में पार्टी दी जा रही थी। मिस्टर जौहरी ने कार्ड देखा तो मुस्कुराए। अब महाशय इस जाल से बचकर कहाँ जाएँगे? मिस जोशी ने उन्हें फँसाने की यह अच्छी तरकीब निकाली। इस काम में निपुण मालूम होती है। मैंने समझा था, आपटे चालाक आदमी होगा, मगर इन आन्दोलनकारी विद्रोहियों को बकवास करने के सिवा और क्या सूझ सकती है।

चार ही बजे से मेहमान लोग आने लगे। नगर के बड़े-बड़े अधिकारी, बड़े-बड़े व्यापारी, बड़े-बड़े विद्वान्, प्रधान समाचार-पत्रों के सम्पादक अपनी-अपनी महिलाओं के साथ आने लगे। मिस जोशी ने आज अपने अच्छे-से-अच्छे वस्त्र और आभूषण निकाले हुए थे, जिधर निकल जाती थी मालूम होता था, अरुण प्रकाश की छटा चली आ रही है। भवन में चारों तरफ़ से सुगंध की लपटें आ रही थीं और मधुर संगीत की ध्वनि हवा में गूँज रही थी।

पाँच बजते-बजते मिस्टर जौहरी आ पहुँचे और मिस जोशी से हाथ मिलाते हुए मुस्कुराकर बोले—जी चाहता है तुम्हारे हाथ चूम लूँ। अब मुझे विश्वास हो गया कि यह महाशय तुम्हारे पंजे से नहीं निकल सकते।

मिसेज़ पेटिट बोलीं—मिस जोशी दिलों का शिकार करने ही के लिए बनाई गई हैं।

मिस्टर सोराबजी—मैंने सुना है आपटे बिलकुल गँवार-सा आदमी है।

मिस्टर भरूचा—किसी यूनिवर्सिटी में शिक्षा ही नहीं पाई, सभ्यता कहाँ से आती?

मिसेज़ भरूचा—आज उसे ख़ूब बनाना चाहिए।

महंत वीरभद्र डाढ़ी के भीतर से बोले—मैंने सुना है, नास्तिक है। वर्णाश्रम धर्म का पालन नहीं करता।

मिस जोशी—नास्तिक तो मैं भी हूँ। ईश्वर पर मेरा भी विश्वास नहीं है।

महंत—आप नास्तिक हों, पर आप कितने ही नास्तिकों को आस्तिक बना देती हैं।

मिस्टर जौहरी—आपने लाख की बात कही महंतजी!

मिसेज़ भरूचा—क्यों महंतजी, आपको मिस जोशी ही ने आस्तिक बनाया है क्या?

सहसा आपटे लोहार के बालक की उँगली पकड़े हुए भवन में दाख़िल हुए। वह पूरे फैशनेबुल रईस बने हुए थे। बालक भी किसी रईस का लड़का मालूम होता था। आज आपटे को देखकर लोगों को विदित हुआ कि वह कितना सुन्दर, सजीला आदमी है। मुख से शौर्य टपक रहा था, पोर-पोर से शिष्टता झलकती थी, मालूम होता था वह इसी समाज में पला है। लोग देख रहे थे कि वह कहीं चूके और तालियाँ बजाएँ, कहीं फिसले और क़हक़हे लगाएँ पर आपटे मँजे हुए खिलाड़ी की भाँति, जो क़दम उठाता था वह सधा हुआ, जो हाथ दिखलाता था वह जमा हुआ। लोग उसे पहले तुच्छ समझते थे, अब उससे ईर्ष्या करने लगे, उस पर फबतियाँ उड़ानी शुरू कीं। लेकिन आपटे इस कला में भी एक ही निकला। बात मुँह से निकली और उसने जवाब दिया, पर उसके जवाब में मालिन्य या कटुता का लेश भी न होता था। उसका एक-एक शब्द सरल, स्वच्छ, चित्त को प्रसन्न करनेवाले भावों में डूबा होता था। मिस जोशी उसकी वाक्चातुरी पर फूल उठती थी?

सोराबजी—आपने किस यूनिवर्सिटी से शिक्षा पाई थी?

आपटे—यूनिवर्सिटी में शिक्षा पाई होती तो आज मैं भी शिक्षा-विभाग का अध्यक्ष न होता।

मिसेज भरूचा—मैं तो आपको भयंकर जंतु समझती थी?

आपटे ने मुस्कुराकर कहा—आपने मुझे महिलाओं के सामने न देखा होगा।

सहसा मिस जोशी अपने सोने के कमरे में गई और अपने सारे वस्त्रभूषण उतार फेंके। उसके मुख से शुभ्र संकल्प का तेज़ निकल रहा था। नेत्रों से दबी ज्योति प्रस्फुटित हो रही थी, मानो किसी देवता ने उसे वरदान दिया हो। उसने सजे हुए कमरे को घृणा के नेत्रों से देखा, अपने आभूषणों को पैरों से ठुकरा दिया और एक मोटी साफ़ साड़ी पहनकर बाहर निकली। आज प्रात:काल ही उसने यह साड़ी मँगा ली थी।

उसे इस नए वेश में देखकर सब लोग चकित हो गए। कायापलट कैसी? सहसा किसी की आँखों को विश्वास न आया; किन्तु मिस्टर जौहरी बग़लें बजाने लगे। मिस जोशी ने इसे फँसाने के लिए यह कोई नया स्वाँग रचा है।

'मित्रो! आपको याद है, परसों महाशय आपटे ने मुझे कितनी गालियाँ दी थीं। यह महाशय खड़े हैं। आज मैं इन्हें उस दुर्व्यवहार का दंड देना चाहती हूँ। मैं कल इनके मकान पर जाकर इनके जीवन के सारे गुप्त रहस्यों को जान आई। यह जो जनता की भीड़ में ग़रज़ते फिरते हैं, मेरे एक ही निशाने में गिर पड़े। मैं उन रहस्यों को खोलने में अब विलम्ब न करूँगी, आप लोग अधीर हो रहे होंगे। मैंने जो कुछ देखा, वह इतना भयंकर है कि उसका वृत्तान्त सुनकर शायद आप लोगों को मूर्छा आ जाएगी। अब मुझे लेशमात्र भी सन्देह नहीं है कि यह महाशय पक्के विद्रोही हैं...'

मिस्टर जौहरी ने ताली बजाई और तालियों से हॉल गूँज उठा।

मिस जोशी—लेकिन राज के द्रोही नहीं, अन्याय के द्रोही, दमन के द्रोही, अभिमान के द्रोही...

चारों ओर सन्नाटा छा गया। लोग विस्मित होकर एक-दूसरे की ओर ताकने लगे।

मिस जोशी—महाशय आपटे ने गुप्त रूप से शस्त्र जमा किए हैं और गुप्त रूप से हत्याएँ की हैं ...

मिस्टर जौहरी ने तालियाँ बजाईं और तालियों का दौंगड़ा फिर बरस गया।

मिस जोशी—लेकिन किसकी हत्या? दु:ख की, दरिद्रता की, प्रजा के कष्टों की, हठधर्मी की और अपने स्वार्थ की।

चारों ओर फिर सन्नाटा छा गया और लोग चकित हो-होकर एक-दूसरे की ओर ताकने लगे, मानो उन्हें अपने कानों पर विश्वास नहीं है।

मिस जोशी—महाराज आपटे ने गुप्त रूप से डकैतियाँ की हैं और कर रहे हैं ...

अबकी किसी ने ताली न बजाई, लोग सुनना चाहते थे कि देखें आगे क्या कहती है।

'उन्होंने मुझ पर भी हाथ साफ़ किया है, मेरा सबकुछ अपहरण कर लिया है, यहाँ तक कि अब मैं निराधार हूँ और उनके चरणों के सिवा मेरे लिए और कोई आश्रय नहीं है। प्राणाधार! इस अबला को अपने चरणों में स्थान दो, उसे डूबने से बचाओ। मैं जानती हूँ, तुम मुझे निराश न करोगे।'

यह कहते-कहते वह जाकर आपटे के चरणों पर गिर पड़ी। सारी मंडली स्तंभित रह गई।

7

एक सप्ताह गुज़र चुका था। आपटे पुलिस की हिरासत में थे। उन पर अभियोग चलाने की तैयारियाँ हो रही थीं। सारे प्रांत में हलचल मची हुई थी। नगर में रोज़ सभाएँ होती थीं, पुलिस रोज़ दस-पाँच आदमियों को पकड़ती थी। समाचार-पत्रों में ज़ोरों के साथ वाद-विवाद हो रहा था।

रात के नौ बज गए थे। मिस्टर जौहरी राज-भवन में मेज़ पर बैठे हुए सोच रहे थे कि मिस जोशी को क्योंकर वापस लाएँ? उसी दिन से उनकी छाती पर साँप लोट रहा था। उसकी सूरत एक क्षण के लिए आँखों से न उतरती थी।

वह सोच रहे थे, इसने मेरे साथ ऐसी दग़ा की! मैंने इसके लिए क्या कुछ न किया? इसकी कौन-सी इच्छा थी, जो मैंने पूरी नहीं की और इसी ने मुझसे बेवफाई की। नहीं, कभी नहीं, मैं इसके बग़ैर ज़िंदा नहीं रह सकता। दुनिया चाहे मुझे बदनाम करे, हत्यारा कहे, चाहे मुझे पद से हाथ धोना पड़े, लेकिन आपटे को न छोड़ूँगा। इस रोड़े को रास्ते से हटा दूँगा, इस काँटे को पहलू से निकाल बाहर करूँगा।

सहसा कमरे का द्वार खुला और मिस जोशी ने प्रवेश किया। मिस्टर जौहरी हकबकाकर कुरसी पर से उठ खड़े हुए और यह सोचकर कि शायद मिस जोशी उधर से निराश होकर मेरे पास आई है, कुछ रूखे, लेकिन नम्र भाव से बोले—आओ बाला, तुम्हारी याद में बैठा था। तुम कितनी ही बेवफाई करो, पर तुम्हारी याद मेरे दिल से नहीं निकल सकती।

मिस जोशी—आप केवल ज़बान से कहते हैं।

मिस्टर जौहरी—क्या दिल चीर कर दिखा दूँ?

मिस जोशी—प्रेम प्रतिकार नहीं करता, प्रेम से दुराग्रह नहीं होता। आप मेरे ख़ून के प्यासे हो रहे हैं; उस पर भी आप कहते हैं, मैं तुम्हारी याद करता हूँ। आपने मेरे स्वामी को हिरासत में डाल रखा है, यह प्रेम है! आख़िर आप मुझसे क्या चाहते हैं? अगर आप समझ रहे हों कि इन सख़्तियों से डरकर मैं आपकी शरण आ जाऊँगी तो आपका भ्रम है। आपको अख़्तियार है कि आपटे को कालेपानी भेज दें, फाँसी पर चढ़ा दें, लेकिन इसका मुझ पर कोई असर न होगा। वह मेरे स्वामी हैं, मैं उनको अपना स्वामी समझती हूँ। उन्होंने अपनी विशाल उदारता से मेरा उद्धार किया। आप मुझे विषय के फंदों में फँसाते थे, मेरी आत्मा को कलुषित करते थे। कभी आपको यह ख़याल आया कि इसकी आत्मा पर क्या बीत रही होगी? आप मुझे आत्मशून्य समझते थे। इस देवपुरुष ने अपनी निर्मल स्वच्छ आत्मा के आकर्षण से मुझे पहली ही मुलाक़ात में खींच लिया। मैं उसकी हो गई और मरते दम तक उसी की रहूँगी। उस मार्ग से अब आप मुझे नहीं हटा सकते। मुझे एक सच्ची आस्था की ज़रूरत थी, वह मुझे मिल गई। उसे पाकर अब तीनों लोक की सम्पदा मेरी आँखों में तुच्छ है। मैं उनके वियोग में चाहे प्राण दे दूँ, पर आपके काम नहीं आ सकती।

मिस्टर जौहरी—मिस जोशी! प्रेम उदार नहीं होता, क्षमाशील नहीं होता। मेरे लिए तुम सर्वस्व हो, जब तक मैं समझता हूँ कि तुम मेरी हो। अगर तुम मेरी नहीं हो सकती तो मुझे इसकी क्या चिन्ता हो सकती है कि तुम किस दिशा में हो?

मिस जोशी—यह आपका अन्तिम निश्चय है?

मिस्टर जौहरी—अगर मैं कह दूँ कि हाँ, तो?

मिस जोशी ने सीने से पिस्तौल निकालकर कहा—तो पहले आपकी लाश ज़मीन पर फड़कती होगी और आपके बाद मेरी। बोलिए, यह आपका अन्तिम निश्चय है?

यह कहकर मिस जोशी ने जौहरी की तरफ़ पिस्तौल सीधा किया। जौहरी कुरसी से उठ खड़े हुए और मुस्कुराकर बोले—क्या तुम मेरे लिए कभी इतना साहस कर सकती थीं? कदापि नहीं। अब मुझे विश्वास हो गया कि मैं तुम्हें नहीं पा सकता। जाओ, तुम्हारा आपटे तुम्हें मुबारक हो। उस पर से अभियोग उठा लिया जाएगा। पवित्र प्रेम ही में यह साहस है। अब मुझे विश्वास हो गया कि तुम्हारा प्रेम पवित्र है। अगर कोई पुराना पापी भविष्यवाणी कर सकता है तो मैं कहता हूँ, वह दिन दूर नहीं, जब तुम इस भवन की स्वामिनी होगी। आपटे ने मुझे प्रेम के क्षेत्र में नहीं, राजनीति के क्षेत्र में भी परास्त कर दिया। सच्चा आदमी एक मुलाक़ात में ही जीवन को बदल सकता है, आत्मा को जगा सकता है और अज्ञान को मिटाकर प्रकाश की ज्योति फैला सकता है, यह आज सिद्ध हो गया।

नरक का मार्ग

रात 'भक्तमाल' पढ़ते-पढ़ते न जाने कब नींद आ गई। कैसे-कैसे महात्मा थे जिनके लिए भगवत्-प्रेम ही सबकुछ था, इसी में मग्न रहते थे। ऐसी भक्ति बड़ी तपस्या से मिलती है। क्या मैं यह तपस्या नहीं कर सकती? इस जीवन में और कौन-सा सुख रखा है? आभूषणों

से जिसे प्रेम हो वह जाने, यहाँ तो इनको देखकर आँखें फूटती हैं; धन-दौलत पर जो प्राण देता हो वह जाने, यहाँ तो इसका नाम सुनकर ज्वर-सा चढ़ आता है। कल पगली सुशीला ने कितनी उमंगों से मेरा शृंगार किया था, कितने प्रेम से बालों में फूल गूँथे थे। कितना मना करती रही, न मानी। आख़िर वही हुआ जिसका मुझे भय था। जितनी देर उसके साथ हँसी थी, उससे कहीं ज़्यादा रोई। संसार में ऐसी भी कोई स्त्री है, जिसका पति उसका शृंगार देख कर सिर से पाँव तक जल उठे? कौन ऐसी स्त्री है जो अपने पति के मुँह से ये शब्द सुने—तुम मेरा परलोक बिगाड़ोगी, और कुछ नहीं, तुम्हारे रंग-ढंग कहे देते हैं—और उसका दिल विष खा लेने को न चाहे? भगवान्! संसार में ऐसे भी मनुष्य हैं। आख़िर मैं नीचे चली गई और 'भक्तमाल' पढ़ने लगी। अब वृंदावन-बिहारी ही की सेवा करूँगी, उन्हीं को अपना शृंगार दिखाऊँगी, वह तो देखकर न जलेंगे, वह तो मेरे मन का हाल जानते हैं।

2

भगवान्! मैं अपने मन को कैसे समझाऊँ! तुम अंतर्यामी हो, तुम मेरे रोम-रोम का हाल जानते हो। मैं चाहती हूँ कि उन्हें अपना इष्ट समझूँ, उनके चरणों की सेवा करूँ, उनके इशारे पर चलूँ, उन्हें मेरी किसी बात से, किसी व्यवहार से नाममात्र भी दुःख न हो। वह निर्दोष हैं, जो कुछ मेरे भाग्य में था वह हुआ, न उनका दोष है, न माता-पिता का, सारा दोष मेरे नसीबों ही का है। लेकिन यह सब जानते हुए भी जब उन्हें आते देखती हूँ, तो मेरा दिल बैठ जाता है, मुँह पर मुरदनी-सी छा जाती है, सिर भारी हो जाता है; जी चाहता है इनकी सूरत न देखूँ, बात तक करने को जी नहीं चाहता; कदाचित् शत्रु को भी देख कर किसी का मन इतना क्लांत न होता होगा। उनके आने के समय दिल में धड़कन-सी होने लगती है। दो-एक दिन के लिए कहीं चले जाते हैं तो दिल पर से एक बोझ-सा उठ जाता है; हँसती भी हूँ, बोलती भी हूँ, जीवन में कुछ आनंद आने लगता है लेकिन उनके आने का समाचार पाते ही फिर चारों ओर अंधकार! चित्त की ऐसी दशा क्यों है, यह मैं नहीं कह सकती। मुझे तो ऐसा जान पड़ता है कि पूर्वजन्म में हम दोनों में वैर था, उसी वैर का बदला लेने के लिए इन्होंने मुझसे विवाह किया है, वही पुराने संस्कार हमारे मन में बने हुए हैं। नहीं तो वह मुझे देख-देखकर क्यों जलते और मैं उनकी सूरत से क्यों घृणा करती? विवाह करने का तो यह मतलब नहीं हुआ करता! मैं अपने घर इससे कहीं सुखी थी। कदाचित् मैं जीवन-पर्यंत अपने घर आनंद से रह सकती थी। लेकिन इस लोक-प्रथा का बुरा हो, जो अभागिनी कन्याओं को किसी-न-किसी पुरुष के गले में बाँध देना अनिवार्य समझती है। वह क्या जानता है कि कितनी युवतियाँ उसके नाम को रो रही हैं, कितने अभिलाषाओं से लहराते हुए, कोमल हृदय उसके पैरों तले रौंदे जा रहे हैं? युवती के लिए पति कैसी-कैसी मधुर कल्पनाओं का स्रोत होता है, पुरुष में जो उत्तम है, श्रेष्ठ है, दर्शनीय है, उसकी राजीव मूर्ति इस शब्द के ध्यान में आते ही उसकी नज़रों के सामने आकर खड़ी हो जाती है। लेकिन मेरे लिए यह शब्द क्या है। हृदय में उठनेवाला शूल, कलेजे में खटकनेवाला काँटा, आँखों में गड़नेवाली किरकिरी, अन्तःकरण को बेधनेवाला व्यंग्य-बाण! सुशीला को हमेशा हँसते देखती हूँ। वह कभी अपनी दरिद्रता का गिला नहीं करती; गहने नहीं हैं, कपड़े नहीं हैं, भाड़े के नन्हे से मकान में रहती है, अपने हाथों घर का सारा काम-काज करती है, फिर भी उसे रोते नहीं देखती। अगर अपने बस की बात होती तो

आज अपने धन को उसकी दरिद्रता से बदल लेती। अपने पतिदेव को मुस्कुराते हुए घर में आते देखकर उसका सारा दुःख-दारिद्र्य छूमंतर हो जाता है, छाती गज़-भर की हो जाती है। उसके प्रेमालिंगन में वह सुख है, जिस पर तीनों लोक का धन न्योछावर कर दूँ।

3

आज मुझसे ज़ब्त न हो सका। मैंने पूछा—तुमने मुझसे किस लिए विवाह किया था? यह प्रश्न महीनों से मेरे मन में उठता था, पर मन को रोकती चली आती थी। आज प्याला छलक पड़ा। यह प्रश्न सुनकर कुछ बौखला से गए, बग़लें झाँकने लगे, खीसें निकालकर बोले—घर सँभालने के लिए, गृहस्थी का भार उठाने के लिए, और नहीं क्या भोग-विलास के लिए? घरनी के बिना यह आपको भूत का डेरा-सा मालूम होता था। नौकर-चाकर घर की सम्पत्ति उड़ाए देते थे। जो चीज़ जहाँ पड़ी रहती थी, वहीं पड़ी रहती थी। कोई उसको देखनेवाला न था। तो अब मालूम हुआ कि मैं इस घर की चौकसी करने के लिए लाई गई हूँ। मुझे इस घर की रक्षा करनी चाहिए और अपने को धन्य समझना चाहिए कि यह सारी सम्पत्ति मेरी है। मुख्य वस्तु सम्पत्ति है, मैं तो केवल चौकीदारिन हूँ। ऐसे घर में आज ही आग लग जाए! अब तक तो मैं अनजान में घर की चौकसी करती थी, जितना वह चाहते हैं उतना न सही, पर अपनी बुद्धि के अनुसार अवश्य करती थी। आज से किसी चीज़ को भूलकर भी छूने की क़सम खाती हूँ। यह मैं जानती हूँ कि कोई पुरुष घर की चौकसी के लिए विवाह नहीं करता और इन महाशय ने चिढ़कर यह बात मुझसे कही। लेकिन सुशीला ठीक कहती है, इन्हें स्त्री के बिना घर सूना लगता होगा, उसी तरह जैसे पिंजरे में चिड़िया को न देखकर पिंजरा सूना लगता है। यह है हम स्त्रियों का भाग्य!

4

मालूम नहीं, इन्हें मुझ पर इतना सन्देह क्यों होता है। जब से नसीब इस घर में लाया है, इन्हें बराबर सन्देह-मूलक कटाक्ष करते देखती हूँ। क्या कारण है? ज़रा बाल गुँथवाकर बैठी और यह ओठ चबाने लगे। कहीं जाती नहीं, कहीं आती नहीं, किसी से बोलती नहीं, फिर भी इतना सन्देह! यह अपमान असह्य है। क्या मुझे अपनी आबरू प्यारी नहीं? यह मुझे इतनी छिछोरी क्यों समझते हैं, इन्हें मुझ पर सन्देह करते लज्जा भी नहीं आती? काना आदमी किसी को हँसते देखता है तो समझता है लोग मुझी पर हँस रहे हैं। शायद इन्हें भी यही वहम हो गया है कि मैं इन्हें चिढ़ाती हूँ। अपने अधिकार के बाहर कोई काम कर बैठने से कदाचित् हमारे चित्त की यही वृत्ति हो जाती है। भिक्षुक राजा की गद्दी पर बैठकर चैन की नींद नहीं सो सकता। उसे अपने चारों तरफ़ शत्रु ही शत्रु दिखाई देंगे। मैं समझती हूँ, सभी शादी करनेवाले बुड्ढों का यही हाल है

आज सुशीला के कहने से मैं ठाकुरजी की झाँकी देखने जा रही थी। अब यह साधारण बुद्धि का आदमी भी समझ सकता है कि फूहड़ बहू बन कर बाहर निकलना अपनी हँसी उड़ाना है, लेकिन आप उसी वक़्त न-जाने किधर से टपक पड़े और मेरी ओर तिरस्कारपूर्ण नेत्रों से देख कर बोले—कहाँ की तैयारी है?

मैंने कह दिया, ज़रा ठाकुरजी की झाँकी देखने जाती हूँ। इतना सुनते ही त्योरियाँ चढ़ाकर बोले—तुम्हारे जाने की कुछ ज़रूरत नहीं। जो स्त्री अपने पति की सेवा नहीं कर सकती,

उसे देवताओं के दर्शन से पुण्य के बदले पाप होता है! मुझसे उड़ने चली हो। मैं औरतों की नस-नस पहचानता हूँ।

ऐसा क्रोध आया कि बस अब क्या कहूँ। उसी दम कपड़े बदल डाले और प्रण कर लिया कि अब कभी दर्शन करने न जाऊँगी। इस अविश्वास का भी कुछ ठिकाना है! न-जाने क्या सोचकर रुक गई। उनकी बात का जवाब तो यही था कि उसी क्षण घर से चल खड़ी होती, फिर देखती मेरा क्या कर लेते!

इन्हें मेरा उदास और विमन रहने पर आश्चर्य होता है। मुझे मन में कृतघ्न समझते हैं, अपनी समझ में इन्होंने मेरे साथ विवाह करके शायद मुझ पर बड़ा एहसान किया है। इतनी बड़ी जायदाद और इतनी विशाल सम्पत्ति की स्वामिनी होकर मुझे फूले न समाना चाहिए था, आठों पहर इनका यशगान करते रहना चाहिए था। मैं यह सबकुछ न करके उलटे और मुँह लटकाए रहती हूँ। कभी-कभी मुझे बेचारे पर दया आती है। यह नहीं समझते कि नारी जीवन में कोई ऐसी वस्तु भी है जिसे खोकर उसकी आँखों में स्वयं भी नरकतुल्य हो जाता है!

5

तीन दिन से बीमार हैं। डॉक्टर कहते हैं, बचने की कोई आशा नहीं, निमोनिया हो गया है। पर मुझे न जाने क्यों इनका ग़म नहीं है। मैं इतनी वज्र-हृदय कभी न थी। न-जाने वह मेरी कोमलता कहाँ चली गई। किसी बीमार की सूरत देखकर मेरा हृदय करुणा से चंचल हो जाता था, मैं किसी का रोना नहीं सुन सकती थी। वही मैं हूँ कि आज तीन दिन से उन्हें अपने बग़ल के कमरे में पड़े कराहते सुनती हूँ; और एक बार भी उन्हें देखने न गई, आँख में आँसू आने का ज़िक्र ही क्या। मुझे ऐसा मालूम होता है, इनसे मेरा कोई नाता ही नहीं। मुझे चाहे कोई पिशाचिनी कहे, चाहे कुलटा, पर मुझे तो यह कहने में लेशमात्र भी संकोच नहीं है कि इनकी बीमारी से मुझे एक प्रकार का ईर्ष्यामय आनंद आ रहा है। इन्होंने मुझे यहाँ कारावास दे रखा था—मैं इसे विवाह का पवित्र नाम नहीं देना चाहती—यह कारावास ही है। मैं इतनी उदार नहीं हूँ कि जिसने मुझे क़ैद में डाल रखा हो उसकी पूजा करूँ, जो मुझे लात से मारे उसके पैरों को चूमूँ। मुझे तो मालूम हो रहा है, ईश्वर इन्हें इस पाप का दंड दे रहे हैं। मैं निस्संकोच होकर कहती हूँ कि मेरा इनसे विवाह नहीं हुआ। स्त्री किसी के गले बाँध दिए जाने से ही उसकी विवाहिता नहीं हो जाती। वही संयोग विवाह का पद पा सकता है जिसमें कम-से-कम एक बार तो हृदय प्रेम से पुलकित हो जाए! सुनती हूँ, महाशय अपने कमरे में पड़े-पड़े मुझे कोसा करते हैं, अपनी बीमारी का सारा बुखार मुझ पर निकालते हैं, लेकिन यहाँ इसकी परवा नहीं। जिसका जी चाहे जायदाद ले, धन ले, मुझे इसकी ज़रूरत नहीं!

6

आज तीन दिन हुए, मैं विधवा हो गई, कम-से-कम लोग यही कहते हैं। जिसका जो जी चाहे कहे, पर मैं अपने को जो कुछ समझती हूँ वह समझती हूँ। मैंने चूड़ियाँ नहीं तोड़ीं, क्यों तोड़ूँ? माँग में सेंदुर पहले भी न डालती थी, अब भी नहीं डालती। बूढ़े बाबा का क्रिया-कर्म उनके सुपुत्र ने किया, मैं पास न फटकी। घर में मुझ पर मनमानी आलोचनाएँ होती हैं, कोई मेरे गूँथे हुए बालों को देखकर नाक सिकोड़ता है, कोई मेरे आभूषणों पर आँख मटकाता है,

यहाँ इसकी चिन्ता नहीं। इन्हें चिढ़ाने को मैं भी रंग-बिरंगी साड़ियाँ पहनती हूँ, और बनती-सँवरती हूँ, मुझे ज़रा भी दुःख नहीं है। मैं तो क़ैद से छूट गई। इधर कई दिन बाद सुशीला के घर गई। छोटा-सा मकान है, कोई सजावट न सामान, चारपाइयाँ तक नहीं, पर सुशीला कितने आनंद से रहती है। उसका उल्लास देखकर मेरे मन में भी भाँति-भाँति की कल्पनाएँ उठने लगती हैं—उन्हें कुत्सित क्यों कहूँ, जब मेरा मन उन्हें कुत्सित नहीं समझता। इनके जीवन में कितना उत्साह है। आँखें मुस्कुराती रहती हैं, ओठों पर मधुर हास्य खेलता रहता है, बातों में प्रेम का स्रोत बहता हुआ जान पड़ता है। इस आनंद से, चाहे वह कितना ही क्षणिक हो, जीवन सफल हो जाता है, फिर उसे कोई भूल नहीं सकता, उसकी स्मृति अंत तक के लिए काफ़ी हो जाती है, इस मिजराव की चोट हृदय के तारों को अंतकाल तक मधुर स्वरों से कम्पित रख सकती है।

एक दिन मैंने सुशीला से कहा—अगर तेरे पतिदेव कहीं परदेश चले जाएँ तो रोते-रोते मर जाएगी!

सुशीला गम्भीर भाव से बोली—नहीं बहन, मरूँगी नहीं, उनकी याद सदैव प्रफुल्लित करती रहेगी, चाहे उन्हें परदेश में बरसों लग जाएँ।

मैं यही प्रेम चाहती हूँ, इसी चोट के लिए मेरा मन तड़पता रहता है, मैं भी ऐसी ही स्मृति चाहती हूँ, जिससे दिल के तार सदैव बजते रहें, जिसका नशा नित्य छाया रहे।

7

रात रोते-रोते हिचकियाँ बँध गईं। न-जाने क्यों दिल भर-भर आता था। अपना जीवन सामने एक बीहड़ मैदान की भाँति फैला हुआ मालूम होता था, जहाँ बगूलों के सिवा हरियाली का नाम नहीं। घर फाड़े खाता था, चित्त ऐसा चंचल हो रहा था कि कहीं उड़ जाऊँ। आजकल भक्ति के ग्रंथों की ओर ताकने को जी नहीं चाहता, कहीं सैर करने जाने की भी इच्छा नहीं होती, क्या चाहती हूँ वह मैं स्वयं नहीं जानती। लेकिन मैं जो नहीं जानती वह मेरा एक-एक रोम जानता है, मैं अपनी भावनाओं की सजीव भूमि हूँ, मेरा एक-एक अंग मेरी आन्तरिक वेदना का आर्तनाद कर रहा है।

मेरे चित्त की चंचलता उस अन्तिम दशा को पहुँच गई है, जब मनुष्य को निंदा की न लज्जा रहती है और न भय। जिन लोभी, स्वार्थी माता-पिता ने मुझे कुएँ में ढकेला, जिस पाषाण-हृदय प्राणी ने मेरी माँग में सेंदुर डालने का स्वाँग किया, उनके प्रति मेरे मन में बार-बार दुष्कामनाएँ उठती हैं, मैं उन्हें लज्जित करना चाहती हूँ। मैं अपने मुँह में कालिख लगाकर उनके मुख में कालिख लगाना चाहती हूँ। मैं अपने प्राण देकर उन्हें प्राणदंड दिलाना चाहती हूँ। मेरा नारीत्व लुप्त हो गया है, मेरे हृदय में प्रचंड ज्वाला उठी हुई है।

घर के सारे आदमी सो रहे थे। मैं चुपके से नीचे उतरी, द्वार खोला और घर से निकली, जैसे कोई प्राणी गर्मी से व्याकुल होकर घर से निकले और किसी खुली हुई जगह की ओर दौड़े। उस मकान में मेरा दम घुट रहा था।

सड़क पर सन्नाटा था, दुकानें बन्द हो चुकी थीं। सहसा एक बुढ़िया आती हुई दिखाई दी। मैं डरी कहीं चुड़ैल न हो। बुढ़िया ने मेरे समीप आ कर मुझे सिर से पाँव तक देखा और बोली—किसकी राह देख रही हो?

मैंने चिढ़कर कहा—मौत की!

बुढ़िया—तुम्हारे नसीबों में तो अभी ज़िन्दगी के बड़े-बड़े सुख भोगने लिखे हैं। अँधेरी रात गुज़र गई, आसमान पर सुबह की रोशनी आ रही है।

मैंने हँसकर कहा—अँधेरे में भी तुम्हारी आँखें इतनी तेज़ हैं कि नसीबों की लिखावट पढ़ लेती हैं?

बुढ़िया—आँखों से नहीं पढ़ती बेटी, अक़्ल से पढ़ती हूँ, धूप में चूड़े नहीं सुफेद किए हैं। तुम्हारे बुरे दिन गए और अच्छे दिन आ रहे हैं। हँसो मत बेटी, यही काम करते इतनी उम्र गुज़र गई। इसी बुढ़िया की बदौलत जो नदी में कूदने जा रही थीं, वे आज फूलों की सेज पर सो रही हैं; जो ज़हर का प्याला पीने को तैयार थीं, वे आज दूध की कुल्लियाँ कर रही हैं। इसीलिए इतनी रात गए निकलती हूँ कि अपने हाथों किसी अभागिन का उद्धार हो सके तो करूँ। किसी से कुछ नहीं माँगती, भगवान् का दिया सबकुछ घर में है, केवल यही इच्छा है कि अपने से जहाँ तक हो सके दूसरों का उपकार करूँ। जिन्हें धन की इच्छा है उन्हें धन, जिन्हें संतान की इच्छा है उन्हें संतान, बस और क्यां कहूँ; वह मंत्र बता देती हूँ कि जिसकी जो इच्छा हो वह पूरी हो जाए।

मैंने कहा—मुझे न धन चाहिए न संतान। मेरी मनोकामना तुम्हारे बस की बात नहीं।

बुढ़िया हँसी—बेटी, जो तुम चाहती हो वह मैं जानती हूँ; तुम वह चीज़ चाहती हो जो संसार में होते हुए स्वर्ग की है, जो देवताओं के वरदान से भी ज़्यादा आनंदप्रद है, जो आकाश-कुसुम है, गूलर का फूल है और अमावस का चाँद है। लेकिन मेरे मंत्र में वह शक्ति है जो भाग्य को भी सँवार सकता है। तुम प्रेम की प्यासी हो, मैं तुम्हें उस नाव पर बैठा सकती हूँ जो प्रेम के सागर में, प्रेम की तरंगों पर क्रीड़ा करती हुई तुम्हें पार उतार दे।

मैंने उत्कंठित होकर पूछा—माता, तुम्हारा घर कहाँ है?

बुढ़िया—बहुत नज़दीक है बेटी, तुम चलो तो मैं अपनी आँखों पर बैठा कर ले चलूँ।

मुझे ऐसा मालूम हुआ कि यह कोई आकाश की देवी है। उसके पीछे-पीछे चल पड़ी।

8

आह! वह बुढ़िया, जिसे मैं आकाश की देवी समझती थी, नरक की डाइन निकली। मेरा सर्वनाश हो गया। मैं अमृत खोजती थी, विष मिला, निर्मल स्वच्छ प्रेम की प्यासी थी, गंदे विषाक्त नाले में गिर पड़ी। वह वस्तु न मिलनी थी, न मिली। मैं सुशीला का-सा सुख चाहती थी, कुलटाओं की विषय-वासना नहीं। लेकिन जीवन-पथ में एक बार उलटी राह चलकर फिर सीधे मार्ग पर आना कठिन है?

लेकिन मेरे अध:पतन का अपराध मेरे सिर नहीं, मेरे माता-पिता और उस बूढ़े पर है जो मेरा स्वामी बनना चाहता था। मैं यह पंक्तियाँ न लिखती, लेकिन इस विचार से लिख रही हूँ कि मेरी आत्मकथा पढ़कर लोगों की आँखें खुलें; मैं फिर कहती हूँ, अब भी अपनी बालिकाओं के लिए मत देखो धन, मत देखो जायदाद, मत देखो कुलीनता, केवल वर देखो। अगर उसके लिए जोड़ का वर नहीं पा सकते तो लड़की को क्वाँरी रख छोड़ो, ज़हर देकर मार डालो, गला घोंट डालो, पर किसी बूढ़े खूसट से मत ब्याहो। स्त्री सबकुछ सह सकती है, दारुण से दारुण दु:ख, बड़े से बड़ा संकट, अगर नहीं सह सकती तो अपने यौवन-काल की उमंगों का कुचला जाना।

रही मैं, मेरे लिए अब इस जीवन में कोई आशा नहीं। इस अधम दशा को भी उस दशा से न बदलूँगी, जिससे निकलकर आई हूँ।

स्त्री और पुरुष

विपिन बाबू के लिए स्त्री ही संसार की सुन्दर वस्तु थी। वह कवि थे और उनकी कविता के लिए स्त्रियों के रूप और यौवन की प्रशंसा ही सबसे चित्ताकर्षक विषय था। उनकी दृष्टि में स्त्री जगत् में व्याप्त कोमलता, माधुर्य और अलंकारों की सजीव प्रतिमा थी। ज़बान पर स्त्री का नाम आते ही उनकी आँखें जगमगा उठती थीं, कान खड़े हो जाते थे, मानो किसी रसिक ने गान की आवाज़ सुन ली हो। जब से होश सँभाला, तभी से उन्होंने उस सुन्दरी की कल्पना करनी शुरू की जो उनके हृदय की रानी होगी; उसमें ऊषा की प्रफुल्लता होगी, पुष्प की कोमलता, कुंदन की चमक, बसंत की छवि, कोयल की ध्वनि—वह कवि-वर्णित सभी उपमाओं से विभूषित होगी। वह उस कल्पित मूर्ति के उपासक थे, कविताओं में उसका गुण गाते, मित्रों से उसकी चर्चा करते, नित्य उसी के ख़याल में मस्त रहते थे। वह दिन भी समीप आ गया था, जब उनकी आशाएँ हरे-हरे पत्तों से लहराएँगी, उनकी मुरादें पूरी होंगी। कॉलेज की अन्तिम परीक्षा समाप्त हो गई थी और विवाह के संदेशे आने लगे थे।

2

विवाह तय हो गया। विपिन बाबू ने कन्या को देखने का बहुत आग्रह किया, लेकिन जब उनके मामूँ ने विश्वास दिलाया कि लड़की बहुत ही रूपवती है, मैंने उसे अपनी आँखों से देखा है, तब वह राज़ी हो गए। धूमधाम से बारात निकली और विवाह का मुहूर्त आया। वधू आभूषणों से सजी हुई मंडप में आई तो विपिन को उसके हाथ-पाँव नज़र आए। कितनी सुन्दर उँगलियाँ थीं, मानो दीप-शिखाएँ हों, अंगों की शोभा कितनी मनोहारिणी थी। विपिन फूले न समाए। दूसरे दिन वधू विदा हुई तो वह उसके दर्शनों के लिए इतने अधीर हुए कि ज्यों ही रास्ते में कहारों ने पालकी रखकर मुँह-हाथ धोना शुरू किया, आप चुपके से वधू के पास जा पहुँचे। वह घूँघट हटाए, पालकी से सिर निकाले बाहर झाँक रही थी। विपिन की निगाह उस पर पड़ गई। घृणा, क्रोध और निराशा की एक लहर-सी उन पर दौड़ गई। यह वह परम सुन्दरी रमणी न थी जिसकी उन्होंने कल्पना की थी, जिसकी वह बरसों से कल्पना कर रहे थे—यह एक चौड़े मुँह, चिपटी नाक, और फूले हुए गालों वाली कुरूपा स्त्री थी। रंग गोरा था, पर उसमें लाली के बदले सफ़ेदी थी; और फिर रंग कैसा ही सुन्दर हो, रूप की कमी नहीं पूरी कर सकता। विपिन का सारा उत्साह ठंडा पड़ गया—हा! इसे मेरे ही गले पड़ना था। क्या इसके लिए समस्त संसार में और कोई न मिलता था? उन्हें अपने मामूँ पर क्रोध आया जिन्होंने वधू की तारीफों के पुल बाँध दिए थे। अगर इस वक़्त वह मिल जाते तो विपिन उनकी ऐसी ख़बर लेता कि वह भी याद करते।

जब कहारों ने फिर पालकियाँ उठाईं तो विपिन मन में सोचने लगा, इस स्त्री के साथ कैसे मैं बोलूँगा, कैसे इसके साथ जीवन काटूँगा। इसकी ओर तो ताकने ही से घृणा होती है। ऐसी कुरूपा स्त्रियाँ भी संसार में हैं, इसका मुझे अब तक पता न था। क्या मुँह ईश्वर ने बनाया है, क्या आँखें हैं! मैं और सारे ऐबों की ओर से आँखें बन्द कर लेता, लेकिन वह चौड़ा-सा मुँह! भगवान्! क्या तुम्हें मुझी पर यह वज्रपात करना था।

3

विपिन को अपना जीवन नरक-सा जान पड़ता था। वह अपने मामूँ से लड़ा। ससुर को लम्बा खर्रा लिखकर फटकारा, माँ-बाप से हुज्जत की और जब इससे शांति न हुई तो कहीं भाग जाने की बात सोचने लगा। आशा पर उसे दया अवश्य आती थी। वह अपने को समझाता कि इसमें उस बेचारी का क्या दोष है, उसने ज़बरदस्ती तो मुझसे विवाह किया नहीं। लेकिन यह दया और यह विचार उस घृणा को न जीत सकता था जो आशा को देखते ही उसके रोम-रोम में व्याप्त हो जाती थी। आशा अपने अच्छे-से-अच्छे कपड़े पहनती; तरह-तरह से बाल सँवारती, घंटों आईने के सामने खड़ी होकर अपना श्रृंगार करती, लेकिन विपिन को यह शुतुरग़मज़-से मालूम होते। वह दिल से चाहती थी कि उन्हें प्रसन्न करूँ, उनकी सेवा करने के लिए अवसर खोजा करती थी; लेकिन विपिन उससे भागा-भागा फिरता था। अगर कभी भेंट हो भी जाती तो कुछ ऐसी जली-कटी बातें करने लगता कि आशा रोती हुई वहाँ से चली जाती।

सबसे बुरी बात यह थी कि उसका चरित्र भ्रष्ट होने लगा। वह यह भूल जाने की चेष्टा करने लगा कि मेरा विवाह हो गया है। कई-कई दिनों तक आशा को उसके दर्शन भी न होते। वह उसके क़हक़हे की आवाज़ें बाहर से आती हुई सुनती, झरोखे से देखती कि वह दोस्तों के गले में हाथ डाले सैर करने जा रहे हैं और तड़पकर रह जाती।

एक दिन खाना खाते समय उसने कहा—अब तो आपके दर्शन ही नहीं होते। क्या मेरे कारण घर छोड़ दीजिएगा क्या?

विपिन ने मुँह फेरकर कहा—घर ही पर तो रहता हूँ। आजकल ज़रा नौकरी की तलाश है इसलिए दौड़-धूप ज़्यादा करनी पड़ती है।

आशा—किसी डॉक्टर से मेरी सूरत क्यों नहीं बनवा देते? सुनती हूँ, आजकल सूरत बनानेवाले डॉक्टर पैदा हुए हैं।

विपिन—क्यों नाहक चिढ़ाती हो, यहाँ तुम्हें किसने बुलाया था?

आशा—आख़िर इस मर्ज की दवा कौन करेगा?

विपिन—इस मर्ज की दवा नहीं है। जो काम ईश्वर से न करते बना उसे आदमी क्या बना सकता है?

आशा—यह तो तुम्हीं सोचो कि ईश्वर की भूल के लिए मुझे दंड दे रहे हो। संसार में कौन ऐसा आदमी है जिसे अच्छी सूरत बुरी लगती हो, लेकिन तुमने किसी मर्द को केवल रूपहीन होने के कारण क्वाँरा रहते देखा है, रूपहीन लड़कियाँ भी माँ-बाप के घर नहीं बैठी रहतीं। किसी-न-किसी तरह उनका निर्वाह हो ही जाता है; उसका पति उन पर प्राण न देता हो, लेकिन दूध की मक्खी नहीं समझता।

विपिन ने झुँझलाकर कहा—क्यों नाहक सिर खाती हो, मैं तुमसे बहस तो नहीं कर रहा हूँ। दिल पर जब्र नहीं किया जा सकता और न दलीलों का उस पर कोई असर पड़ सकता है। मैं तुम्हें कुछ कहता तो नहीं हूँ, फिर तुम क्यों मुझसे हुज्जत करती हो?

आशा यह झिड़की सुनकर चली गई। उसे मालूम हो गया कि इन्होंने मेरी ओर से सदा के लिए हृदय कठोर कर लिया है।

4

विपिन तो रोज़ सैर-सपाटे करते, कभी-कभी रात ग़ायब रहते। इधर आशा चिन्ता और नैराश्य से घुलते-घुलते बीमार पड़ गई। लेकिन विपिन भूलकर भी उसे देखने न आता, सेवा करना तो दूर रहा। इतना ही नहीं, वह दिल में मनाता था कि वह मर जाती तो गला छूटता, अबकी ख़ूब देख-भालकर अपनी पसन्द का विवाह करता।

अब वह और भी खुलकर खेला। पहले आशा से कुछ दबता था, कम-से-कम उसे यह धड़का लगा रहता था कि कोई मेरी चाल-ढाल पर निगाह रखनेवाला भी है। अब वह धड़का छूट गया। कुवासनाओं में ऐसा लिप्त हो गया कि मरदाने कमरे में ही जमघटे होने लगे। लेकिन विषय-भोग में धन ही का सर्वनाश नहीं होता, इससे कहीं अधिक बुद्धि और बल का सर्वनाश होता है। विपिन का चेहरा पीला पड़ने लगा, देह भी क्षीण होने लगी, पसलियों की हड्डियाँ निकल आईं, आँखों के इर्द-गिर्द गड्ढे पड़ गए। अब वह पहले से कहीं ज़्यादा शौक़ करता, नित्य तेल लगाता, बाल बनवाता, कपड़े बदलता, किन्तु मुख पर कांति न थी, रंग-रोगन से क्या हो सकता?

एक दिन आशा बरामदे में चारपाई पर लेटी हुई थी। इधर हफ़्तों से उसने विपिन को न देखा था। उन्हें देखने की इच्छा हुई। उसे भय था कि वह न आएँगे, फिर भी वह मन को न रोक सकी। विपिन को बुला भेजा। विपिन को भी उस पर कुछ दया आ गई। आकर सामने खड़े हो गए। आशा ने उनके मुँह की ओर देखा तो चौंक पड़ी। वह इतने दुर्बल हो गए थे कि पहचानना मुश्किल था। बोली—क्या, तुम भी बीमार हो क्या? तुम तो मुझसे भी ज़्यादा घुल गए हो।

विपिन—उँह, ज़िन्दगी में रखा ही क्या है जिसके लिए जीने की फ़िक्र करूँ!

आशा—जीने की फ़िक्र न करने से कोई इतना दुबला नहीं हो जाता। तुम अपनी कोई दवा क्यों नहीं करते?

यह कहकर उसने विपिन का दाहिना हाथ पकड़कर अपनी चारपाई पर बैठा लिया। विपिन ने भी हाथ छुड़ाने की चेष्टा न की। उनके स्वभाव में इस समय एक विचित्र नम्रता थी, जो आशा ने कभी न देखी थी। बातों से भी निराशा टपकती थी। अक्खड़पन था, क्रोध की गंध भी न थी। आशा को ऐसा मालूम हुआ कि उनकी आँखों में आँसू भरे हुए हैं।

विपिन चारपाई पर बैठते हुए बोले—मेरी दवा अब मौत करेगी। मैं तुम्हें जलाने के लिए नहीं कहता। ईश्वर जानता है, मैं तुम्हें चोट नहीं पहुँचाना चाहता। मैं अब ज़्यादा दिनों तक न जिऊँगा। मुझे किसी भयंकर रोग के लक्षण दिखाई दे रहे हैं। डॉक्टरों ने भी यही कहा है। मुझे इसका खेद है कि मेरे हाथों तुम्हें कष्ट पहुँचा पर क्षमा करना। कभी-कभी बैठे-बैठे मेरा दिल डूब जाता है, मूर्छा-सी आ जाती है।

यह कहते-कहते एकाएक वह काँप उठे। सारी देह में सनसनी-सी दौड़ गई। मूर्छित होकर चारपाई पर गिर पड़े और हाथ-पैर पटकने लगे। मुँह से फिचकुर निकलने लगा। सारी देह पसीने से तर हो गई।

आशा का सारा रोग हवा हो गया। वह महीनों से बिस्तर न छोड़ सकी थी। पर इस समय उसके शिथिल अंगों में विचित्र स्फूर्ति दौड़ गई। उसने तेज़ी से उठकर विपिन को अच्छी तरह लेटा दिया और उनके मुख पर पानी के छींटे देने लगी। महरी भी दौड़ी आई और पंखा झलने लगी। बाहर ख़बर हुई, मित्रों ने दौड़कर डॉक्टर को बुलाया। बहुत यत्न करने पर भी विपिन ने आँखें न खोलीं। संध्या होते-होते उनका मुँह टेढ़ा हो गया और बायाँ अंग शून्य पड़ गया। हिलना तो दूर रहा, मुँह से बात निकालना भी मुश्किल हो गया। यह मूर्छा न थी, फ़ालिज था।

5

फ़ालिज के भयंकर रोग में रोगी की सेवा करना आसान काम नहीं। उस पर आशा महीनों से बीमार थी। लेकिन इस रोग के सामने वह अपना रोग भूल गई। 15 दिनों तक विपिन की हालत बहुत नाजुक रही। आशा दिन-के-दिन और रात-की-रात उनके पास बैठी रहती। उनके लिए पथ्य बनाना, उन्हें गोद में सँभाल कर दवा पिलाना, उनके ज़रा-ज़रा से इशारे को समझना उसी जैसी धैर्यशीला स्त्री का काम था। अपना सिर दर्द से फटा करता, ज्वर से देह तपा करती, पर इसकी उसे ज़रा भी परवा न थी।

15 दिनों के बाद विपिन की हालत कुछ सँभली। उनका दाहिना पैर तो लुँज पड़ गया था, पर तोतली भाषा में कुछ बोलने लगे थे। सबसे बुरी गत उनके सुन्दर मुख की हुई थी। वह इतना टेढ़ा हो गया था कि जैसे कोई रबर के खिलौने को खींचकर बढ़ा दे। बैटरी की मदद से ज़रा देर के लिए बैठ या खड़े तो हो जाते थे; लेकिन चलने-फिरने की ताक़त न थी।

एक दिन लेटे-लेटे उन्हें जाने क्या ख़याल आया। आईना उठाकर अपना मुँह देखने लगे। ऐसा कुरूप आदमी उन्होंने कभी न देखा था। आहिस्ता से बोले—आशा, ईश्वर ने मुझे गरूर की सज़ा दे दी। वास्तव में यह उसी बुराई का बदला है, जो मैंने तुम्हारे साथ की। अब तुम अगर मेरा मुँह देखकर घृणा से मुँह फेर लो तो मुझे तुमसे ज़रा भी शिकायत न होगी। मैं चाहता हूँ कि तुम मुझसे उस दुर्व्यवहार का बदला लो, जो मैंने तुम्हारे साथ किए हैं।

आशा ने पति की ओर कोमल भाव-से देखकर कहा—मैं तो आपको अब भी उसी निगाह से देखती हूँ। मुझे तो आपमें कोई अंतर नहीं दिखाई देता।

विपिन—वाह, बंदर का-सा मुँह हो गया है, तुम कहती हो कोई अंतर ही नहीं। मैं तो अब कभी बाहर न निकलूँगा। ईश्वर ने मुझे सचमुच दंड दिया।

6

बहुत यत्न किए गए पर विपिन का मुँह न सीधा हुआ। मुख का बायाँ भाग इतना टेढ़ा हो गया था कि चेहरा देखकर डर मालूम होता था। हाँ, पैरों में इतनी शक्ति आ गई कि अब वह चलने-फिरने लगे।

आशा ने पति की बीमारी में देवी की मनौती की थी। आज उसी पूजा का उत्सव था। मुहल्ले की स्त्रियाँ बनाव-सिंगार किए जमा थीं। गाना-बजाना हो रहा था।

एक सहेली ने पूछा—क्यों आशा, अब तो तुम्हें उनका मुँह ज़रा भी अच्छा न लगता होगा।

आशा ने गम्भीर होकर कहा—मुझे तो पहले से कहीं अच्छा मालूम होता है।

'चलो, बातें बनाती हो।'

'नहीं बहन, सच कहती हूँ; रूप के बदले मुझे उनकी आत्मा मिल गई जो रूप से कहीं बढ़कर है।'

विपिन कमरे में बैठे हुए थे। कई मित्र जमा थे। ताश हो रहा था।

कमरे में एक खिड़की थी जो आँगन में खुलती थी। इस वक़्त वह बन्द थी। एक मित्र ने चुपके से उसे खोल दिया, और शीशे से झाँककर विपिन से कहा—आज तो तुम्हारे यहाँ परियों का अच्छा जमघट है।

विपिन—बंद कर दो।

'अजी, ज़रा देखो तो कैसी-कैसी सूरते हैं! तुम्हें इन सबों में कौन सबसे अच्छी मालूम होती है?'

विपिन ने उड़ती हुई नज़रों से देख कहा—मुझे तो वही सबसे अच्छी मालूम होती है जो थाल में फूल रख रही है।

'वाह री आपकी निगाह! क्या सूरत के साथ तुम्हारी निगाह भी बिगड़ गई? मुझे तो वह सबसे बदसूरत मालूम होती है।'

'इसलिए कि तुम उसकी सूरत देखते हो और मैं उसकी आत्मा देखता हूँ।'

'अच्छा, यही मिसेज़ विपिन हैं?'

'जी हाँ, यह वही देवी है।'

उद्धार

हिन्दू समाज की वैवाहिक प्रथा इतनी दूषित, इतनी चिन्ताजनक, इतनी भयंकर हो गई है कि कुछ समझ में नहीं आता, उसका सुधार क्योंकर हो। बिरले ही ऐसे माता-पिता होंगे जिनके सात पुत्रों के बाद भी एक कन्या उत्पन्न हो जाए तो वह सहर्ष उसका स्वागत करें। कन्या का जन्म होते ही उसके विवाह की चिन्ता सिर पर सवार हो जाती है और आदमी उसी में डुबकियाँ खाने लगता है। अवस्था इतनी निराशामय और भयानक हो गई है कि ऐसे माता-पिताओं की कमी नहीं है जो कन्या की मृत्यु पर हृदय से प्रसन्न होते हैं, मानो सिर से बाधा टली। इसका कारण केवल यही है कि दहेज की दर, दिन दूनी रात चौगुनी, पावस-काल के जल-वेग के समान बढ़ती चली जा रही है। जहाँ दहेज की सैकड़ों में बातें होती थीं, वहाँ अब हज़ारों तक नौबत पहुँच गई है। अभी बहुत दिन नहीं गुज़रे कि एक या दो हज़ार रुपए दहेज केवल बड़े घरों की बात थी, छोटी-छोटी शादियाँ पाँच सौ से एक हज़ार तक तय हो जाती थीं; पर अब मामूली-मामूली विवाह भी तीन-चार हज़ार के नीचे नहीं तय होते। ख़र्च का तो यह हाल है और शिक्षित समाज की निर्धनता और दरिद्रता दिनों-दिन बढ़ती जाती है। इसका अंत क्या होगा ईश्वर ही जाने। बेटे एक दरजन भी हों तो माता-पिता को चिन्ता नहीं होती। वह अपने ऊपर उनके विवाह-भार को

अनिवार्य नहीं समझता, यह उसके लिए 'कम्पल्सरी' विषय नहीं, 'आप्शनल' विषय है। होगा तो कर देंगे; नहीं कह देंगे—बेटा, खाओ, कमाओ, समाई हो तो विवाह कर लेना। बेटों की कुचरित्रता कलंक की बात नहीं समझी जाती; लेकिन कन्या का विवाह तो करना ही पड़ेगा, उससे भागकर कहाँ जाएँगे? अगर विवाह में विलम्ब हुआ और कन्या के पाँव कहीं ऊँचे-नीचे पड़ गए तो फिर कुटुम्ब की नाक कट गई; वह पतित हो गया, टाट बाहर कर दिया गया। अगर वह इस दुर्घटना को सफलता के साथ गुप्त रख सका तब तो कोई बात नहीं; उसको कलंकित करने का किसी को साहस नहीं; लेकिन अभाग्यवश यदि वह इसे छिपा न सका, भंडाफोड़ हो गया तो फिर माता-पिता के लिए, भाई-बंधुओं के लिए संसार में मुँह दिखाने को स्थान नहीं रहता। कोई अपमान इससे दुस्सह, कोई विपत्ति इससे भीषण नहीं। किसी भी व्याधि की इससे भयंकर कल्पना नहीं की जा सकती। लुत्फ़ तो यह है कि जो लोग बेटियों के विवाह की कठिनाइयों को भोग चुके होते हैं वही अपने बेटों के विवाह के अवसर पर बिलकुल भूल जाते हैं कि हमें कितनी ठोकरें खानी पड़ी थीं, ज़रा भी सहानुभूति नहीं प्रकट करते, बल्कि कन्या के विवाह में जो तावान उठाया था उसे चक्रवृद्धि ब्याज के साथ बेटे के विवाह में वसूल करने पर कटिबद्ध हो जाते हैं। कितने ही माता-पिता इसी चिन्ता में घुल-घुलकर अकाल मृत्यु को प्राप्त हो जाते हैं; कोई संन्यास ग्रहण कर लेता है, कोई बूढ़े के गले कन्या को मढ़ कर अपना गला छुड़ाता है, पात्र-कुपात्र का विचार करने का मौक़ा कहाँ, ठेलमठेल है।

मुंशी गुलजारीलाल ऐसे ही हतभागे पिताओं में थे। यों उनकी स्थिति बुरी न थी, दो-ढाई सौ रुपए महीने वकालत से पीट लेते थे; पर ख़ानदानी आदमी थे, उदार हृदय, बहुत किफ़ायत करने पर भी माकूल बचत न हो सकती थी। सम्बन्धियों का आदर-सत्कार न करें तो नहीं बनता, मित्रों की ख़ातिरदारी न करें तो नहीं बनता, फिर ईश्वर के दिए हुए दो-तीन पुत्र थे, उनका पालन-पोषण, शिक्षण का भार था, क्या करते! पहली कन्या का विवाह उन्होंने अपनी हैसियत के अनुसार अच्छी तरह किया पर दूसरी पुत्री का विवाह टेढ़ी खीर हो रहा था। यह आवश्यक था कि विवाह अच्छे घराने में हो, अन्यथा लोग हँसेंगे और अच्छे घराने के लिए कम-से-कम पाँच हज़ार का तख़मीना था। उधर पुत्री सयानी होती जाती थी। वह अनाज जो लड़के खाते थे, वह भी खाती थी; लेकिन लड़कों को देखो तो जैसे सूखे का रोग लगा हो और लड़की शुक्ल पक्ष का चाँद हो रही थी। बहुत दौड़-धूप करने पर बेचारे को एक लड़का मिला। बाप आबकारी के विभाग में 400 रु. का नौकर था, लड़का भी सुशिक्षित। स्त्री से आकर बोले, लड़का तो मिला और घर-बार एक भी काटने योग्य नहीं; पर कठिनाई यही है कि लड़का कहता है, मैं अपना विवाह न करूँगा, बाप ने कितना समझाया, मैंने कितना समझाया, औरों ने समझाया, पर वह टस से मस नहीं होता। कहता है, मैं कभी विवाह न करूँगा। समझ में नहीं आता विवाह से क्यों इतनी घृणा करता है। कोई कारण नहीं बतलाता, बस यही कहता है, मेरी इच्छा। माँ-बाप का इकलौता लड़का है। उनकी परम इच्छा है कि इसका विवाह हो जाए, पर करें क्या? यों उन्होंने फलदान तो रख लिया है पर मुझसे कह दिया है कि लड़का स्वभाव का हठीला है, अगर न मानेगा तो फलदान आपको लौटा दिया जाएगा।

स्त्री ने कहा—तुमने लड़के को एकान्त में बुलाकर पूछा नहीं?

गुलजारीलाल—बुलाया था। बैठा रोता रहा, फिर उठकर चला गया। तुमसे क्या कहूँ, उसके पैरों पर गिर पड़ा; लेकिन बिना कुछ कहे उठकर चला गया।

स्त्री—देखो, इस लड़की के पीछे क्या-क्या झेलना पड़ता है?

गुलजारीलाल—कुछ नहीं, आजकल के लौंडे सैलानी होते हैं। अँगरेज़ी पुस्तकों में पढ़ते हैं कि विलायत में कितने ही लोग अविवाहित रहना ही पसन्द करते हैं। बस यही सनक सवार हो जाती है कि निर्द्वंद्व रहने में ही जीवन की सुख और शांति है। जितनी मुसीबतें हैं वह सब विवाह ही में हैं। मैं भी कॉलेज में था तब सोचा करता था कि अकेला रहूँगा और मज़े से सैर-सपाटा करूँगा।

स्त्री—है तो वास्तव में बात यही। विवाह ही तो सारी मुसीबतों की जड़ है। तुमने विवाह न किया होता तो क्यों ये चिन्ताएँ होतीं? मैं भी क्वाँरी रहती तो चैन करती।

2

इसके एक महीना बाद मुंशी गुलजारीलाल के पास वर ने यह पत्र लिखा—

'पूज्यवर,

सादर प्रणाम।

मैं आज बहुत असमंजस में पड़कर यह पत्र लिखने का साहस कर रहा हूँ। इस धृष्टता को क्षमा कीजिएगा।

आपके जाने के बाद से मेरे पिताजी और माताजी दोनों मुझ पर विवाह करने के लिए नाना प्रकार से दबाव डाल रहे हैं। माताजी रोती हैं, पिताजी नाराज़ होते हैं। वह समझते हैं कि मैं अपनी ज़िद के कारण विवाह से भागता हूँ। कदाचित् उन्हें यह भी सन्देह हो रहा है कि मेरा चरित्र भ्रष्ट हो गया है। मैं वास्तविक कारण बताते हुए डरता हूँ कि इन लोगों को दुःख होगा और आश्चर्य नहीं कि शोक में उनके प्राणों पर ही बन जाए। इसलिए अब तक मैंने जो बात गुप्त रखी थी, वह आज विवश होकर आपसे प्रकट करता हूँ और आपसे साग्रह निवेदन करता हूँ कि आप इसे गोपनीय समझिएगा और किसी दशा में भी उन लोगों के कानों में इसकी भनक न पड़ने दीजिएगा। जो होना है वह तो होगा ही, पहले ही से क्यों उन्हें शोक में डुबाऊँ। मुझे 5-6 महीनों से यह अनुभव हो रहा है कि मैं क्षय रोग से ग्रसित हूँ। उसके सभी लक्षण प्रकट होते जाते हैं। डॉक्टरों की भी यही राय है। यहाँ सबसे अनुभवी जो दो डॉक्टर हैं, उन दोनों ही से मैंने अपनी आरोग्य-परीक्षा कराई और दोनों ही ने स्पष्ट कहा कि तुम्हें सिल है। अगर माता-पिता से यह कह दूँ तो वह रो-रोकर मर जाएँगे। जब यह निश्चय है कि मैं संसार में थोड़े ही दिनों का मेहमान हूँ तो मेरे लिए विवाह की कल्पना करना भी पाप है। संभव है कि मैं विशेष प्रयत्न करके साल-दो-साल जीवित रहूँ; पर वह दशा और भी भयंकर होगी, क्योंकि अगर कोई संतान हुई तो वह भी मेरे संस्कार से अकाल मृत्यु पाएगी और कदाचित् स्त्री को भी इसी रोग-राक्षस का भक्षण बनना पड़े। मेरे अविवाहित रहने से जो बीतेगी, मुझ ही पर बीतेगी। विवाहित हो जाने से मेरे साथ और कई जीवों का नाश हो जाएगा। इसलिए आपसे मेरी प्रार्थना है कि मुझे इस बन्धन में डालने के लिए आग्रह न कीजिए, अन्यथा आपको पछताना पड़ेगा।

सेवक,

—हज़ारीलाल

पत्र पढ़कर गुलजारीलाल ने स्त्री की ओर देखा और बोले—इस पत्र के विषय में तुम्हारा क्या विचार है?

स्त्री—मुझे तो ऐसा मालूम होता है कि उसने बहाना रचा है।

गुलजारीलाल—बस-बस, ठीक यही मेरा भी विचार है। उसने समझा है कि बीमारी का बहाना कर दूँगा तो लोग आप ही हट जाएँगे। असल में बीमारी कुछ नहीं। मैंने तो देखा ही था, चेहरा चमक रहा था। बीमार का मुँह छिपा नहीं रहता।

स्त्री—राम नाम ले के विवाह करो कोई किसी का भाग्य थोड़े ही पढ़े बैठा है।

गुलजारीलाल—यही तो मैं भी सोच रहा हूँ।

स्त्री—न हो किसी डॉक्टर से लड़के को दिखाओ। कहीं सचमुच वह बीमारी हो तो बेचारी अम्बा कहीं की न रहे।

गुलजारीलाल—तुम भी पागल हुई हो क्या? सब हीले-हवाले हैं। इन छोकरों का दिल का हाल मैं ख़ूब जानता हूँ। सोचता होगा अभी सैर-सपाटे कर रहा हूँ, विवाह हो जाएगा तो यह गुलछर्रे कैसे उड़ेंगे!

स्त्री—तो शुभ मुहूर्त देखकर लग्न भेजवाने की तैयारी करो।

3

हज़ारीलाल बड़े धर्म-सन्देह में था। उसके पैरों में ज़बरदस्ती विवाह की बेड़ी डाली जा रही थी और वह कुछ न कर सकता था। उसने ससुर को अपना कच्चा चिट्ठा कह सुनाया; मगर किसी ने उसकी बातों पर विश्वास न किया। माँ-बाप से अपनी बीमारी का हाल कहने का उसे साहस न होता था, न-जाने उनके दिल पर क्या गुज़रे, न-जाने क्या कर बैठें? कभी सोचता किसी डॉक्टर की शहादत लेकर ससुर के पास भेज दूँ, मगर फिर ध्यान आता, यदि उन लोगों को उस पर भी विश्वास न आया, तो? आजकल डॉक्टरों से सनद ले लेना कौन-सा मुश्किल काम है। सोचेंगे, किसी डॉक्टर को कुछ दे-दिलाकर लिखा लिया होगा। शादी के लिए तो इतना आग्रह हो रहा था, उधर डॉक्टरों ने स्पष्ट कह दिया था कि अगर तुमने शादी की तो तुम्हारा जीवन-सूत्र और भी निर्बल हो जाएगा। महीनों की जगह दिनों में वारा-न्यारा हो जाने की संभावना है।

लग्न आ चुकी थी। विवाह की तैयारियाँ हो रही थीं, मेहमान आते-जाते थे और हज़ारीलाल घर से भागा-भागा फिरता था। कहाँ चला जाऊँ? विवाह की कल्पना ही से उसके प्राण सूख जाते थे। आह! उस अबला की क्या गति होगी? जब उसे यह बात मालूम होगी तो वह मुझे अपने मन में क्या कहेगी? कौन इस पाप का प्रायश्चित्त करेगा? नहीं, उस अबला पर घोर अत्याचार न करूँगा, उसे वैधव्य की आग में न जलाऊँगा। मेरी ज़िन्दगी ही क्या, आज न मरा कल मरूँगा, कल नहीं तो परसों, तो क्यों न आज ही मर जाऊँ। आज ही जीवन का और उसके साथ सारी चिन्ताओं का, सारी विपत्तियों का अंत कर दूँ। पिताजी रोएँगे, अम्माँ प्राण त्याग देंगी; लेकिन एक बालिका का जीवन तो सफल हो जाएगा, मेरे बाद कोई अभागा अनाथ तो न रोएगा।

क्यों न चलकर पिताजी से कह दूँ? वह एक-दो दिन दुःखी रहेंगे, अम्माँजी दो-एक रोज़ शोक से निराहार रह जाएँगी, कोई चिन्ता नहीं। अगर माता-पिता के इतने कष्ट से एक युवती की प्राण-रक्षा हो जाए तो क्या छोटी बात है?

यह सोचकर वह धीरे से उठा और आकर पिता के सामने खड़ा हो गया।

रात के दस बज गए थे। बाबू दरबारीलाल चारपाई पर लेटे हुए हुक़्क़ा पी रहे थे। आज उन्हें सारा दिन दौड़ते गुज़रा था। शामियाना तय किया; बाजे वालों को बयाना दिया; आतिशबाजी, फुलवारी आदि का प्रबंध किया, घंटों ब्राह्मणों के साथ सिर मारते रहे, इस वक़्त ज़रा कमर सीधी कर रहे थे कि सहसा हज़ारीलाल को सामने देखकर चौंक पड़े। उसका उतरा हुआ चेहरा, सजल आँखें और कुंठित मुख देखा तो कुछ चिंतित होकर बोले—क्यों लालू, तबीयत तो अच्छी है न? कुछ उदास मालूम होते हो।

हज़ारीलाल—मैं आपसे कुछ कहना चाहता हूँ; पर भय होता है कि कहीं आप अप्रसन्न न हों।

दरबारीलाल—समझ गया, वही पुरानी बात है न? उसके सिवा कोई दूसरी बात हो तो शौक़ से कहो।

हज़ारीलाल—खेद है कि मैं उसी विषय में कुछ कहना चाहता हूँ।

दरबारीलाल—यही कहना चाहते हो न कि मुझे इस बंधन में न डालिए, मैं इसके अयोग्य हूँ, मैं यह भार सह नहीं सकता, बेड़ी मेरी गर्दन को तोड़ देगी, आदि या और कोई नई बात?

हज़ारीलाल—जी नहीं, नई बात है। मैं आपकी आज्ञा पालन करने के लिए सब प्रकार से तैयार हूँ; पर एक ऐसी बात है, जिसे मैंने अब तक छिपाया था, उसे भी प्रकट कर देना चाहता हूँ। इसके बाद आप जो कुछ निश्चय करेंगे उसे मैं शिरोधार्य करूँगा।

हज़ारीलाल ने बड़े विनीत शब्दों में अपना आशय कहा, डॉक्टरों की राय भी बयान की और अंत में बोले—ऐसी दशा में मुझे पूरी आशा है कि आप मुझे विवाह करने के लिए बाध्य न करेंगे।

दरबारीलाल ने पुत्र के मुख की ओर ग़ौर से देखा, कहीं जर्दी का नाम न था, इस कथन पर विश्वास न आया; पर अपना अविश्वास छिपाने और अपना हार्दिक शोक प्रकट करने के लिए वह कई मिनट तक गहरी चिन्ता में मग्न रहे। इसके बाद पीड़ित कंठ से बोले—बेटा, इस दशा में तो विवाह करना और भी आवश्यक है। ईश्वर न करे कि हम वह बुरा दिन देखने के लिए जीते रहें; पर विवाह हो जाने से तुम्हारी कोई निशानी तो रह जाएगी। ईश्वर ने कोई संतान दे दी तो वही हमारे बुढ़ापे की लाठी होगी, उसी का मुँह देख-देख कर दिल को समझाएँगे, जीवन का कुछ आधार तो रहेगा। फिर आगे क्या होगा यह कौन कह सकता है? डॉक्टर किसी की कमरिखा तो नहीं पढ़े होते, ईश्वर की लीला अपरम्पार है, डॉक्टर उसे नहीं समझ सकते। तुम निश्चिंत होकर बैठो, हम जो कुछ करते हैं, करने दो। भगवान चाहेंगे तो सब कल्याण ही होगा।

हज़ारीलाल ने इसका कोई उत्तर नहीं दिया। आँखें डबडबा आईं, कंठावरोध के कारण मुँह तक न खोल सका। चुपके से आकर अपने कमरे में लेट रहा।

तीन दिन और गुज़र गए, पर हज़ारीलाल कुछ निश्चय न कर सका। विवाह की तैयारियाँ पूरी हो गई थीं। आँगन में मंडप गड़ गया था; डाल, गहने संदूकों में रखे जा चुके थे। मातृ पूजा हो चुकी थी और द्वार पर बाजों का शोर मचा हुआ था। मुहल्ले के लड़के जमा होकर बाजा सुनते थे और उल्लास से इधर-उधर दौड़ते थे।

संध्या हो गई थी। बरात आज रात की गाड़ी से जानेवाली थी। बरातियों ने अपने वस्त्रभूषण पहनने शुरू किए। कोई नाई से बाल बनवाता था और चाहता था कि खत ऐसा साफ़ हो जाए मानो यहाँ बाल कभी थे ही नहीं, बूढ़े अपने पके बाल को उखड़वाकर जवान बनने की चेष्टा

कर रहे थे। तेल, साबुन, उबटन की लूट मची हुई थी और हज़ारीलाल बग़ीचे में एक वृक्ष के नीचे उदास बैठा हुआ सोच रहा था, क्या करूँ?

अंतिम निश्चय की घड़ी सिर पर खड़ी थी। अब एक क्षण भी विलम्ब करने का मौक़ा न था। अपनी वेदना किससे कहे, कोई सुननेवाला न था।

उसने सोचा हमारे माता-पिता कितने अदूरदर्शी हैं, अपनी उमंग में इन्हें इतना भी नहीं सूझता कि वधू पर क्या गुज़रेगी। वधू के माता-पिता भी इतने अंधे हो रहे हैं कि देखकर भी नहीं देखते, जानकर नहीं जानते।

क्या यह विवाह है? कदापि नहीं। यह तो लड़की को कुएँ में डालना है, भाड़ में झोंकना है, कुंद छूरे से रेतना है। कोई यातना इतनी दुस्साह, इतनी हृदयविदारक नहीं हो सकती जितनी वैधव्य और ये लोग जान-बूझकर अपनी पुत्री को वैधव्य के अग्नि-कुंड में डाल देते हैं। यह माता-पिता हैं? कदापि नहीं। यह लड़की के शत्रु हैं, कसाई हैं, बधिक हैं, हत्यारे हैं। क्या इनके लिए कोई दंड नहीं? जो जान-बूझकर अपनी प्रिय संतान के ख़ून से अपने हाथ रँगते हैं, उसके लिए कोई दंड नहीं? समाज भी उन्हें दंड नहीं देता, कोई कुछ नहीं कहता। हाय!

वह सोचकर हज़ारीलाल उठा और एक ओर चुपचाप चल दिया। उसके मुख पर तेज़ छाया हुआ था। उसने आत्म-बलिदान से इस कष्ट को निवारण करने का दृढ़ संकल्प कर लिया था। उसे मृत्यु का लेशमात्र भी भय न था। वह उस दशा को पहुँच गया था जब सारी आशाएँ मृत्यु पर ही अवलम्बित हो जाती हैं।

उस दिन से फिर किसी ने हज़ारीलाल की सूरत नहीं देखी। मालूम नहीं ज़मीन खा गई या आसमान। नदियों में जाल डाले गए, कुओं में बाँस पड़ गए, पुलिस में हुलिया गया, समाचार-पत्रों में विज्ञप्ति निकाली गई, पर कहीं पता न चला।

कई हफ़्तों के बाद, छावनी रेलवे स्टेशन से एक मील पश्चिम की ओर सड़क पर कुछ हड्डियाँ मिलीं। लोगों को अनुमान हुआ कि हज़ारीलाल ने गाड़ी के नीचे दबकर जान दी, पर निश्चित रूप से कुछ न मालूम हुआ।

4

भादों का महीना था और तीज का दिन। घरों में सफ़ाई हो रही थी। सौभाग्यवती रमणियाँ सोलहों शृंगार किए गंगा-स्नान करने जा रही थीं। अम्बा स्नान करके लौट आई थी और तुलसी के कच्चे चबूतरे के सामने खड़ी वंदना कर रही थी। पतिगृह में उसकी यह पहली ही तीज़ थी, बड़ी उमंगों से व्रत रखा था। सहसा उसके पति ने अन्दर आकर उसे सहास नेत्रों से देखा और बोला—मुंशी दरबारीलाल तुम्हारे कौन होते हैं, यह उनके यहाँ से तुम्हारे लिए तीज़ पठौनी आई है। अभी डाकिया दे गया है।

यह कहकर उसने एक पारसल चारपाई पर रख दिया। दरबारीलाल का नाम सुनते ही अम्बा की आँखें सजल हो गईं। वह लपकी हुई आई और पारसल को हाथ में लेकर देखने लगी; पर उसकी हिम्मत न पड़ी कि उसे खोले। पिछली स्मृतियाँ जीवित हो गईं, हृदय में हज़ारीलाल के प्रति श्रद्धा का एक उद्‌गार-सा उठ पड़ा। आह! यह उसी देवात्मा के आत्मबलिदान का पुनीत फल है कि मुझे यह दिन देखना नसीब हुआ। ईश्वर उन्हें सद्‌गति दें। वह आदमी नहीं, देवता थे, जिसने मेरे कल्याण के निमित्त अपने प्राण तक समर्पण कर दिए।

पति ने पूछा—दरबारीलाल तुम्हारे चचा हैं?

अम्बा—हाँ।

पति—इस पत्र में हज़ारीलाल का नाम लिखा है, यह कौन है?

अम्बा—यह मुंशी दरबारीलाल के बेटे हैं।

पति—तुम्हारे चचेरे भाई?

अम्बा—नहीं, मेरे परम दयालु उद्धारक, जीवनदाता, मुझे अथाह जल में डूबने से बचानेवाले, मुझे सौभाग्य का वरदान देनेवाले।

पति ने इस भाव से कहा मानो कोई भूली हुई बात याद आ गई हो—अहा! मैं समझ गया। वास्तव में वह मनुष्य नहीं देवता थे।

निर्वासन

परशुराम—वहीं-वहीं, दालान में ठहरो!

मर्यादा—क्यों, क्या मुझमें कुछ छूत लग गई?

परशुराम—पहले यह बताओ तुम इतने दिनों कहाँ रहीं, किसके साथ रहीं, किस तरह रहीं और फिर यहाँ किसके साथ आईं? तब, तब विचार देखी जाएगी।

मर्यादा—क्या इन बातों के पूछने का यही वक़्त है; फिर अवसर न मिलेगा?

परशुराम—हाँ, यही बात है। तुम स्नान करके नदी से तो मेरे साथ ही निकली थीं। मेरे पीछे-पीछे कुछ देर तक आईं भी; मैं पीछे फिर-फिरकर तुम्हें देखता जाता था, फिर एकाएक तुम कहाँ ग़ायब हो गईं?

मर्यादा—तुमने देखा नहीं, नागा साधुओं का एक दल सामने से आ गया। सब आदमी इधर-उधर दौड़ने लगे। मैं भी धक्के में पड़कर जाने किधर चली गई। ज़रा भीड़ कम हुई तो तुम्हें ढूँढ़ने लगी। बासू का नाम ले-लेकर पुकारने लगी, पर तुम न दिखाई दिए।

परशुराम—अच्छा तब?

मर्यादा—तब मैं एक किनारे बैठकर रोने लगी, कुछ सूझ ही न पड़ता कि कहाँ जाऊँ, किससे कहूँ, आदमियों से डर लगता था। संध्या तक वहीं बैठी रोती रही।

परशुराम—इतना तूल क्यों देती हो? वहाँ से फिर कहाँ गईं?

मर्यादा—संध्या को एक युवक ने आकर मुझसे पूछा, तुम्हारे घर के लोग खो तो नहीं गए हैं? मैंने कहा—हाँ, तब उसने तुम्हारा नाम, पता, ठिकाना पूछा। उसने सब एक किताब पर लिख लिया और मुझसे बोला—मेरे साथ आओ, मैं तुम्हें तुम्हारे घर भेज दूँगा।

परशुराम—वह आदमी कौन था?

मर्यादा—वहाँ की सेवा-समिति का स्वयंसेवक था।

परशुराम—तो तुम उसके साथ हो लीं?

मर्यादा—और क्या करती? वह मुझे समिति के कार्यालय में ले गया। वहाँ एक शामियाने में एक लम्बी दाढ़ीवाला मनुष्य बैठा हुआ कुछ लिख रहा था। वही उन सेवकों का अध्यक्ष

था। और भी कितने ही सेवक वहाँ खड़े थे। उसने मेरा पता-ठिकाना रजिस्टर में लिखकर मुझे एक अलग शामियाने में भेज दिया, जहाँ और भी कितनी खोई हुई स्त्रियाँ बैठी हुई थीं।

परशुराम—तुमने उसी वक़्त अध्यक्ष से क्यों न कहा कि मुझे पहुँचा दीजिए?

मर्यादा—मैंने एक बार नहीं सैकड़ों बार कहा; लेकिन वह यही कहते रहे, जब तक मेला न ख़त्म हो जाए और सब खोई हुई स्त्रियाँ एकत्र न हो जाएँ, मैं भेजने का प्रबंध नहीं कर सकता। मेरे पास न इतने आदमी हैं, न इतना धन।

परशुराम—धन की तुम्हें क्या कमी थी, कोई एक सोने की चीज़ बेच देती तो काफ़ी रुपए मिल जाते।

मर्यादा—आदमी तो नहीं थे।

परशुराम—तुमने यह कहा था कि ख़र्च की कुछ चिन्ता न कीजिए, मैं अपना गहना बेचकर अदा कर दूँगी?

मर्यादा—नहीं, यह तो मैंने नहीं कहा।

परशुराम—तुम्हें उस दशा में भी गहने इतने प्रिय थे?

मर्यादा—सब स्त्रियाँ कहने लगीं, घबराई क्यों जाती हो? यहाँ किस बात का डर है। हम सभी जल्द से जल्द अपने घर पहुँचना चाहती हैं; मगर क्या करें? तब मैं भी चुप हो रही।

परशुराम—और सब स्त्रियाँ कुएँ में गिर पड़तीं तो तुम भी गिर पड़तीं?

मर्यादा—जानती तो थी कि यह लोग धर्म के नाते मेरी रक्षा कर रहे हैं, कुछ मेरे नौकर या मजूर नहीं हैं, फिर आग्रह किस मुँह से करती? यह बात भी है कि बहुत-सी स्त्रियों को वहाँ देखकर मुझे कुछ तसल्ली हो गई।

परशुराम—हाँ, इससे बढ़कर तस्कीन की और क्या बात हो सकती थी? अच्छा, वहाँ कै दिन तस्कीन का आनंद उठाती रहीं? मेला तो दूसरे ही दिन उठ गया होगा?

मर्यादा—रात-भर मैं स्त्रियों के साथ उसी शामियाने में रही।

परशुराम—अच्छा, तुमने मुझे तार क्यों न दिलवा दिया?

मर्यादा—मैंने समझा, जब यह लोग पहुँचाने को कहते ही हैं तो तार क्यों दूँ?

परशुराम—ख़ैर, रात को तुम वहीं रहीं। युवक बार-बार भीतर आते-जाते रहे होंगे?

मर्यादा—केवल एक बार एक सेवक भोजन के लिए पूछने आया था, जब हम सबों ने खाने से इनकार कर दिया तो वह चला गया और फिर कोई न आया। मैं रात-भर जागती ही रही।

परशुराम—यह मैं कभी न मानूँगा कि इतने युवक वहाँ थे और कोई अन्दर न गया होगा। समिति के युवक आकाश के देवता नहीं होते। ख़ैर, वह दाढ़ीवाला अध्यक्ष तो ज़रूर ही देखभाल करने गया होगा?

मर्यादा—हाँ, वह आते थे; पर द्वार पर से पूछ-पूछकर लौट जाते थे। हाँ, जब एक महिला के पेट में दर्द होने लगा था तो दो-तीन बार दवाएँ पिलाने आए थे।

परशुराम—निकली न वही बात! मैं इन धूर्तों की नस-नस पहचानता हूँ। विशेषकर तिलक-मालाधारी दढ़ियलों को मैं गुरुघंटाल ही समझता हूँ। तो वह महाशय कई बार दवाएँ देने गए? क्यों, तुम्हारे पेट में तो दर्द नहीं होने लगा था?

मर्यादा—तुम एक साधु पर आक्षेप कर रहे हो। वह बेचारे एक तो मेरे बाप के बराबर थे, दूसरे आँखें नीची किए रहने के सिवाय कभी किसी पर सीधी निगाह नहीं करते थे।

परशुराम—हाँ, वहाँ सब देवता ही देवता जमा थे। ख़ैर, तुम रात-भर वहाँ रहीं। दूसरे दिन क्या हुआ?

मर्यादा—दूसरे दिन भी वहीं रही। एक स्वयंसेवक हम सब स्त्रियों को साथ लेकर मुख्य-मुख्य पवित्र स्थानों का दर्शन कराने गया। दोपहर को लौट कर सबों ने भोजन किया।

परशुराम—तो वहाँ तुमने सैर-सपाटा भी ख़ूब किया, कोई क्रष्ट न होने पाया। भोजन के बाद गाना-बजाना हुआ होगा?

मर्यादा—गाना-बजाना तो नहीं; हाँ, सब अपना-अपना दुखड़ा रोती रहीं। शाम तक मेला उठ गया तो दो सेवक हम लोगों को लेकर स्टेशन पर आए।

परशुराम—मगर तुम तो आज सातवें दिन आ रही हो और वह भी अकेली?

मर्यादा—स्टेशन पर एक दुर्घटना हो गई।

परशुराम—हाँ, यह तो मैं समझ ही रहा था। क्या दुर्घटना हुई?

मर्यादा—जब सेवक टिकट लेने जा रहा था, तो एक आदमी ने आकर उससे कहा—यहाँ गोपीनाथ की धर्मशाला में एक बाबूजी ठहरे हुए हैं, उनकी स्त्री खो गई है, उनका भला-सा नाम है, गोरे-गोरे लम्बे-से ख़ूबसूरत आदमी हैं, लखनऊ मकान है, झबाई टीले में। तुम्हारा हुलिया उसने ऐसा ठीक बयान किया कि मुझे उस पर विश्वास आ गया। मैं सामने आकर बोली, तुम बाबू जी को जानते हो? वह हँसकर बोला, जानता नहीं हूँ तो तुम्हें तलाश क्यों करता फिरता हूँ। तुम्हारा बच्चा रो-रोकर हलकान हो रहा है। सब औरतें कहने लगीं, चली जाओ, तुम्हारे स्वामीजी घबरा रहे होंगे। स्वयंसेवक ने उससे दो-चार बातें पूछकर मुझे उसके साथ कर दिया। मुझे क्या मालूम था कि मैं किसी नर-पिशाच के हाथों में पड़ी जाती हूँ। दिल में ख़ुशी थी कि अब बासू को देखूँगी, तुम्हारे दर्शन करूँगी। शायद इसी उत्सुकता ने मुझे असावधान कर दिया।

परशुराम—तो तुम उस आदमी के साथ चल दीं? वह कौन था?

मर्यादा—क्या बतलाऊँ कौन था? मैं तो समझती हूँ, कोई दलाल था?

परशुराम—तुम्हें यह न सूझी कि उससे कहतीं, जाकर बाबूजी को भेज दो?

मर्यादा—अदिन आते हैं तो बुद्धि भ्रष्ट हो जाती है।

परशुराम—कोई आ रहा है।

मर्यादा—मैं गुसलखाने में छिपी जाती हूँ।

परशुराम—आओ भाभी, क्या अभी सोई नहीं, दस तो बज गए होंगे।

भाभी—वासुदेव को देखने को जी चाहता था भैया, क्या सो गया?

परशुराम—हाँ, वह तो अभी रोते-रोते सो गया है।

भाभी—कुछ मर्यादा का पता मिला? अब पता मिले तो भी तुम्हारे किस काम की। घर से निकली हुई स्त्रियाँ थान से छूटी हुई घोड़ी है जिसका कुछ भरोसा नहीं।

परशुराम—कहाँ से कहाँ मैं उसे लेकर नहाने गया।

भाभी—होनहार है भैया, होनहार! अच्छा तो मैं जाती हूँ।

मर्यादा—(बाहर आकर) होनहार नहीं है, तुम्हारी चाल है। वासुदेव को प्यार करने के बहाने तुम इस घर पर अधिकार ज़माना चाहती हो।

परशुराम—बको मत! वह दलाल तुम्हें कहाँ ले गया?

मर्यादा—स्वामी, यह न पूछिए, मुझे कहते लज्जा आती है।

परशुराम—यहाँ आते तो और भी लज्जा आनी चाहिए थी।

मर्यादा—मैं परमात्मा को साक्षी देती हूँ, कि मैंने उसे अपना अंग भी स्पर्श नहीं करने दिया।

परशुराम—उसका हुलिया बयान कर सकती हो?

मर्यादा—साँवला-सा छोटे डील का आदमी था। नीचा कुरता पहने हुए था।

परशुराम—गले में ताबीजें भी थीं?

मर्यादा—हाँ, थीं तो।

परशुराम—वह धर्मशाले का मेहतर था। मैंने उससे तुम्हारे गुम हो जाने की चर्चा की थी। उस दुष्ट ने उसका वह स्वाँग रचा।

मर्यादा—मुझे तो वह कोई ब्राह्मण मालूम होता था।

परशुराम—नहीं मेहतर था। वह तुम्हें अपने घर ले गया?

मर्यादा—हाँ, उसने मुझे ताँगे पर बैठाया और एक तंग गली में, एक छोटे-से मकान के अन्दर ले जाकर बोला, तुम यहीं बैठो, तुम्हारे बाबूजी यहीं आएँगे। अब मुझे विदित हुआ कि मुझे धोखा दिया गया। रोने लगी। वह आदमी थोड़ी देर के बाद चला गया और एक बुढ़िया आकर मुझे भाँति-भाँति के प्रलोभन देने लगी। सारी रात रोकर काटी। दूसरे दिन दोनों फिर मुझे समझाने लगे कि रो-रोकर जान दे दोगी, मगर यहाँ कोई तुम्हारी मदद को न आएगा। तुम्हारा एक घर छूट गया। हम तुम्हें उससे कहीं अच्छा घर देंगे जहाँ तुम सोने के कौर खाओगी और सोने से लद जाओगी। जब मैंने देखा कि यहाँ से किसी तरह नहीं निकल सकती तो मैंने कौशल करने का निश्चय किया।

परशुराम—ख़ैर, सुन चुका। मैं तुम्हारा ही कहना मान लेता हूँ कि तुमने अपने सतीत्व की रक्षा की, पर मेरा हृदय तुमसे घृणा करता है, तुम मेरे लिए फिर वह नहीं हो सकती जो पहले थीं। इस घर में तुम्हारे लिए स्थान नहीं है।

मर्यादा—स्वामीजी, यह अन्याय न कीजिए, मैं आपकी वही स्त्री हूँ जो पहले थी। सोचिए, मेरी क्या दशा होगी?

परशुराम—मैं यह सब सोच चुका और निश्चय कर चुका। आज छह दिन से यही सोच रहा हूँ। तुम जानती हो कि मुझे समाज का भय नहीं है। छूत-विचार को मैंने पहले ही तिलांजलि दे दी, देवी-देवताओं को पहले ही विदा कर चुका; पर जिस स्त्री पर दूसरी निगाहें पड़ चुकीं, जो एक सप्ताह तक न-जाने कहाँ और किस दशा में रही, उसे अंगीकार करना मेरे लिए असंभव है। अगर यह अन्याय है तो ईश्वर की ओर से है, मेरा दोष नहीं।

मर्यादा—मेरी विवशता पर आपको ज़रा भी दया नहीं आती?

परशुराम—जहाँ घृणा है वहाँ दया कहाँ? मैं अब भी तुम्हारा भरण-पोषण करने को तैयार हूँ। जब तक जीऊँगा, तुम्हें अन्न-वस्त्र का कष्ट न होगा। पर तुम मेरी स्त्री नहीं हो सकतीं।

मर्यादा—मैं अपने पुत्र का मुँह न देखूँ अगर किसी ने मुझे स्पर्श भी किया हो।

परशुराम—तुम्हारा किसी अन्य पुरुष के साथ क्षण-भर भी एकान्त में रहना तुम्हारे पतिव्रत को नष्ट करने के लिए बहुत है। यह विचित्र बंधन है, रहे तो जन्म-जन्मांतर तक रहे; टूटे तो क्षण-भर में टूट जाए। तुम्हीं बताओ, किसी मुसलमान ने ज़बरदस्ती मुझे अपना उच्छिष्ट भोजन खिला दिया होता तो तुम मुझे स्वीकार करतीं?

मर्यादा—वह... वह... तो दूसरी बात है।

परशुराम—नहीं, एक ही बात है। जहाँ भावों का सम्बन्ध है, वहाँ तर्क और न्याय से काम नहीं चलता। यहाँ तक कि अगर कोई कह दे कि तुम्हारे पानी को मेहतर ने छू लिया है तब भी उसे ग्रहण करने से तुम्हें घृणा आएगी। अपने ही दिल से सोचो कि तुम्हारे साथ न्याय कर रहा हूँ या अन्याय?

मर्यादा—मैं तुम्हारी छुई हुई चीज़ें न खाती, तुमसे पृथक् रहती, पर तुम्हें घर से तो न निकाल सकती थी। मुझे इसीलिए न दुत्कार रहे हो कि तुम घर के स्वामी हो और समझते हो कि मैं इसका पालन करता हूँ।

परशुराम—यह बात नहीं है। मैं इतना नीच नहीं हूँ।

मर्यादा—तो तुम्हारा यह अन्तिम निश्चय है?

परशुराम—हाँ, अंतिम।

मर्यादा—जानते हो इसका परिणाम क्या होगा?

परशुराम—जानता भी हूँ और नहीं भी जानता।

मर्यादा—मुझे वासुदेव को ले जाने दोगे?

परशुराम—वासुदेव मेरा पुत्र है।

मर्यादा—उसे एक बार प्यार कर लेने दोगे?

परशुराम—अपनी इच्छा से नहीं, तुम्हारी इच्छा हो तो दूर से देख सकती हो।

मर्यादा—तो जाने दो, न देखूँगी। समझ लूँगी कि विधवा भी हूँ और बाँझ भी। चलो मन! अब इस घर में तुम्हारा निबाह नहीं। चलो जहाँ भाग्य ले जाए!

नैराश्य लीला

पंडित हृदयनाथ अयोध्या के एक सम्मानित पुरुष थे। धनवान् तो नहीं लेकिन खाने-पीने से ख़ुश थे। कई मकान थे, उन्हीं के किराये पर गुज़र होता था। इधर किराये बढ़ गए थे, उन्होंने अपनी सवारी भी रख ली थी। बहुत विचारशील आदमी थे, अच्छी शिक्षा पाई थी। संसार का काफ़ी तजुरबा था, पर क्रियात्मक शक्ति से वंचित थे, सबकुछ न जानते थे। समाज उनकी आँखों में एक भयंकर भूत था जिससे सदैव डरते रहना चाहिए। उसे ज़रा भी रुष्ट किया तो फिर जान की ख़ैर नहीं। उनकी स्त्री जागेश्वरी उनका प्रतिबिम्ब थी, पति के विचार उसके विचार और पति की इच्छा उसकी इच्छा थी, दोनों प्राणियों में कभी मतभेद न होता था। जागेश्वरी शिव की उपासक थी, हृदयनाथ वैष्णव थे, पर दान और व्रत में दोनों को समान श्रद्धा थी, दोनों धर्मनिष्ठ थे, उससे कहीं अधिक, जितना सामान्यत: शिक्षित लोग हुआ करते हैं। इसका कदाचित् यह कारण था कि एक कन्या के सिवा उनके और कोई संतान न थी। उसका विवाह तेरहवें वर्ष में हो गया था और माता-पिता की अब यही लालसा थी कि भगवान् इसे पुत्रवती करें तो हम लोग नवासे के नाम अपना सब-कुछ लिख-लिखाकर निश्चिंत हो जाएँ।

किन्तु विधाता को कुछ और ही मंजूर था। कैलासकुमारी का अभी गौना भी न हुआ था, वह अभी तक यह भी न जानने पाई थी कि विवाह का आशय क्या है, कि उसका सोहाग उठ गया। वैधव्य ने उसके जीवन की अभिलाषाओं का दीपक बुझा दिया।

माता और पिता विलाप कर रहे थे, घर में कुहराम मचा हुआ था, पर कैलासकुमारी भौंचक्की हो-होकर सबके मुँह की ओर ताकती थी। उसकी समझ ही में न आता था कि यह लोग रोते क्यों हैं? माँ-बाप की इकलौती बेटी थी। माँ-बाप के अतिरिक्त वह किसी तीसरे व्यक्ति को अपने लिए आवश्यक न समझती थी। उसकी सुख-कल्पनाओं में अभी तक पति का प्रवेश न हुआ था। वह समझती थी, स्त्रियाँ पति के मरने पर इसलिए रोती हैं कि वह उनका और उनके बच्चों का पालन करता है। मेरे घर में किस बात की कमी है? मुझे इसकी क्या चिन्ता है कि खाएँगे क्या, पहनेंगे क्या? मुझे जिस चीज़ की ज़रूरत होगी बाबूजी तुरन्त ला देंगे, अम्मा से जो चीज़ माँगूँगी वह दे देंगी। फिर रोऊँ क्यों? यह अपनी माँ को रोते देखती तो रोती, पति के शोक से नहीं, माँ के प्रेम से। कभी सोचती, शायद यह लोग इसलिए रोते हैं कि कहीं मैं कोई ऐसी चीज़ न माँग बैठूँ जिसे वह दे न सकें। तो मैं ऐसी चीज़ माँगूँगी ही क्यों? मैं अब भी तो उनसे कुछ नहीं माँगती, वह आप ही मेरे लिए एक न एक चीज़ नित्य लाते रहते हैं। क्या मैं अब कुछ और हो जाऊँगी? इधर माता का यह हाल था कि बेटी की सूरत देखते ही आँखों से आँसू की झड़ी लग जाती। बाप की दशा और भी करुणाजनक थी। घर में आना-जाना छोड़ दिया। सिर पर हाथ धरे कमरे में अकेले उदास बैठे रहते। उसे विशेष दुःख इस बात का था कि सहेलियाँ भी अब उसके साथ खेलने न आतीं। उसने उनके घर जाने की माता से आज्ञा माँगी तो वह फूट-फूट कर रोने लगीं। माता-पिता की यह दशा देखी तो उसने उनके सामने जाना छोड़ दिया, बैठी क़िस्से-कहानियाँ पढ़ा करती। उसकी एकान्तप्रियता का माँ-बाप ने कुछ और ही अर्थ समझा। लड़की शोक के मारे घुली जाती है, इस वज्रपात ने उसके हृदय को टुकड़े-टुकड़े कर डाला है।

एक दिन हृदयनाथ ने जागेश्वरी से कहा—जी चाहता है, घर छोड़कर कहीं भाग जाऊँ। इसका कष्ट अब नहीं देखा जाता।

जागेश्वरी—मेरी तो भगवान् से यही प्रार्थना है कि मुझे संसार से उठा लें। कहाँ तक छाती पर पत्थर की सिल रखूँ।

हृदयनाथ—किसी भाँति इसका मन बहलाना चाहिए, जिससे शोकमय विचार आने ही न पाएँ। हम लोगों को दुःखी और रोते देखकर उसका दुःख और भी दारुण हो जाता है।

जागेश्वरी—मेरी तो बुद्धि कुछ काम नहीं करती।

हृदयनाथ—हम लोग यों ही मातम करते रहे तो लड़की की जान पर बन आएगी। अब कभी-कभी उसे लेकर सैर करने चली जाया करो। कभी-कभी थिएटर दिखा दिया, कभी घर में गाना-बजाना करा दिया। इन बातों से उसका दिल बहलता रहेगा।

जागेश्वरी—मैं तो उसे देखते ही रो पड़ती हूँ। लेकिन अब ज़ब्त करूँगी। तुम्हारा विचार बहुत अच्छा है। बिना दिल-बहलाव के उसका शोक न दूर होगा।

हृदयनाथ—मैं भी अब उससे दिल बहलानेवाली बातें किया करूँगा। कल एक सैरबीं लाऊँगा, अच्छे-अच्छे दृश्य जमा करूँगा। ग्रामोफ़ोन तो आज ही मँगवाए देता हूँ। बस उसे हर वक़्त किसी न किसी काम में लगाए रहना चाहिए। एकान्तवास शोक-ज्वाला के लिए समीर के समान है।

उस दिन से जागेश्वरी ने कैलासकुमारी के लिए विनोद और प्रमोद के सामान जमा करने शुरू किए। कैलासी माँ के पास आती तो उसकी आँखों में आँसू की बूँदें न देखती, होंठों पर हँसी की आभा दिखाई देती। वह मुस्कुरा कर कहती—बेटी, आज थिएटर में बहुत अच्छा तमाशा होनेवाला है, चलो देख आएँ। कभी गंगा-स्नान की ठहरती, वहाँ माँ-बेटी किश्ती पर बैठकर नदी में जल-विहार करतीं, कभी दोनों संध्या-समय पार्क की ओर चली जातीं। धीरे-धीरे सहेलियाँ भी आने लगीं। कभी सब-की-सब बैठकर ताश खेलतीं, कभी गाती-बजातीं। पंडित हृदयनाथ ने भी विनोद की सामग्रियाँ जुटाईं। कैलासी को देखते ही मग्न होकर बोलते—बेटी आओ, तुम्हें आज काश्मीर के दृश्य दिखाऊँ; कभी कहते, आओ आज स्विट्ज़रलैंड की अनुपम झाँकी और झरनों की छटा देखें; कभी ग्रामोफ़ोन बजाकर उसे सुनाते। कैलासी इन सैर-सपाटों का ख़ूब आनंद उठाती। इतने सुख से उसके दिन कभी न गुज़रे थे।

2

इस भाँति दो वर्ष बीत गए। कैलासी सैर-तमाशे की इतनी आदी हो गई कि एक दिन भी थिएटर न जाती तो बेकल-सी होने लगती। मनोरंजन नवीनता का दास है और समानता का शत्रु। थिएटरों के बाद सिनेमा की सनक सवार हुई। सिनेमा के बाद मिस्मेरिज्म और हिप्नोटिज्म के तमाशों की! ग्रामोफ़ोन के नए रिकार्ड आने लगे। संगीत का चस्का पड़ गया। बिरादरी में कहीं उत्सव होता तो माँ-बेटी अवश्य जातीं। कैलासी नित्य इसी नशे में डूबी रहती, चलती तो कुछ गुनगुनाती हुई, किसी से बातें करती तो वही थिएटर की और सिनेमा की। भौतिक संसार से अब कोई वास्ता न था, अब उसका निवास कल्पना-संसार में था। दूसरे लोक की निवासिनी होकर उसे प्राणियों से कोई सहानुभूति न रही, किसी के दुःख पर ज़रा दया न आती। स्वभाव में उच्छृंखलता का विकास हुआ, अपनी सुरुचि पर गर्व करने लगी। सहेलियों से डींगे मारती, यहाँ के लोग मूर्ख हैं, यह सिनेमा की क़द्र क्या करेंगे। इसकी क़द्र तो पश्चिम के लोग करते हैं। वहाँ मनोरंजन की सामग्रियाँ उतनी ही आवश्यक हैं जितनी हवा। जभी तो वे उतने प्रसन्न-चित्त रहते हैं, मानो किसी बात की चिन्ता ही नहीं। यहाँ किसी को इसका रस ही नहीं। जिन्हें भगवान् ने सामर्थ्य भी दिया है वह भी सरेशाम से मुँह ढाँककर पड़ रहते हैं। सहेलियाँ कैलासी की यह गर्वपूर्ण बातें सुनतीं और उसकी और भी प्रशंसा करतीं। वह उनका अपमान करने के आवेग में आप ही हास्यास्पद बन जाती थी।

पड़ोसियों में इन सैर-सपाटों की चर्चा होने लगी। लोक-सम्मति किसी की रिआयत नहीं करती। किसी ने सिर पर टोपी टेढ़ी रखी और पड़ोसियों की आँखों में खुबा, कोई ज़रा अकड़कर चला और पड़ोसियों ने आवाज़ें कसीं। विधवा के लिए पूजा-पाठ है, तीर्थ-व्रत है, मोटा खाना है, मोटा पहनना है; उसे विनोद और विलास, राग और रंग की क्या ज़रूरत? विधाता ने उसके सुख के द्वार बन्द कर दिए हैं। लड़की प्यारी सही, लेकिन शर्म और हया भी तो कोई चीज़ है। जब माँ-बाप ही उसे सिर चढ़ाए हुए हैं तो उसका क्या दोष? मगर एक दिन आँखें खुलेंगी अवश्य। महिलाएँ कहतीं, बाप तो मर्द है, लेकिन माँ कैसी है उसको ज़रा भी विचार नहीं कि दुनिया क्या कहेगी। कुछ उन्हीं की एक दुलारी बेटी थोड़े ही है, इस भाँति मन बढ़ाना अच्छा नहीं।

कुछ दिनों तक तो यह खिचड़ी आपस में पकती रही। अंत को एक दिन कई महिलाओं ने जागेश्वरी के घर पदार्पण किया। जागेश्वरी ने उनका बड़ा आदर-सत्कार किया। कुछ देर तक इधर-उधर की बातें करने के बाद एक महिला बोली—महिलाएँ रहस्य की बातें करने में बहुत अभ्यस्त होती हैं—बहन, तुम्हीं मज़े में हो कि हँसी-ख़ुशी में दिन काट देती हो। हमें तो दिन पहाड़ हो जाता है। न कोई काम न धंधा, कोई कहाँ तक बातें करे?

दूसरी देवी ने आँखें मटकाते हुए कहा—अरे, यह तो बदे की बात है। सभी के दिन हँसी-ख़ुशी से कटें तो रोए कौन। यहाँ तो सुबह से शाम तक चक्की-चूल्हे से छुट्टी नहीं मिलती; किसी बच्चे को दस्त आ रहे हैं; तो किसी को ज्वर चढ़ा हुआ है; कोई मिठाइयों की रट रहा है; तो कोई पैसों के लिए महनामथ मचाए हुए है। दिन भर हाय-हाय करते बीत जाता है। सारे दिन कठपुतलियों की भाँति नाचती रहती हूँ।

तीसरी रमणी ने इस कथन का रहस्यमय भाव से विरोध किया—बदे की बात नहीं, वैसा दिल चाहिए। तुम्हें तो कोई राजसिंहासन पर बिठा दे तब भी तस्कीन न होगी। तब और भी हाय-हाय करोगी।

इस पर एक वृद्धा ने कहा—नौज ऐसा दिल! यह भी कोई दिल है कि घर में चाहे आग लग जाए, दुनिया में कितना ही उपहास हो रहा हो, लेकिन आदमी अपने राग-रंग में मस्त रहे। वह दिल है कि पत्थर! हम गृहिणी कहलाती हैं, हमारा काम है अपनी गृहस्थी में रत रहना। आमोद-प्रमोद में दिन काटना हमारा काम नहीं।

और महिलाओं ने इस निर्दय व्यंग्य पर लज्जित होकर सिर झुका लिया। वे जागेश्वरी की चुटकियाँ लेना चाहती थीं, उसके साथ बिल्ली और चूहे की निर्दयी क्रीड़ा करना चाहती थीं। आहत को तड़पाना उनका उद्‌देश्य था। इस खुली हुई चोट ने उनके पर-पीड़न प्रेम के लिए कोई गुंजाइश न छोड़ी; किन्तु जागेश्वरी को ताड़ना मिल गई। स्त्रियों के विदा होने के बाद उसने जाकर पति से यह सारी कथा सुनाई। हृदयनाथ उन पुरुषों में न थे जो प्रत्येक अवसर पर अपनी आत्मिक स्वाधीनता का स्वाँग भरते हैं, हठधर्मी को आत्म-स्वातंत्र्य के नाम से छिपाते हैं। वह संचित भाव से बोले—तो अब क्या होगा?

जागेश्वरी—तुम्हीं कोई उपाय सोचो।

हृदयनाथ—पड़ोसियों ने जो आक्षेप किया है वह सर्वथा उचित है। कैलासकुमारी के स्वभाव में मुझे एक विचित्र अंतर दिखाई दे रहा है। मुझे स्वयं ज्ञात हो रहा है कि उसके मनबहलाव के लिए हम लोगों ने जो उपाय निकाला है वह मुनासिब नहीं है। उनका यह कथन सत्य है कि विधवाओं के लिए यह आमोद-प्रमोद वर्जित है। अब हमें यह परिपाटी छोड़नी पड़ेगी।

जागेश्वरी—लेकिन कैलासी तो इन खेल-तमाशों के बिना एक दिन भी नहीं रह सकती।

हृदयनाथ—उसकी मनोवृत्तियों को बदलना पड़ेगा।

3

शनैः-शनैः यह विलासोन्माद शान्त होने लगा। वासना का तिरस्कार किया जाने लगा। पंडितजी संध्या समय ग्रामोफ़ोन न बजाकर कोई धर्म ग्रंथ पढ़कर सुनाते। स्वाध्याय, संयम, उपासना में माँ-बेटी रत रहने लगीं। कैलासी को गुरु जी ने दीक्षा दी, मुहल्ले और बिरादरी की स्त्रियाँ आईं, उत्सव मनाया गया।

माँ-बेटी अब किश्ती पर सैर करने के लिए गंगा न जातीं, बल्कि स्नान करने के लिए। मन्दिरों में नित्य जातीं। दोनों एकादशी का निर्जल व्रत रखने लगीं। कैलासी को गुरुजी नित्य संध्या-समय धर्मोपदेश करते। कुछ दिनों तक तो कैलासी को वह विचार-परिवर्तन बहुत कष्टजनक मालूम हुआ, पर धर्मनिष्ठा नारियों का स्वाभाविक गुण है, थोड़े ही दिनों में उसे धर्म से रुचि हो गई। अब उसे अपनी अवस्था का ज्ञान होने लगा था। विषय-वासना से चित्त आप ही आप खिंचने लगा। 'पति' का यथार्थ आशय समझ में आने लगा था। पति ही स्त्री का सच्चा मित्र, सच्चा पथ-प्रदर्शक और सच्चा सहायक है। पतिविहीन होना किसी घोर पाप का प्रायश्चित्त है। मैंने पूर्वजन्म में कोई अकर्म किया होगा। पतिदेव जीवित होते तो मैं फिर माया में फँस जाती। प्रायश्चित्त का अवसर कहाँ मिलता। गुरुजी का वचन सत्य है कि परमात्मा ने तुम्हें पूर्वकर्मों के प्रायश्चित्त का यह अवसर दिया है। वैधव्य यातना नहीं है, जीवोद्धार का साधन है। मेरा उद्धार त्याग, विराग, भक्ति और उपासना से होगा।

कुछ दिनों के बाद उसकी धार्मिक वृत्ति इतनी प्रबल हो गई, कि अन्य प्राणियों से वह पृथक् रहने लगी। किसी को न छूती, महरियों से दूर रहती, सहेलियों से गले तक न मिलती, दिन में दो-दो, तीन-तीन बार स्नान करती, हमेशा कोई न कोई धर्म-ग्रंथ पढ़ा करती। साधु-महात्माओं के सेवा-सत्कार में उसे आत्मिक सुख प्राप्त होता। जहाँ किसी महात्मा के आने की ख़बर पाती, उनके दर्शनों के लिए विकल हो जाती। उनकी अमृतवाणी सुनने से जी न भरता। मन संसार से विरक्त होने लगा। तल्लीनता की अवस्था प्राप्त हो गई। घंटों ध्यान और चिन्तन में मग्न रहती। सामाजिक बंधनों से घृणा हो गई। हृदय स्वाधीनता के लिए लालायित हो गया; यहाँ तक कि तीन ही बरसों में उसने संन्यास ग्रहण करने का निश्चय कर लिया।

माँ-बाप को यह समाचार ज्ञात हुआ तो होश उड़ गए। माँ बोली—बेटी, अभी तुम्हारी उम्र ही क्या है कि तुम ऐसी बातें सोचती हो।

कैलासकुमारी—माया-मोह से जितनी जल्द निवृत्ति हो जाए उतना ही अच्छा।

हृदयनाथ—क्या अपने घर में रहकर माया-मोह से मुक्त नहीं हो सकती हो? माया-मोह का स्थान मन है, घर नहीं।

जागेश्वरी—कितनी बदनामी होगी।

कैलासकुमारी—अपने को भगवान् के चरणों पर अर्पण कर चुकी तो बदनामी की क्या चिन्ता?

जागेश्वरी—बेटी, तुम्हें न हो, हमको तो है। हमें तो तुम्हारा ही सहारा है। तुमने जो संन्यास ले लिया तो हम किस आधार पर जिएँगे?

कैलासकुमारी—परमात्मा ही सबका आधार है। किसी दूसरे प्राणी का आश्रय लेना भूल है।

दूसरे दिन यह बात मुहल्लेवालों के कानों में पहुँच गई। जब कोई अवस्था असाध्य हो जाती है तो हम उस पर व्यंग्य करने लगते हैं। 'यह तो होना ही था, नई बात क्या हुई, लड़कियों को इस तरह स्वच्छंद नहीं कर दिया जाता, फूले न समाते थे कि लड़की ने कुल का नाम उज्ज्वल कर दिया। पुराण पढ़ती है, उपनिषद् और वेदांत का पाठ करती है, धार्मिक समस्याओं पर ऐसी-ऐसी दलीलें करती है कि बड़े-बड़े विद्वानों की ज़बान बन्द हो जाती है, तो अब क्यों पछताते हैं?' भद्र पुरुषों में कई दिनों तक यही आलोचना होती रही। लेकिन

जैसे अपने बच्चे के दौड़ते-दौड़ते धम से गिर पड़ने पर हम पहले क्रोध के आवेश में उसे झिड़कियाँ सुनाते हैं, इसके बाद गोद में बिठाकर आँसू पोंछने और फुसलाने लगते हैं; उसी तरह इन भद्र पुरुषों ने व्यंग्य के बाद इस गुत्थी के सुलझाने का उपाय सोचना शुरू किया। कई सज्जन हृदयनाथ के पास आए और सिर झुकाकर बैठ गए। विषय का आरम्भ कैसे हो?

कई मिनट के बाद एक सज्जन ने कहा—सुना है डॉक्टर गौड़ का प्रस्ताव आज बहुमत से स्वीकृत हो गया।

दूसरे महाशय बोले—यह लोग हिन्दू-धर्म का सर्वनाश करके छोड़ेंगे।

तीसरे महानुभाव ने फरमाया—सर्वनाश तो हो ही रहा है, अब और कोई क्या करेगा! जब हमारे साधु-महात्मा, जो हिन्दू-जाति के स्तम्भ हैं, इतने पतित हो गए हैं कि भोली-भाली युवतियों को बहकाने में संकोच नहीं करते तो सर्वनाश होने में रह ही क्या गया।

हृदयनाथ—यह विपत्ति तो मेरे सिर ही पड़ी हुई है। आप लोगों को तो मालूम होगा।

पहले महाशय—आप ही के सिर क्यों, हम सभी के सिर पड़ी हुई है।

दूसरे महाशय—समस्त जाति के सिर कहिए।

हृदयनाथ—उद्धार का कोई उपाय सोचिए।

पहले महाशय—आपने समझाया नहीं?

हृदयनाथ—समझा के हार गया। कुछ सुनती ही नहीं।

तीसरे महाशय—पहले ही भूल हुई। उसे इस रास्ते पर डालना ही न चाहिए था।

पहले महाशय—उस पर पछताने से क्या होगा? सिर पर जो पड़ी है उसका उपाय सोचना चाहिए। आपने समाचार-पत्रों में देखा होगा, कुछ लोगों की सलाह है कि विधवाओं से अध्यापकों का काम लेना चाहिए। यद्यपि मैं इसे भी बहुत अच्छा नहीं समझता, पर संन्यासिनी बनने से तो कहीं अच्छा है। लड़की अपनी आँखों के सामने तो रहेगी। अभिप्राय केवल यही है कि कोई ऐसा काम होना चाहिए जिसमें लड़की का मन लगे। किसी अवलम्ब के बिना मनुष्य को भटक जाने की शंका सदैव बनी रहती है। जिस घर में कोई नहीं रहता उसमें चमगादड़ बसेरा लेते हैं।

दूसरे महाशय—सलाह तो अच्छी है। मुहल्ले की दस-पाँच कन्याएँ पढ़ने के लिए बुला ली जाएँ। उन्हें किताबें, गुड़ियाँ आदि इनाम मिलता रहे तो बड़े शौक़ से आएँगी। लड़की का मन तो लग जाएगा।

हृदयनाथ—देखना चाहिए। भरसक समझाऊँगा।

ज्यों ही यह लोग विदा हुए, हृदयनाथ ने कैलासकुमारी के सामने यह तजवीज पेश की। कैलासी को संन्यस्त के उच्चपद के सामने अध्यापिका बनना अपमानजनक जान पड़ता था। कहाँ वह महात्माओं का सत्संग, वह पर्वतों की गुफा, वह सुरम्य प्राकृतिक दृश्य, वह हिमराशि की ज्ञानमय ज्योति, वह मानसरोवर और कैलास की शुभ्र छटा, वह आत्मदर्शन की विशाल कल्पनाएँ, और कहाँ बालिकाओं को चिड़ियों की भाँति पढ़ाना। लेकिन हृदयनाथ कई दिनों तक लगातार सेवाधर्म का माहात्म्य उसके हृदय पर अंकित करते रहे। सेवा ही वास्तविक संन्यास है। संन्यासी केवल अपनी मुक्ति का इच्छुक होता है, सेवा-व्रतधारी स्वयं की परमार्थ की वेदी पर बलि दे देता है। इसका गौरव कहीं अधिक है। देखो, ऋषियों में दधीचि का जो यश है, हरिश्चंद्र की जो कीर्ति है, उसकी तुलना और कहाँ की जा सकती है। संन्यास स्वार्थ

है, सेवा त्याग है, आदि। उन्होंने इस कथन की उपनिषदों और वेदमंत्रों से पुष्टि की। यहाँ तक कि धीरे-धीरे कैलासी के विचारों में परिवर्तन होने लगा। पंडितजी ने मुहल्लेवालों की लड़कियों को एकत्र किया, पाठशाला का जन्म हो गया। नाना प्रकार के चित्र और खिलौने मँगाए। पंडितजी स्वयं कैलासकुमारी के साथ लड़कियों को पढ़ाते। कन्याएँ शौक़ से आतीं। उन्हें यहाँ की पढ़ाई खेल मालूम होती। थोड़े ही दिनों में पाठशाला की धूम हो गई, अन्य मुहल्लों की कन्याएँ भी आने लगीं।

4

कैलासकुमारी की सेवा-प्रवृत्ति दिनोंदिन तीव्र होने लगी। दिन-भर लड़कियों को लिए रहती; कभी पढ़ाती, कभी उनके साथ खेलती, कभी सीना-पिरोना सिखाती। पाठशाला ने परिवार का रूप धारण कर लिया। कोई लड़की बीमार हो जाती तो तुरन्त उसके घर जाती, उसकी सेवा-सुश्रूषा करती, गाकर या कहानियाँ सुनाकर उसका दिल बहलाती।

पाठशाला को खुले हुए साल-भर हुआ था। एक लड़की को, जिससे वह बहुत प्रेम करती थी, चेचक निकल आई। कैलासी उसे देखने गई। माँ-बाप ने बहुत मना किया, पर उसने न माना। कहा, तुरन्त लौट आऊँगी। लड़की की हालत ख़राब थी। कहाँ तो रोते-रोते तालू सूखता था, कहाँ कैलासी को देखते ही मानो सारे कष्ट भाग गए। कैलासी एक घंटे तक वहाँ रही। लड़की बराबर उससे बातें करती रही। लेकिन जब वह चलने को उठी तो लड़की ने रोना शुरू किया। कैलासी मज़बूर होकर बैठ गई। थोड़ी देर के बाद जब वह फिर उठी तो फिर लड़की की यही दशा हो गई। लड़की उसे किसी तरह छोड़ती ही न थी। सारा दिन गुज़र गया। रात को भी लड़की ने न जाने दिया। हृदयनाथ उसे बुलाने को बार-बार आदमी भेजते, पर वह लड़की को छोड़कर न जा सकती। उसे ऐसी शंका होती थी कि मैं यहाँ से चली और लड़की हाथ से गई। उसकी माँ विमाता थी। इससे कैलासी को उसके ममत्व पर विश्वास न होता था। इस प्रकार वह तीन दिनों तक वहाँ रही। आठों पहर बालिका के सिरहाने बैठी पंखा झलती रहती। बहुत थक जाती तो दीवार से पीठ टेक लेती! चौथे दिन लड़की की हालत कुछ सँभलती हुई मालूम हुई तो वह अपने घर आई। मगर अभी स्नान भी न करने पाई थी कि आदमी पहुँचा—जल्द चलिए, लड़की रो-रोकर जान दे रही है।

हृदयनाथ ने कहा—कह दो, अस्पताल से कोई नर्स बुला लें!

कैलासकुमारी—दादा, आप व्यर्थ में झुंझलाते हैं। उस बेचारी की जान बच जाए, मैं तीन दिन नहीं, तीन महीने उसकी सेवा करने को तैयार हूँ। आख़िर यह देह किस दिन काम आएगी।

हृदयनाथ—तो कन्याएँ कैसे पढ़ेंगी?

कैलासी—दो-एक दिन में वह अच्छी हो जाएगी, दाने मुरझाने लगे हैं, तब तक आप ज़रा इन लड़कियों की देखभाल करते रहिएगा।

हृदयनाथ—यह बीमारी छूत से फैलती है।

कैलासी—(हँसकर) मर जाऊँगी तो आपके सिर से एक विपत्ति टल जाएगी। यह कहकर उसने उधर की राह ली। भोजन की थाली परसी रह गई।

तब हृदयनाथ ने जागेश्वरी से कहा—जान पड़ता है, बहुत जल्द यह पाठशाला भी बन्द करनी पड़ेगी।

जागेश्वरी—बिना माँझी के नाव पार लगाना बहुत कठिन है। जिधर हवा पाती है, उधर ही बह जाती है।

हृदयनाथ—जो रास्ता निकालता हूँ वही कुछ दिनों के बाद किसी दलदल में फँसा देता है। अब फिर बदनामी के सामान होते नज़र आ रहे हैं। लोग कहेंगे, लड़की दूसरों के घर जाती है और कई-कई दिन पड़ी रहती है क्या करूँ, कह दूँ, लड़कियों को न पढ़ाया करो?

जागेश्वरी—इसके सिवा और हो क्या सकता है।

कैलासकुमारी दो दिन बाद लौटी तो हृदयनाथ ने पाठशाला बन्द कर देने की समस्या उसके सामने रखी। कैलासी ने तीव्र स्वर से कहा—अगर आपको बदनामी का इतना भय है तो मुझे विष दे दीजिए। इसके सिवा बदनामी से बचने का और कोई उपाय नहीं है।

हृदयनाथ—बेटी, संसार में रहकर तो संसार की-सी करनी ही पड़ेगी।

कैलासी—तो कुछ मालूम भी तो हो कि संसार मुझसे क्या चाहता है। मुझमें जीव है, चेतना है, जड़ क्योंकर बन जाऊँ! मुझसे यह नहीं हो सकता कि अपने को अभागिनी, दुखिया समझूँ और एक टुकड़ा रोटी खाकर पड़ी रहूँ। ऐसा क्यों करूँ? संसार मुझे जो चाहे समझे, मैं अपने को अभागिनी नहीं समझती। मैं अपने आत्म-सम्मान की रक्षा आप कर सकती हूँ। मैं इसे अपना घोर अपमान समझती हूँ कि पग-पग पर मुझ पर शंका की जाए, नित्य कोई चरवाहों की भाँति मेरे पीछे लाठी लिए घूमता रहे कि किसी खेत में न जा पड़ूँ। यह दशा मेरे लिए असह्य है।

यह कहकर कैलासकुमारी वहाँ से चली गई कि कहीं मुँह से अनर्गल शब्द न निकल पड़े। इधर कुछ दिनों से उसे अपनी बेकसी का यथार्थ ज्ञान होने लगा था। स्त्री पुरुष की कितनी अधीन है, मानो स्त्री को विधाता ने इसीलिए बनाया है कि पुरुषों के अधीन रहे। यह सोचकर वह समाज के अत्याचार पर दाँत पीसने लगती थी।

पाठशाला तो दूसरे ही दिन से बन्द हो गई, किन्तु उसी दिन कैलासकुमारी को पुरुषों से जलन होने लगी। जिस सुख-भोग से प्रारब्ध हमें वंचित कर देता है उससे हमें द्वेष हो जाता है। ग़रीब आदमी इसीलिए तो अमीरों से जलता है और धन की निंदा करता है। कैलासी बार-बार झुँझलाती कि स्त्री क्यों पुरुष पर इतनी अवलम्बित है? पुरुष क्यों स्त्री के भाग्य का विधायक है? स्त्री क्यों नित्य पुरुषों का आश्रय चाहे, उनका मुँह ताके? इसलिए न कि स्त्रियों में अभिमान नहीं है, आत्म-सम्मान नहीं है। नारी-हृदय के कोमल भाव, उसे कुत्ते का दुम हिलाना मालूम होने लगे। प्रेम कैसा? यह सब ढोंग है, स्त्री पुरुष के अधीन है, उसकी ख़ुशामद न करे, सेवा न करे, तो उसका निर्वाह कैसे हो।

एक दिन उसने अपने बाल गूँथे और जूड़े में गुलाब का फूल लगा लिया। माँ ने देखा तो ओंठ से जीभ दबा ली। महरियों ने छाती पर हाथ रखे।

इसी तरह उसने एक दिन रंगीन रेशमी साड़ी पहन ली। पड़ोसिनों में इस पर ख़ूब आलोचनाएँ हुईं।

उसने एकादशी का व्रत रखना छोड़ दिया जो पिछले आठ बरसों से रखती आई थी। कंघी और आईने को वह अब त्याज्य न समझती थी।

सहालग के दिन आए। नित्य-प्रति उसके द्वार पर से बरातें निकलतीं। मुहल्ले की स्त्रियाँ अपनी-अपनी अटारियों पर खड़ी होकर देखतीं। वर के रंग-रूप, आकार-प्रकार पर टीकाएँ

होतीं, जागेश्वरी से भी बिना एक आँख देखे न रहा जाता। लेकिन कैलासकुमारी कभी भूलकर भी इन जलूसों को न देखती। कोई बरात या विवाह की बात चलाता तो वह मुँह फेर लेती। उसकी दृष्टि में वह विवाह नहीं, भोली-भाली कन्याओं का शिकार था। बातों को वह शिकारियों के कुत्ते समझती। यह विवाह नहीं है, स्त्री का बलिदान है।

5

तीज का व्रत आया। घरों की सफ़ाई होने लगी। रमणियाँ इस व्रत को रखने की तैयारियाँ करने लगीं। जागेश्वरी ने भी व्रत का सामान किया। नई-नई साड़ियाँ मँगवाईं। कैलासकुमारी के ससुराल से इस अवसर पर कपड़े, मिठाइयाँ और खिलौने आया करते थे। अबकी भी आए। यह विवाहिता स्त्रियों का व्रत है। इसका फल है पति का कल्याण। विधवाएँ भी इस व्रत को यथोचित रीति से पालन करती हैं। पति से उनका सम्बन्ध शारीरिक नहीं, वरन् आध्यात्मिक होता है। उसका इस जीवन के साथ अंत नहीं होता, अनंत काल तक जीवित रहता है। कैलासकुमारी अब तक यह व्रत रहती आई थी। अबकी उसने निश्चय किया, मैं व्रत न रखूँगी। माँ ने तो माथा ठोक लिया। बोली—बेटी, यह व्रत रखना धर्म है।

कैलासकुमारी—पुरुष भी स्त्रियों के लिए कोई व्रत रखते हैं?

जागेश्वरी—मर्दों में इसकी प्रथा नहीं है।

कैलासकुमारी—इसीलिए न कि पुरुषों को स्त्रियों की जान उतनी प्यारी नहीं होती जितनी स्त्रियों को पुरुषों की जान।

जागेश्वरी—स्त्रियाँ पुरुषों की बराबरी कैसे कर सकती हैं? उनका तो धर्म है अपने पुरुष की सेवा करना।

कैलासकुमारी—मैं इसे अपना धर्म नहीं समझती। मेरे लिए अपनी आत्मा की रक्षा के सिवा और कोई धर्म नहीं।

जागेश्वरी—बेटी, ग़ज़ब हो जाएगा, दुनिया क्या कहेगी?

कैलासकुमारी—फिर वही दुनिया? अपनी आत्मा के सिवा मुझे किसी का भय नहीं।

हृदयनाथ ने जागेश्वरी से यह बातें सुनीं तो चिन्ता-सागर में डूब गए। इन बातों का क्या आशय? क्या आत्म-सम्मान का भाव जागृत हुआ है या नैराश्य की क्रूर क्रीड़ा है? धनहीन प्राणी को जब कष्ट-निवारण का कोई उपाय नहीं रह जाता तो वह लज्जा को त्याग देता है। निस्सन्देह नैराश्य ने यह भीषण रूप धारण किया है। सामान्य दशाओं में नैराश्य अपने यथार्थ रूप में आता है, पर गर्वशील प्राणियों में वह परिमार्जित रूप ग्रहण कर लेता है। यहाँ पर हृदयगत कोमल भावों का अपहरण कर लेता है—चरित्र में अस्वाभाविक विकास उत्पन्न कर देता है—मनुष्य लोक-लाज और उपहास की ओर से उदासीन हो जाता है, नैतिक बंधन टूट जाते हैं। यह नैराश्य की अन्तिम अवस्था है।

हृदयनाथ इन्हीं विचारों में मग्न थे कि जागेश्वरी ने कहा—अब क्या करना होगा?

हृदयनाथ—क्या बताऊँ।

जागेश्वरी—कोई उपाय है?

हृदयनाथ—बस, एक ही उपाय है, पर उसे ज़बान पर नहीं ला सकता।

कौशल

पंडित बालकराम शास्त्री की धर्मपत्नी माया को बहुत दिनों से एक हार की लालसा थी और वह सैकड़ों ही बार पंडितजी से उसके लिए आग्रह कर चुकी थी; किन्तु पंडितजी हीला-हवाला करते रहते थे। यह तो साफ़-साफ़ न कहते थे कि मेरे पास रुपए नहीं हैं—इससे उनके पराक्रम में बट्टा लगता था—तर्कनाओं की शरण लिया करते थे। गहनों से कुछ लाभ नहीं, एक तो धातु अच्छी नहीं मिलती; उस पर सोनार रुपए के आठ-आठ आने कर देता है और सबसे बड़ी बात यह है कि घर में गहने रखना चोरों को नेवता देना है। घड़ी-भर शृंगार के लिए इतनी विपत्ति सिर पर लेना मूर्खों का काम है। बेचारी माया तर्कशास्त्र न पढ़ी थी, इन युक्तियों के सामने निरुत्तर हो जाती। पड़ोसिनों को देख-देखकर उसका जी ललचा करता था, पर दु:ख किससे कहे। यदि पंडितजी ज़्यादा मेहनत करने के योग्य होते तो यह मुश्किल आसान हो जाती। पर वे आलसी जीव थे, अधिकांश समय भोजन और विश्राम में व्यतीत किया करते थे। पत्नीजी की कटूक्तियाँ सुननी मंजूर थीं, लेकिन निद्रा की मात्रा में कमी न कर सकते थे।

एक दिन पंडितजी पाठशाला से आए तो देखा कि माया के गले में सोने का हार विराज रहा है। हार की चमक से उसकी मुख-ज्योति चमक उठी थी।

उन्होंने उसे कभी इतनी सुन्दर न समझा था। पूछा—यह हार किसका है?

माया बोली—पड़ोस में जो बाबूजी रहते हैं उनकी स्त्री का है। आज उनसे मिलने गई थी, यह हार देखा, बहुत पसन्द आया। तुम्हें दिखाने के लिए पहनकर चली आई। बस, ऐसा ही एक हार मुझे बनवा दो।

पंडित—दूसरे की चीज़ नाहक माँग लाई। कहीं चोरी हो जाए तो हार तो बनवाना ही पड़े, ऊपर से बदनामी भी हो।

माया—मैं तो ऐसा ही हार लूँगी। 20 तोले का है।

पंडित—फिर वही जिद।

माया—जब सभी पहनती हैं तो मैं ही क्यों न पहनूँ?

पंडित—सब कुएँ में गिर पड़ें तो तुम भी कुएँ में गिर पड़ोगी? सोचो तो, इस वक़्त इस हार के बनवाने में 600 रुपए लगेंगे। अगर 1 रु. प्रति सैकड़ा भी ब्याज रख लिया जाए तो 5 वर्ष में 600 रु. के लगभग 1000 रु. हो जाएँगे। लेकिन 5 वर्ष में तुम्हारा हार मुश्किल से 300 रु. का रह जाएगा। इतना बड़ा नुक़सान उठाकर हार पहनने से क्या सुख? यह हार वापस कर दो, भोजन करो और आराम से पड़ी रहो। यह कहते हुए पंडितजी बाहर चले गए।

रात को एकाएक माया ने शोर मचाकर कहा—चोर! चोर! हाय, घर में चोर! मुझे घसीटे लिए जाते हैं।

पंडितजी हकबका कर उठे और बोले—कहाँ, कहाँ? दौड़ो, दौड़ो।

माया—मेरी कोठरी में गया है। मैंने उसकी परछाईं देखी।

पंडित—लालटेन लाओ, ज़रा मेरी लकड़ी उठा लेना।

माया—मुझसे तो मारे डर के उठा नहीं जाता।

कई आदमी बाहर से बोले—कहाँ हैं पंडितजी, कोई सेंध पड़ी है क्या?

माया—नहीं, नहीं, खपरैल पर से उतरे हैं। मेरी नींद खुली तो कोई मेरे ऊपर झुका हुआ था। हाय राम! यह तो हार ही ले गया! पहने-पहने सो गई थी। मुये ने गले से निकाल लिया। हाय भगवान्!

पंडित—तुमने हार उतार क्यों न दिया था?

माया—मैं क्या जानती थी कि आज ही यह मुसीबत गिर पड़ने वाली है, हाय भगवान्!

पंडित—अब हाय-हाय करने से क्या होगा? अपने कर्मों को रोओ! इसीलिए कहा करता था कि सब घड़ी बराबर नहीं आती, न जाने कब क्या हो जाए। अब आई समझ में मेरी बात! देखो और कुछ तो नहीं ले गया?

पड़ोसी लालटेन लिये आ पहुँचे। घर में कोना-कोना देखा। करियाँ देखीं, छत पर चढ़कर देखा, अगवाड़े-पिछवाड़े देखा, शौच-गृह में झाँका, कहीं चोर का पता न था।

एक पड़ोसी—किसी जानकार आदमी का काम है।

दूसरा पड़ोसी—बिना घर के भेदिए के कभी चोरी होती नहीं। और कुछ तो नहीं ले गया?

माया—और तो कुछ नहीं ले गया। बरतन सब पड़े हुए हैं। सन्दूक भी बन्द पड़े हुए हैं। निगोड़े को ले ही जाना था तो मेरी चीज़ें ले जाता। परायी चीज़ ठहरी। भगवान्, उन्हें कौन मुँह दिखाऊँगी।

पंडित—अब गहने का मज़ा मिल गया न?

माया—हाय भगवान्, यह अपजस बदा था।

पंडित—कितना समझा के हार गया, तुम न मानीं, न मानीं। बात की बात में 600 रु. निकल गए! अब देखूँ भगवान् कैसे लाज रखते हैं।

माया—अभागे मेरे घर का एक-एक तिनका चुन ले जाते तो मुझे इतना दुःख न होता। अभी बेचारी ने नया ही बनवाया था।

पंडित—ख़ूब मालूम है, 20 तोले का था?

माया—20 ही तोले का तो कहती थीं।

पंडित—बधिया बैठ गई और क्या?

माया—कह दूँगी, घर में चोरी हो गई। क्या जान लेंगी? अब उनके लिए कोई चोरी थोड़े ही करने जाएगा!

पंडित—तुम्हारे घर से चीज़ गई, तुम्हें देनी पड़ेगी। उन्हें इससे क्या प्रयोजन कि चोर ले गया या तुमने उठाकर रख लिया। पतियाएँगी ही नहीं।

माया—तो इतने रुपए कहाँ से आएँगे?

पंडित—कहीं न कहीं से तो आएँगे ही, नहीं तो लाज कैसे रहेगी; मगर की तुमने बड़ी भूल।

माया—भगवान् से मँगनी की चीज़ भी न देखी गई। मुझे काल ने घेरा था, नहीं तो घड़ी-भर गले में डाल लेने से ऐसा कौन-सा बड़ा सुख मिल गया? मैं हूँ ही अभागिनी।

पंडित—अब पछताने और अपने को कोसने से क्या फ़ायदा? चुप हो के बैठो, पड़ोसिन से कह देना, घबराओ नहीं, तुम्हारी चीज़ जब तक लौटा न देंगे, तब तक हमें चैन न आएगा।

2

पंडित बालकराम को अब नित्य ही चिन्ता रहने लगी कि किसी तरह हार बने। यों अगर टाट उलट देते तो कोई बात न थी। पड़ोसिन को सन्तोष ही करना पड़ता, ब्राह्मण से डाँड़ कौन लेता; किन्तु पंडितजी ब्राह्मणत्व के गौरव को इतने सस्ते दामों न बेचना चाहते थे। आलस्य छोड़कर धनोपार्जन में दत्तचित्त हो गए।

छह महीने तक उन्होंने दिन-को-दिन और रात-को-रात नहीं जाना। दोपहर को सोना छोड़ दिया, रात को भी बहुत देर तक जागते। पहले केवल एक पाठशाला में पढ़ाया करते थे। इसके सिवा वह ब्राह्मण के लिए खुले हुए एक सौ एक व्यवसायों में वह सभी को निंदनीय समझते थे। पर अब पाठशाला से आकर संध्या समय एक जगह 'भागवत की कथा' कहने जाते, वहाँ से लौट कर 11-12 बजे रात तक जन्म-कुंडलियाँ, वर्ष-फल आदि बनाया करते। प्रात:काल मन्दिर में 'दुर्गाजी का पाठ' करते। माया पंडितजी का अध्यवसाय देख-देखकर कभी-कभी पछताती कि कहाँ से कहाँ मैंने ये विपत्ति सिर पर ली। कहीं बीमार पड़ जाएँ तो लेने के देने पड़ें। उनका शरीर क्षीण होते देख कर उसे अब यह चिन्ता व्यथित करने लगी। यहाँ तक कि पाँच महीने गुज़र गए।

एक दिन संध्या समय वह दीया-बत्ती करने जा रही थी कि पंडितजी आए, जेब से पुड़िया निकालकर उसके सामने फेंक दी और बोले—लो, आज तुम्हारे ऋण से मुक्त हो गया।

माया ने पुड़िया खोली तो उसमें सोने का हार था, उसकी चमक-दमक, उसकी सुन्दर बनावट देखकर उसके अंतस्तल में गुदगुदी-सी होने लगी। मुख पर आनंद की आभा दौड़ गई। उसने कातर नेत्रों से देखकर पूछा—ख़ुश हो कर दे रहे हो या नाराज़ होकर?

पंडित—इससे क्या मतलब? ऋण तो चुकाना ही पड़ेगा, चाहे ख़ुशी से या नाख़ुशी से।

माया—यह ऋण नहीं है।

पंडित—और क्या है! बदला सही।

माया—बदला भी नहीं है।

पंडित—फिर क्या है?

माया—तुम्हारी...निशानी।

पंडित—तो क्या ऋण के लिए कोई दूसरा हार बनवाना पड़ेगा?

माया—नहीं-नहीं, वह हार चोरी नहीं गया था। मैंने झूठ-मूठ शोर मचाया था।

पंडित—सच?

माया—हाँ, सच कहती हूँ।

पंडित—मेरी क़सम?

माया—तुम्हारे चरण छूकर कहती हूँ।

पंडित—तो तुमने मुझसे कौशल किया था?

माया—हाँ?

पंडित—तुम्हें मालूम है, तुम्हारे कौशल का मुझे क्या मूल्य देना पड़ा।

माया—क्या 600 रु. से ऊपर?

पंडित—बहुत ऊपर? इसके लिए मुझे अपने आत्मस्वातंत्र्य को बलिदान करना पड़ा।

स्वर्ग की देवी

भाग्य की बात! शादी-विवाह में आदमी का क्या अख़्तियार! जिससे ईश्वर ने, या उनके नायबों—ब्राह्मणों—ने तय कर दी, उससे हो गई। बाबू भारतदास ने लीला के लिए सुयोग्य वर खोजने में कोई बात उठा नहीं रखी। लेकिन जैसा घर-वर चाहते थे, वैसा न पा सके। वह लड़की को सुखी देखना चाहते थे, जैसा हर एक पिता का धर्म है; किन्तु इसके लिए उनकी समझ में सम्पत्ति ही सबसे ज़रूरी चीज़ थी। चरित्र या शिक्षा का स्थान गौण था। चरित्र तो किसी के माथे पर लिखा नहीं रहता और शिक्षा का आजकल के ज़माने में मूल्य ही क्या? हाँ, सम्पत्ति के साथ शिक्षा भी हो तो क्या पूछना! ऐसा घर उन्होंने बहुत ढूँढ़ा, पर न मिला। ऐसे घर हैं ही कितने जहाँ दोनों पदार्थ मिलें? दो-चार मिले भी तो अपनी बिरादरी के न थे। बिरादरी भी मिली, तो ज़ायजा न मिला; जायजा भी मिला तो शर्तें तय न हो सकीं। इस तरह मज़बूर होकर भारतदास को लीला का विवाह लाला सन्तसरन के लड़के सीतासरन से करना पड़ा। अपने बाप का इकलौता बेटा था, थोड़ी-बहुत शिक्षा भी पाई थी, बातचीत सलीके से करता था, मामले-मुक़दमे समझता था और ज़रा दिल का रँगीला भी था। सबसे बड़ी बात यह थी कि रूपवान, बलिष्ठ, प्रसन्न-मुख, साहसी आदमी था; मगर विचार वही बाबा आदम के ज़माने के थे। पुरानी जितनी बातें हैं, सब अच्छी; नई जितनी बातें हैं, सब ख़राब। जायदाद के विषय में ज़मींदार साहब नए-नए दफ़ों का व्यवहार करते थे, वहाँ अपना कोई अख़्तियार न था; लेकिन सामाजिक प्रथाओं के कट्टर पक्षपाती थे। सीतासरन अपने बाप को जो करते या कहते देखता वही ख़ुद भी कहता और करता था। उसमें ख़ुद सोचने की शक्ति ही न थी। बुद्धि की मंदता बहुधा सामाजिक अनुदारता के रूप में प्रकट होती है।

2

लीला ने जिस दिन घर में पाँव रखा उसी दिन उसकी परीक्षा शुरू हुई। वे सभी काम, जिनकी उसके घर में तारीफ होती थी यहाँ वर्जित थे। उसे बचपन से ताज़ी हवा पर जान देना सिखाया गया था, यहाँ उसके सामने मुँह खोलना भी पाप था। बचपन से सिखाया गया था रोशनी ही जीवन है, यहाँ रोशनी के दर्शन भी दुर्लभ थे। घर पर अहिंसा, क्षमा और दया ईश्वरीय गुण बताए गए थे, यहाँ इसका नाम लेने की भी स्वाधीनता न थी। संतसरन बड़े तीखे, ग़ुस्सेवर आदमी थे, नाक पर मक्खी न बैठने देते। धूर्तता और छल-कपट से ही उन्होंने जायदाद पैदा की थी और उसी को सफल जीवन का मंत्र समझते थे। उनकी पत्नी उनसे भी दो अंगुल ऊँची थी। मजाल क्या कि बहू अपनी अँधेरी कोठरी के द्वार पर खड़ी हो जाए, या कभी छत पर टहल सके। प्रलय आ जाता, आसमान सिर पर उठा लेतीं। उन्हें बकने का मर्ज था। दाल में नमक का ज़रा तेज़ हो जाना उन्हें दिन-भर बकने के लिए काफ़ी बहाना था। मोटी-ताजी महिला थीं, छींट का घाघरेदार लहँगा पहने, पानदान बगल में रखे, गहनों से लदी हुई, सारे दिन बरोठे में माची पर बैठी रहती थीं। क्या मजाल कि घर में उनकी इच्छा के विरुद्ध एक पत्ता भी हिल जाए! बहू की नई-नई आदतें देख-देख जला करती थीं। अब काहे को आबरू रहेगी। मुँडेर पर खड़ी होकर झाँकती है। मेरी लड़की ऐसी दीदा-दिलेर होती तो गला घोंट देती। न-जाने इसके देश में कौन लोग बसते हैं! गहने नहीं पहनती। जब देखो नंगी-बुच्ची बनी बैठी रहती है। यह

भी कोई अच्छे लच्छन हैं। लीला के पीछे सीतासरन पर भी फटकार पड़ती। तुझे भी चाँदनी में सोना अच्छा लगता है, क्यों? तू भी अपने को मर्द कहेगा? वह मर्द कैसा कि औरत उसके कहने में न रहे। दिन-भर घर में घुसा रहता है। मुँह में ज़बान नहीं है? समझाता क्यों नहीं?

सीतासरन कहता—अम्माँ, जब कोई मेरे समझाने से माने तब तो?

माँ—मानेगी क्यों नहीं, तू मर्द है कि नहीं? मर्द वह चाहिए कि कड़ी निगाह से देखे तो औरत काँप उठे।

सीतासरन—तुम तो समझाती ही रहती हो।

माँ—मेरी उसे क्या परवा? समझती होगी, बुढ़िया चार दिन में मर जाएगी, तब मैं मालकिन हो ही जाऊँगी।

सीतासरन—तो मैं भी तो उसकी बातों का जवाब नहीं दे पाता। देखती नहीं हो कितनी दुर्बल हो गई है। वह रंग ही नहीं रहा। उस कोठरी में पड़े-पड़े उसकी दशा बिगड़ती जाती है।

बेटे के मुँह से ऐसी बातें सुन माता आग हो जाती और सारे दिन जलती; कभी भाग्य को कोसती, कभी समय को।

सीतासरन माता के सामने तो ऐसी बातें करता; लेकिन लीला के सामने जाते ही उसकी मति बदल जाती थी। वह वही बातें करता जो लीला को अच्छी लगतीं। यहाँ तक कि दोनों वृद्धा की हँसी उड़ाते। लीला को इसमें और कोई सुख न था। वह सारे दिन कुढ़ती रहती। कभी चूल्हे के सामने न बैठी थी; पर यहाँ पसेरियों आटा थोपना पड़ता, मजूरों और टहलुओं के लिए भी रोटियाँ पकानी पड़तीं। कभी-कभी वह चूल्हे के सामने बैठी घंटों रोती। यह बात न थी कि यह लोग कोई महाराज-रसोइया न रख सकते हों; पर घर की पुरानी प्रथा यही थी कि बहू खाना पकाए और उस प्रथा को निभाना ज़रूरी था। सीतासरन को देखकर लीला का संतप्त हृदय एक क्षण के लिए शान्त हो जाता था।

गर्मी के दिन थे और संध्या का समय। बाहर हवा चलती, भीतर देह फुकती थी। लीला कोठरी में बैठी एक किताब देख रही थी कि सीतासरन ने आकर कहा—यहाँ तो बड़ी गर्मी है, बाहर बैठो।

लीला—यह गर्मी उन तानों से अच्छी है जो अभी सुनने पड़ेंगे।

सीतासरन—आज अगर बोलीं तो मैं भी बिगड़ जाऊँगा।

लीला—तब तो मेरा घर में रहना भी मुश्किल हो जाएगा।

सीतासरन—बला से अलग ही रहेंगे!

लीला—मैं तो मर भी जाऊँ तो भी अलग न रहूँ। वह जो कुछ कहती-सुनती हैं, अपनी समझ से मेरे भले ही के लिए कहती-सुनती हैं। उन्हें मुझसे कुछ दुश्मनी थोड़े ही है। हाँ, हमें उनकी बातें अच्छी न लगें, यह दूसरी बात है। उन्होंने ख़ुद वह सब कष्ट झेले हैं, जो वह मुझे झेलवाना चाहती हैं। उनके स्वास्थ्य पर उन कष्टों का ज़रा भी असर नहीं पड़ा। वह इस 65 वर्ष की उम्र में मुझसे कहीं टाँठी हैं। फिर उन्हें कैसे मालूम हो कि इन कष्टों से स्वास्थ्य बिगड़ सकता है?

सीतासरन ने उसके मुरझाए हुए मुख की ओर करुण नेत्रों से देखकर कहा—तुम्हें इस घर में आकर बहुत दु:ख सहना पड़ा। यह घर तुम्हारे योग्य न था। तुमने पूर्व-जन्म में ज़रूर कोई पाप क़िया होगा।

लीला ने पति के हाथों से खेलते हुए कहा—यहाँ न आती तो तुम्हारा प्रेम कैसे पाती?

3

पाँच साल गुज़र गए। लीला दो बच्चों की माँ हो गई। एक लड़का था, दूसरी लड़की। लड़के का नाम जानकीसरन रखा गया और लड़की का नाम कामिनी। दोनों बच्चे घर को गुलजार किए रहते थे। लड़की दादा से हिली थी, लड़का दादी से। दोनों शोख और शरीर थे। गाली दे बैठना, मुँह चिढ़ा देना तो उनके लिए मामूली बात थी। दिन-भर खाते और आए-दिन बीमार पड़े रहते। लीला ने ख़ुद सभी कष्ट सह लिए थे पर बच्चों में बुरी आदतों का पड़ना उसे बहुत बुरा मालूम होता था; किन्तु उसकी कौन सुनता था। बच्चों की माता होकर उसकी अब गणना ही न रही थी। जो कुछ थे बच्चे थे, वह कुछ न थी। उसे किसी बच्चे को डाँटने का भी अधिकार न था, सास फाड़ खाती थी।

सबसे बड़ी आपत्ति यह थी कि उसका स्वास्थ्य अब और भी ख़राब हो गया था। प्रसव-काल में उसे वे भी अत्याचार सहने पड़े जो अज्ञान, मूर्खता और अंधविश्वास ने सौर की रक्षा के लिए गढ़ रखे हैं। उस काल-कोठरी में, जहाँ हवा का गुज़र था न प्रकाश का, न सफ़ाई का, चारों ओर दुर्गंध और सील और गन्दगी भरी हुई थी। उसका कोमल शरीर सूख गया। एक बार जो कसर रह गई थी, वह दूसरी बार पूरी हो गई। चेहरा पीला पड़ गया, आँखें धँस गईं। ऐसा मालूम होता, बदन में ख़ून ही नहीं रहा। सूरत ही बदल गई।

गर्मियों के दिन थे। एक तरफ़ आम पके, दूसरी तरफ़ खरबूजे। इन दोनों फलों की ऐसी अच्छी फ़सल पहले कभी न हुई थी। अबकी इनमें इतनी मिठास न-जाने कहाँ से आ गई थी कि कितना ही खाओ मन न भरे। संतसरन के इलाक़े से आम और खरबूजे के टोकरे भरे चले आते थे। सारा घर ख़ूब उछल-उछल खाता था। बाबू साहब पुरानी हड्डी के आदमी थे। सबेरे एक सैकड़े आमों का नाश्ता करते, फिर पसेरी-भर खरबूजे चट कर जाते। मालकिन उनसे पीछे रहनेवाली न थीं। उन्होंने तो एक वक़्त का भोजन ही बन्द कर दिया। अनाज सड़नेवाली चीज़ नहीं। आज नहीं कल ख़र्च हो जाएगा। आम और खरबूजे तो एक दिन भी नहीं ठहर सकते? शुदनी थी और क्या। यों ही हर साल दोनों चीज़ों की रेल-पेल होती थी; पर किसी को कभी कोई शिकायत न होती थी। कभी पेट में गिरानी मालूम हुई तो हड़ की फंकी मार ली। एक दिन बाबू संतसरन के पेट में मीठा-मीठा दर्द होने लगा। आपने उसकी परवा न की। आम खाने बैठ गए। सैकड़ा पूरा करके उठे ही थे कि कै हुई। गिर पड़े। फिर तो तिल-तिल पर कै और दस्त होने लगे। हैजा हो गया। शहर के डॉक्टर बुलाए गए, लेकिन उनके आने के पहले ही बाबू साहब चल बसे थे। रोना-पीटना मच गया। संध्या होते-होते लाश घर से निकली। लोग दाह-क्रिया करके आधी रात को लौटे तो मालकिन को भी कै और दस्त हो रहे थे। फिर दौड़-धूप शुरू हुई; लेकिन सूर्य निकलते-निकलते वह भी सिधार गईं। स्त्री-पुरुष जीवनपर्यंत एक दिन के लिए भी अलग न हुए थे। संसार से भी साथ ही साथ गए, सूर्यास्त के समय पति ने प्रस्थान किया, सूर्योदय के समय पत्नी ने।

लेकिन मुसीबत का अभी अंत न हुआ था। लीला तो संस्कार की तैयारियों में लगी थी; मकान की सफ़ाई की तरफ़ किसी ने ध्यान न दिया। तीसरे दिन दोनों बच्चे दादा-दादी के लिए रोते-रोते बैठके में जा पहुँचे। वहाँ एक आले पर खरबूजा कटा हुआ पड़ा था; दो-तीन

क़लमी आम भी रखे थे। इन पर मक्खियाँ भिनक रही थीं। जानकी ने एक तिपाई पर चढ़कर दोनों चीज़ें उतार लीं और दोनों ने मिलकर खाईं। शाम होते-होते दोनों को हैजा हो गया और दोनों माँ-बाप को रोता छोड़ चल बसे। घर में अँधेरा हो गया। तीन दिन पहले जहाँ चारों तरफ़ चहल-पहल थी, वहाँ अब सन्नाटा छाया हुआ था, किसी के रोने की आवाज़ भी सुनाई न देती थी। रोता ही कौन? ले-दे के कुल दो प्राणी रह गए थे। और उन्हें रोने की सुधि न थी।

4

लीला का स्वास्थ्य पहले भी कुछ अच्छा न था, अब तो वह और भी बेजान हो गई। उठने-बैठने की शक्ति भी न रही। हरदम खोई-सी रहती, न कपड़े-लत्ते की सुधि थी, न खाने-पीने की। उसे न घर से वास्ता था, न बाहर से। जहाँ बैठती, वहीं बैठी रह जाती। महीनों कपड़े न बदलती, सिर में तेल न डालती। बच्चे ही उसके प्राणों के आधार थे। जब वही न रहे तो मरना और जीना बराबर था। रात-दिन यही मनाया करती कि भगवान् यहाँ से ले चलो। सुख-दुःख सब भुगत चुकी। अब सुख की लालसा नहीं है; लेकिन बुलाने से मौत किसी को आई है?

सीतासरन भी पहले तो बहुत रोया-धोया; यहाँ तक कि घर छोड़कर भाग जाता था; लेकिन ज्यों-ज्यों दिन गुज़रते थे बच्चों का शोक उसके दिल से मिटता जाता था; संतान का दुःख तो कुछ माता ही को होता है। धीरे-धीरे उसका जी सँभल गया। पहिले की भाँति मित्रों के साथ हँसी-दिल्लगी होने लगी। यारों ने और भी चंग पर चढ़ाया। अब घर का मालिक था, जो चाहे कर सकता था। कोई उसका हाथ रोकने वाला न था। सैर-सपाटे करने लगा। कहाँ तो लीला को रोते देख उसकी आँखें सजल हो जाती थीं, कहाँ अब उसे उदास और शोक-मग्न देखकर झुँझला उठता। ज़िन्दगी रोने ही के लिए तो नहीं है। ईश्वर ने लड़के दिए थे, ईश्वर ही ने छीन लिये। क्या लड़कों के पीछे प्राण दे देना होगा? लीला यह बातें सुनकर भौंचक रह जाती। पिता के मुँह से ऐसे शब्द निकल सकते हैं! संसार में ऐसे प्राणी भी हैं!

होली के दिन थे। मर्दाने में गाना-बजाना हो रहा था। मित्रों की दावत का भी सामान किया गया था। अन्दर लीला ज़मीन पर पड़ी हुई रो रही थी। त्योहारों के दिन उसे रोते ही कटते थे। आज बच्चे होते तो अच्छे-अच्छे कपड़े पहने कैसे उछलते-फिरते! वही न रहे तो कहाँ की तीज और कहाँ का त्योहार।

सहसा सीतासरन ने आकर कहा—क्या दिन-भर रोती ही रहोगी? ज़रा कपड़े तो बदल डालो, आदमी बन जाओ। यह क्या तुमने अपनी गत बना रखी है?

लीला—तुम जाओ अपनी महफ़िल में बैठो, तुम्हें मेरी क्या फ़िक्र पड़ी है?

सीतासरन—क्या दुनिया में और किसी के लड़के नहीं मरते? तुम्हारे ही सिर यह मुसीबत आई है?

लीला—यह बात कौन नहीं जानता। अपना-अपना दिल ही तो है। उस पर किसी का बस है?

सीतासरन—मेरे साथ भी तो तुम्हारा कुछ कर्तव्य है?

लीला ने कुतूहल से पति को देखा, मानो उसका आशय नहीं समझी। फिर मुँह फेरकर रोने लगी।

सीतासरन—मैं अब इस मनहूसत का अंत कर देना चाहता हूँ। अगर तुम्हारा अपने दिल पर काबू नहीं है तो मेरा भी अपने दिल पर काबू नहीं है। मैं अब ज़िन्दगी-भर मातम नहीं मना सकता।

लीला—तुम राग-रंग मनाते हो, मैं तुम्हें मना तो नहीं करती! मैं रोती हूँ तो क्यों रोने नहीं देते।

सीतासरन—मेरा घर रोने के लिए नहीं है।

लीला—अच्छी बात है, तुम्हारे घर में न रोऊँगी।

5

लीला ने देखा, मेरे स्वामी मेरे हाथों से निकले जा रहे हैं। उन पर विषय का भूत सवार हो गया है और कोई समझानेवाला नहीं। वह अपने होश में नहीं हैं। मैं क्या करूँ, अगर मैं चली जाती हूँ तो थोड़े ही दिनों में सारा घर मिट्टी में मिल जाएगा और इनका वही हाल होगा जो स्वार्थी मित्रों के चंगुल में फँसे हुए नौजवान रईसों का होता है। कोई कुलटा घर में आ जाएगी और इनका सर्वनाश कर देगी। ईश्वर! मैं क्या करूँ? अगर इन्हें कोई बीमारी हो जाती तो क्या मैं उस दशा में इन्हें छोड़कर चली जाती? कभी नहीं। मैं तन-मन से इनकी सेवा-सुश्रूषा करती, ईश्वर से प्रार्थना करती, देवताओं की मनौतियाँ करती। माना इन्हें शारीरिक रोग नहीं है, लेकिन मानसिक रोग अवश्य है। आदमी रोने की जगह हँसे और हँसने की जगह रोए, उसके दिवाना होने में क्या सन्देह है! मेरे चले जाने से इनका सर्वनाश हो जाएगा। इन्हें बचाना मेरा धर्म है।

हाँ, मुझे अपना शोक भूल जाना होगा। रोऊँगी, रोना तो तक़दीर में लिखा ही है—रोऊँगी, लेकिन हँस-हँसकर। अपने भाग्य से लड़ूँगी। जो जाते रहे उनके नाम को रोने के सिवा और कर ही क्या सकती हूँ, लेकिन जो है उसे न जाने दूँगी। आ, ये टूटे हुए हृदय! आज तेरे टुकड़ों को जमा करके एक समाधि बनाऊँ और अपने शोक को उसके हवाले कर दूँ। ओ रोनेवाली आँखें, आओ मेरे आँसुओं को अपनी विहँसित छटा में छिपा लो। आओ मेरे आभूषणों, मैंने बहुत दिनों तक तुम्हारा अपमान किया, मेरा अपराध क्षमा करो। तुम मेरे भले दिनों के साथी हो, तुमने मेरे साथ बहुत विहार किए हैं, अब इस संकट में मेरा साथ दो; मगर दग़ा न करना; मेरे भेदों को छिपाए रखना!

लीला सारी रात बैठी अपने मन से यही बातें करती रही। उधर मर्दाने में धमा-चौकड़ी मची हुई थी। सीतासरन नशे में चूर कभी गाता था, कभी तालियाँ बजाता था। उसके मित्र लोग भी उसी रंग में रँगे हुए थे। मालूम होता था इनके लिए भोग-विलास के सिवा और कोई काम नहीं है।

पिछले पहर को महफ़िल में सन्नाटा हो गया। हू-हा की आवाज़ें बन्द हो गईं। लीला ने सोचा, क्या लोग कहीं चले गए, या सो गए? एकाएक सन्नाटा क्यों छा गया। जाकर देहलीज़ में खड़ी हो गई और बैठक में झाँक कर देखा, सारी देह में एक ज्वाला-सी दौड़ गई। मित्र लोग विदा हो गए थे। समाजियों का पता न था। केवल एक रमणी मसनद पर लेटी हुई थी और सीतासरन उसके सामने झुका हुआ उससे बहुत धीरे-धीरे बातें कर रहा था। दोनों के चेहरों और आँखों से उनके मन के भाव साफ़ झलक रहे थे। एक की आँखों में अनुराग था, दूसरी की आँखों में कटाक्ष! एक भोला-भाला हृदय एक मायाविनी रमणी के हाथों लुटा जाता था। लीला की सम्पत्ति को उसकी आँखों के सामने एक छलिनी चुराए लिए जाती थी। लीला

को ऐसा क्रोध आया कि इसी समय चलकर इस कुलटा को आड़े हाथों लूँ, ऐसा दुत्कारूँ कि वह भी याद करे, खड़े-खड़े निकाल दूँ। वह पत्नी-भाव जो बहुत दिनों से सो रहा था, जाग उठा और उसे विकल करने लगा। पर उसने ज़ब्त किया। वेग से दौड़ती हुई तृष्णाएँ अकस्मात् न रोकी जा सकती थीं। वह उलटे पाँव भीतर लौट आई और मन को शान्त करके सोचने लगी—वह रूप-रंग में, हाव-भाव में, नखे-तिल्ले में उस दुष्टा की बराबरी नहीं कर सकती। बिलकुल चाँद का टुकड़ा है, अंग-अंग में स्फूर्ति भरी हुई है, पोर-पोर में मद झलक रहा है। उसकी आँखों में कितनी तृष्णा है, तृष्णा नहीं, बल्कि ज्वाला! लीला उसी वक़्त आईने के सामने गई। आज कई महीनों के बाद उसने आईने में अपनी सूरत देखी। उसके मुख से एक आह निकल गई। शोक ने उसकी कायापलट कर दी थी। उस रमणी के सामने वह ऐसी लगती थी जैसे गुलाब के सामने जूही का फूल!

6

सीतासरन का खुमार शाम को टूटा। आँखें खुलीं तो सामने लीला को खड़ी मुस्कुराते देखा। उसकी अनोखी छवि आँखों में समा गई। ऐसे ख़ुश हुए मानो बहुत दिनों के वियोग के बाद उससे भेंट हुई हो। उसे क्या मालूम था कि यह रूप भरने के लिए लीला ने कितने आँसू बहाए हैं; केशों में यह फूल गूँथने के पहले आँखों से कितने मोती पिरोए हैं। उन्होंने एक नवीन प्रेमोत्साह से उठकर उसे गले लगा लिया और मुस्कुराकर बोले—आज तो तुमने बड़े-बड़े शस्त्र सजा रखे हैं, कहाँ भागूँ?

लीला ने अपने हृदय की ओर उँगली दिखाकर कहा—यहाँ आ बैठो। बहुत भागे फिरते हो, अब तुम्हें बाँधकर रखूँगी। बाग़ की बहार का आनंद तो उठा चुके, अब इस अँधेरी कोठरी को भी देख लो।

सीतासरन ने लज्जित होकर कहा—उसे अँधेरी कोठरी मत कहो लीला! वह प्रेम का मानसरोवर है!

इतने में बाहर से किसी मित्र के आने की ख़बर आई। सीतासरन चलने लगे तो लीला ने उनका हाथ पकड़कर कहा—मैं न जाने दूँगी।

सीतासरन—अभी आता हूँ।

लीला—मुझे डर लगता है कहीं तुम चले न जाओ।

सीतासरन बाहर आए तो मित्र महाशय बोले—आज दिन-भर सोते ही रहे क्या? बहुत ख़ुश नज़र आते हो। इस वक़्त तो वहाँ चलने की ठहरी थी न? तुम्हारी राह देख रही हैं।

सीतासरन—चलने को तो तैयार हूँ, लेकिन लीला जाने नहीं देती।

मित्र—निरे गाउदी ही रहे। आ गए फिर बीवी के पंजे में! फिर किस बिरजे पर गरमाए थे?

सीतासरन—लीला ने घर से निकाल दिया था, तब आश्रय ढूँढ़ता फिरता था। अब उसने द्वार खोल दिए और खड़ी बुली रही है।

मित्र—अजी, यहाँ वह आनंद कहाँ? घर को लाख सजाओ तो क्या बाग़ हो जाएगा?

सीतासरन—भई, घर बाग़ नहीं हो सकता, पर स्वर्ग हो सकता है। मुझे इस वक़्त अपनी क्षुद्रता पर जितनी लज्जा आ रही है, वह मैं ही जानता हूँ। जिस संतानशोक में उसने अपने शरीर को घुला डाला और अपने रूपलावण्य को मिटा दिया उसी शोक को केवल मेरा एक

इशारा पाकर उसने भुला दिया। ऐसा भुला दिया मानो कभी शोक हुआ ही नहीं! मैं जानता हूँ कि वह बड़े से बड़े कष्ट सह सकती है। मेरी रक्षा उसके लिए आवश्यक है। जब अपनी उदासीनता के कारण उसने मेरी दशा बिगड़ती देखी तो अपना सारा शोक भूल गई। आज मैंने उसे अपने आभूषण पहनकर मुस्कुराते हुए देखा तो मेरी आत्मा पुलकित हो उठी। मुझे ऐसा मालूम हो रहा है कि वह स्वर्ग की देवी है और केवल मुझ-जैसे दुर्बल प्राणी की रक्षा करने के लिए भेजी गई है। मैंने उसे जो कठोर शब्द कहे, वे अगर अपनी सारी सम्पत्ति बेचकर भी मिल सकते, तो लौटा लेता। लीला वास्तव में स्वर्ग की देवी है!

आधार

सारे गाँव में मथुरा का-सा गठीला जवान न था। कोई बीस बरस की उमर थी। मसें भीग रही थीं। गउएँ चराता, दूध पीता, कसरत करता, कुश्ती लड़ता था और सारे दिन बाँसुरी बजाता हाट में विचरता था। ब्याह हो गया था, पर अभी कोई बाल-बच्चा न था। घर में कई हल की खेती थी, कई छोटे-बड़े भाई थे। वे सब मिल-जुलकर खेती-बारी करते थे। मथुरा पर सारे घर को गर्व था, उसे सबसे अच्छा भोजन मिलता और सबसे कम काम करना पड़ता। जब उसे जाँघिए-लँगोटे, नाल या मुग्दर के लिए रुपए-पैसे की ज़रूरत पड़ती तो तुरत दे दिए जाते थे। सारे घर की यही अभिलाषा थी कि मथुरा पहलवान हो जाए और अखाड़े में अपने सवाये को पछाड़े। इस लाड़-प्यार से मथुरा ज़रा टर्रा हो गया था। गायें किसी के खेत में पड़ी हैं और आप अखाड़े में दंड लगा रहा है। कोई उलाहना देता तो उसकी त्योरियाँ बदल जातीं। ग़रज़कर कहता, जो मन में आए कर लो, मथुरा तो अखाड़ा छोड़कर हाँकने न जाएँगे; पर उसका डील-डौल देखकर किसी को उससे उलझने की हिम्मत न पड़ती थी। लोग ग़म खा जाते थे।

गर्मियों के दिन थे, ताल-तलैया सूखी पड़ी थीं। ज़ोरों की लू चलने लगी थी। गाँव में कहीं से एक साँड़ आ निकला और गउओं के साथ हो लिया। सारे दिन तो गउओं के साथ रहता, रात को बस्ती में घुस आता और खूँटों से बँधे बैलों को सींगों से मारता। कभी किसी की गीली दीवार को सींगों से खोद डालता कभी घर का कूड़ा सींगों से उड़ाता। कई किसानों ने साग-भाजी लगा रखी थीं, सारे दिन सींचते-सींचते मरते थे। यह साँड़ रात को उन हरे-भरे खेतों में पहुँच जाता और खेत का खेत तबाह कर देता। लोग उसे डंडों से मारते, गाँव के बाहर भगा आते, लेकिन ज़रा देर में फिर गायों में पहुँच जाता। किसी की अक़्ल काम न करती थी कि इस संकट को कैसे टाला जाए। मथुरा का घर गाँव के बीच में था, इसलिए उसके बैलों को साँड़ से कोई हानि न पहुँचती थी। गाँव में उपद्रव मचा हुआ था और मथुरा को ज़रा भी चिन्ता न थी।

आख़िर जब धैर्य का अन्तिम बंधन टूट गया तो एक दिन लोगों ने जाकर मथुरा को घेरा और बोले—भाई, कहो तो गाँव में रहें, कहो तो निकल जाएँ। जब खेती ही न बचेगी तो रहकर क्या करेंगे? तुम्हारी गायों के पीछे हमारा सत्यानाश हुआ जाता है, और तुम अपने रंग में मस्त हो। अगर भगवान् ने तुम्हें बल दिया है तो इससे दूसरे की रक्षा करनी चाहिए, यह

नहीं कि सबको पीसकर पी जाओ। साँड़ तुम्हारी गायों के कारण आता है और उसे भगाना तुम्हारा काम है; लेकिन तुम कानों में तेल डाले बैठे हो, मानो तुमसे कुछ मतलब ही नहीं।

मथुरा को उनकी दशा पर दया आई। बलवान मनुष्य प्राय: दयालु होता है। बोला—अच्छा जाओ, हम आज साँड़ को भगा देंगे।

एक आदमी ने कहा—दूर तक भगाना, नहीं तो फिर लौट आएगा।

मथुरा ने लाठी कन्धे पर रखते हुए उत्तर दिया—अब लौटकर न आएगा।

2

चिलचिलाती दोपहरी थी और मथुरा साँड़ को भगाए लिए जाता था। दोनों पसीने में तर थे। साँड़ बार-बार गाँव की ओर घूमने की चेष्टा करता, लेकिन मथुरा उसका इरादा ताड़कर दूर ही से उसकी राह छेंक लेता। साँड़ क्रोध से उन्मुत्त होकर कभी-कभी पीछे मुड़कर मथुरा पर तोड़ करना चाहता लेकिन उस समय मथुरा सामना बचाकर बग़ल से ताबड़-तोड़ इतनी लाठियाँ जमाता कि साँड़ को फिर भागना पड़ता। कभी दोनों अरहर के खेतों में दौड़ते, कभी झाड़ियों में। अरहर की खूँटियों से मथुरा के पाँव लहूलुहान हो रहे थे, झाड़ियों में धोती फट गई थी; पर उसे इस समय साँड का पीछा करने के सिवा और कोई सुध न थी। गाँव पर गाँव आते थे और निकल जाते थे। मथुरा ने निश्चय कर लिया कि इसे नदी-पार भगाए बिना दम न लूँगा। उसका कंठ सूख गया था और आँखें लाल हो गई थीं, रोम-रोम से चिनगारियाँ-सी निकल रही थीं, दम उखड़ गया था; लेकिन वह एक क्षण के लिए भी दम न लेता था। दो-ढाई घंटों की दौड़ के बाद जाकर नदी नज़र आई। यहीं हार-जीत का फ़ैसला होने वाला था, यहीं दोनों खिलाड़ियों को अपने दाँव-पेंच के जौहर दिखाने थे। साँड़ सोचता था, अगर नदी में उतरा तो यह मार ही डालेगा, एक बार जान लड़ाकर लौटने की कोशिश करनी चाहिए। मथुरा सोचता था, अगर यह लौट पड़ा तो इतनी मेहनत व्यर्थ हो जाएगी और गाँव के लोग मेरी हँसी उड़ाएँगे। दोनों अपने-अपने घात में थे। साँड़ ने बहुत चाहा कि तेज़ दौड़कर आगे निकल जाऊँ और वहाँ से पीछे को फिरूँ, पर मथुरा ने उसे मुड़ने का मौक़ा न दिया। उसकी जान इस वक़्त सुई की नोक पर थी, एक हाथ भी चूका और प्राण गए, ज़रा पैर फिसला और फिर उठना नसीब न होगा। आख़िर मनुष्य ने पशु पर विजय पाई और साँड़ को नदी में घुसने के सिवा और कोई उपाय न सूझा। मथुरा भी उसके पीछे नदी में पैठ गया और इतने डंडे लगाए कि उसकी लाठी टूट गई।

3

अब मथुरा को ज़ोरों की प्यास लगी। उसने नदी में मुँह लगा दिया और इस तरह हाँक-हाँककर पीने लगा मानो सारी नदी पी जाएगा। उसे अपने जीवन में कभी पानी इतना अच्छा न लगा था और न कभी उसने इतना पानी पिया था। मालूम नहीं, पाँच सेर पी गया था या दस सेर, लेकिन पानी गरम था, प्यास न बुझी; ज़रा देर में फिर नदी में मुँह लगा दिया और इतना पानी पिया कि पेट में साँस लेने की जगह भी न रही। तब गीली धोती कन्धे पर डालकर घर की ओर चला।

लेकिन दस ही पाँच पग चला होगा कि पेट में मीठा-मीठा दर्द होने लगा। उसने सोचा, दौड़कर पानी पीने से ऐसा दर्द अकसर हो जाता है, ज़रा देर में दूर हो जाएगा। लेकिन दर्द

बढ़ने लगा और मथुरा का आगे जाना कठिन हो गया। वह एक पेड़ के नीचे बैठ गया और दर्द से बेचैन होकर ज़मीन पर लोटने लगा। कभी पेट को दबाता, कभी खड़ा हो जाता, कभी बैठ जाता, पर दर्द बढ़ता ही जाता था। अंत में उसने ज़ोर-ज़ोर से कराहना और रोना शुरू किया; पर वहाँ कौन बैठा था जो उसकी ख़बर लेता। दूर तक कोई गाँव नहीं, न आदमी न आदमजात, बेचारा दोपहरी के सन्नाटे में तड़प-तड़पकर मर गया। हम कड़े-से-कड़ा घाव सह सकते हैं, लेकिन ज़रा-सा भी व्यतिक्रम नहीं सह सकते। वही देव का-सा जवान जो कोसों तक साँड़ को भगाता चला आया था, तत्त्वों के विरोध का एक वार भी न सह सका। कौन जानता था कि यह दौड़ उसके लिए मौत की दौड़ होगी! कौन जानता था कि मौत ही साँड़ का रूप धरकर उसे यों नचा रही है। कौन जानता था कि जल जिसके बिना उसके प्राण ओठों पर आ रहे थे, उसके लिए विष का काम करेगा।

संध्या समय उसके घरवाले उसे ढूँढ़ते हुए आए। देखा तो वह अनंत विश्राम में मग्न था।

4

एक महीना गुज़र गया। गाँववाले अपने काम-धंधे में लगे। घरवालों ने रो-धो कर सब्र किया; पर अभागिनी विधवा के आँसू कैसे पुँछते। वह हरदम रोती रहती। आँखें चाहे बन्द भी हो जातीं, पर हृदय नित्य रोता रहता था। इस घर में अब कैसे निर्वाह होगा? किस आधार पर जिऊँगी? अपने लिए जीना या तो महात्माओं को आता है या लम्पटों को। अनूपा को यह कला क्या मालूम? उसके लिए तो जीवन का एक आधार चाहिए था, जिसे वह अपना सर्वस्व समझे, जिसके लिए वह जिए, जिस पर वह घमंड करे। घरवालों को यह गवारा न था कि वह कोई दूसरा घर करे। इसमें बदनामी थी। इसके सिवा ऐसी सुशील, घर के कामों में ऐसी कुशल, लेन-देन के मामले में इतनी चतुर और रंगरूप की ऐसी सराहनीय स्त्री का किसी दूसरे के घर पड़ जाना ही उन्हें असह्य था। उधर अनूपा के मैकेवाले एक जगह बातचीत पक्की कर रहे थे। जब सब बातें तय हो गईं, तो एक दिन अनूपा का भाई उसे विदा कराने आ पहुँचा।

अब तो घर में खलबली मची। इधर कहा गया, हम विदा न करेंगे। भाई ने कहा, हम बिना विदा कराए मानेंगे नहीं। गाँव के आदमी जमा हो गए, पंचायत होने लगी। यह निश्चय हुआ कि अनूपा पर छोड़ दिया जाए। उसका जी चाहे चली जाए, जी चाहे रहे। यहाँ वालों को विश्वास था कि अनूपा इतनी जल्द दूसरा घर करने पर राज़ी न होगी, दो-चार बार वह ऐसा कह भी चुकी थी। लेकिन इस वक़्त जो पूछा गया तो वह जाने को तैयार थी। आख़िर उसकी विदाई का सामान होने लगा। डोली आ गई। गाँव-भर की स्त्रियाँ उसे देखने आईं। अनूपा उठकर अपनी सास के पैरों पर गिर पड़ी और हाथ जोड़ कर बोली—अम्मा, कहा-सुना माफ़ करना। जी में तो था कि इसी घर में पड़ी रहूँ, पर भगवान् को मंजूर नहीं है।

यह कहते-कहते उसकी ज़बान बन्द हो गई।

सास करुणा से विह्वल हो उठी। बोली—बेटी, जहाँ जाओ वहाँ सुखी रहो। हमारे भाग्य ही फूट गए नहीं तो क्यों तुम्हें इस घर से जाना पड़ता। भगवान् का दिया और सबकुछ है, पर उन्होंने जो नहीं दिया उसमें अपना क्या बस! आज तुम्हारा देवर सयाना होता तो बिगड़ी बात बन जाती। तुम्हारे मन में बैठे तो इसी को अपना समझो; पालो-पोसो, बड़ा हो जाएगा तो सगाई कर दूँगी।

यह कहकर उसने अपने सबसे छोटे लड़के वासुदेव से पूछा—क्यों रे! भौजाई से सगाई करेगा?

वासुदेव की उम्र पाँच साल से अधिक न थी। अबकी उसका ब्याह होनेवाला था। बातचीत हो चुकी थी। बोला—तब तो दूसरे के घर न जाएगी न?

माँ—नहीं, जब तेरे साथ ब्याह हो जाएगा तो क्यों जाएगी?

वासुदेव—तब मैं करूँगा।

माँ—अच्छा, उससे पूछ, तुझसे ब्याह करेगी।

वासुदेव—अनूपा की गोद में जा बैठा और शरमाता हुआ बोला—हमसे ब्याह करेगी?

यह कहकर वह हँसने लगा; लेकिन अनूपा की आँखें डबडबा गईं, वासुदेव को छाती से लगाती हुई बोली—अम्माँ, दिल से कहती हो?

सास—भगवान् जानते हैं!

अनूपा—आज से यह मेरे हो गए?

सास—हाँ, सारा गाँव देख रहा है।

अनूपा—तो भैया से कहला भेजो, घर जाएँ, मैं उनके साथ न जाऊँगी।

अनूपा को जीवन के लिए किसी आधार की ज़रूरत थी। वह आधार मिल गया। सेवा मनुष्य की स्वाभाविक वृत्ति है। सेवा ही उसके जीवन का आधार है।

अनूपा ने वासुदेव को पालना-पोसना शुरू किया। उबटन और तेल लगाती, दूध-रोटी मल-मलकर खिलाती। आप तालाब नहाने जाती तो उसे भी नहलाती। खेत में जाती तो उसे भी साथ ले जाती। थोड़े ही दिनों में वह उससे इतना हिल-मिल गया कि एक क्षण के लिए भी उसे न छोड़ता। माँ को भूल गया। कुछ खाने को जी चाहता तो अनूपा से माँगता, खेल में मार खाता तो रोता हुआ अनूपा के पास आता। अनूपा ही उसे सुलाती, अनूपा ही जगाती, बीमार हो तो अनूपा ही गोद में लेकर बदलू वैद्य के घर जाती, वही दवाएँ पिलाती।

गाँव के स्त्री-पुरुष उसकी यह प्रेम-तपस्या देखते और दाँतों उँगली दबाते। पहले बिरले ही किसी को उस पर विश्वास था। लोग समझते थे, साल-दो-साल में इसका जी ऊब जाएगा और किसी तरफ़ का रास्ता लेगी; इस दुधमुँहें बालक के नाम पर कब तक बैठी रहेगी; लेकिन यह सारी आशंकाएँ निर्मूल निकलीं। अनूपा को किसी ने अपने व्रत से विचलित होते न देखा। जिस हृदय में सेवा का स्रोत बह रहा हो—स्वाधीन सेवा का—उसमें वासनाओं के लिए कहाँ स्थान? वासना का वार निर्मम, आशाहीन, आधारहीन प्राणियों पर ही होता है। चोर की अँधेरे ही में चलती है, उजाले में नहीं।

वासुदेव को भी कसरत का शौक़ था। उसकी शक्ल-सूरत मथुरा से मिलती-जुलती थी, डील-डौल भी वैसा ही था। उसने फिर अखाड़ा जगाया और उसकी बाँसुरी की तानें फिर खेतों में गूँजने लगीं।

इस भाँति 13 बरस गुज़र गए। वासुदेव और अनूपा में सगाई की तैयारी होने लगी।

5

लेकिन अब अनूपा वह अनूपा न थी, जिसने 14 वर्ष पहले वासुदेव को पतिभाव से देखा था, अब उस भाव का स्थान मातृभाव ने ले लिया था। इधर कुछ दिनों से वह एक गहरे सोच

में डूबी हुई रहती थी। सगाई के दिन ज्यों-ज्यों निकट आते थे, उसका दिल बैठा जाता था। अपने जीवन में इतने बड़े परिवर्तन की कल्पना ही से उसका कलेजा दहल उठता था। जिसे बालक की भाँति पाला-पोसा, उसे पति बनाते हुए लज्जा से उसका मुख लाल हो जाता था।

द्वार पर नगाड़ा बज रहा था। बिरादरी के लोग जमा थे। घर में गाना हो रहा था। आज सगाई की तिथि थी।

सहसा अनूपा ने जाकर सास से कहा—अम्माँ, मैं तो लाज के मारे मरी जाती हूँ।

सास ने भौंचक्की होकर पूछा—क्यों बेटी, क्या है?

अनूपा—मैं सगाई न करूँगी।

सास—कैसी बात करती है बेटी? सारी तैयारी हो गई। लोग सुनेंगे तो क्या कहेंगे?

अनूपा—जो चाहे कहें, जिनके नाम पर 14 बरस बैठी रही उसी के नाम पर अब भी बैठी रहूँगी। मैंने समझा था मरद के बिना औरत से रहा न जाता होगा। मेरी तो भगवान् ने इज़्ज़त-आबरू से निबाह दी। जब नई उमर के दिन कट गए तो अब कौन चिन्ता है! वासुदेव की सगाई कोई लड़की खोजकर कर दो। जैसे अब तक उसे पाला, उसी तरह अब उसके बाल-बच्चों को पालूँगी।

एक आँच की कसर

सारे नगर में महाशय यशोदानन्द का बखान हो रहा था। नगर ही में नहीं, समस्त प्रांत में उनकी कीर्ति गायी जाती थी, समाचार-पत्रों में टिप्पणियाँ हो रही थीं, मित्रों से प्रशंसापूर्ण पत्रों का ताँता लगा हुआ था। समाज-सेवा इसको कहते हैं! उन्नत विचार के लोग ऐसा ही करते हैं। महाशयजी ने शिक्षित समुदाय का मुख उज्ज्वल कर दिया। अब कौन यह कहने का साहस कर सकता है कि हमारे नेता केवल बात के धनी हैं, काम के धनी नहीं! महाशयजी चाहते तो अपने पुत्र के लिए उन्हें कम-से-कम 20 हज़ार रुपए दहेज में मिलते, उस पर खुशामद घाते में! मगर लाला साहब ने सिद्धांत के सामने धन की रत्ती बराबर परवा न की और अपने पुत्र का विवाह बिना एक पाई दहेज लिए स्वीकार किया। वाह! वाह! हिम्मत हो तो ऐसी हो, सिद्धांत-प्रेम हो तो ऐसा हो, आदर्श-पालन हो तो ऐसा हो। वाह रे सच्चे वीर, अपनी माता के सच्चे सपूत तूने वह कर दिखाया जो कभी किसी ने न किया था। हम बड़े गर्व से तेरे सामने मस्तक नवाते हैं।

महाशय यशोदानन्द के दो पुत्र थे। बड़ा लड़का पढ़-लिखकर फाजिल हो चुका था। उसी का विवाह हो रहा था और जैसा हम देख चुके हैं, बिना कुछ दहेज लिए।

आज वर का तिलक था। शाहजहाँपुर के महाशय स्वामीदयाल तिलक लेकर आने वाले थे। शहर के गण्यमान्य सज्जनों को निमंत्रण दे दिए थे। वे लोग जमा हो गए थे। महफ़िल सजी हुई थी। एक प्रवीण सितारिया अपना कौशल दिखाकर लोगों को मुग्ध कर रहा था। दावत का सामान भी तैयार था। मित्रगण यशोदानन्द को बधाइयाँ दे रहे थे।

एक महाशय बोले—तुमने तो यार कमाल कर दिया!

दूसरे—कमाल! यह कहिए कि झंडे गाड़ दिए। अब तक जिसे देखा मंच पर व्याख्यान झाड़ते ही देखा। जब काम करने का अवसर आता था तो लोग दुम दबा लेते थे।

तीसरे—कैसे-कैसे बहाने गढ़े जाते हैं—साहब हमें तो दहेज से सख़्त नफ़रत है। यह मेरे सिद्धांत के विरुद्ध है, पर करूँ क्या, बच्चे की अम्मीजान नहीं मानतीं। कोई अपने बाप पर फेंकता है, कोई और किसी खुर्राट पर।

चौथे—अजी, कितने तो ऐसे बेहया हैं जो साफ़-साफ़ कह देते हैं कि हमने लड़के की शिक्षा-दीक्षा में जितना ख़र्च किया है, वह हमें मिलना चाहिए। मानो उन्होंने यह रुपए किसी बैंक में जमा किए थे!

पाँचवें—ख़ूब समझ रहा हूँ, आप लोग मुझ पर छींटे उड़ा रहे हैं। इसमें लड़केवालों का ही सारा दोष है या लड़कीवाले का भी कुछ है?

पहले—लड़कीवाले का क्या दोष है सिवा इसके कि वह लड़की का बाप है।

दूसरे—सारा दोष ईश्वर का जिसने लड़कियाँ पैदा कीं। क्यों?

पाँचवें—मैं यह नहीं कहता। न सारा दोष लड़कीवाले का है, न सारा दोष लड़केवाले का। दोनों ही दोषी हैं। अगर लड़कीवाला कुछ न देता तो उसे यह शिकायत करने का तो कोई अधिकार नहीं है कि डाल क्यों नहीं लाए, सुन्दर जोड़े क्यों नहीं लाए, बाजे-गाजे और धूमधाम के साथ क्यों नहीं आए? बताइए!

चौथे—हाँ, आपका यह प्रश्न ग़ौर करने के लायक है। मेरी समझ में तो ऐसी दशा में लड़के के पिता से यह शिकायत न होनी चाहिए।

पाँचवें—तो यों कहिए कि दहेज की प्रथा के साथ ही डाल, गहने और जोड़ों की प्रथा भी त्याज्य है। केवल दहेज को मिटाने का प्रयत्न करना व्यर्थ है।

यशोदानन्द—यह भी Lame excuse[1] है। मैंने दहेज नहीं लिया है, लेकिन क्या डाल-गहने न ले जाऊँगा।

पहले—महाशय, आपकी बात निराली है। आप अपनी गिनती हम दुनियावालों के साथ क्यों करते हैं? आपका स्थान तो देवताओं के साथ है।

दूसरे—20 हज़ार की रक़म छोड़ दी? क्या बात है!

यशोदानन्द—मेरा तो यह निश्चय है कि हमें सदैव Principles[2] पर स्थिर रहना चाहिए। Principle[3] के सामने Money[4] की कोई value[5] नहीं है। दहेज की कुप्रथा पर मैंने ख़ुद कोई व्याख्यान नहीं दिया, शायद कोई नोट तक नहीं लिखा। हाँ, conference[6] में इस प्रस्ताव को Second[7] कर चुका हूँ और इसलिए मैं अपने को उस प्रस्ताव से बँधा हुआ पाता हूँ। मैं उसे तोड़ना भी चाहूँ तो आत्मा न तोड़ने देगी। मैं सत्य कहता हूँ, यह रुपए ले लूँ तो मुझे इतनी मानसिक वेदना होगी कि शायद मैं इस आघात से बच ही न सकूँ।

पाँचवें—अब की conference आपको सभापति न बनाए तो उसका घोर अन्याय है।

यशोदानंद—मैंने अपनी duty[8] कर दी, उसका recognition[9] हो या न हो, मुझे इसकी परवा नहीं।

---

1. थोथी दलील, 2. सिद्धांतों, 3. सिद्धांत, 4. धन, 5. मूल्य, 6. सभा, 7. अनुमोदन, 8. कर्तव्य, 9. कदर।

इतने में ख़बर हुई कि महाशय स्वामीदयाल आ पहुँचे। लोग उनका अभिवादन करने को तैयार हुए, उन्हें मसनद पर ला बिठाया और तिलक का संस्कार आरम्भ हो गया। स्वामीदयाल ने एक ढाक के पत्तल पर नारियल, सुपारी, चावल, पान आदि वस्तुएँ वर के सामने रखीं। ब्राह्मणों ने मंत्र पढ़े, हवन हुआ और वर के माथे पर तिलक लगा दिया गया। तुरन्त घर की स्त्रियों ने मंगलाचरण गाना शुरू किया। यहाँ महफ़िल में महाशय यशोदानंद ने एक चौकी पर खड़े होकर दहेज की कुप्रथा पर व्याख्यान देना शुरू किया। व्याख्यान पहले से लिखकर तैयार कर लिया गया था। उन्होंने दहेज की ऐतिहासिक व्याख्या की थी। पूर्वकाल में दहेज का नाम भी न था। महाशयो! कोई जानता ही न था कि दहेज या ठहरौनी किस चिड़िया का नाम है। सत्य मानिए, कोई जानता ही न था कि ठहरौनी है क्या चीज़, पशु या पक्षी, आसमान में या ज़मीन में, खाने में या पीने में। बादशाही ज़माने में इस प्रथा की बुनियाद पड़ी। हमारे युवक सेनाओं में सम्मिलित होने लगे, यह वीर लोग थे, सेनाओं में जाना गर्व की बात समझते थे। माताएँ अपने दुलारों को अपने हाथ से शस्त्रों से सजाकर रणक्षेत्र में भेजती थीं। इस भाँति युवकों की संख्या कम होने लगी और लड़कों का मोल-तोल शुरू हुआ। आज यह नौबत आ गई है कि मेरी इस तुच्छ-महातुच्छ सेवा पर पत्रों में टिप्पणियाँ हो रही हैं मानो मैंने कोई असाधारण काम किया है। मैं कहता हूँ; अगर आप संसार में जीवित रहना चाहते हैं तो इस प्रथा का तुरन्त अंत कीजिए।

एक महाशय ने शंका की—क्या इसका अंत किए बिना हम सब मर जाएँगे?

यशोदानंद—अगर ऐसा होता तो क्या पूछना था, लोगों को दंड मिल जाता और वास्तव में ऐसा होना चाहिए। यह ईश्वर का अत्याचार है कि ऐसे लोभी, धन पर गिरनेवाले, बुर्दा-फ़रोश, अपनी संतान का विक्रय करनेवाले नराधम जीवित हैं और सुखी हैं। समाज उनका तिरस्कार नहीं करता। मगर वह सब बुर्दा-फ़रोश हैं—इत्यादि।

व्याख्यान बहुत लम्बा और हास्य से भरा हुआ था। लोगों ने ख़ूब वाह-वाह की। अपना वक्तव्य समाप्त करने के बाद उन्होंने अपने छोटे लड़के परमानंद को, जिसकी अवस्था कोई 7 वर्ष की थी, मंच पर खड़ा किया। उसे उन्होंने एक छोटा-सा व्याख्यान लिखकर दे रखा था। दिखाना चाहते थे कि इस कुल के छोटे बालक भी कितने कुशाग्र-बुद्धि हैं। सभा-समाजों में बालकों से व्याख्यान दिलाने की प्रथा है ही, किसी को कुतूहल न हुआ। बालक बड़ा सुन्दर, होनहार, हँसमुख था। मुस्कुराता हुआ मंच पर आया और जेब से एक काग़ज़ निकालकर बड़े गर्व के साथ उच्च स्वर में पढ़ने लगा—

'प्रिय बंधुवर,

नमस्कार।

आपके पत्र से विदित होता है कि आपको मुझ पर विश्वास नहीं है। मैं ईश्वर को साक्षी करके निवेदन करता हूँ कि निर्दिष्ट धन आपकी सेवा में इतनी गुप्त रीति से पहुँचेगा कि किसी को लेशमात्र भी सन्देह न होगा। हाँ, केवल एक जिज्ञासा करने की धृष्टता करता हूँ। इस व्यापार को गुप्त रखने से आपको जो सम्मान और प्रतिष्ठा-लाभ होगा और मेरे निकटवर्ती में मेरी जो निंदा की जाएगी, उसके उपलक्ष्य में मेरे साथ क्या रिआयत होगी? मेरा विनीत अनुरोध है कि 25 में से 5 निकालकर मेरे साथ न्याय किया जाए ...।'

महाशय यशोदानंद घर में मेहमानों के लिए भोजन परोसने का आदेश करने गए थे। निकले तो यह वाक्य उनके कान में पड़ा—'25 में से 5 निकाल कर मेरे साथ न्याय कीजिए।' चेहरा फ़क हो गया, झपटकर लड़के के पास गए, काग़ज़ उसके हाथ से छीन लिया और बोले—नालायक, यह क्या पढ़ रहा है, यह तो किसी मुवक्किल का ख़त है जो उसने अपने मुक़दमे के बारे में लिखा था। यह तू कहाँ से उठा लाया, शैतान, जा वह काग़ज़ ला, जो तुझे लिखकर दिया गया था।

एक महाशय—पढ़ने दीजिए, इस तहरीर में जो लुत्फ़ है, वह किसी दूसरी तक़रीर में न होगा।

दूसरे—जादू वह जो सिर पर चढ़ के बोले!

तीसरे—अब जलसा बरखास्त कीजिए। मैं तो चला।

चौथे—यहाँ भी चलतू हुए।

यशोदानंद—बैठिए-बैठिए, पत्तल लगाए जा रहे हैं।

पहले—बेटा परमानंद, ज़रा यहाँ तो आना, तुमने वह काग़ज़ कहाँ पाया?

परमानंद—बाबूजी ही ने तो लिखकर अपनी मेज़ के अन्दर रख दिया था। मुझसे कहा था कि इसे पढ़ना। अब नाहक मुझसे ख़फ़ा हो रहे हैं।

यशोदानंद—वह यह काग़ज़ था सुअर! मैंने तो मेज़ के ऊपर ही रख दिया था। तूने ड्राअर में से क्यों यह काग़ज़ निकाला?

परमानंद—मुझे मेज़ पर नहीं मिला।

यशोदानंद—तो मुझसे क्यों नहीं कहा, ड्राअर क्यों खोला? देखो, आज ऐसी ख़बर लेता हूँ कि तुम भी याद करोगे।

पहले—यह आकाशवाणी है।

दूसरे—इसको लीडरी कहते हैं कि अपना उल्लू भी सीधा करो और नेकनाम भी बनो।

तीसरे—शरम आनी चाहिए। यह त्याग से मिलता है, धोखेधड़ी से नहीं।

चौथे—मिल तो गया था पर एक आँच की कसर रह गई।

पाँचवें—ईश्वर पाखंडियों को यों ही दंड देता है।

यह कहते हुए लोग उठ खड़े हुए। यशोदानंद समझ गए कि भंडा फूट गया, अब रंग न जमेगा, बार-बार परमानन्द को कुपित नेत्रों से देखते थे और डंडा तौलकर रह जाते थे। इस शैतान ने आज जीती-जिताई बाज़ी खो दी, मुँह में कालिख लग गई, सिर नीचा हो गया। गोली मार देने का काम किया है।

उधर रास्ते में मित्र-वर्ग यों टिप्पणियाँ करते जा रहे थे—

एक—ईश्वर ने मुँह में कैसी कालिमा लगाई कि हयादार होगा तो अब सूरत न दिखाएगा।

दूसरा—ऐसे-ऐसे धनी, मानी, विद्वान लोग ऐसे पतित हो सकते हैं, मुझे तो यही आश्चर्य है। लेना है तो खुले ख़ज़ाने लो, कौन तुम्हारा हाथ पकड़ता है; यह क्या कि माल भी चुपके-चुपके उड़ाओ और यश भी कमाओ!

तीसरा—मक्कार का मुँह काला!

चौथा—यशोदानन्द पर दया आ रही है। बेचारे ने इतनी धूर्तता की, उस पर भी कलई खुल ही गई। बस एक आँच की कसर रह गई।

माता का हृदय

माधवी की आँखों में सारा संसार अँधेरा हो रहा था। कोई अपना मददगार न दिखाई देता था। कहीं आशा की झलक न थी। उस निर्धन घर में वह अकेली पड़ी रोती थी और कोई आँसू पोंछनेवाला न था। उसके पति को मरे हुए 22 वर्ष हो गए थे। घर में कोई सम्पत्ति न थी। उसने न-जाने किन तकलीफ़ों से अपने बच्चे को पाल-पोसकर बड़ा किया था। वही जवान बेटा आज उसकी गोद से छीन लिया गया था और छीननेवाले कौन थे? अगर मृत्यु ने छीना होता तो वह सब्र कर लेती। मौत से किसी को द्वेष नहीं होता। मगर स्वार्थियों के हाथों यह अत्याचार असह्य हो रहा था। इस घोर संताप की दशा में उसका जी रह-रहकर इतना विकल हो जाता कि इसी समय चलूँ और उस अत्याचारी से इसका बदला लूँ जिसने उस पर यह निष्ठुर आघात किया है। मारूँ या मर जाऊँ। दोनों ही में सन्तोष हो जाएगा। कितना सुन्दर, कितना होनहार बालक था! यही उसके पति की निशानी, उसके जीवन का आधार, उसकी उम्र-भर की कमाई थी। वही लड़का इस वक़्त जेल में पड़ा न जाने क्या-क्या तकलीफ़ें झेल रहा होगा! और उसका अपराध क्या था? कुछ नहीं। सारा मुहल्ला उस पर जान देता था। विद्यालय के अध्यापक उस पर जान देते थे। अपने-बेगाने सभी तो उसे प्यार करते थे। कभी उसकी कोई शिकायत सुनने ही में नहीं आई। ऐसे बालक की माता होने पर अन्य माताएँ उसे बधाई देती थीं। कैसा सज्जन, कैसा उदार, कैसा परमार्थी! ख़ुद भूखों सो रहे मगर क्या मजाल कि द्वार पर आनेवाले अतिथि को रूखा जवाब दे। ऐसा बालक क्या इस योग्य था कि जेल में जाता! उसका अपराध यही था, वह कभी-कभी सुनने वालों को अपने दुखी भाइयों का दुखड़ा सुनाया करता था, अत्याचार से पीड़ित प्राणियों की मदद के लिए हमेशा तैयार रहता था। क्या यही उसका अपराध था? दूसरों की सेवा करना भी अपराध है? किसी अतिथि को आश्रय देना भी अपराध है?

इस युवक का नाम आत्मानंद था। दुर्भाग्यवश उसमें वे सभी सद्गुण थे जो जेल का द्वार खोल देते हैं। वह निर्भीक था, स्पष्टवादी था, साहसी था, स्वदेशप्रेमी था, निःस्वार्थ था, कर्तव्यपरायण था। जेल जाने के लिए इन्हीं गुणों की जरूरत है। स्वाधीन प्राणियों के लिए वे गुण स्वर्ग का द्वार खोल देते हैं, पराधीनों के लिए नरक के! आत्मानंद के सेवा-कार्य ने, उसकी वक्तृताओं ने और उसके राजनीतिक लेखों ने उसे सरकारी कर्मचारियों की नज़रों में चढ़ा दिया था। सारा पुलिस-विभाग नीचे से ऊपर तक उससे सतर्क रहता था, सबकी निगाहें उस पर लगी रहती थीं। आख़िर ज़िले में एक भयंकर डाके ने उन्हें इच्छित अवसर प्रदान कर दिया। आत्मानंद के घर की तलाशी हुई, कुछ पत्र और लेख मिले, जिन्हें पुलिस ने डाके का बीजक सिद्ध किया। लगभग 20 युवकों की एक टोली फाँस ली गई। आत्मानंद इसका मुखिया ठहराया गया। शहादतें हुईं। इस बेकारी और गिरानी के ज़माने में आत्मा से ज़्यादा सस्ती और कौन वस्तु हो सकती है! बेचने को और किसी के पास रह ही क्या गया है! नाममात्र का प्रलोभन देकर अच्छी-से-अच्छी शहादतें मिल सकती हैं, और पुलिस के हाथ पड़कर तो निकृष्ट-से-निकृष्ट गवाहियाँ भी देववाणी का महत्त्व प्राप्त कर लेती हैं। शहादतें मिल गईं, महीने-भर तक मुक़दमा चला, मुक़दमा क्या चला एक स्वाँग चलता रहा और सारे अभियुक्तों को सज़ाएँ दे दी गईं। आत्मानंद को सबसे कठोर दंड मिला, 8 वर्ष का कठिन

कारावास! माधवी रोज़ कचहरी जाती; एक कोने में बैठी सारी कार्रवाई देखा करती। मानवीय चरित्र कितना दुर्बल, कितना निर्दय, कितना नीच है, इसका उसे तब तक अनुमान भी न हुआ था। जब आत्मानंद को सज़ा सुना दी गई और वह माता को प्रणाम करके सिपाहियों के साथ चला तो माधवी मूर्छित होकर ज़मीन पर गिर पड़ी। दो-चार दयालु सज्जनों ने उसे एक ताँगे पर बैठाकर घर तक पहुँचाया। जब से वह होश में आई है उसके हृदय में शूल-सा उठ रहा है। किसी तरह धैर्य नहीं होता। उस घोर आत्म-वेदना की दशा में अब अपने जीवन का केवल एक लक्ष्य दिखाई देता है और वह इस अत्याचार का बदला है।

अब तक पुत्र उसके जीवन का आधार था। अब शत्रुओं से बदला लेना ही उसके जीवन का आधार होगा। जीवन में अब उसके लिए कोई आशा न थी। इस अत्याचार का बदला लेकर वह अपना जन्म सफल समझेगी। इस अभागे नर-पिशाच बागची ने जिस तरह उसे रक्त के आँसू रुलाए हैं उसी भाँति यह भी उसे रुलाएगी। नारी-हृदय कोमल है, लेकिन केवल अनुकूल दशा में; जिस दशा में पुरुष दूसरों को दबाता है, स्त्री शील और विनय की देवी हो जाती है। लेकिन जिसके हाथों अपना सर्वनाश हो गया हो उसके प्रति स्त्री को पुरुष से कम घृणा और क्रोध नहीं होता। अंतर इतना ही है कि पुरुष शस्त्रों से काम लेता है, स्त्री कौशल से।

रात भीगती जाती थी और माधवी उठने का नाम न लेती थी। उसका दुःख प्रतिकार के आवेश में विलीन होता जाता था। यहाँ तक कि इसके सिवा उसे और किसी बात की याद ही न रही। उसने सोचा, कैसे यह काम होगा? कभी घर से नहीं निकली। वैधव्य के 22 साल इसी घर में कट गए; लेकिन अब निकलूँगी। ज़बरदस्ती निकलूँगी, भिखारिन बनूँगी, टहलनी बनूँगी, झूठ बोलूँगी, सब कुकर्म करूँगी। सत्कर्म के लिए संसार में स्थान नहीं। ईश्वर ने निराश होकर कदाचित् इसकी ओर से मुँह फेर लिया है। जभी तो यहाँ ऐसे-ऐसे अत्याचार होते हैं और पापियों को दंड नहीं मिलता। अब इन्हीं हाथों से उसे दंड दूँगी।

2

संध्या का समय था। लखनऊ के एक सजे हुए बँगले में मित्रों की महफ़िल जमी हुई थी। गाना-बजाना हो रहा था। एक तरफ़ आतिशबाज़ियाँ रखी हुई थीं। दूसरे कमरे में मेज़ों पर खाना चुना जा रहा था। चारों तरफ़ पुलिस के कर्मचारी नज़र आते थे। वह पुलिस के सुपरिंटेंडेंट मिस्टर बागची का बँगला है। कई दिन हुए उन्होंने एक मार्के का मुक़दमा जीता था। अफ़सरों ने ख़ुश होकर उनकी तरक्की कर दी थी। और उसी की ख़ुशी में यह उत्सव मनाया जा रहा था। यहाँ आए दिन ऐसे उत्सव होते रहते थे। मुफ़्त के गवैये मिल जाते थे, मुफ़्त की आतिशबाज़ी; फल और मेवे और मिठाइयाँ आधे दामों पर बाज़ार से आ जाती थीं और चट दावत हो जाती थी। दूसरों के जहाँ सौ लगते, वहाँ इनका दस से काम चल जाता था। दौड़-धूप करने को सिपाहियों की फ़ौज थी ही। और यह मार्के का मुक़दमा क्या था? वह जिसमें निरपराध युवकों को बनावटी शहादत से जेल में ठूँस दिया गया था।

गाना समाप्त होने पर लोग भोजन करने बैठे। बेगार के मज़दूर और पल्लेदार जो बाज़ार से दावत और सजावट के सामान लाए थे, रोते या दिल में गालियाँ देते चले गए थे; पर एक बुढ़िया अभी तक द्वार पर बैठी हुई थी। अन्य मज़दूरों की तरह वह भुनभुनाकर काम न करती थी। हुक्म पाते ही ख़ुश-दिल मज़दूर की तरह दौड़-दौड़कर हुक्म बजा लाती

थी। यह माधवी थी, जो इस समय मज़ूरनी का वेष धारण करके अपना घातक संकल्प पूरा करने आई थी।

मेहमान चले गए। महफ़िल उठ गई। दावत का सामान समेट दिया गया। चारों ओर सन्नाटा छा गया; लेकिन माधवी अभी तक यहीं बैठी थी।

सहसा मिस्टर बागची ने पूछा—बुड्ढी, तू यहाँ क्यों बैठी है? तुझे कुछ खाने को मिल गया?

माधवी—हाँ हुजूर, मिल गया।

बागची—तो जाती क्यों नहीं?

माधवी—कहाँ जाऊँ सरकार, मेरा कोई घर-द्वार थोड़े ही है। हुकुम हो तो यहीं पड़ी रहूँ। पाव-भर आटे की परवस्ती हो जाए हुजूर।

बागची—नौकरी करेगी?

माधवी—क्यों न करूँगी सरकार, यही तो चाहती हूँ।

बागची—लड़का खेला सकती है?

माधवी—हाँ हुजूर, वह मेरे मन का काम है।

बागची—अच्छी बात है। तू आज ही से रह। जा, घर में देख, जो काम बताएँ, वह कर।

3

एक महीना गुज़र गया। माधवी इतना तन-मन से काम करती है कि सारा घर उससे ख़ुश है। बहूजी का मिज़ाज बहुत ही चिड़चिड़ा है। वह दिन-भर खाट पर पड़ी रहती हैं और बात-बात पर नौकरों पर झल्लाया करती हैं। लेकिन माधवी उनकी घुड़कियों को भी सहर्ष सह लेती है। अब तक मुश्किल से कोई दाई एक सप्ताह से अधिक ठहरी थी। माधवी ही का कलेजा है कि जली-कटी सुनकर भी मुख पर मैल नहीं आने देती।

मिस्टर बागची के कई लड़के हो चुके थे, पर यही सबसे छोटा बच्चा बच रहा था। बच्चे पैदा तो हृष्ट-पुष्ट होते, किन्तु जन्म लेते ही उन्हें एक-न-एक रोग लग जाता था और कोई दो-चार महीने, कोई साल-भर जीकर चल देते थे। माँ-बाप दोनों इस शिशु पर प्राण देते थे। उसे ज़रा जुकाम भी हो तो दोनों विकल हो जाते। स्त्री-पुरुष दोनों शिक्षित थे, पर बच्चे की रक्षा के लिए टोना-टोटका, दुआ-ताबीज, जंतर-मंतर से भी उन्हें इनकार न था।

माधवी से यह बालक इतना हिल गया कि एक क्षण के लिए भी उसकी गोद से न उतरता। वह कहीं एक क्षण के लिए चली जाती तो रो-रोकर दुनिया सिर पर उठा लेता। वह सुलाती तो सोता, वह दूध पिलाती तो पीता, वह खेलाती तो खेलता, उसी को वह अपनी माता समझता। माधवी के सिवा उसके लिए संसार में कोई अपना न था। बाप को तो वह दिन-भर में केवल दो-चार बार देखता और समझता यह कोई परदेशी आदमी है। माँ आलस्य और कमज़ोरी के मारे गोद में लेकर टहल न सकती थी। उसे वह अपनी रक्षा का भार सँभालने के योग्य न समझता था, और नौकर-चाकर उसे गोद में लेते तो इतनी बेदर्दी से कि उसके कोमल अंगों में पीड़ा होने लगती थी। कोई उसे ऊपर उछाल देता था, यहाँ तक कि अबोध शिशु का कलेजा मुँह को आ जाता था। उन सबों से वह डरता था। केवल माधवी थी जो उसके स्वभाव को समझती थी। वह जानती थी कि कब क्या करने से बालक प्रसन्न होगा। इसीलिए बालक को भी उससे प्रेम था।

माधवी ने समझा था, यहाँ कंचन बरसता होगा; लेकिन उसे देखकर कितना विस्मय हुआ कि बड़ी मुश्किल से महीने का ख़र्च पूरा पड़ता है। नौकरों से एक-एक पैसे का हिसाब लिया जाता था और बहुधा आवश्यक वस्तुएँ भी टाल दी जाती थीं। एक दिन माधवी ने कहा—बच्चे के लिए कोई तेज़ गाड़ी क्यों नहीं मँगवा देतीं। गोद में उसकी बाढ़ मारी जाती है।

मिसेज़ बागची ने कुंठित होकर कहा—कहाँ से मँगवा दूँ, कम-से-कम 50-60 रुपए में आएगी। इतने रुपए कहाँ हैं?

माधवी—मालकिन, आप भी ऐसा कहती हैं!

मिसेज़ बागची—झूठ नहीं कहती। बाबूजी की पहली स्त्री से पाँच लड़कियाँ और हैं। सब इस समय इलाहाबाद के एक स्कूल में पढ़ रही हैं। बड़ी की उम्र 15-16 वर्ष से कम न होगी। आधा वेतन तो उधर ही चला जाता है। फिर उनकी शादी की भी तो फ़िक्र है। पाँचों के विवाह में कम-से-कम 25 हज़ार लगेंगे। इतने रुपए कहाँ से आएँगे। मैं चिन्ता के मारे मरी जाती हूँ। मुझे कोई दूसरी बीमारी नहीं है, केवल यही चिन्ता का रोग है।

माधवी—घूस भी तो मिलती है।

मिसेज़ बागची—बुढ़िया, ऐसी कमाई में बरकत नहीं होती। यही क्यों, सच पूछो तो इसी घूस ने हमारी यह दुर्गति कर रखी है। क्या जानें औरों को कैसे हजम होती है। यहाँ तो जब ऐसे रुपए आते हैं तो कोई-न-कोई नुक़सान भी अवश्य हो जाता है। एक आता है तो दो लेकर जाता है। बार-बार मना करती हूँ, हराम की कौड़ी घर में न लाया करो, लेकिन मेरी कौन सुनता!

बात यह थी कि माधवी को बालक से स्नेह होता जाता था। उसके अमंगल की कल्पना भी वह न कर सकती थी। वह अब उसी की नींद सोती और उसी की नींद जागती थी। अपने सर्वनाश की बात याद करके एक क्षण के लिए उसे बागची पर क्रोध तो हो आता था और घाव फिर हरा हो जाता था; पर मन पर कुत्सित भावों का आधिपत्य न था। घाव भर रहा था, केवल ठेस लगने से दर्द हो जाता था। उसमें स्वयं टीस या जलन न थी। इस परिवार पर अब उसे दया आती थी। सोचती, बेचारे यह छीन-झपट न करें तो कैसे गुज़र हो। लड़कियों का विवाह कहाँ से करेंगे! स्त्री को जब देखो बीमार ही रहती है। उन पर बाबूजी को एक बोतल शराब भी रोज़ चाहिए। यह लोग तो स्वयं अभागे हैं। जिसके घर में 5-5 क्वाँरी कन्याएँ हों, बालक हो-होकर मर जाते हों, घरनी सदा बीमार रहती हो, स्वामी शराब का लती हो, उस पर तो यों ही ईश्वर का कोप है। इनसे तो मैं अभागिनी ही अच्छी!

4

दुर्बल बालकों के लिए बरसात बुरी बला है। कभी खाँसी है, कभी ज्वर, कभी दस्त। जब हवा में ही शीत भरी हो तो कोई कहाँ तक बचाए। माधवी एक दिन अपने घर चली गई थी। बच्चा रोने लगा तो माँ ने एक नौकर को दिया, इसे बाहर से बहला ला। नौकर ने बाहर ले जाकर हरी-हरी घास पर बैठा दिया। पानी बरस कर निकल गया था। भूमि गीली हो रही थी। कहीं-कहीं पानी भी जमा हो गया था। बालक को पानी में छपके लगाने से ज़्यादा प्यारा और कौन खेल हो सकता है। ख़ूब प्रेम से उमग-उमगकर पानी में लोटने लगा। नौकर बैठा और

आदमियों के साथ गप-शप करता रहा। इस तरह घंटों गुज़र गए। बच्चे ने ख़ूब सर्दी खाई। घर आया तो उसकी नाक बह रही थी। रात को माधवी ने आकर देखा तो बच्चा खाँस रहा था। आधी रात के क़रीब उसके गले से खुरखुर की आवाज़ निकलने लगी। माधवी का कलेजा सन से हो गया। स्वामिनी को जगाकर बोली—देखो तो, बच्चे को क्या हो गया है। क्या सर्दी-वर्दी तो नहीं लग गई। हाँ, सर्दी ही तो मालूम होती है।

स्वामिनी हकबका कर उठ बैठी और बालक की खुरखुराहट सुनी तो पाँव तले से ज़मीन निकल गई। यह भयंकर आवाज़ उसने कई बार सुनी थी और उसे ख़ूब पहचानती थी। व्यग्र होकर बोली—ज़रा आग जलाओ। थोड़ा-सा चोकर लाकर एक पोटली बनाओ, सेंकने से लाभ होता है। इन नौकरों से तंग आ गई। आज कहार ज़रा देर के लिए बाहर ले गया था, उसी ने सर्दी में छोड़ दिया होगा।

सारी रात दोनों बालक को सेंकती रहीं। किसी तरह सबेरा हुआ। मिस्टर बागची को ख़बर मिली तो सीधे डॉक्टर के यहाँ दौड़े। खैरियत इतनी थी कि जल्द एहतियात की गई। तीन दिन में बच्चा अच्छा हो गया; लेकिन इतना दुर्बल हो गया था कि उसे देखकर डर लगता था। सच पूछो तो माधवी की तपस्या ने बालक को बचाया। माता सोती, पिता सो जाता, किन्तु माधवी की आँखों में नींद न थी। खाना-पीना तक भूल गई। देवताओं की मनौतियाँ करती थी, बच्चे की बलाएँ लेती थी, बिलकुल पागल हो गई थी। यह वही माधवी है जो अपने सर्वनाश का बदला लेने आई थी। अपकार की जगह उपकार कर रही थी। विष पिलाने आई थी, सुधा पिला रही थी। मनुष्य में देवता कितना प्रबल है!

प्रात:काल का समय था। मिस्टर बागची शिशु के झूले के पास बैठे हुए थे। स्त्री के सिर में पीड़ा हो रही थी वहीं चारपाई पर लेटी हुई थी और माधवी समीप बैठी बच्चे के लिए दूध गरम कर रही थी। सहसा बागची ने कहा—बूढ़ा, हम जब तक जिएँगे तुम्हारा यश गाएँगे। तुमने बच्चे को जिला लिया।

स्त्री—यह देवी बनकर हमारा कष्ट निवारण करने के लिए आ गई। यह न होती तो न-जाने क्या होता। बूढ़ा, तुमसे मेरी एक विनती है। यों तो मरना-जीना प्रारब्ध के हाथ है, लेकिन अपना-अपना पौरा भी बड़ी चीज़ है। मैं अभागिनी हूँ। अबकी तुम्हारे ही पुण्य-प्रताप से बच्चा सँभल गया। मुझे डर लग रहा है कि ईश्वर इसे हमारे हाथ से छीन न लें। सच कहती हूँ बूढ़ा, मुझे इसको गोद में लेते डर लगता है। इसे तुम आज से अपना बच्चा समझो। तुम्हारा होकर शायद बच जाए, हम अभागे हैं, हमारा होकर इस पर कोई-न-कोई संकट आता रहेगा। आज से तुम इसकी माता हो जाओ। तुम इसे अपने घर ले जाओ, जहाँ चाहे ले जाओ, तुम्हारी गोद में देकर मुझे फिर कोई चिन्ता न रहेगी। वास्तव में तुम्हीं इसकी माता हो, मैं तो राक्षसी हूँ।

माधवी—बहूजी, भगवान् सब कुशल करेंगे, क्यों जी इतना छोटा करती हो?

मिस्टर बागची—नहीं-नहीं बूढ़ी माता, इसमें कोई हरज नहीं है। मैं मस्तिष्क से तो इन बातों को ढकोसला ही समझता हूँ; लेकिन हृदय से इन्हें दूर नहीं कर सकता। मुझे स्वयं मेरी माताजी ने एक धोबिन के हाथ बेच दिया था। मेरे तीन भाई मर चुके थे। मैं जो बच गया तो माँ-बाप ने समझा बेचने से ही इसकी जान बच गई। तुम इस शिशु को पालो-पोसो। इसे अपना पुत्र समझो। ख़र्च हम बराबर देते रहेंगे। इसकी कोई चिन्ता मत करना। कभी-कभी जब हमारा

जी चाहेगा, आकर देख लिया करेंगे। हमें विश्वास है कि तुम इसकी रक्षा हम लोगों से कहीं अच्छी तरह कर सकती हो। मैं कुकर्मी हूँ। जिस पेशे में हूँ, उसमें कुकर्म किए बग़ैर काम नहीं चल सकता। झूठी शहादतें बनानी ही पड़ती हैं, निरपराधों को फँसाना ही पड़ता है। आत्मा इतनी दुर्बल हो गई है कि प्रलोभन में पड़ ही जाता हूँ। जानता हूँ कि बुराई का फल बुरा ही होता है; पर परिस्थिति से मज़बूर हूँ। अगर न करूँ तो आज नालायक बनाकर निकाल दिया जाऊँ। अँग्रेज़ हज़ारों भूलें करें, कोई नहीं पूछता। हिन्दुस्तानी एक भूल भी कर बैठे तो सारे अफ़सर उसके सिर हो जाते हैं। हिन्दुस्तानियों को तो कोई बड़ा पद न मिले, वही अच्छा। पद पाकर तो उनकी आत्मा का पतन हो जाता है। उनको हिन्दुस्तानियत का दोष मिटाने के लिए कितनी ही ऐसी बातें करनी पड़ती हैं जिनका अँग्रेज़ के दिल में कभी ख़याल ही पैदा नहीं हो सकता। तो बोलो, स्वीकार करती हो?

माधवी गद्गद होकर बोली—बाबूजी, आपकी इच्छा है तो मुझसे भी जो कुछ बन पड़ेगा, आपकी सेवा कर दूँगी। भगवान् बालक को अमर करें, मेरी तो उनसे यही विनती है।

माधवी को ऐसा मालूम हो रहा था कि स्वर्ग के द्वार सामने खुले हैं और स्वर्ग की देवियाँ अंचल फैला-फैलाकर आशीर्वाद दे रही हैं, मानो उसके अंतस्तल में प्रकाश की लहरें-सी उठ रही हैं। इस स्नेहमय सेवा में कितनी शांति थी।

बालक अभी तक चादर ओढ़े सो रहा था। माधवी ने दूध गरम हो जाने पर उसे झूले पर से उठाया, तो चिल्ला पड़ी। बालक की देह ठंडी हो गई थी और मुँह पर पीलापन आ गया था जिसे देखकर कलेजा हिल जाता है, कंठ से आह निकल जाती है और आँखों से आँसू बहने लगते हैं। जिसने उसे एक बार देखा है फिर कभी नहीं भूल सकता। माधवी ने शिशु को गोद से चिपटा लिया, हालाँकि नीचे उतार देना चाहिए था।

कुहराम मच गया। माँ बच्चे को गले से लगाए रोती थी; पर उसे ज़मीन पर न सुलाती थी। क्या बातें हो रही थीं और क्या हो गया। मौत को धोखा देने में आनंद आता है। वह उस वक़्त कभी नहीं आती जब लोग उसकी राह देखते हैं। रोगी जब सँभल जाता है, जब वह पथ्य लेने लगता है, उठने-बैठने लगता है, घर-भर ख़ुशियाँ मनाने लगता है, सबको विश्वास हो जाता है कि संकट टल गया, उस वक़्त घात में बैठी हुई मौत सिर पर आ जाती है। यही उसकी निष्ठुर लीला है।

आशाओं के बाग़ लगाने में हम कितने कुशल हैं। यहाँ हम रक्त के बीज बोकर सुधा के फल खाते हैं। अग्नि से पौधों को सींचकर शीतल छाँह में बैठते हैं। हा, मंदबुद्धि!

दिन-भर मातम होता रहा; बाप रोता था, माँ तड़पती थी और माधवी बारी-बारी से दोनों को समझाती थी। यदि अपने प्राण देकर वह बालक को जिला सकती तो इस समय अपना धन्य भाग समझती। वह अहित का संकल्प करके यहाँ आई थी और आज जब उसकी मनोकामना पूरी हो गई और उसे ख़ुशी से फूला न समाना चाहिए था, उसे उससे कहीं घोर पीड़ा हो रही थी जो अपने पुत्र की जेल-यात्रा से हुई थी। रुलाने आई थी और ख़ुद रोती जा रही थी। माता का हृदय दया का आगार है। उसे जलाओ तो उसमें दया की ही सुगंध निकलती है, पीसो तो दया का ही रस निकलता है। यह देवी है। विपत्ति की क्रूर लीलाएँ भी उस स्वच्छ निर्मल स्रोत को मलिन नहीं कर सकतीं।

परीक्षा

नादिरशाह की सेना ने दिल्ली में क़त्लेआम कर रखा है। गलियों में ख़ून की नदियाँ बह रही हैं। चारों तरफ़ हाहाकार मचा हुआ है। बाज़ार बन्द हैं। दिल्ली के लोग घरों के द्वार बन्द किए जान की ख़ैर मना रहे हैं। किसी की जान सलामत नहीं है। कहीं घरों में आग लगी हुई है, कहीं बाज़ार लुट रहा है; कोई किसी की फ़रियाद नहीं सुनता। रईसों की बेगमें महलों से निकाली जा रही हैं और उनकी बेहुरमती की जाती है। ईरानी सिपाहियों की रक्तपिपासा किसी तरह नहीं बुझती। मानव हृदय की क्रूरता, कठोरता और पैशाचिकता अपना विकरालतम रूप धारण किए हुए हैं। इसी समय नादिरशाह ने बादशाही महल में प्रवेश किया।

दिल्ली उन दिनों भोगविलास की केंद्र बनी हुई थी। सजावट और तकल्लुफ के सामानों से रईसों के भवन भरे रहते थे। स्त्रियों को बनाव-सिंगार के सिवा कोई काम न था। पुरुषों को सुख-भोग के सिवा और कोई चिन्ता न थी। राजनीति का स्थान शेरो-शायरी ने ले लिया था। समस्त प्रान्तों से धन खिंच-खिंचकर दिल्ली आता था और पानी की भाँति बहाया जाता था। वेश्याओं की चाँदी थी। कहीं तीतरों के जोड़ होते थे, कहीं बटेरों और बुलबुलों की पालियाँ ठनती थीं। सारा नगर विलास-निद्रा में मग्न था। नादिरशाह शाही महल में पहुँचा तो वहाँ का सामान देखकर उसकी आँखें खुल गईं। उसका जन्म दरिद्र-घर में हुआ था। उसका समस्त जीवन रणभूमि में ही कटा था। भोगविलास का उसे चसका न लगा था। कहाँ रणक्षेत्र के कष्ट और कहाँ यह सुख-साम्राज्य। जिधर आँख उठती थी, उधर से हटने का नाम न लेती थी।

संध्या हो गई थी। नादिरशाह अपने सरदारों के साथ महल की सैर करता और अपनी पसन्द की चीज़ों को बटोरता हुआ दीवाने-ख़ास में आकर कारचोबी मसनद पर बैठ गया, सरदारों को वहाँ से चले जाने का हुक्म दे दिया, अपने सब हथियार खोलकर रख दिए और महल में दारोग़ा को बुलाकर हुक्म दिया—मैं शाही बेगमों का नाच देखना चाहता हूँ। तुम इसी वक़्त उनको सुन्दर वस्त्रभूषणों से सजाकर मेरे सामने लाओ। ख़बरदार, ज़रा भी देर न हो! मैं कोई उज्र या इनकार नहीं सुन सकता।

2

दारोग़ा ने यह नादिरशाही हुक्म सुना तो होश उड़ गए। वह महिलाएँ जिन पर कभी सूर्य की दृष्टि भी नहीं पड़ी कैसे इस मजलिस में आएँगी! नाचने का तो कहना ही क्या! शाही बेगमों का इतना अपमान कभी न हुआ था। हा नरपिशाच! दिल्ली को ख़ून से रँगकर भी तेरा चित्त शान्त नहीं हुआ! मगर नादिरशाह के सम्मुख एक शब्द भी ज़बान से निकालना अग्नि के मुख में कूदना था। सिर झुकाकर आदाब बजा लाया और आकर रनिवास में सब बेगमों को नादिरशाही हुक्म सुना दिया; उसके साथ ही यह इत्तला भी दे दी कि ज़रा भी ताम्मुल न हो, नादिरशाह कोई उज्र या हीला न सुनेगा! शाही ख़ानदान पर इतनी बड़ी विपत्ति कभी नहीं पड़ी; पर इस समय विजयी बादशाह की आज्ञा को शिरोधार्य करने के सिवा प्राण-रक्षा का अन्य कोई उपाय नहीं था।

बेगमों ने यह आज्ञा सुनी तो हतबुद्धि-सी हो गईं। सारे रनिवास में मातम-सा छा गया। वह चहल-पहल ग़ायब हो गई। सैकड़ों हृदयों से इस अत्याचारी के प्रति एक शाप निकल गया।

किसी ने आकाश की ओर सहायतायाचक लोचनों से देखा, किसी ने ख़ुदा और रसूल को सुमिरन किया; पर ऐसी एक महिला भी न थी जिसकी निगाह कटार या तलवार की तरफ़ गई हो। यद्यपि इनमें कितनी ही बेगमों की नसों में राजपूतानियों का रक्त प्रवाहित हो रहा था; पर इंद्रियलिप्सा ने 'जौहर' की पुरानी आग ठंडी कर दी थी। सुखभोग की लालसा आत्म-सम्मान का सर्वनाश कर देती है। आपस में सलाह करके मर्यादा की रक्षा का कोई उपाय सोचने की मुहलत न थी। एक-एक पल भाग्य का निर्णय कर रहा था। हताश होकर सभी ललनाओं ने पापी के सम्मुख जाने का निश्चय किया। आँखों से आँसू जारी थे, दिलों से आहें निकल रही थीं; पर रत्न-जटित आभूषण पहने जा रहे थे, अश्रु-सिंचित नेत्रों में सुरमा लगाया जा रहा था और शोक-व्यथित हृदयों पर सुगंध का लेप किया जा रहा था। कोई केश गूँथती थी, कोई माँगों में मोतियाँ पिरोती थी। एक भी ऐसे पक्के इरादे की स्त्री न थी, जो ईश्वर पर अथवा अपनी टेक पर, इस आज्ञा का उल्लंघन करने का साहस कर सके।

एक घंटा भी न गुज़रने पाया था कि बेगमात पूरे-के-पूरे आभूषणों से जगमगाती, अपने मुख की कांति से बेले और गुलाब की कलियों को लजाती, सुगंध की लपटें उड़ाती, छमछम करती हुई दीवाने-खास में आकर नादिरशाह के सामने खड़ी हो गईं।

3

नादिरशाह ने एक बार कनखियों से परियों के इस दल को देखा और तब मसनद की टेक लगाकर लेट गया। अपनी तलवार और कटार सामने रख दीं। एक क्षण में उसकी आँखें झपकने लगीं। उसने एक अँगड़ाई ली और करवट बदल ली। ज़रा देर में उसके खर्राटों की आवाज़ें सुनाई देने लगीं। ऐसा जान पड़ा कि वह गहरी निद्रा में मग्न हो गया है। आध घंटे तक वह पड़ा सोता रहा और बेगमें ज्यों-की-त्यों सिर नीचा किए दीवार के चित्रों की भाँति खड़ी रहीं। उनमें दो-एक महिलाएँ जो ढीठ थीं, घूँघट की ओट से नादिरशाह को देख भी रही थीं और आपस में दबी ज़बान में कानाफूसी कर रही थीं—कैसा भयंकर स्वरूप है! कितनी रणोन्मत्त आँखें हैं! कितना भारी शरीर है! आदमी काहे को है, देव है!

सहसा नादिरशाह की आँखें खुल गईं। परियों का दल पूर्ववत् खड़ा था। उसे जागते देखकर बेगमों ने सिर नीचे कर लिये और अंग समेटकर भेंड़ों की भाँति एक-दूसरे से मिल गईं। सबके दिल धड़क रहे थे कि अब यह जालिम नाचने-गाने को कहेगा, तब कैसे क्या होगा! ख़ुदा इस जालिम से समझे! मगर नाचा तो न जाएगा। चाहे जान ही क्यों न जाए। इससे ज़्यादा जिल्लत अब न सही जाएगी।

सहसा नादिरशाह कठोर शब्दों में बोला—ऐ ख़ुदा की बंदियो, मैंने तुम्हारा इम्तहान लेने के लिए बुलाया था और अफ़सोस के साथ कहना पड़ता है कि तुम्हारी निसबत मेरा जो गुमान था, वह हर्फ-ब-हर्फ सच निकला। जब किसी कौम की औरतों में ग़ैरत नहीं रहती तो वह कौम मुरदा हो जाती है।

देखना चाहता था कि तुम लोगों में अभी कुछ ग़ैरत बाक़ी है या नहीं। इसलिए मैंने तुम्हें यहाँ बुलाया था। मैं तुम्हारी बेहुरमती नहीं करना चाहता था। मैं इतना ऐश का बंदा नहीं हूँ, वरना आज भेड़ों के गल्ले चराता होता। न इतना हवसपरस्त हूँ, वरना आज फारस में सरोद और सितार की ताने सुनता होता, जिसका मज़ा मैं हिन्दुस्तानी गाने से कहीं ज़्यादा उठा सकता

हूँ। मुझे सिर्फ़ तुम्हारा इम्तहान लेना था। मुझे यह देखकर सच्चा मलाल हो रहा है कि तुममें ग़ैरत का जौहर बाक़ी न रहा। क्या यह मुमकिन न था कि तुम मेरे हुक्म को पैरों तले कुचल देतीं? जब तुम यहाँ आ गईं तो मैंने तुम्हें एक और मौक़ा दिया। मैंने नींद का बहाना किया। क्या यह मुमकिन न था कि तुममें से कोई ख़ुदा की बन्दी इस कटार को उठाकर मेरे जिगर में चुभा देती। मैं क़लामेपाक की क़सम खाकर कहता हूँ कि तुम में से किसी को कटार पर हाथ रखते देखकर मुझे बेहद ख़ुशी होती, मैं उन नाज़ुक हाथों के सामने गरदन झुका देता! पर अफ़सोस है कि आज तैमूरी ख़ानदान की एक बेटी भी यहाँ ऐसी नहीं निकली जो अपनी हुरमत बिगाड़ने पर हाथ उठाती! अब यह सल्तनत ज़िंदा नहीं रह सकती। इसकी हस्ती के दिन गिने हुए हैं। इसका निशान बहुत जल्द दुनिया से मिट जाएगा। तुम लोग जाओ और हो सके तो अब भी सल्तनत को बचाओ वरना इसी तरह हवस की ग़ुलामी करते हुए दुनिया से रुख़सत हो जाओगी।

तेंतर

आख़िर वही हुआ जिसकी आशंका थी; जिसकी चिन्ता में घर के सभी लोग विशेषत: प्रसूता पड़ी हुई थी। तीन पुत्रों के पश्चात् कन्या का जन्म हुआ। माता सौर में सूख गई, पिता बाहर आँगन में सूख गए, और पिता की वृद्धा माता सौर द्वार पर सूख गईं। अनर्थ, महाअनर्थ! भगवान् ही कुशल करें तो हो? यह पुत्री नहीं राक्षसी है। इस अभागिनी को इसी घर में आना था! आना ही था तो कुछ दिन पहले क्यों न आई। भगवान् सातवें शत्रु के घर भी तेंतर का जन्म न दें।

पिता का नाम था पंडित दामोदरदत्त, शिक्षित आदमी थे। शिक्षा-विभाग ही में नौकर भी थे; मगर इस संस्कार को कैसे मिटा देते, जो परम्परा से हृदय में जमा हुआ था, कि तीसरे बेटे की पीठ पर होनेवाली कन्या अभागिनी होती है, या पिता को लेती या माता को, या अपने को। उनकी वृद्धा माता लगी नवजात कन्या को पानी पी-पीकर कोसने, कलमुँही है, कलमुँही! न-जाने क्या करने आई है यहाँ। किसी बाँझ के घर जाती तो उसके दिन फिर जाते!

दामोदरदत्त दिल में तो घबराए हुए थे, पर माता को समझाने लगे—अम्माँ, तेंतर-वेतर कुछ नहीं, भगवान् की जो इच्छा होती है, वही होता है। ईश्वर चाहेंगे तो सब कुशल ही होगा; गानेवालियों को बुला लो, नहीं लोग कहेंगे, तीन बेटे हुए तो कैसे फूली फिरती थीं, एक बेटी हो गई तो घर में कुहराम मच गया।

माता—अरे बेटा, तुम क्या जानो इन बातों को, मेरे सिर तो बीत चुकी है, प्राण नहों में समाया हुआ है। तेंतर ही के जन्म से तुम्हारे दादा का देहान्त हुआ। तभी से तेंतर का नाम सुनते ही मेरा कलेजा काँप उठता है।

दामोदर—इस कष्ट के निवारण का भी कोई उपाय होगा?

माता—उपाय बताने को तो बहुत है, पंडितजी से पूछो तो कोई-न-कोई उपाय बता देंगे; पर इससे कुछ होता नहीं। मैंने कौन-से अनुष्ठान नहीं किए, पर पंडितजी की तो मुट्ठियाँ गरम हुईं, यहाँ जो सिर पर पड़ना था, वह पड़ ही गया। अब टके के पंडित रह गए हैं, जजमान

मरे या जिए उनकी बला से, उनकी दक्षिणा मिलनी चाहिए। (धीरे से) लड़की दुबली-पतली भी नहीं है। तीनों लड़कों से हृष्ट-पुष्ट है। बड़ी-बड़ी आँखें हैं, पतले-पतले लाल-लाल ओंठ हैं, जैसे गुलाब की पत्ती। गोरा-चिट्टा रंग है, लम्बी-सी नाक। कलमुँही नहलाते समय रोई भी नहीं, टुकुर-टुकुर ताकती रही, यह सब लच्छन कुछ अच्छे थोड़े ही हैं।

दामोदरदत्त के तीनों लड़के साँवले थे, कुछ विशेष रूपवान भी न थे। लड़की के रूप का बखान सुनकर उनका चित्त कुछ प्रसन्न हुआ। बोले—अम्माँ जी, तुम भगवान् का नाम लेकर गानेवालियों को बुला भेजो, गाना-बजाना होने दो। भाग्य में जो कुछ है, वह तो होगा ही।

माता—जी तो हुलसता नहीं, करूँ क्या?

दामोदर—गाना न होने से कष्ट का निवारण तो होगा नहीं, कि हो जाएगा? अगर इतने सस्ते जान छूटे तो न कराओ गाना।

माता—बुलाए लेती हूँ बेटा, जो कुछ होना था वह तो हो गया।

इतने में दाई ने सौर में से पुकारकर कहा—बहूजी कहती हैं गाना-वाना कराने का काम नहीं है।

माता—भला उनसे कहो चुप बैठी रहें, बाहर निकलकर मनमानी करेंगी, बारह ही दिन हैं, बहुत दिन नहीं हैं; बहुत इतराती फिरती थीं—यह न करूँगी, वह न करूँगी, देवी क्या है, देवता क्या है, मरदों की बातें सुनकर वही रट लगाने लगती थीं, तो अब चुपके से बैठतीं क्यों नहीं। मेमें तो तेंतर को अशुभ नहीं मानतीं, और सब बातों में मेमों की बराबर करती हैं तो इस बात में भी करें।

यह कहकर माताजी ने नाइन को भेजा कि जाकर गानेवालियों को बुला ला, पड़ोस में भी कहती जाना।

सबेरा होते ही बड़ा लड़का सोकर उठा और आँखें मलता हुआ जा कर दादी से पूछने लगा—बड़ी अम्माँ, कल अम्माँ को क्या हुआ?

माता—लड़की तो हुई है।

बालक ख़ुशी से उछलकर बोला—ओ-हो-हो, पैजनियाँ पहन-पहनकर छुनछुन चलेगी, ज़रा मुझे दिखा दो दादीजी!

माता—अरे क्या सौर में जाएगा, पागल हो गया है क्या?

लड़के की उत्सुकता न मानी। सौर के द्वार पर जाकर खड़ा हो गया और बोला—अम्माँ, ज़रा बच्ची को मुझे दिखा दो।

दाई ने कहा—बच्ची अभी सोती है।

बालक—ज़रा दिखा दो, गोद में लेकर।

दाई ने कन्या उसे दिखा दी तो वहाँ से दौड़ता हुआ अपने छोटे भाइयों के पास पहुँचा और उन्हें जगा-जगाकर ख़ुशख़बरी सुनाई।

एक बोला—नन्ही-सी होगी।

बड़ा—बिलकुल नन्ही-सी! बस जैसी बड़ी गुड़िया! ऐसी गोरी है कि क्या किसी साहब की लड़की होगी। यह लड़की मैं लूँगा।

सबसे छोटा बोला—अमको बी दिका दो।

तीनों मिलकर लड़की को देखने आए और वहाँ से बग़लें बजाते उछलते-कूदते बाहर आए।

बड़ा—देखा कैसी है!

मँझला—कैसे आँखें बन्द किए पड़ी थी।

छोटा—इसे हमें तो देना।

बड़ा—ख़ूब द्वार पर बरात आएगी, हाथी, घोड़े, बाजे, आतिशबाज़ी।

मँझला और छोटा ऐसे मग्न हो रहे थे मानो वह मनोहर दृश्य आँखों के सामने है, उनके सरल नेत्र मनोल्लास से चमक रहे थे।

मँझला बोला—फुलवारियाँ भी होंगी।

छोटा—अम बी पूल लेंगे!

2

छट्‌ठी भी हुई, बरही भी हुई, गाना-बजाना, खाना-खिलाना, देना-दिलाना सबकुछ हुआ; पर रस्म पूरी करने के लिए, दिल से नहीं, ख़ुशी से नहीं। लड़की दिन-दिन दुर्बल और अस्वस्थ होती जाती थी। माँ उसे दोनों वक़्त अफ़ीम खिला देती और बालिका दिन और रात नशे में बेहोश पड़ी रहती। ज़रा भी नशा उतरता तो भूख से विकल होकर रोने लगती! माँ कुछ ऊपरी दूध पिलाकर अफ़ीम खिला देती। आश्चर्य की बात तो यह थी कि अबकी उसकी छाती में दूध ही नहीं उतरा। यों भी उसे दूध देर से उतरता था; पर लड़कों की बेर उसे नाना प्रकार की दूधवर्द्धक औषधियाँ खिलाई जातीं, बार-बार शिशु को छाती से लगाया जाता, यहाँ तक कि दूध उतर ही आता था; पर अबकी यह आयोजनाएँ न की गईं। फूल-सी बच्ची कुम्हलाती जाती थी। माँ तो कभी उसकी ओर ताकती भी न थी। हाँ, नाइन कभी चुटकियाँ बजाकर चुमकारती तो शिशु के मुख पर ऐसी दयनीय, ऐसी करुण वेदना अंकित दिखाई देती कि वह आँखें पोंछती हुई चली जाती थी। बहू से कुछ कहने-सुनने का साहस न पड़ता। बड़ा लड़का सिद्धू बार-बार कहता—अम्माँ, बच्ची को दो बाहर से खेला लाऊँ। पर माँ उसे झिड़क देती थी।

तीन-चार महीने हो गए। दामोदरदत्त रात को पानी पीने उठे तो देखा कि बालिका जाग रही है। सामने ताख पर मीठे तेल का दीपक जल रहा था, लड़की टकटकी बाँधे उसी दीपक की ओर देखती थी, और अपना अँगूठा चूसने में मग्न थी। चुभ-चुभ की आवाज़ आ रही थी। उसका मुख मुरझाया हुआ था, पर वह न रोती थी न हाथ-पैर फेंकती थी, बस अँगूठा पीने में ऐसी मग्न थी मानो उसमें सुधा-रस भरा हुआ है। वह माता के स्तनों की ओर मुँह भी नहीं फेरती थी, मानो उसका उन पर कोई अधिकार नहीं, उसके लिए वहाँ कोई आशा नहीं। बाबू साहब को उस पर दया आई। इस बेचारी का मेरे घर जन्म लेने में क्या दोष है? मुझ पर या इसकी माता पर जो कुछ भी पड़े, उसमें इसका क्या अपराध? हम कितनी निर्दयता कर रहे हैं कि कुछ कल्पित अनिष्ट के कारण उसका इतना तिरस्कार कर रहे हैं। माना कि कुछ अमंगल हो भी जाए तो क्या उसके भय से इसके प्राण ले लिए जाएँगे? अगर अपराधी है तो मेरा प्रारब्ध है। इस नन्हे-से बच्चे के प्रति हमारी कठोरता क्या ईश्वर को अच्छी लगती होगी? उन्होंने उसे गोद में उठा लिया और उसका मुख चूमने लगे। लड़की को कदाचित् पहली बार सच्चे स्नेह का ज्ञान हुआ। वह हाथ-पैर उछालकर 'गूँ-गूँ' करने लगी और दीपक की ओर हाथ फैलाने लगी। उसे जीवन-ज्योति-सी मिल गई।

प्रात:काल दामोदरदत्त ने लड़की को गोद में उठा लिया और बाहर लाए। स्त्री ने बार-बार कहा—उसे पड़ी रहने दो, ऐसी कौन-सी बड़ी सुन्दर है, अभागिन रात-दिन तो प्राण खाती रहती है, मर भी नहीं जाती कि जान छूट जाए; किन्तु दामोदरदत्त ने न माना। उसे बाहर लाए और अपने बच्चों के साथ बैठकर खेलाने लगे। उनके मकान के सामने थोड़ी-सी ज़मीन पड़ी हुई थी। पड़ोस के किसी आदमी की एक बकरी उसमें आकर चरा करती थी। इस समय भी वह चर रही थी। बाबू साहब ने बड़े लड़के से कहा—सिद्धू, ज़रा उस बकरी को पकड़ो, तो इसे दूध पिलाएँ, शायद भूखी है बेचारी। देखो, तुम्हारी नन्ही-सी बहन है न? इसे रोज़ हवा में खेलाया करो।

सिद्धू को दिल्लगी हाथ आई। उसका छोटा भाई भी दौड़ा। दोनों ने घेरकर बकरी को पकड़ा और उसका कान पकड़े हुए सामने लाए। पिता ने शिशु का मुँह बकरी के थन में लगा दिया। लड़की चुबलाने लगी और एक क्षण में दूध की धार उसके मुँह में जाने लगी, मानो टिमटिमाते दीपक में तेल पड़ जाए। लड़की का मुँह खिल उठा। आज शायद पहली बार उसकी क्षुधा तृप्त हुई थी। वह पिता की गोद में हुमक-हुमककर खेलने लगी। लड़कों ने भी उसे ख़ूब नचाया-कुदाया।

उस दिन से सिद्धू को मनोरंजन का एक नया विषय मिल गया। बालकों को बच्चों से बहुत प्रेम होता है। अगर किसी घोंसले में चिड़िया का बच्चा देख पाएँ तो बार-बार वहाँ जाएँगे। देखेंगे कि माता बच्चे को कैसे दाना चुगाती है। बच्चा कैसे चोंच खोलता है, कैसे दाना लेते समय परों को फड़फड़ाकर चें-चें करता है। आपस में बड़े गम्भीर भाव से उसकी चरचा करेंगे, अपने अन्य साथियों को ले जाकर उसे दिखाएँगे। सिद्धू ताक में लगा रहता, ज्यों ही माता भोजन बनाने या स्नान करने जाती तुरन्त बच्ची को लेकर आता और बकरी को पकड़कर उसके थन में शिशु का मुँह लगा देता, कभी दिन में दो-दो तीन-तीन बार पिलाता। बकरी को भूसी-चोकर खिलाकर ऐसा परचा लिया कि वह स्वयं चोकर के लोभ से चली आती और दूध देकर चली जाती। इस भाँति कोई एक महीना गुज़र गया, लड़की हृष्ट-पुष्ट हो गई, मुख पुरुष के समान विकसित हो गया। आँखें जग उठीं, शिशुकाल की सरल आभा मन को हरने लगी।

माता उसे देख-देखकर चकित होती थी। किसी से कुछ कह तो न सकती; पर दिल में उसे आशंका होती कि अब वह मरने को नहीं, हमीं लोगों के सिर जाएगी। कदाचित् ईश्वर इसकी रक्षा कर रहे हैं, जभी तो दिन-दिन निखरती आती है, नहीं अब तक ईश्वर के घर पहुँच गई होती।

3

मगर दादी माता से कहीं ज़्यादा चिंतित थीं। उसे भ्रम होने लगा कि वह बच्ची को ख़ूब दूध पिला रही है, साँप को पाल रही है। शिशु की ओर आँख उठा कर भी न देखती। यहाँ तक कि एक दिन कह बैठी—लड़की का बड़ा छोह करती हो? हाँ भाई, माँ हो कि नहीं, तुम न छो करोगी तो करेगा कौन?

'अम्माँजी, ईश्वर जानते हैं जो मैं इसे दूध पिलाती होऊँ?'

'अरे तो मैं मना थोड़े ही करती हूँ, मुझे क्या ग़रज़ पड़ी है कि मुफ़्त में अपने ऊपर पाप लूँ, कुछ मेरे सिर तो जाएगी नहीं।'

'अब आपको विश्वास ही न आए तो कोई क्या करे?'

'मुझे पागल समझती हो, वह हवा पी-पीकर ऐसी हो रही है?'

'भगवान् जाने अम्माँ, मुझे तो आप अचरज होता है।'

बहू ने बहुत निर्दोषिता जताई; किन्तु वृद्धा सास को विश्वास न आया। उसने समझा, यह मेरी शंका को निर्मूल समझती है, मानो मुझे इस बच्ची से कोई बैर है। उसके मन में यह भाव अंकुरित होने लगा कि इसे कुछ हो जाए तब यह समझे कि मैं झूठ नहीं कहती थी। वह जिन प्राणियों को अपने प्राणों से भी प्रिय समझती थी, उन्हीं लोगों की अमंगल कामना करने लगी, केवल इसलिए कि मेरी शंकाएँ सत्य हो जाएँ। वह यह तो नहीं चाहती थी कि कोई मर जाए; पर इतना अवश्य चाहती थी कि किसी बहाने से मैं चेता दूँ कि देखा, तुमने मेरा कहा न माना, यह उसी का फल है। उधर सास की ओर से ज्यों-ज्यों यह द्वेष-भाव प्रकट होता था, बहू का कन्या के प्रति स्नेह बढ़ता था। ईश्वर से मनाती रहती थी कि किसी भाँति एक साल कुशल से कट जाता तो इनसे पूछती। कुछ लड़की का भोला-भाला चेहरा, कुछ अपने पति का प्रेम-वात्सल्य देखकर भी उसे प्रोत्साहन मिलता था। विचित्र दशा हो रही थी, न दिल खोलकर प्यार ही कर सकती थी, न सम्पूर्ण रीति से निर्दय होते ही बनता था। न हँसते बनता था न रोते।

इस भाँति दो महीने गुज़र गए और कोई अनिष्ट न हुआ। तब तो वृद्धा सास के पेट में चूहे दौड़ने लगे। बहू को दो-चार दिन ज्वर भी नहीं आ जाता कि मेरी शंका की मर्यादा रह जाए, पुत्र भी किसी दिन पैरगाड़ी पर से नहीं गिर पड़ता, न बहू के मैके ही से किसी के स्वर्गवास की सुनावनी आती है। एक दिन दामोदरदत्त ने खुले तौर पर कह भी दिया कि अम्माँ, यह सब ढकोसला है, तेंतर लड़कियाँ क्या दुनिया में होतीं नहीं, तो सब-के-सब माँ-बाप मर ही जाते हैं? अंत में उसने अपनी शंकाओं को यथार्थ सिद्ध करने की एक तरकीब सोच निकाली। एक दिन दामोदरदत्त स्कूल से आए तो देखा कि अम्माँजी खाट पर अचेत पड़ी हुई हैं, स्त्री अँगीठी में आग रखे उनकी छाती सेंक रही है और कोठरी के द्वार और खिड़कियाँ बन्द हैं। घबराकर कहा—अम्माँ जी, क्या दशा है?

स्त्री—दोपहर ही से कलेजे में एक शूल उठ रहा है, बेचारी बहुत तड़प रही हैं।

दामोदर—मैं जाकर डॉक्टर साहब को बुला लाऊँ न! देर करने से शायद रोग बढ़ जाए। अम्माँजी, अम्माँजी, कैसी तबीयत है?

माता ने आँखें खोलीं और कराहते हुए बोली—बेटा, तुम आ गए? अब न बचूँगी, हाय भगवान्, अब न बचूँगी। जैसे कोई कलेजे में बरछी चुभा रहा हो। ऐसी पीड़ा कभी न हुई थी। इतनी उम्र बीत गई, ऐसी पीड़ा नहीं हुई।

स्त्री—यह कलमुँही छोकरी न जाने किस मनहूस घड़ी में पैदा हुई।

सास—बेटा, सब भगवान् करते हैं, यह बेचारी क्या जाने! देखो मैं मर जाऊँ तो उसे कष्ट मत देना। अच्छा हुआ, मेरे सिर आई। किसी के सिर तो जाती ही, मेरे ही सिर सही। हाय भगवान्, अब न बचूँगी।

दामोदर—जाकर डॉक्टर बुला लाऊँ? अभी लौटा आता हूँ।

माताजी को केवल अपनी बात की मर्यादा निभानी थी, रुपए न ख़र्च कराने थे, बोली—नहीं बेटा, डॉक्टर के पास जाकर क्या करोगे? अरे, वह कोई ईश्वर है। डॉक्टर अमृत पिला देगा? दस-बीस वह भी ले जाएगा! डॉक्टर-वैद्य से कुछ न होगा। बेटा, तुम कपड़े उतारो, मेरे पास बैठकर भागवत पढ़ो। अब न बचूँगी, हाय राम!

दामोदर—तेंतर बुरी चीज़ है, मैं समझता था कि ढकोसला ही ढकोसला है।

स्त्री—इसी से मैं उसे कभी मुँह नहीं लगाती थी।

माता—बेटा, बच्चों को आराम से रखना, भगवान् तुम लोगों को सुखी रखे। अच्छा हुआ मेरे ही सिर गई, तुम लोगों के सामने मेरा परलोक हो जाएगा। कहीं किसी दूसरे के सिर जाती तो क्या होता राम! भगवान् ने मेरी विनती सुन ली। हाय! हाय!!

दामोदरदत्त को निश्चय हो गया कि अब अम्माँ न बचेंगी। बड़ा दुःख हुआ। उनके मन की बात होती तो वह माँ के बदले तेंतर को न स्वीकार करते। जिस जननी ने जन्म दिया, नाना प्रकार के कष्ट झेलकर उनका पालन-पोषण किया, अकाल वैधव्य को प्राप्त होकर भी उनकी शिक्षा का प्रबंध किया, उसके सामने एक दुधमुँही बच्ची का क्या मूल्य था, जिसके हाथ का एक गिलास पानी भी वह न जानते थे। शोकातुर हो कपड़े उतारे और माँ के सिरहाने बैठ कर भागवत की कथा सुनाने लगे।

रात को बहू भोजन बनाने चली तो सास से बोली—अम्माँजी, तुम्हारे लिए थोड़ा-सा साबूदाना छोड़ दूँ?

माता ने व्यंग्य करके कहा—बेटी, अन्न बिना न मारो, भला साबूदाना मुझसे खाया जाएगा; जाओ, थोड़ी पूरियाँ छान लो। पड़े-पड़े जो कुछ इच्छा होगी, खा लूँगी, कचौरियाँ भी बना लेना। मरती हूँ तो भोजन को तरस-तरस क्यों मरूँ। थोड़ी मलाई भी मँगवा लेना, चौक की हो। फिर थोड़े खाने आऊँगी बेटी। थोड़े-से केले मँगवा लेना, कलेजे के दर्द में केले खाने से आराम होता है।

भोजन के समय पीड़ा शान्त हो गई; लेकिन आध घंटे के बाद फिर ज़ोर से होने लगी। आधी रात के समय कहीं जाकर उनकी आँख लगी। एक सप्ताह तक उनकी यही दशा रही, दिन-भर पड़ी कराहा करतीं, बस भोजन के समय ज़रा वेदना कम हो जाती। दामोदरदत्त सिरहाने बैठे पंखा झलते और मातृवियोग के आगत शोक से रोते। घर की महरी ने महल्ले-भर में यह ख़बर फैला दी, पड़ोसिनें देखने आईं तो सारा इलज़ाम बालिका के सिर गया।

एक ने कहा—यह तो कहो बड़ी कुशल हुई कि बुढ़िया के सिर गई; नहीं तो तेंतर माँ-बाप दो में से एक को लेकर तभी शान्त होती है। दैव न करे कि किसी के घर तेंतर का जन्म हो।

दूसरी बोली—मेरे तो तेंतर का नाम सुनते ही रोएँ खड़े हो जाते हैं। भगवान् बाँझ रखे पर तेंतर न दे।

एक सप्ताह के बाद वृद्धा का कष्ट निवारण हुआ, मरने में कोई कसर न थी, वह तो कहो पुरुखाओं का पुण्य-प्रताप था। ब्राह्मणों को गो-दान दिया गया। दुर्गा-पाठ हुआ, तब कहीं जाके संकट कटा।

नैराश्य

बाज आदमी अपनी स्त्री से इसलिए नाराज़ रहते हैं कि उसके लड़कियाँ ही क्यों होती हैं, लड़के क्यों नहीं होते। जानते हैं कि इनमें स्त्री का दोष नहीं है, या है तो उतना ही जितना मेरा, फिर भी जब देखिए स्त्री से रूठे रहते हैं, उसे अभागिनी कहते हैं और सदैव उसका

दिल दुखाया करते हैं। निरुपमा उन्हीं अभागिनी स्त्रियों में थी और घमंडीलाल त्रिपाठी उन्हीं अत्याचारी पुरुषों में। निरुपमा के तीन बेटियाँ लगातार हुई थीं और वह सारे घर की निगाहों से गिर गई थी। सास-ससुर की अप्रसन्नता की तो उसे विशेष चिन्ता न थी, वे पुराने ज़माने के लोग थे, जब लड़कियाँ गरदन का बोझ और पूर्वजन्मों का पाप समझी जाती थीं। हाँ, उसे दुःख अपने पतिदेव की अप्रसन्नता का था जो पढ़े-लिखे आदमी होकर भी उसे जली-कटी सुनाते रहते थे। प्यार करना तो दूर रहा, निरुपमा से सीधे मुँह बात न करते, कई-कई दिनों तक घर ही में न आते और आते भी तो कुछ इस तरह खिंचे-तने हुए रहते कि निरुपमा थर-थर काँपती रहती थी, कहीं ग़रज़ न उठें। घर में धन का अभाव न था; पर निरुपमा को कभी यह साहस न होता था कि किसी सामान्य वस्तु की इच्छा भी प्रकट कर सके। वह समझती थी, मैं यथार्थ में अभागिन हूँ, नहीं तो क्या भगवान् मेरी कोख में लड़कियाँ ही रचते। पति की एक मृदु मुस्कान के लिए, एक मीठी बात के लिए उसका हृदय तड़पकर रह जाता था। यहाँ तक कि वह अपनी लड़कियों को प्यार करते हुए सकुचाती थी कि लोग कहेंगे, पीतल की नथ पर इतना गुमान करती है। जब त्रिपाठीजी के घर में आने का समय होता तो किसी-न-किसी बहाने से वह लड़कियों को उनकी आँखों से दूर कर देती थी। सबसे बड़ी विपत्ति यह थी कि त्रिपाठीजी ने धमकी दी थी कि अबकी कन्या हुई तो घर छोड़कर निकल जाऊँगा, इस नरक में क्षण-भर भी न ठहरूँगा। निरुपमा को वह चिन्ता और भी खाए जाती थी।

वह मंगल का व्रत रखती थी, रविवार, निर्जला एकादशी और न जाने कितने व्रत करती थी। स्नान-पूजा तो नित्य का नियम था; पर किसी अनुष्ठान से मनोकामना न पूरी होती थी। नित्य अवहेलना, तिरस्कार, उपेक्षा, अपमान सहते-सहते उसका चित्त संसार से विरक्त हो जाता था। जहाँ कान एक मीठी बात के लिए, आँखें एक प्रेम-दृष्टि के लिए, हृदय एक आलिंगन के लिए तरस कर रह जाएँ, घर में अपनी कोई बात न पूछे, वहाँ जीवन से क्यों न अरुचि हो जाए?

एक दिन घोर निराशा की दशा में उसने अपनी बड़ी भावज को एक पत्र लिखा। एक-एक अक्षर से असह्य वेदना टपक रही थी। भावज ने उत्तर दिया—तुम्हारे भैया जल्द तुम्हें विदा कराने जाएँगे। यहाँ आजकल एक सच्चे महात्मा आए हुए हैं जिनका आशीर्वाद कभी निष्फल नहीं जाता। यहाँ कई संतानहीन स्त्रियाँ उनके आशीर्वाद से पुत्रवती हो गईं। पूर्ण आशा है कि तुम्हें भी उनका आशीर्वाद कल्याणकारी होगा।

निरुपमा ने यह पत्र पति को दिखाया। त्रिपाठीजी उदासीन भाव से बोले—सृष्टि-रचना महात्माओं के हाथ का काम नहीं, ईश्वर का काम है।

निरुपमा—हाँ, लेकिन महात्माओं में भी तो कुछ सिद्धि होती है।

घमंडीलाल—हाँ होती है, पर ऐसे महात्माओं के दर्शन दुर्लभ हैं।

निरुपमा—मैं तो इस महात्मा के दर्शन करूँगी।

घमंडीलाल—चली जाना।

निरुपमा—जब बाँझिनों के लड़के हुए तो मैं क्या उनसे भी गई-गुज़री हूँ?

घमंडीलाल—कह तो दिया भाई चली जाना। यह करके भी देख लो। मुझे तो ऐसा मालूम होता है, पुत्र का मुख देखना हमारे भाग्य में ही नहीं है।

2

कई दिन बाद निरुपमा अपने भाई के साथ मैके गई। तीनों पुत्रियाँ भी साथ थीं। भाभी ने उन्हें प्रेम से गले लगाकर कहा, तुम्हारे घर के आदमी बड़े निर्दयी हैं। ऐसी गुलाब के फूलों की-सी लड़कियाँ पाकर भी तक़दीर को रोते हैं। ये तुम्हें भारी हों तो मुझे दे दो। जब ननद और भावज भोजन करके लेटीं तो निरुपमा ने पूछा—वह महात्मा कहाँ रहते हैं?

भावज—ऐसी जल्दी क्या है, बता दूँगी।

निरुपमा—है नगीच ही न?

भावज—बहुत नगीच। जब कहोगी, उन्हें बुला दूँगी।

निरुपमा—तो क्या तुम लोगों पर बहुत प्रसन्न हैं क्या?

भावज—दोनों वक़्त यहीं भोजन करते हैं। यहीं रहते हैं।

निरुपमा—जब घर ही में वैद्य तो मरिये क्यों? आज मुझे उनके दर्शन करा देना।

भावज—भेंट क्या दोगी?

निरुपमा—मैं किस लायक हूँ?

भावज—अपनी सबसे छोटी लड़की दे देना।

निरुपमा—चलो, गाली देती हो।

भावज—अच्छा यह न सही, एक बार उन्हें प्रेमालिंगन करने देना।

निरुपमा—भाभी, मुझसे ऐसी हँसी करोगी तो मैं चली जाऊँगी।

भावज—वह महात्मा बड़े रसिया हैं।

निरुपमा—तो चूल्हे में जाएँ। कोई दुष्ट होगा।

भावज—उनका आशीर्वाद तो इसी शर्त पर मिलेगा। वह और कोई भेंट स्वीकार ही नहीं करते।

निरुपमा—तुम तो यों बातें कर रही हो मानो उनकी प्रतिनिधि हो।

भावज—हाँ, वह यह सब विषय मेरे ही द्वारा तय किया करते हैं। मैं भेंट लेती हूँ। मैं ही आशीर्वाद देती हूँ, मैं ही उनके हितार्थ भोजन कर लेती हूँ।

निरुपमा—तो यह कहो कि तुमने मुझे बुलाने के लिए यह हीला निकाला है।

भावज—नहीं, उनके साथ ही तुम्हें कुछ ऐसे गुर बता दूँगी जिससे तुम अपने घर आराम से रहो।

इसके बाद दोनों सखियों में कानाफूसी होने लगी। जब भावज चुप हुई तो निरुपमा बोली—और जो कहीं फिर कन्या हुई तो?

भावज—तो क्या? कुछ दिन तो शांति और सुख से जीवन कटेगा। यह दिन तो कोई लौटा न लेगा। पुत्र हुआ तो कहना ही क्या, पुत्री हुई तो फिर कोई नई युक्ति निकाली जाएगी। तुम्हारे घर के जैसे अक़्ल के दुश्मनों के साथ ऐसी ही चालें चलने में गुज़ारा है।

निरुपमा—मुझे तो संकोच मालूम होता है।

भावज—त्रिपाठीजी को दो-चार दिन में पत्र लिख देना कि महात्मा जी के दर्शन हुए और उन्होंने मुझे वरदान दिया है। ईश्वर ने चाहा तो उसी दिन से तुम्हारी मान-प्रतिष्ठा होने लगेगी। घमंडी दौड़े हुए आएँगे और तुम्हारे ऊपर प्राण निछावर करेंगे। कम-से-कम साल-भर तो चैन की वंशी बजाना। इसके बाद देखी जाएगी।

निरुपमा—पति से कपट करूँ तो पाप न लगेगा?

भावज—ऐसे स्वार्थियों से कपट करना पुण्य है।

3

तीन-चार महीने के बाद निरुपमा अपने घर आई। घमंडीलाल उसे विदा कराने गए थे। सरहज ने महात्माजी का रंग और भी चोखा कर दिया। बोली—ऐसा तो किसी को देखा नहीं कि इन महात्माजी ने वरदान दिया हो और वह पूरा न हो गया हो। हाँ, जिसका भाग्य ही फूट जाए उसे कोई क्या कर सकता है।

घमंडीलाल प्रत्यक्ष तो वरदान और आशीर्वाद की उपेक्षा ही करते रहे, इन बातों पर विश्वास करना आजकल संकोचजनक मालूम होता है; पर उनके दिल पर असर ज़रूर हुआ।

निरुपमा की ख़ातिरदारियाँ होनी शुरू हुईं। जब वह गर्भवती हुई तो सबके दिलों में नई-नई आशाएँ हिलोरें लेने लगीं। सास जो उठते गाली और बैठते व्यंग्य से बातें करती थी अब उसे पान की तरह फेरती—बेटी, तुम रहने दो, मैं ही रसोई बना लूँगी, तुम्हारा सिर दुखने लगेगा। कभी निरुपमा कलसे का पानी या कोई चारपाई उठाने लगती तो सास दौड़ती—बहू, रहने दो, मैं आती हूँ, तुम कोई भारी चीज़ मत उठाया करो। लड़कियों की बात और होती है, उन पर किसी बात का असर नहीं होता, लड़के तो गर्भ ही में मान करने लगते हैं। अब निरुपमा के लिए दूध का उठौना किया गया, जिससे बालक पुष्ट और गोरा हो। घमंडीलाल वस्त्राभूषणों पर उतारू हो गए। हर महीने एक-न-एक नई चीज़ लाते। निरुपमा का जीवन इतना सुखमय कभी न था। उस समय भी नहीं जब नवेली वधू थी।

महीने गुज़रने लगे। निरुपमा को अनुभूत लक्षणों से विदित होने लगा कि यह कन्या ही है; पर वह इस भेद को गुप्त रखती थी। सोचती, सावन की धूप है, इसका क्या भरोसा जितनी चीज़ धूप में सुखानी हो सुखा लो, फिर तो घटा छाएगी ही। बात-बात पर बिगड़ती। वह कभी इतनी मानशीला न थी। पर घर में कोई चूँ तक न करता कि कहीं बहू का दिल न दुखे, नहीं बालक को कष्ट होगा। कभी-कभी निरुपमा केवल घरवालों को जलाने के लिए अनुष्ठान करती, उसे उन्हें जलाने में मज़ा आता था। वह सोचती, तुम स्वार्थियों को जितना जलाऊँ उतना अच्छा! तुम मेरा आदर इसलिए करते हो न कि मैं बच्चा जनूँगी जो तुम्हारे कुल का नाम चलाएगा। मैं कुछ नहीं हूँ, बालक ही सब-कुछ है। मेरा अपना कोई महत्त्व नहीं, जो कुछ है वह बालक के नाते। यह मेरे पति हैं! पहले इन्हें मुझसे कितना प्रेम था, तब इतने संसार-लोलुप न हुए थे। अब इनका प्रेम केवल स्वार्थ का स्वाँग है। मैं भी पशु हूँ जिसे दूध के लिए चारा-पानी दिया जाता है। ख़ैर, यही सही, इस वक़्त तो तुम मेरे काबू में आए हो! जितने गहने बन सकें बनवा लूँ, इन्हें तो छीन न लोगे।

इस तरह दस महीने पूरे हो गए। निरुपमा की दोनों ननदें ससुराल से बुलाई गईं। बच्चे के लिए पहले ही से सोने के गहने बनवा लिये गए, दूध के लिए एक सुन्दर दुधार गाय मोल ले ली गई, घमंडीलाल उसे हवा खिलाने को एक छोटी-सी सेजगाड़ी लाए। जिस दिन निरुपमा को प्रसव-वेदना होने लगी, द्वार पर पंडितजी मुहूर्त देखने के लिए बुलाए गए। एक मीरशिकार बन्दूक़ छोड़ने को बुलाया गया, गायनें मंगल-गान के लिए बटोर ली गईं। घर में तिल-तिल पर ख़बर मँगाई जाती थी, क्या हुआ? लेडी डॉक्टर भी बुलाई गई। बाजेवाले हुक्म के इंतज़ार

में बैठे थे। पामर भी अपनी सारंगी लिए 'जच्चा मान करे नंदलाल सों' की तान सुनाने को तैयार बैठा था। सारी तैयारियाँ, सारी आशाएँ, सारा उत्साह, सारा समारोह एक ही शब्द पर अवलम्बित था। ज्यों-ज्यों देर होती थी लोगों में उत्सुकता बढ़ती जाती थी। घमंडीलाल अपने मनोभावों को छिपाने के लिए एक समाचार-पत्र देख रहे थे, मानो उन्हें लड़का या लड़की दोनों ही बराबर हैं। मगर उनके बूढ़े पिताजी इतने सावधान न थे। उनकी बाछें खिली जाती थीं, हँस-हँसकर सबसे बात कर रहे थे और पैसों की एक थैली को बार-बार उछालते थे।

मीरशिकार ने कहा—मालिक से अबकी पगड़ी दुपट्टा लूँगा।

पिताजी ने खिलकर कहा—अबे कितनी पगड़ियाँ लेगा? इतनी बेभाव की दूँगा कि सर के बाल गंजे हो जाएँगे।

पामर बोला—सरकार से अबकी कुछ जीविका लूँ।

पिताजी खिलकर बोले—अबे कितनी खाएगा; खिला-खिलाकर पेट फाड़ दूँगा।

सहसा महरी घर में से निकली। कुछ घबराई-सी थी। वह अभी कुछ बोलने भी न पाई थी कि मीरशिकार ने बन्दूक़ फैर कर ही तो दी। बन्दूक़ छूटनी थी कि रोशनचौकी की तान भी छिड़ गई, पामर भी कमर कसकर नाचने को खड़ा हो गया।

महरी—अरे तुम सब-के-सब भंग खा गए हो क्या?

मीरशिकार—क्या हुआ क्या?

महरी—हुआ क्या, लड़की ही तो फिर हुई है।

पिताजी—लड़की हुई है?

यह कहते-कहते वह कमर थामकर बैठ गए मानो वज्र गिर पड़ा। घमंडीलाल कमरे से निकल आए और बोले—जाकर लेडी डॉक्टर से तो पूछ। अच्छी तरह देख ले। देखा न सुना, चल खड़ी हुई।

महरी—बाबूजी, मैंने तो आँखों देखा है!

घमंडीलाल—कन्या ही है?

पिता—हमारी तक़दीर ही ऐसी है बेटा! जाओ रे सब-के-सब! तुम सभी के भाग्य में कुछ पाना न लिखा था तो कहाँ से पाते। भाग जाओ। सैकड़ों रुपए पर पानी फिर गया, सारी तैयारी मिट्टी में मिल गई।

घमंडीलाल—इस महात्मा से पूछना चाहिए। मैं आज डाक से ज़रा बचा कर ख़बर लेता हूँ।

पिता—धूर्त है, धूर्त!

घमंडीलाल—मैं उसकी सारी धूर्तता निकाल दूँगा। मारे डंडों के खोपड़ी न तोड़ दूँ तो कहिएगा। चांडाल कहीं का! उसके कारण मेरे सैकड़ों रुपए पर पानी फिर गया। यह सेजगाड़ी, यह गाय, यह पलना, यह सोने के गहने किसके सिर पटकूँ। ऐसे ही उसने कितनों ही को ठगा होगा। एक दफा बचा की मरम्मत हो जाती तो ठीक हो जाते।

पिताजी—बेटा, उसका दोष नहीं, अपने भाग्य का दोष है।

घमंडीलाल—उसने क्यों कहा ऐसा नहीं होगा। औरतों से इस पाखंड के लिए कितने ही रुपए ऐंठे होंगे। वह सब उन्हें उगलना पड़ेगा, नहीं तो पुलिस में रपट कर दूँगा। क़ानून में पाखंड का भी तो दंड है। मैं पहले ही चौंका था कि हो न हो पाखंडी है; लेकिन मेरी सरहज ने धोखा दिया, नहीं तो मैं ऐसे पाजियों के पंजे में कब आनेवाला था। एक ही सुअर है।

पिताजी—बेटा, सब्र करो। ईश्वर को जो कुछ मंजूर था, वह हुआ। लड़का-लड़की दोनों ही ईश्वर की देन हैं, जहाँ तीन हैं वहाँ एक और सही।

पिता और पुत्र में तो यह बातें होती रहीं। पामर, मीरशिकार आदि ने अपने-अपने डंडे सँभाले और अपनी राह चले। घर में मातम-सा छा गया, लेडी डॉक्टर भी विदा कर दी गई, सौर में जच्चा और दाई के सिवा कोई न रहा। वृद्धा माता तो इतनी हताश हुई कि उसी वक़्त अटवास-खटवास लेकर पड़ रही।

जब बच्चे की बरही हो गई तो घमंडीलाल स्त्री के पास गए और सरोष भाव से बोले— फिर लड़की हो गई!

निरुपमा—क्या करूँ, मेरा क्या बस?

घमंडीलाल—उस पापी धूर्त ने बड़ा चकमा दिया।

निरुपमा—अब क्या कहूँ, मेरे भाग्य ही में न होगा, नहीं तो वहाँ कितनी ही औरतें बाबाजी को रात-दिन घेरे रहती थीं। वह किसी से कुछ लेते तो कहती कि धूर्त हैं, क़सम ले लो जो मैंने एक कौड़ी भी उन्हें दी हो।

घमंडीलाल—उसने लिया या न लिया, यहाँ तो दिवाला निकल गया। मालूम हो गया तक़दीर में पुत्र नहीं लिखा है। कुल का नाम डूबना ही है तो क्या आज डूबा, क्या दस साल बाद डूबा। अब कहीं चला जाऊँगा, गृहस्थी में कौन-सा सुख रखा है।

वह बहुत देर तक खड़े-खड़े अपने भाग्य को रोते रहे; पर निरुपमा ने सिर तक न उठाया।

निरुपमा के सिर फिर वही विपत्ति आ पड़ी, फिर वही ताने, वही अपमान, वही अनादर, वही छीछालेदर, किसी को चिन्ता न रहती कि खाती-पीती है या नहीं, अच्छी है या बीमार है, दुखी है या सुखी। घमंडीलाल यद्यपि कहीं न गए, पर निरुपमा को यह धमकी प्राय: नित्य ही मिलती रहती थी। कई महीने यों ही गुज़र गए तो निरुपमा ने फिर भावज को लिखा कि तुमने और भी मुझे विपत्ति में डाल दिया। इससे तो पहले ही भली थी। अब तो कोई बात भी नहीं पूछता कि मरती है या जीती है। अगर यही दशा रही तो स्वामी जी चाहे संन्यास लें या न लें, लेकिन मैं संसार को अवश्य त्याग दूँगी।

भाभी यह पत्र पाकर परिस्थिति समझ गई। अबकी उसने निरुपमा को बुलाया नहीं, जानती थी कि लोग विदा ही न करेंगे, पति को लेकर स्वयं आ पहुँची। उसका नाम सुकेशी था। बड़ी मिलनसार, चतुर, विनोदशील स्त्री थी। आते ही आते निरुपमा की गोद में कन्या देखी तो बोली—अरे यह क्या?

सास—भाग्य है और क्या!

सुकेशी—भाग्य कैसा? इसने महात्माजी की बातें भुला दी होंगी। ऐसा तो हो ही नहीं सकता कि वह मुँह से जो कुछ कह दें, वह न हो। क्यों जी, तुमने मंगल का व्रत रखा?

निरुपमा—बराबर, एक व्रत भी न छोड़ा।

सुकेशी—पाँच ब्राह्मणों को मंगल के दिन भोजन कराती रहीं?

निरुपमा—यह तो उन्होंने नहीं कहा था।

सुकेशी—तुम्हारा सिर, मुझे ख़ूब याद है, मेरे सामने उन्होंने बहुत ज़ोर देकर कहा था। तुमने सोचा होगा, ब्राह्मणों को भोजन कराने से क्या होता है। यह न समझा कि कोई अनुष्ठान सफल नहीं होता जब तक विधिवत् उसका पालन न किया जाए।

सास—इसने कभी इसकी चर्चा ही नहीं की; नहीं, पाँच क्या दस ब्राह्मणों को जिमा देती। तुम्हारे धर्म से कुछ कमी नहीं है।

सुकेशी—कुछ नहीं, भूल हो गई और क्या। रानी, बेटे का मुँह यों देखना नसीब नहीं होता। बड़े-बड़े जप-तप करने पड़ते हैं, तुम मंगल के एक व्रत ही से घबरा गईं?

सास—अभागिनी है और क्या?

घमंडीलाल—ऐसी कौन-सी बड़ी बातें थीं, जो याद न रहीं? वह ख़ुद हम लोगों को जलाना चाहती है।

सास—वही तो कहूँ कि महात्मा की बात कैसे निष्फल हुई। यहाँ सात बरसों तक 'तुलसी माई' को दिया चढ़ाया, जब जा के बच्चे का जन्म हुआ।

घमंडीलाल—इन्होंने समझा था दाल-भात का कौर है!

सुकेशी—ख़ैर, अब जो हुआ, सो हुआ कल मंगल है, फिर व्रत रखो और अबकी सात ब्राह्मणों को जिमाओ। देखें, कैसे महात्माजी की बात नहीं पूरी होती।

घमंडीलाल—व्यर्थ है, इनके किए कुछ न होगा।

सुकेशी—बाबूजी, आप विद्वान् समझदार होकर इतना दिल छोटा करते हैं। अभी आपकी उम्र ही क्या है। कितने पुत्र लीजिएगा? नाकों दम न हो जाए तो कहिएगा।

सास—बेटी, दूध-पूत से भी किसी का मन भरा है?

सुकेशी—ईश्वर ने चाहा तो आप लोगों का मन भर जाएगा। मेरा तो भर गया।

घमंडीलाल—सुनती हो महारानी, अबकी कोई गोलमाल मत करना। अपनी भाभी से सब ब्योरा अच्छी तरह पूछ लेना।

सुकेशी—आप निश्चिंत रहें, मैं याद करा दूँगी; क्या भोजन करना होगा, कैसे रहना होगा, कैसे स्नान करना होगा, यह सब लिखा दूँगी और अम्माँजी, आज के अठारह मास बाद आपसे कोई भारी इनाम लूँगी।

सुकेशी एक सप्ताह यहाँ रही और निरुपमा को ख़ूब लिखा-पढ़ाकर चली गई।

4

निरुपमा का इकबाल फिर चमका, घमंडीलाल अबकी इतने आश्वासित हुए कि भविष्य ने भूत को भुला दिया। निरुपमा फिर बाँदी से रानी हुई, सास फिर उसे पान की भाँति फेरने लगी, लोग उसका मुँह जोहने लगे।

दिन गुज़रने लगे, निरुपमा कभी कहती अम्माँजी, आज मैंने स्वप्न देखा कि एक वृद्धा स्त्री ने आकर मुझे पुकारा और एक नारियल देकर बोली—यह तुम्हें दिए जाती हूँ; कभी कहती, अम्माँजी, अबकी न जाने क्यों मेरे दिल में बड़ी-बड़ी उमंगें पैदा हो रही हैं, जी चाहता है ख़ूब गाना सुनूँ, नदी में ख़ूब स्नान करूँ, हरदम नशा-सा छाया रहता है। सास सुनकर मुस्कुराती और कहती—बहू, ये शुभ लक्षण हैं।

निरुपमा चुपके-चुपके माजून मँगाकर खाती और अपने असल नेत्रों से ताकती हुई घमंडीलाल से पूछती—मेरी आँखें लाल हैं क्या?

घमंडीलाल ख़ुश होकर कहते—मालूम होता है, नशा चढ़ा हुआ है। ये शुभ लक्षण हैं।

निरुपमा को सुगंधों से कभी इतना प्रेम न था, फूलों के गजरों पर अब वह जान देती थी।

घमंडीलाल अब नित्य सोते समय उसे महाभारत की वीर कथाएँ पढ़ कर सुनाते, कभी गुरु गोविंदसिंह की कीर्ति का वर्णन करते। अभिमन्यु की कथा से निरुपमा को बड़ा प्रेम था। पिता अपने आनेवाले पुत्र को वीर-संस्कारों से परिपूरित कर देना चाहता था।

एक दिन निरुपमा ने पति से कहा—नाम क्या रखोगे?

घमंडीलाल—यह तो तुमने ख़ूब सोचा। मुझे तो इसका ध्यान ही न रहा था। ऐसा नाम होना चाहिए जिससे शौर्य और तेज़ टपके। सोचो कोई नाम।

दोनों प्राणी नामों की व्याख्या करने लगे। जोरावरलाल से लेकर हरिश्चन्द्र तक सभी नाम गिनाए गए, पर उस असामान्य बालक के लिए कोई नाम न मिला। अंत में पति ने कहा तेगबहादुर कैसा नाम है।

निरुपमा—बस-बस, यही नाम मुझे पसन्द है।

घमंडीलाल—नाम तो बढ़िया है। तेगबहादुर की कीर्ति सुन ही चुकी हो। नाम का आदमी पर बड़ा असर होता है।

निरुपमा—नाम ही तो सबकुछ है। दमड़ी, छकौड़ी, घुरहू, कतवारू, जिसके नाम देखे उसे भी 'यथा नाम तथा गुण' ही पाया। हमारे बच्चे का नाम होगा तेगबहादुर।

5

प्रसव-काल आ पहुँचा। निरुपमा को मालूम था कि क्या होने वाला है; लेकिन बाहर मंगलाचरण का पूरा सामान था। अबकी किसी को लेशमात्र भी सन्देह न था। नाच, गाने का प्रबंध भी किया गया था। एक शामियाना खड़ा किया गया था और मित्रगण उसमें बैठे ख़ुश-गप्पियाँ कर रहे थे। हलवाई कड़ाह से पूरियाँ और मिठाइयाँ निकाल रहा था। कई बोरे अनाज के रखे हुए थे कि शुभ समाचार पाते ही भिक्षुओं को बाँटे जाएँ। एक क्षण का भी विलम्ब न हो, इसलिए बोरों के मुँह खोल दिए गए थे।

लेकिन निरुपमा का दिल प्रतिक्षण बैठा जाता था। अब क्या होगा? तीन साल किसी तरह कौशल से कट गए और मज़े में कट गए, लेकिन अब विपत्ति सिर पर मँडरा रही है। हाय! कितनी परवशता है! निरपराध होने पर भी यह दंड! अगर भगवान् की इच्छा है कि मेरे गर्भ से कोई पुत्र न जन्म ले तो मेरा क्या दोष! लेकिन कौन सुनता है। मैं ही अभागिनी हूँ, मैं ही त्याज्य हूँ, मैं ही कलमुँही हूँ, इसीलिए न कि परवश हूँ! क्या होगा? अभी एक क्षण में यह सारा आनंदोत्सव शोक में डूब जाएगा, मुझ पर बौछारें पड़ने लगेंगी, भीतर से बाहर तक मुझी को कोसेंगे, सास-ससुर का भय नहीं, लेकिन स्वामी जी शायद फिर मेरा मुँह न देखें, शायद निराश होकर घर-बार त्याग दें। चारों तरफ़ अमंगल ही अमंगल है। मैं अपने घर की, अपनी संतान की दुर्दशा देखने के लिए क्यों जीवित हूँ। कौशल बहुत हो चुका, अब उससे कोई आशा नहीं। मेरे दिल में कैसे-कैसे अरमान थे। अपनी प्यारी बच्चियों का लालन-पालन करती, उन्हें ब्याहती, उनके बच्चों को देखकर सुखी होती। पर आह! यह सब अरमान खाक में मिले जाते हैं। भगवान्! तुम्हीं अब इनके पिता हो, तुम्हीं इनके रक्षक हो। मैं तो अब जाती हूँ।

लेडी डॉक्टर ने कहा—वेल! फिर लड़की है।

भीतर-बाहर कुहराम मच गया, पिट्टस पड़ गई। घमंडीलाल ने कहा—जहन्नुम में जाए ऐसी ज़िन्दगी, मौत भी नहीं आ जाती!

उनके पिता भी बोले—अभागिनी है, वज्र अभागिनी!

भिक्षुकों ने कहा—रोओ अपनी तक़दीर को, हम कोई दूसरा द्वार देखते हैं।

अभी यह शोकोद्‌गार न होने पाया था कि लेडी डॉक्टर ने कहा—माँ का हाल अच्छा नहीं है। वह अब नहीं बच सकती। उसका दिल बन्द हो गया है।

दंड

संध्या का समय था। कचहरी उठ गई थी। अहलकार और चपरासी जेबें खनखनाते घर जा रहे थे। मेहतर कूड़े टटोल रहा था कि शायद कहीं पैसे-वैसे मिल जाएँ। कचहरी के बरामदों में साँड़ों ने वकीलों की जगह ले ली थी। पेड़ों के नीचे मुहर्रिरों की जगह कुत्ते बैठे नज़र आते थे। इसी समय एक बूढ़ा आदमी, फटे-पुराने कपड़े पहने, लाठी टेकता हुआ, जंट साहब के बँगले पर पहुँचा और सायबान में खड़ा हो गया। जंट साहब का नाम था मिस्टर जी. सिन्हा। अरदली ने दूर ही से ललकारा—कौन सायबान में खड़ा है? क्या चाहता है।

बूढ़ा—ग़रीब बाम्हन हूँ भैया, साहब से भेंट होगी?

अरदली—साहब तुम-जैसों से नहीं मिला करते।

बूढ़े ने लाठी पर अकड़कर कहा—क्यों भाई, हम खड़े हैं या डाकू-चोर हैं कि हमारे मुँह में कुछ लगा हुआ है?

अरदली—भीख माँगकर मुक़दमा लड़ने आए होगे?

बूढ़ा—तो कोई पाप किया? अगर घर बेचकर मुक़दमा नहीं लड़ते तो कुछ बुरा करते हैं? यहाँ तो मुक़दमा लड़ते-लड़ते उमर बीत गई; लेकिन घर का पैसा नहीं खरचा। मियाँ की जूती मियाँ का सिर करते हैं। दस भलेमानसों से माँगकर एक को दे दिया। चलो छुट्टी हुई। गाँव-भर नाम से काँपता है। किसी ने ज़रा भी टिर-पिर की और मैंने अदालत में दावा दायर किया।

अरदली—किसी बड़े आदमी से पाला नहीं पड़ा अभी?

बूढ़ा—अजी, कितने ही बड़ों को बड़े घर भिजवा दिया, तुम हो किस फेर में। हाईकोर्ट तक जाता हूँ सीधा। कोई मेरे मुँह क्या आएगा बेचारा! गाँठ से तो कौड़ी जाती नहीं, फिर डरें क्यों? जिसकी चीज़ पर दाँत लगाए, अपना करके छोड़ा। सीधे न दिया तो अदालत में घसीट लाए और रगेद-रगेद कर मारा, अपना क्या बिगड़ता है? तो साहब से इत्तला करते हो कि मैं ही पुकारूँ?

अरदली ने देखा; यह आदमी यों टलनेवाला नहीं तो जाकर साहब से उसकी इत्तला की। साहब ने हुलिया पूछा और ख़ुश हो कर कहा—फ़ौरन बुला लो।

अरदली—हुजूर, बिलकुल फटेहाल है।

साहब—गुदड़ी ही में लाल होते हैं। जाकर भेज दो।

मिस्टर सिन्हा अधेड़ आदमी थे, बहुत ही शांत, बहुत ही विचारशील। बातें बहुत कम करते थे। कठोरता और असभ्यता, जो शासन का अंग समझी जाती हैं, उनको छू भी नहीं गई थी। न्याय और दया के देवता मालूम होते थे। निगाह ऐसी बारीक पाई थी कि सूरत देखते ही

आदमी पहचान जाते थे। डील-डौल देवों का-सा था और रंग आबनूस का-सा। आरामकुर्सी पर लेटे हुए पेचवान पी रहे थे। बूढ़े ने जाकर सलाम किया।

सिनहा—तुम हो जगत पाँड़े! आओ बैठो। तुम्हारा मुक़दमा तो बहुत ही कमज़ोर है। भले आदमी, जाल भी न करते बना?

जगत—ऐसा न कहें हुजूर, ग़रीब आदमी हूँ, मर जाऊँगा।

सिनहा—किसी वकील-मुख्तार से सलाह भी न ले ली?

जगत—अब तो सरकार की सरन में आया हूँ।

सिनहा—सरकार क्या मिसिल बदल देंगे; या नया क़ानून गढ़ेंगे? तुम गच्चा खा गए। मैं कभी क़ानून के बाहर नहीं जाता। जानते हो न अपील से कभी मेरी तजवीज रद्द नहीं होती?

जगत—बड़ा धरम हो सरकार! (सिन्हा के पैरों पर गिन्नियों की एक पोटली रखकर) बड़ा दुखी हूँ सरकार!

सिनहा—(मुस्कुराकर) यहाँ भी अपनी चालबाजी से नहीं चूकते? निकालो अभी और ओस से प्यास नहीं बुझती। भला दहाई तो तुम पूरा करो।

जगत—बहुत तंग हूँ दीनबंधु!

सिनहा—डालो-डालो कमर में हाथ। भला कुछ मेरे नाम की लाज तो रखो।

जगत—लुट जाऊँगा सरकार!

सिनहा—लुटें तुम्हारे दुश्मन, जो इलाक़ा बेचकर लड़ते हैं। तुम्हारे जजमानों का भगवान् भला करें, तुम्हें किस बात की कमी है।

मिस्टर सिनहा इस मामले में ज़रा भी रिआयत न करते थे। जगत ने देखा कि यहाँ काइयाँपन से काम न चलेगा तो चुपके से 5 गिन्नियाँ और निकालीं। लेकिन उन्हें मिस्टर सिनहा के पैरों पर रखते समय उसकी आँखों से ख़ून निकल आया। यह उसकी बरसों की कमाई थी। बरसों पेट काटकर, तन जलाकर, मन बाँधकर, झूठी गवाहियाँ देकर उसने यह थाती संचय कर पाई थी। उसका हाथों से निकलना प्राण निकलने से कम दुखदायी न था।

जगत पाँड़े के चले जाने के बाद, कोई 9 बजे रात को, जंट साहब के बँगले पर एक ताँगा आकर रुका और उस पर से पंडित सत्यदेव उतरे जो राजा साहब शिवपुर के मुख्तार थे।

मिस्टर सिनहा ने मुस्कुराकर कहा—आप शायद अपने इलाक़े में ग़रीबों को न रहने देंगे। इतना जुल्म!

सत्यदेव—ग़रीबपरवर, यह कहिए कि ग़रीबों के मारे अब इलाक़े में हमारा रहना मुश्किल हो रहा है। आप जानते हैं, सीधी उँगली घी नहीं निकलता। ज़मींदार को कुछ-न-कुछ सख़्ती करनी ही पड़ती है, मगर अब यह हाल है कि हमने ज़रा चूँ भी की तो उन्हीं ग़रीबों की त्योरियाँ बदल जाती हैं। सब मुफ़्त में ज़मीन जोतना चाहते हैं। लगान माँगिए तो फ़ौजदारी का दावा करने को तैयार! अब इसी जगत पाँड़े को देखिए। गंगा क़सम है हुजूर, सरासर झूठा दावा है। हुजूर से कोई बात छिपी तो रह नहीं सकती। अगर जगत पाँड़े यह मुक़दमा जीत गया तो हमें बोरिया-बँधना छोड़कर भागना पड़ेगा। अब हुजूर ही बसाएँ तो बस सकते हैं। राजा साहब ने हुजूर को सलाम कहा है और अर्ज की है कि इस मामले में जगत पाँड़े की ऐसी ख़बर लें कि वह भी याद करे।

मिस्टर सिनहा ने भँवें सिकोड़कर कहा—क़ानून मेरे घर तो नहीं बनता?

सत्यदेव—हुजूर आपके हाथ में सबकुछ है।

यह कहकर गिन्नियों की एक गड्डी निकालकर मेज़ पर रख दी। मिस्टर सिनहा ने गड्डी को आँखों से गिनकर कहा—इन्हें मेरी तरफ़ से राजा साहब की नज़र कर दीजिएगा। आख़िर आप कोई वकील तो करेंगे ही। उसे क्या दीजिएगा?

सत्यदेव—यह तो हुजूर के हाथ में है। जितनी ही पेशियाँ होंगी उतना ही ख़र्च भी बढ़ेगा।

सिनहा—मैं चाहूँ तो महीनों लटका सकता हूँ।

सत्यदेव—हाँ, इससे कौन इनकार कर सकता है।

सिनहा—पाँच पेशियाँ भी हुईं तो आपके कम से कम एक हज़ार उड़ जाएँगे। आप यहाँ उसका आधा पूरा कर दीजिए तो एक ही पेशी में वारा-न्यारा हो जाए। आधी रक़म बच जाए।

सत्यदेव ने 10 गिन्नियाँ और निकालकर मेज़ पर रख दीं और घमंड के साथ बोले—हुक्म हो तो राजा साहब से कह दूँ, आप इत्मीनान रखें साहब की कृपादृष्टि हो गई है।

मिस्टर सिनहा ने तीव्र स्वर में कहा—जी नहीं, यह कहने की ज़रूरत नहीं। मैं किसी शर्त पर यह रक़म नहीं ले रहा हूँ। मैं करूँगा वही जो क़ानून की मंशा होगी। क़ानून के ख़िलाफ़ जौ-भर भी नहीं जा सकता। यही मेरा उसूल है। आप लोग मेरी ख़ातिर करते हैं, यह आपकी शराफत है। मैं उसे अपना दुश्मन समझूँगा जो मेरा ईमान ख़रीदना चाहे। मैं जो कुछ लेता हूँ, सच्चाई का इनाम समझकर लेता हूँ।

2

जगत पाँड़े को पूरा विश्वास था कि मेरी जीत होगी; लेकिन तजबीज सुनी तो होश उड़ गए! दावा खारिज हो गया! उस पर ख़र्च की चपत अलग। मेरे साथ यह चाल! अगर लाला साहब को इसका मज़ा न चखा दिया तो बाम्हन नहीं। हैं किस फेर में? सारा रोब भुला दूँगा। यहाँ गाढ़ी कमाई के रुपए हैं। कौन पचा सकता है? हाड़ फोड़-फोड़कर निकलेंगे। द्वार पर सिर पटक-पटक कर मर जाऊँगा।

उसी दिन संध्या को जगत पाँड़े ने मिस्टर सिनहा के बँगले के सामने आसन जमा दिया। वहाँ बरगद का घना वृक्ष था। मुक़दमेवाले वहीं सत्तू, चबैना खाते और दोपहरी उसी की छाँह में काटते थे। जगत पाँड़े उनसे मिस्टर सिनहा की दिल खोलकर निंदा करता। न कुछ खाता न पीता, बस लोगों को अपनी रामकहानी सुनाया करता। जो सुनता वह जंट साहब को चार खोटी-खरी कहता—आदमी नहीं पिशाच है, इसे तो ऐसी जगह मारे जहाँ पानी न मिले। रुपए के रुपए लिये, ऊपर से खरचे समेत डिग्री कर दी! यही करना था तो रुपए काहे को निगले थे? यह है हमारे भाई-बंदों का हाल। यह अपने कहलाते हैं! इनसे तो अँग्रेज़ ही अच्छे। इस तरह की आलोचनाएँ दिन-भर हुआ करतीं। जगत पाँड़े के आस-पास आठों पहर जमघट लगा रहता।

इस तरह चार दिन बीत गए और मिस्टर सिनहा के कानों में भी बात पहुँची। अन्य रिश्वती कर्मचारियों की तरह वह भी हेकड़ आदमी थे। ऐसे निर्द्वंद्व रहते मानो उन्हें यह बीमारी छू तक नहीं गई है। जब वह क़ानून से जौ-भर भी न टलते थे तो उन पर रिश्वत का सन्देह हो ही क्यों कर सकता था, और कोई करता भी तो उसकी मानता कौन? ऐसे चतुर खिलाड़ी के विरुद्ध कोई जाब्ते की कार्रवाई कैसे होती? मिस्टर सिनहा अपने अफ़सरों से भी खुशामद का व्यवहार न करते। इससे हुक्काम भी उनका बहुत आदर करते थे। मगर जगत पाँड़े ने वह

मंत्र मारा था जिसका उनके पास कोई उत्तर न था। ऐसे बाँगड़ आदमी से आज तक उन्हें साबिका न पड़ा था। अपने नौकरों से पूछते—बुड्ढा क्या कर रहा है! नौकर लोग अपनापन जताने के लिए झूठ के पुल बाँध देते—हुज़ूर, कहता था भूत बनकर लगूँगा, मेरी वेदी बने तो सही, जिस दिन मरूँगा, उस दिन के सौ जगत पाँड़े होंगे। मिस्टर सिनहा पक्के नास्तिक थे; लेकिन ये बातें सुन-सुनकर सशंक हो जाते और उनकी पत्नी तो थर-थर काँपने लगतीं। वह नौकरों से बार-बार कहतीं उससे जाकर पूछा, क्या चाहता है। जितना रुपया चाहे ले ले, हमसे जो माँगे वह देंगे, बस यहाँ से चला जाए। लेकिन मिस्टर सिनहा आदमियों को इशारे से मना कर देते थे। उन्हें अभी तक आशा थी कि भूख-प्यास से व्याकुल होकर बुड्ढा चला जाएगा। इससे अधिक भय यह था कि ज़रा भी नरम पड़ा और नौकरों ने मुझे उल्लू बनाया।

छठे दिन मालूम हुआ कि जगत पाँड़े अबोल हो गया है, उससे हिला तक नहीं जाता, चुपचाप पड़ा आकाश की ओर देख रहा है। शायद आज रात को दम निकल जाए। मिस्टर सिनहा ने लंबी साँस ली और गहरी चिन्ता में डूब गए। पत्नी ने आँखों में आँसू भरकर आग्रहपूर्वक कहा—तुम्हें मेरे सिर की क़सम, जाकर किसी तरह इस बला को टालो। बुड्ढा मर गया तो हम कहीं के न रहेंगे। अब रुपए का मुँह मत देखो। दो-चार हज़ार भी देने पड़ें तो देकर उसे मनाओ। तुमको जाते शर्म आती हो तो मैं चली जाऊँ।

सिनहा—जाने का इरादा तो मैं कई दिन से कर रहा हूँ; लेकिन जब देखता हूँ वहाँ भीड़ लगी रहती है, इससे हिम्मत नहीं पड़ती। सब आदमियों के सामने तो मुझसे न जाया जाएगा, चाहे कितनी ही बड़ी आफ़त क्यों न आ पड़े। तुम दो-चार हज़ार की कहती हो, मैं दस-पाँच हज़ार देने को तैयार हूँ। लेकिन वहाँ नहीं जा सकता। न जाने किस बुरी साइत से मैंने इसके रुपए लिये। जानता कि यह इतना फिसाद खड़ा करेगा तो फाटक में घुसने ही न देता। देखने से तो ऐसा सीधा मालूम होता था कि गऊ है। मैंने पहली बार आदमी पहचानने में धोखा खाया।

पत्नी—तो मैं ही चली जाऊँ? शहर की तरफ़ से आऊँगी और सब आदमियों को हटाकर अकेले में बात करूँगी। किसी को ख़बर न होगी कि कौन है। इसमें तो कोई हरज नहीं?

मिस्टर सिनहा ने संदिग्ध भाव से कहा—ताड़नेवाले ताड़ ही जाएँगे, चाहे तुम कितना ही छिपाओ।

पत्नी—ताड़ जाएँगे ताड़ जाएँ, अब किससे कहाँ तक डरूँ। बदनामी अभी क्या कम हो रही है, जो और हो जाएगी। सारी दुनिया जानती है कि तुमने रुपए लिये। यों ही कोई किसी पर प्राण नहीं देता। फिर अब व्यर्थ की ऐंठ क्यों करो?

मिस्टर सिनहा अब मर्मवेदना को न दबा सके। बोले—प्रिये, यह व्यर्थ की ऐंठ नहीं है। चोर को अदालत में बेंत खाने से उतनी लज्जा नहीं आती, स्त्री को कलंक से उतनी लज्जा नहीं आती, जितनी किसी हाकिम को अपनी रिश्वत का परदा खुलने से आती है। वह ज़हर खाकर मर जाएगा; पर संसार के सामने अपना परदा न खोलेगा। अपना सर्वनाश देख सकता है; पर यह अपमान नहीं सह सकता, ज़िंदा खाल खींचने, या कोल्हू में पेरे जाने के सिवा और कोई स्थिति नहीं है जो उसे अपना अपराध स्वीकार करा सके। इसका तो मुझे ज़रा भी भय नहीं है कि ब्राह्मण भूत बनकर हमको सताएगा, या हमें उसकी वेदी बनाकर पूजनी पड़ेगी, यह भी जानता हूँ कि पाप का दंड भी बहुधा नहीं मिलता; लेकिन हिन्दू होने के कारण संस्कारों की शंका कुछ-कुछ बनी हुई है। ब्रह्महत्या का कलंक सिर पर लेते हुए आत्मा काँपती है। बस,

इतनी बात है। मैं आज रात को मौक़ा देखकर जाऊँगा और इस संकट को काटने के लिए जो कुछ हो सकेगा, करूँगा। ख़ातिर जमा रखो।

3

आधी रात बीत चुकी थी। मिस्टर सिनहा घर से निकले और अकेले जगत पाँड़े को मनाने चले। बरगद के नीचे बिलकुल सन्नाटा था। अंधकार ऐसा था मानो निशादेवी यहीं शयन कर रही हों। जगत पाँड़े की साँस ज़ोर-ज़ोर से चल रही थी मानो मौत ज़बरदस्ती घसीटे लिए जाती हो। मिस्टर सिनहा के रोएँ खड़े हो गए। बुड्ढा कहीं मर तो नहीं रहा है? जेबी लालटेन निकाली और जगत के समीप जा कर बोले—पाँड़े जी कहो क्या हाल है?

जगत पाँड़े ने आँखें खोल कर देखा और उठने की असफल चेष्टा करके बोला—मेरा हाल पूछते हो? देखते नहीं हो, मर रहा हूँ?

सिनहा—तो इस तरह क्यों प्राण देते हो?

जगत—तुम्हारी यही इच्छा है तो मैं क्या करूँ?

सिनहा—मेरी तो यही इच्छा नहीं। हाँ, अलबत्ता मेरा सर्वनाश करने पर तुम तुले हुए हो। आख़िर मैंने तुम्हारे डेढ़ सौ रुपए ही तो लिए हैं। इतने ही रुपए के लिए तुम इतना बड़ा अनुष्ठान कर रहे हो!

जगत—डेढ़ सौ रुपए की बात नहीं है। जो तुमने मुझे मिट्टी में मिला दिया। मेरी डिग्री हो गई होती तो मुझे दस बीघे ज़मीन मिल जाती और सारे इलाक़े में नाम हो जाता। तुमने मेरे डेढ़ सौ नहीं लिए, मेरे पाँच हज़ार बिगाड़ दिए। पूरे पाँच हज़ार; लेकिन यह घमंड न रहेगा, याद रखना। कहे देता हूँ, सत्यानाश हो जाएगा। इस अदालत में तुम्हारा राज्य है; लेकिन भगवान् के दरबार में विप्रों ही का राज्य है। विप्र का धन लेकर कोई सुखी नहीं रह सकता।

मिस्टर सिनहा ने बहुत खेद और लज्जा प्रकट की, बहुत अनुनय-विनय से काम लिया और अंत में पूछा—सच बतलाओ पाँड़े, कितने रुपए पा जाओ तो यह अनुष्ठान छोड़ दो।

जगत पाँड़े ज़ोर लगाकर उठ बैठे और बड़ी उत्सुकता से बोले—पाँच हज़ार से कौड़ी कम न लूँगा।

सिनहा—पाँच हज़ार तो बहुत होते हैं। इतना ज़ुल्म न करो।

जगत—नहीं, इससे कम न लूँगा।

यह कहकर जगत पाँड़े फिर लेट गया। उसने ये शब्द इतने निश्चयात्मक भाव से कहे थे कि मिस्टर सिनहा को और कुछ कहने का साहस न हुआ। रुपए लाने घर चले; लेकिन घर पहुँचते-पहुँचते नीयत बदल गई। डेढ़ सौ के बदले पाँच हज़ार देते कलक हुआ। मन में कहा—मरता है मर जाने दो, कहाँ की ब्रह्महत्या और कैसा पाप! यह सब पाखंड है। बदनामी न होगी? सरकारी मुलाजिम तो यों ही बदनाम होते हैं, यह कोई नई बात थोड़े ही है। बचा कैसे उठ बैठे थे। समझा होगा, उल्लू फँसा। अगर 6 दिन के उपवास करने से पाँच हज़ार मिलें तो मैं महीने में कम-से-कम पाँच मरतबा यह अनुष्ठान करूँ। पाँच हज़ार नहीं, कोई मुझे एक ही हज़ार दे दे। यहाँ तो महीने भर नाक रगड़ता हूँ तब जाके 600 रुपए के दर्शन होते हैं। नोच-खसोट से भी शायद ही किसी महीने में इससे ज़्यादा मिलता हो। बैठा मेरी राह देख रहा होगा। लेगा रुपए, मुँह मीठा हो जाएगा।

वह चारपाई पर लेटना चाहते थे कि उनकी पत्नीजी आकर खड़ी हो गईं। उनके सिर के बाल खुले हुए थे, आँखें सहमी हुईं, रह-रहकर काँप उठती थीं। मुँह से शब्द न निकलता था। बड़ी मुश्किल से बोलीं—आधी रात तो हो गई होगी? तुम जगत पाँड़े के पास चले जाओ। मैंने अभी ऐसा बुरा सपना देखा है कि अभी तक कलेजा धड़क रहा है, जान संकट में पड़ी हुई है। जाके किसी तरह उसे टालो।

मिस्टर सिनहा—वहीं से तो चला आ रहा हूँ। मुझे तुमसे ज़्यादा फ़िक्र है। अभी आकर खड़ा ही हुआ था कि तुम आईं।

पत्नी—अच्छा! तो तुम गए थे! क्या बातें हुईं, राज़ी हुआ?

सिनहा—पाँच हज़ार रुपए माँगता है!

पत्नी—पाँच हज़ार!

सिनहा—कौड़ी कम नहीं कर सकता और मेरे पास इस वक़्त एक हज़ार से ज़्यादा न होंगे।

पत्नी ने एक क्षण सोचकर कहा—जितना माँगता है उतना ही दे दो, किसी तरह गला तो छूटे। तुम्हारे पास रुपए न हों तो मैं दे दूँगी। अभी से सपने दिखाई देने लगे हैं। मरा तो प्राण कैसे बचेंगे। बोलता-चालता है न?

मिस्टर सिनहा अगर आबनूस थे तो उनकी पत्नी चंदन। सिनहा उनके ग़ुलाम थे, उनके इशारों पर चलते थे। पत्नीजी भी पति-शासन में कुशल थीं। सौन्दर्य और अज्ञान में अपवाद है। सुन्दरी कभी भोली नहीं होती। वह पुरुष के मर्मस्थल पर आसन ज़माना जानती है!

सिनहा—तो लाओ देता आऊँ; लेकिन आदमी बड़ा चग्घड़ है, कहीं रुपए लेकर सबको दिखाता फिरे तो?

पत्नी—इसको यहाँ से इसी वक़्त भागना होगा।

सिनहा—तो निकालो, दे ही दूँ। ज़िन्दगी में यह बात भी याद रहेगी।

पत्नी ने अविश्वास भाव से कहा—चलो, मैं भी चलती हूँ। इस वक़्त कौन देखता है?

पत्नी से अधिक पुरुष के चरित्र का ज्ञान और किसी को नहीं होता। मिस्टर सिनहा की मनोवृत्तियों को उनकी पत्नीजी ख़ूब जानती थीं। कौन जाने रास्ते में रुपए कहीं छिपा दें, और कह दें, दे आए। या कहने लगें, रुपए लेकर भी नहीं टलता तो मैं क्या करूँ। जाकर सन्दूक से नोटों के पुलिंदे निकाले और उन्हें चादर में छिपाकर मिस्टर सिनहा के साथ चलीं। सिन्हा के मुँह पर झाड़ू-सी फिरी हुई थी। लालटेन लिए पछताते चले जाते थे। 5000 रु. निकले जाते हैं। फिर इतने रुपए कब मिलेंगे; कौन जानता है? इससे तो कहीं अच्छा था कि दुष्ट मर ही जाता। बला से बदनामी होती, कोई मेरी जेब से रुपए तो न छीन लेता। ईश्वर करे मर गया हो!

अभी तक दोनों आदमी फाटक ही तक आए थे कि देखा, जगत पाँड़े लाठी टेकता चला आता है। उसका स्वरूप इतना डरावना था मानो श्मशान से कोई मुरदा भागा आता हो।

इनको देखते ही जगत पाँड़े बैठ गया और हाँफता हुआ बोला—बड़ी देर हुई, लाए?

पत्नीजी बोलीं—महाराज, हम तो आ ही रहे थे, तुमने क्यों कष्ट किया? रुपए लेकर सीधे घर चले जाओगे न?

जगत—हाँ-हाँ, सीधा घर जाऊँगा। कहाँ हैं रुपए देखूँ!

पत्नीजी ने नोटों का पुलिंदा बाहर निकाला और लालटेन दिखाकर बोलीं—गिन लो। पूरे 5000 रुपए हैं!

पाँड़े ने पुलिंदा लिया और बैठकर उसे उलट-पुलटकर देखने लगा। उसकी आँखें एक नए प्रकाश से चमकने लगीं। हाथों में नोटों को तौलता हुआ बोला—पूरे पाँच हज़ार हैं?

पत्नी—पूरे गिन लो!

जगत—पाँच हज़ार में दो टोकरी भर जाएगी! (हाथों से बताकर) इतने सारे हुए पाँच हज़ार!

सिनहा—क्या अब भी तुम्हें विश्वास नहीं आता?

जगत—हैं-हैं, पूरे हैं, पूरे पाँच हज़ार! तो अब जाऊँ, भाग जाऊँ?

यह कहकर वह पुलिंदा लिए कई क़दम लड़खड़ाता हुआ चला, जैसे कोई शराबी, और तब धम से ज़मीन पर गिर पड़ा। मिस्टर सिनहा लपककर उसे उठाने दौड़े तो देखा उसकी आँखें पथरा गई हैं और मुख पीला पड़ गया है।

बोले—पाँड़े-पाँड़े, क्या कहीं चोट आ गई?

पाँडे ने एक बार मुँह खोला जैसे मरती हुई चिड़िया सिर लटकाकर चोंच खोल देती है। जीवन का अन्तिम धागा भी टूट गया। ओंठ खुले हुए थे और नोटों का पुलिंदा छाती पर रखा हुआ था। इतने में पत्नीजी भी आ पहुँचीं और शव को देखकर चौंक पड़ीं।

पत्नी—इसे क्या हो गया?

सिनहा—मर गया और क्या हो गया?

पत्नी—(सिर पीटकर) मर गया! हाय भगवान! अब कहाँ जाऊँ?

यह कहकर वह बँगले की ओर बड़ी तेज़ी से चलीं। मिस्टर सिनहा ने भी नोटों का पुलिंदा शव की छाती पर से उठा लिया और चले।

पत्नी—ये रुपए अब क्या होंगे?

सिनहा—किसी धर्म-कार्य में दे दूँगा।

पत्नी—घर में मत रखना, ख़बरदार! हाय भगवान्!

4

दूसरे दिन सारे शहर में ख़बर मशहूर हो गई—जगत पाँड़े ने जंट साहब पर जान दे दी। उसका शव उठा तो हज़ारों आदमी साथ थे। मिस्टर सिनहा को खुल्लम-खुल्ला गालियाँ दी जा रही थीं।

संध्या समय मिस्टर सिनहा कचहरी से आकर मन मारे बैठे थे कि नौकरों ने आकर कहा—सरकार, हमको छुट्टी दी जाए! हमारा हिसाब कर दीजिए। हमारी बिरादरी के लोग धमकाते हैं कि तुम जंट साहब की नौकरी करोगे तो हुक़्क़ा-पानी बन्द हो जाएगा।

सिनहा ने झल्लाकर कहा—कौन धमकाता है?

कहार—किसका नाम बताएँ सरकार! सभी तो कह रहे हैं।

रसोइयाँ—हुजूर, मुझे तो लोग धमकाते हैं कि मन्दिर में न घुसने पाओगे।

सिनहा—एक महीने की नोटिस दिए बग़ैर तुम नहीं जा सकते।

साईस—हुजूर, बिरादरी से बिगाड़ करके हम लोग कहाँ जाएँगे? हमारा आज से इस्तीफ़ा है। हिसाब जब चाहे कर दीजिएगा।

मिस्टर सिनहा ने बहुत धमकाया, फिर दिलासा देने लगे; लेकिन नौकरों ने एक न सुनी। आध घंटे के अन्दर सबों ने अपना-अपना रास्ता लिया। मिस्टर सिनहा दाँत पीसकर रह गए;

लेकिन हाकिमों का काम कब रुकता है? उन्होंने उसी वक़्त कोतवाल को ख़बर दी कि कई आदमी बेगार में पकड़ आए। काम चल निकला।

उसी दिन से मिस्टर सिनहा और हिन्दू समाज में खींचतान शुरू हुई। धोबी ने कपड़े धोना बन्द कर दिया। ग्वाले ने दूध लाने में आनाकानी की। नाई ने हजामत बनानी छोड़ी। इन विपत्तियों पर पत्नीजी का रोना-धोना और भी ग़ज़ब था। इन्हें रोज़ भयंकर स्वप्न दिखाई देते। रात को एक कमरे से दूसरे में जाते प्राण निकलते थे। किसी का ज़रा सिर भी दुखता तो नहों में जान समा जाती। सबसे बड़ी मुसीबत यह थी कि अपने सम्बन्धियों ने भी आना-जाना छोड़ दिया। एक दिन साले आए, मगर बिना पानी पिये चले गए। इसी तरह एक बहनोई का आगमन हुआ। उन्होंने पान तक न खाया। मिस्टर सिनहा बड़े धैर्य से यह सारा तिरस्कार सहते जाते थे। अब तक उनकी आर्थिक हानि न हुई थी। ग़रज़ के बावले झक मारकर आते ही थे और नज़र-नज़राना मिलता ही था। फिर विशेष चिन्ता का कोई कारण न था।

लेकिन बिरादरी से बैर करना पानी में रहकर मगर से बैर करना है। कोई-न-कोई ऐसा अवसर आ ही जाता है, जब हमको बिरादरी के सामने सिर झुकाना पड़ता है। मिस्टर सिनहा को भी साल के अन्दर ही ऐसा अवसर आ पड़ा। यह उनकी पुत्री का विवाह था। यही वह समस्या है जो बड़े-बड़े हेकड़ों का घमंड चूर-चूर कर देती है। आप किसी के आने-जाने की परवा न करें, हुक़्क़ा-पानी, भोज-भात, मेल-जोल किसी बात की परवा न करें, मगर लड़की का विवाह तो न टलनेवाली बला है। उससे बचकर आप कहाँ जाएँगे! मिस्टर सिनहा को इस बात का दगदगा तो पहिले ही था कि त्रिवेणी के विवाह में बाधाएँ पड़ेंगी; लेकिन उन्हें विश्वास था कि द्रव्य की अपार शक्ति इस मुश्किल को हल कर देगी। कुछ दिनों तक उन्होंने ज़ान-बूझकर टाला कि शायद इस आँधी का ज़ोर कुछ कम हो जाए; लेकिन जब त्रिवेणी का सोलहवाँ साल समाप्त हो गया तो टाल-मटोल की गुंजाइश न रही। संदेशे भेजने लगे; लेकिन जहाँ संदेशिया जाता वहीं जवाब मिलता—हमें मंजूर नहीं। जिन घरों में साल-भर पहले उनका संदेशा पाकर लोग अपने भाग्य को सराहते, वहाँ से अब सूखा जवाब मिलता था—हमें मंजूर नहीं। मिस्टर सिनहा धन का लोभ देते, ज़मीन नज़र करने को कहते, लड़के को विलायत भेजकर ऊँची शिक्षा दिलाने का प्रस्ताव करते किन्तु उनकी सारी आयोजनाओं का एक ही जवाब मिलता था—हमें मंजूर नहीं। ऊँचे घराने का यह हाल देखकर मिस्टर सिनहा उन घरानों में संदेश भेजने लगे, जिनके साथ पहले बैठकर भोजन करने में भी उन्हें संकोच होता था; लेकिन वहाँ भी वही जवाब मिला—हमें मंजूर नहीं। यहाँ तक कि कई जगह वह ख़ुद दौड़-दौड़कर गए। लोगों की मिन्नतें कीं, पर यही जवाब मिला—साहब, हमें मंजूर नहीं। शायद बहिष्कृत घरानों में उनका संदेश स्वीकार कर लिया जाता; पर मिस्टर सिनहा जानबूझकर मक्खी न निगलना चाहते थे। ऐसे लोगों से सम्बन्ध न करना चाहते थे जिनका बिरादरी में कोई स्थान न था। इस तरह एक वर्ष बीत गया।

मिसेज़ सिनहा चारपाई पर पड़ी कराह रही थीं, त्रिवेणी भोजन बना रही थी और मिस्टर सिनहा पत्नी के पास चिन्ता में डूबे बैठे हुए थे। उनके हाथ में एक ख़त था, बार-बार उसे देखते और कुछ सोचने लगते थे। बड़ी देर के बाद रोगिणी ने आँखें खोलीं और बोली—अब न बचूँगी। पाँड़े मेरी जान ले कर छोड़ेगा। हाथ में कैसा काग़ज़ है?

सिनहा—यशोदानंदन के पास से ख़त आया है। पाजी को यह ख़त लिखते हुए शर्म नहीं आती, मैंने इसकी नौकरी लगाई। इसकी शादी करवाई और आज उसका मिज़ाज इतना बढ़

गया है कि अपने छोटे भाई की शादी मेरी लड़की से करना पसन्द नहीं करता। अभागे के भाग्य खुल जाते!

पत्नी—भगवान्, अब ले चलो। यह दुर्दशा नहीं देखी जाती। अँगूर खाने का जी चाहता है, मँगवाए हैं कि नहीं?

सिनहा—मैं जाकर ख़ुद लेता आया था।

यह कहकर उन्होंने तश्तरी में अँगूर भरकर पत्नी के पास रख दिए। वह उठा-उठाकर खाने लगीं। जब तश्तरी ख़ाली हो गई तो बोलीं—अब किसके यहाँ संदेशा भेजोगे?

सिनहा—किसके यहाँ बताऊँ! मेरी समझ में तो अब कोई ऐसा आदमी नहीं रह गया। ऐसी बिरादरी में रहने से तो यह हज़ार दरजा अच्छा है कि बिरादरी के बाहर रहूँ। मैंने एक ब्राह्मण से रिश्वत ली। इससे मुझे इनकार नहीं। लेकिन कौन रिश्वत नहीं लेता? अपने गौं पर कोई नहीं चूकता। ब्राह्मण नहीं ख़ुद ईश्वर ही क्यों न हों, रिश्वत खानेवाले उन्हें भी चूस लेंगे। रिश्वत देनेवाला अगर निराश होकर अपने प्राण दे देता है तो मेरा क्या अपराध! अगर कोई मेरे फ़ैसले से नाराज़ होकर ज़हर खा ले तो मैं क्या कर सकता हूँ। इस पर भी मैं प्रायश्चित्त करने को तैयार हूँ। बिरादरी जो दंड दे, उसे स्वीकार करने को तैयार हूँ। सबसे कह चुका हूँ मुझसे जो प्रायश्चित्त चाहो करा लो पर कोई नहीं सुनता। दंड अपराध के अनुकूल होना चाहिए, नहीं तो यह अन्याय है। अगर किसी मुसलमान का छुआ भोजन खाने के लिए बिरादरी मुझे कालेपानी भेजना चाहे तो मैं उसे कभी न मानूँगा। फिर अपराध अगर है तो मेरा है। मेरी लड़की ने क्या अपराध किया है। मेरे अपराध के लिए लड़की को दंड देना सरासर न्याय-विरुद्ध है।

पत्नी—मगर करोगे क्या? कोई पंचायत क्यों नहीं करते?

सिनहा—पंचायत में भी तो वही बिरादरी के मुखिया लोग ही होंगे, उनसे मुझे न्याय की आशा नहीं। वास्तव में इस तिरस्कार का कारण ईर्ष्या है। मुझे देखकर सब जलते हैं और इसी बहाने से मुझे नीचा दिखाना चाहते हैं। मैं इन लोगों को ख़ूब समझता हूँ।

पत्नी—मन की लालसा मन ही में रह गई। यह अरमान लिए संसार से जाना पड़ेगा। भगवान् की जैसी इच्छा। तुम्हारी बातों से मुझे डर लगता है कि मेरी बच्ची की न-जाने क्या दशा होगी। मगर तुमसे मेरी अन्तिम विनय यही है कि बिरादरी से बाहर न जाना, नहीं तो परलोक में भी मेरी आत्मा को शांति न मिलेगी। यह शोक मेरी जान ले रहा है। हाय, बच्ची पर न-जाने क्या विपत्ति आनेवाली है।

यह कहते मिसेज़ सिनहा की आँखों से आँसू बहने लगे। मिस्टर सिनहा ने उनको दिलासा देते हुए कहा—इसकी चिन्ता मत करो प्रिये, मेरा आशय केवल यह था कि ऐसे भाव मेरे मन में आया करते हैं। तुमसे सच कहता हूँ बिरादरी के अन्याय से कलेजा छलनी हो गया है।

पत्नी—बिरादरी को बुरा मत कहो। बिरादरी का डर न हो तो आदमी न-जाने क्या-क्या उत्पात करे। बिरादरी को बुरा न कहो। (कलेजे पर हाथ रखकर) यहाँ बड़ा दर्द हो रहा है। यशोदानंदन ने भी कोरा जवाब दे दिया। किसी करवट चैन नहीं आता। क्या करूँ भगवान्।

सिनहा—डॉक्टर को बुलाऊँ?

पत्नी—तुम्हारा जी चाहे बुला लो, लेकिन मैं बचूँगी नहीं। ज़रा तिब्बो को बुला लो, प्यार कर लूँ। जी डूबा जाता है। मेरी बच्ची! हाय मेरी बच्ची!!

धिक्कार

ईरान और यूनान में घोर संग्राम हो रहा था। ईरानी दिन-दिन बढ़ते जाते थे और यूनान के लिए संकट का सामना था। देश के सारे व्यवसाय बन्द हो गए थे, हल की मुठिया पर हाथ रखनेवाले किसान तलवार की मुठिया पकड़ने के लिए मजबूर हो गए, डंडी तौलनेवाले भाले तौलते थे। सारा देश आत्मरक्षा के लिए तैयार हो गया था। फिर भी शत्रु के क़दम दिन-दिन आगे ही बढ़ते जाते थे। जिस ईरान को यूनान कई बार कुचल चुका था, वही ईरान आज क्रोध के आवेग की भाँति सिर पर चढ़ा आता था। मर्द तो रणक्षेत्र में सिर कटा रहे थे और स्त्रियाँ दिन-दिन की निराशाजनक ख़बरें सुनकर सूखी जाती थीं। क्योंकर लाज की रक्षा होगी? प्राण का भय न था, सम्पत्ति का भय न था, भय था मर्यादा का। विजेता गर्व से मतवाले होकर यूनानी ललनाओं को घूरेंगे, उनके कोमल अंगों को स्पर्श करेंगे, उनको क़ैद कर ले जाएँगे! उस विपत्ति की कल्पना ही से इन लोगों के रोएँ खड़े हो जाते थे।

आख़िर जब हालत बहुत नाजुक हो गई तो कितने ही स्त्री-पुरुष मिल कर डेल्फी मन्दिर में गए और प्रश्न किया—देवी, हमारे ऊपर देवताओं की यह वक्र दृष्टि क्यों है? हमसे ऐसा कौन-सा अपराध हुआ है? क्या हमने नियमों का पालन नहीं किया, कुरबानियाँ नहीं कीं, व्रत नहीं रखे? फिर देवताओं ने क्या हमारे सिरों से अपनी रक्षा का हाथ उठा लिया?

पुजारिन ने कहा—देवताओं की असीम कृपा भी देश को द्रोही के हाथ से नहीं बचा सकती। इस देश में अवश्य कोई-न-कोई द्रोही है। जब तक उसका वध न किया जाएगा, देश के सिर से यह संकट न टलेगा।

'देवी, वह द्रोही कौन है?'

'जिस घर से रात को गाने की ध्वनि आती हो, जिस घर से दिन को सुगंध की लपटें आती हों, जिस पुरुष की आँखों में मद की लाली झलकती हो, वही देश का द्रोही है।'

लोगों ने द्रोही का परिचय पाने के लिए और भी कितने ही प्रश्न किए; पर देवी ने कोई उत्तर न दिया।

2

यूनानियों ने द्रोही की तलाश करनी शुरू की। किसके घर में से रात को गाने की आवाज़ें आती हैं सारे शहर में संध्या होते स्यापा-सा छा जाता था। अगर कहीं आवाज़ें सुनाई देती थीं तो रोने की; हँसी और गाने की आवाज़ कहीं न सुनाई देती थी।

दिन को सुगंध की लपटें किस घर से आती है? लोग जिधर जाते थे, उधर से दुर्गंध आती थी। गलियों में कूड़े के ढेर-के-ढेर पड़े रहते थे, किसे इतनी फुरसत थी कि घर की सफाई करता, घर में सुगंध जलाता; धोबियों का अभाव था, अधिकांश लड़ने के लिए चले गए थे, कपड़े तक न धुलते थे; इत्र-फुलेल कौन मलता!

किसकी आँखों में मद की लाली झलकती है? लाल आँखें दिखाई देती थीं; लेकिन यह मद की लाली न थी, यह आँसुओं की लाली थी। मदिरा की दुकानों पर खाक उड़ रही थी। इस जीवन और मृत्यु के संग्राम में विलास की किसे सूझता! लोगों ने सारा शहर छान मारा लेकिन एक भी आँख ऐसी नज़र न आई जो मद से लाल हो।

कई दिन गुज़र गए। शहर में पल-पल पर रणक्षेत्र से भयानक ख़बरें आती थीं और लोगों के प्राण सूखे जाते थे।

आधी रात का समय था। शहर में अंधकार छाया हुआ था, मानो श्मशान हो। किसी की सूरत न दिखाई देती थी। जिन नाट्यशालाओं में तिल रखने की जगह न मिलती थी, वहाँ सियार बोल रहे थे। जिन बाज़ारों में मनचले जवान अस्त्र-शस्त्र सजाए ऐंठते फिरते थे, वहाँ उल्लू बोल रहे थे। मन्दिरों में न गाना होता था न बजाना। प्रासादों में अंधकार छाया हुआ था।

एक बूढ़ा यूनानी जिसका इकलौता लड़का लड़ाई के मैदान में था, घर से निकला और न-जाने किन विचारों की तरंग में देवी के मन्दिर की ओर चला। रास्ते में कहीं प्रकाश न था, क़दम-क़दम पर ठोकरें खाता था; पर आगे बढ़ता चला जाता। उसने निश्चय कर लिया था कि या तो आज देवी से विजय का वरदान लूँगा या उनके चरणों पर अपने को भेंट कर दूँगा।

3

सहसा वह चौंक पड़ा। देवी का मन्दिर आ गया था। और उसके पीछे की ओर किसी घर से मधुर संगीत की ध्वनि आ रही थी। उसको आश्चर्य हुआ। इस निर्जन स्थान में कौन इस वक़्त रंगरेलियाँ मना रहा है। उसके पैरों में पर-से लग गए, मन्दिर के पिछवाड़े जा पहुँचा।

उसी घर से जिसमें मन्दिर की पुजारिन रहती थी, गाने की आवाज़ें आती थीं! वृद्ध विस्मित होकर खिड़की के सामने खड़ा हो गया। चिराग तले अँधेरा! देवी के मन्दिर के पिछवाड़े यह अँधेर?

बूढ़े ने द्वार से झाँका; एक सजे हुए कमरे में मोमबत्तियाँ झाड़ों में जल रही थीं, साफ़-सुथरा फ़र्श बिछा हुआ था और एक आदमी मेज़ पर बैठा हुआ गा रहा था। मेज़ पर शराब की बोतल और प्यालियाँ रखी हुई थीं। दो ग़ुलाम मेज़ के सामने हाथ में भोजन के थाल लिए खड़े थे, जिनमें से मनोहर सुगंध की लपटें आ रही थीं।

बूढ़े यूनानी ने चिल्लाकर कहा—यही देशद्रोही है, यही देशद्रोही है!

मन्दिर की दीवारों ने दुहराया—द्रोही है!

बग़ीचे की तरफ़ से आवाज़ आई—द्रोही है!

मन्दिर की पुजारिन ने घर में से सिर निकालकर कहा—हाँ, द्रोही है!

यह देशद्रोही उसी पुजारिन का बेटा पासोनियस था। देश में रक्षा के जो उपाय सोचे जाते, शत्रुओं का दमन करने के लिए जो निश्चय किए जाते, उनकी सूचना वह ईरानियों को दे दिया करता था। सेनाओं की प्रत्येक गति की ख़बर ईरानियों को मिल जाती थी और उन प्रयत्नों को विफल बनाने के लिए वे पहले से तैयार हो जाते थे। यही कारण था कि यूनानियों को जान लड़ा देने पर भी विजय न होती थी। इसी कपट से कमाए हुए धन से वह भोग-विलास करता था। उस समय जबकि देश में घोर संकट पड़ा हुआ था, उसने अपने स्वदेश को अपनी वासनाओं के लिए बेच दिया था। अपने विलास के सिवा उसे और किसी बात की चिन्ता न थी, कोई मरे या जिए, देश रहे या जाए, उसकी बला से। केवल अपने कुटिल स्वार्थ के लिए देश की गरदन में ग़ुलामी की बेड़ियाँ डलवाने पर तैयार था। पुजारिन अपने बेटे के दुराचरण से अनभिज्ञ थी। वह अपनी अँधेरी कोठरी से बहुत कम निकलती, वहीं बैठी जप-तप किया करती थी। परलोक-चिन्तन में उसे इहलोक की ख़बर न थी, मनेन्द्रियों ने बाहर की चेतना

को शून्य-सा कर दिया था। वह इस समय भी कोठरी के द्वार बन्द किए, देवी से अपने देश के कल्याण के लिए वन्दना कर रही थी कि सहसा उसके कानों में आवाज़ आई—यही द्रोही है, यही द्रोही है!

उसने तुरन्त द्वार खोलकर बाहर की ओर झाँका, पासोनियस के कमरे से प्रकाश की रेखाएँ निकल रही थीं और उन्हीं रेखाओं पर संगीत की लहरें नाच रही थीं। उसके पैर-तले से ज़मीन-सी निकल गई, कलेजा धक्-से हो गया। ईश्वर! क्या मेरा बेटा देशद्रोही है?

. आपं-ही-आप, किसी अंत:प्रेरणा से पराभूत होकर वह चिल्ला उठी—हाँ, यहाँ देशद्रोही है!

4

यूनानी स्त्री-पुरुष झुंड-के-झुंड उमड़ पड़े और पासोनियस के द्वार पर खड़े हो कर चिल्लाने लगे—यही देशद्रोही है!

पासोनियस के कमरे की रोशनी ठंडी हो गई, संगीत भी बन्द था; लेकिन द्वार पर प्रतिक्षण नगरवासियों का समूह बढ़ता जाता था और रह-रहकर सहस्त्रों कंठों से ध्वनि निकलती थी—यही देशद्रोही है!

लोगों ने मशालें जलाईं और अपने लाठी-डंडे सँभालकर मकान में घुस पड़े। कोई कहता था—सिर उतार लो। कोई कहता था—देवी के चरणों पर बलिदान कर दो। कुछ लोग उसे कोठे से नीचे गिरा देने पर आग्रह कर रहे थे।

पासोनियस समझ गया कि अब मुसीबत की घड़ी सिर पर आ गई। तुरन्त जीने से उतरकर नीचे की ओर भागा। और कहीं शरण की आशा न देखकर देवी के मन्दिर में जा घुसा।

अब क्या किया जाए? देवी की शरण जानेवाले को अभय-दान मिल जाता था। परम्परा से यही प्रथा थी? मन्दिर में किसी की हत्या करना महापाप था।

लेकिन देशद्रोही को इतने सस्ते कौन छोड़ता? भाँति-भाँति के प्रस्ताव होने लगे—

'सुअर का हाथ पकड़कर बाहर खींच लो।'

'ऐसे देशद्रोही का वध करने के लिए देवी हमें क्षमा कर देंगी।'

'देवी, आप उसे क्यों नहीं निगल जातीं?'

'पत्थरों से मारो, पत्थरों से; आप निकलकर भागेगा।'

'निकलता क्यों नहीं रे कायर! वहाँ क्या मुँह में कालिख लगाकर बैठा हुआ है?'

रात भर यही शोर मचता रहा और पासोनियस न निकला। आख़िर यह निश्चय हुआ कि मन्दिर की छत खोदकर फेंक दी जाए और पासोनियस दोपहर की तेज़ धूप और रात की कड़ाके की सरदी से आप ही आप अकड़ जाए। बस फिर क्या था। आन की आन में लोगों ने मन्दिर की छत और कलस ढा दिए।

अभागा पासोनियस दिन-भर तेज़ धूप में खड़ा रहा। उसे ज़ोर की प्यास लगी; लेकिन पानी कहाँ? भूख लगी, पर खाना कहाँ? सारी ज़मीन तवे की भाँति जलने लगी; लेकिन छाँह कहाँ? इतना कष्ट उसे जीवन-भर में न हुआ था। मछली की भाँति तड़पता था और चिल्ला-चिल्लाकर लोगों को पुकारता था; मगर वहाँ कोई उसकी पुकार सुननेवाला न था। बार-बार क़समें खाता था कि अब फिर मुझसे ऐसा अपराध न होगा; लेकिन कोई उसके निकट न आता था। बार-बार चाहता था कि दीवार से टकराकर प्राण दे दे; लेकिन यह आशा

रोक देती थी कि शायद लोगों को मुझ पर दया आ जाए। वह पागलों की तरह ज़ोर-ज़ोर से कहने लगा—मुझे मार डालो, मार डालो, एक क्षण में प्राण ले लो, इस भाँति जला-जलाकर न मारो। ओ हत्यारो, तुमको ज़रा भी दया नहीं।

दिन बीता और रात—भयंकर रात—आई। ऊपर तारागण चमक रहे थे मानो उसकी विपत्ति पर हँस रहे हों। ज्यों-ज्यों रात भीगती थी देवी विकराल रूप धारण करती जाती थी। कभी वह उसकी ओर मुँह खोलकर लपकती, कभी उसे जलती हुई आँखों से देखती। उधर क्षण-क्षण सरदी बढ़ती जाती थी, पासोनियस के हाथ-पाँव अकड़ने लगे, कलेजा काँपने लगा। घुटनों में सिर रख कर बैठ गया और अपनी क़िस्मत को रोने लगा; कुरते को खींचकर कभी पैरों को छिपाता, कभी हाथों को, यहाँ तक कि इस खींचातानी में कुरता भी फट गया। आधी रात जाते-जाते बर्फ़ गिरने लगी। दोपहर को उसने सोचा गरमी ही सबसे कष्टदायक है। इस ठंड के सामने उसे गरमी की तकलीफ़ भूल गई।

आख़िर शरीर में गरमी लाने के लिए एक हिकमत सूझी। वह मन्दिर में इधर-उधर दौड़ने लगा। लेकिन विलासी जीव था, ज़रा देर में हाँफकर गिर पड़ा।

5

प्रात:काल लोगों ने किवाड़ खोले तो पासोनियस को भूमि पर पड़े देखा। मालूम होता था, उसका शरीर अकड़ गया है। बहुत चीख़ने-चिल्लाने पर उसने आँखें खोलीं; पर जगह से हिल न सका। कितनी दयनीय दशा थी, किन्तु किसी को उस पर दया न आई। यूनान में देशद्रोह सबसे बड़ा अपराध था और द्रोही के लिए कहीं क्षमा न थी, कहीं दया न थी।

एक—अभी मरा नहीं है?

दूसरा—द्रोहियों को मौत नहीं आती!

तीसरा—पड़ा रहने दो, मर जाएगा!

चौथा—मक्र किए हुए है?

पाँचवाँ—अपने किए की सज़ा पा चुका, अब छोड़ देना चाहिए!

सहसा पासोनियस उठ बैठा और उद्दंड भाव से बोला—कौन कहता है कि इसे छोड़ देना चाहिए! नहीं, मुझे मत छोड़ना, वरना पछताओगे! मैं स्वार्थी हूँ; विषय-भोगी हूँ, मुझ पर भूलकर भी विश्वास न करना। आह! मेरे कारण तुम लोगों को क्या-क्या झेलना पड़ा, इसे सोचकर मेरा जी चाहता है कि अपनी इंद्रियों को जलाकर भस्म कर दूँ। मैं अगर सौ जन्म लेकर इस पाप का प्रायश्चित्त करूँ, तो भी मेरा उद्धार न होगा। तुम भूल कर भी मेरा विश्वास न करो। मुझे स्वयं अपने ऊपर विश्वास नहीं। विलास के प्रेमी सत्य का पालन नहीं करते। मैं अब भी आपकी कुछ सेवा कर सकता हूँ, मुझे ऐसे-ऐसे गुप्त रहस्य मालूम हैं, जिन्हें जानकर आप ईरानियों का संहार कर सकते हैं; लेकिन मुझे अपने ऊपर विश्वास नहीं है और आपसे भी यह कहता हूँ कि मुझ पर विश्वास न कीजिए। आज रात को देवी की मैंने सच्चे दिल से वंदना की है और उन्होंने मुझे ऐसे यंत्र बताए हैं, जिनसे हम शत्रुओं को परास्त कर सकते हैं, ईरानियों के बढ़ते हुए दल को आज भी आन की आन में उड़ा सकते हैं। लेकिन मुझे अपने ऊपर विश्वास नहीं है। मैं यहाँ से बाहर निकलकर इन बातों को भूल जाऊँगा। बहुत संशय है कि फिर ईरानियों की गुप्त सहायता करने लगूँ, इसलिए मुझ पर विश्वास न कीजिए।

एक यूनानी—देखो-देखो, क्या कहता है?

दूसरा—सच्चा आदमी मालूम होता है।

तीसरा—अपने अपराधों को आप स्वीकार कर रहा है।

चौथा—इसे क्षमा कर देना चाहिए और यह सब बातें पूछ लेनी चाहिए।

पाँचवाँ—देखो, यह नहीं कहता कि मुझे छोड़ दो। हमको बार-बार याद दिलाता जाता है कि मुझ पर विश्वास न करो!

छठा—रात-भर के कष्ट ने होश ठंडे कर दिए, अब आँखें खुली हैं।

पासोनियस—क्या तुम लोग मुझे छोड़ने की बातचीत कर रहे हो? मैं फिर कहता हूँ, कि मैं विश्वास के योग्य नहीं हूँ। मैं द्रोही हूँ। मुझे ईरानियों के बहुत-से भेद मालूम हैं, एक बार उनकी सेना में पहुँच जाऊँ तो उनका मित्र बनकर सर्वनाश कर दूँ; पर मुझे अपने ऊपर विश्वास नहीं है।

एक यूनानी—धोखेबाज़ इतनी सच्ची बात नहीं कह सकता!

दूसरा—पहले स्वार्थांध हो गया था; पर अब आँखें खुली हैं!

तीसरा—देशद्रोही से भी अपने मतलब की बातें मालूम कर लेने में कोई हानि नहीं है। अगर वह अपने वचन पूरे करे तो हमें इसे छोड़ देना चाहिए।

चौथा—देवी की प्रेरणा से इसकी कायापलट हुई है।

पाँचवाँ—पापियों में भी आत्मा का प्रकाश रहता है और कष्ट पाकर जाग्रत हो जाता है। यह समझना कि जिसने एक बार पाप किया, वह फिर कभी पुण्य कर ही नहीं सकता, मानव-चरित्र के एक प्रधान तत्व का अपवाद करना है।

छठा—हम इसको यहाँ से गाते-बजाते ले चलेंगे। जन-समूह को चकमा देना कितना आसान है। जनसत्तावाद का सबसे निर्बल अंग यही है। जनता तो नेक और बद की तमीज नहीं रखती। उस पर धूर्तों, रँगे-सियारों का जादू आसानी से चल जाता है। अभी एक दिन पहले जिस पासोनियस की गरदन पर तलवार चलाई जा रही थी, उसी को जुलूस के साथ मन्दिर से निकालने की तैयारियाँ होने लगीं, क्योंकि वह धूर्त था और जानता था कि जनता की कील क्योंकर घुमाई जा सकती है।

एक स्त्री—गाने-बजानेवालों को बुलाओ, पासोनियस शरीफ है।

दूसरी—हाँ-हाँ, पहले चलकर उससे क्षमा माँगो, हमने उसके साथ ज़रूरत से ज़्यादा सख़्ती की।

पासोनियस—आप लोगों ने पूछा होता तो मैं कल ही सारी बातें आपको बता देता, तब आपको मालूम होता कि मुझे मार डालना उचित है या जीता रखना।

कई स्त्री-पुरुष—हाय-हाय, हमसे बड़ी भूल हुई। हमारे सच्चे पासोनियस!

सहसा एक वृद्धा स्त्री किसी तरफ़ से दौड़ी हुई आई और मन्दिर के सबसे ऊँचे ज़ीने पर खड़ी होकर बोली—तुम लोगों को क्या हो गया है? यूनान के बेटे आज इतने ज्ञानशून्य हो गए हैं कि झूठे और सच्चे में विवेक नहीं कर सकते? तुम पासोनियस पर विश्वास करते हो? जिस पासोनियस ने सैकड़ों स्त्रियों और बालकों को अनाथ कर दिया, सैकड़ों घरों में कोई दीया जलाने वाला न छोड़ा, हमारे देवताओं का, हमारे पुरुषों का, घोर अपमान किया, उसकी दो-चार चिकनी-चुपड़ी बातों पर तुम इतने फूल उठे। याद रखो, अबकी पासोनियस

बाहर निकला तो फिर तुम्हारी कुशल नहीं। यूनान पर ईरान का राज्य होगा और यूनानी ललनाएँ ईरानियों की कुदृष्टि का शिकार बनेंगी। देवी की आज्ञा है कि पासोनियस फिर बाहर न निकलने पाए। अगर तुम्हें अपना देश प्यारा है, अपने पुरुषों का नाम प्यारा है, अपनी माताओं और बहनों की आबरू प्यारी है तो मन्दिर के द्वार को चुन दो। जिससे देशद्रोही को फिर बाहर निकलने और तुम लोगों को बहकाने का मौक़ा न मिले। यह देखो, पहला पत्थर मैं अपने हाथों से रखती हूँ।

लोगों ने विस्मित होकर देखा—यह मन्दिर की पुजारिन और पासोनियस की माता थी।

दम के दम में पत्थरों के ढेर लग गए और मन्दिर का द्वार चुन दिया गया। पासोनियस भीतर दाँत पीसता रह गया।

वीर माता, तुम्हें धन्य है! ऐसी ही माताओं से देश का मुख उज्ज्वल होता है, जो देश-हित के सामने मातृ-स्नेह की धूल-बराबर परवाह नहीं करतीं! उनके पुत्र देश के लिए होते हैं, देश पुत्र के लिए नहीं होता।

लैला

यह कोई न जानता था कि लैला कौन है, कहाँ से आई है और क्या करती है। एक दिन लोगों ने एक अनुपम सुन्दरी को तेहरान के चौक में अपने डफ पर हाफ़िज की यह ग़ज़ल झूम-झूम कर गाते सुना—

रसीद मुज़रा कि ऐयामे ग़म न ख्वाहद माँद,
चुनाँ न माँद, चुनीं नीज़ हम न ख्वाहद माँद।

और सारा तेहरान उस पर फिदा हो गया। यही लैला थी।

लैला के रूप-लालित्य की कल्पना करनी हो तो ऊषा की प्रफुल्ल लालिमा की कल्पना कीजिए, जब नील गगन स्वर्ण-प्रकाश से रंजित हो जाता है; बहार की कल्पना कीजिए, जब बाग़ में रंग-रंग के फूल खिलते हैं और बुलबुलें गाती हैं।

लैला के स्वर-लालित्य की कल्पना करनी हो, तो उस घंटी की अनवरत ध्वनि की कल्पना कीजिए जो निशा की निस्तब्धता में ऊँटों की गरदनों में बजती हुई सुनाई देती है; या उस बाँसुरी की ध्वनि की जो मध्याह्न की आलस्यमयी शांति में किसी वृक्ष की छाया में लेटे हुए चरवाहे के मुख से निकलती है।

जिस वक़्त लैला मस्त होकर गाती थी, उसके मुख पर एक स्वर्गीय आभा झलकने लगती थी। वह काव्य, संगीत, सौरभ और सुषमा की एक मनोहर प्रतिमा थी, जिसके सामने छोटे और बड़े, अमीर और ग़रीब सभी के सिर झुक जाते थे। सभी मंत्रमुग्ध हो जाते थे, सभी सिर धुनते थे। वह उस आनेवाले समय का संदेश सुनाती थी; जब देश में सन्तोष और प्रेम का साम्राज्य होगा, जब द्वंद्व और संग्राम का अंत हो जाएगा। वह राजा को जगाती और कहती, यह विलासिता कब तक, यह ऐश्वर्य-भोग कब तक? वह प्रजा की सोई हुई अभिलाषाओं को जगाती, उनकी

हृत्तंत्रियों को अपने स्वर से कम्पित कर देती। वह उन अमर वीरों की कीर्ति सुनाती जो दीनों की पुकार सुनकर विकल हो जाते थे; उन विदुषियों की महिमा गाती जो कुल-मर्यादा पर मर मिटी थीं। उसकी अनुरक्त ध्वनि सुनकर लोग दिलों को थाम लेते थे, तड़प जाते थे।

सारा तेहरान लैला पर फ़िदा था। दलितों के लिए वह आशा का दीपक थी, रसिकों के लिए जन्नत की हूर, धनियों के लिए आत्मा की जागृति और सत्ताधारियों के लिए दया और धर्म का संदेश। उसकी भौंहों के इशारे पर जनता आग में कूद सकती थी। जैसे चैतन्य जड़ को आकर्षित कर लेता है, उसी भाँति लैला ने जनता को आकर्षित कर लिया था।

और यह अनुपम सौन्दर्य सुधा की भाँति पवित्र, हिम के समान निष्कलंक और नव कुसुम की भाँति अनिंद्य था। उसके लिए प्रेम-कटाक्ष, एक भेदभरी मुस्कान, एक रसीली अदा पर क्या न हो जाता—कंचन के पर्वत खड़े हो जाते, ऐश्वर्य उपासना करता, रियासतें पैर की धूल चाटतीं, कवि कट जाते, विद्वान घुटने टेकते; लेकिन लैला किसी की ओर आँख उठाकर भी न देखती थी। वह एक वृक्ष की छाँह में रहती, भिक्षा माँगकर खाती और अपनी हृदयवीणा के राग अलापती थी। वह कवि की सूक्ति की भाँति केवल आनंद और प्रकाश की वस्तु थी, भोग की नहीं। वह ऋषियों के आशीर्वाद की प्रतिमा थी, कल्याण में डूबी हुई, शांति में रँगी हुई, कोई उसे स्पर्श न कर सकता था, उसे मोल न ले सकता था।

2

एक दिन संध्या समय तेहरान का शाहज़ादा नादिर घोड़े पर सवार उधर से निकला। लैला गा रही थी। नादिर ने घोड़े की बाग़ रोक ली और देर तक आत्म-विस्मृत की दशा में खड़ा सुनता रहा। ग़ज़ल का पहला शेर यह था—

मरा दर्देस्त अन्दर दिल, अगर गोयम जवाँ सोज़द;
बग़ैर दम दरकशम, तरसन कि मगज़ो उस्तख्वाँ सोज़द।

फिर वह घोड़े से उतरकर वहीं ज़मीन पर बैठ गया और सिर झुकाए रोता रहा। तब वह उठा और लैला के पास जाकर उसके क़दमों पर सिर रख दिया। लोग अदब से इधर-उधर हट गए।

लैला ने पूछा—तुम कौन हो?

नादिर—तुम्हारा ग़ुलाम।

लैला—मुझसे क्या चाहते हो?

नादिर—आपकी खिदमत करने का हुक्म। मेरे झोंपड़े को अपने क़दमों से रोशन कीजिए।

लैला—यह मेरी आदत नहीं।

शाहज़ादा फिर वहीं बैठ गया और लैला फिर गाने लगी। लेकिन गला थर्राने लगा, मानो वीणा का कोई तार टूट गया हो। उसने नादिर की ओर करुण नेत्रों से देखकर कहा—तुम यहाँ मत बैठो।

कई आदमियों ने कहा—लैला, हमारे हुजूर शाहज़ादा नादिर हैं।

लैला बेपरवाही से बोली—बड़ी ख़ुशी की बात है। लेकिन यहाँ शाहज़ादों का क्या काम? उनके लिए महल है, महफ़िलें हैं और शराब के दौर हैं। मैं उनके लिए गाती हूँ, जिनके दिल में दर्द है, उनके लिए नहीं जिनके दिल में शौक़ है।

शाहज़ादा ने उन्मत्त भाव से कहा—लैला, तुम्हारी एक तान पर अपना सबकुछ निसार कर सकता हूँ। मैं शौक़ का ग़ुलाम था, लेकिन तुमने दर्द का मज़ा चखा दिया।

लैला फिर गाने लगी; लेकिन आवाज़ काबू में न थी, मानो वह उसका गला ही न था।

लैला ने डफ कन्धे पर रख लिया और अपने डेरे की ओर चली। श्रोता अपने-अपने घर चले। कुछ लोग उसके पीछे-पीछे उस वृक्ष तक आए, जहाँ वह विश्राम करती थी। जब वह अपनी झोंपड़ी के द्वार पर पहुँची, तब सभी आदमी विदा हो चुके थे। केवल एक आदमी झोंपड़ी से कई हाथ पर चुपचाप खड़ा था।

लैला ने पूछा—तुम कौन हो?

नादिर ने कहा—तुम्हारा ग़ुलाम नादिर!

लैला—तुम्हें मालूम नहीं कि मैं अपने अमन के गोशे में किसी को नहीं आने देती?

नादिर—यह तो देख ही रहा हूँ।

लैला—फिर क्यों बैठे हो?

नादिर—उम्मीद दामन पकड़े हुए है।

लैला ने कुछ देर के बाद फिर पूछा—कुछ खाकर आए हो?

नादिर—अब तो न भूख है, न प्यास।

लैला—आओ, आज तुम्हें ग़रीबों का खाना खिलाऊँ। इसका मज़ा भी चख लो।

नादिर इनकार न कर सका। आज उसे बाजरे की रोटियों में अभूतपूर्व स्वाद मिला। वह सोच रहा था कि विश्व के इस विशाल भवन में कितना आनंद है। उसे अपनी आत्मा में विकास का अनुभव हो रहा था।

जब वह खा चुका तब लैला ने कहा—अब जाओ। आधी रात से ज़्यादा गुज़र गई।

नादिर ने आँखों में आँसू भर कर कहा—नहीं लैला, अब मेरा आसन भी यहीं जमेगा।

नादिर दिन-भर लैला के नगमें सुनता; गलियों में, सड़कों पर जहाँ वह जाती उसके पीछे-पीछे घूमता रहता। रात को उसी पेड़ के नीचे जाकर पड़ रहता। बादशाह ने समझाया, मलका ने समझाया, उमरा ने मिन्नतें कीं, लेकिन नादिर के सिर से लैला का सौदा न गया। जिन हालों लैला रहती थी उन हालों वह भी रहता था। मलका उसके लिए अच्छे से अच्छे खाने बनाकर भेजती, लेकिन नादिर उनकी ओर देखता भी न था।

लेकिन लैला के संगीत में अब वह क्षुधा न थी। वह टूटे हुए तारों का राग था जिसमें न वह लोच था, न वह जादू, न वह असर। वह अब भी गाती थी, सुननेवाले अब भी आते थे; लेकिन अब वह अपना दिल ख़ुश करने को नहीं, उनका दिल ख़ुश करने को गाती थी और सुननेवाले विह्वल होकर नहीं, उसको ख़ुश करने के लिए आते थे।

इस तरह छह महीने गुज़र गए।

एक दिन लैला गाने न गई। नादिर ने कहा—क्यों लैला, आज गाने न चलोगी?

लैला ने कहा—अब कभी न जाऊँगी। सच कहना, तुम्हें अब भी मेरे गाने में पहले ही का-सा मज़ा आता है?

नादिर बोला—पहले से कहीं ज़्यादा।

लैला—लेकिन और लोग तो अब नहीं पसन्द करते।

नादिर—हाँ, मुझे इसका ताज्जुब है।

लैला—ताज्जुब की बात नहीं। पहले मेरा दिल खुला हुआ था, उसमें सबके लिए जगह थी, वह सबके दिलों में पहुँचती थी। अब तुमने उसका दरवाज़ा बन्द कर दिया। अब वहाँ सिर्फ़ तुम हो, इसीलिए उसकी आवाज़ तुम्हीं को पसन्द आती है। यह दिल अब तुम्हारे सिवा और किसी के काम का नहीं रहा। चलो, आज तक तुम मेरे ग़ुलाम थे; आज से मैं तुम्हारी लौंडी होती हूँ। चलो, मैं तुम्हारे पीछे-पीछे चलूँगी। आज से तुम मेरे मालिक हो। थोड़ी-सी आग लेकर इस झोंपड़े में लगा दो। इस डफ को उसी में जला दूँगी।

3

तेहरान में घर-घर आनंदोत्सव हो रहा था। आज शाहज़ादा नादिर लैला को ब्याह कर लाया था। बहुत दिनों के बाद उसके दिल की मुराद पूरी हुई थी। सारा तेहरान शाहज़ादे पर जान देता था और उसकी ख़ुशी में शरीक था। बादशाह ने तो अपनी तरफ़ से मुनादी करवा दी थी कि इस शुभ अवसर पर धन और समय का अपव्यय न किया जाए, केवल लोग मसिज़दों में जमा होकर ख़ुदा से दुआ माँगें कि वर और वधू चिरंजीवी हों और सुख से रहें। लेकिन अपने प्यारे शाहज़ादे की शादी में धन और धन से अधिक मूल्यवान् समय का मुँह देखना किसी को गवारा न था। रईसों ने महफ़िलें सजाईं, चिराग जलाए, बाजे बजवाए, ग़रीबों ने अपनी डफलियाँ सँभालीं और सड़कों पर घूम-घूमकर उछलते-कूदते फिरे।

संध्या के समय शहर के सारे अमीर और रईस शाहज़ादे को बधाई देने के लिए दीवाने-खास में जमा हुए। शाहज़ादा इत्रों से महकता, रत्नों से चमकता और मनोल्लास से खिलता हुआ आकर खड़ा हो गया।

काज़ी ने अर्ज़ की—हुजूर पर ख़ुदा की बरकत हो।

हज़ारों आदमियों ने कहा—आमीन!

शहर की ललनाएँ भी लैला को मुबारकबाद देने आईं। लैला बिलकुल सादे कपड़े पहने थी। आभूषणों का कहीं नाम न था।

एक महिला ने कहा—आपका सोहाग सदा सलामत रहे।

हज़ारों कंठों से ध्वनि निकली—आमीन!

4

कई साल गुज़र गए। नादिर अब बादशाह था और लैला उसकी मलका। ईरान का शासन इतने सुचारु रूप से कभी न हुआ था। दोनों ही प्रजा के हितैषी थे, दोनों ही उसे सुखी और सम्पन्न देखना चाहते थे। प्रेम ने वे सभी कठिनाइयाँ दूर कर दीं जो लैला को पहले शंकित करती रहती थीं। नादिर राजसत्ता का वकील था, लैला प्रजा-सत्ता की; लेकिन व्यावहारिक रूप से उनमें कोई भेद न पड़ता था; कभी यह दब जाता, कभी वह हट जाती। उनका दाम्पत्य-जीवन आदर्श था। नादिर लैला का रुख़ देखता था, लैला नादिर का। काम से अवकाश मिलता तो दोनों बैठकर गाते-बजाते, कभी नदियों की सैर करते, कभी किसी वृक्ष की छाँह में बैठे हुए हाफ़िज की ग़ज़लें पढ़ते और झूमते। न लैला में अब उतनी सादगी थी, न नादिर में अब उतना तकल्लुफ़ था। नादिर का लैला पर एकाधिपत्य था जो साधारण बात थी। जहाँ बादशाहों की महलसरा में बेगमों के मुहल्ले बसते थे, दर्जनों और कौड़ियों से उनकी गणना होती थी, वहाँ

लैला अकेली थी। उन महलों में अब शफ़ाखाने, मदरसे और पुस्तकालय थे। जहाँ महलसरों का वार्षिक व्यय करोड़ों तक पहुँचता था, वहाँ अब हज़ारों से आगे न बढ़ता था। शेष रुपए प्रजा-हित के कामों में ख़र्च कर दिए जाते थे। यह सारी कतर-ब्योंत लैला ने की थी। बादशाह नादिर था, पर अख़्तियार लैला के हाथों में था।

सबकुछ था, किन्तु प्रजा संतुष्ट न थी। उसका असन्तोष दिन-दिन बढ़ता जाता था। राजसत्तावादियों को भय था कि अगर यही हाल रहा तो बादशाहत के मिट जाने में सन्देह नहीं। जमशेद का लगाया हुआ वृक्ष, जिसने हज़ारों सदियों से आँधी और तूफ़ान का मुक़ाबिला किया, अब एक हसीना के नाजुक, पर क़ातिल हाथों जड़ से उखाड़ा जा रहा था। उधर प्रजा-सत्तावादियों को लैला से कितनी आशाएँ थीं, सभी दुराशाएँ सिद्ध हो रही थीं। वे कहते, अगर ईरान इस चाल से तरक्की के रास्ते पर चलेगा तो इससे पहले कि वह मंज़िले-मकसूद पर पहुँचे, कयामत आ जाएगी। दुनिया हवाई जहाज़ पर बैठी उड़ी जा रही है और हम अभी ठेलों पर बैठते भी डरते हैं कि कहीं इसकी हरकत से दुनिया में भूचाल न आ जाए। दोनों दलों में आए दिन लड़ाइयाँ होती रहती थीं। न नादिर के समझाने का असर अमीरों पर होता था, न लैला के समझाने का ग़रीबों पर। सामंत नादिर के ख़ून के प्यासे हो गए, प्रजा लैला की जानी दुश्मन।

5

राज्य में तो यह अशांति फैली हुई थी, विद्रोह की आग दिलों में सुलग रही थी और राजभवन में प्रेम का शांतिमय राज्य था, बादशाह और मलका दोनों प्रजा-सन्तोष की कल्पना में मग्न थे।

रात का समय था। नादिर और लैला आरामगाह में बैठे हुए शतरंज की बाज़ी खेल रहे थे। कमरे में कोई सजावट न थी, केवल एक जाजिम बिछी हुई थी।

नादिर ने लैला का हाथ पकड़कर कहा—बस, अब यह ज़्यादती नहीं, तुम्हारी चाल हो चुकी। यह देखो, तुम्हारा एक प्यादा पिट गया।

लैला--अच्छा यह शह! आपके सारे पैदल रखे रह गए और बादशाह पर शह पड़ गई। इसी पर दावा था।

नादिर—तुम्हारे साथ हारने में जो मज़ा है, वह जीतने में नहीं।

लैला—अच्छा, तो गोया आप दिल ख़ुश कर रहे हैं! शह बचाइए, नहीं दूसरी चाल में मात होती है।

नादिर—(अर्दब देकर) अच्छा अब सँभलकर जाना, तुमने मेरे बादशाह की तौहीन की है। एक बार मेरा फर्जी उठा तो तुम्हारे प्यादों का सफ़ाया कर देगा।

लैला—बसंत की भी ख़बर है! यह शह, लाइए। फर्जी अब कहिए। अबकी मैं न मानूँगी, कहे देती हूँ। आपको दो बार छोड़ दिया, अबकी हर्गिज न छोड़ूँगी।

नादिर—जब तक मेरा दिलराम (घोड़ा) है, बादशाह को कोई ग़म नहीं।

लैला—अच्छा यह शह? लाइए अपने दिलराम को! कहिए, अब तो मात हुई?

नादिर—हाँ जानेमन, अब मात हो गई। जब मैं ही तुम्हारी अदाओं पर निसार हो गया, तब मेरा बादशाह कब बच सकता था।

लैला—बातें न बनाइए, चुपके से इस फ़रमान पर दस्तख़त कर दीजिए। जैसा आपने वादा किया था।

यह कहकर लैला ने फ़रमान निकाला, जिसे उसने ख़ुद अपने मोती के-से अक्षरों में लिखा था। इसमें अन्न का आयात-कर घटाकर आधा कर दिया गया था। लैला प्रजा को भूली न थी, वह अब भी उनकी हितकामना में संलग्न रहती थी। नादिर ने इस शर्त पर फ़रमान पर दस्तख़त करने का वचन दिया था कि लैला उसे शतरंज में तीन बार मात करे। वह सिद्धहस्त खिलाड़ी था इसे लैला जानती थी; पर यह शतरंज की बाज़ी न थी, केवल विनोद था। नादिर ने मुस्कुराते हुए फ़रमान पर हस्ताक्षर कर दिए। क़लम के एक चिह्न से प्रजा की पाँच करोड़ वार्षिक कर से मुक्ति हो गई। लैला का मुख गर्व से आरक्त हो गया। जो काम बरसों से आन्दोलन से न हो सकता था, वह प्रेम-कटाक्षों से कुछ ही दिनों में पूरा हो गया।

यह सोचकर वह फूली न समाती थी कि जिस वक़्त यह फ़रमान सरकारी पत्रों में प्रकाशित हो जाएगा और व्यवस्थापिका के लोगों को इसके दर्शन होंगे, उस वक़्त प्रजावादियों को कितना आनंद होगा। लोग मेरा यश गायेंगे और मुझे आशीर्वाद देंगे।

नादिर प्रेममुग्ध होकर उसके चंद्रमुख की ओर देख रहा था, और मानो उसका वश होता तो सौन्दर्य की इस प्रतिमा को हृदय में बिठा लेता।

6

सहसा राज-भवन के द्वार पर शोर मचने लगा। एक क्षण में मालूम हुआ कि जनता का टिड्डी दल, अस्त्र-शस्त्र से सुसज्जित, राजद्वार पर खड़ा दीवारों को तोड़ने की कोशिश कर रहा है। प्रतिक्षण शोर बढ़ता जाता था और ऐसी आशंका होती थी कि क्रोधोन्मत्त जनता द्वारों को तोड़कर भीतर घुस जाएगी। फिर ऐसा मालूम हुआ कि कुछ लोग सीढ़ियाँ लगाकर दीवार पर चढ़ रहे हैं। लैला लज्जा और ग्लानि से सिर झुकाए खड़ी थी। उसके मुख से एक शब्द भी न निकलता था। क्या यही वह जनता है, जिनके कष्टों की कथा कहते हुए उसकी वाणी उन्मत्त हो जाती थी? यही वह अशक्त, दलित, क्षुधा-पीड़ित, अत्याचार की वेदना से तड़पती हुई जनता है, जिस पर वह अपने को अर्पण कर चुकी थी।

नादिर भी मौन खड़ा था; लेकिन लज्जा से नहीं, क्रोध से उसका मुख तमतमा उठा था, आँखों से चिनगारियाँ निकल रही थीं, बार-बार ओंठ चबाता और तलवार के कब्जे पर हाथ रखकर रह जाता था। वह बार-बार लैला की ओर संतप्त नेत्रों से देखता था। ज़रा से इशारे की देर थी। उसका हुक्म पाते ही उसकी सेना इस विद्रोही दल को यों भगा देगी जैसे आँधी पत्तों को उड़ा देती है; पर लैला से आँखें न मिलती थीं।

आख़िर वह अधीर होकर बोला—लैला, मैं राज-सेना को बुलाना चाहता हूँ। क्या कहती हो?

लैला ने दीनतापूर्ण नेत्रों से देखकर कहा—ज़रा ठहर जाइए, पहले इन लोगों से पूछिए कि चाहते क्या हैं।

यह आदेश पाते ही नादिर छत पर चढ़ गया, लैला भी उसके पीछे-पीछे ऊपर आ पहुँची। दोनों अब जनता के सम्मुख आकर खड़े हो गए। मशालों के प्रकाश में लोगों ने इन दोनों को छत पर खड़े देखा, मानो आकाश से देवता उतर आए हों; सहस्रों कंठों से ध्वनि निकली—वह खड़ी है, वह खड़ी है, लैला वह खड़ी है! यह वह जनता थी जो लैला के मधुर संगीत पर मस्त हो जाया करती थी।

नादिर ने उच्च स्वर से विद्रोहियों को सम्बोधित किया—ऐ ईरान की बदनसीब रिआया। तुमने शाही महल को क्यों घेर रखा है? क्यों बगावत का झंडा खड़ा किया है? क्या तुमको मेरा और अपने ख़ुदा का बिलकुल ख़ौफ़ नहीं? क्या तुम नहीं जानते कि मैं अपनी आँखों के एक इशारे से तुम्हारी हस्ती खाक में मिला सकता हूँ? मैं तुम्हें हुक्म देता हूँ कि एक लम्हे के अन्दर यहाँ से चले जाओ, वरना कलामे-पाक की क़सम, मैं तुम्हारी ख़ून की नदी बहा दूँगा।

एक आदमी ने, जो विद्रोहियों का नेता मालूम होता था, सामने आकर कहा—हम उस वक़्त तक न जाएँगे, जब तक शाही महल लैला से ख़ाली न हो जाएगा।

नादिर ने बिगड़कर कहा—ओ नाशुक्रो, ख़ुदा से डरो! तुम्हें अपनी मलका की शान में ऐसी बेअदबी करते हुए शर्म नहीं आती! जब से लैला तुम्हारी मलका हुई है, उसने तुम्हारे साथ कितनी रिआयतें की हैं! क्या उन्हें तुम बिलकुल भूल गए? जालिमो, वह मलका है; पर वही खाना खाती है, जो तुम कुत्तों को खिला देते हो; वही कपड़े पहनती है, जो तुम फ़क़ीरों को दे देते हो। आकर महलसरा में देखो, तुम इसे अपने झोंपड़ों ही की तरह तकल्लुफ और सजावट से ख़ाली पाओगे। लैला तुम्हारी मलका होकर भी फ़क़ीरी की ज़िन्दगी बसर करती है, तुम्हारी खिदमत में हमेशा मस्त रहती है। तुम्हें उसके क़दमों की खाक माथे पर लगानी चाहिए, आँखों का सुरमा बनाना चाहिए। ईरान के तख़्त पर कभी ऐसी ग़रीबों पर जान देनेवाली, उनके दर्द में शरीक होने वाली, ग़रीबों पर अपने को निसार करनेवाली मलका ने क़दम नहीं रखे और उसकी शान में तुम ऐसी बेहूदा बातें करते हो! अफ़सोस! मुझे मालूम हो गया कि तुम जाहिल, इन्सानियत से ख़ाली और कमीने हो! तुम इसी काबिल हो कि तुम्हारी गरदनें कुन्द छुरी से काटी जाएँ, तुम्हें पैरों तले रौंदा जाए...

नादिर ने बात भी पूरी न कर पाई थी कि विद्रोहियों ने एक स्वर से चिल्लाकर कहा—लैला, लैला हमारी दुश्मन है, हम उसे अपनी मलका की सूरत में नहीं देख सकते।

नादिर ने ज़ोर से चिल्लाकर कहा—जालिमो, ज़रा ख़ामोश हो जाओ; यह देखो वह फ़रमान है, जिस पर लैला ने अभी-अभी मुझसे ज़बरदस्ती दस्तख़त कराए हैं। आज से गल्ले का महसूल घटाकर आधा कर दिया गया है और तुम्हारे सिर से महसूल का बोझ पाँच करोड़ कम हो गया है।

हज़ारों आदमियों ने शोर मचाया—यह महसूल बहुत पहले बिलकुल माफ़ हो जाना चाहिए था। हम एक कौड़ी नहीं दे सकते। लैला, लैला, हम उसे अपनी मलका की सूरत में नहीं देख सकते।

अब बादशाह क्रोध से काँपने लगा। लैला ने सजल नेत्र होकर कहा—अगर रिआया की यही मरजी है कि मैं फिर डफ बजा-बजाकर गाती फिरूँ तो मुझे कोई उज्र नहीं, मुझे यक़ीन है कि मैं अपने गाने से एक बार फिर इनके दिल पर हुकूमत कर सकती हूँ।

नादिर ने उत्तेजित होकर कहा—लैला, मैं रिआया की तुनुकमिज़ाजियों का ग़ुलाम नहीं। इससे पहले कि मैं तुम्हें अपने पहलू से जुदा करूँ, तेहरान की गलियाँ ख़ून से लाल हो जाएँगी। मैं इन बदमाशों को इनकी शरारत का मज़ा चखाता हूँ।

नादिर ने मीनार पर चढ़कर खतरे का घंटा बजाया। सारे तेहरान में उसकी आवाज़ गूँज उठी; पर शाही फ़ौज का एक आदमी भी न नज़र आया।

नादिर ने दोबारा घंटा बजाया, आकाश मंडल उसकी झंकार से कम्पित हो गया, तारागण काँप उठे; पर एक भी सैनिक न निकला।

नादिर ने तब तीसरी बार घंटा बजाया, पर उसका भी उत्तर केवल एक क्षीण प्रतिध्वनि ने दिया, मानो किसी मरनेवाले की अन्तिम प्रार्थना के शब्द हों।

नादिर ने माथा पीट लिया। समझ गया कि बुरे दिन आ गए। अब भी लैला को जनता के दुराग्रह पर बलिदान करके वह अपनी राजसत्ता की रक्षा कर सकता था, पर लैला उसे प्राणों से प्रिय थी। उसने छत पर आकर लैला का हाथ पकड़ लिया और उसे लिए हुए सदर फाटक से निकला। विद्रोहियों ने एक विजय-ध्वनि के साथ उनका स्वागत किया; पर सब-के-सब किसी गुप्त प्रेरणा के वश रास्ते से हट गए।

दोनों चुपचाप तेहरान की गलियों में होते हुए चले जाते थे। चारों ओर अंधकार था। दुकानें बन्द थीं। बाज़ारों में सन्नाटा छाया हुआ था। कोई घर से बाहर न निकलता था। फ़क़ीरों ने भी मसज़िदों में पनाह ले ली थी। पर इन दोनों प्राणियों के लिए कोई आश्रय न था। नादिर की कमर में तलवार थी, लैला के हाथ में डफ था। यही उनके विशाल ऐश्वर्य का विलुप्त चिह्न था।

7

पूरा साल गुज़र गया। लैला और नादिर देश-विदेश की खाक छानते फिरते थे। समरकंद और बुखारा, बगदाद और हलब, काहिरा और अदन ये सारे देश उन्होंने छान डाले। लैला की डफ फिर जादू करने लगी, उसकी आवाज़ सुनते ही शहर में हलचल मच जाती, आदमियों का मेला लग जाता, आवभगत होने लगती; लेकिन ये दोनों यात्री कहीं एक दिन से अधिक न ठहरते थे। न किसी से कुछ माँगते, न किसी के द्वार पर जाते। केवल रूखा-सूखा भोजन कर लेते और कभी किसी वृक्ष के नीचे, कभी पर्वत की गुफा में और कभी सड़क के किनारे रात काट देते थे। संसार के कठोर व्यवहार ने उन्हें विरक्त कर दिया था, उसके प्रलोभन से कोसों दूर भागते थे। उन्हें अनुभव हो गया था कि यहाँ जिसके लिए प्राण अर्पण कर दो, वही अपना शत्रु हो जाता है; जिसके साथ भलाई करो, वही बुराई पर कमर बाँधता है; यहाँ किसी से दिल न लगाना चाहिए। उनके पास बड़े-बड़े रईसों के निमंत्रण आते, उन्हें एक दिन अपना मेहमान बनाने के लिए लोग हज़ारों मिन्नतें करते, पर लैला किसी की न सुनती। नादिर को अब तक कभी-कभी बादशाहत की सनक सवार हो जाती थी, वह चाहता था कि गुप्त रूप से शक्ति-संग्रह करके तेहरान पर चढ़ जाऊँ और बागियों को परास्त करके अखंड राज करूँ; पर लैला की उदासीनता देखकर उसे किसी से मिलने-जुलने का साहस न होता था। लैला उसकी प्राणेश्वरी थी, वह उसी के इशारों पर चलता था।

उधर ईरान में भी अराजकता फैली हुई थी। जनसत्ता से तंग आकर रईसों ने भी फ़ौजें जमा कर ली थीं और दोनों दलों में आए दिन संग्राम होता रहता था। पूरा साल गुज़र गया और खेत न जुते, देश में भीषण अकाल पड़ा हुआ था; व्यापार शिथिल था, ख़ज़ाना ख़ाली। दिन-दिन जनता की शक्ति घटती जाती थी और रईसों का ज़ोर बढ़ता जाता था। आख़िर यहाँ तक नौबत पहुँची कि जनता ने हथियार डाल दिए और रईसों ने राजभवन पर अपना अधिकार जमा लिया। प्रजा के नेताओं को फाँसी दे दी गई, कितने ही क़ैद कर लिए गए और जनसत्ता का अंत हो गया। शक्तिवादियों को अब नादिर की याद आई। यह बात अनुभव से सिद्ध हो गई थी कि देश में प्रजातंत्र स्थापित करने की क्षमता का अभाव है। प्रत्यक्ष के लिए प्रमाण की ज़रूरत न थी। इस अवसर पर राजसत्ता ही देश का उद्धार कर सकती थी। यह भी मानी

हुई बात थी कि लैला और नादिर को जनमत से विशेष प्रेम न होगा। वे सिंहासन पर बैठकर भी रईसों ही के हाथ में कठपुतली बने रहेंगे और रईसों को प्रजा पर मनमाने अत्याचार करने का अवसर मिलेगा। अतएव आपस में लोगों ने सलाह की और प्रतिनिधि नादिर को मना लाने के लिए रवाना हुए।

8

संध्या का समय था। लैला और नादिर दमिश्क में एक वृक्ष के नीचे बैठे हुए थे। आकाश पर लालिमा छाई हुई थी और उससे मिली हुई पर्वतमालाओं की श्याम रेखा ऐसी मालूम हो रही थी मानो कमल-दल मुरझा गया हो। लैला उल्लसित नेत्रों से प्रकृति की यह शोभा देख रही थी। नादिर मलिन और चिंतित भाव से लेटा हुआ सामने के सुदूर प्रांत की ओर तृषित नेत्रों से देख रहा था, मानो इस जीवन से तंग आ गया है।

सहसा बहुत दूर गर्द उड़ती हुई दिखाई दी, और एक क्षण में ऐसा मालूम हुआ कि कुछ आदमी घोड़ों पर सवार चले आ रहे हैं। नादिर उठ बैठा और ग़ौर से देखने लगा कि ये कौन आदमी हैं। अकस्मात् वह उठकर खड़ा हो गया। उसका मुख-मंडल दीपक की भाँति चमक उठा, जर्जर शरीर में एक विचित्र स्फूर्ति दौड़ गई। वह उत्सुकता से बोला—लैला, ये तो ईरान के आदमी है, कलामे-पाक की क़सम, ये ईरान के आदमी हैं। इनके लिबास से साफ़ जाहिर हो रहा है।

लैला ने भी उन यात्रियों की ओर देखा और सचेत होकर बोली—अपनी तलवार सँभाल लो, शायद उसकी ज़रूरत पड़े।

नादिर—नहीं लैला, ईरान के लोग इतने कमीने नहीं हैं कि अपने बादशाह पर तलवार उठाएँ।

लैला—पहले मैं भी यही समझती थी।

सवारों ने समीप आकर घोड़े रोक लिये और उतरकर बड़े अदब से नादिर को सलाम किया। नादिर बहुत ज़ब्त करने पर भी अपने मनोवेग को न रोक सका, दौड़कर उनके गले से लिपट गया। वह अब बादशाह न था, ईरान का एक मुसाफिर था। बादशाहत मिट गई थी; यह ईरानियत रोम-रोम में भरी हुई थी। वे तीनों आदमी इस समय ईरान के विधाता थे। इन्हें वह ख़ूब पहचानता था। उनकी स्वामिभक्ति की वह कई बार परीक्षा ले चुका था। उन्हें लाकर अपने बोरिये पर बैठाना चाहा, लेकिन वे ज़मीन ही पर बैठे। उनकी दृष्टि से वह बोरिया उस समय सिंहासन था, जिस पर अपने स्वामी के सम्मुख वे क़दम न रख सकते थे। बातें होने लगीं। ईरान की दशा अत्यंत शोचनीय थी। लूट-मार का बाज़ार गर्म था, न कोई व्यवस्था थी न व्यवस्थापक थे। अगर यही दशा रही तो शायद बहुत जल्द उसकी गरदन में पराधीनता का जुआ पड़ जाए। देश अब नादिर को ढूँढ़ रहा था। उसके सिवा कोई दूसरा उस डूबते हुए बेड़े को पार नहीं लगा सकता था। इसी आशा से ये लोग उसके पास आए थे।

नादिर ने विरक्त भाव से कहा—एक बार इज़्ज़त ली, क्या अबकी जान लेने की सोची है? मैं बड़े आराम से हूँ! आप मुझे दिक न करें।

सरदारों ने आग्रह करना शुरू किया—हम हुजूर का दामन न छोड़ेंगे, यहाँ अपनी गरदनों पर छुरी फेरकर हुजूर के क़दमों पर जान दे देंगे। जिन बदमाशों ने आपको परेशान किया

था, अब उनका कहीं निशान भी न रहा, हम लोग उन्हें फिर कभी सिर न उठाने देंगे, सिर्फ़ हुजूर की आड़ चाहिए।

नादिर ने बात काटकर कहा—साहबो, अगर आप मुझे इस इरादे से ईरान का बादशाह बनाना चाहते हैं, तो माफ़ कीजिए। मैंने इस सफ़र में रिआया की हालत का ग़ौर से मुलाहजा किया है और इस नतीजे पर पहुँचा हूँ कि सभी मुल्कों से उनकी हालत ख़राब है। वे रहम के काबिल हैं। ईरान में मुझे कभी ऐसे मौक़े न मिले थे। मैं रिआया को अपने दरबारियों की आँखों से देखता था। मुझसे आप लोग यह उम्मीद न रखें कि रिआया को लूटकर आपकी जेबें भरूँगा। यह अजाब अपनी गरदन पर नहीं ले सकता। मैं इन्साफ का मीजान बराबर रखूँगा और इसी शर्त पर ईरान चल सकता हूँ।

लैला ने मुस्कुराकर कहा—तुम रिआया का कसूर माफ़ कर सकते हो, क्योंकि उसकी तुमसे कोई दुश्मनी न थी। उसके दाँत तो मुझ पर थे। मैं उसे कैसे माफ़ कर सकती हूँ।

नादिर ने गम्भीर भाव से कहा—लैला, मुझे यक़ीन नहीं आता कि तुम्हारे मुँह से ऐसी बातें सुन रहा हूँ।

लोगों ने समझा, अभी उन्हें भड़काने की ज़रूरत ही क्या है। ईरान में चलकर देखा जाएगा। दो-चार मुखबिरों से रिआया के नाम पर ऐसे उपद्रव खड़े करा देंगे कि इनके सारे ख़याल पलट जाएँगे। एक सरदार ने अर्ज की—माज़ल्लाह! हुजूर यह क्या फरमाते हैं? क्या हम इतने नादान हैं कि हुजूर को इन्साफ के रास्ते से हटाना चाहेंगे? इन्साफ ही बादशाह का जौहर है और हमारी दिली आरजू है कि आपका इन्साफ नौशेरवाँ को भी शर्मिंदा कर दे। हमारी मंशा सिर्फ़ यह थी कि आइंदा से हम रिआया को कभी ऐसा मौक़ा न देंगे कि वह हुजूर की शान में बेअदबी कर सके। हम अपनी जानें हुजूर पर निसार करने के लिए हाजिर रहेंगे।

सहसा ऐसा मालूम हुआ कि सारी प्रकृति संगीतमय हो गई है। पर्वत और वृक्ष, तारे और चाँद, वायु और जल सभी एक स्वर से गाने लगे। चाँदनी की निर्मल छटा में, वायु के नीरव प्रहार में, संगीत की तरंगें उठने लगीं। लैला अपना डफ बजा-बजाकर गा रही थी। आज मालूम हुआ, ध्वनि ही सृष्टि का मूल है। पर्वतों पर देवियाँ निकल-निकलकर नाचने लगीं, आकाश पर देवता नृत्य करने लगे। संगीत ने एक नया संसार रच डाला।

उसी दिन से जबकि प्रजा ने राजभवन के द्वार पर उपद्रव मचाया था और लैला के निर्वासन पर आग्रह किया था, लैला के विचारों में क्रांति हो गई थी। जन्म से ही उसने जनता के साथ सहानुभूति करना सीखा था। वह राजकर्मचारियों को प्रजा पर अत्याचार करते देखती थी और उसका कोमल हृदय तड़प उठता था। तब धन, ऐश्वर्य और विलास से उसे घृणा होने लगती थी। जिसके कारण प्रजा को इतने कष्ट भोगने पड़ते हैं। वह अपने में किसी ऐसी शक्ति का आह्वान करना चाहती थी जो आततायियों के हृदय में दया और प्रजा के हृदय में अभय का संचार करे। उसकी बाल कल्पना उसे एक सिंहासन पर बिठा देती, जहाँ वह अपनी न्याय-नीति से संसार में युगांतर उपस्थित कर देती। कितनी रातें उसने यही स्वप्न देखने में काटी थीं। कितनी बार वह अन्याय-पीड़ितों के सिरहाने बैठकर रोई थी; लेकिन जब एक दिन ऐसा आया कि उसके स्वर्ण-स्वप्न आंशिक रीति से पूरे होने लगे, तब उसे एक नया और कठोर अनुभव हुआ। उसने देखा कि प्रजा इतनी सहनशील, इतनी दीन और दुर्बल नहीं है,

जितना वह समझती थी। इसकी अपेक्षा उसमें ओछेपन, अविचार और अशिष्टता की मात्र कहीं अधिक थी। वह सद्व्यवहार की क़द्र करना नहीं जानती, शक्ति पाकर उसका सदुपयोग नहीं कर सकती। उसी दिन से उसका दिल जनता से फिर गया था।

जिस दिन नादिर और लैला ने फिर तेहरान में पदार्पण किया, सारा नगर उनका अभिवादन करने के लिए निकल पड़ा। शहर पर आतंक छाया हुआ था, चारों ओर करुण रुदन की ध्वनि सुनाई देती थी। अमीरों के मुहल्ले में श्री लोटती फिरती थी, ग़रीबों के मुहल्ले उजड़े हुए थे, उन्हें देखकर कलेजा फटा जाता था। नादिर रो पड़ा; लेकिन लैला के ओंठों पर निष्ठुर निर्दय हास्य अपनी छटा दिखा रहा था।

नादिर के सामने अब एक विकट समस्या थी। वह नित्य देखता कि मैं जो करना चाहता हूँ वह नहीं होता और जो नहीं करना चाहता, वह होता है, और इसका कारण लैला है; पर कुछ कह न सकता था। लैला उसके हर एक काम में हस्तक्षेप करती रहती थी। वह जनता के उपकार और उद्धार के लिए जो विधान करता लैला उसमें कोई न कोई विघ्न अवश्य डाल देती, और उसे चुप रह जाने के सिवा और कुछ न सूझता। लैला के लिए उसने एक बार राज्य का त्याग कर दिया था। तब आपत्ति-काल ने लैला की परीक्षा ली थी। इतने दिनों की विपत्ति में उसे लैला के चरित्र का जो अनुभव प्राप्त हुआ था, वह इतना मनोहर, इतना सरस था कि वह लैला-मय हो गया था। लैला ही उसका स्वर्ग थी, उसके प्रेम में रत रहना ही उसकी परम अभिलाषा थी। इस लैला के लिए वह अब क्या कुछ न कर सकता था? प्रजा की और साम्राज्य की उसके सामने क्या हस्ती थी।

इस भाँति तीन साल बीत गए, प्रजा की दशा दिन-दिन बिगड़ती ही गई।

9

एक दिन नादिर शिकार खेलने गया। और साथियों से अलग होकर जंगल में भटकता फिरा, यहाँ तक कि रात हो गई और साथियों का पता न चला। घर लौटने का भी रास्ता न जानता था। आख़िर ख़ुदा का नाम लेकर एक तरफ़ चला कि कहीं तो कोई गाँव या बस्ती का नाम निशान मिलेगा! वहाँ रात-भर पड़ा रहूँगा। सवेरे लौट जाऊँगा। चलते-चलते जंगल के दूसरे सिरे पर उसे एक गाँव नज़र आया, जिसमें मुश्किल से तीन-चार घर होंगे। हाँ, एक मसजिद अलबत्ता बनी हुई थी। मसजिद में एक दीपक टिमटिमा रहा था; पर किसी आदमी या आदमजात का निशान न था। आधी रात से ज़्यादा बीत चुकी थी, इसलिए किसी को कष्ट देना भी उचित न था। नादिर ने घोड़े को एक पेड़ से बाँध दिया और उसी मसजिद में रात काटने की ठानी। वहाँ एक फटी-सी चटाई पड़ी हुई थी। उसी पर लेट गया। दिन-भर का थका था, लेटते ही नींद आ गई। मालूम नहीं, वह कितनी देर तक सोता रहा; पर किसी की आहट पाकर चौंका तो क्या देखता है कि एक बूढ़ा आदमी बैठा नमाज़ पढ़ रहा है। नादिर को आश्चर्य हुआ कि इतनी रात गए कौन नमाज़ पढ़ रहा है। उसे यह ख़बर न थी कि रात गुज़र गई और यह फजर की नमाज़ है। वह पड़ा-पड़ा देखता रहा। वृद्ध पुरुष ने नमाज़ अदा की, फिर वह छाती के सामने अंजलि फैलाकर दुआ माँगने लगा। दुआ के शब्द सुनकर नादिर का ख़ून सर्द हो गया। वह दुआ उसके राज्यकाल की ऐसी तीव्र, ऐसी वास्तविक, ऐसी शिक्षाप्रद आलोचना थी, जो आज तक किसी ने न की थी। उसे अपने जीवन में अपना अपयश सुनने का अवसर प्राप्त

हुआ। वह यह तो जानता था कि मेरा शासन आदर्श नहीं है; लेकिन उसने कभी यह कल्पना न की थी कि विपत्ति इतनी असह्य हो गई है। दुआ यह थी—

'ऐ ख़ुदा! तू ही ग़रीबों का मददगार और बेकसों का सहारा है। तू इस जालिम बादशाह के ज़ुल्म देखता है और तेरा कहर उस पर नहीं गिरता। यह बेदीन काफिर एक हसीन औरत की मुहब्बत में अपने को इतना भूल गया है कि न आँखों से देखता है, न कानों से सुनता है। अगर देखता है तो उसी औरत की आँखों से, सुनता है तो उसी औरत के कानों से। अब यह मुसीबत नहीं सही जाती। या तो तू उस जालिम को जहन्नुम पहुँचा दे; या हम बेकसों को दुनिया से उठा ले। ईरान उसके ज़ुल्म से तंग आ गया है और तू ही उसके सिर से इस बला को टाल सकता है।'

बूढ़े ने तो अपनी छड़ी सँभाली और चलता हुआ; लेकिन नादिर मृतक की भाँति वहीं पड़ा रहा, मानो उस पर बिजली गिर पड़ी हो।

10

एक सप्ताह तक नादिर दरबार में न आया, न किसी कर्मचारी को अपने पास आने की आज्ञा दी। दिन-के-दिन अन्दर पड़ा सोचा करता कि क्या करूँ। नाममात्र को कुछ खा लेता। लैला बार-बार उसके पास जाती और कभी उसका सिर अपनी जाँघ पर रखकर, कभी उसके गले में बाँहें डालकर पूछती—तुम क्यों इतने उदास और मलिन हो! नादिर उसे देखकर रोने लगता; पर मुँह से कुछ न कहता। यश या लैला, यही उसके सामने कठिन समस्या थी। उसके हृदय में भीषण द्वन्द्व रहता और वह कुछ निश्चय न कर सकता था। यश प्यारा था; पर लैला उससे भी प्यारी थी। वह बदनाम होकर ज़िंदा रह सकता था; पर लैला के बिना वह जीवन की कल्पना ही न कर सकता था। लैला उसके रोम-रोम में व्याप्त थी।

अंत को उसने निश्चय कर लिया—लैला मेरी है, मैं लैला का हूँ। न मैं उससे अलग, न वह मुझसे जुदा। जो कुछ वह करती है मेरा है, जो कुछ मैं करता हूँ उसका है। यहाँ मेरा और तेरा का भेद ही कहाँ? बादशाहत नश्वर है, प्रेम अमर। हम अनंत काल तक एक-दूसरे के पहलू में बैठे हुए स्वर्ग के सुख भोगेंगे। हमारा प्रेम अनंत काल तक आकाश में तारे की भाँति चमकेगा।

नादिर प्रसन्न होकर उठा। उसका मुख-मंडल विजय की लालिमा से रंजित हो रहा था। आँखों में शौर्य टपका पड़ता था। वह लैला के प्रेम का प्याला पीने जा रहा था। जिसे एक सप्ताह से उसने मुँह नहीं लगाया था। उसका हृदय उसी उमंग से उछला पड़ता था, जो आज से पाँच साल पहले उठा करती थी। प्रेम का फूल कभी नहीं मुरझाता, प्रेम की नींद कभी नहीं उतरती।

लेकिन लैला की आरामगाह के द्वार बन्द थे और उसका डफ जो द्वार पर नित्य एक खूँटी से लटका रहता था, ग़ायब था। नादिर का कलेजा सन्न-सा हो गया। द्वार बन्द रहने का आशय तो यह हो सकता था कि लैला बाग़ में होगी; लेकिन डफ कहाँ गया? संभव है, वह डफ लेकर बाग़ में गई हो; लेकिन यह उदासी क्यों छाई है? यह हसरत क्यों बरस रही है!

नादिर ने काँपते हुए हाथों से द्वार खोल दिया। लैला अन्दर न थी। पलंग बिछा हुआ था, शमा जल रही थी, वजू का पानी रखा हुआ था। नादिर के पाँव थर्राने लगे। क्या लैला रात को भी नहीं सोई? कमरे की एक-एक वस्तु में लैला की याद थी, उसकी तसवीर थी, उसकी महक थी, लेकिन लैला न थी। मकान सूना मालूम होता था, ज्योति-हीन नेत्र।

नादिर का दिल भर आया। उसकी हिम्मत न पड़ी कि किसी से कुछ पूछे। हृदय इतना कातर हो गया कि हतबुद्धि की भाँति फ़र्श पर बैठकर बिलख-बिलखकर रोने लगा। जब ज़रा आँसू थमे तब उसने बिस्तर को सूँघा कि शायद लैला के स्पर्श की कुछ गंध आए; लेकिन खस और गुलाब की महक के सिवा और कोई सुगंध न थी।

सहसा उसे तकिए के नीचे से बाहर निकला हुआ एक काग़ज़ का पुर्जा दिखाई दिया। उसने एक हाथ से कलेजे को सँभालकर पुर्जा निकाल लिया और सहमी हुई आँखों से उसे देखा। एक निगाह में सबकुछ मालूम हो गया। वह नादिर की क़िस्मत का फ़ैसला था। नादिर के मुँह से निकला, हाय लैला! और वह मूर्छित होकर ज़मीन पर गिर पड़ा। लैला ने पुर्जे में लिखा था—'मेरे प्यारे नादिर, तुम्हारी लैला तुमसे जुदा होती है—हमेशा के लिए। मेरी तलाश मत करना, तुम मेरा सुराग न पाओगे। मैं तुम्हारी मुहब्बत की लौंडी थी, तुम्हारी बादशाहत की भूखी नहीं। आज एक हफ़्ते से देख रही हूँ, तुम्हारी निगाह फिरी हुई है। तुम मुझसे नहीं बोलते, मेरी तरफ़ आँख उठाकर नहीं देखते। मुझसे बेजार रहते हो। मैं किन-किन अरमानों से तुम्हारे पास जाती हूँ और कितनी मायूस होकर लौटती हूँ इसका तुम अंदाज नहीं कर सकते। मैंने इस सज़ा के लायक कोई काम नहीं किया। मैंने जो कुछ किया है, तुम्हारी ही भलाई के ख़याल से। एक हफ़्ता मुझे रोते गुज़र गया। मुझे मालूम हो रहा है कि अब मैं तुम्हारी नज़रों से गिर गई, तुम्हारे दिल से निकाल दी गई। आह! ये पाँच साल हमेशा याद रहेंगे, हमेशा तड़पाते रहेंगे! यही डफ लेकर आई थी, वही लेकर जाती हूँ। पाँच साल मुहब्बत के मज़े उठाकर जिन्दगी-भर के लिए हसरत का दाग़ लिए जाती हूँ। लैला मुहब्बत की लौंडी थी; जब मुहब्बत न रही, तब लैला क्योंकर रहती? रुख़सत!'

मुक्तिधन

भारतवर्ष में जितने व्यवसाय हैं, उन सबमें लेन-देन का व्यवसाय सबसे लाभदायक है। आमतौर पर सूद की दर 25 रु. सैकड़ा सालाना है। प्रचुर स्थावर या जंगम सम्पत्ति पर 12 रु. सैकड़े सालाना सूद लिया जाता है, इससे कम ब्याज पर रुपया मिलना प्रायः असंभव है। बहुत कम ऐसे व्यवसाय हैं, जिनमें 15 रु. सैकड़े से अधिक लाभ हो और वह भी बिना किसी झंझट के। उस पर नज़राने की रक़म अलग, लिखाई, दलाली अलग, अदालत का ख़र्चा अलग। ये सब रक़में भी किसी न किसी तरह महाजन ही की जेब में जाती हैं। यही कारण है कि यहाँ लेन-देन का धंधा इतनी तरक्की पर है। वकील, डॉक्टर, सरकारी कर्मचारी, ज़मींदार कोई भी जिसके पास कुछ फालतू धन हो, यह व्यवसाय कर सकता है। अपनी पूँजी का सदुपयोग का यह सर्वोत्तम साधन है। लाला दाऊदयाल भी इसी श्रेणी के महाजन थे। वह कचहरी में मुख्तारगिरी करते थे और जो कुछ बचत होती थी, उसे 25-30 रुपए सैकड़ा वार्षिक ब्याज पर उठा देते थे। उनका व्यवहार अधिकतर निम्न श्रेणी के मनुष्यों से ही रहता था। उच्च वर्ण वालों से वह चौकन्ने रहते थे, उन्हें अपने यहाँ फटकने ही न देते थे। उनका कहना था (और प्रत्येक व्यवसायी पुरुष उसका समर्थन करता है) कि ब्राह्मण, क्षत्रिय या कायस्थ को रुपए

देने से यह कहीं अच्छा है कि रुपया कुएँ में डाल दिया जाए। इनके पास रुपए लेते समय तो बहुत सम्पत्ति होती है; लेकिन रुपए हाथ में आते ही वह सारी सम्पत्ति ग़ायब हो जाती है। उस पर पत्नी, पुत्र या भाई का अधिकार हो जाता है अथवा यह प्रकट होता है कि उस सम्पत्ति का अस्तित्व ही न था। इनकी क़ानूनी व्यवस्थाओं के सामने बड़े-बड़े नीतिशास्त्र के विद्वान् भी मुँह की खा जाते हैं।

लाला दाऊदयाल एक दिन कचहरी से घर आ रहे थे। रास्ते में उन्होंने एक विचित्र घटना देखी। एक मुसलमान खड़ा अपनी गऊ बेच रहा था, और कई आदमी उसे घेरे खड़े थे। कोई उसके हाथ में रुपए रखे देता था, कोई उसके हाथ से गऊ की पगहिया छीनने की चेष्टा करता था; किन्तु वह ग़रीब मुसलमान एक बार उन ग्राहकों के मुँह की ओर देखता था और कुछ सोच कर पगहिया को और भी मज़बूत पकड़ लेता था। गऊ मोहनी-रूप थी। छोटी-सी गरदन, भारी पुट्‌ठे और दूध से भरे हुए थन थे। पास ही एक सुन्दर, बलिष्ठ बछड़ा गऊ की गर्दन से लगा हुआ खड़ा था। मुसलमान बहुत क्षुब्ध और दुखी मालूम होता था। वह करुण नेत्रों से गऊ को देखता और दिल मसोस कर रह जाता था। दाऊदयाल गऊ को देखकर रीझ गए। पूछा—क्यों जी, यह गऊ बेचते हो? क्या नाम है तुम्हारा?

मुसलमान ने दाऊदयाल को देखा तो प्रसन्नमुख उनके समीप जाकर बोला—हाँ हजूर, बेचता हूँ।

दाऊ.—कहाँ से लाए हो? तुम्हारा नाम क्या है?

मुस.—नाम तो है रहमान। पचौली में रहता हूँ।

दाऊ.—दूध देती है?

मुस.—हाँ हजूर, एक बेला में तीन सेर दुह लीजिए। अभी दूसरा ही तो बेत है। इतनी सीधी है कि बच्चा भी दुह ले। बच्चे पैर के पास खेलते रहते हैं, पर क्या मजाल कि सिर भी हिलावे।

दाऊ.—कोई तुम्हें यहाँ पहचानता है।

मुख्तार साहब को शुबहा हुआ कि कहीं चोरी का माल न हो।

मुस.—नहीं, हजूर, ग़रीब आदमी हूँ, मेरी किसी से जान-पहचान नहीं है।

दाऊ.—क्या दाम माँगते हो?

रहमान ने 50 रु. बतलाए। मुख्तार साहब को 30 रु. का माल जँचा। कुछ देर तक दोनों ओर से मोल-भाव होता रहा। एक को रुपयों की ग़रज़ थी और दूसरे को गऊ की चाह। सौदा पटने में कोई कठिनाई न हुई। 35 रु. पर सौदा तय हो गया।

रहमान ने सौदा तो चुका लिया; पर अब भी वह मोह के बंधन में पड़ा हुआ था। कुछ देर तक सोच में डूबा खड़ा रहा, फिर गऊ को लिए मंद गति से दाऊदयाल के पीछे-पीछे चला। अब एक आदमी ने कहा—अबे हम 36 रु. देते हैं। हमारे साथ चल।

रहमान—नहीं देते तुम्हें; क्या कुछ ज़बरदस्ती है?

दूसरे आदमी ने कहा—हमसे 40 रु. ले ले, अब तो ख़ुश हुआ?

यह कहकर उसने रहमान के हाथ से गाय को ले लेना चाहा; मगर रहमान ने हामी न भरी। आख़िर उन सबने निराश होकर अपनी राह ली।

रहमान जब ज़रा दूर निकल गया, तो दाऊदयाल से बोला—हजूर, आप हिन्दू हैं इसे लेकर आप पालेंगे, इसकी सेवा करेंगे। ये सब कसाई हैं, इनके हाथ मैं 50 रु. की भी कभी न

बेचता। आप बड़े मौक़े से आ गए, नहीं तो ये सब ज़बरदस्ती से गऊ को छीन ले जाते। बड़ी बिपत में पड़ गया हूँ सरकार, तब यह गाय बेचने निकला हूँ। नहीं तो इस घर की लक्ष्मी को कभी न बेचता। इसे अपने हाथों से पाला-पोसा है। कसाइयों के हाथ कैसे बेच देता? सरकार, इसे जितनी ही खली देंगे, उतना ही यह दूध देगी। भैंस का दूध भी इतना मीठा और गाढ़ा नहीं होता। हजूर से एक अरज और है, अपने चरवाहे को डाँट दीजिएगा कि इसे मारे-पीटे नहीं।

दाऊदयाल ने चकित हो कर रहमान की ओर देखा। भगवान्! इस श्रेणी के मनुष्य में भी इतना सौजन्य, इतनी सहृदयता है! यहाँ तो बड़े-बड़े तिलक त्रिपुंडधारी महात्मा कसाइयों के हाथ गउएँ बेच जाते हैं; एक पैसे का घाटा भी नहीं उठाना चाहते। और यह ग़रीब 5 रु. का घाटा सहकर इसलिए मेरे हाथ गऊ बेच रहा है कि यह किसी कसाई के हाथ न पड़ जाए। ग़रीबों में भी इतनी समझ हो सकती है!

उन्होंने घर आकर रहमान को रुपए दिए। रहमान ने रुपए गाँठ में बाँधे, एक बार फिर गऊ को प्रेम-भरी आँखों से देखा और दाऊदयाल को सलाम करके चला गया।

रहमान एक ग़रीब किसान था और ग़रीब के सभी दुश्मन होते हैं। ज़मींदार ने इजाफा-लगान का दावा दायर किया था। उसी की जवाबदेही करने के लिए रुपयों की ज़रूरत थी। घर में बैलों के सिवा और कोई सम्पत्ति न थी। वह इस गऊ को प्राणों से भी प्रिय समझता था; पर रुपयों की कोई तदबीर न हो सकी, तो विवश होकर गाय बेचनी पड़ी।

2

पचौली में मुसलमानों के कई घर थे। अबकी कई साल के बाद हज का रास्ता खुला था। पाश्चात्य महासमर के दिनों में राह बन्द थी। गाँव के कितने ही स्त्री-पुरुष हज करने चले। रहमान की बूढ़ी माता भी हज के लिए तैयार हुई। रहमान से बोली—बेटा, इतना सबाब करो। बस मेरे दिल में यही एक अरमान बाक़ी है। इस अरमान को लिए हुए क्यों दुनिया से जाऊँ; ख़ुदा तुमको इस नेकी की सज़ा (फल) देगा। मातृभक्ति ग्रामीणों का विशिष्ट गुण है। रहमान के पास इतने रुपए कहाँ थे कि हज के लिए काफ़ी होते; पर माता की आज्ञा कैसे टालता? सोचने लगा, किसी से उधार ले लूँ। कुछ अबकी ऊख पेरकर दे दूँगा, कुछ अगले साल चुका दूँगा। अल्लाह के फजल से ऊख ऐसी हुई कि कभी न हुई थी। यह माँ की दुआ ही का फल है। मगर किससे लूँ? कम से कम 200 रु. हों, तो काम चले। किसी महाजन से जान-पहचान भी तो नहीं है। यहाँ जो दो-एक बनिये लेन-देन करते हैं, वे तो असामियों की गरदन ही रेतते हैं। चलूँ, लाला दाऊदयाल के पास। इन सबसे तो वही अच्छे हैं। सुना है, वादे पर रुपए लेते हैं, किसी तरह नहीं छोड़ते, लोनी चाहे दीवार को छोड़ दे, दीमक चाहे लकड़ी को छोड़ दे पर वादे पर रुपए न मिले, तो वह असामियों को नहीं छोड़ते। बात पीछे करते हैं, नालिश पहले। हाँ, इतना है कि असामियों की आँख में धूल नहीं झोंकते, हिसाब-किताब साफ़ रखते हैं। कई दिन वह इसी सोच-विचार में पड़ा रहा कि उनके पास जाऊँ या न जाऊँ। अगर कहीं वादे पर रुपए न पहुँचे, तो? बिना नालिश किए न मानेंगे। घर-बार, बैल-बधिया, सब नीलाम करा लेंगे। लेकिन जब कोई वश न चला, तो हारकर दाऊदयाल के ही पास गया और रुपए क़र्ज़ माँगे।

दाऊ.—तुम्हीं ने तो मेरे हाथ गऊ बेची थी न?

रहमान—हाँ हजूर!

दाऊ.—रुपए तो तुम्हें दे दूँगा, लेकिन मैं वादे पर रुपए लेता हूँ। अगर वादा पूरा न किया, तो तुम जानो। फिर मैं ज़रा भी रिआयत न करूँगा। बताओ कब दोगे?

रहमान ने मन में हिसाब लगाकर कहा—सरकार, दो साल की मियाद रख लें।

दाऊ.—अगर दो साल में न दोगे, तो ब्याज की दर 32 रु. सैकड़े हो जाएगी। तुम्हारे साथ इतनी मुरौवत करूँगा कि नालिश न करूँगा।

रहमान—जो चाहे कीजिएगा। हजूर के हाथ में ही तो हूँ।

रहमान को 200 रु. के 180 रु. मिले। कुछ लिखाई कट गई, कुछ नज़राना निकल गया, कुछ दलाली में आ गया। घर आया, थोड़ा-सा गुड़ रखा हुआ था, उसे बेचा और स्त्री को समझा-बुझाकर माता के साथ हज को चला।

3

मियाद गुज़र जाने पर लाला दाऊदयाल ने तकाजा किया। एक आदमी रहमान के घर भेजकर उसे बुलाया और कठोर स्वर में बोले—क्या अभी दो साल नहीं पूरे हुए! लाओ, रुपए कहाँ हैं?

रहमान ने बड़े दीन भाव से कहा—हजूर, बड़ी गर्दिश में हूँ। अम्माँ जब से हज करके आई हैं, तभी से बीमार पड़ी हुई हैं। रात-दिन उन्हीं की दवा-दारू में दौड़ते गुज़रता है। जब तक जीती हैं हजूर कुछ सेवा कर लूँ, पेट का धंधा तो ज़िन्दगी-भर लगा रहेगा। अबकी कुछ फ़सिल नहीं हुई हजूर। ऊख पानी बिना सूख गई। सन खेत में पड़े-पड़े सूख गया। धोने की मुहलत न मिली। रबी के लिए खेत जोत न सका, परती पड़े हुए हैं। अल्लाह ही जानता है, किस मुसीबत से दिन कट रहे हैं। हजूर के रुपए कौड़ी-कौड़ी अदा करूँगा, साल-भर की और मुहलत दीजिए। अम्माँ अच्छी हुई और मेरे सिर से बला टली।

दाऊदयाल ने कहा—32 रुपए सैकड़े ब्याज हो जाएगा।

रहमान ने जवाब दिया—जैसी हजूर की मरजी।

रहमान यह वादा करके घर आया, तो देखा माँ का अन्तिम समय आ पहुँचा है। प्राण-पीड़ा हो रही है, दर्शन बदे थे, सो हो गए। माँ ने बेटे को एक बार वात्सल्य दृष्टि से देखा, आशीर्वाद दिया और परलोक सिधारी। रहमान अब तक गरदन तक पानी में था, अब पानी सिर पर आ गया।

इस वक़्त पड़ोसियों से कुछ उधार लेकर दफ़न-कफ़न का प्रबंध किया, किन्तु मृत आत्मा की शांति और परितोष के लिए ज़कात और फ़ातिहे की ज़रूरत थी, क़ब्र बनवानी ज़रूरी थी, बिरादरी का खाना, ग़रीबों को खैरात, कुरान की तलावत और ऐसे कितने ही संस्कार करने परमावश्यक थे।

मातृ-सेवा का इसके सिवा अब और कौन-सा अवसर हाथ आ सकता था। माता के प्रति समस्त सांसारिक और धार्मिक कर्तव्यों का अंत हो रहा था। फिर तो माता की स्मृति-मात्र रह जाएगी, संकट के समय फ़रियाद सुनाने के लिए। मुझे ख़ुदा ने सामर्थ्य दी होती, तो इस वक़्त क्या कुछ न करता; लेकिन अब क्या अपने पड़ोसियों से भी गया-गुज़रा हूँ!

उसने सोचना शुरू किया, रुपए लाऊँ कहाँ से? अब तो लाला दाऊदयाल भी न देंगे। एक बार उनके पास जाकर देखूँ तो सही, कौन जाने, मेरी बिपत का हाल सुनकर

उन्हें दया आ जाए। बड़े आदमी हैं, कृपादृष्टि हो गई, तो सौ-दो-सौ उनके लिए कौन बड़ी बात है।

इस भाँति मन में सोच-विचार करता हुआ वह लाला दाऊदयाल के पास चला। रास्ते में एक-एक क़दम मुश्किल से उठता था। कौन मुँह लेकर जाऊँ? अभी तीन ही दिन हुए हैं, साल-भर में पिछले रुपए अदा करने का वादा करके आया हूँ। अब जो 200 रु. और माँगूँगा, तो वह क्या कहेंगे। मैं ही उनकी जगह पर होता तो कभी न देता। उन्हें ज़रूर सन्देह होगा कि यह आदमी नीयत का बुरा है। कहीं दुत्कार दिया, घुड़कियाँ दीं, तो? पूछें, तेरे पास ऐसी कौन-सी बड़ी जायदाद है, जिस पर रुपए की थैली दे दूँ, तो क्या जवाब दूँगा? जो कुछ जायदाद है, वह यही दोनों हाथ हैं। उसके सिवा यहाँ क्या है? घर को कोई सेंत भी न पूछेगा। खेत हैं, तो ज़मींदार के, उन पर अपना कोई काबू ही नहीं। बेकार जा रहा हूँ, वहाँ धक्के खाकर निकलना पड़ेगा, रही-सही आबरू भी मिट्टी में मिल जाएगी।

परन्तु इन निराशाजनक शंकाओं के होने पर भी वह धीरे-धीरे आगे बढ़ा चला जाता था, जैसे कोई अनाथ विधवा थाने फ़रियाद करने जा रही हो।

लाला दाऊदयाल कचहरी से आकर अपने स्वभाव के अनुसार नौकरों पर बिगड़ रहे थे—द्वार पर पानी क्यों नहीं छिड़का, बरामदे में कुर्सियाँ क्यों नहीं निकाल रखीं? इतने में रहमान सामने जाकर खड़ा हो गया।

लाला साहब झल्लाए तो बैठे थे रुष्ट होकर बोले—तुम क्या करने आए हो जी? क्यों मेरे पीछे पड़े हो। मुझे इस वक़्त बातचीत करने की फुरसत नहीं है।

रहमान कुछ न बोल सका। यह डाँट सुनकर इतना हताश हुआ कि उलटे पैरों लौट पड़ा। हुई न वही बात! यही सुनने तो मैं आया था? मेरी अकल पर पत्थर पड़ गए थे!

दाऊदयाल को कुछ दया आ गई। जब रहमान बरामदे के नीचे उतर गया, तो बुलाया, ज़रा नर्म होकर बोले—कैसे आए थे जी! क्या कुछ काम था?

रहमान—नहीं सरकार, यों ही सलाम करने चला आया था।

दाऊ.—एक कहावत है—सलामे रोस्ताई बेग़रज नेस्त—किसान बिना मतलब के सलाम नहीं करता। क्या मतलब है कहो।

रहमान फूट-फूटकर रोने लगा। दाऊदयाल ने अटकल से समझ लिया। इसकी माँ मर गई। पूछा—क्यों रहमान, तुम्हारी माँ सिधार तो नहीं गईं?

रहमान—हाँ हजूर, आज तीसरा दिन है।

दाऊ.—रो न, रोने से क्या फ़ायदा? सब्र करो, ईश्वर को जो मंजूर था, वह हुआ। ऐसी मौत पर ग़म न करना चाहिए। तुम्हारे हाथों उनकी मिट्टी ठिकाने लग गई। अब और क्या चाहिए?

रहमान—हजूर, कुछ अरज करने आया हूँ, मगर हिम्मत नहीं पड़ती। अभी पिछला ही पड़ा हुआ है, और अब किस मुँह से माँगूँ? लेकिन अल्लाह जानता है, कहीं से एक पैसा मिलने की उम्मेद नहीं और काम ऐसा आ पड़ा है कि अगर न करूँ, तो ज़िन्दगी-भर पछतावा रहेगा। आपसे कुछ कह नहीं सकता। आगे आप मालिक हैं। यह समझकर दीजिए कि कुएँ में डाल रहा हूँ। ज़िंदा रहूँगा तो एक-एक कौड़ी मय सूद के अदा कर दूँगा। मगर इस घड़ी नहीं न कीजिएगा।

दाऊ.—तीन सौ तो हो गए। दो सौ फिर माँगते हो। दो साल में कोई सात सौ रुपए हो जाएँगे। इसकी ख़बर है या नहीं?

रहमान—ग़रीबपरवर! अल्लाह दे, तो दो बीघे ऊख में पाँच सौ आ सकते हैं। अल्लाह ने चाहा, तो मियाद के अन्दर आपकी कौड़ी-कौड़ी अदा कर दूँगा।

दाऊदयाल ने दो सौ रुपए फिर दे दिए। जो लोग उनके व्यवहार से परिचित थे, उन्हें उनकी इस रिआयत पर बड़ा आश्चर्य हो रहा था।

4

खेती की हालत अनाथ बालक की-सी है। जल और वायु अनुकूल हुए तो अनाज के ढेर लग गए। इनकी कृपा न हुई, तो लहलहाते हुए खेत कपटी मित्र की भाँति दग़ा दे गए। ओला और पाला, सूखा और बाढ़, टिड्डी और लाही, दीमक और आँधी से प्राण बचे तो फसल खलिहान में आई। और खलिहान से आग और बिजली दोनों ही का बैर है। इतने दुश्मनों से बची तो फ़सल नहीं तो फ़ैसला! रहमान ने कलेजा तोड़कर मेहनत की। दिन को दिन और रात को रात न समझा। बीवी-बच्चे दिलोजान से लिपट गए। ऐसी ऊख लगी कि हाथी घुसे, तो समा जाए। सारा गाँव दाँतों तले उँगली दबाता था। लोग रहमान से कहते—यार, अबकी तुम्हारे पौ-बारह हैं। हारे दर्जे सात सौ कहीं नहीं गए। अबकी बेड़ा पार है। रहमान सोचा करता अबकी ज्यों ही गुड़ के रुपए हाथ आए, सब-के-सब ले जाकर लाला दाऊदयाल के क़दमों पर रख दूँगा। अगर वह उसमें से ख़ुद दो-चार रुपए निकालकर देंगे, तो ले लूँगा, नहीं तो अबकी साल और चूनी-चोकर खाकर काट दूँगा।

मगर भाग्य के लिखे को कौन मिटा सकता है। अगहन का महीना था; रहमान खेत की मेठ पर बैठा रखवाली कर रहा था। ओढ़ने को केवल एक पुराने गाढ़े की चादर थी, इसलिए ऊख के पत्ते जला दिए थे। सहसा हवा का एक ऐसा झोंका आया कि जलते हुए पत्ते उड़कर खेत में जा पहुँचे। आग लग गई। गाँव के लोग आग बुझाने दौड़े; मगर आग की लपटें टूटते तारों की भाँति एक हिस्से से उड़कर दूसरे सिर पर जा पहुँचती थीं, सारे उपाय व्यर्थ हुए। पूरा खेत जलकर राख का ढेर हो गया और खेत के साथ रहमान की सारी अभिलाषाएँ नष्ट-भ्रष्ट हो गईं। ग़रीब की कमर टूट गई। दिल बैठ गया। हाथ-पाँव ढीले हो गए। परोसी हुई थाली सामने से छिन गई। घर आया, तो दाऊदयाल के रुपयों की फ़िक्र सिर पर सवार हुई। अपनी कुछ फ़िक्र न थी। बाल-बच्चों की भी फ़िक्र न थी। भूखों मरना और नंगे रहना तो किसान का काम ही है। फ़िक्र क़र्ज़ की। दूसरा साल बीत रहा है। दो-चार दिन में लाला दाऊदयाल का आदमी आता होगा। उसे कौन मुँह दिखाऊँगा? चलकर उन्हीं से चिरौरी करूँ कि साल-भर की मुहलत और दीजिए। लेकिन साल-भर में तो सात सौ के नौ सौ हो जाएँगे। कहीं नालिश कर दी, तो हज़ार ही समझो। साल-भर में ऐसी क्या हुन बरस जाएगी। बेचारे कितने भले आदमी हैं, दो सौ रुपए उठाकर दे दिया। खेत भी तो ऐसे नहीं कि बै-रिहन करके आबरू बचाऊँ। बैल भी ऐसे कौन-से तैयार हैं कि दो-चार सौ मिल जाएँ। आधे भी तो नहीं रहे। अब इज़्ज़त ख़ुदा के हाथ है। मैं तो अपनी-सी करके देख चुका।

सुबह का वक़्त था। वह अपने खेत की मेड़ पर खड़ा अपनी तबाही का दृश्य देख रहा था। देखा, दाऊदयाल का चपरासी कन्धे पर लट्ठ रखे चला आ रहा है। प्राण सूख गए। ख़ुदा, अब तू ही इस मुश्किल को आसान कर। कहीं आते-ही-आते गालियाँ न देने लगे। या अल्लाह कहाँ छिप जाऊँ?

चपरासी ने समीप आकर कहा—रुपए लेकर देना नहीं चाहते? मियाद कल गुज़र गई। जानते हो न सरकार की? एक दिन की भी देर हुई और उन्होंने नालिश ठोकी। बेभाव की पड़ेगी।

रहमान काँप उठा। बोला—यहाँ का हाल तो देख रहे हो न?

चपरासी—यहाँ हाल-हवाल सुनने का काम नहीं। ये चकमे किसी और को देना। सात सौ रुपए ले चलो और चुपके से गिनकर चले आओ।

रहमान—जमादार, सारी ऊख जल गई। अल्लाह जानता है, अबकी कौड़ी-कौड़ी बेबाक कर देता।

चपरासी—मैं यह कुछ नहीं जानता। तुम्हारी ऊख का किसी ने ठेका नहीं लिया। अभी चलो सरकार बुला रहे हैं।

यह कहकर चपरासी उसका हाथ पकड़ कर घसीटता हुआ चला। ग़रीब को घर में जाकर पगड़ी बाँधने का मौक़ा न दिया।

5

पाँच कोस का रास्ता कट गया, और रहमान ने एक बार भी सिर न उठाया। बस, रह-रहकर 'या अली मुश्किलकुशा!' उसके मुँह से निकल जाता था। उसे अब इस नाम का भरोसा था। यही जप हिम्मत को सँभाले हुए था, नहीं तो शायद वह वहीं गिर पड़ता। वह नैराश्य की उस दशा को पहुँच गया था, जब मनुष्य की चेतना नहीं उपचेतना शासन करती है।

दाऊदयाल द्वार पर टहल रहे थे। रहमान जाकर उनके क़दमों पर गिर पड़ा और बोला—ख़ुदाबंद, बड़ी बिपत पड़ी हुई है। अल्लाह जानता है कहीं का नहीं रहा।

दाऊ.—क्या सब ऊख जल गई?

रहमान—हजूर सुन चुके हैं क्या? सरकार जैसे किसी ने खेत में झाड़ू लगा दी हो। गाँव के ऊपर ऊख लगी हुई थी ग़रीबपरवर, यह दैवी आफ़त न पड़ी होती, तो और तो नहीं कह सकता, हजूर से उरिन हो जाता।

दाऊ.—अब क्या सलाह है? देते हो या नालिश कर दूँ।

रहमान—हजूर मालिक हैं, जो चाहें करें। मैं तो इतना ही जानता हूँ कि हजूर के रुपए सिर पर हैं और मुझे कौड़ी-कौड़ी देनी है। अपनी सोची नहीं होती। दो बार वादे किए, दोनों बार झूठा पड़ा। अब वादा न करूँगा जब जो कुछ मिलेगा, लाकर हजूर के क़दमों पर रख दूँगा। मिहनत-मजूरी से, पेट और तन काटकर, जिस तरह हो सकेगा आपके रुपए भरूँगा।

दाऊदयाल ने मुस्कुराकर कहा—तुम्हारे मन में इस वक़्त सबसे बड़ी कौन-सी आरजू है?

रहमान—यही हजूर, कि आपके रुपए अदा हो जाएँ। सच कहता हूँ हजूर अल्लाह जानता है।

दाऊ.—अच्छा तो समझ लो कि मेरे रुपए अदा हो गए।

रहमान—अरे हजूर, यह कैसे समझ लूँ, यहाँ न दूँगा, तो वहाँ तो देने पड़ेंगे।

दाऊ.—नहीं रहमान, अब इसकी फ़िक्र मत करो। मैं तुम्हें आजमाता था।

रहमान—सरकार, ऐसा न कहें। इतना बोझ सिर पर लेकर न मरूँगा।

दाऊ.—कैसा बोझ जी, मेरा तुम्हारे ऊपर कुछ आता ही नहीं। अगर कुछ आता भी हो, तो मैंने माफ़ कर दिया; यहाँ भी, वहाँ भी। अब तुम मेरे एक पैसे के भी देनदार नहीं हो।

असल में मैंने तुमसे जो क़र्ज़ लिया था, वही अदा कर रहा हूँ। मैं तुम्हारा क़र्ज़दार हूँ, तुम मेरे क़र्ज़दार नहीं हो। तुम्हारी गऊ अब तक मेरे पास है। उसने मुझे कम से कम आठ सौ रुपए का दूध दिया है! दो बछड़े नफे में अलग। अगर तुमने यह गऊ कसाइयों को दे दी होती, तो मुझे इतना फ़ायदा क्योंकर होता? तुमने उस वक़्त पाँच रुपए का नुक़सान उठाकर गऊ मेरे हाथ बेची थी। वह शराफत मुझे याद है। उस एहसान का बदला चुकाना मेरी ताक़त से बाहर है। जब तुम इतने ग़रीब और नादान होकर एक गऊ की जान के लिए पाँच रुपए का नुक़सान उठा सकते हो, तो मैं तुम्हारी सौगुनी हैसियत रखकर अगर चार-पाँच सौ रुपए माफ़ कर देता हूँ, तो कोई बड़ा काम नहीं कर रहा हूँ। तुमने भले ही जानकर मेरे ऊपर कोई एहसान न किया हो, पर असल में वह मेरे धर्म पर एहसान था। मैंने भी तो तुम्हें धर्म के काम ही के लिए रुपए दिए थे। बस हम-तुम दोनों बराबर हो गए। तुम्हारे दोनों बछड़े मेरे यहाँ हैं, जी चाहे लेते जाओ, तुम्हारी खेती में काम आएँगे। तुम सच्चे और शरीफ आदमी हो, मैं तुम्हारी मदद करने को हमेशा तैयार रहूँगा। इस वक़्त भी तुम्हें रुपयों की ज़रूरत हो, तो जितने चाहो, ले सकते हो।

रहमान को ऐसा मालूम हुआ कि उसके सामने कोई फरिश्ता बैठा हुआ है। मनुष्य उदार हो, तो फरिश्ता है; और नीच हो, तो शैतान। ये दोनों मानवी वृत्तियों ही के नाम हैं। रहमान के मुँह से धन्यवाद के शब्द भी न निकल सके। बड़ी मुश्किल से आँसुओं को रोककर बोला—हजूर को इस नेकी का बदला ख़ुदा देगा। मैं तो आज से अपने को आपका ग़ुलाम ही समझूँगा।

दाऊ.—नहीं जी, तुम मेरे दोस्त हो।

रहमान—नहीं हजूर, ग़ुलाम।

दाऊ.—ग़ुलाम छुटकारा पाने के लिए जो रुपए देता है, उसे मुक्तिधन कहते हैं। तुम बहुत पहले 'मुक्तिधन' अदा कर चुके। अब भूलकर भी यह शब्द मुँह से न निकालना।

दीक्षा

जब मैं स्कूल में पढ़ता था, गेंद खेलता था और अध्यापक महोदयों की घुड़कियाँ खाता था, अर्थात् मेरी किशोरावस्था थी, न ज्ञान का उदय हुआ था और न बुद्धि का विकास, उस समय मैं टेंपरेंस एसोसिएशन (नशानिवारणी सभा) का उत्साही सदस्य था। नित्य उसके जलसों में शरीक होता, उसके लिए चन्दा वसूल करता। इतना ही नहीं, व्रतधारी भी था और इस व्रत के पालन का अटल संकल्प कर चुका था। प्रधान महोदय ने मेरे दीक्षा लेते समय जब पूछा—'तुम्हें विश्वास है कि जीवन-पर्यंत इस व्रत पर अटल रहोगे?' तो मैंने निश्शंक भाव से उत्तर दिया—'हाँ, मुझे पूर्ण विश्वास है।' प्रधान ने मुस्कुराकर प्रतिज्ञा-पत्र मेरे सामने रख दिया। उस दिन मुझे कितना आनंद हुआ था! गौरव से सिर उठाए घूमता-फिरता था। कई बार पिताजी से भी बे-अदबी कर बैठा, क्योंकि वह संध्या समय थकान मिटाने के लिए एक गिलास पी लिया करते थे। मुझे यह असह्य था। कहूँगा ईमान की। पिताजी ऐब करते थे, पर हुनर के साथ। ज्यों ही ज़रा-सा सरूर आ जाता, आँखों में सुर्खी की आभा झलकने लगती कि ब्यालू करने बैठ जाते—बहुत ही सूक्ष्माहारी थे—और फिर रात-भर के लिए माया-मोह

के बंधनों से मुक्त हो जाते। मैं उन्हें उपदेश देता था। उनसे वाद-विवाद करने पर उतारू हो जाता था। एक बार तो मैंने ग़ज़ब कर डाला था। उनकी बोतल और गिलास को पत्थर पर इतनी ज़ोर से पटका कि भगवान् कृष्ण ने कंस को भी इतनी ज़ोर से न पटका होगा। घर में काँच के टुकड़े फैल गए और कई दिनों तक नग्न चरणों से फिरनेवाली स्त्रियों के पैरों से ख़ून बहा; पर मेरा उत्साह तो देखिए! पिता की तीव्र दृष्टि की परवा न की। पिता जी ने आकर अपनी संजीवनी-प्रदायिनी बोतल का यह शोक समाचार सुना तो सीधे बाज़ार गए और एक क्षण में ताक के शून्य-स्थान की फिर पूर्ति हो गई। मैं देवासुर-संग्राम के लिए कमर कसे बैठा था; मगर पिताजी के मुख पर लेशमात्र भी मैल न आया। उन्होंने मेरी ओर उत्साहपूर्ण दृष्टि से देखा—अब मुझे मालूम होता है कि वह आत्मोल्लास, विशुद्ध सत्कामना और अलौकिक स्नेह से परिपूर्ण थी—और मुस्कुरा दिए। उसी तरह मुस्कुराए, जैसे कई मास पहले प्रधान महोदय मुस्कुराए थे। अब उनके मुस्कुराने का आशय समझ रहा हूँ, उस समय न समझ सका। बस, इतनी ही ज्ञान की वृद्धि हुई है। उस मुस्कान में कितना व्यंग्य था, मेरे बाल-व्रत का कितना उपहास और मेरी सरलता पर कितनी दया थी, अब उसका मर्म समझा हूँ!

मैं अपने कॉलेज में अपने व्रत पर दृढ़ रहा। मेरे कितने ही मित्र संयमशील न थे। मैं आदर्श-चरित्र समझा जाता था। कॉलेज में उस संकीर्णता का निर्वाह कहाँ। बुद्धू बना दिया जाता, कोई मुल्ला की पदवी देता, कोई नासेह कहक़र मज़ाक़ उड़ाता! मित्रगण व्यंग्य-भाव में कहते—'हाय अफ़सोस, तूने पी ही नहीं!' सारांश यह कि यहाँ मुझे उदार बनना पड़ा। मित्रों को कमरे में चुसकियाँ लगाते देखता; और बैठा रहता। भंग घुटती और मैं देखा करता। लोग आग्रहपूर्वक कहते—'अजी, ज़रा लो भी।' तो विनीत भाव से कहता—'क्षमा कीजिए, यह मेरे सिस्टम को सूट नहीं करती।' सिद्धांत के बदले अब मुझे शारीरिक असमर्थता का बहाना करना पड़ा। वह सत्याग्रह का जोश, जिसने पिता की बोतल पर हाथ साफ़ किया था, ग़ायब हो गया था। यहाँ तक कि एक बार जब कॉलेज के चौथे वर्ष में मेरे लड़का पैदा होने की ख़बर मिली, तो मेरी उदारता की हद हो गई। मैंने मित्रों के आग्रह से मज़बूर होकर उनकी दावत की और अपने हाथों से ढाल-ढालकर उन्हें पिलाई। उस दिन साकी बनने में हार्दिक आनंद मिल रहा था। उदारता वास्तव में सिद्धांत से गिर जाने, आदर्श से च्युत हो जाने का ही दूसरा नाम है। अपने मन को समझाने के लिए युक्तियों का अभाव कभी नहीं होता। संसार में सबसे आसान काम अपने को धोखा देना है। मैंने ख़ुद तो नहीं पी, पिला दी, इसमें मेरा क्या नुक़सान? दोस्तों की दिलशिकनी तो नहीं की? मज़ा तो जभी है कि दूसरों को पिलाए और ख़ुद न पिए।

ख़ैर, कॉलेज से मैं बेदाग़ निकल आया। अपने शहर में वकालत शुरू की। सुबह से आधी रात तक चक्की में जुतना पड़ा। वे कॉलेज के सैर-सपाटे, आमोद-विनोद, सब स्वप्न हो गए। मित्रों की आमदरफ्त बन्द हुई, यहाँ तक कि छुट्टियों में भी दम मारने की फ़ुरसत न मिलती। जीवन-संग्राम कितना विकट है, इसका अनुभव हुआ। इसे संग्राम कहना ही भ्रम है। संग्राम की उमंग, उत्तेजना, वीरता और जय-ध्वनि यहाँ कहाँ? यह संग्राम नहीं, ठेलम-ठेल, धक्का-पेल है। यहाँ 'चाहे धक्के खाएँ, मगर तमाशा घुसकर देखें' की दशा है। माशूक का वस्ल कहाँ, उसकी चौखट को चूमना, दरबान की गालियाँ खाना और अपना-सा मुँह लेकर चले आना। दिन-भर बैठे-बैठे अरुचि हो जाती। मुश्किल से दो चपातियाँ खाता और मन में

कहता—'क्या इन्हीं दो चपातियों के लिए यह सिर-मग्जन और यह दीदा-रेजी है? मरो, खपो और व्यर्थ के लिए! इसके साथ यह अरमान भी थी कि अपनी मोटर हो, विशाल भवन हो, थोड़ी-सी ज़मींदारी हो, कुछ रुपए बैंक में हों; पर यह सब हुआ भी, तो मुझे क्या? संतान उनका सुख भोगेगी, मैं तो व्यर्थ ही मरा। मैं तो ख़ज़ाने का साँप ही रहा। नहीं, यह नहीं हो सकता। मैं दूसरों के लिए ही प्राण न दूँगा, अपनी मिहनत का मज़ा ख़ुद भी चखूँगा। क्या करूँ? कहीं सैर करने चलूँ? मुवक्किल सब तितर-बितर हो जाएँगे! ऐसा नामी वकील तो हूँ नहीं कि मेरे बग़ैर काम ही न चले और कतिपय नेताओं की भाँति असहयोग-व्रत धारण करने पर भी कोई बड़ा शिकार देखूँ, तो झपट पड़ूँ। यहाँ तो पिद्दी, बटेर, हारिल इन्हीं सब पर निशाना मारना है। फिर क्या रोज़ थिएटर जाया करूँ? फ़िज़ूल है। कहीं दो बजे रात को सोना नसीब होगा, बिना मौत मर जाऊँगा। आख़िर मेरे हमपेशा और भी तो हैं? वे क्या करते हैं जो उन्हें बराबर ख़ुश और मस्त देखता हूँ? मालूम होता है, उन्हें कोई चिन्ता ही नहीं है। स्वार्थ-सेवा अँग्रेज़ी शिक्षा का प्राण है। पूर्व संतान के लिए, यश के लिए, धर्म के लिए मरता है, पश्चिम अपने लिए। पूर्व में घर का स्वामी सबका सेवक होता है, वह सबसे ज़्यादा काम करता, दूसरों को खिलाकर खाता, दूसरों को पहना कर पहनता है; किन्तु पश्चिम में वह सबसे अच्छा खाना, अच्छा पहनना अपना अधिकार समझता है। यहाँ परिवार सर्वोपरि है, वहाँ व्यक्ति सर्वोपरि है। हम बाहर से पूर्व और भीतर से पश्चिम हैं। हमारे सत् आदर्श दिन-दिन लुप्त होते जा रहे हैं। मैंने सोचना शुरू किया, इतने दिनों की तपस्या से मुझे क्या मिल गया? दिन-भर छाती फाड़कर काम करता हूँ, आधी रात को मुँह ढाँपकर सो रहता हूँ। यह भी कोई ज़िन्दगी है? कोई सुख नहीं, मनोरंजन का कोई सामान नहीं; दिन-भर काम करने के बाद टेनिस क्या खाक खेलूँगा? हवाखोरी के लिए भी तो पैरों में जूता चाहिए! ऐसे जीवन को रसमय बनाने के लिए केवल एक ही उपाय है—आत्म-विस्मृति, जो एक क्षण के लिए मुझे संसार की चिन्ताओं से मुक्त कर दे। मैं अपनी परिस्थिति को भूल जाऊँ, अपने को भूल जाऊँ, ज़रा हँसूँ, ज़रा क़हक़हा मारूँ, ज़रा मन में स्फूर्ति आए। केवल एक ही बूटी है, जिसमें ये गुण हैं और वह मैं जानता हूँ। कहाँ की प्रतिज्ञा, कहाँ का व्रत, वे बचपन की बातें थीं। उस समय क्या जानता था कि मेरी यह हालत होगी? नवस्फूर्ति का बाहुल्य था, पैरों में शक्ति थी, घोड़े पर सवार होने की क्या ज़रूरत थी? तब जवानी का नशा था। अब वह कहाँ? यह भावना मेरे पूर्व संचित समय की जड़ों को हिलाने लगी। यह नित्य नई-नई युक्तियों से सशक्त होकर आती थी। क्यों, क्या तुम्हीं सबसे अधिक बुद्धिमान् हो? सब तो पीते हैं। जजों को देखो, इजलास छोड़कर जाते और पी आते हैं। प्राचीन काल में ऐसे व्रत निभ जाते थे, जब जीविका इतनी प्राणघातक न थी। लोग हँसेंगे ही न कि बड़े व्रतधारी की दुम बने थे, आख़िर आ गए न चक्कर में! हँसने दो, मैंने नाहक व्रत लिया। उसी व्रत के कारण इतने दिनों की तपस्या करनी पड़ी। नहीं पी तो कौन-सा बड़ा आदमी हो गया, कौन सम्मान पा लिया? पहले किताबों में पढ़ा करता था, यह हानि होती है, वह हानि होती है; मगर कहीं तो नुक़सान होते नहीं देखता। हाँ पियक्कड़, मदमस्त हो जाने की बात और है। उस तरह तो अच्छी-से-अच्छी वस्तु का दुरुपयोग भी हानिप्रद होता है। ज्ञान भी जब सीमा से बाहर हो जाता है, तो नास्तिकता के क्षेत्र में पहुँचता है। पीना चाहिए एकान्त में, चेतना को जागृत करने के लिए, सुलाने के लिए नहीं; बस पहले दिन ज़रा-ज़रा झिझक होगी। फिर किसका डर है। ऐसी आयोजना करनी चाहिए कि लोग मुझे ज़बरदस्ती

पिला दें, जिसमें अपनी शान बनी रहे। जब एक दिन प्रतिज्ञा टूट जाएगी, तो फिर मुझे अपनी सफाई पेश करने की ज़रूरत न रहेगी, घरवालों के सामने भी आँखें नीची न करनी पड़ेंगी।

2

मैंने निश्चय किया, यह अभिनय होली के दिन हो। इस दीक्षा के लिए इससे उत्तम मुहूर्त कौन होगा?

होली पीने-पिलाने का दिन है। उस दिन मस्त हो जाना क्षम्य है। पवित्र होली अगर हो सकती है, तो पवित्र चोरी, पवित्र रिश्वत-सितानी भी हो सकती है।

होली आई, अबकी बहुत इंतज़ार के बाद आई। मैंने दीक्षा लेने की तैयारी शुरू की। कई पीनेवालों को निमंत्रित किया। केलनर की दुकान से व्हिस्की और शामपेन मँगवाई; लेमनेड, सोडा, बर्फ़, गजक, खमीरा, तम्बाकू वग़ैरह सब सामान मँगवाकर लैस कर दिया। कमरा बहुत बड़ा न था। क़ानूनी किताबों की आलमारियाँ हटवा दीं, फ़र्श बिछवा दिया और शाम को मित्रों का इंतज़ार करने लगा, जैसे चिड़िया पंख फैलाए बहेलियों को बुला रही हो।

मित्रगण एक-एक करके आने लगे। नौ बजते-बजते सब-के-सब आ बिराजे। उनमें कई तो ऐसे थे, चुल्लू में उल्लू हो जाते थे, पर कितने ही कुम्भज ऋषि के अनुयायी थे—पूरे समुद्र-सोख, बोतल-की-बोतल गटागट जाएँ और आँखों में सुर्खी न आए! मैंने बोतल, गिलास और गजक की तश्तरियाँ सामने लाकर रखीं।

एक महाशय बोले—यार, बर्फ़ और सोडे के बग़ैर लुत्फ न आएगा।

मैंने उत्तर दिया—मँगवा रखा है, भूल गया था।

एक—तो फिर बिस्मिल्ला हो।

दूसरा—साकी कौन होगा?

मैं—यह खिदमत मेरे सिपुर्द कीजिए।

मैंने प्यालियाँ भर-भरकर देनी शुरू कीं और यार लोग पीने लगे। हू-हक का बाज़ार गर्म हुआ; अश्लील हास-परिहास की आँधी-सी चलने लगी; पर मुझे कोई न पूछता था। ख़ूब अच्छा उल्लू बना! शायद मुझसे कहते हुए सकुचाते हैं। कोई मज़ाक़ से भी नहीं कहता, मानो मैं वैष्णव हूँ। इन्हें कैसे इशारा करूँ? आख़िर सोचकर बोला—मैंने तो कभी पी ही नहीं।

एक मित्र—क्यों नहीं पी? ईश्वर के यहाँ आपको इसका जवाब देना पड़ेगा!

दूसरा—फ़रमाइए जनाब, फ़रमाइए, फ़रमाइए, क्या जवाब दीजिएगा। मैं ही उसकी तरफ़ से पूछता हूँ—क्यों नहीं पीते?

मैं—अपनी तबीयत, नहीं जी चाहता।

दूसरा—यह तो कोई जवाब नहीं। कोदो देकर वकालत पास की थी क्या?

तीसरा—जवाब दीजिए, जवाब। दीजिए, दीजिए। आपने समझा क्या है, ईश्वर को आपने ऐसा-वैसा समझ लिया है क्या?

दूसरा—क्या आपको कोई धार्मिक आपत्ति है?

मैंने कहा—हो सकता है।

तीसरा—वाह रे धर्मात्मा! क्यों न हो, आप बड़े धर्मात्मा हैं। ज़रा आपकी दुम देखूँ?

मैं—क्या धर्मात्मा आदमियों के दुम होती है?

चौथा—और क्या, किसी के एक हाथ की, किसी के दो हाथ की। आप हैं किस फेर में। दुमदारों के सिवा आज धर्मात्मा है ही कौन? हम सब पापात्मा हैं।

तीसरा—धर्मात्मा वकील, ओ हो, धर्मात्मा वेश्या, ओ हो!

दूसरा—धार्मिक आपत्ति तो आपको हो ही नहीं सकती। वकील होना धार्मिक विचारों से शून्य होने का चिह्न है।

मैं—भाई, मुझे सूट नहीं करती?

तीसरा—अब मार लिया, मूजी को मार लिया, आपको सूट नहीं करती। मैं सूट करा दूँ?

दूसरा—क्या किसी डॉक्टर ने मना किया है?

मैं—नहीं।

तीसरा—वाह वाह! आप ख़ुद ही डॉक्टर बन गए। अमृत आपको सूट नहीं करता। अरे धर्मात्माजी, एक बार पी के देखिए।

दूसरा—मुझे आपके मुँह से यह सुनकर आश्चर्य हुआ। भाईजी, यह दवा है, महौषधि है, यही सोमरस है। कहीं आपने टेंपरेंस की प्रतिज्ञा तो नहीं ले ली है।

मैं—मान लीजिए, ली हो, तो?

तीसरा—तो आप बुद्धू हैं, सीधे-सीधे कोरे बुद्धू!

चौथा—

जाम चलने को है सब, अहले-नज़र बैठे हैं,
आँख साक़ी न चुराना, हम इधर बैठे हैं।

दूसरा—हम सभी टेंपरेंस के प्रतिज्ञाधारी हैं, पर जब वह हम ही नहीं रहे, तो वह प्रतिज्ञा कहाँ रही? हमारे नाम वही हैं, पर हम वह नहीं हैं। जहाँ लड़कपन की बातें की गईं, वहीं वह प्रतिज्ञा भी गई।

मैं—आख़िर इससे फ़ायदा क्या है?

दूसरा—यह तो पीने ही से मालूम हो सकता है। एक प्याली पीजिए, फ़ायदा न मालूम हो, तो फिर न पीजिएगा।

तीसरा—मारा, मारा अब मूजी को पिलाकर छोड़ेंगे।

चौथा—

ऐसे में ख़्वार हैं दिन-रात पिया करते हैं,
हम तो सोते में तेरा नाम लिया करते हैं।

पहला—तुम लोगों से न बनेगा मैं पिलाना जानता हूँ।

यह महाशय मोटे-ताजे आदमी थे। मेरा टेटुआ दबाया और प्याली मुँह से लगा दी। मेरी प्रतिज्ञा टूट गई, दीक्षा मिल गई, मुराद पूरी हुई, किन्तु बनावटी क्रोध से बोला—आप लोग अपने साथ मुझे भी ले डूबे।

दूसरा—मुबारक हो, मुबारक!

तीसरा—मुबारक, मुबारक, सौ बार मुबारक!

3

नवदीक्षित मनुष्य बड़ा धर्मपरायण होता है। मैं संध्या समय दिन-भर की वाग्वितंडा से छुटकारा पाकर जब एकान्त में, अथवा दो-चार मित्रों के साथ बैठकर प्याले-पर-प्याले चढ़ाता, तो चित्त उल्लसित हो उठता था। रात को निद्रा ख़ूब आती थी, पर प्रात:काल अंग-अंग में पीड़ा होती, अँगड़ाइयाँ आतीं, मस्तिष्क शिथिल हो जाता, यही जी चाहता कि आराम से पलंग पर लेटा रहूँ। मित्रों ने सलाह दी कि खुमारी उतारने के लिए सबेरे भी एक पेग पी लिया जाए, तो अति उत्तम है। मेरे मन में भी बात बैठ गई। मुँह-हाथ धोकर पहले संध्या किया करता था। अब मुँह-हाथ धोकर चट अपने कमरे के एकान्त में बोतल लेकर बैठ जाता। मैं इतना जानता था कि नशीली चीज़ों का चसका बुरा होता है, आदमी धीरे-धीरे उनका दास हो जाता है। यहाँ तक कि वह उनके बग़ैर कुछ काम ही नहीं कर सकता; परन्तु ये बातें जानते हुए भी मैं उनके वशीभूत होता जाता था। यहाँ तक नौबत पहुँची कि नशे के बग़ैर कुछ काम ही न कर सकता। जिसे आमोद के लिए मुँह लगाया था वह साल ही भर में मेरे लिए जल और वायु की भाँति अत्यंत आवश्यक हो गई। अगर कभी किसी मुक़दमे में बहस करते-करते देर हो जाती, तो ऐसी थकावट चढ़ती थी, मानो मंज़िलों चला हूँ। उस दशा में घर आता, तो अनायास ही बात-बात पर झुंझलाता। कहीं नौकर को डाँटता, कहीं बच्चों को पीटता, कहीं स्त्री पर गरम होता। यह सब कुछ था; पर मैं कतिपय अन्य शराबियों की भाँति नशा आते ही दून की न लेता था, अनर्गल बातें न करता था, हल्ला न मचाता था, न मेरे स्वास्थ्य पर ही मदिरा-सेवन का कुछ बुरा असर नज़र आता था।

बरसात के दिन थे। नदी-नाले बढ़े हुए थे। हुक्काम बरसात में भी दौरे करते हैं। उन्हें अपने भत्ते से मतलब। प्रजा को कितना कष्ट होता है, इससे उन्हें कुछ सरोकार नहीं। मैं एक मुक़दमे में दौरे पर गया। अनुमान किया था कि संध्या तक लौट आऊँगा; मगर नदियों का चढ़ाव-उतार पड़ा, दस बजे पहुँचने के बदले शाम को पहुँचा। जंट साहब मेरी प्रतीक्षा कर रहे थे। मुक़दमा पेश हुआ; लेकिन बहस ख़तम होते-होते रात नौ बज गए। मैं अपनी हालत क्या कहूँ। जी चाहता था, जंट साहब को नोच खाऊँ। कभी अपने प्रतिपक्षी वकील की दाढ़ी नोचने को जी चाहता था, जिसने बरबस बहस को इतना बढ़ाया। कभी जी चाहता था, अपना सिर पीट लूँ। मुझे सोच लेना चाहिए था कि आज रात को देर हो गई, तो? जंट मेरा ग़ुलाम तो है नहीं कि जो मेरी इच्छा हो, वही करे। न खड़े रहा जाता, न बैठे। छोटे-मोटे पियक्कड़ मेरी दुर्दशा की कल्पना नहीं कर सकते।

ख़ैर नौ बजते-बजते मुक़दमा समाप्त हुआ; पर अब जाऊँ कहाँ? बरसात की रात, कोसों तक आबादी का पता नहीं। घर लौटना कठिन ही नहीं, असंभव। आस-पास भी कोई ऐसा गाँव नहीं, जहाँ संजीवनी मिल सके। गाँव हो भी तो वहाँ जाए कौन? वकील कोई थानेदार नहीं कि किसी को बेगार में भेज दे। बड़े संकट में पड़ा हुआ था। मुवक्किल चले गए, दर्शक चले गए, बेगार चले गए। मेरा प्रतिद्वंद्वी मुसलमान चपरासी के दस्तरखान में शरीक हो कर डाकबँगले के बरामदे में पड़ा रहा; पर मैं क्या करूँ? यहाँ तो प्राणान्त-सा हो रहा था। वहीं बरामदे में टाट पर बैठा हुआ अपनी क़िस्मत को रो रहा था, न नींद ही आती थी कि इस कष्ट को भूल जाऊँ, अपने को उसी की गोद में सौंप दूँ। ग़ुस्सा अलबत्ते था कि वह दूसरा वकील कितनी मीठी नींद सो रहा है मानो ससुराल में सुख-सेज पर सोया हुआ है।

इधर तो मेरा यह बुरा हाल था, उधर डाक-बँगले में साहब बहादुर गिलास पर गिलास चढ़ा रहे थे। शराब के ढालने की मधुर ध्वनि मेरे कानों में आकर चित्त को और भी व्याकुल कर देती। मुझसे बैठे न रहा गया। धीरे-धीरे चिक के पास गया और अन्दर झाँकने लगा। आह! कैसा जीवनप्रद दृश्य था। सफ़ेद बिल्लौर के गिलास में बर्फ़ और सोडावाटर से अलंकृत अरुण-मुख कामिनी शोभायमान थी; मुँह में पानी भर आया। उस समय कोई मेरा चित्र उतारता तो लोलुपता के चित्रण में बाज़ी मार ले जाता। साहब की आँखों में सुर्खी थी, मुँह पर सुर्खी थी। एकान्त में बैठा पीता और मानसिक उल्लास की लहर में एक अँग्रेज़ी गीत गाता था। कहाँ वह स्वर्ग का सुख और कहाँ यह मेरा नरकभोग! कई बार प्रबल इच्छा हुई कि साहब के पास चल कर एक गिलास माँगूँ; पर डर लगता था कि कहीं शराब के बदले ठोकर मिलने लगे तो यहाँ कोई फ़रियाद सुननेवाला भी नहीं है।

मैं वहाँ तब तक खड़ा रहा, जब तक साहब का भोजन समाप्त न हो गया। मनचाहे भोजन और सुरा-सेवन के उपरांत उसने ख़ानसामा को मेज़ साफ़ करने के लिए बुलाया। ख़ानसामा वहीं मेज़ के नीचे बैठा ऊँघ रहा था। उठा और प्लेट लेकर बाहर निकला, तो मुझे देखकर चौंक पड़ा। मैंने शीघ्र ही उसको आश्वासन दिया—डरो मत, डरो मत, मैं हूँ।

ख़ानसामा ने चकित होकर कहा—आप हैं वकील साहब! क्या हजूर यहाँ खड़े थे?

मैं—हाँ, ज़रा देखता था कि ये सब कैसे खाते-पीते हैं। बहुत शराब पीता है।

ख़ान.—अजी कुछ पूछिए मत। दो बोतल दिन-रात में साफ़ कर डालता है। बीस रु. रोज़ की शराब पी जाता है। दौरे पर चलता है, तो चार दर्जन बोतलों से कम साथ नहीं रखता।

मैं—मुझे भी कुछ आदत है; पर आज न मिली।

ख़ान.—तब तो आपको बड़ी तकलीफ़ हो रही होगी?

मैं—क्या करूँ; यहाँ तो कोई दुकान भी नहीं। समझता था, जल्दी से मुक़दमा हो जाएगा, घर लौट जाऊँगा। इसीलिए कोई सामान साथ न लाया।

ख़ान.—मुझे तो अफ़ीम की आदत है। एक दिन न मिले तो बावला हो जाता हूँ। अमलवाले को चाहे कुछ न मिले, अमल मिल जाए तो उसे कोई फ़िक्र नहीं, खाना चाहे तीन दिन में मिले।

मैं—वही हाल है भाई, भुगत रहा हूँ। ऐसा मालूम होता है, बदन में जान ही नहीं है।

ख़ान.—हजूर को कम-से-कम एक बोतल साथ रख लेनी चाहिए थी। जेब में डाल लेते।

मैं—इतनी ही तो भूल हुई, नहीं रोना काहे का था।

ख़ान.—नींद भी न आती होगी?

मैं—कैसी नींद, दम लबों पर है, न जाने रात कैसे गुज़रेगी।

मैं चाहता था, ख़ानसामा अपनी तरफ़ से मेरी अग्नि शान्त करने का प्रस्ताव करे, जिसमें मुझे लज्जित न होना पड़े। पर ख़ानसामा भी चंट था। बोला—अल्लाह का नाम लेकर सो जाइए, नींद कब तक न आएगी।

मैं—नींद तो न आएगी। हाँ, मर भले ही जाऊँगा। क्या साहब बोतलें गिनकर रखते हैं? गिनते तो क्या होंगे?

ख़ान.—अरे हुजूर, एक ही मूजी है। बोतल पूरी नहीं होती, तो उस पर निशान बना देता है। मजाल है कि एक बूँद भी कम हो जाए।

मैं—बड़ी मुसीबत है, मुझे तो एक गिलास चाहिए। बस, इतना ही चाहता हूँ कि नींद आ जाए। जो इनाम कहो, वह दूँ।

ख़ान.—इनाम तो हुजूर देंगे ही; लेकिन ख़ौफ़ यही है कि कहीं भाँप गया, तो फिर मुझे ज़िंदा न छोड़ेगा।

मैं—यार, लाओ, अब ज़्यादा सब्र की ताब नहीं है।

ख़ान.—आपके लिए जान हाजिर है; पर एक बोतल दस रु. में आती है। मैं कल किसी बेगार से मँगाकर तादाद पूरी कर दूँगा।

मैं—एक बोतल थोड़े ही पी जाऊँगा।

ख़ान.—साथ लेते जाइएगा हुजूर! आधी बोतल ख़ाली मेरे पास रहेगी, तो उसे फ़ौरन शुबहा हो जाएगा। बड़ा शक्की है, मेरा मुँह सूँघा करता है कि इसने पी न ली हो।

मुझे बीस रु. मिहनताने के मिले थे। दिन-भर की कमाई का आधा देते हुए कलक तो हुआ, पर दूसरा उपाय ही क्या था? चुपके से दस रु. निकाल कर ख़ानसामा के हवाले किए। उसने एक बोतल अँगरेज़ी शराब मुझे ला दी। बरफ़ और सोडा भी लेता आया। मैं वहीं अँधेरे में बोतल खोलकर अपनी परितप्त आत्मा को सुधा-जल से सिंचित करने लगा।

क्या जानता था कि विधना मेरे लिए कोई दूसरा ही षड्यंत्र रच रहा है, विष पिलाने की तैयारियाँ कर रहा है।

4

नशे की नींद का पूछना ही क्या? उस पर व्हिसकी की आधी बोतल चढ़ा गया था। दिन चढ़े तक सोता रहा। कोई आठ बजे झाड़ू लगानेवाले मेहतर ने जगाया, तो नींद खुली। शराब की बोतल और गिलास सिरहाने रखकर छतरी से छिपा दिया था। ऊपर से अपना गाउन डाल दिया था। उठते ही उठते सिरहाने निगाह गई। बोतल और गिलास का पता न था। कलेजा धक् से हो गया। ख़ानसामा को खोजने लगा कि पूछूँ, उसने तो नहीं उठाकर रख दिया। इस विचार से उठा और टहलता हुआ डाक-बँगले के पिछवाड़े गया, जहाँ नौकरों के लिए अलग कमरे बने हुए थे; पर वहाँ का भयंकर दृश्य देख कर आगे क़दम बढ़ाने का साहस न हुआ।

साहब ख़ानसामा का कान पकड़े हुए थे। शराब की बोतलें अलग-अलग रखी हुई थीं, साहब एक, दो, तीन करके गिनते थे और ख़ानसामा से पूछते थे, एक बोतल और कहाँ गया?—ख़ानसामा कहता था—हुजूर, ख़ुदा मेरा मुँह काला करे, जो मैंने कुछ भी दगल-फसल की हो।

साहब—हम क्या झूठ बोलता है? 29 बोतल नहीं था?

व्हिसकी.—हुजूर, ख़ुदा की क़सम, मुझे नहीं मालूम कितनी बोतलें थीं।

इस पर साहब ने ख़ानसामा के कई तमाचे लगाए। फिर कहा—तुम गिने, तुम न बताएगा, तो हम तुमको जान से मार डालेगा। हमारा कुछ नहीं हो सकता। हम हाकिम है, और हाकिम लोग हमारा दोस्त है। हम तुमको अभी-अभी मार डालेगा, नहीं तो बतला दे, एक बोतल कहाँ गया?

मेरे प्राण सूख गए। बहुत दिनों के बाद ईश्वर की याद आई। मन-ही-मन गोवर्द्धनधारी का स्मरण करने लगा। अब लाज तुम्हारे हाथ है! भगवान्! तुम्हीं बचाओ तो नैया बच सकती है,

नहीं तो मँझधार में डूबी जाती है! अँग्रेज़ है, न जाने क्या मुसीबत ढा दे। भगवान्! ख़ानसामा का मुँह बन्द कर दो, उसकी वाणी हर लो, तुमने बड़े-बड़े द्रोहियों और दुष्टों की रक्षा की है। अजामिल को तुम्हीं ने तारा था। मैं भी द्रोही हूँ, द्रोहियों का द्रोही हूँ। मेरा संकट हरो। अबकी जान बची, तो शराब की ओर आँख न उठाऊँगा।

मार के आगे भूत भागता है! मुझे प्रति क्षण यह शंका होती थी कि कहीं यह लोकोक्ति चरितार्थ न हो जाए। कहीं ख़ानसामा खुल न पड़े। नहीं तो फिर मेरी ख़ैर नहीं! सनद छीने जाने का, चोरी का मुक़दमा चल जाने का, अथवा जज साहब से तिरस्कृत किए जाने का इतना भय न था; जितना साहब के पदाघात का लक्ष्य बनने का। जालिम हंटर लेकर दौड़ न पड़े। यों मैं इतना दुर्बल नहीं हूँ, हृष्ट-पुष्ट और साहसी मनुष्य हूँ। कॉलेज में खेल-कूद के लिए पारितोषिक पा चुका हूँ। अब भी बरसात में दो महीने मुग्दर फेर लेता हूँ; लेकिन उस समय भय के मारे बुरा हाल था। मेरे नैतिक बल का आधार पहले ही नष्ट हो चुका था। चोर में बल कहाँ—मेरा मान, मेरा भविष्य, मेरा जीवन ख़ानसामा के केवल एक शब्द पर निर्भर था—केवल एक शब्द पर! किसका जीवन-सूत्र इतना क्षीण, इतना जीर्ण, इतना जर्जर होगा!

मैं मन-ही-मन प्रतिज्ञा कर रहा था—शराबियों की तोबा नहीं, सच्ची, दृढ़ प्रतिज्ञा—कि इस संकट से बचा तो फिर शराब न पीऊँगा। मैंने अपने मन को चारों ओर से बाँध रखने के लिए, उसके कुतर्कों का द्वार बन्द करने के लिए एक भीषण शपथ खाई।

मगर हाय रे दुर्देव! कोई सहायक न हुआ। न गोवर्द्धनधारी ने सुध ली, न नृसिंह भगवान् ने। वे सब सत्ययुग में आया करते थे। न प्रतिज्ञा कुछ काम आई; न शपथ का कुछ असर हुआ। मेरे भाग्य, या दुर्भाग्य में जो कुछ बदा था, वह होकर रहा। विधना ने मेरी प्रतिज्ञा सुदृढ़ रखने के लिए शपथ को यथेष्ट न समझा।

ख़ानसामा बेचारा अपनी बात का धनी था। थप्पड़ खाए, ठोकर खाई, दाढ़ी नुचवाई, पर न खुला, न खुला। बड़ा सत्यवादी, वीर पुरुष था। मैं शायद ऐसी दशा में इतना अटल न रह सकता। शायद पहले ही थप्पड़ में उगल देता। उसकी ओर से मुझे जो घोर शंका हो रही थी, वह निर्मूल सिद्ध हुई। जब तक जिऊँगा, उस वीरात्मा का गुणानुवाद करता रहूँगा।

पर मेरे ऊपर दूसरी ही ओर से वज्रपात हुआ।

5

ख़ानसामा पर जब मार-धाड़ का कुछ असर न हुआ, तो साहब उसके कान पकड़े हुए डाक-बँगले की तरफ़ चले। मैंने उन्हें आते देखा चटपट सामने बरामदे में जा बैठा और ऐसा मुँह बना लिया मानो कुछ जानता ही नहीं। साहब ने ख़ानसामा को लाकर मेरे सामने खड़ा कर दिया। मैं भी उठकर खड़ा हो गया। उस समय यदि कोई मेरे हृदय को चीरता, तो रक्त की एक बूँद भी न निकलती।

साहब ने मुझसे पूछा—वेल वकील साहब, तुम शराब पीता है?

मैं इनकार न कर सका।

'तुमने रात शराब पी थी?'

मैं इनकार न कर सका।

'तुमने मेरे इस ख़ानसामा से शराब ली थी?'

मैं इनकार न कर सका।

'तुमने रात को शराब पीकर बोतल और गिलास अपने सिर के नीचे छिपाकर रखा था?'

मैं इनकार न कर सका। मुझे भय था कि ख़ानसामा कहीं खुल न पड़े; पर उलटे मैं ही खुल पड़ा।

'तुम जानता है, यह चोरी है!'

मैं इनकार न कर सका।

'हम तुमको मुअत्तल कर सकता है, तुम्हारा सनद छीन सकता है, तुमको जेल भेज सकता है।'

यथार्थ ही था।

'हम तुमको ठोकरों से मारकर गिरा सकता है। हमारा कुछ नहीं हो सकता!'

यथार्थ ही था।

'तुम काला आदमी वकील बनता है, हमारे ख़ानसामा से चोरी का शराब लेता हैं। तुम सुअर! लेकिन हम तुमको वही सज़ा देगा, जो तुम पसन्द करे। तुम क्या चाहता है।

मैंने काँपते हुए कहा—हुजूर, मुआफी चाहता हूँ।

'नहीं, हम सज़ा पूछता है!'

'जो हुजूर मुनासिब समझें।'

'अच्छा, यही होगा।'

यह कहकर उस निर्दयी, नरपिशाच ने दो सिपाहियों को बुलाया, और उनसे मेरे दोनों हाथ पकड़वा दिए। मैं मौन धारण किए इस तरह सिर झुकाए खड़ा रहा, जैसे कोई लड़का अध्यापक के सामने बेंत खाने को खड़ा होता है। इसने मुझे क्या दंड देने का विचारा है? कहीं मेरी मुश्कें तो न कसवाएगा, या कान पकड़कर उठा-बैठी तो न करवाएगा। देवताओं से सहायता मिलने की कोई आशा तो न थी, पर अदृश्य का आवाहन करने के अतिरिक्त और उपाय ही क्या था!

मुझे सिपाहियों के हाथ छोड़कर साहब दफ़्तर में गए और वहाँ से मोहर छापने की स्याही और ब्रश लिए हुए निकले। अब मेरी आँखों से अश्रुपात होने लगा। यह घोर अपमान और थोड़ी-सी शराब के लिए! वह भी दुगने दाम देने पर!

साहब ब्रश से मेरे मुँह में कालिमा पोत रहे थे, वह कालिमा, जिसे धोने के लिए सेरों साबुन की ज़रूरत थी और मैं भीगी बिल्ली की भाँति खड़ा था। उन दोनों यमदूतों को भी मुझ पर दया न आती थी, दोनों हिन्दुस्तानी थे, पर उन्हीं के हाथों मेरी यह दुर्दशा हो रही थी। इस देश को स्वराज्य मिल चुका!

साहब कालिमा पोतते और हँसते जाते थे। यहाँ तक कि आँखों के सिवा तिल-भर भी जगह न बची! थोड़ी-सी शराब के लिए आदमी से वनमानुष बनाया जा रहा था। दिल में सोच रहा था, यहाँ से जाते-ही-जाते बचा पर मानहानि की नालिश कर दूँगा, या किसी बदमाश से कह दूँगा, इजलास ही पर बचा की जूतों से ख़बर ले।

मुझे वनमानुष बनाकर साहब ने मेरे हाथ छुड़वा दिए और ताली बजाता हुआ मेरे पीछे दौड़ा। नौ बजे का समय था। कर्मचारी, मुवक्किल, चपरासी सभी आ गए। सैकड़ों आदमी जमा थे, मुझे न जाने क्या शामत सूझी कि वहाँ से भागा। यह उस प्रहसन का सबसे

करुणाजनक दृश्य था। आगे-आगे मैं दौड़ता जाता था, पीछे-पीछे साहब और अन्य सैकड़ों आदमी तालियाँ बजाते 'लेना लेना, जाने ना पावे' का गुल मचाते दौड़े जाते थे, मानो किसी बंदर को भगा रहे हों।

लगभग एक मील तक यह दौड़ रही। वह तो कहो मैं कसरती आदमी हूँ, बचकर निकल आया, नहीं मेरी न जाने और क्या दुर्गति होती। शायद मुझे गधे पर बिठाकर घुमाना चाहते थे। जब सब पीछे रह गए तो मैं एक नाले के किनारे बेदम होकर बैठा रहा। अब मुझे सूझी कि यहाँ कोई आया तो पत्थरों से मारे बिना न छोड़ूँगा, चाहे उलटी पड़े या सीधी; किन्तु मैंने नाले में मुँह धोने की चेष्टा नहीं की। जानता था, पानी से यह कालिमा न छूटेगी। यही सोचता रहा कि इस अँगरेज़ पर कैसे अभियोग चलाऊँ? यह तो छिपाना ही पड़ेगा कि मैंने इसके ख़ानसामा से चोरी की शराब ली। अगर यह बात साबित हो गई, उलटा मैं ही फँस जाऊँगा। क्या हरज है, इतना छिपा दूँगा। शत्रुता का कारण कुछ और ही दिखा दूँगा; पर मुक़दमा ज़रूर चलाना चाहिए।

जाऊँ कहाँ? यह कालिमा-मंडित मुँह किसे दिखाऊँ! हाय! बदमाश को कालिख ही लगानी थी, तो क्या तवे में कालिख न थी, लैम्प में कालिख न थी! कम-से-कम छूट तो जाती। जितना अपमान हुआ है, वहीं तक रहता। अब तो मैं मानो अपने कुकृत्य का स्वयं ढिंढोरा पीट रहा हूँ। दूसरा होता, तो इतनी दुर्गति पर डूब मरता!

गनीमत यही थी कि अभी तक रास्ते में किसी से मुलाक़ात नहीं हुई थी; नहीं तो उसे कालिमा सम्बन्धी प्रश्नों का क्या उत्तर देता? जब ज़रा थकन कम हुई, तो मैंने सोचा, यहाँ कब तक बैठा रहूँगा। लाओ, एक बार यत्न करके देखूँ तो, शायद स्याही छूट जाए। मैंने बालू से मुँह रगड़ना शुरू किया। देखा तो स्याही छूट रही थी। उस समय मुझे जितना आनंद हुआ, उसकी कौन कल्पना कर सकता है। फिर तो मेरा हौसला बढ़ा। मैंने मुँह को इतना रगड़ा कि कई जगह चमड़ा तक छिल गया; किन्तु वह कालिमा छुड़ाने के लिए मुझे इस समय बड़ी-से-बड़ी पीड़ा भी तुच्छ जान पड़ती थी। यद्यपि मैं नंगे सिर था, केवल कुर्ता और धोती पहने हुए था, पर यह कोई अपमान की बात नहीं। गाउन, अचकन, पगड़ी डाक-बँगले ही में रह गई, इसकी मुझे चिन्ता न थी। कालिख तो छूट गई।

लेकिन कालिमा छूट जाती है, पर उसका दाग़ दिल से कभी नहीं मिटता। इस घटना को आज बहुत दिन हो गए। पूरे पाँच साल हुए, मैंने शराब का नाम नहीं लिया, पीने की कौन कहे। कदाचित् मुझे सन्मार्ग पर लाने के लिए यह ईश्वरीय विधान था। कोई युक्ति, कोई तर्क, कोई चुटकी मुझ पर इतना स्थायी प्रभाव न डाल सकती थी। सुफल को देखते हुए तो मैं यही कहूँगा कि जो कुछ हुआ बहुत अच्छा हुआ। वही होना चाहिए था; पर उस समय दिल पर जो गुज़री थी, उसे याद करके आज भी नींद उचट जाती है।

अब विपत्ति-कथा को क्यों तूल दूँ। पाठक स्वयं अनुमान कर सकते हैं। ख़बर तो फैल गई, किन्तु मैंने झेंपने और शरमाने के बदले बेहयाई से काम लेना अधिक अनुकूल समझा। अपनी बेवकूफ़ी पर हँसता था और बेधड़क अपनी दुर्दशा की कथा कहता था। हाँ, चालाकी यह की कि उसमें कुछ थोड़ा-सा अपनी तरफ़ से बढ़ा दिया, अर्थात् रात को जब मुझे नशा चढ़ा तो मैं बोतल और गिलास लिए साहब के कमरे में घुस गया और उसे कुरसी से पटककर ख़ूब मारा। इस क्षेपक से मेरी दलित, अपमानित, मर्दित आत्मा को थोड़ी-सी तस्कीन होती थी। दिल पर तो जो कुछ गुज़री, वह दिल ही जानता है।

सबसे बड़ा भय मुझे यह था कि कहीं यह बात मेरी पत्नी के कानों तक न पहुँचे, नहीं तो उन्हें बड़ा दु:ख होगा। मालूम नहीं उन्होंने सुना या नहीं; पर मुझसे इसकी चर्चा नहीं की।

क्षमा

मुसलमानों को स्पेन-देश पर राज्य करते कई शताब्दियाँ बीत चुकी थीं। कलीसाओं की जगह मसजिदें बनती जाती थीं, घंटों की जगह अजान की आवाज़ें सुनाई देती थीं। ग़रनाता और अलहमरा में वे समय की नश्वर गति पर हँसनेवाले प्रासाद बन चुके थे, जिनके खंडहर अब तक देखनेवालों को अपने पूर्व ऐश्वर्य की झलक दिखाते हैं। ईसाइयों के गण्यमान्य स्त्री और पुरुष मसीह की शरण छोड़कर इस्लामी भ्रातृत्व में सम्मिलित होते जाते थे, और आज तक इतिहासकारों को यह आश्चर्य है कि ईसाइयों का निशान वहाँ क्योंकर बाक़ी रहा! जो ईसाई-नेता अब तक मुसलमानों के सामने सिर न झुकाते थे, और अपने देश में स्वराज्य स्थापित करने का स्वप्न देख रहे थे उनमें एक सौदागर दाऊद भी था। दाऊद विद्वान और साहसी था। वह अपने इलाक़े में इस्लाम को क़दम न जमाने देता था। दीन और निर्धन ईसाई विद्रोही देश के अन्य प्रांतों से आकर उसके शरणागत होते थे और वह बड़ी उदारता से उनका पालन-पोषण करता था। मुसलमान दाऊद से सशंक रहते थे। वे धर्म-बल से उस पर विजय न पाकर उसे अस्त्र-बल से परास्त करना चाहते थे; पर दाऊद कभी उनका सामना न करता। हाँ, जहाँ कहीं ईसाइयों के मुसलमान होने की ख़बर पाता, हवा की तरह पहुँच जाता और तर्क या विनय से उन्हें अपने धर्म पर अचल रहने की प्रेरणा देता। अंत में मुसलमानों ने चारों तरफ़ से घेर कर उसे गिरफ़्तार करने की तैयारी की। सेनाओं ने उसके इलाक़े को घेर लिया। दाऊद को प्राण-रक्षा के लिए अपने सम्बन्धियों के साथ भागना पड़ा। वह घर से भागकर ग़रनाता में आया, जहाँ उन दिनों इस्लामी राजधानी थी। वहाँ सबसे अलग रहकर वह अच्छे दिनों की प्रतीक्षा में जीवन व्यतीत करने लगा। मुसलमानों के गुप्तचर उसका पता लगाने के लिए बहुत सिर मारते थे, उसे पकड़ लाने के लिए बड़े-बड़े इनामों की विज्ञप्ति निकाली जाती थी; पर दाऊद की टोह न मिलती थी।

2

एक दिन एकान्तवास से उकताकर दाऊद ग़रनाता के एक बाग़ में सैर करने चला गया। संध्या हो गई थी। मुसलमान नीची अबाएँ पहने, बड़े-बड़े अमामे सिर पर बाँधे, कमर से तलवार लटकाए रविशों में टहल रहे थे। स्त्रियाँ सफ़ेद बुरके ओढ़े, जरी की जूतियाँ पहने बेंचों और कुरसियों पर बैठी हुई थीं। दाऊद सबसे अलग हरी-हरी घास पर लेटा हुआ सोच रहा था कि वह दिन कब आएगा जब हमारी जन्मभूमि इन अत्याचारियों के पंजे से छूटेगी! वह अतीत काल की कल्पना कर रहा था, जब ईसाई स्त्री और पुरुष इन रविशों में टहलते होंगे, जब यह स्थान ईसाइयों के परस्पर वाग्विलास से गुलज़ार होगा।

सहसा एक मुसलमान युवक आकर दाऊद के पास बैठ गया। वह उसे सिर से पाँव तक अपमानसूचक दृष्टि से देखकर बोला—क्या अभी तक तुम्हारा हृदय इस्लाम की ज्योति से प्रकाशित नहीं हुआ?

दाऊद ने गम्भीर भाव से कहा—इस्लाम की ज्योति पर्वत-शृंगों को प्रकाशित कर सकती है। अँधेरी घाटियों में उसका प्रवेश नहीं हो सकता।

उस मुसलमान अरब का नाम जमाल था। यह आक्षेप सुनकर तीखे स्वर में बोला—इससे तुम्हारा क्या मतलब है?

दाऊद—इससे मेरा मतलब यही है कि ईसाइयों में जो लोग उच्च-श्रेणी के हैं, वे जागीरों और राज्याधिकारों के लोभ तथा राजदंड के भय से इस्लाम की शरण में आ सकते हैं; पर दुर्बल और दीन ईसाइयों के लिए इस्लाम में वह आसमान की बादशाहत कहाँ है जो हजरत मसीह के दामन में उन्हें नसीब होगी! इस्लाम का प्रचार तलवार के बल से हुआ है, सेवा के बल से नहीं।

जमाल अपने धर्म का अपमान सुनकर तिलमिला उठा। गरम होकर बोला—यह सर्वथा मिथ्या है। इस्लाम की शक्ति उसका आंतरिक भ्रातृत्व और साम्य है, तलवार नहीं।

दाऊद—इस्लाम ने धर्म के नाम पर जितना रक्त बहाया है, उसमें उसकी सारी मसजिदें डूब जाएँगी।

जमाल—तलवार ने सदा सत्य की रक्षा की है।

दाऊद ने अविचलित भाव से कहा—जिसको तलवार का आश्रय लेना पड़े, वह सत्य ही नहीं।

जमाल जातीय गर्व से उन्मत्त होकर बोला—जब तक मिथ्या के भक्त रहेंगे, तब तक तलवार की ज़रूरत भी रहेगी।

दाऊद—तलवार का मुँह ताकनेवाला सत्य ही मिथ्या है।

अरब ने तलवार के कब्जे पर हाथ रखकर कहा—ख़ुदा की क़सम, अगर तुम निहत्थे न होते, तो तुम्हें इस्लाम की तौहीन करने का मज़ा चखा देता।

दाऊद ने अपनी छाती में छिपाई हुई कटार निकालकर कहा—नहीं, मैं निहत्था नहीं हूँ। मुसलमानों पर जिस दिन इतना विश्वास करूँगा, उस दिन ईसाई न रहूँगा। तुम अपने दिल के अरमान निकाल लो।

दोनों ने तलवारें खींच लीं। एक-दूसरे पर टूट पड़े। अरब की भारी तलवार ईसाई की हलकी कटार के सामने शिथिल हो गई। एक सर्प की भाँति फन से चोट करती थी, दूसरी नागिन की भाँति उठती थी। लहरों की भाँति लपकती थी, दूसरी जल की मछलियों की भाँति चमकती थी। दोनों योद्धाओं में कुछ देर तक चोटें होती रहीं। सहसा एक बार नागिन उछलकर अरब के अंतस्तल में जा पहुँची। वह भूमि पर गिर पड़ा।

3

जमाल के गिरते ही चारों तरफ़ से लोग दौड़ पड़े। वे दाऊद को घेरने की चेष्टा करने लगे। दाऊद ने देखा, लोग तलवारें लिए दौड़े चले आ रहे हैं। प्राण लेकर भागा; पर जिधर जाता था, सामने बाग़ की दीवार रास्ता रोक लेती थी। दीवार ऊँची थी, उसे फाँदना मुश्किल था।

यह जीवन और मृत्यु का संग्राम था। कहीं शरण की आशा नहीं, कहीं छिपने का स्थान नहीं। उधर अरबों की रक्त-पिपासा प्रतिक्षण तीव्र होती जाती थी। यह केवल एक अपराधी को दंड देने की चेष्टा न थी। जातीय अपमान का बदला था। एक विजित ईसाई की यह हिम्मत कि अरब पर हाथ उठाए! ऐसा अनर्थ!

जिस तरह पीछा करनेवाले कुत्तों के सामने गिलहरी इधर-उधर दौड़ती है, किसी वृक्ष पर चढ़ने की बार-बार चेष्टा करती है, पर हाथ-पाँव फूल जाने के कारण बार-बार गिर पड़ती है, वही दशा दाऊद की थी।

दौड़ते-दौड़ते उसका दम फूल गया; पैर मन-मन भर के हो गए। कई बार जी में आया इन सब पर टूट पड़े और जितने महँगे प्राण बिक सकें, उतने महँगे बेचे; पर शत्रुओं की संख्या देखकर हतोत्साह हो जाता था।

लेना, दौड़ना, पकड़ना का शोर मचा हुआ था। कभी-कभी पीछा करनेवाले इतने निकट आ जाते थे कि मालूम होता था, अब संग्राम का अंत हुआ, वह तलवार पड़ी; पर पैरों की एक ही गति, एक कावा, एक कन्नी उसे ख़ून की प्यासी तलवार से बाल-बाल बचा लेती थी।

दाऊद को अब इस संग्राम में खिलाड़ियों का-सा आनंद आने लगा। यह निश्चय था कि उसके प्राण नहीं बच सकते, मुसलमान दया करना नहीं जानते, इसलिए उसे अपने दाँव-पेंच में मज़ा आ रहा था। किसी वार से बचकर उसे अब इसकी ख़ुशी न होती थी कि उसके प्राण बच गए, बल्कि इसका आनंद होता था कि उसने क़ातिल को कैसा ज़िच किया।

सहसा उसे अपनी दाहिनी ओर बाग़ की दीवार कुछ नीची नज़र आई। आह! यह देखते ही उसके पैरों में एक नई शक्ति का संचार हो गया, धमनियों में नया रक्त दौड़ने लगा। वह हिरन की तरह उस तरफ़ दौड़ा और एक छलाँग में बाग़ के उस पार पहुँच गया। ज़िन्दगी और मौत में सिर्फ़ एक क़दम का फ़ासला था। पीछे मृत्यु थी और आगे जीवन का विस्तृत क्षेत्र। जहाँ तक दृष्टि जाती थी, झाड़ियाँ ही झाड़ियाँ नज़र आती थीं। ज़मीन पथरीली थी, कहीं ऊँची, कहीं, नीची। जगह-जगह पत्थर की शिलाएँ पड़ी हुई थीं। दाऊद एक शिला के नीचे छिपकर बैठ गया।

दम-भर में पीछा करनेवाले भी वहाँ आ पहुँचे और इधर-उधर झाड़ियों में, वृक्षों पर, गड्ढे में शिलाओं के नीचे तलाश करने लगे। एक अरब उस चट्टान पर आकर खड़ा हो गया, जिसके नीचे दाऊद छिपा हुआ था। दाऊद का कलेजा धक्-धक् कर रहा था। अब जान गई! अरब ने ज़रा नीचे को झाँका और प्राणों का अंत हुआ? संयोग—केवल संयोग पर अब उसका जीवन निर्भर था। दाऊद ने साँस रोक ली, सन्नाटा खींच लिया। एक निगाह पर उसकी ज़िन्दगी का फ़ैसला था, ज़िन्दगी और मौत में कितना सामीप्य है!

मगर अरबों को इतना अवकाश कहाँ था कि वे सावधान होकर शिला के नीचे देखते। वहाँ तो हत्यारे को पकड़ने की जल्दी थी। दाऊद के सिर से बला टल गई। वे इधर-उधर ताक-झाँककर आगे बढ़ गए।

4

अँधेरा हो गया। आकाश में तारागण निकल आए और तारों के साथ दाऊद भी शिला के नीचे से निकला। लेकिन देखा, उस समय भी चारों तरफ़ हलचल मची हुई है, शत्रुओं का दल

मशालें लिये झाड़ियों में घूम रहा है; नाकों पर भी पहरा है, कहीं निकल भागने का रास्ता नहीं है। दाऊद एक वृक्ष के नीचे खड़ा होकर सोचने लगा कि अब क्योंकर जान बचे। उसे अपनी जान की वैसी परवा न थी। वह जीवन के सुख-दुख सब भोग चुका था। अगर उसे जीवन की लालसा थी, तो केवल यही देखने के लिए कि इस संग्राम का अंत क्या होगा? मेरे देशवासी हतोत्साह हो जाएँगे, या अदम्य धैर्य के साथ संग्रामक्षेत्र में अटल रहेंगे।

जब रात अधिक बीत गई और शत्रुओं की घातक चेष्टा कुछ कम न होती दीख पड़ी तो दाऊद ख़ुदा का नाम लेकर झाड़ियों से निकला और दबे-पाँव, वृक्षों की आड़ में, आदमियों की नज़र बचाता हुआ, एक तरफ़ को चला। वह इन झाड़ियों से निकलकर बस्ती में पहुँच जाना चाहता था। निर्जनता किसी की आड़ नहीं कर सकती। बस्ती का जनबाहुल्य स्वयं आड़ है।

कुछ दूर तक तो दाऊद के मार्ग में कोई बाधा न उपस्थित हुई। वन के वृक्षों ने उसकी रक्षा की, किन्तु जब वह असमतल भूमि से निकलकर समतल भूमि पर आया, तो एक अरब की निगाह उस पर पड़ गई। उसने ललकारा। दाऊद भागा। 'क़ातिल भागा जाता है!' यह आवाज़ हवा में एक ही बार गूँजी और क्षण-भर में चारों तरफ़ से अरबों ने उसका पीछा किया। सामने बहुत दूर तक आदमी का नामोनिशान न था। बहुत दूर पर एक धुँधला-सा दीपक टिमटिमा रहा था। किसी तरह वहाँ तक पहुँच जाऊँ। वह उस दीपक की ओर इतनी तेज़ी से दौड़ रहा था, मानो वहाँ पहुँचते ही अभय पा जाएगा। आशा उसे उड़ाए लिए जाती थी। अरबों का समूह पीछे छूट गया; मशालों की ज्योति निष्प्रभ हो गई। केवल तारागण उसके साथ दौड़े चले आते थे। अंत को वह आशामय दीपक के सामने आ पहुँचा। एक छोटा-सा फूस का मकान था। एक बूढ़ा अरब ज़मीन पर बैठा हुआ रेहल पर कुरान रखे उसी दीपक के मंद प्रकाश से पढ़ रहा था। दाऊद आगे न जा सका। उसकी हिम्मत ने जवाब दे दिया। वह वहीं शिथिल होकर गिर पड़ा। रास्ते की थकन घर पहुँचने पर मालूम होती है।

अरब ने उठकर कहा—तू कौन है?

दाऊद—एक ग़रीब ईसाई। मुसीबत में फँस गया हूँ। अब आप ही शरण दें, तो मेरे प्राण बच सकते हैं।

अरब—ख़ुदा-पाक तेरी मदद करेगा। तुम पर क्या मुसीबत पड़ी हुई है?

दाऊद—डरता हूँ कहीं कह दूँ तो आप भी मेरे ख़ून के प्यासे न हो जाएँ।

अरब—अब तू मेरी शरण में आ गया, तो तुझे मुझसे कोई शंका न होनी चाहिए। हम मुसलमान हैं, जिसे एक बार अपनी शरण में ले लेते हैं उसकी ज़िन्दगी-भर रक्षा करते हैं।

दाऊद—मैंने एक मुसलमान युवक की हत्या कर डाली है।

वृद्ध अरब का मुख क्रोध से विकृत हो गया, बोला—उसका नाम?

दाऊद—उसका नाम जमाल था।

अरब सिर पकड़कर वहीं बैठ गया। उसकी आँखें सुर्ख हो गईं; गरदन की नसें तन गईं; मुख पर अलौकिक तेजस्विता की आभा दिखाई दी, नथुने फड़कने लगे। ऐसा मालूम होता था कि उसके मन में भीषण द्वंद्व हो रहा है और वह समस्त विचार-शक्ति से अपने मनोभावों को दबा रहा है। दो-तीन मिनट तक वह इसी उग्र अवस्था में बैठा धरती की ओर ताकता रहा। अंत में अवरुद्ध कंठ से बोला—नहीं-नहीं, शरणागत की रक्षा करनी ही पड़ेगी। आह! जालिम! तू जानता है, मैं कौन हूँ। मैं उसी युवक का अभागा पिता हूँ, जिसकी आज तूने

इतनी निर्दयता से हत्या की है। तू जानता है, तूने मुझ पर कितना बड़ा अत्याचार किया है? तूने मेरे ख़ानदान का निशान मिटा दिया है! मेरा चिराग़ गुल कर दिया! आह, जमाल मेरा इकलौता बेटा था। मेरी सारी अभिलाषाएँ उसी पर निर्भर थीं। वह मेरी आँखों का उजाला, मुझ अँधे का सहारा, मेरे जीवन का आधार, मेरे जर्जर शरीर का प्राण था। अभी-अभी उसे क़ब्र की गोद में लिटा आया हूँ। आह, मेरा शेर, आज खाक के नीचे सो रहा है। ऐसा दिलेर, ऐसा दीनदार, ऐसा सजीला जवान मेरी कौम में दूसरा न था। जालिम, तुझे उस पर तलवार चलाते ज़रा भी दया न आई। तेरा पत्थर का कलेजा ज़रा भी न पसीजा! तू जानता है, मुझे इस वक़्त तुझ पर कितना ग़ुस्सा आ रहा है? मेरा जी चाहता है कि अपने दोनों हाथों से तेरी गरदन पकड़कर इस तरह दबाऊँ कि तेरी ज़बान बाहर निकल आए, तेरी आँखें कौड़ियों की तरह बाहर निकल पड़ें। पर नहीं, तूने मेरी शरण ली है, कर्तव्य मेरे हाथों को बाँधे हुए है, क्योंकि हमारे रसूल-पाक ने हिदायत की है, कि जो अपनी पनाह में आए, उस पर हाथ न उठाओ। मैं नहीं चाहता कि नबी के हुक्म को तोड़कर दुनिया के साथ अपनी आक़बत भी बिगाड़ लूँ। दुनिया तूने बिगाड़ी, दीन अपने हाथों बिगाड़ूँ? नहीं। सब्र करना मुश्किल है; पर सब्र करूँगा ताकि नबी के सामने आँखें नीची न करनी पड़ें। आ, घर में आ। तेरा पीछा करनेवाले दौड़े आ रहे हैं। तुझे देख लेंगे, तो फिर मेरी सारी मिन्नत-समाजत तेरी जान न बचा सकेगी। तू नहीं जानता कि अरब लोग ख़ून कभी माफ़ नहीं करते।

यह कहकर अरब ने दाऊद का हाथ पकड़ लिया, और उसे घर में ले जाकर एक कोठरी में छिपा दिया। वह घर से बाहर निकला ही था कि अरबों का एक दल द्वार पर आ पहुँचा।

एक आदमी ने पूछा—क्यों शेख़ हसन, तुमने इधर से किसी को भागते देखा है?

'हाँ देखा है।'

'उसे पकड़ क्यों न लिया? वही तो जमाल का क़ातिल था!'

'यह जानकर भी मैंने उसे छोड़ दिया।'

'ऐं! ग़ज़ब ख़ुदा का! यह तुमने क्या किया? जमाल हिसाब के दिन हमारा दामन पकड़ेगा तो हम क्या जवाब देंगे?'

'तुम कह देना कि तेरे बाप ने तेरे क़ातिल को माफ़ कर दिया।'

'अरब ने कभी क़ातिल का ख़ून नहीं माफ़ किया।'

'यह तुम्हारी ज़िम्मेदारी है, मैं उसे अपने सिर क्यों लूँ?'

अरबों ने शेख़ हसन से ज़्यादा हुज्जत न की, क़ातिल की तलाश में दौड़े। शेख़ हसन फिर चटाई पर बैठकर कुरान पढ़ने लगा, लेकिन उसका मन पढ़ने में न लगता था। शत्रु से बदला लेने की प्रवृत्ति अरबों की प्रवृत्ति में बद्धमूल होती थी। ख़ून का बदला ख़ून था। इसके लिए ख़ून की नदियाँ बह जाती थीं, कबीले-के-कबीले मर मिटते थे, शहर-के-शहर वीरान हो जाते थे। उस प्रवृत्ति पर विजय पाना शेख़ हसन को असाध्य-सा प्रतीत हो रहा था। बार-बार प्यारे पुत्र की सूरत उसकी आँखों के आगे फिरने लगती थी, बार-बार उसके मन में प्रबल उत्तेजना होती थी कि चलकर दाऊद के ख़ून से अपने क्रोध की आग बुझाऊँ। अरब वीर होते थे। कटना-मरना उनके लिए कोई असाधारण बात न थी। मरनेवालों के लिए वे आँसुओं की कुछ बूँदें बहाकर फिर अपने काम में प्रवृत्त हो जाते थे। वे मृत व्यक्ति की स्मृति को केवल उसी दशा में जीवित रखते थे, जब उसके ख़ून का बदला लेना होता था।

अंत को शेख़ हसन अधीर हो उठा। उसको भय हुआ कि अब मैं अपने ऊपर काबू नहीं रख सकता। उसने तलवार म्यान से निकाल ली और दबे पाँव उस कोठरी के द्वार पर आकर खड़ा हो गया, जिसमें दाऊद छिपा हुआ था। तलवार को दामन में छिपाकर उसने धीरे से द्वार खोला। दाऊद टहल रहा था। बूढ़े अरब का रौद्र रूप देखकर दाऊद उसके मनोवेग को ताड़ गया। उसे बूढ़े से सहानुभूति हो गई। उसने सोचा, यह धर्म का दोष नहीं, जाति का दोष नहीं। मेरे पुत्र की किसी ने हत्या की होती, तो कदाचित् मैं भी उसके ख़ून का प्यासा हो जाता। यही मानव प्रकृति है।

अरब ने कहा—दाऊद, तुम्हें मालूम है बेटे की मौत का कितना ग़म होता है।

दाऊद—इसका अनुभव तो नहीं, पर अनुमान कर सकता हूँ। अगर मेरी जान से आपके उस ग़म का एक हिस्सा भी मिट सके, तो लीजिए, यह सिर हाजिर है। मैं इसे शौक़ से आपकी नज़र करता हूँ। आपने दाऊद का नाम सुना होगा।

अरब—क्या पीटर का बेटा?

दाऊद—जी हाँ। मैं वही बदनसीब दाऊद हूँ। मैं केवल आपके बेटे का घातक ही नहीं, इस्लाम का दुश्मन हूँ। मेरी जान लेकर आप जमाल के ख़ून का बदला ही न लेंगे, बल्कि अपनी जाति और धर्म की सच्ची सेवा भी करेंगे।

शेख़ हसन ने गम्भीर भाव से कहा—दाऊद, मैंने तुम्हें माफ़ किया। मैं जानता हूँ, मुसलमानों के हाथ ईसाइयों को बहुत तकलीफ़ें पहुँची हैं, मुसलमानों ने उन पर बड़े-बड़े अत्याचार किए हैं, उनकी स्वाधीनता हर ली है! लेकिन यह इस्लाम का नहीं, मुसलमानों का कसूर है। विजय-गर्व ने मुसलमानों की मति हर ली है। हमारे पाक नबी ने यह शिक्षा नहीं दी थी, जिस पर आज हम चल रहे हैं। वह स्वयं क्षमा और दया का सर्वोच्च आदर्श है। मैं इस्लाम के नाम को बट्टा न लगाऊँगा। मेरी ऊँटनी ले लो और रातों-रात जहाँ तक भागा जाए, भागो। कहीं एक क्षण के लिए भी न ठहरना। अरबों को तुम्हारी बू भी मिल गई, तो तुम्हारी जान की खैरियत नहीं। जाओ, तुम्हें ख़ुदा-ए-पाक घर पहुँचावे। बूढ़े शेख़ हसन और उसके बेटे जमाल के लिए ख़ुदा से दुआ किया करना।

× × ×

दाऊद खैरियत से घर पहुँच गया; किन्तु अब वह दाऊद न था, जो इस्लाम को जड़ से खोदकर फेंक देना चाहता था। उसके विचारों में गहरा परिवर्तन हो गया था। अब वह मुसलमानों का आदर करता और इस्लाम का नाम इज़्ज़त से लेता था।

मनुष्य का परम धर्म

होली का दिन है। लड्डू के भक्त और रसगुल्ले के प्रेमी पंडित मोटेराम शास्त्री अपने आँगन में एक टूटी खाट पर सिर झुकाए, चिंता और शोक की मूर्ति बने बैठे हैं। उनकी सहधर्मिणी उनके निकट बैठी हुई उनकी ओर सच्ची सहवेदना की दृष्टि से ताक रही है और अपनी मृदुवाणी से पति की चिन्ताग्नि को शान्त करने की चेष्टा कर रही है।

पंडितजी बहुत देर तक चिन्ता में डूबे रहने के पश्चात् उदासीन भाव से बोले—नसीबा ससुरा ना जाने कहाँ जाकर सो गया। होली के दिन भी न जागा!

पंडिताइन—दिन ही बुरे आ गए हैं। इहाँ तो जौन ते तुम्हारा हुकुम पावा ओही घड़ी ते साँझ-सबेरे दोनों जून सूरजनरायन से ही बरदान माँगा करिहैं कि कहूँ से बुलौवा आवै, सैकड़न दिया तुलसी माई का चढ़ावा, मुदा सब सोय गए। गाढ़ परे कोऊ काम नाहीं आवत है।

मोटेराम—कुछ नहीं, ये देवी-देवता सब नाम के हैं। हमारे बखत पर काम आवें तब हम जानें कि कोई देवी-देवता। सेंत-मेंत में मालपुआ और हलुवा खानेवाले तो बहुत हैं।

पंडिताइन—का सहर-भर माँ अब कोई भलमनई नाहीं रहा? सब मरि गए?

मोटेराम—सब मर गए, बल्कि सड़ गए। दस-पाँच हैं तो साल-भर में दो-एक बार जीते हैं। वह भी बहुत हिम्मत की तो रुपए की तीन सेर मिठाई खिला दी। मेरा बस चलता तो इन सबों को सीधे कालेपानी भिजवा देता, यह सब इसी अरियासमाज की करनी है।

पंडिताइन—तुमहूँ तो घर माँ बैठे रहत हो। अब ई जमाने में कोई ऐसन दानी नाहीं है कि घर बैठे नेवता भेज देय। कभूँ-कभूँ जुबान लड़ा दिया करौ।

मोटेराम—तुम कैसे जानती हो कि मैंने ज़बान नहीं लड़ाई? ऐसा कौन रईस इस शहर में है, जिसके यहाँ जाकर मैंने आशीर्वाद न दिया हो; मगर कौन ससुरा सुनता है, सब अपने-अपने रंग में मस्त हैं।

इतने में पंडित चिन्तामणिजी ने पदार्पण किया। यह पंडित मोटेरामजी के परम मित्र थे। हाँ, अवस्था कुछ कम थी और उसी के अनुकूल उनकी तोंद भी कुछ उतनी प्रतिभाशाली न थी।

मोटेराम—कहो मित्र, क्या समाचार लाए? है कहीं डौल?

चिन्तामणि—डौल नहीं, अपना सिर है! अब वह नसीब ही नहीं रहा।

मोटेराम—घर ही से आ रहे हो?

चिन्तामणि—भाई, हम तो साधू हो जाएँगे। जब इस जीवन में कोई सुख ही नहीं रहा तो जीकर क्या करेंगे? अब बताओ कि आज के दिन अब उत्तम पदार्थ न मिले तो कोई क्योंकर जिए।

मोटेराम—हाँ भाई, बात तो यथार्थ कहते हो।

चिन्तामणि—तो अब तुम्हारा किया कुछ न होगा? साफ़-साफ़ कहो, हम संन्यास ले लें।

मोटेराम—नहीं मित्र, घबराओ मत। जानते नहीं हो, बिना मरे स्वर्ग नहीं मिलता। तर माल खाने के लिए कठिन तपस्या करनी पड़ती है, हमारी राय है कि चलो, इसी समय गंगातट पर चलें और वहाँ व्याख्यान दें। कौन जाने किसी सज्जन की आत्मा जागृत हो जाए।

चिन्तामणि—हाँ, बात तो अच्छी है; चलो चलें।

दोनों सज्जन उठकर गंगाजी की ओर चले, प्रातःकाल था। सहस्त्रों मनुष्य स्नान कर रहे थे। कोई पाठ करता था। कितने ही लोग पंडों की चौकियों पर बैठे तिलक लगा रहे थे। कोई-कोई तो गीली धोती ही पहने घर जा रहे थे।

दोनों महात्माओं को देखते ही चारों तरफ़ से 'नमस्कार', 'प्रणाम' और 'पालागन' की आवाज़ें आने लगीं। दोनों मित्र इन अभिवादनों का उत्तर देते गंगातट पर जा पहुँचे और स्नानादि में प्रवृत्त हो गए। तत्पश्चात् एक पंडे की चौकी पर भजन गाने लगे। वह ऐसी विचित्र घटना थी कि सैकड़ों आदमी कौतूहलवश आकर एकत्रित हो गए। जब श्रोताओं की संख्या कई

सौ तक पहुँच गई तो पंडित मोटेराम गौरवयुक्त भाव से बोले—सज्जनो, आपको ज्ञात है कि जब ब्रह्मा ने इस असार संसार की रचना की तो ब्राह्मणों को अपने मुख से निकाला। किसी को इस विषय में शंका तो नहीं है।

श्रोतागण—नहीं महाराज, आप सर्वथा सत्य कहते हो। आपको कौन काट सकता है।

मोटेराम—तो ब्राह्मण ब्रह्मा के मुख से निकले, यह निश्चय है। इसलिए मुख मानव शरीर का श्रेष्ठतम भाग है। अतएव मुख को सुख पहुँचाना, प्रत्येक प्राणी का परम कर्तव्य है। है या नहीं? कोई काटता है हमारे वचन को? सामने आए। हम उसे शास्त्र का प्रमाण दे सकते हैं।

श्रोतागण—महाराज, आप ज्ञानी पुरुष हो। आपको काटने का साहस कौन कर सकता है?

मोटेराम—अच्छा, तो जब यह निश्चय हो गया कि मुख को सुख देना प्रत्येक प्राणी का परम धर्म है, तो क्या यह देखना कठिन है कि जो लोग मुख से विमुख हैं, वे दुःख के भागी हैं। कोई काटता है इस वचन को?

श्रोतागण—महाराज, आप धन्य हो, आप न्यायशास्त्र के पंडित हो।

मोटेराम—अब प्रश्न यह होता है कि मुख को सुख कैसे दिया जाए? हम कहते हैं—जैसी तुममें श्रद्धा हो, जैसा तुममें सामर्थ्य हो। इसके अनेक प्रकार हैं, देवताओं के गुण गाओ, ईश्वर-वंदना करो, सत्संग करो और कठोर वचन न बोलो। इन बातों से मुख को सुख प्राप्त होगा। किसी को विपत्ति में देखो तो उसे ढाढ़स दो। इससे मुख को सुख होगा; किन्तु इन सब उपायों से श्रेष्ठ, सबसे उत्तम, सबसे उपयोगी एक और ही ढंग है। कोई आप में ऐसा है जो उसे बतला दे? है कोई, बोले।

श्रोतागण—महाराज, आपके सम्मुख कौन मुँह खोल सकता है। आप ही बताने की कृपा कीजिए।

मोटेराम—अच्छा, तो हम चिल्लाकर, गला फाड़-फाड़कर कहते हैं कि वह इन सब विधियों से श्रेष्ठ है। उसी भाँति जैसे चंद्रमा समस्त नक्षत्रों में श्रेष्ठ है।

श्रोतागण—महाराज, अब विलम्ब न कीजिए। यह कौन-सी विधि है?

मोटेराम—अच्छा सुनिए, सावधान होकर सुनिए। वह विधि है मुख को उत्तम पदार्थों का भोजन करवाना, अच्छी-अच्छी वस्तु खिलाना। कोई काटता है हमारी बात को? आए, हम उसे वेद-मंत्रों का प्रमाण दें।

एक मनुष्य ने शंका की—यह समझ में नहीं आता कि सत्यभाषण से मिष्ट-भक्षण क्योंकर मुख के लिए अधिक सुखकारी हो सकता है?

कई मनुष्यों ने कहा—हाँ-हाँ, हमें भी यही शंका है। महाराज, इस शंका का समाधान कीजिए।

मोटेराम—और किसी को कोई शंका है? हम बहुत प्रसन्न होकर उसका निवारण करेंगे। सज्जनो, आप पूछते हैं कि उत्तम पदार्थों का भोजन करना और कराना क्योंकर सत्यभाषण से अधिक सुखदाई है। मेरा उत्तर है कि पहला रूप प्रत्यक्ष है और दूसरा अप्रत्यक्ष। उदाहरणत: कल्पना कीजिए कि मैंने कोई अपराध किया। यदि हाकिम मुझे बुलाकर नम्रतापूर्वक समझाए कि पंडितजी, आपने यह अच्छा काम नहीं किया, आपको ऐसा उचित नहीं था, तो उसका यह दंड मुझे सुमार्ग पर लाने में सफल न होगा। सज्जनो, मैं ऋषि नहीं हूँ, मैं दीन-हीन मायाजाल में फँसा हुआ प्राणी हूँ। मुझ पर इस दंड का कोई प्रभाव न होगा। मैं हाकिम के

सामने से हटते ही फिर उसी कुमार्ग पर चलने लगूँगा। मेरी बात समझ में आती है? कोई इसे काटता है?

श्रोतागण—महाराज! आप विद्यासागर हो, आप पंडितों के भूषण हो। आपको धन्य है।

मोटेराम—अच्छा, अब उसी उदाहरण पर फिर विचार करो। हाकिम ने बुलाकर तत्क्षण कारागार में डाल दिया और वहाँ मुझे नाना प्रकार के कष्ट दिए गए। अब जब मैं छुटूँगा, तो बरसों तक यातनाओं को याद करता रहूँगा और संभवतः कुमार्ग को त्याग दूँगा। आप पूछेंगे, ऐसा क्यों है? दंड दोनों ही हैं, तो क्यों एक का प्रभाव पड़ता है और दूसरे का नहीं। इसका कारण यही है कि एक का रूप प्रत्यक्ष है और दूसरे का गुप्त। समझे आप लोग?

श्रोतागण—धन्य हो कृपानिधान! आपको ईश्वर ने बड़ी बुद्धि-सामर्थ्य दी है।

मोटेराम—अच्छा, तो अब आपका प्रश्न होता है उत्तम पदार्थ किसे कहते हैं? मैं इसकी विवेचना करता हूँ। जैसे भगवान् ने नाना प्रकार के रंग नेत्रों के विनोदार्थ बनाए, उसी प्रकार मुख के लिए भी अनेक रसों की रचना की; किन्तु इन समस्त रसों में श्रेष्ठ कौन है? यह अपनी-अपनी रुचि है; लेकिन वेदों और शास्त्रों के अनुसार मिष्ट रस माना जाता है। देवतागण इसी रस पर मुग्ध होते हैं, यहाँ तक कि सच्चिदानंद, सर्वशक्तिमान् भगवान् को भी मिष्ट पाकों ही से अधिक रुचि है। कोई ऐसे देवता का नाम बता सकता है जो नमकीन वस्तुओं को ग्रहण करता हो? है कोई जो ऐसी एक भी दिव्य ज्योति का नाम बता सके। कोई नहीं है। इसी भाँति खट्टे, कड़ुवे और चरपरे, कसैले पदार्थों से भी देवताओं को प्रीति नहीं है।

श्रोतागण—महाराज, आपकी बुद्धि अपरम्पार है।

मोटेराम—तो यह सिद्ध हो गया कि मीठे पदार्थ सब पदार्थों में श्रेष्ठ हैं। अब आपका पुनः प्रश्न होता है कि क्या समग्र मीठी वस्तुओं से मुख को समान आनंद प्राप्त होता है। यदि मैं कह दूँ 'हाँ' तो आप चिल्ला उठोगे कि पंडितजी तुम बावले हो, इसलिए मैं कहूँगा, 'नहीं' और बारम्बार 'नहीं'। सब मीठे पदार्थ समान रोचकता नहीं रखते। गुड़ और चीनी में बहुत भेद है। इसलिए मुख को सुख देने के लिए हमारा परम कर्तव्य है कि हम उत्तम-से-उत्तम मिष्ट-पाकों का सेवन करें और कराएँ। मेरा अपना विचार है कि यदि आपके थाल में जौनपुर की अमृतियाँ, आगरे के मोतीचूर, मथुरा के पेड़े, बनारस की कलाकंद, लखनऊ के रसगुल्ले, अयोध्या के गुलाबजामुन और दिल्ली का हलुआ-सोहन हो तो यह ईश्वर-भोग के योग्य है। देवतागण उस पर मुग्ध हो जाएँगे। और जो साहसी, पराक्रमी जीव ऐसे स्वादिष्ट थाल ब्राह्मणों को जिमाएगा, उसे सदेह स्वर्गधाम प्राप्त होगा। यदि आपको श्रद्धा है तो हम आपसे अनुरोध करेंगे कि अपना धर्म अवश्य पालन कीजिए, नहीं तो, मनुष्य बनने का नाम न लीजिए।

पंडित मोटेराम का भाषण समाप्त हो गया। तालियाँ बजने लगीं। कुछ सज्जनों ने इस ज्ञान-वर्षा और धर्मोपदेश से मुग्ध होकर उन पर फूलों की वर्षा की। तब चिन्तामणि ने अपनी वाणी को विभूषित किया—

'सज्जनो, आपने मेरे परम मित्र पंडित मोटेराम का प्रभावशाली व्याख्यान सुना और अब मेरे खड़े होने की आवश्यकता न थी; परन्तु जहाँ मैं उनसे और सभी विषयों में सहमत हूँ, वहाँ उनसे मुझे थोड़ा मतभेद भी है। मेरे विचार में यदि आपके हाथ में केवल जौनपुर की अमृतियाँ हों तो वह पंचमेल मिठाइयों से कहीं सुखवर्द्धक, कहीं स्वादपूर्ण और कहीं कल्याणकारी होगा। इसे मैं शास्त्रोक्त सिद्ध करता हूँ।

मोटेराम ने सरोष होकर कहा—तुम्हारी यह कल्पना मिथ्या है। आगरे के मोतीचूर और दिल्ली के हलुवा-सोहन के सामने जौनपुर की अमृतियों की तो गणना ही नहीं है।

चिन्ता.—प्रमाण से सिद्ध कीजिए?

मोटेराम—प्रत्यक्ष के लिए प्रमाण?

चिन्ता.—यह तुम्हारी मूर्खता है।

मोटेराम—तुम जन्म-भर खाते ही रहे, किन्तु खाना न आया।

इस पर चिन्तामणि ने अपनी आसनी मोटेराम पर चलाई। शास्त्रीजी ने वार ख़ाली दिया और चिन्तामणि की ओर मस्त हाथी के समान झपटे; किन्तु उपस्थित सज्जनों ने दोनों महात्माओं को अलग-अलग कर दिया।

गुरु-मंत्र

घर के कलह और निमंत्रणों के अभाव से पंडित चिन्तामणिजी के चित्त में वैराग्य उत्पन्न हुआ और उन्होंने संन्यास ले लिया तो उनके परम मित्र पंडित मोटेराम शास्त्रीजी ने उपदेश दिया—मित्र, हमारा अच्छे-अच्छे साधु-महात्माओं से सत्संग रहा है। यह जब किसी भलेमानस के द्वार पर जाते हैं, तो गिड़-गिड़ाकर हाथ नहीं फैलाते और झूठ-मूठ आशीर्वाद नहीं देने लगते कि 'नारायण तुम्हारा चोला मस्त रखे, तुम सदा सुखी रहो।' यह तो भिखारियों का दस्तूर है। संत लोग द्वार पर जाते ही कड़ककर हाँक लगाते हैं, जिससे घर के लोग चौंक पड़ें और उत्सुक होकर द्वार की ओर दौड़ें। मुझे दो-चार वाणियाँ मालूम हैं, जो चाहे ग्रहण कर लो। गुदड़ी बाबा कहा करते थे—'मरें तो पाँचों मरें।' यह ललकार सुनते ही लोग उनके पैरों पर गिर पड़ते थे। सिद्ध बाबा की हाँक बहुत उत्तम थी—'खाओ, पीओ, चैन करो, पहनो गहना, पर बाबाजी के सोटे से डरते रहना।' नंगा बाबा कहा करते थे—'दे तो दे, नहीं दिला दे, खिला दे, पिला दे, सुला दे।' यह समझ लो कि तुम्हारा आदर-सत्कार बहुत कुछ तुम्हारी हाँक के ऊपर है। और क्या कहूँ। भूलना मत। हम और तुम बहुत दिनों साथ रहे, सैकड़ों भोज साथ खाए। जिस नेवते में हम और तुम दोनों पहुँचते थे, तो लाग-डाँट से एक-दो पत्तल और उड़ा ले जाते थे। तुम्हारे बिना अब मेरा रंग न जमेगा, ईश्वर तुम्हें सदा सुगंधित वस्तु दिखाए।

चिन्तामणि को इन वाणियों में एक भी पसन्द न आई। बोले—मेरे लिए कोई वाणी सोचो।

मोटेराम—अच्छा यह वाणी कैसी है कि, 'न दोगे तो हम चढ़ बैठेंगे।'

चिन्तामणि—हाँ, यह मुझे पसन्द है। तुम्हारी आज्ञा हो तो इसमें काट-छाँट करूँ।

मोटेराम—हाँ, हाँ, करो।

चिन्ता.—अच्छा, तो इसे इस भाँति रखो—न देगा तो हम चढ़ बैठेंगे।

मोटेराम—(उछलकर) नारायण जानता है, यह वाणी अपने रंग में निराली है। भक्ति ने तुम्हारी बुद्धि को चमका दिया है। भला एक बार ललकार कर कहो तो देखें कैसे कहते हो।

चिन्तामणि ने दोनों कान उँगलियों से बन्द कर लिये और अपनी पूरी शक्ति से चिल्लाकर बोले—न देगा तो चढ़ बैठूँगा। यह नाद ऐसा आकाशभेदी था कि मोटेराम भी सहसा चौंक पड़े। चमगादड़ घबराकर वृक्षों से उड़ गए, कुत्ते भूँकने लगे।

मोटेराम—मित्र, तुम्हारी वाणी सुनकर मेरा तो कलेजा काँप उठा। ऐसी ललकार कहीं सुनने में न आई, तुम सिंह की भाँति ग़रज़ते हो। वाणी तो निश्चित हो गई, अब कुछ दूसरी बातें बताता हूँ, कान देकर सुनो। साधुओं की भाषा हमारी बोलचाल से अलग होती है। हम किसी को आप कहते हैं, किसी को तुम। साधु लोग छोटे-बड़े, अमीर-ग़रीब, बूढ़े-जवान, सबको तू कह कर पुकारते हैं। माई और बाबा का सदैव उचित व्यवहार करते रहना। यह भी याद रखो कि सादी हिंदी कभी मत बोलना; नहीं तो मरम खुल जाएगा। टेढ़ी हिंदी बोलना; यह कहना कि, 'माई मुझको कुछ खिला दे' साधुजनों की भाषा में ठीक नहीं है। पक्का साधु इसी बात को यों कहेगा—माई मेरे को भोजन करा दे, तेरे को बड़ा धर्म होगा।

चिन्ता.—मित्र, हम तेरे को कहाँ तक जस गावें। तेरे ने मेरे साथ बड़ा उपकार किया है।

यों उपदेश देकर मोटेराम विदा हुए। चिन्तामणिजी आगे बढ़े तो क्या देखते हैं कि एक गाँजे-भाँग की दुकान के सामने कई जटाधारी महात्मा बैठे हुए गाँजे के दम लगा रहे हैं। चिन्तामणि को देखकर एक महात्मा ने अपनी जयकार सुनाई—चल-चल, जल्दी लेके चल, नहीं तो अभी करता हूँ बेकल।

एक दूसरे साधु ने कड़ककर कहा—अ-रा-रा-रा-धम, आय पहुँचे हम, अब क्या है ग़म।

अभी यह कड़ाका आकाश में गूँज ही रहा था कि तीसरे महात्मा ने ग़रज़कर अपनी वाणी सुनाई—देस बंगाला, जिसको देखा न भाला, चटपट भर दे प्याला।

चिन्तामणि से अब न रहा गया। उन्होंने भी कड़ककर कहा—न देगा तो चढ़ बैठूँगा।

यह सुनते ही साधुजन ने चिन्तामणि का सादर अभिवादन किया। तत्क्षण गाँजे की चिलम भरी गई और उसे सुलगाने का भार पंडितजी पर पड़ा। बेचारे बड़े असमंजस में पड़े। सोचा, अगर चिलम नहीं लेता तो अभी सारी कलई खुल जाएगी। विवश होकर चिलम ले ली; किन्तु जिसने कभी गाँजा न पिया हो, वह बहुत चेष्टा करने पर भी दम नहीं लगा सकता। उन्होंने आँखें बन्द करके अपनी समझ में तो बड़े ज़ोरों से दम लगाया। चिलम हाथ से छूट कर गिर पड़ी, आँखें निकल आईं, मुँह से फिचकुर निकल आया, मगर न तो मुँह से धुएँ के बादल निकले, न चिलम ही सुलगी। उनका यह कच्चापन उन्हें साधु-समाज से च्युत करने के लिए काफ़ी था। दो-तीन साधु झल्लाकर आगे बढ़े और बड़ी निर्दयता से उनका हाथ पकड़कर उठा दिया।

एक महात्मा—तेरे को धिक्कार है!

दूसरे महात्मा—तेरे को लाज नहीं आती? साधु बना है, मूर्ख!

पंडितजी लज्जित होकर समीप के एक हलवाई की दुकान के सामने जाकर बैठे और साधु-समाज ने खँजड़ी बजा-बजाकर यह भजन गाना शुरू किया—

माया है संसार सँवलिया, माया है संसार;
धर्माधर्म सभी कुछ मिथ्या, यही ज्ञान व्यवहार;
सँवलिया, माया है संसार।
गाँजे, भंग को वर्जित करते, है उन पर धिक्कार;
सँवलिया, माया है संसार।

सौभाग्य के कोड़े

लड़के क्या अमीर के हों, क्या ग़रीब के, विनोदशील हुआ ही करते हैं। उनकी चंचलता बहुधा उनकी दशा और स्थिति की परवा नहीं करती। नथुवा के माँ-बाप दोनों मर चुके थे, अनाथों की भाँति वह राय भोलानाथ के द्वार पर पड़ा रहता था। रायसाहब दयाशील पुरुष थे। कभी-कभी एक-आधा पैसा दे देते, खाने को भी घर में इतना जूठा बचता था कि ऐसे-ऐसे कई अनाथ अफर सकते थे, पहनने को भी उनके लड़कों के उतारे मिल जाते थे, इसलिए नथुवा अनाथ होने पर भी दुखी नहीं था। रायसाहब ने उसे एक ईसाई के पंजे से छुड़ाया था। इन्हें इसकी परवा न हुई कि मिशन में उसकी शिक्षा होगी, आराम से रहेगा; उन्हें यह मंजूर था कि वह हिन्दू रहे। अपने घर के जूठे भोजन को वह मिशन के भोजन से कहीं पवित्र समझते थे। उनके कमरों की सफ़ाई मिशन की पाठशाला की पढ़ाई से कहीं बढ़कर थी। हिन्दू रहे, चाहे जिस दशा में रहे। ईसाई हुआ तो फिर सदा के लिए हाथ से निकल गया।

नथुवा को बस रायसाहब के बँगले में झाड़ू लगा देने के सिवाय और कोई काम न था। भोजन करके खेलता-फिरता था। कर्मानुसार ही उसकी वर्णव्यवस्था भी हो गई। घर के अन्य नौकर-चाकर उसे भंगी कहते थे और नथुवा को इसमें कोई एतराज न होता था। नाम का स्थिति पर क्या असर पड़ सकता है, इसकी उस ग़रीब को कुछ ख़बर न थी। भंगी बनने में कुछ हानि भी न थी। उसे झाड़ू देते समय कभी पैसे पड़े मिल जाते, कभी और कोई चीज़। इससे वह सिगरेट लिया करता था। नौकरों के साथ उठने-बैठने से उसे बचपन ही में तम्बाकू, सिगरेट और पान का चस्का पड़ गया।

रायसाहब के घर में यों तो बालकों और बालिकाओं की कमी न थी, दरजनों भाँजे-भतीजे पड़े रहते थे; पर उनकी निज की संतान केवल एक पुत्री थी, जिसका नाम रत्ना था। रत्ना को पढ़ाने को दो मास्टर थे, एक मेमसाहब अँग्रेज़ी पढ़ाने आया करती थीं। रायसाहब की यह हार्दिक अभिलाषा थी कि रत्ना सर्वगुण आगरी हो और जिस घर में जाए, उसकी लक्ष्मी बने। वह उसे अन्य बालकों के साथ न रहने देते। उसके लिए अपने बँगले में दो कमरे अलग कर दिए थे; एक पढ़ने के लिए, दूसरा सोने के लिए। लोग कहते हैं, लाड़-प्यार से बच्चे जिद्दी और सरीर हो जाते हैं। रत्ना इतने लाड़-प्यार पर भी बड़ी सुशील बालिका थी। किसी नौकर को 'रे' न पुकारती, किसी भिखारी तक को न दुत्कारती। नथुवा को वह पैसे, मिठाइयाँ दे दिया करती थी। कभी-कभी उससे बातें भी किया करती थी। इससे वह लौंडा उसके मुँह लग गया था।

एक दिन नथुवा रत्ना के सोने के कमरे में झाड़ू लगा रहा था। रत्ना दूसरे कमरे में मेमसाहब से अँग्रेज़ी पढ़ रही थी। नथुवा की शामत जो आई तो झाड़ू लगाते-लगाते उसके मन में यह इच्छा हुई कि रत्ना के पलंग पर सोऊँ; कैसी उजली चादर बिछी हुई है, गद्दा कितना नरम और मोटा है, कैसा सुन्दर दुशाला है! रत्ना इस गद्दे पर कितने आराम से सोती है, जैसे चिड़िया के बच्चे घोंसले में। तभी तो रत्ना के हाथ इतने गोरे और कोमल हैं, मालूम होता है, देह में रुई भरी हुई है। यहाँ कौन देखता है। यह सोचकर उसने पैर फ़र्श से पोंछे और चटपट पलंग पर आकर लेट गया और दुशाला ओढ़ लिया। गर्व और आनंद से उसका हृदय पुलकित हो गया। वह मारे ख़ुशी के दो-तीन बार पलंग पर उछल पड़ा। उसे ऐसा मालूम हो रहा था, मानो मैं रुई में लेटा हूँ। जिधर करवट लेता था, देह अंगुल-भर नीचे धँस जाती थी।

यह स्वर्गीय सुख मुझे कहाँ नसीब! मुझे भगवान् ने रायसाहब का बेटा क्यों न बनाया? सुख का अनुभव होते ही उसे अपनी दशा का वास्तविक ज्ञान हुआ और चित्त क्षुब्ध हो गया। एकाएक रायसाहब किसी ज़रूरत से कमरे में आए तो नथुवा को रत्ना के पलंग पर लेटे देखा। मारे क्रोध के जल उठे। बोले—क्यों बे सुअर, तू यह क्या कर रहा है?

नथुवा ऐसा घबराया मानो नदी में पैर फिसल पड़े हों। चारपाई से कूद कर अलग खड़ा हो गया और फिर झाड़ू हाथ में ले ली।

रायसाहब ने फिर पूछा—यह क्या कर रहा था, बे?

नथुवा—कुछ तो नहीं सरकार!

रायसाहब—अब तेरी इतनी हिम्मत हो गई है कि रत्ना की चारपाई पर सोए? नमकहराम कहीं का! लाना मेरा हंटर।

हंटर मँगवाकर रायसाहब ने नथुवा को ख़ूब पीटा। बेचारा हाथ जोड़ता था, पैरों पड़ता था, मगर रायसाहब का क्रोध शान्त होने का नाम न लेता था। सब नौकर जमा हो गए और नथुवा के जले पर नमक छिड़कने लगे। रायसाहब का क्रोध और भी बढ़ा। हंटर हाथ से फेंककर ठोकरों से मारने लगे। रत्ना ने यह रोना सुना तो दौड़ी हुई आई और समाचार सुनकर बोली—दादाजी बेचारा मर जाएगा; अब इस पर दया कीजिए।

रायसाहब—मर जाएगा, उठवाकर फेंकवा दूँगा। इस बदमाशी का मज़ा तो मिल जाएगा।

रत्ना—मेरी ही चारपाई थी न, मैं उसे क्षमा करती हूँ।

रायसाहब—ज़रा देखो तो अपनी चारपाई की गत। पाजी के बदन की मैल भर गई होगी। भला, इसे सूझी क्या? क्यों बे, तुझे सूझी क्या?

यह कहकर रायसाहब फिर लपके; मगर नथुवा आकर रत्ना के पीछे दुबक गया। इसके सिवा और कहीं शरण न थी। रत्ना ने रोककर कहा—दादाजी, मेरे कहने से अब इसका अपराध क्षमा कीजिए।

रायसाहब—क्या कहती हो रत्ना, ऐसे अपराधी कहीं क्षमा किए जाते हैं। ख़ैर, तुम्हारे कहने पर छोड़ देता हूँ, नहीं तो आज जान लेकर छोड़ता। सुन बे, नथुवा, अपना भला चाहता है तो फिर यहाँ न आना, इसी दम निकल जा, सुअर, नालायक!

नथुवा प्राण छोड़कर भागा। पीछे फिरकर न देखा। सड़क पर पहुँचकर वह खड़ा हो गया। यहाँ रायसाहब उसका कुछ नहीं कर सकते थे। यहाँ सब लोग उनकी मुँहदेखी तो न कहेंगे। कोई तो कहेगा कि लड़का था, भूल ही हो गई तो क्या प्राण ले लीजिएगा? यहाँ मारे तो देखूँ, गाली देकर भागूँगा, फिर कौन मुझे पा सकता है। इस विचार से उसकी हिम्मत बँधी। बँगले की तरफ़ मुँह करके ज़ोर से बोला—यहाँ आओ तो देखें, और फिर भागा कि कहीं रायसाहब ने सुन न लिया हो।

2

नथुवा थोड़ी ही दूर गया था कि रत्ना की मेम साहिबा अपने टमटम पर सवार आती हुई दिखाई दीं। उसने समझा, शायद मुझे पकड़ने आ रही हैं। फिर भागा, किन्तु जब पैरों में दौड़ने की शक्ति न रही तो खड़ा हो गया। उसके मन ने कहा, वह मेरा क्या कर लेंगी, मैंने उनका कुछ बिगाड़ा है? एक क्षण में मेम साहिबा आ पहुँचीं और टमटम रोककर बोलीं—नाथू, कहाँ जा रहे हो?

नथुवा—कहीं नहीं।

मेम.—रायसाहब के यहाँ फिर जाएगा तो वह मारेंगे। क्यों नहीं मेरे साथ चलता। मिशन में आराम से रह। आदमी हो जाएगा।

नथुवा—किरस्तान तो न बनाओगी?

मेम.—किरस्तान क्या भंगी से भी बुरा है, पागल!

नथुवा—न भैया, किरस्तान न बनूँगा।

मेम.—तेरा जी चाहे न बनना, कोई ज़बरदस्ती थोड़े ही बना देगा। नथुवा थोड़ी देर तक टमटम के साथ चला; पर उसके मन में संशय बना हुआ था। सहसा वह रुक गया। मेम साहिबा ने पूछा—क्यों, चलता क्यों नहीं?

नथुवा—मैंने सुना है, मिशन में जो कोई जाता है किरस्तान हो जाता है। मैं न जाऊँगा। आप झाँसा देती हैं।

मेम.—अरे पागल, वहाँ तुझे पढ़ाया जाएगा, किसी की चाकरी न करनी पड़ेगी। शाम को खेलने को छुट्टी मिलेगी। कोट-पतलून पहनने को मिलेगी। चल के दो-चार दिन देख तो ले।

नथुवा ने इस प्रलोभन का उत्तर न दिया। एक गली से होकर भागा। जब टमटम दूर निकल गया तो वह निश्चिंत होकर सोचने लगा—जाऊँ? कहीं कोई सिपाही पकड़कर थाने न ले जाए। मेरी बिरादरी के लोग तो वहाँ रहते हैं। क्या वह मुझे अपने घर रखेंगे। कौन बैठ कर खाऊँगा, काम तो करूँगा। बस, किसी की पीठ पर रहना चाहिए। आज कोई मेरी पीठ पर होता तो मजाल थी कि रायसाहब मुझे यों मारते। सारी बिरादरी जमा हो जाती, घेर लेती, घर की सफ़ाई बन्द हो जाती, कोई द्वार पर झाड़ू तक न लगाता। सारी रायसाहबी निकल जाती। यह निश्चय करके वह घूमता-फिरता भंगियों के मुहल्ले में पहुँचा। शाम हो गई थी, कई भंगी एक पेड़ के नीचे चटाइयों पर बैठे शहनाई और तबला बजा रहे थे। वह नित्य इसका अभ्यास करते थे। यह उनकी जीविका थी। गान-विद्या की यहाँ जितनी छीछालेदर हुई है, उतनी और कहीं न हुई होगी। नथुवा जाकर वहाँ खड़ा हो गया। उसे बहुत ध्यान से सुनते देखकर एक भंगी ने पूछा—कुछ गाता है?

नथुवा—अभी तो नहीं गाता; पर सिखा दोगे तो गाने लगूँगा।

भंगी—बहाना मत कर, बैठ; कुछ गाकर सुना, मालूम तो हो कि तेरे गला भी है या नहीं, गला ही न होगा तो क्या कोई सिखाएगा।

नथुवा मामूली बाज़ार के लड़कों की तरह कुछ-न-कुछ गाना जानता ही था, रास्ता चलता तो कुछ-न-कुछ गाने लगता था। तुरन्त गाने लगा। उस्ताद ने सुना। जौहरी था, समझ गया यह काँच का टुकड़ा नहीं। बोला—कहाँ रहता है?

नथुवा ने अपनी रामकहानी सुनाई, परिचय हो गया। उसे आश्रय मिल गया और विकास का वह अवसर मिल गया, जिसने उसे भूमि से आकाश पर पहुँचा दिया।

3

तीन साल उड़ गए, नथुवा के गाने की सारे शहर में धूम मच गई। और वह केवल एक गुणी नहीं, सर्वगुणी था; गाना, शहनाई बजाना, पखावज, सारंगी, तम्बूरा, सितार—सभी कलाओं में दक्ष हो गया। उस्तादों को भी उसकी चमत्कारिक बुद्धि पर आश्चर्य होता था। ऐसा मालूम होता

था कि उसने पहले ही पढ़ी हुई विद्या दुहरा ली है। लोग दस-दस सालों तक सितार बजाना सीखते रहते हैं और नहीं आता, नथुवा को एक महीने में उसके तारों का ज्ञान हो गया। ऐसे कितने ही रत्न पड़े हुए हैं, जो किसी पारखी से भेंट न होने के कारण मिट्टी में मिल जाते हैं।

संयोग से इन्हीं दिनों ग्वालियर में एक संगीत-सम्मेलन हुआ। देश-देशांतरों से संगीत के आचार्य निमंत्रित हुए। उस्ताद घूरे को भी नेवता मिला। नथुवा इन्हीं का शिष्य था। उस्ताद ग्वालियर चले तो नाथू को भी साथ लेते गए। एक सप्ताह तक ग्वालियर में बड़ी धूमधाम रही। नाथूराम ने वहाँ ख़ूब नाम कमाया। उसे सोने का तमगा इनाम मिला। ग्वालियर के संगीत-विद्यालय के अध्यक्ष ने उस्ताद घूरे से आग्रह किया कि नाथूराम को संगीत-विद्यालय में दाख़िल करा दो। यहाँ संगीत के साथ उसकी शिक्षा भी हो जाएगी। घूरे को मानना पड़ा। नाथूराम भी राज़ी हो गया।

नाथूराम ने पाँच वर्षों में विद्यालय की सर्वोच्च उपाधि प्राप्त कर ली। इसके साथ-साथ भाषा, गणित और विज्ञान में उसकी बुद्धि ने अपनी प्रखरता का परिचय दिया। अब वह समाज का भूषण था। कोई उससे न पूछता था, कौन जाति हो। उसका रहन-सहन, तौर-तरीका अब गायकों का-सा नहीं, शिक्षित समुदाय का-सा था। अपने सम्मान की रक्षा के लिए वह ऊँचे वर्णवालों का-सा आचरण रखने लगा। मदिरा-मांस त्याग दिया, नियमित रूप से संध्योपासना करने लगा। कोई कुलीन ब्राह्मण भी इतना आचार-विचार न करता होगा। नाथूराम तो पहले ही उसका नाम हो चुका था। अब उसका कुछ और सुसंस्कार हुआ। वह ना. रा. आचार्य मशहूर हो गया। साधारणतः लोग 'आचार्य' ही कहा करते थे। राज-दरबार से उसे अच्छा वेतन मिलने लगा। 18 वर्ष की आयु में इतनी ख्याति बिरले ही किसी गुणी को नसीब होती है। लेकिन ख्याति-प्रेम वह प्यास है, जो कभी नहीं बुझती, वह अगस्त्य ऋषि की भाँति सागर को पीकर भी शान्त नहीं होती। महाशय आचार्य ने योरोप को प्रस्थान किया। वह पाश्चात्य संगीत पर भी अधिकृत होना चाहते थे। जर्मनी के सबसे बड़े संगीत-विद्यालय में दाख़िल हो गए और पाँच वर्षों के निरंतर परिश्रम और उद्योग के बाद आचार्य की पदवी लेकर इटली की सैर करते हुए ग्वालियर लौट आए और उसके एक ही सप्ताह के बाद मदन कम्पनी ने उन्हें तीन हज़ार रुपए मासिक वेतन पर अपनी शाखाओं का निरीक्षक नियुक्त किया। वह योरोप जाने के पहले ही हज़ारों रुपए जमा कर चुके थे। योरोप में भी ओपराओं और नाट्यशालाओं में उनकी ख़ूब आवभगत हुई थी। कभी-कभी एक दिन में इतनी आमदनी हो जाती थी, जितनी यहाँ के बड़े-से-बड़े गवैयों को बरसों में भी नहीं होती। लखनऊ से विशेष प्रेम होने के कारण उन्होंने वहीं निवास करने का निश्चय किया।

4

आचार्य महाशय लखनऊ पहुँचे तो उनका चित्त गद्गद हो गया। यहीं उनका बचपन बीता था, यहीं एक दिन वह अनाथ थे, यहीं गलियों में कनकौए लूटते फिरते थे, यहीं बाज़ारों में पैसे माँगते-फिरते थे। आह! यहीं उन पर हंटरों की मार पड़ी थी, जिसके निशान अब तक बने थे। अब वह दाग़ उन्हें सौभाग्य की रेखाओं से भी प्रिय लगते। यथार्थ में यह कोड़े की मार उनके लिए शिव का वरदान थी। रायसाहब के प्रति अब उनके दिल में क्रोध या प्रतिकार का लेशमात्र भी न था। उनकी बुराइयाँ भूल गई थीं, भलाइयाँ याद रह गई थीं; और रत्ना तो उन्हें

दया और वात्सल्य की मूर्ति-सी याद आती। विपत्ति पुराने घावों को बढ़ाती है, सम्पत्ति उन्हें भर देती है! गाड़ी से उतरे तो छाती धड़क रही थी। 10 वर्ष का बालक 23 वर्ष का जवान, शिक्षित भद्र युवक हो गया था। उसकी माँ भी उसे देखकर न कह सकती कि यही मेरा नथुवा है। लेकिन उनकी कायापलट की अपेक्षा नगर की कायापलट और भी विस्मयकारी थी। यह लखनऊ नहीं, कोई दूसरा ही नगर था।

स्टेशन से बाहर निकलते ही देखा कि शहर के कितने ही छोटे-बड़े आदमी उनका स्वागत करने को खड़े हैं। उनमें एक युवती रमणी थी, जो रत्ना से बहुत मिलती थी। लोगों ने उससे हाथ मिलाया और रत्ना ने उनके गले में फूलों का हार डाल दिया। यह विदेश में भारत का नाम रोशन करने का पुरस्कार था। आचार्य के पैर डगमगाने लगे, ऐसा जान पड़ता था, अब नहीं खड़े रह सकते। यह वही रत्ना है। भोली-भाली बालिका ने सौन्दर्य, लज्जा, गर्व और विनय की देवी का रूप धारण कर लिया है। उनकी हिम्मत न पड़ी कि रत्ना की तरफ़ सीधी आँखों देख सकें।

लोगों से हाथ मिलाने के बाद वह उस बँगले में आए जो उनके लिए पहले ही से सजाया गया था। उसको देखकर वे चौंक पड़े; यह वही बँगला था जहाँ रत्ना के साथ वह खेलते थे; सामान भी वही था, तसवीरें वही, कुर्सियाँ और मेज़ें वही, शीशे के आलात वही, यहाँ तक कि फ़र्श भी वही था। उसके अन्दर क़दम रखते हुए आचार्य महाशय के हृदय में कुछ वही भाव जागृत हो रहे थे, जो किसी देवता के मन्दिर में जाकर धर्मपरायण हिन्दू के हृदय में होते हैं। वह रत्ना के शयनागार में पहुँचे तो उनके हृदय में ऐसी ऐंठन हुई कि आँसू बहने लगे—यह वही पलंग है, वही बिस्तर और वही फ़र्श! उन्होंने अधीर होकर पूछा—यह किसका बँगला है?

कम्पनी का मैनेजर साथ था, बोला—एक राय भोलानाथ हैं, उन्हीं का है।

आचार्य—रायसाहब कहाँ गए?

मैनेजर—ख़ुदा जाने कहाँ चले गए। यह बँगला क़र्ज़ की इल्लत में नीलाम हो रहा था। मैंने देखा हमारे थिएटर से क़रीब है। अधिकारियों से खतोकिताबत की और इसे कम्पनी के नाम ख़रीद लिया, 40 हज़ार में यह बँगला सामान समेत लिया गया।

आचार्य—मुफ़्त मिल गया, तुम्हें रायसाहब की कुछ ख़बर नहीं?

मैनेजर—सुना था कि कहीं तीर्थ करने गए थे, ख़ुदा जाने लौटे या नहीं।

आचार्य महाशय जब शाम को सावधान होकर बैठे तो एक आदमी से पूछा—क्यों जी, उस्ताद घूरे का भी हाल जानते हो, उनका नाम बहुत सुना है।

आदमी ने सकरुण भाव से कहा—खुदाबंद, उनका हाल कुछ न पूछिए, शराब पीकर घर आ रहे थे, रास्ते में बेहोश होकर सड़क पर गिर पड़े। उधर से एक मोटर लारी आ रही थी। ड्राइवर ने देखा नहीं, लारी उनके ऊपर से निकल गई। सुबह को लाश मिली। खुदाबंद, अपने फन में एक था, अब उसकी मौत से लखनऊ वीरान हो गया, अब ऐसा कोई नहीं रहा जिस पर लखनऊ को घमंड हो। नथुवा नाम के एक लड़के को उन्होंने कुछ सिखाया था और उससे हम लोगों को उम्मीद थी कि उस्ताद का नाम ज़िंदा रखेगा, पर वह यहाँ से ग्वालियर चला गया, फिर पता नहीं कि कहाँ गया।

आचार्य महाशय के प्राण सूखे जाते थे कि अब बात खुली, अब खुली, दम रुका हुआ था जैसे कोई तलवार लिए सिर पर खड़ा हो। बारे कुशल हुई, घड़ा चोट खाकर भी बच गया।

5

आचार्य महाशय उस घर में रहते थे, किन्तु उसी तरह जैसे कोई नई बहू अपने ससुराल में रहे। उनके हृदय से पुराने संस्कार न मिटते थे। उनकी आत्मा इस यथार्थ को स्वीकार न करती कि अब यह मेरा घर है। वह ज़ोर से हँसते तो सहसा चौंक पड़ते। मित्रगण आकर शोर मचाते तो उन्हें एक अज्ञात शंका होती थी। लिखने-पढ़ने के कमरे में शायद वह सोते तो उन्हें रात-भर नींद न आती, यह ख़याल दिल में जमा हुआ था कि यह पढ़ने-लिखने का कमरा है। बहुत अच्छा होने पर भी वह पुराने सामान को बदल न सकते थे। और रत्ना के शयनागार को तो उन्होंने फिर कभी नहीं खोला। वह ज्यों-का-त्यों बन्द पड़ा रहता था। उसके अन्दर जाते हुए उनके पैर थरथराने लगते थे। उस पलंग पर सोने का ध्यान ही उन्हें नहीं आया।

लखनऊ में कई बार उन्होंने विश्वविद्यालय में अपने संगीत-नैपुण्य का चमत्कार दिखाया। किसी राजा-रईस के घर अब वह गाने न जाते थे, चाहे कोई उन्हें लाखों रुपए ही क्यों न दे; यह उनका प्रण था। लोग उनका अलौकिक गान सुनकर अलौकिक आनंद उठाते थे।

एक दिन प्रात:काल आचार्य महाशय संध्या से उठे थे कि राय भोलानाथ उनसे मिलने आए। रत्ना भी उनके साथ थी। आचार्य महाशय पर रोब छा गया। बड़े-बड़े योरोपी थिएटरों में भी उनका हृदय इतना भयभीत न हुआ था। उन्होंने ज़मीन तक झुककर रायसाहब को सलाम किया। भोलानाथ उनकी नम्रता से कुछ विस्मति-से हो गए। बहुत दिन हुए जब लोग उन्हें सलाम किया करते थे। अब तो जहाँ जाते थे, हँसी उड़ाई जाती थी। रत्ना भी लज्जित हो गई। रायसाहब ने कातर नेत्रों से इधर-उधर देखकर कहा—आपको यह जगह तो पसन्द आई होगी?

आचार्य—जी हाँ, इससे उत्तम स्थान की तो मैं कल्पना ही नहीं कर सकता।

भोलानाथ—यह मेरा ही बँगला है। मैंने ही इसे बनवाया और मैंने ही इसे बिगाड़ भी दिया।

रत्ना ने झेंपते हुए कहा—दादाजी, इन बातों से क्या फ़ायदा?

भोला.—फ़ायदा नहीं है बेटी, नुक़सान भी नहीं। सज्जनों से अपनी विपत्ति कहकर चित्त शान्त होता है। महाशय, यह मेरा ही बँगला है, या यों कहिए कि था। 50 हज़ार सालाना इलाक़े से मिलते थे। कुछ आदमियों की संगत में मुझे सट्टे का चस्का पड़ गया। दो-तीन बार ताबड़-तोड़ बाज़ी हाथ आई, हिम्मत खुल गई, लाखों के वारे-न्यारे होने लगे, किन्तु एक ही घाटे में सारी कसर निकल गई। बधिया बैठ गई। सारी जायदाद खो बैठा। सोचिए, पचीस लाख का सौदा था। कौड़ी चित्त पड़ती तो आज इस बँगले का कुछ और ही ठाट होता, नहीं तो अब पिछले दिनों को याद कर-करके हाथ मलता हूँ। मेरी रत्ना को आपके गाने से बड़ा प्रेम है। जब देखो आप ही की चर्चा किया करती है। इसे मैंने बी.ए. तक पढ़ाया...

रत्ना का चेहरा शर्म से लाल हो गया। बोली—दादाजी, आचार्य महाशय मेरा हाल जानते हैं, उनको मेरे परिचय की ज़रूरत नहीं। महाशय, क्षमा कीजिएगा, पिताजी उस घाटे के कारण कुछ अव्यवस्थित चित्त-से हो गए हैं। वह आपसे यह प्रार्थना करने आए हैं कि यदि आपको कोई आपत्ति न हो तो वह कभी-कभी इस बँगले को देखने आया करें। इससे उनके आँसू पुछ जाएँगे। उन्हें इस विचार से सन्तोष होगा कि मेरा कोई मित्र इसका स्वामी है। बस, यही कहने के लिए यह आपकी सेवा में आए हैं।

आचार्य ने विनयपूर्ण शब्दों में कहा—इसके पूछने की ज़रूरत नहीं है। घर आपका है, जिस वक़्त जी चाहे शौक़ से आएँ, बल्कि आपकी इच्छा हो तो आप इसमें रह सकते हैं; मैं अपने लिए कोई दूसरा स्थान ठीक कर लूँगा।

रायसाहब ने धन्यवाद दिया और चले गए। वह दूसरे-तीसरे दिन यहाँ ज़रूर आते और घंटों बैठे रहते। रत्ना भी उनके साथ अवश्य आती, फिर कुछ दिन बाद प्रतिदिन आने लगे।

एक दिन उन्होंने आचार्य महाशय को एकान्त में ले जाकर पूछा—क्षमा कीजिएगा, आप अपने बाल बच्चों को क्यों नहीं बुला लेते? अकेले तो आपको बहुत कष्ट होता होगा।

आचार्य—मेरा तो अभी विवाह नहीं हुआ और न करना चाहता हूँ।

यह कहते ही आचार्य महाशय ने आँखें नीची कर लीं।

भोलानाथ—यह क्यों, विवाह से आपको क्यों द्वेष है?

आचार्य—कोई विशेष कारण तो नहीं बता सकता, इच्छा ही तो है।

भोला.—आप ब्राह्मण हैं?

आचार्यजी का रंग उड़ गया। सशंक होकर बोले—योरोप की यात्रा के बाद वर्णभेद नहीं रहता। जन्म से चाहे जो कुछ हूँ, कर्म से तो शूद्र ही हूँ।

भोलानाथ—आपकी नम्रता को धन्य है, संसार में ऐसे सज्जन लोग भी पड़े हुए हैं, मैं भी कर्मों ही से वर्ण मानता हूँ। नम्रता, शील, विनय, आचार, धर्मनिष्ठा, विद्याप्रेम, यह सब ब्राह्मणों के गुण हैं और मैं आपको ब्राह्मण ही समझता हूँ। जिसमें यह गुण नहीं, वह ब्राह्मण नहीं; कदापि नहीं। रत्ना को आपसे बड़ा प्रेम है। आज तक कोई पुरुष उसकी आँखों में नहीं जँचा, किन्तु आपने उसे वशीभूत कर लिया इस धृष्टता को क्षमा कीजिएगा, आपके माता-पिता...

आचार्य—मेरे माता-पिता तो आप ही हैं। जन्म किसने दिया, यह मैं स्वयं नहीं जानता। मैं बहुत छोटा था तभी उनका स्वर्गवास हो गया।

रायसाहब—आह! वह आज जीवित होते तो आपको देखकर उनकी ग़ज-भर की छाती होती। ऐसे सपूत बेटे कहाँ होते हैं!

इतने में रत्ना एक काग़ज़ लिए हुए आई और रायसाहब से बोली—दादाजी, आचार्य महाशय काव्य-रचना भी करते हैं, मैं इनकी मेज़ पर से यह उठा लाई हूँ। सरोजिनी नायडू के सिवा ऐसी कविता मैंने और कहीं नहीं देखी।

आचार्य ने छिपी हुई निगाहों से एक बार रत्ना को देखा और झेंपते हुए बोले—यों ही कुछ लिख लिया था। मैं काव्य-रचना क्या जानूँ?

6

प्रेम से दोनों विह्वल हो रहे थे। रत्ना गुणों पर मोहित थी, आचार्य उसके मोह के वशीभूत थे। अगर रत्ना उनके रास्ते में न आती तो कदाचित् वह उससे परिचित भी न होते! किन्तु प्रेम की फैली हुई बाहों का आकर्षण किस पर न होगा? ऐसा हृदय कहाँ है, जिसे प्रेम जीत न सके?

आचार्य महाशय बड़ी दुविधा में पड़े हुए थे। उनका दिल कहता था, जिस क्षण रत्ना पर मेरी असलियत खुल जाएगी, उसी क्षण वह मुझसे सदैव के लिए मुँह फेर लेगी। वह

कितनी ही उदार हो, जाति के बंधन को कितना ही कष्टमय समझती हो, किन्तु उस घृणा से मुक्त नहीं हो सकती जो स्वभावत: मेरे प्रति उत्पन्न होगी। मगर इस बात को जानते हुए भी उनकी हिम्मत न पड़ती थी कि अपना वास्तविक स्वरूप खोलकर दिखा दें। आह! यदि घृणा ही तक होती तो कोई बात न थी, मगर उसे दु:ख होगा, पीड़ा होगी, उसका हृदय विदीर्ण हो जाएगा, उस दशा में न जाने क्या कर बैठे। उसे इस अज्ञात दशा में रखते हुए प्रणय-पाश को दृढ़ करना उन्हें परले सिरे की नीचता प्रतीत होती थी। यह कपट है, दग़ा है, धूर्तता है जो प्रेमाचरण में सर्वथा निषिद्ध है। इस संकट में पड़े हुए वह कुछ निश्चय न कर सकते थे कि क्या करना चाहिए। उधर रायसाहब की आमदोरफ़्त दिनोंदिन बढ़ती जाती थी। उनके मन की बात एक-एक शब्द से झलकती थी। रत्ना का आना-जाना बन्द होता जाता था जो उनके आशय को और भी प्रकट करता था। इस प्रकार तीन-चार महीने व्यतीत हो गए। आचार्य महाशय सोचते, यह वही रायसाहब हैं, जिन्होंने केवल रत्ना की चारपाई पर ज़रा देर लेट रहने के लिए मुझे मारकर घर से निकाल दिया था। जब उन्हें मालूम होगा कि मैं वही अनाथ, अछूत, आश्रयहीन बालक हूँ तो उन्हें कितनी आत्मवेदना, कितनी अपमान-पीड़ा, कितनी लज्जा, कितनी दुराशा, कितना पश्चात्ताप होगा!

एक दिन रायसाहब ने कहा—विवाह की तिथि निश्चित कर लेनी चाहिए। इस लग्न में मैं इस ऋण से उऋण हो जाना चाहता हूँ।

आचार्य महाशय ने बात का मतलब समझकर भी प्रश्न किया—कैसी तिथि?

रायसाहब—यही रत्ना के विवाह की। मैं कुंडली का तो कायल नहीं, पर विवाह तो शुभ मुहूर्त में ही होगा।

आचार्य भूमि की ओर ताक़ते रहे, कुछ न बोले।

रायसाहब—मेरी अवस्था तो आपको मालूम ही है। कुश-कन्या के सिवा और किसी योग्य नहीं हूँ। रत्ना के सिवा और कौन है, जिसके लिए उठा रखता।

आचार्य महाशय विचारों में मग्न थे।

रायसाहब—रत्ना को आप स्वयं जानते हैं। आपसे उसकी प्रशंसा करनी व्यर्थ है। वह अच्छी है या बुरी है, उसे आपको स्वीकार करना पड़ेगा।

आचार्य महाशय की आँखों से आँसू बह रहे थे।

रायसाहब—मुझे पूरा विश्वास है कि आपको ईश्वर ने उसी के लिए यहाँ भेजा है। मेरी ईश्वर से यही याचना है कि तुम दोनों का जीवन सुख से कटे। मेरे लिए इससे ज़्यादा ख़ुशी की और कोई बात नहीं हो सकती। इस कर्तव्य से मुक्त होकर इरादा है कुछ दिन भगवत्-भजन करूँ। गौण रूप से आप ही इस फल के भी अधिकारी होंगे।

आचार्य ने अवरुद्ध कंठ से कहा—महाशय, आप मेरे पिता तुल्य हैं, पर मैं इस योग्य कदापि नहीं हूँ।

रायसाहब ने उन्हें गले लगाते हुए कहा—बेटा, तुम सर्वगुण-सम्पन्न हो। तुम समाज के भूषण हो। मेरे लिए यह महान गौरव की बात है कि तुम-जैसा दामाद पाऊँ। मैं आज तिथि आदि ठीक करके कल आपको सूचना दूँगा।

यह कहकर रायसाहब उठ खड़े हुए। आचार्य कुछ कहना चाहते थे, पर मौक़ा न मिला, या यों कहो हिम्मत न पड़ी। इतना मनोबल न था, घृणा सहन करने की इतनी शक्ति न थी।

7

विवाह हुए महीना-भर हो गया। रत्ना के आने से पतिगृह उजाला हो गया है और पति-हृदय पवित्र। सागर में कमल खिल गया। रात का समय था। आचार्य महाशय भोजन करके लेटे हुए थे, उसी पलंग पर जिसने किसी दिन उन्हें घर से निकलवाया था, जिसने उनके भाग्यचक्र को परिवर्तित कर दिया था।

महीना-भर से वह अवसर ढूँढ़ रहे हैं कि वह रहस्य रत्ना को बतला दूँ। उनका संस्कारों से दबा हुआ हृदय यह नहीं मानता कि मेरा सौभाग्य मेरे गुणों ही का अनुग्रह है। वह अपने रुपए को भट्ठी में पिघलाकर उसका मूल्य जानने की चेष्टा कर रहे हैं। किन्तु अवसर नहीं मिलता। रत्ना ज्यों ही सामने आ जाती है, वह मंत्रमुग्ध से हो जाते हैं। बाग़ में रोने कौन जाता है, रोने के लिए तो अँधेरी कोठरी ही चाहिए।

इतने में रत्ना मुस्कुराती हुई कमरे में आई। दीपक की ज्योति मंद पड़ गई।

आचार्य ने मुस्कुराकर कहा—अब चिराग़ गुल कर दूँ न?

रत्ना बोली—क्यों, क्या मुझसे शर्म आती है?

आचार्य—हाँ, वास्तव में शर्म आती है।

रत्ना—इसलिए कि मैंने तुम्हें जीत लिया?

आचार्य—नहीं, इसलिए कि मैंने तुम्हें धोखा दिया।

रत्ना—तुममें धोखा देने की शक्ति नहीं है।

आचार्य—तुम नहीं जानतीं। मैंने तुम्हें बहुत बड़ा धोखा दिया है।

रत्ना—सब जानती हूँ।

आचार्य—जानती हो मैं कौन हूँ?

रत्ना—ख़ूब जानती हूँ। बहुत दिनों से जानती हूँ। जब हम तुम दोनों इसी बग़ीचे में खेला करते थे, मैं तुमको मारती थी और तुम रांते थे, मैं तुमको अपनी जूठी मिठाइयाँ देती थी और तुम दौड़कर लेते थे, तब भी मुझे तुमसे प्रेम था; हाँ, वह दया के रूप में व्यक्त होता था।

आचार्य ने चकित हो कहा—रत्ना, यह जानकर भी तुमने...

रत्ना—हाँ, जान कर ही। न जानती तो शायद न करती।

आचार्य—यह वही चारपाई है।

रत्ना—और मैं घाते में।

आचार्य ने उसे गले लगाकर कहा—तुम क्षमा की देवी हो।

रत्ना ने उत्तर दिया—मैं तुम्हारी चेरी हूँ।

आचार्य—रायसाहब भी जानते हैं?

रत्ना—नहीं, उन्हें नहीं मालूम है। उनसे भूलकर भी न कहना, नहीं तो वह आत्मघात कर लेंगे।

आचार्य—वह कोड़े अभी तक याद हैं।

रत्ना—अब पिताजी के पास उसका प्रायश्चित्त करने के लिए कुछ नहीं रह गया। क्या अब भी तुम्हें सन्तोष नहीं हुआ?

विचित्र होली

होली का दिन था; मिस्टर ए.बी. क्रास शिकार खेलने गए हुए थे। साईस, अर्दली, मेहतर, भिश्ती, ग्वाला, धोबी सब होली मना रहे थे। सबों ने साहब के जाते ही ख़ूब गहरी भंग चढ़ाई थी और इस समय बग़ीचे में बैठे हुए होली, फाग गा रहे थे। पर रह-रहकर बँगले के फाटक की तरफ़ झाँक लेते थे कि साहब आ तो नहीं रहे हैं। इतने में शेख़ नूरअली आकर सामने खड़े हो गए।

साईस ने पूछा—कहो ख़ानसामाजी, साहब कब आएँगे?

नूरअली बोला—उसका जब जी चाहे आए, मेरा आज इस्तीफ़ा है। अब इसकी नौकरी न करूँगा।

अर्दली ने कहा—ऐसी नौकरी फिर न पाओगे। चार पैसे ऊपर की आमदनी है। नाहक छोड़ते हो।

नूरअली—अजी, लानत भेजो! अब मुझसे ग़ुलामी न होगी। यह हमें जूतों से ठुकराएँ और हम इनकी ग़ुलामी करें! आज यहाँ से डेरा कूच है। आओ, तुम लोगों की दावत करूँ। चले आओ कमरे में आराम से मेज़ पर डट जाओ, वह बोतलें पिलाऊँ कि जिगर ठंडा हो जाए।

साईस—और जो कहीं साहब आ जाएँ?

नूरअली—वह अभी नहीं आने का। चले आओ।

साहबों के नौकर प्राय: शराबी होते हैं। जिस दिन से साहब के यहाँ ग़ुलामी लिखाई, उसी दिन से यह बला उनके सिर पड़ जाती है। जब मालिक स्वयं बोतल-की-बोतल उँड़ेल जाता है, तो भला नौकर क्यों चूकने लगे। यह निमंत्रण पाकर सब-के-सब खिल उठे। भंग का नशा चढ़ा ही हुआ था। ढोल-मंजीरे छोड़-छाड़कर नूरअली के साथ चले और साहब के खाने के कमरे में कुर्सियों पर आ बैठे। नूरअली ने ह्विस्की की बोतल खोलकर ग्लास भरे और चारों ने चढ़ाना शुरू कर दिया। ठर्रा पीनेवालों ने जब यह मज़ेदार चीज़ें पाईं तो ग्लास लुढ़काने लगे। ख़ानसामा भी उत्तेजित करता जाता था। ज़रा देर में सबों के सिर फिर गए। भय जाता रहा। एक ने होली छेड़ी, दूसरे ने सुर मिलाया। गाना होने लगा। नूरअली ने ढोल-मजीरा लाकर रख दिया। वहीं मजलिस जम गई। गाते-गाते एक उठकर नाचने लगा। दूसरा उठा। यहाँ तक कि सब-के-सब कमरे में चौकड़ियाँ भरने लगे। हू-हक मचने लगा। कबीर, फाग, चौताल, गाली-गलौज, मार-पीट बारी-बारी सबका नम्बर आया। सब ऐसे निडर हो गए थे, मानो अपने घर में हैं। कुर्सियाँ उलट गईं। दीवारों पर की तस्वीरें टूट गईं। एक ने मेज़ उलट दी। दूसरे ने रिकाबियों को गेंद बनाकर उछालना शुरू किया।

यहाँ यही हंगामा मचा हुआ था कि शहर के रईस लाला उजागरमल का आगमन हुआ। उन्होंने यह कौतुक देखा तो चकराए। ख़ानसामा से पूछा—यह क्या गोलमाल है शेख़जी, साहब देखेंगे तो क्या कहेंगे?

नूरअली—साहब का हुक्म ही ऐसा है तो क्या करें। आज उन्होंने अपने नौकरों की दावत की है, उनसे होली खेलने को भी कहा है। सुनते हैं, लाट साहब के यहाँ से हुक्म आया है कि रिआया के साथ ख़ूब रब्त-ज़ब्त रखो, उनके त्योहारों में शरीक हो। तभी तो यह हुक्म दिया है, नहीं तो इनके मिज़ाज ही न मिलते थे। आइए, तशरीफ़ रखिए। निकालूँ कोई मज़ेदार चीज़! अभी हाल में विलायत से पारसल आया है।

सेठ उजागरमल बड़े उदार विचारों के मनुष्य थे। अँग्रेज़ी दावतों में बेधड़क शरीक होते थे, रहन-सहन भी अँग्रेज़ी ही था और यूनियन क्लब के तो वह एकमात्र कर्ता ही थे, अँग्रेज़ों से उनकी ख़ूब छनती थी और मिस्टर क्रास तो उनके परम मित्र ही थे। जिलाधीश से, चाहे वह कोई हो, सदैव उनकी घनिष्ठता रहती थी। नूरअली की बातें सुनते ही एक कुर्सी पर बैठ गए और बोले—अच्छा! यह बात है? हाँ, तो फिर निकालो कोई मज़ेदार चीज़! कुछ ग़ज़ल भी हो।

नूरअली—हजूर, आपके लिए सबकुछ हाजिर है।

लाला साहब कुछ तो घर ही से पीकर चले थे, यहाँ कई ग्लास चढ़ाए तो ज़बान लड़खड़ाते हुए बोले—क्यों नूरअली, आज साहब होली खेलेंगे?

नूरअली—जी हाँ।

उजागर.—लेकिन मैं रंग-वंग तो लाया नहीं। भेजो चटपट किसी को मेरी कोठी से रंग-पिचकारी वग़ैरह लाए। (साईस से) क्यों घसीटे, आज तो बड़ी बहार है।

घसीटे—बड़ी बहार है, बहार है, होली है!

उजागर.—(गाते हुए) आज साहब के साथ मेरी होली मचेगी, आज साहब के साथ मेरी होली मचेगी, ख़ूब पिचकारी चलाऊँगा।

घसीटे—ख़ूब अबीर लगाऊँगा।

ग्वाला—ख़ूब गुलाल उड़ाऊँगा।

धोबी—बोतल-पर-बोतल चढ़ाऊँगा।

अरदली—ख़ूब कबीरे सुनाऊँगा।

उजागर.—आज साहब के साथ मेरी होली मचेगी।

नूरअली—अच्छा, सब लोग सँभल जाओ। साहब का मोटर आ रहा है। सेठजी, यह लीजिए, मैं दौड़कर रंग-पिचकारी लाया, बस एक चौताल छेड़ दीजिए और जैसे ही साहब कमरे में आएँ, उन पर पिचकारी छोड़िए और (दूसरे से) तुम लोग भी उनके मुँह में गुलाल मलो, साहब मारे ख़ुशी के फूल जाएँगे। वह लो, मोटर हाते में आ गया। होशियार!

2

मिस्टर क्रास अपनी बन्दूक़ हाथ में लिए मोटर से उतरे और लगे आदमियों को बुलाने; पर वहाँ तो ज़ोरों से चौताल हो रहा था, सुनता कौन है। चकराए, यह मामला क्या है। क्या सब मेरे बँगले में गा रहे हैं? क्रोध से भरे हुए बँगले में दाख़िल हुए तो डाइनिंगरूम (भोजन करने के कमरे में) से गाने की आवाज़ आ रही थी। अब क्या था? जामे से बाहर हो गए। चेहरा विकृत हो गया। हंटर उतार लिया और डाइनिंगरूम की ओर चले; लेकिन अभी तक एक क़दम दरवाज़े के बाहर ही था कि सेठ उजागरमल ने पिचकारी छोड़ी। सारे कपड़े तर हो गए। आँखों में भी रंग घुस गया। आँखें पोंछ ही रहे थे कि साईस, ग्वाला सब-के-सब दौड़े और साहब को पकड़कर उनके मुँह में रंग मलने लगे। धोबी ने तेल और कालिख का पाउडर लगा दिया! साहब के क्रोध की सीमा न रही, हंटर लेकर सबों को अंधाधुंध पीटने लगा। बेचारे सोचे हुए थे कि साहब ख़ुश होकर इनाम देंगे। हंटर पड़े तो नशा हिरन हो गया। कोई इधर भागा, कोई उधर। सेठ उजागरमल ने यह रंग देखा तो ताड़ गए कि नूरअली ने

झाँसा दिया। एक कोने में दबक रहे। जब कमरा नौकरों से ख़ाली हो गया, तो साहब उनकी ओर बढ़े। लाला साहब के होश उड़ गए। तेज़ी से कमरे के बाहर निकले और सिर पर पैर रखकर बेतहाशा भागे। साहब उनके पीछे दौड़े। सेठजी की फिटन फाटक पर खड़ी थी। घोड़े ने धम-धम खटपट सुनी तो चौंका। कनौतियाँ खड़ी कीं और फिटन ले भागा। विचित्र दृश्य था। आगे-आगे फिटन, उसके पीछे सेठ उजागरमल, उनके पीछे हंटरधारी मिस्टर क्रास। तीनों बगटुट दौड़े चले जाते थे। सेठजी एक बार ठोकर खाकर गिरे, पर साहब के पहुँचते-पहुँचते सँभलकर उठे। हाते के बाहर सड़क तक घुड़दौड़ रही। अंत में साहब रुक गए। मुँह में कालिख लगाए अब और आगे जाना हास्यजनक मालूम हुआ। यह विचार भी हुआ कि सेठजी को काफ़ी सज़ा मिल चुकी। अपने नौकरों की ख़बर लेना भी ज़रूरी था। लौट गए। सेठ उजागरमल के जान में जान आई। बैठकर हाँफने लगे। घोड़ा भी ठिठक गया। कोचवान ने उतरकर उन्हें सँभाला और गोद में उठाकर गाड़ी पर बैठा दिया।

3

लाला उजागरमल शहर सहयोगी समाज के नेता थे। उन्हें अँग्रेज़ों की भावी शुभकामनाओं पर पूर्णविश्वास था। अँग्रेज़ी राज्य की तामीली, माली और मुल्की तरक्क़ी के राग गाते रहते थे। अपनी वक्तृताओं में सहयोगियों को ख़ूब फटकारा करते थे। अँग्रेज़ों में इधर उनका आदर-सम्मान विशेष रूप से होने लगा था। कई बड़े-बड़े ठेके, जो पहले अँग्रेज़ ठेकेदारों ही को मिला करते थे उन्हें दिए गए थे। सहयोग ने उनके मान और धन को ख़ूब बढ़ाया था, अतएव मुँह से चाहे वह असहयोग की कितनी ही निंदा करें, पर मन में उसकी उन्नति चाहते थे। उन्हें यक़ीन था कि असहयोग एक हवा है, जब तक चलती रहे उसमें अपने गीले कपड़े सुखा लें। वह असहयोगियों के कृत्यों का ख़ूब बढ़ा-बढ़ा कर बयान किया करते थे, और अधिकारियों के कृत्यों को इन गढ़ी हुई बातों पर विश्वास करते देखकर दिल में उन पर ख़ूब हँसते थे। ज्यों-ज्यों सम्मान बढ़ता था, उनका आत्माभिमान भी बढ़ता था। वह अब पहले की भाँति भीरु न थे। गाड़ी पर बैठे और ज़रा साँस फूलना बन्द हुआ, तो इस घटना की विवेचना करने लगे। अवश्य नूरअली ने मुझे धोखा दिया, उसकी असहयोगियों से भी मिलीभगत है। यह लोग होली नहीं खेलते तो इनका इतना क्रोधोन्मत्त होना इसके सिवाय और क्या बतलाता है कि हमें यह लोग कुत्तों से बेहतर नहीं समझते। इनको अपने प्रभुत्व का कितना घमंड है! यह मेरे पीछे हंटर लेकर दौड़े! अब विदित हुआ कि यह जो मेरा थोड़ा-बहुत सम्मान करते थे, वह केवल धोखा था। मन में यह हमें अब नीच और कमीना समझते हैं, लाल रंग कोई बाण नहीं था। हम बड़े दिनों में गिरजे जाते हैं, इन्हें डालियाँ देते हैं। वह हमारा त्योहार नहीं है। पर, यह ज़रा-सा रंग छोड़ देने पर इतना बिगड़ उठा! हा! इतना अपमान! मुझे उसके सामने ताल ठोककर खड़ा हो जाना चाहिए था। भागना कायरता थी। इसी से यह सब शेर हो जाते हैं। कोई सन्देह नहीं कि यह सब हमें मिलाकर असहयोगियों को दबाना चाहते हैं। इनकी यह विनयशीलता और सज्जनता केवल अपना मतलब गाँठने के लिए है। इनकी निरंकुशता, इतना गर्व वही है, ज़रा भी अंतर नहीं।

सेठजी के हृद्गत भावों ने उग्र रूप धारण किया। मेरी यह अधोगति! अपने अपमान की याद रह-रहकर उनके चित्त को विह्वल कर रही थी। यह मेरे सहयोग का फल है। मैं इसी योग्य हूँ। मैं उनकी सौहार्दपूर्ण बातें सुन-सुन फूला न समाता था। मेरी मंदबुद्धि को इतना

भी न सूझता था कि स्वाधीन और पराधीन में कोई मेल नहीं हो सकता। मैं असहयोगियों की उदासीनता पर हँसता था। अब मालूम हुआ कि वे हास्यास्पद नहीं हैं, मैं स्वयं निंदनीय हूँ।

वह अपने घर न जाकर सीधे कांग्रेस कमेटी के कार्यालय की ओर लपके। वहाँ पहुँचे तो एक विराट सभा देखी। कमेटी ने शहर में छूत-अछूत, छोटे-बड़े, सबको होली का आनंद मनाने के लिए निमंत्रित किया। हिन्दू-मुसलमान साथ-साथ बैठे हुए प्रेम से होली खेल रहे थे। फल-भोज का भी प्रबंध किया गया था। इस समय व्याख्यान हो रहा था। सेठजी गाड़ी से तो उतरे, पर सभा स्थल में जाते संकोच होता था। ठिठकते हुए धीरे से जाकर एक ओर खड़े हो गए। उन्हें देखकर लोग चौंक पड़े। सब-के-सब विस्मित होकर उनकी ओर ताकने लगे। यह खुशामदियों के आचार्य आज यहाँ कैसे भूल पड़े? इन्हें तो किसी सहयोगी सभा में राज-भक्ति का प्रस्ताव पास करना चाहिए था। शायद भेद लेने आए हैं कि ये लोग क्या कर रहे हैं। उन्हें चिढ़ाने के लिए लोगों ने कहा—कांग्रेस की जय!

उजागरमल ने उच्च स्वर से कहा—असहयोग की जय!

फिर ध्वनि हुई—खुशामदियों की क्षय!

सेठजी ने उच्च स्वर से कहा—जी हुजूरों की क्षय!

यह कहकर वह समस्त उपस्थित जनों को विस्मय में डालते हुए मंच पर जा पहुँचे और गम्भीर भाव से बोले—सज्जनो, मित्रो! मैंने अब तक आपसे असहयोग किया था उसे क्षमा कीजिए। सच्चे दिल से आपसे क्षमा माँगता हूँ। मुझे घर का भेदी, जासूस या विभीषण न समझिए। आज मेरी आँखों के सामने से परदा हट गया। आज इस पवित्र प्रेममयी होली के दिन मैं आपसे प्रेमालिंगन करने आया हूँ। अपनी विशाल उदारता का आचरण कीजिए। आपसे द्रोह करने का आज मुझे दंड मिल गया। जिलाधीश ने आज मेरा घोर अपमान किया। मैं वहाँ से हंटरों की मार खाकर आपकी शरण आया हूँ। मैं देश का द्रोही था, जाति का शत्रु था। मैंने अपने स्वार्थ के वश, अपने अविश्वास के वश देश का बड़ा अहित किया, ख़ूब काँटे बोये। उनका स्मरण करके ऐसा जी चाहता है कि हृदय के टुकड़े-टुकड़े कर दूँ। [(एक आवाज़—हाँ, अवश्य कर दीजिए, आपसे न बने तो मैं तैयार हूँ (प्रधान की आवाज़)—यह कटु वाक्यों का अवसर नहीं है।)] नहीं, आपको यह कष्ट उठाने की ज़रूरत नहीं, मैं स्वयं यह काम भली-भाँति कर सकता हूँ; पर अभी मुझे बहुत कुछ प्रायश्चित्त करना है, जाने कितने पापों की पूर्ति करनी है। आशा करता हूँ कि जीवन के बचे हुए दिन इसी प्रायश्चित्त करने में, यही मुँह की कालिमा धोने में काटूँ। आपसे केवल इतनी ही प्रार्थना है कि मुझे आत्मसुधार का अवसर दीजिए। मुझ पर विश्वास कीजिए और मुझे अपना दीन सेवक समझिए। मैं आज से अपना तन, मन, धन सब आप पर अर्पण करता हूँ।

मुक्ति-मार्ग

सिपाही को अपनी लाल पगड़ी पर, सुन्दरी को अपने गहनों पर और वैद्य को अपने सामने बैठे हुए रोगियों पर जो घमंड होता है, वही किसान को अपने खेतों को लहराते हुए देखकर होता है। झींगुर अपने ऊख के खेतों को देखता, तो उस पर नशा-सा छा जाता। तीन बीघे

ऊख थी। इसके 600 रु. तो अनायास ही मिल जाएँगे। और जो कहीं भगवान् ने डाड़ी तेज़ कर दी तो फिर क्या पूछना! दोनों बैल बुड्ढे हो गए। अबकी नई गोईं बटेसर के मेले से ले आएगा। कहीं दो बीघे खेत और मिल गए, तो लिखा लेगा। रुपए की क्या चिन्ता। बनिये अभी से उसकी खुशामद करने लगे थे। ऐसा कोई न था जिससे उसने गाँव में लड़ाई न की हो। वह अपने आगे किसी को कुछ समझता ही न था।

एक दिन संध्या के समय वह अपने बेटे को गोद में लिए मटर की फलियाँ तोड़ रहा था। इतने में उसे भेड़ों का एक झुंड अपनी तरफ़ आता दिखाई दिया। वह अपने मन में कहने लगा—इधर से भेड़ों के निकलने का रास्ता न था। क्या खेत की मेंड़ पर से भेड़ों का झुंड नहीं जा सकता था? भेड़ों को इधर से लाने की क्या ज़रूरत? ये खेत को कुचलेंगी, चरेंगी। इसका डाँड़ कौन देगा? मालूम होता है, बुद्धू गडेरिया है। बचा को घमंड हो गया है; तभी तो खेतों के बीच से भेड़ें लिए चला आता है। ज़रा इसकी ढिठाई तो देखो। देख रहा है कि मैं खड़ा हूँ, फिर भी भेड़ों को लौटाता नहीं। कौन मेरे साथ कभी रिआयत की है कि मैं इसकी मुरौवत करूँ? अभी एक भेड़ा मोल माँगूँ तो पाँच ही रुपए सुनावेगा। सारी दुनिया में चार रुपए के कम्बल बिकते हैं, पर यह पाँच रुपए से नीचे की बात नहीं करता।

इतने में भेड़ें खेत के पास आ गईं। झींगुर ने ललकारकर कहा—अरे, ये भेड़ कहाँ लिए आते हो?

बुद्धू नम्र भाव से बोला—महतो, डाँड़ पर से निकल जाएँगी। घूमकर जाऊँगा तो कोस-भर का चक्कर पड़ेगा।

झींगुर—तो तुम्हारा चक्कर बचाने के लिए मैं अपने खेत क्यों कुचलवाऊँ? डाँड़ ही पर से ले जाना है, तो और खेतों के डाँड़ से क्यों नहीं ले गए? क्या मुझे कोई चूहड़-चमार समझ लिया है? या धन का घमंड हो गया है? लौटाओ इनको!

बुद्धू—महतो, आज निकल जाने दो। फिर कभी इधर से आऊँ तो जो सज़ा चाहे देना।

झींगुर—कह दिया कि लौटाओ इन्हें! अगर एक मेंड़ भी मेड़ पर आई तो समझ लो, तुम्हारी ख़ैर नहीं।

बुद्धू—महतो, अगर तुम्हारी एक बेल भी किसी भेड़ के पैरों-तले आ जाए, तो मुझे बैठाकर सौ गालियाँ देना।

बुद्धू बातें तो बड़ी नम्रता से कर रहा था, किन्तु लौटाने में अपनी हेठी समझता था। उसने मन में सोचा, इसी तरह ज़रा-ज़रा सी धमकियों पर भेड़ों को लौटाने लगा, तो फिर मैं भेड़ें चरा चुका। आज लौट जाऊँ, तो कल को कहीं निकलने का रास्ता ही न मिलेगा। सभी रोब जमाने लगेंगे।

बुद्धू भी पोढ़ा आदमी था। 12 कोड़ी भेड़ें थीं। उन्हें खेतों में बिठाने के लिए फ़ी रात 11 कोड़ी मज़दूरी मिलती थी, इसके उपरान्त दूध बेचता था; ऊन के कम्बल बनाता था। सोचने लगा—इतने गरम हो रहे हैं, मेरा कर ही क्या लेंगे? कुछ इनका दबैल तो हूँ नहीं। भेड़ों ने जो हरी-हरी पत्तियाँ देखीं, तो अधीर हो गईं। खेत में घुस पड़ीं। बुद्धू उन्हें डंडों से मार-मारकर खेत के किनारे से हटाता था और वे इधर-उधर से निकलकर खेत में जा पड़ती थीं। झींगुर ने आगे होकर कहा—तुम मुझसे हेकड़ी जताने चले हो, तुम्हारी सारी हेकड़ी निकाल दूँगा!

बुद्धू—तुम्हें देखकर चौंकती हैं। तुम हट जाओ, तो मैं सबको निकाल ले जाऊँ।

झींगुर ने लड़के को तो गोद से उतार दिया और अपना डंडा सँभाल कर भेड़ों पर पिल पड़ा। धोबी भी इतनी निर्दयता से अपने गधे को न पीटता होगा। किसी भेड़ की टाँग टूटी, किसी की कमर टूटी। सबने बें-बें का शोर मचाना शुरू किया। बुद्धू चुपचाप खड़ा अपनी सेना का विध्वंस अपनी आँखों से देखता रहा। वह न भेड़ों को हाँकता था, न झींगुर से कुछ कहता था, बस खड़ा तमाशा देखता रहा। दो मिनट में झींगुर ने इस सेना को अपने अमानुषिक पराक्रम से मार भगाया। मेष-दल का संहार करके विजय-गर्व से बोला—अब सीधे चले जाओ! फिर इधर से आने का नाम न लेना।

बुद्धू ने आहत भेड़ों की ओर देखते हुए कहा—झींगुर, तुमने यह अच्छा काम नहीं किया। पछताओगे।

2

केले को काटना भी इतना आसान नहीं, जितना किसान से बदला लेना! उसकी सारी कमाई खेतों में रहती है, या खलिहानों में। कितनी ही दैविक और भौतिक आपदाओं के बाद कहीं अनाज घर में आता है। और जो कहीं इन आपदाओं के साथ विद्रोह ने भी संधि कर ली तो बेचारा किसान कहीं का नहीं रहता। झींगुर ने घर आकर दूसरों से इस संग्राम का वृत्तांत कहा, तो लोग समझाने लगे—झींगुर, तुमने बड़ा अनर्थ किया। जानकर अनजान बनते हो। बुद्धू को जानते नहीं, कितना झगड़ालू आदमी है। अब भी कुछ नहीं बिगड़ा। जाकर उसे मना लो। नहीं तो तुम्हारे साथ सारे गाँव पर आफ़त आ जाएगी। झींगुर की समझ में बात आई। पछताने लगा कि मैंने कहाँ-से-कहाँ उसे रोका। अगर भेड़ें थोड़ा-बहुत चर ही जातीं, तो कौन मैं उजड़ा जाता था। वास्तव में हम किसानों का कल्याण दबे रहने में ही है। ईश्वर को भी हमारा सिर उठाकर चलना अच्छा नहीं लगता। जी तो बुद्धू के घर जाने को न चाहता था, किन्तु दूसरों के आग्रह से मज़बूर होकर चला। अगहन का महीना था, कुहरा पड़ रहा था, चारों ओर अंधकार छाया हुआ था। गाँव से बाहर निकला ही था कि सहसा अपने ऊख के खेत की ओर अग्नि की ज्वाला देखकर चौंक पड़ा। छाती धड़कने लगी। खेत में आग लगी हुई थी। बेतहाशा दौड़ा। मनाता जाता था कि मेरे खेत में न हो। पर ज्यों-ज्यों समीप पहुँचता था, यह आशामय भ्रम शान्त होता जाता था। वह अनर्थ हो ही गया, जिसके निवारण के लिए वह घर से चला था। हत्यारे ने आग लगा ही दी, और मेरे पीछे सारे गाँव को चौपट किया। उसे ऐसा जान पड़ता था कि वह खेत आज बहुत समीप आ गया है, मानो बीच के परती खेतों का अस्तित्व ही नहीं रहा! अंत में जब वह खेत पर पहुँचा, तो आग प्रचंड रूप धारण कर चुकी थी। झींगुर ने 'हाय-हाय' मचाना शुरू किया। गाँव के लोग दौड़ पड़े और खेतों से अरहर के पौधे उखाड़कर आग को पीटने लगे। अग्नि-मानव-संग्राम का भीषण दृश्य उपस्थित हो गया। एक पहर तक हाहाकार मचा रहा। कभी एक प्रबल होता था, कभी दूसरा। अग्नि-पक्ष के योद्धा मर-मरकर जी उठते थे और द्विगुण शक्ति से, रणोन्मत्त होकर शस्त्र-प्रहार करने लगते थे। मानव-पक्ष में जिस योद्धा की कीर्ति सबसे उज्ज्वल थी, वह बुद्धू था। बुद्धू कमर तक धोती चढ़ाए, प्राण हथेली पर लिए, अग्निराशि में कूद पड़ता था, और शत्रुओं को परास्त करके, बाल-बाल बचकर, निकल आता था। अंत में मानव-दल की विजय हुई; किन्तु ऐसी विजय जिस पर हार भी

हँसती। गाँव-भर की ऊख जलकर भस्म हो गई, और ऊख के साथ सारी अभिलाषाएँ भी भस्म हो गईं।

3

आग किसने लगाई यह खुला हुआ भेद था; पर किसी को कहने का साहस न था। कोई सबूत नहीं। प्रमाणहीन तर्क का मूल्य ही क्या? झींगुर को घर से निकलना मुश्किल हो गया। जिधर जाता, ताने सुनने पड़ते। लोग प्रत्यक्ष कहते थे—यह आग तुमने लगवाई। तुम्हीं ने हमारा सर्वनाश किया। तुम्हीं मारे घमंड के धरती पर पैर न रखते थे। आप-के-आप गए, अपने साथ गाँव-भर को डुबो दिया। बुद्धू को न छेड़ते तो आज क्यों यह दिन देखना पड़ता? झींगुर को अपनी बरबादी का इतना दुःख न था, जितना इन जली-कटी बातों का? दिन-भर घर में बैठा रहता। पूस का महीना आया। जहाँ सारी रात कोल्हू चला करते थे, गुड़ की सुगंध उड़ती रहती थी, भट्ठियाँ जलती रहती थीं और लोग भट्ठियों के सामने बैठे हुक़्क़ा पिया करते थे, वहाँ सन्नाटा छाया हुआ था। ठंड के मारे लोग साँझ ही से किवाड़ें बन्द करके पड़ रहते और झींगुर को कोसते। माघ और भी कष्टदायक था। ऊख केवल धनदाता ही नहीं, किसानों का जीवनदाता भी है। उसी के सहारे किसानों का जाड़ा कटता है। गरम रस पीते हैं, ऊख की पत्तियाँ तापते हैं, उसके अगोड़ें पशुओं को खिलाते हैं। गाँव के सारे कुत्ते जो रात को भट्ठियों की राख में सोया करते थे ठंड से मर गए। कितने ही जानवर चारे के अभाव से चल बसे। शीत का प्रकोप हुआ और सारा गाँव खाँसी-बुखार में ग्रस्त हो गया। और यह सारी विपत्ति झींगुर की करनी थी—अभागे, हत्यारे झींगुर की!

झींगुर ने सोचते-सोचते निश्चय किया कि बुद्धू की दशा भी अपनी ही सी बनाऊँगा। उसके कारण मेरा सर्वनाश हो गया और चैन की बंशी बजा रहा है! मैं भी उसका सर्वनाश करूँगा।

जिस दिन इस घातक कलह का बीजारोपण हुआ, उसी दिन से बुद्धू ने इधर आना छोड़ दिया था। झींगुर ने उससे रब्त-ज़ब्त बढ़ाना शुरू किया। वह बुद्धू को दिखाना चाहता था कि तुम्हारे ऊपर मुझे बिलकुल सन्देह नहीं है। एक दिन कम्बल लेने के बहाने गया। फिर दूध लेने के बहाने गया। बुद्धू उसका ख़ूब आदर-सत्कार करता। चिलम तो आदमी दुश्मन को भी पिला देता है, वह उसे बिना दूध और शरबत पिलाए न आने देता। झींगुर आजकल एक सन लपेटनेवाली कल में मज़दूरी करने जाया करता था। बहुधा कई-कई दिनों की मज़दूरी इकट्ठी मिलती थी। बुद्धू ही की तत्परता से झींगुर का रोज़ाना ख़र्च चलता था। अतएव झींगुर ने ख़ूब रब्त-ज़ब्त बढ़ा लिया। एक दिन बुद्धू ने पूछा—क्यों झींगुर, अगर अपनी ऊख जलानेवाले को पा जाओ, तो क्या करो? सच कहना।

झींगुर ने गम्भीर भाव से कहा—मैं उससे कहूँ, भैया तुमने जो कुछ किया, बहुत अच्छा किया। मेरा घमंड तोड़ दिया; मुझे आदमी बना दिया।

बुद्धू—मैं जो तुम्हारी जगह होता, तो बिना उसका घर जलाए न मानता।

झींगुर—चार दिन की ज़िन्दगानी में बैर-विरोध बढ़ाने से क्या फ़ायदा है? मैं तो बरबाद हुआ ही, अब उसे बरबाद करके क्या पाऊँगा?

बुद्धू—बस, यही आदमी का धर्म है। पर भाई क्रोध के बस में होकर बुद्धि उलटी हो जाती है।

4

फागुन का महीना था। किसान ऊख बोने के लिए खेतों को तैयार कर रहे थे। बुद्धू का बाज़ार गरम था। भेड़ों की लूट मची हुई थी। दो-चार आदमी नित्य द्वार पर खड़े खुशामदें किया करते। बुद्धू किसी से सीधे मुँह बात न करता। भेड़ रखने की फीस दूनी कर दी थी। अगर कोई एतराज करता तो बेलाग कहता—तो भैया, भेड़ें तुम्हारे गले तो नहीं लगाता हूँ। जी न चाहे, मत रखो। लेकिन मैंने जो कह दिया है, उससे एक कौड़ी भी कम नहीं हो सकती! ग़रज़ थी, लोग इस रुखाई पर भी उसे घेरे ही रहते थे, मानो पंडे किसी यात्री के पीछे हों।

लक्ष्मी का आकार तो बहुत बड़ा नहीं, और वह भी समयानुसार छोटा-बड़ा होता रहता है। यहाँ तक कि कभी वह अपना विराट् आकार समेट कर उसे काग़ज़ के चंद अक्षरों में छिपा लेती है। कभी-कभी मनुष्य की जिह्वा पर जा बैठती है; आकार का लोप हो जाता है। किन्तु उनके रहने को बहुत स्थान की ज़रूरत होती है। वह आई, और घर बढ़ने लगा। छोटे घर में उनसे नहीं रहा जाता। बुद्धू का घर भी बढ़ने लगा। द्वार पर बरामदा डाला गया, दो की जगह छह कोठरियाँ बनवाई गईं। यों कहिए कि मकान नए सिरे से बनने लगा। किसी किसान से लकड़ी माँगी, किसी से खपरों का आँवा लगाने के लिए उपले, किसी से बाँस और किसी से सरकंडे। दीवार की उठवाई देनी पड़ी। वह भी नकद नहीं; भेड़ों के बच्चों के रूप में। लक्ष्मी का यह प्रताप है। सारा काम बेगार में हो गया। मुफ़्त में अच्छा-ख़ासा घर तैयार हो गया। गृह-प्रवेश के उत्सव की तैयारियाँ होने लगीं।

इधर झींगुर दिन-भर मज़दूरी करता, तो कहीं आधा पेट अन्न मिलता। बुद्धू के घर कंचन बरस रहा था। झींगुर जलता था, तो क्या बुरा करता था! यह अन्याय किससे सहा जाएगा?

एक दिन वह टहलता हुआ चमारों के टोले की तरफ़ चला गया। हरिहर को पुकारा। हरिहर ने आकर 'राम-राम' की, और चिलम भरी। दोनों पीने लगे। यह चमारों का मुखिया बड़ा दुष्ट आदमी था। सब किसान इससे थर-थर काँपते थे।

झींगुर ने चिलम पीते-पीते कहा—आजकल फाग-वाग नहीं होता क्या? सुनाई नहीं देता।

हरिहर—फाग क्या हो, पेट के धंधे से छुट्टी ही नहीं मिलती। कहो, तुम्हारी आजकल कैसी निभती है?

झींगुर—क्या निभती है। नकटा जिया बुरे हवाल! दिन-भर कल में मज़दूरी करते हैं, तो चूल्हा जलता है। चाँदी तो आजकल बुद्धू की है। रखने को ठौर नहीं मिलता। नया घर बना, भेड़ें और ली हैं! अब गृहपरबेस की धूम है। सातों गाँव में सुपारी जाएगी!

हरिहर—लच्छिमी मैया आती है, तो आदमी की आँखों में सील आ जाता है। पर उसको देखो, धरती पर पैर नहीं रखता। बोलता है, तो ऐंठ ही कर बोलता है।

झींगुर—क्यों न ऐंठे, इस गाँव में कौन है उसकी टक्कर का! पर यार, यह अनीति तो नहीं देखी जाती। भगवान् दे, तो सिर झुकाकर चलना चाहिए। यह नहीं कि अपने बराबर किसी को समझे ही नहीं। उसकी डींग सुनता हूँ, तो बदन में आग लग जाती है। कल का बानी आज का सेठ। चला है हमीं से अकड़ने। अभी कल लँगोटी लगाए खेतों में कौए हँकाया करता था, आज उसका आसमान में दीया जलता है।

हरिहर—कहो, तो कुछ उतजोग करूँ?

झींगुर—क्या करोगे! इसी डर से तो वह गाय-भैंस नहीं पालता।

हरिहर—भेड़ें तो हैं।

झींगुर—क्या, बगला मारे पखना हाथ।

हरिहर—फिर तुम्हीं सोचो।

झींगुर—ऐसी जुगुत निकालो कि फिर पनपने न पावे।

इसके बाद फुस-फुस करके बातें होने लगीं। वह एक रहस्य है कि भलाइयों में जितना द्वेष होता है, बुराइयों में उतना ही प्रेम। विद्वान् विद्वान् को देखकर, साधु साधु को देखकर और कवि कवि को देखकर जलता है। एक-दूसरे की सूरत नहीं देखना चाहता। पर जुआरी जुआरी को देखकर, शराबी शराबी को देखकर, चोर चोर को देखकर सहानुभूति दिखाता है, सहायता करता है। एक पंडितजी अगर अँधेरे में ठोकर खाकर गिर पड़ें, तो दूसरे पंडितजी उन्हें उठाने के बदले दो ठोकरें और लगाएँगे कि वह फिर उठ ही न सकें। पर एक चोर पर आफ़त आई देख दूसरा चोर उसकी मदद करता है। बुराई से सब घृणा करते हैं, इसलिए बुरों में परस्पर प्रेम होता है। भलाई की सारा संसार प्रशंसा करता है, इसलिए भलों में विरोध होता है। चोर को मारकर चोर क्या पाएगा? घृणा। विद्वान् का अपमान करके विद्वान् क्या पाएगा? यश।

झींगुर और हरिहर ने सलाह कर ली। षड्यंत्र रचने की विधि सोची गई। उसका स्वरूप, समय और क्रम ठीक किया गया। झींगुर चला, तो अकड़ा जाता था। मार लिया दुश्मन को, अब कहाँ जाता है!

दूसरे दिन झींगुर काम पर जाने लगा, तो पहले बुद्धू के घर पहुँचा। बुद्धू ने पूछा—क्यों, आज नहीं गए क्या?

झींगुर—जा तो रहा हूँ। तुमसे यही कहने आया था कि मेरी बछिया को अपनी भेड़ों के साथ क्यों नहीं चरा दिया करते। बेचारी खूँटे से बँधी-बँधी मरी जाती हैं। न घास, न चारा, क्या खिलाएँ?

बुद्धू—भैया, मैं गाय-भैंस नहीं रखता। चमारों को जानते हो, एक ही हत्यारे होते हैं। इसी हरिहर ने मेरी दो गउएँ मार डालीं। न जाने क्या खिला देता है। तब से कान पकड़े कि अब गाय-भैंस न पालूँगा। लेकिन तुम्हारी एक ही बछिया है, उसका कोई क्या करेगा। जब चाहो, पहुँचा दो।

यह कहकर बुद्धू अपने गृहोत्सव का सामान उसे दिखाने लगे। घी, शक्कर, मैदा, तरकारी सब मँगा रखा था। केवल सत्यनारायण की कथा की देर थी। झींगुर की आँखें खुल गईं। ऐसी तैयारी न उसने स्वयं कभी की थी और न किसी को करते देखी थी। मज़दूरी करके घर लौटा, तो सबसे पहला काम जो उसने किया वह अपनी बछिया को बुद्धू के घर पहुँचाना था। उसी रात को बुद्धू के यहाँ सत्यनारायण की कथा हुई। ब्रह्मभोज भी किया गया। सारी रात विप्रों का आगत-स्वागत करते गुज़री। भेड़ों के झुंड में जाने का अवकाश ही न मिला। प्रात:काल भोजन करके उठा ही था (क्योंकि रात का भोजन सबेरे मिला) कि एक आदमी ने आकर ख़बर दी—बुद्धू, तुम यहाँ बैठे हो, उधर भेड़ों में बछिया मरी पड़ी है! भले आदमी, उसकी पगहिया भी नहीं खोली थी!

बुद्धू ने सुना, और मानो ठोकर लग गई। झींगुर भी भोजन करके वहीं बैठा था। बोला—हाय-हाय, मेरी बछिया! चलो, ज़रा देखूँ तो। मैंने तो पगहिया नहीं लगाई थी। उसे भेड़ों में पहुँचाकर अपने घर चला गया। तुमने यह पगहिया कब लगा दी?

बुद्धू—भगवान् जाने जो मैंने उसकी पगहिया देखी भी हो। मैं तो तब से भेड़ों में गया ही नहीं।

झींगुर—जाते न तो पगहिया कौन लगा देता? गए होगे, याद न आती होगी।

एक ब्राह्मण—मरी तो भेड़ों में ही न? दुनिया तो यही कहेगी कि बुद्धू की असावधानी से उसकी मृत्यु हुई, पगहिया किसी की हो।

हरिहर—मैंने कल साँझ को इन्हें भेड़ों में बछिया को बाँधते देखा था।

बुद्धू—मुझे?

हरिहर—तुम नहीं लाठी कन्धे पर रखे बछिया को बाँध रहे थे?

बुद्धू—बड़ा सच्चा है तू! तूने मुझे बछिया को बाँधते देखा था?

हरिहर—तो मुझ पर काहे बिगड़ते हो भाई? तुमने नहीं बाँधी, नहीं सही।

ब्राह्मण—इसका निश्चय करना होगा। गोहत्या का प्रायश्चित्त करना पड़ेगा। कुछ हँसी ठट्ठा है।

झींगुर—महाराज, कुछ जान-बूझकर तो बाँधी नहीं।

ब्राह्मण—इससे क्या होता है? हत्या इसी तरह लगती है; कोई गऊ को मारने नहीं जाता।

झींगुर—हाँ, गऊओं को खोलना-बाँधना है तो जोखिम का काम।

ब्राह्मण—शास्त्रों में इसे महापाप कहा है। गऊ की हत्या ब्राह्मण की हत्या से कम नहीं।

झींगुर—हाँ, फिर गऊ तो ठहरी ही। इसी से न इनका मान होता है। जो माता, सो गऊ। लेकिन महाराज, चूक हो गई। कुछ ऐसा कीजिए कि थोड़े में बेचारा निपट जाए?

बुद्धू खड़ा सुन रहा था कि अनायास मेरे सिर हत्या मढ़ी जा रही है। झींगुर की कूटनीति भी समझ रहा था। मैं लाख कहूँ, मैंने बछिया नहीं बाँधी, मानेगा कौन? लोग यही कहेंगे कि प्रायश्चित्त से बचने के लिए ऐसा कह रहा है।

ब्राह्मण देवता का भी उसका प्रायश्चित्त कराने में कल्याण होता था। भला ऐसे अवसर पर कब चूकने वाले थे। फल यह हुआ कि बुद्धू को हत्या लग गई। ब्राह्मण भी उससे जले हुए थे। कसर निकालने की घात मिली। तीन मास का भिक्षा दंड दिया, फिर सात तीर्थस्थानों की यात्रा; उस पर 500 विप्रों का भोजन और 5 गउओं का दान। बुद्धू ने सुना, तो बधिया बैठ गई। रोने लगा, तो दंड घटाकर दो मास कर दिया। इसके सिवा कोई रिआयत नहीं हो सकी। न कहीं अपील, न कहीं फ़रियाद! बेचारे को यह दंड स्वीकार करना पड़ा।

बुद्धू ने भेड़ें ईश्वर को सौंपी। लड़के छोटे थे। स्त्री अकेली क्या-क्या करती। ग़रीब जाकर द्वारों पर खड़ा होता और मुँह छिपाए हुए कहता—गाय की बाछी दिया बनवास। भिक्षा तो मिल जाती, किन्तु भिक्षा के साथ दो-चार कठोर अपमानजनक शब्द भी सुनने पड़ते। दिन को जो-कुछ पाता, वही शाम को किसी पेड़ के नीचे बनाकर खा लेता और वहीं पड़ रहता। कष्ट की तो उसे परवा न थी, भेड़ों के साथ दिन-भर चलता ही था, पेड़ के नीचे सोता ही था, भोजन भी इससे कुछ ही अच्छा मिलता था पर लज्जा थी भिक्षा माँगने की। विशेष करके जब कोई कर्कशा यह व्यंग्य कर देती थी कि रोटी कमाने का अच्छा ढंग निकाला है, तो उसे हार्दिक वेदना होती थी। पर करे क्या?

दो महीने के बाद वह घर लौटा। बाल बढ़े हुए थे। दुर्बल इतना, मानो 60 वर्ष का बूढ़ा हो। तीर्थयात्रा के लिए रुपयों का प्रबंध करना था, गड़रियों को कौन महाजन क़र्ज़ दे! भेड़ों का भरोसा क्या? कभी-कभी रोग फैलता है, तो रात भर में दल-का-दल साफ़ हो जाता है।

उस पर जेठ का महीना, जब भेड़ों से कोई आमदनी होने की आशा नहीं। एक तेली राज़ी भी हुआ, तो दो रुपए ब्याज पर। आठ महीने में ब्याज मूल के बराबर हो जाएगा। यहाँ क़र्ज़ लेने की हिम्मत न पड़ी। इधर दो महीनों में कितनी ही भेड़ें चोरी चली गई थीं। लड़के चराने ले जाते थे। दूसरे गाँव वाले चुपके से एक-दो भेड़ें किसी खेत या घर में छिपा देते और पीछे मारकर खा जाते। लड़के बेचारे एक तो पकड़ न सकते, और जो देख भी लेते तो लड़ें क्योंकर। सारा गाँव एक हो जाता। एक महीने में तो भेड़ें आधी भी न रहेंगी। बड़ी विकट समस्या थी। विवश होकर बुद्धू ने एक बूचड़ को बुलाया और सब भेड़ें उसके हाथ बेच डालीं। 500 रु. हाथ लगे। उसमें से 200 रु. लेकर तीर्थयात्रा करने गया। शेष रुपए ब्रह्मभोज आदि के लिए छोड़ गया।

बुद्धू के जाने पर उसके घर में दो बार सेंध लगी। पर यह कुशल हुई कि जगहट हो जाने के कारण रुपए बच गए।

5

सावन का महीना था। चारों ओर हरियाली छाई हुई थी। झींगुर के बैल न थे। खेत बटाई पर दे दिए थे। बुद्धू प्रायश्चित्त से निवृत्त हो गया था और उसके साथ ही माया के फन्दे से भी। न झींगुर के पास कुछ था, न बुद्धू के पास। कौन किससे जलता और किस लिए जलता?

सन की कल बन्द हो जाने के कारण झींगुर अब बेलदारी का काम करता था। शहर में एक विशाल धर्मशाला बन रही थी। हज़ारों मज़दूर काम करते थे। झींगुर भी उन्हीं में था। सातवें दिन मज़दूरी के पैसे लेकर घर आता था और रात-भर रहकर सबेरे फिर चला जाता था।

बुद्धू भी मज़दूरी की टोह में यहीं पहुँचा। जमादार ने देखा दुर्बल आदमी है, कठिन काम तो इससे हो न सकेगा, कारीगरों को गारा देने के लिए रख लिया। बुद्धू सिर पर तसला रखे गारा लेने गया, तो झींगुर को देखा। 'राम-राम' हुई, झींगुर ने गारा भर दिया, बुद्धू उठा लाया। दिन-भर दोनों चुपचाप अपना-अपना काम करते रहे।

संध्या समय झींगुर ने पूछा—कुछ बनाओगे न?

बुद्धू—नहीं तो खाऊँगा क्या?

झींगुर—मैं तो एक जून चबैना कर लेता हूँ। इस जून सत्तू पर काट देता हूँ। कौन झंझट करे।

बुद्धू—इधर-उधर लकड़ियाँ पड़ी हुई हैं बटोर लाओ। आटा मैं घर से लेता आया हूँ। घर ही पिसवा लिया था। यहाँ तो बड़ा महँगा मिलता है। इसी पत्थर की चट्टान पर आटा गूँधे लेता हूँ। तुम तो मेरा बनाया खाओगे नहीं, इसलिए तुम्हीं रोटियाँ सेंको, मैं बना दूँगा।

झींगुर—तवा भी तो नहीं है?

बुद्धू—तवे बहुत हैं। यही गारे का तसला माँजे लेता हूँ।

आग जली, आटा गूँधा गया। झींगुर ने कच्ची-पक्की रोटियाँ बनाईं। बुद्धू पानी लाया। दोनों ने लाल मिर्च और नमक से रोटियाँ खाईं। फिर चिलम भरी गई। दोनों आदमी पत्थर की सिलों पर लेटे, और चिलम पीने लगे।

बुद्धू ने कहा—तुम्हारी ऊख में आग मैंने लगाई थी।

झींगुर ने विनोद के भाव से कहा—जानता हूँ।

थोड़ी देर बाद झींगुर बोला—बछिया मैंने ही बाँधी थी और हरिहर ने उसे कुछ खिला दिया था।

बुद्धू ने भी वैसे ही भाव से कहा—जानता हूँ।
फिर दोनों सो गए।

डिक्री के रुपए

नईम और कैलास में इतनी शारीरिक, मानसिक, नैतिक और सामाजिक अभिन्नता थी, जितनी दो प्राणियों में हो सकती है। नईम दीर्घकाय विशाल वृक्ष था, कैलास बाग़ का कोमल पौधा; नईम को क्रिकेट और फुटबाल, सैर और शिकार का व्यसन था, कैलास को पुस्तकावलोकन का; नईम एक विनोदशील, वाक्‌चतुर, निर्द्वन्द्व, हास्यप्रिय, विलासी युवक था; उसे कल की चिन्ता कभी न सताती थी। विद्यालय उसके लिए क्रीड़ा का स्थान था; और कभी-कभी बेंच पर खड़े होने का। इसके प्रतिकूल कैलास एक एकान्तप्रिय, आलसी, व्यायाम से कोसों भागनेवाला, आमोद-प्रमोद से दूर रहनेवाला, चिन्ताशील, आदर्शवादी जीव था। वह भविष्य की कल्पनाओं से विकल रहता था। नईम एक सुखसम्पन्न, उच्च पदाधिकारी पिता का एकमात्र पुत्र था। कैलास एक साधारण व्यवसायी के कई पुत्रों में से एक। उसे पुस्तकों के लिए काफ़ी धन न मिलता था, माँग-जाँचकर काम निकाला करता था। एक के लिए जीवन आनंद का स्वप्न था, और दूसरे के लिए विपत्तियों का बोझ। पर इतनी विषमताओं के होते हुए भी उन दोनों में घनिष्ठ मैत्री और निःस्वार्थ विशुद्ध प्रेम था। कैलास मर जाता, पर नईम का अनुग्रह-पात्र न बनता; और नईम मर जाता, पर कैलास से बेअदबी न करता। नईम की ख़ातिर से कैलास कभी-कभी स्वच्छ निर्मल वायु का सुख उठा लिया करता। कैलास की ख़ातिर से नईम भी कभी-कभी भविष्य के स्वप्न देख लिया करता था। नईम के लिए राज्यपद का द्वार खुला हुआ था, भविष्य कोई अपार सागर न था। कैलास को अपने हाथों कुआँ खोदकर पानी पीना था; भविष्य एक भीषण संग्राम था, जिसके स्मरणमात्र से उसका चित्त अशांत हो उठता था।

2

कॉलेज से निकलने के बाद नईम को शासन विभाग में एक उच्च पद प्राप्त हो गया; यद्यपि वह तीसरी श्रेणी में पास हुआ था। कैलास प्रथम श्रेणी में पास हुआ था; किन्तु उसे बरसों एड़ियाँ रगड़ने, खाक छानने और कुएँ झाँकने पर भी कोई काम न मिला। यहाँ तक कि विवश होकर उसे अपनी क़लम का आश्रय लेना पड़ा। उसने एक समाचार-पत्र निकाला। एक ने राज्याधिकार का रास्ता लिया, जिसका लक्ष्य धन था और दूसरे ने सेवा-मार्ग का सहारा लिया जिसका परिणाम ख्याति और कष्ट और कभी-कभी कारागार होता है। नईम को उसके दफ़्तर के बाहर कोई न जानता था, किन्तु वह बँगले में रहता, हवा-गाड़ी पर हवा खाता, थिएटर देखता और गर्मियों में नैनीताल की सैर करता था। कैलास को सारा संसार जानता था, पर उसके रहने का मकान कच्चा था, सवारी के लिए अपने पाँव। बच्चों के लिए दूध भी मुश्किल से मिलता। साग-भाजी में काट-कपट करना पड़ता था। नईम के लिए सबसे बड़े सौभाग्य की बात यह थी कि उसके केवल एक पुत्र था; पर कैलास के लिए सबसे बड़े दुर्भाग्य की

बात उसकी संतान-वृद्धि थी, जो उसे पनपने न देती थी। दोनों मित्रों में पत्र-व्यवहार होता रहता था। कभी-कभी दोनों में मुलाक़ात भी हो जाती थी। नईम कहता था—यार, तुम्हीं मज़े में हो देश और जाति की कुछ सेवा तो कर रहे हो। यहाँ तो पेट-पूजा के सिवा और किसी काम के न हुए। पर यह 'पेट-पूजा' उसने कई दिनों की कठिन तपस्या से हृदयंगम कर पाई थी, और उसके प्रयोग के लिए अवसर ढूँढ़ता रहता था।

कैलास ख़ूब समझता था कि यह केवल नईम की विनयशीलता है। यह मेरी कुदशा से दुःखी होकर मुझे इस उपाय से सांत्वना देना चाहता है। इसलिए यह अपनी वास्तविक स्थिति को उससे छिपाने का विफल प्रयत्न किया करता था।

विष्णुपुर की रियासत में हाहाकार मचा हुआ था। रियासत का मैनेजर अपने बँगले में, ठीक दोपहर के समय सैकड़ों आदमियों के सामने क़त्ल कर दिया गया था। यद्यपि ख़ूनी भाग गया था, पर अधिकारियों को सन्देह था कि कुँवर साहब की दुष्प्रेरणा से ही यह हत्याभिनय हुआ है। कुँवर साहब अभी बालिग न हुए थे। रियासत का प्रबंध कोर्ट आफ़ वार्ड द्वारा होता था। मैनेजर पर कुँवर साहब की देख-रेख का भार भी था। विलासप्रिय कुँवर को मैनेजर का हस्तक्षेप बहुत ही बुरा मालूम होता था। दोनों में बरसों से मनमुटाव था। यहाँ तक कि कई बार प्रत्यक्ष कटु वाक्यों की नौबत भी आ पहुँची थी। अतएव कुँवर साहब पर सन्देह होना स्वाभाविक ही था। इस घटना का अनुसंधान करने के लिए ज़िले के हाकिम ने मिरज़ा नईम को नियुक्त किया। किसी पुलिस कर्मचारी द्वारा तहक़ीक़ात कराने में कुँवर साहब के अपमान का भय था।

नईम को अपने भाग्य निर्माण का स्वर्ण सुयोग प्राप्त हुआ। वह न त्यागी था, न ज्ञानी। सभी उसके चरित्र की दुर्बलता से परिचित थे, अगर कोई न जानता था, तो हुक्काम लोग। कुँवर साहब ने मुँहमाँगी मुराद पाई। नईम जब विष्णुपुर पहुँचा, तो उसका असामान्य आदर-सत्कार हुआ। भेंटें चढ़ने लगीं; अरदली से चपरासी, पेशकार, साईस, बाबरची, खिदमतगार तक, सभी के मुँह तर और मुट्ठियाँ गरम होने लगीं। कुँवर साहब के हवाली-मवाली रात-दिन घेरे रहते, मानो दामाद ससुराल आया हो।

एक दिन प्रातःकाल कुँवर साहब की माता आकर नईम के सामने अपना हाथ बाँधकर खड़ी हो गईं। नईम लेटा हुआ हुक़्क़ा पी रहा था। तप, संयम और वैधव्य की यह तेजस्वी प्रतिमा देखकर उठ बैठा।

रानी उसकी ओर वात्सल्यपूर्ण लोचनों से देखती हुई बोलीं—हुज़ूर; मेरे बेटे का जीवन आपके हाथ में है। आप ही उसके भाग्यविधाता हैं। आपको उसी माता की सौगंध है, जिसके आप सुयोग्य पुत्र हैं; मेरे लाल की रक्षा कीजिएगा। मैं तन, मन, धन आपके चरणों पर अर्पण करती हूँ।

स्वार्थ ने दया के संयोग से नईम को पूर्ण रीति से वशीभूत कर लिया।

3

उन्हीं दिनों कैलास नईम से मिलने आया। दोनों मित्र बड़े तपाक से गले मिले। नईम ने बातों-बातों में यह सम्पूर्ण वृत्तांत कह सुनाया, और कैलास पर अपने कृत्य का औचित्य सिद्ध करना चाहा।

कैलास ने कहा—मेरे विचार में पाप सदैव पाप है, चाहे वह किसी आवरण में मंडित हो।

नईम—और मेरा विचार है कि अगर गुनाह से किसी की जान बचती हो, तो वह ऐन सबाब है। कुँवर साहब अभी नौजवान आदमी हैं। बहुत ही होनहार, बुद्धिमान, उदार और सहृदय हैं। आप उनसे मिलें, तो ख़ुश हो जाएँ। उनका स्वभाव अत्यन्त विनम्र है। मैनेजर, जो यथार्थ में दुष्ट प्रकृति का मनुष्य था, बरबस कुँवर साहब को दिक किया करता था। यहाँ तक कि एक मोटर कार के लिए रुपए न स्वीकार किए, न सिफारिश की। मैं यह नहीं कहता कि कुँवर साहब का यह कार्य स्तुत्य है, लेकिन बहस यह है कि उनको अपराधी सिद्ध करके उन्हें कालेपानी की हवा खिलाई जाए, या निरपराध सिद्ध करके उनकी प्राण-रक्षा की जाए। और भाई, तुमसे तो कोई परदा नहीं है, पूरे 20 हज़ार रु. की थैली है। बस, मुझे अपनी रिपोर्ट में यह लिख देना होगा कि व्यक्तिगत वैमनस्य के कारण यह दुर्घटना हुई है, राजा साहब का इससे कोई सम्पर्क नहीं। जो शहादतें मिल सकीं; उन्हें मैंने ग़ायब कर दिया। मुझे इस कार्य के लिए नियुक्त करने में अधिकारियों की एक मसलहत थी। कुँवर साहब हिन्दू हैं इसलिए किसी हिन्दू कर्मचारी को नियुक्त न करके जिलाधीश ने यह भार मेरे सिर रखा। यह साम्प्रदायिक विरोध मुझे निस्पृह सिद्ध करने के लिए काफ़ी है। मैंने दो-चार अवसरों पर कुछ तो हुक्काम की प्रेरणा से और कुछ स्वेच्छा से मुसलमानों के साथ पक्षपात किया, जिससे यह मशहूर हो गया है कि मैं हिन्दुओं का कट्टर दुश्मन हूँ। हिन्दू लोग तो मुझे पक्षपात का पुतला समझते हैं। यह भ्रम मुझे आक्षेपों से बचाने के लिए काफ़ी है। बताओं तक़दीरवर हूँ कि नहीं?

कैलास—अगर कहीं बात खुल गई तो?

नईम—तो यह मेरी समझ का फेर, मेरे अनुसंधान का दोष, मानव प्रकृति के एक अटल नियम का उज्ज्वल उदाहरण होगा। मैं कोई सर्वज्ञ तो हूँ नहीं। मेरी नीयत पर आँच न आने पाएगी। मुझ पर रिश्वत लेने का सन्देह न हो सकेगा। आप इससे व्यावहारिक कोण पर न जाइए, केवल इसके नैतिक कोण पर निगाह रखिए। यह कार्य नीति के अनुकूल है या नहीं? आध्यात्मिक सिद्धांतों को न खींच लाइएगा, केवल नीति के सिद्धांतों से इसकी विवेचना कीजिए।

कैलास—इसका एक अनिवार्य फल यह होगा कि दूसरे रईसों को भी ऐसे दुष्कृत्यों की उत्तेजना मिलेगी। धन से बड़े-से-बड़े पापों पर परदा पड़ सकता है, इस विचार के फैलने का फल कितना भयंकर होगा, इसका आप स्वयं अनुमान कर सकते हैं।

नईम—जी नहीं, मैं यह अनुमान नहीं कर सकता। रिश्वत अब भी 90 फीसदी अभियोगों पर परदा डालती है। फिर भी पाप का भय प्रत्येक हृदय में है।

दोनों मित्रों में देर तक इस विषय पर तर्क-वितर्क होता रहा, लेकिन कैलास का न्याय-विचार नईम के हास्य और व्यंग्य से पेश न पा सका।

4

विष्णुपुर के हत्याक़ांड पर समाचार-पत्रों में आलोचना होने लगी। सभी पत्र एक स्वर से रायसाहब को ही लांछित करते और गवर्नमेंट को राजा साहब से अनुचित पक्षपात करने का दोष लगाते थे; लेकिन इसके साथ यह भी लिख देते थे कि अभी यह अभियोग विचाराधीन है, इसलिए इस पर टीका नहीं की जा सकती।

मिरज़ा नईम ने अपनी खोज को सत्य का रूप देने के लिए पूरा एक महीना व्यतीत किया। जब उनकी रिपोर्ट प्रकाशित हुई, तो राजनीतिक क्षेत्र में विप्लव मच गया। जनता के सन्देह की पुष्टि हो गई।

कैलास के सामने अब एक जटिल समस्या उपस्थित हुई। अभी तक उसने इस विषय पर एकमात्र मौन धारण कर रखा था। वह यह निश्चय न कर सकता था कि क्या लिखूँ? गवर्नमेंट का पक्ष लेना अपनी अंतरात्मा को पददलित करना था, आत्मस्वातंत्र्य का बलिदान करना था। पर मौन रहना और भी अपमानजनक था। अंत में जब सहयोगियों में दो-चार ने उसके ऊपर सांकेतिक रूप से आक्षेप करना शुरू किया कि उसका मौन निरर्थक नहीं है, तब उसके लिए तटस्थ रहना असह्य हो गया। उसके वैयक्तिक तथा जातीय कर्तव्य में घोर संग्राम होने लगा। उस मैत्री को जिसके अंकुर पचीस वर्ष पहले हृदय में अंकुरित हुए थे, और अब जो एक सघन, विशाल वृक्ष का रूप धारण कर चुकी थी, हृदय से निकालना, हृदय को चीरना था। वह मित्र, जो उसके दुःख में दुःखी और सुख में सुखी होता था, जिसका हृदय नित्य उसकी सहायता के लिए तत्पर रहता था, जिसके घर में जाकर वह अपनी चिन्ताओं को भूल जाता था, जिसके दर्शनमात्र ही से उसे आश्वासन, दृढ़ता तथा मनोबल प्राप्त होता था, उसी मित्र की जड़ खोदनी पड़ेगी! वह बुरी सायत थी जब मैंने सम्पादकीय क्षेत्र में पदार्पण किया, नहीं तो आज इस धर्म-संकट में क्यों पड़ता? कितना घोर विश्वासघात होगा। विश्वास मैत्री का मुख्य अंग है। नईम ने मुझे अपना विश्वासपात्र बनाया है, मुझसे कभी परदा नहीं रखा। उसके उन गुप्त रहस्यों को प्रकाश में लाना उसके प्रति घोर अन्याय होगा! नहीं, मैं मैत्री को कलंकित न करूँगा, उसकी निर्मल कीर्ति पर धब्बा न लगाऊँगा, मैत्री पर वज्राघात न करूँगा। ईश्वर वह दिन न लाए कि मेरे हाथों नईम का अहित हो। मुझे पूर्ण विश्वास है कि यदि मुझ पर कोई संकट पड़े, तो नईम मेरे लिए प्राण तक दे देने को तैयार हो जाएगा, उसी मित्र को मैं संसार के सामने अपमानित करूँ, उसकी गरदन पर कुठार चलाऊँ। भगवान् मुझे वह दिन न दिखाना!

लेकिन जातीय कर्तव्य का पक्ष भी निरस्त्र न था। पत्र का सम्पादक परम्परागत नियमों के अनुसार जाति का सेवक है। वह जो कुछ देखता है, जाति की विराट् दृष्टि से देखता है। वह जो कुछ विचार करता है उस पर भी जातीयता की छाप लगी होती है। नित्य जाति के विस्तृत विचार-क्षेत्र में विचरण करते रहने से व्यक्ति का महत्त्वदृष्टि में अत्यन्त संकीर्ण हो जाता है; वह व्यक्ति को क्षुद्र, तुच्छ, नगण्य कहने लगता है। व्यक्ति को जाति पर बलि देना उसकी नीति का प्रथम अंग है। यहाँ तक कि बहुधा अपने स्वार्थ को भी जाति पर वार देता है। उसके जीवन का लक्ष्य महान् आत्माओं का अनुगामी होता है जिन्होंने राष्ट्रों का निर्माण किया है; उनकी कीर्ति अमर हो गई है जो दलित राष्ट्रों के उद्धारक हो गए हैं। वह यथाशक्ति कोई काम ऐसा नहीं कर सकता, जिससे उसके पूर्वजों की उज्ज्वल विरुदावली में कालिमा लगने का भय हो। कैलास राजनीतिक क्षेत्र में बहुत कुछ यश और गौरव प्राप्त कर चुका था। उसकी सम्मति आदर की दृष्टि से देखी जाती थी; उसके निर्भीक विचारों ने, उसकी निष्पक्ष टीकाओं ने उसे सम्पादक-मंडली का प्रमुख नेता बना दिया था। अतएव इस अवसर पर मैत्री का निर्वाह केवल उसकी नीति और आदर्श ही के विरुद्ध नहीं, उसके मनोगत भावों के भी विरुद्ध था। इसमें उसका अपमान था, आत्मपतन था, भीरुता थी। यह कर्तव्यपथ से

विमुख होना और राजनीतिक क्षेत्र में सदैव के लिए बहिष्कृत हो जाना था। एक व्यक्ति की, चाहे वह मेरा कितना ही आत्मीय क्यों न हो, राष्ट्र के सामने क्या हस्ती है! नईम के बनने या बिगड़ने से राष्ट्र पर कोई असर न पड़ेगा। लेकिन शासन की निरंकुशता और अत्याचार पर परदा डालना राष्ट्र के लिए भयंकर सिद्ध हो सकता है। उसे इसकी परवा न थी कि मेरी आलोचना का प्रत्यक्ष कोई असर होगा या नहीं। सम्पादक की दृष्टि में अपनी सम्मति सिंहनाद के समान प्रतीत होती है कि मेरी लेखनी शासन को कम्पायमान कर देगी, विश्व को हिला देगी। शायद सारा संसार मेरी क़लम की सरसराहट से थर्रा उठेगा, मेरे विचार प्रकट होते ही युगांतर उपस्थित कर देंगे। नईम मेरा मित्र है, किन्तु राष्ट्र मेरा इष्ट है। मित्र के पद की रक्षा के लिए क्या अपने इष्ट पर प्राण-घातक आघात करूँ?

कई दिनों तक कैलास के व्यक्तिगत और सम्पादक के कर्तव्यों में संघर्ष होता रहा। अंत को जाति ने व्यक्ति को परास्त कर दिया। उसने निश्चय किया कि मैं इस रहस्य का यथार्थ स्वरूप दिखा दूँगा; शासन के अनुत्तरदायित्व को जनता के सामने खोलकर रख दूँगा; शासन-विभाग के कर्मचारियों की स्वार्थ-लोलुपता का नमूना दिखा दूँगा; दुनिया को दिखा दूँगा कि सरकार किनकी आँखों से देखती है, किनके कानों से सुनती है। उसकी अक्षमता, उसकी अयोग्यता और उसकी दुर्बलता को प्रमाणित करने का इससे बढ़कर और कौन-सा उदाहरण मिल सकता है? नईम मेरा मित्र है तो हो, जाति के सामने वह कोई चीज़ नहीं है। उसकी हानि के भय से मैं राष्ट्रीय कर्तव्य से क्यों मुँह फेरूँ, अपनी आत्मा को क्यों दूषित करूँ, अपनी स्वाधीनता को क्यों कलंकित करूँ? आह प्राणों से प्रिय नईम! मुझे क्षमा करना, आज तुम जैसे मित्ररत्न को मैं अपने कर्तव्य की वेदी पर बलि चढ़ाता हूँ। मगर तुम्हारी जगह अगर मेरा पुत्र होता, तो उसे भी इसी कर्तव्य की बलिवेदी पर भेंट कर देता।

दूसरे दिन कैलास ने इस घटना की मीमांसा शुरू की। जो कुछ उसने नईम से सुना था, वह सब एक लेखमाला के रूप में प्रकाशित करने लगा। घर का भेदी लंका ढाहे! अन्य सम्पादकों को जहाँ अनुमान, तर्क और युक्ति के आधार पर अपना मत स्थिर करना पड़ता था और इसलिए वे कितनी ही अनर्गल, अपवादपूर्ण बातें लिख डालते थे, वहाँ कैलास की टिप्पणियाँ प्रत्यक्ष प्रमाणों से युक्त होती थीं। वह पते-पते की बातें कहता था और उस निर्भीकता के साथ, जो दिव्य अनुभव का निर्देश करती थीं। उसके लेखों में विस्तार कम, पर सार अधिक होता था। उसने नईम को भी न छोड़ा, उसकी स्वार्थ-लिप्सा का ख़ूब खाका उड़ाया। यहाँ तक कि वह धन की संख्या भी लिख दी जो इस कुत्सित व्यापार पर परदा डालने के लिए उसे दी गई थी। सबसे मज़े की बात यह थी कि उसने नईम से एक राष्ट्रीय गुप्तचर की मुलाक़ात का भी उल्लेख किया, जिसने नईम को रुपए लेते हुए देखा था। अंत में गवर्नमेंट को भी चैलेंज दिया कि जो उसमें साहस हो, तो मेरे प्रमाणों को झूठा साबित कर दे। इतना ही नहीं, उसने वह वार्तालाप भी अक्षरशः प्रकाशित कर दिया जो उसके और नईम के बीच हुआ था। रानी का नईम के पास आना, उसके पैरों पर गिरना, कुँवर साहब का नईम के पास नाना प्रकार के तोहफे लेकर आना, इन सभी प्रसंगों ने उसके लेखों में एक जासूसी उपन्यास का मज़ा पैदा कर दिया।

इन लेखों ने राजनीतिक क्षेत्र में हलचल मचा दी। पत्र-सम्पादकों को अधिकारियों पर निशाने लगाने के ऐसे अवसर बड़े सौभाग्य से मिलते हैं। जगह-जगह शासन की इस करतूत

की निंदा करने के लिए सभाएँ होने लगीं। कई सदस्यों ने व्यवस्थापक-सभा में इस विषय पर प्रश्न करने की घोषणा की। शासकों को कभी ऐसी मुँह की न खानी पड़ी थी। आख़िर उन्हें अपनी मान-रक्षा के लिए इसके सिवा और कोई उपाय न सूझा कि वे मिरज़ा नईम को कैलास पर मानहानि का अभियोग चलाने के लिए विवश करें।

5

कैलास पर इस्तग़ासा दायर हुआ। मिरज़ा नईम की ओर से सरकार पैरवी करती थी। कैलास स्वयं अपनी पैरवी कर रहा था। न्याय के प्रमुख संरक्षकों (वकील-बैरिस्टरों) ने किसी अज्ञात कारण से उसकी पैरवी करना अस्वीकार किया। न्यायाधीश को हारकर कैलास को, क़ानून की सनद न रखते हुए भी, अपने मुक़दमे की पैरवी करने की आज्ञा देनी पड़ी। महीनों अभियोग चलता रहा। जनता में सनसनी फैल गई। रोज़ हज़ारों आदमी अदालत में एकत्र होते थे। बाज़ारों में अभियोग की रिपोर्ट पढ़ने के लिए समाचार-पत्रों की लूट होती थी। चतुर पाठक पढ़े हुए पत्रों से घड़ी रात जाते-जाते दुगुने पैसे खड़े कर लेते थे; क्योंकि उस समय तक पत्र-विक्रेताओं के पास कोई पत्र न बचने पाता था। जिन बातों का ज्ञान पहले गिने-गिनाए पत्र-ग्राहकों को था, उन पर अब जनता की टिप्पणियाँ होने लगीं। नईम की मिट्टी कभी इतनी ख़राब न हुई थी; गली-गली, घर-घर उसी की चर्चा थी। जनता का क्रोध उसी पर केन्द्रित हो गया था। वह दिन भी स्मरणीय रहेगा जब दोनों सच्चे, एक-दूसरे पर प्राण देनेवाले मित्र अदालत में आमने-सामने खड़े हुए और कैलास ने मिरज़ा नईम से जिरह करनी शुरू की। कैलास को ऐसा मानसिक कष्ट हो रहा था, मानो वह नईम की गरदन पर तलवार चलाने जा रहा है। और नईम के लिए तो अग्नि-परीक्षा थी। दोनों के मुख उदास थे; एक का आत्मग्लानि से, दूसरे का भय से। नईम प्रसन्न बनने की चेष्टा करता था, कभी-कभी सूखी हँसी भी हँसता था, लेकिन कैलास—आह, उस ग़रीब के दिल पर जो गुज़र रही थी, उसे कौन जान सकता है!

कैलास ने पूछा—आप और मैं साथ पढ़ते थे, इसे आप स्वीकार करते हैं?

नईम—अवश्य स्वीकार करता हूँ।

कैलास—हम दोनों में इतनी घनिष्ठता थी कि हम आपस में कोई परदा न रखते थे, इसे आप स्वीकार करते हैं?

नईम—अवश्य स्वीकार करता हूँ।

कैलास—क्या उस समय आपने मुझसे यह नहीं कहा था कि कुँवर साहब की प्रेरणा से यह हत्या हुई है?

नईम—कदापि नहीं।

कैलास—आपके मुख से ये शब्द नहीं निकले थे कि बीस हज़ार रु. की थैली है?

नईम ज़रा भी न झिझका, ज़रा भी संकुचित न हुआ। उसकी ज़बान में लेशमात्र भी लुक़नत न हुई, वाणी में ज़रा भी थरथराहट न आई। उसके मुख पर अशांति, अस्थिरता या असमंजस का कोई भी चिह्न न दिखाई दिया। वह अविचल खड़ा रहा। कैलास ने बहुत डरते-डरते यह प्रश्न किया था। उसको भय था कि नईम इसका कुछ जवाब न दे सकेगा। कदाचित् रोने लगेगा। लेकिन नईम ने निश्शंक भाव से कहा—संभव है, आपने स्वप्न में मुझसे ये बातें सुनी हों।

कैलास एक क्षण के लिए दंग हो गया। फिर उसने विस्मय से नईम की ओर नज़र डालकर पूछा—क्या आपने यह नहीं फरमाया कि मैंने दो-चार अवसरों पर मुसलमानों के साथ पक्षपात किया है और इसलिए मुझे हिन्दू-विरोधी समझकर इस अनुसंधान का भार सौंपा गया है।

नईम ज़रा भी न झिझका। अविचल, स्थिर और शान्त भाव से बोला—आपकी कल्पना-शक्ति वास्तव में आश्चर्यजनक है। बरसों तक आपके साथ रहने पर भी मुझे यह विदित नहीं हुआ था कि आप में घटनाओं का आविष्कार करने की ऐसी चमत्कारपूर्ण शक्ति है।

कैलास ने और कोई प्रश्न नहीं किया। उसे अपने पराभव का दुःख न था, दुःख था नईम की आत्मा के पतन का। वह कल्पना भी न कर सकता था कि कोई मनुष्य अपने मुँह से निकली हुई बात को इतनी ढिठाई से अस्वीकार कर सकता है; और वह भी उस आदमी के मुँह पर, जिससे वह बात कही गई हो। यह मानवी दुर्बलता की पराकाष्ठा है। वह नईम, जिसका अन्दर और बाहर एक था, जिसके विचार और व्यवहार में भेद न था, जिसकी वाणी आंतरिक भावों का दर्पण थी, वह नईम, वह सरल, आत्माभिमानी, सत्यभक्त नईम, इतना धूर्त, ऐसा मक्कार हो सकता है! क्या दासता के साँचे में ढलकर मनुष्य अपना मनुष्यत्व खो बैठता है? क्या यह दिव्य गुणों का रूपांतर करने का यंत्र है।

अदालत ने नईम को 20 हज़ार रुपयों की डिक्री दे दी। कैलास पर वज्रपात हो गया।

6

इस निश्चय पर राजनीतिक संसार में फिर कुहराम मचा। सरकारी पक्ष के पत्रों ने कैलास को धूर्त कहा; जन-पक्षवालों ने नईम को शैतान बताया। नईम के दुस्साहस ने न्याय की दृष्टि में चाहे उसे निरपराध सिद्ध कर दिया हो पर जनता की दृष्टि में तो उसे और भी गिरा दिया। कैलास के पास सहानुभूति के पत्र और तार आने लगे। पत्रों में उसकी निर्भीकता और सत्यनिष्ठा की प्रशंसा होने लगी। जगह-जगह सभाएँ और जलसे हुए, और न्यायालय के निश्चय पर असन्तोष प्रकट किया गया; किन्तु सूखे बादलों से पृथ्वी की तृप्ति तो नहीं होती? रुपए कहाँ से आवें और वह भी एकदम से 20 हज़ार! आदर्शपालन का यही मूल्य है, राष्ट्र-सेवा महँगा सौदा है। 20 हज़ार! इतने रुपए तो कैलाश ने शायद स्वप्न में भी न देखे हों और जब देने पड़ेंगे! कहाँ से देगा? इतने रुपयों के सूद से ही वह जीविका की चिन्ता से मुक्त हो सकता था। उसे अपने पत्र में अपनी विपत्ति का रोना रोकर चंदा एकत्र करने से घृणा थी। मैंने अपने ग्राहकों की अनुमति लेकर इस शेर से मोरचा नहीं लिया था। मैनेजर की वकालत करने के लिए किसी ने मेरी गरदन नहीं दबाई थी। मैंने अपना कर्तव्य समझकर ही शासकों को चुनौती दी। जिस काम के लिए मैं अकेला ज़िम्मेदार हूँ, उसका भार अपने ग्राहकों पर क्यों डालूँ। यह अन्याय है। संभव है, जनता में आन्दोलन करने से दो-चार हज़ार रुपए हाथ आ जाएँ; लेकिन यह सम्पादकीय आदर्श के विरुद्ध है। इससे मेरी शान में बट्टा लगता है। दूसरों को यह कहने का अवसर दूँ कि और के मत्थे फुलौड़ियाँ खाईं, तो क्या बड़ा जग जीत लिया! तब जानते कि अपने बल-बूते पर ग़रज़ते! निर्भीक आलोचना का सेहरा तो मेरे सिर बँधा, उसका मूल्य दूसरों से क्यों वसूल करूँ? मेरा पत्र बन्द हो जाए, मैं पकड़कर क़ैद किया जाऊँ, मेरा मकान कुर्क कर लिया जाए, बरतन-भाँड़े नीलाम हो जाएँ, यह सब मुझे मंजूर है। जो कुछ सिर पड़ेगी भुगत लूँगा, पर किसी के सामने हाथ न फैलाऊँगा।

सूर्योदय का समय था। पूर्व दिशा में प्रकाश की छटा ऐसे दौड़ी चली आती थी, जैसे आँख से आँसुओं की धारा। ठंडी हवा कलेजे पर यों लगती थी, जैसे किसी के करुण-क्रंदन की ध्वनि। सामने का मैदान दु:खी हृदय की भाँति ज्योति के बाणों से बिंध रहा था। घर में वह निस्तब्धता छाई थी, जो गृह-स्वामी के गुप्त रोदन की सूचना देती है। न बालकों का शोरगुल और न माता की शांतिप्रसारिणी शब्द-ताड़ना। जब दीपक बुझ रहा हो, तो घर में प्रकाश कहाँ से आए? यह आशा का प्रभाव नहीं, शोक का प्रभाव था; क्योंकि आज ही कुर्क-ज़मीन कैलास की सम्पत्ति को नीलाम करने के लिए आनेवाला था।

उसने अंतर्वेदना से विकल होकर कहा—आह! आज मेरे सार्वजनिक जीवन का अंत हो जाएगा। जिस भवन का निर्माण करने में अपने जीवन के 25 वर्ष लगा दिए वह आज नष्ट-भ्रष्ट हो जाएगा। पत्र की गरदन पर छुरी फिर जाएगी, मेरे पैरों में उपहास और अपमान की बेड़ियाँ पड़ जाएँगी, मुख में कालिमा लग जाएगी, यह शांति-कुटीर उजड़ जाएगा, यह शोकाकुल परिवार किसी मुरझाए हुए फूल की पँखड़ियों की भाँति बिखर जाएगा। संसार में उसके लिए कहीं आश्रय नहीं है। जनता की स्मृति चिरस्थायी नहीं होती; अल्पकाल में मेरी सेवाएँ विस्मृति के अंधकार में लीन हो जाएँगी। किसी को मेरी सुध भी न रहेगी, कोई मेरी विपत्ति पर आँसू बहानेवाला भी न होगा।

सहसा उसे याद आया कि आज के लिए अभी अग्रलेख लिखना है। आज अपने सुहृद् पाठकों को सूचना दूँ कि यह इस पत्र के जीवन का अन्तिम दिवस है, उसे फिर आपकी सेवा में पहुँचने का सौभाग्य न प्राप्त होगा। हमसे अनेक भूलें हुई होंगी, आज हम उनके लिए आपसे क्षमा माँगते हैं। आपने हमारे प्रति जो सहवेदना और सुहृदयता प्रकट की है, उसके लिए हम सदैव आपके कृतज्ञ रहेंगे। हमें किसी से कोई शिकायत नहीं है। हमें इस अकाल मृत्यु का दु:ख नहीं है; क्योंकि वह सौभाग्य उन्हीं को प्राप्त होता है, जो अपने कर्तव्यपथ पर अविचल रहते हैं। दु:ख यही है कि हम जाति के लिए इससे अधिक बलिदान करने में समर्थ न हुए। इस लेख को आदि से अंत तक सोच कर वह कुर्सी से उठा ही था कि किसी के पैरों की आहट मालूम हुई। गरदन उठाकर देखा, तो मिरज़ा नईम था। वही हँसमुख चेहरा, वही मृदु मुस्कान, वही क्रीड़ामय नेत्र। आते ही कैलास के गले से लिपट गया।

कैलास ने गरदन छुड़ाते हुए कहा—क्या मेरे घाव पर नमक छिड़कने, मेरी लाश को ठुकराने आए हो?

नईम ने उसकी गरदन को और ज़ोर से दबाकर कहा—और क्या, मुहब्बत के यही तो मज़े हैं!

कैलास—मुझसे दिल्लगी न करो। भरा बैठा हूँ, मार बैठूँगा।

नईम की आँखें सजल हो गईं। बोला—आह जालिम; मैं तेरी ज़बान से यही कटु वाक्य सुनने के लिए तो विकल हो रहा था। जितना चाहे कोसो, ख़ूब गालियाँ दो, मुझे इसमें मधुर संगीत का आनंद आ रहा है।

कैलास—और, अभी जब अदालत का कुर्क-अमीन मेरा घर-बार नीलाम करने आएगा, तो क्या होगा? बोलो, अपनी जान बचाकर तो अलग हो गए!

नईम—हम दोनों मिलकर ख़ूब तालियाँ बजाएँगे, और उसे बंदर की तरह नचाएँगे?

कैलास—तुम अब पिटोगे मेरे हाथों से जालिम, तुझे मेरे बच्चों पर भी दया न आई?

नईम—तुम भी चले मुझी से ज़ोर आजमाने। कोई समय था, जब बाज़ी तुम्हारे हाथ रहती थी। अब मेरी बारी है। तुमने मौक़ा-महल तो देखा नहीं, मुझ पर पिल पड़े।

कैलास—सरासर सत्य की उपेक्षा करना मेरे सिद्धांत के विरुद्ध था।

नईम—और सत्य का गला घोंटना मेरे सिद्धांत के अनुकूल।

कैलास—अभी एक पूरा परिवार तुम्हारे गले मढ़ दूँगा, तो अपनी क़िस्मत को रोओगे। देखने में तुम्हारा आधा भी नहीं हूँ; लेकिन संतानोत्पत्ति में तुम जैसे तीन पर भारी हूँ। पूरे सात हैं, कम न बेश!

नईम—अच्छा लाओ, कुछ खिलाते-पिलाते हो या तक़दीर का मरसिया ही गाये जाओगे? तुम्हारे सिर की क़सम बहुत भूखा हूँ। घर से बिना खाए ही चल पड़ा।

कैलास—यहाँ आज सोलहो दंड एकादशी। सब-के-सब शोक में बैठे उसी अदालत के जल्लाद की राह देख रहे हैं। खाने-पीने का क्या ज़िक्र? तुम्हारी बेग में कुछ हो, तो निकालो; आज साथ बैठकर खा लें, फिर तो ज़िन्दगी भर का रोना है ही।

नईम—फिर तो ऐसी शरारत न करोगे?

कैलास—वाह, यह तो अपने रोम-रोम में व्याप्त हो गई है। जब तक सरकार पशुबल से हमारे ऊपर शासन करती रहेगी, हम उसका विरोध करते रहेंगे। खेद यही है कि अब मुझे इसका अवसर ही न मिलेगा। किन्तु तुम्हें 20,000 रु. में से 20 रु. भी न मिलेंगे। यहाँ रद्दियों के ढेर के सिवा और कुछ नहीं है।

नईम—अजी, मैं तुमसे 20 हज़ार रुपए की जगह उसका पँचगुना वसूल कर लूँगा। तुम हो किस फेर में?

कैलास—मुँह धो रखिए!

नईम—मुझे रुपयों की ज़रूरत है। आओ कोई समझौता कर लो।

कैलास—कुँवर साहब के 20 हज़ार रुपए डकार गए, फिर भी अभी सन्तोष नहीं हुआ!

नईम—सरकारी कर्मचारियों द्वारा मामला करने में और भी जेरबारी होगी।

कैलास—अरे तो क्या मामला कर लूँ? यहाँ काग़ज़ों के सिवा और कुछ हो भी तो!

नईम—मेरा ऋण चुकाने-भर को बहुत है। अच्छा, इसी बात पर समझौता कर लो कि मैं जो चीज़ चाहूँ, ले लूँ। फिर रोना मत।

कैलास—अजी, तुम सारा दफ़्तर सिर पर उठा ले जाओ, घर उठा ले जाओ, मुझे पकड़ ले जाओ, और मीठे टुकड़े खिलाओ। क़सम ले लो, जो ज़रा भी चूँ करूँ।

नईम—नहीं, मैं सिर्फ़ एक चीज़ चाहता हूँ, सिर्फ़ एक चीज़!

कैलास के कौतूहल की कोई सीमा न रही। सोचने लगा, मेरे पास ऐसी कौन-सी बहुमूल्य वस्तु है? कहीं मुझसे मुसलमान होने को तो न कहेगा। यही एक धर्म एक चीज़ है, जिसका मूल्य एक से लेकर असंख्य तक रखा जा सकता है। ज़रा देखूँ तो हजरत क्या कहते हैं?

उसने पूछा—क्या चीज़?

नईम—मिसेज कैलास से एक मिनट तक एकान्त में बातचीत करने की आज्ञा।

कैलास ने नईम के सिर पर एक चपत जमाकर कहा—फिर वही शरारत! सैकड़ों बार तो देख चुके हो, ऐसी कौन-सी इंद्र की अप्सरा है!

नईम—वह कुछ भी हो, मामला करते हो, तो करो; मगर याद रखना, एकान्त की शर्त।

कैलास—मंजूर है। फिर जो डिक्री के रुपए माँगे गए, तो नोंच ही खाऊँगा।

नईम—हाँ, मंजूर है।

कैलास—(धीरे से) मगर यार, नाजुक-मिज़ाज स्त्री है, कोई बेहूदा मज़ाक़ न कर बैठना।

नईम—जी, इन बातों में मुझे आपके उपदेश की ज़रूरत नहीं। मुझे उनके कमरे में ले तो चलिए!

कैलास—सिर नीचे किए रहना।

नईम—अजी, आँखों में पट्टी बाँध दो।

कैलास के घर में परदा न था। उमा चिन्ता-मग्न बैठी हुई थी। सहसा नईम और कैलास को देखकर चौंक पड़ी। बोली, आइए मिरज़ाजी। अबकी तो बहुत दिनों में याद किया।

कैलास नईम को वहीं छोड़कर कमरे से बाहर निकल आया; लेकिन परदे की आड़ से छिपकर देखने लगा कि इनमें क्या बातें होती हैं। उसे कुछ बुरा ख़याल न था, केवल कौतूहल था।

नईम—हम सरकारी आदमियों को इतनी फुरसत कहाँ? डिक्री के रुपए वसूल करने थे, इसीलिए चला आया हूँ।

उमा कहाँ तो मुस्कुरा रही थी, कहाँ रुपए का नाम सुनते ही उसका चेहरा फक हो गया। गम्भीर स्वर में बोली—हम लोग स्वयं इसी चिन्ता में पड़े हुए हैं। कहीं रुपए मिलने की आशा नहीं है; और उन्हें जनता से अपील करते संकोच होता है।

नईम—अजी, आप कहती क्या हैं? मैंने सब रुपए पाई-पाई वसूल कर लिये।

उमा ने चकित होकर कहा—सच! उनके पास रुपए कहाँ थे?

नईम—उनकी हमेशा से यही आदत है। आपसे कह रखा होगा, मेरे पास कौड़ी नहीं है। लेकिन मैंने चुटकियों में वसूल कर लिया! आप उठिए, खाने का इंतज़ाम कीजिए।

उमा—रुपए भला क्या दिए होंगे। मुझे एतबार नहीं आता।

नईम—आप सरल हैं और वह एक ही काइयाँ। उसे तो मैं ही ख़ूब जानता हूँ। अपनी दरिद्रता के दुखड़े गा-गाकर आपको चकमा दिया करता होगा।

कैलास मुस्कुराते हुए कमरे में आए और बोले—अच्छा, अब निकलिए बाहर! यहाँ भी अपनी शैतानी से बाज न आए?

नईम—रुपए की रसीद तो लिख दूँ?

उमा—तुमने रुपए दे दिए? कहाँ मिले?

कैलास—फिर कभी बतला दूँगा। उठिए हजरत!

उमा—बताते क्यों नहीं, कहाँ मिले? मिरज़ाजी से कौन परदा है?

कैलास—नईम, तुम उमा के सामने मेरी तौहीन करना चाहते हो?

नईम—तुमने सारी दुनिया के सामने मेरी तौहीन नहीं की?

कैलास—तुम्हारी तौहीन की, तो उसके लिए 20 हज़ार रुपए नहीं देने पड़े।

नईम—मैं भी उसी टकसाल के रुपए दे दूँगा। उमा, मैं रुपए पा गया। इन बेचारे का परदा ढका रहने दो।

शतरंज के खिलाड़ी

वाजिदअली शाह का समय था। लखनऊ विलासिता के रंग में डूबा हुआ था। छोटे-बड़े, ग़रीब-अमीर सभी विलासिता में डूबे हुए थे। कोई नृत्य और गान की मजलिस सजाता था, तो कोई अफ़ीम की पीनक ही में मज़े लेता था। जीवन के प्रत्येक विभाग में आमोद-प्रमोद का प्राधान्य था। शासन-विभाग में, साहित्य-क्षेत्र में, सामाजिक अवस्था में, कला-कौशल में, उद्योग-धंधों में, आहार-व्यवहार में सर्वत्र विलासिता व्याप्त हो रही थी। राजकर्मचारी विषय-वासना में, कविगण प्रेम और विरह के वर्णन में, कारीगर कलाबत्तू और चिकन बनाने में, व्यवसायी सुरमे, इत्र, मिस्सी और उबटन का रोजगार करने में लिप्त थे। सभी की आँखों में विलासिता का मद छाया हुआ था। संसार में क्या हो रहा है, इसकी किसी को ख़बर न थी। बटेर लड़ रहे हैं। तीतरों की लड़ाई के लिए पाली बदी जा रही है। कहीं चौसर बिछी हुई है; पौ-बारह का शोर मचा हुआ है। कही शतरंज का घोर संग्राम छिड़ा हुआ है। राजा से लेकर रंक तक इसी धुन में मस्त थे। यहाँ तक कि फ़क़ीरों को पैसे मिलते तो वे रोटियाँ न लेकर अफ़ीम खाते या मदक पीते। शतरंज, ताश, गंजीफ़ा खेलने से बुद्धि तीव्र होती है, विचार-शक्ति का विकास होता है, पेंचीदा मसलों को सुलझाने की आदत पड़ती है। ये दलीलें ज़ोरों के साथ पेश की जाती थीं (इस सम्प्रदाय के लोगों से दुनिया अब भी ख़ाली नहीं है)। इसलिए अगर मिरज़ा सज्जादअली और मीर रौशनअली अपना अधिकांश समय बुद्धि तीव्र करने में व्यतीत करते थे, तो किसी विचारशील पुरुष को क्या आपत्ति हो सकती थी? दोनों के पास मौरूसी जागीरें थीं; जीविका की कोई चिन्ता न थी; कि घर में बैठे चखौतियाँ करते थे। आख़िर और करते ही क्या? प्रात:काल दोनों मित्र नाश्ता करके बिसात बिछा कर बैठ जाते, मुहरे सज जाते, और लड़ाई के दाव-पेंच होने लगते। फिर ख़बर न होती थी कि कब दोपहर हुई, कब तीसरा पहर, कब शाम! घर के भीतर से बार-बार बुलावा आता कि खाना तैयार है। यहाँ से जवाब मिलता—चलो, आते हैं, दस्तरख्वान बिछाओ। यहाँ तक कि बावरची विवश हो कि कमरे ही में खाना रख जाता था, और दोनों मित्र दोनों काम साथ-साथ करते थे। मिरज़ा सज्जाद अली के घर में कोई बड़ा-बूढ़ा न था, इसलिए उन्हीं के दीवानख़ाने में बाज़ियाँ होती थीं। मगर यह बात न थी मिरज़ा के घर के और लोग उनसे इस व्यवहार से ख़ुश हों। घरवालों का तो कहना ही क्या, मुहल्लेवाले, घर के नौकर-चाकर तक नित्य द्वेषपूर्ण टिप्पणियाँ किया करते थे—बड़ा मनहूस खेल है। घर को तबाह कर देता है। ख़ुदा न करे, किसी को इसकी चाट पड़े, आदमी दीन-दुनिया किसी के काम का नहीं रहता, न घर का, न घाट का। बुरा रोग है। यहाँ तक कि मिरज़ा की बेगम साहबा को इससे इतना द्वेष था कि अवसर खोज-खोजकर पति को लताड़ती थीं। पर उन्हें इसका अवसर मुश्किल से मिलता था। वह सोती रहती थीं, तब तक बाज़र बिछ जाती थी। और रात को जब सो जाती थीं, तब कही मिरज़ाजी घर में आते थे। हाँ, नौकरों पर वह अपना ग़ुस्सा उतारती रहती थीं—क्या पान माँगे हैं? कह दो, आकर ले जाएँ। खाने की फ़ुरसत नहीं है? ले जाकर खाना सिर पर पटक दो, खाएँ चाहे कुत्ते को खिलाएँ। पर रूबरू वह भी कुछ न कह सकती थीं। उनको अपने पति से उतना मलाल न था, जितना मीर साहब से। उन्होंने उनका, नाम मीर बिगाड़ू रख छोड़ा था। शायद मिरज़ाजी अपनी सफ़ाई देने के लिए सारा इलज़ाम मीर साहब ही के सर थोप देते थे।

एक दिन बेगम साहबा के सिर में दर्द होने लगा। उन्होंने लौंडी से कहा—जाकर मिरज़ा साहब को बुला लो। किसी हकीम के यहाँ से दवा लाएँ। दौड़, जल्दी कर। लौंडी गई तो मिरज़ाजी ने कहा—चल, अभी आते हैं। बेगम साहबा का मिज़ाज गरम था। इतनी ताब कहाँ कि उनके सिर में दर्द हो और पति शतरंज खेलता रहे। चेहरा सुर्ख हो गया। लौंडी से कहा—जाकर कह, अभी चलिए, नहीं तो वह आप ही हकीम के यहाँ चली जाएँगी। मिरज़ाजी बड़ी दिलचस्प बाज़ी खेल रहे थे, दो ही क़िस्तों में मीर साहब की मात हुई जाती थी। झुँझलाकर बोले—क्या ऐसा दम लबों पर है? ज़रा सब्र नहीं होता?

मीर—अरे, तो जाकर सुन ही आइए न। औरतें नाजुक-मिज़ाज होती ही हैं।

मिरज़ा—जी हाँ, चला क्यों न जाऊँ! दो क़िस्तों में आपकी मात होती है।

मीर—जनाब, इस भरोसे न रहिएगा। वह चाल सोची है कि आपके मुहरे धरे रहें और मात हो जाए। पर जाइए, सुन आइए। क्यों खामख्वाह उनका दिल दुखाइएगा?

मिरज़ा—इसी बात पर मात ही करके जाऊँगा।

मीर—मैं खेलूँगा ही नहीं। आप जाकर सुन आइए।

मिरज़ा—अरे यार, जाना पड़ेगा हकीम के यहाँ। सिर-दर्द खाक नहीं है, मुझे परेशान करने का बहाना है।

मीर—कुछ भी हो, उनकी ख़ातिर तो करनी ही पड़ेगी।

मिरज़ा—अच्छा, एक चाल और चल लूँ।

मीर—हरगिज़ नहीं, जब तक आप सुन न आएँगे, मैं मुहरे में हाथ ही न लगाऊँगा।

मिरज़ा साहब मज़बूर होकर अन्दर गए तो बेगम साहबा ने त्योरियाँ बदलकर, लेकिन कराहते हुए कहा—तुम्हें निगोड़ी शतरंज इतनी प्यारी है! चाहे कोई मर ही जाए, पर उठने का नाम नहीं लेते! नौज, कोई तुम-जैसा आदमी हो!

मिरज़ा—क्या कहूँ, मीर साहबा मानते ही न थे। बड़ी मुश्किल से पीछा छुड़ाकर आया हूँ।

बेगम—क्या जैसे वह ख़ुद निखट्टू हैं, वैसे ही सबको समझते हैं। उनके भी तो बाल-बच्चे हैं; या सबका सफाया कर डाला?

मिरज़ा—बड़ा लती आदमी है। जब आ जाता है, तब मज़बूर होकर मुझे भी खेलना पड़ता है।

बेगम—दुत्कार क्यों नहीं देते?

मिरज़ा—बराबर के आदमी हैं; उम्र में, दर्जे में मुझसे दो अंगुल ऊँचे। मुलाहिज़ा करना ही पड़ता है।

बेगम—तो मैं ही दुत्कारे देती हूँ। नाराज़ हो जाएँगे, हो जाएँ। कौन किसी की रोटियाँ चला देता है। रानी रूठेंगी, अपना सुहाग लेंगी। हरिया; जा बाहर से शतरंज उठा ला। मीर साहब से कहना, मियाँ अब न खेलेंगे; आप तशरीफ़ ले जाइए।

मिरज़ा—हाँ-हाँ, कहीं ऐसा ग़ज़ब भी न करना! जलील करना चाहती हो क्या? ठहर हरिया, कहाँ जाती है।

बेगम—जाने क्यों नहीं देते? मेरा ही ख़ून पिए, जो उसे रोके। अच्छा, उसे रोका, मुझे रोको, तो जानूँ?

यह कहकर बेगम साहबा झल्लाई हुई दीवानख़ाने की तरफ़ चलीं। मिरज़ा बेचारे का रंग उड़ गया। बीबी की मिन्नतें करने लगे—ख़ुदा के लिए, तुम्हें हजरत हुसेन की क़सम है। मेरी ही मैयत देखे, जो उधर जाए। लेकिन बेगम ने एक न मानी। दीवानख़ाने के द्वार तक गईं, पर एकाएक पर-पुरुष के सामने जाते हुए पाँव बँध-से गए। भीतर झाँका, संयोग से कमरा ख़ाली था। मीर साहब ने दो-एक मुहरे इधर-उधर कर दिए थे, और अपनी सफ़ाई जताने के लिए बाहर टहल रहे थे। फिर क्या था, बेगम ने अन्दर पहुँचकर बाज़ी उलट दी, मुहरे कुछ तख़्त के नीचे फेंक दिए, कुछ बाहर और किवाड़ अन्दर से बन्द करके कुंडी लगा दी। मीर साहब दरवाज़े पर तो थे ही, मुहरे बाहर फेंके जाते देखे, चूड़ियों की झनक भी कान में पड़ी। फिर दरवाज़ा बन्द हुआ, तो समझ गए, बेगम साहबा बिगड़ गईं। चुपके से घर की राह ली।

मिरज़ा ने कहा—तुमने ग़ज़ब किया।

बेगम—अब मीर साहब इधर आए, तो खड़े-खड़े निकलवा दूँगी। इतनी लौ ख़ुदा से लगाते, तो वली हो जाते! आप तो शतरंज खेलें, और मैं यहाँ चूल्हे-चक्की की फ़िक्र में सिर खपाऊँ! जाते हो हकीम साहब के यहाँ कि अब भी ताम्मुल है।

मिरज़ा घर से निकले, तो हकीम के घर जाने के बदले मीर साहब के घर पहुँचे और सारा वृत्तांत कहा। मीर साहब बोले—मैंने तो जब मुहरे बाहर आते देखे, तभी ताड़ गया। फ़ौरन भागा। बड़ी ग़ुस्सेवर मालूम होती हैं। मगर आपने उन्हें यों सिर चढ़ा रखा है, यह मुनासिब नहीं। उन्हें इससे क्या मतलब कि आप बाहर क्या करते हैं। घर का इंतज़ाम करना उनका काम है; दूसरी बातों से उन्हें क्या सरोकार?

मिरज़ा—ख़ैर, यह तो बताइए, अब कहाँ जमाव होगा?

मीर—इसका क्या ग़म है। इतना बड़ा घर पड़ा हुआ है। बस यहीं जमें।

मिरज़ा—लेकिन बेगम साहबा को कैसे मनाऊँगा? घर पर बैठा रहता था, तब तो वह इतना बिगड़ती थीं; यहाँ बैठक होगी, तो शायद ज़िंदा न छोड़ेंगी।

मीर—अजी बकने भी दीजिए, दो-चार रोज़ में आप ही ठीक हो जाएँगी। हाँ, आप इतना कीजिए कि आज से ज़रा तन जाइए।

2

मीर साहब की बेगम किसी अज्ञात कारण से मीर साहब का घर से दूर रहना ही उपयुक्त समझती थीं। इसलिए वह उनके शतरंज-प्रेम की कभी आलोचना न करती थीं; बल्कि कभी-कभी मीर साहब को देर हो जाती, तो याद दिला देती थीं। इन कारणों से मीर साहब को भ्रम हो गया था कि मेरी स्त्री अत्यन्त विनयशील और गम्भीर है। लेकिन जब दीवानख़ाने में बिसात बिछने लगी, और मीर साहब दिन-भर घर में रहने लगे, तो बेगम साहबा को बड़ा कष्ट होने लगा। उनकी स्वाधीनता में बाधा पड़ गई। दिन-भर दरवाज़े पर झाँकने को तरस जातीं।

उधर नौकरों में भी कानाफूसी होने लगी। अब तक दिन-भर पड़े-पड़े मक्खियाँ मारा करते थे। घर में कोई आए, कोई जाए, उनसे कुछ मतलब न था। अब आठों पहर की धौंस हो गई। पान लाने का हुक्म होता, कभी मिठाई का। और हुक़्क़ा तो किसी प्रेमी के हृदय की भाँति नित्य जलता ही रहता था। वे बेगम साहबा से जा-जाकर कहते—हुज़ूर, मियाँ की शतरंज तो हमारे जी का जंजाल हो गई। दिन-भर दौड़ते-दौड़ते पैरों में छाले पड़ गए। यह भी

कोई खेल कि सुबह को बैठे तो शाम कर दी। घड़ी आध घड़ी दिल-बहलाव के लिए खेल खेलना बहुत है। ख़ैर, हमें तो कोई शिकायत नहीं; हुजूर के ग़ुलाम हैं, जो हुक्म होगा, बजा ही लाएँगे; मगर यह खेल मनहूस है। इसका खेलनेवाला कभी पनपता नहीं; घर पर कोई न कोई आफ़त ज़रूर आती है। यहाँ तक कि एक के पीछे मुहल्ले-के-मुहल्ले तबाह होते देखे गए हैं। सारे मुहल्ले में यही चरचा रहती है। हुजूर का नमक खाते हैं, अपने आक़ा की बुराई सुन-सुनकर रंज होता है? मगर क्या करें? इस पर बेगम साहबा कहती हैं—मैं तो ख़ुद इसको पसन्द नहीं करती। पर वह किसी की सुनते ही नहीं, क्या किया जाए।

मुहल्ले में भी जो दो-चार पुराने ज़माने के लोग थे, आपस में भाँति-भाँति की अमंगल कल्पनाएँ करने लगे—अब खैरियत नहीं। जब हमारे रईसों का यह हाल है, तो मुल्क का ख़ुदा ही हाफ़िज है। यह बादशाहत शतरंज के हाथों तबाह होगी। आसार बुरे हैं।

राज्य में हाहाकार मचा हुआ था। प्रजा दिन-दहाड़े लूटी जाती थी। कोई फ़रियाद सुननेवाला न था। देहातों की सारी दौलत लखनऊ में खिंची आती थी और वह वेश्याओं में, भाँड़ों में और विलासिता के अन्य अंगों की पूर्ति में उड़ जाती थी। अँग्रेज़ कम्पनी का ऋण दिन-दिन बढ़ता जाता था। कमली दिन-दिन भीगकर भारी होती जाती थी। देश में सुव्यवस्था न होने के कारण वार्षिक कर भी वसूल न होता था। रेजीडेंट बार-बार चेतावनी देता था, पर यहाँ तो लोग विलासिता के नशे में चूर थे, किसी के कानों पर जूँ न रेंगती थी।

ख़ैर, मीर साहब के दीवानख़ाने में शतरंज होते कई महीने गुज़र गए। नए-नए नक़्शे हल किए जाते; नए-नए क़िले बनाए जाते; नित्य नई व्यूह-रचना होती; कभी-कभी खेलते-खेलते झौड़ हो जाती; तू-तू मैं-मैं तक की नौबत आ जाती; पर शीघ्र ही दोनों मित्रों में मेल हो जाता। कभी-कभी ऐसा भी होता कि बाज़ी उठा दी जाती; मिरज़ाजी रूठकर अपने घर चले जाते। मीर साहब अपने घर में जा बैठते। पर रात भर की निद्रा के साथ सारा मनोमालिन्य शान्त हो जाता था। प्रातःकाल दोनों मित्र दीवानख़ाने में आ पहुँचते थे।

एक दिन दोनों मित्र बैठे हुए शतरंज की दलदल में गोते खा रहे थे कि इतने में घोड़े पर सवार एक बादशाही फ़ौज का अफ़सर मीर साहब का नाम पूछता हुआ आ पहुँचा। मीर साहब के होश उड़ गए। यह क्या बला सिर पर आई! यह तलबी किस लिए हुई है? अब खैरियत नहीं नज़र आती। घर के दरवाज़े बन्द कर लिए। नौकरों से बोले—कह दो, घर में नहीं हैं।

सवार—घर में नहीं, तो कहाँ हैं?

नौकर—यह मैं नहीं जानता। क्या काम है?

सवार—काम तुझे क्या बताऊँगा? हुजूर में तलबी है। शायद फ़ौज के लिए कुछ सिपाही माँगे गए हैं। जागीरदार हैं कि दिल्लगी! मोरचे पर जाना पड़ेगा, तो आटे-दाल का भाव मालूम हो जाएगा!

नौकर—अच्छा, तो जाइए, कह दिया जाएगा?

सवार—कहने की बात नहीं है। मैं कल ख़ुद आऊँगा, साथ ले जाने का हुक्म हुआ है।

सवार चला गया। मीर साहब की आत्मा काँप उठी। मिरज़ाजी से बोले—कहिए जनाब, अब क्या होगा?

मिरज़ा—बड़ी मुसीबत है। कहीं मेरी तलबी भी न हो।

मीर—कम्बख़्त कल फिर आने को कह गया है।

मिरज़ा—आफ़त है, और क्या। कहीं मोरचे पर जाना पड़ा, तो बेमौत मरे।

मीर—बस, यही एक तदबीर है कि घर पर मिलो ही नहीं। कल से गोमती पर कहीं वीराने में नख्शा जमे। वहाँ किसे ख़बर होगी। हजरत आकर आप लौट जाएँगे।

मिरज़ा—वल्लाह, आपको ख़ूब सूझी! इसके सिवाय और कोई तदबीर ही नहीं है।

इधर मीर साहब की बेगम उस सवार से कह रही थी, तुमने ख़ूब धता बताया।

उसने जवाब दिया—ऐसे गावदियों को तो चुटकियों पर नचाता हूँ। इनकी सारी अक़्ल और हिम्मत तो शतरंज ने चर ली। अब भूल कर भी घर पर न रहेंगे।

3

दूसरे दिन से दोनों मित्र मुँह अँधेरे घर से निकल खड़े होते। बग़ल में एक छोटी-सी दरी दबाए, डिब्बे में गिलौरियाँ भरे, गोमती पार की एक पुरानी वीरान मसजिद में चले जाते, जिसे शायद नवाब आसफ़उद्दौला ने बनवाया था। रास्ते में तम्बाकू, चिलम और मदरिया ले लेते, और मसजिद में पहुँच, दरी बिछा, हुक़्क़ा भरकर शतरंज खेलने बैठ जाते थे। फिर उन्हें दीन-दुनिया की फ़िक्र न रहती थी। किश्त, शह आदि दो-एक शब्दों के सिवा उनके मुँह से और कोई वाक्य नहीं निकलता था। कोई योगी भी समाधि में इतना एकाग्र न होता होगा। दोपहर को जब भूख मालूम होती तो दोनों मित्र किसी नानबाई की दुकान पर जाकर खाना खाते, और एक चिलम हुक़्क़ा पीकर फिर संग्राम-क्षेत्र में डट जाते। कभी-कभी तो उन्हें भोजन का भी ख्याल न रहता था।

इधर देश की राजनीतिक दशा भयंकर होती जा रही थी। कम्पनी की फ़ौजें लखनऊ की तरफ़ बढ़ी चली आती थीं। शहर में हलचल मची हुई थी। लोग बाल-बच्चों को लेकर देहातों में भाग रहे थे। पर हमारे दोनों खिलाड़ियों को इनकी ज़रा भी फ़िक्र न थी। वे घर से आते तो गलियों में होकर। डर था कि कहीं किसी बादशाही मुलाज़िम की निगाह न पड़ जाए, जो बेकार में पकड़ जाएँ। हज़ारों रुपए सालाना की जागीर मुफ़्त ही हजम करना चाहते थे।

एक दिन दोनों मित्र मसजिद के खंडहर में बैठे हुए शतरंज खेल रहे थे। मिरज़ा की बाज़ी कुछ कमज़ोर थी। मीर साहब उन्हें किश्त-पर-किश्त दे रहे थे। इतने में कम्पनी के सैनिक आते हुए दिखाई दिए। वह गोरों की फ़ौज थी, जो लखनऊ पर अधिकार ज़माने के लिए आ रही थी।

मीर साहब बोले—अँग्रेज़ी फ़ौज आ रही है; ख़ुदा ख़ैर करे।

मिरज़ा—आने दीजिए, किश्त बचाइए। यह किश्त।

मीर—ज़रा देखना चाहिए, यहीं आड़ में खड़े हो जाएँ!

मिरज़ा—देख लीजिएगा, जल्दी क्या है, फिर किश्त!

मीर—तोपख़ाना भी है। कोई पाँच हज़ार आदमी होंगे कैसे-कैसे जवान हैं। लाल बंदरों के-से मुँह। सूरत देखकर ख़ौफ़ मालूम होता है।

मिरज़ा—जनाब, हीले न कीजिए। ये चकमे किसी और को दीजिएगा। यह किश्त!

मीर—आप भी अजीब आदमी हैं। यहाँ तो शहर पर आफ़त आई हुई है और आपको किश्त की सूझी है! कुछ इसकी भी ख़बर है कि शहर घिर गया, तो घर कैसे चलेंगे?

मिरज़ा—जब घर चलने का वक़्त आएगा, तो देखा जाएगा—यह किश्त! बस, अबकी शह में मात है।

फ़ौज निकल गई। दस बजे का समय था। फिर बाज़ी बिछ गई।

मिरज़ा—आज खाने की कैसे ठहरेगी?

मीर—अजी, आज तो रोज़ा है। क्या आपको ज़्यादा भूख मालूम होती है?

मिरज़ा—जी नहीं। शहर में न जाने क्या हो रहा है!

मीर—शहर में कुछ न हो रहा होगा। लोग खाना खा-खाकर आराम से सो रहे होंगे। हुज़ूर नवाब साहब भी ऐशगाह में होंगे।

दोनों सज्जन फिर जो खेलने बैठे, तो तीन बज गए। अबकी मिरज़ा जी की बाज़ी कमज़ोर थी। चार का गजर बज ही रहा था कि फ़ौज की वापसी की आहट मिली। नवाब वाजिदअली पकड़ लिए गए थे, और सेना उन्हें किसी अज्ञात स्थान को लिए जा रही थी। शहर में न कोई हलचल थी, न मार-काट। एक बूँद भी ख़ून नहीं गिरा था। आज तक किसी स्वाधीन देश के राजा की पराजय इतनी शांति से, इस तरह ख़ून बहे बिना न हुई होगी। यह वह अहिंसा न थी, जिस पर देवगण प्रसन्न होते हैं। यह वह कायरपन था, जिस पर बड़े-बड़े कायर भी आँसू बहाते हैं। अवध के विशाल देश का नवाब बन्दी चला जाता था, और लखनऊ ऐश की नींद में मस्त था। यह राजनीतिक अध:पतन की चरम सीमा थी।

मिरज़ा ने कहा—हुज़ूर नवाब साहब को जालिमों ने क़ैद कर लिया है।

मीर—होगा, यह लीजिए शह।

मिरज़ा—जनाब ज़रा ठहरिए। इस वक़्त इधर तबीयत नहीं लगती। बेचारे नवाब साहब इस वक़्त ख़ून के आँसू रो रहे होंगे।

मीर—रोया ही चाहें। यह ऐश वहाँ कहाँ नसीब होगी। यह किश्त!

मिरज़ा—किसी के दिन बराबर नहीं जाते। कितनी दर्दनाक हालत है।

मीर—हाँ, सो तो है ही—यह लो, फिर किश्त! बस, अबकी किश्त में मात है, बच नहीं सकते।

मिरज़ा—ख़ुदा की क़सम, आप बड़े बेदर्द हैं। इतना बड़ा हादसा देखकर भी आपको दु:ख नहीं होता। हाय, ग़रीब वाजिदअली शाह!

मीर—पहले अपने बादशाह को तो बचाइए फिर नवाब साहब का मातम कीजिएगा। यह किश्त और यह मात! लाना हाथ!

बादशाह को लिए हुए सेना सामने से निकल गई। उनके जाते ही मिरज़ा ने फिर बाज़ी बिछा दी। हार की चोट बुरी होती है। मीर ने कहा—आइए, नवाब साहब के मातम में एक मरसिया कह डालें। लेकिन मिरज़ा की राजभक्ति अपनी हार के साथ लुप्त हो चुकी थी। वह हार का बदला चुकाने के लिए अधीर हो रहे थे।

4

शाम हो गई। खंडहर में चमगादड़ों ने चीख़ना शुरू किया। अबाबीलें आ-आकर अपने-अपने घोसलों में चिमटीं। पर दोनों खिलाड़ी डटे हुए थे, मानो दो ख़ून के प्यासे सूरमा आपस में लड़ रहे हों। मिरज़ाजी तीन बाज़ियाँ लगातार हार चुके थे; इस चौथी बाज़ी का रंग भी अच्छा न था। वह बार-बार जीतने का दृढ़ निश्चय करके सँभलकर खेलते थे लेकिन एक-न-एक चाल ऐसी बेढब आ पड़ती थी, जिससे बाज़ी ख़राब हो जाती थी। हर बार हार के साथ

प्रतिकार की भावना और भी उग्र होती थी। उधर मीर साहब मारे उमंग के ग़ज़लें गाते थे, चुटकियाँ लेते थे, मानो कोई गुप्त धन पा गए हों। मिरज़ाजी सुन-सुनकर झुँझलाते और हार की झेंप को मिटाने के लिए उनकी दाद देते थे। पर ज्यों-ज्यों बाज़ी कमज़ोर पड़ती थी, धैर्य हाथ से निकला जाता था। यहाँ तक कि वह बात-बात पर झुँझलाने लगे—जनाब, आप चाल बदला न कीजिए। यह क्या कि एक चाल चले, और फिर उसे बदल दिया। जो कुछ चलना हो एक बार चल दीजिए; यह आप मुहरे पर हाथ क्यों रखते हैं? मुहरे को छोड़ दीजिए। जब तक आपको चाल न सूझे, मुहरा छुइए ही नहीं। आप एक-एक चाल आध घंटे में चलते हैं। इसकी सनद नहीं। जिसे एक चाल चलने में पाँच मिनट से ज़्यादा लगे, उसकी मात समझी जाए। फिर आपने चाल बदली! चुपके से मुहरा वहीं रख दीजिए।

मीर साहब का फरजी पिटता था। बोले—मैंने चाल चली ही कब थी?

मिरज़ा—आप चाल चल चुके हैं। मुहरा वहीं रख दीजिए—उसी घर में!

मीर—उस घर में क्यों रखूँ? मैंने हाथ से मुहरा छोड़ा ही कब था?

मिरज़ा—मुहरा आप कयामत तक न छोड़ें, तो क्या चाल ही न होगी? फरजी पिटते देखा तो धाँधली करने लगे।

मीर—धाँधली आप करते हैं। हार-जीत तक़दीर से होती है, धाँधली करने से कोई नहीं जीतता?

मिरज़ा—तो इस बाज़ी में तो आपकी मात हो गई।

मीर—मुझे क्यों मात होने लगी?

मिरज़ा—तो आप मुहरा उसी घर में रख दीजिए, जहाँ पहले रक्खा था।

मीर—वहाँ क्यों रखूँ? नहीं रखता।

मिरज़ा—क्यों न रखिएगा? आपको रखना होगा।

तकरार बढ़ने लगी। दोनों अपनी-अपनी टेक पर अड़े थे। न यह दबता था न वह। अप्रासंगिक बातें होने लगीं, मिरज़ा बोले—किसी ने ख़ानदान में शतरंज खेली होती, तब तो इसके कायदे जानते। वे तो हमेशा, घास छीला करते, आप शतरंज क्या खेलिएगा। रियासत और ही चीज है। जागीर मिल जाने से ही कोई रईस नहीं हो जाता।

मीर—क्या? घास आपके अब्बाजान छीलते होंगे। यहाँ तो पीढ़ियों से शतरंज खेलते चले आ रहे हैं।

मिरज़ा—अजी, जाइए भी, गाजीउद्दीन हैदर के यहाँ बावरची का क़ाम करते-करते उम्र गुज़र गई आज रईस बनने चले हैं। रईस बनना कुछ दिल्लगी नहीं है।

मीर—क्यों अपने बुजुर्गों के मुँह में कालिख लगाते हो—वे ही बावरची का काम करते होंगे। यहाँ तो हमेशा बादशाह के दस्तरख्वान पर खाना खाते चले आए हैं।

मिरज़ा—अरे चल चरकटे, बहुत बढ़-बढ़कर बातें न कर।

मीर—ज़बान सँभालिए, वरना बुरा होगा। मैं ऐसी बातें सुनने का आदी नहीं हूँ। यहाँ तो किसी ने आँखें दिखाईं कि उसकी आँखें निकालीं। है हौसला?

मिरज़ा—आप मेरा हौसला देखना चाहते हैं, तो फिर, आइए। आज दो-दो हाथ हो जाएँ, इधर या उधर।

मीर—तो यहाँ तुमसे दबनेवाला कौन?

दोनों दोस्तों ने कमर से तलवारें निकाल लीं। नवाबी ज़माना था; सभी तलवार, पेशकब्ज, कटार वग़ैरह बाँधते थे। दोनों विलासी थे, पर कायर न थे। उनमें राजनीतिक भावों का अध:पतन हो गया था—बादशाह के लिए, बादशाहत के लिए क्यों मरें; पर व्यक्तिगत वीरता का अभाव न था। दोनों जख्म खाकर गिरे, और दोनों ने वहीं तड़प-तड़पकर जानें दे दीं। अपने बादशाह के लिए जिनकी आँखों से एक बूँद आँसू न निकला, उन्हीं दोनों प्राणियों ने शतरंज के वज़ीर की रक्षा में प्राण दे दिए।

अँधेरा हो चला था। बाज़ी बिछी हुई थी। दोनों बादशाह अपने-अपने सिंहासनों पर बैठे हुए मानो इन दोनों वीरों की मृत्यु पर रो रहे थे!

चारों तरफ़ सन्नाटा छाया हुआ था। खंडहर की टूटी हुई मेहराबें, गिरी हुई दीवारें और धूल-धूसरित मीनारें इन लाशों को देखतीं और सिर धुनती थीं।

वज्रपात

दिल्ली की गलियाँ दिल्ली-निवासियों के रुधिर से प्लावित हो रही हैं। नादिरशाह की सेना ने सारे नगर में आतंक जमा रखा है। जो कोई सामने आ जाता है, उसे उनकी तलवार से घाट उतरना पड़ता है। नादिरशाह का प्रचंड क्रोध किसी भाँति शान्त ही नहीं होता। रक्त की वर्षा भी उसके कोप की आग को बुझा नहीं सकती।

नादिरशाह दरबारे-आम में तख़्त पर बैठा हुआ है। उसकी आँखों से जैसे ज्वालाएँ निकल रही हैं। दिल्लीवालों की इतनी हिम्मत कि उसके सिपाहियों का अपमान करें! उन कापुरुषों की यह मजाल। वह काफ़िर तो उसकी सेना की एक ललकार पर रणक्षेत्र से निकल भागे थे! नगर-निवासियों का आर्तनाद सुन-सुनकर स्वयं सेना के दिल काँप जाते हैं; मगर नादिरशाह की क्रोधाग्नि शान्त नहीं होती। यहाँ तक कि उसका सेनापति भी उसके सम्मुख जाने का साहस नहीं कर सकता। वीर पुरुष दयालु होते हैं। असहायों पर, दुर्बलों पर, स्त्रियों पर उन्हें क्रोध नहीं आता। इन पर क्रोध करना वे अपनी शान के ख़िलाफ़ समझते हैं; किन्तु निष्ठुर नादिरशाह की वीरता दयाशून्य थी।

दिल्ली का बादशाह सिर झुकाए नादिरशाह के पास बैठा हुआ था। हरमसरा में विलास करनेवाला बादशाह नादिरशाह की अविनयपूर्ण बातें सुन रहा था; पर मजाल न थी कि ज़बान खोल सके। उसे अपनी ही जान के लाले पड़े हुए थे, पीड़ित प्रजा की रक्षा कौन करे? वह सोचता था, मेरे मुँह से कुछ निकले और वह मुझी को डाँट बैठते थे!

अंत में जब सेना की पैशाचिक क्रूरता पराकाष्ठा को पहुँच गई, तो मुहम्मदशाह के वज़ीर से न रहा गया। वह कविता का मर्मज्ञ था, ख़ुद भी कवि था। जान पर खेल कर नादिरशाह के सामने पहुँचा और यह शेर पढ़ा—

कसे न माँद कि दीगर व तेग़े नाज़ कुशी;
मगर कि ज़िंदा कुनी ख़ल्करा व बाज़ कुशी।

अर्थात् तेरी निगाहों की तलवार से कोई नहीं बचा। अब यही उपाय है कि मुर्दों को फिर जिलाकर क़त्ल कर।

शेर ने दिल पर चोट किया। पत्थर में भी सुराख होते हैं; पहाड़ों में भी हरियाली होती है; पाषाण हृदयों में भी रस होता है। इस शेर ने पत्थर को पिघला दिया। नादिरशाह ने सेनापति को बुलाकर क़त्लेआम बन्द करने का हुक्म दिया। एकदम तलवारें म्यान में चली गईं। क़ातिलों के उठे हुए हाथ उठे ही रह गए। जो सिपाही जहाँ था; वहीं बुत बन गया।

शाम हो गई थी। नादिरशाह शाही बाग़ में सैर कर रहा था। बार-बार वही शेर पढ़ता और झूमता—

कसे न माँद कि दीगर व तेग़े नाज़ कुशी;
मगर कि ज़िंदा कुनी ख़ल्करा व बाज़ कुशी।

2

दिल्ली का ख़ज़ाना लुट रहा है। शाही महल पर पहरा है। कोई अन्दर से बाहर या बाहर से अन्दर आ-जा नहीं सकता। बेगमें भी अपने महलों से बाहर बाग़ में निकलने की हिम्मत नहीं कर सकतीं। महज ख़ज़ाने पर ही आफ़त नहीं आई हुई है, सोने-चाँदी के बरतनों, बेशक़ीमत तसवीरों और आराइश की अन्य सामग्रियों पर भी हाथ साफ़ किया जा रहा है। नादिरशाह तख़्त पर बैठा हुआ हीरे और जवाहरात के ढेरों को ग़ौर से देख रहा है; पर वह चीज़ नज़र नहीं आती, जिसके लिए मुद्दत से उसका चित्त लालायित हो रहा था। उसने मुगलेआजम नाम के हीरे की प्रशंसा, उसकी करामातों की चरचा सुनी थी—उसको धारण करनेवाला मनुष्य दीर्घजीवी होता है, कोई रोग उसके निकट नहीं आता, उस रत्न में पुत्रदायिनी शक्ति है, इत्यादि। दिल्ली पर आक्रमण करने के जहाँ और अनेक कारण थे, वहाँ इस रत्न को प्राप्त करना भी एक कारण था। सोने-चाँदी के ढेरों और बहुमूल्य रत्नों की चमक-दमक से उसकी आँखें भले ही चौंधिया जाएँ, पर हृदय उल्लसित न होता था। उसे तो मुगलेआजम की धुन थी और मुगलेआजम का वहाँ कहीं पता न था। वह क्रोध से उन्मत्त होकर शाही मंत्रियों की ओर देखता और अपने अफ़सरों को झिड़कियाँ देता था। पर अपना अभिप्राय खोल कर न कह सकता था। किसी की समझ में न आता था कि वह इतना आतुर क्यों हो रहा है। यह तो ख़ुशी से फूले न समाने का अवसर है। अतुल सम्पत्ति सामने पड़ी हुई है, संख्या में इतनी सामर्थ्य नहीं कि उसकी गणना कर सके! संसार का कोई भी महीपति इस विपुल धन का एक अंश भी पाकर अपने को भाग्यशाली समझता; परन्तु यह पुरुष जिसने इस धनराशि का शतांश भी पहले कभी आँखों से न देखा होगा, जिसकी उम्र भेड़ें चराने में ही गुज़री, क्यों इतना उदासीन है? आख़िर जब रात हुई, बादशाह का ख़ज़ाना ख़ाली हो गया और उस रत्न के दर्शन न हुए, तो नादिरशाह की क्रोधाग्नि फिर भड़क उठी। उसने बादशाह के मंत्री को—उसी मंत्री को, जिसकी काव्य-मर्मज्ञता ने प्रजा के प्राण बचाए थे—एकान्त में बुलाया और कहा—मेरा ग़ुस्सा तुम देख चुके हो! अगर फिर उसे नहीं देखना चाहते तो लाजिम है कि मेरे साथ कामिल सफ़ाई का बरताव करो। वरना दोबारा यह शोला भड़का, तो दिल्ली की खैरियत नहीं।

वज़ीर—जहाँपनाह, ग़ुलामों से तो कोई खता सरजद नहीं हुई। ख़ज़ाने की सब कुंजियाँ जनाबेआली के सिपहसालार के हवालेकर दी गई हैं।

नादिर—तुमने मेरे साथ दग़ा की है।

वज़ीर—(त्योरी चढ़ाकर) आपके हाथ में तलवार है और हम कमज़ोर हैं, जो चाहे फरमावें; पर इल्जाम के तसलीम करने में मुझे उज्र है।

नादिर—क्या उसके सबूत की ज़रूरत है?

वज़ीर—जी हाँ, क्योंकि दग़ा की सज़ा क़त्ल है और कोई बिला सबब अपने क़त्ल पर रजामंद न होगा।

नादिर—इसका सबूत मेरे पास है, हालाँकि नादिर ने कभी किसी को सबूत नहीं दिया। वह अपनी मरजी का बादशाह है और किसी को सबूत देना अपनी शान के ख़िलाफ़ समझता है। पर यहाँ जाती मुआमिला है। तुमने मुगलआजमे हीरा क्यों छिपा दिया?

वज़ीर के चेहरे का रंग उड़ गया। वह सोचने लगा—यह हीरा बादशाह को जान से भी ज़्यादा अजीज है। वह इसे एक क्षण भी अपने पास से जुदा नहीं करते। उनसे क्योंकर कहूँ? उन्हें कितना सदमा होगा! मुल्क गया, ख़ज़ाना गया, इज़्ज़त गई। बादशाही की यही एक निशानी उनके पास रह गई है। उनसे कैसे कहूँ? मुमकिन है वह ग़ुस्से में आकर इसे कहीं फेंक दें, या तुड़वा डालें। इन्सान की आदत है कि वह अपनी चीज़ दुश्मन को देने की अपेक्षा उसे नष्ट कर देना अच्छा समझता है। बादशाह बादशाह हैं, मुल्क न सही, अधिकार न सही, सेना न सही; पर ज़िन्दगी भर की स्वेच्छाचारिता एक दिन में नहीं मिट सकती। यदि नादिर को हीरा न मिला, तो वह न-जाने दिल्ली पर क्या सितम ढाये। आह! उसकी कल्पना ही से रोमांच हो जाता है। ख़ुदा न करे, दिल्ली को फिर यह दिन देखना पड़े।

सहसा नादिर ने पूछा—मैं तुम्हारे जवाब का मुंतजिर हूँ क्या यह तुम्हारी दग़ा का काफ़ी सबूत नहीं है?

वज़ीर—जहाँपनाह, वह हीरा बादशाह सलामत को जान से ज़्यादा अजीज है। वह हमेशा अपने पास रखते हैं।

नादिर—झूठ मत बोलो, हीरा बादशाह के लिए है, बादशाह हीरे के लिए नहीं। बादशाह को हीरा जान से ज़्यादा अजीज है—का मतलब सिर्फ़ इतना है कि वह बादशाह को बहुत अजीज है, और यह कोई वजह नहीं कि मैं उस हीरे को उनसे न लूँ। अगर बादशाह यों न देंगे, तो मैं जानता हूँ कि मुझे क्या करना होगा। तुम जाकर इस मुआमिले में नाज़ुकफ़हमी से काम लो, जो तुमने कल दिखाई थी। आह, कितना ला-जवाब शेर था—

कसे न माँद कि दीगर व तेग़े नाज़ कुशी;
मगर कि ज़िन्दा कुनी ख़ल्करा व बाज़ कुशी।

3

मंत्री सोचता हुआ चला कि यह समस्या क्योंकर हल करूँ? बादशाह के दीवानख़ाने में पहुँचा तो देखा, बादशाह उसी हीरे को हाथ में लिए चिन्ता में मग्न बैठे हुए हैं।

बादशाह को इस वक़्त इसी हीरे की फ़िक्र थी। लुटे हुए पथिक की भाँति वह अपनी वह लकड़ी हाथ से न देना चाहता था। वह जानता था कि नादिर को इस हीरे की ख़बर है। वह यह भी जानता था कि ख़ज़ाने में इसे न पा कर उसके क्रोध की सीमा न रहेगी। लेकिन सबकुछ जानते हुए भी, वह हीरे को हाथ से न जाने देना चाहता था। अंत को उसने निश्चय

किया, मैं इसे न दूँगा, चाहे मेरी जान ही पर क्यों न बन जाए। रोगी की इस अन्तिम साँस को न निकलने दूँगा। हाय कहाँ छिपाऊँ? इतना बड़ा मकान है कि उसमें एक नगर समा सकता है, पर इस नन्ही-सी चीज़ के लिए कहीं जगह नहीं, जैसे किसी अभागे को इतनी बड़ी दुनिया में भी कहीं पनाह नहीं मिलती। किसी सुरक्षित स्थान में न रखकर क्यों न इसे किसी ऐसी जगह रख दूँ, जहाँ किसी का ख़याल ही न पहुँचे। कौन अनुमान कर सकता है कि मैंने हीरे को अपनी सुराही में रखा होगा? अच्छा, हुक़्क़े की फ़र्शी में क्यों न डाल दूँ? फ़रिश्तों को भी ख़बर न होगी।

यह निश्चय करके उसने हीरे को फ़र्शी में डाल दिया। पर तुरन्त ही शंका हुई कि ऐसे बहुमूल्य रत्न को इस जगह रखना उचित नहीं। कौन जाने, जालिम को मेरी यह गुड़गुड़ी ही पसन्द आ जाए। उसने तुरन्त गुड़गुड़ी का पानी तश्तरी में उँडेल दिया और हीरे को निकाल लिया। पानी की दुर्गंध उड़ी पर इतनी हिम्मत न पड़ती थी कि खिदमतगार को बुलाकर पानी फिंकवा दे। भय होता था, कहीं वह ताड़ न जाए।

वह इसी दुविधा में पड़ा हुआ था कि मंत्री ने आकर बंदगी की। बादशाह को उस पर पूरा विश्वास था; किन्तु उसे अपनी क्षुद्रता पर इतनी लज्जा आई कि वह इस रहस्य को उस पर भी प्रकट न कर सका। गुमसुम होकर उसकी ओर ताकने लगा।

मंत्री ने बात छेड़ी—आज ख़ज़ाने में हीरा न मिला, तो नादिर बहुत झल्लाया। कहने लगा, तुमने मेरे साथ दग़ा की है; मैं शहर लुटवा दूँगा, क़त्लेआम करा दूँगा, सारे शहर को खाक सियाह कर डालूँगा। मैंने कहा, जनाबेआली को अख़्तियार है, जो चाहे करें। पर हमने ख़ज़ाने की सब कुंजियाँ आपके सिपहसालार को दे दी हैं। वह कुछ साफ़-साफ़ तो कहता न था, बस कनायों में बातें कर रहा था और भूले गीदड़ की तरह इधर-उधर बौखलाया फिरता था कि किसे पाए, और नोच खाए।

मुहम्मदशाह—मुझे तो उसके सामने बैठते हुए ऐसा ख़ौफ़ मालूम होता है, गोया किसी शेर का सामना हो। ज़ालिम की आँखें कितनी तुंद्र और गजबनाक है। आदमी क्या है, शैतान है। ख़ैर, मैं भी उधेड़बुन में पड़ा हुआ हूँ फिर इसे क्योंकर छिपाऊँ। सल्तनत जाए ग़म नहीं; पर इस हीरे को मैं उस वक़्त तक न दूँगा, जब तक कोई गरदन पर सवार होकर इसे छीन न ले।

वज़ीर—ख़ुदा न करे कि हुजूर के दुश्मनों को यह जिल्लत उठानी पड़े। मैं एक तरकीब बतलाऊँ। हुज़ूर इसे अपने अमामे (पगड़ी) में रख लें। वहाँ तक उसके फ़रिश्तों का भी ख़याल न पहुँचेगा।

मुहम्मदशाह—(उछलकर) वल्लाह, तुमने ख़ूब सोचा; वाकई तुम्हें ख़ूब सूझी। हजरत इधर-उधर टटोलने के बाद अपना-सा मुँह लेकर रह जाएँगे। मेरे अमामे को कौन देखेगा? इसी से तो मैंने तुम्हें लुकमान का खिताब दिया है। बस, यही तय रहा। कहीं तुम ज़रा देर पहले आ जाते, तो मुझे इतना दर्दे-सर न उठाना पड़ता।

4

दूसरे ही दिन दोनों बादशाहों में सुलह हो गई। वज़ीर नादिरशाह के क़दमों पर गिर पड़ा और अर्ज की—अब इस डूबती हुई किश्ती को आप ही पार लगा सकते हैं; वरना इसका अल्लाह ही वली है! हिन्दुओं ने सिर उठाना शुरू कर दिया है; मरहठे, राजपूत, सिख

सभी अपनी-अपनी ताक़तों को मुकम्मिल कर रहे हैं। जिस दिन उनमें मेल-मिलाप हुआ उसी दिन यह नाव भँवर में पड़ जाएगी, और दो-चार चक्कर खाकर हमेशा के लिए नीचे बैठ जाएगी।

नादिरशाह को ईरान से चले अरसा हो गया था। वहाँ से रोज़ाना बागियों की बगावत की ख़बरें आ रही थीं। नादिरशाह जल्द वहाँ लौट जाना चाहता था। इस समय उसे दिल्ली में अपनी सल्तनत कायम करने का अवकाश न था। सुलह पर राज़ी हो गया। संधि-पत्र पर दोनों बादशाहों ने हस्ताक्षर कर दिए।

दोनों बादशाहों ने एक ही साथ नमाज़ पढ़ी, एक ही दस्तरख्वान पर खाना ख़ाया, एक ही हुक़्क़ा पिया, और एक-दूसरे से गले मिलकर अपने-अपने स्थान को चले।

मुहम्मदशाह ख़ुश था। राज्य बच जाने की उतनी ख़ुशी न थी, जितनी हीरे के बच जाने की।

मगर नादिरशाह हीरा न पाकर भी दु:खी न था। सबसे हँस-हँसकर बातें करता था, मानो शील और विनय का साक्षात् अवतार हो।

5

प्रात:काल है; दिल्ली में नौबतें बज रही हैं। ख़ुशी की महफ़िलें सजाई जा रही हैं। तीन दिन पहले यहाँ रक्त की नदी बही थी। आज आनंद की लहरें उठ रही हैं। आज नादिरशाह दिल्ली से रुख़सत हो रहा है।

अशर्फियों से लदे हुए ऊँटों की कतार शाही महल के सामने रवाना होने को तैयार खड़ी है। बहुमूल्य वस्तुएँ गाड़ियों में लदी हुई हैं। दोनों तरफ़ की फ़ौजें गले मिल रही हैं। अभी कल दोनों पक्ष एक-दूसरे के ख़ून के प्यासे थे। आज भाई-भाई हो रहे हैं।

नादिरशाह तख़्त पर बैठा हुआ है। मुहम्मदशाह भी उसी तख़्त पर उसकी बग़ल में बैठे हुए हैं। यहाँ भी परस्पर प्रेम का व्यवहार है। नादिरशाह ने मुस्कुराकर कहा—ख़ुदा करे, यह सुलह हमेशा कायम रहे और लोगों के दिलों से इन ख़ूनी दिनों की याद मिट जाए।

मुहम्मदशाह—मेरी तरफ़ से ऐसी कोई बात न होगी जो सुलह को ख़तरे में डाले। मैं ख़ुदा से यह दोस्ती कायम रखने के लिए हमेशा दुआ करता रहूँगा।

नादिरशाह—सुलह की जितनी शर्तें थीं, सब पूरी हो चुकीं। सिर्फ़ एक बात बाक़ी है! मेरे यहाँ दस्तूर है कि सुलह के वक़्त अमामे बदल दिए जाते हैं। इसके बग़ैर सुलह की कार्रवाई पूरी नहीं होती। आइए, हम लोग भी अपने-अपने अमामे बदल लें। लीजिए, यह मेरा अमामा हाजिर है।

यह कह कर नादिर ने अपना अमामा उतारकर मुहम्मदशाह की तरफ़ बढ़ाया। बादशाह के हाथों के तोते उड़ गए। समझ गया, मुझसे दग़ा की गई, दोनों तरफ़ के शूर-सामंत सामने खड़े थे। न कुछ कहते बनता था न सुनते। बचने का कोई उपाय न था और न कोई उपाय सोच निकालने का अवसर ही। कोई जवाब न सूझा। इनकार की गुंजाइश न थी। मन मसोसकर रह गया। चुपके से अमामा सिर से उतारा, और नादिरशाह की तरफ़ बढ़ा दिया। हाथ काँप रहे थे, आँखों में क्रोध और विषाद के आँसू भरे हुए थे। मुख पर हलकी-सी मुस्कुराहट झलक रही थी—वह मुस्कुराहट, जो अश्रुपात से भी कहीं अधिक करुण और व्यथा-पूर्ण होती है। कदाचित् अपने प्राण निकालकर देने में भी उसे इससे अधिक पीड़ा न होती।

6

नादिरशाह पहाड़ों और नदियों को लाँघता हुआ ईरान को चला जा रहा था। 77 ऊँटों और इतनी ही बैलगाड़ियों की कतार देख-देखकर उसका हृदय बाँसों उछल रहा था। वह बार-बार ख़ुदा को धन्यवाद देता था, जिसकी असीम कृपा ने आज उसकी कीर्ति को उज्ज्वल बनाया था। अब वह केवल ईरान ही का बादशाह नहीं, हिन्दुस्तान जैसे विस्तृत प्रदेश का भी स्वामी था। पर सबसे ज़्यादा ख़ुशी उसे मुगलेआजम हीरा पाने की थी, जिसे बार-बार देखकर भी उसकी आँखें तृप्त न होती थीं। सोचता था, जिस समय मैं दरबार में यह रत्न धारण करके आऊँगा सबकी आँखें झपक जाएँगी, लोग आश्चर्य से चकित रह जाएँगे।

उसकी सेना अन्न-जल के कठिन कष्ट भोग रही थी। सरहदों की विद्रोही सेनाएँ पीछे से उसको दिक कर रही थीं। नित्य दस-बीस आदमी मर जाते या मारे जाते थे, पर नादिरशाह को ठहरने की फुरसत न थी। वह भागा-भागा चला जा रहा था।

ईरान की स्थिति बड़ी भयंकर थी। शाहज़ादा ख़ुद विद्रोह शान्त करने के लिए गया हुआ था; पर विद्रोह दिन-दिन उग्र रूप धारण करता जाता था। शाही सेना कई युद्धों में परास्त हो चुकी थी। हर घड़ी यही भय होता था कि कहीं वह स्वयं शत्रुओं के बीच घिर न जाए।

पर वाह रे प्रताप! शत्रुओं ने ज्योही सुना कि नादिरशाह ईरान आ पहुँचा, त्योही उनके हौसले पस्त हो गए। उसका सिंहनाद सुनते ही उनके हाथ-पाँव फूल गए। इधर नादिरशाह ने तेहरान में प्रवेश किया उधर विद्रोहियों ने शाहज़ादे से सुलह की प्रार्थना की, शरण में आ गए। नादिरशाह ने यह शुभ समाचार सुना, तो उसे निश्चय हो गया कि सब उसी हीरे की करामात है। यह उसी का चमत्कार है, जिसने शत्रुओं का सिर झुका दिया, हारी हुई बाज़ी जिता दी।

शाहज़ादा विजयी होकर घर लौटा, तो प्रजा ने बड़े समारोह से उसका स्वागत और अभिवादन किया। सारा तेहरान दीपावली की ज्योति से जगमगा उठा। मंगलगान की ध्वनि से सब गली और कूचे गूँज उठे।

दरबार सजाया गया। शायरों ने कसीदे सुनाए। नादिरशाह ने गर्व से उठ कर शाहज़ादे के ताज को मुगलेआजम हीरे से अलंकृत कर दिया। चारों ओर महरबा! महरबा! की आवाज़ें बुलंद हुईं। शाहज़ादे के मुख की कांति हीरे के प्रकाश से दूनी चमक उठी। पितृस्नेह से हृदय पुलकित हो उठा। नादिर—वह नादिर, जिसने दिल्ली में ख़ून की नदी बहाई थी—पुत्र-प्रेम से फूला न समाता था। उसकी आँखों से गर्व और हार्दिक उल्लास के आँसू बह रहे थे।

7

सहसा बन्दूक़ की आवाज़ आई—धाँय! धाँय! दरबार हिल उठा। लोगों के कलेजे धड़क उठे। हाय! वज्रपात हो गया! हाय रे दुर्भाग्य! बन्दूक़ की आवाज़े कानों में गूँज ही रही थी कि शाहज़ादा कटे हुए पेड़ की तरह गिर पड़ा। साथ ही वह रत्नजटित मुकुट भी नादिरशाह के पैरों के पास आ गिरा।

नादिरशाह ने उन्मत्त की भाँति हाथ उठाकर कहा—क़ातिलों को पकड़ो! साथ ही शोक से विह्वल होकर वह शाहज़ादे के प्राणहीन शरीर पर गिर पड़ा। जीवन की सारी अभिलाषाओं का अंत हो गया।

लोग क़ातिलों की तरफ़ दौड़े। फिर धाँय-धाँय की आवाज़ आई और दोनों क़ातिल गिर पड़े। उन्होंने आत्महत्या कर ली। दोनों विद्रोहीपक्ष के नेता थे।

हाय रे मनुष्य का मनोरथ, तेरी भित्ति कितनी अस्थिर है! बालू पर की दीवार तो वर्षा में गिरती है। पर तेरी दीवार बिना पानी-बूँद के ढह जाती है। आँधी में दीपक का कुछ भरोसा किया जा सकता है, पर तेरा नहीं। तेरी अस्थिरता के आगे बालकों का घरौंदा अचल पर्वत है, वेश्या का प्रेम सती की प्रतिज्ञा की भाँति अटल!

नादिरशाह को लोगों ने लाश पर से उठाया। उसका करुण क्रंदन हृदयों को हिलाए देता था। सभी की आँखों से आँसू बह रहे थे। होनहार कितना प्रबल, कितना निष्ठुर, कितना निर्दय और कितना निर्मम है!

नादिरशाह ने हीरे को ज़मीन से उठा लिया। एक बार उसे विषादपूर्ण नेत्रों से देखा। फिर मुकुट को शाहज़ादे के सिर पर रख दिया और वज़ीर से कहा—यह हीरा इसी लाश के साथ दफ़न होगा।

रात का समय था। तेहरान में मातम छाया हुआ था। कहीं दीपक या अग्नि का प्रकाश न था। न किसी ने दीया जलाया, और न भोजन बनाया। अफ़ीमचियों की चिलमें भी आज ठंडी हो रही थीं। मगर क़ब्रिस्तान में मशालें रोशन थीं—शाहज़ादे की अन्तिम क्रिया हो रही थी।

जब फातिहा ख़तम हुआ, नादिरशाह ने अपने हाथों से मुकुट को लाश के साथ क़ब्र में रख दिया। राज और संगतराश हाजिर थे। उसी वक़्त क़ब्र पर ईंट-पत्थर और चूने का मज़ार बनने लगा।

नादिर एक महीने तक एक क्षण के लिए भी वहाँ से न हटा। वहीं सोता, वहीं से राज्य करता। उसके दिल में यह बात बैठ गई थी कि मेरा अहित इसी हीरे के कारण हुआ। यही मेरे सर्वनाश और अचानक वज्रपात का कारण है।

सत्याग्रह

हिज एक्सेलेंसी वाइसराय बनारस आ रहे थे। सरकारी कर्मचारी, छोटे से बड़े तक, उनके स्वागत की तैयारियाँ कर रहे थे। इधर कांग्रेस ने शहर में हड़ताल मनाने की सूचना दे दी थी। इससे कर्मचारियों में बड़ी हलचल थी। एक ओर सड़कों पर झंडियाँ लगाई जा रही थीं, सफ़ाई हो रही थी; पंडाल बन रहा था; दूसरी ओर फ़ौज और पुलिस के सिपाही संगीनें चढ़ाए शहर की गलियों में और सड़कों पर कवायद करते फिरते थे। कर्मचारियों की सिरतोड़ कोशिश थी कि हड़ताल न होने पाए, मगर कांग्रेसियों की धुन थी कि हड़ताल हो और ज़रूर हो। अगर कर्मचारियों को पशुबल का ज़ोर है तो हमें नैतिक बल का भरोसा, इस बार दोनों की परीक्षा हो जाए कि मैदान किसके हाथ रहता है।

घोड़े पर सवार मैजिस्ट्रेट सुबह से शाम तक दुकानदारों को धमकियाँ देता फिरता कि एक-एक को जेल भिजवा दूँगा, बाज़ार लुटवा दूँगा, यह करूँगा और वह करूँगा! दुकानदार हाथ बाँधकर कहते—हुजूर बादशाह हैं, विधाता हैं; जो चाहें कर सकते हैं। पर हम क्या करें?

कांग्रेसवाले हमें जीता न छोड़ेंगे। हमारी दुकानों पर धरने देंगे, हमारे ऊपर बाल बढ़ाएँगे, कुएँ में गिरेंगे, उपवास करेंगे। कौन जाने, दो-चार प्राण ही दे दें तो हमारे मुँह पर सदैव के लिए कालिख पुत जाएगी। हुजूर, उन्हीं कांग्रेसवालों को समझाएँ, तो हमारे ऊपर बड़ा एहसान करें। हड़ताल न करने से हमारी कुछ हानि थोड़े ही होगी। देश के बड़े-बड़े आदमी आवेंगे, हमारी दुकानें खुली रहेंगी, तो एक के दो लेंगे, महँगे सौदे बेचेंगे, पर करें क्या, इन शैतानों से कोई बस नहीं चलता।

राय हरनंदन साहब, राजा लालचंद और खाँ बहादुर मौलवी महमूदअली तो कर्मचारियों से भी ज़्यादा बेचैन थे। मैजिस्ट्रेट के साथ-साथ और अकेले भी बड़ी कोशिश करते थे। अपने मकान पर बुलाकर दुकानदारों को समझाते, अनुनय-विनय करते, आँखें दिखाते, इक्के-बग्गीवालों को धमकाते, मज़दूरों की खुशामद करते; पर कांग्रेस के मुट्ठी-भर आदमियों का कुछ ऐसा आतंक छाया हुआ था कि कोई इनकी सुनता ही न था। यहाँ तक कि पड़ोस की कुँजड़िन ने भी निर्भय होकर कह दिया—हुजूर, चाहे मार डालो पर दुकान न खुलेगी। नाक न कटवाऊँगी। सबसे बड़ी चिन्ता यह थी कि कहीं पंडाल बनाने वाले मज़दूर, बढ़ई, लोहार वग़ैरह काम न छोड़ दें; नहीं तो अनर्थ ही हो जाएगा। रायसाहब ने कहा—हुजूर, दूसरे शहरों से दुकानदार बुलवाएँ और एक बाज़ार अलग खोलें।

ख़ाँ साहब ने फरमाया—वक़्त इतना कम रह गया है कि दूसरा बाज़ार तैयार नहीं हो सकता। हुजूर कांग्रेसवालों को गिरफ़्तार कर लें, या उनकी जायदाद ज़ब्त कर लें, फिर देखिए कैसे काबू में नहीं आते!

राजासाहब बोले—पकड़-धकड़ से तो लोग और झल्लाएँगे। कांग्रेस से हुजूर कहें कि तुम हड़ताल बन्द कर दो, तो सबको सरकारी नौकरी दे दी जाएगी। उसमें अधिकांश बेकार लोग पड़े हैं, यह प्रलोभन पाते ही फूल उठेंगे।

मगर मैजिस्ट्रेट को कोई राय न जँची। यहाँ तक कि वाइसराय के आने में तीन दिन और रह गए।

2

आख़िर राजासाहब को एक युक्ति सूझी। क्यों न हम लोग भी नैतिक बल का प्रयोग करें? आख़िर कांग्रेसवाले धर्म और नीति के नाम पर ही तो यह तूमार बाँधते हैं। हम लोग भी उन्हीं का अनुकरण करें, शेर को उनकी माँद में पछाड़ें। कोई ऐसा आदमी पैदा करना चाहिए, जो व्रत करे कि दुकानें न खुलीं, तो मैं प्राण दे दूँगा। यह ज़रूरी है कि वह ब्राह्मण हो और ऐसा जिसको शहर के लोग मानते हों, आदर करते हों। अन्य सहयोगियों के मन में भी यह बात बैठ गई। उछल पड़े। रायसाहब ने कहा—बस, अब पड़ाव मार लिया। अच्छा, ऐसा कौन पंडित है, पंडित गदाधर शर्मा?

राजा—जी नहीं, उसे कौन मानता है? ख़ाली समाचार-पत्रों में लिखा करता है। शहर के लोग उसे क्या जानें?

रायसाहब—दमड़ी ओझा तो है इस ढंग का।

राजा—जी नहीं, कॉलेज के विद्यार्थियों के सिवा उसे और कौन जानता है?

रायसाहब—पंडित मोटेराम शास्त्री?

राजा—बस, बस। आपने ख़ूब सोचा। बेशक वह है इस ढंग का। उसी को बुलाना चाहिए। विद्वान् है, धर्म-कर्म से रहता है। चतुर भी है। वह अगर हाथ में आ जाए तो फिर बाज़ी हमारी है।

रायसाहब ने तुरन्त पंडित मोटेराम के घर संदेश भेजा। उस समय शास्त्रीजी पूजा पर थे। यह पैगाम सुनते ही जल्दी से पूजा समाप्त की और चले। राजासाहब ने बुलाया है, धन्य भाग! धर्मपत्नी से बोले—आज चंद्रमा कुछ बली मालूम होते हैं। कपड़े लाओ, देखूँ, क्यों बुलाया है?

स्त्री ने कहा—भोजन तैयार है करते जाओ; न जाने कब लौटने का अवसर मिले।

किन्तु शास्त्रीजी ने आदमी को इतनी देर खड़ा रखना उचित न समझा। जाड़े के दिन थे। हरी बनात की अचकन पहनी, जिस पर लाल शंजाफ लगी हुई थी। गले में एक जरी का दुपट्टा डाला। फिर सिर पर बनारसी साफा बाँधा। लाल चौड़े किनारे की रेशमी धोती पहनी, और खड़ाऊँ पर चले। उनके मुख से ब्रह्मतेज़ टपकता था। दूर ही से मालूम होता था कि कोई महात्मा आ रहे हैं। रास्ते में जो मिलता, सिर झुकाता; कितने ही दुकानदारों ने खड़े होकर पैलगी की। आज काशी का नाम इन्हीं की बदौलत चल रहा है, नहीं तो और कौन रह गया है। कितना नम्र स्वभाव है। बालकों से हँसकर बातें करते हैं। इस ठाट से पंडितजी राजासाहब के मकान पर पहुँचे। तीनों मित्रों ने खड़े होकर उनका सम्मान किया। ख़ाँ बहादुर बोले—कहिए पंडितजी, मिज़ाज तो अच्छे हैं? वल्लाह, आप नुमाइश में रखने के काबिल आदमी हैं। आपका वजन तो दस मन से कम न होगा।

रायसाहब—एक मन इल्म के लिए दस मन अक़्ल चाहिए। उसी कायदे से एक मन अक़्ल के लिए दस मन का जिस्म ज़रूरी है, नहीं तो उसका बोझ कौन उठाये?

राजासाहब—आप लोग इसका मतलब नहीं समझ सकते। बुद्धि एक प्रकार का नजला है, जब दिमाग़ में नहीं समाती, जिस्म में आ जाती है।

ख़ाँ साहब—मैंने तो बुजुर्गों की ज़बानी सुना है कि मोटे आदमी अक़्ल के दुश्मन होते हैं।

रायसाहब—आपका हिसाब कमज़ोर था, वरना आपकी समझ में इतनी बात ज़रूर आ जाती कि जब अक़्ल और जिस्म में 1 और 10 की निस्बत है, तो जितना ही मोटा आदमी होगा, उतना ही उसकी अक़्ल का वजन भी ज़्यादा होगा।

राजासाहब—इससे यह साबित हुआ कि जितना मोटा आदमी, उतनी ही मोटी उसकी अक़्ल।

मोटेराम—जब मोटी अक़्ल की बदौलत राज-दरबार में पूछ होती है तो मुझे पतली अक़्ल लेकर क्या करना है!

हास-परिहास के बाद राजासाहब ने वर्तमान समस्या पंडितजी के सामने उपस्थित की और उसके निवारण का जो उपाय सोचा था, वह भी प्रकट किया! बोले—बस, यह समझ लीजिए कि इस साल आपका भविष्य पूर्णतया अपने हाथों में है। शायद किसी आदमी को अपने भाग्य-निर्णय का ऐसा महत्त्वपूर्ण अवसर न मिला होगा। हड़ताल न हुई, तो और तो कुछ नहीं कह सकते, आपको जीवन-भर किसी के दरवाज़े जाने की ज़रूरत न होगी। बस, ऐसा कोई व्रत ठानिए कि शहरवाले थर्रा उठें। कांग्रेसवालों ने धर्म की आड़ लेकर इतनी शक्ति बढ़ाई है। बस, ऐसी कोई युक्ति निकालिए कि जनता के धार्मिक भावों को चोट पहुँचे।

मोटेराम ने गम्भीर भाव से उत्तर दिया—यह तो कोई ऐसा कठिन काम नहीं है। मैं तो ऐसे-ऐसे अनुष्ठान कर सकता हूँ कि आकाश से जल की वर्षा कर दूँ; मरी के प्रकोप को भी शान्त कर दूँ; अन्न का भाव घटा-बढ़ा दूँ। कांग्रेसवालों को परास्त कर देना तो कोई बड़ी बात नहीं। अँग्रेज़ी पढ़े-लिखे महानुभाव समझते हैं कि जो काम हम कर सकते हैं, वह कोई नहीं कर सकता। पर गुप्त विद्याओं का उन्हें ज्ञान ही नहीं।

ख़ाँ साहब—तब तो जनाब, यह कहना चाहिए कि आप दूसरे ख़ुदा हैं। हमें क्या मालूम था कि आप में कुदरत है; नहीं तो इतने दिनों तक क्यों परेशान होते?

मोटेराम—साहब, मैं गुप्त-धन का पता लगा सकता हूँ। पितरों को बुला सकता हूँ, केवल गुण-ग्राहक चाहिए। संसार में गुणियों का अभाव नहीं, गुणज्ञों का ही अभाव है—गुन ना हिरानो गुन-गाहक हिरानो है।

राजा—भला इस अनुष्ठान के लिए आपको क्या भेंट करना होगा?

मोटेराम—जो कुछ आपकी श्रद्धा हो।

राजा—कुछ बतला सकते हैं कि यह कौन-सा अनुष्ठान होगा?

मोटेराम—अनशन-व्रत के साथ मंत्रों का जप होगा। सारे शहर में हलचल न मचा दूँ तो मोटेराम नाम नहीं!

राजा—तो फिर कब से।

मोटेराम—आज ही हो सकता है। हाँ, पहले देवताओं के आवाहन के निमित्त थोड़े से रुपए दिला दीजिए।

रुपए की कमी ही क्या थी। पंडितजी को रुपए मिल गए और वह ख़ुश-ख़ुश घर आए। धर्म पत्नी से सारा समाचार कहा। उसने चिंतित होकर कहा—तुमने नाहक यह रोग अपने सिर लिया! भूख न बरदाश्त हुई, तो? सारे शहर में भद्द हो जाएगी, लोग हँसी उड़ावेंगे। रुपए लौटा दो।

मोटेराम ने आश्वासन देते हुए कहा—भूख कैसे न बरदाश्त होगी? मैं ऐसा मूर्ख थोड़े ही हूँ कि यों ही जा बैठूँगा। पहले मेरे भोजन का प्रबंध करो, अमृतियाँ, लड्डू, रसगुल्ले मँगाओ। पेट-भर भोजन कर लूँ। फिर आध सेर मलाई खाऊँगा, उसके ऊपर आध सेर बादाम की तह जमाऊँगा। बची-खुची कसर मलाईवाले दही से पूरी कर दूँगा। फिर देखूँगा, भूख क्योंकर पास फटकती है। तीन दिन तक तो साँस ही न ली जाएगी, भूख की कौन चलावे। इतने में तो सारे शहर में खलबली मच जाएगी। भाग्य-सूर्य उदय हुआ है, इस समय आगा-पीछा करने से पछताना पड़ेगा। बाज़ार न बन्द हुआ, तो समझ लो मालामाल हो जाऊँगा, नहीं तो यहाँ गाँठ से क्या जाता है! सौ रुपए तो हाथ लग ही गए।

इधर तो भोजन का प्रबंध हुआ उधर पंडित मोटेराम ने डौंडी पिटवा दी कि संध्य-समय टाउनहाल मैदान में पंडित मोटेराम देश की राजनीतिक समस्या पर व्याख्यान देंगे, लोग अवश्य आएँ। पंडितजी सदैव राजनीतिक विषयों से अलग रहते थे। आज वह इस विषय पर कुछ बोलेंगे, सुनना चाहिए। लोगों को उत्सुकता हुई, पंडितजी का शहर में बड़ा मान था। नियत समय पर कई हज़ार आदमियों की भीड़ लग गई। पंडितजी घर से अच्छी तरह तैयार होकर पहुँचे। पेट इतना भरा हुआ था कि चलना कठिन था। ज्यों ही यह वहाँ पहुँचे, दर्शकों ने खड़े होकर इन्हें साष्टांग दंडवत्-प्रणाम किया।

मोटेराम बोले—नगरवासियो, व्यापारियो, सेठो और महाजनो! मैंने सुना है तुम लोगों ने कांग्रेसवालों के कहने में आकर बड़े लाट साहब के शुभागमन के अवसर पर हड़ताल करने का निश्चय किया है। यह कितनी बड़ी कृतघ्नता है? वह चाहें, तो आज तुम लोगों को तोप के मुँह पर उड़वा दें, सारे शहर को खुदवा डालें। राजा हैं, हँसी-ठट्ठा नहीं। वह तरह देते जाते हैं, तुम्हारी दीनता पर दया करते हैं और तुम गउओं की तरह हत्या के बल खेत चरने को तैयार हो! लाट साहब चाहें तो आज रेल बन्द कर दें, डाक बन्द कर दें, माल का आना-जाना बन्द कर दें। तब बताओ, क्या करोगे? वह चाहें तो आज सारे शहरवालों को जेल में डाल दें, बताओ, क्या करोगे? तुम उनसे भागकर कहाँ जा सकते हो? है कहीं ठिकाना! इसलिए जब इस देश में और उन्हीं के अधीन रहना है, तो इतना उपद्रव क्यों मचाते हो? याद रखो, तुम्हारी जान उनकी मुट्ठी में है! ताऊन के कीड़े फैला दें तो सारे नगर में हाहाकार मच जाए। तुम झाड़ू से आँधी को रोकने चले हो? ख़बरदार जो किसी ने बाज़ार बन्द किया; नहीं तो कहे देता हूँ, यहीं अन्न-जल बिना प्राण दे दूँगा।

एक आदमी ने शंका की—महाराज, आपके प्राण निकलते-निकलते महीने-भर से कम न लगेगा। तीन दिनों में क्या होगा?

मोटेराम ने ग़रज़कर कहा—प्राण शरीर में नहीं रहता, ब्रह्मांड में रहता है। मैं चाहूँ तो योगबल से अभी प्राण त्याग कर सकता हूँ। मैंने तुम्हें चेतावनी दे दी, अब तुम जानो, तुम्हारा काम जाने। मेरा कहना मानोगे, तो तुम्हारा कल्याण होगा। न मानोगे, हत्या लगेगी, संसार में कहीं मुँह न दिखला सकोगे। बस, यह लो, मैं यहीं आसन जमाता हूँ।

3

शहर में यह समाचार फैला, तो लोगों के होश उड़ गए। अधिकारियों की इस नई चाल ने उन्हें हतबुद्धि-सा कर दिया। कांग्रेस के कर्मचारी तो अब भी कहते थे कि यह सब पाखंड है। राजभक्तों ने पंडित को कुछ दे-दिला-कर यह स्वाँग खड़ा किया है। जब और कोई बस न चला, फ़ौज, पुलिस, क़ानून सभी युक्तियों से हार गए, तो यह नई माया रची है। यह और कुछ नहीं, राजनीति का दिवाला है। नहीं पंडितजी ऐसे कहाँ देश-सेवक थे जो देश की दशा से दुःखी होकर व्रत ठानते। इन्हें भूखा मरने दो, दो दिन में बोल जाएँगे। इस नई चाल की जड़ अभी से काट देनी चाहिए! कहीं यह चाल सफल हो गई, तो समझ लो, अधिकारियों के हाथ में एक नया अस्त्र आ जाएगा और वह सदैव इसका प्रयोग करेंगे। जनता इतनी समझदार तो है नहीं कि इन रहस्यों को समझे। गीदड़-भभकी में आ जाएगी।

लेकिन नगर के बनिये-महाजन, जो प्राय: धर्मभीरु होते हैं, ऐसे घबरा गए कि उन पर इन बातों का कुछ असर ही न होता था। वे कहते थे—साहब, आप लोगों के कहने से सरकार से बुरे बने, नुक़सान उठाने को तैयार हुए, रोजगार छोड़ा, कितनों के दिवाले हो गए, अफ़सरों को मुँह दिखाने लायक नहीं रहे। पहले जाते थे, अधिकारी लोग 'आइए, आइए सेठजी' कहकर सम्मान करते थे; अब रेलगाड़ियों में धक्के खाते हैं, पर कोई नहीं सुनता; आमदनी चाहे कुछ हो न हो, बहियों की तौल देखकर कर (टैक्स) बढ़ा दिया जाता है। यह सब सहा, और सहेंगे, लेकिन धर्म के मामले में हम आप लोगों का नेतृत्व नहीं स्वीकार कर सकते। जब एक विद्वान्, कुलीन, धर्मनिष्ठ ब्राह्मण हमारे ऊपर अन्न-जल त्याग कर

रहा है, तब हम क्योंकर भोजन करके टाँगें फैलाकर सोएँ? कहीं मर गया, तो भगवान् के सामने क्या जवाब देंगे?

सारांश यह है कि कांग्रेसवालों की एक न चली। व्यापारियों का एक डेपुटेशन 9 बजे रात पंडितजी की सेवा में उपस्थित हुआ। पंडितजी ने आज भोजन तो ख़ूब डटकर किया था, लेकिन डटकर भोजन करना उनके लिए कोई असाधारण बात न थी। महीने में प्राय: 20 दिन वह अवश्य ही न्योता पाते थे और निमंत्रण में डटकर भोजन करना एक स्वाभाविक बात है। अपने सहभोजियों की देखा-देखी, लाग-डाँट की धुन में, या गृह-स्वामी के सविनय आग्रह से और सबसे बढ़कर पदार्थों की उत्कृष्टता के कारण, भोजन मात्र से अधिक हो ही जाता है। पंडितजी की जठराग्नि ऐसी परीक्षाओं में उत्तीर्ण होती रहती थी। अतएव इस समय भोजन का समय आ जाने से उनकी नीयत कुछ डावाँडोल हो रही थी। यह बात नहीं कि वह भूख से व्याकुल थे। लेकिन भोजन का समय आ जाने पर अगर पेट अफरा हुआ न हो, अजीर्ण न हो गया हो तो मन में एक प्रकार की भोजन की चाह होने लगती है। शास्त्रीजी की इस समय यही दशा हो रही थी। चाहता था, किसी खोंचेवाले को पुकारकर कुछ ले लेते, किन्तु अधिकारियों ने उनकी शरीर-रक्षा के लिए वहाँ कई सिपाहियों को तैनात कर दिया था। वे सब हटने का नाम न लेते थे। पंडितजी की विशाल बुद्धि इस समय यही समस्या हल कर रही थी कि इन यमदूतों को कैसे टालूँ? खामख्वाह इन पाजियों को यहाँ खड़ा कर दिया! मैं कोई क़ैदी तो हूँ नहीं कि भाग जाऊँगा।

अधिकारियों ने शायद वह व्यवस्था इसलिए कर रखी थी कांग्रेसवाले ज़बरदस्ती पंडितजी को वहाँ से भगाने की चेष्टा न कर सकें। कौन जाने, वे क्या चाल चलें। ऐसे अनुचित और अपमानजनक व्यवहारों से पंडितजी की रक्षा करना अधिकारियों का कर्तव्य था।

वह अभी इस चिन्ता में थे कि व्यापारियों का डेपुटेशन आ पहुँचा। पंडितजी कुहनियों के बल लेटे हुए थे, सँभल बैठे। नेताओं ने उनके चरण छू कर कहा—महाराज, हमारे ऊपर आपने क्यों यह कोप किया है? आपकी जो आज्ञा हो, वह हम शिरोधार्य करें। आप उठिए, अन्न-जल ग्रहण कीजिए। हमें नहीं मालूम था कि आप सचमुच यह व्रत ठाननेवाले हैं, नहीं तो हम पहले ही आपसे विनती करते। आप कृपा कीजिए, दस बजने का समय है। हम आपका वचन कभी न टालेंगे।

मोटेराम—ये कांग्रेसवाले तुम्हें मटियामेट करके छोड़ेंगे! आप तो डूबते ही हैं; तुम्हें भी अपने साथ ले डूबेंगे! बाज़ार बन्द रहेगा, तो इससे तुम्हारा ही टोटा होगा; सरकार को क्या? तुम नौकरी छोड़ दोगे, आप भूखों मरोगे; सरकार को क्या? तुम जेल जाओगे, आप चक्की पीसोगे, सरकार को क्या? न जाने इन सबको क्या सनक सवार हो गई है कि अपनी नाक काटकर दूसरों का असगुन मानते हैं। तुम इन कुपंथियों के कहने में न आओ। क्यों, दुकानें खुली रखोगे?

सेठ—महाराज, जब तक शहर-भर के आदमियों की पंचायत न हो जाए, तब तक हम इसका बीमा कैसे ले सकते हैं। कांग्रेसवालों ने कहीं लूट मचवा दी, तो कौन हमारी मदद करेगा? आप उठिए, भोजन पाइए, हम कल पंचायत करके आपकी सेवा में जैसा कुछ होगा, हाल देंगे।

मोटेराम—तो फिर पंचायत करके आना।

डेपुटेशन जब निराश होकर लौटने लगा, तो पंडितजी ने कहा—किसी के पास सुँघनी तो नहीं है?

एक महाशय ने डिबिया निकालकर दे दी।

लोगों के जाने के बाद मोटेराम ने पुलिसवालों से पूछा—तुम यहाँ क्यों खड़े हो?

सिपाहियों ने कहा—साहब का हुक्म है, क्या करें?

मोटेराम—यहाँ से चले जाओ।

सिपाही—आपके कहने से चले जाएँ? कल नौकरी छूट जाएगी, तो आप खाने को देंगे?

मोटेराम—हम कहते हैं, चले जाओ; नहीं तो हम ही यहाँ से चले जाएँगे। हम कोई क़ैदी हैं, जो तुम घेरे खड़े हो?

सिपाही—चले क्या जाइएगा, मजाल है।

मोटेराम—मजाल क्यों नहीं है बे! कोई जुर्म किया है?

सिपाही—अच्छा, जाओ तो देखें?

पंडितजी—ब्रह्म-तेज़ में आकर उठे और एक सिपाही को इतनी ज़ोर से धक्का दिया कि वह कई क़दम पर जा गिरा। दूसरे सिपाहियों की हिम्मत छूट गई। पंडितजी को उन सबने थल-थल समझ लिया था, पराक्रम देखा, तो चुपके से सटक गए।

मोटेराम अब लगे इधर-उधर नज़रें दौड़ाने कि कोई खोंचेवाला नज़र आ जाए, उससे कुछ लें। किन्तु ध्यान आ गया, कहीं उसने किसी से कह दिया, तो लोग तालियाँ बजाने लगेंगे। नहीं, ऐसी चतुराई से काम करना चाहिए कि किसी को कानोंकान ख़बर न हो। ऐसे ही संकटों में तो बुद्धिबल का परिचय मिलता है। एक क्षण में उन्होंने इस कठिन प्रश्न को हल कर लिया।

दैवयोग से उसी समय एक खोंचेवाला जाता दिखाई दिया। 11 बज चुके थे, चारों तरफ़ सन्नाटा छा गया था। पंडितजी ने बुलाया—खोंचेवाले, ओ खोंचेवाले!

खोंचेवाला—कहिए क्या दूँ? भूख लग आई न? अन्न-जल छोड़ना साधुओं का काम है, हमारा-आपका नहीं।

मोटेराम—अबे क्या कहता है? यहाँ क्या किसी साधु से कम हैं? चाहें तो महीनों पड़े रहें और भूख-प्यास न लगे। तुझे तो केवल इसलिए बुलाया है कि ज़रा अपनी कुप्पी मुझे दे। देखूँ तो वहाँ क्या रेंग रहा है। मुझे भय होता है कि साँप न हो।

खोंचेवाले ने कुप्पी उतार कर दे दी। पंडितजी उसे लेकर इधर-उधर ज़मीन पर कुछ खोजने लगे। इतने में कुप्पी उनके हाथ से छूटकर गिर पड़ी, और बुझ गई। सारा तेल बह गया। पंडितजी ने उसमें एक ठोकर और लगाई कि बचा खुचा तेल भी बह जाए।

खोंचेवाला—(कुप्पी को हिलाकर) महाराज, इसमें तो ज़रा भी तेल नहीं बचा। अब तक चार पैसे का सौदा बेचता, आपने यह खटराग बढ़ा दिया।

मोटेराम—भैया, हाथ ही तो है, छूट गिरी, तो अब क्या हाथ काट डालूँ? यह लो पैसे, जाकर कहीं से तेल भरा लो।

खोंचेवाला—(पैसे लेकर) तो अब तेल भरवाकर मैं यहाँ थोड़े ही आऊँगा।

मोटेराम—खोंचा रखे जाओ, लपककर थोड़ा तेल ले लो; नहीं मुझे कोई साँप काट लेगा तो तुम्हीं पर हत्या पड़ेगी। कोई जानवर है ज़रूर। देखो, वह रेंगता है। ग़ायब हो गया। दौड़ जाओ पट्ठे, तेल लेते आओ, मैं तुम्हारा खोंचा देखता रहूँगा। डरते हो तो अपने रुपए-पैसे लेते जाओ।

खोंचेवाला बड़े धर्म-संकट में पड़ा। खोंचे से पैसे निकालता है तो भय है, कि पंडितजी अपने दिल में बुरा न मानें। सोचें मुझे बेईमान समझ रहा है। छोड़कर जाता है तो कौन जाने, इनकी नीयत क्या हो। किसी की नीयत सदा ठीक नहीं रहती। अंत को उसने यही निश्चय किया कि खोंचा यहीं छोड़ दूँ, जो कुछ तक़दीर में होगा, वह होगा। वह उधर बाज़ार की तरफ़ चला, इधर पंडितजी ने खोंचे पर निगाह दौड़ाई, तो बहुत हताश हुए। मिठाई बहुत कम बच रही थी। पाँच-छह चीज़ें थीं, मगर किसी में दो अदद से ज़्यादा निकालने की गुंजाइश न थी। भंडा फूट जाने का खटका था। पंडितजी ने सोचा—इतने से क्या होगा? केवल क्षुधा और प्रबल हो जाएगी, शेर के मुँह ख़ून लग जाएगा। गुनाह बेलज्जत है। अपनी जगह पर जा बैठे। लेकिन दम-भर के बाद प्यास ने फिर ज़ोर किया। सोचे—कुछ तो ढाढ़स हो ही जाएगा। आहार कितना ही सूक्ष्म हो, फिर भी आहार ही है। उठे, मिठाई निकाली; पर पहला ही लड्डू मुँह में रखा था कि देखा, खोंचेवाला तेल की कुप्पी जलाए क़दम बढ़ाता चला आ रहा है, उसके पहुँचने के पहले मिठाई का समाप्त हो जाना अनिवार्य था। एक साथ दो चीज़ मुँह में रखीं। अभी चुबला ही रहे थे कि वह निशाचर दस क़दम और आगे बढ़ आया। एक साथ चार चीज़ें मुँह में डालीं और अधकुचली ही निगल गए। अभी 6 अदद और थीं, और खोंचेवाला फाटक तक आ चुका था। सारी की सारी मिठाई मुँह में डाल ली अब न चबाते बनता है, न उगलते। वह शैतान मोटरकार की तरह कुप्पी चमकाता हुआ चला ही आता था। जब वह बिलकुल सामने आ गया, तो पंडितजी ने जल्दी से सारी मिठाई निगल ली। आख़िर आदमी ही थे, कोई मगर तो थे नहीं। आँखों में पानी भर आया, गला फँस गया, शरीर में रोमांच हो आया, ज़ोर से खाँसने लगे। खोंचेवाले ने तेल की कुप्पी बढ़ाते हुए कहा यह लीजिए, देख लीजिए, चले तो हैं आप उपवास करने पर प्राणों का इतना डर है। आपको क्या चिन्ता, प्राण भी निकल जाएँगे, तो सरकार बाल-बच्चों की परवस्ती करेगी।

पंडितजी को क्रोध तो ऐसा आया कि इस पाजी को खोटी-खरी सुनाऊँ, लेकिन गले से आवाज़ न निकली। कुप्पी चुपके से ले ली और झूठ-मूठ इधर-उधर देखकर लौटा दी।

खोंचेवाला—आपको क्या पड़ी जो चले सरकार का पच्छ करने? कहीं कल दिन-भर पंचायत होगी, तो रात तक कुछ तय होगा। तब तक तो आपकी आँखों में तितलियाँ उड़ने लगेंगी।

यह कहकर वह चला गया और पंडितजी भी थोड़ी देर तक खाँसने के बाद सो रहे।

4

दूसरे दिन सबेरे ही से व्यापारियों ने मिसकौट करनी शुरू की। उधर कांग्रेसवालों में भी हलचल मची। अमन-सभा के अधिकारियों ने भी कान खड़े किए। यह तो इन भोले-भाले बनियों को धमकाने की अच्छी तरकीब हाथ आई। पंडित-समाज ने अलग एक सभा की और उसमें यह निश्चय किया कि पंडित मोटेराम को राजनीतिक मामलों में पड़ने का कोई अधिकार नहीं। हमारा राजनीति से क्या सम्बन्ध? गरज सारा दिन इसी वाद-विवाद में कट गया और किसी ने पंडितजी की ख़बर न ली। लोग खुल्लमखुल्ला कहते थे कि पंडितजी ने एक हज़ार रुपए सरकार से लेकर यह अनुष्ठान किया है। बेचारे पंडितजी ने रात तो लोट-पोटकर काटी, पर उठे तो शरीर मुरदा-सा जान पड़ता था। खड़े होते थे, आँखें तिलमिलाने लगती थीं, सिर में चक्कर आ जाता था। पेट में जैसे कोई बैठा हुआ कुरेद रहा हो। सड़क की तरफ़ आँखें लगी

हुई थीं कि लोग मनाने तो नहीं आ रहे हैं। संध्योपासना का समय इसी प्रतीक्षा में गया। इस समय पूजन के पश्चात् नित्य नाश्ता किया करते थे। आज अभी मुँह में पानी भी न गया। न-जाने वह शुभ घड़ी कब आएगी। फिर पंडिताइन पर बड़ा क्रोध आने लगा। आप तो रात को भर-पेट खाकर सोई होंगी, इस वक़्त भी जलपान कर ही चुकी होंगी, पर इधर भूलकर भी न झाँका कि मरे या जीते हैं। कुछ बात करने के बहाने से क्या थोड़ा-सा मोहनभोग बनाकर न ला सकती थीं? पर किसे इतनी चिन्ता है? रुपए लेकर रख लिए, फिर जो कुछ मिलेगा, वह भी रख लेंगी। मुझे उल्लू बनाया।

क़िस्सा-कोताह पंडितजी ने दिन-भर इंतज़ार किया, पर कोई मनानेवाला नज़र न आया। लोगों के दिल में जो यह सन्देह पैदा हुआ था कि पंडितजी ने कुछ ले-देकर वह स्वाँग रचा है, स्वार्थ के वशीभूत होकर यह पाखंड खड़ा किया है, वही उनको मनाने में बाधक होता था।

5

रात को नौ बज गए थे। सेठ भोंदूमल ने, जो व्यापारी-समाज के नेता थे, निश्चयात्मक भाव से कहा—मान लिया, पंडितजी ने स्वार्थवश ही यह अनुष्ठान क़िया है; पर इससे वह कष्ट तो कम नहीं हो सकता, जो अन्न-जल के बिना प्राणि-मात्र को होता है। यह धर्म-विरुद्ध है कि एक ब्राह्मण हमारे ऊपर दाना-पानी त्याग दे और हम पेट भर-भरकर चैन की नींद सोएँ। अगर उन्होंने धर्म के विरुद्ध आचरण किया है, तो उसका दंड उन्हें भोगना पड़ेगा। हम क्यों अपने कर्तव्य से मुँह फेरें?

कांग्रेस के मंत्री ने दबी हुई आवाज़ से कहा—मुझे तो जो कहना था, वह मैं कह चुका। आप लोग समाज के अगुआ हैं, जो फ़ैसला कीजिए, हमें मंजूर है। चलिए मैं अभी आपके साथ चलूँगा। धर्म का कुछ अंश मुझे भी मिल जाएगा; पर एक विनती सुन लीजिए—आप लोग पहले मुझे वहाँ जाने दीजिए। मैं एकान्त में उनसे दस मिनट बातें करना चाहता हूँ। आप लोग फाटक पर खड़े रहिएगा। जब मैं वहाँ से लौट आऊँ तो फिर जाइएगा। इसमें किसी को क्या आपत्ति हो सकती थी? प्रार्थना स्वीकृत हो गई।

मंत्रीजी पुलिस-विभाग में बहुत दिनों तक रह चुके थे, मानव-चरित्र की कमज़ोरियों को जानते थे। वह सीधे बाज़ार गए और 5 रु. की मिठाई ली। उसमें मात्रा से अधिक सुगंध डालने का प्रयत्न किया, चाँदी के वरक लगवाए और एक दोने में लिए रूठे हुए ब्रह्मदेव की पूजा करने चले। एक झज्झर में ठंडा पानी लिया और उसमें केवड़े का जल मिलाया। दोनों ही चीज़ों से ख़ुशबू की लपटें उड़ रही थीं। सुगंध में इतनी उत्तेजित शक्ति है, कौन नहीं जानता। इससे बिना भूख की भूख लग जाती है, भूखे आदमी की तो बात ही क्या?

पंडितजी इस समय भूमि पर अचेत पड़े हुए थे। रात को कुछ नहीं मिला। दस-पाँच छोटी-छोटी मिठाइयों का क्या ज़िक्र! दोपहर को कुछ नहीं मिला। और इस वक़्त भी भोजन की बेला टल गई थी। भूख में अब आशा की व्याकुलता नहीं; निराशा की शिथिलता थी। सारे अंग ढीले पड़ गए थे। यहाँ तक कि आँखें भी न खुलती थीं। उन्हें खोलने की बार-बार चेष्टा करते; पर वे आप-ही-आप बन्द हो जातीं। ओंठ सूख गए थे। ज़िन्दगी का कोई चिह्न था, तो बस, उनका धीरे-धीरे कराहना। ऐसा संकट उनके ऊपर कभी न पड़ा था। अजीर्ण की शिकायत तो उन्हें महीने में दो-चार बार हो जाती थी, जिसे वह हड़ आदि की फंकियों से शान्त कर

लिया करते थे; पर अजीर्णावस्था में ऐसा कभी न हुआ था कि उन्होंने भोजन छोड़ दिया हो। नगर-निवासियों को, अमन-सभा को, सरकार को, ईश्वर को, कांग्रेस को और धर्म-पत्नी को जी-भर कर कोस चुके थे। किसी से कोई आशा न थी। अब इतनी शक्ति भी न रही थी कि स्वयं खड़े होकर बाज़ार जा सकें। निश्चय हो गया था कि आज रात को अवश्य प्राण-पखेरू उड़ जाएँगे। जीवन-सूत्र कोई रस्सी तो है नहीं कि चाहे जितने झटके दो, टूटने का नाम न ले!

मंत्रीजी ने पुकारा—शास्त्रीजी!

मोटेराम ने पड़े-पड़े आँखें खोल दीं। उनमें ऐसी करुण वेदना भरी हुई थी, जैसे किसी बालक के हाथ से कौआ मिठाई छीन ले गया हो।

मंत्रीजी ने दोने की मिठाई सामने रख दी और झझ्झर पर कुल्हड़ औंधा दिया। इस काम से सुचित होकर बोले—यहाँ कब तक पड़े रहिएगा?

सुगंध ने पंडितजी की इंद्रियों पर संजीवनी का काम किया। पंडितजी उठ बैठे और बोले—देखो, कब तक निश्चय होता है।

मंत्री—यहाँ कुछ निश्चय-विश्चय न होगा। आज दिन-भर पंचायत हुई थी, कुछ तय न हुआ। कल कहीं शाम को लाट साहब आएँगे। तब तक तो आपकी न-जाने क्या दशा होगी? आपका चेहरा बिलकुल पीला पड़ गया है!

मोटेराम—यहीं मरना बदा होगा, तो कौन टाल सकता है? इस दोने में कलाकंद है क्या?

मंत्री—हाँ, तरह-तरह की मिठाइयाँ हैं। एक नातेदार के यहाँ बैना भेजने के लिए विशेष रीति से बनवाई हैं।

मोटेराम—जभी इनमें इतनी सुगंध है। ज़रा दोना खोलिए तो?

मंत्रीजी ने मुस्कुराकर दोना खोल दिया और पंडितजी नेत्रों से मिठाइयाँ खाने लगे। अंधा आँखें पाकर भी संसार को ऐसे तृष्णापूर्ण नेत्रों से न देखेगा। मुँह में पानी भर आया। मंत्रीजी ने कहा—आपका व्रत न होता, तो दो-चार मिठाइयाँ आपको चखाता। 5 रु. सेर के दाम दिए हैं।

मोटेराम—तब तो बहुत ही श्रेष्ठ होंगी। मैंने बहुत दिन हुए कलाकंद नहीं खाया।

मंत्री—आपने भी तो बैठे-बैठाए झंझट मोल ले लिया। प्राण ही न रहेंगे, तो धन किस काम आएगा?

मोटेराम—क्या करूँ, फँस गया, मैं इतनी मिठाइयों का जलपान कर जाता था। (हाथ से मिठाइयों को टटोलकर) भोला की दुकान की होंगी?

मंत्री—चखिएगा दो-चार?

मोटेराम—क्या चखूँ? धर्म-संकट में पड़ा हूँ।

मंत्री—अजी चखिए भी! इस समय जो आनंद प्राप्त होगा, वह लाख रुपए से भी नहीं मिल सकता। कोई किसी से कहने जाता है क्या?

मोटेराम—मुझे भय किसका है। मैं यहाँ दाना-पानी बिना मर रहा हूँ, और किसी को परवा ही नहीं। तो फिर मुझे क्या डर? लाओ, इधर दोना बढ़ाओ। जाओ, सबसे कह देना शास्त्रीजी ने व्रत तोड़ दिया। भाड़ में जाए बाज़ार और व्यापार! यहाँ किसी की चिन्ता नहीं। जब धर्म नहीं रहा, तो मैंने ही धर्म का बीड़ा थोड़े ही उठाया है!

यह कहकर पंडितजी ने दोना अपनी तरफ़ खींच लिया और लगे बढ़-बढ़कर हाथ मारने। यहाँ तक कि पल-भर में आधा दोना समाप्त हो गया। सेठ लोग आकर फाटक पर खड़े थे,

मंत्री ने जाकर कहा—ज़रा चलकर तमाशा देखिए। आप लोगों को न बाज़ार खोलना पड़ेगा; न खुशामद करनी पड़ेगी। मैंने सारी समस्याएँ हल कर दीं। यह कांग्रेस का प्रताप है।

चाँदनी छिटकी हुई थी। लोगों ने आकर देखा, पंडितजी मिठाई ठिकाने लगाने में वैसे ही तन्मय हो रहे हैं, जैसे कोई महात्मा समाधि में मग्न हो।

भोंदूमल ने कहा—पंडितजी के चरण छूता हूँ। हम लोग तो आ ही रहे थे, आपने क्यों जल्दी की? ऐसी जुगुत बताते कि आपकी प्रतीज्ञा भी न टूटती और कार्य भी सिद्ध हो जाता।

मोटेराम—मेरा काम सिद्ध हो गया। यह अलौकिक आनंद है, जो धन के ढेरों से नहीं प्राप्त हो सकता। अगर कुछ श्रद्धा हो, तो इसी दुकान की इतनी ही मिठाई और मँगवा दो।[1]

भाड़े का टट्टू

आगरा कॉलेज के मैदान में संध्या-समय दो युवक हाथ से हाथ मिलाए टहल रहे थे। एक का नाम यशवंत था, दूसरे का रमेश। यशवंत डीलडौल का ऊँचा और बलिष्ठ था। उसके मुख पर संयम और स्वास्थ्य की कांति झलकती थी। रमेश छोटे कद और इकहरे बदन का, तेज़हीन और दुर्बल आदमी था। दोनों में किसी विषय पर बहस हो रही थी।

यशवंत ने कहा—मैं आत्मा के आगे धन का कुछ मूल्य नहीं समझता।

रमेश बोला—बड़ी ख़ुशी की बात है।

यशवंत—हाँ, देख लेना। तुम ताना मार रहे हो, लेकिन मैं दिखला दूँगा कि धन को कितना तुच्छ समझता हूँ।

रमेश—ख़ैर, दिखला देना। मैं तो धन को तुच्छ नहीं समझता। धन के लिए 15 वर्षों से किताब चाट रहा हूँ, धन के लिए माँ-बाप, भाई-बंद सबसे अलग यहाँ पड़ा हूँ, न-जाने अभी कितनी सलामियाँ देनी पड़ेंगी, कितनी खुशामद करनी पड़ेगी। क्या इसमें आत्मा का पतन न होगा? मैं तो इतने ऊँचे आदर्श का पालन नहीं कर सकता। यहाँ तो अगर किसी मुक़दमे में अच्छी रिश्वत पा जाएँ तो शायद छोड़ न सकें। क्या तुम छोड़ दोगे?

यशवंत—मैं उसकी ओर आँख उठाकर भी न देखूँगा और मुझे विश्वास है कि तुम जितने नीच बनते हो, उतने नहीं हो।

रमेश—मैं उससे कहीं नीच हूँ, जितना कहता हूँ।

यशवंत—मुझे तो यक़ीन नहीं आता कि स्वार्थ के लिए तुम किसी को नुक़सान पहुँचा सकोगे?

रमेश—भाई, संसार में आदर्श का निर्वाह केवल संन्यासी ही कर सकता है; मैं तो नहीं कर सकता। मैं तो समझता हूँ कि अगर तुम्हें धक्का देकर तुमसे बाज़ी जीत सकूँ, तो तुम्हें ज़रूर गिरा दूँगा। और, बुरा न मानो तो कह दूँ, तुम भी मुझे ज़रूर गिरा दोगे। स्वार्थ का त्याग करना कठिन है।

---

1. हम यह कहना भूल गए कि मंत्रीजी को मिठाई लेकर मैदान में आते समय पुलिस के सिपाही को 4 आने पैसे देने पड़े थे। यह नियम-विरुद्ध था; लेकिन मंत्रीजी ने इस बात पर अड़ना उचित न समझा—लेखक।

यशवंत—तो मैं कहूँगा कि तुम भाड़े के टट्टू हो।

रमेश—और मैं कहूँगा कि तुम काठ के उल्लू हो।

2

यशवंत और रमेश साथ-साथ स्कूल में दाख़िल हुए और साथ-ही-साथ उपाधियाँ लेकर कॉलेज से निकले। यशवंत कुछ मंदबुद्धि, पर बला का मिहनती था। जिस काम को हाथ में लेता, उससे चिमट जाता और उसे पूरा करके ही छोड़ता। रमेश तेज़ था, पर आलसी। घंटे-भर भी जमकर बैठना उसके लिए मुश्किल था। एम.ए. तक तो वह आगे रहा और यशवंत पीछे, मेहनत बुद्धि-बल से परास्त होती रही; लेकिन सिविल-सर्विस में पाँसा पलट गया। यशवंत सब धंधे छोड़कर किताबों पर पिल पड़ा; घूमना-फिरना, सैर-सपाटा, सरकस-थिएटर, यार-दोस्त, सबसे मुँह मोड़कर अपने एकान्त कुटीर में जा बैठा। रमेश दोस्तों के साथ गप-शप उड़ाता, क्रिकेट खेलता रहा। कभी-कभी मनोरंजन के तौर पर किताब देख लेता। कदाचित् उसे विश्वास था कि अब की भी मेरी तेज़ी बाज़ी ले जाएगी। अक्सर जाकर यशवंत को दिक करता। उसकी किताब बन्द कर देता; कहता, क्यों प्राण दे रहे हो? सिविल-सर्विस कोई मुक्ति तो नहीं है, जिसके लिए दुनिया से नाता तोड़ लिया जाए! यहाँ तक कि यशवंत उसे आते देखता, तो किवाड़ें बन्द कर लेता।

आख़िर परीक्षा का दिन आ पहुँचा। यशवंत ने सबकुछ याद किया था, पर किसी प्रश्न का उत्तर सोचने लगता, तो उसे मालूम होता, मैंने जितना पढ़ा था, सब भूल गया। वह बहुत घबराया हुआ था। रमेश पहले से कुछ सोचने का आदी न था। सोचता, जब परचा सामने आएगा, उस वक़्त देखा जाएगा। वह आत्मविश्वास से फूला-फूला फिरता था।

परीक्षा का फल निकला, तो सुस्त कछुआ तेज़ खरगोश से बाज़ी मार ले गया था।

अब रमेश की आँखें खुलीं पर वह हताश न हुआ। योग्य आदमी के लिए यश और धन की कमी नहीं, यह उसका विश्वास था। उसने क़ानून की परीक्षा की तैयारी शुरू की और यद्यपि उसने बहुत ज़्यादा मिहनत न की, लेकिन अव्वल दरजे में पास हुआ। यशवंत ने उसको बधाई का तार भेजा। अब एक ज़िले का अफ़सर हो गया था।

3

दस साल गुज़र गए। यशवंत दिलोजान से काम करता था और उसके अफ़सर उससे बहुत प्रसन्न थे। पर अफ़सर जितने प्रसन्न थे, मातहत उतने ही अप्रसन्न रहते थे। वह ख़ुद जितनी मिहनत करता था, मातहतों से भी उतनी ही मिहनत लेना चाहता था, ख़ुद जितना बेलौस था, मातहतों को भी उतना ही बेलौस बनाना चाहता था। ऐसे आदमी बड़े कारगुज़ार समझे जाते हैं। यशवंत की कारगुज़ारी का अफ़सरों पर सिक्का जमता जाता था। पाँच वर्षों में ही वह ज़िले का जज बना दिया गया।

रमेश इतना भाग्यशाली न था। वह जिस इजलास में वकालत करने जाता, वहीं असफल रहता। हाकिम को नियत समय पर आने में देर हो जाती, तो ख़ुद भी चल देता, और फिर बुलाने से भी न आता। कहता—अगर हाकिम वक़्त की पाबंदी नहीं करता, तो मैं क्यों करूँ? मुझे क्या ग़रज़ पड़ी है कि घंटों उनके इजलास पर खड़ा उनकी राह देखा करूँ? बहस इतनी

निर्भीकता से करता कि खुशामद के आदी हुक्काम की निगाहों में उसकी निर्भीकता गुस्ताखी मालूम होती। सहनशीलता उसे छू नहीं गई थी। हाकिम हो या दूसरे पक्ष का वकील, जो उसके मुँह लगता, उसकी ख़बर लेता था। यहाँ तक कि एक बार वह ज़िला-जज ही से लड़ बैठा। फल यह हुआ कि उसकी सनद छीन ली गई। किन्तु मुवक्किलों के हृदय में उसका सम्मान ज्यों-का-त्यों रहा।

तब उसने आगरा-कॉलेज में शिक्षक का पद प्राप्त कर लिया। किन्तु यहाँ भी दुर्भाग्य ने साथ न छोड़ा। प्रिंसिपल से पहले ही दिन खटपट हो गई। प्रिंसिपल का सिद्धांत यह था कि विद्यार्थियों को राजनीति से अलग रहना चाहिए। वह अपने कॉलेज के किसी छात्र को किसी राजनीतिक जलसे में शरीक न होने देते। रमेश पहले ही दिन से इस आज्ञा का खुल्लमखुल्ला विरोध करने लगा। उसका कथन था कि अगर किसी को राजनीतिक जलसों में शामिल होना चाहिए, तो विद्यार्थी को। यह भी उसकी शिक्षा का एक अंग है। अन्य देशों में छात्रों ने युगांतर उपस्थित कर दिया है, तो इस देश में क्यों उनकी ज़बान बन्द की जाती है। इसका फल यह हुआ कि साल ख़तम होने के पहले ही रमेश को इस्तीफ़ा देना पड़ा। किन्तु विद्यार्थियों पर उसका दबाव तिल भर भी कम न हुआ।

इस भाँति कुछ तो अपने स्वभाव और कुछ परिस्थितियों ने रमेश को मार-मारकर हाकिम बना दिया। पहले मुवक्किलों का पक्ष लेकर अदालत से लड़ा, फिर छात्रों का पक्ष लेकर प्रिंसिपल से रार मोल ली, और अब प्रजा का पक्ष लेकर सरकार को चुनौती दी। वह स्वभाव से ही निर्भीक, आदर्शवादी, सत्यभक्त तथा आत्माभिमानी था। ऐसे प्राणी के लिए प्रजा सेवक बनने के सिवा और उपाय ही क्या था? समाचार-पत्रों में वर्तमान परिस्थिति पर उसके लेख निकलने लगे। उसकी आलोचनाएँ इतनी स्पष्ट, इतनी व्यापक और इतनी मार्मिक होती थीं कि शीघ्र ही उसकी कीर्ति फैल गई। लोग मान गए कि इस क्षेत्र में एक नई शक्ति का उदय हुआ है। अधिकारी लोग उसके लेख पढ़ कर तिलमिला उठते थे। उसका निशाना इतना ठीक बैठता था कि उससे बच निकलना असंभव था। अतिशयोक्तियाँ तो उनके सिरों पर से सनसनाती हुई निकल जाती थीं। उनका वे दूर से तमाशा देख सकते थे, अभिज्ञताओं की वे उपेक्षा कर सकते थे। ये सब शस्त्र उनके पास पहुँचते ही न थे, रास्ते ही में गिर पड़ते थे। पर रमेश के निशाने सिरों पर बैठते और अधिकारियों में हलचल और हाहाकार मचा देते थे।

देश की राजनीतिक स्थिति चिन्ताजनक हो रही थी। यशवंत अपने पुराने मित्र के लेखों को पढ़-पढ़कर काँप उठते थे। भय होता, कहीं वह क़ानून के पंजे में न आ जाए। बार-बार उसे संयत रहने की ताकीद करते, बार-बार मिन्नतें करते कि ज़रा अपनी क़लम को और नरम कर दो, जान-बूझकर क्यों विषधर क़ानून के मुँह में उँगली डालते हो? लेकिन रमेश को नेतृत्व का नशा चढ़ा हुआ था। वह इन पत्रों का जवाब तक न देता था।

पाँचवें साल यशवंत बदलकर आगरे का ज़िला-जज हो गया।

4

देश की राजनीतिक दशा चिन्ताजनक हो रही थी। खुफिया-पुलिस ने एक तूफ़ान खड़ा कर दिया था। उसकी कपोल-कल्पित कथाएँ सुन-सुनकर हुक्कामों की रूह फना हो रही थी। कहीं अख़बारों का मुँह बन्द किया जाता था, कहीं प्रजा के नेताओं का। खुफिया-पुलिस

ने अपना उल्लू सीधा करने के लिए हुक्कामों के कुछ इस तरह कान भरे कि उन्हें हर एक स्वतंत्र विचार रखनेवाला आदमी ख़ूनी और क़ातिल नज़र आता था।

रमेश यह अँधेर देखकर चुप बैठनेवाला मनुष्य न था। ज्यों-ज्यों अधिकारियों की निरंकुशता बढ़ती थी, त्यों-त्यों उसका भी जोश बढ़ता था। रोज़ कहीं न कहीं व्याख्यान देता और उसके प्राय: सभी व्याख्यान विद्रोहात्मक भावों से भरे होते थे। स्पष्ट और खरी बातें कहना ही विद्रोह है! अगर किसी का राजनीतिक भाषण विद्रोहात्मक नहीं माना गया, तो समझ लो, उसने अपने आंतरिक भावों को गुप्त रखा है। उसके दिल में जो कुछ है, उसे ज़बान पर लाने का साहस उसमें नहीं है। रमेश ने मनोभावों को गुप्त रखना सीखा ही न था। प्रजा का नेता बनकर जेल और फाँसी से डरना क्या! जो आफ़त आनी हो, आवे। वह सब कुछ सहने को तैयार बैठा था। अधिकारियों की आँखों में भी वही सबसे ज़्यादा गड़ा हुआ था।

एक दिन यशवंत ने रमेश को अपने यहाँ बुला भेजा। रमेश के जी में तो आया कि कह दें, तुम्हें आते क्या शरम आती है? आख़िर हो तो ग़ुलाम ही। लेकिन फिर कुछ सोचकर कहला भेजा, कल शाम को आऊँगा। दूसरे दिन वह ठीक 6 बजे यशवंत के बँगले पर जा पहुँचा। उसने किसी से इसका ज़िक्र न किया। कुछ तो यह ख़याल था कि लोग कहेंगे, मैं अफ़सरों की खुशामद करता हूँ और कुछ यह कि शायद इससे यशवंत को कोई हानि पहुँचे।

वह यशवंत के बँगले पर पहुँचा तो चिराग़ जल चुके थे। यशवंत ने आकर उसे गले से लगा लिया। आधी रात तक दोनों मित्रों में ख़ूब बातें होती रहीं। यशवंत ने इतने में नौकरी के जो अनुभव प्राप्त किए थे, सब बयान किए। रमेश को यह जानकर आश्चर्य हुआ कि यशवंत के राजनीतिक विचार कितने विषयों में मेरे विचारों से भी ज़्यादा स्वतंत्र हैं। उसका यह ख़याल बिलकुल ग़लत निकला कि वह बिलकुल बदल गया होगा, वफादारी के राग अलापता होगा।

रमेश ने कहा—भले आदमी, जब इतने जले हुए हो, तो छोड़ क्यों नहीं देते नौकरी? और कुछ न सही, अपनी आत्मा की रक्षा तो कर सकोगे!

यशवंत—मेरी चिन्ता पीछे करना, इस समय अपनी चिन्ता करो। मैंने तुम्हें सावधान करने को बुलाया है। इस वक़्त सरकार की नज़र में तुम बेतरह खटक रहे हो। मुझे भय है कि तुम कहीं पकड़े न जाओ।

रमेश—इसके लिए तो तैयार बैठा हूँ।

यशवंत—आख़िर आग में कूदने से लाभ ही क्या?

रमेश—हानि-लाभ देखना मेरा काम नहीं। मेरा काम तो अपने कर्तव्य का पालन करना है।

यशवंत—हठी तो तुम सदा के हो, मगर मौक़ा नाजुक है, सँभले रहना ही अच्छा है। अगर मैं देखता कि जनता में वास्तविक जागृति है, तो तुमसे पहले मैदान में आता। पर जब देखता हूँ कि अपने ही मरे स्वर्ग देखना है, तो आगे क़दम रखने की हिम्मत नहीं पड़ती।

दोनों दोस्तों ने देर तक बातें कीं। कॉलेज के दिन याद आए। सहपाठियों के लिए कॉलेज की पुरानी स्मृतियाँ मनोरंजन और हास्य का अविरल स्रोत हुआ करती हैं। अध्यापकों पर आलोचनाएँ हुईं; कौन-कौन साथी क्या कर रहा है, इसकी चर्चा हुई। बिलकुल यह मालूम होता था कि दोनों अब भी कॉलेज के छात्र हैं। गम्भीरता नाम को भी न थी।

रात ज़्यादा हो गई। भोजन करते-करते एक बज गया। यशवंत ने कहा—अब कहाँ जाओगे, यहीं सो रहो और बातें हों। तुम तो कभी आते भी नहीं?

रमेश तो रमते जोगी थे ही; खाना खाकर बात करते-करते सो गए। नींद खुली, तो 9 बज गए थे। यशवंत सामने खड़े मुस्कुरा रहे थे।

इसी रात को आगरे में भयंकर डाका पड़ गया।

5

रमेश दस बजे घर पहुँचे तो देखा, पुलिस ने उनका मकान घेर रखा है। इन्हें देखते ही एक अफ़सर ने वारंट दिखाया। तुरन्त घर की तलाशी होने लगी। मालूम नहीं, क्योंकर रमेश के मेज़ की दराज में एक पिस्तौल निकल आया। फिर क्या था, हाथों में हथकड़ी पड़ गई। अब किसे उनके डाके में शरीक होने से इनकार हो सकता था? और भी कितने ही आदमियों पर आफ़त आई। सभी प्रमुख नेता चुन लिए गए। मुक़दमा चलने लगा।

औरों की बात को ईश्वर जाने पर रमेश निरपराध था। इसका उसके पास ऐसा प्रबल प्रमाण था, जिसकी सत्यता से किसी को इनकार न हो सकता था। पर क्या वह इस प्रमाण का उपयोग कर सकता था?

रमेश ने सोचा, यशवंत स्वयं मेरे वकील द्वारा सफ़ाई के गवाहों में अपना नाम लिखाने का प्रस्ताव करेगा। मुझे निर्दोष जानते हुए वह कभी मुझे जेल न जाने देगा। वह इतना हृदय-शून्य नहीं है। लेकिन दिन गुज़रते जाते थे और यशवंत की ओर से इस प्रकार का कोई प्रस्ताव न होता था; और रमेश ख़ुद संकोचवश उसका नाम लिखाते हुए डरते थे। न-जाने इसमें उसे क्या बाधा हो। अपनी रक्षा के लिए वह उसे संकट में न डालना चाहते थे।

यशवंत हृदय-शून्य न थे, भाव-शून्य न थे, लेकिन कर्म-शून्य अवश्य थे। उन्हें अपने परम मित्र को निर्दोष मारे जाते देखकर दुःख होता था, कभी-कभी रो पड़ते थे; पर इतना साहस न होता था कि सफ़ाई देकर उसे छुड़ा लें। न-जाने अफ़सरों का क्या ख़याल हो! कहीं यह न समझने लगें कि मैं भी षड्यंत्रकारियों से सहानुभूति रखता हूँ, मेरा भी उनके साथ कुछ सम्पर्क है। यह मेरे हिन्दुस्तानी होने का दंड है! जानकर ज़हर निगलना पड़ रहा है। पुलिस ने अफ़सरों पर इतना आतंक जमा दिया कि चाहे मेरी शहादत से रमेश छूट भी जाए, खुल्लमखुल्ला मुझ पर अविश्वास न किया जाए, पर दिलों से यह सन्देह क्योंकर दूर होगा कि मैंने केवल एक स्वदेश-बंधु को छुड़ाने के लिए झूठी गवाही दी? और बंधु भी कौन? जिस पर राज-विद्रोह का अभियोग है!

इसी सोच-विचार में एक महीना गुज़र गया। उधर मजिस्ट्रेट ने यह मुक़दमा यशवंत ही के इजलास में भेज दिया। डाके में कई ख़ून हो गए थे। और मजिस्ट्रेट को उतनी ही कड़ी सज़ाएँ देने का अधिकार न था जितनी उसके विचार में दी जानी चाहिए थीं।

6

यशवंत अब बड़े संकट में पड़ा। उसने छुट्टी लेनी चाही; लेकिन मंजूर न हुई। सिविल सर्जन अँग्रेज़ था। इस वजह से उसकी सनद लेने की हिम्मत न पड़ी। बला सिर पर आ पड़ी थी और उससे बचने का उपाय न सूझता था।

भाग्य की कुटिल क्रीड़ा देखिए। साथ खेले और साथ पढ़े हुए दो मित्र एक-दूसरे के सम्मुख खड़े थे, केवल एक कठघरे का अंतर था। पर एक की जान दूसरे की मुट्ठी में थी।

दोनों की आँखें कभी चार न होतीं। दोनों सिर नीचा किए रहते थे। यद्यपि यशवंत न्याय के पद पर था, और रमेश मुलजिम, लेकिन यथार्थ में दशा इसके प्रतिकूल थी। यशवंत की आत्मा लज्जा, ग्लानि और मानसिक पीड़ा से तड़पती थी और रमेश का मुख निर्दोषिता के प्रकाश से चमकता रहता था।

दोनों मित्रों में कितना अंतर था। एक उदार था। दूसरा कितना स्वार्थी। रमेश चाहता, तो भरी अदालत में उस रात की बात कह देता। लेकिन यशवंत जानता था, रमेश फाँसी से बचने के लिए भी उस प्रमाण का आश्रय न लेगा, जिसे मैं गुप्त रखना चाहता हूँ।

जब तक मुक़दमे की पेशियाँ होती रहीं, तब तक यशवंत को असह्य मर्म-वेदना होती रही। उसकी आत्मा और स्वार्थ में नित्य संग्राम होता रहता था; पर फ़ैसले के दिन तो उसकी वही दशा हो रही थी, जो किसी ख़ून के अपराधी की हो। इजलास पर जाने की हिम्मत न पड़ती थी। वह तीन बजे कचहरी पहुँचा। मुलजिम अपना भाग्य-निर्णय सुनने को तैयार खड़े थे। रमेश भी आज रोज़ से ज़्यादा उदास था। उसके जीवन-संग्राम में वह अवसर आ गया था, जब उसका सिर तलवार की धार के नीचे होगा। अब तक भय सूक्ष्म रूप में था, आज उसने स्थूल रूप धारण कर लिया था।

यशवंत ने दृढ़ स्वर में फ़ैसला सुनाया। जब उसके मुख से ये शब्द निकले कि रमेशचन्द्र को 7 वर्ष का कठिन कारावास, तो उसका गला रुँध गया। उसने तजवीज़ मेज़ पर रख दी। कुर्सी पर बैठकर पसीना पोंछने के बहाने आँखों में उमड़े हुए आँसुओं को पोंछा। इसके आगे तजबीज़ उससे न पढ़ी गई।

7

रमेश जेल से निकलकर पक्का क्रांतिवादी बन गया। जेल की अँधेरी कोठरी में दिन-भर के कठिन परिश्रम के बाद वह दोनों के उपकार और सुधार के मनसूबे बाँधा करता था। सोचता, मनुष्य क्यों पाप करता है? इसलिए न कि संसार में इतनी विषमता है। कोई तो विशाल भवनों में रहता है और किसी को पेड़ की छाँह भी मयस्सर नहीं। कोई रेशम और रत्नों से मढ़ा हुआ है, किसी को फटा वस्त्र भी नहीं। ऐसे न्याय-विहीन संसार में यदि चोरी, हत्या और अधर्म है तो यह किसका दोष है? वह एक ऐसी समिति खोलने का स्वप्न देखा करता, जिसका काम संसार से इस विषमता को मिटा देना हो। संसार सबके लिए है और उसमें सबको सुख भोगने का समान अधिकार है। न डाका, डाका है, न चोरी, चोरी। धनी अगर अपना धन ख़ुशी से नहीं बाँट देता, तो उसकी इच्छा के विरुद्ध बाँट लेने में क्या पाप! धनी उसे पाप कहता है तो कहे। उसका बनाया हुआ क़ानून दंड देना चाहता है, तो दे। हमारी अदालत भी अलग होगी। उसके सामने वे सभी मनुष्य अपराधी होंगे जिनके पास ज़रूरत से ज़्यादा सुख-भोग की सामग्रियाँ हैं। हम भी उन्हें दंड देंगे, हम भी उनसे कड़ी मिहनत लेंगे। जेल से निकलते ही उसने इस सामाजिक क्रांति की घोषणा कर दी। गुप्त सभाएँ बनने लगीं, शस्त्र जमा किए जाने लगे और थोड़े ही दिनों में डाकों का बाज़ार गरम हो गया। पुलिस ने उसका पता लगाना शुरू किया। उधर क्रांतिकारियों ने पुलिस पर भी हाथ साफ़ करना शुरू किया। उनकी शक्ति दिन-दिन बढ़ने लगी। काम इतनी चतुराई से होता था कि किसी को अपराधी का कुछ सुराग न मिलता। रमेश कहीं ग़रीबों के लिए दवाखाने खोलता, कहीं बैंक। डाके के रुपयों से उसने

इलाक़े ख़रीदना शुरू किया। जहाँ कोई इलाक़ा नीलाम होता वह उसे ख़रीद लेता। थोड़े ही दिनों में उसके अधीन एक बड़ी जायदाद हो गई। इसका नफा ग़रीबों के उपकार में ख़र्च होता था। तुर्रा यह कि सभी जानते थे, यह रमेश की करामात है, पर किसी की मुँह खोलने की हिम्मत न होती थी। सभ्य-समाज की दृष्टि में रमेश से ज़्यादा घृणित और कोई प्राणी संसार में न था। लोग उसका नाम सुनकर कानों पर हाथ रख लेते थे। शायद उसे प्यासों मरता देखकर कोई एक बूँद पानी भी उसके मुँह में न डालता लेकिन किसी की मज़ाल न थी कि उस पर आक्षेप कर सके।

इस तरह कई साल गुज़र गए। सरकार ने डाकुओं का पता लगाने के लिए बड़े-बड़े इनाम रखे। योरोप से गुप्त पुलिस के सिद्धहस्त आदमियों को बुला कर इस काम पर नियुक्त किया। लेकिन ग़ज़ब के डकैत थे, जिनकी हिकमत के आगे किसी की कुछ न चलती थी।

पर रमेश ख़ुद अपने सिद्धांतों का पालन न कर सका। ज्यों-ज्यों दिन गुज़रते थे, उसे अनुभव होता था कि मेरे अनुयायियों में असन्तोष बढ़ता जाता है। उनमें भी जो ज़्यादा चतुर और साहसी थे, वे दूसरों पर रोब जमाते और लूट के माल में बराबर हिस्सा न देते थे। यहाँ तक कि रमेश से कुछ लोग जलने लगे। वह राजसी ठाट से रहता था। लोग कहते उसे हमारी कमाई को यों उड़ाने का क्या अधिकार है? नतीजा यह हुआ कि आपस में फूट पड़ गई।

रात का वक़्त था; काली घटा छाई हुई थी। एक युवक ने कहा—आप बार-बार मुझी को क्यों चुनते हैं? हिस्सा लेनेवाले तो सभी हैं, मैं ही क्यों बार-बार अपनी जान जोखिम में डालूँ?

रमेश ने दृढ़ता से कहा—इसका निश्चय करना मेरा काम है कि कौन कहाँ भेजा जाए। तुम्हारा काम केवल मेरी आज्ञा का पालन है।

युवक—अगर मुझसे काम ज़्यादा लिया जाता है, तो हिस्सा क्यों नहीं ज़्यादा दिया जाता?

रमेश ने उसकी त्योरियाँ देखीं और चुपके से पिस्तौल हाथ में लेकर बोले—इसका फ़ैसला वहाँ से लौटने के बाद होगा।

युवक—मैं जाने से पहले इसका फ़ैसला करना चाहता हूँ।

रमेश ने इसका जवाब न दिया। वह पिस्तौल से उसका काम तमाम कर देना ही चाहते थे कि युवक खिड़की से नीचे कूद पड़ा और भागा। कूदने-फाँदने में उसका जोड़ न था। चलती रेलगाड़ी से फाँद पड़ना उसके बाएँ हाथ का खेल था।

वह वहाँ से सीधा गुप्त पुलिस के प्रधान के पास पहुँचा।

8

यशवंत ने भी पेंशन लेकर वकालत शुरू की थी। न्याय-विभाग के सभी लोगों से उनकी मित्रता थी। उनकी वकालत बहुत जल्द चमक उठी। यशवंत के पास लाखों रुपए थे। उन्हें पेंशन भी बहुत मिलती थी। वह चाहते, तो घर बैठे आनंद से अपनी उम्र के बाक़ी दिन काट देते। देश और जाति की कुछ सेवा करना भी उनके लिए मुश्किल न था। ऐसे ही पुरुषों से निःस्वार्थ सेवा की आशा की जा सकती है। पर यशवंत ने अपनी सारी उम्र रुपए कमाने में गुज़ारी थी, और वह अब कोई ऐसा काम न कर सकते थे, जिसका फल रुपयों की सूरत में न मिले।

यों तो सारा सभ्य-समाज रमेश से घृणा करता था, लेकिन यशवंत सबसे बढ़ा हुआ था। कहता, अगर कभी रमेश पर मुक़दमा चलेगा, तो मैं बिना फीस लिए सरकार की तरफ़

से पैरवी करूँगा। खुल्लमखुल्ला रमेश पर छींटे उड़ाया करता—'यह आदमी नहीं, शैतान है; राक्षस है; ऐसे आदमी का तो मुँह न देखना चाहिए! उफ्!' इसके हाथों कितने भले घरों का सर्वनाश हो गया। कितने भले आदमियों के प्राण गए। कितनी स्त्रियाँ विधवा हो गईं। कितने बालक अनाथ हो गए। आदमी नहीं, पिशाच है। मेरा बस चले, तो इसे गोली मार दूँ, जीता चुनवा दूँ।

9

सारे शहर में शोर मचा हुआ था—रमेश बाबू पकड़े गए! बात सच्ची थी। रमेश चुपचाप पकड़ा गया था। उसी युवक ने, जो रमेश के सामने कूदकर भागा था, पुलिस के प्रधान से सारा कच्चा चिट्ठा बयान कर दिया था। अपहरण और हत्या का कैसा रोमांचकारी, कैसा पैशाचिक, कैसा पापपूर्ण वृत्तांत था।

भद्र समुदाय बगलें बजाता था। सेठों के घरों में घी के चिराग़ जलते थे। उनके सिर पर एक नंगी तलवार लटकती रहती थी, आज वह हट गई। अब वे मीठी नींद सो सकते थे।

अख़बारों में रमेश के हथकंडे छपने लगे। वे बातें जो अब तक मारे भय के किसी की ज़बान पर न आती थीं, अब अख़बारों में निकलने लगीं। उन्हें पढ़कर पता चलता था कि रमेश ने कितना अँधेर मचा रखा था। कितने ही राजे और रईस उसे माहवार टैक्स दिया करते थे। उसका पुरज़ा पहुँचता, फलाँ तारीख़ को इतने रुपए भेज दो फिर किसकी मजाल थी कि उसका हुक्म टाल सके। वह जनता के हित के लिए जो काम करता, उसके लिए भी अमीरों से चंदे लिए थे। रक़म लिखना रमेश का काम था। अमीर को बिना कान-पूँछ हिलाए वह रक़म दे देनी पड़ती थी।

लेकिन भद्र समुदाय जितना ही प्रसन्न था, जनता उतनी ही दुखी थी। अब कौन पुलिसवालों के अत्याचार से उनकी रक्षा करेगा? कौन सेठों के ज़ुल्म से उन्हें बचाएगा, कौन उनके लड़कों के लिए कला-कौशल के मदरसे खोलेगा? वे अब किसके बल पर कूदेंगे? वे अब अनाथ थे। वही उनका अवलम्ब था। अब वे किसका मुँह ताकेंगे? किसको अपनी फ़रियाद सुनाएँगे?

पुलिस शहादतें जमा कर रही थी। सरकारी वकील ज़ोरों से मुक़दमा चलाने की तैयारियाँ कर रहा था। लेकिन रमेश की तरफ़ से कोई वकील न खड़ा होता था। ज़िले-भर में एक ही आदमी था, जो उसे क़ानून के पंजे से छुड़ा सकता था। वह था यशवंत! लेकिन यशवंत जिसके नाम से कानों पर उँगली रखता था, क्या उसी की वकालत करने को खड़ा होगा? असंभव।

रात के 9 बजे थे। यशवंत के कमरे में एक स्त्री ने प्रवेश किया। यशवंत अख़बार पढ़ रहा था। बोला—क्या चाहती हो?

स्त्री—अपने पति के लिए एक वकील।

यशवंत—तुम्हारा पति कौन है?

स्त्री—वह जो आपके साथ पढ़ता था, और जिस पर डाके का झूठा अभियोग चलाया जानेवाला है।

यशवंत ने चौंककर पूछा—तुम रमेश की स्त्री हो?

स्त्री—हाँ।

यशवंत—मैं उनकी वकालत नहीं कर सकता।

स्त्री—आपको अख़्तियार है। आप अपने ज़िले के आदमी हैं, और मेरे पति के मित्र रह चुके हैं। इसलिए सोचा था, क्यों बाहरवालों को बुलाऊँ। मगर अब इलाहाबाद या कलकत्ते से ही किसी को बुलाऊँगी।

यशवंत—मिहनताना दे सकोगी?

स्त्री ने अभिमान के साथ कहा—बड़े-से-बड़े वकील का मिहनताना क्या होता है?

यशवंत—तीन हज़ार रुपए रोज़।

स्त्री—बस! आप इस मुक़दमे को ले लें, मैं आपको तीन हज़ार रुपए रोज़ दूँगी।

यशवंत—तीन हज़ार रुपए रोज़!

स्त्री—हाँ, और यदि आपने उन्हें छुड़ा लिया, तो पचास हज़ार रुपए आपको इनाम के तौर पर और दूँगी।

यशवंत के मुँह में पानी भर आया। अगर मुक़दमा दो महीने भी चला, तो कम-से-कम एक लाख रुपए सीधे हो जाएँगे। पुरस्कार ऊपर से, पूरे दो लाख की गोटी है। इतना धन तो ज़िन्दगी-भर में भी जमा न कर पाए थे। मगर दुनिया क्या कहेगी। अपनी आत्मा भी तो नहीं गवाही देती। ऐसे आदमी को क़ानून के पंजे से बचाना असंख्य प्राणियों की हत्या करना है। लेकिन गोटी दो लाख की है। कुछ रमेश के फँस जाने से इस जत्थे का अंत तो हुआ नहीं जाता। उसके चेले-चापड़ तो रहेंगे ही। शायद वे अब और भी उपद्रव मचाएँ। फिर मैं दो लाख की गोटी क्यों जाने दूँ! लेकिन मुझे कहीं मुँह दिखाने को जगह न रहेगी। न सही। जिसका जी चाहे ख़ुश हो जिसका जी चाहे नाराज़। ये दो लाख तो नहीं छोड़े जाते। कुछ मैं किसी का गला तो दबाता नहीं, चोरी तो करता नहीं? अपराधियों की रक्षा करना तो मेरा काम ही है।

सहसा स्त्री ने पूछा—आप जवाब देते हैं?

यशवंत—मैं कल जवाब दूँगा। ज़रा सोच लूँ।

स्त्री—नहीं, मुझे इतनी फुरसत नहीं है। अगर आपको कुछ उलझन हो तो साफ़-साफ़ कह दीजिएगा, मैं और प्रबंध करूँ।

यशवंत को और विचार करने का अवसर न मिला। जल्दी का फ़ैसला स्वार्थ ही की ओर झुकता है। यहाँ हानि की सम्भावना नहीं रहती।

यशवंत—आप कुछ रुपए पेशगी के दे सकती हैं?

स्त्री—रुपयों की मुझसे बार-बार चर्चा न कीजिए। उनकी जान के सामने रुपयों की हस्ती क्या है! आप जितनी रक़म चाहें, मुझसे ले लें। आप चाहे उन्हें छुड़ा न सकें लेकिन सरकार के दाँत खट्टे ज़रूर कर दें।

यशवंत—ख़ैर, मैं ही वकील हो जाऊँगा। कुछ पुरानी दोस्ती का निर्वाह भी तो करना चाहिए।

10

पुलिस ने एड़ी-चोटी का ज़ोर लगाया, सैकड़ों शहादतें पेश कीं। मुखबिर ने तो पूरी गाथा ही सुना दी; लेकिन यशवंत ने कुछ ऐसी दलीलें कीं; शहादतों को कुछ इस तरह झूठा सिद्ध किया और मुखबिर की कुछ ऐसी ख़बर ली कि रमेश बेदाग़ छूट गए। उन पर कोई अपराध न सिद्ध हो सका। यशवंत जैसे संयत और विचारशील वकील का उनके पक्ष में खड़े हो जाना ही इसका प्रमाण था कि सरकार ने ग़लती की।

संध्या का समय था। रमेश के द्वार पर शामियाना तना हुआ था। ग़रीबों को भोजन कराया जा रहा था। मित्रों की दावत हो रही थी। यह रमेश के छूटने का उत्सव था। यशवंत को चारों ओर से धन्यवाद मिल रहे थे। रमेश को बधाइयाँ दी जा रही थीं। यशवंत बार-बार रमेश से बोलना चाहता था, लेकिन रमेश उनकी ओर से मुँह फेर लेते थे। अब तक उन दोनों में एक बात भी न हुई थी।

आख़िर यशवंत ने एक बार झुँझलाकर कहा—तुम तो मुझसे इस तरह ऐंठे हुए हो, मानो मैंने तुम्हारे साथ कोई बुराई की है।

रमेश—और आप क्या समझते हैं कि मेरे साथ भलाई की है? पहले आपने मेरे इस लोक का सर्वनाश किया था, अबकी परलोक का किया। पहले न्याय किया होता, तो मेरी ज़िन्दगी सुधर जाती और अब जेल जाने देते, तो आकबत बन जाती।

यशवंत—यह तो न कहोगे कि इस मामले में कितने साहस से काम लेना पड़ा।

रमेश—आपने साहस से काम नहीं लिया, स्वार्थ से काम लिया। आप अपने स्वार्थ के भक्त हैं। मैं तो आपको 'भाड़े का टट्टू' समझता हूँ। मैंने अपने जीवन का बहुत दुरुपयोग किया, लेकिन उसे आपके जीवन से बदलने को किसी दशा में तैयार नहीं हूँ। आप मुझसे धन्यवाद की आशा न रखें।

बाबाजी का भोग

रामधन अहीर के द्वार पर एक साधु आकर बोला—बच्चा तेरा कल्याण हो, कुछ साधु पर श्रद्धा कर।

रामधन ने जाकर स्त्री से कहा—साधु द्वार पर आए हैं, उन्हें कुछ दे दे।

स्त्री—बरतन माँज रही थी, और इस घोर चिन्ता में मग्न थी कि आज भोजन क्या बनेगा, घर में अनाज का एक दाना भी न था। चैत का महीना था। किन्तु यहाँ दोपहर ही को अंधकार छा गया था। उपज सारी-की-सारी खलिहान से उठ गई। आधी महाजन ने ले ली, आधी ज़मींदार के प्यादों ने वसूल की। भूसा बेचा तो बैल के व्यापारी से गला छूटा, बस थोड़ी-सी गाँठ अपने हिस्से में आई। उसी को पीट-पीटकर एक मन-भर दाना निकाला था। किसी तरह चैत का महीना पार हुआ। अब आगे क्या होगा। क्या बैल खाएँगे, क्या घर के प्राणी खाएँगे, यह ईश्वर ही जाने! पर द्वार पर साधु आ गया है, उसे निराश कैसे लौटाएँ, अपने दिल में क्या कहेगा।

स्त्री ने कहा—क्या दे दूँ, कुछ तो रहा नहीं?

रामधन—जा, देख तो मटके में, कुछ आटा-वाटा मिल जाए तो ले आ।

स्त्री ने कहा—मटके झाड़-पोंछकर तो कल ही चूल्हा जला था। क्या उसमें बरक्कत होगी?

रामधन—तो मुझसे तो यह न कहा जाएगा कि बाबा घर में कुछ नहीं है। किसी के घर से माँग ला।

स्त्री—जिससे लिया उसे देने की नौबत नहीं आई, अब और किस मुँह से माँगूँ?

रामधन—देवताओं के लिए कुछ अँगौवा निकाला है न, वही ला, दे आऊँ!

स्त्री—देवताओं की पूजा कहाँ से होगी?

रामधन—देवता माँगने तो नहीं आते? समाई होगी करना, न समाई हो न करना।

स्त्री—अरे तो कुछ अँगौवा भी पंसेरी दो पंसेरी है? बहुत होगा तो आध सेर। इसके बाद क्या फिर कोई साधु न आएगा। उसे तो जवाब देना ही पड़ेगा।

रामधन—यह बला तो टलेगी, फिर देखी जाएगी।

स्त्री झुँझलाकर उठी और एक छोटी-सी हाँड़ी उठा लाई, जिसमें मुश्किल से आध सेर आटा था। वह गेहूँ का आटा बड़े यत्न से देवताओं के लिए रखा हुआ था। रामधन कुछ देर खड़ा सोचता रहा, तब आटा एक कटोरे में रखकर बाहर आया और साधु की झोली में डाल दिया।

महात्मा ने आटा लेकर कहा—बच्चा, अब तो साधु आज यहीं रमेंगे। कुछ थोड़ी-सी दाल दे, तो साधु का भोग लग जाए।

रामधन ने फिर आकर स्त्री से कहा। संयोग से दाल घर में थी। रामधन ने दाल, नमक, उपले जुटा दिए। फिर कुएँ से पानी खींच लाया। साधु ने बड़ी विधि से बाटियाँ बनाईं, दाल पकाई और आलू झोली में से निकालकर भुरता बनाया। जब सब सामग्री तैयार हो गई, तो रामधन से बोले—बच्चा, भगवान के भोग के लिए कौड़ी-भर घी चाहिए। रसोई पवित्र न होगी, तो भोग कैसे लगेगा?

रामधन—बाबाजी, घी तो घर में न होगा।

साधु—बच्चा, भगवान् का दिया तेरे पास बहुत है। ऐसी बातें न कह।

रामधन—महाराज, मेरे गाय-भैंस कुछ नहीं है, घी कहाँ से होगा?

साधु—बच्चा, भगवान् के भंडार में सबकुछ है, जाकर मालकिन से कहो तो?

रामधन ने जाकर स्त्री से कहा—घी माँगते हैं, माँगने को भीख, पर घी बिना कौर नहीं धँसता!

स्त्री—तो इसी दाल में से थोड़ी लेकर बनिये के यहाँ से ला दो। जब सब किया है तो इतने के लिए उन्हें क्यों नाराज़ करते हो?

घी आ गया। साधुजी ने ठाकुरजी की पिंडी निकाली, घंटी बजाई और भोग लगाने बैठे। ख़ूब तन कर खाया, फिर पेट पर हाथ फेरते हुए द्वार पर लेट गए। थाली, बटली और कलछुली रामधन घर में माँजने के लिए उठा ले गया।

उस रात रामधन के घर चूल्हा नहीं जला। ख़ाली दाल पकाकर ही पी ली।

रामधन लेटा, तो सोच रहा था—मुझसे तो यही अच्छे!

विनोद

विद्यालयों में विनोद की जितनी लीलाएँ होती रहती हैं, वे यदि एकत्र की जा सकें, तो मनोरंजन की बड़ी उत्तम सामग्री हाथ आए। वहाँ अधिकांश छात्र जीवन की चिन्ताओं से मुक्त रहते हैं। कितने ही तो परीक्षाओं की चिन्ता से भी बरी रहते हैं। वहाँ मटरगश्त करने, गप्पें उड़ाने

और हँसी-मज़ाक़ करने के सिवा उन्हें कोई और काम नहीं रहता! उनका क्रियाशील उत्साह कभी विद्यालय के नाट्य-मंच पर प्रकट होता है, कभी विशेष उत्सवों के अवसर पर। उनका शेष समय अपने मित्रों के मनोरंजन में व्यतीत होता है। वहाँ जहाँ किसी महाशय ने किसी विभाग में विशेष उत्साह दिखाया (क्रिकेट, हाकी, फुटबाल को छोड़कर) और वह विनोद का लक्ष्य बना। अगर कोई महाशय बड़े धर्मनिष्ठ हैं, संध्या और हवन में तत्पर रहते हैं, बिना नागा नमाज़ें अदा करते हैं, तो उन्हें हास्य का लक्ष्य बनने में देर नहीं लगती। अगर किसी को पुस्तकों से प्रेम है, कोई परीक्षा के लिए बड़े उत्साह से तैयारियाँ करता है, तो समझ लीजिए कि उसकी मिट्टी ख़राब करने के लिए कहीं-न-कहीं अवश्य षड्यंत्र रचा जा रहा है। सारांश यह है कि वहाँ निर्द्वंद्व, निरीह, खुले दिल आदमियों के लिए कोई बाधा नहीं, उनसे किसी को शिकायत नहीं होती; लेकिन मुल्लाओं और पंडितों की बड़ी दुर्गति होती है।

महाशय चक्रधर इलाहाबाद के एक सुविख्यात विद्यालय के छात्र थे। एम.ए. क्लास में दर्शन का अध्ययन करते थे। किन्तु जैसा विद्वज्जनों का स्वभाव होता है, हँसी-दिल्लगी से कोसों दूर भागते थे। जातीयता के गर्व में चूर रहते थे। हिन्दू आचार-विचार की सरलता और पवित्रता पर मुग्ध थे। उन्हें नेकटाई, कालर, वास्कट आदि वस्त्रों से घृणा थी। सीधा-सादा मोटा कुरता और चमरौधे जूते पहनते। प्रातःकाल नियमित रूप से संध्या-हवन करके मस्तक पर चंदन का तिलक भी लगाया करते थे। ब्रह्मचर्य के सिद्धांतों के अनुसार सिर घुटाते थे; किन्तु लम्बी चोटी रख छोड़ी थी। उनका कथन था कि चोटी रखने में प्राचीन आर्य-ऋषियों ने अपनी सर्वज्ञता का प्रचंड परिचय दिया है। चोटी के द्वारा शरीर की अनावश्यक उष्णता बाहर निकल जाती है और विद्युत्-प्रवाह शरीर में प्रविष्ट होता है। इतना ही नहीं, शिखा को ऋषियों ने हिन्दू-जातीयता का मुख्य लक्षण घोषित किया है। भोजन सदैव अपने हाथ से बनाते थे और वह भी बहुत सुपाच्य और सूक्ष्म। उनकी धारणा थी कि आहार का मनुष्य के नैतिक विकास पर विशेष प्रभाव पड़ता है। विजातीय वस्तुओं को हेय समझते थे। कभी क्रिकेट या हाकी के पास न फटकते थे। पाश्चात्य सभ्यता के तो वह शत्रु ही थे। यहाँ तक कि अँग्रेज़ी लिखने-बोलने में भी उन्हें संकोच होता था, जिसका परिणाम यह था कि उनकी अँग्रेज़ी कमज़ोर थी और वह उसमें सीधा-सा पत्र भी मुश्किल से लिख सकते थे। अगर उनको कोई व्यसन था, तो पान खाने का। इसके गुणों का समर्थन और वैद्यक ग्रंथों से उसकी परिपुष्टि करते थे।

विद्यालय के खिलाड़ियों को इतना धैर्य कहाँ कि ऐसा शिकार देखें और उस पर निशाना न मारें। आपस में कानाफूसी होने लगी कि इस जंगली को सीधे रास्ते पर लाना चाहिए। कैसा पंडित बना फिरता है! किसी को कुछ समझता ही नहीं। अपने सिवा सभी को जातीय भाव से हीन समझता है। इसकी ऐसी मिट्टी पलीद करो कि सारा पाखंड भूल जाए!

संयोग से अवसर भी अच्छा मिल गया। कॉलेज खुलने के थोड़े ही दिनों बाद एक ऐंग्लो इंडियन रमणी दर्शन की क्लास में सम्मिलित हुई। वह कविकल्पित सभी उपमाओं की आगार थी। सेब का-सा खिला हुआ रंग, सुकोमल शरीर, सहास्य छवि और उस पर मनोहर वेष-भूषा! छात्रों को विनोद का मसाला हाथ लगा। लोग इतिहास और भाषा छोड़-छोड़कर दर्शन की कक्षा में प्रविष्ट होने लगे।

सभी की आँखें उसी चंद्रमुखी की ओर चकोर की नाईं लगी रहती थीं। सब उसकी कृपा-कटाक्ष के अभिलाषी थे। सभी उसकी मधुर वाणी सुनने के लिए लालायित थे। किन्तु प्रकृति

का जैसा नियम है, आचारशील ह्रदयों पर प्रेम का जादू जब चल जाता है, तब वारा-न्यारा करके ही छोड़ता है। और लोग तो आँखें ही सेंकने में मग्न रहा करते, किन्तु पंडित चक्रधर प्रेम-वेदना से विकल और सत्य अनुराग से उन्मत्त हो उठे। रमणी के मुख की ओर ताक़ते भी झेंपते थे कि कहीं किसी की निगाह न पड़ जाए, तो इस तिलक और शिखा पर फबतियाँ उड़ने लगीं। जब अवसर पाते, तो अत्यन्त विनम्र, सचेष्ट, आतुर और अनुरक्त नेत्रों से देख लेते किन्तु आँखें चुराए हुए और सिर झुकाए हुए, कि कहीं अपना परदा न खुल जाए, दीवार से कानों को ख़बर न हो जाए।

मगर दाई से पेट कहाँ छिप सकता है। ताड़नेवाले ताड़ गए। यारों ने पंडितजी की मुहब्बत की निगाह पहचान ही ली। मुँहमाँगी मुराद पाई। बाछें खिल गईं। दो महाशयों ने उनसे घनिष्ठता बढ़ानी शुरू कर दी। मैत्री को संघटित करने लगे। जब समझ गए कि इन पर हमारा विश्वास जम गया, शिकार पर वार करने का अवसर आ गया, तो एक रोज़ दोनों ने बैठकर लेडियों की शैली में पंडितजी के नाम एक पत्र लिखा—

'माई डियर चक्रधर, बहुत दिनों से विचार कर रही हूँ कि आपको पत्र लिखूँ; मगर इस भय से कि बिना परिचय से ऐसा साहस करना अनुचित होगा, अब तक ज़ब्त करती रही। पर अब नहीं रहा जाता। आपने मुझ पर न-जाने क्या जादू कर दिया है कि एक क्षण के लिए भी आपकी सूरत आँखों से नहीं उतरती। आपकी सौम्य मूर्ति, प्रतिभाशाली मस्तक और साधारण पहनावा सदैव आँखों के सामने फिरा करता है। मुझे स्वभावत: आडम्बर से घृणा है। पर यहाँ सभी को कृत्रिमता के रंग में डूबा पाती हूँ। जिसे देखिए, मेरे प्रेम में अनुरक्त है; पर मैं उन प्रेमियों के मनोभावों से परिचित हूँ। वे सब-के-सब लम्पट और शोहदे हैं। केवल आप एक ऐसे सज्जन हैं जिनके ह्रदय में मुझे सद्भाव और सदनुराग की झलक दीख पड़ती है। बार-बार उत्कंठा होती है कि आपसे कुछ बातें करती; मगर आप मुझसे इतनी दूर बैठते हैं कि वार्तालाप का सुअवसर नहीं प्राप्त होता। ईश्वर के लिए कल से आप मेरे समीप ही बैठा कीजिए, और कुछ न सही तो आपके सामीप्य ही से मेरी आत्मा तृप्त होती रहेगी।

इस पत्र को पढ़कर फाड़ डालिएगा और इसका उत्तर लिखकर पुस्तकालय की तीसरी आलमारी के नीचे रख दीजिएगा।

आपकी
लूसी'

यह पत्र डाक में डाल दिया गया और लोग उत्सुक नेत्रों से देखने लगे कि इसका क्या असर होता है। उन्हें बहुत लम्बा इंतज़ार न करना पड़ा। दूसरे दिन कॉलेज में आकर पंडितजी को लूसी के सन्निकट बैठने की फ़िक्र हुई। वे दोनों महाशय जिन्होंने उनसे आत्मीयता बढ़ा रखी थी, लूसी के निकट बैठा करते थे। एक का नाम था नईम और दूसरे का गिरिधर सहाय। चक्रधर ने आकर गिरिधर से कहा—यार, तुम मेरी जगह जा बैठो। मुझे यहाँ बैठने दो।

नईम—क्यों? आपको हसद होता है क्या?

चक्रधर—हसद-वसद की बात नहीं। वहाँ प्रोफ़ेसर साहब का लेक्चर सुनाई नहीं देता। मैं कानों का ज़रा भारी हूँ।

गिरिधर—पहले तो आपको यह बीमारी न थी। यह रोग कब से उत्पन्न हो गया?

नईम—और फिर प्रोफ़ेसर साहब तो यहाँ से और भी दूर हो जाएँगे जी?

चक्रधर—दूर हो जाएँगे तो क्या, यहाँ अच्छा रहेगा। मुझे कभी-कभी झपकियाँ आ जाती हैं। सामने डर लगा रहता है कि कहीं उनकी निगाह न पड़ जाए।

गिरिधर—आपको तो झपकियाँ ही आती हैं न। यहाँ तो वही घंटा सोने का है। पूरी एक नींद लेता हूँ। फिर?

नईम—तुम भी अजीब आदमी हो। जब दोस्त होकर एक बात कहते हैं, तो उसको मानने में तुम्हें क्या एतराज? चुपके से दूसरी जगह जा बैठो।

गिरिधर—अच्छी बात है, छोड़े देता हूँ। किन्तु यह समझ लीजिएगा कि यह कोई साधारण त्याग नहीं है। मैं अपने ऊपर बहुत जब्र कर रहा हूँ। कोई दूसरा लाख रुपए भी देता, तो जगह न छोड़ता।

नईम—अरे भाई, यह जन्नत है जन्नत! लेकिन दोस्त की ख़ातिर भी तो है कोई चीज़?

चक्रधर ने कृतज्ञतापूर्ण दृष्टि से देखा और वहाँ जाकर बैठ गए। थोड़ी देर के बाद लूसी भी अपनी जगह पर बैठी। अब पंडितजी बार-बार उसकी ओर सापेक्ष भाव से ताक़ते रहे कि वह कुछ बातचीत करे, और वह प्रोफ़ेसर का भाषण सुनने में तन्मय हो रही है। आपने समझा शायद लज्जावश नहीं बोलती। लज्जाशीलता रमणियों का सबसे सुन्दर भूषण भी तो है। उसके डेस्क की ओर मुँह फेर-फेरकर ताकने लगे। उसे इनके पान चबाने से शायद घृणा होती थी—बार-बार मुँह दूसरी ओर फेर लेती। किन्तु पंडितजी इतने सूक्ष्मदर्शी, इतने कुशाग्रबुद्धि न थे। इतने प्रसन्न थे मानो सातवें आसमान पर हैं। सबको उपेक्षा की दृष्टि से देखते थे मानो प्रत्यक्ष रूप से कह रहे थे कि तुम्हें यह सौभाग्य कहाँ नसीब? मुझ-सा प्रतापी और कौन होगा?

दिन तो गुज़रा। संध्या-समय पंडितजी नईम के कमरे में आए और बोले—यार, एक लेटर-राइटर (पत्र-व्यवहार-शिक्षक) की आवश्यकता है। किसका लेटर-राइटर सबसे अच्छा है?

नईम ने गिरिधर की ओर कनखियों से देखकर पूछा—लेटर-राइटर लेकर क्या कीजिएगा?

गिरिधर—फजूल है। नईम ख़ुद किस लेटर-राइटर से कम है।

चक्रधर ने कुछ सकुचाते हुए कहा—अच्छा, कोई प्रेम-पत्र लिखना हो, तो कैसे आरम्भ किया जाए।

नईम—'डार्लिंग' लिखते हैं। और जो बहुत ही घनिष्ठ सम्बन्ध हो, तो 'डियर डार्लिंग' लिख सकते हैं।

चक्रधर—और समाप्त कैसे करना चाहिए?

नईम—पूरा हाल बताइए तो ख़त ही न लिख दें?

चक्रधर—नहीं, आप इतना बता दीजिए, मैं लिख लूँगा।

नईम—अगर बहुत प्यारा माशूक हो, तो लिखिए—You dying lover; और अगर साधारण प्रेम हो तो लिख सकते हैं—Your for ever.

चक्रधर—कुछ शुभकामना के भाव भी तो रहने चाहिए न?

नईम—बेशक। बिला आदाब के भी कोई ख़त होता है, और वह भी मुहब्बत का? माशूक के लिए आदाब लिखने में फ़क़ीरों की तरह दुआएँ देनी चाहिए। आप लिख सकते हैं—God give you everlasting grace and beauty, या May you remain happy in love and lovely.

चक्रधर—क़ाग़ज़ पर लिख दो।

गिरिधर ने एक पत्र के टुकड़े पर कई वाक्य लिख दिए। जब भोजन करके लौटे तो चक्रधर ने अपने किवाड़ बन्द कर लिए, और ख़ूब बना-बना कर पत्र लिखा। अक्षर बिगड़-बिगड़ जाते थे, इसलिए कई बार लिखना पड़ा। कहीं पिछले पहर जाकर पत्र समाप्त हुआ। तब आपने उसे इत्र में बसाया, दूसरे दिन पुस्तकालय में निर्दिष्ट स्थान पर रख दिया। यार लोग तो ताक में थे ही, पत्र उड़ा लाए और ख़ूब मज़े ले-लेकर पढ़ा।

2

तीन दिन के बाद चक्रधर को फिर एक पत्र मिला। लिखा—

'माई डियर चक्रधर,

तुम्हारी प्रेम-पत्री मिली। बार-बार पढ़ा। आँखों से लगाया; चुम्बन लिया। कितनी मनोहर महक थी। ईश्वर से यही प्रार्थना है कि हमारा प्रेम भी ऐसा ही सुरभिसिंचित रहे। आपको शिकायत है कि मैं आपसे बातें क्यों नहीं करती। प्रिय, प्रेम बातों से नहीं, हृदय से होता है। जब मैं तुम्हारी ओर से मुँह फेर लेती हूँ, तो मेरे दिल पर क्या गुज़रती है, यह मैं ही जानती हूँ। एक दबी हुई ज्वाला है, जो अन्दर ही अन्दर मुझे भस्म कर रही है। आपको मालूम नहीं, कितनी आँखें हमारी ओर एकटक ताकती रहती हैं। ज़रा भी सन्देह हुआ, और चिर-वियोग की विपत्ति हमारे सिर पड़ी। इसीलिए हमें बहुत ही सावधान रहना चाहिए। तुमसे एक याचना करती हूँ, क्षमा करना। मैं तुम्हें अँग्रेज़ी पोशाक में देखने को बहुत उत्कंठित हो रही हूँ। यों तो तुम चाहे जो वस्त्र धारण करो, मेरी आँखों के तारे हो—विशेषकर तुम्हारा सादा कुरता मुझे बहुत ही सुन्दर मालूम होता है—फिर भी, बाल्यावस्था से जिन वस्त्रों को देखते चली आई हूँ, उन पर विशेष अनुराग होना स्वाभाविक है। मुझे आशा है, तुम निराश न करोगे। मैंने तुम्हारे लिए एक वास्कट बनाई है! उसे मेरे प्रेम का तुच्छ उपहार समझकर स्वीकार करो।

तुम्हारी

लूसी'

पत्र के साथ एक छोटा-सा पैकेट था। वास्कट उसी में बन्द था। यारों ने आपस में चंदा करके बड़ी उदारता से उसका मूलधन एकत्र किया था। उस पर सेंट-परसेंट से भी अधिक लाभ होने की सम्भावना थी। पंडित चक्रधर उक्त उपहार और पत्र पाकर इतने प्रसन्न हुए, जिसका ठिकाना नहीं, उसे लेकर सारे छात्रावास में चक्कर लगा आए। मित्र-वृन्द देखते थे, उसकी काट-छाँट की सराहना करते थे; तारीफों के पुल बाँधते थे; उसके मूल्य का अतिशयोक्तिपूर्ण अनुमान करते थे। कोई कहता था—यह सीधे पेरिस से सिल कर आया है; इस मुल्क में ऐसे कारीगर कहाँ? कौन, अगर कोई इस टक्कर का वास्कट सिलवा दे, तो 100 रु. की बाज़ी बदता हूँ? पर वास्तव में उसके कपड़े का रंग इतना गहरा था कि कोई सुरुचि रखने वाला मनुष्य उसे पहनना पसन्द न करता। चक्रधर को लोगों ने पूर्व मुख करके खड़ा किया, और फिर शुभ मुहूर्त में वह वास्कट उन्हें पहनाया। आप फूले न समाते थे। कोई इधर से जाकर कहता—भाई, तुम तो बिलकुल पहचाने नहीं जाते। चोला ही बदल दिया। अपने वक़्त के यूसुफ हो। यार, क्यों न हो, तभी तो यह ठाट है। मुखड़ा कैसा दमकने लगा, मानो तपाया हुआ कुंदन है। अजी, एक वास्कट पर यह जीवन है, कहीं पूरा अँग्रेज़ी सूट पहन लो तो न जाने क्या ग़ज़ब हो जाए? सारी मिसें लोट-पोट हो जाएँ। गला छुड़ाना मुश्किल हो जाए।

आख़िर सलाह हुई कि उनके लिए एक अँग्रेज़ी सूट बनवाना चाहिए। इस कला के विशेषज्ञ उनके साथ गुट बाँधकर सूट बनवाने चले। पंडितजी घर के सम्पन्न थे। एक अँग्रेज़ी दुकान से बहुमूल्य सूट लिया गया। रात को इसी उत्सव में गाना-बजाना भी हुआ। दूसरे दिन, दस बजे, लोगों ने पंडितजी को सूट पहनाया। आप अपनी उदासीनता दिखाने के लिए बोले—मुझे तो बिलकुल अच्छा नहीं लगता। आप लोगों को न-जाने क्यों ये कपड़े अच्छे लगते हैं।

नईम—ज़रा आईने में सूरत देखिए, तो मालूम हो। खासे शाहज़ादे मालूम पड़ते हो। तुम्हारे हुश्न पर मुझे तो रस्क है। ख़ुदा ने तो आपको ऐसी सूरत दी, और उसे आप मोटे कपड़ों में छिपाए हुए थे।

चक्रधर को नेकटाई बाँधने का ज्ञान न था। बोले—भाई, इसे तो ठीक कर दो।

गिरिधर सहाय ने नेकटाई इतनी कसकर बाँधी की पंडितजी को साँस लेना भी मुश्किल हो गया। बोले—यार बहुत तंग है।

गिरिधर—इसका फैशन ही यह है; हम क्या करें। ढीली टाई ऐब में दाख़िल है।

नईम—इन्होंने तो फिर भी बहुत ढीली रखी है। मैं तो और भी कसकर बाँधता हूँ।

चक्रधर—अजी, यहाँ तो दम घुट रहा है!

नईम—और टाई का मंशा ही क्या है? इसीलिए तो बाँधी जाती है कि आदमी बहुत ज़ोर-ज़ोर से साँस न ले सके।

चक्रधर के प्राण संकट में थे। आँखें सजल हो रही थीं, चेहरा भी सुर्ख हो गया था। मगर टाई को ढीला करने की हिम्मत न पड़ती थी। इस सजधज से आप कॉलेज चले तो मित्रों का एक गोल सम्मान का भाव दिखाता आपके पीछे-पीछे चला, मानों बरातियों का समूह है। एक-दूसरे की तरफ़ ताकता; और रूमाल मुँह में देकर हँसता था। मगर पंडितजी को क्या ख़बर? वह तो अपनी धुन में मस्त थे। अकड़-अकड़कर चलते हुए आकर क्लास में बैठ गए। थोड़ी देर बाद लूसी भी आई। पंडित का यह वेष देखा, तो चकित हो गई। उसके अधरों पर मुस्कान की एक अपूर्व रेखा अंकित हो गई! पंडितजी ने समझा, यह उसके उल्लास का चिह्न है। बार-बार मुस्कुराकर उसकी ओर ताकने और रहस्यपूर्ण भाव से देखने लगे, किन्तु वह लेशमात्र भी ध्यान न देती थी।

पंडितजी की जीवनचर्या, धर्मोत्साह और जातीय प्रेम में बड़े वेग से परिवर्तन होने लगे। सबसे पहले शिखा पर छुरा फिरा। अँग्रेज़ी फैशन के बाल कटवाए गए। लोगों ने कहा—यह क्या महाशय? आप तो फरमाते थे कि शिखा द्वारा विधुत्प्रवाह शरीर में प्रवेश करता है। अब वह किस मार्ग से जाएगा?

पंडितजी ने दार्शनिक भाव से मुस्कुराकर कहा—मैं तुम लोगों को उल्लू बनाता था। क्या मैं इतना भी नहीं जानता कि यह सब पाखंड है? मुझे अन्त:करण से इस पर विश्वास ही कब था; आप लोगों को चकमा देना चाहता था।

नईम—वल्लाह, आप एक ही झाँसेबाज निकले। हम लोग आपको बछिया के ताऊ ही समझते थे मगर आप तो आठों गाँठ कुम्मैत निकले।

चक्रधर—देखता कि लोग कहते क्या हैं!

शिखा के साथ-साथ संध्या और हवन की भी इतिश्री हो गई। हवन-कुंड कमरे में चारपाई के नीचे फेंक दिया गया। कुछ दिनों के बाद सिगरेट के जले हुए टुकड़े रखने का काम देने

लगा। जिस आसन पर बैठकर हवन किया करते थे, वह पायदान बना। अब प्रतिदिन साबुन रगड़ते, बालों में कंघी करते और सिगार पीते। यार उन्हें चंग पर चढ़ाए रहते थे। यह प्रस्ताव हुआ कि इस चंडूल से वास्कट के रुपए वसूल करने चाहिए मय सूद के। फिर क्या था, लूसी का एक पत्र आ गया—आपके रूपांतर से मुझे जितना आनंद हुआ उसे शब्दों में नहीं प्रकट कर सकती! आपसे मुझे ऐसी ही आशा थी। अब आप इस योग्य हो गए हैं कि कोई योरोपियन लेडी आपके सहवास में अपना अपमान नहीं समझ सकती। अब आपसे प्रार्थना केवल यही है कि मुझे अपने अनंत और अविरल प्रेम का कोई चिह्न प्रदान कीजिए, जिसे मैं सदैव अपने पास रखूँ। मैं कोई बहुमूल्य वस्तु नहीं, केवल प्रेमोपहार चाहती हूँ।

चक्रधर ने मित्रों से पूछा—अपनी पत्नी के लिए कुछ सौगात भेजना चाहता हूँ। क्या भेजना उचित होगा?

नईम—जनाब, यह तो उसकी तालीम और मिज़ाज पर मुनहसर है। अगर वह नए फैशन की लेडी है, कोई बेशक़ीमत, सुबुक वजहदार चीज़ या ऐसी ही कई चीज़ें भेजिए। मसलन रूमाल, रिस्टवाच, लवेंडर की शीशी, फँसी कंघी, आईना, लाकेट, ब्रूस वग़ैरह। और ख़ुदा न खास्ता अगर गँवारिन है, तो किसी दूसरे आदमी से पूछिए। मुझे गँवारियों के मिज़ाज का इल्म नहीं।

चक्रधर—जनाब, अँग्रेज़ी पढ़ी हुई हैं। बड़े ऊँचे ख़ानदान की हैं।

नईम—तो फिर मेरी सलाह पर अमल कीजिए।

संध्या समय मित्रगण चक्रधर के साथ बाज़ार गए और ढेर-की-ढेर चीज़ें बटोर लाए। सब-की-सब ऊँचे दरजे की। कोई 75 रु. ख़र्च हुए। मगर पंडितजी ने उफ् तक न की। हँसते हुए रुपए निकाले। लौटते वक़्त नईम ने कहा—अफ़सोस, हमें ऐसी ख़ुशमिज़ाज बीवी न मिली!

गिरिधर—ज़हर खा लो, ज़हर!

नईम—भई, दोस्ती के माने तो यही हैं कि एक बार हमें भी उनकी जियारत हो। क्यों पंडितजी, आप इसमें कोई हरज समझते हैं?

गिरिधर—ख़ैर, ख़ुदा उन्हें जल्द दुनिया से नजात दे।

रातोंरात पैकेट बना और प्रात:काल पंडितजी उसे ले जाकर लाइब्रेरी में रख आए। लाइब्रेरी सवेरे ही खुल जाती थी। कोई अड़चन न हुई। उन्होंने इधर मुँह फेरा। उधर यारों ने माल उड़ाया और चम्पत हुए। नईम के कमरे में चंदे के हिसाब से हिस्सा-बाँट हुआ। किसी ने घड़ी पाई, किसी ने रूमाल, किसी ने कुछ। एक रुपए के बदले पाँच-पाँच रुपए हाथ लगे।

3

प्रेमीजन का धैर्य अपार होता है। निराशा पर निराशा होती है, पर धैर्य हाथ से नहीं छूटता। पंडितजी बेचारे विपुल धन व्यय करने के पश्चात् भी प्रेमिका से सम्भाषण का सौभाग्य न प्राप्त कर सके। प्रेमिका भी विचित्र थी, जो पत्रों में मिसरी की डली घोल देती, मगर प्रत्यक्ष दृष्टिपात भी न करती थी। बेचारे बहुत चाहते थे कि स्वयं ही अग्रसर हों, पर हिम्मत न पड़ती थी। विकट समस्या थी। किन्तु इससे भी वह निराश न थे। हवन-संध्या तो छोड़ ही बैठे थे। नए फैशन के बाल कट ही चुके थे। अब बहुधा अँग्रेज़ी ही बोलते, यद्यपि वह अशुद्ध और भ्रष्ट होती थी। रात को अँग्रेज़ी मुहावरों की किताब लेकर पाठ की भाँति रटते। नीचे के दरजों में बेचारे ने इतने श्रम से कभी पाठ न याद किया था। उन्हीं रटे हुए मुहावरों को मौक़े-बे-मौक़े

काम में लाते। दो-चार लूसी के सामने भी अँग्रेज़ी बघारने लगे, जिससे उनकी योग्यता का परदा और भी खुल गया।

किन्तु दुष्टों को अब भी उन पर दया न आई। एक दिन चक्रधर के पास लूसी का पत्र पहुँचा, जिसमें बहुत अनुनय-विनय के बाद यह इच्छा प्रकट की गई थी कि—मैं भी आपको अँग्रेज़ी खेल खेलते देखना चाहती हूँ। मैंने आपको कभी फुटबाल या हॉकी खेलते नहीं देखा। अँग्रेज़ जेंटिलमैन के लिए हॉकी, क्रिकेट आदि में सिद्धहस्त होना परमावश्यक है! मुझे आशा है, आप मेरी यह तुच्छ याचना स्वीकार करेंगे। अँग्रेज़ी वेष-भूषा में, बोलचाल में, आचार-व्यवहार में, कॉलेज में अब आपका कोई प्रतियोगी नहीं रहा। मैं चाहती हूँ कि खेल के मैदान में भी आपकी सर्वश्रेष्ठता सिद्ध हो जाए। कदाचित् कभी आपको मेरे साथ लेडियों के सम्मुख खेलना पड़े, तो उस समय आपकी और आपसे ज़्यादा मेरी हेठी होगी। इसलिए टेनिस अवश्य खेलिए।

दस बजे पंडितजी को वह पत्र मिला। दोपहर को ज्यों ही विश्राम की घंटी बजी कि आपने नईम से जाकर कहा—यार, ज़रा फुटबाल निकाल दो।

नईम फुटबाल के कप्तान भी थे। मुस्कुराकर बोले—ख़ैर तो है, इस दोपहर में फुटबाल लेकर क्या कीजिएगा? आप तो कभी मैदान की तरफ़ झाँकते भी नहीं। आज इस जलती-बलती धूप में फुटबाल खेलने की धुन क्यों सवार है?

चक्रधर—आपको इससे क्या मतलब। आप गेंद निकाल दीजिए। मैं गेंद में भी आप लोगों को नीचा दिखाऊँगा।

नईम—जनाब, कहीं चोट-चपेट आ जाएगी, मुफ़्त में परेशान होइएगा। हमारे ही सिर मरहम-पट्टी का बोझ पड़ेगा। ख़ुदा के लिए इस वक़्त रहने दीजिए।

चक्रधर—आख़िर चोट तो मुझे लगेगी आपका इससे क्या नुक़सान होता है? आपको ज़रा-सा गेंद निकाल देने में इतनी आपत्ति क्यों है?

नईम ने गेंद निकाल दिया और पंडितजी उसी जलती हुई दोपहरी में अभ्यास करने लगे। बार-बार गिरते थे, बार-बार तालियाँ पड़ती थीं, मगर वह अपनी धुन में ऐसे मस्त थे कि उसकी कुछ परवा ही न करते थे। इसी बीच में आपने लूसी को आते देख लिया, और भी फूल गए। बार-बार पैर चलाते थे, मगर निशाना ख़ाली जाता था; पैर पड़ते भी थे तो गेंद पर कुछ असर न होता था। और लोग आकर गेंद को एक ठोकर में आसमान तक पहुँचा देते, तो आप कहते हैं, मैं ज़ोर से मारूँ, तो इससे भी ऊपर जाए, लेकिन फ़ायदा क्या? लूसी दो-तीन मिनट तक खड़ी उनकी बौखलाहट पर हँसती रही। आख़िर नईम से बोली—वेल नईम, इस पंडित को क्या हो गया है? रोज़ एक न एक स्वाँग भरा करता है। इसके दिमाग़ में खलल तो नहीं पड़ गया?

नईम—मालूम तो कुछ ऐसा ही होता है।

शाम को सब लोग छात्रालय में आए, तो मित्रों ने जाकर पंडितजी को बधाई दी। यार, हो बड़े ख़ुशनसीब, हम लोग फुटबाल को कॉलेज की चोटी तक पहुँचाते रहे, मगर किसी ने तारीफ न की। तुम्हारे खेल की सबने तारीफ की, खासकर लूसी ने। वह तो कहती थी, जिस ढंग से यह खेलते हैं, उस ढंग से मैंने बहुत कम हिन्दुस्तानियों को खेलते देखा है। मालूम होता है, आक्सफोर्ड का अभ्यस्त खिलाड़ी है।

चक्रधर—और भी कुछ बोली? क्या कहा, सच बताओ?

नईम—अजी, अब साफ़-साफ़ न कहलवाइए। मालूम होता है, आपने टट्टी की आड़ से शिकार खेला है। बड़े उस्ताद हो यार! हम लोग मुँह ताक़ते रहे और तुम मैदान मार ले गए। जभी आप रोज़ यह कलेवर बदला करते थे? अब भेद खुला। वाकई ख़ुशनसीब हो।

चक्रधर—मैं उसी कायदे से गेंद में ठोकर मारता था, जैसे किताब में लिखा है।

नईम—तभी तो बाज़ी मार ले गए भाई! और नहीं क्या हम आपसे किसी बात में कम हैं। हाँ, तुम्हारी-जैसी सूरत कहाँ से लावें।

चक्रधर—बहुत बनाओ नहीं। मैं ऐसा कहाँ का बड़ा रूपवान हूँ।

नईम—अजी यह तो नतीजे ही से जाहिर है। यहाँ साबुन और तेल लगाते-लगाते भौंरा हुआ जाता हूँ और कुछ असर नहीं होता। मगर आपका रंग बिना हर्रे-फिटकिरी के ही चोखा है।

चक्रधर—कुछ मेरे कपड़े वग़ैरह की निस्बत तो नहीं कहती थी?

नईम—नहीं, और तो कुछ नहीं कहा। हाँ, इतना देखा कि जब तक खड़ी रही, आपकी ही तरफ़ उसकी टकटकी लगी हुई थी।

पंडितजी अकड़े जाते थे। हृदय फूला जाता था। जिन्होंने उनकी वह अनुपम छवि देखी, वे बहुत दिनों तक याद रखेंगे। मगर इस अतुल आनंद का मूल्य उन्हें बहुत देना पड़ा, क्योंकि अब कॉलेज का सेशन समाप्त होनेवाला था और मित्रों की पंडितजी के माथे एक बार दावत खाने की बड़ी अभिलाषा थी। प्रस्ताव होने की देर थी। तीसरे दिन उनके नाम लूसी का पत्र पहुँचा—वियोग के दुर्दिन आ रहे हैं; न-जाने आप कहाँ होंगे और मैं कहाँ हूँगी। मैं चाहती हूँ, इस अटल प्रेम की यादगार में एक दावत हो। अगर उसका व्यय आपके लिए असह्य हो, तो मैं सम्पूर्ण भार लेने को तैयार हूँ। इस दावत में मैं और मेरी सखियाँ-सहेलियाँ निमंत्रित होंगी, कॉलेज के छात्र और अध्यापकगण सम्मिलित होंगे। भोजन के उपरांत हम अपने वियुक्त हृदय के भावों को प्रकट करेंगे। काश, आपका धर्म, आपकी जीवन-प्रणाली और मेरे माता-पिता की निर्दयता बाधक न होती, तो हमें संसार की कोई शक्ति जुदा नहीं कर सकती।

चक्रधर यह पत्र पाते ही बौखला उठे। मित्रों से कहा—भाई, चलते-चलते एक बार सहभोज तो हो जाए। फिर न जाने कौन कहाँ होगा। मिस लूसी को भी बुलाया जाए।

यद्यपि पंडितजी के पास इस समय रुपए न थे, घरवाले उनकी फ़िज़ूलख़र्ची की कई बार शिकायत कर चुके थे, मगर पंडितजी का आत्माभिमान यह कब मानता कि प्रीतिभोज का भार लूसी पर रखा जाए। वह तो अपने प्राण तक उस पर वार चुके थे। न-जाने क्या-क्या बहाने बनाकर ससुराल से रुपए मँगवाए और बड़े समारोह से दावत की तैयारियाँ होने लगीं। कार्ड छपवाए गए, भोजन परोसनेवाले के लिए नई वरदियाँ बनवाई गईं। अँग्रेज़ी और हिन्दुस्तानी, दोनों ही प्रकार के व्यंजनों की व्यवस्था की गई। अँग्रेज़ी खाने के लिए रायल होटल से बातचीत की गई। इसमें बहुत सुविधा थी। यद्यपि चीज़ें बहुत महँगी थीं, लेकिन झंझट से नजात हो गई। अन्यथा सारा भार नईम और उसके दोस्त गिरिधर पर पड़ता। हिन्दुस्तानी भोजन के व्यवस्थापक गिरिधर हुए।

पूरे दो सप्ताह तक तैयारियाँ हुई थीं। नईम और गिरिधर तो कॉलेज में केवल मनोरंजन के लिए थे। पढ़ना-पढ़ाना तो उनको था नहीं, आमोद-प्रमोद ही में समय व्यतीत किया करते थे; कवि-सम्मेलन की भी ठहरी। कविजनों के नाम बुलावे भेजे गए। सारांश यह कि बड़े पैमाने पर प्रीतिभोज का प्रबंध किया गया और भोज हुआ भी विराट्। विद्यालय के नौकरों ने

पूरियाँ बेचीं। विद्यालय के इतिहास में वह भोज चिरस्मरणीय रहेगा। मित्रों ने ख़ूब बढ़-बढ़ कर हाथ मारे, दो-तीन मिसें भी खींच बुलाई गईं। मिरज़ा नईम लूसी को घेर-घार कर ले ही आए। इसने भोजन को और भी रसमय बना दिया।

4

किन्तु शोक, महाशोक, इस भोज का परिणाम अभागे चक्रधर के लिए कल्याणकारी न हुआ। चलते-चलते लज्जित और अपमानित होना बदा था। मित्रों की तो दिल्लगी थी और उस बेचारे की जान पर बन रही थी। सोचे, अब तो बिदा होते ही हैं, फिर मुलाक़ात हो या न हो। अब किस दिन के लिए सब्र करें? मन के प्रेमोद्गार को निकाल क्यों न लें। कलेजा चीरकर दिखा क्यों न दें। और लोग तो दावत खाने में जुटे हुए थे; और वह मदन-बाण-पीड़ित युवक बैठा सोच रहा था कि यह अभिलाषा क्योंकर पूरी हो? अब यह आत्मदमन क्यों? लज्जा क्यों? विरक्ति क्यों? गुप्त रोदन क्यों? मौन-मुखापेक्षा क्यों? अंतर्वेदना क्यों? बैठे-बैठे प्रेम को क्रियाशील बनाने के लिए मन में बल का संचार करते रहे, कभी देवताओं का स्मरण करते, कभी ईश्वर को अपनी भक्ति की याद दिलाते। अवसर की ताक में इस भाँति बैठे थे, जैसे बगुला मेढक की ताक में बैठता है। भोज समाप्त हो गया। पान-इलाइची बँट चुकी, वियोगवार्ता हो चुकी। मिस लूसी अपनी श्रवणमुधर वाणी से हृदयों में हाहाकार मचा चुकी, और भोजशाला से निकलकर बाइसिकिल पर बैठी। उधर कवि-सम्मेलन में इस तरह मिसरा पढ़ा गया—

कोई दीवाना बनाए, कोई दीवाना बने।

इधर चक्रधर चुपके से लूसी के पीछे हो लिए और साइकिल को भयंकर वेग से दौड़ाते हुए उसे आधे रास्ते में जा पकड़ा। वह इन्हें इस व्यग्रता से दौड़े आते देखकर सहम उठी कि कोई दुर्घटना तो नहीं हो गई। बोली—वेल पंडितजी! क्या बात है? आप इतने बदहवास क्यों हैं? कुशल तो है?

चक्रधर का गला भर आया। कम्पित स्वर से बोले—अब आपसे सदैव के लिए बिछुड़ ही जाऊँगा। यह कठिन विरह-पीड़ा कैसे सही जाएगी! मुझे तो शंका है, कहीं पागल न हो जाऊँ!

लूसी ने विस्मित होकर पूछा—आपकी मंशा क्या है? आप बीमार हैं क्या?

चक्रधर—आह डियर डार्लिंग, तुम पूछती हो, बीमार हूँ? मैं मर रहा हूँ, प्राण निकल चुके हैं केवल प्रेमाभिलाषा का अवलम्बन है!

यह कहकर आपने उसका हाथ पकड़ना चाहा। वह उनका उन्माद देखकर भयभीत हो गई। क्रोध में आकर बोली—आप मुझे यहाँ रोककर मेरा अपमान कर रहे हैं। इसके लिए आपको पछताना पड़ेगा।

चक्रधर—लूसी, देखो चलते-चलते इतनी निष्ठुरता न करो। मैंने ये विरह के दिन किस तरह काटे हैं, सो मेरा दिल ही जानता है। मैं ही ऐसा बेहया हूँ कि अब तक जीता हूँ। दूसरा होता तो अब तक चल बसा होता। बस, केवल तुम्हारी सुधामयी पत्रिकाएँ ही मेरे जीवन का एकमात्र आधार थीं।

लूसी—मेरी पत्रिकाएँ! कैसी? मैंने आपको कब पत्र लिखे! आप कोई नशा तो नहीं खा आए हैं?

चक्रधर—डियर डार्लिंग, इतनी जल्द न भूल जाओ, इतनी निर्दयता न दिखाओ। तुम्हारे वे प्रेम-पत्र, जो तुमने मुझे लिखे हैं, मेरे जीवन की सबसे बड़ी सम्पत्ति रहेंगे। तुम्हारे अनुरोध से मैंने यह वेष धारण किया, अपना संध्या-हवन छोड़ा, यह अचार-व्यवहार ग्रहण किया। देखो तो ज़रा, मेरे हृदय पर हाथ रखकर, कैसी धड़कन हो रही है। मालूम होता है, बाहर निकल पड़ेगा। तुम्हारा यह कुटिल हास्य मेरे प्राण ही लेकर छोड़ेगा। मेरी अभिलाषाओं...

लूसी—तुम भंग तो नहीं खा गए हो या किसी ने तुम्हें चकमा तो नहीं दिया है? मैं तुमको प्रेम-पत्र लिखती। हः हः। ज़रा अपनी सूरत तो देखो, खासे बनैले सुअर मालूम होते हो।

किन्तु पंडितजी अभी तक यही समझ रहे थे कि यह मुझसे विनोद कर रही है। उसका हाथ पकड़ने की चेष्टा करके बोले—प्रिये, बहुत दिनों के बाद यह सुअवसर मिला है। अब न भागने पाओगी।

लूसी को अब क्रोध आ गया। उसने ज़ोर से एक चाँटा उनके लगाया, और सिंहिनी की भाँति ग़रज़कर बोली—यू ब्लाडी, हट जा रास्ते से, नहीं तो, अभी पुलिस को बुलाती हूँ। रास्केल!

पंडितजी चाँटा खाकर चौंधिया गए। आँखों के सामने अँधेरा छा गया। मानसिक आघात पर यह शारीरिक वज्रपात! यह दुहरी विपत्ति! वह तो चाँटा मारकर हवा हो गई और यह वहीं ज़मीन पर बैठकर इस सम्पूर्ण वृत्तांत की मन-ही-मन आलोचना करने लगे। चाँटे ने बाहर की आँखें आँसुओं से भर दी थीं, पर अन्दर की आँखें खोल दी थीं। कहीं कॉलेज के लौंडों ने तो यह शरारत नहीं की? अवश्य यही बात है। आह! पाजियों ने बड़ा चकमा दिया! तभी सब-के-सब मुझे देख-देखकर हँसा करते थे! मैं भी कुछ कमअकल हूँ नहीं तो इनके हाथों टेसू क्यों बनता! बड़ा झाँसा दिया। उम्र-भर याद रहेगा। वहाँ से झल्लाए हुए आए और नईम से बोले—तुम बड़े दग़ाबाज हो, परले सिरे के धूर्त, पाजी, उल्लू, गधे, शैतान!

नईम—आख़िर कोई बात भी कहिए, या गालियाँ ही देते जाइएगा?

गिरिधर—क्या बात हुई, कहीं लूसी से आपने कुछ कहा तो नहीं?

चक्रधर—उसी के पास से आ रहा हूँ चाँटा खाकर और मुँह में कालिख लगवाकर! तुम दोनों ने मिलकर मुझे ख़ूब उल्लू बनाया। इसकी कसर न लूँ, तो मेरा नाम नहीं। मैं नहीं जानता था कि तुम लोग मित्र बनकर मेरी गरदन पर छुरा चला रहे हो! अच्छा जो वह ग़ुस्से में आकर पिस्तौल चला देती तो।

नईम—अरे यार, माशूकों की घातें निराली होती हैं!

चक्रधर—तुम्हारा सिर! माशूक चाँटे लगाया करते हैं। वे आँखों से तीर चलाते हैं, कटार मारते हैं; या हाथों से मुष्टि-प्रहार करते हैं?

गिरिधर—उससे आपने क्या कहा?

चक्रधर—कहा क्या, अपनी बिरह व्यथा की गाथा सुनाता रहा। इस पर उसने ऐसा चाँटा रसीद किया कि कान भन्ना उठे। हाथ हैं उसके कि पत्थर!

गिरिधर—ग़ज़ब ही हो गया। आप हैं निरे चोंच! भले आदमी, इतनी मोटी बुद्धि है तुम्हारी! हम क्या जानते थे कि आप ऐसे छिछोरे हैं, नहीं तो मज़ाक़ ही क्यों करते। अब आपके साथ हम लोगों पर भी आफ़त आई। कहीं उसने प्रिंसिपल से शिकायत कर दी, तो न इधर के हुए न उधर के। और जो कहीं अपने किसी अँग्रेज़ आशना से कहा, तो जान के लाले पड़ जाएँगे।

बड़े बेवकूफ़ हो यार, निरे चोंच हो। इतना भी नहीं समझे कि वह सब दिल्लगी थी। ऐसे बड़े ख़ूबसूरत भी तो नहीं हो।

चक्रधर—दिल्लगी तुम्हारे लिए थी, मेरी तो मौत हो गई। चिड़िया जान से गई, लड़कों का खेल हुआ। अब चुपके से मेरे पाँच सौ रुपए लौटा दीजिए, नहीं तो गरदन ही तोड़ दूँगा!

नईम—रुपयों के बदले खिदमत चाहे ले लो। कहो तुम्हारी हजामत बना दें, जूते साफ़ कर दें, सिर सहला दें। बस, खाना देते जाना। क़सम ले लो, जो ज़िन्दगी-भर कहीं जाऊँ, या तरक्की के लिए कहूँ। माँ-बाप के सिर से तो बोझ टल जाएगा।

चक्रधर—मत जले पर नमक छिड़को जी! आपके आप गए, मुझे ले डूबे। तुम्हारी तो अँग्रेज़ी अच्छी है, लोट-पोटकर निकल जाओगे। मैं तो पास भी न हूँगा। बदनाम हुआ, वह अलग पाँच सौ की चपत भी पड़ी। यह दिल्लगी है कि गला काटना? ख़ैर समझूँगा और चाहे मैं न समझूँ, पर ईश्वर ज़रूर समझेंगे।

नईम—ग़लती हुई भाई, मुझे अब ख़ुद इसका अफ़सोस है।

गिरिधर—ख़ैर, रोने-धोने का अभी बहुत मौक़ा है, अब यह बतलाइए कि लूसी ने प्रिंसिपल से कह दिया तो क्या नतीजा होगा। तीनों आदमी निकाल दिए जाएँगे। नौकरी से भी हाथ धोना पड़ेगा! फिर?

चक्रधर—मैं तो प्रिंसिपल से तुम लोगों की सारी कलई खोल दूँगा।

नईम—क्यों यार, दोस्त के यही माने हैं?

चक्रधर—जी हाँ, आप जैसे दोस्तों की यही सज़ा है।

उधर तो रात-भर मुशायरे का बाज़ार गरम रहा और इधर यह त्रिमूर्ति बैठी प्राण-रक्षा के उपाय सोच रही थी। प्रिंसिपल के कानों तक बात पहुँची और आफ़त आई। अँग्रेज़वाली बात है, न-जाने क्या कर बैठे। आख़िर बहुत वाद-विवाद के पश्चात् यह निश्चित हुआ कि नईम और गिरिधर प्रातःकाल मिस लूसी के बँगले पर जाएँ, उससे क्षमा-याचना करें। और इस अपमान के लिए वह जो प्रायश्चित्त कहे, उसे स्वीकार करें।

चक्रधर—मैं एक कौड़ी न दूँगा।

नईम—न देना भाई! हमारी जान तो है न।

गिरिधर—जान लेकर वह चाटेगी। पहले रुपए की फ़िक्र कर लो! वह बिना तावान लिए न मानेगी।

नईम—भाई चक्रधर, ख़ुदा के लिए इस वक़्त दिल न छोटा करो, नहीं तो हम तीनों की मिट्टी ख़राब होगी। जो कुछ हुआ उसे मुआफ करो, अब फिर ऐसी ख़ता न होगी।

चक्रधर—ऊँह, यही न होगा निकाल दिया जाऊँगा। दुकान खोल लूँगा। तुम्हारी मिट्टी ख़राब होगी। इस शरारत का मज़ा चखोगे। ओह, कैसा चकमा दिया।

बहुत खुशामद और चिरौरी के बाद देवता सीधे हुए। प्रातःकाल नईम लूसी के बँगले पर पहुँचे। वहाँ मालूम हुआ कि वह प्रिंसिपल के बँगले पर गई है। अब काटो तो बदन में लहू नहीं। या अली, तुम्हीं मुश्किल को आसान करनेवाले हो, अब जान की ख़ैर नहीं। प्रिंसिपल ने सुना, तो कच्चा ही खा जाएगा, नमक तक न माँगेगा। इस कम्बख़्त पंडित की बदौलत अजाब में जान फँसी। इस बेहूदे को सूझी क्या? चला नाजनीन से इश्क़ जताने! बनबिलाव की-सी तो आपकी सूरत है। और खब्त यह कि यह माहरू मुझ पर रीझ गई। हमें भी अपने साथ डुबोए देता है।

कहीं लूसी से रास्ते में मुलाक़ात हो गई, तो शायद आरज़ू-मिन्नत करने से मान जाए; लेकिन जो वहाँ पहुँच चुकी है तो फिर कोई उम्मीद नहीं। वह फिर पैरगाड़ी पर बैठे और बेतहाशा प्रिंसिपल के बँगले की तरफ़ भागे। ऐसे तेज़ जा रहे थे, मानो पीछे मौत आ रही है। ज़रा-सी ठोकर लगती, तो हड्डी-पसली चूर-चूर हो जाती। पर शोक! कहीं लूसी का पता नहीं। आधा रास्ता निकल गया और लूसी की गर्द तक न नज़र आई। नैराश्य ने गति को मंद कर दिया। फिर हिम्मत करके चले। बँगले के द्वार पर भी मिल गई, तो जान बच जाएगी। सहसा लूसी दिखाई दी। नईम ने पैरों को और भी तेज़ चलाना शुरू किया। वह प्रिंसिपल के बँगले के दरवाज़े पर पहुँच चुकी थी। एक सेकेंड में वारा-न्यारा होता था, नाव डूबती थी या पार जाती थी। हृदय उछल-उछलकर कंठ तक आ रहा था। ज़ोर से पुकारा—मिस टरनर, हेलो मिस टरनर, ज़रा ठहर जाओ।

लूसी ने पीछे फिरकर देखा, नईम को पहचानकर ठहर गई और बोली—मुझसे उस पंडित की सिफारिश करने तो नहीं आए हो! मैं प्रिंसिपल से उसकी शिकायत करने जा रही हूँ।

नईम—तो पहले मुझे और गिरिधर—दोनों को गोली मार दो, फिर जाना।

लूसी—बेहया लोगों पर गोली का असर नहीं होता। उसने मुझे बहुत इंसल्ट किया है।

नईम—लूसी, तुम्हारे कुसूरवार हमी दोनों हैं। वह बेचारा पंडित तो हमारे हाथ का खिलौना था। सारी शरारत हम लोगों की थी। क़सम तुम्हारे सिर की!

लूसी—You naughty boy!

नईम—हम दोनों उसे दिल-बहलाव का एक स्वाँग बनाए हुए थे। इसकी हमें ज़रा भी ख़बर न थी कि वह तुम्हें छेड़ने लगेगा। हम तो समझते थे कि उसमें इतनी हिम्मत ही नहीं है। ख़ुदा के लिए मुआफ़ करो, वरना हम तीनों का ख़ून तुम्हारी गरदन पर होगा।

लूसी—ख़ैर, तुम कहते हो तो प्रिंसिपल से न कहूँगी, लेकिन शर्त यह है कि पंडित मेरे सामने बीस मरतबा कान पकड़कर उठे-बैठे और मुझे कम से कम 200) रु. तावान दे।

नईम—लूसी इतनी बेरहमी न करो। यह समझो, उस ग़रीब के दिल पर क्या गुज़र रही होगी। काश, अगर तुम इतनी हसीन न होतीं।

लूसी मुस्कुराकर बोली—खुशामद करना कोई तुमसे सीख ले।

नईम—तो अब वापस चलो।

लूसी—मेरी दोनों शर्तें मंजूर करते हो न?

नईम—तुम्हारी दूसरी शर्त तो हम सब मिलकर पूरी कर देंगे, लेकिन पहली शर्त सख़्त है, बेचारा ज़हर खाकर मर जाएगा। हाँ, उसके एवज में मैं पचास दफ़ा कान पकड़कर उठ-बैठ सकता हूँ।

लूसी—तुम छँटे हुए शोहदे हो। तुम्हें शर्म कहाँ! मैं उसी को सज़ा देना चाहती हूँ। बदमाश, मेरा हाथ पकड़ना चाहता था।

नईम—ज़रा भी रहम न करोगी!

लूसी—नहीं, सौ बार नहीं।

नईम लूसी को साथ लाए। पंडित के सामने दोनों शर्तें रखी गईं, तो बेचारा बिलबिला उठा। लूसी के पैरों पर गिर पड़ा और सिसक-सिसककर रोने लगा। नईम और गिरिधर भी अपने कुकृत्य पर लज्जित हुए। अंत में लूसी को दया आई। बोली—अच्छा, इन दोनों में से कोई एक शर्त मंजूर कर लो मैं मुआफ़ कर दूँगी।

लोगों को पूरा विश्वास था कि चक्रधर रुपएवाली ही शर्त स्वीकार करेंगे। लूसी के सामने वह कभी कान पकड़कर उठा-बैठी न करेंगे। इसलिए जब चक्रधर ने कहा, मैं रुपए तो न दूँगा। हाँ, बीस की जगह चालीस बार उठा-बैठी कर लूँगा, तो सब लोग चकित हो गए। नईम ने कहा—यार, क्यों हम लोगों को जलील करते हो? रुपए क्यों नहीं देते?

चक्रधर—रुपए बहुत ख़र्च कर चुका। अब इस चुड़ैल के लिए कानी कौड़ी तो ख़र्च करूँगा नहीं, दो सौ बहुत होते हैं। इसने समझा होगा, चलकर मज़े से दो सौ रुपए मार लाऊँगी और गुलछर्रे उड़ाऊँगी। यह न होगा। अब तक रुपए ख़र्च करके अपनी हँसी कराई है, अब बिना ख़र्च किए हँसी कराऊँगा। मेरे पैरों में दर्द हो बला से, सब लोग हँसें बला से, पर इसकी मुट्ठी तो न गरम होगी।

यह कहकर चक्रधर ने कुरता उतार फेंका, धोती ऊपर चढ़ा ली और बरामदे से नीचे मैदान में उतरकर उठा-बैठी करने लगे। मुख-मंडल क्रोध से तमतमाता हुआ था, पर वह बैठकें लगाए जाते थे। मालूम होता था, कोई पहलवान अपना करतब दिखा रहा है। पंडित ने अगर बुद्धिमत्ता का कभी परिचय दिया तो इसी अवसर पर। सब लोग खड़े थे, पर किसी के होंठों पर हँसी न थी? सब लोग दिल में कटे जाते थे। यहाँ तक कि लूसी को भी सिर उठाने का साहस न होता था। सिर गड़ाए बैठी थी। शायद उसे खेद हो रहा था कि मैंने नाहक यह दंड-योजना की।

बीस बार उठते-बैठते कितनी देर लगती है। पंडित ने ख़ूब उच्च स्वर से गिन-गिनकर बीस की संख्या पूरी की और गर्व से सिर उठाए अपने कमरे में चले गए। लूसी ने उन्हें अपमानित करना चाहा था, उलटे उसी का अपमान हो गया।

इस दुर्घटना के पश्चात् एक सप्ताह तक कॉलेज खुला रहा; किन्तु पंडितजी को किसी ने हँसते नहीं देखा। वह विमन और विरक्त भाव से अपने कमरे में बैठे रहते थे। लूसी का नाम ज़बान पर आते झल्ला पड़ते थे।

इस साल की परीक्षा में पंडितजी फेल हो गए; पर इस कॉलेज में फिर न आए, शायद अलीगढ़ चले गए।

प्रेरणा

मेरी कक्षा में सूर्यप्रकाश से ज़्यादा ऊधमी कोई लड़का न था, बल्कि यों कहो कि अध्यापन-काल के दस वर्षों में मुझे ऐसी विषम प्रकृति के शिष्य से साबका न पड़ा था। कपट-क्रीड़ा में उसकी जान बसती थी। अध्यापकों को बनाने और चिढ़ाने, उद्योगी बालकों को छेड़ने और रुलाने में ही उसे आनंद आता था। ऐसे-ऐसे षड्यंत्र रचता, ऐसे-ऐसे फंदे डालता, ऐसे-ऐसे बंधन बाँधता कि देखकर आश्चर्य होता था। गिरोहबंदी में अभ्यस्त था।

खुदाई फ़ौजदारों की एक फ़ौज बना ली थी और उसके आतंक से शाला पर शासन करता था। मुख्य अधिष्ठाता की आज्ञा टल जाए, मगर क्या मजाल कि कोई उसके हुक्म की अवज्ञा कर सके। स्कूल के चपरासी और अर्दली उससे थर-थर काँपते थे। इंस्पेक्टर का मुआइना

होने वाला था, मुख्य अधिष्ठाता ने हुक्म दिया कि लड़के निर्दिष्ट समय से आध घंटा पहले आ जाएँ। मतलब यह था कि लड़कों को मुआइने के बारे में कुछ ज़रूरी बातें बता दी जाएँ, मगर दस बज गए, इंस्पेक्टर साहब आकर बैठ गए, और मदरसे में एक लड़का भी नहीं। ग्यारह बजे सब छात्र इस तरह निकल पड़े, जैसे कोई पिंजरा खोल दिया गया हो। इंस्पेक्टर साहब ने कैफियत में लिखा—डिसिप्लिन बहुत ख़राब है। प्रिंसिपल साहब की किरकिरी हुई, अध्यापक बदनाम हुए और यह सारी शरारत सूर्यप्रकाश की थी, मगर बहुत पूछताछ करने पर भी किसी ने सूर्यप्रकाश का नाम तक न लिया। मुझे अपनी संचालन-विधि पर गर्व था। ट्रेनिंग कॉलेज में इस विषय में मैंने ख्याति प्राप्त की थी, मगर यहाँ मेरा सारा संचालन-कौशल जैसे मोर्चा खा गया था। कुछ अक़्ल ही काम न करती कि शैतान को कैसे सन्मार्ग पर लाएँ। कई बार अध्यापकों की बैठक हुई, पर यह गिरह न खुली। नई शिक्षा-विधि के अनुसार मैं दंडनीति का पक्षपाती न था, मगर यहाँ हम इस नीति से केवल इसलिए विरक्त थे कि कहीं उपचार से भी रोग असाध्य न हो जाए। सूर्यप्रकाश को स्कूल से निकाल देने का प्रस्ताव भी किया गया, पर इसे अपनी अयोग्यता का प्रमाण समझकर हम इस नीति का व्यवहार करने का साहस न कर सके। बीस-बाईस अनुभवी और शिक्षाशास्त्र के आचार्य एक बारह-तेरह साल के उद्दंड बालक का सुधार न कर सकें, यह विचार बहुत ही निराशाजनक था। यों तो सारा स्कूल उससे त्राहि-त्राहि करता था, मगर सबसे ज़्यादा संकट में मैं था, क्योंकि वह मेरी कक्षा का छात्र था और उसकी शरारतों का कुफल मुझे भोगना पड़ता था। मैं स्कूल आता, तो हरदम यही खटका लगा रहता था कि देखें आज क्या विपत्ति आती है। एक दिन मैंने अपनी मेज़ की दराज खोली, तो उसमें से एक बड़ा-सा मेढक निकल पड़ा। मैं चौंककर पीछे हटा तो क्लास में एक शोर मच गया। उसकी ओर सरोष नेत्रों से देखकर रह गया। सारा घंटा उपदेश में बीत गया और वह पट्ठा सिर झुकाए नीचे मुस्कुरा रहा था। मुझे आश्चर्य होता था कि यह नीचे की कक्षाओं में कैसे पास हुआ था। एक दिन मैंने ग़ुस्से से कहा—तुम इस कक्षा से उम्र भर नहीं पास हो सकते। सूर्यप्रकाश ने अविचलित भाव से कहा—आप मेरे पास होने की चिन्ता न करें। मैं हमेशा पास हुआ हूँ और अबकी भी हूँगा।'

'असंभव!'

'असंभव संभव हो जाएगा!'

मैं आश्चर्य से उसका मुँह देखने लगा। जहीन से जहीन लड़का भी अपनी सफलता का दावा इतने निर्विवाद रूप से न कर सकता था। मैंने सोचा, वह प्रश्न-पत्र उड़ा लेता होगा। मैंने प्रतिज्ञा की, अबकी इसकी एक चाल भी न चलने दूँगा। देखूँ, कितने दिन इस कक्षा में पड़ा रहता है। आप घबड़ाकर निकल जाएगा।

वार्षिक परीक्षा के अवसर पर मैंने असाधारण देखभाल से काम लिया; मगर जब सूर्यप्रकाश का उत्तर-पत्र देखा, तो मेरे विस्मय की सीमा न रही। मेरे दो पर्चे थे, दोनों ही में उसके नम्बर कक्षा में सबसे अधिक थे। मुझे ख़ूब मालूम था कि वह मेरे किसी पर्चे का कोई प्रश्न भी हल नहीं कर सकता। मैं इसे सिद्ध कर सकता था; मगर उसके उत्तर-पत्रों को क्या करता! लिपि में इतना भेद न था जो कोई सन्देह उत्पन्न कर सकता। मैंने प्रिंसिपल से कहा, तो वह भी चकरा गए; मगर उन्हें भी जान-बूझकर मक्खी निगलनी पड़ी। मैं कदाचित् स्वभाव ही से निराशावादी हूँ। अन्य अध्यापकों को मैं सूर्यप्रकाश के विषय में ज़रा भी चिंतित न पाता

था। मानो ऐसे लड़कों का स्कूल में आना कोई नई बात नहीं, मगर मेरे लिए वह एक विकट रहस्य था। अगर यही ढंग रहे, तो एक दिन या तो जेल में होगा, या पागलखाने में।

2

उसी साल मेरा तबादला हो गया। यद्यपि यहाँ की जलवायु मेरे अनुकूल थी, प्रिंसिपल और अन्य अध्यापकों से मैत्री हो गई थी, मगर मैं अपने तबादले से ख़ुश हुआ; क्योंकि सूर्यप्रकाश मेरे मार्ग का काँटा न रहेगा। लड़कों ने मुझे बिदाई की दावत दी और सब-के-सब स्टेशन तक पहुँचाने आए। उस वक़्त सभी लड़के आँखों में आँसू भरे हुए थे। मैं भी अपने आँसुओं को न रोक सका। सहसा मेरी निगाह सूर्यप्रकाश पर पड़ी, जो सबसे पीछे लज्जित खड़ा था। मुझे ऐसा मालूम हुआ कि उसकी आँखें भी भीगी थीं। मेरा जी बार-बार चाहता था कि चलते-चलते उससे दो-चार बातें कर लूँ। शायद वह भी मुझसे कुछ कहना चाहता था, मगर न मैंने पहले बातें कीं, न उसने; हालाँकि मुझे बहुत दिनों तक इसका खेद रहा। उसकी झिझक तो क्षमा के योग्य थी; पर मेरा अवरोध अक्षम्य था। संभव था, उस करुणा और ग्लानि की दशा में मेरी दो-चार निष्कपट बातें उसके दिल पर असर कर जातीं; मगर इन्हीं खोए हुए अवसरों का नाम तो जीवन है। गाड़ी मंदगति से चली। लड़के कई क़दम तक उसके साथ दौड़े। मैं खिड़की के बाहर सिर निकाले खड़ा था। कुछ देर मुझे उनके हिलते हुए रूमाल नज़र आए। फिर वे रेखाएँ आकाश में विलीन हो गईं: मगर एक अल्पकाय मूर्ति अब भी प्लेटफार्म पर खड़ी थी। मैंने अनुमान किया, वह सूर्यप्रकाश है। उस समय मेरा हृदय किसी विकल क़ैदी की भाँति घृणा, मालिन्य और उदासीनता के बंधनों को तोड़-तोड़कर उसके गले मिलने के लिए तड़प उठा।

नए स्थान की नई चिन्ताओं ने बहुत जल्द मुझे अपनी ओर आकर्षित कर लिया। पिछले दिनों की याद एक हसरत बनकर रह गई। न किसी का कोई ख़त आया, न मैंने कोई ख़त लिखा। शायद दुनिया का यही दस्तूर है। वर्षा के बाद वर्षा की हरियाली कितने दिनों रहती है। संयोग से मुझे इंगलैंड में विद्याभ्यास करने का अवसर मिल गया। वहाँ तीन साल लग गए। वहाँ से लौटा तो एक कॉलेज का प्रिंसिपल बना दिया गया। यह सिद्धि मेरे लिए बिलकुल आशातीत थी। मेरी भावना स्वप्न में भी इतनी दूर न उड़ी थी; किन्तु पदलिप्सा अब किसी और भी ऊँची डाली पर आश्रय लेना चाहती थी। शिक्षामंत्री से रब्त-ज़ब्त पैदा किया। मंत्री महोदय मुझ पर कृपा रखते थे; मगर वास्तव में शिक्षा के मौलिक सिद्धांतों का उन्हें ज्ञान न था। मुझे पाकर उन्होंने सारा भार मेरे ऊपर डाल दिया। घोड़े पर वह सवार थे, लगाम मेरे हाथ में थी। फल यह हुआ कि उनके राजनैतिक विपक्षियों से मेरा विरोध हो गया। मुझ पर जा-बेजा आक्रमण होने लगे। मैं सिद्धांत रूप से अनिवार्य शिक्षा का विरोधी हूँ। मेरा विचार है कि हर एक मनुष्य की उन विषयों में ज़्यादा स्वाधीनता होनी चाहिए, जिनका उससे निज का सम्बन्ध है। मेरा विचार है कि यूरोप में अनिवार्य शिक्षा की ज़रूरत है, भारत में नहीं। भौतिकता पश्चिमी सभ्यता का मूल तत्त्व है। वहाँ किसी काम की प्रेरणा, आर्थिक लाभ के आधार पर होती है। ज़िन्दगी की ज़रूरत ज़्यादा है; इसलिए जीवन-संग्राम भी अधिक भीषण है। माता-पिता भोग के दास होकर बच्चों को जल्द-से-जल्द कुछ कमाने पर मजबूर करते हैं। इसकी जगह कि वह मद का त्याग करके एक शिलिंग रोज़ की बचत कर लें, वे अपने

कमसिन बच्चे को एक शिलिंग की मज़दूरी करने के लिए दबाएँगे। भारतीय जीवन में सात्विक सरलता है। हम उस वक़्त तक अपने बच्चों से मज़दूरी नहीं कराते, जब तक कि परिस्थिति हमें विवश न कर दे। दरिद्र से दरिद्र हिन्दुस्तानी मज़दूर भी शिक्षा के उपकारों का कायल है। उसके मन में यह अभिलाषा होती है कि मेरा बच्चा चार अक्षर पढ़ जाए। इसलिए नहीं कि उसे कोई अधिकार मिलेगा; बल्कि केवल इसलिए कि विद्या मानवी शील का एक शृंगार है। अगर यह जानकर भी वह अपने बच्चे को मदरसे नहीं भेजता, तो समझ लेना चाहिए कि वह मज़बूर है। ऐसी दशा में उस पर क़ानून का प्रहार करना मेरी दृष्टि में न्याय-संगत नहीं है। इसके सिवाय मेरे विचार में अभी हमारे देश में योग्य शिक्षकों का अभाव है। अर्द्ध-शिक्षित और अल्पवेतन पानेवाले अध्यापकों से आप यह आशा नहीं रख सकते कि वह कोई ऊँचा आदर्श अपने सामने रख सकें। अधिक-से-अधिक इतना ही होगा कि चार-पाँच वर्ष में बालक को अक्षर-ज्ञान हो जाएगा। मैं इसे पर्वत खोदकर चुहिया निकालने के तुल्य समझता हूँ। वयस प्राप्त हो जाने पर यह मसला एक महीने में आसानी से तय किया जा सकता है। मैं अनुभव से कह सकता हूँ कि युवावस्था में हम जितना ज्ञान एक महीने में प्राप्त कर सकते हैं, उतना बाल्यावस्था में तीन साल में भी नहीं कर सकते, फिर खामख्वाह बच्चों को मदरसे में क़ैद करने से क्या लाभ? मदरसे के बाहर रहकर उसे स्वच्छ वायु तो मिलती, प्राकृतिक अनुभव तो होते। पाठशाला में बन्द करके तो आप उसके मानसिक और शारीरिक दोनों विधानों की जड़ काट देते हैं। इसलिए जब प्रान्तीय व्यवस्थापक-सभा में अनिवार्य शिक्षा का प्रस्ताव पेश हुआ, तो मेरी प्रेरणा से मिनिस्टर साहब ने उसका विरोध किया। नतीजा यह हुआ कि प्रस्ताव अस्वीकृत हो गया। फिर क्या था। मिनिस्टर साहब की और मेरी वह ले-दे शुरू हुई कि कुछ न पूछिए। व्यक्तिगत आक्षेप किए जाने लगे। मैं ग़रीब की बीवी था, मुझे ही सबकी भाभी बनना पड़ा। मुझे देशद्रोही, उन्नति का शत्रु और नौकरशाही का ग़ुलाम कहा गया। मेरे कॉलेज में ज़रा-सी भी कोई बात होती तो कौंसिल में मुझ पर वर्षा होने लगती। मैंने एक चपरासी को पृथक् किया। सारी कौंसिल पंजे झाड़कर मेरे पीछे पड़ गई। आख़िर मिनिस्टर साहब को मज़बूर होकर उस चपरासी को बहाल करना पड़ा। यह अपमान मेरे लिए असह्य था। शायद कोई भी इसे सहन न कर सकता। मिनिस्टर साहब से मुझे शिकायत नहीं। वह मज़बूर थे। हाँ, इस वातावरण में काम करना मेरे लिए दुस्साध्य हो गया। मुझे अपने कॉलेज के आन्तरिक संगठन का भी अधिकार नहीं। अमुक क्यों नहीं परीक्षा में भेजा गया, अमुक के बदले अमुक को क्यों नहीं छात्रवृत्ति दी गई, अमुक अध्यापक को अमुक कक्षा क्यों नहीं दी जाती, इस तरह के सारहीन आक्षेपों ने मेरी नाक में दम कर दिया था। इस नई चोट ने कमर तोड़ दी। मैंने इस्तीफ़ा दे दिया।

मुझे मिनिस्टर साहब से इतनी आशा अवश्य थी कि वह कम-से-कम इस विषय में न्याय-परायणता से काम लेंगे; मगर उन्होंने न्याय की जगह नीति को मान्य समझा और मुझे कई साल की भक्ति का यह फल मिला कि मैं पदच्युत कर दिया गया। संसार का ऐसा कटु अनुभव मुझे अब तक न हुआ था। ग्रह भी कुछ बुरे आ गए थे, उन्हीं दिनों पत्नी का देहान्त हो गया। अन्तिम दर्शन भी न कर सका। संध्या-समय नदी-तट पर सैर करने गया था। वह कुछ अस्वस्थ थीं। लौटा, तो उनकी लाश मिली। कदाचित् हृदय की गति बन्द हो गई थी। इस आघात ने कमर तोड़ दी। माता के प्रसाद और आशीर्वाद से बड़े-बड़े महान् पुरुष कृतार्थ हो

गए हैं। मैं जो कुछ हुआ, पत्नी के प्रसाद और आशीर्वाद से हुआ; वह मेरे भाग्य की विधात्री थीं। कितना अलौकिक त्याग था, कितना विशाल धैर्य। उनके माधुर्य में तीक्ष्णता का नाम भी न था। मुझे याद नहीं आता कि मैंने कभी उनकी भृकुटी संकुचित देखी हो, वह निराश होना तो ज़ानती ही न थीं। मैं कई बार सख़्त बीमार पड़ा हूँ। वैद्य निराश हो गए हैं, पर वह अपने धैर्य और शांति से अणु-मात्रा भी विचलित नहीं हुईं। उन्हें विश्वास था कि मैं अपने पति के जीवन-काल में मरूँगी और वही हुआ भी। मैं जीवन में अब तक उन्हीं के सहारे खड़ा था! जब वह अवलम्ब ही न रहा, तो जीवन कहाँ रहता। खाने और सोने का नाम जीवन नहीं है। जीवन नाम है, सदैव आगे बढ़ते रहने की लगन का। यह लगन ग़ायब हो गई। मैं संसार से विरक्त हो गया। और एकान्तवास में जीवन के दिन व्यतीत करने का निश्चय करके एक छोटे-से गाँव में जा बसा। चारों तरफ़ ऊँचे-ऊँचे टीले थे, एक ओर गंगा बहती थी। मैंने नदी के किनारे एक छोटा-सा घर बना लिया और उसी में रहने लगा।

3

मगर काम करना तो मानवी स्वभाव है। बेकारी में जीवन कैसे कटता। मैंने एक छोटी-सी पाठशाला खोल ली; एक वृक्ष की छाँह में गाँव के लड़कों को जमा कर कुछ पढ़ाया करता था। उसकी यहाँ इतनी ख्याति हुई कि आस-पास के गाँव के छात्र भी आने लगे।

एक दिन मैं अपनी कक्षा को पढ़ा रहा था कि पाठशाला के पास एक मोटर आकर रुकी और उसमें से उस ज़िले के डिप्टी कमिश्नर उतर पड़े। मैं उस समय केवल एक कुर्ता और धोती पहने हुए था। इस वेश में एक हाकिम से मिलते हुए शर्म आ रही थी। डिप्टी कमिश्नर मेरे समीप आए तो मैंने झेंपते हुए हाथ बढ़ाया, मगर वह मुझसे हाथ मिलाने के बदले मेरे पैरों की ओर झुके और उन पर सिर रख दिया। मैं कुछ ऐसा सिटपिटा गया कि मेरे मुँह से एक शब्द भी न निकला। मैं अँगरेज़ी अच्छी लिखता हूँ, दर्शनशास्त्र का भी आचार्य हूँ, व्याख्यान भी अच्छे दे लेता हूँ। मगर इन गुणों में एक भी श्रद्धा के योग्य नहीं। श्रद्धा तो ज्ञानियों और साधुओं ही के अधिकार की वस्तु है। अगर मैं ब्राह्मण होता, तो एक बात थी। हालाँकि एक सिविलियन का किसी ब्राह्मण के पैरों पर सिर रखना अचिन्तनीय है।

मैं अभी इसी विस्मय में पड़ा हुआ था कि डिप्टी कमिश्नर ने सिर उठाया और मेरी तरफ़ देखकर कहा—आपने शायद मुझे पहचाना नहीं।

इतना सुनते ही मेरे स्मृति-नेत्र खुल गए, बोला—आपका नाम सूर्यप्रकाश तो नहीं है?

'जी हाँ, मैं आपका वही अभागा शिष्य हूँ।'

'बारह-तेरह वर्ष हो गए।'

सूर्यप्रकाश ने मुस्कुराकर कहा—अध्यापक लड़कों को भूल जाते हैं, पर लड़के उन्हें हमेशा याद रखते हैं।

मैंने उसी विनोद के भाव से कहा—तुम जैसे लड़कों को भूलना असंभव है।

सूर्यप्रकाश ने विनीत स्वर में कहा—उन्हीं अपराधों को क्षमा कराने के लिए सेवा में आया हूँ। मैं सदैव आपकी ख़बर लेता रहता था। जब आप इंगलैंड गए, तो मैंने आपके लिए बधाई का पत्र लिखा; पर उसे भेज न सका। जब आप प्रिंसिपल हुए, मैं इंगलैंड जाने को तैयार था। वहाँ मैं पत्रिकाओं में आपके लेख पढ़ता रहता था। जब लौटा, तो मालूम हुआ कि आपने

इस्तीफ़ा दे दिया और कहीं देहात में चले गए हैं। इस ज़िले में आए हुए मुझे एक वर्ष से अधिक हुआ; पर इसका ज़रा भी अनुमान न था कि आप यहाँ एकान्त-सेवन कर रहे हैं। इस उजाड़ गाँव में आपका जी कैसे लगता है? इतनी ही अवस्था में आपने वानप्रस्थ ले लिया?

मैं नहीं कह सकता कि सूर्यप्रकाश की उन्नति देखकर मुझे कितना आश्चर्यमय आनंद हुआ। अगर वह मेरा पुत्र होता तो भी इससे अधिक आनंद न होता। मैं उसे अपने झोंपड़े में लाया और अपनी रामकहानी कह सुनाई।

सूर्यप्रकाश ने कहा—तो यह कहिए कि आप अपने ही एक भाई के विश्वासघात के शिकार हुए। मेरा अनुभव तो अभी बहुत कम है; मगर इतने ही दिनों में मुझे मालूम हो गया है, कि हम लोग अभी अपनी ज़िम्मेदारियों को पूरा करना नहीं जानते। मिनिस्टर साहब से भेंट हुई तो पूछूँगा, कि यही आपका धर्म था।

मैंने जवाब दिया—भाई, उनका दोष नहीं। संभव है, इस दशा में मैं भी वही करता, जो उन्होंने किया। मुझे अपनी स्वार्थलिप्सा की सज़ा मिल गई, और उसके लिए मैं उनका ऋणी हूँ। बनावट नहीं, सत्य कहता हूँ कि यहाँ मुझे जो शांति है, वह और कहीं न थी। इस एकान्त-जीवन में मुझे जीवन के तत्त्वों का वह ज्ञान हुआ, जो संपत्ति और अधिकार की दौड़ में किसी तरह संभव न था। इतिहास और भूगोल के पोथे चाटकर और यूरोप के विद्यालयों की शरण जाकर भी मैं अपनी ममता को न मिटा सका; बल्कि यह रोग दिन-दिन और भी असाध्य होता जाता था। आप सीढ़ियों पर पाँव रखे बग़ैर छत की ऊँचाई तक नहीं पहुँच सकते। सम्पत्ति की अट्टालिका तक पहुँचने में दूसरों की ज़िन्दगी ही ज़ीनों का काम देती है। आप कुचलकर ही लक्ष्य तक पहुँच सकते हैं। वहाँ सौजन्य और सहानुभूति का स्थान ही नहीं। मुझे ऐसा मालूम हाता है कि उस वक़्त मैं हिंस्र जंतुओं से घिरा हुआ था और मेरी सारी शक्तियाँ अपनी आत्मरक्षा में ही लगी रहती थीं। यहाँ मैं अपने चारों ओर सन्तोष और सरलता देखता हूँ। मेरे पास जो लोग आते हैं, कोई स्वार्थ लेकर नहीं आते और न मेरी सेवाओं में प्रशंसा या गौरव की लालसा है।

यह कहकर मैंने सूर्यप्रकाश के चेहरे की ओर ग़ौर से देखा। कपट मुसकान की जगह ग्लानि का रंग था। शायद यह दिखाने आया था कि आप जिसकी तरफ़ से इतने निराश हो गए थे, वह अब इस पद को सुशोभित कर रहा है। वह मुझसे अपने सदुद्योग का बखान कराना चाहता था। मुझे अब अपनी भूल मालूम हुई। एक संपन्न आदमी के सामने समृद्धि की निंदा उचित नहीं। मैंने तुरन्त बात पलटकर कहा—मगर तुम अपना हाल तो कहो। तुम्हारी यह काया-पलट कैसे हुई? तुम्हारी शरारतों को याद करता हूँ तो अब भी रोएँ खड़े हो जाते हैं। किसी देवता के वरदान के सिवा और तो कहीं यह विभूति न प्राप्त हो सकती थी।

सूर्यप्रकाश ने मुस्कुराकर कहा—आपका आशीर्वाद था।

मेरे बहुत आग्रह करने पर सूर्यप्रकाश ने अपना वृत्तांत सुनाना शुरू किया—'आपके चले आने के कई दिन बाद मेरा ममेरा भाई स्कूल में दाख़िल हुआ। उसकी उम्र आठ-नौ साल से ज़्यादा न थी। प्रिंसिपल साहब उसे होस्टल में न लेते थे और न मामा साहब उसके ठहरने का प्रबंध कर सकते थे। उन्हें इस संकट में देखकर मैंने प्रिंसपल साहब से कहा—उसे मेरे कमरे में ठहरा दीजिए। प्रिंसिपल साहब ने इसे नियम-विरुद्ध बतलाया। इस पर मैंने बिगड़कर उसी दिन होस्टल छोड़ दिया और एक किराए का मकान लेकर मोहन के साथ रहने लगा। उसकी

माँ कई साल पहले मर चुकी थी। इतना दुबला-पतला, कमज़ोर और ग़रीब लड़का था कि पहले ही दिन से मुझे उस पर दया आने लगी। कभी उसके सिर में दर्द होता, कभी ज्वर हो आता। आए दिन कोई-न-कोई बीमारी खड़ी रहती थी। इधर साँझ हुई और झपकियाँ आने लगीं। बड़ी मुश्किल से भोजन करने उठता। दिन चढ़े तक सोया करता और जब तक मैं गोद में उठाकर बिठा न देता, उठने का नाम न लेता। रात को बहुधा चौंककर मेरी चारपाई पर आ जाता। मेरे गले से लिपटकर सोता। मुझे उस पर कभी क्रोध न आता। कह नहीं सकता, क्यों मुझे उससे प्रेम हो गया। मैं जहाँ पहले नौ बजे सोकर उठता था, अब तड़के उठ बैठता और उसके लिए दूध गरम करता। फिर उसे उठाकर हाथ-मुँह धुलाता और नाश्ता कराता। उसके स्वास्थ्य के विचार से नित्य वायु सेवन को ले जाता। मैं जो कभी किताब लेकर न बैठता था, उसे घंटों पढ़ाया करता। मुझे अपने दायित्व का इतना ज्ञान कैसे हो गया, इसका मुझे आश्चर्य है। उसे कोई शिकायत हो जाती तो मेरे प्राण नखों में समा जाते। डॉक्टर के पास दौड़ता, दवाएँ लाता और मोहन की खुशामद करके दवा पिलाता। सदैव यह चिन्ता लगी रहती थी, कि कोई बात उसकी इच्छा के विरुद्ध न हो जाए। इस बेचारे का यहाँ मेरे सिवा दूसरा कौन है। मेरे चंचल मित्रों में से कोई उसे चिढ़ाता या छेड़ता तो मेरी त्योरियाँ बदल जाती थीं! कई लड़के तो मुझे बूढ़ी दाई कहकर चिढ़ाते थे; पर मैं हँसकर टाल देता था। मैं उसके सामने एक अनुचित शब्द भी मुँह से न निकालता। यह शंका होती थी, कि कहीं मेरी देखा-देखी यह भी ख़राब न हो जाए। मैं उसके सामने इस तरह रहना चाहता था, कि वह मुझे अपना आदर्श समझे और इसके लिए यह मानी हुई बात थी कि मैं अपना चरित्र सुधारूँ। वह मेरा नौ बजे सोकर उठना, बारह बजे तक मटरगश्ती करना, नई-नई शरारतों के मंसूबे बाँधना और अध्यापकों की आँख बचाकर स्कूल से उड़ जाना, सब आप-ही-आप जाता रहा। स्वास्थ्य और चरित्र पालन के सिद्धांतों का मैं शत्रु था; पर अब मुझसे बढ़कर उन नियमों का रक्षक दूसरा न था। मैं ईश्वर का उपहास किया करता, मगर अब पक्का आस्तिक हो गया था। वह बड़े सरल भाव से पूछता, परमात्मा सब जगह रहते हैं, तो मेरे पास भी रहते होंगे। इस प्रश्न का मज़ाक़ उड़ाना मेरे लिए असंभव था। मैं कहता—हाँ परमात्मा तुम्हारे, हमारे सबके पास रहते हैं और हमारी रक्षा करते हैं। यह आश्वासन पाकर उसका चेहरा आनंद से खिल उठता था, कदाचित् वह परमात्मा की सत्ता का अनुभव करने लगता था। साल ही भर में मोहन कुछ से कुछ हो गया। मामा साहब दोबारा आए, तो उसे देखकर चकित हो गए। आँखों में आँसू भरकर बोले—'बेटा! तुमने इसको ज़िला लिया, नहीं तो मैं निराश हो चुका था। इसका पुनीत फल तुम्हें ईश्वर देंगे। इसकी माँ स्वर्ग में बैठी हुई तुम्हें आशीर्वाद दे रही हैं।'

सूर्यप्रकाश की आँखें उस वक़्त भी सजल हो गई थीं।

मैंने पूछा—मोहन भी तुम्हें बहुत प्यार करता होगा?

सूर्यप्रकाश के सजल नेत्रों में हसरत से भरा हुआ आनंद चमक उठा, बोला—वह मुझे एक मिनट के लिए भी न छोड़ता था। मेरे साथ बैठता, मेरे साथ खाता, मेरे साथ सोता। मैं ही उसका सबकुछ था। आह! वह संसार में नहीं है। मगर मेरे लिए वह अब भी उसी तरह जीता-जागता है। मैं जो कुछ हूँ, उसी का बनाया हुआ हूँ। अगर वह दैवी विधान की भाँति मेरा पथ-प्रदर्शक न बन जाता, तो शायद आज मैं किसी जेल में पड़ा होता। एक दिन मैंने कह दिया था—अगर तुम रोज़ नहा न लिया करोगे तो मैं तुमसे न बोलूँगा। नहाने से वह न जाने

क्यों जी चुराता था। मेरी इस धमकी का फल यह हुआ कि वह नित्य प्रातःकाल नहाने लगा। कितनी ही सर्दी क्यों न हो, कितनी ही ठंडी हवा चले; लेकिन वह स्नान अवश्य करता था। देखता रहता था, मैं किस बात से ख़ुश होता हूँ। एक दिन मैं कई मित्रों के साथ थिएटर देखने चला गया, ताकीद कर गया था कि तुम खाना खाकर सो रहना। तीन बजे रात को लौटा, तो देखा कि वह बैठा हुआ है! मैंने पूछा—तुम सोए नहीं? बोला—नींद नहीं आई। उस दिन से मैंने थिएटर जाने का नाम न लिया। बच्चों में प्यार की जो एक भूख होती है—दूध, मिठाई और खिलौनों से भी ज़्यादा मादक—जो माँ की गोद के सामने संसार की निधि की भी परवाह नहीं करती, मोहन की वह भूख कभी संतुष्ट न होती थी। पहाड़ों से टकराने वाली सारस की आवाज़ की तरह वह सदैव उसकी नसों में गूँजा करती थी। जैसे भूमि पर फैली हुई लता कोई सहारा पाते ही उससे चिपट जाती है, वही हाल मोहन का था। वह मुझसे ऐसा चिपट गया था कि पृथक् किया जाता, तो उसकी कोमल बेल के टुकड़े-टुकड़े हो जाते। वह मेरे साथ तीन साल रहा और तब मेरे जीवन में प्रकाश की एक रेखा डालकर अंधकार में विलीन हो गया। उस जीर्ण काया में कैसे-कैसे अरमान भरे हुए थे। कदाचित् ईश्वर ने मेरे जीवन में एक अवलम्ब की सृष्टि करने के लिए उसे भेजा था। उद्देश्य पूरा हो गया तो वह क्यों रहता।

4

'गर्मियों की तातील थी। दो तातीलों में मोहन मेरे ही साथ रहा था। मामाजी के आग्रह करने पर भी घर न आया। अबकी कॉलेज के छात्रों ने काश्मीर-यात्रा करने का निश्चय किया और मुझे उसका अध्यक्ष बनाया। काश्मीर यात्रा की अभिलाषा मुझे चिरकाल से थी। इसी अवसर को गनीमत समझा। मोहन को मामाजी के पास भेजकर मैं काश्मीर चला गया। दो महीने के बाद लौटा, तो मालूम हुआ मोहन बीमार है। काश्मीर में मुझे बार-बार मोहन की याद आती थी और जी चाहता था, लौट जाऊँ। मुझे उस पर इतना प्रेम है, इसका अन्दाज मुझे काश्मीर जाकर हुआ; लेकिन मित्रों ने पीछा न छोड़ा। उसकी बीमारी की ख़बर पाते ही मैं अधीर हो उठा और दूसरे ही दिन उसके पास जा पहुँचा। मुझे देखते ही उसके पीले और सूखे हुए चेहरे पर आनंद की स्फूर्ति झलक पड़ी। मैं दौड़कर उसके गले से लिपट गया। उसकी आँखों में वह दूरदृष्टि और चेहरे पर वह अलौकिक आभा थी जो मँडराती हुई मृत्यु की सूचना देती है। मैंने आवेश से काँपते हुए स्वर में पूछा—यह तुम्हारी क्या दशा है मोहन? दो ही महीने में यह नौबत पहुँच गई? मोहन ने सरल मुस्कान के साथ कहा—'आप काश्मीर की सैर करने गए थे, मैं आकाश की सैर करने जा रहा हूँ।'

'मगर यह दुःख की कहानी कहकर मैं रोना और रुलाना नहीं चाहता। मेरे चले जाने के बाद मोहन इतने परिश्रम से पढ़ने लगा मानो तपस्या कर रहा हो। उसे यह धुन सवार हो गई थी कि साल भर की पढ़ाई दो महीने में समाप्त कर ले और स्कूल खुलने के बाद मुझसे इस श्रम का प्रशंसारूपी उपहार प्राप्त करे। मैं किस तरह उसकी पीठ ठोकूँगा, शाबाशी दूँगा, अपने मित्रों से बखान करूँगा, इन भावनाओं ने अपने सारे बालोचित उत्साह और तल्लीनता से उसे वशीभूत कर लिया। मामाजी को दफ़्तर के कामों से इतना अवकाश कहाँ कि उसके मनोरंजन का ध्यान रखें। शायद उसे प्रतिदिन कुछ-न-कुछ पढ़ते देखकर वह दिल में ख़ुश होते थे। उसे खेलते देखकर वह ज़रूर डाँटते। पढ़ते देखकर भला क्या कहते। फल यह हुआ कि

मोहन को हल्का-हल्का ज्वर आने लगा, किन्तु उस दशा में भी उसने पढ़ना न छोड़ा। कुछ और व्यतिक्रम भी हुए, ज्वर का प्रकोप और भी बढ़ा; पर उस दशा में भी ज्वर कुछ हल्का हो जाता, तो किताबें देखने लगता था। उसके प्राण मुझमें ही बने रहते थे। ज्वर की दशा में भी नौकरों से पूछता—भैया का पत्र आया? वह कब आएँगे? इसके सिवा और कोई दूसरी अभिलाषा न थी। अगर मुझे मालूम होता कि मेरी काश्मीर-यात्रा इतनी महँगी पड़ेगी, तो उधर जाने का नाम भी न लेता। उसे बचाने के लिए मुझसे जो कुछ हो सकता था, वह मैंने सब किया; किन्तु बुखार टाइफायड था, उसकी जान लेकर ही उतरा। उसके जीवन के स्वप्न मेरे लिए किसी ऋषि के आशीर्वाद बनकर मुझे प्रोत्साहित करने लगे और यह उसी का शुभ फल है कि आज आप मुझे इस दशा में देख रहे हैं। मोहन की बाल अभिलाषाओं को प्रत्यक्ष रूप में लाकर यह मुझे सन्तोष होता है कि शायद उसकी पवित्र आत्मा मुझे देखकर प्रसन्न होती हो। यही प्रेरणा थी कि जिसने कठिन से कठिन परीक्षाओं में भी मेरा बेड़ा पार लगाया; नहीं तो मैं आज भी वही मंदबुद्धि सूर्यप्रकाश हूँ, जिसकी सूरत से आप चिढ़ते थे।'

उस दिन से मैं कई बार सूर्यप्रकाश से मिल चुका हूँ। वह जब इस तरफ़ आ जाता है, तो बिना मुझसे मिले नहीं जाता। मोहन को अब भी वह अपना इष्टदेव समझता है। मानव-प्रकृति का यह एक ऐसा रहस्य है, जिसे मैं आज तक नहीं समझ सका।

सद्गति

दुखी चमार द्वार पर झाड़ू लगा रहा था और उसकी पत्नी झुरिया, घर को गोबर से लीप रही थी। दोनों अपने-अपने काम से फुर्सत पा चुके थे, तो चमारिन ने कहा—तो जाके पंडित बाबा से कह आओ न। ऐसा न हो कहीं चले जाएँ।

दुखी—हाँ जाता हूँ, लेकिन यह तो सोच, बैठेंगे किस चीज़ पर?

झुरिया—कहीं से खटिया न मिल जाएगी? ठकुराने से माँग लाना।

दुखी—तू तो कभी-कभी ऐसी बात कह देती है कि देह जल जाती है। ठकुरानेवाले मुझे खटिया देंगे! आग तक तो घर से निकलती नहीं, खटिया देंगे! कैथाने में जाकर एक लोटा पानी माँगूँ तो न मिले। भला खटिया कौन देगा! हमारे उपले, सेंठे, भूसा, लकड़ी थोड़े ही हैं कि जो चाहे उठा ले जाएँ। ले अपनी खटोली धोकर रख दे। गरमी के तो दिन हैं। उनके आते-आते सूख जाएगी।

झुरिया—वह हमारी खटोली पर बैठेंगे नहीं। देखते नहीं कितने नेम-धरम से रहते हैं।

दुखी ने ज़रा चिंतित होकर कहा—हाँ, यह बात तो है। महुए के पत्ते तोड़कर एक पत्तल बना लूँ तो ठीक हो जाए। पत्तल में बड़े-बड़े आदमी खाते हैं। वह पवित्तर है। ला तो डंडा, पत्ते तोड़ लूँ।

झुरिया—पत्तल मैं बना लूँगी, तुम जाओ। लेकिन हाँ, उन्हें सीधा भी तो देना होगा। अपनी थाली में रख दूँ?

दुखी—कहीं ऐसा ग़ज़ब न करना, नहीं तो सीधा भी जाए और थाली भी फूटे! बाबा

थाली उठाकर पटक देंगे। उनको बड़ी जल्दी विरोध चढ़ आता है। किरोध में पंडिताइन तक को छोड़ते नहीं, लड़के को ऐसा पीटा कि आज तक टूटा हाथ लिए फिरता है। पत्तल में सीधा भी देना, हाँ। मुदा तू छूना मत। झूरी गोंड़ की लड़की को लेकर साह की दुकान से सब चीज़ें ले आना। सीधा भरपूर हो। सेर भर आटा, आध सेर चावल, पाव भर दाल, आध पाव घी, नोन, हल्दी और पत्तल में एक किनारे चार आने पैसे रख देना। गोंड़ की लड़की न मिले तो भुर्जिन के हाथ-पैर जोड़कर ले जाना। तू कुछ मत छूना, नहीं ग़ज़ब हो जाएगा।

इन बातों की ताकीद करके दुखी ने लकड़ी उठाई और घास का एक बड़ा-सा गट्ठा लेकर पंडितजी से अर्ज करने चला। ख़ाली हाथ बाबाजी की सेवा में कैसे जाता। नज़राने के लिए उसके पास घास के सिवाय और क्या था। उसे ख़ाली देखकर तो बाबा दूर ही से दुत्कारते।

2

पं. घासीराम ईश्वर के परम भक्त थे। नींद खुलते ही ईशोपासन में लग जाते। मुँह-हाथ धोते आठ बजते, तब असली पूजा शुरू होती, जिसका पहला भाग भंग की तैयारी था। उसके बाद आध घंटे तक चन्दन रगड़ते, फिर आईने के सामने एक तिनके से माथे पर तिलक लगाते। चन्दन की दो रेखाओं के बीच में लाल रोरी की बिन्दी होती थी। फिर छाती पर, बाहों पर चन्दन की गोल-गोल मुद्रिकाएँ बनाते। फिर ठाकुरजी की मूर्ति निकालकर उसे नहलाते, चन्दन लगाते, फूल चढ़ाते, आरती करते, घंटी बजाते। दस बजते-बजते वह पूजन से उठते और भंग छानकर बाहर आते। तब तक दो-चार जजमान द्वार पर आ जाते! ईशोपासन का तत्काल फल मिल जाता। वही उनकी खेती थी।

आज वह पूजन-गृह से निकले, तो देखा दुखी चमार घास का एक गट्ठा लिए बैठा है। दुखी उन्हें देखते ही उठ खड़ा हुआ और उन्हें साष्टांग दंडवत् करके हाथ बाँधकर खड़ा हो गया। यह तेजस्वी मूर्ति देखकर उसका हृदय श्रद्धा से परिपूर्ण हो गया! कितनी दिव्य मूर्ति थी। छोटा-सा गोल-मटोल आदमी, चिकना सिर, फूले गाल, ब्रह्मतेज से प्रदीप्त आँखें। रोरी और चंदन देवताओं की प्रतिभा प्रदान कर रही थी। दुखी को देखकर श्रीमुख से बोले—आज कैसे चला रे दुखिया?

दुखी ने सिर झुकाकर कहा—बिटिया की सगाई कर रहा हूँ महाराज। कुछ साइत-सगुन विचारना है। कब मर्ज़ी होगी?

घासी—आज मुझे छुट्टी नहीं। हाँ साँझ तक आ जाऊँगा।

दुखी—नहीं महाराज, जल्दी मर्ज़ी हो जाए। सब सामान ठीक कर आया हूँ। यह घास कहाँ रख दूँ?

घासी—इस गाय के सामने डाल दे और ज़रा झाड़ू लेकर द्वार तो साफ़ कर दे। यह बैठक भी कई दिन से लीपी नहीं गई। उसे भी गोबर से लीप दे। तब तक मैं भोजन कर लूँ। फिर ज़रा आराम करके चलूँगा। हाँ, यह लकड़ी भी चीर देना। खलिहान में चार खाँची भूसा पड़ा है। उसे भी उठा लाना और भुसौली में रख देना।

दुखी फ़ौरन हुक्म की तामील करने लगा। द्वार पर झाड़ू लगाई, बैठक को गोबर से लीपा। तब बारह बज गए। पंडितजी भोजन करने चले गए। दुखी ने सुबह से कुछ नहीं खाया था। उसे भी ज़ोर की भूख लगी; पर वहाँ खाने को क्या धरा था। घर यहाँ से मील भर था। वहाँ

खाने चला जाए, तो पंडितजी बिगड़ जाएँ। बेचारे ने भूख दबाई और लकड़ी फाड़ने लगा। लकड़ी की मोटी-सी गाँठ थी; जिस पर पहले कितने ही भक्तों ने अपना ज़ोर आजमा लिया था। वह उसी दम-खम के साथ लोहे से लोहा लेने के लिए तैयार थी। दुखी घास छीलकर बाज़ार ले जाता था। लकड़ी चीरने का उसे अभ्यास न था। घास उसके खुरपे के सामने सिर झुका देती थी। यहाँ कस-कसकर कुल्हाड़ी का भरपूर हाथ लगाता; पर उस गाँठ पर निशान तक न पड़ता था। कुल्हाड़ी उचट जाती। पसीने में तर था, हाँफता था, थककर बैठ जाता था, फिर उठता था। हाथ उठाए न उठते थे, पाँव काँप रहे थे, कमर न सीधी होती थी, आँखों तले अँधेरा हो रहा था, सिर में चक्कर आ रहे थे, तितलियाँ उड़ रही थीं, फिर भी अपना काम किए जाता था। अगर एक चिलम तम्बाकू पीने को मिल जाती, तो शायद कुछ ताक़त आती। उसने सोचा, यहाँ चिलम और तम्बाकू कहाँ मिलेगी। बाह्मनों का पूरा है। बाह्मन लोग हम नीच जातों की तरह तम्बाकू थोड़े ही पीते हैं। सहसा उसे याद आया कि गाँव में एक गोंड़ भी रहता है। उसके यहाँ ज़रूर चिलम-तमाखू होगी। तुरत उसके घर दौड़ा। ख़ैर मेहनत सुफल हुई। उसने तमाखू भी दी और चिलम भी दी; पर आग वहाँ न थी। दुखी ने कहा—आग की चिन्ता न करो भाई। मैं जाता हूँ, पंडितजी के घर से आग माँग लूँगा। वहाँ तो अभी रसोई बन रही थी।

यह कहता हुआ वह दोनों चीज़ें लेकर चला आया और पंडितजी के घर में बरौठे के द्वार पर खड़ा होकर बोला—मालिक, रचिके आग मिल जाए, तो चिलम पी लें।

पंडितजी भोजन कर रहे थे। पंडिताइन ने पूछा—यह कौन आदमी आग माँग रहा है?

पंडित—अरे वही ससुरा दुखिया चमार है। कहा है थोड़ी-सी लकड़ी चीर दे। आग तो है, दे दो।

पंडिताइन ने भँवें चढ़ाकर कहा—तुम्हें तो जैसे पोथी-पत्रे के फेर में धरम-करम किसी बात की सुधि ही नहीं रही। चमार हो, धोबी हो, पासी हो, मुँह उठाए घर में चला आए। हिन्दू का घर न हुआ, कोई सराय हुई। कह दो दाढ़ीजार से चला जाए, नहीं तो इस लुआठे से मुँह झुलस दूँगी। आग माँगने चले हैं।

पंडितजी ने उन्हें समझाकर कहा—भीतर आ गया, तो क्या हुआ। तुम्हारी कोई चीज़ तो नहीं छुई। धरती पवित्र है। ज़रा-सी आग दे क्यों नहीं देती, काम तो हमारा ही कर रहा है। कोई लोनिया यही लकड़ी फाड़ता, तो कम-से-कम चार आने लेता।

पंडिताइन ने ग़रज़कर कहा—वह घर में आया क्यों!

पंडित ने हारकर कहा—ससुरे का अभाग था और क्या!

पंडिताइन—अच्छा, इस बखत तो आग दिए देती हूँ, लेकिन फिर जो इस तरह घर में आएगा, तो उसका मुँह ही जला दूँगी।

दुखी के कानों में इन बातों की भनक पड़ रही थी। पछता रहा था, नाहक आया। सच तो कहती हैं। पंडित के घर में चमार कैसे चला आए। बड़े पवित्तर होते हैं यह लोग, तभी तो संसार पूजता है, तभी तो इतना मान है। भर-चमार थोड़े ही हैं। इसी गाँव में बूढ़ा हो गया; मगर मुझे इतनी अकल भी न आई।

इसलिए जब पंडिताइन आग लेकर निकलीं, तो वह मानो स्वर्ग का वरदान पा गया। दोनों हाथ जोड़कर ज़मीन पर माथा टेकता हुआ बोला—पड़ाइन माता, मुझसे बड़ी भूल हुई

कि घर में चला आया। चमार की अकल ही तो ठहरी। इतने मूरख न होते, तो लात क्यों खाते। पंडिताइन चिमटे से पकड़कर आग लाई थीं। पाँच हाथ की दूरी से घूँघट की आड़ से दुखी की तरफ़ आग फेंकी। आग की बड़ी-सी चिनगारी दुखी के सिर पर पड़ गई। जल्दी से पीछे हटकर सिर के झोटे देने लगा। उसने मन में कहा—यह एक पवित्तर बाह्मन के घर को अपवित्तर करने का फल है। भगवान ने कितनी जल्दी फल दे दिया। इसी से तो संसार पंडितों से डरता है। और सबके रुपए मारे जाते हैं बाह्मन के रुपए भला कोई मार तो ले! घर भर का सत्यानाश हो जाए, पाँव गल-गलकर गिरने लगे।

बाहर आकर उसने चिलम पी और फिर कुल्हाड़ी लेकर जुट गया। खट-खट की आवाज़ें आने लगीं।

उस पर आग पड़ गई, तो पंडिताइन को उस पर कुछ दया आ गई। पंडितजी भोजन करके उठे, तो बोलीं—इस चमरवा को भी कुछ खाने को दे दो, बेचारा कब से काम कर रहा है। भूखा होगा।

पंडितजी ने इस प्रस्ताव को व्यावहारिक क्षेत्र से दूर समझकर पूछा—रोटियाँ हैं?

पंडिताइन—दो-चार बच जाएँगी।

पंडित—दो-चार रोटियों में क्या होगा? चमार है, कम से कम सेर भर चढ़ा जाएगा।

पंडिताइन कानों पर हाथ रखकर बोलीं—अरे बाप रे! सेर भर! तो फिर रहने दो।

पंडितजी ने अब शेर बनकर कहा—कुछ भूसी-चोकर हो तो आटे में मिलाकर दो ठो लिट्टा ठोंक दो। साले का पेट भर जाएगा। पतली रोटियों से इन नीचों का पेट नहीं भरता। इन्हें तो जुआर का लिट्टा चाहिए।

पंडिताइन ने कहा—अब जाने भी दो, धूप में कौन मरे।

3

दुखी ने चिलम पीकर फिर कुल्हाड़ी सँभाली। दम लेने से ज़रा हाथों में ताक़त आ गई थी। कोई आध घंटे तक फिर कुल्हाड़ी चलाता रहा। फिर बेदम होकर वहीं सिर पकड़ के बैठ गया।

इतने में वही गोंड़ आ गया। बोला—क्यों जान देते हो बूढ़े दादा, तुम्हारे फाड़े यह गाँठ न फटेगी। नाहक हलाकान होते हो।

दुखी ने माथे का पसीना पोंछकर कहा—अभी गाड़ी भर भूसा ढोना है भाई!

गोंड़—कुछ खाने को मिला कि काम ही कराना जानते हैं। जाके माँगते क्यों नहीं?

दुखी—कैसी बात करते हो चिखुरी, बाह्मन की रोटी हमको पचेगी!

गोंड़—पचने को पच जाएगी, पहले मिले तो। मूँछों पर ताव देकर भोजन किया और आराम से सोए, तुम्हें लकड़ी फाड़ने का हुक्म लगा दिया। ज़मींदार भी कुछ खाने को देता है। हाकिम भी बेगार लेता है, तो थोड़ी बहुत मजूरी देता है। यह उनसे भी बढ़ गए, उस पर धर्मात्मा बनते हैं।

दुखी—धीरे-धीरे बोलो भाई, कहीं सुन लें तो आफ़त आ जाए।

यह कहकर दुखी फिर सँभल पड़ा और कुल्हाड़ी की चोट मारने लगा। चिखुरी को उस पर दया आई। आकर कुल्हाड़ी उसके हाथ से छीन ली और कोई आध घंटे ख़ूब कस-कसकर

कुल्हाड़ी चलाई; पर गाँठ में एक दरार भी न पड़ी। तब उसने कुल्हाड़ी फेंक दी और यह कहकर चला गया—तुम्हारे फाड़े यह न फटेगी, जान भले निकल जाए।

दुखी सोचने लगा, बाबा ने यह गाँठ कहाँ रख छोड़ी थी कि फाड़े नहीं फटती। कहीं दरार तक तो नहीं पड़ती। मैं कब तक इसे चीरता रहूँगा। अभी घर पर सौ काम पड़े हैं। कार-परोजन का घर है, एक-न-एक चीज़ घटी ही रहती है; पर इन्हें इसकी क्या चिन्ता। चलूँ जब तक भूसा ही उठा लाऊँ। कह दूँगा, बाबा, आज तो लकड़ी नहीं फटी, कल आकर फाड़ दूँगा।

उसने झौवा उठाया और भूसा ढोने लगा। खलिहान यहाँ से दो फरलांग से कम न था। अगर झौवा ख़ूब भर-भर कर लाता तो काम जल्द ख़त्म हो जाता; फिर झौवे को उठाता कौन। अकेले भरा हुआ झौवा उससे न उठ सकता था। इसलिए थोड़ा-थोड़ा लाता था। चार बजे कहीं भूसा ख़त्म हुआ। पंडितजी की नींद भी खुली। मुँह-हाथ धोया, पान खाया और बाहर निकले। देखा, तो दुखी झौवा सिर पर रखे सो रहा है। ज़ोर से बोले—अरे, दुखिया तू सो रहा है? लकड़ी तो अभी ज्यों की त्यों पड़ी हुई है। इतनी देर तू करता क्या रहा? मुट्ठी भर भूसा ढोने में संझा कर दी! उस पर सो रहा है। उठा ले कुल्हाड़ी और लकड़ी फाड़ डाल। तुझसे ज़रा-सी लकड़ी नहीं फटती। फिर साइत भी वैसी ही निकलेगी, मुझे दोष मत देना! इसी से कहा है कि नीच के घर में खाने को हुआ और उसकी आँख बदली।

दुखी ने फिर कुल्हाड़ी उठाई। जो बातें पहले से सोच रखी थीं, वह सब भूल गईं। पेट पीठ में धँसा जाता था, आज सबेरे जलपान तक न किया था। अवकाश ही न मिला। उठना ही पहाड़ मालूम होता था। जी डूबा जाता था, पर दिल को समझाकर उठा। पंडित हैं, कहीं साइत ठीक न विचारें, तो फिर सत्यानाश ही हो जाए। जभी तो संसार में इतना मान है। साइत ही का तो सब खेल है। जिसे चाहे बिगाड़ दें। पंडितजी गाँठ के पास आकर खड़े हो गए और बढ़ावा देने लगे—हाँ, मार कसके, और मार—कसके मार—अबे ज़ोर से मार—तेरे हाथ में तो जैसे दम ही नहीं है—लगा कसके, खड़ा सोचने क्या लगता है—हाँ—बस फटा ही चाहती है! दे उसी दरार में!

दुखी अपने होश में न था। न-जाने कौन-सी गुप्तशक्ति उसके हाथों को चला रही थी। वह थकान, भूख, कमज़ोरी सब मानो भाग गई। उसे अपने बाहुबल पर स्वयं आश्चर्य हो रहा था। एक-एक चोट वज्र की तरह पड़ती थी। आध घंटे तक वह इसी उन्माद की दशा में हाथ चलाता रहा, यहाँ तक कि लकड़ी बीच से फट गई—और दुखी के हाथ से कुल्हाड़ी छूटकर गिर पड़ी। इसके साथ वह भी चक्कर खाकर गिर पड़ा। भूखा, प्यासा, थका हुआ शरीर जवाब दे गया।

पंडितजी ने पुकारा—उठके दो-चार हाथ और लगा दे। पतली-पतली चैलियाँ हो जाएँ। दुखी न उठा। पंडितजी ने अब उसे दिक करना उचित न समझा। भीतर जाकर बूटी छानी, शौच गए, स्नान किया और पंडिताई बाना पहनकर बाहर निकले! दुखी अभी तक वहीं पड़ा हुआ था। ज़ोर से पुकारा—अरे क्या पड़े ही रहोगे दुखी, चलो तुम्हारे ही घर चल रहा हूँ। सब सामान ठीक-ठीक है न? दुखी फिर भी न उठा।

अब पंडितजी को कुछ शंका हुई। पास जाकर देखा, तो दुखी अकड़ा पड़ा हुआ था। बदहवास होकर भागे और पंडिताइन से बोले—दुखिया तो जैसे मर गया।

पंडिताइन हकबकाकर बोलीं—वह तो अभी लकड़ी चीर रहा था न?

पंडित—हाँ लकड़ी चीरते-चीरते मर गया। अब क्या होगा?

पंडिताइन ने शान्त होकर कहा—होगा क्या, चमरौने में कहला भेजो मुर्दा उठा ले जाएँ।

एक क्षण में गाँव भर में ख़बर हो गई। पूरे में ब्राह्मनों की ही बस्ती थी। केवल एक घर गोंड़ का था। लोगों ने इधर का रास्ता छोड़ दिया। कुएँ का रास्ता उधर ही से था, पानी कैसे भरा जाए! चमार की लाश के पास से होकर पानी भरने कौन जाए। एक बुढ़िया ने पंडितजी से कहा—अब मुर्दा फेंकवाते क्यों नहीं? कोई गाँव में पानी पीएगा या नहीं।

इधर गोंड़ ने चमरौने में जाकर सबसे कह दिया—ख़बरदार, मुर्दा उठाने मत जाना। अभी पुलिस की तहकीकात होगी। दिल्लगी है कि एक ग़रीब की जान ले ली। पंडितजी होंगे, तो अपने घर के होंगे। लाश उठाओगे तो तुम भी पकड़ जाओगे।

इसके बाद ही पंडितजी पहुँचे; पर चमरौने का कोई आदमी लाश उठा लाने को तैयार न हुआ, हाँ दुखी की स्त्री और कन्या दोनों हाय-हाय करती वहाँ चलीं और पंडितजी के द्वार पर आकर सिर पीट-पीटकर रोने लगीं। उनके साथ दस-पाँच और चमारिनें थीं। कोई रोती थी, कोई समझाती थी, पर चमार एक भी न था। पंडितजी ने चमारों को बहुत धमकाया, समझाया, मिन्नत की; पर चमारों के दिल पर पुलिस का रोब छाया हुआ था, एक भी न मिनका। आख़िर निराश होकर लौट आए।

4

आधी रात तक रोना-पीटना जारी रहा। देवताओं का सोना मुश्किल हो गया। पर लाश उठाने कोई चमार न आया और ब्राह्मन चमार की लाश कैसे उठाते! भला ऐसा किसी शास्त्र-पुराण में लिखा है? कहीं कोई दिखा दे।

पंडिताइन ने झुँझलाकर कहा—इन डाइनों ने तो खोपड़ी चाट डाली। सभों का गला भी नहीं पकता।

पंडित ने कहा—रोने दो चुड़ैलों को, कब तक रोएँगी। जीता था, तो कोई बात न पूछता था। मर गया, तो कोलाहल मचाने के लिए सब की सब आ पहुँचीं।

पंडिताइन—चमार का रोना मनहूस है।

पंडित—हाँ, बहुत मनहूस।

पंडिताइन—अभी से दुर्गंध उठने लगी।

पंडित—चमार था ससुरा कि नहीं। साध-असाध किसी का विचार है इन सबों को।

पंडिताइन—इन सबों को घिन भी नहीं लगती।

पंडित—भ्रष्ट हैं सब।

रात तो किसी तरह कटी; मगर सबेरे भी कोई चमार न आया। चमारिनें भी रो-पीटकर चली गईं। दुर्गंध कुछ-कुछ फैलने लगी।

पंडितजी ने एक रस्सी निकाली। उसका फन्दा बनाकर मुरदे के पैर में डाला और फन्दे को खींचकर कस दिया। अभी कुछ-कुछ धुँधलका था। पंडितजी ने रस्सी पकड़कर लाश को घसीटना शुरू किया और गाँव के बाहर घसीट ले गए। वहाँ से आकर तुरन्त स्नान किया, दुर्गापाठ पढ़ा और घर में गंगाजल छिड़का।

उधर दुखी की लाश को खेत में गीदड़ और गिद्ध, कुत्ते और कौए नोच रहे थे। यही जीवन-पर्यन्त की भक्ति, सेवा और निष्ठा का पुरस्कार था।

तगादा

सेठ चेतराम ने स्नान किया, शिवजी को जल चढ़ाया, दो दाने मिर्च चबाए, दो लोटे पानी पिया और सोटा लेकर तगादे पर चले।

सेठजी की उम्र कोई पचास की थी। सिर के बाल झड़ गए थे और खोपड़ी ऐसी साफ़-सुथरी निकल आई थी, जैसे ऊसर खेत। आपकी आँखें थीं तो छोटी लेकिन बिलकुल गोल। चेहरे के नीचे पेट था और पेट के नीचे टाँगें, मानो किसी पीपे में दो मेंखें गाड़ दी गई हों। लेकिन, यह ख़ाली पीपा न था। इसमें सजीवता और कर्मशीलता कूट-कूटकर भरी हुई थी। किसी बाक़ीदार असामी के सामने इस पीपे का उछलना-कूदना और पैंतरे बदलना देखकर किसी नट का चिगिया भी लज्जित हो जाता। ऐसी आँखें लाल-पीली करते, ऐसे ग़रजते कि दर्शकों की भीड़ लग जाती थी। उन्हें कंजूस तो नहीं कहा जा सकता, क्योंकि जब वह दुकान पर होते, तो हरेक भिखमंगे के सामने एक कौड़ी फेंक देते। हाँ, उस समय उनके माथे पर कुछ ऐसा बल पड़ जाता, आँखें कुछ ऐसी प्रचंड हो जातीं, नाक कुछ ऐसी सिकुड़ जाती कि भिखारी फिर उनकी दुकान पर न आता। लहने का बाप तगादा है, इस सिद्धांत के वह अनन्य भक्त थे। जलपान करने के बाद संध्या तक वह बराबर तगादा करते रहते थे। इसमें एक तो घर का भोजन बचता था, दूसरे असामियों के माथे दूध, पूरी, मिठाई आदि पदार्थ खाने को मिल जाते थे। एक वक़्त का भोजन बच जाना कोई साधारण बात नहीं है! एक भोजन का एक आना भी रख लें, तो केवल इसी मद में उन्होंने अपने तीस वर्षों के महाजनी जीवन में कोई आठ सौ रुपए बचा लिये थे। फिर लौटते समय दूसरी बेला के लिए भी दूध, दही, तेल, तरकारी, उपले, ईंधन मिल जाते थे। बहुधा संध्या का भोजन भी न करना पड़ता था। इसलिए तगादे से न चूकते थे। आसमान फटा पड़ता हो, आग बरस रही हो, आँधी आती हो; पर सेठजी प्रकृति के अटल नियम की भाँति तगादे पर ज़रूर निकल जाते।

सेठानी ने पूछा—भोजन?

सेठजी ने ग़रज़कर कहा—नहीं।

'साँझ का?'

'आने पर देखी जाएगी।'

2

सेठजी के एक किसान पर पाँच रुपए आते थे। छह महीने से दुष्ट ने सूद-ब्याज कुछ न दिया था और न कभी कोई सौगात लेकर हाजिर हुआ था। उसका घर तीन कोस से कम न था, इसलिए सेठजी टालते आते थे। आज उन्होंने उसी गाँव चलने का निश्चय कर लिया। आज बिना दुष्ट से रुपए लिए न मानूँगा, चाहे कितना ही रोए, घिघियाए। मगर इतनी लम्बी यात्रा पैदल करना निंदास्पद

था। लोग कहेंगे—नाम बड़े दर्शन थोड़े। कहलाते सेठ, चलते हैं पैदल इसलिए मंथर गति से इधर-उधर ताकते, राहगीरों से बातें करते चले जाते थे कि लोग समझें वायु-सेवन करने जा रहे हैं।

सहसा एक ख़ाली इक्का उनकी तरफ़ जाता हुआ मिल गया। इक्केवान ने पूछा—कहाँ लाला, कहाँ जाना है?

सेठजी ने कहा—जाना तो कहीं नहीं है, दो परग तो और हैं; लेकिन लाओ बैठ जाएँ।

इक्केवाले ने चुभती हुई आँखों से सेठजी को देखा, सेठजी ने भी अपनी लाल आँखों से उसे घूरा। दोनों समझ गए, आज लोहे के चने चबाने पड़ेंगे।

इक्का चला। सेठजी ने पहला वार किया—कहाँ घर है मियाँ साहब?

'घर कहाँ है हुजूर, जहाँ पड़ रहूँ, वहीं घर है। जब घर था तब था। अब तो बेघर, बेदर हूँ और सबसे बड़ी बात यह है कि बेपर हूँ। तक़दीर ने पर काट लिये। लँडूरा बनाकर छोड़ दिया। मेरे दादा नवाबी में चकलेदार थे हुजूर, सात ज़िले के मालिक, जिसे चाहें तोप-दम कर दें, फाँसी पर लटका दें। निकलने के पहले लाखों की थैलियाँ नज़र चढ़ जाती थीं हुजूर। नवाब साहब भाई की तरह मानते थे। एक दिन वह थे, एक दिन यह है कि हम आप लोगों की ग़ुलामी कर रहे हैं। दिनों का फेर है।'

सेठजी को हाथ मिलाते ही मालूम हो गया, पक्का फिकैत है, अखाड़ेबाज, इससे पेश पाना मुश्किल है, पर अब तो कुश्ती बद गई थी, अखाड़े में उतर पड़े थे। बोले—तो यह कहो कि बादशाही घराने के हो। यह सूरत ही गवाही दे रही है। दिनों का फेर है भाई, सब दिन बराबर नहीं जाते। हमारे यहाँ लक्ष्मी को चंचला कहते हैं, बराबर चलती रहती हैं, आज मेरे घर, कल तुम्हारे घर। तुम्हारे दादा ने रुपए तो ख़ूब छोड़े होंगे?

इक्केवाला—अरे सेठ, उस दौलत का कोई हिसाब न था। न जाने कितने तहखाने भरे हुए थे! बोरों में सोने-चाँदी के डले रखे हुए थे। जवाहरात टोकरियों में भरे पड़े थे। एक-एक पत्थर पचास-पचास लाख का। चमक-दमक ऐसी थी, कि चिराग़ मात। मगर तक़दीर भी तो कोई चीज़ है। इधर दादा का चालीसवाँ हुआ; उधर नवाबी बुर्द हुई। सारा ख़ज़ाना लुट गया। छकड़ों पर लाद-लादकर लोग जवाहरात ले गए फिर भी घर में इतना बच रहा था कि अब्बाजान ने जिन्दगी भर ऐश किया—ऐसा ऐश किया, कि क्या कोई भकुवा करेगा। सोलह कहारों के सुखपाल पर निकलते थे। आगे-पीछे चोबदार दौड़ते चलते थे। फिर भी मेरे गुज़र भर को उन्होंने बहुत छोड़ा। अगर हिसाब-किताब से रहता तो आज भला आदमी होता; लेकिन रईस का बेटा रईस ही तो होगा। एक बोतल चढ़ाकर बिस्तर से उठता था। रात-रात भर मुजरे होते रहते थे। क्या जानता था, एक दिन यह ठोकरें खानी पड़ेंगी।

सेठ—अल्ला मियाँ का सुकुर करो भाई कि ईमानदारी से अपने बाल-बच्चों की परवरिश तो करते हो। नहीं तो हमारे-तुम्हारे कितने ही भाई रात-दिन कुकर्म करते रहते हैं, फिर भी दाने-दाने को मुहताज रहते हैं। ईमान की सलामती चाहिए, नहीं दिन तो सभी के कट जाते हैं, दूध-रोटी खाकर कटे तो क्या, सूखे चने चबाकर कटे तो क्या। बड़ी बात तो ईमान है। मुझे तो तुम्हारी सूरत देखते ही मालूम हो गया था, कि नीयत के साफ़ सच्चे आदमी हो। बेईमानों की तो सूरत ही से फटकार बरसती है।

इक्केवाला—सेठजी, आपने ठीक कहा कि ईमान सलामत रहे, तो सब कुछ है। आप लोगों से चार पैसे मिल जाते हैं, वही बाल-बच्चों को खिला-पिलाकर पड़ रहता हूँ। हुजूर,

और इक्केवालों को देखिए, तो कोई किसी मर्ज में मुब्तिला है, कोई किसी मर्ज में। मैंने तोबा बोला! ऐसा काम ही क्यों करें, कि मुसीबत में फँसें। बड़ा कुनबा है हुजूर, माँ है, बच्चे हैं, कई बेवाएँ हैं, और कमाई यही इक्का है। फिर भी अल्लाह मियाँ किसी तरह निबाहे जाते हैं।

सेठ—वह बड़ा कारसाज है ख़ाँ साहब, तुम्हारी कमाई में हमेशा बरकत होगी।

इक्केवाला—आप लोगों की मेहरबानी चाहिए।

सेठ—भगवान की मेहरबानी चाहिए। तुमसे ख़ूब भेंट हो गई। मैं इक्केवालों से बहुत घबराता हूँ; लेकिन अब मालूम हुआ, अच्छे-बुरे सभी जगह होते हैं। तुम्हारे जैसा सच्चा, दीनदार आदमी मैंने नहीं देखा। कैसी साफ़ तबीयत पाई है तुमने कि वाह!

सेठजी की ये लच्छेदार बातें सुनकर इक्केवाला समझ गया कि यह महाशय परले सिरे के बैठकबाज हैं। यह सिर्फ़ मेरी तारीफ करके मुझे चकमा दिया चाहते हैं। अब और किसी पहलू से अपना मतलब निकालना चाहिए। इनकी दया से तो कुछ ले मरना मुश्किल है, शायद इनसे भय से कुछ ले मरूँ। बोला—मगर लाला, यह न समझिए कि मैं जितना सीधा और नेक नज़र आता हूँ, उतना सीधा और नेक हूँ भी। नेकों के साथ नेक हूँ लेकिन बुरों के साथ पक्का बदमाश हूँ। यों कहिए आपकी जूतियाँ सीधी कर दूँ; लेकिन किराये के मामले में किसी के साथ रिआयत नहीं करता। रिआयत करूँ तो खाऊँ क्या?

सेठजी ने समझा था, इक्केवाले को हत्थे पर चढ़ा लिया, अब यात्रा निर्विघ्न और निःशुल्क समाप्त हो जाएगी! लेकिन यह अलाप सुना, तो कान खड़े हुए। बोले—भाई, रुपए-पैसे के मामले में मैं भी किसी से रिआयत नहीं करता; लेकिन कभी-कभी जब यार-दोस्तों का मामला आ पड़ता है तो झक मारकर दबना ही पड़ता है। तुम्हें भी कभी-कभी बल खाना ही पड़ता होगा। दोस्तों से बेमुरौवती तो नहीं की जाती।

इक्केवाले ने रूखेपन से कहा—मैं किसी के साथ मुरौवत नहीं करता। मुरौवत का सबक तो उस्ताद ने पढ़ाया ही नहीं। एक ही चंडूल हूँ। मजाल क्या कि कोई एक पैसा दबा ले। घरवाली तक को तो मैं एक पैसा देता नहीं, दूसरों की बात ही क्या है। और इक्केवाले अपने महाजन की खुशामद करते हैं। उसके दरवाज़े पर खड़े रहते हैं। यहाँ महाजनों को भी धता बताता हूँ। सब मेरे नाम को रोते हैं। रुपए लिए और साफ़ डकार गया। देखें, अब कैसे वसूल करते हो बच्चा, नालिश करो, घर में क्या धरा है, जो ले लोगे।

सेठजी को मानो जूड़ी चढ़ आई। समझ गए, यह शैतान बिना पैसे लिए न मानेगा। जानते कि यह विपत्ति गले पड़ेगी, तो भूलकर भी इक्के पर पाँव न रखते। इतनी दूर पैदल चलने में कौन पैर टूटे जाते थे। अगर इस तरह रोज़ पैसे देने पड़े, तो फिर लेन-देन कर चुका।

सेठजी भक्त जीव थे। शिवजी को जल चढ़ाने में, जब से होश सँभाला, एक नागा भी न किया। क्या भक्तवत्सल शंकर भगवान् इस अवसर पर मेरी सहायता न करेंगे। इष्टदेव का सुमिरन करके बोले—ख़ाँ साहब और किसी से चाहे न दबो; पर पुलिस से तो दबना ही पड़ता होगा। वह तो किसी के सगे नहीं होते।

इक्केवाले ने क़हक़हा मारा—कभी नहीं, उनसे उल्टे और कुछ-न-कुछ वसूल करता हूँ। जहाँ कोई शिकार मिला, झट सस्ते भाड़े बैठाता हूँ और थाने पर पहुँचा देता हूँ। किराया भी मिल जाता है और इनाम भी। क्या मजाल कि कोई बोल सके। लाइसन नहीं लिया आज तक, लाइसन! मज़े में सदर में इक्का दौड़ाता फिरता हूँ। कोई साला चूँ नहीं कर सकता। मेले-ठेलों

में अपनी ख़ूब बन आती है। अच्छे-अच्छे माल चुनकर कोतवाली पहुँचाता हूँ। वहाँ कौन किसी की दाल गलती है। जिसे चाहें रोक लें, एक दिन, दो दिन, तीन दिन। बीस बहाने हैं। कह दिया, शक था कि यह औरत को भगाए लिए जाता था। फिर कौन बोल सकता है। साहब भी छोड़ना चाहें; तो नहीं छोड़ सकते। मुझे सीधा न समझिएगा। एक ही हरामी हूँ। सवारियों से पहले किराया तय नहीं करता, ठिकाने पर पहुँचकर एक के दो लेता हूँ। ज़रा भी चीं-चपड़ किया, तो आस्तीन चढ़ा, पैंतरे बदलकर खड़ा हो जाता हूँ। फिर कौन है जो सामने ठहर सके।

सेठजी को रोमांच हो आया। हाथ में एक सोटा तो था, पर उसका व्यवहार करने की शक्ति का उनमें अभाव था। आज बुरे फँसे, न जाने किस मनहूस का मुँह देखकर घर से चले थे। कहीं यह दुष्ट उलझ पड़े, तो दस-पाँच दिन हल्दी-सोंठ पीना पड़े। अब से भी कुशल है, यहाँ उतर जाऊँ, जो बच जाए वही सही। भीगी बिल्ली बनकर बोले—अच्छा, अब रोक लो ख़ाँ साहब, मेरा गाँव आ गया। बोलो, तुम्हें क्या दे दूँ?

इक्केवाले ने घोड़ी को एक चाबुक और लगाया और निर्दयता से बोला—मजूरी सोच लो भाई। तुमको न बैठाया होता तो तीन सवारियाँ बैठा लेता। तीनों चार-चार आने भी देते, तो बारह आने हो जाते। तुम आठ ही आने दे दो।

सेठजी की बधिया बैठ गई। इतनी बड़ी रक़म उन्होंने उम्र भर इस मद में नहीं ख़र्च की थी। इतनी-सी दूर के लिए इतना किराया, वह किसी तरह न दे सकते थे। मनुष्य के जीवन में एक ऐसा अवसर भी आता है, जब परिणाम की उसे चिन्ता नहीं रहती। सेठजी के जीवन में यह ऐसा ही अवसर था। अगर आने-दो-आने की बात होती, तो ख़ून का घूँट पीकर दे देते, लेकिन आठ आने के लिए कि जिसका द्विगुण एक कलदार होता है, अगर तू-तू मैं-मैं ही नहीं हाथापाई की भी नौबत आए, तो वह करने को तैयार थे। यह निश्चय करके वह दृढ़ता के साथ बैठे रहे।

सहसा सड़क के किनारे एक झोंपड़ा नज़र आया। इक्का रुक गया, सेठ जी उतर पड़े और कमर से एक दुअन्नी निकालकर इक्केवान की ओर बढ़ाई।

इक्केवान ने सेठजी के तेवर देखे, तो समझ गया, ताव बिगड़ गया। चाशनी कड़ी होकर कठोर हो गई। अब यह दाँतों से लड़ेगी। इसे चुबल कर ही मिठास का आनंद लिया जा सकता है। नम्रता से बोला—मेरी ओर से इसकी रेवड़ियाँ लेकर बाल-बच्चों को खिला दीजिएगा। अल्लाह आपको सलामत रखे।

सेठजी ने एक आना और निकाला और बोले—बस, अब ज़बान न हिलाना, एक कौड़ी भी बेसी न दूँगा।

इक्केवाला—नहीं मालिक, आप ही ऐसा कहेंगे, तो हम ग़रीबों के बाल-बच्चे कहाँ से पलेंगे। हम लोग भी आदमी पहचानते हैं हुजूर।

इतने में झोंपड़ी में से एक स्त्री गुलाबी साड़ी पहने, पान चबाती हुई निकल आई और बोली—आज बड़ी देर लगाई (यकायक सेठजी को देखकर) अच्छा आज लालाजी तुम्हारे इक्के पर थे। फिर आज तुम्हारा मिज़ाज काहे को मिलेगा। एक चेहरेशाही तो मिली ही होगी। इधर बढ़ा दो सीधे से।

यह कहकर वह सेठजी के समीप आकर बोली—आराम से चरपैया पर बैठो लाला! बड़े भाग थे कि आज सबेरे-सबेरे आपके दर्शन हुए।

उसके वस्त्र मन्द-मन्द महक रहे थे। सेठजी का दिमाग़ ताज़ा हो गया। उसकी ओर कनखियों से देखा। औरत चंचल, बाँकी-कटीली, तेज़-तर्रार थी। सेठानीजी की मूर्ति आँखों के सामने आ गई—भद्दी, थल-थल, पिल-पिल, पैरों में बेवाय फटी हुई, कपड़ों से दुर्गंध उड़ती हुई। सेठजी नाममात्र को भी रसिक न थे, पर इस समय आँखों से हार गए। आँखों को उधर से हटाने की चेष्टा करके चारपाई पर बैठ गए। अभी कोस भर की मंज़िल बाक़ी है, इसका ख्याल ही न रहा।

स्त्री एक छोटी-सी पंखिया उठा लाई और सेठजी को झलने लगी। हाथ की प्रत्येक गति के साथ सुगंध का एक झोंका आकर सेठजी को उन्मत्त करने लगा।

सेठजी ने जीवन में ऐसा उल्लास कभी अनुभव न किया था। उन्हें प्राय: सभी घृणा की दृष्टि से देखते थे। चोला मस्त हो गया। उसके हाथ से पंखिया छीन लेनी चाही।

'तुम्हें कष्ट हो रहा है, लाओ मैं झल लूँ।'

'यह कैसी बात है लालाजी! आप हमारे दरवाज़े पर आए हैं। क्या इतनी ख़ातिर भी न करने दीजिएगा। और हम किस लायक हैं। इधर कहीं दूर जाना है? अब तो बहुत देर हो गई। कहाँ जाइएगा।'

सेठजी ने पापी आँखों को फेर कर और पापी मन को दबा कर कहा—यहाँ से थोड़ी दूर पर एक गाँव है, वहीं जाना है। साँझ को इधर ही से लौटूँगा।

सुन्दरी ने प्रसन्न होकर कहा—तो फिर आज यहीं रहिएगा। साँझ को फिर कहाँ जाइएगा। एक दिन घर के बाहर की हवा भी खाइए। फिर न जाने कब मुलाक़ात होगी।

इक्केवाले ने आकर सेठजी के कान में कहा—पैसे निकालिए तो दाने-चारे का इंतज़ाम करूँ।

सेठजी ने चुपके से अठन्नी निकालकर दे दी।

इक्केवाले ने फिर पूछा—आपके लिए कुछ मिठाई लेता आऊँ? यहाँ आपके लायक मिठाई तो क्या मिलेगी, हाँ मुँह मीठा हो जाएगा।

सेठजी बोले—मेरे लिए कोई ज़रूरत नहीं, हाँ बच्चों के लिए यह चार आने की मिठाई लिवाते आना।

चवन्नी निकालकर सेठजी ने उसके सामने ऐसे गर्व से फेंकी मानो इसकी उनके सामने कोई हक़ीक़त नहीं है। सुन्दरी के मुँह का भाव तो देखना चाहते थे; पर डरते थे कि कहीं वह यह न समझे, लाला चवन्नी क्या दे रहे हैं, मानो किसी को मोल ले रहे हैं।

इक्केवाला चवन्नी उठाकर जा ही रहा था कि सुन्दरी ने कहा—सेठजी की चवन्नी लौटा दो। लपककर उठा ली, शर्म नहीं आती। यह मुझसे रुपया ले लो। आठ आने की ताज़ी मिठाई बनवाकर लाओ।

उसने रुपया निकालकर फेंका! सेठजी मारे लाज के गड़ गए। एक इक्केवान की भठियारिन जिसकी टके की भी औकात नहीं, इतनी ख़ातिरदारी करे कि उनके लिए पूरा रुपया निकालकर दे दे, यह भला वह कैसे सह सकते थे। बोले—नहीं-नहीं, यह नहीं हो सकता। तुम अपना रुपया रख लो। (रसिक आँखों को तृप्त करके) मैं रुपया दिए देता हूँ। यह लो, आठ आने की ले लेना।

इक्केवान तो उधर मिठाई और दाना-चारे की फ़िक्र में चला, इधर सुन्दरी ने सेठ से कहा—वह तो अभी देर में आएगा लाला, तब तक पान तो खाओ।

सेठजी ने इधर-उधर ताककर कहा—यहाँ तो कोई तम्बोली नहीं है।

सुन्दरी उनकी ओर कटाक्षपूर्ण नेत्रों से देखकर बोली—क्या मेरे लगाए पान तम्बोली के पानों से भी ख़राब होंगे?

सेठजी ने लज्जित होकर कहा—नहीं-नहीं, यह बात नहीं, तुम मुसलमान हो न?

सुन्दरी ने विनोदमय आग्रह से कहा—ख़ुदा की क़सम, इसी बात पर मैं तुम्हें पान खिलाकर छोड़ूँगी!

यह कहकर उसने पानदान से एक बीड़ा निकाला और सेठजी की तरफ़ चली। सेठजी ने एक मिनिट तक तो हाँ! हाँ! किया, फिर दोनों हाथ बढ़ाकर उसे हटाने की चेष्टा की, फिर ज़ोर से दोनों ओंठ बन्द कर लिए पर जब सुन्दरी किसी तरह न मानी, तो सेठजी अपना धर्म लेकर बेतहाशा भागे। सोंटा वहीं चारपाई पर रह गया। बीस क़दम पर जाकर आप रुक गए और हाँफकर बोले—देखो, इस तरह किसी का धर्म नहीं लिया जाता। हम लोग तुम्हारा छुआ पानी पी लें तो धर्म भ्रष्ट हो जाए।

सुन्दरी ने फिर दौड़ाया। सेठजी फिर भागे। इधर पचास वर्ष से उन्हें इस तरह भागने का अवसर न पड़ा था। धोती खिसककर गिरने लगी मगर इतना अवकाश न था कि धोती बाँध लें। बेचारे धर्म को कन्धे पर रखे दौड़े चले जाते थे। न मालूम कब कमर से रुपयों का बटुआ खिसक पड़ा। जब एक पचास क़दम पर फिर रुके और धोती ऊपर उठाई, तो बटुआ नदारद। पीछे फिरकर देखा। सुन्दरी हाथ में बटुआ लिए उन्हें दिखा रही थी और इशारे से बुला रही थी। मगर सेठजी को धर्म रुपए से कहीं प्यारा था। दो-चार क़दम चले फिर रुक गए।

यकायक धर्म-बुद्धि ने डाँट बताई। थोड़े रुपए के लिए धर्म छोड़े देते हो। रुपए बहुत मिलेंगे। धर्म कहाँ मिलेगा।

यह सोचते हुए वह अपनी राह चले, जैसे कोई कुत्ता झगड़ालू कुत्तों के बीच से आहत, दुम दबाए भागा जाता हो और बार-बार पीछे फिरकर देख लेता हो कि कहीं वे दुष्ट आ तो नहीं रहे हैं।

दो क़ब्रें

अब न वह यौवन है, न वह नशा, न वह उन्माद। वह महफ़िल उठ गई, वह दीपक बुझ गया, जिससे महफ़िल की रौनक थी। वह प्रेममूर्ति क़ब्र की गोद में सो रही है। हाँ, उसके प्रेम की छाप अब भी हृदय पर है और उसकी अमर स्मृति आँखों के सामने। वीरांगनाओं में ऐसी वफा, ऐसा प्रेम, ऐसा व्रत दुर्लभ है और रईसों में ऐसा विवाह, ऐसा समर्पण, ऐसी भक्ति और भी दुर्लभ। कुँवर रनवीरसिंह रोज़ बिला नागा संध्या समय जुहरा की क़ब्र के दर्शन करने जाते, उसे फूलों से सजाते, आँसुओं से सींचते। पंद्रह साल गुज़र गए, एक दिन भी नागा नहीं हुआ। प्रेम की उपासना ही उनके जीवन का उद्देश्य था, उस प्रेम का जिसमें उन्होंने जो कुछ देखा वही पाया और जो कुछ अनुभव किया, उसी की याद अब भी उन्हें मस्त कर देती है। इस उपासना में सुलोचना भी उनके साथ होती, जो जुहरा का प्रसाद और कुँवर साहब की सारी अभिलाषाओं का केन्द्र थी।

कुँवर साहब ने दो शादियाँ की थीं, पर दोनों स्त्रियों में से एक भी संतान का मुँह न देख सकीं। कुँवर साहब ने फिर विवाह न किया। एक दिन एक महफ़िल में उन्हें जुहरा के दर्शन हुए। उस निराश पति और अतृप्त युवती में ऐसा मेल, मानो चिरकाल से बिछुड़े हुए दो साथी फिर मिल गए हों। जीवन का बसंत विकास संगीत और सौरभ से भरा हुआ आया मगर अफ़सोस! पाँच वर्षों के अल्पकाल में उसका भी अंत हो गया। वह मधुर स्वप्न निराशा से भरी हुई जागृति में लीन हो गया। वह सेवा और व्रत की देवी तीन साल की सुलोचना को उनकी गोद में सौंपकर सदा के लिए सिधार गई।

कुँवर साहब ने इस प्रेमादेश का इतने अनुराग से पालन किया कि देखनेवालों को आश्चर्य होता था। कितने ही तो उन्हें पागल समझते थे। सुलोचना ही की नींद सोते, उसी की नींद जागते, ख़ुद पढ़ाते, उसके साथ सैर करते—इतनी एकाग्रता के साथ, जैसे कोई विधवा अपने अनाथ बच्चे को पाले।

जब से वह यूनिवर्सिटी में दाख़िल हुई, उसे ख़ुद मोटर में पहुँचा आते और शाम को ख़ुद जाकर ले आते। वह उसके माथे पर से वह कलंक धो डालना चाहते थे, जो मानो विधाता ने क्रूर हाथों से लगा दिया था। धन तो उसे न धो सका, शायद विद्या धो डाले।

एक दिन शाम को कुँवर साहब जुहरा की मज़ार को फूलों से सजा रहे थे और सुलोचना कुछ दूर पर खड़ी अपने कुत्ते को गेंद खिला रही थी कि सहसा उसने अपने कॉलेज के प्रोफ़ेसर डॉक्टर रामेन्द्र को आते देखा। सकुचाकर मुँह फेर लिया, मानो उन्हें देखा नहीं। शंका हुई कहीं रामेन्द्र इस मज़ार के विषय में कुछ पूछ न बैठें।

यूनिवर्सिटी में दाख़िल हुए उसे एक साल हुआ। इस एक साल में उसने प्रणय के विविध रूपों को देख लिया था। कहीं क्रीड़ा थी, कहीं विनोद था, कहीं कुत्सा थी, कहीं लालसा थी, कहीं उच्छृंखलता थी, किन्तु कहीं वह सहृदयता न थी, जो प्रेम का मूल है। केवल रामेन्द्र ही एक ऐसे सज्जन थे, जिन्हें अपनी ओर ताक़ते देखकर उसके हृदय में सनसनी होने लगती थी; पर उनकी आँखों में कितनी विवशता, कितनी पराजय, कितनी वेदना छिपी होती थी!

रामेन्द्र ने कुँवर साहब की ओर देखकर कहा—तुम्हारे बाबा इस क़ब्र पर क्या कर रहे हैं?

सुलोचना का चेहरा कानों तक लाल हो गया। बोली—यह इनकी पुरानी आदत है।

रामेन्द्र—किसी महात्मा की समाधि है?

सुलोचना ने इस सवाल को उड़ा देना चाहा। रामेन्द्र यह तो जानते थे कि सुलोचना कुँवर साहब की दाश्ता औरत की लड़की है; पर उन्हें यह न मालूम था कि यह उसी की क़ब्र है और कुँवर साहब अतीत-प्रेम के इतने उपासक हैं। मगर यह प्रश्न उन्होंने बहुत धीमे स्वर में न किया था। कुँवर साहब जूते पहन रहे थे। यह प्रश्न उनके कान में पड़ गया। जल्दी से जूता पहन लिया और समीप जाकर बोले—संसार की आँखों में तो वह महात्मा न थी; पर मेरी आँखों में थी और है। यह मेरे प्रेम की समाधि है।

सुलोचना की इच्छा होती थी, यहाँ से भाग जाऊँ; लेकिन कुँवर साहब को जुहरा के यशोगान में आत्मिक आनंद मिलता था। रामेन्द्र का विस्मय देखकर बोले—इसमें वह देवी सो रही है, जिसने मेरे जीवन को स्वर्ग बना दिया था। यह सुलोचना उसी का प्रसाद है।

रामेन्द्र ने क़ब्र की तरफ़ देखकर आश्चर्य से कहा—अच्छा!

कुँवर साहब ने मन में उस प्रेम का आनंद उठाते हुए कहा—वह जीवन ही और था, प्रोफ़ेसर साहब। ऐसी तपस्या मैंने और कहीं नहीं देखी। आपको फुरसत हो, तो मेरे साथ चलिए। आपको उन यौवन-स्मृतियों...

सुलोचना बोल उठी—वे सुनाने की चीज़ नहीं हैं, दादा!

कुँवर—मैं रामेन्द्र बाबू को ग़ैर नहीं समझता।

रामेन्द्र को प्रेम का यह अलौकिक रूप मनोविज्ञान का एक रत्न-सा मालूम हुआ। वह कुँवर साहब के साथ ही उनके घर आए और कई घंटे तक उन हसरत में डूबी हुई प्रेम-स्मृतियों को सुनते रहे।

जो वरदान माँगने के लिए उन्हें साल भर से साहस न होता था, दुबिधे में पड़कर रह जाते थे, वह आज उन्होंने माँग लिया।

2

लेकिन विवाह के बाद रामेन्द्र को नया अनुभव हुआ। महिलाओं का आना-जाना प्राय: बन्द हो गया। इसके साथ ही मर्द दोस्तों की आमदरफ़्त बढ़ गई। दिन भर उनका ताँता लगा रहता था। सुलोचना उनके आदर-सत्कार में लगी रहती। पहले एक-दो महीने तक तो रामेन्द्र ने इधर ध्यान नहीं दिया; लेकिन जब कई महीने गुज़र गए और स्त्रियों ने बहिष्कार का त्याग न किया तो उन्होंने एक दिन सुलोचना से कहा—यह लोग आजकल अकेले ही आते हैं!

सुलोचना ने धीरे से कहा—हाँ, देखती तो हूँ।

रामेन्द्र—इनकी औरतें तो तुमसे परहेज नहीं करतीं?

सुलोचना—शायद करती हों।

रामेन्द्र—मगर वे लोग तो विचारों के बड़े स्वाधीन हैं। इनकी औरतें भी शिक्षित हैं, फिर यह क्या बात है?

सुलोचना ने दबी ज़बान से कहा—मेरी समझ में कुछ नहीं आता।

रामेन्द्र ने कुछ देर असमंजस में पड़कर कहा—हम लोग किसी दूसरी जगह चले जाएँ, तो क्या हर्ज? वहाँ तो कोई हमें न जानता होगा।

सुलोचना ने अबकी तीव्र स्वर में कहा—दूसरी जगह क्यों जाएँ। हमने किसी का कुछ बिगाड़ा नहीं है, किसी से कुछ माँगते नहीं। जिसे आना हो आए, न आना हो न आए। मुँह क्यों छिपाएँ।

धीरे-धीरे रामेन्द्र पर एक और रहस्य खुलने लगा, जो महिलाओं के व्यवहार से कहीं अधिक घृणास्पद और अपमानजनक था। रामेन्द्र को अब मालूम होने लगा कि ये महाशय जो आते हैं और घंटों बैठे सामाजिक और राजनीतिक प्रश्नों पर बहसें किया करते हैं, वास्तव में विचार-विनिमय के लिए नहीं बल्कि रूप की उपासना के लिए आते हैं। उनकी आँखें सुलोचना को खोजती रहती हैं। उनके कान उसी की बातों की ओर लगे रहते हैं। उसकी रूप-माधुरी का आनंद उठाना ही उनका अभीष्ट है। यहाँ उन्हें वह संकोच नहीं होता, जो किसी भले आदमी की बहू-बेटी की ओर आँखें नहीं उठने देता। शायद वे सोचते हैं, यहाँ उन्हें कोई रोक-टोक नहीं है।

कभी-कभी जब रामेन्द्र की अनुपस्थिति में कोई महाशय आ जाते, तो सुलोचना को बड़ी कठिन परीक्षा का सामना करना पड़ता। अपनी चितवनों से, अपने कुत्सित संकेतों से, अपनी

रहस्यपूर्ण बातों से, अपनी लम्बी साँसों से उसे दिखाना चाहते थे, कि हम भी तुम्हारी कृपा के भिखारी हैं। अगर रामेन्द्र का तुम पर सोलहों आना अधिकार है, तो थोड़ी-सी दक्षिणा के अधिकारी हम भी हैं। सुलोचना उस वक़्त ज़हर का घूँट पीकर रह जाती।

अब तक रामेन्द्र और सुलोचना दोनों क्लब जाया करते थे। वहाँ उदार सज्जनों का अच्छा जमघट रहता था। जब तक रामेन्द्र को किसी की ओर सन्देह न था, वह उसे आग्रह करके अपने साथ ले जाते थे। सुलोचना के पहुँचते ही यहाँ एक स्फूर्ति-सी उत्पन्न हो जाती थी। जिस मेज़ पर सुलोचना बैठती, उसे लोग घेर लेते थे। कभी-कभी सुलोचना गाती थी। उस वक़्त सब-के-सब उन्मत्त हो जाते।

क्लब में महिलाओं की संख्या अधिक न थी। मुश्किल से पाँच-छह लेडियाँ आती थीं; मगर वे भी सुलोचना से दूर-दूर रहती थीं, बल्कि अपनी भाव-भंगिमाओं और कटाक्षों से वे उसे जता देना चाहती थीं कि तुम पुरुषों का दिल ख़ुश करो, हम कुल-वधुओं के पास तुम नहीं आ सकतीं।

लेकिन जब रामेन्द्र पर इस कटु सत्य का प्रकाश हुआ, तो उन्होंने क्लब जाना छोड़ दिया, मित्रों के यहाँ आना-जाना भी कम कर दिया और अपने यहाँ आनेवालों की भी उपेक्षा करने लगे। वह चाहते थे कि मेरे एकान्तवास में कोई विघ्न न डाले। आख़िर उन्होंने बाहर आना-जाना छोड़ दिया। अपने चारों ओर छल-कपट का जाल-सा बिछा हुआ मालूम होता था, किसी पर विश्वास न कर सकते थे, किसी से सद्व्यवहार की आशा नहीं। सोचते—ऐसे धूर्त, कपटी, दोस्ती की आड़ में गला काटनेवाले आदमियों से मिलें ही क्यों?

वे स्वभाव से मिलनसार आदमी थे। पक्के यारबाश। यह एकान्तवास जहाँ न कोई सैर थी, न विनोद, न कोई चहल-पहल, उनके लिए कठिन कारावास से कम न था। यद्यपि कर्म और वचन से सुलोचना की दिलजोई करते रहते थे; लेकिन सुलोचना की सूक्ष्म और सशंक आँखों से अब यह बात छिपी न थी कि यह अवस्था इनके लिए दिन-दिन असह्य होती जाती थी। वह दिल में सोचती—इनकी यह दशा मेरे ही कारण तो है, मैं ही तो इनके जीवन का काँटा हो गई!

एक दिन उसने रामेन्द्र से कहा—आजकल क्लब क्यों नहीं चलते? कई सप्ताह हुए घर से निकलते तक नहीं।

रामेन्द्र ने बेदिली से कहा—मेरा जी कहीं जाने को नहीं चाहता। अपना घर सबसे अच्छा है।

सुलोचना—जी तो ऊबता ही होगा। मेरे कारण यह तपस्या क्यों करते हो? मैं तो न जाऊँगी। उन स्त्रियों से मुझे घृणा होती है। उनमें एक भी ऐसी नहीं, जिसके दामन पर काले दाग़ न हों; लेकिन सब सीता बनी फिरती हैं। मुझे तो उनकी सूरत से चिढ़ हो गई है। मगर तुम क्यों नहीं जाते? कुछ दिल ही बहल जाएगा।

रामेन्द्र—दिल नहीं पत्थर बहलेगा। जब अन्दर आग लगी हुई हो, तो बाहर शांति कहाँ?

सुलोचना चौंक पड़ी। आज पहली बार उसने रामेन्द्र के मुँह से ऐसी बात सुनी। वह अपने ही को बहिष्कृत समझती थी। अपना अनादर जो कुछ था, उसका था। रामेन्द्र के लिए तो अब भी सब दरवाज़े खुले हुए थे। वह जहाँ चाहें जा सकते हैं, जिनसे चाहें, मिल सकते हैं, उनके लिए कौन-सी रुकावट है। लेकिन नहीं, अगर उन्होंने किसी कुलीन स्त्री से विवाह किया होता, तो उनकी यह दशा क्यों होती? प्रतिष्ठित घरानों की औरतें आतीं, आपस में मैत्री

बढ़ती, जीवन सुख से कटता; रेशम का पैबंद लग जाता। अब तो उसमें टाट का पैबंद लग गया। मैंने आकर सारे तालाब को गंदा कर दिया। उसके मुख पर उदासी छा गई।

रामेन्द्र को भी तुरन्त मालूम हो गया कि उनकी ज़बान से एक ऐसी बात निकल गई जिसके दो अर्थ हो सकते हैं। उन्होंने फ़ौरन बात बनाई—क्या तुम समझती हो कि हम और तुम अलग-अलग हैं। हमारा और तुम्हारा जीवन एक है। जहाँ तुम्हारा आदर नहीं वहाँ मैं कैसे जा सकता हूँ। फिर मुझे भी समाज के इन रँगे सियारों से घृणा हो रही है। मैं इन सबों के कच्चे चिट्ठे जानता हूँ। पद या उपाधि या धन से किसी की आत्मा शुद्ध नहीं हो जाती। जो ये लोग करते हैं, वह अगर कोई नीचे दरजे का आदमी करता, उसे कहीं मुँह दिखाने की हिम्मत न होती। मगर यह लोग अपनी सारी बुराइयाँ उदारतावाद के पर्दे में छिपाते हैं। इन लोगों से दूर रहना ही अच्छा।

सुलोचना का चित्त शान्त हो गया।

3

दूसरे साल सुलोचना की गोद में एक चाँद-सी बालिका का उदय हुआ। उसका नाम रक्खा गया शोभा। कुँवर साहब का स्वास्थ्य इन दिनों कुछ अच्छा न था। मंसूरी गए थे। यह ख़बर पाते ही रामेन्द्र को तार दिया कि जच्चा और बच्चा को लेकर यहाँ आ जाओ।

लेकिन रामेन्द्र इस अवसर पर न जाना चाहते थे। अपने मित्रों की सज्जनता और उदारता की अन्तिम परीक्षा लेने का इससे अच्छा और कौन-सा अवसर हो सकता था। सलाह हुई, एक शानदार दावत दी जाए। प्रोग्राम में संगीत भी शामिल था। कई अच्छे-अच्छे गवैये बुलाए गए। अँग्रेज़ी, हिन्दुस्तानी, मुसलमानी सभी प्रकार के भोजनों का प्रबंध किया गया।

कुँवर साहब गिरते-पड़ते मंसूरी से आए। उसी दिन दावत थी। नियत समय पर निमंत्रित लोग एक-एक करके आने लगे। कुँवर साहब स्वयं उनका स्वागत कर रहे थे। ख़ाँ साहब आए, मिर्जा साहब आए, मीर साहब आए; मगर पंडितजी और बाबूजी और लाला साहब और चौधरी साहब और कक्कड़, मेहरा और चोपड़ा, कौल और हुक्कू, श्रीवास्तव और खरे किसी का पता न था।

यह सभी लोग होटलों में सबकुछ खाते थे, अंडे और शराब उड़ाते थे—इस विषय में किसी तरह का विवेक या विचार न करते थे। फिर आज क्यों तशरीफ़ नहीं लाए? इसलिए नहीं कि छूतछात का विचार था; बल्कि इसलिए कि वह अपनी उपस्थिति को इस विवाह के समर्थन की सनद समझते थे और वह सनद देने की उनकी इच्छा न थी।

दस बजे रात तक कुँवर साहब फाटक पर खड़े रहे। जब उस वक़्त तक कोई न आया, तो कुँवर साहब ने आकर रामेन्द्र से कहा—अब लोगों का इंतज़ार फजूल है। मुसलमानों को खिला दो और बाक़ी सामान ग़रीबों को दिला दो।

रामेन्द्र एक कुर्सी पर हत्बुद्धि-से बैठे हुए थे। कुंठित स्वर में बोले—जी हाँ, यही तो मैं सोच रहा हूँ।

कुँवर—मैंने तो पहले ही समझ लिया था। हमारी तौहीन नहीं हुई। ख़ुद उन लोगों की कलई खुल गई।

रामेन्द्र—ख़ैर, परीक्षा तो हो गई। कहिए तो अभी जाकर एक-एक की ख़बर लूँ।

कुँवर साहब ने विस्मित होकर कहा—क्या उनके घर जाकर?

रामेन्द्र—जी हाँ। पूछूँ कि आप लोग जो समाज-सुधार का राग अलापते फिरते हैं, वह किस बल पर?

कुँवर—व्यर्थ है। जाकर आराम से लेटो। नेक और बद की सबसे बड़ी पहचान अपना दिल है। अगर हमारा दिल गवाही दे कि यह काम बुरा नहीं तो फिर सारी दुनिया मुँह फेर ले, हमें किसी की परवाह न करनी चाहिए।

रामेन्द्र—लेकिन मैं इन लोगों को यों न छोड़ूँगा—एक-एक की बखिया उधेड़कर न रख दूँ तो नाम नहीं।

यह कहकर उन्होंने पत्तल और सकोरे उठवा-उठवाकर कंगालों को देना शुरू किया।

4

रामेन्द्र सैर करके लौटे ही थे कि वेश्याओं का एक दल सुलोचना को बधाई देने के लिए आ पहुँचा। जुहरा की एक सगी भतीजी थी, गुलनार। सुलोचना के यहाँ पहले बराबर आती-जाती थी। इधर दो साल से न आई थी। यह उसी का बधावा था। दरवाज़े पर अच्छी-खासी भीड़ हो गई थी। रामेन्द्र ने यह शोरगुल सुना, गुलनार ने आगे बढ़कर उन्हें सलाम किया और बोली—बाबूजी, बेटी मुबारक, बधावा लाई हूँ।

रामेन्द्र पर मानो लकवा-सा गिर गया। सिर झुक गया और चेहरे पर कालिमा-सी पुत गई। न मुँह से बोले, न किसी को बैठने का इशारा किया, न वहाँ से हिले। बस मूर्तिवत् खड़े रह गए। एक बाज़ारी औरत से नाता पैदा करने का ख्याल इतना लज्जास्पद था, इतना जघन्य कि उसके सामने सज्जनता भी मौन रह गई। इतना शिष्टाचार भी न कर सके कि सबों को कमरे में ले जाकर बिठा तो देते। आज पहली ही बार उन्हें अपने अध:पतन का अनुभव हुआ। मित्रों की कुटिलता और महिलाओं की उपेक्षा को वह उनका अन्याय समझते थे, अपना अपमान नहीं, लेकिन यह बधावा उनकी अबाध उदारता के लिए भी भारी था।

सुलोचना का जिस वातावरण में पालन-पोषण हुआ था, वह एक प्रतिष्ठित हिन्दू कुल का वातावरण था। यह सच है कि अब भी सुलोचना नित्य जुहरा के मज़ार की परिक्रमा करने जाती थी; मगर जुहरा अब एक पवित्र स्मृति थी, दुनिया की मलिनताओं और कलुषताओं से रहित। गुलनार से नातेदारी और परस्पर का निबाह दूसरी बात थी। जो लोग तसवीरों के सामने सिर झुकाते हैं, उन पर फूल चढ़ाते हैं, वे भी तो मूर्ति-पूजा की निंदा करते हैं। एक स्पष्ट है, दूसरा सांकेतिक। एक प्रत्यक्ष है, दूसरा आँखों से छिपा हुआ।

सुलोचना अपने कमरे में चिक की आड़ में खड़ी रामेन्द्र का असमंजस और क्षोभ देख रही थी। जिस समाज को उसने अपना उपास्य बनाना चाहा था, जिसके द्वार पर सिजदे करते उसे बरसों हो गए थे, उसकी तरफ़ से निराश होकर, उसका हृदय इस समय उससे विद्रोह करने पर तुला हुआ था। उसके जी में आता था—गुलनार को बुलाकर गले लगा लूँ? जो लोग मेरी बात भी नहीं पूछते, उनकी खुशामद क्यों करूँ? यह बेचारियाँ इतनी दूर से आई हैं मुझे अपना ही समझकर तो। उनके दिल में प्रेम तो है, यह मेरे दु:ख-सुख में शरीक होने को तैयार तो हैं।

आख़िर रामेन्द्र ने सिर उठाया और शुष्क मुस्कान के साथ गुलनार से बोले—आइए, आप लोग अन्दर चली आइए। यह कहकर वह आगे-आगे रास्ता दिखाते हुए दीवानख़ाने

की ओर चले कि सहसा महरी निकली और गुलनार के हाथ में एक पुर्जा देकर चली गई। गुलनार ने वह पुर्जा लेकर देखा और उसे रामेन्द्र के हाथ में देकर वहीं खड़ी हो गई। रामेन्द्र ने पुर्जा देखा, लिखा था—बहन गुलनार, तुम यहाँ नाहक आई। हम लोग यों ही बदनाम हो रहे हैं। अब और बदनाम मत करो, बधावा वापस ले जाओ। कभी मिलने का जी चाहे, रात को आना और अकेली। मेरा जी तुमसे गले लिपटकर रोने के लिए तड़प रहा है मगर मज़बूर हूँ।

रामेन्द्र ने पुर्जा फाड़कर फेंक दिया और उद्दंड होकर बोले। इन्हें लिखने दो। मैं किसी से नहीं डरता। अन्दर आओ।

गुलनार ने एक क़दम पीछे फिरकर कहा—नहीं बाबूजी, अब हमें आज्ञा दीजिए।

रामेन्द्र—एक मिनट तो बैठो।

गुलनार—जी नहीं। एक सेकिंड भी नहीं।

5

गुलनार के चले जाने के बाद रामेन्द्र अपने कमरे में जा बैठे। जैसी पराजय उन्हें आज हुई, वैसी पहले कभी नहीं हुई। वह आत्माभिमान, वह सच्चा क्रोध, जो अन्याय के ज्ञान से पैदा होता है, लुप्त हो गया था। उसकी जगह लज्जा थी और ग्लानि। इसे बधावे की क्यों सूझ गई। यों तो कभी आती-जाती न थी, आज न जाने कहाँ से फट पड़ी। कुँवर साहब होंगे इतने उदार। उन्होंने जुहरा के नातेदारों से भाईचारे का निबाह किया होगा, मैं इतना उदार नहीं हूँ। कहीं सुलोचना छिपकर इसके पास आती-जाती तो नहीं! लिखा भी तो है कि मिलने का जी चाहे, तो रात को आना और अकेली—क्यों न हो, ख़ून तो वही है, मनोवृत्ति वही, विचार वही, आदर्श वही। माना, कुँवर साहब के घर में पालन-पोषण हुआ; मगर रक्त का प्रभाव इतनी जल्दी नहीं मिट सकता। अच्छा, दोनों बहनें मिलती होंगी तो उनमें क्या बातें होती होंगी? इतिहास या नीति की चर्चा तो हो नहीं सकती। वही निर्लज्जता की बातें होती होंगी। गुलनार अपना वृत्तांत कहती होगी, उस बाज़ार के ख़रीदारों और दुकानदारों के गुण-दोषों पर बहस होती होगी। यह तो हो ही नहीं सकता कि गुलनार इसके पास आते ही अपने को भूल जाए और कोई भद्दी, अनर्गल और कलुषित बातें न करे। एक क्षण में उनके विचारों ने पलटा खाया—मगर आदमी बिना किसी से मिले-जुले रह भी तो नहीं सकता, यह भी तो एक तरह की भूख है। भूख में अगर शुद्ध भोजन न मिले, तो आदमी जूठा खाने से भी परहेज नहीं करता। अगर इन लोगों ने सुलोचना को अपनाया होता, उसका यों बहिष्कार न करते, तो उसे क्यों ऐसे प्राणियों से मिलने की इच्छा होती। उसका कोई दोष नहीं, यह सारा दोष परिस्थितियों का है, जो हमारे अतीत की याद दिलाती रहती हैं।

रामेन्द्र इन्हीं विचारों में पड़े हुए थे कि कुँवर साहब आ पहुँचे और कटु स्वर में बोले—मैंने सुना गुलनार अभी बधावा लाई थी, तुमने उसे लौटा दिया।

रामेन्द्र का विरोध सजीव हो उठा। बोले—मैंने तो नहीं लौटाया, सुलोचना ने लौटाया। पर मेरे ख्याल में अच्छा किया।

कुँवर—तो यह कहो तुम्हारा इशारा था। तुमने इन पतितों को अपनी ओर खींचने का कितना अच्छा अवसर हाथ से खो दिया है! सुलोचना को देखकर जो कुछ असर पड़ा, वह तुमने मिटा दिया। बहुत संभव था कि एक प्रतिष्ठित आदमी से नाता रखने

का अभिमान उसके जीवन में एक नए युग का आरम्भ करता, मगर तुमने इन बातों पर ज़रा भी ध्यान न दिया।

रामेन्द्र ने कोई जवाब न दिया। कुंवर साहब ज़रा उत्तेजित होकर बोले—आप लोग यह क्यों भूल जाते हैं कि हरेक बुराई मज़बूरी से होती है। चोर इसलिए चोरी नहीं करता कि चोरी में उसे विशेष आनंद आता है; बल्कि केवल इसलिए कि ज़रूरत उसे मज़बूर कर देती है। हाँ, वह ज़रूरत वास्तविक है या काल्पनिक इसमें मतभेद हो सकता है। स्त्री के मैके जाते समय कोई गहना बनवाना एक आदमी के लिए ज़रूरी हो सकता है। दूसरे के लिए बिलकुल ग़ैर ज़रूरी। क्षुधा से व्यथित होकर एक आदमी अपना ईमान खो सकता है, दूसरा मर जाएगा पर किसी के सामने हाथ न फैलाएगा, पर प्रकृति का यह नियम आप जैसे विद्वानों को न भूलना चाहिए कि जीवन-लालसा प्राणिमात्र में व्यापक है। ज़िंदा रहने के लिए आदमी सबकुछ कर सकता है। ज़िंदा रहना जितना ही कठिन होगा, बुराइयाँ भी उसी मात्रा में बढ़ेंगी, जितना ही आसान होगा उतनी ही बुराइयाँ कम होंगी। हमारा यह पहला सिद्धांत होना चाहिए कि ज़िंदा रहना हरेक के लिए सुलभ हो। रामेन्द्र बाबू, आपने इस वक़्त इन लोगों के साथ वही व्यवहार किया जो दूसरे आपके साथ कर रहे हैं और जिससे आप बहुत दुःखी हैं।

रामेन्द्र ने इस लंबे व्याख्यान को इस तरह सुना, जैसे कोई पागल बक रहा हो। इस तरह की दलीलों का वह ख़ुद कितनी ही बार समर्थन कर चुके थे; पर दलीलों से व्यथित अंग की पीड़ा नहीं शान्त होती। पतित स्त्रियों का नातेदार की हैसियत से द्वार पर आना इतना अपमानजनक था कि रामेन्द्र किसी दलील से पराभूत होकर उसे भूल न सकते थे। बोले—मैं ऐसे प्राणियों से कोई सम्बन्ध नहीं रखता। यह विष अपने घर में नहीं फैलाना चाहता!

सहसा सुलोचना भी कमरे में आ गई। प्रसवकाल का असर अभी बाक़ी था; पर उत्तेजना ने चेहरे को आरक्त कर रखा था। रामेन्द्र सुलोचना को देखकर तेज़ हो गए। वह उसे जता देना चाहते थे कि इस विषय में मैं एक रेखा तक जा सकता हूँ, उसके आगे किसी तरह नहीं जा सकता। बोले—मैं यह कभी पसन्द न करूँगा कि कोई बाज़ारी औरत किसी भेष में मेरे घर आए। रात को अकेले या सूरत बदलकर आने से इस बुराई का असर नहीं मिट सकता। मैं समाज के दंड से नहीं डरता, इस नैतिक विष से डरता हूँ।

सुलोचना अपने विचार में मर्यादा-रक्षा के लिए काफ़ी आत्मसमर्पण कर चुकी थी। उसकी आत्मा ने अभी तक उसे क्षमा न किया था। तीव्र स्वर में बोली—क्या तुम चाहते हो कि मैं इस क़ैद में अकेले जान दे दूँ! कोई तो हो जिससे आदमी हँसे, बोले!

रामेन्द्र ने गर्म होकर कहा—हँसने-बोलने का इतना शौक़ था, तो मेरे साथ विवाह न करना चाहिए था। विवाह का बंधन बड़ी हद तक त्याग का बंधन है। जब तक संसार में इस विधान का राज्य है और स्त्री कुलमर्यादा की रक्षक समझी जाती है, उस वक़्त तक कोई मर्द यह स्वीकार न करेगा कि उसकी पत्नी बुरे आचरण के प्राणियों से किसी प्रकार का संसर्ग रक्खे।

कुँवर साहब समझ गए कि इस वाद-विवाद से रामेन्द्र और भी ज़िद पकड़ लेंगे और मुख्य विषय लुप्त हो जाएगा, इसलिए नम्र स्वर में बोले—लेकिन बेटा, यह क्यों ख्याल करते हो कि ऊँचे दरजे की पढ़ी-लिखी स्त्री दूसरों के प्रभाव में आ जाएगी, अपना प्रभाव न डालेगी?

रामेन्द्र—इस विषय में शिक्षा पर मेरा विश्वास नहीं। शिक्षा ऐसी कितनी बातों को मानती है, जो रीति-नीति और परंपरा की दृष्टि से त्याज्य हैं। अगर पाँव फिसल जाए तो हम उसे काटकर

फेंक नहीं देते। पर मैं इस analogy के सामने सिर झुकाने को तैयार नहीं हूँ। मैं स्पष्ट कह देना चाहता हूँ कि मेरे साथ रहकर पुराने सम्बन्धों का त्याग करना पड़ेगा! इतना ही नहीं, मन को ऐसा बना लेना पड़ेगा कि ऐसे लोगों से उसे ख़ुद घृणा हो। हमें इस तरह अपना संस्कार करना पड़ेगा कि समाज अपने अन्याय पर लज्जित हो, न यह कि हमारे आचरण ऐसे भ्रष्ट हो जाएँ कि दूसरों की निगाह में यह तिरस्कार औचित्य का स्थान पा जाए।

सुलोचना ने उद्धत होकर कहा—स्त्री इसके लिए मजबूर नहीं है कि वह आपकी आँखों से देखे और आपके कानों से सुने। उसे यह निश्चय करने का अधिकार है कि कौन-सी चीज़ उसके हित की है, कौन-सी नहीं।

कुँवर साहब भयभीत होकर बोले—सिल्लो, तुम भूली जाती हो कि बातचीत में हमेशा मुलायम शब्दों का व्यवहार करना चाहिए। हम झगड़ा नहीं कर रहे हैं, केवल एक प्रश्न पर अपने-अपने विचार प्रकट कर रहे हैं।

सुलोचना ने निर्भीकता से कहा—जी नहीं, मेरे लिए बेड़ियाँ तैयार की जा रही हैं। मैं इन बेड़ियों को नहीं पहन सकती। मैं अपनी आत्मा को उतना ही स्वाधीन समझती हूँ, जितना कोई मर्द समझता है।

रामेन्द्र ने अपनी कठोरता पर कुछ लज्जित होकर कहा—मैंने तुम्हारी आत्मा की स्वाधीनता को छीनने की कभी इच्छा नहीं की। और न मैं इतना विचारहीन हूँ। शायद तुम भी इसका समर्थन करोगी। लेकिन क्या तुम्हें विपरीत मार्ग पर चलते देखूँ तो मैं तुम्हें समझा भी नहीं सकता?

सुलोचना—उसी तरह जैसे मैं तुम्हें समझा सकती हूँ। तुम मुझे मजबूर नहीं कर सकते।

रामेन्द्र—मैं इसे नहीं मान सकता।

सुलोचना—अगर मैं अपने किसी नातेदार से मिलने जाऊँ, तो आपकी इज़्ज़त में बट्टा लगता है। क्या इसी तरह आप यह स्वीकार करेंगे कि आपका व्यभिचारियों से मिलना-जुलना मेरी इज़्ज़त में दाग़ लगाता है?

रामेन्द्र—हाँ, मैं मानता हूँ।

सुलोचना—आपका कोई व्यभिचारी भाई आ जाए, तो आप उसे दरवाज़े से भगा देंगे?

रामेन्द्र—तुम मुझे इसके लिए मजबूर नहीं कर सकतीं।

सुलोचना—और आप मुझे मजबूर कर सकते हैं?

'बेशक।'

'क्यों?'

'इसीलिए कि मैं पुरुष हूँ, इस छोटे-से परिवार का मुख्य अंग हूँ। इसीलिए कि तुम्हारे ही कारण मुझे ...' रामेन्द्र कहते-कहते रुक गए। पर सुलोचना उनके मुँह से निकलनेवाले शब्दों को ताड़ गई। उसका चेहरा तमतमा उठा, मानो छाती में बरछी-सी लग गई। मन में ऐसा उद्वेग उठा कि इसी क्षण घर छोड़कर, सारी दुनिया से नाता तोड़कर चली जाऊँ और फिर इन्हें कभी मुँह न दिखाऊँ। अगर इसी का नाम विवाह है कि किसी की मर्ज़ी की ग़ुलाम होकर रहूँ, अपमान सहन करूँ, तो ऐसे विवाह को दूर ही से सलाम है।

वह तैश में आकर कमरे से निकलना चाहती थी कि कुँवर साहब ने लपककर उसे पकड़ लिया और बोले—क्या करती हो बेटी, घर में जाओ, क्यों रोती हो? अभी तो मैं जीता हूँ, तुम्हें क्या ग़म है? रामेन्द्र बाबू ने कोई ऐसी बात नहीं कही और न कहना

चाहते थे। फिर आपस की बातों का क्या बुरा मानना। किसी अवसर पर तुम भी जो जी में आए कह लेना।

यों समझाते हुए कुँवर साहब उसे अन्दर ले गए। वास्तव में सुलोचना कभी गुलनार से मिलने की इच्छुक न थी। वह उससे स्वयं भागती थी। एक क्षणिक आवेश में उसने गुलनार को वह पुरज़ा लिख दिया था। मन में स्वयं समझती थी, इन लोगों से मेल-जोल रखना मुनासिब नहीं, लेकिन रामेन्द्र ने यह विरोध किया, यही उसके लिए असह्य था। यह मुझे मना क्यों करें? क्या मैं इतना भी नहीं समझती? क्या इन्हें मेरी ओर से इतनी शंका है! इसीलिए तो, कि मैं कुलीन नहीं हूँ!

मैं अभी-अभी गुलनार से मिलने जाऊँगी, जिद्दन जाऊँगी; देखूँ मेरा क्या करते हैं।

लाड़-प्यार में पली हुई सुलोचना को कभी किसी ने तीखी आँखों से न देखा था। कुँवर साहब उसकी मर्ज़ी के ग़ुलाम थे। रामेन्द्र भी इतने दिनों उसका मुँह जोहते रहे। आज अकस्मात् यह तिरस्कार और फटकार पाकर उसका स्वेच्छा प्रेम और आत्मीयता के सारे नातों को पैरों से कुचल डालने के लिए विकल हो उठी। वह सबकुछ सह लेगी पर यह धौंस, यह अन्याय, यह अपमान उससे न सहा जाएगा।

उसने खिड़की से सिर निकालकर कोचवान को पुकारा और बोली—गाड़ी लाओ, मुझे चौक जाना है, अभी लाओ।

कुँवर साहब ने चुमकारकर कहा—बेटी सिल्लो, क्या कर रही हो, मेरे ऊपर दया करो। इस वक़्त कहीं मत जाओ, नहीं हमेशा के लिए पछताना पड़ेगा। रामेन्द्र बाबू भी बड़े ग़ुस्सेवर आदमी हैं। फिर तुमसे बड़े हैं, ज़्यादा विचारवान हैं, उन्हीं का कहना मान जाओ। मैं तुमसे सच कहता हूँ। तुम्हारी माँ जब थीं, तो कई बार ऐसी नौबत आई कि मैंने उनसे कहा—घर से निकल जाओ, पर उस प्रेम की देवी ने कभी ड्योढ़ी के बाहर पाँव नहीं निकाला। इस वक़्त धैर्य से काम लो! मुझे विश्वास है, ज़रा देर में रामेन्द्र बाबू ख़ुद लज्जित होकर तुम्हारे पास अपराध क्षमा कराने आएँगे।

सहसा रामेन्द्र ने आकर पूछा—गाड़ी क्यों मँगवाई? कहाँ जा रही हो?

रामेन्द्र का चेहरा इतना क्रोधोन्मत्त हो रहा था, कि सुलोचना सहम उठी। दोनों आँखों से ज्वाला-सी निकल रही थी। नथने फड़क रहे थे, पिंडलियाँ काँप रही थीं। यह कहने की हिम्मत न पड़ी कि गुलनार के घर जाती हूँ। गुलनार का नाम सुनते ही शायद यह मेरी गर्दन पर सवार हो जाएँगे—इस भय से वह काँप उठी। आत्मरक्षा का भाव प्रबल हो गया। बोली—ज़रा अम्माँ की मज़ार तक जाऊँगी।

रामेन्द्र ने डाँटकर कहा—कोई ज़रूरत नहीं वहाँ जाने की।

सुलोचना ने कातर स्वर में कहा—क्यों अम्माँ की मज़ार तक जाने की भी रोक है? रामेन्द्र ने उसी ध्वनि में कहा—हाँ।

सुलोचना—तो फिर अपना घर सम्हालो, मैं जाती हूँ।

रामेन्द्र—जाओ, तुम्हारे लिए क्या, यह न सही दूसरा घर सही!

अभी तक तस्मा बाक़ी था, वह कट गया। यों शायद सुलोचना वहाँ से कुँवर साहब के बँगले पर जाती, दो-चार दिन रूठी रहती, फिर रामेन्द्र उसे मना लाते और मामला तय हो जाता, लेकिन इस चोट ने समझौते और संधि की जड़ काट दी। सुलोचना दरवाज़े तक

पहुँची थी, वहीं चित्रलिखित-सी खड़ी रह गई। मानो किसी ऋषि के शाप ने उसके प्राण खींच लिए हों। वहीं बैठ गई। न कुछ बोल सकी, न कुछ सोच सकी। जिसके सिर पर बिजली गिर पड़ी हो, वह क्या सोचे, क्या रोए, क्या बोले। रामेन्द्र के वे शब्द बिजली से कहीं अधिक घातक थे।

सुलोचना कब तक वहाँ बैठी रही, उसे कुछ ख़बर न थी। जब उसे कुछ होश आया तो घर में सन्नाटा छाया हुआ था। घड़ी की तरफ़ आँख उठी, एक बज रहा था। सामने आरामकुर्सी पर कुँवर साहब नवजात शिशु को गोद में लिए सो गए थे। सुलोचना ने उठकर बरामदे में झाँका, रामेन्द्र अपने पलंग पर लेटे हुए थे। उसके जी में आया, इसी वक़्त इन्हीं के सामने जाकर कलेजे में छुरी मार लूँ और इन्हीं के सामने तड़प-तड़पकर मर जाऊँ। वह घातक शब्द याद आ गए। इनके मुँह से ऐसे शब्द निकले क्योंकर। इतने चतुर, इतने उदार और इतने विचारशील होकर भी यह जुबान पर ऐसे शब्द क्योंकर ला सके।

उसका सारा सतीत्व, भारतीय आदर्शों की गोद में पली हुई भूमि पर आसक्त पड़ी हुई अपनी दीनता पर रो रहा था। वह सोच रही थी, अगर मेरे नाम पर यह दाग़ न होता, मैं भी कुलीन होती, तो क्या यह शब्द इनके मुँह से निकल सकते थे? लेकिन मैं बदनाम हूँ, दलित हूँ, त्याज्य हूँ, मुझे सबकुछ कहा जा सकता है। उफ, इतना कठोर हृदय। क्या वह किसी दशा में भी रामेन्द्र पर इतना कठोर प्रहार कर सकती थी?

बरामदे में बिजली की रोशनी थी। रामेन्द्र के मुख पर क्षोभ या ग्लानि का नाम भी न था। क्रोध की कठोरता अब तक उसके मुख को विकृत किए हुए थी। शायद इन आँखों में आँसू देखकर अब भी सुलोचना के आहत हृदय को तसकीन होती; लेकिन वहाँ तो अभी तक तलवार खिंची हुई थी। उसकी आँखों में सारा संसार सूना हो गया।

सुलोचना फिर अपने कमरे में आई। कुँवर साहब की आँखें अब भी बन्द थीं। इन चन्द घंटों ही में उनका तेजस्वी मुख कांतिहीन हो गया था। गालों पर आँसुओं की रेखाएँ सूख गई थीं। सुलोचना ने उनके पैरों के पास बैठकर सच्ची भक्ति के आँसू बहाए। हाय! मुझ अभागिनी के लिए इन्होंने कौन-कौन से कष्ट नहीं झेले, कौन-कौन से अपमान नहीं सहे, अपना सारा जीवन ही मुझ पर अर्पण कर दिया और उसका यह हृदय-विदारक अंत।

सुलोचना ने फिर बच्ची को देखा; मगर उसका गुलाब का-सा विकसित मुँह देखकर भी उसके हृदय में ममता की तरंग न उठी। उसने उसकी तरफ़ से मुँह फेर लिया। यही वह अपमान की मूर्तिमान वेदना है, जो इतने दिनों मुझे भोगनी पड़ी। मैं इसके लिए क्यों अपने प्राण संकट में डालूँ। अगर उसके निर्दयी पिता को उससे प्रेम है, तो उसको पाले। और एक दिन वह भी उसी तरह रोए, जिस तरह आज मेरे पिता को रोना पड़ रहा है। ईश्वर अबकी अगर जन्म देना, तो किसी भले आदमी के घर जन्म देना...

जहाँ जुहरा का मज़ार था उसी के बग़ल में एक दूसरा मज़ार बना हुआ है। जुहरा के मज़ार पर घास जम आई है; जगह-जगह से चूना गिर गया है, लेकिन दूसरा मज़ार बहुत साफ़-सुथरा और सजा हुआ है। उसके चारों तरफ़ गमले रखे हुए हैं और मज़ार तक जाने के लिए गुलाब के बेलों की रविशें बनी हुई हैं?

शाम हो गई है। सूर्य की क्षीण, उदास, पीली किरणें मानो उस मज़ार पर आँसू बहा रही हैं। एक आदमी एक तीन-चार साल की बालिका को गोद में लिए हुए आया और उस मज़ार

को अपने रूमाल से साफ़ करने लगा। रविशों में जो पत्तियाँ पड़ी थीं उन्हें चुनकर साफ़ किया और मज़ार पर सुगंध छिड़कने लगा। बालिका दौड़-दौड़कर तितलियों को पकड़ने लगी।

यह सुलोचना का मज़ार है। उसकी आख़िरी नसीहत थी, कि मेरी लाश जलाई न जाए, मेरी माँ की बग़ल में मुझे सुला दिया जाए। कुँवर साहब तो सुलोचना के बाद छह महीने से ज़्यादा न चल सके। हाँ, रामेन्द्र अपने अन्याय का पश्चात्ताप कर रहे हैं।

शोभा अब तीन साल की हो गई है और उसे विश्वास है कि एक दिन उसकी माँ इसी मज़ार से निकलेगी!

ढपोरसंख

मुरादाबाद में मेरे एक पुराने मित्र हैं, जिन्हें दिल में तो मैं एक रत्न समझता हूँ पर पुकारता हूँ ढपोरसंख कहकर और वह बुरा भी नहीं मानते। ईश्वर ने उन्हें जितना हृदय दिया है, उसकी आधी बुद्धि दी होती, तो आज वह कुछ और होते! उन्हें हमेशा तंगहस्त ही देखा; मगर किसी के सामने कभी हाथ फैलाते नहीं देखा। हम और वह बहुत दिनों तक साथ पढ़े हैं, खासी बेतकल्लुफी है; पर यह जानते हुए भी कि मेरे लिए सौ-पचास रुपए से उनकी मदद करना कोई बड़ी बात नहीं और मैं बड़ी ख़ुशी से करूँगा, कभी मुझसे एक पाई के रवादार न हुए। अगर हीले से बच्चों को दो-चार रुपए दे देता हूँ, तो बिदा होते समय उसकी दुगनी रक़म के मुरादाबादी बर्तन लादने पड़ते हैं। इसलिए मैंने यह नियम बना लिया है कि जब उनके पास जाता हूँ, तो एक-दो दिन में जितनी बड़ी-से-बड़ी चपत दे सकता हूँ, देता हूँ। मौसम में जो महँगी-से-महँगी चीज़ होती है, वही खाता हूँ और माँग-माँगकर खाता हूँ। मगर दिल के ऐसे बेहया हैं, कि अगर एक बार भी उधर से निकल जाऊँ और उससे न मिलूँ तो बुरी तरह डाँट बताते हैं। इधर दो-तीन साल से मुलाक़ात न हुई थी। जी देखने को चाहता था। मई में नैनीताल जाते हुए उनसे मिलने के लिए उतर पड़ा। छोटा-सा घर है, छोटा-सा परिवार, छोटा-सा डील। द्वार पर आवाज़ दी—ढपोरसंख! तुरन्त बाहर निकल आए और गले से लिपट गए। ताँगे पर से मेरे ट्रंक को उतारकर कन्धे पर रखा, बिस्तर बग़ल में दबाया और घर में दाख़िल हो गए। कहता हूँ, बिस्तर मुझे दे दो मगर कौन सुनता है। भीतर क़दम रखा तो देवीजी के दर्शन हुए। छोटे बच्चे ने आकर प्रणाम किया। बस यही परिवार है।

कमरे में गया तो देखा ख़तों का एक दफ़्तर फैला हुआ है। ख़तों को सुरक्षित रखने की तो इनकी आदत नहीं? इतने ख़त किसके हैं? कुतूहल से पूछा—यह क्या कूड़ा फैला रखा है जी, समेटो।

देवीजी मुस्कुराकर बोलीं—कूड़ा न कहिए, एक-एक पत्र साहित्य का रत्न है। आप तो इधर आए नहीं। इनके एक नए मित्र पैदा हो गए हैं। यह उन्हीं के कर-कमलों के प्रसाद हैं।

ढपोरसंख ने अपनी नन्ही-नन्ही आँखें सिकोड़कर कहा—तुम उसके नाम से क्यों इतना जलती हो, मेरी समझ में नहीं आता? अगर तुम्हारे दो-चार सौ रुपए उस पर आते हैं, तो उनका देनदार मैं हूँ। वह भी अभी जीता-जागता है। किसी को बेईमान क्यों समझती हो? यह

क्यों नहीं समझतीं कि उसे अभी सुविधा नहीं है। और फिर दो-चार सौ रुपए एक मित्र के हाथों डूब ही जाएँ, तो क्यों रोओ। माना हम ग़रीब हैं, दो-चार सौ रुपए हमारे लिए दो-चार लाख से कम नहीं; लेकिन खाया तो एक मित्र ने!

देवीजी जितनी रूपवती थीं, उतनी ही ज़बान की तेज़ थीं। बोलीं—अगर ऐसों ही का नाम मित्र है, तो मैं नहीं समझती, शत्रु किसे कहते हैं।

ढपोरसंख ने मेरी तरफ़ देखकर, मानो मुझसे हामी भराने के लिए कहा—औरतों का हृदय बहुत ही संकीर्ण होता है।

देवीजी नारी-जाति पर यह आपेक्ष कैसे सह सकती थीं, आँखें तरेरकर बोलीं—यह क्यों नहीं कहते, कि उल्लू बनाकर ले गया, ऊपर से हेकड़ी जताते हो! दाल गिर जाने पर तुम्हें भी सूखा अच्छा लगे, तो कोई आश्चर्य नहीं। मैं जानती हूँ, रुपया हाथ का मैल है। यह भी समझती हूँ कि जिसके भाग्य का जितना होता है, उतना वह खाता है; मगर यह मैं कभी न मानूँगी, कि वह सज्जन था और आदर्शवादी था और यह था, वह था। साफ़-साफ़ क्यों नहीं कहते, लंपट था, दग़ाबाज था! बस, मेरा तुमसे कोई झगड़ा नहीं।

ढपोरसंख ने गर्म होकर कहा—मैं यह नहीं मान सकता। देवीजी भी गर्म होकर बोलीं—तुम्हें मानना पड़ेगा। महाशयजी आ गए हैं। मैं इन्हें पंच बदती हूँ। अगर यह कह देंगे, कि सज्जनता का पुतला था, आदर्शवादी था, वीरात्मा था, तो मैं मान लूँगी और फिर उसका नाम न लूँगी। और यदि इनका फ़ैसला मेरे अनुकूल हुआ, तो लाला, तुम्हें इनको अपना बहनोई कहना पड़ेगा!

मैंने पूछा—मेरी समझ में कुछ नहीं आ रहा है, आप किसका ज़िक्र कर रही हैं? वह कौन था?

देवीजी ने आँखें नचाकर कहा—इन्हीं से पूछो, कौन था? इनका बहनोई था!

ढपोरसंख ने झेंपकर कहा—अजी, एक साहित्य-सेवी था—करुणाकर जोशी। बेचारा विपत्ति का मारा यहाँ आ पड़ा था! उस वक़्त तो यह भी भैया-भैया करती थीं, हलवा बना-बनाकर खिलाती थीं, उसकी विपत्ति-कथा सुनकर टेसवे बहाती थीं और आज वह दग़ाबाज है, लंपट है, लबार है?

देवीजी ने कहा—वह तुम्हारी ख़ातिर थी। मैं समझती थी, लेख लिखते हो, व्याख्यान देते हो, साहित्य के मर्मज्ञ बनते हो, कुछ तो आदमी पहचानते होगे। पर अब मालूम हो गया, कि क़लम घिसना और बात है, मनुष्य की नाड़ी पहचानना और बात।

मैं इस जोशी का वृत्तांत सुनने के लिए उत्सुक हो उठा—ढपोरसंख तो अपना पचड़ा सुनाने को तैयार थे; मगर देवीजी ने कहा—खाने-पीने से निवृत्त होकर पंचायत बैठे। मैंने भी इसे स्वीकार कर लिया।

देवीजी घर में जाती हुई बोलीं—तुम्हें क़सम है जो अभी जोशी के बारे में एक शब्द भी इनसे कहो। मैं भोजन बनाकर जब तक खिला न लूँ, तब तक दोनों आदमियों पर दफ़ा 144 है।

ढपोरसंख ने आँखें मारकर कहा—तुम्हारा नमक खाकर यह तुम्हारी तरफ़दारी करेंगे ही!

इस बार देवीजी के कानों में यह जुमला न पड़ा। धीमे स्वर में कहा भी गया था, नहीं तो देवीजी ने कुछ-न-कुछ जवाब ज़रूर दिया होता। देवीजी चूल्हा जला चुकीं और ढपोरसंख उनकी ओर से निश्चिन्त हो गए, तो मुझसे बोले—जब तक वह रसोई में हैं, मैं संक्षेप में तुम्हें वह वृत्तांत सुना दूँ?

मैंने धर्म की आड़ लेकर कहा—नहीं भाई, मैं पंच बनाया गया हूँ और इस विषय में कुछ न सुनूँगा। उन्हें आ जाने दो।

'मुझे भय है, कि तुम उन्हीं का-सा फ़ैसला कर दोगे और फिर वह मेरा घर में रहना अपाढ़ कर देगी।'

मैंने ढाढ़स दिया—यह आप कैसे कह सकते हैं, मैं क्या फ़ैसला करूँगा?

'मैं तुम्हें जानता जो हूँ। तुम्हारी अदालत में औरत के सामने मर्द कभी जीत ही नहीं सकता।'

'तो क्या चाहते हो तुम्हारी डिग्री कर दूँ!'

'क्या दोस्ती का इतना हक़ भी नहीं अदा कर सकते?'

'अच्छा लो, तुम्हारी जीत होगी, चाहे गालियाँ ही क्यों न मिलें।'

खाते-पीते दोपहर हो गई। रात का जागा था। सोने की इच्छा हो रही थी पर देवीजी कब माननेवाली थीं। भोजन करके आ पहुँचीं। ढपोरसंख ने पत्रों का पुलिंदा समेटा और वृत्तान्त सुनाने लगे।

देवीजी ने सावधान किया—एक शब्द भी झूठ बोले, तो जुर्माना होगा।

ढपोरसंख ने गम्भीर होकर कहा—झूठ वह बोलता है, जिसका पक्ष निर्बल होता है। मुझे तो अपनी विजय का विश्वास है।

इसके बाद कथा शुरू हो गई।

दो साल से ज़्यादा हुए, एक दिन मेरे पास एक पत्र आया, जिसमें साहित्य सेवा के नाते एक ड्रामे की भूमिका लिखने की प्रेरणा की गई थी। करुणाकर का पत्र था। इस साहित्यिक रीति से मेरा उनसे प्रथम परिचय हुआ। साहित्यकारों की इस जमाने में जो दुर्दशा है, उसका अनुभव कर चुका हूँ, और करता रहता हूँ और यदि भूमिका तक बात रहे, तो उनकी सेवा करने में पसोपेश नहीं होता। मैंने तुरन्त जवाब दिया—आप ड्रामा भेज दीजिए। एक सप्ताह में ड्रामा आ गया, पर अबके पत्र में भूमिका लिखने ही की नहीं कोई प्रकाशक ठीक कर देने की भी प्रार्थना की गई थी। मैं प्रकाशकों के झंझट में नहीं पड़ता। दो-एक बार पड़कर कई मित्रों को जानी दुश्मन बना चुका हूँ। मैंने ड्रामे को पढ़ा, उस पर भूमिका लिखी और हस्तलिपि लौटा दी। ड्रामा मुझे सुन्दर मालूम हुआ; इसलिए भूमिका भी प्रशंसात्मक थी। कितनी ही पुस्तकों की भूमिका लिख भी चुका हूँ। कोई नई बात न थी; पर अबकी भूमिका लिखकर पिंड न छूटा। एक सप्ताह के बाद एक लेख आया, कि इसे अपनी पत्रिका में प्रकाशित कर दीजिए। (ढपोरसंख एक पत्रिका के सम्पादक हैं।) इसे गुण कहिए या दोष, मुझे दूसरों पर विश्वास बहुत जल्द आ जाता है। और जब किसी लेखक का मुआमला हो, तो मेरी विश्वास-क्रिया और भी तीव्र हो जाती है। मैं अपने एक मित्र को जानता हूँ जो साहित्यकारों के साये से भागते हैं। वह ख़ुद निपुण लेखक हैं, बड़े ही सज्जन हैं, बड़े ही ज़िन्दा-दिल। अपनी शादी करके लौटने पर जब-जब रास्ते में मुझसे भेंट हुई, कहा—आपकी मिठाई रखी हुई है, भेजवा दूँगा, पर वह मिठाई आज तक न आई, हालाँकि अब ईश्वर की दया से विवाह-तरु में फल भी लग आए, लेकिन ख़ैर, मैं साहित्यसेवियों से इतना चौकन्ना नहीं रहता। इन पत्रों में इतनी विनय, इतना आग्रह, इतनी भक्ति होती थी, कि मुझे जोशी से बिना साक्षात्कार के ही स्नेह हो गया। मालूम हुआ, एक बड़े बाप का बेटा है, घर से इसीलिए निर्वासित है, कि उसके चाचा दहेज की लम्बी रक़म लेकर उसका विवाह करना चाहते थे, यह उसे मंजूर न हुआ। इस पर चाचा

ने घर से निकाल दिया। बाप के पास गया। बाप आदर्श भ्रातृ-भक्त था। उसने चाचा के फ़ैसले की अपील न सुनी। ऐसी दशा में सिद्धांत का मारा युवक सिवाय घर से बाहर निकल भागने के और क्या करता? यों वन-वन के पत्ते तोड़ता, द्वार-द्वार ठोकरें खाता वह ग्वालियर आ गया था। उस पर मंदाग्नि का रोगी, जीर्ण ज्वर से ग्रस्त। आप ही बतलाइए, ऐसे आदमी से क्या सहानुभूति न होती? फिर जब एक आदमी आपको 'प्रिय भाई साहब' लिखता है, अपने मनोरहस्य आपके सामने खोलकर रखता है, विपत्ति में भी धैर्य और पुरुषार्थ को हाथ से नहीं छोड़ता, कड़े से कड़ा परिश्रम करने को तैयार है, तो यदि आप में सौजन्य का अणुमात्र भी है, तो आप उसकी मदद ज़रूर करेंगे।

अच्छा, अब फिर ड्रामे की तरफ़ आइए। कई दिनों बाद जोशी का पत्र प्रयाग से आया। वह वहाँ के एक मासिक पत्रिका के सम्पादकीय विभाग में नौकर हो गया था। यह पत्र पाकर मुझे कितना सन्तोष और आनंद हुआ, कह नहीं सकता। कितना उद्यमशील आदमी है! उसके प्रति मेरा स्नेह और भी प्रगाढ़ हो गया। पत्रिका का स्वामी संपादक सख़्ती से पेश आता था, ज़रा-सी देर हो जाने पर दिन-भर की मज़दूरी काट लेता था, बात-बात पर घुड़कियाँ जमाता था; पर यह सत्याग्रही वीर सब कुछ सहकर भी अपने काम में लगा रहता था। अपना भविष्य बनाने का ऐसा अवसर पाकर वह उसे कैसे छोड़ देता। यह सारी बातें स्नेह और विश्वास को बढ़ाने वाली थीं। एक आदमी को कठिनाइयों का सामना करते देखकर किसे उससे प्रेम न होगा, गर्व न होगा!

प्रयाग में वह ज़्यादा न ठहर सका। उसने मुझे लिखा, मैं सब कुछ झेलने को तैयार हूँ, भूखों मरने को तैयार हूँ पर आत्मसम्मान में दाग़ नहीं लगा सकता, कुवचन नहीं सह सकता।

ऐसा चरित्र यदि आप पर प्रभाव न डाल सके, तो मैं कहूँगा, आप चालाक चाहे जितने हों पर हृदय-शून्य हैं।

एक सप्ताह के बाद प्रयाग से फिर पत्र आया—यह व्यवहार मेरे लिए असह्य हो गया। आज मैंने इस्तीफ़ा दे दिया। यह न समझिए कि मैंने हलके दिल से लगी-लगाई रोजी छोड़ दी। मैंने वह सब किया, जो मुझे करना चाहिए था। यहाँ तक कि कुछ-कुछ वह भी किया, जो मुझे न करना चाहिए था; पर आत्मसम्मान का ख़ून नहीं कर सकता। अगर यह कर सकता, तो मुझे घर छोड़कर निकलने की क्या आवश्यकता थी। मैंने बम्बई जाकर अपनी क़िस्मत आजमाने का निश्चय किया है। मेरा दृढ़ संकल्प है कि अपने घरवालों के सामने हाथ न फैलाऊँगा, उनसे दया की भिक्षा न माँगूँगा। मुझे कुलीगिरी करनी मंजूर है, टोकरी ढोना मंजूर है; पर अपनी आत्मा को कलंकित नहीं कर सकता।

मेरी श्रद्धा और बढ़ गई। यह व्यक्ति अब मेरे लिए केवल ड्रामा का चरित्र न था, जिसके सुख से सुखी और दुख से दुखी होने पर भी हम दर्शक ही रहते हैं। वह अब मेरे इतने निकट पहुँच गया था, कि उस पर आघात होते देखकर मैं उसकी रक्षा करने को तैयार था, उसे डूबते देखकर पानी में कूदने से भी न हिचकता।

मैं बड़ी उत्कंठा से उसके बंबई से आने वाले पत्र का इंतज़ार करने लगा। छठवें दिन पत्र आया। वह बंबई में काम खोज रहा था, लिखा था—घबड़ाने की कोई बात नहीं है, मैं सबकुछ झेलने को तैयार हूँ। फिर दो-दो, चार-चार दिन के अंतर से कई पत्र आए। वह वीरों की भाँति कठिनाइयों के सामने कमर कसे खड़ा था, हालाँकि तीन दिन से उसे भोजन न मिला था।

ओह! कितना ऊँचा आदर्श है। कितना उज्ज्वल चरित्र! मैं समझता हूँ, मैंने उस समय बड़ी कृपणता की। मेरी आत्मा ने मुझे धिक्कारा—यह बेचारा इतने कष्ट उठा रहा है और तुम बैठे देख रहे हो। क्यों उसके पास कुछ रुपए नहीं भेजते? मैंने आत्मा के कहने पर अमल न किया, पर अपनी बेदर्दी पर खिन्न अवश्य था।

जब कई दिन की बेचैनी भरे हुए इंतज़ार के बाद यह समाचार आया, कि वह एक साप्ताहिक पत्र के सम्पादकीय विभाग में जगह पा गया है, तो मैंने आराम की साँस ली और ईश्वर को सच्चे दिल से धन्यवाद दिया।

साप्ताहिक में जोशी के लेख निकलने लगे। उन्हें पढ़कर मुझे गर्व होता था। कितने सजीव, कितने विचार से भरे लेख थे। उसने मुझसे भी लेख माँगे; पर मुझे अवकाश न था। क्षमा माँगी, हालाँकि इस अवसर पर उसको प्रोत्साहन न देने पर मुझे बड़ा खेद होता था।

लेकिन शायद बाधाएँ हाथ धोकर उसके पीछे पड़ी थीं। पत्र के ग्राहक कम थे। चन्दे और डोनेशन से काम चलता था। रुपए हाथ आ जाते, तो कर्मचारियों को थोड़ा-थोड़ा मिल जाता, नहीं आसरा लगाए काम करते रहते। इस दशा में ग़रीब ने तीन महीने काटे होंगे। आशा थी, तीन महीने का हिसाब होगा, तो अच्छी रक़म हाथ लगेगी; मगर वहाँ सूखा जवाब मिला। स्वामी ने टाट उलट दिया, पत्र बन्द हो गया और कर्मचारियों को अपना-सा मुँह लिए बिदा होना पड़ा। स्वामी की सज्जनता में सन्देह नहीं; लेकिन रुपए कहाँ से लाता! सज्जनता के नाते लोग आधे वेतन पर काम कर सकते थे लेकिन पेट बाँधकर काम करना कब मुमकिन था। और फिर बम्बई का ख़र्च। बेचारे जोशी को फिर ठोकरें खानी पड़ीं! मैंने ख़त पढ़ा, तो बहुत दुःख हुआ। ईश्वर ने मुझे इस योग्य न बनाया, नहीं बेचारा क्यों पेट के लिए यों मारा-मारा फिरता।

अबकी बार बहुत हैरान न होना पड़ा। किसी मिल में गाँठों पर नम्बर लिखने का काम मिल गया। एक रुपया रोज़ मजूरी थी। बम्बई में एक रुपया, इधर के चार आने बराबर समझो! कैसे उसका काम चलता था, ईश्वर ही जाने।

कई दिन के बाद एक लम्बा पत्र आया। एक जर्मन एजेंसी उसे रखने पर तैयार थी; अगर तुरन्त सौ रुपए की ज़मानत दे सके। एजेंसी यहाँ की फ़ौजों में जूते, सिगार, साबुन आदि सप्लाई करने का काम करती थी। अगर यह जगह मिल जाती, तो उसके दिन आराम से कटने लगते। लिखा था, अब ज़िन्दगी से तंग आ गया हूँ। हिम्मत ने जवाब दे दिया। आत्महत्या करने के सिवा और कोई उपाय नहीं सूझता। केवल माताजी की चिन्ता है। रो-रोकर प्राण दे देंगी! पिताजी के साथ उन्हें शारीरिक सुखों की कमी नहीं; पर मेरे लिए उनकी आत्मा तड़पती रहती है। मेरी यही अभिलाषा है, कि कहीं बैठने का ठिकाना मिल जाता, तो एक बार उन्हें अपने साथ रखकर उनकी जितनी सेवा हो सकती, करता। इसके सिवा मुझे कोई इच्छा नहीं है; लेकिन ज़मानत कहाँ से लाऊँ? बस, कल का दिन और है। परसों कोई दूसरा उम्मीदवार ज़मानत देकर यह ले लेगा और मैं ताकता रह जाऊँगा। एजेंट मुझे रखना चाहता है; लेकिन अपने कार्यालय के नियमों को क्या करे।

इस पत्र ने मेरी कृपण प्रकृति को भी वशीभूत कर लिया। इच्छा हो जाने पर कोई-न-कोई राह निकल आती है। मैंने रुपए भेजने का निश्चय कर लिया। अगर इतनी मदद से एक युवक का जीवन सुधर रहा हो, तो कौन ऐसा है, जो मुँह छिपा ले। इससे बड़ा रुपयों का और क्या सदुपयोग हो सकता है। हिंदी में क़लम घिसनेवालों के पास इतनी बड़ी रक़म ज़रा मुश्किल

ही से निकलती; पर संयोग से उस वक़्त मेरे कोष में रुपए मौजूद थे। मैं इसके लिए अपनी कृपणता का ऋणी हूँ। देवीजी की सलाह ली। वह बड़ी ख़ुशी से राज़ी हो गईं; हालाँकि अब सारा दोष मेरे ही सिर मढ़ा जाता है। कल रुपयों का पहुँचना आवश्यक था, नहीं तो अवसर हाथ से निकल जाएगा। मनीआर्डर तीन दिन में पहुँचेगा। तुरन्त तारघर गया और तार से रुपए भेज दिए। जिसने बरसों की कतर-ब्योंत के बाद इतने रुपए जोड़े हों और जिसे भविष्य भी अभावमय ही दीखता हो, वही उस आनंद का अनुभव कर सकता है, जो इस समय मुझे हुआ : सेठ अमीरचन्द को दस लाख का दान करके भी इतना आनंद न हुआ होगा। दिया तो मैंने ऋण समझकर ही; पर वह दोस्ती का ऋण था, जिसका अदा होना स्वप्न का यथार्थ होना है।

उस पत्र को मैं कभी न भूलूँगा, जो धन्यवाद के रूप में चौथे दिन मुझे मिला। कैसे सच्चे उद्‌गार थे! एक-एक शब्द अनुग्रह में डूबा हुआ। मैं उसे साहित्य की एक चीज़ समझता हूँ।

देवीजी ने चुटकी ली—सौ रुपए में उससे बहुत अच्छा पत्र मिल सकता है!

ढपोरसंख ने कुछ जवाब न दिया। कथा कहने में तन्मय थे।

बम्बई में वह किसी प्रसिद्ध स्थान पर ठहरा था। केवल नाम और पोस्ट-बाक्स लिखने ही से उसे पत्र मिल जाता था। वहाँ से कई पत्र आए। वह प्रसन्न था।

देवीजी बोलीं—प्रसन्न क्यों न होता, कम्पे में एक चिड़िया जो फँस गई थी।

ढपोरसंख ने चिढ़कर कहा—या तो मुझे कहने दो, या तुम कहो। बीच में बोलो मत।

बम्बई से कई दिन के बाद एक पत्र आया कि एजेन्सी ने उसके व्यवहार से प्रसन्न होकर उसे काशी में नियुक्त कर दिया है और वह काशी आ रहा है। उसे वेतन के उपरान्त भत्ता भी मिलेगा। काशी में उसके एक मौसा थे जो वहाँ के प्रसिद्ध डॉक्टर थे; पर वह उनके घर न उतरकर अलग ठहरा। इससे उसके आत्मसम्मान का पता चलता है। मगर एक महीने में काशी से उसका जी भर गया। शिकायत से भरे पत्र आने लगे—सुबह से शाम तक फ़ौजी आदमियों की खुशामद करनी पड़ती है, सुबह का गया-गया दस बजे रात को घर आता हूँ, उस वक़्त अकेला अँधेरा घर देखकर चित्त दुख से भर जाता है, किससे बोलूँ, किससे हँसूँ। बाज़ार की पूरियाँ खाते-खाते तंग आ गया हूँ। मैंने समझा था, अब कुछ दिन चैन से कटेंगे; लेकिन मालूम होता है अभी क़िस्मत में ठोकरें खाना लिखा है। मैं इस तरह जीवित नहीं रह सकता। रात-रात भर पड़ा रोता रहता हूँ, आदि। मुझे इन पत्रों में वह अपने आदर्श से गिरता हुआ मालूम हुआ। मैंने उसे समझाया, लगी रोजी न छोड़ो, काम किए जाओ। जवाब आया, मुझसे अब यहाँ नहीं रहा जाता! फ़ौजियों का व्यवहार असह्य है। फिर मैनेजर साहब मुझे रंगून भेज रहे हैं और रंगून जाकर मैं बच नहीं सकता। मैं कोई साहित्यिक काम करना चाहता हूँ। कुछ दिन आपकी सेवा में रहना चाहता हूँ।

मैं इस पत्र का जवाब देने जा ही रहा था कि फिर पत्र आया। मैं कल देहरादून-एक्सप्रेस से आ रहा हूँ। दूसरे दिन वह आ पहुँचा। दुबला-सा आदमी, साँवला रंग, लम्बा मुँह, बड़ी-बड़ी आँखें, अँग्रेज़ी वेश, साथ में कई चमड़े के ट्रंक, एक सूटकेस, एक होल्डाल। मैं तो उसका ठाट देखकर दंग रह गया।

देवीजी ने टिप्पणी की—फिर भी तो न चेते!

मैंने समझा था, गाढ़े का कुर्त्ता, चप्पल, ज़्यादा-से-ज़्यादा फाउंटेन पेन वाला आदमी होगा, मगर यह महाशय तो पूरे साहब बहादुर निकले। मुझे इस छोटे-से घर में उन्हें ठहराते हुए संकोच हुआ।

देवीजी से बिना बोले न रहा गया।—आते ही श्री-चरणों पर सिर तो रख दिया, अब और क्या चाहते थे।

ढपोरसंख अबकी मुसकाए—देखो श्यामा, बीच-बीच में टोको मत। अदालत की प्रतिष्ठा यह कहती है कि अभी चुपचाप सुनती जाओ। जब तुम्हारी बारी आए, तो जो चाहे कहना।

फिर सिलसिला शुरू हुआ—था तो दुबला-पतला मगर बड़ा फुर्तीला, बातचीत में बड़ा चतुर, एक जुमला अँग्रेज़ी बोलता, एक जुमला हिंदी, और हिंदी-अँग्रेज़ी की खिचड़ी, जैसे आप जैसे सभ्य लोग बोलते हैं। बातचीत शुरू हुई—आपके दर्शनों की बड़ी इच्छा थी। मैंने जैसा अनुमान किया था, वैसा ही आपको देखा। बस, अब मालूम हो रहा है, कि मैं भी आदमी हूँ। इतने दिनों तक क़ैदी था।

मैंने कहा—तो क्या इस्तीफ़ा दे दिया?

'नहीं, अभी तो छुट्टी लेकर आया हूँ। अभी इस महीने का वेतन भी नहीं मिला। मैंने लिख दिया है, यहाँ के पते से भेज दें। नौकरी तो अच्छी है; मगर काम बहुत करना पड़ता है और मुझे कुछ लिखने का अवसर नहीं मिलता।'

ख़ैर, रात को मैंने इसी कमरे में उन्हें सुलाया। दूसरे दिन यहाँ के एक होटल में प्रबंध कर दिया। होटलवाले पेशगी रुपए ले लेते हैं। जोशी के पास रुपए न थे। मुझे तीस रुपए देने पड़े। मैंने समझा, इसका वेतन तो आता ही होगा, ले लूँगा।

यहाँ मेरे एक माथुर मित्र हैं। उनसे भी मैंने जोशी का ज़िक्र किया था। उसके आने की ख़बर पाते ही होटल दौड़े। दोनों में दोस्ती हो गई। जोशी दो-तीन बार दिन में, एक बार रात को ज़रूर आते और ख़ूब बातें करते। देवीजी उनको हाथों पर लिए रहतीं। कभी उनके लिए पकौड़ियाँ बन रही हैं, कभी हलवा। जोशी हरफनमौला था। गाने में कुशल, हारमोनियम में निपुण, इन्द्रजाल के करतब दिखलाने में कुशल। सालन अच्छा पकाता था। देवीजी को गाना सीखने का शौक़ पैदा हो गया। उसे म्यूजिक मास्टर बना लिया।

देवीजी लाल मुँह करके बोलीं—तो क्या मुफ़्त में हलवा, पकौड़ियाँ और पान बना-बनाकर खिलाती थी?

एक महीना गुज़र गया पर जोशी का वेतन न आया। मैंने पूछा भी नहीं। सोचा, अपने दिल में समझेगा, अपने होटलवाले रुपयों का तकाजा कर रहे हैं। माथुर के घर भी उसने आना-जाना शुरू कर दिया। दोनों साथ घूमने जाते, साथ रहते। जोशी जब आते, माथुर का बखान करते, माथुर जब आते जोशी की तारीफ करते। जोशी के पास अपने अनुभवों का विशेष भंडार था। वह फ़ौज में रह चुका था। जब उसकी मंगेतर का विवाह दूसरे आदमी से हो गया, तो शोक में उसने फ़ौजी नौकरी छोड़ दी थी। सामाजिक जीवन की न जाने कितनी ही घटनाएँ उसे याद थीं। और जब अपने माँ-बाप और चाचा-चाची का ज़िक्र करने लगता, तो उसकी आँखों में आँसू भर आते। देवीजी भी उसके साथ रोतीं।

देवीजी तिरछी आँखों से देखकर रह गईं। बात सच्ची थी।

एक दिन मुझसे अपने एक ड्रामे की बड़ी तारीफ की। वह ड्रामा कलकत्ते में खेला गया। और मदन कंपनी के मैनेजर ने उसे बधाइयाँ दी थीं। ड्रामे के दो-चार टुकड़े जो उसके पास पड़े थे, मुझे सुनाए। मुझे ड्रामा बहुत पसन्द [illegible]। उसने काशी के एक प्रकाशक के

हाथ वह ड्रामा बेच दिया था और कुल पचीस रुपए पर। मैंने कहा, उसे वापस मँगा लो। रुपए मैं दे दूँगा। ऐसी सुन्दर रचना किसी अच्छे प्रकाशक को देंगे, या किसी थिएटर कम्पनी से खेलवाएँगे। तीन-चार दिन के बाद मालूम हुआ कि प्रकाशक अब पचास रुपए लेकर लौटाएगा। कहता है, मैं इसका कुछ अंश छपा चुका हूँ। मैंने कहा, मँगा लो पचास रुपए ही सही। ड्रामा वी.पी. से वापस आया। मैंने पचास रुपए दे दिए।

महीना ख़त्म हो रहा था। होटलवाले दूसरा महीना शुरू होते ही रुपए पेशगी माँगेंगे। मैं इसी चिन्ता में था, कि जोशी ने आकर कहा—मैं अब माथुर के साथ रहूँगा। बेचारा ग़रीब आदमी है। अगर मैं बीस रुपए भी दे दूँगा, तो उसका काम चल जाएगा। मैं बहुत ख़ुश हुआ। दूसरे दिन वह माथुर के घर डट गया।

जब आता, तो माथुर के घर का कोई-न-कोई रहस्य लेकर आता। यह तो मैं जानता था, कि माथुर की आर्थिक दशा अच्छी नहीं है। बेचारा रेलवे के दफ़्तर में नौकर था। वह नौकरी भी छूट गई थी। मगर यह न मालूम था कि उसके यहाँ फाके हो रहे हैं। कभी मालिक मकान आकर गालियाँ सुना जाता है, कभी दूधवाला, कभी बनिया, कभी कपड़ेवाला। बेचारा उनसे मुँह छिपाता फिरता है। जोशी आँखों में आँसू भर-भरकर उसके संकटों की करुण कहानी कहता और रोता। मैं तो जानता था, मैं ही एक आफ़त का मारा हूँ। माथुर की दशा देखकर मुझे अपनी विपत्ति भूल गई। तुझे अपनी ही चिन्ता है, कोई दूसरी फ़िक्र नहीं। जिसके द्वार पर जा पड़ूँ दो रोटियाँ मिल जाएँगी, मगर माथुर के पीछे तो पूरा खटला है। माँ, दो विधवा बहनें, एक भांजी। दो भांजे, एक छोटा भाई। इतने बड़े परिवार के लिए पचास रुपए तो केवल रोटी-दाल के लिए चाहिए। माथुर सच्चा वीर है, देवता है जो इतने बड़े परिवार का पालन कर रहा है। वह अब अपने लिए नहीं, माथुर के लिए दुखी था।

देवीजी ने टीका की—जभी माथुर की भांजी पर डोरे डाल रहा था। दुःख का भार कैसे हलका करता।

ढपोरसंख ने बिगड़कर कहा—अच्छा तो अब तुम्हीं कहो।

मैंने समझाया—तुम तो यार, ज़रा-ज़रा सी बात पर तिनक उठते हो! क्या तुम समझते हो, यह फुलझड़ियाँ मुझे न्याय-पथ से विचलित कर देंगी?

फिर कहानी शुरू हुई—एक दिन आकर बोला—आज मैंने माथुर के उद्धार का उपाय सोच निकाला। मेरे एक माथुर मित्र बैरिस्टर हैं। उनसे जग्गो (माथुर की भांजी) के विवाह के विषय में पत्र-व्यवहार कर रहा हूँ। उसकी एक विधवा बहन को दोनों बच्चों के साथ ससुराल भेज दूँगा। दूसरी विधवा बहन अपने देवर के पास जाने पर राज़ी है। बस, तीन-चार आदमी रह जाएँगे। कुछ मैं दूँगा, कुछ माथुर पैदा करेगा, गुज़र हो जाएगा। मगर आज उसके घर का दो महीनों का किराया देना पड़ेगा। मालिक मकान ने सुबह ही से धरना दे रखा है। कहता है, अपना किराया लेकर ही हटूँगा। आपके पास तीस रुपए हों तो दे दीजिए। माथुर के छोटे भाई का वेतन कल-परसों तक मिल जाएगा, रुपए मिल जाएँगे। एक मित्र संकट में पड़ा हुआ है; दूसरा मित्र उसकी सिफारिश कर रहा है। मुझे इनकार करने का साहस न हुआ! देवीजी ने उस वक़्त नाक-भौं ज़रूर सिकोड़ा था पर मैं न माना, रुपए दे दिए।

देवीजी ने डंक मारा—यह क्यों नहीं कहते, कि वह रुपए मेरी बहन ने बर्तन ख़रीदकर भेजने के लिए भेजे थे।

ढपोरसंख ने ग़ुस्सा पीकर कहा—ख़ैर, यही सही! मैंने रुपए दे दिए। मगर मुझे यह उलझन होने लगी, कि इस तरह तो मेरा कचूमर ही निकल जाएगा। माथुर पर एक-न-एक संकट रोज़ ही सवार रहेगा। मैं कहाँ तक उन्हें उबारूँगा। जोशी भी जान खा रहा था कि कहीं कोई जगह दिला दीजिए। संयोग से उन्हीं दिनों मेरे एक आगरे के मित्र आ निकले। काउंसिल में मेम्बर थे। अब जेल में हैं। गाने-बजाने का शौक़ है, दो-एक ड्रामे भी लिख चुके हैं, अच्छे-अच्छे रईसों से परिचय है! ख़ुद भी बड़े रसिक हैं। अबकी वह आए, तो मैंने जोशी का उनसे ज़िक्र किया। उसका ड्रामा भी सुनाया। बोले—तो उसे मेरे साथ कर दीजिए। अपना प्राइवेट सेक्रेटरी बना लूँगा। मेरे घर में रहे; मेरे साथ घर के आदमी की तरह रहे। जेब ख़र्च के लिए मुझसे तीस रुपए महीना लेता जाए। मेरे साथ ड्रामे लिखे। मैं फूला न समाया। जोशी से कहा। जोशी भी तैयार हो गया; लेकिन जाने के पहले उसे कुछ रुपयों की ज़रूरत हुई। एक भले आदमी के साथ फटेहालों तो जाते नहीं बनता और न यही उचित था, कि पहले ही दिन से रुपए का तकाजा होने लगे। बहुत काट-छाँट करने पर भी चालीस रुपए का ख़र्च निकल आया। जूते टूट गए थे, धोतियाँ फट गई थीं, और भी कई ख़र्च थे जो इस वक़्त याद नहीं आते। मेरे पास रुपए न थे। श्यामा से माँगने का हौसला न हुआ।

देवीजी बोलीं—मेरे पास तो कारूँ का ख़ज़ाना रखा था न! कई हज़ार महीने लाते हो, सौ-दो सौ रुपए बचत में आ ही जाते होंगे।

ढपोरसंख इस व्यंग्य पर ध्यान न देकर अपनी कथा कहते रहे—रुपए पाकर जोशी ने ठाट बनाया और काउंसिलर साहब के साथ चले। मैं स्टेशन तक पहुँचाने गया। माथुर भी था। लौटा, तो मेरे दिल पर से एक बोझ उतर गया था।

माथुर ने कहा—बड़ा मुहब्बती आदमी है।

मैंने समर्थन किया—बड़ा। मुझे तो भाई-सा मालूम होता है।

'मुझे तो अब घर अच्छा न लगेगा। घर के सब आदमी रोते रहे। मालूम ही न होता था, कि कोई ग़ैर आदमी है। अम्माँ से लड़के की तरह बातें करता था। बहनों से भाई की तरह।'

'बदनसीब आदमी है, नहीं तो जिसका बाप दो हज़ार रुपए माहवार कमाता हो, वह यों मारा-मारा फिरे।'

'दार्जिलिंग में इनके बाप की दो कोठियाँ हैं?'

'आई.एम.एस. हैं!'

'जोशी मुझे भी वहीं ले जाना चाहता है। साल-दो-साल में तो वहाँ जाएगा ही। कहता है, तुम्हें मोटर की एजेंसी खुलवा दूँगा।'

इस तरह ख़याली पुलाव पकाते हुए हम लोग घर आए।

मैं दिल में ख़ुश था, कि चलो अच्छा हुआ, जोशी के लिए अच्छा सिलसिला निकल आया। मुझे यह आशा भी बँध चली, कि अबकी उसे वेतन मिलेगा, तो मेरे रुपए देगा। चार-पाँच महीने में चुकता कर देगा। हिसाब लगाकर देखा, तो अच्छी-खासी रक़म हो गई थी। मैंने दिल में समझा, यह भी अच्छा ही हुआ। यों जमा करता, तो कभी न जमा होते। इस बहाने से किसी तरह जमा तो हो गए। मैंने यह सोचा कि अपने मित्र से जोशी के वेतन के रुपए पेशगी क्यों न ले लूँ, कह दूँ, उसके वेतन से महीने-महीने काटते रहिएगा।

लेकिन अभी मुश्किल से एक सप्ताह हुआ होगा कि एक दिन देखता हूँ, तो जोशी और माथुर, दोनों चले आ रहे हैं। मुझे भय हुआ, कहीं जोशीजी फिर तो नहीं छोड़ आए; लेकिन शंका को दबाता हुआ बोला—कहो भाई, कब आए? मज़े में तो हो?

जोशी ने बैठकर एक सिगार जलाते हुए कहा—बहुत अच्छी तरह हूँ। मेरे बाबू साहब बड़े ही सज्जन आदमी हैं। मेरे लिए अलग एक कमरा ख़ाली करा दिया है। साथ ही खिलाते हैं। बिलकुल भाई की तरह रखते हैं। आजकल किसी काम से दिल्ली गए हैं। मैंने सोचा, यहाँ पड़े-पड़े क्या करूँ, तब तक आप ही लोगों से मिलता आऊँ। चलते वक़्त बाबू साहब ने मुझसे कहा था, मुरादाबाद से थोड़े-से बर्तन लेते आना, मगर शायद उन्हें रुपए देने की याद नहीं रही। मैंने उस वक़्त माँगना भी उचित न समझा। आप एक पचास रुपए दे दीजिएगा। मैं परसों तक जाऊँगा और वहाँ से जाते-ही-जाते भिजवा दूँगा। आप तो जानते हैं, रुपए के मुआमले में वे कितने खरे हैं।

मैंने ज़रा रुखाई के साथ कहा—रुपए तो इस वक़्त मेरे पास नहीं हैं।

देवीजी ने टिप्पणी की—क्यों झूठ बोलते हो? तुमने रुखाई से कहा था, कि रुपए नहीं हैं?

ढपोरसंख ने पूछा—और क्या चिकनाई के साथ कहा था?

देवीजी—तो फिर काग़ज़ के रुपए क्यों दे दिए थे? बड़ी रुखाई करनेवाले!

ढपोरसंख—अच्छा साहब, मैंने हँसकर रुपए दे दिए। बस, अब ख़ुश हुईं। तो भई, मुझे बुरा तो लगा; लेकिन अपने सज्जन मित्र का वास्ता था। मेरे ऊपर बेचारे बड़ी कृपा रखते हैं। मेरे पास पत्रिका का काग़ज़ ख़रीदने के लिए पचास रुपए रखे हुए थे। वह मैंने जोशी को दे दिए।

शाम को माथुर ने आकर कहा—जोशी तो चले गए। कहते थे, बाबू साहब का तार आ गया है। बड़ा उदार आदमी है। मालूम ही नहीं होता, कोई बाहरी आदमी है। स्वभाव भी बालकों का-सा है। भांजी की शादी तय करने को कहते थे। लेन-देन का तो कोई ज़िक्र है ही नहीं, पर कुछ नज़र तो देनी ही पड़ेगी। बैरिस्टर साहब, जिनसे विवाह हो रहा है, दिल्ली के रहने वाले हैं। उनके पास जाकर नज़र देनी होगी। जोशीजी चले जाएँगे। आज मैंने रुपए भी दे दिए। चलिए, एक बड़ी चिन्ता सिर से टली।

मैंने पूछा—रुपए तो तुम्हारे पास न होंगे?

माथुर ने कहा—रुपए कहाँ थे साहब! एक महाजन से स्टाम्प लिखकर लिए, दो रुपए सैकड़े सूद पर।

देवीजी ने क्रोध भरे स्वर में कहा—मैं तो उस दुष्ट को पा जाऊँ तो मुँह नोच लूँ। पिशाच ने इस ग़रीब को भी न छोड़ा।

ढपोरसंख बोला—यह क्रोध तो आपको अब आ रहा है न। तब तो आप भी समझती थीं, कि जोशी दया और धर्म का पुतला है।

देवीजी ने विरोध किया—मैंने उसे पुतला-पुतली कभी नहीं समझा। हाँ, तुम्हारी तकलीफ़ों के भुलावे में पड़ जाती थी।

ढपोरसंख—तो साहब, इस तरह कोई दो महीने गुज़रे, इस बीच में भी जोशी दो-तीन बार आए; मगर मुझसे कुछ माँगे नहीं। हाँ, अपने बाबू साहब के सम्बन्ध में तरह-तरह की बातें कीं, जिनसे मुझे दो-चार गल्प लिखने की सामग्री मिल गई।

मई का महीना था। एक दिन प्रात:काल जोशी आ पहुँचे। मैंने पूछा, तो मालूम हुआ, उनके बाबू साहब नैनीताल चले गए। इन्हें भी लिए जाते थे; पर उन्होंने हम लोगों के साथ यहाँ रहना अच्छा समझा और चले आए।

देवीजी ने फुलझड़ी छोड़ी—कितना त्यागी था बेचारा। नैनीताल की बहार छोड़कर यहाँ गर्मी में प्राण देने चला आया।

ढपोरसंख ने इसकी ओर कुछ ध्यान न देकर कहा—मैंने पूछा, कोई नई बात तो नहीं हुई वहाँ?

जोशी ने हँसकर कहा—भाग्य में तो नई-नई विपत्तियाँ लिखी हैं। उनसे कैसे जान बच सकती है। अबकी भी एक नई विपत्ति सिर पड़ी। यह कहिए, आपका आशीर्वाद था, जान बच गई, नहीं तो अब तक जमुनाजी में बहा चला जाता होता। एक दिन जमुना किनारे सैर करने चला गया। वहाँ तैराकी का मैच था। बहुत-से आदमी तमाशा देखने आए हुए थे। मैं भी एक जगह खड़ा होकर देखने लगा। मुझसे थोड़ी दूर पर एक और महाशय एक युवती के साथ खड़े थे। मैंने बातचीत की, तो मालूम हुआ, मेरी ही बिरादरी के हैं। यह भी मालूम हुआ, मेरे पिता और चाचा, दोनों ही से उनका परिचय है। मुझसे स्नेह की बातें करने लगे—तुम्हें इस तरह ठोकरें खाते तो बहुत दिन हो गए; क्यों नहीं चले जाते, अपने माँ-बाप के पास। माना कि उनका लोक-व्यवहार तुम्हें पसन्द नहीं; लेकिन माता-पिता का पुत्र पर कुछ-न-कुछ अधिकार तो होता है। तुम्हारी माताजी को कितना दु:ख हो रहा होगा।

सहसा एक युवक किसी तरफ़ से आ निकला और वृद्ध महाशय तथा युवती को देखकर बोला—आपको शर्म नहीं आती कि आप अपनी युवती कन्या को इस तरह मेले में लिए खड़े हैं।

वृद्ध महाशय का मुँह ज़रा-सा निकल आया और युवती तुरन्त घूँघट निकालकर पीछे हट गई। मालूम हुआ कि उसका विवाह इसी युवक से ठहरा हुआ है। वृद्ध उदार, सामाजिक विचारों के आदमी थे, परदे के कायल न थे। युवक, वयस में युवक होकर भी खूसट विचारों का आदमी था, परदे का कट्टर पक्षपाती। वृद्ध थोड़ी देर तक तो अपराधी भाव से बातें करते रहे, पर युवक प्रतिक्षण गर्म हो जाता था। आख़िर बूढ़े बाबा भी तेज़ हुए।

युवक ने आँखें निकालकर कहा—मैं ऐसी निर्लज्जा से विवाह करना अपने लिए अपमान की बात समझता हूँ।

वृद्ध ने क्रोध से काँपते हुए स्वर में कहा—और मैं तुम-जैसे लंपट से अपनी कन्या का विवाह करना लज्जा की बात समझता हूँ।

युवक ने क्रोध के आवेश में वृद्ध का हाथ पकड़कर धक्का दिया। बातों से न जीतकर अब वह हाथों से काम लेना चाहता था। वृद्ध धक्का खाकर गिर पड़े। मैंने लपककर उन्हें उठाया और युवक को डाँटा।

वह वृद्ध को छोड़कर मुझसे लिपट गया। मैं कोई कुश्तीबाज तो हूँ नहीं। वह लड़ना जानता था। मुझे उसने बात-की-बात में गिरा दिया और मेरा गला दबाने लगा। कई आदमी जमा हो गए थे। जब तक कुश्ती होती रही, लोग कुश्ती का आनंद उठाते रहे; लेकिन जब देखा मुआमला संगीन हुआ जाता है, तो तुरन्त बीच-बचाव कर दिया। युवक बूढ़े बाबा से जाते-जाते कह गया—तुम अपनी लड़की को वेश्या बनाकर बाज़ार में घुमाना चाहते हो, तो अच्छी तरह घुमाओ, मुझे अब उससे विवाह नहीं करना है। वृद्ध चुपचाप खड़े थे और युवती

रो रही थी। भाई साहब, तब मुझसे न रहा गया। मैंने कहा—महाशय, आप मेरे पिता के तुल्य हैं और मुझे जानते हैं। यदि आप मुझे इस योग्य समझें तो मैं इन देवीजी को अपनी हृदयेश्वरी बनाकर अपने को धन्य समझूँगा। मैं जिस दशा में हूँ, आप देख रहे हैं। संभव है, मेरा जीवन इसी तरह कट जाए, लेकिन श्रद्धा, सेवा और प्रेम यदि जीवन को सुखी बना सकता है, तो मुझे विश्वास है कि देवी के प्रति मुझमें इन भावों की कमी न रहेगी। बूढ़े बाबा ने गद्गद होकर मुझे कंठ से लगा लिया। उसी क्षण मुझे अपने घर ले गए, भोजन कराया और विवाह का सगुन कर दिया। मैं एक बार युवती से मिलकर उसकी सम्मति लेना चाहता था। बूढ़े बाबा ने मुझे इसकी सहर्ष अनुमति दे दी। युवती से मिलकर मुझे ज्ञात हुआ, कि वह रमणियों में रत्न है। मैं उसकी बुद्धिमत्ता देखकर चकित हो गया। मैंने अपने मन में जिस सुन्दरी की कल्पना की थी, वह उससे हूबहू मिलती है, मुझे उतनी ही देर में विश्वास हो गया कि मेरा जीवन उसके साथ सुखी होगा। मुझे अब आशीर्वाद दीजिए। युवती आपकी पत्रिका बराबर पढ़ती है और आपसे उसे बड़ी श्रद्धा है। जून में विवाह होना निश्चित हुआ है। मैंने स्पष्ट कह दिया—मैं जेवर-कपड़े नाममात्र को लाऊँगा, न कोई धूमधाम ही करूँगा। वृद्ध ने कहा—मैं तो स्वयं यही कहनेवाला था। मैं कोई तैयारी नहीं चाहता, न धूमधाम की मुझे इच्छा है। जब मैंने आपका नाम लिया, कि वह मेरे बड़े के तुल्य हैं तो वह बहुत प्रसन्न हुए। आपके लेखों को वह बड़े आदर से देखते हैं।

मैंने कुछ खिन्न होकर कहा—यह तो सबकुछ है; लेकिन इस समय तुम्हें विवाह करने की सामर्थ्य भी नहीं है। और कुछ न हो, तो पचास रुपए की बँधी हुई आमदनी तो होनी ही चाहिए।

जोशी ने कहा—भाई साहब, मेरा उद्धार विवाह ही से होगा। मेरे घर से निकलने का कारण भी विवाह ही था और घर वापस जाने का कारण भी विवाह ही होगा। जिस समय प्रमीला हाथ बाँधे हुए जाकर पिताजी के चरणों पर गिर पड़ेगी, उनका पाषाण हृदय भी पिघल जाएगा। समझेंगे विवाह तो हो ही चुका, अब वधू पर क्यों ज़ुल्म किया जाए। जब उसे आश्रय मिल जाएगा, तो मुझे झक मारकर बुलाएँगे। मैं इसी ज़िद पर घर से निकला था, कि अपना विवाह अपने इच्छानुसार बिना कुछ लिए-दिए करूँगा और वह मेरी प्रतिज्ञा पूरी हुई जा रही है। प्रमीला इतनी चतुर है, कि वह मेरे घरवालों को चुटकियों में मना लेगी। मैंने तखमीना लगा लिया है। कुल तीन सौ रुपए ख़र्च होंगे और यही तीन-चार सौ रुपए मुझे ससुराल से मिलेंगे। मैंने सोचा है, प्रमीला को पहले यहीं लाऊँगा। यहीं से वह मेरे घर पत्र लिखेगी और आप देखिएगा तीसरे ही दिन चचा साहब गहनों की पिटारी लिए आ पहुँचेंगे। विवाह हो जाने पर वह कुछ नहीं कर सकते। इसलिए मैंने विवाह की ख़बर नहीं दी।

मैंने कहा—लेकिन मेरे पास तो अभी कुछ भी नहीं है भाई। मैं तीन सौ रुपए कहाँ से लाऊँगा?

जोशी ने कहा—तीन सौ रुपए नकद थोड़े ही लगेंगे। कोई सौ रुपए के कपड़े लगेंगे। सौ रुपए की दो-एक सोहाग की चीज़ें बनवा लूँगा और सौ रुपए राहख़र्च समझ लीजिए। उनका मकान काशीपुर में है। वहीं से विवाह करेंगे। यह बंगाली सोनार जो सामने है, आपके कहने से एक सप्ताह के वादे पर जो-जो चीज़ें माँगूँगा, दे देगा। बजाज भी आपके कहने से दे देगा। नकद मुझे कुल सौ रुपए की ज़रूरत पड़ेगी और ज्यों ही उधर से लौटा त्यों ही दे दूँगा। बारात में आप और माथुर के सिवा कोई तीसरा आदमी न होगा। आपको मैं कष्ट नहीं

देना चाहता, लेकिन जिस तरह अब तक आपने मुझे भाई समझकर सहायता दी है, उसी तरह एक बार और दीजिए। मुझे विश्वास था, कि आप इस शुभ कार्य में आपत्ति न करेंगे। इसलिए मैंने वचन दे दिया। अब तो आपको यह डोंगी पार लगानी ही पड़ेगी।

देवीजी बोलीं—मैं कहती थी, उसे एक पैसा मत दो। कह दो हम तुम्हारी शादी-विवाह के झंझट में नहीं पड़ते।

ढपोरसंख ने कहा—हाँ, तुमने अबकी बार ज़रूर समझाया, लेकिन मैं क्या करता। शादी का मुआमला; उस पर उसने मुझे भी घसीट लिया था। अपनी इज़्ज़त का कुछ ख़याल तो करना ही पड़ता है।

देवीजी ने मेरा लिहाज़ किया और चुप हो गईं।

अब मैं उस वृत्तान्त को न बढ़ाऊँगा। सारांश यह है, कि जोशी ने ढपोरसंख के मत्थे सौ रुपए के कपड़े और सौ रुपए से कुछ ऊपर के गहनों का बोझ लादा। बेचारे ने एक मित्र से सौ रुपए उधार लेकर उसके सफ़र ख़र्च को दिया। ख़ुद ब्याह में शरीक हुए। ब्याह में खासी धूमधाम रही। कन्या के पिता ने मेहमानों का आदर-सत्कार ख़ूब किया। उन्हें जल्दी थी; इसलिए वह ख़ुद तो दूसरे ही दिन चले आए; पर माथुर जोशी के साथ विवाह के अंत तक रहा। ढपोरसंख को आशा थी, कि जोशी ससुराल के रुपए पाते ही माथुर के हाथों भेज देगा, या ख़ुद लेता आएगा। मगर माथुर भी दूसरे दिन आ गए, ख़ाली हाथ और यह ख़बर लाए, कि जोशी को ससुराल में कुछ भी हाथ नहीं लगा। माथुर से उन्हें अब मालूम हुआ कि लड़की से जमुना-तट पर मिलने की बात सर्वथा निर्मूल थी। इस लड़की से जोशी बहुत दिनों तक पत्र-व्यवहार करता रहा था। फिर तो ढपोरसंख के कान खड़े हो गए। माथुर से पूछा—अच्छा! यह बिलकुल कल्पना थी उसकी?

माथुर—जी हाँ।

ढपोरसंख—अच्छा, तुम्हारी भांजी के विवाह का क्या हुआ?

माथुर—अभी तो कुछ नहीं हुआ।

ढपोरसंख—मगर जोशी ने कई महीने तक तुम्हारी सहायता तो ख़ूब की?

माथुर—मेरी सहायता वह क्या करता। हाँ, दोनों जून भोजन भले कर लेता था।

ढपोरसंख—तुम्हारे नाम पर उसने मुझसे जो रुपए लिए थे, वह तो तुम्हें दिए होंगे?

माथुर—क्या मेरे नाम पर भी कुछ रुपए लिये थे?

ढपोरसंख—हाँ भाई, तुम्हारे घर का किराया देने के लिए तो ले गया था।

माथुर—सरासर बेईमानी। मुझे उसने एक पैसा भी नहीं दिया, उलटे और एक महाजन से मेरे नाम पर सौ रुपयों का स्टाम्प लिखकर रुपए लिये। मैं क्या जानता था, कि धोखा दे रहा है।

संयोग से उसी वक़्त आगरे से वह सज्जन आ गए जिनके पास जोशी कुछ दिनों रहा था। उन्होंने माथुर को देखकर पूछा—अच्छा! आप अभी ज़िंदा हैं। जोशी ने तो कहा था, माथुर मर गया है।

माथुर ने हँसकर कहा—मेरे तो सिर में दर्द भी नहीं हुआ।

ढपोरसंख ने पूछा—अच्छा, आपके मुरादाबादी बरतन तो पहुँच गए?

आगरा-निवासी मित्र ने कुतूहल से पूछा—कैसे मुरादाबादी बरतन?

'वही जो आपने जोशी की मारफत मँगवाए थे?'

'मैंने कोई चीज़ उसकी मारफत नहीं मँगवाई। मुझे ज़रूरत होती तो आपको सीधा न लिखता!'

माथुर ने हँसकर कहा—तो यह रुपए भी उसने हजम कर लिये।

आगरा-निवासी मित्र बोले—मुझसे भी तो तुम्हारी मृत्यु के बहाने सौ रुपए लाया था। यह तो एक ही जालिया निकला। उफ! कितना बड़ा चकमा दिया है इसने! ज़िन्दगी में यह पहला मौक़ा है, कि मैं यों बेवकूफ़ बना। बच्चा को पा जाऊँ तो तीन साल को भेजवाऊँ। कहाँ हैं आजकल?

माथुर ने कहा—अभी तो ससुराल में है।

ढपोरसंख का वृत्तान्त समाप्त हो गया। जोशी ने उन्हीं को नहीं, माथुर जैसे और ग़रीब, आगरा-निवासी सज्जन-जैसे घाघ को भी उलटे छुरे से मूड़ा और अगर भंडा न फूट गया होता तो अभी न-जाने कितने दिनों तक मूड़ता। उसकी इन मौलिक चालों पर मैं भी मुग्ध हो गया। बेशक! अपने फन का उस्ताद है, छँटा हुआ गुर्गा।

देवीजी बोलीं—सुन ली आपने सारी कथा?

मैंने डरते-डरते कहा—हाँ, सुन तो ली।

'अच्छा, तो अब आपका क्या फ़ैसला है? (पति की ओर इशारा करके) इन्होंने घोंघापन किया या नहीं? जिस आदमी को एक-एक पैसे के लिए दूसरों का मुँह ताकना पड़े, वह घर के पाँच-छह सौ रुपए इस तरह उड़ा दे, इसे आप उसकी सज्जनता कहेंगे या बेवकूफ़ी? अगर इन्होंने यह समझकर रुपए दिए होते, कि पानी में फेंक रहा हूँ, तो मुझे कोई आपत्ति न थी; मगर यह बराबर इस धोखे में रहे और मुझे भी उसी धोखे में डालते रहे, कि वह घर का मालदार है और मेरे सब रुपए ही न लौटा देगा; बल्कि और भी कितने सलूक करेगा। जिसका बाप दो हज़ार रुपए महीना पाता हो, जिसके चाचा की आमदनी एक हज़ार मासिक हो और एक लाख की जायदाद घर में हो, वह और कुछ नहीं तो यूरोप की सैर तो एक बार करा ही सकता था। मैं अगर कभी मना भी करती, तो आप बिगड़ जाते और उदारता का उपदेश देने लगते थे। यह मैं स्वीकार करती हूँ, कि शुरू में मैं भी धोखे में आ गई थी, मगर पीछे से मुझे उसका सन्देह होने लगा था। और विवाह के समय तो मैंने ज़ोर देकर कह दिया था, कि अब एक पाई भी न दूँगी। पूछिए, झूठ कहती हूँ, या सच? फिर अगर मुझे धोखा हुआ; तो मैं घर में रहनेवाली स्त्री हूँ। मेरा धोखे में आ जाना क्षम्य है, मगर यह जो लेखक और विचारक और उपदेशक बनते हैं, यह क्यों धोखे में आए और जब मैं इन्हें समझाती थी, तो यह क्यों अपने को बुद्धिमत्ता का अवतार समझकर मेरी बातों की उपेक्षा करते थे? देखिए, रू-रिआयत न कीजिएगा, नहीं मैं बुरी तरह ख़बर लूँगी। मैं निष्पक्ष न्याय चाहती हूँ।'

ढपोरसंख ने दर्दनाक आँखों से मेरी तरफ़ देखा, जो मानो भिक्षा माँग रही थीं। उसी के साथ देवीजी की आग्रह, आदेश और गर्व से भरी आँखें ताक रही थीं। एक को अपनी हार का विश्वास था, दूसरी को अपनी जीत का। एक रिआयत चाहती थी, दूसरी सच्चा न्याय।

मैंने कृत्रिम गम्भीरता से अपना निर्णय सुनाया—मेरे मित्र ने कुछ भावुकता से अवश्य काम लिया है, पर उनकी सज्जनता निर्विवाद है।

ढपोरसंख उछल पड़े और मेरे गले लिपट गए। देवीजी ने सगर्व नेत्रों से देखकर कहा—यह तो मैं जानती ही थी, कि चोर-चोर मौसेरे भाई होंगे। तुम दोनों एक ही थैली के चट्टे-बट्टे

हो। अब तक रुपए में एक पाई मर्दों का विश्वास था। आज तुमने वह भी उठा दिया। आज निश्चय हुआ, कि पुरुष छली, कपटी, विश्वासघाती और स्वार्थी होते हैं। मैं इस निर्णय को नहीं मानती। मुफ़्त में ईमान बिगाड़ना इसी को कहते हैं। भला मेरा पक्ष लेते, तो अच्छा भोजन मिलता, उनका पक्ष लेकर आपको सड़े सिगरेटों के सिवा और क्या हाथ लगेगा। ख़ैर, हाँड़ी गई, कुत्ते की जात तो पहचानी गई।

उस दिन से दो-तीन बार देवीजी से भेंट हो चुकी है और वही फटकार सुननी पड़ी है। वह न क्षमा चाहती हैं; न क्षमा कर सकती हैं।

डिमांसट्रेशन

महाशय गुरुप्रसादजी रसिक जीव हैं, गाने-बजाने का शौक़ है, खाने-खिलाने का शौक़ है और सैर-तमाशे का शौक़ है; पर उसी मात्रा में द्रव्योपार्जन का शौक़ नहीं है। यों वह किसी के मुँहताज नहीं हैं, भले आदमियों की तरह हैं और हैं भी भले आदमी; मगर किसी काम में चिमट नहीं सकते। गुड़ होकर भी उनमें लस नहीं है। वह कोई ऐसा काम उठाना चाहते हैं, जिसमें चटपट कारूँ का ख़ज़ाना मिल जाए और हमेशा के लिए बेफ़िक्र हो जाएँ। बैंक से छमाही सूद चला आए, खाएँ और मज़े से पड़े रहें। किसी ने सलाह दी नाटक-कम्पनी खोलो। उनके दिल में भी बात जम गई। मित्रों को लिखा—मैं ड्रामेटिक कंपनी खोलने जा रहा हूँ, आप लोग ड्रामे लिखना शुरू कीजिए। कंपनी का प्रासपेक्टस बना, कई महीने उसकी ख़ूब चर्चा रही, कई बड़े-बड़े आदमियों ने हिस्से ख़रीदने के वादे किए। लेकिन न हिस्से बिके, न कंपनी खड़ी हुई। हाँ, इसी धुन में गुरुप्रसादजी ने एक नाटक की रचना कर डाली और यह फ़िक्र हुई कि इसे किसी कंपनी को दिया जाए। लेकिन यह तो मालूम ही था, कि कंपनीवाले एक ही घाघ होते हैं। फिर हरेक कंपनी में उसका एक नाटककार भी होता है। वह कब चाहेगा कि उसकी कंपनी में किसी बाहरी आदमी का प्रवेश हो। वह इस रचना में तरह-तरह के ऐब निकालेगा और कंपनी के मालिक को भड़का देगा। इसलिए प्रबंध किया गया, कि मालिकों पर नाटक का कुछ ऐसा प्रभाव जमा दिया जाए कि नाटककार महोदय की कुछ दाल न गल सके। पाँच सज्जनों की एक कमेटी बनाई गई, उसमें सारा प्रोग्राम विस्तार के साथ तय किया गया और दूसरे दिन पाँच सज्जन गुरुप्रसादजी के साथ नाटक दिखाने चले। ताँगे आ गए। हारमोनियम, तबला आदि सब उस पर रख दिए गए; क्योंकि नाटक का डिमांसट्रेशन (demonstration) करना निश्चित हुआ था।

सहसा विनोदबिहारी ने कहा—यार, ताँगे पर जाने में तो कुछ बदरोबी होगी। मालिक सोचेगा, यह महाशय यों ही हैं। इस समय दस-पाँच रुपए का मुँह न देखना चाहिए। मैं तो अँग्रेज़ों की विज्ञापनबाजी का कायल हूँ कि रुपए में पंद्रह आने उसमें लगाकर शेष एक आने में रोजगार करते हैं। कहीं से दो मोटरें मँगानी चाहिए।

रसिकलाल बोले—लेकिन किराये की मोटरों से वह बात न पैदा होगी, जो आप चाहते हैं। किसी रईस से दो मोटरें माँगनी चाहिए, मारिस हो या नए चाल की ऑस्टिन।

बात सच्ची थी। भेष से भीख मिलती है। विचार होने लगा कि किस रईस से याचना की जाए। अजी, वह महा खूसट है। सबेरे उसका नाम ले लो तो दिन भर पानी न मिले। अच्छा सेठजी के पास चलें तो कैसा? मुँह धो रखिए, उसकी मोटरें अफ़सरों के लिए रिजर्व हैं, अपने लड़के तक को कभी बैठने नहीं देता, आपको दिए देता है। तो फिर कपूर साहब के पास चलें। अभी उन्होंने नई मोटर ली है। अजी, उसका नाम न लो। कोई-न-कोई बहाना करेगा, ड्राइवर नहीं है, मरम्मत में है।

गुरुप्रसाद ने अधीर होकर कहा—तुम लोगों ने तो व्यर्थ का बखेड़ा कर दिया। ताँगों पर चलने में क्या हरज था?

विनोदबिहारी ने कहा—आप तो घास खा गए हैं। नाटक लिख लेना दूसरी बात है और मुआमले को पटाना दूसरी बात है। रुपए पृष्ठ सुना देगा, अपना-सा मुँह लेकर रह जाओगे।

अमरनाथ ने कहा—मैं तो समझता हूँ, मोटर के लिए किसी राजा-रईस की खुशामद करना बेकार है। तारीफ तो जब है कि पाँव-पाँव चलें और वहाँ ऐसा-ऐसा रंग जमाएँ कि मोटर से भी ज़्यादा शान रहे।

विनोदबिहारी उछल पड़े। सब लोग पाँव-पाँव चलें। वहाँ पहुँचकर किस तरह बातें शुरू होंगी, किस तरह तारीफों के पुल बाँधे जाएँगे, किस तरह ड्रामेटिस्ट साहब को ख़ुश किया जाएगा, इस पर बहस होती जाती थी।

हम लोग कम्पनी के कैंप में कोई दो बजे पहुँचे। वहाँ मालिक साहब, उनके ऐक्टर, नाटककार सब पहले ही से हमारा इंतज़ार कर रहे थे। पान, इलायची, सिगरेट मँगा लिये थे।

ऊपर जाते ही रसिकलाल ने मालिक से कहा—क्षमा कीजिएगा, हमें आने में देर हुई। हम मोटर से नहीं, पाँव-पाँव आए हैं। आज यही सलाह हुई कि प्रकृति की छटा का आनंद उठाते चलें; गुरुप्रसादजी तो प्रकृति के उपासक हैं। इनका बस होता, तो आज चिमटा लिए या तो कहीं भीख माँगते होते, या किसी पहाड़ी गाँव में वटवृक्ष के नीचे बैठे पक्षियों का चहकना सुनते होते।

विनोद ने रद्दा जमाया—और आए भी तो सीधे रास्ते से नहीं, जाने कहाँ-कहाँ का चक्कर लगाते, खाक छानते। पैरों में जैसे सनीचर है।

अमर ने और रंग जमाया—पूरे सतजुगी आदमी हैं। नौकर-चाकर तो मोटरों पर सवार होते हैं और आप गली-गली मारे-मारे फिरते हैं। जब और रईस मीठी नींद के मज़े लेते होते हैं, तो आप नदी के किनारे उषा का श्रृंगार देखते हैं।

मस्तराम ने फरमाया—कवि होना, मानो दीन-दुनिया से मुक्त हो जाना है। गुलाब की एक पंखड़ी लेकर उसमें न जाने क्या घंटों देखा करते हैं। प्रकृति की उपासना ने ही यूरोप के बड़े-बड़े कवियों को आसमान पर पहुँचा दिया है। यूरोप में होते तो आज इनके द्वार पर हाथी झूमता होता। एक दिन एक बालक को रोते देखकर आप रोने लगे। पूछता हूँ—भाई क्यों रोते हो, तो और रोते हैं। मुँह से आवाज़ नहीं निकलती। बड़ी मुश्किल से आवाज़ निकली।

विनोद—जनाब! कवि का हृदय कोमल भावों का स्रोत है, मधुर संगीत का भंडार है, अनन्त का आईना है।

रसिक—क्या बात कही है आपने, अनन्त का आईना है! वाह! कवि की सोहबत में आप भी कुछ कवि हुए जा रहे हैं।

गुरुप्रसाद ने नम्रता से कहा—मैं कवि नहीं हूँ और न मुझे कवि होने का दावा है। आप लोग मुझे ज़बरदस्ती कवि बनाए देते हैं। कवि स्रष्टा की वह अद्‌भुत रचना है जो पंचभूतों की जगह नौ रसों से बनती है।

मस्तराम—आपका यही एक वाक्य है, जिस पर सैकड़ों कविताएँ न्योछावर हैं। सुनी आपने रसिकलालजी, कवि की महिमा। याद कर लीजिए, रट डालिए।

रसिकलाल—कहाँ तक याद करें, भैया, यह तो सूक्तियों में बातें करते हैं। और नम्रता का यह हाल है कि अपने को कुछ समझते ही नहीं। महानता का यही लक्षण है। जिसने अपने को कुछ समझा, वह गया। (कम्पनी के स्वामी से) आप तो अब ख़ुद ही सुनेंगे, इस ड्रामे में अपना हृदय निकालकर रख दिया है। कवियों में जो एक प्रकार का अल्हड़पन होता है, उसकी आप में कहीं गंध भी नहीं। इस ड्रामे की सामग्री जमा करने के लिए आपने कुछ नहीं तो एक हज़ार बड़े-बड़े पोथों का अध्ययन किया होगा। वाजिदअली शाह को स्वार्थी इतिहास-लेखकों ने कितना कलंकित किया है, आप लोग जानते ही हैं। उस लेख-राशि को छाँटकर उसमें से सत्य के तत्त्व खोज निकालना आप ही का काम था!

विनोद—इसीलिए हम और आप दोनों कलकत्ता गए और वहाँ कोई छह महीने मटियाबुर्ज की खाक छानते रहे। वाजिदअली शाह की हस्तलिखित एक पुस्तक की तलाश की। उसमें उन्होंने ख़ुद अपनी जीवन-चर्चा लिखी है। एक बुढ़िया की पूजा की गई, तब कहीं जाके छह महीने में किताब मिली।

अमरनाथ—पुस्तक नहीं रत्न है।

मस्तराम—उस वक़्त तो उसकी दशा कोयले की थी, गुरुप्रसादजी ने उस पर मोहर लगाकर अशर्फी बना दिया। ड्रामा ऐसा चाहिए कि जो सुने, दिल हाथों से थाम ले। एक-एक वाक्य दिल में चुभ जाए।

अमरनाथ—संसार-साहित्य के सभी नाटकों को आपने चाट डाला और नाट्य-रचना पर सैकड़ों किताबें पढ़ डालीं।

विनोद—जभी तो चीज़ भी लासानी हुई है।

अमरनाथ—लाहौर ड्रामेटिक क्लब का मालिक हफ़्ते भर यहाँ पड़ा रहा, पैरों पड़ा कि मुझे यह नाटक दे दीजिए, लेकिन आपने न दिया। जब ऐक्टर ही अच्छे नहीं, तो उनसे अपना ड्रामा खेलवाना उसकी मिट्टी ख़राब कराना था। इस कम्पनी के ऐक्टर माशाअल्लाह अपना जवाब नहीं रखते और इसके नाटककार की सारे ज़माने में धूम है। आप लोगों के हाथों में पड़कर यह ड्रामा धूम मचा देगा।

विनोद—एक तो लेखक साहब ख़ुद शैतान से ज़्यादा मशहूर हैं, उस पर यहाँ के ऐक्टरों का नाट्य-कौशल! शहर लुट जाएगा।

मस्तराम—रोज़ ही तो किसी-न-किसी कम्पनी का आदमी सिर पर सवार रहता है, मगर बाबू साहब किसी से सीधे मुँह बात नहीं करते।

विनोद—बस एक यह कम्पनी है, जिसके तमाशे के लिए दिल बेकरार रहता है, नहीं तो और जितने ड्रामे खेले जाते हैं दो कौड़ी के। मैंने तमाशा देखना ही छोड़ दिया।

गुरुप्रसाद—नाटक लिखना बच्चों का खेल नहीं है; ख़ूने-जिगर पीना पड़ता है। मेरे ख़याल में एक नाटक लिखने के लिए पाँच साल का समय भी काफ़ी नहीं। बल्कि अच्छा ड्रामा

ज़िन्दगी में एक ही लिखा जा सकता है। यों क़लम घिसना दूसरी बात है। बड़े-बड़े धुरंधर आलोचकों का यही निर्णय है कि आदमी ज़िन्दगी में एक ही नाटक लिख सकता है। रूस, फ्रांस, जर्मनी सभी देशों के ड्रामे पढ़े; पर कोई-न-कोई दोष सभी में मौजूद, किसी में भाव है तो भाषा नहीं, भाषा है तो भाव नहीं। हास्य है तो गाना नहीं, गाना है तो हास्य नहीं। जब तक भाव, भाषा, हास्य और गाना यह चारों अंग पूरे न हों, उसे ड्रामा कहना ही न चाहिए। मैं तो बहुत ही तुच्छ आदमी हूँ, कुछ आप लोगों की सोहबत में शुदबुद आ गया। मेरी रचना की हस्ती ही क्या। लेकिन ईश्वर ने चाहा, तो ऐसे दोष आपको न मिलेंगे।

विनोद—जब आप उस विषय के मर्मज्ञ हैं, तो दोष रह ही कैसे सकते हैं।

रसिकलाल—दस साल तक तो आपने केवल संगीत-कला का अभ्यास किया है। घर के हज़ारों रुपए उस्तादों को भेंट कर दिए, फिर भी दोष रह जाए, तो दुर्भाग्य है।

रिहर्सल

रिहर्सल शुरू और वाह! वाह! हाय! हाय! का तार बँधा। कोरस सुनते ही ऐक्टर और प्रोप्राइटर और नाटककार सभी मानो जाग पड़े। भूमिका ने उन्हें विशेष प्रभावित किया था, पर असली चीज़ सामने आते ही आँखें खुलीं। समाँ बँध गया। पहला सीन आया। आँखों के सामने वाजिदअली शाह के दरबार की तसवीर खिंच गई। दरबारियों की हाजिर-जवाबी और फड़कते हुए लतीफे! वाह! वाह! क्या कहना है! क्या वाक्य रचना थी, क्या शब्द योजना थी, रसों का कितना सुरुचि से भरा हुआ समावेश था! तीसरा दृश्य हास्यमय था। हँसते-हँसते लोगों की पसलियाँ दुखने लगीं, स्थूलकाय स्वामी की संयत अविचलता भी आसन से डिग गई। चौथा सीन करुणाजनक था। हास्य के बाद करुणा, आँधी के बाद आनेवाली शांति थी। विनोद आँखों पर हाथ रखे, सिर झुकाए जैसे रो रहे थे। मस्तराम बार-बार ठंडी आहें खींच रहे थे और अमरनाथ बार-बार सिसकियाँ भर रहे थे। इसी तरह सीन-पर-सीन और अंक-पर-अंक समाप्त होते गए, यहाँ तक कि जब रिहर्सल समाप्त हुई, तो दीपक जल चुके थे।

सेठजी अब तक सोंठ बने हुए बैठे थे। ड्रामा समाप्त हो गया, पर उनके मुखारविंद पर उनके मनोविचार का लेशमात्र भी आभास न था। जड़भरत की तरह बैठे हुए थे, न मुस्कुराहट थी, न कुतूहल, न हर्ष; न कुछ। विनोदबिहारी ने मुआमले की बात पूछी—तो इस ड्रामा के बारे में श्रीमान् की क्या राय है?

सेठजी ने उसी विरक्त भाव से उत्तर दिया—मैं इसके विषय में कल निवेदन करूँगा। कल यहीं भोजन भी कीजिएगा। आप लोगों के लायक भोजन तो क्या होगा, उसे केवल विदुर का साग समझकर स्वीकार कीजिए।

पंच पाँडव बाहर निकले, तो मारे ख़ुशी के सबकी बाछें खिली जाती थीं।

विनोद—पाँच हज़ार की थैली है। नाक-नाक बद सकता हूँ।

अमरनाथ—पाँच हज़ार है कि दस, यह तो नहीं कह सकता, पर रंग ख़ूब जम गया।

रसिक—मेरा अनुमान तो चार हज़ार का है।

मस्तराम—और मेरा विश्वास है कि दस हज़ार से कम वह कहेगा ही नहीं। मैं तो सेठ के चेहरे की तरफ़ ध्यान से देख रहा था। आज ही कह देता; पर डरता था, कहीं ये लोग अस्वीकार न कर दें। उसके होंठों पर तो हँसी न थी; पर मगन हो रहा था।

गुरुप्रसाद—मैंने पढ़ा भी तो जी तोड़कर।

विनोद—ऐसा जान पड़ता था तुम्हारी वाणी पर सरस्वती बैठ गई हैं। सभी की आँखें खुल गईं।

रसिक—मुझे उसकी चुप्पी से ज़रा सन्देह होता है।

अमर—आपके सन्देह का क्या कहना। आपको ईश्वर पर भी सन्देह है।

मस्तराम—ड्रामेटिस्ट भी बहुत ख़ुश हो रहा था। दस-बारह हज़ार का वारा-न्यारा है। भई, आज इस ख़ुशी में एक दावत होनी चाहिए।

गुरुप्रसाद—अरे, तो कुछ बोहनी-बट्टा तो हो जाए।

मस्त—जी नहीं, तब तो जलसा होगा। आज दावत होगी।

विनोद—भाग्य के बली हो तुम गुरुप्रसाद।

रसिक—मेरी राय है, ज़रा उस ड्रामेटिस्ट को गाँठ लिया जाए। उसका मौन मुझे भयभीत कर रहा है।

मस्त—आप तो वाही हुए हैं। वह नाक रगड़कर रह जाए, तब भी यह सौदा होकर रहेगा। सेठजी अब बचकर निकल नहीं सकते।

विनोद—हम लोगों की भूमिका भी तो जोरदार थी।

अमर—उसी ने तो रंग जमा दिया। अब कोई छोटी रक़म कहने का उसे साहस न होगा।

अभिनय

रात को गुरुप्रसाद के घर मित्रों की दावत हुई। दूसरे दिन कोई 6 बजे पाँचों आदमी सेठजी के पास जा पहुँचे। संध्या का समय हवाखोरी का है। आज मोटर पर न आने के लिए बना-बनाया बहाना था। सेठजी आज बेहद ख़ुश नज़र आते थे। कल की वह मुहर्रमी सूरत अंतर्धान हो गई थी। बात-बात पर चहकते थे, हँसते थे, जैसे लखनऊ का कोई रईस हो। दावत का सामान तैयार था। मेज़ों पर भोजन चुना जाने लगा। अंगूर, संतरे, केले, सूखे मेवे, कई क़िस्म की मिठाइयाँ, कई तरह के मुरब्बे, शराब आदि सजा दिए गए और यारों ने ख़ूब मज़े से दावत खाई। सेठजी मेहमाननवाजी के पुतले बने हुए हरेक मेहमान के पास आ-आकर पूछते—कुछ और मँगवाऊँ? कुछ तो और लीजिए। आप लोगों के लायक भोजन यहाँ कहाँ बन सकता है।

भोजन के उपरांत लोग बैठे, तो मुआमले की बातचीत होने लगी। गुरुप्रसाद का हृदय आशा और भय से काँपने लगा।

सेठजी—हुजूर ने बहुत ही सुन्दर नाटक लिखा है। क्या बात है!

ड्रामेटिस्ट—यहाँ जनता अच्छे ड्रामों की क़द्र नहीं करती, नहीं तो यह ड्रामा लाजवाब होता।

सेठजी—जनता क़द्र नहीं करती न करे, हमें जनता की बिलकुल परवाह नहीं है, रत्ती बराबर परवाह नहीं है। मैं इसकी तैयारी में 40 हज़ार केवल बाबू साहब की ख़ातिर से ख़र्च कर दूँगा। आपने इतनी मेहनत से एक चीज़ लिखी है, तो मैं उसका प्रचार भी उतने ही हौसले से करूँगा। हमारे साहित्य के लिए क्या यह कुछ कम सौभाग्य की बात है कि आप-जैसे महान् पुरुष इस क्षेत्र में आ गए। यह कीर्ति हुजूर को अमर बना देगी।

ड्रामेटिस्ट—मैंने तो ऐसा ड्रामा आज तक नहीं देखा। लिखता मैं भी हूँ और लोग भी लिखते हैं। लेकिन आपकी उड़ान को कोई क्या पहुँचेगा! कहीं-कहीं तो आपने शेक्सपियर को भी मात कर दिया है।

सेठजी—तो जनाब, जो चीज़ दिल की उमंग से लिखी जाती है, वह ऐसी ही अद्वितीय होती है। शेक्सपियर ने जो कुछ लिखा, रुपए के लोभ से लिखा। हमारे दूसरे नाटककार भी धन ही के लिए लिखते हैं। उनमें वह बात कहाँ पैदा हो सकती है। गोसाईंजी की रामायण क्यों अमर है, इसीलिए कि वह भक्ति और प्रेम से प्रेरित होकर लिखी गई है। सादी की गुलिस्ताँ और बोस्ताँ, होमर की रचनाएँ, इसीलिए स्थायी हैं कि उन कवियों ने दिल की उमंग से लिखा। जो उमंग से लिखता है, वह एक-एक शब्द, एक-एक वाक्य, एक-एक उक्ति पर महीनों ख़र्च कर देता है। धनेच्छु को तो एक काम जल्दी से समाप्त करके दूसरा काम शुरू करने की फ़िक्र होती है।

ड्रामेटिस्ट—आप बिलकुल सत्य कह रहे हैं। हमारे साहित्य की अवनति केवल इसलिए हो रही है कि हम सब धन के लिए या नाम के लिए लिखते हैं।

सेठजी—सोचिए, आपने दस साल केवल संगीत-कला में ख़र्च कर दिए। लाखों रुपए कलावंतों और गायकों को दे डाले होंगे। कहाँ-कहाँ से और कितने परिश्रम और खोज से इस नाटक की सामग्री एकत्र की। न जाने कितने राजों-महाराजों को सुनाया। इस परिश्रम और लगन का पुरस्कार कौन दे सकता है।

ड्रामेटिस्ट—मुमकिन ही नहीं। ऐसी रचनाओं के पुरस्कार की कल्पना करना ही उनका अनादर करना है। इनका पुरस्कार यदि कुछ है, तो वह अपनी आत्मा का सन्तोष है, वह सन्तोष आपके एक-एक शब्द से प्रकट होता है।

सेठजी—आपने बिलकुल सत्य कहा कि ऐसी रचनाओं का पुरस्कार अपनी आत्मा का सन्तोष है। यश तो बहुधा ऐसी रचनाओं को मिल जाता है, जो साहित्य के कलंक हैं। आपसे ड्रामा ले लीजिए और आज ही पार्ट भी तकसीम कर दीजिए। तीन महीने के अन्दर इसे खेल डालना होगा।

मेज़ पर ड्रामे की हस्तलिपि पड़ी हुई थी। ड्रामेटिस्ट ने उसे उठा लिया। गुरुप्रसाद ने दीन नेत्रों से विनोद की ओर देखा, विनोद ने अमर की ओर, अमर ने रसिक की ओर, पर शब्द किसी के मुँह से न निकला। सेठजी ने मानो, सभी के मुँह-सी दिए हों। ड्रामेटिस्ट साहब किताब लेकर चल दिए।

सेठजी ने मुस्कुराकर कहा—हुजूर को थोड़ी-सी तकलीफ़ और करनी होगी। ड्रामा का रिर्हसल शुरू हो जाएगा, तो आपको थोड़े दिनों कंपनी के साथ रहने का कष्ट उठाना पड़ेगा। हमारे ऐक्टर अधिकांश गुजराती हैं। वह हिंदी भाषा के शब्दों का शुद्ध उच्चारण नहीं कर सकते। कहीं-कहीं शब्दों पर अनावश्यक ज़ोर देते हैं। आपकी निगरानी से यह सारी बुराइयाँ दूर हो जाएँगी। ऐक्टरों ने यदि पार्ट अच्छा न किया, तो आपके सारे परिश्रम पर पानी पड़ जाएगा।

यह कहते हुए उन्होंने लड़के को आवाज़ दी—बॉय! आप लोगों के लिए सिगार लाओ।

सिगार आ गया। सेठजी उठ खड़े हुए। यह मित्र-मंडली के लिए विदाई की सूचना थी। पाँचों सज्जन भी उठे। सेठजी आगे-आगे द्वार तक आए। फिर सबसे हाथ मिलाते हुए कहा—आज इस ग़रीब कम्पनी का तमाशा देख लीजिए। फिर यह संयोग न जाने कब प्राप्त हो।

गुरुप्रसाद ने मानो किसी क़ब्र के नीचे से कहा—हो सका तो आ जाऊँगा।

सड़क पर आकर पाँचों मित्र खड़े होकर एक-दूसरे का मुँह ताकने लगे। तब पाँचों ही ज़ोर से क़हक़हा मारकर हँस पड़े।

विनोद ने कहा—यह हम सबका गुरुघंटाल निकला।

अमर—साफ़ आँखों में धूल झोंक दी।

रसिक—मैं उसकी चुप्पी देखकर पहले ही डर रहा था कि यह कोई पल्ले सिरे का घाघ है।

मस्त—मान गया इसकी खोपड़ी को। यह चपत उम्र भर न भूलेगी।

गुरुप्रसाद इस आलोचना में शरीक न हुए। वह इस तरह सिर झुकाए चले जा रहे थे, मानो अभी तक वह स्थिति को समझ ही न पाए हों।

दारोग़ाजी

कल शाम को एक ज़रूरत से ताँगे पर बैठा हुआ जा रहा था कि रास्ते में एक और महाशय ताँगे पर आ बैठे। ताँगेवाला उन्हें बैठाना तो न चाहता था, पर इनकार भी न कर सकता था। पुलिस के आदमी से झगड़ा कौन मोल ले। यह साहब किसी थाने के दारोग़ा थे। एक मुक़दमे की पैरवी करने सदर आए थे! मेरी आदत है कि पुलिसवालों से बहुत कम बोलता हूँ। सच पूछिए, तो मुझे उनकी सूरत से नफ़रत है। उनके हाथों प्रजा को कितने कष्ट उठाने पड़ते हैं, इसका अनुभव इस जीवन में कई बार कर चुका हूँ। मैं ज़रा एक तरफ़ खिसक गया और मुँह फेरकर दूसरी ओर देखने लगा कि दारोग़ाजी बोले—जनाब, यह आम शिकायत है कि पुलिसवाले बहुत रिश्वत लेते हैं; लेकिन यह कोई नहीं देखता कि पुलिसवाले रिश्वत लेने के लिए कितने मज़बूर किए जाते हैं। अगर पुलिसवाले रिश्वत लेना बन्द कर दें तो मैं हलफ से कहता हूँ, ये जो बड़े-बड़े ऊँची पगड़ियोंवाले रईस नज़र आते हैं, सब-के-सब जेलखाने के अन्दर बैठे दिखाई दें। अगर हर एक मामले का चालान करने लगें, तो दुनिया पुलिसवालों को और भी बदनाम करे। आपको यक़ीन न आएगा जनाब, रुपए की थैलियाँ गले लगाई जाती हैं। हम हज़ार इनकार करें, पर चारों तरफ़ से ऐसे दबाव पड़ते हैं कि लाचार होकर लेना ही पड़ता है।

मैंने उपहास के भाव से कहा—जो काम रुपए लेकर किया जाता है, वही काम बिना रुपए लिए भी तो किया जा सकता है।

दारोग़ाजी हँसकर बोले—वह तो गुनाह बेलज्जत होगा, बंदापरवर। पुलिस का आदमी इतना कट्टर देवता नहीं होता, और मेरा ख़याल है कि शायद कोई इंसान भी इतना बेलौस नहीं हो सकता। और सींगों के लोगों को भी देखता हूँ, मुझे तो कोई देवता न मिला ...

मैं अभी इसका कुछ जवाब दे ही रहा था कि एक मियाँ साहब लम्बी अचकन पहने, तुर्की टोपी लगाए, ताँगे के सामने से निकले। दारोग़ाजी ने उन्हें देखते ही झुककर सलाम किया और शायद मिज़ाज शरीफ पूछना चाहते थे कि उस भले आदमी ने सलाम का जवाब गालियों से देना शुरू किया। जब ताँगा कई क़दम आगे निकल आया, तो वह एक पत्थर लेकर ताँगे के पीछे दौड़ा। ताँगेवाले ने घोड़े को तेज़ किया। उस भलेमानुस ने भी क़दम तेज़ किए और पत्थर फेंका। मेरा सिर बाल-बाल बच गया। उसने दूसरा पत्थर उठाया, वह हमारे सामने आकर गिरा। तीसरा पत्थर इतनी ज़ोर से आया कि दारोग़ाजी के घुटने में बड़ी चोट

आई; पर इतनी देर में ताँगा इतनी दूर निकल आया था कि हम पत्थरों की मार से दूर हो गए थे। हाँ, गालियों की मार अभी तक जारी थी। जब तक वह आदमी आँखों से ओझल न हो गया, हम उसे एक हाथ में पत्थर उठाए, गालियाँ बकते हुए देखते रहे।

जब ज़रा चित्त शान्त हुआ, मैंने दारोग़ाजी से पूछा—यह कौन आदमी है, साहब? कोई पागल तो नहीं है?

दारोग़ाजी ने घुटने को सहलाते हुए कहा—पागल नहीं है साहब, मेरा पुराना दुश्मन है। मैंने समझा था, जालिम पिछली बातें भूल गया होगा। वरना मुझे क्या पड़ी थी कि सलाम करने जाता।

मैंने पूछा—आपने इसे किसी मुक़दमे में सज़ा दिलाई होगी?

'बड़ी लम्बी दास्तान है जनाब! बस इतना ही समझ लीजिए कि इसका बस चले, तो मुझे ज़िन्दा ही निगल जाए।'

'आप तो शोक की आग को और भड़का रहे हैं। अब तो वह दास्तान सुने बग़ैर तस्कीन न होगी।'

दारोग़ाजी ने पहलू बदलकर कहा—अच्छी बात है, सुनिए। कई साल हुए, मैं सदर में ही तैनात था। बेफ़िक्री के दिन थे, ताज़ा ख़ून, एक माशूक से आँख लड़ गई। आमदरफ्त शुरू हुई। अब भी जब उस हसीना की याद आती है, तो आँखों से आँसू निकल आते हैं। बाज़ारू औरतों में इतनी हया, इतनी वफा, इतनी मुरव्वत मैंने नहीं देखी। दो साल उसके साथ इतने लुत्फ से गुजरे कि आज भी उसकी याद करके रोता हूँ। मगर क़िस्से को बढ़ाऊँगा नहीं, वरना अधूरा ही रह जाएगा। मुख्तसर यह कि दो साल के बाद मेरे तबादले का हुक्म आ गया। उस वक़्त दिल को जितना सदमा पहुँचा, उसका ज़िक्र करने के लिए दफ़्तर चाहिए। बस, यही जी चाहता था कि इस्तीफ़ा दे दूँ। उस हसीना ने यह ख़बर सुनी, तो उसकी जान-सी निकल गई। सफ़र की तैयारी के लिए मुझे तीन दिन मिले थे। ये तीन दिन हमने मंसूबे बाँधने में काटे। उस वक़्त मुझे अनुभव हुआ कि औरतों को अक़्ल से ख़ाली समझने में हमने कितनी बड़ी ग़लती की है। मेरे मंसूबे शेख़चिल्ली के-से होते थे। कलकत्ते भाग चलें, वहाँ कोई दुकान खोल दें, या इसी तरह कोई दूसरी तजवीज करता। लेकिन वह यही जवाब देती कि अभी वहाँ जाकर अपना काम करो। जब मकान का बंदोबस्त हो जाए, तो मुझे बुला लेना। मैं दौड़ी चली आऊँगी।

आख़िर जुदाई की घड़ी आई। मुझे मालूम होता था कि अब जान न बचेगी। गाड़ी का वक़्त निकला जाता था और मैं उसके पास से उठने का नाम न लेता था। मगर मैं फिर क़िस्से को तूल देने लगा। खुलासा यह कि मैं उसे दो-तीन दिन में बुलाने का वादा करके रुख़सत हुआ। पर अफ़सोस! वे दो-तीन दिन कभी न आए। पहले दस-पाँच दिन तो अफ़सरों से मिलने और इलाक़े की देखभाल में गुजरे। इसके बाद घर से ख़त आ गया कि तुम्हारी शादी तय हो गई; रुख़सत लेकर चले आओ। शादी की ख़ुशी में उस वफा की देवी की मुझे फ़िक्र न रही। शादी करके महीने-भर बाद लौटा, तो बीवी साथ थी। रही-सही याद भी जाती रही। उसने एक महीने के बाद एक ख़त भेजा; पर मैंने उसका जवाब न दिया। डरता रहता था कि कहीं एक दिन वह आकर सिर पर सवार न हो जाए; फिर बीवी को मुँह दिखाने लायक भी न रह जाऊँ।

साल भर के बाद मुझे एक काम से सदर आना पड़ा। उस वक़्त मुझे उस औरत की याद आई; सोचा, ज़रा चलकर देखना चाहिए, किस हालत में है। फ़ौरन अपने ख़त न भेजने

और इतने दिनों तक न आने का जवाब सोच लिया और उसके द्वार पर जा पहुँचा। दरवाज़ा साफ़-सुथरा था, मकान की हालत भी पहले से अच्छी थी। दिल को ख़ुशी हुई कि इसकी हालत उतनी ख़राब नहीं है, जितनी मैंने समझी थी। और, क्यों ख़राब होने लगी। मुझ जैसे दुनिया में क्या और आदमी ही नहीं हैं।

मैंने दरवाज़ा खटखटाया। अन्दर से वह बन्द था। आवाज़ आई—कौन है?

मैंने कहा—वाह! इतनी जल्द भूल गईं, मैं हूँ, बशीर ...

कोई जवाब न मिला, आवाज़ उसी की थी, इसमें शक नहीं, फिर दरवाज़ा क्यों नहीं खोलती? ज़रूर मुझसे नाराज़ है। मैंने फिर किवाड़ खटखटाए और लगा अपनी मुसीबतों का क़िस्सा सुनाने। कोई पंद्रह मिनट के बाद दरवाज़ा खुला। हसीना ने मुझे इशारे से अन्दर बुलाया और चट किवाड़ बन्द कर लिए। मैंने कहा—मैं तुमसे मुआफी माँगने आया हूँ। यहाँ से जाकर मैं बड़ी मुश्किल में फँस गया। इलाक़ा इतना ख़राब है कि दम मारने की मुहलत नहीं मिलती।

हसीना ने मेरी तरफ़ न देखकर ज़मीन की तरफ़ ताक़ते हुए कहा— मुआफी किस बात की? तुमसे मेरा निकाह तो हुआ न था। दिल कहीं और लग गया, तो मेरी याद क्यों आती। मुझे तुमसे कोई शिकायत नहीं। जैसा और लोग करते हैं, वैसा ही तुमने किया। यही क्या कम है कि इतने दिनों के बाद इधर आ तो गए। रहे तो खैरियत से?

'किसी तरह ज़िंदा हूँ।'

'शायद जुदाई में घुलते-घुलते यह तोंद निकल आई है। ख़ुदा झूठ न बुलवाए, तब से दूने हो गए।'

मैंने झेंपते हुए कहा—यह सारा बलगम का फिसाद है। भला मोटा मैं क्या होता। उधर का पानी निहायत बलगमी है। तुमने तो मेरी याद ही भुला दी।

उसने अबकी मेरी ओर तेज़ निगाहों से देखा और बोली—ख़त का जवाब तक न दिया, उलटे मुझी को इलज़ाम देते हो। मैं तुम्हें शुरू से बेवफा समझती थी और तुम वैसे ही निकले। बीवी लाए और मुझे ख़त तक न लिखा?

मैंने ताज्जुब से पूछा—तुम्हें कैसे मालूम हुआ कि मेरी शादी हो गई?

उसने रुखाई से कहा—यह पूछकर क्या करोगे? झूठ तो नहीं कहती। बेवफ़ा बहुत देखे, लेकिन तुम सबसे बढ़कर निकले। तुम्हारी आवाज़ सुनकर जी में तो आया कि दुत्कार दूँ; लेकिन यह सोचकर दरवाज़ा खोल दिया कि अपने दरवाज़े पर किसी को क्या जलील करूँ।

मैंने कोट उतारकर खूँटी पर लटका दिया, जूते भी उतार डाले और चारपाई पर लेटकर बोला—लैली, देखो, इतनी बेरहमी से न पेश आओ। मैं तो अपनी खताओं को ख़ुद तस्लीम करता हूँ और इसीलिए अब तुमसे मुआफी माँगने आया हूँ। ज़रा अपने नाजुक हाथों से एक पान तो खिला दो। सच कहना, तुम्हें मेरी याद काहे को आती होगी। कोई और यार मिल गया होगा।

लैली पानदान खोलकर पान बनाने लगी कि एकाएक किसी ने किवाड़ खटखटाए। मैंने घबराकर पूछा—यह कौन शैतान आ पहुँचा?

हसीना ने होंठों पर उँगली रखते हुए कहा—यह मेरे शौहर हैं। तुम्हारी तरफ़ से जब निराश हो गई, तो मैंने इनके साथ निकाह कर लिया।

मैंने त्योरियाँ चढ़ाकर कहा—तो तुमने मुझसे पहले ही क्यों न बता दिया, मैं उलटे पाँव लौट न जाता, यह नौबत क्यों आती। न जाने कब की यह कसर निकाली।

'मुझे क्या मालूम कि यह इतने जल्द आ पहुँचेंगे। रोज़ तो पहर रात गए आते थे। फिर तुम इतनी दूर से आए थे, तुम्हारी कुछ ख़ातिर भी तो करनी थी।'

'यह अच्छी ख़ातिर की। बताओ; अब मैं जाऊँ कहाँ?'

'मेरी समझ में ख़ुद कुछ नहीं आ रहा है। या अल्लाह! किस अजाब में फँसी।'

इतने में उन साहब ने दरवाज़ा खटखटाया। ऐसा मालूम होता था कि किवाड़ तोड़ डालेगा। हसीना के चेहरे पर एक रंग आता था, एक रंग जाता था। बेचारी खड़ी काँप रही थी। बस, ज़बान से यही निकलता था—या अल्लाह, रहम कर।

बाहर से आवाज़ आई—अरे, तुम क्या सरेशाम से सो गईं? अभी तो आठ भी नहीं बजे। कहीं साँप तो नहीं सूँघ गया। अल्लाह जानता है, अब और देर की, तो किवाड़ चिड़वा डालूँगा।

मैंने गिड़गिड़ाकर कहा—ख़ुदा के लिए मेरे छिपने की कोई जगह बताओ। पिछवाड़े कोई दरवाज़ा नहीं?

'ना!'

'संडास तो है?'

'सबसे पहले वह वहीं जाएँगे।'

'अच्छा, वह सामने कोठरी कैसी है?'

'हाँ, है तो, लेकिन कहीं कोठरी खोलकर देखा तो?'

'क्या बहुत डबल आदमी है?'

'तुम जैसे दो को बग़ल में दबा ले।'

'तो खोल दो कोठरी। वह ज्यों ही अन्दर आएगा, मैं दरवाज़ा खोलकर निकल भागूँगा।'

हसीना ने कोठरी खोल दी। मैं अन्दर जा घुसा। दरवाज़ा फिर बन्द हो गया।

मुझे कोठरी में बन्द करके हसीना ने जाकर सदर दरवाज़ा खोला और बोली—क्यों किवाड़ तोड़े डालते हो? आ तो रही हूँ।

मैंने कोठरी के किवाड़ों के दराजों से देखा। आदमी क्या पूरा देव था। अन्दर आते ही बोला—तुम सरेशाम से सो गई थीं!

'हाँ, ज़रा आँख लग गई थी।'

'मुझे तो ऐसा मालूम हो रहा था कि तुम किसी से बातें कर रही हो।'

'वहम की दवा तो लुकमान के पास भी नहीं।'

'मैंने साफ़ सुना। कोई-न-कोई था ज़रूर। तुमने उसे कहीं छिपा रखा है।'

'इन्हीं बातों पर तुमसे मेरा जी जलता है। सारा घर तो पड़ा है, देख क्यों नहीं लेते।'

'देखूँगा तो मैं ज़रूर ही, लेकिन तुमसे सीधे-सीधे पूछता हूँ, बतला दो, कौन था?'

हसीना ने कुंजियों का गुच्छा फेंकते हुए कहा—और कोई था तो घर ही में न होगा। लो, सब जगह देख आओ। सुई तो है नहीं कि मैंने कहीं छिपा दी हो।

वह शैतान इन चकमों में न आया। शायद पहले भी ऐसा ही चरका खा चुका था। कुंजियों का गुच्छा उठाकर सबसे पहले मेरी कोठरी के द्वार पर आया और उसके ताले को खोलने की कोशिश करने लगा! गुच्छे में उस ताले की कुंजी न थी। बोला—इस कोठरी की कुंजी कहाँ है?

हसीना ने बनावटी ताज्जुब से कहा—अरे, तो क्या उसमें कोई छिपा बैठा है? वह तो लकड़ियों से भरी पड़ी है।

'तुम कुंजी दे दो न।'

'तुम भी कभी-कभी पागलों के-से काम करने लगते हो। अँधेरे में कोई साँप-बिच्छू निकल आए तो। ना भैया, मैं उसकी कुंजी न दूँगी।'

'बला से साँप निकल आएगा। अच्छा ही हो, निकल आए। इस बेहयाई की ज़िन्दगी से तो मौत ही अच्छी!'

हसीना ने इधर-उधर तलाश करके कहा—'न जाने उसकी कुंजी कहाँ रख दी। ख़याल नहीं आता।'

'इस कोठरी में तो मैंने और कभी ताला नहीं देखा।'

'मैं तो रोज़ लगाती हूँ। शायद कभी लगाना भूल गई हूँ, तो नहीं कह सकती।'

'तो तुम कुंजी न दोगी?'

'कहती तो हूँ इस वक़्त नहीं मिल रही है।'

'कहे देता हूँ, कच्चा ही खा जाऊँगा।'

अब तक तो मैं किसी तरह ज़ब्त किए खड़ा रहा। बार-बार अपने ऊपर ग़ुस्सा आ रहा था कि यहाँ क्यों आया। न-जाने यह शैतान कैसे पेश आए। कहीं तैश में आकर मार ही न डाले। मेरे हाथों में तो कोई छुरी भी नहीं। या ख़ुदा! अब तू ही मालिक है। दम रोके हुए खड़ा था कि एक पल का भी मौक़ा मिले, तो निकल भागूँ; लेकिन जब उस मरदूद ने किवाड़ों को ज़ोर से धमधमाना शुरू किया, तब तो रूह ही फना हो गई। इधर-उधर निगाह डाली कि किसी कोने में छिपने की जगह है, या नहीं। किवाड़ के दराजों से कुछ रोशनी आ रही थी! ऊपर जो निगाह उठाई, तो एक मचान-सा दिखाई दिया। डूबते को तिनके का सहारा मिल गया। उचककर चाहता था कि ऊपर चढ़ जाऊँ कि मचान पर एक आदमी को बैठे देखकर उस हालत में मेरे मुँह से चीख़ निकल गई। यह हजरत अचकन पहने, घड़ी लगाए, एक ख़ूबसूरत साफा बाँधे, उकड़ूँ बैठे हुए थे। अब मुझे मालूम हुआ कि मेरे लिए दरवाज़ा खोलने में हसीना ने इतनी देर क्यों की थी। अभी इनको देख ही रहा था कि दरवाज़े पर मूसल की चोटें पड़ने लगीं। मामूली किवाड़ तो थे ही, तीन-चार चोटों में दोनों किवाड़े नीचे आ रहे और वह मरदूद लालटेन लिए कमरे में घुसा। उस वक़्त मेरी क्या हालत थी, इसका अंदाज आप ख़ुद कर सकते हैं। उसने मुझे देखते ही लालटेन रख दी और मेरी गर्दन पकड़कर बोला—अच्छा, आप यहाँ तशरीफ़ रखते हैं। आइए, आपकी कुछ ख़ातिर करूँ। ऐसे मेहमान रोज़ कहाँ मिलते हैं।

यह कहते हुए उसने मेरा एक हाथ पकड़कर इतने ज़ोर से बाहर की तरफ़ ढकेला कि मैं आँगन में औंधा जा गिरा। उस शैतान की आँखों से अंगारे निकल रहे थे। मालूम होता था, उसके होंठ मेरा ख़ून चूसने के लिए बढ़े आ रहे हैं। मैं अभी ज़मीन से उठने भी न पाया था कि वह कसाई एक बड़ा-सा तेज़ छुरा लिए मेरी गरदन पर आ पहुँचा; मगर जनाब, हूँ पुलिस का आदमी। उस वक़्त मुझे एक चाल सूझ गई। उसने मेरी जान बचा ली, वरना आज आपके साथ ताँगे पर न बैठा होता। मैंने हाथ जोड़कर कहा—हुज़ूर, मैं बिलकुल बेक़सूर हूँ। मैं तो मीर साहब के साथ आया था।

उसने ग़रज़कर पूछा—कौन मीर साहब? मैंने जी कड़ा करके कहा—वही, जो मचान पर बैठे हुए हैं। मैं तो हुज़ूर का ग़ुलाम ठहरा, जहाँ हुक्म पाऊँगा, उनके साथ जाऊँगा। मेरी इसमें क्या खता है?

'अच्छा, तो कोई मीर साहब मचान पर भी तशरीफ़ रखते हैं?'

उसने मेरा हाथ पकड़ लिया और कोठरी में जाकर मचान पर देखा। वह हजरत सिमटे-सिमटाए, भीगी बिल्ली बने बैठे थे। चेहरा ऐसा पीला पड़ गया था, गोया बदन में जान ही नहीं।

उसने उनका हाथ पकड़कर एक झटका दिया, तो आप धम-से नीचे आ रहे। उनका ठाठ देखकर अब इसमें कोई शुबहा न रहा कि वह मेरे मालिक हैं। उनकी सूरत देखकर उस वक़्त तरस के साथ हँसी आती थी।

'तू कौन है बे?'

'जी, मैं...मेरा मकान, यह आदमी झूठा है, यह मेरा नौकर नहीं है।'

'तू यहाँ क्या करने आया था?'

'मुझे यही बदमाश (मेरी तरफ़ देखकर) धोखा देकर लाया था।'

'यह क्यों नहीं कहता कि मज़े उड़ाने आया था। दूसरों पर इल्जाम रखकर अपनी जान बचाना चाहता है, सुअर? ले, तू भी क्या समझेगा कि किसके पाले पड़ा था।'

यह कहकर उसने उसी तेज़ छुरे से उन साहब की नाक काट ली। मैं मौक़ा पाकर बेतहाशा भागा, लेकिन हाय-हाय की आवाज़ मेरे कानों में आ रही थी। इसके बाद उन दोनों में कैसी छनी, हसीना के सिर पर क्या आफ़त आई, इसकी मुझे कुछ ख़बर नहीं। मैं तब से बीसों बार सदर आ चुका हूँ, पर उधर भूलकर भी नहीं गया। यह पत्थर फेंकनेवाले हजरत वही हैं, जिनकी नाक कटी थी। आज न-जाने कहाँ से दिखाई पड़ गए और मेरी शामत आई कि उन्हें सलाम कर बैठा। आपने उनकी नाक की तरफ़ शायद ख़याल नहीं किया।

मुझे अब ख़याल आया कि उस आदमी की नाक कुछ चिपटी थी। बोला—हाँ, नाक कुछ चिपटी तो थी। मगर आपने उस ग़रीब को बुरा चरका दिया।

'और करता ही क्या?'

'आप दोनों मिलकर उस आदमी को क्या न दबा लेते?'

'ज़रूर दबा लेते; मगर चोर का दिल आधा होता है। उस वक़्त अपनी-अपनी पड़ी थी कि मुक़ाबला करने की सूझती। कहीं उस रमझल्ले में धर लिया जाता, तो आबरू अलग जाती और नौकरी से अलग हाथ धोता। मगर अब इस आदमी से होशियार रहना पड़ेगा।'

इतने में चौक आ गया और हम दोनों ने अपनी-अपनी राह ली।

अभिलाषा

कल पड़ोस में बड़ी हलचल मची। एक पानवाला अपनी स्त्री को मार रहा था। वह बेचारी बैठी रो रही थी, पर उस निर्दयी को उस पर लेशमात्र भी दया न आती थी। आख़िर स्त्री को भी क्रोध आ गया। उसने खड़े होकर कहा—बस, अब मारोगे, तो ठीक न होगा। आज से मेरा तुझसे कोई सम्बन्ध नहीं। मैं भीख माँगूँगी, पर तेरे घर न आऊँगी। यह कहकर उसने अपनी एक पुरानी साड़ी उठाई और घर से निकल पड़ी। पुरुष काठ के उल्लू की तरह खड़ा देखता रहा। स्त्री कुछ दूर चलकर फिर लौटी और दुकान की संदूकची खोलकर कुछ पैसे

निकाले। शायद अभी तक उसे ममता थी; पर उस निर्दय ने तुरन्त उसका हाथ पकड़कर पैसे छीन लिये। हाय री हृदयहीनता! अबला स्त्री के प्रति पुरुष का यह अत्याचार! एक दिन इसी स्त्री पर उसने प्राण दिए होंगे, उसका मुँह जोहता रहा होगा; पर आज इतना निष्ठुर हो गया है, मानो कभी की जान-पहचान ही नहीं। स्त्री ने पैसे रख दिए और बिना कहे-सुने चली गई। कौन जाने कहाँ! मैं अपने कमरे की खिड़की से घंटों देखती रही कि शायद वह फिर लौटे या शायद पानवाला ही उसे मनाने जाए; पर दो में से एक बात भी न हुई। आज मुझे स्त्री की सच्ची दशा का पहली बार ज्ञान हुआ। यह दुकान दोनों की थी। पुरुष तो मटरगश्ती किया करता था, स्त्री रात-दिन बैठी सती होती थी। दस-ग्यारह बजे रात तक मैं उसे दुकान पर बैठी देखती थी। प्रातःकाल नींद खुलती, तब भी उसे बैठी पाती। नोच-खसोट, काट-कपट जितना पुरुष करता था, उससे कुछ अधिक ही स्त्री करती थी। पर पुरुष सबकुछ है, स्त्री कुछ नहीं! पुरुष जब चाहे उसे निकाल बाहर कर सकता है!

इस समस्या पर मेरा चित्त इतना अशांत हो गया कि नींद आँखों से भाग गई। बारह बज गए और मैं बैठी रही। आकाश पर निर्मल चाँदनी छिटकी हुई थी। निशानाथ अपने रत्न-जटित सिंहासन पर गर्व से फूले बैठे थे। बादल के छोटे-छोटे टुकड़े धीरे-धीरे चंद्रमा के समीप आते थे और फिर विकृत रूप में पृथक् हो जाते थे, मानो श्वेतवसना सुन्दरियाँ उसके हाथों दलित और अपमानित होकर रुदन करती हुई चली जा रही हों। इस कल्पना ने मुझे इतना विकल किया कि मैंने खिड़की बन्द कर दी और पलंग पर आ बैठी। मेरे प्रियतम निद्रा में मग्न थे। उनका तेजमय मुखमंडल इस समय मुझे कुछ चंद्रमा से ही मिलता-जुलता मालूम हुआ। वही सहास छवि थी, जिससे मेरे नेत्र तृप्त हो जाते थे। वही विशाल वक्ष था, जिस पर सिर रखकर मैं अपने अंतस्तल में एक कोमल, मधुर कंपन का अनुभव करती थी। वही सुदृढ़ बाँहें थीं, जो मेरे गले में पड़ जाती थीं, तो मेरे हृदय में आनंद की हिलोरें-सी उठने लगती थीं। पर आज कितने दिन हुए, मैंने उस मुख पर हँसी की उज्ज्वल रेखा नहीं देखी, न देखने को चित्त व्याकुल ही हुआ। कितने दिन हुए, मैंने उस वक्ष पर सिर नहीं रखा और न वह बाँहें मेरे गले में पड़ीं। क्यों? क्या मैं कुछ और हो गई, या पतिदेव ही कुछ और हो गए।

अभी कुछ बहुत दिन भी तो नहीं बीते, कुल पाँच साल हुए हैं—कुल पाँच साल, जब पतिदेव ने विकसित नेत्रों और लालायित अधरों से मेरा स्वागत किया था। मैं लज्जा से गर्दन झुकाए हुए थी। हृदय में कितनी प्रबल उत्कंठा हो रही थी कि उनकी मुख-छवि देख लूँ; पर लज्जावश सिर न उठा सकती। आख़िर एक बार मैंने हिम्मत करके आँखें उठाईं और यद्यपि दृष्टि आधे रास्ते से ही लौट आई, तो भी उस अर्द्ध-दर्शन से मुझे जो आनंद मिला, क्या उसे कभी भूल सकती हूँ। वह चित्र अब भी मेरे हृदय-पट पर खिंचा हुआ है। जब कभी उसका स्मरण आ जाता है, हृदय पुलकित हो उठता है। उस आनंद-स्मृति में अब भी वही गुदगुदी, वही सनसनी है! लेकिन अब रात-दिन उस छवि के दर्शन करती हूँ। उषाकाल, प्रातःकाल, मध्याह्नकाल, संध्याकाल, निशाकाल आठों पहर उसको देखती हूँ; पर हृदय में गुदगुदी नहीं होती। वह मेरे सामने खड़े मुझसे बातें किया करते हैं। मैं क्रोशिए की ओर देखती रहती हूँ। जब वह घर से निकलते थे, तो मैं द्वार पर आकर खड़ी हो जाती थी। और, जब वह पीछे फिरकर मुस्कुरा देते थे तो मुझे मानो स्वर्ग का राज्य मिल जाता था। मैं तीसरे पहर कोठे पर चढ़ जाती थी और उनके आने की बाट जोहने लगती थी। उनको दूर से आते देखकर मैं

उन्मत्त-सी होकर नीचे आती और द्वार पर जाकर उनका अभिवादन करती। पर अब मुझे यह भी नहीं मालूम होता कि वह कब जाते और कब आते हैं। जब बाहर का द्वार बन्द हो जाता है, तो समझ जाती हूँ कि वह चले गए, जब द्वार खुलने की आवाज़ आती है, तो समझ जाती हूँ कि आ गए। समझ में नहीं आता कि मैं ही कुछ और हो गई या पतिदेव ही कुछ और हो गए।

तब वह घर में बहुत न आते थे। जब उनकी आवाज़ कानों में आ जाती तो मेरी देह में बिजली-सी दौड़ जाती थी। उनकी छोटी-छोटी बातों, छोटे-छोटे कामों को भी मैं अनुरक्त, मुग्ध नेत्रों से देखा करती थी। वह जब छोटे लाला को गोद में उठाकर प्यार करते थे, जब टामी का सिर थपथपाकर उसे लिटा देते थे, जब बूढ़ी भक्तिन को चिढ़ाकर बाहर भाग जाते थे, जब बाल्टियों में पानी भर-भर पौदों को सींचते थे, तब ये आँखें उसी ओर लगी रहती थीं। पर अब वह सारे दिन घर में रहते हैं, मेरे सामने हँसते हैं, बोलते हैं, मुझे ख़बर भी नहीं होती। न-जाने क्यों?

तब किसी दिन उन्होंने फूलों का एक गुलदस्ता मेरे हाथ में रख दिया था और मुस्कुराए थे। वह प्रणय का उपहार पाकर मैं फूली न समाई थी। केवल थोड़े-से फूल और पत्तियाँ थीं; पर उन्हें देखने से मेरी आँखें किसी भाँति तृप्त ही न होती थीं। कुछ देर हाथ में लिए रही, फिर अपनी मेज़ पर फूलदान में रख दिया। कोई काम करती होती, तो बार-बार आकर उस गुलदस्ते को देख जाती। कितनी बार उसे आँखों से लगाया, कितनी बार उसे चूमा! कोई एक लाख रुपए भी देता, तो उसे न देती। उसकी एक-एक पंखड़ी मेरे लिए एक-एक रत्न थी। जब वह मुरझा गया, तो मैंने उसे उठाकर अपने बक्स में रख दिया था। तब से उन्होंने मुझे हज़ारों चीज़ें उपहार में दी हैं—एक-से-एक रत्नजटित आभूषण हैं, एक-से-एक बहुमूल्य वस्त्र हैं और गुलदस्ते तो प्राय: नित्य ही लाते हैं; लेकिन इन चीज़ों को पाकर वह उल्लास नहीं होता। मैं उन चीज़ों को पहनकर आईने में अपना रूप देखती हूँ और गर्व से फूल उठती हूँ। अपनी हमजोलियों को दिखाकर अपना गौरव और उनकी ईर्ष्या बढ़ाती हूँ। बस।

अभी थोड़े ही दिन हुए हैं, उन्होंने मुझे चन्द्रहार दिया है। जो इसे देखता है, मोहित हो जाता है। मैं भी उसकी बनावट और सजावट पर मुग्ध हूँ। मैंने अपना सन्दूक खोला और उस गुलदस्ते को निकाल लाई। आह! उसे हाथ में लेते ही मेरी एक-एक नस में बिजली दौड़ गई। हृदय के सारे तार कंपित हो गए। वह सूखी हुई पंखड़ियाँ, जो अब पीले रंग की हो गई थीं बोलती हुई मालूम होती थीं। उसके सूखे, मुरझाए हुए मुखों के अस्फुटित, कंपित, अनुराग में डूबे शब्द सायँ-सायँ करके निकलते हुए जान पड़ते थे; किन्तु वह रत्नजटित, कांति से दमकता हुआ हार स्वर्ण और पत्थरों का एक समूह था, जिसमें प्राण न थे, संज्ञा न थी, मर्म न था। मैंने फिर गुलदस्ते को चूमा, कंठ से लगाया, आर्द्र नेत्रों से सींचा और फिर सन्दूक में रख आई। आभूषणों से भरा हुआ सन्दूक भी उस एक स्मृति-चिह्न के सामने तुच्छ था। यह क्या रहस्य था?

फिर मुझे उनके एक पुराने पत्र की याद आ गई। उसे उन्होंने कॉलेज से मेरे पास भेजा था। उसे पढ़कर मेरे हृदय में जो आनंद हुआ था, जो तूफ़ान उठा था, आँखों से जो नदी बही थी, क्या उसे कभी भूल सकती हूँ। उस पत्र को मैंने अपनी सोहाग की पिटारी में रख दिया था। इस समय उस पत्र को पढ़ने की प्रबल इच्छा हुई। मैंने पिटारी से वह पत्र निकाला। उसे स्पर्श करते ही मेरे हाथ काँपने लगे, हृदय में धड़कन होने लगी। मैं कितनी देर उसे हाथ में

लिए खड़ी रही, कह नहीं सकती। मुझे ऐसा मालूम हुआ कि मैं फिर वही हो गई हूँ, जो पत्र पाते समय थी। उस पत्र में क्या प्रेम के कवित्तमय उद्गार थे? क्या प्रेम की साहित्यिक विवेचना थी? क्या वियोग-व्यथा का करुण क्रंदन था? उसमें तो प्रेम का एक शब्द भी न था। लिखा था—कामिनी, तुमने आठ दिनों से कोई पत्र नहीं लिखा। क्यों नहीं लिखा? अगर तुम मुझे पत्र न लिखोगी, तो मैं होली की छुट्टियों में घर न आऊँगा, इतना समझ लो। आख़िर तुम सारे दिन क्या करती हो! मेरे उपन्यासों की आलमारी खोल ली है क्या? आपने मेरी आलमारी क्यों खोली? समझती होगी, मैं पत्र न लिखूँगी तो बचा ख़ूब रोएँगे और हैरान होंगे। यहाँ इसकी परवाह नहीं। नौ बजे रात को सोता हूँ, तो आठ बजे उठता हूँ। कोई चिन्ता है, तो यही कि फेल न हो जाऊँ। अगर फेल हुआ तो तुम जानोगी।

कितना सरल, भोले-भाले हृदय से निकला हुआ, निष्कपट मानपूर्ण आग्रह और आतंक से पत्र भरा हुआ था, मानो उसका सारा उत्तरदायित्व मेरे ही ऊपर था। ऐसी धमकी क्या अब भी वह मुझे दे सकते हैं? कभी नहीं। ऐसी धमकी वही दे सकता है, जो न मिल सकने की व्यथा को जानता हो, उसका अनुभव करता हो। पतिदेव अब जानते हैं, इस धमकी का मुझ पर कोई असर न होगा, मैं हँसूँगी और आराम से सोऊँगी, क्योंकि मैं जानती हूँ, वह अवश्य आएँगे और उनके लिए ठिकाना ही कहाँ है? जा ही कहाँ सकते हैं? तब से उन्होंने मेरे पास कितने पत्र लिखे हैं। दो-दिन को भी बाहर जाते हैं, तो ज़रूर एक पत्र भेजते हैं, और जब दस-पाँच दिन को जाते हैं, तो नित्य प्रति एक पत्र आता है। पत्रों में प्रेम के चुने हुए शब्द, चुने हुए वाक्य, चुने हुए संबोधन भरे होते हैं। मैं उन्हें पढ़ती हूँ और एक ठंडी साँस लेकर रख देती हूँ। हाय! वह हृदय कहाँ गया? प्रेम के इन निर्जीव भावशून्य कृत्रिम शब्दों में वह अभिन्नता कहाँ है, वह रस कहाँ है, वह उन्माद कहाँ है, वह क्रोध कहाँ है? वह झुँझलाहट कहाँ है? उनमें मेरा मन कोई वस्तु खोजता है—कोई अज्ञात, अव्यक्त, अलक्षित वस्तु—पर वह नहीं मिलती। उनमें सुगंध भरी होती है, पत्रों के काग़ज़ आर्ट-पेपर को मात करते हैं; पर उनका यह सारा बनाव-सँवार किसी गतयौवना नायिका के बनाव-सिंगार के सदृश ही लगता है, कभी-कभी तो मैं पत्रों को खोलती भी नहीं। मैं जानती हूँ, उनमें क्या लिखा होगा।

उन्हीं दिनों की बात है, मैंने तीजे का व्रत किया था। मैंने देवी के सम्मुख सिर झुकाकर वन्दना की थी—देवि, मैं तुमसे केवल एक वरदान माँगती हूँ। हम दोनों प्राणियों में कभी विच्छेद न हो, और मुझे कोई अभिलाषा नहीं, मैं संसार की और कोई वस्तु नहीं चाहती। तब से चार साल हो गए हैं और हममें एक दिन के लिए भी विच्छेद नहीं हुआ। मैंने तो केवल एक वरदान माँगा था। देवी ने वरदानों का भंडार ही मुझे सौंप दिया। पर आज मुझे देवी के दर्शन हों, तो मैं उनसे कहूँ तुम अपने सारे वरदान ले लो; मैं इनमें से एक भी नहीं चाहती। मैं फिर वही दिन देखना चाहती हूँ, जब हृदय में प्रेम की अभिलाषा थी। तुमने सबकुछ देकर मुझे उस अतुल सुख से वंचित कर दिया, जो अभिलाषा में था। मैं अबकी देवी से वह दिन दिखाने की प्रार्थना करूँ, जब मैं किसी निर्जन जलतट और सघन वन में अपने प्रियतम को ढूँढ़ती फिरूँ। नदी की लहरों से कहूँ, मेरे प्रियतम को तुमने देखा है? वृक्षों से पूछूँ, मेरे प्रियतम कहाँ गए? क्या वह सुख मुझे कभी प्राप्त न होगा? उसी समय मन्द, शीतल पवन चलने लगा। मैं खिड़की के बाहर सिर निकाले खड़ी थी। पवन के झोंके से मेरे केश की लटें बिखरने लगीं। मुझे ऐसा आभास हुआ, मानो मेरे प्रियतम वायु के इन उच्छ्वासों में हैं। फिर मैंने आकाश

की ओर देखा। चाँद की किरणें चाँदी के जगमगाते तारों की भाँति आँखों से आँखमिचौनी-सी खेल रही थीं। आँखें बन्द करते समय सामने आ जातीं; पर आँखें खोलते ही अदृश्य हो जाती थीं। मुझे उस समय ऐसा आभास हुआ कि मेरे प्रियतम उन्हीं जगमगाते तारों पर बैठे आकाश से उतर रहे हैं। उसी समय किसी ने गाया—

अनोखे-से नेही के त्याग,
निराले पीड़ा के संसार!
कहाँ होते हो अन्तर्द्धान,
लुटा करके सोने-सा प्यार!

'लुटा करके सोने-सा प्यार', यह पद मेरे मर्मस्थल को तीर की भाँति छेदता हुआ कहाँ चला गया, नहीं जानती। मेरे रोएँ खड़े हो गए। आँखों से आँसुओं की झड़ी लग गई। ऐसा मालूम हुआ, जैसे कोई मेरे प्रियतम को मेरे हृदय से निकाले लिए जाता है। मैं ज़ोर से चिल्ला पड़ी। उसी समय पतिदेव की नींद टूट गई। वह मेरे पास आकर बोले—क्या अभी तुम चिल्लाई थीं? अरे! तुम रो रही हो? क्या बात है? कोई स्वप्न तो नहीं देखा?

मैंने सिसकते हुए कहा—रोऊँ न, तो क्या हँसूँ?

स्वामी ने मेरा हाथ पकड़कर कहा—क्यों, रोने का कोई कारण है, या यों ही रोना चाहती हो?

'क्या मेरे रोने का कारण तुम नहीं जानते?'

'मैं तुम्हारे दिल की बात कैसे जान सकता हूँ?'

'तुमने जानने की चेष्टा कभी की है?'

'मुझे इसका सान-गुमान भी न था कि तुम्हारे रोने का कोई कारण हो सकता है।'

'तुमने तो बहुत कुछ पढ़ा है, क्या तुम भी ऐसी बात कह सकते हो?'

स्वामी ने विस्मय में पड़कर कहा—'तुम तो पहेलियाँ बुझवाती हो?'

'क्यों, क्या तुम कभी नहीं रोते?'

'मैं क्यों रोने लगा।'

'तुम्हें अब कोई अभिलाषा नहीं है?'

'मेरी सबसे बड़ी अभिलाषा पूरी हो गई। अब मैं और कुछ नहीं चाहता।'

यह कहते हुए पतिदेव मुस्कुराए और मुझे गले से लिपटा लेने को बढ़े। उनकी यह हृदयहीनता इस समय मुझे बहुत बुरी लगी। मैंने उन्हें हाथों से पीछे हटाकर कहा—मैं इस स्वाँग को प्रेम नहीं समझती। जो कभी रो नहीं सकता वह प्रेम नहीं कर सकता। रुदन और प्रेम, दोनों एक ही स्रोत से निकलते हैं।

उसी समय फिर उसी गाने की ध्वनि सुनाई दी—

अनोखे-से नेही के त्याग,
निराले पीड़ा के संसार!
कहाँ होते हो अन्तर्द्धान,
लुटा करके सोने-सा प्यार!

पतिदेव की वह मुस्कुराहट लुप्त हो गई। मैंने उन्हें एक बार काँपते देखा। ऐसा जान पड़ा, उन्हें रोमांच हो रहा है। सहसा उनका दाहिना हाथ उठकर उनकी छाती तक गया। उन्होंने लम्बी साँस ली और उनकी आँखों से आँसू की बूँदें निकलकर गालों पर आ गईं। तुरन्त मैंने रोते हुए उनकी छाती पर सिर रख दिया और उस परम सुख का अनुभव किया, जिसके लिए कितने दिनों से मेरा हृदय तड़प रहा था। आज फिर मुझे पतिदेव का हृदय धड़कता हुआ सुनाई दिया, आज उनके स्पर्श में फिर स्फूर्ति का ज्ञान हुआ।

अभी तक उस पद के शब्द मेरे हृदय में गूँज रहे थे—

कहाँ होते हो अन्तर्ध्दान,
लुटा करके सोने-सा प्यार![1]

खुचड़

बाबू कुन्दनलाल कचहरी से लौटे, तो देखा कि उनकी पत्नीजी एक कुँजड़िन से कुछ साग-भाजी ले रही हैं। कुँजड़िन पालक टके सेर कहती है, वह डेढ़ पैसे दे रही हैं। इस पर कई मिनट तक विवाद होता रहा। आख़िर कुँजड़िन डेढ़ ही पैसे पर राज़ी हो गई। अब तराजू और बाट का प्रश्न छिड़ा। दोनों पल्ले बराबर न थे। एक में पसंगा था। बाट भी पूरे न उतरते थे। पड़ोसिन के घर से सेर आया। साग तुल जाने के बाद अब घाते का प्रश्न उठा। पत्नीजी और माँगती थीं, कुँजड़िन कहती थी, अब क्या सेर-दो-सेर घाते में ही ले लोगी बहूजी। ख़ैर, आध घंटे में वह सौदा पूरा हुआ, और कुँजड़िन फिर कभी न आने की धमकी देकर बिदा हुई। कुन्दनलाल खड़े-खड़े यह तमाशा देखते रहे। कुँजड़िन के जाने के बाद पत्नीजी लोटे का पानी लाईं तो आपने कहा—आज तो तुमने ज़रा-सा साग लेने में पूरे आध घंटे लगा दिए। इतनी देर में तो हज़ार-पाँच का सौदा हो जाता। ज़रा-ज़रा से साग के लिए इतनी ठाँय-ठाँय करने से तुम्हारा सिर भी नहीं दुखता?

रामेश्वरी ने कुछ लज्जित होकर कहा—पैसे मुफ़्त में तो नहीं आते!

'यह ठीक है; लेकिन समय का भी कुछ मूल्य है। इतनी देर में तुमने बड़ी मुश्किल से एक धेले की बचत की। कुँजड़िन ने भी दिल में कहा होगा कहाँ की गँवारिन है। अब शायद भूलकर भी इधर न आए।'

'तो, फिर मुझसे तो यह नहीं हो सकता कि पैसे की जगह धेले का सौदा लेकर बैठ जाऊँ।'

'इतनी देर में तो तुमने कम-से-कम 20 पन्ने पढ़े होते। कल महरी से घंटों सिर मारा। परसों दूधवाले के साथ घंटों शास्त्रार्थ किया। ज़िन्दगी क्या इन्हीं बातों में ख़र्च करने को दी गई है?'

कुन्दनलाल प्राय: नित्य ही पत्नी को सदुपदेश देते रहते थे। यह उनका दूसरा विवाह था। रामेश्वरी को आए अभी दो ही तीन महीने हुए थे। अब तक तो बड़ी ननदजी ऊपर के काम किया करती थीं। रामेश्वरी की उनसे न पटी। उसको मालूम होता था, यह मेरा सर्वस्व

1. श्रीमती महादेवी वर्मा की कविता का एक पद।

ही लुटाए देती हैं। आख़िर वह चली गईं। तब से रामेश्वरी ही घर की स्वामिनी है; वह बहुत चाहती है कि पति को प्रसन्न रखे। उनके इशारों पर चलती है; एक बार जो बात सुन लेती है, गाँठ बाँध लेती है। पर रोज़ ही तो कोई नई बात हो जाती है, और कुन्दनलाल को उसे उपदेश देने का अवसर मिल जाता है।

2

एक दिन बिल्ली दूध पी गई। रामेश्वरी दूध गर्म करके लाई और स्वामी के सिरहाने रखकर पान बना रही थी कि बिल्ली ने दूध पर अपना ईश्वरप्रदत्त अधिकार सिद्ध कर दिया। रामेश्वरी यह अपहरण स्वीकार न कर सकी। रूल लेकर बिल्ली को इतने ज़ोर से मारा कि वह दो-तीन लुढ़कियाँ खा गई।

कुन्दनलाल लेटे-लेटे अख़बार पढ़ रहे थे। बोले—और जो मर जाती?

रामेश्वरी ने ढिठाई के साथ कहा—तो मेरा दूध क्यों पी गई?

'उसे मारने से दूध मिल तो नहीं गया?'

'जब कोई नुक़सान कर देता है, तो उस पर क्रोध आता ही है।'

'न आना चाहिए। पशु के साथ आदमी भी क्यों पशु हो जाए? आदमी और पशु में इसके सिवा और क्या अंतर है?'

कुन्दनलाल कई मिनट तक दया, विवेक और शांति की शिक्षा देते रहे। यहाँ तक कि बेचारी रामेश्वरी मारे ग्लानि के रो पड़ी।

इसी भाँति एक दिन रामेश्वरी ने एक भिक्षुक को दुत्कार दिया, तो बाबू साहब ने फिर उपदेश देना शुरू किया। बोले—तुमसे न उठा जाता हो, तो लाओ मैं दे आऊँ। ग़रीब को यों न दुत्कारना चाहिए।

रामेश्वरी ने त्योरियाँ चढ़ाते हुए कहा—दिन भर तो ताँता लगा रहता है। कोई कहाँ तक दौड़े। सारा देश भिखमंगों ही से भर गया है शायद।

कुन्दनलाल ने उपेक्षा के भाव से मुस्कुराकर कहा—उसी देश में तो तुम भी बसती हो!

'इतने भिखमंगे आ कहाँ से जाते हैं? ये सब काम क्यों नहीं करते?'

'कोई आदमी इतना नीच नहीं होता, जो काम मिलने पर भीख माँगे। हाँ, अपंग हो, तो दूसरी बात है। अपंगों का भीख के सिवा और क्या सहारा हो सकता है?'

'सरकार इनके लिए अनाथालय क्यों नहीं खुलवाती?'

'जब स्वराज्य हो जाएगा, तब शायद खुल जाएँ; अभी तो कोई आशा नहीं है मगर स्वराज्य भी धर्म ही से आएगा।'

'लाखों साधु-संन्यासी, पंडे-पुजारी मुफ़्त का माल उड़ाते हैं, क्या इतना धर्म काफ़ी नहीं है? अगर इस धर्म में से स्वराज्य मिलता, तो कब का मिल चुका होता।'

'इसी धर्म का प्रसाद है कि हिन्दू-जाति अभी तक जीवित है, नहीं कब की रसातल पहुँच चुकी होती। रोम, यूनान, ईरान, सीरिया किसी का अब निशान भी नहीं है। यह हिन्दू-जाति है, जो अभी तक समय के क्रूर आघातों का सामना करती चली जाती है।'

'आप समझते होंगे; हिन्दू-जाति जीवित है। मैं तो उसे उसी दिन से मरा हुआ समझती हूँ, जिस दिन से वह अधीन हो गई। जीवन स्वाधीनता का नाम है, गुलामी तो मौत है।'

कुन्दनलाल ने युवती को चकित नेत्रों से देखा, ऐसे विद्रोही विचार उसमें कहाँ से आ गए? देखने में तो वह बिलकुल भोली थी। समझे, कहीं सुन-सुना लिया होगा। कठोर होकर बोले—क्या व्यर्थ का विवाद करती हो। लजाती तो नहीं, ऊपर से और बक-बक करती हो।

रामेश्वरी यह फटकार पाकर चुप हो गई। एक क्षण वहाँ खड़ी रही, फिर धीरे-धीरे कमरे से चली गई।

3

एक दिन कुन्दनलाल ने कई मित्रों की दावत की। रामेश्वरी सबेरे से रसोई में घुसी तो शाम तक सिर न उठा सकी। उसे यह बेगार बुरी मालूम हो रही थी। अगर दोस्तों की दावत करनी थी तो खाना बनवाने का कोई प्रबंध क्यों नहीं किया? सारा बोझ उसी के सिर क्यों डाल दिया! उससे एक बार पूछ तो लिया होता कि दावत करूँ या न करूँ। होता तब भी यही; जो अब हो रहा था। वह दावत के प्रस्ताव का बड़ी ख़ुशी से अनुमोदन करती, तब वह समझती, दावत मैं कर रही हूँ। अब वह समझ रही थी, मुझसे बेगार ली जा रही है। ख़ैर, भोजन तैयार हुआ, लोगों ने भोजन किया और चले गए; मगर मुंशीजी मुँह फुलाए बैठे हुए थे। रामेश्वरी ने कहा—तुम क्यों नहीं खा लेते, क्या अभी सबेरा है?

बाबू साहब ने आँखें फाड़कर कहा—क्या खा लूँ, यह खाना है, या बैलों की सानी!

रामेश्वरी के सिर से पाँव तक आग लग गई। सारा दिन चूल्हे के सामने जली; उसका यह पुरस्कार! बोली—मुझसे जैसा हो सका बनाया। जो बात अपने बस की नहीं है, उसके लिए क्या करती?

'पूड़ियाँ सब सेवर हैं!'

'होंगी।'

'कचौड़ी में इतना नमक था किसी ने छुआ तक नहीं।'

'होगा।'

'हलुआ अच्छी तरह भुना नहीं—कचाइयाँ आ रही थीं।'

'आती होंगी।'

'शोरबा इतना पतला था, जैसे चाय।'

'होगा।'

'स्त्री का पहला धर्म यह है कि वह रसोई के काम में चतुर हो।'

फिर उपदेशों का तार बँधा; यहाँ तक कि रामेश्वरी ऊब कर चली गई!

4

पाँच-छह महीने गुज़र गए। एक दिन कुन्दनलाल के एक दूर के सम्बन्धी उनसे मिलने आए। रामेश्वरी को ज्यों ही उनकी ख़बर मिली, जलपान के लिए मिठाई भेजी; और महरी से कहला भेजा—आज यहीं भोजन कीजिएगा। वह महाशय फूले न समाए। बोरिया-बँधना लेकर पहुँच गए और डेरा डाल दिया। एक हफ़्ता गुज़र गया; आप टलने का नाम भी नहीं लेते। आवभगत में कोई कमी होती, तो शायद उन्हें कुछ चिन्ता होती; पर रामेश्वरी उनके सेवा-सत्कार में जी-जान से लगी हुई थी। फिर वह भला क्यों हटने लगे।

एक दिन कुन्दनलाल ने कहा—तुमने यह बुरा रोग पाला।

रामेश्वरी ने चौंककर पूछा—कैसा रोग?

'इन्हें टहला क्यों नहीं देतीं?'

'मेरा क्या बिगाड़ रहे हैं?'

'कम-से-कम 1) की रोज़ चपत दे रहे हैं। और अगर यही ख़ातिरदारी रही, तो शायद जीते-जी टलेंगे भी नहीं।'

'मुझसे तो यह नहीं हो सकता कि कोई दो-चार दिन के लिए आ जाए, तो उसके सिर हो जाऊँ। जब तक उनकी इच्छा हो रहें।'

'ऐसे मुफ़्तखोरों का सत्कार करना पाप है। अगर तुमने इतना सिर न चढ़ाया होता, तो अब तक लंबा हुआ होता। जब दिन में तीन बार भोजन और पचासों बार पान मिलता है, तो उसे कुत्ते ने काटा है, जो अपने घर जाए।'

'रोटी का चोर बनना तो अच्छा नहीं!'

'कुपात्र और सुपात्र का विचार तो कर लेना चाहिए। ऐसे आलसियों को खिलाना-पिलाना वास्तव में उन्हें ज़हर देना है, ज़हर से तो केवल प्राण निकल जाते हैं; यह ख़ातिरदारी तो आत्मा का सर्वनाश कर देती है। अगर यह हजरत महीने भर भी यहाँ रह गए, तो फिर ज़िन्दगी-भर के लिए बेकार हो जाएँगे। फिर इनसे कुछ न होगा और इसका सारा दोष तुम्हारे सिर होगा।'

तर्क का ताँता बँध गया। प्रमाणों की झड़ी लग गई। रामेश्वरी खिसियाकर चली गई। कुन्दनलाल उससे कभी संतुष्ट भी हो सकते हैं, उनके उपदेशों की वर्षा कभी बन्द भी हो सकती है, यह प्रश्न उसके मन में बार-बार उठने लगा।

5

एक दिन देहात से भैंस का ताज़ा घी आया। इधर महीनों से बाज़ार का घी खाते-खाते नाक में दम हो रहा था। रामेश्वरी ने उसे खौलाया, उसमें लौंग डाली और कड़ाह से निकालकर एक मटकी में रख दिया। उसकी सोंधी-सोंधी सुगंध से सारा घर महक रहा था। महरी चौका-बर्तन करने आई तो उसने चाहा कि मटकी चौके से उठाकर छींके या आले पर रख दे। पर संयोग की बात, उसने मटकी उठाई, तो वह उसके हाथ से छूटकर गिर पड़ी। सारा घी बह गया। धमाका सुनकर रामेश्वरी दौड़ी, तो महरी खड़ी रो रही थी और मटकी चूर-चूर हो गई थी। तड़पकर बोली—मटकी कैसे टूट गई? मैं तेरी तलब से काट लूँगी। राम-राम, सारा घी मिट्टी में मिला दिया! तेरी आँखें फूट गई थीं क्या? या हाथों में दम नहीं था? इतनी दूर से मँगाया, इतनी मिहनत से गर्म किया; मगर एक बूँद भी गले के नीचे न गया। अब खड़ी बिसूर क्या रही है, जा अपना काम कर।

महरी ने आँसू पोंछकर कहा—बहूजी, अब तो चूक हो गई, चाहे तलब काटो, चाहे जान मारो। मैंने तो सोचा—उठाकर आले पर रख दूँ, तो चौका लगाऊँ। क्या जानती थी कि भाग्य में यह लिखा है। न-जाने किसका मुँह देखकर उठी थी।

रामेश्वरी—मैं कुछ नहीं जानती, सब रुपए तेरी तलब से वसूल कर लूँगी। एक रुपया जुरमाना न किया तो कहना।

महरी—मर जाऊँगी सरकार, कहीं एक पैसे का ठिकाना नहीं है।

रामेश्वरी—मर जा या जी जा, मैं कुछ नहीं जानती।

महरी ने एक मिनट तक कुछ सोचा और बोली—अच्छा, काट लीजिएगा सरकार। आपसे सबर नहीं होता; मैं सबर कर लूँगी। यही न होगा, भूखों मर जाऊँगी। जीकर ही कौन-सा सुख भोग रही हूँ कि मरने को डरूँ। समझ लूँगी; एक महीना कोई काम नहीं किया। आदमी से बड़ा-बड़ा नुक़सान हो जाता है, यह तो घी ही था।

रामेश्वरी को एक ही क्षण में महरी पर दया आ गई! बोली—तू भूखों मर जाएगी, तो मेरा काम कौन करेगा?

महरी—काम कराना होगा, खिलाइएगा; न काम कराना होगा, भूखों मारिएगा। आज से आकर आप ही के द्वार पर सोया करूँगी।

रामेश्वरी—सच कहती हूँ, आज तूने बड़ा नुक़सान कर डाला।

महरी—मैं तो आप ही पछता रही हूँ सरकार।

रामेश्वरी—जा गोबर से चौका लीप दे, मटकी के टुकड़े दूर फेंक दे। और बाज़ार से घी लेती आ।

महरी ने ख़ुश होकर चौका गोबर से लीपा और मटकी के टुकड़े बटोर रही थी कि कुन्दनलाल आ गए, और हाँड़ी टूटी देखकर बोले—यह हाँड़ी कैसे टूट गई?

रामेश्वरी ने कहा—महरी उठाकर ऊपर रख रही थी, उसके हाथ से छूट पड़ी।

कुन्दनलाल ने चिल्लाकर कहा—तो सब घी बह गया?

'और क्या कुछ बच भी रहा!'

'तुमने महरी से कुछ कहा नहीं?'

'क्या कहती? उसने जान-बूझकर तो गिरा नहीं दिया।'

'यह नुक़सान कौन उठाएगा?'

'हम उठाएँगे, और कौन उठाएगा। अगर मेरे ही हाथ से छूट पड़ती तो क्या हाथ काट लेती।'

कुन्दनलाल ने ओंठ चबाकर कहा—तुम्हारी कोई बात मेरी समझ में नहीं आती। जिसने नुक़सान किया है, उससे वसूल होना चाहिए। यही ईश्वरीय नियम है। आँख की जगह आँख, प्राण के बदले प्राण यह ईसामसीह-जैसे दयालु पुरुष का कथन है। अगर दंड का विधान संसार से उठ जाए, तो यहाँ रहे कौन? सारी पृथ्वी रक्त से लाल हो जाए, हत्यारे दिनदहाड़े लोगों का गला काटने लगें। दंड ही से समाज की मर्यादा कायम है। जिस दिन दंड न रहेगा, संसार न रहेगा। मनु आदि स्मृतिकार बेवकूफ़ नहीं थे कि दंड-न्याय को इतना महत्त्व दे गए। और किसी विचार से नहीं, तो मर्यादा की रक्षा के लिए दंड अवश्य देना चाहिए। ये रुपए महरी को देने पड़ेंगे। उसकी मज़दूरी काटनी पड़ेगी। नहीं तो आज उसने घी का घड़ा लुढ़का दिया है, कल कोई और नुक़सान कर देगी।

रामेश्वरी ने डरते-डरते कहा—मैंने तो उसे क्षमा कर दिया है।

कुन्दनलाल ने आँखें निकालकर कहा—लेकिन मैं नहीं क्षमा कर सकता।

महरी द्वार पर खड़ी यह विवाद सुन रही थी। जब उसने देखा कि कुन्दनलाल का क्रोध बढ़ता जाता है और मेरे कारण रामेश्वरी को घुड़कियाँ सुननी पड़ रही हैं, तो वह सामने जाकर बोली—बाबूजी, अब तो कसूर हो गया। अब सब रुपए मेरी तलब से काट लीजिए। रुपए नहीं हैं, नहीं तो अभी लाकर आपके हाथ पर रख देती।

रामेश्वरी ने उसे घुड़ककर कहा—जा भाग यहाँ से, तू क्या करने आई। बड़ी रुपएवाली बनी है!

कुन्दनलाल ने पत्नी की ओर कठोर नेत्रों से देखकर कहा—तुम क्यों उसकी वकालत कर रही हो। यह मोटी-सी बात है और इसे एक बच्चा भी समझता है कि जो नुक़सान करता है, उसे उसका दंड भोगना पड़ता है। मैं क्यों पाँच रुपए का नुक़सान उठाऊँ? बेवजह? क्यों नहीं इसने मटके को सँभालकर पकड़ा, क्यों इतनी जल्दबाजी की, क्यों तुम्हें बुलाकर मदद नहीं ली? यह साफ़ इसकी लापरवाही है।

यह कहते हुए कुन्दनलाल बाहर चले गए।

रामेश्वरी इस अपमान से आहत हो उठी। डाँटना ही था, तो कमरे में बुलाकर एकान्त में डाँटते। महरी के सामने उसे रुई की तरह धुन डाला। उसकी समझ ही में न आता था, यह किस स्वभाव के आदमी हैं। आज एक बात कहते हैं, कल उसी को काटते हैं, जैसे कोई झक्की आदमी हो। कहाँ तो दया और उदारता के अवतार बनते थे, कहाँ आज पाँच रुपए के लिए प्राण देने लगे। बड़ा मज़ा आ जाए, कल महरी बैठ रहे। कभी तो इनके मुख से प्रसन्नता का एक शब्द निकला होता! अब मुझे भी अपना स्वभाव बदलना पड़ेगा। यह सब मेरे सीधे होने का फल है। ज्यों-ज्यों मैं तरह देती हूँ, आप जामे से बाहर होते हैं। इसका इलाज यही है कि एक कहें, तो दो सुनाऊँ। आख़िर कब तक और कहाँ तक सहूँ। कोई हद भी है! जब देखो डाँट रहे हैं। जिसके मिज़ाज का कुछ पता ही न हो, उसे कौन ख़ुश रख सकता है। उस दिन ज़रा-सा बिल्ली को मार दिया, तो आप दया का उपदेश करने लगे। आज वह दया कहाँ गई। उनको ठीक करने का उपाय यही है कि समझ लूँ, कोई कुत्ता भूँक रहा है। नहीं, ऐसा क्यों करूँ। अपने मन से कोई काम ही न करूँ; जो यह कहें, वही करूँ; न जौ-भर कम, न जौ-भर ज़्यादा। जब इन्हें मेरा कोई काम पसन्द नहीं आता, मुझे क्या कुत्ते ने काटा है, जो बरबस अपनी टाँग अड़ाऊँ। बस, यही ठीक है।

वह रात-भर इसी उधेड़बुन में पड़ी रही। सबेरे कुन्दनलाल नदी स्नान करने गए। लौटे, तो 9 बज गए थे। घर में जाकर देखा, तो चौका-बर्तन न हुआ था। प्राण सूख गए। पूछा—क्या महरी नहीं आई?

रामे.—नहीं।

कुन्दन.—तो फिर?

रामे.—जो आपकी आज्ञा।

कुन्दन.—यह तो बड़ी मुश्किल है।

रामे.—हाँ, है तो।

कुन्दन.—पड़ोस की महरी को क्यों न बुला लिया?

रामे.—किसके हुक्म से बुलाती; अब हुक्म हुआ है, बुलाए लेती हूँ।

कुन्दन.—अब बुलाओगी, तो खाना कब बनेगा? नौ बज गए और इतना तो तुम्हें अपनी अक़्ल से काम लेना चाहिए था कि महरी नहीं आई तो पड़ोसवाली को बुला लें।

रामे.—अगर उस वक़्त सरकार पूछते, क्यों दूसरी महरी बुलाई, तो क्या जवाब देती? अपनी अक़्ल से काम लेना छोड़ दिया। अब तुम्हारी ही अक़्ल से काम लूँगी। मैं यह नहीं चाहती कि कोई मुझे आँखें दिखाए।

कुन्दन.—अच्छा, तो इस वक़्त क्या होगा?

रामे.—जो हुजूर का हुक्म हो।

कुन्दन.—तुम मुझे बनाती हो।

रामे.—मेरी इतनी मजाल कि आप को बनाऊँ! मैं तो हुजूर की लौंडी हूँ। जो कहिए, वह करूँ।

कुन्दन.—मैं तो जाता हूँ, तुम्हारा जो जी चाहे करो।

रामे.—जाइए, मेरा जी कुछ न चाहेगा और न कुछ करूँगी।

कुन्दन.—आख़िर तुम क्या खाओगी?

रामे.—जो आप देंगे, वही खा लूँगी।

कुन्दन.—लाओ, बाज़ार से पूड़ियाँ ला दूँ।

रामेश्वरी रुपया निकाल लाई। कुन्दनलाल पूड़ियाँ लाए। इस वक़्त का काम चला। दफ़्तर गए। लौटे, तो देर हो गई थी। आते-ही-आते पूछा—महरी आई?

रामे.—नहीं।

कुन्दन.—मैंने तो कहा था, पड़ोसवाली को बुला लेना।

रामे.—बुलाया था। वह पाँच रुपए माँगती है।

कुन्दन.—तो एक ही रुपए का फ़र्क़ था, क्यों नहीं रख लिया?

रामे.—मुझे यह हुक्म न मिला था। मुझसे जवाब-तलब होता कि एक रुपया ज़्यादा क्यों दे दिया, ख़र्च की क़िफायत पर उपदेश दिया जाने लगता, तो क्या करती।

कुन्दन.—तुम बिलकुल मूर्ख हो।

रामे.—बिलकुल।

कुन्दन.—तो इस वक़्त भी भोजन न बनेगा?

रामे.—मजबूरी है।

कुन्दनलाल सिर थामकर चारपाई पर बैठ गए। यह तो नई विपत्ति गले पड़ी। पूड़ियाँ उन्हें रुचती न थीं। जी में बहुत झुँझलाए। रामेश्वरी को दो-चार उल्टी-सीधी सुनाईं, लेकिन उसने मानो सुना ही नहीं। कुछ बस न चला, तो महरी की तलाश में निकले। जिसके यहाँ गए, मालूम हुआ, महरी काम करने चली गई। आख़िर एक कहार मिला। उसे बुला लाए। कहार ने दो आने लिए और बर्तन धोकर चलता बना।

रामेश्वरी ने कहा—भोजन क्या बनेगा?

कुन्दन.—रोटी-तरकारी बना लो, या इसमें कुछ आपत्ति है?

रामे.—तरकारी घर में नहीं है।

कुन्दन.—दिन भर बैठी रहीं, तरकारी भी न लेते बनी? अब इतनी रात गए तरकारी कहाँ मिलेगी?

रामे.—मुझे तरकारी ले रखने का हुक्म न मिला था। मैं पैसा-धेला ज़्यादा दे देती तो?

कुन्दनलाल ने विवशता से दाँत पीसकर कहा—आख़िर तुम क्या चाहती हो?

रामेश्वरी ने शान्त भाव से जवाब दिया—कुछ नहीं, केवल अपमान नहीं चाहती।

कुन्दन.—तुम्हारा अपमान कौन करता है?

रामे.—आप करते हैं।

कुन्दन.—तो मैं घर के मामले में कुछ न बोलूँ?

रामे.—आप न बोलेंगे, तो कौन बोलेगा? मैं तो केवल हुक्म की ताबेदार हूँ।

रात रोटी-दाल पर कटी। दोनों आदमी लेटे। रामेश्वरी को तो तुरन्त नींद आ गई। कुन्दनलाल बड़ी देर तक करवटें बदलते रहे। अगर रामेश्वरी इस तरह सहयोग न करेगी, तो एक दिन भी काम न चलेगा। आज ही बड़ी मुश्किल से भोजन मिला। इसकी समझ ही उलटी है। मैं तो समझाता हूँ, यह समझती है, डाँट रहा हूँ। मुझसे बिना बोले रहा भी तो नहीं जाता। लेकिन अगर बोलने का यह नतीजा है, तो फिर बोलना फ़िज़ूल है। नुक़सान होगा, बला से; यह तो न होगा कि दफ़्तर से आकर बाज़ार भागूँ। महरी से रुपए वसूल करने की बात इसे बुरी लगी और थी भी बेजा। रुपए तो न मिले, उलटे महरी ने काम छोड़ दिया।

रामेश्वरी को जगाकर बोले—कितना सोती हो तुम?

रामे.—मजूरों को अच्छी नींद आती है।

कुन्दन.—चिढ़ाओ मत, महरी से रुपए न वसूल करना।

रामे.—वह तो लिए खड़ी है शायद।

कुन्दन.—उसे मालूम हो जाएगा, तो काम करने आएगी।

रामे.—अच्छी बात है कहला भेजूँगी।

कुन्दन.—आज से मैं कान पकड़ता हूँ, तुम्हारे बीच में न बोलूँगा।

रामे.—और जो मैं घर लुटा दूँ तो?

कुन्दन.—लुटा दो, चाहे मिटा दो, मगर रूठो मत। अगर तुम किसी बात में मेरी सलाह पूछोगी, तो दे दूँगा; वरना मुँह न खोलूँगा।

रामे.—मैं अपमान नहीं सह सकती।

कुन्दन.—इस भूल को क्षमा करो।

रामे.—सच्चे दिल से कहते हो न?

कुन्दन.—सच्चे दिल से।

आगा-पीछा

रूप और यौवन के चंचल विलास के बाद कोकिला अब उस कलुषित जीवन के चिह्न को आँसुओं से धो रही थी। विगत जीवन की याद आते ही उसका दिल बेचैन हो जाता और वह विषाद और निराशा से विकल होकर पुकार उठती—हाय! मैंने संसार में जन्म ही क्यों लिया? उसने दान और व्रत से उन कालिमाओं को धोने का प्रयत्न किया और जीवन के बसंत की सारी विभूति इस निष्फल प्रयास में लुटा दी। पर यह जागृति क्या किसी महात्मा का वरदान या किसी अनुष्ठान का फल था? नहीं, यह उस नवजात शिशु के प्रथम दर्शन का प्रसाद था, जिसके जन्म ने आज पंद्रह साल से उसकी सूनी गोद को प्रदीप्त कर दिया था। शिशु का मुख देखते ही उसके नीले होंठों पर एक क्षीण, करुण, उदास मुस्कुराहट झलक गई—पर केवल एक क्षण के लिए। एक क्षण के बाद वह मुस्कुराहट एक लम्बी साँस में विलीन हो

गई। उस अशक्त, क्षीण, कोमल रुदन ने कोकिला के जीवन का रुख़ फेर दिया। वात्सल्य की वह ज्योति उसके लिए जीवन-सन्देश और मूक उपदेश थी।

कोकिला ने उस नवजात बालिका का नाम रखा—श्रद्धा। उसी के जन्म ने तो उसमें श्रद्धा उत्पन्न की थी। वह श्रद्धा को अपनी लड़की नहीं, किसी देवी का अवतार समझती थी। उसकी सहेलियाँ उसे बधाई देने आतीं; पर कोकिला बालिका को उनकी नज़रों से छिपाती। उसे यह भी मंजूर न था कि उनकी पापमयी दृष्टि भी उस पर पड़े। श्रद्धा ही अब उसकी विभूति, उसकी आत्मा, उसका जीवन-दीपक थी। वह कभी-कभी उसे गोद में लेकर साध से छलकती हुई आँखों से देखती और सोचती—क्या यह पावन ज्योति भी वासना के प्रचंड आघातों का शिकार होगी? मेरे प्रयत्न निष्फल हो जाएँगे? आह! क्या कोई ऐसी औषधि नहीं है, जो जन्म के संस्कारों को मिटा दे? भगवान से वह सदैव प्रार्थना करती कि मेरी श्रद्धा किन्हीं काँटों में न उलझे। वह वचन और कर्म से, विचार और व्यवहार से उसके सम्मुख नारी-जीवन का ऊँचा आदर्श रखेगी। श्रद्धा इतनी सरल, इतनी प्रगल्भ, इतनी चतुर थी कि कभी-कभी कोकिला वात्सल्य से गद्‌गद होकर उसके तलवों को अपने मस्तक से रगड़ती और पश्चात्ताप तथा हर्ष के आँसू बहाती।

2

सोलह वर्ष बीत गए। पहले की भोली-भाली श्रद्धा अब एक सगर्व, शांत, लज्जाशील नवयौवना थी, जिसे देखकर आँखें तृप्त हो जाती थीं। विद्या की उपासिका थी, पर सारे संसार से विमुख। जिनके साथ वह पढ़ती थी वे उससे बात भी न करना चाहती थीं। मातृ-स्नेह के वायुमंडल में पड़कर वह घोर अभिमानिनी हो गई थी। वात्सल्य के वायुमंडल, सखी-सहेलियों के परित्याग, रात-दिन की घोर पढ़ाई और पुस्तकों के एकान्तवास से अगर श्रद्धा को अहंभाव हो आया, तो आश्चर्य की कौन-सी बात है! उसे किसी से भी बोलने का अधिकार न था। विद्यालय में भले घर की लड़कियाँ उसके सहवास में अपना अपमान समझती थीं। रास्ते में लोग उँगली उठाकर कहते—'कोकिला रंडी की लड़की है।' उसका सिर झुक जाता, कपोल क्षण भर के लिए लाल होकर दूसरे ही क्षण फिर चूने की तरह सफ़ेद हो जाते।

श्रद्धा को एकान्त से प्रेम था। विवाह को ईश्वरीय कोप समझती थी। यदि कोकिला ने कभी उसकी बात चला दी, तो उसके माथे पर बल पड़ जाते, चमकते हुए लाल चेहरे पर कालिमा छा जाती, आँखों से झर-झर आँसू बहने लगते; कोकिला चुप हो जाती। दोनों के जीवन-आदर्शों में विरोध था। कोकिला समाज के देवता की पुजारिन, श्रद्धा को समाज से, ईश्वर से और मनुष्य से घृणा। यदि संसार में उसे कोई वस्तु प्यारी थी, तो वह थी उसकी पुस्तकें। श्रद्धा उन्हीं विद्वानों के संसर्ग में अपना जीवन व्यतीत करती, जहाँ ऊँच-नीच का भेद नहीं, जाति-पाँति का स्थान नहीं—सबके अधिकार समान हैं। श्रद्धा की पूर्ण प्रकृति का परिचय महाकवि रहीम के एक दोहे के पद से मिल जाता है—

प्रेम सहित मरिबो भलो, जो विष देय बुलाय।

अगर कोई सप्रेम बुलाकर उसे विष दे देता, तो वह नतजानु हो अपने मस्तक से लगा लेती—किन्तु अनादर से दिए हुए अमृत की भी उसकी नज़रों में कोई हक़ीक़त न थी।

एक दिन कोकिला ने आँखों में आँसूभर कर श्रद्धा से कहा—क्यों मन्नी, सच बताना, तुझे यह लज्जा तो लगती ही होगी कि मैं क्यों इसकी बेटी हुई। यदि तू किसी ऊँचे कुल में पैदा हुई होती, तो क्या तब भी तेरे दिल में ऐसे विचार आते? तू मन-ही-मन मुझे ज़रूर कोसती होगी।

श्रद्धा माँ का मुँह देखने लगी। माता से इतनी श्रद्धा कभी उसके दिल में पैदा नहीं हुई थी। काँपते हुए स्वर में बोली—अम्माँजी, आप मुझसे ऐसा प्रश्न क्यों करती हैं? क्या मैंने कभी आपका अपमान किया है?

कोकिला ने गद्गद होकर कहा—नहीं बेटी, उस परम दयालु भगवान् से यही प्रार्थना है कि तुम्हारी जैसी सुशील लड़की सबको दे। पर कभी-कभी यह विचार आता है कि तू अवश्य ही मेरी बेटी होकर पछताती होगी।

श्रद्धा ने धीर कंठ से कहा—अम्माँ, आपकी यह भावना निर्मूल है। मैं आपसे सच कहती हूँ, मुझे जितनी श्रद्धा और भक्ति आपके प्रति है, उतनी किसी के प्रति नहीं। आपकी बेटी कहलाना मेरे लिए लज्जा की बात नहीं, गौरव की बात है। मनुष्य परिस्थितियों का दास होता है। आप जिस वायुमंडल में पलीं, उसका असर तो पड़ना ही था; किन्तु पाप के दलदल में फँसकर फिर निकल आना अवश्य गौरव की बात है। बहाव की ओर से नाव खे ले जाना तो बहुत सरल है; किन्तु जो नाविक बहाव के प्रतिकूल खे ले जाता है, वही सच्चा नाविक है।

कोकिला ने मुस्कुराते हुए पूछा—तो फिर विवाह के नाम से क्यों चिढ़ती है? श्रद्धा ने आँखें नीची करके उत्तर दिया—बिना विवाह के जीवन व्यतीत नहीं हो सकता? मैं कुमारी ही रहकर जीवन बिताना चाहती हूँ। विद्यालय से निकलकर कालेज में प्रवेश करूँगी, और दो-तीन वर्ष बाद हम दोनों स्वतंत्र रूप से रह सकती हैं। डॉक्टर बन सकती हूँ, वकालत कर सकती हूँ; औरतों के लिए सब मार्ग खुल गए हैं।

कोकिला ने डरते-डरते पूछा—क्यों, क्या तुम्हारे हृदय में कोई दूसरी इच्छा नहीं होती? किसी से प्रेम करने की अभिलाषा तेरे मन में नहीं पैदा होती? श्रद्धा ने एक लम्बी साँस लेकर कहा—अम्माँजी, प्रेम-विहीन संसार में कौन है? प्रेम मानव-जीवन का श्रेष्ठ अंग है। यदि ईश्वर की ईश्वरता कहीं देखने में आती है, तो वह केवल प्रेम में। जब कोई ऐसा व्यक्ति मिलेगा; जो मुझे वरने में अपनी मानहानि न समझेगा, तो मैं तन-मन-धन से उसकी पूजा करूँगी, पर किसके सामने हाथ पसारकर प्रेम की भिक्षा माँगूँ? यदि किसी ने सुधार के क्षणिक आवेश में विवाह कर भी लिया, तो मैं प्रसन्न न हो सकूँगी। इससे तो कहीं अच्छा है कि मैं विवाह का विचार ही छोड़ दूँ।

3

इन्हीं दिनों महिला-मंडल का एक उत्सव हुआ। कालेज के रसिक विद्यार्थी काफ़ी संख्या में सम्मिलित हुए। हॉल में तिल-भर भी जगह ख़ाली न थी। श्रद्धा भी आकर स्त्रियों की सबसे अंत की पंक्ति में खड़ी हो गई। उसे यह सब स्वाँग मालूम होता था। आज प्रथम ही बार वह ऐसी सभा में सम्मिलित हुई थी।

सभा की कार्रवाई शुरू हुई। प्रधान महोदय की वक्तृता के पश्चात् प्रस्ताव पेश होने लगे और उनके समर्थन के लिए वक्तृताएँ होने लगीं; किन्तु महिलाएँ उनकी वक्तृताएँ भूल गईं, या उन पर सभा का रोब ऐसा छा गया कि उनकी वक्तृता-शक्ति लोप हो गई। वे कुछ टूटे-फूटे

जुमले बोलकर बैठने लगीं। सभा का रंग बिगड़ने लगा। कई लेडियाँ बड़ी शान से प्लेटफार्म पर आईं; किन्तु दो-तीन शब्दों से अधिक न बोल सकीं। नवयुवकों को मज़ाक़ उड़ाने का अवसर मिला। क़हक़हे पड़ने लगे; तालियाँ बजने लगीं। श्रद्धा उनकी यह दुर्जनता देखकर तिलमिला उठी, उसका अंग-प्रत्यंग फड़कने लगा। प्लेटफार्म पर जाकर वह कुछ इस शान से बोली कि सभा पर आतंक छा गया। कोलाहल शान्त हो गया। लोग टकटकी बाँधकर उसे देखने लगे। श्रद्धा स्वर्गीय बाला की भाँति धारावाहिक रूप में बोल रही थी। उसके प्रत्येक शब्द से नवीनता, सजीवता और दृढ़ता प्रतीत होती थी। उसके नवयौवन की सुरभि भी चारों ओर फैलकर सभा मंडप को अवाक् कर रही थी।

सभा समाप्त हुई। लोग टीका-टिप्पणी करने लगे।

एक ने पूछा—यह स्त्री कौन थी भई!

दूसरे ने उत्तर दिया—उसी कोकिला रंडी की लड़की।

तीसरे व्यक्ति ने कहा—तभी यह आवाज़ और सफ़ाई है। तभी तो जादू है। जादू है जनाब—मुजस्सिम जादू! क्यों न हो, माँ भी तो सितम ढाती थी। जब से उसने अपना पेशा छोड़ा, शहर बे-जान हो गया। अब मालूम होता है कि यह अपनी माँ की जगह लेगी।

इस पर एक खद्दरधारी काला नवयुवक बोला—क्या ख़ूब कदरदानी फरमाई है जनाब ने, वाह!

उसी व्यक्ति ने उत्तर दिया—आपको बुरा क्यों लगा? क्या कुछ साँठ-गाँठ तो नहीं है?

काले नवयुवक ने कुछ तेज़ होकर कहा—आपको ऐसी बातें मुँह से निकालते लज्जा भी नहीं आती।

दूसरे व्यक्ति ने कहा—लज्जा की कौन बात है जनाब? वेश्या की लड़की अगर वेश्या हो, तो आश्चर्य की क्या बात है?

नवयुवक ने घृणापूर्ण स्वर में कहा—ठीक होगा, आप जैसे बुद्धिमान व्यक्तियों की समझ में! जिस रमणी के मुख से ऐसे विचार निकल सकते हैं, वह देवी है, रूप को बेचनेवाली नहीं।

श्रद्धा उसी समय सभा से जा रही थी। यह अन्तिम शब्द उसके कानों में पड़ गए। वह विस्मित और पुलकित होकर वहीं ठिठक गई। काले नवयुवक की ओर कृतज्ञतापूर्ण दृष्टि से निहारा और फिर बड़ी तेज़ी से आगे बढ़ गई; लेकिन रास्ते-भर उसके कानों में उन्हीं शब्दों की प्रतिध्वनि गूँजती रही।

अब तक श्रद्धा की प्रशंसा करनेवाली, उसे उत्साहित करनेवाली केवल उसी की माँ कोकिला थी और चारों ओर वही उपेक्षा थी; वही तिरस्कार! आज एक अपरिचित, काले किन्तु ग़ौर हृदयवाले खद्दरधारी नवयुवक व्यक्ति के मुख का चित्र बराबर उसकी आँखों के सामने नाच रहा था। मन में प्रश्न उठा—वह कौन है? क्या फिर कभी उसके दर्शन होंगे?

कालेज जाते समय श्रद्धा उस नवयुवक को खोई हुई आँखों से खोजती। घर पर रोज़ चिक की आड़ से, रास्ते के आते-जाते लोगों को देखती; लेकिन वह नवयुवक नज़र न आता।

कुछ दिनों बाद महिला-मंडल की दूसरी सभा का विज्ञापन निकला। अभी सभा होने को चार दिन बाक़ी थे। वह चारों दिन श्रद्धा ने अपना भाषण तैयार करने में बिताए। एक-एक शब्द की खोज में घंटों सिर मारती। एक-एक वाक्य को बार-बार पढ़ती। बड़े-बड़े नेताओं की स्पीचें पढ़ती और उसी तरह लिखने की कोशिश करती। जब सारी स्पीच पूरी हो गई, तो

श्रद्धा अपने कमरे में जाकर कुर्सियों और मेज़ों को संबोधित करके ज़ोर-ज़ोर से पढ़ने लगी। भाषण-कला के सभी लक्षण जमा हो गए थे। उपसंहार तो इतना सुन्दर था कि उसे अपने ही मुख से सुनकर वह मुग्ध हो गई। इसमें कितना संगीत था, कितना आकर्षण, कितनी क्रांति!

सभा का दिन आ पहुँचा। श्रद्धा मन-ही-मन भयभीत होती हुई सभा-मंडप में घुसी। हॉल भरा हुआ था और पहले दिन से भी अधिक भीड़ थी। श्रद्धा को देखते ही जनता ने तालियाँ पीटकर उसका स्वागत किया। कोलाहल होने लगा और सभी एक स्वर से चिल्ला उठे—आप अपनी वक्तृता शुरू करें।

श्रद्धा ने मंच पर आकर एक उड़ती हुई निगाह से जनता की ओर देखा। वह काला नवयुवक जगह न मिलने के कारण अन्तिम पंक्ति में खड़ा हुआ था। श्रद्धा के दिल में गुदगुदी-सी होने लगी। उसने काँपते स्वर में अपनी वक्तृता शुरू की। उसकी नज़रों में सारा हॉल पुतलियों से भरा हुआ था; अगर कोई जीवित मनुष्य था, तो वही सबसे पीछे खड़ा हुआ काला नवयुवक। उसका मुख उसी की ओर था। वह उसी से अपने भाषण की दाद माँग रही थी। हीरा परखने की आशा जौहरी से ही की जाती है।

आध घंटे तक श्रद्धा के मुख से फूलों की वर्षा होती रही। लोगों को बहुत कम ऐसी वक्तृता सुनने को मिली थी।

4

श्रद्धा जब सभा समाप्त होने पर घर चली तो देखा, वही काला नवयुवक उसके पीछे तेज़ी से चला आ रहा है। श्रद्धा को यह मालूम था कि लोगों ने उसका भाषण बहुत पसन्द किया है; लेकिन इस नवयुवक की राय सुनने का अवसर उसे नहीं मिला था। उसने अपनी चाल धीमी कर दी। दूसरे ही क्षण वह नवयुवक उसके पास पहुँच गया! दोनों कई क़दम चुपचाप चलते रहे।

अंत में नवयुवक ने झिझकते हुए कहा—आज तो आपने कमाल कर दिया!

श्रद्धा ने प्रफुल्लता के स्रोत को दबाते हुए कहा—धन्यवाद! यह आपकी कृपा है।

नवयुवक ने कहा—मैं किस लायक हूँ। मैं ही नहीं, सारी सभा सिर धुन रही थी।

श्रद्धा—क्या आपका शुभ-स्थान यहीं है?

नवयुवक—जी हाँ, यहाँ मैं एम.ए. में पढ़ रहा हूँ। यह ऊँच-नीच का भूत न जाने कब तक हमारे सिर पर सवार रहेगा। अभाग्य से मैं भी उन लोगों में हूँ, जिन्हें संसार नीच समझता है। मैं जाति का चमार हूँ। मेरे पिता स्कूल के इंस्पेक्टर के यहाँ अर्दली थे। उनकी सिफारिश से स्कूल में भरती हो गया। तब से भाग्य से लड़ता-भिड़ता चला आ रहा हूँ। पहले तो स्कूल के मास्टर मुझे छूते ही न थे। वह हालत तो अब नहीं रही किन्तु लड़के अब भी मुझसे खिंचे रहते हैं।

श्रद्धा—मैं तो कुलीनता को जन्म से नहीं, धर्म से मानती हूँ।

नवयुवक—यह तो आपकी वक्तृता ही से सिद्ध हो गया है। और इसी से आपसे बातें करने का साहस भी हुआ, नहीं तो कहाँ आप और कहाँ मैं!

श्रद्धा ने अपनी आँखें नीची करके कहा—शायद आपको मेरा हाल मालूम नहीं।

नवयुवक—बहुत अच्छी तरह से मालूम है। यदि आप अपनी माताजी के दर्शन करवा सकें, तो आपका बड़ा आभारी होऊँगा।

वह आपसे मिलकर बड़ी प्रसन्न होंगी! शुभ नाम!

'मुझे भगतराम कहते हैं।'

यह परिचय धीरे-धीरे स्थिर और दृढ़ होता गया; मैत्री प्रगाढ़ होती गई। श्रद्धा की नज़रों में भगतराम एक देवता थे और भगतराम के समक्ष श्रद्धा मानवी रूप में देवी थी।

5

एक साल बीत गया। भगतराम रोज़ देवी के दर्शन को जाता। दोनों घंटों बैठे बातें किया करते। श्रद्धा कुछ भाषण करती, तो भगतराम सब काम छोड़कर सुनने जाता। उनके मनसूबे एक थे, जीवन के आदर्श एक, रुचि एक, विचार एक। भगतराम अब प्रेम और उसके रहस्यों की मार्मिक विवेचना करता। उसकी बातों में 'रस' और 'अलंकार' का कभी इतना संयोग न हुआ था। भावों को इंगित करने में उसे कमाल हो गया था। लेकिन ठीक उन अवसरों पर, जब श्रद्धा के हृदय में गुदगुदी होने लगती, उसके कपोल उल्लास से रंजित हो जाते, भगतराम विषय पलट देता और जल्दी ही कोई बहाना बनाकर वहाँ से खिसक जाता। उसके चले जाने पर श्रद्धा हसरत के आँसू बहाती और सोचती—क्या इन्हें दिल से मेरा प्रेम नहीं?

एक दिन कोकिला ने भगतराम को एकान्त में बुलाकर कहा—बेटा! अब तो मुन्नी से तुम्हारा विवाह हो जाए, तो अच्छा। जीवन का क्या भरोसा। कहीं मर जाऊँ तो यह साध मन ही में रह जाए।

भगतराम ने सिर हिलाकर कहा—अम्माँ, ज़रा इस परीक्षा में पास हो जाने दो। जीविका का प्रश्न हल हो जाने के बाद ही विवाह शोभा देता है।

'यह सब तुम्हारा ही है; क्या मैं साथ बाँध ले जाऊँगी?'

'यह आपकी कृपा है, अम्माँजी; पर इतना निर्लज्ज न बनाइए। मैं तो आपका हो चुका, अब तो आप दुत्कारें भी तो इस द्वार से नहीं टल सकता। मुझ जैसा भाग्यवान् संसार में और कौन है। लेकिन देवी के मन्दिर में जाने से पहले कुछ पान-फूल तो होना ही चाहिए।'

साल-भर और गुज़र गया। भगतराम ने एम.ए. की उपाधि ली और अपने ही विद्यालय में अर्थशास्त्र का अध्यापक हो गया। उस दिन कोकिला ने ख़ूब दान-पुण्य किया। जब भगतराम ने आकर उसके पैरों पर सिर झुकाया तो उसने उसे छाती से लगा लिया। उसे विश्वास था कि आज भगतराम विवाह के प्रश्न को ज़रूर छेड़ेगा। श्रद्धा प्रतीक्षा की मूर्ति बनी हुई थी। उसका एक-एक अंग मानो सौ-सौ तार होकर प्रतिध्वनित हो रहा था। दिल पर एक नशा छाया हुआ था, पाँव ज़मीन पर न पड़ते थे। भगतराम को देखते ही माँ से बोली—अम्माँ, अब हमको एक हलकी-सी मोटर ले दीजिएगा।

कोकिला ने मुस्कुराकर कहा—हलकी-सी क्यों? भारी-सी ले लेना। पहले कोई अच्छा-सा मकान तो ठीक कर लो।

श्रद्धा भगतराम को अपने कमरे में बुला ले गई। दोनों बैठकर नए मकान की सजावट के मनसूबे बाँधने लगे। परदे, फ़र्श, तस्वीरें सबकी व्यवस्था की गई। श्रद्धा ने कहा—रुपए भी अम्माँजी से ले लेंगे।

भगतराम बोला—उनसे रुपए लेते मुझे शर्म आएगी।

श्रद्धा ने मुस्कुराकर कहा—आख़िर मेरे दहेज के रुपए तो देंगी।

दोनों घंटे-भर बातें करते रहे। मगर वह मार्मिक शब्द, जिसे सुनने के लिए श्रद्धा का मन आतुर हो रहा था, आज भी भगतराम के मुँह से न निकला और वह विदा हो गया।

उसके जाने पर कोकिला ने डरते-डरते पूछा—आज क्या बातें हुईं?

श्रद्धा ने उसका आशय समझकर कहा—अगर मैं ऐसी भारी हो रही हूँ तो कुएँ में क्यों नहीं डाल देतीं?

यह कहते-कहते उसके धैर्य की दीवार टूट गई। वह आवेश और वह वेदना, जो भीतर-ही-भीतर अब तक टीस रही थी, निकल पड़ी। वह फूट-फूट कर रोने लगी!

कोकिला ने झुँझलाकर कहा—जब कुछ बातचीत ही नहीं करना है, तो रोज़ आते ही क्यों हैं? कोई ऐसा घराना भी तो नहीं है, और न ऐसे धन्नासेठ ही हैं।

श्रद्धा ने आँखें पोंछकर कहा—अम्माँजी, मेरे सामने उन्हें कुछ न कहिए। उनके दिल में जो कुछ है, वह मैं जानती हूँ। वह मुँह से चाहे कुछ न कहें; मगर दिल से कह चुके। और मैं चाहे कानों से कुछ न सुनूँ पर दिल से सब कुछ सुन चुकी।

कोकिला ने श्रद्धा से कुछ भी न कहा; लेकिन दूसरे दिन भगतराम से बोली—अब किस विचार में हो, बेटा?

भगतराम ने सिर खुजलाते हुए कहा—अम्माँजी, मैं तो हाजिर हूँ, लेकिन घरवाले किसी तरह राज़ी नहीं होते। ज़रा फुरसत मिले, तो घर जाकर राज़ी कर लूँ। माँ-बाप को नाराज़ करना भी तो अच्छा नहीं!

कोकिला कुछ जवाब न दे सकी।

6

भगतराम के माँ-बाप शहर से दूर रहते थे। यही एक उनका लड़का था। उनकी सारी उमंगें उसी के विवाह पर अवलम्बित थीं। उन्होंने कई बार उसकी शादी तय की। पर भगतराम बार-बार यही कहकर निकल जाता कि जब तक नौकर न हो जाऊँगा, विवाह न करूँगा। अब वह नौकर हो गया था, इसलिए दोनों माघ के एक ठंडे प्रातःकाल में लदे-फँदे भगतराम के मकान पर आ पहुँचे। भगतराम ने दौड़कर उनकी पद-धूलि ली और कुशल आदि पूछने के बाद कहा—आप लोगों ने इस जाड़े-पाले में क्यों तकलीफ़ की? मुझे बुला लिया होता।

चौधरी ने अपनी पत्नी की ओर देखकर कहा—सुनती हो बच्चा की अम्माँ! जब बुलाते हैं, तो कहते हैं कि इम्तिहान है, यह है, वह है। जब आ गए, तो कहता है, बुलाया क्यों नहीं! तुम्हारा विवाह ठीक हो गया है। अब एक महीने की छुट्टी लेकर हमारे साथ चलना होगा। इसीलिए दोनों आए हैं।

चौधराइन—हमने कहा कि बिना गए काम नहीं चलेगा। तो आज ही दरखास दे दो। लड़की बड़ी सुन्दर, पढ़ी-लिखी, अच्छे कुल की है।

भगतराम ने लजाते हुए कहा—मेरा विवाह तो यहीं एक जगह लगा हुआ है, अगर आप राज़ी हों, तो कर लूँ।

चौधरी—इस शहर में हमारी बिरादरी का कौन है, क्यों बच्चा की अम्माँ?

चौधराइन—यहाँ हमारी बिरादरी का तो कोई नहीं है।

भगतराम—माँ-बेटी हैं। घर में रुपया भी है। लड़की ऐसी है कि तुम लोग देखकर ख़ुश हो जाओगे। मुफ़्त में शादी हो जाएगी।

चौधरी—क्या लड़की का बाप मर गया है? उसका क्या नाम था? कहाँ का रहनेवाला है। कुल-मरजाद कैसा है—जब तक यह सारी बातें मालूम न हो जाएँ, तब तक ब्याह कैसे हो सकता है!—क्यों बच्चा की अम्माँ?

चौधराइन—हाँ, बिना इन बातों का पता लगाए कैसे हो सकता है?

भगतराम ने कोई जवाब नहीं दिया।

चौधरी—यहाँ किस मुहल्ले में रहती हैं माँ-बेटी? सारा शहर हमारा छाना पड़ा है, हम यहाँ कोई बीस साल रहे होंगे, क्यों बच्चा की अम्माँ?

चौधराइन—बीस साल से ज़्यादा रहे हैं।

भगतराम—उनका घर नखास पर है।

चौधरी—नखास से किस तरफ़?

भगतराम—नखास की सामनेवाली गली में पहला मकान उन्हीं का है। सड़क से दिखाई देता है।

चौधरी—पहला मकान तो कोकिला रंडी का है। गुलाबी रंग से पुता हुआ है न?

भगतराम ने झेंपते हुए कहा—जी हाँ, वही मकान है!

चौधरी—तो उसमें कोकिला रंडी नहीं रहती क्या?

भगतराम—रहती क्यों नहीं। माँ बेटी, दोनों ही तो रहती हैं।

चौधरी—तो क्या कोकिला रंडी की लड़की से ब्याह करना चाहते हो? नाक कटवाने पर लगे हो क्या? बिरादरी में तो कोई पानी पिएगा नहीं।

चौधराइन—लूका लगा दूँगी मुँह में राँड़ के! रूप-रंग देखकर के लुभा गए क्या?

भगतराम—मैं तो इसे अपना भाग्य समझता हूँ कि वह अपनी लड़की की शादी मेरे साथ करने को राज़ी है। अगर वह आज चाहे, तो किसी बड़े-से-बड़े रईस के घर में शादी कर सकती है।

चौधरी—रईस उससे ब्याह न करेगा—रख लेगा। तुम्हें भगवान् समाई दे तो एक नहीं चार रखो। मरदों के लिए कौन रोक है! लेकिन जो ब्याह के लिए कहो तो ब्याह वही है, जो बिरादरी में हो।

चौधराइन—बहुत पढ़ने से आदमी बौरा जाता है।

चौधरी—हम तो गँवार आदमी हैं, पर समझ में नहीं आता कि तुम्हारी यह नीयत कैसे हुई? रंडी की बेटी चाहे इन्नर की परी हो, तो भी रंडी की बेटी है। हम तुम्हारा विवाह वहाँ न होने देंगे। अगर तुमने विवाह किया, तो हम दोनों तुम्हारे ऊपर जान दे देंगे। इतना अच्छी तरह से समझ लेना—क्यों बच्चा की अम्माँ?

चौधराइन—ब्याह कर लेंगे, जैसे हँसी-ठट्ठा है! झाड़ू मार के भगा दूँगी राँड़ को! अपनी बेटी अपने घर में रखे।

भगतराम—अगर आप लोगों की आज्ञा नहीं है, तो मैं विवाह नहीं करूँगा; मगर मैं किसी दूसरी औरत से भी विवाह न करूँगा।

चौधराइन—हाँ, तुम कुँवारे रहो, यह हमें मंजूर है। पतुरिया के घर में ब्याह न करेंगे।

भगतराम ने अबकी झुँझलाकर कहा—आप उसे बार-बार पतुरिया क्यों कहती हैं। किसी ज़माने में यह उसका पेशा रहा होगा। आज दिन वह जितने आचार-विचार से रहती है, शायद ही कोई और रहती हो। ऐसा पवित्र आचरण तो मैंने आज तक देखा ही नहीं।

भगतराम का सारा यत्न विफल हो गया। चौधराइन ने ऐसी ज़िद पकड़ी कि जौ-भर अपनी जगह से न टली।

रात को जब भगतराम अपने प्रेम-मन्दिर में पहुँचा, तो उसका चेहरा उतरा हुआ था। एक-एक अंग से निराशा टपक रही थी। श्रद्धा रास्ता देखती हुई घबरा रही थी कि आज इतनी रात तक आए क्यों नहीं। उन्हें क्या मालूम कि मेरे दिल की क्या हालत हो रही है। यार-दोस्तों से छुट्टी मिलेगी, तो भूलकर इधर भी आ जाएँगे।

कोकिला ने कहा—मैं तो तुझसे कह चुकी कि उनका अब वह मिज़ाज नहीं रहा। फिर भी तो तू नहीं मानती। आख़िर इस टालमटोल की कोई हद भी है।

श्रद्धा ने दुखित होकर कहा—अम्माँजी, मैं आपसे हज़ार बार विनय कर चुकी हूँ कि चाहे लौकिक रूप में कुमारी ही क्यों न रहूँ; लेकिन हृदय से उनकी ब्याहता हो चुकी। अगर ऐसा आदमी विश्वास करने के काबिल नहीं है, तो फिर नहीं जानती कि किस पर विश्वास किया जा सकता है।

इसी समय भगतराम निराशा की मूर्ति बने हुए कमरे के भीतर आए। दोनों स्त्रियों ने उनकी ओर देखा। कोकिला की आँखों में शिकायत थी और श्रद्धा की आँखों में वेदना। कोकिला की आँखें कह रही थीं, यह क्या तुम्हारे रंग-ढंग हैं? श्रद्धा की आँखें कह रही थीं—इतनी निर्दयता!

भगतराम ने धीमे, वेदनापूर्ण स्वर में कहा—आप लोगों को आज बहुत देर तक मेरी राह देखनी पड़ी; मगर मैं मज़बूर था; घर से अम्माँ और दादा आए हुए हैं; उन्हीं से बातें कर रहा था।

कोकिला बोली—घर पर तो सब कुशल है न?

भगतराम ने सिर झुकाए हुए कहा—जी हाँ, सब कुशल है। मेरे विवाह का मसला पेश था। पुराने ख़याल के आदमी हैं, किसी तरह भी राज़ी नहीं होते।

कोकिला का मुख तमतमा उठा। बोली—हाँ, क्यों राज़ी होंगे? हम लोग उनसे भी नीच हैं न; लेकिन जब तुम उनकी इच्छा के दास थे, तो तुम्हें उनसे पूछकर यहाँ आना-जाना चाहिए था। इस तरह हमारा अपमान करके तुम्हें क्या मिला? यदि मुझे मालूम होता कि तुम अपने माँ-बाप के इतने ग़ुलाम हो, तो यह नौबत ही काहे को आती?

श्रद्धा ने देखा कि भगतराम की आँखों से आँसू गिर रहे हैं।

विनीत भाव से बोली—अम्माँजी, माँ-बाप की मरजी का ग़ुलाम होना कोई पाप नहीं है। अगर मैं आपकी उपेक्षा करूँ, तो क्या आपको दुःख न होगा? यही हाल उन लोगों का भी तो होगा।

श्रद्धा यह कहती हुई अपने कमरे की ओर चली और इशारे से भगतराम को भी बुलाया। कमरे में बैठकर दोनों कई मिनट तक पृथ्वी की ओर ताक़ते रहे। किसी में भी साहस न था कि उस सन्नाटे को तोड़े।

अंत में भगतराम ने पुरुषोचित वीरता से काम लिया और कहा—श्रद्धा, इस समय मेरे हृदय के भीतर तुमुल युद्ध हो रहा है। मैं शब्दों में अपनी दशा बयान नहीं कर सकता। जी चाहता है कि विष खाकर जान दे दूँ। तुमसे अलग रहकर जीवित नहीं रह सकता, केवल

तड़प सकता हूँ। मैंने न-जाने उनकी कितनी ख़ुशामद की, कितना रोया, कितना गिड़गिड़ाया; लेकिन दोनों अपनी बातों पर अड़े रहे। बार-बार यही कहते रहे कि अगर यह ब्याह होगा, तो हम दोनों तुम पर अपनी जान दे देंगे। उन्हें मेरी मौत मंजूर है; लेकिन तुम मेरे हृदय की रानी बनो, यह मंजूर नहीं।

श्रद्धा ने सान्त्वना देते हुए कहा—'प्यारे, मुझसे उनका घृणा करना उचित है। पढ़े-लिखे आदमियों में ही ऐसे कितने निकलेंगे। इसमें उनका कोई दोष नहीं। मैं सबेरे उनके दर्शन करने जाऊँगी, शायद मुझे देखकर उनका दिल पिघल जाए। मैं हर तरह से उनकी सेवा करूँगी, उनकी धोतियाँ धोऊँगी, उनके पैर दाबा करूँगी, मैं वह सब करूँगी, जो उनकी मनचाही बहू करती। इसमें लज्जा की कौन-सी बात। उनके तलवे सहलाऊँगी—भजन गाकर सुनाऊँगी—मुझे बहुत-से दिहाती गीत आते हैं। अम्माँजी के सिर के सफ़ेद बाल चुनूँगी। मैं दया नहीं चाहती, मैं तो प्रेम की चेरी हूँ। तुम्हारे लिए मैं सब कुछ करूँगी।—सब कुछ।'

भगतराम को ऐसा मालूम हुआ, मानो उसकी आँखों की ज्योति बढ़ गई है, अथवा शरीर में कोई दूसरी ज्योतिर्मय आत्मा आ गई है। उसके हृदय का सारा अनुराग, सारा विश्वास, सारी भक्ति आँखों से उमड़कर श्रद्धा के पैरों की ओर जाती हुई मालूम हुई, मानो किसी घर से नन्हे-नन्हे लाल कपोलवाले, रेशमी कपड़ोंवाले, घुँघराले बालोंवाले बच्चे हँसते हुए निकलकर खेलने जा रहे हों।

7

चौधरी और चौधराइन को शहर आए हुए दो सप्ताह बीत गए। वे रोज़ जाने के लिए कमर कसते; लेकिन फिर रह जाते। श्रद्धा उन्हें जाने न देती। सबेरे जब उनकी आँखें खुलतीं, तो श्रद्धा उनके स्नान के लिए पानी तपाती हुई होती, चौधरी को अपना हुक़्क़ा भरा हुआ मिलता। वे लोग ज्योंही नहाकर उठते, श्रद्धा उनकी धोती छाँटने लगती। दोनों उसकी सेवा और अविरत परिश्रम देखकर दंग रह जाते। ऐसी सुन्दर, ऐसी मधुभाषिणी, ऐसी हँसमुख और चतुर रमणी चौधरी ने इंस्पेक्टर साहब के घर में भी न देखी थी। चौधरी को वह देवी मालूम होती—और चौधराइन को लक्ष्मी। दोनों श्रद्धा की सेवा और टहल व प्रेम पर आश्चर्य करते थे; किन्तु तो भी कलंक और बिरादरी का प्रश्न उनके मुँह पर मुहर लगाए हुए था। पंद्रहवें दिन जब श्रद्धा दस बजे रात को अपने घर चली गई, तो चौधरी ने चौधराइन से कहा—लड़की तो साक्षात् लक्ष्मी है।

चौधराइन—जब मेरी धोती छाँटने लगती है, तो मैं मारे लाज के कट जाती हूँ। हमारी तरह तो इसकी लौंडी होगी।

चौधरी—फिर क्या सलाह देती हो—अपनी बिरादरी में तो ऐसी सुघर लड़की मिलने की नहीं।

चौधराइन—राम का नाम लेकर ब्याह करो। बहुत होगा रोटी पड़ जाएगी। पाँच बीसी में तो रोटी होती है, कौन छप्पन टके लगते हैं। पहले हमें शंका होती थी कि पतुरिया की लड़की न जाने कैसी हो, कैसी न हो, पर अब सारी शंका मिट गई।

चौधरी—जब बातें करती है, तो मालूम होता है, मुँह से फूल झड़ते हैं।

चौधराइन—मैं तो उसकी माँ को बखानती हूँ, जिसकी कोख में ऐसी लक्ष्मी जनमी।

चौधरी—कल चलो, कोकिला से मिलकर सब ठीक-ठाक कर आएँ।

चौधराइन—मुझे तो उसके घर जाते सरम लगती है। वह रानी बनी बैठी होगी; मैं तो उसकी लौंडी मालूम होऊँगी।

चौधरी—तो फिर पाउडर मँगाकर मुँह में पोत लो—गोरी हो जाओगी। इंस्पेक्टर साहब की मेम भी तो रोज़ पाउडर लगाती थीं। रंग तो साँवला था; पर जब पाउडर लगा लेतीं तो मुँह चमकने लगता था।

चौधराइन—हँसी करोगे तो गाली दूँगी, हाँ। काली चमड़ी पर कोई रंग चढ़ता है, जो पाउडर चढ़ जाएगा? तुम तो सचमुच उसके चौकीदार से लगोगे।

चौधरी—तो कल मुँह-अँधेरे चल दें। अगर कहीं श्रद्धा आ गई तो फिर गला न छोड़ेगी। बच्चा से कह देंगे कि पंडित से सायत-मिती सब ठीक कर लो। फिर हँसकर कहा—उन्हें तो आप ही जल्दी होगी।

चौधराइन भी पुराने दिन याद करके मुस्कुराने लगी।

8

चौधरी और चौधराइन का मत पाकर कोकिला विवाह का आयोजन करने लगी। कपड़े बनवाए जाने लगे। बरतनों की दुकानें छानी जाने लगीं और गहनों के लिए सुनार के पास 'आर्डर' जाने लगे। लेकिन न मालूम क्यों भगतराम के मुख पर प्रसन्नता का चिह्न तक न था। श्रद्धा के यहाँ नित्य की भाँति जाता; किन्तु उदास, कुछ भूला हुआ-सा बैठा रहता था। घंटों आत्म-विस्मृति की अवस्था में, शून्य दृष्टि से आकाश अथवा पृथ्वी की ओर देखा करता। श्रद्धा उसे अपने क़ीमती कपड़े और जड़ाऊ गहने दिखलाती। उसके अंग-प्रत्यंग से आशाओं की स्फूर्ति छलकी पड़ती थी। इस नशे में वह भगतराम की आँखों में छिपे हुए आँसुओं को न देख पाती थी।

इधर चौधरी भी तैयारियाँ कर रहे थे। बार-बार शहर आते और विवाह के सामान मोल ले जाते। भगतराम के स्वतंत्र विचारवाले मित्र उसके भाग्य पर ईर्ष्या करते थे। अप्सरा-जैसी सुन्दर स्त्री, कारूँ के ख़ज़ाने-जैसी दौलत, दोनों साथ ही किसे मयस्सर होते हैं? किन्तु वह, जो मित्रों की ईर्ष्या, कोकिला की प्रसन्नता, श्रद्धा की मनोकामना और चौधरी और चौधराइन के आनंद का कारण था, छिप-छिपकर रोता था, अपने जीवन से दुःखी था। चिराग़ तले अँधेरा छाया हुआ था। इस छिपे हुए तूफ़ान की किसी को भी ख़बर न थी; जो उसके हृदय में हाहाकार मचा रहा था।

ज्यों-ज्यों विवाह का दिन समीप आता था, भगतराम की बनावटी उमंग भी ठंडी पड़ती जाती थी। जब चार दिन रह गए, तो उसे हलका-सा ज्वर आ गया। वह श्रद्धा के घर भी न जा सका। चौधरी और चौधराइन तथा अन्य बिरादरी के लोग भी आ पहुँचे थे; किन्तु सब-के-सब विवाह की धुन में इतने मस्त थे कि किसी का भी ध्यान उसकी ओर न गया।

दूसरे दिन भी वह घर से न निकल सका। श्रद्धा ने समझा कि विवाह की रीतियों से छुट्टी न मिली होगी। तीसरे दिन चौधराइन भगतराम को बुलाने गई, तो देखा कि वह सहमी हुई विस्फारित आँखों से कमरे के एक कोने की ओर देखता हुआ दोनों हाथ सामने किए, पीछे हट रहा है, मानो अपने को किसी के वार से बचा रहा हो। चौधराइन ने घबराकर पूछा—बच्चा, कैसा जी है? पीछे इस तरह क्यों चले जा रहे हो? यहाँ तो कोई नहीं है।

भगतराम के मुख पर पागलों-जैसी अचेतना थी। आँखों में भय छाया हुआ था। भीत स्वर में बोला—नहीं अम्माँजी, देखो, वह श्रद्धा चली आ रही है! देखो, उसके दोनों हाथों में दो काली नागिनें हैं। वह मुझे उन नागिनों से डसवाना चाहती है! अरे अम्माँ! वह नज़दीक आ गई। श्रद्धा? श्रद्धा!! तुम मेरी जान की क्यों बैरिन हो गई? क्या मेरे असीम प्रेम का यही परिणाम है? मैं तो तुम्हारे चरणों पर बलि होने के लिए सदैव तत्पर था। इस जीवन का मूल्य ही क्या है! तुम इन नागिनों को दूर फेंक दो। मैं यहाँ तुम्हारे चरणों पर लेटकर यह जान तुम पर न्योछावर कर दूँगा।...हैं, हैं, तुम न मानोगी!

यह कहकर वह चित गिर पड़ा। चौधराइन ने लपककर चौधरी को बुलाया। दोनों ने भगतराम को उठाकर चारपाई पर लिटा दिया। चौधरी का ध्यान किसी आसेब की ओर गया। वह तुरन्त ही लौंग और राख लेकर आसेब उतारने का आयोजन करने लगे! स्वयं मंत्र-तंत्र में निपुण थे। भगतराम का सारा शरीर ठंडा था; किन्तु सिर तवे की तरह तप रहा था।

रात को भगतराम कई बार चौंककर उठा। चौधरी ने हर बार मंत्र फूँककर अपने ख़याल से आसेब को भगाया।

चौधराइन ने कहा—कोई डॉक्टर क्यों नहीं बुलाते? शायद दवा से कुछ फ़ायदा हो। कल ब्याह और आज यह हाल।

चौधरी ने नि:शंक भाव से कहा—डॉक्टर आकर क्या करेगा। वही पीपलवाले बाबा तो हैं। दवा-दारू करना उनसे और रार बढ़ाना है। रात जाने दो। सबेरा होते ही एक बकरा और एक बोतल दारू उनकी भेंट की जाएगी। बस और कुछ करने की ज़रूरत नहीं। डॉक्टर बीमारी की दवा करता है कि हवा-बयार की? बीमारी उन्हें कोई नहीं है, कुल के बाहर ब्याह करने ही से देवता लोग रूठ गए हैं।

सबेरे चौधरी ने एक बकरा मँगाया। स्त्रियाँ गाती-बजाती हुई देवी के चौतरे की ओर चलीं। जब लोग लौटकर आए, तो देखा कि भगतराम की हालत ख़राब है। उसकी नाड़ी धीरे-धीरे बन्द हो रही थी। मुख पर मृत्यु-विभीषिका की छाप थी। उसके दोनों नेत्रों से आँसू बहकर गालों पर ढुलक रहे थे, मानो अपूर्ण इच्छा का अन्तिम सन्देश निर्दय संसार को सुना रहे हों। जीवन का कितना वेदना-पूर्ण दृश्य था—आँसू की दो बूँदें!

अब चौधरी घबराए। तुरन्त ही कोकिला को ख़बर दी। एक आदमी डॉक्टर के पास भेजा। डॉक्टर के आने में तो देर थी—वह भगतराम के मित्रों में से थे; किन्तु कोकिला और श्रद्धा आदमी के साथ ही आ पहुँचीं। श्रद्धा भगतराम के सामने आकर खड़ी हो गई। आँखों से आँसू बहने लगे।

थोड़ी देर में भगतराम ने आँखें खोलीं और श्रद्धा की ओर देखकर बोले—तुम आ गईं श्रद्धा, मैं तुम्हारी राह देख रहा था। यह अन्तिम प्यार लो। आज ही सब 'आगा-पीछा' का अंत हो जाएगा; जो आज से तीन वर्ष पूर्व आरम्भ हुआ था। इन तीनों वर्षों में मुझे जो आत्मिक-यंत्रणा मिली है, हृदय ही जानता है। तुम वफा की देवी हो; लेकिन मुझे रह-रहकर यह भ्रम होता था, क्या तुम ख़ून के असर का नाश कर सकती हो? क्या तुम एक ही बार में अपनी परम्परा की नीति छोड़ सकोगी? क्या तुम जन्म के प्राकृतिक नियमों को तोड़ सकोगी? इन भ्रमपूर्ण विचारों के लिए शोक न करना। मैं तुम्हारे योग्य न था—किसी प्रकार भी और कभी भी तुम्हारे-जैसा महान् हृदय न बन सका। हाँ, इस भ्रम के वश में पड़कर संसार से मैं अपनी

इच्छाएँ बिना पूर्ण किए ही जा रहा हूँ। तुम्हारे अगाध, निष्कपट, निर्मल प्रेम की स्मृति सदैव ही मेरे साथ रहेगी। किन्तु हाय अफ़सोस ...

कहते-कहते भगतराम की आँखें फिर बन्द हो गईं। श्रद्धा के मुख पर गाढ़ी लालिमा दौड़ गई। उसके आँसू सूख गए। झुकी हुई गरदन तन गई। माथे पर बल पड़ गए। आँखों में आत्म-अभिमान की झलक आ गई। वह क्षण-भर वहाँ खड़ी रही और दूसरे ही क्षण नीचे आकर अपनी गाड़ी में बैठ गई। कोकिला उसके पीछे-पीछे दौड़ी हुई आई और बोली—बेटी, यह क्रोध करने का अवसर नहीं है। लोग अपने दिल में क्या कहेंगे। उनकी दशा बराबर बिगड़ती ही जाती है! तुम्हारे रहने से बुड्ढों को ढाढ़स बँधा रहेगा।

श्रद्धा ने कुछ उत्तर न दिया। कोचवान से कहा—घर चलो। कहकर कोकिला भी गाड़ी में बैठ गई।

असह्य शीत पड़ रहा था। आकाश में काले बादल छाए हुए थे। शीतल वायु चल रही थी। माघ के अन्तिम दिवस थे। वृक्ष, पेड़-पौधे भी शीत से अकड़े हुए थे। दिन के आठ बज गए थे, अभी तक लोग रजाई के भीतर मुँह लपेटे हुए थे। लेकिन श्रद्धा का शरीर पसीने से भीगा हुआ था। ऐसा मालूम होता था कि सूर्य की सारी उष्णता उसके शरीर की रगों में घुस गई है। उसके होठ सूख गए थे, प्यास से नहीं, आंतरिक धधकती हुई अग्नि की लपटों से। उसका एक-एक अंग उस अग्नि की भीषण आँच से जला जा रहा था। उसके मुख से बार-बार जलती हुई गर्म साँस निकल रही थी, मानो किसी चूल्हे की लपट हो। घर पहुँचते-पहुँचते उसका फूल-सा मुख मलिन हो गया, होंठ पीले पड़ गए, जैसे किसी काले साँप ने डस लिया हो। कोकिला बार-बार अश्रुपूर्ण नेत्रों से उसकी ओर ताकती थी; पर क्या कहे और क्या कहकर समझाए।

घर पहुँचकर श्रद्धा अपने ऊपर के कमरे की ओर चली, किन्तु उसमें इतनी शक्ति न थी कि सीढ़ियाँ चढ़ सके। रस्सी को मज़बूती से पकड़ती हुई किसी तरह अपने कमरे में पहुँची। हाय, आध ही घंटे पूर्व यहाँ की एक-एक वस्तु पर प्रसन्नता, आह्लाद, आशाओं की छाप लगी हुई थी; पर अब सब-की-सब सिर धुनती हुए मालूम होती थीं। बड़े-बड़े संदूकों में जोड़े सजाए हुए रखे थे, उन्हें देखकर श्रद्धा के हृदय में हूक उठी और वह गिर पड़ी, जैसे विहार करता हुआ और कुलाचें भरता हुआ हिरन तीर लग जाने से गिर पड़ता है।

अचानक उसकी दृष्टि उस चित्र पर जा पड़ी, जो आज तीन वर्ष से उसके जीवन का आधार हो रही थी। उस चित्र को उसने कितनी बार चूमा था; कितनी बार गले लगाया था, कितनी बार हृदय से चिपका लिया था। वे सारी बातें एक-एक करके याद आ रही थीं; लेकिन उनके याद करने का भी अधिकार उसे न था।

हृदय के भीतर एक दर्द उठा, जो पहले से कहीं अधिक प्राणांतकारी था—जो पहले से अधिक तूफ़ान के समान भयंकर था। हाय! उस मरनेवाले के दिल को उसने कितनी यंत्रणा पहुँचाई! भगतराम के अविश्वास का यह जवाब, यह प्रत्युत्तर कितना रोमांचकारी और हृदय-विदारक था। हाय! वह कैसे ऐसी निठुर हो गई! उसका प्यारा उसकी नज़रों के सामने दम तोड़ रहा था! उसके लिए—उसकी सान्त्वना के लिए एक शब्द भी मुँह से न निकला! यही तो ख़ून का असर है—इसके अतिरिक्त और हो ही क्या सकता था। आज पहली बार श्रद्धा को कोकिला की बेटी होने का पछतावा हुआ। वह इतनी स्वार्थरत, इतनी हृदयहीन है—आज ही उसे मालूम हुआ। वह त्याग, वह सेवा, वह उच्चादर्श, जिस पर उसे घमंड था, ढहकर श्रद्धा

के सामने गिर पड़ा; वह अपनी ही दृष्टि में अपने को हेय समझने लगी। उस स्वर्गीय प्रेम का ऐसा नैराश्यपूर्ण उत्तर वेश्या की पुत्री के अतिरिक्त और कौन दे सकता है।

श्रद्धा उसी समय कमरे से बाहर निकलकर, वायु-वेग से सीढ़ियाँ उतरती हुई नीचे पहुँची और भगतराम के मकान की ओर दौड़ी। वह आख़िरी बार उससे गले मिलना चाहती थी, अन्तिम बार उसके दर्शन करना चाहती थी। वह अनंत प्रेम के कठिन बंधनों को निभाएगी और अन्तिम श्वास तक उसी की ही बनकर रहेगी!

रास्ते में कोई सवारी न मिली। श्रद्धा थकी जा रही थी। सिर से पाँव तक पसीने से नहाई हुई थी! न मालूम कितनी बार वह ठोकर खाकर गिरी और फिर उठकर दौड़ने लगी! उसके घुटनों से रक्त निकल रहा था, साड़ी कई जगह से फट गई थी, मगर उस वक़्त अपने तन-बदन की सुध तक न थी। उसका एक-एक रोआँ सहस्त्र कंठ हो-होकर ईश्वर से प्रार्थना कर रहा था कि उस प्रात:काल के दीपक की लौ थोड़ी देर और बची रहे। उनके मुँह से एक बार 'श्रद्धा' का शब्द सुनने के लिए उसकी अंतरात्मा कितनी व्याकुल हो रही थी। केवल यही एक शब्द सुनकर फिर उसकी कोई भी इच्छा अपूर्ण न रह जाएगी, उसकी सारी आशाएँ सफल हो जाएँगी, सारी साध पूर्ण हो जाएगी।

श्रद्धा को देखते ही चौधराइन ने उसका हाथ पकड़ लिया और रोती हुई बोली—

बेटी, तुम कहाँ चली गई थी? दो बार तुम्हारा नाम लेकर पुकार चुके हैं।

श्रद्धा को ऐसा मालूम हुआ, मानो उसका कलेजा फटा जा रहा है। उसकी आँखें पथरा गईं। उसे ऐसा मालूम होने लगा कि वह अगाध, अथाह समुद्र की भँवर में पड़ गई है। उसने कमरे में जाते ही भगतराम के ठंडे पैरों पर सिर रख दिया और उसे आँखों के गरम पानी से धोकर गरम करने का उपाय करने लगी। यही उसकी सारी आशाओं और कुछ अरमानों की समाधि थी।

भगतराम ने आँख खोलकर कहा—क्या तुम हो श्रद्धा? मैं जानता था कि तुम आओगी, इसीलिए अभी तक प्राण अवशेष थे। ज़रा मेरे हृदय पर अपना सिर रख दो। हाँ, मुझे अब विश्वास हो गया कि तुमने मुझे क्षमा कर दिया। जी डूब रहा है। तुमसे कुछ माँगना चाहता हूँ, पर किस मुँह से माँगूँ। जब जीते-जी न माँग सका तो अब क्या है?

हमारी अन्तिम घड़ियाँ किसी अपूर्ण साध को अपने हिय के भीतर छिपाए हुए होती हैं। मृत्यु पहले हमारी सारी ईर्ष्या, सारा भेदभाव, सारा द्वेष नष्ट करती है। जिनकी सूरत से हमें घृणा होती है, उनसे फिर वही पुराना सौहार्द, पुरानी मैत्री करने के लिए, उनको गले लगाने के लिए हम उत्सुक हो जाते हैं। जो कुछ कर सकते थे और न कर सके—उसी की एक साध रह जाती है। भगतराम ने उखड़े हुए विषादपूर्ण स्वर में अपने प्रेम की पुनरावृत्ति श्रद्धा के सामने की। उस स्वर्गीय निधि को पाकर वह प्रसन्न हो सकता था, उसका उपयोग कर सकता था; किन्तु हाय, आज वह जा रहा है, अपूर्ण साधों की स्मृति लिए हुए! हाय रे, अभागिन साध!

श्रद्धा भगतराम के वक्षस्थल पर झुकी हुई रो रही थी। भगतराम ने सिर उठाकर उसके मुरझाए हुए, आँसुओं से धोए हुए स्वच्छ कपोलों को चूम लिया; मरती हुई साध की वह अन्तिम हँसी थी।

भगतराम ने अवरुद्ध कंठ से कहा—यह हमारा और तुम्हारा विवाह है श्रद्धा—यह मेरी अन्तिम भेंट है।—यह कहते हुए उसकी आँखें हमेशा के लिए बन्द हो गईं! साध भी मरकर गिर पड़ी।

श्रद्धा की आँखें रोते-रोते लाल हो रही थीं। उसे ऐसा मालूम हुआ मानो भगतराम उसके सामने प्रेमालिंगन का संकेत करते हुए मुस्कुरा रहे हैं। वह अपनी दशा, काल, स्थान, सब भूल गई। जख्मी सिपाही अपनी जीत का समाचार पाकर अपना दर्द, अपनी पीड़ा भूल जाता है। क्षण भर के लिए मौत भी हेय हो जाती है। श्रद्धा का भी यही हाल हुआ। वह भी अपना जीवन प्रेम की निठुर वेदी पर उत्सर्ग करने के लिए तैयार हो गई, जिस पर लैला और मजनूँ, शीरीं और फरहाद—नहीं, हज़ारों ने अपनी बलि चढ़ा दी।

उसने चुम्बन का उत्तर देते हुए कहा—प्यारे, मैं तुम्हारी हूँ और सदा तुम्हारी ही रहूँगी।

प्रेम का उदय

भोंदू पसीने में तर, लकड़ी का एक गट्ठा सिर पर लिए आया और उसे ज़मीन पर पटककर बंटी के सामने खड़ा हो गया, मानो पूछ रहा हो—क्या अभी तेरा मिज़ाज ठीक नहीं हुआ?

संध्या हो गई थी, फिर भी लू चलती थी और आकाश पर गर्द छाई हुई थी। प्रकृति रक्त शून्य देह की भाँति शिथिल हो रही थी।

भोंदू प्रातःकाल घर से निकला था। दोपहरी उसने एक पेड़ की छाँह में काटी थी। समझा था—इस तपस्या से देवीजी का मुँह सीधा हो जाएगा; लेकिन आकर देखा, तो वह अब भी कोप भवन में थी।

भोंदू ने बातचीत छेड़ने के इरादे से कहा—लो, एक लोटा पानी दे दो, बड़ी प्यास लगी है। मर गया सारे दिन। बाज़ार में जाऊँगा, तो तीन आने से बेसी न मिलेंगे। दो-चार साँडे मिल जाते, तो मेहनत सुफल हो जाती।

बंटी ने सिरकी के अन्दर बैठे-बैठे कहा—धरम भी लूटोगे और पैसे भी। मुँह धो रखो।

भोंदू ने भँवें सिकोड़कर कहा—क्या धरम-धरम बकती है! धरम करना हँसी-खेल नहीं है। धरम वह करता है, जिसे भगवान् ने माना हो। हम क्या खाकर धरम करें। भर-पेट चबेना तो मिलता नहीं, धरम करेंगे।

बंटी ने अपना वार ओछा पड़ता देखकर चोट पर चोट की—संसार में कुछ ऐसे भी महात्मा हैं, जो अपना पेट चाहे न भर सकें, पर पड़ोसियों को नेवता देते फिरते हैं; नहीं तो सारे दिन बन-बन लकड़ी न तोड़ते फिरते। ऐसे धरमात्मा लोगों को मेहरिया रखने की क्यों सूझती है, यही मेरी समझ में नहीं आता। धरम की गाड़ी क्या अकेले नहीं खींचते बनती?

भोंदू इस चोट से तिलमिला गया। उसकी जिहरदार नसें तन गईं; माथे पर बल पड़ गए। इस अबला का मुँह वह एक डपट में बन्द कर सकता था; पर डाँट-डपट उसने न सीखी थी। जिसके पराक्रम की सारे कंजड़ों में धूम थी, जो अकेला सौ-पचास जवानों का नशा उतार सकता था, वह इस अबला के सामने चूँ तक न कर सका। दबी ज़बान से बोला—मेहरिया धरम बेचने के लिए नहीं लाई जाती, धरम पालने के लिए लाई जाती है।

यह कंजड़-दंपती आज तीन दिन से और कई कंजड़ परिवारों के साथ इस बाग़ में उतरा हुआ था। सारे बाग़ में सिरकियाँ-ही-सिरकियाँ दिखाई देती थीं। उसी तीन हाथ चौड़ी

और चार हाथ लम्बी सिरकी के अन्दर एक-एक पूरा परिवार जीवन के समस्त व्यापारों के साथ कल्पवास-सा कर रहा था। एक किनारे चक्की थी, एक किनारे रसोई का स्थान, एक किनारे दो-एक अनाज के मटके। द्वार पर एक छोटी-सी खटोली बालकों के लिए पड़ी थी। हरेक परिवार के साथ दो-दो भैंसें या गधे थे। जब डेरा कूच होता था तो सारी गृहस्थी इन जानवरों पर लाद दी जाती थी। यही इन कंजड़ों का जीवन था। सारी बस्ती एक साथ चलती थी। आपस में ही शादी-ब्याह, लेन-देन, झगड़े-टंटे होते रहते थे। इस दुनिया के बाहर वाला अखिल संसार उनके लिए केवल शिकार का मैदान था। उनके किसी इलाक़े में पहुँचते ही वहाँ की पुलिस तुरन्त आकर अपनी निगरानी में ले लेती थी। पड़ाव के चारों तरफ़ चौकीदार का पहरा हो जाता था। स्त्री या पुरुष किसी गाँव में जाते तो दो-चार चौकीदार उनके साथ हो लेते थे। रात को भी उनकी हाजिरी ली जाती थी। फिर भी आस-पास के गाँव में आतंक छाया हुआ था; क्योंकि कंजड़ लोग बहुधा घरों में घुसकर जो चीज़ चाहते, उठा लेते और उनके हाथ में जाकर कोई चीज़ लौट न सकती थी। रात में ये लोग अकसर चोरी करने निकल जाते थे। चौकीदारों को उनसे मिले रहने में ही अपनी कुशल दीखती थी। कुछ हाथ भी लगता था और जान भी बची रहती थी। सख़्ती करने में प्राणों का भय था, कुछ मिलने का तो ज़िक्र ही क्या; क्योंकि कंजड़ लोग एक सीमा के बाहर किसी का दबाव न मानते थे। बस्ती में अकेला भोंदू अपनी मेहनत की कमाई खाता था; मगर इसलिए नहीं कि वह पुलिसवालों की खुशामद न कर सकता था। उसकी स्वतंत्र आत्मा अपने बाहुबल से प्राप्त किसी वस्तु का हिस्सा देना स्वीकार न करती थी; इसलिए वह यह नौबत आने ही न देती थी।

बंटी को पति की यह आचार-निष्ठा एक आँख न भाती थी। उसकी और बहनें नई-नई साड़ियाँ और नए-नए आभूषण पहनतीं, तो बंटी उन्हें देख-देखकर पति की अकर्मण्यता पर कुढ़ती थी। इस विषय पर दोनों में कितने ही संग्राम हो चुके थे; लेकिन भोंदू अपना परलोक बिगाड़ने पर राज़ी न होता था। आज भी प्रातःकाल यही समस्या आ खड़ी हुई थी और भोंदू लकड़ी काटने जंगलों में निकल गया था। साँडे मिल जाते, तो आँसू पुँछते, पर आज साँडे भी न मिले।

बंटी ने कहा—जिनसे कुछ नहीं हो सकता, वही धरमात्मा बन जाते हैं। राँड़ अपने माँड़ ही में ख़ुश है?

भोंदू ने पूछा—तो मैं निखट्टू हूँ?

बंटी ने इस प्रश्न का सीधा-सादा उत्तर न देकर कहा—मैं क्या जानूँ, तुम क्या हो? मैं तो यही जानती हूँ कि यहाँ धेले-धेले की चीज़ के लिए तरसना पड़ता है। यहीं सबको पहनते-ओढ़ते, हँसते-खेलते देखती हूँ। क्या मुझे पहनने-ओढ़ने, हँसने-खेलने की साध नहीं है? तुम्हारे पल्ले पड़कर ज़िन्दगानी नष्ट हो गई।

भोंदू ने एक क्षण विचार-मग्न रहकर कहा—जानती है, पकड़ जाऊँगा, तो तीन साल से कम की सज़ा न होगी।

बंटी विचलित न हुई। बोली—जब और लोग नहीं पकड़ जाते; तो तुम्हीं पकड़ जाओगे?

और लोग पुलिस को मिला लेते हैं, थानेदार के पाँव सहलाते हैं, चौकीदार की खुशामद करते हैं। तू चाहती है, मैं भी औरों की तरह सबकी चिरौरी करता फिरूँ?

बंटी ने अपना हठ न छोड़ा—मैं तुम्हारे साथ सती होने नहीं आई। फिर तुम्हारे छुरे-गँड़ासे से कोई कहाँ तक डरे। जानवर को भी जब घास-भूसा नहीं मिलता, तो पगहा तुड़ाकर किसी के खेत में पैठ जाता है। मैं तो आदमी हूँ।

भोंदू ने इसका कुछ जवाब न दिया। उसकी स्त्री कोई दूसरा घर कर ले, यह कल्पना उसके लिए अपमान से भरी थी। आज बंटी ने पहली बार यह धमकी दी। अब तक भोंदू इस तरफ़ से निश्चिन्त था। अब यह नई संभावना उसके सम्मुख उपस्थित हुई। उस दुर्दिन को वह अपना काबू चलते अपने पास न आने देगा।

आज भोंदू की दृष्टि में वह इज़्ज़त नहीं रही, वह भरोसा नहीं रहा। मज़बूत दीवार को टिकौने की ज़रूरत नहीं। जब दीवार हिलने लगती है, तब हमें उसको सँभालने की चिन्ता होती है। आज भोंदू को अपनी दीवार हिलती हुई मालूम होती थी।

आज तक बंटी अपनी थी। वह जितना अपनी ओर से निश्चिन्त था, उतना ही उसकी ओर से भी था। वह जिस तरह ख़ुद रहता था—उसी तरह उसको भी रखता था। जो ख़ुद खाता था, वही उसको खिलाता था, उसके लिए कोई विशेष फ़िक्र न थी; पर आज उसे मालूम हुआ कि वह अपनी नहीं है, अब उसका विशेष रूप से सत्कार करना होगा, विशेष रूप से दिलजोई करनी होगी।

सूर्यास्त हो रहा था। उसने देखा, उसका गधा चरकर चुपचाप सिर झुकाए चला आ रहा है। भोंदू ने कभी उसकी खाने-पीने की चिन्ता न की थी; क्योंकि गधा किसी और को अपना स्वामी बनाने की धमकी न दे सकता था। भोंदू ने बाहर आकर आज गधे को पुचकारा, उसकी पीठ सहलाई और तुरन्त उसे पानी पिलाने के लिए डोल और रस्सी लेकर चल दिया।

2

इसके दूसरे ही दिन क़स्बे में एक धनी ठाकुर के घर चोरी हो गई। उस रात को भोंदू अपने डेरे पर न था। बंटी ने चौकीदार से कहा—वह जंगल से नहीं लौटा। प्रातःकाल भोंदू आ पहुँचा। उसकी कमर में रुपयों की एक थैली थी। कुछ सोने के गहने भी थे। बंटी ने तुरन्त गहनों को ले जाकर एक वृक्ष की जड़ में गाड़ दिया। रुपयों की क्या पहचान हो सकती थी।

भोंदू ने पूछा—अगर कोई पूछे, इतने सारे रुपए कहाँ मिले, तो क्या कहोगी?

बंटी ने आँखें नचाकर कहा—कह दूँगी, क्यों बताऊँ? दुनिया कमाती है, तो किसी को हिसाब देने जाती है? हमीं क्यों अपना हिसाब दें।

भोंदू ने संदिग्ध भाव से गर्दन हिलाकर कहा—यह कहने से गला न छूटेगा, बंटी! तू कह देना, मैं तीन-चार मास से दो-दो, चार-चार रुपए महीना जमा करती आई हूँ। हमारा खरच ही कौन बड़ा लंबा है।

दोनों ने मिलकर बहुत-से जवाब सोच निकाले—जड़ी-बूटियाँ बेचते हैं। एक-एक जड़ी के लिए मुट्ठी-मुट्ठी भर रुपए मिल जाते हैं। खस, साँडे, जानवरों की खालें, नख और चर्बी, सभी बेचते हैं।

इस ओर से निश्चिन्त होकर दोनों बाज़ार चले। बंटी ने अपने लिए तरह-तरह के कपड़े, चूड़ियाँ, टिकुलियाँ, बुंदे, सेंदुर, पान-तमाखू, तेल और मिठाई ली। फिर दोनों जने शराब की दुकान गए। ख़ूब शराब पी। फिर दो बोतल शराब रात के लिए लेकर दोनों घूमते-घामते,

गाते-बजाते घड़ी रात गए डेरे पर लौटे। बंटी के पाँव आज ज़मीन पर न पड़ते थे। आते ही बन-ठनकर पड़ोसियों को अपनी छवि दिखाने लगी।

जब वह लौटकर अपने घर आई और भोजन पकाने लगी, तब पड़ोसियों ने टिप्पणियाँ करनी शुरू कीं—

'कहीं गहरा हाथ मारा है।'

'बड़ा धरमात्मा बना फिरता था।'

'बगला भगत है।'

'बंटी तो आज जैसे हवा में उड़ रही है।'

आज भोंदुआ की कितनी ख़ातिर हो रही है। नहीं तो कभी एक लुटिया पानी देने भी न उठती थी।

रात को भोंदू को देवी की याद आई। आज तक कभी उसने देवी की वेदी पर बकरे का बलिदान न किया था। पुलिस को मिलाने में ज़्यादा ख़र्च था। कुछ आत्म-सम्मान भी खोना पड़ता। देवीजी केवल एक बकरे में राज़ी हो जाती हैं। हाँ, उससे एक ग़लती ज़रूर हुई थी। उसकी बिरादरी के और लोग साधारणतया कार्यसिद्धि के पहले ही बलिदान दिया करते थे। भोंदू ने यह ख़तरा न लिया। जब तक माल हाथ न आ जाए, उसके भरोसे पर देवी-देवताओं को खिलाना उसकी व्यावसायिक बुद्धि को न जँचा। औरों से अपने कृत्य को गुप्त रखना भी चाहता था; इसलिए किसी को सूचना भी न दी, यहाँ तक कि बंटी से भी न कहा—बंटी तो भोजन बना रही थी, वह बकरे की तलाश में घर से निकल पड़ा।

बंटी ने पूछा—अब भोजन करने के जून कहाँ चले?

'अभी आता हूँ।'

'मत जाओ, मुझे डर लगता है।'

भोंदू स्नेह के नवीन प्रकाश से खिलकर बोला—मुझे देर न लगेगी। तू यह गँड़ासा अपने पास रख ले।

उसने गँड़ासा निकालकर बंटी के पास रख दिया और निकला। बकरे की समस्या बेढब थी। रात को बकरा कहाँ से लाता? इस समस्या को भी उसने एक नए ढंग से हल किया। पास की बस्ती में एक गड़रिये के पास कई बकरे पले थे। उसने सोचा, वहीं से एक बकरा उठा लाऊँ। देवीजी को अपने बलिदान से मतलब है, या इससे कि बकरा कैसे आया और कहाँ से आया।

मगर बस्ती के समीप पहुँचा ही था कि पुलिस के चार चौकीदारों ने उसे गिरफ़्तार कर लिया और मुश्कें बाँधकर थाने ले चले।

3

बंटी भोजन पकाकर अपना बनाव-सिंगार करने लगी। आज उसे अपना जीवन सफल जान पड़ता था। आनंद से खिली जाती थी। आज जीवन में पहली बार उसके सिर में सुगंधित तेल पड़ा। आईना उसके पास एक पुराना अंधा-सा पड़ा हुआ था। आज वह नया आईना लाई थी। उसके सामने बैठकर उसने अपने केश सँवारे। मुँह पर उबटन मला। साबुन लाना भूल गई थी। साहब लोग साबुन लगाने ही से तो इतने गोरे हो जाते हैं। साबुन होता, तो उसका रंग कुछ तो निखर जाता। कल वह अवश्य साबुन की कई बट्टियाँ लाएगी और रोज़ लगाएगी। केश

गूँथकर उसने माथे पर अलसी का लुआब लगाया, जिससे बाल न बिखरने पाएँ। फिर पान लगाए, चूना ज़्यादा हो गया था। गलफड़ों में छाले पड़ गए; लेकिन उसने समझा शायद पान खाने का यही मज़ा है। आख़िर कड़वी मिर्च भी तो लोग मज़े में खाते हैं। गुलाबी साड़ी पहन और फूलों का गजरा गले में डालकर उसने आईने में अपनी सूरत देखी, तो उसके आबनूसी रंग पर लाली दौड़ गई। आप ही आप लज्जा से उसकी आँखें झुक गईं। दरिद्रता की आग से नारीत्व भी भस्म हो जाता है, नारीत्व की लज्जा का क्या ज़िक्र। मैले-कुचैले कपड़े पहनकर लजाना ऐसा ही है, जैसे कोई चबैने में सुगंध लगाकर खाए।

इस तरह सजकर बंटी भोंदू की राह देखने लगी। जब अब भी वह न आया, तो उसका जी झुँझलाने लगा। रोज़ तो साँझ ही से द्वार पर पड़ रहते थे, आज न-जाने कहाँ जाकर बैठ रहे। शिकारी अपनी बन्दूक़ भर लेने के बाद इसके सिवा और क्या चाहता है कि शिकार सामने आए। बंटी के सूखे हृदय में आज पानी पड़ते ही उसका नारीत्व अंकुरित हो गया। झुँझलाहट के साथ उसे चिन्ता भी होने लगी। उसने बाहर निकलकर कई बार पुकारा। उसके कंठस्वर में इतना अनुराग कभी न था। उसे कई बार भान हुआ कि भोंदू आ रहा है, वह हर बार सिरकी के अन्दर दौड़ आई और आईने में सूरत देखी कि कुछ बिगड़ न गया हो। ऐसी धड़कन, ऐसी उलझन, उसकी अनुभूति से बाहर थी।

बंटी सारी रात भोंदू के इंतज़ार में उद्विग्न रही। ज्यों-ज्यों रात बीतती थी, उसकी शंका तीव्र होती जाती थी। आज ही उसके वास्तविक जीवन का आरंभ हुआ था और आज ही यह हाल।

प्रात:काल वह उठी, तो अभी कुछ अँधेरा ही था। इस रतजगे से उसका चित्त खिन्न और सारी देह अलसाई हुई थी। रह-रहकर भीतर से एक लहर भी उठती थी, आँखें भर-भर आती थीं।

सहसा किसी ने कहा—अरे बंटी, भोंदू रात पकड़ गया।

4

बंटी थाने पहुँची तो पसीने में तर थी और दम फूल रहा था। उसे भोंदू पर दया न थी, क्रोध आ रहा था। सारा ज़माना यही काम करता है और चैन की बंसी बजाता है। उन्होंने कहते-कहते हाथ भी लगाया, तो चूक गए। नहीं सहूर था, तो साफ़ कह देते, मुझसे यह काम न होगा। मैं यह थोड़े ही कहती थी कि आग में फाँद पड़ो।

उसे देखते ही थानेदार ने धौंस जमाई—यही तो है भोंदुआ की औरत, इसे भी पकड़ लो।

बंटी ने हेकड़ी जताई—हाँ-हाँ पकड़ लो, यहाँ किसी से नहीं डरते। जब कोई काम ही नहीं करते, तो डरे क्यों।

अफ़सर और मातहत सभी की अनुरक्त आँखें बंटी की ओर उठने लगीं। भोंदू की तरफ़ से लोगों के दिल कुछ नर्म हो गए। उसे धूप से छाँह में बैठा दिया गया। उसके दोनों हाथ पीछे बँधे हुए थे और धूल-धूसरित काली देह पर भी जूतों और कोड़ों की रक्तमय मार साफ़ नज़र आ रही थी। उसने एक बार बंटी की ओर देखा, मानो कह रहा था—देखना, कहीं इन लोगों के धोखे में न आ जाना।

थानेदार ने डाँट बताई—ज़रा इसकी दीदा-दिलेरी देखो, जैसे देवी ही तो है; मगर इस फेर में न रहना। यहाँ तुम लोगों की नस-नस पहचानता हूँ। इतने कोड़े लगाऊँगा कि चमड़ी उड़ जाएगी। नहीं तो सीधे से कबूल दो। सारा माल लौटा दो। इसी में खैरियत है। भोंदू ने

बैठे-बैठे कहा—क्या कबूल दें। जो देश को लूटते हैं, उनसे तो कोई नहीं बोलता, जो बेचारे अपनी गाढ़ी कमाई की रोटी खाते हैं, उनका गला काटने को पुलिस भी तैयार रहती है। हमारे पास किसी को नज़र-भेंट देने के लिए पैसे नहीं हैं।

थानेदार ने कठोर स्वर से कहा—हाँ-हाँ; जो कुछ कोर-कसर रह गई हो, वह पूरी कर दे। किरकिरी न होने पाए। मगर इन बैठकबाज़ियों से बच नहीं सकते। अगर एकबाल न किया, तो तीन साल को जाओगे। मेरा क्या बिगड़ता है। अरे छोटेसिंह, ज़रा लाल मिर्च की धूनी तो दो इसे। कोठरी बन्द करके पसेरी-भर मिर्चे सुलगा दो, अभी माल बरामद हुआ जाता है।

भोंदू ने ढिठाई से कहा—दारोग़ाजी, बोटी काट डालो, लेकिन कुछ हाथ न लगेगा। तुमने मुझे रातभर पिटवाया है, मेरी एक-एक हड्डी चूर-चूर हो गई है। कोई दूसरा होता तो अब तक सिधार गया होता। क्या तुम समझते हो, आदमी को रुपए-पैसे जान से प्यारे होते हैं? जान ही के लिए तो आदमी सब तरह के कुकरम करता है। धूनी सुलगाकर भी देख लो।

दारोग़ाजी को अब विश्वास आया कि इस फौलाद को झुकाना मुश्किल है। भोंदू की मुखाकृति से शहीदों का-सा आत्म-समर्पण झलक रहा था। यद्यपि उनके हुक्म की तामील होने लगी, कांस्टेबलों ने भोंदू को एक कोठरी में बन्द कर दिया, दो आदमी मिर्चे लाने दौड़े, लेकिन दारोग़ा की युद्ध-नीति बदल गई थी। बंटी का हृदय क्षोभ से फटा जाता था। वह जानती थी, चोरी करके एकबाल कर लेना कंजड़ जाति की नीति में महान् लज्जा की बात है; लेकिन क्या यह सचमुच मिर्च की धूनी सुलगा देंगे? इतना कठोर है इनका हृदय? सालन बघारने में कभी मिर्च जल जाती है, तो छींकों और खाँसियों के मारे दम निकलने लगता है। जब नाक के पास धूनी सुलगाई जाएगी तब तो प्राण ही निकल जाएँगे। उसने जान पर खेलकर कहा—दारोग़ाजी, तुम समझते होगे कि इन ग़रीबों की पीठ पर कोई नहीं है; लेकिन मैं कहे देती हूँ, हाकिम से रत्ती-रत्ती हाल कह दूँगी। भला चाहते हो, तो उसे छोड़ दो, नहीं तो इसका हाल बुरा होगा।

थानेदार ने मुस्कुराकर कहा—तुझे क्या, वह मर जाएगा, किसी और के नीचे बैठ जाना। जो कुछ जमा-जथा लाया होगा, वह तो तेरे ही हाथ में होगी। क्यों नहीं एकबाल करके उसे छुड़ा लेती। मैं वादा करता हूँ, मुक़दमा न चलाऊँगा। सब माल लौटा दे। तूने ही उसे मंत्र दिया होगा। गुलाबी साड़ी, पान और ख़ुशबूदार तेल के लिए तू ही ललच रही होगी। उसकी इतनी साँसत हो रही है और तू खड़ी देख रही है।

शायद बंटी की अंतरात्मा को यह विश्वास न था कि ये लोग इतने अमानुषीय अत्याचार कर सकते हैं; लेकिन जब सचमुच धूनी सुलगा दी गई, मिर्च की तीखी ज़हरीली झार फैली और भोंदू के खाँसने की आवाज़ें कानों में आईं, तो उसकी आत्मा कातर हो उठी। उसका वह दुस्साहस झूठे रंग की भाँति उड़ गया। उसने दारोग़ाजी के पाँव पकड़ लिए और दीन भाव से बोली—मालिक, मुझ पर दया करो। मैं सबकुछ दे दूँगी।

धूनी उसी वक़्त हटा ली गई।

5

भोंदू ने सशंक होकर पूछा—धूनी क्यों हटाते हो?

एक चौकीदार ने कहा—तेरी औरत ने एकबाल कर लिया।

भोंदू की नाक, आँख, मुँह से पानी जारी था। सिर चक्कर खा रहा था। गले की आवाज़ बंद-सी हो गई थी; पर वह वाक्य सुनते ही वह सचेत हो गया। उसकी दोनों मुट्ठियाँ बँध गईं। बोला—क्या कहा?

'कहा क्या, चोरी खुल गई। दारोग़ाजी माल बरामद करने गए हुए हैं। पहले ही एकबाल कर लिया होता, तो क्यों इतनी साँसत होती?'

भोंदू ने ग़रज़कर कहा—वह झूठ बोलती है।

'वहाँ माल बरामद हो गया, तुम अभी अपनी ही गा रहे हो।'

परम्परा की मर्यादा को अपने हाथों भंग होने की लज्जा से भोंदू का मस्तक झुक गया। इस घोर अपमान के बाद अब उसे अपना जीवन दया, घृणा और तिरस्कार इन सभी दशाओं से निखिद जान पड़ता था। वह अपने समाज में पतित हो गया था।

सहसा बंटी आकर खड़ी हो गई और कुछ कहना ही चाहती थी कि भोंदू की रौद्रमुद्रा देखकर उसकी ज़बान बन्द हो गई। उसे देखते ही भोंदू की आहत मर्यादा किसी आहत सर्प की भाँति तड़प उठी। उसने बंटी को अंगारों-सी तपती हुई लाल आँखों से देखा। उन आँखों में हिंसा की आग जल रही थी। बंटी सिर से पाँव तक काँप उठी। वह उलटे पाँव वहाँ से भागी। किसी देवता के अग्निबाण के समान वे दोनों अंगारों-सी आँखें उसके हृदय में चुभने लगीं।

थाने से निकलकर बंटी ने सोचा, अब कहाँ जाऊँ, भोंदू उसके साथ होता तो वह पड़ोसियों के तिरस्कार को सह लेती। इस दशा में उसके लिए अपने घर जाना असंभव था। वे दोनों अंगारे-सी आँखें उसके हृदय में चुभी जाती थीं; लेकिन कल की सौभाग्य-विभूतियों का मोह उसे डेरे की ओर खींचने लगा। शराब की बोतल अब भी भरी धरी थी। फुलौड़ियाँ छींके पर हाँड़ी में धरी थीं। वह तीव्र लालसा, जो मृत्यु को सम्मुख देखकर भी संसार के भोग्य पदार्थों की ओर मन को चलायमान कर देती है, उसे खींचकर डेरे की ओर ले चली।

दोपहर हो गया था। वह पहाड़ पर पहुँची, तो सन्नाटा छाया हुआ था। अभी कुछ देर पहले जो स्थान जीवन का क्रीड़ा-क्षेत्र बना हुआ था, बिलकुल निर्जन हो गया था। बिरादरीवालों के तिरस्कार का सबसे भयंकर रूप था। सभी ने उसे त्याज्य समझ लिया। केवल उसकी सिरकी उस निर्जनता में रोती हुई खड़ी थी। बंटी ने उसके अन्दर पाँव रखे, तो उसके मन की कुछ वही दशा हुई, जो अकेला घर देखकर किसी चोर की होती है। कौन-कौन-सी चीज़ समेटे। उस कुटी में उसने रो-रोकर पाँच वर्ष काटे थे; पर आज उसे उससे वही ममता हो रही थी, जो किसी माता को अपने दुर्गुणी पुत्र को देखकर होती है, जो बरसों के बाद परदेश से लौटा हो। हवा से कुछ चीज़ें इधर-उधर हो गई थीं। उसने तुरन्त उन्हें सँभालकर रखा। फुलौड़ियों की हाँड़ी छींके पर कुछ ठंडी हो गई थी। शायद उस पर बिल्ली झपटी थी। उसने जल्दी से हाँड़ी उतारकर देखी। फ़ुलौड़ियाँ अछूती थीं। पान पर जो गीला कपड़ा लपेटा था, वह सूख गया था। उसने तुरन्त कपड़ा तर कर दिया।

किसी के पाँव की आहट पाकर उसका कलेजा धक्-से हो गया। भोंदू आ रहा है। उसकी वह दोनों अंगारे-सी आँखें! उसके रोएँ खड़े हो गए। भोंदू के क्रोध का उसे दो-एक बार अनुभव हो चुका था, लेकिन उसने दिल को मज़बूत किया। क्यों मारेगा? कुछ कहेगा, कुछ पूछेगा, कुछ सवाल-जवाब करेगा कि योंही गँड़ासा चला देगा। उसने उसके साथ कोई

बुराई नहीं की। आफ़त से उसकी जान बचाई। मरजाद जान से प्यारी नहीं होती। भोंदू को होगी, उसे नहीं है। क्या इतनी-सी बात के लिए वह उसकी जान ले लेगा।

उसने सिरकी के द्वार से झाँका। भोंदू न था, केवल उसका गधा चला आ रहा था।

बंटी आज उस अभागे-से गधे को देखकर ऐसी प्रसन्न हुई, मानो अपना भाई नैहर से बतासों की पोटली लिए थका-माँदा चला आता हो। उसने जाकर उसकी गर्दन सहलाई और उसके थूथन को अपने मुँह से लगा लिया। वह उसे फूटी आँखों न भाता था; पर आज उससे उसे कितनी आत्मीयता हो गई थी। वह दोनों अंगारे-सी आँखें उसे घूर रही थीं। वह सिहर उठी।

उसने फिर सोचा—क्या किसी तरह न छोड़ेगा? वह रोती हुई उसके पैरों पर गिर पड़ेगी। क्या तब भी न छोड़ेगा? इन आँखों की वह कितनी सराहना किया करता था। इनमें आँसू बहते देखकर भी उसे दया न आएगी?

बंटी ने चुक्कड़ में शराब उँड़ेलकर पी ली और छींके से फुलौड़ियाँ उतारकर खाईं। जब उसे मरना ही है, तो साध क्यों रह जाए। वह दोनों अंगारे-सी आँखें उसके सामने चमक रही थीं। दूसरा चुक्कड़ भरा और पी गई। ज़हरीला ठर्रा, जिसे दोपहार की गर्मी ने और भी घातक बना दिया था, देखते-देखते उसके मस्तिष्क को खौलाने लगा। बोतल आधी हो गई थी।

उसने सोचा—भोंदू कहेगा, तूने इतनी दारू क्यों पी, तो वह क्या कहेगी। कह देगी—हाँ, पी; क्यों न पीए, इसी के लिए तो वह सबकुछ हुआ। वह एक बूँद भी न छोड़ेगी। जो होना हो, हो। भोंदू उसे मार नहीं सकता। इतना निर्दयी नहीं है, इतना कायर नहीं है। उसने फिर चुक्कड़ भरा और पी गई। पाँच वर्ष के वैवाहिक जीवन की अतीत स्मृतियाँ उसकी आँखों के सामने खिंच गईं। सैकड़ों ही बार दोनों में गृह-युद्ध हुए थे। आज बंटी को हर बार अपनी ज़्यादती मालूम हो रही थी। बेचारा जो कुछ कमाता है, उसी के हाथों पर रख देता है। अपने लिए कभी एक पैसे की तम्बाकू भी लेता है तो पैसा उसी से माँगता है। भोर से साँझ तक बन-बन फिरा ही तो करता है! जो काम उससे नहीं होता, वह कैसे करे।

यकायक एक कांस्टेबल ने आकर कहा—अरी बंटी, कहाँ है? चल देख, भोंदुआ का हाल-बे-हाल हो रहा है। अभी तक तो चुपचाप बैठा था। फिर न-जाने क्या जी में आया कि एक पत्थर पर अपना सिर पटक दिया। लहू बह रहा है। अगर हम लोग दौड़कर पकड़ न लेते, तो जान ही दे दी थी।

6

एक महीना बीत गया था। संध्या का समय था। काली-काली घटाएँ छाई थीं और मूसलाधार वर्षा हो रही थी। भोंदू की सिरकी अब भी निर्जन स्थान पर खड़ी थी, भोंदू खटोली पर पड़ा हुआ था। उसका चेहरा पीला पड़ गया था और देह जैसे सूख गई थी। वह सशंक आँखों से वर्षा की ओर देखता है, चाहता है उठकर बाहर देखूँ; पर उठा नहीं जाता।

बंटी सिर पर घास का एक बोझ लिए पानी में लथ-पथ आती दिखलाई दी। वही गुलाबी साड़ी है, पर तार-तार, किन्तु उसका चेहरा प्रसन्न है। विषाद और ग्लानि के बदले आँखों से अनुराग टपक रहा है। गति में वह चपलता, अंगों में वह सजीवता है, जो चित्त की शांति का चिह्न है। भोंदू ने क्षीण स्वर में कहा—तू इतना भीग रही है, कहीं बीमार पड़ गई, तो कोई

एक घूँट पानी देनेवाला भी न रहेगा। मैं कहता हूँ, तू क्यों इतना मरती है। दो गट्ठे तो बेच चुकी थी। तीसरा गट्ठा लाने का काम क्या था। यह हाँड़ी में क्या लाई है?

बंटी ने हाँड़ी को छिपाते हुए कहा—कुछ तो नहीं है, कैसी हाँड़ी?

भोंदू ज़ोर लगाकर खटोली से उठा, अंचल के नीचे छिपी हुई हाँड़ी खोल दी और उसके भीतर नज़र डालकर बोला—अभी लौटा, नहीं तो मैं हाँड़ी फोड़ दूँगा।

बंटी ने धोती से पानी निचोड़ते हुए कहा—ज़रा आईने में सूरत देखो। घी-दूध कुछ न मिलेगा, तो कैसे उठोगे?—कि सदा खाट पर सोने का ही विचार है?

भोंदू ने खटोली पर लेटते हुए कहा—अपने लिए तो एक साड़ी नहीं लाई। कितना कहके हार गया। मेरे लिए घी और दूध सब चाहिए! मैं घी न खाऊँगा।

बंटी ने मुस्कुराकर कहा—इसीलिए तो घी खिलाती हूँ कि तुम जल्दी से काम-धंधा करने लगो और मेरे लिए साड़ी लाओ।

भोंदू ने मुस्कुराकर कहा—तो आज जाकर कहीं सेंध मारूँ?

बंटी ने उसके गाल पर एक ठोकर देकर कहा—पहले मेरा गला काट देना, तब जाना।

सती

मुलिया को देखते हुए उसका पति कल्लू कुछ भी नहीं है। फिर क्या कारण है कि मुलिया संतुष्ट और प्रसन्न है और कल्लू चिन्तित और सशंकित?

मुलिया को कौड़ी मिली है, उसे दूसरा कौन पूछेगा? कल्लू को रत्न मिला है, उसके सैकड़ों ग्राहक हो सकते हैं। खासकर उसे अपने चचेरे भाई राजा से बहुत खटका रहता है। राजा रूपवान है, रसिक है, बातचीत में कुशल है, स्त्रियों को रिझाना जानता है। इससे कल्लू मुलिया को बाहर नहीं निकलने देता। उस पर किसी की निगाह भी पड़ जाए, यह उसे असह्य है। वह अब रात-दिन मेहनत करता है, जिससे मुलिया को किसी बात का कष्ट न हो। उसे न जाने किस पूर्व-जन्म के संस्कार से ऐसी स्त्री मिल गई है। उस पर प्राणों को न्योछावर कर देना चाहता है। मुलिया का कभी सिर भी दुखता है, तो उसकी जान निकल जाती है। मुलिया का भी यह हाल है कि जब तक वह घर नहीं आता, मछली की भाँति तड़पती रहती है। गाँव में कितने ही युवक हैं, जो मुलिया से छेड़छाड़ करते रहते हैं; पर उस युवती की दृष्टि में कुरूप कलुआ संसार-भर के आदमियों से अच्छा है।

एक दिन राजा ने कहा—भाभी, भैया तुम्हारे जोग न थे।

मुलिया बोली—भाग में तो वह लिखे थे; तुम कैसे मिलते?

राजा ने मन में समझा, बस, अब मार लिया है। बोला—विधि ने यही तो भूल की।

मुलिया मुस्कुराकर बोली—अपनी भूल तो वही सुधारेगा। राजा निहाल हो गया।

2

तीज के दिन कल्लू मुलिया के लिए लट्ठे की साड़ी लाया। चाहता तो था कोई अच्छी साड़ी ले; पर रुपए न थे और बजाज ने उधार न माना।

राजा भी उसी दिन अपने भाग्य की परीक्षा करना चाहता था। एक सुन्दर चुँदरी लाकर मुलिया को भेंट की।

मुलिया ने कहा—मेरे लिए तो साड़ी आ गई है।

राजा बोला—मैंने देखी है। तभी तो मैं इसे लाया। तुम्हारे लायक नहीं है। भैया को क़िफायत भी सूझती है, तो ऐसी बातों में।

मुलिया कटाक्ष करके बोली—तुम समझा क्यों नहीं देते?

राजा पर एक कुल्हड़ का नशा चढ़ गया। बोला—बूढ़ा तोता नहीं पढ़ता है।

मुलिया—मुझे तो लट्ठे की साड़ी ही पसन्द है।

राजा—ज़रा यह चुँदरी पहनकर देखो, कैसी खिलती है।

मुलिया—जो लट्ठा पहनाकर ख़ुश होता है, वह चुँदरी पहन लेने से ख़ुश न होगा। उन्हें चुँदरी पसन्द होती, तो चुँदरी ही लाते।

राजा—उन्हें दिखाने का काम नहीं है?

मुलिया विस्मय से बोली—मैं क्या उनसे बिना पूछे ले लूँगी?

राजा—इसमें पूछने की कौन-सी बात है। जब वह काम पर चला जाए, पहन लेना। मैं भी देख लूँगा।

मुलिया ठट्ठा मारकर हँसती हुई बोली—यह न होगा, देवरजी। कहीं देख लें, तो मेरी सामत ही आ जाए। इसे तुम लिए जाओ।

राजा ने आग्रह करके कहा—इसे न लोगी भाभी, तो मैं ज़हर खाके सो रहूँगा।

मुलिया ने साड़ी उठाकर आले पर रख दी और बोली—अच्छा लो, अब तो ख़ुश हुए।

राजा ने उँगली पकड़ी—अभी तो भैया नहीं हैं, ज़रा पहन लो।

मुलिया ने अन्दर जाकर चुँदरी पहन ली और फूल की तरह महकती-दमकती बाहर आई।

राजा ने पहुँचा पकड़ने को हाथ फैलाया—बोला, ऐसा जी चाहता है कि तुम्हें लेकर भाग जाऊँ।

मुलिया उसी विनोद-भाव से बोली—जानते हो, तुम्हारे भैया का क्या हाल होगा?

यह कहते हुए उसने किवाड़ बन्द कर लिए। राजा को ऐसा मालूम हुआ कि थाली परोसकर उसके सामने से उठा ली गई।

3

मुलिया का मन बार-बार करता था कि चुँदरी कल्लू को दिखा दे; पर नतीजा सोचकर रह जाती थी। उसने चुँदरी रख क्यों ली? उसे अपने ऊपर क्रोध आ रहा था, लेकिन राजा को कितना दुःख होता। क्या हुआ उसकी चुँदरी छन-भर पहन लेने से, उसका मन तो रह गया।

लेकिन उसके प्रशांत मानस-सागर में यह एक कीट आकर उसे मथ रहा था। उसने क्यों चुँदरी रख ली? क्या यह कल्लू के साथ विश्वासघात नहीं है? उसका चित्त इस विचार से विकल हो गया। उसने मन को समझाया, विश्वासघात क्यों हुआ; इसमें विश्वासघात की क्या बात है। कौन वह राजा से कुछ बोली? ज़रा-सा हँस देने से अगर किसी का दिल ख़ुश हो जाता है, तो इसमें क्या बुराई है?

कल्लू ने पूछा—आज रज्जू क्या करने आया था?

मुलिया की देह थर-थर काँपने लगी। बहाना कर गई—तमाखू माँगने आए थे।

कल्लू ने भँवें सिकोड़कर कहा—उसे अन्दर मत आने दिया करो। अच्छा आदमी नहीं है।

मुलिया—मैंने कह दिया तमाखू नहीं है, तो चले गए।

कल्लू ने अबकी तेज़स्विता के साथ कहा—क्यों झूठ बोलती है? वह तमाखू माँगने नहीं आया था।

मुलिया—तो और यहाँ क्या करने आते?

कल्लू—चाहे जिस काम से आया हो, तमाखू माँगने नहीं आया। वह जानता था, मेरे घर में तमाखू नहीं है। मैं तमाखू के लिए उसके घर गया था।

मुलिया की देह में काटो तो लहू नहीं। चेहरे का रंग उड़ गया।

सिर झुकाकर बोली—मैं किसी के मन का हाल क्या जानूँ?

आज तीज का रतजगा था। मुलिया पूजा का सामान कर रही थी; पर इस तरह जैसे मन में ज़रा भी उत्साह, ज़रा भी श्रद्धा नहीं है।

उसे ऐसा मालूम हो रहा है, उसके मुख में कालिमा पुत गई है और अब वह कल्लू की आँखों से गिर गई है। उसे अपना जीवन निराधार-सा जान पड़ता था।

सोचने लगी—भगवान् ने मुझे यह रूप क्यों दिया? यह रूप न होता तो राजा क्यों मेरे पीछे पड़ता और क्यों आज मेरी यह गत होती? मैं काली-कुरूप रहकर इससे कहीं सुखी रहती। तब तो मन इतना चंचल न होता। जिन्हें रूप की कमाई खानी हो, वह रूप पर फूलें, यहाँ तो इसने मटियामेट कर दिया।

न जाने कब उसे झपकी आ गई, तो देखती है, कल्लू मर गया है और राजा घर में घुसकर उसे पकड़ना चाहता है। उसी दम एक वृद्धा स्त्री न जाने किधर से आकर उसे अपनी गोद में ले लेती है और कहती है—तूने कल्लू को क्यों मार डाला? मुलिया रोकर कहती है—माता, मैंने उन्हें नहीं मारा। वृद्धा कहती है—हाँ, तूने छुरी-कटार से नहीं मारा, उस दिन तेरा तप छीन हो गया और इसी से वह मर गया।

मुलिया ने चौकन्नी आँखें खोल दीं। सामने आँगन में कल्लू सोया हुआ था। वह दौड़ी हुई उसके पास गई और उसकी छाती पर सिर रखकर फूट-फूटकर रोने लगी।

कल्लू ने घबड़ाकर पूछा—कौन है? मुलिया! क्यों रोती हो? क्या डर लग रहा है। मैं तो जाग ही रहा हूँ।

मुलिया ने सिसकते हुए कहा—मुझसे आज एक अपराध हुआ है। उसे क्षमा कर दो।

कल्लू उठ बैठा—क्या बात है? कहो तो, रोती क्यों हो?

मुलिया—राजा तमाखू माँगने नहीं आया था। मैंने तुमसे झूठ कहा था।

कल्लू हँसकर बोला—वह तो मैं पहले ही समझ गया था।

मुलिया—वह मेरे लिए चुँदरी लाया था।

'तुमने लौटा दी?'

मुलिया काँपती हुई बोली—मैंने ले ली। कहते थे, मैं ज़हर-माहुर खा लूँगा।

कल्लू निर्जीव की भाँति खाट पर गिर पड़ा और बोला—तो रूप मेरे बस का नहीं है। व ने कुरूप बना दिया, तो सुन्दर कैसे बन जाऊँ?

कल्लू ने अगर मुलिया को खौलते हुए तेल में डाल दिया होता, तो भी उसे इतनी पीड़ा न होती।

4

कल्लू उस दिन से कुछ खोया-खोया-सा रहने लगा। जीवन में न वह उत्साह रहा, न वह आनंद। हँसना-बोलना भूल-सा गया। मुलिया ने उसके साथ जितना विश्वासघात किया था, उससे कहीं ज़्यादा उसने समझ लिया। और यह भ्रम उसके हृदय में केवड़े के समान चिपट गया। वह घर अब उसके लिए केवल लेटने-बैठने का स्थान था और मुलिया केवल भोजन बना देनेवाली मशीन। आनंद के लिए वह कभी-कभी ताड़ीखाने चला जाता, या चरस के दम लगाता।

मुलिया उसकी दशा देख-देख अन्दर-ही-अन्दर कुढ़ती थी। वह उस बात को उसके दिल से निकाल देना चाहती थी, इसलिए उसकी सेवा और मन लगा कर करती। उसे प्रसन्न करने के लिए बार-बार प्रयत्न करती; पर वह जितना ही उसको खींचने की चेष्टा करती थी, उतना ही वह उससे विचलता था, जैसे कोई कँटिए में फँसी हुई मछली हो। कुशल यह था कि राजा जिस अँग्रेज़ के यहाँ ख़ानसामा था, उसका तबादला हो गया और राजा उसके साथ चला गया था, नहीं तो दोनों भाइयों में से किसी-न-किसी का ज़रूर ख़ून हो जाता। इस तरह साल-भर बीत गया।

एक दिन कल्लू रात को घर लौटा, तो उसे ज्वर था। दूसरे दिन उसकी देह में दाने निकल आए। मुलिया ने समझा, माता हैं। मान-मनौती करने लगी; मगर चार-पाँच दिन में ही दाने बढ़कर आवले पड़ गए और मालूम हुआ कि यह माता नहीं हैं; उपदंश है। कल्लू के कलुषित भोग-विलास का यह फल था।

रोग इतनी भयंकरता से बढ़ने लगा कि आवलों में मवाद पड़ गया और उनमें से ऐसी दुर्गंध उड़ने लगी कि पास बैठते नाक फटती थी। देहात में जिस प्रकार का उपचार हो सकता था, वह मुलिया करती थी; पर कोई लाभ न होता था और कल्लू की दशा दिन-दिन बिगड़ती जाती थी। उपचार की कसर वह अबला अपनी स्नेहमय सेवा से पूरी करती थी। उस पर गृहस्थी चलाने के लिए अब मेहनत-मजूरी भी करनी पड़ती थी। कल्लू तो अपने किए का फल भोग रहा था। मुलिया अपने कर्तव्य का पालन करने में मरी जा रही थी। अगर कुछ सन्तोष था, तो यह कल्लू का भ्रम उसकी इस तपस्या से भंग होता जाता था। उसे अब विश्वास होने लगा था कि मुलिया अब भी उसी की है। वह अगर किसी तरह अच्छा हो जाता, तो फिर उसे दिल में छिपाकर रखता और उसकी पूजा करता।

प्रातःकाल था। मुलिया ने कल्लू का हाथ-मुँह धुलाकर दवा पिलाई और खड़ी पंखा डुला रही थी कि कल्लू ने आँसू-भरी आँखों से देखकर कहा—मुलिया, मैंने उस जन्म में कोई भारी तप किया था कि तू मुझे मिल गई। तुम्हारी जगह मुझे दुनिया का राज मिले तो भी न लूँ।

मुलिया ने दोनों हाथों से उसका मुँह बन्द कर दिया और बोली इस तरह की बातें करोगे, तो मैं रोने लगूँगी। मेरे धन्य भाग कि तुम-जैसा स्वामी मिला।

यह कहते हुए उसने दोनों हाथ पति के गले में डाल दिए और लिपट गई। फिर बोली—भगवान् ने मुझे मेरे पापों का दंड दिया है।

कल्लू ने उत्सुकता से पूछा—सच कह दो मूला, राजा और तुममें क्या मामला था?

मुलिया ने विस्मित होकर कहा—मेरे और उसके बीच कोई और मामला हुआ हो, तो भगवान् मेरी दुर्गति करें। उसने मुझे चुँदरी दी थी। वह मैंने ले ली थी! फिर मैंने उसे आग में जला दिया। तब से मैं उससे नहीं बोली।

कल्लू ने ठंडी साँस खींचकर कहा—मैंने कुछ और ही समझ रखा था। न-जाने मेरी मति कहाँ हर गई थी। तुम्हें पाप लगाकर मैं आप पाप में फँस गया और उसका फल भोग रहा हूँ।

उसने रो-रोकर अपने दुष्कृत्यों का परदा खोलना शुरू किया और मुलिया आँसू की लड़ियाँ बहाकर सुनने लगी। अगर पति की चिन्ता न होती, तो उसने विष खा लिया होता।

5

कई महीने के बाद राजा छुट्टी लेकर घर आया और कल्लू की घातक बीमारी का हाल सुना, तो दिल में ख़ुश हुआ; तीमारदारी के बहाने से कल्लू के घर आने-जाने लगा। कल्लू उसे देखकर मुँह फेर लेता, लेकिन वह दिन में दो-चार बार पहुँच ही जाता।

एक दिन मुलिया खाना पका रही थी कि राजा ने रसोई के द्वार पर आकर कहा—भाभी, क्यों अब भी मुझ पर दया न करोगी? कितनी बेरहम हो तुम! कै दिन से तुम्हें खोज रहा हूँ, पर तुम मुझसे भागती फिरती हो। भैया अब अच्छे न होंगे। इन्हें गर्मी हो गई है। इनके साथ क्यों अपनी ज़िन्दगी ख़राब कर रही हो? तुम्हारी फूल-सी देह सूख गई है। मेरे साथ चलो, कुछ ज़िन्दगी की बहार उड़ाएँ। यह जवानी बहुत दिन न रहेगी। यह देखो, तुम्हारे लिए एक करनफूल लाया हूँ, ज़रा पहनकर मुझे दिखा दो।

उसने करनफूल मुलिया की ओर बढ़ा दिया। मुलिया ने उसकी ओर देखा भी नहीं। चूल्हे की ओर ताकती हुई बोली—लाला, तुम्हारे पैरों पड़ती हूँ, मुझे मत छेड़ो। यह सारी विपत्ति तुम्हारी लाई हुई है। तुम्हीं मेरे शत्रु हो। फिर भी तुम्हें लाज नहीं आती। कहते हो, भैया अब किस काम के हैं? मुझे तो अब वह पहले से कहीं ज़्यादा अच्छे लगते हैं। जब मैं न होती, तो वह दूसरी सगाई कर लाते, अपने हाथों ठोक खाते। आज मैं ही उनका आधार हूँ। वह मेरे सहारे जीते हैं। अगर मैं इस संकट में उनके साथ दग़ा करूँ, तो मुझसे बढ़कर अधम कौन होगा। जबकि मैं जानती हूँ कि इस संकट का कारण भी मैं ही हूँ।

राजा ने हँसकर कहा—यह तो वही हुआ, जैसे किसी की दाल गिर गई, तो उसने कहा—मुझे तो सूखी ही अच्छी लगती है।

मुलिया ने सिर उठाकर उसकी ओर सजोत नेत्रों से ताक़ते हुए कहा—तुम उनके पैरों की धूल के बराबर नहीं हो लाला, क्या कहते हो तुम? उजले कपड़े और चिकने मुखड़े से कोई आदमी सुन्दर नहीं होता। मेरी आँखों में तो उनके बराबर कोई दिखाई नहीं देता।

कल्लू ने पुकारा—मूला, थोड़ा पानी दे। मुलिया पानी लेकर दौड़ी। चलते-चलते करनफूल को ऐसा ठुकराया कि आँगन में जा गिरा।

राजा ने जल्दी से करनफूल उठा लिया और क्रोध में भरा हुआ चल दिया।

6

रोग दिन-पर-दिन बढ़ता गया। ठिकाने से दवा-दारू होती, तो शायद अच्छा हो जाता; मगर अकेली मुलिया क्या-क्या करती? दरिद्रता में बीमारी कोढ़ का खाज है।

आख़िर एक दिन परवाना आ पहुँचा। मुलिया घर का काम-धंधा करके आई, तो देखा कल्लू की साँस चल रही है। घबड़ाकर बोली—कैसा जी है तुम्हारा?

कल्लू ने सजल और दीनता-भरी आँखों से देखा और हाथ जोड़कर सिर नीचा कर लिया। यही अन्तिम बिदाई थी।

मुलिया उसके सीने पर सिर रखकर रोने लगी और उन्माद की दशा में उसके आहत हृदय से रक्त की बूँदों के समान शब्द निकलने लगे—तुमसे इतना भी न देखा गया, भगवन्! उस पर न्यायी और दयालु कहलाते हो! इसीलिए तुमने जन्म दिया! यही खेल खेलने के लिए! हाय नाथ! तुम तो इतने निष्ठुर न थे! मुझे अकेली छोड़कर चले जा रहे हो! हाय! अब कौन मूला कहकर पुकारेगा! अब किसके लिए कुएँ से पानी खींचूँगी! किसे बैठाकर खिलाऊँगी, पंखा डुलाऊँगी! सब सुख हर लिया, तो मुझे भी क्यों नहीं उठा लेते!

सारा गाँव जमा हो गया। सभी समझा रहे थे। मुलिया को धैर्य न होता था। यह सब मेरे कारण हुआ; यह बात उसे नहीं भूलती। हाय! हाय! उसे भगवान् ने सामर्थ्य दिया होता, तो आज उसका सिरताज यों उठ जाता?

शव की दाह-क्रिया की तैयारियाँ होने लगीं।

7

कल्लू को मरे छह महीने हो गए। मुलिया अपना कमाती है, खाती है और अपने घर में पड़ी रहती है। दिन-भर काम-धंधे से छुट्टी नहीं मिलती। हाँ, रात को एकान्त में रो लिया करती है।

उधर राजा की स्त्री मर गई, मगर दो-चार दिन के बाद वह फिर छैला बना घूमने लगा। और भी छूटा साँड़ हो गया। पहले स्त्री से झगड़ा हो जाने का कुछ डर था। अब वह भी न रहा। अबकी नौकरी पर से लौटा, तो सीधे मुलिया के घर पहुँचा। और इधर-उधर की बातें करने के बाद बोला—भाभी, अब तो मेरी अभिलाषा पूरी करोगी या अभी और कुछ बाक़ी है? अब तो भैया भी नहीं रहे। इधर मेरी घरवाली भी सिधारी! मैंने तो उसका ग़म भुला दिया। तुम कब तक भैया के नाम को रोती रहोगी?

मुलिया ने घृणा से उसकी ओर देखकर कहा—भैया नहीं रहे, तो क्या हुआ; भैया की याद तो है, उनका प्रेम तो है, उनकी सूरत तो दिल में है, उनकी बातें तो कानों में हैं। तुम्हारे लिए और दुनिया के लिए वह नहीं हैं, मेरे लिए वह अब भी वैसे ही जीते-जागते हैं। मैं अब भी उन्हें वैसे ही बैठे देखती हूँ। पहले तो देह का अंतर था। अब तो वह मुझसे और भी नगीच हो गए हैं। और ज्यों-ज्यों दिन बीतेंगे और भी नगीच होते जाएँगे। भरे-पूरे घर में दाने की कौन कदर करता है। जब घर ख़ाली हो जाता है, तब मालूम होता है कि दाना क्या है। पैसेवाले पैसे की कदर क्या जानें। पैसे की कदर तब होती है, जब हाथ ख़ाली हो जाता है। तब आदमी एक-एक कौड़ी दाँत से पकड़ता है। तुम्हें भगवान् ने दिल ही नहीं दिया, तुम क्या जानो, सोहबत क्या है। घरवाली को मरे अभी छह महीने भी नहीं हुए और तुम साँड़ बन बैठे। तुम मर गए होते, तो इसी तरह वह भी अब तक किसी के पास चली गई होती? मैं जानती हूँ कि मैं मर जाती, तो मेरा सिरताज 'जन्म' भर मेरे नाम को रोया करता। ऐसे ही पुरुषों की स्त्रियाँ उन पर प्राण देती हैं। तुम-जैसे सोहदों के भाग में पत्तल चाटना लिखा है; चाटो; मगर ख़बरदार, आज से मेरे घर में पाँव न रखना, नहीं तो जान से हाथ धोओगे! बस, निकल जाओ।

उसके मुख पर ऐसा तेज़, स्वर में इतनी कटुता थी कि राजा को ज़बान खोलने का भी साहस न हुआ। चुपके से निकल भागा।

मृतक-भोज

सेठ रामनाथ ने रोग-शय्या पर पड़े-पड़े निराशापूर्ण दृष्टि से अपनी स्त्री सुशीला की ओर देखकर कहा—मैं बड़ा अभागा हूँ, शीला। मेरे साथ तुम्हें सदैव ही दुख भोगना पड़ा। जब घर में कुछ न था, तो रात-दिन गृहस्थी के धन्धों और बच्चों के लिए मरती थीं। जब ज़रा कुछ सँभला और तुम्हारे आराम करने के दिन आए, तो यों छोड़े चला जा रहा हूँ। आज तक मुझे आशा थी, पर आज वह आशा टूट गई। देखो शीला, रोओ मत। संसार में सभी मरते हैं, कोई दो साल आगे, कोई दो साल पीछे। अब गृहस्थी का भार तुम्हारे ऊपर है। मैंने रुपए नहीं छोड़े; लेकिन जो कुछ है, उससे तुम्हारा जीवन किसी तरह कट जाएगा...यह राजा क्यों रो रहा है?

सुशीला ने आँसू पोंछकर कहा—जिद्दी हो गया है और क्या। आज सबेरे से रट लगाए हुए है कि मैं मोटर लूँगा। 5) रु. से कम में आएगी मोटर?

सेठजी को इधर कुछ दिनों से दोनों बालकों पर बहुत स्नेह हो गया था। बोले—तो मँगा दो न एक। बेचारा कब से रो रहा है, क्या-क्या अरमान दिल में थे। सब धूल में मिल गए। रानी के लिए विलायती गुड़िया भी मँगा दो। दूसरों के खिलौने देखकर तरसती रहती है। जिस धन को प्राणों से भी प्रिय समझा, वह अंत को डॉक्टरों ने खाया। बच्चे मुझे क्या याद करेंगे कि बाप था। अभागे बाप ने तो धन को लड़के-लड़की से प्रिय समझा। कभी पैसे की चीज़ भी लाकर नहीं दी।

अंतिम समय जब संसार की असारता कठोर सत्य बनकर आँखों के सामने खड़ी हो जाती है, तो जो कुछ न किया, उसका खेद और जो कुछ किया, उस पर पश्चात्ताप, मन को उदार और निष्कपट बना देता है।

सुशीला ने राजा को बुलाया और उसे छाती से लगाकर रोने लगी। वह मातृस्नेह, जो पति की कृपणता से भीतर-ही-भीतर तड़पकर रह जाता था, इस समय जैसे खौल उठा। लेकिन मोटर के लिए रुपए कहाँ थे?

सेठजी ने पूछा—मोटर लोगे बेटा; अपनी अम्माँ से रुपए लेकर भैया के साथ चले जाओ। ख़ूब अच्छी मोटर लाना।

राजा ने माता के आँसू और पिता का यह स्नेह देखा, तो उसका बालहठ जैसे पिघल गया। बोला—अभी नहीं लूँगा।

सेठजी ने पूछा—क्यों?

'जब आप अच्छे हो जाएँगे तब लूँगा।'

सेठजी फूट-फूटकर रोने लगे।

2

तीसरे दिन सेठ रामनाथ का देहान्त हो गया।

धनी के जीने से दुःख बहुतों को होता है, सुख थोड़ों को। उनके मरने से दुःख थोड़ों को होता है, सुख बहुतों को। महाब्राह्मणों की मंडली अलग सुखी है, पंडितजी अलग ख़ुश हैं, और शायद बिरादरी के लोग भी प्रसन्न हैं; इसलिए कि एक बराबर का आदमी कम हुआ। दिल से एक काँटा दूर हुआ। और पट्टीदारों का तो पूछना ही क्या। अब वह पुरानी कसर निकालेंगे। हृदय को शीतल करने का ऐसा अवसर बहुत दिनों के बाद मिला है।

आज पाँचवाँ दिन है। वह विशाल भवन सूना पड़ा है। लड़के न रोते हैं, न हँसते हैं। मन मारे माँ के पास बैठे हैं और विधवा भविष्य की अपार चिन्ताओं के भार से दबी हुई निर्जीव-सी पड़ी है। घर में जो रुपए बच रहे थे, वे दाह-क्रिया की भेंट हो गए और अभी सारे संस्कार बाक़ी पड़े हैं। भगवान्, कैसे बेड़ा पार लगेगा।

किसी ने द्वार पर आवाज़ दी। महरा ने आकर सेठ धनीराम के आने की सूचना दी। दोनों बालक बाहर दौड़े। सुशीला का मन भी एक क्षण के लिए हरा हो गया। सेठ धनीराम बिरादरी के सरपंच थे। अबला का क्षुब्ध हृदय सेठजी की इस कृपा से पुलकित हो उठा। आख़िर बिरादरी के मुखिया हैं। ये लोग अनाथों की खोज-ख़बर न लें तो कौन ले। धन्य हैं ये पुण्यात्मा लोग जो मुसीबत में दीनों की रक्षा करते हैं।

यह सोचती हुई सुशीला घूँघट निकाले बरोठे में आकर खड़ी हो गई। देखा तो धनीरामजी के अतिरिक्त और भी कई सज्जन खड़े हैं।

धनीराम बोले—बहूजी, भाई रामनाथ की अकाल-मृत्यु से हम लोगों को जितना दुःख हुआ है, वह हमारा दिल ही जानता है। अभी उनकी उम्र ही क्या थी; लेकिन भगवान् की इच्छा। अब तो हमारा यही धर्म है कि ईश्वर पर भरोसा रखें और आगे के लिए कोई राह निकालें। काम ऐसा करना चाहिए कि घर की आबरू भी बनी रहे और भाईजी की आत्मा संतुष्ट भी हो।

कुबेरदास ने सुशीला को कनखियों से देखते हुए कहा—मर्यादा बड़ी चीज़ है। उसकी रक्षा करना हमारा धर्म है। लेकिन कमली के बाहर पाँव निकालना भी तो उचित नहीं। कितने रुपए हैं तेरे पास, बहू? क्या कहा, कुछ नहीं?

सुशीला—घर में रुपए कहाँ हैं, सेठजी। जो थोड़े-बहुत थे, वह बीमारी में उठ गए।

धनीराम—तो यह नई समस्या खड़ी हुई। ऐसी दशा में हमें क्या करना चाहिए, कुबेरदासजी?

कुबेरदास—जैसे हो, भोज तो करना ही पड़ेगा। हाँ, अपनी सामर्थ्य देखकर काम करना चाहिए। मैं क़र्ज़ लेने को न कहूँगा। हाँ, घर में जितने रुपयों का प्रबंध हो सके, उसमें हमें कोई कसर न छोड़नी चाहिए। मृत-जीव के साथ भी तो हमारा कुछ कर्तव्य है। अब तो वह फिर कभी न आएगा, उससे सदैव के लिए नाता टूट रहा है। इसलिए सबकुछ हैसियत के मुताबिक़ होना चाहिए। ब्राह्मणों को तो भोज देना ही पड़ेगा जिससे कि मर्यादा का निर्वाह हो!

धनीराम—तो क्या तुम्हारे पास कुछ भी नहीं है, बहूजी? दो-चार हज़ार भी नहीं!

सुशीला—मैं आपसे सत्य कहती हूँ, मेरे पास कुछ नहीं है। ऐसे समय झूठ बोलूँगी।

धनीराम ने कुबेरदास की ओर अर्ध-अविश्वास से देखकर कहा—तब तो यह मकान बेचना पड़ेगा।

कुबेरदास—इसके सिवा और क्या हो सकता है। नाक काटना तो अच्छा नहीं। रामनाथ का कितना नाम था, बिरादरी के स्तंभ थे। यही इस समय एक उपाय है। 20 हज़ार रु. मेरे

आते हैं। सूद-बट्टा लगाकर कोई 25 हज़ार रु. मेरे हो जाएँगे। बाक़ी भोज में ख़र्च हो जाएगा। अगर कुछ बच रहा, तो बाल-बच्चों के काम आ जाएगा।

धनीराम—आपके यहाँ कितने पर बंधक रखा था?

कुबेरदास—20 हज़ार रुपए पर। रुपए सैकड़े सूद।

धनीराम—मैंने तो कुछ कम सुना है।

कुबेरदास—उसका तो रेहननामा रखा है। ज़बानी बातचीत थोड़े ही है। मैं दो-चार हज़ार के लिए झूठ नहीं बोलूँगा।

धनीराम—नहीं-नहीं, यह मैं कब कहता हूँ। तो तूने सुन लिया, बाई! पंचों की सलाह है कि मकान बेच दिया जाए।

सुशीला का छोटा भाई संतलाल भी इसी समय आ पहुँचा। यह अन्तिम वाक्य उसके कान में पड़ गया। बोल उठा—किसलिए मकान बेच दिया जाए? बिरादरी के भोज के लिए? बिरादरी तो खा-पीकर राह लेगी, इन अनाथों की रक्षा कैसे होगी? इनके भविष्य के लिए भी तो कुछ सोचना चाहिए।

धनीराम ने कोप-भरी आँखों से देखकर कहा—आपको इन मामलों में टाँग अड़ाने का कोई अधिकार नहीं। केवल भविष्य की चिन्ता करने से काम नहीं चलता। मृतक का पीछा भी किसी तरह सुधारना ही पड़ता है। आपका क्या बिगड़ेगा। हँसी तो हमारी होगी। संसार में मर्यादा से प्रिय कोई वस्तु नहीं! मर्यादा के लिए प्राण तक दे देते हैं। जब मर्यादा ही न रही, तो क्या रहा। अगर हमारी सलाह पूछोगे, तो हम यही कहेंगे। आगे बाई का अख़्तियार है, जैसा चाहे करे; पर हमसे कोई सरोकार न रहेगा। चलिए कुबेरदासजी, चलें।

सुशीला ने भयभीत होकर कहा—भैया की बातों का विचार न कीजिए, इनकी तो यह आदत है। मैंने तो आपकी बात नहीं टाली; आप मेरे बड़े हैं। घर का हाल आपको मालूम है। मैं अपने स्वामी की आत्मा को दुखी करना नहीं चाहती, लेकिन जब उनके बच्चे ठोकरें खाएँगे, तो क्या उनकी आत्मा दुखी न होगी? बेटी का ब्याह करना ही है। लड़के को पढ़ाना-लिखाना है ही। ब्राह्मणों को खिला दीजिए; लेकिन बिरादरी करने की मुझमें सामर्थ नहीं है।

दोनों महानुभावों को जैसे थप्पड़ लगी—इतना बड़ा अधर्म। भला ऐसी बात भी ज़बान से निकाली जाती है। पंच लोग अपने मुँह में कालिख न लगने देंगे। दुनिया विधवा को न हँसेगी, हँसी होगी पंचों की। यह जग-हँसाई वे कैसे सह सकते हैं। ऐसे घर के द्वार पर झाँकना भी पाप है।

सुशीला रोकर बोली—मैं अनाथ हूँ, नादान हूँ, मुझ पर क्रोध न कीजिए। आप लोग ही मुझे छोड़ देंगे, तो मेरा कैसे निर्वाह होगा।

इतने में दो महाशय और आ बिराजे। एक बहुत मोटे और दूसरे बहुत दुबले। नाम भी गुणों के अनुसार ही—भीमचन्द और दुर्बलदास। धनीराम ने संक्षेप में यह परिस्थिति उन्हें समझा दी। दुर्बलदास ने सहृदयता से कहा—तो ऐसा क्यों नहीं करते कि हम लोग मिलकर कुछ रुपए दे दें। जब इसका लड़का सयाना हो जाएगा, तो रुपए मिल ही जाएँगे। अगर न भी मिले तो एक मित्र के लिए कुछ बल खा जाना कोई बड़ी बात नहीं।

संतलाल ने प्रसन्न होकर कहा—इतनी दया आप करेंगे, तो क्या पूछना।

कुबेरदास त्योरी चढ़ाकर बोले—तुम तो बेसिर-पैर की बातें करने लगे दुर्बलदासजी! इस बखत के बाज़ार में किसके पास फालतू रुपए रखे हुए हैं।

भीमचन्द—सो तो ठीक है, बाज़ार की ऐसी मंदी तो कभी देखी नहीं; पर निबाह तो करना चाहिए।

कुबेरदास अकड़ गए। वह सुशीला के मकान पर दाँत लगाए हुए थे। ऐसी बातों से उनके स्वार्थ में बाधा पड़ती थी। वह अपने रुपए अब वसूल करके छोड़ेंगे।

भीमचन्द ने उन्हें किसी तरह सचेत किया; लेकिन भोज तो देना ही पड़ेगा। उस कर्तव्य का पालन न करना समाज की नाक काटना है।

सुशीला ने दुर्बलदास में सहृदयता का आभास देखा। उनकी ओर दीन नेत्रों से देखकर बोली—मैं आप लोगों से बाहर थोड़े ही हूँ। आप लोग मालिक हैं, जैसा उचित समझें वैसा करें।

दुर्बलदास—तेरे पास कुछ थोड़े-बहुत गहने तो होंगे, बाई?

'हाँ गहने हैं। आधे तो बीमारी में बिक गए, आधे बचे हैं।' सुशीला ने सारे गहने लाकर पंचों के सामने रख दिए; पर यह तो मुश्किल से तीन हज़ार में उठेंगे।

दुर्बलदास ने पोटली को हाथ में तौलकर कहा—तीन हज़ार को कैसे जाएँगे। मैं साढ़े तीन हज़ार दिला दूँगा।

भीमचन्द ने फिर पोटली को तौलकर कहा—मेरी बोली चार हज़ार की है।

कुबेरदास को मकान की बिक्री का प्रश्न छेड़ने का अवसर फिर मिला—चार हज़ार ही में क्या हुआ जाता है। बिरादरी का भोज है या दोष मिटाना है। बिरादरी में कम-से-कम दस हज़ार का खरचा है। मकान तो निकालना ही पड़ेगा।

सन्तलाल ने ओंठ चबाकर कहा—मैं कहता हूँ, आप लोग क्या इतने निर्दयी हैं! आप लोगों को अनाथ बालकों पर भी दया नहीं आती! क्या उन्हें रास्ते का भिखारी बनाकर छोड़ेंगे?

लेकिन सन्तलाल की फ़रियाद पर किसी ने ध्यान न दिया। मकान की बातचीत अब नहीं टाली जा सकती थी। बाज़ार मंदा है। 30 हज़ार से बेसी नहीं मिल सकते, 25 हज़ार तो कुबेरदास के हैं। पाँच हज़ार बचेंगे। चार हज़ार गहनों से आ जाएँगे। इस तरह 9 हज़ार में बड़ी क़िफायत से ब्रह्मभोज और बिरादरी-भोज दोनों निपटा दिए जाएँगे।

सुशीला ने दोनों बालकों को सामने करके करबद्ध होकर कहा—पंचो, मेरे बच्चों का मुँह देखिए। मेरे घर में जो कुछ है; वह आप सब ले लीजिए; लेकिन मकान छोड़ दीजिए—मुझे कहीं ठिकाना न मिलेगा। मैं आपके पैरों पड़ती हूँ मकान इस समय न बेचें।

इस मूर्खता का क्या जवाब दिया जाए। पंच लोग तो ख़ुद चाहते थे कि मकान न बेचना पड़े। उन्हें अनाथों से कोई दुश्मनी नहीं थी; किन्तु बिरादरी का भोज और किस तरह किया जाए। अगर विधवा कम-से-कम पाँच हज़ार रु. का जोगाड़ और कर दे, तो मकान बच सकता है, पर वह ऐसा नहीं कर सकती, तो मकान बेचने के सिवा और कोई उपाय नहीं।

कुबेर ने अंत में कहा—देख बाई, बाज़ार की दशा इस समय ख़राब है। रुपए किसी से उधार नहीं मिल सकते। बाल-बच्चों के भाग में लिखा होगा, तो भगवान् और किसी हीले से देगा। हीले रोजी, बहाने मौत। बाल-बच्चों की चिन्ता मत कर। भगवान् जिसको जन्म देते हैं, उसकी जीविका की जुगत पहले ही से कर देते हैं। हम तुझे समझाकर हार गए। अगर तू अब भी अपना हठ न छोड़ेगी, तो हम बात भी न पूछेंगे। फिर यहाँ तेरा रहना मुश्किल हो जाएगा। शहरवाले तेरे पीछे पड़ जाएँगे।

विधवा सुशीला अब और क्या करती। पंचों से लड़कर वह कैसे रह सकती थी। पानी में रहकर मगर से कौन बैर कर सकता है। घर में जाने के लिए उठी पर वहीं मूर्छित होकर गिर पड़ी। अभी तक आशा सँभाले हुई थी। बच्चों के पालन-पोषण में वह अपना वैधव्य भूल सकती थी; पर अब तो अंधकार था, चारों ओर।

3

सेठ रामनाथ के मित्रों का उनके घर पर पूरा अधिकार था। मित्रों का अधिकार न हो तो किसका हो। स्त्री कौन होती है। जब वह इतनी मोटी-सी बात नहीं समझती कि बिरादरी करना और धूम-धाम से दिल खोलकर करना लाजिमी बात है, तो उससे और कुछ कहना व्यर्थ है। गहने कौन ख़रीदे? भीमचन्द चार हज़ार दाम लगा चुके थे, लेकिन अब उन्हें मालूम हुआ कि उनसे भूल हुई थी। दुर्बलदास ने तीन हज़ार लगाए थे। इसलिए सौदा इन्हीं के हाथ हुआ। इस बात पर दुर्बलदास और भीमचन्द में तकरार भी हो गई; लेकिन भीमचन्द को मुँह की खानी पड़ी। न्याय दुर्बल के पक्ष में था।

धनीराम ने कटाक्ष किया—देखो दुर्बलदास, माल तो ले जाते हो; पर तीन हज़ार से बेसी का है। मैं नीति की हत्या न होने दूँगा।

कुबेरदास बोले—अजी, तो घर में ही तो है, कहीं बाहर तो नहीं गया। एक दिन मित्रों की दावत हो जाएगी!

इस पर चारों महानुभाव हँसे। इस काम से फुरसत पाकर अब मकान का प्रश्न उठा। कुबेरदास 30 हज़ार देने पर तैयार थे; पर क़ानूनी कार्रवाई किए बिना सन्देह की गुंजाइश थी। यह गुंजाइश क्योंकर रखी जाए। एक दलाल बुलाया गया। नाटा-सा आदमी था, पोपला मुँह, कोई 70 की अवस्था। नाम था चोखेलाल।

कुबेरदास ने कहा—चोखेलालजी से हमारी तीस साल की दोस्ती है। आदमी क्या रत्न हैं।

भीमचन्द—देखो चोखेलाल, हमें यह मकान बेचना है। इसके लिए कोई अच्छा ग्राहक लाओ। तुम्हारी दलाली पक्की।

कुबेरदास—बाज़ार का हाल अच्छा नहीं है; लेकिन फिर भी हमें यह तो देखना पड़ेगा कि रामनाथ के बाल-बच्चों को टोटा न हो। (चोखेलाल के कान में) तीस से आगे न जाना।

भीमचन्द—देखिए कुबेरदास, यह अच्छी बात नहीं है।

कुबेरदास—तो मैं क्या कर रहा हूँ। मैं तो यही कह रहा था कि अच्छे दाम लगवाना।

चोखेलाल—आप लोगों को मुझसे यह कहने की ज़रूरत नहीं। मैं अपना धर्म समझता हूँ। रामनाथजी मेरे भी मित्र थे। मुझे यह भी मालूम है कि इस मकान के बनवाने में एक लाख से कम एक पाई भी नहीं लगे, लेकिन बाज़ार का हाल क्या आप लोगों से छिपा है। इस समय इसके 25 हज़ार से बेसी नहीं मिल सकते। सुभीते से तो कोई ग्राहक से दस-पाँच हज़ार और मिल जाएँगे; लेकिन इस समय तो कोई ग्राहक भी मुश्किल से मिलेंगे। लो दही और लाव दही की बात है।

धनीराम—25 हज़ार रु. तो बहुत कम है भाई, और न सही 30 हज़ार रु. तो करा दो।

चोखेलाल—30 क्या मैं तो 40 करा दूँ, पर कोई ग्राहक तो मिले। आप लोग कहते हैं तो मैं 30 हज़ार रु. की बातचीत करूँगा।

धनीराम—जब तीस हज़ार में ही देना है तो कुबेरदासजी ही क्यों न लें। इतना सस्ता माल दूसरों को क्यों दिया जाए।

कुबेरदास—आप सब लोगों की राय हो, तो ऐसा ही कर लिया जाए।

धनीराम ने 'हाँ, हाँ' कहकर हामी भरी। भीमचन्द मन में ऐंठकर रह गए। यह सौदा भी पक्का हो गया। आज ही वकील ने बैनामा लिखा। तुरन्त रजिस्ट्री भी हो गई। सुशीला के सामने बैनामा लाया गया, तो उसने एक ठंडी साँस ली और सजल नेत्रों से उस पर हस्ताक्षर कर दिए। अब उसे उसके सिवा और कहीं शरण नहीं है। बेवफा मित्र की भाँति यह घर भी सुख के दिनों में साथ देकर दु:ख के दिनों में उसका साथ छोड़ रहा है।

पंच लोग सुशीला के आँगन में बैठे बिरादरी के रुक्के लिख रहे हैं और अनाथ विधवा ऊपर झरोखे पर बैठी भाग्य को रो रही है। इधर रुक्का तैयार हुआ, उधर विधवा की आँखों से आँसू की बूँदें निकलकर रुक्के पर गिर पड़ीं।

धनीराम ने ऊपर देखकर कहा—पानी का छींटा कहाँ से आया?

सन्तलाल—बाई बैठी रो रही है। उसने रुक्के पर अपने रक्त के आँसुओं की मुहर लगा दी है।

धनीराम—(ऊँचे स्वर में) अरे, तो तू रो क्यों रही है, बाई? यह रोने का समय नहीं है, तुझे तो प्रसन्न होना चाहिए कि पंच लोग तेरे घर में आज यह शुभ-कार्य करने के लिए जमा हैं। जिस पति के साथ तूने इतने दिनों भोग-विलास किया, उसी का पीछा सुधारने में तू दु:ख मानती है?

बिरादरी में रुक्का फिरा। इधर तीन-चार दिन पंचों ने भोज की तैयारियों में बिताए। घी धनीरामजी की आढ़त से आया। मैदा, चीनी की आढ़त भी उन्हीं की थी। पाँचवें दिन प्रात:काल ब्रह्म-भोज हुआ। संध्या-समय बिरादरी का ज्योनार। सुशीला के द्वार पर बग्घियों और मोटरों की कतारें खड़ी थीं। भीतर मेहमानों की पंगतें थीं। आँगन, बैठक, दालान, बरोठा, ऊपर की छत नीचे-ऊपर मेहमानों से भरा हुआ था। लोग भोजन करते थे और पंचों को सराहते थे।

ख़र्च तो सभी करते हैं; पर इंतज़ाम का सलीका चाहिए। ऐसे स्वादिष्ट पदार्थ बहुत कम खाने में आते हैं।

'सेठ चम्पाराम के भोज के बाद ऐसा भोज रामनाथजी का ही हुआ है।'

'अमृतियाँ कैसी कुरकुरी हैं!'

'रसगुल्ले मेवों से भरे हैं।'

'सारा श्रेय पंचों को है।'

धनीराम ने नम्रता से कहा—आप भाइयों की दया है जो ऐसा कहते हो। रामनाथ से भाई-चारे का व्यवहार था। हम न करते तो कौन करता। चार दिन से सोना नसीब नहीं हुआ।

'आप धन्य हैं! मित्र हों तो ऐसे हों।'

'क्या बात है! आपने रामनाथजी का नाम रख लिया। बिरादरी यही खाना-खिलाना देखती है। रोकड़ देखने नहीं जाती।'

मेहमान लोग बखान-बखान कर माल उड़ा रहे थे और उधर कोठरी में बैठी हुई सुशीला सोच रही थी—संसार में ऐसे स्वार्थी लोग हैं! सारा संसार स्वार्थमय हो गया है! सब पेटों पर हाथ फेर-फेर कर भोजन कर रहे हैं। कोई इतना भी नहीं पूछता कि अनाथों के लिए कुछ बचा या नहीं।

4

एक महीना गुज़र गया। सुशीला को एक-एक पैसे की तंगी हो रही थी। नकद था ही नहीं, गहने निकल ही गए थे। अब थोड़े से बरतन बच रहे थे। उधर छोटे-छोटे बहुत-से बिल चुकाने थे। कुछ रुपए डॉक्टर के, कुछ दरजी के, कुछ बनियों के। सुशीला को यह रक़में घर का बचा-खुचा सामान बेचकर चुकानी पड़ीं। और महीना पूरा होते-होते उसके पास कुछ न बचा। बेचारा सन्तलाल एक दुकान पर मुनीम था। कभी-कभी वह आकर एक-आध रुपए दे देता। इधर ख़र्च का हाथ फैला हुआ था। लड़के अवस्था को समझते थे। माँ को छेड़ते न थे, पर मकान के सामने से कोई खोंचेवाला निकल जाता और वे दूसरे लड़कों को फल या मिठाई खाते देखते, तो उनके मुँह में पानी भरकर आँखों में भर जाता था। ऐसी ललचाई हुई आँखों से ताक़ते थे कि दया आती। वही बच्चे, जो थोड़े दिन पहले मेवे-मिठाई की ओर ताक़ते न थे अब एक-एक पैसे की चीज़ को तरसते थे। वही सज्जन, जिन्होंने बिरादरी का भोज करवाया था, अब घर के सामने से निकल जाते; पर कोई झाँकता न था।

शाम हो गई थी। सुशीला चूल्हा जलाए रोटियाँ सेंक रही थी और दोनों बालक चूल्हे के पास रोटियों को क्षुधित नेत्रों से देख रहे थे। चूल्हे के दूसरे ऐले पर दाल थी। दाल के पकने का इंतज़ार था। लड़की ग्यारह साल की थी, लड़का आठ साल का।

मोहन अधीर होकर बोला—अम्माँ, मुझे रूखी रोटियाँ ही दे दो। बड़ी भूख लगी है।

सुशीला—अभी दाल कच्ची है भैया।

रेवती—मेरे पास एक पैसा है। मैं उसका दही लिए आती हूँ।

सुशीला—तूने पैसा कहाँ पाया?

रेवती—मुझे कल अपनी गुड़ियों की पेटारी में मिल गया था।

सुशीला—लेकिन जल्द आइयो।

रेवती दौड़कर बाहर गई और थोड़ी देर में एक पत्ते पर ज़रा-सा दही ले आई। माँ ने रोटी-सेंककर दे दी। दही से खाने लगा। आम लड़कों की भाँति वह भी स्वार्थी था। बहन से पूछा भी नहीं।

सुशीला ने कड़ी आँखों से देखकर कहा—बहन को भी दे दे। अकेला ही खा जाएगा।

मोहन लज्जित हो गया। उसकी आँखें डबडबा आईं।

रेवती बोली—नहीं अम्माँ, कितना मिला ही है। तुम खाओ मोहन, तुम्हें जल्दी नींद आ जाती है। मैं तो दाल पक जाएगी तो खाऊँगी।

उसी वक़्त दो आदमियों ने आवाज़ दी। रेवती ने बाहर जाकर पूछा। यह सेठ कुबेरदास के आदमी थे। मकान ख़ाली कराने आए थे। क्रोध से सुशीला की आँखें लाल हो गईं।

बरोठे में आकर कहा—अभी मेरे पति को पीछे हुए महीना भी नहीं हुआ, मकान ख़ाली कराने की धुन सवार हो गई। मेरा 50 हज़ार का घर 30 हज़ार में ले लिया, पाँच हज़ार सूद के उड़ाए, फिर भी तस्कीन नहीं होती। कह दो, मैं अभी ख़ाली नहीं करूँगी।

मुनीम ने नम्रता से कहा—बाई जी, मेरा क्या अख़्तियार है। मैं तो केवल संदेसिया हूँ। जब चीज़ दूसरे की हो गई, तो आपको छोड़नी ही पड़ेगी। झंझट करने से क्या मतलब।

सुशीला भी समझ गई, ठीक ही कहता है। गाय हत्या के बल कै दिन खेत चरेगी। नर्म होकर बोली—सेठजी से कहो, मुझे दस-पाँच दिन की मुहलत दें। लेकिन नहीं, कुछ मत

कहो। क्यों दस-पाँच दिन के लिए किसी का एहसान लूँ। मेरे भाग्य में इस घर में रहना लिखा होता, तो निकलता ही क्यों।

मुनीम ने पूछा—तो कल सबेरे तक ख़ाली हो जाएगा?

सुशीला—हाँ, हाँ, कहती तो हूँ; लेकिन सबेरे तक क्यों, मैं अभी ख़ाली किए देती हूँ। मेरे पास कौन-सा बड़ा सामान ही है। तुम्हारे सेठजी का रात-भर का किराया मारा जाएगा। जाकर ताला-वाला लाओ या लाए हो?

मुनीम—ऐसी क्या जल्दी है, बाई। कल सावधानी से ख़ाली कर दीजिएगा।

सुशीला—कल का झगड़ा क्या रखूँ। मुनीमजी, आप जाइए, ताला लाकर डाल दीजिए। यह कहती हुई सुशीला अन्दर गई, बच्चों को भोजन कराया, एक रोटी आप किसी तरह निगली, बरतन धोए, फिर एक एक्का मँगवाकर उस पर अपना मुख्तसर सामान लादा और भारी हृदय से उस घर से हमेशा के लिए विदा हो गई।

जिस वक़्त यह घर बनवाया था, मन में कितनी उमंगें थीं। इसके प्रवेश में कई हज़ार ब्राह्मणों का भोज हुआ था। सुशीला को इतनी दौड़-धूप करनी पड़ी थी कि वह महीने भर बीमार रही थी। इसी घर में उसके दो लड़के मरे थे। यहीं उसका पति मरा था। मरनेवालों की स्मृतियों ने उसकी एक-एक ईंट को पवित्र कर दिया था। एक-एक पत्थर मानो उसके हर्ष से ख़ुशी और उसके शोक से दुखी होता था। वह घर आज उससे छूटा जा रहा है।

उसने रात एक पड़ोसी के घर में काटी और दूसरे दिन 10 रु. महीने पर एक गली में दूसरा मकान ले लिया।

5

इस नए कमरे में इन अनाथों ने तीन महीने जिस कष्ट से काटे, वह समझनेवाले ही समझ सकते हैं। भला हो बेचारे सन्तलाल का। वह दस-पाँच रुपए से मदद कर दिया करता था। अगर सुशीला दरिद्र घर की होती, तो पिसाई करती, कपड़े सीती, किसी के घर में टहल करती; पर जिन कामों को बिरादरी नीचा समझती है, उनका सहारा कैसे लेती। नहीं तो लोग कहते, यह सेठ रामनाथ की स्त्री है! उस नाम की भी तो लाज रखनी थी। समाज के चक्रव्यूह से किसी तरह तो छुटकारा नहीं होता। लड़की के दो-एक गहने बच रहे थे। वह भी बिक गए। जब रोटियों ही के लाले थे, तो घर का किराया कहाँ से आता। तीन महीने बाद घर का मालिक, जो उसी बिरादरी का एक प्रतिष्ठित व्यक्ति था और जिसने मृतक-भोज में ख़ूब बढ़-बढ़कर हाथ मारे थे, अधीर हो उठा। बेचारा कितना धैर्य रखता। 30 रु. का मामला है, रुपए-आठ-आने की बात नहीं है। इतनी बड़ी रक़म नहीं छोड़ी जाती।

आख़िर एक दिन सेठजी ने आकर लाल-लाल आँखें करके कहा—अगर तू किराया नहीं दे सकती, तो घर ख़ाली कर दे। मैंने बिरादरी के नाते इतनी मुरौवत की। अब किसी तरह काम नहीं चल सकता।

सुशीला बोली—सेठजी, मेरे पास रुपए होते, तो पहले आपका किराया देकर तब पानी पीती। आपने इतनी मुरौवत की, इसके लिए मेरा सिर आपके चरणों पर है, लेकिन अभी मैं बिलकुल ख़ाली-हाथ हूँ। यह समझ लीजिए कि एक भाई के बाल-बच्चों की परवरिश कर रहे हैं। और क्या कहूँ।

सेठ—चल-चल, इस तरह की बातें बहुत सुन चुका। बिरादरी का आदमी है, तो उसे चूस लो। कोई मुसलमान होता, तो उसे चुपके से महीने-महीने दे देती, नहीं तो उसने निकाल बाहर किया होता, मैं बिरादरी का हूँ, इसलिए मुझे किराया देने की दरकार नहीं। मुझे माँगना ही नहीं चाहिए। यही तो बिरादरी के साथ करना चाहिए।

इसी समय रेवती भी आकर खड़ी हो गई। सेठजी ने उसे सिर से पाँव तक देखा और तब किसी कारण से बोले—अच्छा, यह लड़की तो सयानी हो गई। कहीं इसकी सगाई की बातचीत नहीं की?

रेवती तुरन्त भाग गई। सुशीला ने इन शब्दों में आत्मीयता की झलक पाकर पुलकित कंठ से कहा—अभी तो कहीं बातचीत नहीं हुई, सेठजी। घर का किराया तक तो अदा नहीं कर सकती, सगाई क्या करूँगी; फिर अभी छोटी भी तो है।

सेठजी ने तुरन्त शास्त्रों का आधार दिया। कन्याओं के विवाह की यही अवस्था है। धर्म को कभी नहीं छोड़ना चाहिए। किराए की कोई बात नहीं है। हमें क्या मालूम था कि सेठ रामनाथ के परिवार की यह दशा है।

सुशीला—तो आपकी निगाह में कोई अच्छा घर है! यह तो आप जानते ही हैं, मेरे पास लेने-देने को कुछ नहीं है।

झाबरमल—(इन सेठजी का यही नाम था)—लेने-देने का कोई झगड़ा नहीं होगा; बाईजी। ऐसा घर है कि लड़की आजीवन सुखी रहेगी। लड़का भी उसके साथ रह सकता है। कुल का सच्चा; हर तरह से संपन्न परिवार है। हाँ, वह दोहाजू (दुजवर) है।

सुशीला—उम्र अच्छी होनी चाहिए, दोहाजू होने से क्या होता है।

झाबरमल—उम्र भी कुछ ज़्यादा नहीं, अभी चालीसवाँ ही साल है उसका, पर देखने में अच्छा हृष्ट-पुष्ट है। मर्द की उम्र उसका भोजन है। बस यह समझ लो कि परिवार का उद्धार हो जाएगा।

सुशीला ने अनिच्छा के भाव से कहा—अच्छा, मैं सोचकर जवाब दूँगी। एक बार मुझे दिखा देना।

झाबरमल—दिखाने को कहीं नहीं जाना है, बाई। वह तो तेरे सामने ही खड़ा है।

सुशीला ने घृणापूर्ण नेत्रों से उसकी ओर देखा। इस पचास साल के बुड्ढे की यह हबस! छाती का मांस लटककर नाभी तक आ पहुँचा है, फिर भी विवाह की धुन सवार है। यह दुष्ट समझता है कि प्रलोभनों में पड़कर मैं अपनी लड़की उसके गले बाँध दूँगी। वह अपनी बेटी को आजीवन क्वाँरी रखेगी; पर ऐसे मृतक से विवाह करके उसका जीवन नष्ट न करेगी, पर उसने अपने क्रोध को शान्त किया। समय का फेर है, नहीं तो ऐसों को उससे ऐसा प्रस्ताव करने का साहस ही क्यों होता। बोली—आपकी इस कृपा के लिए आपको धन्यवाद देती हूँ, सेठजी, पर मैं कन्या का विवाह आपसे नहीं कर सकती।

झाबरमल—तो और क्या तू समझती है कि तेरी कन्या के लिए बिरादरी में कोई कुमार मिल जाएगा?

सुशीला—मेरी लड़की क्वाँरी रहेगी।

झाबरमल—और रामनाथजी के नाम को कलंकित करेगी?

सुशीला—तुम्हें मुझसे ऐसी बातें करते लाज नहीं आती? नाम के लिए घर खोया, संपत्ति खोई, पर कन्या कुएँ में नहीं डुबा सकती।

झाबरमल—तो मेरा केराया दे दे।

सुशीला—अभी मेरे पास रुपए नहीं हैं।

झाबरमल ने भीतर घुसकर गृहस्थ की एक-एक वस्तु निकालकर गली में फेंक दी। घड़ा फूट गया, मटके टूट गए। सन्दूक के कपड़े बिखर गए। सुशीला तटस्थ खड़ी अपने अदिन की यह क्रूर क्रीड़ा देखती रही।

घर का यों विध्वंस करके झाबरमल ने घर में ताला डाल दिया और अदालत से रुपए वसूल करने की धमकी देकर चले गए।

6

बड़ों के पास धन होता है, छोटों के पास हृदय होता है। धन से बड़े-बड़े व्यापार होते हैं; बड़े-बड़े महल बनते हैं, नौकर-चाकर होते हैं, सवारी-शिकारी होती है; हृदय से समवेदना होती है, आँसू निकलते हैं।

उसी मकान से मिली हुई एक साग-भाजी बेचनेवाली खटकिन की दुकान थी। वृद्धा, विधवा निपूती स्त्री थी, बाहर से आग, भीतर से पानी। झाबरमल को सैकड़ों सुनाईं और सुशीला की एक-एक चीज़ उठाकर अपने घर में ले गई। मेरे घर में रहो बहू। मुरौवत में आ गई, नहीं तो उसकी मूँछें उखाड़ लेती। मौत सिर पर नाच रही है, आगे नाथ, न पीछे पगहा! और धन के पीछे मरा जाता है। जाने छाती पर लादकर ले जाएगा। तुम चलो मेरे घर में रहो। मेरे यहाँ किसी बात का खटका नहीं बस मैं अकेली हूँ। एक टुकड़ा मुझे भी दे देना।

सुशीला ने डरते-डरते कहा—माता, मेरे पास सेर-भर आटे के सिवा और कुछ नहीं है। मैं तुम्हें केराया कहाँ से दूँगी।

बुढ़िया ने कहा—मैं झाबरमल नहीं हूँ बहू, न कुबेरदास हूँ। मैं तो समझती हूँ, ज़िन्दगी में सुख भी है, दुख भी है। सुख में इतराओ मत, दुःख में घबड़ाओ मत। तुम्हीं से चार पैसे कमाकर अपना पेट पालती हूँ। तुम्हें उस दिन भी देखा था; जब तुम महल में रहती थीं और आज भी देख रही हूँ, जब तुम अनाथ हो। जो मिज़ाज तब था, वही अब है। मेरे धन्य भाग कि तुम मेरे घर में आओ। मेरी आँखें फूटी हैं, जो तुमसे केराया माँगने जाऊँगी।

इन सांत्वना से भरे हुए सरल शब्दों ने सुशीला के हृदय का बोझ हल्का कर दिया। उसने देखा, सच्ची सज्जनता भी दरिद्रों और नीचों ही के पास रहती है। बड़ों की दया भी होती है, अहंकार का दूसरा रूप!

इस खटकिन के साथ रहते हुए सुशीला को छह महीने हो गए थे। सुशीला का उससे दिन-दिन स्नेह बढ़ता जाता था। वह जो कुछ पाती, लाकर सुशीला के हाथ में रख देती। दोनों बालक उसकी दो आँखें थीं। मजाल न थी कि पड़ोस का कोई आदमी उन्हें कड़ी आँखों से देख ले। बुढ़िया दुनिया सिर पर उठा लेती। सन्तलाल हर महीने कुछ-न-कुछ दे दिया करता था। इससे रोटी-दाल चली जाती थी।

कातिक का महीना था—ज्वर का प्रकोप हो रहा था। मोहन एक दिन खेलता-कूदता बीमार पड़ गया और तीन दिन तक अचेत पड़ा रहा। ज्वर इतने ज़ोर का था कि पास खड़े रहने से लपट-सी निकलती थी। बुढ़िया ओझे-सयानों के पास दौड़ती फिरती थी; पर ज्वर उतरने का नाम न लेता था। सुशीला को भय हो रहा था, यह टाइफाइड है। इससे उसके प्राण सूख रहे थे।

चौथे दिन उसने रेवती से कहा—बेटी, तूने बड़े पंचजी का घर तो देखा है। जाकर उनसे कह भैया बीमार है, कोई डॉक्टर भेज दें।

रेवती को कहने भर की देरी थी। दौड़ती हुई सेठ कुबेरदास के पास गई।

कुबेरदास बोले—डॉक्टर की फीस 16) है। तेरी माँ दे देगी?

रेवती ने निराश होकर कहा—अम्माँ के पास रुपए कहाँ हैं?

कुबेरदास—तो फिर किस मुँह से मेरे डॉक्टर को बुलाती है। तेरा मामा कहाँ है? उनसे जाकर कह, सेवा समिति से कोई डॉक्टर बुला ले जाएँ, नहीं तो ख़ैराती अस्पताल में क्यों नहीं लड़के को ले जाती? या अभी वही पुरानी बू समाई हुई है। कैसी मूर्ख स्त्री है, घर में टका नहीं और डॉक्टर का हुकुम लगा दिया। समझती होगी, फीस पंचजी दे देंगे। पंचजी क्यों फीस दें? बिरादरी का धन धर्म-कार्य के लिए है, यों उड़ाने के लिए नहीं है।

रेवती माँ के पास लौटी; पर जो कुछ सुना था, वह उससे न कह सकी। घाव पर नमक क्यों छिड़के। बहाना कर दिया, बड़े पंचजी कहीं गए हैं।

सुशीला—तो मुनीम से क्यों नहीं कहा? यहाँ क्या कोई मिठाई खाए जाता था, जो दौड़ी चली आई?

इसी वक़्त सन्तलाल एक वैद्यजी को लेकर आ पहुँचा।

7

वैद्य भी एक दिन आकर दूसरे दिन न लौटे। सेवा-समिति के डॉक्टर भी दो दिन बड़ी मिन्नतों से आए। फिर उन्हें भी अवकाश न रहा और मोहन की दशा दिनोंदिन बिगड़ती जाती थी। महीना बीत गया; पर ज्वर ऐसा चढ़ा कि एक क्षण के लिए भी न उतरा। उसका चेहरा इतना सूख गया था कि देख कर दया आती थी। न कुछ बोलता, न कहता, यहाँ तक कि करवट भी न बदल सकता था। पड़े-पड़े देह की खाल फट गई, सिर के बाल गिर गए। हाथ-पाँव लकड़ी हो गए। सन्तलाल काम से छुट्टी पाता तो आ जाता, पर इससे क्या होता; तीमारदारी दवा तो नहीं है।

एक दिन संध्या समय उसके हाथ ठंडे हो गए। माता के प्राण पहले ही से सूखे हुए थे। यह हाल देखकर रोने-पीटने लगी। मिन्नतें तो बहुतेरी हो चुकी थीं। रोती हुई मोहन की खाट के सात फेरे करके हाथ बाँधकर बोली—भगवान्! यही मेरे जन्म की कमाई है। अपना सर्वस्व खोकर भी मैं बालक को छाती से लगाए हुए संतुष्ट थी; लेकिन यह चोट न सही जाएगी। तुम इसे अच्छा कर दो। इसके बदले मुझे उठा लो। बस, मैं यही दया चाहती हूँ, दयामय?

संसार के रहस्य को कौन समझ सकता है! क्या हममें से बहुतों को यह अनुभव नहीं कि जिस दिन हमने बेईमानी करके कुछ रक़म उड़ाई, उसी दिन उस रक़म का दुगुना नुक़सान हो गया। सुशीला को उसी दिन रात को ज्वर आ गया और उसी दिन मोहन का ज्वर उतर गया। बच्चे की सेवा-शुश्रूषा में आधी तो यों ही रह गई थी, इस बीमारी ने ऐसा पकड़ा कि फिर न छोड़ा। मालूम नहीं, देवता बैठे सुन रहे थे या क्या, उसकी याचना अक्षरशः पूरी हुई। पंद्रहवें दिन मोहन चारपाई से उठकर माँ के पास आया और उसकी छाती पर सिर रखकर रोने लगा। माता ने उसके गले में बाँहें डालकर उसे छाती से लगा लिया और बोली—क्यों रोते हो बेटा!

मैं अच्छी हो जाऊँगी। अब मुझे क्या चिन्ता। भगवान् पालनेवाले हैं। वही तुम्हारे रक्षक हैं। वही तुम्हारे पिता हैं। अब मैं सब तरफ़ से निश्चिंत हूँ। जल्द अच्छी हो जाऊँगी।

मोहन बोला—जिया तो कहती है, अम्माँ अब न अच्छी होंगी।

सुशीला ने बालक का चुम्बन लेकर कहा—जिया पगली है, उसे कहने दो। मैं तुम्हें छोड़कर कहीं न जाऊँगी। मैं सदा तुम्हारे साथ रहूँगी। हाँ, जिस दिन तुम कोई अपराध करोगे, किसी की कोई चीज़ उठा लोगे, उसी दिन मैं मर जाऊँगी?

मोहन ने प्रसन्न होकर कहा—तो तुम मेरे पास से कभी नहीं जाओगी माँ?

सुशीला ने कहा—कभी नहीं बेटा, कभी नहीं।

उसी रात को दुःख और विपत्ति की मारी हुई यह अनाथ विधवा दोनों अनाथ बालकों को भगवान् पर छोड़कर परलोक सिधार गई।

8

इस घटना को तीन साल हो गए हैं, मोहन और रेवती दोनों उसी वृद्धा के पास रहते हैं। बुढ़िया माँ तो नहीं है; लेकिन माँ से बढ़कर है। रोज़ मोहन को रात की रखी रोटियाँ खिलाकर गुरुजी की पाठशाला में पहुँचा आती है। छुट्टी के समय जाकर लिवा आती है। रेवती का अब चौदहवाँ साल है। वह घर का सारा काम—पीसना-कूटना, चौका-बरतन, झाड़ू-बुहारू करती है। बुढ़िया सौदा बेचने चली जाती है, तो वह दुकान पर भी आ बैठती है।

एक दिन बड़े पंच सेठ कुबेरदास ने उसे बुला भेजा और बोले—तुझे दुकान पर बैठते शर्म नहीं आती, सारी बिरादरी की नाक कटा रही है। ख़बरदार, जो कल से दुकान पर बैठी। मैंने तेरे पाणिग्रहण के लिए झाबरमल जी को पक्का कर लिया है।

सेठानी ने समर्थन किया—तू अब सयानी हुई बेटी, अब तेरा इस तरह बैठना अच्छा नहीं। लोग तरह-तरह की बातें करने लगते हैं। सेठ झाबरमल तो राज़ी ही न होते थे, हमने बहुत कह-सुनकर राज़ी किया है। बस, समझ ले कि रानी हो जाएगी। लाखों की सम्पत्ति है, लाखों की। तेरे धन्य भाग कि ऐसा वर मिला। तेरा छोटा भाई है, उसको भी कोई दुकान करा दी जाएगी।

सेठ—बिरादरी की कितनी बदनामी है!

सेठानी—है ही।

रेवती ने लज्जित होकर कहा—मैं क्या जानूँ, आप मामा से कहें।

सेठ (बिगड़कर)—वह कौन होता है! टके पर मुनीमी करता है। उससे मैं क्या पूछूँ। मैं बिरादरी का पंच हूँ। मुझे अधिकार है, जिस काम से बिरादरी का कल्याण देखूँ, वह करूँ। मैंने और पंचों से राय ले ली है। सब मुझसे सहमत हैं। अगर तू यों नहीं मानेगी, तो हम अदालती कार्रवाई करेंगे। तुझे खरच-बरच का काम होगा, यह लेती जा।

यह कहते हुए उन्होंने 20) के नोट रेवती की तरफ़ फेंक दिए।

रेवती ने उठाकर वहीं पुरजे-पुरजे कर डाले और तमतमाए मुख से बोली—बिरादरी ने तब हम लोगों की बात न पूछी; जब हम रोटियों को मुहताज थे। मेरी माता मर गई; कोई झाँकने तक न आया। मेरा भाई बीमार हुआ, किसी ने ख़बर तक न ली। ऐसी बिरादरी की मुझे परवाह नहीं है।

रेवती चली गई, तो झाबरमल कोठरी से निकल आए। चेहरा उदास था।

सेठानी ने कहा—लड़की बड़ी घमंडिन है। आँख का पानी मर गया है।

झाबरमल—बीस रुपए ख़राब हो गए। ऐसा फाड़ा है कि जुड़ भी नहीं सकते।

कुबेरदास—तुम घबड़ाओ नहीं; मैं इसे अदालत से ठीक करूँगा। जाती कहाँ है।

झाबरमल—अब तो आपका ही भरोसा है।

बिरादरी के बड़े पंच की बात कहीं मिथ्या हो सकती है? रेवती नाबालिग थी। माता-पिता नहीं थे। ऐसी दशा में पंचों का उस पर पूरा अधिकार था। वह बिरादरी के दबाव में नहीं रहना चाहती है, न चाहे। क़ानून बिरादरी के अधिकार की उपेक्षा नहीं कर सकता।

सन्तलाल ने यह माजरा सुना; तो दाँत पीसकर बोले—न जाने इस बिरादरी का भगवान् कब अंत करेंगे।

रेवती—क्या बिरादरी मुझे ज़बरदस्ती अपने अधिकार में ले सकती है?

सन्तलाल—हाँ बेटी, धनिकों के हाथ में तो क़ानून भी है।

रेवती—मैं कह दूँगी कि मैं उनके पास नहीं रहना चाहती।

सन्तलाल—तेरे कहने से क्या होगा। तेरे भाग्य में यही लिखा था, तो किसका बस है। मैं जाता हूँ बड़े पंच के पास।

रेवती—नहीं मामाजी, तुम कहीं न जाव। जब भाग्य ही का भरोसा है; तो जो कुछ भाग्य में लिखा होगा वह होगा।

रात तो रेवती ने घर में काटी। बार-बार निद्रा-मग्न भाई को गले लगाती। यह अनाथ अकेला कैसे रहेगा, यह सोचकर उसका मन कातर हो जाता; पर झाबरमल की सूरत याद करके उसका संकल्प दृढ़ हो जाता।

प्रातःकाल रेवती गंगा-स्नान करने गई। यह इधर कई महीनों से उसका नित्य का नियम था। आज ज़रा अँधेरा था; पर यह कोई सन्देह की बात न थी। सन्देह तब हुआ, जब आठ बज गए और वह लौटकर न आई। तीसरे पहर सारी बिरादरी में ख़बर फैल गई—सेठ रामनाथ की कन्या गंगा में डूब गई। उसकी लाश पाई गई।

कुबेरदास ने कहा—चलो, अच्छा हुआ; बिरादरी की बदनामी तो न होगी।

झाबरमल ने दुखी मन से कहा—मेरे लिए अब कोई और उपाय कीजिए।

उधर मोहन सिर पीट-पीटकर रो रहा था और बुढ़िया उसे गोद में लिए समझा रही थी—बेटा, उस देवी के लिए क्यों रोते हो। ज़िन्दगी में उसके दुख-ही-दुख था। अब वह अपनी माँ की गोद में आराम कर रही है।

भूत

मुरादाबाद के पंडित सीतानाथ चौबे गत 30 वर्षों से वहाँ के वकीलों के नेता हैं। उनके पिता उन्हें बाल्यावस्था में ही छोड़कर परलोक सिधारे थे। घर में कोई संपत्ति न थी। माता ने बड़े-बड़े कष्ट झेलकर उन्हें पाला और पढ़ाया। सबसे पहले वह कचहरी में 15) मासिक

पर नौकर हुए। फिर वकालत की परीक्षा दी। पास हो गए। प्रतिभा थी, दो-ही-चार वर्षों में वकालत चमक उठी। जब माता का स्वर्गवास हुआ तब पुत्र का शुमार ज़िले के गण्यमान्य व्यक्तियों में हो गया था। उनकी आमदनी एक हज़ार रुपए महीने से कम न थी। एक विशाल भवन बनवा लिया था, कुछ ज़मींदारी ले ली थी, कुछ रुपए बैंक में रख दिए थे, और कुछ लेन-देन में लगा दिए। इस समृद्धि पर चार पुत्रों का होना उनके भाग्य को आदर्श बनाए हुए था। चारों लड़के भिन्न-भिन्न दर्जों में पढ़ते थे। मगर यह कहना कि सारी विभूति चौबेजी के अनवरत परिश्रम का फल थी, उनकी पत्नी मंगला देवी के साथ अन्याय करना है। मंगला बड़ी सरल, गृह-कार्य में कुशल और पैसे का काम धेले में चलानेवाली स्त्री थी। जब तक अपना घर न बन गया, उसने 3) महीने से अधिक का मकान किराये पर नहीं लिया; और रसोई के लिए मिसराइन तो उसने अब तक न रखी थी। उसे अगर कोई व्यसन था, तो गहनों का; और चौबेजी को भी अगर कोई व्यसन था, तो स्त्री को गहने पहनाने का। वह सच्चे पत्नी-परायण मनुष्य थे। साधारणतः महफ़िलों में वेश्याओं से हँसी-मज़ाक़ कर लेना उतना बुरा नहीं समझा जाता; पर पंडितजी अपने जीवन में कभी नाच-गाने की महफ़िल में गए ही नहीं। पाँच बजे तड़के से लेकर बारह बजे रात तक उनका व्यसन मनोरंजन, पढ़ना-लिखना, अनुशीलन जो कुछ था, क़ानून था, न उन्हें राजनीति से प्रेम था, न जाति-सेवा से। ये सभी काम उन्हें व्यर्थ से जान पड़ते थे। उनके विचार में अगर कोई काम करने लायक था, तो बस, कचहरी जाना, बहस करना, रुपए जमा करना और भोजन करके सो रहना। जैसे वेदान्ती को ब्रह्म के अतिरिक्त जगत् मिथ्या जान पड़ता है, वैसे ही चौबेजी को क़ानून के सिवा सारा संसार मिथ्या प्रतीत होता था। सब माया थी, एक क़ानून ही सत्य था।

2

चौबेजी के मुख-चंद्र में केवल एक कला की कमी थी। उनके कोई कन्या न थी। पहलौठी कन्या के बाद फिर कन्या हुई ही नहीं और न अब होने की आशा ही थी। स्त्री और पुरुष, दोनों उस कन्या को याद करके रोया करते थे। लड़कियाँ बचपन में लड़कों से ज़्यादा चोंचले करती हैं। उन चोंचलों के लिए दोनों प्राणी विकल रहते। माँ सोचती, लड़की होती, तो उसके लिए गहने बनवाती, उसके बाल गूँथती। लड़की पैजनियाँ पहने ठुमक-ठुमक आँगन में चलती तो कितना आनंद आता! चौबे सोचते, कन्यादान के बिना मोक्ष कैसे होगा? कन्यादान महादान है। जिसने यह दान न दिया, उसका जन्म ही वृथा गया।

आख़िर यह लालसा इतनी प्रबल हुई कि मंगला ने अपनी छोटी बहन को बुलाकर कन्या की भाँति पालने का निश्चय किया। उसके माँ-बाप निर्धन थे। राज़ी हो गए। यह बालिका मंगला की सोतेली-माँ की कन्या थी। बड़ी सुन्दर और बड़ी चंचल थी। नाम था बिन्नी। चौबेजी का घर उसके आने से खिल उठा। दो-चार ही दिनों में लड़की अपने माँ-बाप को भूल गई। उसकी उम्र तो केवल चार वर्ष की थी; पर उसे खेलने की अपेक्षा कुछ काम करना अच्छा लगता था। मंगला रसोई बनाने जाती तो बिन्नी भी उसके पीछे-पीछे जाती, उससे आटा गूँधने के लिए झगड़ा करती। तरकारी काटने में उसे बड़ा मज़ा आता था। जब तक वकील साहब घर पर रहते, तब तक वह उनके साथ दीवानख़ाने में बैठी रहती। कभी किताब उलटती, कभी दावात-क़लम से खेलती। चौबेजी मुस्कुराकर कहते—बेटी, मार खाओगी? बिन्नी कहती—तुम

मार खाओगे, मैं तुम्हारे कान काट लूँगी, जूजू को बुलाकर पकड़ा दूँगी। इस पर दीवानख़ाने में ख़ूब क़हक़हे उड़ते। वकील साहब कभी इतने बाल्यवत्सल न थे! जब बाहर से आते तो कुछ-न-कुछ सौगात बिन्नी के वास्ते ज़रूर लाते, और घर में क़दम रखते ही पुकारते—बिन्नी बेटी, चलो। बिन्नी दौड़ती हुई आकर उनकी गोद में बैठ जाती।

मंगला एक दिन बिन्नी को लिए बैठी थी। इतने में पंडितजी आ गए। बिन्नी दौड़कर उनकी गोद में जा बैठी। पंडितजी ने पूछा—तू किसकी बेटी है?

बिन्नी—न बताऊँगी।

मंगला—कह दे बेटा, जीजी की बेटी हूँ।

पंडित—तू मेरी बेटी है बिन्नी, कि इनकी?

बिन्नी—न बताऊँगी।

पंडित—अच्छा, हम लोग आँखें बन्द किए बैठे हैं; बिन्नी जिसकी बेटी होगी, उसकी गोद में बैठ जाएगी।

बिन्नी उठी और फिर चौबेजी की गोद में बैठ गई।

पंडित—मेरी बेटी है, मेरी बेटी है; (स्त्री से) अब न कहना कि मेरी बेटी है।

मंगला—अच्छा, जाओ बिन्नी, अब तुम्हें मिठाई न दूँगी, गुड़िया भी न मँगा दूँगी!

बिन्नी—भैयाजी मँगवा देंगे, तुम्हें न दूँगी।

वकील साहब ने हँसकर बिन्नी को छाती से लगा लिया और गोद में लिए हुए बाहर चले गए। वह अपने इष्ट-मित्रों को भी इस बालक्रीड़ा का रसास्वादन कराना चाहते थे।

आज से जो कोई बिन्नी से पूछता कि तू किसकी बेटी है, तो बिन्नी चट कह देती—भैया की।

एक बार बिन्नी का बाप आकर उसे अपने साथ ले गया। बिन्नी ने रो-रोकर दुनिया सिर पर उठा ली। इधर चौबेजी को भी दिन काटना कठिन हो गया। एक महीना भी न गुज़रने पाया था कि वह फिर ससुराल गए और बिन्नी को लिवा लाए। बिन्नी अपनी माता और पिता को भूल गई। वह चौबेजी को अपना बाप और मंगला को अपनी माँ समझने लगी। जिन्होंने उसे जन्म दिया था, वे अब ग़ैर हो गए।

3

कई साल गुज़र गए। वकील साहब के बेटों के विवाह हुए। उनमें से दो अपने बाल-बच्चों को लेकर अन्य ज़िलों में वकालत करने चले गए। दो कॉलेज में पढ़ते थे। बिन्नी भी कली से फूल हुई। ऐसी रूप-गुण शीलवाली बालिका बिरादरी में और न थी—पढ़ने-लिखने में चतुर, घर के काम-धन्धों में कुशल बूटे-कसीदे और सीने-पिरोने में दक्ष, पाककला में निपुण, मधुरभाषिणी, लज्जाशीला, अनुपम रूप की राशि। अँधेरे घर में उसके सौन्दर्य की दिव्य ज्योति से उजाला होता था। उषा की लालिमा में, ज्योत्स्ना की मनोहर छटा में, खिले हुए गुलाब के ऊपर सूर्य की किरणों से चमकते हुए तुषार-बिन्दु में भी वह प्राणप्रद सुषमा और वह शोभा न थी, श्वेत हेममुकुटधारी पर्वत में भी वह शीतलता न थी, जो बिन्नी अर्थात् विंध्येश्वरी के विशाल नेत्रों में थी।

चौबेजी ने बिन्नी के लिए सुयोग्य वर खोजना शुरू किया। लड़कों की शादियों में दिल का अरमान निकाल चुके थे। अब कन्या के विवाह में हौसले पूरे करना चाहते थे। धन लुटाकर

कीर्ति पा चुके थे, अब दान-दहेज में नाम कमाने की लालसा थी। बेटे का विवाह कर लेना आसान है पर कन्या के विवाह में आबरू निबाह ले जाना कठिन है, नौका पर सभी यात्रा करते हैं, जो तैरकर नदी पार करे, वही प्रशंसा का अधिकारी है।

धन की कमी न थी। अच्छा घर और सुयोग्य वर मिल गया। जन्मपत्र मिल गए, बनावत बन गया। फलदान और तिलक की रस्में भी अदा कर दी गईं। पर हाय रे दुर्दैव! कहाँ तो विवाह की तैयारी हो रही थी, द्वार पर दरजी, सुनार, हलवाई सब अपना-अपना काम कर रहे थे, कहाँ निर्दय विधाता ने और ही लीला रच दी! विवाह के एक सप्ताह पहले मंगला अनायास बीमार पड़ी, तीन ही दिन में अपने सारे अरमान लिए हुए परलोक सिधार गई।

संध्या हो गई थी। मंगला चारपाई पर पड़ी हुई थी। बेटे, बहुएँ, पोते-पोतियाँ सब चारपाई के चारों ओर खड़े थे। बिन्नी पैताने बैठी मंगला के पैर दबा रही थी। मृत्यु के समय की भयंकर निस्तब्धता छाई हुई थी। कोई किसी से न बोलता था; दिल में सब समझ रहे थे, क्या होनेवाला है। केवल चौबेजी वहाँ न थे।

सहसा मंगला ने इधर-उधर इच्छापूर्ण दृष्टि से देखकर कहा—ज़रा उन्हें बुला दो; कहाँ हैं?

पंडितजी अपने कमरे में बैठे रो रहे थे। सन्देश पाते ही आँसू पोंछते हुए घर में आए और बड़े धैर्य के साथ मंगला के सामने हो गए। डर रहे थे कि मेरी आँखों से आँसू की एक बूँद भी निकली, तो घर में हाहाकार मच जाएगा।

मंगला ने कहा—एक बात पूछती हूँ—बुरा न मानना—बिन्नी तुम्हारी कौन है?

पंडित—बिन्नी कौन है? मेरी बेटी है और कौन?

मंगला—हाँ, मैं तुम्हारे मुँह से यही सुनना चाहती थी। उसे सदा अपनी बेटी समझते रहना। उसके विवाह के लिए मैंने जो-जो तैयारियाँ की थीं, उनमें कुछ काट-छाँट मत करना।

पंडित—इसकी कुछ चिन्ता न करो। ईश्वर ने चाहा, तो उससे कुछ ज़्यादा धूम-धाम के साथ विवाह होगा।

मंगला—उसे हमेशा बुलाते रहना, तीज-त्योहार में कभी मत भूलना।

पंडित—इन बातों की मुझे याद दिलाने की ज़रूरत नहीं।

मंगला ने कुछ सोचकर फिर कहा—इसी साल विवाह कर देना।

पंडित—इस साल कैसे होगा?

मंगला—यह फागुन का महीना है। जेठ तक लगन है।

पंडित—हो सकेगा तो इसी साल कर दूँगा।

मंगला—हो सकने की बात नहीं, ज़रूर कर देना।

पंडित—कर दूँगा।

इसके बाद गोदान की तैयारी होने लगी।

4

बुढ़ापे में पत्नी का मरना बरसात में घर का गिरना है। फिर उसके बनने की आशा नहीं होती।

मंगला की मृत्यु से पंडितजी का जीवन अनियमित और विशृंखल-सा हो गया। लोगों से मिलना-जुलना छूट गया। कई-कई दिन कचहरी ही न जाते। जाते भी तो बड़े आग्रह से। भोजन से अरुचि हो गई। विंध्येश्वरी उनकी दशा देख-देखकर दिल में कुढ़ती और यथासाध्य

उनका दिल बहलाने की चेष्टा किया करती थी। वह उन्हें पुराणों की कथाएँ पढ़कर सुनाती, उनके लिए तरह-तरह की भोजन-सामग्री पकाती और उन्हें आग्रह-अनुरोध के साथ खिलाती थी। जब तक वह न खा लेते, आप कुछ न खाती थी। गरमी के दिन थे ही। रात को बड़ी देर तक उनके पैताने बैठी पंखा झला करती और जब तक वह न सो जाते, तब तक आप भी सोने न जाती। वह ज़रा भी सिर-दर्द की शिकायत करते, तो तुरन्त उनके सिर में तेल डालती। यहाँ तक कि रात को जब उन्हें प्यास लगती, तब ख़ुद दौड़कर आती और उन्हें पानी पिलाती। धीरे-धीरे चौबेजी के हृदय में मंगला केवल एक सुख की स्मृति रह गई।

एक दिन चौबेजी ने बिन्नी को मंगला के सब गहने दे दिए। मंगला का यह अन्तिम आदेश था। बिन्नी फूली न समाई। उसने उस दिन ख़ूब बनाव-सिंगार किया। जब संध्या के समय पंडितजी कचहरी से आए, तो वह गहनों से लदी हुई उनके सामने कुछ लजाती और मुस्कुराती हुई आकर खड़ी हो गई।

पंडितजी ने सतृष्ण नेत्रों से देखा। विंध्येश्वरी के प्रति अब उनके मन में एक नया भाव अंकुरित हो रहा था। मंगला जब तक जीवित थी, वह उनसे पिता-पुत्री के भाव को सजग और पुष्ट कराती रहती थी। अब मंगला न थी। अतएव वह भाव दिन-दिन शिथिल होता जाता था। मंगला के सामने बिन्नी एक बालिका थी। मंगला की अनुपस्थिति में वह एक रूपवती युवती थी। लेकिन सरल-हृदया बिन्नी को इसकी रत्ती-भर भी ख़बर न थी कि भैया के भावों में क्या परिवर्तन हो रहा है। उसके लिए वह वही पिता के तुल्य भैया थे। वह पुरुषों के स्वभाव से अनभिज्ञ थी। नारी-चरित्र में अवस्था के साथ मातृत्व का भाव दृढ़ होता जाता है। यहाँ तक कि एक समय ऐसा आता है, जब नारी की दृष्टि में युवक मात्र पुत्र तुल्य हो जाते हैं। उसके मन में विषय-वासना का लेश भी नहीं रह जाता। किन्तु पुरुषों में यह अवस्था कभी नहीं आती! उनकी कामेन्द्रियाँ क्रियाहीन भले ही हो जाएँ, पर विषय-वासना संभवत: और भी बलवती हो जाती है। पुरुष वासनाओं से कभी मुक्त नहीं हो पाता, बल्कि ज्यों-ज्यों अवस्था ढलती है त्यों-त्यों ग्रीष्म-ऋतु के अन्तिम काल की भाँति उसकी वासना की गरमी भी प्रचंड होती जाती है। वह तृप्ति के लिए नीच साधनों का सहारा लेने को भी प्रस्तुत हो जाता है। जवानी में मनुष्य इतना नहीं गिरता। उसके चरित्र में गर्व की मात्रा अधिक रहती है, जो नीच साधनों से घृणा करती है। वह किसी के घर में घुसने के लिए ज़बरदस्ती कर सकता है, किन्तु परनाले के रास्ते नहीं जा सकता।

पंडितजी ने बिन्नी को सतृष्ण नेत्रों से देखा और फिर अपनी इस उच्छृंखलता पर लज्जित होकर आँखें नीची कर लीं! बिन्नी इसका कुछ मतलब न समझ सकी।

पंडितजी बोले—तुम्हें देखकर मुझे मंगला की उस समय की याद आ रही है—जब वह विवाह के समय यहाँ आई थी। बिलकुल ऐसी सूरत थी। यही गोरा रंग, यही प्रसन्न-मुख, यही कोमल गाल, ये ही लजीली आँखें। वह चित्र अभी तक मेरे हृदय-पट पर खिंचा हुआ है, कभी नहीं मिट सकता। ईश्वर ने तुम्हारे रूप में मेरी मंगला मुझे फिर दे दी।

बिन्नी—आपके लिए क्या जलपान लाऊँ?

पंडित—ले आना, अभी बैठो, मैं बहुत दुखी हूँ। तुमने मेरे शोक को भुला दिया है। वास्तव में तुमने मुझे जिला लिया, नहीं तो मुझे आशा न थी कि मंगला के पीछे मैं जीवित रहूँगा। तुमने प्राणदान दिया। नहीं जानता तुम्हारे चले जाने पर मेरी क्या दशा होगी।

बिन्नी—कहाँ चले जाने के बाद? मैं तो कहीं नहीं जा रही हूँ।

पंडित—क्यों, तुम्हारे विवाह की तिथि आ रही है। चली ही जाओगी।

बिन्नी—(सकुचाती हुई) ऐसी जल्दी क्या है?

पंडित—जल्दी क्यों नहीं। ज़माना हँसेगा।

बिन्नी—हँसने दीजिए। मैं यहीं आपकी सेवा करती रहूँगी।

पंडित—नहीं बिन्नी, मेरे लिए तुम क्यों हलकान होगी। मैं अभागा हूँ, जब तक ज़िन्दगी है, जिऊँगा; चाहे रोकर जिऊँ, चाहे हँसकर। हँसी मेरे भाग्य से उठ गई। तुमने इतने दिनों सँभाल लिया, यही क्या कम एहसान किया। मैं यह जानता हूँ कि तुम्हारे जाने के बाद कोई मेरी ख़बर लेनेवाला नहीं रहेगा, यह घर तहस-नहस हो जाएगा और मुझे घर छोड़कर भागना पड़ेगा। पर क्या किया जाए, लाचारी है। तुम्हारे बिना अब मैं यहाँ क्षण-भर भी नहीं रह सकता। मंगला की ख़ाली जगह तो तुमने पूरी की, अब तुम्हारा स्थान कौन पूरा करेगा?

बिन्नी—क्या इस साल रुक नहीं सकता। मैं इस दशा में आपको छोड़ कर न जाऊँगी।

पंडित—अपने बस की बात तो नहीं? वे लोग आग्रह करेंगे, तो मज़बूर होकर करना ही पड़ेगा।

बिन्नी—बहुत जल्दी मचाएँ तो आप कह दीजिएगा, अब नहीं करेंगे। उन लोगों के जी में जो आए, करें। यहाँ कोई उनका दबैल बैठा हुआ है?

पंडित—वे लोग अभी से आग्रह कर रहे हैं।

बिन्नी—आप फटकार क्यों नहीं देते?

पंडित—करना तो है ही फिर विलम्ब क्यों करूँ? यह दुःख और वियोग तो एक दिन होना ही है। अपनी विपत्ति का भार तुम्हारे सिर क्यों रखूँ?

बिन्नी—दुःख-सुख में काम न आऊँगी, तो और किस दिन काम आऊँगी?

5

पंडितजी के मन में कई दिनों तक घोर संग्राम होता रहा। वह अब बिन्नी को पिता की दृष्टि से न देख सकते थे। बिन्नी अब मंगला की बहन और उनकी साली थी। ज़माना हँसेगा, तो हँसे; ज़िन्दगी तो आनंद से गुज़रेगी। उनकी भावनाएँ कभी इतनी उल्लासमयी न थीं। उन्हें अपने अंगों में फिर जवानी की स्फूर्ति का अनुभव हो रहा था!

वह सोचते, बिन्नी को मैं अपनी पुत्री समझता था; पर वह मेरी पुत्री है तो नहीं। इस तरह समझने से क्या होता है? कौन जाने, ईश्वर को यही मंजूर हो; नहीं तो बिन्नी यहाँ आती ही क्यों? उसने इसी बहाने से यह संयोग निश्चित कर दिया होगा। उसकी लीला तो अपरम्पार है।

पंडितजी ने वर के पिता को सूचना दे दी कि कुछ विशेष कारणों से इस साल विवाह नहीं हो सकता।

विन्ध्येश्वरी को अभी तक कुछ ख़बर न थी कि मेरे लिए क्या-क्या षड्यंत्र रचे जा रहे हैं। वह ख़ुश थी कि मैं भैयाजी की सेवा कर रही हूँ और भैयाजी मुझसे प्रसन्न हैं! बहन का इन्हें बड़ा दुःख है। मैं न रहूँगी, तो यह कहीं चले जाएँगे—कौन जाने, साधु-संन्यासी न हो जाएँ! घर में कैसे मन लगेगा।

वह पंडितजी का मन बहलाने का निरंतर प्रयत्न करती रहती थी। उन्हें कभी मनमारे न बैठने देती। पंडितजी का मन अब कचहरी में न लगता था। घंटे-दो-घंटे बैठकर चले आते

थे। युवकों के प्रेम में विकलता होती है और वृद्धों के प्रेम में श्रद्धा। वे अपनी यौवन की कमी को खुशामद से, मीठी बातों से और हाजिरजवाबी से पूर्ण करना चाहते हैं।

मंगला को मरे अभी तीन ही महीने गुज़रे थे कि चौबेजी ससुराल पहुँचे। सास ने मुँहमाँगी मुराद पाई। उसके दो पुत्र थे। घर में कुछ पूँजी न थी। उनके पालन और शिक्षा के लिए कोई ठिकाना नज़र न आता था। मंगला मर ही चुकी थी। लड़की का ज्योंही विवाह हो जाएगा, वह अपने घर की हो रहेगी। फिर चौबे से नाता ही टूट जाएगा। वह इसी चिन्ता में पड़ी हुई थी कि चौबेजी पहुँचे, मानो देवता स्वयं वरदान देने आए हों।

जब चौबेजी भोजन करके लेटे, तो सास ने कहा—भैया, कहीं बातचीत हुई कि नहीं?

पंडित—अम्माँ, अब मेरे विवाह की बातचीत क्या होगी?

सास—क्यों भैया, अभी तुम्हारी उम्र ही क्या है?

पंडित—करना भी चाहूँ तो बदनामी के डर से नहीं कर सकता। फिर मुझे पूछता ही कौन है?

सास—पूछने को हज़ारों हैं। दूर क्यों जाओ, अपने घर ही में लड़की बैठी है। सुना है, तुमने मंगला के सब गहने बिन्नी को दे दिए हैं। कहीं और विवाह हुआ, तो ये कई हज़ार की चीज़ें तुम्हारे हाथों से निकल जाएँगी। तुमसे अच्छा घर मैं कहाँ पाऊँगी। तुम उसे अंगीकार कर लो, तो मैं तर जाऊँ।

अंधा क्या माँगे, दो आँखें! चौबेजी ने मानो विवश होकर सास की प्रार्थना स्वीकार कर ली।

6

बिन्नी अपने गाँव के कच्चे मकान में अपनी माँ के पास बैठी हुई है। अबकी चौबेजी ने उसकी सेवा के लिए एक लौंडी भी साथ कर दी है। विंध्येश्वरी के दोनों छोटे भाई विस्मित हो-होकर उसके आभूषणों को देख रहे हैं। गाँव की और कई स्त्रियाँ उसे देखने आई हुई हैं और उसके रूपलावण्य का विकास देखकर चकित हो रही हैं। यह वही बिन्नी है, जो यहाँ मोटी फरिया पहिने खेला करती थी! रंग-रूप कैसा निखर आया है! सुख की देह है न!

जब भीड़ कम हुई, एकान्त हुआ, तो माता ने पूछा—तेरे भैयाजी तो अच्छी तरह हैं न बेटी! यहाँ आए थे, तो बहुत दुखी थे। मंगला का शोक उन्हें खाए जाता है। संसार में ऐसे मर्द भी होते हैं, जो स्त्री के लिए प्राण दे देते हैं। नहीं तो यहाँ स्त्री मरी और चट दूसरा ब्याह रचाया गया। मानो मनाते रहते हैं कि यह मरे तो नई-नवेली बहू घर लाएँ!

विंध्ये.—उन्हें याद करके रोया करते हैं। चली आई हूँ, न-जाने कैसे होंगे!

माता—मुझे तो डर लगता है कि तेरा ब्याह हो जाने पर कहीं घबराकर साधू-फ़क़ीर न हो जाएँ।

विंध्ये.—मुझे भी तो यही डर लगता है। इसी से तो मैंने कह दिया कि अभी जल्दी क्या है।

माता—जितने ही दिन उनकी सेवा करोगी, उतना ही उनका स्नेह बढ़ेगा; और तुम्हारे जाने से उन्हें उतना ही दु:ख भी अधिक होगा। बेटी, सच तो यह है कि वह तुम्हीं को देखकर जीते हैं। इधर तुम्हारी डोली उठी और उधर उनका घर सत्यानाश हुआ। मैं तुम्हारी जगह होती, तो उन्हीं से ब्याह कर लेती।

विंध्ये.—ऐ हटो अम्माँ, गाली देती हो? उन्होंने मुझे बेटी करके पाला है। मैं भी उन्हें अपना पिता...

माता—चुप रह पगली! कहने से क्या होता है?

विंध्ये.—अरे सोच तो अम्माँ, कितनी बेढंगी बात है!

माता—मुझे तो इसमें कोई बेढंगापन नहीं देख पड़ता।

विंध्ये.—क्या कहती हो अम्माँ, उनसे मेरा—मैं तो लाज के मारे मर जाऊँ, उनके सामने ताक न सकूँ। वह भी कभी न मानेंगे। मानने की बात भी हो कोई।

माता—उनका ज़िम्मा मैं लेती हूँ। मैं उन्हें राज़ी कर लूँगी। तू राज़ी हो जा। याद रख, यह कोई हँसी-ख़ुशी का ब्याह नहीं है, उनकी प्राणरक्षा की बात है, जिसके सिवा संसार में हमारा और कोई नहीं। फिर अभी उनकी कुछ ऐसी उम्र भी तो नहीं है। पचास से दो ही चार साल ऊपर होंगे। उन्होंने एक ज्योतिषी से पूछा भी था। उसने उनकी कुंडली देखकर बताया है कि आपकी ज़िन्दगी कम-से-कम 70 वर्ष की है। देखने-सुनने में भी वह सौ-दो-सौ में एक आदमी हैं।

बातचीत में चतुर माता ने कुछ ऐसा शब्द-व्यूह रचा कि सरल बालिका उसमें से निकल न सकी। माता जानती थी कि प्रलोभन का जादू इस पर न चलेगा। धन का, आभूषणों का, कुल-सम्मान का, सुखमय जीवन का उसने जिक्र तक न किया। उसने केवल चौबेजी की दयनीय दशा पर ज़ोर दिया। अंत को विंध्येश्वरी ने कहा—अम्माँ, मैं जानती हूँ कि मेरे न रहने से उनको बड़ा दुःख होगा; यह भी जानती हूँ कि मेरे जीवन में सुख नहीं लिखा है। अच्छा, उनके हित के लिए मैं अपना जीवन बलिदान कर दूँगी। ईश्वर की यही इच्छा है, तो यही सही।

7

चौबेजी के घर में मंगल-गान हो रहा था। विंध्येश्वरी आज वधू बनकर इस घर में आई है। कई वर्ष पहले वह चौबेजी की पुत्री बनकर आई थी! उसने कभी स्वप्न में भी न सोचा था कि मैं एक दिन इस घर की स्वामिनी बनूँगी।

चौबेजी की सज-धज आज देखने योग्य है। तनजेब का रंगीन कुरता, कतरी हुई और सँवारी हुई मूँछें, खिजाब से चमकते हुए बाल, हँसता हुआ चेहरा, चढ़ी आँखें—यौवन का पूरा स्वाँग था!

रात बीत चुकी थी। विंध्येश्वरी आभूषणों से लदी हुई, भारी जोड़े पहने, फ़र्श पर सिर झुकाए बैठी थी। उसे कोई उत्कंठा न थी, भय न था, केवल यह संकोच था कि मैं उनके सामने कैसे मुँह खोलूँगी? उनकी गोद में खेली हूँ; उनके कन्धों पर बैठी हूँ, उनकी पीठ पर सवार हुई हूँ, कैसे उन्हें मुँह दिखाऊँगी।—मगर वे पिछली बातें क्यों सोचूँ। ईश्वर उन्हें प्रसन्न रखे। जिसके लिए मैंने पुत्री से पत्नी बनना स्वीकार किया, वह पूर्ण हो। उनका जीवन आनंद से व्यतीत हो।

इतने में चौबेजी आए। विंध्येश्वरी उठ खड़ी हुई। उसे इतनी लज्जा आई कि जी चाहा कहीं भाग जाए। खिड़की से नीचे कूद पड़े।

चौबेजी ने उसका हाथ पकड़ लिया और बोले—बिन्नी, मुझसे डरती हो?

बिन्नी कुछ न बोली। मूर्ति की तरह वहीं खड़ी रही। एक क्षण में चौबेजी ने उसे बिठा दिया, वह बैठ गई। उसका गला भर-भर आता था। भाग्य की यह निर्दय लीला, यह क्रूर क्रीड़ा उसके लिए असह्य हो रही थी।

पंडितजी ने पूछा—बिन्नी, बोलती क्यों नहीं? क्या मुझसे नाराज़ हो?

विंध्येश्वरी ने अपने कान बन्द कर लिये। यही परिचित आवाज़ वह कितने दिनों से सुनती चली आती थी। आज वह व्यंग्य से भी तीव्र और उपहास से भी कटु प्रतीत होती थी।

सहसा पंडितजी चौंक पड़े, आँखें फैल गईं और दोनों हाथ मेढक के पैरों की भाँति सिकुड़ गए। वह दो क़दम पीछे हट गए। खिड़की से मंगला अन्दर झाँक रही थी! छाया नहीं, मंगला थी—मंगला थी—सदेह, साकार, सजीव!

चौबेजी काँपती हुई टूटी-फूटी आवाज़ से बोले—बिन्नी देखो, वह क्या है?

बिन्नी ने घबराकर खिड़की की ओर देखा। कुछ न था। बोली—क्या है? मुझे तो कुछ नहीं दिखाई देता।

चौबेजी—अब ग़ायब हो गई; लेकिन ईश्वर जानता है, मंगला थी।

बिन्नी—बहन?

चौबेजी—हाँ-हाँ, वही। खिड़की से अन्दर झाँक रही थी। मेरे तो रोएँ खड़े हो गए।

विंध्येश्वरी काँपती हुई बोली—मैं यहाँ नहीं रहूँगी।

चौबे—नहीं, नहीं, बिन्नी, कोई डर नहीं है, मुझे धोखा हुआ होगा। बात यह है कि वह घर में रहती थी, यहीं सोती थी, इसी से कदाचित् मेरी भावना ने उसकी मूर्ति लाकर खड़ी कर दी। कोई बात नहीं है। आज का दिन कितना मंगलमय है कि मेरी बिन्नी यथार्थ में मेरी ही हो गई...

यह कहते-कहते चौबेजी फिर चौंके। फिर वही मूर्ति खिड़की से झाँक रही थी—मूर्ति नहीं, सदेह, सजीव, साकार मंगला! अबकी उसकी आँखों में क्रोध न था, तिरस्कार न था, उनमें हास्य भरा हुआ था, मानो वह इस दृश्य पर हँस रही है—मानो उसके सामने कोई अभिनय हो रहा है।

चौबेजी ने काँपते हुए कहा—बिन्नी, फिर वही बात हुई! वह देखो, मंगला खड़ी है!

विंध्येश्वरी चीख़कर उनके गले से चिमट गई!

चौबेजी ने महावीर का नाम जपते हुए कहा—मैं किवाड़ बन्द किए देता हूँ।

बिन्नी—मैं इस घर में नहीं रहूँगी। (रोकर) भैयाजी, तुमने बहन के अन्तिम आदेश को नहीं माना, इसी से उनकी आत्मा दुखी हो रही है। मुझे तो किसी अमंगल की आशंका हो रही है।

चौबेजी ने उठकर खिड़की के द्वार बन्द कर दिए और कहा—मैं कल से दुर्गापाठ कराऊँगा। आज तक कभी ऐसी शंका न हुई थी। तुमसे क्या कहूँ, मालूम होता है...होगा; उस बात को जाने दो। यहाँ बड़ी गरमी पड़ रही है। अभी पानी गिरने को दो महीने से कम नहीं हैं। हम लोग मंसूरी क्यों न चलें।

विंध्ये.—मेरा तो कहीं जाने का जी नहीं चाहता। कल से दुर्गापाठ ज़रूर कराना। मुझे अब इस कमरे में नींद न आएगी।

पंडित—ग्रंथों में तो यही देखा है कि मरने के बाद केवल सूक्ष्म शरीर रह जाता है। फिर समझ में नहीं आता, यह स्वरूप क्योंकर दिखाई दे रहा है। मैं सच कहता हूँ बिन्नी, अगर तुमने मुझ पर यह दया न की होती; तो मैं कहीं का न रहता। शायद इस वक़्त मैं बद्रीनाथ के पहाड़ों पर सिर टकराता होता, या कौन जाने विष खाकर प्राणांत कर चुका होता!

विंध्ये.—मंसूरी में किसी होटल में ठहरना पड़ेगा!

पंडित—नहीं, मकान भी मिलते हैं। मैं अपने एक मित्र को लिखे देता हूँ, वह कोई मकान ठीक कर रखेंगे वहाँ ...

बात पूरी न होने पाई थी कि न-जाने कहाँ से—जैसे आकाशवाणी हो—आवाज़ आई—बिन्नी तुम्हारी पुत्री है।

चौबेजी ने दोनों कान बन्द कर लिये। भय से थर-थर काँपते हुए बोले—बिन्नी, यहाँ से चलो। न जाने कहाँ से आवाज़ें आ रही हैं।

'बिन्नी तुम्हारी पुत्री है!'—यह ध्वनि सहस्त्रों कानों से पंडितजी को सुनाई पड़ने लगी, मानो इस कमरे की एक-एक वस्तु से यही सदा आ रही है।

बिन्नी ने रोकर पूछा—कैसी आवाज़ थी?

पंडित—क्या बताऊँ, कहते लज्जा आती है।

बिन्नी—ज़रूर बहनजी की आत्मा है। बहन, मुझ पर दया करो, मैं सर्वथा निर्दोष हूँ।

पंडित—फिर वही आवाज़ आ रही है। हाय ईश्वर! कहाँ जाऊँ? मेरे तो रोम-रोम में वे ही शब्द गूँज रहे हैं। बिन्नी, बुरा किया। मंगला सती थी, उसके आदेश की उपेक्षा करके मैंने अपने हक़ में ज़हर बोया। कहाँ जाऊँ, क्या करूँ?

यह कहकर पंडितजी ने कमरे के किवाड़ खोल दिए और बेतहाशा भागे। अपने मरदाने कमरे में पहुँचकर वह गिर पड़े। मूर्छा आ गई। विंध्येश्वरी भी दौड़ी, पर चौखट से बाहर निकलते ही गिर पड़ी!

सवा सेर गेहूँ

किसी गाँव में शंकर नाम का एक कुरमी किसान रहता था। सीधा-सादा ग़रीब आदमी था, अपने काम-से-काम, न किसी के लेने में, न किसी के देने में। छक्का-पंजा न जानता था, छल-प्रपंच की उसे छूत भी न लगी थी, ठगे जाने की चिन्ता न थी, ठगविद्या न जानता था, भोजन मिला, खा लिया, न मिला, चबेने पर काट दी, चबैना भी न मिला, तो पानी पी लिया और राम का नाम लेकर सो रहा। किन्तु जब कोई अतिथि द्वार पर आ जाता था तो उसे इस निवृत्तिमार्ग का त्याग करना पड़ता था। विशेषकर जब साधु-महात्मा पदार्पण करते थे, तो उसे अनिवार्यतः सांसारिकता की शरण लेनी पड़ती थी। ख़ुद भूखा सो सकता था, पर साधु को कैसे भूखा सुलाता, भगवान् के भक्त जो ठहरे!

एक दिन संध्या समय एक महात्मा ने आकर उसके द्वार पर डेरा जमाया। तेजस्वी मूर्ति थी, पीताम्बर गले में, जटा सिर पर, पीतल का कमंडल हाथ में, खड़ाऊँ पैर में, ऐनक आँखों पर, सम्पूर्ण वेष उन महात्माओं का-सा था जो रईसों के प्रासादों में तपस्या, हवागाड़ियों पर देवस्थानों की परिक्रमा और योग-सिद्धि प्राप्त करने के लिए रुचिकर भोजन करते हैं। घर में जौ का आटा था, वह उन्हें कैसे खिलाता। प्राचीनकाल में जौ का चाहे जो कुछ महत्त्व रहा हो, पर वर्तमान युग में जौ का भोजन सिद्ध पुरुषों के लिए दुष्पाच्य होता है। बड़ी चिन्ता हुई, महात्माजी को क्या खिलाऊँ। आख़िर निश्चय किया कि कहीं से गेहूँ का आटा उधार लाऊँ,

पर गाँव-भर में गेहूँ का आटा न मिला। गाँव में सब मनुष्य-ही-मनुष्य थे, देवता एक भी न था, अतएव देवताओं का खाद्य पदार्थ कैसे मिलता। सौभाग्य से गाँव के विप्र महाराज के यहाँ से थोड़ा-सा मिल गया। उनसे सवा सेर गेहूँ उधार लिया और स्त्री से कहा कि पीस दे। महात्मा ने भोजन किया, लम्बी तानकर सोए। प्रात:काल आशीर्वाद देकर अपनी राह ली।

विप्र महाराज साल में दो बार खलिहानी लिया करते थे। शंकर ने दिल में कहा, सवा सेर गेहूँ इन्हें क्या लौटाऊँ, पंसेरी बदले कुछ ज़्यादा खलिहानी दे दूँगा, यह भी समझ जाएँगे, मैं भी समझ जाऊँगा। चैत में जब विप्रजी पहुँचे तो उन्हें डेढ़ पंसेरी के लगभग गेहूँ दे दिया और अपने को उऋण समझकर उसकी कोई चरचा न की। विप्रजी ने फिर कभी न माँगा। सरल शंकर को क्या मालूम था कि यह सवा सेर गेहूँ चुकाने के लिए मुझे दूसरा जन्म लेना पड़ेगा।

2

सात साल गुज़र गए। विप्रजी विप्र से महाजन हुए, शंकर किसान से मजूर हो गया। उसका छोटा भाई मंगल उससे अलग हो गया था। एक साथ रहकर दोनों किसान थे, अलग होकर मजूर हो गए थे। शंकर ने चाहा कि द्वेष की आग भड़कने न पाए, किन्तु परिस्थिति ने उसे विवश कर दिया। जिस दिन अलग-अलग चूल्हे जले, वह फूट-फूटकर रोया। आज से भाई-भाई शत्रु हो जाएँगे, एक रोएगा, दूसरा हँसेगा, एक के घर मातम होगा तो दूसरे के घर गुलगुले पकेंगे, प्रेम का बंधन, ख़ून का बंधन, दूध का बंधन आज टूटा जाता है। उसने भगीरथ परिश्रम से कुल-मर्यादा का वृक्ष लगाया था, उसे अपने रक्त से सींचा था, उसको जड़ से उखड़ता देखकर उसके हृदय के टुकड़े हुए जाते थे। सात दिनों तक उसने दाने की सूरत तक न देखी। दिन-भर जेठ की धूप में काम करता और रात को मुँह लपेटकर सो रहता। इस भीषण वेदना और दुस्सह कष्ट ने रक्त को जला दिया, मांस और मज्जा को घुला दिया। बीमार पड़ा तो महीनों खाट से न उठा। अब गुज़र-बसर कैसे हो? पाँच बीघे के आधे रह गए, एक बैल रह गया, खेती क्या खाक होती! अंत को यहाँ तक नौबत पहुँची कि खेती केवल मर्यादा-रक्षा का साधन-मात्र रह गई, जीविका का भार मजूरी पर आ पड़ा।

सात वर्ष बीत गए, एक दिन शंकर मजूरी करके लौटा, तो राह में विप्रजी ने टोककर कहा—शंकर, कल आकर के अपने बीज-बेंग का हिसाब कर ले। तेरे यहाँ साढ़े पाँच मन गेहूँ कबके बाक़ी पड़े हुए हैं और तू देने का नाम नहीं लेता, हजम करने का मन है क्या?

शंकर ने चकित होकर कहा—मैंने तुमसे कब गेहूँ लिए थे जो साढ़े पाँच मन हो गए? तुम भूलते हो, मेरे यहाँ किसी का छटाँक-भर न अनाज है, न एक पैसा उधार।

विप्र—इसी नीयत का तो यह फल भोग रहे हो कि खाने को नहीं जुड़ता।

यह कहकर विप्रजी ने उस सवा सेर गेहूँ का ज़िक्र किया, जो आज के सात वर्ष पहले शंकर को दिए थे। शंकर सुनकर अवाक् रह गया। ईश्वर मैंने इन्हें कितनी बार खलिहानी दी, इन्होंने मेरा कौन-सा काम किया? जब पोथी-पत्र देखने, साइत-सगुन विचारने द्वार पर आते थे, कुछ-न-कुछ 'दक्षिणा' ले ही जाते थे। इतना स्वार्थ! सवा सेर अनाज को अंडे की भाँति सेकर आज यह पिशाच खड़ा कर दिया, जो मुझे निगल जाएगा। इतने दिनों में एक बार भी कह देते तो मैं गेहूँ तौलकर दे देता, क्या इसी नीयत से चुप साधे बैठे रहे? बोला—महाराज,

नाम लेकर तो मैंने उतना अनाज नहीं दिया, पर कई बार खलिहानों में सेर-सेर, दो-दो सेर दिया है। अब आप आज साढ़े पाँच मन माँगते हैं, मैं कहाँ से दूँगा?

विप्र—लेखा जौ-जौ, बखसीस सौ-सौ, तुमने जो कुछ दिया होगा, उसका कोई हिसाब नहीं, चाहे एक की जगह चार पसेरी दे दो। तुम्हारे नाम बही में साढ़े पाँच मन लिखा हुआ है; जिससे चाहे हिसाब लगवा लो। दे दो तो तुम्हारा नाम छेक दूँ, नहीं तो और भी बढ़ता रहेगा।

शंकर—पाँडे, क्यों एक ग़रीब को सताते हो, मेरे खाने का ठिकाना नहीं, इतना गेहूँ किसके घर से लाऊँगा?

विप्र—जिसके घर से चाहे लाओ, मैं छटाँक-भर भी न छोड़ूँगा, यहाँ न दोगे, भगवान् के घर तो दोगे।

शंकर काँप उठा। हम पढ़े-लिखे आदमी होते तो कह देते, अच्छी बात है, ईश्वर के घर ही देंगे; वहाँ की तौल यहाँ से कुछ बड़ी तो न होगी। कम-से-कम इसका कोई प्रमाण हमारे पास नहीं, फिर उसकी क्या चिन्ता। किन्तु शंकर इतना तार्किक, इतना व्यवहार-चतुर न था। एक तो ऋण—वह भी ब्राह्मण का—बही में नाम रह गया तो सीधे नरक में जाऊँगा, इस ख़याल ही से उसे रोमांच हो गया। बोला—महाराज, तुम्हारा जितना होगा यहीं दूँगा, ईश्वर के यहाँ क्यों दूँ, इस जनम में तो ठोकर खा ही रहा हूँ, उस जनम के लिए क्यों काँटे बोऊँ? मगर यह कोई नियाव नहीं है। तुमने राई का पर्वत बना दिया, ब्राह्मण हो के तुम्हें ऐसा नहीं करना चाहिए था। उसी घड़ी तगादा करके ले लिया होता, तो आज मेरे सिर पर इतना बड़ा बोझ क्यों पड़ता। मैं तो दे दूँगा, लेकिन तुम्हें भगवान् के यहाँ जवाब देना पड़ेगा।

विप्र—वहाँ का डर तुम्हें होगा, मुझे क्यों होने लगा। वहाँ तो सब अपने ही भाई-बन्धु हैं। ऋषि-मुनि, सब तो ब्राह्मण ही हैं; देवता ब्राह्मण हैं, जो कुछ बने-बिगड़ेगी, सँभाल लेंगे। तो कब देते हो?

शंकर—मेरे पास रक्खा तो है नहीं, किसी से माँग-जाँचकर लाऊँगा तभी न दूँगा!

विप्र—मैं यह न मानूँगा। सात साल हो गए, अब एक दिन का भी मुलाहिजा न करूँगा। गेहूँ नहीं दे सकते, तो दस्तावेज़ लिख दो।

शंकर—मुझे तो देना है, चाहे गेहूँ लो चाहे दस्तावेज़ लिखाओ; किस हिसाब से दाम रक्खोगे?

विप्र—बाज़ार-भाव पाँच सेर का है, तुम्हें सवा पाँच सेर का काट दूँगा।

शंकर—जब दे ही रहा हूँ तो बाज़ार-भाव काटूँगा, पाव-भर छुड़ाकर क्यों दोषी बनूँ।

हिसाब लगाया तो गेहूँ के दाम 60) हुए। 60) का दस्तावेज़ लिखा गया, 3) सैकड़े सूद। साल-भर में न देने पर सूद की दर ढाई रुपए) सैकड़े। आठ आने) का स्टाम्प, चार आने) दस्तावेज़ की तहरीर शंकर को ऊपर से देनी पड़ी।

गाँव भर ने विप्रजी की निंदा की, लेकिन मुँह पर नहीं। महाजन से सभी का काम पड़ता है, उसके मुँह कौन आए।

3

शंकर ने साल भर तक कठिन तपस्या की। मीयाद के पहले रुपए अदा करने का उसने व्रत-सा कर लिया। दोपहर को पहले भी चूल्हा न जलता था, चबैने पर बसर होती थी, अब वह भी बन्द हुआ। केवल लड़के के लिए रात को रोटियाँ रख दी जातीं! पैसे रोज़ का तंबाकू पी

जाता था, यही एक व्यसन था जिसका वह कभी न त्याग कर सका था। अब वह व्यसन भी इस कठिन व्रत की भेंट हो गया। उसने चिलम पटक दी, हुक़्क़ा तोड़ दिया और तमाखू की हाँड़ी चूर-चूर कर डाली। कपड़े पहले भी त्याग की चरम सीमा तक पहुँच चुके थे, अब वह प्रकृति की न्यूनतम रेखाओं में आबद्ध हो गए। शिशिर की अस्थिबेधक शीत को उसने आग तापकर काट दिया। इस ध्रुव-संकल्प का फल आशा से बढ़कर निकला। साल के अंत में उसके पास 60) रु. जमा हो गए। उसने समझा पंडितजी को इतने रुपए दे दूँगा और कहूँगा महाराज, बाक़ी रुपए भी जल्द ही आपके सामने हाजिर करूँगा। 15) रु. की तो और बात है, क्या पंडितजी इतना भी न मानेंगे! उसने रुपए लिए और ले जाकर पंडितजी के चरण-कमलों पर अर्पण कर दिए। पंडितजी ने विस्मित होकर पूछा—किसी से उधार लिए क्या?

शंकर—नहीं महाराज, आपके असीस से अबकी मजूरी अच्छी मिली।

विप्र—लेकिन यह तो 60) रु. ही हैं!

शंकर—हाँ महाराज, इतने अभी ले लीजिए, बाक़ी मैं दो-तीन महीने में दे दूँगा, मुझे उरिन कर दीजिए।

विप्र—उरिन तो जभी होगे जबकि मेरी कौड़ी-कौड़ी चुका दोगे। जाकर मेरे 15) रु. और लाओ।

शंकर—महाराज, इतनी दया करो; अब साँझ की रोटियों का भी ठिकाना नहीं है, गाँव में हूँ तो कभी-न-कभी दे ही दूँगा।

विप्र—मैं यह रोग नहीं पालता, न बहुत बातें करना जानता हूँ। अगर मेरे पूरे रुपए न मिलेंगे तो आज से 3) रु. सैकड़े का ब्याज लगेगा। अपने रुपए चाहे अपने घर में रक्खो, चाहे मेरे यहाँ छोड़ जाओ।

शंकर—अच्छा जितना लाया हूँ उतना रख लीजिए। मैं जाता हूँ, कहीं से 15) रु. और लाने की फ़िक्र करता हूँ।

शंकर ने सारा गाँव छान मारा, मगर किसी ने रुपए न दिए, इसलिए नहीं कि उसका विश्वास न था, या किसी के पास रुपए न थे, बल्कि इसलिए कि पंडितजी के शिकार को छेड़ने की किसी की हिम्मत न थी।

4

क्रिया के पश्चात् प्रतिक्रिया नैसर्गिक नियम है। शंकर साल-भर तक तपस्या करने पर भी जब ऋण से मुक्त होने में सफल न हो सका तो उसका संयम निराशा के रूप में परिणत हो गया। उसने समझ लिया कि जब इतना कष्ट सहने पर भी साल-भर में 60) रु. से अधिक न जमा कर सका, तो अब और कौन सा उपाय है जिसके द्वारा इसके दूने रुपए जमा हों। जब सिर पर ऋण का बोझ ही लादना है तो क्या मन-भर का और क्या सवा मन का। उसका उत्साह क्षीण हो गया, मिहनत से घृणा हो गई। आशा उत्साह की जननी है, आशा में तेज़ है, बल है, जीवन है। आशा ही संसार की संचालक शक्ति है। शंकर आशाहीन होकर उदासीन हो गया। वह ज़रूरतें जिनको उसने साल-भर तक टाल रखा था, अब द्वार पर खड़ी होनेवाली भिखारिणी न थीं, बल्कि छाती पर सवार होनेवाली पिशाचनियाँ थीं, जो अपनी भेंट लिए बिना जान नहीं छोड़तीं। कपड़ों में चकत्तियों के लगने की भी एक सीमा होती है। अब शंकर को

चिट्ठा मिलता तो वह रुपए जमा न करता, कभी कपड़े लाता, कभी खाने की कोई वस्तु। जहाँ पहले तमाखू ही पिया करता था, वहाँ अब गाँजे और चरस का चस्का भी लगा। उसे अब रुपए अदा करने की कोई चिन्ता न थी मानो उसके ऊपर किसी का एक पैसा भी नहीं आता। पहले जूड़ी चढ़ी होती थी, पर वह काम करने अवश्य जाता था, अब काम पर न जाने के लिए बहाना खोजा करता।

इस भाँति तीन वर्ष निकल गए। विप्रजी महाराज ने एक बार भी तकाजा न किया। वह चतुर शिकारी की भाँति अचूक निशाना लगाना चाहते थे। पहले से शिकार को चौंकाना उनकी नीति के विरुद्ध था।

एक दिन पंडितजी ने शंकर को बुलाकर हिसाब दिखाया। 60) रु. जो जमा थे वह मिनहा करने पर अब भी शंकर के जिम्मे 120) रु. निकले।

शंकर—इतने रुपए तो उसी जन्म में दूँगा, इस जन्म में नहीं हो सकते।

विप्र—मैं इसी जन्म में लूँगा। मूल न सही, सूद तो देना ही पड़ेगा।

शंकर—एक बैल है, वह ले लीजिए और मेरे पास रक्खा क्या है।

विप्र—मुझे बैल-बधिया लेकर क्या करना है। मुझे देने को तुम्हारे पास बहुत कुछ है।

शंकर—और क्या है महाराज?

विप्र—कुछ है, तुम तो हो। आख़िर तुम भी कहीं मजूरी करने जाते ही हो, मुझे भी खेती के लिए मजूर रखना ही पड़ता है। सूद में तुम हमारे यहाँ काम किया करो, जब सुभीता हो मूल को दे देना। सच तो यों है कि अब तुम किसी दूसरी जगह काम करने नहीं जा सकते जब तक मेरे रुपए नहीं चुका दो। तुम्हारे पास कोई जायदाद नहीं है, इतनी बड़ी गठरी मैं किस एतबार पर छोड़ दूँ। कौन इसका ज़िम्मा लेगा कि तुम मुझे महीने-महीने सूद देते जाओगे। और कहीं कमाकर जब तुम मुझे सूद भी नहीं दे सकते, तो मूल की कौन कहे?

शंकर—महाराज, सूद में तो काम करूँगा और खाऊँगा क्या?

विप्र—तुम्हारी घरवाली है, लड़के हैं, क्या वे हाथ-पाँव कटाके बैठेंगे। रहा मैं, तुम्हें आध सेर जौ रोज़ कलेवा के लिए दे दिया करूँगा। ओढ़ने को साल में एक कम्बल पा जाओगे, एक मिरजई भी बनवा दिया करूँगा, और क्या चाहिए। यह सच है कि और लोग तुम्हें छह आने देते हैं लेकिन मुझे ऐसी ग़रज़ नहीं है, मैं तो तुम्हें रुपए भरने के लिए रखता हूँ।

शंकर ने कुछ देर तक गहरी चिन्ता में पड़े रहने के बाद कहा—महाराज यह तो जन्म-भर की ग़ुलामी हुई।

विप्र—ग़ुलामी समझो, चाहे मजूरी समझो। मैं अपने रुपए भराए बिना तुमको कभी न छोड़ूँगा। तुम भागोगे तो तुम्हारा लड़का भरेगा। हाँ, जब कोई न रहेगा तब की बात दूसरी है।

इस निर्णय की कहीं अपील न थी। मजूर की ज़मानत कौन करता, कहीं शरण न थी, भागकर कहाँ जाता, दूसरे दिन से उसने विप्रजी के यहाँ काम करना शुरू कर दिया। सवा सेर गेहूँ की बदौलत उम्र-भर के लिए ग़ुलामी की बेड़ी पैरों में डालनी पड़ी। उस अभागे को अब अगर किसी विचार से सन्तोष होता था तो यह था कि वह मेरे पूर्व-जन्म का संस्कार है। स्त्री को वे काम करने पड़ते थे, जो उसने कभी न किए थे, बच्चे दानों को तरसते थे, लेकिन शंकर चुपचाप देखने के सिवा और कुछ न कर सकता था। वह गेहूँ के दाने किसी देवता के शाप की भाँति यावज्जीवन उसके सिर से न उतरे।

5

शंकर ने विप्रजी के यहाँ 20 वर्ष तक ग़ुलामी करने के बाद इस दुस्सार संसार से प्रस्थान किया। 120) अभी तक उसके सिर पर सवार थे। पंडितजी ने उस ग़रीब को ईश्वर के दरबार में कष्ट देना उचित न समझा, इतने अन्यायी, इतने निर्दयी न थे। उसके जवान बेटे की गरदन पकड़ी। आज तक वह विप्रजी के यहाँ काम करता है। उसका उद्धार कब होगा; होगा भी या नहीं, ईश्वर ही जाने।

पाठक! इस वृत्तांत को कपोल-कल्पित न समझिए। यह सत्य घटना है। ऐसे शंकरों और ऐसे विप्रों से दुनिया ख़ाली नहीं है।

सभ्यता का रहस्य

यों तो मेरी समझ में दुनिया की एक हज़ार एक बातें नहीं आतीं—जैसे लोग प्रात:काल उठते ही बालों पर छुरा क्यों चलाते हैं? क्या अब पुरुषों में भी इतनी नजाकत आ गई है कि बालों का बोझ उनसे नहीं सँभलता? एक साथ ही सभी पढ़े-लिखे आदमियों की आँखें क्यों इतनी कमज़ोर हो गई हैं? दिमाग़ की कमज़ोरी ही इसका कारण है या और कुछ? लोग खिताबों के पीछे क्यों इतने हैरान होते हैं? इत्यादि—लेकिन इस समय मुझे इन बातों से मतलब नहीं। मेरे मन में एक नया प्रश्न उठ रहा है और उसका जवाब मुझे कोई नहीं देता। प्रश्न यह है कि सभ्य कौन है और असभ्य कौन? सभ्यता के लक्षण क्या हैं? सरसरी नज़र से देखिए, तो इससे ज़्यादा आसान और कोई सवाल ही न होगा। बच्चा-बच्चा इसका समाधान कर सकता है। लेकिन ज़रा ग़ौर से देखिए, तो प्रश्न इतना आसान नहीं जान पड़ता। अगर कोट-पतलून पहनना, टाई-हैट कालर लगाना, मेज़ पर बैठकर खाना खाना, दिन में तेरह बार कोको या चाय पीना और सिगार पीते हुए चलना सभ्यता है, तो उन गोरों को भी सभ्य कहना पड़ेगा, जो सड़क पर शाम को कभी-कभी टहलते नज़र आते हैं; शराब के नशे से आँखें सुर्ख, पैर लड़खड़ाते हुए, रास्ता चलनेवालों को अनायास छेड़ने की धुन! क्या उन गोरों को सभ्य कहा जा सकता है? कभी नहीं! तो यह सिद्ध हुआ कि सभ्यता कोई और ही चीज़ है, उसका देह से इतना सम्बन्ध नहीं है जितना मन से।

2

मेरे इने-गिने मित्रों में एक राय रतनकिशोर भी हैं। आप बहुत ही सहृदय, बहुत ही उदार, बहुत अधिक शिक्षित और एक बड़े ओहदेदार हैं। बहुत अच्छा वेतन पाने पर भी उनकी आमदनी ख़र्च के लिए काफ़ी नहीं होती। एक चौथाई वेतन तो बँगले ही की भेंट हो जाता है। इसलिए आप बहुधा चिंतित रहते हैं। रिश्वत तो नहीं लेते—कम-से-कम मैं नहीं जानता, हालाँकि कहने वाले कहते हैं—लेकिन इतना जानता हूँ कि वह भत्ता बढ़ाने के लिए दौरे पर बहुत रहते हैं, यहाँ तक कि इसके लिए हर साल बजट की किसी दूसरी मद से रुपए निकालने पड़ते हैं। उनके अफ़सर कहते हैं, इतने दौरे क्यों करते हो, तो जवाब देते हैं इस ज़िले का काम ही ऐसा है कि जब तक ख़ूब दौरे न किए जाएँ रिआया शान्त नहीं रह सकती। लेकिन मज़ा तो यह है कि राय

साहब उतने दौरे वास्तव में नहीं करते, जितने कि अपने रोज़नामचे में लिखते हैं। उनके पड़ाव शहर से 50 मील पर होते हैं। खेमे वहाँ गड़े रहते हैं, कैंप के अमले वहाँ पड़े रहते हैं और राय साहब घर पर मित्रों के साथ गप-शप करते रहते हैं, पर किसी की मजाल है कि राय साहब की नेकनीयती पर सन्देह कर सके! उनके सभ्य पुरुष होने में किसी को शंका नहीं हो सकती।

एक दिन मैं उनसे मिलने गया। उस समय वह अपने घसियारे दमड़ी को डाँट रहे थे। दमड़ी रात-दिन का नौकर था, लेकिन घर रोटी खाने जाया करता था। उसका घर थोड़ी ही दूर पर एक गाँव में था। कल रात को किसी कारण से यहाँ न आ सका। इसलिए डाँट पड़ रही थी।

राय साहब—जब हम तुम्हें रात-दिन के लिए रखे हुए हैं, तो तुम घर पर क्यों रहे? कल के पैसे कट जाएँगे।

दमड़ी—हजूर, एक मेहमान आ गए थे, इसी से न आ सका।

राय साहब—तो कल के पैसे उसी मेहमान से लो।

दमड़ी—सरकार, अब कभी ऐसी खता न होगी।

राय साहब—बक-बक मत करो।

दमड़ी—हजूर...

राय साहब—दो रुपए जुरमाना।

दमड़ी रोता हुआ चला गया। रोजा बख्शाने आया था, नमाज़ गले पड़ गई। 2) जुरमाना ठुक गया। खता यही थी कि बेचारा कसूर माफ़ कराना चाहता था।

यह एक रात को ग़ैरहाजिर होने की सज़ा थी! बेचारा दिन भर का काम कर चुका था, रात को यहाँ सोया न था, उसका दंड! और घर बैठे भत्ते उड़ानेवालों को कोई नहीं पूछता! कोई दंड नहीं देता। दंड तो मिले और ऐसा मिले कि ज़िन्दगी-भर याद रहे; पर पकड़ना तो मुश्किल है। दमड़ी भी अगर होशियार होता, तो ज़रा रात रहे आकर कोठरी में सो जाता। फिर किसे ख़बर होती कि वह रात को कहाँ रहा। पर ग़रीब इतना चंट न था।

3

दमड़ी के पास कुल छह बिस्वे ज़मीन थी! पर इतने ही प्राणियों का ख़र्च भी था। उसके दो लड़के, दो लड़कियाँ और स्त्री, सब खेती में लगे रहते थे, फिर भी पेट की रोटियाँ नहीं मयस्सर होती थीं। इतनी ज़मीन क्या सोना उगल देती! अगर सब-के-सब घर से निकल मज़दूरी करने लगते, तो आराम से रह सकते थे; लेकिन मौरूसी किसान मज़दूर कहलाने का अपमान न सह सकता था। इस बदनामी से बचने के लिए दो बैल बाँध रखे थे! उसके वेतन का बड़ा भाग बैलों के दाने-चारे ही में उड़ जाता था। ये सारी तकलीफ़ें मंजूर थीं, पर खेती छोड़कर मज़दूर बन जाना मंजूर न था। किसान की जो प्रतिष्ठा है, वह कहीं मज़दूर की हो सकती है, चाहे वह रुपया रोज़ ही क्यों न कमाए? किसानी के साथ मज़दूरी करना इतने अपमान की बात नहीं, द्वार पर बँधे हुए बैल उसकी मान-रक्षा किया करते हैं, पर बैलों को बेचकर फिर कहाँ मुँह दिखलाने की जगह रह सकती है!

एक दिन राय साहब उसे सरदी से काँपते देखकर बोले—कपड़े क्यों नहीं बनवाता? काँप क्यों रहा है?

दमड़ी—सरकार, पेट की रोटी तो पूरी ही नहीं पड़ती, कपड़े कहाँ से बनवाऊँ?

राय साहब—बैलों को बेच क्यों नहीं डालता? सैकड़ों बार समझा चुका, लेकिन न-जाने क्यों इतनी मोटी-सी बात तेरी समझ में नहीं आती।

दमड़ी—सरकार, बिरादरी में कहीं मुँह दिखाने लायक न रहूँगा। लड़की की सगाई न हो पाएगी, टाट बाहर कर दिया जाऊँगा।

राय साहब—इन्हीं हिमाकतों से तुम लोगों की यह दुर्गति हो रही है। ऐसे आदमियों पर दया करना भी पाप है। (मेरी तरफ़ फिरकर) क्यों मुंशीजी, इस पागलपन का भी कोई इलाज है? जाड़ों मर रहे हैं, पर दरवाज़े पर बैल ज़रूर बाँधेंगे।

मैंने कहा—जनाब, यह तो अपनी-अपनी समझ है।

राय साहब—ऐसी समझ को दूर से सलाम कीजिए। मेरे यहाँ कई पुश्तों से जन्माष्टमी का उत्सव मनाया जाता था। कई हज़ार रुपयों पर पानी फिर जाता था। गाना होता था; दावतें होती थीं, रिश्तेदारों को न्योते दिए जाते थे, ग़रीबों को कपड़े बाँटे जाते थे। वालिद साहब के बाद पहले ही साल मैंने उत्सव बन्द कर दिया। फ़ायदा क्या? मुफ़्त में चार-पाँच हज़ार की चपत पड़ती थी। सारे कसबे में बावेला मचा, आवाज़ें कसी गईं; किसी ने नास्तिक कहा, किसी ने ईसाई बनाया, लेकिन यहाँ इन बातों की क्या परवा! आख़िर थोड़े ही दिनों में सारा कोलाहल शान्त हो गया। अजी, बड़ी दिल्लगी थी। कसबे में किसी के यहाँ शादी हो, लकड़ी मुझसे ले! पुश्तों से रस्म चली आती थी। वालिद तो दूसरों से दरख्त मोल लेकर इस रस्म को निभाते थे। थी हिमाकत या नहीं? मैंने फ़ौरन लकड़ी देना बन्द कर दिया। इस पर भी लोग बहुत रोए-धोए, लेकिन दूसरों का रोना-धोना सुनूँ, या अपना फ़ायदा देखूँ। लकड़ी से ही कम-से-कम 500) सालाना की बचत हो गई। अब कोई भूलकर भी इन चीज़ों के लिए दिक करने नहीं आता।

मेरे दिल में फिर सवाल पैदा हुआ, दोनों में कौन सभ्य है, कुल-प्रतिष्ठा पर प्राण देनेवाला मूर्ख दमड़ी; या धन पर कुल-मर्यादा को बलि देनेवाले राय रतनकिशोर!

4

राय साहब के इजलास में एक बड़े मार्के का मुक़दमा पेश था। शहर का एक रईस ख़ून के मामले में फँस गया था। उसकी ज़मानत के लिए राय साहब की खुशामदें होने लगीं। इज़्ज़त की बात थी। रईस साहब का हुक्म था कि चाहे रियासत बिक जाए, पर इस मुक़दमे से बेदाग़ निकल जाऊँ। डालियाँ लगाई गईं, सिफारिशें पहुँचाई गईं, पर राय साहब पर कोई असर न हुआ। रईस के आदमियों को प्रत्यक्ष रूप से रिश्वत की चर्चा करने की हिम्मत न पड़ती थी। आख़िर जब कोई बस न चला, तो रईस की स्त्री ने राय साहब की स्त्री से मिलकर सौदा पटाने की ठानी।

रात के 10 बजे थे। दोनों महिलाओं में बातें होने लगीं। 20 हज़ार की बातचीत थी! राय साहब की पत्नी तो इतनी ख़ुश हुईं कि उसी वक़्त राय साहब के पास दौड़ी हुई आईं और कहने लगीं—ले लो, ले लो! तुम न लोगे, तो मैं ले लूँगी।

राय साहब ने कहा—इतनी बेसब्र न हो। वह तुम्हें अपने दिल में क्या समझेंगी? कुछ अपनी इज़्ज़त का भी ख़याल है या नहीं? माना कि रक़म बड़ी है और इससे मैं एकबारगी तुम्हारे आए दिन की फ़रमाइशों से मुक्त हो जाऊँगा, लेकिन एक सिविलियन की इज़्ज़त भी तो कोई मामूली चीज़ नहीं है। तुम्हें पहले बिगड़कर कहना चाहिए था कि मुझसे ऐसी बेहूदी बातचीत करनी हो, तो यहाँ से चली जाओ। मैं अपने कानों से नहीं सुनना चाहती।

स्त्री—यह तो मैंने पहले ही किया, बिगड़कर ख़ूब खरी-खोटी सुनाई। क्या इतना भी नहीं जानती? बेचारी मेरे पैरों पर सर रखकर रोने लगी।

राय साहब—यह कहा था कि राय साहब से कहूँगी, तो मुझे कच्चा ही चबा जाएँगे?

यह कहते हुए राय साहब ने गद्गद होकर पत्नी को गले लगा लिया।

स्त्री—अजी, मैं न-जाने ऐसी कितनी ही बातें कह चुकी, लेकिन किसी तरह टाले नहीं टलती। रो-रोकर जान दे रही है।

राय साहब—उससे वादा तो नहीं कर लिया?

स्त्री—वादा? मैं तो रुपए लेकर सन्दूक में रख आई। नोट थे।

राय साहब—कितनी जबरदस्त अहमक हो, न मालूम ईश्वर तुम्हें कभी समझ भी देगा या नहीं।

स्त्री—अब क्या देगा? देना होता, तो दे न दी होती।

राय साहब—हाँ, मालूम तो ऐसा ही होता है। मुझसे कहा तक नहीं और रुपए लेकर सन्दूक में दाख़िल कर लिए! अगर किसी तरह बात खुल जाए, तो कहीं का न रहूँ।

स्त्री—तो भाई, सोच लो। अगर कुछ गड़बड़ हो, तो मैं जाकर रुपए लौटा दूँ।

राय साहब—फिर वही हिमाकत! अरे, अब तो जो कुछ होना था, हो चुका। ईश्वर पर भरोसा करके ज़मानत लेनी पड़ेगी। लेकिन तुम्हारी हिमाकत में शक नहीं। जानती हो, यह साँप के मुँह में उँगली डालना है। यह भी जानती हो कि मुझे ऐसी बातों से कितनी नफ़रत है, फिर भी बेसब्र हो जाती हो। अबकी बार तुम्हारी हिमाकत से मेरा व्रत टूट रहा है। मैंने दिल में ठान लिया था कि अब इस मामले में हाथ न डालूँगा, लेकिन तुम्हारी हिमाकत के मारे जब मेरी कुछ चलने भी पाए?

स्त्री—मैं जाकर लौटाए देती हूँ।

राय साहब—और मैं जाकर ज़हर खाए लेता हूँ।

इधर तो स्त्री-पुरुष में यह अभिनय हो रहा था, उधर दमड़ी उसी वक़्त अपने गाँव के मुखिया के खेत से जुआर काट रहा था। आज वह रात भर की छुट्टी लेकर घर गया था। बैलों के लिए चारे का एक तिनका भी नहीं है। अभी वेतन मिलने में कई दिन की देर थी, मोल ले न सकता था। घरवालों ने दिन को कुछ घास छीलकर खिलाई तो थी, लेकिन ऊँट के मुँह में जीरा। उतनी घास से क्या हो सकता था। दोनों बैल भूखे खड़े थे। दमड़ी को देखते ही दोनों पूँछें खड़ी करके हुँकारने लगे। जब वह पास गया तो दोनों उसकी हथेलियाँ चाटने लगे। बेचारा दमड़ी मन मसोसकर रह गया। सोचा, इस वक़्त तो कुछ हो नहीं सकता; सबेरे किसी से कुछ उधार लेकर चारा लाऊँगा।

लेकिन जब 11 बजे रात उसकी आँखें खुलीं, तो देखा कि दोनों बैल अभी तक नाँद पर खड़े हैं। चाँदनी रात थी, दमड़ी को जान पड़ा कि दोनों उसकी ओर उपेक्षा और याचना की दृष्टि से देख रहे हैं। उनकी क्षुधा वेदना देखकर उसकी आँखें सजल हो आईं। किसान को अपने बैल अपने लड़कों की तरह प्यारे होते हैं। वह उन्हें पशु नहीं, अपना मित्र और सहायक समझता। बैलों को भूखे खड़े देखकर नींद आँखों से भाग गई। कुछ सोचता हुआ उठा। हँसिया निकाली और चारे की फ़िक्र में चला। गाँव के बाहर बाजरे और जुआर के खेत खड़े थे। दमड़ी के हाथ काँपने लगे। लेकिन बैलों की याद ने उसे उत्तेजित कर दिया। चाहता, तो कई बोझ काट सकता था; लेकिन वह चोरी करते हुए भी चोर न था। उसने केवल उतना

ही चारा काटा, जितना बैलों को रात-भर के लिए काफ़ी हो। सोचा, अगर किसी ने देख भी लिया, तो उससे कह दूँगा, बैल भूखे थे, इसलिए काट लिया। उसे विश्वास था कि थोड़े-से चारे के लिए कोई मुझे पकड़ नहीं सकता। मैं कुछ बेचने के लिए तो काट नहीं रहा हूँ; फिर ऐसा निर्दयी कौन है, जो मुझे पकड़ ले। बहुत करेगा, अपने दाम ले लेगा। उसने बहुत सोचा। चारे का थोड़ा होना ही उसे चोरी के अपराध से बचाने को काफ़ी था। चोर उतना काटता, जितना उससे उठ सकता। उसे किसी के फ़ायदे और नुक़सान से क्या मतलब? गाँव के लोग दमड़ी को चारा लिए जाते देखकर बिगड़ते ज़रूर, पर कोई चोरी के इलज़ाम में न फँसाता, लेकिन संयोग से हलके के थाने का सिपाही उधर जा निकला। वह पड़ोस के एक बनिये के यहाँ जुआ होने की ख़बर पाकर कुछ ऐंठने की टोह में आया था। दमड़ी को चारा सिर पर उठाते देखा, तो सन्देह हुआ। इतनी रात गए कौन चारा काटता है? हो न हो, कोई चोरी से काट रहा है, डाँटकर बोला—कौन चारा लिए जाता है? खड़ा रह!

दमड़ी ने चौंककर पीछे देखा, तो पुलिस का सिपाही! हाथ-पाँव फूल गए, काँपते हुए बोला—हुज़ूर, थोड़ा ही-सा काटा है, देख लीजिए।

सिपाही—थोड़ा काटा हो या बहुत, है तो चोरी। खेत किसका है?

दमड़ी—बलदेव महतो का।

सिपाही ने समझा था, शिकार फँसा, इससे कुछ ऐंटूँगा; लेकिन वहाँ क्या रखा था। पकड़कर गाँव में लाया और जब वहाँ भी कुछ हत्थे चढ़ता न दिखाई दिया तो थाने ले गया। थानेदार ने चालान कर दिया। मुक़दमा राय साहब ही के इजलास में पेश किया।

राय साहब ने दमड़ी को फँसे हुए देखा, तो हमदर्दी के बदले कठोरता से काम लिया। बोले—यह मेरी बदनामी की बात है। तेरा क्या बिगड़ा, साल-छह महीने की सज़ा हो जाएगी, शर्मिन्दा तो मुझे होना पड़ रहा है! लोग यही तो कहते होंगे कि राय साहब के आदमी ऐसे बदमाश और चोर हैं। तू मेरा नौकर न होता, तो मैं हलकी सज़ा देता; लेकिन तू मेरा नौकर है, इसलिए कड़ी-से-कड़ी सज़ा दूँगा। मैं यह नहीं सुन सकता कि राय साहब ने अपने नौकर के साथ रिआयत की।

यह कहकर राय साहब ने दमड़ी को छह महीने की सख़्त क़ैद का हुक्म सुना दिया।

उसी दिन उन्होंने ख़ून के मुक़दमे में ज़मानत ले ली। मैंने दोनों वृत्तान्त सुने और मेरे दिल में यह ख़याल और भी पक्का हो गया कि सभ्यता केवल हुनर के साथ ऐब करने का नाम है। आप बुरे-से-बुरा काम करें, लेकिन अगर आप उस पर परदा डाल सकते हैं, तो आप सभ्य हैं, सज्जन हैं, जेन्टिलमैन हैं। अगर आप में यह सिफ़त नहीं तो आप असभ्य हैं, गँवार हैं, बदमाश हैं। यही सभ्यता का रहस्य है!

समस्या

मेरे दफ़्तर में चार चपरासी हैं। उनमें एक का नाम ग़रीब है। वह बहुत ही सीधा, बड़ा आज्ञाकारी, अपने काम में चौकस रहनेवाला, घुड़कियाँ खाकर चुप रह जानेवाला, यथा नाम तथा गुणवाला मनुष्य है। मुझे इस दफ़्तर में साल-भर होते हैं, मगर मैंने उसे एक दिन

के लिए भी ग़ैरहाजिर नहीं पाया। मैं उसे 9 बजे दफ़्तर में अपनी फटी दरी पर बैठे हुए देखने का ऐसा आदी हो गया हूँ कि मानो वह भी उसी इमारत का कोई अंग है। इतना सरल है कि किसी की बात टालना नहीं जाना। एक मुसलमान है। उससे सारा दफ़्तर डरता है, मालूम नहीं क्यों? मुझे तो इसका कारण सिवाय उसकी बड़ी-बड़ी बातों के और कुछ नहीं मालूम होता। उसके कथनानुसार उसके चचेरे भाई रामपुर रियासत में काजी हैं, फूफा टोंक की रियासत में कोतवाल हैं। उसे सर्वसम्मति ने 'काजी साहेब' की उपाधि दे रखी है। शेष दो महाशय जाति के ब्राह्मण हैं। उनके आशीर्वादों का मूल्य उनके काम से कहीं अधिक है। ये तीनों कामचोर, गुस्ताख और आलसी हैं। कोई छोटा-सा काम करने को भी कहिए तो बिना नाक-भौं सिकोड़े नहीं करते। क्लर्कों को तो कुछ समझते ही नहीं! केवल बड़े बाबू से कुछ दबते हैं, यद्यपि कभी-कभी उनसे झगड़ बैठते हैं। मगर इन सब दुर्गुणों के होते हुए भी दफ़्तर में किसी की मिट्टी इतनी ख़राब नहीं है, जितनी बेचारे ग़रीब की। तरक्की का अवसर आया है, तो ये तीनों मार ले जाते हैं, ग़रीब को कोई पूछता भी नहीं। और सब दस-दस पाते हैं, वह अभी छह ही में पड़ा हुआ है। सुबह से शाम तक उसके पैर एक क्षण के लिए भी नहीं टिकते—यहाँ तक कि तीनों चपरासी उस पर हुकूमत जताते हैं और ऊपर की आमदनी में तो उस बेचारे का कोई भाग ही नहीं। तिस पर भी दफ़्तर के सब कर्मचारी—दफ़्तरी से लेकर बाबू तक सब—उससे चिढ़ते हैं। उसकी कितनी ही बार शिकायतें हो चुकी हैं, कितनी ही बार जुर्माना हो चुका है और डाँट-डपट तो नित्य ही हुआ करती है। इसका रहस्य कुछ मेरी समझ में न आता था। हाँ, मुझे उस पर दया अवश्य आती थी, और अपने व्यवहार से मैं यह दिखाना चाहता था कि मेरी दृष्टि में उसका आदर अन्य चपरासियों से कम नहीं। यहाँ तक कि कई बार मैं उसके पीछे अन्य कर्मचारियों से लड़ भी चुका हूँ।

2

एक दिन बड़े बाबू ने ग़रीब से अपनी मेज़ साफ़ करने को कहा। वह तुरन्त मेज़ साफ़ करने लगा। दैवयोग से झाड़न का झटका लगा, तो दावात उलट गई और रोशनाई मेज़ पर फैल गई। बड़े बाबू यह देखते ही जामे से बाहर हो गए। उसके दोनों कान पकड़कर ख़ूब ऐंठे और भारतवर्ष की सभी प्रचलित भाषाओं से दुर्वचन चुन-चुनकर उसे सुनाने लगे। बेचारा ग़रीब आँखों में आँसू भरे चुपचाप मूर्तिवत् खड़ा सुनता था, मानो उसने कोई हत्या कर डाली हो। मुझे बड़े बाबू का ज़रा-सी बात पर इतना भयंकर रौद्र रूप धारण करना बुरा मालूम हुआ। यदि किसी दूसरे चपरासी ने इससे भी बड़ा कोई अपराध किया होता, तो भी उस पर इतना वज्र प्रहार न होता। मैंने अँग्रेज़ी में कहा—बाबू साहब, आप यह अन्याय कर रहे हैं। उसने जान-बूझकर तो रोशनाई गिराई नहीं। इसका इतना कड़ा दंड अनौचित्य की पराकाष्ठा है।

बाबूजी ने नम्रता से कहा—आप इसे जानते नहीं, बड़ा दुष्ट है।

'मैं तो उसकी कोई दुष्टता नहीं देखता।'

'आप अभी उसे जानते नहीं, एक ही पाजी है। इसके घर दो हलों की खेती होती है, हज़ारों का लेन-देन करता है; कई भैंसें लगती हैं। इन्हीं बातों का इसे घमंड है।'

'घर की ऐसी दशा होती, तो आपके यहाँ चपरासीगिरी क्यों करता?'

'विश्वास मानिए, बड़ा पोढ़ा आदमी है और बला का मक्खीचूस।'

'यदि ऐसा ही हो, तो भी कोई अपराध नहीं है।'

'अजी, अभी आप इन बातों को नहीं जानते। कुछ दिन और रहिए तो आपको स्वयं मालूम हो जाएगा कि यह कितना कमीना आदमी है।'

एक दूसरे महाशय बोल उठे—भाई साहब, इसके घर मनों दूध-दही होता है, मनों मटर, जुआर, चने होते हैं, लेकिन इसकी कभी इतनी हिम्मत न हुई कि कभी थोड़ा-सा दफ़्तरवालों को भी दे दे। यहाँ इन चीज़ों को तरसकर रह जाते हैं। तो फिर क्यों न जी जले? और यह सबकुछ इसी नौकरी की बदौलत हुआ है। नहीं तो पहले इसके घर में भूनी भाँग न थी।

बड़े बाबू कुछ सकुचाकर बोले—यह कोई बात नहीं। उसकी चीज़ है, किसी को दे या न दे; लेकिन यह बिलकुल पशु है।

मैं कुछ-कुछ मर्म समझ गया। बोला—यदि ऐसे तुच्छ हृदय का आदमी है, तो वास्तव में पशु ही है। मैं यह न जानता था।

अब बड़े बाबू भी खुले। संकोच दूर हुआ। बोले—इन सौगातों से किसी का उबार तो होता नहीं, केवल देनेवाले की सहृदयता प्रकट होती है। और आशा भी उसी से की जाती है, जो इस योग्य होता है। जिसमें सामर्थ्य ही नहीं, उससे कोई आशा नहीं करता। नंगे से कोई क्या लेगा?

रहस्य खुल गया। बड़े बाबू ने सरल भाव से सारी अवस्था दरशा दी थी। समृद्धि के शत्रु सब होते हैं, छोटे ही नहीं, बड़े भी। हमारी ससुराल या ननिहाल दरिद्र हो, तो हम उससे आशा नहीं रखते! कदाचित् वह हमें विस्मृत हो जाती है। किन्तु वे सामर्थ्यवान होकर हमें न पूछें, हमारे यहाँ तीज और चौथ न भेजें, तो हमारे कलेजे पर साँप लोटने लगता है। हम अपने निर्धन मित्र के पास जाएँ, तो उसके एक बीड़े पान से ही संतुष्ट हो जाते हैं; पर ऐसा कौन मनुष्य है, जो अपने किसी धनी मित्र के घर से बिना जलपान के लौटकर उसे मन में कोसने न लगे और सदा के लिए उसका तिरस्कार न करने लगे। सुदामा कृष्ण के घर से यदि निराश लौटते, तो कदाचित् वह उनके शिशुपाल और जरासंध से भी बड़े शत्रु होते। यह मानव-स्वभाव है।

3

कई दिन पीछे मैंने ग़रीब से पूछा—क्यों जी, तुम्हारे घर पर कुछ खेतीबारी होती है?

ग़रीब ने दीन भाव से कहा—हाँ सरकार, होती है। आपके दो ग़ुलाम हैं, वही करते हैं।

'गायें-भैंसें भी लगती हैं?'

'हाँ, हुजूर; दो भैंसें लगती हैं, मुदा गायें अभी गाभिन नहीं हैं। हुजूर लोगों के ही दया-धरम से पेट की रोटियाँ चल जाती हैं।'

'दफ़्तर के बाबू लोगों की भी कभी कुछ ख़ातिर करते हो?'

ग़रीब ने अत्यन्त दीनता से कहा—हुजूर; मैं सरकार लोगों की क्या ख़ातिर कर सकता हूँ। खेती में जौ, चना, मक्का, जुआर के सिवाय और क्या होता है। आप लोग राजा हैं, यह मोटी-झोटी चीज़ें किस मुँह से आपको भेंट करूँ। जी डरता है, कहीं कोई डाँट न बैठे कि इस टके के आदमी की इतनी मजाल। इसी के मारे बाबूजी, हियाव नहीं पड़ता। नहीं तो दूध-दही की कौन बिसात थी। मुँह लायक बीड़ा तो होना चाहिए।

'भला एक दिन कुछ लाके दो तो, देखो, लोग क्या कहते हैं। शहर में यह चीज़ें कहाँ मयस्सर होती हैं। इन लोगों का जी कभी-कभी मोटी-झोटी चीज़ों पर चला करता है।'

'जो, सरकार, कोई कुछ कहे तो? कहीं कोई साहब से शिकायत कर दे तो मैं कहीं का न रहूँ।'

'इसका मेरा ज़िम्मा है, तुम्हें कोई कुछ नहीं कहेगा। कोई कुछ कहेगा, तो मैं समझा दूँगा।'

'तो हुजूर, आजकल तो मटर की फसिल है। चने के साग भी हो गए हैं और कोल्हू भी खड़ा हो गया है। इसके सिवाय तो और कुछ नहीं है।'

'बस, तो यही चीज़ें लाओ।'

'कुछ उल्टी-सीधी पड़े, तो हुजूर ही सँभालेंगे!'

'हाँ जी, कह तो दिया कि मैं देख लूँगा।'

दूसरे दिन ग़रीब आया तो उसके साथ तीन हृष्ट-पुष्ट युवक भी थे। दो के सिरों पर टोकरियाँ थीं, उसमें मटर की फलियाँ भरी हुई थीं। एक के सिर पर मटका था, उसमें ऊख का रस था। तीनों ऊख का एक-एक गट्ठर काँख में दबाए हुए थे। ग़रीब आकर चुपके से बरामदे के सामने पेड़ के नीचे खड़ा हो गया। दफ़्तर में आने का उसे साहस नहीं होता था, मानो कोई अपराधी वृक्ष के नीचे खड़ा था कि इतने में दफ़्तर के चपरासियों और अन्य कर्मचारियों ने उसे घेर लिया। कोई ऊख लेकर चूसने लगा, कई आदमी टोकरी पर टूट पड़े, लूट मच गई। इतने में बड़े बाबू दफ़्तर में आ पहुँचे। यह कौतुक देखा तो उच्च स्वर से बोले—यह क्या भीड़ लगा रखी है, अपना-अपना काम देखो।

मैंने जाकर उनके कान में कहा—ग़रीब अपने घर से यह सौगात लाया है। कुछ आप ले लीजिए, कुछ इन लोगों को बाँट दीजिए।

बड़े बाबू ने कृत्रिम क्रोध धारण करके कहा—क्यों ग़रीब, तुम ये चीज़ें यहाँ क्यों लाए? अभी ले जाओ, नहीं तो मैं साहब से रपट कर दूँगा। कोई हम लोगों को मलूका समझ लिया है।

ग़रीब का रंग उड़ गया। थर-थर काँपने लगा। मुँह से एक शब्द भी न निकला। मेरी ओर अपराधी नेत्रों से ताकने लगा।

मैंने उसकी ओर से क्षमा-प्रार्थना की। बहुत कहने-सुनने पर बाबू साहब राज़ी हुए। सब चीज़ों में से आधी-आधी अपने घर भिजवाई। आधी में अन्य लोगों के हिस्से लगाए गए। इस प्रकार यह अभिनय समाप्त हुआ।

4

अब दफ़्तर में ग़रीब का नाम होने लगा। उसे नित्य घुड़कियाँ न मिलतीं; दिन-भर दौड़ना न पड़ता, कर्मचारियों के व्यंग्य और अपने सहयोगियों के कटुवाक्य न सुनने पड़ते। चपरासी लोग स्वयं उसका काम कर देते। उसके नाम में भी थोड़ा-सा परिवर्तन हुआ। वह ग़रीब से ग़रीबदास बना। स्वभाव में कुछ तबदीली पैदा हुई। दीनता की जगह आत्मगौरव का उद्भव हुआ। तत्परता की जगह आलस्य ने ली। वह अब कभी देर करके दफ़्तर आता, कभी-कभी बीमारी का बहाना करके घर बैठ रहता। उसके सभी अपराध अब क्षम्य थे। उसे अपनी प्रतिष्ठा का गुर हाथ लग गया था। वह अब दसवें-पाँचवें दिन दूध, दही लाकर बड़े बाबू की भेंट किया करता। देवता को संतुष्ट करना सीख गया। सरलता के बदले अब उसमें काइयाँपन आ गया।

एक रोज बड़े बाबू ने उसे सरकारी फार्मों का पार्सल छुड़ाने के लिए स्टेशन भेजा। कई बड़े-बड़े पुलिंदे थे। ठेले पर आए। ग़रीब ने ठेलेवाले से बारह आने) मज़दूरी तय की थी।

जब काग़ज़ दफ़्तर में गए तो उसने बड़े बाबू से बारह आने) पैसे ठेलेवाले को देने के लिए वसूल किए। लेकिन दफ़्तर से कुछ दूर जाकर उसकी नीयत बदली। अपनी दस्तूरी माँगने लगा। ठेलेवाला राज़ी न हुआ। इस पर ग़रीब ने बिगड़कर सब पैसे जेब में रख लिये और धमकाकर बोला—अब एक फूटी कौड़ी भी न दूँगा। जाओ जहाँ चाहे फ़रियाद करो। देखें, क्या बना लेते हो।

ठेलेवाले ने जब देखा कि भेंट न देने से जमा ही ग़ायब हुई जाती है तो रो-धोकर चार आने पैसे देने पर राज़ी हुआ। ग़रीब ने अठन्नी उसके हवाले की, बारह आने) की रसीद लिखाकर उसके अँगूठे के निशान लगवाए और रसीद दफ़्तर में दाख़िल हो गई।

यह कुतूहल देखकर मैं दंग रह गया। यह वही ग़रीब है, जो कई महीने पहले सरलता और दीनता की मूर्ति था, जिसे कभी चपरासियों से भी अपने हिस्से की रक़म माँगने का साहस न होता था, जो दूसरों को खिलाना भी न जानता था, खाने का तो ज़िक्र ही क्या। यह स्वभावांतर देखकर अत्यन्त खेद हुआ। इसका उत्तरदायित्व किसके सिर था? मेरे सिर, जिसने उसे चघ्घड़पन और धूर्तता का पहला पाठ पढ़ाया था। मेरे चित्त में प्रश्न उठा—इस काइयाँपन से, जो दूसरों का गला दबाता है, वह भोलापन क्या बुरा था, जो दूसरों का अन्याय सह लेता था। वह अशुभ मुहूर्त था, जब मैंने उसे प्रतिष्ठा-प्राप्ति का मार्ग दिखाया, क्योंकि वास्तव में वह उसके पतन का भयंकर मार्ग था। मैंने बाह्य प्रतिष्ठा पर उसकी आत्म-प्रतिष्ठा का बलिदान कर दिया।

दो सखियाँ

1

लखनऊ

1-7-25

प्यारी बहन,

जब से यहाँ आई हूँ, तुम्हारी याद सताती रहती है। काश! तुम कुछ दिनों के लिए यहाँ चली आतीं, तो कितनी बहार रहती। मैं तुम्हें अपने विनोद से मिलाती। क्या यह संभव नहीं है? तुम्हारे माता-पिता क्या तुम्हें इतनी आज़ादी भी न देंगे? मुझे तो आश्चर्य यही है कि बेड़ियाँ पहनकर तुम कैसे रह सकती हो! मैं तो इस तरह घंटे-भर भी नहीं रह सकती। ईश्वर को धन्यवाद देती हूँ कि मेरे पिताजी पुरानी लकीर पीटनेवालों में नहीं। वह उन नवीन आदर्शों के भक्त हैं, जिन्होंने नारी-जीवन को स्वर्ग बना दिया है। नहीं तो मैं कहीं की न रहती।

विनोद हाल ही में इंग्लैंड से डी. फिल. होकर लौटे हैं और जीवन-यात्रा आरम्भ करने के पहले एक बार संसार-यात्रा करना चाहते हैं। योरप का अधिकांश भाग तो वह देख चुके हैं, पर अमेरिका, आस्ट्रेलिया और एशिया की सैर किए बिना उन्हें चैन नहीं। मध्य एशिया और चीन का तो यह विशेष रूप से अध्ययन करना चाहते हैं। योरोपियन यात्री जिन बातों की मीमांसा न कर सके, उन्हीं पर प्रकाश डालना इनका ध्येय है। सच कहती हूँ, चन्दा, ऐसा साहसी, ऐसा निर्भीक, ऐसा आदर्शवादी पुरुष मैंने कभी नहीं देखा था। मैं तो उनकी बातें सुनकर चकित हो

जाती हूँ। ऐसा कोई विषय नहीं है, जिसका उन्हें पूरा ज्ञान न हो, जिसकी वह आलोचना न कर सकते हों; और यह केवल किताबी आलोचना नहीं होती, उसमें मौलिकता और नवीनता होती है। स्वतंत्रता के तो वह अनन्य उपासक हैं। ऐसे पुरुष की पत्नी बनकर ऐसी कौन-सी स्त्री है, जो अपने सौभाग्य पर गर्व न करे। बहन, तुमसे क्या कहूँ कि प्रातःकाल उन्हें अपने बँगले की ओर आते देखकर मेरे चित्त की क्या दशा हो जाती है। यह उन पर न्योछावर होने के लिए विकल हो जाता है। यह मेरी आत्मा में बस गए हैं। अपने पुरुष की मैंने मन में जो कल्पना की थी, उसमें और उनमें बाल बराबर भी अंतर नहीं। मुझे रात-दिन यही भय लगा रहता है कि कहीं मुझमें उन्हें कोई त्रुटि न मिल जाए। जिन विषयों से उन्हें रुचि है, उनका अध्ययन आधी रात तक बैठी किया करती हूँ। ऐसा परिश्रम मैंने कभी न किया था। आईने-कंघी से मुझे कभी इतना प्रेम न था, सुभाषितों को मैंने कभी इतने चाव से कंठ न किया था। अगर इतना सब कुछ करने पर भी मैं उनका हृदय न पा सकी, तो बहन, मेरा जीवन नष्ट हो जाएगा, मेरा हृदय फट जाएगा और संसार मेरे लिए सूना हो जाएगा।

कदाचित् प्रेम के साथ ही मन में ईर्ष्या का भाव भी उदय हो जाता है। उन्हें मेरे बँगले की ओर आते हुए देख जब मेरी पड़ोसिन कुसुम अपने बरामदे में आकर खड़ी हो जाती है, तो मेरा ऐसा जी चाहता है कि उसकी आँखें ज्योतिहीन हो जाएँ। कल तो अनर्थ ही हो गया। विनोद ने उसे देखते ही हैट उतार ली और मुस्कुराए। वह कुलटा भी खीसें निकालने लगी। ईश्वर सारी विपत्तियाँ दे, पर मिथ्याभिमान न दे। चुड़ैलों की-सी तो आपकी सूरत है, पर अपने को अप्सरा समझती हैं। आप कविता करती हैं और कई पत्रिकाओं में उनकी कविताएँ छप भी गई हैं। बस, आप ज़मीन पर पाँव नहीं रखतीं। सच कहती हूँ, थोड़ी देर के लिए विनोद पर से मेरी श्रद्धा उठ गई। ऐसा आवेश होता था कि चलकर कुसुम का मुँह नोच लूँ। खैरियत हुई कि दोनों में बातचीत न हुई, पर विनोद आकर बैठे तो आध घंटे तक मैं उनसे न बोल सकी, जैसे उनके शब्दों में वह जादू ही न था, वाणी में वह रस ही न था। तब से अब तक मेरे चित्त की व्यग्रता शान्त नहीं हुई। रात-भर मुझे नींद नहीं आई, वही दृश्य आँखों के सामने बार-बार आता था। कुसुम को लज्जित करने के लिए कितने मंसूबे बाँध चुकी हूँ। चंदा, मुझे आज तक यह नहीं मालूम था कि मेरा मन इतना दुर्बल है। अगर यह भय न होता कि विनोद मुझे ओछी और हलकी समझेंगे, तो मैं उनसे अपने मनोभावों को स्पष्ट कह देती। मैं सम्पूर्णतः उनकी होकर उन्हें सम्पूर्णतः अपना बनाना चाहती हूँ। मुझे विश्वास है कि संसार का सबसे रूपवान युवक मेरे सामने आ जाए, तो मैं उसे आँख उठाकर न देखूँगी। विनोद के मन में मेरे प्रति यह भाव क्यों नहीं है।

चन्दा, प्यारी बहन, एक सप्ताह के लिए आ जा। तुझसे मिलने के लिए मन अधीर हो रहा है। मुझे इस समय तेरी सलाह और सहानुभूति की बड़ी ज़रूरत है। यह मेरे जीवन का सबसे नाजुक समय है। इन्हीं दस-पाँच दिनों में या तो पारस हो जाऊँगी या मिट्टी। लो 7 बज गए और अभी तक बाल नहीं बनाए। विनोद के आने का समय है। अब बिदा होती हूँ। कहीं आज फिर अभागिनी कुसुम अपने बरामदे में न आ खड़ी हो। अभी से दिल काँप रहा है। कल तो यह सोचकर मन को समझाया था कि यों ही सरल भाव से वह हँस पड़ी होगी। आज भी अगर वही दृश्य सामने आया, तो उतनी आसानी से मन को न समझा सकूँगी।

तुम्हारी,

पद्मा

2

गोरखपुर

5-7-25

प्रिय पद्मा,

भला एक युग के बाद तुम्हें मेरी सुधि तो आई। मैंने जो समझा था, शायद तुमने परलोक-यात्रा कर ली। यह उस निष्ठुरता का दंड ही है, जो कुसुम तुम्हें दे रही है। 15 एप्रिल को कॉलेज बन्द हुआ और एक जुलाई को आप ख़त लिखती हैं—पूरे ढाई महीने बाद, वह भी कुसुम की कृपा से। जिस कुसुम को तुम कोस रही हो, उसे मैं आशीर्वाद दे रही हूँ। वह दारुण दुःख की भाँति तुम्हारे रास्ते में न आ खड़ी होती, तो तुम्हें क्यों मेरी याद आती? ख़ैर, विनोद की तुमने जो तसवीर खींची वह बहुत ही आकर्षक है और मैं ईश्वर से मना रही हूँ, वह दिन जल्द आए कि मैं उनसे बहनोई के नाते मिल सकूँ। मगर देखना, कहीं सिविल मैरेज न कर बैठना। विवाह हिन्दू-पद्धति के अनुसार ही हो। हाँ, तुम्हें अख़्तियार है जो सैकड़ों बेहूदा और व्यर्थ के कपड़े हैं, उन्हें निकाल डालो। एक सच्चे, विद्वान् पंडित को अवश्य बुलाना, इसलिए नहीं कि वह तुमसे बात-बात पर टके निकलवाए, बल्कि इसलिए कि वह देखता रहे कि सब कुछ शास्त्र-विधि से हो रहा है, या नहीं।

अच्छा, अब मुझसे पूछो कि इतने दिनों क्यों चुप्पी साधे बैठी रही। मेरे ही ख़ानदान में इन ढाई महीनों में, पाँच शादियाँ हुईं। बारातों का ताँता लगा रहा। ऐसा शायद ही कोई दिन गया हो कि 100 मेहमानों से कम रहे हों। और जब बारात आ जाती थी, तब तो उनकी संख्या पाँच-पाँच सौ तक पहुँच जाती थी। ये पाँचों लड़कियाँ मुझसे छोटी हैं और मेरा बस चलता तो अभी तीन-चार साल तक न बोलती, लेकिन मेरी सुनता कौन है और विचार करने पर मुझे भी ऐसा मालूम होता है कि माता-पिता का लड़कियों के विवाह के लिए जल्दी करना कुछ अनुचित नहीं है। ज़िन्दगी का कोई ठिकाना नहीं। अगर माता-पिता अकाल ही मर जाएँ, तो लड़की का विवाह कौन करे। भाइयों का क्या भरोसा। अगर पिता ने काफ़ी दौलत छोड़ी है तो कोई बात नहीं; लेकिन जैसा साधारणतः होता है, पिता ऋण का भार छोड़ गए, तो बहन भाइयों पर भार हो जाती है। यह भी अन्य कितने ही हिन्दू-रस्मों की भाँति आर्थिक समस्या है, और जब तक हमारी आर्थिक दशा न सुधरेगी, यह रस्म भी न मिटेगी।

अब मेरे बलिदान की बारी है। आज के पंद्रहवें दिन यह घर मेरे लिए विदेश हो जाएगा। दो-चार महीने के लिए आऊँगी, तो मेहमान की तरह। मेरे विनोद बनारसी हैं, अभी क़ानून पढ़ रहे हैं। उनके पिता नामी वकील हैं। सुनती हूँ, कई गाँव हैं, कई मकान हैं, अच्छी मर्यादा है। मैंने अभी तक वर को नहीं देखा। पिताजी ने मुझसे पुछवाया था कि इच्छा हो, तो वर को बुला दूँ। पर मैंने कह दिया, कोई ज़रूरत नहीं। कौन घर में बहू बने। है तक़दीर ही का सौदा। न पिताजी ही किसी के मन में पैठ सकते हैं, न मैं ही। अगर दो-एक बार देख ही लेती, नहीं मुलाक़ात ही कर लेती तो क्या हम दोनों एक-दूसरे को परख लेते? यह किसी तरह संभव नहीं। ज़्यादा-से-ज़्यादा हम एक-दूसरे का रंग-रूप देख सकते हैं। इस विषय में मुझे विश्वास है कि पिताजी मुझसे कम संयत नहीं हैं। मेरे दोनों बड़े बहनोई सौन्दर्य के पुतले न हों पर कोई रमणी उनसे घृणा नहीं कर सकती। मेरी बहनें उनके साथ आनंद से जीवन बिता रही हैं। फिर पिताजी मेरे ही साथ

क्यों अन्याय करेंगे। यह मैं मानती हूँ कि हमारे समाज में कुछ लोगों का वैवाहिक जीवन सुखकर नहीं है, लेकिन संसार में ऐसा कौन समाज है, जिसमें दुखी परिवार न हों। और फिर हमेशा पुरुषों ही का दोष तो नहीं होता, बहुधा स्त्रियाँ ही विष की गाँठ होती हैं। मैं तो विवाह को सेवा और त्याग का व्रत समझती हूँ और इसी भाव से उसका अभिवादन करती हूँ। हाँ, मैं तुम्हें विनोद से छीनना तो नहीं चाहती लेकिन अगर 20 जुलाई तक तुम दो दिन के लिए आ सको, तो मुझे जिला लो। ज्यों-ज्यों इस व्रत का दिन निकट आ रहा है, मुझे एक अज्ञात शंका हो रही है, मगर तुम ख़ुद बीमार हो, मेरी दवा क्या करोगी—ज़रूर आना बहन!

तुम्हारी,
चन्दा

3

मंसूरी
5-8-25

प्यारी चन्दा,

सैकड़ों बातें लिखनी हैं, किस क्रम से शुरू करूँ, समझ में नहीं आता। सबसे पहले तुम्हारे विवाह के शुभ अवसर पर न पहुँच सकने के लिए क्षमा चाहती हूँ। मैं आने का निश्चय कर चुकी थी, मैं और प्यारी चन्दा के स्वयंवर में न जाऊँ। मगर उसके ठीक तीन दिन पहले विनोद ने अपना आत्मसमर्पण करके मुझे ऐसा मुग्ध कर दिया कि फिर मुझे किसी बात की सुधि न रही। आह! वे प्रेम के अंतस्तल से निकले हुए उष्ण, आवेशमय और कंपित शब्द अभी तक कानों में गूँज रहे हैं। मैं खड़ी थी, और विनोद मेरे सामने घुटने टेके हुए प्रेरणा, विनय और आग्रह के पुतले बने बैठे थे। ऐसा अवसर जीवन में एक ही बार आता है, केवल एक बार, मगर उसकी मधुर स्मृति किसी स्वर्ग-संगीत की भाँति जीवन के तार-तार में व्याप्त रहती है। तुम उस आनंद का अनुभव न कर सकोगी—मैं रोने लगी, कह नहीं सकती, मन में क्या-क्या भाव आए; पर मेरी आँखों से आँसुओं की धारा बहने लगी। कदाचित् यही आनंद की चरम सीमा है। मैं कुछ-कुछ निराश हो चली थी। तीन-चार दिन से विनोद को आते-जाते कुसुम से बातें करते देखती थी, कुसुम नित नए आभूषणों से सजी रहती थी और क्या कहूँ, एक दिन विनोद ने कुसुम की एक कविता मुझे सुनाई और एक-एक शब्द पर सिर धुनते रहे। मैं मानिनी तो हूँ ही; सोचा, जब यह उस चुड़ैल पर लट्टू हो रहे हैं, तो मुझे क्या ग़रज़ पड़ी है कि इनके लिए अपना सिर खपाऊँ। दूसरे दिन वह सबेरे आए, तो मैंने कहला दिया, तबीयत अच्छी नहीं है। जब उन्होंने मुझसे मिलने के लिए आग्रह किया, तब विवश होकर मुझे कमरे में आना पड़ा। मन में निश्चय करके आई थी—साफ़ कह दूँगी अब आप न आया कीजिए। मैं आपके योग्य नहीं हूँ, मैं कवि नहीं, विदुषी नहीं, सुभाषिणी नहीं...एक पूरी स्पीच मन में उमड़ रही थी, पर कमरे में आई और विनोद के सतृष्ण नेत्र देखे, प्रबल उत्कंठा में काँपते हुए ओंठ—बहन, उस आवेश का चित्रण नहीं कर सकती। विनोद ने मुझे बैठने भी न दिया। मेरे सामने घुटनों के बल फ़र्श पर बैठ गए और उनके आतुर उन्मत्त शब्द मेरे हृदय को तरंगित करने लगे।

एक सप्ताह तैयारियों में कट गया। पापा और मामा फूले न समाते थे।

और सबसे प्रसन्न थी कुसुम! यही कुसुम जिसकी सूरत से मुझे घृणा थी! अब मुझे ज्ञात हुआ कि मैंने उस पर सन्देह करके उसके साथ घोर अन्याय किया। उसका हृदय निष्कपट है, उसमें न ईर्ष्या है, न तृष्णा, सेवा ही उसके जीवन का मूल तत्त्व है। मैं नहीं समझती कि उसके बिना ये सात दिन कैसे कटते। मैं कुछ खोई-खोई सी जान पड़ती थी। कुसुम पर मैंने अपना सारा भार छोड़ दिया था। आभूषणों के चुनाव और सजाव, वस्त्रों के रंग और काट-छाँट के विषय में उसकी सुरुचि विलक्षण है। आठवें दिन जब उसने मुझे दुलहिन बनाया, तो मैं अपना रूप देखकर चकित रह गई। मैंने अपने को कभी ऐसी सुन्दरी न समझा था। गर्व से मेरी आँखों में नशा-सा छा गया।

उसी दिन संध्या-समय विनोद और मैं दो भिन्न जल-धाराओं की भाँति संगम पर मिलकर अभिन्न हो गए। विहार-यात्रा की तैयारी पहले ही से हो चुकी थी, प्रातःकाल हम मंसूरी के लिए रवाना हो गए। कुसुम हमें पहुँचाने के लिए स्टेशन तक आई और विदा होते समय बहुत रोई। उसे साथ ले चलना चाहती थी, पर न जाने क्यों वह राज़ी न हुई।

मंसूरी रमणीक है, इसमें सन्देह नहीं। श्यामवर्ण मेघ-मालाएँ पहाड़ियों पर विश्राम कर रही हैं, शीतल पवन आशा-तरंगों की भाँति चित्त का रंजन कर रहा है, पर मुझे ऐसा विश्वास है कि विनोद के साथ मैं किसी निर्जन वन में इतने ही सुख से रहती। उन्हें पाकर अब मुझे किसी वस्तु की लालसा नहीं। बहन, तुम इस आनंदमय जीवन की शायद कल्पना भी न कर सकोगी। सुबह हुई, नाश्ता आया, हम दोनों ने नाश्ता किया; डांडी तैयार है, नौ बजते-बजते सैर करने निकल गए। किसी जल-प्रपात के किनारे जा बैठे। वहाँ जल-प्रवाह का मधुर संगीत सुन रहे हैं। या किसी शिला-खंड पर बैठे मेघों की व्योम-क्रीड़ा देख रहे हैं। 11 बजते-बजते लौटे। भोजन तैयार है। भोजन किया। मैं प्यानो पर जा बैठी। विनोद को संगीत से प्रेम है। ख़ुद बहुत अच्छा गाते हैं और मैं गाने लगती हूँ, तब तो वह झूमने ही लगते हैं। तीसरे पहर हम एक घंटे के लिए विश्राम करके खेलने या कोई खेल देखने चले जाते हैं। रात को भोजन करने के बाद थिएटर देखते हैं और वहाँ से लौट कर शयन करते हैं। न सास की घुड़कियाँ हैं, न ननदों की कानाफूसी, न जेठानियों के ताने। पर इस सुख में भी मुझे कभी-कभी एक शंका-सी होती है—फूल में कोई काँटा तो नहीं छिपा हुआ है, प्रकाश के पीछे कहीं अंधकार तो नहीं है! मेरी समझ में नहीं आता, ऐसी शंका क्यों होती है। अरे, यह लो पाँच बज गए, विनोद तैयार हैं, आज टेनिस का मैच देखने जाना है। मैं भी जल्दी से तैयार हो जाऊँ। शेष बातें फिर लिखूँगी।

हाँ, एक बात तो भूली ही जा रही थी। अपने विवाह का समाचार लिखना। पतिदेव कैसे हैं? रंग-रूप कैसा है? ससुराल गईं, या अभी मैके ही में हो? ससुराल गईं, तो वहाँ के अनुभव अवश्य लिखना। तुम्हारी ख़ूब नुमाइश हुई होगी। घर, कुटुम्ब और मुहल्ले की महिलाओं ने घूँघट उठा-उठाकर ख़ूब मुँह देखा होगा, ख़ूब परीक्षा हुई होगी। ये सभी बातें विस्तार से लिखना। देखें कब फिर मुलाक़ात होती है।

तुम्हारी,

पद्मा

4

गोरखपुर

1-9-25

प्यारी पद्मा,

तुम्हारा पत्र पढ़कर चित्त को बड़ी शांति मिली। तुम्हारे न आने ही से मैं समझ गई थी कि विनोद बाबू तुम्हें हर ले गए, मगर यह न समझी थी कि तुम मंसूरी पहुँच गई। अब उस आमोद-प्रमोद में भला ग़रीब चन्दा तुम्हें क्यों याद आने लगी। अब मेरी समझ में आ रहा है कि विवाह के नए और पुराने आदर्श में क्या अंतर है। तुमने अपनी पसन्द से काम लिया, सुखी हो। मैं लोक-लाज की दासी बनी रही, नसीबों को रो रही हूँ।

अच्छा, अब मेरी बीती सुनो। दान-दहेज के टंटे से तो मुझे कुछ मतलब है नहीं। पिताजी ने बड़ा ही उदार-हृदय पाया है। ख़ूब दिल खोलकर दिया होगा। मगर द्वार पर बारात आते ही मेरी अग्नि-परीक्षा शुरू हो गई। कितनी उत्कंठा थी—वर-दर्शन की, पर देखूँ कैसे। कुल की नाक न कट जाएगी। द्वार पर बारात आई। सारा ज़माना वर को घेरे हुए था। मैंने सोचा—छत पर से देखूँ। छत पर गई, पर वहाँ से भी कुछ न दिखाई दिया। हाँ, इस अपराध के लिए अम्माँजी की घुड़कियाँ सुननी पड़ीं। मेरी जो बात इन लोगों को अच्छी नहीं लगती, उसका दोष मेरी शिक्षा के माथे मढ़ा जाता है। पिताजी बेचारे मेरे साथ बड़ी सहानुभूति रखते हैं। मगर किस-किस का मुँह पकड़ें। द्वाराचार तो यों गुज़रा और भाँवरों की तैयारियाँ होने लगीं। जनवासे से गहनों और कपड़ों का थाल आया। बहन! सारा घर—स्त्री-पुरुष—सब उस पर कुछ इस तरह टूटे, मानो इन लोगों ने कभी कुछ देखा ही नहीं। कोई कहता है, कंठा तो लाए ही नहीं; कोई हार के नाम को रोता है! अम्माँजी तो सचमुच रोने लगीं, मानो मैं डुबा दी गई। वर-पक्षवालों की दिल खोलकर निंदा होने लगी। मगर मैंने गहनों की तरफ़ आँख उठाकर भी नहीं देखा। हाँ, जब कोई वर के विषय में कोई बात करता था, तो मैं तन्मय होकर सुनने लगती थी। मालूम हुआ—दुबले-पतले आदमी हैं। रंग साँवला है, आँखें बड़ी-बड़ी हैं, हँसमुख हैं। इन सूचनाओं से दर्शनोत्कंठा और भी प्रबल होती थी। भाँवरों का मुहूर्त ज्यों-ज्यों समीप आता था, मेरा चित्त व्यग्र होता जाता था। अब तक यद्यपि मैंने उनकी झलक भी न देखी थी, पर मुझे उनके प्रति एक अभूतपूर्व प्रेम का अनुभव हो रहा था। इस वक़्त यदि मुझे मालूम हो जाता कि उनके दुश्मनों को कुछ हो गया है, तो मैं बावली हो जाती। अभी तक मेरा उनसे साक्षात् नहीं हुआ है, मैंने उनकी बोली तक नहीं सुनी है, लेकिन संसार का सबसे रूपवान पुरुष भी, मेरे चित्त को आकर्षित नहीं कर सकता। अब वही मेरे सर्वस्व हैं।

आधी रात के बाद भाँवरें हुईं। सामने हवन-कुंड था, दोनों ओर विप्रगण बैठे हुए थे, दीपक जल रहा था, कुल देवता की मूर्ति रखी हुई थी। वेदमंत्र का पाठ हो रहा था। उस समय मुझे ऐसा मालूम हुआ कि सचमुच देवता विराजमान हैं। अग्नि, वायु, दीपक, नक्षत्र सभी मुझे उस समय देवत्व की ज्योति से प्रदीप्त जान पड़ते थे। मुझे पहली बार आध्यात्मिक विकास का परिचय मिला। मैंने जब अग्नि के सामने मस्तक झुकाया, तो यह कोरी रस्म की पाबंदी न थी, मैं अग्निदेव को अपने सम्मुख मूर्तिमान्, स्वर्गीय आभा से तेज़ोमय देख रही थी। आख़िर भाँवरें भी समाप्त हो गईं; पर पतिदेव के दर्शन न हुए।

अब अन्तिम आशा यह थी कि प्रातःकाल जब पतिदेव कलेवा के लिए बुलाए जाएँगे, उस समय देखूँगी। तब उनके सिर पर मौर न होगा, सखियों के साथ मैं भी जा बैठूँगी और ख़ूब जी भर कर देखूँगी। पर क्या मालूम था कि विधि कुछ और ही कुचक्र रच रहा है। प्रातःकाल देखती हूँ, तो जनवासे के खेमे उखड़ रहे हैं। बात कुछ न थी। बारातियों के नाश्ते के लिए जो सामान भेजा गया था, वह काफ़ी न था। शायद घी भी ख़राब था। मेरे पिताजी को तुम जानती ही हो। कभी किसी से दबे नहीं, जहाँ रहे शेर बनकर रहे। बोले—जाते हैं, तो जाने दो, मनाने की कोई ज़रूरत नहीं; कन्यापक्ष का धर्म है बारातियों का सत्कार करना, लेकिन सत्कार का यह अर्थ नहीं कि धमकी और रोब से काम लिया जाए, मानो किसी अफ़सर का पड़ाव हो। अगर वह अपने लड़के की शादी कर सकते हैं, तो मैं भी अपनी लड़की की शादी कर सकता हूँ।

बारात चली गई और मैं पति के दर्शन न कर सकी! सारे शहर में हलचल मच गई। विरोधियों को हँसने का अवसर मिला। पिताजी ने बहुत सामान जमा किया था। वह सब ख़राब हो गया। घर में जिसे देखिए, मेरी ससुराल की निंदा कर रहा है—उजड्ड हैं, लोभी हैं, बदमाश हैं, मुझे ज़रा भी बुरा नहीं लगता। लेकिन पति के विरुद्ध मैं एक शब्द भी नहीं सुनना चाहती। एक दिन अम्माँजी बोलीं—लड़का भी बेसमझ है। दूध पीता बच्चा नहीं, क़ानून पढ़ता है, मूँछ-दाढ़ी आ गई है, उसे अपने बाप को समझाना चाहिए था कि आप लोग क्या कर रहे हैं। मगर वह भी भीगी बिल्ली बना रहा। मैं सुनकर तिलमिला उठी। कुछ बोली तो नहीं, पर अम्माँजी को मालूम ज़रूर हो गया कि इस विषय में मैं उनसे सहमत नहीं। मैं तुम्हीं से पूछती हूँ बहन, जैसी समस्या उठ खड़ी हुई थी, उसमें उनका क्या धर्म था? अगर वह अपने पिता और अन्य सम्बन्धियों का कहना न मानते, तो उनका अपमान न होता? उस वक़्त उन्होंने वही किया, जो उचित था। मगर मुझे विश्वास है कि ज़रा मामला ठंडा होने पर वह आएँगे। मैं अभी से उनकी राह देखने लगी हूँ। डाकिया चिट्ठियाँ लाता है, तो दिल में धड़कन होने लगती है—शायद उनका पत्र भी हो! जी में बार-बार आता है, क्यों न मैं ही एक ख़त लिखूँ; मगर संकोच में पड़कर रह जाती हूँ। शायद मैं कभी न लिख सकूँगी। मान नहीं है केवल संकोच है। पर हाँ, अगर दस-पाँच दिन और उनका पत्र न आया, या वह ख़ुद न आए, तो संकोच मान का रूप धारण कर लेगा। क्या तुम उन्हें एक चिट्ठी नहीं लिख सकतीं! सब खेल बन जाए। क्या मेरी ख़ातिर इतना भी न करोगी? मगर ईश्वर के लिए उस ख़त में कहीं यह न लिख देना कि चंदा ने प्रेरणा की है। क्षमा करना, ऐसी भद्दी ग़लती की तुम्हारी ओर से शंका करके मैं तुम्हारे साथ अन्याय कर रही हूँ, मगर मैं समझदार थी ही कब?

तुम्हारी,
चन्दा

5

मंसूरी
20-9-25

प्यारी चन्दा,

मैंने तुम्हारा ख़त पाने के दूसरे ही दिन काशी ख़त लिख दिया था। उसका जवाब भी मिल गया। शायद बाबूजी ने तुम्हें ख़त लिखा हो। कुछ पुराने ख़याल के आदमी हैं। मेरी तो

उनसे एक दिन भी न निभती। हाँ, तुमसे निभ जाएगी। यदि मेरे पति ने मेरे साथ यह बरताव किया होता—अकारण मुझसे रूठे होते—तो मैं ज़िन्दगी-भर उनकी सूरत न देखती। अगर कभी आते भी, तो कुत्तों की तरह दुत्कार देती। पुरुष पर सबसे बड़ा अधिकार उसकी स्त्री का है। माता-पिता को ख़ुश रखने के लिए वह स्त्री का तिरस्कार नहीं कर सकता। तुम्हारे ससुरालवालों ने बड़ा घृणित व्यवहार किया। पुराने ख़यालवालों का ग़ज़ब का कलेजा है, जो ऐसी बातें सहते हैं। देखा उस प्रथा का फल, जिसकी तारीफ करते तुम्हारी ज़बान नहीं थकती। वह दीवार सड़ गई है। टीपटाप करने से काम न चलेगा। उसकी जगह नए सिरे से दीवार बनाने की ज़रूरत है।

अच्छा, अब कुछ मेरी भी कथा सुन लो। मुझे ऐसा सन्देह हो रहा है कि विनोद ने मेरे साथ दग़ा की है। इनकी आर्थिक दशा वैसी नहीं, जैसी मैंने समझी थी। केवल मुझे ठगने के लिए इन्होंने सारा स्वाँग भरा था। मोटर माँगे की थी, बँगले का किराया अभी तक नहीं दिया गया, फरनीचर किराये के थे। यह सच है। उन्होंने प्रत्यक्ष रूप से मुझे धोखा नहीं दिया। कभी अपनी दौलत की डींग नहीं मारी, लेकिन ऐसा रहन-सहन बना लेना, जिससे दूसरों को अनुमान हो कि यह कोई बड़े धनी आदमी हैं, एक प्रकार का धोखा ही है। यह स्वाँग इसीलिए भरा गया था कि कोई शिकार फँस जाए। अब देखती हूँ कि विनोद मुझसे अपनी असली हालत को छिपाने का प्रयत्न किया करते हैं। अपने ख़त मुझे नहीं देखने देते, कोई मिलने आता है, तो चौंक पड़ते हैं और घबराई हुई आवाज़ में बैरा से पूछते हैं, कौन है? तुम जानती हो, मैं धन की लौंडी नहीं। मैं केवल विशुद्ध हृदय चाहती हूँ। जिसमें पुरुषार्थ है, प्रतिभा है, वह आज नहीं तो कल अवश्य ही धनवान् होकर रहेगा। मैं इस कपट-लीला से जलती हूँ। अगर विनोद मुझसे अपनी कठिनाइयाँ कह दें, तो मैं उनके साथ सहानुभूति करूँगी, उन कठिनाइयों को दूर करने में उनकी मदद करूँगी। यों मुझसे परदा करके यह मेरी सहानुभूति और सहयोग ही से हाथ नहीं धोते, मेरे मन में अविश्वास, द्वेष और क्षोभ का बीज बोते हैं। यह चिन्ता मुझे मारे डालती है। अगर इन्होंने अपनी दशा साफ़-साफ़ बता दी होती, तो मैं यहाँ मंसूरी आती ही क्यों? लखनऊ में ऐसी गरमी नहीं पड़ती कि आदमी पागल हो जाए। यह हज़ारों रुपए पर क्यों पानी पड़ता। सबसे कठिन समस्या जीविका की है। कई विद्यालयों में आवेदन-पत्र भेज रखे हैं। जवाब का इंतज़ार कर रहे हैं। शायद इस महीने के अंत तक कहीं जगह मिल जाए। पहले तीन-चार सौ मिलेंगे। समझ में नहीं आता, कैसे काम चलेगा। 150) तो पापा मेरे कॉलेज का ख़र्च देते थे। अगर दस-पाँच महीने जगह न मिली तो यह क्या करेंगे, यह फ़िक्र और भी खाए डालती है। मुश्किल यही है कि विनोद मुझसे परदा रखते हैं। अगर हम दोनों बैठकर परामर्श कर लेते, तो सारी गुत्थियाँ सुलझ जातीं। मगर शायद यह मुझे इस योग्य ही नहीं समझते। शायद इनका ख़याल है कि मैं केवल रेशमी गुड़िया हूँ, जिसे भाँति-भाँति के आभूषणों, सुगंधों और रेशमी वस्त्रों से सजाना ही काफ़ी है। थिएटर में कोई नया तमाशा होनेवाला होता है, दौड़े हुए आकर मुझे ख़बर देते हैं। कहीं कोई जलसा हो, कोई खेल हो, कहीं सैर करना हो उसकी शुभ सूचना मुझे अविलम्ब दी जाती है और बड़ी प्रसन्नता के साथ, मानो मैं रात-दिन विनोद और क्रीड़ा और विलास में मग्न रहना चाहती हूँ, मानो मेरे हृदय में गम्भीर अंश है ही नहीं। यह मेरा अपमान है; घोर अपमान, जिसे मैं अब नहीं सह सकती। मैं अपने सम्पूर्ण अधिकार लेकर ही संतुष्ट हो सकती हूँ। बस, इस वक़्त इतना ही।

बाक़ी फिर। अपने यहाँ का हाल-हवाल विस्तार से लिखना। मुझे अपने लिए जितनी चिन्ता है, उससे कम तुम्हारे लिए नहीं है। देखो, हम दोनों के डोंगे कहाँ लगते हैं। तुम अपनी स्वदेशी, पाँच हज़ार वर्षों की पुरानी जर्जर नौका पर बैठी हो, मैं नए, द्रुतगामी मोटर-बोट पर। अवसर, विज्ञान और उद्योग मेरे साथ हैं। लेकिन कोई दैवी विपत्ति आ जाए, तब भी इसी मोटर-बोट पर डूबूँगी। साल में लाखों आदमी रेल की टक्करों से मर जाते हैं, पर कोई बैलगाड़ियों पर यात्रा नहीं करता। रेलों का विस्तार बढ़ता ही जाता है। बस।

तुम्हारी,
पद्मा

6

गोरखपुर
25-9-25

प्यारी पद्मा,

कल तुम्हारा ख़त मिला, आज जवाब लिख रही हूँ। एक तुम हो कि महीनों रटाती हो। इस विषय में तुम्हें मुझसे उपदेश लेना चाहिए। विनोद बाबू पर तुम व्यर्थ ही आक्षेप लगा रही हो। तुमने क्यों पहले ही उनकी आर्थिक दशा की जाँच-पड़ताल नहीं की? बस, एक सुन्दर, रसिक, शिष्ट, वाणी-मधुर युवक देखा और फूल उठीं? अब भी तुम्हारा ही दोष है। तुम अपने व्यवहार से, रहन-सहन से सिद्ध कर दो कि तुममें गम्भीर अंश भी हैं, फिर देखूँ कि विनोद बाबू कैसे तुमसे परदा रखते हैं। और बहन, यह तो मानवी स्वभाव है। सभी चाहते हैं कि लोग हमें संपन्न समझें। इस स्वाँग को अंत तक निभाने की चेष्टा की जाती है और जो इस काम में सफल हो जाता है, उसी का जीवन सफल समझा जाता है। जिस युग में धन ही सर्वप्रधान हो, मर्यादा, कीर्ति, यश—यहाँ तक कि विद्या भी धन से ख़रीदी जा सके, उस युग में स्वाँग भरना एक लाजिमी बात हो जाती है। अधिकार योग्यता का मुँह ताक़ते हैं! यही समझ लो कि इन दोनों में फूल और फल का सम्बन्ध है। योग्यता का फूल लगा और अधिकार का फल आया।

इस ज्ञानोपदेश के बाद अब तुम्हें हार्दिक धन्यवाद देती हूँ। तुमने पतिदेव के नाम जो पत्र लिखा था, उसका बहुत अच्छा असर हुआ। उसके पाँचवें ही दिन स्वामी का कृपापत्र मुझे मिला। बहन, वह ख़त पाकर मुझे कितनी ख़ुशी हुई, इसका तुम अनुमान कर सकती हो। मालूम होता था, अंधे को आँखें मिल गई हैं। कभी कोठे पर जाती थी, कभी नीचे आती थी। सारे घर में खलबली पड़ गई। तुम्हें वह पत्र अत्यन्त निराशाजनक जान पड़ता, मेरे लिए वह संजीवन-मंत्र था, आशादीपक था। प्राणेश ने बारातियों की उद्दंडता पर खेद प्रकट किया था, पर बड़ों के सामने वह ज़बान कैसे खोल सकते थे। फिर जनातियों ने भी, बारातियों का जैसा आदर-सत्कार करना चाहिए था, वैसा नहीं किया। अंत में लिखा था—'प्रिये, तुम्हारे दर्शनों की कितनी उत्कंठा है, लिख नहीं सकता। तुम्हारी कल्पित मूर्ति नित आँखों के सामने रहती है। पर कुल-मर्यादा का पालन करना मेरा कर्तव्य है। जब तक माता-पिता का रुख़ न पाऊँ, आ नहीं सकता। तुम्हारे वियोग में चाहे प्राण ही निकल जाएँ, पर पिता की इच्छा की उपेक्षा नहीं कर सकता। हाँ, एक बात का दृढ़ निश्चय कर चुका हूँ—चाहे इधर की दुनिया उधर हो जाए, कपूत कहलाऊँ, पिता के कोप का भागी बनूँ, घर छोड़ना पड़े पर अपनी दूसरी शादी न

करूँगा। मगर जहाँ तक मैं समझता हूँ, मामला इतना तूल न खींचेगा। यह लोग थोड़े दिनों में नर्म पड़ जाएँगे और तब मैं आऊँगा और अपनी हृदयेश्वरी को आँखों पर बिठाकर लाऊँगा।'

बस, अब मैं संतुष्ट हूँ बहन, मुझे और कुछ न चाहिए। स्वामी मुझ पर इतनी कृपा रखते हैं, इससे अधिक और वह क्या कर सकते हैं! प्रियतम तुम्हारी चन्दा सदा तुम्हारी रहेगी, तुम्हारी इच्छा ही उसका कर्तव्य है। वह जब तक जिएगी, तुम्हारे पवित्र चरणों से लगी रहेगी। उसे बिसारना मत।

बहन, आँखों में आँसू भरे आते हैं, अब नहीं लिखा जाता, जवाब जल्द देना।

तुम्हारी,
चन्दा

7

दिल्ली
15-12-25

प्यारी बहन,

तुझसे बार-बार क्षमा माँगती हूँ, पैरों पड़ती हूँ। मेरे पत्र न लिखने का कारण आलस्य न था, सैर-सपाटे की धुन न थी। रोज़ सोचती थी कि आज लिखूँगी, पर कोई-न-कोई ऐसा काम आ पड़ता था, कोई ऐसी बात हो जाती थी, कोई ऐसी बाधा आ खड़ी होती थी कि चित्त अशांत हो जाता था और मुँह लपेटकर पड़ रहती थी। तुम मुझे अब देखो तो शायद पहचान न सको। मंसूरी से दिल्ली आए एक महीना हो गया। यहाँ विनोद को तीन सौ रुपए की एक जगह मिल गई है। यह सारा महीना बाज़ार की खाक छानने में कटा। विनोद ने मुझे पूरी स्वाधीनता दे रखी है। मैं जो चाहूँ, करूँ; उनसे कोई मतलब नहीं। वह मेरे मेहमान हैं। गृहस्थी का सारा बोझ मुझ पर डालकर वह निश्चिन्त हो गए हैं। ऐसा बेफ़िक्रा मैंने आदमी ही नहीं देखा। हाजिरी की परवाह है, न डिनर की, बुलाया तो आ गए, नहीं तो बैठे हैं। नौकरों से कुछ बोलने की तो मानो इन्होंने क़सम ही खा ली है। उन्हें डाँटू तो मैं, रखूँ तो मैं, निकालूँ तो मैं, उनसे कोई मतलब ही नहीं। मैं चाहती हूँ, वह मेरे प्रबंध की आलोचना करें, ऐब निकालें; मैं चाहती हूँ जब मैं बाज़ार से कोई चीज़ लाऊँ, तो वह बतावें मैं जट गई या जीत आई; मैं चाहती हूँ महीने के ख़र्च का बजट बनाते समय मेरे और उनके बीच में ख़ूब बहस हो, पर इन अरमानों में से एक भी पूरा नहीं होता। मैं नहीं समझती, इस तरह कोई स्त्री कहाँ तक गृह-प्रबंध में सफल हो सकती है। विनोद के इस सम्पूर्ण आत्म-समर्पण ने मेरी निज की ज़रूरतों के लिए कोई गुंजाइश ही नहीं रखी। अपने शौक़ की चीज़ें ख़ुद ख़रीदकर लाते बुरा मालूम होता है, कम-से-कम मुझसे नहीं हो सकता। मैं जानती हूँ, मैं अपने लिए कोई चीज़ लाऊँ तो वह नाराज़ न होंगे। नहीं, मुझे विश्वास है, ख़ुश होंगे; लेकिन मेरा जी चाहता है, मेरे शौक-सिंगार की चीज़ें वह ख़ुद ला कर दें। उनसे लेने में जो आनंद है, वह ख़ुद जाकर लाने में नहीं। पिताजी अब भी मुझे 100) महीना देते हैं और उन रुपयों को मैं अपनी ज़रूरतों पर ख़र्च कर सकती हूँ। पर न जाने क्यों मुझे भय होता है कि कहीं विनोद समझें, मैं उनके रुपए ख़र्च किए डालती हूँ। जो आदमी किसी बात पर नाराज़ नहीं हो सकता वह किसी बात पर ख़ुश भी नहीं हो सकता। मेरी समझ में ही नहीं आता, वह किस बात से ख़ुश

और किस बात से नाराज़ होते हैं। बस, मेरी दशा उस आदमी की-सी है, जो बिना रास्ता जाने इधर-उधर भटकता फिरे। तुम्हें याद होगा, हम दोनों कोई गणित का प्रश्न लगाने के बाद कितनी उत्सुकता से उसका जवाब देखती थीं; जब हमारा जवाब किताब के जवाब से मिल जाता था, तो हमें कितना हार्दिक आनंद मिलता था। मेहनत सफल हुई, इसका विश्वास हो जाता था। जिन गणित की पुस्तकों में प्रश्नों के उत्तर न लिखे होते थे, उसके प्रश्न हल करने की हमारी इच्छा ही न होती थी। सोचते थे, मेहनत अकारथ जाएगी। मैं रोज़ प्रश्न हल करती हूँ, पर नहीं जानती कि जवाब ठीक निकला, या ग़लत। सोचो, मेरे चित्त की क्या दशा होगी।

एक हफ़्ता होता है, लखनऊ की मिस रिग से भेंट हो गई। वह लेडी डॉक्टर हैं और मेरे घर बहुत आती-जाती हैं। किसी का सिर भी धमका और मिस रिग बुलाई गईं। पापा जब मेडिकल कॉलेज में प्रोफ़ेसर थे, तो उन्होंने इन मिस रिग को पढ़ाया था। उसका एहसान वह अब भी मानती हैं। यहाँ उन्हें देखकर भोजन का निमंत्रण न देना अशिष्टता की हद होती। मिस रिग ने दावत मंजूर कर ली। इस दिन मुझे जितनी कठिनाई हुई, वह बयान नहीं कर सकती। मैंने कभी अँगरेज़ों के साथ टेबुल पर नहीं खाया। उनमें भोजन के क्या शिष्टाचार हैं, इसका मुझे बिलकुल ज्ञान नहीं। मैंने समझा था, विनोद मुझे सारी बातें बता देंगे। वह बरसों अँगरेज़ों के साथ इंगलैंड रह चुके हैं। मैंने उन्हें मिस रिग के आने की सूचना भी दे दी। पर उस भले आदमी ने मानो सुना ही नहीं। मैंने भी निश्चय किया, मैं तुमसे कुछ न पूछूँगी, यही न होगा कि मिस रिग हँसेंगी। बला से। अपने ऊपर बार-बार झुँझलाती थी कि कहाँ मिस रिग को बुला बैठी। पड़ोस के बँगलों में कई हमीं-जैसे परिवार रहते हैं। उनसे सलाह ले सकती थी। पर यही संकोच होता था कि ये लोग मुझे गँवारिन समझेंगे। अपनी इस विवशता पर थोड़ी देर तक आँसू भी बहाती रही। आख़िर निराश होकर अपनी बुद्धि से काम लिया। दूसरे दिन मिस रिग आईं। हम दोनों भी मेज़ पर बैठे। दावत शुरू हुई। मैं देखती थी कि विनोद बार-बार झेंपते थे और मिस रिग बार-बार नाक सिकोड़ती थीं, जिससे प्रकट हो रहा था कि शिष्टाचार की मर्यादा भंग हो रही है। मैं शर्म के मारे मरी जाती थी। बारे किसी भाँति विपत्ति सिर से टली। तब मैंने कान पकड़े कि अब किसी अँगरेज़ की दावत न करूँगी। उस दिन से देख रही हूँ, विनोद मुझसे कुछ खिंचे हुए हैं। मैं भी नहीं बोल रही हूँ। वह शायद समझते हैं कि मैंने उनकी भद्द करा दी। मैं समझ रही हूँ कि उन्होंने मुझे लज्जित किया। सच कहती हूँ, चन्दा, गृहस्थी के इन झंझटों में मुझे अब किसी से हँसने-बोलने का अवसर नहीं मिलता। इधर महीनों से कोई नई पुस्तक नहीं पढ़ सकी। विनोद की विनोदशीलता भी न जाने कहाँ चली गई। अब वह सिनेमा या थियेटर का नाम भी नहीं लेते। हाँ, मैं चलूँ तो वह तैयार हो जाएँगे। मैं चाहती हूँ, प्रस्ताव उनकी ओर से हो, मैं उसका अनुमोदन करूँ। शायद वह पहले की आदतें छोड़ रहे हैं। मैं तपस्या का संकल्प उनके मुख पर अंकित पाती हूँ। ऐसा जान पड़ता है, अपने में गृह-संचालन की शक्ति न पाकर उन्होंने सारा भार मुझ पर डाल दिया है। मंसूरी में वह घर के संचालक थे। दो-ढाई महीने में 15 सौ ख़र्च किए। कहाँ से लाए, यह मैं अब तक नहीं जानती। पास तो शायद ही कुछ रहा हो। संभव है किसी मित्र से ले लिया हो। 300) महीने की आमदनी में थिएटर और सिनेमा का जिक्र ही क्या! 50) तो मकान ही के निकल जाते हैं। मैं इस जंजाल से तंग आ गई हूँ। जी चाहता है, विनोद से कह दूँ कि मेरे चलाए यह ठेला न चलेगा। आप तो दो-ढाई घंटा यूनिवर्सिटी में काम करके दिन-भर चैन करें, ख़ूब टेनिस खेलें,

ख़ूब उपन्यास पढ़ें, ख़ूब सोएँ और मैं सुबह से आधी रात तक घर के झंझटों में मरा करूँ। कई बार छोड़ने का इरादा किया, दिल में ठानकर उनके पास गई भी, लेकिन उनका सामीप्य मेरे सारे संयम, सारी ग्लानि, सारी विरक्ति को हर लेता है। उनका विकसित मुखमंडल, उनके अनुरक्त नेत्र, उनके कोमल शब्द मुझ पर मोहिनी मंत्र-सा डाल देते हैं। उनके एक आलिंगन में मेरी सारी वेदना विलीन हो जाती है। बहुत अच्छा होता, अगर यह इतने रूपवान, इतने मधुरभाषी, इतने सौम्य न होते। तब कदाचित् मैं इनसे झगड़ बैठती, अपनी कठिनाइयाँ कह सकती। इस दशा में तो इन्होंने मुझे जैसे भेड़ बना लिया है। मगर माया को तोड़ने का मौक़ा तलाश कर रही हूँ। एक तरह से मैं अपना आत्म-सम्मान खो बैठी हूँ। मैं क्यों हर एक बात में किसी की अप्रसन्नता से डरती रहती हूँ? मुझमें क्यों यह भाव नहीं आता कि जो कुछ मैं कर रही हूँ, वह ठीक है। मैं इतनी मुखापेक्षा क्यों करती हूँ? इस मनोवृत्ति पर मुझे विजय पाना है, चाहे जो कुछ हो। अब इस वक़्त विदा होती हूँ। अपने यहाँ के समाचार लिखना, जी लगा है।

तुम्हारी,

पद्मा

8

काशी

25-12-25

प्यारी पद्मा,

तुम्हारा पत्र पढ़कर मुझे कुछ दुःख हुआ, कुछ हँसी आई, कुछ क्रोध आया। तुम क्या चाहती हो, यह तुम्हें ख़ुद नहीं मालूम। तुमने आदर्श पति पाया है, व्यर्थ की शंकाओं से मन को अशांत न करो। तुम स्वाधीनता चाहती थीं, वह तुम्हें मिल गई। दो आदमियों के लिए 300) कम नहीं होते। उस पर अभी तुम्हारे पापा भी 100) दिए जाते हैं। अब और क्या चाहिए? मुझे भय होता है कि तुम्हारा चित्त कुछ अव्यवस्थित हो गया है। मेरे पास तुम्हारे लिए सहानुभूति का एक शब्द भी नहीं।

मैं 15 तारीख़ को काशी आ गई। स्वामी स्वयं मुझे विदा कराने गए थे। घर से चलते समय बहुत रोई। पहले मैं समझती थी कि लड़कियाँ झूठ-मूठ रोया करती हैं फिर मेरे लिए तो माता-पिता का वियोग कोई नई बात न थी। गर्मी, दशहरा और बड़े दिन की छुट्टियों के बाद 6 सालों से इस वियोग का अनुभव कर रही हूँ। कभी आँखों में आँसू न आते थे। सहेलियों से मिलने की ख़ुशी होती थी। पर अबकी तो ऐसा जान पड़ता था कि कोई हृदय को खींचे लेता है। अम्माँजी के गले लिपटकर तो मैं इतना रोई कि मुझे मूर्छा आ गई। पिताजी के पैरों पर लोटकर रोने की अभिलाषा मन में ही रह गई। हाय, वह रुदन का आनंद! उस समय पिता के चरणों पर गिरकर रोने के लिए मैं अपने प्राण तक दे देती। यही रोना आता था कि मैंने इनके लिए कुछ न किया। मेरा पालन-पोषण करने में इन्होंने क्या कुछ कष्ट न उठाया! मैं जन्म की रोगिणी हूँ। रोज़ ही बीमार रहती थी। अम्माँजी रात-रात भर मुझे गोद में लिए बैठी रह जाती थीं। पिताजी के कन्धों पर चढ़कर उचकने की याद मुझे अभी तक आती है। उन्होंने कभी मुझे कड़ी निगाह से नहीं देखा। मेरे सिर में दर्द हुआ और उनके हाथों के तोते उड़ जाते थे। 10 वर्ष की उम्र तक तो यों गए। 6 साल देहरादून में गुज़रे। अब, जब इस योग्य हुई कि उनकी

कुछ सेवा करूँ, तो यों पर झाड़कर अलग हो गई। कुल 8 महीने तक उनके चरणों की सेवा कर सकी और यही 8 महीने मेरे जीवन की निधि है। मेरी ईश्वर से यही प्रार्थना है कि मेरा जन्म फिर इसी गोद में हो और फिर इसी अतुल पितृस्नेह का आनंद भोगूँ।

संध्या समय गाड़ी स्टेशन से चली। मैं जनाना कमरे में थी और लोग दूसरे कमरे में थे। उस वक़्त सहसा मुझे स्वामीजी को देखने की प्रबल इच्छा हुई। सान्त्वना, सहानुभूति और आश्रय के लिए हृदय व्याकुल हो रहा था। ऐसा जान पड़ता था जैसे कोई क़ैदी कालापानी जा रहा हो।

घंटे-भर के बाद गाड़ी एक स्टेशन पर रुकी। मैं पीछे की ओर खिड़की से सिर निकालकर देखने लगी। उसी वक़्त द्वार खुला और किसी ने कमरे में क़दम रखा। उस कमरे में एक औरत भी न थी। मैंने चौंककर पीछे देखा तो एक पुरुष। मैंने तुरन्त मुँह छिपा लिया और बोली आप कौन हैं? यह जनाना कमरा है। मरदाने कमरे में जाइए।

पुरुष ने खड़े-खड़े कहा—मैं तो इसी कमरे में बैठूँगा। मरदाने कमरे में भीड़ बहुत है।

मैंने रोष से कहा—नहीं, आप इसमें नहीं बैठ सकते।

'मैं तो बैठूँगा।'

'आपको निकलना पड़ेगा। आप अभी चले जाइए, नहीं तो मैं अभी जंजीर खींच लूँगी।'

'अरे साहब, मैं भी आदमी हूँ, कोई जानवर नहीं हूँ। इतनी जगह पड़ी हुई है। आपका इसमें हरज क्या है?'

गाड़ी ने सीटी दी। मैं और घबराकर बोली—आप निकलते हैं, या मैं जंजीर खींचूँ?

पुरुष ने मुस्कुराकर कहा—आप तो बड़ी ग़ुस्सावर मालूम होती हैं। एक ग़रीब आदमी पर आपको ज़रा भी दया नहीं आती?

गाड़ी चल पड़ी। मारे क्रोध और लज्जा के मुझे पसीना आ गया। मैंने फ़ौरन द्वार खोल दिया और बोली—अच्छी बात है, आप बैठिए, मैं ही जाती हूँ।

बहन, मैं सच कहती हूँ, मुझे उस वक़्त लेशमात्र भी भय न था। जानती थी, गिरते ही मर जाऊँगी, पर एक अजनबी के साथ अकेले बैठने से मर जाना अच्छा था। मैंने एक पैर लटकाया ही था कि उस पुरुष ने मेरी बाँह पकड़ ली और अन्दर खींचता हुआ बोला—अब तक तो आपने मुझे कालेपानी भेजने का सामान कर दिया था। यहाँ और कोई तो है नहीं, फिर आप इतना क्यों घबराती हैं। बैठिए, ज़रा हँसिए-बोलिए। अगले स्टेशन पर मैं उतर जाऊँगा, इतनी देर तक कृपा-कटाक्ष से वंचित न कीजिए। आपको देखकर दिल काबू से बाहर हुआ जाता है। क्यों एक ग़रीब का ख़ून सिर पर लीजिएगा?...

मैंने झटककर अपना हाथ छुड़ा लिया। सारी देह काँपने लगी। आँखों में आँसू भर आए। उस वक़्त अगर मेरे पास कोई छुरी या कटार होती, तो मैंने ज़रूर उसे निकाल लिया होता और मरने-मारने को तैयार हो गई होती। मगर इस दशा में क्रोध से ओंठ चबाने के सिवा और क्या करती! आख़िर झल्लाना व्यर्थ समझकर मैंने सावधान होने की चेष्टा करके कहा—आप कौन हैं? उसने उसी ढिठाई से कहा—तुम्हारे प्रेम का इच्छुक।

'आप तो मज़ाक़ करते हैं। सच बतलाइए।'

'सच बता रहा हूँ, तुम्हारा आशिक़ हूँ।'

'अगर आप मेरे आशिक़ हैं, तो कम-से-कम इतनी बात मानिए कि अगले स्टेशन पर उतर जाइए। मुझे बदनाम करके आप कुछ न पाएँगे। मुझ पर इतनी दया कीजिए।'

मैंने हाथ जोड़कर यह बात कही। मेरा गला भी भर आया था। उस आदमी ने द्वार की ओर जाकर कहा—अगर आपका यही हुक्म है, तो लीजिए, जाता हूँ। याद रखिएगा।

उसने द्वार खोल लिया और एक पाँव आगे बढ़ाया। मुझे मालूम हुआ वह नीचे कूदने जा रहा है। बहन, नहीं कह सकती कि उस वक़्त मेरे दिल की क्या दशा हुई। मैंने बिजली की तरह लपककर उसका हाथ पकड़ लिया और अपनी तरफ़ ज़ोर से खींच लिया।

उसने ग्लानि से भरे हुए स्वर में कहा—'क्यों खींच लिया, मैं तो चला जा रहा था।'

'अगला स्टेशन आने दीजिए।'

'जब आप भगा ही रही हैं, तो जितनी जल्द भाग जाऊँ उतना ही अच्छा।'

'मैं यह कब कहती हूँ कि आप चलती गाड़ी से कूद पड़िए।'

'अगर मुझ पर इतनी दया है, तो एक बार ज़रा दर्शन ही दे दो।'

'अगर आपकी स्त्री से कोई दूसरा पुरुष बातें करता, तो आपको कैसा लगता?'

पुरुष ने त्योरियाँ चढ़ाकर कहा—'मैं उसका ख़ून पी जाता।'

मैंने निस्संकोच होकर कहा—तो फिर आपके साथ मेरे पति क्या व्यवहार करेंगे, यह भी आप समझते होंगे?

'तुम अपनी रक्षा आप ही कर सकती हो। प्रिये, तुम्हें पति की मदद की ज़रूरत ही नहीं। अब आओ, मेरे गले से लग जाओ। मैं ही तुम्हारा भाग्यशाली स्वामी और सेवक हूँ।'

मेरा हृदय उछल पड़ा। एक बार मुँह से निकला—'अरे! आप!!' और मैं दूर हटकर खड़ी हो गई। एक हाथ लंबा घूँघट खींच लिया। मुँह से एक शब्द न निकला।

स्वामी ने कहा—अब यह शर्म और परदा कैसा?

मैंने कहा—आप बड़े छलिये हैं! इतनी देर तक मुझे रुलाने में क्या मज़ा आया?

स्वामी—इतनी देर में मैंने तुम्हें जितना पहचान लिया, उतना घर के अन्दर शायद बरसों में भी न पहचान सकता। यह अपराध क्षमा करो। क्या तुम सचमुच गाड़ी से कूद पड़तीं?

'अवश्य?'

'बड़ी खैरियत हुई, मगर यह दिल्लगी बहुत दिनों याद रहेगी।' मेरे स्वामी औसत कद के, साँवले, चेचकरू, दुबले आदमी हैं। उनसे कहीं रूपवान् पुरुष मैंने देखे हैं : पर मेरा हृदय कितना उल्लसित हो रहा था! कितनी आनंदमय संतुष्टि का अनुभव कर रही थी, मैं बयान नहीं कर सकती।

मैंने पूछा—गाड़ी कब तक पहुँचेगी?

'शाम को पहुँच जाएँगे।'

मैंने देखा, स्वामी का चेहरा कुछ उदास हो गया है। वह दस मिनट तक चुपचाप बैठे बाहर की तरफ़ ताक़ते रहे। मैंने उन्हें केवल बात में लगाने ही के लिए यह अनावश्यक प्रश्न पूछा था। पर अब भी जब वह न बोले तो मैंने फिर न छेड़ा। पानदान खोलकर पान बनाने लगी। सहसा उन्होंने कहा—चन्दा, एक बात कहूँ?

मैंने कहा—हाँ-हाँ, शौक़ से कहिए।

उन्होंने सिर झुकाकर शर्माते हुए कहा—मैं जानता कि तुम इतनी रूपवती हो, तो मैं तुमसे विवाह न करता। अब तुम्हें देखकर मुझे मालूम हो रहा है कि मैंने तुम्हारे साथ अन्याय किया है। मैं किसी तरह तुम्हारे योग्य न था।

मैंने पान का बीड़ा देते हुए कहा—ऐसी बातें न कीजिए। आप जैसे हैं, मेरे सर्वस्व हैं। मैं आपकी दासी बनकर अपने भाग्य को धन्य मानती हूँ।

दूसरा स्टेशन आ गया। गाड़ी रुकी। स्वामी चले गए। जब-जब गाड़ी रुकती थी, वह आकर दो-चार बातें कर जाते थे। शाम को हम लोग बनारस पहुँच गए। मकान एक गली में है और मेरे घर से बहुत छोटा है। इन कई दिनों में यह भी मालूम हो रहा है कि सासजी स्वभाव की रूखी हैं। लेकिन अभी किसी के बारे में कुछ नहीं कह सकती। संभव है, मुझे भ्रम हो रहा हो। फिर लिखूँगी। मुझे इसकी चिन्ता नहीं कि घर कैसा है, आर्थिक दशा कैसी है, सास-ससुर कैसे हैं। मेरी इच्छा है कि यहाँ सभी मुझसे ख़ुश रहें। पतिदेव को मुझसे प्रेम है, यह मेरे लिए काफ़ी है। मुझे और किसी बात की परवा नहीं। तुम्हारे बहनोईजी का मेरे पास बार-बार आना सासजी को अच्छा नहीं लगता। वह समझती हैं, कहीं यह सिर न चढ़ जाए। क्यों मुझ पर उनकी यह अकृपा है, कह नहीं सकती; पर इतना जानती हूँ कि वह अगर इस बात से नाराज़ होती हैं, तो हमारे ही भले के लिए। वह ऐसी कोई बात क्यों करेंगी, जिसमें हमारा हित न हो। अपनी संतान का अहित कोई माता नहीं कर सकती। मुझ ही में कोई बुराई उन्हें नज़र आई होगी। दो-चार दिन में आप ही मालूम हो जाएगा! अपने यहाँ के समाचार लिखना। जवाब की आशा एक महीने के पहले तो है नहीं, यों तुम्हारी ख़ुशी।

तुम्हारी,
चन्दा

9

देहली
1-2-26

प्यारी बहन,

तुम्हारे प्रथम मिलन की कुतूहलमय कथा पढ़कर चित्त प्रसन्न हो गया। मुझे तुम्हारे ऊपर हसद हो रहा है। मैंने समझा था, तुम्हें मुझ पर हसद होगा, पर क्रिया उलटी हो गई। तुम्हें चारों ओर हरियाली ही नज़र आती है, मैं जिधर नज़र डालती हूँ, सूखी रेत और नग्न टीलों के सिवा कुछ नहीं। ख़ैर! अब कुछ मेरा वृत्तान्त सुनो—

'अब जिगर थामकर बैठो, मेरी बारी आई।'

विनोद की अविचलित दार्शनिकता अब असह्य हो गई है। कुछ विचित्र जीव हैं, घर में आग लगे, पत्थर पड़े इनकी बला से। इन्हें मुझ पर ज़रा भी दया नहीं आती। मैं सुबह से शाम तक घर के झंझटों में कुढ़ा करूँ, इन्हें कुछ परवा नहीं। ऐसा सहानुभूति से ख़ाली आदमी कभी नहीं देखा था। इन्हें तो किसी जंगल में तपस्या करनी चाहिए थी। अभी तो ख़ैर दो ही प्राणी हैं, लेकिन कहीं बाल-बच्चे हो गए तब तो मैं बे-मौत मर जाऊँगी। ईश्वर न करे, वह दारुण विपत्ति मेरे सिर पड़े।

चन्दा, मुझे अब दिल से लगी हुई है कि किसी भाँति इनकी वह समाधि भंग कर दूँ। मगर कोई उपाय सफल नहीं होता, कोई चाल ठीक नहीं पड़ती। एक दिन मैंने उनके कमरे के लैंप का बल्ब तोड़ दिया। कमरे में अँधेरा पड़ा रहा। आप सैर करके आए, तो कमरे में अँधेरा देखा। मुझसे पूछा मैंने कह दिया बल्ब टूट गया। बस, आपने भोजन किया और मेरे

कमरे में आकर लेट रहे। पत्रों और उपन्यासों की ओर देखा तक नहीं, न जाने वह उत्सुकता कहाँ विलीन हो गई। दिन-भर गुज़र गया, आपको बल्ब लगवाने की कोई फ़िक्र नहीं। आख़िर मुझी को बाज़ार से लाना पड़ा।

एक दिन मैंने झुँझलाकर रसोइए को निकाल दिया। सोचा जब लाला रात-भर भूखे सोएँगे तब आँखें खुलेंगी। मगर इस भले आदमी ने कुछ पूछा तक नहीं। चाय न मिली, कुछ परवा नहीं। ठीक दस बजे आपने कपड़े पहने, एक बार रसोई की ओर जाकर देखा, सन्नाटा था। बस, कॉलेज चल दिए। एक आदमी पूछता है, महाराज कहाँ गया, क्यों गया; अब क्या इंतज़ाम होगा, कौन खाना पकाएगा, कम-से-कम इतना तो मुझसे कह सकते थे कि तुम अगर नहीं पका सकतीं, तो बाज़ार ही से कुछ खाना मँगवा लो। जब वह चले गए, तो मुझे बड़ा पश्चात्ताप हुआ। रायल होटल से खाना मँगवाया और बैरे के हाथ कॉलेज भेज दिया। पर ख़ुद भूखी ही रही। दिन-भर भूख के मारे बुरा हाल था। सिर में दर्द होने लगा। आप कॉलेज से आए और मुझे पड़े देखा तो ऐसे परेशान हुए मानो मुझे त्रिदोष है। उसी वक़्त एक डॉक्टर बुला भेजा। डॉक्टर आए, आँखें देखीं, ज़बान देखी, हरारत देखी, लगाने की दवा अलग दी, पीने की अलग। आदमी दवा लेने गया। लौटा तो 12) रुपए का बिल भी था। मुझे इन सारी बातों पर ऐसा क्रोध आ रहा था कि कहाँ भागकर चली जाऊँ। उस पर आप आरामकुर्सी डालकर मेरी चारपाई के पास बैठ गए और एक-एक पल पर पूछने लगे कैसा जी है? दर्द कुछ कम हुआ? यहाँ मारे भूख के आँतें कुलबुला रही थीं। दवा हाथ से छुई तक नहीं। आख़िर झख मारकर मैंने फिर बैरे से खाना मँगवाया। फिर चाल उलटी पड़ी। मैं डरी कि कहीं सबेरे फिर यह महाशय डॉक्टर को न बुला बैठें, इसलिए सबेरा होते ही हारकर फिर घर के काम-धन्धे में लगी। उसी वक़्त एक दूसरा महाराज बुलवाया। अपने पुराने महाराज को बेक़सूर निकालकर दंडस्वरूप एक काठ के उल्लू को रखना पड़ा, जो मामूली चपातियाँ भी नहीं पका सकता। उस दिन से एक नई बला गले पड़ी। दोनों वक़्त दो घंटे इस महाराज को सिखाने में लग जाते हैं। इसे अपनी पाक-कला का ऐसा घमंड है कि मैं चाहे जितना बकूँ, पर करता अपने ही मन की है। इस पर बीच-बीच में मुसकिराने लगता है, मानो कहता हो कि 'तुम इन बातों को क्या जानो, चुपचाप बैठी देखती जाव।' जलाने चली थी विनोद को और ख़ुद जल गई। रुपए ख़र्च हुए, वह तो हुए ही, एक और जंजाल में फँस गई। मैं ख़ूब जानती हूँ कि विनोद का डॉक्टर को बुलाना या मेरे पास बैठे रहना केवल दिखावा था। उनके चेहरे पर ज़रा भी घबराहट न थी, चित्त ज़रा भी अशांत न था।

चन्दा, मुझे क्षमा करना। मैं नहीं जानती कि ऐसे पुरुष के पाले पड़कर तुम्हारी क्या दशा होती, पर मेरे लिए इस दशा में रहना असह्य है। मैं आगे जो वृत्तान्त कहनेवाली हूँ, उसे सुनकर तुम नाक-भौं सिकोड़ोगी, मुझे कोसोगी, कलंकिनी कहोगी; पर जो चाहे कहो, मुझे परवा नहीं। आज चार दिन होते हैं, मैंने त्रिया-चरित्र का एक नया अभिनय किया। हम दोनों सिनेमा देखने गए थे। वहाँ मेरी बग़ल में एक बंगाली बाबू बैठे हुए थे। विनोद सिनेमा में इस तरह बैठते हैं, मानो ध्यानावस्था में हों। न बोलना, न चालना! फ़िल्म इतनी सुन्दर थी, ऐक्टिंग इतनी सजीव कि मेरे मुँह से बार-बार प्रशंसा के शब्द निकल जाते थे। बंगाली बाबू को भी बड़ा आनंद आ रहा था! हम दोनों उस फ़िल्म पर आलोचनाएँ करने लगे। वह फ़िल्म के भावों की इतनी रोचक व्याख्या करता था कि मन मुग्ध हो जाता था। फ़िल्म से ज़्यादा मज़ा मुझे उसकी बातों

में आ रहा था। बहन, सच कहती हूँ, शक्ल-सूरत में वह विनोद के तलुओं की बराबरी भी नहीं कर सकता, पर केवल विनोद को जलाने के लिए मैं उससे मुसकिरा-मुसकिराकर बातें करने लगी। उसने समझा, कोई शिकार फँस गया। अवकाश के समय वह बाहर जाने लगा, तो मैं भी उठ खड़ी हुई; पर विनोद अपनी जगह पर ही बैठे रहे।

मैंने कहा—बाहर चलते हो, मेरी तो बैठे-बैठे कमर दुख गई।

विनोद बोले—हाँ-हाँ, चलो, इधर-उधर, टहल आएँ। मैंने लापरवाही से कहा—तुम्हारा जी न चाहे तो मत चलो, मैं मज़बूर नहीं करती।

विनोद फिर अपनी जगह पर बैठते हुए बोले—अच्छी बात है।

मैं बाहर आई तो बंगाली बाबू ने पूछा—क्या आप यहीं की रहनेवाली हैं?

'मेरे पति यहाँ यूनिवर्सिटी में प्रोफ़ेसर हैं।'

'अच्छा! वह आपके पति थे। अजीब आदमी हैं।'

'आपको तो मैंने शायद यहाँ पहले भी देखा है।'

'हाँ, मेरा मकान तो बंगाल में है। कंचनपुर के महाराज साहब का प्राइवेट सेक्रेटरी हूँ। महाराज साहब वाइसराय से मिलने आए हैं।'

'तो अभी दो-चार दिन रहिएगा?'

'जी हाँ, आशा तो करता हूँ। रहूँ तो साल-भर रह जाऊँ। जाऊँ तो दूसरी गाड़ी से चला जाऊँ। हमारे महाराज साहब का कुछ ठीक नहीं। यों बड़े सज्जन और मिलनसार हैं। आपसे मिलकर बहुत ख़ुश होंगे।'

यह बातें करते-करते हम रेस्ट्राँ में पहुँच गए। बाबू ने चाय और टोस्ट लिया। मैंने सिर्फ़ चाय ली।

'तो इसी वक़्त आपका महाराज साहब से परिचय करा दूँ। आपको आश्चर्य होगा कि मुकुटधारियों में भी इतनी नम्रता और विनय हो सकती है। उनकी बातें सुनकर आप मुग्ध हो जाएँगी।'

मैंने आईने में अपनी सूरत देखकर कहा—जी नहीं, फिर किसी दिन पर रखिए। आपसे तो अक्सर मुलाक़ात होती रहेगी। क्या आपकी स्त्री आपके साथ नहीं आईं?

युवक ने मुसकिराकर कहा—मैं अभी क्वाँरा हूँ और शायद क्वाँरा ही रहूँ?

मैंने उत्सुक होकर पूछा—अच्छा! तो आप भी स्त्रियों से भागनेवाले जीवों में है। इतनी बातें तो हो गईं और आपका नाम तक न पूछा।

बाबू ने अपना नाम भुवनमोहन दासगुप्त बताया। मैंने अपना परिचय दिया।

'जी नहीं, मैं उन अभागों में हूँ, जो एक बार निराश होकर फिर उसकी परीक्षा नहीं करते। रूप की तो संसार में कमी नहीं, मगर रूप और गुण का मेल बहुत कम देखने में आता है। जिस रमणी से मेरा प्रेम था, वह आज एक बड़े वकील की पत्नी है। मैं ग़रीब था। इसकी सज़ा मुझे ऐसी मिली कि जीवन-पर्यन्त न भूलेगी। साल-भर तक जिसकी उपासना की, जब उसने मुझे धन पर बलिदान कर दिया, तो अब और क्या आशा रखूँ?'

मैंने हँसकर कहा—आपने बहुत जल्द हिम्मत हार दी।

भुवन ने सामने द्वार की ओर ताक़ते हुए कहा—मैंने आज तक ऐसा वीर ही नहीं देखा, जो रमणियों से परास्त न हुआ हो। ये हृदय पर चोट करती हैं और हृदय एक ही गहरी चोट

सह सकता है। जिस रमणी ने मेरे प्रेम को तुच्छ समझकर पैरों से कुचल दिया, उसको मैं दिखाना चाहता हूँ कि मेरी आँखों में धन कितनी तुच्छ वस्तु है। यही मेरे जीवन का एकमात्र उद्देश्य है। मेरा जीवन उसी दिन सफल होगा, जब विमला के घर के सामने मेरा विशाल भवन होगा और उसका पति मुझसे मिलने में अपना सौभाग्य समझेगा।

मैंने गम्भीरता से कहा—यह तो कोई बहुत ऊँचा उद्देश्य नहीं है। आप यह क्यों समझते हैं कि विमला ने केवल धन के लिए आपका परित्याग किया। संभव है, इसके और भी कारण हों। माता-पिता ने उस पर दबाव डाला हो, या अपने ही में उसे कोई ऐसी त्रुटि दिखलाई दी हो, जिससे आपका जीवन दुःखमय हो जाता। आप यह क्यों समझते हैं कि जिस प्रेम से वंचित होकर आप इतने दुखी हुए, उसी प्रेम से वंचित होकर वह सुखी हुई होगी। संभव था, कोई धनी स्त्री पाकर आप भी फिसल जाते।

भुवन ने ज़ोर देकर कहा—यह असंभव है, सर्वथा असंभव है। मैं उसके लिए त्रिलोक का राज्य भी त्याग देता।

मैंने हँसकर कहा—हाँ, इस वक़्त आप ऐसा कह सकते हैं; मगर ऐसी परीक्षा में पड़कर आपकी क्या दशा होती, इसे आप निश्चयपूर्वक नहीं बता सकते। सिपाही की बहादुरी का प्रमाण उसकी तलवार है, उसकी ज़बान नहीं। इसे अपना सौभाग्य समझिए कि आपको उस परीक्षा में नहीं पड़ना पड़ा। वह प्रेम, प्रेम नहीं है, जो प्रत्याघात की शरण ले। प्रेम का आदि भी सहृदयता है और अंत भी सहृदयता। संभव है, आपको अब भी कोई ऐसी बात मालूम हो जाए, जो विमला की तरफ़ से आपको नर्म कर दे।

भुवन गहरे विचार में डूब गए। एक मिनट के बाद उन्होंने सिर उठाया और बोले—मिसेज विनोद, आपने आज एक ऐसी बात सुझा दी, जो आज तक मेरे ध्यान में आई ही न थी। यह भाव कभी मेरे मन में उदय ही नहीं हुआ। मैं इतना अनुदार क्यों हो गया, समझ में नहीं आता। मुझे आज मालूम हुआ कि प्रेम के ऊँचे आदर्श का पालन रमणियाँ ही कर सकती हैं। पुरुष कभी प्रेम के लिए आत्म-समर्पण नहीं कर सकता—वह प्रेम को स्वार्थ और वासना से पृथक् नहीं कर सकता। अब मेरा जीवन सुखमय हो जाएगा। आपने मुझे आज जो शिक्षा दी है, उसके लिए आपको धन्यवाद देता हूँ।

यह कहते-कहते भुवन सहसा चौंक पड़े और बोले—ओह! मैं कितना बड़ा मूर्ख हूँ—सारा रहस्य समझ में आ गया, अब कोई बात छिपी नहीं है। ओह, मैंने विमला के साथ घोर अन्याय किया! महान् अन्याय! मैं बिलकुल अंधा हो गया था। विमल, मुझे क्षमा करो।

भुवन इसी तरह देर तक विलाप करते रहे। बार-बार मुझे धन्यवाद देते थे और अपनी मूर्खता पर पछताते थे। हमें इसकी सुध ही न रही कि कब घंटी बजी, कब खेल शुरू हुआ। यकायक विनोद कमरे में आए। मैं चौंक पड़ी। मैंने उनके मुख की ओर देखा, किसी भाव का पता न था। बोले—तुम अभी यहीं हो, पद्मा! खेल शुरू हुए तो देर हुई! मैं चारों तरफ़ तुम्हें खोज रहा था।

मैं हकबकाकर उठ खड़ी हुई और बोली—खेल शुरू हो गया? घंटी की आवाज़ तो सुनाई ही नहीं दी।

भुवन भी उठे। हम फिर आकर तमाशा देखने लगे। विनोद ने मुझे अगर इस वक़्त दो-चार लगनेवाली बातें कह दी होतीं, उनकी आँखों में क्रोध की झलक दिखाई देती, तो मेरा अशांत हृदय सँभल जाता, मेरे मन को ढाढ़स होता, पर उनके अविचलित विश्वास ने मुझे और भी

अशांत कर दिया। बहन, मैं चाहती हूँ, वह मुझ पर शासन करें। मैं उनकी कठोरता, उनकी उद्दंडता, उनकी बलिष्ठता का रूप देखना चाहती हूँ। उनके प्रेम, प्रमोद, विश्वास का रूप देख चुकी। इससे मेरी आत्मा को तृप्ति नहीं होती! तुम उस पिता को क्या कहोगी, जो अपने पुत्र को अच्छा खिलाए, अच्छा पहनाए, पर उसकी शिक्षा-दीक्षा की कुछ चिन्ता न करे; वह जिस राह जाए, उस राह जाने दे; जो कुछ करे, वह करने दे। कभी उसे कड़ी आँख से देखे भी नहीं। ऐसा लड़का अवश्य ही आवारा हो जाएगा। मेरा भी वही हाल हुआ जाता है। यह उदासीनता मेरे लिए असह्य है। इस भले आदमी ने यहाँ तक न पूछा कि भुवन कौन है? भुवन ने यही तो समझा होगा कि इसका पति इसकी बिलकुल परवा नहीं करता। विनोद ख़ुद स्वाधीन रहना चाहते हैं, मुझे भी स्वाधीन छोड़ देना चाहते हैं। वह मेरे किसी काम में हस्तक्षेप नहीं करना चाहते। इसी तरह चाहते हैं कि मैं भी उनके किसी काम में हस्तक्षेप न करूँ। मैं इस स्वाधीनता को दोनों ही के लिए विष तुल्य समझती हूँ। संसार में स्वाधीनता का चाहे जो भी मूल्य हो, घर में तो पराधीनता ही फलती-फूलती है। मैं जिस तरह अपने एक जेवर को अपना समझती हूँ, उसी तरह विनोद को भी अपना समझना चाहती हूँ। अगर मुझसे पूछे बिना विनोद उसे किसी को दे दें, तो मैं लड़ पड़ूँगी। मैं चाहती हूँ, उसी तरह उन पर मेरा अधिकार हो। अपने ऊपर भी उनका ऐसा ही अधिकार चाहती हूँ। उन्हें मेरी एक-एक बात पर ध्यान देना चाहिए। मैं किससे मिलती हूँ, कहाँ हूँ, क्या पढ़ती हूँ, किस तरह जीवन व्यतीत करती हूँ, इन सारी बातों पर उनकी तीव्र दृष्टि रहनी चाहिए। जब वह मेरी परवा नहीं करते, तो मैं उनकी परवा क्यों करूँ? इस खींचातानी में हम एक-दूसरे से अलग होते चले जा रहे हैं और क्या कहूँ, मुझे कुछ नहीं मालूम कि वह किन मित्रों को रोज़ पत्र लिखते हैं। उन्होंने भी मुझसे कभी कुछ नहीं पूछा। ख़ैर, मैं क्या लिख रही थी, क्या कहने लगी। विनोद ने मुझसे कुछ नहीं पूछा। मैं फिर भुवन से फ़िल्म के सम्बन्ध में बातें करने लगी।

जब खेल ख़त्म हो गया और हम लोग बाहर आए और ताँगा ठीक करने लगे, तो भुवन ने कहा—'मैं अपनी कार में आपको पहुँचा दूँगा।'

हमने कोई आपत्ति नहीं की। हमारे मकान का पता पूछकर भुवन ने कार चला दी। रास्ते में मैंने भुवन से कहा—'कल मेरे यहाँ दोपहर का खाना खाइएगा।' भुवन ने स्वीकार कर लिया।

भुवन तो हमें पहुँचाकर चले गए, पर मेरा मन बड़ी देर तक उन्हीं की तरफ़ लगा रहा। इन दो-तीन घंटों में भुवन को जितना समझी, उतना विनोद को आज तक नहीं समझी। मैंने भी अपने हृदय की जितनी बातें उससे कह दीं, उतनी विनोद से आज तक नहीं कहीं। भुवन उन मनुष्यों में है, जो किसी परपुरुष को मेरी ओर कुदृष्टि डालते देखकर उसे मार डालेगा। उसी तरह मुझे किसी पुरुष से हँसते देखकर मेरा ख़ून पी लेगा और ज़रूरत पड़ेगी, तो मेरे लिए आग में कूद पड़ेगा। ऐसा ही पुरुष-चरित्र मेरे हृदय पर विजय पा सकता है। मेरे ही हृदय पर नहीं, नारी-जाति (मेरे विचार में) ऐसे ही पुरुष पर जान देती है। वह निर्बल है, इसलिए बलवान् का आश्रय ढूँढ़ती है।

बहन, तुम ऊब गई होगी, ख़त बहुत लंबा हो गया; मगर इस कांड को समाप्त किए बिना नहीं रहा जाता। मैंने सबेरे ही से भुवन की दावत की तैयारी शुरू कर दी। रसोइया तो काठ का उल्लू है, मैंने सारा काम अपने हाथ से किया। भोजन बनाने में ऐसा आनंद मुझे और कभी न मिला था।

भुवन बाबू की कार ठीक समय पर आ पहुँची। भुवन उतरे और सीधे मेरे कमरे में आए। दो-चार बातें हुईं। डिनर-टेबुल पर जा बैठे। विनोद भी भोजन करने आए। मैंने उन दोनों आदमियों का परिचय करा दिया। मुझे ऐसा मालूम हुआ कि विनोद ने भुवन की ओर से कुछ उदासीनता दिखाई। इन्हें राजाओं-रईसों से चिढ़ है, साम्यवादी हैं। जब राजाओं से चिढ़ है तो उनके पिट्ठुओं से क्यों न होती। वह समझते हैं, इन रईसों के दरबार में खुशामदी, निकम्मे, सिद्धांतहीन, चरित्रहीन लोगों का जमघट रहता है, जिनका इसके सिवाय और कोई काम नहीं कि अपने रईस की हर एक उचित-अनुचित इच्छा पूरी करें और प्रजा का गला काटकर अपना घर भरें। भोजन के समय बातचीत की धारा घूमते-घामते विवाह और प्रेम-जैसे महत्त्व के विषय पर आ पहुँची।

विनोद ने कहा—नहीं, मैं वर्तमान वैवाहिक प्रथा को पसन्द नहीं करता। इस प्रथा का आविष्कार उस समय हुआ था, जब मनुष्य सभ्यता की प्रारंभिक दशा में था। तब से दुनिया बहुत आगे बढ़ी है। मगर विवाह-प्रथा में जौ-भर भी अंतर नहीं पड़ा। यह प्रथा वर्तमान काल के लिए उपयोगी नहीं।

भुवन ने कहा—आख़िर आपको इसमें क्या दोष दिखाई देते हैं?

विनोद ने विचार कर कहा—इसमें सबसे बड़ा ऐब यह है कि यह एक सामाजिक प्रश्न को धार्मिक रूप दे देता है।

'और दूसरा?'

'दूसरा यह कि यह व्यक्तियों की स्वाधीनता में बाधक है। यह स्त्री-व्रत और पतिव्रत का स्वाँग रचकर हमारी आत्मा को संकुचित कर देता है। हमारी बुद्धि के विकास में जितनी रुकावट इस प्रथा ने डाली है, उतनी और किसी भौतिक या दैविक क्रांति से भी नहीं हुई। इसने मिथ्या आदर्शों को हमारे सामने रख दिया और आज तक हम उन्हीं पुरानी, सड़ी हुई, लज्जाजनक, पाशविक लकीरों को पीटते जाते हैं। व्रत केवल एक निरर्थक बंधन का नाम है। इतना महत्त्वपूर्ण नाम देकर हमने उस क़ैद को धार्मिक रूप दे दिया है। पुरुष क्यों चाहता है कि स्त्री उसको अपना ईश्वर, अपना सर्वस्व समझे? केवल इसलिए कि वह उसका भरण-पोषण करता है। क्या स्त्री का कर्तव्य केवल पुरुष की सम्पत्ति के लिए वारिस पैदा करना है? उस सम्पत्ति के लिए जिस पर, हिन्दू नीतिशास्त्र के अनुसार, पति के देहान्त के बाद उसका कोई अधिकार नहीं रहता। समाज की यह सारी व्यवस्था, सारा संगठन सम्पत्ति-रक्षा के आधार पर हुआ है। इसने सम्पत्ति को प्रधान और व्यक्ति को गौण कर दिया है। हमारे ही वीर्य से उत्पन्न संतान हमारी कमाई हुई जायदाद का भोग करे, इस मनोभाव में कितनी स्वार्थान्धता, कितना दासत्व छिपा हुआ है, इसका कोई अनुमान नहीं कर सकता। इस क़ैद में जकड़ी हुई समाज की संतान यदि आज घर में, देश में, संसार में, अपने क्रूर स्वार्थ के लिए रक्त की नदियाँ बहा रही है तो क्या आश्चर्य है! मैं इस वैवाहिक प्रथा को सारी बुराइयों का मूल समझता हूँ।'

भुवन चकित हो गया। मैं ख़ुद चकित हो गई। विनोद ने इस विषय पर मुझसे कभी इतनी स्पष्टता से बातचीत न की थी। मैं यह तो जानती थी, वह साम्यवादी हैं, दो-एक बार इस विषय पर उनसे बहस भी कर चुकी हूँ, पर वैवाहिक प्रथा के वे इतने विरोधी हैं, यह मुझे न मालूम था। भुवन के चेहरे से ऐसा प्रकट होता था कि उन्होंने ऐसे दार्शनिक विचारों की गंध तक नहीं पाई। ज़रा देर के बाद बोले—प्रोफ़ेसर साहेब, आपने तो मुझे एक बड़े चक्कर में डाल दिया।

आख़िर आप इस प्रथा की जगह कोई और प्रथा रखना चाहते हैं या विवाह की आवश्यकता ही नहीं समझते? जिस तरह पशु-पक्षी आपस में मिलते हैं, वह हमें भी करना चाहिए?

विनोद ने तुरन्त उत्तर दिया—बहुत कुछ। पशु-पक्षियों में सभी का मानसिक विकास एक-सा नहीं है। कुछ ऐसे हैं, जो जोड़े के चुनाव में कोई विचार नहीं रखते। कुछ ऐसे हैं, जो एक बार बच्चे पैदा करने के बाद अलग हो जाते हैं, और कुछ ऐसे हैं, जो जीवनपर्यन्त एक साथ रहते हैं। कितनी ही भिन्न-भिन्न श्रेणियाँ हैं। मैं मनुष्य होने के नाते उसी श्रेणी को श्रेष्ठ समझता हूँ, जो जीवन-पर्यन्त एक साथ रहते हैं। मगर स्वेच्छा से। उनके यहाँ कोई क़ैद नहीं, कोई सज़ा नहीं। दोनों अपने-अपने चारे-दाने की फ़िक्र करते हैं। दोनों मिलकर रहने का स्थान बनाते हैं, दोनों साथ बच्चों का पालन करते हैं। उनके बीच में कोई तीसरा नर या मादा आ ही नहीं सकता, यहाँ तक कि उनमें से जब एक मर जाता है तो दूसरा मरते दम तक फुट्टैल रहता है। यह अन्धेर मनुष्य-जाति ही में है कि स्त्री ने किसी दूसरे पुरुष से हँसकर बात की और उसके पुरुष की छाती पर साँप लोटने लगा, ख़ून-ख़राबे के मनसूबे सोचे जाने लगे। पुरुष ने किसी दूसरी स्त्री की ओर रसिक नेत्रों से देखा और अर्धांगिनी ने त्योरियाँ बदलीं, पति के प्राण लेने को तैयार हो गई। यह सब क्या है? ऐसा मनुष्य-समाज सभ्यता का किस मुँह से दावा कर सकता है?

भुवन ने सिर सहलाते हुए कहा—मगर मनुष्यों में भी तो भिन्न-भिन्न श्रेणियाँ हैं। कुछ लोग हर महीने एक नया जोड़ा खोज निकालेंगे।

विनोद ने हँसकर कहा—लेकिन यह इतना आसान काम न होगा। या तो वह ऐसी स्त्री चाहेगा, जो संतान का पालन स्वयं कर सकती हो, या उसे एकमुश्त सारी रक़म अदा करनी पड़ेगी!

भुवन भी हँसे—आप अपने को किस श्रेणी में रक्खेंगे?

विनोद इस प्रश्न के लिए तैयार न थे। था भी बेढंगा-सा सवाल। झेंपते हुए बोले—परिस्थितियाँ जिस श्रेणी में ले जाएँ। मैं स्त्री और पुरुष दोनों के लिए पूर्ण स्वाधीनता का हामी हूँ। कोई कारण नहीं है कि मेरा मन किसी नवयौवना की ओर आकर्षित हो और वह भी मुझे चाहे तो भी मैं समाज और नीति के भय से उसकी ओर ताक न सकूँ। मैं इसे पाप नहीं समझता।

भुवन अभी कुछ उत्तर न देने पाए थे कि विनोद उठ खड़े हुए। कॉलेज के लिए देर हो रही थी। तुरन्त कपड़े पहने और चल दिए। हम दोनों दीवानख़ाने में आकर बैठे और बातें करने लगे।

भुवन ने सिगार जलाते हुए कहा—कुछ सुना, कहाँ जाकर तान टूटी?

मैंने मारे शर्म के सिर झुका लिया। क्या जवाब देती। विनोद की अन्तिम बात ने मेरे हृदय पर कठोर आघात किया था। मुझे ऐसा मालूम हो रहा था कि विनोद ने केवल मुझे सुनाने के लिए विवाह का यह नया खंडन तैयार किया है। वह मुझसे पिंड छुड़ा लेना चाहते हैं। वह किसी रमणी की ताक में हैं, मुझसे उनका जी भर गया। यह ख़याल करके मुझे बड़ा दुःख हुआ। मेरी आँखों से आँसू बहने लगे। कदाचित् एकान्त में मैं न रोती, पर भुवन के सामने मैं संयत न रह सकी। भुवन ने मुझे बहुत सांत्वना दी—आप व्यर्थ इतना शोक करती हैं। मिस्टर विनोद आपका मान न करें; पर संसार में कम-से-कम एक ऐसा व्यक्ति है, जो आपके संकेत पर अपने प्राण तक न्योछावर कर सकता है। आप-जैसी रमणी-रत्न पाकर संसार में ऐसा कौन पुरुष है, जो अपने भाग्य को धन्य न मानेगा। आप इसकी बिलकुल चिन्ता न करें।

मुझे भुवन की यह बात बुरी मालूम हुई। क्रोध से मेरा मुख लाल हो गया। यह धूर्त मेरी इस दुर्बलता से लाभ उठाकर मेरा सर्वनाश करना चाहता है। अपने दुर्भाग्य पर बराबर रोना आता था। अभी विवाह हुए साल भी नहीं पूरा हुआ, मेरी यह दशा हो गई कि दूसरों को मुझे बहकाने और मुझ पर अपना जादू चलाने का साहस हो रहा है। जिस वक़्त मैंने विनोद को देखा था, मेरा हृदय कितना फूल उठा था। मैंने अपने हृदय को कितनी भक्ति से उनके चरणों पर अर्पण किया था। मगर क्या जानती थी कि इतनी जल्द मैं उनकी आँखों से गिर जाऊँगी और मुझे परित्यक्ता समझकर शोहदे मुझ पर डोरे डालेंगे।

मैंने आँसू पोंछते हुए कहा—मैं आपसे क्षमा माँगती हूँ। मुझे ज़रा विश्राम लेने दीजिए।

'हाँ-हाँ, आराम करें; मैं बैठा देखता रहूँगा।'

'जी नहीं, अब आप कृपा करके जाइए। यों मुझे आराम न मिलेगा।'

'अच्छी बात है, आप आराम कीजिए। मैं संध्या-समय आकर देख जाऊँगा।'

'जी नहीं, आपको कष्ट करने की कोई ज़रूरत नहीं है।'

'अच्छा तो मैं कल आऊँगा। शायद महाराजा साहब भी आवें।'

'नहीं, आप लोग मेरे बुलाने का इंतज़ार कीजिएगा। बिना बुलाए न आइएगा।'

यह कहती हुई मैं उठकर अपने सोने के कमरे की ओर चली। भुवन एक क्षण मेरी ओर देखता रहा, फिर चुपके से चला गया।

बहन, इसे दो दिन हो गए हैं। पर मैं कमरे से बाहर नहीं निकली। भुवन दो-तीन बार आ चुका है, मगर मैंने उससे मिलने से साफ़ इनकार कर दिया। अब शायद उसे फिर आने का साहस न होगा। ईश्वर ने बड़े नाज़ुक मौक़े पर मुझे सुबुद्धि प्रदान की, नहीं तो मैं अब तक अपना सर्वनाश कर बैठी होती। विनोद प्रायः मेरे पास ही बैठे रहते हैं। लेकिन उनसे बोलने को मेरा जी नहीं चाहता। जो पुरुष व्यभिचार का दार्शनिक सिद्धांतों से समर्थन कर सकता है, जिसकी आँखों में विवाह-जैसे पवित्र बन्धन का कोई मूल्य नहीं, जो न मेरा हो सकता है, न मुझे अपना बना सकता है, उसके साथ मुझ जैसी मानिनी गर्विणी स्त्री का कै दिन निर्वाह होगा।

बस, अब विदा होती हूँ। बहन, क्षमा करना। मैंने तुम्हारा बहुत-सा अमूल्य समय ले लिया। मगर इतना समझ लो कि मैं तुम्हारी दया नहीं, सहानुभूति चाहती हूँ।

तुम्हारी,
पद्मा

10

काशी
5-1-26

बहन,

तुम्हारा पत्र पढ़कर मुझे ऐसा मालूम हुआ कि कोई उपन्यास पढ़कर उठी हूँ। अगर तुम उपन्यास लिखो, तो मुझे विश्वास है, उसकी धूम मच जाए। तुम आप उसकी नायिका बन जाना। तुम ऐसी-ऐसी बातें कहाँ सीख गईं, मुझे तो यही आश्चर्य है। उस बंगाली के साथ तुम अकेली कैसे बैठी बातें करती रहीं, मेरी तो समझ में नहीं आता। मैं तो कभी न कर सकती।

तुम विनोद को जलाना चाहती हो, उनके चित्त को अशांत करना चाहती हो। उस ग़रीब के साथ तुम कितना भयंकर अन्याय कर रही हो! तुम यह क्यों समझती हो कि विनोद तुम्हारी उपेक्षा कर रहे हैं, अपने विचारों में इतने मग्न हैं कि उन्हें तुम्हारी परवा ही नहीं। यह क्यों नहीं समझती कि उन्हें कोई मानसिक चिन्ता सताया करती है, उन्हें कोई ऐसी फ़िक्र घेरे हुए है कि जीवन के साधारण व्यापारों में उनकी रुचि ही नहीं रही। संभव है, वह कोई दार्शनिक तत्त्व खोज रहे हों, कोई थीसिस लिख रहे हों, किसी पुस्तक की रचना कर रहे हों। कौन कह सकता है? तुम जैसी रूपवती स्त्री पाकर यदि कोई मनुष्य चिन्तित रहे, तो समझ लो कि उसके दिल पर कोई बड़ा बोझ है। उनको तुम्हारी सहानुभूति की ज़रूरत है, तुम उनका बोझ हलका कर सकती हो। लेकिन तुम उलटे उन्हीं को दोष देती हो। मेरी समझ में नहीं आता कि तुम एक दिन क्यों विनोद से दिल खोलकर बातें नहीं कर लेतीं, सन्देह को जितनी जल्द हो सके, दिल से निकाल डालना चाहिए। सन्देह वह चोट है, जिसका उपचार जल्द न हो, तो नासूर पड़ जाता है और फिर अच्छा नहीं होता। क्यों दो-चार दिनों के लिए यहाँ नहीं चली आतीं? तुम शायद कहो, तू ही क्यों नहीं चली आती। लेकिन मैं स्वतंत्र नहीं हूँ, बिना सास-ससुर से पूछे कोई काम नहीं कर सकती। तुम्हें तो कोई बंधन नहीं है।

बहन, आजकल मेरा जीवन हर्ष और शोक का विचित्र मिश्रण हो रहा है। अकेली होती हूँ, तो रोती हूँ, आनंद आ जाते हैं, तो हँसती हूँ। जी चाहता है, वह हरदम मेरे सामने बैठे रहते। लेकिन रात के बारह बजे के पहले उनके दर्शन नहीं होते। एक दिन दोपहर को आ गए, तो सासजी ने ऐसा डाँटा कि कोई बच्चे को क्या डाँटेगा। मुझे ऐसा भय हो रहा है कि सासजी को मुझसे चिढ़ है। बहन, मैं उन्हें भरसक प्रसन्न करने की चेष्टा करती हूँ। जो काम कभी न किए थे, वह उनके लिए करती हूँ, उनके स्नान के लिए पानी गर्म करती हूँ, उनकी पूजा के लिए चौकी बिछाती हूँ। वह स्नान कर लेती हैं, तो उनकी धोती छाँटती हूँ; वह लेटती हैं तो उनके पैर दबाती हूँ; जब वह सो जाती हैं तो उन्हें पंखा झलती हूँ। वह मेरी माता हैं, उन्हीं के गर्भ से वह रत्न उत्पन्न हुआ है जो मेरा प्राणाधार है। मैं उनकी कुछ सेवा कर सकूँ, इससे बढ़कर मेरे लिए सौभाग्य की और क्या बात होगी। मैं केवल इतना ही चाहती हूँ कि वह मुझसे हँसकर बोलें; मगर न जाने क्यों वह बात-बात पर मुझे कोसने दिया करती हैं। मैं जानती हूँ, दोष मेरा ही है। हाँ, मुझे मालूम नहीं, वह क्या है। अगर मेरा यही अपराध है कि मैं अपनी दोनों ननदों से रूपवती क्यों हूँ, पढ़ी-लिखी क्यों हूँ, आनंद क्यों मुझे इतना चाहते हैं, तो बहन, यह मेरे बस की बात नहीं। मेरे प्रति सासजी का यह व्यवहार देखकर ही कदाचित् आनंद माताजी से कुछ खिंचे रहते हैं। सासजी को भ्रम होता होगा कि मैं ही आनंद को भरमा रही हूँ। शायद वह पछताती हैं कि क्यों मुझे बहू बनाया! उन्हें भय होता है कि कहीं मैं उनके बेटे को उनसे छीन न लूँ। दो-एक बार मुझे जादूगरनी कह चुकी हैं। दोनों ननदें अकारण ही मुझसे जलती रहती हैं। बड़ी ननदजी तो विधवा हो गई हैं, उनका जलना समझ में आता है। लेकिन छोटी ननदजी तो अभी कलोर हैं, उनका जलना मेरी समझ में नहीं आता। मैं उनकी जगह होती, तो अपनी भावज से कुछ सीखने की, कुछ पढ़ने की कोशिश करती, उनके चरण धो-धोकर पीती पर इस छोकरी को मेरा अपमान करने ही में आनंद आता है। मैं जानती हूँ, थोड़े दिनों में दोनों ननदें लज्जित होंगी। हाँ, अभी वे मुझसे बिचकती हैं। मैं अपनी तरफ़ से तो उन्हें अप्रसन्न होने का कोई अवसर नहीं देती।

मगर रूप को क्या करूँ। क्या जानती थी कि एक दिन इस रूप के कारण मैं अपराधिनी ठहराई जाऊँगी। मैं सच कहती हूँ बहन, यहाँ मैंने सिंगार करना एक तरह से छोड़ ही दिया है। मैली-कुचैली बनी बैठी रहती हूँ। इस भय से कि कोई मेरे पढ़ने-लिखने पर नाक न सिकोड़े, पुस्तकों को हाथ नहीं लगाती। घर से पुस्तकों का एक गट्ठर बाँध लाई थी। उसमें कई पुस्तकें बड़ी सुन्दर हैं। उन्हें पढ़ने के लिए बार-बार जी चाहता है, मगर डरती हूँ कि कोई ताना न दे बैठे। दोनों ननदें मुझे देखती रहती हैं कि यह क्या करती है, कैसे बैठती है, कैसे बोलती है, मानो दो-दो जासूस मेरे पीछे लगा दिए गए हों। इन दोनों महिलाओं को मेरी बदगोई में क्या इतना मज़ा आता है, नहीं कह सकती। शायद आजकल उन्हें इसके सिवा दूसरा काम ही नहीं। ग़ुस्सा तो ऐसा आता है कि एक बार झिड़क दूँ, लेकिन मन को समझाकर रोक लेती हूँ। यह दशा बहुत दिनों नहीं रहेगी। एक नए आदमी से कुछ हिचक होना स्वाभाविक ही है, विशेषकर जब वह नया आदमी शिक्षा और विचार-व्यवहार में हमसे अलग हो। मुझी को अगर किसी फ्रेंच लेडी के साथ रहना पड़े, तो शायद मैं भी उसकी हर एक बात को आलोचना और कुतूहल की दृष्टि से देखने लगूँ। यह काशीवासी लोग पूजा-पाठ बहुत करते हैं। सासजी तो रोज़ गंगा-स्नान करने जाती हैं। बड़ी ननदजी भी उनके साथ जाती हैं। मैंने कभी पूजा नहीं की। याद है, हम और तुम पूजा करनेवालों को कितना बनाया करती थीं। अगर मैं पूजा करनेवालों का चरित्र कुछ उन्नत पाती, तो शायद अब तक मैं भी पूजा करती होती। लेकिन मुझे तो कभी ऐसा अनुभव प्राप्त नहीं हुआ। पूजा करनेवालियाँ भी उसी तरह दूसरों की निंदा करती हैं, उसी तरह आपस में लड़ती-झगड़ती हैं, जैसे वे जो कभी पूजा नहीं करतीं। ख़ैर, अब मुझे धीरे-धीरे पूजा से श्रद्धा होती जा रही है। मेरे ददिया ससुरजी ने एक छोटा-सा ठाकुरद्धारा बनवा दिया था। वह मेरे घर के सामने ही है। मैं अक्सर सासजी के साथ वहाँ जाती हूँ और अब यह कहने में मुझे कोई संकोच नहीं कि उन विशाल मूर्तियों के दर्शन से मुझे अपने अंतस्तल में एक ज्योति का अनुभव होता है। जितनी अश्रद्धा से मैं राम और कृष्ण के जीवन की आलोचना किया करती थी, वह बहुत कुछ मिट चुकी है।

लेकिन रूपवती होने का दंड यहीं तक बस नहीं है। ननदें अगर मेरे रूप को देखकर जलती हैं, तो यह स्वाभाविक है। दुःख तो इस बात का है कि यह दंड मुझे उस तरफ़ से भी मिल रहा है, जिधर से इसकी कोई संभावना न होनी चाहिए—मेरे आनंद बाबू भी मुझे इसका दंड दे रहे हैं। हाँ, उनकी दंडनीति एक निराले ही ढंग की है। वह मेरे पास नित्य ही कोई-न-कोई सौगात लाते रहते हैं। वह जितनी देर मेरे पास रहते हैं, उनके मन में यह सन्देह होता रहता है कि मुझे उनका रहना अच्छा नहीं लगता। वह समझते हैं कि मैं उनसे जो प्रेम करती हूँ, यह केवल दिखावा है, कौशल है। वह मेरे सामने कुछ ऐसे दबे-दबाए, सिमटे-सिमटाए रहते हैं कि मैं मारे लज्जा के मर जाती हूँ। उन्हें मुझसे कुछ कहते हुए ऐसा संकोच होता है, मानो वह कोई अनधिकार चेष्टा कर रहे हों। जैसे मैले-कुचैले कपड़े पहने हुए कोई आदमी उज्ज्वल वस्त्र पहननेवालों से दूर ही रहना चाहता है, वही दशा इनकी है। वह शायद समझते हैं कि किसी रूपवती स्त्री को रूपहीन पुरुष से प्रेम हो ही नहीं सकता। शायद वह दिल में पछताते हैं कि क्यों इससे विवाह किया। शायद उन्हें अपने ऊपर ग्लानि होती है। वह मुझे कभी रोते देख लेते हैं, तो समझते हैं, मैं अपने भाग्य को रो रही हूँ; कोई पत्र लिखते देखते हैं, तो समझते हैं, मैं उनकी रूपहीनता ही का रोना रो रही हूँ। क्या कहूँ बहन, यह सौन्दर्य

मेरी जान का गाहक हो गया। आनंद के मन से इस शंका को निकालने और उन्हें अपनी ओर से आश्वासन देने के लिए मुझे ऐसी-ऐसी बातें करनी पड़ती हैं, ऐसे-ऐसे आचरण करने पड़ते हैं, जिन पर मुझे घृणा होती है। अगर पहले से यह दशा जानती, तो ब्रह्मा से कहती कि मुझे कुरूपा ही बनाना। बड़े असमंजस में पड़ी हूँ! अगर सासजी की सेवा नहीं करती, बड़ी ननदजी का मन नहीं रखती, तो उनकी आँखों से गिरती हूँ। अगर आनंद बाबू को निराश करती हूँ, तो कदाचित् मुझसे विरक्त ही हो जाएँ। मैं तुमसे अपने हृदय की बात कहती हूँ। बहन, तुमसे क्या पर्दा रखना है; मुझे आनंद बाबू से उतना ही प्रेम है, जो किसी स्त्री को पुरुष से हो सकता है, उनकी जगह अब अगर इन्द्र भी सामने आ जाएँ, तो मैं उनकी ओर आँख उठाकर न देखूँ। मगर उन्हें कैसे विश्वास दिलाऊँ। मैं देखती हूँ, वह किसी न किसी बहाने से बार-बार घर में आते हैं और दबी हुई, ललचाई हुई नज़रों से मेरे कमरे के द्वार की ओर देखते हैं, तो जी चाहता है, जाकर उनका हाथ पकड़ लूँ और अपने कमरे में खींच ले आऊँ। मगर एक तो डर होता है कि किसी की आँख पड़ गई, तो छाती पीटने लगेगी और इससे भी बड़ा डर यह कि कहीं आनंद इसे भी कौशल ही न समझ बैठें। अभी उनकी आमदनी बहुत कम है, लेकिन दो-चार रुपए सौगातों में रोज़ उड़ाते हैं। अगर प्रेमोपहार-स्वरूप वह धेले की कोई चीज़ दें, तो मैं उसे आँखों से लगाऊँ, लेकिन वह कर-स्वरूप देते हैं, मानो उन्हें ईश्वर ने यह दंड दिया है। क्या करूँ, अब मुझे भी प्रेम का स्वाँग करना पड़ेगा। प्रेम-प्रदर्शन से मुझे चिढ़ है। तुम्हें याद होगा, मैंने एक बार कहा था कि प्रेम या तो भीतर ही रहेगा या बाहर ही रहेगा। समान रूप से वह भीतर और बाहर दोनों जगह नहीं रह सकता। स्वाँग वेश्याओं के लिए है, कुलवंती तो प्रेम को हृदय ही में संचित रखती हैं!

बहन, पत्र बहुत लम्बा हो गया, तुम पढ़ते-पढ़ते ऊब गई होगी। मैं भी लिखते-लिखते थक गई। अब शेष बातें कल लिखूँगी। परसों यह पत्र तुम्हारे पास पहुँचेगा।

× × ×

बहन, क्षमा करना; कल पत्र लिखने का अवसर नहीं मिला। रात एक ऐसी बात हो गई, जिससे चित्त अशांत हो उठा। बड़ी मुश्किलों से यह थोड़ा-सा समय निकाल सकी हूँ। मैंने अभी तक आनंद से घर के किसी प्राणी की शिकायत नहीं की थी। अगर सासजी ने कोई बात कह दी या ननदजी ने कोई ताना दे दिया; तो इसे उनके कानों तक क्यों पहुँचाऊँ। इसके सिवाय कि गृह-कलह उत्पन्न हो, इससे और क्या हाथ आएगा। इन्हीं ज़रा-ज़रा सी बातों को पेट में न डालने से घर बिगड़ते हैं। आपस में वैमनस्य बढ़ता है। मगर संयोग की बात, कल अनायास ही मेरे मुँह से एक बात निकल गई जिसके लिए मैं अब भी अपने को कोस रही हूँ, और ईश्वर से मनाती हूँ कि वह आगे न बढ़े। बात यह हुई कि कल आनंद बाबू बहुत देर करके मेरे पास आए। मैं उनके इंतज़ार में बैठी एक पुस्तक पढ़ रही थी। सहसा सासजी ने आकर पूछा—क्या अभी तक बिजली जल रही है? क्या वह रात-भर न आएँ, तो तुम रात-भर बिजली जलाती रहोगी?

मैंने उसी वक़्त बत्ती ठंडी कर दी। आनंद बाबू थोड़ी ही देर में आए, तो कमरे में अँधेरा पड़ा था, न-जाने उस वक़्त मेरी मति कितनी मन्द हो गई थी। अगर मैंने उनकी आहट पाते ही बत्ती जला दी होती, तो कुछ न होता, मगर मैं अँधेरे में पड़ी रही। उन्होंने पूछा—क्या सो गई? यह अँधेरा क्यों पड़ा हुआ है?

हाय! इस वक़्त भी यदि मैंने कह दिया होता कि मैंने अभी बत्ती गुल कर दी है, तो बात बन जाती। मगर मेरे मुँह से निकला—सासजी का हुक्म हुआ कि बत्ती गुल कर दो, गुल कर दी। तुम रात-भर न आओ, तो क्या रात-भर बत्ती जलती रहे?

'तो अब तो जला दो। मैं रोशनी के सामने से आ रहा हूँ। मुझे तो कुछ सूझता ही नहीं।'

'मैंने अब बटन को हाथ से छूने की क़सम खा ली है। अब ज़रूरत पड़ेगी, तो मोम की बत्ती जला लिया करूँगी। कौन मुफ़्त में घुड़कियाँ सहे।'

आनंद ने बिजली का बटन दबाते हुए कहा—और मैंने क़सम खा ली कि रात-भर बत्ती जलेगी, चाहे किसी को बुरा लगे या भला। सबकुछ देखता हूँ, अन्धा नहीं हूँ। दूसरी बहू आकर इतनी सेवा करेगी तो देखूँगा; तुम नसीब की खोटी हो कि ऐसे प्राणियों के पाले पड़ीं। किसी दूसरी सास की तुम इतनी खिदमत करतीं, तो वह तुम्हें पान की तरह फेरती, तुम्हें हाथों पर लिए रहती; मगर यहाँ चाहे कोई प्राण ही दे दे, किसी के मुँह से सीधी बात न निकलेगी।

मुझे अपनी भूल साफ़ मालूम हो गई। उनका क्रोध शान्त करने के इरादे से बोली—ग़लती भी तो मेरी ही थी कि व्यर्थ आधी रात तक बत्ती जलाए बैठी रही। अम्माँजी ने गुल करने को कहा, तो क्या बुरा कहा? मुझे समझाना, अच्छी सीख देना उनका धर्म है। मेरा धर्म यही है कि यथाशक्ति उनकी सेवा करूँ और उनकी शिक्षा को गिरह बाँधूँ।

आनंद एक क्षण द्वार की ओर ताक़ते रहे। फिर बोले—मुझे मालूम हो रहा है कि इस घर में मेरा अब गुज़र न होगा। तुम नहीं कहतीं, मगर मैं सब कुछ सुनता रहता हूँ। सब समझता हूँ। तुम्हें मेरे पापों का प्रायश्चित्त करना पड़ रहा है। मैं कल अम्माँजी से साफ़-साफ़ कह दूँगा—अगर आपका यही व्यवहार है, तो आप अपना घर लीजिए, मैं अपने लिए कोई दूसरी राह निकाल लूँगा।

मैंने हाथ जोड़कर गिड़गिड़ाते हुए कहा—नहीं-नहीं। कहीं ऐसा ग़ज़ब भी न करना। मेरे मुँह में आग लगे, कहाँ से कहाँ बत्ती का जिकर कर बैठी। मैं तुम्हारे चरण छूकर कहती हूँ मुझे न सासजी से कोई शिकायत है न ननदजी से, दोनों मुझसे बड़ी हैं, मेरी माता के तुल्य हैं। अगर एक बात कड़ी भी कह दें, तो मुझे सब्र करना चाहिए! तुम उनसे कुछ न कहना नहीं तो मुझे बड़ा दुःख होगा।

आनंद ने रुँधे कंठ से कहा—तुम्हारी-जैसी बहू पाकर भी अम्माँजी का कलेजा नहीं पसीजता, अब क्या कोई स्वर्ग की देवी घर में आती? तुम डरो मत, मैं ख्वामख्वाह लड़ूँगा नहीं। मगर हाँ, इतना अवश्य कह दूँगा कि ज़रा अपने मिज़ाज को काबू में रखें। आज अगर मैं दो-चार सौ रुपए घर में लाता होता, तो कोई चूँ न करता। कुछ कमाकर नहीं लाता, यह उसी का दंड है। सच पूछो, तो मुझे विवाह करने का कोई अधिकार ही न था। मुझ-जैसे मन्दबुद्धि को, जो कौड़ी कमा नहीं सकता, उसे अपने साथ किसी महिला को डुबाने का क्या हक़ था! बहनजी को न-जाने क्या सूझी है कि तुम्हारे पीछे पड़ी रहती हैं। ससुराल का सफाया कर दिया, अब यहाँ भी आग लगाने पर तुली हुई हैं। बस, पिताजी का लिहाज़ करता हूँ, नहीं इन्हें तो एक दिन में ठीक कर देता।

बहन, उस वक़्त तो मैंने किसी तरह उन्हें शान्त किया, पर नहीं कह सकती कि कब वह उबल पड़ें। मेरे लिए वह सारी दुनिया से लड़ाई मोल ले लेंगे। मैं जिन परिस्थितियों में हूँ, उनका तुम अनुमान कर सकती हो। मुझ पर कितनी ही मार पड़े, मुझे रोना न चाहिए, ज़बान तक न हिलाना चाहिए। मैं रोई और घर तबाह हुआ। आनंद फिर कुछ न सुनेंगे, कुछ न देखेंगे।

कदाचित् इस उपाय से वह अपने विचार में मेरे हृदय में अपने प्रेम का अंकुर ज़माना चाहते हों। आज मुझे मालूम हुआ कि यह कितने क्रोधी हैं। अगर मैंने ज़रा-सा पुचारा दे दिया होता, तो रात ही को वह सासजी की खोपड़ी पर जा पहुँचते। कितनी युवतियाँ इसी अधिकार के गर्व में अपने को भूल जाती हैं। मैं तो बहन, ईश्वर ने चाहा तो कभी न भूलूँगी। मुझे इस बात का डर नहीं है कि आनंद अलग घर बना लेंगे, तो गुज़र कैसे होगा। मैं उनके साथ सबकुछ झेल सकती हूँ। लेकिन घर तो तबाह हो जाएगा।

बस, प्यारी पद्मा, आज इतना ही। पत्र का जवाब जल्द देना।

तुम्हारी,
चन्दा

11

देहली
5-2-26

प्यारी चन्दा,

क्या लिखूँ, मुझ पर तो विपत्ति का पहाड़ टूट पड़ा! हाय, वह चले गए! मेरे विनोद का तीन दिन से पता नहीं—निर्मोही चला गया, मुझे छोड़कर, बिना कुछ कहे-सुने चला गया—अभी तक रोई नहीं। जो लोग पूछने आते हैं उनसे बहाना कर देती हूँ कि—दो-चार दिन में आएँगे, एक काम से काशी गए हैं। मगर जब रोऊँगी तो यह शरीर उन आँसुओं में डूब जाएगा। प्राण उसी में विसर्जित हो जाएँगे। छलिए ने मुझसे कुछ भी नहीं कहा, रोज़ की तरह उठा, भोजन किया, विद्यालय गया, नियत समय पर लौटा, रोज़ की तरह मुस्कुराकर मेरे पास आया। हम दोनों ने जलपान किया, फिर वह दैनिक पत्र पढ़ने लगा, मैं टेनिस खेलने चली गई। इधर कुछ दिनों से उन्हें टेनिस से कुछ प्रेम न रहा था, मैं अकेली ही जाती। लौटी, तो रोज़ ही की तरह उन्हें बरामदे में टहलते और सिगार पीते देखा। मुझे देखते ही वह रोज़ की तरह मेरा ओवरकोट लाए और मेरे ऊपर डाल दिया। बरामदे से नीचे उतरकर खुले मैदान में हम टहलने लगे। मगर वह ज़्यादा बोले नहीं, किसी विचार में डूबे रहे। जब ओस अधिक पड़ने लगी, तो हम दोनों फिर अन्दर चले आए। उसी वक़्त वह बंगाली महिला आ गई, जिनसे मैंने वीणा सीखना शुरू किया है। विनोद भी मेरे साथ ही बैठे रहे। संगीत उन्हें कितना प्रिय है, यह तुम्हें लिख चुकी हूँ। कोई नई बात नहीं हुई। महिला के चले जाने के बाद हमने साथ-ही-साथ भोजन किया, फिर मैं अपने कमरे में लेटने आई। वह रोज़ की तरह अपने कमरे में लिखने-पढ़ने चले गए! मैं जल्द ही सो गई, लेकिन जब वह मेरे कमरे में आए, तो मेरी आँखें खुल गईं। मैं नींद में कितनी बेख़बर पड़ी रहूँ, उनकी आहट पाते ही आप-ही-आप आँखें खुल जाती हैं। मैंने देखा, वह अपना हरा शाल ओढ़े खड़े थे। मैंने उनकी ओर हाथ बढ़ाकर कहा—आओ, खड़े क्यों हों, और फिर सो गई। बस, प्यारी बहन! वही विनोद के अन्तिम दर्शन थे। कह नहीं सकती, वह पलंग पर लेटे या नहीं। इन आँखों में न-जाने कौन-सी महानिद्रा समाई हुई थी। प्रातः उठी, तो विनोद को न पाया। मैं उनसे पहले उठती हूँ, वह पड़े सोते रहते हैं। पर आज वह पलंग पर न थे। शाल भी न था। मैंने समझा, शायद अपने कमरे में चले गए हों। स्नान-गृह में चली गई। आध घंटे में बाहर आई, फिर भी वह न दिखाई दिए। उनके कमरे में गई, वहाँ

भी न थे। आश्चर्य हुआ कि इतने सबेरे कहाँ चले गए। सहसा खूँटी पर आँख पड़ी—कपड़े न थे। किसी से मिलने चले गए? या स्नान के पहले सैर करने की ठानी। कम-से-कम मुझसे कह तो देते, संशय में तो जी न पड़ता। क्रोध आया—मुझे लौंडी समझते हैं ...

हाजिरी का समय आया। बैरा मेज़ पर चाय रख गया। विनोद के इंतज़ार में चाय ठंडी हो गई। मैं बार-बार झुँझलाती थी, कभी भीतर जाती, कभी बाहर आती, ठान ली थी कि आज ज्योंही महाशय आएँगे, ऐसी लताड़ूँगी कि वह भी याद करेंगे। कह दूँगी, आप अपना घर लीजिए, आपको अपना घर मुबारक रहे, मैं अपने घर चली जाऊँगी। इस तरह तो रोटियाँ वहाँ भी मिल जाएँगी। जाड़े के नौ बजने में देर ही क्या लगती है। विनोद का अभी पता नहीं। झल्लाई हुई उनके कमरे में गई कि एक पत्र लिखकर मेज़ पर रख दूँ—साफ़-साफ़ लिख दूँ कि इस तरह अगर रहना है, तो आप रहिए, मैं नहीं रह सकती। मैं जितना ही तरह देती जाती हूँ, उतना ही तुम मुझे चिढ़ाते हो। बहन, उस क्रोध में सन्तप्त भावों की नदी-सी मन में उमड़ रही थी। अगर लिखने बैठती, तो पन्नों-के-पन्ने लिख डालती। लेकिन आह! मैं तो भाग जाने की धमकी ही दे रही थी, वह पहले ही भाग चुके थे। ज्योंही मेज़ पर बैठी, मुझे पैड में उनका एक पत्र मिला। मैंने तुरन्त उस पत्र को निकाल लिया और सरसरी निगाह से पढ़ा—मेरे हाथ काँपने लगे, पाँव थरथराने लगे, जान पड़ा कमरा हिल रहा है। एक ठंडी, लम्बी, हृदय को चीरनेवाली आह खींचकर मैं कोच पर गिर पड़ी। पत्र यह था—

'प्रिये! नौ महीने हुए, जब मुझे पहली बार तुम्हारे दर्शनों का सौभाग्य हुआ था। उस वक़्त मैंने अपने को धन्य माना था। आज तुमसे वियोग का दुर्भाग्य हो रहा है, फिर भी मैं अपने को धन्य मानता हूँ। मुझे जाने का लेशमात्र भी दुःख नहीं है, क्योंकि मैं जानता हूँ तुम ख़ुश होगी। जब तुम मेरे साथ सुखी नहीं रह सकतीं, तो मैं ज़बरदस्ती क्यों पड़ा रहूँ। इससे तो यह कहीं अच्छा है कि हम और तुम अलग हो जाएँ। मैं जैसा हूँ, वैसा ही रहूँगा। तुम भी जैसी हो, वैसी ही रहोगी। फिर सुखी जीवन की सम्भावना कहाँ? मैं विवाह को आत्मविकास का साधन समझता हूँ। स्त्री-पुरुष के सम्बन्ध का अगर कोई अर्थ है, तो यही है, वर्ना मैं विवाह की कोई ज़रूरत नहीं समझता। मानव संतान बिना विवाह के भी जीवित रहेगी और शायद इससे अच्छे रूप में। वासना भी बिना विवाह के पूरी हो सकती है, घर के प्रबंध के लिए विवाह करने की कोई ज़रूरत नहीं। जीविका एक बहुत ही गौण प्रश्न है। जिसे ईश्वर ने दो हाथ दये हैं वह कभी भूखा नहीं रह सकता। विवाह का उद्देश्य यही और केवल यही है कि स्त्री और पुरुष एक-दूसरे की आत्मोन्नति में सहायक हों। जहाँ अनुराग हो, वहीं विवाह है और अनुराग ही आत्मोन्नति का मुख्य साधन है। जब अनुराग न रहा, तो विवाह भी न रहा। अनुराग के बिना विवाह का अर्थ ही नहीं।

जिस वक़्त मैंने तुम्हें पहली बार देखा था, तुम मुझे अनुराग की सजीव मूर्ति-सी नज़र आई थीं। तुममें सौन्दर्य था, शिक्षा थी, प्रेम था, स्फूर्ति थी, उमंग थी। मैं मुग्ध हो गया। उस वक़्त मेरी अन्धी आँखों को यह न सूझा कि जहाँ तुममें इतने गुण थे, वहाँ चंचलता भी थी, जो इन सब गुणों पर पर्दा डाल देती। तुम चंचल हो, ग़ज़ब की चंचल, जो उस वक़्त मुझे न सूझा था। तुम ठीक वैसी ही हो, जैसी तुम्हारी दूसरी बहनें होती हैं, न कम, न ज़्यादा। मैंने तुमको स्वाधीन बनाना चाहा था, क्योंकि मेरी समझ में अपनी पूरी ऊँचाई तक पहुँचने के लिए इसी की सबसे अधिक ज़रूरत है। संसार-भर में पुरुषों के विरुद्ध क्यों इतना शोर मचा हुआ है? इसीलिए कि

हमने औरतों की आज़ादी छीन ली है और उन्हें अपनी इच्छाओं की लौंडी बना रखा है। मैंने तुम्हें स्वाधीन कर दिया। मैं तुम्हारे ऊपर अपना कोई अधिकार नहीं मानता। तुम अपनी स्वामिनी हो। मैं जब तक समझता था, तुम मेरे साथ स्वेच्छा से रहती हो, मुझे कोई चिन्ता न थी। अब मुझे मालूम हो रहा है, तुम स्वेच्छा से नहीं, संकोच या भय या बन्धन के कारण रहती हो। दो ही चार दिन पहले मुझ पर यह बात खुली है। इसीलिए अब मैं तुम्हारे सुख के मार्ग में बाधा नहीं डालना चाहता। मैं कहीं भागकर नहीं जा रहा हूँ। केवल तुम्हारे रास्ते से हटा जा रहा हूँ, और इतनी दूर हटा जा रहा हूँ कि तुम्हें मेरी ओर से पूरी निश्चिन्तता हो जाए। अगर मेरे बग़ैर तुम्हारा जीवन अधिक सुन्दर हो सकता है, तो मैं तुम्हें जबरन नहीं रखना चाहता। अगर मैं समझता कि तुम मेरे सुख के मार्ग में बाधक हो रही हो, तो मैंने तुमसे साफ़-साफ़ कह दिया होता। मैं धर्म और नीति का ढोंग नहीं मानता, केवल आत्मा का सन्तोष चाहता हूँ—अपने लिए भी, तुम्हारे लिए भी। जीवन का तत्त्व यही है, मूल्य यही है। मैंने डेस्क में अपने विभाग के अध्यक्ष के नाम एक पत्र लिखकर रख दिया है। वह उनके पास भेज देना। रुपए की कोई चिन्ता मत करना। मेरे एकाउंट में अभी इतने रुपए हैं, जो तुम्हारे लिए कई महीने को काफ़ी हैं, और उस वक़्त तक मिलते रहेंगे, जब तक तुम लेना चाहोगी। मैं समझता हूँ, मैंने अपना भाव स्पष्ट कर दिया है। इससे अधिक स्पष्ट मैं नहीं करना चाहता। जिस वक़्त तुम्हारी इच्छा मुझसे मिलने की हो, बैंक से मेरा पता पूछ लेना। मगर दो-चार दिन के बाद। घबड़ाने की कोई बात नहीं। मैं स्त्री को अबला या अपंग नहीं समझता। वह अपनी रक्षा स्वयं कर सकती है—अगर करना चाहे। अगर अब या अब से 2-4 महीना, 2-4 साल पीछे तुम्हें मेरी याद आए और तुम समझो कि मेरे साथ सुखी रह सकती हो, तो मुझे केवल दो शब्द लिखकर डाल देना मैं तुरन्त आ जाऊँगा, क्योंकि मुझे तुमसे कोई शिकायत नहीं है। तुम्हारे साथ मेरे जीवन के जितने दिन कटे हैं, वह मेरे लिए स्वर्ग-स्वप्न के दिन हैं। जब तक जीऊँगा, इस जीवन की आनंद-स्मृतियों को हृदय में संचित रखूँगा। आह! इतनी देर तक मन को रोके रहने के बाद आँखों से एक बूँद आँसू गिर ही पड़ा। क्षमा करना, मैंने तुम्हें 'चंचल' कहा है। अचंचल कौन है? जानता हूँ कि तुमने मुझे अपने हृदय से निकालकर फेंक दिया है, फिर भी इस एक घंटे में कितनी बार तुमको देख-देखकर लौट आया हूँ! मगर इन बातों को लिखकर मैं तुम्हारी दया को उकसाना नहीं चाहता। तुमने वही किया, जिसका मेरी नीति में तुमको अधिकार था, है और रहेगा। मैं विवाह में आत्मा को सर्वोपरि रखना चाहता हूँ। स्त्री और पुरुष में मैं वही प्रेम चाहता हूँ, जो दो स्वाधीन व्यक्तियों में होता है। वह प्रेम नहीं जिसका आधार पराधीनता है।

बस, अब और कुछ न लिखूँगा। तुमको एक चेतावनी देने की इच्छा हो रही है, पर दूँगा नहीं; क्योंकि तुम अपना भला और बुरा ख़ुद समझ सकती हो। तुमने सलाह देने का हक़ मुझसे छीन लिया है। फिर भी इतना कहे बग़ैर नहीं रहा जाता कि संसार में प्रेम का स्वाँग भरनेवाले शोहदों की कमी नहीं है, उनसे बचकर रहना। ईश्वर से यही प्रार्थना करता हूँ कि तुम जहाँ रहो, आनंद से रहो। अगर कभी तुम्हें मेरी ज़रूरत पड़े, तो याद करना। तुम्हारी एक तसवीर का अपहरण किए जाता हूँ। क्षमा करना, क्या मेरा इतना अधिकार भी नहीं? हाय! जी चाहता है, एक बार फिर देख आऊँ, मगर नहीं आऊँगा।

—तुम्हारा ठुकराया हुआ,
विनोद'

बहन, यह पत्र पढ़कर मेरे चित्त की जो दशा हुई, उसका तुम अनुमान कर सकती हो। रोई तो नहीं; पर दिल बैठा जाता था। बार-बार जी चाहता था कि विष खाकर सो रहूँ। 10 बजने में अब थोड़ी ही देर थी। मैं तुरन्त विद्यालय गई और दर्शन-विभाग के अध्यक्ष को विनोद का पत्र दिया। वह एक मदरासी सज्जन हैं। मुझे बड़े आदर से बिठाया और पत्र पढ़कर बोले—आपको मालूम है, वह कहाँ गए और कब तक आएँगे? इसमें तो केवल एक मास की छुट्टी माँगी गई है। मैंने बहाना किया—वह एक आवश्यक कार्य से काशी गए हैं। और निराश होकर लौट आई। मेरी अंतरात्मा सहस्त्रों जिह्वा बनकर मुझे धिक्कार रही थी। कमरे में उनकी तसवीर के सामने घुटने टेककर मैंने जितने पश्चात्ताप-पूर्ण शब्दों में क्षमा माँगी है, वह अगर किसी तरह उनके कानों तक पहुँच सकती, तो उन्हें मालूम होता कि उन्हें मेरी ओर से कितना भ्रम हुआ! तब से अब तक मैंने कुछ भोजन नहीं किया और न एक मिनट सोई। विनोद मेरी क्षुधा और निद्रा भी अपने साथ लेते गए और शायद इसी तरह दस-पाँच दिन उनकी ख़बर न मिली, तो प्राण भी चले जाएँगे। आज मैं बैंक तक गई थी, पर यह पूछने की हिम्मत न पड़ी कि विनोद का कोई पत्र आया। वह सब क्या सोचते कि यह उनकी पत्नी होकर हमसे पूछने आई है!

बहन, अगर विनोद न आए, तो क्या होगा? मैं समझती थी, वह मेरी तरफ़ से उदासीन हैं, मेरी परवा नहीं करते, मुझसे अपने दिल की बातें छिपाते हैं, उन्हें शायद मैं भारी हो गई हूँ। अब मालूम हुआ, मैं कैसे भयंकर-भ्रम में पड़ी हुई थी। उनका मन इतना कोमल है, यह मैं जानती, तो उस दिन क्यों भुवन को मुँह लगाती? मैं उस अभागे का मुँह तक न देखती। इस वक़्त जो उसे देख पाऊँ, तो शायद गोली मार दूँ! ज़रा तुम विनोद के पत्र को फिर पढ़ो, बहन—आप मुझे स्वाधीन बनाने चले थे। अगर स्वाधीन बनाते थे, तो भुवन से ज़रा देर मेरा बातचीत कर लेना क्यों इतना अखरा? मुझे उनकी अविचलित शांति से चिढ़ होती थी। वास्तव में उनके हृदय में इस ज़रा-सी बात ने जितनी अशांति पैदा कर दी, शायद मुझमें न कर सकती। मैं किसी रमणी से उनकी रुचि देखकर शायद मुँह फुला लेती, ताने देती, ख़ुद, रोती उन्हें रुलाती; पर इतनी जल्द भाग न जाती। मर्दों का घर छोड़कर भागना तो आज तक नहीं सुना, औरतें ही घर छोड़कर मैके भागती हैं, या कहीं डूबने जाती हैं, या आत्महत्या करती हैं। पुरुष निर्द्वन्द्व बैठे मूँछों पर ताव देते हैं। मगर यहाँ उल्टी गंगा बह रही है—पुरुष ही भाग खड़ा हुआ! इस अशांति की थाह कौन लगा सकता है? इस प्रेम की गहराई को कौन समझ सकता है? मैं तो अगर इस वक़्त विनोद के चरणों पर पड़े-पड़े मर जाऊँ तो समझूँ, मुझे स्वर्ग मिल गया। बस, इसके सिवा मुझे अब और कोई इच्छा नहीं है। इस अगाध-प्रेम ने मुझे तृप्त कर दिया। विनोद मुझसे भागे, तो लेकिन भाग न सके। वह मेरे हृदय से, मेरी धारणा से, इतने निकट कभी न थे। मैं तो अब भी उन्हें अपने सामने बैठा देख रही हूँ। क्या मेरे सामने फिलासफ़र बनने चले थे? कहाँ गई आपकी वह दार्शनिक गम्भीरता? यों अपने को धोखा देते हो? यों अपनी आत्मा को कुचलते हो? अबकी तो तुम भागे लेकिन फिर भागना तो देखूँगी। मैं न जानती थी कि तुम ऐसे चतुर बहुरुपिये हो। अब मैंने समझा, और शायद तुम्हारी दार्शनिक गम्भीरता को भी समझ में आया होगा कि प्रेम जितना ही सच्चा, जितना ही हार्दिक होता है, उतना ही कोमल होता है। वह विपत्ति के उन्मत्त सागर में थपेड़े खा सकता है, पर अवहेलना की एक चोट भी नहीं सह सकता। बहन, बात विचित्र है, पर है सच्ची, मैं

इस समय अपने अंतस्तल में जितनी उमंग, जितने आनंद का अनुभव कर रही हूँ, याद नहीं आता कि विनोद के हृदय से लिपटकर भी कभी पाया हो। तब पर्दा बीच में था, अब कोई पर्दा बीच में नहीं रहा। मैं उनको प्रचलित प्रेम-व्यापार की कसौटी पर कसना चाहती थी। यह फैशन हो गया है कि पुरुष घर में आए, तो स्त्री के वास्ते कोई तोहफा लाए, पुरुष रात-दिन स्त्री के लिए गहने बनवाने, कपड़े सिलवाने, बेल, फीते, लेस ख़रीदने में मस्त रहे, फिर स्त्री को उससे कोई शिकायत नहीं। वह आदर्श-पति है, उसके प्रेम में किसे सन्देह हो सकता है? लेकिन उसी प्रेयसी की मृत्यु के तीसरे महीने वह फिर नया विवाह रचाता है। स्त्री के साथ अपने प्रेम को भी चिता में जला आता है। फिर वही स्वाँग इस नई प्रेयसी से होने लगते हैं, फिर वही लीला शुरू हो जाती है। मैंने यही प्रेम देखा था और इसी कसौटी पर विनोद को कस रही थी। कितनी मन्दबुद्धि हूँ! छिछोरेपन को प्रेम समझे बैठी थी। कितनी स्त्रियाँ जानती हैं कि अधिकांश ऐसे ही गहने, कपड़े और हँसने-बोलने में मस्त रहनेवाले जीव लम्पट होते हैं। अपनी लम्पटता को छिपाने के लिए वे यह स्वाँग करते रहते हैं। कुत्ते को चुप रखने के लिए उसके सामने हड्डी के टुकड़े फेंक देते हैं। बेचारी भोली-भाली उसे अपना सर्वस्व देकर खिलौने पाती है और उन्हीं में मग्न रहती है। मैं विनोद को उसी काँटे पर तौल रही थी—हीरे को साग के तराजू पर रखे देती थी। मैं जानती हूँ, मेरा दृढ़ विश्वास है और वह अटल है कि विनोद की दृष्टि कभी किसी स्त्री पर नहीं पड़ सकती। उनके लिए मैं हूँ, अकेली मैं हूँ, अच्छी हूँ, या बुरी हूँ, जो कुछ हूँ, मैं हूँ। बहन, मेरी तो मारे गर्व और आनंद से छाती फूल उठी है। इतना बड़ा साम्राज्य—इतना अचल, इतना स्वरक्षित, किसी हृदयेश्वरी को नसीब हुआ है! मुझे तो सन्देह है। और मैं इस पर भी असंतुष्ट थी, यह न जानती थी कि ऊपर बबूले तैरते हैं, मोती समुद्र की तह में ही मिलते हैं। हाय! मेरी इस मूर्खता के कारण, मेरे प्यारे विनोद को कितनी मानसिक वेदना हो रही है! मेरे जीवन-धन, मेरे जीवन-सर्वस्व न जाने कहाँ मारे-मारे फिरते होंगे, न-जाने किस दशा में होंगे, न-जाने मेरे प्रति उनके मन में कैसी-कैसी शंकाएँ उठ रही होंगी—प्यारे! तुमने मेरे साथ कुछ कम अन्याय नहीं किया। अगर मैंने तुम्हें निष्ठुर समझा, तो तुमने तो मुझे उससे कहीं बदतर समझा—क्या अब भी पेट नहीं भरा? तुमने मुझे इतनी गई-गुज़री समझ लिया कि इस अभागे भुवन...मैं ऐसे-ऐसे एक लाख भुवनों को तुम्हारे चरणों पर भेंट कर सकती हूँ। मुझे तो संसार में ऐसा कोई प्राणी ही नहीं नज़र आता, जिस पर मेरी निगाह उठ सके। नहीं, तुम मुझे इतनी नीच, इतनी कलंकिनी नहीं समझ सकते—शायद वह नौबत आती, तो तुम और मैं दो में से एक भी इस संसार में न होता।

बहन, मैंने विनोद को बुलाने की, खींच लाने की, पकड़ मँगवाने की एक तरकीब सोची है। क्या कहूँ, पहले ही दिन यह तरकीब क्यों न सूझी? विनोद को दैनिक पत्र पढ़े बिना चैन नहीं आता और वह कौन-सा पत्र पढ़ते हैं, मैं यह भी जानती हूँ। कल के पत्र में यह ख़बर छपेगी—'पद्मा मर रही है,' और परसो विनोद यहाँ होंगे—रुक ही नहीं सकते। फिर ख़ूब झगड़े होंगे, ख़ूब लड़ाइयाँ होंगी।

अब कुछ तुम्हारे विषय में। क्या तुम्हारी बुढ़िया सचमुच तुमसे इसलिए जलती है कि तुम सुन्दरी हो, शिक्षित हो? ख़ूब! और तुम्हारे आनंद भी विचित्र जीव मालूम होते हैं। मैंने तो सुना है कि पुरुष कितना ही कुरूप हो, उसकी निगाह अप्सराओं ही पर जाकर पड़ती है। फिर आनंद बाबू तुमसे क्यों बिचकते हैं? ज़रा ग़ौर से देखना, कहीं राधा और कृष्ण के बीच में

कोई कुब्जा तो नहीं? अगर सासजी यों ही नाक में दम करती रहें, तो मैं तो यही सलाह दूँगी कि अपनी झोंपड़ी अलग बना लो। मगर जानती हूँ, तुम मेरी यह सलाह न मानोगी, किसी तरह न मानोगी। इस सहिष्णुता के लिए मैं तुम्हें बधाई देती हूँ। पत्र जल्द लिखना। मगर शायद तुम्हारा पत्र आने के पहले ही मेरा दूसरा पत्र पहुँचे।

तुम्हारी,

पद्मा

12

काशी

10-2-26

प्रिय पद्मा,

कई दिन तक तुम्हारे पत्र की प्रतीक्षा करने के बाद आज यह ख़त लिख रही हूँ। मैं अब भी आशा कर रही हूँ कि विनोद बाबू घर आ गए होंगे, मगर अभी वह न आए हों और तुम रो-रोकर अपनी आँखें फोड़े डालती हो, तो मुझे ज़रा भी दुःख न होगा! तुमने उनके साथ जो अन्याय किया है, उसका यही दंड है। मुझे तुमसे ज़रा भी सहानुभूति नहीं है। तुम गृहिणी होकर वह कुटिल क्रीड़ा करने चली थीं, जो प्रेम का सौदा करनेवाली स्त्रियों को ही शोभा देती है। मैं तो जब ख़ुश होती कि विनोद ने तुम्हारा गला घोंट दिया होता और भुवन के कुसंस्कारों को सदा के लिए शान्त कर देते। तुम चाहे मुझसे रूठ ही क्यों न जाओ पर मैं इतना ज़रूर कहूँगी कि तुम विनोद के योग्य नहीं हो। शायद तुम उस पति से प्रसन्न रहती, जो प्रेम के नए-नए स्वाँग भरकर तुम्हें जलाया करता। शायद तुमने अँग्रेज़ी किताबों में पढ़ा होगा कि स्त्रियाँ छैले रसिकों पर ही जान देती हैं और यह पढ़कर तुम्हारा सिर फिर गया है। तुम्हें नित्य कोई सनसनी चाहिए, अन्यथा तुम्हारा जीवन शुष्क हो जाएगा। तुम भारत की पतिपरायणा रमणी नहीं, योरोप की आमोदप्रिय युवती हो। मुझे तुम्हारे ऊपर दया आती है। तुमने अब तक रूप को ही आकर्षण का मूल समझ रखा है। रूप में आकर्षण है, मानती हूँ। लेकिन उस आकर्षण का नाम मोह है, वह स्थायी नहीं, केवल धोखे की टट्टी है। प्रेम का एक ही मूल मंत्र है, और वह है सेवा। यह मत समझो कि जो पुरुष तुम्हारे ऊपर भ्रमर की भाँति मँडराया करता है, वह तुमसे प्रेम करता है। उसकी यह रूपासक्ति बहुत दिनों तक नहीं रहेगी। प्रेम का अंकुर रूप में है, पर उसको पल्लवित और पुष्पित करना सेवा ही का काम है। मुझे विश्वास नहीं आता कि विनोद को बाहर से थके-माँदे, पसीने में तर देखकर तुमने कभी पंखा झला होगा। शायद टेबुल-फैन लगाने की बात भी तुम्हें न सूझी होगी। सच कहना, मेरा अनुमान ठीक है या नहीं? बतलाओ, तुमने कभी उनके पैरों में चंपी की है? कभी उनके सिर में तेल डाला है? तुम कहोगी, यह खिदमतगारों का काम है, लेडियाँ यह मरज नहीं पालतीं। तुमने उस आनंद का अनुभव ही नहीं किया। तुम विनोद को अपने अधिकार में रखना चाहती हो, मगर उसका साधन नहीं करतीं। विलासिनी मनोरंजन कर सकती है, चिरसंगिनी नहीं बन सकती। पुरुष के गले से लिपटी हुई भी वह उससे कोसों दूर रहती है। मानती हूँ, रूपमोह मनुष्य का स्वभाव है, लेकिन रूप से हृदय की प्यास नहीं बुझती, आत्मा की तृप्ति नहीं होती। सेवाभाव रखनेवाली रूपविहीन स्त्री का पति किसी स्त्री के रूप-जाल में फँस जाए, तो बहुत जल्द

निकल भागता है, सेवा का चस्का पाया हुआ मन केवल नखरों और चोचलों पर लट्टू नहीं होता। मगर मैं तो तुम्हें उपदेश करने बैठ गई, हालाँकि तुम मुझसे दो-चार महीने बड़ी होगी, क्षमा करो बहन, यह उपदेश नहीं है। ये बातें हम-तुम सभी जानते हैं, केवल कभी-कभी भूल जाते हैं। मैंने केवल तुम्हें याद दिला दिया है। उपदेश में हृदय नहीं होता, लेकिन मेरा उपदेश मेरे मन की वह व्यथा है, जो तुम्हारी इस नई विपत्ति से जागरित हुई है।

अच्छा, अब मेरी रामकहानी सुनो। इस एक महीने में यहाँ बड़ी-बड़ी घटनाएँ हो गईं। यह तो मैं पहले ही लिख चुकी हूँ कि आनंद बाबू और अम्माँजी में कुछ मनमुटाव रहने लगा है। वह आग भीतर-ही-भीतर सुलगती रहती थी। दिन में दो-एक बार माँ-बेटे में चोंचें हो जाती थीं। एक दिन मेरी छोटी ननदजी मेरे कमरे से एक पुस्तक उठा ले गईं। उन्हें पढ़ने का रोग है। मैंने कमरे में किताब न देखी, तो उनसे पूछा। इस ज़रा-सी बात पर वह भलेमानस बिगड़ गई और कहने लगी—तुम तो मुझे चोरी लगाती हो। अम्माँ ने उन्हीं का पक्ष लिया और मुझे ख़ूब सुनाई। संयोग की बात, अम्माँजी मुझे कोसने ही दे रही थीं कि आनंद बाबू घर में आ गए। अम्माँजी उन्हें देखते ही और ज़ोर से बकने लगीं—बहू की इतनी मजाल! वह तूने सिर चढ़ा रखी है और कोई बात नहीं। पुस्तक क्या उसके बाप की थी? लड़की लाई, तो उसने कौन गुनाह किया? ज़रा भी सब्र न हुआ, दौड़ी हुई उसके सिर पर जा पहुँची और उसके हाथों से किताब छीनने लगी।

बहन, मैं यह स्वीकार करती हूँ कि मुझे पुस्तक के लिए इतनी उतावली न करनी चाहिए थी। ननदजी पढ़ चुकने पर आप ही दे जातीं। न भी देतीं तो उस एक पुस्तक के न पढ़ने से मेरा क्या बिगड़ा जाता था। मगर मेरी शामत कि उनके हाथों से किताब छीनने लगी थी। अगर इस बात पर आनंद बाबू मुझे डाँट बताते, तो मुझे ज़रा भी दुःख न होता मगर उन्होंने उल्टे मेरा ही पक्ष लिया और त्योरियाँ चढ़ाकर बोले—किसी की चीज़ कोई बिना पूछे लाए ही क्यों? यह तो मामूली शिष्टाचार है।

इतना सुनना था कि अम्माँ के सिर पर भूत-सा सवार हो गया। आनंद बाबू भी बीच-बीच में फुलझड़ियाँ छोड़ते रहे और मैं अपने कमरे में बैठी रोती रही कि कहाँ-से-कहाँ मैंने किताब माँगी। न अम्माँजी ने ही भोजन किया, न आनंद बाबू ने ही। और मेरा तो बार-बार यही जी चाहता था कि ज़हर खा लूँ। रात को जब अम्माँजी लेटीं तो मैं अपने नियम के अनुसार उनके पैर दबाने गई। मुझे देखते ही उन्होंने दुत्कार दिया, लेकिन मैंने उनके पाँव पकड़ लिये। मैं पैताने की ओर तो थी ही। अम्माँजी ने जो पैर से मुझे ढकेला तो मैं चारपाई के नीचे गिर पड़ी। ज़मीन पर कई कटोरियाँ पड़ी हुई थीं। मैं उन कटोरियों पर गिरी, तो पीठ और कमर में बड़ी चोट आई। मैं चिल्लाना न चाहती थी, मगर न जाने कैसे मेरे मुँह से चीख़ निकल गई। आनंद बाबू अपने कमरे में आ गए थे, मेरी चीख़ सुनकर दौड़ पड़े और अम्माँजी के द्वार पर आकर बोले—क्यों उसे मारे डालती हो, अम्माँ? अपराधी तो मैं हूँ, उसकी जान क्यों ले रही हो? यह कहते हुए वह कमरे में घुस आए और मेरा हाथ पकड़कर ज़बरदस्ती खींच ले गए। मैंने बहुत चाहा कि अपना हाथ छुड़ा लूँ पर आनंद ने न छोड़ा! वास्तव में इस समय उनका हम लोगों के बीच में कूद पड़ना मुझे अच्छा नहीं लगता था। वह न आ जाते, तो मैंने रो-धोकर अम्माँजी को मना लिया होता। मेरे गिर पड़ने से उनका क्रोध कुछ शान्त हो चला था। आनंद का आ जाना ग़ज़ब हो गया। अम्माँजी कमरे के बाहर निकल आईं और मुँह चिढ़ाकर बोलीं—हाँ, देखो, मरहम-पट्टी कर दो, कहीं कुछ टूट-फूट न गया हो!

आनंद ने आँगन में रुककर कहा—क्या तुम चाहती हो कि तुम किसी को मार डालो और मैं न बोलूँ?

'हाँ मैं तो डायन हूँ, आदमियों को मार डालना ही तो मेरा काम है। ताज्जुब है कि मैंने तुम्हें क्यों न मार डाला।'

'तो पछतावा क्यों हो रहा है, धेले की संखिया में तो काम चलता है।'

'अगर तुम्हें इस औरत को सिर चढ़ाकर रखना है, तो कहीं और ले जाकर रखो। इस घर में तुम्हारा निर्वाह अब न होगा।'

'मैं ख़ुद इसी फ़िक्र में हूँ, तुम्हारे कहने की ज़रूरत नहीं।'

'मैं भी समझ लूँगी कि मैंने लड़का ही नहीं जना।'

'मैं भी समझ लूँगा कि मेरी माता मर गई।'

मैं आनंद का हाथ पकड़कर ज़ोर से खींच रही थी कि उन्हें वहाँ से हटा ले जाऊँ, मगर वह बार-बार मेरा हाथ झटक देते थे। आख़िर जब अम्माँजी अपने कमरे में चली गईं, तो वह अपने कमरे में आए और सिर थामकर बैठ गए।

मैंने कहा—यह तुम्हें क्या सूझी?

आनंद ने भूमि की ओर ताक़ते हुए कहा—अम्माँ ने आज नोटिस दे दिया।

'तुम ख़ुद ही उलझ पड़े, वह बेचारी तो कुछ बोलीं नहीं।'

'मैं ही उलझ पड़ा!'

'और क्या। मैंने तो तुमसे फ़रियाद न की थी।'

'पकड़ न लाता, तो अम्माँ ने तुम्हें अधमरा कर दिया होता। तुम उनका क्रोध नहीं जानतीं।'

'यह तुम्हारा भ्रम है। उन्होंने मुझे मारा नहीं, अपना पैर छुड़ा रही थीं। मैं पट्टी पर बैठी थी, ज़रा-सा धक्का खाकर गिर पड़ी। अम्माँजी मुझे उठाने ही जा रही थीं कि तुम पहुँच गए।'

'नानी के आगे ननिहाल का बखान न करो, मैं अम्माँ को ख़ूब जानता हूँ। मैं कल ही दूसरा घर ले लूँगा, यह मेरा निश्चय है। कहीं-न-कहीं नौकरी मिल ही जाएगी। ये लोग समझते हैं कि मैं इनकी रोटियों पर पड़ा हुआ हूँ। इसी से यह मिज़ाज है!'

मैं जितना ही उनको समझाती थी, उतना ही वह और बफरते थे। आख़िर मैंने झुँझलाकर कहा—तो तुम अकेले जाकर दूसरे घर में रहो। मैं न जाऊँगी। मुझे यहीं पड़ी रहने दो।

आनंद ने मेरी ओर कठोर नेत्रों से देखकर कहा—यही लातें खाना अच्छा लगता है?

'हाँ, मुझे यही अच्छा लगता है।'

'तो तुम खाओ, मैं नहीं खाना चाहता। यही फ़ायदा क्या थोड़ा है कि तुम्हारी दुर्दशा आँखों से न देखूँगा, न पीड़ा होगी।'

'अलग रहने लगोगे, तो दुनिया क्या कहेगी!'

'इसकी परवा नहीं। दुनिया अन्धी है।'

'लोग यही कहेंगे कि स्त्री ने यह माया फैलाई है।'

'इसकी भी परवा नहीं, इस भय से अपना जीवन संकट में नहीं डालना चाहता।'

मैंने रोकर कहा—तुम मुझे छोड़ दोगे, तुम्हें मेरे से ज़रा भी मुहब्बत नहीं है।

बहन, और किसी समय इस प्रेम-आग्रह से भरे हुए शब्दों ने न जाने क्या कर दिया होता। ऐसे ही आग्रहों पर रियासतें मिटती हैं, नाते टूटते हैं, रमणी के पास इससे बढ़कर दूसरा

अस्त्र नहीं। मैंने आनंद के गले में बाँहें डाल दी थीं और उनके कन्धे पर सिर रखकर रो रही थी। मगर इस समय आनंद बाबू इतने कठोर हो गए थे कि यह आग्रह भी उन पर कुछ असर न कर सका। जिस माता ने जन्म दिया, उसके प्रति इतना रोष! हम अपनी ही माता की एक कड़ी बात नहीं सह सकते, इस आत्माभिमान का कोई ठिकाना है। यही वे आशाएँ हैं, जिन पर माता ने अपने जीवन के सारे सुख-विलास अर्पण कर दिए थे, दिन का चैन और रात की नींद अपने ऊपर हराम कर ली थी! पुत्र पर माता का इतना भी अधिकार नहीं!

आनंद ने उसी अविचलित कठोरता से कहा—अगर मुहब्बत का यही अर्थ है कि मैं इस घर में तुम्हारी दुर्गति कराऊँ, तो मुझे वह मुहब्बत नहीं है।

प्रात:काल वह उठकर बाहर जाते हुए मुझसे बोले—मैं जाकर घर ठीक किए आता हूँ। ताँगा भी लेता आऊँगा, तैयार रहना।

मैंने दरवाज़ा रोककर कहा—क्या अभी तक क्रोध शान्त नहीं हुआ?

'क्रोध की बात नहीं, केवल दूसरों के सिर से अपना बोझ हटा लेने की बात है।'

'यह अच्छा काम नहीं कर रहे हो। सोचो, माताजी को कितना दु:ख होगा। ससुरजी से भी तुमने कुछ पूछा?'

'उनसे पूछने की कोई ज़रूरत नहीं। कर्ता-धर्ता जो कुछ हैं, वह अम्मा हैं। दादाजी मिट्टी के लोंदे हैं।'

'घर के स्वामी तो हैं?'

'तुम्हें चलना है या नहीं, साफ़ कहो।'

'मैं तो अभी न जाऊँगी।'

'अच्छी बात है, लात खाओ।'

मैं कुछ नहीं बोली। आनंद ने एक क्षण के बाद फिर कहा—तुम्हारे पास कुछ रुपए हों, तो मुझे दो।

मेरे पास रुपए थे, मगर मैंने इनकार कर दिया। मैंने समझा, शायद इसी असमंजस में पड़कर वह रुक जाएँ। मगर उन्होंने बात मन में ठान ली थी। खिन्न होकर बोले—अच्छी बात है, तुम्हारे रुपयों के बग़ैर भी मेरा काम चल जाएगा। तुम्हें यह विशाल भवन, यह सुख-भोग, ये नौकर-चाकर, ये ठाट-बाट मुबारक हों। मेरे साथ क्यों भूखों मरोगी! वहाँ यह सुख कहाँ! मेरे प्रेम का मूल्य ही क्या!

यह कहते हुए वह चले गए। बहन, क्या कहूँ, उस समय अपनी बेबसी पर कितना दु:ख हो रहा था। बस, यही जी में आता था कि यमराज आकर मुझे उठा ले जाएँ। मुझ कुल-कलंकिनी के कारण माता और पुत्र में यह वैमनस्य हो रहा था। जाकर अम्माँजी के पैरों पर गिर पड़ी और रो-रोकर आनंद बाबू के चले जाने का समाचार कहा। मगर माताजी का हृदय ज़रा भी न पसीजा। मुझे आज मालूम हुआ कि माता भी इतनी वज्र-हृदया हो सकती है। फिर आनंद बाबू का हृदय क्यों न कठोर हो। अपनी माता ही के पुत्र तो हैं।

माताजी ने निर्दयता से कहा—तुम उसके साथ क्यों न चली गई? जब वह कहता था, तब चले जाना चाहिए था। कौन जाने, यहाँ मैं किसी दिन तुम्हें विष दे दूँ।

मैंने गिड़गिड़ाकर कहा—अम्माँजी, उन्हें बुला भेजिए, आपके पैरों पड़ती हूँ। नहीं तो कहीं चले जाएँगे।

अम्माँ उसी निर्दयता से बोलीं—जाए चाहे रहे, वह मेरा कौन है। अब तो जो कुछ हो, तुम हो, मुझे कौन गिनता है। आज ज़रा-सी बात पर यह इतना झल्ला रहा है। और मेरी अम्माँजी ने मुझे सैकड़ों ही बार पीटा होगा। मैं भी छोकरी न थी, तुम्हारी ही उम्र की थी, पर मजाल न थी कि तुम्हारे दादाजी से किसी के सामने बोल सकूँ। कच्चा ही खा जातीं! मार खाकर रात-रात-भर रोती रहती थी, पर इस तरह घर छोड़कर कोई न भागता था। आजकल के लौंडे ही प्रेम करना नहीं जानते, हम भी प्रेम करते थे, पर इस तरह नहीं कि माँ-बाप, छोटे-बड़े किसी को कुछ न समझें।

यह कहती हुई माताजी पूजा करने चली गईं। मैं अपने कमरे में आकर नसीबों को रोने लगी। यही शंका होती थी कि आनंद किसी तरफ़ की राह न लें। बार-बार जी मसोसता था कि रुपए क्यों न दे दिए। बेचारे इधर-उधर मारे-मारे फिरते होंगे। अभी हाथ-मुँह भी नहीं धोया, जलपान भी नहीं किया। वक़्त पर जलपान न करेंगे तो जुकाम हो जाएगा, और उन्हें जुकाम होता है, तो हरारत भी हो जाती है। महरी से कहा—ज़रा जाकर देख तो, बाबूजी कमरे में हैं? उसने आकर कहा—कमरे में तो कोई नहीं, खूँटी पर कपड़े भी नहीं हैं।

मैंने पूछा—क्या और भी कभी इस तरह अम्माँजी से रूठे हैं? महरी बोली—कभी नहीं बहू, ऐसा सीधा तो मैंने लड़का ही नहीं देखा। मालकिन के सामने कभी सिर नहीं उठाते थे। आज न-जाने क्यों चले गए।

मुझे आशा थी कि दोपहर को भोजन के समय वह आ जाएँगे। लेकिन दोपहर की कौन कहे, शाम भी हो गई और उनका पता नहीं। सारी रात जागती रही। द्वार की ओर कान लगे हुए थे। मगर रात भी उसी तरह गुज़र गई। बहन, इस प्रकार पूरे तीन दिन बीत गए। उस वक़्त तुम मुझे देखतीं, तो पहचान न सकतीं। रोते-रोते आँखें लाल हो गई थीं। इन तीन दिनों में एक पल भी नहीं सोई और भूख का तो ज़िक्र ही क्या, पानी तक न पिया। प्यास ही न लगती थी। मालूम होता था, देह में प्राण ही नहीं है। सारे घर में मातम-सा छाया हुआ था। अम्माँजी भोजन करने दोनों वक़्त जाती थीं, पर मुँह जूठा करके चली आती थीं। दोनों ननदों की हँसी और चुहल भी ग़ायब हो गई थी। छोटी ननदजी तो मुझसे अपना अपराध क्षमा कराने आईं।

चौथे दिन सबेरे रसोइये ने आकर मुझसे कहा—बाबूजी तो अभी मुझे दशाश्वमेध घाट पर मिले थे। मैं उन्हें देखते ही लपककर उनके पास जा पहुँचा और बोला—भैया, घर क्यों नहीं चलते? सब लोग घबड़ाए हुए हैं। बहूजी ने तीन दिन से पानी तक नहीं पिया। उनका हाल बहुत बुरा है। यह सुनकर वह कुछ सोच में पड़ गए, फिर बोले—बहूजी ने क्यों दाना-पानी छोड़ रखा है? जाकर कह देना, जिस आराम के लिए उस घर को न छोड़ सकी, उससे क्या इतनी जल्द जी भर गया!

अम्माँजी उसी समय आँगन में आ गईं। महाराज की बातों की भनक कानों में पड़ गई, बोलीं—क्या है अलगू, क्या आनंद मिला था?

महाराज—हाँ, बड़ी बहू, अभी दशाश्वमेध घाट पर मिले थे। मैंने कहा—घर क्यों नहीं चलते, तो बोले—उस घर में मेरा कौन बैठा हुआ है?

अम्माँ—कहा नहीं और कोई अपना नहीं है, तो स्त्री तो अपनी है, उसकी जान क्यों लेते हो?

महाराज—मैंने बहुत समझाया बड़ी बहू, पर वह टस-से-मस न हुए।

अम्माँ—करता क्या है?

महाराज—यह तो मैंने नहीं पूछा, पर चेहरा बहुत उतरा हुआ था।

अम्माँ—ज्यों-ज्यों तुम बूढ़े होते हो, शायद सठियाते जाते हो। इतना तो पूछा होता, कहाँ रहते हो, कहाँ खाते-पीते हो। तुम्हें चाहिए था, उसका हाथ पकड़ लेते और खींचकर ले आते। मगर तुम नमकहरामों को अपने हलवे-माँडे से मतलब, चाहे कोई मरे या जिए। दोनों वक़्त बढ़-बढ़कर हाथ मारते हो और मूँछों पर ताव देते हो। तुम्हें इसकी क्या परवाह है कि घर में दूसरा कोई खाता है या नहीं। मैं तो परवाह न करती, वह आए या न आए। मेरा धर्म पालना-पोसना था, पाल-पोस दिया। अब जहाँ चाहे रहे। पर इस बहू का क्या करूँ, जो रो-रोकर प्राण दिए डालती है। तुम्हें ईश्वर ने आँखें दी हैं, उसकी हालत देख रहे हो। क्या मुँह से इतना भी न फूटा कि बहू अन्न-जल त्याग किए पड़ी हुई है।

महाराज—बहूजी, नारायण जानते हैं, मैंने बहुत तरह समझाया, मगर वह तो जैसे भागे जाते थे। फिर मैं क्या करता।

अम्माँ—समझाया नहीं, अपना सिर। तुम समझाते और वह यों ही चला जाता। क्या सारी लच्छेदार बातें मुझी से करने को हैं? इस बहू को मैं क्या कहूँ। मेरे पति ने मुझसे इतनी बेरुखी की होती, तो मैं उसकी सूरत न देखती। पर, इस पर उसने न-जाने कौन-सा जादू कर दिया है। ऐसे उदासियों को तो कुलटा चाहिए, जो उन्हें तिगनी का नाच नचाए।

कोई आध घंटे बाद कहार ने आकर कहा—बाबूजी आकर कमरे में बैठे हुए हैं।

मेरा कलेजा धक्-धक् करने लगा। जी चाहता था कि जाकर पकड़ लाऊँ, पर अम्माँजी का हृदय सचमुच वज्र है। बोलीं—जाकर कह दे, यहाँ उनका कौन बैठा हुआ है, जो आकर बैठे हैं!

मैंने हाथ जोड़कर कहा—अम्माँजी, उन्हें अन्दर बुला लीजिए, कहीं फिर न चले जाएँ।

अम्माँ—यहाँ उसका कौन बैठा हुआ है, जो आएगा। मैं तो अन्दर क़दम न रखने दूँगी।

अम्माँजी तो बिगड़ रही थीं, उधर छोटी ननदजी जाकर आनंद बाबू को लाईं। सचमुच उनका चेहरा उतरा हुआ था, जैसे महीनों का मरीज हो। ननदजी उन्हें इस तरह खींचे लाती थीं, जैसे कोई लड़की ससुराल जा रही हो। अम्माँजी ने मुसकिराकर कहा—इसे यहाँ क्यों लाईं? यहाँ इसका कौन बैठा हुआ है?

आनंद सिर झुकाए अपराधियों की भाँति खड़े थे। ज़बान न खुलती थी। अम्माँजी ने फिर पूछा—चार दिन कहाँ थे?

'कहीं नहीं, यहीं तो था।'

'ख़ूब चैन से रहे होगे।'

'जी हाँ, कोई तकलीफ़ न थी।'

'वह तो सूरत ही से मालूम हो रहा है।'

ननदजी जलपान के लिए मिठाई लाईं। आनंद मिठाई खाते इस तरह झेंप रहे थे मानो ससुराल आए हों! फिर माताजी उन्हें लिए अपने कमरे में चली गईं। वहाँ आध घंटे तक माता और पुत्र में बातें होती रहीं। मैं कान लगाए हुए थी, पर साफ़ कुछ न सुनाई देता था। हाँ, ऐसा मालूम होता था कि कभी माताजी रोती हैं और कभी आनंद। माताजी जब पूजा करने निकलीं, तो उनकी आँखें लाल थीं। आनंद वहाँ से निकले, तो सीधे मेरे कमरे में आए। मैं उन्हें आते देख चटपट मुँह ढाँपकर चारपाई पर पड़ रही, मानो बेख़बर सो रही हूँ। वह कमरे में आए, मुझे चारपाई पर पड़े देखा, मेरे समीप आकर एक बार धीरे से पुकारा और लौट

पड़े। मुझे जगाने की हिम्मत न पड़ी। मुझे जो कष्ट हो रहा था, इसका एकमात्र कारण अपने को समझकर वह मन-ही-मन दुखी हो रहे थे। मैंने अनुमान किया था, वह मुझे उठाएँगे, मैं मान करूँगी, वह मनाएँगे, मगर सारे मनसूबे खाक में मिल गए। उन्हें लौटते देखकर मुझसे न रहा गया। मैं हकबकाकर उठ बैठी और चारपाई से नीचे उतरने लगी, मगर न-जाने क्यों, मेरे पैर लड़खड़ाए और ऐसा जान पड़ा मैं गिरी जाती हूँ। सहसा आनंद ने पीछे फिरकर मुझे सँभाल लिया और बोले—लेट जाओ, लेट जाओ, मैं कुरसी पर बैठ जाता हूँ। यह तुमने अपनी क्या गति बना रखी है?

मैंने अपने को सँभालकर कहा—मैं तो बहुत अच्छी तरह हूँ। आपने कैसे कष्ट किया?

'पहले तुम कुछ भोजन कर लो, तो पीछे मैं कुछ बात करूँगा।'

'मेरे भोजन की आपको क्या फ़िक्र पड़ी है। आप तो सैर-सपाटे कर रहे हैं!'

'जैसे सैर-सपाटे मैंने किए हैं, मेरा दिल ही जानता है। मगर बातें पीछे करूँगा, अभी मुँह-हाथ धोकर खा लो। चार दिन से पानी तक मुँह में नहीं डाला। राम! राम!'

'यह आपसे किसने कहा कि मैंने चार दिन से पानी तक मुँह में नहीं डाला। जब आपको मेरी परवा न थी, तो मैं क्यों दाना-पानी छोड़ती?'

'वह तो सूरत ही कहे देती है। फूल से...मुरझा गए।'

'ज़रा अपनी सूरत जाकर आईने में देखिए।'

'मैं पहले ही कौन बड़ा सुन्दर था। ठूँठ को पानी मिले तो क्या और न मिले तो क्या। मैं न जानता था कि तुम यह अनशन-व्रत ले लोगी, नहीं तो ईश्वर जानता है, अम्माँ मार-मारकर भगातीं, तो भी न जाता।'

मैंने तिरस्कार की दृष्टि से देखकर कहा—तो क्या सचमुच तुम समझे थे कि मैं यहाँ केवल आराम के विचार से रह गई?

आनंद ने जल्दी से अपनी भूल सुधारी—नहीं, नहीं प्रिये, मैं इतना गधा नहीं हूँ, पर यह मैं कदापि न समझता था कि तुम बिलकुल दाना-पानी छोड़ दोगी। बड़ी कुशल हुई कि मुझे महाराज मिल गया, नहीं तो तुम प्राण ही दे देतीं। अब ऐसी भूल कभी न होगी। कान पकड़ता हूँ। अम्माँजी तुम्हारा बखान कर-करके रोती रहीं।

मैंने प्रसन्न होकर कहा—तब तो मेरी तपस्या सफल हो गई।

'थोड़ा-सा दूध पी लो, तो बातें हों। जाने कितनी बातें करनी हैं।'

'पी लूँगी, ऐसी क्या जल्दी है।'

'जब तक तुम कुछ खा न लोगी, मैं यही समझूँगा कि तुमने मेरा अपराध क्षमा नहीं किया।'

'मैं भोजन जभी करूँगी, जब तुम यह प्रतिज्ञा करो कि फिर कभी इस तरह रूठकर न जाओगे।'

'मैं सच्चे दिल से यह प्रतिज्ञा करता हूँ।'

बहन, तीन दिन कष्ट तो हुआ, पर मुझे उसके लिए ज़रा भी पछतावा नहीं है। इन तीन दिनों के अनशन ने दिलों में जो सफ़ाई कर दी, वह किसी दूसरी विधि से कदापि न होती। अब मुझे विश्वास है कि हमारा जीवन शांति से व्यतीत होगा। अपने समाचार शीघ्र, अति शीघ्र लिखना।

तुम्हारी,

चन्दा

13

देहली

20-2-26

प्यारी बहन,

तुम्हारा पत्र पढ़कर मुझे तुम्हारे ऊपर दया आई। तुम मुझे कितना ही बुरा कहो, पर मैं अपनी यह दुर्गति किसी तरह न सह सकती, किसी तरह नहीं। मैंने या तो अपने प्राण ही दे दिए होते, या फिर उस सास का मुँह न देखती। तुम्हारा सीधापन, तुम्हारी सहनशीलता, तुम्हारी सास-भक्ति तुम्हें मुबारक हो। मैं तो तुरन्त आनंद के साथ चली जाती और चाहे भीख ही क्यों न माँगनी पड़ती, पर उस घर में क़दम न रखती। मुझे तुम्हारे ऊपर दया ही नहीं आती क्रोध भी आता है, इसलिए कि तुममें स्वाभिमान नहीं है। तुम-जैसी स्त्रियों ने ही सासों और पुरुषों का मिज़ाज आसमान पर चढ़ा दिया है। 'जहन्नुम में जाए ऐसा घर—जहाँ अपनी इज़्ज़त नहीं।' मैं पति-प्रेम भी इन दामों न लूँ। तुम्हें उन्नीसवीं सदी में जन्म लेना चाहिए था। उस वक़्त तुम्हारे गुणों की प्रशंसा होती। इस स्वाधीनता और नारी-स्वत्व के नवयुग में तुम केवल प्राचीन इतिहास हो। यह सीता और दमयन्ती का युग नहीं। पुरुषों ने बहुत दिनों तक राज्य किया। अब स्त्री-जाति का राज्य होगा। मगर अब तुम्हें अधिक न कोसूँगी।

अब मेरा हाल सुनो। मैंने सोचा था, पत्रों में अपनी बीमारी का समाचार छपवा दूँगी। लेकिन फिर ख़याल आया; यह समाचार छपते ही मित्रों का ताँता लग जाएगा। कोई मिज़ाज पूछने आएगा। कोई देखने आएगा। फिर मैं कोई रानी तो हूँ नहीं, जिसकी बीमारी का बुलेटिन रोज़ाना छापा जाए। न जाने लोगों के दिल में कैसे-कैसे विचार उत्पन्न हों। यह सोचकर मैंने पत्र में छपवाने का विचार छोड़ दिया। दिन-भर मेरे चित्त की क्या दशा रही, लिख नहीं सकती। कभी मन में आता, ज़हर खा लूँ; कभी सोचती, कहीं उड़ जाऊँ। विनोद के सम्बन्ध में भाँति-भाँति की शंकाएँ होने लगीं। अब मुझे ऐसी कितनी ही बातें याद आने लगीं, जब मैंने विनोद के प्रति उदासीनता का भाव दिखाया था। मैं उनसे सबकुछ लेना चाहती थी; देना कुछ न चाहती थी। मैं चाहती थी कि वह आठों पहर भ्रमर की भाँति मुझ पर मँडराते रहें, पतंग की भाँति मुझे घेरे रहें। उन्हें किताबों और पत्रों में मग्न बैठे देखकर मुझे झुँझलाहट होने लगती थी। मेरा अधिकांश समय अपने ही बनाव-सिंगार में कटता था, उनके विषय में मुझे कोई चिन्ता ही न होती थी। अब मुझे मालूम हुआ कि सेवा का महत्त्व रूप से कहीं अधिक है। रूप मन को मुग्ध कर सकता है, पर आत्मा को आनंद पहुँचानेवाली कोई दूसरी ही वस्तु है।

इस तरह एक हफ़्ता गुज़र गया। मैं प्रात:काल मैके जाने की तैयारियाँ कर रही थी—यह घर फाड़े खाता था—कि सहसा डाकिए ने मुझे एक पत्र लाकर दिया। मेरा हृदय धक्-धक् करने लगा। मैंने काँपते हुए हाथों से पत्र लिया, पर सिरनामे पर विनोद की परिचित हस्तलिपि न थी, लिपि किसी स्त्री की थी, इसमें सन्देह न था, पर मैं उससे सर्वथा अपरिचित थी। मैंने तुरन्त पत्र खोला और नीचे की तरफ़ देखा तो चौंक पड़ी—वह कुसुम का पत्र था। मैंने एक ही साँस में सारा पत्र पढ़ लिया। लिखा था—'बहन, विनोद बाबू तीन दिन यहाँ रहकर बम्बई चले गए। शायद विलायत जाना चाहते हैं। तीन-चार दिन बम्बई में रहेंगे। मैंने बहुत चाहा कि उन्हें देहली वापस कर दूँ, पर वह किसी तरह न राज़ी हुए। तुम उन्हें नीचे लिखे पते से तार दे दो। मैंने उनसे यह पता पूछ लिया था। उन्होंने मुझे ताकीद कर दी थी कि इस पते को गुप्त

रखना, लेकिन तुमसे क्या परदा। तुम तुरन्त तार दे दो, शायद रुक जाएँ। वह बात क्या हुई! मुझे विनोद ने तो बहुत पूछने पर भी नहीं बताया, पर वह दुखी बहुत थे। ऐसे आदमी को भी तुम अपना न बना सकीं, इसका मुझे आश्चर्य हैं, पर मुझे इसकी पहले ही शंका थी। रूप और गर्व में दीपक और प्रकाश का सम्बन्ध है। गर्व रूप का प्रकाश है।' ...

मैंने पत्र रख दिया और उसी वक़्त विनोद के नाम तार भेज दिया कि बहुत बीमार हूँ, तुरन्त आओ। मुझे आशा थी कि विनोद तार द्वारा जवाब देंगे, लेकिन सारा दिन गुज़र गया और कोई जवाब न आया। बँगले के सामने से कोई साइकिल निकलती, तो मैं तुरन्त उसकी ओर ताकने लगती थी कि शायद तार का चपरासी हो। रात को भी मैं तार का इंतज़ार करती रही। तब मैंने अपने मन को इस विचार से शान्त किया कि विनोद आ रहे हैं, इसलिए तार भेजने की ज़रूरत न समझी।

अब मेरे मन में फिर शंकाएँ उठने लगीं। विनोद कुसुम के पास क्यों गए, कहीं कुसुम से उन्हें प्रेम तो नहीं है? कहीं उसी प्रेम के कारण तो वह मुझसे विरक्त नहीं हो गए? कुसुम कोई कौशल तो नहीं कर रही है? उसे विनोद को अपने घर ठहराने का अधिकार ही क्या था? इस विचार से मेरा मन बहुत क्षुब्ध हो उठा। कुसुम पर क्रोध आने लगा। अवश्य दोनों में बहुत दिनों से पत्र-व्यवहार होता रहा होगा। मैंने फिर कुसुम का पत्र पढ़ा और अबकी उसके प्रत्येक शब्द में मेरे लिए कुछ सोचने की सामग्री रखी हुई थी। निश्चय किया कि कुसुम को एक पत्र लिखकर ख़ूब कोसूँ। आधा पत्र लिख भी डाला, पर उसे फाड़ डाला। उसी वक़्त विनोद को एक पत्र लिखा। तुमसे कभी भेंट होगी, तो वह पत्र दिखलाऊँगी; जो कुछ मुँह में आया बक डाला। लेकिन इस पत्र की भी वही दशा हुई जो कुसुम के पत्र की हुई थी। लिखने के बाद मालूम हुआ कि वह किसी विक्षिप्त हृदय की बकवाद है। मेरे मन में यही बात बैठती जाती थी कि वह कुसुम के पास हैं। वही छलिनी उन पर अपना जादू चला रही है। यह दिन भी बीत गया। डाकिया कई बार आया, पर मैंने उसकी ओर आँख भी नहीं उठाई। चन्दा, मैं नहीं कह सकती मेरा हृदय कितना तिलमिला रहा था। अगर कुसुम इस समय मुझे मिल जाती, तो मैं न-जाने क्या कर डालती।

रात को लेटे-लेटे ख़याल आया, कहीं वह योरोप न चले गए हों। जी बेचैन हो उठा। सिर में ऐसा चक्कर आने लगा, मानो पानी में डूबी जाती हूँ। अगर वह योरोप चले गए, तो फिर कोई आशा नहीं—मैं उसी वक़्त उठी और घड़ी पर नज़र डाली। दो बजे थे। नौकर को जगाया और तार-घर जा पहुँची। बाबूजी कुरसी पर लेटे-लेटे सो रहे थे। बड़ी मुश्किल से उनकी नींद खुली। मैंने रसीदी तार दिया। जब बाबूजी तार दे चुके, तो मैंने पूछा—इसका जवाब कब तक आएगा?

बाबू ने कहा—यह प्रश्न किसी ज्योतिषी से कीजिए। कौन जानता है, वह कब जवाब दें। तार का चपरासी ज़बरदस्ती तो उनसे जवाब नहीं लिखा सकता। अगर कोई और कारण न हो, तो 8-9 बजे तक जवाब आ जाना चाहिए।

घबराहट में आदमी की बुद्धि पलायन कर जाती है। ऐसा निरर्थक प्रश्न करके मैं स्वयं लज्जित हो गई। बाबूजी ने अपने मन में मुझे कितना मूर्ख समझा होगा; ख़ैर, मैं वहीं एक बेंच पर बैठ गई और तुम्हें विश्वास न आएगा, नौ बजे तक वहीं बैठी रही। सोचो, कितने घंटे हुए? पूरे सात घंटे। सैकड़ों आदमी आए और गए, पर मैं वहीं जमी बैठी रही। जब तार

का डमी खटकता मेरे हृदय में धड़कन होने लगती। लेकिन इस भय से कि बाबूजी झल्ला न उठें, कुछ पूछने का साहस न करती थी। जब दफ़्तर की घड़ी में नौ बजे, तो मैंने डरते-डरते बाबू से पूछा—क्या अभी तक जवाब नहीं आया।

बाबू ने कहा—आप तो यहीं बैठी हैं, जवाब आता तो क्या मैं खा डालता? मैंने बेहयाई करके फिर पूछा—तो क्या अब न आवेगा? बाबू ने मुँह फेरकर कहा—और दो-चार घंटे बैठी रहिए।

बहन, यह वाग्वाण शर के समान हृदय में लगा। आँखें भर आईं। लेकिन फिर भी मैं वहाँ से टली नहीं। अब भी आशा बँधी हुई थी कि शायद जवाब आता हो। जब दो घंटे और गुज़र गए, तब मैं निराश हो गई। हाय! विनोद ने मुझे कहीं का न रखा। मैं घर चली, तो आँखों से आँसुओं की झड़ी लगी हुई थी। रास्ता न सूझता था।

सहसा पीछे से एक मोटर का हार्न सुनाई दिया। मैं रास्ते से हट गई। उस वक़्त मन में आया, इसी मोटर के नीचे लेट जाऊँ और जीवन का अंत कर दूँ। मैंने आँखें पोंछकर मोटर की ओर देखा भुवन बैठा हुआ था और उसकी बग़ल में बैठी थी कुसुम! ऐसा जान पड़ा, मानो अग्नि की ज्वाला मेरे पैरों से समाकर सिर से निकल गई। मैं उन दोनों की निगाहों से बचना चाहती थी, लेकिन मोटर रुक गई और कुसुम उतरकर मेरे गले से लिपट गई। भुवन चुपचाप मोटर में बैठा रहा, मानो मुझे जानता ही नहीं। निर्दयी, धूर्त!

कुसुम ने पूछा—मैं तो तुम्हारे पास जाती थी बहन? वहाँ से कोई ख़बर आई?

मैंने बात टालने के लिए कहा—तुम कब आईं?

भुवन के सामने मैं अपनी विपत्ति-कथा न कहना चाहती थी।

कुसुम—आओ, कार में बैठ जाओ।

'नहीं, मैं चली जाऊँगी। अवकाश मिले, तो एक बार चली आना।'

कुसुम ने मुझसे आग्रह न किया। कार में बैठकर चल दी। मैं खड़ी ताकती रह गई! यह वही कुसुम है या कोई और? कितना बड़ा अंतर हो गया है?

मैं घर चली, तो सोचने लगी—भुवन से इसकी जान-पहचान कैसे हुई? कहीं ऐसा तो नहीं है कि विनोद ने इसे मेरी टोह लेने को भेजा हो! भुवन से मेरे विषय में कुछ पूछने तो नहीं आई है?

मैं घर पहुँचकर बैठी ही थी कि कुसुम आ पहुँची। अबकी वह मोटर में अकेली न थी—विनोद बैठे हुए थे। मैं उन्हें देखकर ठिठक गई! चाहिए तो यह था कि मैं दौड़कर उनका हाथ पकड़ लेती और मोटर से उतार लाती, लेकिन मैं जगह से हिली तक नहीं। मूर्ति की भाँति अचल बैठी रही। मेरी मानिनी प्रकृति अपना उद्दंड-स्वरूप दिखाने के लिए विकल हो उठी। एक क्षण में कुसुम ने विनोद को उतारा और उनका हाथ पकड़े हुए ले आई। उस वक़्त मैंने देखा कि विनोद का मुख बिलकुल पीला पड़ गया है और वह इतने अशक्त हो गए हैं कि अपने सहारे खड़े भी नहीं रह सकते, मैंने घबराकर पूछा, क्यों तुम्हारा यह क्या हाल है?

कुसुम ने कहा—हाल पीछे पूछना, ज़रा इनकी चारपाई चटपट बिछा दो और थोड़ा-सा दूध मँगवा लो।

मैंने तुरन्त चारपाई बिछाई और विनोद को उस पर लेटा दिया। दूध तो रखा ही हुआ था! कुसुम इस वक़्त मेरी स्वामिनी बनी हुई थी। मैं उसके इशारे पर नाच रही थी। चन्दा, इस वक़्त मुझे ज्ञात हुआ कि कुसुम पर विनोद को जितना विश्वास है, वह मुझ पर नहीं। मैं इस योग्य

हूँ ही नहीं। मेरा दिल सैकड़ों प्रश्न पूछने के लिए तड़फड़ा रहा था, लेकिन कुसुम एक पल के लिए भी विनोद के पास से न टलती थी। मैं इतनी मूर्ख हूँ कि अवसर पाने पर इस दशा में भी मैं विनोद से प्रश्नों का ताँता बाँध देती।

विनोद को जब नींद आ गई, मैंने आँखों में आँसू भरकर कुसुम से पूछा—बहन, इन्हें क्या शिकायत है? मैंने तार भेजा। उसका जवाब नहीं आया। रात दो बजे एक ज़रूरी और जवाबी तार भेजा। दस बजे तक तार-घर में बैठी जवाब की राह देखती रही। वहीं से लौट रही थी, जब तुम रास्ते में मिलीं। यह तुम्हें कहाँ मिल गए?

कुसुम मेरे हाथ पकड़कर दूसरे कमरे में ले गई और बोली—पहले तुम यह बताओ कि भुवन का क्या मुआमला था? देखो, साफ़ कहना।

मैंने आपत्ति करते हुए कहा—कुसुम, तुम यह प्रश्न पूछकर मेरे साथ अन्याय कर रही हो। तुम्हें ख़ुद समझ लेना चाहिए था कि इस बात में कोई सार नहीं है! विनोद को केवल भ्रम हो गया।

'बिना किसी कारण के?'

'हाँ, मेरी समझ में तो कोई कारण न था।'

'मैं इसे नहीं मानती। यह क्यों नहीं कहतीं कि विनोद को जलाने, चिढ़ाने और जगाने के लिए तुमने यह स्वाँग रचा था।'

कुसुम की सूझ पर चकित होकर मैंने कहा—वह तो केवल दिल्लगी थी।

'तुम्हारे लिए दिल्लगी थी, विनोद के लिए वज्राघात था। तुमने इतने दिनों उनके साथ रहकर भी उन्हें नहीं समझा! तुम्हें अपने बनाव-सँवार के आगे उन्हें समझने की कहाँ फुरसत? कदाचित् तुम समझती हो कि तुम्हारी यह मोहनी मूर्ति ही सबकुछ है। मैं कहती हूँ, इसका मूल्य दो-चार महीने के लिए हो सकता है। स्थायी वस्तु कुछ और ही है।'

मैंने अपनी भूल स्वीकार करते हुए कहा—विनोद को मुझसे कुछ पूछना तो चाहिए था?

कुसुम ने हँसकर कहा—यही तो वह नहीं कर सकते। तुमसे ऐसी बात पूछना उनके लिए असंभव है। वह उन प्राणियों में हैं, जो स्त्री की आँखों से गिरकर जीते नहीं रह सकते। स्त्री या पुरुष किसी के लिए भी वह किसी प्रकार का धार्मिक या नैतिक बन्धन नहीं रखना चाहते। वह प्रत्येक प्राणी के लिए पूर्ण स्वाधीनता के समर्थक हैं। मन और इच्छा के सिवा वह और कोई बंधन स्वीकार नहीं करते। इस विषय पर मेरी उनसे ख़ूब बातें हुई हैं। ख़ैर—मेरा पता उन्हें मालूम था ही, यहाँ से सीधे मेरे पास पहुँचे। मैं समझ गई कि आपस में पटी नहीं। मुझे तुम्हीं पर सन्देह हुआ।

मैंने पूछा—क्यों? मुझ पर तुम्हें क्यों सन्देह हुआ?

'इसलिए कि मैं तुम्हें पहले देख चुकी थी।'

'अब तो तुम्हें मुझ पर सन्देह नहीं है।'

'नहीं, मगर इसका कारण तुम्हारा संयम नहीं, परम्परा है। मैं इस समय स्पष्ट बातें कर रही हूँ, इसके लिए क्षमा करना।'

'तुम समझती हो कि मुझे विनोद से प्रेम नहीं है!'

'नहीं, विनोद से तुम्हें जितना प्रेम है, उससे अधिक अपने-आपसे है। कम-से-कम दस दिन पहले यही बात थी। अन्यथा यह नौबत ही क्यों आती? विनोद यहाँ से सीधे मेरे पास

गए और दो-तीन दिन रहकर बम्बई चले गए। मैंने बहुत पूछा, पर कुछ बतलाया नहीं। वहाँ उन्होंने एक दिन विष खा लिया।'

मेरे चेहरे का रंग उड़ गया।

'बम्बई पहुँचते ही उन्होंने मेरे पास एक ख़त लिखा था। उसमें यहाँ की सारी बातें लिखी थीं और अंत में लिखा था—मैं इस जीवन से तंग आ गया हूँ, अब मेरे लिए मौत के सिवा और कोई उपाय नहीं है।'

मैंने एक ठंडी साँस ली।

'मैं यह पत्र पाकर घबरा गई और उसी वक़्त बम्बई रवाना हो गई। जब वहाँ पहुँची, तो विनोद को मरणासन्न पाया। जीवन की कोई आशा नहीं थी। मेरे एक सम्बन्धी वहाँ डॉक्टरी करते हैं। उन्हें लाकर दिखाया तो वह बोले—इन्होंने ज़हर खा लिया है। तुरन्त दवा दी गई। तीन दिन तक डॉक्टर साहब ने दिन-को-दिन और रात-को-रात न समझा, और मैं तो एक क्षण के लिए विनोद के पास से न हटी। तीसरे दिन इनकी आँखें खुलीं। तुम्हारा पहला तार मुझे मिला था, पर उसका जवाब देने की किसे फ़ुरसत थी? तीन दिन और बम्बई रहना पड़ा। विनोद इतने कमज़ोर हो गए थे कि इतना लम्बा सफ़र करना उनके लिए असंभव था। चौथे दिन मैंने जब उनसे यहाँ आने का प्रस्ताव किया, तो बोले—मैं अब वहाँ न जाऊँगा। जब मैंने बहुत समझाया, तब इस शर्त पर राज़ी हुए कि मैं पहले आकर यहाँ की परिस्थिति देख जाऊँ।'

मेरे मुँह से निकला—'हा! ईश्वर, मैं ऐसी अभागिनी हूँ।'

'अभागिनी नहीं हो बहन, केवल तुमने विनोद को समझा न था। वह चाहते थे कि मैं अकेली जाऊँ, पर मैंने उन्हें इस दशा में वहाँ छोड़ना उचित न समझा। परसों हम दोनों वहाँ से चले। यहाँ पहुँचकर विनोद तो वेटिंग-रूम में ठहर गए, मैं पता पूछती हुई भुवन के पास पहुँची। भुवन को मैंने इतना फटकारा कि वह रो पड़ा। उसने मुझसे यहाँ तक कह डाला कि तुमने उसे बुरी तरह दुत्कार दिया है। आँखों का बुरा आदमी है, पर दिल का बुरा नहीं। उधर से जब मुझे सन्तोष हो गया और रास्ते में तुमसे भेंट हो जाने पर रहा-सहा भ्रम भी दूर हो गया, तो मैं विनोद को तुम्हारे पास लाई। अब तुम्हारी वस्तु तुम्हें सौंपती हूँ। मुझे आशा है, इस दुर्घटना ने तुम्हें इतना सचेत कर दिया होगा कि फिर ऐसी नौबत न आएगी। आत्म-समर्पण करना सीखो। भूल जाओ कि तुम सुन्दरी हो, आनंदमय जीवन का यही मूल मंत्र है। मैं डींग नहीं मारती, लेकिन चाहूँ तो आज विनोद को तुमसे छीन सकती हूँ। लेकिन रूप में मैं तुम्हारे तलुओं के बराबर भी नहीं। रूप के साथ अगर तुम सेवा-भाव धारण कर सको, तो तुम अजेय हो जाओगी।'

मैं कुसुम के पैरों पर गिर पड़ी और रोती हुई बोली—बहन, तुमने मेरे साथ जो उपकार किया है, उसके लिए मरते दम तक तुम्हारी ऋणी रहूँगी। तुमने न सहायता की होती, तो आज न-जाने मेरी क्या गति होती।

बहन, कुसुम कल चली जाएगी। मुझे तो अब वह देवी-सी दीखती है। जी चाहता है, उसके चरण धो-धोकर पीऊँ। उसके हाथों मुझे विनोद ही नहीं मिले हैं, सेवा का सच्चा आदर्श और स्त्री का सच्चा कर्तव्य-ज्ञान भी मिला है। आज से मेरे जीवन का नवयुग आरम्भ होता है, जिसमें भोग और विलास की नहीं, सहृदयता और आत्मीयता की प्रधानता होगी।

तुम्हारी,
पद्मा

माँगे की घड़ी

मेरी समझ में आज तक यह बात न आई कि लोग ससुराल जाते हैं, तो इतना ठाट-बाट क्यों बनाते हैं। आख़िर इसका उद्देश्य क्या होता है? हम अगर लखपती हैं तो क्या, और रोटियों को मुहताज हैं तो क्या, विवाह तो हो ही चुका, अब इस ठाट का हमारे ऊपर क्या असर पड़ सकता है। विवाह के पहले तो उससे कुछ काम निकल सकता है। हमारी सम्पन्नता बातचीत पक्की करने में बहुत-कुछ सहायक हो सकती है। लेकिन जब विवाह हो गया, देवीजी हमारे घर का सारा रहस्य जान गईं और निःसन्देह अपने माता-पिता से रो-रोकर अपने दुर्भाग्य की कथा भी कह सुनाई, तो हमारा यह ठाट हानि के सिवा लाभ नहीं पहुँचा सकता। फटेहालों देखकर, संभव है, हमारी सासजी को कुछ दया आ जाती और विदाई के बहाने कोई माकूल रक़म हमारे हाथ लग जाती। यह ठाट देखकर तो वह अवश्य ही समझेंगी कि अब इसका सितारा चमक उठा है, ज़रूर कहीं-न-कहीं से माल मार लाया है। उधर नाई और कहार इनाम के लिए बड़े-बड़े मुँह फैलाएँगे, वह अलग। देवीजी को भी भ्रम हो सकता है। मगर यह सब जानते और समझते हुए मैंने परसाल होलियों में ससुराल जाने के लिए बड़ी-बड़ी तैयारियाँ कीं। रेशमी अचकन ज़िन्दगी में कभी न पहनी थी, फ्लैक्स के बूटों का भी स्वप्न देखा करता था। अगर नकद रुपए देने का प्रश्न होता, तो शायद यह स्वप्न, स्वप्न ही रहता, पर एक दोस्त की कृपा से दोनों चीज़ें उधार मिल गईं। चमड़े का सूटकेस एक मित्र से माँग लाया। दरी फट गई थी और नई दरी उधार मिल भी सकती थी; लेकिन बिछावन ले जाने की मैंने ज़रूरत न समझी। अब केवल रिस्ट-वाच की और कमी थी। यों तो दोस्तों में कितने ही के पास रिस्ट-वाच थी—मेरे सिवा ऐसे अभागे बहुत कम होंगे, जिनके पास रिस्ट-वाच न हो—लेकिन मैं सोने की घड़ी चाहता था और वह केवल दानू के पास थी। मगर दानू से मेरी बेतकल्लुफी न थी। दानू रूखा आदमी था। मँगनी की चीज़ों का लेना और देना दोनों ही पाप समझता था। ईश्वर ने माना है, वह इस सिद्धांत का पालन कर सकता है। मैं कैसे कर सकता हूँ। जानता था कि वह साफ़ इनकार करेगा, पर दिल न माना। खुशामद के बल पर मैंने अपने जीवन में बड़े-बड़े काम कर दिखाए हैं, इसी खुशामद की बदौलत आज महीने में 30) फटकारता हूँ। एक हज़ार ग्रेजुएटों से कम उम्मेदवार न थे; लेकिन सब मुँह ताक़ते रह गए और बंदा मूँछों पर ताव देता हुआ घर आया। जब इतना बड़ा पाला मार लिया, तो दो-चार दिन के लिए घड़ी माँग लाना कौन-सा बड़ा मुश्किल काम था। शाम को जाने की तैयारी थी। प्रातःकाल दानू के पास पहुँचा और उनके छोटे बच्चे को, जो बैठक के सामने सहन में खेल रहा था, गोद में उठाकर लगा भींच-भींचकर प्यार करने। दानू ने पहले तो मुझे आते देखकर ज़रा त्योरियाँ चढ़ाई थीं, लेकिन मेरा यह वात्सल्य देखकर कुछ नरम पड़े, उनके ओंठों के किनारे ज़रा फैल गए। बोले—खेलने दो दुष्ट को, तुम्हारा कुरता मैला हुआ जाता है। मैं तो इसे कभी छूता भी नहीं।

मैंने कृत्रिम तिरस्कार का भाव दिखाकर कहा—मेरा कुरता मैला हो रहा है न, आप इसकी क्यों फ़िक्र करते हैं। वाह! ऐसा फूल-सा बालक और उसकी यह कदर। तुम-जैसों को तो ईश्वर नाहक संतान देता है। तुम्हें भारी मालूम होता है, तो लाओ मुझे दे दो।

यह कहकर मैंने बालक को कन्धे पर बैठा लिया और सहन में कोई पंद्रह मिनट तक उचकता फिरा। बालक खिलखिलाता था और मुझे दम न लेने देता था, यहाँ तक कि दानू ने

उसे मेरे कन्धे से उतारकर ज़मीन पर बैठा दिया और बोले—कुछ पान-पत्ता तो लाया नहीं, उल्टे सवारी कर बैठा। जा, अम्माँ से पान बनवा ला।

बालक मचल गया। मैंने उसे शान्त करने के लिए दानू को हलके हाथों दो-तीन धप जमाये और उनकी रिस्ट-वाच से सुसज्जित कलाई पकड़कर बोला—ले लो बेटा, इनकी घड़ी ले लो, यह बहुत मारा करते हैं तुम्हें। आप तो घड़ी लगाकर बैठे हैं और हमारे मुन्ने के पास नहीं।

मैंने चुपके से रिस्ट-वाच खोलकर बालक की बाँह में बाँध दी और तब उसे गोद में उठाकर बोला—भैया, अपनी घड़ी हमें दे दो।

सयाने बाप के बेटे भी सयाने होते हैं। बालक ने घड़ी को दूसरे हाथ से छिपाकर कहा—तुमको नईं देंगे!

मगर मैंने अंत में उसे फुसलाकर घड़ी ले ली। और अपनी कलाई पर बाँध ली। बालक पान लेने चला गया। दानू बाबू अपनी घड़ी के अलौकिक गुणों की प्रशंसा करने लगे—ऐसी सच्ची समय बतानेवाली घड़ी आज तक कम-से-कम मैंने नहीं देखी।

मैंने अनुमोदन किया—है भी तो स्विस!

दानू—अजी, स्विस होने से क्या होता है। लाखों स्विस-घड़ियाँ देख चुका हूँ। किसी को सरदी, किसी को जुकाम, किसी को गठिया, किसी को लकवा। जब देखिए, तब अस्पताल में पड़ी हैं। घड़ी की पहचान चाहिए और यह कोई आसान काम नहीं। कुछ लोग समझते हैं, बहुत दाम ख़र्च कर देने से अच्छी घड़ी मिल जाती है। मैं कहता हूँ तुम गधे हो। दाम ख़र्च करने से ईश्वर नहीं मिला करता। ईश्वर मिलता है ज्ञान से और घड़ी भी मिलती है ज्ञान से। फासेट साहब को तो जानते होगे। बस, बंदा ऐसों ही की खोज में रहता है। एक दिन आकर बैठ गया। शराब की चाट थी। जेब में रुपए नदारद। मैंने 25) में यह घड़ी ले ली। इसको तीन साल होते हैं और आज तक एक मिनट का फ़र्क़ नहीं पड़ा। कोई इसके सौ आँकता है, कोई दो सौ, कोई साढ़े तीन सौ, कोई पौने पाँच सौ; मगर मैं कहता हूँ, तुम सब गधे हो, एक हज़ार के नीचे ऐसी घड़ी नहीं मिल सकती। पत्थर पर पटक दो, क्या मजाल कि बल भी आए।

मैं—तब तो यार, एक दिन के लिए मँगनी दे दो। बाहर जाना है। औरों को भी इसकी करामात सुनाऊँगा।

दानू—मँगनी तो तुम जानते हो, मैं कोई चीज़ नहीं देता। क्यों नहीं देता, इसकी कथा सुनाने बैठूँ, तो अलिफलैला की दास्तान हो जाए। उसका सारांश यह है कि मँगनी में चीज़ देना मित्रता की जड़ खोदना, मुरौवत का गला घोंटना और अपने घर आग लगाना है। आप बहुत उत्सुक मालूम होते हैं, इसलिए दो-एक घटनाएँ सुना ही दूँ। आपको फुरसत है न? हाँ, आज तो दफ़्तर बन्द है। तो सुनिए—एक साहब लालटेनें मँगनी ले गए। लौटाने आए, तो चिमनियाँ सब टूटी हुईं। पूछा, यह आपने क्या किया, सो बोले—'जैसी गई थीं, वैसी आईं। यह तो आपने न कहा था कि उनके बदले नई लालटेनें लूँगा। वाह साहब, वाह! यह अच्छा रोजगार निकाला।' बताइए, क्या करता। एक दूसरे महाशय कालीन ले गए। बदले में एक फटी हुई दरी ले आए। पूछा तो बोले—'साहब, आपको तो यह दरी मिल भी गई, मैं किसके सामने जाकर रोऊँ। मेरी पाँच कालीनों का पता नहीं, कोई साहब सब समेट ले गए।' बताइए, उनसे क्या कहता? तब से मैंने कान पकड़े कि अब किसी के साथ यह व्यवहार ही न करूँगा।

सारा शहर मुझे बेमुरौवत, मक्खीचूस और जाने क्या-क्या कहता है, पर मैं परवा नहीं करता। लेकिन आप बाहर जा रहे हैं और बहुत-से आदमियों से आपकी मुलाक़ात होगी, संभव है, कोई इस घड़ी का गाहक निकल जाए, इसलिए आपके साथ इतनी सख़्ती न करूँगा। हाँ, इतना अवश्य कहूँगा कि मैं इसे निकालना चाहता हूँ और आपसे मुझे सहायता मिलने की पूरी उम्मीद है। अगर कोई दाम लगाए, तो मुझसे आकर कहिएगा।

मैं यहाँ से कलाई पर घड़ी बाँधकर चला, तो ज़मीन पर पाँव न पड़ते थे। घड़ी मिलने की इतनी ख़ुशी न थी, जितनी एक मुड्ढ पर विजय पाने की। कैसा फाँसा है बचा को! वह समझते थे कि मैं ही बड़ा सयाना हूँ, यह नहीं जानते थे कि यहाँ उनके भी गुरुघंटाल हैं।

2

उसी दिन शाम को मैं ससुराल जा पहुँचा। अब यह गुत्थी खुली कि लोग क्यों ससुराल जाते वक़्त इतना ठाट करते हैं। सारे घर में हलचल पड़ गई। मुझ पर किसी की निगाह न थी। सभी मेरा साज-सामान देख रहे थे। कहार पानी लेकर दौड़ा, एक साला मिठाई की तश्तरी लाया, दूसरा पान की। नाइन झाँककर देख गई और ससुरजी की आँखों में तो ऐसा गर्व झलक रहा था, मानो संसार को उनके निर्वाचन-कौशल पर सिर झुकाना चाहिए। मैं 30) महीने का नौकर इस वक़्त ऐसी शान से बैठा हुआ था, जैसे बड़े बाबू दफ़्तर में बैठते हैं। कहार पंखा झल रहा था, नाइन पाँव धो रही थी, एक साला बिछावन बिछा रहा था, दूसरा धोती लिए खड़ा था कि मैं पाजामा उतारूँ। यह सब उसी ठाट की करामात थी।

रात को देवीजी ने पूछा—सब रुपए उड़ा आए कि कुछ बचा भी है?

मेरा सारा प्रेमोत्साह शिथिल पड़ गया। न क्षेम, न कुशल, न प्रेम की कोई बातचीत। बस, हाय रुपए! हाय रुपए!! जी में आया कि इसी वक़्त उठकर चल दूँ। लेकिन ज़ब्त कर गया। बोला—मेरी आमदनी जो कुछ है, वह तो तुम्हें मालूम ही है।

'मैं क्या जानूँ, तुम्हारी क्या आमदनी है। कमाते होगे अपने लिए, मेरे लिए क्या करते हो? तुम्हें तो भगवान् ने औरत बनाया होता, तो अच्छा होता। रात-दिन कंघी-चोटी किया करते। तुम नाहक मर्द बने। अपने शौक-सिंगार से बचत ही नहीं, दूसरों की फ़िक्र तुम क्या करोगे?'

मैंने झुँझलाकर कहा—क्या तुम्हारी यही इच्छा है कि इसी वक़्त चला जाऊँ?

देवीजी ने भी त्योरियाँ चढ़ाकर कहा—चले क्यों नहीं जाते, मैं तो तुम्हें बुलाने न गई थी, या मेरे लिए कोई रोकड़ लाए हो?

मैंने चिंतित स्वर में कहा—तुम्हारी निगाह में प्रेम का कोई मूल्य नहीं। जो कुछ है, वह रोकड़ ही है?

देवीजी ने त्योरियाँ चढ़ाए हुए ही कहा—प्रेम अपने-आपसे करते होगे, मुझसे तो नहीं करते।

'तुम्हें पहले तो यह शिकायत कभी न थी।'

'इससे यह तो तुमको मालूम ही हो गया कि मैं रोकड़ की परवा नहीं करती; लेकिन देखती हूँ कि ज्यों-ज्यों तुम्हारी दशा सुधर रही है, तुम्हारा हृदय भी बदल रहा है। इससे तो यही अच्छा था कि तुम्हारी वही दशा बनी रहती। तुम्हारे साथ उपवास कर सकती हूँ, फटे-चीथड़े पहनकर दिन काट सकती हूँ; लेकिन यह नहीं हो सकता कि तुम चैन करो और मैं मैके में पड़ी भाग्य को रोया करूँ। मेरा प्रेम उतना सहनशील नहीं है।'

सालों और नौकरों ने मेरा जो आदर-सम्मान किया था, उसे देखकर मैं अपने ठाट पर फूला न समाया था। अब यहाँ मेरी जो अवहेलना हो रही थी, उसे देखकर मैं पछता रहा था कि व्यर्थ ही यह स्वाँग भरा। अगर साधारण कपड़े पहने, रोनी सूरत बनाए आता, तो बाहरवाले चाहे अनादर ही करते, लेकिन देवीजी तो प्रसन्न रहतीं; पर अब तो भूल हो गई थी। देवीजी की बातों पर मैंने ग़ौर किया, तो मुझे उनसे सहानुभूति हो गई। यदि देवीजी पुरुष होतीं और मैं उनकी स्त्री, तो क्या मुझे यह किसी तरह भी सह्य होता कि वह तो छैला बने घूमें और मैं पिंजरे में बन्द दाने और पानी को तरसूँ। चाहिए यह था कि देवीजी से सारा रहस्य कह सुनाता, पर आत्मगौरव ने इसे किसी तरह स्वीकार न किया। स्वाँग भरना सर्वथा अनुचित था, लेकिन परदा खोलना तो भीषण पाप था। आख़िर मैंने फिर उसी खुशामद से काम लेने का निश्चय किया, जिसने इतने कठिन अवसरों पर मेरा साथ दिया था। प्रेम-पुलकित कंठ से बोला—प्रिये! सच कहता हूँ, मेरी दशा अब भी वही है, लेकिन तुम्हारे दर्शनों की इच्छा इतनी बलवती हो गई थी कि उधार कपड़े लिए। यहाँ तक कि अभी सिलाई भी नहीं दी। फटेहालों आते संकोच होता था कि सबसे पहले तुमको दु:ख होगा और तुम्हारे घरवाले भी दुखी होंगे। अपनी दशा जो कुछ है, वह तो है ही, उसका ढिंढोरा पीटना तो और भी लज्जा की बात है।

देवीजी ने कुछ शान्त होकर कहा—'तो उधार लिया?'

'और नकद कहाँ धरा था?'

'घड़ी भी उधार ली?'

'हाँ, एक जान-पहचान की दुकान से ले ली।'

'कितने की है?'

बाहर किसी ने पूछा होता, तो मैंने 500) से कौड़ी कम न बताया होता, लेकिन यहाँ मैंने 25) रु. बताया।

'तब तो बड़ी सस्ती मिल गई।'

'और नहीं तो मैं फँसता ही क्यों?'

'इसे मुझे देते जाना।'

ऐसा जान पड़ा मेरे शरीर में रक्त ही नहीं रहा। सारे अवयव निस्पन्द हो गए, इनकार करता हूँ, तो नहीं बचता; स्वीकार करता हूँ, तो भी नहीं बचता। आज प्रात:काल यह घड़ी मँगनी पाकर मैं फूला न समाया था। इस समय वह ऐसी मालूम हुई, मानो कौड़ियाला कुन्डली मारे बैठा हो, बोला—तुम्हारे लिए कोई अच्छी घड़ी ले लूँगा।

'जी नहीं, माफ़ कीजिए, आप ही अपने लिए दूसरी घड़ी ले लीजिएगा। मुझे तो यही अच्छी लगती है। कलाई पर बाँधे रहूँगी। जब-जब इस पर आँखें पड़ेंगी, तुम्हारी याद आएगी। देखो, तुमने आज तक मुझे फूटी कौड़ी भी कभी नहीं दी। अब इनकार करोगे, तो फिर कोई चीज़ न माँगूँगी।'

देवीजी के कोई चीज़ माँगने से मुझे किसी विशेष हानि का भय न होना चाहिए था, बल्कि उनके इस विराग का स्वागत करना चाहिए था, पर न जाने क्यों मैं डर गया। कोई ऐसी युक्ति सोचने लगा कि यह राज़ी हो जाएँ और घड़ी भी न देनी पड़े। बोला—घड़ी क्या चीज़ है, तुम्हारे लिए जान हाजिर है, प्रिये! लाओ, तुम्हारी कलाई पर बाँध दूँ, लेकिन बात यह है कि वक़्त का ठीक-ठीक अन्दाज न होने से कभी-कभी दफ़्तर पहुँचने में देर हो जाती

है और व्यर्थ की फटकार सुननी पड़ती है। घड़ी तुम्हारी है, किन्तु जब तक दूसरी घड़ी न ले लूँ, इसे मेरे पास रहने दो। मैं बहुत जल्द कोई सस्ते दामों की घड़ी अपने लिए ले लूँगा और तुम्हारी घड़ी तुम्हारे पास भेज दूँगा। इसमें तो तुम्हें कोई आपत्ति न होगी।

देवीजी ने अपनी कलाई पर घड़ी बाँधते हुए कहा—राम जाने, तुम बड़े चकमेबाज़ हो, बातें बनाकर काम निकालना चाहते हो। यहाँ ऐसी कच्ची गोलियाँ नहीं खेली हैं, यहाँ से जाकर दो-चार दिन में दूसरी घड़ी ले लेना। दो-चार दिन ज़रा सबेरे दफ़्तर चले जाना।

अब मुझे और कुछ कहने का साहस नहीं हुआ। कलाई से घड़ी के जाते ही हृदय पर चिन्ता का पहाड़-सा बैठ गया। ससुराल में दो दिन रहा, पर उदास और चिंतित। दानू बाबू को क्या जवाब दूँगा, यह प्रश्न किसी गुप्त वेदना की भाँति चित्त को मसोसता रहा।

3

घर पहुँचकर जब मैंने सजल नेत्र होकर दानू बाबू से कहा—'घड़ी तो कहीं खो गई' तो खेद या सहानुभूति का एक शब्द भी मुँह से निकालने के बदले उन्होंने बड़ी निर्दयता से कहा—इसीलिए मैं तुम्हें घड़ी न देता था। आख़िर वही हुआ, जिसकी मुझे शंका थी। मेरे पास वह घड़ी तीन साल रही, एक दिन भी इधर-उधर न हुई। तुमने तीन दिन में वारा-न्यारा कर दिया। आख़िर कहाँ गए थे?

मैं तो डर रहा था कि दानू बाबू न जाने कितनी घुड़कियाँ सुनाएँगे। उनकी यह क्षमाशीलता देखकर मेरी जान-में-जान आई। बोला—'ज़रा ससुराल चला गया था।' 'तो भाभी को लिवा लाए?' 'जी, भाभी को लिवा लाता! अपना गुज़र होता ही नहीं, भाभी को लिवा लाता?'

'आख़िर तुम इतना कमाते हो, वह क्या करते हो?'

'कमाता क्या हूँ, अपना सिर! 30) महीने का नौकर हूँ।'

'तो तीसों ख़र्च कर डालते हो?'

'क्या 30) मेरे लिए बहुत हैं?'

'जब तुम्हारी कुल आमदनी 30) है, तो यह सब अपने ऊपर ख़र्च करने का तुम्हें अधिकार नहीं है। बीवी कब तक मैके में पड़ी रहेगी!'

'जब तक और तरक्की नहीं होती, तब तक मजबूरी है! किस बिरते पर बुलाऊँ?'

'और तरक्की दो-चार साल न हो तो?'

'यह तो ईश्वर ही ने कहा है—इधर तो ऐसी आशा नहीं है।'

'शाबाश! तब तो तुम्हारी पीठ ठोंकनी चाहिए। और कुछ काम क्यों नहीं करते? सुबह को क्या करते हो?'

'सारा वक़्त नहाने-धोने, खाने-पीने में निकल जाता है। फिर दोस्तों से मिलना-जुलना भी तो है।'

'तो भाई, तुम्हारा रोग असाध्य है। ऐसे आदमी के साथ मुझे लेशमात्र भी सहानुभूति नहीं हो सकती। आपको मालूम है! मेरी घड़ी 500) की थी। सारे रुपए आपको देने होंगे। आप अपने लिए 15) रखकर बाक़ी 15) महीना मेरे हवाले रखते जाइए। तीस महीने या ढाई साल में मेरे रुपए पट जाएँ, तो ख़ूब जी खोलकर दोस्तों से मिलिएगा। समझ गए न? मैंने 50) छोड़ दिए हैं, इससे अधिक रियायत नहीं कर सकता।'

'15) में मेरा गुजर कैसे होगा?'

'गुज़र तो लोग 5) में भी करते हैं और 500) में भी। इसकी न चलाओ, अपनी सामर्थ्य देख लो।'

दानू बाबू ने जिस निष्ठुरता से ये बातें कीं, उससे मुझे विश्वास हो गया कि अब इनके सामने रोना-धोना व्यर्थ है। यह अपनी पूरी रक़म लिए बिना न मानेंगे। घड़ी अधिक-से-अधिक 200) की थी। लेकिन इससे क्या होता है। उन्होंने तो पहले ही उसका दाम बता दिया था। अब इस विषय पर मीनमेख विचारने का मुझे साहस कैसे हो सकता था। क़िस्मत ठोंककर घर आया। यह विवाह करने का मज़ा है! उस वक़्त कैसे प्रसन्न थे, मानो चारों पदार्थ मिले जा रहे थे। अब नानी के नाम को रोओ। घड़ी का शौक़ चर्राया था, उसका फल भोगो! न घड़ी बाँधकर जाते तो ऐसी कौन-सी किरकिरी हुई जाती थी। मगर तब तुम किसकी सुनते थे। देखें 15) में कैसे गुज़र करते हो? 30) में तो तुम्हारा पूरा ही न पड़ता था, 15) में तुम क्या भुना लोगे?

इन्हीं चिन्ताओं में पड़ा-पड़ा मैं सो गया। भोजन करने की भी रुचि न रही!

4

ज़रा सुन लीजिए कि 30) में मैं कैसे गुज़र करता था—20) तो होटल को देता था। 5) नाश्ते का ख़र्च था और बाक़ी 5) में पान, सिगरेट, कपड़े, जूते सब कुछ! मैं कौन राजसी ठाट से रहता था, कौन-सी फ़िज़ूलख़र्ची करता था कि अब ख़र्च में कमी करता। मगर दानू बाबू का क़र्ज़ तो चुकाना ही था। रोकर चुकाता या हँसकर। एक बार जी में आया कि ससुराल जाकर घड़ी उठा लाऊँ, लेकिन दानू बाबू से कह चुका था कि घड़ी खो गई। अब घड़ी लेकर जाऊँगा तो यह मुझे झूठा और लबाड़िया समझेंगे। मगर क्या मैं यह नहीं कह सकता कि मैंने समझा था कि घड़ी खो गई, ससुराल गया तो उसका पता चल गया। मेरी बीवी ने उड़ा दिया था। हाँ, यह चाल अच्छी थी। लेकिन देवीजी से क्या बहाना करूँगा? उसे कितना दु:ख होगा। घड़ी पाकर कितनी ख़ुश हो गई थी! अब जाकर घड़ी छीन लाऊँ, तो शायद फिर मेरी सूरत भी न देखे। हाँ, यह हो सकता था कि दानू बाबू के पास जाकर रोता। मुझे विश्वास था कि आज क्रोध में उन्होंने चाहे कितनी ही निष्ठुरता दिखाई हो, लेकिन दो-चार दिन के बाद जब उनका क्रोध शान्त हो जाए और मैं जाकर उनके सामने रोने लगूँ, तो उन्हें अवश्य दया आ जाएगी। बचपन की मित्रता हृदय से निकल नहीं सकती। लेकिन मैं इतना आत्मगौरव-शून्य न था और न हो सकता था।

मैं दूसरे ही दिन एक सस्ते होटल में पहुँच गया। यहाँ 12) में ही प्रबंध हो गया। सुबह को दूध और चाय से नाश्ता करता था। अब छटाँक-भर चनों पर बसर होने लगी। 12) तो यों बचे। पान-सिगरेट आदि की मद में 3) और कम किए। और महीने के अंत में साफ़ 15) बचा लिये। यह विकट तपस्या थी। इंद्रियों का निर्दय दमन ही नहीं, पूरा संन्यास था पर जब मैंने ये 15) ले जाकर दानू बाबू के हाथ में रक्खे, तो ऐसा जान पड़ा, मानो मेरा मस्तक ऊँचा हो गया है। ऐसे गौरवपूर्ण आनंद का अनुभव मुझे जीवन में कभी न हुआ था।

दानू बाबू ने सहृदयता के स्वर में कहा—'बचाए या किसी से माँग लाए?'

'बचाया है भई, माँगता किससे?'

'कोई तकलीफ़ तो नहीं हुई?'

'कुछ नहीं। अगर कुछ तकलीफ़ हुई भी, तो इस वक़्त भूल गई।'

'सुबह को तो अब भी ख़ाली रहते हो? आमदनी कुछ और बढ़ाने की फ़िक्र क्यों नहीं करते?'

'चाहता तो हूँ कि कोई काम मिल जाए, तो कर लूँ पर मिलता ही नहीं।'

यहाँ से लौटा, तो मुझे अपने हृदय में एक नवीन बल, एक विचित्र स्फूर्ति का अनुभव हो रहा था। अब तक जिन इच्छाओं को रोकना कष्टप्रद जान पड़ता था, अब उनकी ओर ध्यान भी न जाता था। जिस पान की दुकान को देखकर चित्त अधीर हो जाता था उसके सामने से मैं सिर उठाए निकल जाता था, मानो अब मैं उस सतह से कुछ ऊँचा उठ गया हूँ। सिगरेट, चाय और चाट अब इनमें से किसी पर भी चित्त आकर्षित न होता था। प्रात:काल भीगे हुए चने, दोनों जून रोटी और दाल। बस, इसके सिवा मेरे लिए और सभी चीज़ें त्याज्य थीं। सबसे बड़ी बात तो यह थी कि मुझे जीवन से विशेष रुचि हो गई थी। मैं ज़िन्दगी से बेजार, मौत के मुँह का शिकार बनने का इच्छुक न था। मुझे ऐसा आभास होता था कि मैं जीवन में कुछ कर सकता हूँ।

एक मित्र ने एक दिन मुझसे पान खाने के लिए बड़ा आग्रह किया, पर मैंने न खाया। तब वह बोले—तुमने तो यार, पान छोड़कर कमाल कर दिया। मैं अनुमान ही न कर सकता था कि तुम पान छोड़ दोगे। हमें भी कोई तरकीब बताओ।

मैंने मुस्कुराकर कहा—'इसकी तरकीब यही है कि पान न खाओ।'

'जी तो नहीं मानता।'

'आप ही मान जाएगा।'

'बिना सिगरेट पिए, तो मेरा पेट फूलने लगता है।'

'फूलने दो, आप पिचक जाएगा।'

'अच्छा तो लो, आज से मैंने पान और सिगरेट छोड़ा।'

'तुम क्या छोड़ोगे? तुम नहीं छोड़ सकते।'

मैंने उनको उत्तेजित करने के लिए यह शंका की थी। इसका यथेष्ट प्रभाव पड़ा। वह दृढ़ता से बोले—तुम यदि छोड़ सकते हो, तो मैं भी छोड़ सकता हूँ। मैं तुमसे किसी बात में कम नहीं हूँ।

'अच्छी बात है, देखूँगा।'

'देख लेना।'

मैंने इन्हें आज तक पान या सिगरेट का सेवन करते नहीं देखा।

पाँचवें महीने में जब मैं रुपए लेकर दानू बाबू के पास गया, तो सच मानो, वह टूटकर मेरे गले से लिपट गए। बोले—हो यार, तुम धुन के पक्के। मगर सच कहना, मुझे मन में कोसते तो नहीं?

मैंने हँसकर कहा—अब तो नहीं कोसता, मगर पहले ज़रूर कोसता था।

'अब क्यों इतनी कृपा करने लगे?'

'इसलिए कि मुझ-जैसी स्थिति के आदमी को जिस तरह रहना चाहिए, वह तुमने सिखा दिया। मेरी आमदनी में आधा मेरी स्त्री का है। पर अब तक मैं उसका हिस्सा भी हड़प कर

जाता था। अब मैं इस योग्य हो रहा हूँ कि उसका हिस्सा उसे दे दूँ, या स्त्री को अपने साथ रक्खूँ। तुमने मुझे बहुत अच्छा पाठ दे दिया।'

'अगर तुम्हारी आमदनी कुछ बढ़ जाए, तो फिर उसी तरह रहने लगोगे?'

'नहीं, कदापि नहीं। अपनी स्त्री को बुला लूँगा।'

'अच्छा, तो ख़ुश हो जाओ; तुम्हारी तरक्की हो गई है।'

मैंने अविश्वास के भाव से कहा—मेरी तरक्की अभी क्या होगी! अभी मुझसे पहले के लोग पड़े नाक रगड़ रहे हैं।

'कहता हूँ मान जाव। मुझसे तुम्हारे बड़े बाबू कहते थे।'

मुझे अब भी विश्वास न आया। पर मारे कुतूहल के पेट में चूहे दौड़ रहे थे। उधर दानू बाबू अपने घर गए, इधर मैं बड़े बाबू के घर पहुँचा। बड़े बाबू बैठे अपनी बकरी दुह रहे थे। मुझे देखा, तो झेंपते हुए बोले—'क्या करें भाई, आज ग्वाला नहीं आया, इसलिए यह बला गले पड़ी। चलो, बैठो।'

मैं कमरे में जा बैठा। बाबूजी भी कोई आध घंटे के बाद हाथ में गुड़गुड़ी लिए निकले और इधर-उधर की बातें करते रहे। आख़िर मुझसे न रहा गया, बोला—मैंने सुना है, मेरी कुछ तरक्की हो गई है।

बड़े बाबू ने प्रसन्नमुख होकर कहा—हाँ भई, हुई तो है। तुमसे दानू बाबू ने कहा होगा?

'जी हाँ, अभी कहा है। मगर मेरा नम्बर तो अभी नहीं आया, तरक्की कैसे हुई?'

'यह न पूछो, अफ़सरों की निगाह चाहिए, नम्बर-सम्बर कौन देखता है!'

'लेकिन आख़िर मुझे किसकी जगह मिली? अभी कोई तरक्की का मौक़ा भी तो नहीं।'

'कह दिया भई, अफ़सर लोग सबकुछ कर सकते हैं। साहब एक दूसरी मद से तुम्हें 15) महीना देना चाहते हैं। दानू बाबू ने शायद साहब से कहा-सुना होगा।'

'किसी दूसरे का हक़ मारकर तो मुझे ये रुपए नहीं दिए जा रहे हैं?'

'नहीं, यह बात नहीं। मैं ख़ुद इसे न मंजूर करता।'

महीना गुज़रा, मुझे 45) मिले। मगर रजिस्टर में मेरे नाम के सामने वही 30) लिखे थे। बड़े बाबू ने अकेले में बुलाकर मुझे रुपए दिए और ताकीद कर दी कि किसी से कहना मत, नहीं दफ़्तर में बावेला मच जाएगा। साहब का हुक्म है कि यह बात गुप्त रक्खी जाए।

मुझे सन्तोष हो गया कि किसी सहकारी का गला घोंटकर मुझे रुपए नहीं दिए गए। ख़ुश-ख़ुश रुपए लिए हुए सीधा दानू बाबू के पास पहुँचा। वह मेरी बाछें खिली देखकर बोले—मार लाए तरक्की, क्यों?

'हाँ यार, रुपए तो 15) मिले; लेकिन तरक्की नहीं हुई, किसी और मद से दिए गए हैं।'

'तुम्हें रुपए से मतलब है, चाहे किसी मद से मिलें। तो अब बीवी को लेने जाओगे?'

'नहीं, अभी नहीं।'

'तुमने तो कहा था, आमदनी बढ़ जाएगी, तो बीवी को लाऊँगा, अब क्या हो गया?'

'मैं सोचता हूँ, पहले आपके रुपए पटा दूँ। अब से 30) महीने देता जाऊँगा, साल-भर में पूरे रुपए पट जाएँगे। तब मुक्त हो जाऊँगा।'

दानू बाबू की आँखें सजल हो गईं। मुझे आज अनुभव हुआ कि उनकी इस कठोर आकृति के नीचे कितना कोमल हृदय छिपा हुआ था। बोले—नहीं, अबकी मुझे कुछ मत दो। रेल का ख़र्च पड़ेगा, वह कहाँ से दोगे? जाकर अपनी स्त्री को ले आओ।

मैंने दुविधा में पड़कर कहा—यार, अभी न मजबूर करो। शायद क़िस्त न अदा कर सकूँ तो?

दानू बाबू ने मेरा हाथ पकड़कर कहा—तो कोई हरज नहीं। सच्ची बात यह है कि मैं अपनी घड़ी के दाम पा चुका। मैंने तो उसके 25) ही दिए थे। उस पर तीन साल काम ले चुका था। मुझे तुमसे कुछ न लेना चाहिए था। अपनी स्वार्थपरता पर लज्जित हूँ।

मेरी आँखें भी भर आईं। जी में तो आया, घड़ी का सारा रहस्य कह सुनाऊँ, लेकिन ज़ब्त कर गया। गद्गद कंठ से बोला—नहीं, दानू बाबू, मुझे रुपए अदा कर लेने दो। आख़िर तुम उस घड़ी को चार-पाँच सौ में बेच लेते या नहीं? मेरे कारण तुम्हें इतना नुक़सान क्यों हो?

'भई, अब घड़ी की चर्चा न करो। यह बताओ कि कब जाओगे?'

'अरे, तो पहले रहने का तो ठीक कर लूँ।'

'तुम जाओ, मैं मकान का प्रबंध कर रक्खूँगा।'

'मगर मैं 5) से ज़्यादा किराया न दे सकूँगा। शहर से ज़रा हटकर मकान सस्ता मिल जाएगा।'

'अच्छी बात है, मैं सब ठीक कर रक्खूँगा। किस गाड़ी से लौटोगे?'

'यह अभी क्या मालूम? बिदाई का मामला है, साइत बने या न बने या लोग एकाध दिन रोक ही लें। तुम इस झंझट में क्यों पड़ोगे? मैं दो-चार दिन में मकान ठीक करके चला जाऊँगा।'

'जी नहीं, आप आज जाइए और कल आइए।'

'तो उतरूँगा कहाँ?'

'मैं मकान ठीक कर लूँगा। मेरा आदमी तुम्हें स्टेशन पर मिलेगा।'

मैंने बहुत हीले-हवाले किए, पर उस भले आदमी ने एक न सुनी। उसी दिन मुझे ससुराल जाना पड़ा।

5

मुझे ससुराल में तीन दिन लग गए। चौथे दिन पत्नी के साथ चला। जी में डर रहा था कि कहीं दानू ने कोई आदमी न भेजा हो, तो कहाँ उतरूँगा, कहाँ जाऊँगा। आज चौथा दिन है। उन्हें इतनी क्या ग़रज़ पड़ी है कि बार-बार स्टेशन पर अपना आदमी भेजें। गाड़ी में सवार होते समय इरादा हुआ कि दानू को तार से अपने आने की सूचना दे दूँ। लेकिन बारह आने का ख़र्च था, इससे हिचक गया।

मगर जब गाड़ी बनारस पहुँची, तो देखता हूँ कि दानू बाबू स्वयं हैट-कैट लगाए, दो कुलियों के साथ खड़े हैं। मुझे देखते ही दौड़े और बोले—ससुराल की रोटियाँ बड़ी प्यारी लग रही थीं क्या? तीन दिन से रोज़ दौड़ रहा हूँ। जुरमाना देना पड़ेगा।

देवीजी सिर से पाँव तक चादर ओढ़े, गाड़ी से उतरकर प्लेटफार्म पर खड़ी हो गई थीं। मैं चाहता था, जल्दी से गाड़ी में बैठकर यहाँ से चल दूँ। घड़ी उनकी कलाई पर बँधी हुई थी। मुझे डर लग रहा था कि कहीं उन्होंने हाथ बाहर निकाला और दानू की निगाह घड़ी पर पड़ गई, तो बड़ी झेंप होगी। मगर तक़दीर का लिखा कौन टाल सकता है? मैं देवीजी से दानू बाबू की सज्जनता का ख़ूब बखान कर चुका था। अब जो दानू उसके समीप आकर सन्दूक उठवाने लगे, तो देवीजी ने दोनों हाथों से उन्हें नमस्कार किया। दानू ने उनकी कलाई पर घड़ी

देख ली। उस वक़्त तो क्या बोलते; लेकिन ज्यों ही देवीजी को एक ताँगे पर बिठाकर हम दोनों दूसरे ताँगे पर बैठकर चले, दानू ने मुस्कुराकर कहा—क्या घड़ी देवीजी ने छिपा दी थी?

मैंने शर्माते हुए कहा—नहीं यार, मैं ही दे आया था, दे क्या आया था, उन्होंने मुझसे छीन ली थी।

दानू ने मेरा तिरस्कार करके कहा—तो मुझसे झूठ क्यों बोले?

'फिर क्या करता?'

'अगर तुमने साफ़ कह दिया होता, तो शायद मैं इतना कमीना नहीं हूँ कि तुमसे उसका तावान वसूल करता; लेकिन ख़ैर, ईश्वर का कोई काम मसलहत से ख़ाली नहीं होता। तुम्हें कुछ दिनों ऐसी तपस्या की ज़रूरत थी।'

'मकान कहाँ ठीक किया है?'

'वहीं तो चल रहा हूँ।'

'क्या तुम्हारे घर के पास ही है? तब तो बड़ा मज़ा रहेगा।'

'हाँ, मेरे घर से मिला हुआ है मगर बहुत सस्ता।'

दानू बाबू के द्वार पर दोनों ताँगे रुके। आदमियों ने दौड़कर असबाब उतारना शुरू किया। एक क्षण में दानू बाबू की देवीजी घर में से निकलकर ताँगे के पास आईं और पत्नीजी को साथ ले गईं। मालूम होता था, यह सारी बातें पहले ही से सधी-बधी थीं।

मैंने कहा—तो यह कहो कि हम तुम्हारे बिन बुलाए मेहमान हैं।

'अब तुम अपनी मरजी का कोई मकान ढूँढ़ लेना। दस-पाँच दिन तो यहाँ रहो।'

लेकिन मुझे यह ज़बरदस्ती की मेहमानी अच्छी न लगी। मैंने तीसरे ही दिन एक मकान तलाश कर लिया। बिदा होते समय दानू ने 100) लाकर मेरे सामने रख दिए और कहा—यह तुम्हारी अमानत है। लेते जाओ।

मैंने विस्मय से पूछा—मेरी अमानत कैसी?

दानू ने कहा—15) के हिसाब से 6 महीने के 90) हुए और 10) सूद।

मुझे दानू की यह सज्जनता बोझ के समान लगी। बोला—तो तुम घड़ी ले लेना चाहते हो?

'फिर घड़ी का ज़िक्र किया तुमने। उसका नाम मत लो।'

'तुम मुझे चारों ओर से दबाना चाहते हो।'

'हाँ, दबाना चाहता हूँ। तुम्हें आदमी बना देना चाहता हूँ। नहीं तो उम्र भर तुम यहाँ होटल की रोटियाँ तोड़ते और तुम्हारी देवीजी वहाँ बैठी तुम्हारे नाम को रोतीं। कैसी शिक्षा दी है, इसका एहसान तो न मानोगे?'

'यों कहो, तो आप मेरे गुरु बने हुए थे?'

'जी हाँ, ऐसे गुरु की तुम्हें ज़रूरत थी।'

मुझे विवश होकर घड़ी का ज़िक्र करना पड़ा। डरते-डरते बोला—'तो भई, घड़ी ...'

'फिर तुमने घड़ी का नाम लिया!'

'तुम ख़ुद मुझे मजबूर कर रहे हो।'

'यह मेरी ओर से भावज को उपहार है।'

'और ये 100) मुझे उपहार मिले हैं।'

'जी हाँ, यह इम्तहान में पास होने का इनाम है।'

‘तब तो डबल उपहार मिला।’

‘तुम्हारी तक़दीर ही अच्छी है, क्या करूँ।’

मैं रुपए तो न लेता था, पर दानू ने मेरी जेब में डाल दिए। लेने पड़े। इन्हें मैंने सेविंग बैंक में जमा कर दिया। 10) महीने पर मकान लिया था। 30) महीने ख़र्च करता था। 5) बचने लगे। अब मुझे मालूम हुआ कि दानू बाबू ने मुझसे 6 महीने तक यह तपस्या न कराई होती, तो सचमुच मैं न-जाने कितने दिनों तक देवीजी को मैके में पड़ा रहने देता। उसी तपस्या की बरकत थी कि आराम से ज़िन्दगी कट रही थी, ऊपर से कुछ-न-कुछ जमा होता जाता था। मगर घड़ी का क़िस्सा मैंने आज तक देवीजी से नहीं कहा। पाँचवें महीने में मेरी तरक्की का नम्बर आया। तरक्की का परवाना मिला। मैं सोच रहा था कि देखूँ अबकी दूसरी मद वाले 15) मिलते हैं या नहीं। पहली तारीख़ को वेतन मिला, वही 45)। मैं एक क्षण खड़ा रहा कि शायद बड़े बाबू दूसरी मद वाले रुपए भी दें। जब और लोग अपने-अपने वेतन लेकर चले गए, तो बड़े बाबू बोले—क्या अभी लालच घेरे हुए है? अब और कुछ न मिलेगा।

मैंने लज्जित होकर कहा—जी नहीं, इस ख़याल से नहीं खड़ा हूँ। साहब ने इतने दिनों तक परवरिश की, यह क्या थोड़ा है। मगर कम-से-कम इतना तो बता दीजिए कि किस मद से वह रुपया दिया जाता था?

बड़े बाबू—‘पूछकर क्या करोगे?’

‘कुछ नहीं, यों ही जानने को जी चाहता है?’

‘जाकर दानू बाबू से पूछो।’

‘दफ़्तर का हाल दानू बाबू क्या जान सकते हैं?’

‘नहीं, यह हाल वही जानते हैं।’

मैंने बाहर आकर एक ताँगा लिया और दानू के पास पहुँचा। और पूरे दस महीने के बाद मैंने ताँगा किराये पर किया था। इस रहस्य के जानने के लिए मेरा दम घुट रहा था। दिल में तय कर लिया था कि अगर बचा ने यह षड्यंत्र रचा होगा, तो बुरी तरह ख़बर लूँगा। आप बग़ीचे में टहल रहे थे। मुझे देखा तो घबराकर बोले—कुशल तो है, कहाँ से भागे आते हो?

मैंने कृत्रिम क्रोध दिखाकर कहा—मेरे यहाँ तो कुशल है, लेकिन तुम्हारी कुशल नहीं।’

‘क्यों भई, क्या अपराध हुआ है?’

‘आप बतलाइए कि पाँच महीने तक मुझे जो 15) वेतन के ऊपर से मिलते थे, वह कहाँ से आते थे?’

‘तुमने बड़े बाबू से नहीं पूछा? तुम्हारे दफ़्तर का हाल मैं क्या जानूँ?’

मैं आजकल दानू से बेतकल्लुफ हो गया था। बोला—

‘देखो दानू, मुझसे उड़ोगे, तो अच्छा न होगा। क्यों नाहक मेरे हाथों पिटोगे?’

‘पीटना चाहो, तो पीट लो भई, सैकड़ों ही बार पीटा है; एक बार और सही। बारजे पर से जो ढकेल दिया था, उसका निशान बना हुआ है, यह देखो।’

‘तुम टाल रहे हो और मेरा दम घुट रहा है। सच बताओ, क्या बात थी?’

‘बात-वात कुछ नहीं थी। मैं जानता था कि कितनी ही क़िफायत करोगे, 30) में तुम्हारा गुज़र न होगा। और न सही, दोनों वक़्त रोटियाँ तो हों। बस इतनी बात है। अब इसके लिए जो चाहो, दंड दो।’

स्मृति का पुजारी

महाशय होरीलाल की पत्नी का जब से देहान्त हुआ वह एक तरह से दुनिया से विरक्त हो गए हैं। यों रोज़ कचहरी जाते हैं—अब भी उनकी वकालत बुरी नहीं है। मित्रों से राह-रस्म भी रखते हैं, मेलों-तमाशों में भी जाते हैं; पर इसलिए कि वे भी मनुष्य हैं और मनुष्य एक सामाजिक जीव है। जब उनकी स्त्री जीवित थी, तब कुछ और ही बात थी। किसी-न-किसी बहाने से आए-दिन मित्रों की दावतें होती रहती थीं। कभी गार्डन-पार्टी है, कभी संगीत है, कभी जन्माष्टमी है, कभी होली है। मित्रों का सत्कार करने में जैसे उन्हें मज़ा आता था। लखनऊ से सुफेदे आए हैं। अब, जब तक दोस्तों को खिला न लें, उन्हें चैन नहीं। कोई अच्छी चीज़ ख़रीदकर उन्हें यही धुन हो जाती थी कि उसे किसी को भेंट कर दें। जैसे और लोग अपने स्वार्थ के लिए तरह-तरह के प्रपंच रचा करते हैं, वह सेवा के लिए षड्यंत्र रचते थे। आपसे मामूली जान-पहचान है, लेकिन उनके घर चले जाइए तो चाय और फलों से आपका सत्कार किए बिना न रहेंगे। मित्रों के हित के लिए प्राण देने को तैयार और बड़े ही खुशमिज़ाज। उनके क़हक़हे ग्रामोफ़ोन में भरने लायक होते थे। कोई संतान न थी, लेकिन किसी ने उन्हें दुखी या निराश नहीं देखा। मुहल्ले के सारे बच्चे उनके बच्चे थे। और स्त्री भी उसी रंग में रँगी हुई। आप कितने ही चिंतित हों, उस देवी से मुलाक़ात होते ही आप फूल की तरह खिल जाएँगे। न जाने इतनी लोकोक्तियाँ कहाँ से याद कर ली थीं। बात-बात पर कहावतें कहती थी। और जब किसी को बनाने पर आ जाती, तो रुलाकर छोड़ती थीं। गृह-प्रबंध में तो उसका जोड़ न था, दोनों एक-दूसरे के आशिक़ थे, और उनका प्रेम पौधों के क़लम की भाँति दिनों के साथ और भी घनिष्ठ होता जाता था। समय की गति उस पर जैसे आशीर्वाद का काम कर रही थी। कचहरी से छुट्टी पाते ही वह प्रेम का पथिक दीवानों की तरह घर भागता था। आप कितना ही आग्रह करें पर उस वक़्त रास्ते में एक मिनट के लिए भी न रुकता था और अगर कभी महाशयजी के आने में देर हो जाती थी तो वह प्रेम-योगिनी छज्जे पर खड़ी होकर उनकी राह देखा करती थी। और पचीस साल के अभिन्न सहचर ने उनकी आत्माओं में इतनी समानता पैदा कर दी थी कि जो बात एक के दिल में आती थी, वही दूसरे के दिल में बोल उठती थी। यह बात नहीं कि उनमें मतभेद न होता हो। बहुत-से विषयों में उनके विचारों में आकाश-पाताल का अंतर था और अपने पक्ष के समर्थन और परपक्ष के खंडन में उनमें ख़ूब झाँव-झाँव होती थी। कोई बाहर का आदमी सुने तो समझे कि दोनों लड़ रहे हैं और अब हाथापाई की नौबत आनेवाली है; मगर उनके मुबाहसे मस्तिष्क के होते थे। हृदय दोनों के एक, दोनों सहृदय, दोनों प्रसन्नचित्त, स्पष्ट कहनेवाले, निःस्पृह। मानो देवलोक के निवासी हों; इसलिए पत्नी का देहान्त हुआ, तो कई महीने तक हम लोगों को यह अन्देशा रहा कि यह महाशय आत्महत्या न कर बैठें। हम लोग सदैव उनकी दिलजोई करते रहते, कभी एकान्त में न बैठने देते। रात को भी कोई-न-कोई उनके साथ लेटता था। ऐसे व्यक्तियों पर दूसरों को दया आती ही है। मित्रों की पत्नियाँ तो इन पर जान देती थीं। इनकी नज़रों में वह देवताओं के भी देवता थे। उनकी मिसाल दे-देकर अपने पुरुषों से कहतीं—इसे कहते हैं प्रेम! ऐसा पुरुष हो, तो क्यों न स्त्री उसकी ग़ुलामी करे। जब से बीवी मरी है ग़रीब ने कभी भरपेट भोजन नहीं किया, कभी नींद-भर नहीं सोया। नहीं तो तुम लोग दिल में मनाते रहते

हो कि यह मर जाए, तो नया ब्याह रचाएँ। दिल में ख़ुश होगे कि अच्छा हुआ मर गई, रोग टला, अब नई-नवेली स्त्री लाएँगे।

और अब महाशयजी का पैंतालीसवाँ साल था, सुगठित शरीर था, स्वास्थ्य अच्छा, रूपवान्, विनोदशील, सम्पन्न। चाहते तो तुरन्त दूसरा ब्याह कर लेते। उनके हाँ करने की देर थी। ग़रज़ के बावले कन्यावालों ने सन्देश भेजे, मित्रों ने भी उजड़ा घर बसाना चाहा; पर इस स्मृति के पुजारी ने प्रेम के नाम को दाग़ न लगाया। अब हफ़्तों बाल नहीं बनते; कपड़े नहीं बदले जाते। घसियारों-सी सूरत बनी हुई है, कुछ परवाह नहीं। कहाँ तो मुँह-अँधेरे उठते थे और चार मील का चक्कर लगा आते थे, कभी अलसा जाते थे तो देवीजी घुड़कियाँ जमातीं और उन्हें बाहर खदेड़कर द्वार बन्द कर लेतीं। कहाँ अब आठ बजे तक चारपाई पर पड़े करवटें बदल रहे हैं। उठने का जी नहीं चाहता। खिदमतगार ने हुक़्क़ा लाकर रख दिया, दो-चार कश लगा लिए। न लाए, तो ग़म नहीं। चाय आई पी ली, न आए तो परवाह नहीं। मित्रों ने बहुत गला दबाया, तो सिनेमा देखने चले गए; लेकिन क्या देखा और क्या सुना, इसकी ख़बर नहीं। कहाँ तो अच्छे-अच्छे सूटों का खब्त था, कोई ख़ुशनुमा डिज़ाइन का कपड़ा आ जाए, आप एक सूट ज़रूर बनवाएँगे। वह क्या बनवाएँगे, उनके लिए देवीजी बनवाएँगी। कहाँ अब पुराने-धुराने बदरंग, सिकुड़े-सिकुड़ाए, ढीले-ढाले कपड़े लटकाए चले जा रहे हैं, जो अब दुबलेपन के कारण उतारे-से लगते हैं और जिन्हें अब किसी तरह सूट नहीं कहा जा सकता। महीनों बाज़ार जाने की नौबत नहीं आती। अबकी कड़ाके का जाड़ा पड़ा, तो आपने एक रुईदार नीचा लबादा बनवा लिया और खासे भगतजी बन गए। सिर्फ़ कंटोप की कसर थी। देवीजी होतीं, तो यह लबादा छीनकर किसी फ़क़ीर को दे देतीं; मगर अब कौन देखनेवाला है। किसे परवाह है, वह क्या पहनते हैं और कैसे रहते हैं। 45 की उम्र में जो आदमी 35 का लगता था, वह अब 50 की उम्र में 70 का लगता है, कमर भी झुक गई है, बाल भी सफ़ेद हो गए हैं, दाँत भी ग़ायब हो गए। जिसने उन्हें तब देखा हो, आज पहचान भी न सके।

मज़ा यह है कि तब जिन विषयों पर देवीजी से लड़ा करते थे, वही अब उनकी उपासना के अंग बन गए हैं। मालूम नहीं उनके विचारों में क्रांति हो गई है या मृतात्मा ने उनकी आत्मा में लीन होकर भिन्नताओं को मिटा दिया है। देवीजी को विधवा-विवाह से घृणा थी। महाशयजी इसके पक्के समर्थक थे; लेकिन अब आप भी विधवा-विवाह का विरोध करते हैं। आप पहले पश्चिमी या नई सभ्यता के भक्त थे और देवीजी का मज़ाक़ उड़ाया करते थे। अब इस सभ्यता की उनसे ज़्यादा तीव्र आलोचना शायद ही कोई कर सके। इस बार यों ही अँग्रेज़ों के समय-नियंत्रण की चर्चा चल गई। मैंने कहा—इस विषय में हमें अँग्रेज़ों से सबक लेना चाहिए। बस, आप तड़पकर उठ बैठे और उन्मत्त स्वर में बोले—कभी नहीं, प्रलय तक नहीं। मैं इस नियंत्रण को स्वार्थ का स्तम्भ, अहंकार का हिमालय और दुर्बलता का सहारा समझता हूँ। एक व्यक्ति मुसीबत का मारा आपके पास आता है। मालूम नहीं, कौन-सी ज़रूरत उसे आपके पास खींच लाई है; लेकिन आप फरमाते हैं—मेरे पास समय नहीं। यह उन्हीं लोगों का व्यवहार है, जो धन को मनुष्यता के ऊपर समझते हैं, जिनके लिए जीवन केवल धन है। जो व्यक्ति सहृदय है, वह कभी इस नीति को पसन्द न करेगा। हमारी सभ्यता धन को इतना ऊँचा स्थान नहीं देती थी। हम अपने द्वार हमेशा खुले रखते थे। जिसे जब ज़रूरत हो, हमारे पास आए। हम पूर्ण तन्मयता से उसका वृत्तान्त सुनेंगे और उसके हर्ष या शोक में शरीक

होंगे। अच्छी सभ्यता है! जिस सभ्यता की स्पिरिट स्वार्थ हो, वह सभ्यता नहीं है; संसार के लिए अभिशाप है, समाज के लिए विपत्ति है। इस तरह धर्म के विषय में भी दम्पती में काफ़ी वितंडा होता रहता था। देवीजी हिन्दू धर्म की अनुगामिनी थीं, आप इस्लामी सिद्धांतों के कायल थे; मगर अब आप भी पक्के हिन्दू हैं, बल्कि यों कहिए कि आप मानवधर्मी हो गए हैं। एक दिन बोले—मेरी कसौटी तो है मानवता! जिस धर्म में मानवता को प्रधानता दी गई है, बस, उसी धर्म का मैं दास हूँ। कोई देवता हो या नबी या पैगम्बर, अगर वह मानवता के विरुद्ध कुछ कहता है, तो मेरा उसे दूर से सलाम है। इस्लाम का मैं इसलिए कायल था कि वह मनुष्यमात्र को एक समझता है, ऊँच-नीच का वहाँ कोई स्थान नहीं है; लेकिन अब मालूम हुआ कि यह समता और भाईपन व्यापक नहीं, केवल इस्लाम के दायरे तक परिमित है। दूसरे शब्दों में, अन्य धर्मों की भाँति यह भी गुटबंद है और इसके सिद्धांत केवल उस गुट या समूह को सबल और संगठित बनाने के लिए रचे गए हैं। और जब मैं देखता हूँ कि यहाँ भी जानवरों की कुरबानी शरीयत में दाख़िल है और हरेक मुसलमान के लिए अपनी सामर्थ्य के अनुसार भेड़, बकरी, गाय, या ऊँट की कुरबानी फर्ज बताई गई है, तो मुझे उसके अपौरुषेय होने में सन्देह होने लगता है। हिन्दुओं में भी एक सम्प्रदाय पशु-बलि को अपना धर्म समझता है। यहूदियों, ईसाइयों और अन्य मतों ने भी कुरबानी की बड़ी महिमा गायी है। इसी तरह एक समय नर-बलि का भी रिवाज था। आज भी कहीं-कहीं उस सम्प्रदाय के नामलेवा मौजूद हैं, मगर क्या सरकार ने नर-बलि को अपराध नहीं ठहराया और ऐसे मजहबी दीवानों को फाँसी नहीं दी? अपने स्वाद के लिए आप भेड़ को जबह कीजिएगा, या गाय, ऊँट या घोड़े को? मुझे कोई आपत्ति नहीं। लेकिन धर्म के नाम पर कुरबानी मेरी समझ में नहीं आती। अगर आज इन जानवरों का राज हो जाए, तो कहिए, वे इन कुरबानियों के जवाब में हमें और आपको कुरबान कर दें या नहीं? मगर हम जानते हैं, जानवरों में कभी यह शक्ति न आएगी, इसलिए हम बेधड़क कुरबानियाँ करते हैं और समझते हैं, हम बड़े धर्मात्मा हैं। स्वार्थ और लोभ के लिए हम चौबीसों घंटे अधर्म करते हैं। कोई ग़म नहीं, लेकिन कुरबानी का पुन लूटे बग़ैर हमसे नहीं रहा जाता। तो जनाब, मैं ऐसे रक्तशोषक धर्मों का भक्त नहीं। यहाँ तो मानवता के पुजारी हैं, चाहे इस्लाम में हो या हिन्दू-धर्म में या बौद्ध में या ईसाइयत में; अन्यथा मैं विधर्मी ही भला। मुझे किसी मनुष्य से केवल इसलिए द्वेष तो नहीं है कि यह मेरा सहधर्मी नहीं। मैं किसी का ख़ून तो नहीं बहाता, इसलिए कि मुझे पुन होगा।

इस तरह के कितने ही परिवर्तन महाशयजी के विचारों में आ गए।

और महाशयजी के पास सम्भाषण का केवल एक ही विषय है, जिससे वह कभी नहीं थकते और वह है—उस स्वर्गवासिनी का गुणगान। कोई मेहमान आ जाए, आप बावले-से इधर-उधर दौड़ रहे हैं, कुछ नहीं सूझता, कैसे उसकी ख़ातिर करें। क्षमा-याचना के लिए शब्द ढूँढ़ते फिरते हैं—भाईजान, मैं आपकी क्या ख़ातिर करूँ, जो आपकी सच्ची ख़ातिर करता, वह नहीं रहा। इस वक़्त तक आपके सामने चाय और टोस्ट और बादाम का हलवा आ जाता। संतरे और सेब छिले-छिलाए तश्तरियों में रख दिए जाते। मैं तो निरा उल्लू हूँ, भाई साहब, बिलकुल काठ का उल्लू। मुझमें जो कुछ अच्छा था, वह सब उनका प्रसाद था। उसी की बुद्धि से मैं बुद्धिमान् था, उसी की सज्जनता से सज्जन, उसी की उदारता से उदार। अब तो निरा मिट्टी का पुतला हूँ भाई साहब, बिलकुल मुर्दा। मैं उस देवी के योग्य न था। न-जाने किन शुभ-कर्मों के

फल से वह मुझे मिली थी। आइए, आपको उसकी तसवीर दिखाऊँ। मालूम होता है, अभी-अभी उठकर चली गई है। भाई साहब, आपसे साफ़ कहता हूँ, मैंने ऐसी सुन्दरी कभी नहीं देखी। उसके रूप में केवल रूप की गरिमा ही न थी, रूप का माधुर्य भी था और मादकता भी, एक-एक अंग साँचे में ढला था। साहब! आप उसे देखकर कवियों के नख-सिख को लात मारते।

आप उत्सुक नेत्रों से वह तसवीर देखते हैं। आपको उसमें कोई विशेष सौन्दर्य नहीं मिलता। स्थूल शरीर है, चौड़ा-सा मुँह, छोटी-छोटी आँखें, रंग-ढंग से दहकानीपन झलक रहा है। उस तसवीर की ख़ूबियाँ कुछ इस अनुराग और इस आडम्बर से बयान किए जाते हैं कि आपको सचमुच इस चित्र में सौन्दर्य का आभास होने लगता है। इस गुणानुवाद में कितना समय जाता है, वही महाशयजी के जीवन के आनंद की घड़ियाँ हैं। इतनी ही देर वह जीवित रहते हैं। शेष जीवन निरानन्द है, निस्पन्द है।

पहले कुछ दिनों तक तो वह हमारे साथ हवा खाने जाते रहे—वह क्या जाते रहे, मैं ज़बरदस्ती ठेल-ठालकर ले जाता रहा, लेकिन रोज़ आधे घंटे तक उनका इंतज़ार करना पड़ता था। किसी तरह घर से निकलते भी तो जनवासे वाली चाल से चलते और आध मील में ही हिम्मत हार जाते और लौट चलने का तकाजा करने लगते। आख़िर मैंने उन्हें साथ ले जाना छोड़ दिया। और तबसे उनकी चहलक़दमी चालीस क़दम की रह गई है। सैर क्या है—बेगार है और वह भी इसलिए कि देवीजी के सामने उनका यह नियम था।

एक दिन उनके द्वार के सामने से निकला, तो देखा कि ऊपर की खिड़कियाँ, जो बरसों से बन्द पड़ी थीं, खुली हुई हैं! अचरज हुआ। द्वार पर नौकर बैठा नारियल पी रहा था। उससे पूछा, तो मालूम हुआ, आप घूमने गए हैं। मुझे मीठा विस्मय हुआ। आज यह नई बात क्यों! इतने सबेरे तो यह कभी नहीं उठते। जिस तरफ़ वह गए थे, उधर ही मैंने भी क़दम बढ़ाए। इधर एक हफ़्ते के लिए मैं एक नेवते में चला गया था। इस बीच यह क्या कायापलट हो गई! ज़रूर कोई-न-कोई रहस्य है। और भला आदमी निकल कितनी दूर गया? दो मील तक कहीं पता नहीं! मैं निराश हो गया, मगर यह महाशय रास्ते में कहाँ रह गए, यहाँ तो किसी से उनकी मुलाक़ात भी नहीं है, जहाँ ठहर गए हों? कुछ चिन्ता भी हो रही थी। कहीं कुएँ में तो नहीं कूद पड़े! मैं लौटने ही वाला था कि आप लौटते हुए नज़र आए। चित्त शान्त हुआ। आज तो कैड़ा ही और था। बाल नए फैशन से कटे हुए, मूँछें साफ़, दाढ़ी चिकनी, चेहरा खिला हुआ, चाल में चपलता, सूट पुराना, पर ब्रश किया हुआ और शायद इस्तरी भी की हुई, बूट पर ताज़ा पालिश। मुस्कुराते चले आते थे। मुझे देखते ही लपककर हाथ मिलाया और बोले—आज कई दिन के बाद मिले! कहीं गए थे क्या?

मैंने अपनी ग़ैरहाजिरी का कारण बताकर कहा—मैं डरता हूँ, आज तुम्हें नज़र न लग जाए। अब मैं नित्य तुम्हारे साथ घूमने आया करूँगा। आज बहुत दिनों के बाद तुमने आदमी का चोला धारण किया है।

झेंपकर बोले—नहीं भई, मुझे अकेला ही रहने दो! तुम लगोगे दौड़ने और ऊपर से घुड़कियाँ जमाओगे। मैं अपने हौले-हौले चला जाता हूँ। जब थक जाता हूँ, कहीं बैठ लेता हूँ। मेरा-तुम्हारा क्या साथ?

'यह दशा तो तुम्हारी एक सप्ताह पहले न थी। आज तो तुम बिलकुल अप-टु-डेट हो। इस चाल से तो शायद मैं तुमसे पीछे ही रहूँगा।'

'तुम तो बनाने लगे।'

'मैं कल से तुम्हारे साथ घूमने आऊँगा। मेरा इंतज़ार करना।'

'नहीं भई, मुझे दिक न करो। मैं आजकल बहुत सबेरे उठ जाता हूँ। रात को नींद नहीं आती। सोचता हूँ, टहल ही आऊँ। तुम मेरे साथ क्यों परेशान होगे?'

मेरा विस्मय बढ़ता जा रहा था। यह महाशय हमेशा मेरे पैरों पड़ते रहते थे कि मुझे भी साथ ले लिया करो। जब मैंने इनकी मन्थरता से हारकर इनका साथ छोड़ दिया, तब इन्हें बड़ा दुःख हुआ। दो-एक बार मुझसे शिकायत भी की—हाँ भई, अब क्यों साथ दोगे? अभागों का साथ किसने दिया है, या तुम कोई नई रीति निकालोगे? ज़माने का दस्तूर है, जो लँगड़ाता हो उसे ढकेल दो, जो बीमार हो, उसे ज़हर दे दो और वही आदमी आज मुझसे पीछा छुड़ा रहा है? यह क्या रहस्य है? यह चपलता, प्रसन्नता और सजीवता कहाँ से आ गई? कहीं आपने बंदर की गिल्टी तो नहीं लगवा ली! यह नया सिविल सार्जन गिल्टी-आरोपण-कला में सिद्धहस्त है। मुमकिन है, तुम्हें किसी ने सुझा दिया हो और आपने हज़ार-पाँच सौ ख़र्च करके गिल्टी बदलवा ली हो। इस पहेली को बूझे बग़ैर चैन कहाँ। उनके साथ ही लौट पड़ा।

दो-चार क़दम चलकर मैंने पूछा—सच बताओ, भाईजान! गिल्टी-विल्टी तो नहीं लगवा ली?

उन्होंने प्रश्न की आँखों से देखा—कैसी गिल्टी? मैं नहीं समझा।

'मुझे सन्देह हो रहा है कि तुमने बंदर की गिल्टियाँ लगवा ली हैं।'

'अरे यार, क्यों कोसते हो? गिल्टियाँ किसलिए लगवाता? मुझे तो इसका कभी ख़याल भी नहीं आया।'

'तो क्या कोई बिजली का यंत्र मँगवा लिया है?'

'तुम आज मेरे पीछे क्यों हाथ धोकर पड़े हो? विधवा भी तो कभी सिंगार कर लेती है? जी ही तो है! एक दिन मुझे अपने आलस्य और बेदिली पर खेद हुआ। मैंने सोचा, जब संसार में रहना है, तो ज़िन्दों की तरह क्यों न रहूँ। मुर्दों की तरह जीने से क्या फ़ायदा। बस और न कोई बात है, न रहस्य।'

मुझे इस व्याख्या से सन्तोष न हुआ। दूसरे दिन ज़रा और सबेरे आकर मुंशीजी के द्वार पर आवाज़ दी; लेकिन आप आज भी निकल चुके थे। मैं उनके पीछे भागा। ज़िद पड़ गई कि इसे अकेले न जाने दूँगा। देखूँ, कब तक मुझसे भागता है। कोई रहस्य है अवश्य। अच्छा बचा, आधी रात को आकर बिस्तर से न उठाऊँ तो सही। दौड़ तो न सका; लेकिन जितना तेज़ चल सकता था, चला। एक मील के बाद आप नज़र आए। बगटुट भागे चले जा रहे थे। अब मैं बार-बार पुकार रहा हूँ—हजरत, ज़रा ठहर जाइए, मेरी साँस फूल रही है; मगर आप हैं कि सुनते ही नहीं। आख़िर जब मैंने अपने सिर की क़सम दिलाई, तब जाकर आप रुके। मैं झपाटे से पहुँचा, तो तिनककर बोले—मैंने तुमसे कह दिया था, मेरे घर मत आना, फिर क्यों आए और क्यों मेरे पीछे पड़े? मुझे आप धीरे-धीरे घूमने दो। तुम अपना रास्ता लो।

मैंने उनका हाथ पकड़कर ज़ोर से झटका दिया और बोला—देखो, होरीलाल, मुझसे उड़ो नहीं, वरना मुझे जानते हो, कितना बेमुरौवत आदमी हूँ। तुम यह धीरे-धीरे टहल रहे

हो या डबल मार्च कर रहे हो! मेरी पिंडलियों में दर्द होने लगा और पसलियाँ दुख रही हैं। डाक का हरकारा भी तो इस चाल से नहीं दौड़ता। उस पर ग़ज़ब यह कि तुम थके नहीं हो, अब भी उसी दम-खम के साथ चले जा रहे हो। अब तो तुम डंडे लेकर भगाओ, तो भी तुम्हारा दामन न छोड़ूँ। तुम्हारे साथ दो मील भी चलूँगा, तो अच्छी-ख़ासी कसरत हो जाएगी, मगर अब साफ़-साफ़ बतलाओ, बात क्या है? तुममें यह जवानी कहाँ से आ गई? अगर किसी अकसीर का सेवन कर रहे हो, तो मुझे भी दो। कम-से-कम उसे मँगाने का पता बता दो, मैं मँगवा लूँगा; अगर किसी दुआ-ताबीज की करामात है, तो मुझे भी उस पीर के पास ले चलो।

मुस्कुराकर बोले—तुम तो पागल हो, झूठ-मूठ मुझे दिक कर रहे हो। बूढ़े हो गए, मगर लड़कपन न गया। क्या तुम चाहते हो कि मैं हमेशा उसी तरह मुर्दा पड़ा रहूँ। इतना भी तुमसे नहीं देखा जाता! तब तो तुम्हारे मिज़ाज ही न मिलते थे। कितनी चिरौरी की कि भाईजान, मुझ भकुवे को भी साथ ले लिया करो। मगर आप नखरे दिखाने लगे। अब क्यों मेरे पीछे पड़े हो? यह समझ लो, जो अपनी मदद आप करता है, उसकी मदद परमात्मा भी करते हैं। मित्रों और बन्धुओं की मुरौवत देख ली! अब अपने बूते पर चलूँगा।

वह इसी तरह मुझे कोसते जा रहे थे और मैं उन्हें छेड़-छेड़कर और भी उत्तेजित कर रहा था कि एकाएक उन्होंने उँगली मुँह पर रखकर मुझे चुप रहने का इशारा किया। और ज़रा कद और सीधा करके और चेहरे पर प्रसन्नता और पुरुषार्थ का रंग भर मस्तानी चाल से चलने लगे। मेरी समझ में ज़रा भी न आया, यह संकेत और बहुरूप किसलिए? वहाँ तो दूसरा कोई था भी नहीं। हाँ, सामने से एक स्त्री चली आ रही थी; मगर उसके सामने इस पर्देदार की क्या ज़रूरत? मैंने तो उसे कभी देखा भी न था। आसमानी रंग की रेशमी साड़ी, जिस पर पीला लैस टँका था, उस पर ख़ूब खिल रही थी। रूपवती कदापि न थी, मगर रूप से ज़्यादा मोहक थी उसकी सरलता और प्रसन्नता। एक बहुत ही मामूली शक्ल-सूरत की औरत इतनी नयनाभिराम हो सकती है, यह मैं न समझ सकता था।

उसने होरीलाल के बराबर आकर नमस्कार किया। होरीलाल ने जवाब में सिर तो झुका दिया; मगर बिना कुछ बोले आगे बढ़ना चाहते थे कि उसने कोयल के स्वर में कहा—'क्या अब लौटिएगा नहीं? आप अपनी सीमा से आगे बढ़े जा रहे हैं। और हाँ, आज तो आपने मुझे देवीजी की तसवीर देने का वादा किया था। शायद भूल गए, आपके साथ चलूँ?'

महाशयजी कुछ ऐसे बौखलाए हुए थे, कि मामूली शिष्टाचार भी न कर सके। यों वह बड़े ही भद्र पुरुष हैं और शिष्टाचार में निपुण; लेकिन इस वक़्त जैसे उनके हाथ-पाँव फूले हुए थे। एक क़दम और आगे बढ़कर बोले—आप क्षमा कीजिए। मैं एक काम से जा रहा हूँ।

महिला ने कुछ चिढ़ाकर कहा—आप तो जैसे भागे जा रहे हैं। मुझे तसवीर दीजिएगा या नहीं?

महाशयजी ने मेरी ओर कुपित नेत्रों से देखकर कहा—तलाश करूँगा।

सुन्दरी ने शिकायत के स्वर में कहा—आपने तो फरमाया था कि वह हमेशा आपकी मेज़ पर रहती है। और अब आप कहते हैं—तलाश करूँगा। आपकी तबीयत तो अच्छी

है? जब से आपने उनका चरित्र सुनाया है, मैं उनके दर्शनों के लिए व्याकुल हो रही हूँ। अगर आप यों न देंगे, मैं आपकी मेज़ पर से उठा लाऊँगी। (मेरी ओर देखकर) आप मेरी मदद कीजिएगा महाशय। यद्यपि मैं जानती हूँ, आप इनके मित्र हैं और इनके साथ दग़ा न करेंगे। आपको ताज्जुब हो रहा होगा, यह कौन औरत महाशयजी से इतनी निस्संकोच होकर बातें कर रही है। इनसे पहली बार मेरा परिचय सब्जीमंडी में हुआ था। मैं शाक-भाजी ख़रीदने गई हुई थी। अपनी भाजी मैं ख़ुद लाती हूँ, जिस चीज़ पर जीवन का आधार है, उसे नौकरों के हाथ नहीं छोड़ना चाहती। भाजी लेकर मैंने दाम देने के लिए रुपया निकाला, तो कुँजड़े ने उसे टंकारकर कहा—दूसरा रुपया दो, यह खोटा है। अब मैंने जो ख़ुद टंकारा, तो मालूम हुआ, सचमुच कुछ ठस है। अब क्या करूँ! मेरे पास दूसरा रुपया न था, यद्यपि इस तरह के कटु अनुभव मुझे कितनी बार हो चुके हैं; मगर घर से रुपया लेकर चलते वक़्त मुझे उसे परख लेने की याद नहीं रहती। न किसी से लेती ही बार परखती हूँ।

इस वक़्त मेरे सन्दूक में ज़्यादा नहीं तो बीस-पचीस खोटे रुपए पड़े होंगे, और रेजगारियाँ तो सैकड़ों की ही होंगी। मेरे लिए अब इसके सिवा दूसरा उपाय न था कि भाजी लौटाकर ख़ाली हाथ चली आऊँ। संयोग से महाशयजी उसी दुकान पर भाजी लेने आए थे। मुझे इस विपत्ति में देखकर आपने तुरन्त एक रुपया निकालकर दे दिया ...।

महाशयजी ने बात काटकर कहा—तो इस वक़्त आप वह सारी कथा क्यों सुना रही हैं? हम दोनों एक ज़रूरी काम से जा रहे हैं। व्यर्थ में देर हो रही है।

उन्होंने मेरा हाथ पकड़कर अपनी ओर खींचा।

मुझे उनकी यह अभद्रता बुरी लगी। कुछ-कुछ इसका रहस्य भी समझ में आ गया। बोला—तो आप जाइए; मुझे ऐसा कोई ज़रूरी काम नहीं है, मैं भी अब लौटना चाहता हूँ।

महाशयजी ने दाँत पीस लिए, अगर वह सुन्दरी वहाँ न होती, तो न-जाने मेरी क्या दुर्दशा करते। एक क्षण मेरी ओर अग्नि-भरे नेत्रों से ताक़ते रहे, मानो कह रहे हों—अच्छा, इसका मज़ा न चखाया, तो कहना और चल दिए। मैं देवी के साथ लौटा।

सहसा उसने हिचकिचाते हुए कहा—मगर नहीं, आप जाइए, मैं उनके साथ जाऊँगी। शायद मुझसे नाराज़ हो गए हैं। आज एक सप्ताह से मेरा और उनका रोज़ साथ हो जाता है और अब अपनी जीवन-कथा सुनाया करते हैं। कैसी नसीबवाली थी, वह औरत, जिसका पति आज भी उसके नाम की पूजा करता है। आपने तो उन्हें देखा होगा। क्या सचमुच इन पर जान देती थी?

मैंने गर्व से कहा—दोनों में इश्क़ था।

'और जब से उनका देहान्त हुआ, यह दुनिया से मुँह मोड़ बैठे?'

'इससे भी अधिक! उसकी स्मृति के सिवा जीवन में उनके लिए कोई रस ही न रहा।'

'वह रूपवती थी?'

'इनकी दृष्टि में तो उससे बढ़कर रूपवती संसार में न थी।'

उसने एक मिनट तक किसी विचार में मग्न रहकर कहा—अच्छा आप जाएँ। मैं उनके साथ बात करूँगी। ऐसे देवता पुरुष की मुझसे जो सेवा हो सकती है, उसमें क्यों दरेग करूँ? मैं तो इनका वृत्तान्त सुनकर सम्मोहित हो गई हूँ।

मैं अपना-सा मुँह लेकर घर चला आया। इत्तफाक से उसी दिन मुझे एक ज़रूरी काम से दिल्ली जाना पड़ा। वहाँ से एक महीने में लौटा। और सबसे पहला काम जो मैंने किया, वह महाशय होरीलाल का क्षेम-कुशल पूछना था। इस बीच में क्या-क्या नई बातें हो गईं—यह जानने के लिए अधीर हो रहा था। दिल्ली से इन्हें एक पत्र लिखा था; पर इन हजरत में यह बुरी आदत है कि पत्रों का जवाब नहीं देते। सुन्दरी से इनका अब क्या सम्बन्ध है, आमदरफ्त जारी है, या बन्द हो गई, उसने इनके पत्नी-व्रत का क्या पुरस्कार दिया, या देनेवाली है? इस तरह के प्रश्न दिल में उबल रहे थे।

मैं महाशयजी के घर पहुँचा, तो आठ बज रहे थे। खिड़कियों के पट बन्द थे। सामने बरामदे में कूड़े-करकट का ढेर था। ठीक वही दशा थी, जो पहले नज़र आती थी। चिन्ता और बढ़ी। ऊपर गया तो देखा, आप उसी फ़र्श पर पड़े हुए—जहाँ दुनिया-भर की चीज़ें बेढंगेपन से अस्त-व्यस्त पड़ी हुई हैं—एक पत्रिका के पन्ने उलट रहे हैं। शायद एक सप्ताह से बाल नहीं बने थे। चेहरे पर जर्दी छाई थी।

मैंने पूछा—आप सैर करके लौट आए क्या?

सिटपिटाकर बोले—अजी, सैर-सपाटे की कहाँ फुर्सत है भई, और फुर्सत भी हो, तो वह दिल कहाँ है! तुम तो कहीं बाहर गए थे?

'हाँ, ज़रा देहली तक गया था। अब सुन्दरी से आपकी मुलाक़ात नहीं होती?'

'इधर तो बहुत दिनों से नहीं हुई।'

'कहीं चली गई क्या?'

'मुझे क्या ख़बर!'

'मगर आप तो उस पर बेतरह रीझे हुए थे।'

'मैं उस पर रीझा था! आप सनक तो नहीं गए हैं! जिस पर रीझा था, जब उसी ने साथ न दिया, तो अब दूसरों पर क्या रीझूँगा?'

मैंने बैठकर उसकी गर्दन में हाथ डाल दिया और धमकाकर बोला—देखो होरीलाल, मुझे चकमा न दो। पहले मैं तुम्हें ज़रूर व्रतधारी समझता था, लेकिन तुम्हारी वह रसिकता देखकर, जिसका दौरा तुम्हारे ऊपर एक महीना पहले हुआ था, मैं यह नहीं मान सकता कि तुमने अपनी अभिलाषाओं को सदा के लिए दफ़न कर दिया है। इस बीच में जो कुछ हुआ है, उसका पूरा-पूरा वृत्तान्त मुझे सुनाना पड़ेगा। वरना समझ लो, मेरी और तुम्हारी दोस्ती का अंत है।

होरीलाल की आँखें सजल हो गईं। हिचक-हिचककर बोले—मेरे साथ इतना बड़ा अन्याय मत करो, भाईजान! अगर तुम्हीं मुझपर ऐसे सन्देह करने लगोगे, तो मैं कहीं का न रहूँगा। उस स्त्री का नाम मिस इंदिरा है। यहाँ जो लड़कियों का हाईस्कूल है, उसी की हेड मिस्ट्रेस होकर आई है। मेरा उससे कैसे परिचय हुआ, यह तो तुम्हें मालूम ही है। उसकी सहृदयता ने मुझे उसका प्रेमी बना दिया। इस उम्र में और शोक का यह भार सिर पर रखे हुए, सहृदयता के सिवा मुझे उसकी ओर कौन-सी चीज़ खींच सकती थी? मैं केवल अपनी मनोव्यथा की कहानी सुनाने के लिए नित्य विरहियों की उमंग के साथ उसके पास जाता था। वह रूपवती है, ख़ुशमिज़ाज है, दूसरों का दुःख समझती है और स्वभाव की बहुत कोमल है, लेकिन तुम्हारी भाभी से उसकी क्या तुलना! वह तो स्वर्ग की देवी थी। उसने

मुझ पर जो रंग जमा दिया, उस पर अब दूसरा रंग क्या जमेगा। मैं उसी ज्योति से जीवित था। उस ज्योति के साथ मेरा जीवन भी विदा हो गया। अब तो मैं उसी प्रतिमा का उपासक हूँ, जो मेरे हृदय में है। किसी हमदर्द की सूरत देखता हूँ, तो निहाल हो जाता हूँ और अपनी दुःख-कथा सुनाने दौड़ता हूँ। यह मेरी दुर्बलता है, यह जानता हूँ, मेरे सभी मित्र इसी कारण मुझसे भागते हैं, यह भी जानता हूँ। लेकिन क्या करूँ भैया, किसी-न-किसी को दिल की लगी सुनाए बग़ैर मुझसे नहीं रहा जाता। ऐसा मालूम होता है, मेरा दम घुट जाएगा। इसलिए जब मिस इंदिरा की मुझ पर दया-दृष्टि हुई; तो मैंने इसे दैवी अनुरोध समझा और उस धुन में—जो मेरे मित्रवर्ग दुर्भाग्यवश उन्माद समझते हैं—वह सब-कुछ कह गया, जो मेरे मन में था और है एवं मरते दम तक रहेगा। उन शुभ दिनों की याद कैसे भुला दूँ? मेरे लिए तो वह अतीत वर्तमान से भी ज़्यादा सजीव और प्रत्यक्ष है। मैं तो अब भी उसी अतीत में रहता हूँ। जिस इंदिरा को मुझ पर दया आ गई, एक दिन उन्होंने मेरी दावत की और कई स्वादिष्ट खाने अपने हाथ से बनाकर खिलाए। दूसरे दिन मेरे घर आईं और यहाँ की सारी चीज़ों को व्यवस्थित रूप में सजा गईं। तीसरे दिन कुछ कपड़े लाईं और मेरे लिए ख़ुद एक सूट तैयार किया! इस कला में बड़ी चतुर हैं।

एक दिन शाम को क्वींस पार्क में मुझसे बोलीं—आप अपनी शादी क्यों नहीं कर लेते?

मैंने हँसकर कहा—इस उम्र में अब क्या शादी करूँगा, इंदिरा! दुनिया क्या कहेगी!

मिस इंदिरा बोलीं—आपकी उम्र अभी ऐसी क्या है। आप चालीस से ज़्यादा नहीं मालूम होते।

मैंने उनकी भूल सुधारी—मेरा पचासवाँ साल है।

उन्होंने मुझे प्रोत्साहन देकर कहा—उम्र का हिसाब साल से नहीं होता, महाशय, सेहत से होता है। आपकी सेहत बहुत अच्छी है। कोई आपको पान की तरह फेरनेवाला चाहिए। किसी युवती के प्रेम-पाश में फँस जाइए। फिर देखिए, यह नीरसता कहाँ ग़ायब हो जाती है।

मेरा दिल धड़-धड़ करने लगा। मैंने देखा मिस इंदिरा के गोरे मुख-मंडल पर हलकी-सी लाली दौड़ गई है। उनकी आँखें शर्म से झुक गई हैं और कोई बात बार-बार उनके ओंठों तक आकर लौट जाती है। आख़िर उन्होंने आँख उठाई और मेरा हाथ अपने हाथ में लेकर बोलीं—अगर आप समझते हों कि मैं आपकी कुछ सेवा कर सकती हूँ, तो मैं हर तरह हाजिर हूँ, मुझे आपसे जो भक्ति और प्रेम है, वह इसी रूप में चरितार्थ हो सकता है।

मैंने धीरे से अपना हाथ छुड़ा लिया और काँपते हुए स्वर में बोला—मैं तुम्हारी इस कृपा का कहाँ तक धन्यवाद दूँ, मिस इंदिरा; मगर मुझे खेद है कि मैं सजीव मनुष्य नहीं, केवल मधुर स्मृतियों का पुतला हूँ। मैं उस देवी की स्मृति को अपनी लिप्सा और तुम्हारी सहानुभूति को अपनी आसक्ति से भ्रष्ट नहीं करना चाहता।

मैंने इसके बाद बहुत-सी चिकनी-चुपड़ी बातें कीं, लेकिन वह जब तक यहाँ रहीं, मुँह से कुछ न बोलीं। जाते समय भी उनकी भँवें तनी हुई थीं। मैंने अपने आँसुओं से उनकी ज्वाला को शान्त करना चाहा; लेकिन कुछ असर न हुआ। तब से वह नज़र नहीं आईं। न मुझे हिम्मत पड़ी कि उनको तलाश करता, हालाँकि चलती बार उन्होंने मुझसे कहा था—जब आपको कोई कष्ट हो और आप मेरी ज़रूरत समझें तो मुझे बुला लीजिएगा।

होरीलाल ने अपनी कथा समाप्त करके मेरी ओर ऐसी आँखों से देखा जो चाहती थीं कि मैं उनके व्रत और सन्तोष की प्रशंसा करूँ; मगर मैंने उनकी भर्त्सना की—कितने बदनसीब हो तुम होरीलाल—मुझे तुम्हारे ऊपर दया भी आती है और क्रोध भी! अभागे, तेरी ज़िन्दगी सँवर जाती। वह स्त्री नहीं थी ईश्वर की भेजी कोई देवी थी, जो तेरे अँधेरे जीवन को अपनी मधुर ज्योति से आलोकित करने के लिए आई थी, तूने स्वर्ण का-सा अवसर हाथ से खो दिया।

होरीलाल ने दीवार पर लटके हुए अपनी पत्नी के चित्र की ओर देखा और प्रेम-पुलकित स्वर में बोले—मैं तो उसी का आशिक़ हूँ भाईजान, और उसी का आशिक़ रहूँगा।

✪✪✪